MACQUARIE ESSENTIAL DICTIONARY

MACQUARIE
ESSENTIAL
DICTIONARY

MACQUARIE ESSENTIAL DICTIONARY

THE MACQUARIE LIBRARY

Published by The Macquarie Library Pty Ltd
The Macquarie Dictionary, Macquarie University, NSW 2109 Australia
First published 1999
Reprinted 1999, 2000

Copyright Macquarie University NSW, 1999

Typeset in Australia by The Macquarie Library Pty Ltd

Printed in Australia by McPherson's Printing Group

Cover design: Bowra + Bowra Pty Ltd, Sydney

National Library of Australia
Cataloguing-in-Publication Data

    The Macquarie essential dictionary.

    ISBN 1 876429 07 0.

    1. English language - Australia - Dictionaries.

    423

All rights reserved. No part of this publication may be reproduced, stored in a retrieval system, or transmitted in any form, or by any means, electronic, mechanical, photocopying, recording or otherwise without the prior written permission of the publisher.

A number of words entered in this dictionary are derived from trademarks. However, the presence or absence of this indication of derivation should not be regarded as affecting the legal status of any trademark.

Contents

Explanatory notes — vi
Pronunciation guide — viii
Abbreviations used in the dictionary — x

The Macquarie Essential Dictionary — 1

Appendixes
Guide to punctuation — 947
Countries - languages, capitals, currencies — 956
Denominations above one million — 964
Roman numerals — 965
Phonetic alphabet used in communications — 965

Explanatory notes

THE ENTRY
All information within one complete entry has been arranged for the convenience of the user. In general, information about spelling and pronunciation comes first, meanings next, and run-on headwords last.

Abbreviations used in this dictionary have been limited as far as possible to familiar ones. All abbreviations can be found on page x.

HEADWORD
The headword is the word or words which are being defined in a particular entry; it appears in large bold-face type at the left, slightly farther into the left margin than the usual line of text.

Words which, though spelt identically, are of quite distinct derivation, are given separate entries; in such cases, each headword is followed by a small superscript number. (Example: **gum**[1] and **gum**[2].) Entries are arranged under headwords in strict alphabetical order. A particular headword can be located by taking each successive letter of the headword in alphabetical order, ignoring hyphens, apostrophes and word spaces. For example, **bush band** is found between **bush** and **bushcraft**.

PRONUNCIATION
The pronunciation follows the headword within slant brackets. It is given in the International Phonetic Alphabet, for which keys may be found on the following pages. For some headwords more than one pronunciation is given, the first of these being the one more widely used.

Headwords made up of two or more separate words are generally not given pronunciations, unless one of the words does not appear as a headword in its own right.

PARTS OF SPEECH
The pronunciation is usually followed by an abbreviation in italics which indicates the part of speech of the headword, for example, *n., adj.*

If the headword is used in more than one grammatical form, the part-of-speech label precedes each set of definitions to which it applies.

INFLECTED FORMS
If a headword has irregularly inflected forms (any form not made by the simple addition of the suffix to the main entry), the summary of these forms is given immediately after the pronunciation. Regularly inflected forms, not generally shown, include:
1. Nouns forming a plural merely by the addition of *s* or *-es*, such as *dog* (*dogs*) or *class* (*classes*);
2. Verbs forming the past tense by adding *-ed*, such as *halt* (*halted*);
3. Verbs forming the present tense by adding *-s* or *-es*, such as *talk* (*talks*) or *smash* (*smashes*);
4. Verbs forming the present participle by adding *-ing*, such as *walk* (*walking*);
5. Adjectives forming the comparative and superlative by adding *-er*, *-est*, such as *black* (*blacker, blackest*).

Regular forms are given, however, when necessary for clarity or the avoidance of confusion.

The past tense, past participle and present participle are given as the inflected forms of verbs; where, as commonly happens, the past tense and past participle are the same in form, this form is shown once. Example: the inflected forms indicated for **put** are **put**, **putting**, where **put** is both the past tense and past participle.)

If necessary, variants of inflected forms are labelled as to level of usage or distribution.

RESTRICTIVE LABELS
Entries that are limited in usage as to the level, region, time, or subject, are marked with such labels as *Colloquial, US, Obsolete, Electronics,* etc. If the restrictive label applies to the

entire entry, it appears before the definition(s).

If, however, the restrictive label applies to only one grammatical form, it appears after that part-of-speech label but before the definition numbers to which it applies. If the restrictive label applies to only one definition, it appears before that definition, after the definition number.

Some headwords have restrictive labelling in the form of the symbol ‡. This indicates that the word itself may give offence essentially because of its taboo nature. The use of two symbols (‡ ‡), applied to a small group of words, indicates an extreme degree of this restriction. A single symbol (‡) is also used if there is a particularly crass and offensive meaning given to a usually neutral word. Taboo words are to be differentiated from words which are intended to offend, in particular racist terms, which are labelled *derogatory*.

DEFINITIONS
Definitions are individually numbered; numbers appear in a single sequence which does not begin afresh with each grammatical form. In some cases in which two definitions are very closely related, usually within the same field of information, they are marked with bold-face letters of the alphabet under the same definition number.

SECONDARY HEADWORDS
Idiomatic phrases, prepositional verb phrases, etc., are usually listed in bold face under main headwords. Such entries are usually placed under the difficult or key word.

VARIANT SPELLINGS
Definitions always appear under the most common spelling of a word. Less common variants cross-refer to the main headword. Variants regarded as equally acceptable appear in the headword itself, separated by an equals sign (for example **colour = color**). Other variants are given after the definitions.

RUN-ON HEADWORDS
Words which are derivatives of the headword and which are a simple extension of the meaning are run on after the last definition in the entry. Such headwords appear in secondary bold-face type followed by an indication of their grammatical form.

CROSS-REFERENCING
There are several forms of cross-referencing in this dictionary. The arrow → indicates that the headword which precedes it is not defined in this place but that a suitable definition is to be found under the headword which follows the arrow.

The word 'See' directs the reader to information relevant to the current definition but to be found within a different part of the dictionary. 'Compare' is similar in function but limited to those cases where the information is in some way complementary or matching.

International Phonetic Alphabet used in the Dictionary

(a) *Vowels*

i	as in "peat"	/pit/
ɪ	as in "pit"	/pɪt/
ɛ	as in "pet"	/pɛt/
æ	as in "pat"	/pæt/
a	as in "part"	/pat/
ɒ	as in "pot"	/pɒt/
ʌ	as in "putt"	/pʌt/
ɔ	as in "port"	/pɔt/
ʊ	as in "put"	/pʊt/
u	as in "pool"	/pul/
ɜ	as in "pert"	/pɜt/
ə	as in "apart"	/ə'pat/
õ	as in "bon voyage"	/bõ vwa'jaʒ/

(b) *Diphthongs*

aɪ	as in "buy"	/baɪ/
eɪ	as in "bay"	/beɪ/
ɔɪ	as in "boy"	/bɔɪ/
aʊ	as in "how"	/haʊ/
oʊ	as in "hoe"	/hoʊ/
ɪə	as in "here"	/hɪə/
ɛə	as in "hair"	/hɛə/
ʊə	as in "tour"	/tʊə/

(c) *Consonants*

(i) *Plosives*

p	as in "pet"	/pɛt/
b	as in "bet"	/bɛt/
t	as in "tale"	/teɪl/
d	as in "dale"	/deɪl/
k	as in "came"	/keɪm/
g	as in "game"	/geɪm/

(ii) *Fricatives*

f	as in "fine"	/faɪn/
v	as in "vine"	/vaɪn/
θ	as in "thin"	/θɪn/
ð	as in "then"	/ðɛn/
s	as in "seal"	/sil/
z	as in "zeal"	/zil/
ʃ	as in "show"	/ʃoʊ/
ʒ	as in "pleasure"	/ˈplɛʒə/
h	as in "heal"	/hil/
r	as in "real"	/ril/

(iii) *Affricatives*

tʃ	as in "choke"	/tʃoʊk/
dʒ	as in "joke"	/dʒoʊk/

(iv) *Nasals*

m	as in "mail"	/meɪl/
n	as in "nail"	/neɪl/
ŋ	as in "sing"	/sɪŋ/

(v) *Semi-vowels*

j	as in "you"	/ju/
w	as in "woo"	/wu/

(vi) *Laterals*

l	as in "love"	/lʌv/

(d) *Stress*

ˈ	as in "clatter"	/ˈklætə/
ˌ	as in "encyclopedia"	/ɛnˌsaɪkləˈpidɪə/

Abbreviations used in the Dictionary

abbrev.	abbreviation	*orig.*	originally
adj.	adjective	*phr.*	phrase
adv.	adverb	*pl.*	plural
aux.	auxiliary	*p.p.*	past participle
Brit	British	*prep.*	preposition
conj.	conjunction	*pres.*	present
def.	definition	*pres. part.*	present participle
det.	determiner	*pron.*	pronoun
e.g.	for example	*pt.*	past tense
esp.	especially	*Qld*	Queensland
etc.	et cetera	*SA*	South Australia
fol.	followed	*sing.*	singular
i.e.	that is	*Tas.*	Tasmania
indic.	indicative	*US*	United States of America
interj.	interjection	*v.*	verb
n.	noun	*v.i.*	intransitive verb
NSW	New South Wales	*Vic.*	Victoria
NT	Northern Territory	*v.t.*	transitive verb
NZ	New Zealand	*WA*	Western Australia
oft.	often		

A a

A, a /eɪ/ *n.* **A's, As** *or* **a's. 1.** the first letter of the English alphabet. **2.** the first in any series. **3.** the highest mark for school, college, or university work; alpha. **4.** *Music* **a.** the sixth degree in the scale of C major, or the first in the relative minor scale (A minor). **b.** a written or printed note representing this tone. **c.** a string, key, or pipe tuned to this note. **d.** (in the fixed system of solmisation) the sixth note of the scale, called *la*. **e.** the note to which concert performers tune their instruments; concert A. *–phr.* **5. from A to Z**, from beginning to end.

a[1] /ə/ *emphatic* /eɪ/ *det. (indefinite article)* used especially before nouns beginning with a consonant sound to mean: **1.** some (indefinite singular referring to one individual of a class): *a child; a house; a star.* **2.** another: *he is a Cicero in eloquence.* **3.** one: *two of a kind; a thousand.* **4.** any (a single): *not a one.* **5.** indefinite plural: *a few; a great many.* Also (*before a vowel sound*), **an**.

a[2] /eɪ/ *weak form* /ə/ *det.* each; every: *three times a day.*

a-[1] a prefix, a reduced form of Old English preposition *on*, meaning 'on', 'in', 'into', 'to', 'towards', preserved before a noun in a prepositional phrase, forming a predicate adjective or an adverbial element, as in *afoot, abed, ashore, apart, aside*, and in archaic and dialectal use before a present participle in *-ing*, as in *to set the bells aringing*.

a-[2] a prefix, a reduced form of Old English *of*, as in *akin, afresh, anew*.

a-[3] a prefix indicating: **1.** up, out, or away, as in *arise, awake*. **2.** intensified action, as in *abide, amaze*.

a-[4] variant of **ab-** before *m, p,* and *v*, as in *amove, aperient, avert*.

a-[5] variant of **ad-**, used: **1.** before *sc, sp, st*, as in *ascend*. **2.** in words of French derivation (often with the sense of increase, addition), as in *amass*.

a-[6] variant of **an-**[1] before consonants, as in *achromatic*.

aardvark /'ɑdvɑk/ *n.* a large, nocturnal, burrowing mammal of Africa, subsisting largely on termites, and having a long, extensile tongue, claws, and conspicuously long ears. There is only one genus, *Orycteropus*, constituting a separate order, Tubulidentata.

ab- a prefix meaning 'off', 'away', 'from', as in *abduct, abjure*.

aback /ə'bæk/ *phr.* **taken aback, 1.** suddenly disconcerted. **2.** (of a ship) caught by the wind so as to press the sails back against the mast. **3.** (of sails) caught by a wind on the forward surface.

abacus /'æbəkəs/ *n.* **-ci** /-sɪ/ *or* **-cuses.** a contrivance for calculating, consisting of beads or balls strung on wires or rods set in a frame.

abalone /æbə'loʊni/ *n.* any of the various univalve, marine molluscs of the genus *Haliotis*, having a bowl-like, nacre-lined shell bearing a row of respiratory holes. The flesh is used for food and the shell for mother-of-pearl ornaments.

abandon[1] /ə'bændən/ *v.t.* **1.** to leave completely and finally; forsake utterly; desert: *to abandon one's home.* **2.** to give up (something begun) without finishing: *to abandon a cricket match because of rain.* **3.** to yield (oneself) unrestrainedly: *to abandon oneself to grief.* *–***abandoner** *n.* *–***abandonment** *n.*

abandon[2] /ə'bændən/ *n.* a giving up to natural impulses; freedom from constraint or conventionality: *to do something with abandon.*

abase /ə'beɪs/ *v.t.* **abased, abasing.** to reduce or lower, as in rank, office, estimation; humble; degrade. *–***abasement** *n.* *–***abaser** *n.*

abashed /ə'bæʃt/ *adj.* embarrassed; mortified.

abate /ə'beɪt/ *v.* **abated, abating.** *–v.t.* **1.** to reduce in amount, intensity, etc.; lessen; diminish: *to abate a tax; to abate one's enthusiasm.* **2.** *Law* to put an end to or suppress (a nuisance); suspend or extinguish (an action); annul (a writ). *–v.i.* **3.** to decrease or become less in strength or violence: *the storm has abated.* *–***abatement** *n.* *–***abater; *Law,* abator** *n.* *–***abatable** *adj.*

abattoir /'æbətwɑ, -tɔ/ *n.* a building or place where animals are slaughtered for food; a slaughterhouse. Also, **abattoirs**.

abbess /'æbɛs/ *n.* the female superior of a convent, regularly in the same religious orders in which monks are governed by an abbot.

abbey /'æbi/ *n.* **-beys. 1.** the religious body or establishment under an abbot or abbess; a monastery or convent. **2.** the monastic buildings.

abbot /'æbət/ *n.* the head or superior of a monastery. *–***abbotship, abbotric** *n.*

abbreviate /ə'brivieɪt/ *v.t.* **-ated, -ating.** to make brief; make shorter by contraction or omission: *to abbreviate 'company' to 'co.'.* *–***abbreviation** *n.* *–***abbreviator** *n.*

abdicate /'æbdəkeɪt/ *v.* **-cated, -cating.** *–v.i.* **1.** to renounce a throne or some claim; relinquish a right, power, or trust. *–v.t.* **2.** to give up or renounce (office, duties, authority, etc.), especially in a voluntary, public, or formal manner. *–***abdication** *n.* *–***abdicable** *adj.* *–***abdicative** /əb'dɪkətɪv/ *adj.* *–***abdicator, abdicant** *n.*

abdomen /'æbdəmən, əb'doʊmən/ *n.* **1.** the part of the body of a mammal between the thorax and the pelvis; the visceral cavity containing most of the digestive organs; the belly. **2.** *Zoology* the posterior section of the body of an arthropod animal, behind the thorax or the crustacean cephalothorax. *–***abdominal** /æb'dɒmənəl/ *adj.*

abduct /əb'dʌkt, æb-/ *v.t.* **1.** to carry off surreptitiously or by force, especially to kidnap. **2.** *Physiology* to draw away from the original position (opposed to *adduct*). *–***abductor** *n.* *–***abduction** *n.*

Aberdeen Angus /æbədin 'æŋɡəs/ *n.* one of a breed of hornless beef cattle with smooth black hair, originally bred in Scotland and now found in Australia, especially in higher rainfall areas.

aberrant /'æbərənt, ə'bɛrənt/ *adj.* **1.** straying from the right or usual course. **2.** deviating from the ordinary or normal type. *–***aberrance, aberrancy** *n.*

aberration /æbə'reɪʃən/ *n.* **1.** the act of wandering from the usual way or normal course. **2.** deviation from truth or moral rectitude. **3.** lapse from a sound mental state. **4.** *Optics* any disturbance of the rays of a pencil of light such that they can no longer be brought to a sharp focus or form a clear image. *–***aberrational** *adj.*

abet /ə'bɛt/ *v.t.* **abetted, abetting.** to encourage or countenance by aid or approval (used chiefly in a bad sense): *to abet evildoers; to abet a crime or offence.* –**abetment** *n.* –**abetter**; *Law*, **abettor** *n.*

abeyance /ə'beɪəns/ *n.* temporary inactivity or suspension.

abhor /əb'hɔ/ *v.t.* **-horred, -horring.** to regard with repugnance; loathe or abominate. –**abhorrer** *n.*

abhorrent /əb'hɒrənt/ *adj.* exciting horror; detestable. –**abhorrence** *n.* –**abhorrently** *adv.*

abide /ə'baɪd/ *v.* **abode** /ə'boʊd/ or **abided, abiding.** –*v.i.* **1.** to remain; continue; stay: *abide with me.* **2.** to continue in a certain condition; remain steadfast or faithful. –*v.t.* **3.** to stand one's ground against; await or sustain defiantly. **4.** *Colloquial* to put up with; tolerate: *I can't abide such people.* –*phr.* **5. abide by, a.** to accept and continue to observe (an undertaking, promise, agreement, rule, etc.). **b.** to stand by: *to abide by a friend.* –**abider** *n.* –**abidance** *n.* –**abiding** *adj.*

ability /ə'bɪləti/ *n.* **-ties. 1.** power or capacity to do or act in any relation. **2.** competence in any occupation or field of action, from the possession of capacity, skill, means, or other qualification. **3.** (*plural*) talents; mental gifts or endowments.

abject /'æbdʒɛkt/ *adj.* **1.** utterly humiliating or disheartening: *abject poverty.* **2.** contemptible; despicable: *an abject liar.* **3.** humble; servile: *an abject apology.* –**abjection** /æb'dʒɛkʃən/ *n.* –**abjectly** *adv.* –**abjectness** *n.*

abjure /əb'dʒuə/ *v.t.* **-jured, -juring. 1.** to renounce or repudiate; retract, especially with solemnity: *to abjure one's errors.* **2.** to forswear: *to abjure allegiance.* –**abjuratory** *adj.* –**abjurer** *n.* –**abjuration** *n.*

ablation /ə'bleɪʃən/ *n.* **1.** *Medicine* removal, especially of organs, abnormal growths, or harmful substances from the body by mechanical, physical or chemical means, as surgery or irradiation. **2.** *Physics, Geology, etc.* erosion of a solid body by a fluid. **3.** *Aerospace* the melting or wearing away of some expendable part of a space vehicle upon re-entry into earth's atmosphere.

ablaze /ə'bleɪz/ *adj., adv.* **1.** on fire. **2.** gleaming as if on fire. **3.** excited; eagerly desirous. **4.** very angry.

able /'eɪbəl/ *adj.* **abler, ablest. 1.** having sufficient power, strength, or qualifications; qualified: *she is ready, willing and able.* **2.** having unusual intellectual qualifications: *an able minister.* **3.** showing talent or knowledge: *an able speech.* –*phr.* **4. be able to,** to have the capability or capacity to: *I wasn't able to attend; a device able to bear heavy loads.*

-able a suffix used to form adjectives, especially from verbs, to denote ability, liability, tendency, worthiness, or likelihood. Also, **-ble, -ible.**

able-bodied /'eɪbəl-bɒdid/ *adj.* physically competent.

able-bodied seaman *n.* an experienced seaman who has passed certain tests in the practice of seamanship.

ablution /ə'bluʃən/ *n.* **1.** a cleansing with water or other liquid, as in ceremonial purification. **2.** (*plural*) the act of washing oneself: *do one's ablutions.* –**ablutionary** *adj.*

ably /'eɪbli/ *adv.* **1.** competently; well. **2.** with a will; energetically.

abnegate /'æbnəgeɪt/ *v.t.* **-gated, -gating.** to refuse or deny to oneself; reject; renounce. –**abnegation** /æbnə'geɪʃən/ *n.* –**abnegator** *n.*

abnormal /æb'nɔməl/ *adj.* not conforming to rule; deviating from the type or standard. –**abnormality** *n.* –**abnormally** *adv.*

aboard /ə'bɔd/ *adv.* **1.** on board; on or in a ship, train, bus, etc. **2.** alongside. –*prep.* **3.** on board of.

abode /ə'boʊd/ *n.* **1.** a dwelling place; a habitation. **2.** continuance in a place; sojourn; stay. –*v.* **3.** a past tense and past participle of **abide**.

abolish /ə'bɒlɪʃ/ *v.t.* to do away with; put an end to; annul; destroy: *to abolish slavery.* –**abolishable** *adj.* –**abolisher** *n.* –**abolishment** *n.*

abolition /æbə'lɪʃən/ *n.* utter destruction; annulment; abrogation: *the abolition of laws, customs, debts, etc.* –**abolitionary** *adj.*

A-bomb /'eɪ-bɒm/ *n.* → **atomic bomb**.

abominable /ə'bɒmənəbəl, ə'bɒmnəbəl/ *adj.* **1.** detestable; loathsome. **2.** shocking; unpleasant; bad. –**abominableness** *n.* –**abominably** *adv.*

abominate /ə'bɒməneɪt/ *v.t.* **-nated, -nating. 1.** to regard with intense aversion; abhor. **2.** to dislike strongly.

abomination /əbɒmə'neɪʃən/ *n.* **1.** an object greatly disliked or abhorred. **2.** intense aversion; detestation. **3.** a detestable action; shameful vice.

aboriginal /æbə'rɪdʒənəl/ *adj.* **1.** having to do with aborigines. **2.** (*usually cap.*) having to do with the Australian Aborigines.

aborigine /æbə'rɪdʒəni/ *n.* **1.** (*usually cap.*) **a.** one of a race of tribal peoples, the earliest known inhabitants of Australia. **b.** a descendant of these people, sometimes of mixed blood. **2.** (*plural*) (generally) the first inhabitants of a country; the people living in a country at the earliest period.

abort /ə'bɔt/ *v.i.* **1.** to miscarry before the foetus is viable. **2.** to develop incompletely; come to nothing; fail. **3.** *Colloquial* to fail to complete a mission, or test of a mechanical device. –*v.t.* **4.** to cause to abort. –**abortive** *adj.*

abortion /ə'bɔʃən/ *n.* **1.** the expulsion or removal of a human foetus before it is viable. **2.** an immature and not viable birth product; miscarriage. **3.** *Biology* the arrested development of an embryo or an organ at its (more or less) early stage. **4.** anything which fails in its progress before it is matured or perfected, as a design or project. **5.** a total failure. –**abortionist** *n.*

abound /ə'baʊnd/ *v.i.* **1.** to be in great plenty; be very prevalent: *the discontent which abounds in the world.* –*phr.* **2. abound in,** to be rich in: *some languages abound in figurative expressions.* **3. abound with,** to be filled with; teem with: *the ship abounds with rats.* –**abounding** *adj.*

about /ə'baʊt/ *prep.* **1.** of; concerning; in regard to: *to talk about secrets.* **2.** connected with: *instructions about the work.* **3.** somewhere near or in: *she is about the house.* **4.** near; close to: *about my height.* **5.** on every side of; around: *the railing about the tower.* **6.** on or near (one's person): *they had lost all they had about them.* **7.** here and there in or on: *wander about the place.* **8.** concerned with; engaged in doing. –*adv.* **9.** near in time, number, degree, etc.; approximately: *about a hundred kilometres.* **10.** *Colloquial* nearly; almost: *about ready.* **11.** nearby: *he is somewhere about.* **12.** on every side in every direction: *look about.* **13.** half round; in the reverse direction: *to spin about.* **14.** *Nautical* on the opposite tack. **15.** to and fro; here and there: *move furniture about.* **16.** in rotation or succession; alternately: *turn about is fair play.* **17.** at large; around: *there are lots of ailments about.* –*phr.* **18. about to,** on the point of (doing something): *about to leave.* **19. up and about,** astir; active (after sleep or illness).

about-face /əbaʊt-'feɪs/ *n., v.* **-faced, -facing.** –*n.* **1.** a complete, sudden change in position, principle, attitude, etc; volte-face. **2.** → **about-turn** (def. 1). –*v.i.* **3.** to turn in the opposite direction.

about-turn /əbaʊt-'tɜn/ *n.*, *v.* **-turned -turning.** –*n.* **1.** the military command to turn to the rear in a prescribed manner. **2.** → **about-face** (def. 1). –*v.i.* **3.** to turn in the opposite direction.

above /ə'bʌv/ *adv.* **1.** in or to a higher place; overhead: *the blue sky above.* **2.** higher in rank or power: *appeal to the courts above.* **3.** before in order, especially in a book or writing: *from what has been said above.* **4.** in heaven. –*prep.* **5.** in or to a higher place than: *fly above the earth.* **6.** more in quantity or number than: *the weight is above a tonne.* **7.** superior to, in rank or authority. **8.** not capable of (an undesirable thought, action, etc.). **9.** beyond the reach of: *above reproach.* **10.** in preference to: *to favour one child above another.* –*adj.* **11.** said, mentioned, or written above; foregoing: *the above explanation.* –*phr.* **12. above all**, principally; most importantly of all. **13. above suspicion**, of such probity as never to invite suspicion of wrongdoing. **14. get above oneself**, to adopt a superior air; have expectations out of keeping with one's status or position. **15. the above**, that which was said, mentioned, or written previously.

aboveboard /əbʌv'bɔd/ *adv.* **1.** openly; without tricks, deceit or disguise. –*adj.* **2.** open; frank: *open and aboveboard actions.* Also (*especially in predicative use*), **above board.**

abrade /ə'breɪd/ *v.* **abraded, abrading.** –*v.t.* **1.** to scrape off. –*v.i.* **2.** to wear down by friction. –**abradant** *adj.*, *n.* –**abrader** *n.*

abrasion /ə'breɪʒən/ *n.* **1.** the result of rubbing or abrading; an abraded spot or place. **2.** the act or process of abrading.

abrasive /ə'breɪsɪv, -zɪv/ *n.* **1.** any material or substance used for grinding, polishing, lapping, etc., as emery or sand. –*adj.* **2.** tending to produce abrasion. **3.** (of a personality) irritating; tending to annoy. –**abrasiveness** *n.*

abreast /ə'brɛst/ *adv.* **1.** side by side. –*phr.* **2. abreast of**, alongside, in progress or attainment; equally advanced: *to keep abreast of the times in science.*

abridge /ə'brɪdʒ/ *v.t.* **abridged, abridging.** **1.** to shorten by condensation or omission, or both; rewrite or reconstruct on a smaller scale. **2.** to lessen; diminish. **3.** to deprive; cut off. –**abridgeable = abridgable** *adj.* –**abridged** *adj.* –**abridger** *n.*

abroad /ə'brɔd/ *adv.* **1.** in or to a foreign country or countries: *to live abroad.* **2.** out of doors: *the owl ventures abroad at night.* **3.** astir; at large; in circulation: *rumours of disaster are abroad.* **4.** broadly; widely.

abrogate /'æbrəgeɪt/ *v.t.* **-gated, -gating.** to abolish summarily; annul by an authoritative act; repeal: *to abrogate a law.* –**abrogative** *adj.* –**abrogator** *n.* –**abrogable** /'æbrəgəbəl/ *adj.* –**abrogation** /æbrə'geɪʃən/ *n.*

abrupt /ə'brʌpt/ *adj.* **1.** sudden; without warning: *an abrupt entrance.* **2.** changing from one subject to another suddenly: *an abrupt style of writing.* **3.** brief and impolite in speech or manner; brusque. **4.** steep; precipitous: *an abrupt climb.* –**abruptly** *adv.* –**abruptness** *n.*

abs- variant of **ab-** before *c*, *q*, *t*, as in *abscond*, *abstergent*.

abscess /'æbsɛs, 'æbsəs/ *n.* a localised collection of pus in a cavity, caused by disintegration of body tissue, often accompanied by swelling and inflammation and usually caused by bacteria.

abscind /əb'sɪnd/ *v.t.* to cut off; sever. –**abscission** *n.*

abscissa /æb'sɪsə/ *n.* **-cissas** *or* **-cissae** /-'sɪsi/. (in plane Cartesian coordinates) the *x*-coordinate of a point, i.e., its horizontal distance from the *y*-axis measured parallel to the *x*-axis.

abscond /æb'skɒnd, əb-/ *v.i.* to depart in a sudden and secret manner, especially to avoid legal process. –**absconder** *n.*

abseil /'æbseɪl/ *v.i. Mountaineering* to descend a vertical cliff or wall by means of a rope attached to a harness, and a friction device to control downward movement; rappel.

absent /'æbsənt/ *adj.*, /əb'sɛnt/ *v.* –*adj.* **1.** not in a certain place at a given time; away (opposed to *present*). **2.** lacking: *revenge is absent from his mind.* **3.** absent-minded. –*v.t.* **4.** to take or keep (oneself) away: *to absent oneself from home.* –**absence** *n.* –**absenter** *n.* –**absently** *adv.*

absentee /æbsən'ti/ *n.* **1.** someone who is absent. **2.** someone who habitually lives away from his or her country, place of work, etc.

absenteeism /æbsən'tiɪzəm/ *n.* **1.** the practice of absenting oneself from duties, studies, employment, etc., often for inadequate reasons. **2.** the practice of living away from one's estates, country, employment, source of income, etc.

absentminded /æbsənt'maɪndəd/ *adj.* forgetful of one's immediate surroundings; preoccupied. –**absentmindedly** *adv.* –**absentmindedness** *n.*

absinth /'æbsɪnθ/ *n.* a strong, bitter, green-coloured, aromatic liqueur made with wormwood, anise, and other herbs, having a pronounced liquorice flavour. Also, **absinthe**.

absolute /'æbsəlut/ *adj.* **1.** free from imperfection; complete; perfect: *absolute liberty.* **2.** not mixed; pure. **3.** free from restriction or limitation; unqualified: *absolute command.* **4.** arbitrary or despotic: *an absolute monarchy.* **5.** viewed independently; not comparative or relative: *absolute position.* **6.** *Grammar* **a.** syntactically independent; not grammatically connected with any other element in the sentence, as *It being Sunday* in *It being Sunday, the family went to church.* **b.** (of a transitive verb) used with no object expressed, as *to give* in *the collectors for the charity asked him to give.* **c.** (of an adjective) having its noun understood, not expressed, as *poor* in *the poor are always with us.* **d.** (of a possessive pronoun) used independently as a noun phrase, as *mine* in *mine was the objection.* **e.** characterising the phonetic or phonemic form of a word or phrase occurring by itself, not influenced by surrounding forms. Example: *not in* is *not* as opposed to *isn't*, or *will* in *they will* as opposed to *they'll*. **7.** *Physics* **a.** as nearly independent as possible of arbitrary standards or of properties of special substances or systems: *absolute zero of temperature.* **b.** relating to a system of units based on some primary units, especially units of length, mass, and time: *SI units are absolute units.* **c.** relating to a measurement based on an absolute zero or unit: *absolute pressure.* **8.** *Law* (of a court order, decree, etc.) unconditional; having full effect immediately (opposed to *nisi*). –*phr.* **9. the Absolute**, (*sometimes l.c.*) *Metaphysics* **a.** that which is free from any restriction, or is unconditioned; the ultimate ground of all things. **b.** that which is independent of some or all relations. **c.** that which is perfect or complete. –**absolutely** *adv.* –**absoluteness** *n.*

absolute majority *n.* the number by which votes cast for the leading candidate exceed those cast for all other candidates. Compare **majority** (def. 2).

absolute zero *n.* the unattainable lower limit to temperature, or that temperature at which the particles whose motion constitutes heat would be at rest, being defined as **zero kelvin** -273.15 degrees Celsius (or -459.67 degrees Fahrenheit).

absolution /æbsə'luʃən/ *n.* **1.** the act of absolving; release from consequences, obligations, or penalties. **2.** the state of being absolved. **3.** *Roman*

Catholic Theology a remission of sin or of the punishment due to sin, which the priest, on the ground of authority received from Christ, makes in the sacrament of penance.

absolve /əb'zɒlv/ *v.t.* **-solved, -solving.** **1.** (sometimes fol. by *from*) to free from the consequences or penalties of actions: *to absolve someone from blame.* **2.** (sometimes fol. by *from*) to set free or release, as from some duty, obligation, or responsibility: *absolved from his oath.* **3.** to grant pardon for. **–absolvable** *adj.* **–absolvent** *adj., n.* **–absolver** *n.*

absorb /əb'sɔb, -'zɔb/ *v.t.* **1.** to suck up or drink in (liquids): *this cloth will absorb the milk.* **2.** to take in; assimilate: *the newcomers were quickly absorbed into the group; the student absorbed all the facts.* **3.** to take up or receive in by chemical or molecular action. **4.** to take in without echo or reaction: *to absorb sound.* **–absorbable** *adj.* **–absorbability** /əb,sɔbə'bɪləti, -,zɔb-/ *n.*

absorbent /əb'sɔbənt, -'zɔ-/ *adj.* **1.** capable of absorbing; performing the function of absorption. **–n. 2.** a thing that absorbs. **–absorbency** *n.*

absorption /əb'sɔpʃən, -'zɔp-/ *n.* **1.** the act or process of absorbing. **2.** the state of being absorbed. **3.** preoccupation. **–absorptive** *adj.* **–absorptiveness** *n.*

abstain /əb'steɪn/ *v.i.* **1.** (sometimes fol. by *from*) to refrain voluntarily, especially from doing or enjoying something: *abstain from drinking intoxicants.* **2.** to refrain deliberately from casting one's vote. **–abstainer** *n.*

abstemious /əb'stimiəs/ *adj.* **1.** sparing in diet; moderate in the use of food and drink; temperate. **2.** characterised by abstinence: *an abstemious life.* **3.** sparing: *an abstemious diet.* **–abstemiously** *adv.* **–abstemiousness** *n.*

abstention /əb'stɛnʃən/ *n.* **1.** a holding off or refraining; abstinence from action. **2.** a deliberate withholding of one's vote. **–abstentious** *adj.*

abstinence /'æbstənəns/ *n.* **1.** forbearance from any indulgence of appetite, especially from the drinking of alcohol: *total abstinence.* **2.** self-restraint; forbearance. **–abstinent** *adj.* **–abstinently** *adv.*

abstract /'æbstrækt/ *adj., n.*; /əb'strækt/*for defs 7-9*, /'æbstrækt/*for def. 10 v.* **–adj. 1.** conceived apart from matter and from special cases: *an abstract number.* **2.** theoretical; not applied: *abstract science.* **3.** having to do with abstract art. **–n. 4.** a summary of a statement, document, speech, etc. **5.** that which concentrates in itself the essential qualities of anything more extensive or more general, or of several things; essence. **6.** an idea or term considered apart from some material basis or object. **–v.t. 7.** to draw or take away; remove. **8.** to withdraw or divert (the attention). **9.** to consider as a general object apart from special circumstances: *to abstract the notions of time, space, or matter.* **10.** to summarise. **–phr. 11. the abstract,** the ideal. **–abstracter** /əb'stræktə/ *n.* **–abstractly** *adv.* **–abstractness** *n.*

abstracted /əb'stræktəd/ *adj.* lost in thought; preoccupied. **–abstractedly** *adv.* **–abstractedness** *n.*

abstraction /əb'strækʃən/ *n.* **1.** an abstract or general idea or expression. **2.** an impractical idea. **3.** an act of abstracting. **4.** a state of being lost in thought; reverie. **5.** *Art* a work of abstract art either without any relation to natural objects (**pure abstraction**) or with representation of them through geometrical or generalised forms (**near abstraction**).

abstract noun *n.* a noun having an abstract meaning, as *dread, love, beauty.* Compare **concrete noun.**

abstruse /əb'strus/ *adj.* difficult to understand; esoteric: *abstruse questions.* **–abstrusely** *adv.* **–abstruseness** *n.*

absurd /əb'sɜd, -'zɜd/ *adj.* **1.** contrary to reason or common sense; obviously foolish or foolish; logically contradictory; ridiculous: *an absurd statement.* **2.** comical; laughable. **–absurdity** *n.* **–absurdly** *adv.* **–absurdness** *n.*

abundant /ə'bʌndənt/ *adj.* **1.** present in great quantity; fully sufficient: *an abundant supply.* **–phr. 2. abundant in,** possessing in great quantity; abounding in: *a river abundant in salmon.* **–abundance** *n.* **–abundantly** *adv.*

abuse /ə'bjuz/ *v.* **abused, abusing,** /ə'bjus/ *n.* **–v.t. 1.** to use wrongly or improperly; misuse: *he abused his position of authority.* **2.** to do wrong to; injure. **3.** to speak insultingly to. **–n. 4.** wrong or improper use; misuse. **5.** insulting or violent language. **6.** ill treatment of a person. **7.** a dishonest or evil practice. **–abusive** *adj.* **–abuser** *n.*

abut /ə'bʌt/ *v.i.* **abutted, abutting.** (sometimes fol. by *on* or *against*) to be adjacent to: *this piece of land abuts upon a street.* **–abuttal** *n.*

abysmal /ə'bɪzməl/ *adj.* **1.** of or like an abyss. **2.** immeasurable: *abysmal ignorance.* **3.** immeasurably bad: *an abysmal performance.* **–abysmally** *adv.*

abyss /ə'bɪs/ *n.* **1.** a bottomless gulf; any deep, immeasurable space. **2.** anything profound and unfathomable: *the abyss of time.* **–abyssal** *adj.*

ac- variant of **ad-** (by assimilation) before *c* and *qu,* as in *accede, acquire,* etc.

-ac an adjective suffix meaning 'pertaining to', as in *elegiac, cardiac.*

acacia /ə'keɪʃə, ə'keɪsiə/ *n.* **1.** any tree or shrub of the mimosaceous genus *Acacia,* native in warm regions; usually known as wattle in Australia. **2.** any of certain related plants. **3.** → **gum arabic.**

academic /ækə'dɛmɪk/ *adj.* **1.** relating to higher education, as at a college, university, or academy. **2.** theoretical or intellectual; not related to practical skills: *an academic subject; an academic question.* **–n. 3.** a member of college or university, especially teacher. **–academically** *adv.*

academy /ə'kædəmi/ *n.* **-mies. 1.** an association or institution for the promotion of literature, science, or art: *the Academy of Arts and Letters.* **2.** a school for instruction in a particular art or science: *a military academy.*

accede /ək'sid/ *v.i.* **-ceded, -ceding. 1.** to give consent; agree; yield: *to accede to terms.* **2.** to come, as to an office or dignity: *to accede to the throne.* **–accedence** *n.* **–acceder** *n.*

accelerate /ək'sɛləreɪt, æk-/ *v.* **-rated, -rating.** **–v.t. 1.** to cause to move or advance faster: *accelerate growth.* **2.** *Physics* to change the magnitude and/or direction of the velocity of (a body). **–v.i. 3.** to become faster; increase in speed. **–acceleration** *n.* **–accelerative** *adj.*

accelerator /ək'sɛləreɪtə, æk-/ *n.* **1.** *Chemistry* any substance that increases the speed of a chemical change. **2.** *Motor Vehicles* a device which increases the speed of the machine by opening and closing the throttle, especially one operated by the foot. **3.** *Physics* a device for producing high-energy particles, as a cyclotron.

accent /'æksɛnt/ *n.,* /æk'sɛnt/ *v.* **–n. 1.** the degree or pattern of stress or pitch that forms the special character of a vowel or syllable. **2.** *Grammar* a mark showing stress, pitch, or vowel quality, etc. **3.** *Poetry* regularly repeated stress. **4.** a characteristic style of pronunciation: *foreign accent.* **5.** *Music* **a.** (a mark showing) stress or emphasis given to certain notes. **b.** stress or emphasis regularly repeated as part of rhythm. **6.** (*plural*) words or tones expressing some emotion: *he spoke*

accentuate

in the accents of love. **7.** a special character of something, as taste, style, etc. **8.** particular attention or emphasis: *she puts a lot of accent on studying.* –*v.t.* **9.** to pronounce with a particular accent. **10.** to mark (writing, music) with an accent. **11.** to stress; accentuate. –**accentual** *adj.*

accentuate /əkˈsɛntʃueɪt/ *v.t.* **-ated, -ating. 1.** to emphasise. **2.** to mark or pronounce with an accent. –**accentuation** /əkˌsɛntʃuˈeɪʃən/ *n.*

accept /əkˈsɛpt/ *v.t.* **1.** to take or receive (something offered) usually with approval or agreement: *to accept a gift; accept an invitation.* **2.** to agree to; admit as valid or satisfactory: *to accept an excuse; accept the report of a committee.* **3.** to take responsibility for (duties of office, order for payment, etc.). **4.** to put up with; accommodate oneself to: *I will have to accept the situation.* **5.** to believe: *to accept a fact.* –**acceptance** *n.*

acceptable /əkˈsɛptəbəl/ *adj.* **1.** capable or worthy of being accepted. **2.** pleasing to the receiver; agreeable; welcome. –**acceptability** /əkˌsɛptəˈbɪləti/, **acceptableness** *n.* –**acceptably** *adv.*

accepted /əkˈsɛptəd/ *adj.* customary; established; approved.

access /ˈæksɛs/ *n.* **1.** (sometimes fol. by *to*) the act or privilege of coming; admittance; approach: *to gain access to a person.* **2.** way, means, or opportunity of approach. **3.** a parent's right to see a child. –*v.t.* **4.** *Computers* to locate and provide means of getting (information) out of or into a computer storage. –*adj.* **5.** *Radio, TV, etc.* run by special-interest or minority groups who wish to transmit their own programs.

accessible /əkˈsɛsəbəl/ *adj.* **1.** easy of access; approachable. **2.** attainable: *accessible evidence.* **3.** (sometimes fol. by *to*) open to the influence of: *accessible to bribery.* –**accessibility** /əksɛsəˈbɪləti/ *n.* –**accessibly** *adv.*

accession /əkˈsɛʃən/ *n.* **1.** the act of coming into the possession of a right, dignity, office, etc.: *accession to the throne.* **2.** an increase by something added: *an accession of territory.* **3.** consent: *accession to a demand.* **4.** *International Law* formal acceptance of a treaty, international convention, or other agreement between states. **5.** the act of coming near; approach. –**accessional** *adj.*

accessory /əkˈsɛsəri/ *n.* **-ries,** *adj.* –*n.* **1.** a subordinate part or object; something added or attached for convenience, attractiveness, etc., such as a spotlight, heater, driving mirror, etc., for a vehicle. **2.** (*plural*) the additional parts of an outfit, such as shoes, gloves, hat, handbag, etc. **3.** Also, **accessary.** *Law* the person who is not the chief actor at a felony, nor present at its perpetration, but yet is in some way concerned therein (either before or after the fact committed). –*adj.* **4.** contributing to a general effect; subsidiary: *accessory sounds in music.* –**accessorial** /ækseˈsɔriəl/ *adj.* –**accessorily** *adv.* –**accessoriness** *n.*

accident /ˈæksədənt/ *n.* **1.** an undesirable or unfortunate happening; casualty; mishap. **2.** anything that happens unexpectedly, without design, or by chance. **3.** the operation of chance: *I was there by accident.* **4.** a non-essential circumstance; occasional characteristic. **5.** *Colloquial* a person born from an unplanned pregnancy: *I was definitely an accident.*

accidental /æksəˈdɛntl/ *adj.* **1.** happening by chance or accident, or unexpectedly: *an accidental meeting.* **2.** non-essential; incidental; subsidiary: *accidental gains.* **3.** *Music* having to do with sharps, flats, or naturals not in the key signature. –*n.* **4.** a non-essential or subsidiary circumstance or feature. **5.** *Music* a sign placed in front of a note indicating a sharp, flat, or natural not in the key signature. –**accidentally** *adv.*

accord

acclaim /əˈkleɪm/ *v.t.* **1.** to salute with words or sounds of joy or approval; applaud. **2.** to announce or proclaim by acclamation. –*n.* **3.** an oral vote, often unanimous, usually taken after the sense of a meeting is clear and unmistakable. –**acclaimer** *n.*

acclamation /ækləˈmeɪʃən/ *n.* **1.** a shout or other demonstration of welcome, goodwill, or applause. **2.** the act of acclaiming. **3.** → **acclaim** (def. 3). –**acclamatory** /əˈklæmətri/ *adj.*

acclimatise = acclimatize /əˈklaɪmətaɪz/ *v.* **-tised, -tising.** –*v.t.* **1.** to habituate to a new climate or environment. –*v.i.* **2.** to become habituated to a new climate or environment. –**acclimatisable** *adj.* –**acclimatisation** /əklaɪmətaɪˈzeɪʃən/ *n.* –**acclimatiser** *n.*

acclivity /əˈklɪvəti/ *n.* **-ties.** an upward slope, as of ground; an ascent.

accolade /ˈækəleɪd/ *n.* **1.** any award, acclamation, or honour. **2.** a ceremony used in conferring knighthood.

accommodate /əˈkɒmədeɪt/ *v.* **-dated, -dating.** –*v.t.* **1.** to do a kindness or a favour to; oblige: *to accommodate a friend.* **2.** to provide with room and sometimes with food and entertainment. **3.** to make suitable or consistent; adapt: *to accommodate oneself to circumstances.* **4.** to bring into harmony; adjust; reconcile: *to accommodate differences.* **5.** to find or provide space for (something). –*v.i.* **6.** to become or be conformable; act conformably; agree. –*phr.* **7. accommodate someone with something,** to supply something suitably to someone. **8. accommodate to,** to adapt to: *his eyes had not accommodated to the glare.* –**accommodator** *n.*

accommodating /əˈkɒmədeɪtɪŋ/ *adj.* easy to deal with; obliging. –**accommodatingly** *adv.*

accommodation /əkɒməˈdeɪʃən/ *n.* **1.** the act or process of people or things adapting to a situation or to each other. **2.** a room for a visitor to stay, especially in hotel; lodgings. **3.** a willingness to help others.

accompaniment /əˈkʌmpnimənt/ *n.* **1.** something incidental or added for ornament, symmetry, etc. **2.** *Music* the part of a composition which provides the harmonic and rhythmic backing to a melodic line, especially a song.

accompany /əˈkʌmpəni, əˈkʌmpni/ *v.t.* **-nied, -nying. 1.** to go in company with; join in action: *to accompany a friend on a walk.* **2.** to be or exist in company with: *thunder accompanies lightning.* **3.** *Music* to play or sing an accompaniment to. –*phr.* **4. accompany with,** to put in company with; associate with: *he accompanies his speech with gestures.* –**accompanist** *n.*

accomplice /əˈkʌmpləs, -ˈkɒm-/ *n.* an associate in a crime; partner in wrongdoing.

accomplish /əˈkʌmplɪʃ, -ˈkɒm-/ *v.t.* **1.** to bring to pass; carry out; perform; finish: *to accomplish one's mission.* **2.** to complete (a distance or period of time). **3.** to make complete; equip perfectly. –**accomplishable** *adj.* –**accomplisher** *n.*

accomplishment /əˈkʌmplɪʃmənt, -ˈkɒm-/ *n.* **1.** the act of carrying into effect; fulfilment: *the accomplishment of our desires.* **2.** anything accomplished; achievement: *the accomplishments of scientists.* **3.** (*often plural*) an acquired art or grace; polite attainment.

accord /əˈkɔd/ *v.i.* **1.** to be in correspondence or harmony; agree. –*v.t.* **2.** to make to agree or correspond; adapt. **3.** to grant; concede: *to accord due praise.* –*n.* **4.** just correspondence of things; harmony of relation. **5.** consent or concurrence of opinions or wills; agreement. **6.** an international agreement; settlement of questions outstanding between nations. –*phr.* **7. in accord,** in harmony or agreement. **8. of one accord,** in agreement.

according

9. of one's own accord, voluntarily. **10. with one accord**, with spontaneous agreement. –**accordance** n. –**accordant** adj. –**accordable** adj. –**accorder** n.

according /əˈkɔːdɪŋ/ adj. **1.** agreeing. –phr. **2. according as**, conformably or proportionately as. **3. according to**, **a.** in accordance with: *according to her judgment*. **b.** proportionately with. **c.** on the authority of; as stated by. –**accordingly** adv.

accordion /əˈkɔːdiən/ n. **1.** a portable wind instrument with bellows and button-like keys sounded by means of metallic reeds. **2.** a piano accordion. –adj. **3.** having folds like the bellows of an accordion: *accordion pleats, accordion door*. –**accordionist** n.

accost /əˈkɒst/ v.t. **1.** to approach, especially with a greeting or remark. **2.** to solicit as a prostitute.

accouchement /əˈkuːʃmənt, -ˈkuːʃ-/ n. period of confinement in childbirth; labour.

account /əˈkaʊnt/ n. **1.** a verbal or written recital of particular transactions and events; narrative: *an account of everything as it happened*. **2.** an explanatory statement of conduct, as to a superior. **3.** a statement of reasons, causes, etc., explaining some event. **4.** reason; consideration: *on all accounts*. **5.** consequence; importance: *things of no account*. **6.** estimation; judgment: *to take something into account*. **7.** profit; advantage: *to turn something to account*. **8.** a statement of pecuniary transactions. **9.** a bill, as for service rendered or goods purchased: *the petrol account; the electricity account*. **10.** Bookkeeping **a.** a formal record of the debits and credits relating to the person named (or caption placed) at the head of the ledger account. **b.** a balance of a specified period's receipts and expenditures. **11.** a relationship between a person and a bank which implies regularity of trading between the two and the keeping of formal records of this trading by the bank: *I have an account with the Commonwealth Bank*. **12.** such a relationship with a department store, garage, etc., which allows the provision of goods and services without immediate cash payment and sometimes with special privileges. –v.i. **13.** to render an account, especially of money. –v.t. **14.** to count; consider as: *I account myself well paid*. –phr. **15. account for**, **a.** to give an explanation of: *to account for the accident*. **b.** to take responsibility for: *to account for shortages*. **c.** Colloquial to cause the death, defeat, etc., of: *he accounted for ten of the enemy*. **16. account to**, to assign or impute to. **17. bring** (or **call**) **to account**, to demand explanation or justification of the actions of (someone). **18. give a good account of oneself**, to acquit oneself well. **19. on account of**, **a.** because of; by reason of. **b.** for the sake of. **20. on** (or **to**) **account**, as an interim payment. **21. on someone's account**, on someone's behalf: *I was acting on your account at the time*.

accountable /əˈkaʊntəbəl/ adj. **1.** liable to be called to account; responsible (*to* a person, *for* an act, etc.): *I am not accountable to any man for my deeds*. **2.** that can be explained. –**accountability** /əkaʊntəˈbɪləti/, **accountableness** n. –**accountably** adv.

accountant /əˈkaʊntənt/ n. someone whose profession is analysing and communicating economic information for the judgment and decision-making of individuals and organisations who seek it. –**accountancy** n. –**accountantship** n.

accounting /əˈkaʊntɪŋ/ n. the theory and system of setting up, maintaining, and auditing the books of a firm; the art of analysing the financial position and operating results of a business firm from a study of its sales, purchases, overheads, etc.

ac-dc

(distinguished from *bookkeeping* in that a bookkeeper only makes the proper entries in books set up to the accountant's plan).

accoutrements /əˈkuːtrəmənts/ pl. n. **1.** equipage; trappings. **2.** the equipment of a soldier except arms and clothing. Also, *US*, **accouterments**.

accredit /əˈkrɛdət/ v.t. **1.** to furnish (an officially recognised agent) with credentials: *to accredit an envoy*. **2.** to certify as meeting official requirements. **3.** to bring into credit; invest with credit or authority. **4.** to believe. –phr. **5. accredit to**, to attribute to; consider as belonging to: *a discovery accredited to Edison*. **6. accredit someone with something**, to ascribe or attribute to: *she was accredited with having said it*. –**accreditation** /əkrɛdəˈteɪʃən/ n.

accretion /əˈkriːʃən/ n. **1.** an increase by natural growth or by gradual external addition; growth in size or extent. **2.** the result of this process. **3.** an extraneous addition: *the last part of the legend is a later accretion*. **4.** the growing together of separate parts into a single whole. –**accretive** adj.

accrue /əˈkruː/ v.i. -**crued**, -**cruing**. to happen or result as a natural growth; arise in due course; come or fall as an addition or increment. –**accrual**, **accruement** n.

acculturation /əkʌltʃəˈreɪʃən/ n. **1.** the process of borrowing between cultures, marked by the continuous transmission of elements and traits between different peoples and resulting in new and blended patterns. **2.** the modification of a primitive culture through direct and prolonged contact with an advanced society (distinguished from *assimilation*). **3.** the process of socialisation. –**acculturative** /əˈkʌltʃərətɪv/ adj.

accumulate /əˈkjuːmjəleɪt/ v. -**lated**, -**lating**. –v.t. **1.** to heap up; gather as into a mass; collect: *to accumulate wealth*. –v.i. **2.** to grow into a heap or mass; form an increasing quantity: *public evils accumulate*. –**accumulation** n. –**accumulative** adj.

accumulator /əˈkjuːmjəleɪtə/ n. *Electricity* a secondary cell, or battery of secondary cells connected in series or parallel, used for storing electrical energy; a storage battery.

accurate /ˈækjərət/ adj. in exact conformity to truth, to a standard or rule, or to a model; free from error or defect: *an accurate typist*. –**accuracy**, **accurateness** n. –**accurately** adv.

accursed /əˈkɜːsəd, əˈkɜːst/ adj. **1.** subject to a curse; ruined. **2.** worthy of curses; detestable. Also, **accurst**. –**accursedly** /əˈkɜːsədli/ adv. –**accursedness** /əˈkɜːsədnəs/ n.

accusation /ækjuːˈzeɪʃən/ n. **1.** a charge of wrongdoing; imputation of guilt or blame. **2.** the specific offence charged: *the accusation is murder*. **3.** the act of accusing or charging.

accusatory /əˈkjuːzətəri, -tri/ adj. containing an accusation; accusing: *he looked at the jury with an accusatory expression*.

accuse /əˈkjuːz/ v.t. -**cused**, -**cusing**. **1.** to bring a charge against; charge with the fault or crime (*of*). **2.** to blame. –**accuser** n. –**accusable** adj. –**accusingly** adv.

accused /əˈkjuːzd/ adj. **1.** charged with a crime or the like. –n. **2.** the defendant or defendants in a criminal law case.

accustom /əˈkʌstəm/ v.t. to familiarise by custom or use; habituate: *to accustom oneself to cold weather*.

accustomed /əˈkʌstəmd/ adj. **1.** customary; habitual: *in their accustomed manner*. **2.** habituated; familiar (*with*); used (*to*): *accustomed to good living*.

ac-dc /ˌeɪˌsiːˈdiːsi/ adj. **1.** having to do with an electric device, as a radio, which can operate from either an alternating current or direct current power source. **2.** *Colloquial* bisexual; attracted to both males and females as sexual partners.

ace /eɪs/ *n.* **1.** a playing card or die marked with a single spot. **2.** *Tennis, etc.* a successful serve which the opponent fails to touch. **3.** a very small amount or degree: *within an ace of winning.* **4.** a highly skilled person; expert: *an ace at dancing.* **5.** a fighter pilot who has shot down five or more enemy aeroplanes. *–adj.* **6.** excellent; outstanding.

-aceous a suffix of adjectives used in scientific terminology, indicating: **1.** having to do with, as in *sebaceous.* **2.** of the nature of, or similar to, as in *cretaceous.* **3.** belonging to a scientific grouping, especially a botanic family, as in *liliaceous.*

acerbity /ə'sɜːbəti/ *n.* **-ties.** **1.** sourness, with roughness or astringency of taste. **2.** harshness or severity, as of temper or expression. **–acerbic** *adj.*

acetate /'æsəteɪt/ *n.* a salt or ester of acetic acid.

acetic /ə'siːtɪk, ə'sɛtɪk/ *adj.* having to do with vinegar or acetic acid.

acetic acid *n.* a colourless liquid, CH_3COOH, the essential constituent of vinegar, used in the manufacture of acetate rayon and the production of numerous esters as solvents and flavouring agents. **–acetous** *adj.*

acetone /'æsətoʊn/ *n.* a colourless, volatile, flammable liquid, CH_3COCH_3, (a ketone) formed in the distillation of acetates, etc., used as a solvent and in smokeless powders, varnishes, etc.

acetylene /ə'sɛtəlin, -lən/ *n.* a colourless gas, C_2H_2, prepared by the action of water on calcium carbide, used in metal welding and cutting, as an illuminant, and in organic synthesis.

ache /eɪk/ *v.* **ached, aching,** *n.* *–v.i.* **1.** to suffer pain; have or be in continuous pain: *his whole body ached.* **2.** to be eager; yearn; long. *–n.* **3.** pain of some duration, in opposition to sudden twinges or spasmodic pain. **4.** a longing. **–achingly** *adv.* **–achage** *n.* **–achey = achy** *adj.*

achieve /ə'tʃiːv/ *v.* **achieved, achieving.** *–v.t.* **1.** to bring to a successful end; carry through; accomplish. **2.** to bring about, as by effort; gain or obtain: *to achieve victory.* *–v.i.* **3.** to accomplish some enterprise; bring about a result intended. **–achievable** *adj.* **–achiever** *n.*

achievement /ə'tʃiːvmənt/ *n.* **1.** something accomplished, especially by valour, boldness, or superior ability; a great or heroic deed. **2.** the act of achieving; accomplishment: *the achievement of one's object.*

Achilles heel /əkɪliz 'hiːl/ *n.* a single major weakness or point of vulnerability.

Achilles tendon *n.* the tendon joining the calf muscles to the heelbone.

achromatic /eɪkrə'mætɪk/ *adj.* of colour perceived to have no saturation, and therefore no hue, such as neutral greys. **–achromatically** *adv.*

acid[1] /'æsəd/ *n.* **1.** *Chemistry* a compound (usually having a sour taste and capable of neutralising alkalis and reddening blue litmus paper) containing hydrogen which can be replaced by certain metals or an electropositive group to form a salt. Acids are proton donors, and yield hydronium ions in water solution. **2.** a substance with a sour taste. *–adj.* **3.** *Chemistry* **a.** belonging or relating to acids or the anhydrides of acids. **b.** having only a part of the hydrogen of an acid replaced by a metal or its equivalent: *an acid phosphate.* **4.** tasting sharp or sour. **5.** sour; sharp; ill-tempered. *–phr.* **6. come the acid over**, *NZ Colloquial* to act sharply or viciously towards. **7. put the acid on**, *Australian, NZ Colloquial* to ask something of (someone) in such a manner that refusal is difficult; pressure (someone). **8. take the acid off**, *Australian, NZ Colloquial* to cease to pressure (someone). **–acidic** /ə'sɪdɪk/ *adj.* **–acidify** *v.*

acid[2] /'æsəd/ *n.* *Colloquial* **1.** LSD. *–phr.* **2. drop acid**, to take LSD.

acid house *n.* a blend of rap music and disco with a heavy beat, which incorporates sampled industrial sounds, vocal phrases, laughs and screams, and which is played at dance parties, often as a background to drug taking.

acid rain *n.* highly acidic rain, caused by pollution in the atmosphere.

acid test *n.* *Colloquial* a critical test; final analysis.

acidulous /ə'sɪdʒələs/ *adj.* slightly acid.

-acious an adjective suffix made by adding **-ous** to nouns ending in **-acity** (the *-ty* being dropped), indicating a tendency towards or abundance of something, as *audacious.*

-acity a suffix of nouns denoting quality or a state of being, and the like.

acknowledge /ək'nɒlɪdʒ/ *v.t.* **-edged, -edging.** **1.** to admit to be real or true; recognise the existence of: *to acknowledge the need for help.* **2.** to show recognition of: *she acknowledged him with a wave.* **3.** to recognise the authority or claims of: *to acknowledge his right to vote.* **4.** to indicate thanks for: *I gratefully acknowledge your help.* **5.** to admit the receipt of: *to acknowledge a letter.* **–acknowledgment = acknowledgement** *n.* **–acknowledgeable = acknowledgable** *adj.* **–acknowledger** *n.*

acme /'ækmi/ *n.* the highest point; culmination.

acne /'ækni/ *n.* an inflammatory disease of the sebaceous glands, characterised by an eruption (often pustular) of the skin, especially of the face.

acolyte /'ækəlaɪt/ *n.* **1.** an altar attendant of minor rank. **2.** *Roman Catholic Church* one of the two minor orders, the other being that of lector. **3.** an attendant; an assistant.

acorn /'eɪkɔn/ *n.* the fruit of the oak, a nut in a hardened scaly cup.

acoustic /ə'kuːstɪk/ *adj.* **1.** Also, **acoustical**. having to do with to the sense or organs of hearing, or with the science of sound. **2.** *Music* having to do with instruments whose sound is not electronically amplified, as acoustic guitar, acoustic bass, opposed to electric guitar and electric bass. **–acoustically** *adv.*

acoustics /ə'kuːstɪks/ *n.* **1.** *Physics* the science of sound. **2.** (*construed as plural*) acoustic properties, as of an auditorium. **–acoustician** /æku'stɪʃən/ *n.*

acquaint /ə'kweɪnt/ *v.t.* (sometimes fol. by *with*) to make familiar or conversant; furnish with knowledge; inform: *to acquaint him with our plan; to acquaint a friend with one's efforts.*

acquaintance /ə'kweɪntəns/ *n.* **1.** a person (or persons) known to one, especially a person with whom one is not on terms of great intimacy. **2.** the state of being acquainted; personal knowledge. **–acquaintanceship** *n.*

acquiesce /ækwi'ɛs/ *v.i.* **-esced, -escing.** (sometimes fol. by *in*) to assent tacitly; comply quietly; agree; consent: *to acquiesce in an opinion.* **–acquiescence** *n.* **–acquiescent** *adj.* **–acquiescently** *adv.*

acquire /ə'kwaɪə/ *v.t.* **-quired, -quiring.** **1.** to come into possession of; get as one's own: *to acquire property, a title, etc.* **2.** to gain for oneself through one's actions or efforts: *to acquire learning, a reputation, etc.* **–acquirement** *n.* **–acquirable** *adj.* **–acquirer** *n.*

acquired immune deficiency syndrome *n.* → AIDS.

acquisition /ækwə'zɪʃən/ *n.* **1.** the act of acquiring or gaining possession: *the acquisition of property.* **2.** something acquired: *a valued acquisition.* *–v.t.*

acquisitive

3. to order and acquire (new material, as books for a library). –**acquisitionist** n.

acquisitive /ə'kwɪzətɪv/ adj. tending to make acquisitions; fond of acquiring possessions: *an acquisitive society.* –**acquisitively** adv. –**acquisitiveness** n.

acquit /ə'kwɪt/ v.t. **-quitted, -quitting.** –v.t. **1.** (sometimes fol. by *of*) to relieve from a charge of fault or crime; pronounce not guilty. **2.** to release or discharge (a person) from an obligation. **3.** to settle (a debt, obligation, claim, etc.). –*phr.* **4. acquit oneself, a.** to behave; bear or conduct oneself. **b.** to clear oneself: *she acquitted herself of suspicion.* –**acquittal** n. –**acquitter** n.

acre /'eɪkə/ n. **1.** a unit of land measurement in the imperial system, equal to 4840 square yards or 160 perches, and equivalent to 4046.856 422 4 m² (approx. 0.405 hectares). *Symbol*: ac **2.** (*plural*) fields or land in general. **3.** (*plural construed as singular*) *Colloquial* a large amount: *there was acres of food at the picnic.*

acreage /'eɪkərɪdʒ/ n. acres collectively; extent in acres.

acrid /'ækrɪd/ adj. **1.** sharp or biting to the smell or taste; bitterly pungent; irritating. **2.** violent; stinging: *acrid remarks.* –**acridity** /ə'krɪdəti/, **acridness** n. –**acridly** adv.

acrimony /'ækrəməni/ n. **-nies.** sharpness or severity of temper; bitterness of expression proceeding from anger or ill nature. –**acrimonious** /ækrə'moʊniəs/ adj.

acro- a word element meaning 'tip', 'top', 'apex', or 'edge', as in *acrogen*. Also (*before vowels*), **acr-**.

acrobat /'ækrəbæt/ n. **1.** a skilled performer who can walk on a tightrope, perform on a trapeze, or do other similar feats. **2.** someone who makes striking changes of opinion, as in politics, etc. –**acrobatic** /ækrə'bætɪk/ adj. –**acrobatically** /ækrə'bætɪkli/ adv.

acrobatics /ækrə'bætɪks/ n. **1.** (*construed as singular*) the feats of an acrobat; gymnastics. **2.** (*construed as plural*) skilled tricks like those of an acrobat.

acronym /'ækrənɪm/ n. a word formed from the initial letters of other words, as *radar* (from *radio detection and ranging*) or *ANZAC* (from *Australian and New Zealand Army Corps*).

acrophobia /ækrə'foʊbiə/ n. a pathological dread of high places.

acropolis /ə'krɒpəlɪs/ n. the citadel of an ancient Greek city.

across /ə'krɒs/ prep. **1.** from side to side of: *a bridge across a river.* **2.** on the other side of: *across the sea.* **3.** unexpectedly into contact with: *we came across our friends.* –adv. **4.** from one side to another: *I came across in a boat.* **5.** on the other side: *we'll soon be across.*

across-the-board /ə'krɒs-ðə-bɔd/ adj., /ækrɒs-ðə-'bɔd/ adv. –adj. **1.** embracing all categories; general: *an across-the-board increase.* –adv. **2.** generally.

acrostic /ə'krɒstɪk/ n. a series of lines or verses in which the first, last, or other particular letters form a word, phrase, the alphabet, etc.

acrylic /ə'krɪlɪk/ adj. **1.** having to do with fibres formed by the polymerisation of acrylonitrile, or with fabrics woven from such fibres. –n. **2.** such a fabric, as acrilan, orlon.

acrylic acid n. one of a series of acids derived from the alkenes, with the general formula, $C_nH_{2n-2}O_2$. It is colourless, corrosive and easily polymerised.

acrylic resin n. one of the group of thermoplastic resins formed by polymerising the esters or amides of acrylic acid, used chiefly when transparency is desired. Perspex and plexiglas are in this group.

acrylonitrile /ə,krɪloʊ'naɪtraɪl/ n. a colourless toxic organic chemical, $CH_2.CHCN$, used in the manufacture of acrylic fibres, thermoplastics, synthetic rubber, etc.

action

act /ækt/ n. **1.** anything done or performed; a doing; deed. **2.** the process of doing: *caught in the act.* **3.** (*often cap.*) a decree, edict, law, statute, judgment, resolve, or award: *an act of Parliament.* **4.** a deed of instrument recording a transaction. **5.** one of the main divisions of a play or opera. **6.** an individual performance forming part of a variety show, radio program, etc.: *a juggling act.* **7.** behaviour which is contrived and artificial, somewhat in the manner of a theatrical performance: *he's not really an ocker – it's just an act.* –v.i. **8.** to do something; exert energy or force; be employed or operative: *her mind acts quickly.* **9.** to be employed or operate in a particular way; perform specific duties or functions: *to act as chairperson.* **10.** to have effect; perform a function: *the medicine failed to act.* **11.** to perform a specific function: *the stick will act as a lever.* **12.** to behave: *to act well under pressure.* **13.** to pretend. **14.** to perform as an actor: *did she ever act on the stage?* **15.** to be capable of being acted on the stage: *his plays don't act well.* –v.t. **16.** to represent (a fictitious or historical character) with one's person: *to act Macbeth.* **17.** to feign; counterfeit: *to act outraged virtue.* **18.** to behave as suitable for: *act your age.* **19.** to behave as: *he acted the fool.* –*phr.* **20. act for**, to serve or substitute for. **21. act on** (or **upon**), to act in accordance with; follow: *she acted on my suggestion.* **b.** to affect: *alcohol acts on the brain.* **22. act out**, to give expression to (an idea, emotion, etc.), either consciously (as in acting or mime) or unconsciously. **23. act up**, *Colloquial* **a.** to misbehave. **b.** (of a car, machine, etc.) to malfunction. **24. bung** (or **stack**) **on an act, a.** to display bad temper. **b.** to behave in a manner especially put on for the occasion. **25. get one's act together**, to become organised and effective.

acting /'æktɪŋ/ adj. **1.** serving temporarily; substitute: *acting governor.* **2.** that acts; functioning. **3.** provided with stage directions; designed to be used for performance: *an acting version of a play.* –n. **4.** performance as an actor. **5.** the occupation of an actor.

action /'ækʃən/ n. **1.** the process or state of acting or of being active. **2.** something done; an act; deed. **3.** (*plural*) habitual or usual acts; conduct. **4.** energetic activity. **5.** an exertion of power or force: *the action of wind upon a ship's sails.* **6.** *Physiology* a change in organs, tissues, or cells leading to performance of a function, as in muscular contraction. **7.** way or manner of moving. **8.** the mechanism by which something is operated, as that of a breech-loading rifle or a piano. **9.** *Physics* **a.** a force exerted by one object on a second object (as opposed to *reaction*, the equal and opposite force exerted by the second object on the first). **b.** the difference between the kinetic and potential energies of a mechanical system integrated over time. **10.** a small battle. **11.** military and naval combat. **12.** the main subject or story, as distinguished from an incidental episode. **13.** *Law* **a.** a proceeding instituted by one party against another. **b.** the right of bringing it. –v.t. **14.** to take action concerning: *I will action your request.* **15.** to bring about a desired action in relation to (something). –*interj.* **16.** *Film, TV* (a cue to actors or subjects after the camera and sound recorder have begun to roll, signalling them to commence their action). –*phr.* **17. take action**, to commence legal proceedings. **18. the action**,

actionable

Colloquial *a.* a profitable enterprise: *a piece of the action.* **b.** the centre of all the excitement: *close to the action.* **–actionless** *adj.*

actionable /'ækʃənəbəl/ *adj.* furnishing ground for a law suit. **–actionably** *adv.*

activate /'æktəveɪt/ *v.t.* **-vated, -vating.** **1.** to make active. **2.** *Physics* to render radioactive. **3.** to aerate (sewage) as a purification measure. **–activation** /æktə'veɪʃən/ *n.*

active /'æktɪv/ *adj.* **1.** in a state of action; in actual progress or motion: *active hostilities.* **2.** constantly engaged in action; busy: *an active life.* **3.** having the power of quick motion; nimble: *an active animal.* **4.** causing change; capable of exerting influence: *active treason.* **5.** *Grammar* denoting a voice of verb inflection in which the subject is represented as performing the action expressed by the verb (opposed to *passive*). For example, *he writes the letter* (active); *the letter was written* (passive) **6.** requiring action; practical: *the intellectual and the active mental powers.* **7.** (of a volcano) in eruption. **8.** *Electronics* (of an electronic component, or a complete circuit) able to amplify or switch a signal. **9.** capable of acting or reacting, especially in some specific manner: *active carbon.* **10.** (of a communications satellite) able to retransmit signals. –*n.* **11.** *Grammar* the active voice. **–actively** *adv.* **–activeness** *n.*

activist /'æktəvəst/ *n.* a zealous worker for a cause, especially a political cause. **–activism** *n.*

activity /æk'tɪvəti/ *n.* **-ties.** **1.** the state of action; doing. **2.** the quality of acting promptly; energy. **3.** a specific deed or action; sphere of action: *social activities.* **4.** liveliness; agility.

act of God *n. Law* a direct, sudden, and irresistible action of natural forces, such as could not humanly have been foreseen or prevented.

actor /'æktə/ *n.* **1.** someone who plays the part of a character in a dramatic performance. **2.** someone who acts; doer.

actress /'æktrəs/ *n.* a female actor.

actual /'æktʃuəl/ *adj.* **1.** existing in act or fact; real. **2.** now existing; present: *the actual position of the moon.* **–actualness** *n.*

actuality /æktʃu'æləti/ *n.* **-ties.** **1.** actual existence; reality. **2.** (*plural*) actual conditions or circumstances; facts: *he had to adjust to the actualities of life.*

actually /'æktʃuəli, 'æktʃəli/ *adv.* as an actual or existing fact; really.

actuary /'æktʃuəri/ *n.* **-ries.** a statistician who computes risks, rates, etc., according to probabilities indicated by recorded facts. **–actuarial** /æktʃu'ɛəriəl/ *adj.* **–actuarially** /æktʃu'ɛəriəli/ *adv.*

actuate /'æktʃueɪt/ *v.t.* **-ated, -ating.** **1.** to incite to action: *actuated by selfish motives.* **2.** to put into action. **–actuation** /æktʃu'eɪʃən/ *n.* **–actuator** *n.*

acuity /ə'kjuəti/ *n.* sharpness; acuteness: *acuity of vision.*

acumen /'ækjəmən/ *n.* quickness of perception; mental acuteness; keen insight. **–acuminous** /ə'kjumənəs/ *adj.*

acupressure /'ækjuprɛʃə, 'ækə-/ *n.* the massage of muscles and application of pressure to acupuncture points to promote well-being or to cure illness; shiatsu.

acupuncture /'ækjəpʌŋktʃə, 'ækə-/ *n.* a Chinese medical practice to treat disease, establish diagnosis or relieve pain, by puncturing specific areas of skin with long sharp needles. **–acupuncturist** *n.*

acute /ə'kjut/ *adj.* **1.** ending in a sharp point. **2.** sharp in effect; intense: *acute sorrow.* **3.** severe; crucial: *an acute shortage.* **4.** (of disease, etc.) brief and severe (opposed to *chronic*). **5.** keen of mind; perceptive: *an acute observer.* **6.** sensitive and accurate: *acute eyesight.* **7.** *Geometry, etc.* (of an angle) less than 90°. **8.** *Grammar* of or having a particular accent ('). **–acutely** *adv.* **–acuteness** *n.*

-acy a suffix of nouns of quality, state, office, etc., many of which accompany adjectives in *-acious* or nouns or adjectives in *-ate*, as in *efficacy*, *fallacy*, etc., *advocacy*, *primacy*, etc., *accuracy*, *delicacy*, etc.

acyclic /eɪ'saɪklɪk, eɪ'sɪklɪk/ *adj.* not occurring in cycles; not periodic.

ad /æd/ *n. Colloquial* an advertisement.

ad- a prefix of direction, tendency, and addition, attached chiefly to stems not found as words themselves, as in *advert, advent.*

-ad **1.** a suffix forming nouns denoting a collection of a certain number, as in *triad.* **2.** a suffix found in words and names proper to Greek myth, as in *dryad.*

adage /'ædɪdʒ/ *n.* a proverb.

adagio /ə'daʒioʊ, -dʒioʊ/ *adv. Music* in a leisurely manner; slowly.

adamant /'ædəmənt/ *adj.* firm in purpose or opinion; unyielding.

Adam's apple /,ædəmz 'æpəl/ *n.* a projection of the thyroid cartilage at the front of the (male) throat.

adapt /ə'dæpt/ *v.t.* **1.** to make suitable to requirements; adjust or modify fittingly. –*v.i.* **2.** to adjust oneself: *to adapt to new surroundings.* **–adaptation** *n.* **–adaptive** *adj.*

adaptable /ə'dæptəbəl/ *adj.* **1.** capable of being adapted. **2.** able to adapt oneself easily to new conditions. **–adaptability** /ədæptə'bɪləti/, **adaptableness** *n.*

adaptor = adapter /ə'dæptə/ *n.* **1.** a device for fitting together parts having different sizes or designs. **2.** an accessory to convert a machine, tool, etc., to a new or modified use.

add /æd/ *v.t.* **1.** to unite or join so as to increase the number, quantity, size, or importance: *to add another stone to the pile.* **2.** Also, **add up**. to find the sum of. **3.** to say or write further. –*v.i.* **4.** Also, **add up**. to perform the arithmetical operation of addition. –*phr.* **5. add in**, to include. **6. add to**, to be or serve as an addition to: *to add to someone's grief.* **7. add up**, **a.** to make the desired or expected total. **b.** to make sense or be logically consistent: *the facts don't add up.* **8. add up to**, to amount to. **–addable = addible** *adj.*

ADD /eɪ di 'di/ *n.* → **attention deficit disorder**.

addendum /ə'dɛndəm/ *n.* **-da** /-də/. **1.** a thing to be added; an addition. **2.** an appendix to a book.

adder /'ædə/ *n.* **1.** the common European viper, *Vipera berus*, a small venomous snake, widespread in northern Eurasia. **2.** any of various other snakes, venomous or harmless, resembling the viper.

addict /'ædɪkt/ *n.* someone who is addicted to a practice or habit: *a drug addict.* **–addicted** *adj.* **–addiction** *n.* **–addictive** *adj.*

addition /ə'dɪʃən/ *n.* **1.** the act or process of adding or uniting. **2.** the process of uniting two or more numbers into one sum, denoted by the symbol + . **3.** the result of adding; anything added. –*phr.* **4. in addition**, besides. **5. in addition to**, as well as. **–additional** *adj.*

additive /'ædətɪv/ *n.* **1.** a substance added to a product, usually to preserve or improve its quality. **2.** something added. –*adj.* **3.** to be added; of the nature of an addition; characterised by addition: *an additive process.* **–additively** *adv.*

addle /'ædl/ *v.* **addled, addling**, *adj.* –*v.t.* **1.** to muddle or confuse. –*v.i.* **2.** to become spoiled or

address

rotten, as eggs. –*adj.* **3.** mentally confused; muddled, as in the combination *addlebrained*.

address /əˈdrɛs, ˈædrɛs/ *n.*, /əˈdrɛs/ *v.* –*n.* **1.** a formal speech or writing directed to a person or a group of persons: *an address on current problems*. **2.** a direction as to name and residence inscribed on a letter, etc. **3.** a place where a person lives or may be reached. **4.** *Computers* a number or symbol which identifies a particular register in the memory of a digital computer. **5.** manner of speaking to persons; personal bearing in conversation. **6.** skilful management; adroitness: *to handle a matter with address*. **7.** (*usually plural*) attentions paid by a lover; courtship. –*v.t.* **8.** to make a formal speech to: *the leader addressed the assembly*. **9.** to direct to the ear or attention: *to address a warning to someone*. **10.** to direct for delivery; put a direction on: *to address a letter*. **11.** *Golf* to adjust and apply the club to (the ball) in preparing for a stroke. –*phr.* **12. address oneself to**, **a.** to apply in speech to: *she addressed herself to the president*. **b.** to direct one's attention or energy to: *he addressed himself to the work in hand*. –**addresser** = **addressor** *n.* –**addressee** *n.*

adduce /əˈdjus/ *v.t.* –**duced**, –**ducing**. to bring forward in argument; cite as pertinent or conclusive: *to adduce reasons*. –**adducible** *adj.* –**adducer** *n.*

adduct /əˈdʌkt/ *v.t. Physiology* to draw towards the main axis (opposed to *abduct*). –**adductive** *adj.* –**adductor** *n.*

-ade[1] **1.** a suffix found in nouns denoting action or process, product or result of action, person or persons acting, often irregularly attached, as in *blockade*, *escapade*, *masquerade*. **2.** a noun suffix indicating a drink made of a particular fruit, as in *orangeade*.

-ade[2] a collective suffix, variant of **-ad** (def. 1), as in *decade*.

adeno- a word element meaning 'gland'. Also (*before vowels*), **aden-**.

adenoid /ˈædənɔɪd/ *n.* **1.** (*usually plural*) an enlarged mass of lymphoid tissue in the upper pharynx, common in children, often preventing nasal breathing. –*adj.* **2.** Also, **adenoidal** /ædəˈnɔɪdl/. relating to the lymphatic glands.

adept /ˈædɛpt/ *n.*, /əˈdɛpt/ *adj.* –*n.* **1.** someone who has attained proficiency; someone fully skilled in anything. –*adj.* **2.** highly skilled; proficient; expert. –**adeptly** *adv.* –**adeptness** *n.*

adequate /ˈædəkwət/ *adj.* (sometimes fol. by *to* or *for*) equal to the requirement or occasion; fully sufficient, suitable, or fit. –**adequately** *adv.* –**adequacy**, **adequateness** *n.*

ADHD /eɪ di eɪtʃ ˈdi/ *n.* → **attention deficit hyperactive disorder**.

adhere /ədˈhɪə/ *v.i.* –**hered**, –**hering**. **1.** (sometimes fol. by *to*) to stick fast; cleave; cling. –*phr.* **2. adhere to**, **a.** to be devoted to; be attached to as a follower or upholder: *to adhere to a party, a leader, a church, a creed, etc*. **b.** to hold closely or firmly to: *to adhere to a plan*. –**adherence** *n.* –**adherent** *n.*, *adj.* –**adherer** *n.*

adhesion /ədˈhiʒən/ *n.* **1.** the act or state of adhering, or of being united: *the adhesion of parts united by growth*. **2.** *Physics* the molecular force exerted across the surface of contact between unlike liquids and solids which resists their separation. **3.** *Pathology* the abnormal union of adjacent tissues due to inflammation.

adhesive /ədˈhisɪv, -ˈhizɪv/ *adj.* **1.** clinging; tenacious; sticking fast. –*n.* **2.** a substance for sticking things together. –**adhesively** *adv.* –**adhesiveness** *n.*

ad hoc /æd ˈhɒk/ *adj.* **1.** for this (special purpose); an **ad hoc committee** is one set up to deal with one subject only. **2.** impromptu. An **ad hoc decision** is one made with regard to the exigencies of the moment. –*adv.* **3.** with respect to this (subject or thing).

adjust

adiabatic /ˌædiəˈbætɪk/ *adj.* without gain or loss of heat (distinguished from *isothermal*). –**adiabatically** *adv.*

adieu /əˈdju, əˈdjɜ/ *interj.*, *n.* **adieus** /əˈdjuz, əˈdjɜz/ or **adieux** /əˈdju, əˈdjɜ/ –*interj.* **1.** goodbye; farewell. –*n.* **2.** the act of taking one's leave; a farewell.

ad infinitum /ˌæd ɪnfəˈnaɪtəm/ to infinity; endlessly; without limit.

adipose /ˈædəpoʊs/ *adj.* fatty; having to do with fat. –**adiposeness**, **adiposity** /ædəˈpɒsəti/ *n.*

adjacent /əˈdʒeɪsənt/ *adj.* lying near, close, or contiguous; adjoining; neighbouring: *a field adjacent to the main road*. –**adjacency** *n.* –**adjacently** *adv.*

adjective /ˈædʒəktɪv/ *n.* **1.** *Grammar* **a.** one of the major word classes in many languages, comprising words that typically modify a noun. **b.** such a word, as *wise* in *a wise ruler*, or in *she is wise*. –*adj.* **2.** *Grammar* relating to an adjective; functioning as an adjective; adjectival. –*phr.* **3. the great Australian adjective**, (*humorous*) bloody (def. 4). –**adjectival** /ædʒəkˈtaɪvəl/ *adj.* –**adjectivally** /ædʒəkˈtaɪvəli/ *adv.*

adjoin /əˈdʒɔɪn/ *v.t.* **1.** to be in connection or contact with; abut on: *his house adjoins the lake*. –*v.i.* **2.** to lie or be next, or in contact. –**adjoining** *adj.*

adjourn /əˈdʒɜn/ *v.t.* **1.** to suspend the meeting of (a public or private body) to a future day or to another place: *adjourn the court*. –*v.i.* **2.** to postpone, suspend, or transfer proceedings. –**adjournment** *n.*

adjudge /əˈdʒʌdʒ/ *v.t.* –**judged**, –**judging**. **1.** to pronounce formally; decree: *the will was adjudged void*. **2.** to award judicially; assign: *the prize was adjudged to him*. **3.** to deem: *it was adjudged wise to avoid war*.

adjudicate /əˈdʒudəkeɪt/ *v.* –**cated**, –**cating**. –*v.t.* **1.** to pronounce or decree by judicial sentence; settle judicially; pass judgment on; to determine (an issue or dispute) judicially. –*v.i.* **2.** (sometimes fol. by *on* or *upon*) to sit in judgment. **3.** to act as a judge in a competition, especially a debating competition. –**adjudication** *n.* –**adjudicator** *n.* –**adjudicative** /əˈdʒudəkətɪv/ *adj.*

adjunct /ˈædʒʌŋkt/ *n.* **1.** something added to another thing but not essentially a part of it. **2.** a person joined to another in some duty or service; an assistant. **3.** *Grammar* a modifying form, word, phrase, etc., depending on some other form, word, phrase, etc. –*adj.* **4.** joined to a thing or person, especially subordinately; associated; auxiliary. –**adjunctive** *adj.*

adjure /əˈdʒʊə/ *v.t.* –**jured**, –**juring**. **1.** to charge, bind, or command, earnestly and solemnly, often under oath or the threat of a curse. **2.** to entreat or request earnestly. –**adjuration** /ædʒəˈreɪʃən/ *n.* –**adjuratory** /əˈdʒʊərətri/ *adj.* –**adjurer** = **adjuror** *n.*

adjust /əˈdʒʌst/ *v.t.* **1.** to fit, as one thing to another, make correspondent or conformable; adapt; accommodate: *to adjust things to a standard*. **2.** to put in working order; regulate; bring to a proper state or position: *to adjust an instrument*. **3.** to settle or bring to a satisfactory state, so that parties are agreed in the result: *to adjust differences*. **4.** *Insurance* to fix (the sum to be paid on a claim); settle (a claim). –*v.i.* **5.** to adapt oneself; become adapted. –**adjuster** = **adjustor** *n.* –**adjustment** *n.* –**adjustable** *adj.* –**adjustably** *adv.*

adjutant — adulterate

adjutant /'ædʒətənt/ *n.* **1.** *Military* a staff officer who assists the commanding officer. **2.** an assistant. **–adjutancy** *n.*

ad lib /æd 'lɪb/ *adv.* **1.** freely; in an impromptu manner. *–adj.* **2.** having to do with an improvised performance. Also, **ad-lib.**

adlib /æd'lɪb/ *v.* **-libbed, -libbing.** *–v.t.* **1.** to improvise and deliver extemporaneously. *–v.i.* **2.** to improvise, as notes, words or business, during rehearsal or performance.

administer /æd'mɪnəstə, əd-/ *v.t.* **1.** to manage (affairs, a government, etc.); have charge of the execution of: *to administer laws.* **2.** to bring into use or operation; dispense: *to administer justice.* **3.** to make application of; give: *to administer medicine.* **4.** to tender or impose: *to administer an oath.* *–v.i.* **5.** to perform the duties of an administrator. *–phr.* **6. administer to,** to contribute assistance to; bring aid or supplies to: *to administer to the needs of the poor.* **–administrable** /əd'mɪnəstrəbəl/ *adj.* **–administrant** *adj., n.*

administration /ədmɪnəs'treɪʃən/ *n.* **1.** the management or direction of any office or employment. **2.** the function of a political state in exercising its governmental duties. **3.** any body of people entrusted with administrative powers. **4.** *Chiefly US* the period of service of a government.

administrative /əd'mɪnəstrətɪv/ *adj.* having to do with administration; executive: *administrative ability, problems, etc.* **–administratively** *adv.*

administrator /əd'mɪnəstreɪtə/ *n.* **1.** someone who directs or manages affairs of any kind. **2.** *Law* someone appointed by a court to take charge of the estate of a person who died without appointing an executor.

admirable /'ædmərəbəl/ *adj.* worthy of admiration, exciting approval, reverence or affection; excellent. **–admirableness** *n.* **–admirably** *adv.*

admiral /'ædmərəl/ *n.* **1.** the commander-in-chief of a navy. **2.** a naval officer of the highest rank. **3.** a naval officer of high rank. **4.** the ship of an admiral; flagship. **5.** any of various butterflies, as the **Australian admiral,** *Vanessa itea.* **–admiralship** *n.* **–admiralty** *n.*

admire /əd'maɪə/ *v.* **-mired, -miring.** *–v.t.* **1.** to regard with wonder, pleasure, and approbation. *–v.i.* **2.** to feel or express admiration. **–admiration** *n.* **–admirer** *n.* **–admiringly** *adv.*

admissible /əd'mɪsəbəl/ *adj.* **1.** that may be allowed or conceded; allowable. **2.** *Law* allowable as evidence. **–admissibility** /ədmɪsə'bɪləti/, **admissibleness** *n.* **–admissibly** *adv.*

admission /əd'mɪʃən/ *n.* **1.** the act of allowing to enter; entrance afforded by permission, by provision or existence of means, or by the removal of obstacles: *the admission of aliens into a country.* **2.** the price paid for entrance, as to a theatre, etc. **3.** the act or condition of being received or accepted in a position or office; appointment: *admission to the practice of law.* **4.** a point or statement admitted; concession.

admit /əd'mɪt/ *v.* **-mitted, -mitting.** *–v.t.* **1.** to allow to enter; grant or afford entrance to: *to admit a student to college.* **2.** to permit; allow. **3.** to permit to exercise a certain function or privilege: *admit to the bar.* **4.** to allow as valid: *to admit the force of an argument.* **5.** to have capacity for the admission of at one time: *this passage admits two abreast.* **6.** to acknowledge; confess: *he admitted his guilt.* *–v.i.* **7.** to give access; grant entrance: *this key admits to the garden.* *–phr.* **8. admit of,** to leave room for: *this situation admits of no other solution.* **–admittance** *n.* **–admitter** *n.*

admittedly /əd'mɪtədli/ *adv.* by acknowledgment; confessedly: *he was admittedly the one who had lost the documents.*

admonish /əd'mɒnɪʃ/ *v.t.* **1.** to counsel against something; caution or advise. **2.** to notify of or reprove for a fault, especially mildly: *to admonish someone as a brother.* **3.** to recall or incite to duty; remind: *to admonish someone about their obligations.* **–admonisher** *n.* **–admonishingly** *adv.* **–admonishment, admonition** *n.*

ad nauseam /æd 'nɔziəm, -si-/ *adv.* to a sickening or disgusting extent.

ado /ə'du/ *n.* **1.** activity; bustle; fuss. *–phr.* **2. much ado about nothing,** a great fuss about very little.

adobe /ə'doʊbi/ *n.* a yellow silt or clay, deposited by rivers, used to make bricks.

adolescence /ædə'lɛsəns/ *n.* **1.** the transition period between puberty and adult stages of development; youth. **2.** the quality or state of being in this period; youthfulness. **–adolescent** *n., adj.*

adopt /ə'dɒpt/ *v.t.* **1.** to choose for or take to oneself; make one's own by selection or assent: *to adopt a name or idea.* **2.** to take as one's own child, specifically by a formal legal act. **3.** to vote to accept: *the House adopted the report.* **–adoptable** *adj.* **–adopter** *n.* **–adoption** *n.*

adoptive /ə'dɒptɪv/ *adj.* **1.** related by adoption: *an adoptive father or son.* **2.** tending to adopt. **3.** (of children) for adoption. **–adoptively** *adv.*

adorable /ə'dɔrəbəl/ *adj.* **1.** worthy of being adored. **2.** *Colloquial* arousing strong liking. **–adorableness, adorability** /ədɔrə'bɪləti/ *n.* **–adorably** *adv.*

adore /ə'dɔ/ *v.t.* **adored, adoring. 1.** to regard with the utmost esteem, love, and respect. **2.** to honour as divine; worship: *to be adored as gods.* **3.** *Colloquial* to like greatly. **–adoration** *n.* **–adorer** *n.* **–adoring** *adj.* **–adoringly** *adv.*

adorn /ə'dɔn/ *v.t.* **1.** to make pleasing or more attractive; embellish; add lustre to: *the piety which adorns his character.* **2.** to increase or lend beauty to, as by dress or ornaments; decorate: *garlands of flowers adorning her hair.* **–adornment** *n.* **–adorner** *n.* **–adorningly** *adv.*

adrenalin /ə'drɛnələn, -lɪn/ *n.* **1.** a white or whitish crystalline compound, $C_9H_{13}NO_3$, a hormone produced by the adrenal medulla; epinephrine. **2.** this substance purified from the suprarenal secretion of animals and used as a drug to speed heart action, contract blood vessels, etc. Also, **adrenaline.**

adrift /ə'drɪft/ *adj.* **1.** not fastened by any kind of moorings; at the mercy of winds and currents. **2.** swayed by any chance impulse. **3.** *Colloquial* confused; wide of the mark.

adroit /ə'drɔɪt/ *adj.* expert in the use of the hand or mind; ingenious. **–adroitly** *adv.* **–adroitness** *n.*

adsorb /əd'sɔb/ *v.t.* *Chemistry* to gather (a gas, liquid, or dissolved substance) on a surface in a condensed layer, as is the case when charcoal adsorbs gases. **–adsorbent** *adj., n.* **–adsorption** *n.* **–adsorptive** *adj., n.*

adulate /'ædʒəleɪt, 'ædjuleɪt/ *v.t.* **-lated, -lating.** to show pretended or undiscriminating devotion to; flatter servilely. **–adulation** /ædʒə'leɪʃən/ *n.* **–adulater** *n.* **–adulatory** *adj.*

adult /ə'dʌlt, 'ædʌlt/ *adj.* **1.** having attained full size and strength; grown up; mature. **2.** having to do with adults: *adult education.* *–n.* **3.** someone who is grown up or of age. **4.** a full-grown animal or plant. **–adulthood** *n.* **–adultness** *n.*

adulterate /ə'dʌltəreɪt/ *v.t.* **-rated, -rating.** to debase by adding inferior materials or elements; make impure by admixture; use cheaper, inferior, or less desirable goods in the production or marketing of (any professedly genuine article): *to adulterate food.* **–adulterator, adulterant** *n.* **–adulteration** /ədʌltə'reɪʃən/ *n.*

adultery /əˈdʌltəri/ *n.* **-teries.** voluntary sexual intercourse between a married person and anyone other than the lawful spouse. **–adulterer** *n.* **–adulteress** *fem. n.*

adumbrate /ˈædəmbreɪt/ *v.t.* **-brated, -brating. 1.** to give a faint shadow or resemblance of; outline or shadow forth. **2.** to foreshadow; prefigure. **3.** to darken or conceal partially; overshadow. **–adumbration** /ædəmˈbreɪʃən/ *n.*

advance /ədˈvæns, -ˈvans/ *v.* **-vanced, -vancing,** *n., adj.* **–v.t. 1.** to move or bring forwards in place: *the troops were advanced to the new position.* **2.** to bring to view or notice; propose. **3.** to improve; further: *to advance one's interests.* **4.** to raise in rank; promote. **5.** to raise in rate: *to advance the price.* **6.** to bring forwards in time; accelerate: *to advance growth.* **7.** to supply beforehand; furnish on credit, or before goods are delivered or work is done. **8.** to supply or pay in expectation of reimbursement: *to advance money on loan.* –v.i. **9.** to move or go forwards in place or time; proceed. **10.** to improve or make progress; grow: *to advance in knowledge or rank.* **11.** to increase in quantity, value, price, etc.: *stocks advanced three points.* –*n.* **12.** a moving forwards; progress in space: *advance to the sea.* **13.** advancement; promotion: *an advance in rank.* **14.** a step forwards; actual progress in any course of action. **15.** (*usually plural*) **a.** an effort to bring about acquaintance, accord, understanding, etc. **b.** an indication of a wish to engage in sexual activity. **16.** addition to price; rise in price: *an advance in cottons.* **17.** *Commerce* **a.** a giving beforehand; a furnishing of something before an equivalent is received. **b.** the money or goods thus furnished. **c.** a loan against securities, or in advance of payment due. **18.** *Military Obsolete* the order or a signal to advance. **19.** *US* the leading body of an army. –*adj.* **20.** made or given in advance: *an advance payment.* **21.** issued in advance: *an advance copy.* –*phr.* **22. advance on,** to move towards, especially threateningly. **23. in advance, a.** before; in front of. **b.** beforehand; ahead of time: *he insisted on paying his rent in advance.* **–advancement** *n.* **–advancer** *n.*

advantage /ədˈvæntɪdʒ, -ˈvan-/ *n., v.* **-taged, -taging.** –*n.* **1.** any state, circumstance, opportunity, or means specially favourable to success, interest, or any desired end: *the advantage of a good education.* **2.** benefit; gain; profit: *it is to her advantage.* **3.** (sometimes fol. by *over* or *of*) superiority or ascendancy: *her height gave her an advantage over her opponents; you have the advantage of me.* **4.** *Tennis* the first point scored after deuce, or the resulting state of the score. –*v.t.* **5.** to be of service to; yield profit or gain to; benefit. –*phr.* **6. take advantage of, a.** to make use of: *to take advantage of an opportunity.* **b.** to impose upon: *to take advantage of someone.* **7. to advantage,** with good effect; advantageously. **–advantageous** /ædvənˈteɪdʒəs/ *adj.*

advent /ˈædvent/ *n.* **1.** a coming into place, view, or being; arrival: *the advent of death.* **2.** (*cap.*) a season of the liturgical year (including four Sundays) preceding Christmas, commemorative of Christ's coming.

adventitious /ædvenˈtɪʃəs/ *adj.* **1.** accidentally or casually acquired; added extrinsically; foreign. **2.** *Botany, Zoology* appearing in an abnormal or unusual position or place, as a root. **–adventitiously** *adv.* **–adventitiousness** *n.*

adventure /ədˈventʃə/ *n., v.* **-tured, -turing.** –*n.* **1.** an undertaking of uncertain outcome; a hazardous enterprise. **2.** an exciting experience. **3.** participation in exciting undertakings or enterprises: *the spirit of adventure.* **4.** a commercial or financial speculation of any kind; a venture. –*v.t.* **5.** to venture. **–adventurer** *n.* **–adventurous** *adj.*

adverb /ˈædvɜb/ *n.* one of the major parts of speech comprising words used to modify or limit a verb, a verbal noun (also, in Latin, English, and some other languages, an adjective or another adverb), or an adverbial phrase or clause. An adverbial element expresses some relation of place, time, manner, attendant circumstance, degree, cause, inference, result, condition, exception, concession, purpose, or means. **–adverbial** /ədˈvɜbiəl/ *adj.* **–adverbially** /ədˈvɜbiəli/ *adv.*

adversary /ˈædvəsri, -səri/ *n.* **-saries. 1.** an unfriendly opponent. **2.** an opponent in a contest; a contestant.

adverse /ˈædvɜs, ədˈvɜs/ *adj.* **1.** antagonistic in purpose or effect: *adverse criticism; adverse to slavery.* **2.** opposing one's interests or desire: *adverse fate; adverse fortune; adverse influences; adverse circumstances.* **3.** being or acting in a contrary direction; opposed or opposing: *adverse winds.* **4.** opposite; confronting: *the adverse page.* **5.** *Botany* turned towards the axis, as a leaf. **6.** *Law* **a.** opposed to the examining party in a law suit: *an adverse witness.* **b. adverse possession,** an occupation or possession of land by one who has no lawful title to it, which, if unopposed for a certain period, extinguishes the right and title of the true owner. **–adversely** *adv.* **–adverseness** *n.*

advert[1] /ədˈvɜt/ *phr.* **advert to,** to make a remark or remarks about or in relation to; refer to: *he adverted briefly to the occurrences of the day.*

advert[2] /ˈædvɜt/ *n. Colloquial* an advertisement.

advertise /ˈædvətaɪz/ *v.* **-tised, -tising.** –*v.t.* **1.** to give information to the public concerning; make public announcement of, by publication in periodicals, by printed posters, by broadcasting over the radio, television, etc.: *to advertise a reward.* **2.** to praise the good qualities of, in order to induce the public to buy or invest in. **3.** to offer (an article) for sale or (a vacancy) to applicants, etc., by placing an advertisement in a newspaper, magazine, etc.: *he advertised the post of private secretary.* –*v.i.* **4.** to ask (*for*) by placing an advertisement in a newspaper, magazine, etc.: *to advertise for a house to rent.* Also, *US,* **advertize. –advertiser** *n.* **–advertising** *n.*

advertisement /ədˈvɜtəsmənt/ *n.* any device or public announcement, as a printed notice in a newspaper, a commercial film on television, a neon sign, etc., designed to attract public attention, bring in custom, etc. Also, *US,* **advertizement.**

advice /ədˈvaɪs/ *n.* **1.** an opinion recommended, or offered, as worthy to be followed: *I shall act on your advice.* **2.** a communication, especially from a distance, containing information: *advice from abroad.* **3.** a formal or professional opinion given, especially by a barrister.

advisable /ədˈvaɪzəbəl/ *adj.* proper to be advised or to be recommended: *it is advisable to go to bed early if you are sick.* **–advisability** /əd,vaɪzəˈbɪləti/, **advisableness** *n.*

advise /ədˈvaɪz/ *v.* **-vised, -vising.** –*v.t.* **1.** to give counsel to; offer an opinion to, as worthy or expedient to be followed: *I advise you to be cautious.* **2.** to recommend as wise, prudent, etc.: *he advised secrecy.* –*v.i.* **3.** to offer counsel; give advice: *I shall act as you advise.* –*phr.* **4. advise someone of something,** to give someone information or notice about something: *the merchants were advised of the risk.* **–adviser = advisor** *n.* **–advisory** *adj.*

advisedly /ədˈvaɪzədli/ *adv.* after due consideration; deliberately.

advocate — affection

advocate /'ædvəkeɪt/ *v.* **-cated, -cating** /'ædvəkət, -keɪt/ *-v.t.* **1.** to plead in favour of; support or urge by argument; recommend publicly: *he advocated isolationism. -n.* **2.** (sometimes fol. by *of*) someone who defends, vindicates, or espouses a cause by argument; an upholder; a defender: *an advocate of peace.* **-advocator** *n.* **-advocacy** /'ædvəkəsi/ *n.* **-advocatory** /əd'vɒkətri/ *adj.*

adze /ædz/ *n.* a heavy chisel-like steel tool fastened at right angles to a wooden handle, used to dress timber, etc. Also, **adz**.

ae a digraph or ligature appearing in Latin and Latinised Greek words. In English words of Latin or Greek origin, *æ* is now usually reduced to *e*, except generally in proper names (*Caesar*), in words belonging to Roman or Greek antiquities (*aegis*), and in modern words of scientific or technical use (*aecium*).

ae- For words with initial **ae-**, see also **e-**.

aegis /'idʒəs/ *n.* protection; sponsorship: *under the imperial aegis.*

-aemia a suffix referring to the state of the blood, as in *toxaemia*. Also, **-emia, -haemia, -hemia**.

aeon = eon /'iən/ *n.* **1.** an indefinitely long period of time; an age. **2.** *Geology* the largest division of geological time, comprising two or more eras.

aerate /'ɛəreɪt/ *v.t.* **-rated, -rating**. **1.** to charge or treat with air or a gas, especially with carbon dioxide. **2.** to expose to the free action of the air: *to aerate milk in order to remove unpleasant smells.* **-aeration** /ɛə'reɪʃən/ *n.*

aerial /'ɛəriəl/ *n.* **1.** *Radio* that part of a radio system which sends out or receives electromagnetic waves; antenna. *-adj.* **2.** of, in, or produced by the air: *aerial currents.* **3.** living in the air: *aerial creatures.* **4.** reaching high into the air; lofty: *aerial spires.* **5.** of the nature of air; airy: *aerial beings.* **6.** unreal; visionary: *aerial fancies.* **7.** *Biology* growing in the air, as roots of some trees. **-aerially** *adv.*

aero- a word element indicating: **1.** air; atmosphere. **2.** gas. **3.** aeroplane.

aerobatics /ɛərə'bætɪks/ *pl. n.* stunts carried out by aircraft; aerial acrobatics. **-aerobatic** *adj.*

aerobic /ɛə'roʊbɪk/ *adj.* **1.** (of organisms or tissues) living or active only in the presence of free oxygen. **2.** relating to or caused by the presence of oxygen: *aerobic respiration.* Compare **anaerobic**. **-aerobically** *adv.*

aerobics /ɛə'roʊbɪks/ *pl. n.* physical exercises which stimulate the respiratory and circulatory systems to improve and maintain physical fitness.

aerodrome /'ɛərədroʊm/ *n.* a landing field for aeroplanes, especially private aeroplanes, having permanent buildings, equipment, hangars, etc. but usually smaller than an airport; landing strip. Also, *US*, **airdrome**.

aerodynamics /ˌɛəroʊdaɪ'næmɪks/ *n.* the study of air in motion and of the forces acting on solids in motion relative to the air through which they move. **-aerodynamicist** *n.*

aerofoil /'ɛərəfɔɪl/ *n.* any surface, such as a wing, aileron, or stabiliser, designed to help in lifting or controlling an aircraft or sailing boat by making use of the current of air through which it moves.

aeronautics /ɛərə'nɔtɪks/ *n.* the science or art of flight.

aeroplane /'ɛərəpleɪn/ *n.* an aircraft, heavier than air, kept aloft by the upward thrust exerted by the passing air on its fixed wings, and driven by propellers, jet propulsion, etc. Also, *Chiefly US*, **airplane**.

aerosol /'ɛərəsɒl/ *n.* **1.** *Physics, Chemistry* a system consisting of colloidal particles dispersed in a gas; a smoke or fog. **2.** an aerosol container.

aerosol container *n.* a small metal container for storing under pressure, and subsequently dispensing as a spray, such products as insecticides, waxes, lacquers, etc. Also, **aerosol can, aerosol pack**.

aerospace /'ɛəroʊˌspeɪs/ *n.* **1.** the earth's envelope of air and the space beyond it. *-adj.* **2.** having to do with aeronautics and astronautics considered together.

aesthetic = esthetic /əs'θɛtɪk, is-/ *adj.* **1.** relating to the sense of the beautiful or the science of aesthetics. **2.** having a sense of the beautiful; characterised by a love of beauty.

aesthetics = esthetics /əs'θɛtɪks, is-/ *n. Philosophy* the science which deduces from nature and taste the rules and principles of art; the theory of the fine arts; the science of the beautiful, or the branch of philosophy that deals with its principles or effects; the doctrines of taste.

aestivate = estivate /'ɛstəveɪt/ *v.i.* **-vated, -vating**. *Zoology* to pass the summer in a torpid condition. **-aestivation** *n.* **-aestivator** *n.*

aetiology = etiology /iti'ɒlədʒi/ *n.* the study of the causes of anything, especially of diseases. **-aetiological** *adj.* **-aetiologically** *adv.* **-aetiologist** *n.*

af- variant of **ad-** (by assimilation) before *f*, as in *affect*.

afar /ə'fa/ *adv.* **1.** from a distance (usu. preceded by *from*): *he came from afar.* **2.** Also, **afar off**. far away; at or to a distance: *he saw the plane afar off.*

affable /'æfəbəl/ *adj.* **1.** easy to talk to or to approach; polite; friendly: *an affable and courteous gentleman.* **2.** expressing affability; mild; benign: *an affable countenance.* **-affability** /æfə'bɪləti/, **affableness** *n.* **-affably** *adv.*

affair /ə'fɛə/ *n.* **1.** anything done or to be done: *an affair of great importance; affairs of state.* **2.** (*usually plural*) matters of interest or concern: *put your affairs in order.* **3.** an event or particular action, operation, etc. **4.** a love affair.

affect[1] /ə'fɛkt/ *v.t.* **1.** to act on; produce an effect or a change in: *cold affects the body.* **2.** (of pain, disease, etc.) to attack or lay hold of.

affect[2] /ə'fɛkt/ *v.t.* **1.** to make a show of; put on a pretence of; pretend; feign: *to affect ignorance.* **2.** to make a show of liking or imitating: *to affect an Oxford accent.* **3.** to use or adopt by preference; choose; prefer: *the peculiar costume which he affected.* **4.** to assume the character or attitude of: *to affect the freethinker.* *-v.i.* **5.** to profess; pretend: *he affected to be wearied.* **-affecter** *n.*

affectation /ˌæfɛk'teɪʃən/ *n.* **1.** (sometimes fol. by *of*) a striving for the appearance of (a quality not really or fully possessed); pretence of the possession or character; effort for the reputation: *an affectation of wit; affectation of great wealth.* **2.** artificiality of manner or conduct; effort to attract notice by pretence, assumption, or any assumed peculiarity: *his affectations are insufferable.*

affected[1] /ə'fɛktəd/ *adj.* **1.** acted upon; influenced. **2.** influenced injuriously; impaired; attacked, as by climate or disease. **3.** moved; touched: *she was deeply affected.*

affected[2] /ə'fɛktəd/ *adj.* **1.** assumed artificially: *affected airs; affected diction.* **2.** assuming or pretending to possess characteristics which are not natural: *an affected lady.* **3.** inclined or disposed: *well affected towards a project.* **-affectedly** *adv.* **-affectedness** *n.*

affection /ə'fɛkʃən/ *n.* **1.** a settled goodwill, love, or attachment: *the affection of a father for his child.* **2.** the state of having one's feelings affected; emotion or feeling: *over and above our reason and affections.* **3.** *Pathology* a disease, or the

condition of being diseased; a morbid or abnormal state of body or mind: *a gouty affection.* **4.** the act of affecting; act of influencing or acting upon. **5.** the state of being affected.
affectionate /əˈfɛkʃənət/ *adj.* **1.** characterised by or manifesting affection; possessing or indicating love; tender: *an affectionate embrace.* **2.** having great love or affection; warmly attached: *your affectionate brother.* **–affectionately** *adv.* **–affectionateness** *n.*
affiance /æfiˈɒns, əˈfaɪəns/ *v.t.* **-anced**, **-ancing**. to bind by promise of marriage; betroth: *to affiance a daughter.* **–affianced** *adj.*
affidavit /æfəˈdeɪvət/ *n.* a written statement on oath, sworn to before an authorised official, often used as evidence in court proceedings.
affiliate /əˈfɪlieɪt/ *v.* **-ated**, **-ating**, /əˈfɪliət/ *n.* –*v.t.* **1.** (sometimes fol. by *with*) to attach as a branch or part; unite; associate: *affiliated with the church.* **2.** to bring into association or close connection: *the two banks were affiliated.* –*v.i.* **3.** to associate oneself; be intimately united in action or interest. –*n.* **4.** a person or thing that is affiliated; associate or auxiliary. **–affiliation** /əfɪliˈeɪʃən/ *n.*
affinity /əˈfɪnəti/ *n.* **-ties**. **1.** a natural liking for, or attraction to, a person or thing. **2.** inherent likeness or agreement as between things; close resemblance or connection. **3.** relationship by marriage or by ties other than those of blood (distinguished from *consanguinity*). **4.** *Chemistry* the force by which the atoms of dissimilar nature unite in certain definite proportions to form a compound. **–affinitive** *adj.*
affirm /əˈfɜm/ *v.t.* **1.** to state or assert positively; maintain as true: *to affirm one's loyalty to one's country.* **2.** to establish, confirm, or ratify: *the appellate court affirmed the judgment of the lower court.* –*v.i.* **3.** to declare positively; assert solemnly. **4.** *Law* to declare solemnly before a court or magistrate, but without oath (a practice allowed where the affirmant has scruples, usually religious, against taking an oath). **–affirmation** /æfəˈmeɪʃən/ *n.* **–affirmer**, **affirmant** *n.* **–affirmable** *adj.*
affirmative /əˈfɜmətɪv/ *adj.* **1.** giving affirmation or assent; confirmatory; not negative: *an affirmative answer.* **2.** *Logic* denoting a proposition or judgment that asserts a relation between its terms, or asserts that the predicate applies to the subject. –*n.* **3.** that which affirms or asserts; a positive proposition: *two negatives make an affirmative.* **4.** an affirmative word or phrase, as *yes* or *I do.* –*phr.* **5. the affirmative**, the agreeing or concurring side. **–affirmatively** *adv.*
affirmative action *n.* action designed to provide increased employment opportunities for groups who have previously suffered from discrimination, especially women and minority racial groups.
affix /əˈfɪks/ *v.*, /ˈæfɪks/ *n.* –*v.t.* **1.** (sometimes fol. by *to*) to fix; fasten, join, or attach: *to affix stamps to a letter.* **2.** to impress (a seal or stamp). **3.** to attach (blame, reproach, ridicule, etc.). –*n.* **4.** something that is joined or attached. **5.** *Grammar* any meaningful element (prefix, infix, or suffix) added to a stem or base, as *-ed* added to *want* to form *wanted.* **–affixation** /ˌæfɪkˈseɪʃən/ *n.* **–affixer** /əˈfɪksə/ *n.* **–affixture** /əˈfɪkstʃə/ *n.*
afflict /əˈflɪkt/ *v.t.* to distress with mental or bodily pain; trouble greatly or grievously: *to be afflicted with the gout.* **–affliction** *n.* **–afflicter** *n.* **–afflictive** *adj.*
affluent /ˈæfluənt/ *adj.* **1.** abounding in means; rich: *an affluent person.* **2.** abounding in anything; abundant. –*n.* **3.** a tributary stream. **–affluence** *n.* **–affluently** *adv.*
afford /əˈfɔd/ *v.t.* **1.** to have enough money (to do something) (usually with *can* or *may*): *we can afford to eat well.* **2.** to have enough money to pay for; to be able to spare the price of (usually with *can* or *may*): *he can't afford a car.* **3.** to be able to give or spare (usually with *can* or *may*): *I can't afford the loss of a day.* **4.** to give; supply: *it affords me great pleasure.* **–affordable** *adj.*
affray /əˈfreɪ/ *n.* a public fight; a noisy quarrel; a brawl.
affront /əˈfrʌnt/ *n.* **1.** a personally offensive act or word; an intentional slight; an open manifestation of disrespect; an insult to the face: *an affront to the king.* **2.** an offence to one's dignity or self-respect. –*v.t.* **3.** to offend by an open manifestation of disrespect or insolence. **4.** to put out of countenance; make ashamed or confused. **–affronter** *n.* **–affrontingly** *adv.*
Afghan hound /ˈæfgæn ˈhaʊnd/ *n.* one of a breed of greyhound with a very long silky coat.
aficionado /əfɪʃiəˈnadoʊ/ *n.* an ardent devotee. Also, **afficionado**.
afield /əˈfild/ *adv.* **1.** abroad; away from home. **2.** off the beaten path; far and wide: *to stray far afield in one's reading.*
afire /əˈfaɪə/ *adj.* **1.** on fire; alight. **2.** involved; enthusiastic.
aflame /əˈfleɪm/ *adj.* **1.** on fire; ablaze: *the house was all aflame.* **2.** inflamed; aroused; glowing: *aflame with curiosity.*
afloat /əˈfloʊt/ *adj.* **1.** borne on the water; in a floating condition. **2.** flooded: *the main deck was afloat.* **3.** moving without guide or control: *our affairs are all afloat.* **4.** surviving financially; solvent. –*adv.* **5.** on board ship; at sea. **6.** in a boat on the water. –*phr.* **7. set afloat**, to put (an enterprise, business, etc.) in operation; launch.
afocal /eɪˈfoʊkəl/ *adj.* having no finite focal point, as a telescope.
afoot /əˈfʊt/ *adj.* astir; in progress: *there is mischief afoot.*
aforesaid /əˈfɔsɛd/ *adj.* said or mentioned previously.
afraid /əˈfreɪd/ *adj.* **1.** feeling fear; filled with apprehension: *afraid to go.* **2.** reluctantly or regretfully of the opinion: *I am afraid you will have to wait.*
afresh /əˈfrɛʃ/ *adv.* anew; again: *to start afresh.*
African American /ˈæfrɪkən əˈmɛrɪkən/ *n.* an American of African Negro descent. Also, **Afro-American**. **–African-American** *adj.*
African violet *n.* a plant, *Saintpaulia ionantha,* with violet, pink, or white flowers, popular in cultivation.
afro /ˈæfroʊ/ *n.* a hair-style in which the hair, which is frizzy or frizzed, is allowed to grow to considerable length, then cut to form a large rounded shape.
Afro-American /ˌæfroʊ-əˈmɛrɪkən/ *adj.* **1.** of or relating to African Americans. –*n.* **2.** → **African American**.
aft /aft/ *adv. Nautical* at, in, or towards the stern.
after /ˈaftə/ *prep.* **1.** behind; following. **2.** in search or pursuit of: *run after him.* **3.** about; concerning: *to inquire after a person.* **4.** later in time than; at the end of. **5.** following and because of: *after what has happened I can never return.* **6.** below in rank or standard; next to. **7.** in the style of: *after Raphael;* *to make something after a model.* **8.** with name of: *he was named after his uncle.* **9.** according to: *arranged after the first letter of their names.* –*adv.* **10.** behind; in the rear: *Jill came tumbling after.* **11.** later in time; afterwards: *happy ever after.* –*adj.* **12.** later in time; next; following; subsequent: *in after years.* **13.** *Nautical* rear: *the after deck.* –*conj.* **14.** following the time that: *after the boys left.*

afterbirth /'aftəbɜːθ/ *n.* the placenta and foetal membranes expelled from the uterus after parturition.

afterlife /'aftəlaɪf/ *n.* **1.** life after death. **2.** later life.

aftermath /'aftəmæθ, -maθ/ *n.* resultant conditions, especially of a catastrophe: *the aftermath of the storm.*

afternoon /aftə'nuːn/ *n.* **1.** the time from noon until evening. **2.** the latter part: *the afternoon of life.* *–adj.* **3.** relating to the latter part of the day.

aftertaste /'aftəteɪst/ *n.* **1.** a taste remaining after the substance causing it is no longer in the mouth. **2.** a slight lingering after-effect, often an unpleasant one.

afterwards /'aftəwədz/ *adv.* in later or subsequent time; subsequently. Also, **afterward** /'aftəwəd/.

ag- variant of **ad-** (by assimilation) before *g*, as in *agglutinate.*

again /ə'gɛn, ə'geɪn/ *adv.* **1.** once more; in addition; another time; anew: *he did it all over again.* **2.** in an additional case or instance; moreover; besides; furthermore. **3.** on the other hand: *it might happen and again it might not.* **4.** in the opposite direction; to the same place or person: *to return again.* *–phr.* **5. again and again**, often; with frequent repetition. **6. as much again**, twice as much.

against /ə'gɛnst, ə'geɪnst/ *prep.* **1.** in an opposite direction to, so as to meet; towards; upon: *to ride against the wind; the rain beats against the window.* **2.** touching or pressing on: *to lean against a wall.* **3.** in opposition to; hostile to: *twenty votes against ten; against reason.* **4.** in resistance to or defence from: *protection against burglars.* **5.** in preparation for; providing for: *he saved money against losing his job.* **6.** in exchange for; in return for: *to draw out money against a cheque.* **7.** compared to; as an alternative to; in contrast with (sometimes preceded by *as*): *the advantages of flying against going by train.*

agape /ə'geɪp/ *adv.* **1.** in an attitude of wonder or eagerness; with the mouth wide open. *–adj.* **2.** wide open.

agar-agar /eɪgər-'eɪgə/ *n.* a gelatine-like product of certain seaweeds, used to solidify culture media and, especially in Asia, for soups, etc. Also, **agar**.

agate /'ægət/ *n.* a variegated variety of quartz (chalcedony) showing coloured bands or other markings (clouded, mosslike, etc.).

age /eɪdʒ/ *n., v.* **aged, ageing** *or* **aging.** *–n.* **1.** the length of time during which a being or thing has existed; length of life or existence to the time spoken of or referred to: *his age is 20 years; a tree or building of unknown age.* **2.** a period of human life, usually marked by a certain stage of physical or mental development, especially a degree of development, measured by years from birth, which involves legal responsibility and capacity: *the age of discretion; the age of consent.* **3.** the particular period of life at which one becomes naturally or conventionally qualified or disqualified for anything: *under age for conscription.* **4.** one of the periods or stages of human life: *a person of middle age.* **5.** old age: *his eyes were dim with age.* **6.** a particular period of history, as distinguished from others; a historical epoch: *the age of Pericles; the Stone Age; the Middle Ages.* **7.** the people who live at a particular period. **8.** a generation or a succession of generations: *ages yet unborn.* **9.** *Colloquial* a great length of time: *it's been an age since I saw you; it could be ages before we go back there again.* **10.** *Geology* a long or short part of the world's history distinguished by special features: *the Ice Age.* **11.** any one of the stages in the history of humankind divided, according to Hesiod, into the golden, silver, bronze, heroic, and iron ages. The happiest and best was the first (or golden) age, and the worst the iron age. *–v.i.* **12.** to grow old; develop the characteristics of old age: *he is ageing rapidly.* *–v.t.* **13.** to make old; cause to grow old or to seem old: *fear aged him overnight.* **14.** to bring to maturity or to a state fit for use: *to age wine.* *–phr.* **15. act** (or **be**) **one's age**, *Colloquial* to behave in a manner in keeping with that expected of someone's age. **16. for an age** or **for ages**, for a long period of time. **17. of age**, *Law* being of an age, usually 21 or 18, at which certain legal rights, as of voting or marriage, are acquired.

-age a noun suffix, common in words taken from French, as in *baggage, language, savage, voyage,* etc., now a common English formative, forming: **1.** collective nouns from names of things, as in *fruitage, leafage.* **2.** nouns denoting condition, rank, service, fee, etc., from personal terms, as in *bondage, parsonage.* **3.** nouns expressing various relations, from verbs, as in *breakage, cleavage.* **4.** nouns denoting an amount or charge, as in *postage, corkage.*

ageism /'eɪdʒɪzəm/ *n.* an attitude which stereotypes a person, especially an elderly person, according to age rather than individual abilities. *–***ageist** *adj., n.*

agency /'eɪdʒənsi/ *n. -*cies. **1.** a commercial or other organisation furnishing some form of service for the public: *an advertising agency.* **2.** the place of business of an agent. **3.** the office of agent; the business of an agent entrusted with the concerns of another. **4.** the state of being in action or of exerting power; action; operation: *the agency of Providence.* **5.** a mode of exerting power; a means of producing effects; instrumentality: *by the agency of friends.*

agenda /ə'dʒɛndə/ *pl. n.* **-dum**. **1.** a program or list of things to be done, discussed, etc. **2.** a list of matters to be brought before a committee, council, board, etc., as things to be done.

agent /'eɪdʒənt/ *n.* **1.** a person authorised to act on behalf of another: *my agent has power to sign my name.* **2.** someone or something that acts or has the power to act: *a free agent.* **3.** something with an effect or used for a particular purpose: *a cleansing agent.* **4.** an active cause: *an agent of destruction.* **5.** an official or representative of a business firm, especially a travelling salesperson. **6.** *Chemistry* a substance which causes a reaction. *–adj.* **7.** acting (opposed to *patient* in the sense of being acted upon). *–***agential** /eɪ'dʒɛnʃəl/ *adj.*

Agent Orange *n.* a 50:50 mixture of n-butyl esters of 2,4-D and 2,4,5-T, used as a defoliant.

agent provocateur /,aʒɒ̃ prəvɒkə'tɜː/ *n.* **agents provocateurs** /,aʒɒ̃ prəvɒkə'tɜːz/. someone who tries to incite dissatisfaction or unrest, especially one who incites to an illegal action.

agglomerate /ə'glɒmərɛɪt/ *v.* **-rated, -rating,** /ə'glɒmərət/ *–v.t.* **1.** to collect or gather into a mass. *–v.i.* **2.** to take the shape of a mass. *–n.* **3.** a mass of things clustered together. **4.** *Geology* a rock formation composed of large angular volcanic fragments. *–***agglomeration** *n.* *–***agglomerative** *adj.*

agglutinate /ə'glutnɛɪt/ *v.t.* **-nated, -nating.** to unite or cause to adhere. *–***agglutinant** *adj.* *–***agglutination** *n.*

aggrandise = **aggrandize** /ə'grændaɪz/ *v.t.* **-dised, -dising. 1.** to widen in scope; increase in size or intensity; enlarge; extend. **2.** to make great or greater in power, wealth, rank, or honour. **3.** to make (something) appear greater. *–***aggrandisement** /ə'grændəzmənt/ *n.* *–***aggrandiser** *n.*

aggravate /'ægrəveɪt/ *v.t.* **-vated, -vating. 1.** to make worse or more severe; intensify, as anything evil, disorderly, or troublesome: *to aggravate guilt;*

aggregate

grief aggravated her illness. **2.** to provoke; irritate; exasperate: *threats will only aggravate her.* **–aggravated** *adj.* **–aggravating** *adj.* **–aggravation** *n.* **–aggravator** *n.* **–aggravatingly** *adv.*

aggregate /'ægrəgət/ *adj., n.;* /'ægrəgeɪt/ *v.* **-gated, -gating.** *–adj.* **1.** formed by adding together single things into a mass or sum; combined: *the aggregate mark for all six subjects.* *–n.* **2.** sum or collection of single things; total: *the aggregate of all past experience.* **3.** *Geology* mixture of different mineral substances that can be separated mechanically, e.g. granite. **4.** any hard material added to cement to make concrete. *–v.t.* **5.** to bring together; collect into one sum, mass, or body. **6.** to amount to a certain number: *the guns captured will aggregate five or six hundred.* *–v.i.* **7.** to combine and form a collection or mass. *–phr.* **8. in the aggregate,** considered together; collectively. **–aggregately** *adv.* **–aggregative** *adj.*

aggression /ə'grɛʃən/ *n.* **1.** the action of a state in violating by force the rights of another state, particularly its territorial rights. **2.** any offensive action or procedure; an inroad or encroachment: *an aggression upon one's rights.* **3.** the practice of making assaults or attacks; offensive action in general. **4.** *Psychology* the emotional drive to attack; an offensive mental attitude (rather than defensive). **–aggressor** *n.*

aggressive /ə'grɛsɪv/ *adj.* **1.** characterised by aggression; tending to aggress; making the first attack: *an aggressive foreign policy.* **2.** energetic; vigorous. **–aggressively** *adv.* **–aggressiveness** *n.*

aggro /'ægroʊ/ *adj. Australian Colloquial* aggressive; dominating.

aghast /ə'gast/ *adj.* struck with amazement; stupefied with fright or horror: *they stood aghast at this unforeseen disaster.*

agile /'ædʒaɪl/ *adj.* **1.** quick and light in movement: *a robust and agile frame.* **2.** active; lively: *an agile mind.* **–agility** /ə'dʒɪləti/ *n.* **–agilely** *adv.*

agist /ə'dʒɪst/ *v.t.* **1.** to take in and feed or pasture (livestock) for payment. **2.** to lay a public burden, as a tax, on (land or its owner). **–agistment** *n.* **–agistor** *n.*

agitate /'ædʒəteɪt/ *v.* **-tated, -tating.** *–v.t.* **1.** to move or force into violent irregular action; shake or move briskly: *the wind agitates the sea.* **2.** to move to and fro; impart regular motion to: *to agitate a fan, etc.* **3.** to disturb, or excite into tumult; perturb: *his mind was agitated by various emotions.* *–v.i.* **4.** to arouse or attempt to arouse public feeling as in some political or social question: *to agitate for the repeal of a tax.* **–agitator** *n.* **–agitation** /ædʒə'teɪʃən/ *n.* **–agitatedly** *adv.*

agnostic /æg'nɒstɪk/ *n.* **1.** someone who holds that the ultimate cause (God) and the essential nature of things are unknown or unknowable or that human knowledge is limited to experience. *–adj.* **2.** relating to the agnostics or their doctrines. **3.** asserting the relativity and uncertainty of all knowledge. **–agnosticism** *n.* **–agnostically** *adv.*

ago /ə'goʊ/ *adv.* in past time; past: *some time ago; long ago.*

agog /ə'gɒg/ *adj.* **1.** highly excited by eagerness or curiosity. *–adv.* **2.** in a state of eager desire; with excitement.

-agogue a word element meaning 'leading' or 'guiding', found in a few agent nouns (often with pejorative value), as in *demagogue, pedagogue.*

agonise = **agonize** /'ægənaɪz/ *v.* **-nised, -nising.** *–v.i.* **1.** to writhe with extreme pain; suffer violent anguish. **2.** to make great effort of any kind. **3.** to suffer anxiety in the process of making a difficult decision or choice. *–v.t.* **4.** to distress

ahead

with extreme pain; torture. *–phr.* **5. agonise over** (or **about**), to worry excessively about. **–agonising** *adj.* **–agonisingly** *adv.*

agony /'ægəni/ *n.* **-nies. 1.** extreme, and generally prolonged, pain; intense suffering. **2.** intense mental excitement of any kind. **3.** the struggle preceding natural death: *mortal agony.*

agoraphobia /ægərə'foʊbiə/ *n.* a morbid fear of being in open or public spaces.

agrarian /ə'grɛəriən/ *adj.* **1.** relating to land, land tenure, or the division of landed property: *agrarian laws.* **2.** relating to the advancement of agricultural groups: *an agrarian experiment.* **3.** rural; agricultural. **–agrarianism** *n.*

agree /ə'gri/ *v.* **agreed, agreeing.** *–v.i.* **1.** (sometimes fol. by *to*) to yield assent; consent: *do you agree to the conditions?* **2.** (sometimes fol. by *with*) to be of one mind; harmonise in opinion or feeling: *I don't agree with you.* **3.** to live in concord or without contention; harmonise in action. **4.** (sometimes fol. by *upon*) to come to one opinion or mind; come to an arrangement or understanding; arrive at a settlement. **5.** (sometimes fol. by *with*) to be consistent; harmonise: *this story agrees with others.* **6.** (sometimes fol. by *with*) to be applicable or appropriate; resemble; be similar: *the picture does not agree with the original.* **7.** *Grammar* (sometimes fol. by *with*) to correspond in inflectional form, as in number, case, gender, or person. *–v.t.* **8.** to yield assent; consent: *he agreed to accompany the ambassador.* **9.** to concede; grant: *I agree that she is the ablest of us.* **10.** to determine; settle: *to agree a price;* *to agree that a meeting should be held.* *–phr.* **11. agree to,** to accept: *I agree to your conditions.* **12. agree with,** to be accommodated or adapted to; suit: *the same food does not agree with every person.* **–agreed** *adj.*

agreeable /ə'griəbəl/ *adj.* **1.** to one's liking; pleasing: *agreeable manners.* **2.** willing or ready to agree or consent: *are you agreeable?* **3.** (sometimes fol. by *to*) suitable; conformable. **–agreeability** /əgriə'bɪləti/, **agreeableness** *n.* **–agreeably** *adv.*

agreement /ə'grimənt/ *n.* **1.** the act of coming to a mutual arrangement. **2.** the arrangement itself. **3.** unanimity of opinion; harmony in feeling: *agreement among the members.* **4.** the state of being in accord; concord; harmony; conformity: *agreement between observation and theory.* **5.** *Grammar* correspondence in inflectional form, as in number, case, gender, person.

agriculture /'ægrəkʌltʃə/ *n.* the cultivation of land, including crop-raising, forestry, stock-raising, etc. farming. **–agricultural** /ægrə'kʌltʃərəl/ *adj.* **–agriculturalist** *n.* **–agriculturally** /ægrə'kʌltʃərəli/ *adv.*

agro- a word element meaning 'soil', 'field', as in *agrology.*

agronomy /ə'grɒnəmi/ *n.* **1.** the applied aspects of both soil science and the several plant sciences, often limited to applied plant sciences dealing with crops. **2.** → **agriculture. –agronomist** *n.* **–agronomic** /ægrə'nɒmɪk/, **agronomical** /ægrə'nɒmɪkəl/ *adj.*

aground /ə'graʊnd/ *adv.* onto the ground or shore: *the ship ran aground.*

ague /'eɪgju/ *n.* **1.** *Pathology* a malarial fever characterised by regularly returning paroxysms, marked by successive cold, hot, and sweating fits. **2.** a fit of shaking or shivering as if with cold; a chill. **–agued** *adj.* **–aguish** *adj.* **–aguishly** *adv.*

ahead /ə'hɛd/ *adv.* **1.** Also, **on ahead.** in or to the front; in advance; before. **2.** forward; onward. *–phr.* **3. be ahead,** to be to the good; be winning: *I was well ahead in the deal.* **4. get ahead of,** to surpass.

ahoy

ahoy /əˈhɔɪ/ *interj.* (a call used in hailing, especially on ships).

aid /eɪd/ *v.t.* **1.** to afford support or relief to; help. **2.** to promote the course of accomplishment of; facilitate. **3.** to give financial support to: *a state-aided school.* –*v.i.* **4.** to give help or assistance. –*n.* **5.** help; support; assistance. **6.** one who or that which aids or yields assistance; a helper; an auxiliary: *a nursing aid; a hearing aid; an aid to understanding.* **7.** *US* → **aide-de-camp.** –*phr.* **8. in aid of**, directed towards; intended to achieve. –**aider** *n.*

aide-de-camp /eɪd-də-ˈkɒ̃/ *n.* **aides-de-camp**. a military or naval officer acting as a confidential assistant to a superior, especially a general, governor, etc.

AIDS /eɪdz/ *n.* a disease caused by a virus (HIV) which destroys the body's white cells, resulting in reduced immunity, and therefore severe infections, tumours, and ultimately death.

ail /eɪl/ *v.t.* **1.** to affect with pain or uneasiness; trouble. –*v.i.* **2.** to feel pain; be ill (usually in a slight degree); be unwell. –**ailing** *adj.* –**ailment** *n.*

aileron /ˈeɪlərɒn/ *n.* a hinged, movable flap of an aeroplane wing, usually part of the trailing edge, used primarily to maintain lateral balance or to bank, roll, etc.

aim /eɪm/ *v.t.* **1.** to give a certain direction and elevation to (a gun or the like), for the purpose of causing the projectile, when the weapon is discharged, to hit the object. **2.** to direct or point (something) at something: *the satire was aimed at the Church* –*v.i.* **3.** to level a gun; give direction to a blow, missile, etc. **4.** to strive; try: *to aim to save something every month.* **5.** *Colloquial* to intend: *she aims to go tomorrow.* –*n.* **6.** the act of aiming or directing anything at or towards a particular point or object. **7.** the direction in which a missile is pointed; the line of sighting: *to take aim.* **8.** the point intended to be hit; thing or person aimed at. **9.** something intended or desired to be attained by one's efforts; purpose. –*phr.* **10. aim at**, to direct efforts towards (an object): *to aim at coming first.* **11. aim for**, to direct one's action or energies towards: *to aim for perfection* **12. aim high**, to set high standards or goals for oneself. –**aimless** *adj.* –**aimer** *n.*

air /eə/ *n.* **1.** a mixture of oxygen, nitrogen and other gases, which surrounds the earth and forms its atmosphere. **2.** a movement of the atmosphere; a light breeze. **3.** the general character or complexion of anything; appearance. **4.** the peculiar look, appearance, and bearing of a person. **5.** (*plural*) affected manner; manifestation of pride or vanity; assumed haughtiness: *to put on airs.* **6.** *Music* **a.** a tune; a melody. **b.** the soprano or treble part. **c.** an aria. **d.** an Elizabethan song. **7.** *Radio* the medium through which radio waves are sent. **8.** *Motor Vehicles Colloquial* airconditioning. –*v.t.* **9.** to expose to the air; give access to the open air; ventilate. **10.** to expose to warm air; to dry with heated air: *to air sheets.* **11.** to expose ostentatiously; bring into public notice; display: *to air one's opinions or theories.* **12. clear the air**, to eliminate dissension, ambiguity, or tension from a discussion, situation, etc. **13. give oneself airs**, to behave in a conceited, haughty, or high-handed manner. **14. in the air**, **a.** without foundation or actuality; visionary or uncertain. **b.** (of a rumour) in circulation. **c.** Also, **up in the air**. undecided or unsettled. **15. into thin air**, completely or entirely out of sight or reach. **16. off the air**, **a.** Also, **off air**. no longer being broadcast; not on the air. **b.** *Colloquial* incapacitated as a result of taking drugs or alcohol. **c.** *Colloquial* in a dreamy or vague state of mind, as if

air pocket

under the influence of drugs or alcohol. **17. on (the) air**, in the act of broadcasting; being broadcast. **18. take the air**, to go out of doors; walk or ride a little distance. **19. walk** (or **tread**) **on air**, to feel very happy or elated. –**airing** *n.*

airbag /ˈeəbæg/ *n.* a safety device in a motor vehicle consisting of a bag which inflates instantly before the driver or front-seat passenger on collision.

airborne /ˈeəbɔn/ *adj.* borne up, carried, or transported by air.

air brake *n.* **1.** *Aeronautics* a hinged flap or other extendable device for reducing the speed of an aircraft. **2.** a brake or system of brakes operated by compressed air.

air brush *n.* a small pencil-type spray gun used for very fine paint work or stencilling.

airconditioning /ˈeəkəndɪʃənɪŋ/ *n.* **1.** a system of treating air in buildings or vehicles to assure temperature, humidity, dustlessness, and movement at levels most conducive to personal comfort, manufacturing processes, or preservation of items stored, as books, etc. –*adj.* **2.** having to do with such a system.

air corridor *n.* an air route established by international agreement or government regulation.

aircraft /ˈeəkrɑft/ *n.* **-craft**. any machine supported for flight in the air by buoyancy (such as balloons and other lighter-than-air craft) or by dynamic action of air on its surfaces (such as aeroplanes, helicopters, gliders, and other heavier-than-air craft).

aircraft carrier *n.* a large naval ship, designed to serve as an air base at sea, with a long strip of deck for the taking off and landing of aircraft.

airfield /ˈeəfild/ *n.* a level area, usually equipped with hard-surfaced runways, buildings, etc., for the operation and maintenance of aircraft.

air force *n.* the branch of the armed forces of any country concerned with military aircraft.

airgun /ˈeəgʌn/ *n.* a gun operated by compressed air.

airlift /ˈeəlɪft/ *n.* **1.** a system of transporting people, supplies, equipment, etc., by aircraft when surface routes are blocked, as during a military blockade, or at a time of national emergency. **2.** the act or process of transporting such a load. –*v.t.* **3.** to transport by airlift.

airline /ˈeəlaɪn/ *n.* **1.** a system furnishing scheduled air transport between specified points. **2.** the aeroplanes, airports, navigational aids, etc., of such a system. **3.** a company that owns or operates such a system.

airlock /ˈeəlɒk/ *n.* **1.** *Civil Engineering, etc.* an airtight transition compartment at the entrance of a pressure chamber, as in a spacecraft or a submerged caisson. **2.** *Engineering* an obstruction to or stoppage of a flow of liquid in a pipe caused by an air bubble. **3.** *Architecture* an area between doors which impedes the flow of air between sections of a building.

airmail /ˈeəmeɪl/ *n.* the system of transmitting mail by aircraft.

airman /ˈeəmən/ *n.* **-men**. an aviator, especially a member of an air force. –**airmanship** *n.*

air mass *n.* *Meteorology* a body of air which approximates horizontal uniformity in its properties.

airplay /ˈeəpleɪ/ *n.* the amount of public exposure a recording receives on radio or television.

air pocket *n.* **1.** *Aeronautics* a downward current of air, usually causing a sudden loss of altitude. **2.** any pocket of air, as in a mine, where gas or water is held back by the air pressure in the pocket.

airport /'ɛəpɔt/ *n.* a large airfield usually equipped with a control tower, hangars, and accommodation for the receiving and discharging of passengers and cargo.

air pressure *n.* **1.** the pressure of the atmosphere. **2.** the pressure exerted by the air, as inside a tyre.

air raid *n.* a raid by hostile aircraft, especially for dropping bombs or other missiles. **–air-raider** *n.*

airship /'ɛəʃɪp/ *n.* a self-propelled, lighter-than-air craft with means of controlling the direction of flight, usually classed as rigid, semi-rigid, or non-rigid.

airspace /'ɛəspeɪs/ *n.* **1.** the space directly above a building which can be sold for the construction of another building on or over the first. **2.** the space between the cork and the wine in a wine bottle. **3.** any defined space, as in a room, vehicle, etc., especially when considered in terms of ventilation. **4.** the part or region of the atmosphere above the territory of a nation or other political division which is considered under its jurisdiction. **5.** time allotted on radio to a guest speaker, a record, etc.

airstrip /'ɛəstrɪp/ *n.* a runway, especially a single runway forming a landing ground in a remote place.

air terminal *n.* a place of assembly for air passengers, not necessarily at an airport, with administrative offices, etc.

airtight /'ɛətaɪt/ *adj.* **1.** so tight or close as to be impermeable to air. **2.** having no weak points or openings of which an opponent may take advantage.

air traffic control *n.* direction of airborne aircraft movement by ground-based personnel via a radiotelephone link or, in emergencies, by light signals.

airwaves /'ɛəweɪvz/ *pl. n.* (in non-technical use) the medium used for transmission of television and radio signals.

airy /'ɛəri/ *adj.* **airier, airiest. 1.** open to a free current of air; breezy: *airy rooms.* **2.** light in appearance; thin: *airy lace.* **3.** light in manner or movement; lively; graceful: *an airy walk.* **4.** light as air; insubstantial; imaginary: *airy dreams.* **5.** careless; superficial; flippant: *an airy wave goodbye.* **–airily** *adv.* **–airiness** *n.*

aisle /aɪl/ *n.* **1.** a passageway between seats in a church, hall, etc. **2.** *Architecture* **a.** a lateral division of a church or other building separated from the nave by piers or columns. **b.** a similar division at the side of the choir or a transept. **c.** any of the lateral divisions of a church or hall, as the nave. *–phr.* **3. lay them in the aisles,** *Colloquial* to impress people favourably. **–aisled** /aɪld/ *adj.*

ajar[1] /ə'dʒɑ/ *adv.* **1.** neither quite open nor shut; partly opened: *leave the door ajar.* *–adj.* **2.** partly open.

ajar[2] /ə'dʒɑ/ *adj.* out of harmony; jarring: *ajar with the world.*

aka[1] /'ɑkɑ/ *n.* any of several species of woody, climbing vines of the genus *Metrosideros* native to New Zealand; rata.

aka[2] /'ækɑ/ *adv.* also known as: *Smith aka Jones.*

akeake /'ɑki,ɑki/ *n.* **1.** a large tropical hardwooded shrub, *Dodonaea viscosa,* with young twigs compressed or triangular and viscid. **2.** either of two New Zealand trees, *Olearia avicenniaefolia* and *O. traversii.* Also, **ake.**

akimbo /ə'kɪmboʊ/ *adv.* with hand on hip and elbow bent outwards: *to stand with arms akimbo.*

akin /ə'kɪn/ *adj.* **1.** related by blood. **2.** allied by nature; partaking of the same properties.

al– variant of **ad–** before *l,* as in *allure.*

-al[1] an adjective suffix meaning 'having to do with', 'connected with', 'being', 'like', 'befitting', etc., occurring in numerous adjectives and in many nouns of adjectival origin, as *annual, choral, equal, regal.*

-al[2] a suffix forming nouns of action from verbs, as in *refusal, denial, recital, trial.*

-al[3] a suffix indicating that a compound includes an aldehyde group, as in *chloral.*

alabaster /'æləbæstə/ *n.* **1.** a finely granular variety of gypsum, often white and translucent, used for ornamental objects or work, such as lamp bases, figurines, etc. **2.** a variety of calcite, often with a banded structure, used for similar purposes (**oriental alabaster**). *–adj.* Also, **alabastrine** /ælə'bæstrən/. **3.** made of alabaster: *an alabaster column.* **4.** resembling alabaster; smooth and white as alabaster: *her alabaster throat.*

à la carte /a la 'kat/ *adv.* according to the menu; with a stated price for each dish: *dinner à la carte.*

alacrity /ə'lækrəti/ *n.* **1.** liveliness; briskness; sprightliness. **2.** cheerful readiness or willingness. **–alacritous** *adj.*

alarm /ə'lam/ *n.* **1.** a sudden fear or painful suspense caused by recognition of danger; apprehension; fright. **2.** any sound or message to warn of approaching danger: *a false alarm; to give the alarm.* **3.** (a sound from) a device of any kind used to call attention, wake from sleep, warn of danger, etc. *–v.t.* **4.** to fill with sudden fear or worry. **–alarmed** *adj.* **–alarmingly** *adv.*

alarmist /ə'laməst/ *n.* someone given to raising alarms, especially without sufficient reason, as by exaggerating dangers, prophesying calamities, etc. **–alarmism** *n.*

alas /ə'læs, ə'las/ *interj.* (an exclamation expressing sorrow, grief, pity, concern, or apprehension of evil).

albatross /'ælbətrɒs/ *n.* **1.** any of various large web-footed seabirds related to the petrels, especially of the genus *Diomedea,* of the Pacific and southern waters, noted for their powers of flight. **2.** *Golf Colloquial* a score of three strokes below the par figure for a hole.

albeit /ɔl'biːt, æl-/ *conj.* although; notwithstanding that: *to choose a strategic albeit inglorious retreat.*

albino /æl'biːnoʊ/ *n.* **-nos. 1.** a person with a pale, milky skin, light hair, and pink eyes, resulting from a congenital absence of pigmentation. **2.** an animal or plant with a marked deficiency in pigmentation. *–adj.* **3.** having to do with albinos or albinism. **–albinism** /'ælbənɪæəm/ *n.*

album /'ælbəm/ *n.* **1.** a book consisting of blank leaves for the insertion or preservation of photographs, stamps, autographs, etc. **2.** long-playing recording on which there is a collection of songs or pieces: *an album of Puccini arias.*

albumen /'ælbjəmən/ *n.* **1.** the white of an egg. **2.** *Botany* the nutritive matter around the embryo in a seed.

albumin /'ælbjəmən/ *n.* any of a class of water-soluble proteins occurring in animal and vegetable fluids and tissues.

alchemy /'ælkəmi/ *n.* **1.** the medieval chemical science which sought in particular to transmute baser metals into gold, and to find a universal solvent and an elixir of life. **2.** any magical power or process of transmuting. **–alchemic** /æl'kɛmɪk/, **alchemical** *adj.* **–alchemically** *adv.*

alcheringa /æltʃə'rɪŋgə/ *n.* → **Dreamtime.** Also, **alchera** /'æltʃərə/.

alcohol /'ælkəhɒl/ *n.* **1.** a colourless, flammable liquid (**ethyl alcohol,** C_2H_5OH), the intoxicating principle of fermented liquors, formed from certain sugars (especially glucose) by fermentation, now usually prepared by treating grain with malt and adding yeast. **2.** any intoxicating beverage containing this spirit. **3.** *Chemistry* any of a class

alcoholic   19   **alkali**

of chemical compounds derived from the hydrocarbon by replacement of a hydrogen atom by the hydroxyl radical, OH.

alcoholic /ˌælkəˈhɒlɪk/ *adj.* **1.** relating to or containing alcohol. **2.** caused by alcohol: *alcoholic poisoning.* **3.** suffering from alcoholism. –*n.* **4.** a person suffering from alcoholism.

alcoholism /ˈælkəhɒlɪzəm/ *n.* a diseased condition due to the excessive use of alcoholic beverages.

alcove /ˈælkoʊv/ *n.* **1.** a recess opening out of a room. **2.** a recess in a room for a bed, for books in a library, or for other similar furnishings. **3.** any recessed space, as in a garden.

aldehyde /ˈældəhaɪd/ *n.* one of a group of organic compounds with the general formula R-CHO, which yield acids when oxidised and alcohols when reduced. –**aldehydic** /ˌældəˈhaɪdɪk/ *adj.*

alderman /ˈɔldəmən/ *n.* -**men. 1.** a local government representative elected by constituents of a municipality. **2.** a local government officer in any of various other countries, as the US, having powers varying according to locality. –**aldermanity** /ˌɔldəˈmænəti/, **aldermanship** *n.* –**aldermanic** /ˌɔldəˈmænɪk/ *adj.*

ale /eɪl/ *n.* **1.** any of various English types of beer brewed by the top fermentation method. **2.** any beer.

aleatory /ˈæliˌeɪtəri/ *adj.* dependent on chance.

alert /əˈlɜt/ *adj.* **1.** vigilantly attentive: *an alert mind.* **2.** quick to react. –*n.* **3.** an attitude of vigilance, wariness or caution. **4.** an alarm or warning, especially an air-raid warning. **5.** the period during which such a warning is in effect. –*v.t.* **6.** to prepare (troops, etc.) for action. **7.** to warn of an impending raid or attack. –*phr.* **8. on the alert,** (sometimes fol. by *for*) watchful and attentive; on the lookout: *on the alert for danger.* –**alerted** *adj.* –**alertly** *adv.* –**alertness** *n.*

Alexandrine /ˌæləgˈzændrɪn, -draɪn/ *Prosody* –*n.* **1.** a verse or line of poetry of six iambic feet. –*adj.* **2.** designating such a verse or line.

alfalfa /ælˈfælfə/ *n.* → **lucerne** (def. 1).

alfresco /ælˈfrɛskoʊ/ *adv.* **1.** in the open air; out-of-doors: *to dine alfresco.* –*adj.* **2.** open-air: *an alfresco cafe.*

alga /ˈælgə/ *n.* -**gae** /-dʒi, -gi/ any chlorophyll-containing plant belonging to the phylum Thallophyta, comprising the seaweeds and various freshwater forms and varying in form and size, from a single microscopic or sometimes large and branching cell, to forms with trunklike stems many feet in length. They constitute a subphylum, the Algae. –**algal** *adj.*

algebra /ˈældʒəbrə/ *n.* **1.** the mathematical art of reasoning about (quantitative) relations by means of a systematised notation including letters and other symbols; the analysis of equations, combinatorial analysis, theory of fractions, etc. **2.** any special system of notation adapted to the study of a special system of relationships: *algebra of classes.* **3.** *Mathematics* **a.** the study of mathematical systems possessing operations analogous to those of addition and multiplication. **b.** a particular system of the above type: *vector algebra; matrix algebra.*

-algia a noun suffix meaning 'pain', as in *neuralgia.*

algo- a word element meaning 'pain', as in *algolagnia.*

ALGOL /ˈælgɒl/ *n.* an internationally accepted language in which computer programs are written, in algebraic notation following the rules of Boolean algebra. Also, **Algol.**

algorithm /ˈælgərɪðəm/ *n.* an effective procedure for solving a particular mathematical problem in a finite number of steps. –**algorithmic** /ˌælgəˈrɪðmɪk/ *adj.*

alias /ˈeɪliəs/ *adv.*, *n.* **aliases.** –*adv.* **1.** known sometimes as: *Simpson alias Smith.* –*n.* **2.** an assumed name; another name: *living under an alias.*

alibi /ˈæləbaɪ/ *n.* -**bis. 1.** *Law* a defence by an accused person that he or she was elsewhere at the time the offence with which he or she is charged was committed. **2.** the evidence that proves one was elsewhere. **3.** *Colloquial* an excuse.

alien /ˈeɪliən/ *n.* **1.** someone born in or belonging to another country who has not acquired citizenship by naturalisation and is not entitled to the privileges of a citizen. **2.** someone who has been estranged or excluded; an outsider. **3.** (in science fiction) an extra-terrestrial being. –*adj.* **4.** belonging or relating to aliens: *alien property.* **5.** of or relating to an extraterrestrial being, a film, etc.: *alien spacecraft.* –*phr.* **6. alien to,** opposed to; incompatible with; repugnant to: *ideas alien to our way of thinking.*

alienate /ˈeɪliəneɪt/ *v.t.* -**nated, -nating. 1.** to make indifferent or averse; estrange. **2.** to turn away: *to alienate the affections.* **3.** *Law* to transfer or convey, as title, property, or other right, to another: *to alienate lands.* –**alienator** *n.* –**alienation** /ˌeɪliənˈeɪʃən/ *n.*

alight[1] /əˈlaɪt/ *v.i.* **alighted** or **alit** /əˈlɪt/ or **alighting. 1.** to get down from a horse or out of a vehicle; dismount. **2.** to settle or stay after descending: *a bird alights on a tree.* **3.** (of aircraft) to land. –*phr.* **4. alight on** (or **upon**), to come on accidentally, or without design.

alight[2] /əˈlaɪt/ *adv., adj.* provided with light; lighted up; burning.

align /əˈlaɪn/ *v.t.* **1.** to adjust to a line; lay out or regulate by line; form in line. –*v.i.* **2.** to fall or come into line; be in line. **3.** to join with others in a cause. Also, **aline.** –**aligner** *n.* –**alignment** *n.*

alike /əˈlaɪk/ *adv.* **1.** in the same manner, form, or degree; in common; equally: *known to treat all customers alike.* –*adj.* **2.** having resemblance or similarity; having or exhibiting no marked or essential difference (used regularly of a plural substantive or idea, and only in the predicate): *he thinks all politicians are alike.*

alimentary /ˌæləˈmɛntri/ *adj.* **1.** concerned with the function of nutrition. **2.** providing sustenance or maintenance.

alimentary canal *n.* the digestive passage in any animal from mouth to anus. Also, **alimentary tract.**

alimony /ˈæləməni/ *n. Chiefly US* → **maintenance** (def. 4).

aliphatic /ˌæləˈfætɪk/ *adj.* relating to or concerned with those organic compounds which are open chains, as the paraffins.

alive /əˈlaɪv/ *adj.* (*rarely used attributively*) **1.** in life or existence; living. **2.** (by way of emphasis) of all living: *the proudest person alive.* **3.** in a state of action; in force or operation; unextinguished: *keep a memory alive.* **4.** full of life; lively: *alive with excitement.* **5.** filled as with living things; swarming; thronged; teeming. –*phr.* **6. alive and kicking,** *Colloquial* very much alive. **7. alive to,** attentive to; awake or sensitive to. **8. be alive and well,** *Colloquial* (an expression confirming someone's continued existence): *she's alive and well and living in Nunawading.* –**aliveness** *n.*

alkali /ˈælkəlaɪ/ *n.* -**lis** or -**lies.** *Chemistry* **1.** any of various bases, the hydroxides of the alkali metals and of ammonium, which neutralise acids to form salts and turn red litmus paper blue. **2.**

all   20   all-out

any of various other more or less active bases, as calcium hydroxide. –**aklaline** *adj.* –**alkalinity** /ˈælkəˈlɪnəti/ *n.*

all /ɔl/ *det.* **1.** the whole of (with reference to quantity, extent, duration, amount, or degree): *all Australia; all the year round.* **2.** the whole number of (with reference to individuals or particulars, taken collectively): *all women.* **3.** a large number of; many: *he collects all kinds of things; all sorts of people were there.* **4.** any; any whatever: *beyond all doubt.* **5.** the greatest possible: *with all speed.* *–pron.* **6.** the whole quantity or amount: *all of the cake.* **7.** the whole number: *all of us.* **8.** everything: *is that all?* *–n.* **9.** a whole; a totality of things or qualities. **10.** one's whole interest, concern, or property: *to give one's all; to lose one's all.* *–adv.* **11.** wholly; entirely; quite: *all alone.* **12.** each; apiece: *the score was one all.* **13.** by so much; to that extent: *rain made conditions all the worse.* *–phr.*
14. above all, before everything else.
15. after all, **a.** after everything has been considered; notwithstanding: *it's not her fault after all.* **b.** in spite of all that was done, said, etc.: *he lost the fight after all.*
16. all aboard, **a.** (an exclamation warning intending passengers, used by transport attendants, conductors, etc.). **b.** *NZ* (a cry given by shearers when shearing is about to begin).
17. all in, *Colloquial* exhausted.
18. all in all, **a.** taking everything together: *all in all, we're better off now.* **b.** someone's sole and exclusive concern in life: *she is his all in all.*
19. all over, **a.** representatively; typically: *that's him all over.* **b.** completely finished: *the game's all over.* **c.** everywhere: *to look all over for something.* **d.** over the whole extent: *he has spots all over.*
20. all over the place, in a state of confusion and disorder.
21. all up, *Colloquial* with everything included: *the cost is $25 all up.*
22. and all, as well as everything else; moreover.
23. and all that, and so on; et cetera.
24. as all get out, (*placed after an adjective*) *Colloquial* in the extreme: *as angry as all get out.*
25. at all, **a.** in any degree: *not bad at all.* **b.** for any reason: *I was surprised at his coming at all.* **c.** in any way: *no offence at all.*
26. for all that, notwithstanding; nevertheless.
27. for good and all, forever; finally.
28. in all, all included: *a hundred people in all.*

Allah /ˈælə/ *n.* the Muslim name of the Supreme Being.

allay /əˈleɪ/ *v.t.* **-layed, -laying. 1.** to put at rest; quiet (tumult, fear, suspicion, etc.); appease (wrath). **2.** to mitigate; relieve or alleviate: *to allay pain.* –**allayer** *n.*

allege /əˈlɛdʒ/ *v.t.* **-leged, -leging. 1.** to assert without proof. **2.** to declare before a court, or elsewhere as if upon oath. **3.** to declare with positiveness; affirm; assert. **4.** to plead in support of; urge as a reason or excuse. –**allegation** /æləˈgeɪʃən/ *n.* –**allegeable** *adj.* –**allegedly** *adv.* –**alleger** *n.*

allegiance /əˈlidʒəns/ *n.* **1.** the obligation of a subject or citizen to his or her sovereign or government; duty owed to a sovereign or state. **2.** observance of obligation; faithfulness to any person or thing.

allegory /ˈæləgəri, -gri/ *n.* **-ries. 1.** figurative treatment of one subject under the guise of another; a presentation of an abstract or spiritual meaning under concrete or material forms. **2.** a symbolic narrative: *the political allegory of Piers Plowman.* –**allegorical** /æləˈgɒrɪkəl/ *adj.* –**allegorist** *n.*

allegro /əˈleɪgroʊ/ *adv. Music* in rapid tempo.

alleluia /æləˈluːjə/ *interj.* **1.** praise to the Lord; hallelujah. *–n.* **2.** a song of praise to God.

allergen /ˈælədʒən/ *n.* any substance which might induce an allergy. –**allergenic** /æləˈdʒɛnɪk/ *adj.*

allergy /ˈælədʒi/ *n.* **-gies. 1.** a state of physical hypersensitivity to certain things, as pollens, food, fruits, etc., which are normally harmless. Hay fever, asthma, and hives are common allergies. **2.** the symptoms produced by reaction to an allergen, as oedema and inflammation. **3.** *Colloquial* a dislike or antipathy: *an allergy to hard work.* –**allergic** /əˈlɜdʒɪk/ *adj.*

alleviate /əˈliviɛɪt/ *v.t.* **-ated, -ating.** to make easier to be endured; lessen; mitigate: *to alleviate sorrow, pain, punishment, etc.* –**alleviation** /əliviˈeɪʃən/ *n.* –**alleviator** *n.*

alley /ˈæli/ *n.* **-leys. 1.** a narrow enclosed lane. **2.** a narrow backstreet. **3.** a long narrow enclosure with a smooth wooden floor for bowling, etc. *–phr.* **4. up someone's alley**, *Colloquial* in the sphere that someone knows or likes best.

alliance /əˈlaɪəns/ *n.* **1.** the state of being allied or connected. **2.** a marriage, or union brought about between families through marriage. **3.** a formal agreement by two or more nations to work together for special purposes. **4.** a joining of efforts or interests by persons, families, states, or organisations: *an alliance between church and state.*

allied /ˈælaɪd/ *adj.* **1.** joined by treaty. **2.** related: *allied species.*

alligator /ˈæləgeɪtə/ *n.* **1.** any broad-snouted representative of the order Crocodylia found in America. **2.** (used erroneously for crocodiles and gavials found in other parts of the world, such as the Australian saltwater crocodile *Crocodilus porosus.*)

alliteration /əlɪtəˈreɪʃən/ *n.* **1.** the commencement of two or more stressed syllables of a word group: **a.** with the same consonant sound or sound group (**consonantal alliteration**), as in *from stem to stern.* **b.** with a vowel sound which may differ from syllable to syllable (**vocalic alliteration**), as in *each to all.* **2.** the commencement of two or more words of a word group with the same letter, as in *apt alliteration's artful aid.* –**alliterative** /əˈlɪtərətɪv/ *adj.*

allo- a word element indicating difference, alternation, or divergence, as in *allonym, allomerism.* Also, **all-.**

allocate /ˈæləkeɪt/ *v.t.* **-cated, -cating. 1.** to set apart for a particular purpose; assign or allot: *to allocate shares.* **2.** to fix the place of; locate. –**allocation** /æləˈkeɪʃən/ *n.*

all-ordinaries index *n.* a weighted average given by a stock exchange of ordinary share prices of a specified large group of companies expressed in relation to a base period. Also, **all-ords.**

allot /əˈlɒt/ *v.t.* **-lotted, -lotting. 1.** to divide or distribute as by lot; distribute or parcel out; apportion: *to allot shares.* **2.** to appropriate to a special purpose: *to allot money for a new park.* **3.** to assign as a portion (*to*); set apart; appoint. –**allotter** *n.*

allotment /əˈlɒtmənt/ *n.* **1.** the act of allotting; distribution; apportionment. **2.** a portion, share, or thing allotted. **3.** a block of land: *vacant allotment.* **4.** *Brit* a small plot of land let out by a public authority to an individual for gardening, especially vegetable growing.

allotrope /ˈælətroʊp/ *n.* one of two or more existing forms of a chemical element: *charcoal, graphite, and diamond are allotropes of carbon.*

all-out /ˈɔl-aʊt/ *adj.* using all one's resources; complete; total: *an all-out effort.*

allow /ə'lau/ *v.t.* **1.** to grant permission to or for; permit: *to allow a student to be absent; no smoking allowed*. **2.** to let have; grant or give as one's share or suited to one's needs; assign as one's right: *to allow someone $100 for expenses; to allow someone so much a year*. **3.** to permit involuntarily, by neglect or oversight: *to allow an error to occur*. **4.** to admit; acknowledge; concede: *to allow a claim*. **5.** to take into account; set apart; abate or deduct: *to allow an hour for changing trains*. **6.** US to say or think. *–v.i.* **7.** to permit; make possible: *to spend more than one's salary allows*. *–phr.* **8. allow for**, to make concession, allowance, or provision for: *to allow for breakage*. *–allowable adj.*

allowance /ə'lauəns/ *n.* **1.** a definite amount or share given or set apart; ration. **2.** acceptance; admission: *the allowance of a claim*. **3.** tolerance: *we made allowance for his youth*. **4.** Mechanics a prescribed variation in dimensions (size). See **tolerance**.

alloy /'æloɪ/ *n.*, /ə'lɔɪ, 'æloɪ/ *v.* *–n.* **1.** a substance composed of two or more metals (or, sometimes, a metal and a non-metal) which have been intimately mixed by fusion, electrolytic deposition, or the like. **2.** a less costly metal mixed with a more valuable one. **3.** standard; quality; fineness. *–v.t.* **4.** to mix (metals) so as to form an alloy. **5.** to debase, impair, or reduce by admixture.

all right *adj.* **1.** safe and sound: *are you all right?* **2.** satisfactory; acceptable: *his work is sometimes all right*. *–adv.* **3.** Also, **alright**. satisfactorily; acceptably; correctly: *he did his job all right*.

all-round /'ɔl-raund/ *adj.* **1.** able to do many things. **2.** having general use; not too specialised. *–all-rounder* /'ɔl-'raundə/ *n.*

allspice /'ɔlspaɪs/ *n.* **1.** the berry of a tropical American myrtaceous tree, *Pimenta dioica*. **2.** a mildly sharp and fragrant spice made from it; pimento.

allude /ə'lud/ *phr.* **allude to, 1.** to make an allusion to, refer casually or indirectly to: *he often alluded to his poverty*. **2.** to contain a casual or indirect reference: *the letter alludes to something now forgotten*.

all-up /'ɔl-ʌp/ *adj.* **1.** total, inclusive: *the all-up weight is three tonnes*. **2.** cumulative: *an all-up bet*.

allure /ə'luə, ə'ljuə/ *v.* **-lured, -luring**, *n.* *–v.t.* **1.** to attract by the offer of some real or apparent good; tempt by something flattering or acceptable. **2.** to fascinate; charm. *–n.* **3.** fascination; charm. *–allurer n.* *–alluring adj.*

allusion /ə'luʒən/ *n.* a passing or casual reference; an incidental mention of something, either directly or by implication: *a classical allusion*.

alluvial /ə'luviəl/ *adj.* **1.** having to do with alluvium. **2.** having to do with a mine, claim, diggings, etc. on alluvial soil. *–n.* **3.** alluvial soil. **4.** gold-bearing alluvial ground.

alluvium /ə'luviəm/ *n.* **-viums** or **-via** /-viə/. **1.** a deposit of sand, mud, etc., formed by flowing water. **2.** the sedimentary matter deposited thus within recent times, especially in the valleys of large rivers.

ally /ə'laɪ/ *v.* **-lied, -lying**, /'ælaɪ/ *n.* **-lies**. *–v.t.* **1.** to bind together; connect by some relation, as by resemblance or friendship; associate. *–v.i.* **2.** to enter into an alliance; join or unite. *–n.* **3.** one united or associated with another, especially by treaty or league; an allied nation, sovereign, etc. **4.** someone who cooperates with another; supporter; associate. *–phr.* **5. ally to** (or **with**), to unite with by marriage, treaty, league, or confederacy; connect with by formal agreement.

alma mater /ˌælmə 'meɪtə, 'matə/ *n.* (*sometimes caps*) one's school, college, or university.

almanac /'ɔlmənæk, 'æl-/ *n.* a calendar of the days of the year, in weeks and months, indicating the time of various events or phenomena during the period, as anniversaries, sunrise and sunset, changes of the moon and tides, etc., or giving other pertinent information. Also, **almanack**.

almighty /ɔl'maɪti/ *adj.* **1.** possessing all power; omnipotent: *God Almighty*. **2.** having great might; overpowering: *the almighty power of the press*. **3.** *Colloquial* great; extreme *–adv.* **4.** (an intensifier) *–almightily adv. –almightiness n.*

almond /'amənd/ *n.* **1.** the stone (nut) or kernel (sweet or bitter) of the fruit of the almond tree, *Prunus dulcis*, which grows in warm temperate regions. **2.** a flavour or flavouring of or like almonds. **3.** a delicate pale tan colour. **4.** anything shaped like an almond. *–almond-like adj.*

almost /'ɔlmoʊst/ *adv.* very nearly; all but.

alms /amz/ *n.* (*construed as singular or plural*) that which is given to the poor or needy; anything given as charity.

aloe /'æloʊ/ *n.* **aloes**. **1.** any plant of the liliaceous genus *Aloe*, chiefly African, various species of which yield a drug (**aloes**) and a fibre. **2.** (*often plural construed as sing.*) a bitter purgative drug, the inspissated juice of the leaves of several species of *Aloe*. **3.** American aloe; the century plant. **4.** (*plural construed as sing.*) a fragrant resin of wood from the heart of an East Indian tree, the eaglewood.

aloe vera /æloʊ 'vɪərə/ *n.* an aloe plant, *Aloe barbadensis*, having fleshy leaves from which a vulnerary agent is derived which is used in skin lotions, gels, etc.

aloft /ə'lɒft/ *adv., adj.* high up; in or into the air; above the ground.

alone /ə'loʊn/ *adj.* (*used in the predicate or following the noun*) **1.** apart from another or others: *to be alone*. **2.** to the exclusion of all others or all else: *man shall not live by bread alone*. *–adv.* **3.** solitarily. **4.** only; merely. *–phr.* **5. leave** (or **let**) **alone**, to refrain from bothering or interfering with. **6. let alone**, not to mention: *let alone his other failings*. **7. stand alone**, to be unique by virtue of one's talents, ability, etc. *–aloneness n.*

along /ə'lɒŋ/ *prep.* **1.** implying motion or direction through or by the length of; from one end to the other of: *to walk along a road*. **2.** by the length of; parallel to or in a line with the length of: *a row of poppies along the path*. **3.** in accordance with: *along the lines suggested*. *–adv.* **4.** in a line, or with a progressive motion; onwards. **5.** by the length; lengthways. **6.** as a companion; with one: *he took his sister along*. *–phr.* **7. all along**, **a.** all the time. **b.** throughout; continuously. **c.** from end to end. **d.** at full length. **8. be along**, *Colloquial* to come to a place: *he will soon be along*. **9. get along**, **a.** to go; depart. **b.** (sometimes fol. by *with*) to be on amicable terms. **c.** to manage successfully; cope: *to get along okay*. **10. get along with you**, (an exclamation of dismissal or disbelief). **11. go along with**, **a.** to agree with. **b.** to go in company with or together with: *I'll go along with you a little way*.

alongside /əlɒŋ'saɪd/ *adv.* **1.** along or by the side; at or to the side of anything: *we brought the boat alongside*. *–prep.* **2.** beside; by the side of.

aloof /ə'luf/ *adv.* **1.** at a distance, but within view; withdrawn: *to stand aloof*. *–adj.* **2.** reserved; unsympathetic; disinterested. *–aloofly adv. –aloofness n.*

alopecia /ælə'piʃiə/ *n.* loss of hair; baldness.

aloud /ə'laud/ *adv.* **1.** with the natural tone of the voice as distinguished from in a whisper or silently: *to read aloud*. **2.** with a loud voice; loudly: *to cry aloud*.

alp /ælp/ *n.* **1.** a high mountain. **2.** (*plural*) a high mountain system, usually covered with snow. –**alpine** *adj.*

alpaca /æl'pækə/ *n.* **1.** a domesticated camel-like South American ruminant of the genus *Lama* allied to the llama and the guanaco, having long, soft, silky hair or wool. **2.** a fabric made of the hair.

alpha /'ælfə/ *n.* **1.** the first letter in the Greek alphabet (A, α = English A, a), often used to designate the first in a series, especially in scientific classifications as: **a.** *Astronomy* a star, usually the brightest of a constellation. **b.** *Chemistry* (of a compound) one of the possible positions of substituted atoms or groups. **c.** (in examinations, etc.) the highest mark. **2.** the first; beginning.

alphabet /'ælfəbɛt/ *n.* **1.** the letters of a language in their customary order. **2.** any system of characters or signs for representing sounds or ideas.

alphanumeric /ˌælfənju'mɛrɪk/ *adj.* (of a set of characters) conveying information by using both letters and numbers. Also, **alphanumerical**. –**alphanumerically** *adv.*

already /ɔl'rɛdi/ *adv.* by this (or that) time; previously to or at some specified time.

Alsatian /æl'seɪʃən/ *n.* → **German shepherd**.

also /'ɔlsoʊ/ *adv.* in addition; too; further.

also-ran /'ɔlsoʊ-ˌræn/ *n.* **1.** an unplaced horse in a race. **2.** a nonentity.

alt- variant of **alto-** before vowels.

altar /'ɔltə, 'ɒl-/ *n.* **1.** an elevated place or structure, on which sacrifices are offered or at which religious rites are performed. **2.** (in most Christian churches) the communion table. –*phr.* **3. lead to the altar**, to marry.

alter /'ɔltə, 'ɒl-/ *v.t.* **1.** to make different in some particular; modify. **2.** *Colloquial* to castrate or spay. –*v.i.* **3.** to become different in some respect. –**alteration** /ˌɔltə'reɪʃən, ɒl-/ *n.* –**alterability** /ˌɔltrə'bɪləti, ɒl-/ *n.* –**alterative** *adj.* –**alterable** *adj.*

altercation /ˌɔltə'keɪʃən, 'ɒl-/ *n.* a heated or angry dispute; a noisy wrangle. –**altercative** /'ɔltəkeɪtɪv, 'ɒl-/ *adj.*

alter ego /ˌæltər 'igoʊ, ɔl-/ *n.* **1.** a second self. **2.** an inseparable friend.

alternate /'ɔltəneɪt, 'ɒl-/ *v.* **-nated, -nating** /ɔl'tɜnət, ɒl-/ *adj.* –*v.i.* **1.** to follow one another in time or place (usually followed by *with*): *day and night alternate with each other.* **2.** to change about by turns between points, states, actions, etc.: *he alternates between hope and despair.* –*v.t.* **3.** to use or perform by turns, or one after another. –*adj.* **4.** arranged or following each after the other, in succession: *alternate winter and summer.* **5.** every other one of a series: *read only alternate lines.* **6.** *Botany* (of leaves, etc.) placed singly at different heights on the axis, on each side, in turn or at certain distances from one another. –**alternation** /ˌɔltə'neɪʃən, ɒl-/ *n.* –**alternateness** /ɔl'tɜnətnəs/ *n.* –**alternately** *adv.*

alternating current *n. Electricity* a current that reverses direction in regular cycles. *Abbrev.*: AC or a.c. Compare **direct current**.

alternative /ɔl'tɜnətɪv, ɒl-/ *n.* **1.** a possibility of one out of two (or, less strictly, more) things: *the alternative of remaining neutral or attacking.* –*adj.* **2.** affording a choice between two things, or a possibility of one thing out of two. **3.** (of two things) mutually exclusive, so that if one is chosen the other must be rejected: *alternative results of this or that course.* **4.** offering standards and criteria of behaviour of a minority group within and opposed to an established western society: *alternative society; alternative medicine.* **5.** *Colloquial* (of any aspect of popular culture) not having a mainstream following. –**alternatively** *adv.* –**alternativeness** *n.*

alternator /'ɔltəneɪtə, 'ɒl-/ *n. Electricity* a generator of alternating current.

although /ɔl'ðoʊ/ *conj.* even though (practically equivalent to *though*, but often preferred to it in stating fact). Also, **altho'**.

altimeter /'æltəmitə/ *n.* a sensitive aneroid barometer calibrated and graduated to measure altitudes by the decrease of atmospheric pressure with height, used in aircraft for finding distance above sea-level, terrain, or some other reference point. –**altimetry** /æl'tɪmətri/ *n.*

altitude /'æltətjud/ *n.* **1.** the height above sea-level of any point on the earth's surface or in the atmosphere. **2.** extent or distance upwards. **3.** *Geometry* the perpendicular distance from the base of a figure to its highest point. **4.** a high point or region: *mountain altitudes.* **5.** high or exalted position, rank, etc.

alto /'æltoʊ/ *n.* **-tos,** *adj.* –*n. Music* **1.** the lowest female voice; contralto. **2.** the highest male voice; countertenor. **3.** a singer with an alto voice. **4.** an instrument of a range between soprano and tenor, as alto saxophone. –*adj.* **5.** *Music* of the alto; having the compass of the alto.

alto- a word element meaning 'high', as in *altostratus*. Also, **alt-, alti-**.

altogether /ˌɔltə'gɛðə/ *adv.* **1.** wholly; entirely; completely; quite: *altogether bad.* **2.** in all: *the debt amounted altogether to twenty dollars.* **3.** on the whole: *altogether, I'm glad it's over.* –*phr.* **4. in the altogether,** *Colloquial* in the nude.

altruism /'æltru,ɪzəm/ *n.* the principle or practice of seeking the welfare of others. –**altruistic** /ˌæltru'ɪstɪk/ *adj.* –**altruist** /'æltruəst/ *n.* –**altruistically** *adv.*

alum /'æləm/ *n.* an astringent crystalline substance, a double sulfate of aluminium and potassium, $K_2SO_4.Al_2(SO_4)_3.24H_2O$, or $KAl(SO_4)_2.12H_2O$, used in medicine, dyeing, and many technical processes.

alumina /ə'lumənə/ *n. Mineralogy* the oxide of aluminium, Al_2O_3, occurring widely in nature as corundum (in the ruby and sapphire, emery, etc.).

aluminium /ˌæljə'mɪniəm/ *n.* a silver-white metallic element, light in weight, ductile, malleable, and not readily oxidised or tarnished, occurring combined in nature in igneous rocks, shales, clays, and most soils. It is much used in alloys and for lightweight utensils, castings, aeroplane parts, etc. *Symbol:* Al; *relative atomic mass:* 26.9815; *at. no.:* 13; *density:* 2.70 at 20°C. Also, *US,* **aluminum**.

always /'ɔlweɪz, -wəz/ *adv.* **1.** all the time; uninterruptedly. **2.** every time; on every occasion: *he always works on Saturday.* **3.** often, especially with monotonous regularity; repeatedly: *you always say that.*

Alzheimer's disease /'æltshaɪməz də'ziz/ *n.* a progressive, organic brain disease which appears usually in middle age or old age and which results in confusion, memory failure, disorientation, etc.

am /æm/ *weak forms* /əm, m/ *v.* 1st person singular present indicative of **be**.

AM /eɪ 'ɛm/ Member of the Order of Australia.

amalgam /ə'mælgəm/ *n.* **1.** a mixture or combination. **2.** an alloy of mercury with another metal or metals.

amalgamate /ə'mælgəmeɪt/ *v.* **-mated, -mating** –*v.t.* **1.** to mix so as to make a combination; blend; unite; combine: *to amalgamate two companies.* **2.** *Metallurgy* to mix or alloy (a metal) with mercury. –*v.i.* **3.** to combine, unite, or coalesce. **4.** to blend with another metal, as mercury. –**amalgamation** /əmælgə'meɪʃən/ *n.*

amalgamable n. **–amalgamable** adj. **–amalgamative** adj. **–amalgamator** n.

amanuensis /əmænjuˈɛnsəs/ n. **-enses** /-ɛnsiz/. someone employed to write or type what another dictates or to copy what has been written by another; secretary.

amass /əˈmæs/ v.t. **1.** to gather for oneself; collect as one's own: *to amass a fortune*. **2.** to collect into a mass or pile; bring together. **–amassable** adj. **–amasser** n. **–amassment** n.

amateur /ˈæmətə, ˈæmətʃə/ n. **1.** someone who cultivates any study or art or other activity for personal pleasure instead of professionally or for gain. **2.** an athlete who has never competed for money. **3.** a superficial or unskilful worker; dabbler. *–adj.* **4.** having to do with an amateur or amateurs. **–amateurish** adj. **–amateurism** n. **–amateurship** n.

amatory /ˈæmətri/ adj. relating to lovers or love-making; expressive of love: *amatory poems; an amatory look*.

amaze /əˈmeɪz/ v.t. amazed, amazing. to overwhelm with surprise; astonish greatly. **–amazedly** /əˈmeɪzədli/ adv. **–amazedness** n.

ambassador /æmˈbæsədə/ n. **1.** a diplomatic agent of the highest rank who represents his or her country's interests in another country. **2.** an authorised messenger or representative. **3.** a person of some personal distinction as a sportsperson, actor, etc., who wins goodwill for his or her country in another: *she was a real ambassador for Australia in Sweden*. **–ambassadorial** /æmbæsəˈdɔriəl/ adj. **–ambassadorship** n.

amber /ˈæmbə/ n. **1.** a pale yellow, sometimes reddish or brownish, fossil resin of vegetable origin, translucent, brittle, and capable of gaining a negative electrical charge by friction. **2.** the yellowish brown colour of resin. **3.** an amber light used as a warning in signalling. *–adj.* **4.** made of or resembling amber.

ambergris /ˈæmbəgris, -gris/ n. an opaque, ash-coloured substance, a morbid secretion of the sperm whale, fragrant when heated, usually found floating on the ocean or cast ashore, used chiefly in perfumery.

ambi- a word element meaning 'both', 'around', 'on both sides', as in *ambidextrous*.

ambidextrous /æmbiˈdɛkstrəs/ adj. **1.** able to use both hands equally well. **2.** unusually skilful; facile. **–ambidextrously** adv. **–ambidextrousness** n.

ambience /ˈæmbiəns/ n. **1.** environment; surrounding atmosphere. **2.** the mood, character, quality, atmosphere, etc., as of a place or milieu.

ambient /ˈæmbiənt/ adj. **1.** completely surrounding: *ambient air*. **2.** circulating.

ambiguous /æmˈbɪgjuəs/ adj. **1.** open to various interpretations; having a double meaning; equivocal: *an ambiguous answer*. **2.** of doubtful or uncertain nature; difficult to comprehend, distinguish, or classify: *a rock of ambiguous character*. **3.** lacking clearness or definiteness; obscure; indistinct. **–ambiguity** n. **–ambiguously** adv.

ambit /ˈæmbət/ n. **1.** boundary; limits; sphere. **2.** scope; extent.

ambit claim n. *Australian* a claim made by employees to a conciliation and arbitration court which anticipates bargaining and compromise with the employer and is therefore extreme in its demands.

ambition /æmˈbɪʃən/ n. **1.** an eager desire for distinction, preferment, power, or fame. **2.** the object desired or sought after: *the crown was his ambition*. **–ambitious** adj. **–ambitionless** adj.

ambivalence /æmˈbɪvələns/ n. **1.** the coexistence in one person of opposite and conflicting feelings towards someone or something. **2.** uncertainty or ambiguity, especially due to inability to make up one's mind. **–ambivalent** adj.

amble /ˈæmbəl/ v. **-bled, -bling**, n. *–v.i.* **1.** to move with the gait of a horse, when it lifts first the two legs on one side and then the two on the other. **2.** to go at an easy pace. *–n.* **3.** an ambling gait. **–ambler** n. **–ambling** adj.

ambrosia /æmˈbrouzɪə/ n. **1.** the food of the gods of classical mythology, imparting immortality. **2.** anything imparting the sense of divinity, as poetic inspiration, music, etc. **3.** something especially delicious to taste or smell. **4.** a mild, originally Swedish, cheese with a tangy flavour and smooth, buttery taste.

ambulance /ˈæmbjələns/ n. a vehicle specially equipped for carrying sick or wounded persons.

ambulance officer n. a person who attends the sick or injured in an ambulance and provides primary care, usually at a basic level.

ambush /ˈæmbʊʃ/ n. **1.** the act of lying concealed so as to attack by surprise. **2.** the act of attacking unexpectedly from a concealed position. **3.** a secret or concealed position from which a surprise attack is made. **4.** a person or persons lying in wait. *–v.t.* **5.** to attack from ambush. **–ambusher** n.

ameliorate /əˈmiliəreɪt, əˈmiljəreɪt/ v. **-rated, -rating**. *–v.i.* **1.** to become better; improve. *–v.t.* **2.** to make better; improve. **–amelioration** /əˌmiliəˈreɪʃən, -jəˈreɪʃən/ n. **–ameliorator** n. **–ameliorable** adj. **–ameliorant** n. **–ameliorative** adj.

amen /eɪˈmɛn, a-/ interj. **1.** it is so; so be it (used after a prayer, creed, or other formal statement). *–n.* **2.** an expression of concurrence or assent.

amenable /əˈmɛnəbəl, əˈmin-/ adj. **1.** disposed or ready to answer, yield, or submit; submissive; tractable. **2.** liable to be called to account; answerable; legally responsible. **3.** liable or exposed (to charge, claim, etc.): *amenable to criticism*. **–amenability** /əˌmɛnəˈbɪləti/, **amenableness** n. **–amenably** adv.

amend /əˈmɛnd/ v.t. **1.** to alter (a motion, bill, constitution, etc.) by due formal procedure. **2.** to change for the better; improve: *to amend one's ways*. **3.** to remove or correct faults in; rectify: *an amended spelling*. *–v.i.* **4.** to grow or become better by reforming oneself. **–amendment** n. **–amendable** adj. **–amender** n.

amends /əˈmɛndz/ n. (construed as singular or plural) reparation or compensation for a loss, damage, or injury of any kind; recompense: *to make amends*.

Amerasian /æməˈreɪʒən/ n. **1.** a person of American and Asian descent. *–adj.* **2.** having to do with such a person.

American football /əˌmɛrɪkən ˈfʊtbɔl/ n. a game similar to Rugby football, in which two teams of eleven players each try to score touchdowns and field goals.

American Indian n. a member of the aboriginal race of America or of any of the aboriginal North and South American stocks, often excepting the Inuit; Native American.

amethyst /ˈæməθəst/ n. *Mineralogy* a crystallised purple or violet quartz used in jewellery. **–amethystine** /ˌæməˈθɪstɪn, -taɪn/ adj.

amiable /ˈeɪmiəbəl/ adj. **1.** having or showing agreeable personal qualities, as sweetness of temper, kind-heartedness, etc. **2.** friendly; kindly: *an amiable mood*. **–amiability** /ˌeɪmiəˈbɪləti/, **amiableness** n. **–amiably** adv.

amicable /'æmɪkəbəl/ *adj.* characterised by or exhibiting friendliness; friendly; peaceable: *an amicable settlement.* –**amicability** /æmɪkə'bɪlɪti/, **amicableness** *n.* –**amicably** *adv.*

amid /ə'mɪd/ *prep.* in the midst of or surrounded by; among; amidst.

amidst /ə'mɪdst/ *prep.* amid.

amine /ə'min, 'æmin/ *n. Chemistry* any of a class of compounds prepared from ammonia by replacing one, two, or all hydrogen atoms with organic radicals.

amino- a prefix denoting an amino group.

amino acid /ə'minoʊ ,æsəd, 'æmənoʊ/ *n.* any of a group of organic compounds containing an amino group and a carboxyl group. Up to twenty alpha-amino acids are considered the building blocks from which proteins are formed, while others can be found in some antibiotics.

amiss /ə'mɪs/ *adv.* **1.** out of the proper course or order; in a faulty manner; wrongly. –*adj.* **2.** (*used only predicatively*) (sometimes fol. by *with*) wrong; faulty; out of order; improper. –*phr.* **3. come amiss**, to be unwelcome; be received with ingratitude; be inopportune. **4. take amiss**, to be offended at; resent.

amity /'æməti/ *n.* **-ties**. friendship; harmony; good understanding, especially between nations.

ammeter /'æmitə/ *n.* an instrument for measuring the strength of electric currents in amperes.

ammonia /ə'moʊniə, -jə/ *n.* **1.** a colourless, pungent, suffocating gas, NH_3, a compound of nitrogen and hydrogen, very soluble in water. **2.** Also, **ammonia water**, **aqueous ammonia**. this gas dissolved in water, the common commercial form. –**ammoniacal** /æmə'naɪəkəl/ *adj.*

ammonium carbonate /ə,moʊniəm 'kabənɛɪt/ *n.* an ammonium salt of carbonic acid.

ammunition /,æmjə'nɪʃən/ *n.* **1.** all the material used in discharging all types of firearms or any weapon that throws projectiles; powder, shot, shrapnel, bullets, cartridges, and the means of igniting and exploding them, as primers and fuses. Chemicals, bombs, grenades, mines, pyrotechnics are also ammunition. **2.** any material or means used in combat. **3.** *Colloquial* evidence used to support an argument.

amnesia /æm'niʒə, -ziə/ *n.* loss of a large block of interrelated memories. –**amnesiac** /æm'niziæk/, **amnesic** /æm'nisɪk, -zɪk/, **amnestic** /æm'nɛstɪk/ *adj.*

amnesty /'æmnəsti/ *n.* **-ties**, *v.* **-tied**, **-tying**. –*n.* **1.** a general pardon for offences against a government. **2.** the granting of immunity for past offences against the laws of war. –*v.t.* **3.** to grant amnesty to; pardon.

amniocentesis /,æmnioʊsɛn'tisəs/ *n.* **-teses** -tisiz/. removal of some amniotic fluid, especially to diagnose chromosomal abnormality in a foetus.

amnion /'æmniən/ *n.* **amnia** /'æmniə/. the innermost of the embryonic or foetal membranes of insects, reptiles, birds, and mammals; the sac containing the amniotic fluid and the embryo. –**amniotic** /,æmni'ɒtɪk/, **amnionic** /,æmni'ɒnɪk/ *adj.*

amoeba = **ameba** /ə'mibə/ *n.* **-bas** or **-bae** /-bi/. **1.** a microscopic, one-celled animal which constantly changes in shape as it moves and engulfs food. **2.** a protozoan of the genus *Amoeba*. –**amoebic** *adj.* –**amoeba-like** *adj.*

amok /ə'mʌk/ *phr.* **run amok**, **1.** to rush about in a murderous frenzy. **2.** to rush about wildly. Also, **amuck**.

among /ə'mʌŋ/ *prep.* **1.** surrounded by; in or into the midst of: *you are among friends*. **2.** one of; included in a group of: *that's among the things we must do*. **3.** from; out of (a group): *choose among these*; *you are only one among many*. **4.** to, by, for or with (more than two people): *divide these among you*; *let them settle it among themselves*.

amongst /ə'mʌŋst/ *prep.* among.

amoral /eɪ'mɒrəl, æ-/ *adj.* without moral quality; neither moral nor immoral. –**amorality** /eɪmə'rælɒti, æm-/ *n.* –**amorally** *adv.*

amorous /'æmərəs/ *adj.* **1.** inclined or disposed to love: *an amorous disposition*. **2.** in love; enamoured. **3.** showing love: *amorous sighs*. **4.** relating to love: *amorous poetry*. –**amorously** *adv.* –**amorousness** *n.*

amorphous /ə'mɔfəs/ *adj.* **1.** lacking definite form; having no specific shape. **2.** of no particular kind or character; indeterminate; formless; unorganised: *an amorphous style*. **3.** *Geology* occurring in a mass, as without stratification or crystalline structure. **4.** *Chemistry* non-crystalline. –**amorphously** *adv.* –**amorphousness** *n.*

amortise = **amortize** /ə'mɔtaɪz, 'æmətaɪz/ *v.t.* **-tised**, **-tising**. to liquidate or extinguish (an indebtedness or charge) usually by periodic payments (or by entries) made to a sinking fund, to a creditor, or to an account. –**amortisable** *adj.*

amount /ə'maʊnt/ *n.* **1.** quantity or extent: *the amount of resistance*. **2.** the full effect, value, or import. **3.** the sum total of two or more sums or quantities; the aggregate: *the amount of 7 and 9 is 16*. **4.** the sum of the principal and interest of a loan. –*phr.* **5. amount to**, to reach, extend, or be equal to in number, quantity, effect, etc.

amour /ə'mɔ/ *n.* a love affair, especially a clandestine one.

amp /æmp/ *n. Colloquial* an amplifier.

ampere /'æmpɛə/ *n.* the base SI unit of current, defined as the current which, if maintained in two parallel conductors of infinite length, of negligible cross-section, and separated by one metre in a vacuum, would produce a force of 2×10^{-7} newtons per metre. *Symbol*: A

ampersand /'æmpəsænd/ *n.* the character *&*, meaning *and*.

amphetamine /æm'fɛtəmin, -mən/ *n.* a drug which, diluted with water, is used as a spray or inhaled to relieve nasal congestion and is taken internally to stimulate the central nervous system.

amphi- a word element meaning 'on both sides', 'on all sides', 'around', 'round about', as in *amphicoelous*.

amphibian /æm'fɪbiən/ *n.* **1.** the class of vertebrate animals, as the frog, newt, etc., that live on land but breed in water, the young metamorphosing (changing) into adult form from an early fish-like (tadpole) stage. **2.** an amphibious plant. **3.** an aeroplane that can take off from and land on either land or water. **4.** an amphibious vehicle. –**amphibious** *adj.*

amphitheatre /'æmfiθɪətə/ *n.* **1.** a level area of oval or circular shape surrounded by rising ground. **2.** any place for public contests or games; an arena. **3.** a building with tiers of seats around an arena or central area, such as those used in ancient Rome for gladiatorial contests. **4.** a semi-circular sloping gallery in a modern theatre. Also, *US*, **amphitheater**.

amphora /'æmfərə/ *n.* **-rae** /-ri/. a two-handled, narrow-necked vessel, commonly big-bellied and narrowed at the base, used by the ancient Greeks and Romans for holding wine, oil, etc. –**amphoral** *adj.*

ample /'æmpəl/ *adj.* **-pler**, **-plest**. **1.** of great extent, size, or amount; large; spacious. **2.** in full or abundant measure; copious; liberal. **3.** fully sufficient for the purpose or for needs; enough and to spare. **4.** rather bulky or full in form or figure. –**ampleness** n.

amplifier /'æmpləfaɪə/ n. **1.** *Electricity* a device for increasing the amplitudes of electric waves or impulses by means of the control exercised by the input over the power supplied to the output from a local source of energy. Commonly it is a radio valve or transistor, or a device using them. **2.** such a device used to magnify the sound produced by a radio, record-player, or any of certain musical instruments, as an electric guitar. **3.** *Photography* an additional lens for expanding the field of vision.

amplify /'æmpləfaɪ/ v. **-fied, -fying.** –v.t. **1.** to make larger or greater; enlarge; extend. **2.** to expand in stating or describing, as by details, illustration, etc. **3.** *Electricity* to increase the amplitude of (impulses or waves). **4.** to make louder; magnify (a sound). –v.i. **5.** (sometimes fol. by *on*) to discourse at length; expatiate or dilate.

amplitude /'æmplə,tjud/ n. **1.** extension in space, especially breadth or width; largeness; extent. **2.** large or full measure; abundance; copiousness. **3.** *Physics* the distance or range from one extremity of an oscillation to the middle point or neutral value. **4.** *Electricity* the maximum strength of an alternating current during its cycle, as distinguished from the mean or effective strength.

amplitude modulation n. *Radio* a broadcasting system in which the carrier wave is modulated by changing its amplitude (distinguished from *frequency modulation*). *Abbrev*: AM

ampoule /'æmpul/ n. a sealed glass bulb used to hold hypodermic solutions.

amputate /'æmpjəteɪt/ v.t. **-tated, -tating.** to cut off (a limb, etc.) by a surgical operation. –**amputation** /æmpjə'teɪʃən/ n. –**amputator** n.

amulet /'æmjələt/ n. an object superstitiously worn to ward off evil; a protecting charm.

amuse /ə'mjuz/ v.t. **amused, amusing. 1.** to hold the attention of agreeably; entertain; divert. **2.** to excite mirth in. –**amused** adj. –**amusement** n. –**amuser** n. –**amusing** adj.

an /æn/ weak form /ən/ det. (indefinite article) the form of **a** before an initial vowel sound. See **a**¹.

an-¹ a prefix meaning 'not', 'without', 'lacking', used before vowels and *h*, as in *anarchy*. Also, **a-**⁶.

an-² variant of **ad-**, before *n*, as in *announce*.

an-³ variant of **ana-**, used before vowels, as in *anaptotic*.

-an a suffix meaning: **1.** 'belonging to', 'pertaining or relating to', 'adhering to', and commonly expressing connection with a place, person, leader, class, order, sect, system, doctrine, or the like, serving to form adjectives, many of which are also used as nouns, as *Australian, Christian, Elizabethan, republican,* and hence serving to form other nouns of the same type, as *historian, theologian*. **2.** *Zoology* 'relating to a certain class of organisms', as in *mammalian*.

ana- a prefix meaning 'up', 'throughout', 'again', 'back', occurring originally in words from the Greek, but used also in modern words (English and other) formed on the Greek model, as in *anabatic*.

-ana = -iana a noun suffix denoting a collection of material relating to a given subject, as in *Shakespeariana, Australiana*.

anabolic steroid n. any of a group of synthetic androgens which accelerate bone and muscle growth.

anabolism /ə'næbəlɪzəm/ n. *Physiology* constructive metabolism (opposed to *catabolism*). –**anabolic** /ænə'bɒlɪk/ adj.

anabranch /'ænəbræntʃ/ n. *Geography* a branch of a river which leaves the main stream and enters it again further on.

anachronism /ə'nækrənɪzəm/ n. **1.** an error assigning a custom, event, person, or thing to an age other, especially earlier, than the correct one. **2.** something placed or occurring out of its proper time. –**anachronistic** /ənækrə'nɪstɪk/ adj.

anaconda /ænə'kɒndə/ n. **1.** a large South American snake, *Eunectes murinus*, of the boa family. **2.** any boa constrictor.

anaemia = anemia /ə'nimiə/ n. **1.** a quantitative deficiency of the haemoglobin, often accompanied by a reduced number of red blood cells, and causing pallor, weakness, and breathlessness. **2.** bloodlessness; paleness. –**anaemic** adj.

anaerobic /ænə'roʊbɪk/ adj. **1.** *Biology, Physiology* (of organisms or tissues) requiring the absence of free oxygen or not destroyed by its absence. **2.** relating to or caused by the absence of oxygen. **3.** affected by or involving the activities of anaerobes. –**anaerobically** adv.

anaesthesia = anesthesia /ænəs'θiʒə, -ziə/ n. **1.** *Medicine* general or local insensibility, as to pain and other sensation, induced by certain drugs. **2.** *Pathology* general loss of the senses of feeling, such as pain, heat, cold, touch, and other less common varieties of sensation. **3.** the science of anaesthetics.

anaesthetic = anesthetic /ænəs'θɛtɪk/ n. **1.** a substance such as ether, chloroform, cocaine, etc., that produces anaesthesia. –adj. **2.** relating to or causing physical insensibility. **3.** insensitive.

ana(e)sthetise = ana(e)sthetize /ə'nɪsθətaɪz/ v.t. **-tised, -tising.** to make (someone) unable to feel pain, etc., by or as by an anaesthetic. –**anaesthetisation** n. –**anaesthetist** n.

anagram /'ænəgræm/ n. **1.** a transposition of the letters of a word or sentence to form a new word or sentence, as *caned* is an anagram of *dance*. –v.t. **2.** to transpose into an anagram. –v.i. **3.** to make anagrams.

anal /'eɪnəl/ adj. **1.** having to do with the anus. **2.** relating to a stage of psychosexual development during which the child's interest is concentrated on the anal region and excremental function. **3.** *Colloquial* obsessive; finicky; fussy: *don't be so anal*.

analgesic /ænəl'dʒɪzɪk, -sɪk/ n. *Medicine* **1.** a remedy that relieves or removes pain. –adj. **2.** relating to or causing analgesia.

analog /'ænəlɒg/ adj. **1.** *Electronics* having to do with the use of physical quantities (such as voltages, etc.) as analogues to the variables in a mathematical problem, as in an analog computer. **2.** having to do with any device which represents a variable by a continuously moving or varying entity, as a clock, the hands of which move to represent time, or a VU meter, the needle of which moves to represent varying amplifier output energy. Compare **digital**. Also, **analogue**.

analog computer n. a type of computer in which information is represented by directly measurable, continuously varying quantities (as voltages, resistances, or rotations). Also, **analogue computer**.

analogous /ə'næləgəs, -dʒəs/ adj. **1.** having analogy; corresponding in some particular. **2.** *Biology* corresponding in function, but not evolved from corresponding organs, as the wings of a bee and those of a hummingbird. –**analogously** adv. –**analogousness** n.

analog-to-digital converter n. a device which converts an analog signal to a digital equivalent. Also, **analog-digital converter**.

analogue /'ænəlɒg/ *n.* **1.** something having analogy to something else. **2.** *Biology* an organ or part analogous to another. –*adj.* **3.** → **analog**.

analogy /ə'nælədʒi/ *n.* **-gies. 1.** an agreement, likeness, or correspondence between the relations of things to one another; a partial similarity in particular circumstances on which a comparison may be based: *the analogy between the heart and a pump.* **2.** agreement; similarity. **3.** *Biology* an analogous relationship. **4.** (in linguistic change) the tendency of inflections and formations to follow existing models and regular patterns, as when the more common '-*s*' plural *brothers* replaces the older *brethren.* **5.** *Logic* a form of reasoning in which similarities are inferred from a similarity of two or more things in certain particulars.

analyse /'ænəlaɪz/ *v.t.* **-lysed, -lysing. 1.** to resolve into elements or constituent parts; determine the elements or essential features of: *to analyse an argument.* **2.** to examine critically, so as to bring out the essential elements or give the essence of: *to analyse a poem.* **3.** to subject to mathematical, chemical, grammatical, etc., analysis. **4.** → **psychoanalyse**. Also, *US*, **analyze**. –**analysable** *adj.*

analysis /ə'næləsəs/ *n.* **-lyses** /-ləsiz/. **1.** separation of something into its basic parts in order to discover its nature, meaning, etc.: *the grammatical analysis of a sentence.* **2.** a short statement of results of this; outline or summary, as of a book. **3.** *Chemistry* **a.** separation of a substance into its elements to find their kind or quantity. **b.** the finding out of the kind or amount of one or more of the constituents of a substance, whether actually obtained in separate form or not. **4.** → **psychoanalysis**. –**analyst** *n.*

analytic /ænə'lɪtɪk/ *adj.* **1.** relating to or proceeding by analysis (opposed to *synthetic*). **2.** (of languages) characterised by the use of separate words (**free forms**) rather than of inflectional adjuncts (**bound forms**) to show syntactic relationships, as in English or Chinese (opposed to *synthetic*). Also, **analytical**. –**analytically** *adv.*

anarchy /'ænəki/ *n.* **1.** a state of society without government or law. **2.** political and social disorder due to absence of governmental control. **3.** absence of government or governmental restraint. **4.** a theory which regards the union of order with the absence of all direct or coercive government as the political ideal. **5.** confusion in general; disorder. –**anarchist** *n.* –**anarchism** *n.*

anathema /ə'næθəmə/ *n.* **-mas. 1.** a formal ecclesiastical curse involving excommunication. **2.** any imprecation of divine punishment. **3.** a curse; an execration. **4.** a person or thing accursed or consigned to damnation or destruction. **5.** a person or thing detested or loathed.

anatomy /ə'nætəmi/ *n.* **-mies. 1.** the structure of an animal or plant, or of any of its parts. **2.** the science of the structure of animals and plants. **3.** the cutting up of animals or plants for study of their structure. **4.** any detailed examination. **5.** *Colloquial* the body; bodily form; figure.

-ance a suffix of nouns denoting action, state, or quality, or something exemplifying one of these, often corresponding to adjectives in *-ant,* as *brilliance, distance,* or formed directly from verbs, as in *assistance, defiance.* Compare **-ence**.

ancestor /'ænsɛstə/ *n.* **1.** someone from whom a person is descended, usually distantly; a forefather; a progenitor. **2.** *Biology* the actual or hypothetical form or stock of an earlier and presumably lower type, from which any organised being is known or inferred to have developed. –**ancestress** *fem. n.*

ancestry /'ænsəstri, -sɛs-/ *n.* **-ries. 1.** ancestral descent. **2.** honourable descent. **3.** a series of ancestors.

anchor /'æŋkə/ *n.* **1.** a device for holding boats, vessels, floating bridges, etc., in place. **2.** any similar device for holding fast or checking motion. **3.** a key person; mainstay. **4.** (in a tug-of-war team) the person, usually the one who is most effective because of superior weight, strength or skill, placed at the end of the rope. **5.** the person who is most heavily relied upon in a team, as the last runner in a relay race. **6.** *Radio, TV* the host or main presenter of a program. **7.** a means of stability: *hope is his anchor.* **8.** *Colloquial* a key defensive position. **9.** (*plural*) *Colloquial* brakes: *hit the anchors.* –*v.t.* **10.** to hold fast by an anchor. **11.** to fix or fasten; affix firmly. –*v.i.* **12.** to drop anchor. **13.** to lie or ride at anchor. **14.** to keep hold or be firmly fixed. **15.** *Colloquial* to take up residence (in a place); settle. –*phr.* **16. at anchor,** held still by an anchor; anchored. **17. cast anchor,** to put down or drop the anchor. **18. drop anchor,** to make a halt to a journey by ship. **19. weigh anchor,** to take up the anchor. –**anchorless** *adj.* –**anchor-like** *adj.*

anchorage /'æŋkərɪdʒ/ *n.* **1.** a place for anchoring. **2.** a charge for anchoring. **3.** that to which anything is fastened. **4.** something that can be depended upon.

anchorite /'æŋkəraɪt/ *n.* someone who has retired to a solitary place for a life of religious seclusion; a hermit; a recluse. –**anchoritic** /æŋkə'rɪtɪk/ *adj.*

anchorman /'æŋkəmæn/ *n.* **-men.** a male anchor (defs 3–6).

anchovy /'æntʃəvi, æn'tʃoʊvi/ *n.* **-vies. 1.** a small, herring-like, marine fish, *Engraulis australis,* occurring in bays and estuaries of the Australian coastline south of the tropic of Capricorn. **2.** any of a number of fishes of the same family (Engraulidae) found elsewhere, especially *Engraulis encrasicholus,* abundant in southern Europe, much used pickled and in the form of a salt paste.

ancien régime /ˌɒsjɒ̃ reɪ'ʒim/ *n.* a former system of government.

ancient /'eɪnʃənt, 'eɪntʃənt/ *adj.* **1.** of or in time long past, especially before the end of the Western Roman Empire, AD 476: *ancient history.* **2.** very old; of great age: *an ancient monument; an ancient woman.* **3.** *Law* having existed for a particular period of time, often 20 years: *an ancient matter.* –*n.* **4.** (*usually plural*) a person, especially a classical writer, who lived in ancient times, as an ancient Greek, Roman, Hebrew, etc. –**ancientness** *n.*

ancillary /æn'sɪləri/ *adj., n.* **-aries.** –*adj.* **1.** accessory; auxiliary. –*n.* **2.** an accessory, subsidiary or helping thing or person.

-ancy an equivalent of **-ance,** used chiefly in nouns denoting state or quality, as in *buoyancy.*

and /ænd/ *weak forms* /ənd, ən, n/ *conj.* (*connecting words, phrases or clauses*) **1.** with; along with; also: *pens and pencils.* **2.** as a result: *concentrate and your work will improve.* **3.** afterwards: *do the shopping and come straight home.* **4.** as well as: *nice and warm.* **5.** *Colloquial* to (used between verbs): *try and do it.*

andante /æn'dænteɪ, -ti/ *adv. Music* moderately slowly and evenly.

andiron /'ændaɪən/ *n.* one of a pair of metallic stands used to support wood in an open fire; a firedog.

andro- a word element meaning 'man', 'male', as contrasted with 'female', as in *androsphinx.* Also, **andr-.**

androgen /'ændrədʒən/ *n.* any steroid which promotes masculine characteristics.

androgynous /æn'drɒdʒənəs/ *adj.* **1.** being both male and female; hermaphroditic. **2.** having both masculine and feminine characteristics. **3.** *Botany* having staminate and pistillate flowers in the same inflorescence. **4.** not conforming to a male or a female stereotype in appearance or behaviour. –**androgyny** *n.*

-androus a word element meaning 'male', as in *polyandrous*.

-ane 1. a noun suffix used in chemical terms, especially names of hydrocarbons of the methane or paraffin series, as *decane, pentane, propane.* **2.** an adjective suffix used when a similar form (with a different meaning) exists in **-an**, as *human, humane.*

anecdote /'ænəkdoʊt/ *n.* a short narrative of a particular incident or occurrence of an interesting nature. –**anecdotal, anecdotic** /ænək'dɒutɪk/ *adj.*

anemo- a word element meaning 'wind', as in *anemometer.*

anemometer /ænə'mɒmətə/ *n.* **1.** an instrument for indicating wind velocity. **2.** any instrument for measuring the rate of flow of a fluid. –**anemometric** /ænəmə'mɛtrɪk/, **anemometrical** /ænəmə'mɛtrɪkəl/ *adj.* –**anemometry** *n.*

anemone /ə'nɛməni/ *n.* **1.** any plant of the genus *Anemone*, especially *A. coronaria*, a native of the Mediterranean area, widely cultivated for its mostly red and blue flowers. **2.** → **sea anemone**.

aneroid /'ænərɔɪd/ *adj.* **1.** using no fluid. –*n.* **2.** → **aneroid barometer**.

aneroid barometer *n.* an instrument for measuring atmospheric pressure and, indirectly, altitude, by registering the pressure exerted on the elastic top of a box or chamber exhausted of air.

aneurysm = aneurism /'ænjərɪzəm/ *n.* a permanent cardiac or arterial dilation usually caused by weakening of the vessel wall by diseases such as syphilis or arteriosclerosis. –**aneurysmal** /ˌænjə'rɪzməl/ *adj.*

anew /ə'nju/ *adv.* **1.** over again; once more: *to write a story anew.* **2.** in a new form or manner.

angel /'eɪndʒəl/ *n.* **1.** *Theology* one of group of spiritual beings, attendants and messengers of God (in medieval angelology divided, according to their rank, into nine orders, ranging from highest to lowest as follows: seraphim, cherubim, thrones, dominations or dominions, virtues, powers, principalities or princedoms, archangels, angels). **2.** the usual representation of such a being, in human form, with wings. **3.** a person, especially a woman, who is thought to be like an angel in beauty, kindliness, etc. **4.** a protecting or guardian spirit. **5.** *Colloquial* a person who gives money to help anything, especially a theatrical play. –**angelic** /æn'dʒɛlɪk/, **angelical** /æn'dʒɛlɪkəl/ *adj.* –**angelhood** *n.*

anger /'æŋgə/ *n.* **1.** a strongly felt displeasure aroused by real or supposed wrongs, often accompanied by an impulse to retaliate; wrath; ire. –*v.t.* **2.** to excite to anger or wrath.

angina /æn'dʒaɪnə/ *n.* **1.** any inflammatory affection of the throat or fauces, as quinsy, croup, mumps, etc. **2.** → **angina pectoris**. –**anginal** *adj.*

angina pectoris /ænˈdʒaɪnə 'pɛktərəs/ *n.* a syndrome characterised by paroxysmal, constricting pain below the sternum, most easily precipitated by exertion or excitement and caused by ischaemia of the heart muscle, usually due to a coronary artery disease, such as arteriosclerosis.

angio- a word element meaning 'vessel', or 'container', as in *angiology.*

angioplasty /ˈændʒioʊˌplæsti/ *n.* *Surgery* the repairing of a blood vessel, as by the insertion of a balloon to unblock it or by the replacement of part of it.

angle¹ /'æŋgəl/ *n., v.* **-gled, -gling.** –*n.* **1. a.** the space within two lines or three planes diverging from a common point, or within two planes diverging from a common line. **b.** the figure so formed. **c.** the amount of rotation needed to bring one line or plane into coincidence with another. **2.** an angular projection; a projecting corner: *the angles of a building.* **3.** an angular recess; a nook, corner. **4. a.** a point from which an object may be viewed. **b.** a cognitive standpoint. **5.** an aspect, side: *to consider all angles of the question.* **6.** *Colloquial* a devious, artful scheme, method, etc. **7.** *Engineering* → **angle iron**. –*v.t.* **8.** to move, direct, bend or present at an angle or in an angular course. **9.** to put a slant or bias on (a question, statement, etc.). –*v.i.* **10.** to move or bend in angles. –*phr.* **11. at an angle**, (sometimes fol. by *to* or *from*) slanting; not perpendicular.

angle² /'æŋgəl/ *v.i.* **-gled, -gling.** –*v.* **1.** to fish with hook and line. –*phr.* **2. angle for**, to try to get (something) by scheming, using tricks or artful means: *to angle for a compliment.*

angle iron *n.* **1.** a bar of iron in the form of an angle. **2.** a rolled iron or steel bar with an L-shaped cross-section, used mainly in iron constructions. Also, **angle, angle section**.

Anglican /'æŋglɪkən/ *adj. Ecclesiastical* **1.** having to do with the Church of England. **2.** having to do with any church related in origin to, or in communion with the Church of England, as the Anglican Church of Australia. –*n.* **3.** a member of an Anglican church. **4.** (formerly) a High-Churchman or Anglo-Catholic. –**Anglicanism** *n.*

Anglo /'æŋgloʊ/ *n.* **1.** an Australian of Anglo-Celtic ancestry. **2.** (elsewhere, as in the US and Canada) a white person whose first language is English. –*adj.* **3.** having to do with such a person.

Anglo- a word element meaning 'relating to England or the English', as in *Anglo-American.*

Anglo Celt /æŋgloʊ 'kɛlt/ *n. Australian* someone who is of Anglo-Celtic origin. Also, **Anglo-Celt**.

Anglo-Celtic /æŋgloʊ-'kɛltɪk/ *adj. Australian* having to do with a person whose origin was in the British Isles. Also, **Anglo Celtic**.

Angora /æŋ'gɔrə/ *n.* **1.** an Angora rabbit. **2.** an Angora cat. **3.** (*sometimes l.c.*) **a.** the hair of the Angora goat or rabbit. **b.** a yarn or fabric made from this.

angry /'æŋgri/ *adj.* **-grier, -griest. 1.** feeling or showing anger or resentment (*with* or *at* a person, *at* or *about* a thing). **2.** characterised by anger; wrathful: *angry words.* **3.** *Pathology* inflamed, as a sore; exhibiting inflammation. –**angrily** /'æŋgrəli/ *adv.* –**angriness** *n.*

angst /æŋst/ *n.* a feeling or outlook of dread, fear, etc.

angstrom /'æŋstrəm/ *n.* a unit of length for measuring very short wavelengths and distances between atoms in molecules, equal to 10^{-10} metres. *Symbol:* Å

anguish /'æŋgwɪʃ/ *n.* **1.** excruciating or agonising pain of either body or mind; acute suffering or distress: *the anguish of grief.* –*v.t.* **2.** to affect with anguish. –*v.i.* **3.** to suffer anguish.

angular /'æŋgjələ/ *adj.* **1.** having angle or angles. **2.** consisting of, found at, or forming an angle. **3.** of, relating to, or measured by an angle. **4.** acting or moving awkwardly. **5.** stiff in manner; unbending. –**angularly** *adv.* –**angularity** /æŋguə'lærəti/, **angularness** *n.*

anhydride /æn'haɪdraɪd, -drəd/ *n.* **1.** a compound formed by abstraction of water, an oxide of a non-metal (**acid anhydride**) or a metal (**basic anhydride**) which forms an acid or a base, respectively, when united with water. **2.** a compound from which water has been abstracted.

anhydrous /æn'haɪdrəs/ *adj. Chemistry* having lost all water, especially water of crystallisation.

aniline /'ænəlin/ *n.* **1.** an oily liquid, $C_6H_5NH_2$, obtained first from indigo but now prepared from benzene, and serving as the basis of many brilliant dyes, and in the manufacture of plastics, resins, etc. –*adj.* **2.** relating to or derived from aniline: *aniline colours.*

animadvert /ænəmæd'vɜt/ *v.t.* **1.** to remark. –*phr.* **2. animadvert on** (or **upon**), to comment critically on. –**animadversion** /ænəmæd'vɜʒən/ *n.*

animal /'ænəməl/ *n.* **1.** any living thing that is not a plant, generally capable of voluntary motion, sensation, etc. **2.** any animal other than a human. **3.** an inhuman person; brutish or beastlike person. –*adj.* **4.** of, relating to, or derived from animals: *animal life, animal fats.* **5.** relating to the physical or carnal nature of humans, rather than their spiritual or intellectual nature: *animal needs.*

animal husbandry *n.* the practice or science of breeding, feeding, and care of animals, especially on a farm.

animate /'ænəmeɪt/ *v.* -**mated**, -**mating**, /'ænəmət/ *adj.* –*v.t.* **1.** to give life to; make alive. **2.** to make lively; vivacious; vigorous. **3.** to encourage. **4.** to move to action; actuate: *animated by religious faith.* –*adj.* **5.** alive; possessing life: *animate creatures.* –**animation** /ænə'meɪʃən/ *n.* –**animater** = **animator** *n.* –**animatingly** *adv.*

animated /'ænəmeɪtəd/ *adj.* **1.** full of life, action, or spirit; lively; vigorous: *an animated debate.* **2.** moving or made to move as if alive. –**animatedly** *adv.*

animism /'ænəmɪzəm/ *n.* the belief that all natural objects and the universe itself possess a soul. –**animist** *n., adj.* –**animistic** /ænə'mɪstɪk/ *adj.*

animosity /ænə'mɒsəti/ *n.* -**ties**. (sometimes fol. by *between* or *towards*) a feeling of ill will or enmity animating the conduct, or tending to display itself in action.

anion /'ænaɪən/ *n. Chemistry* a negatively charged ion which is attracted to the anode in electrolysis.

anise /'ænɪs, 'ænəs/ *n.* **1.** a herbaceous plant, *Pimpinella anisum*, of Mediterranean regions, yielding aniseed. **2.** → **aniseed**.

aniseed /'ænəsɪd/ *n.* **1.** the aromatic seed of the anise, used in medicine, in cookery, etc. **2.** a stout aromatic New Zealand herb, *Gingidia montana*.

aniso- a word element meaning 'unlike' or 'unequal'.

ankle /'æŋkəl/ *n.* **1.** the aggregate joint connecting the foot with the leg. **2.** the slender part of the leg above the foot.

ankle-biter /'æŋkəl-baɪtə/ *n. Colloquial* a child.

annals /'ænəlz/ *pl. n.* **1.** a history or relation of events recorded year by year. **2.** historical records generally. **3.** a periodical publication containing formal reports of learned societies, etc.

anneal /ə'nil/ *v.t.* **1.** to heat (glass, earthenware, metals, etc.) to remove or prevent internal stress. **2.** to toughen or temper: *to anneal the mind*.

annex /'ænɛks, ə'nɛks/ *v.*, /'ænɛks/ *n.* –*v.t.* **1.** to attach, join, or add, especially to something larger or more important; unite; append; subjoin. **2.** to take possession of, take to one's own use permanently. **3.** *Colloquial* to take without permission; appropriate. –*n.* **4.** something annexed or added, especially a supplement to a document: *an annex to a treaty.* **5.** an annexe. –**annexation** /ænɛk'seɪʃən/ *n.* –**annexure** /ə'nɛkʃə/ *n.*

annexe /'ænɛks/ *n.* **1.** a subsidiary building or an addition to a building. **2.** something annexed. Also, **annex**.

annihilate /ə'naɪəleɪt/ *v.t.* -**lated**, -**lating**. **1.** to reduce to nothing; destroy utterly: *the bombing annihilated the city.* **2.** to destroy the form or collective existence of: *to annihilate an army*. **3.** to cancel the effect of; annul: *to annihilate a law*. **4.** *Colloquial* to defeat utterly, as in argument, competition, or the like. –**annihilation** /ənaɪə'leɪʃən/ *n.* –**annihilator** *n.* –**annihilative** /ə'naɪəlɒtɪv/ *adj.* –**annihilable** *adj.*

anniversary /ænə'vɜsəri/ *n.* -**ries**, *adj.* –*n.* **1.** the yearly recurrence of the date of a past event. **2.** the celebration of such a date. –*adj.* **3.** returning or recurring each year. **4.** relating to an anniversary: *an anniversary gift*.

annotate /'ænəteɪt/ *v.* -**tated**, -**tating**. –*v.t.* **1.** to supply with notes; remark upon in notes: *to annotate the works of Bacon.* –*v.i.* **2.** to make annotations or notes. –**annotation** /ænə'teɪʃən/ *n.* –**annotator** *n.*

announce /ə'naʊns/ *v.t.* -**nounced**, -**nouncing**. **1.** to make known publicly; give notice of. **2.** to state the approach or presence of: *to announce guests; to announce dinner.* **3.** to make known to the mind or senses. –*v.i.* **4.** to work as an announcer. –**announcement** *n.*

announcer /ə'naʊnsə/ *n.* someone who announces, especially one who reads the news, etc., on radio or television.

annoy /ə'nɔɪ/ *v.t.* **1.** to disturb in a way that is displeasing, troubling, or slightly irritating. –*v.i.* **2.** to be disagreeable or troublesome. –**annoyance** *n.* –**annoyer** *n.* –**annoying** *adj.*

annual /'ænjuəl/ *adj.* **1.** of, for, or relating to a year; yearly. **2.** taking place or returning once a year: *annual celebration.* **3.** *Botany* living only one growing season, as beans or wheat. **4.** performed during one year: *annual course of the sun.* –*n.* **5.** a plant living only one year or season. **6.** a book or magazine published once a year. –**annually** *adv.*

annuity /ə'njuəti/ *n.* -**ties**. **1.** a specified income payable at stated intervals for a fixed or a contingent period, often for the recipient's life, in consideration of a stipulated premium paid either in prior instalment payments or in a single payment. **2.** the right to receive such an income, or the duty to make such a payment or payments. –**annuitant** *n.*

annul /ə'nʌl/ *v.t.* annulled, annulling. **1.** to make void or null; abolish (used especially of laws or other established rules, usages, and the like): *to annul a marriage.* **2.** to reduce to nothing; obliterate. –**annulment** *n.* –**annullable** *adj.*

annular /'ænjələ/ *adj.* **1.** having the form of a ring. **2.** bearing a ring. –**annularity** /ænjə'lærəti/ *n.* –**annularly** *adv.*

annunciate /ə'nʌnsieɪt/ *v.t.* -**ated**, -**ating**. to announce.

annunciation /ənʌnsi'eɪʃən/ *n.* **1.** (*often cap.*) the announcement by the angel Gabriel to the Virgin Mary of the incarnation of Christ. **2.** (*cap.*) the festival (25 March) instituted by the church in memory of this.

anode /'ænoʊd/ *n.* **1.** the electrode which gives off positive ions, or towards which negative ions or electrons move or collect in electrolysis, as a voltaic cell, radio valve, etc. **2.** the positive pole of a battery or other source of current.

anodyne /'ænədaɪn/ *n.* **1.** a medicine, especially a drug, that relieves or removes pain. **2.** anything relieving distress. –*adj.* **3.** relieving pain. **4.** soothing to the feelings.

anoint /ə'nɔɪnt/ *v.t.* **1.** to put oil on; apply an unguent or oily liquid to. **2.** to consecrate by applying oil. –**anointer** *n.* –**anointment** *n.*

anomaly

anomaly /ə'nɒməli/ *n.* **-lies. 1.** deviation from the common rule or analogy. **2.** something that deviates in this way: *the anomalies of human nature.* **–anomalous** *adj.*

anonymous /ə'nɒnəməs/ *adj.* **1.** without any name acknowledged, as that of author, contributor, or the like: *an anonymous pamphlet.* **2.** of unknown name; whose name is withheld: *an anonymous author.* **3.** lacking individuality; without distinguishing features; without identity. **–anonymity** /ænə'nɪməti/, **anonymousness** *n.* **–anonymously** *adv.*

anopheles /ə'nɒfəliz/ *n.* **-pheles.** any mosquito of the genus *Anopheles*, which, when infested with the organisms causing malaria, may transmit the disease to human beings.

anorak /'ænəræk/ *n.* → **parka.**

anorectic /ænə'rɛktɪk/ *adj.* **1.** → **anorexic** (def. 1). **2.** Also, **anorexic.** *Colloquial* extremely thin, as if suffering from anorexia nervosa. *–n.* **3.** → **anorexic** (def. 3).

anorexia /ænə'rɛksiə/ *n.* lack of appetite. Also, **anorexy.**

anorexia nervosa /ænərɛksiə nɜ'vousə/ *n.* a mental disorder, most common in adolescent girls, causing an aversion to food, which may lead to serious malnutrition.

anorexic /ænə'rɛksɪk/ *adj.* **1.** Also, **anorectic.** suffering from anorexia nervosa. **2.** *Colloquial* → **anorectic** (def. 2). *–n.* **3.** Also, **anorectic.** someone suffering from anorexia nervosa.

another /ə'nʌðə/ *det.* **1.** a second; a further; an additional: *another piece of cake.* **2.** a different; a distinct; of a different kind: *at another time*; *another man.* *–pron.* **3.** one more; an additional one: *try another.* **4.** a different one; something different: *going from one house to another.* *–phr.* **5. one another**, one the other; each other: *love one another.*

answer /'ænsə, 'an-/ *n.* **1.** a spoken or written reply to a question, request, letter, etc. **2.** a reply or response in act: *the answer was a volley of fire.* **3.** a reply to a charge or an accusation. **4.** *Law* a pleading of facts by a defendant in opposition to those stated in the plaintiff's declaration; defence to a divorce petition. **5.** a solution to a doubt or problem, especially in mathematics. **6.** a piece of work (written or otherwise) performed as a demonstration of knowledge or ability in a test or examination. **7.** a re-echoing, imitation, or repetition of sounds. **8.** *Music* the entrance of a fugue subject, usually on the dominant, after its first presentation in the main key. *–v.i.* **9.** to make answer; reply. **10.** to respond by a word or act: *to answer with a nod.* *–v.t.* **11.** to make answer to; to reply or respond to: *to answer a person; to answer a question.* **12.** to give as an answer. **13.** to make a defence against (a charge); meet or refute (an argument). **14.** to act in reply or response to: *to answer the bell; answer a summons.* **15.** to serve or suit: *this will answer the purpose.* **16.** to conform or correspond to; be similar or equivalent to: *to answer a description.* *–phr.* **17. answer back**, to make a rude or impertinent reply. **18. answer for, a.** to be or declare oneself responsible or accountable for: *I will answer for his safety.* **b.** to give assurance of; vouch for: *he answered for the truth of the statement.* **c.** to act or suffer in consequence of: *to answer for one's sins.* **d.** to be satisfactory or serve for: *to answer for a particular purpose.* **19. answer to, a.** to respond to (a stimulus, direction, command, etc.); obey; acknowledge: *to answer to the whip; to answer to one's name.* **b.** to correspond to; conform to: *to answer to a description.* **c.** to be directly inferior to in a chain of command. **–answerer** *n.* **–answerless** *adj.*

antechinus

answerable /'ænsərəbəl/ *adj.* **1.** capable of being answered. *–phr.* **2. answerable for**, accountable for, responsible for: *I am answerable for his safety.* **3. answerable to**, liable to be called to account to or asked to defend one's actions to: *she is answerable to her employer.*

ant /ænt/ *n.* **1.** any of certain small hymenopterous insects constituting the family Formicidae, very widely distributed in thousands of species, all of which have some degree of social organisation. *–phr.* **2. have ants in one's pants**, *Colloquial* to be restless or impatient. **3. the ant's pants**, *Colloquial* someone or something considered the ultimate in style, novelty or cleverness. **–antlike** *adj.*

ant- variant of **anti-**, especially before a vowel or *h*, as in *antacid*.

-ant 1. adjective suffix, originally participial, as in *ascendant, pleasant.* **2.** noun suffix used in words of participial origin, denoting agency or instrumentality, as in *servant, irritant.* Compare **-ent**.

antacid /ænt'æsəd/ *adj.* **1.** neutralising acids; counteracting acidity, as of the stomach. *–n.* **2.** an antacid agent or remedy.

antagonise = antagonize /æn'tægənaɪz/ *v.t.* **-nised, -nising.** to make hostile; make an antagonist of: *his speech antagonised half the voters.*

antagonism /æn'tægənɪzəm/ *n.* **1.** the activity or the relation of contending parties or conflicting forces; active opposition. **2.** an opposing force, principle, or tendency.

antagonist /æn'tægənəst/ *n.* **1.** someone who is opposed to or strives with another in any kind of contest; opponent; adversary. **2.** *Physiology* a muscle which acts in opposition to another (the agonist). **–antagonistic** /æn,tægə'nɪstɪk/ *adj.*

Antarctic Circle /ænt,artɪk 'sɜkəl/ *n.* an imaginary circle around the earth forming the northern boundary of the South Frigid Zone, at latitude 66°32′S.

ante /'ænti/ *n., v.* **-ted** *or* **-teed, -teing.** *–n.* **1.** *Poker* a stake put into the pool by each player after seeing their hand but before drawing new cards, or, sometimes, before seeing their hand. **2.** the amount paid as one's share. **3.** a payment, usually monetary, extracted as part of a bargain. *–v.t.* **4.** *Poker* to put (one's stake) into the pool. *–phr.* **5. ante up**, *Colloquial* **a.** to pay one's share as contribution. **b.** to put up (the price or amount to be paid or contributed): *he will ante up $1000.* **6. raise** (or **up**) **the ante, a.** to increase suddenly the price to be paid for goods or services. **b.** to raise the requirements for a job, etc.

ante- a prefix meaning 'before in space or time'.

anteater /'æntitə/ *n.* **1.** any of the echidnas or spiny anteaters of Australia and New Guinea. **2.** → **numbat. 3.** any of various edentates of tropical America, feeding chiefly on termites. **4.** → **aardvark. 5.** any of the pangolins or scaly anteaters of Africa and tropical Asia.

antecedent /ænti'sidənt/ *adj.* **1.** (sometimes fol. by *to*) going or being before; preceding; prior: *an antecedent event.* *–n.* **2.** (*plural*) **a.** ancestry. **b.** one's past history. **3.** a preceding circumstance, event, etc. **4.** *Grammar* the word or phrase, usually a noun or its equivalent, which is replaced by a pronoun or other substitute later (or rarely, earlier) in the sentence or in a subsequent sentence. In *Jack lost a hat and he can't find it*, *Jack* is the antecedent of *he*, and *hat* is the antecedent of *it*. **–antecedently** *adv.* **–antecedence** *n.*

antechinus /ænti'kaɪnəs/ *n.* **-nuses.** *–n.* a type of Australian marsupial mouse of the family Dasyuridae, as the widespread **yellow-footed antechinus**, *Antechinus flavipes*, having a grey head, orange-brown rump and feet, and a black tip on the tail.

antedate /'æntɪdeɪt, ˌæntɪ'deɪt/ *v.t.* **-dated, -dating. 1.** to be of older date than; precede in time: *the Peruvian empire antedates that of Mexico.* **2.** to affix a date earlier than the true one to (a document, etc.): *to antedate a cheque.* **3.** to assign to an earlier date: *to antedate a historical event.*

antediluvian /ˌæntɪdə'luvɪən/ *adj.* **1.** belonging to the period before the Flood, i.e., the universal deluge recorded as having occurred in the days of Noah. **2.** antiquated; primitive: *antediluvian ideas.*

antelope /'æntəloʊp/ *n.* **-lopes,** (*especially collectively*) **-lope.** a slenderly built, hollow-horned ruminant allied to cattle, sheep, and goats, found chiefly in Africa and Asia.

ante meridiem /ˌæntɪ mə'rɪdɪəm/ **1.** before noon. **2.** the time between 12 midnight and 12 noon. *Abbrev.*: a.m. *or* am **–antemeridian** *adj.*

antenatal /ˌæntɪ'neɪtl/ *adj.* **1.** before birth; during pregnancy: *an antenatal clinic.* *–n.* **2.** an antenatal examination.

antenna /æn'tɛnə/ *n.* **-tennae** /-'tɛni/ *for def. 1* **-tennas** *for def. 2* **1.** *Zoology* one of the jointed appendages occurring in pairs on the heads of insects, crustaceans, etc., often called feelers. **2.** a radio or television aerial. **–antennal, antennary** *adj.* **–antenniform** *adj.*

antepenultimate /ˌæntɪpə'nʌltəmət/ *adj.* **1.** last but two. *–n.* **2.** the last but two; the third from the end.

anterior /æn'tɪərɪə/ *adj.* **1.** placed before; situated more to the front (opposed to *posterior*). **2.** going before in time; preceding; earlier: *an anterior age.* **–anteriority** /ˌæntɪərɪ'ɒrətɪ/ *n.* **–anteriorly** *adv.*

anteroom /'æntɪrum/ *n.* **1.** a smaller room through which access is had to a main room. **2.** a waiting room.

anthem /'ænθəm/ *n.* **1.** a hymn, as of praise, devotion, or patriotism. **2.** a piece of sacred vocal music, usually with words taken from the Scriptures. **3.** a recorded song or piece of music which achieves cult status with its audience: *a disco anthem; a gay anthem.*

anther /'ænθə/ *n. Botany* the pollen-bearing part of a stamen.

antho- a word element meaning 'flower', as in *anthocyanin.*

anthology /æn'θɒlədʒi/ *n.* **-gies.** a collection of literary pieces, especially poems, of varied authorship. **–anthologist** *n.* **–anthological** /ænθə'lɒdʒɪkəl/ *adj.*

anthracite /'ænθrəsaɪt/ *n.* a hard, black, lustrous coal containing little of the volatile hydrocarbons and burning almost without flame; hard coal. **–anthracitic** /ænθrə'sɪtɪk/ *adj.*

anthrax /'ænθræks/ *n.* **-thraces** /-θrəsiz/. a malignant infectious disease of cattle, sheep, and other animals and of humans, caused by *Bacillus anthracis.* **–anthracic** /æn'θræsɪk/ *adj.*

anthropo- a word element meaning 'person', 'human being', as in *anthropocentric.* Also, **anthrop-.**

anthropoid /'ænθrəpɔɪd/ *adj.* Also, **anthropoidal. 1.** resembling a human. *–n.* **2.** an anthropoid ape.

anthropology /ˌænθrə'pɒlədʒi/ *n.* **1.** the science that deals with the origin, development (physical, intellectual, cultural, moral, etc.) and varieties of humanity. **2.** the study of humanity's agreement with and divergence from other animals. **3.** the science of human beings and their works. **–anthropologist** *n.* **–anthropological** /ˌænθrəpə'lɒdʒɪkəl/, **anthropologic** /ˌænθrəpə'lɒdʒɪk/ *adj.* **–anthropologically** /ˌænθrəpə'lɒdʒɪkli/ *adv.*

anthropomorphic /ˌænθrəpə'mɔfɪk/ *adj.* ascribing human form or attributes to beings or things not human, especially to a deity. **–anthropomorphism** *n.*

anti- a prefix meaning 'against', 'opposed to'. Also, **ant-.**

antibiotic /ˌæntɪbaɪ'ɒtɪk/ *n.* **1.** a chemical substance produced by micro-organisms which, in dilute solutions, may inhibit the growth of and even destroy bacteria and other micro-organisms. **2.** such a substance isolated and purified (as penicillin, streptomycin) and used in the treatment of infectious diseases of humans, animals, and plants.

antibody /'æntɪbɒdi/ *n.* **-dies.** any of various proteins which are produced by a vertebrate as a result of the presence of a foreign substance in the body and which act to neutralise or remove that substance.

antic /'æntɪk/ *n.* **1.** (*often plural*) a grotesque, fantastic, or ludicrous gesture or posture; fantastic trick. *–adj.* **2.** *Archaic* fantastic; odd; grotesque: *an antic disposition.*

anticipate /æn'tɪsəpeɪt/ *v.* **-pated, -pating.** *–v.t.* **1.** to realise beforehand; foretaste or foresee: *to anticipate pleasure.* **2.** to expect: *to anticipate an acquittal.* **3.** to be before (another) in doing something; forestall: *anticipated by his predecessors.* **4.** to consider or mention before the proper time: *to anticipate more difficult questions.* *–v.i.* **5.** to think, speak, act, etc., in advance or prematurely. **–anticipation** *n.* **–anticipative, anticipatory** *adj.* **–anticipatively** *adv.* **–anticipator** *n.*

anticlimax /ˌæntɪ'klaɪmæks/ *n.* **1.** *Rhetoric* a noticeable or ludicrous descent in discourse from lofty ideas or expressions to what is much less impressive. **2.** an abrupt descent in dignity; an inglorious or disappointing conclusion. **–anticlimactic** /ˌæntɪklaɪ'mæktɪk/ *adj.*

anticlockwise /æntɪ'klɒkwaɪz/ *adv.* **1.** in a direction opposite to that of the rotation of the hands of a clock. *–adj.* **2.** having to do with movement in this direction.

anticyclone /æntɪ'saɪkloʊn/ *n. Meteorology* an extensive horizontal movement of the atmosphere spirally around and away from a gradually progressing central region of high barometric pressure, the spiral motion being clockwise in the Northern Hemisphere, anticlockwise in the Southern. **–anticyclonic** /ˌæntɪsaɪ'klɒnɪk/ *adj.*

antidepressant /ˌæntɪdə'prɛsənt/ *Medicine –n.* **1.** any of a class of drugs used for raising the spirits in treating mental depression. *–adj.* **2.** having to do with this class of drugs.

antidote /'æntɪdoʊt/ *n.* **1.** a medicine or other remedy for counteracting the effects of poison, disease, etc. **2.** whatever prevents or counteracts injurious effects. **–antidotal** *adj.*

antigen /'æntɪdʒən, 'æntə-/ *n.* any substance which when injected into animal tissues will stimulate the production of antibodies. **–antigenic** /æntɪ'dʒɛnɪk/ *adj.*

antihistamine /æntɪ'hɪstəmɪn, -maɪn/ *n.* any of certain medicines or drugs which neutralise or inhibit the effect of histamine in the body, used mainly in the treatment of allergic conditions, as hay fever, asthma, etc. **–antihistamine, antihistaminic** /ˌæntɪhɪstə'mɪnɪk/ *adj.*

antilogarithm /æntɪ'lɒgərɪðəm/ *n.* the number corresponding to a logarithm.

antinomy /æn'tɪnəmi/ *n.* **-mies. 1.** opposition between laws and principles; contradiction in law. **2.** *Philosophy* the mutual contradiction of two principles or correctly drawn inferences, each of which is supported by reason. **–antinomian** *n.*, *adj.* **–antinomianism** *n.*

antipasto /ˌænti'pæstoʊ/ *n.* an appetiser course of relishes, smoked meat, fish, etc.; hors d'oeuvres.

antipathy /æn'tɪpəθi/ *n.* **-thies. 1.** a natural or settled dislike; repugnance; aversion. **2.** an instinctive contrariety or opposition in feeling. **3.** an object of natural aversion or settled dislike. **–antipathetic** /ˌæntɪpə'θɛtɪk/ *adj.* **–antipathetically** /ˌæntɪpə'θɛtɪkəli/ *adv.*

antiperspirant /ˌænti'pɜːspərənt/ *n.* any preparation for decreasing or preventing perspiration.

antipodes /æn'tɪpədiz/ *pl. n.* points diametrically opposite to each other on the earth or any globe. **–antipodean** /ænˌtɪpə'diən/ *adj., n.*

antiquary /'æntəkwəri/ *n.* **-ries.** an expert on ancient things; a student or collector of antiquities.

antiquate /'æntəkweɪt/ *v.t.* **-quated, -quating. 1.** to make old and useless by substituting something newer and better. **2.** to make antique. **–antiquated** *adj.* **–antiquation** /ˌæntə'kweɪʃən/ *n.*

antique /æn'tik/ *adj., n., v.* **-tiqued, -tiquing.** *–adj.* **1.** belonging to former times, as contrasted with modern. **2.** dating from an early period: *antique furniture.* **3.** *Colloquial* old-fashioned; antiquated: *an antique garment.* *–n.* **4.** an object of art or a furniture piece of a former period. *–v.t.* **5.** to make appear antique. **–antiquely** *adv.* **–antiqueness** *n.*

antiquity /æn'tɪkwəti/ *n.* **-ties. 1.** the quality of being ancient; great age: *a family of great antiquity.* **2.** ancient times; former ages: *the errors of dark antiquity.* **3.** the time before the Middle Ages. **4.** the ancients collectively; the people of ancient times. **5.** (*usually plural*) something belonging to or remaining from ancient times.

antiseptic /ˌæntə'sɛptɪk/ *adj.* **1.** relating to or causing antisepsis. *–n.* **2.** an antiseptic agent. **–antiseptically** *adv.*

antisocial /ˌænti'soʊʃəl/ *adj.* **1.** unwilling or unable to associate normally with one's fellows. **2.** opposed, damaging, or motivated by antagonism to social order, or to the principles on which society is constituted. **–antisocially** *adv.*

antithesis /æn'tɪθəsəs/ *n.* **-theses** /-θəsiz/. **1.** opposition; contrast: *the antithesis of theory and fact.* **2.** (sometimes fol. by *of* or *to*) the direct opposite. **–antithetic** /ˌæntə'θɛtɪk/ *adj.*

antitoxin /ˌænti'tɒksən/ *n.* the antibody formed in immunisation with a given toxin, used in treating or immunising against certain infectious diseases. **–antitoxic** *adj.*

antivenene /ˌæntivə'nin/ *n.* **1.** an antitoxin produced in the blood by repeated injections of venom, as of snakes. **2.** the antitoxic serum obtained from such blood. Also, **antivenin.**

antler /'æntlə/ *n.* one of the solid deciduous horns, usually branched, of an animal of the deer family.

antonym /'æntənɪm/ *n.* a word opposed in meaning to another (opposed to *synonym*): *'good' is the antonym of 'bad'.* **–antonymic** *adj.*

anus /'eɪnəs/ *n. Anatomy* the opening at the lower end of the alimentary canal, through which the solid refuse of digestion is excreted.

anvil /'ænvəl/ *n.* **1.** a heavy iron block with a smooth face, frequently of steel, on which metals, usually red-hot or white-hot, are hammered into desired shapes. **2.** anything on which blows are struck.

anxiety /æŋ'zaɪəti/ *n.* **-ties. 1.** distress or uneasiness of mind caused by apprehension of danger or misfortune. **2.** solicitous desire; eagerness. **3.** *Psychology* a state of apprehension and psychic tension found in some forms of mental disorder.

anxious /'æŋʃəs, 'æŋk-/ *adj.* **1.** full of anxiety or solicitude; greatly troubled or solicitous: *to be anxious about someone's safety.* **2.** earnestly desirous: *anxious to please; anxious for your safety.* **3.** attended with or showing solicitude or uneasiness: *anxious forebodings.* **4.** causing anxiety or worry; difficult: *an anxious business, an anxious time.* **–anxiously** *adv.* **–anxiousness** *n.*

any /'ɛni/ *det.* **1.** one, a, an, or (with plural noun) some, whatever or whichever it may be: *if you have any witnesses, produce them.* **2.** in whatever quantity or number, great or small: *have you any butter?* **3.** every: *any schoolchild would know that.* **4.** (with a negative) none at all. **5.** a great or unlimited (amount): *any number of things.* *–pron.* **6.** *a.* (construed as *sing.*) any person; anybody: *he does better than any before him* *b.* (construed as *plural*) any persons: *unknown to any.* **7.** any single one or any one's; any thing or things; any quantity or number: *I haven't any.* *–adv.* **8.** in any degree; to any extent; at all: *do you feel any better?; will this route take any longer?* *–phr.* **9. any one ...,** any single or individual (person or thing): *any one part of the town.* **10. get any,** *Colloquial* to have sexual intercourse: *are you getting any?*

anybody /'ɛnibɒdi, -bədi/ *pron., n.* **-bodies.** *–pron.* **1.** any person. *–n.* **2.** a person of little importance.

anyhow /'ɛnihaʊ/ *adv.* **1.** in any case; at all events. **2.** in a careless manner. **3.** in any way whatever.

anyone /'ɛniwʌn/ *pron.* any person; anybody.

anything /'ɛniθɪŋ/ *pron.* **1.** any thing whatever; something, no matter what. *–adv.* **2.** in any degree; to any extent. *–phr.* **3. if anything,** if it is possible to make a judgment at all: *the patient is worse, if anything; if anything she's too lenient.* **4. like anything,** *Colloquial* greatly; with great energy or emotion.

any way *adv.* **1.** in any way or manner. **2.** carelessly; haphazardly; anyhow.

anyway /'ɛniweɪ/ *adv.* in any case; anyhow.

anywhere /'ɛniwɛə/ *adv.* in, at, or to any place.

anywise /'ɛniwaɪz/ *adv.* in any way or respect.

Anzac /'ænzæk/ *n.* **1.** a member of the Australian and NZ Army Corps during World War I. **2.** a soldier from Australia or NZ.

Anzac Day *n.* 25 April, the anniversary of the Anzac landing on Gallipoli in 1915.

A-1 /eɪ-'wʌn/ *adj.* **1.** registered as a first-class vessel in a shipping register, as by Lloyd's Register. **2.** *Colloquial* first-class; excellent. Also, **A1, A-one.**

aorta /eɪ'ɔtə/ *n.* **-tas** *or* **-tae** /-ti/. *Anatomy* the main trunk of the arterial system, conveying blood from the left ventricle of the heart to all of the body except the lungs. **–aortic, aortal** *adj.*

ap- variant of **apo-**.

apart /ə'pat/ *adv.* **1.** in pieces, or to pieces: *to take a watch apart.* **2.** separately or aside in motion, place, or position. **3.** to or at one side, with respect to purpose or function: *to set something apart.* **4.** separately or individually in consideration. **5.** aside (used with a gerund or noun): *joking apart, what do you think?* *–adj.* **6.** separate; independent: *a class apart.* *–phr.* **7. apart from,** leaving aside: *apart from other considerations.*

apartheid /ə'pateɪt/ *n.* (especially as applied to the former policy in South Africa) racial segregation.

apartment /ə'patmənt/ *n.* **1.** a single room in a building. **2.** (*plural*) a suite of furnished rooms, among others in a building: *the royal apartments.* **3.** *Chiefly US* a flat. **4.** a home unit.

apathy /'æpəθi/ *n.* **-thies. 1.** lack of feeling; absence or suppression of passion, emotion, or excitement. **2.** lack of interest in things which others find moving or exciting. **–apathetic** /æpə'θɛtɪk/ *adj.* **–apathetically** *adv.*

ape /eɪp/ *n., v.* **aped, aping.** *–n.* **1.** a non-human anthropoid. **2.** an imitator; a mimic. **3.** any monkey. *–v.t.* **4.** to imitate servilely; mimic. *–phr.*

aperient 32 **appearance**

5. go ape, *Colloquial* (sometimes fol. by *over*) to react with excessive and unrestrained pleasure, excitement, etc. –**apelike** *adj.*

aperient /əˈpɪərɪənt/ *adj.* **1.** purgative; laxative. –*n.* **2.** a medicine or an article of diet that acts as a mild laxative.

aperitif /əˈpɛrətɪf/ *n.* a small alcoholic drink, such as a cocktail or glass of sherry, often taken as an appetiser. Also, **aperitive** /əˈpɛrətɪv/.

aperture /ˈæpətʃə/ *n.* a hole, slit, crack, gap, or other opening.

apex /ˈeɪpɛks/ *n.* **apexes** *or* **apices** /ˈeɪpəsiːz/. **1.** the tip, point, or vertex of anything; the summit. **2.** climax; acme.

aphasia /əˈfeɪʒə, -ziə/ *n.* loss or impairment of the faculty of symbolic formulation and of speech due to a lesion of the central nervous system. –**aphasic** *adj.*, *n.*

aphid /ˈeɪfəd/ *n.* any of the plant-sucking insects of the family Aphididae; greenfly; plant louse. –**aphidian** /əˈfɪdiən/ *adj.*, *n.*

aphorism /ˈæfərɪzəm/ *n.* a terse saying embodying a general truth. –**aphorismic, aphorismatic** /æfərɪzˈmætɪk/ *adj.*

aphrodisiac /æfrəˈdɪziæk/ *adj.* **1.** arousing sexual desire. –*n.* **2.** a drug or food that arouses sexual desire.

apiary /ˈeɪpiəri/ *n.* **-ries.** a place in which bees are kept; a stand or shed containing a number of beehives. –**apiarist** *n.*

apical /ˈæpɪkəl, ˈeɪ-/ *adj.* **1.** of, at, or forming the apex. **2.** *Phonetics* relating to speech sounds formed with the tip of the tongue as articulator, such as [t], [s], [n]. –**apically** *adv.*

apices /ˈeɪpɪsiːz/ *n.* a plural of **apex**.

apiculture /ˈeɪpɪkʌltʃə/ *n.* the rearing of bees. –**apicultural** *adj.* –**apiculturist** *n.*

apiece /əˈpiːs/ *adv.* for each piece, thing, or person; for each one; each: *an orange apiece*; *costing a dollar apiece.*

aplomb /əˈplɒm/ *n.* imperturbable self-possession, poise, or assurance.

apo- a prefix meaning 'from', 'away', 'off', 'asunder', as in *apomorphine, apophyllite*. Also, **ap-, aph-**.

apocalypse /əˈpɒkəlɪps/ *n.* **1.** discovery; revelation; disclosure. **2.** (*cap.*) *Bible* the last book of the New Testament; Revelation. –**apocalyptic** *adj.*

apocryphal /əˈpɒkrəfəl/ *adj.* **1.** of doubtful authorship or authenticity. **2.** false; spurious. **3.** fabulous; fictitious; mythical. –**apocryphally** *adv.* –**apocryphalness** *n.*

apogee /ˈæpədʒiː/ *n.* **1.** *Astronomy* the point in the orbit of a heavenly body or artificial satellite most distant from the earth (opposed to *perigee*). **2.** the highest or most distant point; climax. –**apogeal, apogean** *adj.*

apolitical /eɪpəˈlɪtɪkəl/ *adj.* **1.** having no interest in political issues. **2.** not involving obligations to a particular political party: *the vote on this issue is apolitical.*

Apollo /əˈpɒloʊ/ *n.* an unusually good-looking young man.

apologetic /əpɒləˈdʒɛtɪk/ *adj.* **1.** making apology or excuse for fault, failure, etc. **2.** defending by speech or writing. Also, **apologetical**. –**apologetically** *adv.*

apologia /æpəˈloʊdʒiə/ *n.* a formal defence or justification in speech or writing, as of a cause or doctrine.

apologise = apologize /əˈpɒlədʒaɪz/ *v.i.* **-gised, -gising. 1.** to offer excuses or regrets for some fault, insult, failure, or injury. **2.** to make a formal defence in speech or writing. –**apologiser** *n.*

apology /əˈpɒlədʒi/ *n.* **-gies. 1.** an expression of regret offered for some fault, failure, insult, or injury. **2.** an apologia. **3.** a poor specimen or substitute; a makeshift: *a sad apology for a hat.*

apoplexy /ˈæpəplɛksi/ *n.* marked loss of bodily function due to cerebral haemorrhage. –**apoplectic** *adj.*

apostasy /əˈpɒstəsi/ *n.* **-sies.** a total desertion of, or departure from, one's religion, principles, party, cause, etc. –**apostate** *n.*

apostle /əˈpɒsəl/ *n.* **1.** one of the twelve disciples sent forth by Christ to preach the gospel. **2.** a pioneer of any great moral reform. **3.** a vigorous and zealous upholder (of a principle, cause, etc.). –**apostleship** *n.*

apostrophe¹ /əˈpɒstrəfi/ *n.* the sign (') used to indicate: **1.** the omission of one or more letters in a word, as in *o'er* for *over, halo'd* for *haloed*. **2.** the possessive case, as in *lion's, lions'*. **3.** certain plurals, as in *several MD's*. –**apostrophic** /æpəˈstrɒfɪk/ *adj.*

apostrophe² /əˈpɒstrəfi/ *n. Rhetoric* a digression from a discourse, especially in the form of a personal address to someone not present. –**apostrophic** /æpəˈstrɒfɪk/ *adj.*

apothecary /əˈpɒθəkri, -kəri/ *n.* **-ries.** *Archaic* a chemist; a pharmacist.

app /æp/ *n. Computers* an applications program.

appal /əˈpɒl/ *v.t.* **-palled, -palling. 1.** to overcome with fear; fill with consternation and horror. **2.** *Colloquial* to shock; dismay; displease. –**appalling** *adj.* –**appallingly** *adv.*

apparatus /æpəˈrɑːtəs, -ˈreɪtəs/ *n.* **-tus** *or* **-tuses. 1.** an assemblage of instruments, machinery, appliances, materials, etc., for a particular use. **2.** an organisation or subdivision of an organisation.

apparel /əˈpærəl/ *n.*, *v.* **-relled** *or Chiefly US* **-reled, -relling** *or Chiefly US* **-reling.** –*n.* **1.** a person's outer clothing; raiment. –*v.t.* **2.** *Archaic* to dress or clothe; adorn; ornament.

apparent /əˈpærənt/ *adj.* **1.** capable of being clearly perceived or understood; plain or clear. **2.** seeming; ostensible: *the apparent motion of the sun*. **3.** (of a scientific measurement) not corrected to allow for factors such as the position of observation, which affect the measurement (as opposed to *true*). **4.** exposed to the sight; open to view. –**apparently** *adv.* –**apparentness** *n.*

apparition /æpəˈrɪʃən/ *n.* **1.** a ghostly appearance; a spectre or phantom. **2.** anything that appears, especially something remarkable or phenomenal. **3.** the act of appearing. –**apparitional** *adj.*

appeal /əˈpiːl/ *n.* **1.** a call for help, support, mercy, money, etc.: *the prisoners made an appeal for mercy; a Red Cross appeal*. **2.** a request to some person or group for support, decision, etc. **3.** *Sport* a call from a player to the referee or umpire for a decision on a point of play. **4.** *Law* a formal request for review by a higher court. **5.** the power to attract or to move the feelings: *the game has lost its appeal; sex appeal*. –*v.i.* **6.** to make an appeal. –**appealable** *adj.* –**appealer** *n.* –**appealingly** *adv.*

appear /əˈpɪə/ *v.* (*cop*) **1.** to have an appearance; seem; look: *to appear wise*. –*v.i.* **2.** to come into sight; become visible: *a cloud appeared on the horizon*. **3.** to be obvious; be clear or made clear by evidence: *it eventually appeared that the man was her uncle*. **4.** to come or be placed before the public: *his biography appeared last year*. **5.** *Law* to come formally before a tribunal, authority, etc., as defendant, plaintiff, or counsel.

appearance /əˈpɪərəns/ *n.* **1.** the act or fact of appearing, as to the eye, the mind, or the public. **2.** *Law* **a.** the formal coming into court of a party to a suit. **b.** formal notice of intent to defend an action. **3.** outward look or aspect; mien: *a woman of noble appearance*. **4.** outward show or seeming; semblance: *to avoid the appearance of coveting an honour*. **5.** (*plural*) outward signs; indications; apparent conditions or circumstances: *don't judge by appearances*. *–phr.* **6. keep up appearances**, to maintain a socially acceptable outward show (often to conceal shortcomings). **7. to all appearances**, apparently; so far as can be seen.

appease /əˈpiːz/ *v.t.* **-peased, -peasing. 1.** to bring to a state of peace, quiet, ease, or content: *to appease an angry king*. **2.** to satisfy: *to appease one's hunger*. **3.** to accede to the belligerent demands of (a country, government, etc.) by a sacrifice of justice. **–appeaseable** *adj.* **–appeasement** *n*. **–appeaser** *n*.

appellant /əˈpɛlənt/ *n*. someone who appeals.

appellate /əˈpɛlət/ *adj. Law* relating to appeals.

appellation /ˌæpəˈleɪʃən/ *n*. **1.** a name, title, or designation. **2.** the act of naming.

append /əˈpɛnd/ *v.t.* **1.** to add, as an accessory; subjoin; annex. **2.** to attach as a pendant. **–appendage** *n*.

appendectomy /ˌæpɛnˈdɛktəmi/ *n*. **-mies.** the surgical excision of the vermiform appendix. Also, **appendicectomy** /əpɛndəˈsɛktəmi/.

appendicitis /əpɛndəˈsaɪtəs/ *n*. inflammation of the vermiform appendix.

appendix /əˈpɛndɪks/ *n*. **-dixes** *or* **-dices** /-dəsiz/. **1.** matter which supplements the main text of a book, generally explanatory, statistical, or bibliographic material. **2.** *Anatomy* **a.** a process or projection. **b.** the vermiform appendix.

appertain /æpəˈteɪn/ *v.i.* (sometimes fol. by *to*) to belong as a part, member, possession, attribute, etc.; pertain.

appetiser = appetizer /ˈæpətaɪzə/ *n*. a food or drink that stimulates the desire for food.

appetising = appetizing /ˈæpətaɪzɪŋ/ *adj.* exciting or appealing to the appetite. **–appetisingly** *adv.*

appetite /ˈæpətaɪt/ *n*. **1.** a desire for food or drink: *to work up an appetite*. **2.** a desire to supply any bodily want or craving: *the natural appetites*. **3.** an innate or acquired demand or propensity to satisfy a want: *an appetite for reading*.

applaud /əˈplɔd/ *v.i.* **1.** to express approval by clapping the hands, shouting, etc. **2.** to give praise; express approval. *–v.t.* **3.** to praise or show approval of by clapping the hands, shouting, etc.: *to applaud an actor*. **4.** to praise in any way; commend; approve: *to applaud one's conduct*. **–applauder** *n*. **–applause** *n*.

apple /ˈæpəl/ *n*. **1.** the edible fruit, usually round and with red, yellow or green skin, of the tree *Malus pumila*. **2.** Also, **apple tree**. the tree, cultivated in most temperate regions. **3.** the fruit of any of certain other species of tree of the same genus. **4.** Also, **apple tree**. any of these trees. **5.** the forbidden fruit of the tree in the Garden of Eden. *–phr.* **6. she's apples** or **she'll be apples**, *Australian, NZ Colloquial* all is well

appliance /əˈplaɪəns/ *n*. **1.** an instrument, apparatus, or device, especially one operated by electricity and designed for household use. **2.** the act of applying; application.

applicable /əˈplɪkəbəl, ˈæp-/ *adj.* capable of being applied; fit; suitable; relevant. **–applicability** /əˌplɪkəˈbɪləti/, **applicableness** *n*. **–applicably** *adv.*

applicant /ˈæpləkənt/ *n*. someone who applies; a candidate: *an applicant for a position*.

application /æpləˈkeɪʃən/ *n*. **1.** the act of putting to special use: *application of common sense to a problem*. **2.** the quality of being useable for a particular purpose; relevance: *this has no application to the case*. **3.** the act of applying: *application of paint to a wall*. **4.** the thing applied. **5.** (the act of making) a written or spoken request. **6.** close attention; continuous effort: *application to one's studies*.

applications program *n*. *Computers* a program which is written specifically to perform a specialised task.

applied /əˈplaɪd/ *adj.* **1.** put to practical use, as a science when its laws are concrete phenomena (distinguished from *abstract, theoretical*, or *pure* science). **2.** laid flat against.

appliqué /ˈæpləkeɪ/ *adj., n., v.* **-quéd, -quéing.** *–adj.* **1.** formed with ornamentation of one material sewn or otherwise applied to another. *–n.* **2.** the ornamentation used to make an appliqué material. **3.** work so formed. *–v.t.* **4.** to apply or form as in appliqué work.

apply /əˈplaɪ/ *v.* **-plied, -plying.** *–v.t.* **1.** to lay on; bring into physical closeness: *to apply a match to powder*. **2.** to bring to bear; put into practical operation, as a principle, law, rule, etc. **3.** to put to use, often with reference to some person or thing: *they know how to apply their labour*; *to apply the finding to the case*. **4.** to give with full attention; set: *I apply my mind to my lessons*. *–v.i.* **5.** to have a bearing; be relevant: *the arguments apply to the case*. **6.** to make request; ask: *they can apply for a job*. **–applier** *n*.

appoint /əˈpɔɪnt/ *v.t.* **1.** to nominate or assign to a position, or to perform a function; set apart; designate: *to appoint a new secretary*. **2.** to constitute, ordain, or fix by decree, order, or decision; decree: *laws appointed by God*. **3.** to determine by authority or agreement; fix; settle: *to appoint a time for the meeting*. **4.** *Law* to designate (a person) to take the benefit of an estate created by a deed or will. **5.** to provide with what is requisite; equip. **–appointee** *n*. **–appointer** *n*.

appointment /əˈpɔɪntmənt/ *n*. **1.** the act of appointing, designating, or placing in office: *to fill a vacancy by appointment*. **2.** an office held by a person appointed. **3.** the act of fixing by mutual agreement; engagement: *an appointment to meet at six o'clock*. **4.** (*usually plural*) equipment, as for a ship, hotel, etc. **5.** decree; ordinance.

apportion /əˈpɔʃən/ *v.t.* to divide and assign in just proportion or according to some rule; distribute or allocate proportionally: *to apportion expenses*. **–apportionable** *adj.* **–apportionment** *n*.

apposite /ˈæpəzət/ *adj.* suitable; well-adapted; pertinent: *an apposite answer*. **–appositely** *adj.* **–appositeness** *n*.

apposition /æpəˈzɪʃən/ *n*. **1.** the act of adding to or together; a placing together; juxtaposition. **2.** *Grammar* a syntactic relation between expressions, usually consecutive, which have the same function and the same relation to other elements in the sentence, the second expression identifying or supplementing the first. For example: *Adam, the first man*, has *the first man* in apposition to *Adam*. **–appositional, appositive** /əˈpɒzətɪv/ *adj.* **–appositionally** *adv.*

appraise /əˈpreɪz/ *v.t.* **-praised, -praising. 1.** to estimate generally, as to quality, size, weight, etc. **2.** to value in current money; estimate the value of. **–appraisable** *adj.* **–appraisal** *n*. **–appraiser** *n*. **–appraisingly** *adv.*

appreciable /əˈpriʃəbəl/ *adj.* **1.** capable of being perceived or estimated; noticeable. **2.** fairly large. **–appreciably** *adv.*

appreciate /əˈprɪʃieɪt, əˈprisi-/ *v.* **-ated, -ating.** *–v.t.* **1.** to place a sufficiently high estimate on: *her great ability was not appreciated*. **2.** to be fully conscious of; be aware of; detect: *to appreciate the dangers of a situation*. **3.** to be aware of the good qualities (of a person, thing, or action); be pleased with or grateful for. **4.** to raise in value. *-v.i.* **5.** to increase in value. **-appreciative**, **appreciatory** *adj.* **-appreciation** /əpriːʃiˈeɪʃən, əpriːsɪ-/ *n.* **-appreciator** *n.*

apprehend /æprəˈhend/ *v.t.* **1.** to take into custody; arrest by legal warrant or authority. **2.** to grasp the meaning of; understand; conceive. **3.** to entertain suspicion or fear of; anticipate: *I apprehend no violence. -v.i.* **4.** to understand. **5.** to be apprehensive; fear. **-apprehender** *n.*

apprehension /æprəˈhenʃən/ *n.* **1.** anticipation of adversity; dread or fear of coming evil. **2.** the faculty of apprehending; understanding. **3.** a view, opinion, or idea on any subject. **4.** the act of arresting; seizure. **-apprehensive** *adj.* **-apprehensively** *adv.* **-apprehensiveness** *n.*

apprentice /əˈprentəs/ *n., v.* **-ticed, -ticing.** *-n.* **1.** someone who works for another with obligations to learn a trade. **2.** a learner; a novice. **3.** *Horseracing* a trainee jockey under 21 years of age. *-v.t.* **4.** to bind to or put under the care of an employer for instruction in a trade. **-apprenticeship** *n.*

apprise = apprize /əˈpraɪz/ *v.t.* **-prised, -prising.** (sometimes fol. by *of*) to give notice to; inform; advise.

appro /ˈæproʊ/ *phr.* **on appro,** *Colloquial* for examination, without obligation to buy.

approach /əˈproʊtʃ/ *v.t.* **1.** to come nearer or near to: *to approach the city; approaching Homer as a poet.* **2.** to make advances or a suggestion to: *to approach the minister with a plan. -v.i.* **3.** to come nearer; draw near: *the storm approaches.* *-n.* **4.** the act of drawing or being near: *the approach of a horseman; a fair approach to the truth.* **5.** any means of reaching: *the approach to a city; an approach to a problem.* **6.** (*sing.* or *plural*) advances made to a person. **7.** (*plural*) *Military* cover for protecting forces in an advance against a strong position.

approachable /əˈproʊtʃəbəl/ *adj.* **1.** capable of being approached; accessible. **2.** (of a person) easy to approach. **-approachability** /əproʊtʃəˈbɪləti/, **approachableness** *n.*

approbation /æprəˈbeɪʃən/ *n.* approval; commendation. **-approbatory, approbative** *adj.*

appropriate /əˈproʊpriət/ *adj.*, /əˈproʊprieɪt/ *v.* **-ated, -ating.** *-adj.* **1.** suitable or fitting for a particular purpose, person, occasion, etc.: *an appropriate example.* **2.** belonging or peculiar to one: *each played their appropriate part. -v.t.* **3.** to set apart for some specific purpose or use: *parliament appropriated funds for the university.* **4.** to take to or for oneself; take possession of. **5.** to filch; annex; steal. **-appropriation** /əproʊpriˈeɪʃən/ *n.* **-appropriately** *adv.* **-appropriateness** *n.* **-appropriative** *adj.* **-appropriator** *n.*

approval /əˈpruːvəl/ *n.* **1.** the act of approving; approbation. **2.** sanction; official permission. *-phr.* **3. on approval,** for examination, without obligation to buy.

approve /əˈpruːv/ *v.* **-proved, -proving.** *-v.t.* **1.** to pronounce or consider good; speak or think favourably of: *to approve the policies of the government.* **2.** to confirm or sanction officially; ratify. *-v.i.* **3.** (sometimes fol. by *of*) to speak or think favourably of: *they don't approve of him; we'll leave at once if you approve.* **-approvable** *adj.* **-approver** *n.* **-approvingly** *adv.*

approximate /əˈprɒksəmət/ *adj.*, /əˈprɒksəmeɪt/ *v.* **-mated, -mating.** *-adj.* **1.** nearly exact, equal, or perfect: *that is an approximate kilo.* **2.** inaccurate; rough. **3.** near; close together. *-v.t.* **4.** to come near to; approach closely to. *-v.i.* **5.** to come near in position, quality, amount, etc. (usually followed by *to*): *his answer approximated to the truth.* **-approximately** *adv.* **-approximation** /əprɒksəˈmeɪʃən/ *n.*

appurtenance /əˈpɜːtənəns/ *n.* **1.** something accessory to another and more important thing; an adjunct. **2.** *Law* a right, privilege, or improvement belonging to and passing with a principal property.

après-ski /ˌæpreɪ-ˈskiː/ *adj.* having to do with a party or social occasion held at the end of a day spent skiing.

apricot /ˈeɪprɪkɒt, -prə-/ *n.* **1.** the downy yellow fruit, somewhat resembling a small peach, of the tree *Prunus armeniaca.* **2.** the tree. **3.** a pinkish yellow or yellowish pink.

April /ˈeɪprəl/ *n.* the fourth month of the year, containing 30 days.

a priori /eɪ priˈɔːri, praɪˈɔːraɪ/ **1.** from cause to effect; from a general law to a particular instance; valid independently of observation. **2.** claiming to report matters of fact but actually not supported by factual study. **-apriority** /eɪpraɪˈɒrəti/ *n.* **-aprioristic** /eɪpraɪəˈrɪstɪk/ *adj.* **-aprioristically** *adv.*

apron /ˈeɪprən/ *n.* **1.** a piece of clothing made in various ways for covering, and usually also protecting, the front of the person more or less completely. **2.** a flat continuous conveyor belt. **3.** a paved or hard-packed area abutting on airfield buildings and hangars. **4.** the part of the stage in front of the proscenium arch. *-v.t.* **5.** to put an apron on; furnish with an apron. **-apronlike** *adj.*

apropos /æprəˈpoʊ/ *adv.* **1.** to the purpose; opportunely. **2.** by the way. *-adj.* **3.** opportune; pertinent: *apropos remarks. -phr.* **4. apropos of,** with reference or regard to; in respect of: *apropos of nothing.*

apse /æps/ *n. Architecture* a vaulted semicircular or polygonal recess in a building, especially at the end of the choir of a church. **-apsidal** /ˈæpsədl/ *adj.*

apt /æpt/ *adj.* **1.** inclined; disposed; prone: *too apt to slander others.* **2.** unusually intelligent; quick to learn: *an apt pupil.* **3.** suited to the purpose or occasion; *an apt metaphor.* **-aptly** *adv.* **-aptness** *n.*

apteryx /ˈæptərɪks/ *n.* **-teryxes** /-tərɪksəz/. any of several flightless ratite birds of New Zealand, constituting the genus *Apteryx,* allied to the extinct moa; kiwi.

aptitude /ˈæptətʃuːd/ *n.* **1.** a natural tendency or acquired inclination; both capacity and propensity for a certain course. **2.** readiness in learning; intelligence; talent. **3.** the state or quality of being apt; special fitness.

aqualung /ˈækwəlʌŋ/ *n.* a cylinder of compressed air, usually strapped on to the back, with a tube leading to a special mouthpiece or watertight mask, which enables a swimmer to move about freely at a considerable depth for an extended length of time.

aquamarine /ækwəməˈriːn/ *n.* **1.** a transparent light-blue or greenish blue variety of beryl, used as a gem. **2.** a light blue-green or greenish blue.

aquaplane /ˈækwəpleɪn/ *n., v.* **-planed, -planing.** *-n.* **1.** a single broad water-ski. *-v.i.* **2.** to ride an aquaplane. **3.** (of a motor vehicle, etc.) to ride up at high speed on water on the road surface so that the wheels lose contact with the surface.

aquarium /əˈkwɛəriəm/ *n.* **-riums** or **-ria** /-riə/. a pond, tank, or establishment in which living aquatic animals or plants are kept, as for exhibition.

Aquarius /əˈkwɛəriəs/ *n.* **1.** the eleventh sign of the zodiac, which the sun enters about 20 January; the Water-bearer. **2.** a person born under the sign of Aquarius, and (according to tradition) exhibiting the typical Aquarius personality traits in some degree. *–adj.* **3.** having to do with Aquarius. **4.** having to do with such a person or personality trait.

aquatic /ə'kwɒtɪk/ *adj.* **1.** having to do with water. **2.** living or growing in water. **3.** practised on or in water: *aquatic sports.*

aqueduct /'ækwədʌkt/ *n.* **1.** *Civil Engineering* **a.** a conduit or artificial channel for conducting water from a distance, the water usually flowing by gravity. **b.** a structure which carries a conduit or canal across a valley or over a river. **2.** *Anatomy* a canal or passage through which liquids pass.

aqueous /'ækwiəs, 'eɪkwi-/ *adj.* **1.** of, like, or containing water; watery. **2.** *Geology* (of rocks) formed of matter deposited in or by water.

aquifer /'ækwəfə/ *n. Geology* a geological formation which holds water and allows water to percolate through it. Also, **aquafer.**

aquiline /'ækwəlaɪn/ *adj.* **1.** of or like the eagle. **2.** (of the nose) curved like an eagle's beak; hooked.

ar- variant of **ad-** (by assimilation) before *r*, as in *arrear.*

-ar[1] **1.** an adjective suffix meaning 'having to do with', 'being', 'like', as in *linear, regular.* **2.** a suffix forming adjectives not directly related to nouns, as *similar, singular.*

-ar[2] a noun suffix, as in *vicar, scholar, collar.*

-ar[3] a noun suffix denoting an agent (replacing regular **-er**[1]), as in *beggar, liar.*

arabesque /ærə'bɛsk/ *n.* **1.** a kind of ornament in which flowers, foliage, fruits, vases, animals, and figures (in strict Muslim use, no animate objects) are represented in a fancifully combined pattern. **2.** a pose in ballet in which one leg is stretched horizontally behind and the body lowered forward from the hips. **3.** *Music* a short composition with florid decoration.

Arabic numerals /ærəbɪk 'njuːmərəlz/ *pl. n.* the characters 0, 1, 2, 3, 4, 5, 6, 7, 8, 9, introduced into general Western use since the 12th century. Also, **Arabic figures.**

arable /'ærəbəl/ *adj.* capable, without much modification, of producing crops by means of tillage. **–arability** /ærə'bɪləti/ *n.*

arachnid /ə'ræknɪd/ *n.* any arthropod of the class Arachnida, which includes the spiders, scorpions, mites, etc. **–arachnidan** /ə'ræknɪdən/ *adj., n.*

arachnophobia /ə'ræknəfoʊbiə/ *n.* fear of spiders. **–arachnophobic** *adj.*

araucaria /ærə'kɛəriə/ *n.* any tree of the coniferous genus *Araucaria* of the Southern Hemisphere, such as the hoop pine, klinki pine and monkey puzzle.

arbiter /'abətə/ *n.* **1.** someone empowered to decide points at issue. **2.** someone who has the sole or absolute power of judging or determining.

arbitrament /a'bɪtrəmənt/ *n.* **1.** → **arbitration. 2.** the decision or sentence pronounced by an arbiter. **3.** the power of absolute and final decision.

arbitrary /'abətrəri, 'abətri/ *adj.* **1.** subject to individual will or judgment; discretionary. **2.** not attributable to any rule or law; accidental. **3.** capricious; uncertain; unreasonable: *an arbitrary interpretation.* **4.** selected at random or by convention: *an arbitrary constant.* **–arbitrarily** /'abətrərəli/ *adv.* **–arbitrariness** *n.*

arbitrate /'abətreɪt/ *v.* **-trated, -trating.** *–v.t.* **1.** to decide as arbiter or arbitrator; determine. **2.** to submit to arbitration; settle by arbitration: *to arbitrate a dispute.* **–arbitrator** *n.* **–arbitrative** *adj.*

arbitration /abə'treɪʃən/ *n.* **1.** *Law* the hearing or determining of a dispute between parties by a person or persons chosen, agreed between them, or appointed by virtue of a statutory obligation. **2.** *Industrial Law* the presentation of legal argument by parties (for whom conciliation has failed), before a government-appointed arbitrator who is empowered to make a binding decision. **–arbitrable** /'abətrəbəl/, **arbitral** /'abətrəl/, **arbitrational** *adj.*

arboreal /a'bɔriəl/ *adj.* **1.** relating to trees; treelike. **2.** *Zoology* adapted for living and moving about in trees, as the limbs and skeleton of possums, monkeys, and apes.

arbour = **arbor** /'abə/ *n.* a bower formed by trees, shrubs, or vines, often on a trellis.

arc /ak/ *n., v.* **arced** /akt/ *or* **arcing** /'akɪŋ/ *or* **arcked, arcking.** *–n.* **1.** any part of a circle or other curved line. **2.** *Electricity* the luminous bridge formed by the passage of a current across a gap between two conductors or terminals, due to the incandescence of the conducting vapours. **3.** anything bow-shaped. *–v.i.* **4.** to form an electric arc.

arcade /a'keɪd/ *n.* **1.** *Architecture* **a.** a series of arches supported on piers or columns. **b.** an arched, roofed-in gallery. **2.** a pedestrian way with shops on one side or both sides.

Arcadian /a'keɪdiən/ *adj.* pastoral; rustic; simple; innocent.

arcane /a'keɪn/ *adj.* mysterious; secret; obscure: *poor writing can make even the most familiar things seem arcane.*

arch[1] /atʃ/ *n.* **1.** a curved structure resting on supports at both ends, used to support weight, or to bridge or roof an open space, etc. **2.** Also, **archway.** such a structure built as an ornamental gateway. **3.** something curved like an arch: *the arch of the foot; the arch of the heavens. –v.t.* **4.** to build an arch across (an opening). **5.** to make into the shape of an arch; curve: *a horse arches its neck.*

arch[2] /atʃ/ *adj.* **1.** chief; most important; principal: *the arch rebel.* **2.** cunning; sly; roguish: *an arch smile.* **–archly** *adv.* **–archness** *n.*

arch- a prefix meaning 'first', 'chief', as in *archbishop, arch-priest.*

-arch a suffix meaning 'chief', as in *monarch.*

archaeo- = **archeo-** a word element meaning 'primeval', 'primitive', 'ancient', as in *archaeology, archaeopteryx.* Also (*especially before a vowel*), **archae-, arche-.**

archaeology = **archeology** /aki'ɒlədʒi/ *n.* the scientific study of any culture, especially a prehistoric one, by excavation and description of its remains. **–archaeological** /akiə'lɒdʒɪkəl/ *adj.* **–archaeologist** *n.*

Archaeozoic /ˌakiə'zoʊɪk/ *adj., n.* (relating to) the most ancient period of the earth's history (preceding the Proterozoic), during which the earliest forms of life probably appeared.

archaic /a'keɪɪk/ *adj.* **1.** marked by the characteristics of an earlier period; old-fashioned. **2.** no longer used in ordinary speech or writing; borrowed from older usage (distinguished from *obsolete*). **–archaise** *v.* **–archaiser** *n.* **–archaically** *adv.*

archaism /'akeɪˌɪzəm/ *n.* something archaic, as a word or expression. **–archaist** *n.* **–archaistic** /ˌakeɪ'ɪstɪk/ *adj.*

archangel /'akeɪndʒəl/ *n.* a chief or principal angel; one of a particular order of angels. See **angel** (def. 1). **–archangelic** /ˌakæn'dʒɛlɪk/ *adj.*

archbishop /atʃ'bɪʃəp/ *n.* a bishop of the highest rank.

archenemy /atʃ'ɛnəmi/ *n.* **-mies.** a chief enemy.

archer /'atʃə/ *n.* someone who shoots with a bow and arrow; a bowman. **–archery** *n.*

archetype /'akətaɪp/ *n.* **1.** a model or first form; the original pattern or model after which a thing is made. **2.** (in Jungian psychology) an inherited mode of perception or response linked to the instincts, which is part of the collective unconscious. –**archetypal**, **archetypical** /akə'tɪpɪkəl/ *adj.*

archipelago /akə'pɛləgoʊ/ *n.* **-gos** *or* **-goes**. **1.** any large body of water with many islands. **2.** the island groups in such a body of water. –**archipelagic** /akəpə'lædʒɪk/ *adj.*

architect /'akətɛkt/ *n.* **1.** someone whose profession is to design buildings and superintend their construction. **2.** the deviser, maker, or creator of anything.

architecture /'akətɛktʃə/ *n.* **1.** the art or science of building, including plan, design, construction, and decorative treatment. **2.** the style of building. **3.** the action or process of building; construction. **4.** a building or buildings. **5.** the structure or design of something, as a computer, a novel, etc. –**architectural** *adj.* –**architecturally** *adv.*

architrave /'akətreɪv/ *n. Architecture* a band of mouldings or other ornamentation around a rectangular door or other opening or a panel.

archive /'akaɪv/ *n.* (*often plural*) **1.** the non-current documents or records relating to the activities, rights, claims, treaties, constitutions, etc., of a family, corporation, community, or nation. **2.** a place where public records or other historical documents are kept. **3.** the agency or organisation responsible for collecting and storing such documents. –**archival** *adj.* –**archivist** *n.*

archway /'atʃweɪ/ *n.* **1.** an entrance or passage under an arch. **2.** a covering or enclosing arch.

-archy a word element meaning 'rule', 'government', as in *monarchy*.

arc light *n.* **1.** Also, **arc lamp**. a lamp in which the light source of high intensity is an electric arc, usually between carbon rods. **2.** the light produced.

arctic /'aktɪk/ *adj.* **1.** of, at, or near the North Pole; frigid. **2.** extremely cold.

Arctic Circle *n.* an imaginary circle around the earth forming the southern boundary of the North Frigid Zone, at latitude 66°32′N.

-ard a noun suffix, originally intensive but now often depreciative or without special force as in *coward, drunkard, wizard*. Also, **-art**.

ardent /'adənt/ *adj.* **1.** glowing with feeling, earnestness, or zeal; passionate; fervent: *ardent vows, an ardent patriot*. **2.** glowing; flashing. **3.** burning, fiery, or hot. –**ardency** *n.* –**ardently** *adv.*

ardour = **ardor** /'adə/ *n.* **1.** warmth of feeling; fervour; eagerness; zeal. **2.** burning heat.

arduous /'adʒuəs/ *adj.* **1.** requiring great exertion; laborious; difficult: *an arduous enterprise*. **2.** energetic; strenuous: *making an arduous effort*. **3.** hard to climb; steep: *an arduous path*. **4.** hard to endure; severe; full of hardships: *an arduous winter*. –**arduously** *adv.* –**arduousness** *n.*

are[1] /a/ *weak form* /ə/ *v.* present indicative plural of the verb **be**.

are[2] /ɛə/ *n.* a non-SI metric surface measure equal to 100 square metres; a hundredth of a hectare.

area /'ɛəriə/ *n.* **1.** any particular extent of surface; region; tract: *the settled area*. **2.** extent, range or scope: *the whole area of science*. **3.** a piece of unoccupied ground; open space. **4.** *Mathematics* amount of surface (plane or curved); two-dimensional extent; the SI unit of area is the square metre (m^2). –**areal** *adj.*

area code *n.* a sequence of numbers preceding a telephone subscriber's number, indicating the area or exchange. Also, **STD code**.

arena /ə'rinə/ *n.* **1.** the oval space in a Roman amphitheatre for combats or other performances. **2.** an enclosure for sports contests, shows, etc. **3.** a field of conflict or endeavour: *the arena of politics*.

areola /ə'rɪələ/ *n.* **-lae** /-li/. **1.** a small ring of colour, as around a pustule or the human nipple. **2.** a small interstice, as between the fibres of connective tissue. –**areolar** *adj.* –**areolate** *adj.* –**areolation** /əriə'leɪʃən/ *n.*

argent /'adʒənt/ *n. Archaic* silver.

Argentine ant /,- 'ɛnt/ *n.* a very destructive small brown ant, *Iridomyrmex humilis*, now spread widely throughout the world from its original centre in South America.

argot /'agoʊ/ *n.* the peculiar language or jargon of any class or group; cant; originally, that of thieves and vagabonds, devised for purposes of disguise and concealment. –**argotic** /a'gɒtɪk/ *adj.*

arguable /'agjuəbəl/ *adj.* **1.** capable of being maintained; plausible. **2.** open to dispute or argument. **3.** capable of being argued. –**arguably** *adv.*

argue /'agju/ *v.* **-gued, -guing**. –*v.i.* **1.** to present reasons for or against a thing: *to argue for or against a proposed law*. **2.** to contend in argument; dispute: *to argue with someone about something*. –*v.t.* **3.** to state the reasons for or against: *counsel argued the cause*. **4.** to maintain in reasoning: *to argue that something must be so*. **5.** to argue in favour of; support by argument: *his letter argues restraint*. **6.** to persuade, drive, etc., by reasoning: *to argue someone out of a plan*. **7.** to show; prove or imply: *his clothes argue poverty*. –*phr.* **8. argue the toss**, **a.** to go on arguing after a dispute has been settled. **b.** to debate or discuss, especially at length. –**arguer** *n.*

argument /'agjəmənt/ *n.* **1.** a disagreement; quarrel. **2.** a discussion in which reasons for and against something are stated. **3.** a fact or series of reasons, stated in support of something. **4.** a summary of the subject matter of a book, etc.

argumentation /agjəmən'teɪʃən/ *n.* **1.** debate; discussion; reasoning. **2.** the setting forth of reasons together with the conclusion drawn from them; formal or logical reasoning.

argumentative /agjə'mɛntətɪv/ *adj.* **1.** given to argument; disputatious. **2.** controversial. –**argumentatively** *adv.* –**argumentativeness** *n.*

aria /'ariə/ *n.* an elaborate melody for a single voice, with accompaniment, in an opera, oratorio, etc., especially one consisting of a principal and a subordinate section, and a repetition of the first with or without alterations.

-arian a compound suffix of adjectives and nouns, often referring to pursuits, doctrines, etc., or to age, as in *antiquarian, humanitarian, octogenarian*.

arid /'ærəd/ *adj.* **1.** dry; without moisture; parched with heat. **2.** uninteresting; dull; unrewarding. **3.** barren; unproductive; lacking spiritual or creative life. –**aridity** /ə'rɪdəti/, **aridness** *n.* –**aridly** *adv.*

Aries /'ɛəriz/ *n.* **1.** the first sign of the zodiac, which the sun enters about 21 March; the Ram. **2.** a person born under the sign of Aries, and (according to tradition) exhibiting the typical Aries personality traits in some degree. –*adj.* **3.** having to do with Aries. **4.** having to do with such a person or personality trait.

-arious an adjective suffix meaning 'connected with', 'having to do with', as in *gregarious*.

arise /ə'raɪz/ *v.i.* **arose, arisen, arising**. **1.** to come into being or action; originate; appear: *new questions arise*. **2.** to move upwards. **3.** to rise; get up from sitting, lying, or kneeling. –*phr.* **4. arise from**, to result or proceed from.

aristo- a word element meaning 'best', 'superior', as in *aristocratic*.

aristocracy /ærəˈstɒkrəsi/ *n.* **-cies**. **1.** a government or a state characterised by the rule of a nobility, elite, or privileged upper class. **2.** a body of persons holding exceptional prescriptive rank or privileges; a class of hereditary nobility. **3.** government by the best people in the state.

aristocrat /ˈærəstəkræt/ *n.* **1.** someone who has the tastes, manners, etc., of the members of a superior group or class. **2.** (one of) the best of its kind. **–aristocratic** /ærəstəˈkrætɪk/ *adj.*

arithmetic /əˈrɪθmətɪk/ *n.*, /ærəθˈmɛtɪk/ *adj. –n.* **1.** the art or skill of computation with figures (the most elementary branch of mathematics). **2.** Also, **theoretical arithmetic**. the theory of numbers; the study of the divisibility of whole numbers, the remainders after division, etc. **3.** a book on this subject. *–adj.* **4.** having to do with arithmetic. **–arithmetical** /ærəθˈmɛtɪkəl/ *adj.* **–arithmetrically** *adv.*

arithmetical progression /ˌærəθmɛtɪkəl prəˈɡrɛʃən/ *n.* a sequence in which each term is obtained by the addition of a constant number to the preceding term. For example, 1, 4, 7, 10, 13, and 6, 1, -4, -9, -14. Also, **arithmetic series**.

arithmetic unit *n.* the section of a computer which does arithmetical processes.

ark /ak/ *n.* **1.** the vessel built by Noah for safety during the Flood. Gen. 6-9. **2.** Also, **ark of the covenant**. a chest or box of great sanctity representing the presence of the Deity, the most sacred object of the tabernacle and of the temple in Jerusalem.

arm¹ /am/ *n.* **1.** the upper limb of the human body from the shoulder to the hand. **2.** this limb, exclusive of the hand. **3.** the forelimb of any four-legged vertebrate. **4.** some part of an organism like or likened to an arm. **5.** any armlike part, as of a lever or of the yard (**yardarm**) of a ship. **6.** a covering for the arm, as the sleeve of a garment. **7.** a branch or subdivision of an organisation. **8.** a projecting support for the forearm at the side of a chair, sofa, etc. **9.** an inlet, or cove: *an arm of the sea*. **10.** power; might; strength; authority: *the arm of the law*. *–phr.* **11. an arm and a leg**, *Colloquial* a great deal of money: *the meal cost an arm and a leg*. **12. arm in arm**, with arms linked. **13. at arm's length**, at a distance, yet almost within reach. **14. chance one's arm**, *Colloquial* to take a risk. **15. in arms**, **a.** carried in the arms, as a child. **b.** unready not yet independent or fully developed. **16. keep someone at arm's length**, (sometimes fol. by *from*) to keep someone at a distance, in terms of emotions, alliances, business dealings, etc. **17. with open arms**, cordially. **–armless** *adj.* **–armlike** *adj.*

arm² /am/ *n.* **1.** (*usually plural*) a weapon. *–v.i.* **2.** to prepare for war by making or supplying arms. *–v.t.* **3.** to supply (a person, military unit, etc.) with arms. **4.** to provide (a person or thing) with something that gives strength or protection: *she armed herself with answers to his questions*.

armada /aˈmɑdə/ *n.* a large number of boats, war ships or aircraft.

armadillo /aməˈdɪloʊ/ *n.* **-los**. any armoured mammal of the family Dasypodidae, from South America and southern North America.

Armageddon /aməˈɡɛdn/ *n.* **1.** the place where the final cataclysmic battle will be fought between the forces of good and evil, prophesied in the Bible to occur at the end of the world. **2.** any great crucial armed conflict.

armament /ˈaməmənt/ *n.* **1.** the weapons with which a military unit, especially a plane, vehicle, or warship, is equipped. **2.** a land, sea, or air force equipped for war. **3.** the process of equipping or arming for war.

armature /ˈamətʃə/ *n.* **1.** *Biology* the protective covering of an animal or plant, or any part serving for defence or offence. **2.** *Electricity* **a.** the iron or steel applied across the poles of a permanent magnet to close it, or to the poles of an electromagnet to communicate mechanical force. **b.** the part of an electrical machine which includes the main current-carrying winding (distinguished from the *field*). **c.** a pivoted part of an electrical device as a buzzer or relay, activated by a magnetic field.

armchair /ˈamtʃɛə/ *n.* **1.** a chair with arms to support the forearms or elbows. *–adj.* **2.** stay-at-home; amateur: *an armchair critic, an armchair philosopher*. **3.** seen or enjoyed at home: *the armchair theatre*.

armed services *pl. n.* all of the principal military forces of a country or countries including the army, navy, marines, air force, etc. Also, **armed forces**.

armistice /ˈaməstəs/ *n.* a temporary suspension of hostilities by agreement of the parties, as to discuss peace; a truce.

armorial /aˈmɔriəl/ *adj.* belonging to heraldry or to heraldic bearing.

armour = armor /ˈamə/ *n.* **1.** defensive equipment; any covering worn as a protection against offensive weapons. **2.** a metallic sheathing or protective covering, especially metal plates used on warships, armoured vehicles, aeroplanes, and fortifications. **3.** something that serves as a protection or safeguard. *–v.t.* **4.** to cover with armour or armour plate.

armoury = armory /ˈaməri/ *n.* **-ries**. a storage place for weapons and other war equipment.

armpit /ˈampɪt/ *n.* the hollow under the arm at the shoulder; the axilla.

arms /amz/ *pl. n.* **1.** → **arm²** (def. 1). **2.** *Military* small arms. **3.** heraldic bearings. *–phr.* **4. bear arms**, to perform military service. **5. call to arms**, **a.** a summons to battle. **b.** a rallying cry usually seeking support or particular action, as an inflammatory political speech, a policy statement, etc. **6. take arms**, to resort to fighting; fight. **7. under arms**, armed. **8.** (**up**) **in arms**, **a.** armed and prepared to resist. **b.** angry; in rebellion; violently resentful.

army /ˈami/ *n.* **-mies**. **1.** the military forces of a nation, exclusive of the naval and, in some countries, the air forces. **2.** a large body of troops trained and armed for war. **3.** any body of persons organised for any cause: *an army of temporary workers will be needed for the Census*. **4.** a host; a great multitude: *an army of relatives descended on us at Christmas*.

aroma /əˈroʊmə/ *n.* **1.** a smell arising from spices, plants, etc., especially an agreeable smell; fragrance. **2.** (of wines and spirits) the smell or bouquet. **3.** a characteristic, subtle quality. **–aromatic** /ærəˈmætɪk/ *adj.* **–aromatically** /ærəˈmætɪkli/ *adv.* **–aromaticity** /ærəməˈtɪsəti/ *n.*

aromatherapy /əroʊməˈθɛrəpi/ *n.* a type of massage using scented oils. **–aromatherapist** *n.*

arose /əˈroʊz/ *v.* past tense of **arise**.

around /əˈraʊnd/ *adv.* **1.** in a circle on every side: *a crowd gathered around; The land is mine for 20 km around*. **2.** here and there; about: *to travel around*. **3.** somewhere about or near: *to wait around*. **4.** with a circular movement: *the wheels go around*. **5.** *Colloquial* active; in circulation: *that singer has been around for a long time*. *–prep.* **6.** on all sides of; surrounding: *a belt around her waist*. **7.** on the other side of: *the house around the corner*. **8.** here and there, in, or near: *to drive around the country; stay around*

arouse

the house. **9.** *Colloquial* near to in time, amount, etc.; approximately: *around ten o'clock.*

arouse /ə'raʊz/ *v.* **aroused, arousing.** –*v.t.* **1.** to excite into action; stir or put in motion; call into being: *aroused to action, arousing suspicion.* **2.** to wake from sleep. **3.** to awaken sexual excitement and readiness in. –*v.i.* **4.** to become aroused. **–arousal** *n.* **–arouser** *n.*

arpeggio /a'pedʒiou/ *n.* **-gios.** the sounding of the notes of a chord separately and in succession instead of simultaneously.

arraign /ə'reɪn/ *v.t. Law* to call or bring before a court to answer to a charge or accusation. **–arraignment** *n.* **–arraigner** *n.*

arrange /ə'reɪndʒ/ *v.* **-ranged, -ranging.** –*v.t.* **1.** to put in order: *to arrange books on a shelf.* **2.** to come to an agreement about; settle: *to arrange a sale.* **3.** to prepare or plan: *to arrange a wedding; to arrange to meet a friend.* **4.** *Music* to change (a composition) to make it suitable for a particular kind of performance, especially for different instruments or voices. –*v.i.* **5.** to make preparations or agreements: *I arranged for her to come early.* **–arrangement** *n.* **–arranger** *n.*

arrant /'ærənt/ *adj.* downright; thorough: *an arrant fool.* **–arrantly** *adv.*

arras /'ærəs/ *n.* **1.** rich tapestry. **2.** a wall hanging.

array /ə'reɪ/ *v.t.* **1.** to place in position for battle, as soldiers, etc. **2.** to dress, especially with show; bedeck. –*n.* **3.** a regular order, as of soldiers ready for battle. **4.** a group of things on show: *the shop had a good array of books.* **5.** clothing. **–arrayal** *n.*

arrest /ə'rɛst/ *v.t.* **1.** to seize or capture by legal authority: *the police arrested the criminal.* **2.** to catch and fix: *the shouting arrested her attention.* **3.** to stop the movement or growth of (something): *to arrest the current of a river; arrest a disease.* –*n.* **4.** the act of arresting (a person, etc.): *the police have made an arrest.* **5.** the state of being arrested: *the criminal was put under arrest.* **6.** a stopping of movement or growth: *cardiac arrest.* **7.** anything used for stopping the motion of a machine. **–arrester** *n.*

arresting /ə'rɛstɪŋ/ *adj.* catching the attention; striking: *an arresting painting.*

arrive /ə'raɪv/ *v.i.* **-rived, -riving. 1.** to come to a certain point in the course of travel; reach one's destination. **2.** to come: *the time has arrived.* **3.** to happen; occur. **4.** to attain a position of success in the world. –*phr.* **5. arrive at,** to reach in any course or process; attain: *to arrive at a conclusion.* **–arrival** *n.*

arrogant /'ærəgənt/ *adj.* **1.** making unwarrantable claims or pretensions to superior importance or rights; overbearingly assuming; insolently proud. **2.** characterised by or proceeding from arrogance: *arrogant claims.* **–arrogance, arrogancy** *n.* **–arrogantly** *adv.*

arrow /'ærou/ *n.* **1.** a slender, straight, generally pointed, missile weapon made to be shot from a bow. The shaft is nearly always made of light wood, fitted with feathers at the neck end to help guide it. **2.** anything resembling an arrow in form, such as the inflorescence of a sugar cane. **3.** a figure of an arrow used to indicate direction. **–arrowy, arrow-like, arrow-shaped** *adj.* **–arrowless** *adj.*

arrowroot /'ærərut/ *n.* **1.** a tropical American plant, *Maranta arundinacea*, or related species, whose rhizomes yield a nutritious starch. **2.** the starch itself. **3.** a similar starch from other plants, used in puddings, biscuits, etc.

arse /as/ ‡ *n., v.* **arsed, arsing.** *Colloquial* –*n.* **1.** rump; bottom; buttocks; posterior. **2.** a despised person. **3.** impudence: *what arse!* –*phr.*

artery

4. a boot up the arse, swift punishment or retribution.
5. a (nice) bit (or **piece) of arse,** a person considered as a sexual object.
6. a pain in the arse, an annoying person, thing, event, etc.: *this computer is a pain in the arse.*
7. arse about, a. in reverse or illogical order: *he did the exercise completely arse about.* **b.** Also, **arse around.** to act like a fool; waste time.
8. arse about face, changed in direction; back to front.
9. arse over tit (or **apex**), fallen heavily and awkwardly, usually in a forward direction.
10. arse up, to spoil; cause to fail.
11. cover one's arse, to protect oneself.
12. down on one's arse, out of luck; destitute.
13. get one's arse into gear, to become organised and ready for action.
14. get the arse, a. to be dismissed, especially from employment. **b.** to be rejected or rebuffed.
15. give someone the arse, a. to dismiss someone, especially from employment. **b.** to reject or rebuff someone.
16. kick arse, *Originally US* **a.** to assert authority by being violent and aggressive towards people. **b.** to defeat opponents soundly.
17. kick someone's arse, a. to beat someone convincingly. **b.** to reprimand someone severely.
18. kiss my arse, (an expression of derision).
19. up Cook's arse, *NZ* (an expression of disgust).

arsenal /'asənəl/ *n.* **1.** a repository or magazine of arms and military stores of all kinds for land or naval service. **2.** a public establishment where military equipment or munitions are manufactured.

arsenic /'asənɪk/ *n.* a greyish white element having a metallic lustre, volatilising when heated, and forming poisonous compounds. Symbol: As; *relative atomic mass:* 74.9216; *at. no.:* 33.

arson /'asən/ *n.* the malicious burning of a house or outbuilding belonging to another, or (as fixed by statute) the burning of any building (including one's own). **–arsonist** *n.*

art /at/ *n.* **1.** the production or expression of what is beautiful (especially visually), appealing, or of more than ordinary significance. **2.** *Journalism* any illustration in a newspaper or magazine. **3.** a department of skilled performance: *industrial art.* **4.** (*plural*) a branch of learning or university study. **5.** (*plural*) liberal arts. **6.** skilled workmanship, execution, or agency (often opposed to *nature*). **7.** a skill or knack; a method of doing a thing, especially if it is difficult. **8.** craft; cunning: *glib and oily art.* **9.** studied action; artificiality in behaviour. **10.** (*usually plural*) an artifice or artful device: *the arts and wiles of politics.* **11.** learning or science.

-art variant of **-ard,** as in *braggart.*

artefact /'atəfækt/ *n.* **1.** any object made by humans with a view to subsequent use. **2.** *Biology* a substance, structure, or the like, not naturally present in tissue, but formed by reagents, death, etc. Also, **artifact.**

arterial /a'tɪəriəl/ *adj.* **1.** *Anatomy* having to do with the arteries: *arterial blood.* **2.** having a main channel and many branches: *arterial drainage.* **3.** carrying the main flow of traffic between large towns: *an arterial road.*

arteriosclerosis /a,tɪəriousklə'rousəs/ *n. Pathology* an arterial disease occurring especially in the elderly, characterised by inelasticity and thickening of the vessel walls, with lessened blood flow. **–arteriosclerotic** /a,tɪəriousklə'rɒtɪk/ *adj.*

artery /'atəri/ *n.* **-ries. 1.** *Anatomy* a blood vessel which conveys blood from the heart to any part of the body. **2.** a main channel in any ramifying system of communications or transport, as in drainage or roads.

artesian basin /ɑˌtiʒən 'beɪsən/ *n.* a geological structural feature or combination of such features in which water is confined under pressure.

artesian bore *n.* a bore whose shaft penetrates an aquifer and in which the water level rises above ground by hydrostatic pressure. Also, **artesian well.**

artful /'ɑtfəl/ *adj.* **1.** crafty; cunning; tricky: *artful schemes.* **2.** skilful in adapting means to ends; ingenious. **–artfully** *adv.* **–artfulness** *n.*

arthritis /ɑ'θraɪtəs/ *n. Pathology* inflammation of a joint, as in gout or rheumatism.

arthro- a word element meaning joint, as in *arthropod.* Also, **arthr-.**

arthropod /'ɑθrəpɒd/ *n.* any of the Arthropoda, the phylum of segmented invertebrates, having jointed legs, as the insects, arachnids, crustaceans, and myriapods.

arthroscopy /ɑ'θrɒskəpi/ *n. Medicine* **1.** the examination of a joint using an arthroscope. **2.** Also, **arthroscopic debridement**, the use of this technique to facilitate the removal of damaged tissue or foreign matter in a joint. **–arthroscopic** *adj.*

artichoke /'ɑtətʃoʊk, 'ɑtɪtʃoʊk/ *n.* **1.** a herbaceous, thistlelike plant, *Cynara scolymus*, with an edible flower head; globe artichoke. **2.** the edible portion, used as a table vegetable. **3.** → **Jerusalem artichoke.**

article /'ɑtɪkəl/ *n., v.* **-cled, -cling.** *–n.* **1.** a piece of writing on a particular subject, complete in itself but forming part of a book, newspaper, magazine, etc. **2.** a particular or separate thing: *an article of food or dress.* **3.** a thing in general: *what is that article?* **4.** (in some languages) any word, as the English words *a* or *an* (**indefinite article**) and *the* (**definite article**), which come before nouns to indicate their particularity, etc. **5.** a separate section, clause, item in an agreement, contract, law, etc. *–v.t.* **6.** to bind by contract, etc.: *to article an apprentice; an articled clerk in a lawyer's office.*

articled clerk *n.* a person under articles of agreement to serve a solicitor in return for training.

articulate /ɑ'tɪkjələt/ *v.* **-lated, -lating,** /ɑ'tɪkjələt/ *adj.* *–v.t.* **1.** to speak (words, etc.) clearly. **2.** *Phonetics* to make the movements of the speech organs necessary to produce (speech). **3.** to unite with joints. *–v.i.* **4.** to speak with clearly pronounced syllables or words: *he articulates well.* **5.** to form a joint. *–adj.* **6.** clear; distinct. **7.** able to express ideas clearly: *she is very articulate on that subject.* **8.** having the power of speech. **9.** Also, **articulated.** having joints or segments. **–articulately** *adv.* **–articulateness** *n.* **–articulation** *n.* **–articulator** *n.*

artifice /'ɑtəfəs/ *n.* **1.** a crafty device or expedient; a clever trick or stratagem. **2.** craft; trickery. **3.** skilful or apt contrivance.

artificial /ɑtə'fɪʃəl/ *adj.* **1.** made by human skill and labour (opposed to *natural*). **2.** made in imitation of or as a substitute; not genuine. **3.** feigned; fictitious; assumed. **4.** full of affectation; affected. **–artificially** *adv.* **–artificiality** /ˌɑtəfɪʃi'ælətɪ/, **artificialness** *n.*

artificial insemination *n.* a method of inducing pregnancy by artificial introduction of viable sperm into the canal of the cervix, widely practised on cattle and horses for the purpose of selective breeding.

artificial intelligence *n.* decision-making computers.

artificial respiration *n.* a method for restarting the breathing of someone who has been half-drowned or otherwise asphyxiated, as by alternately pressing on and releasing the rib cage, or by the kiss of life.

artillery /ɑ'tɪləri/ *n.* **1.** mounted guns, movable or stationary, light or heavy, as distinguished from small arms. **2.** the troops, or the branch of an army, concerned with the use and service of such guns. **3.** the science that deals with the use of such guns.

artisan /'ɑtəzən/ *n.* **1.** someone skilled in an industrial or applied art; a craftsman. **2.** a member of the urban working classes.

artist /'ɑtəst/ *n.* **1.** someone who practises one of the fine arts, especially a painter or sculptor. **2.** someone who practices one of the performing arts, such as an actor or singer. **3.** someone who exhibits art in their work, or makes an art of their employment.

artistic /ɑ'tɪstɪk/ *adj.* **1.** conformable to the standards of art; aesthetically excellent or admirable. **2.** stormy, emotional, and capricious, as temperament or behaviour popularly ascribed to artists. **–artistically** *adv.*

artistry /'ɑtəstri/ *n.* **-ries. 1.** artistic workmanship, effect, or quality. **2.** artistic pursuits.

artless /'ɑtləs/ *adj.* **1.** free from deceit, cunning, or craftiness; ingenuous: *an artless mind.* **2.** natural; simple: *artless beauty.* **3.** lacking art, knowledge, or skill. **–artlessly** *adv.* **–artlessness** *n.*

art union *n. Australian, NZ* a lottery, especially one with goods as prizes.

arty /'ɑti/ *adj.* **-tier, -tiest.** ostentatious in display of artistic interest.

arvo /'ɑvoʊ/ *n. Australian, NZ Colloquial* afternoon. Also, **afto.**

-ary¹ 1. an adjective suffix meaning 'pertaining to', attached chiefly to nouns (*honorary*) and to stems appearing in other words (*voluntary*). **2.** a suffix forming nouns from other nouns or adjectives indicating location or repository (*dictionary, granary, apiary*), officers (*functionary, secretary*), or other relations (*adversary*). **3.** a suffix forming collective numeral nouns, especially in time units (*centenary*).

-ary² variant of **-ar¹**, as in *exemplary, military.*

as /æz/ *weak form* /əz/ *adv.* **1.** to such a degree or extent: *as good as gold* [the first *as*]. *–conj.* **2.** the consequent in the correlations *as* (or *so*) ... *as, same ... as,* etc., denoting degree, extent, manner, etc. (*as good as gold* [the second *as*], *in the same way as before*). **3.** (without antecedent) in the degree, manner, etc., of or that: *quick as thought; speak as he does.* **4.** according to what, or the manner in which, or the extent to which: *as I hear, we help as we are able.* **5.** though: *bad as it is, it could be worse.* **6.** as if, as though: *she spoke quietly, as to herself; the car was sold as new.* **7.** when or while: *I arrived as she was leaving.* **8.** since; because: *I hesitated as she seemed upset.* **9.** in the way that: *I may fail you, as you realise; as is well known, he died soon after.* **10.** for instance: *a variety of colours, as red, blue, and green. –pron. (relative)* **11.** that; who; which (especially after *such* and *the same*): *handsome is as handsome does. –prep.* **12.** in the role, function, status, or manner of: *to appear as Othello; serve as a warning. –phr.* **13. as for** (or **to**), with regard or respect to. **14. as if,** (an exclamation expressing disbelief or disagreement). **15. as if ...,** (expressing incredulity about what is stated): *as if anyone would do that!* **16. as if** (or **though**), as it would be if. **17. as is,** *Colloquial* as it is; unaltered: *I sold it as is.* **18. as it were,** in some sort; so to speak. **19. as well, a.** also; too: *beautiful, and good as well.* **b.** better; advisable: *it is as well to avoid trouble.* **20. as well as,** in addition to: *goodness as well as*

beauty. 21. as yet, a. up to now: *the new director has not as yet been appointed.* **b.** for the moment: *as yet he's still a young man.*

as- variant of **ad-** before *s*, as in *assert*.

asbestos /əsˈbɛstəs, æs-/ *n.* **1.** *Mineralogy* a fibrous amphibole, used for making incombustible or fireproof articles. **2.** a fire-resistant fabric woven from asbestos fibres.

asbestosis /æsbɛsˈtoʊsəs/ *n.* inflammation of the lungs caused by the inhalation of asbestos particles.

ascend /əˈsɛnd/ *v.i.* **1.** to climb or go upwards; mount; rise. **2.** to rise to a higher point or degree; proceed from an inferior to a superior degree or level. **3.** to go towards the source or beginning; go back in time. **4.** *Music* to rise in pitch; pass from any tone to a higher one. *–v.t.* **5.** to go or move upwards upon or along; climb; mount: *to ascend a hill or ladder.* **–ascendable = ascendible** *adj.*

ascendancy /əˈsɛndənsi/ *n.* the state of being in the ascendant; governing or controlling influence; domination. Also, **ascendency**, **ascendance**, **ascendence**.

ascendant /əˈsɛndənt/ *n.* **1.** a position of dominance or controlling influence; superiority; predominance: *in the ascendant.* **2.** an ancestor (opposed to *descendant*). **3.** *Astrology* **a.** the point of the ecliptic or the sign of the zodiac rising above the horizon at the time of a birth, etc. **b.** the horoscope. *–adj.* **4.** superior; predominant. Also, **ascendent**.

ascent /əˈsɛnt/ *n.* **1.** the act of ascending; upward movement; rise. **2.** a rising from a lower to a higher state, degree, or grade; advancement. **3.** the act of climbing or travelling up. **4.** gradient.

ascertain /æsəˈteɪn/ *v.t.* to find out by trial, examination, or experiment, so as to know as certain; determine. **–ascertainable** *adj.* **–ascertainableness** *n.* **–ascertainably** *adv.* **–ascertainment** *n.*

ascetic /əˈsɛtɪk/ *n.* **1.** someone who leads an abstemious life. **2.** someone who practises religious austerities. *–adj.* **3.** rigorously abstinent; austere. **–ascetical** *adj.* **–ascetically** *adv.* **–asceticism** *n.*

ASCII /æski/ *n.* a standard computer code for representing alphanumeric characters.

asco- a word element meaning 'bag'.

ascorbic acid /əskɔbɪk ˈæsəd/ *n.* a water-soluble vitamin, vitamin C, occurring naturally in citrus fruits, tomatoes, capsicum, and green vegetables, but also made industrially, and used in the treatment of scurvy.

ascribe /əˈskraɪb/ *v.t.* **ascribed**, **ascribing**. **1.** to attribute impute, or refer, as to a cause or source; assign: *the alphabet is usually ascribed to the Phoenicians.* **2.** to consider or allege to belong. **–ascribable** *adj.*

asdic /ˈæzdɪk/ *n.* a device to determine the presence and location of objects under water by measuring the direction and return time of a sound echo.

-ase a noun suffix used in names of enzymes, as in *lactase, pectase*.

asexual /eɪˈsɛkʃuəl/ *adj.* **1.** not sexual. **2.** having no sex or no sexual organs. **3.** independent of sexual processes. **–asexuality** /ˌeɪsɛkʃuˈælətɪ/ *n.* **–asexually** *adv.*

ash¹ /æʃ/ *n.* **1.** the powdery residue of matter that remains after burning: *hot ashes, soda ash.* **2.** *Geology* finely pulverised lava thrown out by a volcano in eruption. See **ashes**.

ash² /æʃ/ *n.* **1.** any tree of the genus *Fraxinus*, family Oleaceae, of the Northern Hemisphere. **2.** any of many Southern Hemisphere trees whose timber or foliage resembles that of the ash, especially species of the genera *Eucalyptus, Flindersia,* and *Elaeocarpus.*

ashamed /əˈʃeɪmd/ *adj.* **1.** feeling shame; abashed by guilt. **2.** unwilling or restrained through fear of shame: *ashamed to speak.* *–phr.* **3. ashamed of, a.** feeling guilty about: *ashamed of his action; you should be ashamed of yourself.* **b.** embarrassed about: *ashamed of her husband; a foreign accent is nothing to be ashamed of.* **–ashamedly** /əˈʃeɪmədli/ *adv.* **–ashamedness** *n.*

ashen /ˈæʃən/ *adj.* **1.** ash-coloured; grey. **2.** consisting of ashes.

ashes /ˈæʃəz/ *pl. n.* **1.** → **ash¹** (def. 1). **2.** the embers of a camp fire. **3.** ruins, as from destruction by burning: *the ashes of an ancient empire.* **4.** the remains of a corpse after cremation.

ashore /əˈʃɔ/ *adv.* **1.** to shore; on or to the land. *–adj.* **2.** on land (opposed to *aboard* or *afloat*).

ashram /ˈæʃræm, ˈɒʃrəm/ *n.* a community of people, together for spiritual development, as through yoga, meditation, etc.

ashtray /ˈæʃtreɪ/ *n.* a small tray, saucer, or bowl for tobacco ash.

aside /əˈsaɪd/ *adv.* **1.** on or to one side; to or at a short distance; apart; away from some position or direction: *to turn aside.* **2.** away from one's thoughts or consideration: *to put one's cares aside.* *–n.* **3.** words spoken in an undertone, so as not to be heard by some of the people present. **4.** a remark or comment which is incidental to the main subject.

asinine /ˈæsənaɪn/ *adj.* stupid; obstinate. **–asininely** *adv.* **–asininity** /æsəˈnɪnətɪ/ *n.*

ask /ask/ *v.t.* **1.** to put a question to: *ask him.* **2.** to seek to be informed about: *to ask the way.* **3.** to seek by words to obtain; request: *to ask advice; a favour.* **4.** to solicit; request of (with a personal object, and with or without *for* before the thing desired): *I ask you a great favour; ask her for advice.* **5.** to demand; expect: *to ask a price for something.* **6.** to call for; require: *the job asks time.* **7.** to invite: *to ask guests.* *–phr.* **8. a big ask,** *Australian, NZ* an expectation which it would be extremely difficult to meet. **9. ask after** (or **about**), to make inquiry about: *she asked after him; she asked about him.* **10. ask for,** to request or petition for: *to ask for bread.* **11. ask for it** (or **trouble**), *Colloquial* to behave so as to invite trouble. **12. ask someone out,** to ask someone to accompany one on an outing or to a social engagement, especially with a view to forming a romantic or sexual relationship. **13. I ask you,** (an exclamation indicating surprise, disgust, disdain, etc.). **14. if you ask me,** (a rhetorical phrase meaning 'in my opinion'). **–asker** *n.*

askance /əsˈkæns/ *adv.* **1.** with suspicion, mistrust, or disapproval: *he looked askance at my offer.* **2.** with a side glance; sideways.

askew /əsˈkju/ *adv.* **1.** to one side; out of line; obliquely; awry. *–adj.* **2.** oblique.

asleep /əˈslip/ *adv.* **1.** in or into a state of sleep. *–adj.* **2.** sleeping. **3.** dormant; inactive. **4.** (of the foot, hand, leg, etc.) numb. **5.** dead.

asp /æsp/ *n.* **1.** any of several poisonous snakes, especially the Egyptian cobra, *Naja naja*, said to have caused Cleopatra's death, and much used by snake-charmers. **2.** the common European viper or adder.

asparagus /əˈspærəgəs/ *n.* any plant of the genus *Asparagus*, especially *A. officinalis*, cultivated for its edible shoots. **2.** the shoots, used as a table vegetable.

aspect /ˈæspɛkt/ *n.* **1.** the way a thing appears to the eye or mind; look: *the physical aspect of the country; both aspects of a question.* **2.** the side or

aspen surface facing a given direction: *the dorsal aspect of a fish.* **3.** view; direction; exposure: *the house has a southern aspect.* **4.** *Grammar* (in some languages) the part of the sense of a verb's meaning which shows the relation of the action of the verb to the passage of time, as in continuous aspect (e.g. *was eating*), completed aspect (e.g. *had eaten*), etc.

aspen /'æspən/ *n.* **1.** any of various species of poplar, as *Populus tremula* of Europe, and *P. tremuloides* (**quaking aspen**) or *P. alba* (**white aspen**) in America, with leaves that tremble in the slightest breeze. –*adj.* **2.** of or relating to the aspen. **3.** trembling or quivering, like the leaves of the aspen.

asperity /æs'pɛrəti, əs-/ *n.* **-ties. 1.** roughness or sharpness of temper; severity; acrimony. **2.** hardship; difficulty; rigour. **3.** roughness of surface; unevenness. **4.** something rough or harsh.

aspersion /ə'spɜʒən, -spɜʃən/ *n.* a damaging imputation; a derogatory criticism: *to cast aspersions on one's character.*

asphalt /'æffɛlt, 'æsfɛlt/ *n.* **1.** any of various dark-coloured, solid bituminous substances, composed mostly of mixtures of hydrocarbons, occurring native in various parts of the earth. **2.** a similar artificial substance, the by-product of petroleum-cracking operations. **3.** a mixture of such a substance with crushed rock, etc., used for roads, etc. –*v.t.* **4.** to cover or pave with asphalt. Also, **asphaltum.** –**asphaltic** *adj.* –**asphalt-like** *adj.*

asphyxia /əs'fɪksiə/ *n. Pathology* the extreme condition caused by lack of oxygen and excess of carbon dioxide in the blood, caused by sufficient interference with respiration, as in choking. –**asphyxiant** *adj., n.*

aspic /'æspɪk/ *n.* **1.** a cold dish of meat, fish, etc., served set in a jellied mould. **2.** the jellied garnish, made from fish or meat stock, sometimes with added gelatine.

aspidistra /æspə'dɪstrə/ *n.* a smooth, stemless Asian herb, *Aspidistra elatior*, family Liliaceae, bearing large evergreen leaves often striped with white, once widely grown as a house plant; often seen as a symbol of genteel respectability.

aspire /ə'spaɪə/ *phr.* **aspire to,** to aim at (something, usually something great or lofty): *aspiring to greatness.* –**aspirant** /'æspərənt, ə'spaɪrənt/ *n., adj.* –**aspiration** *n.* –**aspirer** *n.* –**aspiring** *adj.*

aspirin /'æsprən/ *n.* **1.** acetylsalicylic acid, $C_9H_8O_4$, used to relieve the pain of headache, rheumatism, gout, neuralgia, etc. **2.** a tablet of aspirin.

ass /æs/ *n.* **1.** a long-eared, usually ash-coloured mammal, *Equus asinus*, related to the horse, serving as a slow, patient, sure-footed beast of burden; donkey. **2.** any allied wild species, as the **Mongolian wild ass,** *E. hemionus*. **3.** a fool; a blockhead.

assail /ə'seɪl/ *v.t.* **1.** to set upon with violence; assault. **2.** to set upon vigorously with arguments, entreaties, abuse, etc. **3.** to undertake with the purpose of mastering. –**assailant** *n., adj.* –**assailable** *adj.* –**assailer** *n.* –**assailment** *n.*

assassin /ə'sæsən/ *n.* someone who undertakes to murder, especially from fanaticism or for a reward.

assassinate /ə'sæsəneɪt/ *v.t.* **-nated, -nating. 1.** to kill by sudden or secret, premeditated assault, especially for political or religious motives. **2.** to blight or destroy treacherously: *to assassinate a person's character.* –**assassination** /əsæsə'neɪʃən/ *n.* –**assassinator** *n.*

assault /ə'sɔlt, -'sɒlt/ *n.* **1.** the act of assailing; an attack; onslaught. **2.** *Law* an unlawful physical attack upon another; an attempt or offer to do violence to another, with or without a battery, as by holding a stone or club in a threatening manner. –*v.t.* **3.** to make an assault upon; attack; assail. –**assaulter** *n.*

assay /ə'seɪ/ *v.t.* **1.** to examine by trial; put to test or trial: *to assay one's strength.* **2.** *Metallurgy* to test (ores or minerals) by chemical methods. **3.** to attempt; endeavour; essay. **4.** to judge the quality of; evaluate. –**assayer** *n.* –**assayable** *adj.*

assemblage /ə'sɛmblɪdʒ/ *n.* **1.** a number of persons or things assembled; an assembly. **2.** the act of assembling. **3.** the state of being assembled.

assemble /ə'sɛmbəl/ *v.* **-bled, -bling.** –*v.t.* **1.** to bring together; gather into one place, company, body or whole. **2.** to put or fit (parts) together; put together the parts of (a mechanism, etc.). –*v.i.* **3.** to come together; gather; meet.

assembler /ə'sɛmblə/ *n. Computers* a program which converts symbolic language to machine language on a word for word basis.

assembly /ə'sɛmbli/ *n.* **-lies. 1.** a company of persons gathered together, usually for the same purpose, whether religious, political, educational, or social. **2.** (*cap.*) *Government* a legislative body, sometimes especially a lower house of a legislature. **3.** the putting together of complex machinery, as aeroplanes, from interchangeable parts of standard dimensions.

assembly line *n.* an arrangement of machines, tools, and workers in which each worker performs a special operation on an incomplete unit, which usually passes down a line of workers until it is finished.

assent /ə'sɛnt/ *v.i.* **1.** (sometimes fol. by *to*) to agree by expressing acquiescence or admitting truth; express agreement or concurrence: *to assent to a statement.* –*n.* **2.** agreement, as to a proposal; acquiescence; concurrence. **3.** Also, **royal assent.** the formal act of recognition by the sovereign's representative (the Governor-General in Federal Parliament, the Governor in State Parliaments) which transforms a parliamentary bill into an act of parliament. –**assenter** *n.*

assert /ə'sɜt/ *v.t.* **1.** to state as true; affirm; declare: *to assert that one is innocent.* **2.** to maintain or defend (claims, rights, etc.). **3.** to put (oneself) forward boldly and insistently. –**assertion** *n.* –**asserter = assertor** *n.* –**assertive** *adj.*

assess /ə'sɛs/ *v.t.* **1.** to estimate officially the value of (property, income, etc.) as a basis for taxation: *the property was assessed at two million dollars.* **2.** to fix or determine the amount of (damages, a tax, a fine, etc.). **3.** to impose a tax or other charge on. –**assessment** *n.* –**assessable** *adj.*

assessor /ə'sɛsə/ *n.* **1.** someone who makes assessments, as of damage for insurance purposes, or of property, etc., for taxation purposes. **2.** an advisory associate or assistant. –**assessorial** /ˌæsɛ'sɔriəl/ *adj.*

asset /'æsɛt/ *n.* **1.** a useful thing or quality: *neatness is an asset.* **2.** a single item of property.

assets /'æsɛts/ *pl. n.* **1.** *Commerce* resources of a person or business consisting of such items as real property, machinery, inventories, notes, securities, cash, etc. **2.** property or effects (opposed to *liabilities*). **3.** any property available for paying debts, etc.

asseverate /ə'sɛvəreɪt/ *v.t.* **-rated, -rating.** to declare earnestly or solemnly; affirm positively. –**asseveration** /əsɛvə'reɪʃən/ *n.*

assiduous /ə'sɪdʒuəs/ *adj.* **1.** constant; unremitting: *assiduous reading.* **2.** constant in application; attentive; devoted. –**assiduously** *adv.* –**assiduity** /ˌæsə'djuəti/, **assiduousness** *n.*

assign /ə'saɪn/ *v.t.* **1.** to make over or give, as in distribution; allot: *assign rooms at a hotel.* **2.** to appoint, as to a post or duty: *assign to stand guard.* **3.** *Australian History* to allocate (a con-

assignation

vict) for employment by an officer or settler. **4.** to designate; specify: *to assign a day*. **5.** to ascribe; attribute; refer: *to assign a reason*. –**assigner**; *Chiefly Law*, **assignor** /ˈæsɪˈnɔ/ *n*. –**assignable** *adj*.

assignation /ˌæsɪgˈneɪʃən/ *n*. **1.** an appointment for a meeting, now especially an illicit love-meeting. **2.** the act of assigning; assignment.

assignee /ˌəsaɪˈni/ *n*. **1.** *Law* someone to whom some right or interest is transferred, either for his or her own enjoyment or in trust. **2.** *Australian History* a convict assigned as a servant.

assignment /əˈsaɪnmənt/ *n*. **1.** something assigned, such as a particular task or duty. **2.** the act of assigning. **3.** a task set for a student to do in private study for a course.

assimilate /əˈsɪməleɪt/ *v*. -**lated**, -**lating**. –*v.t*. **1.** to take in and incorporate as one's own; absorb: *to assimilate a minority group*. **2.** *Physiology* to convert (food, etc.) into a substance suitable for absorption into the system. –*v.i*. **3.** to be or become absorbed. **4.** to become like; blend into: *to assimilate with the rest of the community*. –**assimilable** *adj*.

assimilation /əˌsɪməˈleɪʃən/ *n*. **1.** the act or process of assimilating. **2.** the state or condition of being assimilated. **3.** *Physiology* the conversion of absorbed food into the substance of the body. **4.** the process whereby individuals or groups of differing ethnic heritage, as migrant groups, or minority groups, acquire the basic attitudes, habits and mode of life of another all-embracing national culture (distinguished from *acculturation*).

assist /əˈsɪst/ *v.t*. **1.** to give support, help, or aid to in some undertaking or effort, or in time of distress. **2.** to be associated with in an assisting capacity. –*v.i*. **3.** to give aid or help. –**assistance** *n*. –**assistant** *n*. –**assister**; *Law*, **assistor** *n*.

associate /əˈsoʊʃieɪt, əˈsoʊsieɪt/ *v*. -**ated**, -**ating** /əˈsoʊʃiət, -siət/ *n*., *adj*. –*v.t*. **1.** to connect, as in thought: *I associate camping with discomfort*. **2.** to join as a companion, or partner: *I associated myself with the group*. **3.** to unite; combine: *coal is associated with shale*. –*v.i*. **4.** to enter into an association or group; unite. **5.** to keep company: *to associate only with wealthy people*. –*n*. **6.** a partner in some interest or someone who shares a common purpose. **7.** a companion: *my closest associate*. **8.** anything usually associated with another. **9.** someone with a lower rank of membership in an association. –*adj*. **10.** associated, especially as a companion or partner: *an associate partner*. **11.** having lower rank of membership. –**associative** *adj*.

association /əˌsoʊsiˈeɪʃən/ *n*. **1.** an organisation of people with a common purpose. **2.** the act of associating. **3.** companionship or partnership. **4.** connection or combination. **5.** the connection of ideas in thought. **6.** *Ecology* a group of plants living together under uniform environmental conditions and having a uniform and particular appearance. –**associational** *adj*.

assonance /ˈæsənəns/ *n*. **1.** resemblance of sounds. **2.** a substitute for rhyme, in which the same vowel sounds, though with different consonants, are used in the terminal words of lines, as *penitent* and *reticence*. **3.** partial agreement. –**assonant** *adj*., *n*. –**assonantal** /ˌæsəˈnæntl/ *adj*.

assorted /əˈsɔtəd/ *adj*. **1.** consisting of selected kinds; arranged in sorts or varieties. **2.** consisting of various kinds; miscellaneous. **3.** matched; suited.

assortment /əˈsɔtmənt/ *n*. **1.** the act of assorting; distribution; classification. **2.** an assorted collection.

astringent

assuage /əˈsweɪdʒ/ *v.t*. -**suaged**, -**suaging**. **1.** to make milder or less severe; mitigate; ease: *to assuage grief or wrath*. **2.** to appease; satisfy: *assuage appetite, thirst, craving*, etc. –**assuagement** *n*. –**assuager** *n*.

assume /əˈsjum/ *v.t*. -**sumed**, -**suming**. **1.** to take for granted: *can you assume it will work?* **2.** to agree to do; undertake: *to assume office, a responsibility*, etc. **3.** to take on: *to assume new habits of life*. **4.** to pretend to have or be; feign: *to assume a false modesty*. **5.** to take over: *to assume a right to oneself*. –**assumable** *adj*. –**assumed** *adj*. –**assumer** *n*. –**assumption** *n*.

assurance /əˈʃɔrəns, -ˈʃʊə-/ *n*. **1.** a declaration intended to give confidence or guarantee. **2.** full confidence or trust; certainty. **3.** freedom from fearfulness; self-reliance. **4.** forwardness; impudence. **5.** insurance (now usually only life insurance).

assure /əˈʃɔ/ *v.t*. -**sured**, -**suring**. **1.** to declare earnestly to. **2.** to make sure or certain; convince, as by a promise or declaration. **3.** to make (an event or position) sure: *this assures the success of our work*. **4.** to give confidence to; encourage. **5.** to insure, especially against death. –**assurer**; *Law*, **assuror** *n*.

astatine /ˈæstətin, -taɪn/ *n*. *Chemistry* a rare element of the halogen family. *Symbol*: At; *at. no.*: 85. See **halogen**.

-**aster** a suffix used to form nouns denoting something that imperfectly resembles or merely apes the true thing, or an inferior or petty instance of something, as *poetaster*, *oleaster*.

asterisk /ˈæstərɪsk/ *n*. **1.** the figure of a star (*), used in writing and printing as a reference mark or to indicate omission, doubtful matter, etc. **2.** something in the shape of a star or asterisk. –*v.t*. **3.** to identify or mark by means of this sign.

asteroid /ˈæstərɔɪd/ *n*. **1.** *Astronomy* one of several hundred planetoids with orbits lying mostly between those of Mars and Jupiter. **2.** *Zoology* any of the Asteroidea, a class of echinoderms characterised by a starlike body with radiating arms or rays, as the starfishes.

asthma /ˈæsmə/ *n*. *Pathology* a paroxysmal disorder of respiration with laboured breathing, a feeling of constriction in the chest, and coughing. –**asthmatic** /æsˈmætɪk/ *adj*., *n*.

astigmatism /əˈstɪgmətɪzəm/ *n*. a defect of the eye or of a lens whereby rays of light from an external point converge unequally in different meridians, thus causing imperfect vision or images.

astir /əˈstɜ/ *adj*. **1.** in a stir; in motion or activity. **2.** up and about; out of bed.

astonish /əˈstɒnɪʃ/ *v.t*. to strike with sudden and overpowering wonder; surprise greatly; amaze.

astound /əˈstaʊnd/ *v.t*. to overwhelm with amazement; astonish greatly. –**astoundingly** *adv*.

astral /ˈæstrəl/ *adj*. **1.** having to do with the stars; stellar. **2.** *Biology* having to do with or resembling an aster; star-shaped. **3.** *Theosophy* having to do with to a supersensible substance supposed to pervade all space and form the substance of a second body belonging to each individual. –*n*. **4.** an astral body or spirit.

astray /əˈstreɪ/ *adv*. out of the right way or away from the right; straying; wandering. –**astray** *adj*.

astride /əˈstraɪd/ *adv*. **1.** in the posture of striding or straddling. –*prep*. **2.** with a leg on each side of.

astringent /əˈstrɪndʒənt/ *adj*. **1.** (as affecting the skin) refreshing, tightening, drying: *an astringent after-shave lotion*. **2.** severe, sharp, austere: *an astringent style*. **3.** (of tastes) unpleasantly dry, hard (in wines, from the presence of tannin). **4.** *Medicine* contracting, constrictive; styptic. –*n*. **5.**

an astringent agent (especially cosmetic). **-astringency** *n.* **-astringently** *adv.*

astro- a word element meaning 'star', as in *astrology*.

astrology /əsˈtrɒlədʒi/ *n.* **1.** a study which assumes, and professes to interpret, the influence of the heavenly bodies on human affairs. **2.** (formerly) practical astronomy, the earliest form of the science. **-astrologer, astrologist** *n.* **-astrological** /æstrəˈlɒdʒɪkəl/, **astrologic** *adj.* **-astrologically** *adv.*

astronaut /ˈæstrənɒt/ *n.* a person trained as a pilot, navigator, etc., to take part in the flight of a spacecraft; cosmonaut.

astronautics /æstrəˈnɒtɪks/ *n.* the science and technology of flight outside the atmosphere of the earth.

astronomical /æstrəˈnɒmɪkəl/ *adj.* **1.** of, relating to, or connected with astronomy. **2.** very large, like the numbers used in astronomical calculations. Also, **astronomic. -astronomically** *adv.*

astronomy /əsˈtrɒnəmi/ *n.* the science of the celestial bodies, their motions, positions, distances, magnitudes, etc.

astute /əsˈtjut/ *adj.* of keen penetration or discernment; sagacious; shrewd; cunning. **-astutely** *adv.* **-astuteness** *n.*

asunder /əˈsʌndə/ *adv.* **1.** into separate parts; in or into pieces: *to tear asunder.* **2.** apart or widely separated: *as wide asunder as the poles.*

asylum /əˈsaɪləm/ *n.* **1.** an institution for the maintenance and care of the insane, the blind, orphans or the like. **2.** an inviolable refuge, as formerly for criminals and debtors; a sanctuary. **3.** *International Law* a temporary refuge granted political offenders, especially in a foreign legation: *political asylum.*

asymmetric /eɪsəˈmɛtrɪk/ *adj.* not symmetrical; without symmetry. Also, **asymmetrical**. **-asymmetry** /eɪˈsɪmətri/ *n.* **-asymmetrically** *adv.*

at /æt/ *weak form* /ət/ *prep.* **1.** a particle specifying a point occupied, attained, sought, or otherwise concerned, as in place, time, order, experience, etc., and hence used in many idiomatic phrases expressing circumstantial or relative position, degree or rate, action, manner: *to stand at the door; to aim at a mark; at home; at hand; at noon; at zero; at work; at ease; at length; at a risk; at cost; at one's best.* *–phr.* **2. at it again**, acting in a characteristic manner. **3. at sea**, **a.** on the ocean; sailing. **b.** bewildered; confused **4. at that**, as things stand: *let it go at that; she's only an amateur, and an untalented one at that.* **5. be at**, *Colloquial* engaged in, occupied with: *what are you at these days?* **6. be at someone**, to be critical of someone.

at- variant of **ad-** before *t*, as in *attend*.

atavism /ˈætəvɪzəm/ *n.* **1.** *Biology* the reappearance in an individual of characteristics of some more or less remote ancestor that have been absent in intervening generations. **2.** reversion to an earlier type. **-atavist** *n.* **-atavistic** /ætəˈvɪstɪk/ *adj.*

ataxia /əˈtæksiə/ *n.* *Pathology* loss of coordination of the muscles, especially of the extremities. **-ataxic, atactic** *adj.*

ate /eɪt, ɛt/ *v.* past tense of **eat**.

-ate¹ a suffix forming: **1.** adjectives equivalent to **-ed** (in participial and other adjectives), as in *accumulate, separate.* **2.** nouns denoting especially persons charged with some duty or function, or invested with some dignity, right, or special character, as in *advocate, candidate, curate, legate, prelate.* **3.** nouns denoting some product or result of action, as in *mandate* (lit., a thing commanded). **4.** verbs, originally taken from Latin past participles but now formed from any Latin or other stem, as in *actuate, agitate, calibrate*.

-ate² a suffix forming nouns denoting a salt formed by action of an acid on a base, especially where the name of the acid ends in *-ic*, as in *acetate*.

-ate³ a suffix forming nouns denoting condition, estate, office, officials, or an official, etc., as in *consulate, senate*.

atheism /ˈeɪθiˌɪzəm/ *n.* **1.** the doctrine that there is no god. **2.** disbelief in the existence of a god (or gods) (opposed to *theism*).

athlete /ˈæθlit/ *n.* **1.** someone trained to exercises of physical agility and strength. **2.** someone trained for track and field events only.

athlete's foot *n.* a contagious disease, a ringworm of the feet, caused by a fungus that thrives on moist surfaces.

athletic /æθˈlɛtɪk/ *adj.* **1.** physically active and strong. **2.** having to do with an athlete. **3.** of a physical type characterised by long limbs, a large build, and well-developed muscles. **4.** having to do with athletics. **-athletically** *adv.* **-athleticism** *n.*

athletics /æθˈlɛtɪks/ *n.* **1.** (*usually construed as plural*) athletic sports, such as running, rowing, boxing, etc. **2.** (*usually construed as singular*) track and field events only. **3.** (*usually construed as singular*) the practice of athletic exercises; the principles of athletic training.

-athon a suffix indicating an endurance test of a specified kind, as in *walkathon, swimathon*, often associated with a fundraising campaign. Also, **-thon**.

athwart /əˈθwɔt/ *adv.* **1.** from side to side (often in an oblique direction); transversely. **2.** perversely; awry; wrongly. *–prep.* **3.** from side to side of; across. **4.** in opposition to; contrary to.

-ation a suffix forming nouns denoting action or process, state or condition, a product or result, or something producing a result, often accompanying verbs or adjectives of Latin origin ending in *-ate*, as in *agitation, decoration, elation, migration, separation*, but also formed in English from any stem, as in *botheration, flirtation, starvation*. See **-ion, -tion**.

-ative an adjective suffix expressing tendency, disposition, function, bearing, connection, etc., as in *affirmative, demonstrative, talkative*. See **-ive**.

atlas /ˈætləs/ *n.* **1.** a bound collection of maps. **2.** a book of photographs or tables covering any subject.

ATM /eɪ ti ɛm/ automatic teller machine.

atmosphere /ˈætməsfɪə/ *n.* **1.** the gaseous fluid surrounding the earth; the air. **2.** this medium at a given place. **3.** *Astronomy* the gaseous envelope surrounding any of the heavenly bodies. **4.** environing or pervading influence: *an atmosphere of freedom.* **5.** the quality in a work of art which produces a predominant mood or impression. **-atmospheric** *adj.*

atoll /ˈætɒl/ *n.* a ringlike coral island enclosing a lagoon.

atom /ˈætəm/ *n.* **1.** *Physics, Chemistry* the smallest unitary constituent of a chemical element, composed of a more or less complex aggregate of protons, neutrons, and electrons, whose number and arrangement determine the element. **2.** (especially formerly) a hypothetical particle of matter so minute as to admit of no division. **3.** anything extremely small; a minute quantity.

atomic /əˈtɒmɪk/ *adj.* **1.** relating to atoms. **2.** propelled or driven by atomic energy. **3.** using or having developed atomic weapons. **4.** *Chemistry* existing as free uncombined atoms. **5.** extremely minute. **-atomically** *adv.*

atomic bomb *n.* a bomb whose potency is derived from nuclear fission of atoms of fissionable material, with consequent conversion of part of their mass into energy; its explosion is extremely violent and attended by great heat, brilliant light and strong gamma-ray radiation. Compare **hydrogen bomb**. Also, **atom bomb, A-bomb**.

atomic clock *n.* a highly accurate clock in which an electric oscillator, such as a crystal, is regulated by the vibration of an atomic system.

atomic energy *n.* **1.** the energy obtained from changes within the atomic nucleus, chiefly from nuclear fission, or fusion. **2.** this energy regarded as a source of power, as for industrial usage.

atomic mass *n.* the mass of an isotope of an element measured in atomic mass units.

atomic number *n.* the number of protons in the nucleus of an atom of a given element. *Abbrev.*: at. no.

atomic power *n.* **1.** energy released in nuclear reactions. **2.** a world power having developed its own atomic weapons. Also, **nuclear power**.

atomic theory *n.* **1.** *Physics, Chemistry* the modern theory of the atom having a complex internal structure and electrical properties. **2.** *Physics* the mathematical and geometrical description of the motions of the electrons in the atom around the nucleus. Also, **atomic hypothesis**.

atomic weight *n.* → relative atomic mass.

atomise = atomize /'ætəmaɪz/ *v.t.* **-mised, -mising. 1.** to reduce to atoms. **2.** to reduce to fine particles or spray. **-atomisation** /ˌætəmaɪ'zeɪʃən/ *n.*

atomiser = atomizer /'ætəmaɪzə/ *n.* an apparatus for reducing liquids to a fine spray, as for medicinal application.

atonal /eɪ'toʊnəl/ *adj. Music* having no key or tonal centre. **-atonalism** *n.* **-atonalistic** /ˌeɪtoʊnə'lɪstɪk/ *adj.* **-atonally** *adv.*

atone /ə'toʊn/ *v.i.* **atoned, atoning.** (sometimes fol. by *for*) to make amends or reparation. **-atonement** *n.*

atrium /'eɪtriəm, 'eɪ-/ *n.* **-tria** /-triə/. **1.** *Architecture* **a.** the central main room of an ancient Roman private house. **b.** an open area which is central to the design of a building, especially one designed for public use. **2.** *Zoology* an internal cavity or space; applied variously to different cavities in different organisms. **3.** *Anatomy* one of the two chambers of the heart through which blood from the veins passes into the ventricles. **-atrial** /'eɪtriəl/ *adj.*

atrocious /ə'troʊʃəs/ *adj.* **1.** extremely or shockingly wicked or cruel; heinous. **2.** shockingly bad or lacking in taste; execrable. **-atrociously** *adv.* **-atrociousness** *n.*

atrocity /ə'trɒsəti/ *n.* **-ties. 1.** the quality of being atrocious. **2.** an atrocious deed or thing.

atrophy /'ætrəfi/ *n., v.* **-phied, -phying.** *–n.* **1.** *Pathology* wasting away of the body or of an organ or part, as from defective nutrition or other cause. **2.** degeneration; reduction in size and functional power through lack of use. *–v.t.* **3.** to affect with atrophy. *–v.i.* **4.** to undergo atrophy. **-atrophied** *adj.* **-atrophic** /ə'trɒfɪk/ *adj.*

atropine /'ætrəpən, -ɪn/ *n.* a poisonous crystalline alkaloid, $C_{17}H_{23}NO_3$, obtained from belladonna (deadly nightshade) and related plants, which prevents the response of various body structures to certain types of nerve stimulation; it is used medicinally to prevent spasm, to dilate the pupil of the eye, or as premedication, before an anaesthetic.

attach /ə'tætʃ/ *v.t.* **1.** to fasten; affix; join; connect: *to attach a cable*. **2.** to join in action or function. **3.** to connect as an adjunct; associate: *a curse is attached to this treasure.* **4.** to assign or attribute: *to attach significance to a gesture.* **5.** to bind by ties of affection or regard. **6.** *Law* to arrest (a person) or distrain (property) in payment of a debt by legal authority. *–phr.* **7. attach to**, to adhere or pertain to: *no blame attaches to him.* **-attachable** *adj.* **-attachment** *n.*

attaché /ə'tæʃeɪ/ *n.* someone attached to an official staff, especially that of an embassy or legation.

attaché case *n.* a small rectangular case with a hinged lid, for documents, etc.

attack /ə'tæk/ *v.t.* **1.** to set upon with force or weapons; begin war against: *attack the enemy.* **2.** to direct unfavourable argument, etc., against; blame violently. **3.** to set about (a task) or go to work on (a thing) forcefully. **4.** (of disease, destructive agencies, etc.) to begin to affect. *–v.i.* **5.** to make an attack; begin war. *–n.* **6.** a military operation with the aim of overcoming an enemy and destroying its forces and will to resist. **7.** the initial (offensive) movement in a contest; onset. **8.** the act or manner of presenting a musical work; vigour; precision; flair. **-attacker** *n.*

attain /ə'teɪn/ *v.t.* **1.** to reach, achieve, or accomplish by continued effort: *to attain one's ends.* **2.** to come to or arrive at in due course: *to attain the opposite shore.* *–phr.* **3. attain to**, to arrive at; succeed in reaching or obtaining. **-attainment** *n.* **-attainable** *adj.*

attempt /ə'tempt, ə'tɛmt/ *v.t.* **1.** to make an effort at; try; undertake; seek: *to attempt a conversation, to attempt to study.* **2.** to attack; make an effort against: *to attempt a person's life.* *–n.* **3.** an attack or assault: *an attempt upon one's life.* **-attemptability** /əˌtemptə'bɪləti, -tɛmt-/ *n.* **-attemptable** *adj.* **-attempter** *n.*

attend /ə'tɛnd/ *v.t.* **1.** to be present at: *to attend school; to attend a meeting.* **2.** to accompany as a result: *a cold attended with fever.* **3.** to look after; serve. *–v.i.* **4.** to apply oneself: *to attend to our work.* **5.** to take care or charge of: *to attend to a task.* **6.** to wait (*on*) with service.

attendance /ə'tɛndəns/ *n.* **1.** the act of attending. **2.** the number of persons present. **3.** the number of times (out of a maximum) that a person is present.

attendant /ə'tɛndənt/ *n.* **1.** someone who attends another, as for service or company. **2.** someone employed to take care or charge of someone or something, especially when this involves directing or assisting the public: *a cloakroom attendant.* *–adj.* **3.** concomitant; consequent: *attendant evils.*

attention /ə'tɛnʃən/; /əten'ʃʌn/ *for def. 5b n.* **1.** the act or faculty of attending. **2.** observant care; consideration; notice: *your letter will receive early attention.* **3.** civility or courtesy: *attention to a stranger.* **4.** (*plural*) acts of courtesy indicating regard, as in courtship. **5.** *Military* **a.** a position held by soldiers in a formal drill of motionless attentiveness with the body held erect, the eyes to the front, the arms stiffly by the sides, and the heels together with toes turned outwards at an angle of 45 degrees. **b.** (a command given in formal drill to take the position of attention).

attention deficit disorder *n. Medicine* a genetic disorder especially marked in children who may have a short attention span or may be slow to learn and display aberrant, often aggressive, social behaviour. Also, **ADD**.

attention deficit hyperactive disorder *n.* a type of attention deficit disorder which has hyperactivity as a symptom. Also, **ADDH**.

attentive /ə'tɛntɪv/ *adj.* **1.** characterised by or giving attention; observant. **2.** assiduous in service or courtesy; polite; courteous. **-attentively** *adv.* **-attentiveness** *n.*

attenuate /əˈtɛnjueɪt/ v. -ated, -ating /əˈtɛnjuət, -eɪt/ 1. . -v.t. 2. to make thin; make slender or fine; rarefy. -v.i. 3. to become thin or fine. -**attenuation** /ətɛnjuˈeɪʃən/ n.

attest /əˈtɛst/ v.t. 1. to bear witness to; certify; declare to be correct, true, or genuine; declare the truth of, in words or writing; especially, affirm in an official capacity: *to attest the truth of a statement*. 2. to give proof or evidence of; manifest: *his works attest his industry*. -v.i. 3. to certify to the genuineness of a document by signing as witness. -**attester** = **attestor** n.

attic /ˈætɪk/ n. 1. the part of a building, especially a house, directly under a roof; a garret. 2. a room or rooms in that part, frequently used for storage.

attire /əˈtaɪə/ v. -tired, -tiring, n. -v.t. 1. to dress, array, or adorn, especially for special occasions, ceremonials, etc. -n. 2. clothes or apparel, especially rich or splendid garments.

attitude /ˈætətjud/ n. 1. position, disposition, or manner with regard to a person or thing: *a menacing attitude*. 2. position of the body appropriate to an action, emotion, etc. -**attitudinal** /ætəˈtjudənəl/ adj.

attorney /əˈtɜni/ n. -neys. -n. 1. one duly appointed or empowered by another to transact any business for him or her (**attorney in fact**). 2. *Now Chiefly US* → **lawyer**.

attorney-general /əˌtɜni-ˈdʒɛnrəl/ n. **attorneys-general** *or* **attorney-generals**. the chief law officer of a government and the minister responsible for the administration of justice.

attract /əˈtrækt/ v.t. 1. to act upon by a physical force causing or tending to cause approach or union (opposed to *repel*). 2. to draw by other than physical influence; invite or allure; win: *to attract attention or admirers*. -v.i. 3. to possess or exert the power to attract someone or something. -**attractable** adj. -**attracter** = **attractor** n. -**attraction** n.

attractive /əˈtræktɪv/ adj. 1. appealing to one's liking or admiration; engaging; alluring; pleasing. 2. having the quality of attracting. -**attractively** adv. -**attractiveness** n.

attribute /əˈtrɪbjut/ v. -uted, -uting, /ˈætrəbjut/ n. -v.t. 1. (sometimes fol. by *to*) to consider as belonging; regard as owing, as an effect to a cause. -n. 2. something attributed as belonging; a quality, character, characteristic, or property: *wisdom is one of his attributes*. 3. *Grammar* a word or phrase grammatically subordinate to another, serving to limit (identify, particularise, describe, or supplement) the meaning of the form to which it is attached. For example: in *the red house*, *red* limits the meaning of *house*;it is an attribute of *house*. -**attribution** /ætrəˈbjuʃən/ n. -**attributable** adj. -**attributer** = **attributor** n.

attrition /əˈtrɪʃən/ n. 1. a rubbing against; friction. 2. a wearing down or away by friction; abrasion. 3. a natural, gradual reduction in membership or personnel, as by retirement, resignation or death.

attune /əˈtjun, əˈtʃun/ v.t. -tuned, -tuning. to adjust to tune or harmony; bring into accord.

atua /ˈatuə/ n. NZ a god, supernatural being, or demon.

atypical /eɪˈtɪpɪkəl/ adj. not typical; not conforming to the type; irregular; abnormal. -**atypically** adv.

aubergine /ˈoʊbədʒin/ n. 1. → **eggplant**. -adj. 2. of the colour of the dark-fruited eggplant, ranging from reddish-purple to bluish-purple.

auburn /ˈɔbən/ n. 1. a reddish-brown or golden-brown colour. -adj. 2. having auburn colour: *auburn hair*.

auction /ˈɔkʃən/ n. 1. a public sale at which property or goods are sold to the highest bidder. -v.t. 2. Also, **auction off**. to sell by auction: *they auctioned off their furniture*.

audacious /ɔˈdeɪʃəs/ adj. 1. bold or daring; spirited; adventurous: *audacious warrior*. 2. reckless or bold in wrongdoing; impudent and presumptuous. -**audaciously** adv. -**audaciousness**, **audacity** n.

audible /ˈɔdəbəl/ adj. capable of being heard; actually heard; loud enough to be heard. -**audibility** /ɔdəˈbɪləti/, **audibleness** n. -**audibly** adv.

audience /ˈɔdiəns/ n. 1. an assembly of hearers or spectators: *the audience applauded warmly*. 2. the persons reached by a book, radio or television broadcast, etc.; public: *you need to know your target audience*. 3. liberty or opportunity of being heard or of speaking with or before a person or group: *we must give audience to both sides*; *an audience with the Pope*. 4. *Government* admission of a diplomatic representative to a sovereign or high officer of government; formal interview.

audio- a word element meaning 'hear', 'of or for hearing', as in *audiometer*.

audiology /ɔdiˈɒlədʒi/ n. the study of the hearing mechanism, especially the measurement, diagnosis, and management of impaired function. -**audiological** /ɔdiəˈlɒdʒɪkəl/ adj. -**audiologist** n.

audiovisual /ɔdioʊˈvɪʒuəl/ adj. involving or directed simultaneously at the faculties of seeing and hearing: *an audiovisual aid to teaching*.

audit /ˈɔdət/ n. 1. an official examination and verification of accounts and records, especially of financial accounts. 2. an account or a statement of account. 3. a calling to account. -v.t. 4. to make audit of; examine (accounts, etc.) officially. -v.i. 5. to examine and verify an account or accounts by reference to vouchers.

audition /ɔˈdɪʃən/ n. 1. the act, sense, or power of hearing. 2. a hearing given to a musician, speaker, etc., to test voice qualities, performance, etc. -v.t. 3. to give (someone) an audition. -v.i. 4. to be tested or to perform in an audition.

auditor /ˈɔdətə/ n. 1. a hearer; listener. 2. someone appointed and authorised to examine accounts and accounting records, compare the charges with the vouchers, verify balance sheet and income items, and state the result.

auditorium /ɔdəˈtɔriəm/ n. -toriums *or* -toria /-ˈtɔriə/. 1. the space for the audience in a concert hall, theatre, school, or other building. 2. a large building or room for meetings, assemblies, theatrical performances, etc.

auditory /ˈɔdətri, -təri/ adj. relating to hearing, to the sense of hearing, or to the organs of hearing: *the auditory nerve*.

auger /ˈɔgə/ n. 1. a carpenter's tool larger than a gimlet, with a spiral groove for boring holes in wood. 2. a large tool for boring holes deep in the ground. 3. a tool, often simply the thread of a drill bit, used for extracting a small sample of a mineral deposit from a depth without actual excavation.

aught /ɔt/ n. anything whatever; any part: *for aught I know*.

augment /ɔgˈmɛnt/ v.t. 1. to make larger; enlarge in size or extent; increase. -v.i. 2. to become larger. -**augmentable** adj. -**augmenter** n.

augur /ˈɔgə/ n. 1. a soothsayer; prophet. -v.t. 2. to divine or predict, as from omens; prognosticate. -v.i. 3. to be a sign; bode (*well* or *ill*). -**augural** /ˈɔgjərəl/ adj. -**augury** n.

august /ɔˈgʌst/ adj. 1. inspiring reverence or admiration; of supreme dignity or grandeur; majestic: *an august spectacle*. 2. venerable: *your august father*. -**augustly** adv. -**augustness** n.

August

August /'ɔgəst/ *n.* the eighth month of the year, containing 31 days.

au lait /ou 'leɪ/ *adj.* prepared or served with milk.

au naturel /ou nætʃə'rel/ *adj.* **1.** in the natural state; naked. **2.** cooked plainly. **3.** uncooked.

aunt /ant/ *n.* **1.** the sister of one's father or mother. **2.** the wife of one's uncle. **3.** (a term of address used by children to a female friend of the family).

aura /'ɔrə/ *n.* **auras** or **aurae** /'ɔri/. **1.** a distinctive air, atmosphere, character, etc.: *an aura of culture.* **2.** a subtle emanation proceeding from a body and surrounding it as an atmosphere.

aural /'ɔrəl/ *adj.* having to do with an aura.

aureole /'ɒrioul, 'ɔ-/ *n.* **1.** a radiance surrounding the head or the whole figure in the representation of a sacred personage. **2.** any encircling ring of light or colour; a halo.

auric /'ɒrɪk/ *adj.* of or containing gold, especially in the trivalent state.

auricle /'ɔrɪkəl, 'ɒr-/ *n.* **1.** *Anatomy* **a.** the projecting outer portion of the ear; the pinna. **b.** → **atrium** (def. 3). **2.** *Botany, Zoology* a part like or likened to an ear. –**auricled**, **auriculate** /ɔ'rɪkjələt, -leɪt/ *adj.*

auriferous /ɔ'rɪfərəs/ *adj.* yielding or containing gold.

aurora /ə'rɔrə/ *n.* an atmospheric display in skies of moving streamers or bands of light, usually green, red or yellow, probably caused by streams of charged particles from the sun passing into the Earth's magnetic field.

auspicious /ɔ'spɪʃəs, ə-/ *adj.* **1.** of good omen; betokening success; favourable: *an auspicious moment.* **2.** favoured by fortune; prosperous; fortunate. –**auspiciously** *adv.* –**auspiciousness** *n.*

Aussie /'ɒzi/ *Colloquial* –*adj.* **1.** Australian. –*n.* **2.** an Australian. **3.** Australia.

austere /ɒs'tɪə, ɔs-/ *adj.* **1.** harsh in manner; stern in appearance; forbidding. **2.** severe in disciplining or restraining oneself; morally strict. **3.** grave; sober; serious. **4.** severely simple; without ornament: *austere writing.* –**austerely** *adv.* –**austerity** /ɒs'tɛrəti/, **austereness** *n.*

Australian /ɒs'treɪljən, ɒs-/ *adj.* **1.** of or relating to Australia. –*n.* **2.** a person native to or resident in Australia. **3.** the English language as spoken in Australia. –*phr.* **4. the great Australian adjective,** (*humorous*) bloody (def. 4).

Australiana /ɒ,streɪli'anə, əs-/ *pl. n.* items, especially of historical interest, originating in or relating to Australia, as early books, furniture, paintings, etc.

Australian cattle dog *n.* a purebred dog with black or red face and ears and dark blue body speckled with lighter blues, developed in Australia for work with cattle; blue heeler.

Australian crawl *n.* → **crawl** (def. 7).

Australian edelweiss *n.* a spreading herb, *Ewartia nubigena*, family Compositae, having grey foliage and small flowers, restricted to high altitudes in the Australian Alps, somewhat resembling the European edelweiss.

Australian English *n.* the dialect of English which is spoken by Australians. It is characterised by particular accent, lexis, and idiom.

Australian fur seal *n.* an Antarctic and southern Australian eared seal, *Arctocephalus doriferus*.

Australian goshawk *n.* a brown goshawk, *Accipiter fasciatus*, common throughout Australia; chicken-hawk.

Australian Rules *n.* a code of football requiring two teams of 18 players, which originated in Australia, though based on Gaelic football. Also, **Australian National Football, Australian Football, Aussie Rules**.

autobiography

Australian salute *n. Colloquial* (*humorous*) the movement of hand and arm to brush away flies from one's face. Also, **Barcoo salute**.

Australian terrier *n.* a small, sturdy, low-set and rather elongated dog with erect ears, docked tail, and a short, coarse coat, usually grey-blue with rich tan markings on face and legs.

Australoid /'ɒstrəlɔɪd/ *adj.* having to do with an ethnic group which includes the Australian Aborigines and certain peoples of Asia and the Pacific islands.

australopithecine /,ɒstrəlou'pɪθəsin/ *n.* a primate of the extinct genus *Australopithecus*, of the Pleiocene epoch, found first in southern Africa, having jaws resembling those of humans and a skull resembling that of the apes.

aut- variant of **auto-**[1] before most vowels, as in *autacoid*.

autarchy /'ɔtaki/ *n.* **-chies. 1.** absolute sovereignty. **2.** self-government. –**autarchic** /ɔ'takɪk/ *adj.*

autarky /'ɔtaki/ *n.* **-kies. 1.** the condition of self-sufficiency, especially economic, as applied to a state. **2.** a national policy of economic independence. –**autarkical** /ɔ'takɪkəl/ *adj.* –**autarkist** *n., adj.*

authentic /ɔ'θɛntɪk/ *adj.* **1.** entitled to acceptance or belief; reliable; trustworthy: *an authentic story.* **2.** of the authorship or origin reputed; of genuine origin: *authentic documents.* **3.** *Law* executed with all due formalities: *an authentic deed.* –**authenticity** /,ɔθɛn'tɪsəti/ *n.* –**authentically** *adv.*

authenticate /ɔ'θɛntəkeɪt/ *v.t.* **-cated, -cating. 1.** to make authoritative or valid. **2.** to establish as genuine. –**authenticable** /ɔ'θɛntɪkəbəl/ *adj.* –**authentication** /ɔ,θɛntə'keɪʃən/ *n.* –**authenticator** *n.*

author /'ɔθə/ *n.* **1.** someone who writes a novel, poem, essay, etc.; the composer of a literary work, as distinguished from a compiler, translator, editor, or copyist. **2.** the originator, beginner, or creator of anything. –**authoress** /'ɔθərəs/ *fem. n.* –**authorial** /ɔ'θɔriəl/ *adj.* –**authorless** *adj.*

authorise = authorize /'ɔθəraɪz/ *v.t.* **-rised, -rising. 1.** to give authority or legal power to; empower (to do something). **2.** to give authority for; formally sanction (an act or proceeding). **3.** to establish by authority or usage: *authorised by custom.* –**authorisation** /,ɔθəraɪ'zeɪʃən/ *n.* –**authoriser** *n.*

authoritarian /ɔ,θɒrə'tɛəriən, ə-/ *adj.* **1.** favouring the principle of subjection to authority as opposed to that of individual freedom. –*n.* **2.** someone who favours authoritarian principles. –**authoritarianism** *n.*

authority /ɔ'θɒrəti, ə-/ *n.* **-ties. 1.** (of a person) the right to determine, judge or settle; right to control, command; warrant. **2.** an accepted source of information, advice, etc.; testimony; witness. **3.** (the writings of) an expert on a subject. **4.** a statute, court rule, or legal decision which establishes a rule or principle of law; ruling. –**authoritative** *adj.*

autism /'ɔtɪzəm/ *n.* **1.** *Psychology* fantasy; introverted thought; daydreaming; marked subjectivity of interpretation. **2.** *Psychiatry* a syndrome of unknown aetiology, chiefly characterised by some degree of inability to comprehend or communicate, failure to relate affectively, and inappropriate or obsessive behaviour. –**autistic** /ɔ'tɪstɪk/ *adj.*

auto-[1] a word element meaning 'self', 'same', as in *autograph*. Also, **aut-**.

auto-[2] a combining form of **automobile**.

autobiography /,ɔtəbaɪ'ɒgrəfi/ *n.* **-phies.** an account of a person's life written by himself or herself. **–autobiographical** /ˌɔtəbaɪəˈgræfɪkəl/ adj. **–autobiographer** n.

autochthon /ɔˈtɒkθən/ n. **-thons** or **-thones** /-θəniz/. 1. an aboriginal inhabitant. 2. *Ecology* one of the indigenous animals or plants of a region. **–autochthonous** adj.

autocracy /ɔˈtɒkrəsi/ n. **-cies**. 1. uncontrolled or unlimited authority over others, invested in a single person; the government or power of an absolute monarch. 2. independent or self-derived power. **–autocratic** /ˌɔtəˈkrætɪk/ adj. **–autocrat** /ˈɔtəkræt/ n.

auto-electrician /ˌɔtoʊ-ɛlɛkˈtrɪʃən/ n. someone who specialises in the repair and servicing of the electrical circuits of motor cars.

autograph /ˈɔtəgræf, -graf/ n. 1. a person's own signature. 2. a person's own handwriting. –v.t. 3. to write one's name on or in: *to autograph a book*. 4. to write with one's own hand. **–autographic** /ˌɔtəˈgræfɪk/, **autographical** /ˌɔtəˈgræfɪkəl/ adj. **–autographically** /ˌɔtəˈgræfɪkli/ adv.

auto-immune system n. *Medicine* the system within the body which produces antibodies.

automate /ˈɔtəmeɪt/ v.t. **-mated, -mating**. 1. to apply the principles of automation to (a mechanical process). 2. to operate or control by automation.

automatic /ˌɔtəˈmætɪk/ adj. 1. having the power of self-motion; self-moving or self-acting; mechanical. 2. *Physiology* occurring independently of volition, as certain muscular actions. 3. (of a firearm, pistol, etc.) utilising the recoil, or part of the force of the explosive, to eject the spent cartridge shell, introduce a new cartridge, cock the arm, and fire it repeatedly. 4. done unconsciously or from force of habit; mechanical (opposed to *voluntary*). –n. 5. a machine which operates automatically, as a car with automatic gear shift. **–automatically** adv.

automatic teller machine n. computerised equipment located outside banks and building societies, in shopping areas, etc., offering basic banking facilities and operated by inserting a plastic card with a magnetised strip and keying in a personal identification number. Also, **ATM, automated teller machine**.

automatic transmission n. a transmission system on a motor vehicle in which gear-changing is operated automatically in accordance with car or engine speed rather than manually by the driver.

automation /ɔtəˈmeɪʃən/ n. 1. the science of applying automatic control to industrial processes; the replacement of manpower by sophisticated machinery. 2. the process or act of automating a mechanical process. 3. the degree to which a mechanical process is automatically controlled.

automaton /ɔˈtɒmətən/ n. **-tons** or **-ta** /-tə/. 1. a mechanical figure or contrivance constructed to act as if spontaneously through concealed motive power. 2. someone who acts in a monotonous routine manner, without active intelligence. 3. something capable of acting spontaneously or without external impulse.

automobile /ˈɔtəmə,bil/ n. *Chiefly US* a car (or other self-propelled road transport vehicle). **–automobilist** /ɔtəˈmoʊbələst, ɔtəməˈbiləst/ n.

automotive /ɔtəˈmoʊtɪv/ adj. 1. propelled by a self-contained power plant. 2. having to do with motor vehicles.

autonomic /ˌɔtəˈnɒmɪk/ adj. 1. autonomous. 2. *Physiology* having to do with a system of nerves and ganglia (the **autonomic, involuntary**, or **vegetative nervous system**) leading from the spinal cord and brain to glands, blood vessels, the viscera, and the heart and smooth muscles, and controlling their involuntary functions. **–autonomically** adv.

autonomous /ɔˈtɒnəməs/ adj. self-governing; independent; subject to its own laws only. **–autonomously** adv.

autonomy /ɔˈtɒnəmi/ n. **-mies**. 1. *Government* the condition of being autonomous; self-government, or the right of self-government. 2. independence; self-sufficiency; self-regulation. **–autonomist** n.

autopsy /ˈɔtɒpsi/ n. **-sies**. inspection and dissection of a body after death, as for determination of the cause of death; a post-mortem examination.

autumn /ˈɔtəm/ n. 1. the season of the year between summer and winter; in the Southern Hemisphere, March, April, and May. 2. a period of maturity passing into decline. **–autumnal** /ɔˈtʌmnəl/ adj.

auxiliary /ɒgˈzɪljəri, ɔg-/ adj., n. **-ries**. –adj. 1. giving support; helping; aiding; assisting. 2. additional; subsidiary: *auxiliary soldiers*. 3. used as a reserve: *auxiliary engine*. –n. 4. someone or something that gives aid of any kind; helper. 5. → **auxiliary verb**.

auxiliary verb n. a verb customarily preceding certain forms of other verbs, used to express distinctions of time, aspect, mood, etc., as *do, am*, etc., in I *do* think; I *am* going; we *have* spoken; *may* we go?; *can* they see?; we *shall* walk.

avail /əˈveɪl/ v.i. 1. to have force or efficacy; be of use; serve. 2. to be of value or profit. –v.t. 3. to be of use or value to; profit; advantage. –n. 4. efficacy for a purpose; advantage to an object or end: *of little or no avail*. –phr. 5. **avail oneself of**, to give oneself the advantage of; make use of. 6. **to no avail**, with no good result; to no purpose. **–availingly** adv.

available /əˈveɪləbəl/ adj. suitable or ready for use; at hand; of use or service: *available resources*. **–availability** /əveɪləˈbɪləti/, **availableness** n. **–availably** adv.

avalanche /ˈævəlænʃ, -lanʃ/ n., v. **-lanched, -lanching**. –n. 1. a large mass of snow, ice, etc., detached from a mountain slope and sliding or falling suddenly downwards. 2. anything like an avalanche in suddenness and destructiveness: *an avalanche of misfortunes*. –v.i. 3. to come down in, or like, an avalanche.

avant-garde /ˌævɒnt-ˈgad/ n. 1. the vanguard; the leaders in progress in any field, especially the arts; the new ideas or thinkers. –adj. 2. modern; experimental; (affectedly) ultra-modern.

avarice /ˈævərəs/ n. insatiable greed for riches; inordinate, miserly desire to gain and hoard wealth. **–avaricious** /ævəˈrɪʃəs/ adj.

avenge /əˈvɛndʒ/ v.t. **avenged, avenging**. to take vengeance or exact satisfaction for: *to avenge a death*. **–avenger** n. **–avengement** n.

avenue /ˈævənju/ n. 1. a double row of trees, whether lining a road or not. 2. any street so called, especially one which is wide and lined with trees. 3. a way or opening for entrance into a place: *the avenue to India*. 4. means of access or attainment: *avenue of escape, avenues of success*.

aver /əˈvɜ/ v.t. **averred, averring**. to affirm with confidence; declare in a positive or peremptory manner. **–averment** n.

average /ˈævərɪdʒ, -vrɪdʒ/ n., adj., v. **-raged, -raging**. –n. 1. an arithmetical mean. 2. a quantity intermediate to a set of quantities. 3. the ordinary, normal, or typical amount, rate, quality, kind, etc.; the common run. 4. *Commerce* **a**. a small charge paid by the master on account of the ship and cargo, such as pilotage, towage, etc. **b**. an expense, partial loss, or damage to ship or cargo. **c**. the incidence of such an expense or loss on the owners or their insurers. **d**. an equitable apportionment among all the interested parties of such an expense or loss. **5.** the number of sheep a shearer expects to shear in a typical day. *–adj.* **6.** of or relating to an average; estimated by average; forming an average. **7.** intermediate, medial, or typical in amount, rate, quality, etc. **8.** *Colloquial* mediocre in quality or performance. *–v.t.* **9.** to find an average value for; reduce to a mean. **10.** to result in, as an arithmetical mean; amount to, as a mean quantity: *the profit averages $50 a week.* *–v.i.* **11.** to have or show an average: *to average as expected.* *–phr.* **12. average out**, *Colloquial* to divide or sort out, more or less evenly. **–averagely** *adv.*

averse /ə'vɜːs/ *adj.* disinclined, reluctant, or opposed: *averse to (formerly from) flattery.* **–aversely** *adv.* **–averseness** *n.*

aversion /ə'vɜːʒən, -'vɜːʃən/ *n.* **1.** (sometimes fol. by *to*) an averted state of the mind or feelings; repugnance, antipathy, or rooted dislike **2.** a cause of dislike; an object of repugnance.

avert /ə'vɜːt/ *v.t.* **1.** to turn away or aside: *to avert one's eyes.* **2.** to ward off; prevent: *to avert evil.*

avi- a word element meaning 'bird'.

avian /'eɪviən/ *adj.* having to do with birds.

aviary /'eɪvəri, 'eɪvjəri/ *n.* **-ries.** a large cage or enclosure in which birds are kept.

aviation /ˌeɪvi'eɪʃən/ *n.* **1.** the act, art, or science of flying by mechanical means, especially with heavier-than-air craft. **2.** the aircraft (with equipment) of an air force.

aviator /'eɪvieɪtə/ *n.* a pilot of an aeroplane or other heavier-than-air craft. **–aviatrix** /'eɪvi,eɪtrɪks/, **aviatress** /'eɪvi,eɪtrəs/ *fem. n.*

avid /'ævəd/ *adj.* **1.** (sometimes fol. by *of* or *for*) keenly desirous; eager; greedy: *avid of pleasure or power.* **2.** keen: *avid hunger.* **–avidly** *adv.* **–avidity** /ə'vɪdəti/ *n.*

avocado /ævə'kadoʊ/ *n.* **-dos. 1.** a tropical American fruit, green to black in colour and commonly pear-shaped, borne by the tree *Persea americana*, eaten raw, especially as a salad fruit. **2.** the tree. Also, **avocado pear**.

avocation /ævə'keɪʃən/ *n.* **1.** a minor or occasional occupation; hobby. **2.** (*also plural*) one's regular occupation, calling, or vocation. **3.** diversion or distraction.

avoid /ə'vɔɪd/ *v.t.* to keep away from; keep clear of; shun; evade: *to avoid a person or a danger.* **–avoidance** *n.* **–avoidable** *adj.* **–avoidably** *adv.* **–avoider** *n.*

avoirdupois weight /ˌævwədju'pwa weɪt, ævədə'pɔɪz/ *n.* a system of weights formerly used in most English-speaking countries for goods other than gems, precious metals and drugs.

avow /ə'vaʊ/ *v.t.* **1.** to admit or acknowledge frankly or openly; own; confess. **2.** to state; assert; affirm; declare. **–avowal** *n.* **–avowed** *adj.* **–avower** *n.*

avuncular /ə'vʌŋkjələ/ *adj.* like or characteristic of an uncle: *avuncular affection.*

await /ə'weɪt/ *v.t.* **1.** to wait for; look for or expect. **2.** to be in store for; be ready for. *–v.i.* **3.** to wait, as in expectation.

awake /ə'weɪk/ *v.* **awoke** *or* **awaked, awoken, awaking,** *adj.* *–v.t.* **1.** to rouse (someone) from sleep; wake up. **2.** to stir the interest of; excite: *to awake them to the realities of life.* **3.** to stir, disturb (the memories, fears, etc). *–v.i.* **4.** to wake up; come out of sleep. *–adj.* **5.** waking, not sleeping. **6.** watchful; alert: *awake to a danger.*

awakening /ə'weɪkənɪŋ/ *adj.* **1.** rousing; reanimating; alarming. *–n.* **2.** the act of awaking from sleep. **3.** an arousal or revival of interest or attention; a waking up, as from indifference, ignorance, etc.

award /ə'wɔd/ *v.t.* **1.** to adjudge to be due or merited; assign or bestow: *to award prizes.* **2.** to bestow by judicial decree; assign or appoint by deliberate judgment, as in arbitration. *–n.* **3.** something awarded, as a medal, rate of pay, particular working conditions, etc. **–awardable** *adj.* **–awarder** *n.*

award wage *n.* (in Australia and NZ) a wage arrived at by mutual consent or arbitration and fixed by an industrial court, payable by law to all employees in a particular occupation.

aware /ə'wɛə/ *adj.* cognisant or conscious (*of*); informed: *aware of the danger.* **–awareness** *n.*

awash /ə'wɒʃ/ *adj.* **1.** covered with water. **2.** washing about; tossed about by the waves.

away /ə'weɪ/ *adv.* **1.** from this or that place; off: *to go away.* **2.** apart; at a distance: *to stand away from the wall.* **3.** aside: *turn your eyes away.* **4.** out of possession, notice, use, or existence: *to give money away.* **5.** continuously; on: *to blaze away.* **6.** without hesitation: *fire away.* **7.** immediately; forthwith: *right away.* *–adj.* **8.** absent: *away from home.* **9.** distant: *six kilometres away.* **10.** *Colloquial* on the move; having started; in full flight. **11.** *Colloquial* in a state of uncontrollable excitement, hilarity, etc: *the guests were well away.* **12.** *Sport* played on the opponents' ground. *–interj.* **13.** go away! depart! *–phr.* **14. away with ...,** (a command to remove someone or something): *away with this man!* **15. away with the fairies,** Australian, NZ *Colloquial* no longer in tune with reality. **16. do** (*or* **make**) **away with,** to put out of existence; get rid of; kill. **17. make away with,** to run off with; steal.

awe /ɔ/ *n., v.* **awed, awing.** *–n.* **1.** respectful or reverential fear, inspired by what is grand or sublime: *in awe of God.* *–v.t.* **2.** to inspire with awe. **3.** to influence or restrain by awe.

awesome /'ɔsəm/ *adj.* **1.** inspiring awe. **2.** characterised by awe. **–awesomely** *adv.* **–awesomeness** *n.*

awful /'ɔfəl/ *adj.* **1.** *Colloquial* extremely bad; unpleasant; ugly. **2.** *Colloquial* very great: *an awful lot.* **3.** inspiring fear; dreadful; terrible. **4.** full of awe; reverential. **5.** inspiring reverential awe; solemnly impressive. **–awfully** *adv.* **–awfulness** *n.*

awhile /ə'waɪl/ *adv.* for a short time or period.

awkward /'ɔkwəd/ *adj.* **1.** lacking skill; clumsy. **2.** ungraceful; ungainly; uncouth: *awkward gestures.* **3.** difficult to handle; dangerous: *an awkward customer.* **4.** embarrassing or trying: *an awkward moment.* **5.** deliberately difficult; perverse; obstructive. **–awkwardly** *adv.* **–awkwardness** *n.*

awl /ɔl/ *n.* a pointed instrument for piercing small holes in leather, wood, etc.

awn /ɔn/ *n.* a bristle-like appendage of a plant, especially on the glumes of grasses. **–awned** *adj.* **–awnless** *adj.*

awning /'ɔnɪŋ/ *n.* **1.** a rooflike shelter of canvas, etc., in front of a window or door, over a deck, etc., as for protection from the sun. **2.** a shelter.

awoke /ə'woʊk/ *v.* past tense of **awake**.

awry /ə'raɪ/ *adv.* **1.** with a turn or twist to one side; askew: *to glance or look awry.* **2.** away from reason or the truth. **3.** amiss; wrong: *our plans went awry.*

axe /æks/ *n.* **axes,** *v.* **axed, axing.** *–n.* **1.** an instrument with a bladed head on a handle or helve, used for hewing, cleaving, chopping, etc. **2.** *Colloquial* a guitar, usually electric. *–v.t.* **3.** to shape or trim with an axe. **4.** *Colloquial* to cut down; reduce (expenditure, prices, etc.) sharply. **5.** *Colloquial* to dismiss from a position. *–phr.* **6. have an axe to grind,** to have a private purpose or selfish end to attain. **7. the axe,** *Colloquial* **a.** a drastic cutting down (of expenses). **b.** dismissal from a job, position, or the like; the sack. Also, *Chiefly US*, **ax**. –**axelike** *adj*.

axes[1] /ˈæksiz/ *n*. plural of **axis**.

axes[2] /ˈæksəz/ *n*. plural of **axe**.

axial /ˈæksiəl/ *adj*. **1.** of, relating to, or forming an axis. **2.** situated in an axis or on the axis.

axilla /ækˈsɪlə/ *n*. **axillae** /ækˈsɪli/. *Anatomy* the armpit. –**axillary** *adj*.

axiom /ˈæksiəm/ *n*. **1.** a recognised truth. **2.** an established and universally accepted principle or rule. **3.** *Logic, Mathematics, etc.* a proposition which is assumed without proof for the sake of studying the consequences that follow from it. –**axiomatic** /æksiəˈmætɪk/ *adj*.

axis /ˈæksəs/ *n*. **axes** /ˈæksiz/. **1.** the line about which a rotating body, such as the earth, turns. **2.** the central line of any symmetrical, or nearly symmetrical, body: *the axis of a cylinder, of the eye, etc.* **3.** a fixed line adopted for reference, as in plotting a curve on a graph, in crystallography, etc. **4.** an alliance of two or more nations to coordinate their foreign and military policies, and to draw in with them a group of dependent or supporting powers.

axle /ˈæksəl/ *n*. **1.** *Machinery* the pin, bar, shaft, or the like, on which or with which a wheel or pair of wheels rotate. **2.** either end (spindle) of an axletree or the like. **3.** the whole (fixed) axletree, or a similar bar connecting and turning with two opposite wheels of a vehicle.

axolotl /ˈæksəˌlɒtl, ˈæksələtl/ *n*. any of several Mexican salamanders that breed in the larval stage, in Mexico prized as food.

axon /ˈæksɒn/ *n*. *Physiology* the appendage of the neuron which transmits impulses away from the cell. Also, **axone** /ˈæksoʊn/.

ayatollah /aɪəˈtɒlə/ *n*. **1.** a high-ranking religious leader in the Shiite sect of Islam, the official religion of Iran. **2.** *Colloquial* any autocratic leader.

azalea /əˈzeɪljə/ *n*. any plant of a particular group (Azalea) of the genus *Rhododendron*, family Ericaceae, comprising species with handsome, variously coloured flowers, some of which are familiar in cultivation. Azalea was once considered a botanical genus but is now a nursery or horticultural classification.

azimuth /ˈæzəməθ/ *n*. **1.** *Astronomy, Navigation* the arc of the horizon from the celestial meridian to the foot of the great circle passing through the zenith, the nadir, and the point of the celestial sphere in question (in astronomy commonly reckoned from the south point of the horizon towards the west point; in navigation reckoned from the north point of the horizon towards the east point). **2.** *Surveying, Gunnery, etc.* an angle measured clockwise from the south or north. –**azimuthal** /æzəˈmjuθəl/ *adj*. –**azimuthally** /æzəˈmjuθəli/ *adv*.

azo- a prefix indicating the presence of a divalent nitrogen group.

AZT /eɪ zɛd ˈti/ *n*. an antiviral drug, azidothymidine, originally produced from fish sperm, but now made synthetically, used in the treatment of AIDS.

azure /ˈeɪʒə, æˈzjʊə/ *adj*. of a sky blue colour. –**azury** *adj*.

B b

B, b /biː/ *n.* **B's, Bs, b's** *or* **bs**. **1.** the second letter of the English alphabet. **2.** the second in any series: *schedule B*. **3.** the second highest mark for school, college, or university work; beta. **4.** *Music* the seventh degree in the scale of C major or the second degree in the relative minor scale (A minor).

babaco /bəˈbakoʊ/ *n.* the seedless, five-sided fruit of the hybrid *Carica pentagonia*, similar to the pawpaw and originally from Ecuador.

babaghanoush /ˌbʌbəɡəˈnuʃ/ *n.* a paste of cooked eggplant seasoned with herbs and garlic. Also, **babaganoush**.

babble /ˈbæbəl/ *v.* **-led, -ling**, *n.* –*v.i.* **1.** to speak words quickly and unclearly. **2.** to talk foolishly or without purpose; chatter. **3.** to make a continuous soft sound; murmur: *the stream babbled along*. –*v.t.* **4.** to speak (words) quickly and unclearly. **5.** to tell thoughtlessly: *he babbled the whole secret*. –*n.* **6.** unclear speaking, as when many are talking at once. **7.** foolish talk; chatter. **8.** a soft, gentle sound.

babbler[1] /ˈbæblə/ *n.* **1.** one who or that which babbles. **2.** any of several noisy, gregarious, insectivorous birds of the family Timaliidae, common in scrub and open forest of Australia, as the grey-crowned babbler, *Pomatostomus temporalis*. **3.** any of various other tropical and subtropical birds of the same family.

babbler[2] /ˈbæblə/ *n. Colloquial* a cook. Also, **babbling brook**.

babe /beɪb/ *n.* **1.** a baby. **2.** *Colloquial* (a familiar term of address, especially to a woman). **3.** *Colloquial* a sexually attractive female. **4.** *Colloquial* a sexually attractive male. –*phr.* **5. a babe in arms**, a young baby. **6. a babe in the woods**, an innocent or inexperienced person.

babel /ˈbeɪbəl/ *n.* a scene of noise and confusion.

baboon /bæˈbun, bə-/ *n.* any of various large, terrestrial monkeys, of the genera *Papio* and *Theropitheeus*, of Africa and Arabia, with a doglike muzzle, large cheek pouches, and a short tail. –**baboonish** *adj.*

baby /ˈbeɪbi/ *n.* **-bies**, *adj.*, *v.* **-bied, -bying**. –*n.* **1.** an infant; young child. **2.** a young animal. **3.** the youngest member of a family, group, etc. **4.** a childish person. **5.** *Colloquial* an invention, creation, or project of which one is particularly proud or for which one has a special responsibility. **6.** *Colloquial* a young woman. –*adj.* **7.** of, like, or suitable for a baby: *baby clothes*. **8.** infantile; babyish: *a baby face*. **9.** comparatively small: *baby carrots*; *a baby grand*. –*v.t.* **10.** to treat like a young child; pamper. –*phr.* **11. leave someone holding the baby**, *Colloquial* to abandon someone with a problem or responsibility not rightly theirs. **12. make babies**, *Colloquial* (*humorous*) to have sexual intercourse. –**babyhood** *n.* –**babyish** *adj.* –**babyishly** *adv.* –**babyishness** *n.*

baby boomer *n.* a person born in the baby boom following World War II.

baby capsule *n.* a plastic container for carrying a baby, which slides into a base, the whole structure being anchored into a motor vehicle and incorporating various safety design features.

babysit /ˈbeɪbɪsɪt/ *v.* **babysat, babysitting**. –*v.i.* **1.** to take charge of a child while the parents are temporarily absent. –*v.t.* **2.** to mind (a child). **3.** to look after (something) while the owners are away: *we babysat the house while they were overseas*. –**babysitter** *n.*

baccarat /ˈbækəra, bækəˈra/ *n.* a gambling card game played by a banker and two or more punters. Also, **baccara**.

bach /bætʃ/ *n.* **1.** *NZ* a weekend cottage or house, usually at the beach. –*v.i.* **2.** Also, **batch**. *Australian, NZ Colloquial* to keep house alone or with a companion when neither is accustomed to housekeeping: *she was baching with a friend at North Sydney*. –**bacher** *n.* –**baching** *n.*

bachelor /ˈbætʃələ/ *n.* **1.** an unmarried man of any age. **2.** someone who has taken the first or lowest degree at a university: *Bachelor of Arts*. **3.** an unmated mature male animal, especially a young male fur seal kept from the breeding grounds by the older males. –**bachelordom** /ˈbætʃələdəm/ *n.* –**bachelorhood** *n.*

bacillus /bəˈsɪləs/ *n.* **-cilli** /-ˈsɪli/. any of the group of rod-shaped bacteria which produce spores in the presence of free oxygen.

back[1] /bæk/ *n.* **1.** the hinder part of the human body, extending from the neck to the end of the spine. **2.** the part of the body of animals corresponding to the human back. **3.** the rear portion of any part or organ of the body: *the back of the head*. **4.** the whole body, with reference to clothing: *the clothes on his back*. **5.** the part opposite to or farthest from the face or front; the hinder side; the rear part: *the back of a hall*. **6.** the part covering the back, as of clothing. **7.** the spine: *to break one's back*. **8.** any rear part of an object serving to support, protect, etc.: *the back of a book*. **9.** *Nautical* the keel and keelson of a vessel. **10.** the strength to carry a burden or responsibility. **11.** *Football*, *etc.* one of the defending players behind the forwards. –*v.t.* **12.** to support, as with authority, influence, or money. **13.** to cause to move backwards; reverse the action of: *to back a car*. **14.** to bet in favour of: *to back a horse in the race*. **15.** to furnish with a back. **16.** to lie at the back of; form a back or background for: *sandhills back the beach*. –*v.i.* **17.** to go backwards. **18.** *Nautical* (of wind) to change direction anticlockwise. –*adj.* **19.** lying or being behind: *a back door*. **20.** relating to the back, especially the spine: *back pain*. **21.** away from the front position or rank: *the back seats of the theatre*. **22.** remote: *back country*. **23.** relating to the past: *back issues*; *back pay*. **24.** coming or going back; backward: *back current*. **25.** *Phonetics* pronounced with the tongue drawn back in the mouth as the vowel /ɒ/ in *bought* /bɒt/ or the consonant /k/ in *cup* /kʌp/. –*phr.*

26. at the back of, **a.** in the part furthest from the front of: *at the back of the room*; *at the back of my mind*. **b.** behind: *the shed at the back of the house*. **c.** beyond: *at the back of Boree*. **d.** responsible for: *at the back of this confusion*.

27. back and fill, **a.** *Nautical* to manoeuvre a sailing vessel to and fro in a channel by trimming the sails to be alternately full and then slack. **b.** *Colloquial* to drive a motor vehicle backwards and forwards, usually while parking. **c.** *Colloquial* to vacillate.

28. back away, (sometimes fol. by *from*) to draw back, especially in alarm.
29. back away from, to go back on; renege on: *to back away from one's promise.*
30. back down, **a.** to retreat from or abandon an argument, opinion, claim, etc. **b.** *Rowing* to row a boat backwards.
31. back off, (sometimes fol. by *from*) to retreat or withdraw.
32. back out, **a.** to go or cause to move out backwards. **b.** (sometimes fol. by *of*) to withdraw; retreat: *to back out of a deal.* **c.** *Surfing* to slide off a wave by manoeuvring so that the front of the surfboard lifts out of the water.
33. back to back, **a.** with the back of one (person or thing) opposed to the back of another (person or thing). **b.** consecutively: *the team won three matches back to back.*
34. back up, **a.** to go backwards: *when he saw the snake, he started to back up.* **b.** to cause to move backwards: *she backed the car up.* **c.** to encourage; support: *please back me up at the meeting.* **d.** to give corroboration or credence to: *the evidence backs up her statement.* **e.** (of water) to cease to flow freely. **f.** *Computers* to copy (data) onto a tape, disk, etc., as a safety measure: *back up all the day's work.* **g.** *Computers* to back up data: *have you backed up yet?* **h.** *Mountaineering* to climb a chimney or cleft by pressing the feet on one side and the back on the other. **i.** *Cricket* (of the person batting who is not playing the ball) to advance down the wicket in readiness to run as the ball is bowled. **j.** *Cricket* (of a fielder) to cover a player receiving a return of the ball to prevent an overthrow.
35. back up for, to seek a second share of (a commodity being distributed).
36. back water, *Nautical* to reverse the forward thrust of a vessel.
37. behind someone's back, in secret; deceitfully; in someone's absence.
38. be on someone's back, *Colloquial* to urge someone constantly to further action: *she's always on my back to get a job.*
39. break the back of, **a.** to deal with or accomplish the most difficult or arduous part of (a task, etc.). **b.** to overburden or overwhelm.
40. get off someone's back, *Colloquial* to cease to annoy or harass someone.
41. get one's back up, *Colloquial* to become annoyed.
42. get on someone's back, *Colloquial* to begin to nag someone: *my parents got on my back when I failed the exam.*
43. on the back foot, at a disadvantage.
44. on the back of, close behind; immediately following in space or time.
45. out the back, *Colloquial* in the rear part of a building or property, such as in the backyard.
46. put one's back into, to perform with all one's energy and strength.
47. put someone's back up, *Colloquial* to arouse someone's resentment.
48. see the back of, **a.** to be rid of (a person). **b.** to be finished with (a situation, task, etc.).
49. turn one's back on, to disregard, neglect, or ignore. –**backer** *n.*

back² /bæk/ *adv.* **1.** at, to, or towards the rear; backwards: *to step back.* **2.** towards the past: *to look back on one's youth.* **3.** ago: *a long while back.* **4.** towards the original starting point, place, or condition: *to go back to the old home.* **5.** returned home; in the original starting point, place, or condition again: *back where she started from; back in style; back in the saddle.* **6.** in reply; in return: *to pay back a loan.* **7.** in reversal of the usual course: *to take back a gift.* **8.** at an original starting point or place: *meanwhile, back in Australia.* –*phr.* **9. back and forth**, from side to side, to and fro. **10. back to ... week** (**day**, **etc.**), a time when former inhabitants of a town, students of a college, etc., return and join with present inhabitants, etc., in celebration of former and present times: *back to Mudgee week.* **11. go back**, to return.

backbench /'bækbentʃ/ *n.* the non-office-holding parliamentary members of a political party: *the Labor backbench will give him hearty applause.* –**backbencher** *n.* –**backbench** *adj.*

backbite /'bækbaɪt/ *v.* **-bit**, **-bitten** or *Colloquial* **-bit**, **-biting.** –*v.t.* **1.** to attack the character or reputation of secretly. –*v.i.* **2.** to speak evil of the absent; gossip. –**backbiter** *n.* –**backbiting** *n.*

backblocks /'bækbloks/ *pl. n.* **1.** *Australian, NZ* remote, sparsely inhabited inland country. **2.** *Australian Colloquial* the outer suburbs of a city. –**backblock** *adj.* –**backblocker** *n.*

backbone /'bækboʊn/ *n.* **1.** the spinal or vertebral column; the spine. **2.** strength of character; resolution. –*phr.* **3. to the backbone**, *Colloquial* through and through: *loyal to the backbone.*

backbreaking /'bækbreɪkɪŋ/ *adj.* extremely arduous; physically exhausting.

back-burn /'bæk-bɜn/ *Australian, NZ* –*v.t.* **1.** to clear (land, grass or scrub) by burning into or against the wind. –*v.i.* **2.** to control a fire by burning off an area in advance of it, often into or against the wind. –*n.* **3.** the action or result of back-burning. –**back-burning** *n.*

backchat /'bæktʃæt/ *n. Colloquial* impertinent talk; answering back.

back country *n. Australian, NZ* **1.** sparsely populated rural regions. **2.** the remoter and less developed parts of a large rural property.

backdate /'bækdeɪt/ *v.t.* **-dated**, **-dating.** to date (something) earlier; apply retrospectively: *we shall backdate the pay rise.*

backdrop /'bækdrop/ *n.* the painted curtain or hanging at the back of a theatrical set.

backfire /bæk'faɪə/ *v.* **-fired**, **-firing**. *n.* –*v.i.* **1.** (of an internal-combustion engine) to have a premature explosion in the cylinder or in the admission or exhaust passages. **2.** to bring results opposite to those planned: *the plot backfired.* –*n.* **3.** (in an internal-combustion engine) premature ignition of fuel, resulting in loss of power and loud explosive sound in the manifold. **4.** an explosion coming out of the breech of a firearm.

backgammon /'bækgæmən, bæk'gæmən/ *n.* a game played by two persons at a board with pieces or men moved in accordance with throws of dice.

background /'bækgraʊnd/ *n.* **1.** the ground or parts situated in the rear. **2. a.** the surface or ground against which the parts of a picture are relieved. **b.** the portions of a picture represented as in the distance. **3.** the social, historical and other antecedents which explain an event or condition: *the background of the war.* **4.** a person's origin and education, in relation to present character, status, etc. **5.** *Physics* the counting rate of a Geiger counter or other counter tube due to radioactive sources other than the one being measured. **6.** *Computers* a program tolerant of interrupts, which continues on an extended task unless there is an interrupt task to be performed. –*adj.* **7.** of or relating to the background; in the background. **8.** *Computers* of or relating to a program of low priority. –*v.t.* **9.** to provide background information for. –*phr.* **10. in the background**, out of sight or notice; in obscurity.

backhand /'bækhænd/ *n.* **1.** the hand turned backwards in making a stroke, as in tennis. **2. a.** a stroke, as in tennis, by a right-handed player from the left of the body (or the reverse for a left-handed player). **b.** *Bowls* a delivery of a bowl by a right-handed player in a left-hand direction with the bias inwards (or the reverse for a left-handed player). **3.** writing which slopes backwards or to the left. **–backhanded** *adj.*

backhander /'bækhændə/ *n.* **1.** a backhanded blow or stroke. **2.** *Colloquial* an indirectly insulting remark. **3.** *Colloquial* a bribe: *he slipped the witness a backhander.*

backing /'bækɪŋ/ *n.* **1.** aid or support of any kind. **2.** something that forms the back or is placed at or attached to the back of anything to support or strengthen it. **3.** musical background for a singer.

backlash /'bæklæʃ/ *n.* **1.** any sudden, violent, or unexpected reaction. **2.** an antagonistic political or social reaction, sometimes sudden and violent, to a previous action construed as a threat.

backlog /'bæklɒg/ *n.* **1.** an accumulation of business resources, stock, etc., acting as a reserve. **2.** an accumulation of work, correspondence, etc., awaiting attention. **3.** a log at the back of a fire.

back number *n.* **1.** an out-of-date issue of a serial publication. **2.** anything out of date.

back of beyond *Australian, NZ Colloquial* –*n.* **1.** a remote, inaccessible place. **2.** the far outback. –*adv.* **3.** in the outback. **4.** to the outback. Also, **back o' beyond.**

backpack /'bækpæk/ *n.* **1.** a light, strong bag designed to be carried on the back. **2.** portable equipment carried on the back, as television or film cameras, or fire-fighting, hiking, camping equipment, etc. –*v.i.* **3.** to travel from place to place, carrying one's possessions in a backpack. **–backpacker** *n.*

back-pedal /'bæk-pɛdl/ *v.i.* **-alled** *or Chiefly US* **-aled**, **-alling** *or Chiefly US* **-aling**. **1.** to press the pedals of a bicycle backwards, as in slowing down. **2.** to make an effort to slow down, or reverse one's course, as to avoid danger. **3.** to retreat in argument by moderating one's view or tone.

backroom /'bækrum/ *adj.* **1.** doing or relating to important work behind the scenes. –*phr.* **2. backroom boys,** *Colloquial* people operating behind the scenes, usually in enterprises which they do not wish to make public.

back-seat driver *n.* **1.** a passenger in a car who offers unsolicited advice to the driver. **2.** someone who gives advice or orders in matters which are not their responsibility.

backside /bæk'saɪd/ *n.* **1.** the back part. **2.** *Colloquial* the buttocks.

backslide /'bækslaɪd, bæk'slaɪd/ *v.i.* **-slid**, **-slidden** *or* **-slid**, **-sliding**. to relapse into error or sin. **–backslider** *n.*

backstab /'bækstæb/ *v.t.* **-stabbed, -stabbing.** to do harm to (someone), especially someone defenceless or unsuspecting, as by making a treacherous attack upon their reputation. **–backstabber** *n.*

backstage /bæk'steɪdʒ/ *adv.* **1.** out of the view of the audience in a theatre; in the wings or dressing rooms, or behind the backdrop or back flats. **2.** towards the rear of the stage; upstage. **3.** *Colloquial* behind the scenes; in private.

backstop /'bækstɒp/ *n.* **1.** *Sport* a person, screen, or fence placed to prevent a ball going too far. **2.** a person or thing relied on for assistance when all else fails: *I have $500 as a backstop.*

backstreet /'bækstrit/ *n.* **1.** a small, unimportant street. –*adj.* **2.** illegal, illicit or improper.

backstroke /'bækstroʊk/ *n.* **1.** a backhanded stroke. **2.** a blow or stroke in return; recoil. **3.** *Swimming* a stroke in which the swimmer is on his or her back performing a flutter-kick and rotating the arms alternately backwards.

back-to-front /ˌbæk-tə-'frʌnt/ *adj.* reversed; disordered.

backtrack¹ /'bæktræk/ *v.i.* **1.** to return over the same course or route. **2.** to withdraw from an undertaking, position, etc.; pursue a reverse policy. **–backtracker** *n.*

backtrack² /'bæktræk/ *n.* a minor road in worse condition than the main road and passing through less populated areas.

backup /'bækʌp/ *n.* **1.** support given subsequently; corroboration: *backup to the doctors' warnings.* **2.** a pent-up accumulation, especially of a liquid: *the backup of flood water.* **3.** a reserve supply or resource; a second means of support. –*adj.* **4.** having to do with support given subsequently: *a backup campaign.* Also, **back-up.**

backward /'bækwəd/ *adj.* **1.** Also, **backwards**. directed towards the back or past: *a backward glance.* **2.** Also, **backwards**. reversed; returning: *a backward movement.* **3.** behind in time or progress; late; slow: *a backward child.* **4.** reluctant; hesitating; bashful. –*adv.* **5.** → **backwards.** **–backwardly** *adv.* **–backwardness** *n.*

backwards /'bækwədz/ *adv.* **1.** towards the back or rear. **2.** with the back foremost. **3.** in reverse of the usual or right way: *to spell backwards.* **4.** towards the past. **5.** towards a worse or less advanced condition; retrogressively. –*phr.* **6. backwards and forwards,** to and fro. **7. bend** (or **lean**) (or **fall**) **over backwards,** *Colloquial* to go to a great deal of trouble. Also, **backward.**

backwash /'bækwɒʃ/ *n.* **1.** *Nautical* the water thrown back by a motor, oars or paddlewheels. **2.** *Aeronautics* the air which flows back from the propellers of an aircraft. **3.** a condition lasting after the event which caused it. –*v.t.* **4.** to send the water of (a swimming pool) through its filtering system in a reverse direction, so as to clean the filters.

backwater /'bækwɒtə/ *n.* **1.** *Nautical* water held or forced back, as by a dam, flood, tide, or current. **2.** a body of stagnant water connected to a river. **3.** a place or state considered to be stagnant or backward. **4.** a quiet, peaceful place. –*v.i.* **5.** to move a boat backwards by paddling with the oars.

backwoods /'bækwʊdz/ *pl. n.* **1.** sparsely populated rural regions. **2.** any unfamiliar or unfrequented area: *the backwoods of English literature.* –*adj.* Also, **backwood**. **3.** having to do with the backwoods. **4.** rustically unsophisticated and uncouth.

backyard /bæk'jad/ *n.* **1.** an area, often of some size with gardens and lawn, at the back of a building, usually a house. –*adj.* **2.** having to do with a small or part-time business conducted from a place of residence: *a backyard motor mechanic.* **3.** illegal, illicit, improper or unqualified: *backyard abortionist.*

bacon /'beɪkən/ *n.* **1.** meat from the back and sides of the pig, salted and dried or smoked. –*phr.* **2. bring home the bacon,** *Colloquial* **a.** to support a family; provide for material needs. **b.** to succeed in a specific task. **3. save someone's bacon,** *Colloquial* to save someone from a dangerous or awkward situation.

bacteria /bæk'tɪəriə/ *pl. n.* **bacterium**. the simplest group of usually non-green vegetable organisms, various species of which are concerned in fermentation and putrefaction, the production of disease and the fixing of atmospheric nitrogen; schizomycetes. **–bacterial** *adj.* **–bacterially** *adv.*

bacteriology /bæk,tɪəri'ɒlədʒi/ *n.* the science that deals with bacteria. **–bacteriological** *adj.* **–bacteriologically** *adv.* **–bacteriologist** *n.*

bacterium /bæk'tɪəriəm/ *n.* **1.** singular of **bacteria**.

2. a member of a group of non-spore-forming, non-motile, rod-shaped bacteria (as distinguished from the bacillus and clostridium groups).

bad /bæd/ *adj.* **worse, worst**, *adv.* –*adj.* **1.** not good: *bad conduct, a bad life*. **2.** defective; worthless: *a bad coin; a bad debt*. **3.** unsatisfactory; poor; below standard; inadequate: *a bad heating; a bad businessman*. **4.** incorrect; faulty: *a bad shot*. **5.** not valid; not sound: *a bad claim*. **6.** having an injurious or unfavourable tendency or effect: *bad air; bad for you*. **7.** in ill health; sick: *to feel bad*. **8.** regretful; contrite; sorry; upset: *to feel bad about an error*. **9.** unfavourable; unfortunate: *bad news*. **10.** offensive; disagreeable; painful: *a bad temper*. **11.** severe: *a bad sprain*. **12.** rotten; decayed. –*n.* **13.** that which is bad. **14.** a bad condition, character, or quality. –*adv.* **15.** badly. –*phr.* **16. bad at**, unskilful or incompetent at (a specified activity): *bad at tennis*. **17. go bad**, to decay; rot. **18. go to the bad**, to become morally ruined or corrupt. **19. in bad with**, *Colloquial* out of favour with. **20. not bad**, *Colloquial* **a.** fair; mediocre. **b.** excellent. **21. to the bad**, in deficit; out of pocket: *two hundred dollars to the bad*. –**badness** *n.*

bad blood *n.* hate; long-standing enmity; dislike.

bade /bæd/ *v.* past tense of **bid**.

badge /bædʒ/ *n.* **1.** a mark, token or device worn as a sign of allegiance, membership, authority, achievement. **2.** any emblem, token, or distinctive mark.

badger /ˈbædʒə/ *n.* **1.** any of the various burrowing carnivorous mammals of the Mustelidae, as *Meles meles*, a European species, and *Taxidea taxus*, a similar American species. –*v.t.* **2.** to harass; torment.

badinage /ˈbædənɑʒ, -adʒ/ *n.* light, playful banter or raillery.

badly /ˈbædli/ *adv.* **1.** in a bad manner; ill. **2.** very much: *to need or want badly*. –*phr.* **3. badly off**, poor; impoverished: *the Smiths are very badly off*. **4. badly off for**, badly supplied with: *the school is badly off for money*.

badminton /ˈbædmɪntən/ *n.* a game, similar to lawn tennis, but played with a high net and shuttlecock.

baffle /ˈbæfəl/ *v.* **-fled, -fling**, –*v.t.* **1.** to thwart or frustrate disconcertingly; baulk; confuse. **2.** to puzzle or mystify. –*n.* **3.** an artificial obstruction for checking or deflecting the flow of gases (as in a boiler), sounds (as in a radio), etc. –**bafflement** *n.* –**baffler** *n.* –**baffling** *adj.* –**bafflingly** *adv.*

bag /bæg/ *n., v.* **bagged, bagging**. –*n.* **1.** a receptacle of leather, cloth, paper, etc. **2.** a suitcase or other portable receptacle for carrying articles as in travelling. **3.** a handbag. **4.** the contents of a bag. **5.** a baggy part. **6.** *Hunting* a hunter's take of game, etc. **7.** Also, **old bag**. *Colloquial* a disagreeable and unattractive woman. **8.** *Colloquial* a chosen occupation, hobby, pursuit, etc.: *golfing is his bag*. –*v.i.* **9.** to swell or bulge. **10.** to hang loosely like an empty bag. –*v.t.* **11.** to put into a bag. **12.** to cause to swell or bulge; distend. **13.** to kill or catch, as in hunting. **14.** to grab; seize; steal. **15.** *Colloquial* to arrest and jail. **16.** *Australian Colloquial* to criticise sarcastically. –*phr.* **17. bag and baggage**, *Colloquial* with all one's possessions; completely. **18. bag of bones**, *Colloquial* an animal or person emaciated through want. **19. bag of tricks**, *Colloquial* **a.** a miscellaneous collection of items. **b.** a person never at a loss. **20. bag of wind**, *Colloquial* **a.** a loquacious person. **b.** a football. **21. bags of**, *Colloquial* a lot of: *bags of money*. **22. carry the bag**, *Colloquial* to bear the responsibility; take the blame. **23. in the bag**, *Colloquial* **a.** secured; certain to be accomplished: *the contract is in the bag*. **b.** *Horseracing* (of a horse, jockey, etc.) running to lose. **24. rough as bags**, *Australian, NZ Colloquial* (of a person) extremely rough in either manners or looks. **25. the bag**, *Colloquial* the breathalyser.

baggage /ˈbægɪdʒ/ *n.* **1.** luggage, especially as for transportation in bulk. **2.** *Colloquial* a pert or impudent young woman.

baggy /ˈbægi/ *adj.* **-gier, -giest**. baglike; hanging loosely. –**baggily** *adv.* –**bagginess** *n.*

bag lady *n.* a homeless, often elderly woman, typically one who carries all her belongings in a shopping bag.

bagpipes /ˈbægpaɪps/ *pl. n.* a reed instrument consisting of a melody pipe and one or more accompanying drone pipes protruding from a windbag into which the air is blown by the mouth or a bellows. –**bagpipe** *adj.* –**bagpiper** *n.*

bags /bægz/ *interj.*, *v.* **bagsed, bagsing** or *Colloquial* –*v.t.* **1.** to claim as one's right. –*interj.* **2.** Also, **I bags**. (an exclamation by which someone, usually a child, establishes a right by virtue of making the first claim): *bags I have first ride*.

baht /bɑt/ *n.* the monetary unit of Thailand.

bail[1] /beɪl/ *n.* **1.** (in criminal proceedings) the release of a prisoner from legal custody into the custody of persons acting as sureties, undertaking to produce the prisoner to the court at a later date or forfeit the security deposited as a condition of the release. **2.** property given as security that a person released on bail will appear in court at the appointed time. **3.** the person acting as surety or providing security for a person released on bail. **4.** the position or privilege of being bailed. –*v.i.* **5.** *Colloquial* to depart, leave: *come on, let's bail*. –*v.t.* **6.** Also, **bail out**. **a.** to grant or to obtain the liberty of (a person under arrest) on security given for his or her appearance when required, as in court for trial. **b.** *Colloquial* to save (someone) who is under threat. –*phr.* **7. bail on**, *Colloquial* to abandon. **8. jump bail**, to forfeit one's bail by absconding or failing to appear in court at the appointed time. **9. stand** (or **go**) **bail for**, to supply bail for (someone).

bail[2] /beɪl/ *n.* **1.** *Cricket* either of the two small bars or sticks laid across the tops of the stumps which form the wicket. **2.** a bar for separating horses in a stable. **3.** a framework for securing a cow's head during milking. **4.** Also, **bail rod** or **paper bail**. (in a typewriter) the rod which holds paper in place. –*phr.* **5. bail up**, **a.** to bring (a wild pig, etc.) to bay with dogs. **b.** to secure the head of (a cow) in a bail. **c.** to hold up and rob. **d.** to delay (someone) unnecessarily, as in conversation.

bailiff /ˈbeɪləf/ *n.* **1.** an officer employed by a sheriff to serve writs and summonses, execute processes, make arrests, fulfil court orders, collect payments of judgment debts, etc. **2.** an overseer of a landed estate.

bain-marie /bæn-məˈri/ *n.* a cooking vessel containing hot water into which another vessel is placed to heat its contents gently.

bait /beɪt/ *n.* **1.** food, etc., used on a hook or trap to catch fish or animals. **2.** food containing poison, etc., used to kill or drug animals. **3.** anything that is used to attract or tempt. –*v.t.* **4.** to put bait on (a hook or trap). **5.** to add harmful substances to (food) to kill or drug animals. **6.** to set dogs upon (an animal) for sport. **7.** to make (someone) angry for amusement by making rude remarks, etc. –**baiter** *n.*

baize /beɪz/ *n.* a soft, usually green, woollen fabric resembling felt, used chiefly for the tops of billiard and card tables.

bake /beɪk/ *v.* **baked, baking**. –*v.t.* **1.** to cook by dry heat in an oven, under coals, or on heated metals or stones. **2.** to harden by heat. –*v.i.* **3.** to bake bread, etc. **4.** to become baked. **5.** *Colloquial* to become very hot, especially by sunbathing. –**baker** *n.*

baker's dozen *n.* thirteen, reckoned as a dozen.

baking powder *n.* any of various powders used as a leavening agent in baking, composed of sodium bicarbonate and an acid substance (such as cream of tartar) which together react with moisture to release carbon dioxide.

baking soda *n.* → **sodium bicarbonate**.

balalaika /bælə'laɪkə/ *n.* a Russian musical instrument with a triangular body and guitar-like neck, and usually three strings.

balance /'bæləns/ *n., v.* **-anced, -ancing.** –*n.* **1.** an instrument for weighing, usually a swaying bar with scales (pans) hanging at the ends. **2.** a condition in which all parts are equal in weight, amount, etc.; equilibrium. **3.** the habit of calm behaviour, judgment, etc. **4.** a pleasing arrangement of elements in a work of art. **5.** something used to produce balance. **6.** what remains or is left over. **7.** *Commerce* **a.** equality between totals of two sides of an account. **b.** the difference between the totals of money received and paid out in an account. –*v.t.* **8.** to weigh in a balance. **9.** to compare the weight or importance of: *let's balance these arguments.* **10.** to serve as equal weight or force to; counterbalance: *your calmness balances my temper.* **11.** to put or hold in a state of balance: *balance a book on your head; balance the shapes in a design.* **12.** *Commerce* to find or equalise the difference between the two sides of an account. –*v.i.* **13.** to be equal in weight, parts, etc.; be in equilibrium: *the account doesn't balance; do these scales balance?* **14.** *Commerce* to arrange accounts in order to make the totals of both sides equal.

balance of payments *n.* the difference between a nation's total payments to foreign countries (debits) and its total receipts from foreign sources (credits).

balance of trade *n.* the difference between the value of the exports and imports of a country, said to be favourable or unfavourable as exports are greater or less than imports.

balance sheet *n. Accounting* the analysis at a given date of an enterprise's financial position, in accordance with which the total equities listed on one side are balanced by the assets listed on the other.

balcony /'bælkəni/ *n.* **-nies. 1.** a balustraded or raised and railed platform projecting from the wall of a building. **2.** (in some cinemas and theatres) the highest gallery. –**balconied** *adj.*

bald /bɔld/ *adj.* **1.** lacking hair (on the head): *bald head; bald person.* **2.** lacking some natural growth or covering: *bald mountain.* **3.** (of tyres) having the outer rubber worn off. **4.** bare; plain; unadorned: *bald style of writing.* **5.** open; undisguised: *bald lie.* **6.** *Zoology* having white on the head: *bald eagle.* –**balding** *adj.* –**baldish** *adj.* –**baldly** *adv.* –**baldness** *n.*

bale¹ /beɪl/ *n., v.* **baled, baling.** –*n.* **1.** a large bundle or package prepared for storage or transportation, especially one closely compressed and secured by cords, wires, hoops or the like, sometimes with a wrapping: *a bale of wool.* –*v.t.* **2.** to make into bales. –**baler** *n.*

bale² /beɪl/ *v.* **baled, baling.** *n.* –*v.t.* **1.** to remove (water) especially from a boat, as with a bucket or a can. –*v.i.* **2.** to bale water. –*n.* **3.** a bucket or other vessel for baling. –*phr.* **4. bale out, a.** to empty (a boat) of water by dipping: *to bale out a boat.* **b.** to make a parachute jump from a plane. **c.** *Colloquial* to abandon a dangerous position or course. Also, **bail.** –**baler** *n.*

baleful /'beɪlfəl/ *adj.* full of menacing or malign influences; pernicious. –**balefully** *adv.* –**balefulness** *n.*

ball¹ /bɔl/ *n.* **1.** a spherical or approximately spherical body; a sphere. **2.** a round or roundish body, of different materials and sizes, hollow or solid, for use in various games, as cricket, football, tennis, or golf. **3.** a game played with a ball. **4.** a throw, play, action, movement, etc., of a ball: *a low ball; a flighted ball.* **5.** *Baseball, Softball* a pitch by the pitcher that passes above the batter's shoulder, below the knee or outside his or her reach, four of which entitle the batter to walk (def. 5). **6.** any part of a thing that is rounded or protuberant: *the ball of the thumb.* **7.** *Colloquial* a testicle. –*v.t.* **8.** to make into a ball or balls. **9.** *Colloquial* ‡ to have sexual intercourse with. –*v.i.* **10.** to form or gather into a ball. –*phr.*
11. a ball of muscle (or **strength**) (or **style**), *Australian, NZ Colloquial* a person who is very healthy (very strong) (very stylish).
12. do one's balls on, *Colloquial* (of a man) to become infatuated with.
13. grab someone by the balls, *Colloquial* to impress someone favourably.
14. have someone by the balls, *Colloquial* to have someone in one's power.
15. have the ball at one's feet, to be in a position of immediate opportunity or obligation to act.
16. have the ball in one's court, to have the opportunity or obligation to act.
17. keep the ball rolling, *Colloquial* to keep something going; keep up the rate of progress or activity.
18. on the ball, *Colloquial* in touch with a situation, reality, etc.; alert; sharp.
19. play ball, *Colloquial* (sometimes fol. by *with*) to work together; cooperate.
20. start (or **set**) **the ball rolling,** to start an operation; set an activity in motion.
21. that's the way the ball bounces, *Chiefly US Colloquial* that's how things are.

ball² /bɔl/ *n.* **1.** a social gathering (usually formal) at which people dance. –*phr.* **2. have (oneself) a ball,** *Colloquial* to have an extremely pleasurable experience.

ballad /'bæləd/ *n.* **1.** a simple narrative poem, often of popular origin, composed in short stanzas, especially one of romantic character and adapted for singing. **2.** any light, simple song, especially one of sentimental or romantic character, having two or more stanzas, all sung to the same melody. **3.** the musical setting for a ballad. **4.** a slick and sentimentalised pop song.

ballast /'bæləst/ *n.* **1.** heavy material carried by a ship to keep it steady, or by a balloon to control height. **2.** anything that gives mental, moral, or political steadiness. **3.** broken stone, etc., placed under railway sleepers for support and drainage. –*v.t.* **4.** to supply with ballast: *to ballast a ship.* **5.** to give steadiness to.

ball-bearing /bɔl-'bɛərɪŋ/ *n.* **1.** a bearing in which the shaft or journal of a machine turns upon a number of steel balls running in an annular track. **2.** any of the steel balls so used.

ballerina /bælə'rinə/ *n.* **-nas. 1.** the principal female dancer in a ballet company. **2.** any female ballet-dancer.

ballet /'bæleɪ/ *n.* **1.** a style of European formal dancing, often designed to tell a story, using graceful, precise movement. **2.** a performance in this style of dancing. **3.** a company of dancers.

ballistic /bə'lɪstɪk/ *adj.* **1.** having to do with ballistics. **2.** having to do with projectiles. **3.** having to do with the motion of projectiles proceeding under no power and acted on only by gravitational force, etc. –*phr.* **4. go ballistic,** *Colloquial*

balloon to become extremely angry. –**ballistics** *n*.
balloon /bə'lun/ *n*. **1.** a bag, usually round or roundish, filled with a lighter-than-air gas, designed to rise and float in the atmosphere. It may have a basket for passengers, etc. **2.** a blow-up rubber bag, usually brightly coloured, used as a children's toy or party decoration. **3.** something shaped like a balloon. **4.** a balloon shape containing words said by speaker shown in a comic strip picture. –*v.i.* **5.** to go up or ride in a balloon. **6.** to swell like a balloon. –*v.t.* **7.** to inflate with air. –**balloonist** *n*.
ballot /'bælət/ *n., v.* **-loted, -loting**. –*n*. **1.** a ticket or paper used in voting. **2.** the number of votes placed or recorded: *a large ballot*. **3.** Also, **secret ballot**. secret voting with printed or written ballots or voting machines. **4.** the right to vote: *to give the ballot to 18 year-olds*. **5.** a small ball used in voting or drawing lots. –*v.i.* **6.** to vote by ballot. **7.** to draw lots: *to ballot for places*. –**balloter** *n*.
ballpark /'bɔlpak/ *n*. **1.** *US* a park in which games, especially baseball, are played. –*adj*. **2.** estimated: *a ballpark figure*.
ballpoint pen /,bɔlpɔɪnt 'pɛn/ *n*. a pen in which the point is a fine ball-bearing, depositing an extremely thin film of ink, which is stored in a cartridge. Also, **ballpoint**.
balls /bɔlz/ *Colloquial* –*n*. **1.** boldness; forcefulness: *you have to have balls to win through*. –*interj*. **2.** (an exclamation of repudiation, ridicule, etc.). –*phr*. **3. balls something up**, to bring something to a state of hopeless confusion or difficulty: *you've really ballsed the whole thing up now*. **4. balls up**, to make an error.
ball-up /'bɔl-ʌp/ *n. Australian Rules* the bouncing of the ball by the field umpire to restart play after the ball has been smothered in a pack.
ballyhoo /bæli'hu/ *n*. **-hoos**, *v*. **-hooed, -hooing**. –*n*. **1.** a clamorous attempt to win customers or advance any cause; blatant advertising or publicity. **2.** clamour or outcry. –*v.t.* **3.** to advertise by sensational methods.
balm /bam/ *n*. **1.** any of various oily, fragrant, resinous substances, often of medicinal value, exuding from certain plants, especially tropical trees of the genus *Commiphora*. See **balsam** (def. 1). **2.** any aromatic or fragrant ointment. **3.** aromatic fragrance; sweet smell. **4.** any of various aromatic plants, especially of the genus *Melissa*, as *M. officinalis*, a lemon-scented perennial herb. **5.** anything which heals, soothes, or mitigates pain.
Balmain bug /,bælmeɪn 'bʌg/ *n*. an edible, curiously flattened, marine crustacean, *Ibacus incisus*, first discovered in Sydney Harbour; closely related to the shovel-nosed lobster.
balmy /'bami/ *adj*. **balmier, balmiest**. **1.** mild and refreshing; soft; soothing: *balmy weather*. **2.** having the qualities of balm; aromatic; fragrant: *balmy leaves*. **3.** *Colloquial* → **barmy**. –**balmily** *adv*. –**balminess** *n*.
baloney /bə'louni/ *n. Colloquial* nonsense; insincere or idle talk; eyewash; waffle. Also, **boloney**.
balsa /'bɔlsə/ *n*. **1.** a tree, *Ochroma lagopus*, of the family Bombacaceae, of tropical America. **2.** the extremely light wood of this tree, used for life-preservers, rafts, etc.
balsam /'bɔlsəm, 'bɒl-/ *n*. **1.** any of various fragrant exudations from certain trees, especially of the genus *Commiphora*, as the balm of Gilead (**balsam of Mecca**). See **balm** (def. 1). **2.** a similar product (**balsam of Peru** and **balsam of Tolu**) yielded by the trees, *Myroxylon pereirae* and *M. balsamum* of Central and South America. **3.** a plant or tree yielding a balsam. **4.** any of various plants of the genus *Impatiens*, as *I. balsamina*, a common garden annual and *I. sul-*

tanii, a common garden perennial with red, pink or white flowers. **5.** any aromatic ointment, whether for ceremonial or medicinal use. **6.** any healing or soothing agent or agency. –**balsamaceous** /bɔlsə'meɪʃəs, bɒl-/ *adj*.
balustrade /bælə'streɪd/ *n*. a railing or coping with the row of balusters supporting it.
bamboo /bæm'bu/ *n*. **-boos**, *adj*. –*n*. **1.** any of the woody or treelike tropical and subtropical grasses of the genus *Bambusa* and allied genera. **2.** the hollow woody stem of such a plant, used for building purposes and for making furniture, poles, etc. –*adj*. **3.** made with bamboo: *bamboo ladder*.
bamboozle /bæm'buzəl/ *v.t.* **-zled, -zling**. *Colloquial* **1.** to deceive by trickery; impose upon. **2.** to perplex; mystify. –**bamboozlement** *n*. –**bamboozler** *n*.
ban¹ /bæn/ *v*. **banned, banning**, *n*. –*v.t.* **1.** to prohibit; interdict: *to ban a meeting or book*. –*n*. **2.** a prohibition by law or decree.
ban² /bæn/ *n*. a public proclamation or edict.
banal /'beɪnəl, bə'nal/ *adj*. hackneyed; trite. –**banality** /bə'næləti/ *n*. –**banally** *adv*.
banana /bə'nanə/ *n*. **1.** a plant of the tropical genus *Musa*, of which various species are cultivated for their nutritious fruit. **2.** the pulpy fruit, especially that of *M.* × *paradisiaca*, with yellow skin when ripe, growing in clusters. –*phr*. **3. cool bananas**, *Colloquial* (an exclamation of understanding and agreement). **4. go bananas**, *Colloquial* to become uncontrollably angry. **5. top bananas**, *Colloquial* (an exclamation indicating approval, admiration, etc.).
bananabender /bə'nanəbɛndə/ *n. Colloquial* a Queenslander.
banana republic *n*. **1.** any small tropical country, especially of South or Central America, considered as backward, politically unstable, etc., and dependent on the trade of rich foreign nations. **2.** any backward country or state.
band¹ /bænd/ *n*. **1. a.** a company of persons associated or acting together; company, party or troop. **b.** a group of animals. **2.** a company of musicians constituted according to the kind of music played, usually playing for performance or as an accompaniment to dancing. –*v.t.* **3.** to unite in a group, troop, company or confederacy. –*phr*. **4. band together**, to unite; form a group; confederate.
band² /bænd/ *n*. **1.** any strip that contrasts with its surroundings in colour, texture, or material. **2.** a thin, flat strip of some material for binding, confining, reinforcing, trimming, or some other purpose. **3.** *Radio* a range of frequencies lying between any two well-defined limits. –*v.t.* **4.** to mark or fasten with a band or bands; stripe.
bandage /'bændɪdʒ/ *n., v.* **-daged, -daging**. –*n*. **1.** a strip of cloth or other material used to bind up a wound, hold a dressing in place, etc. **2.** anything used as a band or ligature. –*v.t.* **3.** to bind or cover with a bandage. –**bandager** *n*.
bandaid /'bændeɪd/ *n*. a light adhesive dressing for covering superficial wounds.
bandanna /bæn'dænə/ *n*. a large coloured handkerchief or scarf with spots or figures, usually white on a red or blue background.
b & b *n*. a private house providing bed and breakfast to travellers.
bandicoot /'bændikut/ *n*. **1.** any of various small omnivorous somewhat ratlike Australian and New Guinean marsupials of the families Paramelidae and Peroryctidae. **2.** any of the very large rats of the genus *Bandicota*, of India and Sri Lanka, as *B. bandicota*; Malabar rat. –*v.t.* **3.** *Colloquial* to dig up (root vegetables, potatoes, etc.) with the fingers, leaving the top of the plant undisturbed.

bandit

–*phr.* **4. bald as a bandicoot**, *Australian Colloquial* remarkably bald. **5. bandy as a bandicoot**, *Australian Colloquial* remarkably bandy-legged. **6. barmy as a bandicoot**, *Australian, NZ Colloquial* mad. **7. like a bandicoot on a burnt ridge**, *Australian Colloquial* lonely and forlorn. **8. lousy as a bandicoot**, *Australian Colloquial* miserly. **9. miserable as a bandicoot**, *Australian, NZ Colloquial* extremely miserable.

bandit /'bændət/ *n.* **1.** a robber, especially one who robs by violence. **2.** an outlaw.

bandstand /'bændstænd/ *n.* a platform, for band performances, often roofed when outdoors.

bandwagon /'bændwægən/ *n.* **1.** *US* a wagon often elaborately decorated, used to transport musicians, as at the head of a procession or parade. **2.** *US* the successful or winning side or cause. –*phr.* **3. climb** (or **jump**) **on the bandwagon**, to join the winning side; take advantage of a popular movement or fashion; follow the crowd.

bandy /'bændi/ *v.* **-died, -dying**, *adj.* –*v.t.* **1.** to pass from one to another, or back and forth; give and take: *to bandy blows or words.* **2.** to throw or strike to and fro, or from side to side, as a ball in tennis. –*adj.* **3.** (of legs) having a bend or crook outward.

bandy-legged /'bændi-lɛgəd, -lɛgd/ *adj.* having crooked legs; bow-legged.

bane /beɪn/ *n.* **1.** something that causes death or destroys life. **2.** a deadly poison. **3.** a person or thing that ruins or destroys: *he was the bane of her life.* **4.** ruin; destruction; death.

bang¹ /bæŋ/ *n.* **1.** a loud, sudden explosive noise, as the discharge of a gun. **2.** a resounding stroke or blow. **3.** *Colloquial* ‡ an act of sexual intercourse. **4.** *US Colloquial* energy; spirit. **5.** *Colloquial* a thrill; excitement. –*v.t.* **6.** to strike or beat resoundingly: *she banged the desk with her fist.* **7.** to slam: *he always bangs the door.* **8.** to knock or bump: *he banged his head.* **9.** to place or move with a bang: *to bang a plate down.* **10.** *Colloquial* ‡ (of a man) to have sexual intercourse with. –*v.i.* **11.** to strike violently or noisily: *to bang on the door.* **12.** to make a loud noise, as of violent blows: *the guns banged away.* **13.** to slam; to bang repeatedly: *the door banged.* **14.** *Colloquial* ‡ to have sexual intercourse. –*adv.* **15.** *Colloquial* exactly; precisely; just: *bang in the middle.* –*phr.* **16. bang on, a.** dead-centre. **b.** perfectly correct. **17. bang one's head against a brick wall**, *Colloquial* to make repeated attempts to do something without ever achieving success. **18. bang up**, *Colloquial* to make pregnant. **19. the whole bang lot** (or **circus**), *Colloquial* everything. **20. with a bang**, *Colloquial* impressively; successfully: *the party went with a bang.*

bang² /bæŋ/ *n.* **1.** (*often plural*) a fringe of banged hair. –*v.t.* **2.** to cut (the hair) so as to form a fringe over the forehead. **3.** to cut the hair of the tail of (a horse, etc.) straight across, just below the dock.

bangalay /bæŋ'æli/ *n.* a tree, *Eucalyptus botryoides*, family Myrtaceae, of New South Wales and eastern Victoria, growing near the coast, and yielding durable red timber.

bangle /'bæŋgəl/ *n.* a bracelet in the form of a ring, without a clasp.

bangtail muster /bæŋteɪl 'mʌstə/ *n.* **1.** a round-up of animals for counting, during which the tails of the animals are docked as they are counted so that none is counted more than once. **2.** a carnival or sports day in an Australian country town.

banish /'bænɪʃ/ *v.t.* **1.** to condemn to exile; expel from or relegate to a country or place by authoritative decree. **2.** to compel to depart; send, drive, or put away: *to banish sorrow.* –**banisher** *n.*

banner

–**banishment** *n.*

banister /'bænəstə/ *n.* **1.** one of the supports of a stair rail, either plain or resembling a pillar. **2.** (*often plural*) a stair rail and its supports. Also, **bannister**.

banjo /'bændʒoʊ/ *n.* **-jos**. **1.** a musical instrument of the guitar family, having a circular body covered in front with tightly stretched parchment, and played with the fingers or a plectrum. **2.** *Colloquial* a shovel or spade. **3.** *Colloquial* a frying pan. –**banjoist** *n.*

bank¹ /bæŋk/ *n.* **1.** a long pile or mass: *bank of earth; bank of snow; bank of clouds.* **2.** a slope or acclivity. **3.** *Physical Geography* the slope immediately bordering the course of a river along which the water normally runs. **4.** the lateral inclination of an aeroplane, especially during a curve. **5.** the lateral inclination of a road at curves. –*v.t.* **6.** to border with or like a bank; embank. **7.** to tip or incline (an aeroplane) laterally. **8.** to cover up (a fire) with ashes or fuel and close the dampers, to make it burn long and slowly. –*v.i.* **9.** to tip or incline laterally, as of an aeroplane, a road, a cycle racing track, etc. –*phr.* **10. bank and bank**, *NZ* (of a river) in flood. **11. bank up, a.** to rise in or form banks, as clouds or snow: *the snow is banking up.* **b.** to accumulate: *the line of cars banked up.* **c.** to form into a bank or mass: *to bank up the snow.*

bank² /bæŋk/ *n.* **1.** an institution for receiving and lending money (in some cases, issuing notes or holding current accounts that serve as money) and transacting other financial business. **2.** the office or quarters of such an institution. **3.** (in games) **a.** the stock or fund of pieces from which the players draw. **b.** the fund of the manager or the dealer. **4.** any storage place. **5.** any store or reserve: *a blood bank.* –*v.i.* **6.** to exercise the functions of a bank or banker. **7.** to keep money in, or have an account with, a bank. **8.** (in games) to hold the bank. –*v.t.* **9.** to deposit in a bank. –*phr.* **10. bank on**, to rely or count on.

bank³ /bæŋk/ *n.* **1.** an arrangement of objects in line. **2.** *Music* a row of keys in an organ. **3.** a row or tier of oars.

banker /'bæŋkə/ *n.* **1.** someone who manages a bank or is in the banking business. **2.** someone who holds or supplies money for another. **3.** (in games) the keeper or holder of the bank.

banknote /'bæŋknoʊt/ *n.* a promissory note, payable on demand, issued by a bank and intended to circulate as money.

bankroll /'bæŋkroʊl/ *n.* **1.** a roll of money notes. –*v.t.* **2.** to provide funds for; act as backer for.

bankrupt /'bæŋkrʌpt/ *n.* **1.** *Law* a person judged insolvent by a court, whose property is therefore to be managed by a trustee for the benefit of the creditors, under bankruptcy law. **2.** any person unable to pay money owed to others. **3.** a person completely lacking some human quality: *a moral bankrupt.* –*adj.* **4.** *Law* subject to having (one's) property managed by a trustee for the benefit of the creditors, under bankruptcy law. **5.** completely lacking some human quality: *hack politicians bankrupt of ideas and imagination.* –*v.t.* **6.** to make bankrupt.

banksia /'bæŋksiə/ *n.* **1.** any plant of the Australian genus *Banksia* comprising shrubs and trees with leathery leaves and dense cylindrical heads of flowers, sometimes called a bottlebrush. **2.** Also, **Banksia rose, Banksian rose**. a Chinese species of climbing rose, *Rosa banksiae*, having yellow or white flowers.

banner /'bænə/ *n.* **1.** the flag of a country, army, troop, etc. **2.** an ensign or the like bearing some device or motto, as one borne in processions. **3.** anything displayed as a profession of principles:

banns

the banner of freedom. **4.** *Journalism* a headline which extends across the width of the newspaper, usually at the top of the first page. **–bannered** *adj.*

banns /bænz/ *pl. n. Ecclesiastical* notice of an intended marriage, formerly required by English law to be given three times in the parish church of each of the betrothed. Also, **bans**.

banquet /'bæŋkwət/ *n.* **1.** a formal and ceremonious meal, often one given to celebrate an event or to honour a person. **2.** (in a Chinese restaurant) a meal consisting of a fixed number of set dishes eaten communally. **–banqueter** *n.*

bantam /'bæntəm/ *n.* **1.** (*often cap.*) a domestic fowl of any of certain varieties or breeds characterised by very small size. **2.** a small person, especially a quarrelsome one.

bantamweight /'bæntəmweɪt/ *n.* a boxer weighing between 51 and 54 kg (in the amateur ranks) or between 50.80 and 53.521 kg (in the professional ranks).

banter /'bæntə/ *n.* **1.** playfully teasing language; good-humoured raillery. –*v.t.* **2.** to address with banter; chaff. –*v.i.* **3.** to use banter. **–banterer** *n.* **–bantering** *adj.* **–banteringly** *adv.*

banyan /'bænjæn/ *n.* any of various figs of India or Indonesia, whose branches send out adventitious roots to the ground, sometimes causing the tree to spread over a wide area. Also, **banian**.

baobab /'beɪoʊˌbæb/ *n.* a large, exceedingly thick-trunked tree of the genus *Adansonia*, family Bombacaceae, native to tropical Africa and northern Australia; bottle tree; sour gourd.

baptise = **baptize** /bæp'taɪz/ *v.t.* **-tised**, **-tising**. **1.** to immerse in water, or sprinkle or pour water on, in the Christian rite of baptism. **2.** to cleanse spiritually; initiate or dedicate by purifying. **3.** to christen. **–baptiser** *n.*

baptism /'bæptɪzəm/ *n.* **1.** a ceremonial immersion in water, or application of water, as an initiatory rite or sacrament of the Christian church. **2.** any similar ceremony or action of initiation, dedication, etc. **–baptismal** /bæp'tɪzməl/ *adj.* **–baptismally** *adv.*

bar[1] /ba/ *n., v.* **barred, barring**, *prep.* –*n.* **1.** a relatively long and evenly shaped piece of some solid substance, especially one of wood or metal used as a guard or obstruction, or for some mechanical purpose: *the bars of a fence.* **2.** *Athletics* the cross-piece of wood, metal, or plastic which jumpers must clear in the high jump or the pole vault. **3.** an oblong piece of any solid material: *a bar of soap; a bar of toffee.* **4.** the amount of material in a bar. **5.** an ingot, lump, or wedge of gold or silver. **6.** *Mining* a band of rock or gravel which traps gold in a stream. **7.** a ridge of sand or gravel, usually just below the surface of the water, formed by currents such as those in a river or at the mouth of a harbour or just offshore in the ocean. **8.** anything which obstructs, hinders, or impedes; an obstacle; a barrier: *a bar to vice.* **9.** *Music* **a.** Also, **bar line**. the vertical line drawn across the stave to mark the metrical accent. **b.** that which is included between two bars. **10.** a counter or a room where alcoholic drinks, etc., are served to customers. **11.** any counter or place specialising in the sale of one particular commodity: *wine bar.* **12.** *Heraldry* a wide horizontal band crossing the field. **13.** a strip of silver or some other metal added to a medal below the clasp as a further distinction. –*v.t.* **14.** to provide or fasten with a bar or bars: *to bar the door.* **15.** to shut in or out by or as by bars. **16.** to block (a way, etc.) as with a barrier; prevent or hinder, as access. **17.** to exclude; except. **18.** to forbid; preclude: *no holds barred.* **19.** to mark with bars, stripes, or bands. –*prep.* **20.** except; omitting; but: *bar none.*

–*phr.* **21. all over bar the shouting**, *Colloquial* almost all over. **22. not to be able to have** (or **stand**) **a bar of**, *Australian, NZ Colloquial* to dislike strongly; detest. **23. not to have a bar of**, *Australian, NZ Colloquial* not to tolerate: *I won't have a bar of it.* **24. the bar**, practising barristers collectively.

bar[2] /ba/ *n.* a unit of pressure equal to 100 000 pascals.

barb /bab/ *n.* **1.** a point or pointed part projecting backwards from a main point, as of a fishhook, an arrowhead, or a fence wire. **2.** a sharp or unkind implication in a remark; cutting comment. **3.** any of a large number of small, Old World cyprinoid fishes of the genera *Barbus* or *Puntius* widely cultivated for home aquariums. –*v.t.* **4.** to furnish with a barb or barbs. **–barbed** *adj.*

barbarian /ba'bɛəriən/ *n.* **1.** a person belonging to a non-literate culture regarded as uncivilised, especially any of the ancient European peoples other than the Greeks and Romans. **2.** an ignorant and uncouth person. –*adj.* **3.** belonging to an uncivilised culture. **4.** ignorant and uncouth. **–barbaric** *adj.* **–barbarism, barbarity** *n.* **–barbarous** *adj.* **–barbarously** *adv.*

barbecue /'babəkju/ *n., v.* **-cued, -cuing**. –*n.* **1.** a fireplace or metal frame for cooking meat, etc., over open fire. **2.** meat cooked in this way. **3.** a rack or spit on which whole animals, as pig or lamb, are roasted. **4.** a party, usually outdoor, where barbecued food is served. –*v.t.* **5.** to cook on barbecue. Also, **barbeque, bar-b-q**.

barbed wire *n.* steel wire to which barbs are attached at short intervals, used largely for fencing in livestock, protecting a defensive military position, etc. Also, **barbwire**.

barbell /'babɛl/ *n.* an apparatus used in weight-lifting, consisting of a steel bar, about 2 metres long, to the ends of which disc-shaped weights are attached.

barber /'babə/ *n.* **1.** someone whose occupation is to cut and dress the hair of customers and to shave or trim the beard. **2.** *NZ* a cold, keen, cutting wind. –*v.t.* **3.** to trim or dress the beard and hair of.

barbie /'babi/ *n. Australian, NZ Colloquial* a barbecue.

barbiturate /ba'bɪtʃərət, -eɪt/ *n.* a derivative of barbituric acid, especially a sedative drug.

bar code *n.* a product code containing information about prices, destinations, etc., which is in the form of a series of bars of varying thickness, designed to be read by an optical scanner. **–bar-coded** *adj.*

bar code reader *n.* a device which optically scans a bar code and interprets the information in the code. Also, **bar code scanner**.

bard /bad/ *n.* **1.** a member of the order of poets in the ancient and medieval Celtic societies. **2.** *Archaic* any poet. **–bardic** *adj.*

bare /bɛə/ *adj.* **barer, barest**, *v.* **bared, baring**. –*adj.* **1.** uncovered; naked: *bare knees; bare walls.* **2.** unornamented; plain: *the bare facts.* **3.** worn smooth; threadbare. **4.** only just enough. –*v.t.* **5.** to make bare. **–bareness** *n.*

bareback /'bɛəbæk/ *adv.* without a saddle: *we rode bareback.*

barebelly /'bɛəbɛli/ *n.* **-bellies**. *Australian, NZ* a sheep with bare belly and legs, as a result of defective wool growth. **–barebellied** *adj.*

barefaced /'bɛəfeɪst/ *adj.* **1.** with the face uncovered. **2.** undisguised; boldly open. **3.** shameless; impudent; audacious: *a barefaced lie.* **–barefacedly** /'bɛəˌfeɪsədli, -ˌfeɪstli/ *adv.* **–barefacedness** *n.*

barely /'bɛəli/ *adv.* **1.** only; just; no more than: *she*

bargain

is barely sixteen. **2.** without disguise or concealment; openly: *a question barely put.*

bargain /'bagən/ *n.* **1.** an agreement between parties settling what each shall give and take, or perform and receive, in a transaction. **2.** such an agreement as affecting one of the parties: *a losing bargain.* **3.** *Stock Exchange* an agreement to sell or to purchase; a sale or purchase. **4.** that which is acquired by bargaining. **5.** an advantageous purchase. *–v.i.* **6.** to discuss the terms of a bargain; haggle over terms. **7.** to come to an agreement; make a bargain. *–v.t.* **8.** to arrange by bargain; stipulate. *–phr.* **9. bargain for**, to be prepared for; expect: *he got more than he bargained for.* **10. bargain on**, to count on; expect: *I hadn't bargained on thirty people for dinner.* **11. into the bargain**, over and above what is stipulated; moreover; besides. **12. strike a bargain**, to make a bargain; come to terms. **–bargainer** *n.*

barge /'badʒ/ *n.*, *v.* **barged, barging.** *–n.* **1.** a large flat-bottomed vessel, usually moved by towing, used for transporting freight. **2.** a ceremonial vessel of state. **3.** a naval boat reserved for a flag officer. *–v.t.* **4.** to transport by barge. *–v.i.* **5.** to move aggressively or with undue energy (*through*, *past*, etc.) often knocking others out of the way: *to barge through a crowd.* *–phr.* **6. barge in**, *Colloquial* to intrude clumsily, as unexpectedly into a room or a social situation: *the door opened and George barged in.* **7. barge into**, to bump or collide with.

barge pole *n.* **1.** a pole used to propel a barge. *–phr.* **2. not touch with a barge pole**, *Colloquial* to have nothing to do with; not to go near.

baritone /'bærətoʊn/ *n.* **1.** a male voice or voice part intermediate between tenor and bass. **2.** a singer with such a voice. **3.** a large, valved brass instrument, slightly smaller in bore than a euphonium, used chiefly in military bands. *–adj.* **4.** having to do with the baritone; having the compass of a baritone. Also, **barytone**.

barium /'bɛəriəm/ *n.* a whitish, malleable, active, divalent, metallic element occurring in combination chiefly as barytes or as witherite. *Symbol:* Ba; *relative atomic mass:* 137.34; *at. no.:* 56; *density:* 3.5 at 20°C.

barium enema *n.* a preparation of barium sulfate ingested before a radiological examination to show up any abnormality in the colon or rectum.

barium meal *n.* a preparation of barium sulfate ingested before a radiological examination to show up any abnormality of the stomach or duodenum.

bark¹ /bak/ *n.* **1.** the abrupt, explosive cry of a dog. **2.** a similar sound made by another animal or by a person. *–v.i.* **3.** to utter an abrupt, explosive cry or a series of such cries, as a dog. **4.** to speak or cry out sharply or gruffly. *–v.t.* **5.** to utter or give forth with a bark: *he barked an order.* *–phr.* **6. bark up the wrong tree**, to mistake one's object; assail or pursue the wrong person or purpose.

bark² /bak/ *n.* **1.** the external covering of the woody stems, branches, and roots of plants, as distinct and separable from the wood itself. *–v.t.* **2.** to strip off the bark of; peel. **3.** to remove a circle of bark from; ringbark. **4.** to treat with a bark infusion; tan. **5.** to rub off the skin of: *to bark one's shins.* **–barker** *n.*

barking jackass *n.* → **kookaburra** (def. 2).

barley /'bali/ *n.* **1.** a widely distributed cereal plant of the genus *Hordeum*, whose awned flowers grow in tightly bunched spikes, with three small additional spikes at each node. **2.** the grain of this plant, used as food, and in the making of beer and whisky.

bar mitzvah /ba 'mɪtsvə/ *n.* (in Judaism) **1.** a boy at the age of thirteen, when he acquires religious obligations. **2.** the ceremony and feast marking this. Also, **bar mizvah**.

barmy /'bami/ *adj.* **barmier, barmiest**. *Colloquial* **1.** mad; stupid; silly.

barn /ban/ *n.* **1.** a building for storing hay, grain, etc., and often for stabling livestock. **2.** a large shop or supermarket which keeps prices down by providing minimum service to the customers.

barnacle /'banəkəl/ *n.* **1.** any of certain crustaceans of the group Cirripedia, as the **goose barnacles**, stalked species which cling to ship bottoms and floating timber, and the **rock barnacles**, species which attach themselves to marine rocks. **2.** a thing or person that clings tenaciously. **–barnacled** *adj.*

barney /'bani/ *Colloquial* *–n.* **1.** an argument; fight. **2.** humbug; cheating. *–v.i.* **3.** to argue or fight.

barn owl *n.* a predatory, nocturnal bird, *Tyto alba*, having light brown and white plumage, and commonly frequenting barns, where it destroys mice.

barnstorm /'banstɔm/ *v.i.* to conduct a vigorous political campaign in rural regions, making many stops and frequent speeches: *both candidates went barnstorming for the farm vote.* **–barnstormer** *n.* **–barnstorming** *adj.*

baro- a word element meaning 'weight', 'pressure', as in *barogram*.

barometer /bə'rɒmətə/ *n.* **1.** an instrument for measuring atmospheric pressure, thus determining height, weather changes, etc. **2.** anything that indicates changes: *the barometer of public opinion.* **–barometric** /bærə'mɛtrɪk/ *adj.*

baron /'bærən/ *n.* **1.** a man holding a peerage of the lowest titular rank. **2.** a feudal tenant-in-chief holding lands directly from a king. **3.** a rich and powerful man; magnate: *a squatter baron.*

baronet /'bærənət, -nɛt/ *n.* a member of a British hereditary order of honour, ranking below the barons and made up of commoners, designated by *Sir* before the name, and *Baronet*, usually abbreviated *Bart.*, after: *Sir Thomas Mitchell, Bart.*

baroque /bə'rɒk, bə'roʊk/ *adj.* **1.** *Art* having to do with a style developed in Italy in the 16th century, characterised by the use of asymmetry, florid illusionism, direct imagery and lavish ornamentation. **2.** *Music* having to do with the ornate style of composition of the 17th and early 18th centuries. **3.** extravagantly ornamented. *–n.* **4.** the baroque style or period.

barque /bak/ *n.* **1.** *Nautical* a sailing vessel having three or more masts, square-rigged on all but the aftermost mast, which is fore-and-aft rigged. **2.** *Poetic* any boat or sailing vessel. Also, **bark**.

barrack¹ /'bærək/ *n.* (*usually plural*) **1.** a building or range of buildings for lodging soldiers, especially in garrison. **2.** any large, plain building in which many people are lodged.

barrack² /'bærək/ *v.t.* **1.** *Obsolete* to jeer, shout derisively at (a player, team, etc.). *–phr.* **2. barrack for**, to support; shout encouragement and approval for: *to barrack for the local team.* **–barracker** *n.*

barracouta /bærə'kutə/ *n.* **1.** Also, **couta**. an elongated, cold water, sport and food fish of genus *Leionura*, widespread in southern seas. **2.** *NZ Colloquial* a long, raised bread loaf.

barracuda /bærə'kudə/ *n.* any of various species of elongated, predacious, tropical and subtropical marine fishes of the family Sphyraenidae, some of which are used extensively for food; sea pike.

barrage /'bæraʒ, -adʒ/ *n.*, *v.* **-raged, -raging**. *–n.* **1.** *Military* a barrier of artillery fire used to prevent the enemy from advancing, to enable troops behind it to operate with a minimum of

barramundi

casualties, or to cut off the enemy's retreat in one or more directions. **2.** any overwhelming quantity: *a barrage of questions.* –*v.t.* **3.** to cut off by or subject to a barrage.

barramundi /bærə'mʌndi/ *n.* **1.** a large, silvery-grey food fish of excellent quality, *Lates calcarifer*, found in coastal rivers and estuaries of tropical northern Australia and the Indo-Pacific; giant perch. **2.** a primitive freshwater fish of genus *Scleropages* of northern Australia.

barrel /'bærəl/ *n., v.* **-relled** or *Chiefly US* **-reled, -relling** or *Chiefly US* **-reling.** –*n.* **1.** a wooden cylindrical vessel made of staves hooped together, and having slightly bulging sides and flat parallel ends. **2.** a unit of quantity in the imperial system, equal to $159.11315 \times 10^{-3} m^3$, and in the US, to $158.9873 \times 10^{-3} m^3$. **3.** the tube of a gun. –*v.t.* **4.** to put or pack in a barrel or barrels. **5.** *Colloquial* to knock over or run into (as in football): *I'll barrel the bloke.* –*phr.* **6. barrel along,** *Colloquial* to move along swiftly and confidently. **7. over a barrel,** at a disadvantage; in difficulty.

barren /'bærən/ *adj.* **1.** incapable of producing, or not producing, offspring; sterile: *a barren woman.* **2.** unproductive; unfruitful: *barren land.* **3.** destitute of interest or attraction. **4.** mentally unproductive; dull; stupid. **5.** not producing results; fruitless: *barren years.* –*phr.* **6. barren of,** lacking in: *barren of feeling.* –**barrenly** *adv.* –**barrenness** *n.*

barricade /'bærəkeɪd, bærə'keɪd/ *n., v.* **-caded, -cading.** –*n.* **1.** a defensive barrier hastily constructed, as in a street, to stop an enemy. **2.** any barrier or obstruction to passage: *a barricade of rubbish.* –*v.t.* **3.** to obstruct or block with a barricade. **4.** to shut in and defend with or as with a barricade.

barrier /'bæriə/ *n.* **1.** anything built or serving to bar passage, as a stockade or fortress, or a railing. **2.** any natural bar or obstacle: *a mountain barrier.* **3.** anything that restrains or obstructs progress, access, etc.: *a trade barrier.* **4.** a limit or boundary of any kind: *the barriers of caste.* **5.** *Horseracing* a gate which keeps horses in line before the start of a race.

barrier reef *n.* a long narrow ridge of coral close to or above the surface of the sea off the coast of a continent or island.

barring /'bærɪŋ/ *prep.* excepting; except for: *barring accidents, I'll be there.*

barringtonia /bærɪŋ'toʊniə/ *n.* a tree, *Barringtonia asiatica*, of tropical sea beaches in Asia, tropical Australia, and the western Pacific.

barrister /'bærəstə/ *n.* a legal practitioner whose main function is to act as an advocate in court.

barrow[1] /'bæroʊ/ *n.* **1.** a pushcart or horse-drawn cart used by street vendors, especially those selling fruit and vegetables. **2.** → **wheelbarrow** (defs 1 and 2). –*phr.* **3. push one's barrow,** *Australian, Colloquial* to campaign vigorously in one's own interest. **4. push someone's barrow,** *Australian, Colloquial* to take up someone's cause.

barrow[2] /'bæroʊ/ *v.i. Australian, NZ* (of a shed-hand who is learning to become a shearer) to finish shearing a sheep left partly shorn by a shearer at the end of a shearing run. –**barrower** *n.* –**barrowing** *n.* –**barrowman** *n.*

barrow[3] /'bæroʊ/ *n.* an ancient or prehistoric burial mound.

barter /'batə/ *v.i.* **1.** to trade by exchange of commodities rather than by the use of money. –*v.t.* **2.** to exchange in trade as one commodity for another; trade. –*n.* **3.** the act of bartering. **4.** the thing bartered. –*phr.* **5. barter away,** to bargain away unwisely or dishonourably. –**barterer** *n.*

barytes /bə'raɪtiz/ *n.* a common mineral, barium sulfate, $BaSO_4$, the principal ore of barium, occurring in tabular crystals; heavy spar.

basal cell carcinoma *n.* a cancer of the deep layers of the skin, caused by prolonged exposure to sunlight, and occurring as a shiny, rounded lump that may change in size and colour. Compare **squamous cell carcinoma.** Also, **BCC.**

basalt /'bæsɔlt/ *n.* the dark, dense igneous rock of a lava flow or minor intrusion, composed essentially of plagioclase and pyroxene, and often displaying a columnar structure. –**basaltic** /bə'sɔltɪk/ *adj.*

base[1] /beɪs/ *n., adj., v.* **based, basing.** –*n.* **1.** the bottom of anything, considered as its support; that on which a thing stands or rests. **2.** a fundamental principle or groundwork; foundation; basis. **3.** *Architecture* **a.** the part of a column on which the shaft immediately rests. **b.** the lower elements of a complete structure. **4.** the principal element or ingredient of anything, considered as its fundamental part. **5.** *Baseball* one of the four fixed stations to which players run. **6.** *Military* a fortified or protected area or place used by any of the armed services. **7.** *Mathematics* **a.** the number which serves as a starting point for a logarithmic or other numerical system. **b.** the side or face of a geometric figure to which an altitude is thought to be drawn. **8.** → **baseline. 9.** *Chemistry* any of numerous compounds which react with an acid to form a salt, as metallic oxides and hydroxides, amines, alkaloids and ammonia. –*adj.* **10.** serving as a base. –*v.t.* **11.** to make or form a base or foundation for. **12.** to place or establish on a base or basis; ground; found; establish. –*phr.* **13. base on** (or **upon**), **a.** to arrive at as a result of: *I based my conclusion on the facts available.* **b.** to create after the pattern of: *the character of Viola is based on his mother.* **14. base over apex,** *Colloquial* fallen heavily and awkwardly, usually in a forward direction. **15. touch base with,** *Colloquial* to make contact with. –**basic** *adj.*

base[2] /beɪs/ *adj.* **baser, basest. 1.** morally low; mean; selfish; cowardly. **2.** of little value: *base metals.* **3.** debased or counterfeit: *base coin.* **4.** *Archaic* low, short or poor. –**basely** *adv.* –**baseness** *n.*

baseball /'beɪsbɔl/ *n.* **1.** a game played with a wooden bat and a hard ball, by two opposing teams of nine players, each team batting and fielding alternately, and each batter having to run a course of four bases laid out in a diamond pattern in order to score. **2.** the ball used in playing this game.

BASE-jump /'beɪs-dʒʌmp/ *n.* a parachute jump from a structure such as a tall building, bridge, etc., as opposed to a jump from an aeroplane. –**BASE-jumper** *n.* –**BASE-jumping** *n.*

baseline /'beɪslaɪn/ *n.* **1.** a line at the base of anything. **2.** a basic standard or level. **3.** *Surveying* an accurately measured line forming one side of a triangle or system of triangles from which all other sides are computed. **4.** *International Law* the line from which the breadth of a coastal state's territorial sea is measured (normally, the low-water line). **5.** *Tennis* a line at the end of the court. **6.** *Baseball* a line joining bases.

basement /'beɪsmənt/ *n.* **1.** a storey of a building partly or wholly underground. **2.** the portion of a structure which supports those portions which come above it.

bases[1] /'beɪsɪz/ *n.* plural of **basis.**

bases[2] /'beɪsəz/ *n.* plural of **base**[1].

bash /bæʃ/ *v.t.* **1.** to strike with a crushing or smashing blow. **2.** *Colloquial* to assault: *he was bashed outside the pub.* **3.** *Colloquial* to criticise severely. **4.** *Colloquial* to use greatly or excessively: *bash the bottle.* –*n.* **5.** a crushing blow. **6.**

Colloquial **a.** a party, especially a large one. **b.** a drinking spree. –*phr.* **7. give it a bash**, *Colloquial* **a.** to make an attempt. **b.** to go on a drinking spree. **8. have a bash**, *Colloquial* (sometimes fol. by *at*) to make an attempt: *I'll have a bash at fixing the car.*

bashful /'bæʃfəl/ *adj.* **1.** uncomfortably diffident or shy; timid and easily embarrassed. **2.** indicative of, accompanied with, or proceeding from bashfulness. –**bashfully** *adv.* –**bashfulness** *n.*

bashing /'bæʃɪŋ/ *n. Colloquial* **1.** excessive attention, exposure or use: *that song's had a bashing on air lately.* **2.** activity evincing hostility towards a group thought to be behaving in an undesirable way: *union bashing, poofter bashing.*

basic wage *n.* (in Australia and NZ) the minimum wage payable to an adult employee under an award or agreement.

basil /'bæzəl/ *n.* any of various herbs of the genus *Ocimum*, family Labiatae, of tropical and subtropical regions, having aromatic leaves used in cookery, as **sweet basil**, *O. basilicum*, of tropical Asia.

basilica /bə'sɪlɪkə, -'zɪ-/ *n.* **1.** an oblong building, especially a church with a nave higher than its aisles. **2.** one of the seven main churches of Rome or another Roman Catholic church accorded certain religious privileges.

basilisk /'bæsəlɪsk, 'bæz-/ *n.* **1.** a tropical American lizard of the genus *Basiliscus*, of the family Iguanidae, with a crest on the back of the head and along the back and tail. **2.** a legendary reptile, the glance and breath of which could kill.

basin /'beɪsən/ *n.* **1.** a circular container of greater width than depth, contracting towards the bottom, used chiefly to hold water or other liquid, especially for washing. **2.** a sink; washbasin. **3.** a small circular container of approximately equal width and depth, used chiefly for mixing, cooking, etc. **4.** a natural or artificial hollow place containing water, especially one in which ships are docked. **5.** *Physical Geography* a hollow or depression in the earth's surface, wholly or partly surrounded by higher land: *ocean basin, lake basin, river basin.* –**basined** *adj.* –**basin-like** *adj.*

basis /'beɪsɪs/ *n.* **bases** /'beɪsiz/. **1.** the bottom or base of anything, or that on which it stands or rests. **2.** a groundwork or fundamental principle. **3.** the principal constituent; a fundamental ingredient.

bask /bask/ *v.i.* **1.** to lie in or be exposed to a pleasant warmth: *to bask in the sunshine.* **2.** to enjoy a pleasant situation: *he basked in royal favour.*

basket /'baskət/ *n.* **1.** a receptacle made of twigs, rushes, thin strips of wood, or other flexible material, woven together. **2.** a container made of pieces of thin veneer, used for packing berries, vegetables, etc.; punnet. **3.** the contents of a basket. **4.** *Basketball* **a.** a short open net, suspended before the backboard, through which the ball must pass to score points. **b.** a score, counting one point on a free throw and two or three for a field goal. **5.** *Economics* a list of retail goods from which the consumer price index is calculated. –**basketful** *n.* –**basketless** *adj.* –**basketlike** *adj.*

basketball /'baskətbɔl/ *n.* **1.** a game played by two teams of five players each, in which points are scored by throwing the ball through the elevated baskets at the opponent's end of a rectangular court. **2.** the large round inflated ball used in this game.

basket case *n. Colloquial* **1.** a person in an advanced state of nervous tension or mental instability. **2.** something which has been dealt a crippling blow: *the economy is a basket case after the last budget.*

basque /bask/ *n.* **1.** (*cap.*) one of a people of unknown origin inhabiting the western Pyrenees region of Spain and France. **2.** (*cap.*) their language, historically connected only with Iberian. **3.** a woman's close-fitting top, sometimes with a part reaching over hips. **4.** this part or skirt hanging from the waist of a garment. **5.** a tightly knitted band on the lower edge and cuffs of a jumper, etc.

bas-relief /ba-rə'lif/ *n.* sculpture in low relief, in which the figures project only slightly from the background.

bass[1] /beɪs/ *adj.* **1.** low in pitch; of the lowest pitch or range: *a bass voice, part, singer, or instrument.* –*n.* **2.** a bass voice, singer, or instrument.

bass[2] /bæs/ *n.* **1.** an Australian freshwater fish of genus *Percalates*. **2.** elsewhere, any of the spinyfinned sea fish of the family Serranidae, or similar fish of other families.

basset /'bæsət/ *n.* a long-bodied, short-legged dog resembling a dachshund but larger and heavier. Also, **basset hound**.

bassinette /bæsə'nɛt/ *n.* a basket in which a baby sleeps; Moses basket. Also, **bassinet**.

bassoon /bə'sun/ *n.* a double-reed woodwind instrument, the bass of the oboe class, having a wooden tubular body doubled back on itself and a curved metallic crook and mouthpiece.

bastard /'bastəd/ *n.* **1.** a person whose parents were not married; an illegitimate child. **2.** *Colloquial* (*offensive*) an unpleasant or hateful person. **3.** *Australian, NZ Colloquial* any person (without offensive meaning). –**bastardy** *n.*

bastardise = bastardize /'bastədaɪz/ *v.t.* **-dised, -dising**. **1.** to debase; adulterate. **2.** *Australian* to seek to humiliate, as part of initiation into a regiment, college, etc. –**bastardisation** *n.*

baste[1] /beɪst/ *v.t.* **basted, basting**. to sew with temporary stitches, as a garment in the first stages of making; tack.

baste[2] /beɪst/ *v.t.* **basted, basting**. to moisten (meat, etc.) while cooking, with dripping, butter, etc.

bastion /'bæstiən/ *n.* **1.** a fortified place. **2.** any person or object which affords support or defence. –**bastioned** *adj.*

bat[1] /bæt/ *n., v.* **batted, batting**. –*n.* **1.** *Sport* **a.** the club used in certain games, as cricket and baseball, to strike the ball. **b.** a racquet, especially one used in table tennis. **2.** *Cricket* a player who bats: *he is a good bat.* **3.** a heavy stick, club, or cudgel. **4.** → **kip**[2]. **5.** *Colloquial* rate of motion: *to go at a fair bat.* **6.** *Colloquial* a spree; binge: *to go on a bat.* **7.** → **batt**. –*v.t.* **8.** to strike or hit with or as with a bat or club. –*v.i.* **9.** *Colloquial* to rush (*away, around*, etc.). **10.** *Cricket, etc.* **a.** to strike at the ball with the bat. **b.** to take one's turn at batting. –*phr.* **11. bat along**, to travel at speed. **12. bat on**, *Colloquial* to continue; persevere. **13. carry one's bat**, **a.** *Cricket* to continue batting undismissed to the end of an innings. **b.** *Colloquial* to accomplish any difficult, lengthy, or dangerous task. **14.** (**go in to**) **bat for**, *Colloquial* to take action in support of: *I'm glad you're going in to bat for me.* **15. off one's own bat**, independently; without prompting or assistance.

bat[2] /bæt/ *n.* **1.** any of the nocturnal or crepuscular flying mammals constituting the order Chiroptera, characterised by modified forelimbs which serve as wings and are covered with a membranous skin extending to the hind limbs. **2.** *Colloquial* a cranky or silly woman: *she's an old bat.* –*phr.* **3. blind as a bat**, *Colloquial* very blind. **4. have bats in the belfry**, *Colloquial* to have mad notions; be crazy or peculiar. **5. like a bat out of hell**, *Colloquial* at speed; quickly. –**batlike** *adj.*

bat³ /bæt/ *v.t.* **batted, batting.** *–v.t.* **1.** to wink or flutter (one's eyelids). *–phr.* **2. not bat an eye** (or **eyelid**), to show no emotion or surprise.

batch /bætʃ/ *n.* **1.** a quantity or a number taken together; a group: *a batch of prisoners.* **2.** the quantity of material prepared or required for one operation or that quantity produced by one operation. **3.** the quantity of bread made at one baking. *–v.t.* **4.** to put into batches. **5.** *Computers* to process (data or programs) by batch processing.

bate /beɪt/ *v.t.* **bated, bating.** to moderate or restrain (the breath): *to wait with bated breath.*

bath /baθ/ *n.* **baths** /baθs/ *or especially for def.* 6, /baðz/ *v.,* /baθ/ *–n.* **1.** the washing, especially of a body, in water, other liquid, steam, etc. **2.** the water or other liquid used for a bath. **3.** a container for this liquid, etc., especially a large metal or plastic one for bathing a body. **4.** (*often plural*) a building with rooms or equipment for washing or bathing. **5.** (*plural*) a public swimming pool. **6.** (*usually plural*) a town or place visited for medical treatment by bathing, etc.; spa. *–v.t.* **7.** to put or wash in a bath. **–bathless** *adj.*

bathe /beɪð/ *v.* **bathed, bathing,** *n.* *–v.t.* **1.** to dip or soak in water or other liquid to clean, etc. **2.** to wash. **3.** to moisten or wet with any liquid. *–v.i.* **4.** to have a bath. **5.** to swim for pleasure. *–n.* **6.** *Chiefly Brit* the act of bathing, as in the sea. **–bather** *n.*

bathers /'beɪðəz/ *pl. n. Australian Colloquial* a swimming costume.

batho- a word element meaning 'deep', as in *batholith.*

bathos /'beɪθɒs/ *n.* **1.** a ludicrous descent from the elevated to the commonplace; anticlimax. **2.** triteness or triviality in style. **3.** insincere pathos; sentimentality. **–bathetic** /bə'θɛtɪk/ *adj.*

bathyscaphe /'bæθəskeɪf/ *n.* a small submarine for deep-sea exploration and research, having a spherical cabin on its underside. Also, **bathyscaph.**

bathysphere /'bæθəsfɪə/ *n.* a spherical diving apparatus from which to study deep-sea life. Also, **bathyscape** /'bæθəskeɪp/, **bathyscope** /'bæθəskoʊp/.

batik /'batik/ *n.* **1.** a method of printing cloth by applying wax to the fabric in a desired pattern, thus sealing it off from the dye. **2.** the fabric so decorated. Also, **battik.**

batman /'bætmən/ *n.* **batmen.** a soldier assigned to an army officer as a servant.

bat mitzvah /bæt 'mɪtsvə/ *n.* (in Judaism) **1.** a girl at the age of twelve, when she acquires religious obligations. **2.** the ceremony and feast marking this. Also, **bas mitzvah.**

baton /'bætn/ *n.* **1.** a staff, club, or truncheon, especially as a mark of office or authority. **2.** *Music* the wand used by a conductor. **3.** *Athletics* (in relay racing) a metal or wooden tube, handed on by one relay runner to the next.

batt /bæt/ *n.* a rectangular sheet of matted fibreglass, cottonwool, etc., used for insulating houses, filling quilts, etc. Also, **bat.**

battalion /bə'tæljən/ *n.* **1.** *Military* a ground-force unit composed of three or more companies or similar units. **2.** an army in battle array. **3.** (*often plural*) a large number; force.

batten¹ /'bætn/ *v.i.* **1.** to become fat. *–phr.* **2. batten on,** to live in luxury or prosper at the expense of (others).

batten² /'bætn/ *n.* **1.** a light strip of wood usually having an oblong cross-section and used to fasten main members of a structure together. **2.** *Nautical* **a.** a thin strip of wood inserted in a sail to keep it flat. **b.** a strip of wood, as one used to secure the edges of a tarpaulin over a hatchway. *–v.t.* **3.** to furnish with battens. **4.** Also, **batten down.** *Nautical* to fasten (as hatches) with battens and tarpaulins. *–phr.* **5. batten down (the hatches),** to prepare for imminent difficulty.

batter¹ /'bætə/ *v.t.* **1.** to beat persistently or hard; pound. **2.** to damage by beating or hard usage. *–v.i.* **3.** to deal heavy, repeated blows; pound.

batter² /'bætə/ *n.* a mixture of flour, milk or water, eggs, etc., beaten together for use in cookery.

battery /'bætəri, -tri/ *n.* **-ries.** **1.** *Electricity* a series of cells for producing or storing electricity. **2.** a set of guns, machines, instruments, or other things to be used together. **3.** a large number of cages in which chickens, etc., are reared. **4.** the act of beating or battering.

battle /'bætl/ *n., v.* **battled, battling.** *–n.* **1.** a hostile encounter or engagement between opposing forces. **2.** any extended or intense fight, struggle, or contest: *the battle between sand-miners and conservationists.* *–v.i.* **3.** to engage in battle. **4.** to struggle; strive: *to battle for freedom.* **5.** *Australian* to live the life of a battler. *–v.t.* **6.** to fight. *–phr.* **7. battle on,** to continue to struggle for existence. **8. battle one's way through,** to force a path through: *I battled my way through the surf.* **9. battle through,** to struggle on despite hardship: *I know things are hard but we have to battle through.*

battleaxe /'bætləks/ *n.* **1.** an axe for use as a weapon of war. **2.** *Colloquial* a domineering woman. Also, *US,* **battleax.**

battleaxe block *n.* a block or section of land, behind those with street frontages and accessible through a drive or lane. Also, **battleaxe section.**

battlement /'bætlmənt/ *n.* an indented parapet, having a series of openings, originally for shooting through; a crenellated upper wall. **–battlemented** /'bætlməntəd/ *adj.*

battler /'bætlə/ *n.* **1.** *Australian, NZ* someone who struggles continually and persistently against heavy odds. **2.** *Australian* a conscientious worker, especially one living at subsistence level. **3.** *Australian* (formerly) an itinerant worker reduced to living as a swagman.

bauble /'bɒbl/ *n.* a cheap piece of ornament; trinket.

baud /bɒd/ *n.* a unit for measuring the speed with which electronic data is transmitted, especially in computers.

baud rate *n.* the rate measured in bauds at which electronic data is transmitted, as for a modem.

bauhinia /boʊ'hɪniə/ *n.* any shrub or tree of the genus *Bauhinia,* family Caesalpiniaceae, of tropical regions, now widely cultivated for their variously coloured flowers.

baulk /bɔk/ *v.i.* **1.** to stop or pull up as if barred or blocked: *he baulked at making the speech.* *–v.t.* **2.** to block; hinder; thwart: *baulked in my plans.* **3.** to miss; let slip; fail to use: *to baulk a chance; to baulk a catch.* *–n.* **4.** a defeat or disappointment. **5.** a block; a hindrance. **6.** a cross-beam in the roof of a house which unites and supports the rafters. **–baulker** *n.*

bauxite /'bɔksaɪt/ *n.* a rock, the principal ore of aluminium, consisting chiefly of aluminium oxide or hydroxide with various impurities.

bawdy /'bɒdi/ *adj.* **-dier, -diest,** *n.* *–adj.* **1.** rollickingly vulgar; lewd. *–n.* **2.** promiscuous sexual behaviour. **3.** indecent or lewd talk. **–bawdily** *adv.* **–bawdiness** *n.*

bawl /bɔl/ *v.i.* **1.** to cry loudly and vigorously. **2.** to cry out loudly. *–v.t.* **3.** to utter or proclaim by outcry. *–n.* **4.** a loud shout; a wail; an outcry. *–phr.* **5. bawl out, a.** to yell out loudly. **b.** to scold: *to bawl out the children.* **–bawler** *n.*

bay¹ /beɪ/ *n.* a recess or inlet in the shore of a sea or lake between two capes or headlands, not as large as a gulf but larger than a cove.

bay² /beɪ/ *n.* **1. a.** a recessed space projecting outwards from the line of a wall, as to contain a window. **b.** a space or division of a wall, building, etc., between two vertical architectural features or members. **2.** the aisle between parallel shelving as in a library. **3.** a compartment in an aircraft: *a bomb bay; an engine bay.* **4.** a recess or area set back from the general flow of traffic: *parking bay.*

bay³ /beɪ/ *n.* **1.** a deep, prolonged bark, as of a hound or hounds in hunting. **2.** a stand made by a hunted animal to face or repel pursuers, or of a person forced to face a foe or difficulty: *to stand at bay, be brought to bay.* **3.** the position of the pursuers or foe thus kept off. –*v.i.* **4.** to bark, especially with a deep prolonged sound, as a hound in hunting. –*v.t.* **5.** to bring to or hold at bay.

bay⁴ /beɪ/ *n.* **1.** a West Indian tree, *Pimenta racemosa,* whose leaves are used in making bay rum. **2.** any of various laurel-like trees.

bay⁵ /beɪ/ *n.* **1.** a reddish-brown colour. –*adj.* **2.** (of horses, etc.) of the colour bay.

bayonet /'beɪnət/ *n., v.* **-neted, -neting.** –*n.* **1.** a stabbing or slashing instrument of steel, made to be attached to or at the muzzle of a rifle. –*v.t.* **2.** to kill or wound with the bayonet.

bazaar /bə'zɑː/ *n.* **1.** a marketplace or quarter containing shops, particularly in the Orient. **2.** any place where miscellaneous goods are sold. **3.** a sale of miscellaneous articles, as for some charitable purpose.

bazooka /bə'zuːkə/ *n.* a cylindrical rocket-launcher, an individual infantry weapon that fires a rocket capable of penetrating several centimetres of armour-plate, used to destroy tanks and other armoured military vehicles.

BBQ barbecue.

be /biː/ *v. present indicative singular 1* **am,** *2* **are** *or Archaic* **art,** *3* **is,** *plural* **are;** *past indicative 1* **was,** *2* **were** *or Archaic,* **wast** *or* **wert,** *2* **was,** *plural* **were;** *plural subjunctive* **be;** *past subjunctive 1* **were,** *2* **were** *or Archaic,* **wert,** *3* **were,** *plural* **were, been, being.** –*v. (copular)* **1.** (a link connecting a subject with predicate or qualifying words in declarative interrogative, and imperative sentences, or serving to form infinitive and participial phrases): *you are late; he is much to blame; is he here?; try to be just; the art of being agreeable.* **2.** to be suitable for or characteristic of: *that dress is really you; insulting the mayor was Dick all over.* –*v. (aux)* **3.** (used with the present participle of a principal verb to form the progressive: *I am waiting,* or with a past participle in passive forms of transitive verbs: *the date was fixed; it must be done*) –*v.i.* **4.** to exist; have reality; live; take place; occur; remain as before: *he is no more; it was not to be; think what might have been.*

be- a prefix of western Germanic origin, meaning 'about', 'around', 'all over', and hence having an intensive and often disparaging force, much used as an English formative of verbs (and their derivatives), as in *besiege, becloud, bedaub, beplaster, bepraise,* and often serving to form transitive verbs from intransitives or from nouns or adjectives, as in *begrudge, belabour, befriend, belittle.*

beach /biːtʃ/ *n.* **1.** the sand or loose water-worn pebbles of the seashore. **2.** the part of the shore of the sea, or of a large river or lake, washed by the tide or waves. **3.** the seaside as a place of recreation. –*v.t.* **4.** *Nautical* to run or haul up (a ship or boat) on the beach.

beachcomber /'biːtʃkoʊmə/ *n.* **1.** someone who lives by gathering articles along the beaches, as from wreckage. **2.** a vagrant of the beach or coast, especially a European in South Pacific regions. **3.** a long wave rolling in from the ocean.

beachhead /'biːtʃhɛd/ *n.* the area of lodgment which is the first objective of a military force landing on an enemy shore.

beacon /'biːkən/ *n.* **1.** a guiding or warning signal, such as a fire, especially one on a pole, tower, hill, etc. **2.** a tower or hill used for such purposes. **3.** a lighthouse, signal buoy, etc. on a coast or over dangerous spots at sea to warn and guide vessels. **4.** a radio beacon. **5.** any person, thing, or act that warns or guides.

bead /biːd/ *n.* **1.** a small ball of glass, pearl, wood, etc., with a hole through it, strung with others like it, and used as an ornament or in a rosary. **2.** (*plural*) a necklace. **3.** (*plural*) a rosary. **4.** any small globular or cylindrical body. **5.** a bubble rising through effervescent liquid. **6.** a drop of liquid: *beads of sweat, etc.* **7.** the front sight of a gun. **8.** *US* aim: *to take a bead on a target.* **9.** Also, **beading.** *Architecture, etc.* **a.** a narrow convex moulding, usually more or less semicircular in section. **b.** any of various pieces similar in some sections to this type of moulding. –*v.t.* **10.** to ornament with beads. –*v.i.* **11.** to form beads; form in beads or drops. –*phr.* **12.** **say** (or **tell**) (or **count**) **one's beads,** to say prayers and count them off by means of the beads on the rosary. –**beaded** *adj.* –**beadlike** *adj.* –**beady** *adj.*

beading /'biːdɪŋ/ *n.* **1.** material composed of or adorned with beads. **2.** narrow lacelike trimming. **3.** narrow openwork trimming through which ribbon may be run. **4.** a narrow ornamental strip of wood used on walls, furniture, etc.

beagle /'biːɡəl/ *n., v.* **-gled, -gling.** –*n.* **1.** one of a breed of small hounds with short legs and drooping ears, used especially in hunting. **2.** a spy; man-hunter. –*v.i.* **3.** to hunt with beagles, on foot not on horseback.

beak¹ /biːk/ *n.* **1.** the horny bill of a bird; the neb. **2.** the membranous mouthparts of the platypus and protruding jaws of certain whales and dolphins. **3.** *Colloquial* a person's nose. **4.** anything beaklike or ending in a point, as the lip of a pitcher or a beaker. –**beaked** *adj.* –**beakless** *adj.* –**beaklike** *adj.* –**beaky** *adj.*

beak² /biːk/ *n. Colloquial* **1.** a magistrate; judge. **2.** schoolmaster.

beaker /'biːkə/ *n.* **1.** a large drinking vessel with a wide mouth. **2.** the contents of a beaker. **3.** a flat-bottomed cylindrical vessel usually having a pouring lip, used in laboratories.

beam /biːm/ *n.* **1.** a thick, long piece of timber, shaped for structural use. **2.** a similar piece of metal, stone, etc. **3.** *Building Trades* one of the main horizontal supporting members in a building or the like, as for supporting a roof or floor. **4.** *Shipbuilding* one of the strong transverse pieces of timber or metal stretching across a ship to support the deck, hold the sides in place, etc. **5.** *Nautical* **a.** the side of a vessel, or the direction at right angles to the keel, with reference to the wind, sea, etc. **b.** the greatest breadth of a ship. **6.** *Machinery* **a.** an oscillating lever of a steam engine, transferring the motion from piston rod to crankshaft. **b.** a roller or cylinder in a loom, on which the warp is wound before weaving. **c.** a similar cylinder on which cloth is wound as it is woven. **7.** the transverse bar of a balance from the ends of which the scales or pans are suspended. **8.** a ray, or bundle of parallel rays, of light or other radiation. **9.** *Radio, Aeronautics* a signal transmitted along a narrow course, used to guide pilots through darkness, bad weather, etc. –*v.t.* **10.** to emit in or as in beams or rays. **11.** *Radio* to transmit (a signal) on a narrow beam.

–*v.i.* **12.** to emit beams, as of light. **13.** to look or smile radiantly. –*phr.* **14. broad in the beam**, *Colloquial* (of a person) very wide across the buttocks. **15. off (the) beam**, **a.** not on the course indicated by a radio beam. **b.** *Colloquial* wrong; incorrect; out of touch with the situation. **c.** *Colloquial* crazy. **16. on the beam**, **a.** *Nautical* at right angles with the keel. **b.** on the course indicated by a radio beam. **c.** *Colloquial* just right; exact; correct; in touch with the situation. –**beamed** *adj.* –**beamless** *adj.* –**beamlike** *adj.*

bean /bin/ *n.* **1.** the edible fruit or seed of various species of the family Fabaceae especially of the genus *Phaseolus* used either fresh or dried. **2.** a plant producing such seeds. **3.** any of various other beanlike seeds or plants, as the coffee bean. **4.** *Colloquial* a coin; anything of the least value: *I haven't a bean*. **5.** *Colloquial* the human head. –*v.t.* **6.** *Colloquial* to hit on the head. –*phr.* **7. count beans**, *Colloquial* to practise as an accountant. **8. full of beans**, *Colloquial* energetic; vivacious. **9. give someone beans**, *Australian, NZ Colloquial* to berate or attack someone. **10. know how many beans make five**, *Colloquial* to be aware; be well informed. **11. not add up to a row of beans**, *Colloquial* not to amount to anything significant. **12. spill the beans**, *Colloquial* to divulge information, often unintentionally. –**beanlike** *adj.*

beanbag /'binbæg/ *n.* **1.** a small cloth bag filled with beans, used as a toy. **2.** a large triangular cushion used as a chair filled with pellets of synthetic material, as expanded polystyrene, which yields to accommodate the shape of the body.

bean curd *n.* → **tofu**. Also, **beancurd**.

beanie /'bini/ *n. Australian, NZ* a small close-fitting knitted cap, often having a pompom or other decoration on top.

bean sprout *n.* the very young shoot of any of certain beans, used in Chinese and some other Asian cookery and as a salad vegetable. Also, **beansprout**, **bean shoot**.

bean tree *n.* any of several trees bearing pods resembling those of a bean, as the catalpa and the carob tree.

bear¹ /bɛə/ *v.* **bore** /bɔ/ *or Archaic* **bare**, **borne** *or* **born**, **bearing**. –*v.t.* **1.** to hold up; support: *to bear the weight of the roof*. **2.** to carry: *to bear gifts*. **3.** to conduct; guide; take: *they bore him to his quarters*. **4.** to render; afford; give: *to bear witness*. **5.** to transmit or spread (gossip, tales, etc.). **6.** to undergo; suffer: *to bear pain*. **7.** to sustain without yielding or suffering injury (usually negative unless qualified): *I can't bear your scolding*. **8.** to accept or have as an obligation: *to bear responsibility, cost, blame, etc.* **9.** to hold up under; sustain: *his claim doesn't bear close examination*. **10.** to be fit for or worthy of: *the story doesn't bear repeating*. **11.** to have and be entitled to: *to bear title*. **12.** to possess as a quality, characteristic, etc.; have in or on: *bear traces, an inscription, etc.* **13.** to stand in (a relation or ratio): *the relation that price bears to profit*. **14.** to carry in the mind: *to bear love, a grudge, etc.* **15.** to exhibit; show. **16.** to manage (oneself, one's body, head, etc.): *to bear oneself erectly*. **17.** to give birth to: *to bear quintuplets*. **18.** to produce by natural growth: *plants bear leaves*. –*v.i.* **19.** to tend in course or direction; move; go: *the ship bears due west*. **20.** to be located or situated: *the headland bears due west from us*. –*phr.* **21. bear away**, *Nautical* to alter course away from the wind. **22. bear down**, **a.** (of a woman in labour) to make a voluntary muscular expulsive effort. **b.** (sometimes fol. by *on*) to press down heavily. **c.** (sometimes fol. by *on*) (of a ship, car, etc.) to approach, usually at speed. **23. bear on**, **a.** to continue without pause or interruption. **b.** to have an effect, reference, or bearing on: *time bears heavily on him*. **24. bear out**, to confirm; prove right: *the facts bear me out*. **25. bear up**, to hold, or remain firm, as under pressure. **26. bear with**, to be patient with. **27. bring to bear**, to bring into effective operation. –**bearable** *adj.* –**bearableness** *n.* –**bearably** *adv.* –**bearer** *n.*

bear² /bɛə/ *n.* **1.** any of the carnivorous or omnivorous mammals of the family Ursidae, having massive bodies, coarse, heavy fur, relatively short limbs, and almost rudimentary tails. **2.** any of various animals resembling the bear, as the ant bear. **3.** a gruff, clumsy, or rude person. **4.** *Stock Exchange* one who sells (often what they do not possess) with the expectation of buying in at a lower price and making a profit of the difference (opposed to a *bull*). **5.** someone who believes that conditions are or will be unfavourable. –*adj.* **6.** *Stock Exchange* of, having to do with, or caused by declining prices in stocks, etc.: *a bear market*. –*v.t.* **7.** *Stock Exchange* to attempt to lower the price of (stocks). –*phr.* **8. like a bear with a sore head**, *Colloquial* intensely irritable; grumpy. –**bearish** *adj.*

beard /bɪəd/ *n.* **1.** the growth of hair on the face of an adult male, sometimes exclusive of the moustache. **2.** *Botany* a tuft or growth of awns or the like, as in wheat, barley, etc. **3.** a barb or catch on an arrow, fishhook, knitting needle, crochet hook, etc. –*v.t.* **4.** to oppose boldly; defy. –**bearded** *adj.* –**beardless** *adj.* –**beardlike** *adj.* –**beardlessness** *n.*

beardy /'bɪədi/ *n.* any plant of the terrestrial orchid genus *Calochilus* of Australia, New Zealand, and New Caledonia, with a labellum covered with long, dense, reddish bristly red hairs. Also, **beard orchid**.

bearing /'bɛərɪŋ/ *n.* **1.** the manner in which one bears or carries oneself, including posture, gestures, etc.: *a person of dignified bearing*. **2.** (sometimes fol. by *on*) reference, relation, or relevance: *some bearing on the problem*. **3.** *Architecture* **a.** a supporting part, as in a structure. **b.** the contact area between a load-carrying member and its support. **4.** *Machinery* a part in which a journal, pivot, or the like, turns or moves. **5.** *Geography* a horizontal angle measured from 0° to 90° fixing the direction of a line with respect to either the north or south direction. **True bearings** are referred to the true north direction, **magnetic bearings** to magnetic north (or south). **6.** (*often plural*) direction or relative position, determined by reference to known points: *the pilot took his bearings*. **7.** *Heraldry* any single device on a coat of arms; a charge. –*phr.* **8. get one's bearings**, to establish one's position in or as in relation to one's environment, circumstances, etc. **9. lose one's bearings**, to become lost, especially by losing one's sense of relative position in or as in a particular environment, set of circumstances, etc.

bear market *n. Stock Exchange* a period of depressed trading during and after a fall in share prices, when traders consider there is little chance of quick recovery.

beast /bist/ *n.* **1.** any animal except a human, but especially a large four-footed one. **2.** a steer, bullock, cow or heifer raised for meat production. **3.** the animal nature common to humans and non-humans. **4.** a coarse, filthy, or otherwise beastlike person. –**beastlike** *adj.*

beastly /'bistli/ *adj.* **beastlier**, **beastliest**. **1.** of or like a beast; bestial. **2.** *Colloquial* nasty; disagreeable. –**beastliness** *n.*

beat /bit/ *v.* **beat**, **beaten** *or* **beat**, **beating**, *n.*, *adj.* –*v.t.* **1.** to strike repeatedly and usually violently.

beat

2. to thrash, cane, or flog, as a punishment. **3.** to whisk; stir, as in order to thicken or aerate: *to beat cream, beat eggwhite.* **4.** to dash against: *rain beating the trees.* **5.** to flutter or flap: *a bird beating its wings.* **6.** to sound as on a drum. **7.** to make (a path) by repeated treading. **8.** *Music* to mark (time) by strokes, as with the hand or a metronome. **9.** *Hunting* to scour (forest, grass, bush, etc.) in order to rouse game. **10.** to overcome in a contest; defeat. **11.** to break or destroy (a habit or the like). **12.** to be superior to. **13.** to frustrate or baffle; be too difficult for **14.** to take measures to counteract or offset: *leaving early to beat the rush hour.* **15.** to anticipate (someone) in reaching or achieving a goal: *she beat him to the corner.* **16.** *US* to swindle or cheat: *to beat someone out of five hundred dollars.* –*v.i.* **17.** to strike repeated blows; pound. **18.** to throb or pulsate. **19.** to radiate intense light or heat; glare: *the sun beat down on his head.* **20.** to fall violently: *the rain beat down on the roof.* **21.** to dash (*against, on,* etc.). **22.** *Physics* to make a beat or beats. **23.** *Nautical* to make progress to windward by sailing full and by, first on one tack and then on the other. –*n.* **24.** a stroke or blow. **25.** the sound made by it. **26.** a throb or pulsation. **27.** a beaten path or habitual round, as of a police officer. **28.** *Colloquial* a similar habitual round or path followed by a prostitute looking for clients, or people looking for a sexual partner. **29.** *Colloquial* a place, as a club, men's toilet, etc., used for anonymous male homosexual intercourse. **30.** the area of land a musterer must clear of sheep or cattle. **31.** *Music* **a.** the audible, visual, or mental marking of the metrical divisions of music. **b.** a stroke of the hand, baton, etc., marking time division or accent for music during performance. **32.** *Prosody* the accent, stress, or ictus, in a foot or rhythmical unit of poetry. **33.** *Physics* a periodic fluctuation caused by simultaneous occurrence of two waves, currents, or sounds of slightly different frequency. –*adj.* **34.** *Colloquial* exhausted; worn out: *I'm beat after working all day.* **35.** *Colloquial* defeated **36.** of or relating to the beat generation or their culture. –*phr.* **37. beat about the bush,** to approach a matter in a roundabout way; avoid coming to the point. **38. beat a retreat,** to withdraw hurriedly. **39. beat down, a.** to subdue; subject; overcome. **b.** to suppress or override (opposition, etc.) **c.** *Colloquial* to secure a lower price from by haggling. **40. beat it,** *Colloquial* to go away; depart. **41. beat off, a.** to repulse; thrust aside. **b.** *Colloquial* ‡ to masturbate. **42. beat out, a.** to hammer (metal) thin; flatten. **b.** to forge or make by repeated blows. **c.** to put out (a fire) by beating it: *to beat out the flame.* **d.** to mark out (a rhythm) with the hand. **43. beat the count,** *Boxing* to rise from the floor of the ring before the referee has counted ten. **44. beat the drum,** to enforce a view by overemphasis. **45. beat up, a.** to assault (someone). **b.** to damage (something). **c.** *Journalism* to exaggerate (a story).

beat box *n.* a music synthesiser which produces a rhythmic beat.

beatific /biə'tɪfɪk/ *adj.* **1.** bestowing blessedness or beatitude: *a beatific gesture.* **2.** blissful: *a beatific vision or smile.* –**beatifically** *adv.*

beatify /bi'ætəfaɪ/ *v.t.* **-fied, -fying.** *Roman Catholic Church* to declare (a deceased person) to be among the blessed, and thus entitled to specific religious honour. –**beatification** *n.*

beatitude /bi'ætə,tjud/ *n.* **1.** supreme blessedness; exalted happiness. **2.** (*often cap.*) *Theology* any one of the declarations of blessedness pronounced by Christ in the Sermon on the Mount, such as 'Blessed are the poor'.

beatnik /'bitnɪk/ *n. Colloquial* someone who avoids traditional conventions of behaviour, dress, etc.

beau /boʊ/ *n.* **beaus** *or* **beaux** /boʊz/. **1.** a lover; sweetheart. **2.** a lady's escort. **3.** a dandy; fop. –**beauish** *adj.*

Beaufort scale /'boʊfət skeɪl/ *n.* a numerical scale for indicating the force or velocity of the wind, ranging from 0 for calm to 12 for hurricane, or velocities above 120 km/h.

beaujolais /boʊʒəˈleɪ/ *n.* **1.** a light red or white wine from the Beaujolais region in south-eastern France. **2.** (in unofficial use) a similar light red wine.

beaut /bjut/ *Australian, NZ Colloquial* –*adj.* **1.** fine; good: *a beaut car.* –*interj.* **2.** Also, **you beaut!**. (an exclamation of approval, delight, enthusiasm, etc.) –*n.* **3.** Also, **beauty. a.** something successful or highly valued. **b.** a pleasant, agreeable, trustworthy person.

beauteous /'bjutiəs/ *adj.* beautiful. –**beauteously** *adv.* –**beauteousness** *n.*

beautician /bju'tɪʃən/ *n.* a person skilled in cosmetic treatment and beauty aids.

beautiful /'bjutəful/ *adj.* **1.** having or exhibiting beauty. **2.** very pleasant: *a beautiful meal.* **3.** perfect: *a beautiful example.* –*phr.* **4. the beautiful,** an aesthetic or philosophical concept of beauty. **5. the beautiful people, a.** a fashionable social set of wealthy, well-groomed, usually young people. **b.** hippies. –**beautifully** *adv.*

beautify /'bjutəfaɪ/ *v.t.* **-fied, -fying.** –*v.t.* to decorate, adorn or make more beautiful: *a plan to beautify the city.* –**beautification** /bjutəfəˈkeɪʃən/ *n.* –**beautifier** *n.*

beauty /'bjuti/ *n.* **-ties. 1.** that quality which causes pleasure or admiration or delights the aesthetic sense. **2.** something or someone beautiful. **3.** a particular advantage: *the beauty of this job is the long holidays.* –*interj.* **4.** *Australian, NZ* (an exclamation of approval, delight, etc.).

beauty spot *n.* **1.** a patch worn on the face or elsewhere to set off the fairness of the skin. **2.** a place of scenic beauty.

beaver /'bivə/ *n.* **1.** an amphibious rodent of the genus *Castor*, of Europe, Asia and North America, valued for its fur and formerly for castor, and noted for its ingenuity in damming streams with trees, branches, stones, mud, etc. **2.** a flat, round hat made of beaver fur or a similar fabric. –*phr.* **3. beaver away**, (sometimes fol. by *at*) to work hard, like a beaver. –**beaver-like** *adj.*

bebop /'bibɒp/ *n.* a style of jazz composition and performance characterised by dissonant harmony, complex rhythmic devices, and experimental, often bizarre, instrumental effects. Also, **bop, rebop.** –**bebopper** *n.*

became /bə'keɪm/ *v.* past tense of **become**.

because /bɪ'kɔz, -'kɒz, bə-/ *conj.* **1.** for the reason that; due to the fact that: *the game was abandoned because it rained.* –*phr.* **2. because of,** by reason of; on account of: *the game was abandoned because of rain.*

beck /bɛk/ *phr.* **at someone's beck and call,** ready to obey someone immediately; subject to someone's slightest wish.

beckon /'bɛkən/ *v.t.* **1.** to signal, summon, or direct by a gesture of the hand. **2.** to lure; entice. –*v.i.* **3.** to make a summoning gesture. –**beckoner** *n.*

become /bə'kʌm/, bi-/ *v.* **became, become, becoming.** –*v.* (*cop*) **1.** to come or grow to be: *he became tired.* **2.** to develop into: *he became a director.* –*v.t.* **3.** to befit; suit: *that dress becomes you.* –*phr.* **4. become of,** to be the fate of: *what will become of him?*

becoming /bə'kʌmɪŋ, bi-/ *adj.* **1.** attractive: *a becoming dress.* **2.** suitable; proper: *a becoming* sentiment. **–becomingly** *adv.* **–becomingness** *n.*

bed /bɛd/ *n., v.* **bedded, bedding.** *–n.* **1.** a piece of furniture upon which or within which a person sleeps. **2.** the use of a bed for the night; lodging. **3.** a place for sexual relations: *she took him to her bed.* **4.** a piece of ground (in a garden) in which plants are grown. **5.** the ground under a body of water: *the bed of a river.* **6.** a piece or part forming a foundation or base. **7.** *Geology* a sedimentary rock unit with essentially uniform composition, marked by a more or less well-defined divisional plane from its neighbours above and below. *–v.t.* **8.** *Horticulture* to plant in or as in a bed. **9.** to lay flat, or in a bed or layer. **10.** to embed, as in a substance. **11.** to go to bed with (someone) for sexual intercourse. *–phr.* **12. a bed of roses,** an extremely pleasant situation. **13. bed down, a.** to provide (someone) with a bed. **b.** to put (someone) to bed. **c.** to make a bed for (a horse, cattle, domestic animal, etc.). **d.** to go to bed. **14. put to bed, a.** to ensure (someone) goes to bed. **b.** *Printing* to lock up (a publication) in formes in a press before printing. **c.** to consign (a publication) to the printing process. **–bedlike** *adj.* **–beddable** *adj.*

bedbug /'bɛdbʌg/ *n.* a small flat, wingless, hemipterous, bloodsucking insect, *Cimex lectularius,* that infests houses and especially beds; cimex.

bedding /'bɛdɪŋ/ *n.* **1.** blankets, sheets, for a bed; bedclothes. **2.** litter; straw, etc., as a bed for animals.

bedeck /bə'dɛk, bi-/ *v.t.* to deck out; showily adorn.

bedevil /bə'dɛvəl, bi-/ *v.t.* **-illed** or *Chiefly US* **-iled, -illing** or *Chiefly US* **-ling. 1.** to treat diabolically; torment maliciously. **2.** to possess as with a devil; bewitch. **3.** to confound; muddle; spoil. **–bedevilment** *n.*

bedlam /'bɛdləm/ *n.* **1.** a scene of wild uproar and confusion. **2.** any lunatic asylum; a madhouse.

bedouin /'bɛduən/ *n.* **1.** *(cap.)* Also, **Beduin.** a member of any of the nomadic tribes of Arabs that inhabit the deserts of Asia or Africa. **2.** a wanderer.

bedpan /'bɛdpæn/ *n.* **1.** a shallow toilet pan for use by persons confined to bed. **2.** a warming pan.

bedraggled /bə'drægəld, bi-/ *adj.* wet and dishevelled.

bedridden /'bɛdrɪdn/ *adj.* confined to bed.

bedrock /'bɛdrɒk/ *n.* **1.** *Geology* unbroken solid rock, overlaid in most places by soil or rock fragments. **2.** any firm foundation. *–phr.* **3. get down to bedrock,** *Colloquial* to come to the essentials.

bedroom /'bɛdrum/ *n.* **1.** a room set aside to sleep in. *–adj.* **2.** having to do with sexually explicit scenes in a film, play, etc., usually taking place in a bedroom.

bedspread /'bɛdsprɛd/ *n.* an outer covering, usually decorative, for a bed.

bedstead /'bɛdstɛd/ *n.* the framework of a bed supporting the springs and a mattress.

bed tax *n.* a tax which is imposed as a cost additional to the cost of accommodation.

bed-wetting /'bɛd-wɛtɪŋ/ *n.* → **enuresis.**

bee /bi/ *n.* **1.** any of various hymenopterous insects of the superfamily Apoidea, which includes many social and solitary bees of several families, as the bumblebees, honeybees, etc. **2.** the common honeybee, *Apis mellifera.* **3.** a local gathering for work, entertainment, contests, etc.: *spelling bee; working bee.* *–phr.* **4. a bee in one's bonnet, a.** an obsession. **b.** a slightly crazy idea, attitude, fad, etc. **5. the bee's knees,** *Colloquial* someone or something arousing great admiration. **–beelike** *adj.*

beech /bitʃ/ *n.* **1.** any tree of the genus *Fagus,* of temperate regions, having a smooth grey bark, and bearing small edible triangular nuts. **2.** the wood of such a tree. **3.** any species of the genus *Nothofagus* of southern temperate regions. **4.** any of certain unrelated species thought to be similar in appearance or timber, as the **white beech.** **–beechen** *adj.*

beef /bif/ *n.* **beeves** /bivz/*for def. 2* **beefs***for def. 5 v. –n.* **1.** the flesh of an animal of the genus *Bos,* used for food. **2.** a bull, cow, or steer, especially if intended for meat. **3.** *Colloquial* brawn; muscular strength. **4.** *Colloquial* weight, as of human flesh. **5.** *Chiefly US Colloquial* a complaint. *–v.i.* **6.** *Chiefly US Colloquial* to complain; grumble. *–phr.* **7. beef up,** *Colloquial* to strengthen; make more worthy of attention or interest as by increasing the volume, length, dramatic interest. **–beefy** *adj.*

beefcake /'bifkeɪk/ *n. Colloquial* **1.** photographs of attractive men, posed so as to display their bodies and emphasise their sex appeal, as in magazines, newspapers, etc. **2.** men's bodies viewed as sex objects suitable for such photographs. Compare **cheesecake** (def. 2).

beef tea *n.* an extract of beef made by heating chopped beef in water and straining it.

beehive /'bihaɪv/ *n.* **1.** a hive or receptacle, traditionally dome-shaped but now generally box-like, in which bees live. **2.** a crowded, busy place. **3.** a hat, house, or other object shaped like a traditional beehive. *–phr.* **4. the Beehive,** Parliament House, Wellington, NZ.

beeline /'bilaɪn/ *n.* a direct line, like the course of bees returning to a hive: *the hungry children made a beeline for the food.*

been /bin/ *weak form* /bən/ *v.* past participle of **be.**

beep /bip/ *n.* **1.** the sound made by a horn on a car or other vehicle. **2.** a short, high-pitched sound often electronically produced.

beer /bɪə/ *n.* **1.** an alcoholic beverage made by brewing and fermentation from cereals, usually malted barley and flavoured with hops, etc., to give a bitter taste. **2.** any of various beverages, whether alcoholic or not, made from roots, molasses, or sugar, yeast, etc.: *root beer, ginger beer.* **3.** a glass, can, etc., of beer: *let's have a beer.* **–beery** *adj.*

beet /bit/ *n.* any of various biennial plants of the genus *Beta,* whose varieties include the red beet, which has a fleshy edible root, and the sugar beet, which yields sugar. **–beetlike** *adj.*

beetle /'bitl/ *n., v.* **-tled, -tling.** *–n.* **1.** any insect of the order Coleoptera, characterised by having forewings modified as hard, horny structures (elytra), not vibrated in flight. **2.** any of various insects resembling beetles, as the common cockroach. **3.** *Colloquial* a Volkswagen car of the first type produced, so called because of its shape. **4.** a dice game in which the aim is to assemble or draw a beetle-shaped figure. *–v.i.* **5.** *Colloquial* to move (*off, along, down, up, through,* etc.) purposefully.

beetroot /'bitrut/ *n.* the edible root of the red beet.

befall /bə'fɔl, bi-/ *v.* **-fell, -fallen, -falling.** *–v.i.* **1.** to happen or occur. *–v.t.* **2.** to happen to.

befit /bə'fɪt, bi-/ *v.t.* **-fitted, -fitting.** to be fitting or appropriate for; be suited to: *his clothes befit the occasion.*

before /bə'fɔ, bi-/ *adv.* **1.** in front; in advance; ahead. **2.** in time preceding; previously. **3.** earlier or sooner: *begin at noon, not before.* *–prep.* **4.** in front of; ahead of; in advance of: *before the house.* **5.** previously to; earlier than: *before the war.* **6.** ahead of; in the future of; awaiting: *the golden age*

beforehand

is before us. **7.** in preference to; rather than: *they would die before yielding.* **8.** in precedence of, as in order or rank: *we put freedom before fame.* **9.** in the presence or sight of: *before an audience.* **10.** under the jurisdiction or consideration of: *before a magistrate.* –*conj.* **11.** previously to the time when: *before we go.* **12.** sooner than; rather than: *I will die before I submit.* –*phr.* **13. before the wind**, *Nautical* blown along by the wind.

beforehand /bə'fɔhænd, bi-/ *adv.* in anticipation; in advance; ahead of time.

befriend /bə'frɛnd, bi-/ *v.t.* to act as a friend to; aid.

befuddle /bə'fʌdl, bi-/ *v.t.* **-dled, -dling. 1.** to make stupidly drunk. **2.** to confuse, as with glib argument.

beg /bɛg/ *v.* **begged, begging.** –*v.t.* **1.** to ask for in charity; ask as alms. **2.** to ask for, or of, with humility or earnestness, or as a favour: *to beg forgiveness; to beg him to forgive me.* **3.** to assume or demand permission (to say or do something): *to beg to differ; to beg to point out an error.* –*v.i.* **4.** to ask alms or charity; live by asking alms. **5.** (sometimes fol. by *for*) to ask humbly or earnestly: *to beg for help.* –*phr.* **6. beg off,** to excuse oneself from: *to beg off going to the pictures.* **7. beg the question, a.** to assume the very point raised in a question. **b.** to prompt or raise the question: *saying that women should be paid to stay at home begs the question of who is to fund it.* **c.** to evade the point at issue. **8. beg your pardon** or **beg yours,** *Colloquial* (an exclamation of polite apology). **9. go begging,** to be unwanted; be unclaimed.

began /bə'gæn, bi-/ *v.* past tense of **begin**.

beget /bə'gɛt, bi-/ *v.t.* **begot, begotten** or **begot, begetting. 1.** to procreate or generate (used chiefly of the male parent). **2.** to cause; produce as an effect. –**begetter** *n.*

beggar /'bɛgə/ *n.* **1.** one who begs alms, or lives by begging. **2.** a penniless person. **3.** (in playful use) a wretch or rogue: *a dear little beggar.* –*v.t.* **4.** to reduce to beggary; impoverish. **5.** to exhaust the resources of: *to beggar description.* –*phr.* **6. a beggar for punishment,** someone who consistently exerts himself or herself. –**beggarly** *adv.* –**beggary** *n.* –**beggardom** /'bɛgədəm/, **beggarhood** *n.* –**beggarman** *n.*

begin /bə'gɪn/ *v.* **began** or **begun, beginning.** –*v.i.* **1.** to enter upon an action; take the first step; commence; start. **2.** to come into existence; arise; originate. –*v.t.* **3.** to take the first step in; set about; start; commence. **4.** to originate; be the originator of. –*phr.* **5. to begin with, a.** in the first place; firstly. **b.** as a start. –**beginner** *n.*

begone /bə'gɒn, bi-/ *v.i.* (*usually imperative*) to go away, depart.

begonia /bə'gouniə, -jə/ *n.* any plant of the tropical genus *Begonia*, including species much cultivated for their handsome, succulent, often varicoloured leaves and waxy flowers.

begrudge /bə'grʌdʒ, bi-/ *v.t.* **-grudged, -grudging. 1.** to be discontented at seeing (a person) have (something): *to begrudge someone their good fortune.* **2.** to be reluctant to give, grant, or allow: *to begrudge him the money he earned.*

beguile /bə'gaɪl, bi-/ *v.t.* **-guiled, -guiling. 1.** to influence by guile; mislead; delude. **2.** to charm or divert. **3.** to while away (time) pleasantly. –*phr.* **4. beguile someone of something,** to take something away from someone by artful tactics. –**beguilement** *n.* –**beguiler** *n.*

begun /bə'gʌn, bi-/ *v.* past participle of **begin**.

behalf /bə'haf, bi-/ *n.* side, interest, or aid (preceded by *on*): *on behalf of his country.*

beleaguer

behave /bə'heɪv, bi-/ *v.* **-haved, -having.** –*v.i.* **1.** to conduct oneself or itself; act: *the ship behaves well.* **2.** to act in a socially acceptable manner: *did the child behave?* –*phr.* **3. behave oneself, a.** to conduct oneself in a specified way. **b.** to conduct oneself properly.

behaviour = behavior /bə'heɪvjə, bi-/ *n.* **1.** manner of behaving or acting. **2.** *Psychology* the actions or activities of the individual as matters of psychological study. –**behavioural** *adj.*

behaviourism = behaviorism /bə'heɪvjə,rɪzəm, bi-/ *n.* the study, in humans and animals, of externally observable behavioural responses as functions or environmental stimuli; mental states are either ignored or redefined in stimulus/response terms. –**behaviourist** *n., adj.*

behead /bə'hɛd, bi-/ *v.t.* to cut off the head of; kill or execute by decapitation.

beheld /bə'hɛld, bi-/ *v.* past tense and past participle of **behold**.

behest /bə'hɛst, bi-/ *n.* bidding or injunction; mandate or command.

behind /bə'haɪnd, bi-/ *prep.* **1.** at the back of: *behind the house.* **2.** after; later than: *behind schedule.* **3.** less advanced than: *behind his class in science.* **4.** on the far side of; beyond: *behind the mountain.* **5.** supporting; promoting: *the council is behind the idea.* **6.** hidden by: *bitterness lay behind her smile.* –*adv.* **7.** at or towards the back: *she pushed him behind.* **8.** in a place, state or stage already passed: *he left his wallet behind.* **9.** late: *behind with the rent.* **10.** slow, as a watch or clock. –*n.* **11.** the buttocks. **12.** *Australian Rules* a score of one point, achieved by putting the ball between a goal post and an outer post.

behindhand /bə'haɪndhænd, bi-/ *adj.* **1.** late. **2.** behind in progress; backward. **3.** in arrears: *behindhand with payments.*

behold /bə'hould, bi-/ *v.* **-held, -holding,** *interj.* –*v.t.* **1.** to observe; look at; see. –*interj.* **2.** look! see! –**beholder** *n.*

beholden /bə'houldn, bi-/ *adj.* under an obligation; indebted.

behove /bə'houv, bi-/ *v.* **-hoved, -hoving.** –*v.t.* to be needful or proper for or incumbent on (now only in impersonal use): *it behoves me to see him.* Also, *Chiefly US,* **behoove** /bə'huv/.

beige /beɪʒ/ *n.* a very light brown, as of undyed wool; light grey with brownish tinge.

being /'biːɪŋ/ *n.* **1.** existence; life: *what is the purpose of our being?* **2.** nature; self: *she threw her whole being into the task.* **3.** something that lives or exists: *beings on a strange planet; a human being.* **4.** *Philosophy* **a.** that which has reality either materially or in idea. **b.** absolute existence in a complete or perfect state, lacking no necessary characteristic; essence.

belabour = belabor /bə'leɪbə, bi-/ *v.t.* **1.** to beat vigorously; ply with heavy blows. **2.** to assail persistently, as with ridicule.

belated /bə'leɪtəd, bi-/ *adj.* coming or being late or too late. –**belatedly** *adv.* –**belatedness** *n.*

belay /bə'leɪ, bi-/ *v.* **-layed, -laying.** –*v.t.* **1.** *Nautical* to fasten (a rope) by winding around a pin or short rod inserted in a holder so that both ends of the rod are clear. **2.** *Mountaineering* to secure (a rope or person) by a turn of rope round a rock or piton. –*v.i.* **3.** (*used chiefly in the imperative*) to stop. **4.** to make a rope fast.

belch /bɛltʃ/ *v.i.* **1.** to eject wind spasmodically and noisily from the stomach through the mouth; eructate; burp. **2.** to emit contents violently, as a gun, geyser, or volcano. –*v.t.* **3.** to eject spasmodically or violently; give forth. –*n.* **4.** a belching; eructation. –**belcher** *n.*

beleaguer /bə'ligə, bi-/ *v.t.* **1.** to surround with an

belfry

army. **2.** to surround: *beleaguered with annoyances.* –**beleaguered** *adj.* –**beleaguerer** *n.*

belfry /'bɛlfri/ *n.* **-ries. 1.** a belltower, either attached to a church or other building or standing apart. **2.** the part of a steeple or other structure in which a bell is hung. **3.** a frame of timberwork which may sustain a bell.

belie /bə'laɪ, bi-/ *v.t.* **-lied, -lying. 1.** to misrepresent: *his face belied his thoughts.* **2.** to show to be false: *his trembling belied his calm words.* –**belier** *n.*

belief /bə'lif, bi-/ *n.* **1.** something that is believed; an accepted opinion. **2.** conviction of the truth or reality of a thing, based upon grounds insufficient to afford positive knowledge: *statements unworthy of belief.* **3.** confidence; faith; trust: *a child's belief in his or her parents.*

believe /bə'liv, bi-/ *v.t.* **-lieved, -lieving. 1.** to have belief in; credit; accept as true: *to believe a person or a story.* **2.** to think: *I believe he has left the city.* –*phr.* **3. believe in, a.** to have confidence in; trust; rely through faith on: *I believe in you implicitly.* **b.** to be persuaded of the truth, existence, etc., of: *he still believes in Santa Claus* **c.** to accept (a doctrine, principle, system, etc.).: *I don't believe in private education.* –**believable** *adj.* –**believer** *n.* –**believingly** *adv.*

belittle /bə'lɪtl, bi-/ *v.t.* **-tled, -tling.** to make little or less important; depreciate; disparage.

bell /bɛl/ *n.* **1.** a sounding instrument, usually of metal, cup-shaped with a flaring mouth, rung by the strokes of a clapper, tongue, or hammer suspended within it. **2.** any instrument emitting a ringing signal, especially an electrical device in which an electromagnet causes a hammer to strike repeatedly a hollow metal hemisphere, producing a continuous ringing sound, as a doorbell. **3.** the stroke, sound, or signal emitted by such an instrument. **4.** *Colloquial* a telephone call: *to give someone a bell.* **5.** *Nautical* the half-hourly subdivisions of a watch of four hours, each being marked by single or double strokes of a bell. **6.** any object in the shape of a traditional bell (def. 1). **7.** the end of a musical wind instrument, or any tube when its edge has been turned out and enlarged. **8.** *Zoology* → **umbrella** (def. 2). –*v.t.* **9.** to put a bell on (grazing cattle, etc.), so as to know where they are: *the horses had been hobbled and belled for the night.* **10.** *Colloquial* to make a telephone call to. –*phr.* **11. bells and whistles,** additional features, especially those which are of a frivolous and a superficially attractive nature. **12. bell the cat,** to undertake a dangerous enterprise for the common good. **13. ring a bell,** *Colloquial* to jog the memory. **14. with bells on,** *Colloquial* **a.** in all one's finery. **b.** ready and eager. –**bell-like** *adj.*

belladonna /bɛlə'dɒnə/ *n.* **1.** a poisonous plant, *Atropa belladonna*, of the family Solanaceae; deadly nightshade. **2.** either of two drugs, atropine and hyoscyamine, obtained from this plant, and used as a cardiac or respiratory stimulant, or an antispasmodic.

bellbird /'bɛlbɜd/ *n.* **1.** Also, **bell-miner.** a yellowish-green honeyeater, *Manorina melanophrys*, with a distinctive, tinkling, bell-like call, found especially near water in wooded coastal and mountain areas from southern Queensland to Victoria. **2.** a New Zealand honeyeater, *Anthornis melanura*; korimako; makomako.

bellboy /'bɛlbɔɪ/ *n.* a young employee in a hotel who carries luggage, runs errands, etc.

belle /bɛl/ *n.* a woman or girl admired for her beauty; a reigning beauty.

bellicose /'bɛləkoʊs/ *adj.* inclined to war; warlike; pugnacious. –**bellicosely** *adv.* –**bellicosity** /bɛlə'kɒsəti/ *n.*

belligerent /bə'lɪdʒərənt/ *adj.* **1.** warlike; given to waging war. **2.** of warlike character: *a belligerent tone.* **3.** relating to war, or to those engaged in war: *belligerent rights.* **4.** aggressive; argumentative. –*n.* **5.** a state or nation at war, or a member of the military forces of such a state. –**belligerence, belligerency** *n.* –**belligerently** *adv.*

bell jar *n.* a bell-shaped glass vessel or cover, as for protecting delicate instruments, bric-a-brac, etc., or for holding gases in chemical operations. Also, **bell glass.**

bell-miner /'bɛl-maɪnə/ *n.* → **bellbird** (def. 1).

bellow /'bɛloʊ/ *v.i.* **1.** to make a hollow, loud, animal cry, as a bull or cow. **2.** to roar; bawl: *bellowing with rage.* –*v.t.* **3.** to utter in a loud deep voice: *to bellow forth an answer.* –*n.* **4.** the act or sound of bellowing. –**bellower** *n.*

bellows /'bɛloʊz/ *n.* (*singular and plural*) **1.** an instrument or machine for producing a strong current of air, as for a draught for a fire or sounding an organ or other musical instrument, consisting essentially of an air-chamber which can be expanded to draw in air through a valve and contracted to expel the air through a tube or tubes. **2.** anything resembling or suggesting a bellows, as the collapsible part of a camera or enlarger.

belly /'bɛli/ *n.* **-ies,** *v.* **-ied, -ying.** –*n.* **1.** the front or underneath part of a vertebrate animal from the chest to the thighs, containing the stomach, bowel, etc; the abdomen. **2.** the stomach. **3.** appetite for food; gluttony. **4.** the inside of anything: *the belly of a ship.* **5.** a raised section of anything, as of a bottle, etc. **6.** the front, inner, or underneath part (opposed to *back*). –*v.i.* **7.** to become swollen: *the sails bellied in the wind.* –*v.t.* **8.** to make swollen: *the wind bellied the sails.*

bellyache /'bɛli-eɪk/ *n.,* *v.* **-ached, -aching.** *Colloquial* –*n.* **1.** a pain in the stomach, especially colic. **2.** a complaint. –*v.t.* **3.** to complain or grumble. –**bellyacher** *n.*

belong /bə'lɒŋ/ *v.i.* **1.** to be usually or rightly placed: *the knives belong in the drawer.* **2.** to have the proper social qualifications: *he doesn't belong.* **3.** to be proper or due. –*phr.* **4. belong to, a.** to bear a relation to as a member, adherent, inhabitant, etc.: *to belong to the soccer club.* **b.** to be the property of: *the book belongs to him.* **c.** to be an appurtenance, adjunct, or part of: *that lid belongs to this jar.* **d.** to be a property, function, or concern of: *attributes which belong to nature.*

beloved /bə'lʌvəd, -'lʌvd, bi-/ *adj.* **1.** greatly loved; dear to the heart. –*n.* **2.** someone who is greatly loved.

below /bə'loʊ, bi-/ *adv.* **1.** in or to a lower place; beneath. **2.** on or to a lower floor; downstairs. **3.** at a later point on a page or in writing: *see below for further notes.* **4.** in a lower rank or grade: *the class below.* –*prep.* **5.** lower than: *below the knee; below the usual cost.* **6.** unworthy of.

belt /bɛlt/ *n.* **1.** a band of flexible material, as leather, worn around the waist to support clothing, for decoration, etc. **2.** *Sport* such a band as a token of honour or achievement. **3.** *Surf Lifesaving* a wide canvas belt which is worn by the member of the surf lifesaving team who swims out to effect a rescue, and which is attached to the surf-line. **4.** any encircling or transverse band, strip, or strips. **5.** a large strip of land having distinctive properties or characteristics: *the wheat belt.* **6.** *Machinery* **a.** a flexible band or cord connecting and pulling about each of two or more wheels, pulleys or the like, to transmit or change the direction of motion. **b.** conveyor belt. **7.** *Military* **a.** a cloth strip with loops, or a series of metal links with grips, for holding cartridges which are fed into an automatic gun. **b.** a band of leather or webbing, worn around the waist and used as a support for weapons, ammunition, etc. **8.** *Boxing* an imaginary line round the body at the level of the navel below which the boxer must not strike. *–v.t.* **9.** to gird or furnish with a belt. **10.** to surround or mark as if with a belt. **11.** to fasten on (a sword, etc.) by means of a belt. **12.** to beat with a belt, strap, etc. *–phr.* **13. below the belt**, against the rules; unfairly. **14. belt along**, *Colloquial* to move quickly or expeditiously. **15. belt into, a.** to begin with speed and vigour. **b.** *Colloquial* to eat or drink quickly: *belt that food into you.* **16. belt out**, to sing very loudly and often raucously. **17. belt up**, *Colloquial* **a.** to be quiet; shut up. **b.** to fasten a safety belt. **c.** to beat; strike.

bemoan /bəˈmoʊn, bi-/ *v.t.* **1.** to moan over; bewail; lament. **2.** to express pity for.

bemused /bəˈmjuzd, bi-/ *adj.* **1.** confused; muddled; stupefied. **2.** lost in thought; preoccupied.

bench /bɛntʃ/ *n.* **1.** a long seat with or without a back to accommodate several people. **2.** a seat on which members sit in a house of parliament. **3.** a seat occupied by a person in his or her official capacity. **4.** the strong work-table of a carpenter or other mechanic. **5.** → **kitchen bench**. **6.** *Mining* a step or working elevation in a mine. *–v.t.* **7.** to place in exhibition: *to bench a dog.* *–phr.* **8. the bench**, **a.** the position or office of a judge: *appointed to the bench.* **b.** the body of persons sitting as judges. **c.** *Sport* the reserve players present at a game. **–benchless** *adj.*

benchmark /ˈbɛntʃmak/ *n.* **1.** a point of reference from which quality or excellence is measured. *–adj.* **2.** having to do with a benchmark. *–v.t.* **3.** to set a benchmark for: *this case will benchmark all future judgments in the wages area.*

bend /bɛnd/ *v.* **bent, bending**, *n.* *–v.t.* **1.** to force into a different or particular, especially curved, shape, as by pressure. **2.** to cause to submit: *to bend someone to one's will.* **3.** to turn in a particular direction. *–v.i.* **4.** to become curved, crooked, or bent. **5.** to assume a bent posture; stoop. **6.** to bow in submission or reverence; yield; submit. *–n.* **7.** the act of bending. **8.** a bent thing or part; curve; crook. **9.** *Nautical* a knot by which a rope is fastened to another rope or to something else. *–phr.* **10. bend over backwards**, to exert oneself to the utmost; make a strenuous effort. **11. bend the elbow**, *Colloquial* to drink alcoholic liquor, usually to excess. **12. bend towards**, to incline mentally: *to bend towards an innovative approach.* **13. round the bend**, *Colloquial* mad. **–bendable** *adj.*

bender /ˈbɛndə/ *n. Colloquial* a drinking spree.

bends /bɛndz/ *pl. n.* **the**, a dangerous disorder where nitrogen bubbles form in the blood because of a too rapid decrease in surrounding pressure, found especially in divers who have surfaced too quickly.

bene- a word element meaning 'well', as in *benediction*.

beneath /bəˈniθ, bi-/ *adv.* **1.** below; in a lower place, position, state, etc. **2.** underneath: *the heaven above and the earth beneath.* *–prep.* **3.** below; under: *beneath the same roof.* **4.** further down than; underneath. **5.** lower in position, power, etc., to: *a captain is beneath a general.* **6.** unworthy of; below the level of: *beneath your notice.*

benediction /bɛnəˈdɪkʃən/ *n. Ecclesiastical* **1.** the act of uttering a blessing. **2.** the form of blessing pronounced by an officiating minister, as at the close of divine service, etc. **3.** the advantage conferred by blessing; a mercy or benefit. **–benedictional** *adj.* **–benedictory** /bɛnəˈdɪktəri/ *adj.*

benefactor /ˈbɛnəfæktə, bɛnəˈfæktə/ *n.* **1.** someone who confers a benefit; kindly helper. **2.** someone who makes a bequest or endowment. **–benefactress** /ˈbɛnəfæktrəs, bɛnəˈfæktrəs/ *fem. n.*

beneficent /bəˈnɛfəsənt/ *adj.* doing good or causing good to be done; conferring benefits; kindly in action or purpose. **–beneficence** *n.* **–beneficently** *adv.*

beneficial /bɛnəˈfɪʃəl/ *adj.* **1.** conferring benefit; advantageous; helpful. **2.** *Law* helpful in the meeting of needs: *a beneficial association.* **–beneficially** *adv.*

beneficiary /bɛnəˈfɪʃəri/ *n.* **-ries**. someone who receives benefits, profits, or advantages.

benefit /ˈbɛnəfət/ *n., v.* **-fited, -fiting**. *–n.* **1.** an act of kindness. **2.** anything that is for the good of a person or thing. **3.** any public performance to raise money for a worthy purpose. **4.** payment or other assistance given by an insurance company, public agency, etc. *–v.t.* **5.** to do good to: *the holiday will benefit her.* *–v.i.* **6.** to gain advantage: *he will benefit from the will.*

benevolent /bəˈnɛvələnt/ *adj.* **1.** desiring to do good for others. **2.** intended for benefits rather than profit: *a benevolent institution.* **–benevolence** *n.* **–benevolently** *adv.*

benighted /bəˈnaɪtəd/ *adj.* **1.** intellectually or morally ignorant; unenlightened. **2.** overtaken by darkness or night.

benign /bəˈnaɪn/ *adj.* **1.** of a kind disposition; kind. **2.** showing or caused by gentleness or kindness: *a benign smile.* **3.** favourable; propitious: *benign planets.* **4.** *Pathology* not malignant: *a benign tumour.* **–benignity** /bəˈnɪgnəti/ *n.* **–benignly** *adv.*

benign neglect *n.* neglect which has beneficial results, possibly better results than if there had been active involvement or concern: *a foreign policy of benign neglect.*

bent /bɛnt/ *adj.* **1.** curved; crooked: *a bent stick, bow, etc.* **2.** *Colloquial* stolen: *to sell bent goods.* **3.** *Colloquial* thievish; having little or no regard for the law; dishonest: *a bent cop.* **4.** *Colloquial* diverging from what is considered to be normal or conservative behaviour, as by taking illegal drugs, practising homosexuality, etc. **5.** *Music* of a tone, slightly altered from the pitch of the diatonic scale, as a bent note. *–n.* **6.** bent state or form. **7.** direction taken; inclination; leaning; bias: *a bent for painting.* **8.** capacity of endurance. **9.** *Civil Engineering* a transverse frame of a bridge or a building, designed to support either vertical or horizontal loads. *–phr.* **10. bent on**, set on: *bent on pleasure; bent on having fun.*

benumb /bəˈnʌm, bi-/ *v.t.* **1.** to make numb; deprive of sensation: *benumbed by cold.* **2.** to render inactive; stupefy.

benzene /ˈbɛnzin, bɛnˈzin/ *n.* a colourless, volatile, flammable, liquid, aromatic hydrocarbon, C_6H_6, obtained chiefly from coal tar, and used as a solvent for resins, fats, etc., and in the manufacture of dyes, etc.

benzine /ˈbɛnzin, bɛnˈzin/ *n.* a colourless, volatile, flammable liquid, a mixture of various hydrocarbons, obtained in the distillation of petroleum, and used in cleaning, dyeing, etc.

benzol /ˈbɛnzɒl/ *n.* crude industrial benzene. Also, **benzole**.

bequeath /bəˈkwið, '-kwiθ/ *v.t.* **1.** *Law* to dispose by last will of (personal property, especially money). **2.** to hand down; pass on. **–bequeathal** /bəˈkwiðəl/ *n.*

bequest /bəˈkwɛst, bi-/ *n.* **1.** *Law* a disposition in a will concerning personal property, especially

berate money. **2.** a legacy.

berate /bəˈreɪt/ v.t. **-rated, -rating.** to scold.

bereave /bəˈriːv/ v.t. **-reaved** or **-reft, -reaving.** (*usually in the passive*) **1.** to deprive ruthlessly, especially of hope, joy, etc.: *bereft of all their lands*. **2.** to make desolate through loss, especially by death: *bereaved of their mother*. –**bereavement** n.

bereft /bəˈrɛft/ v. **1.** past participle of **bereave**. –adj. **2.** suffering loss; deprived of possession: *bereft of his family*. **3.** lacking: *bereft of meaning*.

beret /ˈbɛreɪ/ n. a soft, round, peakless cap that fits closely.

beri-beri /ˈbɛri-bɛri/ n. a disease of the peripheral nerves caused by deficiency in vitamin B_1 and marked by pain in and paralysis of the extremities, and severe emaciation or swelling of the body.

berley /ˈbɜli/ n. *Australian, NZ* any bait, as chopped fish or broken bread or chopped green weed mixed with sand, spread on the water by fishermen to attract fish.

berry /ˈbɛri/ n. **-ries. 1.** any small, (usually) stoneless and juicy fruit, irrespective of botanical structure, as the gooseberry, strawberry, holly berry, rosehip, etc. **2.** a dry seed or kernel, as of wheat. **3.** *Botany* a simple fruit having a pulpy pericarp in which the seeds are embedded, as the grape, gooseberry, currant, tomato, etc. –**berryless** adj. –**berrylike** adj.

berserk /bəˈzɜk/ adj. **1.** violently and destructively frenzied. –phr. **2. go berserk,** to behave in an emotional and extravagant fashion, as from anger or grief.

berth /bɜθ/ n. **1.** a shelf-like space, bunk, or whole room allotted to a traveller on a vessel or a train as a sleeping space. **2.** *Nautical* **a.** room for a vessel to moor at a dock or ride at anchor. **b.** a space allowed for safety or convenience between a vessel and other vessels, rocks, etc. **3.** any place allotted to a person. **4.** *Colloquial* a job; position. –v.t. **5.** *Nautical* to assign or allot anchoring ground to; give space to lie in, as a ship in a dock. –v.i. **6.** *Nautical* to come to a dock, anchorage, or mooring. –phr. **7. give a wide berth to,** to avoid; keep away from.

beryl /ˈbɛrəl/ n. **1.** a mineral, beryllium aluminium silicate, $Be_3Al_2Si_6O_{18}$, usually green (but also blue, rose, white, and golden) and either opaque or transparent, the latter variety including the gems emerald and aquamarine; the principal ore of beryllium. **2.** pale bluish green; sea green. –**beryline** /ˈbɛrəlin, -laɪn/ adj.

beseech /bəˈsitʃ/ v.t. **-sought** or **-seeched, -seeching. 1.** to implore urgently. **2.** to beg eagerly for; solicit. –**beseecher** n. –**beseechingness** n. –**beseeching** adj. –**beseechingly** adv.

beset /bəˈsɛt/ v.t. **-set, -setting. 1.** to attack on all sides; assail; harass: *beset by enemies, difficulties, etc*. **2.** to surround; hem in. –**besetment** n.

beside /bəˈsaɪd/ prep. **1.** by or at the side of; near: *sit down beside me*. **2.** compared with. **3.** apart from; not connected with: *beside the point or question*. –adv. **4.** in addition; besides. –phr. **5. beside oneself,** out of one's senses through strong emotion.

besides /bəˈsaɪdz/ adv. **1.** moreover. **2.** in addition. **3.** otherwise; else. –prep. **4.** over and above; in addition to. **5.** other than; except.

besiege /bəˈsidʒ/ v.t. **-sieged, -sieging. 1.** to lay siege to. **2.** to crowd round. **3.** to assail or ply, as with requests, etc. –**besiegement** n. –**besieger** n.

besought /bəˈsɔt/ bi-/ v. past tense and past participle of **beseech**.

bespoke /bəˈspoʊk, bi-/ adj. made to order: *bespoke goods*.

best /bɛst/ adj. (*superlative of* **good**) **1.** of the highest quality, excellence, or standing: *the best judgment*. **2.** most advantageous, suitable, or desirable: *the best way*. **3.** largest; most: *I haven't seen her for the best part of an hour*. **4.** favourite: *best friend*. –adv. (*superlative of* **well**) **5.** most excellently or suitably; with most advantage or success. **6.** in or to the highest degree; most fully. –n. **7.** the best thing, state, or part. **8.** one's finest clothing. **9.** utmost or best quality. –v.t. **10.** to defeat; beat. **11.** to outdo; surpass. –phr. **12. all the best,** (an expression of good will, used as a farewell or a toast). **13. at best, a.** in the best circumstances. **b.** in the most favourable view. **14. at one's best,** appearing or performing as well as possible. **15. for the best, a.** having an unexpectedly good result: *it all turned out for the best*. **b.** with good intentions or motives: *I'm sure she meant it for the best*. **16. get** (or **have**) **the best of,** to defeat. **17. give someone** (or **something**) **best,** *Colloquial* to admit defeat to someone or something. **18. had best,** would be wiser, safer, etc., to. **19. have the best of both worlds,** to combine or enjoy the benefits of two different situations. **20. make the best of,** to manage as well as one can with (unfavourable or adverse circumstances). **21. the best thing since sliced bread,** *Colloquial* something worthy of great admiration.

bestial /ˈbɛstiəl/ adj. **1.** of or belonging to a beast. **2.** brutal; inhuman; irrational. **3.** depravedly sensual; carnal. –**bestially** adv.

bestiality /bɛstiˈæləti/ n. **1.** bestial character or conduct; beastliness. **2.** excessive appetites or indulgence. **3.** sexual relations of a human with an animal.

best man n. the chief attendant of the bridegroom at a wedding.

bestow /bəˈstoʊ, bi-/ v.t. **1.** to present as a gift; give; confer. **2.** to dispose of; apply to some use. **3.** to put; stow; deposit; store. –**bestowal**, **bestowment** n.

bet /bɛt/ v. **bet** or **betted, betting,** n. –v.t. **1.** to pledge as a forfeit to another who makes a similar pledge in return, in support of an opinion; stake; wager. –v.i. **2.** to lay a wager. **3.** to make a practice of betting. –n. **4.** a pledge of something to be forfeited, in case one is wrong, to another who has the opposite opinion. **5.** that which is pledged. **6.** a thing, person, or course of action on which to gamble or stake one's hopes: *he's a bad bet*. –phr. **7. bet London to a brick,** *Colloquial* to be firmly convinced. **8. you bet,** *Colloquial* (an exclamation of agreement, confirmation, etc.).

beta /ˈbitə/ n. the second letter of the Greek alphabet (B, β = English B, b), often used to designate the second in a series, especially in scientific classification, as: **a.** *Astronomy* the second brightest star of a constellation: *Rigel is* β (or Beta) Orionis. **b.** *Chemistry* (of a compound) one of the possible positions of substituted atoms or groups. **c.** (in examinations, etc.) the second highest mark or grade.

betel nut /ˈbitl nʌt/ n. the fruit of the betel palm, chewed in New Guinea and many parts of tropical Asia with lime derived from burnt coral or shells, and with any of various hot substances; areca nut.

bête noire /bɛt ˈnwa/ n. something that one especially dislikes or dreads, such as a person, task, or object; bugbear.

betide /bəˈtaɪd, bi-/ v. **-tided, -tiding.** –v.t. *Archaic* **1.** to happen to; befall; come to: *woe betide the villain!* –v.i. **2.** to come to pass.

betoken /bəˈtoʊkən, bi-/ v.t. **1.** to give evidence of;

betray /bə'treɪ, bi-/ v.t. **1.** to deliver or expose to an enemy by treachery or disloyalty. **2.** to be disloyal to; disappoint the hopes or expectations of. **3.** to be unfaithful in keeping or upholding: *to betray a trust*. **4.** to reveal or disclose in violation of confidence: *to betray a secret*. **5.** to reveal unconsciously (something one would preferably conceal). **6.** to show; exhibit. –*phr.* **7. betray oneself**, to reveal one's real character, plans, etc. **–betrayal** *n*. **–betrayer** *n*.

betroth /bɪ'troʊð, -'troʊθ, bi-/ v.t. **1.** *Obsolete* (of a man) to promise to marry. **2.** *Archaic* to arrange for the marriage of; affiance. **–betrothal** *n*.

better /'bɛtə/ *adj.* (*comparative of* **good**) **1.** of superior quality or excellence: *a better position*. **2.** of superior value, use, fitness, desirability, acceptableness, etc.: *a better time for action*. **3.** larger; greater: *the better part of a lifetime*. **4.** improved in health; healthier. **5.** completely recovered in health; well. –*adv.* (*comparative of* **well**) **6.** in a more excellent way or manner: *to behave better*. **7.** in a superior degree: *to know better*. **8.** more: *better than a kilometre to town*. –*v.t.* **9.** to make better; improve; increase the good qualities of. –*n.* **10.** that which has superior excellence, etc.: *the better of two choices*. **11.** (*usually plural*) one's superior in wisdom, wealth, etc. –*phr.* **12. better off**, in better circumstances. **13. get the better of**, to prove superior to. **14. had better**, would be wiser, safer, etc., to. **15. one's better half**, *Colloquial* one's spouse. **16. think better of, a.** to reconsider and decide more wisely. **b.** to think more favourably of. **–betterment** *n*.

bettong /'bɛtɒŋ/ *n*. a short-nosed rat-kangaroo of genus *Bettongia*.

between /bə'twin, bi-/ *prep.* **1.** in the space separating (two or more points, objects, etc.). **2.** intermediate to, in time, quantity, or degree: *between 12 and 1 o'clock; between pink and red*. **3.** connecting: *a link between parts*. **4.** involving; concerning: *war between nations; a choice between things*. **5.** by joint action or possession of: *own land between them*. **6.** distinguishing one thing from another: *he can't tell the difference between butter and margarine*. –*adv.* **7.** in the intervening space or time; in an intermediate position or relation: *visits far between*. –*phr.* **8. between you and me** or **between ourselves**, in confidence. **9. come between**, to act as a barrier or obstruction to affection, ambition, etc., between (people): *don't let your aunt come between us*.

bevel /'bɛvəl/ *n., v. –*elled *or Chiefly US* **-eled**, **-elling** *or Chiefly US* **-eling**. –*n.* **1.** the inclination that one line or surface makes with another when not at right angles. **2.** an adjustable instrument used by woodworkers for laying out angles or adjusting the surface of work to a particular inclination. –*v.t.* **3.** to cut at a bevel. –*v.i.* **4.** to slant at a bevel. **–beveller** *n*.

beverage /'bɛvərɪdʒ, 'bɛvrɪdʒ/ *n*. any kind of drink, other than water: *intoxicating beverages*.

bevy /'bɛvi/ *n.* **-vies**. **1.** a flock of birds, especially larks or quails. **2.** a group, especially of girls or women.

bewail /bə'weɪl, bi-/ v.t. **1.** to express deep sorrow for; lament. –*v.i.* **2.** to express grief.

beware /bə'wɛə, bi-/ v.(*now only used as imperative or infinitive*) –*v.i.* **1.** to be wary, cautious, or careful: *let the buyer beware!; beware of men who cry; beware lest you fall in the trap*. –*v.t.* **2.** be wary of: *beware the dangers of isolation*.

bewilder /bə'wɪldə, bi-/ v.t. to confuse or puzzle completely; perplex. **–bewilderment** *n*. **–bewildered** *adj.* **–bewildering** *adj.* **–bewilderingly** *adv.* **–bewilderedly** *adv.*

bewitch /bə'wɪtʃ, bi-/ v.t. **1.** to affect by witchcraft or magic; throw a spell over. **2.** to enchant. **–bewitcher** *n*. **–bewitchment** *n*. **–bewitching** *adj.* **–bewitchingly** *adv.*

beyond /bə'jɒnd, bi-/ *prep.* **1.** on or to the farther side of: *beyond the house*. **2.** farther on than; more distant than: *beyond the horizon*. **3.** later than: *they stayed beyond the time limit*. **4.** outside the understanding, limits, or reach of; past: *beyond human comprehension*. **5.** superior to; surpassing; above: *wise beyond all others*. **6.** more than; in excess of; over and above. –*adv.* **7.** farther on or away: *as far as the house and beyond*. –*phr.* **8. the beyond**, the life after the present one.

bezel /'bɛzəl/ *n.* **1.** a sloping face or edge of a chisel or other cutting tool. **2.** the upper oblique faces of a brilliant-cut gem.

bi- a prefix meaning 'twice, doubly, two', as in *bilateral, binocular, biweekly*. Also, **bin-**.

biannual /baɪ'ænjuəl/ *adj.* occurring twice a year. **–biannually** *adv.*

bias /'baɪəs/ *n., adj., v.* **biased, biasing**. –*n.* **1.** an oblique or diagonal line of direction, especially across a woven fabric: *to cut cloth on the bias*. **2.** a particular tendency or inclination, especially one which prevents unprejudiced consideration of a question. **3.** *Bowls* bulge or a greater weight on one side of the bowl, causing it to swerve. –*adj.* **4.** cut, set, folded, etc., diagonally. –*v.t.* **5.** to influence, usually unfairly; prejudice; warp.

bias binding *n*. a binding for cloth, cut on the bias, used especially in hems.

bib /bɪb/ *n.* **1.** an article of clothing worn under the chin by a child, especially while eating, to protect the clothes. **2.** the upper part of an apron. –*phr.* **3. keep one's bib out**, *Colloquial* to refrain from interfering with or inquiring into the affairs of another. **4. put** (or **stick**) **one's bib in**, *Colloquial* to interfere in the affairs of another. **–biblike** *adj.*

Bible /'baɪbəl/ *n.* **1. the Bible, a.** the collection of sacred writings of the Christian religion, comprising the Old Testament and the New Testament. **b.** the Old Testament only. **2.** a copy of the text of these writings: *an old, worn Bible*. **3.** (*often l.c.*) the sacred writings of any religion. **4.** (*l.c.*) any book accepted as authoritative **–biblical** /'bɪblɪkəl/ *adj.*

biblio- a word element meaning: **1.** book, as in *bibliophil*. **2.** Bible, as in *bibliolatry*.

bibliography /bɪbli'ɒgrəfi/ *n.* **-phies**. **1.** a complete or selective list of literature on a particular subject. **2.** a list of works by a given author. **3.** a list of source materials used or consulted in the preparation of a work. **4.** the systematic description, history, classification, etc., of books and other written or printed works. **–bibliographer**, **bibliograph** /'bɪbliəgræf/ *n*. **–bibliographic** /ˌbɪbliə'græfɪk/, **bibliographical** *adj.*

bicameral /baɪ'kæmərəl/ *adj.* having two branches, chambers, or houses, as a legislative body.

bicarbonate /baɪ'kabənət, -neɪt/ *n*. a salt of carbonic acid, containing the HCO_3^- ion; an acid carbonate, as *sodium bicarbonate*, $NaHCO_3$.

bicentenary /baɪsən'tinəri, -'tɛnəri/ *adj., n.* **-naries**. –*adj.* **1.** having to do with a 200th anniversary. –*n.* **2.** a 200th anniversary. **3.** its celebration.

bicentennial /baɪsən'tɛniəl/ *adj.* **1.** consisting of or lasting 200 years: *a bicentennial period*. **2.** recurring every 200 years. –*n.* **3.** *US* a bicentenary.

biceps /'baɪsɛps, -sɛps/ *n*. a muscle having two heads of origin, especially **biceps brachii**, the muscle on the front of the upper arm, which bends the forearm, and **biceps femoris**, the hamstring muscle on the back of the thigh.

bicker /'bɪkə/ *v.i.* **1.** to engage in petulant argu-

bicuspid   71   bill

ment; wrangle. –*n.* **2.** an angry dispute; squabble. **–bickerer** *n.*

bicuspid /baɪˈkʌspəd/ *adj.* **1.** Also, **bicuspidate** /baɪˈkʌspədeɪt/. having two cusps or points, as certain teeth. –*n.* **2.** *Anatomy* one of eight such teeth in humans, four on each jaw between the cuspid and the first molar teeth.

bicycle /ˈbaɪsɪkəl/ *n.*, *v.* **-cled, -cling.** –*n.* **1.** a vehicle with two wheels, one in front of the other, and having a saddle-like seat for the rider. It is steered by handlebars and driven by pedals. –*v.i.* **2.** to ride a bicycle. **–bicyclist** *n.*

bid /bɪd/ *v.* **bade** /bæd/ or **bad** /bæd/ *for defs 1–3* **bid** *for defs 4–7 and 12*, **bidden** or **bid, bidding,** *n.* –*v.t.* **1.** to command; order; direct: *bid them depart.* **2.** to say as a greeting or benediction: *to bid farewell.* **3.** to invite. **4.** *Commerce* to offer, as a price at an auction or as terms in a competition to secure a contract. **5.** *Cards* to enter a bid of a given quantity or suit; call: *to bid two no-trumps.* –*v.i.* **6.** to make an offer to purchase at a price. **7.** *Cards* to make a bid: *your turn to bid.* –*n.* **8.** an offer, as at an auction. **9.** the price or terms offered. **10.** *Cards* **a.** the number of points or tricks a player undertakes to make. **b.** the turn of a person to bid. **11.** an attempt to attain some goal or purpose: *a bid for power.* –*phr.* **12. bid fair to,** to seem likely to. **–bidder** *n.*

biddable /ˈbɪdəbəl/ *adj.* willing to do what is asked; obedient; docile.

bidding /ˈbɪdɪŋ/ *n.* **1.** invitation; command; order. **2.** bids collectively.

biddy /ˈbɪdi/ *n.* **-dies.** *Colloquial* an old woman.

biddy-biddy /ˈbɪdi-bɪdi/ *n.* any low-growing herb of the genus *Acaena*, family Rosaceae, bearing a clinging burr. Also, **bidi-bidi, biddy-bid, bid-a-bid, biddy, biddy bush, piripiri.**

bide /baɪd/ *v.t.* **1.** *Archaic* to endure; bear. –*v.i.* **2.** *Archaic* to dwell; abide; wait; remain; continue. –*phr.* **3. bide one's time,** to wait for a favourable opportunity.

bidet /ˈbideɪ/ *n.* a small low bath, straddled by the user, for washing the genitals.

biennial /baɪˈɛniəl/ *adj.* **1.** happening every two years: *the biennial Adelaide festival.* **2.** *Botany* (especially in cool temperate regions) completing the normal term of life in two years, flowering and fruiting in the second year, as parsnip. –*n.* **3.** a biennial plant. **–biennially** *adv.*

bier /bɪə/ *n.* a frame or stand on which a corpse, or the coffin containing it, is laid before burial.

bifid /ˈbaɪfəd/ *adj.* cleft into two parts or lobes.

bifocal /baɪˈfoʊkəl/ *Optics* –*adj.* **1.** having two foci. **2.** (of spectacle lenses) having two portions, one for near and the other for far vision. –*n.* **3.** (*plural*) spectacles with bifocal lenses.

bifurcate /ˈbaɪfəkeɪt/ *v.* **-cated, -cating.** –*v.t.* **1.** to divide or fork into two branches. –*v.i.* **2.** to separate into two parts. **–bifurcation** *n.*

big /bɪg/ *adj.* **bigger, biggest,** *adv.* –*adj.* **1.** large in size or amount: *a big house; a big payment.* **2.** intense: *a big noise; a big storm.* **3.** important; operating on a large scale: *big business; a big financier.* **4.** magnanimous; generous; liberal: *a big heart; a big gesture; it was big of him to agree.* **5.** pompous; boastful: *big words; a big talker.* –*adv.* *Colloquial* **6.** boastfully: *to talk big.* **7.** on a grand scale; liberally: *to think big.* –*phr.* **8. big on,** knowledgeable and enthusiastic about: *she's big on wine.* **9. big with child,** pregnant. **10. in big with,** highly favoured by (a person): *he got in big with the boss.* **–biggish** *adj.* **–bigness** *n.*

bigamy /ˈbɪgəmi/ *n.* the offence of purporting to marry while a valid prior marriage subsists.

Big Brother *n.* a dictator, especially one who tries to control people's private lives and thoughts.

big bucks *pl. n.* *Colloquial* a large amount of money.

big game *n.* **1.** large animals, especially when hunted for sport. **2.** an important prize or objective.

bight /baɪt/ *n.* **1.** the loop or bent part of a rope, as distinguished from the ends. **2.** an inward bend or curve in the shore of a sea or a river.

big mouth *n.* a garrulous or conceited person.

big-note /ˈbɪg-noʊt/ *v.t.* *Colloquial* to boast of or promote (oneself): *he big-notes himself at every committee meeting.*

bigot /ˈbɪgət/ *n.* someone who is intolerantly convinced of the rightness of a particular creed, opinion, practice, etc. **–bigoted** *adj.* **–bigotry** *n.*

big-time /ˈbɪg-taɪm/ *Colloquial* –*adj.* **1.** at the top level in any business or pursuit: *big-time boys.* –*adv.* **2.** (an intensifier used after the verb): *she loves you big-time.*

big top *n.* **1.** the main tent in a circus. **2.** the circus.

bigwig /ˈbɪgwɪg/ *n.* *Colloquial* a very important person.

bike /baɪk/ *n.* **1.** a bicycle, tricycle, or motorcycle. **2.** *Colloquial* (*derogatory*) a promiscuous woman: *the town bike.* –*v.i.* **3.** to ride a bike, as a means of transport or as a sporting activity. –*phr.* **4. get off one's bike,** *Colloquial* to become angry; lose control of oneself. **5. on your bike,** *Colloquial* (an exclamation of dismissal). **–biker** *n.*

biker /ˈbaɪkə/ *n.* someone who rides a motorbike but who is not a member of a motorbike gang. Compare **bikie.**

bikie /ˈbaɪki/ *n.* *Colloquial* a member of a gang of motorcycle riders. Compare **biker.**

bikini /bəˈkini/ *n.* **1.** a very brief two-piece swimming costume. –*adj.* **2.** (of underpants) extremely brief.

bilateral /baɪˈlætrəl/ *adj.* relating to, involving, or affecting two sides or parties. **–bilateralism, bilateralness** *n.* **–bilaterally** *adv.*

bilby /ˈbɪlbi/ **-bies.** *n.* either of the rabbit-eared bandicoots of genus *Macrotis* of the regions west of the Australian Great Dividing Range.

bile /baɪl/ *n.* **1.** *Physiology* a bitter yellow or greenish liquid secreted by the liver and aiding in digestion, principally by emulsifying fats. **2.** ill nature; peevishness.

bilge /bɪldʒ/ *n.* **1.** *Nautical* **a.** either of the rounded underportions at either side of a ship's hull. **b.** the lowest portion of a ship's interior. **c.** Also, **bilge water.** foul water that collects in a ship's bilge. **2.** *Colloquial* nonsense; rubbish.

bilingual /baɪˈlɪŋgwəl/ *adj.* **1.** able to speak one's native language and another with approximately equal facility. **2.** expressed or contained in two different languages. **–bilingualism** *n.* **–bilingually** *adv.*

bilious /ˈbɪljəs/ *adj.* **1.** *Physiology*, *Pathology* relating to bile or to an excess secretion of bile. **2.** peevish; testy; cross. **3.** sick; nauseated. **4.** sickly; nauseating: *a bilious colour.* **–biliously** *adv.* **–biliousness** *n.*

-bility a suffix forming nouns from adjectives ending in *-ble*, as in *nobility.*

bilk /bɪlk/ *v.t.* **1.** to evade payment of (a debt). **2.** to defraud; cheat. **3.** to frustrate. **4.** to escape from; elude. **–bilker** *n.*

bill[1] /bɪl/ *n.* **1.** an account of money owed for goods or services supplied: *bill of charges.* **2.** a slip or ticket showing the amount owed for consumed or purchased, especially in a restaurant. **3.** *Government* a form or draft of a proposed Act of Parliament. **4.** a written or printed public notice or advertisement. **5.** → **bill of exchange.**

bill

6. a printed theatre program or similar. –*v.t.* **7.** to announce by bill or public notice: *a new actor was billed for this week.* **8.** to include as part of a program. **9.** to send (someone) a bill (def. 1).

bill² /bɪl/ *n.* **1.** that part of the jaws of a bird covered with a horny sheath; a beak. **2.** *Geography* a beaklike promontory or headland. –*v.i.* **3.** to join bills or beaks, as doves. –*phr.* **4. bill and coo, a.** (of doves etc.) to join beaks and make soft murmuring sounds. **b.** *Colloquial* to kiss and talk fondly.

billabong /'bɪləbɒŋ/ *n. Australian* **1.** a waterhole in an anabranch, replenished only in flood time. **2.** a waterhole in a river or creek that dries up outside the rainy season.

billboard /'bɪlbɔd/ *n.* → **hoarding** (def. 2).

billet¹ /'bɪlət/ *n., v.* **-eted, -eting.** –*n.* **1. a.** a lodging for a soldier, especially in a private house. **b.** private, usually unpaid, short-term lodgings for members of a group or team. **2.** *Military* an official order (to a householder) to provide such lodging. **3.** a job; appointment; position. –*v.t.* **4.** *Military* to direct (a soldier) by note, or spoken order, where to lodge. **5.** to provide lodging for; quarter.

billet² /'bɪlət/ *n.* **1.** a small thick stick of wood, especially one cut for fuel. **2.** *Metallurgy* a bar or slab of iron or steel, especially when obtained from an ingot by forging, etc.

billiards /'bɪljədz/ *n.* a game played by two or more persons on a rectangular table enclosed by an elastic ledger or cushion, with balls (**billiard balls**) of ivory or other hard material, driven by means of cues. –**billiardist** *n.*

billing /'bɪlɪŋ/ *n.* **1.** the relative position in which a performer or act is listed on handbills, posters, etc. **2.** publicity or advertising, especially for consumer goods. **3.** the total business of an advertising agency during a given period.

billion /'bɪljən/ *n.* **1.** a thousand times a million, or 10^9. **2.** *Obsolescent* a million times a million, or 10^{12}. **3.** *Colloquial* a large amount. –*det.* **4.** amounting to a billion in number. –**billionth** *adj., n.*

bill of exchange *n.* a written authorisation or order to pay a specified sum of money to a specified person.

bill of fare *n.* a list of foods that are served; menu.

bill of lading *n.* a document recording particulars of a contract for the carriage of goods by sea, serving also as a document of title to the goods.

bill of rights *n.* a formal statement of the fundamental rights of the people of a nation.

bill of sale *n.* a document transferring title in personal property from one person to another, either temporarily as security against a loan or debt (**conditional bill of sale**), or permanently (**absolute bill of sale**).

billow /'bɪloʊ/ *n.* **1.** a great wave or surge of the sea. **2.** any surging mass: *billows of smoke.* –*v.i.* **3.** to rise or roll in or like billows; surge. –**billowy** *adj.*

billposter /'bɪlpoʊstə/ *n.* someone who pastes up bills and advertisements. Also, **billsticker** /'bɪlstɪkə/.

billy¹ /'bɪli/ *n.* **-lies**, *adj. Australian, NZ* –*n.* **1.** a cylindrical container for liquids, sometimes enamelled, usually having a close-fitting lid. **2.** any container, often makeshift, for boiling water, making tea, etc. –*adj.* **3.** made in a billy: *billy tea, billy bread.* –*phr.* **4. boil the billy, a.** *Colloquial* to prepare billy tea. **b.** (*humorous*) to make tea; take a break.

billy² /'bɪli/ *n.* **-lies.** → **billygoat**.

billycart /'bɪlikat/ *n. Australian, NZ* a small four-wheeled cart, usually homemade, consisting essentially of a box on a board and steered by ropes attached to its movable front axle; soapbox; trolley.

billygoat /'bɪligoʊt/ *n.* **1.** a male goat. **2.** *Colloquial* a man or boy who is incompetent.

billyo /'bɪlioʊ/ *phr. Colloquial* **1. go to billyo**, (an exclamation of dismissal). **2. like billyo, a.** with gusto. **b.** with great speed: *she rode like billyo.* **3. off to billyo, a.** off course; astray; in error. **b.** a long way away. Also, **billy-o**.

bimbo /'bɪmboʊ/ *n. Colloquial* **1.** *Originally US* an attractive but empty-headed young woman. **2.** *Obsolete* a male homosexual.

bimonthly /baɪ'mʌnθli/ *adj., adv.* **1.** every two months. **2.** twice a month; semi-monthly.

bin /bɪn/ *n.* **1.** a box or enclosed space used for storing grain, wool as it is shorn, coal, refuse, etc. **2.** a partitioned stand used by a winemaker for storing wine in bottles. **3.** (of wine) a particular bottling, usually of above average quality. **4.** *Colloquial* a jail.

binary /'baɪnəri/ *adj., n.* **-ries.** –*adj.* **1.** having to do with the number two. **2.** having to do with the binary number system. **3.** *Mathematics* having two variables. –*n.* **4.** a whole composed of two.

binary code *n.* any means of representing information by a sequence of the digits 1 and 0.

binary digit *n.* a single digit in a binary number.

binary number system *n.* a number system which uses only the digits 1 and 0, based on the rules $1 + 0 = 1$, $1 + 1 = 10$. Also, **binary system**.

bind /baɪnd/ *v.* **bound, binding**, *n.* –*v.t.* **1.** to make fast with a band or bond. **2.** to encircle with a band or ligature: *bind up one's hair.* **3.** to swathe or bandage. **4.** to cause to cohere or harden. **5.** to unite by any legal or moral tie: *bound by duty, debt, etc.* **6.** to hold to a particular state, place, employment, etc. **7.** (*usually passive*) to place under obligation or compulsion: *all are bound to obey the laws.* **8.** to make compulsory or obligatory: *to bind an order with a deposit.* **9.** *Also,* **bind out**, to indenture as an apprentice. **10.** *Pathology* to hinder or restrain (the bowels) from their natural operations; constipate. **11.** to fasten or secure within a cover, as a book. **12.** to cover the edge of, as for protection or ornament. –*v.i.* **13.** to become compact or solid; cohere. **14.** to have power to oblige: *an obligation that binds.* **15.** to tie up anything, especially sheaves of grain. –*n.* **16.** something that binds. **17.** *Colloquial* a nuisance; bore. **18.** *Music* a tie. –*phr.* **19. bind over**, *Law* to put under legal obligation: *to bind someone over to keep the peace.* **20. bind up, a.** to encircle with a band or ligature: *bind up your hair.* **b.** to bandage. **21. in a bind**, awkwardly placed; in a dilemma.

binder /'baɪndə/ *n.* **1.** a detachable cover for loose papers. **2.** a machine that both cuts and binds grain. **3.** *Metallurgy* a substance used to hold crushed ore dust together before and during sintering or refining. **4.** *Building Trades* a material, as cement, used to join masonry.

bindi-eye /'bɪndi-aɪ/ *n.* any of a number of plants of the genus *Calotis* which have small burrs with fine barbed awns. Also, **bindi**.

binding /'baɪndɪŋ/ *n.* **1.** anything that binds, as the covering around pages of a book, the band along edge of cloth, etc. –*adj.* **2.** having the power to bind (someone to do something): *a binding agreement.* –**bindingly** *adv.* –**bindingness** *n.*

binge /bɪndʒ/ *n. Colloquial* a spree; a period of excessive indulgence, as in eating or drinking.

binnacle /'bɪnəkəl/ *n.* a special stand of non-magnetic material built in the hull of a ship for housing the compass and fitted with lights by

binocular

which the compass can be read at night.

binocular /bəˈnɒkjələ/ *adj.* **1.** involving (the use of) two eyes: *binocular vision.* –*n.* **2.** (*plural*) a double telescope used by both eyes at once; fieldglasses. –**binocularity** /bənɒkjəˈlærəti/ *n.* –**binocularly** *adv.*

binomial /baɪˈnoʊmiəl/ *Mathematics* –*n.* **1.** an expression which is a sum or difference of two terms, as $3x + 2y$ and $x^2 - 4x$. –*adj.* **2.** having to do with two terms or a binomial.

bio- a word element meaning 'life', 'living things', as in *biology*.

biochemistry /baɪoʊˈkɛməstri/ *n.* the chemistry of living matter. *Abbrev.*: biochem. –**biochemical** /baɪoʊˈkɛmɪkəl/ *adj.* –**biochemically** *adv.* –**biochemist** *n.*

biodegradable /ˌbaɪoʊdəˈgreɪdəbəl/ *adj.* capable of being decomposed by the action of living organisms, especially of bacteria: *a biodegradable detergent.* –**biodegradability** *n.* –**biodegradation** *n.*

biodiversity /baɪoʊdəˈvɜːsəti/ *n.* a diversity of species of plants and animals.

biogenesis /ˌbaɪoʊˈdʒɛnəsəs/ *n.* **1.** Also, **biogeny** /baɪˈɒdʒəni/. the doctrine that living organisms come from other living organisms only. **2.** the development of living organisms from prior living organisms. –**biogenetic** /ˌbaɪoʊdʒəˈnɛtɪk/ *adj.* –**biogenetically** *adv.*

biography /baɪˈɒgrəfi/ *n.* -**phies**. **1.** a written account of a person's life. **2.** such writings collectively. **3.** the study of the lives of individuals. **4.** the art of writing a biography. –**biographer** *n.* –**biographical** *adj.*

biological clock *n.* a hypothetical mechanism controlling the timing of the development of an organism through the various stages of its life span.

biological family *n.* a family which is linked by having the same biological parents for all the children.

biological parent *n.* a person whose parenthood is based on actual conception rather than performance of the role and whose genes have therefore been handed down to the child.

biological warfare *n.* warfare which makes use of biologically produced poisons that affect humans, domestic animals, or food crops, especially bacteria or viruses.

biology /baɪˈɒlədʒi/ *n.* the science of life or living matter in all its forms and phenomena, especially with reference to origin, growth, reproduction, structure, etc. –**biological** *adj.* –**biologist** *n.*

biome /ˈbaɪoʊm/ *n.* a major regional ecological community of plants and animals extending over large natural areas, as coral reef, tropical rain forest, etc.

bionic /baɪˈɒnɪk/ *adj.* **1.** having to do with bionics. **2.** having to do with body parts or functions replaced or imposed by electronic equipment: *a bionic hand*.

bionics /baɪˈɒnɪks/ *n.* the study of biological systems as an aid to the development of such electronic or mechanical equipment as artificial limbs.

biopsy /ˈbaɪɒpsi/ *n. Medicine* the excision and diagnostic study of a piece of tissue from a living body.

biorhythm /ˈbaɪoʊrɪðəm/ *n.* **1.** a theory that our wellbeing is affected by three internal cycles, the physiological, emotional, and intellectual. **2.** (*plural*) the rhythms themselves. **3.** (*plural*) the cycle of biological processes, as eating, sleeping, etc., that occur in a living organism at specific intervals of time; circadian rhythms.

-biosis a word element meaning 'way of life', as in *symbiosis*.

birth certificate

biosphere /ˈbaɪəsfɪə/ *n.* the part of the earth where living organisms are to be found.

biota /baɪˈoʊtə/ *n.* the total animal and plant life of a region, or sometimes a period, as seen collectively and interdependently.

biotite /ˈbaɪətaɪt/ *n.* a very common mineral of the mica group, occurring in dark brown or green or black sheets and scales, an important constituent of igneous rocks. –**biotitic** /baɪəˈtɪtɪk/ *adj.*

bipartisan /baɪˈpɑːtɪzæn, -zən/ *adj.* representing, supported, or characterised by two parties, especially political parties. –**bipartisanship** *n.*

bipartite /baɪˈpɑːtaɪt/ *adj.* **1.** *Law* being in two corresponding parts: *a bipartite contract.* **2.** *Botany* divided into two parts nearly to the base, as a leaf. –**bipartitely** *adv.* –**bipartition** /ˌbaɪpɑːˈtɪʃən/ *n.*

biped /ˈbaɪpɛd/ *n.* **1.** a two-footed animal. –*adj.* **2.** having two feet.

biplane /ˈbaɪpleɪn/ *n.* an aeroplane or glider with two pairs of wings, one above and usually slightly forward of the other.

birch /bɜːtʃ/ *n.* **1.** any tree or shrub of the genus *Betula*, comprising species with a smooth, laminated outer bark and close-grained wood. **2.** the wood itself. **3.** other unrelated trees with similar timbers such as *Baloghia lucida* and *Schizomeria ovata*. **4.** *NZ* any species of *Nothofagus*, beech. **5.** a birch rod, or a bundle of birch twigs, used as a whip.

bird /bɜːd/ *n.* **1.** any of the Aves, a class of warmblooded vertebrates having a body more or less completely covered with feathers, and the forelimbs so modified as to form wings by means of which most species fly. **2.** *Colloquial* **a.** a young woman. **b.** a girlfriend. –*phr.* **3. bird in the hand**, that which is sure, although perhaps not entirely satisfactory. **4. birds of a feather**, people of similar character or like tastes. **5. for the birds**, *Colloquial* trivial, worthless. –**birdlike** *adj.*

birdcage /ˈbɜːdkeɪdʒ/ *n.* a wicker or wire cage for tame birds.

birdie /ˈbɜːdi/ *n.* **1.** *Colloquial* a bird; small bird. **2.** *Golf* a score of one stroke under par on a hole.

bird of paradise *n.* **1.** any bird of the family Paradiseidae of Australia and New Guinea, noted for magnificent plumage, as *Paradisea apoda*. **2.** a perennial tropical plant, *Strelitzia reginae*, with purple and orange flowers.

bird of passage *n.* **1.** a bird that migrates seasonally. **2.** a restless person; someone who does not stay in one place for long.

bird of prey *n.* any of numerous predatory, flesheating birds such as the eagles, hawks, kites, vultures, owls, etc., most of which have strong beaks and claws for catching, killing and tearing to pieces the animals on which they feed.

bird's-eye /ˈbɜːdz-aɪ/ *adj.* **1.** seen from above: *a bird's-eye view of a city.* **2.** general; not detailed: *a bird's-eye view of history.*

biretta /bəˈrɛtə/ *n.* a stiff, square cap with three (or four) upright projecting pieces extending from the centre of the top to the edge, worn by Roman Catholic ecclesiastics. Also, **berretta**.

biro /ˈbaɪroʊ/ *n.* a ballpoint pen.

birth /bɜːθ/ *n.* **1.** the fact of being born: *the day of his birth.* **2.** the act of bearing or bringing forth; parturition. **3.** lineage; extraction; descent: *of Grecian birth.* **4.** supposedly natural heritage: *a musician by birth.* **5.** any coming into existence; origin: *the birth of Protestantism.* –*phr.* **6. give birth**, to bring forth young. **7. give birth to**, to produce (an offspring).

birth certificate *n.* a certificate issued by a registrar upon the birth of each person, recording sex, parentage, date and place of birth.

birth control *n.* the regulation of birth through the deliberate control or prevention of conception.

birthday /'bɜθdeɪ/ *n.* **1.** (of persons) the day of one's birth. **2.** (of things) origin or beginning. **3.** the anniversary of one's birth or the origin of something.

birthmark /'bɜθmɑk/ *n.* a congenital mark on the body.

birthrate /'bɜθreɪt/ *n.* the proportion of the number of births in a place in a given time to the total population.

birthright /'bɜθraɪt/ *n.* any right or privilege to which a person is entitled by birth.

birthstone /'bɜθstoʊn/ *n.* a precious stone associated with a person's month of birth and worn as a lucky charm.

bis /bɪs/ *adv.* twice: used in music to mean that a part is to be repeated.

biscuit /'bɪskət/ *n.* **1. a.** a stiff, sweet mixture of flour, liquid, shortening and other ingredients, shaped into small pieces before baking or sliced after baking. **b.** a savoury, unleavened similar mixture, rolled, sliced and baked crisp. **2.** a pale brown colour. **3.** pottery after the first baking and before glazing. –**biscuit-like, biscuity** *adj.*

bisect /baɪ'sɛkt/ *v.t.* to cut or divide into two parts. –**bisection** *n.* –**bisectional** *adj.* –**bisectionally** *adv.*

bisexual /baɪ'sɛkʃuəl/ *adj.* **1.** of both sexes. **2.** combining male and female organs in one individual; hermaphroditic. **3.** attracted to both sexes as sexual partners. –*n.* **4.** *Biology* an organism with the reproductive organs of both sexes. **5.** a person sexually attracted to both sexes. –**bisexualism** *n.* –**bisexuality** /ˌbaɪsɛkʃuˈæləti/ *n.* –**bisexually** *adv.*

bishop /'bɪʃəp/ *n.* **1.** a clergyman consecrated for the spiritual direction of a diocese, being in the Greek, Anglican, and other churches a member of the highest order in the ministry, and in the Roman Catholic Church the highest member of the three major orders in the hierarchy, the others being priest and deacon. **2.** a spiritual overseer in the early Christian Church, either of a local church or of a number of churches. **3.** *Chess* a piece which moves obliquely on squares of the same colour.

bishopric /'bɪʃprɪk/ *n.* the see, diocese, or office of a bishop.

bismuth /'bɪzməθ/ *n.* a brittle, metallic element, having compounds used in medicine. *Symbol:* Bi; *at. no.:* 83; *relative atomic mass:* 208.98; *density:* 9.8 at 20°C. –**bismuthal** *adj.*

bison /'baɪsən/ *n.* **bison.** a large North American bovine ruminant, *Bison bison*, with high, well-haired shoulders; buffalo. Also, **American bison**.

bisque¹ /bɪsk/ *n.* **1.** any smooth, creamy soup. **2.** a thick soup made of shellfish or game stewed long and slowly. Also, **bisk**.

bisque² /bɪsk/ *n.* a point, extra turn, or the like, allowed to a player as odds in tennis and other games.

bisque³ /bɪsk/ *n.* **1.** pottery which has been baked but not glazed; biscuit. **2.** a variety of white unglazed porcelain.

bistro /'bɪstroʊ/ *n.* **1.** a wine bar. **2.** a small unpretentious restaurant.

bit¹ /bɪt/ *n.* **1.** the metal mouthpiece of a bridle, with the adjacent parts to which the reins are fastened. **2.** *Machinery* the cutting or penetrating part of various tools. **3.** the part of a key which enters the lock and acts on the bolt and tumblers. –*phr.* **4. take the bit between one's teeth, a.** to tackle a task, problem, etc., in a determined and energetic fashion. **b.** to throw off control; rush headlong. –**bitless** *adj.*

bit² /bɪt/ *n.* **1.** a small piece or quantity of anything. **2.** a short time: *wait a bit.* **3.** the smallest amount; jot; whit. **4.** one's share or part of a duty, task, etc. **5.** *Colloquial* ‡ a woman, considered as a sex object. **6.** *US Colloquial* twelve and a half cents. –*phr.* **7. a bit of,** rather. **8. a bit of all right,** something or someone exciting admiration. **9. a bit on the side,** *Colloquial* **a.** something beyond the usual arrangement. **b.** an extra-marital affair. **10. by bit by bit,** slowly; gradually; in stages. **11. get a bit,** *Colloquial* ‡ to have sexual intercourse. **12. have a bit both ways,** *Colloquial* to attempt to cover oneself against any eventuality. **13. not a bit of it,** not at all; by no means.

bit³ /bɪt/ *n.* a single, basic unit of information, used in connection with computers and communication theory.

bitch /bɪtʃ/ *n.* **1.** a female dog, fox, wolf, etc. **2.** *Colloquial (offensive)* a woman, especially an unpleasant or bad-tempered one. –*v.i.* **3.** *Colloquial* to complain. –**bitchiness, bitchery** *n.* –**bitchily** *adv.*

bite /baɪt/ *v.* **bit, bitten** *or* **bit, biting,** *n.* –*v.t.* **1.** to cut into or wound, with the teeth: *the dog bit me.* **2.** to grip with the teeth. **3.** to sting, as an insect. **4.** to cause to smart or sting. **5.** to eat into or corrode, as an acid does. **6.** to make a great impression on: *bitten by the love of music.* **7.** to take firm hold or act effectively on. **8.** to cheat; deceive. **9.** *Colloquial* to trouble; worry; disturb: *what's biting him?* –*v.i.* **10.** to cut into something with the teeth; snap. **11.** to act effectively; grip; hold. **12.** *Angling* (of fish) to bite on the bait. **13.** *Colloquial* to accept a deceptive offer or suggestion. **14.** *Colloquial* to react angrily: *don't tease her, she bites.* –*n.* **15.** the act of biting. **16.** a wound made by biting. **17.** *Dentistry* the angle at which the upper and lower teeth meet. **18.** a cutting, stinging, or nipping effect. **19.** pungency; sharpness. **20.** a small piece bitten off. **21.** food: *not a bite to eat.* **22.** a small meal. **23. a.** *Angling* the pull on a fishing line which indicates that a fish is attempting to take the bait. **b.** *Colloquial* an expression of interest in a proposal. **24.** *Machinery* **a.** the catch or hold that one object or one part of a mechanical apparatus has on another. **b.** a surface brought into contact to obtain a hold or grip, as in a lathe, chuck, or similar device. **25.** *NZ Colloquial* a nagging person. **26.** *Colloquial* a brazen attempt to borrow: *go the bite.* **27.** *Colloquial* a person from whom one anticipates borrowing money: *he'd be a good bite.* **28.** a reaction: *did you get a bite from Robin?* –*phr.*

29. bite back, a. to restrain: *she bit back her angry reply.* **b.** *Colloquial* to reply sharply. **c.** to retaliate.

30. bite into, to make an initial incision into with the teeth.

31. bite off (or **out**), to remove with the teeth.

32. bite off more than one can chew, to attempt something that is beyond one's abilities.

33. bite on, to grip with the teeth.

34. bite someone for, to cadge off someone: *I'll bite you for five bucks.*

35. bite something off, to beg or borrow something from.

36. bite the dust, *Colloquial* **a.** to fall dead, especially in combat. **b.** to fail. **c.** to lose a contest or competition: *Essendon bit the dust in the grand final.*

37. bite the hand that feeds one, to attack or in some way turn on someone to whom one owes a debt of gratitude.

38. bite through, to cut or pierce with or as with the teeth.

39. on the bite, (of fish) taking the bait.

biting

40. put the bite on, *Australian, NZ Colloquial* to cadge from. **–biter** *n.*

biting /'baɪtɪŋ/ *adj.* **1.** nipping; keen: *biting cold.* **2.** cutting; sarcastic: *a biting remark.* **–bitingly** *adv.*

bitter /'bɪtə/ *adj.* **1.** having a sharp, disagreeable taste. **2.** hard to accept or bear: *a bitter lesson; bitter sorrow.* **3.** bitingly cold: *a bitter wind.* **4.** filled with sour feeling; resentful: *he is bitter towards his family; bitter words.* **5.** sharp; harsh: *bitter cold; a bitter landscape.* **–n. 6.** something bitter; bitter things in general. **7.** *Chiefly Brit* a bitter type of beer. **–bitterish** *adj.* **–bitterly** *adv.* **–bitterness** *n.*

bitterbark /'bɪtəbak/ *n.* a tree of inland Australia, *Alstonia constricta*, with bark which may be used in a tonic preparation.

bittern /'bɪtən/ *n.* any of several small or medium-sized herons.

bitters /'bɪtəz/ *pl. n.* a spirituous or other drink in which bitter herbs or roots are steeped.

bittersweet /bɪtə'swit/ *adj.* **1.** both bitter and sweet to the taste. **2.** both pleasant and painful.

bitumen /'bɪtʃəmən/ *n.* **1.** any of various natural substances, as asphalt, maltha, etc. consisting mainly of hydrocarbons. **2.** a brown tar or asphalt-like substance used in painting. *–phr.* **3. the bitumen, a.** a tarred or sealed road. **b.** any bituminised area. **–bituminous** /bə'tʃumənəs/, **bituminoid** /bə'tʃumənɔɪd/ *adj.*

bitzer /'bɪtsə/ *n. Australian, NZ Colloquial* **1.** a mongrel. **2.** any contrivance the parts of which come from miscellaneous sources, as a billycart. Also, **bitser.**

bivalent /baɪ'veɪlənt/ *adj. Chemistry* **1.** having a valency of 2. **2.** having two valencies, as mercury, with valencies 1 and 2. **–bivalence, bivalency** *n.*

bivalve /'baɪvælv/ *n.* **1.** *Zoology* a mollusc having two shells hinged together, as the oyster, clam, mussel; a lamellibranch. *–adj.* **2.** *Botany* having two valves, as a seed case. **–bivalvular** /baɪ'vælvjulə/ *adj.*

bivouac /'bɪvuæk/ *n., v.* **-acked, -acking.** *–n.* **1.** a temporary camp, especially a military one, made out in the open with little or no equipment. *–v.i.* **2.** to sleep out; make a bivouac.

biweekly /baɪ'wikli/ *adj., adv.* **1.** every two weeks. **2.** twice a week.

bizarre /bə'za/ *adj.* singular in appearance, style, or general character; whimsically strange; odd. **–bizarrely** *adv.* **–bizarreness** *n.*

blab /blæb/ *v.* **blabbed, blabbing.** *–v.t.* **1.** to reveal indiscreetly and thoughtlessly. *–v.i.* **2.** to talk or chatter indiscreetly and thoughtlessly.

black /blæk/ *adj.* **1.** without brightness or colour; absorbing all or nearly all the rays emitted by a light source. **2.** wearing black or dark clothing, armour, etc.: *the black prince.* **3.** relating or belonging to an ethnic group characterised by dark skin pigmentation. **4.** soiled or stained with dirt. **5.** characterised by absence of light; involved or enveloped in darkness: *a black night.* **6.** gloomy; dismal: *a black outlook.* **7.** boding ill; sudden; forbidding: *black words; black looks.* **8.** without any moral light or goodness; evil; wicked. **9.** caused or marked by ruin or desolation. **10.** indicating censure, disgrace, or liability to punishment: *a black mark on one's record.* **11.** illicit: *black market.* **12.** prohibited or banned by a trade union. **13.** (of coffee or tea) without milk or cream. **14.** superficially humorous but pursuing an underlying theme related to the darker side of life: *that play made me laugh but it was really black.* *–n.* **15.** a colour without hue at one extreme end of the scale of greys, opposite to white. A black surface absorbs light of all hues equally. **16.** (*sometimes cap.*) a member of a dark-skinned race. **17.** a black speck, flake, or spot, as of soot. **18.** black clothing, especially as a sign of mourning: *to be in black.* **19.** *Chess, Draughts* the dark-coloured pieces. **20.** black pigment. *–v.t.* **21.** to make black; put black on. **22.** (of a trade union) to ban or prevent normal industrial working in (a factory, industry, or the like). *–phr.* **23. black out, a.** to obscure by concealing all light in defence against air raids. **b.** to jam (a radio). **c.** to suppress (news). **d.** to impose a blackout on (a particular area). **e.** to lose consciousness. **24. in the black, a.** financially solvent. **b.** (of betting odds) any bet above or including even money. **–blackish** *adj.* **–blackness** *n.*

black-and-blue /blæk-ən-'blu/ *adj.* discoloured, as by bruising. Also (*especially in predicative use*), **black and blue.**

blackball /'blækbɔl/ *v.t.* **1.** to ostracise. **2.** to vote against. **3.** to reject (a candidate) by placing a black ball in the ballot box. *–n.* **4.** *NZ* a hard, round, black sweet. **–blackballer** *n.*

black ban *n. Australian* a refusal by a group interest, as of producers, trade unions, consumers, to supply or purchase goods or services.

black beat *n.* rhythmic drive which is derived from black African music.

black belt *n. Judo* a belt worn by an experienced contestant ranking up to tenth Dan.

blackberry /'blækbəri, -bri/ *n.* **-ries. 1.** the fruit, black or very dark purple when ripe, of *Rubus fruticosus* and other species of the genus *Rubus*. **2.** the plant bearing this fruit; the bramble. **–blackberry-like** *adj.*

blackbird /'blækbɜd/ *n.* **1.** a European songbird of the thrush family, *Turdus merula*, introduced into Australia. **2.** any of various unrelated birds having black plumage in the male. **3.** *Australian History* a Kanaka kidnapped and transported to Australia as a slave labourer.

blackbirding /'blækbɜdɪŋ/ *n. Australian History* trade in kidnapped Kanakas. **–blackbirder** *n.*

blackboard /'blækbɔd/ *n.* a smooth dark board, used in schools, etc., for writing or drawing on with chalk.

black box *n.* **1.** a unit, not necessarily coloured black, which contains and protects electronic equipment, especially equipment which automatically records information about the journey of an aircraft, train, etc., which may be inspected after a crash. **2.** any device, invention, etc., the workings of which are mysterious or kept secret.

black boy *n.* any species of plant belonging to the genera *Xanthorrhoea* and *Kingia* found in temperate Australia and thought to resemble a grass-skirted native figure bearing a spear; grasstree; yacca. Also, **blackboy.**

black coal *n.* ordinary coal containing more than 80 per cent of carbon; includes bituminous coal and anthracite; formed from peat or brown coal by increased temperature and pressure.

black comedy *n.* a comedy expressing an underlying pessimism or bitterness, or one dealing with a tragic or gruesome subject.

black consciousness *n.* a sense of common cultural identity originally associated with the black people in South Africa but now used more generally in relation to black people in other countries.

blackcurrant /blæk'kʌrənt/ *n.* **1.** the small, black edible fruit of the shrub *Ribes nigrum.* **2.** the shrub itself.

black economy *n.* a system of cash payments for goods or services, where the receiver of the cash does not disclose it as income.

black eye *n.* bruising round the eye, resulting from a blow, etc.

black-eyed Susan

black-eyed Susan /ˌblæk-aɪd 'suzən/ *n.* any of many unrelated flowers with dark centres, as species of *Tetratheca*, Australian plants with nodding pink flowers with dark stamens, and *Thunbergia alata*, a twining plant whose orange flowers have a dark throat.

blackfellow /'blækfeloʊ, 'blækfɛlə/ *n.* *Australian* an Aborigine or Torres Strait Islander. Also, **blackfeller, blackfella**.

blackguard /'blægəd/ *n.* **1.** a coarse, despicable person; a scoundrel. *–v.t.* **2.** to revile in scurrilous language. *–v.i.* **3.** to behave like a blackguard. **–blackguardism** *n.*

blackhead /'blækhɛd/ *n.* **1.** a small, black-tipped, fatty mass in a follicle, especially of the face. **2.** any of several birds having a black head, as the scaup duck.

black hole[1] *n.* *Colloquial* any small, overcrowded room.

black hole[2] *n.* **1.** a region postulated as arising from the collapse of a star under its own gravitational forces and from which no radiation or matter can escape. **2.** *Colloquial* anything into which things seem to disappear, usually without making any impression or leaving any trace.

blackjack /'blækdʒæk/ *n.* **1.** the black flag of a pirate. **2.** a short club, usually leather covered, consisting of a heavy head and a flexible shaft or strap. **3.** *Cards* → **pontoon**[2].

blackleg /'blæklɛg/ *n.* **1.** → **scab** (def. 3). **2.** a swindler especially in racing or gambling.

black light *n.* ultraviolet light.

black list *n.* a list of persons under suspicion, disfavour, censure, etc., or a list of fraudulent or unreliable customers or firms.

black magic *n.* magic used for evil purposes.

blackmail /'blækmeɪl/ *n.* **1.** *Law* **a.** any payment extorted by intimidation, as by threats of injurious revelations or accusations. **b.** the extortion of such payment. *–v.t.* **2.** to extort blackmail from. **–blackmailer** *n.*

black maria /blæk mə'raɪə/ *n.* *Colloquial* a closed vehicle used for conveying prisoners to and from jail. Also, **Black Maria**.

black market *n.* an illegal market violating price controls, rationing, etc.

black mass *n.* a travesty of the mass, as performed by devil-worshippers.

blackout /'blækaʊt/ *n.* **1.** the extinguishing of all visible lights in a city, etc., as a wartime protection. **2.** the extinguishing or failure of light as in a power failure. **3.** temporary loss of consciousness or vision, especially in aviation due to high acceleration. **4.** loss of memory. **–blackout** *adj.*

black pine *n.* **1.** the small coniferous tree of eastern Australia, *Callitris endlicheri*. **2.** the New Zealand conifer, *Podocarpus spicatus*; matai. **3.** the timber of either.

black power *n.* a movement originating in the US advocating the advancement of blacks (in Australia especially of the Aborigines) through violence or political means.

black pudding *n.* a dark sausage made of blood, suet, and other ingredients. Also, **blood pudding**.

black sheep *n.* a person regarded as worthless despite a good background.

blacksmith /'blæksmɪθ/ *n.* **1.** someone who makes horseshoes and shoes horses. **2.** an artisan who works in iron.

black stump *n.* *Australian Colloquial* **1.** a point at which known or civilised territory ends. *–phr.* **2. beyond** (or **back of**) **the black stump**, in the far outback; in outback or wilderness areas beyond the reach of civilisation. **3. this side of the black stump**, anywhere in the community: *the best barber this side of the black stump*.

blank

black swan *n.* a large, stately swimming bird, *Cygnus atratus*, with black plumage and a red bill, found throughout Australia and introduced in New Zealand.

black tie *n.* **1.** a black bow tie for men, worn with a formal style of evening dress. **2.** a formal style of evening dress for men, of which the characteristic garments are a black bow tie and a dinner jacket (distinguished from *white tie*).

blacktracker /'blæktrækə/ *n.* an Aboriginal tracker used by police to track down missing or wanted persons. Also, **black tracker**.

bladder /'blædə/ *n.* **1.** *Anatomy, Zoology* **a.** a distensible pelvic sac with membranous and muscular walls, for storage and expulsion of urine excreted by the kidneys. **b.** any similar sac or receptacle. **2.** *Botany* a sac or the like containing air, as in certain seaweeds. **3.** any inflatable or distensible bag, as the inner bag of a football, or the bellows of bagpipes. *–phr.* **4. have a weak bladder**, to suffer from the need to urinate frequently. **–bladderless** *adj.* **–bladder-like** *adj.* **–bladdery** *adj.*

blade /bleɪd/ *n.* **1.** the flat cutting part of a sword, knife, etc. **2.** (*plural*) a hand-held tool like scissors for shearing sheep. **3.** a leaf of a plant, especially of grass. **4.** *Botany* the broad part of a leaf, not including the stem, etc. **5.** a cut of beef from the shoulder. **6.** a thin, flat part of something, as of a bone, oar, etc. **7.** an attractive, carefree young man. **–bladed** *adj.* **–bladeless** *adj.* **–bladelike** *adj.*

blame /bleɪm/ *v.* **blamed, blaming**, *n.* *–v.t.* **1.** to lay the responsibility of (a fault, error, etc.) on a person: *I blame the accident on him.* **2.** to find fault with; censure: *I blame you for that.* **3.** (*as a humorous imperative or optative*) *US Colloquial* to blast: *blame my hide if I go.* *–n.* **4.** imputation of fault; censure. **5.** responsibility for a fault, error, etc. *–phr.* **6. to blame**, responsible for a fault or error; blamable; culpable. **–blameable** = **blamable** *adj.* **–blameless** *adj.*

blanch /blænʃ, blanʃ/ *v.t.* **1.** to whiten by removing colour. **2.** to remove the skin from (nuts, fruits, etc.) by immersion in boiling water, then in cold. *–v.i.* **3.** to become white; turn pale. **–blancher** *n.*

blancmange /blə'mɒnʒ, -'mɒndʒ/ *n.* a jelly-like preparation of milk thickened with cornflour, gelatine, or the like, and flavoured.

bland /blænd/ *adj.* **1.** (of a person's manner) suave; deliberately agreeable or pleasant but often without real feeling. **2.** soothing or balmy, as air. **3.** mild, as food or medicines: *a bland diet.* **–blandly** *adv.* **–blandness** *n.*

blandish /'blændɪʃ/ *v.t.* to treat flatteringly; coax. **–blandisher** *n.* **–blandishment** *n.*

blank /blæŋk/ *adj.* **1.** (of paper, etc.) free from marks; not written or printed on. **2.** not filled in: *a blank cheque.* **3.** unrelieved or unbroken by ornament or opening: *a blank wall.* **4.** lacking some usual or completing feature; empty. **5.** void of interest, results, etc. **6.** showing no attention, interest, or emotion: *a blank face.* **7.** disconcerted; nonplussed: *a blank look.* **8.** complete, utter, or unmitigated: *blank stupidity.* **9.** Also, **blanky, blankety**. *Colloquial* (euphemistic for any vulgar or taboo epithet). *–n.* **10.** a place where something is lacking: *a blank in one's memory.* **11.** a void; emptiness. **12.** a space left (to be filled in) in written or printed matter. **13.** a printed form containing such spaces. **14.** a dash put in place of an omitted letter or word, especially to disguise a profanity or obscenity: *instead of her age, she wrote blanks.* **15.** *Machinery* a piece of metal prepared to be stamped or cut into a finished object, such as a coin or key. **16.** *Archery* the white mark in the centre of a butt or target at which an arrow is aimed. **17.** a blank cartridge. **18.** a domino unmarked on one or both of its halves. **19.** a lottery ticket which does not win. –*v.t.* **20.** *Machinery* to stamp or punch out of flat stock as with a die. –*phr.* **21. blank out, a.** to make blank or void: *to blank out an entry*. **b.** to lose attention, consciousness, memory, etc., momentarily: *to blank out for a minute*. **22. draw (a) blank,** to get no results; be unsuccessful; fail. **23. go blank, a.** (of a screen) to become clear of any image. **b.** (of the mind) to lose conscious thought. **24. fire** (or **shoot**) **blanks,** *Colloquial* (of a man) to be sterile. –**blankness** *n.* –**blankly** *adv.*

blank cartridge *n.* a cartridge containing powder only, without a bullet.

blank cheque *n.* **1.** a cheque bearing a signature but no stated amount. **2.** a free hand; carte blanche.

blanket /'blæŋkət/ *n.* **1.** a large rectangular piece of soft fabric, usually wool, used especially as a bed covering. **2.** any layer or covering that hides something: *a blanket of clouds*. –*v.t.* **3.** to cover with or as if with a blanket. –*adj.* **4.** covering or intended to cover a group or class of things, conditions, etc.: *blanket approval*.

blank verse *n.* **1.** unrhymed verse. **2.** the unrhymed iambic pentameter verse most frequently used in English dramatic, epic, and reflective poems.

blare /bleə/ *v.* **blared, blaring,** *n.* –*v.i.* **1.** to emit a loud raucous sound. –*v.t.* **2.** to sound loudly; proclaim noisily. –*n.* **3.** a loud raucous noise.

blarney /'blɑni/ *n.* flattering or wheedling talk; cajolery.

blasé /blɑ'zeɪ, 'blɑzeɪ/ *adj.* **1.** indifferent to and bored by pleasures of life. **2.** (sometimes fol. by *about*) unmoved or unperturbed; indifferent: *to be blasé about the amount of work to be done*.

blaspheme /blæs'fim/ *v.* **-phemed, -pheming**. –*v.t.* **1.** to speak impiously or irreverently of (God or sacred things). –*v.i.* **2.** to utter impious words. –**blasphemer** *n.*

blast /blɑst/ *n.* **1.** a sudden blowing or gust of wind. **2.** the blowing of a trumpet, whistle, etc. **3.** the sound produced by this. **4.** a forcible stream of air from the mouth, from bellows, or the like. **5.** *Mining, Civil Engineering, etc.* the charge of dynamite or other explosive used at one firing in blasting operations. **6.** the act of exploding; explosion. **7.** the forcible movement of air, or the shock wave, caused by an explosion. **8.** any pernicious or destructive influence, especially on animals or plants; blight. **9.** *Colloquial* **a.** something that is very funny; hoot; laugh: *what a blast!* **b.** an extremely exciting or exhilarating experience. **10.** *Colloquial* severe criticism, especially noisy or choleric. –*v.t.* **11.** to cause to shrivel or wither; blight. **12.** to affect with any pernicious influence; ruin; destroy: *to blast someone's hopes*. **13.** to tear (rock, etc.) to pieces with an explosive. **14.** to criticise abusively. –*interj.* **15.** (an exclamation of anger or irritation). –*phr.* **16. blast from the past,** a performer or performance reminiscent of or in the style of former highly successful performances, especially in sport or entertainment. **17. blast off, a.** to fire the rockets of a rocket ship, spacecraft, etc., in order to leave a planet's surface. **b.** *Colloquial* to depart rapidly or immediately. **18. full blast,** *Colloquial* **a.** to or at the loudest volume: *she turned the radio up full blast*. **b.** with the utmost energy and vigour. –**blaster** *n.*

blast furnace *n.* a vertical, steel cylindrical furnace using a forced blast to produce molten iron which may be converted into steel or formed into pig-iron.

blatant /'bleɪtnt/ *adj.* **1.** (of actions, etc.) flagrantly obvious or undisguised: *a blatant error, a blatant lie*. **2.** (of persons) offensively conspicuous in or unconcerned by (bad) behaviour; brazen; barefaced. –**blatancy** *n.* –**blatantly** *adv.*

blather /'blæðə/ *n.* **1.** foolish talk. –*v.i.* **2.** to talk foolishly. –*v.t.* **3.** to utter foolishly. Also, **blether**.

blaze[1] /bleɪz/ *n., v.* **blazed, blazing.** –*n.* **1.** a bright flame or fire. **2.** a bright, hot gleam or glow: *a blaze of sunshine*. **3.** a sparkling brightness: *a blaze of jewels*. **4.** a sudden passion or fury. –*v.i.* **5.** to burn brightly. **6.** to shine like flame. **7.** (of guns) to fire continuously.

blaze[2] /bleɪz/ *n., v.* **blazed, blazing.** –*n.* **1.** a spot or mark made on a tree, as by removing a piece of the bark, to indicate a boundary or a path in a forest. **2.** a white mark on the face of a horse, cow, etc. –*v.t.* **3.** to mark with blazes. –*phr.* **4. blaze a trail, a.** to mark out a trail with blazes. **b.** to break new ground; pioneer.

blazer /'bleɪzə/ *n.* **1.** a lightweight jacket, often brightly coloured, as worn by sportsmen. **2.** a jacket, usually bearing some badge or crest, as worn by schoolchildren.

blazon /'bleɪzən/ *v.t.* **1.** to set forth conspicuously or publicly; display; proclaim. –*n.* **2.** a heraldic shield; armorial bearings.

-ble variant of **-able**, as in *noble*; occurring first in words of Latin origin which came into English through French, later in words taken directly from Latin. Also (*after consonant stems*), **-ible**.

bleach /blitʃ/ *v.t.* **1.** to make white, pale, or colourless. –*v.i.* **2.** to become white, pale or colourless. –*n.* **3.** a bleaching agent.

bleak /blik/ *adj.* **1.** bare, desolate, and windswept: *a bleak plain*. **2.** cold and piercing: *a bleak wind*. **3.** dreary: *a bleak prospect*. –**bleakly** *adv.* –**bleakness** *n.*

bleary /'blɪəri/ *adj.* **blearier, bleariest. 1.** (of the eyes) dim from a watery discharge, or from tiredness. **2.** dull of perception. **3.** misty; dim; indistinct. –**blearily** *adv.* –**bleariness** *n.*

bleat /blit/ *v.i.* **1.** to cry as a sheep, goat, or calf. **2.** to complain; moan. –*n.* **3.** the cry of a sheep, goat, or calf. **4.** any similar sound. –**bleater** *n.* –**bleatingly** *adv.*

bleed /blid/ *v.* **bled** /bled/ *or* **bleeding**. –*v.i.* **1.** to lose blood, from the body or internally from the vascular system. **2.** to die, as in battle: *he bled for the cause*. **3.** (of blood, etc.) to flow out. **4.** (of colour) to run. **5.** to give out sap, juice, etc. **6.** to feel pity, sorrow: *the nation bleeds for its dead soldiers*. –*v.t.* **7.** to cause to lose blood, especially from surgery. **8.** to drain, draw sap, liquid, air, etc., from: *to bleed the brakes of a car*. **9.** to extort money from: *they bled him white*.

bleep /blip/ *v.i.* to emit a high-pitched broken sound, or a radio signal.

blemish /'blɛmɪʃ/ *v.t.* **1.** to destroy the perfection of. –*n.* **2.** a defect; a disfigurement; stain. –**blemisher** *n.*

blench /blɛntʃ/ *v.i.* to shrink; flinch; quail. –**blencher** *n.*

blend /blɛnd/ *v.* **blended, blending,** *n.* –*v.t.* **1.** to mix smoothly and inseparably together. **2.** to mix (various sorts or grades) in order to obtain a particular kind or quality. –*v.i.* **3.** to mix or intermingle smoothly and inseparably. –*n.* **4.** a mixture or kind produced by blending. **5.** *Linguistics* a word made by putting together parts of other words, as *motel*, from *motor* and *hotel*.

blended family *n.* a family formed from the members of separate families, usually as a result of the parents' remarriage.

blender /'blɛndə/ *n.* an electric device, usually with very rapidly rotating sharp blades in the base of a cylindrical container, used for chopping or pulverising dry ingredients, and for combining and mixing dry and liquid food ingredients.

bless /blɛs/ *v.t.* **blessed** *or* **blest, blessing**. **1.** to consecrate by a religious rite; make or pronounce holy. **2.** to request of God the bestowal of divine favour on. **3.** to bestow good of any kind upon: *a nation blessed with peace*. **4.** *Ecclesiastical* to make the sign of the cross over.

blessed /'blɛsəd, blɛst/ *adj.* **1.** consecrated; sacred; holy. **2.** divinely or supremely favoured; fortunate; happy. **3.** (*euphemistic*) damned: *blessed if I know; it's a blessed nuisance*. –**blessedly** *adv.* –**blessedness** *n.*

blessing /'blɛsɪŋ/ *n.* **1.** the act or words of someone who blesses. **2.** a special favour, mercy, or benefit. **3.** a favour or gift bestowed by God, thereby bringing happiness. **4.** the invoking of God's favour upon a person. –*phr.* **5. blessing in disguise**, a misfortune which subsequently turns out to have unexpected advantages.

blew /blu/ *v.* past tense of **blow**.

blight /blaɪt/ *n.* **1.** any cause of destruction, ruin, or frustration. **2.** → **sandy blight**. –*v.t.* **3.** to destroy; ruin; frustrate.

blighter /'blaɪtə/ *n. Colloquial* **1.** a person; fellow. **2.** a despicable person; cad.

blimp /blɪmp/ *n.* **1.** a small, nonrigid airship or dirigible, used chiefly for observation. **2.** *Colloquial* any dirigible.

blind /blaɪnd/ *adj.* **1.** lacking the sense of sight. **2.** unwilling or unable to try to understand: *blind to all arguments*. **3.** not controlled by reason: *blind tenacity*. **4.** not possessing or proceeding from intelligence. **5.** lacking all awareness: *a blind stupor*. **6.** drunk. **7.** hard to see or understand: *blind reasoning*. **8.** that cannot be seen round; obstructing vision: *a blind corner*. **9.** having no outlets. **10.** closed at one end: *a blind street*. **11.** done without seeing: *blind flying*. **12.** made without knowledge in advance: *a blind date*. **13.** relating to sightless people. –*v.t.* **14.** to make blind, as by injuring, dazzling, or bandaging the eyes. **15.** to deprive of discernment or judgment. –*n.* **16.** a shade for a window, as a strip of cloth on a roller, or a venetian blind. **17.** a lightly built structure of brush or other growths, especially one in which hunters conceal themselves; a hide. **18.** a cover for masking action or purpose; decoy. **19.** *Colloquial* a bout of excessive drinking; drinking spree. –*adv.* **20.** without being able to see one's way: *to fly blind*. **21.** without assessment or prior consideration: *to enter into a deal blind*. –*phr.* **22. on the blind**, in a situation where not all the conditions can be known: *small-time opal seekers sink shafts on the blind*. **23. the blind**, sightless people. **24. the blind side**, the side of a vehicle, location, etc., which is obscured from view: *the blind side of the car*. –**blinding** *adj.* –**blindingly** *adv.* –**blindly** *adv.* –**blindness** *n.*

blindfold /'blaɪndfoʊld/ *v.t.* **1.** to prevent sight by covering (the eyes); cover the eyes of. **2.** to impair the clear thinking of. –*n.* **3.** a bandage over the eyes.

blind snake *n.* a small, subterranean, non-venomous snake of the family Typhlopidae; worm snake; slow worm.

blind spot *n.* **1.** *Anatomy* a small area on the retina, insensitive to light, at which the optic nerve leaves the eye. **2.** a matter about which one is ignorant, unintelligent, or prejudiced, despite knowledge of related things. **3.** *Radio, TV, etc.* an area in which signals are weak and their reception poor. **4.** (in a car) a line of sight obscured by a window column or other obstruction.

blink /blɪŋk/ *v.i.* **1.** to wink, especially rapidly and repeatedly. **2.** to look with winking or half-shut eyes. **3.** to shine unsteadily or dimly; twinkle. –*n.* **4.** a blinking. **5.** a gleam; glimmer. –*phr.* **6. blink at**, **a.** to look evasively or with indifference at; ignore. **b.** (*usually negative*) to view with dismay or disapproval. **7. don't blink or you'll miss it**, *Colloquial* (a phrase indicating that something will last for a very short time). **8. on the blink**, *Colloquial* not working properly.

blinker /'blɪŋkə/ *n.* **1.** → **indicator** (def. 1). **2.** either of two flaps on a bridle, to prevent a horse from seeing sideways or backwards.

bliss /blɪs/ *n.* **1.** lightness of heart; blitheness; gladness. **2.** supreme happiness or delight. –**blissful** *adj.*

blister /'blɪstə/ *n.* **1.** a bubble-like swelling under the skin, containing watery matter especially from a burn or other injury. **2.** any similar swelling. –*v.t.* **3.** to raise blisters on. –*v.i.* **4.** to form blisters; become blistered. –**blistery** *adj.*

blithe /blaɪð/ *adj.* joyous, merry, or gay in disposition; glad; cheerful. –**blithely** *adv.*

blithering /'blɪðərɪŋ/ *adj.* **1.** nonsensical; jabbering. **2.** *Colloquial* blinking.

blitz /blɪts/ *n.* **1.** *Military* war waged by surprise, swiftly and violently, as by the use of aircraft. **2.** any swift, vigorous attack: *a blitz on litterbugs*. –*v.t.* **3.** to attack with a blitz. **4.** to deal with vigorously: *to blitz the housework*. **5.** *Colloquial* to defeat decisively. Also, **blitzkrieg** /'blɪtskrig/.

blizzard /'blɪzəd/ *n.* **1.** a violent windstorm with dry, driving snow and intense cold. **2.** a widespread and heavy snowstorm.

bloat /bloʊt/ *v.t.* **1.** to make distended, as with air, water, etc.; cause to swell. **2.** to puff up; make vain or conceited. –*v.i.* **3.** to become swollen; be puffed out or dilated. –*n.* **4.** Also, **bloating**. *Veterinary Science* (in cattle, sheep, horses and other ruminants) a distension of the stomach by gases of fermentation, caused by ravenous eating of green forage, especially legumes.

bloated /'bloʊtəd/ *adj.* **1.** swollen: *bloated features*. **2.** suffering from flatulence. **3.** suffering from excessive size: *a bloated bureaucracy*.

blob /blɒb/ *n.* a small lump, drop, splotch, or daub.

bloc /blɒk/ *n.* **1.** a group of states or territories united by some common factor. **2.** *Politics* a coalition of factions or parties for a particular measure or purpose.

block /blɒk/ *n.* **1.** a solid mass of wood, stone, etc., usually with one or more plane or approximately plane faces. **2.** a child's building brick. **3.** a mould or piece on which something is shaped or kept in shape, as a hat block. **4.** one of the short wooden or brick supports by which a timber-floored building is elevated above the ground. **5.** a piece of wood prepared for cutting, or as cut, for wood engraving. **6.** a (wooden) bench or board for chipping or cutting on. **7.** the support on which a person about to be beheaded lays his or her head. **8.** a platform from which an auctioneer sells. **9.** *Mechanics* **a.** a device consisting of one or more grooved pulleys mounted in a casing or shell, to which a hook or the like is attached, used for transmitting power, changing direction of motion, etc. **b.** the casing or shell holding the pulley. **10.** an obstacle or hindrance. **11.** a blocking or obstructing, or blocked or obstructed state or condition. **12.** *Pathology* an obstruction, as of a nerve. **13.** *Sport* a hindering of an opponent's actions. **14.** *Cricket* a mark made on the crease by the person batting when taking guard. **15.** a quantity, portion, or section taken as a unit or dealt with at one time: *block of tickets*. **16.** *Computers* a set of data or instructions. **17.** *Australian, NZ* a fairly large area of land, especially for settlement, mining, farming, etc. **18.** *Australian* a section of land, frequently suburban, as for build-

blockade

ing a house, etc.: *a block of land; a building block*. **19.** *NZ* the area of land, especially Crown or State forest, over which a trapper or hunter is licensed to operate. **20. a.** one large building, divided into offices, apartments, etc: *an office block; a block of flats*. **b.** a building containing a number of units of a particular type: *a toilet block; a shower block; a cell block*. **21. a.** a portion of a city, town, etc., enclosed by (usually four) neighbouring and intersecting streets. **b.** the length of one side of this; distance between one intersection and the next. **22.** a stage direction added to a script. **23.** a writing or sketching pad. **24.** *Athletics* a starting block. *–adj.* **25.** organised as a block (def. 15): *block teaching for two weeks*. *–v.t.* **26.** to fit with blocks; mount on a block. **27.** to shape or prepare on or with a block. **28.** to cut into blocks. **29.** to write in stage directions on (a script). **30.** to obstruct (a space, progress, etc.); check or hinder (a person, etc.) by placing obstacles in the way. **31.** to restrict the use of (a currency, etc.) **32.** *Pathology, Physiology* to stop the passage of impulses in (a nerve, etc.). *–v.i.* **33.** to act so as to obstruct an opponent (as in football, boxing, etc.). **34.** *Cricket* to stop the ball with the bat; to bat defensively. *–phr.* **35. block in, a.** to draw or paint roughly without detail or elaboration. **b.** to outline or explain in a general way. **36. block out, a.** to obscure from view: *the smoke blocked out the sun*. **b.** to conceal by screening in some way: *to block out the silence with noise; to block out the image with a red spot*. **c.** to prevent penetration by: *this cream blocks out radiation*. **37. do the block,** *Colloquial* to promenade the fashionable area of town. **38. knock someone's block off,** *Colloquial* to punch someone in the head. **39. lose (or do) one's block,** *Colloquial* to become very angry. **40. off one's block,** *Colloquial* insane.

blockade /blɒˈkeɪd/ *n., v.* **-aded, -ading.** *–n.* **1.** *Navy, Military* the shutting up of a place, especially a port, harbour, or part of a coast by hostile ships or troops to prevent entrance or exit. **2.** any obstruction of passage or progress. *–v.t.* **3.** to subject to a blockade. **–blockader** *n*.

blockage /ˈblɒkɪdʒ/ *n.* an obstruction.

block and tackle *n.* the block (def. 9) and associated ropes used for hoisting.

blockbuster /ˈblɒkbʌstə/ *n. Colloquial* anything large and spectacular, as a lavish theatrical production, impressive political campaign, etc.

blocked shoe *n.* a dance shoe with a stiffened toe, worn by a ballerina to enable her to dance on the tip of her toes.

blockhead /ˈblɒkhɛd/ *n.* a stupid fellow; a dolt.

blockhouse /ˈblɒkhaʊs/ *n. Military* a fortified structure with ports or loopholes for gunfire, used against bombs, artillery, and small-arms fire.

block letter *n.* a plain capital letter. Also, **block capital**.

blockout /ˈblɒkaʊt/ *n. Australian* → **sunscreen** (def. 2). Also, **blockout cream**.

bloke /bloʊk/ *n. Colloquial* a man; fellow; guy.

blokey /ˈbloʊki/ *adj. Colloquial* illustrative of essential masculinity, especially as defined in a crude and stereotypical way: *blokey behaviour is to drink beer and watch the footy*.

blond /blɒnd/ *adj.* **1.** light-coloured. **2.** (of a person) having light-coloured hair and skin. **3.** (of furniture, wood, etc.) light-coloured. *–n.* **4.** a blond person, especially a male. **–blondness** *n*.

blonde /blɒnd/ *n.* **1.** a female with light-coloured hair. *–adj.* **2.** (of a female) having light-coloured hair and skin. **3.** (of a female's hair) light; fair. **–blondeness** *n*.

blood /blʌd/ *n.* **1.** the fluid that circulates in the arteries and veins or principal vascular system of animals, in humans being of a red colour and consisting of a pale yellow plasma containing semisolid corpuscles. **2.** bloodshed; slaughter; murder. **3.** temper or state of mind: *a person of hot blood*. **4.** a profligate or dissolute man, especially one in fashionable society. **5.** descent from a common ancestor: *related by blood*. *–v.t.* **6.** to cause to bleed. **7.** *Hunting* **a.** to give (hounds, etc.) a first taste or sight of blood. **b.** to smear with blood, as after a hunt. **8.** to initiate. *–phr.* **9. in cold blood,** calmly, coolly, and deliberately. **10. one's blood is up,** one's anger or belligerence is aroused. **11. one's blood is worth bottling,** *Australian, NZ Colloquial* one is exceptionally meritorious or praiseworthy. **–bloodlike** *adj*.

blood bank *n.* a place where blood is stored for later use.

bloodbath /ˈblʌdbɑθ/ *n.* a massacre.

blood count *n.* the count of the number of red or white blood cells in a specific volume of blood.

bloodcurdling /ˈblʌdˌkɜdlɪŋ/ *adj.* frightening; terrifyingly horrible.

blood group *n.* one of several classifications into which the blood may be grouped according to its clotting reactions. Also, **blood type**.

bloodhound /ˈblʌdhaʊnd/ *n.* **1.** one of a breed of large, powerful dogs with a very acute sense of smell, used for tracking game, human fugitives, etc. **2.** *Colloquial* a detective; sleuth.

bloodless /ˈblʌdləs/ *adj.* **1.** without blood; pale. **2.** free from bloodshed: *a bloodless victory*. **3.** spiritless; without energy. **–bloodlessly** *adv*. **–bloodlessness** *n*.

blood money *n.* **1.** a fee paid to a hired murderer. **2.** compensation paid to the survivors of a murder victim. **3.** small remuneration earned by unreasonably great effort. **4.** riches acquired through dishonourable or distasteful means.

blood-poisoning /ˈblʌd-pɔɪznɪŋ/ *n.* a morbid condition of the blood due to the presence of toxic matter or micro-organisms; toxaemia; septicaemia; pyaemia.

blood pressure *n.* the pressure of the blood against the inner walls of the blood vessels, varying in different parts of the body, during different phases of contraction of the heart, and under different conditions of health, exertion, etc.

blood relation *n.* one related to another by birth. Also, **blood relative**.

bloodshed /ˈblʌdʃɛd/ *n.* destruction of life; slaughter.

bloodshot /ˈblʌdʃɒt/ *adj.* (of the eyes) red from dilated blood vessels.

blood sports *pl. n.* sports involving bloodshed, as hunting.

bloodstock /ˈblʌdstɒk/ *n.* thoroughbred stock, especially stud horses.

bloodstream /ˈblʌdstrim/ *n.* the blood flowing through a circulatory system.

bloodsucker /ˈblʌdsʌkə/ *n.* **1.** any animal that sucks blood, especially a leech. **2.** *Colloquial* an extortionist.

bloodthirsty /ˈblʌdθɜsti/ *adj.* eager to shed blood; murderous. **–bloodthirstily** *adv*. **–bloodthirstiness** *n*.

blood vessel *n.* any of the vessels (arteries, veins, capillaries) through which the blood circulates.

bloody /ˈblʌdi/ *adj.* **bloodier, bloodiest,** *v.* **bloodied, bloodying,** *adv.* *–adj.* **1.** stained with blood: *bloody handkerchief*. **2.** causing bloodshed: *bloody battle*. **3.** of the nature of, or relating to blood. **4.** *Colloquial* (a word indicating approval or disapproval): *bloody mingle; bloody idiot*. *–v.t.* **5.** to stain with blood. *–adv.* **6.** *Colloquial* very; extremely: *bloody awful*. **–bloodily** *adv*.

–**bloodiness** n.
bloody-minded /blʌdi-'maɪndəd/ adj. Colloquial **1.** obstructive; unhelpful; difficult. **2.** deliberately cruel or unpleasant. –**bloody-mindedness** n.
bloom /blum/ n. **1.** the flower of a plant. **2.** the state of having the buds opened. **3.** a glowing, healthy condition: *bloom of youth*. **4.** a state of full development; prime; perfection. **5.** Botany a whitish powdery coating on the surface of certain fruits and leaves. –v.i. **6.** to produce or yield flowers. **7.** to be in a state of healthy beauty and vigour; flourish. –**bloomless** adj.
bloomers /'blumǝz/ pl. n. **1.** loose trousers gathered at the knee, formerly worn by women as part of gymnasium, riding, or other like dress. **2.** a woman's undergarment so designed.
blossom /'blɒsǝm/ n. Botany **1.** the flower of a plant, especially of one producing an edible fruit. **2.** the state of flowering: *the apple tree is in blossom*. –v.i. **3.** Botany to produce or yield blossoms. **4.** Also, **blossom out**. to flourish; develop. –**blossomless** adj. –**blossomy** adj.
blot /blɒt/ n., v. **blotted**, **blotting**. –n. **1.** a spot or stain, especially of ink on paper. **2.** a blemish or reproach on character or reputation. –v.t. **3.** to spot, stain, or bespatter. **4.** to dry with absorbent paper or the like. –v.i. **5.** (of ink, etc.) to spread in a stain. **6.** to become blotted or stained: *this paper blots easily*. –phr. **7. blot out, a.** to make indistinguishable: *cloud blotted out the mountains*. **b.** to destroy; wipe out completely: *to blot out a memory* –**blotless** adj.
blotch /blɒtʃ/ n. a large irregular spot or blot. –**blotchy** adj.
blotting paper n. **1.** a soft, absorbent, unsized paper, used especially for drying ink on paper. **2.** Colloquial food taken while drinking alcoholic beverages, to mitigate the effects of the alcohol.
blotto /'blɒtoʊ/ adj. Colloquial under the influence of drink.
blouse /blaʊz/ n., v. **bloused**, **blousing**. –n. **1.** a light, loosely fitting bodice or shirt, especially one that is gathered or held in at the waist. –v.i. **2.** to hang loose and full. –v.t. **3.** to drape loosely. –**blouselike** adj.
blow¹ /bloʊ/ n. **1.** a sudden stroke with hand, fist, or weapon. **2.** a sudden shock, or a calamity or reverse. **3.** a sudden attack or drastic action. **4.** a stroke of the shears made in shearing a sheep. **5.** an outcrop of discoloured quartz-rich rock, sometimes thought to indicate mineral deposits below. –phr. **6. at one blow**, with a single act. **7. come to blows**, to start to fight. **8. strike a blow**, to begin or resume work.
blow² /bloʊ/ v. **blew** /blu/ or **blown**, **blowing**. n. –v.i. **1.** (of the wind or air) to be in motion. **2.** to move along, carried by or as by the wind: *the dust was blowing*. **3.** to produce or emit a current of air, as with the mouth, a bellows, etc.: *blow on your hands*. **4.** Colloquial to boast; brag. **5.** Colloquial to depart. **6.** Zoology (of a whale) to spout. **7.** Colloquial ‡ (of a man) to experience orgasm; ejaculate. **8.** (of a fuse, gasket, light bulb, radio valve, etc.) to burn out or perish; become unusable. **9.** Also, **blow out**. Horseracing Colloquial (of odds on a horse offered by bookmakers) to lengthen. –v.t. **10.** to drive by means of a current of air. **11.** to divulge (a secret). **12.** to shape (glass, etc.) with a current of air. **13.** to cause to sound, especially by a current of air. **14.** to destroy by explosion: *to blow the bridge*. **15.** to put (a horse) out of breath by fatigue. **16.** to register (a level of blood alcohol concentration) by breathing into a breathalyser or the like: *she blew .25*. **17.** Colloquial to waste; squander: *to blow one's money*. **18.** Colloquial to exceed the spending limits of (a budget). **19.** Colloquial to fail in: *to blow an exam*. **20.** Colloquial (euphemistic) to damn: *I'll be blowed*. **21.** Colloquial ‡ to perform fellatio on. –n. **22. a.** a storm with a high wind. **b.** a high wind. **23.** Colloquial a boasting or bragging. **24.** Colloquial a rest: *we'll have a blow now*. –interj. **25.** Colloquial (an expression of frustration): *blow! I've missed the train*. –phr.
26. blow away, Colloquial **a.** to kill by shooting. **b.** to amaze, usually with delight: *that concert really blew me away*.
27. blow in, Colloquial to make an unexpected visit; drop in; call.
28. blow it, Colloquial (an exclamation of frustration, dissatisfaction, etc.).
29. blow me (down), Colloquial (an exclamation indicating astonishment, wonder, etc.).
30. blow off, a. to remove, carried by or as by a current of air: *the steam blew the lid off*. **b.** to allow (a gas under pressure) to escape. **c.** to allow gas under pressure to escape. **d.** Colloquial to fart noisily.
31. blow one's mind, Colloquial to achieve a state of euphoria, especially with drugs: *I blew my mind on LSD*.
32. blow one's top, Colloquial to lose one's temper.
33. blow out, a. to be extinguished, as by the wind: *the candle blew out*. **b.** (of a tyre) to burst, especially as a result of the high speed of the vehicle. **c.** (of an oil or gas well) to lose oil or gas suddenly in a way that is not controlled. **d.** Colloquial (of a budget) to exceed the spending limits set: *the budget has blown out by a million dollars*. **e.** Also, **blow**. Horseracing Colloquial (of odds on a horse offered by bookmakers) to lengthen. **f.** to extinguish (a flame, etc.) with a puff of air.
34. blow over, a. (of a storm, etc.) to cease; subside. **b.** to be forgotten.
35. blow someone's head off, Colloquial **a.** to shoot someone through the head. **b.** to speak very angrily to someone.
36. blow someone's mind, Colloquial to amaze or delight someone: *this film will blow your mind*.
37. blow the whistle on, Colloquial to inform upon; report to authority.
38. blow through, Colloquial to depart, especially to evade a responsibility.
39. blow to bits (or **smithereens**), to cause to explode into small fragments.
40. blow up, a. to come into being: *a storm blew up*. **b.** to explode: *the ship blew up*. **c.** to cause to explode. **d.** to cause to inflate: *to blow up balloons*. **e.** Colloquial to scold or abuse (someone). **f.** Photography to reproduce by enlargement.
41. blow wide open, Colloquial to make a matter for general discussion, public scrutiny, etc., as via media reporting.
42. blow you (or **him, her, etc.**), Colloquial **a.** (an expression of dissatisfaction with someone). **b.** (an expression indicating an intention to disregard someone).
blowfly /'bloʊflaɪ/ n. **-flies**. –n. **1.** any of various true flies, of the order Diptera, family Calliphoridae, which deposit their eggs or larvae on carcasses or meat, or in sores, wounds, etc., especially the **green blowfly**, *Lucilia cuprina*. **2.** Colloquial an officious person, especially one in authority, as a police officer.
blowhole /'bloʊhoʊl/ n. **1.** an air or gas vent. **2.** a hole in a coastal rock formation through which compressed air and sea water are forced violently up by tide or wave.

blown /bloʊn/ *adj.* **1.** inflated; distended. **2.** out of breath; fatigued; exhausted. **3.** flyblown. **4.** formed by blowing: *blown glass.*

blow-out /'bloʊ-aʊt/ *n.* **1.** a rupture of a car tyre. **2.** the blowing of a fuse. **3.** a sudden or violent escape of air, steam, crude oil, or gas from a well, or the like. **4.** *Economics* an excess on the limits of a budget, usually as a result of inflation. **5.** *Colloquial* a big meal or lavish entertainment; spree.

blowpipe /'bloʊpaɪp/ *n.* a pipe or tube through which missiles are blown by the breath.

blowtorch /'bloʊtɔtʃ/ *n.* a portable apparatus which gives an extremely hot flame by forcing oxyacetylene under pressure through a small nozzle and burning it in air; used in welding, etc.

blow-up /'bloʊ-ʌp/ *n.* **1.** an explosion or other drastic trouble. **2.** a violent outburst of temper or scolding. **3.** *Photography* an enlargement. –*adj.* **4.** inflatable: *a blow-up mattress.*

blowzy /'blaʊzi/ *adj.* **blowzier, blowziest.** dishevelled; unkempt: *blowzy hair.*

blubber /'blʌbə/ *n.* **1.** *Zoology* the fat found between the skin and muscle of whales and other cetaceans, from which oil is made. –*v.i.* **2.** to weep, usually noisily and with contorted face. –**blubberer** *n.* –**blubberingly** *adv.*

bludge /blʌdʒ/ *v.* **bludged, bludging,** *n. Australian, NZ Colloquial* –*v.i.* **1.** to evade responsibilities. **2.** to be idle; do nothing: *we spent Saturday just bludging around the house.* –*v.t.* **3.** to cadge. –*n.* **4.** a job which entails next to no work. **5.** a period of not working or not working conscientiously. –*phr.* **6. bludge on,** to impose on (someone). **7. on the bludge,** imposing on others. –**bludger** *n.*

bludgeon /'blʌdʒən/ *n.* **1.** a short, heavy club with one end loaded, or thicker and heavier than the other. –*v.t.* **2.** to strike or fell with a bludgeon. **3.** to force (someone) into something; bully. –**bludgeoner** *n.*

blue /blu/ *n., adj.* **bluer, bluest,** *v.* **blued, blueing** or **bluing** –*n.* **1.** the pure hue of clear sky; deep azure (between green and violet in the spectrum). **2.** Also, **washing blue.** a substance, as indigo, used to whiten clothes in laundering them. **3.** a blue thing. **4.** a person who wears blue, or is a member of a group characterised by a blue symbol. **5. a.** a sportsperson who represents or has represented their university in a contest with another. **b.** the honour awarded for this. **c.** the colours awarded for this. **6.** *Australian, NZ Colloquial* a fight; dispute. **7.** *Australian, NZ Colloquial* a mistake. **8.** *Australian, NZ Colloquial* a summons in law. –*adj.* **9.** of the colour blue. **10.** tinged with blue. **11.** (of the skin) discoloured by cold, contusion, fear, rage, or vascular collapse. **12.** *Colloquial* depressed in spirits: *to feel blue.* **13.** *Colloquial* out of tune: *a blue note.* **14.** *Colloquial* obscene, or relating to obscenity. –*v.t.* **15.** *Colloquial* to spend wastefully; squander. –*v.i.* **16.** *Australian, NZ Colloquial* to fight. –*phr.* **17. cop the blue,** *Australian, NZ Colloquial* to take the blame. **18. once in a blue moon,** rarely and exceptionally. **19. scream blue murder, a.** (of a child) to scream loudly. **b.** to protest vociferously. **20. the blue, a.** the sky. **b.** the sea. **c.** the unknown; the dim distance; nowhere: *out of the blue.* –**bluely** *adv.* –**blueness** *n.* –**bluish, blueish** *adj.*

bluebell /'blubɛl/ *n.* any Australian or New Zealand herb of the genus *Wahlenbergia,* family Campanulaceae, chiefly of southern temperate regions, having blue bell-shaped flowers, as the Australian bluebell, *W. trichogyna,* of temperate mainland Australia. **2.** any herb of the genus *Campanula,* family Campanulaceae, of northern temperate regions and tropical mountains, having similar flowers.

blueberry /'blubəri/ *n.* **-ries.** the edible berry, usually bluish, of any of various shrubs of the genus *Vaccinium.*

blue blood *n.* aristocratic descent. –**blue-blooded** *adj.*

bluebottle /'blubɒtl/ *n.* **1.** a hydrozoan of genus *Physalia* found in warm seas and having an elongated, deep blue, gas-filled bladder typically up to 13 centimetres long, from which trail numerous tentacles, possibly many metres in length and capable of inflicting a painful sting. **2.** any of several large, metallic blue and green flies of the dipterous family Calliphoridae; the larvae of some are parasites of domestic animals.

blue chip *n.* **1.** *Stock Exchange* a stock in which investment is secure, though less secure than in gilt-edged. **2.** a valuable asset. –**blue-chip** *adj.*

blue-collar /'blu-kɒlə/ *adj.* belonging or relating to workers other than white-collar, as factory, production line workers, etc.

blue duck *n.* **1.** a New Zealand native mountain duck, *Hymenolaimus malacorhyncus;* whio. **2.** *NZ, Chiefly Military* a baseless rumour; a failure.

bluefish /'blufɪʃ/ *n.* **1.** an Australian and New Zealand marine fish, *Girella cyanea,* of violet-blue colouring. **2.** a predacious marine food fish, *Pomatomus saltatrix,* bluish or greenish in colour, of the Atlantic coast of the Americas.

bluegrass /'blugras/ *n.* **1.** any of various grasses of the genus *Poa,* as the Kentucky bluegrass, *P. pratensis,* etc. **2.** music of the south-eastern US characterised by instruments such as steel-string acoustic guitar, bottleneck guitar, and fiddle, with emphasis on the solo banjo. Also, **blue grass.**

blue gum *n.* any of several species of *Eucalyptus* with smooth and often bluish-coloured bark or leaves.

blue heeler *n.* → **Australian cattle dog.**

blue metal *n.* *Australian* crushed dark igneous rock used in construction work.

blue peter *n.* a blue flag with a white square in the centre, symbol of the letter P in the International Code of Signals, hoisted by a ship as a signal that it is ready to leave port.

blueprint /'bluprɪnt/ *n.* **1.** a process of photographic printing, based on ferric salts, in which the prints are white on a blue ground; cyanotype. It is used chiefly in making copies of tracings. **2.** a detailed outline or plan.

blue ribbon *n.* a high distinction, especially a prize in an exhibition or show: *her cake won a blue ribbon.* –**blue-ribbon** *adj.*

blue-ringed octopus *n.* a small octopus, *Octopus maculosus,* of eastern Australia, with a highly venomous bite and distinctive blue to purple banding on the tentacles appearing when the octopus is disturbed.

blue-rinse /'blu-rɪns/ *adj.* (*derogatory*) having to do with well-off, middle-aged women of conservative and trivial outlook: *the blue-rinse set.*

blues /bluz/ *pl. n.* **1.** *Colloquial* despondency; melancholy. **2.** *Jazz* a type of song, of African-American origin, predominantly melancholy in character and usually performed in slow tempo.

blue shark *n.* a large, voracious shark, *Prionace glauca,* of most tropical and temperate seas.

blue shift *n. Astronomy* a shift of spectral lines toward the blue end of the visible spectrum of the light emitted by an approaching celestial body; thought to be a consequence of the Doppler effect of red shift.

bluestocking /'blustɒkɪŋ/ *n.* **1.** a woman who devotes herself to intellectual pursuits to the exclusion of other interests such as fashion, social

blue swimmer life, etc. **2.** a member of the mid-18th century London literary circle.

blue swimmer *n.* an edible Australian crab, *Portunus pelagicus*, of blue-green colour and capable of powerful sustained swimming.

blue-tongue /'blu-tʌŋ/ *n.* **1.** Also, **blue-tongue lizard**. any of several large, stout-bodied Australian skinks of the genus *Tiliqua*, as the common *T. scincoides*, which are harmless but display their broad blue tongues in a threatening manner when disturbed. **2.** *Australian* → **rouseabout**.

blue vein *n.* a type of semi-soft ripened cheese with blue-green veins of *Penicillium* mould culture throughout the ripened curd.

blue whale *n.* a rorqual, *Balaenoptera musculus*, of northern and southern oceans, with yellowish underparts, the largest mammal that has ever lived.

bluey /'blui/ *adj.* **1.** somewhat blue; bluish. –*n.* **2.** *Australian, NZ* → **swag** (def. 1). **3.** *Australian, NZ Colloquial* a summons in law. **4.** *Australian Colloquial* → **blue swimmer**.

bluff¹ /blʌf/ *adj.* **1.** somewhat abrupt and unconventional in manner; hearty; frank. –*n.* **2.** a cliff, headland, or hill with a broad, steep face. –**bluffly** *adv.* –**bluffness** *n.*

bluff² /blʌf/ *v.t.* **1.** to mislead by presenting a bold front. **2.** to gain by bluffing: *he bluffed his way*. **3.** *Poker* to deceive by a show of confidence in the strength of one's cards. –*v.i.* **4.** to present a bold front in order to mislead someone. –*n.* **5.** an act of bluffing. –*phr.* **6. call someone's bluff**, to challenge or expose someone's deception. –**bluffer** *n.*

blunder /'blʌndə/ *n.* **1.** a gross or stupid mistake. –*v.i.* **2.** to move or act blindly, stupidly, or without direction or steady guidance. –**blunderer** *n.* –**blunderingly** *adv.*

blunt /blʌnt/ *adj.* **1.** having an obtuse, thick, or dull edge or tip; rounded; not sharp. **2.** abrupt in address or manner; forthright; plain-spoken. –*v.t.* **3.** to weaken or impair the force, keenness, or susceptibility of. –**bluntly** *adv.* –**bluntness** *n.*

blur /blɜ/ *v.* blurred, blurring, *n.* –*v.t.* **1.** to obscure or sully as by smearing with ink, etc. **2.** to obscure by making confused in form or outline; make indistinct. –*v.i.* **3.** to become indistinct: *the vision blurred*. –*n.* **4.** a blurred condition; indistinctness. –**blurry** *adj.*

blurb /blɜb/ *n.* an announcement or advertisement, usually an effusively laudatory one, especially on the jacket flap of a book or the cover of a record, CD, etc.

blurt /blɜt/ *v.t.* **1.** to say suddenly or inadvertently. **2.** Also, **blurt out**. to divulge unadvisedly.

blush /blʌʃ/ *v.i.* **1.** to redden as from embarrassment, shame, or modesty. **2.** (of the sky, flowers, etc.) to become rosy. –*n.* **3.** a rosy or pinkish tinge. –*adj.* **4.** pale pink. –**blushful** *adj.* –**blushless** *adj.* –**blushingly** *adv.*

bluster /'blʌstə/ *v.i.* **1.** to roar and be tumultuous, as wind. **2.** to be loud, noisy, or swaggering; utter loud, empty menaces or protests. –*n.* **3.** noisy, empty menaces or protests; inflated talk. –**blusterer** *n.* –**blusteringly** *adv.* –**blustery, blusterous** *adj.*

BMX /bi ɛm 'ɛks/ *adj.* **1.** having to do with the racing of small sturdily-built bicycles on circuits presenting a variety of surfaces and terrain. –*n.* **2.** a bicycle designed for such a use.

BO /bi 'oʊ/ *n. Colloquial* body odour, especially due to excessive perspiration.

boa /'boʊə/ *n.* **boas**. **1.** any of various non-venomous snakes of the family Boidae, notable for their vestiges of hind limbs, as the boa constrictor of the American tropics. **2.** a long, snake-shaped wrap of silk, feathers, or other material, worn around the neck by women.

boa constrictor *n.* **1.** a boa, *Constrictor constrictor*, of Central and South America, noted for its size and crushing power. **2.** any large python or other snake of the boa family.

boar /bɔ/ *n.* **1.** an uncastrated male pig. **2.** a wild male pig.

board /bɔd/ *n.* **1.** a piece of timber sawn thin, and of considerable length and breadth compared with the thickness. **2.** (*plural*) *Theatre* the stage. **3. a.** Also, **shearing board**. in a shearing shed, the clear part of the floor on which the sheep are shorn. **b.** the complement of shearers employed in a woolshed: *they had a full board*. **4.** a flat slab of wood for some specific purpose: *ironing-board*; *jigger board*. **5.** a blackboard. **6.** daily meals, especially as provided for pay, often as part of accommodation. **7.** an official body of people who direct or supervise some activity: *a board of directors*; *board of trade*. –*v.t.* **8.** to cover or close with boards. **9.** to go aboard or enter (a ship, train, etc.). –*v.i.* **10.** to live in a room, with or without meals provided, at an agreed price. –*phr.* **11. across the board**, in a comprehensive fashion. **12. board out**, to place out for meals and lodgings. **13. go by the board**, to be discarded, neglected, or destroyed. **14. on board**, on or in a ship, aeroplane, or vehicle. **15. take on board**, to grasp the significance of. –**boarder** *n.*

boarding house *n.* a place, usually a home, at which board and lodging are provided.

boarding school *n.* a school at which board and lodging are furnished for the pupils.

boardroom /'bɔdrum/ *n.* a room in which a board (def. 7) meets to carry out business.

board shorts *pl. n.* shorts with an extended leg, originally designed to protect surfers against waxed surfboards.

boast /boʊst/ *v.i.* **1.** to speak exaggeratedly and objectionably, especially about oneself. –*v.t.* **2.** to speak of with pride, vanity, or exultation. **3.** to be proud in the possession of: *the town boasts a new school*. –*n.* **4.** a thing boasted of. –*phr.* **5. boast of**, to lay claim to; claim credit for: *he boasted of his success*. –**boaster** *n.* –**boastingly** *adv.* –**boastful** *adj.*

boat /boʊt/ *n.* **1.** a vessel for transport by water, constructed to provide buoyancy by excluding water and shaped to give stability and permit propulsion. **2.** a small ship, generally for specialised use. **3.** a small vessel carried for use by a large one. **4.** *Colloquial* a ship. **5.** an open dish resembling a boat: *a gravy boat*. –*v.i.* **6.** to go in a boat. –*phr.* **7. burn one's boats**, to commit oneself; make an irrevocable decision. **8. in the same boat**, faced with the same circumstances, especially unfortunate ones.

boater /'boʊtə/ *n.* a straw hat with a flat crown and a flat hard brim.

boat people *pl. n.* refugees from South-East Asia, setting out for Malaysia, Hong Kong, or Australia by boat.

boatswain /'boʊsən/ *n.* a warrant officer on a warship, or a petty officer on a merchant vessel, in charge of rigging, anchors, cables, etc. Also, **bo's'n, bosun**.

bob¹ /bɒb/ *n., v.* **bobbed, bobbing**. –*n.* **1.** a short jerky motion: *a bob of the head*. **2.** a quick curtsy. –*v.t.* **3.** to move quickly down and up: *to bob the head*. –*v.i.* **4.** to curtsy. **5.** to move up and down with a bouncing motion, as a boat. –*phr.* **6. bob up**, to rise to the surface or into view suddenly or jerkily: *a face bobbed up in front of him*.

bob² /bɒb/ *n.* **1.** a style of short haircut for women and children. **2.** a horse's tail cut short. **3.** a small dangling or terminal object, as the weight on a pendulum or a plumbline.

bobbin /'bɒbən/ *n.* a reel, cylinder, or spool upon which yarn or thread is wound, as used in spinning, machine sewing, etc.

bobby-dazzler /bɒbi-'dæzlə/ *n. Colloquial* an excellent thing or person: *you little bobby-dazzler.* Also, **ruby-dazzler**.

bobby pin /'bɒbi pɪn/ *n.* a metal hairpin with two slender prongs which clamp together in order to hold the hair; hairgrip.

bobcat /'bɒbkæt/ *n.* **1.** an American wildcat, especially the species *Felis rufus*, which is widespread in the US. **2.** *Australian, NZ* a small, rubber-tyred, four-wheeled loader used in underground and trench work.

bobsleigh /'bɒbsleɪ/ *n.* a racing sledge carrying two or more people, having two sets of runners, one at the back and one at the front.

bod /bɒd/ *n. Colloquial* a person: *an odd bod.*

bode /boʊd/ *v.* **boded, boding.** *–v.t.* **1.** to be an omen of; portend. *–v.i.* **2.** to portend: *to bode well.* **–bodement** *n.*

bodgie /'bɒdʒi/ *adj., n., v.* **bodgied, bodgying.** *Colloquial –adj.* **1.** *Australian, NZ* inferior; worthless. *–n.* **2.** *Australian* a worthless person. **3.** an alias. *–v.t.* **4.** *Australian* Also, **bodgie up**. to repair superficially.

bodice /'bɒdəs/ *n.* the fitted upper part of or body of a woman's dress.

bodily /'bɒdəli/ *adj.* **1.** having to do with the body. **2.** corporeal or material, in contrast with spiritual or mental. *–adv.* **3.** as a whole; without taking apart.

bodkin /'bɒdkən/ *n.* a blunt needle-like instrument for drawing tape, cord, etc., through a loop, hem, or the like.

body /'bɒdi/ *n.* **bodies**. **1.** the physical structure of an animal (and sometimes, of a plant) living or dead. **2.** a corpse; carcass. **3.** the trunk or main mass of a thing. **4.** *Zoology* the physical structure of an animal minus limbs and head. **5.** *Architecture* the central structure of a building, especially the nave of a church; the major mass of a building. **6.** a vehicle minus wheels and other appendages. **7.** *Nautical* the hull of a ship. **8.** *Aeronautics* the fuselage of an aeroplane. **9.** *Printing* the shank of a type, supporting the face. **10.** *Geometry* a figure having the dimensions, length, breadth, and thickness; a solid. **11.** *Physics* anything having inertia; a mass. **12.** any of the larger visible spherical objects in space, as a sun, moon, or planet: *heavenly bodies.* **13.** the major portion of an army, population, etc. **14.** the central part of a speech or document, minus introduction, conclusion, indexes, etc. **15.** *Colloquial* a person. **16.** a number of things or people taken together: *the student body.* **17.** a separate or distinct mass, as of water: *a large body of water swept down in the flood.* **18.** consistency or density; substance; strength as opposed to thinness: *wine of a good body.* **19.** (of hair) springiness; resilience. **20.** matter or physical substance (as opposed to *spirit* or *soul*). **21.** that part of a dress which covers the trunk, or the trunk above the waist. **22.** *Agriculture* the quality possessed by wool when the staple appears full and bulky. *–phr.* **23. body and soul,** entirely; completely: *she owned him body and soul.* **24. keep body and soul together,** to remain alive. **–bodied** *adj.*

body bag *n.* a large bag or sack with features such as waterproofing and zippers, designed to facilitate the transportation of a corpse.

body building *n.* the performance of regular exercises designed to increase the power and size of the body's muscles. **–body builder** *n.*

body corporate *n.* (in Australia) the governing body of a block of home units consisting of the home unit owners or their representatives.

bodyguard /'bɒdigad/ *n.* **1.** a personal or private guard, as for a high official. **2.** a retinue; escort.

body language *n.* the non-linguistic communication of attitudes or feelings by movements or postures of the body, usually unintentional.

body politic *n.* a people as forming a political body under an organised government.

bodysurfing /'bɒdi,sɜfɪŋ/ *n.* the sport of swimming in the surf, and especially of riding waves, by holding the body stiff, usually with the arms outstretched, and allowing oneself to be carried along by the force of the water. Also, **surfing**.

body wave *n.* a type of soft perm with very little wave, designed to give more fullness to the hair.

bodywork /'bɒdiwɜk/ *n.* the outer shell of the body of a vehicle, or its construction.

boffin /'bɒfən/ *n. Colloquial* someone who is enthusiastic for and knowledgeable in any pursuit, activity, study, etc., especially a research scientist.

bog /bɒg/ *n., v.* **bogged, bogging.** *–n.* **1.** wet, spongy ground, with soil composed mainly of decayed vegetable matter. **2.** an area or stretch of such ground. *–v.t.* **3.** to sink in or as in a bog. *–v.i.* **4.** to sink in a bog. *–phr.* **5. bog down, a.** to falter or lose momentum, especially as the result of a series of delays. **b.** to impede the progress of (someone), especially by creating innumerable small difficulties and restraints. **c.** to be prevented from progressing, as from or as if from sinking in mud. **6. bog in,** *Colloquial* **a.** to eat voraciously. **b.** to attack a task vigorously: *if we all bog in, it will be done quickly.* **–boggish** *adj.* **–boggy** *adj.*

bogey¹ /'boʊgi/ *Golf* the number of strokes a good player may be reckoned to need to play a certain hole; a score of one over par.

bogey² /'boʊgi/ *n. Australian Colloquial* **1.** a swim or bath. **2.** a swimming hole. Also, **bogie**.

boggle /'bɒgəl/ *v.* **-gled, -gling.** *–v.i.* **1.** to take alarm; start with fright. **2.** to hesitate, as if afraid to proceed; waver; shrink: *the mind boggles.* **–boggler** *n.*

bogie¹ /'boʊgi/ *n.* a low truck or trolley.

bogie² /'boʊgi/ *n.* → **bogey**².

bogus /'boʊgəs/ *adj.* counterfeit; spurious; sham.

bogy /'boʊgi/ *n.* **bogies**. **1.** a hobgoblin; evil spirit. **2.** anything that haunts, frightens or annoys one.

bohemian /boʊ'himiən/ *n.* **1.** a person with artistic or intellectual tendencies or pretensions who lives and acts without regard for conventional rules of behaviour. **2.** a gipsy. *–adj.* **3.** relating to or characteristic of bohemians. **–bohemianism** *n.*

boil¹ /bɔɪl/ *v.i.* **1.** to change from liquid to gaseous state, producing bubbles of gas that rise to the surface of the liquid, agitating it as they rise. **2.** to be in a similarly agitated state: *the sea was boiling.* **3.** to be agitated by angry feeling. **4.** to contain, or be contained in, a liquid that boils: *the pot is boiling; the meat is boiling.* **5.** *Colloquial* to feel very hot. *–v.t.* **6.** to cause to boil. **7.** to cook by boiling. **8.** to separate (sugar, salt, etc.) from something containing it by heat. *–n.* **9.** the act of boiling. **10.** the state or condition of boiling. *–phr.* **11. boil down, a.** to reduce by boiling. **b.** to boil (the carcasses of animals) so as to extract the fat. **c.** to shorten; abridge. **12. boil down to,** to be in essence: *it all boils down to this.* **13. boil over, a.** to overflow while boiling. **b.** to be unable to suppress excitement, anger, etc. **14. boil up,** to make tea.

boil² /bɔɪl/ *n.* a painful, suppurating, inflammatory sore forming a central core, caused by microbic infection, *Staphylococcus aureus*; a furuncle.

boiler /'bɔɪlə/ *n.* **1.** a closed vessel together with its

boilermaker   84   **bond**

furnace, in which steam or other vapour is generated for heating or for driving engines. **2.** a vessel for boiling or heating, especially a copper one. **3.** a fowl which is or appears to be fit to be eaten only when boiled. **4.** *Colloquial* an old woman.

boilermaker /'bɔɪləmeɪkə/ *n.* a tradesman who marks out, develops and fabricates boilers or metal cylinders.

boilersuit /'bɔɪləsut/ *n.* a one-piece garment of some cheap tough material for rough work.

boiling point *n.* **1.** the equilibrium temperature of the liquid and vapour phases of the substance, usually at a pressure of 101 325 pascals. **2.** the peak of excitement or emotion.

boisterous /'bɔɪstrəs/ *adj.* **1.** rough and noisy; clamorous; unrestrained. **2.** (of waves, weather, wind, etc.) rough and stormy. **–boisterously** *adv.* **–boisterousness** *n.*

bold /boʊld/ *adj.* **1.** not hesitating in the face of actual or possible danger or rebuff. **2.** not hesitating to breach the rules of propriety; forward. **3.** overstepping usual bounds or conventions. **4.** conspicuous to the eye: *bold handwriting*. **5.** *Printing* (of type, etc.) with heavy lines. **–boldly** *adv.* **–boldness** *n.*

bole /boʊl/ *n.* the stem or trunk of a tree up to the first branch.

bolero /bə'lɛəroʊ, bə'lɪəroʊ/ *n.* **-ros. 1.** a lively Spanish dance in three-four time. **2.** the music for it. **3.** a short jacket ending above or at the waistline.

boll /boʊl/ *n.* a rounded seed vessel or pod of a plant, as of flax or cotton.

bollard /'bɒləd/ *n. Nautical* a vertical post on which hawsers are made fast.

bollocky /'bɒləki/ *adj. Colloquial* **1.** naked: *stark bollocky.* **–***phr.* **2. in the bollocky**, naked. Also, **bollicky.**

Bolshevik /'bɒlʃəvɪk/ *n.* **1.** a member of a communist party. **2.** *(derogatory)* any person with radical socialist ideas. Also, **bolshevik. –bolshevism** *n.*

bolster /'boʊlstə/ *n.* **1.** a long ornamental pillow for a bed, sofa, etc. **2.** a support, as one for a bridge truss. –*v.t.* **3.** to support with or as with a pillow. **4.** Also, **bolster up**. to prop, support, or uphold (something weak, unworthy, etc.). **–bolsterer** *n.*

bolt /boʊlt/ *n.* **1.** a movable bar which when slid into a socket fastens a door, gate, etc. **2.** the part of a lock which is protruded from and drawn back into the case, as by the action of the key. **3.** a strong metal pin, often with a head at one end and with a screw thread at the other to receive a nut. **4. a.** a woven length of cloth. **b.** a roll of wallpaper. **5.** the uncut edge of a sheet folded to make a book. **6.** a sudden swift motion or escape. **7.** any sudden dash, run, flight, etc. **8.** a jet of any liquid, especially molten glass. **9.** an arrow, especially one for a crossbow. **10.** a rod or bar which closes the breech of a rifle. **11.** a shaft of lightning; a thunderbolt. –*v.t.* **12.** to fasten with or as with bolts. **13.** to shoot; discharge (a missile). **14.** to blurt; utter hastily. **15.** to swallow (one's food) hurriedly or without chewing. **16.** to make (cloth, wallpaper, etc.) into bolts. –*v.i.* **17.** to run away in alarm and uncontrollably, especially of horses and rabbits. **18.** to abscond in order to evade one's debt or to escape with illegal gains. –*adv.* **19.** suddenly; with sudden meeting or collision. –*phr.* **20. bolt from** (or **out of**) **the blue**, a sudden and entirely unexpected occurrence. **21. bolt upright**, stiffly upright. **22. do the bolt**, *Colloquial* to run away, especially when caught committing a misdemeanour. **23. have shot one's bolt**, to have reached the limit of one's endurance or effort. **24. shoot one's bolt, a.** to do one's utmost. **b. ‡** to ejaculate prematurely. **–bolter** *n.* **–boltless** *adj.* **–boltlike** *adj.*

bomb /bɒm/ *n.* **1.** a hollow projectile filled with an explosive charge. **2.** any similar missile or explosive device. **3.** *Australian, NZ Colloquial* an old car. **4.** *Colloquial* a failure, as in an examination. **5.** *Colloquial* a jump into water, made in a crouched position. **6.** *Rugby League* an up-and-under directed near or over the opponents' goal line. –*v.t.* **7.** to hurl bombs at; drop bombs upon, as from an aeroplane; bombard. **8.** *Colloquial* to jump onto (someone) in water. **9.** *Colloquial* to fail; perform badly at: *she bombed the exam.* –*v.i.* **10.** to explode a bomb or bombs. **11.** to hurl or drop bombs. **12.** *Colloquial* to jump into a pool, waterhole, etc., in a tucked up position so as to create a large splash. –*phr.* **13. bomb out**, *Colloquial* **a.** to err; to fail. **b.** to be heavily under the influence of drugs. **14. go like a bomb**, *Colloquial* **a.** to turn out successfully. **b.** (of a motor vehicle, etc.) to go rapidly.

bombard /bɒm'bad/ *v.t.* **1.** to attack or batter with artillery. **2.** to attack with bombs. **3.** to assail vigorously: *bombard someone with questions.* **–bombardment** *n.*

bombardier /bɒmbə'dɪə/ *n.* **1.** *Military* the lowest rank of NCO in an artillery regiment. **2.** *Military* the member of a bomber crew who operates the bomb release mechanism. **3.** *History* an artilleryman.

bombast /'bɒmbæst/ *n.* high-sounding and often insincere words; verbiage.

bomber /'bɒmə/ *n.* **1.** someone who throws or places bombs. **2.** a plane used to carry and drop bombs.

bomber jacket *n.* a waist-length jacket, sometimes made out of leather, with a fitted waistband and usually a zipper down the front.

bombora /bɒm'bɔrə/ *n. Australian* **1.** a submerged reef of rocks. **2.** a dangerous current over a reef.

bombshell /'bɒmʃɛl/ *n.* **1.** a bomb. **2.** a sudden or devastating action or effect: *his resignation was a bombshell.* **3.** *Colloquial* a very attractive woman. –*phr.* **4. drop a bombshell**, *Colloquial* to make a startling or unexpected announcement.

bona fide /,boʊnə 'faɪdi/ *adj.* **1.** genuine; real: *a bona fide doctor.* **2.** undertaken or carried out in good faith: *a bona fide agreement.* Also, **bona-fide.**

bonanza /bə'nænzə/ *n.* **1.** a mine of wealth; good luck. **2.** any fortunate and profitable occasion.

bonbon /'bɒnbɒn/ *n.* **1.** a piece of confectionery. **2.** a small firework made from a paper roll twisted at each end and containing a gift, joke, motto, etc., which makes a loud report when pulled sharply at both ends. Also, **bon bon, bon-bon.**

bond /bɒnd/ *n.* **1.** something that binds, fastens, or holds together: *a bond of feeling*; *the bonds of a prisoner.* **2.** any binding written agreement, such as a promise to work for a certain time made when accepting a scholarship. **3.** *Law* **a.** a contract under seal to pay a debt, or to pay a sum of money in default of fulfilling some condition. **b.** an undertaking by an offender to be of good behaviour for a certain period. **4.** the state of taxable goods kept in storage until tax is paid: *goods in bond.* **5.** a certificate of government debt to an individual, usually at a fixed rate of interest. **6.** → **bond money. 7.** a substance that causes particles to stick; binder. **8.** *Chemistry* any connection between atoms in any molecule, or between atoms and molecules in any substance. **9.** → **bond paper. 10.** *Building Trades* an arrangement of stones or bricks in a wall, etc., made by overlapping them in order to bind them strongly. –*v.t.* **11.** to hold or join with a bond. **12.** to put

bondage — book

(goods, a person) in or under bond. **13.** *Finance* to place a bonded debt on; mortgage. **14.** *Building Trades* to cause (bricks, etc.) to hold together firmly by overlapping them. –*v.i.* **15.** to hold together by being bonded, as bricks in wall. –**bonder** *n.*

bondage /'bɒndɪdʒ/ *n.* **1.** slavery or involuntary servitude; serfdom. **2.** the state of being bound by or subjected to external control. **3.** a form of sexual play in which one partner submits to being bound by the other.

Bondaian /bɒn'daɪən/ *n.* a cultural period of Aboriginal development recognised in eastern Australia and reaching a climax about 1600 years ago (it follows the Capertian but overlaps to some extent).

bond money *n.* money additional to any rent which a new tenant pays as surety against damages to the premises rented.

bond paper *n.* a superior variety of white paper.

bond store *n.* a warehouse licensed for the storage of goods on which duty has not yet been paid.

bone /boʊn/ *n., v.* **boned, boning.** –*n.* **1.** *Anatomy, Zoology* **a.** any of the separate pieces of which the skeleton of a vertebrate is composed. **b.** the hard tissue which composes the skeleton. **2.** a bone or piece of a bone with the meat adhering to it, as an article of food. **3.** any of various similar substances, such as ivory, whalebone, etc. **4.** a strip of whalebone used to stiffen corsets, etc. **5.** a white colour with a touch of yellowish beige; the colour of dry bones. **6.** Also, **boner.** *Colloquial* ‡ an erect penis. **7.** (*plural*) the skeleton. **8.** (*plural*) a body. –*v.t.* **9.** to take out the bones of: *to bone a fish.* **10.** to put whalebone into (clothing). **11.** *Aboriginal English* (in tribal culture) to intend the death of (someone) by pointing a bone at them: *he died ten days after being boned.* –*phr.* **12. bare bones,** the essentials without any trimming. **13. bone of contention,** a matter which causes disagreement. **14. bone up,** *Colloquial* (sometimes fol. by *on*) to study hard; acquire information. **15. close to** (or **near**) **the bone,** indecent; risqué. **16. feel in one's bones,** to understand intuitively. **17. have a bone to pick with,** *Colloquial* to have a point of dispute or a matter for complaint with. **18. jump (on) someone's bones,** *Colloquial* to have sexual intercourse with someone. **19. make no bones about,** to be absolutely frank about. **20. make old bones,** (*usually in the negative*) *Colloquial* to live to an old age. **21. point the bone at,** **a.** (in tribal Aboriginal culture) to intend the death of (someone) by pointing a bone at them. **b.** *Australian Colloquial* to bring or wish bad luck upon. **c.** *Australian Colloquial* to indicate as guilty. –**boned** *adj.* –**boneless** *adj.* –**bonelike** *adj.*

bone china *n.* a kind of china in which bone ash is used.

bonfire /'bɒnfaɪə/ *n.* a large fire in an open place, for entertainment, celebration, or as a signal.

bong /bɒŋ/ *Colloquial* –*v.t.* **1.** to hit, especially on the head. **2.** a blow.

bongo /'bɒŋgoʊ/ *n.* **-gos** or **-goes.** one of a pair of small drums, played by beating with the fingers.

bonhomie /bɒn'ɒmi/ *n.* frank and simple good-heartedness; a good-natured manner. Also, **bonhommie.**

bonito /bə'nitoʊ/ *n.* **-tos** or **-toes.** any of several fishes belonging to the tuna family, as *Sarda chiliensis australis* found along the eastern Australian coastline.

bonk /bɒŋk/ *Colloquial* –*v.t.* **1.** to administer a blow to (someone); hit: *she bonked her little brother on the head.* **2.** *Originally Brit* ‡ to have sexual intercourse with (someone). –*v.i.* **3.** to collide with a thud. **4.** *Originally Brit* ‡ to have sexual intercourse. –*n.* **5.** a sharp blow. **6.** *Originally Brit* ‡ an act of sexual intercourse.

bonkers /'bɒŋkəz/ *adj. Colloquial* crazy.

bonnet /'bɒnət/ *n.* **1.** a woman's or child's outdoor head covering, commonly fitting down over the hair, and often tied under the chin. **2.** any of various hoods, covers, or protective devices. **3.** a hinged cover over the engine (in some makes over the luggage section) at the front of a motor vehicle. –**bonnet-like** *adj.*

bonny /'bɒni/ *adj.* **-nier, -niest.** radiant with health; handsome; pretty. Also, **bonnie.** –**bonnily** *adv.* –**bonniness** *n.*

bonsai /'bɒnsaɪ/ *n.* **1.** the practice, originally Chinese and later Japanese, of growing very small examples of trees and shrubs in ornamental pots, by skilful pruning of roots and branches. **2.** a tree or shrub so grown.

bonus /'boʊnəs/ *n.* **1.** something given or paid over and above what is due. **2.** *Insurance* **a.** dividend. **b.** free additions to the sum assured. **3.** any unsolicited or unexpected gift. –*adj.* **4.** having to do with something given as a bonus.

bonus issue *n.* a free issue of shares to shareholders of a company. Also, **bonus.**

bon voyage /bɔ̃ vwa'jaʒ, vɔɪ'jaʒ/ *interj.* pleasant trip.

bony /'boʊni/ *adj.* **bonier, boniest. 1.** of or like bone. **2.** full of bones. **3.** having prominent bones; big-boned. –**boniness** *n.*

bonzer /'bɒnzə/ *adj. Australian, NZ Colloquial* **1.** excellent; attractive; pleasing. –*adv.* **2.** excellently; pleasingly: *the beer went down bonzer.* Also, **bonza.**

booay /'buːeɪ/ *n. Australian, NZ Colloquial* **1.** a remote country district. –*phr.* **2. up the booay, a.** in the backblocks. **b.** in difficulties; in a predicament. **c.** completely wrong. Also, **boohai.**

boob¹ /buːb/ *n. Colloquial* **1.** a fool; a dunce. **2.** a foolish mistake.

boob² /buːb/ *n. Colloquial* a woman's breast.

boo-boo /'buː-buː/ *n.* **1.** *Colloquial* an error, usually of judgment: *he made a classic boo-boo.* –*v.i.* **2.** to make an error.

boobook /'buːbʊk/ *n.* a small owl or mopoke, *Ninox novaeseelandiae*, brownish, with white-spotted back and wings and large dark patches behind the eyes; widely distributed in Australia, New Zealand, and adjacent islands.

booby /'buːbi/ *n.* **-bies. 1.** a stupid or awkward person. **2.** the worst student, player, etc., of a group. **3.** a large, robust, seabird with long wings and a wedge-shaped tail as the **brown booby,** *Sula leucogaster,* of tropical seas and northerly parts of the Australian coastline. –**boobyish** *adj.*

booby prize *n.* a prize given in consolation or good-natured ridicule to the worst player in a game or contest.

booby trap *n.* **1.** an object so placed as to fall on or trip up an unsuspecting person. –*v.t.* **2.** to set with a booby trap. Also, **booby-trap.**

boogie board /'buːgi bɔːd/ *n.* a small flexible lightweight surfboard, usually ridden lying down.

boogie-woogie /ˌbuːgi-'wʊgi, ˌbuːgi-'wuːgi/ *n.* a form of instrumental blues using melodic variations over a constantly repeated bass figure. Also, **boogie.**

book /bʊk/ *n.* **1.** a written or printed work of some length, as a treatise or other literary composition, especially on consecutive sheets fastened or bound together. **2.** a number of sheets of writing paper bound together and used for making entries, as of commercial transactions. **3.** a division of a literary work, especially one of the larger

divisions. **4.** *Music* the text of an opera, operetta, etc. **5.** a record of bets, as on a horserace. **6.** a set of tickets, cheques, stamps, etc., bound together like a book. **7.** *Colloquial* someone's intentions, plans, or arrangements: *it doesn't suit my book*. **8.** *Horseracing Colloquial* a bookmaker. –*v.t.* **9.** to enter in a book or list; record; register. **10.** to engage (a place, passage, etc.) beforehand. **11.** to put (somebody, something) down for a place, passage, etc. **12.** to engage (a person or company) for a performance or performances. **13.** to record the name of, with a view to possible prosecution for a minor offence: *the police booked him for speeding*. –*v.i.* **14.** to engage a place, services, etc. –*phr.*
15. a closed book, a. something which is incomprehensible: *maths is a closed book to me*. **b.** a matter which is to be discussed no further.
16. an open book, a. someone whose feelings, motives, etc., can be clearly interpreted. **b.** something which can be clearly understood or interpreted.
17. book in, a. to register one's name for service, accommodation, etc. **b.** to register (someone) for service, accommodation, etc.: *to book the children in*.
18. bring to book, to bring to account.
19. by the book, a. formally. **b.** authoritatively; correctly.
20. in someone's bad books, out of favour with someone.
21. in someone's good books, in favour with someone.
22. make a book, *Horseracing* to lay and receive bets in the expectation that the odds are such that whichever horse wins, a profit is made.
23. on the books, entered on the list of members.
24. take a leaf out of someone's book, to emulate someone.
25. the Book, the Bible.
26. the books, a record of commercial transactions.
27. throw the book at, *Colloquial* **a.** to bring all possible charges against (an offender). **b.** to sentence (an offender) to the maximum penalties. **c.** to punish (someone) severely. –**bookless** *adj.*
bookcase /'bʊkkeɪs/ *n.* a set of shelves for books.
booking /'bʊkɪŋ/ *n.* **1.** advance engagement of a place or passage. **2.** an engagement to perform.
bookish /'bʊkɪʃ/ *adj.* **1.** given to reading or study. **2.** stilted; pedantic. –**bookishly** *adv.* –**bookishness** *n.*
bookkeeping /'bʊkkipɪŋ/ *n.* the work or skill of keeping account books or systematic records of money transactions. –**bookkeeper** *n.*
booklet /'bʊklət/ *n.* a little book, especially one with paper covers; pamphlet.
bookmaker /'bʊkmeɪkə/ *n.* a professional betting person, who accepts the bets of others, as on horses in racing. –**bookmaking** *n.*
book value *n. Economics* the amount which a trader shows in his or her accounts as the value of an item. Also, **book figure**.
bookworm /'bʊkwɜm/ *n.* **1.** any of various insects that feed on books. **2.** a person fond of reading or study.
boom¹ /bum/ *v.i.* **1.** to make a deep, resounding noise. **2.** to develop, progress or flourish, as a business, city, etc. –*v.t.* **3.** to give forth with booming sound (usually followed by *out*): *the clock boomed out 12*. –*n.* **4.** a loud, deep sound as of waves or distant guns. **5.** a rapid increase in business activity, etc. –*adj.* **6.** caused by a boom (def. 5): *boom prices*.
boom² /bum/ *n.* **1.** *Nautical* a long pole or spar used to extend the foot of certain sails. **2.** a chain or cable or a series of connected floating timbers, etc., serving to obstruct navigation, to confine floating timber, etc. **3.** the area thus shut off. **4.** *Machinery* a spar or beam projecting from the mast of a derrick, supporting or guiding the weights to be lifted. **5.** (in a television or film studio) a movable arm supporting a microphone or floodlight above the actors, or an aerial camera. –*phr.* **6. lower the boom on**, to prohibit; refuse: *he lowered the boom on further discussion*.

boomer /'bumə/ *n.* **1.** *Australian, NZ Colloquial* something large, as a surfing wave. **2.** *Australian, NZ Colloquial* something successful or popular, as a party or song; bottler. **3.** *Australian* a large male kangaroo.

boomerang /'bumæræŋ/ *n.* **1.** a bent or curved piece of hard wood used as a missile by Aborigines, one form of which can be thrown so as to return to the thrower. **2.** *Colloquial* something that is expected to be returned by a borrower. –*v.i.* **3.** to return to, or recoil upon, the originator: *the argument boomeranged; the cheque boomeranged*.

boom gate *n.* a barrier to traffic, usually consisting of a long beam pivoted at one end and raised or lowered as required.

boon /bun/ *n.* **1.** a benefit enjoyed; a thing to be thankful for; a blessing. **2.** *Archaic* a favour sought.

boong /bʊŋ/ *n. Colloquial (derogatory)* **1.** *Australian* an Aborigine. **2.** *NZ* a Maori or Pacific Islander. **3.** *Australian, NZ* any black person.

boor /bɔ, bʊə/ *n.* **1.** a rude or unmannerly person. **2.** a peasant; a rustic.

boost /bust/ *v.t.* **1.** to lift or raise by pushing from behind or below. **2.** to increase; push up: *to boost prices*. **3.** *Aeronautics, Motor Vehicles* to supercharge. –*n.* **4.** an upward shove or push. **5.** an aid that helps one to rise in the world.

booster /'bustə/ *n.* **1.** *Electricity* a device connected in series with a current for increasing or decreasing the nominal circuit voltage. **2.** *Aeronautics, Motor Vehicles* a supercharger in an internal-combustion engine. **3.** *Astronautics* **a.** a rocket engine used as the main supply of thrust in a missile flight. **b.** the stage of a missile containing this engine, usually detached when its fuel has been consumed. **4.** *Pharmacology* a substance, usually injected, for prolonging a person's immunity to a specific infection.

boot¹ /but/ *n.* **1.** a heavy shoe, especially one reaching above the ankle. **2.** a covering, usually of leather, rubber or a similar synthetic material, for the foot and leg, reaching up to and sometimes beyond the knee. **3.** a place for baggage, usually at the rear of a vehicle. **4.** *Colloquial* a kick. –*v.t.* **5.** to put boots on. **6.** *Colloquial* to kick; drive by kicking. **7.** *Colloquial* to dismiss; discharge. –*phr.* **8. be too big for one's boots**, to hold too high an opinion of oneself; be conceited. **9. bet one's boots**, to be certain. **10. boot home**, *Colloquial* **a.** *Horseracing* to ride (a horse) to win, kicking it to greater speed. **b.** to push (something) into position forcibly. **c.** to emphasise strongly. **11. boots and all**, completely; with all one's strength or resources. **12. get the boot**, *Colloquial* to be discharged. **13. give someone (or something) the boot**, *Colloquial* to reject or dismiss someone or something. **14. have one's heart in one's boots**, to be extremely despondent. **15. put in the boot**, *Colloquial* **a.** to make an assault by kicking as in a street brawl. **b.** to make a malicious verbal attack. **16. put the boot into someone**, *Colloquial* **a.** to assault someone by kicking as in a street brawl. **b.** to make a malicious verbal attack on someone. **17. the boot's on the other foot**,

boot² /but/ *phr.* **to boot**, into the bargain; in addition.

boot³ /but/ *v.t.* **1.** Also, **boot up**. to start (a computer) from a primitive state progressing to a fully operational state. *–phr.* **2. boot up**, (of a computer) to become operational.

bootee /'buti/ *n.* a baby's knitted shoe. Also, **bootie**.

booth /buð, buθ/ *n.* **1.** a stall or light structure for the sale of goods or for display purposes, as at a market or fair. **2.** a small compartment for a telephone, film projector, etc. **3.** → **polling booth**. **4.** an alcove or small compartment in a restaurant, milk bar, etc., with seating arranged on either side of a long table or around three sides.

bootleg /'butlɛg/ *n., v.* **-legged, -legging,** *adj. Chiefly US* *–n.* **1.** something secretly and unlawfully made, sold, or transported, especially alcohol. **2.** the part of a boot which covers the leg. *–v.t.* **3.** to deal in (spirits or other goods) illicitly. *–adj.* **4.** made, sold, or transported unlawfully. *–***bootlegger** *n.*

bootless /'butləs/ *adj.* without advantage; unavailing; useless. –**bootlessly** *adv.* –**bootlessness** *n.*

bootstrap /'butstræp/ *n.* **1.** a loop sewn on the side of a boot to assist in pulling it on. **2.** *Computers* a program or procedure by which a computer can be made to translate progressively more complex programs. *–phr.* **3. pull oneself up by the bootstraps**, to advance to success solely by one's own efforts.

booty /'buti/ *n.* **-ties. 1.** spoil taken from an enemy in war; plunder; pillage. **2.** a prize or gain, without reference to use of force.

booze /buz/ *n., v.* **boozed, boozing.** *Colloquial* *–n.* **1.** alcoholic drink. **2.** a drinking bout; spree. *–v.i.* **3.** to drink alcohol, especially immoderately: *they were boozing all night. –phr.* **4. hit the booze**, to drink alcoholic liquor with the intention of getting drunk. **5. on the booze**, drinking immoderately. –**boozer** *n.*

booze bus *n. Australian Colloquial* **1.** a bus used by a mobile police unit engaged in breath analysis. **2.** a vehicle with a sober driver, organised to take drinkers home from a hotel or a party.

borage /'bɒrɪdʒ, 'bɒ-/ *n.* **1.** a plant, *Borago officinalis*, native to southern Europe, with hairy leaves and stems, used in salads and medicinally. **2.** any of various allied or similar plants.

borak /'bɒræk/ *phr.* **poke borak at**, *Australian, NZ Colloquial* to deride; ridicule. Also, **borax**.

borax /'bɒræks/ *n.* a white, crystalline compound of sodium, $Na_2B_4O_7.10H_2O$, occurring naturally or prepared artificially and used as a flux, cleansing agent, in the manufacture of glass, etc.

bordello /bɔ'dɛloʊ/ *n.* a brothel.

border /'bɔdə/ *n.* **1.** a side, edge, or margin. **2. a.** the line that separates one country, state, or province from another; frontier line. **b.** *Australian History* the margin of land surveyed and ready for tenure. **3. a.** the district or region that lies along the boundary line of a country. **b.** *Australian History* the land lying along the boundary of land surveyed and ready for tenure. **4.** brink; verge. **5.** an ornamental strip or design around the edge of a printed page, a drawing, etc. **6.** a piece of ornamental trimming around the edge of a garment, cap, etc. **7.** *Horticulture* a narrow strip of ground in a garden, enclosing a portion of it. *–v.t.* **8.** to make a border about; adorn with a border. **9.** to form a border or boundary to. **10.** to lie on the border of; adjoin. *–phr.* **11. border on** (or **upon**), **a.** to touch or abut at the border. **b.** to approach closely in character; verge on.

*–***bordered** *adj.* *–***borderless** *adj.*

border collie *n.* a medium-sized dog, originating in the English-Scottish borderlands, with white markings on the chest, feet and tail, recognised as a breed in Australia.

borderline /'bɔdəlaɪn/ *adj.* **1.** on or near a border or boundary. **2.** uncertain; indeterminate. **3.** (in examinations, etc.) qualifying or failing to qualify by a narrow margin. **4.** verging on indecent or obscene. –*n.* **5.** a line that determines or marks a border.

bore¹ /bɔ/ *v.* **bored, boring,** *n.* *–v.t.* **1.** to pierce (a solid substance) or make (a round hole, etc.) with an auger, drill, or other rotated instrument. **2.** to force by persistent forward thrusting. *–v.i.* **3.** to make a hole, as with an auger or drill. *–n.* **4.** a hole made by boring, or as if by boring. **5.** a deep hole of small diameter bored to the aquifer of an artesian basin, through which water rises under hydrostatic pressure. **6.** the inside diameter of a hollow cylindrical object or device, such as a bush or bearing, or the barrel of a gun. *–phr.* **7. bore into**, **a.** to pierce as by drilling. **b.** to attack violently. **c.** to put great effort into. **8. bore it up someone**, *Australian Colloquial* to upbraid or rebuke someone vehemently. **9. bore it up (you)**, *Australian Colloquial* (an offensive retort expressing contempt, dismissal).

bore² /bɔ/ *v.* **bored, boring,** *n.* *–v.t.* **1.** to weary by tedious repetition, dullness, unwelcome attentions, etc. *–n.* **2.** a dull, tiresome, or uncongenial person. **3.** a cause of ennui or annoyance.

bore³ /bɔ/ *v.* past tense of **bear¹**.

borer /'bɔrə/ *n.* **1.** *Machinery* a tool used for boring; an auger. **2.** *Entomology* any insect that burrows in trees, fruits, etc., especially any beetle of certain groups. **3.** *Zoology* any of various molluscs, etc., that bore into wood, etc. **4.** *Zoology* a cyclostome, as a hagfish, that bores into moribund fish to feed on their flesh.

born /bɔn/ *v.* **1.** a past participle of **bear¹**, now normally replaced in all senses by **borne**. –*adj.* **2.** brought forth into independent being or life, as from the womb. **3.** possessing from birth the quality or character stated: *a born fool. –phr.* **4. be born**, to originate: *and the idea was born.* **5. born with a silver spoon in one's mouth**, born wealthy and privileged. **6. not born yesterday**, not easily deceived.

borne /bɔn/ *v.* past participle of **bear¹**.

boronia /bə'roʊniə/ *n.* any of a number of Australian shrubs of the genus *Boronia*, as *B. megastigma*, with brown flowers and a strong perfume, and *B. heterophylla*, with rose-pink flowers.

borough /'bʌrə/ *n.* **1.** (in Victoria) an area of land corresponding to a municipality in the other states of Australia. **2.** *Brit.* **a.** an urban community incorporated by royal charter. **b.** an urban electoral constituency, usually subdivided. **3.** *Brit.* (formerly) a fortified town, or a town possessing municipal organisation. **4.** *US* **a.** one of the five administrative divisions of New York City. **b.** (in certain states) a municipality smaller than a city.

borrow /'bɒroʊ/ *v.t.* **1.** to take or obtain (a thing) on the promise to return it or its equivalent; obtain the temporary use of. **2.** to get from another or from a foreign source; appropriate or adopt: *borrowed words.* **3.** *Arithmetic* (in subtraction) to take from one denomination to add to the next lower. –**borrower** *n.*

borsch /bɔʃ/ *n.* a Russian stock soup containing beetroot, served hot or chilled. Also, **borsh, borscht, borshch, bortsch**.

bosom /'buzəm/ *n.* **1.** the breast of a human being, especially a woman. **2.** the breast, conceived of as the seat of thought or emotion. **3.** something likened to the human bosom: *the bosom of the earth.* –*adj.* **4.** intimate or confidential: *a bosom friend.*

boss[1] /bɒs/ *n. Colloquial* **1.** someone who employs or superintends workers. **2.** anyone who asserts mastery, especially one who controls a political or other body. **3.** the headmaster or headmistress of a school. –*v.t.* **4.** Also, **boss about, boss around.** to order around. –*v.i.* **5.** to be domineering. –*adj.* **6.** chief; master: *boss cook.* –*phr.* **7. boss it over,** to be master of or over; manage; direct; control. –**bossy** *adj.*

boss[2] /bɒs/ *n.* **1.** *Botany, Zoology* a protuberance or roundish excrescence on the body or on some organ of an animal or plant. **2.** an ornamental protuberance of metal, ivory, etc.

bosun /'bousən/ *n.* → **boatswain**.

bot[1] /bɒt/ *n. Colloquial* bottom; the buttocks.

bot[2] /bɒt/ *n., v.* **botted, botting.** –*n.* **1.** an insect larva infecting the skin, sinuses, nose, eye, stomach, or other parts of animals or humans. **2.** *Australian, NZ Colloquial* a person who cadges persistently. –*v.t., v.i.* **3.** *Australian, NZ Colloquial* → **cadge.** –*phr.* **4. on the bot,** *Australian, NZ Colloquial* cadging: *on the bot for a cigarette.* **5. the bot,** *Australian, NZ Colloquial* a minor ailment, as a bad cold.

botanical garden *n.* (*often plural*) a large garden usually open to the public where trees, shrubs and plants, typically from many lands, are grown and studied. Also, **botanic garden.**

botany /'bɒtəni/ *n.* **-nies. 1.** the science of plants; the branch of biology that deals with plant life. **2.** the plant life of an area: *the botany of the Simpson Desert.* **3.** the biology of a plant or plant group: *the botany of deciduous trees.* –**botanical** *adj.*

botch /bɒtʃ/ *v.t.* **1.** to spoil by poor work; bungle. **2.** to do or say in a bungling manner. **3.** Also, **botch up.** to mend or patch in a clumsy manner. –*n.* **4.** Also, **botch-up.** a clumsy or poor piece of work; a bungle: *his carpentry was a complete botch.* –**botcher** *n.* –**botchery** *n.*

both /boʊθ/ *det.* **1.** the one and the other: *give both dates.* –*pron.* **2.** the two together: *both had been there.* –*adv.* **3.** alike; equally: *she is both ready and willing; both men and women.* –*phr.* **4. have it both ways,** to attempt to maintain both of two mutually exclusive possibilities.

bother /'bɒðə/ *v.t.* **1.** to give trouble to; annoy; pester; worry. **2.** to confuse; bewilder. –*v.i.* **3.** to bother oneself. **4.** to cause annoyance or trouble. –*n.* **5.** a worried or perplexed state. –*interj.* **6.** (a mild exclamation). –**bothersome** *adj.*

bottle /'bɒtl/ *n., v.* **-tled, -tling.** –*n.* **1.** a portable vessel with a neck or mouth, now commonly made of glass, used for holding liquids. **2.** the contents of a bottle; as much as a bottle contains: *a bottle of wine.* **3.** a bottle with a rubber nipple from which a baby sucks milk, etc. **4.** (in hospitals, etc.) a portable container with a wide tilted neck into which bed-ridden males urinate. **5.** *Colloquial* a compressed air cylinder. –*v.t.* **6.** to put into or seal in a bottle; to preserve (fruit or vegetables) in bottles. **7.** *Colloquial* to knock over people as though they were bottles: *bottle 'im!* –*phr.* **8. bottle up,** to shut in or restrain closely: *to bottle up one's feelings.* **9. hit the bottle,** *Colloquial* **a.** to drink heavily; become an alcoholic. **b.** to be on a drinking spree: *they really hit the bottle the night before the wedding.* **10. on the bottle, a.** *Colloquial* drinking alcohol heavily and habitually. **b.** *Colloquial* on a drinking spree; intoxicated. **c.** (of babies) feeding on bottled milk (opposed to *on the breast*): *raised on the bottle.* **11. the bottle,** intoxicating drink. **12. the full bottle,** *Australian Colloquial* an expert. –**bottlelike** *adj.*

bottlebrush /'bɒtlbrʌʃ/ *n.* **1.** a brush for cleaning bottles. **2.** any species of the Australian genus *Callistemon* whose flower spikes resemble a cylindrical brush. **3.** a member of other related, and occasionally unrelated, species with similar flowers.

bottleneck /'bɒtlnɛk/ *n.* **1.** a narrow entrance or passage way. **2.** a place, or stage in a process, where progress is retarded. **3. a.** a narrow part of a road between two wide stretches. **b.** a congested junction, road, town, etc., fed by several roads, where traffic is likely to be held up. **4.** a slide made from the neck of a bottle and used for stopping the strings of a steel guitar.

bottler /'bɒtlə/ *n. Australian, NZ Colloquial* something or someone exciting admiration or approval: *you little bottler.*

bottle tree *n.* **1.** any of various tree species with bottle-shaped trunks, especially some Australian species of *Brachychiton*, but also *Adansonia gregorii* of Australia and *Cavanillesia arborea* of Brazil. **2.** → **baobab.**

bottom /'bɒtəm/ *n.* **1.** the lowest or deepest part of anything, as distinguished from the top: *the bottom of a hill, of a page, etc.* **2.** the place of least honour, dignity, or achievement: *the bottom of the class; the bottom of the table.* **3.** the underside: *the bottom of a flatiron.* **4.** the buttocks. **5.** the lowest gear of a motor; first gear. **6.** the ground under any body of water: *the bottom of the sea.* **7.** the fundamental part; basic aspect: *from the bottom of my heart.* **8.** *Mining* a stratum carrying a sought-after mineral: *the hole reached three bottoms.* **9.** the inmost part or inner end of a recess, bay, lane, etc. –*v.t.* **10.** to get to the bottom of; fathom. **11.** to dig (a mine) to sufficient depth to reach pay dirt. –*adj.* **12.** lowest; undermost. **13.** fundamental: *the bottom cause.* –*phr.* **14. at bottom,** in reality; fundamentally. **15. bottom on, a.** to reach (gold, etc.) at depth. **b.** Also, **bottom upon.** to base or found on (an idea, belief, etc.). **16. bottom out,** to reach a lowest level thought likely: *the recession in the economy has bottomed out.* **17. bottoms up,** (an exclamation used as an encouragement to finish a drink). **18. get to the bottom of,** to understand fully. –**bottomless** *adj.* –**bottommost** *adj.*

bottom line *n.* **1.** the last line of a financial statement where overall cost, profit, loss, etc., is likely to be found. **2.** *Colloquial* the basic requirement or precondition: *the bottom line is talent.*

botulism /'bɒtʃəlɪzəm/ *n.* a disease of the nervous system caused by a toxin developed in spoiled sausage, preserved and other foods eaten by animals and humans, often fatal.

boudoir /'budwa/ *n.* a lady's bedroom or private room.

bouffant /bufõ/ *adj.* puffed out; full, as sleeves, hairstyle, or draperies.

bougainvillea /bougən'vɪliə/ *n.* any shrub or spiny climber of the tropical American genus *Bougainvillea* with brightly coloured bracts, widely cultivated in tropical and subtropical Australia.

bough /baʊ/ *n.* a branch of a tree, especially one of the larger of the main branches. –**boughless** *adj.*

bought /bɔt/ *v.* past tense and past participle of **buy.**

bouillon /'bujɒn/ *n.* a plain unclarified stock or broth made by boiling beef, veal or chicken in water, with herbs.

boulder /'boʊldə/ *n.* a detached and rounded or worn rock, especially a large one.

boulevard /'buləvad/ *n.* **1.** a broad avenue of a city, often having trees and used as a promenade.

a street. Also, **boulevarde**.

bounce /baʊns/ v. **bounced**, **bouncing**. n. –v.i. **1.** to move with a bound, and rebound, as a ball: *a ball bounces back from the wall.* **2.** to burst ebulliently (*into* or *out of*): *to bounce into a room.* **3.** *Colloquial* (of cheques) to be dishonoured; to be returned unpaid. **4.** (of electronic mail) to return to the sender when not received at the intended address. –v.t. **5.** to cause to bound or rebound: *to bounce a ball; to bounce a child on one's knee.* **6.** *Australian Rules* to bounce (the ball) high, as at the beginning of the game and to restart it in a ball-up. **7.** *Colloquial* to eject or discharge summarily. **8.** *Colloquial* to persuade (someone) by bluff: *they bounced him into signing.* **9.** *Colloquial* to arrest. –n. **10.** a rebound or bound: *catch the ball on the first bounce.* **11.** a sudden spring or leap. **12.** impudence; bluster; swagger. **13.** ability to bounce; resilience. **14.** *Australian Rules* → **ball-up**. –*phr.* **15. bounce back**, to recover health, prosperity, form, etc., after a temporary setback. **16. bounce off**, **a.** to rebound away from. **b.** to outline (an idea, proposal, etc.) to, in order to get a reaction.

bouncer /ˈbaʊnsə/ n. **1.** Also, **baby bouncer**. a spring seat or harness in which a baby may bounce up and down. **2.** *Colloquial* someone employed in a place of public resort to eject disorderly persons. **3.** *Cricket* a bumper.

bouncing /ˈbaʊnsɪŋ/ adj. **1.** stout, strong, or vigorous: *a bouncing baby.* **2.** exaggerated; big; hearty; noisy: *a bouncing lie.*

bound¹ /baʊnd/ adj. **1.** tied; in bonds: *a bound prisoner.* **2.** made fast as by a band or bond: *bound by one's word.* **3.** secured within a cover, as a book. **4.** constipated; costive. –*phr.* **5. bound to**, **a.** under obligation to, legally or morally: *in duty bound to help.* **b.** destined or sure to: *it is bound to happen.* **c.** determined or resolved to: *he is bound to go.* **6. bound up in** (or **with**), **a.** inseparably connected with. **b.** having the affections centred in: *his life is bound up in his children.*

bound² /baʊnd/ v.i. **1.** to move by leaps; leap; jump; spring. **2.** to rebound, as a ball. –v.t. **3.** to cause to bound. –n. **4.** a leap onwards or upwards; a jump. **5.** a rebound.

bound³ /baʊnd/ n. **1.** (*usually plural*) **a.** a limiting line, or boundary: *the bounds of space and time.* **b.** that which limits, confines, or restrains: *within the bounds of reason.* **2.** (*plural*) territory on or near a boundary: *the outer bounds.* –v.t. **3.** to limit as by bounds. **4.** to form the boundary or limit of. –*phr.* **5. bound on**, to have boundaries on; abut. **6. out of bounds**, forbidden to certain persons or to the general public to access. –**boundless** adj. –**boundlessly** adv. –**boundlessness** n.

bound⁴ /baʊnd/ adj. going or intending to go; on the way (*to*); destined (*for*): *the train is bound for Bathurst.*

-bound¹ a suffix used to mean constrained, kept in, as in *housebound, culturebound.*

-bound² a suffix used to mean headed in the direction of, as in *westbound.*

boundary /ˈbaʊndri/ n. **-ries**, adj. –n. **1.** something that indicates bounds or limits; a limiting or bounding line. **2.** *Agriculture* a fence which serves to indicate the limits of a property. **3.** *Cricket* **a.** the marked limits of the field within which the game is played. **b.** a stroke which drives the ball up to or beyond those limits. –adj. **4.** having to do with a boundary.

bounder /ˈbaʊndə/ n. *Brit Colloquial* an obtrusive, ill-bred person; a vulgar upstart.

bounteous /ˈbaʊntiəs/ adj. **1.** giving or disposed to give freely; generously liberal. **2.** freely bestowed; plentiful; abundant. –**bounteously** adv. –**bounteousness** n.

bountiful /ˈbaʊntəfəl/ adj. **1.** liberal in bestowing gifts, favours, or bounties; munificent; generous. **2.** abundant; ample: *a bountiful supply.* –**bountifully** adv. –**bountifulness** n.

bounty /ˈbaʊnti/ n. **-ties**. **1.** generosity in giving. **2.** whatever is given bounteously; a benevolent, generous gift. **3.** a premium or reward, especially one offered by a government.

bouquet /buˈkeɪ, boʊˈkeɪ/ n. **1.** a bunch of flowers; a nosegay. **2.** the characteristic aroma of wine, liqueurs, etc. **3.** approval, applause: *to get no bouquets.* –*phr.* **4. throw a bouquet at**, to compliment; flatter.

bouquet garni /bukeɪ gaˈni/ n. a bunch of herbs, usually including a bay-leaf, thyme and parsley, and used to give flavour to sauces, stews, etc., tied together so that it can be removed later.

bourbon /ˈbɜbən/ n. a kind of whisky distilled from a mash containing 51 per cent or more maize. Also, **bourbon whisky**.

bourgeois /ˈbʊəʒwa, ˈbu-/ n. **-geois**, adj. –n. **1.** a member of the middle class. **2.** a shopkeeper or other trader. **3.** someone whose outlook is said to be determined by a concern for property values; a capitalist, as opposed to a member of the wage-earning class. –adj. **4.** having to do with the middle class. **5.** lacking in refinement or elegance; conventional.

bourgeoisie /bʊəʒwaˈzi/ n. **1.** the bourgeois class. **2.** (in Marxist ideology) the class opposed to the proletariat or wage-earning class.

bout /baʊt/ n. **1.** a contest, especially a boxing or wrestling match, a trial of strength. **2.** a turn at work or any action. **3.** period; spell: *a bout of illness.*

boutique /buˈtik/ n. **1.** a small shop selling fashionable or luxury articles. –adj. **2.** designed for or directed to a small, specialised, fashionable market: *boutique beers.*

bouzouki /bəˈzuki/ n. a stringed instrument from Greece, related to a mandolin, played by plucking.

bovine /ˈboʊvaɪn/ adj. **1.** of the ox family (Bovidae). **2.** oxlike. **3.** stolid; dull.

bow¹ /baʊ/ v.i. **1.** to bend or curve downwards; stoop: *the pines bowed low.* **2.** to yield; submit: *to bow to the inevitable.* **3.** to bend or incline the body or head in worship, reverence, respect, or submission. –v.t. **4.** to bend or incline in worship, reverence, respect, or submission: *to bow one's head.* **5.** to cause to stoop: *age had bowed his head.* **6.** to cause to bend; make curved or crooked. –n. **7.** an inclination of the body or head in reverence, respect, or submission. –*phr.* **8. bow and scrape**, to be servile. **9. bow out**, to retire; leave the scene. **10. take a bow**, to acknowledge compliments, admiration, applause, etc. –**bowed** /baʊd/ adj.

bow² /boʊ/ n. **1.** a piece of wood or other material easily bent by a string stretched between its ends, used for shooting arrows. **2.** a bend or curve: *a bow in the road.* **3.** a knot, as of ribbon, consisting of one or two loops and two ends. **4.** *Music* a device, originally curved, but now almost always straight, with horse hairs stretched upon it, designed for playing any stringed instrument. –adj. **5.** curved; bent like a bow: *bow legs.* –v.t. **6.** *Music* to perform by means of a bow upon a stringed instrument. –v.i. **7.** *Music* to play with a bow. –**bowless** adj. –**bowlike** adj. –**bower** n.

bow³ /baʊ/ n. **1.** (*sometimes plural*) the front or forward part or end of a ship, boat, airship, etc. **2.** the foremost oar used in rowing a boat.

bowdlerise = **bowdlerize** /ˈbaʊdləraɪz/ v.t. **-rised**, **-rising**. to expurgate prudishly.

–bowdlerism n. **–bowdlerisation** /ˌbaʊdlərəɪˈzeɪʃən/ n. **–bowdleriser** n.

bowel /ˈbaʊəl/ n. **1.** *Anatomy* **a.** an intestine. **b.** (*usually plural*) the parts of the alimentary canal below the stomach; the intestines or entrails. **2.** the inward or interior parts: *the bowels of the ship*.

bower[1] /ˈbaʊə/ n. **1.** a leafy shelter or recess; an arbour. **2.** *Archaic* a chamber; a boudoir. **–bowerlike** *adj*.

bower[2] /ˈbaʊə/ n. an anchor carried at a ship's bow. Also, **bower anchor**.

bower[3] /ˈbaʊə/ n. (in euchre and other card games) the knave of trumps (**right bower**) or the other knave of the same colour (**left bower**); the highest cards in the game, unless the joker (often called the **best bower**) is used.

bowerbird /ˈbaʊəbɜd/ n. **1.** any of various songbirds of Australia and New Guinea, related to birds of paradise, as *Ptilonorhynchus violaceus*, which build bowerlike structures, used, not as nests, but as arenas in which to attract the females. **2.** *Australian* someone who collects useless objects.

bowl[1] /boʊl/ n. **1.** a rather deep, round dish or basin, used mainly for holding liquids, food, etc. **2.** the contents of a bowl. **3.** anything shaped like a bowl: *the bowl of a pipe*. **–bowl-like** *adj*.

bowl[2] /boʊl/ n. **1.** one of the biased or weighted balls used in the game of bowls. **2.** one of the balls, having little or no bias, used in playing ninepins or tenpin bowling. **3.** *Machinery* a rotating cylindrical part in a machine, as one to reduce friction. –*v.i.* **4.** to play with bowls, or at bowling. **5.** to roll a bowl, as in the game of bowls. **6.** *Cricket* to deliver a ball with a straight arm, usually with the intention that it should bounce once before reaching the person batting. –*v.t.* **7.** to roll or trundle, as a hoop, etc. **8.** *Cricket* to dismiss (the person batting) by delivering a ball which breaks their wicket. –*phr.* **9. bowl along**, to move along smoothly and rapidly. **10. bowl down**, to knock down, as by a ball in bowling: *he bowled down everyone in his path*. **11. bowl over**, **a.** to knock over, as by the ball in bowling. **b.** to disconcert; upset. **c.** to impress greatly.

bowleg /ˈboʊlɛg/ n. outward curvature of the legs causing a separation of the knees when the ankles are close or in contact. **–bow-legged** /boʊ-ˈlɛɡəd, ˈboʊ-lɛɡd/ *adj*.

bowler[1] /ˈboʊlə/ n. a hard felt hat with a rounded crown and narrow brim.

bowler[2] /ˈboʊlə/ n. *Cricket* a member of a team who specialises in bowling.

bowline /ˈboʊlɪn, ˈboʊlən/ n. a knot which forms a non-slipping loop. Also, **bowline knot**.

bowls /boʊlz/ n. **1.** → **lawn bowls**. **2.** → **carpet bowls**. **3.** skittles, ninepins, or tenpin bowling.

bowser /ˈbaʊzə/ n. *Australian, NZ* a petrol pump.

bowyang /ˈboʊjæŋ/ n. *Australian, NZ* a string or strap round the trouser leg to prevent the turn-up from dragging and to allow freedom of movement when crouching or bending.

box[1] /bɒks/ n. **1.** a case or receptacle, usually rectangular, of wood, metal, cardboard, etc., with a lid or removable cover. **2.** the quantity contained in a box. **3.** a present or gift, especially as given at Christmas to people who provide services such as milk delivery, garbage collection, etc.; Christmas box. **4.** a compartment or place shut or railed off for the accommodation of a small number of people in a public place, especially in theatres, opera houses, sporting venues, etc. **5.** (in a court of law) a stand or pew reserved for witnesses, the accused, or the jury. **6.** a small shelter: *a watchman's box*. **7.** *Australian History* **a.** a portable, sometimes wheeled, box-like structure in which numbers of convicts working outdoors were confined for the night. **b.** a similar accommodation used by shepherds allowing them to remain close to their flocks. **8.** the driver's seat on a horse-drawn carriage. **9.** a loosebox. **10.** part of a page of a periodical set off by lines, border, or white space. **11.** *Machinery* an enclosing, protecting, or hollow part. **12.** *Cricket, etc.* → **protector** (def. 3). **13.** Also, **boxing**, **box-up**. a mixing up of separate flocks of sheep. **14.** *Colloquial* ‡ the vagina. –*v.t.* **15.** to put into a box. **16.** to enclose or confine as in a box. **17.** to furnish with a box. **18.** to form into a box or the shape of a box. **19.** Also, **box up**, to allow (separate mobs of sheep) to become indiscriminately mixed. –*phr.* **20. be a box of birds**, *NZ* to be happy and in good health. **21. box in**, **a.** to build a box around. **b.** to surround; hem in: *to be boxed in by traffic*. **c.** *Athletics, Horseracing, etc.* to join with other competitors in preventing (a rival) from forging ahead by hemming them in. **22. box of tricks**, *Colloquial* **a.** a person who is lively, inventive, and unpredictable. **b.** a container holding equipment or tools: *what have you got in your box of tricks?* **23. box up**, **a.** Also, **box**. to mix indiscriminately (as separate mobs of sheep). **b.** to confine; hem in. **24. make a box of**, *Australian* to muddle. **25. nothing out of the box**, *Australian, NZ Colloquial* not remarkable; mediocre. **26. one out of the box**, *Australian Colloquial* an outstanding person or thing. **27. the box**, *Colloquial* a television set. **28. the whole box and dice**, *Australian, NZ Colloquial* the whole; the lot. **–boxful** n. **–boxlike** *adj*.

box[2] /bɒks/ n. **1.** a blow as with the hand or fist. –*v.t.* **2.** to strike with the hand or fist, especially on the ear. **3.** to fight in a boxing match. –*v.i.* **4.** to fight with the fists; spar.

box[3] /bɒks/ n. **1.** an evergreen shrub or small tree of the genus *Buxus*, especially *B. sempervirens*, used for ornamental borders, hedges, etc., and yielding a hard, durable wood. **2.** the wood itself. See **boxwood**. **3.** any tree of a group of species in the genus *Eucalyptus* with a characteristic close, short-fibred bark.

boxer /ˈbɒksə/ n. **1.** someone who boxes; a pugilist. **2.** a smooth-coated, brown dog of medium size, related to the bulldog and terrier.

box girder n. a hollow girder which is square or rectangular in cross-section.

boxing /ˈbɒksɪŋ/ n. the act or art of fighting with the fists, with or without boxing gloves.

Boxing Day n. the day after Christmas Day, observed as a holiday.

boxing glove n. a padded mitten worn in boxing.

box jellyfish n. a type of jellyfish found in tropical seas, which instead of the more usual umbrella shape is a cuboidal mass with tentacles hanging from each of the lower corners. The common Australian species *Chironex fleckeri* (the sea wasp or stinger) is highly venomous.

box number n. a number of a box at a post office, used as an address.

box office n. **1.** the office in which tickets are sold at a theatre or other place of public entertainment. –*adj.* **2.** relating to the size of the audience: *a box office success*.

box seat n. **1.** a seat in a theatre box, etc. **2.** the driving seat of a horse-drawn coach **3.** *Horseracing* (in trotting races) a position just behind the leader. **4.** any position of advantage. –*phr.* **5. be in the box seat**, to have reached a peak of success; be in the most favourable position.

boxwood /ˈbɒkswʊd/ n. **1.** the hard, fine-grained, compact wood of species of *Buxus*, especially *B. sempervirens*, used for wood engravers' blocks, musical and mathematical instruments, etc. **2.** the tree or shrub itself. **3.** any of several trees of the families Celastraceae, Pittosporaceae and others with timber similar to that of box³, *Buxus sempervirens*.

boy /bɔɪ/ *n.* **1.** a male child, from birth to the beginning of youth. **2.** an immature young man. **3.** a young servant. **–boyish** *adj.* **–boyishly** *adv.* **–boyishness** *n.* **–boyhood** *n.*

boycott /'bɔɪkɒt/ *v.t.* **1.** to combine in abstaining from, or preventing dealings with, as a means of intimidation or coercion: *to boycott a person, foreign goods, etc.* **2.** to abstain from buying or using: *to boycott a commercial product.* *–n.* **3.** the practice or an instance of boycotting.

boyfriend /'bɔɪfrɛnd/ *n.* **1.** a man by whom a girl or woman is courted. **2.** any young male friend.

Boy Scout *n.* (*sometimes l.c.*) (becoming obsolete except in the US) → **Scout**.

boysenberry /'bɔɪzənbɛri, -bri/ *n.* **-ries.** a red blackberry-like fruit with a flavour similar to that of raspberries, developed by crossing various species of *Rubus*.

bra /brɑ/ *n.* a woman's undergarment which supports the breasts.

brace /breɪs/ *n.; v.* **braced, bracing.** *–n.* **1.** something that holds parts together or in place, as a clasp or clamp. **2.** anything that imparts rigidity or steadiness. **3.** *Machinery* a device for holding and turning tools for boring or drilling. **4.** *Building Trades* a piece of timber, metal, etc., used to support or position another piece or portion of a framework. **5.** (*often plural*) *Dentistry* **a.** a round or flat metal wire placed against surfaces of the teeth, and used to straighten irregularly arranged teeth. **b.** an orthodontic appliance of an arch wire attached to brackets bonded to teeth, which can be tightened to correct bad alignment of the teeth. **6.** *Medicine* an appliance for supporting a weak joint or joints. **7.** (*plural*) straps or bands worn over the shoulders for holding up the trousers. **8.** a pair; a couple. **9. a.** Also, **curly bracket.** one of two characters, { or }, for connecting written or printed lines. **b.** (*plural*) *Mathematics* → **bracket** (def. 4). **10.** *Music* connected staves. *–v.t.* **11.** to furnish, fasten, or strengthen with or as with a brace. **12.** to fix firmly; make steady. **13.** to make tight; increase the tension of. **14.** to act as a stimulant to. *–phr.* **15. brace up**, *Colloquial* to rouse one's strength or vigour. **16. in a brace of shakes**, *Colloquial* immediately.

brace and bit *n.* a boring tool consisting of a bit and a handle for rotating it.

bracelet /'breɪslət/ *n.* **1.** an ornamental band or circlet for the wrist or arm. **2.** *Colloquial* a handcuff.

brachial /'breɪkiəl, 'bræk-/ *adj.* **1.** belonging to the arm, foreleg, wing, pectoral fin, or other forelimb of a vertebrate. **2.** belonging to the upper part of such member, from the shoulder to the elbow. **3.** armlike, as an appendage.

brachio- a word element meaning 'arm', as in *brachiopod.* Also (*before a vowel*), **brachi-**.

brachy- a word element meaning 'short', as in *brachycephalic.*

bracing /'breɪsɪŋ/ *adj.* **1.** strengthening; invigorating. *–n.* **2.** a brace. **3.** braces collectively. **–bracingly** *adv.*

bracken /'brækən/ *n.* **1.** a large, coarse fern, especially *Pteridium esculentum*, a perennial native which is widespread throughout the higher rainfall areas of Australia. **2.** a clump of ferns.

bracket /'brækət/ *n.* **1.** a support of wood, metal, etc., often in the shape of a right angle, placed under a shelf or the like. **2.** *Architecture* an ornamental support for a statue, etc. **3.** either of two sets of signs [or], (or) used to group words or figures together. **4.** *Mathematics* (*plural*) parentheses of various forms indicating that the enclosed quantity is to be treated as a unit. **5.** a grouping of persons, musical items, etc.: *low income bracket; a bracket of songs.* *–v.t.* **6.** to furnish with or support by a bracket or brackets. **7.** to place within brackets; enclose. **8.** to group together; classify.

bracket creep *n.* the gradual shift as a result of inflation of an income subject to a progressive income tax from one tax bracket to another where more tax is paid despite the real level of the income (its purchasing power) remaining unchanged.

brackish /'brækɪʃ/ *adj.* **1.** slightly salt; having a salty or briny flavour. **2.** distasteful. **–brackishness** *n.*

bract /brækt/ *n.* a specialised leaf or leaflike part, usually situated at the base of a flower or inflorescence. **–bracteal** /'bræktiəl/ *adj.*

brag /bræg/ *v.i.* **bragged, bragging.** to use boastful language; boast. **–braggart** *n.,* **bragger** *n.*

Brahma /'brɑmə/ *n.* (in later Hinduism) a trinity of the personal Creator together with Vishnu the Preserver and Shiva the Destroyer.

Brahman /'brɑmən/ *n.* **-mans. 1.** a member of the highest, or priestly, caste among the Hindus. **2.** (*often l.c.*) a person of great culture and intellect. **3.** (*often l.c.*) a snobbish or aloof intellectual. **4.** one of a breed of cattle originating in India, derived from the Zebu, and used widely in Australia for crossbreeding. Also, **Brahmin**. **–Brahmanic** /brɑˈmænɪk/, **Brahmanical** /brɑˈmænɪkəl/ *adj.*

braid /breɪd/ *v.t.* **1.** to weave together strips or strands of; plait. *–n.* **2.** a braided length of hair; plait. **3.** a narrow band or tape, formed by weaving together silk, cotton, wool, or other material, used as a trimming for garments, etc. **–braider** *n.*

braille /breɪl/ *n.* a system of writing or printing for the blind, in which combinations of tangible points are used to represent letters, etc.

brain /breɪn/ *n.* **1.** (*sometimes plural*) the soft convoluted mass of greyish and whitish nerve tissue which fills the cranium of humans and other vertebrates; centre of sensation, body coordination, thought, emotion, etc. **2.** *Zoology* (in many invertebrates) a part of the nervous system more or less corresponding to the brain of vertebrates. **3.** (*usually plural*) understanding; intellectual power; intelligence. **4.** *Colloquial* a highly intelligent or well-informed person. *–v.t.* **5.** to dash out the brains of. **6.** *Colloquial* to hit (someone) hard, especially about the head; cuff. *–phr.* **7. go off one's brain**, *Colloquial* to become frenzied (with worry, anger, etc.). **8. have something on the brain**, to have an obsession about or be preoccupied with something. **9. pick someone's brains**, to get the benefit of another person's work or ideas.

brainchild /'breɪntʃaɪld/ *n.* **-children.** a product of one's creative work or thought.

brain dead *adj.* **1.** having no further electrical activity in the brain as evidenced by an electroencephalograph, even though other organs such as the heart or lungs may still be functioning. **2.** *Colloquial* (*derogatory*) very stupid. Also, **brain-dead**.

brain-fever bird *n.* **1.** → **pallid cuckoo**. **2.** an Indian cuckoo, *Cuculus varius*, having a loud repetitive cry.

brain scan *n.* an examination of the brain by means of a CAT scan to detect abnormalities.

brain scanner *n.* a CAT scanner used to diagnose abnormalities in the brain.

brainstorm /'breɪnstɔm/ *n.* **1.** a sudden, violent attack of mental disturbance. **2.** *Colloquial* a sudden inspiration, idea, etc.

brainwashing /'breɪnwɒʃɪŋ/ *n.* systematic indoctrination that changes or undermines one's convictions, especially political. –**brainwash** *v.*

brainwave /'breɪnweɪv/ *n. Colloquial* a sudden idea or inspiration.

brainy /'breɪni/ *adj.* **brainier**, **brainiest**. having brains; intelligent; clever. –**braininess** *n.*

braise /breɪz/ *v.t.* **braised**, **braising**. to cook (meat or vegetables) by sautéing in fat and then cooking slowly in very little moisture.

brake¹ /breɪk/ *n., v.* **braked**, **braking**. –*n.* **1.** (*sometimes plural*) any mechanical device for stopping the motion of a wheel, motor, or vehicle, mainly by means of friction or pressure. **2.** a tool or machine for breaking up flax or hemp, to separate the fibre. –*v.t.* **3.** to slow or stop the motion of (a wheel, motor vehicle, etc.) as by a brake. **4.** to process (flax or hemp) by crushing it in a brake. –*v.i.* **5.** to use or apply a brake. **6.** to slow down. –**brakeless** *adj.*

brake² /breɪk/ *n.* a place overgrown with bushes, shrubs, brambles, or cane; a thicket.

brake drum *n.* the steel or cast-iron drum attached to the wheel hub or propeller shaft of a motor vehicle, etc., against which the brake lining is forcefully applied to arrest its turning when the brake is operated.

bramble /'bræmbəl/ *n.* any rough prickly shrub. –**brambly** *adj.*

bran /bræn/ *n.* **1.** the ground husk of wheat or other grain, separated from flour or meal by bolting. **2.** by-products of grain processing used as feed.

branch /brɑntʃ/ *n.* **1.** *Botany* a division or subdivision of the stem or axis of a tree, shrub, or other plant. **2.** a limb, offshoot, or ramification: *the branches of a deer's horns*. **3.** any member or part of a body or system; a section or subdivision: *the various branches of learning*. **4.** a local operating division of a company, chain store, library, or the like. **5.** a line of family descent, in distinction from some other line or lines from the same stock. **6.** (in the classification of languages) a subdivision of a family; a group. –*v.i.* **7.** to put forth branches; spread in branches. **8.** to divide into separate parts or subdivisions; diverge. –*phr.* **9. branch out**, to expand in a new direction. –**branchless** *adj.* –**branchlike** *adj.* –**branchy** *adj.*

brand /brænd/ *n.* **1.** a trademark or trade name to identify a product. **2.** a kind, grade, or make, as shown by a brand, stamp, etc. **3.** a mark made by burning, etc., to indicate the ownership of cattle. **4.** any mark of disgrace; stigma. **5.** an iron for branding. **6.** *Archaic or Poetic* a sword. –*v.t.* **7.** to mark with a brand. **8.** to name as being disgraceful; stigmatise. –**brander** *n.*

brandish /'brændɪʃ/ *v.t.* **1.** to shake or wave, as a weapon; flourish. –*n.* **2.** a wave or flourish, as of a weapon. –**brandisher** *n.*

brand-new /brænd-'nju, bræn-'nju/ *adj.* completely new.

brandy /'brændi/ *n.* **-dies**, *v.* **-died**, **-dying**. –*n.* **1.** the spirit distilled from the fermented juice of grapes or, sometimes, of apples, peaches, plums, etc. –*v.t.* **2.** to mix, flavour, or preserve with brandy.

brash /bræʃ/ *adj.* **1.** impertinent; impudent; forward. **2.** headlong; hasty; rash. –*n.* **3.** loose fragments of rock.

brass /brɑs/ *n.* **1.** an alloy of copper and zinc which is long-lasting and easily worked. **2.** an article made of brass. **3.** a collective term for musical instruments of the trumpet and horn families, blown through a funnel or cup mouthpiece, and not having a reed. **4.** a memorial plaque. **5.** a metallic yellow colour. **6.** Also, **top brass**. *Colloquial* high-ranking people in an organisation, especially in the army. **7.** *Colloquial* too much confidence; impudence; effrontery. **8.** *Colloquial* money. –*adj.* **9.** of brass or brass instruments. –**brasslike** *adj.* –**brassy** *adj.*

brassiere /'bræziə, -siə/ *n.* a woman's undergarment which supports the breasts.

brat /bræt/ *n.* a child (used usually in contempt or irritation).

bravado /brə'vɑdoʊ/ *n.* **-does** *or* **-dos**. boasting; swaggering pretence.

brave /breɪv/ *adj.* **braver**, **bravest**, *n., v.* **braved**, **braving**. –*adj.* **1.** possessing or exhibiting courage or courageous endurance. **2.** making a fine appearance. –*n.* **3.** a North American Indian warrior. –*v.t.* **4.** to meet or face courageously: *to brave misfortunes*. –*phr.* **5. brave it out**, to ignore or defy suspicion, blame, or impudent gossip. **6. the brave**, brave people collectively. –**bravely** *adv.* –**bravery**, **braveness** *n.*

bravo /brɑ'voʊ/ *interj., n.* **-vos**. –*interj.* **1.** well done! good! –*n.* **2.** a shout of 'bravo!'

bravura /brə'vʊərə, -'vjʊ-/ *n.* **1.** *Music* a florid passage or piece, requiring great skill and spirit in the performer. **2.** a display of daring; brilliant performance. –*adj.* **3.** *Music* spirited; florid; brilliant.

brawl /brɔl/ *n.* **1.** a noisy quarrel; a squabble. **2.** a bubbling or roaring noise; a clamour. –**brawler** *n.*

brawn /brɔn/ *n.* **1.** well-developed muscles. **2.** muscular strength. **3.** meat, especially pork, boiled, pickled, and pressed into a mould. –**brawny** *adj.*

bray /breɪ/ *n.* **1.** a harsh, breathy cry, as of the donkey. **2.** any similar loud, harsh sound. –*v.i.* **3.** to utter a harsh, noisy sound, as a protest or laugh. –**brayer** *n.*

braze /breɪz/ *v.t.* **brazed**, **brazing**. to unite (pieces of brass, steel, aluminium, etc.) by heating the parts to be joined and fusing them together with a layer of any of a range of alloys with a lower melting point than the parts to be joined.

brazen /'breɪzən/ *adj.* **1.** made of brass. **2.** like brass, as in sound, colour, strength, etc. **3.** shameless or impudent: *brazen effrontery*. –*v.t.* **4.** to make brazen or bold. –**brazenly** *adv.* –**brazenness** *n.*

brazier¹ /'breɪziə/ *n.* someone who works in brass. Also, **brasier**.

brazier² /'breɪziə/ *n.* a metal receptacle for holding burning charcoal or other fuel. Also, **brasier**.

brazil nut *n.* the triangular edible seed (nut) of the tree *Bertholletia excelsa* and related species, of Brazil and elsewhere.

breach /britʃ/ *n.* **1.** the act or result of breaking; a break or rupture. **2.** a gap made in a wall, dike, fortification, etc.; rift; fissure. **3.** an infraction or violation, as of law, trust, faith, promise, etc. **4.** a severance of friendly relations.

breach of contract *n.* the breaking, by action or omission, of an obligation imposed by a contract.

breach of privilege *n.* an abuse of any of the privileges accorded to members of parliament.

bread /brɛd/ *n.* **1.** a food made of flour or meal, milk or water, etc., made into a dough or batter, with or without yeast or the like, and baked. **2.** food or sustenance; livelihood: *to earn one's bread*. **3.** *Ecclesiastical* the wafer or bread used in the Eucharist. **4.** *Colloquial* money; earnings. –*v.t.* **5.** *Cookery* to cover or dress with breadcrumbs or meal. –*phr.* **6. bread and water**, subsistence rations, especially as a punishment. **7. break bread**, **a.** to partake of or share food. **b.** *Ecclesiastical* to administer or join in Communion. **-breadless** *adj.*

bread-and-butter /ˌbrɛd-ən-'bʌtə/ *adj.* **1.** of or relating to the means of living; mercenary: *bread-and-butter issues*. **2.** practical; matter-of-fact; basic: *a bread-and-butter approach to life*.

breadfruit /'brɛdfruːt/ *n.* a large, round, starchy fruit yielded by the tree *Artocarpus altilis*, of the Pacific islands, etc., much used, baked or roasted, for food.

breadline /'brɛdlaɪn/ *n.* **1.** a line of needy persons assembled to receive food given as charity. *–phr.* **2. on the breadline.**, **a.** living at subsistence level **b.** sustained by public assistance or charity.

breadth /brɛdθ/ *n.* **1.** *Mathematics* the measure of the second principal diameter of a surface or solid, the first being length, and the third (in the case of a solid) thickness; width. **2.** an extent or piece of something as measured by its width, or of definite or full width: *a breadth of cloth*. **3.** freedom from narrowness or restraint; liberality: *breadth of understanding*. **4.** size in general; extent. **5.** *Art* broad or general effect due to subordination of details or non-essentials.

breadwinner /'brɛdwɪnə/ *n.* someone who earns a livelihood for a family or household.

break /breɪk/ *v.* **broke, broken, breaking,** *n.* *–v.t.* **1.** to divide into parts violently; reduce to pieces or fragments. **2.** to fail to observe; violate: *to break a law or promise*. **3.** to dissolve or annul: *to break an engagement*. **4.** to fracture a bone of: *to break your arm*. **5.** to lacerate; wound: *to break the skin*. **6.** to discontinue abruptly; interrupt; suspend: *to break the silence*. **7.** to destroy the regularity of: *to break a rhythm*. **8.** to put an end to; overcome. **9.** to interrupt the uniformity or sameness of: *to break the monotony*. **10.** to destroy the unity, continuity, or arrangement of. **11.** to exchange for a smaller amount or smaller units. **12.** to make one's way through; penetrate. **13.** to make one's way out of: *to break jail*. **14.** to surpass; outdo: *to break a record*. **15.** to disclose or divulge, with caution or delicacy. **16.** to disable or destroy by or as by shattering or crushing. **17.** to open the breech of (a gun) either for safety or for unloading. **18.** to ruin financially, or make bankrupt. **19.** to reduce in rank. **20.** to impair or weaken in strength, spirit, force, or effect. **21.** to be the first to publish (a news item). **22.** to defeat the purpose of (a strike) as by hiring non-union labour. **23.** to train to obedience; tame. **24.** *Cricket* to strike (a wicket) so as to dislodge the bails. **25.** *Electricity* to render (a circuit) incomplete; stop the flow of (a current). *–v.i.* **26.** to become broken or separated into parts or fragments, especially suddenly and violently. **27.** to happen: *it broke just the way I wanted; things broke very nicely for him*. **28.** (of a ball) to change direction on bouncing. **29.** (of a sea swell) to develop into white crested waves, the water of which, unlike the water which carries an unbroken swell, moves forcibly forward; usually caused by the water becoming shallower, as over a reef, near the shore, etc. **30.** (of a wave) to topple forward after developing a crest through the opposing pull of an undertow in shallow water. **31.** to free oneself or escape suddenly (*away*, *from*, etc.) as from restraint: *he broke away and ran*. **32.** (of a news item) to appear for the first time in a newspaper, on television, etc. **33.** (of stock) to stampede: *the cattle broke at night*. **34.** to force a way (*in*, *through*, *out*, etc.) **35.** to burst (*in*, *forth*, *from*, etc.): *a cry broke from her lips*. **36.** to come suddenly, as into notice. **37.** to dawn, as the day. **38.** to give way or fail as under strain. **39.** (of the heart) to be crushed or overwhelmed, especially by grief. **40.** (of the voice) to vary between two registers, especially in emotion or during adolescence. **41.** *Billiards* to make a break (def. 63a). **42.** *Boxing* to discontinue a clinch. **43.** *Rugby Football* to disband, as a scrum or maul. **44.** *Cycling* to suddenly outdistance the rest of the field. **45.** (in a race) to start before the signal to do so has been given. *–n.* **46.** a forcible disruption or separation of parts; a breaking; a fracture, rupture, or shattering. **47.** an opening made by breaking; a gap. **48.** a rush away from a place; an attempt to escape: *a break for freedom*. **49.** an interruption of continuity; suspension, stoppage. **50.** an abrupt or marked change, as in sound or direction. **51.** a brief rest, as from work, especially a midmorning pause, usually of fifteen minutes, between school classes. **52.** a short holiday: *a three day break*. **53.** a stampede of stock. **54.** *Surfing* a section of water as over a reef, near the shore, etc., where the sea swell breaks: *the beach break was about a metre high*. **55.** *Wool* a distinct weakness in one part of the wool staple caused by a temporary interference with the growth of the staple. **56.** *Prosody* a pause or caesura. **57.** *Jazz* **a.** an instrumental solo usually over a twelve-bar pattern. **b.** a solo passage, usually of about two bars, preceding an improvisation section, during which the band accompaniment rests. **58.** *Music* the point in the scale where the quality of voice of one register changes to that of another, as from chest to head. **59.** *Electricity* an opening or discontinuity in a circuit. **60.** *Printing* a wordbreak. **61. a.** a series of successful shots, strokes, or the like, in a game. **b.** *Billiards* the score made in such a series. **62.** any continuous run, especially of good fortune. **63.** *Billiards* **a.** the shot that breaks or scatters the balls at the beginning of the game. **b.** the right to the first shot. **64.** a premature start in racing. **65.** *Cricket*, *etc.* a change in the direction of a ball when it bounces, usually caused by a spinning motion imparted by the bowler. **66.** *CB Radio* access to a radio channel. **67.** *Colloquial* an opportunity; chance. *–v.*

68. break and enter, *Law* to open or force one's way into (a dwelling, store, etc.).

69. break away, a. to free oneself or escape suddenly, as from restraint. **b.** (in racing) to start prematurely. **c.** *Football* to elude defending players and run towards the opposing goal. **d.** to move away from a crowd. **e.** (of a sheep or cow) to run away from the flock or herd. **f.** (of a cyclist) to leave the rest of a group behind. **g.** to secede. **h.** (sometimes fol. by *from*) to remove oneself with effort from undesirable contact or influence.

70. break bulk, a. to open a ship's hatch and discharge the first sling of cargo. **b.** to open a fully enclosed container and unload the first part of the load.

71. break camp, to pack up tents and equipment and resume a march.

72. break down, a. to take down or destroy by breaking. **b.** to overcome. **c.** to be overcome by emotion. **d.** to analyse. **e.** *Timber Industry* to cut (logs) into flitches; make the first cuts in (heavy logs). **f.** to add water to (spirits, etc.), to reduce the alcoholic strength. **g.** (of a person) to collapse physically or mentally. **h.** to cease to function: *the car broke down*. **i.** to be in a vehicle that ceases to function: *I broke down on the way to work*.

73. break even (or **square**), to neither win nor lose on a transaction.

74. break in, a. to enter a house or the like forcibly, as an intruder. **b.** to adapt to one's convenience by use: *to break in a new pair of shoes*. **c.** to accustom (a horse) to harness and use. **d.** to cultivate (virgin land): *to break in a new paddock*. **e.** (sometimes fol. by *on* or *upon*) to interrupt.

75. break into, **a.** to interrupt. **b.** to enter (a house or the like) forcibly. **c.** to suddenly begin (an activity): *she broke into laughter*. **d.** to open for consumption and use: *to break into a packet of biscuits*.
76. break it down, (an exclamation which is an appeal to someone to desist from behaviour which is annoying, embarrassing, upsetting, etc.).
77. break new ground, to venture into a new area of activity.
78. break of, to train (a person, animal, etc.) away from (a habit or practice).
79. break off, **a.** to put a sudden stop to; discontinue: *to break off smoking*. **b.** to cease suddenly: *the music broke off*. **c.** to leave off abruptly. **d.** to become detached. **e.** to dissolve or annul.
80. break one's duck, *Cricket* (of the person batting) to score one's first run in an innings.
81. break out, **a.** *Pathology* (of certain diseases) to appear in eruptions. **b.** to produce for use or enjoyment, as for a special occasion: *to break out the champagne*. **c.** (sometimes fol. by *of*) to force one's way out; escape: *to break out of prison*. **d.** *Goldmining* (of a particular field) to become the site of a gold rush: *next the Palmerston broke out*.
82. break out in, (of a person) to have a sudden appearance of (various eruptions on the skin): *to break out in pimples*.
83. break service (or **serve**), *Tennis* to win a game when receiving the service.
84. break someone's way, to come about to someone's advantage: *the market finally broke her way*.
85. break step, *Military* to cease marching in step.
86. break up, **a.** to separate; disband (especially of a school at end of term). **b.** to dissolve and separate. **c.** *Colloquial* to collapse with laughter. **d.** (of a personal relationship) to end: *many marriages break up in the first year*. **e.** (sometimes fol. by *with*) to discontinue a relationship: *to break up with one's partner*. **f.** to put an end to; discontinue. **g.** to cut up (fowl, etc.).
87. break wind, to void or expel flatulence.
88. give someone a break, *Colloquial* to give someone a fair chance.
89. them's the breaks, *Colloquial* that is how life is. –**breakable** *adj*.
breakage /'breɪkɪdʒ/ *n.* **1.** an act of breaking; a break. **2.** the amount or quantity of things broken. **3.** an allowance or compensation for loss or damage of articles broken in transit or in use.
breakaway /'breɪkəweɪ/ *n.* **1.** the act of breaking away, becoming separate. **2.** the formation of a splinter group in a political party, or similar group: *there was a breakaway in the Victorian Labor party*. **3.** *Rugby Union* either of two players who pack down on either side of the back row in a scrum. **4.** a panic rush of or among a mob of cattle, horses, etc. –*adj*. **5.** being or relating to a person or thing that has broken away or seeks to break away.
breakdance /'breɪkdæns/ *n.* a style of acrobatic dancing originally performed by black male street gangs in the US in the 1970s, performed usually on the streets to rap music, and involving spectacular movements such as spinning the body on the ground or floor.
breakdancer /'breɪkdænsə/ *n.* someone who is skilled in breakdancing.
breakdown /'breɪkdaʊn/ *n.* **1.** a ceasing to function, as of a machine. **2.** a collapse of physical or mental health.
breaker /'breɪkə/ *n.* **1.** a person or thing that breaks something. **2.** a wave that breaks or dashes into foam. **3.** a person who breaks in horses: *brumby breaker; Breaker Morant*.
breakfast /'brɛkfəst/ *n.* **1.** the first meal of the day; a morning meal. **2.** the food eaten at the first meal. –**breakfaster** *n*.
breakneck /'breɪknɛk/ *adj.* dangerous; hazardous.
breakpoint /'breɪkpɔɪnt/ *n.* **1.** an instruction inserted by a debug program. **2.** the point in a program at which such an instruction operates.
breakthrough /'breɪkθru/ *n.* any development, as in science, technology, or diplomacy, which removes a barrier to progress.
breakwater /'breɪkwɔtə/ *n.* a barrier which breaks the force of waves, as in front of a harbour.
bream /brɪm/ *n.* **1.** in Australia, any of various marine sparid fishes of the genera *Mylio* and *Acanthopagrus*, highly prized as food and for sport, as the **black bream**, *A. australis* of eastern Australian waters. **2.** elsewhere, **a.** any of various freshwater cyprinoid fishes of the genus *Abramis*, as *A. brama* of Europe, with a compressed, deep body. **b.** any of various related and similar species, as the **white bream**, *Blicca bjoerkna*.
breast /brɛst/ *n.* **1.** *Anatomy, Zoology* the outer front part of the thorax, or the front part of the body from neck to belly; the chest. **2.** *Zoology* the corresponding part in lower animals. **3.** a standard cut of meat from this area. **4.** *Anatomy, Zoology* a mammary or milk gland, especially of a woman, or of female animals whose milk glands are similarly formed. **5.** that part of a garment which covers the chest. **6.** the bosom regarded as the seat of thoughts and feelings. –*v.t.* **7.** to meet or oppose with the breast, as in racing: *to breast the finishing tape*. **8.** to walk through, submerged up to the chest (a body of water, river, etc.). **9.** to lean on (a bar, counter, etc.): *six men were breasting the bar*. **10.** to face; meet boldly or advance against: *the ship breasted the waves*. **11.** to reach the top when travelling over (a hill, rise, etc.). –*phr.* **12. at the breast**, (of a baby) feeding from a woman's breast. **13. make a clean breast of**, to make a full confession of. **14. on the breast**, (of a baby) being fed human breast milk (opposed to *on the bottle*). **15. the breast**, a woman's breast considered as a source of milk.
breastbone /'brɛstboʊn/ *n.* → **sternum**.
breastfeed /'brɛstfid/ *v.t.* **-fed**, **-feeding**. to feed (a child) on milk from the breast.
breastplate /'brɛstpleɪt/ *n.* armour for the front of the torso.
breaststroke /'brɛststroʊk/ *n.* *Swimming* a stroke made in the prone position in which both hands move simultaneously forwards, outwards and rearwards from in front of the chest, and the legs move in a frog-like manner. –**breast-stroke** *v*.
breath /brɛθ/ *n.* **1.** *Physiology* the air inhaled and exhaled in respiration. **2.** respiration, especially as necessary to life. **3.** ability to breathe, especially freely: *out of breath*. **4.** a single respiration. **5.** the brief time required for it; an instant. **6.** an utterance; whisper. **7.** a light current of air. **8.** *Phonetics* voiceless expiration of air, used in the production of many speech sounds, such as p or f. **9.** moisture emitted in respiration, especially when condensed and visible. –*phr.* **10. a breath of fresh air**, *Colloquial* an original or innovative influence, person, etc. **11. below** (or **under**) **one's breath**, in a low voice or whisper. **12. don't hold your breath**, *Colloquial* (a phrase indicating that an expected event will not happen soon). **13. draw breath**, **a.** to breathe; to be alive. **b.** to take a deep breath as after strenuous exercise, a long speech, etc. **14. hold one's breath**, *Colloquial* to deliberately refrain from exhaling. **15. out of breath**, gasping for breath as the result of some exertion; breathless. **16. take someone's breath away**, to astonish someone. **17. waste

breathalyse

one's breath, *Colloquial* to speak to no effect.
breathalyse /ˈbrɛθəlaɪz/ *v.t.* to administer a breath test to (someone).
breathalyser /ˈbrɛθəlaɪzə/ *n.* a breath-analysing device which contains chemicals in ampoules which react with alcohol and which change colour in proportion to the amount of alcohol in the breath.
breathe /brið/ *v.* **breathed** /brið/ *or* **breathing**. –*v.i.* **1.** to inhale and exhale air; respire. **2.** (in speech) to control the outgoing breath in producing voice and speech sounds. **3.** (*only in infinitive*) to pause, as for breath; take rest: *give me a chance to breathe*. **4.** to live; exist. –*v.t.* **5.** to inhale and exhale in respiration. **6.** to give utterance to; whisper. **7.** to express; manifest. **8.** to exhale: *dragons breathing fire*. **9.** to inject by breathing; infuse. –*phr.* **10. breathe hard**, to inhale and exhale deeply, especially after strenuous exertion. **11. breathe heavily**, to inhale and exhale deeply, as with sickness, pain, emotion. **12. breathe in**, to inhale. **13. breathe more freely**, to be freed from anxiety or fear; relax. **14. breathe out**, to exhale. –**breathable** *adj.*
breather /ˈbriðə/ *n.* **1.** a pause for rest. **2.** someone who breathes.
breathless /ˈbrɛθləs/ *adj.* **1.** out of breath: *the blow left him breathless*. **2.** with the breath held, as in suspense: *breathless listeners*. **3.** that takes away the breath: *a breathless ride*. **4.** motionless, as the air. –**breathlessly** *adv.* –**breathlessness** *n.*
breathtaking /ˈbrɛθteɪkɪŋ/ *adj.* causing amazement: *a breathtaking performance*.
breath test *n.* any test of the breath from which an estimate of the amount of alcohol in the bloodstream can be made.
breath-test /ˈbrɛθ-tɛst/ *v.t.* → **breathalyse**.
breathy /ˈbrɛθi/ *adj.* (of the voice) characterised by excessive emission of breath. –**breathily** *adv.* –**breathiness** *n.*
bred /brɛd/ *v.* past tense and past participle of **breed**.
breech /britʃ/ *n.* **1.** the lower part of the trunk of the body behind; the posterior or buttocks. **2.** the hinder or lower part of anything.
breech birth *n.* a birth in which the baby's posterior, not its head, is first presented.
breeches /ˈbrɪtʃəz/ *pl. n.* **1.** a garment worn by men (and by women for riding, etc.), covering the hips and thighs. **2.** trousers.
breed /brid/ *v.* **bred**, **breeding**, *n.* –*v.t.* **1.** to produce (offspring). **2.** to obtain (offspring) by the mating of parents. **3.** to raise (livestock, etc.). **4.** to bring about; produce: *dirt breeds disease*. –*v.i.* **5.** to produce offspring. **6.** to be produced; grow; develop: *they will breed under perfect conditions*. –*n.* **7.** a relatively similar group within a species, developed by man. **8.** race; strain. **9.** sort; kind. –**breeder** *n.*
breeding /ˈbridɪŋ/ *n.* **1.** the rearing of livestock to improve their quality or merit. **2.** the results of training as shown in behaviour and manners; good manners.
breeze /briz/ *n., v.* **breezed**, **breezing**. –*n.* **1.** a wind or current of air, especially a light or moderate one. **2.** *Meteorology* any wind of Beaufort scale numbers 2 to 6 inclusive, comprising velocities from 4 to 27 knots, i.e. 6 to 49 km/h. **3.** *Colloquial* an easy task: *it's a breeze*. –*v.i.* **4.** *Colloquial* (sometimes fol. by *along*, *in*, *through*, etc.) to move or proceed in a casual, quick, carefree manner: *to breeze in after dinner*. –*phr.* **5. bat the breeze**, *Colloquial* to engage in idle conversation. **6. breeze through**, *Colloquial* to perform without effort. **7. have the breeze up**, *Colloquial* to be afraid. **8. put the breeze up**, *Colloquial* to make afraid.
breezy /ˈbrizi/ *adj.* **breezier**, **breeziest**. **1.** abounding in breezes; windy. **2.** fresh; sprightly; cheerful. –**breezily** *adv.* –**breeziness** *n.*
brethren /ˈbrɛðrən/ *n.* **1.** *Archaic* plural of **brother**. **2.** fellow members.
breve /briv/ *n.* **1.** a mark (˘) placed over a vowel to show that it is pronounced short, as in ĭ. **2.** a writ, as one issued by a court of law.
brevi- a word element meaning 'short', as in *brevirostrate*.
breviary /ˈbrɛvjəri, ˈbri-, -vəri/ *n.* **-ries**. *Roman Catholic Church* a book of daily prayers and readings to be read by those in major orders.
brevity /ˈbrɛvəti/ *n.* **-ties**. **1.** shortness of time or duration; briefness: *the brevity of human life*. **2.** condensation in speech; conciseness.
brew /bru/ *v.t.* **1.** to make (beer, ale, etc.) from malt, etc., by steeping, boiling, and fermentation. **2.** Also, **brew up**. to make (a hot beverage). **3.** to concoct or contrive; bring about: *to brew mischief*. –*v.i.* **4.** Also, **brew up**. to be in preparation; be forming or gathering: *trouble was brewing*. –*n.* **5.** a quantity brewed in a single process. –**brewer** *n.*
brewery /ˈbruəri/ *n.* **-ries**. an establishment for brewing beer, ale, etc.
briar /ˈbraɪə/ *n.* **1.** the white heath, *Erica arborea*, of France and Corsica, whose woody root is used for making tobacco pipes. **2.** a prickly shrub or plant, especially the sweetbriar, *Rosa rubiginosa*. –**briary** *adj.*
bribe /braɪb/ *n., v.* **bribed**, **bribing**. –*n.* **1.** any valuable consideration given or promised for corrupt behaviour in the performance of official or public duty. **2.** anything given or serving to persuade or induce. –*v.t.* **3.** to influence or corrupt by a bribe. –**bribable** *adj.* –**bribability** /ˌbraɪbəˈbɪləti/ *n.* –**bribery** *n.* –**briber** *n.*
bric-a-brac /ˈbrɪk-ə-bræk/ *n.* miscellaneous ornamental articles of antiquarian, decorative, or other interest. Also, **bric-à-brac**.
brick /brɪk/ *n.* **1.** a block of clay, usually rectangular, hardened by drying in the sun or burning in a kiln, and used for building, paving, etc. **2.** such blocks collectively. **3.** the material. **4.** any similar block, especially a small one of painted wood, used as a child's toy. **5.** *Colloquial* a person who has gained one's special admiration or gratitude: *you're a brick*. –*v.t.* **6.** *Colloquial* to falsify evidence against (someone) to substantiate a criminal charge. –*adj.* **7.** constructed of brick: *a brick barbecue*. –*phr.* **8. a brick** (or **a few bricks**) **short** (**of a load**), *Colloquial* simple-minded. **9. brick up**, to lay, line, wall, build, or shut up with brick. **10. built like a brick**, *Colloquial* (of a person) well-built; stocky. **11. drop a brick**, *Colloquial* to make a social blunder or solecism. **12. like a ton of bricks**, *Colloquial* heavily. –**bricklike** *adj.*
brickfielder /ˈbrɪkfɪldə/ *n. Australian Colloquial* a dry, dusty wind.
bricklaying /ˈbrɪkleɪɪŋ/ *n.* the art or occupation of laying bricks in construction. –**bricklayer** *n.*
brick veneer *n.* a building whose external walls each consist of a timber framework faced with a single skin of bricks, the brickwork being non-structural. –**brick-veneer** *adj.*
bride /braɪd/ *n.* a woman newly married, or about to be married.
bridegroom /ˈbraɪdgrum/ *n.* a man newly married, or about to be married.
bridesmaid /ˈbraɪdzmeɪd/ *n.* a young unmarried woman who attends the bride at a wedding.
bridge¹ /brɪdʒ/ *n., v.* **bridged**, **bridging**. –*n.* **1.** a structure standing over a river, road, etc., provid-

ing a way of passage for cars, etc. **2.** *Nautical* a raised platform on a ship for the officer in charge. **3.** *Anatomy* the upper line of the nose. **4.** *Dentistry* a replacement for a missing tooth or teeth, which may be fixed or removable. **5.** *Music* a thin support across which the strings of a stringed instrument are stretched. **6.** *Electricity* an instrument for measuring electrical resistance. **7.** *Billiards* a notched piece of wood with a long handle, used to support a cue when the distance is otherwise too great to reach; rest. –*v.t.* **8.** to make a bridge over; span. –**bridgeable** *adj.* –**bridgeless** *adj.*

bridge² /brɪdʒ/ *n. Cards* a game for four players, derived from whist, in which one partnership plays to fulfil a certain declaration (the contract) against opponents acting as defenders.

bridle /'braɪdl/ *n., v.* -dled, -dling. –*n.* **1.** the part of the harness of a horse, etc., around the head, consisting usually of head strap, bit, and reins, and used to restrain and guide the animal. **2.** anything that restrains or curbs. –*v.i.* **3.** (sometimes fol. by *at*) to draw up the head and draw in the chin, as in disdain or resentment; to be resentful or annoyed. –**bridler** *n.*

brie /briː/ *n.* a kind of salted, white, soft cheese, ripened through bacterial action, waxy to semiliquid, as made in Brie, a district in northern France.

brief /briːf/ *adj.* **1.** of little duration. **2.** using few words; concise; succinct. **3.** abrupt or curt. **4.** close-fitting and short in length or extent: *brief underpants.* –*n.* **5.** an outline, the form of which is determined by set rules, of all the possible arguments and information on one side of a controversy: *a debater's brief.* **6.** *Law* a summary prepared by a solicitor for a barrister, containing all the information and documents relevant to the presentation of a case in court. **7.** *Colloquial* a barrister. **8.** a briefing. –*v.t.* **9.** to instruct by a brief or briefing. **10.** *Law* to retain as advocate in a suit. –*phr.* **11. hold a brief for,** to espouse. **12. in brief,** in few words; in short. –**briefly** *adv.* –**briefness** *n.*

briefcase /'briːfkeɪs/ *n.* a flat, rectangular case of leather or other material used for carrying documents, books, manuscripts, etc. Also, **dispatch case.**

briefing /'briːfɪŋ/ *n.* a short, accurate summary of the details of a plan or operation, as one given to a military unit, crew of an aeroplane, etc., before it undertakes the operation.

briefs /briːfs/ *n.* close-fitting, legless underpants.

brig /brɪg/ *n. Nautical* **1.** a two-masted vessel square-rigged on both masts. **2.** the compartment of a ship where prisoners are confined.

brigade /brə'geɪd/ *n.* **1.** a unit consisting of several regiments, squadrons, groups, or battalions. **2.** a large body of troops. **3.** a body of individuals organised for a special purpose: *a fire brigade; a brigade of chefs.*

brigadier /brɪgə'dɪə/ *n. Military* an army rank between colonel and major general.

brigalow /'brɪgəloʊ/ *n.* a species of *Acacia, A. harpophylla,* extending over large areas of northern New South Wales and Queensland.

brigand /'brɪgənd/ *n.* a bandit; one of a gang of robbers in mountain or forest regions. –**brigandish** *adj.* –**brigandage** *n.*

brigantine /'brɪgəntiːn/ *n.* a two-masted vessel in which the foremast is square-rigged and the mainmast bears a fore-and-aft mainsail and square topsails.

bright /braɪt/ *adj.* **1.** radiating or reflecting light; luminous; shining. **2.** filled with lights. **3.** (of a colour) strong, clear and vivid. **4.** glorious or splendid. **5.** clever or witty. **6.** lively; cheerful, as a person. **7.** favourable or hopeful: *bright prospects.* –**brighten** *v.* –**brightly** *adv.* –**brightness** *n.*

brilliant /'brɪljənt/ *adj.* **1.** shining brightly; sparkling; glittering; lustrous. **2.** distinguished; illustrious: *a brilliant achievement.* **3.** having or showing great intelligence or mental ability. –*n.* **4.** a diamond (or other gem) of a particular cut, typically round in outline and shaped like two pyramids united at their bases, the top one cut off near the base and the bottom one close to the apex, with many facets on the slopes. –**brilliance** *n.* –**brilliantly** *adv.* –**brilliantness** *n.*

brim /brɪm/ *n., v.* **brimmed, brimming.** –*n.* **1.** the upper edge of anything hollow; rim: *the brim of a cup.* **2.** a projecting edge: *the brim of a hat.* –*v.i.* **3.** to be full to the brim; to be full to overflowing: *a brimming glass.*

brindled /'brɪndld/ *adj.* grey or tawny with darker streaks or spots. Also, **brinded** /'brɪndəd/.

brine /braɪn/ *n.* water saturated or strongly impregnated with salt. –**brinish** *adj.*

bring /brɪŋ/ *v.t.* **brought** /brɔːt/ *or* **bringing.** –*v.t.* **1.** to cause to come with oneself; take along to the place or person sought; conduct or convey. **2.** to cause to come, as to a recipient or possessor, to the mind or knowledge, into a particular position or state, to a particular opinion or decision, or into existence, view, action, or effect. **3.** to lead or induce: *he couldn't bring himself to do it.* **4.** to yield as proceeds; sell for: *the car brought $2000.* –*phr.*

5. bring about, a. to cause; accomplish. **b.** *Nautical* to turn (a ship) on to the opposite tack.

6. bring back, a. to restore: *to bring back corporal punishment.* **b.** to recall to the mind; remind one of.

7. bring down, a. to shoot down or cause to fall (a plane, animal, footballer, etc.). **b.** to reduce (a price); lower in price. **c.** to humble, subdue, or cause to fail: *to bring down a government.* **d.** to introduce (proposed legislation): *to bring down a bill.*

8. bring forth, a. to produce. **b.** to give rise to; cause.

9. bring forward, a. to produce to view. **b.** to adduce. **c.** *Accounting* to transfer (a figure) to the top of the next column. **d.** to move or transfer (a meeting, appointment, etc.) to an earlier time or date.

10. bring in, a. to introduce. **b.** to produce (a verdict). **c.** to produce; yield (an income, cash, etc.). **d.** *NZ* to bring (land) into cultivation.

11. bring into effect, to cause to operate or function: *the government will bring into effect new road safety regulations.*

12. bring into the world, to cause to come into being; give birth to.

13. bring off, a. to bring to a successful conclusion; achieve. **b.** to bring away from a ship, etc. **c.** to induce an orgasm in.

14. bring on, a. to induce; cause. **b.** to cause to advance in growth, development, etc. **c.** to excite sexually, so as to induce orgasm.

15. bring out, a. to expose; show; reveal. **b.** to encourage (a timid or diffident person). **c.** to publish. **d.** to formally introduce (a young woman) into society. **e.** to instruct (workers, etc.) to leave work and go on strike.

16. bring over, to convince; convert.

17. bring round, a. to convince of an opinion. **b.** to restore to consciousness, as after a faint.

18. bring to, a. to bring (someone) back to consciousness. **b.** *Nautical* to head (a ship) close to or into the wind and kill its headway by manipulating helm and sails.

19. bring under, to subdue.

brink 97 **broker**

20. bring up, a. to care for during childhood; rear. **b.** to introduce to notice or consideration. **c.** to cause to advance, as troops. **d.** to vomit. **e.** *Nautical* to stop (a ship); make fast to a buoy or quay, etc.
21. bring up with a jolt, to cause to stop suddenly, especially for re-appraisal.

brink /brɪŋk/ *n.* **1.** the edge or margin of a steep place or of land bordering water. **2.** any extreme edge; verge.

brinkmanship /'brɪŋkmənʃɪp/ *n. Colloquial* the practice of courting disaster, especially nuclear war, to gain one's ends.

briny /'braɪni/ *adj.* **brinier, briniest.** –*adj.* **1.** of or like brine; salty. –*phr.* **2. the briny,** *Colloquial* the sea. –**brininess** *n.*

briquette /brɪ'kɛt/ *n.* a moulded block of compacted coal dust for fuel. Also, **briquet.**

brisk /brɪsk/ *adj.* **1.** quick and active; lively: *a brisk breeze, a brisk walk.* **2.** sharp and stimulating: *brisk weather.* **3.** (of alcoholic drinks) effervescing vigorously: *brisk cider.* –**briskish** *adj.* –**briskly** *adv.* –**briskness** *n.*

brisket /'brɪskət/ *n.* **1.** the breast of an animal, or the part of the breast lying next to the ribs. **2.** this portion used as meat. **3.** *Colloquial* the human chest.

bristle /'brɪsəl/ *n., v.* **-tled, -tling.** –*n.* **1.** one of the short, stiff, coarse hairs of certain animals, especially swine, used in making brushes, etc. –*v.i.* **2.** to stand or rise stiffly, like bristles. **3.** to erect the bristles, as an irritated animal: *the dog bristled.* **4.** to be thickly set with something suggestive of bristles: *the plain bristled with bayonets, the enterprise bristled with difficulties.* **5.** to be visibly roused to anger, hostility, or resistance. –**bristly** *adj.*

brittle /'brɪtl/ *adj.* **1.** breaking readily with a comparatively smooth fracture, as glass. **2.** tense; irritable. **3.** strained; insincere. –*n.* **4.** a sweet made with treacle and nuts: *peanut brittle.* –**brittleness** *n.*

brittle-bones syndrome *n.* a condition occurring in foetuses and young children in which the bones are so brittle that they break very easily causing permanent disabilities. Also, **brittle bone disease**.

broach /broʊtʃ/ *n.* **1.** *Mechanics* a long, tapering tool with a notched edge which enlarges a hole as the tool is pulled through. **2.** a spit for roasting meat. **3.** a boring tool for tapping wine containers. –*v.t.* **4.** to enlarge and finish with a broach. **5.** to tap or pierce. **6.** to mention for the first time: *to broach a subject.* –**broacher** *n.*

broad /brɔd/ *adj.* **1.** wide; of great extent from one side to the other: *a broad street; a broad stripe.* **2.** of great extent in all directions: *a broad plain.* **3.** of extensive range or scope: *broad interests; broad experience.* **4.** main or general: *the broad outlines of a subject.* **5.** plain or clear; not subtle: *a broad hint.* **6.** coarse; indelicate: *a broad joke.* **7.** (of pronunciation) strongly dialectal: *broad Scots.* –*adv.* **8.** fully: *broad awake.* –*n.* **9.** the broad part of anything. **10.** *Colloquial* ‡ a woman. –*phr.* **11. broad daylight,** the full light of day. –**broaden** *v.* –**broadish** *adj.* –**broadly** *adv.*

broad bean *n.* an erect annual herb, *Vicia faba,* of the family Fabaceae, often cultivated for its large edible seeds.

broadbill /'brɔdbɪl/ *n.* **1.** any of various birds with a broad bill, as the shoveler and spoonbill. **2.** → **swordfish**.

broadcast /'brɔdkast/ *v.* **-cast** *or* **-casted, -casting,** *n.* –*v.t.* **1.** to send (messages, speeches, music, etc.) by radio or television. **2.** to sow (seed) by scattering. **3.** to spread (information, gossip, etc.). –*v.i.* **4.** to send radio or television signals. –*n.* **5.** *Radio* **a.** the sending out of radio messages, speeches, etc. **b.** a radio program. –**broadcaster** *n.*

broad jump *n.* → **long jump**.

broad-minded /brɔd-'maɪndəd/ *adj.* free from prejudice or bigotry; liberal; tolerant. –**broad-mindedly** *adv.* –**broad-mindedness** *n.*

broadsheet /'brɔdʃit/ *n.* **1.** a sheet of paper, especially of large size, printed on one side only, as for distribution or posting. **2.** a ballad, song, tract, etc., printed or originally printed on a broadsheet. **3.** a newspaper printed on the standard sheet size of paper, usually giving greater depth of reporting. –*adj.* **4.** (of a ballad) printed or originally printed on a broadsheet. **5.** relating to or as in a broadsheet.

broadside /'brɔdsaɪd/ *n.* **1.** *Nautical* the whole side of a ship above the waterline, from the bow to the quarter. **2.** *Navy* all the guns that can be fired to one side of a ship. **3.** any comprehensive attack, as of criticism. **4.** any broad surface or side, as of a house. –*adv.* **5.** broadways.

broadwalk /'brɔdwɔk/ *n.* a wide promenade.

brocade /brə'keɪd/ *n., v.* **-caded, -cading.** –*n.* **1.** fabric woven with an elaborate design from any yarn. The right side has a raised effect. –*v.t.* **2.** to weave with a design or figure. –**brocaded** *adj.*

broccoli /'brɒkəli, -laɪ/ *n.* **1.** a plant, *Brassica oleracea* var. *botrytis,* of the mustard family, resembling the cauliflower. **2.** a form of this plant which does not produce a head, the green saps and the stalk of which are a common vegetable. Also, **broccoli sprouts**.

brochure /'broʊʃə, brə'ʃʊə/ *n.* a booklet, or piece of folded paper, containing printed advertising or information.

brogue[1] /broʊɡ/ *n.* a broad accent, especially Irish, in the pronunciation of English.

brogue[2] /broʊɡ/ *n.* a strongly made, comfortable type of ordinary shoe, often with decorative perforations on the vamp and upper.

broil /brɔɪl/ *v.t.* **1.** to cook by direct radiant heat, as on a gridiron or griller, or under an electric coil, gas grill or the like; grill. –*v.i.* **2.** to be subjected to great heat.

broke /broʊk/ *v.* **1.** past tense of **break**. **2.** *Archaic* or *Colloquial* past participle of **break**. –*adj.* **3.** *Colloquial* out of money; bankrupt. –*phr.* **4. broke to the wide,** *Colloquial* completely out of money. **5. flat (or stony) broke,** *Colloquial* completely out of money. **6. go for broke,** *Colloquial* **a.** (in gambling, investment, etc.) to risk all one's capital in the hope of very large gain. **b.** to take a major risk in pursuing an activity, objective, etc., to its extreme.

broken /'broʊkən/ *adj.* **1.** torn; ruptured; fractured. **2.** not complete; fragmentary: *a broken set.* **3.** disregarded or disobeyed; infringed; violated: *a broken law.* **4.** interrupted or discontinuous: *broken sleep.* **5.** uneven; (of ground) rough; (of water) with a disturbed surface as choppy water, surf, etc.; (of weather) patchy, unsettled. **6.** weakened in strength, spirit, or health. **7.** tamed: *the horse was not yet broken to the saddle.* **8.** imperfectly spoken, as language: *he spoke broken English.* **9.** ruined; bankrupt. –**brokenly** *adv.* –**brokenness** *n.*

broken-down /'broʊkən-daʊn/ *adj.* **1.** shattered or collapsed. **2.** having given way to despair. **3.** unserviceable (of machinery, electronic equipment, etc.).

broker /'broʊkə/ *n.* **1.** an agent who buys or sells for a principal on a commission basis without having title to the property. **2.** a middleman or agent.

brolga /ˈbrɒlgə/ *n.* a large, silvery-grey crane, *Grus rubicunda*, of northern and eastern Australia which performs an elaborate dance, perhaps as part of a courtship display.

brolly /ˈbrɒli/ *n. Colloquial* an umbrella.

bromide /ˈbroumaɪd/ *n.* **1.** *Chemistry* a compound usually containing two elements only, one of which is bromine. **2.** *Colloquial* a sedative.

bromine /ˈbroumin, -aɪn/ *n. Chemistry* an element, a dark-reddish fuming liquid, resembling chlorine and iodine in chemical properties. *Symbol*: Br; *at. no.*: 35; *relative atomic mass*: 79.909. See **halogen**.

bronchi /ˈbrɒŋki/ *n.* plural of **bronchus**.

bronchial /ˈbrɒŋkiəl/ *adj.* relating to the bronchia or bronchi.

bronchitis /brɒŋˈkaɪtəs/ *n.* a inflammation of the membrane lining of the bronchial tubes. –**bronchitic** /brɒŋˈkɪtɪk/ *adj.*

broncho- a word element meaning 'bronchial'. Also, **bronch-**.

bronchus /ˈbrɒŋkəs/ *n.* **-chi** /-kaɪ/. either of the two air passages connecting the trachea and the lungs.

bronco /ˈbrɒŋkou/ *n.* **-cos**. *Originally US* a pony or mustang, especially one that is not broken, or is only imperfectly broken in. Also, **broncho**, **bronc**, **bronk**.

brontosaurus /brɒntəˈsɔrəs/ *n.* a large amphibious herbivorous dinosaur of the American Jurassic, properly called apatosaurus.

bronze /brɒnz/ *n., v.* **bronzed**, **bronzing**. –*n.* **1.** *Metallurgy* **a.** a durable brown alloy, consisting essentially of copper and tin. **b.** any of various other copper base alloys, such as aluminium bronze, manganese bronze, silicon bronze, etc. The term implies a product superior in some way to brass. **2.** a metallic brownish colour. **3.** a work of art, as a statue, statuette, bust, or medal, composed of bronze, whether cast or wrought. –*v.t.* **4.** to give the appearance or colour of bronze to. **5.** to make brown, as by exposure to the sun. –**bronzy** *adj.*

Bronze Age *n.* the age in human history (between the Stone and Iron Ages) marked by the use of bronze implements.

brooch /broutʃ/ *n.* a clasp or ornament for the dress, having a pin at the back for passing through the clothing and a catch for securing the pin.

brood /brud/ *n.* **1.** a number of young creatures produced or hatched at one time; a family of offspring or young. **2.** breed or kind. –*v.t.* **3.** to sit as a bird over (eggs or young); incubate. **4.** to dwell persistently or moodily in thought on; ponder. –*v.i.* **5.** to meditate with morbid persistence. –**broody** *adj.*

brook[1] /brʊk/ *n.* a small, natural stream of fresh water; creek.

brook[2] /brʊk/ *v.t.* (*usu. in a negative sentence*) to bear; suffer; tolerate.

broom /brum/ *n.* **1.** a sweeping implement consisting of a flat brush of bristles, nylon, etc., on a long handle. **2.** a sweeping implement consisting of a bunch of twigs or plant stems on a handle; besom. **3.** any of certain plants of the family Fabaceae, especially species with leafless stems and yellow flowers. –**broomy** *adj.*

broth /brɒθ/ *n.* **1.** thin soup of concentrated meat or fish stock. **2.** a decoction of water in which meat or fish has been boiled, with vegetables or barley added.

brothel /ˈbrɒθəl/ *n.* **1.** a house of prostitution. **2.** *Colloquial* any room in a disorderly state.

brother /ˈbrʌðə/ *n.* **brothers** or **brethren**. –*n.* **1.** a male child of the same parents as another (**full brother** or **brother-german**). **2.** a male child of only one of one's parents (**half-brother**). **3.** a male member of the same kinship group, nationality, profession, etc.; an associate; a fellow countryman, fellow man, etc. **4. a.** a male lay member of a religious organisation which has a priesthood. **b.** a man who devotes himself to the duties of a religious order without taking holy orders, or while preparing for holy orders. **5.** (*plural*) all members of a particular race, or of the human race in general. **6.** *Colloquial* (a form of address, especially between black American men.) **7.** (a form of address or a title, especially in politically left-wing organisations). –**brotherhood** *n.*

brother-in-law /ˈbrʌðər-ɪn-lɔ/ *n.* **brothers-in-law**. **1.** one's husband's or wife's brother. **2.** one's sister's husband. **3.** the husband of one's wife's or husband's sister.

brought /brɔt/ *v.* past tense and past participle of **bring**.

brouhaha /ˈbruhaha/ *n.* an uproar; turmoil.

brow /braʊ/ *n.* **1.** the ridge over the eye. **2.** the hair growing on that ridge; eyebrow. **3.** (*singular or plural*) the forehead: *to knit one's brows.* **4.** the countenance. **5.** the edge of a steep place.

browbeat /ˈbraʊbit/ *v.t.* **-beat**, **-beaten**, **-beating**. to intimidate by overbearing looks or words; bully.

brown /braʊn/ *n.* **1.** the colour of earth, a mixture of red, yellow and black. –*adj.* **2.** of the colour brown: *a brown horse.* **3.** having skin of that colour: *the Polynesians are a brown people.* **4.** sunburned or tanned. –*v.t.* **5.** to make brown. –*v.i.* **6.** to become brown. –**brownish** *adj.* –**brownness** *n.*

brown coal *n.* → **lignite**.

browngoods /ˈbraʊngʊdz/ *pl. n.* electronic goods such as televisions, sound systems, videos, etc.

brownie /ˈbraʊni/ *n.* **1.** (in folklore) a little brown goblin, especially one who helps secretly in household work. **2.** a loaf baked in a camp oven from a flour, fat, sugar, and water dough with currants and raisins added to it. **3.** a cake-like biscuit made of flour, butter, eggs, cocoa, and walnuts.

Brownie /ˈbraʊni/ *n.* (*also l.c.*) a member of the junior division (ages 8–11) of the Guides; in Australia age divisions of the Guides phased out from 1996.

brown pine *n.* a coniferous tree, *Podocarpus elatus*, of eastern Australia, the seeds of which are borne on a large blue-black fleshy receptacle.

brown rice *n.* rice from which the bran layers and germs have not been removed by polishing.

brown snake *n.* any of certain venomous Australian snakes of the genus *Pseudonaja*, brownish or olive in colour.

brown sugar *n.* unrefined or partially refined sugar.

browse /braʊz/ *v.i.* **browsed**, **browsing**. **1.** (of cattle, deer, etc.) to pasture; graze. **2.** to glance though merchandise in a shop. **3.** to glance at random through a book or books. –**browser** *n.*

brucellosis /brusəˈloʊsəs/ *n.* infection with bacteria of the *Brucella* group, frequently causing abortions in animals and undulant fever in humans.

bruise /bruz/ *v.* **bruised**, **bruising**. *n.* –*v.t.* **1.** to cause a discolouration by striking or pressing, without breaking the skin or drawing blood. **2.** to hurt on the surface: *to bruise feelings*; *to bruise fruit.* **3.** to crush (drugs or food) by beating or pounding. –*v.i.* **4.** to develop a discoloured spot on the skin as the result of a blow, fall, etc. **5.** to be hurt: *his feelings bruise easily.* –*n.* **6.** an injury due to bruising; contusion.

bruiser /ˈbruzə/ *n.* **1.** a boxer. **2.** *Colloquial* a tough fellow; bully.

brumby /ˈbrʌmbi/ *n. Australian, NZ* a wild horse, especially one descended from runaway stock.

brummy /ˈbrʌmi/ *adj. Colloquial* shoddy; cheap.

brunch /brʌntʃ/ *n.* a midmorning meal that serves as both breakfast and lunch.

brunette /bruˈnɛt/ *adj.* **1.** (of hair) dark; brown. **2.** (of a person) having dark or brown hair, often with brown eyes and olive skin. –*n.* **3.** a woman or girl with dark hair.

brunt /brʌnt/ *n.* the shock or force of an attack, etc.; the main stress, force, or violence: *to bear the brunt of their criticism.*

brush[1] /brʌʃ/ *n.* **1.** an instrument consisting of bristles, hair, or the like, set in or attached to a handle, used for painting, cleaning, polishing, rubbing, etc. **2.** an act of brushing; an application of a brush. **3.** the bushy tail of an animal, especially of a fox. **4.** *Colloquial* **a.** the female pubic area. **b.** a woman, considered a sex object. **5.** the art or skill of a painter of pictures. **6.** a painter. **7.** a slight skimming touch or contact. **8.** a brief hostile encounter; argument; skirmish. **9.** *Electricity* **a.** a conductor serving to maintain electric contact between stationary and moving parts of a machine or other apparatus. **b.** → **corona** (def. 5). –*v.t.* **10.** to sweep, rub, clean, polish, etc., with or as with a brush. **11.** to touch lightly in passing; pass lightly over. –*v.i.* **12.** to move or skim with a slight contact. –*phr.* **13. brush aside**, to remove by brushing or by lightly passing over. **b.** to ignore. **14. brush up**, **a.** to polish up; smarten. **b.** (sometimes fol. by *on*) to revise and renew or improve one's skill. –**brushy** *adj.*

brush[2] /brʌʃ/ *n.* **1.** a dense growth of bushes, shrubs, etc.; scrub; a thicket. **2.** such vegetation cut and used as a building material: *a shed made of brush.* –*adj.* **3.** made of brush (def. 2). –**brushy** *adj.*

brush fence *n.* a fence made from brush, wired together in sections.

brush-tailed bettong *n.* → **woylie**.

brush turkey *n.* a large mound-building bird, *Alectura lathami*, of the wooded regions of eastern Australia. Also, **scrub turkey**.

brushwood /ˈbrʌʃwʊd/ *n.* **1.** branches of trees cut or broken off. **2.** densely growing small trees and shrubs. **3.** the branches of various shrubs, especially of *Melaleuca uncinata*, family Myrtaceae, of drier parts of southern Australia, bound with wire and used to make fences.

brusque /brʌsk, brʊsk/ *adj.* abrupt in manner; blunt; rough: *a brusque welcome.* –**brusquely** *adv.* –**brusqueness** *n.*

brussels sprout /ˈbrʌsəlz ˈspraʊt/ *n.* **1.** a plant, *Brassica oleracea* var. *gemmifera*, having small edible heads or sprouts along the stalk, which resemble miniature cabbage heads. **2.** one of the heads or sprouts themselves. Also, **brussel sprout**, **sprout**.

brutal /ˈbrutl/ *adj.* **1.** savage; cruel; inhuman. **2.** crude; coarse; harsh. –**brutalise** *v.* –**brutality** /bruˈtæləti/ *n.* –**brutish** *adj.* –**brutally** *adv.*

brute /brut/ *n.* **1.** a non-human animal; beast. **2.** a brutal person. **3.** *Colloquial* a selfish or unsympathetic person. **4.** the animal qualities, desires, etc., of man: *the brute in him came out.* –*adj.* **5.** lacking reason, consciousness or intelligence; inhuman; irrational: *brute strength*; *the brute mind*.

BSE /bi ɛs ˈi/ *n.* → **mad cow disease**.

bubble /ˈbʌbəl/ *n., v.* **-bled**, **-bling**. –*n.* **1. a.** a small ball of gas in or rising through a liquid. **b.** a small ball of gas in a thin liquid envelope. **2.** a cavity filled with air or gas, in amber, glass, etc. **3.** something that is not real or firm, or does not last; a delusion. –*v.i.* **4.** to send up bubbles; effervesce. **5.** to be full of good humour or high spirits (often fol. by *over*): *she bubbled over with enthusiasm.* **6.** to flow or run with a gurgling noise; gurgle: *a bubbling pot.*

bubble-and-squeak /ˈbʌbəl-ən-ˈskwik/ *n.* **1.** leftover potato and cabbage fried together. **2.** leftover meat and vegetables fried together.

bubblegum /ˈbʌbəlgʌm/ *n.* a type of chewing gum which can be blown into bubbles.

bubbler /ˈbʌblə/ *n. Australian* a drinking fountain.

bubbly /ˈbʌbli/ *adj.* **1.** containing bubbles; bubbling. **2.** sparkling and effervescent: *a bubbly personality.* –*n.* **3.** *Colloquial* champagne.

bubonic plague /bjuˈbɒnɪk ˈpleɪɡ/ *n.* a contagious epidemic disease in which the victims suffer chills, fevers, and inflamed swellings and are prostrate, and which often has rat-fleas as its carrier.

buccaneer /bʌkəˈnɪə/ *n.* a pirate. –**buccaneering** *n., adj.*

buck[1] /bʌk/ *n.* **1.** the male of certain animals, as the deer, antelope, rabbit, or hare. **2.** a young man viewed as a sexual animal; a fop; dandy. –*adj.* **3.** *Obsolete* relating to an all-male performance or attendance: *a buck spree.*

buck[2] /bʌk/ *v.i.* **1.** (of a saddle or pack animal) to leap with arched back and come down with head low and forelegs stiff, in order to dislodge rider or pack. –*v.t.* **2.** to throw or attempt to throw (a rider) by bucking. **3.** *Colloquial* to resist obstinately; object strongly to: *to buck the system.* –*n.* **4.** an act of bucking. –*phr.* **5. buck at**, to resist obstinately; object strongly to. **6. buck up**, *Colloquial* **a.** to become more cheerful, vigorous, etc. **b.** to make (someone) more cheerful, vigorous, etc. **c.** *Chiefly Brit* to make an effort. **d.** (an exclamation urging someone to hurry). **7. give it a buck**, *Australian, NZ Colloquial* to make an attempt; chance it. **8. have a buck at**, *Australian, NZ Colloquial* to try; make an attempt at. –**bucker** *n.*

buck[3] /bʌk/ *phr.* **pass the buck**, *Colloquial* to shift the responsibility or blame to another person.

buck[4] /bʌk/ *n. Originally US Colloquial* **1.** a dollar. –*phr.* **2. a fast** (or **quick**) **buck**, money earned with little effort, often by dishonest means.

buck choy /bʌk ˈtʃɔɪ/ *n.* → **Chinese cabbage**. Also, **buk choy**.

bucket /ˈbʌkət/ *n., v.* **bucketed**, **bucketing**. –*n.* **1.** a vessel, usually round with flat bottom and a semicircular handle, for carrying water, sand, etc. **2.** one of the scoops attached to or forming the endless chain in certain types of conveyers or elevators. **3.** a cupped vane of a water wheel, turbine, etc. **4.** a bucketful. **5.** (*plural*) *Colloquial* a large quantity: *buckets of fun*; *buckets of money.* –*v.t.* **6.** *Colloquial* to make scandalous accusations or revelations about; criticise strongly. –*phr.* **7. bucket about**, to shake or toss jerkily. **8. bucket down**, (of rain) to pour down heavily. **9. empty** (or **tip**) **the bucket on**, *Colloquial* to make scandalous accusations or revelations about. **10. kick the bucket**, *Colloquial* to die. –**bucketful** /ˈbʌkətfʊl/ *n.*

bucket seat *n.* (in a car, etc.) a seat with a rounded or moulded back, to hold one person. Also, **bucket**.

bucket shop *n. Originally US* **1.** a firm of share or commodity brokers whose business is speculative and conducted along questionable lines. **2.** a business which offers services at a discount such as a travel agent which sells cheap airline tickets.

buckjump /ˈbʌkdʒʌmp/ *v.i.* (of a horse) to buck.

buckle /ˈbʌkl/ *n., v.* **-led**, **-ling**. –*n.* **1.** a clasp consisting of a rectangular or curved rim with one or more movable tongues, used for fastening together two loose ends, as of a belt or strap. **2.**

Buckley's

any similar contrivance used for such a purpose. **3.** a bend, bulge, or kink, as in a saw blade. *–v.t.* **4.** to fasten with a buckle or buckles. **5.** to bend and shrivel, by applying heat or pressure; warp; curl. *–v.i.* **6.** to bend, warp, or give way suddenly, as with heat or pressure. *–phr.* **7. buckle (down) to,** to set to work at with vigour: *they buckled down to the job.* **8. buckle to,** to resume efforts in the face of difficulty. **9. buckle under, a.** to yield; give way. **b.** to give in; despair: *he buckled under to the pressure.*

Buckley's /'bʌkliz/ *n. Colloquial* **1.** *Australian, NZ* Also, **Buckley's chance, Buckley's hope.** a very slim chance; forlorn hope. *–phr.* **2. Buckley's and none,** *Australian (humorous)* two chances amounting to next to no chance.

buckminsterfullerene /ˌbʌkmɪnstəˌfolə'riːn/ *n.* a large spheroidal structure comprised of 60 carbon atoms arranged as 12 pentagonal and hexagonal interlocking faces. Also, **buckyball.**

buckram /'bʌkrəm/ *n.* stiff cotton fabric for interlining, binding books, etc.

bucks party *n. Australian* a party in which only the bridegroom and his male associates participate, held as part of the preliminaries to a wedding. Also, **bucks' party, buck's night.**

bucktooth /bʌk'tuːθ/ *n.,* -**teeth** /-'tiːθ/. a projecting tooth.

buckyball /'bʌkibɔːl/ *n.* → **buckminsterfullerene.**

bucolic /bjuː'kɒlɪk/ *adj.* **1.** having to do with shepherds; pastoral. **2.** rustic; rural; agricultural: *bucolic isolation.* Also, **bucolical.** –**bucolically** *adv.*

bud¹ /bʌd/ *n., v.* **budded, budding.** *–n.* **1.** *Botany* **a.** a small axillary or terminal protuberance on a plant, containing rudimentary foliage (**leaf bud**), the rudimentary inflorescence (**flower bud**), or both (**mixed bud**). **b.** an undeveloped or rudimentary stem or branch of a plant. **c.** a vegetative outgrowth of yeasts and some bacteria. **2.** *Zoology* (in certain animals of low organisation) a prominence which develops into a new individual, sometimes permanently attached to the parent and sometimes becoming detached; gemma. **3.** *Anatomy* any small rounded part, as a tactile bud or a gustatory bud. *–v.i.* **4.** to put forth or produce buds, as a plant. **5.** to begin to grow and develop. **6.** to be in an early stage of development. *–v.t.* **7.** to cause to bud. **8.** *Horticulture* to graft by inserting a single bud into the stock. *–phr.* **9. nip in the bud,** to stop (something) before it gets under way.

bud² /bʌd/ *n. US Colloquial* man or boy (as a term of address).

Buddhism /'bʊdɪzəm/ *n.* the religion founded by Gautama Buddha which teaches that life is intrinsically full of suffering and that the supreme felicity (Nirvana) is achieved by destroying greed, hatred, and delusion. –**Buddhist** *n., adj.* –**Buddhistic** /bʊ'dɪstɪk/ *adj.*

buddy /'bʌdi/ *n.* -**dies.** *Colloquial* comrade; mate.

budge /bʌdʒ/ *v.* **budged, budging.** *–v.i.* **1.** (*usu. with negative*) to move slightly; give way. *–v.t.* **2.** (*usu. with negative*) to cause to budge.

budgerigar /'bʌdʒəriˌgaː/ *n.* a small yellow and green parakeet, *Melopsittacus undulatus,* of inland regions of Australia, that has been widely domesticated and bred in many coloured varieties.

budget /'bʌdʒət/ *n., v.* -**eted,** -**eting.** *–n.* **1.** an estimate, often itemised, of expected income and expenditure, or operating results, for a given period in the future. **2.** specifically, estimates of government income and expenditure. **3.** a stock; a collection. *–v.t.* **4.** to plan allotment of (funds, time, etc.). –**budgetary** /'bʌdʒətri/ *adj.*

budgie /'bʌdʒi/ *n. Colloquial* a budgerigar.

bugger

buff¹ /bʌf/ *n.* **1.** a kind of thick leather, originally and properly made of buffalo skin but later also of other skins, light yellow with napped surface, used for making belts, pouches, etc. **2.** yellowish brown; medium or light tan. **3.** *Colloquial* the bare skin. **4.** *Colloquial* an enthusiast; an expert (sometimes self-proclaimed): *a wine buff.* *–v.t.* **5.** to polish (metal) or to give a grainless finish of high lustre to (plated surfaces).

buff² /bʌf/ *v.t.* **1.** to reduce or deaden the force of, as a buffer. *–n.* **2.** a blow; a slap; a buffet.

buffalo /'bʌfəloʊ/ *n.* -**loes** or -**los,** (*especially collectively*) -**lo.** any of several mammals of the ox kind, as *Bos bubalus* or *Bubalus buffelus,* an Old World species, originally from India, valued as a draught animal.

buffalo grass *n.* **1.** a lawn grass, *Stenotaphrum secundatum,* coarse and springy with a dense growth of runners, grown in warm districts. **2.** any of many species of short grasses.

buffer¹ /'bʌfə/ *n.* **1.** anything serving to neutralise the shock of opposing forces. **2.** *Electronics* a circuit which links two electronic systems which cannot be joined directly together. **3.** *Computers* an area of temporary storage where data is held during computer operations. *–v.t.* **4.** *Chemistry* to oppose a change of composition, especially of acidity or alkalinity.

buffer² /'bʌfə/ *n.* a device for polishing.

buffet¹ /'bʌfət/ *n., v.* -**feted,** -**feting.** *–n.* **1.** a blow, as with the hand or fist. *–v.t.* **2.** to strike, as with the hand or fist. *–v.i.* **3.** to force one's way by a fight, struggle, etc. –**buffeter** *n.*

buffet² /'bʌfeɪ, 'bʊfeɪ/ *n.* **1.** a counter, bar, or the like, for lunch or refreshments. **2.** a restaurant containing such a counter or bar. **3.** a meal so served. **4.** a sideboard or cabinet for holding china, plate, etc. *–adj.* **5.** (of a meal) spread on tables or buffets from which the guests serve themselves.

buffoon /bə'fuːn/ *n.* someone who amuses others by tricks, odd gestures and postures, jokes, etc. –**buffoonery** /bə'fuːnəri/ *n.* –**buffoonish** *adj.*

bufo /'bjuːfoʊ/ *n.* **1.** in Australia, the introduced toad *Bufo marinus,* now widespread and abundant in north-eastern Australia; cane toad. **2.** any toad of the genus *Bufo.*

bug /bʌg/ *n., v.t.* **bugged, bugging.** *–n.* **1.** loosely, any insect, especially one with the forewings thickened at the base. Sucking mouth parts allow them to suck plant juices or to feed on animals, including humans. **2.** → **bedbug. 3.** *Colloquial* an illness due to an infection. **4.** (*often plural*) *Colloquial* something that is wrong; defect: *getting rid of the bugs in a computer program.* **5.** *Colloquial* an idea or subject with which one is obsessed: *He has a bug about the unions.* **6.** *Colloquial* a microphone hidden to record conversation. *–v.t.* **7.** *Colloquial* to hide or put a microphone in (a room, etc.). **8.** *Colloquial* to annoy (someone).

bugbear /'bʌgbɛə/ *n.* any source, real or imaginary, of needless fright or fear.

bugger /'bʌgə/ *n.* **1.** ‡ one who practises bestiality or sodomy. **2.** *Colloquial* (*humorous*) a person: *come on, you old bugger.* **3.** *Colloquial* a contemptible person. **4.** *Colloquial* a nuisance, a difficulty; something unpleasant or nasty: *that recipe is a real bugger; it's a bugger of a day.* *–v.t.* **5.** ‡ to practise bestiality or sodomy on. **6.** *Colloquial* to render incapable: *exercise buggers me for anything else.* **7.** *Colloquial* to damn or curse, as an indication of contempt or dismissal: *bugger him, I'm going home; bugger it.* **8.** *Colloquial* to cause inconvenience to someone; delay. *–interj.* **9.** *Colloquial* (a strong exclamation of annoyance, disgust, etc.): *oh, bugger!* *–phr.* **10. bugger about**

buggery

(or **around**), *Colloquial* to mess about; fiddle around. **11. bugger all**, *Colloquial* nothing, or next to nothing. **12. bugger off**, *Colloquial* to remove oneself. **13. bugger up**, *Colloquial* **a.** to cause damage to: *you've really buggered up the fridge*. **b.** to cause frustration or inconvenience to. **14. play silly** (or **funny**) **buggers**, *Colloquial* to engage in time-wasting activities and frivolous behaviour.

buggery /ˈbʌgəri/ *n.* **1.** anal intercourse with a human or with an animal; the practice of sodomy or bestiality. –*phr.* **2. as (all) buggery**, *Colloquial* (an intensifier): *hot as buggery*. **3. go to buggery**, *Colloquial* **a.** (an exclamation of dismissal, contempt, etc.) **b.** to deteriorate: *the school has gone to buggery since the principal left*. **4. like buggery**, *Colloquial* considerably: *it hurts like buggery*. **5. off to buggery**, *Colloquial* **a.** greatly off course; in error; astray. **b.** a long way away.

buggy /ˈbʌgi/ *n.* -**gies**. a two-wheeled horse-drawn carriage with or without a hood.

bugle /ˈbjugəl/ *n., v.* -**gled**, -**gling**. –*n.* **1.** a cornet-like military wind instrument, usually metal, used for sounding signals and sometimes furnished with keys or valves. **2.** *Colloquial* nose. –*v.i.* **3.** to sound a bugle. **4.** to make a noise similar to the sound produced by a bugle. –*phr.* **5. on the bugle**, *Colloquial* **a.** smelly. **b.** suspect; of bad quality. –**bugler** *n.*

build /bɪld/ *v.* **built** or *Archaic* **builded**, **building**, *n.* –*v.t.* **1.** to construct (something relatively complex) by assembling and combining parts: *build a house; build an empire.* **2.** to establish, increase, and strengthen: *to build a business.* **3.** to base; form; construct: *to build one's hopes on promises.* –*v.i.* **4.** to engage in the art or business of building. –*n.* **5.** manner or form of construction: *a person's build*. –*phr.* **6. build on**, Also, **build upon**. to use as a basis, in forming or constructing a plan, system of thought, etc.: *to build on the ideas of others*. **b.** to add a room or rooms to a house. **7. build out**, to obstruct the view from (a building) by erecting another building close to it. **8. build up**, **a.** to increase or strengthen: *to build up a business*. **b.** to claim public attention for (a person or product) by means of an advertising campaign. **c.** to fill in with houses: *to build up a new estate*. **9. build up to**, **a.** to prepare for. **b.** to increase gradually to.

building /ˈbɪldɪŋ/ *n.* **1.** a substantial structure with a roof and walls, as a shed, house, department store, etc. **2.** the act, business, or art of constructing houses, etc.

building society *n.* an organisation which uses money subscribed by its members as a fund for lending money to members, as for the purchase of homes.

build-up /ˈbɪld-ʌp/ *n.* a gradual increase.

built /bɪlt/ *v.* **1.** past tense and past participle of **build**. –*adj.* **2.** *Colloquial* (of a woman) large-breasted.

built-up area *n.* an area of dense habitation within which speed-limits apply to traffic.

bulb /bʌlb/ *n.* **1.** *Botany* **a.** a storage organ, usually subterranean, having fleshy leaves and a stem reduced to a flat disc which roots from the underside, as in the onion, lily, etc. **b.** a plant growing from a bulb. **2.** any round, enlarged part, especially one at the end of a long, slender body: *the bulb of a thermometer*. **3.** *Electricity* the glass housing which contains the filament of an incandescent electric light globe. –**bulbar** /ˈbʌlbə/ *adj.* –**bulblike** *adj.*

bulbul /ˈbʊlbʊl/ *n.* a small crested Asian bird, *Pycnonotus jocosus*, introduced into Australia during the 1880s.

bulge /bʌldʒ/ *n., v.* **bulged**, **bulging**. –*n.* **1.** a rounded part that swells out; protuberance; hump. –*v.i.* **2.** to form a bulge; be protuberant. –*v.t.* **3.** to swell (something) out. –**bulgy** *adj.*

bulimia /bəˈlɪmiə, bʊ-/ *n.* **1.** a compulsive eating disorder marked by bouts of overeating followed by induced vomiting. **2.** morbidly voracious appetite. –**bulimic** *adj.*

bulk /bʌlk/ *n.* **1.** magnitude in three dimensions: *a ship of great bulk.* **2.** the greater part; the main mass or body: *the bulk of a debt*. **3.** goods or cargo not in packages, boxes, bags, etc. **4.** the thickness of a printed work or paper relative to its weight. –*v.i.* **5.** to be of bulk, size, weight, or importance. –*adj.* **6.** packaged to be bought in large quantities at wholesale prices. –*phr.* **7. in bulk**, **a.** unpackaged. **b.** in large quantities. –**bulky** *adj.*

bulkhead /ˈbʌlkhɛd/ *n. Nautical* one of the upright partitions dividing a ship into compartments.

bull[1] /bʊl/ *n.* **1.** the male of a bovine animal, especially of the genus *Bos*, with sexual organs intact and capable of reproduction. **2.** the male of certain other animals. **3.** a violent or powerful, bull-like person. **4.** *Stock Exchange* one who buys in the hope of selling later at a profit due to a rise in prices (opposed to *bear*). **5.** (in general business) one who believes that conditions are or will be favourable. **6.** *Military Colloquial* the polishing and cleaning of equipment. –*adj.* **7.** male: *a bull elephant*. **8.** bull-like; large. **9.** *Stock Exchange* relating to the bulls; marked by a rise in price: *a bull market*. –*v.t.* **10.** *Colloquial* to have intercourse with (a woman). **11.** *Stock Exchange* **a.** to endeavour to raise the price of (stocks, etc.). **b.** to operate in, for a rise in price: *to bull the market*. –*phr.* **12. bull at a gate**, an impatient and headstrong person. **13. bull in a china shop**, an inept or clumsy person in a situation requiring care or tact. **14. not within a bull's roar**, *Australian, NZ* (sometimes fol. by *of*) nowhere near: *not within a bull's roar of Bourke*. –**bullish** *adj.*

bull[2] /bʊl/ *n.* **1.** → **bullseye** (def. 1). **2.** → **bullseye** (def. 2).

bull[3] /bʊl/ *Colloquial* –*n.* **1.** nonsense. –*v.t.* **2.** to lie to; dupe. –*v.i.* **3.** to boast; exaggerate. –*interj.* **4.** Also, **bulls**. (an exclamation implying that what has been said is nonsensical or wrong).

bulla /ˈbʊlə, ˈbʌlə/ *n.* **bullae** /ˈbʊli, ˈbʌli/ **1.** a seal attached to an official document. **2.** *Pathology* **a.** a large vesicle. **b.** a blister-like or bubble-like part of a bone.

Bullamakanka /bʊləməˈkæŋkə/ *n.* an imaginary remote town.

bull ant *n.* any of the large, aggressive, primitive ants of the genus *Myrmecia* having powerful jaws and a painful sting. Also, **bulldog ant**.

bullbar /ˈbʊlba/ *n.* a metal grid placed in front of a car to prevent damage to the vehicle in case of collision, especially with kangaroos, stray cattle, etc., on outback roads.

bulldog /ˈbʊldɒg/ *n.* a large-headed, short-haired, heavily built variety of dog, of comparatively small size but very muscular and vigorous.

bulldozer /ˈbʊldoʊzə/ *n.* **1.** a powerful caterpillar tractor having a vertical blade at the front end for moving earth, tree stumps, rocks, etc. **2.** *Colloquial* someone who intimidates. –**bulldoze** *v.*

bulldust /ˈbʊldʌst/ *n. Colloquial* **1.** *Australian* fine dust on outback roads. **2.** *Australian, NZ* → **bullshit** (def. 2).

bullet /ˈbʊlət/ *n.* **1.** a small metal projectile, part of a cartridge, for firing from small arms. **2.** a baseball. **3.** *Colloquial* a recording which is moving rapidly up the popularity chart. **4.** *Colloquial* dismissal from employment: *to get the bullet*.

bulletin /ˈbʊlətən/ n. **1.** a short account or statement, as of news or events. **2.** a regular publication, as of a society.

bulletin board n. **1.** US → **noticeboard**. **2.** an electronic message directory accessible on a computer.

bullfight /ˈbʊlfaɪt/ n. a combat between men and a bull or bulls in an enclosed arena. **–bullfighter** n. **–bullfighting** n.

bull-headed /bʊl-ˈhɛdəd/ adj. **1.** obstinate; blunderingly stubborn; stupid. **–adv. 2.** obstinately. **–phr. 3. go bull-headed at**, to undertake aggressively or blunderingly.

bullion /ˈbʊljən/ n. **1.** gold or silver in the mass. **2.** gold or silver in the form of bars or ingots.

bull market n. Stock Exchange a period of busy trading during and after a rise in share prices when traders consider that further price rises are likely.

bullock /ˈbʊlək/ n. **1.** a castrated male of a bovine animal, not having been used for reproduction; ox; steer. **–v.t. 2.** to force: *to bullock one's way through*.

bullocky /ˈbʊləki/ n. Australian, NZ the driver of a bullock team.

bullroarer /ˈbʊlrɔrə/ n. a long, thin, narrow piece of wood attached to a string, by which it is whirled in the air, making a roaring sound, used for religious rites by some societies, as Australian Aborigines, Native Americans, etc., and as a children's toy.

bullseye /ˈbʊlzaɪ/ n. **1.** the central spot, usually black, of a target. **2.** a shot that strikes the bullseye. **3.** a small circular opening or window. **4.** a big, round, hard sweet, often of peppermint. **5.** a reddish-pink, large-eyed, marine fish of the family Priacanthidae common along the eastern coast of Australia.

bullshit /ˈbʊlʃɪt/ ‡ n., v. **-shitted, -shitting,** interj. Colloquial **–n. 1.** an account, explanation, creative fantasy, etc., which is fabricated or contrived either to delude oneself or to deceive others. **2.** nonsense. **–v.t. 3.** to deceive; outwit. **–v.i. 4.** to deceive. **–interj. 5.** Colloquial (an expression of disgust, disbelief, etc.).

bull-terrier /bʊl-ˈtɛriə/ n. one of a breed of dogs produced by crossing the bulldog and the terrier.

bully /ˈbʊli/ n. **-lies,** v. **-lied, -lying,** adj. **–n. 1.** a blustering, quarrelsome, overbearing person who browbeats smaller or weaker people. **–v.t. 2.** to act the bully towards. **–v.i. 3.** to be loudly arrogant and overbearing. **–adj. 4.** Colloquial fine; excellent; very good. **–phr. 5. bully for …,** (an exclamation indicating support and praise for a person or persons specified).

bully beef n. Colloquial corned beef.

bulrush /ˈbʊlrʌʃ/ n. **1.** (in biblical use) the papyrus, *Cyperus papyrus*. **2.** any of various large rushes or rushlike plants of the genus *Scirpus*, as *S. lacustris*, a tall perennial from which mats, bottoms of chairs, etc. are made. Also, **bull-rush**.

bulwark /ˈbʊlwək/ n. **1.** Fortifications a defensive mound of earth or other material situated round a place; a rampart. **2.** any protection against annoyance or injury from outside.

bum /bʌm/ n., v. **bummed, bumming,** adj. Colloquial **–n. 1.** the rump; buttocks. **2.** a shiftless or dissolute person. **3.** a habitual loafer and tramp. **–v.t. 4.** to get for nothing; borrow without expectation of returning: *to bum a cigarette*. **–v.i. 5.** to live at the expense of others; lead an idle or dissolute life. **–adj. 6.** of poor, wretched, or miserable quality; bad. **7.** (of a musical note) out of tune; badly executed. **–phr. 8. bum a ride,** to appeal successfully for a free ride in a car, plane, etc. **9. bums on seats,** the number of people attracted to attend an entertainment or event, watch a television show, etc., or buy seats in a train, aeroplane, etc.

bumble /ˈbʌmbəl/ v. **bumbled, bumbling.** Colloquial **–v.i. 1.** to proceed clumsily or inefficiently: *to bumble along*. **–v.t. 2.** to mismanage: *the government bumbled its way through crisis after crisis*.

bumblebee /ˈbʌmbəlbi/ n. **1.** Also, **humblebee**. any of various large, hairy social bees of the family Bombidae. **2.** an Australian gobiid fish, *Lindemanella iota*.

bummer /ˈbʌmə/ n. Colloquial something which causes disappointment: *losing my wallet was a real bummer*.

bump /bʌmp/ v.t. **1.** to come more or less heavily in contact with; strike; collide with. **2.** to cause to strike or collide: *to bump one's head against the wall*. **–v.i. 3.** (sometimes fol. by *against*) to come in contact; collide. **–n. 4.** the act of bumping; a blow. **5.** a dull thud; the noise of collision. **6.** the shock of a blow or collision. **7.** a swelling or contusion from a blow. **8.** a small area raised above the level of the surrounding surface, as on the skull or on a road. **–phr. 9. bump about,** to jolt in the course of movement. **10. bump and grind,** Colloquial a sexually aggressive dance movement, usually performed by female dancers, in which the pelvis is both thrust forwards and backwards and rotated. **11. bump into, a.** to collide with. **b.** to meet by chance. **12. bump off,** Colloquial to kill. **13. bump up,** Colloquial to increase (in extent, etc.).

bumper /ˈbʌmpə/ n. **1.** → **bumper bar**. **2.** a cup or glass filled to the brim, especially when drunk as a toast. **3.** Colloquial something unusually large or full. **4.** Australian, NZ Colloquial a cigarette end; a discarded cigarette, partly smoked. **5.** Cricket a ball which is so bowled that it bounces high when it pitches; bouncer. **–adj. 6.** unusually abundant: *bumper crops*. **7.** large: *a bumper packet of cornflakes*. **–phr. 8. bumper to bumper,** (of traffic) congested and moving very slowly.

bumper bar n. a horizontal bar affixed to the front or rear of a vehicle to give some protection in collisions.

bumpkin /ˈbʌmpkən/ n. an awkward, clumsy yokel.

bumptious /ˈbʌmpʃəs/ adj. offensively self-assertive: *he's a bumptious young upstart*. **–bumptiously** adv. **–bumptiousness** n.

bun /bʌn/ n. **1.** a kind of bread roll, usually slightly sweetened and round-shaped, and sometimes containing spice, dried currants, citron, etc. **2.** hair arranged at the back of the head in a bun shape. **3.** (plural) Originally US Colloquial the buttocks. **–phr. 4. do one's bun,** NZ Colloquial to lose one's temper. **5. have a bun in the oven,** Colloquial to be pregnant.

bunch /bʌntʃ/ n. **1.** a connected group; cluster: *a bunch of bananas*. **2.** a group of things; lot: *a bunch of papers*. **3.** Colloquial a group of human beings: *a fine bunch of boys*. **4.** a knob; lump; protuberance. **–v.t. 5.** to group together; make a bunch of. **–bunchy** adj.

bundle /ˈbʌndəl/ n., v. **-dled, -dling.** **–n. 1.** a group loosely held together: *a bundle of hay*. **2.** something wrapped for carrying; package. **3.** a number of things considered together. **–v.t. 4.** to tie or wrap in a bundle. **–v.i. 5.** to sleep or lie in the same bed without undressing, especially of sweethearts, as formerly in Wales, New England (US), and elsewhere. **–phr. 6. bundle off (or out), a.** to send hurriedly or unceremoniously. **b.** to go hurriedly or unceremoniously. **7. bundle up, a.** to dress (someone) snugly. **b.** to collect in a bundle or bundles: *let's bundle up the newspapers for recycling*. **c.** to dress warmly: *they bundled up*

bundling

before going out into the cold. **8. drop one's bundle,** *Australian, NZ Colloquial* to give up, especially out of a sense of despair or inadequacy. **–bundler** *n.*

bundling /'bʌndlɪŋ/ *n.* the practice of including some software with a computer hardware purchase for the same price.

bundy[1] /'bʌndi/ *n., v.* **-died, -dying.** *Australian–n.* **1.** a clock which marks the time on a card inserted in it, used to record arrival and departure times of employees; time clock. *–phr.* **2. bundy off,** to finish work by putting one's card into a bundy. **3. bundy on,** to start work by putting one's card into the bundy. **4. punch the bundy,** *Colloquial* to begin work.

bundy[2] /'bʌndi/ *n.* any of several species of *Eucalyptus,* especially *E. goniocalyx,* a rough-barked tree of south-eastern Australia.

bung[1] /bʌŋ/ *n.* **1.** a stopper, as for the hole of a cask. *–v.t.* **2.** Also, **bung up.** to close up with or as with a bung. **3.** *Colloquial* to put, especially hurriedly or carelessly: *bung it in the cupboard.* **4.** *Colloquial* to toss to another person; throw. *–phr.* **5. bung it on,** *Colloquial* **a.** to behave temperamentally. **b.** to act in a pretentious or ostentatious manner. **6. bung on,** *Colloquial* **a.** to stage; put on. **b.** to prepare or arrange, especially at short notice: *let's bung on a party.*

bung[2] /bʌŋ/ *adj. Australian, NZ Colloquial* **1.** not in good working order; impaired; injured. **2.** (of an eye) infected, especially when the lids are swollen shut or stuck shut with mucus, as with sandy blight or bung-eye. *–phr.* **3. go bung, a.** to break down; cease to function. **b.** to fail in business; become bankrupt.

bungalow /'bʌŋgəloʊ/ *n.* a house or cottage of one storey.

bungee jumping /'bʌndʒi dʒʌmpɪŋ/ *n.* a sport in which one throws oneself from a high place such as a bridge to which one is attached by an elasticised cord (**bungee**). Also, **bungy jumping.** **–bungee jumper** *n.*

bunger /'bʌŋə/ *n. Australian* a firework which produces a loud bang.

bungle /'bʌŋgəl/ *v.* **-gled, -gling,** *n. –v.i.* **1.** to do something awkwardly and clumsily. *–v.t.* **2.** to do clumsily and awkwardly; botch. *–n.* **3.** a bungling performance. **4.** a bungled job. **–bungler** *n.* **–bunglingly** *adv.*

bunion /'bʌnjən/ *n.* a swelling on the foot caused by the inflammation of a synovial bursa, especially of the great toe.

bunk[1] /bʌŋk/ *n.* **1.** a built-in platform bed, as on a ship. **2.** *Colloquial* any bed. *–v.i.* **3.** *Colloquial* to occupy a bunk; sleep, especially in rough quarters.

bunk[2] /bʌŋk/ *n. Colloquial* humbug; nonsense.

bunker[1] /'bʌŋkə/ *n.* **1.** a chest or box; a large bin or receptacle: *a coal bunker.* **2.** *Golf* a shallow excavation, usually at the side of a green, which has been nearly filled with sand and which serves as a hazard.

bunker[2] /'bʌŋkə/ *n.* a bombproof shelter, often underground.

bunkum /'bʌŋkəm/ *n.* insincere talk; claptrap; humbug. Also, *US,* **buncombe.**

bunny /'bʌni/ *n.* **-nies.** *Colloquial* **1.** a rabbit. **2.** a fool. **3.** someone who accepts the responsibility for a situation, sometimes willingly: *to be the bunny.*

Bunsen burner /bʌnsən 'bɜnə/ *n.* a type of gas burner with which a very hot, practically nonluminous flame is obtained by allowing air to enter at the base and mix with the gas.

bunting /'bʌntɪŋ/ *n.* **1.** a coarse open fabric of worsted or cotton used for flags, signals. **2.** flags, especially a vessel's flags, collectively. **3.** festive decorations made from bunting, paper etc., usually in the form of draperies, wide streamers, etc.

bunya /'bʌnjə/ *n.* a tall, dome-shaped coniferous tree of Australia, *Araucaria bidwillii,* bearing edible seeds. Also, **bunya-bunya, bunya-bunya pine.**

bunyip /'bʌnjəp/ *n.* an imaginary creature of Aboriginal legend, said to haunt rushy swamps and billabongs.

buoy /bɔɪ/ *n.* **1.** *Nautical* a distinctively marked and shaped anchored float, sometimes carrying a light, whistle, or bell, marking a channel or obstruction. **2.** → **lifebuoy.** *–v.t.* **3.** to support by or as by a buoy; keep afloat in a fluid. **4.** to bear up or sustain, as hope or courage does.

buoyant /'bɔɪənt/ *adj.* **1.** tending to float or rise in a fluid. **2.** capable of keeping a body afloat, as a liquid. **3.** not easily depressed; cheerful. **4.** cheering or invigorating. **5.** (of production levels, prices, etc.) having the capacity of recovering from a reverse. **–buoyancy** *n.* **–buoyantly** *adv.*

burble /'bɜbəl/ *v.* **-bled, -bling,** *n. –v.i.* **1.** to make a bubbling sound; bubble. **2.** to speak quickly and unclearly. **3.** to speak incoherently or inconsequentially. *–n.* **4.** a bubbling sound. **5.** a flow of excited, unclear speech.

burden /'bɜdn/ *n.* **1.** something that is carried; a load. **2.** something that is borne with difficulty: *burden of responsibilities.* **3.** *Commerce* the duty to discharge an obligation or responsibility: *the burden of a contract.* *–v.t.* **4.** to load heavily.

bureau /'bjʊəroʊ, bju'roʊ/ *n.* **-reaus** *or* **-reaux** /-roʊz/. **1.** a desk or writing table with drawers for papers. **2.** a division of a government department or independent administrative unit. **3.** an office for giving out information, etc.: *travel bureau.* **4.** a chest of drawers.

bureaucracy /bju'rɒkrəsi/ *n.* **-cies. 1.** government by officials against whom there is inadequate public right of redress. **2.** the body of officials administering bureaus. **3.** excessive governmental red tape and routine.

bureaucrat /'bjʊərəkræt/ *n.* **1.** an official of a bureaucracy. **2.** an official who works by fixed routine without exercising intelligent judgment. **–bureaucratic** /bjʊərə'krætɪk/ *adj.* **–bureaucratically** *adv.*

burgeon /'bɜdʒən/ *v.i.* Also, **burgeon out, burgeon forth.** to begin to grow, as a bud; to put forth buds, shoots, as a plant.

burglary /'bɜɡləri/ *n.* **-ries.** the offence of breaking into and entering a house or other premises with intent to commit a felony therein. **–burglar** *n.* **–burgle** *v.*

burgundy /'bɜɡəndi/ *n.* **-dies. 1.** a type of wine, red or white, which is usually still and dry, produced in the Burgundy region of France. **2.** (in unofficial use) a similar wine produced elsewhere. **3.** a dull bluish red (colour).

burial /'bɛriəl/ *n.* the act of burying.

burl[1] /bɜl/ *n.* a small knot or lump in wool, thread, or cloth. **–burled** *adj.*

burl[2] /bɜl/ *Colloquial –n.* **1.** *Australian, NZ* an attempt: *give it a burl.* *–v.i.* **2.** *Australian* to move quickly: *to burl along.* *–v.t.* **3.** *Australian* to taunt and jeer at: *to burl the science master.* Also, **birl.**

burlap /'bɜlæp/ *n.* hessian; gunny.

burlesque /bɜ'lɛsk/ *n.* **1.** an artistic composition, especially literary or dramatic, which, for the sake of laughter, vulgarises lofty material or treats ordinary material with mock dignity. **2.** any ludicrous take-off or debasing caricature. **3.** a theatrical or cabaret entertainment featuring coarse, crude, often vulgar comedy and dancing. **–burlesquer** *n.*

burly /'bɜli/ *adj.* **-lier, -liest. 1.** great in bodily size;

burn /bɜn/ v. **burnt** or **burned**, **burning**, n. –v.i. **1.** to be on fire: *the fuel burns*. **2.** (of a furnace, etc.) to contain fire. **3.** to feel heat or a physiologically identical sensation: *his face burning in the wind*. **4.** to glow like fire. **5.** (in games) to be extremely close to finding a concealed object or guessing an answer. **6.** to feel strong passion: *he was burning with anger*. **7.** *Chemistry* to undergo combustion; oxidise. **8.** to become discoloured, tanned, or charred through heat. –v.t. **9.** to consume, partly or wholly, with fire. **10.** to cause to feel the sensation of heat. **11.** to injure, discolour, char, or treat with heat. **12.** *Chemistry* to cause to undergo combustion; oxidise. –n. **13.** *Pathology* an injury produced by heat or by abnormal cold, chemicals, poison gas, electricity, or lightning. A **first-degree burn** is characterised by reddening; a **second-degree burn** by blistering; a **third-degree burn** by charring. **14.** the operation of burning or baking, as in brick-making. **15.** Also, **burn-off. a.** the action or result of clearing land by fire. **b.** the area of land so burnt. –phr. **16. burn ahead**, (of bush fires) to intensify and travel in a manner difficult or impossible to control: *the fire's burning ahead on a wide front*. **17. burn off, a.** to clear or improve (land) by burning the cover. **b.** *Colloquial* to race, on a motorcycle or in a car. **18. burn one's fingers**, to suffer through rash interference or imprudence. **19. burn out**, to die out for want of fuel. **20. burn up**, *Colloquial* to pass through or over quickly and easily: *to burn up the kilometres in a car*.

burner /'bɜnə/ n. **1.** an incinerator. **2.** that part of a gas stove, lamp, etc. from which flame issues or in which it is produced. –phr. **3. put on the back burner**, to defer action on.

burnish /'bɜnɪʃ/ v.t. **1.** to polish (a surface) by friction. **2.** to make smooth and bright.

burnt /bɜnt/ v. **1.** a past tense and past participle of **burn**. –phr. **2. burnt out, a.** (of a building, etc.) gutted. **b.** (of countryside, bush, etc.) blackened or destroyed by fire, especially bushfire. **c.** (of a person) lacking energy or drive, especially as a result of overwork.

burp /bɜp/ *Colloquial* –n. **1.** → **belch** (def. 4). –v.i. **2.** → **belch** (def. 1). –v.t. **3.** cause (a baby) to belch, especially to relieve flatulence after feeding.

burr¹ /bɜ/ n. **1.** *Botany* the rough, prickly case around the seeds of certain plants, as of the chestnut and burdock. **2.** something or someone that adheres like a burr. **3.** any of various knots, knobs, lumps, or excrescences. Also, **bur**.

burr² /bɜ/ n. **1.** any of various tools and appliances for cutting or drilling. –v.t. **2.** to form a rough point or edge on. Also, **bur**.

burr³ /bɜ/ n. **1.** a retracted pronunciation of the letter *r*(as in certain Northern English dialects). **2.** a whirring noise or sound. –v.i. **3.** to speak roughly, indistinctly, or inarticulately. **4.** to make a whirring noise or sound. –v.t. **5.** to pronounce with a burr. Also, **bur**.

burro /'bʌroʊ, 'bʊroʊ/ n. **-ros**. a donkey.

burrow /'bʌroʊ/ n. **1.** a hole in the ground made by a rabbit, fox, or similar small animal, for refuge and habitation. –v.i. **2.** to make a hole or passage (*in*, *into*, or *under* something). –**burrower** n.

bursar /'bɜsə/ n. **1.** a treasurer or business officer, especially of a college or university. **2.** a student holding a bursary. –**bursarship** n.

bursary /'bɜsəri/ n. **-ries**. a scholarship.

burst /bɜst/ v. **burst**, **bursting**, n. –v.i. **1.** to break open with sudden violence; explode. **2.** to come or go suddenly and forcibly: *he burst out of the room*; *the idea burst into my mind*. **3.** to give way to an expression of violent emotion: *to burst into speech*; *to burst into tears*. **4.** to be very full, as if ready to break open: *the bag was bursting with shopping*; *I am bursting with anger*. –v.t. **5.** to cause (something) to burst. –n. **6.** an act or result of bursting. **7.** a sudden action or effort: *a burst of clapping*; *a burst of speed*. **8.** a sudden expression of emotion, etc. –**burster** n.

bury /'bɛri/ v. **buried**, **burying**. –v.t. **1.** to put in the ground and cover with earth. **2.** to put (a corpse) in the ground or a vault, or into the sea, often with ceremony. **3.** to cause to sink in: *to bury a dagger in someone's heart*. **4.** to cover in order to conceal from sight. –phr. **5. bury oneself in**, to occupy oneself completely in: *he buried himself in his work*. **6. bury the bishop**, *Colloquial* ‡ (of a man) to have sexual intercourse. **7. bury the hatchet**, to be reconciled after hostilities. –**burier** n.

bus /bʌs/ n. **buses** or **busses**, v. **bussed** or **bused**, **bussing** or **busing** –n. **1.** a vehicle with a long body equipped with seats for passengers, usually operating within a scheduled service. **2.** *Colloquial* (*humorous*) a motor car or aeroplane: *the old bus is playing up*. **3.** *Computers* a circuit or group of circuits which provides a communication path between two or more devices, as between a central processor, a memory bank, and peripherals. –v.i. **4.** to travel by bus. –v.t. **5.** to transport (people) by bus. **6.** *Chiefly US* to transport (children) by bus to a more remote school in order to create racially integrated classes. –phr. **7. miss the bus**, to miss an opportunity; be too late.

busby /'bʌzbi/ n. **-bies**. a tall fur hat with a bag hanging from the top over the right side, worn by hussars, etc., in the British Army

bush /bʊʃ/ n. **1.** a woody plant, especially a low one, with many branches which usually arise from or near the ground. **2.** *Botany* a small cluster of shrubs appearing as a single plant. **3.** something resembling or suggesting this, such as a thick, shaggy head of hair. **4.** a fox's tail. **5.** *Geography* a stretch of land covered with bushy vegetation or trees. –adj. **6.** found in or typical of the bush: *a bush nurse*; *a bush pub*; *bush hospitality*. **7.** *Colloquial* uncivilised; rough; makeshift: *a bush bed*; *bush carpentry*. **8.** *Colloquial* imprecisely estimated, usually underestimated or unrealistic: *it takes five days to get there, two days by bush reckoning*. –phr. **9. beat about the bush**, to fail to come to the point; prevaricate. **10. bush it**, to live or camp in the bush: *we were lost and had to bush it for the night*. **11. go bush, a.** (of animals) to stray and live in the bush. **b.** (of people) to reject civilisation and live an isolated life in the bush. **c.** *Colloquial* to adopt a way of life which is without the comforts and attractions of the big city, especially one which is close to nature. **12. out bush**, in or to a remote bush region: *I have been out bush for many years*. **13. take to the bush, a.** to go to live in the bush, especially to turn one's back on civilisation and adopt a way of life close to nature. **b.** *Australian History* to escape custody or leave settlement and become a bushranger. **14. the bush**, *Australian, NZ* the countryside in general, as opposed to the towns. –**bushy** adj.

bush band n. a band which performs Australian folk music, usually with such instruments as the accordion, tea-chest bass, guitar, etc.

bush-burn /'bʊʃ-bɜn/ n. *NZ* **1.** the clearing of bush by fire. **2.** the area of land so cleared.

bush canary n. **1.** → **white-throated warbler**. **2.** a small olive brown and bright yellow bird, *Mohoua ochrocephala*, of the New Zealand rainforest; mohua.

bushcraft /'buʃkraft/ *n. Australian, NZ* the ability to live in and travel through the bush with a minimum of equipment and assistance.

bushed /buʃt/ *adj. Colloquial* **1.** lost. **2.** exhausted. **3.** confused.

bushel /'buʃəl/ *n.* **1.** a unit of dry measure in the imperial system equal to 36.368 72×10^{-3}m^3 (8 gal). **2.** Also, **Winchester bushel**. *US* a unit of dry measure equal to 35.239 070×10^{-3}m^3. *–phr.* **3. hide one's light under a bushel**, to conceal one's abilities or good qualities.

bush-faller /'buʃ-fɔlə/ *n. NZ* someone who fells trees for a living Also, **bush-feller**. **–bush-falling** *n.*

bushfire /'buʃfaɪə/ *n. Australian, NZ* a fire in forest or scrub country.

bushie /'buʃi/ *n. Australian, NZ* someone who lives in the country and is often thought of as being unsophisticated and uncultured. Compare **townie**.

bush lawyer *n.* **1.** any of several Australian and New Zealand prickly trailing plants, of the genus *Rubus*. **2.** *Colloquial* a person who pretends to a knowledge of the law, especially one who attempts complicated and often specious arguments to prove a point.

bushman /'buʃmən/ *n.* **1.** *Australian, NZ* someone skilled in bushcraft. **2.** *NZ* → **bush-faller**. **–bushmanship** *n.*

bushranger /'buʃreɪndʒə/ *n.* **1.** *Australian, NZ History* a bandit or criminal who hid in the bush and stole from settlers and travellers at gunpoint. **2.** *NZ History* a European volunteer for bush-warfare against the Maoris in the 19th century. **–bushranging** *n.*

bush rat *n.* any of a number of species of indigenous rodents of genus *Rattus* in Australia, especially *R. fuscipes*.

bush robin *n.* a robin-like forest bird of New Zealand, *Miro australis*; toutouwai.

bush telegraph *n.* **1.** a system of communication over wide distances among tribal peoples, by drumbeats or other means. **2.** *Colloquial* an unofficial chain of communication by which information is conveyed and rumour spread, as by word of mouth. Also, **bush wireless**.

bushwalk /'buʃwɔk/ *v.i.* **1.** to hike through the bush for pleasure. *–n.* **2.** such an excursion. **3.** an established route for a bushwalk. **–bushwalker** *n.* **–bushwalking** *n.*

bush week *n. Australian Colloquial* **1.** a fictitious festive week when country people come to town. **2.** circumstances in which unsuspecting people are imposed upon.

bushwhack /'buʃwæk/ *Colloquial* –*v.i.* **1.** *Australian* to live as a bushwhacker. **2.** *NZ* to clear land of timber. Also, **bushwack**. **–bushwhacking** *n.* **–bushwhacked** *adj.*

bushwhacker /'buʃwækə/ *n. Colloquial* **1.** *Australian, NZ* someone who lives in the bush; bushie. **2.** *NZ* someone who clears the land of bush, especially an axeman engaged in cutting timber. **3.** *US* one who lives in a remote wooded area. Also, **bushwacker**.

bush wren *n.* a wren-like forest bird of New Zealand, *Xenicus longipes*; matuhitui.

business /'bɪznəs/ *n.* **1.** one's occupation, profession, or trade. **2.** *Economics* the purchase and sale of goods and services in an attempt to make a profits. **3.** *Commerce* a person, partnership, or corporation engaged in business; an established or going enterprise or concern: *a clothing business*. **4.** volume of trade; patronage. **5.** one's place of work. **6.** that with which one is principally and seriously concerned. **7.** that with which one is rightfully concerned. **8.** affair; matter. **9.** *Theatre* any movement or gesture by an actor used for dramatic expression. **10.** *Colloquial* defecation. **11.** *Colloquial* prostitution. *–phr.* **12. be in business, a.** to earn a living from a commercial activity **b.** *Colloquial* to be carrying out an activity, enterprise, etc., successfully. **13. business as usual**, normal procedures. **14. mean business**, to be in earnest. **15. the business end, a.** the operational end of a machine, tool, etc. **b.** the final stages of a competition, especially in sport.

business college *n.* a private institution where subjects of use commercially, as shorthand, typing, book-keeping etc., are taught.

businesslike /'bɪznəslaɪk/ *adj.* conforming to the methods of business or trade; methodical; systematic.

businessperson /'bɪznəspɜsən/ *n.* -**people**. a person engaged in business or commerce. **–businessman** *masc. n.* **–businesswoman** *fem. n.*

busker /'bʌskə/ *n.* an entertainer who gives impromptu performances in streets, parks, markets, etc.

bust^1 /bʌst/ *n.* **1.** the head and shoulders of a person done in sculpture, either in the round or in relief. **2.** the chest or breast; the bosom.

bust^2 /bʌst/ *Colloquial* –*v.i.* **1.** to burst. **2.** to go bankrupt. –*v.t.* **3.** to burst (*in, out, through*, etc.) **4.** to squander: *to bust one's pay packet*. **5.** to bankrupt; ruin. **6.** to reduce in rank or grade; demote. **7.** *US* to subdue; break the spirits of (a horse, etc.). **8.** to apprehend for an illegal activity, especially for possession of drugs or stolen goods. **9.** (of the police) to carry out a raid on (a place): *they busted the club again last night*. –*n.* **10.** a complete failure; bankruptcy. **11.** a drunken party or spree; brawl. **12.** the act of breaking and entering. **13.** a police raid. –*adj.* **14.** Also, **busted**. broken; ruined. –*phr.* **16. be busting**, *Colloquial* **a.** to urgently need to urinate or defecate. **b.** to be extremely eager: *busting to have a go*. **17. bust a gut**, to overexert oneself: *don't bust a gut over that job*. **18. bust one's boiler**, to overexert oneself: *don't bust your boiler on the exercise bike*. **19. bust up, a.** to part finally; quarrel and part. **b.** to smash. **c.** to interrupt violently (a political meeting or other gathering). **20. go bust**, to become bankrupt. **21. on the bust**, on a drunken spree.

bustard /'bʌstəd/ *n.* a large, heavy bird of the family Otididae, *Eupodotis australis*, inhabiting grassy plains and open scrub country of Australia; plain turkey.

bustard quail *n.* any of various birds of the family Turnicidae resembling quails but distinguished by the absence of the hind toe, as the **little quail**, *Turnix velox*, found throughout continental Australia except in northern and eastern coastal areas.

bustle^1 /'bʌsəl/ *v.* **-tled**, **-tling**, –*v.i.* **1.** to move (*in, about, around*, etc.) with a great show of energy. –*v.t.* **2.** to cause to bustle. –*n.* **3.** activity with great show of energy; stir, commotion. **–bustlingly** *adv.*

bustle^2 /'bʌsəl/ *n.* (formerly) a pad, cushion, or wire framework worn by women on the back part of the body below the waist, to expand and support the skirt.

busy /'bɪzi/ *adj.* **busier**, **busiest**, *v.* **busied**, **busying**. –*adj.* **1.** actively occupied: *he is busy with his work; she is too busy to come*. **2.** full of or marked by activity: *a busy time of the day*. **3.** → **engaged** (def. 4). –*v.t.* **4.** to make or keep busy: *I am going to busy myself writing letters*. **–busily** *adv.* **–busyness** *n.*

busybody /'bɪzibɒdi/ *n.* **-dies**. someone who pries into and meddles in the affairs of others.

but /bʌt/ *weak form* /bət/ *conj.* **1.** on the contrary;

butane

yet: *they all went, but I didn't.* **2.** except, rather than, or save: *anywhere but here.* **3.** without the circumstance that, or that not: *it never rains but it pours.* **4.** otherwise than: *I can do nothing but go.* **5.** that (especially after *doubt, deny,* etc., with a negative): *I don't doubt but he will do it.* **6.** Also, **but that**, that not (after a negative or question): *the children never played but that a quarrel followed.* **7.** who or which not: *no leader worthy of the name ever existed but was an optimist.* –*prep.* **8.** with the exception of; except; save: *no one replied but me.* –*adv.* **9.** only; just: *there is but one God.* **10.** (a mildly adversative addition with the force of 'however' or 'though', used in standard speech at the beginning of a sentence, and in non-standard speech also often at the end of a sentence). –*n.* **11.** a restriction or objection: *no buts about it.* –*phr.* **12. all but**, almost: *all but dead.* **13. but for**, except for; had it not been for; were it not for.

butane /'bjuteɪn, bju'teɪn/ *n.* a saturated aliphatic hydrocarbon, C_4H_{10}, existing in two isomeric forms and used as a fuel and a chemical intermediate.

butch /bʊtʃ/ *n. Colloquial* **1.** a homosexual man or woman exhibiting extravagantly masculine characteristics. **2.** a man, especially one of notable physical strength. –*adj.* **3.** exhibiting aggressively masculine characteristics.

butcher /'bʊtʃə/ *n.* **1.** a retail dealer in meat. **2.** someone who slaughters certain domesticated animals, or dresses their flesh, for food or for market. **3.** someone guilty of cruel or indiscriminate slaughter. –*v.t.* **4.** to kill or slaughter for food or for market. **5.** to murder indiscriminately or brutally.

butcherbird /'bʊtʃəbɜd/ *n.* **1.** in Australia, any of several shrike-like birds of the genus *Cracticus*, so called because they impale their prey of small birds, etc., on spikes or thorns or wedge it in the forks of trees, as the **grey butcherbird**, *Cracticus torquatus.* **2.** elsewhere, a shrike of the genus *Lanius*, as the common European species *L. excubitor.*

butler /'bʌtlə/ *n.* **1.** the head male servant of a household. **2.** the male servant having charge of the wines, plate, etc. –**butlership** *n.*

butt¹ /bʌt/ *n.* **1.** the end or extremity of anything, especially the thicker, larger, or blunt end, as of a rifle, fishing rod, whip handle, arrow, log, etc. **2.** an end which is not used up: *a cigarette butt.* **3.** *Colloquial* the buttocks; bottom: *shift your butt.* –*phr.* **4. kick butt**, *Colloquial* to behave in an aggressive manner to ensure that one's demands are met. **5. kick someone's butt**, *Colloquial* **a.** to beat someone convincingly **b.** to reprimand someone severely **6. sit on one's butt**, *Colloquial* to be idle. **7. work one's butt off**, *Colloquial* to work very hard or diligently

butt² /bʌt/ *n.* **1.** a person or thing that is an object of wit, ridicule, sarcasm, etc., or contempt. **2.** (in rifle or archery practice) a wall of earth behind the targets of a target range, which prevents bullets or arrows from scattering over a wide area. **3.** the target for archery practice. **4.** a hinge for a door or the like, secured to the butting surfaces or ends instead of the adjacent sides. –*v.i.* **5.** to have an end or projection (*on*); be adjacent (*to*).

butt³ /bʌt/ *v.t.* **1.** to strike with the head or horns. –*v.i.* **2.** to strike something or at something with the head or horns. **3.** to project. –*n.* **4.** a push with head or horns. –*phr.* **5. butt in**, *Colloquial* to interrupt; interfere; intrude. **6. butt out**, *Colloquial* to mind one's own business and not interfere in something which is not one's proper concern.

butt⁴ /bʌt/ *n.* a large cask for wine, beer, or ale.

butter /'bʌtə/ *n.* **1.** the fatty portion of milk, separating as a soft whitish or yellowish solid when milk or cream is agitated or churned. **2.** this substance, processed for cooking and table use. **3.** any of various other spreads of similar consistency: *butter icing, peanut butter.* –*v.t.* **4.** to put butter on or in. –*phr.* **5. butter up**, *Colloquial* to flatter grossly. **6. butter wouldn't melt in someone's mouth**, (an expression indicating that someone is feigning innocence). –**butter-like** *adj.*

buttercup /'bʌtəkʌp/ *n.* any plant of the genus *Ranunculus*, with yellow or white, usually cup-shaped flowers.

butter-fingers /'bʌtə-fɪŋgəz/ *n. Colloquial* someone who fails to catch or drops things easily.

butterfish /'bʌtəfɪʃ/ *n.* **1.** any of various Australian fishes of genera *Selenotoca* and *Scatophagus*, often silvery or butter-coloured and variously banded or spotted and having strong, often venomous dorsal spines. **2.** a New Zealand reef fish, *Coridodax pullus*, often found browsing on kelp; greenbone.

butterfly /'bʌtəflaɪ/ *n.* **-flies. 1.** any of a group of lepidopterous insects characterised by clubbed antennae, large, broad wings, often conspicuously coloured and marked, and diurnal habits. **2.** Also, **social butterfly**, someone who flits gaily but aimlessly from one diversion to another. **3.** (*plural*) nervousness: *butterflies in the stomach.* **4.** → **butterfly stroke**.

butterfly stroke *n.* a swimming stroke made in the prone position in which both arms are lifted simultaneously out of the water and flung forward, usually done in combination with the dolphin kick. Also, **butterfly**.

buttermilk /'bʌtəmɪlk/ *n.* the more or less acidulous liquid remaining after the butter has been separated from milk or cream.

butterscotch /'bʌtəskɒtʃ/ *n.* **1.** a kind of toffee made with butter. **2.** a flavour produced in puddings, icing, ice-cream, etc., by a combination of brown sugar, vanilla extract, and butter, with other ingredients.

buttock /'bʌtək/ *n. Anatomy* either of the two protuberances which form the rump.

button /'bʌtn/ *n.* **1.** a small solid object, usually round, used as a fastening or ornament on clothing. **2.** anything like a button in shape and size, as a young mushroom or a small knob pressed to ring bell, etc. **3.** *Computers* a small outlined area on a screen which, when selected, implements some action. **4.** *Botany* a bud or other outgrowth of a plant. –*v.t.* **5.** to fasten with a button or buttons. **6.** *Colloquial* to complete (business, etc.) successfully (fol. by *up*). –**buttoner** *n.* –**button-like** *adj.*

buttonhole /'bʌtnhoʊl/ *n., v.* **-holed, -holing.** –*n.* **1.** the hole, slit, or loop through which a button is passed. **2.** a small flower or nosegay worn in the buttonhole in the lapel of a jacket. –*v.t.* **3.** to sew with buttonhole stitch. **4.** to seize by or as by the buttonhole in the lapel of the jacket and detain in conversation. –**buttonholer** *n.*

buttons /'bʌtnz/ *pl. n.* any of a number of plant species, especially of the family Compositae, with button-like flower heads as, **billy buttons** of the genus *Craspedia*, and **water buttons**, *Cotula coronopifolia*.

buttress /'bʌtrəs/ *n.* **1.** *Architecture* a structure built against a wall or building for the purpose of giving it stability. **2.** any prop or support. –*v.t.* **3.** to prop up; support.

buxom /'bʌksəm/ *adj.* **1.** (of a woman) full-bosomed, plump, and attractive because of radiant health. **2.** (usually of a woman) healthy, attractive, cheerful, and lively. –**buxomly** *adv.* –**buxomness** *n.*

buy

buy /baɪ/ *v.* **bought, buying**, *n.* –*v.t.* **1.** to acquire the possession of, or the right to, by paying an equivalent, especially in money. **2.** to acquire by giving any kind of recompense: *to buy favour with flattery*. **3.** to hire; bribe. **4.** *Colloquial* to accept: *do you think he'll buy the idea?* –*v.i.* **5.** to be or become a purchaser. –*n.* **6.** *Colloquial* a purchase, especially a good purchase. –*phr.* **7. buy in, a.** *Stock Exchange* (of a broker) to obtain a share scrip from another broker to cover his or her position after a third broker fails to deliver shares. **b.** *Colloquial* to join in; become involved. **8. buy into, a.** to acquire shares in (a company): *to buy into BHP.* **b.** *Colloquial* to choose to become involved in: *to buy into an argument*. **9. buy into trouble**, *Colloquial* to undertake a course of action against the better judgment of oneself or others. **10. buy it**, *Colloquial* to be killed: *he bought it at Bathurst*. **11. buy off**, to get rid of (a claim, opposition, etc.) by payment; purchase the non-intervention of; bribe. **12. buy out**, to secure all of the share or interest in an enterprise held by (an owner or partner). **13. buy up**, to buy as much as one can of. –**buyable** *adj.*

buyback /'baɪbæk/ *n.* an agreement between two participants, especially in the money or stock market, whereby the first party sells securities to the second party and at the same time undertakes to buy them back at a specified price at some agreed time in the future.

buyer /'baɪə/ *n.* **1.** someone who buys; a purchaser. **2.** a purchasing agent, as for a chain-store.

buyers' market *n.* a market in which the buyer is at an advantage because of oversupply.

buzz /bʌz/ *v.* **1.** a low, vibrating, humming sound, as of bees. **2.** a rumour or report. **3.** *Colloquial* a telephone call. **4.** *Colloquial* **a.** a feeling of exhilaration or pleasure, especially as induced by drugs. **b.** a similar experience of pleasure, delight, etc.: *I get a real buzz out of going sailing*. –*v.i.* **5.** to make a low, vibrating, humming sound. **6.** *Colloquial* to move (*around, along*, etc.), especially with energy. –*v.t.* **7.** to make a buzzing sound with: *the fly buzzed its wings*. **8.** *Aeronautics Colloquial* **a.** to fly an aeroplane very low over: *to buzz a field*. **b.** to signal or greet (someone) by flying an aeroplane low and slowing the motor spasmodically. –*phr.* **9. buzz about**, to move busily from place to place. **10. buzz off**, to go away; depart: *I told her to buzz off; buzz off!*

buzzard /'bʌzəd/ *n.* any of various carrion-eating birds, as the honey buzzard and the turkey buzzard.

buzz word *n. Colloquial* a fashionable jargon word used for its emotive value or its ability to impress the listener.

by /baɪ/ *prep.* **1.** near to: *a house by the river*. **2.** using as a route: *he came by the main road*. **3.** through or on as a means of conveyance: *she journeyed by water*. **4.** to and past a point near: *he went by the church*. **5.** within the compass or period of: *by day; by night*. **6.** not later than: *by two o'clock*. **7.** to the extent of: *longer by a metre*. **8.** through evidence or authority of: *by his own account*. **9.** with the participation of: *regretted by all*. **10.** in conformity with: *by any standards this is a good book*. **11.** before; in the name of: *by God; by all that's sacred; by crikey*. **12.** through the agency or efficacy of: *founded by Napoleon; done by force*. **13.** after; in serial order: *piece by piece*. **14.** combined with in multiplication or relative dimension: *five metres by six metres*. **15.** involving as unit of measure: *beef by the kilogram*. –*adv.* **16.** near to something: *it's close by*. **17.** to and past a point near something: *the car drove by*. **18.** aside: *put it by for the moment*. **19.** over; past: *in times gone by*. –*n.* **20.** → **bye**. –*phr.* **21.**

byword

by and by, at some time in the future; before long; presently. **22. by and large**, in general; on the whole.

by- a prefix meaning: **1.** secondary; incidental, as in *by-product*. **2.** out of the way; removed, as in *byway*. **3.** near, as in *bystander*. Also, **bye-**.

bye /baɪ/ Also, **by**. *n.* **1.** *Sport* the state of having no competitor in a contest where several competitors are engaged in pairs, conferring the right to compete in the next round in an eliminatory competition. **2.** *Golf* the holes of a stipulated course still unplayed after the match is decided. **3.** *Cricket* a run made on a ball not struck by the person batting. **4.** something subsidiary, secondary, or out of the way. –*phr.* **5. by the bye**, incidentally; by the way.

bye-bye /'baɪ-baɪ/ *interj.*, /'baɪ-baɪ/ **bye-byes** *or* *Colloquial* –*interj.* **1.** goodbye. –*n.* **2.** (*plural*) (*with children*) sleep: *go to bye-byes*.

by-election /'baɪ-əlɛkʃən/ *n.* a parliamentary election held between general elections, to fill a vacancy. Also, **bye-election**.

bygone /'baɪgɒn/ *adj.* **1.** past; gone by; out of date: *bygone days*. –*n.* **2.** something that is past. –*phr.* **3. let bygones be bygones**, to ignore the past, especially past disagreements or occasions of sadness.

by-law /'baɪ-lɔ/ *n.* **1.** an ordinance of an authority having legal effect only within the boundaries of that authority's jurisdiction. **2.** subordinate legislation, generally at the level of local government. **3.** a standing rule, as of a company or society, not in its constitution. Also, **bye-law**.

by-line /'baɪ-laɪn/ *n. Journalism* a line under the heading of a newspaper or magazine article giving the writer's name.

byname /'baɪneɪm/ *n.* **1.** a secondary name; cognomen; surname. **2.** a nickname.

BYO /bi waɪ 'oʊ/ *adj.* **1.** Also, **BYOG**. of a party, dinner, etc. to which one brings one's own supply of liquor. –*n.* **2.** *Australian, NZ* an unlicensed restaurant which allows clients to bring liquor in.

bypass /'baɪpas/ *n.* **1.** a road enabling motorists to avoid towns and other heavy traffic points on the main road. **2.** a secondary pipe or other channel connected with the main passage for carrying liquid or gas around a fixed object. –*v.t.* **3.** to avoid (something) by using a bypass. **4.** to go ahead without asking or informing (someone in charge, etc.)

bypass operation *n. Medicine* an operation in which a diseased or obstructed segment of the circulatory or digestive systems of the body is circumvented; particularly used to circumvent diseased blood vessels in the heart.

bypass surgery *n.* surgery relating to a bypass operation, especially to circumvent diseased blood vessels in the heart.

by-product /'baɪ-prɒdʌkt/ *n.* a secondary or incidental product, as in a process of manufacture.

byre /'baɪə/ *n.* a cowhouse or shed; cattle pen.

bystander /'baɪstændə/ *n.* a person present but not involved; a chance looker-on.

byte /baɪt/ *n.* a unit of information, usually eight bits, stored by a computer. Compare **bit²**.

byway /'baɪweɪ/ *n.* **1.** a secluded, or obscure road. **2.** a subsidiary or obscure field of research, endeavour, etc.

byword /'baɪwɜd/ *n.* **1.** the name of a quality or concept which characterises some person or group; the epitome (of): *his name is a byword for courage*. **2.** a word or phrase used proverbially; a common saying; a proverb. **3.** an object of general reproach, derision, scorn, etc. **4.** an epithet, often of scorn.

C c

C, c /si/ *n.* **C's, Cs, c's** *or* **cs. 1.** the third letter of the English alphabet. **2.** the third in any series. **3.** *Music* **a.** the first, or keynote, of the C major scale. **b.** middle C.

cab /kæb/ *n.* **1.** → **taxi. 2.** (formerly) any of various one-horse vehicles for public hire, such as the hansom or the brougham. **3.** the covered part of a locomotive or truck where the driver sits.

cabal /kə'bal, kə'bæl/ *n.* **1.** the secret schemes of a small group of plotters; an intrigue. **2.** a small group of secret plotters.

cabaret /'kæbəreɪ/ *n.* a form of musical, variety, or other entertainment at a restaurant, nightclub, etc., often late into the night; a floor show.

cabbage /'kæbɪdʒ/ *n.* any of various cultivated varieties of *Brassica oleracea*, var. *capitata*, with short stem and leaves formed into a compact, edible head.

cabbage butterfly *n.* a large, white butterfly of the Old World, *Pieris rapae*, introduced into Australia, the larvae of which feed on cabbage and related plants. Also, **cabbage white butterfly**.

cabbage gum *n.* a smooth-barked tree, *Eucalyptus amplifolia*, common on swampy ground in coastal New South Wales.

cabbage tree *n.* **1.** a tall palm with large leaves, *Livistona australis*, of the coastal areas of eastern Australia. **2.** the small tufted tree *Cordyline australis* of New Zealand, frequently cultivated as an ornamental; ti.

cabbala /kə'balə/ *n.* **1.** (among certain Jewish rabbis and medieval Christians) a system of esoteric theosophy, based on a mystical interpretation of the Scriptures. **2.** any occult or secret doctrine or science. Also, **cabala, kabala, kabbala, qabala**. **–cabbalist** *n.* **–cabbalistic** *adj.*

caber /'keɪbə/ *n.* a pole or beam, especially one thrown as a trial of strength in the Scottish Highland game of **tossing the caber**.

cabin /'kæbən/ *n.* **1.** a small house; hut, especially a temporary structure, as on a building site. **2.** an apartment or room in a ship, as for passengers. **3.** *Aeronautics* the enclosed place in an aircraft for the pilot, passengers, or cargo.

cabinet /'kæbənət, 'kæbnət/ *n.* (*also cap.*) **a.** (in Australia, New Zealand, and some other countries with similar parliamentary systems) the main executive organ of government, consisting of the leading parliamentary members of the governing party or coalition. See **shadow cabinet. b.** a council advising a sovereign or chief executive. **2.** a piece of furniture with shelves, drawers, etc., for holding or displaying valuable objects, dishes, etc. **3.** a piece of furniture holding a record-player, radio, television, or the like. **4.** a private room. **5.** a standard size for a sheet of paper or for a photographic print.

cable /'keɪbəl/ *n., v.* **-bled, -bling. –***n.* **1.** a thick, strong rope, often one of several wires twisted together. **2.** *Electricity* a stranded conductor, or a combination of conductors insulated from one another. **3.** a telegram sent abroad, especially by submarine cable. *–v.t.* **4.** to send (a message) by submarine cable.

cable television *n.* a system of broadcasting television programs by sending them directly from the distribution centre to the receiving set by means of a linking coaxial cable.

caboodle /kə'budl/ *phr.* **the whole (kit and) caboodle**, *Colloquial* the whole lot, pack, or crowd.

cabotage /'kæbətaʒ/ *n.* **1.** trade or navigation in coastal waters. **2.** the legal arrangement by which the right to engage in air transportation within a country's borders is restricted to domestic carriers.

cacao /kə'keɪoʊ, -'kaoʊ/ *n.* **-caos. 1.** a small evergreen tree, *Theobroma cacao*, of the family Sterculiaceae, native to tropical America, cultivated for its seeds, the source of cocoa, chocolate, etc. **2.** the fruit and seeds of this tree.

cache /kæʃ/ *for defs 1, 2 and 4*, /keɪʃ/ *for defs 3 and 5 n., v.* **cached, caching.** *–n.* **1.** a hiding place, especially one in the ground, for provisions, treasure, etc. **2.** a store of food collected by some animals for the winter. **3.** → **cache memory**. *–v.t.* **4.** to put in a cache; conceal; hide. **5.** *Computers* to put into cache memory: *this information is cached to increase speed.*

cache memory *n. Computers* a section of computer memory which can be accessed at high speed and in which information is stored for fast retrieval.

cackle /'kækəl/ *v.i.* **-led, -ling. 1.** to utter a shrill, broken sound or cry, as a hen after laying an egg. **2.** to laugh brokenly. **3.** to chatter noisily. **–cackler** *n.*

cacophony /kə'kɒfəni/ *n.* **-nies.** a harsh sound; dissonance.

cactoblastis /kæktə'blæstəs/ *n.* a small moth, *Cactoblastis cactorum*, the larvae of which feed on the prickly pear.

cactus /'kæktəs/ *n.* **-tuses** *or* **-ti** /-ti, -taɪ/ any of various fleshy-stemmed plants of the family Cactaceae, usually leafless and spiny, often producing showy flowers, chiefly native to the hot, dry regions of America.

cad /kæd/ *n.* a contemptible, ill-bred person; someone who does not behave like a gentleman.

CAD /si eɪ 'di/ computer-aided design.

cadagi /kə'dadʒi/ *n.* a tropical and subtropical tree, *Eucalyptus torelliana*, with large roundish leaves and smooth green trunk. Also, **cadaga** /kə'dagə/.

cadastre /kə'dæstə/ *n.* an official register of property, with details of boundaries, ownership, etc.

cadaver /kə'dævə, -'davə/ *n.* a dead body, especially of a human being; a corpse. **–cadaverous, cadaveric** *adj.*

caddie /'kædi/ *n.* **1.** *Golf* an attendant, hired to carry the player's clubs, find the ball, etc. **2.** someone who runs errands, does odd jobs, etc. Also, **caddy**.

caddy /'kædi/ *n.* **-dies. 1.** a small box, tin, or chest, especially one for holding tea. **2.** a container or rack for conveniently holding items which are required for a particular purpose: *sewing caddy*. **3.** *Computers* a case which holds a CD-ROM, designed to be inserted into a computer drive so that the CD does not have to be handled.

cadence /'keɪdəns/ *n.* **1.** rhythmic flow, as of verses; rhythm. **2.** the beat of any rhythmical

cadenza 109 **calculating**

movement. **3.** a fall in pitch of the voice, as in speaking. **4.** the general modulation of the voice. **5.** *Music* a sequence of notes or chords which indicates the momentary or complete end of a composition, section, phrase, etc. –**cadenced** *adj.*

cadenza /kə'dɛnzə/ *n.* an elaborate showy passage, frequently unaccompanied, for a singer usually near the end of an aria or for an instrumentalist usually near the end of a movement of a concerto.

cadet /kə'dɛt/ *n.* **1.** a person undergoing training in the armed services, police, public service, at sea, etc. **2.** a member of a military training unit in a secondary school. **3.** *NZ* a young person in apprenticeship to farming. –**cadetship** *n.* –**cadetting** *n.*

cadge /kædʒ/ *v.t.* **cadged, cadging. 1.** to obtain by imposing on another's generosity or friendship. **2.** to borrow without intent to repay. –**cadger** *n.*

cadmium /'kædmiəm/ *n.* a white, ductile, divalent metallic element like tin in appearance, used in plating and in making certain alloys. As it is a good absorber of neutrons it is also used in the control rods of nuclear reactors. *Symbol:* Cd; *relative atomic mass:* 112.410; *at. no.:* 48; *density:* 8.6 at 20°C. –**cadmic** *adj.*

cadre /'kadə, 'keɪdə/ *n.* **1.** a unit within an organisational framework, especially personnel. **2.** (in communist countries) a group of low-ranking personnel committed to promoting the policies and interests of the party in a particular area. **3.** a member of such a group, especially one with political responsibilities.

CAE /si eɪ 'i/ computer-aided engineering.

caeno- variant of **caino-**.

Caesar /'sizə/ *n.* any emperor or dictator.

caesarean section /səzɛəriən 'sɛkʃən/ *n.* the operation by which a foetus is taken from the womb by cutting through the walls of the abdomen and womb.

caesura /sə'ʒurə/ *n.*, *plural* **-ras -rae** /-ri/. **1.** *English Prosody* a break, especially a sense pause, usually near the middle of a verse, and marked in scansion by a double vertical line, as in *know then thyself | presume not God to scan.* **2.** *Greek and Latin Prosody* a division made by the ending of a word within a foot (or sometimes at the end of a foot), especially in certain recognised places near the middle of a verse. Also, **cesura**.

cafe /'kæfeɪ/ *humorous* /keɪf/ *n.* **1.** a room or building where coffee and light refreshments are served. **2.** a restaurant, usually low-priced. Also, **café**.

cafeteria /kæfə'tɪəriə/ *n.* an inexpensive restaurant or snack-bar, usually self-service.

caffeine /'kæfin/ *n.* a bitter crystalline alkaloid, $C_8H_{10}N_4O_2.H_2O$, obtained from coffee, tea, etc., used in medicine as a stimulant, diuretic, etc.

caftan /'kæftæn/ *n.* **1.** a long garment having long sleeves and tied at the waist by a girdle, worn under a coat in the Near East. **2.** a loose garment, either short or floor length, with long, bell-shaped sleeves, in imitation of this garment. Also, **kaftan**. –**caftaned** *adj.*

cage /keɪdʒ/ *n., v.* **caged, caging**. –*n.* **1.** a box-shaped receptacle or enclosure for confining birds or other animals, made with openwork of wires, bars, etc. **2.** anything that confines or imprisons; prison. **3.** the enclosed platform of a lift, especially one in a mine. **4.** any skeleton framework. –*v.t.* **5.** to put or confine in or as in a cage.

cagey = **cagy** /'keɪdʒi/ *adj.* **cagier, cagiest.** *Colloquial* cautious; secretive. –**cagily** *adv.* –**caginess** *n.*

caino- a word element meaning 'new', 'recent', as in *Cainozoic*. Also, **ceno-, caeno-**.

cairn /kɛən/ *n.* a heap of stones set up as a landmark, monument, tombstone, etc. –**cairned** *adj.*

caisson /'keɪsən/ *n.* **1.** a structure in which people can work on river beds, etc., consisting essentially of an airtight box or chamber with an open bottom, the water being kept out by the high air pressure maintained within. **2.** a boatlike structure used as a gate for a dock or the like. **3.** a wooden chest containing bombs or explosives, used as a mine; an ammunition chest.

cajole /kə'dʒoʊl/ *v.t.* **-joled, -joling**. to persuade by flattery or promises; wheedle; coax. –**cajolery, cajolement** *n.* –**cajoler** *n.*

cajuput /'kædʒəpʊt/ *n.* **1.** a small tree, *Melaleuca cajuputi*, found from south-eastern Asia to northern Australia. **2.** a green oil having a distinctive smell, distilled from the leaves of this tree, used medicinally.

cake /keɪk/ *n., v.* **caked, caking**. –*n.* **1.** a sweet baked food in loaf or layer form, made with or without shortening, usually with flour, sugar, eggs, flavouring, baking powder or soda, and a liquid. **2.** a shaped or compressed mass: *a cake of soap, ice, etc.* –*v.t.* **3.** to form into a cake or compact mass. –*v.i.* **4.** to become formed into a cake or compact mass: *mud caked on his shoes*. –*phr.* **5. cakes and ale**, the good things and pleasures of life. **6. have one's cake and eat it**, to have the advantages, and be free of the disadvantages, of a situation. **7. piece of cake**, *Colloquial* something easily accomplished or obtained. **8. piece of the cake**, a share of the profits, benefits, etc. **9. take the cake**, *Colloquial* **a.** to win the prize. **b.** to surpass all others; excel. **10. the cake**, the total possible material gain: *don't settle for part of the cake*.

calabash /'kæləbæʃ/ *n.* **1.** any of various gourds, especially the fruit of the bottle gourd, *Lagenaria siceraria*. **2.** the dried hollow shell of the calabash used as a vessel or otherwise.

caladenia /kælə'diniə/ *n.* any of the numerous species of the orchid genus *Caladenia* widespread in temperate Australia.

calamari /kælə'mari/ *n.* squid, especially as used for food.

calamine /'kæləmaɪn/ *n.* a liquid soothing to the skin, prepared from zinc oxide with $1/2$ per cent ferric oxide. Also, **calamine lotion**.

calamity /kə'læməti/ *n.* **-ties. 1.** grievous affliction; adversity; misery. **2.** a great misfortune; a disaster. –**calamitous** *adj.*

calcareous /kæl'kɛəriəs/ *adj.* having to do with calcium carbonate; chalky: *calcareous earth.*

calcify /'kælsəfaɪ/ *v.i.* **-fied, -fying**. *Physiology* to become calcareous or bony; harden by the deposit of calcium salts.

calcite /'kælsaɪt/ *n.* one of the commonest minerals, calcium carbonate, $CaCO_3$, occurring in a great variety of crystalline forms; calcspar. Limestone, marble, and chalk consist largely of calcite.

calcium /'kælsiəm/ *n.* a silver-white divalent metal, occurring combined in limestone, chalk, gypsum, etc. *Symbol:* Ca; *relative atomic mass:* 40.08; *at. no.:* 20; *density:* 1.55 at 20°C.

calcium carbonate *n.* a crystalline compound, $CaCO_3$, occurring in nature as calcite, etc.

calculate /'kælkjəleɪt/ *v.* **-lated, -lating**. –*v.t.* **1.** to ascertain by mathematical methods; compute: *we must calculate how much we've spent this month*. **2.** to do deliberately or cold-bloodedly: *a calculated insult*. **3.** to estimate the possibility of failure before undertaking (a course of action): *to calculate a risk*. –*phr.* **4. calculate on** (or **upon**), to count or rely on. –**calculation** /kælkjə'leɪʃən/ *n.* –**calculable** *adj.* –**calculative** /'kælkjələtɪv/ *adj.*

calculating /'kælkjəleɪtɪŋ/ *adj.* **1.** that performs calculations: *a calculating machine*. **2.** shrewd;

cautious. **3.** selfishly scheming.

calculator /'kælkjəleɪtə/ *n.* a machine that performs mathematical operations mechanically, electro-mechanically or electronically.

calculus /'kælkjələs/ *n.* **-luses** *for def. 1* **-li** /-laɪ/ *for def. 2* **1. a.** a method of calculation, especially a highly systematic method of treating problems by a special system of algebraic notation. **b.** *Mathematics* the differential and integral calculus. **2.** *Pathology* a stone or concretion found in the gall bladder, kidneys, or other parts of the body.

calendar /'kæləndə/ *n.* **1.** any of various systems of reckoning time, especially with reference to the beginning, length, and divisions of the year: *the Gregorian calendar.* **2.** a tabular arrangement of the days of each month and week in a year. **3.** a list, index, or register, especially one arranged chronologically, as a list of the cases to be tried in a court.

calf¹ /kaf/ *n.* **calves.** *-n.* **1.** the young of the cow or of other bovine mammals (in cattle usually under one year of age). **2.** the young of certain other animals, as the elephant, seal, and whale. **3.** calfskin leather. **4.** a mass of ice detached from a glacier, iceberg, or floe. *-phr.* **5. kill the fatted calf,** to prepare an elaborate welcome. **6. worship the golden calf,** to be concerned solely with material wealth and possessions. **-calf-like** *adj.*

calf² /kaf/ *n.* **calves.** the fleshy part of the back of the human leg below the knee.

calibrate /'kælɪbreɪt/ *v.t.* **-brated, -brating. 1.** to measure the calibre (def. 1) of. **2.** to check the accuracy or graduation of (any instrument, machine, or gun). **-calibration** /kælə'breɪʃən/ *n.* **-calibrator** *n.*

calibre /'kæləbə/ *n.* **1.** the diameter of something of circular section, such as a bullet, or especially that of the inside of a tube, such as the bore of a gun. **2.** *Horology* the arrangement of the components of a watch or clock. **3.** degree of capacity or ability; personal character. **4.** degree of merit, or importance; quality. Also, *US*, **caliber.**

calico /'kælɪkoʊ/ *n.* **-coes** *or* **-cos**, *adj.* *-n.* **1.** a white cotton cloth. **2.** *US* a printed cotton cloth, superior to percale. *-adj.* **3.** made of calico. **4.** *Chiefly US* resembling printed calico; spotted; piebald.

califont /'kæləfɒnt/ *n. NZ* a gas-fired water heater.

caliph /'keɪləf/ *n.* a successor (usually of Mohammed); a title for the head of a Muslim state. Also, **calif, kaliph, khalif, khalifa.**

call /kɔl/ *v.t.* **1.** to cry out in a loud voice. **2.** (of a bird or other animal) to utter (its characteristic cry). **3.** to announce; proclaim: *to call a halt.* **4.** to attract the attention of by loudly uttering something. **5.** to command or request to come; summon: *the boy was called by his mother; to call a cab; to call a witness.* **6.** to telephone: *to call a friend.* **7.** to give a name to; name: *his parents named him James but the boys call him Jim.* **8.** to designate as something specified: *he called me a liar.* **9.** *Cards* to bid. **10. a.** to nominate (heads or tails) to win the toss of a coin. **b.** to nominate (one of two possible choices, as rough or smooth) using objects other than coins to determine an outcome in a selection process. **11.** to describe (a race, sporting event, etc.) on radio or television, or over the broadcasting system at the venue. *-v.i.* **12.** to speak loudly, as to attract attention; shout; cry: *to call for help.* **13.** (of a bird or animal) to utter its characteristic cry. **14.** to make a short visit; stop at a place on some errand or business: *he called at the shop to pick up the groceries.* **15.** to telephone. **16.** to announce the result of a contest, etc.: *the election was too close to call.* *-n.* **17.** a cry or shout. **18.** the cry of a bird or other animal. **19.** a summons or signal sounded by a bugle, bell, etc. **20.** a short visit: *to make a call on someone.* **21.** a telephone conversation. **22.** a summons; invitation; bidding. **23.** a sense of divine appointment to a vocation or service. **24.** a need or occasion. **25.** the verbal description of a race or other sporting event by a commentator on radio or television, or over the broadcasting system at the venue. **26.** → **call option. 27.** *Cards* a bid. **28.** (in random selection processes such as tossing a coin) the chance to nominate the winning option: *it's your call* **29.** a demand for payment of an obligation, especially where payment is at the option of the creditor. **30.** *Stock Exchange* the option of claiming stock at or before a given date. **31.** a decision to say or do something or act in a certain way: *he swore at the footballers drinking at the bar - a dodgy call in anyone's books.* *-adj.* **32.** *Commerce* repayable on demand: *call money; a call loan.* *-phr.*

33. call after, to hail; recall.

34. call back, a. to recall; summon or bring back. **b.** to telephone a further time or in reply.

35. call down, , a. to invoke from above; cause to descend. **b.** to reprimand; scold.

36. call for, a. to go and get. **b.** to require; demand; need. **c.** to advocate: *the minister called for tougher penalties.*

37. call forth, to bring or summon into action.

38. call in, a. to collect: *to call in debts.* **b.** to withdraw from circulation: *to call in gold; to call in notes.* **c.** to invite; summon to or as to one's assistance.

39. call in (or **into**) **question,** to throw doubt upon.

40. call into being, to create.

41. call into play, to activate.

42. call it a day, to bring an activity to a close whether temporarily or permanently.

43. call off, a. to order to desist. **b.** to cancel or postpone.

44. call of nature, *Colloquial (euphemistic)* the desire or need to urinate or defecate.

45. call of the wild, the desire to return to a freer natural habitat or lifestyle: *the caged leopard felt the call of the wild.*

46. call on, a. to appeal to. **b.** to make a short visit to: *to call on friends.*

47. call out, a. to utter in a loud voice. **b.** to summon into service: *to call out the militia.*

48. call someone's attention to, to bring to someone's notice: *he called the police officer's attention to the disturbance.*

49. call up, a. to bring into action, discussion, etc. **b.** to require payment of. **c.** to ask for payment of (all or part of the unpaid part of a company's share capital). **d.** to summon for military service, jury duty, shiftwork, etc. **e.** to recollect: *to call up my sorrows afresh.* **f.** to telephone.

50. good call, (an exclamation expressing approval for what is considered to be a good decision, analysis, etc.).

51. on call, a. Also, **at call.** *Commerce* payable or subject to return without advance notice. **b.** (of doctors, etc.) available for duty at short notice.

52. the call, a. permission from the chair to speak at a meeting: *the minister was given the call.* **b.** *Two-up* the right to call, that is, to nominate either heads or tails to win the toss. **-callable** *adj.*

caller ID *n. Telecommunications* a facility on a telephonic device which displays details of an incoming call, such as the caller's name and telephone number.

callgirl /'kɔlgəl/ *n.* a female prostitute, especially one who makes herself available for appointments by telephone.

calli- a word element meaning 'beauty'.

calligraphy /kə'lɪgrəfi/ *n.* handwriting; penmanship. **–calligrapher, calligraphist** *n.* **–calligraphic** /kælə'græfɪk/ *adj.*

calling /'kɔlɪŋ/ *n.* **1.** a vocation, profession, or trade. **2.** a summons. **3.** an invitation.

calliper /'kæləpə/ *n.* **1.** (*usually plural*) a tool in its simplest form having two legs and resembling a draughtsman's compass, used for obtaining inside and outside measurements, especially across curved surfaces. **2.** *Medicine* an appliance used on limbs to provide external support or correct deformities. Also, **caliper**.

callisthenics /kæləs'θɛnɪks/ *n.* (*construed as plural*) light gymnastic exercises designed to develop grace as well as organic vigour and health. Also, **calisthenics**. **–callisthenic** *adj.*

call option *n. Stock Exchange* the right to buy a specified parcel of shares at an agreed price within a specified period of time.

callous /'kæləs/ *adj.* **1.** hardened. **2.** hardened in mind, feelings, etc. **3.** having a callus; hardened, as parts of the skin exposed to friction. **–callously** *adv.* **–callousness** *n.*

callow /'kæloʊ/ *adj.* immature or inexperienced: *a callow youth.* **–callowness** *n.*

callus /'kæləs/ *n.* **-luses**. **1.** *Pathology, Physiology* a hardened or thickened part of the skin; a callosity. **2.** *Botany* the tissue which forms over the wounds of plants, protecting the inner tissues and causing healing.

calm /kam/ *adj.* **1.** without rough motion; still: *a calm sea.* **2.** not windy; of Beaufort scale force nil. **3.** free from excitement or passion; tranquil: *a calm face, voice, manner, etc.* *–v.t.* **2.** to make calm: *calm fears, calm an excited dog, etc.* **–calmly** *adv.* **–calmness** *n.*

calorie /'kæləri/ *n.* **1.** a non-SI unit used to express the heat output of an organism or the energy value of a food. The recommended SI unit is the kilojoule; 1 calorie is equivalent to 4.1868 kJ. *–phr.* **2. count calories**, to be watchful of the amount of food consumed in order to control one's weight.

caltrop /'kæltrəp/ *n.* **1.** *Botany* any of various plants having spiny heads or fruit, especially of the genera *Tribulus* and *Kallstroemia*. **2.** *Military* an iron ball with four projecting spikes so disposed that when the ball is on the ground one of them always points upwards, used to obstruct the passage of cavalry, etc. Also, **caltrap**.

calumny /'kæləmni/ *n.* **-nies**. **1.** a false and malicious statement designed to injure someone's reputation. **2.** slander. **–calumniate** /kə'lʌmnieɪt/ *v.* **–calumniation** /kə,lʌmni'eɪʃən/ *n.* **–calumnious** /kə'lʌmniəs/ *adj.*

calve /kav/ *v.i.* **calved, calving**. **1.** to give birth to a calf. **2.** (of a glacier, iceberg, etc.) to give off a detached piece.

calves /kavz/ *n.* plural of **calf**.

calypso /kə'lɪpsoʊ/ *n.* **-sos**. a song, based on a musical pattern of West Indian origin, with topical, usually improvised lyrics.

calyx /'keɪlɪks, 'kæl-/ *n.* **calyces** /'kæləsiz, 'keɪ-/ *or* **calyxes**. *Botany* the outermost group of floral parts, usually green; the sepals.

cam /kæm/ *n.* a device for converting regular rotary or straight line motion into irregular rotary or reciprocating motion, etc., commonly consisting of an oval-, needle-, or heart-shaped, or other specially shaped flat piece, an eccentric wheel or the like, fastened on and revolving with a shaft, and engaging with another mechanism.

CAM /kæm/ computer-aided manufacturing.

camaraderie /kæmə'radəri/ *n.* comradeship; close friendship.

camber /'kæmbə/ *v.t.* **1.** to arch slightly; bend or curve upwards in the middle. *–v.i.* **2.** to cause to arch slightly. *–n.* **3.** a slight arching or convexity above, as of a ship's deck or a road surface.

cambist /'kæmbəst/ *n.* a dealer in the foreign exchange market.

came /keɪm/ *v.* past tense of **come**.

camel /'kæməl/ *n.* **1.** either of two large Old World ruminant quadrupeds of the genus *Camelus*, used as beasts of burden: **a.** the **Arabian camel**, or dromedary, with one hump (*C. dromedarius*). **b.** the **Bactrian camel**, with two humps (*C. bactrianus*). **2.** a brown colour somewhat lighter than fawn. **–camelish, camel-like** *adj.*

camellia /kə'mɪljə/ *n.* one of several species of the genus *Camellia*, shrubs or trees, native to Asia, with glossy evergreen leaves and white, pink, red, or variegated waxy roselike flowers, familiar in cultivation.

camembert /'kæməmbɛə/ *n.* a rich, cream-coloured variety of soft, ripened cheese, usually made in small, flat, round loaves, covered with a thin greyish-white rind.

cameo /'kæmioʊ/ *n.* **-os**, *adj.* *–n.* **1.** an engraving in relief upon a gem, stone, etc., with differently coloured layers of the stone often utilised to produce a background of one hue and a design of another. **2.** a short piece of ornate, highly polished writing. *–adj.* **3.** having to do with a short performance or appearance in a play or film by a celebrity: *a cameo part.*

camera /'kæmrə, 'kæmərə/ *n.* **-eras** *for defs 1 and 2* **-erae** /-əri/ *for def. 3* *–n.* **1.** a photographic apparatus in which a sensitive plate or film is exposed, the image being formed by means of a lens. **2.** (in a television transmitting apparatus) the device in which the picture to be televised is formed before it is changed into electrical signals. **3.** a judge's private room. *–phr.* **4. in camera**, *a. Law* in the privacy of a judge's chambers, with the public excluded. *b.* in private; in secret: *the meeting was held in camera.*

camisole /'kæməsoʊl/ *n.* **1.** a decorative item of women's underwear, worn under a thin outer bodice. **2.** a woman's simple top with narrow shoulder straps.

camomile /'kæməmaɪl/ *n.* → **chamomile**.

camouflage /'kæməflaʒ, -fladʒ/ *n., v.* **-flaged, -flaging**. *–n.* **1.** the means by which any object or creature renders itself indistinguishable from its background, as by assuming the colour, shape, or texture of objects in that background. **2.** disguise; deception; false pretence. *–v.t.* **3.** to disguise, hide, or deceive by means of camouflage: *camouflaged ships.*

camp[1] /kæmp/ *n.* **1.** a group of tents, caravans, or other temporary shelters in one place. **2.** the persons sojourning in such shelters. **3.** the place where the shelters are situated; a camping ground. **4.** a place where people travelling in the bush, such as stock workers, drovers, etc., stop for the night, usually establishing primitive shelter and cooking facilities. **5.** an overnight resting place for livestock. **6.** a site where soldiers are housed, in structures originally intended to be temporary. **7.** army life. **8.** a group of people favouring the same ideals, doctrines, etc.: *the socialist camp.* *–v.i.* **9.** to establish or pitch a camp. **10.** (of livestock) to assemble or rest at a favoured place. **11.** *Colloquial* to sleep: *you take that bed, I'll camp here.* *–v.t.* **12.** to put or station (troops, etc.) in a camp shelter. *–phr.* **13. camp out**, to seek temporary shelter in a camp. **14. make camp**, to establish a camp. **15. strike camp**, to disassemble and remove the tents, equipment, etc., of a camp. **–camper** *n.*

camp[2] /kæmp/ *adj.* **1.** exaggerated and often amus-

campaign 112 **candle**

ing or effeminate in style. **2.** (of a male) homosexual. **3.** (of a male) effeminate; given to acting and speaking with exaggerated mannerisms. –*n*. **4.** an exaggerated, often amusing or effeminate style, mannerism, or the like. **5.** a male homosexual. –*v.i.* **6.** to act in a camp manner. –*phr.* **7. camp as a row of (pink) tents**, *Colloquial* ostentatiously homosexual. **8. camp it up, a.** to make an ostentatious or affected display. **b.** to flaunt homosexuality. **9. camp up**, to perform or imbue (something) with a camp quality: *he camped up his performance of Othello*. **10. high camp**, behaviour or performance heavily marked with camp features.

campaign /kæm'peɪn/ *n*. **1.** the military operations of an army in the field during one season or enterprise. **2.** any course of aggressive activities for some special purpose: *a sales campaign*. –**campaigner** *n*.

campervan /'kæmpəvæn/ *n., v.* **-vanned, vanning.** –*n*. **1.** a motor van in which people may live, usually temporarily, furnished with beds, stove, sink, etc. –*v.i.* **2.** to live, as for a holiday, in a campervan. –**campervanner** *n*. –**campervanning** *n*.

camphor /'kæmfə/ *n*. **1.** a whitish, translucent, crystalline, pleasant-smelling compound, $C_{10}H_{16}O$, obtained chiefly from the camphor laurel and used in medicine, the manufacture of celluloid, etc. **2.** any of various similar substances, for household use as an insect deterrent. –**camphoric** /kæm'fɒrɪk/ *adj*.

campus /'kæmpəs/ *n*. **1.** the grounds of a university or other institute of higher education. **2.** such a university, etc.

can¹ /kæn/ *weak forms* /kən, kn/ *or, if followed by k or g,* /kŋ/ *v. present singular 1* **can** *present singular 1* **can** *or Archaic,* **canst,** *3* **can, could.** –*v. modal*) **1.** to know how to: *he can speak Chinese*. **2.** to be able to; have the strength, means, authority to: *I can't reach the top shelf; can you help me?* **3.** to have permission to: *you can go now; can I speak to you a moment?* **4.** (used with verbs of perception, etc.): *I can hear music*. **5.** (referring to a possible event or situation): *the desk can go here and the lamp can go there; we can have another meeting next week; you can go by bus or by train; you can't get blood from a stone*. **6.** to happen or be true on certain occasions or in certain instances: *it can get lonely in the evenings; excessive thirst can be a symptom of diabetes*. **7.** (used in requests): *can you help me with this?* **8.** (used in emphatic commands): *you can mind your own business!; he can get rooted!* –*phr.* **9. can do**, *Colloquial* (an exclamation indicating that a request can be satisfactorily met). **10. no can do**, *Colloquial* (an exclamation indicating that a request cannot be satisfactorily met).

can² /kæn/ *n., v.* **canned, canning.** –*n*. **1.** a container, sometimes sealed, usually for a liquid and made of sheet iron coated with tin or other metal. **2.** a tin (def. 4). **3.** the contents of a can. **4.** a drinking vessel. **5.** a dustbin. **6.** (*plural*) *Colloquial* a set of earphones. **7.** *US Colloquial* a toilet. **8.** *US Colloquial* the buttocks. –*v.t.* **9. a.** to put in a container, usually sealed for preservation. **b.** to withhold or put aside (a report, film, etc.). **10.** *Colloquial* to dismiss; fire. **11.** *Colloquial* to criticise harshly: *to can a performance* –*phr.* **12. can it**, *Colloquial* to be or become silent. **13. can of worms**, *Colloquial* a situation, problem, etc., bristling with difficulties. **14. carry the can**, *Colloquial* to take the blame. **15. in the can, a.** (of a film) ready for distribution; filmed, developed, and edited. **b.** completed; made final. **16. kick the ... can**, to stir up a predictable reaction of fear and resentment in the community against a particular group ideology, usually to discredit a political opponent: *to kick the Communist can*. **17. the can**, *Colloquial* **a.** jail. **b.** the blame for something: *to take the can*. **c.** dismissal. –**canning** *n*.

canal /kə'næl/ *n*. **1.** an artificial waterway for navigation, drainage, irrigation, etc. **2.** a long, narrow arm of the sea penetrating land far inland. **3.** a tubular passage or cavity for food, air, etc., especially in an animal or plant; a duct.

canapé /'kænəpeɪ/ *n*. a thin piece of bread, toast, etc., spread or topped with cheese, caviar, anchovies, or other appetising foods.

canary /kə'nɛəri/ *n.* **-ries. 1.** Also, **canary bird**. a well-known cage bird, a kind of finch, *Serinus canarius*, native to the Canary Islands, and originally of a brownish or greenish colour, but through modification in the domesticated state now usually a bright, clear yellow. **2.** Also, **canary yellow**. a bright, clear yellow colour.

canasta /kə'næstə/ *n*. a card game of the rummy family in which the main object is to meld sets of seven or more cards.

cancel /'kænsəl/ *v.* **-celled** *or Chiefly US* **-celed, -celling** *or Chiefly US* **-celing.** –*v.t.* **1.** to decide not to proceed with (a previously arranged appointment, meeting, event, etc.). **2.** to cross out (writing, etc.) by drawing a line through. **3.** to make (something) no longer legal or effective. **4.** to mark or make a hole in (a postage stamp, bus ticket, etc.) so it cannot be used again. **5.** to call off (something arranged): *to cancel a picnic*. **6.** *Mathematics* to cross out (a factor common to both terms of a fraction, equal terms on opposite sides of an equation, etc.). –*phr.* **7. cancel out**, to make up for; counterbalance. –**cancellation** /ˌkænsə'leɪʃən/ *n*. –**canceller** *n*.

cancer /'kænsə/ *n*. *Pathology* a malignant and invasive growth or tumour, especially one originating in epithelium, tending to recur after excision and to metastasise to other sites. **2.** any evil condition or thing that spreads destructively. –**cancerous** *adj*.

candela /kæn'dilə, -'deɪlə/ *n*. the SI base unit of luminous intensity; the luminous intensity in the perpendicular direction of a surface of 1/600 000 of one square metre of a black body radiator at the temperature of solidification of platinum under a pressure of 101 325 pascals. *Symbol:* cd

candelabrum /ˌkændə'læbrəm/ *n*. **-bra** /-brə/. an ornamental branched candlestick.

candid /'kændəd/ *adj*. **1.** frank; outspoken; open and sincere: *candid account*. **2.** honest; impartial: *a candid mind*. **3.** (of a photograph) unposed or informal. –**candidly** *adv*. –**candidness** *n*.

candidate /'kændədeɪt, -dət/ *n*. **1.** someone who seeks an office, an honour, etc. **2.** someone who is selected by others as a contestant for an office, etc. **3.** someone who seeks an academic qualification or the like, usually by examination. **4.** *Colloquial* a suitable subject: *that idea is a candidate for the wastepaper basket*. –**candidacy** /'kændədəsi/, **candidature** /'kændədətʃə/, **candidateship** *n*.

candied /'kændid/ *adj*. **1.** impregnated or encrusted with or as with sugar. **2.** crystallised, as sugar, honey, etc. **3.** honeyed or sweet; flattering.

candle /'kændl/ *n*. **1.** a long, usually slender, piece of tallow, wax, etc., with an embedded wick, burnt to give light. –*v.i.* **2.** to examine (especially eggs for freshness) by holding between the eye and a light. –*phr.* **3. burn the candle at both ends**, to lead a too strenuous existence; attempt to do too much, as by making an excessive demand on one's available energy, rising early and retiring late, etc. **4. can hold a candle to**, (*always with*

candour /ˈkændə/ *n.* **1.** frankness, as of speech; sincerity; honesty. **2.** freedom from bias; fairness; impartiality.

candour = candor

candy /ˈkændi/ *n.* **-dies**, *v.* **-died, -dying.** *—n.* **1.** a sweet made of sugar crystallised by boiling. *—v.t.* **2.** to cook in heavy syrup until transparent, as fruit, fruit peel, or ginger. **3.** to reduce (sugar, etc.) to a crystalline form, usually by boiling down. **4.** to make sweet, palatable, or agreeable.

cane /keɪn/ *n.*, *v.* **caned, caning.** *—n.* **1.** a long, thin, jointed, woody stem of certain plants, such as bamboo. **2.** a stick used for punishing school children. **3.** a walking stick. **4.** rattan used in weaving chairs, etc. *—v.t.* **5.** to beat with a cane. **6.** to make or fit with cane: *to cane chairs.* **—caner** *n.*

cane grass *n.* a tall rigid perennial grass, *Eragrostis australasica*, of inland swamps and lagoons of northern Australia.

cane toad *n.* a large toad, *Bufo marinus*, native to South America and introduced into north-eastern Australia in an unsuccessful attempt to control sugarcane insect pests, now itself a pest; bufo.

canine /ˈkeɪnaɪn/ *adj.* **1.** of or like a dog; relating to or characteristic of dogs. *—n.* **2.** *Anatomy, Zoology* one of the four pointed teeth, especially prominent in dogs, situated one on each side of each jaw, next to the incisors. **3.** *Zoology* any animal of the dog family, the Canidae, including the wolves, jackals, hyenas, coyotes, and foxes.

canister /ˈkænəstə/ *n.* a small box, usually of metal, for holding tea, coffee, etc.

canker /ˈkæŋkə/ *n.* **1.** *Medicine, Veterinary Science* an ulcerous sore or disease. **2.** *Botany* a stem disease. **3.** anything that rots, infects, or destroys. *—v.t.* **4.** to infect; corrupt. *—v.i.* **5.** to become cankered.

cannabis /ˈkænəbəs/ *n.* marijuana; the dried pistillate parts of Indian hemp.

cannelloni /kænəˈlouni/ *pl. n.* tubular or rolled pieces of pasta usually filled with a mixture of meat or cheese and served with a tomato or cream sauce.

cannery /ˈkænəri/ *n.* **-ries.** a place where meat, fish, fruit, etc., are canned.

cannibal /ˈkænəbəl/ *n.* **1.** a human being who eats human flesh. **2.** any animal that eats its own kind. **—cannibalism** *n.* **—cannibalistic** /kænəbəˈlɪstɪk/ *adj.*

cannibal star *n. Astronomy* a small dense star which, because of the attraction it exerts on a larger, less dense mass, is able to draw matter on the periphery of a larger star to itself.

cannon /ˈkænən/ *n.* **-nons,** (*especially collectively*) **-non. 1.** a large ancient gun for firing heavy projectiles, mounted on a carriage. **2.** a powerful automatic gun for firing explosive shells. **3.** *Machinery* a hollow cylinder fitted over a shaft and capable of revolving independently. **4.** Also, **cannon bit, canon bit.** the part of a bit that is in the horse's mouth. **5.** *Billiards* a shot in which the ball struck with the cue is made to hit two balls in succession. **6.** any strike and rebound, as a ball striking a wall and glancing off. *—phr.* **7. cannon into,** to come into collision with; crash into.

cannot /ˈkænɒt, kæˈnɒt/ *v.* a form of **can not**.

canny /ˈkæni/ *adj.* **-nier, -niest. 1.** careful; cautious; wary. **2.** knowing; sagacious; shrewd; astute. **—canniness** *n.*

canoe /kəˈnu/ *n.*, *v.* **canoed, canoeing.** *—n.* **1.** any light and narrow boat that is propelled by one or more paddles in place of oars. *—v.i.* **2.** to paddle a canoe. **3.** to go in a canoe. *—phr.* **4. paddle one's own canoe,** to be independent; manage on one's own. **—canoeing** *n.* **—canoeist** *n.*

canola /kəˈnoulə/ *n.* a variety of rapeseed from which is produced an oil extract for human consumption and a meal for livestock feed.

canon¹ /ˈkænən/ *n.* **1.** the law or body of laws of a church. **2.** any rule, law, principle, or standard. **3.** an officially accepted set of holy books. **4.** a list of works of a writer generally accepted as genuine. **5.** *Roman Catholic Church* a list of recognised saints. **6.** *Music* a piece in which the same tune is played or sung by two or more parts overlapping each other.

canon² /ˈkænən/ *n.* one of a body of dignitaries or prebendaries attached to a cathedral or a collegiate church; a member of the chapter of a cathedral or a collegiate church. **—canonry** *n.*

canonise = canonize /ˈkænənaɪz/ *v.t.* **-nised, -nising. 1.** *Ecclesiastical* to place in the canon of saints. **2.** to glorify. **—canonisation** /kænənaɪˈzeɪʃən/ *n.*

canoodle /kəˈnudl/ *v.i.* **-dled, -dling.** *Colloquial* to indulge in fondling and petting.

canopy /ˈkænəpi/ *n.* **-pies. 1.** a covering suspended or supported over a throne, bed, etc., or held over a person, sacred object, etc. **2.** an overhanging protection or shelter. **3.** the sky. **4.** the fabric body of a parachute.

cant¹ /kænt/ *n.* **1.** insincere statements, especially conventional pretence of enthusiasm for high ideals; insincere expressions of goodness or piety. **2.** the words, phrases, etc., peculiar to a particular class, party, profession, etc. **3.** whining or singsong speech, especially of beggars. **—canter** *n.*

cant² /kænt/ *n.* **1.** a slope; slant. **2.** a sudden movement that tilts or overturns something. *—v.t.* **3.** to put in an oblique position; tilt; turn. *—v.i.* **4.** to take or have an inclined position; tilt; turn.

can't /kant/ *v.* contraction of **cannot**.

cantaloupe /ˈkæntəlup/ *n.* → **rockmelon.** Also, **cantaloup.**

cantankerous /kænˈtæŋkərəs/ *adj.* ill-natured; quarrelsome; perverse or contrary, as in disposition: *a cantankerous old maid.* **—cantankerously** *adv.* **—cantankerousness** *n.*

cantata /kænˈtatə/ *n.* a vocal and instrumental composition, either sacred or secular, resembling a short oratorio, such as a lyric drama set to music but not to be acted.

canteen /kænˈtin/ *n.* **1.** a restaurant or cafeteria attached to a factory, office, etc. **2.** a school tuckshop. **3.** a temporary food supply set up during an emergency. **4.** a box containing a set of plate or cutlery. **5.** a small container used by soldiers and others for carrying water or other liquids.

canter /ˈkæntə/ *n.* **1.** an easy gait of a horse (or other quadruped) in which in the course of each stride three feet are off the ground at once; between a trot and a gallop in speed. *—v.i.* **2.** to go or ride at a canter.

canticle /ˈkæntɪkəl/ *n.* **1.** one of the non-metrical hymns or chants, chiefly from the Bible, used in church services. **2.** (*cap.*) (*plural*) a book of the Old Testament, also known as the *Song of Solomon.*

cantilever /ˈkæntəlivə/ *n.* **1.** *Machinery* a free part of any horizontal member projecting beyond a support. **2.** *Civil Engineering* either of two bracket-like arms projecting towards each other from opposite banks or piers, serving to form the span of a bridge (**cantilever bridge**) when united.

canto /ˈkæntou/ *n.* **-tos. 1.** one of the main or larger divisions of a long poem, as in Dante's

Inferno. **2.** *Music* a song or melody.
canton /'kæntɒn, kæn'tɒn/ *n*. **1.** a small territorial district, especially one of the states of the Swiss confederation. **2.** a division, part, or portion of anything. –**cantonal** /'kæntənəl/ *adj*.
cantor /'kæntə/ *n*. an officer whose duty is to lead the singing in a cathedral or in a collegiate or parish church; a precentor.
canvas /'kænvəs/ *n*. **1.** a closely woven, heavy cloth of cotton or other fibres, used for tents, sails, etc. **2.** a piece of canvas on which an oil painting is done. **3.** tent(s): *campers living under canvas*. **4.** sails collectively: *a ship under full canvas*. **5.** a fabric, usually stiff, of coarse loose weave, used as a base for embroidery, etc.
canvass /'kænvəs/ *v.t.* **1.** to solicit votes, subscriptions, opinions, etc., from (a district, group of people, etc.). **2.** to engage in a political campaign. **3.** to examine carefully; investigate by inquiry; discuss; debate. –**canvasser** *n*.
canyon /'kænjən/ *n*. a deep valley with steep sides, often with a stream flowing through it.
cap /kæp/ *n., v.* **capped, capping**. –*n*. **1.** a covering for the head, especially one fitting closely and made of softer material than a hat, and having little or no brim, but often having a peak, as worn by schoolboys. **2.** the flat, peaked headdress worn by soldiers and others. **3.** a special headdress denoting rank, occupation, etc.: *a cardinal's cap; a nurse's cap*. **4. a.** a headdress denoting that the wearer has been selected for a special team, as one representing his or her country, in certain sports, as cricket. **b.** membership of such a team. **5.** a close-fitting waterproof headdress worn when swimming, etc. **6.** the detachable protective top of a fountain pen, jar, etc. **7.** *Dentistry* → **crown** (def. 11b). **8.** the top or upper surface, as of a wave, etc. **9.** *Botany* the pileus of a mushroom. **10.** a noisemaking device for toy pistols, made of a small quantity of explosive wrapped in paper or other thin material. **11.** → **diaphragm** (def. 4). –*v.t.* **12.** to provide or cover with or as with a cap. **13.** to seal off (a gas or oil well). **14.** *Dentistry* → **crown** (def. 15). **15.** to select as a member of a representative team in football, cricket, etc. **16.** *NZ* to confer a degree on. **17.** to complete. **18.** (sometimes fol. by *with*) to surpass; follow up, especially with something as good or better, as a story, sporting achievement, etc. –*phr.* **19. cap and gown**, academic dress. **20. cap in hand**, humbly, submissively; as a suppliant. **21. cap off**, to conclude satisfactorily. **22. if the cap fits, wear it**, if the judgment applies, accept it. **23. set one's cap at**, to try to capture the admiration and attention of; try to secure as a lover.
capable /'keɪpəbəl/ *adj*. **1.** having much intelligence or ability; competent; efficient; able: *a capable instructor*. –*phr*. **2. capable of, a.** having the ability, strength, etc., to; qualified or fitted for. **b.** susceptible to; open to the influence or effect of. **c.** predisposed to; inclined to. –**capability** *n*. –**capably** *adv*.
capacious /kə'peɪʃəs/ *adj*. capable of holding much. –**capaciously** *adv*. –**capaciousness** *n*.
capacitance /kə'pæsətəns/ *n. Electricity* **1.** the property of a system which enables it to store electrical charge. **2.** the extent of this, usually measured in farads; electrical capacity.
capacitor /kə'pæsətə/ *n. Electricity* a device for accumulating and holding an electric charge, consisting of two conducting surfaces separated by an insulator or dielectric; a condenser.
capacity /kə'pæsəti/ *n.* **-ties**. **1.** the ability to contain, absorb, or hold. **2.** volume; content. **3.** mental ability: *the capacity of a student*. **4.** power, ability, or possibility of doing something (fol. by *of, for*, or infinitive): *capacity for self-protection; capacity to act quickly*. **5.** position; function: *in the capacity of a legal adviser*. **6.** maximum output: *factory working at capacity*.
cape¹ /keɪp/ *n*. a sleeveless garment fastened round the neck and falling loosely over the shoulders, worn separately or attached to a coat, etc.
cape² /keɪp/ *n*. a piece of land jutting into the sea or some other body of water.
caper¹ /'keɪpə/ *v.i.* **1.** to leap or skip about in a sprightly manner; prance. –*n.* **2.** a prank; capricious action; harebrained escapade. –**caperer** *n*.
caper² /'keɪpə/ *n*. **1.** a shrub, *Capparis spinosa*, of Mediterranean regions. **2.** its flower bud, which is pickled and used for garnish or seasoning.
capillary /kə'pɪləri/ *n.* **-laries**, *adj.* –*n*. **1.** *Anatomy* one of the minute blood vessels between the terminations of the arteries and the beginnings of the veins. –*adj*. **2.** having to do with a tube of fine bore. **3.** *Physics* having to do with the property of surface tension. **4.** *Botany* resembling hair in the manner of growth or in shape. **5.** *Anatomy* having to do with a capillary or capillaries. –**capillarity** *n*.
capital¹ /'kæpətl/ *n*. **1.** a city or town which is the official seat of government in a country, state, etc. **2.** a capital (upper case) letter. **3.** the wealth, in money or property, owned by an individual, firm, etc. **4.** any form of wealth used to produce more wealth. **5.** the ownership interest in a business. **6.** any source of profit, advantage, power, etc.: *he tried to make capital out of a chance situation*. **7.** (*often cap*.) capitalists as a group or class. –*adj*. **8.** relating to capital: *capital stock*. **9.** highly important. **10.** chief, especially as being the seat of government. **11.** excellent or first-rate. **12.** (of letters) of the large size used at the beginning of a sentence or as the first letter of a proper name. **13.** involving the loss of life, usually as punishment: *a capital offence*.
capital² /'kæpətl/ *n. Architecture* the head, or uppermost part, of a column, pillar, etc.
capital expenditure *n*. an addition to the value of a fixed asset, as by the purchase of a new building.
capital gains *pl. n*. profits from the sale of capital assets, such as bonds, real property, etc.
capital-intensive /'kæpətl-ɪn,tɛnsɪv/ *adj*. having to do with an industry which, while requiring relatively little labour, requires a high capital investment in plant, etc. (opposed to *labour-intensive*).
capitalise = capitalize /'kæpətəlaɪz/ *v.t.* **-lised, -lising**. **1.** to write or print in capital letters, or with an initial capital. **2.** to authorise a certain amount of stocks and bonds in the corporate charter: *to capitalise a company*. **3.** to convert (floating debt) into stock or shares. **4.** *Accounting* to set up (expenditures) as business assets in the books of account instead of treating as expense. **5.** to supply with capital. **6.** to estimate the value of (a stock or an enterprise). –*phr.* **7. capitalise on**, to take advantage of; turn to one's advantage: *capitalise on one's opportunities*. –**capitalisation** /ˌkæpətəlaɪ'zeɪʃən/ *n*.
capitalism /'kæpətəlɪzəm/ *n*. **1.** a system under which the means of production, distribution, and exchange are in large measure privately owned and directed. **2.** Also, **monopoly capitalism**. (especially in Marxist theory) an economic model representing the Western economic systems as one in which money and power are progressively concentrated in the hands of a few. **3.** a system favouring such concentration of wealth.
capitalist /'kæpətəlɪst/ *n*. **1.** someone who has capital, especially extensive capital used in business enterprises. –*adj*. **2.** having to do with capital or

capital levy *n.* a tax based on total assets.

capital stock *n.* **1.** the total shares issued by a company. **2.** the book value of all the shares of a company, including unissued shares and those not completely paid in.

capital sum *n.* the sum stated to be payable on the happening of some event against which insurance has been effected.

capital surplus *n.* the surplus of a business, exclusive of its earned surplus.

capitation /kæpə'teɪʃən/ *n.* **1.** a numbering or assessing by the head. **2.** a poll tax. **3.** a fee for payment of a uniform amount for each person.

capitulate /kə'pɪtʃəleɪt/ *v.i.* **-lated, -lating.** to surrender unconditionally or on stipulated terms.

capper /'kæpə/ *n.* **1.** one who or that which caps. *–phr.* **2. put the capper on**, *NZ Colloquial* finish; give the final touches to.

cappuccino /kæpə'tʃinoʊ/ *n.* coffee made on an espresso machine, topped with hot milk which has been frothed up by passing steam through it.

caprice /kə'pris/ *n.* a sudden change of mind without apparent or adequate motive; whim. **–capricious** /kə'prɪʃəs/ *adj.*

Capricorn /'kæprəkɔn/ *n.* **1.** Also, **Capricornus**. the tenth sign of the zodiac, which the sun enters about 22 December; the Goat. **2.** a person born under the sign of Capricorn, and (according to tradition) exhibiting the typical Capricorn personality traits in some degree. *–adj.* **3.** having to do with Capricorn. **4.** having to do with such a person or personality trait.

capsicum /'kæpsəkəm/ *n.* **1.** any plant of the genus *Capsicum*, as *C. frutescens*, the common pepper of the garden, in many varieties, with mild to hot, pungent seeds enclosed in a podded or bell-shaped pericarp which also ranges from mild to extremely hot. **2.** *Australian* the fruit of these plants, or some preparation of it, used as a condiment and formerly used internally and externally as a local irritant.

capsicum spray *n.* an aerosol spray of oleoresin derived from capsicum, which irritates the face, especially the eyes, used by police to subdue offenders.

capsize /kæp'saɪz/ *v.* **-sized, -sizing.** *–v.i.* **1.** to overturn: *the boat capsized.* *–v.t.* **2.** to upset: *they capsized the boat.*

capslock key /kæps'lɒk ki/ *n.* *Computers* a toggle key on a keyboard which when depressed determines that letters appear in upper case.

capstan /'kæpstən/ *n.* a device resembling a windlass but with a vertical axis, commonly turned by a bar or lever, and winding a cable, for raising weights (as an anchor) or drawing things closer (as a ship to its jetty).

capsule /'kæpʃul, -ʃəl/ *n.* **1.** a small case, envelope, or covering. **2.** a gelatinous case enclosing a dose of medicine; the dose itself. **3.** the compartment of a spacecraft containing the crew or instruments. **4.** the part of a spacecraft or aircraft which is detachable. **5.** anything short or condensed, as a story or news item. **–capsular** *adj.*

captain /'kæptən, 'kæptɪn/ *n.* **1.** a person who is in authority over others; leader. **2.** *Military* See Appendix. *–v.t.* **3.** to lead or command as a captain. **–captaincy** *n.* **–captainship** *n.*

Captain Cooker *n.* *NZ* a wild pig.

caption /'kæpʃən/ *n.* **1.** a heading or title, as of a chapter, article, or page. **2.** *Printing* a legend for a picture or illustration. **3.** *Film* the title of a scene, the text of a speech, etc., shown on the screen.

captious /'kæpʃəs/ *adj.* **1.** apt to make much of trivial faults or defects; fault-finding; difficult to please. **2.** proceeding from a fault-finding or cavilling disposition: *captious remarks*. **3.** apt or designed to ensnare or perplex, especially in argument: *captious questions*. **–captiously** *adv.* **–captiousness** *n.*

captivate /'kæptəveɪt/ *v.t.* **-vated, -vating.** to enthral by beauty or excellence; enchant; charm. **–captivation** /kæptə'veɪʃən/ *n.* **–captivator** *n.*

captive /'kæptɪv/ *n.* **1.** a prisoner. *–adj.* **2.** made or held prisoner. **3.** enslaved by love, etc.; captivated. **–captivity** /kæp'tɪvəti/ *n.*

captor /'kæptə/ *n.* someone who captures.

capture /'kæptʃə/ *v.* **-tured, -turing,** *n.* *–v.t.* **1.** to take by force or stratagem; take prisoner; seize: *the chief was captured*. **2.** *Computers* to transfer (information) to computer-readable form. *–n.* **3.** the act of taking by force or stratagem. **4.** the thing or person captured. **5.** inclusion as data, especially data entered into a computer for analysis. **–capturer** *n.*

car /ka/ *n.* **1.** a motor car. **2.** a railway carriage or wagon. **3.** the part of a balloon, lift, etc., in which the passengers, etc., are carried. *–adj.* **4.** of or relating to a motor car: *a car door*.

carafe /kə'raf, -'ræf, 'kærəf/ *n.* **1.** a glass bottle for water, wine, etc. **2.** the contents of such a bottle.

carambola /kærəm'boʊlə/ *n.* the edible fruit of the carambola tree, *Averrhoa carambola*, native to south-eastern Asia, which is yellow-brown in colour with a deeply ridged skin; star fruit.

caramel /'kærəməl/ *n.* **1.** burnt sugar, used for colouring and flavouring food, etc. **2.** a kind of sweet, commonly in small blocks, made from sugar, butter, milk, etc. **3.** the light brown colour of caramel.

carapace /'kærəpeɪs/ *n.* a shield, test, or shell covering some or all of the dorsal part of an animal.

carat /'kærət/ *n.* Also, **metric carat**. a unit of weight in gemstones, 0.2×10^{-3} kg. *Abbrev.:* CM **2.** a twenty-fourth part (used in expressing the fineness of gold, pure gold being 24 carats fine).

caravan /'kærəvæn/ *n.* **1.** a vehicle in which people may live, whether temporarily or permanently, usually having two wheels and designed to be drawn by a car. **2.** such a vehicle having four cartwheels and horse-drawn, traditionally inhabited by gipsies and circus folk, etc. **3.** a group of merchants or others travelling together, as for safety, especially over deserts, etc., in Asia or Africa.

caraway /'kærəweɪ/ *n.* **1.** an umbelliferous condimental herb, *Carum carvi*, bearing aromatic seed-like fruit (**caraway seeds**) used in cookery and medicine. **2.** the fruit or seeds.

carbine /'kabaɪn, 'kabən/ *n.* **1.** (formerly) a short rifle for cavalry use. **2.** a light semi-automatic or fully automatic rifle of a carbine type, as an armalite, useful in circumstances that restrict movement or in difficult terrain.

carbo- a word element meaning 'carbon', as in *carborundum*. Also, **carb-**.

carbohydrate /kabə'haɪdreɪt/ *n.* any of a class of organic compounds having the general formula $C_x(H_2O)_y$, including cellulose, starch, glycogen, and sugars such as glucose. Cellulose is the main structural material in plants, and the sugars, etc. are the main food and energy source for animals.

carbon /'kabən/ *n.* **1.** *Chemistry* a widely distributed element which forms organic compounds in combination with hydrogen, oxygen, etc., and which occurs in a pure state as charcoal. *Symbol:* C; *relative atomic mass:* 12.011; *at. no.:* 6; *density:* (of diamond) 3.51 at 20°C; (of graphite) 2.26 at 20°C. **2.** a sheet of carbon paper. **3.** a

carbon copy. –**carbonaceous** /kabə'neɪʃəs/ adj.
carbonate /'kabəneɪt, -nət/ n., /'kabəneɪt/ v. **-nated, -nating.** –n. **1.** Chemistry a salt of carbonic acid, as calcium carbonate, CaCO₃. –v.t. **2.** to charge or impregnate with carbon dioxide. –**carbonation** /kabə'neɪʃən/ n. –**carbonated** adj.
carbon dating n. → **radiocarbon dating**.
carbon dioxide /kabən daɪ'ɒksaɪd/ n. a colourless, odourless, incombustible gas, CO₂, used extensively in industry as dry ice, and in fizzy drinks, fire extinguishers, etc. It is present in the atmosphere and is formed during respiration.
carbon monoxide /kabən mɒ'nɒksaɪd/ n. a colourless, odourless, poisonous gas, CO, burning with a pale blue flame, formed when carbon burns with an insufficient supply of air.
carbon paper n. **1.** paper faced with a preparation of carbon or other material, used between two sheets of plain paper in order to reproduce upon the lower sheet that which is written or typed on the upper. **2.** a paper for making photographs by the carbon process.
carbon tetrachloride /,- tetrə'klɔraɪd/ n. a non-flammable, colourless liquid, CCl₄, used in medicine, and as a fire extinguisher, cleaning fluid, solvent, etc.
carborundum /kabə'rʌndəm/ n. **1.** Chemistry silicon carbide, SiC, an important abrasive produced in the electric furnace. **2.** a block of this or a similar material for sharpening knives, etc.
carbuncle /'kabʌŋkəl/ n. **1.** a painful circumscribed inflammation of the subcutaneous tissue, resulting in suppuration and sloughing, and having a tendency to spread (somewhat like a boil, but more serious in its effects). **2.** a garnet cut in a convex rounded form without facets. **3.** deep red. –**carbuncled** adj. –**carbuncular** /ka'bʌŋkjələ/ adj.
carburettor /'kabjərɛtə, kabjə'rɛtə/ n. a device in an internal-combustion engine for mixing a volatile fuel with the correct proportion of air in order to form an explosive gas. Also, **carburetter**; US, **carburetor**.
carcase /kakəs/ n. the body of a slaughtered animal after removal of the offal, etc. Also, **carcass**.
carcass /'kakəs/ n. **1.** the dead body of an animal or (now only in contempt) of a human being. **2.** (humorous) a living body. **3.** anything from which life and power are gone. **4.** → **carcase**.
carcinogen /ka'sɪnədʒən/ n. any substance which tends to produce a cancer in a body. –**carcinogenic** /kasənə'dʒɛnɪk/ adj.
carcinoma /kasə'noumə/ n. **-mas** or **-mata** /-mətə/. a malignant and invasive epithelial tumour that spreads by metastasis and often recurs after excision; a cancer.
card¹ /kad/ n. **1.** a piece of stiff paper or thin pasteboard, usually rectangular, for various uses: a business card. **2.** → **postcard**. **3.** a piece of cardboard with more or less elaborate ornamentation, bearing a complimentary greeting: a Christmas card. **4.** one of a set of small pieces of cardboard with spots or figures, used in playing various games, in prognostication, etc. **5.** (plural) a game or games played with such a set. **6.** Colloquial a resource, plan, idea, approach to a problem or proposition, etc.: that's his best card; to have a card up one's sleeve. **7.** a program of events, as at horseraces. **8.** Computers a circuit board. **9.** Colloquial a likeable, amusing, or facetious person. –phr. **10. keep** (or **hold**) (or **play with**) **one's cards close to one's chest**, to be secretive about one's moves. **11. on the cards**, likely to happen. **12. put one's cards on the table**, to speak plainly or candidly; disclose all information in one's possession.

card² /kad/ n. an implement used in disentangling and combing out fibres of wool, flax, etc., preparatory to spinning. –**carder** n.
cardamom /'kadəməm/ n. the aromatic seed capsule of various plants of the genera Amomum and Elettaria, native to tropical Asia, used as a spice or condiment and in medicine.
cardboard /'kadbɔd/ n. **1.** thin, stiff pasteboard. –adj. **2.** made of cardboard. **3.** resembling cardboard in appearance, texture, etc. **4.** existing or performing a function in appearance only; insubstantial: a cardboard prime minister, a cardboard empire.
card-carrying /'kad-kærɪŋ/ adj. possessing full membership, as of a trade union or political party.
cardi- variant of **cardio-** before vowels, as in cardialgia.
cardiac /'kadiæk/ adj. **1.** relating to the heart. **2.** relating to the oesophageal portion of the stomach.
cardigan /'kadɪgən/ n. a knitted jacket made from wool, synthetics, etc.
cardinal /'kadənəl/ adj. **1.** of prime importance; chief; principal; fundamental: of cardinal significance. **2.** deep rich red. –n. **3.** one of the members of the Sacred College of the Roman Catholic Church, ranking next to the pope. –**cardinally** adv. –**cardinalship** n.
cardinal number n. Mathematics a number such as one, two, three, etc., which indicates how many things are in a given set, and not the order in which those things occur (the latter is indicated by the ordinal numbers, first, second, third, etc.).
cardinal points pl. n. the four chief directions of the compass; the north, south, east, and west points.
cardio- a word element meaning 'heart'. Also, **cardi-**.
cardiology /kadi'ɒlədʒi/ n. the study of the heart and its functions. –**cardiologist** n.
cardioplegia /kadiou'plidʒiə, -'plidʒə/ n. the process of stopping the heartbeat for a short period of time during cardiac surgery.
cardiovascular /,kadiou'væskjələ/ adj. relating to the heart and blood vessels.
card reader n. Computers a device which reads data on a card by sensing or analysing the information loaded on it and converting it into electronic messages.
care /kɛə/ n., v. **cared, caring.** –n. **1.** worry; anxiety; concern: care had aged him. **2.** a cause of worry, anxiety, distress, etc.: to be free from care. **3.** serious attention; solicitude; heed; caution: devote great care to work. **4.** protection; charge: under the care of a doctor. **5.** an object of concern or attention. –v.i. **6.** to be troubled; to be affected emotionally. **7.** to be concerned or solicitous; have thought or regard. **8.** to be inclined: I don't care to do it today. –phr. **9. care for, a.** (especially with a negative) to have a liking or taste for: I don't care for cabbage. **b.** to have a fondness or affection for: he cares greatly for her. **c.** to look after; make provision for: the welfare state must care for the needy. **10. care of**, at the address of. Abbrev.: c/o; Symbol: c/–, C/– **11. ... couldn't care less**, Colloquial ... doesn't care at all. **12. take care to**, to be sure to: take care to lock the door.
careen /kə'rin/ v.t. **1.** to cause (a ship) to heel over or lie wholly or partly on its side, as for repairing or the like. –v.i. **2.** to lean, sway, or tip to one side, as a ship. **3.** to careen a ship. **4.** (of a vehicle, aeroplane, etc.) to move rapidly in an uncontrolled way, especially swaying from side to side. –**careenage** n. –**careener** n.
career /kə'rɪə/ n. **1.** general course of action or

carefree /'kɛəfri/ *adj.* without anxiety or worry.

careful /'kɛəfəl/ *adj.* **1.** cautious in one's actions. **2.** taking pains in one's work; exact; thorough. **3.** (of things) done or performed with accuracy or caution. **4.** solicitously mindful. **5.** *Colloquial* mean; parsimonious. **–carefully** *adv.* **–carefulness** *n.*

caregiver /'kɛəgɪvə/ *n.* the person, such as a parent, childcare worker, nurse, etc., who has the responsibility in a paid or unpaid capacity of caring for a dependant.

careless /'kɛələs/ *adj.* **1.** not paying enough attention to what one does. **2.** not exact or thorough: *careless work.* **3.** done or said heedlessly or negligently; unconsidered: *a careless remark.* **4.** not caring or troubling; having no care or concern; unconcerned: *careless of what people thought; careless about his health.* **–carelessly** *adv.* **–carelessness** *n.*

carer /'kɛərə/ *n.* someone who, in a voluntary or professional capacity, has the care of someone else, as a patient, child, etc.

caress /kə'rɛs/ *n.* **1.** an act or gesture expressing affection, as an embrace, pat, kiss, etc. *–v.t.* **2.** to touch or pat gently to show affection. **–caresser** *n.* **–caressingly** *adv.*

caret /'kærət/ *n.* **1.** a mark (∧) made in written or printed matter to show the place where something is to be inserted. **2.** *Computers* the symbol ^. **3.** *Computers* this symbol used to signify the Control key.

caretaker /'kɛəteɪkə/ *n.* **1.** someone who takes care of a thing or place, especially one whose job is to maintain and protect a building or group of buildings. *–adj.* **2.** holding office temporarily until a new appointment, election, etc., can be made, as an administration.

careworker /'kɛəwɜkə/ *n.* someone employed as a caregiver, such as a nurse, social worker, childcare worker, etc.

cargo /'kagou/ *n.* **-goes** *or* **-gos**. **1.** the lading or freight of a ship. **2.** load.

caribou /'kærəbu/ *n.* **-bou**. any of several North American species or varieties of reindeer, especially *Rangifer caribou* and *R. tarandus*.

caricature /'kærəkətʃʊə/ *n.* a picture, description, etc., ludicrously exaggerating the peculiarities or defects of persons or things. **–caricaturist** *n.*

caries /'kɛəriz/ *n.* decay, as of bone or teeth, or of plant tissue.

carillon /kə'rɪljən/ *n.* **1.** a set of stationary bells hung in a tower and sounded by manual or pedal action, or by machinery. **2.** a melody played on such bells. **3.** an organ stop which imitates the peal of bells. **4.** a set of horizontal metal plates, struck by hammers, used in the modern orchestra.

car-jack /'ka-dʒæk/ *v.t.* to steal (a car) by forcing the driver to vacate it, or by forcing the driver to drive to a chosen destination. **–car-jacker** *n.* **–car-jacking** *n.*

cark /kak/ *v.i. Australian, NZ Colloquial* **1.** to collapse; die. *–phr.* **2. cark it, a.** to collapse; die. **b.** (of a machine) to fail; break down.

carmine /'kamaɪn/ *n.* **1.** a crimson or purplish red colour. **2.** a crimson pigment obtained from cochineal.

carnage /'kanɪdʒ/ *n.* the slaughter of a great number, as in battle; butchery; massacre.

carnal /'kanəl/ *adj.* **1.** not spiritual; merely human; temporal; worldly. **2.** relating to the flesh or the body, its passions and appetites; sensual. **3.** sexual. **–carnality** /ka'næləti/ *n.* **–carnally** *adv.*

carnal knowledge *n.* **1.** sexual intercourse, especially with someone under the age of consent. **2.** *Law* the penetration, however slight, of the female organ by the male organ.

carnation /ka'neɪʃən/ *n.* **1.** any of numerous cultivated varieties of clove pink, *Dianthus caryophyllus*, with fragrant flowers of various colours. **2.** pink; light red.

carnival /'kanəvəl/ *n.* **1.** revelry and merrymaking, usually riotous and noisy, and accompanied by processions, etc. **2.** a festive procession. **3.** a fair or amusement show, especially one erected temporarily for a period of organised merrymaking. **4.** a series of sporting events as a racing carnival, a surfing carnival, etc.

carnivore /'kanəvɔ/ *n.* **1.** *Zoology* one of the Carnivora, the order of mammals, chiefly flesh-eating, that includes the cats, dogs, bears, seals, etc. **2.** *Botany* a flesh-eating plant.

carnivorous /ka'nɪvərəs/ *adj.* flesh-eating. **–carnivorously** *adv.* **–carnivorousness** *n.*

carob /'kærəb/ *n.* the fruit of a tree, *Ceratonia siliqua*, of the Mediterranean regions, being a long, dry pod containing hard seeds in a sweet pulp, used as animal fodder, and in cookery as a substitute for chocolate.

carol /'kærəl/ *n., v.* **-rolled** *or Chiefly US* **-roled**, **-rolling** *or Chiefly US* **-roling**. *–n.* **1.** a song, especially of joy. **2.** a Christmas song or hymn. *–v.i.* **3.** to sing, especially in a lively, joyous manner; warble. **–caroller** *n.*

carotid /kə'rɒtəd/ *n. Anatomy* either of the two great arteries, one on each side of the neck, which carry blood to the head. **–carotidal** *adj.*

carouse /kə'raʊz/ *n., v.* **-roused, -rousing.** *–n.* **1.** a noisy or drunken feast; jovial revelry. *–v.i.* **2.** to engage in a carouse; drink deeply.

carousel /kærə'sɛl/ *n.* **1.** → **merry-go-round** (def. 1). **2.** a tournament in which horseback riders execute various movements in formation. **3.** a revolving device by which luggage is returned to travellers after a journey by plane, ship, bus, etc. **4.** a circular magazine for holding photographic slides. **5.** a revolving tray in a microwave oven, on which the food is placed to ensure even cooking. Also, **carrousel**;

carp¹ /kap/ *v.i.* to find fault; cavil; complain unreasonably: *to carp at minor errors.* **–carper** *n.* **–carpingly** *adv.*

carp² /kap/ *n.* **carp**. **1.** a large, coarse freshwater food fish, *Cyprinus carpio* (family Cyprinidae), commonly bred in ponds and widespread in Australia. **2.** any of various other fishes of the same family.

-carp a noun termination meaning 'fruit', used in botanical terms, as *endocarp*.

carpenter /'kapəntə/ *n.* someone whose job is to erect and fix the wooden parts, etc., in the building of houses and other structures. **–carpentry** *n.*

carpet /'kapət/ *n.* **1.** a heavy fabric, for covering floors. **2.** a covering of such a fabric. **3.** any covering like a carpet: *they walked on the grassy carpet.* *–v.t.* **4.** to cover or furnish with, or as with, a carpet. **5.** *Colloquial* to reprimand. *–phr.* **6. on the carpet,** *Colloquial* before an authority for a reprimand.

carpetbagger /'kapətbægə/ *n.* someone who takes up residence in a place and exploits the local people.

carpet bowls *n.* a game similar to lawn bowls but played indoors.

carpet snake *n.* a large, non-venomous Australian python, *Morelia spilotes variegata*, with a particoloured pattern on its skin, often used in silos and barns to control rodent pests.

car phone *n.* a cellular telephone for use in a motor vehicle.

-carpic a word element related to **-carp**, as in *endocarpic*.

carpo- a word element meaning 'fruit' as in *carpology*.

carport /'kapɔt/ *n.* a roofed wall-less shed often projecting from the side of a building, used as a shelter for a motor vehicle.

-carpous a combining form related to **-carp**, as in *apocarpous*.

carpus /'kapəs/ *n.* **-pi** /-pi/. the wrist, or the group of bones comprising it. **-carpal** *adj.*

carrel /kə'rɛl, 'kærəl/ *n.* (in a library) a small area or cubicle used by students and others for individual study; a stall.

carriage /'kærɪdʒ/ *n.* **1.** a wheeled vehicle, usually horse-drawn, for carrying people, especially one made for comfort and style. **2.** a passenger-carrying unit on trains. **3.** a wheeled support, for moving something heavy, as a cannon. **4.** a part, as of a machine, designed for carrying something. **5.** a manner of carrying the head and body; bearing: *the carriage of a soldier*. **6.** the act of carrying; conveyance: *the expenses of carriage*. **7.** the cost of carrying.

carriage return *n.* **1.** (on a typewriter) a key or lever which causes the carriage (def. 4) to return to the starting position so that the next character typed is positioned at the left margin and down a line. **2.** (on a computer) a key or character which performs a similar function. **3.** the procedure of activating a carriage return.

carrier /'kærɪə/ *n.* **1.** a person, company, etc., that undertakes to convey goods or persons. **2.** a small platform on a bicycle used for carrying luggage. **3.** *Medicine* an individual harbouring specific organisms, who, though often immune to the agent harboured, may transmit the disease to others.

carrier pigeon *n.* **1.** a pigeon trained to fly home from great distances and thus transport written messages; a homing pigeon. **2.** one of a breed of domestic pigeons characterised by a huge wattle at the base of the beak.

carrion /'kærɪən/ *n.* **1.** dead and putrefying flesh. **2.** rottenness; anything vile.

carrot /'kærət/ *n.* **1.** a plant of the umbelliferous genus *Daucus*, especially *D. carota*, in its wild form a widespread, familiar weed, and in cultivation valued for its reddish edible root. **2.** the root of this plant. **3.** *Colloquial* an incentive: *to dangle a carrot*.

carry /'kæri/ *v.* **-ried**, **-rying**, *n.* **-ries**. *-v.t.* **1.** to convey from one place to another in a vehicle, ship, pocket, hand, etc. **2.** to transmit or transfer in any manner; take or bring: *the wind carries sounds; she carries her audience with her*. **3.** to bear the weight, burden, etc., of; sustain. **4.** to take a (leading or guiding part) in acting or singing; bear or sustain (a part or melody). **5.** to hold (the body, head, etc.) in a certain manner. **6.** to behave or comport (oneself). **7.** to take, especially by force; capture; win. **8.** to secure the election of (a candidate) or the adoption of (a motion or bill). **9.** to print or publish in a newspaper or magazine. **10.** to extend or continue in a given direction or to a certain point: *to carry the war into enemy territory*. **11.** to lead or impel; conduct. **12.** to have as an attribute, property, consequence, etc.: *his opinion carries great weight*. **13.** to support or give validity to (a related claim, etc.): *one decision carries another*. **14.** *Mathematics* to transfer (a number) from one column to the next, as from units to tens, tens to hundreds, etc. **15.** *Commerce* **a.** to keep on hand or in stock. **b.** to keep on one's account books, etc. **16.** to bear, as a crop. **17.** to be pregnant with: *she is carrying her third child*. **18.** to support (livestock): *our grain supply will carry the cattle through the winter*. *-v.i.* **19.** to act as a bearer or conductor. **20.** to have or exert propelling force: *the rifle carries a long way*. **21.** to be transmitted, propelled, or sustained: *my voice carries farther than his*. *-n.* **22.** range, as of a gun. **23.** *Golf* the distance traversed by a ball before it alights. *-phr.* **24. carry away**, **a.** to cause (someone) to lose control or ordinary restraint: *his passion carried him away*. **b.** to cause (someone) to be engrossed so as to lose some awareness of where they are: *she was carried away by the ballet*. **c.** to remove by force: *the nest was carried away by the storm*. **d.** *Nautical* (of a mast, sail, etc.) to break or tear away from its fastenings. **25. carry forward**, **a.** to make progress with. **b.** *Bookkeeping* to transfer (an amount, etc.) to the next column, page, etc. **26. carry off**, **a.** to win (the prize, honour, etc.). **b.** to manage or handle (a difficult situation, etc.): *he carried it off well*. **c.** to cause the death of. **27. carry on**, **a.** to manage; conduct. **b.** to continue; keep up without stopping. **c.** to behave in an excited or foolish manner. **d.** to exhibit signs of being in a temper. **e.** (sometimes fol. by *with*) to dally amorously; flirt. **28. carry out**, to accomplish or complete (a plan, scheme, etc.): *we carried out the details of her plan*. **29. carry over**, **a.** to postpone; hold off until later. **b.** *Stock Exchange* to defer completion of (a contract) so that it falls under a different account. **c.** (of vegetables, etc., not sold in a day's trading) to remain for later sale. **30. carry the day**, to succeed; triumph. **31. carry the drinks**, *Cricket Colloquial* to act as twelfth man. **32. carry the fight**, *Boxing* to attack persistently. **33. carry through**, **a.** to accomplish; complete. **b.** to support or help (in a difficult situation, etc.).

cart /kat/ *n.* **1.** a heavy horse-drawn vehicle, usually with solid tyres and made chiefly of wood, without springs, formerly used for carrying heavy goods. **2.** (formerly) a light horse-drawn vehicle especially one used, and sometimes specifically designed, for home delivery of domestic supplies: *a bread cart; a milk cart*. **3.** any small vehicle moved by hand. *-v.t.* **4.** to convey in or as in a cart. *-phr.* **5. put the cart before the horse**, **a.** to reverse the natural order. **b.** to confuse cause and effect.

carte blanche /kat' blɒntʃ/ *n.* **cartes blanches** /kats 'blɒntʃ/. **1.** a signed paper left blank for the person to whom it is given to fill in his or her own conditions. **2.** unconditional authority; full power.

cartel /ka'tɛl/ *n.* a collusive syndicate, combine, or trust, generally formed to regulate prices and output in some field of business.

cartilage /'katəlɪdʒ, 'katlɪdʒ/ *n. Anatomy, Zoology* a firm, elastic, flexible substance of a translucent whitish or yellowish colour, consisting of a connective tissue; gristle. **-cartilaginous** /katə'lædʒənəs/ *adj.*

cartography /ka'tɒgrəfi/ *n.* the production of maps, including construction of projections, design, compilation, drafting, and reproduction. **-cartographer** *n.* **-cartographic** /katə'græfɪk/, **cartographical** /katə'græfɪkəl/ *adj.* **-cartographically** /katə'græfɪkli/ *adv.*

carton /'katən/ *n.* a cardboard box, especially one in which food such as eggs, milk, etc., is packaged and sold.

cartoon /ka'tun/ *n.* **1.** a sketch or drawing as in a newspaper or periodical, symbolising or caricaturing some subject or person of current interest, in an exaggerated way. **2.** *Art* a drawing, of the same size as a proposed decoration or pattern in fresco, mosaic, tapestry, etc., for which it serves as a model to be transferred or copied. **3.** a comic strip. **4.** an animated cartoon. –*v.t.* **5.** to represent by a cartoon. **–cartoonist** *n.*

cartridge /'katrɪdʒ/ *n.* **1.** Also, **cartridge case.** a cylindrical case of pasteboard, metal, or the like, for holding a complete charge of powder, and often also the bullet or the shot, for a rifle, machine gun, or other small arm. **2.** the case, charge, and bullet or shot; a round. **3.** a case containing any explosive charge, as for blasting. **4.** anything resembling a cartridge, as the disposable container of ink for some types of fountain pen. **5.** (in a tape recorder) a plastic container enclosing recording tape usually in the form of an endless loop.

carve /kav/ *v.* **carved, carving.** –*v.t.* **1.** to fashion by cutting: *to carve a block of stone into a statue.* **2.** to produce by cutting: *to carve a design in wood.* **3.** to cut into slices or pieces, as meat. –*phr.* **4. carve out,** to make or establish for oneself by one's own efforts. **5. carve up,** *Colloquial* **a.** to slash (a person) with a knife or razor. **b.** to make a verbal attack on. **c.** to operate on: *the doctors carved me up in hospital.* **d.** to defeat (a person or team) soundly: *the Eagles really carved us up last week.* **e.** to distribute (profits, a legacy, illegal gain, an estate, etc.). **f.** to subdivide (land). **g.** to subject to major earthworks: *the bulldozers carved up the hills.* **–carver** *n.*

carving /'kavɪŋ/ *n.* **1.** the act of fashioning or producing by cutting. **2.** carved work; a carved design.

cascade /kæs'keɪd/ *n., v.* **-caded, -cading.** –*n.* **1.** a waterfall over steep rocks, or a series of small waterfalls. **2.** an arrangement of lace, etc., in folds falling one over another in a zigzag fashion. **3.** a type of firework resembling a waterfall in effect. **4.** *Electricity* an arrangement of component devices, each of which feeds into the next in succession. –*v.i.* **5.** to fall in or like a cascade.

case¹ /keɪs/ *n.* **1.** an instance of the occurrence, existence, etc., of something. **2.** the actual state of things. **3.** a question or problem of moral conduct: *a case of conscience.* **4.** situation; condition; plight. **5.** a state of things involving a question for discussion or decision. **6.** a statement of facts, reasons, etc. **7.** an instance of disease, etc., requiring medical or surgical treatment or attention. **8.** a medical or surgical patient. **9.** a person, family, or other social unit receiving any kind of professional social assistance. **10.** *Law* **a.** a proceeding, civil or criminal, in a court of law. **b.** the set of submissions made in support of a party to a proceeding. **11.** *Grammar* **a.** a category in the inflection of nouns, pronouns, and (in languages other than English) adjectives, indicating their syntactic roles within the phrase or clause. **b.** an abstract category expressing any of the underlying syntactic relations which nouns, pronouns, and adjectives contract with each other in a particular phrase or clause. **12.** *Colloquial* a peculiar or unusual person: *he's a case.* –*phr.* **13. in any case,** under any circumstances; anyhow. **14. in case,** if; if it should happen that. **15. in case of,** in the event of.

case² /keɪs/ *n., v.* **cased, casing.** –*n.* **1.** a thing for containing or enclosing something; a receptacle. **2.** a sheath or outer covering: *a knife case.* **3.** a box with its contents. –*v.t.* **4.** to put or enclose in a case; cover with a case. **5.** *Colloquial* to examine or survey (a house, bank, etc.) in planning a crime.

casein /'keɪsɪən, -sɪn/ *n.* the major group of proteins in milk, which can be precipitated by rennet, to be used as the basis of cheese, and also in the manufacture of certain plastics.

case law *n.* law established by judicial decisions in particular cases, instead of by legislation.

casement /'keɪsmənt/ *n.* **1.** a window sash opening on hinges which are generally attached to the upright side of its frame. **2.** a casing or covering. **–casemented** *adj.*

cash /kæʃ/ *n.* **1.** money, especially money on hand, as opposed to a money equivalent (as a cheque). **2.** money paid at the time of making a purchase, or sometimes an equivalent (as a cheque), as opposed to credit. –*v.t.* **3.** to give or obtain cash for (a cheque, etc.). –*phr.* **4. cash in,** to obtain cash for: *to cash in an insurance policy.* **5. cash in on,** *Colloquial* **a.** to gain a return from. **b.** to turn to one's advantage. **6. cash in one's chips, a.** (in poker, etc.) to hand in one's counters, etc., and get cash for them. **b.** *Colloquial* to die. **7. cash up,** (of shopkeepers, etc.) to add up the takings.

cash account *n.* *Bookkeeping* a record kept of cash transactions.

cash crop *n.* a crop which, when harvested, offers a quick return of money.

cash economy *n.* the part of a country's economy in which payment for goods and services is made in cash without receipts, often as a means of tax evasion.

cashew /'kæʃu/ *n.* **1.** a tree, *Anacardium occidentale*, native to tropical America, whose bark yields a medicinal gum. **2.** its fruit, a small, edible, kidney-shaped nut (**cashew nut**).

cash flow *n.* the amount of cash generated by a company in a given period. It equals the net profit after tax, less dividends paid out, plus depreciation in that period.

cashier /kæ'ʃɪə/ *n.* someone who has charge of cash or money, especially one who superintends monetary transactions.

cash management trust *n.* a trust that pools the relatively small investments of individuals and invests the funds it receives in short-dated securities, such as treasury notes and bank bills, which have traditionally required large minimum investments.

cashmere /'kæʃmɪə/ *n.* the fine downy wool at the roots of the hair of Kashmir goats of India.

cash register *n.* a till with a mechanism for indicating amounts of sales, etc.

casimiroa /kæsəmə'roʊə/ *n.* a medium-sized spreading tree, *Casimiroa edulis*, having a round, yellow, thin-skinned fruit, 70–100 mm in diameter, with yellowish-white sweet flesh and one to five seeds (usually two or three) inside a hard bony endocarp.

casing /'keɪsɪŋ/ *n.* **1.** a case or covering. **2.** material for a case or covering. **3.** the framework around a door, window, or staircase, etc. **4.** any frame or framework.

casino /kə'sinoʊ/ *n.* **-nos.** a building or large room used for gambling games.

cask /kask/ *n.* **1.** a barrel-like container, usually wooden, and of varying size, for holding liquids, etc., often one larger and stronger than an ordinary barrel. **2.** a lightweight container, usually cardboard with a plastic lining and small tap, used for holding and serving wine for domestic use.

casket /'kaskət/ *n.* **1.** a small chest or box, as for jewels. **2.** a coffin.

cassava /kə'savə/ *n.* **1.** any of several tropical plants of the genus *Manihot* of the family Euphorbiaceae, such as *M. esculenta* (bitter cassava) and *M. dulcis* (sweet cassava), cultivated for their tuberous roots, which yield important food products. **2.** a nutritious starch from the roots, the source of tapioca. Also, **manioc.**

casserole

casserole /'kæsəroul/ *n.* **1.** a baking dish of glass, pottery, etc., usually with a cover. **2.** any food, usually a mixture, baked in such a dish.

cassette /kə'set, kæ'set/ *n.* **1. a.** (in a tape recorder) a plastic container enclosing both a recording tape and two hubs about which it winds. **b.** (in a video recorder, computer, etc.) a device of similar principle with wider tape. **2.** a tape recorder designed to use such a device.

cassia /'kæsiə/ *n.* **1.** a variety of cinnamon (**cassia bark**) from the tree *Cinnamomum cassia*, of southern China. **2.** the tree itself. **3.** any of the herbs, shrubs, and trees constituting the genus *Cassia*, as *C. fistula*, an ornamental tropical tree with clusters of bright yellow flowers, and long pods (**cassia pods**) whose pulp (**cassia pulp**) is a mild laxative, and *C. acutifolia* and *C. angustifolia*, which yield senna.

cassock /'kæsək/ *n.* a long, close-fitting garment worn by ecclesiastics and others engaged in church functions.

cassowary /'kæsəwəri/ *n.* **-ries.** any of several large, three-toed, flightless birds constituting the genus *Casuarius*, of Australasian regions, superficially resembling the ostrich but smaller.

cast /kast/ *v.* **cast, casting,** *n.* *-v.t.* **1.** to throw; fling; hurl (*away, off, out*, etc.). **2.** to throw off or away. **3.** to direct (the eye, a glance, etc.) **4.** to cause (light, etc.) to fall upon something or in a certain direction. **5.** to throw out (a fishing line, anchor, etc.). **6.** to throw down; throw (an animal) on its back or side. **7.** to part with; lose. **8.** to shed or drop (hair, fruit, etc.), especially prematurely. **9.** to bring forth (young), especially abortively. **10.** to throw forth, as from within; emit or eject; vomit. **11.** to throw up (earth, etc.), as with a shovel. **12.** to put or place, especially hastily or forcibly. **13.** to deposit (a vote, etc.) **14.** *Theatre* **a.** to allot parts of (a play) to actors. **b.** to select (actors) for a play. **15.** *Metallurgy* to form (molten metal, etc.) into a particular shape by pouring into a mould; to produce (an object or article) by such a process. **16.** to compute or calculate; add, as a column of figures. **17.** to compute or calculate astrologically, as a horoscope; forecast. **18.** to ponder or consider; contrive, devise, or plan. **19.** to turn or twist; warp. **20.** *Nautical* to let go or let (*loose, off*, etc.) as a vessel from a mooring. *-v.i.* **21.** to warp, as timber. **22.** of a sheepdog, to make a wide sweep to get around sheep without disturbing them. *-n.* **23.** the act of casting or throwing. **24.** the distance to which a thing may be cast or thrown. **25.** *Games* **a.** a throw of dice. **b.** the number rolled. **26.** *Angling* **a.** the act of throwing the line or net on the water. **b.** a line so thrown. **c.** the leader, with flies attached. **27.** the sweep a sheepdog makes when rounding up sheep, the first stage of a sheepdog trial. **28.** the form in which something is made or written; arrangement. **29.** *Theatre* the actors to whom the parts in a play are assigned. **30.** *Metallurgy* **a.** the act of casting or founding. **b.** the quantity of metal cast at one time. **31.** something shaped in a mould while in a fluid or plastic state; a casting. **32.** any impression or mould made from an object. **33.** *Medicine* a rigid surgical dressing usually made of plaster-of-Paris bandage. **34.** a reproduction or copy, as a plaster model, made in a mould. **35.** outward form; appearance. **36.** sort; kind; style. **37.** tendency; inclination. **38.** a permanent twist or turn, especially a squint: *to have a cast in one's eye.* **39.** a warp. **40.** a slight tinge of some colour; hue; shade. **41.** a dash or trace; a small amount. **42.** *Zoology* one of the wormlike coils of sand passed by the lugworm or other worms. **43.** *Ornithology* a mass of feathers, furs, bones, or other indigestible matters ejected from the stomach by a hawk or other birds. *-adj.* **44.** discarded; lost: *the cast shoe of a horse.* **45.** (of a sheep) fallen, and unable to rise. **46.** moulded; having a certain shape. **47.** *Theatre* (of a production) having all actors selected. **48.** *NZ Colloquial* drunk. *-phr.* **49. cast about, a.** to search this way and that, as for the scent in hunting: *to cast about to find the way.* **b.** (sometimes fol. by *for*) to make a mental effort, as in search for an excuse. **c.** (sometimes fol. by *for*) to scheme. **50. cast away, a.** to reject. **b.** to shipwreck. **51. cast back, a.** to refer to something past. **b.** to show resemblance to a remote ancestor. **52. cast down,** to depress; discourage. **53. cast for age,** (of sheep, etc.) culled from the flock or herd because of poor condition due to age. **54. cast off, a.** to let (a vessel) loose from a mooring. **b.** to discard or reject. **c.** to let go. **d.** *Printing* to estimate the amount of space necessary for a piece of copy when printed. **e.** *Knitting* to make the final row of stitches. **55. cast on,** *Knitting* to make the initial row of stitches. **56. cast out, a.** to throw or set aside; discard or reject; dismiss or disband. **b.** to throw out a fishing line or the like. *-caster n.* *-casting n.*

castanet /kæstə'net/ *n.* one of a pair of shells of ivory or hard wood held in the palm of the hand and struck together as an accompaniment to music and dancing.

castaway /'kastəweɪ/ *n.* **1.** a shipwrecked person. **2.** an outcast. *-adj.* **3.** cast adrift.

caste /kast/ *n.* **1.** *Sociology* an endogamous and hereditary social group limited to persons in a given occupation or trade, having mores distinguishing it from other such groups. **2.** one of the artificial divisions or social classes into which the Hindus are rigidly separated and of which the privileges or disabilities are transmitted by inheritance. **3.** any rigid system of social distinctions. *-*incontrovertible: *a cast-iron alibi.*

caster sugar *n.* finely ground white sugar. Also, **castor sugar.**

castigate /'kæstəgeɪt/ *v.t.* **-gated, -gating.** to punish in order to correct; criticise severely. *-castigation* /kæstə'geɪʃən/ *n.* *-castigator* = **castigater** *n.*

casting vote *n.* the deciding vote of the presiding officer when votes are equally divided.

cast iron *n.* an alloy of iron, carbon, and other elements, cast as a soft and strong, or as a hard and brittle iron, depending on the mixture and method of moulding.

cast-iron /'kast-aɪən/ *adj.* **1.** made of cast iron. **2.** strong; hardy. **3.** inflexible; rigid; unyielding. **4.** incontrovertible: *a cast-iron alibi.*

castle /'kasəl, 'kæsəl/ *n., v.* **-tled, -tling.** *-n.* **1.** a fortified residence, as of a prince or noble in feudal times. **2.** a strongly fortified, permanently garrisoned stronghold. **3.** a large and stately residence, especially one which imitates the forms of a medieval castle. **4.** *Chess* the rook. *-v.i.* **5.** *Chess* to move the king sideways two squares and bring the castle to the first square the king passed over. *-castled adj.*

castor[1] /'kastə/ *n.* a brownish unctuous substance with a strong, penetrating smell, secreted by certain glands in the groin of the beaver, used in medicine and perfumery. Also, **castoreum** /kas'tɔriəm/.

castor[2] = **caster** /'kastə/ *n.* **1.** a small wheel on a swivel, set under a piece of furniture, etc., to facilitate moving it. **2.** a bottle or cruet with a perforated top, for holding sugar or a condiment. **3.** the forward and downward inclination of the kingpin as a means of stabilising the front wheels of a car.

castor oil *n.* an oil obtained from the seeds of the castor-oil plant, used as a cathartic, lubricant, etc.

castor-oil plant *n.* a tall plant, *Ricinus communis*, native to India but widely naturalised, yielding castor seeds.

castor sugar *n.* → **caster sugar**.

castrate /'kæstreɪt, kas-/ *v.t.* **-trated, -trating. 1.** to deprive of the testicles; emasculate. **2.** to deprive of the ovaries. **3.** to mutilate (a book, etc.) by removing parts; expurgate. **4.** (of a woman) to deprive (a man) of his vigour and self-esteem. **-castration** /kæs'treɪʃən, kas-/ *n.*

casual /'kæʒuəl/ *adj.* **1.** happening by chance: *a casual meeting*. **2.** offhand; without any definite thought: *a casual remark, etc.* **3.** careless; unconcerned: *a casual attitude*. **4.** informal: *casual clothes*. **5.** employed only irregularly: *a casual worker*. *-n.* **6.** a worker employed only irregularly. **7.** (*plural*) comfortable, informal clothes, shoes, etc. **-casually** *adv.* **-casualness** *n.*

casualty /'kæʒjuəlti/ *n.* **-ties. 1.** *Military* **a.** a soldier who is missing in action, or who has been killed, wounded, or captured as a result of enemy action. **b.** (*plural*) loss in numerical strength through any cause, such as death, wounds, sickness, capture, or desertion. **2.** someone who is injured or killed in an accident. **3.** an unfortunate accident, especially one involving bodily injury or death; a mishap. **4.** Also, **casualty ward**, the section of a hospital to which accident or emergency cases are taken.

casuarina /kæʒjə'rinə/ *n.* any member of the genus *Casuarina*, a group of trees and shrubs with few species outside Australia, characterised by jointed stems with leaves reduced to whorls of teeth at the joints; she-oak; native oak.

casuist /'kæʒjuəst/ *n.* someone who studies and resolves cases of conscience or conduct. **-casuistic** /kæʒju'ɪstɪk/, **casuistical** /kæʒju'ɪstɪkəl/ *adj.* **-casuistry** *n.* **-casuistically** *adv.*

cat¹ /kæt/ *n.* **1.** a domesticated carnivore, *Felis catus*, widely distributed in a number of breeds. **2.** any digitate carnivore of the family Felidae, as the lion, tiger, leopard, jaguar, etc., of the genus *Felis*, and the short-tailed species that constitute the genus *Lynx*, and especially any of the smaller species of either genus. **3.** *Colloquial* a spiteful and gossipy woman. *-phr.* **4. have too much of what the cat licks itself with**, *Colloquial* to be very talkative. **5. kick the cat**, *Colloquial* to give way to suppressed feelings of frustration by venting one's irritation on someone. **6. let the cat out of the bag**, to disclose information, usually unintentionally. **7. look like something the cat dragged in**, *Colloquial* to be very unkempt or badly dressed. **8. put (or set) the cat among the pigeons**, to cause a disturbance; introduce a disrupting factor. **9. rain cats and dogs**, to rain heavily. **10. see which way the cat jumps**, to await the outcome of events (before committing oneself to a decision). **11. the cat's pyjamas** (or **whiskers**), *Colloquial* an excellent person, proposal, etc. **-catlike** *adj.*

cat² /kæt/ *n.* a catamaran.

cat³ /kæt/ *n.* a person, especially a young jazz musician or devotee of jazz.

cata- a prefix meaning 'down', 'against', 'back', occurring originally in words from the Greek, but used also in modern words (English and other) formed after the Greek type, as in *catabolism, catalogue, catalysis, catastrophe*. Also (*before a vowel*), **cat-**; (*before an aspirate*) **cath-, kata-**.

catabolism /kə'tæbəlɪzəm/ *n.* *Physiology, Biology* a breaking down process; destructive metabolism (opposed to *anabolism*). Also, **katabolism**. **-catabolic** /kætə'bɒlɪk/ *adj.* **-catabolically** /kætə'bɒlɪkli/ *adv.*

cataclysm /'kætəklɪzəm/ *n.* any violent upheaval, especially one of a social or political nature. **-cataclysmic** /kætə'klɪzmɪk/ *adj.*

catacomb /'kætəkoʊm, -kum/ *n.* **1.** (*usually plural*) an underground cemetery, especially one consisting of tunnels and rooms with recesses dug out for coffins and tombs. **2.** any series of underground tunnels and caves.

catafalque /'kætəfælk/ *n.* a raised structure on which the body of a deceased personage lies or is carried in state.

catalepsy /'kætəlɛpsi/ *n.* *Pathology, Psychology* a morbid bodily condition marked by suspension of sensation, muscular rigidity, fixity of posture, and often by loss of contact with environment. **-cataleptic** /kætə'lɛptɪk/ *adj., n.*

catalogue /'kætəlɒg/ *n., v.* **-logued, -loguing**. *-n.* **1.** a list, usually in alphabetical order, with brief notes on the names, articles, etc., listed. **2.** a record of the books and other resources of a library or a collection, indicated on cards, or, occasionally, in book form. *-v.t.* **3.** to make a catalogue of; enter in a catalogue. **4.** to describe the bibliographical and technical features of (a publication and the subject matter it treats). Also, *US*, **catalog**. **-cataloguer, cataloguist** *n.*

catalyst /'kætələst/ *n.* **1.** *Chemistry* a substance that causes catalysis. **2.** the manipulating agent of any event, unaffected by the completion of the event or by its consequences.

catamaran /kætəmə'ræn/ *n.* **1.** *Nautical* a float or raft, usually of several logs or pieces of wood lashed together. **2.** any craft with twin parallel hulls. **3.** *NZ* a kauri-timber sledge, resembling a catamaran craft, used in the bush. Also, **cat**.

catapult /'kætəpʌlt/ *n.* **1.** a Y-shaped stick with an elastic strip between the prongs for propelling stones, etc. **2.** a device for launching an aeroplane from the deck of a ship, especially a ship not equipped with a flight deck. *-v.t.* **3.** to hurl as from a catapult. *-v.i.* **4.** to move rapidly into the highest position or status: *she catapulted to fame*.

cataract /'kætərækt/ *n.* **1.** a descent of water over a steep surface; a waterfall, especially one of considerable size. **2.** any furious rush or downpour of water; deluge. **3.** *Pathology* an abnormality of the eye, characterised by opacity of the lens.

catarrh /kə'ta/ *n.* *Pathology* inflammation of a mucous membrane, especially of the respiratory tract, accompanied by excessive secretions. **-catarrhal** *adj.*

catastrophe /kə'tæstrəfi/ *n.* **1.** a sudden and widespread disaster. **2.** a final event or conclusion, usually an unfortunate one; a disastrous end. **3.** (in a drama) the point at which the circumstances overcome the central motive, introducing the close or conclusion; the denouement. **4.** a sudden violent disturbance, especially of the earth's surface; a cataclysm. **-catastrophic** /kætəs'trɒfɪk/ *adj.*

catcall /'kætkɔl/ *n.* a cry like that of a cat, or an instrument for producing a similar sound, used to express disapproval, at a theatre, meeting, etc.

catch /kætʃ/ *v.* **caught, catching**, *n., adj.* *-v.t.* **1.** to capture, especially after pursuit; take captive. **2.** to ensnare, entrap, or deceive. **3.** to be in time to reach (a train, boat, etc.): *I barely caught the 5.03*. **b.** to board; travel on: *I caught a cab to Bondi*. **4.** to come upon suddenly; surprise or detect, as in some action: *I caught him doing it*. **5.** to strike; hit: *the blow caught him on the head*. **6.** to intercept and seize (a ball, etc.). **7.** *Surfing* to join (a wave) at such a time and in such a manner that it carries the surfer with it towards the beach. **8.** *Cricket* to dismiss (the person batting) by intercepting and holding the ball after it has been struck by the bat and before it touches the ground. **9.** to check (one's breath, etc.). **10.** to get, receive, incur, or contract: *to catch a cold*;

catch *I caught the spirit of the occasion.* **11.** to lay hold of; grasp, seize, or snatch; grip or entangle: *a nail caught his sleeve.* **12.** to allow to be caught; be entangled with: *to catch one's finger in a door; to catch one's coat on a nail.* **13.** to fasten with or as with a catch. **14.** to get by attraction or impression: *to catch the eye, the attention, etc.* **15.** to hear or see (a radio or television program): *did you catch that program on the Great Barrier Reef?* **16.** to captivate; charm. **17.** to understand by the senses or intellect: *to catch a speaker's word.* –*v.i.* **18.** to become fastened or entangled: *the kite caught in the trees.* **19.** to take hold: *the door lock catches.* **20.** to become lit, take fire, ignite: *the wood caught instantly.* –*n.* **21.** the act of catching. **22.** anything that catches, especially a device for checking motion. **23.** that which is caught, as a quantity of fish. **24.** anything worth getting. **25.** *Colloquial* a person of either sex regarded as a desirable matrimonial prospect. **26.** *Music* a round, especially one in which the parts are so arranged as to produce ludicrous effects. **27.** *Cricket* **a.** the catching and holding of the ball after it has been struck and before it touches the ground. **b.** the wicket so gained. **28.** *Rowing* the beginning of a stroke. **29.** *Colloquial* a difficulty, usually unseen: *what's the catch?* –*phr.* **30. catch at, a.** to grasp or snatch. **b.** to be glad to get: *he caught at the chance.* **31. catch it,** *Colloquial* to get a scolding or a beating. **32. catch on,** *Colloquial* **a.** to become popular. **b.** to grasp mentally; understand. **33. catch out, a.** to trap (somebody), as into revealing a secret or displaying ignorance. **b.** to surprise. **34. catch up, a.** to seize quickly: *he caught up the child in his arms.* **b.** to embroil or entangle: *they were caught up in the crowd.* **c.** to follow and reach, become level with, or overtake: *he caught her up by running.* **d.** (sometimes fol. by *to* or *with*) to reach or become level with others: *I'm so far behind I'll never catch up; he caught up to the field at the bend; she has caught up with the rest of the class by hard work.* **e.** (sometimes fol. by *with* or *on*) to make up a deficiency in: *since my holiday I've been trying to catch up; I must catch up with my sewing; she caught up on her sleep.* **35. catch you later,** (an expression of farewell). –**catcher** *n.*

catchcry /'kætʃkraɪ/ *n.* an ear-catching expression or group of words, voicing a popular sentiment.

catching /'kætʃɪŋ/ *adj.* **1.** infectious. **2.** attractive; fascinating; captivating; alluring.

catchment area /'kætʃmənt ˌɛəriə/ *n.* **1.** Also, **catchment basin.** *Geography* a drainage area, especially of a reservoir or river. **2.** *Sociology* the area from which persons may come to a central institution, such as a school or hospital.

catchphrase /'kætʃfreɪz/ *n.* **1.** a phrase caught up and repeated because it is fashionable. **2.** a slogan. Also, **catch phrase.**

catch-22 /ˌkætʃ twɛnti-'tu/ *n.* **1.** a rule or condition which prevents the completion of a sequence of operations and which may establish a futile self-perpetuating cycle. –*adj.* **2.** having to do with something that involves such a rule or condition: *a catch-22 situation.*

catch-up /'kætʃ-ʌp/ *adj.* having to do with a price rise, award increase, etc., which is an attempt to compensate for related increases elsewhere in the economy.

catchy /'kætʃi/ *adj.* **catchier, catchiest. 1.** pleasing and easily remembered: *a catchy tune.* **2.** tricky; deceptive: *a catchy question.* **3.** occurring in snatches; fitful: *a catchy wind.*

catechise = **catechize** /'kætəkaɪz/ *v.t.* **-chised, -chising. 1.** to instruct orally by means of questions and answers, especially in Christian doctrine. **2.** to question with reference to belief. **3.** to question closely or excessively. –**catechisation** /ˌkætəkaɪ'zeɪʃən/ *n.* –**catechiser** *n.*

catechism /'kætəkɪzəm/ *n.* **1.** *Ecclesiastical* an elementary book containing a summary of the principles of the Christian religion, especially as maintained by a particular church, in the form of questions and answers. **2.** a series of formal questions designed to bring out a person's views. –**catechismal** *adj.*

categorical /ˌkætə'gɒrɪkəl/ *adj.* not involving a condition, qualification, etc.; explicit; direct: *a categorical answer.* –**categorically** *adv.* –**categoricalness** *n.*

category /'kætəgəri, -təgri/ *n.* **-ries. 1.** a classificatory division in any field of knowledge, as a phylum or any of its subdivisions in biology. **2.** any general or comprehensive division; a class. –**categorise** = **categorize** *v.*

cater /'keɪtə/ *v.i.* **1.** to provide food and service, means of amusement, or the like at functions. –*phr.* **2. cater for, a.** to provide food and service at (a function): *to cater for a wedding.* **b.** to provide what is necessary for: *to cater for the expanding population in the area.* **3. cater to,** to go out of one's way to placate or provide for; accommodate: *to cater to the master's taste.* –**caterer** *n.* –**cateress** *fem. n.*

caterpillar /'kætəpɪlə/ *n.* **1.** the wormlike larva of a butterfly or a moth. **2.** Also, **caterpillar tractor.** a tractor having the driving wheels moving inside endless tracks on either side, thus being capable of hauling heavy loads over rough or soft ground. **3.** the endless tracks themselves.

caterwaul /'kætəwɔl/ *v.i.* **1.** to cry as cats on heat. **2.** to utter a similar sound; howl or screech. **3.** to quarrel like cats. –*n.* Also, **caterwauling. 4.** the cry of a cat on heat. **5.** any similar sound.

catgut /'kætgʌt/ *n.* the intestines of sheep or other animals, dried and twisted, used in surgery as ligatures, as strings for musical instruments, etc.

cath- variant of **cata-** before an aspirate, as in *cathode.*

catharsis /kə'θasəs/ *n.* **1.** *Aesthetics* the effect of art in purifying the emotions (applied by Aristotle to the relief or purgation of the emotions of the audience or performers effected through pity and terror by tragedy and certain kinds of music). **2.** *Psychology* an effective discharge with symptomatic relief but not necessarily a cure of the underlying pathology. **3.** *Medicine* purgation.

cathedral /kə'θidrəl/ *n.* **1.** the principal church of a diocese, containing the bishop's throne. –*adj.* **2.** relating to or emanating from a chair of office or authority.

catheter /'kæθətə/ *n.* *Medicine* a flexible or rigid hollow tube used to drain fluids from body cavities or to distend body passages, especially one for passing into the bladder through the urethra to draw off urine.

cathode /'kæθoʊd/ *n.* **1.** the electrode which emits electrons or gives off negative ions and towards which positive ions move or collect in electrolysis, a radio valve, semiconductor diode, etc. **2.** the negative pole of a battery or other source of current (opposed to *anode*). –**cathodic** /kə'θɒdɪk/ *adj.*

cathode ray *n.* a stream of electrons generated at the cathode during an electric discharge in an evacuated tube.

cathode-ray oscilloscope *n.* *Physics* an instrument which displays the shape of a voltage or current wave on a cathode-ray tube. *Abbrev.:* CRO Also, **cathode-ray oscilloscope.**

cathode-ray tube *n.* *Electronics* a vacuum tube in which is generated a focused beam of electrons which can be deflected by electric and/or mag-

catholic 123 **cauterise**

netic fields. The terminus of the beam is visible as a spot or line of luminescence caused by its impinging on a sensitised screen at one end of the tube. Cathode-ray tubes are used to study the shapes of electric waves, to reproduce pictures in television receivers, as an indicator in radar sets, etc.

catholic /'kæθlɪk, -əlɪk/ *adj.* **1.** relating to the whole Christian body or Church **2.** universal in extent; involving all; of interest to all. **3.** having sympathies with all; broad-minded; liberal: *to be catholic in one's tastes, interests, etc.* –**catholically** /kə'θɒlɪkli/ *adv.*

Catholic /'kæθlɪk, -əlɪk/ *adj.* **1.** *Theology* **a.** (among Roman Catholics) claiming to possess exclusively the characteristics of the one, only, true, and universal Church i.e., unity, visibility, indefectibility, apostolic succession, universality, and sanctity (used in this sense, with these qualifications, only by the Church of Rome, as applicable only to itself and its adherents, and to their faith and organisation; often qualified, especially by those not acknowledging these claims, by prefixing the word *Roman*). **b.** (among Anglicans) denoting or relating to the conception of the Church as the body representing the ancient undivided Christian witness, comprising all the orthodox churches which have kept the apostolic succession of bishops, and including the Anglican Church, the Roman Catholic Church, the Eastern Orthodox Church, Church of Sweden, the Old Catholic Church (in the Netherlands and elsewhere), etc. **2.** relating to the Western Church –*n.* **3.** a member of a Catholic Church, especially of the Church of Rome. –**Catholicism** /kə'θɒləsɪzm/ *n.*

Catholic Church *n.* **1.** the whole Christian body or Church. **2.** Also, **Roman Catholic Church, Church of Rome**. a Christian Church maintaining apostolic succession, with a hierarchy of priests and bishops, the pope as head, and administrative headquarters in the Vatican. **3.** (among Anglicans) the Church as comprising all orthodox churches maintaining the apostolic succession of bishops.

cation /'kætaɪən/ *n. Chemistry* a positively charged ion which is attracted to the cathode in electrolysis. Also, **kation**.

catnap /'kætnæp/ *n.* a short, light nap or doze.

cat-o'-nine-tails /,kæt-ə-'naɪn-,teɪlz/ *n.* **cat-o'-nine-tails**. (formerly) a whip, usually having nine knotted lines or cords fastened to a handle, used to flog offenders.

CAT scanner /'kæt skænə/ *n.* a machine which produces a series of X-rays with the process of computerised axial tomography with the resultant image in the axial plane.

cat's paw *n.* **1.** someone used by another to serve their purpose; a tool. **2.** *Nautical* a light breeze which ruffles the surface of the water over a comparatively small area. Also, **catspaw**.

cattle /'kætl/ *n.* **1.** ruminants of the bovine kind, of any age, breed, or sex. **2.** human beings considered contemptuously or in a mass.

cattle bush *n.* any of various Australian trees or shrubs on which cattle may feed in drought periods.

cattle grid *n.* a pit covered by a grid set in a roadway, designed to prevent the passage of animals, at the same time allowing the passage of wheeled traffic. Also, **cattle pit, cattle ramp**; *NZ*, **cattle stop**.

cattle stop *n. NZ* → **cattle grid**.

catty /'kæti/ *adj.* **-ier, -iest**. **1.** catlike. **2.** quietly or slyly malicious; spiteful: *a catty gossip*. –**cattily** *adv.* –**cattiness** *n.*

catwalk /'kætwɔk/ *n.* **1.** any narrow walking space, as on a bridge, above the stage of a theatre, or in an aircraft. **2.** a long narrow platform on which fashion models parade clothes.

Caucasian /kɔ'keɪʒən/ *adj.* **1.** relating to so-called 'white race', the peoples of Europe, south-western Asia, and northern Africa, so named because native peoples of the Caucasus were considered typical. **2.** having the characteristics of the Caucasian race. **3.** relating to the Caucasus mountain range. –*n.* **4.** someone belonging to the Caucasian race. Compare **Mongoloid, Negroid**. Also, **Causasoid**.

caucus /'kɔkəs/ *n. Australian, NZ* **1.** the parliamentary members of a political party or faction of a political party. **2.** a private meeting of the parliamentary members of a political party or faction to discuss policy or tactics.

caudal /'kɔdl/ *adj. Zoology* **1.** of, at, or near the tail. **2.** tail-like: *caudal appendages*. –**caudally** *adv.*

caudate /'kɔdeɪt/ *adj. Zoology* having a tail or tail-like appendage. Also, **caudated**.

caught /kɔt/ *v.* past tense and past participle of **catch**.

caul /kɔl/ *n.* a part of the amnion sometimes covering the head of a child at birth, superstitiously supposed to bring good luck and to be an infallible preservative against drowning.

cauldron /'kɔldrən/ *n.* a large kettle or boiler, usually spherical, with a lid and handle. Also, **caldron**.

cauliflower /'kɒliflauə/ *n.* **1.** a cultivated plant, *Brassica oleracea* var. *botrytis*, whose inflorescence forms a compact, fleshy head. **2.** the head of this plant, used as a vegetable.

caulk /kɔk/ *v.t.* **1.** to fill or close (a seam, joint, etc.), as in a boat. **2.** to make (a vessel) watertight by filling the seams between its planks with oakum or other materials driven snug. **3.** to drive the edges of (plating) together to prevent leakage. **4.** to fill or close seams or crevices of (a tank, window, etc.) in order to make watertight, airtight, etc. Also, **calk**.

causal /'kɔzəl/ *adj.* of, constituting, or implying a cause. –**causally** *adv.*

causality /kɔ'zælɪti/ *n.* **-ties**. **1.** the relation of cause and effect. **2.** causal quality or agency.

causation /kɔ'zeɪʃən/ *n.* **1.** the action of causing or producing. **2.** the relation of cause to effect. **3.** anything that produces an effect; a cause.

cause /kɔz/ *n., v.* **caused, causing**. –*n.* **1.** something that produces an effect; the thing, person, etc., from which something results. **2.** the ground of any action or result; reason; motive. **3.** any subject of discussion or debate. **4.** the side of a question which a person or party supports; the aim, purpose, etc., of a group. –*v.t.* **5.** to be cause of; bring about. –**causable** *adj.* –**causeless** *adj.* –**causer** *n.*

cause célèbre /kɔz sə'lɛbrə/ *n.* **1.** an issue arousing public debate and partisanship. **2.** *Colloquial* a cause espoused.

causeway /'kɔzweɪ/ *n.* a raised road or path, as across low or wet ground.

caustic /'kɒstɪk/ *adj.* **1.** capable of burning, corroding, or destroying living tissue: *caustic soda*. **2.** severely critical or sarcastic: *a caustic remark*. –*n.* **3.** a caustic substance: *lunar caustic*. –**caustically** *adv.* –**causticity** /kɒs'tɪsəti/ *n.*

caustic soda *n.* sodium hydroxide, NaOH, used in metallurgy and photography.

caustic weed *n.* a rather succulent prostrate herb, *Euphorbia drummondii*, often poisonous to stock.

cauterise = **cauterize** /'kɔtəraɪz/ *v.t.* **-rised, -rising**. to burn with a hot iron, or with fire or a caustic, especially for curative purposes; treat with

caution /ˈkɔʃən/ n. 1. care in regard to danger or evil; prudence; wariness: *go forward with caution*. 2. a warning (especially in law) to a person, that their words or actions may be used against them. 3. *Colloquial* someone or something unusual, odd, amazing, etc. –*v.t.* 4. to give a warning to; suggest or urge to take heed. 5. *Law* to warn (someone) that their words may be used against them. –**cautionary** *adj.*

cautious /ˈkɔʃəs/ *adj.* having or showing caution or prudence to avoid danger or evil; very careful. –**cautiously** *adv.* –**cautiousness** *n.*

cavalcade /kævəlˈkeɪd/ n. 1. a procession of persons on horseback or in horse-drawn carriages. 2. any procession.

cavalier /kævəˈlɪə/ n. 1. a horseman, especially a mounted soldier; knight. 2. a courtly gentleman; gallant. –*adj.* 3. haughty, disdainful, or supercilious. 4. offhand towards matters of some importance; casual.

cavalry /ˈkævəlri/ n. -ries. 1. *Military* a unit, or units collectively, of an army, which in the past were mounted on horseback, and are now equipped with armoured vehicles in either an armoured or a reconnaissance role. 2. horsemen, horses, etc., collectively. –**cavalryman** /ˈkævəlrimən/ n.

cave /keɪv/ n., v. **caved**, **caving**. –n. 1. a hollow in the earth, especially one opening more or less horizontally into a hill, mountain, etc. –*v.t.* 2. to hollow out. –*v.i.* 3. to engage in speleology, especially as a sport. –*phr.* 4. **cave in**, **a.** to cause to fall or collapse. **b.** to fall or sink. **c.** *Colloquial* to give in, yield, or submit: *he had caved in to the power of the press.* –**caver** n.

caveat /ˈkeɪviət/ n. 1. *Law* a legal notice to a court or public officer to suspend a certain proceeding until the notifier is given a hearing: *a caveat filed against the probate of a will.* 2. any warning or caution.

caveat emptor /keɪviət ˈɛmptɔ/ let the buyer beware (since he or she buys without recourse).

cave-in /ˈkeɪv-ɪn/ n. 1. a collapse, as of a mine, etc. 2. a sudden yielding, especially after demonstrated resistance.

cavern /ˈkævən/ n. a cave, especially a large cave. –**cavernous** *adj.*

caviar /ˈkæviə, kæviˈa/ n. 1. the roe of sturgeon and other large fish, pressed and salted, considered a great delicacy. –*phr.* 2. **caviar to the general**, something beyond appeal to the popular taste. Also, **caviare**.

cavil /ˈkævəl/ v. **-illed** or *Chiefly US* **-iled**, **-illing** or *Chiefly US* **-iling**, n. –*v.i.* 1. to raise irritating and trivial objections; find fault unnecessarily. –n. 2. a trivial and annoying objection. 3. the raising of such objections. –**caviller**; *Chiefly US*, **caviler** n.

cavity /ˈkævəti/ n. **-ties**. 1. any hollow place; a hollow: *a cavity in the earth*. 2. *Anatomy* a hollow space within the body, an organ, a bone, etc. 3. *Dentistry* the loss of tooth structure, most commonly produced by caries; a cavity may be artificially made to support dental restorations.

cavort /kəˈvɔt/ *v.i. Colloquial* to prance or caper about.

cay /keɪ, ki/ n. a small island; key.

cayenne /keɪˈɛn/ n. a hot, biting condiment composed of the ground pods and seeds of any of several varieties of *Capsicum*; red pepper. Also, **cayenne pepper**.

CBD /si bi ˈdi/ n. the central business district of a city.

CB radio n. citizen band radio. Also, **CB**.

CD /si ˈdi/ n. → **compact disc**.

CD-ROM /si di ˈrɒm/ n. a laser disc designed for storing digitised text and graphics, a large amount of which can be stored on one disc and displayed on a visual display unit.

cease /sis/ v. **ceased**, **ceasing**. –*v.i.* 1. to stop (moving, speaking, etc.): *he ceased crying*. 2. to come to an end. –*v.t.* 3. to put a stop or end to; discontinue: *to cease work*. –**ceaseless** *adj.*

cease-fire /sis-ˈfaɪə/ n. a cessation of active hostilities; truce.

cedar /ˈsidə/ n. 1. any of the Old World coniferous trees constituting the genus *Cedrus*, as *C. libani* (**cedar of Lebanon**), a stately tree native to Asia Minor, etc. 2. any of various other coniferous trees as *Libocedrus decurrens*, the **incense cedar** of the south-western US. 3. the tall non-coniferous rainforest tree of NSW and Qld, *Toona australis*, the soft, deep red timber of which is highly prized for joinery. 4. any of various other non-coniferous trees, as the New Zealand kohekohe. 5. any of various junipers, as *Juniperus virginiana* (**red cedar**), an American tree with a fragrant reddish wood used for making lead pencils, etc. 6. the wood of any of these trees.

cede /sid/ *v.t.* **ceded**, **ceding**. to yield or formally resign and surrender to another; make over, as by treaty: *to cede territory*.

cedilla /səˈdɪlə/ n. a mark placed under *c* before *a*, *o*, or *u*, as in *façade*, to show that it has the sound of *s*.

ceiling /ˈsilɪŋ/ n. 1. the overhead interior lining of a room; the surface of a room opposite the floor. 2. top limit: *a price ceiling on rent*. –*adj.* 3. *Colloquial* maximum.

-cele[1] a word element meaning 'tumour', as in *varicocele*.

-cele[2] variant of **-coele**.

celebrant /ˈsɛləbrənt/ n. 1. **a.** the priest who officiates at the performance of a religious rite. **b.** the secular official who conducts a civil marriage; marriage celebrant. 2. a participant in any celebration.

celebrate /ˈsɛləbreɪt/ v. **-brated**, **-brating**. –*v.t.* 1. to observe (a day or an event) with ceremonies or festivities. 2. to praise publicly; honour. 3. to perform with special rites and ceremonies; solemnise: *to celebrate mass*. –*v.i.* 4. *Colloquial* to engage in a festive activity; have a party. –**celebration** /sɛləˈbreɪʃən/ n. –**celebrator** n.

celebrated /ˈsɛləbreɪtəd/ *adj.* famous; renowned; well-known.

celebrity /səˈlɛbrəti/ n. **-ties**. 1. a famous or well-known person. 2. fame; renown.

celerity /səˈlɛrəti/ n. swiftness; speed.

celery /ˈsɛləri/ n. a plant, *Apium graveolens*, of the parsley family, whose leafstalks are used raw for salad, and cooked as a vegetable.

celery-top pine n. any tree of the genus *Phyllocladus*, with distinctive deeply cut, fern-like foliage, such as the useful softwood timber tree, *P. aspleniifolius* of Tasmania.

celestial /səˈlɛstiəl/ *adj.* 1. relating to the spiritual or invisible heaven; heavenly; divine: *celestial bliss*. 2. relating to the sky or visible heaven. –n. 3. an inhabitant of heaven. –**celestially** *adv.*

celibacy /ˈsɛləbəsi/ n. **-cies**. 1. the unmarried state. 2. (of priests, etc.) abstention by vow from marriage. 3. abstention from sexual intercourse; chastity. –**celibate** n., *adj.*

cell /sɛl/ n. 1. a small room in a convent, prison, etc. 2. any small compartment, bounded area, receptacle, case, etc. 3. a small group acting as a unit within a larger organisation. 4. *Biology* **a.** a plant or animal structure, usually microscopic, containing nuclear and cytoplasmic material, enclosed by a semi-permeable membrane (animal) or cell wall (plant); the structural unit of plant and animal life. **b.** a minute cavity or interstice, as in animal or plant tissue. **5.** *Electricity* a device which generates electricity and which forms the whole, or a part of, a voltaic battery, consisting in one of its simplest forms of two plates, each of a different metal, placed in a jar containing a dilute acid or other electrolyte (**voltaic cell**). **6.** *Physical Chemistry* a device for producing electrolysis, consisting essentially of the electrolyte, its container, and the electrodes (**electrolytic cell**). –**cellular** *adj.*

cellar /'sɛlə/ *n.* **1.** an underground room or store; basement. **2.** a supply or stock of wines.

cello /'tʃɛlou/ *n.* **-los** *or* **-li.** a four-stringed instrument of the violin family, with a pitch between that of the viola and the double bass, which is rested vertically on the floor between the player's knees. Also, **'cello, violoncello.** –**cellist** *n.*

cellophane /'sɛləfeɪn/ *n.* a transparent, paper-like product of viscose, impervious to moisture, germs, etc., used to wrap sweets, tobacco, etc.

cellular telephone *n.* a type of telephone, usually portable or for use in a car, which sends or receives signals controlled by a low-powered radio transmitter, each transmitter covering a specific area (**cell**) but linked to other such transmitters via a computer network so that the service is available over a large area overall. Also, **cellular phone.**

cellulite /'sɛljəlaɪt/ *n.* fatty deposits, resulting in a dimply appearance of the skin.

celluloid /'sɛljəlɔɪd/ *n.* **1.** *Chemistry* a plastic consisting essentially of a solid solution of soluble guncotton (cellulose nitrate) and camphor, usually highly flammable, used for toys, toilet articles, photographic film and as a substitute for amber ivory, vulcanite, etc. **2.** films; the cinema. –*adj.* **3.** made of celluloid. **4.** having to do with films; appearing in a film: *the celluloid hero of my dreams.* **5.** unreal; synthetic.

cellulose /'sɛljəlous/ *n. Chemistry* an inert substance, a carbohydrate, the chief constituent of the cell walls of plants, and forming an essential part of wood, cotton, hemp, paper, etc.

Celsius /'sɛlsiəs/ *adj.* **1.** having to do with a scale of temperature on which the temperature in degrees Celsius (°C) is numerically equal to the temperature in kelvins (k) reduced by 273.15. On this scale the triple point of water is 0.01°C and the boiling point of water under a pressure of 101.325 kPa is approximately 100°C. The degree Celsius is the unit of temperature equal to the kelvin. –*n.* **2.** the Celsius scale. *Symbol:* C

cement /sə'mɛnt/ *n.* **1.** any of various substances which are soft when first prepared but later become hard or stonelike, used for joining stones, making floors, etc. **2.** a material of this kind (the ordinary variety, often called **Portland cement**) commonly made by burning a mixture of clay and limestone, used for making concrete for foundations or the like, covering floors, etc. **3.** anything that binds or unites. **4.** *Dentistry* an adhesive plastic substance used to fill teeth or to pack fillings or inlays into teeth. **5.** *Colloquial* → **concrete** (def. 4). –*v.t.* **6.** to unite by, or as by, cement **7.** to coat or cover with cement. –*v.i.* **8.** to become cemented; join together or unite; cohere. –**cementer** *n.*

cemetery /'sɛmətri/ *n.* **-ries.** a burial ground, especially one not attached to a church; graveyard.

-cene a word element meaning 'recent', 'new', as in *Pleistocene.*

ceno-[1] variant of **caino-**.

ceno-[2] variant of **coeno-**. Also (*before vowels*), **cen-**.

cenotaph /'sɛnətaf/ *n.* **1.** a sepulchral monument in memory of a deceased person whose body is elsewhere. **2.** a municipal, civic, or national memorial to those killed in war. –**cenotaphic** *adj.*

censer /'sɛnsə/ *n.* a container in which incense is burned.

censor /'sɛnsə/ *n.* **1.** an official who examines books, plays, news reports, films, radio programs, etc., for the purpose of suppressing parts deemed objectionable on moral, political, military, or other grounds. **2.** any person who supervises the manners or morality of others. **3.** an adverse critic; one who finds fault. –*v.t.* **4.** to examine and act upon as a censor does. –**censorial** /sɛn'sɔriəl/ *adj.* –**censorship** *n.*

censorious /sɛn'sɔriəs/ *adj.* severely critical; fault-finding; carping. –**censoriously** *adv.* –**censoriousness** *n.*

censure /'sɛnʃə/ *n., v.* **-sured, -suring.** –*n.* **1.** an expression of disapproval; adverse or hostile criticism; blaming. –*v.t.* **2.** to criticise adversely; disapprove; find fault with; condemn. –*v.i.* **3.** to give censure, adverse criticism, or blame. –**censurer** *n.*

census /'sɛnsəs/ *n.* an official enumeration of inhabitants, with details as to age, sex, occupation, etc. –**censual** *adj.*

cent /sɛnt/ *n.* **1.** the hundredth part of the dollar. **2.** a coin of this value. **3.** the hundredth part of monetary units elsewhere.

cent- /sɛnt-/ → **centi-**.

centaur /'sɛntɔ/ *n.* (in Greek legend) one of a race of monsters having the head, trunk, and arms of a man, and the body and legs of a horse.

centenary /sɛn'tinəri, -'tɛn-/ *adj., n.* **-ries.** –*adj.* **1.** having to do with a 100th anniversary. –*n.* **2.** a 100th anniversary. **3.** its celebration. **4.** a period of 100 years; a century.

centennial /sɛn'tɛniəl/ *adj.* **1.** consisting of, or marking the completion of, 100 years. **2.** lasting 100 years. **3.** recurring every 100 years. **4.** 100 years old. –*n.* **5.** *US, NZ* → **centenary**. –**centennially** *adv.*

centi- a prefix denoting 10^{-2} of a given unit, as in *centigram.* *Symbol:* c Also (*before vowels*), **cent-**.

Centigrade /'sɛntəgreɪd/ *n.* **1.** (*l.c.*) a non-SI unit of plane angle, equal to $1/100$ of a grade (def. 4) or 10^{-4} of a right angle. –*adj.* **2.** *Obsolete* Celsius.

centigram /'sɛntəgræm/ *n.* a unit of mass equal to 0.01 gram. *Symbol:* cg

centimetre /'sɛntəmitə/ *n.* a unit of length equal to 0.01 metre. *Symbol:* cm Also, *US*, **centimeter**.

centipede /'sɛntəpid/ *n.* any member of the class Chilopoda, active, predacious, and mostly nocturnal arthropods having an elongated flattened body of numerous segments each with a single pair of legs, the first pair of which is modified into poison fangs. Few are dangerous to humans.

centr- variant of **centro-** before vowels.

central /'sɛntrəl/ *adj.* **1.** of or forming the centre. **2.** in, at, or near the centre. **3.** principal; chief; dominant: *the central idea, the central character in a novel.* –**centrally** *adv.* –**centrality** /sɛn'træləti/ *n.*

centralise = **centralize** /'sɛntrəlaɪz/ *v.* **-lised, -lising.** –*v.t.* **1.** to draw to or towards a centre. **2.** to bring under one control, especially in government. –*v.i.* **3.** to come together at a centre. –**centraliser** *n.* –**centralisation** /ˌsɛntrəlaɪ'zeɪʃən/ *n.* –**centralism** *n.*

central nervous system *n. Anatomy* the brain and spinal cord considered together.

central processing unit *n. Computers* the arithmetical and logical computing part of a computer considered separately from input/output devices. Also, **central processor unit**.

centre /'sɛntə/ *n., v.* **-tred, -tring.** –*n.* **1.** *Geometry*

centre the middle point, as the point within a circle or sphere equidistant from all points of the circumference or surface, or the point within a regular polygon equidistant from the vertices. **2.** a point, pivot, axis, etc., round which anything rotates or revolves. **3.** a building or building complex which houses a number of related specified services: *a shopping centre; a sports centre; a medical centre.* **4.** a person, thing, group, etc., occupying the middle position, especially troops. **5.** (*usually cap.*) (in continental Europe) **a.** that part of a legislative assembly which sits in the centre of the chamber, a position customarily assigned to representatives holding views intermediate between those of the conservatives or right and the progressives or left. **b.** a party holding such views. **6.** *Basketball, etc.* **a.** the position of the player in the centre of the court, where the centre jump takes place at the beginning of play. **b.** the player who holds this position. **7.** *Rugby Football* → **centre three-quarter**. **8.** *Australian Rules* **a.** the centre of the playing area, especially the centre circle. **b.** → **centreman** (def. 1). **9.** *Two-up* **a.** the central part of the ring where the spinner stands and bets with the spinner are taken. **b.** Also, **centreman**. the one who holds all bets made by the spinner. **10.** *Physiology* a cluster of nerve cells governing a specific organic process: *the vasomotor centre.* **11.** *Machinery* **a.** a pointed rod mounted in the headstock spindle or tailstock of a lathe. A tailstock centre is a **dead centre** if non-rotating, a **live centre** if free to rotate with the work. **b.** one of two similar points on some other machine, as a planing machine, enabling an object to be turned on its axis. **c.** a tapered indentation in a piece to be turned on a lathe into which the centre is fitted. –*v.t.* **12.** to place in or on a centre. **13.** to adjust, shape, or modify (an object, part, etc.) so that its axis or the like is in a central or normal position. –*v.i.* **14.** to be at or come to a centre. –*phr.* **15. centre (a)round**, to be concerned principally with. **16. centre on**, to focus on. Also, *US*, **center**.

centreboard /ˈsɛntəbɔd/ *n.* a movable fin keel in a boat, especially a sailing dinghy, that can be drawn up in shallow water. Also, **centreplate**.

centrefold /ˈsɛntəfoʊld/ *n.* the folded pages in the centre of a magazine, designed to be lifted out and unfolded, so as to display a large photograph sometimes of a nude male or female, a pop group, etc.

centreman /ˈsɛntəmæn/ *n.* **1.** *Australian Rules* the player occupying the centre of the playing area. **2.** → **centre** (def. 9b).

centre of gravity *n. Physics* the point of a body (or system of bodies) from which it could be suspended or on which it could be supported and be in equilibrium in any position in a uniform gravitational field.

centrepiece /ˈsɛntəpis/ *n.* **1.** an ornamental object used in a central position, especially on the centre of a dining table. **2.** the most important or conspicuous item in an exhibition, or in a collection.

centre three-quarter /sɛntə θri-ˈkwɔtə/ *n. Rugby Football* one of two middle players in the three-quarter line. Also, **centre**.

centri- variant of **centro-**, as in *centrifugal*.

centrifugal /sɛnˈtrɪfjəgəl, sɛntrəˈfjugəl/ *adj.* **1.** moving or directed outwards from the centre. **2.** relating to or operated by centrifugal force: *a centrifugal pump.* –**centrifugally** *adv.*

centrifugal force *n. Physics* the force exerted outwards by a body moving in a curved path; the reaction of centripetal force. Also, **centrifugal action**.

centripetal /sɛnˈtrɪpətl/ *adj.* **1.** proceeding or directed towards the centre. **2.** operating by centripetal force. –**centripetally** *adv.*

centripetal force *n. Physics* a force acting on a body, which is directed towards the centre of a circle or curve, which causes it to move in the circle or curve. Also, **centripetal action**.

centro- a word element meaning 'centre'. Also, **centri-**, **centri-**.

centuple /ˈsɛntʃəpəl/ *adj., v.* **-pled**, **-pling**. –*adj.* **1.** a hundred times as great; hundredfold. –*v.t.* **2.** to increase a hundred times.

centurion /sɛnˈtjuriən/ *n.* (in the Roman army) the commander of a century (def. 4).

century /ˈsɛntʃəri/ *n.* **-ries**. **1.** a period of one hundred years. **2.** one of the successive periods of 100 years reckoned forwards or backwards from a recognised chronological epoch, especially from the assumed date of the birth of Jesus. **3.** any group or collection of 100, such as 100 runs in cricket. **4.** (in the Roman army) a company, consisting of approximately one hundred men.

cephalic /səˈfælɪk/ *adj.* having to do with the head.

-cephalic a word element meaning 'head', as in *brachycephalic* (related to **cephalo-**).

cephalo- a word element denoting the 'head', as in *cephalopod*. Also, **cephal-**.

cephalopod /ˈsɛfələpɒd/ *n.* a member of the class Cephalopoda, the most highly organised class of molluscs, including the cuttlefish, squid, octopus, etc., the members of which have tentacles attached to the head. –**cephalopodan** /sɛfəˈlɒpədən/ *adj., n.*

-cephalous a word element related to **cephalo-**.

-ceptor a word element meaning 'taker', 'receiver', as in *preceptor*.

cer- variant of **cero-**, used before vowels, as in *ceraceous*.

ceramic /səˈræmɪk/ *adj.* **1.** relating to products made from clay and similar materials, such as pottery, brick, etc., or to their manufacture: *ceramic art.* –*n.* **2.** such a product.

ceramics /səˈræmɪks/ *n.* **1.** (*construed as singular*) the art and technology of making clay products and similar ware. **2.** such a product. –**ceramist** /səˈræməst/, **ceramicist** *n.*

cerato- a word element meaning **1.** *Zoology* horn, horny, or hornlike. **2.** *Anatomy* the cornea. Also (*before a vowel*), **cerat-**.

cereal /ˈsɪəriəl/ *n.* **1.** any gramineous plant yielding an edible farinaceous grain, such as wheat, rye, oats, rice, maize, etc. **2.** the grain itself. **3.** some edible preparation of it, especially a breakfast food made from some grain. –*adj.* **4.** having to do with grain or the plants producing it.

cerebellum /sɛrəˈbɛləm/ *n.* **-bella** /-ˈbɛlə/. *Anatomy* a large expansion of the hindbrain, concerned with the coordination of voluntary movements, posture, and equilibration. In humans it lies at the back of and below the cerebrum and consists of two lateral lobes and a central lobe. –**cerebellar** *adj.*

cerebral /ˈsɛrəbrəl/ *adj.* **1.** having to do with the cerebrum or the brain. **2.** requiring thought; intellectual. **3.** requiring much thought: *these puzzles are too cerebral for this time of night.*

cerebral palsy *n. Pathology* a form of paralysis caused by injury to the brain, most marked in certain motor areas. It is characterised by involuntary motions and difficulty in control of the voluntary muscles; sufferers are called spastics.

cerebrospinal /ˌsɛrəbroʊˈspaɪnəl/ *adj.* **1.** relating to or affecting both the brain and the spinal cord. **2.** relating to the central nervous system (distinguished from *autonomic*).

cerebrum /ˈsɛrəbrəm/ *n.* **-bra** /-brə/. *Anatomy* the anterior and upper part of the brain, consisting of two hemispheres, partially separated by a deep fissure but connected by a broad band of fibres, and concerned with voluntary and conscious processes.

ceremonial /ˌsɛrəˈmoʊniəl/ *adj.* **1.** relating to, used for, marked by, or of the nature of ceremonies or ceremony; ritual; formal. *–n.* **2.** a system of ceremonies, rites, or formalities prescribed for or observed on any particular occasion; a rite or ceremony. **–ceremonialism** *n.* **–ceremonialist** *n.* **–ceremonially** *adv.*

ceremony /ˈsɛrəməni/ *n.* **-nies.** *–n.* **1.** the formalities observed on some solemn or important public or state occasion. **2.** a formal religious or sacred observance; a solemn rite. **3.** any formal act or observance, especially a meaningless one. **4.** formal observances or gestures collectively; ceremonial observances. **5.** strict adherence to conventional forms; formality: *to leave a room without ceremony. –phr.* **6. stand on ceremony**, to be excessively formal or polite.

cerise /səˈris, -riz/ *adj., n.* mauve-tinged cherry red.

cero- a word element meaning 'wax', as in *cerotype*. Also, **cer-.**

cert /sɜt/ *n. Colloquial* a certainty.

certain /ˈsɜtn/ *adj.* **1.** (sometimes fol. by *of*) having no doubt; confident or assured: *I am certain of being able to finish it by tomorrow.* **2.** sure; inevitable; bound to come. **3.** established as true or sure; unquestionable; indisputable. **4.** fixed; agreed upon: *on a certain day.* **5.** definite or particular, but not named or specified. **6.** that may be depended on; trustworthy; unfailing; reliable: *his aim was certain.* **7.** some though not much: *a certain reluctance. –phr.* **8. for certain**, without any doubt; surely. **–certainty** *n.*

certainly /ˈsɜtnli/ *adv.* **1.** with certainty; without doubt; assuredly. *–interj.* **2.** yes! of course!

certificate /səˈtɪfəkət/ *n.,* /səˈtɪfəkeɪt/ *v.* **-cated, -cating.** *–n.* **1.** a writing on paper certifying to the truth of something or to status, qualifications, privileges, etc. **2.** a document issued to a person passing a particular examination. **3.** *Law* a statement, written and signed, which is by law made evidence of the truth of the facts stated, for all or for certain purposes. *–v.t.* **4.** to attest by a certificate. **–certification** /sɜtəfəˈkeɪʃən/ *n.*

certify /ˈsɜtəfaɪ/ *v.* **-fied, -fying.** *–v.t.* **1.** to guarantee as certain; give reliable information of. **2.** to testify to or vouch for in writing. **3.** to declare insane. **–certifier** *n.* **–certifiable** *adj.*

certitude /ˈsɜtətjud/ *n.* sense of absolute conviction; certainty.

cervic- a combining form of **cervical.** Also, **cervico-.**

cervical /ˈsɜvɪkəl, sɜˈvaɪkəl/ *adj. Anatomy* **1.** having to do with the neck. **2.** having to do with the cervix of the uterus.

cervico- variant of **cervic-** used before consonants.

cervix /ˈsɜvɪks/ *n.* **cervixes** *or* **cervices** /səˈvaɪsiz/. *Anatomy* **1.** the neck. **2.** the neck of the uterus, which dilates just before parturition.

cessation /sɛˈseɪʃən/ *n.* a ceasing; discontinuance; pause: *a cessation of hostilities.*

cession /ˈsɛʃən/ *n.* **1.** the act of ceding, as by treaty. **2.** the voluntary surrender by a debtor of his or her effects to his or her creditors.

cesspit /ˈsɛspɪt/ *n.* a pit containing a cesspool.

cesspool /ˈsɛspul/ *n.* **1.** a cistern, well, or pit for retaining the sediment of a drain or for receiving the filth of a water closet, etc. **2.** any filthy receptacle or place: *a cesspool of iniquity.*

cet- a word element meaning 'whale'.

cetacean /səˈteɪʃən/ *adj.* **1.** belonging to the Cetacea, an order of aquatic, chiefly marine, mammals, including the whales, dolphins, porpoises, etc. *–n.* **2.** a cetacean mammal. **–cetaceous** *adj.*

CFC /si ɛf 'si/ chlorofluorocarbon.

chablis /ˈʃæbli, ˈʃɑbli/ *n.* **1.** a very dry white table wine from the Burgundy wine region in France. **2.** (in unofficial use) a similar wine made elsewhere.

chador /ˈtʃɑdə/ *n.* a dark voluminous mantle which envelops the body and conceals the face below the eyes, worn by Muslim women as an outer garment. Also, **chadur, chaddar, chuddah, chudder.**

chafe /tʃeɪf/ *v.* **chafed, chafing.** *–v.t.* **1.** to warm by rubbing: *they chafed his cold feet.* **2.** to wear down or make sore by rubbing: *this saddle chafes my horse.* **3.** to annoy; irritate: *her words chafed him. –v.i.* **4.** to become worn or sore by rubbing: *this kind of leather chafes easily.* **5.** to be annoyed or irritated: *he chafed at her words.* **6.** to become impatient; fret: *she chafed at the delay. –n.* **7.** a sore caused by rubbing. **–chafflike** *adj.* **–chaffy** *adj.*

chaff[1] /ʃɑf/ *n.* **1.** the husks of grains and grasses separated from the seed. **2.** straw cut small for fodder. **–chafflike** *adj.* **–chaffy** *adj.*

chaff[2] /ʃɑf/ *v.t.* **1.** to ridicule or tease good-naturedly. *–v.i.* **2.** to engage in good-natured teasing; banter. *–n.* **3.** good-natured ridicule or teasing; raillery. **–chaffer** *n.*

chagrin /ˈʃægrən, ʃəˈgrɪn/ *n.* **1.** a feeling of vexation and disappointment or humiliation. *–v.t.* **2.** to vex by disappointment or humiliation.

chain /tʃeɪn/ *n.* **1.** a connected series of metal or other links for connecting, drawing, confining, restraining, etc., or for ornament. **2.** something that binds or restrains. **3.** (*plural*) bonds or fetters. **4.** (*plural*) bondage. **5.** a series of things connected or following in succession: *the river was just a chain of ponds.* **6.** a range of mountains. **7.** a number of similar establishments, as banks, theatres, hotels, etc., under one ownership and management. **8.** (*plural*) → **snow chains. 9.** *Chemistry* a linkage of atoms of the same element, as carbon to carbon. **10.** *Surveying* (formerly) **a.** a measuring instrument consisting of 100 wire rods or links, each 7.92 inches long (**surveyor's chain** or **Gunter's chain**), or one foot long (**engineer's chain**). **b.** the length of a surveyor's chain (66 feet or 20.1168 metres) or engineer's chain (100 feet or 30.48 metres), a unit of measurement in the imperial system. **11.** the overhead moving chain in a meatworks, on which carcases are passed to various specialist hands for dressing and processing. *–v.t.* **12.** to fasten or secure with a chain. **13.** to fetter; confine: *chained to his desk. –phr.* **14. drag the chain**, *Australian Colloquial* to shirk or fall behind in one's share of work or responsibility. **15. on the chain**, *Australian History* serving one's sentence as part of a chain gang. **–chainless** *adj.*

chain gang *n.* a group of convicts chained together, usually while at work.

chain reaction *n.* **1.** *Physics* a nuclear reaction which produces enough neutrons to sustain itself. **2.** *Chemistry* a reaction which results in a product necessary for the continuance of the reaction. **3.** *Colloquial* a series of reactions provoked by one event: *a pay increase for rail workers would provoke a chain reaction of wage claims.*

chain-smoke /ˈtʃeɪn-smoʊk/ *v.* **-smoked, -smoking.** *–v.i.* **1.** to smoke continually, as by lighting one cigarette from the preceding one. *–v.t.* **2.** to smoke (cigarettes) in this manner. **–chain-smoker** *n.*

chain store *n.* one of a group of retail stores under the same ownership and management and stocked from a common supply point or points.

chair /tʃɛə/ *n.* **1.** a seat with a back and legs or other support, often with arms, usually for one person. **2.** a seat of office or authority. **3.** the position of a judge, chairperson, presiding officer, etc. **4.** the person occupying a seat of office, especially the chairperson of a meeting. **5.** a professorship. –*v.t.* **6.** to conduct as chairperson; preside over. **7.** to place in a chair and carry aloft, especially in triumph. –*phr.* **8. be in the chair**, **a.** to preside at a meeting. **b.** *Colloquial* be the person in a group of drinkers whose turn it is to buy drinks. **9. take the chair**, to assume the position of chair (def. 4) of a meeting; begin or open a meeting.

chairlift /'tʃɛəlɪft/ *n.* a series of chairs suspended from an endless cable driven by a motor, for conveying people up or down mountains.

chairman /'tʃɛəmən/ *n.* **-men. 1.** → **chairperson. 2.** a male chairperson. –**chairmanship** *n.*

chairperson /'tʃɛəpɜsən/ *n.* the presiding officer of a meeting, committee, board, etc.

chakra /'tʃʌkrə/ *n.* (in yoga) one of the six (or seven) major centres of spiritual power in the body for which there are specific physical and mental exercises designed to balance the flow of energy in the body, cultivate the ability to make use of these energies, and enhance wellbeing. Also, **cakra**.

chalcedony /kæl'sɛdəni/ *n.* **-nies.** a microcrystalline translucent variety of quartz, often milky or greyish. –**chalcedonic** /kælsə'dɒnɪk/ *adj.*

chalet /'ʃæleɪ/ *n.* **1.** a kind of cottage, low and with wide eaves, common in alpine regions. **2.** *Australian* (in Tasmania) a self-contained flat detached from a house. **3.** Also, **ski chalet**, a ski lodge.

chalice /'tʃæləs/ *n.* **1.** *Ecclesiastical* a cup for the wine of the Eucharist or mass. **2.** *Poetic* a drinking cup. –**chaliced** /'tʃæləst/ *adj.*

chalk /tʃɔk/ *n.* **1.** *Geology* a soft, white, pure limestone consisting of calcareous fossil skeletal fragments of microscopic algae. **2.** a prepared piece of chalk or chalk-like substance, especially calcium sulfate, for marking. **3.** a mark made with chalk. –*v.t.* **4.** to mark or write with chalk. **5.** to rub over or whiten with chalk. **6.** to treat or mix with chalk. –*phr.* **7. by a long chalk** or **by long chalks**, by far; by a considerable extent or degree. **8. chalk out**, *Brit* to outline (a plan, etc.). **9. chalk up**, **a.** to score: *they chalked up 360 runs in the first innings.* **b.** to ascribe to: *it may be chalked up to experience.* **10. like chalk and cheese**, *Colloquial* complete opposites. –**chalklike** *adj.* –**chalky** *adj.* –**chalkiness** *n.*

chalkie /'tʃɔki/ *n. Colloquial* a schoolteacher. Also, **chalky**.

challenge /'tʃæləndʒ/ *n., v.* **-lenged, -lenging.** –*n.* **1.** a call to take part in a test of skill, strength, etc. **2.** a call to fight, as to a duel, etc. **3.** something that makes demands upon one's skills, etc.: *this job is a challenge.* **4. a.** a calling into question (as of rights to join in, be present at, etc.). **b.** *Military* a demand by a guard for someone to show who they are. **c.** *Law* a formal objection to a juror or to an entire jury. –*v.t.* **5.** to invite (someone) to compete in a test of skill, strength, etc. **6.** to make demands upon: *this job will challenge your abilities.* **7.** *Military* to stop (someone) and demand identification or a password. **8.** *Law* to make formal objection to (a juror or jury). –**challenging** *adj.* –**challengeable** *adj.*

chamber /'tʃeɪmbə/ *n.* **1.** (formerly) a private room, especially a bedroom. **2.** (the meeting hall of) a law-making body: *they are meeting in the chamber; the upper chamber is discussing their request.* **3.** (*plural*) a place where a judge hears matters not requiring action in court. **4.** (*plural*) the rooms of barristers and others. **5.** a closed-in space; cavity: *a chamber of the heart.* **6.** that part of the barrel of a gun which receives the charge. –**chambered** *adj.*

chamberlain /'tʃeɪmbələn/ *n.* an official charged with the management of a sovereign's or noble's living quarters.

chamber magistrate *n.* (in Australia) a qualified solicitor employed in a Court of Petty Sessions, who gives free legal advice.

chambermaid /'tʃeɪmbəmeɪd/ *n.* a female servant who takes care of bedrooms.

chamber music *n.* music suited for performance in a room or a small concert hall, especially for two or more (but usually less than ten) solo instruments.

chamber of commerce *n.* an association, primarily of business people, to protect and promote the business activities of a city, etc.

chamber-pot /'tʃeɪmbə-pɒt/ *n.* a portable vessel used chiefly in bedrooms as a toilet.

chameleon /kə'miliən, ʃə-/ *n.* **1.** any of a group of lizards, Chamaeleontidae, especially of the genus *Chamaeleon*, found mainly in Africa and Madagascar, characterised by the greatly developed power of changing the colour of the skin, very slow locomotion, and a projectile tongue. **2.** an inconstant person. –**chameleonic** /kəmili'ɒnɪk, ʃə-/ *adj.* –**chameleon-like** *adj.*

chamfer /'tʃæmfə/ *n.* an oblique surface cut on the edge or corner of a solid, usually a board, made by removing the arris and usually sloping at 45°.

chamois /'ʃæmwa/ *for def. 1,* /'ʃæmi/ *for def. 2 n.* **chamois. 1.** an agile goatlike antelope, *Rupicapra rupicapra*, of high mountains of Europe and south-western Russia. **2.** Also, **chammy**, a soft, pliable leather made from various skins dressed with oil (especially fish oil), originally prepared from the skin of the chamois; shammy.

chamomile = camomile /'kæməmaɪl/ *n.* **1.** any plant of the genus *Anthemis*, a herb with strongly scented foliage and flowers which are used medicinally. **2.** any of various allied plants, especially of the genus *Matricaria*.

champ[1] /tʃæmp/ *v.t.* **1.** to bite upon, especially impatiently: *horses champing the bit.* **2.** to crush with the teeth and chew vigorously or noisily; munch. –*v.i.* **3.** to make vigorous chewing or biting movements with the jaws and teeth. –*phr.* **4. champ at the bit**, to be keen to see action.

champ[2] /tʃæmp/ *n. Colloquial* a champion.

champagne /ʃæm'peɪn/ *n.* **1.** a sparkling white wine produced in the wine region of Champagne, France. **2.** (in unofficial use) a similar wine produced elsewhere. **3.** the non-sparkling (still) dry white table wine produced in the region of Champagne. **4.** a very pale yellow or cream colour. –*adj.* **5.** having the colour of champagne.

champignon /'ʃæmpɪnjɒ/ *n.* a mushroom (defs 2 and 3), picked for market when very small, that is, before the gills are showing.

champion /'tʃæmpiən/ *n.* **1.** someone who holds first place in any sport, etc., having defeated all opponents. **2.** anything that takes first place in competition. **3.** someone who fights for or defends any person or cause: *a champion of the oppressed.* –*v.t.* **4.** to act as champion of; defend; support. –*adj.* **5.** *Colloquial* first-rate. –**championship** *n.*

chance /tʃæns, tʃans/ *n., v.* **chanced, chancing,** *adj.* –*n.* **1.** the absence of any known reason why an event should turn out one way rather than another, spoken of as if it were a real agency: *chance governs all.* **2.** fortune; fate; luck. **3.** a possibility or probability of anything happening: *the chances are two to one against us.* **4.** an

chancel

opportunity: *now is your chance.* **5.** a risk or hazard: *take a chance.* –*v.i.* **6.** to happen or occur by chance. –*v.t.* **7.** *Colloquial* to take the chances or risks of; risk. –*adj.* **8.** due to chance: *a chance occurrence.* –*phr.* **9. by chance**, accidentally. **10. chance it**, to take a risk. **11. chance on** (or **upon**), to come upon by chance. **12. chance one's arm**, to make an attempt, often in spite of a strong possibility of failure. **13. half a chance**, any opportunity at all. **14. the main chance**, the opportunity to further one's own interests: *he had a constant eye to the main chance.* –**chanceful** *adj.* –**chanceless** *adj.*

chancel /'tʃænsəl, 'tʃɑnsəl/ *n.* the space around the altar of a church, usually enclosed, for the clergy, choir, etc.

chancellor /'tʃænsələ, 'tʃɑnsələ/ *n.* **1.** the title of various important judges and other high officials. **2.** the chief minister of state in any of various European countries, such as Germany. **3.** the titular, honorary head of a university. –**chancellorship** *n.*

chancre /'ʃæŋkə/ *n. Pathology* the initial lesion of syphilis, commonly a more or less distinct ulcer or sore with a hard base. –**chancrous** *adj.*

chancy /'tʃænsi, 'tʃɑnsi/ *adj.* **chancier, chanciest**. *Colloquial* uncertain; risky. Also, **chancey**. –**chanciness** *n.*

chandelier /ʃændə'lɪə/ *n.* a branched support for a number of lights, especially one suspended from a ceiling.

chandler /'tʃændlə/ *n.* **1.** a dealer or trader: *a ship's chandler.* **2.** someone who makes or sells candles.

change /tʃeɪndʒ/ *v.* **changed, changing**, *n.* –*v.t.* **1.** (sometimes fol. by *into*) to make different; alter in condition, appearance, etc.; turn: *change one's habits.* **2.** to substitute another or others for; exchange for something else: *to change one's job.* **3.** to give or get smaller money in exchange for: *to change a dollar note.* **4.** to give or get different currency in exchange for: *to change dollars into francs.* **5.** to give and take reciprocally; exchange: *to change places with someone.* **6.** to remove and replace the coverings of: *to change a baby.* **7.** to select a higher or lower (gear of a motor vehicle). –*v.i.* **8.** to become different; alter: *to change to a new person; to change into a magician.* **9.** to make a change or an exchange. **10.** to change trains or other conveyances. **11.** to change one's clothes. –*n.* **12.** variation; alteration; modification; deviation; transformation. **13.** the substitution of one thing for another. **14.** (of weather) an alteration usually towards lower temperatures, rain, etc.: *take a jumper in case there's a change.* **15.** variety or novelty. **16.** the passing from one place, state, form, or phase to another: *change of the moon.* **17.** the supplanting of one thing by another. **18.** that which is or may be substituted for another. **19.** a fresh set of clothing. **20.** useful information. **21.** a balance of money that is returned when the sum tendered is larger than the sum due. **22.** coins of low denomination. **23.** any of the various sequences in which a peal of bells may be rung. **24.** *Music* a harmonic progression. –*phr.* **25. change down**, to select a lower gear. **26. change front**, *Military* to shift a military force in another direction. **27. change hands**, to pass from one possessor to another. **28. change one's mind**, to alter one's intentions or opinion. **29. change one's tune**, to assume a different, usually humbler, attitude. **30. change up**, to select a higher gear. **31. ring the changes**, **a.** to ring a peal of bells according to one of the sequences of changes. **b.** to execute a number of manoeuvres or variations; try all the possibilities. –**changeable** *adj.*

changeling /'tʃeɪndʒlɪŋ/ *n.* a child supposedly substituted secretly for another, especially by fairies; an elfchild.

change of life *n.* → **menopause**.

channel /'tʃænəl/ *n., v.* **-nelled** or *Chiefly US* **-neled, -nelling** or *Chiefly US* **-neling**. –*n.* **1.** the bed and banks of a river, stream, creek or gully. **2.** the deeper part of a river, ocean passage, etc. **3.** a wide strait, as between a continent and an island. **4.** a sea passage which ships can use to travel between two larger bodies of water such as the English Channel. **5.** a means of approach. **6.** a course into which something may be directed: *he will put his energy into better channels when he is older.* **7.** a way through which anything passes: *channels of communication.* **8.** a frequency band for one-way communication, its width depending on the type of transmission (as telephone, radio, television, etc.). **9.** a tube for passing through liquids or fluids. **10.** a groove. –*v.t.* **11.** to make pass through a channel. **12.** to direct towards some course: *to channel interests.* **13.** to form a channel in; groove.

channelling /'tʃænəlɪŋ/ *n.* the process of conveying information or energy of a supernatural origin.

chant /tʃænt, tʃɑnt/ *n.* **1.** a song; singing. **2.** a short, simple melody, specifically one characterised by single notes to which an indefinite number of syllables are intoned, used in singing the psalms, canticles, etc., in the church service. **3.** a monotonous intonation of the voice in speaking. –*v.t.* **4.** to sing to a chant, or in the manner of a chant, especially in the church service.

chaos /'keɪɒs/ *n.* utter confusion or disorder, wholly without organisation or order. –**chaotic** /keɪ'ɒtɪk/ *adj.* –**chaotically** /keɪ'ɒtɪkli/ *adv.*

chap[1] /tʃæp/ *v.* **chapped, chapping**, *n.* –*v.t.* **1.** to cause to open in small slits or cracks. **2.** (of cold or exposure) to crack, roughen, and redden (the skin). –*v.i.* **3.** to become chapped. –*n.* **4.** a fissure or crack, especially in the skin.

chap[2] /tʃæp/ *n. Colloquial* a fellow; man or boy.

chapel /'tʃæpəl/ *n.* **1.** a separately dedicated part of a church, or a small independent churchlike edifice, devoted to special services. **2.** a room or building for worship in a college or school, country house or royal court, etc. **3.** the body of members of a trade union in a printing or publishing house.

chaperone = **chaperon** /'ʃæpəroʊn/ *n.* an older person, usually a matron, who, for propriety, attends a young unmarried woman in public or accompanies a party of young unmarried men and women. –**chaperonage** /ʃæpə'roʊnɪdʒ/ *n.*

chaplain /'tʃæplən/ *n.* an ecclesiastic attached to the chapel of a royal court, or, formerly, a noble family, or to a college, school, etc., or to a military unit. –**chaplaincy, chaplainry, chaplainship** *n.*

chaplet /'tʃæplət/ *n.* **1.** a wreath or garland for the head. **2.** a string of beads. –**chapleted** *adj.*

chapter /'tʃæptə/ *n.* **1.** a main division, usually numbered, of a book, treatise, or the like. **2.** a branch, usually localised, of a society or fraternity. **3.** *Ecclesiastical* **a.** an assembly of the monks in a monastery, or of those in a province, or of the entire order. **b.** a general assembly of the canons of a church. **c.** a meeting of the elected representatives of the provinces or houses of a religious community. **d.** the body of such canons or representatives collectively. –*phr.* **4. chapter and verse**, **a.** an exact reference. **b.** precise details. **5. chapter of accidents**, a series of closely following misfortunes.

char[1] /tʃɑ/ *v.t.* **charred, charring**. **1.** to burn or reduce to charcoal. **2.** to burn slightly; scorch. –**charry** *adj.*

char[2] /tʃɑ/ *n. Colloquial* → **charwoman**.

char³ /tʃa/ *n. Colloquial* tea.

character /ˈkærəktə/ *n.* **1.** the aggregate of qualities that distinguishes one person or thing from others. **2.** moral constitution, as of a person or people. **3.** good moral constitution or status. **4.** reputation. **5.** good repute. **6.** status or capacity. **7.** a person: *a strange character.* **8.** *Colloquial* an odd or interesting person. **9.** a person represented in a drama, story, etc. **10.** *Theatre* a part or role. **11.** a significant visual mark or symbol. **12.** a symbol as used in a writing system, as a letter of the alphabet. **13.** *Computers* a group of bits representing such a symbol or a numeral. *–v.t.* **14.** to portray; describe. *–phr.* **15. in character**, consistent with what is known of previous character, behaviour, etc. **16. out of character**, inconsistent with what is known of previous character, behaviour, etc. **–characterless** *adj.*

characterise = characterize /ˈkærəktəraɪz/ *v.t.* **-rised, -rising. 1.** to mark or distinguish as a characteristic; be a characteristic of. **2.** to describe the characteristic or peculiar quality of. **–characteriser** *n.*

characteristic /kærəktəˈrɪstɪk/ *adj.* **1.** relating to, constituting, or indicating the character or peculiar quality; typical; distinctive. *–n.* **2.** a distinguishing feature or quality. **–characteristically** *adv.*

charade /ʃəˈrad/ *n.* **1.** a game in which a player or players act out in pantomime a word or phrase which the others try to guess. **2.** a ridiculous or pointless act or series of acts.

charcoal /ˈtʃakoʊl/ *n.* **1.** the carbonaceous material obtained by the imperfect combustion of wood or other organic substances. **2.** a drawing pencil of charcoal. **3.** a drawing made with charcoal. *–v.t.* **4.** to blacken, write or draw with charcoal.

chardonnay /ˈʃadəneɪ/ *n.* (*sometimes cap.*) a dry white table wine.

charge /tʃadʒ/ *v.* **charged, charging**, *n. –v.t.* **1.** to put a load or burden on or in. **2.** to fill or furnish (something) with the appropriate quantity of what it is designed to receive. **3.** to supply a quantity of electricity to (a battery) usually sufficient to make it fully operational again. **4.** to fill (air, water, etc.) with other matter in a state of diffusion or solution. **5.** to load (a weapon) prior to firing: *they waited with muskets charged.* **6.** to fill (a glass, etc.) with drink, especially in preparation for a toast: *please charge your glasses.* **7.** to load or burden (the mind, heart, etc.). **8.** to lay a command or injunction upon. **9.** to instruct authoritatively, as a judge does a jury. **10.** (sometimes fol. by *with*) to find fault in: *charge him with carelessness.* **11.** (sometimes fol. by *with*) to lay blame upon; blame: *to charge someone with negligence.* **12.** to hold liable for payment; enter a debit against. **13.** to list or record as a debt or obligation; enter as a debit. **14.** to postpone payment on (a service or purchase) by having it recorded on one's charge account. **15.** to impose or ask as a price. **16. a.** to attack by rushing violently against. **b.** *Australian Rules* to so rush against (an opposing player) illegally. *–v.i.* **17.** to make an onset; rush, as to an attack. *–n.* **18.** a load or burden. **19.** the quantity of anything which an apparatus is fitted to hold, or holds, at one time. **20.** a quantity of explosive to be set off at one time. **21.** a duty or responsibility laid upon or entrusted to one. **22.** care, custody, or superintendence: *to have charge of a thing.* **23.** anything or anybody committed to one's care or management. **24.** *Ecclesiastical* a parish or congregation committed to the spiritual care of a minister or priest. **25.** a command or injunction; exhortation. **26.** *Law* an address by a judge to a jury at the close of a trial, instructing them as to the legal points, the weight of evidence, etc., affecting their verdict in the case. **27.** an accusation or imputation of guilt: *he was arrested on a charge of murder.* **28.** expense or cost: *improvements made at a tenant's own charge.* **29.** a sum or price charged: *a charge of $2 for admission.* **30.** a pecuniary burden, encumbrance, tax, or lien; cost; expense; liability to pay. **31.** an entry in an account of something due. **32. a.** an impetuous onset or attack, as of soldiers. **b.** *Australian Rules* an illegal violent pushing of an opposing player. **33.** a signal by bugle, drum, etc. for a military charge. **34.** *Electricity* an electric charge. **35.** *Physics, Electronics* the quantity of electricity stored in a capacitor or electrical storage battery. **36.** *Heraldry* → **bearing** (def. 7). **37.** *Colloquial* a thrill; a kick. *–phr.* **38. charge like a wounded bull**, *Colloquial* to fix prices that are excessive. **39. charge up, a.** to recharge (a battery). **b.** to postpone payment on (a service or purchase) by having it recorded on one's charge account. **40. give in charge**, to deliver to the police. **41. in charge**, in command; having supervisory powers. **42. in charge of, a.** having the care or supervision of: *in charge of the class.* **b.** *US* under the care or supervision of: *in charge of the teacher.* **43. in the charge of**, in the care of; under the supervision of.

charge account *n.* a credit arrangement with a department store, service station, etc., whereby the purchase of goods is charged to the customer's account.

chargé d'affaires /ˌʃaʒeɪ dəˈfɛə/ *n.* **chargés d'affaires. 1.** (in full: **chargé d'affaires ad interim**) an official placed in charge of diplomatic business during the temporary absence of the ambassador or minister. **2.** an envoy to a state to which a diplomat of higher grade is not sent. Also, **chargé**.

charger¹ /ˈtʃadʒə/ *n.* **1.** a horse intended or suitable to be ridden in battle. **2.** *Electricity* an apparatus which charges storage batteries.

charger² /ˈtʃadʒə/ *n.* **1.** a platter. **2.** a large, shallow dish for liquids.

chariot /ˈtʃæriət/ *n.* **1.** a two-wheeled vehicle used by the ancients in war, racing, processions, etc. **2.** any more or less stately carriage.

charisma /kəˈrɪzmə/ *n.* **-mata** /-mətə/. **1.** the special personal qualities that give an individual influence or authority over large numbers of people. **2.** ability to influence or impress people, especially when visible in politicians or public figures; personality. **–charismatic** *adj.*

charitable /ˈtʃærətəbəl/ *adj.* **1.** generous in gifts to relieve the needs of others. **2.** kindly or lenient in judging others. **3.** relating to or concerned with charity: *a charitable institution.* **–charitableness** *n.* **–charitably** *adv.*

charity /ˈtʃærəti/ *n.* **-ties. 1.** almsgiving; the private or public relief of unfortunate or needy persons; benevolence. **2.** a charitable fund, foundation, or institution. **3.** benevolent feeling, especially towards those in need. *–adj.* **4.** having to do with organisations, fundraising activities, etc., of a charitable nature.

charlatan /ˈʃalətən/ *n.* someone who pretends to more knowledge or skill than he or she possesses; a quack. **–charlatanic** /ʃaləˈtænɪk/ *adj.*

charleston /ˈtʃalstən/ *n.* a kind of foxtrot, of African-American origin, popular in the 1920s.

charlotte /ˈʃalət/ *n.* a hot pudding with a framework of thinly sliced and buttered bread filled with apples or other fruit.

charm /tʃam/ *n.* **1.** a power to please and attract; fascination. **2.** some quality or feature exerting a fascinating influence: *feminine charms.* **3.** a trinket to be worn on a chain, bracelet, etc. **4.** something worn for its supposed magical effect; an amulet. **5.** a verse or formula credited with magical power. *–v.t.* **6.** to attract powerfully by beauty, etc.; please greatly. **7.** to act upon with or as with a charm; enchant. **8.** to calm, soothe, etc. *–phr.* **9. like a charm,** successfully; perfectly. **–charmer** *n.*

charnel-house /'tʃɑːnəl-haʊs/ *n.* a house or place in which the bodies or bones of the dead are deposited.

chart /tʃɑːt/ *n.* **1.** a sheet giving information, often in table or graph form. **2.** a map, especially one showing sea and waterways. **3.** an outline map showing special information: *a weather chart.* **4.** (*usually plural*) a list of the best-selling popular recordings for a particular period. *–v.t.* **5.** to make a chart of. **6.** to plan a course of action. **–chartless** *adj.*

charter /'tʃɑːtə/ *n.* **1.** a written instrument or contract, especially relating to land transfers. **2. a.** a written undertaking, given by a ruler or law-making body, giving certain rights, etc. **b.** a written grant by a governing power creating a university, company, etc. *–v.t.* **3.** to establish by charter. **4.** to hire or make available for hire. *–adj.* **5.** founded or protected by a charter. **6.** hired for a particular purpose or journey: *a charter plane.*

chartered accountant *n.* an accountant who is a full member of one of the institutes of accountants granted a royal charter which have branches in Australia.

charter member *n.* one of the original members.

chartreuse /ʃɑː'trɜːz/ *n.* **1.** one of two aromatic liqueurs made by the Carthusian monks, at Grenoble, France, and (1901-46) in Tarragona, Spain. **2.** a clear, light green with a yellowish tinge. *–adj.* **3.** of the colour chartreuse.

charwoman /'tʃɑːwʊmən/ *n.* **-women.** a woman hired to do odd jobs of household work, or to do such work by the hour or day.

chary /'tʃɛəri/ *adj.* **charier, chariest. 1.** careful; wary. **2.** shy. *–phr.* **3. chary of,** sparing of: *chary of his praise.* **–charily** *adv.* **–chariness** *n.*

chase¹ /tʃeɪs/ *v.* **chased, chasing,** *n. –v.t.* **1.** to pursue in order to seize, overtake, etc. **2.** (in sport) to attempt to equal or better (an opponent's score): *the Australians were chasing the Poms' first innings score of 401.* **3.** to pursue with intent to capture or kill, as game; hunt. **4.** to drive by pursuing. *–v.i.* **5.** *Colloquial* to run or hasten. *–n.* **6.** the act of chasing; pursuit. **7.** the occupation or sport of hunting. *–phr.* **8. chase after,** to follow in pursuit: *to chase after someone.* **9. chase away,** to chase (someone) so as to cause them to run away. **10. chase off,** to chase (someone) so as to cause them to leave a position or location. **11. chase up, a.** to stimulate to action: *I'll have to chase her up on that.* **b.** to locate or find: *I'll chase up some help.*

chase² /tʃeɪs/ *n., v.* **chased, chasing.** *–n.* **1.** Also, **chasing.** a groove, furrow, or trench; a lengthened hollow. *–v.t.* **2.** to groove or indent, so as to make into a screw.

chaser /'tʃeɪsə/ *n.* **1.** someone who chases or pursues. **2.** *Colloquial* a drink of water, beer, or other mild beverage taken after a drink of spirits.

chasm /'kæzəm/ *n.* **1.** a yawning fissure or deep cleft in the earth's surface; a gorge. **2.** a wide difference of feeling, interest, etc., between persons, groups, nations. **–chasmal** /'kæzməl/ *adj.*

chassis /'ʃæzi/ *n.* **chassis** /'ʃæziz/. **1.** the frame, wheels, and machinery of a motor vehicle, on which the body is supported. **2.** *Ordnance* the frame or rails on which a gun carriage moves backwards and forwards.

chaste /tʃeɪst/ *adj.* **1.** not having had sexual intercourse; virgin, especially when considered as being virtuous. **2.** free from obscenity; decent. **3.** pure in style; subdued; simple. **–chastity** /'tʃæstəti/, **chasteness** *n.* **–chastely** *adv.*

chasten /'tʃeɪsən/ *v.t.* **1.** to inflict suffering upon for purposes of moral improvement; chastise. **2.** to restrain; subdue. **–chastener** *n.*

chastise /tʃæs'taɪz/ *v.t.* **-tised, -tising.** to punish, especially physically. **–chastisement** /'tʃæstəzmənt, -'taɪzmənt/ *n.* **–chastiser** *n.*

chat /tʃæt/ *v.* **chatted, chatting,** *n. –v.i.* **1.** to converse in a familiar or informal manner. *–n.* **2.** informal conversation. **3.** (in Australia) any of several small, ground-feeding, insectivorous birds of the family Epthianuridae, some of which have metallic call notes, as the white-fronted chat, *Epthianura albifrons.* **4.** (elsewhere) any of several birds of the sub-family Turdinae, especially of the genus *Saxicola,* known for their harsh chattering cries. *–phr.* **5. chat up,** *Colloquial* to talk persuasively to or flirt with: *to chat up a woman.*

chattel /'tʃætl/ *n.* **1.** a movable article of property. **2.** a slave.

chatter /'tʃætə/ *v.i.* **1.** to utter a succession of quick, inarticulate, speechlike sounds: *a chattering monkey.* **2.** to talk rapidly and to little purpose; jabber. **3.** to make a rapid clicking noise by striking together, as the teeth from cold. *–n.* **4.** idle or foolish talk. **5.** the act or sound of chattering.

chatterbox /'tʃætəbɒks/ *n.* a very talkative person.

chatterer /'tʃætərə/ *n.* **1.** one who chatters. **2.** any of several noisy, gregarious babblers of the genus *Pomatostomus,* as the **grey-crowned babbler,** *P. temporalis,* which frequent scrub and open forest in various parts of Australia.

chatty /'tʃæti/ *adj.* **-tier, -tiest.** given to or full of chat or familiar talk; conversational: *a chatty letter; a chatty person.* **–chattily** *adv.* **–chattiness** *n.*

chauffeur /'ʃəʊfə, ʃəʊ'fɜː/ *n.* **1.** someone employed as a driver for a private car. *–v.t.* **2.** to act as chauffeur to.

chauvinism /'ʃəʊvənɪzəm/ *n.* zealous and belligerent patriotism or devotion to any cause, as male chauvinism. **–chauvinist** *n.*, *adj.* **–chauvinistic** /ʃəʊvə'nɪstɪk/ *adj.* **–chauvinistically** /ʃəʊvə'nɪstɪkli/ *adv.*

cheap /tʃiːp/ *adj.* **1.** of a relatively low price; at a bargain. **2.** costing little labour or trouble. **3.** charging low prices: *a very cheap shop.* **4.** of poor quality: *that material is cheap and nasty.* **5.** obtainable at a low rate of interest. **6.** of decreased value or purchasing power, as currency depreciated due to inflation. **7.** of little account; of small value. **8.** base; mean. *–adv.* **9.** at a low price; at small cost. *–phr.* **10. cheap as chips,** *Australian Colloquial* extremely cheap. **11. cheap as dirt,** *Colloquial* extremely cheap. **12. cheap drunk,** *Colloquial* one who becomes intoxicated after taking only a little alcoholic liquor. **13. on the cheap,** *Colloquial* at a low price. **–cheaply** *adv.* **–cheapness** *n.*

cheapen /'tʃiːpən/ *v.t.* **1.** to make cheap or cheaper. **2.** to belittle; bring into contempt. **–cheapener** *n.*

cheat /tʃiːt/ *n.* **1.** a fraud; swindle; deception. **2.** someone who cheats or defrauds. **3.** *Computers* a tip on how to progress in a computer game. *–v.t.* **4.** to defraud; swindle. **–cheatable** *adj.* **–cheater** *n.* **–cheatingly** *adv.*

check /tʃɛk/ *v.t.* **1.** to stop or arrest the motion of suddenly or forcibly. **2.** to restrain; hold in restraint or control. **3.** to investigate or verify as to correctness. **4.** Also, **check off.** *US* to tick. **5.** Also, **check in,** to leave in temporary custody: *check your coat and hat.* **6.** to accept for temporary custody: *small parcels checked here.* **7.** *US*

check   **chemosynthesis**

to send (luggage, etc.) through to a final destination, but allowing the accompanying passenger to break the journey: *we checked two trunks through to New York.* **8.** *US* to accept for conveyance, and to convey to a final destination: *check this trunk to New York.* **9.** *Chess* to place (an opponent's king) under direct attack. **10.** *Colloquial* to take a look at: *check the nose on that guy!* –*v.i.* **11.** to prove to be right; to correspond accurately: *the reprint checks with the original item for item.* –*n.* **12.** a person or thing that checks or restrains. **13.** a sudden arrest or stoppage; repulse; rebuff. **14.** control with a view to ascertaining performance or preventing error. **15.** a controlled and carefully observed operation or test procedure to determine actual and potential performance. **16.** a means or standard to prevent error, fraud, etc. **17.** a pattern formed of squares, as on a draughtboard. **18.** a fabric having a check pattern. **19.** *Chess* the exposure of the king to direct attack. **20.** *US* a counter used in card games; the chip in poker. **21.** *US* → **tick**[1] (def. 3). **22.** *US* → **cheque**. **23.** *US* → **bill**[1] (def. 2). **24.** *US* → **ticket** (def. 1). –*adj.* **25.** serving to check, control, verify, etc. **26.** ornamented with a checked pattern; chequered. –*interj.* **27.** *Chess* (an optional call to inform one's opponent that their king is exposed to direct attack). –*phr.* **28. check in**, to register one's arrival, as at a hotel, work, etc. **29. check out**, **a.** to ascertain the truth or correctness of: *to check out the arrangements.* **b.** *Colloquial* to inspect and evaluate: *we're going to check out the talent at the party.* **c.** to complete the procedures for leaving a hotel, motel, etc., by paying the bill, returning the room key, etc. **d.** *Colloquial* to depart. **30. check up**, to make an inquiry or investigation for verification, etc. **31. check you later**, *Colloquial* (a phrase of farewell). **32. in check**, **a.** under restraint. **b.** *Chess* (of a player) having a king which is exposed to direct attack, or (of the king) being exposed to direct attack. –**checkable** *adj.* –**checker** *n.*

checkmate /'tʃɛkmeɪt/ *n.* **1.** *Chess* the act of putting the opponent's king into an inextricable check, thus bringing the game to a close. **2.** defeat; overthrow.

checkout /'tʃɛkaʊt/ *n.* **1.** the cash desk in a supermarket. –*adj.* **2.** having to do with the people, equipment or procedure operating at a checkout.

checkpoint /'tʃɛkpɔɪnt/ *n.* a place where traffic is halted for inspection.

check-up /'tʃɛk-ʌp/ *n.* **1.** an examination or close scrutiny for purposes of verification as to accuracy, comparison, etc. **2.** a comprehensive physical examination. **3.** an overhaul.

cheddar /'tʃɛdə/ *n.* **1.** a smooth white or yellow cheese, with a firm texture, sometimes cracked, the flavour of which depends on the age of the cheese. –*phr.* **2. hard** (or **stiff**) (or **tough**) **cheddar**, *Colloquial* (a exclamation indicating a lack of sympathy for another's misfortune).

cheek /tʃik/ *n.* **1.** either side of the face below eye level. **2.** the side wall of the mouth between the upper and lower jaws. **3.** a buttock. **4.** one side of the head of a hammer. **5.** *Machinery* either of the sides of a pulley or block. **6.** *Colloquial* impudence or effrontery. –*v.t.* **7.** *Colloquial* to address saucily; to be impudent. –*phr.* **8. cheek by jowl**, close together; adjacent; in close intimacy. **9. turn the other cheek**, to accept provocation without taking any retaliatory action. **10. with one's tongue in one's cheek**, mockingly; insincerely.

cheeky /'tʃiki/ *adj.* **cheekier, cheekiest.** *Colloquial* impudent; insolent: *a cheeky fellow; cheeky behaviour.* –**cheekily** *adv.* –**cheekiness** *n.*

cheep /tʃip/ *v.i.* to chirp; peep.

cheer /tʃɪə/ *n.* **1.** a shout of encouragement, approval, congratulation, etc. **2.** that which gives joy or gladness; encouragement; comfort. **3.** state of feeling or spirits: *be of good cheer.* **4.** gladness, gaiety, or animation: *an atmosphere of cheer.* –*v.t.* **5.** to salute with shouts of approval, congratulation, etc. **6.** to inspire with cheer; gladden. –*v.i.* **7.** to utter cheers of approval, etc. –*interj.* **8. cheers!**, *Colloquial* to your health! –*phr.* **9. cheer on**, to encourage or incite. **10. cheer up**, **a.** to cause to feel cheerful. **b.** to become cheerful. **11. three cheers**, (sometimes fol. by *for*) (an encouragement to give three shouts of hurray as a token of approval for someone or something). –**cheerful, cheery** *adj.* –**cheerless** *adj.* –**cheerfully** *adv.* –**cheerer** *n.* –**cheeringly** *adv.*

cheerio /tʃɪəri'oʊ/ *interj. Colloquial* goodbye.

cheese /tʃiz/ *n.* **1.** the curd of milk separated from the whey and prepared in any of various ways as a food. **2.** a cake or definite mass of this substance. **3.** a conserve of fruit of the consistency of cream cheese. –*phr.* **4. cheese off**, *Colloquial* to irritate; annoy: *that really cheeses me off!* **5. hard** (or **stiff**) (or **tough**) **cheese**, *Colloquial* (an exclamation indicating a lack of sympathy for another's misfortune). **6. the big cheese**, *Colloquial* the boss –**cheesy** *adj.* –**cheesiness** *n.*

cheesecake /'tʃizkeɪk/ *n.* **1.** a kind of cake or open pie filled with a custard-like preparation containing cheese. **2.** *Colloquial* **a.** photographs of attractive women in newspapers, magazines, etc., posed to display their bodies, and emphasising their sex appeal. **b.** the women who pose for such photographs. **c.** the titillating display of female bodies. Compare **beefcake**.

cheesecloth /'tʃizklɒθ/ *n.* a coarse cotton fabric of open texture, originally used in cheese-making, now also for garments, etc.

cheeseparing /'tʃizpeərɪŋ/ *adj.* **1.** meanly economical; parsimonious. –*n.* **2.** niggardly economy.

cheetah /'tʃitə/ *n.* an animal of the cat family, *Acinonyx jubatus*, of south-western Asia and Africa, resembling the leopard and reputed to be the fastest four-legged animal. Also, **cheetah**.

chef /ʃɛf/ *n.* a cook, especially a head cook.

cheiro- variant of **chiro-**.

cheli- a word element meaning 'claws', as in *cheliferous*.

chem- a word element representing chemic or chemical used before vowels. Also (*especially before a consonant*), **chemo-**.

chemical /'kɛmɪkəl/ *adj.* **1.** of or concerned with the science or the operations or processes of chemistry. –*n.* **2.** a substance produced by or used in a chemical process. –**chemically** *adv.*

chemical warfare *n.* warfare with asphyxiating, poisonous, or corrosive gases, oil flames, etc.

chemise /ʃə'miz/ *n.* **1.** a woman's loose-fitting shirt-like undergarment. **2.** (in women's fashions) a dress, suit, etc., designed to fit loosely at the waist and more tightly at the hips.

chemist /'kɛməst/ *n.* **1.** someone versed in chemistry or professionally engaged in chemical investigations. **2.** a retailer of medicinal drugs and toilet preparations.

chemistry /'kɛməstri/ *n.* **-ries. 1.** the science concerned with the composition of substances, the various elementary forms of matter, and the interactions between them. **2.** chemical properties, reactions, etc.: *the chemistry of carbon.*

chemo- variant of **chem-** used especially before a consonant.

chemosynthesis /kɛmoʊ'sɪnθəsəs/ *n. Botany* production by plants of nutritive substances from carbon dioxide and water with energy derived from other chemical reactions. –**chemosynthetic**

chemotherapy /kɛmoʊsɪn'θɛtɪk/ *adj.* **–chemosynthetically** /kɛmoʊsɪn'θɛtɪkli/ *adv.*

chemotherapy /kɛmoʊ'θɛrəpi, kimoʊ-/ *n. Medicine* treatment of disease by means of chemicals which have a specific toxic effect upon the disease-producing micro-organisms. **–chemotherapist** *n.*

chenille /ʃə'nil/ *n.* usually unbleached cotton, into which short bunches of wicking have been hooked to form a design, used for bedspreads, etc.; candlewick.

cheque /tʃɛk/ *n.* **1.** *Banking* a written order, usually on a standard printed form directing a bank to pay a specified sum of money to, or to the order of, some particular person or the bearer, either *crossed* (payable only through a bank account), or *uncrossed* (payable on demand). **2.** wages, pay. Also, *US*, **check**.

cheque account *n.* a bank account from which money may be withdrawn by cheque at any time by the customer.

chequer /'tʃɛkə/ *n.* **1.** a pattern of squares. **2.** a marble or similar token used in Chinese chequers. *–v.t.* **3.** to diversify in colour; variegate. **4.** to diversify in character; subject to alterations. Also, *US*, **checker**.

cherish /'tʃɛrɪʃ/ *v.t.* **1.** to hold or treat as dear. **2.** to care for tenderly; nurture. **3.** to cling fondly to (ideas, etc.): *cherishing no resentment.* **–cherisher** *n.* **–cherishment** *n.* **–cherishingly** *adv.*

cheroot /ʃə'rut/ *n.* a cigar having open, unpointed ends.

cherry /'tʃɛri/ *n.* **-ries. 1.** the fruit of any of various trees of the genus *Prunus*, consisting of a pulpy, globular drupe enclosing a one-seeded smooth stone. **2.** the tree itself. **3.** its wood. **4.** a bright red. **5.** *Colloquial* virginity. **6.** *Colloquial* a virgin *–phr.* **7. two bites of** (or **at**) **the cherry,** *Colloquial* two attempts.

cherub /'tʃɛrəb/ *n.* **cherubim** /'tʃɛrəbɪm, 'kɛ-/ *for defs 1 and 2* **cherubs** *for defs 3 and 4* **1.** *Bible* a kind of celestial being. **2.** *Theology* a member of the second order of angels, distinguished by knowledge, often represented as a beautiful winged child or as a winged head of a child. See **angel** (def. 1). **3.** a beautiful or innocent person, especially a child. **4.** a person with a chubby, innocent face. **–cherubic** /tʃə'rubɪk/ *adj.* **–cherubically** *adv.*

chess /tʃɛs/ *n.* a game played by two persons, each with sixteen pieces, on a chequered board.

chessman /'tʃɛsmæn, -mən/ *n.* **-men** /-mɛn, -mən/ one of the pieces used in the game of chess.

chest /tʃɛst/ *n.* **1.** the trunk of the body from the neck to the belly; the thorax. **2.** a box, usually a large, strong one, for the safekeeping of valuables. **3.** the place where the funds of a public institution, etc., are kept. **4.** a box in which certain goods, as tea, are packed for transit. **5.** the quantity contained in such a box. *–phr.* **6. get something off one's chest,** to bring a pressing worry into the open.

chestnut /'tʃɛsnʌt/ *n.* **1.** (the edible nut of) a tree of the beech family. **2.** any of various fruits or trees like the chestnut, especially the **horse chestnut. 3.** a reddish brown colour. **4.** a horse of this colour. **5.** *Colloquial* an old or stale joke, anecdote, etc. *–adj.* **6.** reddish brown.

chevre /'ʃɛvrə/ *n.* cheese made from goat's milk.

chevron /'ʃɛvrən/ *n.* a badge consisting of stripes meeting at an angle, worn on the sleeve (by non-commissioned officers, police officers, etc.) as an indication of rank, of service, etc.

chew /tʃu/ *v.t.* **1.** to crush or grind with the teeth; masticate. **2.** to damage or destroy by or as if by chewing. *–v.i.* **3.** to perform the act of crushing or grinding with the teeth. *–n.* **4.** the act of chewing. **5.** that which is chewed; a portion, as of tobacco, for chewing. **6.** *NZ (with children)* a sweet; lolly. *–phr.* **7. chew out,** *Colloquial* to scold or castigate (someone). **8. chew over,** to meditate on; consider deliberately. **9. chew someone's ear,** *Colloquial* to talk to someone insistently and at length. **10. chew the buns off someone,** *Colloquial* to berate or abuse someone. **11. chew the fat,** *Colloquial* to gossip. **12. chew the rag,** *Colloquial* **a.** to gossip. **b.** to argue or grumble. **c.** to brood or grieve. **13. chew up,** to damage or destroy by or as if by chewing: *this machine has chewed up the carpet.* **–chewer** *n.*

chewing gum *n.* a preparation for chewing, usually made of sweetened and flavoured gum.

chewy /'tʃui/ *adj.* requiring chewing; tough: *this steak is too chewy.*

chez /ʃeɪ/ *prep.* at the home of.

chi /kaɪ/ *n.* the twenty-second letter (X, χ, = English Ch, ch) of the Greek alphabet.

chiack /'tʃaɪæk/ *Australian, NZ Colloquial –v.t.* **1.** to jeer; taunt; deride; tease. *–n.* **2.** jeering; cheek. Also, **chyack. –chiacking** *n.*

chic /ʃik/ *adj.* **1.** cleverly attractive in style; stylish. *–n.* **2.** style; cleverly attractive style, especially in dress.

chicanery /ʃə'keɪnəri/ *n.* **-ries. 1.** legal trickery, quibbling, or sophistry. **2.** a quibble or subterfuge.

chick /tʃɪk/ *n.* **1.** a young chicken or other bird. **2.** a child. **3.** *Colloquial* a young woman.

chicken /'tʃɪkən/ *n.* **1.** the young of the domestic fowl (or of certain other birds). **2.** (in market and household use) a domestic fowl of any age, or its flesh. **3.** *Colloquial* a young person, especially a young girl. **4.** *Colloquial* a coward. *–adj.* **5.** *Colloquial* cowardly. *–phr.* **6. chicken out,** *Colloquial* to withdraw because of cowardice, tiredness, etc. **7. count one's chickens before they are hatched,** to act on an expectation which has not yet been fulfilled. **8. play chicken,** *Colloquial* **a.** to perform a dangerous dare. **b.** to stand in the path of an approaching vehicle daring the driver to run one down. **c.** (of the drivers of two vehicles) to proceed along a collision course, as a test of courage. **9. the chickens come home to roost,** the consequences of an action are visited on its perpetrator.

chickenpox /'tʃɪkənpɒks/ *n. Pathology* a mild, contagious eruptive disease, commonly of children, caused by a virus; varicella.

chickpea /'tʃɪkpi/ *n.* a leguminous plant, *Cicer arietinum*, bearing edible pealike seeds, much used for food in southern Europe, Asia, and Africa.

chickweed /'tʃɪkwid/ *n.* any of various herbs of the genus *Stellaria*, especially *S. media*.

chicory /'tʃɪkəri/ *n.* **-ries.** a perennial herb, *Cichorium intybus*, with blue flowers, native to Europe and western Asia; the blanched shoots are used in salads, and the roasted, powdered roots added to coffee.

chide /tʃaɪd/ *v.* **chided** *or* **chid, chided, chid** *or* **chidden, chiding.** *–v.i.* **1.** to scold; find fault. *–v.t.* **2.** to drive, impel, etc., by chiding. **3.** to express disapproval of. **–chider** *n.* **–chidingly** *adv.*

chief /tʃif/ *n.* **1.** the head or ruler of a group of people, tribe, organisation, etc. **2.** *Colloquial* boss. *–adj.* **3.** highest in rank or authority. **4.** most important: *its chief merit; the chief difficulty.* **–chiefly** *adv.*

chieftain /'tʃiftən/ *n.* **1.** a leader of a group, band, etc. **2.** the chief of a clan or a tribe. **–chieftaincy,** **chieftainship** *n.*

chiffon /ʃə'fɒn, 'ʃɪfɒn/ *n.* **1.** sheer fabric of silk, nylon, or rayon in plain weave. **2.** any bit of decorative finery, as of ribbon or lace. *–adj.* **3.** (of food) having a light, fluffy consistency.

chiffonier /ʃɪfə'nɪə/ *n.* **1.** an elegant waist-high cupboard with a sideboard top and usually a decorated board rising above it at the back. **2.** a high chest of drawers. **3.** a low cupboard with shelves for books. Also, **chiffonnier**.

chignon /'ʃɪnjɒn/ *n.* a large rolled arrangement of the hair, worn at the back of the head by women.

chihuahua /tʃə'wawə, ʃə'wawə/ *n.* a dog belonging to one of the smallest breeds, originating in Mexico.

chil- variant of **chilo-**, used before vowels.

chilblain /'tʃɪlbleɪn/ *n.* (*usually plural*) *Pathology* an inflammation on the hands and feet caused by exposure to cold and moisture. **–chilblained** *adj.*

child /tʃaɪld/ *n.* **children**. **1.** a baby or infant. **2.** a boy or girl. **3.** a childish person. **4.** any descendant. **5.** any person or thing regarded as the product or result of particular agencies, influences, etc.: *Satan's followers are the children of darkness*. **–childhood** *n.* **–childless** *adj.* **–childlessness** *n.*

childbirth /'tʃaɪldbɜθ/ *n.* the act of giving birth to a child; parturition.

child care *n.* professional superintendence of children.

childish /'tʃaɪldɪʃ/ *adj.* **1.** of, like, or befitting a child. **2.** puerile; weak; silly. **–childishly** *adv.* **–childishness** *n.*

childproof /'tʃaɪldpruf/ *adj.* so designed that it cannot be opened or damaged by children.

children /'tʃɪldrən/ *n.* plural of **child**.

child restraint *n.* a seatbelt designed to fit children.

chill /tʃɪl/ *n.* **1.** coldness, especially a moderate but penetrating coldness. **2.** a sensation of cold, usually with shivering. **3.** a cold stage, as a first symptom of illness. **4.** a depressing influence or sensation. **5.** a coldness of manner, lack of friendliness. *–adj.* **6.** cold; tending to cause shivering. **7.** shivering with cold. **8.** depressing or discouraging. **9.** not warm or hearty: *a chill reception*. *–v.i.* **10.** to become cold. **11.** to be seized with a chill. **12.** *Metallurgy* to become hard, especially on the surface, by sudden cooling, as a metal mould. *–v.t.* **13.** to affect with cold; make chilly. **14.** to make cool, but not freeze: *to chill wines*. **15.** to harden by sudden cooling. **16.** to depress; discourage: *to chill his hopes*. *–phr.* **17. chill out**, *Colloquial* to let go of emotional tension and stressful engagement; relax. **–chiller** *n.* **–chillness** *n.* **–chillingly** *adv.* **–chilled** *adj.*

chilli /'tʃɪli/ *n.* **-lies**. **1.** the pungent fruit of some species of capsicum, usually small but hot to the taste. **2.** a capsicum bearing such a fruit, sometimes grown as an ornamental plant. Also, **chile**, **chili**, **chilli pepper**.

chilo- a word element meaning 'lip', 'labial'.

chime /tʃaɪm/ *n.*, *v.* **chimed**, **chiming**. *–n.* **1.** a device for striking a bell or bells so as to produce a musical sound: *a door chime*; *the chimes of Big Ben*. **2.** a set of vertical metal tubes struck with a hammer, as used in the modern orchestra. **3.** harmonious sound in general; music; melody. **4.** harmonious relation; accord. *–v.i.* **5.** to sound harmoniously or in chimes, as a set of bells. **6.** to produce a musical sound by striking a bell, etc.; ring chimes. **7.** to harmonise; agree. *–v.t.* **8.** to give forth (music, etc.), as a bell or bells. **9.** to strike (a bell, etc.), so as to produce musical sound. **10.** to indicate by chiming: *the clock chimed three o'clock*. *–phr.* **11. chime in**, **a.** to break suddenly into a conversation, especially to express agreement. **b.** to join in harmoniously (in music).

chimera /kɪ'mɪərə, kə-/ *n.* **-ras**. **1.** (*often cap.*) a mythological fire-breathing monster, commonly represented with a lion's head, a goat's body, and a serpent's tail. **2.** a grotesque monster, as in decorative art. **3.** a horrible or unreal creature of the imagination; a vain or idle fancy. Also, **chimaera**.

chimney /'tʃɪmni/ *n.* **-neys**. **1.** a structure, usually vertical, containing a passage or flue through which the smoke, gases, etc., of a fire or furnace escape. **2.** that part of such a structure which rises above a roof. **3.** a glass tube, around the flame of a lamp. **4.** *Mountaineering* a narrow opening in a rock face. **–chimneyless** *adj.*

chimneysweep /'tʃɪmniswip/ *n.* someone whose business is to clean out chimneys. Also, **chimneysweeper**.

chimpanzee /tʃɪmpæn'zi/ *n.* an anthropoid ape, *Pan troglodytes*, of equatorial Africa, smaller, with larger ears, and more arboreal than the gorilla.

chin /tʃɪn/ *n.* **1.** the lower extremity of the face, below the mouth. **2.** the point of the lower jaw. *–phr.* **3. keep one's chin up**, to remain cheerful, especially under stress. **4. take it on the chin**, to take suffering or punishment stalwartly.

china /'tʃaɪnə/ *n.* **1.** porcelain (orig. from China) used for making dishes, etc. **2.** plates, cups, etc., collectively: *bring out the best china*. *–adj.* **3.** made of china.

chinchilla /tʃɪn'tʃɪlə/ *n.* **1.** a small South American rodent of the genus *Chinchilla*, whose valuable skin is dressed as a fur. **2.** the fur itself. **3.** a thick, napped, woollen fabric for coats, especially children's coats. **4.** one of a variety of any of certain animals, such as a cat or rabbit, with long, soft, grey fur.

Chinese cabbage *n.* a tall, yellow-white, closely-leaved vegetable, *Brassica chinensis*, resembling a head of celery but more tightly packed; celery cabbage.

Chinese gooseberry *n.* → **kiwifruit**.

Chinese opera /ˌtʃaɪniz 'ɒpərə/ *n.* opera as it has developed in the Chinese musical and theatrical tradition, featuring a falsetto singing style, elaborate costumes, masks, and headdresses, and energetic swordplay and acrobatics.

Chinese Wall /ˌ- 'wɔl/ *n.* a barrier of convention within a financial institution, business organisation, etc., which separates those people who are involved in trading on the stock exchange from those who are involved in corporate finance, so that there can be no question of insider trading.

chink¹ /tʃɪŋk/ *n.* **1.** a crack, cleft, or fissure. **2.** a narrow opening.

chink² /tʃɪŋk/ *v.i.* **1.** to make a short, sharp, ringing sound, as of coins or glasses striking together. *–v.t.* **2.** to cause (something) to make this sound. *–n.* **3.** a chinking sound.

chintz /tʃɪnts/ *n.* **-zes**. **1.** a printed cotton fabric, glazed or unglazed, used especially for draperies. **2.** (originally) painted or stained calico from India. **–chintzy** *adj.*

chip /tʃɪp/ *n.*, *v.* **chipped**, **chipping**. *–n.* **1.** a small piece, as of wood, separated by chopping, cutting, or breaking. **2.** a very thin slice or piece of food, etc.: *chocolate chips*. **3. a.** a deep-fried finger of potato. **b.** a thin slice of potato, fried and salted, usually eaten cold. **4.** a mark made by chipping. **5.** *Games* a counter, as of ivory or bone, used in certain card games, etc. **6.** *Electronics* a minute square of semiconductor material, processed in various ways to have certain electrical characteristics; especially such a square before being made into an integrated circuit. **7.** a small cut or

chipboard / choice

uncut piece of diamond or crystal. **8.** wood, straw, etc., in thin strips for weaving into hats, baskets, etc. **9.** *Golf* → **chip shot. 10.** *Colloquial* a reprimand. **11.** (*plural*) *Colloquial* money. –*v.t.* **12.** to hew or cut with an axe, chisel, etc. **13.** *Agriculture* to use a hoe or similar implement to clear weed growth without disturbing the soil surface. **14.** to reduce trees, logs, etc., to small pieces for wood pulp. **15.** to taunt, chaff, poke fun at; to reprimand. –*v.i.* **16.** to break off in small pieces; to become chipped. **17.** *Golf* to make a chip shot. –*phr.* **18. cash in one's chips,** *Colloquial* to die. **19. chip in, a.** *Colloquial* to contribute money, help, etc. **b.** *Colloquial* to interrupt; enter uninvited into a debate or argument being conducted by others. **c.** *Agriculture* to turn seed in (with a harrow, etc.). **d.** *Games* to bet by means of chips, as in poker. **20. chip off the old block,** *Colloquial* a person inheriting marked family characteristics. **21. chip on the shoulder,** *Colloquial* a long-standing resentment; grievance. **22. have had one's chips,** *Colloquial* to have lost one's opportunity. **23. the chips are down,** *Colloquial* the moment of decision has been reached.

chipboard /'tʃɪpbɔd/ *n.* **1.** a resin-bonded artificial wood made from wood chips, sawdust, etc., used in sheets for light structural work. **2.** a board, usually made of wastepaper, used in box-making, etc. Also, **particle board**.

chip heater *n.* a water heater fuelled by wood chips.

chipmunk /'tʃɪpmʌŋk/ *n.* any of various small striped terrestrial squirrels of the North American genus *Tamias,* and the Asiatic and American genus *Eutamias,* especially *T. striatus* of eastern North America.

chip shot *n.* **1.** *Golf* a short shot using a wrist motion, made in approaching the green. **2.** *Tennis* → **chop stroke**.

chiro- a word element meaning 'hand', as in *chiropractic*.

chiropody /kə'rɒpədi/ *n.* the diagnosing and treatment of foot disorders. –**chiropodist** *n.*

chiropractic /kaɪrə'præktɪk/ *n.* **1.** a therapeutic system based upon the premise that disease is caused by interference with nerve function, the method being to restore normal condition by adjusting the segments of the spinal column. **2.** a chiropractor.

chiropractor /'kaɪrəpræktə/ *n.* someone who practises chiropractic.

chirp /tʃɜp/ *v.i.* **1.** to make a short, sharp sound, as small birds and certain insects. **2.** to make any similar sound. –*v.t.* **3.** to sound or utter in a chirping manner. –*n.* **4.** a chirping sound. –**chirper** *n.*

chirpy /'tʃɜpi/ *adj.* **-pier, -piest** or *Colloquial* cheerful; lively; gay. –**chirpily** *adv.*

chirrup /'tʃɪrəp/ *v.* **-ruped, -ruping,** *n.* –*v.i.* **1.** to chirp. **2.** to make a chirping sound, as to a cagebird or a horse. –*n.* **3.** the act or sound of chirruping. –**chirruper** *n.*

chisel /'tʃɪzəl/ *n., v.* **-elled** or *Chiefly US* **-eled, -elling** or *Chiefly US* **-eling.** –*n.* **1.** a tool, as of steel, with a cutting edge at the extremity, usually transverse to the axis, for cutting or shaping wood, stone, etc. –*v.t.* **2.** to cut, shape, etc., with a chisel. **3.** *Colloquial* to cheat; swindle. –*v.i.* **4.** to work with a chisel. **5.** *Colloquial* to use trickery; cheat. –**chiseller;** *Chiefly US,* **chiseler** *n.*

chit¹ /tʃɪt/ *n.* **1.** a slip or voucher entitling the bearer to goods or services as food, lodgings, transport, etc. **2.** a note; a short memorandum. Also, **chitty**.

chit² /tʃɪt/ *n.* a young person, especially a pert girl.

chivalry /'ʃɪvəlri/ *n.* **1.** the ideal qualifications of a knight, such as courtesy, generosity, valour, dexterity in arms, etc. **2.** the rules and customs of medieval knighthood. **3.** gallant warriors or gentlemen. **4.** good manners; consideration of others. –**chivalrous** *adj.* –**chivalrously** *adv.*

chives /tʃaɪvz/ *pl. n.* a small bulbous plant, *Allium schoenoprasum,* related to the leek and onion, with long, slender leaves which are used as a seasoning in cookery.

chlamydia /klə'mɪdiə/ *n. Pathology* a sexually-transmitted disease caused by the micro-organism *Chlamydia trachomatis,* which is responsible for infections of the eye and the urogenital system, which may cause urethritis in men, and cervical infection, pelvic inflammatory disease and infertility in women.

chlor-¹ a word element meaning 'green', as in *chlorine.* Also, **chloro-**.

chlor-² a combining form denoting 'chlorine', as in *chloral.* Also, **chloro-**.

chloride /'klɔraɪd/ *n.* **1.** a compound usually of two elements only, one of which is chlorine. **2.** a salt of hydrochloric acid.

chlorinate /'klɔrəneɪt, 'klɒ-/ *v.t.* **-nated, -nating. 1.** *Chemistry* to combine or treat with chlorine. **2.** to disinfect (water) by means of chlorine. –**chlorination** /klɔrə'neɪʃən, klɒ-/ *n.* –**chlorinator** *n.*

chlorine /'klɔrin/ *n.* a greenish yellow gaseous element (occurring combined in common salt, etc.), incombustible, and highly irritating to the organs of respiration. It is used as a powerful bleaching agent and in various industrial processes. *Symbol:* Cl; *relative atomic mass:* 35.453; *at. no.:* 17. See **halogen**.

chloro-¹ variant of **chlor-¹**, used before consonants, as in *chlorophyll*.

chloro-² variant of **chlor-²**, used before consonants, as in *chloroform*.

chlorofluorocarbon /,klɔroʊ,fluərou'kabən/ *n.* any of several inert, volatile, saturated compounds of carbon, fluorine, chlorine, and hydrogen, the use of which as refrigerants and aerosol propellants is being gradually phased out because of the damage they cause to the ozone layer. Also, **CFC**.

chloroform /'klɔrəfɔm/ *n.* **1.** a colourless volatile liquid, $CHCl_3$, used as an anaesthetic and solvent. –*v.t.* **2.** to administer chloroform to. **3.** to put chloroform on (a cloth, etc.).

chlorophyll /'klɔrəfɪl/ *n.* the green colouring substance of leaves and plants, having two forms: bluish black **chlorophyll a**, $C_{55}H_{72}MgN_4O_5$, and yellowish green **chlorophyll b**, $C_{55}H_{70}MgN_4O_6$. It traps energy from sunlight which is necessary for the production of carbohydrates by photosynthesis in plants and is used as a dye for cosmetics and oils. Also, **chlorophyl**.

chock /tʃɒk/ *n.* **1.** a block or wedge of wood, etc., for filling in a space, especially for preventing movement, as of a wheel or a cask. **2.** *Nautical* a shaped standard on which a boat, barrel, or other object rests. –*v.t.* **3.** to furnish with or secure by a chock or chocks. –*adv.* **4.** as close or tight as possible; quite: *chock against the edge.*

chocolate /'tʃɒklət, 'tʃɒkələt/ *n.* **1.** a preparation of the seeds of cacao, roasted, husked, and ground (without removing any of the fat), often sweetened and flavoured, as with vanilla. **2.** a beverage or confection made from this. **3.** dark brown. –*adj.* **4.** made or flavoured with chocolate. **5.** having the colour of chocolate.

choice /tʃɔɪs/ *n., adj.* **choicer, choicest.** –*n.* **1.** the act of choosing; selection. **2.** power of choosing; option. **3.** the person or thing chosen: *this book is my choice.* **4.** an abundance and variety from which to choose: *a wide choice of candidates.* **5.** an alternative. –*adj.* **6.** worthy of being chosen; excellent; superior. **7.** carefully selected: *delivered in choice words.* –*phr.* **8. choice language,** colourfully vulgar language. **–choicely** *adv.* **–choiceness** *n.*

choir /'kwaɪə/ *n.* **1.** a company of singers, especially an organised group employed in church service. **2.** any company or band, or a division of one: *string choir.* **3.** *Architecture* (in cathedrals, etc.) the area between the nave and the main altar.

choke /tʃoʊk/ *v.* **choked, choking,** *n.* –*v.t.* **1.** to stop the breath of, by squeezing or blocking the windpipe; strangle; stifle; suffocate. **2.** to stop the breath or speech, etc., by or as by strangling or stifling. **3.** to stop the growth or action of: *to choke off discussion.* **4.** to stop by filling; obstruct; clog; congest. **5.** to fill to the top. **6.** (in internal-combustion engines) to enrich the fuel mixture by decreasing the air to the carburettor to help in starting a motor, etc. –*v.i.* **7.** to suffer strangling or suffocation. **8.** to be blocked or clogged. **9.** to be temporarily overcome with emotion. –*n.* **10.** the act or sound of choking. **11.** (in internal-combustion engines) the device by which the air supply to a carburettor is decreased or stopped. **12.** *Machinery* any device which, by blocking a passage, controls the flow of air, etc. –*phr.* **13. choke down,** to swallow with difficulty. **–choking** *adj.* **–chokingly** *adv.*

choker /'tʃoʊkə/ *n.* **1.** a necklace worn tightly round the neck. **2.** *Colloquial* a cravat or high collar.

choko /'tʃoʊkoʊ/ *n.* **-koes.** a perennial vine, *Sechium edule,* bearing pear-shaped green fruit used as a vegetable. Also, **chayote.**

chol- a word element meaning 'gall' or 'bile'. Also, **chole-, cholo-.**

choler /'kɒlə/ *n.* irascibility; anger; wrath; irritability. **–choleric** *adj.*

cholera /'kɒlərə/ *n.* **1.** *Pathology* an acute, infectious disease, due to a specific micro-organism, endemic in India, etc., and epidemic generally, marked by profuse diarrhoea, vomiting, cramp, etc., and often fatal. **2.** *Veterinary Science* any disease characterised by violent diarrhoea. **–choleraic** /kɒlə'reɪɪk/ *adj.*

cholesterol /kə'lɛstərɒl/ *n.* a sterol, $C_{27}H_{45}OH$, widely distributed in higher organisms, found in bile and gallstones, and in the blood and brain, the yolk of eggs, etc. Also, **cholesterin** /kɒ'lɛstərən/.

cholo- variant of **chol-** before consonants.

chook /tʃʊk/ *n. Australian, NZ Colloquial* **1.** Also, **chookie, chooky.** a domestic fowl. **2.** an older woman: *silly old chook.*

choose /tʃuz/ *v.* **chose, chosen, choosing.** –*v.t.* **1.** to select from a number, or in preference to another or other things or persons. **2.** to prefer and decide (to do something): *she chose to stand for election.* **3.** to want; desire. –*v.i.* **4.** to make a choice. –*phr.* **5. cannot choose but,** cannot do otherwise than: *he cannot choose but hear.* **–chooser** *n.*

choosy /'tʃuzi/ *adj.* **-sier, -siest.** *Colloquial* hard to please, particular, fastidious, especially in making a choice: *choosy about food.* Also, **choosey.**

chop¹ /tʃɒp/ *v.* **chopped, chopping,** *n.* –*v.t.* **1.** to cut with a quick, heavy blow or series of blows, using an axe, etc. **2.** to make by so cutting. **3.** to cut in pieces. **4.** *Tennis, Cricket, etc.* to hit (a ball) with a chop stroke. **5.** *Colloquial* to dismiss; give the sack to; fire. –*v.i.* **6.** to make a quick heavy stroke or a series of strokes, as with an axe. –*n.* **7.** the act of chopping. **8.** a cutting blow. **9.** a short, downward cutting blow. **10.** → **chop stroke. 11.** a slice of mutton, lamb, veal, pork, etc. containing some bone. **12.** *Colloquial* share; portion: *in for one's chop.* –*phr.* **13. chop in, a.** to move suddenly into the way; intervene. **b.** to interrupt. **14. chop off, a.** to cut off: *to chop off a dead branch.* **b.** to cut short: *to chop off negotiations.* **c.** to remove from: *to chop a second off his time.* **15. the chop,** *Colloquial* **a.** a deathblow. **b.** the sack; dismissal.

chop² /tʃɒp/ *v.* **chopped, chopping.** –*v.i.* **1.** to turn, shift, or change suddenly, as the wind. –*phr.* **2. chop and change,** to be unreasonably variable; to make frequent changes to arrangements. **3. chop logic,** to reason or dispute argumentatively; argue.

chop³ /tʃɒp/ *n., v.* **chopped, chopping.** –*n.* **1.** (in Asia) **a.** a personal seal or stamp, used to authorise transactions, verify documents, etc. **b.** a design, corresponding to a brand or trademark, stamped on goods to indicate their special identity. –*v.t.* **2.** to mark with a seal, stamp, or design. –*phr.* **3. not much chop,** *Colloquial* no good.

chopper /'tʃɒpə/ *n.* **1.** a short axe with a large blade used for cutting up meat, etc.; a butcher's cleaver. **2.** (*plural*) *Colloquial* teeth. **3.** *Colloquial* a helicopter. **4.** a bike with wide, high handlebars. –*phr.* **5. chopper in,** *Colloquial* **a.** to arrive by helicopter: *the prime minister choppered in for the summit.* **b.** to bring by helicopter: *the accident victims were choppered in to the hospital.*

choppy /'tʃɒpi/ *adj.* **-pier, -piest. 1.** (of the sea, etc.) forming short, irregular, broken waves. **2.** (of the wind) shifting or changing suddenly or irregularly; variable.

chopstick /'tʃɒpstɪk/ *n.* one of a pair of thin sticks, as of wood or ivory, used by Chinese, etc., to raise food to the mouth.

chop stroke *n. Tennis, Cricket, etc.* a downward stroke made with the racquet or bat at an angle.

chop suey /tʃɒp 'sui/ *n.* a dish consisting of small pieces of meat or chicken cooked with bean sprouts or other vegetables, served in Chinese restaurants in Western countries.

choral /'kɔrəl/ *adj.* sung by or adapted for a chorus or a choir. **–chorally** *adv.*

chorale /kɒ'ral/ *n.* a simple hymnlike tune in slow tempo usually sung by choir and congregation together.

chord¹ /kɔd/ *n.* **1.** a string of a musical instrument. **2.** a feeling or emotion: *to strike a chord.* **3.** *Geometry* the part of a straight line between two of its intersections with a curve. **–chordal, chorded** *adj.*

chord² /kɔd/ *n. Music* a combination of three or more tones, mostly in harmonic relation, sounded either simultaneously or in quick succession.

chore /tʃɔ/ *n.* **1.** a small or odd job; a piece of minor domestic work. **2.** (*plural*) routine work around a house or farm. **3.** a hard or unpleasant task.

chorea /kɔ'riə/ *n.* **1. Huntington's chorea,** a hereditary disease, characterised by involuntary movements and progressive mental deterioration. **2. Sydenham's chorea,** an acute disease especially common among children, characterised by irregular, involuntary and uncontrollable movements in the face or extremities; St Vitus dance.

choreography /kɒri'ɒgrəfi/ *n.* **1.** the art of composing ballets, etc., and arranging separate dances. **2.** the art of representing the various movements in dancing by a system of notation. Also, **choregraphy** /kə'rɛgrəfi/. **–choreograph** /'kɒriəgræf, -graf/ *v.* **–choreographer** *n.* **–choreographic** /kɒriə'græfɪk/ *adj.*

chorister /'kɒrəstə/ *n.* a singer in a choir.

chorizema /kɒrə'zimə/ *n.* any small shrub of the Australian, mostly western Australian, genus *Chorizema,* family Fabaceae, several species of

chortle which are grown for their attractive orange and red pea-like flowers.

chortle /'tʃɔtl/ *v.i.* **-tled, -tling.** to chuckle with glee. **–chortler** *n.*

chorus /'kɔrəs/ *n.* **-ruses,** *v.* **-rused, -rusing.** *–n.* **1. a.** a group of persons singing in concert. **b.** a part of a song in which others join the principal singer or singers. **c.** any recurring refrain. **2.** simultaneous utterance in singing, speaking, etc. **3.** (in musical shows) **a.** the company of dancers and singers. **b.** a company of singers, dancers, or narrators supplementing the performance of the main actors. *–v.i.* **4.** to sing or speak in chorus. **–choric** *adj.*

chose /tʃouz/ *v.* past tense of **choose.**

chosen /'tʃouzən/ *v.* **1.** past participle of **choose.** *–adj.* **2.** selected from a number; preferred. **3.** → **elect.**

chow[1] /tʃau/ *n.* Also, **chow-chow.** one of a Chinese breed of dogs of medium size, with a thick, even coat of brown or black hair and a black tongue.

chow[2] /tʃau/ *n. Colloquial* food: *let's go to the fish and chip shop for some chow.*

chowder /'tʃaudə/ *n.* a kind of soup or stew made of clams, fish, or vegetables, with potatoes, onions, other ingredients and seasoning.

chow mein /tʃau 'mɪn/ *n.* a dish of noodles mixed with shredded vegetables such as carrots, cabbage, mushrooms, etc., and with small quantities of meat and/or poultry.

christen /'krɪsən/ *v.t.* **1.** to receive into the Christian Church by baptism; baptise. **2.** to give a name to at baptism. **3.** to name and dedicate; give a name to; name. **4.** *Colloquial* to make use of for the first time.

Christendom /'krɪsəndəm/ *n.* the Christian world.

Christian /'krɪstʃən/ *adj.* **1.** relating to or derived from Jesus Christ, born c.4 BC, crucified c.AD 29, or his teachings. **2.** believing in or belonging to the religion of Jesus Christ. **3.** exhibiting a spirit proper to a follower of Jesus Christ; Christlike. **4.** *Colloquial* decent or respectable. *–n.* **5.** someone who believes in the sanctity of Jesus Christ; an adherent of Christianity. **6.** someone who exemplifies in his or her life the teachings of Christ. **7.** *Colloquial* a decent or presentable person.

Christianity /krɪsti'ænəti/ *n.* Christian beliefs or practices; Christian quality or character.

Christian name *n.* the name given one at baptism, as distinguished from the family name; given name; forename; first name.

Christmas /'krɪsməs/ *n.* **1.** the annual festival of the Christian Church commemorating the birth of Jesus, celebrated on 25 December. **2.** 25 December (**Christmas Day**), now generally observed as an occasion for gifts, greetings, etc. **3.** the season when this occurs. *–adj.* **4.** given on, held on, or connected with Christmas. *–phr.* **5. have all one's Christmases come at once,** *Colloquial* to have extreme good fortune. **6. think one is Christmas,** *Colloquial* to be pleased with oneself; be elated.

Christmas bush *n.* any of various Australian shrubs or small trees flowering at Christmas and used for decoration, especially *Ceratopetalum gummiferum* of New South Wales with red fruiting calyces and *Prostanthera lasianthos* of Victoria with white, somewhat bell-shaped flowers.

Christmas tree *n.* **1.** a tree, or part of a tree, especially of a conifer, hung with decorations at Christmas. **2.** an artificial tree made for this purpose. **3.** *NZ* → **pohutukawa.**

-chroic an adjectival word element indicating colour (of skin, plants, etc.). Also, **-chroous.**

chrom- **1.** a word element referring to colour, as in *chromic, chromite.* **2. a.** a word element referring to chromium, as in *chromic, bichromate.* **b.** a combining form in chemistry used to distinguish a coloured compound from its colourless form. Also, **chromo-.**

-chrom- a word element synonymous with **chrom-,** as in *polychromatic.*

chromatic /krə'mætɪk/ *adj.* **1.** relating to colour or colours. **2.** *Music* involving a modification of the diatonic scale by the use of accidentals. **–chromatically** *adv.*

chromatin /'kroumətɪn/ *n.* the portion of the animal or plant cell nucleus which readily takes on stains.

chromato- **1.** a word element referring to colour. **2.** a word element meaning 'chromatin'.

chromatography /kroumə'tɒgrəfi/ *n. Chemistry* the separation of mixtures into their constituents by preferential absorption by a solid such as a column of silica (**column chromatography**), or a thin film of silica (**thin layer chromatography**). **–chromatographic** /ˌkroumətə'græfɪk/ *adj.*

chrome /kroum/ *n.* chromium, especially as a source of various pigments, such as chrome yellow and chrome green.

-chrome a word element meaning 'colour', as in *polychrome.*

chromium /'kroumiəm/ *n.* a lustrous, hard, brittle metallic element occurring in compounds which are used for making pigments in photography, to harden gelatine, as a mordant, etc.; also used in corrosion-resisting chromium plating. *Symbol:* Cr; *relative atomic mass:* 51.996; *at. no.:* 24; *density:* 7.1.

chromosome /'kroumasoum/ *n. Genetics* any of several threadlike, rodlike, or beadlike bodies which contain the chromatin during the meiotic and the mitotic processes. **–chromosomal** /kroumə'soumal/ *adj.*

chron- a word element meaning 'time', as in *chronaxie.* Also, **chrono-.**

chronic /'krɒnɪk/ *adj.* **1.** inveterate; constant: *a chronic smoker.* **2.** continuing a long time: *chronic civil war.* **3.** (of disease) long continued (opposed to *acute*). **–chronically** *adv.*

chronic fatigue syndrome *n. Pathology* a condition of incapacitating fatigue and depression lasting months or years following an apparently mild viral infection.

chronicle /'krɒnɪkəl/ *n., v.* **-cled, -cling.** *–n.* **1.** a record or account of events in the order of time; a history. *–v.t.* **2.** to record in or as in a chronicle. **–chronicler** *n.*

chrono- variant of **chron-,** used before consonants, as in *chronogram.*

chronograph /'krɒnəgræf/ *n.* a clock-driven instrument for recording the exact instant of occurrences, or for measuring small intervals of time. **–chronographic** /krɒnə'græfɪk/ *adj.*

chronological /krɒnə'lɒdʒɪkəl/ *adj.* arranged in the order of time: *chronological tables.* **–chronologically** *adv.*

chronology /krə'nɒlədʒi/ *n.* **-gies. 1.** a particular statement of the supposed or accepted order of past events. **2.** the science of arranging time in periods and ascertaining the dates and historical order of past events.

chronometer /krə'nɒmətə/ *n.* a timepiece with some special mechanism for ensuring accuracy, for use in determining longitude at sea or for any purpose where very exact measurement of time is required. **–chronometric** /krɒnə'mɛtrɪk/, **chronometrical** /krɒnə'mɛtrɪkəl/ *adj.* **–chronometrically** /krɒnə'mɛtrɪkli/ *adv.*

chronoscope /'krɒnəskoup/ *n.* an instrument for

measuring accurately very small intervals of time, as in determining the velocity of projectiles.

-chroous → **-chroic**.

chrysalis /'krɪsələs/ *n.* **chrysalises**, **chrysalids** *or* **chrysalides** /krə'sælədiz/. the hard-shelled pupa of a moth or butterfly; an obtected pupa.

chrysanthemum /krə'sænθəməm, krə'zænθ-/ *n.* **1.** any of the perennial plants constituting the genus *Chrysanthemum*, such as *C. leucanthemum*, the ox-eye daisy. **2.** any of many cultivated varieties of *C. morifolium*, native to China, and of other species of *Chrysanthemum*, notable for the diversity of colour and size of their autumnal flowers.

chrysoprase /'krɪsəpreɪz/ *n.* a nickel-stained, apple-green chalcedony, much used in jewellery.

chubby /'tʃʌbi/ *adj.* **-bier**, **-biest**. round and plump: *a chubby face; chubby cheeks*.

chuck¹ /tʃʌk/ *v.t.* **1.** to pat or tap lightly, as under the chin. **2.** to throw with a quick motion, usually a short distance. **3.** *Colloquial* to compel to go, especially forcibly: *they chucked him out of the nightclub*. **4.** *Colloquial* to resign from. **5.** *Colloquial* to vomit. **6.** *Australian Colloquial* to do; perform, usually with some flamboyance: *to chuck a U-ie*. –*v.i. Colloquial* **7.** to vomit. **8.** *Cricket* → **throw** (def. 24). –*n.* **9.** a light pat or tap, as under the chin. **10.** a toss; a short throw. –*phr.* **11. chuck in**, *Colloquial* to contribute: *I'll chuck in ten dollars*. **12. chuck it (in)**, *Colloquial* to abandon an occupation, job, activity, etc., especially suddenly. **13. chuck off**, *Australian, NZ Colloquial* (sometimes fol. by *at*) to speak sarcastically or critically: *to chuck off at the teacher*. **14. chuck one's hand in**, *Colloquial* to give up; refuse to go on. **15. chuck one's weight about**, *Colloquial* to be overbearing; interfere forcefully and unwelcomely. **16. chuck up**, *Colloquial* to vomit. **17. the chuck**, *Colloquial* dismissal.

chuck² /tʃʌk/ *n.* **1.** Also, **chuck steak**. the cut of beef between the neck and the shoulderblade. **2.** a block or log used as a chock. **3.** a mechanical device for holding tools or work in a machine: *lathe chuck*.

chuckle /'tʃʌkəl/ *v.* **chuckled**, **chuckling**. *n.* –*v.i.* **1.** to laugh in a soft, amused manner, usually with satisfaction. **2.** to laugh to oneself. –*n.* **3.** a soft, amused laugh, usually with satisfaction. –**chuckler** *n.*

chucky chucky /'tʃʌki tʃʌki/ *n.* the edible but bitter fruit of the snowberry.

chuffed /tʃʌft/ *adj. Colloquial* pleased; delighted.

chug /tʃʌg/ *n.*, *v.* **chugged**, **chugging**. –*n.* **1.** a short, dull explosive sound: *the steady chug of an engine*. –*v.i.* **2.** to move while making this sound: *the train chugged along*.

chug-a-lug /tʃʌg-ə-'lʌg/ *v.i.* **-lugged**, **-lugging**. *Colloquial* to down a drink quickly without pause. Also, **chuck**.

chukka /'tʃʌkə/ *n.* (in polo) one of the periods of play. Also, **chukker**.

chum¹ /tʃʌm/ *n.*, *v.* **chummed**, **chumming**. –*n.* **1.** an intimate friend or companion: *boyhood chums*. **2.** a companion, one who has shared the same experience. –*phr.* **3. chum up**, (sometimes fol. by *with*) to become friendly. **4. chum up to**, to behave obsequiously towards. –**chummy** *adj.* –**chummily** *adv.*

chum² /tʃʌm/ *n.* refuse from fish, especially that remaining after expressing oil.

chump /tʃʌmp/ *n.* **1.** *Colloquial* a blockhead or dolt. **2.** the thick blunt end of anything. **3.** *Meat Industry* a section of lamb, hogget, or mutton, between the leg and the loin, each chump containing approximately four chops.

chunder /'tʃʌndə/ *v.i. Australian, NZ Colloquial* to vomit. –**chundering** *n.* –**chunderer** *n.*

chunk /tʃʌŋk/ *n.* a thick mass or lump of anything:

a chunk of bread.

church /tʃɜtʃ/ *n.* **1.** a building for public Christian worship. **2.** the public worship of God in a church: *he goes to church twice on Sundays*. **3.** (*cap.*) **a.** the whole body of Christian believers: *the church is united in prayer*. **b.** any part of this body with the same particular beliefs and the same authority; a Christian denomination: *the Uniting Church* **4.** the church as a political power: *the history of church and state*. **5.** the clerical profession: *the third son went into the church*.

Church of England *n.* the established Church in England, Catholic in faith and order but incorporating Protestant features, and having the monarch as head.

churl /tʃɜl/ *n.* **1.** a peasant; a rustic. **2.** a rude, boorish, or surly person. –**churlish** *adj.*

churn /tʃɜn/ *n.* **1.** a vessel or machine in which cream or milk is agitated to make butter. **2.** a large metal container for milk. –*v.t.* **3.** to stir or agitate in order to make into butter: *to churn cream*. **4.** to shake or agitate with violence or continued motion. –**churner** *n.*

chute /ʃut/ *n.* **1.** a channel, trough, tube, shaft, etc., for conveying water, grain, coal, etc., to a lower level; a shoot. **2.** a waterfall; a steep descent, as in a river; a rapid. **3.** an inclined board, with sides, down which a swimmer may slide into the water. **4.** a parachute. **5.** *Agriculture* a narrow passage through which animals are moved for branding, drenching, or loading, often having a very steep incline. Also, **shoot**.

chutney /'tʃʌtni/ *n.* **-neys**. a relish of Indian origin which consists of fruit or vegetable cooked with sugar, spices, and vinegar or lime juice. Also, **chutnee**.

cicada /sə'kadə, sə'keɪdə/ *n.* **-das** *or* **-dae** /-di/. any insect of the family Cicadidae, which comprises large homopterous insects noted for the shrill sound produced by the male by means of vibrating membranes or drums on the underside of the abdomen.

cicatrix /'sɪkətrɪks/ *n.* **cicatrixes** *or* **cicatrices** /sɪkə'traɪsɪz/. **1.** the new tissue which forms over a wound or the like, and later contracts into a scar. **2.** *Botany* the scar left by a fallen leaf, seed, etc. Also, **cicatrice** /'sɪkətrəs/. –**cicatricial** /sɪkə'trɪʃəl/ *adj.* –**cicatricose** /'sɪkətrəkoʊs/ *adj.*

-cidal adjective form of **-cide**.

-cide a word element meaning 'killer' or 'act of killing'.

cider /'saɪdə/ *n.* the expressed juice of apples (or formerly of some other fruit), used for drinking, either before fermentation (**sweet cider**) or after fermentation (**rough cider**), or for making applejack, vinegar, etc.

cigar /sə'ga/ *n.* a small, shaped roll of tobacco leaves prepared for smoking.

cigarette /sɪgə'rɛt/ *n.* a roll of finely cut tobacco for smoking, usually enclosed in thin paper.

cilia /'sɪliə/ *pl. n.* **cilium** /'sɪliəm/. **1.** the eyelashes. **2.** *Zoology* minute hairlike processes of cells which by their movement produce locomotion of the cell or a current that passes over the surface of the cell. **3.** *Botany* minute hairlike processes embedded in the surface of some cells, usually numerous and arranged in rows.

cinch /sɪntʃ/ *n.* **1.** a strong girth for a saddle or pack. **2.** *Colloquial* something certain or easy. –*v.t.* **3.** to gird with a cinch; gird or bind firmly. –**cinchy** *adj.*

cincture /'sɪŋktʃə/ *n.* **1.** a belt or girdle. **2.** something surrounding or encompassing like a girdle; a surrounding border.

cinder /'sɪndə/ *n.* **1.** a burnt-out or partially burnt piece of coal, wood, etc. **2.** (*plural*) any residue

cinderella

of combustion; ashes. **3.** (*plural*) *Geology* coarse scoriae thrown out of volcanoes. –*v.t.* **4.** to reduce to cinders: *cindering flame.* **–cindery** *adj.*

cinderella /sɪndəˈrelə/ *n.* a neglected, ignored, or despised person.

cine- a word element meaning 'motion', used of films, etc., as in *cinecamera.*

cinema /ˈsɪnəmə/ *n.* **1.** a theatre where films are shown; picture theatre. –*phr.* **2. the cinema**, films collectively. **–cinematic** /sɪnəˈmætɪk/ *adj.* **–cinematically** /sɪnəˈmætɪkli/ *adv.*

cinematography /sɪnəməˈtɒgrəfi/ *n.* the art and practice of film photography. **–cinematographer** *n.*

cineraria /sɪnəˈrɛəriə/ *n.* any of various horticultural varieties of the plant *Senecio cruentus*, native to the Canary Islands, with heart-shaped leaves and clusters of flowers with white, blue, purple, red, or variegated rays.

cinnamon /ˈsɪnəmən/ *n.* **1.** the aromatic inner bark of any of several trees of the genus *Cinnamomum* of the East Indies, etc., especially **Ceylon cinnamon**, *C. verum*, much used as a spice, and **Saigon cinnamon**, *C. loureiri*, used in medicine as a cordial and carminative. **2.** yellowish or reddish brown.

-cion a suffix having the same function as **-tion**, as in *suspicion.*

cipher /ˈsaɪfə/ *n.* **1.** the arithmetical symbol (0) meaning nought, or no quantity or magnitude. **2.** any of the Arabic numerals 1 to 9. **3.** a person or thing of no value or importance. **4. a.** a secret (method of) writing; code: *the enemy's cipher was broken by our experts.* **b.** the key to this. **5.** combination initials in a design; monogram. –*v.i.* **6.** to use figures or numerals arithmetically. –*v.t.* **7.** to calculate numerically; figure. **8.** to write in, or as in, code or cipher. Also, **cypher.**

circa /ˈsɜkə, ˈsɜsə/ *prep., adv.* about (used especially in approximate dates). *Abbrev.*: c. or c or ca

circadian /sɜˈkeɪdiən/ *adj.* having to do with physiological activity which occurs approximately every twenty-four hours, or the rhythm of such activity.

circle /ˈsɜkəl/ *n., v.* **-cled, -cling.** –*n.* **1.** a (flat round area enclosed by) a curved line which is everywhere equally distant from a fixed point within it, called the centre. **2.** anything with the shape of a circle: *a circle of trees; dark circles under the eyes from lack of sleep; a circle of gold sat on the king's head.* **3.** the upper section of seats in a theatre: *the dress circle.* **4.** the area within which something acts, has influence, etc.: *she is well-known in political circles.* **5.** a series ending where it began, and forever repeated: *this kind of thinking is just a vicious circle.* **6.** a complete series forming a connected whole; cycle: *the circle of the seasons.* **7.** a number of people bound by a common tie; coterie: *John's little circle has such interesting people in it.* **8.** *Geography* a parallel of latitude: *the Antarctic circle.* –*v.t.* **9.** → **encircle. 10.** to move in a circle or circuit around: *he circled the house cautiously.* –*v.i.* **11.** to move in a circle. **–circler** *n.*

circlet /ˈsɜklət/ *n.* **1.** a small circle. **2.** a ring. **3.** a ring-shaped ornament, especially for the head.

circuit /ˈsɜkət/ *n.* **1.** the act of going or moving round: *the circuit of the enemy's position was nearly complete.* **2.** any circular or roundabout journey; a round: *the tour made a circuit of the city.* **3.** a circular racing track. **4.** a journey from place to place, made at regular periods, to perform certain duties, etc.: *the district judge's circuit.* **5.** way followed, places visited, or area covered by such a journey: *the travelling theatre has a new circuit this year.* **6.** a street which is

circumstance

circular or roughly so (usually as street name). **7.** a number of races in a season or series. **8.** *Electricity* the complete path of an electric current. –*v.t.* **9.** to go or move round; make the circuit of: *They circuited the city.* **–circuitry** *n.*

circuit-breaker /ˈsɜkət-breɪkə/ *n. Electricity* a device for interrupting an electric circuit between separable contacts under normal or abnormal conditions.

circuitous /sɜˈkjuətəs/ *adj.* roundabout; not direct: *they took a circuitous route to the house.* **–circuitously** *adv.* **–circuitousness** *n.*

circular /ˈsɜkjələ/ *adj.* **1.** having to do with a circle. **2.** having the form of a circle; round. **3.** circuitous; roundabout; indirect. **4.** (of a letter, etc.) addressed to a number of persons or intended for general circulation. –*n.* **5.** a letter, notice, advertisement, or statement for circulation among the general public. **–circularity** /sɜkjəˈlærəti/ *n.* **–circularly** *adv.*

circulate /ˈsɜkjəleɪt/ *v.i.* **-lated, -lating. 1.** to move in a circle or circuit; move or pass through a circuit back to the starting point, as the blood in the body. **2.** *Colloquial* to move amongst the guests at a social function. **–circulative** *adj.* **–circulator** *n.* **–circulatory** /ˈsɜkjəˈleɪtəri/ *adj.*

circulation /sɜkjəˈleɪʃən/ *n.* **1.** the act of circulating or moving in a circle or circuit. **2.** *Physiology* the recurrent movement of the blood through the various vessels of the body. **3.** any similar circuit or passage, as of the sap in plants. **4.** the transmission or passage of anything from place to place, person to person, etc. **5.** the distribution of copies of a publication among readers. **6.** the number of copies of each issue of a newspaper, magazine, etc., distributed. **7.** coin, notes, bills, etc., in use as currency; currency. –*phr.* **8. in circulation**, *Colloquial* (of a person) socially active. **9. out of circulation**, *Colloquial* (of a person) socially inactive.

circum- a prefix referring to movement round or about something, or motion on all sides, as in *circumvent, circumnavigate, circumference.*

circumcise /ˈsɜkəmsaɪz/ *v.t.* **-cised, -cising.** to remove the foreskin of (males), sometimes as a religious rite. **–circumciser** *n.* **–circumcision** *n.*

circumference /səˈkʌmfərəns/ *n.* the outer boundary, especially of a circular area. **–circumferential** /səkʌmfəˈrɛnʃəl/ *adj.*

circumflex /ˈsɜkəmfleks/ *n.* a mark used over a vowel in certain languages or in phonetic keys to indicate quality of pronunciation. **–circumflexion** /sɜkəmˈflekʃən/ *n.*

circumlocution /sɜkəmləˈkjuʃən/ *n.* a roundabout way of speaking; the use of too many words. **–circumlocutory** /sɜkəmˈlɒkjətəri, -tri/ *adj.*

circumnavigate /sɜkəmˈnævəgeɪt/ *v.t.* **-gated, -gating.** to sail round; make the circuit of by navigation: *he circumnavigated the world.* **–circumnavigation** /ˌsɜkəmnævəˈgeɪʃən/ *n.* **–circumnavigator** *n.*

circumscribe /ˈsɜkəmskraɪb, sɜkəmˈskraɪb/ *v.t.* **-scribed, -scribing. 1.** to draw a line round; encircle; surround. **2.** to enclose within bounds; limit or confine, especially narrowly. **–circumscriber** *n.*

circumspect /ˈsɜkəmspekt/ *adj.* watchful; cautious; prudent: *circumspect in behaviour.* **–circumspectly** *adv.* **–circumspectness** *n.*

circumstance /ˈsɜkəmstæns/ *n., v.* **-stanced, -stancing.** –*n.* **1.** a condition, with respect to time, place, manner, agent, etc., which accompanies, determines, or modifies a fact or event. **2.** (*usually plural*) the existing condition or state of affairs surrounding and affecting an agent: *forced by circumstances to do a thing.* **3.** (*plural*) the condition or state of a person with respect to

circumstantiate material welfare: *a family in reduced circumstances.* **4.** an incident or occurrence: *his arrival was a fortunate circumstance.* **5.** ceremonious accompaniment or display: *pomp and circumstance.* –*v.t.* **6.** to place in particular circumstances or relations. –*phr.* **7. in** (or **under**) **no circumstances**, never; regardless of events. **8. in** (or **under**) **the circumstances**, because of the conditions; such being the case. –**circumstanced** *adj.* –**circumstantial** *adj.*

circumstantiate /sɜkəmˈstænʃieɪt/ *v.t.* **-ated, -ating. 1.** to set forth or support with circumstances or particulars. **2.** to describe fully or minutely. –**circumstantiation** /ˌsɜkəmstænʃiˈeɪʃən/ *n.*

circumvent /sɜkəmˈvɛnt, ˈsɜkəmvɛnt/ *v.t.* **1.** to surround or encompass as by stratagem; entrap. **2.** to gain advantage over by artfulness or deception; outwit; overreach. –**circumventer, circumventor** *n.* –**circumvention** *n.* –**circumventive** *adj.*

circus /ˈsɜkəs/ *n.* **1.** a travelling company of performers, animals, etc. **2.** the performance itself. **3.** (in ancient Rome) an open enclosure, surrounded by tiers of seats, for chariot races, public games, etc. **4.** *Brit* a place, originally circular, with several streets leading from it: *Piccadilly Circus.* **5.** noisy and rough behaviour or activity; uproar: *last Saturday's match was just a circus.*

cirrhosis /sɪˈroʊsəs, sə-/ *n. Pathology* a disease of the liver characterised by increase of connective tissue and alteration in gross and microscopic make-up. –**cirrhotic** /sɪˈrɒtɪk/ *adj.*

cirro- a combining form of **cirrus**.

cirrus /ˈsɪrəs/ *n., pl.* **cirri** /ˈsɪri/. **1.** *Botany* a tendril. **2.** *Zoology* a filament or slender appendage serving as a barbel, tentacle, foot, arm, etc. **3.** *Meteorology* a variety of cloud having a thin, fleecy or filamentous appearance, normally occurring at great altitudes and consisting of minute ice crystals.

cistern /ˈsɪstən/ *n.* a reservoir, tank, or vessel for holding water or other liquid.

citadel /ˈsɪtədɛl/ *n.* **1.** a fortress in or near a city, intended to keep the inhabitants in subjection, or, in a siege, to form a final point of defence. **2.** any strongly fortified place; a stronghold.

cite /saɪt/ *v.t.* **cited, citing. 1.** to quote (a passage, book, etc.), especially as an authority. **2.** to mention in support, proof, or confirmation; refer to as an example. **3.** to summon officially or authoritatively to appear in court. –**citeable = citable** *adj.*

citified /ˈsɪtifaɪd/ *adj.* having city habits, fashions, etc.

citizen /ˈsɪtəzən/ *n.* **1.** a member, native or naturalised, of a state or nation (as distinguished from *alien*). **2.** someone owing allegiance to a government and entitled to its protection. **3.** an inhabitant of a city or town, especially one entitled to its privileges or franchises. **4.** a civilian, as distinguished from a soldier, police officer, etc.

citizen band radio *n.* point-to-point broadcasting on an assigned frequency band, with transmitters and receivers appropriate to individual use, as by truck drivers, etc.

citric acid /ˌsɪtrɪk ˈæsəd/ *n.* an organic acid containing three carboxyl groups, $C_6H_8O_7$, occurring in small amounts in almost all living cells as a component of the citric acid cycle, and in greater amounts in many fruits, especially in limes and lemons.

citron /ˈsɪtrən/ *n.* **1.** a pale yellow fruit resembling the lemon but larger and with thicker rind, borne by a small tree or large bush, *Citrus medica,* allied to the lemon and lime. –*adj.* **2.** pale yellow: *a citron dress.*

citrus /ˈsɪtrəs/ *n.* any tree or shrub of the genus *Citrus,* which includes the citron, lemon, lime, orange, grapefruit, etc.

city /ˈsɪti/ *n.* **-ties. 1.** a large or important town; a town so nominated. **2.** the central business area of a city.

civet /ˈsɪvət/ *n.* **1.** a yellowish, unctuous substance with a strong musklike smell, obtained from a pouch in the genital region of civets and used in perfumery. **2.** Also, **civet cat**. any of the catlike, carnivorous mammals of southern Asia and Africa (family Viverridae) having glands in the genital region that secrete civet.

civic /ˈsɪvɪk/ *adj.* **1.** having to do with a city; municipal: *civic problems.* **2.** having to do with citizenship; civil: *civic duties.* **3.** having to do with citizens: *civic pride.*

civil /ˈsɪvəl/ *adj.* **1.** of or consisting of citizens: *civil life; civil society.* **2.** of the commonwealth or state: *civil affairs.* **3.** of the citizen as an individual: *civil liberty.* **4.** civilised or polite; courteous. –**civilly** *adv.*

civil defence *n.* the emergency measures to be taken by an organised body of civilian volunteers for the protection of life and property in the case of a natural disaster or an attack or invasion by an enemy.

civil disobedience *n.* a refusal, usually on political grounds, to obey laws, pay taxes, etc.

civil engineer *n.* someone versed in the design, construction, and maintenance of public works, such as roads, bridges, dams, canals, aqueducts, harbours, large buildings, etc.

civilian /səˈvɪljən/ *n.* **1.** someone engaged in civil pursuits, distinguished from a soldier, etc. –*adj.* **2.** relating to non-military life and activities.

civilisation = civilization /ˌsɪvəlaɪˈzeɪʃən/ *n.* **1.** an advanced state of human society, in which a high level of art, science, religion, and government has been reached. **2.** the people or nations that have reached such a state. **3.** the type of culture, society, etc., of a specific group: *Greek civilisation.* **4.** the act or process of civilising.

civilise = civilize /ˈsɪvəlaɪz/ *v.t.* **-lised, -lising.** to make civil; bring out of a savage state; elevate in social and individual life; enlighten; refine. –**civilisable** *adj.* –**civiliser** *n.*

civilised = civilized /ˈsɪvəlaɪzd/ *adj.* **1.** having an advanced culture, society, etc. **2.** polite; well-bred; refined.

civility /səˈvɪləti/ *n.* **-ties. 1.** courtesy; politeness. **2.** a polite attention or expression. **3.** (*usually plural*) polite conversation.

civil liberty *n.* complete liberty of opinion, etc., restrained only as much as is necessary for the public good.

civil marriage *n.* a marriage performed by a government official rather than a minister of religion.

civil rights *pl. n.* the personal rights of the individual in society.

civil war *n.* a war between parties, regions, etc., within their own country.

civvies /ˈsɪviz/ *pl. n. Colloquial* civilian clothes, as opposed to military dress.

clack /klæk/ *v.i.* **1.** to make a quick, sharp sound, or a succession of such sounds, as by striking or cracking. **2.** to talk rapidly and continuously, or with sharpness and abruptness; chatter. **3.** to cluck or cackle. –**clacker** *n.*

clad /klæd/ *v.* a past tense and past participle of **clothe**.

cladding /ˈklædɪŋ/ *n.* a covering of any kind, especially one attached to a building structure, or the like.

clado- a word element meaning 'sprout', 'branch'. Also (*before vowels*), **clad-**.

claim /kleɪm/ *v.t.* **1.** to demand by or as a right. **2.** to declare as fact. **3.** to need or require: *her plight claims our attention.* –*n.* **4.** a demand for something as due. **5.** an assertion of something as fact. **6.** a right to something. **7.** something claimed, as a piece of land for mining purposes, or a payment in accordance with an insurance policy, etc. –**claimable** *adj.* –**claimer** *n.*

claimant /'kleɪmənt/ *n.* someone who makes a claim.

clairvoyant /kleə'vɔɪənt/ *adj.* **1.** having the power of seeing objects or actions beyond the natural range of the senses. –*n.* **2.** a clairvoyant person. –**clairvoyance** *n.*

clam /klæm/ *n.* **1.** any of various bivalve molluscs, such as the giant clams of the family Tridacnidae of tropical waters, or certain smaller edible species, such as the quahog. **2.** *Colloquial* a secretive or silent person. –*phr.* **3. clam up,** *Colloquial* to be silent. **4. clam up on,** *Colloquial* to refuse to talk to (someone).

clamber /'klæmbə/ *v.i.* to climb, using both feet and hands; climb with effort or difficulty. –**clamberer** *n.*

clammy /'klæmi/ *adj.* **-mier, -miest.** covered with a cold, sticky moisture; cold and damp. –**clamminess** *n.*

clamour = clamor /'klæmə/ *n.* **1.** a loud outcry. **2.** a vehement expression of desire or dissatisfaction. **3.** popular outcry. **4.** any loud and continued noise. –*v.i.* **5.** to make a clamour; raise an outcry. –**clamourous** *adj.* –**clamourously** *adv.* –**clamourer** *n.*

clamp /klæmp/ *n.* **1.** a device, usually of some rigid material, for strengthening or supporting objects or fastening them together. **2.** an appliance with opposite sides or parts that may be screwed or otherwise brought together to hold or compress something. –*v.t.* **3.** to fasten with or fix in a clamp. **4.** to press firmly. –*phr.* **5. clamp down,** *Colloquial* to become more strict. **6. put a clamp on,** *Colloquial* to put a stop to.

clan /klæn/ *n.* **1.** a group of families or households, as among the Scots, the heads of which claim descent from a common ancestor. **2.** a group of people of common descent.

clandestine /'klændəstaɪn, klæn'dɛstən/ *adj.* secret; private; concealed (generally implying craft or deception): *a clandestine marriage.* –**clandestinely** *adv.* –**clandestineness** *n.*

clang /klæŋ/ *v.i.* **1.** to give out a loud, resonant sound, as metal when struck; ring loudly or harshly. **2.** to emit a harsh cry, as geese. –*n.* **3.** a clanging sound.

clanger /'klæŋə/ *n. Colloquial* a glaring error or mistake, such as an embarrassing remark: *to drop a clanger.*

clangour = clangor /'klæŋə, 'klæŋgə/ *n.* a loud, resonant sound, as of pieces of metal struck together or of a trumpet; a clang. –**clangorous** *adj.* –**clangorously** *adv.*

clank /klæŋk/ *n.* **1.** a sharp, hard, metallic sound: *the clank of chains.* –*v.i.* **2.** to move with such sounds.

clannish /'klænɪʃ/ *adj.* **1.** of, relating to, or characteristic of a clan. **2.** disposed to adhere closely, as the members of a clan. –**clannishly** *adv.* –**clannishness** *n.*

clap¹ /klæp/ *v.* **clapped, clapping,** *n.* –*v.t.* **1.** to strike with a quick, smart blow, producing an abrupt, sharp sound; slap; pat. **2.** to strike together resoundingly, as the hands to express applause. **3.** to applaud in this manner. **4.** to flap (the wings). **5.** to put, place, apply, etc., promptly and effectively. –*v.i.* **6.** to make an abrupt, sharp sound, as of bodies in collision. **7.** to move or strike with such a sound. **8.** to clap the hands, as in applause. –*n.* **9.** a resounding blow; slap. **10.** a loud and abrupt or explosive noise, as of thunder. **11.** an applauding; applause. –*phr.* **12. clap eyes on,** to catch sight of. **13. clap on,** to increase: *to clap on speed.* **14. clap out,** *Colloquial* to break down; cease to function: *the car clapped out on the way home.*

clap² /klæp/ *n. Colloquial* gonorrhoea, or any other venereal disease (usu. preceded by *the*).

claret /'klærət/ *n.* **1.** the red (originally the light red or yellowish) table wine of Bordeaux, France. **2.** (in unofficial use) a similar wine made elsewhere. **3.** Also, **claret red.** a deep purplish red.

clarify /'klærəfaɪ/ *v.* **-fied, -fying.** –*v.t.* **1.** to make clear, pure, or intelligible. **2.** to make clear by removal of sediment, often over low heat: *to clarify butter.* –*v.i.* **3.** to become clear, pure, or intelligible. **4.** to become clear by having sediment removed. –**clarification** /klærəfə'keɪʃən/ *n.* –**clarifier** *n.*

clarinet /'klærə'nɛt/ *n.* a wind instrument in the form of a cylindrical tube with a single reed attached to its mouthpiece. –**clarinettist** *n.*

clarion /'klæriən/ *adj.* **1.** clear and shrill. **2.** inspiring; rousing.

clarity /'klærəti/ *n.* clearness: *clarity of thinking.*

clash /klæʃ/ *v.i.* **1.** to make a loud, harsh noise. **2.** to collide, especially noisily. **3.** to disagree; conflict. **4.** to coincide unfortunately (especially of events). –*n.* **5.** a loud, harsh noise. **6.** conflict; opposition, especially of views or interests.

clasp /klæsp, klasp/ *n.* **1.** a device, usually of metal, for fastening things or parts together; any fastening or connection; anything that clasps. **2.** a grasp; an embrace. –*v.t.* **3.** to take hold of with an enfolding grasp: *they clasped hands.*

class /klas/ *n.* **1.** a number of people, things, etc., regarded as forming one group through possession of similar qualities; kind; sort. **2.** any division of people or things according to rank or grade. **3. a.** a group of pupils taught together. **b.** the period or year during which they are taught. **4.** a section of society sharing essential economic, political or cultural characteristics, and having the same social position: *middle class.* **5.** a social rank, especially high rank. **6.** an admired style in manner or dress: *she has real class.* **7.** (in travel) a grade or standard in ships, planes, etc.: *to travel first class.* **8.** *Zoology, Botany* a major subdivision of phylum, usually consisting of many different orders, as gastropods, mammals, angiosperms. –*v.t.* **9.** to put into a class; rate. –*adj.* **10.** relating to class. –**classable** *adj.* –**classer** *n.*

class action *n. Law* a legal proceeding brought on by a group of people all with the same grievance or claim.

classic /'klæsɪk/ *adj.* **1.** of first or highest class or rank. **2.** serving as a standard, model, or guide: *a classic example.* **3.** of ancient Greek and Roman times, especially relating to literature and art; classical. **4.** relating to an established set of artistic or scientific standards and methods. –*n.* **5.** someone or something of the highest class, as a writer or a work of art. **6.** (*plural*) the literature and languages of ancient Greece and Rome. **7.** someone or something whose behaviour conforms to the expected. –**classical** *adj.*

classicism /'klæsəsɪzəm/ *n.* **1.** the principles of classical literature or art, or adherence to them. **2.** the classical style in literature or art, characterised especially by attention to form with the general effect of regularity, simplicity, balance, proportion, and controlled emotion. Also, **classicalism** /'klæsɪkəˌlɪzəm/. –**classicist** *n.*

classified /'klæsəfaɪd/ *adj.* **1.** arranged or distributed in classes; placed according to class. **2.** (of

classified ad

military and other government information) placed in categories in relation to security risk. **3.** (of roads) having a classification number and receiving government financial assistance. *–n.* **4.** (*plural*) → **classified ad.**

classified ad *n. Colloquial* a newspaper advertisement, usually single-column, placed in an appropriately headed set, as for job vacancies, objects for sale, etc.

classify /'klæsəfaɪ/ *v.t.* **-fied, -fying. 1.** to arrange or distribute in classes; place according to class. **2.** to mark or otherwise declare (a document, paper, etc.) of value to an enemy, and limit and safeguard its handling and use. **–classifiable** *adj.* **–classification** *n.* **–classifier** *n.*

classroom /'klasrum/ *n.* a room in a school, etc., in which classes meet.

classy /'klasi/ *adj.* **-sier, -siest** or *Colloquial* of high class, rank, or grade; stylish; fine.

clastic /'klæstɪk/ *adj.* **1.** *Biology* breaking up into fragments or separate portions; dividing into parts; causing or undergoing disruption or dissolution: *clastic action, the clastic pole of an ovum.* **2.** having to do with an anatomical model made up of detachable pieces. **3.** having to do with rock or rocks composed of fragments of older rocks; fragmental.

clatter /'klætə/ *v.i.* **1.** to make a rattling sound, as of hard bodies striking rapidly together. **2.** to move rapidly with such a sound. **3.** to talk fast and noisily; chatter. *–n.* **4.** a clattering noise; disturbance.

clause /klɔz/ *n.* **1.** *Grammar* a group of words containing a subject and a predicate, forming part of a compound or complex sentence, or coextensive with a simple sentence. **2.** part of a written composition containing complete sense in itself, as a sentence or paragraph (in modern use commonly limited to such parts of legal documents, as of statutes, contracts, wills, etc.). **–clausal** *adj.*

claustrophobia /klɒstrə'foʊbiə, klɔs-/ *n. Psychology* a morbid dread of confined places. **–claustrophobic** *adj.*

claves /kleɪvz/ *pl. n. Music* a musical instrument consisting of two resonant wooden sticks which are struck together; clapping sticks.

clavichord /'klævəkɔd/ *n. Music* an ancient keyboard instrument, in which the strings were softly struck with metal blades vertically projecting from the rear ends of the keys.

clavicle /'klævɪkəl/ *n. Anatomy* **1.** a bone of the pectoral arch. **2.** (in humans) either of two slender bones each articulating with the sternum and a scapula and forming the anterior part of a shoulder; the collarbone. **–clavicular** /klə'vɪkjələ/ *adj.*

claw /klɔ/ *n.* **1.** a sharp, usually curved, nail on foot of animal. **2.** a foot with such nails. **3.** anything that looks like a claw. **4.** the pincers of some shellfish and insects. *–v.t.* **5.** to tear, scratch, seize, pull, etc., with or as with claws. *–v.i.* **6.** to tear or scratch (fol. by *at*).

claw hammer *n.* a hammer having a head with one end curved and cleft for drawing out nails.

clay /kleɪ/ *n.* **1.** a natural earthy material which is plastic when wet, consisting essentially of hydrated silicates of aluminium, and used for making bricks, pottery, etc. **2.** earth; mud. **–clayey** /'kleɪi/. **–clayish** *adj.*

claypan /'kleɪpæn/ *n.* a depression in the ground of hardened impervious clay which retains water.

Clayton's /'kleɪtənz/ *adj. Australian, NZ Colloquial* serving as a substitute; imitation.

-cle variant of **-cule.**

clean /klin/ *adj.* **1.** free from dirt or filth; unsoiled; unstained. **2.** free from foreign or extraneous matter: *the wool was sold at $4.27 a kilogram*

clear

clean. **3.** free from defect or blemish. **4.** (of stock and grazing land) free of disease, animal pests, etc. **5.** free from addiction to drugs. **6.** free of radioactivity. **7.** free from any form of defilement; morally pure; innocent; upright; honourable. **8.** uncorrupted: *a clean cop.* **9.** free from dirty habits, as an animal. **10.** neatly or evenly made or proportioned; shapely; trim. **11.** even; with a smooth edge or surface. **12.** free from awkwardness; not bungling; dexterous; adroit: *a clean leap.* **13.** complete; perfect: *a clean sweep.* **14.** *Weightlifting* (of a lift) without touching the barbell against the body. **15.** *Colloquial* carrying no weapons, stolen goods, drugs, etc. Compare **dirty** (def. 5). *–adv.* **16.** in a clean manner; cleanly. **17.** wholly; completely; quite. *–v.t.* **18.** to make clean. *–v.i.* **19.** to perform or to undergo a process of cleaning. *–phr.* **20. clean as a whistle,** *Colloquial* extremely clean. **21. clean bowled,** *Cricket* bowled by a ball which breaks the wicket without touching the person batting or the bat. **22. clean out, a.** to rid of dirt, etc. **b.** to use up; exhaust. **c.** to drive out by force. **d.** to empty or rid (a place) of contents, etc. **e.** *Colloquial* to take all money from, especially illegally. **23. clean up, a.** to rid of dirt, etc.: *to clean up the kitchen.* **b.** to get rid of dirt, etc. **c.** to finish up; reach the end of. **d.** *Colloquial* to make (money, or the like) as profit, gain, etc. **e.** *Colloquial* to make money or the like, as profit or gain: *to clean up at the races.* **f.** *Sport, etc.* to defeat soundly: *Carlton cleaned up Richmond last Saturday.* **g.** *Sport* to win decisively: *Australia cleaned up at the SCG.* **24. clean up one's act,** *Colloquial* to put one's affairs in order; tidy up. **25. come clean,** *Colloquial* to make a full confession. **–cleanly** *adv.* **–cleanable** *adj.* **–cleanness** *n.*

clean-cut /'klin-kʌt/ *adj.* **1.** distinctly outlined. **2.** definite. **3.** neatly dressed, wholesome: *a clean-cut gentleman.*

cleaner /'klinə/ *n.* **1.** a person who cleans, especially for a living. **2.** an apparatus or preparation for cleaning. **3.** (*plural*) → **drycleaners.** *–phr.* **4. take someone to the cleaners,** to strip someone of all assets, money, etc., usually in gambling.

cleanse /klɛnz/ *v.t.* **cleansed, cleansing. 1.** to make clean. **2.** to remove by, or as by, cleaning: *his leprosy was cleansed.* **–cleanser** *n.*

cleanskin /'klinskɪn/ *n.* **1.** an unbranded animal. **2.** someone who is free from blame, or has no record of police conviction.

clear /klɪə/ *adj.* **1.** free from darkness, obscurity, or cloudiness; light. **2.** bright; shining. **3.** transparent; pellucid: *good, clear wine.* **4.** of a pure, even colour: *a clear complexion.* **5.** distinctly perceptible to the eye, ear, or mind; easily seen, heard or understood. **6.** distinct; evident; plain. **7.** free from confusion, uncertainty, or doubt. **8.** perceiving or discerning distinctly: *a clear thinker.* **9.** convinced; certain. **10.** free from guilt or blame; innocent. **11.** serene; calm; untroubled. **12.** free from obstructions or obstacles; open: *a clear space.* **13.** (sometimes fol. by *of*) unentangled or disengaged; free. **14.** not in code; in plain language. **15.** having no parts that protrude, are rough, etc. **16.** freed or emptied of contents, cargo, etc. **17.** without limitation or qualification: *a clear victory.* **18.** without obligation or liability; free from debt. **19.** without deduction or diminution: *a clear $100.* **20.** (of vowel sounds) light; resembling a front vowel in quality. *–adv.* **21.** in a clear manner; clearly; distinctly; entirely. *–v.t.* **22.** to make clear; free from darkness, cloudiness, muddiness, indistinctness, confusion, uncertainty, obstruction, contents, entanglement, obligation, liability, etc. **23.** to free from imputation, especially of guilt; prove or declare to be innocent.

clearance / **client**

24. to pass or get over without entanglement or collision. **25.** to pay (a debt) in full. **26.** to pass (cheques, etc.) through a clearing house. **27.** to free (a person, etc.) from debt. **28.** to gain as clear profit: *to clear $1000 in a transaction.* **29.** to free (a ship, cargo, etc.) from legal detention at a port by satisfying the customs and other required conditions. **30.** *Football, etc.* to get (the ball) away from the area of one's own goal. **31.** to approve or authorise, or to obtain approval or authorisation for, a thing or person. **32.** to remove objects from: *to clear the table.* **33.** to remove trees, undergrowth, etc., from (an area of land). **34.** to sell off, as in a clearance sale. –*v.i.* **35.** to become clear. –*n.* **36.** plain language; not code: *the orders were radioed in clear.* **37.** (*plural*) NZ barren peat-land. –*phr.* **38. clear as mud,** *Colloquial* not clear; confused. **39. clear off, a.** to remove objects from so as to leave (a table, etc.) clear. **b.** (*often used imperatively*) to disappear; go away. **40. clear out, a.** to empty or remove, in order to make clear. **b.** to go away. **41. clear the air, a.** to relieve tension. **b.** to remove misunderstanding. **42. clear up, a.** to make clear. **b.** to solve; explain. **c.** to put things in order; tidy up. **d.** to become brighter, lighter, etc. **43. clear with,** to obtain approval for (something) from (someone): *to clear the deal with the boss.* **44. in the clear,** free from the imputation of blame, censure, or the like. –**clearly** *adv.* –**clearable** *adj.* –**clearer** *n.* –**clearage** *n.*

clearance /'klɪərəns/ *n.* **1.** the act of clearing. **2.** a clear space; a clearing. **3.** an intervening space, as between machine parts for free play. **4.** distance or extent of an object to be passed over or under. **5.** official approval; permission to go ahead with a proposal.

clear-cut /'klɪə-kʌt/ *adj.* having clearly defined outlines; distinctly defined.

clearing /'klɪərɪŋ/ *n.* a tract of cleared land, as in a forest.

clearing house *n.* **1.** a place or institution where mutual claims and accounts are settled, as between banks. **2.** a central office for receiving and distributing information.

clearway /'klɪəweɪ/ *n.* a stretch of road, especially in a built-up area, on which, between stated times, motorists may stop only in emergencies.

cleat /klit/ *n.* **1.** a small wedge-shaped block, such as one fastened to a spar or the like as a support, etc. **2.** a piece of wood or iron fastened across anything for support, security, etc. **3.** *Mining* a vertical plane of breakage in coal. The planes of easier breakage are **face cleats**, lesser planes at right angles are **butt cleats**.

cleavage /'klivɪdʒ/ *n.* **1.** the act of cleaving. **2.** the state of being cleft or split; division. **3.** the cleft between a woman's breasts.

cleave¹ /kliv/ *v.i.* **cleaved** or *Archaic* **clave, cleaved, cleaving. 1.** (sometimes fol. by *to*) to stick or adhere; cling or hold fast. **2.** (sometimes fol. by *to*) to be attached or faithful.

cleave² /kliv/ *v.* **cleft, cleaved** or **clove, cleft, cleaved** or **cloven, cleaving.** –*v.t.* **1.** to part by, or as by, a cutting blow, especially along the grain or any other natural line of division. **2.** to split; rend apart; rive. **3.** to penetrate or pass through (air, water, etc.). **4.** to make by or as by cutting: *to cleave a path through the wilderness.* **5.** to separate or sever by, or as by, splitting. –*v.i.* **6.** to part or split, especially along a natural line of division. –*phr.* **7. cleave through,** to penetrate or pass through.

cleaver /'klivə/ *n.* a heavy knife or long-bladed hatchet used by butchers for cutting up carcasses.

clef /klɛf/ *n.* a symbol in music notation placed upon a stave to indicate the name and pitch of the notes corresponding to its lines and spaces. The **G clef** (or **treble clef**) indicates that the second line of the stave corresponds to the G next above middle C. The **F clef** (or **bass clef**) indicates that the fourth line of the stave corresponds to the F next below middle C. The **C clef** (or **alto clef**) indicates middle C on the third line of the stave.

cleft¹ /klɛft/ *n.* **1.** a space or opening made by cleavage; a split. **2.** a division formed by cleaving.

cleft² /klɛft/ *v.* **1.** a past tense and past participle of **cleave**². –*adj.* **2.** cloven; split; divided.

cleft palate *n.* a congenital defect of the palate in which a longitudinal fissure exists in the roof of the mouth.

clematis /klə'meɪtəs, 'klɛmətəs/ *n.* any of the flowering vines or erect shrubs constituting the genus *Clematis*, such as *C. glycinoides*, traveller's joy of eastern Australia, and *C. vitalba*, the traveller's joy of Europe and western Asia.

clement /'klɛmənt/ *adj.* **1.** mild or merciful in disposition; lenient; compassionate. **2.** (of the weather, etc.) mild or pleasant. –**clemency** *n.* –**clemently** *adv.*

clench /klɛntʃ/ *v.t.* **1.** to close (the hands, teeth, etc.) tightly. **2.** to grasp firmly; grip. **3.** to settle decisively; clinch.

clergy /'klɜdʒi/ *n.* **-gies.** the body of ministers of religion in the Christian Church, as distinguished from the laity.

clergyman /'klɜdʒimən/ *n.* **-men. 1.** a member of the clergy. **2.** an ordained Christian minister.

cleric /'klɛrɪk/ *n.* **1.** a member of the clergy. **2.** a member of a clerical party. –*adj.* **3.** relating to the clergy; clerical.

clerical /'klɛrɪkəl/ *adj.* **1.** relating to a clerk or to clerks: *a clerical error.* **2.** of, relating to, or characteristic of the clergy. **3.** upholding the power or influence of the clergy in politics. –*n.* **4.** (*plural*) *Colloquial* clerical garments. –**clerically** *adv.*

clerk /klak/ *n.* **1.** someone employed in an office, shop, etc., to keep records or accounts, attend to correspondence, etc. **2.** someone who keeps the records and performs the routine business of a court, legislature, board, etc. **3.** the administrative officer, and chief executive of a town or borough council. **4.** *Archaic* a scholar. –**clerkly** *adj.* –**clerkship** *n.*

clerk of works *n.* the representative of the owner of the building during day to day supervision of construction works.

clever /'klɛvə/ *adj.* **1.** bright mentally; having quick intelligence; able. **2.** dexterous or nimble with the hands or body. **3.** showing adroitness or ingenuity: *a clever remark, a clever device.* **4.** *Aboriginal English* holding knowledge of medicinal plants and traditional healing practices. –**cleverish** *adj.* –**cleverly** *adv.* –**cleverness** *n.*

clianthus /kli'ænθəs/ *n.* any plant of the small genus *Clianthus*, family Papilionaceae, especially kaka beak, *C. puniceus*, of New Zealand, and Sturt's desert pea, *C. formosus*, of inland Australia.

cliché /'kliʃeɪ/ *n.* **-chés** /-ʃeɪz/. a trite, stereotyped expression, idea, practice, etc., such as *trials and tribulations.*

click /klɪk/ *n.* **1.** a slight, sharp sound: *the click of a door latch.* **2.** a speech sound produced by sucking air into a partial vacuum in the mouth. –*v.i.* **3.** to make a click or series of clicks. **4.** to fall into place or be understood: *his story suddenly clicked.* –*v.t.* **5.** to cause to click; strike with a click.

client /'klaɪənt/ *n.* **1.** someone who applies to a solicitor for advice or commits his or her cause or legal interests to a solicitor's management. **2.**

clientele someone who employs or seeks advice from a professional adviser. **3.** a customer. **4.** someone under the patronage of another; a dependant. **5.** a recipient of a social welfare payment. –**cliental** /klaɪˈɛntl/ *adj.*

clientele /klaɪənˈtɛl, kliən-/ *n.* **1.** the customers, clients, etc. (of a solicitor, business person, etc.) as a whole. **2.** dependants or followers. Also, **clientage** /ˈklaɪəntɪdʒ/.

cliff /klɪf/ *n.* the high, steep face of a rocky mass; precipice.

cliffhanger /ˈklɪfhæŋə/ *n.* **1.** a play, novel, serial, etc., characterised by suspense. **2.** a contest, election, etc. so closely matched that the outcome is uncertain until the end. –**cliff-hanging** *adj.*

climacteric /klaɪˈmæktərɪk, klaɪməkˈtɛrɪk/ *adj.* **1.** relating to a critical period; crucial. –*n.* **2.** *Physiology* a period of decrease of reproductive activity in men and women, culminating, in women, in the menopause.

climactic /klaɪˈmæktɪk/ *adj.* relating to or forming a climax: *climactic arrangement*.

climate /ˈklaɪmət/ *n.* **1.** the composite or generalisation of weather conditions of a region, such as temperature, pressure, humidity, precipitation, sunshine, cloudiness, and winds, throughout the year, averaged over a series of years. **2.** an area of a particular kind of climate. **3.** the general attitude and prevailing opinions of a group of people. –**climatic** /klaɪˈmætɪk/ *adj.* –**climatically** /klaɪˈmætɪkli/ *adv.*

climax /ˈklaɪmæks/ *n.* **1.** the highest point of anything; the culmination. **2.** the point in the drama in which it is clear that the central motive will or will not be successful. **3.** an orgasm. –*v.i.* **4.** to reach the climax.

climb /klaɪm/ *v.i.* **1.** to mount or ascend, especially by using both hands and feet. **2.** to rise slowly by, or as by, continued effort. **3.** to slope upward. **4.** to ascend by twining or by means of tendrils, adhesive tissues, etc., as a plant. **5.** to rise, or attempt to rise, in social position. –*v.t.* **6.** to ascend, go up, or get to the top of, especially by the use of hands and feet. –*n.* **7.** a climbing; an ascent by climbing. **8.** a place to be climbed. –*phr.* **9. climb down, a.** to descend, especially by using both hands and feet. **b.** *Colloquial* to withdraw from an untenable position; retract an indefensible argument. **c.** to descend (a ladder, pole, etc.), especially by using both hands and feet. –**climbable** *adj.*

clinch /klɪntʃ/ *v.t.* **1.** to secure (a driven nail, etc.) by beating down the point. **2.** to fasten (word) together thus. **3.** to settle (a matter) decisively. –*n.* **4.** *Boxing*, etc. the act or an instance of one or both contestants holding the other in such a way as to hinder the other's punches. **5.** *Colloquial* an embrace or passionate kiss.

cling /klɪŋ/ *v.i.* **clung**, **clinging**. **1.** to adhere closely; stick. **2.** to hold fast, as by grasping or embracing; cleave. **3.** to be or remain close. **4.** to remain attached (to an idea, hope, memory, etc.). –**clinger** *n.* –**clingingly** *adv.*

clinic /ˈklɪnɪk/ *n.* **1.** a class of medical students which takes place in a hospital ward, where practical instruction in examining and treating patients is given. **2.** one of a number of outpatient sections of a hospital for the specialised treatment of particular conditions and diseases. **3.** any medical centre used for such treatments as X-rays, child care, vaccinations, etc. **4.** a hospital for private patients.

clinical /ˈklɪnɪkəl/ *adj.* **1.** relating to a clinic, sick room or hospital. **2.** concerned with the observation and personal treatment of disease in a patient. **3.** scientific; detached, unemotional: *he has a clinical attitude to death*. –**clinically** *adv.*

clink¹ /klɪŋk/ *v.i.* **1.** to make a light, sharp, ringing sound. **2.** to rhyme or jingle. **3.** to move with a clinking sound.

clink² /klɪŋk/ *n. Colloquial* a prison; jail.

clinker¹ /ˈklɪŋkə/ *n.* **1. a.** a hard brick, used for paving, etc. **b.** an overburnt face brick. **2.** a partially vitrified mass of brick.

clinker² /ˈklɪŋkə/ *n. Colloquial* something first-rate or worthy of admiration.

clinker³ /ˈklɪŋkə/ *adj.* made of pieces, such as boards or plates of metal, which overlap one another. Also, **clinker-built** /ˈklɪŋkə-bɪlt/.

clip¹ /klɪp/ *v.* **clipped**, **clipping**, *n.* –*v.t.* **1.** to cut, or cut off or out, as with shears; trim by cutting. **2.** to cut or trim the hair or fleece of; shear. **3.** to punch a hole in (a ticket). **4.** to pronounce (words) in a brisk and precise manner. **5.** *Colloquial* to hit with a sharp, glancing blow: *the punch clipped his shoulder*. **6.** *Colloquial* to cheat. –*v.i.* **7.** to clip or cut something; make the motion of clipping something. –*n.* **8.** the act of clipping. **9.** → **wool clip**. **10.** an extract from a film. **11.** → **video clip**. **12.** *Colloquial* rate; pace: *at a rapid clip*.

clip² /klɪp/ *n.*, *v.* **clipped**, **clipping**. –*n.* **1.** a device for gripping and holding tightly; a metal clasp, especially one for papers, letters, etc. **2.** a holder for ammunition ready for insertion into the magazine of certain weapons. –*v.t.* **3.** to grip tightly; hold together by pressure.

clip art *n. Computers* a collection of graphical images designed to be copied and inserted into other applications.

clipjoint /ˈklɪpdʒɔɪnt/ *n. Colloquial* a nightclub or restaurant, etc., where prices are exorbitant and customers are swindled.

clipper /ˈklɪpə/ *n.* **1.** (*often plural*) a cutting tool, especially shears. **2.** (*often plural*) a tool with rotating or reciprocating knives for cutting hair. **3.** something that moves swiftly, as a horse. **4.** a sailing vessel built and rigged for speed.

clipping /ˈklɪpɪŋ/ *n.* **1.** a piece clipped off or out. **2.** → **cutting** (def. 3). **3.** (*plural*) grass from a mown lawn. –*adj.* **4.** that clips. **5.** *Colloquial* swift: *a clipping pace*.

clique /klik, klɪk/ *n.*, *v.* **cliqued**, **cliquing**. –*n.* **1.** a small set or coterie, especially one that is snobbishly exclusive. –*v.i.* **2.** *Colloquial* to form, or associate in, a clique. –**cliquey**, **cliquish** *adj.*

clitoris /ˈklɪtərəs, ˈklaɪ-/ *n.* the erectile organ of the vulva.

cloak /kloʊk/ *n.* **1.** a loose outer garment. **2.** something that covers or conceals; disguise; pretext. –*v.t.* **3.** to cover with, or as with a cloak. **4.** to hide; conceal.

cloak-and-dagger /kloʊk-ən-ˈdæɡə/ *adj.* melodramatic; concerned with espionage, intrigue, etc.

cloakroom /ˈkloʊkrʊm/ *n.* **1.** a room where overcoats, etc., may be left temporarily. **2.** a toilet.

clobber¹ /ˈklɒbə/ *v.t. Colloquial* to batter severely; maul.

clobber² /ˈklɒbə/ *n. Colloquial* clothes or gear.

clock¹ /klɒk/ *n.* **1.** an instrument for measuring and indicating time, having either pointers on a numbered dial or a digital display to show the hour, etc. **2.** *Colloquial* a piece of measuring equipment having a dial, as an odometer, taxi-meter, etc. **3.** the dial itself. **4.** *Electronics* a circuit producing regular pulses which control the operations of a system. –*v.t.* **5.** to time, test, or ascertain by the clock, especially in races by athletes, horses, cars, etc. **6.** (on pinball machines, computer games, etc.) to make (the digital read-out of the scoreboard) return to the initial position of zeros in a single game of continuous play. –*phr.* **7. against the clock, a.** in haste, as to meet a deadline. **b.**

clock

(in a competitive sport) in an attempt to beat a record time rather than another contestant. **8. around the clock**, continuously; 24 hours a day: *working around the clock*. **9. clock off** (or **out**), to register the time of departure at a place of work. **10. clock on** (or **in**), to register the time of arrival at a place of work.

clock² /klɒk/ *Colloquial* –*n.* **1.** a punch. –*v.t.* **2.** to hit; strike.

clockwise /'klɒkwaɪz/ *adv.* in the direction of rotation of the hands of a clock. –**clockwise** *adj.*

clockwork /'klɒkwɜk/ *n.* **1.** the mechanism of a clock. **2.** any mechanism similar to that of a clock. –*phr.* **3. like clockwork**, with perfect regularity or precision.

clod /klɒd/ *n.* **1.** a lump or mass, especially of earth or clay. **2.** earth; soil. **3.** anything earthy or base, such as the body in comparison with the soul: *this corporeal clod*. **4.** a stupid person; blockhead; dolt. –**cloddish** *adj.* –**cloddy** *adj.* –**cloddishness** *n.*

clodhopper /'klɒdhɒpə/ *n.* **1.** a clumsy boor; rustic; bumpkin. **2.** (*plural*) strong, heavy shoes.

clog /klɒg/ *v.* **clogged, clogging**, *n.* –*v.t.* **1.** to encumber; hamper; hinder. **2.** to hinder or obstruct, especially by sticky matter; choke up. –*n.* **3.** anything that impedes motion or action; an encumbrance; a hindrance. **4.** a heavy block, as of wood, fastened to a person or animal to impede movement. **5.** a kind of shoe with a thick sole usually of wood. –**cloggy** *adj.*

cloister /'klɔɪstə/ *n.* **1.** a covered walk, especially one adjoining a building, such as a church, commonly running round an open court (garth) and opening on to it with an open arcade or colonnade. **2.** a place of religious seclusion; a monastery or nunnery; a convent. **3.** any quiet, secluded place. –*v.t.* **4.** to confine in a cloister or convent. –**cloistral, cloister-like** *adj.*

clone /kloʊn/ *v.* **cloned, cloning**, *n.* –*v.t.* **1.** to bring about the asexual reproduction of (an individual), as by implanting the nucleus of a body cell from a donor individual into an egg cell from which the nucleus has been removed, and allowing the egg cell to develop, the resulting individual being identical with the donor but having no cells in common with the female providing or harbouring the egg cell. –*n.* **2.** an asexually produced descendant. **3.** *Horticulture* a group of plants originating as parts of the same individual, from buds or cuttings. **4.** *Colloquial* one of a number of apparently identical people or objects. Also, **clon** /klɒn, kloʊn/.

clop /klɒp/ *n.* the sound made by a horse's hoofs.

close /kloʊz/ *v.* **closed, closing**; /kloʊs/ *adj.* **closer, closest**, *adv.*; /kloʊz/*for defs* 42–45, /kloʊs/*for defs* 46–48. –*v.t.* **1.** to stop or obstruct (a gap, entrance, aperture, etc.). **2.** to stop or obstruct the entrances, apertures, or gaps in. **3.** to shut in or surround on all sides; enclose; cover in. **4.** to refuse access to or passage across: *lifesavers closed the beach because of heavy seas*. **5.** to bring together the parts of; join; unite: *to close the ranks of troops*. **6.** to bring to an end; to shut down, either temporarily or permanently: *to close a debate; to close a shop*. **7.** to bring (a sale) to a successful completion. –*v.i.* **8.** to become closed; shut. **9.** to come together; unite. **10.** to come close. **11.** to come to an end; terminate. **12.** *Stock Exchange* to have a certain value at the end of a trading period: *the big oil company closed at $4.80 a share*. –*adj.* **13.** shut; shut tight; not open. **14.** shut in; enclosed. **15.** completely enclosing. **16.** without opening; with all openings covered or closed. **17.** confined; narrow: *close quarters*. **18.** lacking fresh or freely circulating air: *a close room*. **19.** heavy; oppressive: *a spell of close weather*. **20.** narrowly confined, as a prisoner. **21.** practising secrecy; secretive; reticent. **22.** parsimonious; stingy. **23.** scarce, as money. **24.** having the parts near together: *a close texture*. **25.** compact; condensed. **26.** near, or near together, in space, time, or relation: *in close contact*. **27.** *Ball Games* characterised by short passes and cautious tactics: *they played a close game*. **28.** intimate; confidential: *close friendship*. **29.** based upon a strong uniting feeling of love, honour, etc.: *a close union of nations*. **30.** fitting tightly, as a cap. **31.** (of a haircut, shave, etc.) having the hair cut very near to the roots: *a crew cut is a close haircut*. **32.** not deviating from the subject under consideration: *close attention; keep a close eye on*. **33.** strict; searching; minute: *close investigation*. **34.** not deviating from a model or original: *a close translation*. **35.** nearly even or equal: *a close contest*. **36.** strictly logical: *close reasoning*. **37.** *Phonetics* pronounced with a relatively small opening above the tongue, as *beet* and *boot* which have the closest English vowels. –*adv.* **38.** in a close manner; closely. **39.** near: *he lived close to the shops*. **40.** near the base, as in haircutting, shaving, etc.: *the barber shaved his beard close*. –*n.* **41.** the act of closing. **42.** the end or conclusion. **43.** *Music* → **cadence** (def. 5). **44.** a junction; union. **45.** an enclosed place; an enclosure; any piece of land held as private property. **46.** an enclosure about or beside a building, cathedral, etc. **47.** a narrow entry or alley, or a courtyard to which it leads; cul-de-sac. –*phr.* **48. close at hand**, within reach; nearby. **49. close at** (or **on**) **someone's heels**, following someone closely; just behind someone. **50. close down**, **a.** to cease operation. **b.** to cause to cease operation. **51. close in**, to surround and approach a place gradually, as in making a capture. **52. close on** (or **upon**), to agree on. **53. close out**, **a.** to nullify one's position in the futures market either by selling (from a bought position) or by buying (from a sold position). **b.** *Surfing* (of a wave) to break simultaneously along the entire face, offering no surface on which a surfer might manoeuvre. **c.** *Sport* to bring (a match) effectively to a close by making it impossible for an opponent to better one's score. **54. close up**, *Printing* to remove or reduce spacing between (set type). **55. close with**, **a.** to grapple with; engage in close encounter with. **b.** to come to terms with. **c.** *Nautical* to come close to. **56. keep a close eye on**, to maintain a careful scrutiny of. –**closely** /'kloʊsli/ *adv.* –**closeness** /'kloʊsnəs/ *n.* –**closer** /'kloʊzə/ *n.*

close call *n. Colloquial* a narrow escape.

closed /kloʊzd/ *adj.* restricted or exclusive in any of various ways.

closed-circuit television *n.* a television system in which cameras and receivers are linked by wire, used to watch what is happening in another part of a building for security, monitoring production operations, etc.

close shave *n. Colloquial* a narrow escape.

closed shop *n.* **1.** a workshop, factory, or the like, in which the employer must call on a particular trade union to furnish employees. –*adj.* **2.** inflexible: *closed shop mentality*.

close quarters *pl. n.* **1.** a small, cramped place or position. **2.** direct and close contact in a fight.

closet /'klɒzət/ *n.* **1.** a small room, enclosed recess, or cabinet for clothing, food, utensils, etc. **2.** a water closet; toilet. –*adj.* **3.** *Colloquial* secret: *a closet drinker; a closet queen*. –*phr.* **4. come out of the closet**, *Colloquial* to make public one's previously concealed sexual preferences, in particular to admit one's homosexuality: *Bernard has just come out of the closet*.

close-up /ˈklous-ʌp/ *n.* **1.** a picture taken at close range or with a long focal length lens, on a relatively large scale. **2.** an intimate view or presentation of anything.

closure /ˈklouʒə/ *n.* **1.** the act of closing or shutting. **2.** the state of being closed. **3.** a bringing to an end; conclusion. **4.** a metal or plastic cap for a bottle. **5.** *Psychology* the tendency to see a complete figure even though a part or parts are missing, the gaps being filled from the viewer's past experience of what is depicted.

clot /klɒt/ *n.* **1.** a mass or lump. **2.** a semisolid mass, as of coagulated blood. **3.** *Colloquial* a stupid person.

cloth /klɒθ/ *n.* **cloths** /klɒθs/. **1.** a fabric formed by weaving, felting, etc., from wool, hair, silk, flax, cotton, or other fibre, used for garments, upholstery, and many other purposes. **2.** a piece of such a fabric for a particular purpose: *a tray cloth.* **3.** in theatre, a painted fabric used as a curtain or as scenery. **4.** a particular profession, especially that of a clergyman.

clothe /klouð/ *v.t.* **clothed** or **clad, clothing. 1.** to dress; attire. **2.** to provide with clothing. **3.** to cover with, or as with, clothing. **4.** to endow; invest (as with meaning). **5.** to conceal.

clothes /klouðz/ *pl. n.* **1.** garments for the body; articles of dress; wearing apparel. **2.** bedclothes.

clothes horse *n.* **1.** a frame on which to hang clothes, etc., especially for drying. **2.** *Colloquial* someone who pays particular attention to dress and who wears clothes well, especially a model or mannequin.

clothes line *n.* **1.** a rope or wire on which clothes, etc., may be hung to dry. **2.** a device, such as a clothes hoist, on which to hang clothes to dry.

clothing /ˈklouðɪŋ/ *n.* **1.** garments collectively; clothes; raiment; apparel. **2.** a covering.

cloud /klaud/ *n.* **1.** a visible collection of particles of water or ice suspended in the air, usually at an elevation above the earth's surface. **2.** any similar mass, especially of smoke or dust. **3.** a dim or obscure area in something otherwise clear or transparent. **4.** *Obsolete* a patch or spot, differing in colour from the surrounding surface. **5.** anything that obscures, darkens, or causes gloom, trouble, suspicion, disgrace, etc. **6.** a great number of insects, birds, etc., flying together: *a cloud of locusts.* **7.** a multitude; a crowd. –*v.t.* **8.** to overspread or cover with, or as with, a cloud or clouds. **9.** to overshadow; obscure; darken. **10.** to make gloomy. **11.** to place under suspicion, disgrace, etc. **12.** to variegate with patches of another colour. –*v.i.* **13.** to grow cloudy; become clouded. –*phr.* **14. have one's head in the clouds**, to be divorced from reality; be in a dreamlike state. **15. in the clouds, a.** imaginary; unreal. **b.** impractical. **16. on cloud nine**, in a state of bliss. **17. under a cloud, a.** under suspicion. **b.** in doubt: *the club's future is under a cloud because funds are short.* –**cloudless** *adj.* –**cloudy** *adj.*

cloudburst /ˈklaudbɜst/ *n.* a sudden and very heavy rainfall.

clout /klaut/ *Colloquial* –*n.* **1.** a blow, especially with the hand; a cuff. **2.** effectiveness; force: *the committee has no political clout.* –*v.t.* **3.** to strike, especially with the hand; cuff. **4.** Also, **clout on**. *Australian* to cheat by evading payment, especially of a gambling debt; to welsh.

clove¹ /klouv/ *n.* the dried flower bud of a tropical tree, *Syzygium aromaticum,* used whole or ground as a spice.

clove² /klouv/ *n.* one of the small bulbs formed in the axils of the scales of a mother bulb, as in garlic.

clove³ /klouv/ *v.* past tense of **cleave**².

cloven /ˈklouvən/ *v.* **1.** past participle of **cleave**². –*adj.* **2.** cleft; split; divided: *cloven feet or hoofs.*

clover /ˈklouvə/ *n.* **1.** any of various herbs of the genus *Trifolium,* with trifoliolate leaves and dense flower heads, many species of which, such as *T. pratense* (the common **red clover**), are cultivated as forage plants or as a pasture improvement plant, such as **subterranean clover.** –*phr.* **2. in clover**, in comfort or luxury.

clown /klaun/ *n.* **1.** a jester or buffoon in a circus, pantomime, etc. **2.** *Colloquial* a fool; an idiot. **3.** a peasant; a rustic. **4.** a coarse, ill-bred person; a boor. –*v.i.* **5.** to act like a clown. –**clownish** *adj.* –**clownishly** *adv.* –**clownishness, clownery** *n.*

cloy /klɔɪ/ *v.t.* to weary by an excess of food, sweetness, pleasure, etc.; surfeit; satiate. –**cloyingly** *adv.* –**cloyingness** *n.*

club /klʌb/ *n., v.* **clubbed, clubbing.** –*n.* **1.** a heavy stick, usually thicker at one end than at the other, suitable for a weapon; a cudgel. **2.** a stick or bat used to drive a ball, etc., in various games. **3.** a stick with a crooked head used in golf, etc. **4.** a group of persons organised for a social, literary, sporting, political, or other purpose, regulated by rules agreed by its members. **5.** the building or rooms owned by or associated with such a group, sometimes lavishly decorated and furnished, and offering dining, gambling, theatrical, and other facilities to members. **6.** *Insurance* a friendly society. **7.** a black trifoliate figure on a playing card. –*v.t.* **8.** to beat with, or as with, a club. **9.** to unite; combine; join together. **10.** to defray by proportional shares: *to club the expense.* **11.** to invert (a rifle, etc.) so as to use as a club. –*v.i.* **12.** to combine or join together as for a common purpose. **13.** to gather into a mass. –*phr.* **14. club in, a.** to contribute as one's share of a general expense. **b.** to contribute to a common fund. **15. club together**, to combine one's resources, especially financial: *to club together to hire a boat.* **16. join the club,** *Colloquial* (an acknowledgment that a person shares an experience or state with others).

club foot *n.* a deformed or distorted foot. –**clubfooted** *adj.*

cluck /klʌk/ *v.i.* **1.** to utter the cry of a hen brooding or calling her chicks. **2.** to make a similar sound. –*n.* **3.** any clucking sound.

clucky /ˈklʌki/ *adj. Australian, NZ* **1.** (of a hen) broody. **2.** *Colloquial* feeling disposed to have children. **3.** *Colloquial* fussy and over-protective of children.

clue /klu/ *n., v.* **clued, cluing.** –*n.* **1.** anything that serves to guide or direct in the solution of a problem, mystery, etc. –*phr.* **2. clue someone up**, to give someone the facts.

cluey /ˈklui/ *adj. Colloquial* **1.** well-informed. **2.** showing good sense and keen awareness.

clump /klʌmp/ *n.* **1.** a cluster, especially of trees, or other plants. **2.** a lump or mass. **3.** a clumping tread, sound, etc. –*v.i.* **4.** to walk heavily and clumsily. –**clumpy, clumpish** *adj.*

clumsy /ˈklʌmzi/ *adj.* **-sier, -siest.** **1.** awkward in movement or action; without skill or grace: *a clumsy workman.* **2.** awkwardly done or made; unwieldy; ill-contrived: *a clumsy apology.* –**clumsily** *adv.* –**clumsiness** *n.*

clung /klʌŋ/ *v.* past tense and past participle of **cling.**

cluster /ˈklʌstə/ *n.* **1.** a number of things of the same kind, growing or held together; a bunch: *a cluster of grapes.* **2.** a group of things or persons near together: *a cluster of bombs.* –*v.i.* **3.** to form a cluster or clusters. –**clustery** *adj.*

cluster headache *n.* a type of severe, recurrent, vascular headache, typically experienced as intense pain behind one eye or temple, and

cluster house

accompanied by the localised release of histamine, leading to runny nose and eyes and flushed skin.

cluster house *n.* a house which is part of a cluster-housing development. Also, **cluster home**. –**cluster-house** *adj.*

cluster housing *n.* a style of medium-density housing in which houses which would normally be built on separate allotments are built on one large allotment with shared paths, private roads, and open space, allowing for a more effective use of the site.

clutch[1] /klʌtʃ/ *v.t.* **1.** to seize with, or as with, the hands or claws; grasp. **2.** to grip or hold tightly or firmly. –*v.i.* **3.** to try to seize (fol. by *at*). –*n.* **4.** (*usually plural*) power or control; mastery: *in the clutches of the enemy.* **5.** the act of clutching; a snatch; a grasp. **6.** a tight hold; grip. **7.** (of a motor) a device which engages and disengages the engine from transmission, or the pedal which operates this device.

clutch[2] /klʌtʃ/ *n.* **1.** a hatch of eggs; the number of eggs produced or incubated at one time. **2.** a brood of chickens. **3.** *Colloquial* a group; a bunch.

clutter /'klʌtə/ *v.t.* **1.** to heap, litter, or strew in a disorderly manner. –*v.i.* **2.** to run in disorder; move with bustle and confusion. **3.** to make a clatter. –*n.* **4.** a disorderly heap or assemblage; litter.

co- **1.** a prefix signifying association and accompanying action, occurring mainly before vowels and *h* and *gn*, as in *coadjutor, cohabit, cognate*. **2.** a prefix signifying partnership, joint responsibility or ownership, as in *co-producer, co-writer*.

coach /koʊtʃ/ *n.* **1.** a large, enclosed, four-wheeled carriage, used especially on state occasions. **2.** → **stagecoach**. **3.** a bus, especially a single-decker, used for long journeys or for sightseeing. **4.** a railway carriage. **5.** a person who trains athletes for games, contests, etc. **6.** a private teacher who prepares a student for an examination. –*v.t.* **7.** to give instruction or advice to in the capacity of a coach.

coachman /'koʊtʃmən/ *n.* **-men**. someone employed to drive a coach or carriage.

coagulate /koʊˈægjəleɪt/ *v.* **-lated, -lating**. –*v.i.* **1.** to change from a fluid into a thickened mass; curdle; congeal. –*v.t.* **2.** to change (a fluid) into a thickened mass; curdle; congeal. –**coagulant** *n.* –**coagulation** /koʊˌægjəˈleɪʃən/ *n.* –**coagulative** /koʊˈægjələtɪv/ *adj.* –**coagulator** *n.*

coal /koʊl/ *n.* **1.** a black or brown coloured compact and earthy organic rock formed by the accumulation and decomposition of plant material and used as a fuel; **hard coal** (anthracite), **soft coal** (bituminous coal), **brown coal** (lignite). –*phr.* **2. add coals to the fire**, to make a bad situation, dissension, etc., worse. **3. coals of fire, a.** good actions or the like in return for bad, giving rise to feelings of remorse. **b.** reproaches. **4. coals to Newcastle**, anything supplied unnecessarily. **5. haul over the coals**, to scold; reprimand.

coalesce /koʊəˈlɛs/ *v.i.* **-lesced, -lescing**. **1.** to grow together or into one body. **2.** to unite so as to form one mass, community, etc. –**coalescence** *n.* –**coalescent** *adj.*

coalface /'koʊlfeɪs/ *n.* **1.** the part of the coal seam from which coal is cut. **2.** the place where ideas and theories have to be put into practice. –*phr.* **3. at the coalface**, at the place where the real work is done, as opposed to the administration, theorising, etc.

coalition /koʊəˈlɪʃən/ *n.* **1.** a combination or alliance, especially, a temporary one between persons, political parties, states, etc. **2.** union into one body or mass; fusion. –*adj.* **3.** of, relating to, or deriving from such a union. –**coalitionist** *n.*

cobra

coarse /kɔs/ *adj.* **coarser, coarsest**. **1.** of inferior or faulty quality; not pure or choice; common; base: *coarse manners; a coarse lad.* **2.** composed of relatively large parts or particles: *coarse sand.* **3.** lacking in fineness or delicacy of texture, structure, etc. **4.** lacking delicacy of feeling, manner, etc.; not refined. –**coarsely** *adv.* –**coarseness** *n.*

coast /koʊst/ *n.* **1.** the land next to the sea; the seashore. **2.** the region adjoining it. **3.** *US* **a.** the slope down which a sled travels. **b.** a slide or ride down a hill, etc. –*v.i.* **4.** to proceed or sail along, or sail from port to port of, a coast. **5.** to slide on a sledge down a snowy or icy hillside or incline. **6.** to travel on a downward slope, as on a bicycle, without using pedals, or in a motor vehicle with the engine switched off. **7.** to move along after effort has ceased; keep going on acquired momentum. **8.** to drift along without aim or effort: *the child is coasting at school.* –*phr.* **9. coast along**, to act or perform with minimal effort. **10. the coast is clear**, the danger has gone.

coaster /'koʊstə/ *n.* **1.** a ship which trades from port to port along a coast. **2.** a small dish or mat placed under glasses, etc., to protect the table from moisture or heat. **3.** *NZ Colloquial* a person from the coastal regions of the South Island.

coastguard /'koʊstgad/ *n.* a coastal police force responsible for preventing smuggling, watching for ships in distress or danger, etc.

coat /koʊt/ *n.* **1.** an outer garment with sleeves; an overcoat, dress coat, etc. **2.** a natural integument or covering, as the hair, fur, or wool of an animal, the bark of a tree, or the skin of a fruit. **3.** anything that covers or conceals: *a coat of paint.* –*v.t.* **4.** to cover with a layer or coating; cover as a layer or coating does. –**coatless** *adj.*

coat of arms *n.* **1.** a surcoat or tabard embroidered with heraldic devices, worn by medieval knights over their armour. **2.** the heraldic bearings of a person, corporation, city, etc.; hatchment; escutcheon.

coax /koʊks/ *v.t.* **1.** to influence by gentle persuasion, flattery, etc. **2.** to get or win by coaxing. –*v.i.* **3.** to use gentle persuasion, etc. –**coaxer** *n.* –**coaxingly** *adv.*

coaxial /koʊˈæksiəl/ *adj.* having a common axis or coincident axes. Also, **coaxal** /koʊˈæksəl/.

cob /kɒb/ *n.* **1.** a corncob. **2.** a male swan. **3.** a short-legged, thickset horse. **4.** a small lump of coal, ore, etc. **5.** a roundish mass, lump, or heap.

cobalt /'koʊbɔlt, -bɒlt/ *n.* **1.** *Chemistry* a silver-white metallic element with a faint pinkish tinge, occurring in compounds the silicates of which afford important blue colouring substances for ceramics. It is also used in alloys, particularly in cobalt steel. *Symbol*: Co; *relative atomic mass*: 58.9332; *at. no.*: 27; *density*: 8.9 at 20°C. **2.** a blue pigment containing cobalt. **3.** the isotope, cobalt 60; used in the treatment of cancer.

cobber /'kɒbə/ *Colloquial* –*n.* **1.** *Australian, NZ* a mate; friend. –*phr.* **2. cobber up with**, *NZ* to make friends with.

cobbler[1] /'kɒblə/ *n.* **1.** someone who mends shoes. **2.** a clumsy worker. **3.** an iced drink made of wine, fruit, sugar, etc. **4.** a fruit pie with a biscuit dough topping, usually made in a deep dish.

cobbler[2] /'kɒblə/ *n.* a wrinkled sheep that is difficult to shear, often shorn last in the day; snob. Also, **sandy cobbler**.

cobblestone /'kɒbəlstoʊn/ *n.* a rounded brick used in paving.

cobra /'kɒbrə, 'koʊbrə/ *n.* any snake of the genus *Naja*, exceedingly venomous and characterised by the ability to expand the skin of its neck so that it assumes a hoodlike form.

cobweb /ˈkɒbwɛb/ *n.* **1.** a web or net spun by a spider to catch its prey. **2.** anything fine-spun, flimsy, or unsubstantial. **3.** anything obscure or confused: *the cobwebs of early medieval scholarship*. **–cobwebbed** *adj.* **–cobwebby** *adj.*

cocaine /koʊˈkeɪn/ *n.* a bitter crystalline alkaloid, $C_{17}H_{21}NO_4$, obtained from coca leaves, used as a local anaesthetic and abused as a narcotic.

coccyx /ˈkɒksɪks, ˈkɒkɪks/ *n.* **coccyges** /kɒkˈsaɪdʒiz/. *Anatomy* **1.** a small triangular bone forming the lower extremity of the spinal column in humans, consisting of four ankylosed rudimentary vertebrae. **2.** a corresponding part in certain other animals. **–coccygeal** /kɒksəˈdʒiəl, kɒkˈsɪdʒiəl/ *adj.*

cochineal /kɒtʃəˈnil, ˈkɒtʃənɪl/ *n.* **1.** a red dye prepared from the dried bodies of the females of a scale insect, *Dactylopius coccus*, which lives on cacti of Mexico and other warm regions of Central America. **2.** the insect itself. **3.** the crimson colour of this dye.

cochlea /ˈkɒkliə/ *n.* **-leae** /-lii/. *Anatomy* a division, spiral in form, of the internal ear, in humans and most other mammals. **–cochlear** *adj.*

cock¹ /kɒk/ *n.* **1.** a male chicken. **2.** the male of any bird, especially of the gallinaceous kind. **3.** a device for permitting or arresting the flow of a liquid or gas from a receptacle or through a pipe; a tap or stop valve. **4.** (in a firearm) **a.** that part of the lock which by its fall or action causes the discharge; the hammer. **b.** the position into which the cock or hammer is brought by being drawn partly or completely back, preparatory to firing. **5.** *Colloquial* ‡ the penis. –*v.t.* **6.** to pull back and set the cock or hammer of (a firearm) preparatory to firing. –*phr.* **7. cock and bull,** *Colloquial* nonsense; an incredible story. **8. cock of the walk,** *Colloquial* a struttingly domineering person, as the leader of a gang.

cock² /kɒk/ *v.t.* **1.** to set or turn up or to one side, often in an assertive, jaunty, or significant manner. –*n.* **2.** the act of turning the head, a hat, etc., up or to one side in a jaunty or significant way. **3.** the position of anything thus placed. **4.** the angle of the wrist at which something is held: *the cock of the racquet*. –*phr.* **5. cock a snook** (or **snoot**), *Colloquial* to put a thumb to the nose, in a contemptuous gesture. **6. cock up,** to make a mess of; ruin: *you really cocked that up*.

cockabully /ˈkɒkəˌbʊli/ *n.* **-bullies.** *NZ* (*especially with children*) any of several kinds of small freshwater fish.

cockade /kɒˈkeɪd/ *n.* a knot of ribbon, rosette, etc., worn on the hat as a badge or a part of a uniform. **–cockaded** *adj.*

cockamamie /ˈkɒkəˌmeɪmi/ *adj. Colloquial* crazy; ridiculous; muddled.

cockatiel /ˌkɒkəˈtiəl/ *n.* a small, crested, long-tailed parrot, *Leptolophus hollandicus*, common in inland areas of Australia.

cockatoo /ˌkɒkəˈtu/ *n.* **1.** any of the crested parrots constituting the genera *Cacatua*, *Callocephalon*, or *Calyptorhynchus*, forming the subfamily Kakatoeinae, of the East Indies, Australia, etc., often white, or white and yellow, pink, or red. **2.** *Australian, NZ* a farmer, especially one who farms in a small way. **3.** *Australian Colloquial* someone who keeps watch during a two-up game, or other illegal activity.

cockatoo apple *n.* a small tree, *Planchonia careya*, common in northern Australia, with bark used as a fish poison. Also, **cocky apple.**

cockerel /ˈkɒkərəl, ˈkɒkrəl/ *n.* a young domestic cock.

cocker spaniel /ˌkɒkə ˈspænjəl/ *n.* one of a breed of small spaniels trained for use in hunting or kept as pets.

cockeyed /ˈkɒkaɪd/ *adj.* **1.** having a squinting eye; cross-eyed. **2.** *Colloquial* twisted or slanted to one side. **3.** *Colloquial* foolish; absurd.

cockfight /ˈkɒkfaɪt/ *n.* **1.** a fight between gamecocks, often with metal spurs attached to their legs, on the outcome of which spectators place bets. **2.** a game, often in water, in which contestants on piggyback try to unseat one another by grappling, etc. **–cockfighting** *n.*

cockle /ˈkɒkəl/ *n., v.* **cockled, cockling.** –*n.* **1.** any of the bivalve molluscs with somewhat heart-shaped, radially ribbed valves which constitute the genus *Cardium*, especially *C. edule*, the common edible species of Europe. **2.** any of the similar bivalve molluscs which constitute the Australian genus *Andara*. **3.** any of various allied or similar molluscs. **4.** a wrinkle; pucker. **5.** a small shallow or light boat. –*v.i.* **6.** to contract into wrinkles; pucker. –*v.t.* **7.** to cause to wrinkle or pucker: *a book cockled by water*. –*phr.* **8. cockles of the heart,** the depths of one's emotions or feelings.

cockney /ˈkɒkni/ *n.* **-neys.** (*often cap.*) a native of London, especially of the East End (often with reference to someone who has marked peculiarities of pronunciation and dialect). **–cockneyish** *adj.*

cockpit /ˈkɒkpɪt/ *n.* **1.** (in some aeroplanes) an enclosed space containing seats for the pilot and copilot. **2.** the driver's seat in a racing car. **3.** a recess aft, in the deck of a yacht or other boat, which provides a small amount of deck space at a lower level. **4.** a pit or enclosed space for cockfights. **5.** a place where a contest is fought, or which has been the scene of many contests or battles: *Belgium, the cockpit of Europe*.

cockroach /ˈkɒkroʊtʃ/ *n.* any of various insects of the order Blattodea, usually nocturnal, and having a flattened body, especially the dark brown or black oriental roach (*Blatta orientalis*), a common household pest.

cockscomb /ˈkɒkskoʊm/ *n.* **1.** the comb or caruncle of a cock. **2.** (formerly) the cap of a professional fool, resembling a cock's comb.

cocksure /ˈkɒkʃə/ *adj.* **1.** perfectly certain; completely confident in one's own mind. **2.** too certain; overconfident. **–cocksureness** *n.*

cocktail /ˈkɒkteɪl/ *n.* **1.** any of various short mixed drinks, consisting typically of gin, whisky, or brandy, mixed with vermouth, fruit juices, etc. often shaken, usually chilled and frequently sweetened. **2.** a small piece of chicken, fish, etc., served as a savoury. **3.** an appetiser of fruit or tomato juice. **4.** a horse with a docked tail.

cocky¹ /ˈkɒki/ *adj.* **cockier, cockiest.** *Colloquial* arrogantly smart; pertly self-assertive; conceited: *a cocky fellow; a cocky air; a cocky answer*. **–cockily** *adv.* **–cockiness** *n.*

cocky² /ˈkɒki/ *n.* **cockies.** *Colloquial* **1.** *Australian* a cockatoo, or other parrot. **2.** *Australian, NZ* a farmer, especially one who farms in a small way. Also, **cockie.**

cocky's joy *n. Australian, NZ Colloquial* golden syrup; treacle. Also, **bullocky's joy.**

cocoa /ˈkoʊkoʊ/ *n.* **1.** the roasted, husked, and ground seeds of the cacao, *Theobroma cacao*, from which much of the fat has been removed. **2.** a beverage made from cocoa powder. **3.** brown; reddish brown.

coconut /ˈkoʊkənʌt/ *n.* **1.** the seed of the coconut palm, large, hard-shelled, lined with a white edible meat, and containing a milky liquid. **2.** *NZ Colloquial (derogatory)* a Pacific Islander.

cocoon /kəˈkun/ *n.* **1.** the silky envelope spun by the larvae of many insects, such as silkworms, serving as a covering while they are in the chrysalis or pupal state. –*v.t.* **2.** to enclose within a protective covering. **3.** to put (a person) in an

cod /kɒd/ n. **1.** any of a largely unrelated fishes both freshwater and marine, such as the **Murray cod**, *Maccullochella macquariensis*, **butterfly cod**, *Pterois volitans*, **black rock cod**, *Epinephelus damelii*, etc., belonging to several different families and widely distributed in Australian waters. **2.** any of a number of marine species of southern Australia belonging or related to the European cod family, Gadidae, especially the **rock cod** and the ling. **3.** one of the most important North Atlantic food fishes, *Gadus callarias*. **4.** US any of several other gadoid fishes, such as the **Pacific cod**, *Gadus macrocephalus*.

COD /si oʊ 'di/ cash on delivery.

coda /'koʊdə/ n. *Music* a more or less independent passage, at the end of a musical composition, introduced to bring it to a satisfactory close.

coddle /'kɒdl/ v.t. **-dled, -dling. 1.** to cook (eggs, fruit, etc.) slowly in water just below boiling point. **2.** to treat tenderly; nurse or tend indulgently; pamper.

code /koʊd/ n., v. **coded, coding.** –n. **1.** any ordered collection of existing laws of a country, or of those relating to a particular subject: *civil code of France*. **2.** any system or collection of rules and regulations: *code of honour*. **3.** a system of symbols into which messages can be translated, for communication by telegraph, etc., or for secrecy: *morse code; secret code*. **4.** a symbol (made up of signs, numbers, letters, sounds, etc.) in such a system. **5.** a system of symbols for giving information or instructions to an electronic computer. –v.t. **6.** to arrange in code; enter in code. **7.** to translate into code.

codeine /'koʊdin/ n. a white, crystalline, slightly bitter alkaloid, $C_{18}H_{21}NO_3H_2O$, obtained from opium, used in medicine as an analgesic, sedative, and hypnotic.

co-dependent /koʊ-də'pɛndənt/ adj. **1.** reliant on another to the extent that independent action is no longer possible. –n. **2.** such a person.

codger /'kɒdʒə/ n. *Colloquial* **1.** a mean, miserly person. **2.** an odd or peculiar (old) person: *a lovable old codger*. **3.** a fellow; a chap.

codicil /'kɒdəsɪl/ n. **1.** a supplement to a will, containing an addition, explanation, modification, etc., of something in the will. **2.** some similar supplement. –**codicillary** /kɒdə'sɪləri/ adj.

codify /'koʊdəfaɪ, 'kɒdə-/ v.t. **-fied, -fying. 1.** to reduce (laws, etc.) to a code. **2.** to digest; arrange in a systematic collection. –**codification** /koʊdəfə'keɪʃən, kɒdə-/ n. –**codifier** n.

cod-liver oil n. a fixed oil, extracted from the liver of the common cod (def. 3) or of allied species, extensively used in medicine as a source of vitamins A and D.

coeducation /ˌkoʊɛdʒə'keɪʃən/ n. joint education, especially of both sexes in the same institution and classes. –**coeducational** adj.

coefficient /koʊə'fɪʃənt/ n. **1.** something that acts together with another thing to produce a result. **2.** *Mathematics* a number or quantity placed (generally) before and multiplying another quantity: *3 is the coefficient of x in 3x*. **3.** *Physics* a quantity, constant for a given substance, body, or process under certain specified conditions, that serves as a measure of one of its properties: *coefficient of friction*.

-coele a word element referring to some small cavity of the body, as in *neurocele, cystocele*, etc. Also, **-cele, -coel**.

coelenterate /sə'lɛntəreɪt, -tərət/ n. **1.** a member of the Coelenterata, a phylum of invertebrate animals that includes the hydras, jellyfishes, sea anemones, corals, etc., and is characterised by a single internal cavity serving for digestion, excretion, and other functions. –adj. **2.** belonging to the Coelenterata.

coemption /koʊ'ɛmpʃən, -'ɛmʃən/ n. the buying up of the whole of a particular commodity, especially in order to acquire a monopoly.

coeno- a word element meaning 'common'. Also, **ceno-**; (*before vowels*) **coen-**.

coerce /koʊ'ɜs/ v.t. **-erced, -ercing. 1.** to restrain or constrain by force, law, or authority; force or compel, as to do something. **2.** to compel by forcible action: *coerce obedience*. –**coercion** n. –**coercer** n. –**coercive** adj. –**coercible** adj.

coeval /koʊ'ivəl/ adj. **1.** of the same age, date, or duration; equally old. **2.** contemporary; coincident. Also, **coaeval**. –**coevally** adv.

coexist /koʊəg'zɪst/ v.i. to exist together or at the same time. –**coexistence** n. –**coexistent** adj.

coffee /'kɒfi/ n. **1.** a beverage, consisting of a decoction or infusion of the roasted and ground or crushed seeds (**coffee beans**) of the two-seeded fruit (**coffee berry**) of *Coffea arabica* and other species of *Coffea*, trees and shrubs of tropical regions. **2.** the berry or seed of such plants. **3.** the tree or shrub itself. **4.** light brown.

coffer /'kɒfə/ n. **1.** a box or chest, especially one for valuables. **2.** (*plural*) a treasury; funds. **3.** any of various boxlike enclosures. **4.** an ornamental sunken panel in a ceiling or soffit. –v.t. **5.** to deposit or lay up in or as in a coffer or chest.

coffin /'kɒfən/ n. the box or case in which a corpse is placed for burial.

cog /kɒg/ n. **1.** a tooth or projection (usually one of a series) on a wheel, etc., for transmitting motion to, or receiving motion from, a corresponding tooth or part with which it engages. **2.** a person of little importance, in a large organisation. **3.** *Carpentry* a rectangular piece of wood let into notches in two adjacent timbers to prevent sliding.

cogent /'koʊdʒənt/ adj. compelling assent or belief; convincing; forcible: *a cogent reason*. –**cogently** adv.

cogitate /'kɒdʒəteɪt/ v. **-tated, -tating.** –v.i. to think hard; ponder; meditate. –**cogitator** n.

cognac /'kɒnjæk/ n. **1.** (*often cap.*) the brandy distilled in and shipped from the legally delimited area surrounding the town of Cognac, France. **2.** any brandy, especially one made in France.

cognate /'kɒgneɪt/ adj. **1.** related by birth; of the same parentage, descent, etc. **2.** related in origin: *cognate languages, words*, etc. **3.** allied in nature or quality.

cognisance = **cognizance** /'kɒgnəzəns, 'kɒnə-/ n. **1.** knowledge; notice; perception: *to have or take cognisance of a fact, remark*, etc. **2.** the right of taking judicial notice, as possessed by a court.

cognition /kɒg'nɪʃən/ n. **1.** the act or process of knowing; perception. **2.** the product of such a process; thing known, perceived, etc. –**cognitive** /'kɒgnətɪv/ adj.

cognomen /kɒg'noʊmən/ n. **-nomens** or **-nomina** /-'nɒmənə, -'noʊmənə/ **1.** a surname. **2.** any name, especially a nickname. –**cognominal** /kɒg'nɒmənəl, -'noʊmə-/ adj.

cogwheel /'kɒgwil/ n. a wheel with cogs, for transmitting or receiving motion.

cohabit /koʊ'hæbət/ v.i. to live together in a sexual relationship. –**cohabitant, cohabiter** n. –**cohabitation** /ˌkoʊhæbə'teɪʃən/ n.

cohere /koʊ'hɪə/ v.i. **-hered, -hering. 1.** to stick together; be united; hold fast, as parts of the same mass. **2.** to agree; be congruous. –**coherence, coherency** n.

coherent /koʊ'hɪərənt/ adj. **1.** cohering; sticking together. **2.** having a natural or due agreement of

cohesion

parts; connected. **3.** consistent; logical. **4.** *Physics* (of electromagnetic radiation, especially light) having its waves in phase. **–coherently** *adv.*

cohesion /kou'hiʒən/ *n.* **1.** the act or state of cohering, uniting, or sticking together. **2.** *Physics* the state or process by which the particles of a body or substance are bound together, especially the attraction between the molecules of a liquid.

cohort /'kouhɔt/ *n.* **1.** any group or company. **2.** a crony; ally; supporter: *the union leader and his cohorts.*

coiffure /kwʌ'fjuə/ *n.* a style of arranging or combing the hair.

coil /kɔɪl/ *v.t.* **1.** to wind into loops one above another; twist or wind spirally: *to coil a rope.* –*n.* **2.** a connected series of spirals or loops into which a rope or the like is wound. **3.** a single such loop. **4.** an arrangement of pipes, coiled or in a series, as in a radiator. **5.** *Electricity* a conductor, such as a copper wire, wound up in a spiral or other form.

coin /kɔɪn/ *n.* **1.** a piece of metal stamped and issued by the authority of the government for use as money. **2.** such pieces collectively. –*v.t.* **3.** to make (money) by stamping metal. **4.** to convert (metal) into money. **5.** *Colloquial* to make or gain (money) rapidly. **6.** to make; invent; fabricate: *to coin words.* –*v.i.* **7.** to counterfeit money, etc. –*phr.* **8. coin a phrase,** (*humorous*) to use an acknowledged cliché. **9. coin it,** *Colloquial* to make a lot of money. **10. pay someone in their own coin,** to treat someone as they have treated others. **11. the other side of the coin,** the other side of the argument; the opposing point of view. **–coinable** *adj.* **–coinage** *n.* **–coiner** *n.*

coincide /kouən'saɪd/ *v.i.* **-cided, -ciding. 1.** to occupy the same place in space, the same point or period in time, or the same relative position. **2.** to correspond exactly (in nature, character, etc.). **3.** to agree or concur (in opinion, etc.).

coincidence /kou'ɪnsədəns/ *n.* **1.** the condition or fact of coinciding. **2.** a striking occurrence of two or more events at one time apparently by mere chance. **3.** exact agreement in nature, character, etc. **–coincidental** /kouɪnsə'dɛntl/ *adj.* **–coincidentally** /kouɪnsə'dɛntəli/ *adv.*

coir /'kɔɪə/ *n.* **1.** the prepared fibre of the husk of the coconut fruit, used in making rope, matting, etc. –*adj.* **2.** made from coir.

coitus /'kouətəs/ *n.* sexual intercourse. Also, **coition** /kou'ɪʃən/.

coke¹ /kouk/ *n.* the solid product resulting from the distillation of coal in an oven or closed chamber, or by imperfect combustion, used as a fuel, in metallurgy, etc. It contains about 80 per cent carbon.

coke² /kouk/ *n. Colloquial* cocaine.

col /kɒl/ *n.* **1.** *Physical Geography* a saddle or pass between two higher-standing parts of a mountain range or ridge. **2.** *Meteorology* the region of relatively low pressure between two anticyclones.

col-¹ variant of **com-**, by assimilation before *l*, as in *collateral*.

col-² variant of **colo-** before vowels, as in *colectomy*.

cola /'koulə/ *n.* **1.** the cola nut. **2.** an extract prepared from it. **3.** a carbonated soft drink containing such an extract. **4.** the tree producing it. Also, **kola**.

colander /'kʌləndə, 'kɒl-/ *n.* a strainer for draining off liquids, especially in cookery. Also, **cullender**.

cold /kould/ *adj.* **1.** having a relatively low temperature; having little or no warmth: *a cold day.* **2.** having a temperature lower than the normal temperature of the body: *cold hands.* **3.** producing or feeling, especially in a high degree, a lack of warmth: *I am cold.* **4.** dead. **5.** *Colloquial* unconscious because of a severe blow, shock, etc. **6.** deficient in passion, emotion, enthusiasm, ardour, etc.: *cold reason.* **7.** not affectionate, cordial, or friendly; unresponsive: *a cold reply.* **8.** lacking sensual desire; frigid. **9.** failing to excite feeling or interest. **10.** imperturbable. **11.** depressing; dispiriting: *cold misgivings.* **12.** having become faint or weak: *a cold scent.* **13.** distant from the object of search. **14.** unprepared: *he started cold in the race.* **15.** (of colours) blue in effect, or inclined towards blue in tone: *a picture cold in tone.* **16.** slow to absorb heat, as a soil containing a large amount of clay and hence retentive of moisture. –*n.* **17.** the relative absence of heat. **18.** the sensation produced by loss of heat from the body, as by contact with anything having a lower temperature than that of the body. **19.** Also, **the common cold**. *Colloquial* an indisposition caused by a virus, characterised by catarrh, hoarseness, coughing, etc. –*phr.* **20. catch** (or **take**) **cold**, to suffer from a cold (def. 19). **21. cold comfort,** almost no consolation; negligible comfort. **22. cold feet,** loss of courage or confidence for carrying out some undertaking. **23. cold sweat,** perspiration and coldness caused by fear, nervousness, etc. **24. in cold blood,** calmly, coolly and deliberately. **25. in the cold,** neglected; ignored. **26. leave someone cold,** to fail to affect someone, as with enthusiasm, sympathy, etc.: *her ravings left him cold.* **27. the cold,** cold weather. **28. throw cold water on, a.** to dampen the enthusiasm of (a person); discourage. **b.** to dampen enthusiasm for (a thing). **–coldish** *adj.* **–coldly** *adv.* **–coldness** *n.*

cold-blooded /'kould-blʌdəd/ *adj.* **1.** without feeling; unsympathetic; cruel: *a cold-blooded murder.* **2.** *Zoology* having to do with animals, such as fishes and reptiles, whose body temperature approximates to that of the surrounding medium. **–cold-bloodedly** *adv.* **–cold-bloodedness** *n.*

cold cream *n.* an emollient of oily heavy consistency, used to soothe and cleanse the skin, especially of the face and neck.

cold front *n. Meteorology* the contact surface between two air masses where the cooler mass is advancing against and under the warmer mass.

cold-shoulder /kould-'ʃouldə/ *v.t.* to ignore; show indifference to.

cold sore *n. Pathology* a vesicular eruption on the face often accompanying a cold or a febrile condition; herpes simplex.

cold storage *n.* **1.** the storage of food, furs, etc., in an artificially cooled place. **2.** abeyance; indefinite postponement.

cold turkey *Colloquial* –*n.* **1.** the sudden and complete withdrawal of narcotics as a treatment of drug addiction. –*adv.* **2.** without the aid of other drugs. **3.** without warning, rehearsal, preliminaries, or cushioning of any kind.

cold war *n.* intense economic and political rivalry just short of military conflict.

coleslaw /'koulslɔ/ *n.* a dressed salad of finely sliced white cabbage. Also, **slaw**.

coleus /'kouliəs/ *n.* any plant of the genus *Coleus*, of tropical Asia and Africa, species of which are cultivated for their showy, coloured foliage.

colic /'kɒlɪk/ *n.* **1.** *Pathology* paroxysmal pain in the abdomen or bowels. –*adj.* **2.** relating to or affecting the colon or the bowels. **–colicky** /'kɒlɪki/ *adj.*

-coline → **-colous**.

colitis /kɒ'laɪtəs, kə-/ *n. Pathology* inflammation of the mucous membrane of the colon.

collaborate /kə'læbəreɪt/ *v.i.* **-rated, -rating. 1.** to work, one with another; cooperate, as in literary work. **2.** to cooperate treacherously: *collaborating* with the Nazis. **–collaboration** /kəlæbə'reɪʃən/ *n*. **–collaborator, collaborationist** /kəlæbə'reɪʃənəst/ *n*. **–collaborative** *adj*.

collage /kə'lɑʒ, kɒ'lɑʒ/ *n*. a pictorial composition made from any or a combination of various materials, such as newspaper, cloth, etc., affixed in juxtaposition to a surface, and often combined with colour and lines from the artist's own hand.

collagen /'kɒlədʒən/ *n*. the protein contained in connective tissue and bones which yields gelatine on boiling.

collapse /kə'læps/ *v*. **-lapsed, -lapsing**, *n*. *–v.i*. **1.** to fall or cave in; crumble suddenly: *the roof collapsed*. **2.** to break down; come to nothing; fail: *the project collapsed*. **3. a.** to sink into extreme weakness. **b.** (of lungs) to come into an airless state. *–n*. **4.** a sudden, complete failure; a breakdown.

collapsible /kə'læpsəbəl/ *adj*. **1.** designed to fold into a more compact or manageable size, as a pram, bicycle, etc. **2.** designed to collapse or give way under pressure or in an emergency, as a steering column in a motor vehicle. Also, **collapsable**. **–collapsibility** /kəlæpsə'bɪləti/ *n*.

collar /'kɒlə/ *n*. **1.** something worn or placed round the neck, especially part of a garment such as a shirt, coat, etc. **2.** a leather or metal band put round an animal's neck to hold or identify it. **3.** the part of a harness round a horse's neck. **4.** *Machinery* an enlargement around a rod or shaft, serving usually as a holding or bearing piece. *–v.t*. **5.** to put a collar on. **6.** to seize by the collar or neck. **7.** *Colloquial* to seize, take or gain control of. **–collarless** *adj*.

collarbone /'kɒləboʊn/ *n*. → **clavicle**.

collate /kə'leɪt, kɒ-/ *v.t*. **-lated, -lating**. **1.** to compare (texts, statements, etc.) in order to note points of agreement or disagreement. **2.** to put together (a document) by sorting its pages into the correct order.

collateral /kə'lætərəl/ *adj*. **1.** positioned at the side. **2.** running side by side; parallel. **3.** accompanying or supporting the main thing; secondary: *collateral security*. **4.** descended from the same ancestor, but through a different line; not directly related. *–n*. **5.** property, etc., pledged as additional security for the payment of a loan. **–collaterally** *adv*.

collation /kə'leɪʃən/ *n*. **1.** the act of collating. **2.** a description of the technical features of a book (volumes, size, pages, illustrations, etc.). **3.** a light meal.

colleague /'kɒlig/ *n*. an associate in office, professional work, etc. **–colleagueship** *n*.

collect[1] /kə'lɛkt/ *v.t*. **1.** to gather together, assemble: *please collect all the books in the room*. **2.** to gather and keep examples of (something): *he collects stamps as a hobby*. **3.** to gather (money) for rent, debts, winnings, gifts, etc. **4.** to regain control of (oneself, one's thoughts, etc.). **5.** to call for and take away: *I'll collect it tomorrow*. **6.** *Colloquial* to run into or hit, especially in a car, etc. *–v.i*. **7.** to gather together; assemble: *a crowd collected to watch the fire*. **8.** to build up in amount; accumulate: *rainwater is collecting in the drainpipe*.

collect[2] /'kɒlɛkt/ *n*. any of certain brief prayers used in Western churches as before the epistle in the communion service, and in Anglican churches, also in morning and evening prayers.

collectable = collectible /kə'lɛktəbəl/ *n*. **1.** an object of great antiquarian value, such as a rare coin, often collected as an investment. **2.** an object of no intrinsic value, such as a matchbox or beer can, collected as a hobby or as a memento. *–adj*. **3.** having to do with such an object. **4.** suitable for acquisition as a collectable.

collective /kə'lɛktɪv/ *adj*. **1.** forming a collection or aggregate; aggregate; combined. **2.** relating to a group of individuals taken together. *–n*. **3.** a collective body; aggregate. **4.** a communal enterprise or system, working towards the common good, as opposed to one admitting competition between individuals. **–collectively** *adv*.

collective bargaining *n*. a non-institutionalised system of reaching agreement on a matter of industrial disputation between employers and employees through discussions held by their representatives.

collective noun *n*. a noun that under the singular form expresses a grouping of individual objects or persons, such as *herd*, *jury*, and *clergy*. The singular verb is used when the noun is thought of as naming a single unit, acting as one, as *family in his family is descended from Edward III*. The plural verb is used when the noun is thought of as composed of individuals who retain their separateness, as *my family are all at home*.

collectivism /kə'lɛktəvɪzəm/ *n*. the socialist principle of control by the people collectively, or the state, of all means of production or economic activities. **–collectivist** *n*., *adj*. **–collectivistic** /kəlɛktə'vɪstɪk/ *adj*.

collector /kə'lɛktə/ *n*. **1.** someone employed to collect debts, tickets, taxes, etc. **2.** someone who collects books, paintings, stamps, etc., as a hobby.

college /'kɒlɪdʒ/ *n*. **1.** an educational institution, attended usually after high school, which gives certificates, diplomas and degrees in technical, professional and academic areas. **2.** an institution set up by members of a profession, as the *Royal Australian College of Surgeons*. **3.** a residence within a university, often established for students by churches. **4.** any of certain large private schools. **5.** an organised association of people having certain powers and duties: *an electoral college*.

collide /kə'laɪd/ *v.i*. **-lided, -liding**. **1.** to come together with force; come into violent contact; crash: *the two cars collided*. **2.** to clash; conflict.

collie /'kɒli/ *n*. a dog of any of certain intelligent varieties much used for tending sheep, especially one of Scottish breed, usually with a heavy coat of long hair and a bushy tail.

collier /'kɒliə/ *n*. **1.** a ship for carrying coal. **2.** a sailor in such a ship. **3.** a coalminer.

colliery /'kɒljəri/ *n*. **-ries**. a coalmine, including all buildings and equipment.

Collins Street cocky *n*. one who owns a country property, often for tax loss purposes, but who lives and works in Melbourne. Compare **Pitt Street farmer, Queen Street bushie**. Also, **Collins Street grazier, Collins Street farmer**.

collision /kə'lɪʒən/ *n*. **1.** the act of colliding; a coming violently into contact; crash. **2.** a clash; conflict.

collocate /'kɒləkeɪt/ *v.t*. **-cated, -cating**. to set or place together. **–collocation** /kɒlə'keɪʃən/ *n*.

colloid /'kɒlɔɪd/ *n*. **1.** *Chemistry* a substance present in solution in the colloidal state. See **colloidal state**. **2.** *Pathology* a homogeneous gelatinous substance occurring in some diseased states. **–colloidal** *adj*.

colloidal state /kə'lɔɪdəl 'steɪt/ *n*. *Chemistry* a system of particles in a dispersion medium in which the particle diameters are between 10^{-7}m and 10^{-9}m, i.e. between a true molecular solution and a coarse suspension.

colloquial /kə'loʊkwiəl/ *adj*. **1.** appropriate to or characteristic of conversational speech or writing in which the speaker or writer is under no particular constraint to choose standard, formal, conservative, deferential, polite, or grammatically

colloquium 152 **column**

unchallengeable words, but feels free to choose words as appropriate from the informal, slang, vulgar, or taboo elements of the lexicon. **2.** conversational. –**colloquialism** n. –**colloquially** adv. –**colloquialness, colloquiality** n.

colloquium /kəˈloʊkwiəm/ n. **-quia** or **-quiums**. an informal conference or group discussion.

colloquy /ˈkɒləkwi/ n. **-quies**. **1.** a speaking together; a conversation. **2.** a literary composition in dialogue form. –**colloquist** n.

collusion /kəˈluːʒən/ n. secret agreement for a fraudulent purpose; conspiracy.

collywobbles /ˈkɒliwɒbəlz/ pl. n. Colloquial **1.** stomach-ache. **2.** diarrhoea.

colo- a combining form of **colon**².

cologne /kəˈloʊn/ n. a perfumed toilet water; eau de Cologne.

colon¹ /ˈkoʊlən/ n. **-lons**. a point of punctuation (:) marking off a main portion of a sentence (intermediate in force between the semicolon and the period).

colon² /ˈkoʊlən/ n. **-lons** or **-la** /-lə/. Anatomy the portion of the large intestine which extends from the caecum to the rectum.

colonel /ˈkɜːnəl/ n. an army officer ranking between lieutenant colonel and brigadier. –**colonelcy, colonelship** n.

colonial /kəˈloʊniəl/ adj. **1.** having to do with a colony or colonies. **2.** having to do with a colonist: paternalism is something demanded by the colonial outlook. **3.** Ecology forming a colony. –**colonialism** n. –**colonially** adv.

colonnade /ˈkɒləneɪd, kɒləˈneɪd/ n. **1.** a series of columns set at regular intervals, and usually supporting an entablature, a roof, or a series of arches. **2.** a long row of trees. –**colonnaded** adj.

colony /ˈkɒləni/ n. **-nies**. **1.** a group of people who leave their native country to form a settlement in a new land ruled by, or connected with, the parent state. **2.** the area thus settled. **3.** any of several settlements in Australia before the achievement of responsible government. **4.** a group of people from a particular foreign country or with a common occupation living in a city or country, especially close together. **5.** a group of bacteria growing together as descendants of a single cell. **6.** Ecology group of animals or plants of the same kind, existing close together. –**colonist** n.

colophon /ˈkɒləfɒn, -fən/ n. **1.** an inscription at the close of a book, used especially in the 15th and 16th centuries, giving the title, author, and other publication facts. **2.** a publisher's distinctive emblem.

coloratura /kɒləraˈtjʊərə/ n. Music runs, trills, and other florid decorations in vocal music. Also, **colorature** /ˈkɒlərətjʊə/.

colossal /kəˈlɒsəl/ adj. **1.** gigantic; huge; vast. **2.** like a colossus. –**colossally** adv.

colossus /kəˈlɒsəs/ n. **-lossi** /-ˈlɒsaɪ/ or **-lossuses**. **1.** a huge statue. **2.** a thing or person of great size or importance.

colostomy /kəˈlɒstəmi/ n. the surgical formation of an artificial anus from an opening in the colon fixed onto the abdominal wall.

colour = color /ˈkʌlə/ n. **1.** the evaluation by the visual sense of that quality of light (reflected or transmitted by a substance) which is basically determined by its spectral composition; that quality of a visual sensation distinct from form. **2.** complexion. **3.** a ruddy complexion. **4.** racial complexion other than white, especially Negro. **5.** a blush. **6.** vivid or distinctive quality, as of literary work. **7.** details in description, customs, speech, habits, etc., of a place or period, included for the sake of realism: a novel about the Rum Rebellion with much local colour. **8.** something that is used for colouring; pigment; paint; dye. **9.** the general effect of all the hues entering into the composition of a picture. **10.** in printing, the amount and quality of ink used. **11.** (plural) any distinctive colour, symbol, badge, etc., of identification: the colours of a school, jockey, etc. **12.** (plural) an award made to outstanding members of a school team: cricket colours. **13.** (plural) a flag, ensign, etc., as of a military body or ship. **14.** outward appearance or aspect; guise or show. **15.** a pretext. **16.** kind; sort; variety; general character. **17.** timbre of sound. **18.** an apparent or prima-facie right or ground (esp. in legal sense): to hold possession under colour of title. **19. a.** a trace or particle of valuable mineral, especially gold, as shown by washing auriferous gravel, etc. **b.** (often plural) traces or particles of opal in the potch. **20.** heraldic tincture. –v.t. **21.** to give or apply colour to; tinge; paint; dye. **22.** to cause to appear different from the reality. **23.** to give a special character or distinguishing quality to: an account coloured by personal feelings. –v.i. **24.** to take on or change colour. **25.** to flush; blush. –phr. **26. change colour**, (of a person) to turn pale or red. **27. colour in**, to colour (an outline drawing) with paint, crayon, etc. **28. give** (or **lend**) **colour to**, to make probable or realistic. **29. join the colours**, to enlist in the army. **30. lose colour**, to turn pale. **31. nail one's colours to the mast**, to commit oneself to a party, action, etc. **32. off colour**, not well; indisposed. **33. show one's true colours**, to reveal one's true nature, opinions, etc. **34. with flying colours**, with dash and brilliance. –**colourer** n.

colour bar = color bar n. an economic, political, or social barrier separating peoples of different colour, especially one separating non-whites from whites.

colour blindness = color blindness n. defective colour perception, independent of the capacity for distinguishing light and shade, and form. –**colour-blind** adj.

coloured = colored /ˈkʌləd/ adj. **1.** having colour. **2.** belonging wholly or in part to, or relating to, some other race than the white, especially to the Negro race. **3.** specious; deceptive: a coloured statement. **4.** influenced or biased. –n. **5.** Also, **Cape Colo(u)red**. (in South Africa) a person of mixed blood.

colour fast = color fast adj. **1.** (of fabric dyes) lasting. **2.** (of materials) able to be washed without the colours running or fading.

colourful = colorful /ˈkʌləfəl/ adj. **1.** abounding in colour. **2.** richly picturesque: a colourful historical period. –**colourfully** adv. –**colourfulness** n.

colouring = coloring /ˈkʌlərɪŋ/ n. **1.** the act or method of applying colour. **2.** appearance as to colour. **3.** specious appearance; show. **4.** a substance used to colour something.

-colous a word element indicating habitat.

colt /koʊlt/ n. **1.** a male horse not past its fourth birthday. **2.** a young or inexperienced man. –**coltish** adj. –**coltishly** adv. –**coltishness** n.

column /ˈkɒləm/ n. **1.** Architecture an upright, usually cylindrical, structure of greater length than thickness, usually used as a support; pillar. **2.** any column-like object, mass, or formation: a column of smoke; a column of troops. **3.** Geology a sequence of rock units deposited through various periods of geological time. **4.** Geology a cylindrical formation made by the union of a stalactite and stalagmite. **5.** one of two or more rows of printed matter going down a page. **6.** a vertical row of numbers. **7.** a regular article in a newspaper, etc., usually signed, and often dealing with a particular subject: *a political column*. **–columnar** /kə'lʌmnə/ *adj*. **–columniation** *n*. **–columned** /'kɒləmd/ *adj*.

columnist /'kɒləmɪst, 'kɒləmnɪst/ *n*. the editor, writer, or organiser of a special column in a newspaper.

com- a prefix meaning 'with', 'jointly', 'in combination' and (with intensive force) 'completely', occurring in this form before *p* and *b*, as in *compare*, and (by assimilation) before *m*, as in *commingle*. Compare **co-** (def. 1). Also, **con-, col-, cor-**.

coma[1] /'koumə/ *n*. **comas**. a state of prolonged unconsciousness from which it is difficult or impossible to rouse a person, due to disease, injury, poison, etc.; stupor.

coma[2] /'koumə/ *n*. **comae** /'koumi/. **1.** *Astronomy* the nebulous envelope round the nucleus of a comet. **2.** *Optics* the aberration of optical systems by which rays of an oblique pencil cannot be brought to a sharp focus. **3.** *Botany* a tuft of silky hairs at the end of a seed. **4.** the leafy branches forming the head of a tree.

comatose /'koumətous/ *adj*. affected with coma; lethargic; unconscious. **–comatosely** *adv*.

comb /koum/ *n*. **1.** a piece of plastic, metal, etc., with teeth for arranging or cleaning hair, or for holding it in place. **2.** a card for dressing wool, etc. **3.** a fleshy comb-shaped growth on the head of a domestic fowl. **4.** → **honeycomb**. *–v.t.* **5.** to tidy or arrange (the hair, etc.) with a comb. **6.** to remove or separate as with a comb (often fol. by *out*). **7.** to search thoroughly: *she combed the desk for the missing letter*. *–v.i.* **8.** (of a wave) to roll over or break.

combat /'kɒmbæt, kəm'bæt/ *v*. **-bated, -bating**; /'kɒmbæt/ *n*. *–v.t.* **1.** to fight or contend against; oppose vigorously. *–v.i.* **2.** (sometimes fol. by *with* or *against*) to fight; battle; contend. *–n*. **3.** a fight between two people, armies, etc. **–combatable** /kəm'bætəbəl/ *adj*. **–combater** *n*.

combatant /'kɒmbətənt/ *n*. **1.** a person or group that fights. *–adj*. **2.** combating; fighting. **3.** disposed to combat.

combination /kɒmbə'neɪʃən/ *n*. **1.** the act of combining. **2.** the state of being combined. **3.** a number of things combined. **4.** something formed by combining. **5.** the set or series of numbers or letters used in setting the mechanism of a certain type of lock (**combination lock**) used on safes, etc. **6.** *Mathematics* a selection of a specified number of different objects from a given larger number of different objects. **–combinational** *adj*.

combine /kəm'baɪn/ *v*. **-bined, -bining**, /'kɒmbaɪn/ *n*. *–v.t.* **1.** to bring or join into a close union or whole; unite; associate; coalesce. *–v.i.* **2.** to enter into chemical union. *–n*. **3.** a combination. **4.** a combination of persons or groups for the furtherance of their political, commercial, or other interests. **5.** → **combine harvester**. **–combinable** *adj*. **–combiner** *n*.

combine harvester *n*. a machine that simultaneously combines the operations of reaping, threshing, and winnowing grain crops.

combustible /kəm'bʌstəbəl/ *adj*. **1.** capable of catching fire and burning; flammable. **2.** easily excited. **–combustibility** /kəmbʌstə'bɪləti/, **combustibleness** *n*.

combustion /kəm'bʌstʃən/ *n*. the act or process of burning. **–combustive** *adj*.

come /kʌm/ *v*. **came, come, coming**, *n*. *–v.i.* **1.** to move towards the speaker or towards a particular place; approach. **2.** to arrive by movement or in course of progress; approach or arrive in time, succession, etc. (sometimes in subjunctive use preceding its subject): *when Christmas comes; come Christmas*. **3.** to move into view; appear: *the light comes and goes*. **4.** to extend; reach: *the shorts will come to your knees*. **5.** to take place; occur; happen. **6.** to occur at a certain point, position, etc. **7.** to be available, produced, offered, etc.: *toothpaste comes in a tube*. **8.** to occur to the mind. **9.** to befall a person. **10.** to issue; emanate; be derived. **11.** to arrive or appear as a result: *this comes of carelessness*. **12.** to enter or be brought into a specified state or condition: *to come into use*. **13.** to enter into being or existence; be born. **14.** *Colloquial* to have an orgasm. *–v*. (*copular*) **15.** to become: *to come untied*. **16.** to turn out to be: *his dream came true*. *–v.t.* **17.** *Colloquial* to produce; cause: *don't come that rubbish*. **18.** *Colloquial* to play the part of. *–interj*. **19. a.** (used to call attention, express remonstrance, etc.): *come, that will do*. **b.** (often repeated in order to comfort, calm, etc.): *come, come, what's all the fuss*. *–n*. **20.** *Colloquial* Also, **cum**. semen. *–phr*.

21. as ... as they come, as (good, bad, typical, etc.) as can be found: *this computer is as fast as they come*.

22. come about, a. to arrive in due course; come to pass. **b.** to tack (in a boat).

23. come across, a. to meet with, especially by chance. **b.** to communicate successfully; be understood. **c.** *Colloquial* to pay or give. **d.** *Colloquial* to agree to have sexual intercourse.

24. come again, a. to return. **b.** *Colloquial* (a request that the speaker repeat what he or she has just said).

25. come along, to make haste; hurry.

26. come and ..., (a phrase creating an imperative): *come and see what I have done*.

27. come at, a. to reach. **b.** to rush at; attack. **c.** *Colloquial* to undertake: *he won't come at that*.

28. come back, a. to return, especially in memory. **b.** to return to a former position or state. **c.** to retort. **d.** to be reincarnated: *to come back as a dog*.

29. come back at, to retaliate against.

30. come by, a. to obtain; acquire. **b.** to stop for a brief visit.

31. come clean, *Colloquial* to confess: *after years of lying they have finally come clean*.

32. come down, a. to lose wealth, rank, etc. **b.** to be handed down by tradition or inheritance. **c.** to travel, especially from a town. **d.** to cease to be under the effects of a drug. **e.** *Brit* to leave a university.

33. come down (heavily) on, to punish severely.

34. come down off, to cease to feel the heightened effects of (a drug, an exhilarating experience, etc.).

35. come down with, to become afflicted with, especially with a disease.

36. come forward, to offer one's services, etc.; volunteer.

37. come from, a. to derive or be obtained from. **b.** to live in, or to have been born or brought up in: *I come from Perth*.

38. come from behind, to improve (in sport, business, etc.) so as to overtake rivals.

39. come good, *Colloquial* to improve after an unpromising beginning.

40. come in, a. to enter. **b.** to arrive. **c.** to become useful, fashionable, etc. **d.** to finish in a race or competition. **e.** (of odds on a horse, dog, etc.) to become lower.

41. come in handy, *Colloquial* to be useful.

42. come in spinner, *Colloquial* (in two-up, a call to the spinner to toss the coins).

43. come into, **a.** to get. **b.** to inherit.

44. come of age, a. to reach the age of legal responsibility. **b.** to become mature: *the nation*

has come of age.
45. come off, a. to happen; occur. **b.** to be completed; result: *how did the game come off?* **c.** to reach the end; acquit oneself: *to come off with honours.* **d.** to become detached or unfastened.
46. come off it, *Colloquial* to stop; lay aside a pretentious attitude, etc.
47. come on, a. to meet unexpectedly. **b.** to make progress; develop. **c.** to appear onstage. **d.** to begin; start. **e.** to hurry. **f.** to germinate, as grain.
48. come on (a bit) strong, to express oneself rather too forcefully.
49. come on to, *Colloquial* to make sexual advances to.
50. come out, a. to appear; be published. **b.** to be revealed; show itself. **c.** to make a debut in society, on the stage, etc. **d.** to emerge; reach the end. **e.** (of a photograph) to be developed successfully. **f.** to declare one's homosexuality. **g.** to turn out (as specified): *the clothes came out clean.*
51. come out of the woodwork, to appear as from nowhere.
52. come out with, a. to tell; say. **b.** to bring out; publish. **c.** to blurt out.
53. come over, to happen to; affect: *what's come over him?*
54. come round, a. to relent. **b.** to recover consciousness; revive. **c.** to change direction, point of view, etc.
55. come the ... on, to attempt a specified deception: *don't come the martyr on me.*
56. come the raw prawn, *Colloquial* (sometimes fol. by *with*) to try to put over a deception.
57. come through, a. to succeed; reach an end. **b.** to do as expected or hoped. **c.** to pass through.
58. come to, a. to recover consciousness. **b.** to amount to; equal. **c.** to take the way off a vessel, as by bringing its head into the wind, anchoring, etc.
59. come to light, to be found after a lapse of time.
60. come to pass, to occur.
61. come undone (or **unstuck**), *Colloquial* (of a plan or a person) to begin to fail.
62. come up, a. to arise; present itself. **b.** to be presented for discussion or consideration. **c.** to arrive; travel, especially to a town. **d.** to finish up (as specified), especially after cleaning or polishing: *the table came up shiny.* **e.** *Brit* to come into residence at a school or university.
63. come up against, to meet, as a difficulty or opposition.
64. come up to, a. to equal. **b.** to approach; near.
65. come up trumps, to be successful; perform well.
66. come up with, a. to produce; supply. **b.** to present; propose. **c.** to come level with (another person, vehicle, boat, etc.).
67. come upon, to meet unexpectedly.
68. how come, (a question asking how a situation described has arisen): *how come you're not going?*
comeback /'kʌmbæk/ *n.* **1.** a return to a former position, prosperity, etc., as after a period of retirement. **2.** *Colloquial* a retort; repartee. **3.** *Colloquial* an opportunity for redress.
comedian /kə'midiən/ *n.* **1.** an actor in comedy. **2.** a writer of comedy. **3.** a very amusing person.
comedy /'kɒmədi/ *n.* **-dies.** –*n.* **1.** a play, film, etc., of light and humorous character, typically with a happy or cheerful ending; a drama in which the central motive of the play triumphs over circumstances and is therefore successful. **2.** that branch of the drama which concerns itself with this form of composition. **3.** the comic element of drama, of literature generally, or of life. **4.** any literary composition dealing with a theme suitable for comedy, or employing the methods of comedy. **5.** any comic or humorous incident or series of incidents. –*phr.* **6. comedy of errors,** a series of mistakes, with a comic effect.

comely /'kʌmli/ *adj.* **-lier, -liest.** pleasing in appearance; fair. **-comeliness** *n.*

come-on /'kʌm-ɒn/ *n. Colloquial* inducement; lure.

comestible /kə'mɛstəbəl/ *n.* something edible; an article of food.

comet /'kɒmət/ *n. Astronomy* a celestial body moving around the sun in an elongated orbit, usually consisting of a central mass (the *nucleus*) surrounded by a misty envelope (the *coma*) which extends into a stream (the *tail*) in the direction away from the sun. **-cometary** /'kɒmətəri/ *adj.* **-cometic** /kə'mɛtɪk/ *adj.*

comeuppance /kʌm'ʌpəns/ *n. Colloquial* a well-deserved punishment or retribution; one's just deserts. Also, **comeupance.**

comfort /'kʌmfət/ *v.t.* **1.** to soothe when in grief; console; cheer. –*n.* **2.** relief in affliction; consolation; solace. **3.** the feeling of relief or consolation. **4.** a person or thing that affords consolation. **5.** a state of ease, with freedom from pain and anxiety, and satisfaction of bodily wants. **-comfortingly** *adv.* **-comfortless** *adj.* **-comfortlessly** *adv.* **-comfortlessness** *n.*

comfortable /'kʌmftəbəl, 'kʌmfətəbəl/ *adj.* **1.** producing or attended with comfort or ease of mind or body. **2.** being in a state of comfort or ease; easy and undisturbed. **3.** adequate. **-comfortableness** *n.* **-comfortably** *adv.*

comfrey /'kʌmfri/ *n.* **-reys.** any plant of the genus *Symphytum*, of Europe and Asia, as *S. officinale*, formerly used to treat wounds.

comic /'kɒmɪk/ *adj.* **1.** having to do with comedy, as distinguished from tragedy. **2.** provoking laughter; humorous; funny; laughable. –*n.* **3.** *Colloquial* a comic actor. **4.** a magazine containing one or more stories in comic strip form. **5.** (*plural*) comic strips.

comical /'kɒmɪkəl/ *adj.* provoking laughter, or amusing; funny. **-comicality** /kɒmə'kælətɪ/, **comicalness** *n.* **-comically** *adv.*

comic strip *n.* a series of cartoon drawings, in colour or black and white, relating a comic incident, an adventure story, etc.

comma /'kɒmə/ *n.* a mark of punctuation (,) used to indicate the smallest interruptions in continuity of thought or grammatical construction.

command /kə'mænd, -'mand/ *v.t.* **1.** to order, direct or demand, usually with the right to be obeyed: *she commanded him to go home; he commanded silence.* **2.** to have charge of or control over. **3.** to overlook: *a hill commanding the sea.* **4.** to deserve and get: *his position commands respect.* –*v.i.* **5.** to give orders or be in charge. –*n.* **6.** the act of commanding or ordering. **7.** an order; direction. **8.** *Military* **a.** an order given by an officer to a person of lower military rank. **b.** a body of soldiers, etc., or area, station, etc., under a commander. **9.** power to command or control; mastery. **-commanding** *adj.* **-commandingly** *adv.*

commandant /'kɒməndænt, -dant/ *n.* the commanding officer of a place, group, etc.; a commander.

commandeer /kɒmən'dɪə/ *v.t.* **1.** to order or force into active military service. **2.** to seize (private property) for military or other public use. **3.** *Colloquial* to seize arbitrarily.

commander /kə'mændə, -'mand-/ *n.* **1.** someone who exercises authority; a leader; a chief officer. **2.** the chief commissioned officer (irrespective of rank) of a military unit. **3.** a naval officer ranking

command line

below a captain. **4.** a rank in certain modern orders of knighthood. **–commandership** *n.*

command line *n.* a line of keyed-in instructions to a computer, activated by pressing the carriage return.

commandment /kəˈmændmənt, kəˈmand-/ *n.* **1.** a command or edict. **2.** any one of the precepts (the **Ten Commandments**) spoken by God to Israel or delivered to Moses on Mount Sinai.

commando /kəˈmændoʊ, -ˈman-/ *n.* **-dos** *or* **-does**. **1.** a small specially trained fighting force used for making quick, destructive raids against enemy held areas. **2.** a member of such a force.

commemorate /kəˈmɛmərəɪt/ *v.t.* **-rated, -rating**. **1.** to serve as a memento of. **2.** to honour the memory of by some solemnity or celebration. **–commemoration** /kəmɛməˈreɪʃən/ *n.* **–commemorative** *adj.* **–commemorator** *n.*

commence /kəˈmɛns/ *v.* **-menced, -mencing**. *–v.t.* **1.** to begin; start. *–v.i.* **2.** to have a beginning; come into being. **–commencement** *n.* **–commencer** *n.*

commend /kəˈmɛnd/ *v.t.* **1.** to present or mention as worthy of confidence, notice, kindness, etc.; recommend. **2.** to entrust; give in charge; deliver with confidence: *into Thy hands I commend my spirit.* **–commendable** *adj.* **–commendableness** *n.* **–commendably** *adv.*

commensurate /kəˈmɛnʃərət/ *adj.* **1.** having the same measure; of equal extent or duration. **2.** proportionate. **–commensurately** *adv.* **–commensuration** /kəmɛnʃəˈreɪʃən/ *n.*

comment /ˈkɒmɛnt/ *n.* **1.** a note in explanation, expansion, or criticism of a passage in a writing, book, etc.; an annotation. **2.** a remark, observation, or criticism. *–v.i.* **3.** to make spoken or written remarks. **–commenter** *n.*

commentary /ˈkɒməntəri, -tri/ *n.* **-ries**. **1.** a series of comments or annotations. **2.** an explanatory essay or treatise: *a commentary on the Bible* **3.** anything serving to illustrate a point; comment. **4.** a description of a public event, such as a cricket match or official opening of parliament, broadcast or televised as it happens. **5.** a description accompanying a documentary film. **–commentarial** /kɒmənˈtɛəriəl/ *adj.*

commentator /ˈkɒmənteɪtə/ *n.* a writer or broadcaster who makes critical or explanatory remarks about news events, or describes sporting events etc.: *sports commentator.*

commerce /ˈkɒmɜs/ *n.* **1.** interchange of goods or commodities, especially on a large scale between different countries (**foreign commerce**) or between different parts of the same country (**domestic commerce** or **internal commerce**); trade; business. **2.** social relations.

commercial /kəˈmɜʃəl/ *adj.* **1.** of or relating to commerce. **2.** likely to be sold in great numbers: *is the invention commercial?* **3.** setting profits or immediate gains above artistic considerations. **4.** not completely or chemically pure: *commercial soda.* **5.** *Radio, TV* dependent on the income from advertising. *–n.* **6.** *Radio, TV* an advertisement. **–commerciality** /kəmɜʃiˈæləti/ *n.* **–commercially** *adv.*

commercial bill *n. Finance* a security acknowledging a debt, signed by both the borrower (the drawer) and the lender (the acceptor) and stating the date on which repayment is due.

commercialise = commercialize /kəˈmɜʃəlaɪz/ *v.t.* **-lised, -lising**. to make commercial in character, methods, or spirit; make a matter of profit. **–commercialisation** /kəmɜʃəlaɪˈzeɪʃən/ *n.*

commercialism /kəˈmɜʃəlɪzəm/ *n.* **1.** the principles, methods, and practices of commerce. **2.** commercial spirit. **3.** a commercial custom or expression. **4.** (*often derogatory*) preoccupation with profits or immediate gains. **–commercialist** *n.* **–commercialistic** /kəmɜʃəˈlɪstɪk/ *adj.*

commercial law *n.* the principles and rules drawn chiefly from custom, determining the rights and obligations of commercial transactions.

commercial traveller *n.* a travelling agent, especially for a wholesale business house, who solicits orders for goods.

commiserate /kəˈmɪzəreɪt/ *v.* **-rated, -rating**. *–v.i.* **1.** (sometimes fol. by *with*) to sympathise. *–v.t.* **2.** to feel or express sorrow or sympathy for; pity. **–commiseration** /kəmɪzəˈreɪʃən/ *n.* **–commiserative** /kəˈmɪzərətɪv/ *adj.* **–commiseratively** *adv.*

commissar /ˈkɒməsɑ/ *n.* (formerly) the head of a government department (commissariat) in any republic of the Soviet Union.

commissariat /kɒməˈsɛəriət, -riæt/ *n.* **1.** the department of an army charged with supplying provisions, etc. **2.** the organised method or manner by which food, equipment, transport, etc., is delivered to the armies. **3.** (formerly) any of the governmental divisions of the Soviet Union.

commissary /ˈkɒməsəri/ *n.* **-ries**. *Military* an officer of the commissariat. **–commissarial** /kɒməˈsɛəriəl/ *adj.*

commission /kəˈmɪʃən/ *n.* **1.** the act of committing or giving in charge. **2.** an authoritative order, charge, or direction. **3.** authority granted for a particular action or function. **4.** a document or warrant granting authority to act in a given capacity or conferring a particular rank. **5.** a body of persons authoritatively charged with particular functions. **6.** the condition of being placed under special authoritative charge. **7.** the condition of anything in active service or use: *to be in or out of commission.* **8.** a task or matter committed to one's charge. **9.** authority to act as agent for another or others in commercial transactions. **10.** the committing or perpetrating of a crime, error, etc. **11.** something that is committed. **12.** a sum or percentage allowed to an agent, salesperson, etc., for services. **13.** the amount or percentage charged for exchanging money, collecting a bill, or the like. **14.** the position or rank of an officer in the army or navy: *to hold or resign a commission. –v.t.* **15.** to give a commission to. **16.** to authorise; send on a mission. **17.** to put (a ship, etc.) in commission. **18.** to give a commission or order for. *–phr.* **19. put in** (or **into**) **commission**, *Navy* to transfer (a ship) to active service.

commissionaire /kəmɪʃəˈnɛə/ *n.* a uniformed messenger or doorkeeper at a hotel, office, theatre, etc.

commissioner /kəˈmɪʃənə/ *n.* **1.** someone commissioned to act officially; a member of a commission. **2.** a government official in charge of a department. **–commissionership** *n.*

commit /kəˈmɪt/ *v.t.* **-mitted, -mitting**. **1.** to give in trust or charge; entrust; consign. **2.** to commit for preservation: *to commit to writing, memory, etc.* **3.** to hand over custody of to an institution, as a jail, etc. **4.** (of a magistrate) to send (an accused) to trial by jury: *to commit for trial.* **5.** to hand over for treatment, removal, etc.: *to commit papers to the flames.* **6.** to do; perform; perpetrate: *to commit murder, to commit an error.* **7.** to bind as by promise; pledge. **–commitment** *n.* **–committable** *adj.* **–committal** *n.*

committee /kəˈmɪti/ *n.* a person or a group of persons elected or appointed from a larger body to investigate, report, or act in special cases.

commode /kəˈmoʊd/ *n.* **1.** a piece of furniture containing drawers or shelves. **2.** a stand or cupboard containing a chamber-pot or washbasin.

commodious /kəˈmoʊdiəs/ *adj.* **1.** convenient and

roomy; spacious: *a commodious harbour*. **2.** convenient or satisfactory for the purpose. **–commodiously** *adv.* **–commodiousness** *n.*

commodities market *n.* a market in which commodities are bought and sold, either immediately (the **spot market**) or more commonly for delivery at a future date (the **futures market**).

commodity /kəˈmɒdəti/ *n.* **-ties.** an article of trade or commerce.

commodore /ˈkɒmədɔ/ *n.* **1.** *Navy* a naval officer next in rank below a rear-admiral, usually in temporary command of a squadron. **2.** the senior captain of a line of merchant vessels. **3.** the president or head of a yacht club or boat club. **4.** the ship of a commodore.

common /ˈkɒmən/ *adj.* **1.** belonging equally to, or shared alike by, two or more or all in question: *common property*. **2.** joint; united: *to make common cause against the enemy*. **3.** relating or belonging to the whole community; public: *common council*. **4.** generally or publicly known; notorious: *a common thief*. **5.** widespread; general; ordinary: *common knowledge*. **6.** of frequent occurrence; familiar; usual: *a common event*; *common salt*. **7.** hackneyed; trite. **8.** of mediocre or inferior quality; mean; low. **9.** coarse; vulgar: *his language is so common*. **10.** ordinary; having no rank, etc.: *a common soldier*; *the common people*. **11.** *Grammar* **a.** (in English grammar) denoting the gender of a noun or pronoun which can be used of both male and female referents, such as *student*, *artist*. **b.** denoting the case of English nouns and some pronouns which keep the same form of the word for both subject and object roles. **12.** *Prosody* (of a syllable) either long or short. *–n.* **13.** *Chiefly Brit* a tract of land owned or used in common, especially by all the members of a community. *–phr.* **14. in common,** in joint possession, use, etc.; jointly. **–commonly** *adv.* **–commonness** *n.*

common denominator *n.* **1.** *Mathematics* an integer, usually the least, divisible by all the denominators of a set of fractions. **2.** an interest, belief, etc. shared by a group of people.

commoner /ˈkɒmənə/ *n.* one of the common people; a member of the commonalty.

common fraction *n.* *Mathematics* a fraction having the numerator above and the denominator below a horizontal or diagonal line (as opposed to a *decimal fraction*).

common law *n.* **1.** the system of law originating in England, as distinguished from the civil or Roman law and the canon or ecclesiastical law. **2.** the unwritten law, especially of England, based on custom or court decision, as distinguished from statute law. **3.** the law administered through the system of writs, as distinguished from equity, etc. **–common-law** *adj.*

common market *n.* a group of countries which agree to trade with one another without tariffs, and to impose common tariffs on countries outside the group.

common noun *n.* *Grammar* (in English and some other languages) a noun that can be preceded by an article or other limiting modifier, in meaning applicable to any one or all the members of a class, such as *man*, *men*, *city*, *cities*, in contrast to *Shakespeare*, *Hobart*. Compare **proper noun**.

commonplace /ˈkɒmənpleɪs/ *adj.* **1.** ordinary; uninteresting; without individuality: *a commonplace person*. *–n.* **2.** a well-known, customary, or obvious remark; a trite or uninteresting saying. **–commonplaceness** *n.*

common room *n.* (in schools, universities, etc.) a sitting room for the use of the teaching staff, or, in some cases, of the students.

common rule *n.* (in Australia) a provision of an award of an industrial tribunal which has general application throughout the whole of the industry in which the award is operative.

commons /ˈkɒmənz/ *pl. n.* **1.** the common people as distinguished from their rulers or a ruling class; the commonalty. **2.** (*cap.*) the elective house of the parliament of Britain, Canada, and some of the other Commonwealth countries.

commonsense /kɒmənˈsɛns/ *n.* Also, **common sense.** sound, practical perception or understanding. *–adj.* **2.** (of an approach, solution, etc.) showing evidence of commonsense. **–commonsense, commonsensical** *adj.*

common shares *pl. n.* stock which ordinarily has no preference in the matter of dividends or assets and represents the residual ownership of a corporate business. Also, *US*, **common stock.**

commonweal /ˈkɒmənwil/ *n.* the common welfare; the public good.

commonwealth /ˈkɒmənwɛlθ/ *n.* **1.** the whole body of people of a nation or state; the body politic. **2.** (*cap.*) a federation of states and territories with powers and responsibilities divided between a central government and a number of smaller governments, each controlling certain responsibilities in a defined area, as the *Commonwealth of Australia*. **3.** (*cap.*) a loose political community consisting of the United Kingdom and its dependencies, and certain self-governing nations which were formerly dominions or colonies. **4.** any body of persons united by some common interest.

commotion /kəˈmoʊʃən/ *n.* **1.** violent or tumultuous motion; agitation. **2.** political or social disturbance; sedition; insurrection.

communal /kəˈmjunəl, ˈkɒmjənəl/ *adj.* **1.** relating to a commune or a community. **2.** of or belonging to the people of a community: *communal land*. **–communalism** *n.* **–communality** /kɒmjuˈnæləti/ *n.* **–communally** /kəˈmjunəli, ˈkɒmjənəli/ *adv.*

commune¹ /kəˈmjun/ *v.* **-muned, -muning,** /ˈkɒmjun/ *n.* *–v.i.* **1.** to converse; talk together; interchange thoughts or feelings. *–n.* **2.** interchange of ideas or sentiments; friendly conversation.

commune² /ˈkɒmjun/ *n.* **1.** the smallest administrative division in France, Italy, Switzerland, etc., governed by a mayor assisted by a municipal council. **2.** any community organised for the protection and promotion of local interests, and subordinate to the state. **3.** any community of like-minded people choosing to live independently of the state, often cherishing ideals differing from those held in the state: *hippy commune*.

communicate /kəˈmjunəkeɪt/ *v.* **-cated, -cating.** *–v.t.* **1.** to give to another as a partaker; impart; transmit. **2.** to impart knowledge of; make known. **3.** (in writing, painting, etc.) to convey (one's feelings, thoughts, etc.) successfully to others. *–v.i.* **4.** to have interchange of thoughts. **5.** to have or form a connecting passage. **–communicator** *n.* **–communicable** *adj.*

communication /kəmjunəˈkeɪʃən/ *n.* **1.** the act or fact of communicating; transmission. **2.** the passing on or sharing of thoughts, opinions, or information. **3.** something which is communicated. **4.** an official paper or message containing views, information, etc. **5.** the passage or a means of passage between places. **6.** the science or process of sending information, especially by electronic or mechanical means. **7.** (*plural*) the means of passing on information by telephone, radio, television, etc.

communicative /kəˈmjunəkətɪv/ *adj.* **1.** inclined

to communicate or impart. **2.** talkative; not reserved. **3.** having to do with communication. **–communicatively** *adv.* **–communicativeness** *n.*

communion /kəˈmjunjən/ *n.* **1.** the act of sharing, or holding in common; participation. **2.** the state of things so held. **3.** interchange of thoughts or interests; communication; intimate talk. **4.** *Ecclesiastical* **a.** a body of persons having one common religious faith; a religious denomination. **b.** (*sometimes cap.*) the celebration of the Lord's Supper; the reception of the Eucharist.

communiqué /kəˈmjunəkeɪ/ *n.* an official bulletin or communication as of war news, events at a conference etc., usually to the press or public.

communism /ˈkɒmjənɪzəm/ *n.* **1.** a theory or system of social organisation based on the holding of all property in common, actual ownership being ascribed to the community as a whole or to the state. **2.** a system of social organisation in which all economic activity is conducted by a totalitarian state dominated by a single and self-perpetuating political party. **–communist** *n., adj.* **–communistic** /kɒmjəˈnɪstɪk/ *adj.*

community /kəˈmjunəti/ *n.* **-ties.** **–***n.* **1.** a social group of any size whose members reside in a specific locality, share government, and have a cultural and historical heritage. **2.** a group of people within a society with a shared ethnic or cultural background: *Sydney's Chinese community.* **3.** *Ecclesiastical* a group of men or women leading a common life according to a rule. **4.** a group of organisms, both plant and animal, living together in an ecologically related fashion in a definite region. **5.** joint possession, enjoyment, liability, etc.: *community of property.* **6.** similar character; agreement; identity: *community of interests.* **–***adj.* **7.** (of a radio or television station) owned and operated by the community which uses it. **–***phr.* **8. the community**, the public.

community house *n.* → **group house**.

community service order *n.* a court order which requires a person found guilty of a minor offence to perform some community service, often in lieu of going to jail.

commutation /kɒmjuˈteɪʃən/ *n.* **1.** the act of substituting one thing for another; substitution; exchange. **2.** the substitution of one kind of payment for another. **3.** the changing of a penalty, etc., for another less severe. **4.** *Electricity* **a.** the act of reversing the direction of the current. **b.** the act of converting an alternating current into a direct current.

commute /kəˈmjut/ *v.* **-muted, -muting.** **–***v.t.* **1.** to exchange (a thing, especially a payment) for another or something else. **2.** to change (a punishment, etc.) for one less severe: *the death sentence was commuted to life imprisonment.* **–***v.i.* **3.** to travel regularly between home (usually distant) and work. **–commutable** *adj.* **–commuter** *n.*

compact¹ /kɒmˈpækt, ˈkɒmpækt/ *adj.,* /kɒmˈpækt/ *v.,* /ˈkɒmpækt/ *n.* **–***adj.* **1.** joined or packed together; closely and firmly united; dense; solid. **2.** arranged within a relatively small space. **3.** expressed concisely; pithy; terse; not diffuse. **–***v.t.* **4.** to join or pack closely together; consolidate; condense. **–***n.* **5.** a small case containing a mirror, face powder, a puff, and (sometimes) rouge. **–compactness** *n.*

compact² /ˈkɒmpækt/ *n.* an agreement between parties; a covenant; a contract.

compact disc *n.* a digitally-encoded disc, 12 cm in diameter, used for the reproduction of hi-fi sound and low-resolution video information, and decoded by a laser beam. Also, **CD**.

companion /kəmˈpænjən/ *n.* **1.** someone who associates with another. **2.** a person, usually a woman, employed to be with or help another. **3.** someone or something that matches or goes with another. **4.** an information booklet: *the Golfer's Companion.* **5.** a member of the lowest rank in an order of knighthood. **–companionship** *n.* **–companionless** *adj.*

companionable /kəmˈpænjənəbəl/ *adj.* fitted to be a companion; sociable. **–companionableness** *n.* **–companionably** *adv.*

companionway /kəmˈpænjənˌweɪ/ *n.* **Nautical** **1.** the space or shaft occupied by the steps leading down from the deck to a cabin. **2.** the steps themselves.

company /ˈkʌmpəni/ *n.* **-nies.** **–***n.* **1.** a number of individuals assembled or associated together; a group of people. **2.** an assemblage of persons for social purposes. **3.** companionship; fellowship; association. **4.** a guest or guests. **5.** society collectively. **6.** an association, such as a corporation, formed by a group of people with a common purpose, such as the acquisition of profit by means of commercial enterprise: *a publishing company.* **7.** the member or members of a firm not specifically named in the firm's title: *John Jones and Company.* **8.** a number of persons associated for the purpose of presenting theatrical productions, etc. **9.** *Military* **a.** a subdivision of a regiment or battalion. **b.** any relatively small group of soldiers. **10.** *Nautical* a ship's crew, including the officers. **–***phr.* **11. bear** (or **keep**) **someone company**, to associate or go with someone. **12. part company**, **a.** to cease association or friendship. **b.** to leave or separate from each other.

company tax *n.* a tax imposed on the profits of limited companies, intended to separate the taxation of companies from that of individuals.

company title *n.* *Law* (in Australia) a form of interest in property, particularly multi-storey buildings, where the whole of the building is owned by a company, shares in which are held by tenants.

comparable /ˈkɒmprəbəl, -pərəbəl/ *adj.* **1.** capable of being compared. **2.** worthy of comparison. **–comparability** /kɒmprəˈbɪləti/, **comparableness** *n.* **–comparably** *adv.*

comparative /kəmˈpærətɪv/ *adj.* **1.** having to do with comparison. **2.** proceeding by or founded on comparison: *comparative anatomy.* **3.** estimated by comparison; not positive or absolute; relative. **4.** *Grammar* denoting the intermediate degree of the comparison of adjectives and adverbs. **–***n.* **5.** *Grammar* **a.** the comparative degree. **b.** a form in it, such as English *lower* in contrast to *low* and *lowest, more gracious* in contrast to *gracious* and *most gracious.* **–comparatively** *adv.*

compare /kəmˈpɛə/ *v.* **-pared, -paring.** *n.* **–***v.t.* **1.** to represent as similar or analogous; liken (*to*). **2.** to note the similarities and differences of: *to compare apples with pears.* **3.** to bring together for the purpose of noting points of likeness and difference: *to compare two pieces of cloth.* **4.** *Grammar* to form or display the degrees of comparison of (an adjective or adverb). **–***v.i.* **5.** to bear comparison; be held equal. **–***n.* **6.** comparison: *joy beyond compare.* **–***phr.* **7. compare notes**, to exchange views, ideas, impressions, etc. **–comparer** *n.*

comparison /kəmˈpærəsən/ *n.* **1.** the act of comparing. **2.** the state of being compared. **3.** a likening; an illustration by similitude; a comparative estimate or statement. **4.** *Grammar* the function of an adverb or adjective used to indicate degrees of superiority or inferiority in quality, quantity, or intensity.

compartment /kəmˈpatmənt/ *n.* **1.** a part or space marked or partitioned off. **2.** a separate room,

compass

section, etc.: *the compartment of a railway carriage; a watertight compartment in a ship.* –*v.t.* **3.** to divide into compartments. **–compartmental** *adj.* **–compartmentalise = compartmentalize** *v.*

compass /'kʌmpəs/ *n.* **1.** an instrument for determining directions, the chief part of which is a freely moving magnetised needle pointing to magnetic north and south. **2.** a line enclosing any area; measurement round. **3.** the space within limits; area; extent; range; scope. **4.** the total range of notes of a voice or musical instrument. **5.** (*usually plural*) an instrument for drawing circles, measuring distances, etc., consisting of two legs hinged together at one end. –*v.t.* **6.** to go or move round: *the sun compassed the earth.* **7.** to extend around. **8.** to understand. **–compassable** *adj.*

compassion /kəm'pæʃən/ *n.* a feeling of sorrow or pity for the sufferings or misfortunes of another; sympathy. **–compassionate** *adj.* **–compassionately** *adv.*

compatible /kəm'pætəbəl/ *adj.* **1.** capable of existing together in harmony. **2.** capable of orderly, efficient integration with other elements in a system. **3.** (of a drug) capable of tolerating another drug without undesirable chemical reaction or effect. **4.** (of a computer peripheral) able to work in conjunction with another specified device. **–compatibility** /kəmpætə'bɪləti/, **compatibleness** *n.* **–compatibly** *adv.*

-compatible a combining element meaning 'able to work in conjunction with another specified computer device', as in *IBM-compatible*.

compatriot /kəm'peɪtriət/ *n.* **1.** a fellow countryman or fellow countrywoman. –*adj.* **2.** of the same country. **–compatriotism** *n.*

compel /kəm'pɛl/ *v.t.* **-pelled, -pelling. 1.** to force or drive, especially to a course of action. **2.** to secure or bring about by force. **–compellable** *adj.* **–compeller** *n.*

compelling /kəm'pɛlɪŋ/ *adj.* (of a person, writer, actor, etc.) demanding attention or interest.

compendium /kəm'pɛndiəm/ *n.* **-diums** or **-dia** /-diə/. **1.** a comprehensive summary of a subject; a concise treatise; an epitome. **2.** a boxed packet of stationery for letter writing.

compensate /'kɒmpənseɪt/ *v.* **-sated, -sating.** –*v.t.* **1.** to counterbalance; offset; make up for. **2.** to make up for something to (a person); recompense. **3.** *Mechanics* to counterbalance (a force or the like); adjust or construct so as to offset or counterbalance variations or produce equilibrium. –*v.i.* **4.** to provide or be an equivalent. **5.** (sometimes fol. by *for*) make up; make amends. **–compensatory, compensative** *adj.* **–compensator** *n.*

compensation /kɒmpən'seɪʃən/ *n.* **1.** the act of compensating. **2.** something given or received as an equivalent for services, debt, loss, suffering, etc.; indemnity. **3.** *Psychology* behaviour which compensates for some personal trait, as a weakness or inferiority. **–compensational** *adj.*

compere /'kɒmpɛə/ *n.,* v. **-pered, -pering.** –*n.* **1.** someone who introduces and links the acts in an entertainment. –*v.t.* **2.** to act as a compere in (a show, etc.). –*v.i.* **3.** to introduce and link together the acts of an entertainment.

compete /kəm'pit/ *v.i.* **-peted, -peting.** to contend with another for a prize, profit, etc.; engage in a contest; vie: *to compete in a race, in business, etc.*

competent /'kɒmpətənt/ *adj.* **1.** properly qualified; capable. **2.** fitting, suitable, or sufficient for the purpose; adequate. **3.** *Law* (of a witness, a party to a contract, etc.) having legal capacity or qualification. **–competence** *n.* **–competently** *adv.*

competition /kɒmpə'tɪʃən/ *n.* **1.** the act of competing; rivalry. **2.** a contest for some prize or advantage. **3.** the rivalry between two or more business enterprises to secure the patronage of prospective buyers. **4.** a competitor or competitors.

complexion

competitive /kəm'pɛtətɪv/ *adj.* of, relating to, involving, or decided by competition: *competitive examination.* **–competitively** *adv.* **–competitiveness** *n.*

competitor /kəm'pɛtətə/ *n.* someone who competes; a rival.

compile /kəm'paɪl/ *v.t.* **-piled, -piling. 1.** to put together (literary materials) in one book or work. **2.** to make (a book, etc.) of materials from various sources. **3.** *Computers* to create (a set of computer instructions) from a high-level language, using a compiler. **–compilation** /kɒmpə'leɪʃən/ *n.*

compiler /kəm'paɪlə/ *n.* *Computers* a computer program which translates programming languages into the basic commands which activate the computer.

complacent /kəm'pleɪsənt/ *adj.* pleased, especially with oneself or one's own merits, advantages, etc.; self-satisfied. **–complacency** *n.* **–complacently** *adv.*

complain /kəm'pleɪn/ *v.i.* **1.** to express grief, pain, uneasiness, censure, resentment, or dissatisfaction; find fault. **2.** to tell of one's pains, ailments, etc. **3.** to state a grievance; make a formal accusation. **–complainer** *n.* **–complainingly** *adv.*

complainant /kəm'pleɪnənt/ *n.* someone who makes a complaint, as in a legal action.

complaint /kəm'pleɪnt/ *n.* **1.** an expression of grief, regret, pain, censure, resentment, or discontent; lament; fault-finding. **2.** a cause of grief, discontent, lamentation, etc. **3.** a cause of bodily pain or ailment; a malady.

complaisant /kəm'pleɪsənt, -zənt/ *adj.* disposed to please; obliging; agreeable; gracious; compliant. **–complaisantly** *adv.*

complement /'kɒmpləmənt/ *n.,* /'kɒmplə,mɛnt/ *v.* –*n.* **1.** something which completes or makes perfect. **2.** the quantity or amount that completes anything. **3.** either of two parts or things needed to make the other whole. **4.** the full quantity or amount. **5.** the full number of officers and crew required to operate a ship. **6.** *Grammar* the words used to complete a grammatical structure, especially in the predicate, as an object (*woman* in *He saw the woman*), predicate adjective (*tall* in *The tree is tall*), or predicate noun (*John* in *His name is John*). **7.** *Geometry* the angle needed to bring a given angle to a right angle. **8.** *Mathematics* all members of any set, class or space of elements, that are not in a given subset. –*v.t.* **9.** to complete; form a complement to. **–complementary** *adj.*

complete /kəm'plit/ *adj.,* v. **-pleted, -pleting.** –*adj.* **1.** having all its parts or elements; whole; entire; full. **2.** finished; ended; concluded. **3.** perfect in kind or quality; consummate. **4.** total; absolute: *I've been a complete fool.* –*v.t.* **5.** to make complete; make whole or entire. **6.** to make perfect. **7.** to bring to an end; finish; fulfil. **–completion** /kəm'pliʃən/ *n.* **–completely** *adv.* **–completeness** *n.* **–completer** *n.* **–completive** *adj.*

complex /'kɒmplɛks/ *adj.* **1.** composed of interconnected parts; compound; composite. **2.** complicated; intricate. –*n.* **3.** a complex whole or system; a complicated assembly of particulars: *a shopping complex, a complex of ideas.* **4.** *Psychology* a group of related ideas, feelings, memories, and impulses which operate together and may be repressed or inhibited together. **5.** *Colloquial* a fixed idea; an obsessing notion. **–complexly** *adv.* **–complexity, complexness** *n.*

complexion /kəm'plɛkʃən/ *n.* **1.** the natural colour and appearance of the skin, especially of the face.

compliance

2. appearance; aspect; character. **–complexional** *adj.*

compliance /kəmˈplaɪəns/ *n.* **1.** the act of complying; an acquiescing or yielding. **2.** base subservience. *–phr.* **3. in compliance with**, in keeping or accordance with. **–compliant** *adj.* **–compliantly** *adv.*

complicate /ˈkɒmpləkeɪt/ *v.t.* **-cated**, **-cating**. to make complex, intricate, or involved.

complicated /ˈkɒmpləkeɪtəd/ *adj.* **1.** composed of interconnected parts; not simple; complex. **2.** consisting of many parts not easily separable; difficult to analyse, understand, explain, etc. **–complicatedly** *adv.* **–complicatedness** *n.*

complication /kɒmpləˈkeɪʃən/ *n.* **1.** the act of complicating. **2.** a complicated or involved state or condition. **3.** a complex combination of elements or things. **4.** a complicating element. **5.** *Pathology* a concurrent disease or a fortuitous condition which aggravates the original disease.

complicity /kəmˈplɪsəti/ *n.* **-ties**. the state of being an accomplice; partnership in wrongdoing.

compliment /ˈkɒmpləmənt/ *n.*, /ˈkɒmpləˌmɛnt/ *v.* *–n.* **1.** an expression of praise, commendation, or admiration: *he paid you a great compliment.* **2.** a formal act or expression of civility, respect, or regard: *the compliments of the season.* *–v.t.* **3.** to pay a compliment to: *to compliment the chef on the meal.*

complimentary /kɒmpləˈmɛntri/ *adj.* **1.** of the nature of, conveying, or addressing a compliment. **2.** politely flattering. **3.** free: *a complimentary ticket.* **–complimentarily** *adv.*

comply /kəmˈplaɪ/ *v.i.* **-plied**, **-plying**. *–v.i.* **1.** to do as required or requested. *–phr.* **2. comply with**, to act in accordance with (wishes, commands, requirements, conditions, etc.).

compo¹ /ˈkɒmpoʊ/ *n. Australian, NZ Colloquial* **1.** compensation for injury or in connection with a person's work; workers' compensation. *–phr.* **2. on compo**, in receipt of such payment. Also, **comp**.

compo² /ˈkɒmpoʊ/ *n. Colloquial* any of various combined substances such as plaster or mortar, made by mixing ingredients.

component /kəmˈpoʊnənt/ *adj.* **1.** composing; constituent. *–n.* **2.** a constituent part. **3.** *Electronics* one of the devices which may be used to make up an electronic circuit, as a resistor, capacitor, inductor, semiconductor device or vacuum tube, etc.

comport /kəmˈpɔt/ *v.t.* **1.** to bear or conduct (oneself); behave. *–phr.* **2. comport with**, to agree or accord with; suit.

comportment /kəmˈpɔtmənt/ *n.* bearing; demeanour; behaviour.

compose /kəmˈpoʊz/ *v.* **-posed**, **-posing**. *–v.t.* **1.** to make by uniting parts or elements of. **2.** to be the parts or elements of. **3.** to make up; constitute. **4.** to put in proper form or order. **5.** to arrange the parts or elements of (a picture, etc.). **6.** to create (a literary or musical production). **7.** to arrange or settle, as a quarrel, etc. **8.** to bring (the body or mind) to a condition of calmness, etc.; calm; quiet. **9.** *Printing* to set (type). *–v.i.* **10.** to create, especially musical works.

composed /kəmˈpoʊzd/ *adj.* calm; tranquil; serene. **–composedly** /kəmˈpoʊzədli/ *adv.* **–composedness** *n.*

composer /kəmˈpoʊzə/ *n.* **1.** a writer of music. **2.** an author.

composite /ˈkɒmpəzət/ *adj.* **1.** made up of various parts or elements; compound. *–n.* **2.** something composite; a compound. **–compositely** *adv.* **–compositeness** *n.*

composite rating *n.* a property rating system based on both unimproved capital value and the commercial value.

composition /kɒmpəˈzɪʃən/ *n.* **1.** the act of combining parts to form a whole, as in the composition of works of music and literature. **2.** the resulting state or product, as musical works, etc. **3.** make-up; constitution. **4.** a compound substance. **5.** a short essay written as a school exercise. **6.** *Printing* the setting up of type for printing.

compositor /kəmˈpɒzətə/ *n. Printing* someone whose job is to assemble the type for a printed page.

compos mentis /kɒmpəs ˈmɛntəs/ *adj.* sane.

compost /ˈkɒmpɒst/ *n.* **1.** a mixture of various kinds of organic matter, as dung, dead leaves, etc., undergoing decay, used for fertilising land. *–v.t.* **2.** to fertilise with compost. **3.** to change (vegetable matter) to compost.

composure /kəmˈpoʊʒə/ *n.* serene state of mind; calmness; tranquillity.

compote /ˈkɒmpɒt/ *n.* a preparation or dish of fruit stewed in a syrup.

compound¹ /ˈkɒmpaʊnd/ *adj., n.*; /kəmˈpaʊnd/ *v.* *–adj.* **1.** made of two or more parts or elements, or involving two or more actions, etc.; composite. **2.** *Grammar* (of a word) consisting of two or more parts which are also words, e.g. *housetop, blackberry, well-heeled, stir-crazy,* historically also *cupboard, breakfast.* *–n.* **3.** something formed by combining parts, elements, etc. **4.** *Chemistry* a substance made up of two or more elements, joined chemically in a fixed proportion, whose properties, when so joined, are different from those of the original elements. **5.** *Grammar* a compound word. *–v.t.* **6.** to put together into a whole; combine. **7.** to make by combining parts, etc.; construct. **8.** to settle by agreement, especially for a reduced amount, as a debt. **9.** *Law* to agree, for a fee or benefit, not to punish a wrongdoer for: *to compound a crime or felony.* **10.** to increase or make worse: *the rain compounded their problems.* *–v.i.* **11.** to make a bargain; compromise. **12.** to settle a debt, etc., by agreement. **–compoundable** *adj.* **–compounder** *n.*

compound² /ˈkɒmpaʊnd/ *n.* **1.** (in Africa, India, and elsewhere) an enclosure containing a residence or other establishment of Europeans. **2.** (in South Africa and elsewhere) an enclosure in which African and other non-European labourers are housed during the term of their employment. **3.** any similar enclosure for native workers. **4.** an enclosure in which prisoners of war are held. **5.** an enclosure in which animals are held.

compound fracture *n.* a break in a bone such that the fracture line communicates with an open wound.

compound interest *n.* interest paid, not only on the principal, but on the interest after it has periodically come due and, remaining unpaid, been added to the principal.

comprehend /kɒmprəˈhɛnd/ *v.t.* **1.** to understand the meaning or nature of; conceive; know. **2.** to take in or embrace; include; comprise. **–comprehensible** *adj.* **–comprehendingly** *adv.*

comprehension /kɒmprəˈhɛnʃən/ *n.* **1.** the act or fact of comprehending. **2.** inclusion; comprehensiveness; perception or understanding. **3.** capacity of the mind to understand; power to grasp ideas, ability to know. **4.** (in schools) a formal exercise in reading and understanding, usually tested with a series of short questions.

comprehensive /kɒmprəˈhɛnsɪv/ *adj.* inclusive; comprehending much; of large scope. **–comprehensively** *adv.* **–comprehensiveness** *n.*

comprehensive insurance *n.* a form of insurance covering a wide range of instances in which the insured asset or property may be lost or damaged.

compress /kəm'prɛs/ v., /'kɒmprɛs/ n. –v.t. **1.** to press together; force into less space. –n. **2.** *Medicine* a soft pad of lint, linen, or the like, held in place by a bandage, used as a means of pressure or to supply moisture, cold, heat, or medication. **3.** an apparatus or establishment for compressing cotton bales, etc. **–compressible** *adj*. **–compressibility** /kəmprɛsə'bɪləti/ n. **–compressor** n.

compression /kəm'prɛʃən/ n. **1.** the act of compressing. **2.** compressed state. **3.** (in some internal-combustion engines) the reduction in volume and increase of pressure of the air or combustible mixture in the cylinder prior to ignition, produced by the motion of the piston towards the cylinder head after intake. Also (*for defs 1 and 2*), **compression** /kəm'prɛʃə/.

comprise /kəm'praɪz/ v.t. **-prised, -prising. 1.** to comprehend; include; contain. **2.** to consist of; be composed of. **3.** to combine to make up. **–comprisable** *adj*. **–comprisal** n.

compromise /'kɒmprəmaɪz/ n., v. **-mised, -mising.** –n. **1.** the settlement of differences by a giving way on both sides; arbitration. **2.** anything resulting from a compromise. **3.** something intermediate between two different things. –v.t. **4.** to settle by a compromise. **5.** to lay open to danger, dishonour, suspicion, scandal, etc.: *to cheat would compromise your standing in the class*. –v.i. **6.** to make a compromise. **–compromiser** n. **–compromisingly** *adv*.

compulsion /kəm'pʌlʃən/ n. **1.** the act of compelling; constraint; coercion. **2.** the state of being compelled. **3.** *Psychology* **a.** a strong irrational impulse to carry out a given act. **b.** the act.

compulsive /kəm'pʌlsɪv/ *adj*. **1.** → **compulsory. 2.** *Chiefly Psychology* relating to compulsion. **3.** addicted. **4.** compelling one to continue, especially of pleasurable and repetitive activities: *these chips are compulsive*. **–compulsively** *adv*.

compulsory /kəm'pʌlsəri/ *adj*. **1.** using compulsion; compelling; constraining: *compulsory measures.* **2.** compelled; forced; obligatory. **–compulsorily** *adv.* **–compulsoriness** n.

compulsory conference n. (in Australia) a meeting to which parties to an industrial dispute and, on occasion, other interested parties, are summoned by an industrial tribunal.

compulsory unionism n. the requirement that people become and remain financial members of the union covering their calling as a precondition of employment.

compunction /kəm'pʌŋkʃən, -'pʌnʃən/ n. uneasiness of conscience or feelings; regret for wrongdoing or giving pain to another; contrition; remorse.

compute /kəm'pjut/ v. **-puted, -puting.** –v.t. **1.** to determine by calculation; reckon; calculate: *to compute the distance of the moon from the earth*. –v.i. **2.** to reckon; calculate. **–computability** /kəmpjutə'bɪləti/, **–computation** n.

computer /kəm'pjutə/ n. an apparatus for performing mathematical computations electronically according to a series of stored instructions called a program. See **analog computer**, **digital computer**.

computer-aided design n. the use of computers in design allowing the designer greater flexibility in formulating projects on screen. Also, **CAD**.

computer-aided engineering n. engineering which uses computers to assist especially in the collection and analysis of data but also in the production of graphics as in computer-aided design. Also, **CAE**.

computer-aided manufacturing n. the use of computers in the manufacturing process for networking machines and computerised devices such as robots. Also, **CAM**.

computer crime n. crime, usually fraud, involving the illegal subverting of a computer system for personal gain, as in transferring funds or gaining unauthorised access to data or making alterations to data in order to benefit.

computerise = **computerize** /kəm'pjutəraɪz/ v.t. **-ised, -ising. 1.** to process or store (data) in a computer. **2.** to furnish or provide with a computer system. **–computerisation** /kəmˌpjutəraɪ'zeɪʃən/ n.

computer piracy n. the production of a computer software package for sale, usually at a cheaper price, which is a direct copy of an existing package developed and marketed by a software company, such a practice usually being in total contravention of copyright laws. **–computer pirate** n.

computer program n. → **program** (def. 6).

computer terminal n. an input or output device connected to a computer but at a distance from it.

computer virus n. → **virus** (def. 3).

comrade /'kɒmreɪd, 'kɒmrəd/ n. **1.** an associate in occupation or friendship; a close companion; a fellow; a mate. **2.** a fellow member of a political party (especially a communist party), fraternal group, etc. **–comradeship** n.

con[1] /kɒn/ *adv*. **1.** against a proposition, opinion, etc.; not pro (for). –n. **2.** the argument, arguer, or voter against something.

con[2] /kɒn/ v.t. **conned, conning.** to learn; study; commit to memory; peruse or examine carefully. Also, **con up**.

con[3] /kɒn/ v.t. **conned, conning.** *Nautical* to direct the steering of (a ship). Also, **conn**.

con[4] /kɒn/ *adj*., n., v. **conned, conning.** –*adj*. **1.** confidence: *con game; con man*. –n. **2.** a confidence trick; swindle. –v.t. **3.** to swindle; defraud. **4.** to deceive with intent to gain some advantage.

con[5] /kɒn/ n. *Colloquial* → **convict.**

con- variant of **com-**, before consonants except *b, h, l, p, r, w,* as in *convene, condone*, and, by assimilation, before *n*, as in *connection*. Compare **co-** (def. 1).

concatenate /kɒn'kætəneɪt/ v. **-nated, -nating.** –v.t. **1.** to link together; unite in a series or chain. –v.i. **2.** to join together in a series or chain.

concave /'kɒnkeɪv/ *adj*. **1.** curved like the interior of a circle or hollow sphere; hollow and curved, especially of optical lenses and mirrors. –n. **2.** a concave surface, part, line, etc. **–concavely** *adv*. **–concavity** /kɒn'kævəti/, **concaveness** n.

conceal /kən'sil/ v.t. **1.** to hide; withdraw or remove from observation; cover or keep from sight. **2.** to forbear to disclose or divulge. **–concealable** *adj*. **–concealer** n.

concede /kən'sid/ v. **-ceded, -ceding.** –v.t. **1.** to admit as true, just, or proper; admit. **2.** to grant as a right or privilege; yield. –v.i. **3.** to make concession; yield; admit. **–concededly** *adv*. **–conceder** n.

conceit /kən'sit/ n. **1.** an exaggerated estimate of one's own ability, importance, wit, etc. **2.** something that is conceived in the mind; a thought; an idea. **3.** a fanciful thought, idea, or expression, especially of a strained or far-fetched nature. **–conceited** *adj*.

conceivable /kən'sivəbəl/ *adj*. capable of being conceived; imaginable. **–conceivability** /kənsivə'bɪləti/, **conceivableness** n. **–conceivably** *adv*.

conceive /kən'siv/ v. **-ceived, -ceiving.** –v.t. **1.** to

concentrate

form (a notion, opinion, purpose, etc.). 2. to form a notion or idea of; imagine. 3. to apprehend in the mind; understand. 4. to hold as an opinion; think; believe. 5. to experience or entertain (a feeling). 6. to express, as in words. 7. to become pregnant with. –*v.i.* 8. to become pregnant. –*phr.* 9. **conceive of**, to form an idea of; think of. –**conceiver** *n.*

concentrate /'kɒnsəntreɪt/ *v.* **-trated, -trating,** *n.* –*v.t.* 1. to bring to bear on one point; direct towards one object; focus: *she concentrated the light on his face.* 2. to make stronger or purer by removing or reducing what is foreign. 3. *Chemistry* to increase the strength of a solution, as by evaporation. –*v.i.* 4. to bear on a centre. 5. to become stronger or purer. 6. to direct one's thoughts or actions towards one subject. –*n.* 7. a concentrated form of something. –**concentration** *n.* –**concentrative** /'kɒnsən,treɪtɪv/ *adj.* –**concentrator** *n.*

concentrated /'kɒnsəntreɪtəd/ *adj.* 1. applied with great energy and intensity; focussed: *concentrated attention.* 2. reduced to the essential ingredient, as by removing water: *concentrated juice.* 3. clustered densely together: *concentrated population.*

concentration camp *n.* a guarded enclosure for the detention or imprisonment of political prisoners, racial minority groups, refugees, etc., especially any of the camps established by the Nazis before and during World War II for the confinement, persecution, and mass execution of prisoners.

concentric /kən'sɛntrɪk/ *adj.* having a common centre, as circles or spheres. –**concentrically** *adv.* –**concentricity** /kɒnsən'trɪsəti/ *n.*

concept /'kɒnsɛpt/ *n.* 1. a thought, idea, or notion, often one deriving from a generalising mental operation. 2. a theoretical construct: *the concept of the solar system.* 3. an idea that includes all that is associated with a word or other symbol. 4. a pattern or procedure: *a new concept in roof maintenance.*

conception /kən'sɛpʃən/ *n.* 1. the act of conceiving. 2. the state of being conceived. 3. the beginning of pregnancy; fertilisation. 4. a beginning. 5. an idea; concept. –**conceptional** *adj.* –**conceptive** *adj.*

concern /kən'sɜn/ *v.t.* 1. to relate to; be connected with; be of interest or importance to; affect: *the problem concerns us all.* 2. (*used in the passive*) to disquiet or trouble: *to be concerned about a person's health.* –*n.* 3. something that relates or pertains to one; business; affair. 4. a matter that engages one's attention, interest, or care, or that affects one's welfare or happiness: *it's no concern of mine.* 5. solicitude or anxiety. 6. important relation or bearing. 7. a commercial or manufacturing firm or establishment. 8. *Colloquial* any material object or contrivance: *fed up with the whole concern.* –*phr.* 9. **concern oneself,** (sometimes fol. by *with* or *in*) to interest, engage, or involve oneself: *to concern oneself with a matter; to concern oneself in a plot.*

concerned /kən'sɜnd/ *adj.* 1. interested. 2. involved. 3. troubled or anxious: *a concerned look.*

concert /'kɒnsət, 'kɒnsɜt/ *n.*, /kən'sɜt/ *v.* –*n.* 1. **a.** a public performance, usually by two or more musicians. **b.** a solo recital. **c.** a series of individual items not necessarily all musical, as in a school concert. 2. agreement of two or more in a design or plan; combined action; accord or harmony. –*v.t.* 3. to contrive or arrange by agreement. 4. to plan; devise. –*v.i.* 5. to plan or act together. –*phr.* 6. **in concert, a.** in a coordinated or organised way; together. **b.** (of musicians) performing live.

concerted /kən'sɜtəd/ *adj.* contrived or arranged

concoct

by agreement; prearranged; planned or devised: *concerted action.* –**concertedly** *adv.*

concertina /kɒnsə'tinə/ *n., v.* **-naed, -naing.** –*n.* 1. a small accordion, usually hexagonal in cross-section. –*v.i.* 2. to fold up or collapse like a concertina.

concertmaster /'kɒnsətmastə/ *n.* the first violinist of an orchestra, who acts as assistant to the conductor; leader.

concerto /kən'tʃɛtou, kən'tʃɜtou/ *n.* **-tos** *or* **-ti** /-ti/. *Music* a composition for one or more principal instruments, with orchestral accompaniment, now usually in symphonic form.

concession /kən'sɛʃən/ *n.* 1. the act of conceding or yielding, as a right or privilege, or as a point or fact in an argument. 2. the thing or point yielded. 3. something conceded by a government or a controlling authority, as a grant of land, a privilege, or a franchise.

conch /kɒntʃ, kɒŋk/ *n.* **conchs** /kɒŋks/ *or* **conches** /'kɒntʃəz/. 1. the spiral shell of a gastropod, often used as a trumpet. 2. any of several marine gastropods, especially *Strombus gigas.*

conchie /'kɒntʃi/ *Colloquial* –*n.* 1. a conscientious objector. 2. someone who is overconscientious. –*adj.* 3. overconscientious. Also, **conchy, conshie, conshy.**

conciliate /kən'sɪli,eɪt/ *v.t.* **-ated, -ating.** 1. to overcome the distrust or hostility of, by soothing or pacifying means; placate; win over. 2. to win or gain (regard or favour). 3. to render compatible; reconcile. –**conciliatory, conciliative** *adj.* –**conciliator** *n.*

conciliation /kənsɪli'eɪʃən/ *n.* 1. the act of conciliating. 2. a procedure for the resolution of a dispute. 3. a system of resolving industrial disputes between employees and employers by official talks in the presence of a government-appointed third party. See **arbitration** (def. 2).

concise /kən'saɪs/ *adj.* expressing much in few words; brief and comprehensive; succinct; terse: *a concise account.* –**concisely** *adv.* –**conciseness** *n.*

conclave /'kɒnkleɪv, 'kɒŋ-/ *n.* 1. any private meeting. 2. the body of cardinals of the Roman Catholic Church; the Sacred College.

conclude /kən'klud, kəŋ-/ *v.* **-cluded, -cluding.** –*v.t.* 1. to bring to an end; finish; terminate: *to conclude a speech.* 2. to bring to a decision; settle or arrange finally: *to conclude a treaty.* 3. to decide by reasoning; deduce; infer. –*v.i.* 4. to come to an end; finish. 5. to arrive at an opinion or judgment; come to a decision; decide. –**concluder** *n.*

conclusion /kən'kluʒən, kəŋ-/ *n.* 1. the end or close; the final part. 2. the last main division of a discourse, containing a summing up of the points. 3. a result, issue, or outcome: *a foregone conclusion.* 4. final settlement or arrangement. 5. final decision. 6. a deduction or inference. –*phr.* 7. **in conclusion,** finally. 8. **leap (or jump) to conclusions,** to reach a conclusion hastily, before one has all the facts. 9. **try conclusions with,** to engage (a person) in a contest or struggle for victory or mastery.

conclusive /kən'klusɪv, kəŋ-/ *adj.* serving to settle or decide a question; decisive; convincing: *conclusive evidence.* –**conclusively** *adv.* –**conclusiveness** *n.*

concoct /kən'kɒkt, kəŋ-/ *v.t.* 1. to make by combining ingredients, as in cookery: *to concoct a soup or a dinner.* 2. to prepare; make up; contrive: *to concoct a story.* –**concoction** /kən'kɒkʃən, kəŋ-/ *n.* –**concocter = concoctor** *n.* –**concoctive** *adj.*

concomitant /kənˈkɒmətənt, kəŋ-/ *adj.* **1.** accompanying; concurrent; attending. –*n.* **2.** a concomitant quality, circumstance, person, or thing. –**concomitance,** **concomitancy** *n.* –**concomitantly** *adv.*

concord /ˈkɒnkɔd, ˈkɒŋ-/ *n.* **1.** agreement between persons; concurrence in opinions, sentiments, etc.; unanimity; accord. **2.** peace. **3.** a compact or treaty. **4.** agreement between things; mutual fitness; harmony.

concordance /kənˈkɔdns, kəŋ-/ *n.* **1.** the state of being concordant; agreement; harmony. **2.** an alphabetical index of the principal words of a book, as of the Bible, with a reference to the passage in which each occurs and usually some part of the context. –**concordant** *adj.*

concourse /ˈkɒnkɔs, ˈkɒŋ-/ *n.* **1.** a flocking together of people; a throng so drawn together; an assembly. **2.** an open space or main hall in a public building, especially a railway station. **3.** grounds for racing, athletic sports, etc. **4.** a running or coming together; confluence. **5.** a building in which airline passengers assemble, often designed with bays and projections so that aeroplanes may be docked adjacent to it.

concrete /ˈkɒnkrit, ˈkɒŋ-/ *adj.*, *n.*, *v.* **-creted, -creting.** –*adj.* **1.** existing as an actual thing or instance; real. **2.** concerned with realities or actual examples rather than abstractions; particular (as opposed to general): *a concrete idea.* **3.** made of concrete (def. 5): *a concrete pavement.* –*n.* **4.** a material used in building, etc., made by mixing cement, sand, and small broken stones, etc., with water, and allowing the mixture to harden. –*v.t.* **5.** to treat or lay with concrete. **6.** to form into a mass by coalescence of particles; render solid. –*v.i.* **7.** to coalesce into a mass; become solid; harden. **8.** to use or apply concrete. –**concretely** *adv.* –**concreteness** *n.* –**concretive** *adj.* –**concretively** *adv.* –**concreter** *n.*

concrete noun *n.* a noun applied to an actual substance or thing as opposed to an abstract quality, as *dog, star, land.* Compare **abstract noun.**

concretion /kənˈkriʃən, kəŋ-/ *n.* **1.** the act or process of concreting. **2.** a solid mass formed by or as by coalescence or cohesion. **3.** a hard solid mass of foreign material in a cavity in the body or within an organism. **4.** the act of becoming solid or calcified. **5.** an adhesion of two parts.

concubine /ˈkɒŋkjubaɪn/ *n.* **1.** (among polygamous peoples) a secondary wife. **2.** a woman who cohabits with a man without being married to him. –**concubinage** /kɒnˈkjubənɪdʒ, kən-/ *n.*

concur /kənˈkɜ, kəŋ-/ *v.i.* **-curred, -curring. 1.** to accord in opinion; agree. **2.** to cooperate; combine; be associated. **3.** to coincide.

concurrent /kənˈkʌrənt, kəŋ-/ *adj.* **1.** occurring or existing together or side by side. **2.** acting together; cooperating. **3.** in agreement; accordant. **4.** *Geometry* passing through the same points: *four concurrent lines.* –**concurrently** *adv.*

concussion /kənˈkʌʃən/ *n.* **1.** the act of shaking or shocking, as by a blow. **2.** shock occasioned by a blow or collision. **3.** *Pathology* jarring of the brain, spinal cord, etc., from a blow, fall, etc. –**concuss** *v.* –**concussive** *adj.*

condemn /kənˈdɛm/ *v.t.* **1.** to express strong disapproval of; censure. **2.** to judge (a person) to be guilty; sentence to punishment. **3.** to judge (something) to be unfit for use or service: *the old ship was condemned.* **4.** to force into a certain state or action: *the injury condemned him to a life of inactivity.* –**condemnable** *adj.* –**condemnation** *n.* –**condemner** *n.* –**condemningly** *adv.*

condense /kənˈdɛns/ *v.* **-densed, -densing.** –*v.t.* **1.** to make more dense or compact; reduce the volume or compass of. **2.** to reduce to another and denser form, as a gas or vapour to a liquid or solid state. **3.** to compress into fewer words; abridge. **4.** *Optics* to concentrate (light); focus (a ray) on to a smaller space. –*v.i.* **5.** to become liquid or solid, as a gas or vapour. –**condensation** *n.*

condescend /kɒndəˈsɛnd/ *v.i.* **1.** to stoop or deign (to do something). **2.** to behave as if one is conscious of descending from a superior position, rank, or dignity. –**condescending** *adj.* –**condescendingly** *adv.* –**condescension** /kɒndəˈsɛnʃən/, **condescendence** *n.*

condiment /ˈkɒndəmənt/ *n.* something used to give a special or additional flavour to food, such as a sauce or seasoning. –**condimental** /kɒndəˈmɛntl/ *adj.*

condition /kənˈdɪʃən/ *n.* **1.** particular mode of being of a person or thing; situation with respect to circumstances; existing state or case. **2.** state of health. **3.** fit or requisite state. **4.** *Agriculture* **a.** the degree of fatness of a beast or carcase. **b.** the amount of yolk (def. 4) and other impurities present in raw wool. **c.** the amount of moisture present in scoured wool expressed as a percentage of clean dry weight. **5.** social position. **6.** a restricting, limiting, or modifying circumstance. **7.** a circumstance indispensable to some result; a prerequisite; that on which something else is contingent. **8.** something demanded as an essential part of an agreement. –*v.t.* **9.** to put in fit or proper state. **10.** to form or be a condition of; determine, limit, or restrict as a condition. **11.** to subject to something as a condition; make conditional (*on* or *upon*). **12.** to subject to particular conditions or circumstances. **13.** to make it a condition; stipulate. **14.** *Psychology* to cause a conditioned response in. **15.** to use conditioner on: *to condition one's hair.* –*v.i.* **16.** to make conditions. –*phr.* **17. on condition that,** if; provided that. –**conditioner** *n.*

conditional /kənˈdɪʃənəl/ *adj.* **1.** imposing, containing, or depending on a condition or conditions; not absolute; made or granted on certain terms: *a conditional agreement, sale, etc.* **2.** *Grammar* (of a sentence, clause, or mood) involving or expressing a condition. For example: *If the suit is expensive* (conditional clause), *don't buy it.* –*n.* **3.** *Computers* an instruction which is acted upon only when a certain condition pertains; an example of a conditional is: *transfer control to X if A equals zero.* –**conditionality** /kəndɪʃənˈælətɪ/ *n.* –**conditionally** *adv.*

conditioned response *n.* *Psychology* an acquired response elicited by a stimulus, object, or situation (conditioned stimulus) other than the stimulus to which it is the natural or normal response (unconditioned stimulus). Also, **conditioned reflex.**

condole /kənˈdoʊl/ *v.i.* **-doled, -doling.** (sometimes fol. by *with*) to express sympathy with one in affliction; grieve. –**condolence** *n.* –**condolatory** *adj.* –**condoler** *n.* –**condolingly** *adv.*

condom /ˈkɒndɒm/ *n.* a sheath, usually made of thin rubber, worn over the penis during intercourse to prevent conception or the spreading of infection.

condominium /kɒndəˈmɪniəm/ *n.* **1.** joint or concurrent dominion. **2.** *International Law* joint sovereignty over a territory by several foreign states. **3.** → **home unit.**

condone /kənˈdoʊn/ *v.t.* **-doned, -doning. 1.** to pardon or overlook (an offence). **2.** to atone for; make up for. –**condoner** *n.*

condor /ˈkɒndɔ/ *n.* a large vulture of the New World, as the **Andean condor** (*Sarcorhamphus* *gryphus*) and **California condor** (*Gymnogyps californianus*).

conduce /kən'djus/ *phr.* **conduce to**, to lead or contribute to (a result). —**conducive** *adj.*

conduct /'kɒndʌkt/ *n.*, /kən'dʌkt/ *v.* —*n.* **1.** personal behaviour; way of acting: *good conduct.* **2.** direction or management; execution: *the conduct of a business.* —*v.t.* **3.** to behave (oneself). **4.** to carry on; manage; direct: *to conduct a campaign.* **5.** to direct as leader: *to conduct an orchestra.* **6.** to lead or guide; escort. **7.** to serve as a channel or medium for (heat, electricity, sound, etc.). —*v.i.* **8.** to lead. **9.** to act as a conductor.

conductance /kən'dʌktəns/ *n. Physics* the conducting power of a conductor; the derived SI unit of conductance is the siemens.

conduction /kən'dʌkʃən/ *n.* **1.** a conducting, as of water through a pipe. **2.** *Physics* **a.** a conducting, as of heat, electricity, or sound through a medium. **b.** → **conductivity**. **3.** *Physiology* the carrying of an impulse by a nerve or other tissue.

conductivity /ˌkɒndʌk'tɪvətɪ/ *n.* -**ties**. *Physics* the property or power of conducting heat, electricity, or sound.

conductor /kən'dʌktə/ *n.* **1.** someone who conducts; a leader, guide, director, or manager. **2.** the person on a public transport vehicle, who collects fares, issues tickets, etc. **3.** the director of an orchestra or chorus, who communicates by motions of a baton, etc., his or her interpretation of the music. **4.** *Physics* a substance, body, or device that readily conducts heat, electricity, sound, etc. —**conductorship** *n.* —**conductress** *fem. n.*

conduit /'kɒndjuət, 'kɒndɪt/ *n.* **1.** a pipe, tube, or the like, for conveying water or other fluid. **2.** some similar natural passage. **3.** *Electricity* a pipe that encases electrical wires or cables to protect them from damage.

cone /koʊn/ *n.* **1.** *Geometry* a solid with a round base, the sides of which meet at the top in a point. **2.** any object shaped like this: *an ice-cream cone.* **3.** *Botany* the cone-like fruit of the pine, fir, etc., consisting of partly separated seed-bearing scales overlapping each other. **4.** *Zoology* a light-sensitive nerve-cell present in the retina of the eye. —**conic** /'kɒnɪk/, **conical** /'kɒnɪkəl/ *adj.*

confabulate /kən'fæbjuleɪt/ *v.i.* -**lated**, -**lating**. to talk together; converse. —**confabulation** /kənfæbju'leɪʃən/ *n.*

confection /kən'fɛkʃən/ *n.* **1.** a sweet or bonbon. **2.** the process of compounding, preparing, or making. **3.** a sweet preparation (liquid or dry) of fruit or the like, as a preserve or sweetmeat. —**confectioner** *n.*

confectionery /kən'fɛkʃənri/ *n.* -**ries**. **1.** confections or sweets collectively. **2.** the work or business of a confectioner. **3.** a confectioner's shop.

confederacy /kən'fɛdərəsi, -'fɛdrəsi/ *n.* -**cies**. **1.** an alliance of persons, parties, or states for some common purpose. **2.** a group of persons, parties, etc., united by such an alliance. **3.** a combination for unlawful purposes; a conspiracy.

confederate /kən'fɛdərət/ *adj.*, *n.*; /kən'fɛdəreɪt/ *v.* -**rated**, -**rating**. —*adj.* **1.** united in a league or alliance, or a conspiracy. —*n.* **2.** an accomplice. —*v.t.* **3.** to form into a confederacy. —*v.i.* **4.** to unite in a league or alliance, or a conspiracy. —**confederation** /kənfɛdə'reɪʃən/ *n.*

confer /kən'fɜ/ *v.* -**ferred**, -**ferring**. —*v.t.* **1.** (sometimes fol. by *on* or *upon*) to bestow as a gift, favour, honour, etc. —*v.i.* **2.** consult together; compare opinions; carry on a discussion or deliberation. —**conferment** *n.* —**conferrable** *adj.* —**conferrer** *n.*

conference /'kɒnfərəns/ *n.* **1.** a meeting for consultation or discussion. **2.** the act of conferring or consulting together; consultation, especially on an important or serious matter. **3.** *Ecclesiastical* **a.** an official assembly of clergy, or of clergy and laymen, customary in many Christian denominations. **b.** a group of churches the representatives of which regularly meet in such an assembly. **4.** a cartel of shipping interests. **5.** an act of conferring; a bestowal. —**conferential** /kɒnfə'rɛnʃəl/ *adj.*

confess /kən'fɛs/ *v.t.* **1.** to acknowledge or avow: *to confess a secret, fault, crime, debt, etc.* **2.** to own or admit; admit the truth or validity of: *I must confess that I haven't read it.* **3.** to acknowledge one's belief in; declare adherence to. **4.** to declare (one's sins) or declare the sins of (oneself), especially to a priest, for the obtaining of absolution. **5.** (of a priest) to hear the confession of. —*phr.* **6. confess to**, to make confession of; own to. —**confessedly** *adv.* —**confession** *n.*

confessional /kən'fɛʃənəl/ *adj.* **1.** of, or of the nature of, confession. —*n.* **2.** the place set apart for the hearing of confessions by a priest.

confessor /kən'fɛsə/ *n.* a priest authorised to hear confessions.

confetti /kən'fɛti/ *pl. n.* -**fetto** /-'fɛtoʊ/. small bits of coloured paper, thrown at carnivals, weddings, etc.

confidant /kɒnfə'dænt, 'kɒnfədənt/ *n.* someone to whom secrets are confided or with whom intimate problems are discussed. —**confidante** *fem. n.*

confide /kən'faɪd/ *v.* -**fided**, -**fiding**. —*v.i.* **1.** to show trust *in* by imparting secrets. **2.** to have full trust: *confiding in that parting promise.* —*v.t.* **3.** to tell in assurance of secrecy. **4.** to entrust; commit to the charge, knowledge, or good faith of another. —**confider** *n.*

confidence /'kɒnfədəns/ *n.* **1.** full trust; belief in the trustworthiness or reliability of a person or thing. **2.** self-reliance, assurance, or boldness. **3.** certitude or assured expectation. **4.** a confidential communication; a secret. —*phr.* **5. in confidence**, as a secret or private matter, not to be divulged to others: *I told him in confidence.* **6. vote of confidence**, **a.** a vote which determines the right of a government or minister to continue in office. **b.** any general expression of support.

confidence trick *n.* a swindle in which the victim's confidence is gained in order to induce them to part with money or property. Also, *US*, **confidence game**. —**confidence trickster** *n.*

confident /'kɒnfədənt/ *adj.* **1.** having strong belief or full assurance; sure: *confident of victory.* **2.** sure of oneself; bold: *a confident bearing.* —**confidently** *adv.*

confidential /kɒnfə'dɛnʃəl/ *adj.* **1.** spoken or written in confidence; secret: *a confidential document.* **2.** betokening confidence or intimacy; imparting private matters: *a confidential tone.* **3.** enjoying another's confidence; entrusted with secrets or private affairs: *a confidential secretary.* —**confidentiality** /ˌkɒnfədɛnʃi'ælətɪ/, **confidentialness** *n.* —**confidentially** *adv.*

configuration /kənfɪgə'reɪʃən, -fɪgju-/ *n.* **1.** the relative disposition of the parts or elements of a thing. **2.** external form, as resulting from this; conformation. —**configurational**, **configurative** /kən'fɪgərətɪv/ *adj.*

confine /kən'faɪn/ *v.* -**fined**, -**fining**, /'kɒnfaɪn/ *n.* —*v.t.* **1.** to enclose within bounds; limit or restrict. **2.** to shut or keep in; imprison. —*n.* **3.** (*usually plural*) a boundary or bound; a border or frontier. —*phr.* **4. be confined**, (of a woman) to be kept indoors or in bed for the period immediately before childbirth. —**confinement** *n.* —**confiner** *n.*

confirm /kən'fɜm/ *v.t.* **1.** to make certain or sure; corroborate; verify: *this confirms my suspicions.* **2.** to make certain or definite, often by some legal

confiscate

act; ratify: *to confirm an agreement.* **3.** to make firm or more firm; add strength to: *the news confirmed my ideas.* **4.** *Ecclesiastical* to administer the religious ceremony that admits a person as a full member of a church. **–confirmatory** /kənˈfɜːməteɪri, kənˈfɜːmətri/ *adj.* **–confirmable** *adj.* **–confirmer;** *Law,* **confirmor** *n.*

confiscate /ˈkɒnfəskeɪt/ *v.t.* **-cated, -cating. 1.** to seize as forfeited to the public treasury; appropriate, by way of penalty, to public use. **2.** to seize as if by authority; appropriate summarily. **–confiscation** /kɒnfəsˈkeɪʃən/ *n.* **–confiscatory** *adj.* **–confiscator** *n.*

conflagration /kɒnfləˈgreɪʃən/ *n.* a large and destructive fire.

conflict /kənˈflɪkt/ *v.*, /ˈkɒnflɪkt/ *n.* –*v.i.* **1.** to come into collision; clash, or be in opposition or at variance; disagree. **2.** to contend; do battle. –*n.* **3.** a battle or struggle, especially a prolonged struggle; strife. **4.** controversy; a quarrel: *conflicts between church and state.* **5.** discord of action, feeling, or effect; antagonism, as of interests or principles: *a conflict of ideas.* **–confliction** *n.* **–conflictive** *adj.*

conform /kənˈfɔːm/ *v.i.* **1.** (sometimes fol. by *to*) to act in accord or harmony; comply. **2.** to become similar in form or character. –*v.t.* **3.** to make similar in form or character. **4.** to bring into correspondence or harmony. **–conformist, conformer** *n.* **–conformity** *n.*

conformation /kɒnfəˈmeɪʃən/ *n.* **1.** the manner of formation; structure; form. **2.** symmetrical disposition or arrangement of parts. **3.** the act of conforming; adaptation; adjustment.

confound /kənˈfaʊnd/ *v.t.* **1.** to mix so that the elements cannot be separated. **2.** to treat or regard mistakenly as the same; confuse. **3.** to surprise or perplex. **4.** to damn: *confound it!* **–confounder** *n.*

confounded /kənˈfaʊndəd/ *adj.* **1.** discomfited; astonished. **2.** *Colloquial* damned: *a confounded lie.* **–confoundedly** *adv.*

confrère /ˈkɒnfrɛə/ *n.* a fellow member of a profession, association, etc.; a colleague.

confront /kənˈfrʌnt/ *v.t.* **1.** to stand or come in front of; stand or meet facing; stand in the way of. **2.** to face in hostility or defiance; oppose. **3.** to set face to face. **4.** to bring together for examination or comparison. **–confrontation** /ˌkɒnfrənˈteɪʃən/, **confrontment** *n.* **–confronter** *n.* **–confrontational** *adj.*

confuse /kənˈfjuːz/ *v.t.* **-fused, -fusing. 1.** to combine without order or clearness; jumble; render indistinct. **2.** to throw into disorder. **3.** to fail to distinguish between; associate by mistake; confound: *to confuse dates.* **4.** to perplex or bewilder. **5.** to disconcert or abash. **–confused** *adj.* **–confusedly** /kənˈfjuːzədli/ *adv.* **–confusedness** *n.* **–confusingly** *adv.* **–confusion** *n.*

confute /kənˈfjuːt/ *v.t.* **-futed, -futing. 1.** to prove to be false or defective; disprove: *to confute an argument.* **2.** to prove to be wrong; convict of error by argument or proof: *to confute one's opponent.* **3.** to confound or bring to naught. **–confutation** /kɒnfjuˈteɪʃən/ *n.* **–confuter** *n.* **–confutative** *adj.*

conga /ˈkɒŋgə/ *n.* **1.** a Latin-American dance consisting of three steps forwards followed by a kick and usually performed by a group following a leader in a single column, each dancer clasping the waist of the person in front. **2.** a large cylindrical drum of Afro-American origin.

congeal /kənˈdʒiːl/ *v.i.* **1.** to change from a fluid or soft to a solid or rigid state, as by freezing or cooling. **2.** to stiffen or coagulate, as blood. **–congealable** *adj.* **–congealer** *n.* **–congealment** *n.*

conifer

congenial /kənˈdʒiːniəl/ *adj.* **1.** suited or adapted in spirit, feeling, temper, etc.: *congenial companions.* **2.** agreeable or pleasing; agreeing or suited in nature or character: *a congenial task.* **–congeniality** /kəndʒiniˈæləti/ *n.* **–congenially** *adv.*

congenital /kənˈdʒɛnətl/ *adj.* existing at or from one's birth: *a congenital defect.* **–congenitally** *adv.*

congest /kənˈdʒɛst/ *v.t.* **1.** to fill to excess; overcrowd. **2.** *Pathology* to cause an unnatural accumulation of blood in the vessels of (an organ or part). **3.** *(often in passive)* to fill (the chest, nose, etc.) with mucus: *my chest is congested.* **–congestible** *adj.* **–congestive** *adj.* **–congestion** *n.*

conglomerate /kənˈglɒmərət, ˈkəŋ-/ *n., adj.*; /kənˈglɒməreɪt/ *v.* **-rated, -rating.** –*n.* **1.** anything composed of heterogeneous materials or elements. **2.** *Geology* a rock consisting of rounded and waterworn pebbles, etc., embedded in a finer cementing material; consolidated gravel. **3.** a company which controls or undertakes a widely diversified range of activities. –*adj.* **4.** gathered into a rounded mass; consisting of parts so gathered; clustered. –*v.i.* **5.** to collect or cluster together. **–conglomeration** /kənglɒməˈreɪʃən, kəŋ-/ *n.* **–conglomeratic** /kəŋglɒməˈrætɪk, kəŋ-/, **conglomeritic** /-ˈrɪtɪk/ *adj.*

congratulate /kənˈgrætʃəleɪt, kəŋ-/ *v.t.* **-lated, -lating. 1.** to express sympathetic joy to (a person), as on a happy occasion; compliment with expressions of sympathetic pleasure; felicitate. **2.** to consider (oneself) happy or fortunate. **–congratulatory** *adj.* **–congratulator** *n.*

congregate /ˈkɒŋgrəgeɪt/ *v.* **-gated, -gating.** –*v.i.* **1.** to come together; assemble, especially in large numbers. –*v.t.* **2.** to bring together in a crowd, body or mass; assemble; collect. **–congregative** *adj.* **–congregativeness** *n.* **–congregator** *n.*

congregation /kɒŋgrəˈgeɪʃən/ *n.* **1.** the act of congregating. **2.** a congregated body; an assemblage. **3.** an assembly of persons met for common religious worship.

congregational /kɒŋgrəˈgeɪʃənəl/ *adj.* **1.** having to do with a congregation: *congregational singing.* **2.** *(cap.)* having to do with a form of church government in which each congregation or local church acts as an independent, self-governing body, while maintaining fellowship with other like congregations.

congress /ˈkɒŋgrɛs/ *n.* **1.** a formal meeting or assembly of representatives, as envoys of independent states, for the discussion, arrangements, or promotion of some matter of common interest. **2.** the act of coming together; an encounter. **–congressional** /kəŋˈgrɛʃənəl/ *adj.*

congruent /ˈkɒŋgruənt/ *adj.* **1.** agreeing; corresponding; congruous. **2.** *Geometry* coinciding exactly when superposed, as of triangles. **3.** *Mathematics* having to do with two or more integers which have the same remainder when divided by a given integer called the modulus: *7 and 12 are congruent to the modulus 7.* **–congruence, congruency** *n.*

congruous /ˈkɒŋgruəs/ *adj.* **1.** (sometimes fol. by *with* or *to*) agreeing or harmonious in character; accordant; consonant; consistent. **2.** exhibiting harmony of parts. **3.** appropriate or fitting. **–congruity** /kənˈgruəti, kəŋ-/, **congruousness** *n.* **–congruously** *adv.*

conifer /ˈkɒnəfə, ˈkoʊ-/ *n.* any of the (mostly evergreen) trees and shrubs producing naked seeds, usually on cones, such as pine, spruce, and fir, constituting the gymnospermous order or group Coniferales or Coniferae. **–coniferous** /kəˈnɪfərəs/ *adj.*

conjecture /kənˈdʒɛktʃə/ n., v. **-tured, -turing.** –n. **1.** the formation or expression of an opinion without sufficient evidence for proof. **2.** an opinion so formed or expressed. –v.t. **3.** to conclude or suppose from grounds or evidence insufficient to ensure reliability. **–conjectural** adj. **–conjecturable** adj. **–conjecturably** adv. **–conjecturer** n.

conjugal /ˈkɒndʒəgəl, -dʒu-/ adj. concerning husband and wife; marital. **–conjugality** /ˌkɒndʒəˈgælətɪ, -dʒu-/ n. **–conjugally** adv.

conjugate /ˈkɒndʒəgeɪt/ v. **-gated, -gating** /ˈkɒndʒəgət, -geɪt/ adj. –v.t. **1.** Grammar **a.** to inflect (a verb). **b.** to recite or display all, or some subset of, the inflected forms of (a verb), in a fixed order: *conjugate the present tense verb 'be' as I am, you are, he is, we are, you are, they are.* –v.i. **2.** Biology to unite temporarily. –adj. **3.** joined together, especially in a pair or pairs; coupled. **4.** (of words) having a common derivation. **5.** Mathematics (of two points, lines, etc.) so related as to be interchangeable in the enunciation of certain properties. **–conjugation** n. **–conjugative** adj.

conjunction /kənˈdʒʌŋkʃən/ n. **1.** the act of conjoining; combination. **2.** the state of being conjoined; union; association. **3.** a combination of events or circumstances. **4.** Grammar **a.** (in some languages) one of the major form classes, or 'parts of speech', comprising words used to link together words, phrases, clauses, or sentences. **b.** such a word, as English *and* or *but*. **c.** any form of similar function or meaning. **5.** Astronomy **a.** the meeting of heavenly bodies in the same longitude or right ascension. **b.** the situation of two or more heavenly bodies when their longitudes are the same. **–conjunctive** adj. **–conjunctional** adj. **–conjunctionally** adv.

conjunctiva /ˌkɒndʒʌŋkˈtaɪvə/ n. **-tivas** or **-tivae** /-taɪviː/. Anatomy the mucous membrane which lines the inner surface of the eyelids and is reflected over the forepart of the sclera and the cornea. **–conjunctival** adj.

conjunctivitis /kəndʒʌŋktəˈvaɪtəs/ n. Pathology inflammation of the conjunctiva.

conjure /ˈkʌndʒə/ for defs 1–3 and 6–10, /kənˈdʒʊə/ for defs 4 and 5 v. **-jured, -juring.** –v.t. **1.** to call upon or command (a devil or spirit) by invocation or spell. **2.** to affect or influence by, or as by, invocation or spell. **3.** to effect, produce, bring, etc., by, or as by, magic. **4.** to appeal to solemnly or earnestly. **5.** to charge solemnly. –v.i. **6.** to call upon or command a devil or spirit by invocation or spell. **7.** to practise magic. **8.** to practise legerdemain. –phr. **9. conjure up, a.** to call, raise up, or bring into existence by magic. **b.** to bring to mind or recall. **10. to conjure with,** likely to be influential if quoted; effective: *a name to conjure with*. **–conjurer** = **conjuror** n.

conk /kɒŋk/ Colloquial –n. **1.** a nose. **2.** a blow; a violent stroke. –v.t. **3.** to hit or strike, especially on the head. –phr. **4. conk out, a.** (of an engine) to break down. **b.** to faint; collapse. **c.** to die.

connect /kəˈnɛkt/ v.t. **1.** to bind or fasten together; join or unite; link. **2.** to think of as related: *the pleasures connected with music*. –v.i. **3.** to become connected; join or unite. **4.** Baseball, Tennis, etc. Colloquial to hit or catch the ball. **–connectedly** adv. **–connecter = connector** n.

connection /kəˈnɛkʃən/ n. **1.** the act of joining. **2.** the state of being joined. **3.** anything that joins; a connecting part: *telephone connection*. **4.** an association; relationship. **5.** a meeting of one means of transport with another, as a bus system with a railway. **6.** (usually plural) influential friends, relatives, etc. **7.** (plural) Horseracing, etc. the owners of a horse or dog, or the people close to it such as the trainer, jockey, etc. Also, **connexion**. **–connectional** adj.

connective /kəˈnɛktɪv/ adj. serving or tending to connect. **–connectively** adv. **–connectivity** /ˌkɒnɛkˈtɪvətɪ/ n.

conning tower n. the superstructure on a submarine which acts as observation tower and main entrance to the interior.

connive /kəˈnaɪv/ v.i. **-nived, -niving. 1.** (sometimes fol. by *with*) to cooperate secretly. –phr. **2. connive at,** to avoid noticing (that which one should oppose or condemn but secretly approves); give aid to (wrongdoing, etc.), by forbearing to act or speak; be secretly accessory to: *conniving at their escape*. **–conniver** n. **–connivance** n.

connoisseur /ˌkɒnəˈsɜː/ n. someone competent to pass critical judgments in an art, especially one of the fine arts, or in matters of taste.

connote /kəˈnoʊt/ v.t. **-noted, -noting. 1.** to denote secondarily; signify in addition to the primary meaning; imply. **2.** to involve as a condition or accompaniment. **–connotation** n.

connubial /kəˈnjuːbɪəl/ adj. of marriage or wedlock; matrimonial; conjugal. **–connubiality** /kənjubiˈælətɪ/ n. **–connubially** adv.

conquer /ˈkɒŋkə/ v.t. **1.** to acquire by force of arms; win in war: *to conquer territories*. **2.** to overcome by force; subdue: *to conquer an enemy*. **3.** to gain or obtain by effort. **4.** to gain the victory over; surmount. –v.i. **5.** to make conquests; gain the victory. **–conquerable** adj. **–conqueringly** adv.

conquest /ˈkɒŋkwɛst, ˈkɒŋ-/ n. **1.** the act of conquering. **2.** captivation, as of favour or affections. **3.** the condition of being conquered; vanquishment. **4.** territory acquired by conquering. **5.** a person whose favour or affections have been captivated.

consanguineous /ˌkɒnsænˈgwɪnɪəs/ adj. related by birth; akin. Also, **consanguine** /kɒnˈsæŋgwən/. **–consanguinity** n. **–consanguineously** adv.

conscience /ˈkɒnʃəns/ n. **1.** the internal recognition of right and wrong as regards one's actions and motives; the faculty which decides upon the moral quality of one's actions and motives, enjoining one to conformity with the moral law. **2.** conscientiousness. –phr. **3. in conscience, a.** in reason and fairness; in truth. **b.** most certainly; assuredly. **–conscienceless** adj.

conscience clause n. a clause or article in an act or law or the like, which relieves persons whose conscientious or religious scruples forbid their compliance with it.

conscientious /ˌkɒnʃɪˈɛnʃəs/ adj. controlled by or done according to conscience; scrupulous: *a conscientious judge, conscientious conduct*. **–conscientiously** adv. **–conscientiousness** n.

conscientious objector n. someone who on the grounds of deeply held beliefs refuses to meet a political or communal obligation, such as military service, compulsory voting, the attendance of children at school, etc.

conscionable /ˈkɒnʃənəbəl/ adj. conformable to conscience; just. **–conscionably** adv.

conscious /ˈkɒnʃəs/ adj. **1.** aware of one's own existence, sensations, reasonings, etc.; provided with consciousness. **2.** inwardly aware or awake to something: *conscious of one's own faults; conscious of one's feelings*. **3.** intentional: *a conscious liar*. **4.** aware of oneself; self-conscious. **5.** deliberate or intentional. **–consciously** adv.

consciousness /ˈkɒnʃəsnəs/ n. **1.** the state of being conscious. **2.** inward sensibility of something; knowledge of one's own existence, sensations, cognitions, etc. **3.** the thoughts and feelings, collectively, of an individual, or of an aggregate of people: *the moral consciousness of a nation*. **4.** activity of mental faculties: *to regain consciousness after fainting*. –*phr.* **5. raise one's consciousness**, to raise the level of one's understanding and sensitivity to cultural and social issues.

conscript /'kɒnskrɪpt/ *n.*, /kən'skrɪpt/ *v.* –*n.* **1.** a recruit obtained by conscription. –*v.t.* **2.** to enrol compulsorily for service in the armed forces.

conscription /kən'skrɪpʃən/ *n.* compulsory enrolment in the armed forces.

consecrate /'kɒnsəkreɪt/ *v.t.* **-crated, -crating**. **1.** to make or declare sacred; set apart or dedicate to the service of a deity. **2.** to ordain (bishops, etc.). **3.** to devote or dedicate to some purpose: *a life consecrated to science*. **4.** to make an object of veneration: *a custom consecrated by time*. –**consecrator** *n.* –**consecratory** *adj.*

consecutive /kən'sɛkjətɪv/ *adj.* **1.** following one another in uninterrupted succession; uninterrupted in course or succession; successive. **2.** marked by logical sequence. **3.** *Law* (of a sentence) commencing on the expiry of a previous sentence. **4.** *Grammar* expressing consequence or result: *a consecutive clause*. –**consecutively** *adv.* –**consecutiveness** *n.*

consensus /kən'sɛnsəs/ *n.* **1.** general agreement or concord. **2.** majority of opinion.

consent /kən'sɛnt/ *v.i.* **1.** (sometimes fol. by *to*) to give assent; agree; comply or yield: *to consent to the request*; *to consent to do this*. –*n.* **2.** assent; acquiescence; permission; compliance. **3.** agreement in sentiment, opinion, a course of action, etc.: *by common consent*. –*phr.* **4. age of consent**, the age at which consent to certain acts, especially sexual intercourse and marriage, is valid in law. –**consenter** *n.* –**consenting** *adj.* –**consentingly** *adv.*

consent agreement *n.* → **consent award**.

consent award *n.* (in Australia) an award made by an industrial tribunal where the parties have already reached agreement on the terms of a settlement but want it to have the force of an arbitrated award and hence submit it to a tribunal for ratification.

consequence /'kɒnsəkwəns/ *n.* **1.** the act or fact of following as an effect or result upon something antecedent. **2.** that which so follows; an effect or result. **3.** the conclusion of an argument or inference. **4.** importance or significance: *a matter of no consequence*. **5.** importance in rank or position; distinction. –*phr.* **6. in consequence**, as a result.

consequent /'kɒnsəkwənt/ *adj.* **1.** following as an effect or result; resulting. **2.** logically consistent. –*n.* **3.** anything that follows upon something else, with or without implication of causal relation.

consequential /kɒnsə'kwɛnʃəl/ *adj.* **1.** of the nature of a consequence; following as an effect or result, or as a logical conclusion or inference; consequent; resultant. **2.** self-important; pompous. **3.** logically consistent. **4.** of consequence or importance. –**consequentiality** /ˌkɒnsəkwɛnʃi'æləti/, **consequentialness** *n.* –**consequentially** *adv.*

conservation /kɒnsə'veɪʃən/ *n.* **1.** the preservation of areas which are significant, culturally or scientifically, in their natural state. **2.** the management of the natural environment to ensure that it is not destroyed in the process of development. **3.** the preservation or conserving of natural resources, as water, coal, etc. –**conservationist** *n.* –**conservational** *adj.*

conservative /kən'sɜvətɪv/ *adj.* **1.** disposed to preserve existing conditions, institutions, etc. **2.** cautious or moderate: *a conservative estimate*. **3.** traditional in style or manner. **4.** having the power or tendency to conserve; preservative. –*n.* **5.** a person of conservative principles. –**conservatism** *n.* –**conservatively** *adv.* –**conservativeness** *n.*

conservatorium /kɒnsəvə'tɔriəm/ *n.* a place for instruction in music and theatrical arts; a school of music. Also, **conservatoire**.

conservatory /kən'sɜvətri/ *n.* **-ries**. a glass-covered house or room into which plants in bloom are brought from the greenhouse.

conserve /kən'sɜv/ *v.* **served, -serving**; /'kɒnsɜv, kən'sɜv/ *n.* –*v.t.* **1.** to keep in a safe or sound state; preserve from loss, decay, waste, or injury; keep unimpaired. –*n.* **2.** (*often plural*) a mixture of several fruits, cooked, with sugar, to a jamlike consistency. –**conserver** *n.*

consider /kən'sɪdə/ *v.t.* **1.** to think about; meditate; reflect. **2.** to regard as or think to be: *I consider the test to be reasonable*. **3.** to think; suppose. **4.** to make allowance for. **5.** to pay attention to; regard: *he always considers others*. **6.** to think about (a position, purchase, etc.): *to consider buying*. –*v.i.* **7.** to think deliberately or carefully; reflect.

considerable /kən'sɪdrəbəl/ *adj.* **1.** important; of distinction. **2.** (of an amount, extent, etc.); fairly large or great. –**considerably** *adv.*

considerate /kən'sɪdərət/ *adj.* showing consideration or regard for another's circumstances, feelings, etc. –**considerately** *adv.* –**considerateness** *n.*

consideration /kənsɪdə'reɪʃən/ *n.* **1.** the act of considering; meditation or deliberation. **2.** regard or account; something taken, or to be taken, into account. **3.** a thought or reflection. **4.** a recompense for service rendered, etc.; a compensation. **5.** thoughtful or sympathetic regard or respect; thoughtfulness for others. **6.** importance or consequence. **7.** estimation; esteem. –*phr.* **8. in consideration of**, **a.** in view of. **b.** in return for. **9. take into consideration**, to consider; take into account. **10. under consideration**, being considered.

consign /kən'saɪn/ *v.t.* **1.** (sometimes fol. by *to*) to hand over or deliver formally; commit. **2.** (sometimes fol. by *to*) to transfer to another's custody or charge; entrust. **3.** to set apart, as to a purpose or use; assign. **4.** to transmit, as by public carrier, especially for sale or custody. –**consignable** *adj.* –**consignation** /kɒnsə'neɪʃən/ *n.* –**consignor** *n.* –**consignee** *n.*

consignment /kən'saɪnmənt/ *n.* **1.** the act of consigning. **2.** that which is consigned. **3.** property sent to an agent for sale, storage, or shipment. –*phr.* **4. on consignment**, (of goods) sent to an agent for sale, title being held by the consignor until they are sold.

consist /kən'sɪst/ *v.i.* **1.** to be compatible or consistent; accord. –*phr.* **2. consist in**, to be included or contained in: *happiness consists in doing one's duty*. **3. consist of**, to be made up or composed of.

consistency /kən'sɪstənsi/ *n.* **-cies**. **1.** agreement, harmony, or compatibility; agreement among themselves of the parts of a complex thing. **2.** material coherence with retention of form; solidity or firmness. **3.** degree of density or viscosity: *the consistency of cream*. **4.** constant adherence to the same principles, course, etc. Also, **consistence**. –**consistent** *adj.*

console[1] /kən'soʊl/ *v.t.* **-soled, -soling**. to alleviate the grief or sorrow of; comfort; solace; cheer. –**consolable** *adj.* –**consoler** *n.* –**consolingly** *adv.*

console[2] /'kɒnsoʊl/ *n.* **1.** a desk-like structure containing the keyboards, pedals, etc., of an organ, from which the organ is played. **2.** a desk on which are mounted the controls of an electrical or electronic system. **3.** a floor-model radio, television, or radiogram cabinet. **4.** *Computers* a computer operator's control panel or terminal.

consolidate /kənˈsɒlədeɪt/ *v.t.* **-dated, -dating. 1.** to make solid or firm; solidify; strengthen: *to consolidate gains.* **2.** to bring together compactly in one mass or connected whole; unite; combine: *to consolidate two companies.* **-consolidator** *n.*

consomme /ˈkɒnsəmeɪ, kənˈsɒmeɪ/ *n.* a clear soup made from a concentrated clarified meat or vegetable stock. Also, **consommé**.

consonance /ˈkɒnsənəns/ *n.* **1.** accord or agreement. **2.** correspondence of sounds; harmony of sounds. Also, **consonancy**.

consonant /ˈkɒnsənənt/ *n.* **1.** a sound made with more or less obstruction of the breath stream in its passage outwards, as the *l*, *s*, and *t* of *list*. **2.** a letter which usually represents a consonant sound. *-adj.* **3.** (sometimes fol. by *to* or *with*) in agreement; agreeable or accordant; consistent. **4.** corresponding in sound, as words. **5.** harmonious, as sounds. **-consonantly** *adv.*

consort /ˈkɒnsɔt/ *n.*, /kənˈsɔt/ *v.* *-n.* **1.** a husband or wife; a spouse, especially of a reigning monarch. **2.** one vessel or ship accompanying another. **3.** a group of instruments or voices in harmony. *-v.i.* **4.** to associate; keep company.

consortium /kənˈsɔtiəm, -ʃiəm/ *n.* **-tia** /-tiə, -ʃə/ **1.** a combination of financial institutions, capitalists, etc., for carrying into effect some financial operation requiring large resources of capital. **2.** an association or union.

conspicuous /kənˈspɪkjuəs/ *adj.* **1.** easy to be seen. **2.** readily attracting the attention. **-conspicuously** *adv.* **-conspicuousness** *n.*

conspire /kənˈspaɪə/ *v.* **-spired, -spiring.** *-v.i.* **1.** to agree together, especially secretly, to do something reprehensible or illegal; combine for an evil or unlawful purpose. **2.** to act in combination; contribute jointly to a result. *-v.t.* **3.** to plot (something evil or unlawful). **-conspiracy** *n.* **-conspirer** *n.* **-conspiringly** *adv.*

constable /ˈkʌnstəbəl/ *n.* **1.** a police officer ranking below sergeant; the lowest in rank in a police force. **2.** the rank. **3.** an officer of high rank in medieval monarchies, usually the commander of all armed forces, particularly in the absence of the ruler. **4.** the keeper or governor of a royal fortress or castle. **-constableship** *n.*

constabulary /kənˈstæbjələri/ *n.* **-ries.** the police.

constant /ˈkɒnstənt/ *adj.* **1.** uniform; invariable; always present. **2.** continuing without interruption. **3.** continual; persistent. **4.** faithful; steadfast. *-n.* **5.** something constant, invariable, or unchanging. **6.** *Mathematics, Physics* a numerical quantity expressing a relation or value that remains unchanged under certain conditions. **-constancy** *n.* **-constantly** *adv.*

constellation /kɒnstəˈleɪʃən/ *n.* **1.** *Astronomy* any of various groups of stars to which definite names have been given, as the Southern Cross. **2.** *Astrology* the grouping or relative position of the stars as supposed to influence events, especially at a person's birth. **3.** any brilliant assemblage.

consternation /kɒnstəˈneɪʃən/ *n.* amazement and dread tending to confound the faculties.

constipation /kɒnstəˈpeɪʃən/ *n.* *Pathology* a condition of the bowels marked by defective or difficult evacuation.

constituency /kənˈstɪtʃuənsi/ *n.* **-cies. 1.** *Brit.* → **electorate. 2.** any body of supporters; a clientele.

constituent /kənˈstɪtʃuənt/ *adj.* **1.** serving to make up a thing; component; elementary: *constituent parts.* **2.** having power to frame or alter a political constitution or fundamental law (as distinguished from law-making power): *a constituent assembly.* *-n.* **3.** a constituent element, material, etc.; a component. **4.** a voter, or (loosely) a resident, in a district represented by an elected official. **5.** *Grammar* an element that forms part of a construction. The **immediate constituents** are the largest parts (usually two) into which a construction is divisible, any or all of them sometimes further divisible into constituents of their own; the **ultimate constituents** are all the parts of a construction which are not further divisible. The sentence *John's hat looked slightly stained* has the immediate constituents *John's hat* (subject) and *looked slightly stained* (predicate), and the ultimate constituents *John, -'s, hat, look, -ed, slight, -ly, stain* and *-ed*.

constitute /ˈkɒnstətjut/ *v.t.* **-tuted, -tuting. 1.** (of elements, etc.) to compose; form. **2.** to appoint to an office or function; make or create. **3.** to give legal form to (an assembly, court, etc.). **-constituter = constitutor** *n.*

constitution /kɒnstəˈtjuʃən/ *n.* **1.** the way in which anything is made: *the physical constitution of the sun.* **2.** the physical character of the body as to strength, health, etc.: *a strong constitution.* **3.** the act or state of constituting; establishment. **4.** a system of fundamental laws and principles of a government, state or society: *the Australian constitution.* **-constitutional** *adj.* **-constitutionalist** *n.*

constrain /kənˈstreɪn/ *v.t.* **1.** to force, compel, or oblige; bring about by compulsion: *to constrain obedience.* **2.** to confine forcibly, as by bonds. **3.** to repress or restrain. **-constrainable** *adj.* **-constrainer** *n.*

constraint /kənˈstreɪnt/ *n.* **1.** confinement or restriction. **2.** repression of natural feelings and impulses. **3.** a forced or unnatural manner; embarrassment. **4.** something that constrains.

constrict /kənˈstrɪkt/ *v.t.* **1.** to draw together; compress; cause to contract or shrink. **2.** to restrict, or inhibit. **-constriction** *n.* **-constrictive** *adj.*

construct /kənˈstrʌkt/ *v.*, /ˈkɒnstrʌkt/ *n.* *-v.t.* **1.** to form by putting together parts; build; frame; devise. **2.** *Geometry, etc.* to draw, as a figure, so as to fulfil given conditions. *-n.* **3.** a complex image or idea resulting from a synthesis by the mind. **-constructor = constructer** *n.*

construction /kənˈstrʌkʃən/ *n.* **1.** the act or art of constructing. **2.** the way in which a thing is constructed; structure: *objects of similar construction.* **3.** something that is constructed; a structure. **4.** *Grammar* a word or phrase consisting of two or more forms arranged in a particular way. **5.** explanation or interpretation, as of a law or a text, or of conduct or the like. **-constructional** *adj.* **-constructive** *adj.*

construe /kənˈstru/ *v.t.* **-strued, -struing. 1.** to show the meaning or intention of; explain; interpret; put a particular interpretation on. **2.** to deduce by construction or interpretation; infer. **3.** to translate, especially literally. **-construable** *adj.* **-construability** *n.* **-construer** *n.*

consubstantial /kɒnsəbˈstænʃəl/ *adj.* of one and the same substance, essence, or nature. **-consubstantiality** /ˌkɒnsəbstænʃiˈæləti/ *n.* **-consubstantially** *adv.*

consul /ˈkɒnsəl/ *n.* an agent appointed by an independent state to reside in a foreign state and discharge certain administrative duties. **-consular** /ˈkɒnsjələ/ *adj.* **-consulship** *n.*

consulate /ˈkɒnsjələt/ *n.* **1.** the premises officially occupied by a consul. **2.** consulship.

consult /kənˈsʌlt/ *v.t.* **1.** to seek counsel from; ask advice of. **2.** to refer to for information. **3.** to have regard for (a person's interest, convenience, etc.) in making plans. *-v.i.* **4.** (sometimes fol. by *with*) to consider or deliberate; take counsel; confer.

–consultative *adj.* **–consultable** *adj.* **–consulter** *n.*

consultant /kənˈsʌltənt/ *n.* **1.** someone who consults. **2.** someone who gives professional or expert advice. **3.** *Medicine* a medical or surgical specialist to which patients are referred by another medical practitioner, especially a general practitioner.

consultation /ˌkɒnsəlˈteɪʃən/ *n.* **1.** the act of consulting; conference. **2.** a meeting for deliberation. **3.** an application for advice to someone engaged in a profession, especially to a medical practitioner, etc.

consume /kənˈsjuːm/ *v.* **-sumed, -suming. 1.** to destroy or expend by use; use up. **2.** to eat or drink up; devour. **3.** to destroy, as by decaying or burning. **4.** to spend (money, time, etc.) wastefully. **–consumable** *adj., n.*

consumer /kənˈsjuːmə/ *n.* someone who uses a commodity or service.

consumer goods *pl. n.* goods ready for consumption in satisfaction of human wants, such as clothing, food, etc., and which are not utilised in any further production.

consumerism /kənˈsjuːmərɪzəm/ *n.* **1.** a movement which aims at educating consumers to an awareness of their rights and at protecting their interests, as from illegal or dishonest trading practices such as false advertising, misleading packaging, etc. **2.** a theory that the economy of a western capitalist society requires an ever increasing consumption of goods. **–consumerist** *adj., n.*

consumer price index *n.* an index which provides a measure of the change in the average cost of a standard basket of retail goods by relating the cost in the current period to that of a base period; used as a measure of inflation.

consummate /ˈkɒnsəmeɪt, ˈkɒnsjʊmeɪt/ *v.* **-mated, -mating,** /ˈkɒnsjʊmət, ˈkɒnsəmət/ *adj.* *–v.t.* **1.** to bring to completion or perfection. **2.** to fulfil (a marriage) through sexual intercourse. *–adj.* **3.** complete or perfect; supremely qualified; of the highest quality. **–consummation** /ˌkɒnsəˈmeɪʃən/ *n.* **–consummately** *adv.* **–consummative** *adj.* **–consummator** *n.*

consumption /kənˈsʌmpʃən/ *n.* **1.** the act of consuming; destruction or decay. **2.** destruction by use. **3.** the amount consumed. **4.** *Economics* the using up of goods and services having an exchangeable value. **5.** *Pathology* a wasting disease, especially tuberculosis of the lungs.

contact /ˈkɒntækt/ *n.,* /ˈkɒntækt, kənˈtækt/ *v.* *–n.* **1.** the state or fact of touching; a touching or meeting of bodies. **2.** immediate proximity or association. **3.** *Electricity* the moving part of a switch or relay which completes and breaks the circuit. **4.** *Mathematics* a meeting of two curves or surfaces so that they have a common tangent at the point where they meet. **5.** a person through whom contact is established, often a business acquaintance. **6.** *Medicine* **a.** one who has lately been exposed to an infected person. **b.** inflammation of the skin due to contact with an irritating agent. *–v.t.* **7.** to put or bring into contact. **8.** to initiate communication with (a person). *–v.i.* **9.** to enter into or be in contact. *–phr.* **10. make contact,** (sometimes fol. by *with*) to initiate communication.

contact lens *n.* a small lens, usually of plastic, which covers the eye and is held in place by eye fluid, used to aid defective vision inconspicuously.

contact sport *n.* a sport, such as Rugby football, in which bodies regularly come into contact, creating the possibility of injury.

contagious /kənˈteɪdʒəs/ *adj.* **1.** communicable to other individuals, as a disease. **2.** carrying or spreading a disease. **3.** tending to spread from one to another: *panic is contagious.* **–contagiously** *adv.* **–contagiousness** *n.*

contain /kənˈteɪn/ *v.t.* **1.** to have within itself; hold within fixed limits. **2.** to be capable of holding; have capacity for. **3.** to have as contents or constituent parts; comprise; include. **4.** to keep within proper bounds; restrain: *to contain oneself or one's feelings.* **5.** (of an enemy force, hostile power, disease, etc.) to keep in check, confine within certain limits. **–containable** *adj.*

container /kənˈteɪnə/ *n.* **1.** anything that contains or can contain, as a carton, box, crate, tin, etc. **2.** a box-shaped unit for carrying goods; its standardised size facilitates easy transference from one form of transport to another.

contaminate /kənˈtæmɪneɪt/ *v.t.* **-nated, -nating. 1.** to render impure by contact or mixture. **2.** to render harmful or unusable by adding radioactive material to. **–contamination** /kənˌtæməˈneɪʃən/ *n.* **–contaminative** *adj.* **–contaminator** *n.*

contango /kənˈtæŋɡoʊ/ *n. Finance* the position in a futures market where the more distantly traded contracts are selling at a premium over the nearer dated contracts.

contemplate /ˈkɒntəmpleɪt/ *v.* **-plated, -plating.** *–v.t.* **1.** to look at or view with continued attention; observe thoughtfully. **2.** to consider attentively; reflect upon. **3.** to have as a purpose; intend. **4.** to have in view as a future event. *–v.i.* **5.** to think studiously; meditate; consider deliberately. *–phr.* **6. contemplate one's navel,** to indulge in introspection; daydream. **–contemplator** *n.*

contemplative /ˈkɒntəmˌpleɪtɪv, kənˈtɛmplətɪv/ *adj.* **1.** given to or characterised by contemplation. *–n.* **2.** a person devoted to religious contemplation. **–contemplatively** *adv.* **–contemplativeness** *n.*

contemporaneous /kənˌtɛmpəˈreɪniəs/ *adj.* contemporary. **–contemporaneously** *adv.* **–contemporaneousness, contemporaneity** /kənˌtɛmpərəˈniːɪti, -ˈneɪəti/ *n.*

contemporary /kənˈtɛmpəri, -pri/ *adj., n.* **-raries.** *–adj.* **1.** belonging to or existing at the same time. **2.** *Colloquial* in the most modern style; up-to-date. *–n.* **3.** a person or thing belonging to the same time or period as another: *Shakespeare was a contemporary of Bacon.* **4.** a person of the same age as another.

contempt /kənˈtɛmpt/ *n.* **1.** the feeling with which one regards anything considered mean, vile, or worthless. **2.** the state of being despised; dishonour; disgrace. **3.** *Law* **a.** disobedience to, or open disrespect of, the rules or orders of a court or legislature, or conduct likely to prejudice the fair trial of a litigant or an accused person. **b.** an act showing this disrespect.

contemptible /kənˈtɛmptəbəl/ *adj.* deserving of or held in contempt; despicable. **–contemptibility, contemptibleness** *n.* **–contemptibly** *adv.*

contemptuous /kənˈtɛmptʃuəs/ *adj.* manifesting or expressing contempt or disdain; scornful. **–contemptuously** *adv.* **–contemptuousness** *n.*

contend /kənˈtɛnd/ *v.i.* **1.** to struggle in opposition. **2.** to strive in rivalry; compete; vie. **3.** to strive in debate; dispute earnestly. *–v.t.* **4.** to assert or maintain earnestly. **–contender** *n.*

content¹ /ˈkɒntɛnt/ *n.* **1.** the amount contained; capacity; volume. **2.** (*usually plural*) (a list of) chapters or chief topics of a book or document. **3.** (*usually plural*) that which is contained: *he poured the contents of the bottle on the floor.*

content² /kənˈtɛnt/ *adj.* **1.** having the desires limited to what one has; satisfied. **2.** easy in mind. **3.** willing or resigned; assenting. **–contentment** *n.*

contented /kənˈtɛntəd/ *adj.* satisfied, as with what

contention

one has or with something mentioned; content. **–contentedly** *adv.* **–contentedness** *n.*

contention /kən'tenʃən/ *n.* **1.** a struggling together in opposition; strife. **2.** a striving in rivalry; competition; a contest. **3.** strife in debate; a dispute; a controversy. **4.** a point contended for or affirmed in controversy. *–phr.* **5. in contention**, **a.** under dispute; at issue: *his talent is not in contention*. **b.** (of a player, team, etc.) playing well enough to be considered a possible winner. **–contentious** *adj.*

conterminous /kən'tɜmənəs/ *adj.* **1.** having a common boundary; bordering; contiguous. **2.** meeting at their ends. **3.** having the same boundaries or limits; coextensive. Also, **conterminal**. **–conterminously** *adv.*

contest /'kɒntest/ *n.*, /kən'test/ *v.* *–n.* **1.** a struggle for victory; fight, competition or argument. *–v.t.* **2.** to struggle or fight for. **3.** to argue against; dispute. *–v.i.* **4.** to dispute; contend; compete. **–contestable** *adj.* **–contester** *n.*

contestant /kən'testənt/ *n.* someone who takes part in a contest or competition.

context /'kɒntekst/ *n.* **1.** the parts of a discourse or writing which precede or follow, and are directly connected with, a given passage or word. **2.** the circumstances or facts that surround a particular situation, event, etc. **–contextual** *adj.*

contiguous /kən'tɪgjuəs/ *adj.* **1.** touching; in contact. **2.** in close proximity without actually touching; near. **–contiguity** /kɒntə'gjuəti/, **contiguousness** *n.* **–contiguously** *adv.*

continence /'kɒntənəns/ *n.* **1.** self-restraint, especially in regard to sexual activity; moderation; chastity. **2.** ability to exercise voluntary control over natural functions, especially urinating and defecating. Also, **continency**.

continent /'kɒntənənt/ *n.* **1.** one of the main land masses of the globe, usually reckoned as seven in number (Europe, Asia, Africa, North America, South America, Australia and Antarctica). **2.** the mainland (as distinguished from islands or peninsulas). **3.** a continuous tract or extent, as of land. *–adj.* **4.** exercising restraint in relation to the desires or passions; temperate. **5.** characterised by the ability to exercise control over natural impulses or functions; chaste. **–continental** *adj.*

continental quilt *n.* a quilted bedcover, filled with down, or synthetic padding, and often used instead of top sheets and blankets; doona; duvet.

continental shelf *n.* that portion of a continent submerged under relatively shallow sea, in contrast with the deep ocean basins from which it is separated by the relatively steep **continental slope**.

contingency /kən'tɪndʒənsi/ *n.* **-cies**. **1.** a contingent event; a chance, accident, or possibility, conditional on something uncertain. **2.** fortuitousness; uncertainty; dependence on chance or on the fulfilment of a condition. **3.** something incidental to a thing.

contingent /kən'tɪndʒənt/ *adj.* **1.** dependent for existence, occurrence, character, etc., on something not yet certain; conditional (often fol. by *on* or *upon*). **2.** happening by chance or without known cause; fortuitous; accidental. *–n.* **3.** a group of people with a single purpose, as troops sent on a particular mission. **–contingently** *adv.*

continual /kən'tɪnjuəl/ *adj.* **1.** proceeding without interruption or cessation; continuous in time. **2.** of regular or frequent recurrence; often repeated; very frequent. **–continually** *adv.*

continuation /kəntɪnju'eɪʃən/ *n.* **1.** extension or carrying on to a further point: *the continuation of a road*. **2.** that by which anything is continued; a sequel, as to a story.

contraption

continue /kən'tɪnju/ *v.* **-ued, -uing**. *–v.i.* **1.** to go forwards; keep on. **2.** to go on after an interruption. **3.** to last; endure. **4.** to remain in a place or condition; abide; stay: *he'll continue in his ignorance*. *–v.t.* **5.** to go on with: *to continue action*. **6.** to extend from one point to another; prolong. **7.** to carry on; keep going: *to continue a narrative*. **–continuable** *adj.* **–continuer** *n.* **–continuity** *n.* **–continuous** *adj.*

continuum /kən'tɪnjuəm/ *n.* **-tinuums** *or* **-tinua** /-'tɪnjuə/. a continuous extent, series, or whole.

contort /kən'tɔt/ *v.t.* to twist; bend or draw out of shape; distort. **–contortion** *n.*

contortionist /kən'tɔʃənəst/ *n.* **1.** someone who performs gymnastic feats involving contorted postures. **2.** someone who practises contortion: *a verbal contortionist*.

contour /'kɒntʊə, -tʊə/ *n.* **1.** the outline of a figure or body; the line that defines or bounds anything. **2.** → **contour line**. *–v.t.* **3.** to mark with contour lines. **4.** to make or form the contour or outline of. **5.** to build (a road, etc.) in conformity to a contour line.

contour line *n.* **1.** a line joining points of equal elevation on a surface. **2.** the representation of such a line on a map.

contra- a prefix meaning 'against', 'opposite', or 'opposing'.

contraband /'kɒntrəbænd/ *n.* **1.** anything prohibited by law from being imported or exported. **2.** goods imported or exported illegally. **3.** illegal or prohibited traffic; smuggling. *–adj.* **4.** prohibited from export or import. **–contrabandist** *n.*

contrabass /kɒntrə'beɪs/ *n.* (in any family of musical instruments) the member below the bass. **–contrabassist** /-'bæsəst/ *n.*

contraception /kɒntrə'sɛpʃən/ *n.* the prevention of conception by deliberate measures; birth control.

contraceptive /kɒntrə'sɛptɪv/ *adj.* **1.** tending or serving to prevent conception or impregnation. **2.** relating to contraception. *–n.* **3.** a contraceptive agent or device.

contract /'kɒntrækt/ *n.*, /'kɒntrækt, kən'trækt/ *v.* *–n.* **1.** (a document containing) an agreement, especially one enforceable by law. *–v.t.* **2.** to draw together or make smaller: *to contract a muscle*. **3.** to shorten (a word, etc.) by combining or omitting some of its parts. **4.** to acquire; incur: *to contract a disease; to contract debts*. **5.** to settle or establish by agreement: *to contract a marriage*. *–v.i.* **6.** to become smaller; shrink. **7.** to enter into an agreement. **–contraction** *n.* **–contractive** *adj.* **–contractible** *adj.* **–contractibility, contractibleness** *n.* **–contractual** *adj.*

contractor /'kɒntræktə, kən'træktə/ *n.* someone who contracts to furnish supplies or perform work at a certain price or rate.

contradict /kɒntrə'dɪkt/ *v.t.* **1.** to assert the contrary or opposite of; deny directly and categorically. **2.** to deny the words or assertion of (a person). **3.** (of a statement, action, etc.) to be directly contrary to. *–v.i.* **4.** to utter a contrary statement. **–contradiction** *n.* **–contradictable** *adj.* **–contradictor** *n.*

contradictory /kɒntrə'dɪktəri/ *adj.* **1.** of the nature of a contradiction; asserting the contrary or opposite; contradicting each other; inconsistent. **2.** given to contradiction. **–contradictorily** *adv.* **–contradictoriness** *n.*

contralto /kən'træltoʊ, -'træl-/ *n.* **-tos** *or* **-ti**, *adj.* *Music* *–n.* **1.** the lowest female voice or voice part, intermediate between soprano and tenor. *–adj.* **2.** having to do with the contralto; having the compass of a contralto.

contraption /kən'træpʃən/ *n.* a contrivance; a

device.

contrary /ˈkɒntrəri/; /kənˈtrɛəri/ *for def. 5 adj.*, *n.* **-ries**, *adv.* –*adj.* **1.** opposite in nature or character; diametrically opposed; mutually opposed: *contrary to fact; contrary propositions.* **2.** opposite in direction or position. **3.** being the opposite one of two. **4.** untoward or unfavourable: *contrary winds.* **5.** perverse; self-willed. –*n.* **6.** that which is contrary or opposite: *to prove the contrary of a statement.* **7.** either of two contrary things. **8.** *Logic* a proposition so related to a second that it is impossible for both to be true, though both may be false. For example, *all judges are male* is the contrary of *no judges are male.* –*adv.* **9.** contrarily; contrariwise. –*phr.* **10. by contraries, a.** by way of opposition. **b.** contrary to expectation. **11. on the contrary,** in opposition to what has been stated. **12. to the contrary,** to the opposite or a different effect. –**contrarily** *adv.* –**contrariness** *n.*

contrast /kənˈtrast/ *v.*, /ˈkɒntrast/ *n.* –*v.t.* **1.** to set in opposition in order to show unlikeness; compare by observing differences: *contrast these two paintings.* –*v.i.* **2.** to supply or form a contrast; set off: *this shirt contrasts well with your skirt.* **3.** to show unlikeness when compared; form a contrast: *he contrasts with his brother.* –*n.* **4.** the act of contrasting. **5.** the condition of being contrasted. **6.** something strikingly unlike: *she's quite a contrast to her brother.* –**contrastive** *adj.* –**contrastable** *adj.*

contravene /kɒntrəˈvin/ *v.t.* **-vened, -vening. 1.** to come or be in conflict with; go or act counter to; oppose. **2.** to violate, infringe, or transgress: *to contravene the law.* –**contravention** *n.* –**contravener** *n.*

contribute /kənˈtrɪbjut/ *v.* **-uted, -uting.** –*v.t.* **1.** to give in common with others; give to a common stock or for a common purpose: *to contribute money, time, help.* **2.** to furnish to a magazine or journal. –*v.i.* **3.** to make contribution; furnish a contribution. –**contributable** *adj.* –**contribution** *n.* –**contributive** *adj.* –**contributively** *adv.* –**contributiveness** *n.* –**contributory** *adj.*

contributing share *n. Stock Exchange* an ordinary share which has some part of its capital unpaid.

contrite /ˈkɒntraɪt, kɒnˈtraɪt/ *adj.* **1.** broken in spirit by a sense of guilt; penitent: *a contrite sinner.* **2.** proceeding from contrition: *contrite tears.* –**contritely** *adv.* –**contriteness, contrition** *n.*

contrivance /kənˈtraɪvəns/ *n.* **1.** something contrived; a device, especially a mechanical one. **2.** the act or manner of contriving; the faculty or power of contriving. **3.** a plan or scheme; an expedient.

contrive /kənˈtraɪv/ *v.* **-trived, -triving.** –*v.t.* **1.** to plan with ingenuity; devise; invent. **2.** to plot (evil, etc.). **3.** to bring about or effect by a device, stratagem, plan, or scheme; manage (to do something). –*v.i.* **4.** to form schemes or designs; plan. **5.** to plot. –**contrivable** *adj.* –**contriver** *n.*

control /kənˈtroʊl/ *v.* **-trolled, -trolling**, *n.* –*v.t.* **1.** to exercise restraint or direction over; dominate; command: *control your dog; to control your feelings.* **2.** to direct the working of (a machine, vehicle, etc.). **3.** to hold in check; curb: *to control population growth.* **4.** to test or verify (a scientific experiment) by a parallel experiment or other standard of comparison. –*n.* **5.** the act or power of controlling; domination; command: *keep your dog under control.* **6.** a check or restraint: *the control of population growth.* **7.** a standard of comparison in a scientific experiment. **8.** (*plural*) a system of knobs, levers, etc., for controlling a machine, etc. **9.** a place at or from which officials control or regulate an event or system: *send a message to control.* –**controllable** *adj.* –**controllability** /kəntroʊləˈbɪləti/ *n.* –**controller** *n.* –**controlment** *n.*

controversy /ˈkɒntrəvəsi, kənˈtrɒvəsi, ˈkɒntrəvəsi/ *n.* **-sies**. **1.** dispute, debate, or contention; disputation concerning a matter of opinion. **2.** a dispute or contention. –**controversial** /kɒntrəˈvɜʃəl/ *adj.*

contumely /ˈkɒntʃuməli, kənˈtjuməli/ *n.* **-lies**. insulting manifestation of contempt in words or actions; contemptuous or humiliating treatment. –**contumelious** /kɒntʃuˈmiliəs/ *adj.* –**contumeliously** /kɒntʃuˈmiliəsli/ *adv.* –**contumeliousness** /kɒntʃuˈmiliəsnəs/ *n.*

contuse /kənˈtjuz/ *v.t.* **-tused, -tusing.** *Pathology* to injure as by a blow with a blunt instrument, without breaking the skin; bruise. –**contusion** *n.* –**contusive** /kənˈtjusɪv/ *adj.*

conundrum /kəˈnʌndrəm/ *n.* **1.** a riddle the answer to which involves a pun or play on words. **2.** anything that puzzles.

conurbation /ˌkɒnɜˈbeɪʃən/ *n.* a large urban agglomeration formed by the growth and gradual merging of formerly separate towns.

convalesce /kɒnvəˈlɛs/ *v.i.* **-lesced, -lescing.** to grow stronger after illness; make progress towards recovery of health.

convalescence /kɒnvəˈlɛsəns/ *n.* **1.** the gradual recovery of health and strength after illness. **2.** the period during which one is convalescing. –**convalescent** *adj.*

convection /kənˈvɛkʃən/ *n.* **1.** *Physics* the transference of heat by the circulation or movement of the heated parts of a liquid or gas. **2.** *Meteorology* a mechanical process thermally produced involving the upward or downward transfer of a limited portion of the atmosphere. Convection is essential to the formation of many types of clouds. –**convectional** *adj.* –**convective** *adj.* –**convectively** *adv.*

convene /kənˈvin/ *v.* **-vened, -vening.** –*v.i.* **1.** to come together; assemble, usually for some public purpose. –*v.t.* **2.** to cause to assemble; convoke. **3.** to summon to appear, as before a judicial officer. –**convenor = convener** *n.*

convenience /kənˈviniəns/ *n.* **1.** the quality of being convenient; suitability. **2.** a situation of affairs or a time convenient for someone: *to await one's convenience.* **3.** advantage, as from something convenient: *a shelter for the convenience of travellers.* **4.** anything convenient; an advantage; an accommodation; a convenient appliance, utensil, or the like. **5.** (*euphemistic*) a water closet or urinal; lavatory.

convenient /kənˈviniənt/ *adj.* **1.** agreeable to the needs or purpose; well-suited with respect to facility or ease in use; favourable, easy, or comfortable for use. **2.** at hand; easily accessible. –**conveniently** *adv.*

convent /ˈkɒnvənt/ *n.* **1.** a community of persons, especially nuns, devoted to religious life under a superior. **2.** the building or buildings occupied by such a community. **3.** a nunnery. **4.** Also, **convent school.** a Roman Catholic school where children are taught by women religious.

convention /kənˈvɛnʃən/ *n.* **1.** a formal meeting or assembly, for discussion and action on particular matters. **2.** an agreement or contract. **3.** an international agreement, especially one dealing with a specific matter, as postal service, copyright, arbitration, etc. **4.** general agreement or consent; accepted usage, especially as a standard of operation.

conventional /kənˈvɛnʃənəl/ *adj.* **1.** conforming to or adhering to accepted standards, as of conduct or taste. **2.** relating to convention or general agreement; established by general consent or accepted

converge usage; arbitrarily determined: *conventional symbols*. **3.** formal, rather than spontaneous or original: *conventional phraseology*. **4.** *Law* resting on consent, express or implied. **5.** (of weapons, warfare, etc.) not chemical, biological, or nuclear. –**conventionalist** *n*. –**conventionally** *adv*.

converge /kən'vɜdʒ/ *v*. -**verged**, -**verging**. –*v.i.* **1.** to tend to meet in a point or line; incline towards each other, as lines which are not parallel. **2.** to tend to a common result, conclusion, etc. –*v.t.* **3.** to cause to converge. –**convergence** *n*.

conversant /kən'vɜsənt, 'kɒnvəsənt/ *adj*. familiar by use or study: *conversant with a subject*. –**conversance, conversancy** *n*. –**conversantly** *adv*.

conversation /kɒnvə'seɪʃən/ *n*. informal interchange of thoughts by spoken words; a talk or colloquy. –**conversationalist** *n*.

converse¹ /kən'vɜs/ *v.i.* -**versed**, -**versing**. (sometimes fol. by *with*) to talk informally with another; interchange thought by speech. –**converser** *n*.

converse² /'kɒnvɜs/ *adj*. **1.** turned about; opposite or contrary in direction or action. –*n*. **2.** a thing which is the opposite or contrary of another. –**conversely** /kɒn'vɜsli, 'kɒn-/ *adv*.

conversion /kən'vɜʒən, -vɜʃən/ *n*. **1.** the act or result of being converted. **2.** a change in character, form, or purpose. **3.** a change from one religion, political belief, etc., to another. **4.** *Mathematics* a change in the form or units of expression. **5.** *Rugby* **a.** the act of converting a try. **b.** the try so converted. **6.** *Physics* the process of changing fertile material into fissile material in a nuclear reactor. –**conversional, conversionary** *adj*.

convert /kən'vɜt/ *v*., /'kɒnvɜt/ *n*. –*v.t.* **1.** to change into something of different form or properties; transmute; transform. **2.** *Chemistry* to cause (a substance) to undergo chemical change: *to convert sugar into alcohol*. **3.** to cause to adopt a different religion, political belief, purpose, etc. **4.** *Rugby* to add a goal to (a try) by kicking the ball over the crossbar of the goalposts. **5.** to exchange for an equivalent: *to convert banknotes into gold*. –*n*. **6.** a person who has been converted, as to religion or opinion.

convertible /kən'vɜtəbəl/ *adj*. **1.** capable of being converted. **2.** (of a car) having a removable top. **3.** (of currency) capable of being exchanged at a fixed price. **4.** (of paper currency) capable of being exchanged for gold on demand to its full value at the issuing bank. –*n*. **5.** *Colloquial* a convertible car. –**convertibility** /kənvɜtə'bɪləti/, **convertibleness** *n*. –**convertibly** *adv*.

convex /'kɒnvɛks/ *adj*. (especially of optical lenses and mirrors) curved like a circle or sphere when viewed from without; bulging and curved. –**convexity** /kɒn'vɛksəti/ *n*. –**convexly** *adv*.

convey /kən'veɪ/ *v.t.* **1.** to carry or transport from one place to another. **2.** to lead or conduct as a channel or medium; transmit. **3.** to communicate; impart; make known. **4.** *Law* to transfer; pass the title to. –**conveyable** *adj*.

conveyance /kən'veɪəns/ *n*. **1.** the act of conveying; transmission; communication. **2.** a means of conveyance, especially a vehicle; a carriage, car, etc. **3.** *Law* **a.** the transfer of property from one person to another. **b.** the instrument or document by which this is effected.

conveyancing /kən'veɪənsɪŋ/ *n*. the branch of legal practice that consists of examining titles, giving opinions as to their validity, and preparing deeds, etc., for the conveyance of property from one person to another.

conveyor belt = conveyer belt *n*. a flexible band passing around two or more wheels, etc., used to transport objects from one place to another, especially in a factory.

convict /kən'vɪkt/ *v*., /'kɒnvɪkt/ *n*. –*v.t.* **1.** to prove or declare guilty of an offence, especially after a legal trial: *to convict the prisoner of a felony*. **2.** to impress with the sense of guilt. –*n*. **3.** a person proved or declared guilty of an offence. **4.** a person serving a prison sentence. **5.** (formerly) a person transported to the British colonies to serve out a prison sentence. –**convictive** *adj*.

conviction /kən'vɪkʃən/ *n*. **1.** the act of convicting. **2.** the fact or state of being convicted. **3.** the act of convincing. **4.** the state of being convinced. **5.** a fixed or firm belief. –**convictional** *adj*.

convince /kən'vɪns/ *v.t.* -**vinced**, -**vincing**. (sometimes fol. by *of*) to persuade by argument or proof; cause to believe in the truth of what is alleged: *to convince someone of their error*. –**convincement** *n*. –**convincer** *n*. –**convincible** *adj*. –**convincingly** *adv*. –**convincingness** *n*.

convivial /kən'vɪviəl/ *adj*. **1.** fond of feasting, drinking, and merry company; jovial. **2.** of or befitting a feast; festive. **3.** agreeable; sociable; merry. –**convivialist** *n*. –**conviviality** /kənvɪvi'æləti/ *n*. –**convivially** *adv*.

convocation /kɒnvə'keɪʃən/ *n*. **1.** the act of convoking. **2.** the fact or state of being convoked. **3.** a group of persons met in answer to a summons; an assembly. **4.** (*sometimes cap.*) an assembly of the graduates and friends of a university. –**convocational** *adj*.

convoke /kən'voʊk/ *v.t.* -**voked**, -**voking**. to call together; summon to meet; assemble by summons. –**convoker** *n*.

convolution /kɒnvə'luʃən/ *n*. **1.** a rolled up or coiled condition. **2.** a rolling or coiling together. **3.** a turn of anything coiled; whorl; sinuosity. –**convolute** *v*.

convolvulus /kən'vɒlvjələs/ *n*. -**luses** *or* -**li** /-li/. any plant of the genus *Convolvulus*, mostly of temperate regions, comprising erect, twining, or prostrate herbs with trumpet-shaped flowers; bindweed; morning glory.

convoy /'kɒnvɔɪ/ *v.t.* **1.** to accompany or escort, usually for protection: *The merchant ship was convoyed by a destroyer*. –*n*. **2.** the act of convoying. **3.** a protecting escort, as for ships or troops. **4.** a train of ships, vehicles, etc., travelling under escort.

convulse /kən'vʌls/ *v.t.* -**vulsed**, -**vulsing**. **1.** to shake violently; agitate. **2.** to cause to laugh violently. **3.** to cause to suffer violent muscular spasms; distort (the features) as by strong emotion. –**convulsive** *adj*.

convulsion /kən'vʌlʃən/ *n*. **1.** *Pathology* contortion of the body caused by violent muscular contractions of the extremities, trunk, and head. **2.** violent agitation or disturbance; commotion. **3.** a violent fit of laughter. –**convulsionary** *adj*.

coo /ku/ *v*. **cooed, cooing**, *n*. –*v.i.* **1.** to utter the soft, murmuring sound characteristic of pigeons or doves, or a similar sound. **2.** to murmur or talk fondly or amorously. –*v.t.* **3.** to utter by cooing. –*n*. **4.** a cooing sound. –**cooer** *n*. –**cooingly** *adv*.

cooba /'kubə/ *n*. any of several species of the genus *Acacia*, native to Australia, especially *A. salicina*, a pendulous and mainly riparian species. Also, **coobah, couba**.

cooee /'kui, ku'i/ *n*., *v*. **cooeed, cooeeing**. *Australian, NZ* –*n*. **1.** a prolonged clear call, the second syllable of which rises rapidly in pitch, used most frequently in the bush as a signal to attract attention. –*v.i.* **2.** to utter such a call. –*phr*. **3. within cooee**, within calling distance. **4. not within cooee**, far from achieving a given goal. Also, **cooey**.

cook /kuk/ *v.t.* **1.** to prepare (food) by the action of heat, as by boiling, baking, roasting, etc. **2.** to subject (anything) to the action of heat. **3.** *Colloquial* to ruin; spoil. *–v.i.* **4.** to prepare food by the action of heat. **5.** (of food) to undergo cooking. *–n.* **6.** someone who cooks. **7.** someone whose occupation is the preparation of food for the table. *–phr.* **8. cook someone's goose**, to frustrate or spoil someone's plans. **9. cook the books**, **a.** to falsify accounts. **b.** to falsify a result. **10. cook up**, *Colloquial* to concoct; invent falsely: *to cook up an excuse*. –**cookery** *n*.

Cooktown orchid /,- 'ɔkəd/ *n*. an attractive, purple orchid, *Dendrobium bigibbum*, found on rocks and trees in far northern Queensland; the floral emblem of Queensland.

cool /kul/ *adj*. **1.** moderately cold; neither warm nor very cold. **2.** imparting or permitting a sensation of moderate coldness: *a cool dress*. **3.** not excited; calm; unmoved; not hasty; deliberate; aloof. **4.** deficient in ardour or enthusiasm. **5.** lacking in cordiality: *a cool reception*. **6.** calmly audacious or impudent. **7.** (of colours) with green, blue, or violet predominating. **8.** *Colloquial* (of a number or sum) without exaggeration or qualification: *a cool thousand*. **9.** *Jazz* controlled, subtle, and relaxed. **10.** *Colloquial* smart; up-to-date; fashionable. **11.** *Colloquial* attractive; excellent. **12.** *Colloquial* all right; okay: *don't worry, it's cool*. *–n.* **13.** *Colloquial* composure. **14.** *Colloquial* detachment; rejection of involvement. **15.** *Colloquial* sophistication and stylishness: *the very essence of cool*. *–v.i.* **16.** to become cool. **17.** to become less ardent, cordial, etc.; become more moderate. *–v.t.* **18.** to make cool; impart a sensation of coolness to. **19.** to lessen the ardour or intensity of; allay; calm; moderate. *–interj.* **20.** *Colloquial* (an expression of agreement). *–phr.* **21. cool it**, *Colloquial* to control one's temper; calm down. **22. cool off** (or **down**), *Colloquial* to become calmer; become more reasonable. **23. cool one's heels**, to be kept waiting. **24. keep** (or **stay**) **cool**, *Colloquial* to refrain from losing one's temper or from panicking. **25. lose** (or **blow**) **one's cool**, *Colloquial* to become angry. **26. play it cool**, *Colloquial* to be cautious and shrewd; keep composure under difficult circumstances. **27. the cool**, that which is cool; the cool part, place, time, etc. –**coolly** *adv*. –**coolness** *n*.

coolabah /'kuləba/ *n*. → **coolibah**.

coolant /'kulənt/ *n*. **1.** a substance, usually a liquid or gas, used to reduce the temperature of a system below a specified value by conducting away the heat evolved in the operation of the system, as the liquid in a car cooling system. The coolant may be used to transfer heat to a power generator, as in a nuclear reactor. **2.** a lubricant which serves to dissipate the heat caused by friction.

cooler /'kulə/ *n*. **1.** a container or apparatus for cooling or keeping cool: *a water-cooler*. **2.** anything that cools or makes cool; refrigerant. **3.** *Colloquial* prison.

coolibah /'kuləbə/ *n*. a species of eucalypt, *Eucalyptus microtheca*, common in the Australian inland and usually associated with areas subject to occasional inundation. Also, **coolabah**.

coolie /'kuli/ *n*. **1.** (in India, China, etc.) an unskilled native labourer. **2.** (elsewhere) such a labourer employed for cheap service.

cooling-off period *n*. **1.** a period during which opponents or contestants stand back from their conflict in the hope of calming their emotions. **2.** a period in which a person may legally back out of a financial agreement.

cool safe *n*. *Australian, NZ* a cabinet, for the storage of perishable foodstuffs, which allows a breeze to blow through wet fabric, such as hessian, thus reducing the temperature inside.

co-op /'kou-ɒp/ *n*. a cooperative shop, store, or society.

coop /kup/ *n*. **1.** an enclosure, cage, or pen, usually with bars or wires on one side or more, in which fowls, etc., are confined for fattening, transportation, etc. *–v.t.* **2.** to place in, or as in, a coop; confine narrowly. *–phr.* **3. coop up**, to confine in narrow quarters, as in a coop. **4. fly the coop**, *Colloquial* to escape from a prison, etc.

cooper /'kupə/ *n*. someone who makes or repairs vessels formed of staves and hoops, such as casks, barrels, tubs, etc.

cooperate /kou'ɒpəreɪt/ *v.i.* **-rated, -rating**. **1.** to work or act together or jointly; unite in producing an effect. **2.** to practise economic cooperation. Also, **co-operate**. –**cooperation** *n*. –**cooperator** *n*.

cooperative /kou'ɒpərətɪv, -'ɒprətɪv/ *adj*. **1.** cooperating. **2.** showing a willingness to cooperate; helpful. **3.** relating to economic cooperation: *a cooperative farm*. *–n.* **4.** a cooperative society or shop. **5.** a cooperative farm. –**cooperatively** *adv*. –**cooperativeness** *n*.

cooperative society *n*. a business undertaking owned and controlled by its members, and formed to provide them with work or with goods at advantageous prices; a **consumers' cooperative** is owned by its customers, and **producers' cooperative** by its workers.

coopt /kou'ɒpt/ *v.t.* to elect into a body by the votes of the existing members. Also, **co-opt**. –**cooption** /kou'ɒpʃən/, **cooptation** *n*. –**cooptative** *adj*.

coordinate /kou'ɔdənət, -neɪt/ *adj., n.*; /kou'ɔdəneɪt/ *v.t.* **-nated, -nating**. *–v.t.* **1.** to place or arrange in due order or proper relative position; combine harmoniously: *to coordinate the work of different people; He must learn to coordinate his hands on the piano*. *–v.i.* **2.** to go together with; match. **3.** to act or work together with; cooperate. *–adj.* **4.** equal in rank or importance; matching. **5.** *Mathematics* using or having to do with systems of coordinates. *–n.* **6.** an equal. **7.** (*often plural*) clothes that match or go together. **8.** *Mathematics* any of the magnitudes which define the position of a point, line, etc., by reference to a fixed figure, system of lines, etc. –**coordinately** *adv*. –**coordinateness** *n*. –**coordination** *n*. –**coordinative** *adj*. –**coordinator** *n*.

coot /kut/ *n*. **1.** any of the aquatic birds of the genus *Fulica* characterised by lobate toes and short wings and tail, such as the Australian coot, *Fulica atra*, a large black bird with a white frontal shield and bill. **2.** Also, **bald coot**. → **swamphen**. **3.** any of various other swimming and diving birds, such as the scoter. **4.** *Colloquial* a fool; simpleton. **5.** *Colloquial* a man.

cop /kɒp/ *n., v.* **copped copping**. *Colloquial* *–n.* **1.** a police officer. **2.** an arrest; a state of being caught. *–v.t.* **3.** to steal. **4.** to receive in payment. **5.** to accept resignedly; put up with: *would you cop a deal like that?* **6.** to be allotted; receive: *she copped more than her fair share*. **7.** to take a look at (something arresting): *cop that poster over there*. *–phr.* **8. a sure cop**, something certain. **9. a sweet cop**, an easy job. **10. cop a load**, to contract venereal disease. **11. cop it**, to be punished. **12. cop it sweet**, *Australian* **a.** to be fortunate; enjoy easy living. **b.** to accept something unpleasant, as a punishment, an unfair ruling, etc., without complaint. **13. cop out**, **a.** to fail to do something which one had a responsibility to do; evade responsibility. **b.** to fail completely. **14. cop the lot**, to bear the brunt of some misfortune. **15. cop this**, (a verbal accompani-

cope ment of an act of aggression): *cop this, you bastard!* **16. cop you later**, (an expression of farewell). **17. not much cop**, not worthwhile.

cope¹ /koʊp/ *v.i.* **coped, coping**. (sometimes fol. by *with*) to be able to deal effectively with a situation, especially one that presents difficulties: *he's not coping well on his own with the children.*

cope² /koʊp/ *n.* **1.** a long mantle of silk or other material worn by ecclesiastics over the alb or surplice in processions and on other occasions. **2.** any cloak-like or canopy-like covering.

copha /'koʊfə/ *n. Australian* a white waxy solid derived from coconut flesh, a form of purified coconut oil, used as a shortening agent especially in refrigerator biscuits; coconut butter. Also, **copha butter**.

coping /'koʊpɪŋ/ *n.* the uppermost course of a wall or the like, usually made sloping so as to carry off water.

copious /'koʊpiəs/ *adj.* **1.** large in quantity or number; abundant. **2.** having or yielding an abundant supply. **3.** exhibiting abundance or fullness, as of thoughts or words. **–copiously** *adv.* **–copiousness** *n.*

cop-out /'kɒp-aʊt/ *n. Colloquial* an easy way out of a situation of embarrassment or responsibility.

copper¹ /'kɒpə/ *n.* **1.** *Chemistry* a reddish-brown malleable, ductile metallic element. Symbol: Cu (for Latin *cuprum*); *at. no.*: 29; *relative atomic mass*: 63.54. **2.** a copper coin, as the English penny or the US cent. **3.** a container made of copper. **4.** a large vessel (formerly of copper) for boiling clothes. **5.** a metallic reddish-brown colour. *–v.t.* **6.** to cover or coat with copper. *–adj.* **7.** made of copper. **8.** copper-coloured. **9.** relating to copper: *copper smelting.*

copper² /'kɒpə/ *n. Colloquial* a police officer.

copperhead /'kɒpəhɛd/ *n.* **1.** a bulky, marsh-dwelling venomous Australian snake, *Denisonia superba*, brown to black above with a coppery red band behind the head, and reaching about two metres in length. **2.** a venomous snake, *Ancistrodon contortrix*, of the US, having a copper-coloured head and reaching a length of about one metre.

copperplate /'kɒpəpleɪt/ *n.* **1.** a plate of polished copper on which writing, a picture, or a design is made by engraving or etching. **2.** a print or impression from such a plate. **3.** an engraving or printing of this kind. **4.** a formal, rounded, heavily sloping style of handwriting, formerly much used in engravings. *–adj.* **5.** (of handwriting) sloping, rounded and formal; in the style of copperplate.

coppice /'kɒpəs/ *n.* Also, **copse**. a wood, thicket, or plantation of small trees or bushes. *–v.t.* **2.** to cut, as eucalyptus trees, to encourage numerous slender trunks to regenerate from the rootstock.

copra /'kɒprə/ *n.* the dried kernel or meat of the coconut, from which coconut oil is pressed.

copro- a prefix meaning 'dung' or 'excrement', as in *coprophobia*.

coprosma /kə'prɒzmə/ *n.* any member of the very large genus *Coprosma* of South-East Asia and the Pacific, especially *C. lucida*, native to New Zealand, often grown as a hedge plant for its glossy leaves.

copse /kɒps/ *n.* → **coppice** (def. 1).

cop shop *n. Colloquial* a police station.

copula /'kɒpjələ/ *n.* **-lae** /-li/. **1.** something that connects or links together. **2.** *Grammar* a verb that does little more than connect the subject with the predicative complement, including *be* as well as others such as *seem* and *become*, which make the complement a current or resulting attribute, and cannot be used intransitively with the same meaning. **3.** *Logic* a word or words used to connect the subject with the predicate of a proposition. **–copular** *adj.*

copulate /'kɒpjuleɪt/ *v.i.* **-lated, -lating**. to unite in sexual intercourse. **–copulation** *n.* **–copulative** *adj.*

copy /'kɒpi/ *n.* **copies**, *v.* **copied, copying**. *–n.* **1.** something made to be exactly like another: *we need four copies of the letter.* **2.** one of the various examples of the same book, magazine, etc. **3.** written, typed, or printed matter, or artwork, intended to be printed. *–v.t.* **4.** to make a thing exactly like another; transcribe; reproduce: *to copy a set of figures.* **5.** to follow as a pattern or model; imitate: *she copied her sister in everything.* *–v.i.* **6.** to make a copy or copies. **7.** to use unfairly another person's written work: *James is always copying from me in history class.*

copybook /'kɒpibʊk/ *n.* **1.** a book in which copies are written or printed for learners to imitate. **2.** *US* a book for or containing copies, as of documents. *–adj.* **3.** according to the rules; excellent; conforming to established principles. *–phr.* **4. blot one's copybook**, to spoil, damage, or destroy one's reputation or record.

copyedit /'kɒpi,ɛdət/ *v.t.* to correct, style, and mark up copy (def. 3) to make it ready for printing. **–copyeditor** *n.*

copyright /'kɒpiraɪt/ *n.* the exclusive right, granted by law for a certain term of years, to make and dispose of copies of, and otherwise to control, a literary, musical, dramatic, or artistic work. **–copyrightable** *adj.* **–copyrighter** *n.*

copywriter /'kɒpiraɪtə/ *n.* a writer of copy for advertisements or publicity releases.

coquette /koʊ'kɛt, kɒ'kɛt/ *n.* a woman who tries to gain the admiration and affections of men for mere self-gratification; a flirt. **–coquettish** *adj.* **–coquettishly** *adv.* **–coquettishness** *n.*

cor- variant of **com-** before *r*, as in *corrupt*.

coral /'kɒrəl/ *n.* **1.** the hard, limy skeletons of small marine animals, the individual polyps of which come forth by budding. **2.** such skeletons collectively, forming reefs, islands, etc. **3.** an individual coral animal. **4.** a pinkish or reddish-orange colour. *–adj.* **5.** made of coral: *a coral reef*; *a coral necklace.* **6.** like coral, especially in colour: *a coral dress.*

coral reef *n.* a reef or bank formed by the growth and deposit of coral polyps.

coral snake *n.* a small, venomous but unaggressive snake, *Brachyurophis australis*, of eastern Australia, red with distinctive black and yellow banding.

coral tree *n.* any of several species of *Erythrina*, tropical trees of the family Fabaceae, cultivated for their showy red or orange flowers.

cor anglais /kɔr 'ɒŋgleɪ/ *n.* the alto of the oboe family, richer in tone and a fifth lower than the oboe; English horn.

cord /kɔd/ *n.* **1.** a string or small rope made of several strands twisted or woven together. **2.** → **flex¹**. **3.** *Anatomy* a cord-like structure: *the spinal cord.* **4. a.** a cord-like rib on the surface of cloth. **b.** a ribbed fabric, especially corduroy. **5.** any influence acting as a tie or bond on someone: *tied by a cord of family love.* *–v.t.* **6.** to bind or fasten with cords. **–corded** *adj.*

cordate /'kɔdeɪt/ *adj.* heart-shaped, as a shell. **–cordately** *adv.*

cordial /'kɔdiəl/ *adj.* **1.** hearty; warmly friendly. **2.** invigorating the heart; stimulating. **3.** a sweet, flavoured, concentrated syrup to be mixed with water as a drink. **4.** *Australian* → **soft drink**. **–cordially** *adv.* **–cordialness**, **cordiality** /kɔdi'ælətɪ/ *n.*

cordillera /kɔdɪl'jeərə/ *n.* a series of more or less parallel ranges of mountains together with the intervening plateaux and basins. –**cordilleran** *adj.*

cordon /'kɔdn/ *n.* **1.** a cord or braid worn for ornament or as a fastening. **2.** a ribbon worn, usually diagonally across the breast, as a badge of a knightly or honorary order. **3.** a line of sentinels, military posts, or the like, enclosing or guarding a particular area. –*phr.* **4. cordon off**, to enclose or cut off with a cordon.

corduroy /'kɔdʒərɔɪ, 'kɔdərɔɪ/ *n.* **1.** a cotton pile fabric with lengthwise cords or ridges. **2.** (*plural*) trousers made of this. –*adj.* **3.** of or like corduroy.

core /kɔ/ *n., v.* **cored, coring.** –*n.* **1.** the central part of a fleshy fruit. **2.** the central, innermost, or most important part of anything: *the core of a curriculum.* **3.** a cylinder of rock, soil, etc., cut out by boring. **4.** *Electricity* a piece of iron, bunch of iron wires, etc., forming the central or inner part of an electromagnet, induction coil, etc. **5.** *Physics* the inner part of a nuclear reactor consisting of the fuel and the moderator. **6.** *Geology* the central mass of the earth, inside the mantle. –*v.t.* **7.** to remove the core of (fruit). **8.** to cut from the central part. –**coreless** *adj.*

co-respondent /koʊ-rə'spɒndənt/ *n.* the person alleged to have committed adultery with the respondent in a suit for divorce (no longer legally relevant in many jurisdictions).

core time *n.* the part of the working day during which one must be at one's place of work. See **flexitime**.

corgi /'kɔgi/ *n.* a dog of either of two ancient Welsh breeds, having short legs, squat body, and erect ears, the **Cardigan** variety having a long tail and the **Pembroke** a short tail. Also, **Welsh corgi**.

coriander /kɒri'ændə/ *n.* **1.** a herbaceous plant, *Coriandrum sativum*, with aromatic seedlike fruit (**coriander seeds**) used in cookery and medicine. **2.** the fruit or seeds.

cork /kɔk/ *n.* **1.** the outer bark of the cork oak, used for making stoppers of bottles, floats, etc. **2.** something made of cork. **3.** a piece of cork, or other material (as rubber), used as a stopper for a bottle, etc. **4.** a small float to buoy up a fishing line or to indicate when a fish bites. –*v.t.* **5.** to provide or fit with cork or a cork. **6.** Also, **cork up**, to stop with, or as with, a cork. –*phr.* **7. put a cork in it**, *Colloquial* to be quiet; cease to talk. –**corklike** *adj.* –**corky** *adj.*

corkage /'kɔkɪdʒ/ *n.* a charge made by a restaurant, etc., for serving liquor not supplied by the house, but brought in by the customers.

corker /'kɔkə/ *n. Colloquial* **1.** something striking or astonishing. **2.** something very good of its kind.

corkscrew /'kɔkskru/ *n.* **1.** an instrument consisting of a metal spiral with a sharp point and a transverse handle, used to draw corks from bottles. –*adj.* **2.** resembling a corkscrew; helical; spiral. –*v.t.* **3.** to cause to move in a spiral or zigzag course. –*v.i.* **4.** to move in such a course.

corkscrew grass *n.* any of the many species of *Stipa*, found in Australian grasslands, bearing long, spirally twisted awns; spear grass.

corkwood /'kɔkwʊd/ *n.* any of various trees with light and porous wood or corky bark, especially *Erythrina vespertilio* and species of the genus *Duboisia*.

cormorant /'kɔmərənt/ *n.* **1.** any bird of the family Phalacrocoracidae, comprising large, voracious, web-footed waterbirds with a long neck and a pouch under the beak in which captured fish are held, as *Phalacrocorax carbo*, a common species of America, Europe, and Asia. **2.** a greedy or rapacious person.

corn¹ /kɔn/ *n.* **1.** the seed of various grain plants, especially wheat in England, oats in Scotland and Ireland, and maize in North America and Australia. **2.** a grain plant. **3.** a single seed of the grain plants. **4.** *Colloquial* a trite or sentimental writing or style. –*v.t.* **5.** to preserve with salt or pickle in brine: *corned beef*. –**corned** *adj.*

corn² /kɔn/ *n.* **1.** a horny induration or callosity of the epidermis, usually with a central core, caused by undue pressure or friction, especially on the toes or feet. –*phr.* **2. tread on someone's corns**, to hurt someone's feelings.

corn chip *n.* a chip (def. 3b) made from processed corn.

corncob /'kɔnkɒb/ *n.* the elongated woody core in which the grains of an ear of maize are embedded.

cornea /'kɔniə/ *n.* **-neas** /-niəz/ *or* **-neae** /-nii/. *Anatomy* the transparent anterior part of the external coat of the eye, covering the iris and the pupil, and continuous with the sclera. –**corneal** *adj.*

corner /'kɔnə/ *n.* **1.** the meeting place of two or three converging lines or surfaces. **2.** the space between two or three converging lines or surfaces near their intersection; angle. **3.** a projecting angle of a solid object: *I bumped my head on the corner of the cupboard.* **4.** the place where two streets meet. **5.** an end; margin; edge. **6.** an awkward or embarrassing position, especially one from which escape is impossible. **7.** *Finance* a monopolising or a monopoly of the available supply of a stock or commodity, to a point permitting control of price. **8.** a region or quarter, especially if considered remote: *all the corners of the earth.* **9.** a piece to protect the corner of anything. **10.** *Soccer, Hockey, etc.* a free kick or hit from the corner of the field taken by the attacking side when the ball has crossed the goal line after last being touched by a member of the defending side. **11.** *Boxing* the space between the junction of two of the ropes, where the contestants rest between rounds. –*v.t.* **12.** to furnish with corners. **13.** to place in or drive into a corner. **14.** to force into an awkward or difficult position, or one from which escape is impossible. **15.** to gain a monopoly in (a market, supply, stock, etc.). **16.** *Surfing* to stay on the shoulder of (a wave). –*v.i.* **17.** to form a corner in a stock or commodity. **18.** to turn a corner in a motor vehicle, especially at speed. –*adj.* **19.** situated at a junction of two roads. **20.** made to be fitted or used in a corner. –*phr.* **21. cut corners**, **a.** to take short cuts. **b.** to bypass an official procedure, or the like. **22. cut off a corner**, to take a short cut. **23. get one's corner**, *Colloquial* to obtain one's share. **24. turn the corner**, to begin to get well; improve. **25. round the corner**, very close; within walking distance.

cornerstone /'kɔnəstoʊn/ *n.* **1.** a stone which lies at the corner of two walls, and serves to unite them. **2.** a stone built into a corner of the foundation of an important edifice as the actual or nominal starting point in building, usually laid with formal ceremonies, and often hollowed out and made the repository of documents, etc. **3.** something or someone of prime or fundamental importance.

cornet /'kɔnət/ *n.* **1.** a wind instrument of the trumpet class, with valves or pistons. **2.** a player of a cornet in an orchestra. **3.** an organ stop. **4.** a cone, as for ice-cream.

cornflour /'kɔnflaʊə/ *n.* a starch, or a starchy flour made from maize, rice, or other grain, used as a thickening agent in cookery.

cornice /'kɔnəs/ *n., v.* **-niced, -nicing.** –*n.* **1.** *Architecture* **a.** a horizontal moulded projection which crowns or finishes a wall, building, etc. **b.** the uppermost division of an entablature, resting

cornstalk

on the frieze. **2.** an overhanging crest of snow. **3.** the moulding or mouldings between the walls and ceiling of a room. **4.** any of the various other ornamental horizontal mouldings or bands, as for concealing hooks or rods from which curtains are hung or for supporting picture hooks. –*v.t.* **5.** to furnish or finish with, or as with, a cornice.

cornstalk /ˈkɔnstɔk/ *n.* **1.** the stalk or stem of corn. **2.** *Colloquial* a tall, thin person.

cornucopia /ˌkɔnjəˈkoupiə/ *n.* **1.** the mythical horn of the goat Amalthaea, which suckled Zeus, represented as overflowing with flowers, fruit, etc., and symbolising plenty. **2.** an overflowing supply. **3.** a horn-shaped or conical receptacle or ornament. **–cornucopian** *adj.*

corny /ˈkɔni/ *adj.* **-nier, -niest. 1.** *Colloquial* old-fashioned; lacking subtlety. **2.** *Colloquial* sentimental; mawkish and of poor quality. **3.** of or abounding in corn.

corolla /kəˈrɒlə/ *n. Botany* the internal envelope or floral leaves of a flower, usually of delicate texture and of some colour other than green; the petals considered collectively.

corollary /kəˈrɒləri/ *n.* **-ries. 1.** an immediate or easily drawn consequence. **2.** a natural consequence or result.

corona /kəˈroʊnə/ *n.* **-nas** or **-nae** /-ni/. **1.** a white or coloured circle of light seen round a luminous body, especially the sun or moon (in meteorology, restricted to those circles due to the diffraction produced by thin clouds or mist). **2.** a type of circular chandelier, suspended from the roof of a church. **3.** *Anatomy* the upper portion or crown of a part, as of the head. **4.** *Botany* a crownlike appendage, especially one on the inner side of a corolla, as in the narcissus. **5.** *Electricity* a discharge, frequently luminous, at the surface of a conductor, or between two conductors of the same transmission line, accompanied by ionisation of the surrounding atmosphere and power loss.

coronary /ˈkɒrənri/ *adj.* **1.** of or like a crown. **2.** *Anatomy* **a.** encircling like a crown, as certain blood vessels. **b.** relating to the arteries which supply the heart tissues and which originate in the root of the aorta. –*n.* **3.** a heart attack.

coronary heart disease *n. Pathology* a heart condition caused by atherosclerosis of the coronary arteries which can result in a heart attack.

coronary thrombosis *n. Pathology* the occlusion of a coronary arterial branch by a blood clot within the vessel, usually at a site narrowed by arteriosclerosis.

coronation /kɒrəˈneɪʃən/ *n.* the act or ceremony of investing a monarch, etc., with a crown.

coroner /ˈkɒrənə/ *n.* an officer, as of a county or municipality, whose chief function is to investigate by inquest (often before a **coroner's jury**) any death not clearly due to natural causes. **–coronership** *n.* **–coronial** *adj.*

coronet /ˈkɒrənət/ *n.* **1.** a small or inferior crown. **2.** an insignia for the head, worn by peers or members of nobility. **3.** a crownlike ornament for the head, as of gold or jewels. **4.** the lowest part of the pastern of a horse, just above the hoof.

corpora /ˈkɔpərə/ *n.* a plural of **corpus**.

corporal /ˈkɔpərəl/ *adj.* **1.** of the human body; bodily; physical: *corporal pleasure.* **2.** personal: *corporal possession.* **3.** *Zoology* of the body proper (as distinguished from the head and limbs). **–corporality** *n.* **–corporally** *adv.*

corporate /ˈkɔpərət, -prət/ *adj.* **1.** forming a corporation. **2.** of a corporation. **3.** united in one body. **4.** relating to a united body, as of persons. **–corporately** *adv.*

corporate raider *n.* someone who purchases large parts of a company's shares, thus appearing to threaten a takeover, but in reality hoping to profit by the shares' increase in value when the company or its associates react by attempting to secure control.

corporation /kɔpəˈreɪʃən/ *n.* **1.** an association of individuals, created by law or under authority of law, having a continuous existence irrespective of that of its members, and powers and liabilities distinct from those of its members. **2.** any group of persons united, or regarded as united, in one body.

corporeal /kɔˈpɔriəl/ *adj.* **1.** of the nature of the physical body; bodily. **2.** of the nature of matter; material; tangible: *corporeal property*. **–corporeality, corporealness** *n.* **–corporeally** *adv.*

corps /kɔ/ *n.* **corps** /kɔz/. **1.** a military unit of ground combat forces consisting of two or more divisions and other troops. **2.** a group of persons associated or acting together.

corpse /ˈkɔps/ *n.* a dead body, usually of a human being.

corpulent /ˈkɔpjələnt/ *adj.* large or bulky of body; portly; stout; fat. **–corpulence** *n.* **–corpulently** *adv.*

corpus /ˈkɔpəs/ *n.* **-puses** or **-pora** /-pərə/. **1.** the body of a human or animal. **2.** *Anatomy* any of various bodies, masses, or parts of special character or function. **3.** a large or complete collection of writings, laws, etc. **4.** the main part; the bulk.

corpuscle /ˈkɔpʌsəl, ˈkɔpəsəl/ *n.* **1.** *Physiology* one of the minute bodies which form a constituent of the blood (**blood corpuscles**, both red and white), the lymph (**lymph corpuscles**, white only), etc. **2.** a minute body forming a more or less distinct part of an organism. **3.** a minute particle. Also, **corpuscule** /kɒˈpʌskjul/. **–corpuscular** /kəˈpʌskjələ/ *adj.*

corpus delicti /ˌkɔpəs dəˈlɪktaɪ/ *n.* **1.** the body of essential facts constituting a criminal offence. **2.** *Colloquial* (*humorous*) a shapely young woman.

correa /ˈkɒriə/ *n.* any shrub of the genus *Correa*, with large, showy, green-to-white flowers.

correct /kəˈrɛkt/ *v.t.* **1.** to set right; remove the mistakes or faults of: *Susan corrected her sums in class; to correct the wheel alignment.* **2.** to point out the errors in: *to correct someone's manners; to correct someone's pronunciation.* **3.** to scold (a child, etc.) in order to improve behaviour. **4.** to counteract the working or effect of (something hurtful). **5.** *Physics* to change or adjust so as to make conform with a standard or some desired condition: *to correct a reading to allow for zero error, atmospheric pressure, etc.* –*adj.* **6.** agreeing in fact or truth; free from error, accurate: *a correct statement.* **7.** agreeing with an accepted standard; proper: *correct behaviour.* **–correctly** *adv.* **–correctness** *n.* **–corrector** *n.*

correction /kəˈrɛkʃən/ *n.* **1.** the act of correcting. **2.** something that is substituted or proposed for what is wrong; an emendation. **3.** punishment; chastisement; discipline; reproof. **–correctional** *adj.*

correlate /ˈkɒrəleɪt/ *v.* **-lated, -lating,** *n.* –*v.t.* **1.** to place in or bring into mutual or reciprocal relation; establish in orderly connection. –*v.i.* **2.** to have a mutual or reciprocal relation; stand in correlation. –*n.* **3.** either of two related things, especially when one implies the other.

correlation /kɒrəˈleɪʃən/ *n.* **1.** mutual relation of two or more things, parts, etc. **2.** *Statistics* the degree of relationship of two attributes or measurements on the same group of elements.

correspond /kɒrəˈspɒnd/ *v.i.* **1.** (sometimes fol. by *with*) to be in agreement or conformity: *his words and actions do not correspond.* **2.** (sometimes fol. by *to*) to be similar or analogous; be equivalent

correspondence in function, position, amount, etc. **3.** to communicate by exchange of letters. **–correspondingly** *adv.*

correspondence /kɒrə'spɒndəns/ *n.* **1.** the act or fact of corresponding. **2.** relation or similarity or analogy. **3.** agreement; conformity. **4.** communication by exchange of letters. **5.** letters that pass between correspondents.

correspondent /kɒrə'spɒndənt/ *n.* **1.** someone who communicates by letters. **2.** a person employed to contribute news, etc., regularly from a distant place. **3.** one who has regular business relations with another, especially at a distance. **4.** a thing that corresponds to something else. *–adj.* **5.** matching. **–correspondently** *adv.*

corridor /'kɒrədɔ/ *n.* **1.** a gallery or passage connecting parts of a building. **2.** a passage into which several rooms or apartments open. **3.** a passageway on one side of a railway carriage into which the compartments open. **4.** a narrow tract of land forming a passageway, such as one belonging to an inland country and affording an outlet to the sea: *the Polish Corridor. –adj.* **5.** (of a building) designed with a series of rooms opening off a central passage way, as a corridor school.

corrigendum /kɒrə'dʒɛndəm/ *n.* **-genda** /-dʒɛndə/. **1.** an error to be corrected, especially an error in print. **2.** (*plural*) a list of corrections of errors in a book, etc.

corroborate /kə'rɒbəreɪt/ *v.t.* **-rated, -rating.** to make more certain; confirm. **–corroboration** *n.* **–corroborative** /kə'rɒbərətɪv/, **corroboratory** /kə'rɒbərətri/ *adj.* **–corroboratively** *adv.* **–corroborator** *n.*

corroboree /kə'rɒbəri/ *n.* an Aboriginal assembly of sacred, festive, or warlike character.

corrode /kə'roʊd/ *v.* **-roded, -roding.** *–v.t.* **1.** to eat away gradually as if by gnawing. **2.** *Chemistry* to eat away the surface of a solid, especially of metals, by chemical action. **3.** to impair; deteriorate: *jealousy corroded his whole being. –v.i.* **4.** to become corroded, as by oxidisation. **–corrosion** *n.* **–corrosive** *adj.* **–corrodible** *adj.*

corrugate /'kɒrəgeɪt/ *v.* **-gated, -gating.** *–v.t.* **1.** to draw or bend into folds or alternate furrows and ridges. *–v.i.* **2.** to wrinkle, as the skin, etc.

corrupt /kə'rʌpt/ *adj.* **1.** dishonest; guilty of dishonesty, especially involving bribery: *a corrupt judge.* **2.** of low character; wicked; evil. **3.** infected or rotting. **4.** inaccurate; containing mistakes or changes: *a corrupt text of Shakespeare.* **5.** *Computers* (of data or programs) damaged by errors or electrical interference. *–v.t.* **6.** to make dishonest, disloyal, or unfair, especially by bribery. **7.** to lower the morals of. **8.** to infect, spoil or rot. **9.** to change (a language, text, etc.) for the worse; debase. **10.** *Computers* to cause the unintentional alteration or mutilation of (data or programs) in processing, storing or transmission. **–corruptible** *adj.* **–corrupter** *n.* **–corruptness** *n.* **–corruptive** *adj.* **–corruptly** *adv.*

corruption /kə'rʌpʃən/ *n.* **1.** the act or result of corrupting. **2.** the condition of being corrupt; depravity. **3.** bribery. **4.** decay.

corsage /kɔ'saʒ/ *n.* **1.** the body or waist of a dress; bodice. **2.** a small bouquet worn by a woman at the waist, on the shoulder, etc.

corset /'kɔsət/ *n.* (*often plural*) a shaped, close-fitting inner garment stiffened with whalebone or the like and capable of being tightened by lacing, enclosing the trunk and extending for a distance above and below the waistline, worn (chiefly by women) to give shape and support to the body; stays.

cortege /kɔ'tɛʒ, -'teɪʒ/ *n.* **1.** a train of attendants; retinue. **2.** a procession. Also, **cortège.**

cortex /'kɔtɛks/ *n.* **-tices** /-təsɪz/. **1.** *Botany* the portion of the stem between the epidermis and the vascular tissue; bark. **2.** *Anatomy, Zoology* **a.** the rind of an organ, such as the outer wall of the kidney. **b.** the layer of grey matter which invests the surface of the cerebral hemispheres and the cerebellum.

cortisone /'kɔtəzoʊn/ *n.* a hormone from the adrenal cortex originally obtained by extraction from animal glands, now prepared synthetically from *Strophanthus* or other plants; used in the treatment of arthritic ailments and many other diseases.

corundum /kə'rʌndəm/ *n.* a common mineral, aluminium oxide, Al_2O_3, notable for its hardness. Transparent varieties, including the ruby and sapphire, are prized gems; translucent varieties are used as abrasives.

coruscate /'kɒrəskeɪt/ *v.i.* **-cated, -cating.** to emit vivid flashes of light; sparkle; gleam.

corvette /kɔ'vɛt/ *n.* a small, lightly armed, fast vessel, used mostly for convoy escort, ranging between a destroyer and a gunboat in size.

cos[1] /kɒs/ *n.* a kind of lettuce, with erect oblong heads and generally crisp leaves. Also, **cos lettuce.**

cos[2] /kɒz/ *n. Mathematics* → **cosine.**

cosech /'koʊsɛʃ/ *n. Mathematics* hyperbolic cosecant. See **hyperbolic functions.**

cosh /kɒʃ, kɒz'eɪtʃ/ *n. Mathematics* hyperbolic cosine. See **hyperbolic functions.**

cosine /'koʊsaɪn/ *n. Mathematics* the sine of the complement of a given angle. *Abbrev.:* cos

cosmetic /kɒz'mɛtɪk/ *n.* **1.** a preparation for beautifying the complexion, skin, etc. *–adj.* **2.** serving to beautify; imparting or improving beauty, especially of the complexion. **3.** designed to effect a superficial alteration while keeping the basis unchanged. **–cosmetician** *n.* **–cosmetically** *adv.*

cosmic /'kɒzmɪk/ *adj.* **1.** having to do with the cosmos: *cosmic philosophy.* **2.** characteristic of the cosmos or its phenomena; immeasurably extended in time and space; vast. **3.** forming a part of the material universe, especially outside of the earth. **–cosmically** *adv.*

cosmo- a word element representing **cosmos.**

cosmonaut /'kɒzmənɔt/ *n.* → **astronaut.**

cosmopolitan /kɒzmə'pɒlətən/ *adj.* **1.** belonging to all parts of the world; not limited to one part of the social, political, commercial, or intellectual world. **2.** *Botany, Zoology* widely distributed over the globe. **3.** free from local, provincial, or national ideas, prejudices, or attachments; at home all over the world. *–n.* **4.** someone who is free from provincial or national prejudices. **–cosmopolitanism** *n.*

cosmos /'kɒzmɒs/ *n.* **1.** the physical universe. **2.** the world or universe as an embodiment of order and harmony (as distinguished from *chaos*). **3.** a complete and harmonious system.

cosset /'kɒsət/ *v.t.* to treat as a pet; pamper; coddle.

cossie /'kɒzi/ *n. Colloquial* → **swimming costume.** Also, **cozzie.**

cost /kɒst/ *n., v.* **cost** *orfor defs 7 and 8* **costed, costing.** *–n.* **1.** the price paid to acquire, produce, accomplish, or maintain anything: *the cost of a new car is very high.* **2.** a sacrifice, loss, or penalty. **3.** (*plural*) *Law* the sums which the successful party is usually entitled to recover for reimbursement of particular expenses incurred in the litigation. **4.** (*plural*) *Law* the charges which a solicitor is entitled to make and recover from the client as remuneration for professional services. *–v.t.* **5.** to require the expenditure of (money, time, labour, etc.) in exchange, purchase, or payment; be of the price of; be acquired in return for: *it cost 50 cents.* **6.** to result in a particular sacrifice, loss, or penalty: *it may cost him his life.* **7.** to estimate or determine the cost of. *–v.i.* **8.** to estimate or determine costs. *–phr.* **9. at all costs** or **at any cost**, regardless of the cost. **10. at the cost of**, incurring the loss of. **–costless** *adj.*

costal /'kɒstl/ *adj.* having to do with the ribs or the side of the body: *costal nerves.*

cost-effective /'kɒst-ə,fɛktɪv/ *adj.* offering profits deemed to be satisfactory in view of the costs involved.

costly /'kɒstli/ *adj.* **-lier, -liest.** costing much; of great price or value. **–costliness** *n.*

costo- a word element meaning 'rib', as in *costoscapular.*

cost of living *n.* the average retail prices of food, clothing, and other necessities paid by a person, family, etc., in order to live at their usual standard.

cost-plus /kɒst-'plʌs/ *n.* the cost of production plus an agreed rate of profit (often used as a basis of payment in government contracts).

cost price *n.* **1.** the price at which a merchant buys goods for resale. **2.** the cost of production.

costume /'kɒstʃum/ *n., v.* **-tumed, -tuming.** *–n.* **1.** a style of clothing, etc., especially of a particular nation, group of people, period of history, etc.: *Greek national costume.* **2.** clothing or an outfit representing an animal, character, theme, etc.: *a gorilla costume; a clown's costume.* **3.** clothes for a particular time or activity: *a swimming costume.* *–v.t.* **4.** to dress; provide costumes for: *to costume a play.*

costume jewellery *n.* decorative jewellery of little monetary value.

cosy /'koʊzi/ *adj.* **-sier, -siest,** *n.* **-sies.** *–adj.* **1.** snug; comfortable. *–n.* **2.** a padded covering for a teapot, boiled egg, etc., to retain the heat. **–cosily** *adv.* **–cosiness** *n.*

cot[1] /kɒt/ *n.* **1.** a child's bed with enclosed sides. **2.** a light, usually portable, bed, especially one of canvas stretched on a frame. *–phr.* **3. hit the cot,** *Colloquial* to go to bed.

cot[2] /kɒt/ *n.* **1.** a small house; cottage; hut. **2.** a small place of shelter or protection.

cotangent /koʊ'tændʒənt/ *n. Mathematics* the tangent of the complement, and hence the reciprocal of the tangent, of a given angle. *Abbrev.:* cot or cotan **–cotangential** /,koʊtæn'dʒɛnʃəl/ *adj.*

cotanh /'koʊθæn, 'koʊtænʃ/ *n. Mathematics* hyperbolic cotangent. See **hyperbolic functions.**

cot case *n. Colloquial (humorous)* someone who is exhausted, drunk, or in some way incapacitated, and fit only for bed.

cot death *n.* the sudden and apparently inexplicable death of a child while sleeping. See **sudden infant death syndrome.**

cote /koʊt/ *n.* a shelter for doves, pigeons, sheep, etc.

coterie /'koʊtəri/ *n.* **1.** a group of persons who associate closely, especially for social purposes. **2.** a clique.

cotoneaster /kə,toʊni'æstə/ *n.* any plant of the genus *Cotoneaster,* many of which are cultivated for their usually red berries.

cottage /'kɒtɪdʒ/ *n.* a small bungalow.

cottage cheese *n.* a kind of soft unripened white cheese made of skimmed milk curds without rennet.

cottage industry *n.* an industry, such as knitting, pottery, or weaving, carried out in the home of the worker.

cotter /'kɒtə/ *n.* **1.** a pin, wedge, key, or the like, fitted or driven into an opening in order to secure something or hold parts together. **2.** → **cotter pin.**

cotter pin *n.* a cotter having a split end which is spread after being pushed through a hole, to prevent the cotter from working loose.

cotton /'kɒtn/ *n.* **1.** a soft, white, downy substance, consisting of the hairs of fibres attached to the seeds of plants of the genus *Gossypium,* used in making fabrics, thread, wadding, guncotton, etc. **2.** a plant yielding cotton, as *G. hirsutum* (**upland cotton**) or *G. peruvianum* (**sea-island cotton**). **3.** such plants collectively, as a cultivated crop. **4.** cloth, thread, etc., made of cotton. **5.** any soft, downy substance resembling cotton but growing on some other plant. *–phr.* **6. cotton on,** *Colloquial* (sometimes fol. by *to*) to understand; perceive meaning or purpose. **7. cotton to,** *Colloquial* to take a liking to.

cotton bud *n.* a small thin stick, the ends of which are wound with cottonwool, suitable for applying cleansing or other lotions to the nostril, ear, etc.

cotton plant *n.* a sub-alpine New Zealand daisy, *Celmisia spectabilis,* with a soft felted tomentum.

cottontree /'kɒtn,tri/ *n.* a yellow flowered tree of tropical coasts, *Hibiscus tiliaceus,* with bark fibre useful for cordage.

cottonwood /'kɒtnwʊd/ *n.* **1.** a shrub of eastern Australia, *Bedfordia salicina,* with downy leaves. **2.** Also, **tauhinu, tawine.** the New Zealand heathlike shrub, *Cassinia leptophylla,* which has a white tomentum on the under surface of leaves and branches. **3.** any of several American species of poplar, such as *Populus deltoides,* with cottonlike tufts on the seeds.

cottonwool /kɒtn'wʊl/ *n.* **1.** raw cotton for surgical dressings and toilet purposes which has had its natural wax chemically removed. **2.** cotton in its raw state, as on the boll or gathered for use. **3.** *Colloquial* a protected and comfortable state or existence.

cotyledon /kɒtə'lidn/ *n.* **1.** *Botany* the primary or rudimentary leaf of the embryo of seed plants. **2.** *Zoology* a tuft or patch of villi on the placenta of most ruminants. **–cotyledonal** *adj.* **–cotyledonary** *adj.*

couch[1] /kaʊtʃ/ *n.* **1.** an upholstered seat for two or more people, usually with a back and armrests; lounge. **2.** a backless piece of furniture, used especially by doctors for patients. **3.** a bed or other place for resting. *–v.t.* **4.** to put into words; express: *couched in official terms.* **5.** to lay or put down. *–v.i.* **6.** to lie at rest. **7.** to lie in hiding; lurk.

couch[2] /kutʃ/ *n.* **1.** any of various grasses of the genus *Cynodon,* especially *C. dactylon,* characterised by creeping rootstocks, by means of which it multiplies rapidly; popular as lawn grass. **2.** → **twitch**[2]. Also, **couch grass.**

cougar /'kugə/ *n.* → **puma.**

cough /kɒf/ *v.i.* **1.** to expel the air from the lungs suddenly and with a characteristic noise. **2.** *Colloquial* to confess. *–v.t.* **3.** to expel by coughing: *to cough blood.* *–n.* **4.** the act or sound of coughing. **5.** an illness characterised by frequent coughing. *–phr.* **6. cough one's lungs out,** to have a prolonged and violent fit of coughing. **7. cough up, a.** to expel by coughing: *to cough up blood.* **b.** *Colloquial* to give up; hand over: *to cough up five dollars.* **–cougher** *n.*

could /kʊd/ *weak form* /kəd/ *v. modal)* **1.** past tense of **can**[1]: *he could speak Chinese; I couldn't help overhearing; they said we could go.* **2.** (referring to a potential event or situation): *you could do it if you tried; her health could be better; they could take a day's leave.* **3.** (indicating inclination): *sometimes I could throttle her.* **4.** (expressing uncertainty): *this could indicate instability of mind; they could still be alive.* **5.** (used in polite requests): *could you open the door, please?*

coulomb /ˈkuːlɒm/ n. Physics the derived SI unit of electric charge, defined as the quantity of electricity transferred by 1 ampere in 1 second. *Symbol*: C

council /ˈkaʊnsəl/ n. **1.** an assembly of persons summoned or convened for consultation, deliberation, or advice. **2.** a body of persons specially designated or selected to act in an advisory, administrative, or legislative capacity. **3.** the local administrative body of a city, municipality, or shire.

councillor /ˈkaʊnsələ/ n. a member of a council. Also, *Chiefly US*, **councilor**. **–councillorship** n.

counsel /ˈkaʊnsəl/ n., v. **-selled** or *Chiefly US* **-seled**, **-selling** or *Chiefly US* **-seling**. –n. **1.** advice; opinion or instruction given in directing the judgment or conduct of another. **2.** interchange of opinions as to future procedure; consultation; deliberation: *to take counsel with one's partners*. **3.** deliberate purpose; plan; design. **4.** a private or secret opinion or purpose. **5.** the barrister or barristers engaged in the direction of a cause in court; a legal adviser. –v.t. **6.** to give counsel to; advise. **7.** to urge the doing or adoption of; recommend (a plan, etc.). –v.i. **8.** to give counsel or advice. –*phr.* **9. counsel of perfection**, excellent but impractical advice. **10. keep one's own counsel**, to keep secret one's opinion or plans.

counsellor /ˈkaʊnsələ/ n. **1.** someone who counsels; an adviser. **2.** an adviser, especially a legal adviser, in an embassy or legation. **3.** (in Australia) a professional psychologist employed by a state education department to advise students on both personal and educational problems. Also, *Chiefly US*, **counselor**. **–counsellorship** n.

count¹ /kaʊnt/ v.t. **1.** to check over one by one (the individuals of a collection) in order to ascertain their total number; enumerate. **2.** to reckon up; calculate; compute. **3.** to list or name the numerals up to. **4.** to include in a reckoning; take into account. **5.** to reckon to the credit of another; ascribe; impute. **6.** to esteem; consider. –v.i. **7.** to count the items of a collection one by one in order to know the total. **8.** to list or name the numerals in order. **9.** to reckon numerically. **10.** to have a numerical value (as specified). **11.** to be accounted or worth: *a book which counts as a masterpiece*. **12.** to enter into consideration: *every effort counts*. –n. **13.** the act of counting; enumeration; reckoning; calculation. **14.** the number representing the result of a process of counting, such as the number of sheep shorn by an individual shearer, or the number of cattle in a muster, etc. **15.** an accounting. **16.** *Law* a distinct charge or cause of action in a declaration or indictment. **17.** *Boxing* the calling aloud by the referee of ten seconds, after which, if a boxer is unable to stand up, a loss by knockout is declared. –*phr.* **18. count for**, to be worth; amount to. **19. count in**, to include in a projected enterprise. **20. count off**, to divide into groups by calling off numbers in order. **21. count on** (or **upon**), **a.** to depend or rely on. **b.** to allow for as a possibility: *they didn't count on the visitors coming early*. **22. count out**, **a.** to count (something, especially money), handling each unit individually: *to count out the change*. **b.** to count (sheep or cattle) as they leave the pen or paddock, as after shearing, branding, etc. **c.** to exclude: *count me out*. **d.** *Boxing* to proclaim (someone) the loser because of their inability to stand up before the referee has counted ten seconds. **23. on all counts**, in every respect. **24. out for the count**, *Colloquial* **a.** *Boxing* still knocked out after the referee's count of ten. **b.** completely exhausted. **c.** unable to continue an activity. **–countable** adj.

count² /kaʊnt/ n. (in some European countries) a nobleman corresponding in rank to the English earl.

countdown /ˈkaʊntdaʊn/ n. **1.** the final check prior to the firing of a missile, detonation of an explosive, etc. With the precise moment of firing or detonation designated as zero, the days, hours, minutes, and seconds are counted backwards from the initiation of a project. **2.** the period of time preceding such an event or the procedure carried out in that time. **3.** the final check or period of time preceding any large-scale project.

countenance /ˈkaʊntənəns/ n., v. **-nanced**, **-nancing**. –n. **1.** aspect; appearance, especially the look or expression of the face. **2.** the face; visage. **3.** composed expression of face. **4.** appearance of favour; encouragement; moral support. –v.t. **5.** to give countenance or show favour to; encourage; support. **6.** to tolerate; permit. –*phr.* **7. in countenance**, unabashed. **8. out of countenance**, visibly disconcerted, or abashed. **–countenancer** n.

counter¹ /ˈkaʊntə/ n. **1.** a table or board on which money is counted, business is transacted, or goods are laid for examination. **2.** (in a cafe, restaurant or hotel) a long, narrow table, shelf, bar, etc., at which customers eat. **3.** anything used in keeping account, as in games, especially a round or otherwise shaped piece of metal, ivory, wood, or other material. **4.** an imitation coin or token. –*phr.* **5. under the counter**, **a.** clandestine or reserved for favoured customers. **b.** in a manner other than that of an open and honest business transaction; clandestinely and often illegally.

counter² /ˈkaʊntə/ n. **1.** someone who counts. **2.** an apparatus for counting. **3. a.** *Electronics* a circuit for counting electrical impulses. **b.** Also, **counter tube**. *Physics* a device for counting ionising events, such as a Geiger counter.

counter³ /ˈkaʊntə/ adv. **1.** in the wrong way; in the opposite direction. **2.** in opposition: *to run counter to the rules*. –adj. **3.** opposite; opposed. –n. **4.** something opposite to, against or in response to something else. –v.t. **5.** to go against; oppose. **6.** to meet or answer (a move, blow, etc.) by another in return. –v.i. **7.** to make an answering or opposing move.

counter- a combining form of **counter³**, as in *counteract*.

counteract /kaʊntər'ækt/ v.t. to act in opposition to; frustrate by contrary action. **–counteraction** n. **–counteractive** adj. **–counteractively** adv.

counterfeit /ˈkaʊntəfət, -fɪt/ adj. **1.** made to imitate something else, so as to deceive; not genuine: *counterfeit coins*. **2.** pretended: *counterfeit grief*. –n. **3.** an imitation; forgery. –v.t. **4.** to look like or imitate. –v.i. **5.** to pretend. **–counterfeiter** n.

countermand /ˌkaʊntəˈmænd, -ˈmænd/ v.t. **1.** to revoke (a command, order, etc.). **2.** to recall or stop by a contrary order. –n. **3.** a command, order, etc., revoking a previous one.

counterpane /ˈkaʊntəpeɪn/ n. a quilt or coverlet for a bed; a bedspread.

counterpart /ˈkaʊntəpat/ n. **1.** a copy; duplicate. **2.** a part that answers to another, as each part of a document executed in duplicate. **3.** one of two parts which fit each other; a thing that complements something else. **4.** a person or thing closely resembling another.

counterpoint /ˈkaʊntəpɔɪnt/ n. *Music* the art of combining melodies.

countersign /ˈkaʊntəsaɪn/ n., /ˈkaʊntəsaɪn, kaʊntəˈsaɪn/ v. –n. **1.** a password given by authorised persons in passing through a guard. **2.** a sign used in reply to another sign. –v.t. **3.** to sign (a document) in addition to another signature, especially in confirmation or authentication.

countertenor /ˈkaʊntətenə/ n. Music **1.** an adult male voice or voice part higher than the tenor. **2.** a singer with such a voice; a high tenor.

countess /ˈkaʊntɛs/ n. **1.** the wife or widow of a count in the nobility of continental Europe, or of an earl in the British peerage. **2.** a woman having the rank of a count or earl in her own right.

countless /ˈkaʊntləs/ adj. incapable of being counted; innumerable: *the countless stars of the unbounded heavens.*

country /ˈkʌntri/ n. **-tries**, adj. –n. **1.** a tract of land considered apart from geographical or political limits; region; district. **2.** any considerable territory demarcated by geographical conditions or by a distinctive population. **3.** the territory of a nation. **4.** a state. **5.** the people of a district, state, or nation. **6.** the public. **7.** the land of one's birth or citizenship. **8.** *Aboriginal English* traditional land. **9.** the rural districts (as opposed to towns or cities). **10.** land, especially with reference to its character, quality, or use: *good grazing country.* –adj. **11.** of the country; rural. **12.** rude; unpolished: *country manners.* –phr. **13. go to the country,** to call an election.

country and western n. a type of music originating in the southern and western United States of America, consisting mainly of rural songs accompanied by a stringed instrument such as the guitar or fiddle. Also, **country music**.

county /ˈkaʊnti/ n. **-ties**. **1.** (in NSW) an area of land delineated for administrative convenience or some specific purpose such as development planning or the supply of electricity. **2.** a larger division, as for purposes of local administration, in New Zealand, Canada, etc.

coup /ku/ n. **coups** /kuz/. an unexpected and successfully executed stratagem; masterstroke.

coup de grâce /ku də ˈɡrɑs/ n. **1.** a deathblow, such as a bullet in the head, to make sure an executed person is dead. **2.** a finishing stroke.

coup d'état /ku deɪˈtɑ/ n. a sudden and decisive measure in politics, especially one effecting a change of government illegally or by force.

coupé = coupe /ˈkupeɪ, kup/ n. an enclosed two-door car with only one seat or set of seats.

couple /ˈkʌpəl/ n., v. **-led, -ling**. –n. **1.** a combination of two; a pair. **2.** two people who live together: *a married couple.* **3.** *Mechanics* a pair of equal, parallel forces acting in opposite directions and tending to produce a circular movement. –v.t. **4.** to link together (in a pair). –v.i. **5.** to join in a pair; unite. **–coupler** n.

couplet /ˈkʌplət/ n. **1.** a pair of successive lines of verse, especially such as rhyme together and are of the same length. **2.** a pair; couple.

coupling /ˈkʌplɪŋ/ n. **1.** any mechanical device for uniting or connecting parts or things. **2.** a device used in joining railway carriages, etc. **3.** *Electricity* the association of two circuits or systems in such a way that power may be transferred from one to the other.

coupon /ˈkupɒn/ n. **1.** a separable part of a certificate, ticket, advertisement, etc., entitling the holder to something. **2.** one of a number of such parts calling for periodical payments on a bond. **3.** a separate ticket or the like, for a similar purpose. **4.** a printed entry form for football pools, newspaper competitions, etc. **5.** a detachable printed certificate, issued as a means of rationing commodities and goods to ensure fair distribution of short supplies.

courage /ˈkʌrɪdʒ/ n. the quality of mind that enables one to encounter difficulties and danger with firmness or without fear; bravery. **–courageous** /kəˈreɪdʒəs/ adj.

courgette /kɔˈʒɛt/ n. → **zucchini**.

courier /ˈkʊriə/ n. **1.** a messenger sent in haste. **2.** someone employed to take charge of the arrangements of a journey. **3.** someone who works for a courier service. –v.t. **4.** to deliver (a letter, parcel, etc.) as a courier does.

course /kɔs/ n., v. **coursed, coursing**. –n. **1.** advance in a particular direction; onward movement. **2.** the path, route or channel along which anything moves: *the course of a stream, ship, etc.* **3.** the ground, water, etc., on which a race is run, sailed, etc. **4.** the continuous passage or progress through time or a succession of stages: *in the course of a year, a battle, etc.* **5.** customary manner of procedure; regular or natural order of events: *the course of a disease, argument, etc.*; *a matter of course.* **6.** a mode of conduct; behaviour. **7.** a particular manner of proceeding: *try another course with him.* **8.** a systematised or prescribed series: *a course of studies, lectures, medical treatments, etc.* **9.** any one of the studies in such a series: *the first course in algebra.* **10.** a part of a meal served at one time: *the main course was steak.* **11.** a continuous horizontal (or inclined) range of stones, bricks, or the like, in a wall, the face of a building, etc. –v.t. **12.** to run through or over. –v.i. **13.** to run; move swiftly; race. –phr. **14. in due course,** in the proper or natural order; at the right time. **15. of course,** **a.** certainly; obviously. **b.** in the natural order.

court /kɔt/ n. **1.** an open space wholly or partly enclosed by a wall, buildings, etc. **2.** a large building within such a space. **3.** a stately dwelling; manor house. **4.** a short street. **5.** a smooth, level area on which to play tennis, netball, etc. **6.** one of the divisions of such an area. **7.** the residence of a sovereign or other high dignitary; palace. **8.** the collective body of persons forming a sovereign's retinue. **9.** a sovereign and his or her councillors as the political rulers of a state. **10.** a formal assembly held by a sovereign. **11.** homage paid, as to a sovereign. **12.** *Law* **a.** a place where justice is administered. **b.** a judicial tribunal duly constituted for the hearing and determination of cases. **c.** the judge or judges who sit in a court. –v.t. **13.** to endeavour to win the favour of. **14.** to seek the affections of; woo. **15.** to attempt to gain (applause, favour, a decision, etc.). **16.** to hold out inducements to; invite. **17.** to provoke or risk provoking as a consequence of one's actions: *to court disaster.* –v.i. **18.** to seek another's love; woo. –phr. **19. hold court, a.** (of a sovereign) to have a formal assembly. **b.** to preside in regal fashion over a group of followers and admirers. **20. out of court, a.** *Law* without a hearing; privately. **b.** *Colloquial* out of the question; not to be considered. **21. pay court,** (sometimes fol. by *to*) to give assiduous attention in order to gain favour or affection: *pay court to the new president.*

court card n. a king, queen, or knave in a pack of playing cards.

courteous /ˈkɜtiəs/ adj. having or showing good manners; polite. **–courteously** adv. **–courteousness** n.

courtesan /ˈkɔtəzæn/ n. **1.** a court mistress. **2.** any prostitute. Also, **courtezan**.

courtesy /ˈkɜtəsi/ n. **-sies**. **1.** excellence of manners or behaviour; politeness. **2.** a courteous act or expression. **3.** acquiescence; indulgence; consent: *a title by courtesy rather than by right.*

courthouse /ˈkɔthaʊs/ n. a building in which courts of law are held.

courtier /ˈkɔtiə/ n. **1.** someone in attendance at the court of a sovereign. **2.** someone who seeks favour by obsequiousness.

courtly /ˈkɔtli/ adj. **-lier, -liest**. –adj. **1.** polite; elegant; refined. **2.** flattering; obsequious.

—**courtliness** *n*.

court martial a court consisting of naval, army, or air force officers appointed by a commander to try charges of offence against martial law.

courtship /'kɔtʃɪp/ *n*. **1.** the seeking of a person's affections, especially with a view to marriage. **2.** the period during which one seeks another person's affections. **3.** distinctive animal behaviour seen before and during mating.

courtyard /'kɔtjad/ *n*. a space enclosed by walls, next to or within a castle, large house, etc.

cousin /'kʌzən/ *n*. **1.** the son or daughter of an uncle or aunt. **2.** one related by descent in a diverging line from a known common ancestor. The children of brothers and sisters are to each other **cousins**, **cousins-german**, **first cousins**, or **full cousins**. The children of first cousins are **second cousins** to each other. Often, however, the term **second cousin** is used loosely to refer to the son or daughter of one's first cousin, properly a **first cousin once removed**. **3.** a kinsman or kinswoman. **4.** a person or thing related to another by similar natures, languages, etc.: *our Canadian cousins*. **5.** (a term of address from one sovereign to another or to a great noble). —**cousinhood**, **cousinship** *n*. —**cousinly** *adj*., *adv*.

couturier /ku'turiə/ *n*. someone who designs, makes, and sells fashionable clothes for women. —**couturière** /ku,turi'ɛə/ *fem. n*.

cove¹ /kouv/ *n*. **1.** a small indentation or recess in the shoreline of a sea, lake, or river. **2.** a sheltered nook. **3.** a hollow or recess in a mountain; cave; cavern. **4.** a recess with precipitous sides in the steep flank of a mountain.

cove² /kouv/ *n*. **1.** *Colloquial* a man: *a rum sort of cove*. **2.** *Australian*, *NZ Obsolete* a boss (**boss**¹ def. 1), especially the manager of a sheep station.

coven /'kʌvən/ *n*. **1.** a gathering of witches. **2.** a company of thirteen witches.

covenant /'kʌvənənt/ *n*. **1.** an agreement between people; contract. **2.** *Theology* an agreement made by God with humanity, as recorded in the Bible. **3.** *Law* a formal sealed contract. —*v.i.* **4.** to enter into a covenant. —*v.t.* **5.** to promise by covenant.

cover /'kʌvə/ *v.t.* **1.** to put something over or upon as for protection or concealment. **2.** to be or serve as a covering for; extend over; occupy the surface of. **3.** to put a cover or covering on; clothe. **4.** to put one's hat on (one's head). **5.** to invest (oneself): *she covered herself with glory*. **6.** to shelter; protect; serve as a defence to. **7.** *Military* **a.** to be in line with by occupying a position directly before or behind. **b.** to protect (a soldier, force, or military position) during an expected period of combat by taking a position from which any hostile troops can be fired upon who might shoot at the soldier, force, or position. **8.** to take charge or responsibility for: *an assistant covered his post while he was ill*. **9.** *Theatre* to understudy: *is anyone covering Lady Macbeth?* **10.** to hide from view; screen. **11.** to spread thickly the surface of. **12.** to aim directly at, as with a pistol. **13.** to have within range, as a fortress does certain territory. **14.** to include; comprise; provide for; take in: *this book covers all common English words*. **15.** to suffice to defray or meet (a charge, expense, etc.); offset (an outlay, loss, liability, etc.). **16.** to deposit the equivalent of (money deposited), as in wagering; accept the conditions of (a bet, etc.). **17.** to insure against risk: *covered by a comprehensive policy*. **18.** to act as reporter of (occurrences, performances, etc.), as for a newspaper, etc. **19.** to pass or travel over. **20.** (of a male animal) to copulate with. **21. a.** to play a card on top of (a card previously played). **b.** to play a higher card than (the cards previously played). —*n*. **22.** that which covers, as the lid of a vessel, the binding of a book, etc. **23.** protection; shelter; concealment. **24.** adequate insurance against risk as loss, damage, etc. **25.** woods, underbrush, etc., serving to shelter and conceal wild animals or game; a covert. **26.** vegetation which serves to protect or conceal animals, such as birds, from excessive sunlight or drying, or from predators. **27.** one of a number of plastic sheets brought out in the event of rain falling before or during a game to protect the playing surface. **28.** something which veils, screens, or shuts from sight. **29.** an assumed occupation, identity, or activity adopted to conceal the true one: *her job as an embassy cook was only a cover*. **30.** a set of articles (plate, knife, fork, etc.) laid at table for one person. **31.** *Finance* funds to cover liability or secure against risk of loss. **32.** *Philately* an envelope or outer wrapping for mail, complete with stamp and post mark. **33.** → **cover version**. —*phr*. **34. break cover**, to emerge, especially suddenly, from a place of concealment. **35. cover for**, **a.** to conceal the evidence of wrongdoing for (someone), as by providing an alibi. **b.** to serve as a substitute for (one who is absent): *she covered for the telephonist during lunch hour*. **c.** to provide protection for, as in military operations, team sports, business, etc. **36. cover up**, **a.** to cover completely; enfold. **b.** to attempt to conceal. **37. take cover**, to seek shelter or safety. **38. under cover**, **a.** secret. **b.** secretly. **c.** in an envelope. —**coverer** *n*. —**coverless** *adj*.

cover charge *n*. a fixed amount added to the bill by a restaurant, nightclub, etc., for service or entertainment.

covering /'kʌvərɪŋ/ *n*. something laid over or wrapped around a thing, especially for concealment, protection, or warmth.

coverlet /'kʌvələt/ *n*. the outer covering of a bed; a bedspread.

cover note *n*. a document given by an insurance company or agent to the insured to provide temporary coverage until a policy is issued.

covert /'kʌvət, 'kouvət/ *adj*. **1.** covered; sheltered. **2.** concealed; secret; disguised. —*n*. **3.** shelter; concealment; disguise; a hiding place. **4.** *Hunting* a thicket giving shelter to wild animals or game. —**covertly** *adv*. —**covertness** *n*.

cover-up /'kʌvər-ʌp/ *n*. **1.** an attempt at concealment. **2.** a fabrication; an excuse. **3.** a garment designed to go over the top of a swimsuit, usually made of the same material.

cover version /'kʌvə vɜʒən/ *n*. an additional recording of a song, etc., which has already been released by another performer.

covet /'kʌvət/ *v.t.* **1.** to desire inordinately, or without due regard to the rights of others; desire wrongfully. **2.** to wish for, especially eagerly. —**covetable** *adj*. —**coveter** *n*. —**covetous** *adj*.

covey /'kʌvi/ *n*. **-veys**. a brood or small flock of partridges or similar birds.

cow¹ /kau/ *n*. **1.** the mature female of a bovine animal, especially of the genus *Bos*. **2.** the female of various other large animals, as the elephant, whale, etc. **3.** *Colloquial* an ugly or bad-tempered woman. **4.** *Colloquial* (*derogatory*) any person or thing. **5.** *Colloquial* a person specified as objectionable (*rotten cow*), wretched (*poor cow*), or foolish (*silly cow*). —*phr*. **6. a cow of a ...**, *Colloquial* an extremely difficult, unpleasant, disagreeable ...: *a cow of a job*. **7. old cow**, (a term of contempt for any person, especially an older person). **8. till the cows come home**, *Colloquial* for a long time; forever.

cow² /kau/ *v.t.* to frighten with threats, etc.; intimidate.

coward /'kauəd/ *n*. **1.** someone who lacks courage

cowboy / to meet danger or difficulty; someone who is basely timid. –*adj.* **2.** lacking courage; timid. **–cowardice** *n.* **–cowardly** *adj., adv.*

cowboy /'kaʊbɔɪ/ *n.* **1.** *Chiefly US* someone employed in the care of cattle; a stockman. **2.** someone who does not feel constrained by the rules that most people conform to and who is in consequence regarded as reckless and dangerous; maverick.

cower /'kaʊə/ *v.i.* **1.** to crouch in fear or shame. **2.** to bend with the knees and back; stand or squat in a bent position.

cowl /kaʊl/ *n.* **1.** a hooded garment worn by monks. **2.** a hood-shaped covering for a chimney or ventilating shaft, to increase the draught. **3.** the forward part of the car body supporting the rear of the bonnet and the windscreen, and housing the pedals and dashboard. **4.** a cowling. **–cowled** *adj.*

cowlick /'kaʊlɪk/ *n.* a tuft of hair turned up, usually over the forehead.

cowling /'kaʊlɪŋ/ *n.* a streamlined housing for an aircraft engine, usually forming a continuous line with the fuselage or wing.

cow pat *n. Colloquial* cow dung, congealed in a more or less circular shape where it has fallen in a paddock, etc.; meadow cake. Also, **cow cake**.

cowpox /'kaʊpɒks/ *n. Veterinary Science* an eruptive disease appearing on the teats and udders of cows in which small pustules form which contain a virus used in the vaccination of humans against smallpox.

cowry /'kaʊri/ *n.* **-ries**. **1.** the shell of any of the marine gastropods constituting the genus *Cypraea*, such as that of *C. moneta*, a small shell with a fine gloss, used as money in certain parts of Asia, Africa, and the Pacific Islands, or that of *C. tigris*, a large, handsome shell often used as an ornament. **2.** the animal itself. Also, **cowrie**.

cox /kɒks/ *n.* the person who steers a boat and directs the rowers; a coxswain. **–coxless** *adj.*

coxcomb /'kɒkskoʊm/ *n.* a conceited dandy.

coxswain /'kɒksən, -sweɪn/ *n.* the person at the helm who steers a lifeboat, racing shell, surfboat, etc. Also, **cockswain**.

coy /kɔɪ/ *adj.* **1.** shy; modest. **2.** affectedly shy or reserved. **–coyly** *adv.* **–coyness** *n.*

coyote /kɔɪ'oʊti/ *n.* a wild, wolf-like animal, *Canis latrans*, of western North America, noted for loud and prolonged howling at night; prairie wolf.

cozen /'kʌzən/ *v.t.* to cheat; deceive; beguile. **–cozenage** *n.* **–cozener** *n.*

CPR /si pi 'ɑ/ *n.* cardiopulmonary resuscitation.

crab¹ /kræb/ *n., v.* **crabbed**, **crabbing**. –*n.* **1.** any of the stalk-eyed decapod crustaceans constituting the suborder Brachyura (**true crabs**) having a short, broad, more or less flattened body, the abdomen or so-called tail being small and folded under the thorax. **2.** any of various other crustaceans (as the **hermit crab**), or other animals (as the **horseshoe crab**), resembling the true crabs. **3.** any of various mechanical contrivances for hoisting or pulling. **4.** → **crablouse**. –*v.i.* **5.** to move sideways. **6.** to fish for crabs. –*phr.* **7. catch a crab**, *Rowing* to make a faulty stroke, as one in which the blade either enters the water at the wrong angle and sinks too deep, or is held at the wrong angle and fails to enter the water at all. **–crablike** *adj.*

crab² /kræb/ *n.* **1.** a crab-apple. **2.** an ill-tempered or grouchy person. **–crabby** *adj.*

crab³ /kræb/ *v.* **crabbed**, **crabbing**. –*v.i.* **1.** to find fault. –*v.t.* **2.** to claw, as a hawk. **3.** *Colloquial* to impede; impair.

crablouse /'kræblaʊs/ *n.* a body louse, *Phthirius pubis*, that generally infests the pubic region and causes severe itching. Also, **crab**.

crabwise /'kræbwaɪz/ *adv.* in the manner of a crab; (referring especially to motion) sideways or diagonally. Also, **crabways** /'kræbweɪz/.

crack /kræk/ *v.i.* **1.** to make a sudden, sharp sound in, or as in, breaking; snap, as a whip. **2.** to break with a sudden, sharp sound. **3.** to break without complete separation of parts; become fissured. **4.** (of the voice) to break abruptly and discordantly, especially into an upper register. **5.** to fail; give way. **6.** to break with grief. **7.** to become unsound mentally. –*v.t.* **8.** to cause to make a sudden sharp sound; make a snapping sound with (a whip, etc.); strike with a sharp noise. **9.** to break without complete separation of parts; break into fissures. **10.** to break with a sudden sharp sound. **11.** to break (wheat) into coarse particles. **12.** to subject to the process of cracking in the distillation of petroleum, etc. **13.** to damage; impair. **14.** to make (the voice) harsh or unmanageable. **15.** to utter or tell, as a joke. **16.** *Colloquial* to break into (a safe, vault, etc.). **17.** *Colloquial* to open and drink (a bottle of wine, etc.). **18.** *Colloquial* to solve (a mystery, etc.). **19.** *Surfing* to catch and ride (a wave). **20.** *Colloquial* to deal with successfully: *it was a tough assignment but we cracked it.* –*n.* **21.** a sudden, sharp noise, as of something breaking. **22.** the snap of a whip, etc. **23.** a shot, as with a rifle. **24.** a resounding blow. **25.** a break without complete separation of parts; a fissure; a flaw. **26.** a slight opening, as one between door and doorpost. **27.** a very pure form of cocaine sold in pellet-sized pieces and prepared with other ingredients for smoking. **28.** *Colloquial* a try; an opportunity or chance. **29.** *Colloquial* a joke; gibe. **30.** *Colloquial* a moment; instant: *he was on his feet again in a crack.* **31.** *Colloquial* ‡ the vagina. –*adj.* **32.** *Colloquial* of superior excellence; first-rate. –*phr.*

33. at first crack, at dawn.

34. crack a smile, *Colloquial* to smile, though disinclined.

35. crack down, *Colloquial* (sometimes fol. by *on*) to take severe measures, especially in enforcing discipline.

36. crack hardy (or **hearty**), *Australian, NZ Colloquial* to endure with patience; put on a brave front.

37. crack it, *Colloquial* **a.** to be successful in an enterprise, a project, etc. **b.** to have or offer sexual intercourse. **c.** to work as a prostitute.

38. crack of dawn, the first light of the day.

39. crack of doom, the end of the world; doomsday.

40. crack onto, *Colloquial* to strike up a conversation with (someone) with the ultimate purpose of gaining sexual favours.

41. crack up, *Colloquial* **a.** to suffer a physical or mental breakdown. **b.** to laugh heartily. **c.** to crash. **d.** to praise; extol: *he is not the politician he was cracked up to be.*

42. get cracking, *Colloquial* to start an activity, especially energetically.

43. have a crack at, *Colloquial* to attempt; try.

cracked /krækt/ *adj.* **1.** broken. **2.** broken without separation of parts; fissured. **3.** damaged. **4.** *Colloquial* mentally unsound. **5.** broken in tone, as the voice.

cracker /'krækə/ *n.* **1.** a thin, crisp biscuit. **2.** a kind of firework which explodes with a loud report; firecracker. **3.** → **bonbon** (def. 2). **4.** something which has a particular quality in a high degree: *this* (fast) *pace is a cracker; this* (beautiful) *model is a cracker.* –*phr.* **5. not to have a cracker**, *Colloquial* to have no money. **6. not worth a cracker**, *Colloquial* of little worth.

cracking /'krækɪŋ/ *n.* **1.** (in the distillation of

petroleum or the like) the process of breaking down certain hydrocarbons into simpler ones of lower boiling points, by means of excess heat, distillation under pressure, etc., in order to give a greater yield of low-boiling products than could be obtained by simple distillation. –*adj.* **2.** fast; vigorous: *a cracking pace.* **3.** done with precision: *a cracking salute.* **4.** *Colloquial* first-rate; fine; excellent. –*phr.* **5. get cracking**, *Colloquial* to start an activity, especially energetically.

crackle /'krækəl/ *v.* **-led, -ling**, *n.* –*v.i.* **1.** to make slight, sudden, sharp noises, rapidly repeated. –*v.t.* **2.** to cause to crackle. –*n.* **3.** a crackling noise. **4.** a network of fine cracks, as in the glaze of some kinds of porcelain.

crackling /'kræklɪŋ/ *n.* **1.** the making of slight cracking sounds rapidly repeated. **2.** the crisp browned skin or rind of roast pork. **3.** (*usually plural*) the crisp residue left when fat, especially that of pigs, is rendered.

crackpot /'krækpɒt/ *Colloquial* –*n.* **1.** an eccentric or insane person. –*adj.* **2.** eccentric; insane; impractical.

-cracy a noun termination meaning 'rule', 'government', 'governing body', as in *autocracy, bureaucracy.*

cradle /'kreɪdl/ *n., v.* **-dled, -dling**. –*n.* **1.** a little bed or cot for a baby, usually on rockers. **2.** the place of early growth of something: *Greece was the cradle of democracy.* **3.** a framework for support or protection. **4.** a kind of box on rockers used to wash gold-bearing gravel or sand to separate the gold. –*v.t.* **5.** to place, hold, or rock (something) as if in a cradle: *cradled in her arms.* –**cradler** *n.*

cradle cap *n. Colloquial* a manifestation of seborrhoea in infancy, characterised by adherent yellowish plaques on the scalp.

cradle-snatcher /'kreɪdl-snætʃə/ *n. Colloquial* someone who shows romantic or sexual interest in a much younger person.

craft /kraft/ *n.* **1.** skill; ingenuity; dexterity. **2.** skill or art applied to bad purposes; cunning; deceit; guile. **3.** an art, trade, or occupation requiring special skill, especially manual skill; a handicraft. **4.** the members of a trade or profession collectively; a guild. **5.** (*construed as plural*) boats, ships, and vessels collectively.

craftsman /'kraftsmən/ *n.* **-men**. **1.** someone who practises a craft; an artisan. **2.** an artist. –**craftsmanship** *n.*

crafty /'krafti/ *adj.* **-tier, -tiest**. skilful in underhand or evil schemes; cunning, deceitful; sly. –**craftily** *adv.* –**craftiness** *n.*

crag /kræg/ *n.* a steep, rugged rock; a rough, broken, projecting part of a rock. –**cragged** /'krægəd/ *adj.*

craggy /'krægi/ *adj.* **-gier, -giest**. **1.** full of crags or broken rocks. **2.** rugged; rough. –**craggily** *adv.* –**cragginess** *n.*

crake /kreɪk/ *n.* any of various small, widely distributed birds of the family Rallidae, frequenting swamps and reedy margins of lakes as the **spotted crake**, *Porzana fluminea*, of south-eastern mainland Australia and Tasmania.

cram /kræm/ *v.t.* **crammed, cramming**. **1.** to fill (something) by force with more than it can conveniently hold. **2.** to fill with or as with excess of food. **3.** *Colloquial* to prepare (a person), as for an examination, by assisting them to memorise information quickly. **4.** *Colloquial* to get a knowledge of (a subject) by so preparing oneself.

cramp¹ /kræmp/ *n.* **1.** a sudden involuntary, persistent contraction of a muscle or a group of muscles, especially of the extremities, sometimes associated with severe pain, as writer's cramp. **2.** (*often plural*) piercing pains in the abdomen. –*v.t.* **3.** to affect with, or as with, a cramp.

cramp² /kræmp/ *n.* **1.** a small metal bar with bent ends, for holding together planks, masonry, etc.; a cramp iron. **2.** a portable frame or tool with a movable part which can be screwed up to hold things together; clamp. **3.** anything that confines or restrains. –*v.t.* **4.** to fasten or hold with a cramp. **5.** to confine narrowly; restrict; restrain; hamper. –*phr.* **6. cramp someone's style**, to hinder someone from displaying their best abilities, or their preferred self-image.

cranberry /'krænbəri, -bri/ *n.* **-ries**. the red, acid fruit or berry of any plant of the genus *Vaccinium*, such as *V. oxycoccus*, used in making sauce, jelly, etc.

crane /kreɪn/ *n., v.* **craned, craning**. –*n.* **1.** any of a group of large wading birds (family Gruidae) with very long legs, bill, and neck, and elevated hind toe. **2.** (popularly) any of various similar birds of other families, such as the white-faced heron, *Ardea novaehollandiae*. **3.** a device for moving heavy weights, having two motions, one a direct lift and the other a horizontal movement, and consisting in one of its simplest forms of an upright post turning on its vertical axis and bearing a projecting arm on which the hoisting tackle is fitted. –*v.t.* **4.** to hoist, lower, or move by or as by a crane. **5.** to stretch (the neck) as a crane does.

cranio- a combining form of **cranium**. Also, **crani-**.

cranium /'kreɪniəm/ *n.* **-nia** /-niə/. **1.** *Anatomy* the skull of a vertebrate. **2.** the part of the skull which encloses the brain.

crank /kræŋk/ *n.* **1.** *Machinery* a device for communicating motion, or for changing rotary motion into reciprocating motion, or vice versa, consisting in its simplest form of an arm projecting from, or secured at right angles at the end of, the axis or shaft which receives or imparts the motion. **2.** *Colloquial* an eccentric person, or someone who holds stubbornly to eccentric views. –*v.t.* **3.** to cause (a shaft) to revolve by applying force to a crank; turn a crankshaft in (an internal-combustion engine) to start the engine. –*v.i.* **4.** to turn a crank, as in starting a car engine. **5.** to bend. –*adj.* **6.** *Colloquial* odd, as typical of a crank (def. 2). **7.** *Colloquial* false; phoney: *crank calls; a crank letter.* –*phr.* **8. crank up**, to get (something) started or operating smoothly.

crankshaft /'kræŋkʃaft/ *n.* a shaft driving or driven by a crank, especially the main shaft of an engine which carries the cranks to which the connecting rods are attached.

cranky /'kræŋki/ *adj.* **-kier, -kiest**. **1.** ill-tempered; cross. **2.** eccentric; queer. **3.** shaky; unsteady; out of order. –**crankily** *adv.* –**crankiness** *n.*

cranny /'kræni/ *n.* **-nies**. a small, narrow opening (in a wall, rock, etc.); a chink; crevice; fissure. –**crannied** *adj.*

crap /kræp/ *n., v.* **crapped, crapping**. *Colloquial* –*n.* **1.** excrement. **2.** nonsense; rubbish. **3.** junk; odds and ends. –*v.i.* **4.** to defecate. **5.** Also, **crap on**. to talk nonsense. –**crappy** *adj.*

craps /kræps/ *n.* a gambling game played with two dice, a modern and simplified form of hazard.

crash /kræʃ/ *v.t.* **1.** to fall, hit something or break in pieces noisily. **2.** to force or drive with violence and noise. **3.** *Colloquial* to come uninvited or without permission to: *to crash a party.* **4.** to damage in a fall or by running into something: *he's crashed his car.* –*v.i.* **5.** to break or fall to pieces noisily. **6.** to make the noise of something breaking or falling. **7.** to fail suddenly: *the company crashed.* **8.** to move, go or hit with a crash. **9.** (of aircraft) to fall to the ground. **10.** (of

crash-hot

computers) to shut down because of a fault. **11.** *Colloquial* to fall asleep when tired out. *–n.* **12.** a breaking or falling to pieces with a loud noise. **13.** the shock of hitting something and breaking. **14.** a sudden and violent falling to ruin. **15.** the shutting down of a computer system because of a fault. **16.** the sudden failure of a company, etc. **17.** a sudden loud crashing noise. *–adj.* **18.** *Colloquial* using full speed and effort: *a crash course.* **–crasher** *n.*

crash-hot /'kræʃ-hɒt/ *adj. Australian Colloquial* excellent. Also (*in predicative use*), **crash hot** /kræʃ 'hɒt/.

crashing /'kræʃɪŋ/ *adj. Colloquial* complete and utter: *a crashing bore.*

crass /kræs/ *adj.* **1.** gross; stupid: *crass ignorance.* **2.** thick; coarse. **–crassly** *adv.* **–crassness** *n.*

-crat a noun termination meaning 'ruler', 'member of a ruling body', 'advocate of a particular form of rule', as in *aristocrat, autocrat, democrat, plutocrat.* Compare **-cracy**.

crate /kreɪt/ *n., v.* **crated, crating.** *–n.* **1.** a box or framework, usually of wooden slats, for packing and transporting fruit, furniture, etc. **2.** a basket of wickerwork, for the transportation of crockery, etc. **3.** the amount contained by or contents of a crate. **4.** *Colloquial* a motor vehicle, plane, or the like, especially a dilapidated one. *–v.t.* **5.** to put in a crate.

crater /'kreɪtə/ *n.* **1.** the cup-shaped depression or cavity marking the orifice of a volcano. **2.** (in the surface of the earth, moon, etc.) a rounded hollow formed by the impact of a meteorite. **3.** the hole or pit in the ground where a military mine, bomb, or shell has exploded. *–v.i.* **4.** to form a crater or craters. *–v.t.* **5.** to make a crater or craters in. **–craterlike** *adj.* **–craterous** *adj.* **–cratering** *n.*

cravat /krə'væt/ *n.* a scarf worn round the neck; neckcloth.

crave /kreɪv/ *v.t.* **craved, craving. 1.** to long for or desire eagerly. **2.** to need greatly; require. **3.** to ask earnestly for (something); beg for. **–craver** *n.* **–cravingly** *adv.*

craven /'kreɪvən/ *adj.* **1.** cowardly; pusillanimous; mean-spirited. *–n.* **2.** a coward. **–cravenly** *adv.* **–cravenness** *n.*

craw /krɔ/ *n.* **1.** the crop of a bird or insect. **2.** the stomach of an animal. *–phr.* **3. stick in someone's craw**, irritate or annoy someone.

crawl /krɔl/ *v.i.* **1.** to move by dragging the body along the ground, as a worm, or on the hands and knees, as a young child. **2.** to progress slowly, laboriously, or timorously: *the work crawled.* **3.** to go stealthily or abjectly. **4.** to behave abjectly and obsequiously. **5.** to be, or feel as if, overrun with crawling things. *–n.* **6.** the act of crawling; a slow, crawling motion. **7.** Also, **Australian crawl.** *Swimming* a stroke in prone position characterised by alternate overarm movements and a continuous up and down kick. *–phr.* **8. crawl with,** to be overrun with: *the city was crawling with tourists.* **–crawler** *n.* **–crawlingly** *adv.*

crayfish /'kreɪfɪʃ/ *n.* **-fishes,** (*especially collectively*) **-fish. 1.** any of various large, edible marine, stalk-eyed decapod crustaceans of the family Palinuridae, with large claws and a hard red carapace. Compare **lobster** (def. 1). **2.** an Australian freshwater crustacean of the genus *Cherax.* **3.** Also, *Chiefly US,* **crawfish.** any of numerous similar Northern Hemisphere crustaceans of the genera *Astacus* and *Cambarus.*

crayon /'kreɪɒn/ *n.* **1.** a pointed stick or pencil of coloured wax, chalk, etc., used for drawing. **2.** a drawing in crayons. **–crayoner, crayonist** *n.*

craze /kreɪz/ *v.* **crazed, crazing,** *n.* *–v.t.* **1.** to impair in intellect; make insane. **2.** to make small cracks on the surface of (pottery, etc.); to crackle. *–v.i.* **3.** to become insane. **4.** to break; shatter. *–n.* **5.** a short-lived fashion, or sudden keenness; fad. **6.** a tiny crack in the glaze of pottery, etc.

crazy /'kreɪzi/ *adj.* **-zier, -ziest. 1.** demented; mad. **2.** eccentric; bizarre; unusual. **3.** unrealistic; impractical: *a crazy scheme.* **4.** *Colloquial* intensely enthusiastic or excited. **5.** likely to collapse, fall to pieces, or disintegrate. **–crazily** *adv.* **–craziness** *n.*

creak /krik/ *v.i.* **1.** to make a sharp, harsh, grating, or squeaking sound. **2.** to move with creaking. *–v.t.* **3.** to cause to creak. *–n.* **4.** a creaking sound.

cream /krim/ *n.* **1.** the fatty part of milk, which rises to the surface. **2.** any food made with cream or like cream. **3.** any creamlike substance: *face cream.* **4.** the best part. **5.** a yellowish white colour. *–v.i.* **6.** to form cream. **7.** to foam. *–v.t.* **8.** to beat until creamy: *to cream butter and sugar.* **9.** to put cream in or on. **–creamy** *adj.*

cream cheese *n.* a soft, white, smooth-textured, unripened cheese made of milk and sometimes cream.

crease /kris/ *n., v.* **creased, creasing.** *–n.* **1.** a line or mark produced in anything by folding; a fold; a ridge; a furrow. **2.** the sharp vertical ridge in the front and at the back of each leg of a pair of trousers, produced by pressing. *–v.t.* **3.** to make a crease or creases in or on; wrinkle. **–creaser** *n.* **–creasy** *adj.*

create /kri'eɪt/ *v.* **-ated, -ating.** *–v.t.* **1.** to make; cause to exist; produce. **2.** to design or invent. **3.** to make into; appoint: *to create someone a peer.* *–v.i.* **4.** *Colloquial* to make a fuss or an uproar. **–creator** *n.*

creation /kri'eɪʃən/ *n.* **1.** the act or result of creating. **2.** the world; universe. **3.** an original design or invention. **4. the Creation,** the bringing into being of the universe by God. **–creational** *adj.*

creative /kri'eɪtɪv/ *adj.* **1.** having the quality or power of creating. **2.** resulting from originality of thought or expression. *–phr.* **3. creative of,** productive of. **–creatively** *adv.* **–creativeness** *n.*

creature /'kritʃə/ *n.* **1.** anything created, animate or inanimate. **2.** an animate being. **3.** an animal, as distinguished from a human. **4.** a human being (often used in contempt, commiseration, or endearment). **5.** a person owing his or her rise and fortune to another, or subject to the will or influence of another.

creche /kreɪʃ, krɛʃ/ *n.* **1.** a nursery where children are cared for while their parents work. **2.** a home for foundlings. **3.** a tableau of Mary, Joseph, and others round the crib of Jesus in the stable at Bethlehem, often built for display at Christmas. Also, **crèche.**

cred /krɛd/ *n. Colloquial* credibility: *street cred.*

credence /'kridns/ *n.* **1.** belief: *to give credence to a statement.* **2.** something giving a claim to belief or confidence: *letter of credence.* **3.** Also, **credence table, credenza. a.** a small side table, shelf, or niche for holding articles used in the Eucharist service. **b.** a sideboard.

credential /krə'dɛnʃəl/ *n.* **1.** anything which is the basis for the belief or trust of others in a person's abilities, authority, etc. **2.** (*usually plural*) a letter or other testimonial attesting the bearer's right to confidence or authority. *–adj.* **3.** providing the basis for belief or confidence.

credible /'krɛdəbəl/ *adj.* **1.** capable of being believed; believable. **2.** worthy of belief or confidence; trustworthy. **–credibility, credibleness** *n.* **–credibly** *adv.*

credit /'krɛdət/ *n.* **1.** belief; trust. **2.** influence or authority resulting from the confidence of others or from one's reputation. **3.** trustworthiness; cred-

credit

ibility. **4.** repute; reputation. **5.** favourable estimation. **6.** commendation or honour given for some action, quality, etc. **7.** a source of commendation or honour. **8.** the ascription or acknowledgment of something as due or properly attributable to a person, etc. **9.** (*plural*) a list, appearing at the beginning or end of a film, which shows the names of those who have been associated with its production. **10. a.** official acceptance and recording of the work of a student in a particular course of study. **b.** a unit of a curriculum (short for **credit hour**): *she took the course for four credits.* **11.** Also, **pass with credit**. (in some educational institutions) a result in an examination which indicates performance higher than necessary to pass. **12.** time allowed for payment for goods, etc., obtained on trust. **13.** confidence in a purchaser's ability and intention to pay, displayed by entrusting them with goods, etc., without immediate payment. **14.** reputation of solvency and probity, entitling a person to be trusted in buying or borrowing. **15.** power to buy or borrow on trust. **16.** a sum of money due to a person; anything valuable standing on the credit side of an account. **17.** the balance in one's favour in an account. **18.** *Bookkeeping* **a.** the acknowledgment or an entry of payment or value received, in an account. **b.** the side (right-hand) of an account on which such entries are made (opposed to *debit*). **c.** any entry, or the total shown, on the credit side. **19.** any deposit or sum against which one may draw. –*v.t.* **20.** to believe; put confidence in; trust; have faith in. **21.** to reflect credit upon; do credit to; give reputation or honour to. **22.** (sometimes fol. by *with*) to accredit: *to credit the child with doing his homework.* **23. a.** *Bookkeeping* to enter upon the credit side of an account; give credit for or to. **b.** to give the benefit of such an entry to (a person, etc.) **24.** to award educational credits to: *credited with three points in history.* –*phr.* **25. be a credit to**, to behave in a way that brings honour to (someone considered a guardian or mentor). **26. do someone credit** or **do credit to someone**, to be a source of honour or distinction to someone. **27. on credit**, by deferred payment.

creditable /ˈkrɛdətəbəl/ *adj.* bringing credit, honour, reputation, or esteem. –**creditableness** *n.* –**creditably** *adv.*

credit agency *n.* an organisation that investigates on behalf of a client the creditworthiness of the client's prospective customers.

credit card *n.* a card which identifies the holder as entitled to obtain, without payment of cash, goods, food, services, etc. which are then charged to the holder's account.

creditor /ˈkrɛdətə/ *n.* **1.** someone who gives credit in business transactions. **2.** someone to whom money is due (opposed to *debtor*).

credit rating *n.* an estimation of the extent to which a customer can be granted credit, usually determined by a credit agency.

credit squeeze *n.* **1.** restriction by a government of the amount of credit available to borrowers. **2.** the period during which the restrictions are in operation.

credit union *n.* a financial organisation for receiving and lending money, usually formed by workers in some industry or at some place of employment.

credo /ˈkreɪdoʊ, ˈkridoʊ/ *n.* **-dos**. **1.** any creed or formula of belief. **2.** the Apostles' or the Nicene Creed.

credulous /ˈkrɛdʒələs/ *adj.* **1.** ready or disposed to believe, especially on weak or insufficient evidence. **2.** marked by or arising from credulity. –**credulity** *n.* –**credulously** *adv.* –**credulousness** *n.*

creed /krid/ *n.* **1.** any system of belief or of opinion. **2.** any formula of religious belief, as of a denomination. **3.** an authoritative formulated statement of the chief articles of Christian belief, such as the Apostles', the Nicene, or the Athanasian Creed. –**creedal, credal** *adj.* –**creedless** *adj.*

creek /krik/ *n.* **1.** a small stream, as a branch of a river. **2.** a narrow recess in the shore of the sea; a small inlet or bay. –*phr.* **3. up the creek (without a paddle)** or **up shit creek (without a paddle)**, *Colloquial* in a predicament; in trouble.

creep /krip/ *v.* **crept, creeping**, *n.* –*v.i.* **1.** to move with the body close to the ground, as a reptile or an insect. **2.** to move slowly, imperceptibly, or stealthily. **3.** to enter undetected; to sneak up behind. **4.** to move or behave timidly or servilely. **5.** to move along very slowly, as a motor car in heavy traffic. **6.** (of flesh) to experience a sensation as of something creeping over the skin, especially as a result of feelings of revulsion or horror. –*n.* **7.** the act of creeping. **8.** the slow movement of concrete due to chemical change in concrete over time. **9.** *Engineering* the deformation of metal caused by heat or stress. **10.** *Geology* the slow and imperceptible down-slope movement of earth or rock. **11.** *Colloquial* an unpleasant, obnoxious, or insignificant person. –*phr.* **12. make someone's flesh creep**, to frighten or repel someone. **13. the creeps**, a sensation as of something creeping over the skin, usually as a result of feelings of fear or horror.

creeper /ˈkripə/ *n.* **1.** *Botany* a plant which grows upon or just beneath the surface of the ground, or upon any other surface, sending out rootlets from the stem, such as ivy and couch. **2.** a grappling device for dragging a river, etc.

creepy /ˈkripi/ *adj.* **-pier, -piest**. **1.** that creeps, as an insect. **2.** having or causing a creeping sensation of the skin, as from horror: *a creepy silence.* **3.** *Colloquial* (of a person) unpleasant, obnoxious, or insignificant. –**creepiness** *n.*

cremains /krəˈmeɪnz/ *pl. n.* the remains of a cremated body; ashes.

cremate /krəˈmeɪt/ *v.t.* **-mated, -mating**. **1.** to reduce (a corpse) to ashes by fire. **2.** to consume by fire; burn. –**cremation** *n.*

crematorium /krɛməˈtɔriəm/ *n.* an establishment for cremating dead bodies.

creole /ˈkrioʊl/ *n.* **1.** someone born in the West Indies, Spanish America, or US, but of European, usually Spanish or French, parentage. **2.** a person of mixed creole and Negro descent. **3.** a pidgin which has become the first language of a group of people. –*adj.* **4.** (of people, animals, or plants) born or growing in a country, but of foreign origin. Also, **Creole**.

creosote /ˈkriəsoʊt/ *n.* an oily liquid with a burning taste and a penetrating smell, obtained by the distillation of wood tar, and used as a preservative and antiseptic. –**creosotic** /kriəˈsɒtɪk/ *adj.*

crepe /kreɪp/ *n.* **1.** a thin, light fabric of silk, cotton, or other fibre, with a finely crinkled or ridged surface. **2.** Also, **crepe paper**. thin paper wrinkled to resemble crepe. **3.** a thin pancake. **4.** a black (or white) silk fabric, used for mourning veils, trimmings, etc. –*v.t.* **5.** to cover, clothe, or drape with crepe. Also, **crêpe, crape**.

crept /krɛpt/ *v.* past tense and past participle of **creep**.

crepuscular /krəˈpʌskjələ/ *adj.* having to do with or resembling twilight; dim; indistinct.

crescendo /krəˈʃɛndoʊ/ *n.* a gradual increase in force or loudness.

crescent /ˈkrɛsənt, ˈkrɛzənt/ *n.* **1.** the biconvex figure of the moon in its first quarter, or the similar figure of the moon in its last quarter, resembling a bow terminating in points. **2.** the symbol of Turkish or Islamic power. **3.** any crescent-shaped object, as a roll of bread. **4.** a curved street. *–adj.* **5.** increasing; growing.

cress /krɛs/ *n.* **1.** any of various plants of the mustard family with pungent-tasting leaves, often used for salad and as a garnish, especially the **garden cress**, *Lepidium sativum*. **2.** any of various similar plants.

crest /krɛst/ *n.* **1.** a tuft or other natural growth on top of the head of a bird or other animal. **2.** anything like such a tuft. **3.** a (feather) ornament on a helmet. **4.** (the top of) a helmet. **5.** part of a coat of arms, used for badges, etc.: *a school crest*. **6.** the head or top of anything. *–v.t.* **7.** to provide with a crest. **8.** to reach the crest of. *–v.i.* **9.** to form or reach a crest. **–crested** *adj.* **–crestless** *adj.*

crested tern *n.* a tern, *Sterna bergii*, with white underparts, grey back wings and tail, and erectile black crown and nape, found around the coast of Australia, and throughout the Indian and Pacific Oceans and south-east Asia.

crestfallen /'krɛstfɔlən/ *adj.* **1.** dejected; dispirited; depressed. **2.** with drooping crest. **–crestfallenly** *adv.* **–crestfallenness** *n.*

Cretaceous /krəˈteɪʃəs/ *adj.* **1.** *Geology* the third and latest of the periods included in the Mesozoic era. **2.** (*l.c.*) of, like, or containing chalk. *–n.* **3.** *Geology* the system of strata deposited during the Cretaceous period.

cretin /'krɛtɪn/ *n.* **1.** a person afflicted with cretinism. **2.** *Colloquial* a fool; a stupid person. **–cretinous** *adj.*

crevasse /krəˈvæs/ *n.* a fissure or deep cleft in the ice of a glacier.

crevice /'krɛvəs/ *n.* a crack forming an opening; a cleft; a rift; a fissure. **–creviced** *adj.*

crew¹ /kru/ *n.* **1.** a group of people working at something together; gang. **2.** a group of people operating a ship, boat, or aircraft. *–v.i.* **3.** to act as (a member of) a crew. *–v.t.* **4.** to provide with a crew.

crew² /kru/ *v.* a past tense of **crow²** (def. 1).

crew cut *n.* a very closely cropped haircut.

crewel /'kruəl/ *n.* a fine worsted yarn used for embroidery, etc. **–crewelwork** *n.*

crew-neck /'kru-nɛk/ *adj.* (of garments) having a plain ribbed neckband fitting closely around the neck.

crib /krɪb/ *n., v.* **cribbed, cribbing.** *–n.* **1.** a child's cot. **2.** a cattle stall or pen. **3.** a rack or box for food for cattle, horses, etc. **4.** a framework used in construction. **5.** *NZ (South Island)* a holiday shack. **6.** *Australian, NZ* a meal, packed in a container, and eaten on the job by a miner, construction worker, etc. **7.** *Colloquial* **a.** the copy(ing) of another's work; plagiarism. **b.** a translation or other aid used by students, often dishonestly. *–v.t.* **8.** *Colloquial* to copy (another's work); plagiarise. *–v.i.* **9.** *Colloquial* to use a crib.

cribbage /'krɪbɪdʒ/ *n.* a card game basically for two, but also played by three, or four players, a characteristic feature of which is the crib.

crick /krɪk/ *n.* **1.** a sharp, painful spasm of the muscles, as of the neck or back, making it difficult to move the part. *–v.t.* **2.** to give a crick or wrench to (the neck, etc.).

cricket¹ /'krɪkət/ *n.* any of the orthopterous insects comprising the family Gryllidae, characterised by their long antennae, ability to leap, and the ability of the males to produce shrill sounds by friction of their leathery forewings.

cricket² /'krɪkət/ *n.* **1.** an outdoor game played with ball, bats, and wickets, by two sides of eleven players each. **2.** *Colloquial* fair play: *his behaviour was not cricket*. *–v.i.* **3.** to play cricket. **–cricketer** *n.*

crier /'kraɪə/ *n.* **1.** a court or town official who makes public announcements. **2.** someone who cries goods for sale in the streets; a hawker.

crime /kraɪm/ *n.* **1.** an act committed or an omission of duty, injurious to the public welfare, for which punishment is prescribed by law, imposed in a judicial proceeding usually brought in the name of the state. **2.** serious violation of human law: *steeped in crime*. **3.** any offence, especially one of grave character. **4.** serious wrongdoing; sin. **5.** *Colloquial* a foolish or senseless act: *it's a crime to have to work so hard*.

crime buster *n. Colloquial* a police officer or government official who specialises in dealing with organised crime.

criminal /'krɪmənəl/ *adj.* **1.** having to do with crime or its punishment: *criminal law*. **2.** of the nature of or involving crime. **3.** guilty of crime. *–n.* **4.** a person guilty or convicted of a crime. **–criminally** *adv.*

criminology /ˌkrɪməˈnɒlədʒi/ *n.* the science dealing with the causes of crimes and treatment of criminals. **–criminological** /ˌkrɪmənəˈlɒdʒɪkəl/ *adj.* **–criminologist** *n.*

crimp /krɪmp/ *v.t.* **1.** to press into small regular folds; corrugate; make wavy. **2.** to curl (hair), especially with a hot iron. *–n.* **3.** a crimped condition or form. **4.** something crimped. **–crimper** *n.*

crimson /'krɪmzən/ *adj.* **1.** deep purplish red. **2.** sanguinary. *–n.* **3.** a crimson colour, pigment, or dye. *–v.i.* **4.** to become crimson; to blush.

cringe /krɪndʒ/ *v.i.* **cringed, cringing.** *–v.i.* **1.** to shrink, bend, or crouch, especially from fear or servility; cower. **2.** to fawn. **–cringer** *n.* **–cringingly** *adv.*

crinkle /'krɪŋkəl/ *v.i.* **-kled, -kling. 1.** to wind or turn in and out. **2.** to wrinkle; crimple; ripple. **3.** to make slight, sharp sounds; rustle. **–crinkly** *adj.*

crinoline /'krɪnələn/ *n.* **1.** a petticoat of horsehair and flax or other stiff material, formerly worn by women under a full dress skirt. **2.** a hoop skirt.

cripple /'krɪpəl/ *n., v.* **-pled, -pling.** *–n.* **1.** someone who is partially or wholly deprived of the use of one or more of their limbs; a lame person. **2.** an animal which is disabled by disease, old age, etc., especially one that cannot keep up with the herd. *–v.t.* **3.** to disable; impair. **–crippler** *n.*

crisis /'kraɪsəs/ *n.* **crises** /'kraɪsiz/. **1.** a decisive or vitally important stage in the course of anything; a turning point; a critical time or occasion: *a political crisis, a business crisis*. **2.** the point in a play or story at which hostile elements are most tensely opposed to each other. **3.** the point in the course of a disease at which a decisive change occurs, leading either to recovery or to death.

crisp /krɪsp/ *adj.* **1.** hard but dry and easily breakable; brittle: *crisp toast*. **2.** firm and fresh: *crisp lettuce*. **3.** sharp; brisk; decided: *a crisp manner; a crisp reply*. **4.** lively. **5.** cool, dry and refreshing: *crisp air*. **6.** clean and neat: *a crisp uniform*. **7.** wrinkled or curly: *crisp hair*. *–v.t.* **8.** to make crisp. **9.** to curl. *–v.i.* **10.** to become crisp. *–n.* **11.** → chip (def. 3b). **12.** something crisp: *burnt to a crisp*. **–crisply** *adv.* **–crispness** *n.*

crisscross /'krɪskrɒs/ *adj.* **1.** in crossing lines; crossed; crossing; marked by crossings. *–n.* **2.** a crisscross mark, pattern, etc. *–v.i.* **3.** to form crossing lines.

criterion /kraɪˈtɪəriən/ *n.* **-teria** /-'tɪəriə/. a standard of judgment or criticism; an established rule or principle for testing anything.

critic /'krɪtɪk/ n. **1.** someone skilled in judging the qualities or merits of some class of things, especially of literary or artistic work. **2.** someone who judges captiously or with severity; someone who censures or finds fault.

critical /'krɪtɪkəl/ adj. **1.** tending to find fault or judge severely. **2.** of, involving, or related to criticism: *a critical article; critical analysis.* **3.** relating to or with the quality of a crisis or turning point: *the critical moment.* **4.** dangerous: *a critical shortage of water.* **5.** serious; severe: *in a critical condition.* –**critically** adv. –**criticalness** n.

criticise = **criticize** /'krɪtəsaɪz/ v. **-cised**, **-cising**. –v.i. **1.** to make judgments as to merits and faults. **2.** to find fault. –v.t. **3.** to judge or discuss the merits and faults of. **4.** to find fault with. –**criticisable** adj. –**criticiser** n.

criticism /'krɪtəsɪzəm/ n. **1.** an analysis and judging of the quality of something: *literary criticism.* **2.** disapproval; fault-finding. **3.** a critical remark, article, or essay.

critique /krə'tik, krɪ-/ n., v. **-tiqued**, **-tiquing**. –n. **1.** an article or essay criticising a literary or other work; a review. –v.t. **2.** to review critically; evaluate.

croak /krouk/ v.i. **1.** to utter a low, hoarse, dismal cry, as a frog or a raven. **2.** to speak with a low, hollow voice. **3.** to talk despondently; forebode evil; grumble. **4.** *Colloquial* to die. –n. **5.** the act or sound of croaking. –**croaky** adj. –**croaker** n.

crochet /'krouʃə, 'krouʃeɪ/ n., v. **-cheted** /-ʃəd, -ʃeɪd/ *or* **-cheting** /-ʃərɪŋ, -ʃeɪŋ/ –n. **1.** a kind of needlework done with a needle having at one end a small hook for drawing the thread or yarn into intertwined loops. –v.t. **2.** to form by crochet. –v.i. **3.** to do crochet.

crock¹ /krɒk/ n. an earthen pot, jar, or other vessel.

crock² /krɒk/ n. **1.** an old ewe. **2.** an old worn-out horse. **3.** *Colloquial* a worn-out, decrepit old person.

crockery /'krɒkəri/ n. **1.** crocks or earthen vessels collectively; earthenware. **2.** china in general, especially as for domestic use.

crocodile /'krɒkədaɪl/ n. **1.** a large, lizard-like reptile living in the waters of tropical Africa, Asia, Australia, and America. **2.** crocodile skin, used for shoes, handbags, etc.

crocodile tears pl. n. **1.** false or insincere tears, as the tears said to be shed by crocodiles over those they devour. **2.** a hypocritical show of sorrow.

crocus /'kroukəs/ n. **-cuses**. **1.** any of the small plants constituting the genus *Crocus*, much cultivated for their showy, solitary flowers. **2.** the flower or bulb of the crocus. **3.** a deep yellow; orangish yellow; saffron.

croissant /krwʌ'sɒ̃/ n. a roll of leavened dough or puff pastry, shaped into a crescent and baked.

cromlech /'krɒmlɛk/ n. **1.** a circle of upright stones or monoliths. **2.** → **dolmen**.

crone /kroun/ n. an old woman.

crony /'krouni/ n. **-nies**. an intimate friend or companion.

crook /krʊk/ n. **1.** a bent or curved implement, piece, appendage, etc.; a hook; the hooked part of anything. **2.** an instrument or implement having a bent or curved part, as a shepherd's staff hooked at one end or as the crosier of a bishop or abbot. **3.** any bend, turn, or curve. **4.** *Colloquial* a dishonest person, especially a swindler, or thief. –adj. *Australian, NZ Colloquial* **5.** sick; disabled. **6.** bad; inferior. **7.** unpleasant; difficult. **8.** broken; damaged. –phr. **9. be crook on**, *Australian Colloquial* to be annoyed with. **10. go crook**, *Australian, NZ Colloquial* **a.** to lose one's temper. **b.** to cease to function properly: *the fridge has gone crook*. **11. go crook at** (or **on**), *Australian, NZ Colloquial* to upbraid noisily. **12. put someone crook**, *Australian, NZ Colloquial* to give wrong or bad advice to someone.

crooked /'krʊkəd/ adj. **1.** bent; not straight; curved. **2.** deformed. **3.** dishonest: *a crooked deal.* –**crookedly** adv. –**crookedness** n.

croon /krun/ v.i. **1.** to sing softly, especially with exaggerated feeling. **2.** to utter a low murmuring sound. –v.t. **3.** to sing softly, especially with exaggerated feeling. –**crooner** n.

crop /krɒp/ n., v. **cropped**, **cropping**. –n. **1.** the cultivated produce of the ground, such as grain or fruit, while growing or when gathered. **2.** the yield of such produce for a particular season. **3.** the yield of some other product in a season: *the lamb crop.* **4.** a supply produced. **5.** a collection or group of persons or things occurring together: *a crop of lies.* **6.** the stock or handle of a whip. **7.** a short riding whip with a loop instead of a lash. **8.** an entire tanned hide of an animal. **9.** the act of cropping. **10.** a mark produced by clipping the ears, as of an animal. **11.** a style of wearing the hair cut short. **12.** a head of hair so cut. **13.** an outcrop of a vein or seam. **14.** a special pouchlike enlargement of the gullet of many birds, in which food is held, and may undergo partial preparation for digestion. **15.** a digestive organ in other animals; the craw. –v.t. **16.** to cut off or remove the head or top of (a plant, etc.). **17.** to cut off the ends or a part of. **18.** to cut short. **19.** to clip the ears, hair, etc., of. **20.** *Photography* to cut off or mask the unwanted parts of (a print or negative). **21.** to cause to bear a crop or crops. **22.** *Textiles* to cut or shear the nap of (a fabric) so as to give a smooth face or a level nap. –v.i. **23.** to bear or yield a crop or crops. –phr. **24. crop up**, to appear unintentionally or unexpectedly: *a new problem has cropped up*.

cropper /'krɒpə/ n. **1.** someone who raises a crop. **2.** someone who cultivates land for its owner in return for part of the crop. **3.** a plant which furnishes a crop. **4.** a machine that shears the nap of cloth. **5.** a fall. –phr. **6. come a cropper**, *Colloquial* **a.** to fall heavily, especially from a horse. **b.** to fail; collapse, or be struck by misfortune.

croquet /'kroukeɪ, -ki/ n. an outdoor game played by knocking wooden balls through a series of iron arches by means of mallets.

croquette /krou'kɛt/ n. a small mass of minced meat or fish, or of rice, potato, or other material, often coated with beaten egg and breadcrumbs and fried in deep fat.

cross /krɒs/ n. **1.** a structure consisting essentially of an upright and a transverse piece, upon which persons were formerly put to death. **2.** a figure of the cross as a Christian emblem, badge, etc. **3.** the cross as the symbol of Christianity. **4.** a small cross with a human figure attached to it, as a representation of Jesus crucified; crucifix. **5.** the sign of the cross made with the right hand as an act of devotion. **6.** a structure or monument sometimes in the form of a cross, set up for prayer, as a memorial or a place where proclamations are read. **7.** the place in a town or village where such a monument stands or stood. **8.** any of various conventional representations or modifications of the Christian emblem as used symbolically or for ornament, as in heraldry, art, etc.: *a Latin cross; Greek cross; St George's cross; Maltese cross.* **9.** any burden, affliction, responsibility, etc., that one has to bear. **10.** any object, figure, or mark resembling a cross, as two intersecting lines. **11.** such a mark made instead of a signature by a person unable to write. **12.** a four-way joint or connection used in pipe-fitting, the connections being at right angles. **13.** a crossing. **14.** a place of crossing. **15.** *Boxing* a blow delivered to the head through an opponent's guard, or over the opponent's arm. **16.** *Soccer* a pass (def. 50) from a wing position towards the centre. **17.** an opposing; thwarting. **18.** a crossing of animals or plants; a mixing of breeds. **19.** an animal, plant, breed, etc., produced by crossing; a crossbreed. **20.** something intermediate in character between two things. *–v.t.* **21.** to make the sign of the cross upon or over, as in devotion. **22.** to mark with a cross. **23.** to place in the form of a cross or crosswise. **24.** to put or draw (a line etc.) across. **25.** to mark (the face of a cheque) with two vertical parallel lines with or without the words *not negotiable* written between them. **26.** to lie or pass across; intersect. **27.** to move, pass, or extend from one side to the other side of (a street, river, etc.). **28.** to transport across something. **29.** to meet and pass. **30.** to oppose; thwart. **31.** to cause (members of different genera, species, breeds, varieties, or the like) to produce offspring; cross-fertilise. *–v.i.* **32.** to lie or be athwart; intersect. **33.** to move, pass, extend from one side or place to another. **34.** to meet and pass. **35.** to interbreed. *–adj.* **36.** lying or passing crosswise or across each other; athwart; transverse: *cross axes*. **37.** involving interchange; reciprocal. **38.** contrary; opposite. **39.** adverse; unfavourable. **40.** ill-humoured; snappish: *a cross word*. **41.** crossbred; hybrid. *–phr.* **42. cross as two sticks**, extremely bad-tempered. **43. cross one's heart**, to pledge; promise; swear. **44. cross someone's mind**, to occur to someone; come to someone as an idea. **45. cross out**, to cancel by marking with a cross or with a line or lines. **46. cross someone's palm with silver**, to give money to someone to tell one's fortune. **47. cross the floor**, (in parliament) to vote with an opposing party. **48. on the cross**, dishonestly. **–crossly** *adv.* **–crossness** *n.*

cross- a first element of compounds, modifying the second part, meaning: **1.** going across: *crossroad*. **2.** counter: *cross-examination*. **3.** marked with a cross. **4.** cruciform: *crossbones*, etc.

crossbar /'krɒsba/ *n.* **1.** a transverse bar, line, or stripe. **2.** a transverse bar between goalposts, as in soccer, rugby football, etc. **3.** a horizontal bar used in gymnastics. **4.** (in athletics) the transverse bar that a high-jumper, pole-vaulter, etc., must clear.

crossbench /'krɒsbɛntʃ/ *n.* **1.** one of a set of seats, as at the houses of parliament, for those who belong neither to the government nor to opposition parties. *–adj.* **2.** independent. **–crossbencher** *n.*

crossbones /'krɒsbounz/ *pl. n.* two bones placed crosswise, usually below a skull, symbolising death.

crossbow /'krɒsbou/ *n.* an old weapon for shooting missiles, consisting of a bow fixed transversely on a stock having a groove or barrel to direct the missile. **–crossbowman** *n.*

cross-country /'krɒs-kʌntri/ *adj., n.*; /krɒs-'kʌntri/ *adv. –adj.* **1.** directed across fields or open country; not following the main roads. *–n.* **2.** a running race which is routed across the country, often on difficult terrain, as opposed to one held on a prepared track. *–adv.* **3.** across open country.

cross-dresser /'krɒs-drɛsə/ *n.* a transvestite. **–cross-dressing** *n., adj.*

cross-examine /krɒs-əg'zæmən/ *v.t.* **-ined**, **-ining. 1.** to examine by questions intended to check a previous examination; examine closely or minutely. **2.** *Law* to examine (a witness called by the opposing side), as for the purpose of disproving his or her testimony. **–cross-examination** /,krɒs-əgzæmə'neɪʃən/ *n.* **–cross-examiner** *n.*

cross-eye /'krɒs-aɪ/ *n.* strabismus, especially the form in which both eyes turn towards the nose. **–cross-eyed** *adj.*

crossfire /'krɒsfaɪə/ *n.* **1.** *Military* lines of fire from two or more positions, crossing one another, or a single one of such lines. **2.** a brisk exchange of words or opinions.

crossholding /'krɒshouldɪŋ/ *n.* among a group of allied commercial companies, the holding of shares in companies within the group, as a mutually protective device.

crossing /'krɒsɪŋ/ *n.* **1.** a place where lines, tracks, etc., cross each other. **2.** a place at which a road, river, etc., may be crossed. **3.** a railway crossing. **4.** the act of opposing or thwarting; contradiction. **5.** crossbreeding.

crossover /'krɒsouvə/ *n.* **1.** the act of crossing over. **2.** *Biology* a genotype resulting from crossing over.

cross-purpose /krɒs-'pɜpəs/ *n.* **1.** an opposing or contrary purpose. *–phr.* **2. be at cross-purposes**, (sometimes fol. by *with*), to be involved in a misunderstanding, such that each person makes a wrong interpretation of the other's interests or intentions.

cross-reference /krɒs-'rɛfrəns/ *n., v.* **-renced**, **-rencing.** *–n.* **1.** a reference from one part of a book, etc., to a word, item, etc., in another part. *–v.t.* **2.** to relate (an item, passage in a book, etc.) to another by means of a cross-reference. *–v.i.* **3.** to make a cross-reference.

crossroad /'krɒsroud/ *n.* **1.** a road that crosses another road, or one that runs transversely to main roads. **2.** a byroad. **3. a.** (*often plural, construed as singular*) the place where roads intersect. **b.** (*usually plural*) a stage at which a vital decision must be made.

cross-section /'krɒs-sɛkʃən/ *n.* **1.** a section made by a plane cutting anything transversely, especially at right angles to the longest axis. **2.** a piece so cut off. **3.** the act of cutting anything across. **4.** a typical selection; a sample showing all characteristic parts, etc.: *a cross-section of Australian opinion*. **5.** *Geology* a profile showing an interpretation of a vertical section of the earth explored by geological and for geophysical methods. **–cross-sectional** *adj.*

cross trainer *n.* a sports shoe which is designed to be suitable for use in a number of different sports.

crossword /'krɒswɜd/ *n.* a puzzle in which words corresponding to given meanings are to be supplied and fitted into a particular figure divided into spaces, the letters of the words being arranged across the figure, or vertically, or sometimes otherwise. Also, **crossword puzzle**.

crotalaria /krouta'lariə/ *n.* any herb or shrub of the large genus *Crotalaria*, widely distributed in tropical areas and occasionally the cause of stock-poisoning, the flowers of which are pea-shaped and usually yellow and the pods hard and inflated when dry.

crotch /krɒtʃ/ *n.* **1.** a forked piece, part, support, etc. **2.** a forking or place of forking, as of the human body between the legs. **3.** the part of a pair of trousers, pants, etc., formed by the joining of the two legs. **4.** a piece of material, so used in the join. **–crotched** /krɒtʃt/ *adj.*

crotchet /'krɒtʃət/ *n.* **1.** a hooklike device or part. **2.** a curved surgical instrument with a sharp hook. **3.** an odd fancy or whimsical notion. **4.** *Music* a note having one quarter of the time value of a semibreve or half the value of a minim.

crotchety /'krɒtʃəti/ *adj.* **1.** given to crotchets or odd fancies; full of crotchets. **2.** *Colloquial* irrita-

crouch

ble, difficult, or cross. **–crotchetiness** *n*.

crouch /kraʊtʃ/ *v.i.* **1.** (of people) to lower the body with one or both knees bent, in any position which inclines the trunk forward. **2.** (of animals) to lie close to or on the ground with legs bent as in the position taken when about to spring. **3.** to stoop or bend low. **4.** to bend servilely; cringe. *–n.* **5.** Also, **crouch start**. *Athletics* a method of starting sprint races in which the runner crouches down on all fours.

croup /krup/ *n. Pathology* inflammation of the larynx, especially in children leading to laryngeal spasm, characterised by a hoarse cough and difficulty in breathing.

croupier /'krupiə/ *n.* **1.** an attendant who collects and pays the money at a gaming table. **2.** someone who at a public dinner sits at the lower end of the table as assistant chairman.

crouton /'krutɒn/ *n.* a small piece of bread, often cube shaped, crisply fried or toasted, for use in soups, minces, etc.

crow¹ /kroʊ/ *n.* **1.** either of two large, lustrous black, Australian birds of the genus *Corvus*, having a characteristic harsh call: the **Australian crow**, *C. orru*., and the **little crow**, *C. bennetti*. **2.** the wattled *Callaeas* species of New Zealand. **3.** certain other birds of the genus *Corvus* as the **carrion crow** (*C. corone*) of Europe and the **American crow** (*C. brachyrhynchos*). **4.** *NZ* one who pitches sheaves to the stack-builder. **5.** *Colloquial* an unattractive woman. *–phr.* **6. as the crow flies**, in a straight line. **7. draw the crow**, *Colloquial* to be left with the least attractive task, option, etc. **8. eat crow**, *Colloquial* to be forced to do or say something very unpleasant or humiliating. **9. stone the crows**, Also, *Australian, NZ,* **stiffen the crows**; *Australian,* **starve the crows**. *Colloquial* (an exclamation of astonishment, exasperation, or disgust).

crow² /kroʊ/ *v.i.* **crowed** or for def. 1 **crew, crowed, crowing. 1.** to utter the characteristic cry of a cock. **2.** to utter an inarticulate cry of pleasure, as an infant does. **3.** to exult loudly; boast.

crowbar /'kroʊba/ *n.* a bar of iron, often with a wedge-shaped end, for use as a lever, etc.

crowd /kraʊd/ *n.* **1.** a large number of people or things gathered closely together. **2.** people in general. **3.** a group or set of people; clique: *I can't get on with your crowd*. *–v.i.* **4.** to gather in large numbers. **5.** to press forward; push. *–v.t.* **6.** to press closely together; force into a confined space. **7.** to overfill.

crowd-surf /'kraʊd-sɜf/ *v.i.* to engage in crowd-surfing.

crowd-surfing /'kraʊd-sɜfɪŋ/ *n.* an activity at a rock concert or party in which someone is held up by the main group and moved about over their heads. **–crowd-surfer** *n*.

crowfoot /'kroʊfʊt/ *n.* **-foots**. any plant of the genus *Ranunculus*, especially one with divided leaves suggestive of a crow's foot; buttercup.

crown /kraʊn/ *n.* **1.** an ornamental headdress worn by a king, queen, etc., as a symbol of position, usually made of gold and precious stones, etc. **2. a.** the power or position of a king, queen, etc. **b.** the governing power of a state under a monarchical government. **3.** a crownlike symbol or design, used in crests, as a badge of rank, etc. **4.** a wreath worn on the head as a mark of victory or honour. **5.** an honour or reward. **6.** a coin of several countries, usually with a crown or crowned head on it; in UK and Australia formerly a five shilling piece. **7.** a pre-metric paper size, 15 × 20 inches. **8.** something crown-shaped, e.g. the corona of a flower. **9.** the top or highest part of anything, as of a head, hat, or mountain. **10.** the highest or best part or quality: *the crown of his achievements*. **11. a.** the part of a tooth above the gum, covered by enamel. **b.** an artificial replacement for this. *–v.t.* **12.** to place a crown or wreath on the head of. **13.** to install a king, queen, etc., in office by crowning. **14.** to honour; reward. **15.** *Dentistry* to place an artificial crown on (a tooth). **16.** to top, or be the top part of: *snow crowned the mountain*. **17.** *Colloquial* to hit on the head. **18.** to complete well or successfully. **–crowner** *n*.

crown land *n.* land belonging to the government.

crown-of-thorns starfish *n.* a starfish, *Acanthaster planci*, having sharp, stinging spines on the top surface of the body and arms, widely distributed in tropical waters and particularly abundant on the Great Barrier Reef where it is very destructive of certain corals.

crown seal *n.* a metal cap, usually lined with cork or plastic, for stopping bottles of beer, soft drink, etc., and which is fastened to a rim at the mouth of the bottle by crimping its edge over the rim. Also, **crown cap, crown cork.**

crown witness *n.* a witness for the Crown in a criminal prosecution.

crow's-foot /'kroʊz-fʊt/ *n.* **-feet**. (*usually plural*) a wrinkle at the outer corner of the eye.

crow's nest *n. Nautical* **1.** a box or shelter for the lookout, secured near the top of a mast. **2.** a similar lookout station ashore.

crucial /'kruʃəl/ *adj.* **1.** involving a final and supreme decision; decisive; critical: *a crucial experiment*. **2.** severe; trying. **3.** of the form of a cross; cross-shaped. **–crucially** *adv*.

crucible /'krusəbəl/ *n.* **1.** a vessel of metal or refractory material used for heating substances to high temperatures. **2.** a severe, searching test.

crucifix /'krusəfɪks/ *n.* **1.** a cross with the figure of Jesus crucified upon it. **2.** any cross.

crucify /'krusəfaɪ/ *v.t.* **-fied, -fying. 1.** to put to death by nailing or binding the body to a cross. **2.** to treat severely, as by ridicule, industrial action, or other means. **3.** to subdue (passion, sin, etc.). **–crucifier** *n.* **–crucifixion** *n*.

crude /krud/ *adj.* **cruder, crudest**, *n. –adj.* **1.** in a raw or unprepared state; unrefined: *crude oil; crude sugar*. **2.** unripe; not mature. **3.** lacking finish, polish, proper arrangement, or completeness: *a crude summary*. **4.** lacking culture, refinement, tact, etc.: *crude people; crude behaviour; crude speech*. *–n.* **5.** crude oil. **–crudely** *adv.* **–crudity, crudeness** *n*.

cruel /'kruəl/ *adj., v.* **cruelled, cruelling.** *–adj.* **1.** disposed to inflict suffering; indifferent to, or taking pleasure in, the pain or distress of another; hard-hearted; pitiless. **2.** causing, or marked by, great pain or distress: *a cruel remark*. *–v.t.* **3.** *Colloquial* to impair, spoil: *to cruel someone's chances*. **–cruelly** *adv.* **–cruelness** *n.* **–cruelty** *n*.

cruet /'kruət/ *n.* **1.** a set, on a stand, of containers for salt, pepper, and mustard or for vinegar and oil. **2.** an individual container.

cruise /kruz/ *v.* **cruised, cruising**, *n. –v.i.* **1.** to sail to and fro, or from place to place, as in search of hostile ships, or for pleasure. **2.** (of a car, aeroplane, etc.) to move along easily at a moderate speed. **3.** *Originally US Colloquial* to move around an urban area, in search of excitement, casual sex, drugs, etc. *–v.t.* **4.** to cruise over. *–n.* **5.** a voyage made by cruising.

cruiser /'kruzə/ *n.* **1.** one of a class of warships of medium tonnage, designed for high speed and long cruising radius. **2.** a boat, usually power-driven and with sleeping accommodation, adapted for pleasure trips. **3.** *Colloquial* a very large beer glass.

cruising /ˈkruzɪŋ/ n. the frequenting of bars and parties in search of excitement, casual sex, drugs, etc.

crumb /krʌm/ n. **1.** a small particle of bread, cake, etc., such as breaks or falls off. **2.** a small particle or portion of anything. **3.** the soft inner portion of bread (distinguished from *crust*). –*v.t.* **4.** to dress or prepare with breadcrumbs; to bread. **5.** to break into crumbs or small fragments.

crumble /ˈkrʌmbəl/ v. **-bled, -bling,** n. –*v.t.* **1.** to break into small fragments or crumbs. –*v.i.* **2.** to fall into small pieces; break or part into small fragments. **3.** to decay; disappear piecemeal. –*n.* **4.** a sweet dish containing stewed fruit topped by a crumbly pastry of brown sugar, flour, and butter.

crummy /ˈkrʌmi/ adj. **-mier, -miest.** *Colloquial* very inferior, mean, or shabby.

crumpet /ˈkrʌmpət/ n. **1.** a kind of soft, moist, flat yeast cake, full of small holes on the upper surface, usually served toasted and buttered. **2.** *Colloquial* a woman considered as a sexual object. **3.** *Colloquial* the head: *soft in the crumpet.* –*phr.* **4. not worth a crumpet,** *Australian Colloquial* worthless; of little or no value.

crumple /ˈkrʌmpəl/ v. **-pled, -pling.** –*v.t.* **1.** to draw or press into irregular folds; rumple; wrinkle. –*v.i.* **2.** to collapse; give way.

crunch /krʌntʃ/ v.t. **1.** to crush with the teeth; chew with a crushing noise. **2.** to crush or grind noisily. –*n.* **3.** *Colloquial* a moment of crisis.

crusade /kruˈseɪd/ n., v. **-saded, -sading.** –*n.* **1.** a strong group movement to defend or advance some idea or cause. –*v.i.* **2.** to go on, run, or join in a crusade. –**crusader** n.

crush /krʌʃ/ v.t. **1.** to press between hard surfaces so as to break or compress. **2.** to break into small pieces: *to crush stone.* **3.** to press (fruit, etc.) in order to force out juice, etc. **4.** to put down or overpower: *to crush a rebellion.* –*v.i.* **5.** to become crushed. **6.** to press or crowd. –*n.* **7.** the act of crushing. **8.** the state of being crushed. **9.** a narrow, funnel-shaped, fenced passage along which stock are driven for handling; race. **10.** *Colloquial* a crowd. **11.** a drink made by crushing fruit: *orange crush.* **12.** *Colloquial* a great fondness, often short-lived. –**crusher** n.

crust /krʌst/ n. **1.** the hard outer portion of a loaf of bread (distinguished from *crumb*). **2.** a piece of this. **3.** the outside covering of a pie. **4.** any more or less hard external covering or coating. **5.** the hard outer shell or covering of an animal or plant. **6.** the exterior portion of the earth, accessible to examination. **7.** *Colloquial* a livelihood: *what do you do for a crust?* –*v.t.* **8.** to cover with or as with a crust; encrust. –*v.i.* **9.** to form or contract a crust. **10.** to form into a crust. –*phr.* **11. down to the last crust,** destitute. **12. earn a crust,** to make a living.

crustacean /krʌsˈteɪʃən/ adj. **1.** belonging to the Crustacea, a phylum of (chiefly aquatic) arthropod animals, including the lobsters, prawns, crabs, barnacles, slaters, etc., commonly having the body covered with a hard exoskeleton or carapace. –*n.* **2.** a crustacean animal.

crusty /ˈkrʌsti/ adj. **crustier, crustiest. 1.** being or resembling a crust; having a crust. **2.** harsh; surly; crabbed: *crusty person; crusty manner; crusty remark.* –**crustily** adv. –**crustiness** n.

crutch /krʌtʃ/ n. **1.** a stick or support to help an injured or old person walk, usually with a piece at the top to fit under the armpit. **2.** a forked support or part. **3.** the part where the legs meet in the body or trousers. **4.** *Colloquial* anything leaned or relied on. –*v.t.* **5.** to shear (wool) from a sheep's hindquarters. **6.** to support on a crutch.

crux /krʌks/ n. **cruxes** or **cruces** /ˈkrusiz/. a vital, basic, or decisive point.

cry /kraɪ/ v. **cried, crying,** n. **cries.** –*v.i.* **1.** to utter inarticulate sounds, especially of lamentation, grief, or suffering, usually with tears. **2.** to weep; shed tears, with or without sound. **3.** to call loudly; shout. **4.** to give forth vocal sounds or characteristic calls, as animals; yelp; bark. –*v.t.* **5.** to utter or pronounce loudly; call out. **6.** to beg for or implore in a loud voice. –*n.* **7.** the act or sound of crying; any loud utterance or exclamation; a shout, scream, or wail. **8.** clamour; outcry. **9.** an entreaty; appeal. **10.** an opinion generally expressed. **11.** a political or party slogan. **12.** a fit of weeping. **13.** the utterance or call of an animal. –*phr.* **14. a far cry, a.** quite some distance; a long way. **b.** only remotely related; very different. **15. cry down,** to disparage; belittle. **16. cry off,** to break (a promise, agreement, etc.). **17. cry up,** to praise; extol.

cryo- a word element meaning 'icy cold', 'frost', 'low temperature'.

cryogenics /kraɪəˈdʒɛnɪks/ n. the branch of physics that deals with the properties of materials at very low temperatures. –**cryogenic** adj.

cryonics /kraɪˈɒnɪks/ n. the practice of storing a dead body at a very low temperature in the hope that some future technology may be able to bring it back to life. –**cryonic** adj.

crypt /krɪpt/ n. **1.** a subterranean chamber or vault, especially one beneath the main floor of a church, used as a burial place, etc. **2.** *Anatomy* a slender pit or recess; a small glandular cavity. –**cryptal** adj.

cryptic /ˈkrɪptɪk/ adj. **1.** hidden; secret; occult. **2.** mysterious; enigmatic. –**cryptically** adv.

crypto- a word element meaning 'hidden', as in *cryptoclastic*. Also (*before vowels*), **crypt-**.

crystal /ˈkrɪstl/ n. **1.** a clear mineral or glass which looks like ice. **2.** clear crystallised quartz. **3.** *Chemistry, Mineralogy* a substance with a particular geometric form due to the regular arrangement of atoms, ions, or molecules in it. **4.** a single grain or piece of crystalline substance. **5.** clear, brilliant glass. **6.** cut glass. **7.** → **quartz crystal.** –*adj.* **8.** of or like crystal. –**crystal-like** adj. –**crystalline** adj.

crystal ball n. a ball into which a fortune-teller looks in order to see distant or future events.

crystallise = **crystallize** /ˈkrɪstəlaɪz/ v. **-lised, -lising.** –*v.t.* **1.** to form into crystals; cause to assume crystalline form. **2.** to give definite or concrete form to. **3.** *Cookery* to coat (fruit or flower petals) with sugar to give an attractive, edible finish. –*v.i.* **4.** to form crystals; become crystalline in form. **5.** to assume definite or concrete form. –**crystallisable** adj.

crystallo- a word element meaning 'crystal', as in *crystallographic.* Also (*before vowels*), **crystall-**.

crystallography /krɪstəˈlɒgrəfi/ n. the science dealing with crystallisation and the forms and structure of crystals. –**crystallographer** n.

cub /kʌb/ n. **1.** the young of certain animals, such as the fox, bear, etc. **2.** (*humorous*) an awkward or uncouth youth. **3.** a novice or apprentice, especially a cub reporter. **4.** (*cap.*) → **Cub Scout.** –**cubbish** adj. –**cubbishness** n.

cubby /ˈkʌbi/ n. **-bies.** a snug, confined place; a cubbyhouse.

cubbyhouse /ˈkʌbihaʊs/ n. a children's playhouse.

cube /kjub/ n., v. **cubed, cubing.** –*n.* **1.** a solid bounded by six equal squares, the angle between any two adjacent faces being a right angle. **2.** the third power of a quantity: *the cube of 4 is 4 × 4 × 4, or 64.* **3.** a small block of sugar, concentrated meat, or vegetable extract: *sugar cube; beef cube.* –*v.t.* **4.** to make into a cube or cubes. **5.** to raise

cube root to the third power; find the cube of.

cube root *n.* the quantity of which a given quantity is the cube: *4 is the cube root of 64.*

cubic /'kjubɪk/ *adj.* **1.** of three dimensions; solid, or relating to solid content: *a cubic metre* (the volume of a cube whose edges are each a metre long). **2.** having the form of a cube. **3.** *Arithmetic, Algebra, etc.* being of the third power or degree. Also, **cubical.** –**cubically** *adv.* –**cubicalness** *n.*

cubicle /'kjubɪkəl/ *n.* **1.** a bedroom, especially one of a number of small ones in a divided dormitory. **2.** any small space or compartment partitioned off.

cubism /'kjubɪzəm/ *n.* an art movement, initiated in France in 1907, which was concerned with the analysis of forms and their interrelation and whose proponents made surface arrangements of planes, lines, and shapes, often overlapping and interlocking, in an attempt to represent solidity and volume on a two-dimensional plane. –**cubist** *n., adj.* –**cubistic** /kju'bɪstɪk/ *adj.* –**cubistically** *adv.*

Cub Scout *n.* (*sometimes l.c.*) a member of a junior division (ages 8–10) of the Scout Association.

cuckold /'kʌkəld/ *n.* the husband of an unfaithful wife.

cuckoo /'kuku/ *n.* **1.** any of a number of slim, long-tailed, frequently migratory, Australian birds of the family Cuculidae, noted for their habit of laying eggs in the nests of other birds. **2.** any of various other members of the same family especially *Cuculus canorus*, a common European bird with a characteristic two note call. **3.** the call of the cuckoo, or an imitation of it. **4.** a fool; simpleton. –*adj.* **5.** *Colloquial* crazy; silly; foolish.

cucumber /'kjukʌmbə/ *n.* a creeping plant, *Cucumis sativus*, occurring in many cultivated forms, yielding a long fleshy fruit which is commonly eaten green as a salad and used for pickling.

cucurbit /kju'kɜbət/ *n.* **1.** a gourd. **2.** any cucurbitaceous plant including pumpkins and melons.

cud /kʌd/ *n.* the portion of food which a ruminating animal returns from the first stomach to the mouth to chew a second time. –*phr.* **2. chew the cud,** to reflect; meditate.

cuddle /'kʌdl/ *v.* **-dled, -dling,** *n.* –*v.t.* **1.** to draw or hold close in an affectionate manner; hug tenderly; fondle. –*v.i.* **2.** to lie close and snug; nestle; curl up in going to sleep. –*n.* **3.** the act of cuddling; a hug; an embrace. –**cuddlesome, cuddly** *adj.*

cudgel /'kʌdʒəl/ *n., v.* **-elled** or *Chiefly US* **-eled, -elling** or *Chiefly US* **-eling.** –*n.* **1.** a short, thick stick used as a weapon; a club. –*v.t.* **2.** to strike with a cudgel; beat. –*phr.* **3. cudgel one's brains,** to think hard. **4. take up the cudgels,** to engage in a contest. –**cudgeller;** *Chiefly US,* **cudgeler** *n.*

cue[1] /kju/ *n.* **1.** anything said or done on or behind the stage that is followed by a specific line or action: *each line of dialogue is a cue to the succeeding line; an offstage door slam was his cue to enter.* **2.** a hint; an intimation; a guiding suggestion. **3.** the part one is to play; a prescribed or necessary course of action. **4.** the one element in a complex event which is crucial to the perception of the whole.

cue[2] /kju/ *n.* a long tapering rod, tipped with a soft leather pad, used to strike the ball in billiards, etc.

cuff[1] /kʌf/ *n.* **1.** a fold, band, or variously shaped piece serving as a trimming or finish for the bottom of a sleeve or trouser leg. **2.** the part of a gauntlet or long glove that extends over the wrist. –*phr.* **3. off the cuff,** impromptu; extemporaneously; on the spur of the moment: *to speak off the cuff.* **4. on the cuff,** *Colloquial* **a.** on credit. **b.** *NZ* excessive; unfair.

cuff[2] /kʌf/ *v.t.* **1.** to strike with the open hand; beat; buffet. –*n.* **2.** a blow with the fist or the open hand; a buffet. **3.** a handcuff.

cufflink /'kʌflɪŋk/ *n.* a link which fastens a shirt cuff.

cuisenaire rods /kwizə'nɛə rɒdz/ *pl. n.* coloured wooden blocks graduated in length, used as an aid in teaching numeracy to children.

cuisine /kwə'zin/ *n.* style of cooking; cookery.

cul-de-sac /'kʌl-də-sæk/ *n.* a street, lane, etc., closed at one end; blind alley.

-cule a diminutive suffix of nouns, as in *animalcule, molecule.* Also, **-cle.**

culinary /'kʌlənri, -ənəri/ *adj.* relating to the kitchen or to cookery; used in cooking.

cull /kʌl/ *v.t.* **1.** to choose; select; pick; gather the choice things or parts from. **2.** to collect; gather; pluck. **3.** to remove animals of inferior quality from (a herd or flock). **4.** to kill (animals, as deer, kangaroos, etc.), with a view to controlling numbers.

culminate /'kʌlməneɪt/ *v.i.* **-nated, -nating.** (sometimes fol. by *in*) to reach the highest point, the summit, or highest development.

culottes /kə'lɒts/ *pl. n.* a skirt-like garment, separated and sewn like trousers.

culpable /'kʌlpəbəl/ *adj.* deserving blame or censure; blameworthy. –**culpability** /kʌlpə'bɪləti/, **culpableness** *n.* –**culpably** *adv.*

culprit /'kʌlprət/ *n.* **1.** someone arraigned for an offence. **2.** someone guilty of or responsible for a specified offence or fault.

cult /kʌlt/ *n.* **1.** a particular system of religious worship, especially with reference to its rites and ceremonies. **2.** an instance of an almost religious veneration for a person or thing, especially as manifested by a body of admirers: *a cult of Napoleon.* **3.** the object of such devotion. **4.** a popular fashion; fad. –**cultism** *n.* –**cultist** *n.* –**cultic** *adj.*

cultivar /'kʌltəvə/ *n. Botany* a variety of plant that has been produced only under cultivation.

cultivate /'kʌltəveɪt/ *v.t.* **-vated, -vating.** **1.** to work (land) in raising crops. **2.** to dig; turn over (earth). **3.** to encourage the growth or development of. **4.** to grow. **5.** to develop or improve by education; train; refine: *to cultivate the mind.* **6.** to work at or encourage: *to cultivate a friendship.* **7.** to try to make friends with (someone). –**cultivable** *adj.* –**cultivation** *n.*

cultural /'kʌltʃərəl/ *adj.* having to do with culture or cultivation. –**culturally** *adv.*

cultural cringe *n.* a feeling that one's country's culture is inferior to that of other countries.

culture /'kʌltʃə/ *n., v.* **-tured, -turing.** –*n.* **1.** the state or stage of civilisation of a particular people at a certain time: *Greek culture.* **2.** the skills, arts, beliefs, and customs of a group of people, passed on from one generation to another. **3.** development or improvement by education or training. **4.** the cultivation of soil. **5.** the raising of plants or animals, especially to improve or develop them. **6.** *Biology* the growing of cells, e.g. bacteria or human tissue, for scientific studies, medicinal use, etc. –*v.t.* **7.** to cultivate. –**cultureless** *adj.*

cultured /'kʌltʃəd/ *adj.* **1.** cultivated; artificially nurtured or grown. **2.** enlightened; refined.

culvert /'kʌlvət/ *n.* a drain or channel crossing under a road, etc.; a sewer; a conduit.

cum /kʌm, kʊm/ *prep.* **1.** with; together with; including (used sometimes in financial phrases as *cum dividend, cum rights,* etc., which are often abbreviated simply *cum*). **2.** (in combination) serving a dual function as; the functions being indicated by the preceding and following elements: *the dwelling-cum-workshop was nearby.*

cumbersome /'kʌmbəsəm/ *adj.* **1.** burdensome; troublesome. **2.** unwieldy; clumsy. **–cumbersomely** *adv.* **–cumbersomeness** *n.*

cumin /'kʌmən/ *n.* **1.** a small plant, *Cuminum cyminum*, bearing aromatic seedlike fruit used in cookery and medicine. **2.** the fruit or seeds.

cummerbund /'kʌməbʌnd/ *n.* (in India and elsewhere) a shawl or sash worn as a belt.

cumquat /'kʌmkwɒt/ *n.* **1.** a small round or oblong citrus fruit with a sweet rind and acid pulp, used chiefly for preserves. It is the fruit of *Fortunella japonica* and related species, shrubs native to China and cultivated in many other countries. **2.** the plant itself. Also, **kumquat**.

cumulative /'kjumjəlɒtɪv/ *adj.* **1.** increasing or growing by accumulation or successive additions. **2.** formed by or resulting from accumulation or the addition of successive parts or elements. **3.** having to do with experimental error which increases in magnitude with each successive step. **–cumulatively** *adv.* **–cumulativeness** *n.*

cumulus /'kjumjələs/ *n.* **-li** /-li/. **1.** a heap; pile. **2.** *Meteorology* a cloud with summit domelike or made up of rounded heaps, and with flat base, seen in fair weather and usually a brilliant white with a smooth, well-outlined structure. **–cumuliform** *adj.* **–cumulous** *adj.*

cuneiform /'kjunəfɔm/ *adj.* wedge-shaped, as the characters used in writing in ancient Persia, Assyria, etc.

cunjevoi /'kʌndʒəvɔɪ/ *n.* **1.** a hastate-leaved perennial herb of the Arum family, *Alocasia macrorrhizos*, native to Asia and the Pacific Islands as well as Australia where it is common in rainforest and along coastal river-banks; its poisonous rhizomes were rendered harmless by cooking and eaten by the Aborigines. **2.** Also, **cunje**. a common, Australian, littoral tunicate, *Pyura stolonifera*, popular as a fish bait; sea squirt.

cunnilingus /kʌnə'lɪŋgəs/ *n.* oral stimulation of the female genitals. Also, **cunnilinctus** /kʌnə'lɪŋktəs/.

cunning /'kʌnɪŋ/ *n.* **1.** ability; skill; expertness. **2.** skill used in a crafty manner; skilfulness in deceiving; craftiness; guile. *–adj.* **3.** exhibiting or wrought with ingenuity. **–cunningly** *adv.* **–cunningness** *n.*

cunt /kʌnt/ *n.* ‡, ‡, *Colloquial* **1.** the female genitals. **2.** a contemptible person. **3.** something which has caused difficulty or aggravation.

cup /kʌp/ *n., v.* **cupped**, **cupping**. *–n.* **1.** a small, open container, especially of porcelain or metal, used mainly to drink from. **2.** (*often cap.*) an ornamental cup or other article, especially of precious metal, offered as a prize for a contest: *Melbourne Cup, Davis Cup.* **3.** (*cap.*) the contest in which such a cup is the prize: *he entered in the Cup.* **4.** the containing part of a goblet or the like. **5.** the quantity contained in a cup. **6.** a unit of capacity formerly equal to 8 fluid ounces, now 250 millilitres. **7.** any of various beverages, as a mixture of wine and various ingredients: *claret cup.* **8.** the chalice used in the Eucharist. **9.** the wine of the Eucharist. **10.** something to be partaken of or endured, as suffering. **11.** any cuplike utensil, organ, part, cavity, etc. **12.** that part of a bra which is shaped to hold the breast. **13.** *Golf* **a.** the metal receptacle within the hole. **b.** the hole itself. *–v.t.* **14.** to take or place in or as in a cup: *he cupped his ear with the palm of his hand to hear better.* **15.** to form into the shape of a cup. **16.** to use a cupping glass on. *–phr.* **17. in one's cups**, intoxicated; tipsy. **–cuplike** *adj.*

cupboard /'kʌbəd/ *n.* **1.** an enclosed recess of a room for storing foodstuffs, clothing, etc., usually having shelves, hooks or the like. **2.** a free-standing article of furniture for any of these or similar purposes.

cupidity /kju'pɪdəti/ *n.* eager or inordinate desire, especially to possess something.

cupola /'kjupələ/ *n. Architecture* a rounded vault or dome constituting, or built upon, a roof; a small domelike or towerlike structure on a roof.

cupr- a word element referring to copper. Also (*before consonants*), **cupri-**, **cupro-**.

cur /kɜ/ *n.* **1.** a snarling, worthless, or outcast dog. **2.** a low, despicable person.

curare /kju'rari/ *n.* a blackish resin-like substance from *Strychnos toxifera* and other tropical plants of the genus *Strychnos*, and from *Chondrodendron tomentosum*, used by South American Indians for poisoning arrows, and used in physiological experiments, etc., for arresting the action of the motor nerves. Also, **curari**.

curate /'kjurət/ *n.* a member of the clergy employed as assistant or deputy of a rector or vicar.

curative /'kjurətɪv/ *adj.* **1.** serving to cure or heal; relating to curing or remedial treatment; remedial. *–n.* **2.** a curative agent; a remedy. **–curatively** *adv.* **–curativeness** *n.*

curator /kju'reɪtə/ *n.* **1.** someone in charge of a museum, art collection, etc.; a custodian. **2.** a manager; overseer; superintendent. **3.** a guardian, as of a minor, lunatic, etc. **–curatorial** /kjurə'tɔriəl/ *adj.* **–curatorship** *n.* **–curatrix** /'kjurətrɪks/ *fem. n.*

curb /kɜb/ *n.* **1.** anything that restrains or controls; a restraint; a check. **2.** an enclosing framework or border. **3.** *Chiefly US* → **kerb**. *–v.t.* **4.** to control as with a curb; restrain; check. **5.** *Chiefly US* → **kerb**.

curd /kɜd/ *n.* **1.** (*often plural*) a substance consisting of casein, etc., obtained from milk by coagulation, used for making into cheese or eaten as food. **2.** any substance resembling this. *–v.t.* **3.** to turn into curd. *–v.i.* **4.** to coagulate; congeal.

curdle /'kɜdl/ *v.* **-dled**, **-dling**. *–v.t.* **1.** to change into curd. *–v.i.* **2.** to coagulate; congeal. *–phr.* **3. curdle the blood**, to terrify with horror or fear.

cure /kjuə, 'kjʊə/ *n., v.* **cured**, **curing**. *–n.* **1.** a medicine or treatment to heal or remove disease. **2.** successful treatment; healing. **3.** *Ecclesiastical* responsibility for the spiritual welfare of people in a certain area. *–v.t.* **4.** to restore (someone) to health. **5.** to get rid of (illness, a bad habit, etc.) **6.** to preserve (meat, fish, etc.) by salting, drying, etc. **7.** to prepare, preserve, or finish (a substance) by a chemical or physical process. **–curable** *adj.* **–curer** *n.*

curette /kju'rɛt/ *n.* **1.** a scoop-shaped surgical instrument used for removing diseased tissue from body cavities such as the uterus, etc. **2.** *Medicine* the scraping of a cavity, especially the uterus, with a curette.

curfew /'kɜfju/ *n.* a regulation, as enforced during civil disturbances, which establishes strict controls on movement after nightfall.

curio /'kjuriou/ *n.* **-rios**. any article, object of art, etc., valued as a curiosity.

curiosity /kjuri'ɒsəti/ *n.* **-ties**. **1.** the desire to learn or know about anything; inquisitiveness. **2.** curious or interesting quality, as from strangeness. **3.** a curious, rare, or novel thing.

curious /'kjuriəs/ *adj.* **1.** wanting to learn or know; inquiring. **2.** taking interest in others' affairs; prying. **3.** interesting because strange or new. **–curiously** *adv.* **–curiousness** *n.*

curl /kɜl/ *v.t.* **1.** to form into ringlets, as the hair.

curlew

2. to form into a spiral or curved shape; coil. –*v.i.* 3. to form curls or ringlets, as the hair. 4. to coil. 5. to become curved or undulated. –*n.* 6. a ringlet of hair. 7. anything of a spiral or curved shape. 8. a coil. 9. the act of curling. 10. the state of being curled. 11. any of various diseases of plants with which the leaves are distorted, fluted, or puffed because of unequal growth. –*phr.* 12. **curl one's lip**, to express disdain. 13. **curl up**, *Colloquial* to settle down comfortably: *to curl up with a good book*. 14. **make someone's hair curl**, *Colloquial* to cause someone to be astonished.

curlew /ˈkɜlju/ *n.* any of a number of wide-ranging, largely migratory shorebirds of the family Scolopacidae, especially of genus *Numenius*, having long legs and a long, slender, down-curved bill.

curlicue /ˈkɜlikju/ *n.* a fantastic curl or twist. Also, **curlycue**.

curly bracket *n.* → **brace** (def. 9a).

currajong /ˈkʌrədʒɒŋ/ *n.* → **kurrajong**.

currant /ˈkʌrənt/ *n.* 1. a small seedless raisin, produced chiefly in California and in the Levant, used in cookery, etc. 2. the small, edible, acid, round fruit or berry of certain wild or cultivated shrubs of the genus *Ribes*, as *R. sativum* (**redcurrant** and **white currant**) and *R. nigrum* (**blackcurrant**).

currawong /ˈkʌrəwɒŋ/ *n.* 1. any of several large black and white or greyish birds of the genus *Strepera*, with solid bodies, large pointed bills, yellow eyes, and loud, ringing calls, found in many parts of Australia. 2. a small tree, *Acacia doratoxylon*, found on dry ridges in inland eastern Australia.

currency /ˈkʌrənsi/ *n.* **-cies**. –*n.* 1. the money in current use in a country. 2. the fact or quality of being used, passed on, or generally accepted. –*adj.* 3. *Australian History* born in Australia; not an immigrant: *a currency lad*; *a currency lass*.

current /ˈkʌrənt/ *adj.* 1. belonging to the present time; in progress: *the current month*. 2. generally used or accepted. –*n.* 3. the flow, as of a river. 4. part of a large body of water or air moving in one direction. 5. *Physics* **a.** the flow of an electric charge. **b.** a measure of the rate of flow. The SI unit of current is the ampere. 6. a general course or tendency. –**currently** *adv.*

curriculum /kəˈrɪkjələm/ *n.* **-lums** *or* **-la** /-lə/. 1. the aggregate of courses of study given in a school, college, university, etc. 2. the regular or a particular course of study in a school, college, etc. –**curricular** *adj.*

curriculum vitae /kərɪkjələm ˈvitaɪ/ *n.* **curricula vitae** *or* **curriculum vitaes**. a brief account of one's career to date.

curry¹ /ˈkʌri/ *n.* **-ries**, *v.* **-ried**, **rying**. –*n.* 1. an Indian sauce or relish in many varieties, containing a mixture of spices, seeds, vegetables, fruits, etc., eaten with rice or combined with meat, fish or other food. 2. a dish prepared with a curry sauce or with curry powder. –*v.t.* 3. to prepare (food) with a curry sauce or with curry powder. –*phr.* 4. **give curry**, *Australian*, *NZ* to abuse angrily.

curry² /ˈkʌri/ *v.t.* **-ried**, **-rying**. 1. to rub and clean (a horse, etc.) with a comb; currycomb. 2. to dress (tanned hides) by soaking, scraping, beating, colouring, etc. 3. to beat; thrash. –*phr.* 4. **curry favour**, to seek favour by a show of kindness, courtesy, flattery, etc.

curse /kɜs/ *n.*, *v.* **cursed** *or* **curst**, **cursing**. –*n.* 1. the expression of a wish that evil things will happen to someone. 2. swearing; a blasphemous or obscene oath. 3. an evil that has been called upon someone. –*v.t.* 4. to wish or call evil, accident, or injury upon. 5. to swear at. 6. to cause to suffer from. –*v.i.* 7. to swear; utter curses. –*phr.* 8. **the curse**, *Colloquial* menstruation. –**curser** *n.*

cursive /ˈkɜsɪv/ *adj.* (of writing or printing type) in flowing strokes, with the letters joined together. –**cursively** *adv.*

cursor /ˈkɜsə/ *n.* 1. an indicator on a video display unit screen, usually a small rectangle of light, which shows where the next character will form and which can be moved across the screen to the place required by operating the cursor keys or the mouse. 2. a slider, such as the transparent slider forming part of a slide rule on which are marked one or more reference lines.

cursory /ˈkɜsəri/ *adj.* going rapidly over something, without noticing details; hasty; superficial. –**cursorily** *adv.* –**cursoriness** *n.*

curt /kɜt/ *adj.* 1. short; shortened. 2. brief in speech, etc. 3. rudely brief in speech, manner, etc. –**curtly** *adv.* –**curtness** *n.*

curtail /kɜˈteɪl/ *v.t.* to cut short; cut off a part of; abridge; reduce; diminish. –**curtailer** *n.* –**curtailment** *n.*

curtain /ˈkɜtn/ *n.* 1. a hanging piece of fabric used to shut out the light from a window, adorn a room, etc. 2. *Theatre* **a.** a set of hanging drapery, etc., for concealing all or part of the set from the view of the audience. **b.** the act or time of raising or opening a curtain at the start of a performance. **c.** the fall of a curtain at the end of a scene or act. 3. anything that shuts off, covers, or conceals: *a curtain of artillery fire*. 4. (*plural*) *Colloquial* the end, especially of a life. –*v.t.* 5. to provide, shut off, conceal, or adorn with, or as with, a curtain.

curtain call *n.* the appearance of performers at the conclusion of a performance in response to the applause of the audience.

curtsy = **curtsey** /ˈkɜtsi/ *n.* **-sies**, *v.* **-sied**, **-sying**. –*n.* 1. a bow by women in recognition or respect, consisting of bending the knees and lowering the body. –*v.i.* 2. to make a curtsy.

curvaceous /kɜˈveɪʃəs/ *adj. Colloquial* (of a woman) having a full and shapely figure.

curvature /ˈkɜvətʃə/ *n.* 1. the act of curving. 2. curved condition, often abnormal: *curvature of the spine*. 3. the degree of curving.

curve /kɜv/ *n.*, *v.* **curved**, **curving**. –*n.* 1. a continuously bending line, usually without angles. 2. any curved outline, form, thing, or part. 3. a line on a graph, diagram, etc. representing a continuous variation in force, quantity, etc. –*v.t.* 4. to bend in a curve. –**curvedly** /ˈkɜvədli/ *adv.* –**curvedness** *n.*

curvi- a combining form of **curve**.

curvilinear /kɜvəˈlɪniə/ *adj.* 1. consisting of or bounded by curved lines: *a curvilinear figure*. 2. forming or moving in a curved line. 3. formed or characterised by curved lines. Also, **curvilineal**.

cuscus /ˈkʌskəs/ *n.* any of various nocturnal, arboreal marsupials of the genus *Phalanger* or related genera of New Guinea and adjacent islands and rainforest areas of northern Queensland, having a round head, small ears, thick, woolly fur, and a long, partially scaled, prehensile tail.

cushion /ˈkʊʃən/ *n.* 1. a soft bag or pad used to sit, kneel, or lie on. 2. anything similar in appearance or use. 3. something to absorb or protect from shock or pressure. –*v.t.* 4. to place on or support with a cushion. 5. to provide with a cushion or cushions. 6. to lessen or soften the force or effect of.

cushy /ˈkʊʃi/ *adj.* **cushier**, **cushiest**. *Colloquial* easy; pleasant.

cusp /kʌsp/ *n.* 1. a point; pointed end. 2. *Anatomy*

cuspid

Zoology, Botany a point, projection or elevation, as on the crown of a tooth. **3.** *Mathematics* a point where two parts of a curve touch and end. **4.** *Architecture, etc.* a point or figure formed by the intersection of two small arcs or curved members, such as one of the pointed projections sometimes decorating the internal curve of an arch or a traceried window. **5.** *Astrology* the transitional first or last part of a sign or house when the new sign is gaining ascendancy, but the influence of the old one persists: *to be born on the cusp.*

cuspid /'kʌspɪd/ *n.* a tooth with a single projection point or elevation; a canine tooth (*cuspid* is preferred for a human canine tooth).

custard /'kʌstəd/ *n.* a sauce for sweet puddings, fruit, etc., made from milk, eggs, and sugar, heated and often thickened with cornflour.

custard apple *n.* the fruit of any of a group of shrubs and trees, native to tropical America, and possessing soft edible pulp; often confined to the single species, *Annona reticulata.*

custody /'kʌstədi/ *n.* **-dies. 1.** keeping; guardianship; care: *in the custody of her father.* **2.** *Law* legal guardianship of a child: *the mother was given custody.* **3.** imprisonment: *he was taken into custody.* –**custodian** /kʌs'toʊdiən/ *n.* –**custodial** /kʌs'toʊdiəl/ *adj.*

custom /'kʌstəm/ *n.* **1.** habitual practice; the usual way of acting. **2.** usual actions in general; convention. **3.** a long-continued habit so well-established that it has the force of law. **4.** *Sociology* a pattern of habitual activity usually passed on from one generation to another; tradition. **5.** a habit of doing business or shopping at a particular place: *the shopkeeper valued their custom.* **6.** (*plural*) **a.** a tax, toll, duty, especially one imposed on goods coming into the country. **b.** (*usually cap*) the government department that collects these taxes. –**customary** *adj.*

custom-built /'kʌstəm-bɪlt/ *adj.* made to individual order: *a custom-built limousine.*

customer /'kʌstəmə/ *n.* **1.** someone who purchases goods from another; a buyer; a patron. **2.** *Colloquial* a person one has to deal with; a fellow: *a queer customer.*

custom-made /'kʌstəm-meɪd/ *adj.* made to individual order: *custom-made shoes.*

customs duties *pl. n.* duties imposed by law on imported or, less commonly, exported goods.

cut /kʌt/ *v.* **cut, cutting,** *adj., n.* –*v.t.* **1.** to penetrate, with or as with a sharp-edged instrument: *he cut his finger.* **2.** to strike sharply, as with a whip. **3.** to wound severely the feelings of. **4.** to divide, with or as with a sharp-edged instrument; sever; carve: *to cut a rope; to cut bread into slices, etc.* **5.** to hew or saw down; fell: *to cut timber.* **6.** to detach, with or as with a sharp-edged instrument; separate from the main body; lop off. **7.** to reap; mow; harvest: *to cut grain or hay.* **8.** to trim by clipping, shearing, paring, or pruning: *to cut the hair or the nails.* **9.** to intersect; cross: *one line cuts another at right angles.* **10.** to stop; halt the running of, as an engine, a liquid, etc. **11.** to abridge or shorten by omitting a part: *to cut a speech.* **12.** to lower; reduce; diminish; bring down: *to cut rates.* **13.** *Radio, TV* to stop recording or transmitting (a scene, broadcast, etc.). **14.** *Film, TV, etc.* to edit (filmed material) by cutting and rearranging pieces of film. **15. a.** to record (def. 7): *the group cut three songs last night.* **b.** to record a song, etc., on (a CD, record, etc.). **16.** to make or fashion by cutting, as a statue, jewel, garment, etc. **17.** to hollow out; excavate; dig: *cut a trench.* **18.** to perform or execute: *to cut a caper.* **19.** *Colloquial* to renounce; give up. **20.** *Colloquial* to refuse to recognise socially. **21.** *Colloquial* to absent oneself from: *to cut school.* **22.** *Cards* **a.** to divide (a pack of cards) at random into two or more parts, by removing cards from the top. **b.** to take (a card) from a pack. **23.** (of sheep) to yield (wool) on being shorn: *the sheep cut a heavy fleece.* **24.** to dilute or adulterate (a drug, as heroin, etc.) with other substances, as talcum powder. –*v.i.* **25.** to penetrate or divide something as with a sharp-edged instrument; make an incision: *this knife won't cut.* **26.** to allow incision or severing: *butter cuts easily.* **27.** to pass, go, or come, especially in the most direct way (*across, through, in,* etc.): *to cut across a field.* **28.** (of the teeth) to grow through the gums. **29.** *Cards* to cut the cards. **30.** *Radio, TV* to stop filming or recording. **31.** *Colloquial* to run away; make off. –*adj.* **32.** that has been subjected to cutting; divided into pieces by cutting; detached by cutting: *cut flowers.* **33.** fashioned by cutting; having the surface shaped or ornamented by grinding and polishing: *cut glass.* **34.** reduced by, or as by, cutting: *cut rates.* **35.** diluted; adulterated; impure: *cut heroin.* **36.** *Colloquial* drunk. **37.** *Colloquial* circumcised. –*n.* **38.** the act of cutting; a stroke or a blow, as with a knife, whip, etc. **39.** a piece cut off, especially of meat. **40.** *Colloquial* share: *his cut was 20 per cent.* **41.** the quantity cut, as wool or timber. **42.** the result of cutting, as an incision, wound, etc. **43.** a passage, channel, etc., made by cutting or digging. **44.** a harvest, especially of sugar cane. **45.** a job as a shearer: *to arrange a cut for the coming season.* **46.** manner or fashion in which anything is cut. **47.** manner or style; kind. **48.** a passage or course straight across: *a short cut.* **49.** an excision or omission of a part. **50.** a part excised or omitted. **51.** part of a mob of livestock separated from a main mob: *a cut of 300 steers was taken.* **52.** a reduction in price, salary, staffing, etc. **53.** an engraved block or plate used for printing, or an impression from it. **54.** *Cards* a cutting of the cards. **55.** *Film, TV, etc.* **a.** a quick transition from one shot to another. **b.** an edited version of recorded material: *first cut; director's cut.* **56.** the quantity of wool shorn: *my cut was thirty bales.* –*phr.*

57. a cut above, *Colloquial* somewhat superior to in some respect.

58. cut across, a. to take a short cut. **b.** to interrupt.

59. cut a dash, *Colloquial* to make an impression by one's ostentatious or flamboyant behaviour or dress.

60. cut and dried, a. fixed or settled in advance. **b.** lacking freshness or spontaneity.

61. cut and paste, a. to edit (a document), originally by cutting it up and pasting it together in a different order. **b.** *Computers* to move (data) from one application or document to another, or from one location in a document to another.

62. cut and run, *Colloquial* to leave unceremoniously and in great haste.

63. cut and thrust, a. swordplay with the edge as well as the point of the sword. **b.** lively exchange of opinions or arguments: *the cut and thrust of politics.*

64. cut back, a. to shorten or reduce. **b.** (in a novel, film, etc.) to return suddenly to earlier events. **c.** *Football* to reverse direction suddenly by moving in the diagonally opposite course. **d.** *Surfing* to change the direction of one's board by going out of a wave and coming back into it.

65. cut both ways, a. (of an argument, proposal, etc.) to support and oppose the same contention. **b.** to be beneficial in some respects and disadvantageous in others.

66. cut down, a. to bring down by cutting. **b.** to reduce, especially expenses, costs, etc.

cut

67. cut down to size, to reduce to the proper status or level, or to the frame of mind in keeping with a person's position.
68. cut in, **a.** to interrupt. **b.** (in traffic) to pull in dangerously soon after overtaking. **c.** to allow (oneself or someone else) a share: *he cut his brother in on the deal*. **d.** to move in between a dancing couple in order to dance with one of them. **e.** *Electricity* to switch on. **f.** to begin to shear sheep. **g.** to join a card game by taking the place of someone who is leaving.
69. cut it, **a.** *Colloquial* to make the grade; be competent: *she couldn't cut it in her new job*. **b.** to go; leave: *let's cut it*.
70. cut it fine, to leave only a narrow margin of error.
71. cut it out, *Colloquial* to stop; desist.
72. cut no ice, (sometimes fol. by *with*) to make no impression.
73. cut off, **a.** to separate from the main body or part. **b.** to intercept. **c.** to interrupt. **d.** to bring to a sudden end. **e.** to shut out. **f.** to disinherit. **g.** (in a telephone conversation) to disconnect. **h.** to go off in another direction.
74. cut one's coat according to one's cloth, to live within the limits of one's resources or opportunities.
75. cut one's losses, to abandon a project in which one has already invested some part of one's capital, either material or emotional, for no return, so as not to incur more losses.
76. cut one's teeth on, *Colloquial* to gain experience on.
77. cut out, **a.** to omit; delete; excise. **b.** to spend all the money represented by (a cheque). **c.** to oust and replace; supplant (especially a rival). **d.** to move suddenly out of the lane or path in which one has been driving. **e.** *Printing* to remove the background from (an illustration) so that the outline of the subject appears on an unprinted background. **f.** (of an electrical device) to switch off, as when overloaded. **g.** to remove (individual livestock) from a herd or flock. **h.** to clear (a timbered area) completely. **i.** to leave (someone) out of a card game. **j.** (of a shearer) to come to the end of a contract. **k.** to cause (a shearing shed) to cease operation: *several sheds were cut out*. **l.** to stop; cease; come to an end: *the shearing cut out; the electricity cut out*. **m.** to plan or arrange; prepare. **n.** to fashion or shape by cutting.
78. cut out for (or **to be**), well fitted for (an occupation, role, etc.).
79. cut someone dead, to ignore someone.
80. cut someone short, to interrupt someone.
81. cut teeth, to have the teeth grow through the gums.
82. cut up, **a.** to cut into pieces. **b.** *Colloquial* to criticise severely. **c.** *Colloquial* to upset or cause distress to. **d.** *Horseracing* to adopt cutthroat tactics.
83. cut up rough (or **nasty**), *Colloquial* to behave badly; become unpleasant.
84. go like a cut cat, *Colloquial* to go very fast.
85. in for one's cut, *Colloquial* participating in the expectation of a share in the spoils or profit.
86. make the cut, (in sports where players or competitors are selected from a large field during preliminary trials) to qualify for the actual game or competition.
87. the cuts, *Colloquial* a caning.

cutback /ˈkʌtbæk/ *n.* reduction to an earlier rate, as in production.
cute /kjuːt/ *adj.* **cuter**, **cutest**. **1.** appealing in manner or appearance. **2.** sexually pleasing or attractive: *cute buns*. *–phr.* **3. cute as a button**, *Colloquial* extremely cute. –**cutely** *adv.* –**cuteness** *n.*
cut glass *n.* glass ornamented or shaped by cutting or grinding with abrasive wheels. –**cutglass** *adj.*
cuticle /ˈkjuːtɪkəl/ *n.* **1.** the epidermis. **2.** a superficial integument, membrane, or the like. **3.** the non-living epidermis which surrounds the edges of the fingernail or toenail. –**cuticular** /kjuːˈtɪkjələ/ *adj.*
cutlass /ˈkʌtləs/ *n.* a short, heavy, slightly curved sword, formerly used especially at sea.
cutlery /ˈkʌtləri/ *n.* **1.** knives, forks, and spoons collectively, as used for eating. **2.** the art or business of a cutler. **3.** cutting instruments collectively.
cutlet /ˈkʌtlət/ *n.* **1.** a cut of meat, usually lamb or veal, for grilling, frying or roasting, containing a rib, and cut from the neck of the carcase; a rib chop. **2.** a fish steak.
cut-off /ˈkʌt-ɒf/ *n.* **1.** a cutting off, or something that cuts off; a shorter passage or way. **2.** a specified point of termination; limit.
cut-price /ˈkʌt-praɪs/ *adj.* **1.** (of goods) for sale at a price lower than the suggested retail price. **2.** (of a shop, etc.) dealing in such goods.
cutter /ˈkʌtə/ *n.* **1.** a single-masted sailing vessel carrying fore-and-aft sails consisting of a mainsail and two or more headsails. **2.** a medium-sized boat for rowing or sailing, or a launch, belonging to a warship. **3.** *Cricket* a ball which strikes the ground on its seam, and suddenly changes direction.
cutthroat /ˈkʌtθroʊt/ *n.* **1.** someone who cuts throats; a murderer. *–adj.* **2.** (of a razor) having an open blade. **3.** relentless: *cutthroat competition*. **4.** relating to a game participated in by three or more persons, each acting and scoring as an individual.
cutting /ˈkʌtɪŋ/ *n.* **1.** something cut off. **2.** *Horticulture* a piece cut from a plant, usually a root, shoot, or leaf, in order to reproduce a new plant. **3.** a piece cut out of a newspaper; clipping. **4.** something produced by cutting, as a passage cut through high ground. **5.** (*plural*) *Geology* small pieces of rock broken or torn off during drilling. *–adj.* **6.** that cuts. **7.** sharply cold, as a wind. **8.** hurting the feelings severely; sarcastic: *a cutting remark*.
cutting edge *n.* the forefront of innovation: *her work was at the cutting edge of research*.
cutting-grass /ˈkʌtɪŋ-grɑs/ *n.* any of various grasses or sedges with leaves sufficiently hard and rough to inflict cuts, especially *Gahnia* species.
cuttlefish /ˈkʌtlfɪʃ/ *n.* **-fishes**, (*especially collectively*) **-fish**. any of various decapod, two-gilled cephalopods, especially of the genus *Sepia*, having sucker-bearing arms and the power of ejecting a black, inklike fluid when pursued. Also, **cuttle**.
cutty-grass /ˈkʌti-grɑs/ *n. NZ* → **cutting-grass**.
-cy **1.** a suffix of abstract nouns, usually paired with adjectives ending in *-t*, *-te*, *-tic*, sometimes *-nt*, as *accuracy*, *expediency*, also paired with other adjectives, as *fallacy* (*fallacious*), with a noun, as *lunacy*, sometimes forming (in extended suffixes) action nouns, as *vacancy* (*vacate*), *occupancy* (*occupy*). **2.** a suffix of nouns denoting a rank or dignity, sometimes attached to the stem of a word rather than the word itself, as *captaincy*, *colonelcy*, *magistracy*.
cyanide /ˈsaɪənaɪd/ *n., v.* **-nided**, **-niding**. *–n.* **1.** a highly poisonous salt of hydrocyanic acid, as potassium cyanide, KCN. *–v.t.* **2.** *NZ* to poison (possums) with cyanides.
cyano-¹ a word element indicating dark blue colouring. Also, **cyan-¹**.

cyano-² a combining form of **cyanide**. Also, **cyan-²**.

cyano-³ a word element referring to the cyanide group, CN. Also, **cyan-³**.

cyber- a prefix popularly used to indicate a connection with computers or the world of computing: *cybertech*.

cybernetics /saɪbə'nɛtɪks/ *n.* the scientific study of those methods of control and communication which are common to living organisms and machines, especially as applied to the analysis of the operations of machines such as computers. **–cybernetic** *adj.* **–cybernation** *n.*

cyberpunk /'saɪbəpʌnk/ *n.* **1.** a genre of science fiction in which the stories are set in a highly-technological, dystopian society of the near future. **2.** a person who is computer-literate and views current society as heading towards such a future. **3.** a genre of punk-style music utilising electronic instrumentation.

cyberspace /'saɪbəspeɪs/ *n.* **1.** a communication network, conceived of as a separate world, access to which is gained through the use of computers. **2.** a world created in virtual reality. **3.** the Internet.

cycad /'saɪkæd/ *n.* any of the Cycadales, an order of gymnospermous plants intermediate in appearance between ferns and the palms, many species having a thick unbranched columnar trunk bearing a crown of large feathery pinnate leaves.

cycl- a word element meaning 'cycle', used especially in the chemical terminology of cyclic compounds, also in referring to wheel turns. Also, **cyclo-**.

cyclamate /'saɪkləmeɪt, -mət/ *n.* any of a group of artificial sweeteners, sometimes used as food additives.

cyclamen /'saɪkləmən, 'sɪk-/ *n.* any plant of the genus *Cyclamen* which has tuberous rootstocks and nodding white, purple, pink, or crimson flowers with reflexed petals.

cycle /'saɪkəl/ *n., v.* **-cled, -cling.** *–n.* **1.** a period of time in which certain events repeat themselves in the same order and at the same time apart. **2.** any complete series of operations or events. **3.** any long period of years; an age. **4.** a series of poems, songs or stories about the same event, person, etc. **5.** a bicycle, tricycle, etc. **6.** *Physics* any series of changes in or operations performed by a system which brings it back to its original state, as in alternating electric current. *–v.i.* **7.** to ride a bicycle, etc. **8.** to move or happen in cycles. **–cyclic** *adj.*

cycle pants *pl. n.* tight-fitting shorts for, or as if for, cycling.

cyclist /'saɪklɪst/ *n.* someone who rides or travels by a bicycle, tricycle, etc. Also, *US*, **cycler**.

cyclone /'saɪkloʊn/ *n. Meteorology* **1.** an atmospheric pressure system characterised by relatively low pressure at its centre, and by clockwise wind motion in the southern hemisphere, anticlockwise in the northern. **2.** a tropical hurricane, especially in the Indian Ocean. **–cyclonic** /saɪ'klɒnɪk/, **cyclonical** *adj.* **–cyclonal** *adj.*

cyclopaedia /saɪklə'pidiə/ *n.* → **encyclopedia**. Also, **cyclopedia**. **–cyclopaedic** *adj.* **–cyclopaedist** *n.*

cygnet /'sɪgnət/ *n.* a young swan.

cylinder /'sɪləndə/ *n.* **1.** *Geometry* **a.** a solid bounded by two parallel planes and the surface generated by a straight line moving parallel to a given straight line, and intersecting a given curve lying in one of the planes. When the given curve is a circle, the solid is called a **right circular cylinder**, if the given line is perpendicular to the planes, and an **oblique circular cylinder** otherwise. **2.** any cylinder-like object or part, whether solid or hollow. **3.** the rotating part of a revolver, which contains the chambers for the cartridges. **4.** the body of a pump. **5.** the chamber in an engine in which the working medium acts upon the piston. **–cylinder-like** *adj.*

cymbal /'sɪmbəl/ *n.* a brass or bronze concave plate giving a metallic sound when struck. **–cymbalist** *n.*

cymbidium /sɪm'bɪdiəm/ *n.* any species of the widespread orchid genus *Cymbidium* found in Africa, Asia, and Australia.

cymo- a word element meaning 'wave'.

cynic /'sɪnɪk/ *n.* someone who doubts or denies the goodness of human motives, and who often displays this attitude by sneers, sarcasm, etc. **–cynicism** *n.*

cynosure /'sɪnəʃʊə/ *n.* **1.** something that strongly attracts attention by its brilliance, etc.: *the cynosure of all eyes*. **2.** something serving for guidance or direction.

cypher /'saɪfə/ *n., v.i., v.t.* → **cipher**.

cypress /'saɪprəs/ *n.* **1.** any of the evergreen trees constituting the coniferous genus *Cupressus*, distinguished by dark green scale-like, overlapping leaves, often a very slender tree with a durable wood. **2.** any of various other allied coniferous trees as of the genera *Chamaecyparis*, *Taxodium* (**bald cypress**), etc.

cypress pine *n.* any tree of the mostly Australian genus *Callitris* including several species producing valuable softwood timber.

cyrto- a word element meaning 'curved.'

cyst /sɪst/ *n. Pathology* a closed bladder-like sac formed in animal tissues, containing fluid or semi-fluid morbid matter.

cyst- a combining form representing **cyst**. Also, **cysti-**, **cysto-**.

cystitis /sɪs'taɪtəs/ *n. Pathology* inflammation of the urinary bladder.

-cyte a word element referring to cells or corpuscles, as in *leucocyte*.

cyto- a word element referring to cells, as in *cytogenesis*. Also (*before vowels*), **cyt-**.

cytology /saɪ'tɒlədʒi/ *n.* the scientific study of cells, especially their formation, structure, and functions. **–cytologist** *n.* **–cytological** /saɪtə'lɒdʒɪkəl/ *adj.*

czar /za/ *n.* → **tsar**. **–czardom** *n.*

D d

D, d /diː/ *n.* **D's, Ds, d's** *or* **ds. 1.** the fourth letter of the English alphabet. **2.** *Music* the second note of the scale of C major.

'd contraction of: **1.** had: *she'd already left.* **2.** would: *I'd never have guessed.*

dab /dæb/ *v.* **dabbed, dabbing,** *n.* –*v.t.* **1.** to tap lightly, as with the hand: *she dabbed the surface tentatively.* **2.** to apply (a substance) by light strokes: *I dabbed antiseptic on the wound.* –*n.* **3.** a small quantity: *serve the vegetables with a dab of butter.* –*phr.* **4. dab at,** to touch (something) lightly: *he dabbed at the spill with a cloth.*

dabble /'dæbəl/ *v.* **-bled, -bling.** –*v.i.* **1.** to play in water, with or as with the hands: *to dabble in the clear water of the fountain.* –*phr.* **2. dabble in,** to concern oneself with in a slight or superficial manner: *to dabble in literature.* –**dabbler** *n.*

dabchick /'dæbtʃɪk/ *n.* **1.** either of two small Australian waterbirds, the **little grebe**, *Podiceps novaehollandiae,* and the **hoary-headed grebe**, *P. poliocephalus.* **2.** a very similar New Zealand bird, *P. rufopectus.* **3.** the coot, *Fulica atra.*

dachshund /'dæksənd, 'dæʃhənd/ *n.* one of a German breed of small dogs with a long body and very short legs.

dactyl /'dæktɪl, -tl/ *n. Prosody* a foot of three syllables, one long followed by two short, or in modern verse, one accented followed by two unaccented (‾ ˘ ˘), as in 'Gĕntlў ănd hūmănlў'. –**dactylic** *adj.*

dad /dæd/ *n. Colloquial* **1.** father: *my dad's a plumber.* **2.** (a term of address to an older man.)

daddy /'dædi/ *n.* **-dies.** *Colloquial* **1.** (*with children*) dad; father. **2.** (a familiar form of address for a father.) –*phr.* **3. the daddy of them all,** the biggest, most powerful, most impressive, etc.

daddy-long-legs /ˌdædi-'lɒn-legz/ *n.* **daddy-long-legs.** *Australian, NZ* a small web-spinning spider of the family Pholcidae, with long thin legs, frequently found indoors.

dado /'deɪdoʊ/ *n.* **-dos** *or* **-does. 1.** the part of a pedestal between the base and the cornice or cap. **2.** the lower broad part of an interior wall finished in wallpaper, paint, or the like. **3.** a strip of patterned wallpaper just below the picture rail; frieze.

daffodil /'dæfədɪl/ *n.* a plant, *Narcissus pseudonarcissus,* with single or double yellow nodding flowers, blooming in the spring.

daft /dɑft/ *adj.* **1.** stupid; foolish: *a daft idea; don't be so daft!* **2.** insane; crazy: *he lives with a daft grandmother.* –**daftly** *adv.* –**daftness** *n.*

dag[1] /dæg/ *n. Australian, NZ* wool on a sheep's rear quarters, often dirty with mud and excreta.

dag[2] /dæg/ *n. Australian, NZ Colloquial* **1.** an odd, eccentric or amusing person. **2.** someone who is socially awkward, and who lacks style or panache. –**daggish** *adj.*

dagger /'dægə/ *n.* **1.** a short, sharp-edged and pointed weapon, like a small sword, used for thrusting and stabbing. **2.** *Printing* a mark (†) used for references, etc.; obelisk. –*phr.* **3. look daggers at,** to cast angry, threatening, or vengeful glances.

daggy[1] /'dægi/ *adj.* **-gier, -giest.** *Colloquial* **1.** (of sheep or wool) fouled with dags. **2.** dirty; slovenly; unpleasant.

daggy[2] /'dægi/ *adj. Australian, NZ Colloquial* **1.** stupid; idiotic; eccentric. **2.** conservative and lacking in style, especially in appearance.

dago /'deɪgoʊ/ *n.* **-gos** *or* **-goes.** *Colloquial* (*derogatory*) a person of Latin race, especially an Italian. Also, **Dago.**

dahlia /'deɪljə/ *n.* any plant of the genus *Dahlia,* native to Mexico and Central America, widely cultivated for its showy, variously coloured flowers.

daily /'deɪli/ *adj., n.* **-lies,** *adv.* –*adj.* **1.** done, occurring, or issued each day or each weekday. –*n.* **2.** a newspaper appearing each day or each weekday. –*adv.* **3.** every day; day by day: *she phoned the hospital daily; the news grows daily more alarming.*

dainty /'deɪnti/ *adj.* **-tier, -tiest,** *n.* **-ties.** –*adj.* **1.** of delicate beauty or charm; exquisite. **2.** pleasing to the palate; toothsome; delicious: *dainty food.* **3.** particular in discrimination or taste; fastidious. –*n.* **4.** something delicious to the taste; a delicacy. –**daintily** *adv.* –**daintiness** *n.*

dairy /'dɛəri/ *n.* **dairies,** *adj.* –*n.* **1.** a place, such as a room or building, where milk and cream are kept and made into butter and cheese. **2. a.** a shop or company that sells milk, butter, etc. **b.** *NZ* → **milk bar. 3.** a dairy farm. **4.** the cows on a farm. –*adj.* **5.** having to do with or made in a dairy: *dairy machinery; dairy products.*

dais /'deɪəs/ *n.* a raised platform, as at the end of a room, for a throne, seats of honour, a lecturer's desk, etc.

daisy /'deɪzi/ *n.* **-sies. 1.** any plant of the family Compositae whose flower heads have a yellow disc and white rays. –*phr.* **2. push up daisies,** *Colloquial* to be dead and buried.

daisy wheel *n.* a disc with multiple segments bearing raised characters on its circumference, used on some typewriters, printers, etc.

daks /dæks/ *pl. n. Australian Colloquial* trousers.

dale /deɪl/ *n. Chiefly Brit.* a small, open river valley partly enclosed by low hills.

dalliance /'dæliəns/ *n.* amorous toying; flirtation.

dally /'dæli/ *v.i.* **-lied, -lying.** to waste time; loiter; delay.

Dalmatian /dæl'meɪʃən/ *n.* **1.** an inhabitant of Dalmatia. **2.** one of a breed of dogs resembling the pointer, of a white colour profusely marked with black or liver-coloured spots.

dam[1] /dæm/ *n., v.* **dammed, damming.** –*n.* **1.** a barrier to obstruct the flow of water, especially one of earth, masonry, etc., built across a stream. **2.** a body of water confined by such a barrier. **3.** *Australian, NZ* a pond for farm use, constructed by excavation and, where necessary as on a slope, by building up a containing wall of earth; tank. –*v.t.* **4.** to stop up; block up.

dam[2] /dæm/ *n.* a female parent (used especially of horses and other animals).

damage /'dæmɪdʒ/ *n., v.* **-aged, -aging.** –*n.* **1.** injury or harm that impairs value or usefulness. **2.** (*plural*) *Law* the estimated money equivalent for detriment or injury sustained. **3.** *Colloquial* cost; expense: *what's the damage?* –*v.t.* **4.** to cause damage to.

damask /'dæməsk/ *n.* **1.** a reversible fabric of linen, silk, cotton, or wool, woven with patterns. **2.** table linen of this material. **3.** the pink colour of the damask rose.

dame /deɪm/ **1.** the legal title of the wife of a knight or baronet. **2.** (*cap.*) the distinctive title used before the name of a woman who holds one of a number of honours, such as a Dame of the Order of Australia. **3.** *Colloquial* a woman.

damn /dæm/ *v.t.* **1.** to declare (something) to be bad, unfit, invalid, or illegal: *critics damned the play*. **2.** to bring condemnation upon; ruin: *this action damned him in her eyes*. **3.** to doom to eternal punishment, or condemn to hell. –*n.* **4.** a negligible amount: *not worth a damn*. –*interj.* **5.** (an expression of anger or annoyance). –*adv.* **6.** extremely. –*adj.* **7.** (an intensifier expressing dislike, annoyance, etc.): *a damn fool; a damn nuisance*. –*phr.* **8. not to give a damn**, not to care; be unconcerned. **–damnation** *n.*

damned /dæmd/ *adj.* **1.** condemned, especially to eternal punishment. **2.** *Colloquial* detestable: *the damned car wouldn't start*. **3.** *Colloquial* (an intensifier): *he's a damned fool*. –*adv.* **4.** *Colloquial* (an intensifier): *a damned fine cup of tea; a damned silly idea*.

damp /dæmp/ *adj.* **1.** moderately wet; moist. –*n.* **2.** moisture; humidity; moist air: *the damp had warped the timber*. –*v.t.* **3.** to make damp; moisten. **4.** to check or retard the energy, action, etc., of. **–dampen** *v.* **–dampish** *adj.* **–damply** *adv.* **–dampness** *n.*

dampcourse /'dæmpkɔs/ *n.* a horizontal layer of impervious material laid in a wall to stop moisture rising. Also, **damp-proof course**.

damper[1] /'dæmpə/ *n.* **1.** a movable plate for regulating the draught in a stove, furnace, ducting system, etc. –*phr.* **2. put a damper on**, *Colloquial* to discourage (a person) or diminish the enjoyment associated with (an occasion).

damper[2] /'dæmpə/ *n.* a bush bread made from a simple flour and water dough with or without a raising agent, cooked in the coals or in a camp oven.

damsel /'dæmzəl/ *n. Archaic* a young woman; girl; maiden, originally one of gentle or noble birth.

dance /dæns, dans/ *v.* **danced**, **dancing**, *n.* –*v.i.* **1.** to move with the feet or body rhythmically, especially to music. **2.** to leap, skip, etc., as from excitement or emotion; move nimbly or quickly: *she was dancing with joy; he danced into the room*. **3.** to bob up and down: *the boat danced on the waves*. –*v.t.* **4.** to perform or take part in (a dance). **5.** to cause to dance: *he danced her round the room*. –*n.* **6.** a successive group of rhythmical steps, generally executed to music. **7.** an act or round of dancing. **8.** a social gathering for dancing; ball. **9.** a piece of music suited in rhythm to a particular form of dancing. **10.** a series of apparently rhythmic movements as performed by some insects or birds, etc. –*phr.* **11. dance attendance on**, to attend (someone) constantly or solicitously. **12. lead someone a merry dance**, *Colloquial* to frustrate someone, as by constantly changing one's moods, intentions, attitudes, etc. **–dancer** *n.* **–dancingly** *adv.*

dance party *n.* an entertainment involving a large space for dancing, dance music, and usually a lightshow, and at which amphetamines are often taken. **2.** a disco (def. 2).

dandelion /'dændɪlaɪən, -də-/ *n.* **1.** a common plant, *Taraxacum officinale*, abundant as a weed, characterised by deeply toothed or notched leaves and golden yellow flowers. **2.** any other plant of the genus *Taraxacum*.

dandruff /'dændrəf, -rʌf/ *n.* a scurf which forms on the scalp and comes off in small scales.

dandy /'dændi/ *n.* **-dies**, *adj.* **-dier**, **-diest**. –*n.* **1.** a man who is excessively concerned about clothes and appearance; fop. –*adj.* **2.** *Colloquial* fine; first-rate. **–dandyish** *adj.* **–dandyism** *n.*

danger /'deɪndʒə/ *n.* **1.** liability or exposure to harm or injury; risk; peril. **2.** an instance or cause of peril. **3.** the position (of a signal, etc.) indicating danger: *although the signal was at danger, the train did not stop*. **–dangerous** *adj.*

dangle /'dæŋgəl/ *v.* **-gled**, **-gling**. –*v.i.* **1.** to hang loosely with a swaying motion. –*v.t.* **2.** to cause to dangle; hold or carry swaying loosely. **–dangler** *n.*

dank /dæŋk/ *adj.* unpleasantly moist or humid; damp. **–dankly** *adv.* **–dankness** *n.*

daphne /'dæfni/ *n.* **1.** any plant of the genus *Daphne*, family Thymeleaceae, of Europe and Asia, comprising small shrubs of which some species, such as *D. mezereum*, are cultivated for their fragrant flowers. **2.** → **spurge laurel**.

dapper /'dæpə/ *adj.* **1.** neat; trim; smart. **2.** small and active. **–dapperly** *adv.* **–dapperness** *n.*

dapple /'dæpəl/ *n.* **1.** mottled marking, as of an animal's skin or coat. –*adj.* **2.** dappled; spotted: *a dapple grey*. **–dappled** *adj.*

dare /dɛə/ *v.* **dared** *or Archaic* **durst**, **dared**, **daring**. –*v.* (*qm*) **1.** to have the necessary courage or boldness for something; be bold enough: *to dare to win; I didn't dare ask him*. –*v.t.* **2.** to challenge or provoke (someone) to action especially by doubting their courage; defy: *go on, I dare you*. –*n.* **3.** *Colloquial* a challenge, as to some dangerous act. –*phr.* **4. dare say**, to assume as probable; no doubt: *I dare say he'll be tired*. **–darer** *n.*

daredevil /'dɛədɛvəl/ *n.* **1.** a recklessly daring person. –*adj.* **2.** recklessly daring.

daring /'dɛərɪŋ/ *n.* **1.** adventurous courage; boldness. –*adj.* **2.** bold; intrepid; adventurous. **–daringly** *adv.* **–daringness** *n.*

dark /dak/ *adj.* **1.** without light; with very little light: *a dark room; what time does it get dark?* **2.** radiating or reflecting little light: *a dark colour; the dark side of the moon*. **3.** approaching black in hue: *dark green; dark eyes*. **4.** not pale or fair: *a dark complexion; dark circles under the eyes*. **5.** (*euphemistic*) black, as an Aboriginal, Negro, etc.: *the dark people*. **6.** gloomy; cheerless; dismal: *a dark mood; let's not look on the dark side*. **7.** evil; wicked: *dark intentions; the dark side of human nature*. **8.** hidden; obscure: *he kept his win a dark secret*. **9.** destitute of knowledge or culture; unenlightened. **10.** *Phonetics* (of *l* sounds) resembling a back vowel in quality: *English l is darker than French l*. **11.** absence of light; darkness: *dark lay all around us*. **12.** night; nightfall: *the possums come out after dark; we should get there before dark*. **13.** a dark colour: *the silver shows up well against the patch of dark*. –*phr.* **14. go dark**, to suffer a diminishing or extinguishing of light: *the room went dark*. **15. the dark**, **a.** a dark place. **b.** obscurity, secrecy, or ignorance. **–darken** *v.* **–darkish** *adj.* **–darkness** *n.*

Dark Ages *pl. n.* **1.** the time in history from about AD 476 to about AD 1000. **2.** the whole of the Middle Ages, the period preceding the Renaissance. **3.** a state of backwardness or unenlightenment: *you're really living in the Dark Ages, aren't you?*

dark horse *n.* **1.** a racehorse, competitor, etc., about whom little is known or who unexpectedly wins. **2.** a person whose capabilities may be greater than they are known to be.

darkroom /'dakrum/ *n.* a room from which the chemically active rays of light have been excluded, used in making, handling, and developing photographic film, etc.

darling /'dalɪŋ/ *n.* **1.** a person very dear to another; someone dearly loved. **2.** a person or thing in great favour: *she is the latest media darling.* **3.** (a term of endearment). *–adj.* **4.** very dear; dearly loved.

darn¹ /dan/ *v.t.* **1.** to mend (clothes, etc.) or a rent or hole) with rows of stitches, sometimes with crossing and interwoven rows to fill up a gap. *–n.* **2.** a darned place in a garment, etc. **–darner** *n.*

darn² /dan/ *Colloquial –adj., adv.* **1.** → **darned**. *–v.t.* **2.** to confound; curse: *darn him; darn it.* *–interj.* **3.** (a mild expletive).

darned /dand/ *Colloquial –adj.* **1.** detestable; extreme: *it's a darned nuisance.* *–adv.* **2.** (an intensifier): *it's darned inconvenient.*

dart /dat/ *n.* **1.** a long, slender, pointed missile propelled by the hand or otherwise. **2.** something resembling such an object, such as the sting of an insect. **3.** an act of darting; a sudden, swift movement. **4.** (*plural construed as singular*) a game in which pointed missiles are thrown at a dartboard. **5.** a stitched tapering fold used to adjust the fit of a garment. **6.** any of several tropical and semi-tropical marine fishes as the Australian *Trachinotus botla* and the **snub-nosed dart**, *T. blochii.* *–v.i.* **7.** to move swiftly; spring or start suddenly and run swiftly. **–dartingly** *adv.*

darter /'datə/ *n.* any of various fish-eating birds of the genus *Anhinga*, having small heads, long slender necks, and long pointed bills, such as *A. rufa*, widely distributed in Australia and elsewhere.

Darwinism /'dawənɪzəm/ *n.* the body of biological doctrine maintained by Charles Darwin, respecting the evolution of species as derived by descent, with variation, from parent forms, through the natural selection of those best adapted to survive in the struggle for existence. **–Darwinian, Darwinist** *n., adj.*

dash¹ /dæʃ/ *v.t.* **1.** to strike violently, especially so as to break to pieces: *she dashed the glass against the wall.* **2.** to throw or thrust violently or suddenly: *he dashed his hand through the ice.* **3.** to ruin or frustrate (hopes, plans, etc.). **4.** to depress or dispirit. *–v.i.* **5.** to strike with violence: *the ship dashed against the rocks.* **6.** to move with violence; rush: *he dashed into the room.* *–n.* **7.** a small quantity of anything thrown into or mixed with something else: *a dash of salt; a dash of pink.* **8.** a punctuation mark (–) used to represent an abrupt break or pause in a sentence, to begin and end a parenthetic phrase or clause, to indicate the omission of letters, words, etc., as a division between distinct portions of matter, and for other purposes. **9.** *Music* the sign placed above or below a note to indicate that it is to be played staccato. **10.** *Mathematics* an acute accent, used in algebra and in lettering diagrams as a discrimination mark; prime. **11.** an impetuous movement; a rush; a sudden onset. **12.** *Athletics* a short race or sprint decided in one attempt, not in heats: *a hundred-metre dash.* **13.** spirited action; vigour in action or style. **14.** *Telegraphy* a signal of longer duration than a dot, used in groups of dots and dashes to represent letters, as in morse code. *–phr.* **15. cut a dash**, to create a brilliant impression. **16. dash down**, to write or draw hastily: *to dash down a quick sketch.* **17. dash off**, **a.** to hurry away. **b.** to perform hastily, as by writing, drawing, or creating in any way: *to dash off a letter; to dash off a quick omelette.* **18. do one's dash**, *Australian* to exhaust one's energies or opportunities.

dash² /dæʃ/ *v.t.* **1.** to confound; curse: *dash him; dash it.* *–interj.* **2.** (a mild expletive).

dashboard /'dæʃbɔd/ *n.* the instrument board of a car or plane.

dashing /'dæʃɪŋ/ *adj.* **1.** impetuous; spirited; lively. **2.** brilliant; showy; stylish. **–dashingly** *adv.*

dastardly /'dæstədli/ *adj.* cowardly; meanly base; sneaking. **–dastardly** *adv.* **–dastardliness** *n.*

dasyurid /ˌdæzi'jurəd/ *n.* **1.** a member of the marsupial family Dasyuridae, which includes quolls, dunnarts, planigales, etc. *–adj.* **2.** being or having to do with a dasyurid.

data /'deɪtə, 'datə/ *n.* **1.** plural of **datum**. **2.** (*construed as singular or plural*) figures, etc., known or available; information.

database /'deɪtəbeɪs, 'datə-/ *n.* a large volume of information stored in a computer and organised in categories to facilitate retrieval.

data entry *n.* the keying of data into a computer.

data processing *n.* the use of computers to store, organise, and perform calculations on large quantities of data with the minimum of human intervention.

date¹ /deɪt/ *n., v.* **dated, dating.** *–n.* **1.** a particular day, as denoted by some system for marking the passage of time: *today's date is 12th May.* **2.** a particular time when something happens or happened: *what was the date of Federation?; there's more to history than memorising dates.* **3.** an inscription on a writing, coin, etc., that shows the day or year of writing, manufacture, etc. **4.** the time or period to which anything belongs: *events of recent date.* **5.** *Colloquial* an appointment, especially for a social activity. **6.** *Colloquial* a person with whom one has a social appointment, and usually some romantic interest. *–v.i.* **7.** to have its origin at a particular time or period: *the letter dates from 1873; the practice dates back to the Middle Ages.* **8.** *Colloquial* to associate with someone in whom one has a romantic interest: *she began dating when she was 15; are you two dating?* *–v.t.* **9.** to mark or furnish with a date: *you must date and initial each entry; the painting is dated on the back.* **10.** to assign a probable time of origin to: *Prof. Myer dates the document a decade later.* **11.** to indicate the probable time of origin of: *the dye used dates the fabric to no earlier than the 1870s.* **12.** to show to be of a certain age, old-fashioned, or out of date: *remembering the Beatles really dates you.* **13.** *Colloquial* to take out for social engagements (a person in whom one has a romantic interest). *–phr.* **14. to date**, up to the present time.

date² /deɪt/ *n.* the oblong, fleshy fruit of the date palm, a staple food in northern Africa, Arabia, etc., and an important export.

dated /'deɪtəd/ *adj.* unfashionable; out-of-date.

date line *n.* **1.** a line in a letter, newspaper article, or the like, giving the date (and often the place) of origin. **2.** Also, **International Date Line**. a line, theoretically coinciding with the meridian of 180° from Greenwich, England, the regions on either side of which are counted as differing by one day in their calendar dates.

date rape *n.* rape by someone with whom one has agreed to go out on a date.

dative /'deɪtɪv/ *adj. Grammar* having to do with a case, in some inflected languages, which has as one function indication of the indirect object of a verb. **–datival** /dəˈtaɪvəl/ *adj.* **–datively** *adv.*

datum /'deɪtəm, 'datəm/ *n.* **-ta** /-tə/. **1.** any proposition assumed or given, from which conclusions may be drawn. **2.** (*often plural*) any fact assumed to be a matter of direct observation.

daub /dɔb/ *v.t.* **1.** to cover or coat with soft, adhesive matter, such as plaster, mud, etc. **2.** to spread (plaster, mud, etc.) on or over something. **3.** to paint unskilfully. *–n.* **4.** material, especially of an inferior kind, for daubing walls, etc. **5.** a crude, inartistic painting. **–dauber** *n.*

daughter /ˈdɔːtə/ n. **1.** a female child or person in relation to her parents. **2.** any female descendant. **3.** someone related as if by the ties binding daughter to parent: *daughter of the church.* –**daughterly** *adj.*

daughter board n. See **motherboard**.

daughter-in-law /ˈdɔːtər-ɪn-lɔː/ n. **daughters-in-law**. the wife of one's son.

daunt /dɔːnt/ v.t. **1.** to overcome with fear; intimidate. **2.** to lessen the courage of; dishearten: *I was daunted by the scale of the task.*

dauntless /ˈdɔːntləs/ adj. not to be daunted; fearless; intrepid; bold. –**dauntlessly** adv. –**dauntlessness** n.

dawdle /ˈdɔːdəl/ v.i. -**dled, -dling. 1.** to waste time; idle; trifle. **2.** to walk slowly or lag behind others. –**dawdler** n.

dawn /dɔːn/ n. **1.** the first appearance of daylight in the morning: *we set off before dawn; from dawn to dusk.* **2.** the beginning or rise of anything; advent. –v.i. **3.** to begin to grow light in the morning: *at last the great day dawned.* **4.** to begin to develop: *a new awareness is dawning.* –phr. **5. dawn on**, to begin to be perceived by: *eventually it dawned on me that she was joking.* –**dawning** n.

day /deɪ/ n. **1.** the interval of light between two successive nights; the time between sunrise and sunset. **2.** the light of day; daylight. **3.** *Astronomy* the period during which the earth (or a heavenly body) makes one revolution on its axis. **4.** the portion of a day allotted to working: *an eight-hour day.* **5.** a day as a point or unit of time, or on which something occurs. **6.** a day assigned to a particular purpose or observance: *New Year's Day.* **7.** a day of contest, or the contest itself: *to win the day.* **8.** (*often plural*) a particular time or period: *the present day, in days of old.* **9.** (*often plural*) period of life or activity. **10.** period of power or influence: *every dog has his day.* –phr. **11. day after day**, for an indefinite but seemingly very long time. **12. day by day**, daily. **13. day in, day out**, for an undetermined succession of days. **14. day one**, the first day of a new undertaking, organisation, system, etc. **15. in this day and age**, at the present time; nowadays. **16. not be someone's day**, *Colloquial* to be a day when nothing goes right for someone: *Jane had the feeling it just wasn't her day.* **17. one of those days**, *Colloquial* a day when nothing goes right. **18. that'll be the day**, *Colloquial* (an expression indicating disbelief, cynicism, etc.). **19. these days**, nowadays.

daybreak /ˈdeɪbreɪk/ n. the first appearance of light in the morning; dawn: *we left shortly before daybreak.*

daydream /ˈdeɪdriːm/ n. **1.** a visionary fancy indulged in while awake; reverie. **2.** an unrealistic ambition. –v.i. **3.** to indulge in daydreams. –**daydreamer** n.

daylight robbery n. a shameless attempt to rob, overcharge, or cheat someone.

daylight saving n. **1.** a system of reckoning time one or more hours later than the standard time for a country or community, usually used during summer months to give more hours of daylight to the working day. –adj. **2.** having to do with such a system.

daze /deɪz/ v. **dazed, dazing**, n. –v.t. **1.** to stun or stupefy with a blow, a shock, etc. **2.** to confuse; bewilder; dazzle. –n. **3.** a dazed condition. –**dazedly** /ˈdeɪzədli/ adv.

dazzle /ˈdæzəl/ v. **-zled, -zling**, n. –v.t. **1.** to overpower the vision of by intense light: *the headlamps dazzled me.* **2.** to impress or bewilder by brilliance or display of any kind: *we were dazzled by his qualifications.* –v.i. **3.** to excite admiration by brilliance: *a dazzling performance.* –n. **4.** bewildering brightness: *caught in the dazzle of the headlights.* **5.** impressive brilliance: *seduced by the dazzle of Hollywood.* –**dazzler** n. –**dazzlingly** adv.

D-day /ˈdiː-deɪ/ n. the day, usually unspecified, set for the beginning of a previously planned attack, especially the day (6 June 1944) of the Allied invasion of Normandy.

DDT /diː-diː-ˈtiː/ n. a very powerful insecticide, dichlorodiphenyltrichloroethane.

de- a prefix meaning: **1.** privation and separation, as in *dehorn, dethrone, detrain.* **2.** negation, as in *demerit, derange.* **3.** descent, as in *degrade, deduce.* **4.** reversal, as in *deactivate.* **5.** intensity, as in *decompound.*

deacon /ˈdiːkən/ n. *Ecclesiastical* **1.** (originally) an officer of the early Christian Church probably concerned with temporal affairs. **2.** (in the Roman Catholic Church) formerly a member of the clerical order next below that of a priest, but since the Second Vatican Council a member of one of the three major orders in the hierarchy, the others being bishop and priest. **3.** (in the Anglican Church) the rank held before ordination as a priest. **4.** (in other Churches) an appointed or elected officer with variously defined duties. –**deaconship** n.

dead /dɛd/ adj. **1.** no longer living; deprived of life. **2.** not endowed with life; inanimate: *dead matter.* **3.** resembling death: *a dead sleep.* **4.** bereft of sensation; insensible; numb: *my foot is dead; dead to all sense of shame.* **5.** no longer in existence or use: *dead languages.* **6.** lacking in vigour, force, motion, etc., or especially in sport, lacking in or deprived of some other characteristic and desirable quality: *dead market; dead machinery; dead track; dead pitch.* **7. a.** without resonance: *a dead room; a dead sound.* **b.** without resilience or bounce: *a dead ball.* **8.** unproductive: *dead capital.* **9.** extinguished: *a dead fire.* **10.** tasteless or flat, as alcoholic drink. **11.** not glossy, bright, or brilliant. **12.** complete; absolute: *dead loss; dead silence.* **13.** sure; unerring: *a dead shot.* **14.** direct; straight: *a dead line.* **15.** *Sport* out of play: *a dead ball.* **16.** *Colloquial* very tired; exhausted. **17.** *Colloquial* empty: *a dead bottle.* **18.** *Colloquial* (of an appliance, device, battery, etc.) no longer operative. –adv. **19.** absolutely; completely: *dead right; dead broke; dead beat; dead set.* **20.** with abrupt and complete stoppage of motion, etc.: *he stopped dead.* **21.** directly; exactly: *the wind was dead ahead.* –phr. **22. dead as a dodo**, *Colloquial* **a.** completely lifeless. **b.** completely inactive. **23. dead from the neck up**, *Colloquial* lacking intelligence; stupid. **24. dead to the world**, *Colloquial* **a.** unaware of one's surroundings; sleeping heavily. **b.** totally drunk. **c.** utterly tired; exhausted. **25. drop dead**, **a.** to die suddenly. **b.** (in the imperative, used to insult the person addressed). **26. over my dead body**, *Colloquial* absolutely against my will. **27. the dead**, **a.** dead persons collectively. **b.** the period of greatest darkness, coldness, etc.: *the dead of night; the dead of winter.* **28. wouldn't be seen dead with** (or **in**) (or **at, etc.**), *Colloquial* (someone) refuses to have any association with (or wear, or visit, etc.).

deadbeat /ˈdɛdbiːt/ *Colloquial* –n. **1.** someone down on their luck; vagrant. –adj. **2.** having to do with the life of a vagrant.

dead centre n. **1.** *Machinery* a stationary centre which holds the work. **2.** → **dead heart**.

dead-centre /dɛd-ˈsɛntə/ adj. **1.** completely on target. –adv. **2.** right in the middle; accurately.

deaden /ˈdɛdən/ v.t. **1.** to make less sensitive, active, energetic, or forcible; dull; weaken: *to deaden sound, the force of a ball, the senses.* **2.** to

dead end

lessen the velocity of; retard. **3.** to make impervious to sound, as a floor. –**deadener** *n.*

dead end *n.* a road which is closed at one end; a no-through road; cul-de-sac.

dead-end /'dɛd-ɛnd/ *adj.* **1.** leading nowhere. **2.** offering no future: *dead-end job.* **3.** having no apparent hopes or future, as a juvenile delinquent: *dead-end kid.*

dead heart *n.* the arid central regions of Australia; dead centre.

dead heat *n.* a heat or race in which two or more competitors finish together.

dead letter *n.* **1.** a law, ordinance, etc., which has lost its force, though not formally repealed or abolished. **2.** a letter which lies unclaimed for a certain time at a post office, or which, because of faulty address, etc., cannot be delivered. –**dead-letter** *adj.*

deadline /'dɛdlaɪn/ *n.* **1.** a line or limit that must not be passed. **2.** the latest time for finishing something.

deadlock¹ /'dɛdlɒk/ *n.* **1.** a state of affairs in which progress is impossible; complete standstill. **2.** *Parliamentary Procedure* **a.** a situation in which both houses of parliament are in disagreement. **b.** a tied vote on a motion with no chance or opportunity for a change in the allocation of votes that would break the tie.

deadlock² /'dɛdlɒk/ *n.* a type of lock which needs a key to open it from both the inside and outside. Also, **dead latch**.

deadly /'dɛdli/ *adj.* **-lier, -liest. 1.** causing or tending to cause death; fatal: *a deadly poison.* **2.** aiming to kill or destroy; implacable: *a deadly enemy.* **3.** involving spiritual death: *a deadly sin.* **4.** like death: *a deadly pallor.* **5.** excessive: *deadly haste.* –**deadliness** *n.*

deadly nightshade *n.* → **belladonna**.

deadpan /'dɛdpæn/ *adj. Colloquial* **1.** (of a person or face) completely lacking expression or reaction. **2.** said without any indication in the speaker's manner or expression that he or she is aware of the force or implication of what is said: *deadpan humour.* –*adv.* **3.** in a deadpan manner.

deadweight tonnage /'dɛdweɪt ˈtʌnɪdʒ/ *n.* the mass of the cargo, fuel, potable water, boiler feed water, ballast, stores, crew, gear, etc., on a ship.

deaf /dɛf/ *adj.* **1.** lacking or deprived of the sense of hearing, wholly or partially; unable to hear. **2.** refusing to listen; heedless; inattentive: *deaf to advice; turn a deaf ear to a plea.* –*phr.* **3. the deaf**, people unable to hear. –**deafen** *v.* –**deafly** *adv.* –**deafness** *n.*

deaf-mute /dɛf-'mjut/ *n.* someone who is deaf and dumb, especially one in whom inability to speak is due to congenital or early deafness.

deal¹ /dil/ *v.* **dealt, dealing,** *n.* –*v.i.* **1.** to conduct oneself towards persons: *deal fairly.* **2.** to distribute, especially the cards required in a game. –*v.t.* **3.** to distribute among a number of recipients. **4.** *Cards* **a.** to distribute (the cards) among the players. **b.** to give a player (a specific card) in dealing. **5.** to deliver (blows, etc.). –*n.* **6.** *Colloquial* a business transaction. **7.** a bargain or arrangement for mutual advantage, as in commerce or politics, often a secret or underhand one. **8.** treatment; arrangement: *a raw deal; a fair deal.* **9.** a quantity, amount, extent, or degree. **10.** an indefinite but large amount or extent: *a deal of money.* **11.** act of dealing or distributing. **12.** *Cards* **a.** the distribution to the players of the cards in a game. **b.** the set of cards in one's hand. **c.** the turn of a player to deal. **d.** the period of time during which a deal is played. **13.** any undertaking, organisation, etc.; affair. –*phr.* **14. a big deal,** *Colloquial* an important event; a serious matter. **15. big deal,** *Colloquial* (an ironic exclamation indicating contempt or indifference). **16. deal in, a.** to trade or do business in **b.** to have as its subject: *this poem deals in ideas of immortality.* **17. deal it out,** *Colloquial* to deliver a sustained verbal attack on someone: *he can really deal it out when he's in a bad mood.* **18. deal out,** to give to someone as their share; apportion. **19. deal with, a.** to do business with. **b.** to occupy oneself or itself with: *deal with the first question; botany deals with the study of plants.* **c.** to take action with respect to: *law courts must deal with law-breakers.*

deal² /dil/ *n.* **1.** a board or plank, especially of fir or pine. **2.** such boards collectively. **3.** fir or pine wood.

dealer /'dilə/ *n.* **1.** someone who buys and sells articles without altering their condition; trader or merchant. **2.** someone who buys and sells drugs, as marijuana, heroin, etc., in large quantities. **3.** *Cards* the player distributing the cards.

dealt /dɛlt/ *v.* past tense and past participle of **deal¹**.

dean /din/ *n.* **1.** *Education* the head of a medical school, university faculty, or the like. **2.** any of various ecclesiastical dignitaries, such as the head of a division of a diocese. **3.** the senior member, in length of service, of any body; father. –**deanship** *n.* –**deanery** *n.*

dear /dɪə/ *adj.* **1.** beloved or loved: *a dear friend of mine.* **2.** (in a letter) highly respected: *Dear Sirs.* **3.** precious: *dear to his heart.* **4.** high-priced; expensive. **5.** charging high prices. –*n.* **6.** someone who is loved or precious: *my dear.* –*adv.* **7.** fondly: *I loved her dear.* **8.** at a high price. –*interj.* **9.** (an exclamation of surprise, upset, etc.)

dearth /dɜθ/ *n.* scarcity or scanty supply; lack.

death /dɛθ/ *n.* **1.** the act of dying; the end of life; the total and permanent cessation of the vital functions of an animal or plant. **2.** (*often cap.*) the annihilating power personified, usually represented as a skeleton. **3.** the state of being dead: *to lie still in death.* **4.** extinction; destruction: *it will mean the death of our hopes.* **5.** the time at which a person dies: *the letters may be published after my death.* **6.** manner of dying: *a hero's death.* **7.** bloodshed or murder. **8.** a cause or occasion of death: *you'll be the death of me.* **9.** a pestilence: *the black death.* –*phr.* **10. at death's door,** in danger of death; gravely ill. **11. do to death,** to kill. **12.** to repeat until hackneyed. **13. fate worse than death,** *Colloquial* **a.** (*usually humorous*) a circumstance regarded as particularly horrible. **b.** rape. **c.** (*humorous*) sexual intercourse. **13. in at the death, a.** *Hunting* present when the hunted animal is caught and killed. **b.** present at the climax or conclusion of a series of events or a situation. **14. like death (warmed up),** *Colloquial* appearing, or feeling, extremely ill or exhausted. **15. like grim death,** tenaciously, firmly: *he hung on like grim death.* **16. put to death,** to kill; execute. **17. sick to death,** *Colloquial* irritated or annoyed to an extreme degree –**deathly** *adj.*

death adder *n.* **1.** Also, **deaf adder**. a venomous viper-like snake, *Acanthophis antarcticus*, of Australia and the island of New Guinea, having a stout body and broad head. **2.** a mean, avaricious person.

death duty *n.* (*usually plural*) a tax paid upon the inheritance of property.

debacle /deɪ'bakəl, də-/ *n.* a general break-up or rout; sudden overthrow or collapse; overwhelming disaster.

debar /dɪ'ba, də-/ *v.t.* **-barred, -barring. 1.** to bar out or exclude from a place or condition. **2.** to prevent or prohibit (an action, etc.). –**debarment** *n.*

debase / decent

debase /dəˈbeɪs/ v.t. -based, -basing. 1. to reduce in quality or value; adulterate. 2. to lower in rank or dignity. –**debasement** n. –**debaser** n. –**debasingly** adv.

debate /dəˈbeɪt/ n., v. -bated, -bating. –n. 1. a discussion, especially of a public question in an assembly. 2. deliberation; consideration. 3. a systematic contest of speakers in which two opposing points of view of a proposition are advanced. –v.i. 4. to engage in discussion, especially in a legislative or public assembly. –v.t. 5. to dispute about. –**debater** n. –**debatable** adj.

debauch /dəˈbɔtʃ/ v.t. 1. to corrupt by sensuality, intemperance, etc.; seduce. 2. to corrupt or pervert; deprave. –**debauched** adj. –**debauchee**, **debaucher** n. –**debauchery**, **debauchment** n.

debenture /dəˈbɛntʃə/ n. 1. a note or certificate acknowledging a debt, as given by an incorporated company; a bond or one of a series of bonds. 2. a deed containing a charge or mortgage on a company's assets; a mortgage debenture. 3. a certificate of drawback issued at a customs house.

debilitate /dəˈbɪləteɪt/ v.t. -tated, -tating. to make weak or feeble; weaken; enfeeble. –**debilitation** /dəbɪləˈteɪʃən/ n. –**debilitative** /dəˈbɪlətətɪv/ adj. –**debility** n.

debit /ˈdɛbət/ n. 1. the recording of an entry of debt in an account. 2. the side (left side) of an account on which such entries are made (opposed to *credit*). –v.t. 3. to charge with a debt. 4. to charge as a debt. 5. to enter upon the debit side of an account.

debit card n. a plastic card, issued by a bank or other financial institution, which allows the holder to draw funds from their account without recourse to any paper documentation such as a passbook.

debonair /dɛbəˈnɛə/ adj. 1. suave; stylish. 2. of pleasant manners; courteous. 3. carefree; cheerful. Also, **debonaire**, **debonnaire**. –**debonairly** adv. –**debonairness** n.

debouch /dəˈbuʃ/ v.i. to issue or emerge from a narrow opening. –**debouchment** n.

debrief /diˈbrif/ v.t. *Originally US* to interrogate (a soldier, diplomat, etc.) on return from a mission in order to assess the conduct and results of the mission. –**debriefing** n.

debris /ˈdɛbri, ˈdeɪbri, dəˈbri/ n. 1. the remains of anything broken down or destroyed; ruins; fragments; rubbish. 2. *Geology* an accumulation of loose fragments of rock, etc. Also, **débris**.

debt /dɛt/ n. 1. that which is owed; that which one person is bound to pay to or perform for another. 2. a liability or obligation to pay or render something. 3. the condition of being under such an obligation. –*phr.* 4. **bad debt**, a debt of which there is no prospect of payment.

debtor /ˈdɛtə/ n. someone who is in debt or under obligations to another (opposed to *creditor*).

debug /diˈbʌg/ v.t. -bugged, -bugging. 1. to detect and remove faults in (an electronic system). 2. *Computers* to remove errors or incompatible logical conditions from (a program). 3. to detect and remove electronic listening devices from (a room, etc.). –**debugger** n.

debunk /diˈbʌŋk/ v.t. *Colloquial* to strip of false sentiment, etc.; to make fun of. –**debunker** n. –**debunking** n.

debut /ˈdeɪbju, -bu, dəˈbu/ n. 1. a first public appearance on a stage, on television, etc. 2. a formal introduction and entrance into society. 3. the beginning of a professional career, etc.

debutante /ˈdɛbjətɒnt/ n. a young woman making a debut, especially into society. –**debutant** *masc.* n.

dec- /dɛk-/ → **deca-**.

deca- a prefix denoting 10 times a given unit, as in *decametre*. Symbol: da Also, **deka**; (*before vowels*) **dec-**, **dek-**.

decade /ˈdɛkeɪd/ n. 1. a period of ten years. 2. a group, set, or series of ten. –**decadal** adj.

decadence /ˈdɛkədəns/ n. the act or process of falling into an inferior condition or state, especially moral; decay; deterioration. –**decadent** adj.

decaffeinated /diˈkæfəneɪtəd/ adj. having had the caffeine removed: *decaffeinated coffee*.

decagon /ˈdɛkəgɒn, -gən/ n. a polygon having ten angles and ten sides. –**decagonal** /dəˈkægənəl/ adj.

decahedron /dɛkəˈhidrən/ n. -drons *or* -dra /-drə/. a solid figure having ten faces. –**decahedral** adj.

decamp /diˈkæmp/ v.i. 1. to depart from a camp; break camp. 2. to depart quickly, secretly, or unceremoniously. –**decampment** n.

decant /dəˈkænt/ v.t. 1. to pour off gently, as liquor, without disturbing the sediment. 2. to pour from one container into another. –**decantation** /dikænˈteɪʃən/ n.

decanter /dəˈkæntə/ n. 1. a bottle used for decanting. 2. a vessel, usually an ornamental bottle, from which wine, water, etc., is served at table.

decapitate /dəˈkæpəteɪt, di-/ v.t. -tated, -tating. to cut off the head of; behead; kill by beheading. –**decapitation** /dəkæpəˈteɪʃən/ n. –**decapitator** n.

decapod /ˈdɛkəpɒd/ n. 1. any crustacean of the order Decapoda, including crabs, lobsters, crayfish, prawns, shrimps, etc., characterised by their five pairs of walking legs. 2. any ten-armed two-gilled cephalopod, such as the cuttlefish, squid, etc. –**decapodous** /dəˈkæpədəs/ adj.

decathlon /dəˈkæθlɒn, -lən/ n. an athletic contest comprising ten different events, and won by the contestant having the highest total score. –**decathlete** n.

decay /diˈkeɪ, də-/ v.i. 1. to fall away from a state of excellence, prosperity, health, etc.; deteriorate; decline. 2. to become decomposed; rot. –n. 3. a gradual falling into an inferior condition; progressive decline. 4. decomposition; rotting.

decease /dəˈsis/ n., v. -ceased, -ceasing. –n. 1. departure from life; death. –v.i. 2. to depart from life; die.

deceased /dəˈsist/ adj. 1. dead. –*phr.* 2. **the deceased**, the dead person or persons

deceit /dəˈsit/ n. 1. the act or practice of deceiving; concealment or perversion of the truth for the purpose of misleading; fraud; cheating. 2. an act or device intended to deceive; a trick; stratagem. 3. deceiving quality; falseness. –**deceitful** adj.

deceive /dəˈsiv/ v. -ceived, -ceiving. –v.t. 1. to mislead by a false appearance or statement; delude. 2. to be unfaithful to; commit adultery against. –v.i. 3. to practise deceit; act deceitfully. –**deceivable** adj. –**deceivableness**, **deceivability** /dəsivəˈbɪləti/ n. –**deceiver** n. –**deceivably** adv. –**deceivingly** adv.

decelerate /diˈsɛləreɪt/ v. -rated, -rating. –v.i. 1. to decrease in velocity. –v.t. 2. to decrease the velocity of. –**deceleration** /diˌsɛləˈreɪʃən/ n. –**decelerator** n.

December /dəˈsɛmbə/ n. the twelfth month of the year, containing 31 days.

decent /ˈdisənt/ adj. 1. fitting; appropriate. 2. keeping to recognised standards of behaviour, good taste, modesty, etc. 3. respectable; worthy: *a decent family*. 4. fair; tolerable; passable: *a decent wage*. 5. *Colloquial* kind; obliging: *Thanks, that's decent of you.* –**decency** n. –**decently** adv. –**decentness** n.

decentralise = decentralize /diˈsɛntrəlaɪz/ *v.t.* **-lised, -lising. 1.** to disperse (industry, population, etc.) from an area of concentration or density, especially from large cities to relatively undeveloped rural areas. **2.** to undo the centralisation of administrative powers (of an organisation, government, etc.). **–decentralisation** /ˌdiˌsɛntrəlaɪˈzeɪʃən/ *n.*

deception /dəˈsɛpʃən/ *n.* **1.** the act of deceiving. **2.** the state of being deceived. **3.** something that deceives or is intended to deceive; an artifice; a sham; a cheat. **–deceptive** *adj.*

deci- a prefix denoting 10^{-1} of a given unit, as in *decigram*. Symbol: d

decibel /ˈdɛsəbɛl/ *n.* a unit expressing difference in power, usually between electric or acoustic signals, or between some particular signal and a reference level understood; equal to one tenth of a bel. *Symbol:* dB

decide /dəˈsaɪd/ *v.* **-cided, -ciding.** *–v.t.* **1.** to determine or settle (a question, controversy, struggle, etc.) by giving victory to one side. **2.** to adjust or settle (anything in dispute or doubt). **3.** to bring (a person) to a decision. *–v.i.* **4.** to settle something in dispute or doubt. **5.** to pronounce a judgment; come to a conclusion. *–phr.* **6. decide on** (or **upon**), to come to a definite conclusion about. **–decidable** *adj.*

decided /dəˈsaɪdəd/ *adj.* **1.** free from ambiguity; unquestionable; unmistakable. **2.** free from hesitation or wavering; resolute; determined. **–decidedly** *adv.* **–decidedness** *n.*

deciduous /dəˈsɪdjuəs/ *adj.* **1.** shedding the leaves annually, as trees, shrubs, etc. **2.** falling off or shed at a particular season, stage of growth, etc., as leaves, horns, teeth, etc. **3.** not permanent; transitory. **–deciduously** *adv.* **–deciduousness** *n.*

decile /ˈdɛsaɪl/ *n. Statistics* one of the values of a variable which divides its distribution into ten groups having equal frequencies.

decimal /ˈdɛsəməl/ *adj.* **1.** relating to tenths, or to the number ten. **2.** proceeding by tens: *a decimal system.* *–n.* **3.** a decimal fraction. **4.** a decimal number. **–decimalise = decimalize** *v.* **–decimally** *adv.*

decimal currency *n.* currency in which units are graded in multiples of ten.

decimal fraction *n.* a fraction whose denominator is some power of ten, usually indicated by a dot (the **decimal point**) written before the numerator, as $0.4 = \frac{4}{10}$; $0.126 = \frac{126}{1000}$.

decimal number *n. Mathematics* any finite or infinite string of digits containing a decimal point: *1.0, 5.23, 3.14159 ... are decimal numbers.*

decimal place *n.* **1.** the position of a digit to the right of a decimal point: *in 9.623, 3 is in the third decimal place.* **2.** the number of digits to the right of a decimal point: *9.623 is a number in three decimal places.*

decimal point *n.* (in the decimal system) a dot preceding the fractional part of a number.

decimate /ˈdɛsəmeɪt/ *v.t.* **-mated, -mating. 1.** to destroy a great number or proportion of. **2.** to select by lot and kill every tenth man of. **–decimation** /dɛsəˈmeɪʃən/ *n.* **–decimator** *n.*

decipher /dəˈsaɪfə/ *v.t.* **1.** to make out the meaning of. **2.** to interpret by the use of a key, as something written in cipher. **–decipherable** *adj.* **–decipherer, –decipherment** *n.*

decision /dəˈsɪʒən/ *n.* **1.** the act of deciding; determination (of a question or doubt). **2.** a judgment, as one formally pronounced by a court. **3.** a making up of one's mind. **4.** something that is decided; a resolution. **5.** the quality of being decided; firmness, as of character.

decisive /dəˈsaɪsɪv/ *adj.* **1.** having the power or quality of determining; putting an end to controversy: *a decisive fact, test, etc.* **2.** characterised by or displaying decision; resolute; determined. **–decisively** *adv.* **–decisiveness** *n.*

deck /dɛk/ *n.* **1.** a horizontal platform extending from side to side of a ship or of part of a ship, forming a covering for the space below and itself serving as a floor. **2.** a floor, platform or tier, as in a bus or bridge. **3.** an unenclosed, elevated platform or veranda, usually of wood. **4.** the top surface of a surfboard or skateboard. **5.** the horizontal platform on or in a tape recorder, gramophone, or the like, above which the turntable or spools revolve, and which often incorporates some of the controls. **6.** *Chiefly US* a pack of playing cards. *–v.t.* **7.** *Nautical* to furnish with or as with a deck, as a vessel. **8.** *Colloquial* to knock (someone) to the ground. *–phr.* **9. between decks**, on a deck or decks below the main deck. **10. clear the decks**, **a.** *Nautical* to prepare for combat, as by removing from the deck all unnecessary gear. **b.** *Colloquial* to prepare for action of any kind. **11. deck out**, to decorate or dress up. **12. hit the deck**, *Colloquial* **a.** to fall to the ground or floor. **b.** to rise from bed. **13. not playing with a full deck**, *Colloquial* insane. **14. on deck**, *Colloquial* **a.** on duty; on hand; present at the time. **b.** alive: *is he still on deck?*

deckchair /ˈdɛktʃɛə/ *n.* a portable folding chair with back and seat of canvas or similar material, often in one piece.

-decker a word element meaning 'level': *a double-decker bus.*

declaim /dəˈkleɪm/ *v.i.* **1.** to speak aloud rhetorically; make a formal speech. **2.** to speak or write for oratorical effect, without sincerity or sound argument. *–v.t.* **3.** to utter aloud in a rhetorical manner. *–phr.* **4. declaim against**, to forcefully attack in words. **–declamatory** *adj.* **–declaimer** *n.*

declare /dəˈklɛə/ *v.t.* **-clared, -claring. 1.** to make known, especially in explicit or formal terms. **2.** to state emphatically; affirm. **3.** to manifest; reveal. **4.** to make due statement of (dutiable goods, etc.). **5.** to make (a dividend) payable. **–declaration** *n.* **–declarer** *n.* **–declarable** *adj.* **–declarative** *adj.*

declension /dəˈklɛnʃən/ *n.* **1.** *Grammar* **a.** the inflection of nouns, and of words similarly inflected, for categories such as case and number. For example (Latin): *puella, puellam, puellae, puellae, etc.* **b.** a class of such words having similar sets of inflected forms, as the Latin *second declension.* **2.** an act or instance of declining. **3.** a bending, sloping, or moving downward. **–declensional** *adj.*

decline /dəˈklaɪn/ *v.* **-clined, -clining**; /dəˈklaɪn, ˈdɪklaɪn/ *n.* *–v.t.* **1.** to withhold consent to do, enter upon, or accept; refuse: *he declined to say more about it, he declined the offer with thanks.* **2.** to cause to slope or incline downward. **3.** *Grammar* **a.** to inflect (a noun, pronoun, or adjective). In Latin, *puella* is declined *puella, puellam, puellae, puellae, puellā* in the five cases of the singular. **b.** to recite or display all, or some subset, of the inflected forms of a noun, pronoun, or adjective in a fixed order. *–v.i.* **4.** to express courteous refusal; refuse. **5.** to bend or slant down; slope or trend downward; descend. **6.** to draw towards the close, as the day. **7.** to fail in strength, vigour, character, value, etc.; deteriorate. *–n.* **8.** a downward incline or slope. **9.** a failing or gradual loss, as in strength, character, value, etc.; deterioration; diminution. **10.** progress downwards or towards a close, as of the sun or the day. **11.** the last part or phase. *–phr.* **12. in**

declivity / deer

decline, gradually losing power or effectiveness; degenerating. –**declinable** *adj.* –**decliner** *n.*

declivity /dəˈklɪvəti/ *n.* -**ties**. a downward slope, as of ground (opposed to *acclivity*).

decoction /dəˈkɒkʃən/ *n.* **1.** the act of boiling in water, in order to extract the peculiar properties or virtues. **2.** an extract obtained by decocting. **3.** water in which a substance, usually animal or vegetable, has been boiled, and which thus contains the constituents or principles of the substance soluble in boiling water.

decode /diˈkoʊd/ *v.t.* -**coded**, -**coding**. to translate from code into the original language or form.

décolleté /deɪˈkɒlətei/ *adj.* **1.** (of a garment) low-necked. **2.** wearing a low-necked garment. –**décolletage** *n.*

decompose /dikəmˈpoʊz/ *v.* -**posed**, -**posing**. –*v.t.* **1.** to separate or resolve into constituent parts or elements; disintegrate. –*v.i.* **2.** to rot; putrefy. –**decomposition** /dikɒmpəˈzɪʃən/ *n.* –**decomposable** *adj.* –**decomposer** *n.*

decompression /dikəmˈprɛʃən/ *n.* **1.** the act or process of relieving pressure. **2.** the gradual return of persons, such as divers or construction workers, to normal atmospheric pressure after working in deep water or in air under compression. –**decompress** *n.*

decongestant /dikənˈdʒɛstənt/ *n.* **1.** a substance used to relieve congestion especially in the upper respiratory tract. –*adj.* **2.** relieving congestion.

decontaminate /dikənˈtæməneɪt/ *v.t.* -**nated**, -**nating**. to make (any object or area) safe for unprotected personnel by absorbing, making harmless, or destroying chemicals with which they have been in contact. –**decontamination** /ˌdikəntæməˈneɪʃən/ *n.*

decor /ˈdeɪkɔ, ˈdɛkɔ/ *n.* **1.** decoration in general. **2.** a style of decoration.

decorate /ˈdɛkəreɪt/ *v.* -**rated**, -**rating**. –*v.t.* **1.** to furnish or deck with something becoming or ornamental; embellish. **2.** to plan and execute the design, wallpaper, etc., and sometimes the furnishings of (a house, room, or the like). **3.** to confer distinction upon by a badge, a medal of honour, etc. –*v.i.* **4.** to be engaged in executing the decoration of a house, room, etc. –**decoration** *n.* –**decorative** *adj.* –**decorator** *n.*

decorum /dəˈkɔrəm/ *n.* **1.** propriety of behaviour, speech, dress, etc. **2.** that which is proper or seemly; fitness; congruity; propriety. **3.** an observance or requirement of polite society. –**decorous** *adj.*

decoy /ˈdikɔɪ/ *n.*, /ˈdikɔɪ, dəˈkɔɪ/ *v.* –*n.* **1.** someone who entices or allures, as into a trap, danger, etc. **2.** something used as a lure. –*v.t.* **3.** to lure by or as by a decoy. –**decoyer** *n.*

decrease /dəˈkris/ *v.* -**creased**, -**creasing**; /ˈdikris, dəˈkris/ *n.* –*v.i.* **1.** to diminish gradually in extent, quantity, strength, power, etc. –*v.t.* **2.** to make less; cause to diminish. –*n.* **3.** a process of growing less, or the resulting condition; gradual diminution. **4.** the amount by which a thing is lessened. –**decreasingly** *adv.*

decree /dəˈkri/ *n.*, *v.* -**creed**, -**creeing**. –*n.* **1.** an ordinance or edict promulgated by civil or other authority. **2.** *Law* a judicial decision or order. –*v.t.* **3.** to ordain or decree by decree.

decree nisi /dəkri ˈnaɪsaɪ/ *n. Law* See **nisi**.

decrement /ˈdɛkrəmənt/ *n.* **1.** the process or fact of decreasing; gradual diminution. **2.** the amount lost by diminution. –*v.t.* **3.** *Computers* to reduce the numerical contents of (a counter).

decrepit /dəˈkrɛpət/ *adj.* broken down or weakened by old age; feeble; infirm. –**decrepitude** *n.* –**decrepitly** *adv.*

decriminalise = **decriminalize** /diˈkrɪmənəlaɪz/ *v.t.* -**lised**, -**lising**. to remove legal restrictions against (an activity, such as smoking marijuana), and thus eliminate the legal penalties previously associated with it. –**decriminalisation** *n.*

decry /dəˈkraɪ/ *v.t.* -**cried**, -**crying**. **1.** to speak disparagingly of; censure as faulty or worthless. **2.** to condemn or depreciate by proclamation, as foreign or obsolete coins. –**decrier** *n.* –**decrial** *n.*

dedicate /ˈdɛdəkeɪt/ *v.t.* -**cated**, -**cating**. **1.** to set apart and consecrate to a deity or to a sacred purpose. **2.** to give up wholly or earnestly, as to some person or end; set apart or appropriate. **3.** to inscribe or address (a book, piece of music, etc.) to a patron, friend, etc., as in testimony of respect or affection. –**dedicated** *adj.* –**dedication** *n.* –**dedicator** *n.*

deduce /dəˈdjus/ *v.t.* -**duced**, -**ducing**. **1.** to derive as a conclusion from something known or assumed; infer. **2.** to trace the derivation of; trace the course of. –**deducible** *adj.*

deduct /dəˈdʌkt/ *v.t.* to take away, as from a sum or amount. –**deductable** = **deductible** *adj.*

deduction /dəˈdʌkʃən/ *n.* **1.** the act of deducting; subtraction; abatement. **2.** something that is deducted. **3.** the process of drawing a conclusion from something known or assumed. **4.** inference in which, granted the truth of the premises, the conclusion must be true.

deed /did/ *n.* **1.** something that is done, performed, or accomplished; an act. **2.** an exploit or achievement. **3.** action or performance, often as contrasted with words. **4.** *Law* a writing or document signed, sealed, and delivered to effect a conveyance, especially of real property. –**deedless** *adj.*

deed poll *n.* a deed in the form of a declaration to all the world of the grantor's act and intention, as, for example, to change one's name.

deem /dim/ *v.i.* to form or have an opinion; judge; think.

deep /dip/ *adj.* **1.** extending far downwards, inwards, or backwards. **2.** having a specified dimension downwards, inwards, or backwards: *a tank two metres deep*. **3.** situated far or a certain distance down, in, or back. **4.** extending far in width; broad: *a deep border*. **5.** outside the solar system: *deep space*. **6.** extending or advancing far down: *a deep dive*. **7.** coming from far down: *a deep breath*. **8.** lying below a surface. **9.** difficult to penetrate or understand; abstruse. **10.** not superficial; profound. **11.** grave or serious. **12.** heartfelt: *deep sorrow*; *deep prayer*. **13.** absorbing: *deep study*. **14.** great in measure; intense: *deep sleep*. **15.** (of colours) intense; dark and vivid: *a deep red*. **16.** low in pitch, as sound. **17.** having penetrating intellectual powers. **18.** profoundly cunning or artful. **19.** much involved: *deep in debt*. **20.** absorbed: *deep in thought*. **21.** *Cricket* relatively far from the wicket: *the deep field*. **22.** *Tennis* (of a shot) landing near the baseline. –*n.* **23.** the deep part of the sea, a river, etc. **24.** any deep space or place. **25.** the part of greatest intensity, as of winter. –*adv.* **26.** to or at a considerable or specified depth. **27.** far on (in time). **28.** profoundly; intensely. **29. go off the deep end**, *Colloquial* **a.** to get into a dither; to become hysterical. **b.** to go to extremes. **30. in deep water**, *Colloquial* in trouble or difficulties. **31. the deep**, *Poetic* the sea or ocean. –**deepen** *v.* –**deeply** *adv.* –**deepness** *n.*

deep freeze *n.* a locker or compartment in a refrigerator in which food can be quickly frozen and stored at a very low temperature; freezer.

deep-freeze /dipˈfriz/ *v.t.* -**froze**, -**frozen**, -**freezing**. to store or freeze in a deep freeze.

deer /dɪə/ *n.* **deer**. **1.** any animal of the family Cervidae, comprising ruminants most of which have solid deciduous horns or antlers (usually the male only), such as *Cervus elaphus* of Europe. **2.** any of the smaller species of this family, as distinguished from the moose, elk, etc.

deerculler /'dɪəkʌlə/ *n.* *NZ* a government-employed professional deer hunter.

deface /dəˈfeɪs/ *v.t.* **-faced, -facing. 1.** to mar the face or appearance of; disfigure. **2.** to blot out; obliterate; efface. **-defaceable** *adj.* **-defacement** *n.* **-defacer** *n.*

de facto /di ˈfæktoʊ, də, deɪ/ *adj.* **1.** in fact; in reality. **2.** actually existing, whether with or without right. *–n.* **3.** Also, **de facto wife.** a woman who lives with a man as his wife, but is not married to him. **4.** Also, **de facto husband.** a man who lives with a woman as her husband, but is not married to her.

defame /dɪˈfeɪm, də-/ *v.t.* **-famed, -faming.** to attack the good name or reputation of, as by uttering or publishing maliciously anything injurious; slander; libel; calumniate. **-defamation** *n.* **-defamatory** /dəˈfæmətri, -ətəri/ *adj.* **-defamer** *n.*

default /dəˈfɔlt/ *n.* **1.** failure to act; neglect. **2.** failure to pay debts. **3.** *Law* failure to perform an act legally required, especially failure to appear in a law court when required, or failure to pay a debt. **4.** failure to take part in or finish something, as a competition. **5.** want; lack; absence: *owing to default of water.* *–v.i.* **6.** to fail in fulfilling or satisfying an engagement, claim, or obligation. **7.** to fail to pay debts, or to account properly for money, etc., in one's care. **8.** *Law* to fail to appear in court. **9. a.** to fail to take part in or finish anything, as a match. **b.** to lose a match by default. *–v.t.* **10.** to fail to do or pay. **11.** *Law* to lose by failure to appear in court. **12. a.** to fail to take part in (a game, race, etc.). **b.** to lose (a game, etc.) by default. **-defaulter** *n.*

defeasance /dəˈfizəns/ *n.* *Law* a rendering null and void.

defeat /dəˈfit/ *v.t.* **1.** to overcome in a contest, battle, etc.; vanquish; win or achieve victory over. **2.** to frustrate; thwart. **3.** *Law* to annul. **-defeater** *n.*

defeatism /dəˈfitɪzəm/ *n.* the attitude, policy, or conduct of those who admit or expect defeat, usually resulting from a premature decision that further struggle or effort is futile. **-defeatist** *n.*, *adj.*

defecate /ˈdɛfəkeɪt/ *v.i.* **-cated, -cating. 1.** to void excrement. **2.** to become clear of dregs, impurities, etc. **-defecation** /dɛfəˈkeɪʃən/ *n.* **-defecator** *n.*

defect /ˈdifɛkt, dəˈfɛkt/ *n.*, /dəˈfɛkt/ *v.* *–n.* **1.** a falling short; a fault or imperfection. **2.** want or lack, especially of something essential to perfection or completeness; deficiency. *–v.i.* **3.** to desert a country, cause, etc. **-defector** *n.* **-defection** /dəˈfɛkʃən/ *n.*

defective /dəˈfɛktɪv/ *adj.* having a defect; faulty; imperfect. **-defectively** *adv.* **-defectiveness** *n.*

defence /dəˈfɛns/ *n.* **1.** resistance against attack; protection. **2.** the defending of a cause or the like by speech, argument, etc. **3.** *Law* the denial or pleading of the defendant in answer to the claim or charge against him or her. **4. a.** the practice or art of defending oneself or one's goal against attack, as in fencing, boxing, soccer, etc. **b.** the players in a team collectively whose primary function is to defend the goal, etc. Also, *Chiefly US*, **defense. -defenceless** *adj.* **-defencelessly** *adv.* **-defencelessness** *n.*

defence mechanism *n.* **1.** *Physiology* organic activity, such as the formation of an antitoxin, as a defensive measure. **2.** *Psychoanalysis* a group of unconscious processes which oppose the entrance into consciousness or the acting out of unacceptable or painful ideas and impulses.

defend /dəˈfɛnd/ *v.t.* **1.** (sometimes fol. by *from* or *against*) to ward off attack from; guard against assault or injury. **2.** to maintain by argument, evidence, etc.; uphold. **3.** to contest (a legal charge, claim, etc.). **4.** to act as counsel for (an accused person). *–v.i.* **5.** *Law* to enter or make a defence. **-defendable** *adj.* **-defender** *n.*

defendant /dəˈfɛndənt/ *n.* *Law* the party against whom a claim or charge is brought in a proceeding.

defensible /dəˈfɛnsəbəl/ *adj.* **1.** capable of being defended against assault or injury. **2.** capable of being defended in argument; justifiable. **-defensibility** /dəfɛnsəˈbɪləti/, **defensibleness** *n.* **-defensibly** *adv.*

defensive /dəˈfɛnsɪv/ *adj.* **1.** serving to defend; protective: *defensive armour.* **2.** made or carried on for the purpose of resisting attack. **3.** having to do with defence: *a defensive attitude.* *–n.* **4.** defensive position or attitude. *–phr.* **5. on the defensive,** in a defensive position or attitude, especially when it is not called for. **-defensively** *adv.* **-defensiveness** *n.*

defer[1] /dəˈfɜ/ *v.* **-ferred, -ferring.** *–v.t.* **1.** to put off (action, etc.) to a future time. *–v.i.* **2.** to put off action; delay. **-deferment, deferral** *n.* **-deferrer** *n.*

defer[2] /dəˈfɜ/ *v.i.* **-ferred, -ferring.** (sometimes fol. by *to*) to yield in judgment or opinion.

deference /ˈdɛfərəns/ *n.* **1.** submission or yielding to the judgment, opinion, will, etc., of another. **2.** respectful or courteous regard: *in deference to his wishes.*

defiance /dəˈfaɪəns/ *n.* **1.** a daring or bold resistance to authority or to any opposing force. **2.** open disregard: *in defiance of criticism.* **3.** a challenge to meet in combat or contest. **-defiant** *adj.*

deficient /dəˈfɪʃənt/ *adj.* **1.** lacking some element or characteristic; defective. **2.** insufficient; inadequate. **-deficiency** *n.* **-deficiently** *adv.*

deficit /ˈdɛfəsət/ *n.* the amount by which a sum of money falls short of the required amount.

defile[1] /dəˈfaɪl/ *v.t.* **-filed, -filing. 1.** to make foul, dirty, or unclean; pollute; taint. **2.** to violate the chastity of. **-defilement** *n.* **-defiler** *n.*

defile[2] /dəˈfaɪl, dɪˈfaɪl/ *n.*, *v.* **-filed, -filing.** *–n.* **1.** any narrow passage, especially between mountains. *–v.i.* **2.** to march in a line, or by files; file off.

define /dəˈfaɪn/ *v.t.* **-fined, -fining. 1.** to state or set forth the meaning of (a word, phrase, etc.). **2.** to explain the nature or essential qualities of; describe. **3.** to determine or fix the boundaries or extent of. **4.** to make clear the outline or form of. **5.** to fix or lay down definitely; specify distinctly. **-definability** /dəfaɪnəˈbɪləti/ *n.* **-definable** *adj.* **-definably** *adv.* **-definer** *n.* **-definition** *n.*

definite /ˈdɛfənət/ *adj.* **1.** clearly defined or determined; not vague or general; fixed; precise; exact. **2.** having fixed limits; bounded with precision. **3.** defining; limiting. **4.** *Colloquial* certain; sure: *he was quite definite about his intentions.* **-definitely** *adv.* **-definiteness** *n.*

definitive /dəˈfɪnətɪv/ *adj.* **1.** having the function of deciding or settling; determining; conclusive; final. **2.** serving to fix or specify definitely. **3.** having its fixed and final form. *–n.* **4.** a defining or limiting word, such as an article, a demonstrative, or the like. **-definitively** *adv.* **-definitiveness** *n.*

deflate /dəˈfleɪt/ *v.t.* **-flated, -flating. 1.** to release the air or gas from (something inflated, as a tyre). **2.** to reduce (currency, prices, etc.) from an inflated condition. **3.** to reduce in esteem, espe-

deflation /dəˈfleɪʃən/ *n.* **1.** the act of deflating. **2.** an abnormal decline in the level of commodity prices, especially one not accompanied by an equal reduction in the costs of production. **–deflationary** *adj.*

deflect /dəˈflɛkt/ *v.i.* **1.** to bend or turn aside; swerve. *–v.t.* **2.** to cause to turn from a true course or right line. **–deflection = deflexion** *n.* **–deflector** *n.*

defoliant /dəˈfoʊliənt/ *n.* a chemical preparation used to cause defoliation.

defoliate /dəˈfoʊlieɪt/ *v.* **-ated, -ating.** *–v.t.* **1.** to strip or deprive (a tree, etc.) of leaves. *–v.i.* **2.** to lose leaves. **–defoliation** /dəfoʊliˈeɪʃən/ *n.*

deform /dəˈfɔm/ *v.t.* **1.** to mar the natural form or shape of; put out of shape; disfigure. **2.** to make ugly, ungraceful, or displeasing; mar the beauty of; spoil. **–deformation** /difɒˈmeɪʃən/ *n.* **–deformer** *n.*

deformity /dəˈfɔməti/ *n.* **-ties. 1.** the quality or state of being deformed, disfigured, or misshapen. **2.** an abnormally formed part of the body, etc.

defraud /dəˈfrɔd/ *v.t.* to deprive of a right or property by fraud; cheat. **–defrauder** *n.*

defray /dəˈfreɪ/ *v.t.* to bear or pay (the costs, expenses, etc.). **–defrayable** *adj.* **–defrayer** *n.*

defrost /dɪˈfrɒst, də-/ *v.t.* **1.** to remove the frost or ice from. **2.** to cause (food, etc.) to thaw, as by removing from a refrigerator. **–defroster** *n.*

deft /dɛft/ *adj.* dexterous; nimble; skilful; clever. **–deftly** *adv.* **–deftness** *n.*

defunct /dəˈfʌŋkt/ *adj.* **1.** deceased; dead; extinct. **2.** no longer operative; not in use. **–defunctness** *n.*

defuse /dɪˈfjuz/ *v.t.* **-fused, -fusing. 1.** to remove the fuse from (a bomb). **2.** to calm (a situation or action).

defy /dəˈfaɪ/ *v.* **-fied, -fying.** *–v.t.* **1.** to challenge the power of; resist boldly or openly. **2.** to challenge (someone) to do something deemed impossible.

degenerate /dəˈdʒɛnəreɪt/ *v.* **-rated, -rating,** /dəˈdʒɛnərət/ *adj., n.* *–v.i.* **1.** to decline in physical, mental, or moral qualities; deteriorate. **2.** *Biology* to revert to a less highly organised or simpler type. *–adj.* **3.** having declined in physical or moral qualities; deteriorated; degraded: *a degenerate king.* *–n.* **4.** someone who has retrogressed from a normal type or standard, as in morals or character. **–degenerately** *adv.* **–degenerateness** *n.* **–degeneration** *n.* **–degenerative** *adj.*

degrade /dəˈgreɪd/ *v.t.* **-graded, -grading. 1.** to reduce from a higher to a lower rank, degree, etc.; deprive of office, rank, degree, or title as a punishment. **2.** to lower in character or quality; debase; deprave. **3.** to lower in dignity or estimation; bring into contempt. **4.** to reduce in amount, strength, intensity, etc. **–degrading** *adj.* **–degradable** *adj.*

degree /dəˈgri/ *n.* **1.** a step or stage in an ascending or descending scale, or in a course or process. **2.** *Genetics, Law, etc.* a certain distance or remove in the line of descent or consanguinity. **3.** a stage in a scale of rank or dignity; relative rank, station, etc: *a man of high degree.* **4.** a stage in a scale of intensity or amount: *to the last degree.* **5.** the angle between two radii of a circle which cut off on the circumference an arc equal to $^1/_{360}$ of that circumference (often indicated by the sign °, as 45°); 17.453 293 × 10^{-3} radians. **6.** a unit in the measurement of temperature. **7. a.** *Geography* the unit of measurement of latitude or longitude, usually employed to indicate position on the earth's surface, the position of a line or point being fixed by its angular distance measured in degrees from the equator or a given meridian. **b.** *Astronomy* the position of a line or point in the celestial sphere fixed by its angular distance measured from the equator (equinoctial) or a given meridian. **8.** a qualification conferred by a university for successful work, as judged by examination, or as an honorary recognition of achievement. **9.** *Grammar* one of the three parallel formations (positive, comparative, and superlative) of adjectives and adverbs, showing differences in quality, quantity, or intensity in the attribute referred to, as English *low, lower, lowest.* **10.** *Music* **a.** the interval from one note to another on a stave. **b.** one of the eight progressive intervals from the tonic in an octave. **11.** *US* a classification of certain crimes according to their seriousness: *first degree murder.* *–phr.* **12. by degrees,** gradually. **13. to a degree,** to an undefined but not great extent.

dehiring /dɪˈhaɪərɪŋ/ *n.* dismissal from employment for reasons relating to corporate rationalisations, mergers, liquidations, etc., rather than to the performance of the individual concerned.

dehydrate /ˈdihaɪdreɪt/ *v.* **-drated, -drating.** *–v.t.* **1.** to deprive of water. **2.** to free (vegetables, etc.) of moisture, for preservation. *–v.i.* **3.** to lose water or moisture. **–dehydration** /dihaɪˈdreɪʃən/ *n.*

deify /ˈdiəfaɪ, ˈdeɪə-/ *v.t.* **-fied, -fying. 1.** to make a god of; exalt to the rank of a deity. **2.** to adore or regard as a deity: *to deify prudence.* **–deification** /ˌdiɪfəˈkeɪʃən, ˌdeɪ-/ *n.* **–deifier** *n.*

deign /deɪn/ *v.i.* to think fit or in accordance with one's dignity; condescend.

deism /ˈdiɪzəm, ˈdeɪ-/ *n.* **1.** belief in the existence of a god on the evidence of reason and nature only, with rejection of supernatural revelation (distinguished from *theism*). **2.** belief in a god who created the world but has since remained indifferent to his creation (distinguished from *atheism, pantheism,* and *theism*). **–deist** *n.*

deity /ˈdiəti, ˈdeɪ-/ *n.* **-ties. 1.** a god or goddess. **2.** divine character or nature. **3.** the estate or rank of a god. **4.** the character or nature of the Supreme Being.

deja vu /deɪʒa ˈvu/ *n.* the sense or illusion of having previously experienced something actually being encountered for the first time. Also, **déjà vu.**

dejected /dəˈdʒɛktəd/ *adj.* depressed in spirits; disheartened; low-spirited. **–dejectedly** *adv.* **–dejection, dejectedness** *n.*

deka- → **deca-**.

dekko /ˈdɛkoʊ/ *n.* **-kos.** *Colloquial* look or view. Also, **dek.**

delay /dəˈleɪ, di-/ *v.t.* **1.** to put off to a later time; defer; postpone. **2.** to impede the progress of; retard; hinder. *–v.i.* **3.** to put off action; linger; loiter: *don't delay!* *–n.* **4.** the act of delaying; procrastination; loitering. **5.** an instance of being delayed. **–delayer** *n.*

delectable /dəˈlɛktəbəl/ *adj.* delightful; highly pleasing; enjoyable. **–delectableness, delectability** /dəlɛktəˈbɪləti/ *n.* **–delectably** *adv.*

delectation /ˌdilɛkˈteɪʃən/ *n.* → **delight**.

delegate /ˈdɛləgət, -geɪt/ *n.,* /ˈdɛləgeɪt/ *v.* **-gated, -gating.** *–n.* **1.** someone delegated to act for or represent another or others; a deputy; a representative, as at a conference, or the like. *–v.t.* **2.** to send or appoint (a person) as deputy or representative. **3.** to commit (powers, functions, etc.) to another as agent or deputy.

delegation /dɛləˈgeɪʃən/ *n.* **1.** the act of delegating. **2.** the fact of being delegated. **3.** a group of persons officially elected or appointed to represent another, or others: *the delegation from Townsville voted with the opposition.*

delete /dəˈliːt/ *v.t.* **-leted, -leting.** to strike out or take out (anything written or printed); cancel; erase; expunge.

deleterious /dɛləˈtɪərɪəs/ *adj.* **1.** injurious to health. **2.** hurtful; harmful; injurious. **–deleteriously** *adv.* **–deleteriousness** *n.*

deli /ˈdɛli/ *n. Colloquial* → **delicatessen**.

deliberate /dəˈlɪbərət/ *adj.*, /dəˈlɪbəreɪt/ *v.* **-rated, -rating.** *–adj.* **1.** carefully considered; purposeful; intentional. *–v.t.* **2.** to consider carefully: *to deliberate a question. –v.i.* **3.** to think carefully; reflect. **4.** to meet for formal discussion. **–deliberately** *adv.* **–deliberateness** *n.* **–deliberation** *n.* **–deliberator** *n.*

deliberative /dəˈlɪbərətɪv, -lɪbrə-/ *adj.* **1.** having the function of deliberating, as a legislative assembly. **2.** having to do with policy; dealing with the wisdom and expediency of a proposal: *a deliberative speech.* **–deliberatively** *adv.* **–deliberativeness** *n.*

delicacy /ˈdɛləkəsi/ *n.* **-cies. 1.** fineness of texture, quality, etc.; softness: *the delicacy of lace.* **2.** fineness of perception or feeling; sensitiveness. **3.** the quality of requiring or involving great care or tact: *negotiations of great delicacy.* **4.** nicety of action or operation; minute accuracy: *a surgeon's delicacy of touch.*

delicate /ˈdɛləkət/ *adj.* **1.** finely-made: *delicate lace.* **2.** soft or faint, as colour: *a delicate shade of pink.* **3.** so fine or slight that it can hardly be seen; subtle: *a delicate distinction.* **4.** easily damaged; fragile. **5.** needing great care, caution, or tact: *a delicate situation.* **6.** sensitive; fine: *a delicate instrument.* **7.** very sensitive in perception or feeling; fastidious. **–delicately** *adv.* **–delicateness** *n.*

delicatessen /dɛləkəˈtɛsən/ *n.* a shop selling cooked or prepared goods ready for serving, usually having a noticeable proportion of continental or exotic items.

delicious /dəˈlɪʃəs/ *adj.* **1.** highly pleasing to the senses, especially to taste or smell. **2.** pleasing in the highest degree; delightful. *–n.* **3.** (*cap.*) any of certain varieties of eating apples. **–deliciously** *adv.* **–deliciousness** *n.*

delight /dəˈlaɪt/ *n.* **1.** a high degree of pleasure or enjoyment; joy; rapture. **2.** something that gives great pleasure. **–delighted** *adj.* **–delighter** *n.*

delightful /dəˈlaɪtfəl/ *adj.* affording delight; highly pleasing. **–delightfully** *adv.* **–delightfulness** *n.*

delimit /dɪˈlɪmɪt/ *v.t.* to fix or mark the limits of; demarcate. **–delimitation** /dɪˌlɪməˈteɪʃən/ *n.* **–delimitative** /dɪˌlɪməˈteɪtɪv/ *adj.*

delineate /dəˈlɪniˌeɪt/ *v.t.* **-ated, -ating. 1.** to trace the outline of; sketch or trace in outline; represent pictorially. **2.** to portray in words; describe.

delinquent /dəˈlɪŋkwənt/ *adj.* **1.** failing in or neglectful of a duty or obligation; guilty of a misdeed or offence. **2.** having to do with delinquents: *delinquent taxes. –n.* **3.** someone who is delinquent, especially a young person: *juvenile delinquent.* **–delinquency** *n.* **–delinquently** *adv.*

delirious /dəˈlɪəriəs/ *adj.* **1.** affected with delirium. **2.** characteristic of delirium. **3.** wild with excitement, enthusiasm, etc. **–deliriously** *adv.* **–deliriousness** *n.*

delirium /dəˈlɪəriəm/ *n.* **-riums** or **-ria** /-riə/. **1.** *Pathology* a more or less temporary disorder of the mental faculties, as in fevers, disturbances of consciousness, or intoxication, characterised by restlessness, excitement, delusions, hallucinations, etc. **2.** a state of violent excitement or emotion.

delirium tremens /dəˌlɪəriəm ˈtrɛmənz/ *n. Pathology* a violent restlessness due to excessive indulgence in alcohol, characterised by trembling, terrifying visual hallucinations, etc.

deliver /dəˈlɪvə/ *v.t.* **1.** to give up or surrender; give into another's possession or keeping. **2.** to carry and pass over (letters, goods, etc.) to the intended recipient or recipients. **3.** to direct; cast; cause to move in a certain direction: *the bowler delivers the ball to the batsman.* **4.** to strike: *to deliver a blow.* **5.** to give forth or produce: *our mines are still delivering millions of tonnes of coal each year.* **6.** to give forth in words; utter or pronounce: *to deliver a verdict.* **7.** to bring forth (young); give birth to. **8.** to assist (a female) in giving birth. **9.** to assist at the birth of. **10.** to set free; liberate. **11.** to release or save: *deliver us from evil. –v.i.* **12.** to make a delivery or deliveries. **13.** to give birth. **14.** to provide a delivery service. **15.** to perform a task competently and professionally; come up to expectations: *he seems to have the qualifications, but can he deliver? –phr.* **16. deliver the goods**, *Colloquial* to bring good results; provide a good outcome. **–deliverable** *adj.* **–deliverance** *n.* **–deliverer** *n.*

delivery /dəˈlɪvəri/ *n.* **-ries. 1.** the delivering of letters, goods, etc. **2.** a giving up or handing over; surrender. **3.** a manner of speaking: *he has a clear delivery.* **4.** an act or manner of delivering, as of a ball by the bowler in cricket. **5.** the act of being set free. **6.** the act of giving birth to a child; parturition. **7.** something delivered. *–adj.* **8.** of or relating to someone or something that makes deliveries: *delivery truck.*

dell /dɛl/ *n.* a small valley; a vale, especially a wooded one.

delta /ˈdɛltə/ *n.* **1.** the fourth letter (Δ, δ, = English *D, d*) of the Greek alphabet. **2.** anything triangular, like the Greek capital Δ. **3.** a nearly flat plain of alluvial deposit between diverging branches of the mouth of a river, often, though not necessarily, triangular: *the delta of the Nile.* **–deltaic** /dɛlˈteɪɪk/ *adj.*

delude /dəˈluːd, -ˈljuːd/ *v.t.* **-luded, -luding.** to mislead the mind or judgment of; deceive. **–deluder** *n.*

deluge /ˈdɛljuːdʒ/ *n., v.* **-uged, -uging.** *–n.* **1.** a great overflowing of water; inundation; flood; downpour. **2.** anything that overwhelms like a flood. *–v.t.* **3.** to flood; inundate.

delusion /dəˈluːʒən, -ˈljuːʒən/ *n.* **1.** the act of deluding. **2.** the fact of being deluded. **3.** a false belief or opinion. **4.** *Psychiatry* a false belief which cannot be modified by reasoning or by demonstration of facts. Compare **illusion** (def. 4). **hallucination.** **–delusional** *adj.*

deluxe /dəˈlʌks/ *adj.* of special elegance, sumptuousness, or fineness. Also, **de luxe**.

delve /dɛlv/ *v.i.* **delved, delving. 1.** to carry on intensive or thorough research for information, etc. **2.** to dip; slope suddenly.

demagogue /ˈdɛməɡɒɡ/ *n.* **1.** a leader who uses the passions or prejudices of the populace for his or her own interests; an unprincipled popular orator or agitator. **2.** (historically) a leader of the people. Also, *Chiefly US*, **demagog**.

demand /dəˈmænd, -ˈmɑːnd/ *v.t.* **1.** to ask for with authority; claim as a right: *to demand something of or from a person.* **2.** to ask for peremptorily or urgently. **3.** to call for or require as just, proper, or necessary: *a task which demands patience. –v.i.* **4.** to make a demand; inquire or ask. *–n.* **5.** the act of demanding. **6.** that which is demanded. **7.** an urgent or pressing requirement: *demands upon one's time.* **8.** the state of being in request for purchase or use: *an article in great demand.* **9.** *Economics* **a.** the desire to purchase and possess, coupled with the power of purchasing. **b.** the quantity of any goods which buyers will take at a particular price. See **supply**[1] (def. 10). *–phr.* **10. on demand**, subject to payment upon pre-

demarcation

sentation and demand. **–demandable** *adj.* **–demander** *n.*

demarcation /dimɑ'keɪʃən/ *n.* **1.** the marking off of the boundaries of something. **2.** a division between things, especially the division between types of work carried out by members of different trade unions. Also, **demarkation. –demarcate** *v.*

demean¹ /də'miːn/ *v.t.* to lower in dignity or standing; debase.

demean² /də'miːn/ *v.t.* to conduct or behave (oneself) in a specified manner.

demeanour = demeanor /də'miːnə/ *n.* conduct; behaviour; bearing.

demented /də'mɛntəd/ *adj.* out of one's mind; crazed; insane; affected with dementia. **–dementedly** *adv.* **–dementedness** *n.*

demerit /di'mɛrət/ *n.* **1.** censurable or punishable quality; fault. **2.** a mark against a person for misconduct or deficiency.

demesne /də'meɪn/ *n.* **1.** possession (of land) as one's own. **2.** an estate possessed, or in the actual possession or use of the owner. **3.** a district; region.

demi- a prefix meaning: **1.** half, as in *demilune*. **2.** inferior, as in *demigod*.

demilitarise = demilitarize /di'mɪlətəraɪz/ *v.t.* **-rised, -rising. 1.** to deprive of military character; free from militarism. **2.** to place under civil instead of military control. **3.** to prevent by treaty or force (an independent state) from arming itself, or maintaining its arms. **–demilitarisation** /di,mɪlətəraɪ'zeɪʃən/ *n.*

demise /də'maɪz/ *n., v.* **-mised, -mising. –n. 1.** death or decease. *–v.t.* **2.** *Law* to transfer (an estate, etc.) for a limited time; lease. **3.** *Government* to transfer (sovereignty), as by the death or abdication of the sovereign. **–demisable** *adj.*

demister /di'mɪstə/ *n.* a device for directing air, usually heated, onto the windscreen or other windows of a vehicle to clear them of mist or frost.

demo /'dɛmoʊ/ *Colloquial –n.* **1.** a demonstration. **2.** a demonstration tape or record produced by a performer or band, as an example of their work. **3.** one of a line of products used to demonstrate the qualities of the line. *–v.t.* **4.** to demonstrate (a car, etc.).

demo- a word element meaning 'people', 'population', 'common people'.

demobilise = demobilize /di'moʊbəlaɪz/ *v.* **-lised, -lising.** *–v.t.* **1.** to disband (an army, etc.). *–v.i.* **2.** (of an army or its members) to disband. **–demobilisation** /di,moʊbəlaɪ'zeɪʃən/ *n.*

democracy /də'mɒkrəsi/ *n.* **-cies. 1.** government by the people, or by their elected representatives. **2.** a state having such a government. **3.** the principle that all people should have equal political rights. **–democratic** *adj.*

democrat /'dɛməkræt/ *n.* **1.** an advocate of democracy. **2.** someone who maintains the political or social equality of all people.

demography /də'mɒgrəfi/ *n.* the science of vital and social statistics, as of the births, deaths, diseases, marriages, etc., of populations. **–demographer, demographist** *n.* **–demographic** /dɛmə'græfɪk/ *adj.*

demolish /də'mɒlɪʃ/ *v.t.* **1.** to throw or pull down (a building, etc.); reduce to ruins. **2.** to put an end to; destroy; ruin utterly. **–demolisher** *n.* **–demolishment, demolition** /dɛmə'lɪʃən/ *n.*

demon /'diːmən/ *n.* **1.** an evil spirit; a devil. **2.** an evil passion. **3.** a person of great energy, enthusiasm for a cause, etc. **–demoniac** *adj.*

demonetise = demonetize /di'mʌnətaɪz/ *v.t.* **-tised, -tising. 1.** to divest of value, as the monetary standard. **2.** to withdraw from use as money. **–demonetisation** /di,mʌnətaɪ'zeɪʃən/ *n.*

demonstrable /də'mɒnstrəbəl, 'dɛmən-/ *adj.* capable of being demonstrated. **–demonstrability** /dəmɒnstrə'bɪləti/, **demonstrableness** *n.* **–demonstrably** *adv.*

demonstrate /'dɛmənstreɪt/ *v.* **-strated, -strating.** *–v.t.* **1.** to make evident by arguments or reasoning; prove. **2.** to describe and explain with the help of specimens or by experiment. **3.** to manifest or exhibit. *–v.i.* **4.** to make, give, or take part in, a demonstration.

demonstration /dɛmən'streɪʃən/ *n.* **1.** the act of demonstrating. **2.** a proof, description or explanation. **3.** the act of showing and explaining a product, in order to advertise it. **4.** a public show of opinion, as a march or mass meeting. **–demonstrational** *adj.* **–demonstrationist** *n.*

demonstrative /də'mɒnstrətɪv/ *adj.* **1.** characterised by or given to open exhibition or expression of the feelings, etc. **2.** serving to demonstrate; explanatory or illustrative. **3.** serving to prove the truth of anything; indubitably conclusive. **4.** *Grammar* indicating or specifying the thing referred to. *–n.* **5.** *Grammar* a demonstrative word, as *this* or *there.* **–demonstratively** *adv.* **–demonstrativeness** *n.*

demonstrator /'dɛmənstreɪtə/ *n.* **1.** someone who takes part in a public demonstration. **2.** someone who explains or teaches by practical demonstrations. **3.** someone who shows the use and application of a product, etc., to prospective customers. **4.** a new car which has been used only for demonstration.

demoralise = demoralize /di'mɒrəlaɪz/ *v.t.* **-lised, -lising. 1.** to corrupt or undermine the morals of. **2.** to deprive (a person, a body of soldiers, etc.) of spirit, courage, discipline, etc. **3.** to reduce to a state of weakness or disorder. **–demoralisation** /di,mɒrəlaɪ'zeɪʃən/ *n.* **–demoraliser** *n.*

demote /də'moʊt, di-/ *v.t.* **-moted, -moting.** to reduce to a lower grade or class (opposed to *promote*). **–demotion** *n.*

demotic /də'mɒtɪk/ *adj.* **1.** having to do with the common people; popular. **2.** having to do with the ancient Egyptian handwriting of ordinary life, a simplified form of the hieratic characters. **3.** having to do with the Modern Greek vernacular.

demur /də'mɜ/ *v.* **-murred, -murring.** *n.* *–v.i.* **1.** to make objection; take exception; object. **2.** *Law* to interpose a demurrer. *–n.* **3.** an objection raised. **–demurral** *n.*

demure /də'mjʊə, -'mjʊə/ *adj.* **-murer, -murest. 1.** affectedly or unnaturally modest, decorous, or prim. **2.** sober; serious; sedate; decorous. **–demurely** *adv.* **–demureness** *n.*

demurrage /də'mʌrɪdʒ/ *n. Commerce* the detention of a vessel, as in loading or unloading, beyond the time agreed upon.

den /dɛn/ *n.* **1.** a secluded place, such as a cave, serving as the habitation of a wild beast. **2.** a cave as a place of shelter, concealment, etc. **3.** a squalid or vile abode or place: *dens of misery.* **4.** a cosy or secluded room for personal use.

denature /di'neɪtʃə/ *v.t.* **-tured, -turing. 1.** to deprive (something) of its peculiar nature. **2.** to render (alcohol, etc.) unfit for drinking or eating by adding a poisonous substance without altering the usefulness for other purposes. **3.** *Biochemistry* to treat (a protein, etc.) by chemical or physical means, such as adding acid or heating, so as to cause loss of solubility, biological activity, etc. **–denaturant** *n.* **–denaturation** /dineɪtʃə'reɪʃən/ *n.*

dendro- a word element meaning 'tree', as in *dendrology.*

dendrobium /dɛn'droʊbiəm/ *n.* any species of the very large orchid genus *Dendrobium,* widely dis-

dendrology

tributed in Asia and Australia, such as *D. bigibbum*, Cooktown orchid, and *D. speciosum*, rock lily.

dendrology /dɛn'drɒlədʒi/ *n.* the part of botany that deals with trees and shrubs. **–dendrological** /dɛndrə'lɒdʒɪkəl/, **dendrologous** /dɛn'drɒləgəs/ *adj.* **–dendrologist** /dɛn'drɒlədʒəst/ *n.*

-dendron a word element meaning 'tree', as in *rhododendron*.

denial /də'naɪəl/ *n.* an act of denying. **–denier** *n.*

denigrate /'dɛnəgreɪt/ *v.t.* **-grated, -grating. 1.** to sully; defame. **2.** to blacken. **–denigration** /dɛnə'greɪʃən/ *n.* **–denigrator** *n.*

denim /'dɛnəm/ *n.* **1.** a heavy twilled cotton material for overalls, trousers, etc. **2.** a similar fabric of a finer quality used to cover cushions, etc. **3.** *(plural) Colloquial* denim trousers or overalls.

denizen /'dɛnəzən/ *n.* **1.** an inhabitant; resident. **2.** an alien admitted to residence and to certain rights of citizenship in a country. **3.** anything adapted to a new place, condition, etc., such as a naturalised foreign word, or an animal or plant not indigenous to a place but successfully naturalised.

denomination /dənɒmə'neɪʃən/ *n.* **1.** a name or designation, especially one for a class of things. **2.** a class or kind of persons or things distinguished by a specific name. **3.** a religious group, especially an established church. **4.** the act of denominating. **5.** one of the grades or degrees in a series of designations of quantity, value, measure, weight, etc.: *money of small denominations*. **–denominational** *adj.*

denominator /də'nɒməneɪtə/ *n. Mathematics* the term of a fraction (usually under the line) which shows the number of equal parts into which the unit is divided. Compare **numerator**.

denotation /dinoʊ'teɪʃən/ *n.* **1.** the meaning of a term when it identifies something by naming it (distinguished from *connotation*). **2.** the act or fact of denoting; indication. **3.** something that denotes; a mark; symbol. **–denotative** *adj.*

denote /də'noʊt/ *v.t.* **-noted, -noting. 1.** to be a mark or sign of; indicate: *a quick pulse often denotes fever*. **2.** to be a name or designation for. **3.** to represent by a symbol; stand as a symbol for. **–denotable** *adj.*

denouement /deɪ'numɒ̃/ *n.* **1.** the final disentangling of the intricacies of a plot, as of a drama or novel. **2.** outcome; solution.

denounce /də'naʊns/ *v.t.* **-nounced, -nouncing. 1.** to condemn openly; assail with censure. **2.** to make formal accusation against; inform against. **3.** to give formal notice of the termination of (a treaty, etc.). **4.** to proclaim (something evil). **–denouncement** *n.* **–denouncer** *n.*

dense /dɛns/ *adj.* **denser, densest. 1.** having the component parts closely compacted together; compact: *a dense forest, dense population*. **2.** thickheaded; obtuse; stupid. **3.** intense: *dense ignorance*. **4.** *Photography* (of a developed negative) relatively opaque; transmitting little light. **–densely** *adv.* **–denseness** *n.*

density /'dɛnsəti/ *n.* **-ties. 1.** the state or quality of being dense; compactness; closely set or crowded condition. **2.** stupidity. **3.** *Physics* the mass per unit of volume. **4.** *Photography* the opacity of any medium, especially of a photographic plate or negative.

dent /dɛnt/ *n.* **1.** a hollow or depression in a surface, as from a blow. **–v.t. 2.** to make a dent in or on; indent.

dental /'dɛntl/ *adj.* **1.** having to do with the teeth. **2.** having to do with dentistry.

dental floss *n.* soft, waxed thread used for cleaning between the teeth. Also, **floss**.

denti- a word element meaning 'tooth', as in *dentiform*. Also *(before vowels)*, **dent-**.

dentist /'dɛntəst/ *n.* someone whose profession is dentistry.

dentistry /'dɛntəstri/ *n.* the science or art dealing with the prevention and treatment of oral disease, including such operations as the filling and crowning of teeth, the construction of dentures, etc.

dentition /dɛn'tɪʃən/ *n.* **1.** the growing of teeth; teething. **2.** the kind, number, and arrangement of the teeth of an animal, including humans.

denture /'dɛntʃə/ *n.* an artificial restoration of teeth.

denude /də'njud/ *v.t.* **-nuded, -nuding.** to make naked or bare; strip.

denunciation /dənʌnsi'eɪʃən/ *n.* **1.** a denouncing as evil; open and vehement condemnation. **2.** notice of the termination of an international agreement or part thereof. **3.** announcement of impending evil; threat; warning.

deny /də'naɪ/ *v.t.* **-nied, -nying. 1.** to assert the negative of; declare not to be true **2.** to refuse to believe (a doctrine, etc.); reject as false or erroneous. **3.** to refuse to grant (a claim, request, etc.) **4.** to refuse to recognise or acknowledge; disown; disavow; repudiate. **–phr. 5. deny oneself**, to exercise self-denial. **–deniable** *adj.*

deodorant /di'oʊdərənt/ *n.* **1.** an agent for destroying odours. **2.** a substance, often combined with an antiperspirant, for inhibiting or masking perspiration or other bodily odours. **–adj. 3.** capable of destroying odours.

deodorise /di'oʊdəraɪz/ *v.t.* **-rised, -rising.** to deprive of odour, especially of the fetid smell arising from impurities. **–deodorisation** /di,oʊdəraɪ'zeɪʃən/ *n.* **–deodoriser** *n.*

deoxyribonucleic acid /di,ɒksi,raɪboʊnju,klikk 'æsəd, -nju,kleɪɪk/ *n.* → **DNA.** Also, **desoxyribonucleic acid.**

depart /də'pat/ *v.i.* **1.** to go away, as from a place; take one's leave. **2.** to pass away, as from life or existence. **–phr. 3. depart from,** to turn aside or away from; diverge from; deviate from. **–departure** *n.*

department /də'patmənt/ *n.* **1.** a division or separate part of a complex whole or organised system, especially in government or business. **2.** a section of a school, college, or university dealing with a particular field of knowledge: *department of English*. **3.** a section of a retail store selling a particular kind of goods. **4.** an aspect of a person: *a bit light on in the brains department*. **–departmental** /,dipat'mɛntl/ *adj.* **–departmentally** /,dipat'mɛntəli/ *adv.*

department store *n.* a large retail shop selling a variety of goods in different departments.

depend /də'pɛnd/ *v.i.* **1.** to rely; trust: *you may depend on the accuracy of the report*. **2.** to rely for support, maintenance, help, etc.: *children depend on their parents*. **3.** to be conditioned or contingent: *it depends upon himself, his efforts, his knowledge*. **–dependable** *adj.*

dependant /də'pɛndənt/ *n.* Also, **dependent. 1.** someone who depends on or looks to another for support, favour, etc. **2.** someone to whom one contributes all or a major amount of necessary financial support. **3.** a retainer; servant. **–adj. 4.** *Chiefly US* → **dependent.**

dependency /də'pɛndənsi/ *n.* **-cies. 1.** the state of being dependent; dependence. **2.** something dependent or subordinate; an appurtenance. **3.** a subject territory which is not an integral part of the ruling country.

dependent /də'pɛndənt/ *adj.* **1.** depending on something else for help, support, etc. **2.** condi-

depersonalise ... **derail**

tioned (by); contingent (on): *whether we play is dependent on the weather.* **3.** subject; subordinate. **4.** *Mathematics* (of a quantity or variable) depending upon another for value. **–dependence** *n.*

depersonalise = depersonalize /di'pɜsənəlaɪz/ *v.t.* **-lised, -lising.** to make impersonal. **–depersonalisation** /di,pɜsənəlaɪ'zeɪʃən/ *n.*

depict /dəˈpɪkt/ *v.t.* **1.** to represent by or as by painting; portray; delineate. **2.** to represent in words; describe. **–depicter** *n.* **–depiction** *n.* **–depictive** *adj.*

depilatory /dəˈpɪlətri/ *adj., n.* **-ries.** *–adj.* **1.** capable of removing hair. *–n.* **2.** a depilatory agent.

deplete /dəˈplit/ *v.t.* **-pleted, -pleting.** to deprive of that which fills; decrease the fullness of; reduce the stock or amount of. **–depletion** *n.* **–depletive, depletory** /dəˈplitəri/ *adj.*

deplorable /dəˈplɔrəbəl/ *adj.* **1.** causing or being a subject for grief or regret; sad; lamentable. **2.** causing or being a subject for censure or reproach; bad; wretched. **–deplorableness, deplorability** /dəplɔrəˈbɪləti/ *n.* **–deplorably** *adv.*

deplore /dəˈplɔ/ *v.t.* **-plored, -ploring.** to feel or express deep grief for or in regard to; regret deeply. **–deplorer** *n.* **–deploringly** *adv.*

deploy /dəˈplɔɪ/ *v.t.* **1.** to spread out (troops or military units) and form an extended front. **2.** to make careful utilisation of (mineral resources). **–deployment** *n.* **–deployable** *adj.*

deport /dəˈpɔt/ *v.t.* **1.** to transport forcibly, as to a penal colony or a place of exile. **2.** to expel (an undesirable alien) from a country; banish. **3.** to bear, conduct, or behave (oneself) in a particular manner.

deportment /dəˈpɔtmənt/ *n.* **1.** manner of bearing; carriage. **2.** demeanour; conduct; behaviour.

depose /dəˈpoʊz/ *v.* **-posed, -posing.** *–v.t.* **1.** to remove from office or position, especially high office. **2.** to declare or testify, especially under oath, usually in writing. *–v.i.* **3.** to bear witness; give sworn testimony, especially in writing. **–deposable** *adj.* **–deposer** *n.*

deposit /dəˈpɒzət/ *v.t.* **1.** to put or lay down; place; put. **2.** to place for safekeeping or in trust: *she deposited her money in a bank.* *–n.* **3.** a coating of metal deposited by electric current. **4.** something entrusted to another for safekeeping. **5.** money placed in a bank. **6.** anything given as security or in part payment. **–depositor** *n.*

deposition /dɛpəˈzɪʃən, dipə-/ *n.* **1.** removal from an office or position. **2. a.** the act of depositing. **b.** that which is deposited. **3.** *Law* **a.** the giving of testimony under oath. **b.** the testimony so given.

depository /dəˈpɒzətri, -ətəri/ *n.* **-ries.** **1.** a place where anything is deposited or stored for safekeeping; a storehouse. **2.** a depositary; trustee.

depot /ˈdɛpoʊ/ *n.* **1.** a depository; storehouse. **2.** a garage where buses or trams are kept.

depraved /dəˈpreɪvd/ *adj.* corrupt or perverted, especially morally; wicked. **–deprave** *v.* **–depravity** *n.*

deprecate /ˈdɛprəkeɪt/ *v.t.* **-cated, -cating.** to express earnest disapproval of; urge reasons against; protest against (a scheme, purpose, etc.). **–deprecatingly** *adv.* **–deprecation** /dɛprəˈkeɪʃən/ *n.* **–deprecator** *n.* **–deprecatory** *adj.*

depreciate /dəˈpriʃieɪt, dəˈprisieɪt/ *v.* **-ated, -ating.** *–v.t.* **1.** to reduce the purchasing value of (money). **2.** to lessen the value of. **3.** to represent as of little value or merit; belittle. *–v.i.* **4.** to decline in value. **–depreciatingly** *adv.* **–depreciator** *n.*

depreciation /dəpriʃiˈeɪʃən, -prisi-/ *n.* **1.** a decrease in value due to wear and tear, decay, decline in price, etc. **2.** the notional amount of money involved in such a decrease, viewed as a cost. **3.** a decrease in the purchasing or exchange value of money. **4.** a lowering in estimation; disparagement.

depredate /ˈdɛprədeɪt/ *v.* **-dated, -dating.** *–v.t.* **1.** to prey upon; plunder; lay waste. *–v.i.* **2.** to prey; make depredations. **–depredation** /dɛprəˈdeɪʃən/ *n.* **–depredator** *n.* **–depredatory** /dɛprəˈdeɪtəri, dəˈprɛdətəri, -tri/ *adj.*

depress /dəˈprɛs/ *v.t.* **1.** to lower in spirits; deject; dispirit. **2.** to lower in force, vigour, etc.; weaken; make dull. **3.** to lower in amount or value. **4.** to put into a lower position: *to depress the muzzle of a gun.* **5.** to press down. **–depressive** *adj.* **–depressible** *adj.* **–depressingly** *adv.*

depressant /dəˈprɛsənt/ *adj.* **1.** having the quality of depressing or lowering the vital activities; sedative. *–n.* **2.** a sedative.

depression /dəˈprɛʃən/ *n.* **1.** an act of depressing. **2.** the state of being depressed. **3.** a sunken place; a hollow. **4.** *Psychology* a state of despondency marked by feelings of inadequacy, reduced activity, sadness, etc. **5.** a time of reduced economic activity and high unemployment. **6.** *Weather* an area of low air pressure. **–depressive** *adj.*

deprive /dəˈpraɪv/ *v.t.* **-prived, -priving.** **1.** to divest of something possessed or enjoyed; dispossess; strip; bereave. **2.** to keep (a person, etc.) from possessing or enjoying something withheld. **3.** to remove (an ecclesiastic) from a benefice; to remove from office. **–deprivable** *adj.* **–deprival** /dəˈpraɪvəl/ *n.* **–deprivation** *n.* **–depriver** *n.*

deprived /dəˈpraɪvd/ *adj.* (especially of children) without certain benefits of money or social class; lacking educational opportunities, parental affection, etc.

depth /dɛpθ/ *n.* **1.** measure or distance downwards, inwards, or backwards. **2.** deepness, as of water, suited to or safe for a person or thing. **3.** abstruseness, as of a subject. **4.** gravity; seriousness. **5.** emotional profundity: *depth of woe.* **6.** (*plural*) a low intellectual or moral condition. **7.** intensity, as of silence, colour, etc. **8.** lowness of pitch. **9.** extent of intellectual penetration, sagacity, or profundity. **10.** (*usually plural*) a deep part or place, as of the sea. **11.** an unfathomable space, or abyss. **12.** the remotest or extreme part, as of space. **13.** a deep or underlying region, as of feeling. **14.** the part of greatest intensity, as of night or winter. **15.** (in team sports) a high level of skill based on the inclusion of a good number of relatively skilled players rather than just one or two outstanding players. *–phr.* **16. beyond** (or **out of**) **one's depth, a.** in water too deep for one to touch the bottom. **b.** involved in matters beyond one's capacity or understanding. **17. in depth,** intensively; thoroughly: *he studied the subject in depth.*

deputation /dɛpjuˈteɪʃən/ *n.* **1.** appointment to represent or act for another or others. **2.** the person or (usually) body of persons so appointed or authorised.

deputise = deputize /ˈdɛpjətaɪz/ *v.* **-tised, -tising.** *–v.t.* **1.** to appoint as a deputy. *–v.i.* **2.** to act as a deputy.

deputy /ˈdɛpjəti/ *n.* **-ties,** *adj.* *–n.* **1.** a person appointed or authorised to act for another or others. **2.** a person appointed or elected as assistant to a public official such as an alderman or (US) a sheriff, serving as successor in the event of a vacancy. **3.** a person representing a constituency in any of certain legislative bodies, such as the French Chamber of Deputies. *–adj.* **4.** acting as deputy for another. **–deputyship** *n.*

derail /diˈreɪl/ *v.t.* **1.** to cause (a train, etc.) to run

derange

off the rails. -*v.i.* **2.** (of a train, etc.) to run off the rails of a track. -**derailment** *n.*

derange /dəˈreɪndʒ/ *v.t.* **-ranged, -ranging. 1.** to throw into disorder; disarrange. **2.** to disturb the condition, action, or functions of. **3.** to unsettle the reason of; make insane. -**derangement** *n.*

derby /ˈdɑbi, ˈdɜbi/ *n.* **-bies.** an important race, especially of horses.

derelict /ˈdɛrəlɪkt/ *adj.* **1.** left or abandoned, as by the owner or guardian (said especially of a ship abandoned at sea). **2.** neglected; dilapidated. -*n.* **3.** a ship abandoned at sea. **4.** a person forsaken or abandoned, especially by society.

dereliction /dɛrəˈlɪkʃən/ *n.* **1.** culpable neglect, as of duty; delinquency; fault. **2.** the act of abandoning. **3.** the state of being abandoned. **4.** *Law* a leaving dry of land by recession of the waterline.

deride /dəˈraɪd/ *v.t.* **-rided, -riding.** to laugh at in contempt; scoff or jeer at; mock. -**derider** *n.* -**deridingly** *adv.* -**derision** *n.* -**derisory** *adj.*

derivation /dɛrəˈveɪʃən/ *n.* **1.** the act of deriving. **2.** the state of being derived. **3.** origination or origin. **4.** something that is derived; derivative. **5.** the history of a word from its earliest known form. -**derivational** *adj.*

derivative /dəˈrɪvətɪv/ *adj.* **1.** coming from something else; derived. **2.** not original or first; secondary. -*n.* **3.** something derived. **4.** *Chemistry* a substance or compound obtained from, or structurally related to, another compound. **5.** *Mathematics* the instantaneous rate of change of a function in relation to a variable. -**derivatively** *adv.*

derive /dəˈraɪv/ *v.* **-rived, -riving.** -*v.t.* **1.** (sometimes fol. by *from*) to receive or obtain from a source or origin. **2.** to trace, as from a source or origin. **3.** to obtain by reasoning; deduce. **4.** *Chemistry* to produce (a compound) from another by chemical substitution, etc. -*v.i.* **5.** to come from a source; originate. -**derivable** *adj.* -**deriver** *n.*

-derm a word element meaning 'skin', as in *endoderm*.

dermatitis /dɜməˈtaɪtəs/ *n. Pathology* inflammation of the skin.

dermato- a word element meaning 'skin', as in *dermatology*. Also, **derm-, dermat-, dermo-**.

dermatology /dɜməˈtɒlədʒi/ *n.* the science of the skin and its diseases. -**dermatological** /dɜmətəˈlɒdʒɪkəl/ *adj.* -**dermatologist** *n.*

derogatory /dəˈrɒɡətri, -ətəri/ *adj.* tending to derogate or detract, as from authority or estimation; disparaging; depreciatory. -**derogatorily** *adv.* -**derogatoriness** *n.*

derrick /ˈdɛrɪk/ *n.* any of various devices for lifting and moving heavy weights.

derrière /dɛriˈɛə/ *n. Colloquial* (*humorous*) the buttocks; the bottom.

derro /ˈdɛroʊ/ *n. Colloquial* a vagrant, especially one with a weird or sinister appearance. Also, **dero**.

dervish /ˈdɜvɪʃ/ *n.* a member of any of various Muslim ascetic orders, some of which carry on ecstatic observances, such as violent dancing and pirouetting (**dancing dervish**), spinning (**dervish**, or **whirling dervish**) or vociferous chanting or shouting (**howling dervish**).

desalinate /diˈsæləneɪt/ *v.t.* **-nated, -nating.** to subject (sea water) to a process of desalination. Also, **desalinise**. -**desalination** *n.*

descant /ˈdɛskænt/ *n., adj.*; /dɛsˈkænt, dəs-/ *v.* -*n.* **1.** *Music* **a.** a melody or counterpoint accompanying a simple musical theme and usually written above it. **b.** (in part music) the soprano. **c.** a song or melody. **2.** a commentary on a subject. -*adj.* **3.** *Music* having to do with the highest-pitched

design

member of an instrumental family, as the descant recorder. -*v.i.* **4.** *Music* to sing. **5.** to comment or discourse about a subject. Also (*for defs 1, 3 and 4*), **discant**. -**descanter** *n.*

descend /dəˈsɛnd/ *v.i.* **1.** to move or pass from a higher to a lower place; go or come down; fall; sink. **2.** to pass from higher to lower in any scale. **3.** to go from generals to particulars. **4.** to slope or tend downward. **5.** to come down by transmission, as from ancestors. **6.** to be derived by birth or extraction. **7.** to come down in a hostile manner, as an army: *to descend upon the enemy*. -*v.t.* **8.** to move or lead downwards upon or along; go down. -*phr.* **9. descend on** (or **upon**), to approach or pounce on, especially in a greedy or hasty manner.

descendant /dəˈsɛndənt/ *n.* someone descended from an ancestor; an offspring, near or remote.

descent /dəˈsɛnt/ *n.* **1.** the act or fact of descending. **2.** a downward inclination or slope. **3.** a passage or stairway leading down. **4.** derivation from an ancestor; extraction; lineage. **5.** any passing from higher to lower in degree or state.

describe /dəˈskraɪb/ *v.t.* **-scribed, -scribing. 1.** to set forth in written or spoken words; give an account of: *to describe a scene, a person, etc.* **2.** *Geometry* to draw or trace, as an arc. -**describable** *adj.* -**describer** *n.*

description /dəˈskrɪpʃən/ *n.* **1.** representation by written or spoken words; a statement that describes. **2.** sort; kind; variety: *persons of that description*.

descriptive /dəˈskrɪptɪv/ *adj.* **1.** having the quality of describing; characterised by description. **2.** *Linguistics* seeking to describe language as it is rather than prescribe what it should be. -**descriptively** *adv.* -**descriptiveness** *n.*

desecrate /ˈdɛsəkreɪt/ *v.t.* **-crated, -crating.** to divest of sacred or hallowed character or office; divert from a sacred to a profane purpose; treat with sacrilege; profane. -**desecrater = desecrator** *n.* -**desecration** /dɛsəˈkreɪʃən/ *n.*

desert[1] /ˈdɛzət/ *n.* **1.** an area so deficient in moisture as to support only a sparse, widely spaced vegetation, or none at all. **2.** any area in which few forms of life can exist because of lack of water, permanent frost, or absence of soil. **3.** any place lacking in something. -*adj.* **4.** of, relating to, or like a desert; desolate; barren.

desert[2] /dəˈzɜt/ *v.t.* **1.** to leave (a person, place, etc.) without intending to return; to abandon or forsake: *he deserted his wife.* **2.** (of a soldier or sailor) to leave or run away from (the service, duty, etc.) with the intention of never returning. **3.** to fail (one): *all hope deserted him.* -*v.i.* **4.** (especially of a soldier or sailor) to forsake one's duty, etc. -**deserter** *n.* -**desertion** *n.*

desert[3] /dəˈzɜt/ *n.* **1.** that which is deserved; a due reward or punishment. **2.** worthiness of reward or punishment; merit or demerit. **3.** the fact of deserving well; merit; a virtue. -*phr.* **4. just deserts,** a misfortune or punishment viewed as being richly deserved.

deserve /dəˈzɜv/ *v.* **-served, -serving.** -*v.t.* **1.** to merit (reward, punishment, esteem, etc.) in return for actions, qualities, etc. -*v.i.* **2.** to be worthy of recompense. -**deserver** *n.*

desex /diˈsɛks/ *v.t. Colloquial* to spay or castrate (an animal).

desiccate /ˈdɛsəkeɪt/ *v.t.* **-cated, -cating. 1.** to dry thoroughly; dry up. **2.** to preserve by depriving of moisture, as foods. -**desiccation** /dɛsəˈkeɪʃən/ *n.* -**desiccative** /ˈdɛsəkeɪtɪv, dəˈsɪkətɪv/ *adj.*

design /dəˈzaɪn/ *v.t.* **1.** to prepare the preliminary sketch or the plans for (a work to be executed). **2.** to plan or fashion artistically or skilfully. **3.** to

designate

intend for a definite purpose. **4.** to form or conceive in the mind; contrive; plan. *–v.i.* **5.** to make drawings, preliminary sketches, or plans. **6.** to plan and fashion a work of art, etc. *–n.* **7.** an outline, sketch, or plan, as of a work of art, an edifice, or a machine to be executed or constructed. **8.** the combination of details or features of a picture, building, etc.; the pattern or device of artistic work. **9.** the art of designing: *a school of design.* **10.** a plan; a project; a scheme. **11.** a hostile plan; crafty scheme. **12.** the end in view; intention; purpose. **13.** (*usually plural*) evil or selfish intention. *–phr.* **14. by design,** deliberately.

designate /'dɛzɪgneɪt/ *v.* **-nated, -nating** /'dɛzɪgnət, -neɪt/ *adj. –v.t.* **1.** to mark or point out; indicate; show; specify. **2.** to name; entitle; style. **3.** to nominate or select for a duty, office, purpose, etc.; appoint; assign. *–adj.* **4.** appointed to an office but not yet in possession of it; designated, as *the ambassador designate.* **–designation** /dɛzɪg'neɪʃən/ *n.* **–designator** *n.* **–designative** *adj.*

designer /də'zaɪnə/ *n.* **1.** someone who devises or executes designs, as for works of art, decorative patterns, dresses, machines, etc. **2.** a schemer or intriguer.

designer drug *n.* a synthetically-produced drug, the chemical structure of which differs in minor detail from an illegal drug (especially cocaine or heroin) which it is intended to imitate so as to produce a specific effect on the central nervous system, the new substance being not specifically proscribed by law.

desirable /də'zaɪrəbəl/ *adj.* **1.** worthy to be desired; pleasing, excellent, or fine. **2.** arousing desire: *a desirable woman.* **3.** advisable: *a desirable course of action.* *–n.* **4.** something that is desirable. **–desirability** /dəzaɪrə'bɪləti/, **desirableness** *n.* **–desirably** *adv.*

desire /də'zaɪə/ *v.* **-sired, -siring,** *n. –v.t.* **1.** to wish or long for; crave; want. **2.** to express a wish for, implying a request: *the king desires your presence.* *–n.* **3.** a strong need; craving. **4.** a request. **5.** something desired. **6.** sexual appetite; lust. **–desirer** *n.*

desirous /də'zaɪrəs/ *adj.* having or characterised by desire; desiring.

desist /də'zɪst/ *v.i.* to cease, as from some action or proceeding; stop. **–desistance = desistence** *n.*

desk /dɛsk/ *n.* **1.** a table specially adapted for convenience in writing or reading, sometimes made with a sloping top, and generally fitted with drawers and compartments. **2.** a section of a complex organisation, such as a government department or newspaper, with responsibilities for a particular area of activities: *the China desk at Foreign Affairs.* **3.** the section of a hotel, office, building, etc., where clients and visitors may be received and assisted; the reception desk.

de-skilling /di-'skɪlɪŋ/ *n.* the process whereby an individual is left without appropriate skills and therefore made unemployable because of changes in work practices, such as the introduction of new technology. Also, **deskilling.** **–de-skilled** *adj.*

desktop /'dɛsktɒp/ *adj.* (of a computer, office equipment, etc.) small enough in design to be used at a desk.

desktop publishing *n.* the production of printed material by means of a computer system comprising a personal computer, software, and a laser printer, all of which can be contained within an office. **–desktop publisher** *n.*

desolate /'dɛsələt, 'dɛz-/ *adj.,* /'dɛsəleɪt, 'dɛz-/ *v.* **-lated, -lating.** *–adj.* **1.** barren or laid waste; devastated. **2.** deserted; lonely. **3.** hopeless; help-

destroy

less. **4.** very sad; dreary; dismal. *–v.t.* **5.** to lay waste; devastate. **6.** to make unhappy or disconsolate. **7.** to forsake or abandon. **–desolater = desolator** *n.* **–desolately** *adv.* **–desolateness** *n.*

despair /də'spɛə/ *n.* **1.** loss of hope; hopelessness. **2.** something that causes hopelessness; something of which there is no hope.

despatch /də'spætʃ/ *v.t., v.i., n.* → **dispatch.** **–despatcher** *n.*

desperado /dɛspə'radoʊ/ *n.* **-does** *or* **-dos.** a desperate or reckless criminal; one ready for any desperate deed.

desperate /'dɛsprət, -pərət/ *adj.* **1.** reckless from despair; ready to run any risk: *a desperate villain.* **2.** leaving little or no hope; very serious or dangerous; extremely bad: *a desperate illness.* **3.** having no hope: *a desperate situation.* **4.** undertaken as a last resort: *a desperate remedy.* **–desperation** /dɛspə'reɪʃən/, **desperateness** *n.* **–desperately** *adv.*

despicable /də'spɪkəbəl/ *adj.* that is to be despised; contemptible. **–despicability** /dəspɪkə'bɪləti/, **despicableness** *n.* **–despicably** *adv.*

despise /də'spaɪz/ *v.t.* **-spised, -spising.** to look down upon, as in contempt; scorn; disdain. **–despiser** *n.*

despite /də'spaɪt/ *prep.* **1.** in spite of; notwithstanding. *–n.* **2.** contemptuous treatment; insult. *–phr.* **3. in despite of,** in contempt or defiance of; in spite of; notwithstanding.

despoil /də'spɔɪl/ *v.t.* to strip of possessions; rob; plunder; pillage. **–despoiler** *n.* **–despoilment** *n.*

despondent /də'spɒndənt/ *adj.* desponding; depressed or dejected. **–despondency** *n.* **–despondently** *adv.*

despot /'dɛspɒt/ *n.* **1.** an absolute ruler; autocrat. **2.** a tyrant or oppressor. *–phr.* **3. benevolent despot,** a ruler who has the interests of his or her subjects at heart; an enlightened ruler. **–despotic** /dəs'pɒtɪk/ *adj.*

dessert /də'zɜt/ *n.* the final course of a meal including sweet pies, puddings, etc.

dessertspoon /də'zɜtspun/ *n.* a spoon, intermediate in size between a tablespoon and a teaspoon, used for eating dessert.

destabilise /di'steɪbəlaɪz/ *v.t.* **1.** to make unstable. **2.** *Politics* to deliberately create uncertainty about: *to destabilise the leadership.* **–destabilising** *adj.* **–destabilisation** *n.*

destination /dɛstə'neɪʃən/ *n.* **1.** the predetermined end of a journey or voyage. **2.** the purpose for which anything is destined; ultimate end or design.

destine /'dɛstən/ *v.t.* **-tined, -tining.** **1.** to set apart for a particular use, purpose, etc.; design; intend. **2.** to appoint or ordain beforehand, as by divine decree; foreordain; predetermine.

destined /'dɛstənd/ *adj.* **1.** bound for a certain destination. **2.** designed; intended. **3.** predetermined.

destiny /'dɛstəni/ *n.* **-nies.** **1.** that which is to happen to a particular person or thing; one's lot or fortune. **2.** the predetermined course of events. **3.** the power or agency which determines the course of events. **4.** (*cap.*) this power personified or represented as a goddess.

destitute /'dɛstətjut, -tʃut/ *adj.* **1.** bereft of means or resources; lacking the means of subsistence. *–phr.* **2. destitute of,** deprived or devoid of: *destitute of hope.* **–destitution** /dɛstə'tjuʃən/, **destituteness** *n.*

destroy /də'strɔɪ/ *v.t.* **1.** to reduce to pieces or to a useless form; ruin; spoil; demolish. **2.** to put an end to; extinguish. **3.** to kill; slay. **4.** to render

destroyer

ineffective; nullify; invalidate. **–destroyable** *adj.*

destroyer /dəˈstrɔɪə/ *n.* a small, fast warship, originally designed to destroy torpedo boats.

destruction /dəˈstrʌkʃən/ *n.* **1.** the act of destroying. **2.** the fact or condition of being destroyed; demolition; annihilation. **3.** a cause or means of destroying. **–destructive** *adj.*

desultory /ˈdɛsəltri, -təri, ˈdɛz-/ *adj.* **1.** veering about from one thing to another; disconnected, unmethodical, or fitful: *desultory reading or conversation.* **2.** random: *a desultory thought.* **–desultorily** *adv.* **–desultoriness** *n.*

detach /dəˈtætʃ/ *v.t.* **1.** to unfasten and separate; disengage; disunite. **2.** to send away (a regiment, ship, etc.) on a special mission: *men were detached to defend the pass.* **–detachability** /dətætʃəˈbɪləti/ *n.* **–detachable** *adj.* **detacher** *n.* **–detachment** *n.*

detached /dəˈtætʃt/ *adj.* **1.** standing apart; separate; unattached (usually applied to houses): *he lives in a detached house.* **2.** not interested; unconcerned; aloof. **3.** objective; unbiased.

detail /ˈditeɪl/ *n.* **1.** an individual or minute part; an item or particular. **2.** particulars collectively; minutiae. **3.** a dealing with or treating part by part or item by item. **4.** fine, intricate decoration. **5.** a detail drawing. **6.** any small section of a larger structure considered as a unit. **7.** a reproduction of a part or section of something, especially a work of art, often enlarged. **8.** *Military* **a.** detailing or telling off, as of a small force or an officer, for a special service. **b.** the party or person so selected. **c.** a particular assignment of duty. *–v.t.* **9.** to relate or report in particulars; tell fully and distinctly. **10.** *Military* to order or appoint for some particular duty, as a patrol, a guard, etc. **11.** to decorate with fine, intricate designs. **12.** to improve the appearance of (a motor vehicle, aeroplane, etc.) before sale by finishing and decorating it, inside and out. *–phr.* **13. in detail**, circumstantially; item by item.

detain /dəˈteɪn/ *v.t.* **1.** to keep from proceeding; keep waiting; delay. **2.** to keep under restraint or in custody. **3.** to keep back or withhold, as from a person. **–detainee** *n.* **–detainment** *n.*

detect /dəˈtɛkt/ *v.t.* **1.** to discover or notice a fact, a process, or an action: *to detect someone in a dishonest act.* **2.** to find out the action or character of: *to detect a hypocrite.* **–detectable = detectible** *adj.* **–detector** *n.*

detective /dəˈtɛktɪv/ *n.* **1.** a member of the police force or a private investigator whose job is to obtain information and evidence, as of offences against the law, and to discover the author of a crime. *–adj.* **2.** relating to detection or detectives: *a detective story.* **3.** serving to detect; detecting.

détente /deɪˈtɒnt/ *n.* a relaxing, as of international tension.

detention /dəˈtɛnʃən/ *n.* **1.** the act of detaining. **2.** the state of being detained. **3.** a keeping in custody; confinement. **4.** a keeping in (of a pupil) after school hours as a form of punishment. **5.** the withholding of what belongs to or is claimed by another.

deter /dəˈtɜ/ *v.t.* **-terred, -terring.** to discourage or restrain (someone) from acting or proceeding, through fear, doubt, etc. **–determent** *n.*

detergent /dəˈtɜdʒənt/ *adj.* **1.** cleansing; purging. *–n.* **2.** any cleaning agent, including soap.

deteriorate /dəˈtɪəriəreɪt/ *v.* **-rated, -rating.** *–v.t.* **1.** to make worse; make lower in character or quality. *–v.i.* **2.** to become worse. **–deterioration** /dətɪəriəˈreɪʃən/ *n.* **–deteriorative** *adj.*

determinate /dəˈtɜmənət/ *adj.* **1.** having defined limits; definite. **2.** settled; positive. **3.** determined upon; conclusive; final. **4.** determined; resolute.

deutschmark

–determinately *adv.* **–determinateness** *n.*

determination /dətɜməˈneɪʃən/ *n.* **1.** the act of deciding; fixing or settling of purpose. **2.** a decision made, especially after consideration. **3.** a result brought about; solution. **4.** an official settlement of a problem, quarrel, etc. **5.** the quality of being determined or resolute; firmness of purpose: *she showed great determination.* **6.** *Biology* the fixing of the nature of structured differences in a group of cells before actual, visible differentiation.

determine /dəˈtɜmən/ *v.t.* **-mined, -mining.** **1.** to settle or decide (an argument, question, etc.) by an official decision. **2.** to reach a decision as after reasoning, examining, etc. **3.** *Geometry* to fix the position of. **4.** to fix or decide causally; condition: *demand determines supply.* **–determinable** *adj.*

determined /dəˈtɜmənd/ *adj.* **1.** resolute; unflinching; firm. **2.** decided; settled; resolved. **–determinedly** *adv.* **–determinedness** *n.*

determiner /dəˈtɜmənə/ *n.* **1.** one who or that which determines. **2.** *Grammar* a word such as an article, demonstrative or number, which precedes nouns and any modifiers attached to them, and limits their scope. Examples in English include *the* as in *the role*, *this* as in *this red book*, and *seven* as in *seven dwarfs*.

deterrent /dəˈtɛrənt, -ˈtɜr-/ *adj.* **1.** deterring; restraining. *–n.* **2.** something that deters or is expected to deter. **–deterrence** *n.*

detest /dəˈtɛst/ *v.t.* to feel abhorrence of; hate; dislike intensely. **–detester** *n.*

detonate /ˈdɛtəneɪt/ *v.* **-nated, -nating.** *–v.t.* **1.** to cause to explode. *–v.i.* **2.** to explode, especially with great noise, suddenness, or violence.

detonator /ˈdɛtəneɪtə/ *n.* **1.** a device, such as a percussion cap or an explosive, used to make another substance explode. **2.** something that explodes.

detour /ˈdituə, -tuə, -tɔ/ *n.* **1.** a roundabout or circuitous way or course, especially one used temporarily instead of the main route. *–v.i.* **2.** to make a detour; go by way of a detour. *–v.t.* **3.** to cause to make a detour; send by way of a detour.

detox /ˈditɒks/ *n.* **1.** the process of detoxification. *–v.t.* **2.** to assist (a person) to go through the process of detoxification. *–v.i.* **3.** to go through the process of detoxification.

detox centre *n.* a medical centre designed to assist patients in the process of detoxification.

detoxification /ˌditɒksəfəˈkeɪʃən/ *n.* the process of withdrawing from physical or psychological dependency on a substance of abuse, such as drugs, alcohol, etc.

detract /dəˈtrækt/ *v.t.* **1.** to take away (a part): *to detract one's share.* **2.** to draw away or divert: *to detract one's attention.* *–phr.* **3. detract from**, to take away some part from, as from quality, value, or reputation: *the ugly view detracts from the value of the house.* **–detractingly** *adv.* **–detractor** *n.*

detriment /ˈdɛtrəmənt/ *n.* **1.** loss, damage, or injury. **2.** a cause of loss or damage.

detritus /dəˈtraɪtəs/ *n.* **1.** particles of rock or other material worn or broken away from a mass, as by the action of water or glacial ice. **2.** any disintegrated material; debris.

deuce /djus/ *n.* **1.** a card, or the side of a dice, having two pips. **2.** *Tennis, etc.* a juncture in a game at which the scores are level and either player (or pair) must gain a lead of two points in order to win the game.

deutschmark /ˈdɔɪtʃmak/ *n.* **1.** the monetary unit of Germany. **2.** (formerly) the monetary unit of West Germany (from 1948 to reunification in 1990). *Abbrev.*: DM Also, **deutschemark**.

devalue /dɪ'vælju/ v. **-valued, -valuing.** –v.t. **1.** to lower the legal value of (a currency); devaluate. **2.** to diminish the worth or value of: *his advice was devalued by recent developments.* –v.i. **3.** (of a currency) to decrease in legal value. –**devaluation** n.

devastate /'devəsteɪt/ v.t. **-stated, -stating.** to lay waste; ravage; render desolate.

develop /də'vɛləp/ v.t. **1.** to bring to a more advanced or effective state. **2.** to cause to grow or become larger. **3.** to enlarge upon the detail of: *develop one's ideas.* **4.** to bring into being or activity; generate; evolve. **5.** to build on (land). **6.** *Biology* to cause to go through the process of natural evolution. **7.** *Photography* to treat (a photographic plate, etc.) with chemical agents so as to bring out the picture. –v.i. **8.** to grow into a more mature or advanced state; advance; expand. **9.** to come gradually into existence or operation; be evolved. **10.** *Biology* to undergo differences in ontogeny or progress in phylogeny. –**developer** n. –**developable** adj.

developed /də'vɛləpt/ adj. **1.** having undergone development. **2.** industrialised.

developing /də'vɛləpɪŋ/ adj. **1.** undergoing development. **2.** (of a country) in the early stages of developing an industrial economy.

deviant /'diviənt/ adj. **1.** deviating from an accepted norm, especially in sexual behaviour. –n. **2.** a person or thing that is deviant. –**deviance, deviancy** n.

deviate /'divieɪt/ v. **-ated, -ating** /'diviət/. –v.i. **1.** to turn aside (from a way or course). **2.** to depart or swerve, as from a procedure, course of action, or acceptable standard. **3.** to digress, as from a line of thought or reasoning. –v.t. **4.** to cause to swerve; turn aside. –**deviator** n.

deviation /divi'eɪʃən/ n. **1.** the act of deviating; divergence. **2.** departure from an accepted standard. **3.** *Statistics* the difference between one of a set of values and the mean of the set. **4.** *Navigation* the error of a ship's magnetic compass due to local magnetism; the angle between the compass meridian and the magnetic meridian. **5.** a road or rail detour.

device /dɪ'vaɪs/ n. **1.** an invention or contraption. **2.** a crafty scheme; trick. **3.** a design or emblem on a coat of arms. **4.** a motto. –phr. **5. leave to one's own devices,** to allow (someone) to act without interference.

devil /'dɛvəl/ n., v. **-illed** or *Chiefly US* **-iled, -illing** or *Chiefly US* **-iling.** –n. **1.** *Theology* **a.** (*sometimes cap.*) the supreme spirit of evil; Satan. **b.** a subordinate evil spirit at enmity with God, and having power to afflict humankind both with bodily disease and with spiritual corruption. **2.** a depiction of the devil as a man with a tail, cloven hoofs, and horns. **3.** an atrociously wicked, cruel, or ill-tempered person. **4.** a person of great cleverness, energy, or recklessness. **5.** *Colloquial* a person, usually one in unfortunate circumstances. **6.** *Colloquial* fighting spirit. **7.** a machine designed to do destructive work, especially with spikes or sharp teeth, as a machine for tearing rags, etc. **8.** any of various portable furnaces or braziers. –v.t. **9.** *Colloquial* to harass, torment or pester. **10.** *Cookery* to prepare (food) especially by grilling with hot spices. **11.** to tear (rags, cloth, etc.) with a devil (def. 7). –v.i. **12.** to do work, especially hackwork, for a lawyer or writer; perform arduous or unpaid work without recognition of one's services. –phr. **13. between the devil and the deep blue sea,** faced with two equally distasteful alternatives. **14. give the devil his due,** to do justice to or give deserved credit to an unpleasant or disliked person. **15. go to the devil, a.** to fail completely; be ruined. **b.** to become depraved. **c.** (an exclamation expressing annoyance, disgust, impatience, etc.). **16. let the devil take the hindmost,** to leave the least fortunate to suffer unpleasant consequences; abandon or leave others to their fate. **17. play the (very) devil with,** to ruin; do great harm to. **18. raise the devil,** to make a commotion. **19. speak (or talk) of the devil,** here comes the person who has been the subject of conversation. **20. the devil,** (an emphatic exclamation or mild oath used to express disgust, anger, astonishment, negation, etc.). **21. the devil of a ...,** *Colloquial* (an intensifier): *the devil of a hard time.* **22. the devil to pay,** serious trouble to be faced.

devious /'diviəs/ adj. **1.** departing from the direct or accepted way; circuitous; roundabout. **2.** not straightforward; tricky; deceptive; deceitful. –**deviously** adv. –**deviousness** n.

devise /də'vaɪz/ v. **-vised, -vising.** n. –v.t. **1.** to order or arrange the plan of; think out; plan; contrive; invent. **2.** *Law* to assign or transmit (property, especially real property) by will. –v.i. **3.** to form a plan; contrive. –**deviser** n. –**devisable** adj.

devoid /də'vɔɪd/ phr. **devoid of,** not possessing, free from: *devoid of hair, devoid of emotion.*

devolve /də'vɒlv/ v. **-volved, -volving.** –v.t. **1.** to transfer or delegate (a duty, responsibility, etc.) to or upon another; pass on. **2.** *Law* to pass by inheritance or legal succession. –v.i. **3.** to fall as a duty or responsibility on a person. **4.** to be transferred or passed on from one to another. –**devolution** n.

devon /'dɛvən/ n. *Australian* a large, smooth sausage, usually sliced and eaten cold; fritz; German sausage; polony.

devote /də'voʊt/ v.t. **-voted, -voting. 1.** to give up or appropriate to or concentrate on a particular pursuit, occupation, purpose, cause, person, etc.: *devoting himself to science; evenings devoted to reading.* **2.** to appropriate by or as by a vow; set apart or dedicate by a solemn or formal act; consecrate.

devoted /də'voʊtəd/ adj. **1.** zealous or ardent in attachment: *a devoted friend.* **2.** dedicated; consecrated. –**devotedly** adv. –**devotedness** n.

devotee /dɛvə'ti/ n. **1.** someone ardently devoted to anything; an enthusiast. **2.** someone zealously or fanatically devoted to religion.

devotion /də'voʊʃən/ n. **1.** dedication; consecration. **2.** earnest attachment to a cause, person, etc. **3.** (*often plural*) *Ecclesiastical* religious observance or worship; a form of prayer or worship for special use.

devour /də'vaʊə/ v.t. **1.** to swallow or eat up voraciously or ravenously. **2.** to consume destructively, recklessly, or wantonly. **3.** to swallow up or engulf. **4.** to take in greedily with the senses or intellect. **5.** to absorb or engross wholly: *devoured by fears.* –**devourer** n. –**devouringly** adv.

devout /də'vaʊt/ adj. **1.** devoted to divine worship or service; pious; religious. **2.** expressing devotion or piety: *devout prayer.* **3.** earnest or sincere; heartfelt. –**devoutly** adv. –**devoutness** n.

dew /dju/ n. **1.** moisture condensed from the atmosphere, especially at night, and deposited in the form of small drops upon any cool surface. **2.** something likened to dew, as serving to refresh or as suggestive of morning. **3.** moisture in small drops on a surface, as tears, perspiration, etc. –v.t. **4.** to wet with or as with dew. –**dewless** adj.

dexterity /dɛks'tɛrəti/ n. adroitness or skill in using the hands or mind. –**dexterous** adj.

dextro- a word element meaning: **1.** right. **2.** *Chemistry* denoting a substance that rotates the plane of plane-polarised light to the right. *Symbol:* + Also, **dextr-**.

dhow /daʊ/ n. an Arab sailing vessel.

di-¹ a prefix of Greek origin, meaning 'twice', 'doubly', 'two', freely used (like *bi-*) as an English formative, as in *dicotyledon, dipolar*, and in many chemical terms, as *diatomic, disulfide*. Compare **mono-**. Also, **dis-**.

di-² variant of **dis-¹**, before *b*, *d*, *l*, *m*, *n*, *r*, *s*, and *v*, and sometimes *g* and *j*, as in *divide*.

di-³ variant of **dia-**, before vowels, as in *dioptase, diorama*.

dia- a prefix of learned words meaning: **1.** passing through, as in *diathermy*. **2.** thoroughly; completely, as in *diagnosis*. **3.** going apart, as in *dialysis*. **4.** opposed in moment (def. 5), as in *diamagnetism*. Also, **di-**.

diabetes /daɪəˈbitiz/ n. **1.** a disease in which the ability of the body to use sugar is impaired and sugar appears abnormally in the urine (**diabetes mellitus**). **2.** a disease in which there is a persistent abnormal amount of urine (**diabetes insipidus**). –**diabetic** n., adj.

diabolic /daɪəˈbɒlɪk/ adj. **1.** having the qualities of a devil; fiendish; outrageously wicked: *a diabolic plot*. **2.** relating to or actuated by the devil or a devil. **3.** *Colloquial* difficult; unpleasant; very bad. Also (*especially for def. 3*), **diabolical**. –**diabolically** adv. –**diabolicalness** n.

diacritic /daɪəˈkrɪtɪk/ n. a diacritical mark, point, or sign. –**diacritical** adj.

diadem /ˈdaɪədɛm/ n. **1.** a crown. **2.** royal dignity or authority.

diagnose /ˈdaɪəgnoʊz/ v. **-nosed, -nosing**. –v.t. **1.** to identify by diagnosis (a case, disease, etc.). –v.i. **2.** to make a diagnosis.

diagnosis /daɪəgˈnoʊsəs/ n. **-noses** /-noʊsiz/. **1.** *Medicine* **a.** the process of determining, by examination of the patient, the nature and identity of a diseased condition. **b.** the decision reached from such an examination. **2.** scientific determination; a description which classifies precisely.

diagnostic imaging n. the preparation of images of internal organs or parts of the body as by X-ray or CAT scan to assist in the diagnosis of a disease or condition.

diagonal /daɪˈægənəl/ adj. **1.** *Mathematics* connecting, as a straight line, two non-adjacent angles or vertices of a quadrilateral, polygon, or polyhedron. **2.** having an oblique direction. –n. **3.** a diagonal line or plane. –**diagonally** adv.

diagram /ˈdaɪəgræm/ n., v. **-grammed** or *Chiefly US* **-gramed, -gramming** or *Chiefly US* **-graming**. –n. **1.** a figure, or set of lines, marks, etc., to accompany a geometrical demonstration, give the outlines or general features of an object, show the course or results of a process, etc. **2.** a drawing or plan that outlines and explains the parts, operation, etc., of something. **3.** a chart, plan, or scheme. –v.t. **4.** to represent by a diagram; make a diagram of.

dial /ˈdaɪəl/ n., v. **dialled** or *Chiefly US* **dialed, dialling** or *Chiefly US* **dialing**. –n. **1.** a face of a clock, watch, gauge, etc. **2.** a rotating knob or disc used for tuning a radio, making telephone connections, etc. **3.** *Colloquial* the human face. –v.t. **4.** to measure, select, show or tune in by means of a dial. **5.** to call (a number or person) on a telephone.

dialect /ˈdaɪəlɛkt/ n. *Linguistics* one of the forms of a given language which differ from one another in details of sound system, lexis, grammar, etc., each of which is usually to be found in a particular region or social class, but the speakers of which are typically mutually intelligible: *Australian English is a regional dialect of English*. –**dialectal** /daɪəˈlɛktl/ adj. –**dialectology** /daɪəlɛkˈtɒlədʒi/ n.

dialectic /daɪəˈlɛktɪk/ adj. **1.** of, or relating to, logical argument or discussion. –n. **2.** the examination of ideas by or as if by a debate between the opposing points of view. **3.** any formal system of reasoning or thought.

dialogue /ˈdaɪəlɒg/ n. **1.** a conversation between two or more people, especially characters in a novel, play, etc. **2.** an exchange of ideas or opinions on a particular issue. **3.** (especially in diplomacy) a discussion between parties, countries, etc., usually with the aim of agreement: *we need dialogue with China*. –**dialoguer** n.

dialysis /daɪˈæləsəs/ n. **-alyses** /-æləsiz/. **1.** *Chemistry* the separation of smaller molecules from larger ones, or of crystalloids from colloids in a solution by selective diffusion through a semipermeable membrane. **2.** (in cases of defective kidney function) the removal of waste products from the blood by causing them to diffuse through a semipermeable membrane; haemodialysis.

diamanté /daɪəˈmɒnti, diə-/ n. **1.** a fabric made to sparkle by covering with glittering particles. **2.** such a glittering particle. –adj. **3.** (of a fabric) sparkling.

diameter /daɪˈæmətə/ n. **1.** *Geometry* **a.** a straight line passing through the centre of a circle or sphere and terminated at each end by the circumference or surface. **b.** a straight line passing from side to side of any figure or body, through its centre. **2.** the length of such a line; thickness.

diametrical /daɪəˈmɛtrɪkəl/ adj. **1.** relating to a diameter; along a diameter. **2.** (of opposites) direct; complete; absolute. –**diametrically** adv.

diamond /ˈdaɪəmənd, ˈdaɪmənd/ n. **1.** an extremely hard, and nearly pure form of carbon, used in industry, or as a precious stone. **2.** a tool with an uncut diamond, used for cutting glass. **3.** (a playing card showing) a red rhombus-shaped figure (♦). **4.** a baseball field. –adj. **5.** indicating the 75th, or sometimes the 60th, event of a series, as a wedding anniversary: *diamond wedding*.

diamond python n. a large Australian python, *Morelia spilotes*, greenish-black in colour with yellow diamond spots on the sides. Also, **diamond snake**.

diaper /ˈdaɪəpə, ˈdaɪpə/ n. **1.** *US* a baby's nappy. **2.** a linen or cotton fabric with a woven pattern of small constantly repeated figures, such as diamonds.

diaphanous /daɪˈæfənəs/ adj. transparent; translucent. –**diaphanously** adv. –**diaphanousness**, **diaphaneity** /daɪəfəˈniəti/ n.

diaphragm /ˈdaɪəfræm/ n. **1.** *Anatomy* **a.** a muscular, membranous, or ligamentous wall separating two cavities or limiting a cavity. **b.** the partition separating the thoracic cavity from the abdominal cavity in mammals. **2.** *Physical Chemistry, etc.* a semipermeable membrane or the like. **3.** a vibrating membrane or disc, as in a telephone or microphone. **4.** a contraceptive membrane worn in the vagina covering the cervix.

diarrhoea = diarrhea /daɪəˈriə/ n. an intestinal disorder characterised by morbid frequency and fluidity of faecal evacuations. –**diarrhoeal, diarrhoeic** adj.

diary /ˈdaɪəri/ n. **-ries**. **1.** a daily record, especially of the writer's own experiences or observations. **2.** a book for keeping such a record, or for noting appointments and engagements. –**diarist** n.

diastole /daɪˈæstəli/ n. *Physiology*, etc. the normal rhythmical relaxation and dilatation of the heart, especially that of the ventricles.

diatonic /daɪəˈtɒnɪk/ adj. *Music* involving only the tones, intervals, or harmonies of a major or minor scale without chromatic alteration. –**diatonically** adv.

diatribe /'daɪətraɪb/ n. a bitter and violent denunciation, attack, or criticism.

dibbler /'dɪblə/ n. an implement for making holes in the ground for planting seeds, bulbs, etc. Also, **dibber**.

dibs /dɪbz/ pl. n. Colloquial **1.** → **marble** (def. 8). **2.** a stake in a game. **3.** funds or money: *in the dibs*. **4.** winnings. –phr. **5. dibs in**, taking part; included, especially in a game. **6. play for dibs**, to play with the object of keeping what has been won.

dice /daɪs/ pl. n. **die** for def. 1, v. **diced**, **dicing**. –pl. n. **1.** small cubes of plastic, ivory, bone, or wood, marked on each side with a different number of spots (1 to 6), usually used in pairs in games of chance or in gambling. **2.** (construed as singular) a single small cube of such a kind. **3.** any of various games, especially gambling games, played by shaking the dice (in the cupped hand or in a receptacle) and throwing them on to a flat surface. **4.** any small cubes. –v.t. **5.** to cut into small cubes. –v.i. **6.** to play at dice. –phr. **7. dice with death**, Colloquial to act dangerously or take a risk. **8. no dice**, Colloquial of no use; unsuccessful; out of luck. –**dicer** n.

dicey /'daɪsi/ adj. Colloquial dangerous; risky; tricky.

dicho- a word element meaning in 'two parts', 'in pairs'.

dichotomy /daɪ'kɒtəmi/ n. **-mies**. division into two parts or into twos; subdivision into halves or pairs. –**dichotomous**, **dichotomic** /ˌdaɪkou'tɒmɪk/ adj. –**dichotomously** adv.

dick¹ /dɪk/ n. Colloquial a detective.

dick² /dɪk/ n. Colloquial **1.** the penis. **2.** a foolish, unattractive person. –phr. **3. clever dick**, a smart alec. **4. have had the dick**, to be finished or ruined.

dickhead /'dɪkhɛd/ n. Colloquial a fool; idiot: *country people are scornful of Sydney dickheads*.

dicky¹ = **dickey** /'dɪki/ n. **-kies**. **1.** a detachable shirt front, or blouse front. **2.** Also, **dicky-seat**. a small additional seat at the outside or back of a vehicle; rumble seat. Also, **dickie**.

dicky² /'dɪki/ adj. Colloquial **1.** unsteady, shaky; in bad health; in poor condition: *a dicky knee*. **2.** difficult; untenable: *a dicky position*.

dictaphone /'dɪktəfoʊn/ n. an instrument that records and reproduces dictation.

dictate /dɪk'teɪt/ v. **-tated**, **-tating** /'dɪkteɪt/, n. –v.t. **1.** to say or read aloud (something) to be taken down in writing or recorded mechanically. **2.** to prescribe positively; command with authority. –n. **3.** a guiding or ruling principle, requirement, etc.

dictation /dɪk'teɪʃən/ n. **1.** the act of dictating for reproduction in writing, etc. **2.** words dictated, or taken down as dictated.

dictator /dɪk'teɪtə, 'dɪkteɪtə/ n. **1.** someone exercising absolute power, especially one who assumes absolute control in a government without hereditary right or the free consent of the people. **2.** someone who authoritatively prescribes conduct, usage, etc.; a domineering or overbearing person. –**dictatorial** /dɪktə'tɔriəl/ adj. –**dictatorship** n. –**dictatress** /dɪk'teɪtrəs/, **dictatrix** /'dɪktətrɪks/, fem. n.

diction /'dɪkʃən/ n. **1.** style of speaking or writing as dependent upon choice of words: *good diction; a Latin diction*. **2.** the degree of distinctness with which speech sounds are uttered; enunciation.

dictionary /'dɪkʃənri, 'dɪkʃənəri/ n. **-ries**. **1.** a book containing a selection of the words of a language, usually arranged alphabetically, with explanations of their meanings, pronunciations, etymologies, and other information concerning them, expressed either in the same or in another language; lexicon; glossary. **2.** a book giving information on particular subjects or a particular class of words, names, or facts, usually under alphabetically arranged headings: *a biographical dictionary*.

dictum /'dɪktəm/ n. **-tums** or **-ta** /-tə/. **1.** an authoritative pronouncement; judicial assertion. **2.** a saying; maxim.

did /dɪd/ v. past tense of **do**.

didactic /daɪ'dæktɪk, də-/ adj. **1.** intended for instruction; instructive: *didactic poetry*. **2.** inclined to teach or lecture others too much: *a didactic old lady*. –**didactically** adv. –**didacticism** n.

diddle /'dɪdl/ v.t. **-dled**, **-dling**. Colloquial to cheat; swindle; victimise. –**diddler** n.

didgeridoo /ˌdɪdʒəri'du/ n. an Aboriginal wind instrument consisting of a wooden pipe about two metres long and five centimetres in diameter on which complex rhythmic patterns are played more or less on one note. Also, **didjeridu**.

didn't /'dɪdnt, 'dɪdn/ v. contraction of *did not*.

die¹ /daɪ/ v.i. **died**, **dying**. **1.** to cease to live; undergo the complete and permanent cessation of all vital functions. **2.** (of something inanimate) to cease to exist: *the secret died with him*. **3.** to lose force, strength, or active qualities: *traditions die slowly*. **4.** to cease to function; stop: *the engine died*. **5.** to pass gradually: *the echoes slowly died*. **6.** Colloquial (of an actor, etc.) to gradually lose the approval or attention of an audience: *to die on stage*. –phr. **7. be dying for**, Colloquial to desire or want keenly or greatly: *I'm dying for a drink*. **8. die away**, **a.** to pass gradually away; subside. **b.** (of a sound) to become weaker or fainter and then cease: *the music gradually died away*. **9. die back**, (of a plant, etc.) to wither from the top downwards to the stem or root. **10. die down**, **a.** to become calm or quiet; subside. **b.** (of a plant, etc.) to die above the ground, leaving only the root. **11. die hard**, **a.** to die only after a bitter struggle. **b.** (of a belief, theory, etc.) to persist despite all efforts at suppression. **12. die off**, to die one after another until the number is greatly reduced. **13. die on someone**, **a.** to die, in circumstances where the death leaves a possibly unexpected responsibility or obligation to someone. **b.** to cease to function for someone: *the engine died on me*. **c.** to fall asleep while in the company of someone. **14. die out**, **a.** to pass gradually away; fade gradually. **b.** to become extinct; disappear. **15. to die for**, Colloquial extremely wonderful, desirable, etc.: *they sell ice-creams to die for*.

die² /daɪ/ n. **dies** for defs 1 and 2 **1. a.** any of various devices for cutting or forming material in a press or a stamping or forging machine. **b.** a hollow device of steel, often composed of several pieces, to be fitted into a stock, for cutting the threads of bolts, etc. **c.** one of the separate pieces of such a device. **d.** a steel block or plate with small conical holes through which wire, plastic rods, etc., are drawn. **2.** an engraved stamp for impressing a design, etc., upon some softer material, as in coining money. **3.** singular of **dice**. –phr. **4. straight as a die**, uncompromisingly honest. **5. the die is cast**, the decision has been irrevocably made.

dieback /'daɪbæk/ n. a condition of plants, shrubs, etc., which starts at the tips of the shoots and works downwards causing progressive lifelessness; in forest trees it may be caused by the fungus *Phytophthora cinnamomi*.

diehard /'daɪhɑd/ n. **1.** someone who resists vigorously to the last, especially a bigoted conservative. –adj. **2.** resisting vigorously to the last.

dieresis = diaeresis /daɪ'ɛrəsəs/ *n.* **-reses** /-rəsiz/. **1.** the separation of two adjacent vowels. **2.** a sign (¨) placed over the second of two adjacent vowels to indicate separate pronunciation, as in *Alcinoüs*. **3.** *Prosody* the division made in a line of verse by coincidence of the end of a foot and the end of a word.

diesel /'dizəl/ *n.* **1.** → **diesel engine**. **2.** a train, truck, ship, or the like driven by a diesel engine. **3.** diesel oil.

diesel engine *n.* an ignition-compression type of internal-combustion engine in which fuel oil is sprayed into the cylinder after the air in it has been compressed to about 550°C, thus causing the ignition of the oil, at substantially constant pressure. Also, **diesel motor**.

diesel oil *n.* the oil which remains after petrol and kerosene have been distilled from crude petroleum; used as a fuel for diesel engines and for carburetting water gas; distillate. Also, **dieseline**, **gas oil**.

diet¹ /'daɪət/ *n., v.* **-eted, -eting**. *–n.* **1.** food considered in terms of its qualities, composition, and its effects on health: *milk is a wholesome article of diet*. **2.** a particular selection of food, especially as prescribed to improve the physical condition, regulate weight, or cure a disease. **3.** the usual or regular food or foods a person eats most frequently. **4.** anything that is habitually provided. *–v.i.* **5.** to select or limit the food one eats to improve one's physical condition or lose weight. *–phr.* **6. be on a diet,** to be following a prescribed diet, especially so as to lose weight. **–dieter** *n.*

diet² /'daɪət/ *n.* a formal assembly for discussing or acting upon public or state affairs, as (formerly) the general assembly of the estates of the Holy Roman Empire, the German Reichstag, Japan, etc.

dietitian = dietician /daɪə'tɪʃən/ *n.* someone versed in the regulation of diet, or in the planning or supervision of meals.

differ /'dɪfə/ *v.i.* **1.** (sometimes fol. by *from*) to be unlike, dissimilar, or distinct in nature or qualities. **2.** (sometimes fol. by *with* or *from*) to disagree in opinion, belief, etc.; be at variance.

difference /'dɪfrəns/ *n.* **1.** the state or relation of being different; dissimilarity. **2.** an instance or point of unlikeness or dissimilarity. **3.** a significant change in or effect upon a situation. **4.** a distinguishing characteristic; distinctive quality or feature. **5.** the degree in which one person or thing differs from another. **6.** a disagreement in opinion; dispute; quarrel. **7.** *Mathematics* the amount by which one quantity is greater or less than another. **8.** *Logic* a differentia. *–phr.* **9. split the difference, a.** to compromise. **b.** to divide the remainder equally.

different /'dɪfrənt/ *adj.* **1.** differing in character; having unlike qualities; dissimilar. **2.** not identical; separate or distinct. **3.** various; several. **4.** unusual; not ordinary; striking. **–differently** *adv.*

differential /dɪfə'rɛnʃəl/ *adj.* **1.** having to do with difference or diversity. **2.** constituting a difference; distinguishing; distinctive: *a differential feature*. **3.** exhibiting or depending upon a difference or distinction. *–n.* **4.** *Machinery* an epicyclic train of gears designed to permit two or more shafts to revolve at different speeds when driven by a third shaft; especially a set of gears in a car which permit the driving wheels to revolve at different speeds when the car is turning. **–differentially** *adv.*

differentiate /dɪfə'rɛnʃieɪt/ *v.* **-ated, -ating**. *–v.t.* **1.** to mark off by differences: *his colouring differentiates him from his brother*. **2.** to see the difference in or between; discriminate: *I can differentiate him from his brother*. **3.** *Mathematics* to obtain the derivative of. *–v.i.* **4.** to change in character. **5.** to make a distinction; discriminate: *I can differentiate between the two*. **6.** *Biology* (of cells or tissues) to develop from generalised to specialised kinds. **–differentiation** /dɪfərɛnʃi'eɪʃən/ **–differentiator** *n.*

difficult /'dɪfəkəlt/ *adj.* **1.** hard to do, perform, or accomplish; not easy; requiring much effort: *a difficult task*. **2.** hard to understand or solve: *a difficult problem*. **3.** hard to deal with or get on with. **4.** hard to please or induce. **5.** disadvantageous; hampering; involving hardships. **–difficultly** *adv.*

difficulty /'dɪfəkəlti/ *n.* **-ties. 1.** the fact or condition of being difficult. **2.** (*often plural*) an embarrassing situation, especially of financial affairs. **3.** (a cause of) trouble. **4.** unwillingness; reluctance. **5.** something which is hard to do, understand, etc.: *English is my difficulty*.

diffident /'dɪfədənt/ *adj.* lacking confidence in one's own ability, worth, or fitness; timid; shy. **–diffidence** *n.* **–diffidently** *adv.*

diffract /də'frækt/ *v.t.* to break up or bend by diffraction.

diffraction /də'frækʃən/ *n.* **1.** a modification that light or other radiation undergoes when it passes by the edge of an opaque body, or is sent through small apertures, resulting in the formation of a series of light and dark bands, prismatic colours, or spectra. This effect is an interference phenomenon due to the wave nature of radiation. **2.** the analogous modification produced upon soundwaves when passing by the edge of a building or other large body.

diffuse /də'fjuz/ *v.* **-fused, -fusing**, /də'fjus/ *adj.* *–v.t.* **1.** to pour out or spread (something). *–v.i.* **2.** to spread. **3.** *Physics* to mix, move, or spread by diffusion. *–adj.* **4.** widely spread or scattered. **5.** marked by unnecessary length in speech or writing; wordy. **–diffusely** /də'fjusli/ *adv.* **–diffuseness** *n.* **–diffuser = diffusor** *n.*

diffusion /də'fjuʒən/ *n.* **1.** the act of diffusing. **2.** the state of being diffused. **3.** diffuseness or prolixity of speech or writing. **4.** *Physics* the gradual permeation of any region by a fluid, owing to the thermal agitation of its particles or molecules. **5.** *Anthropology, Sociology* the transmission of elements from one culture to another.

dig¹ /dɪg/ *v.* **dug, digging**, *n.* *–v.i.* **1.** to break up, turn over, or remove earth, etc., as with a spade; make an excavation. **2.** to make one's way by, or as by, digging. *–v.t.* **3.** to penetrate and loosen (the ground) with a spade, etc. **4.** to make (a hole, tunnel, etc.) by removing material. *–n.* **5.** a thrust; poke. **6.** a cutting, sarcastic remark. **7.** an archaeological site undergoing excavation. **8.** *Cricket* an innings. *–phr.* **9. dig in, a.** to dig trenches, as in order to defend a position in battle. **b.** to maintain one's position or opinion firmly. **c.** *Colloquial* to apply oneself vigorously. **d.** *Colloquial* to begin to eat heartily. **10. dig into, a.** to thrust, plunge, or force into: *he dug his heel into the ground*. **b.** *Colloquial* to apply oneself vigorously to (work, eating, etc.). **11. dig up, a.** to break up and turn over with a spade: *to dig up the soil*. **b.** Also, **dig out**, to obtain and remove by digging. **c.** to find or discover by effort or search.

dig² /dɪg/ *v.t.* **dug, digging**. *Colloquial* **1.** to find to one's taste. **2.** to take notice of; pay attention to. **3.** *Chiefly US* to understand or appreciate.

digest /də'dʒɛst, daɪ-/ *v.*, /'daɪdʒɛst/ *n.* *–v.t.* **1.** to prepare (food) in the stomach and intestines for use by the body. **2.** to take in mentally; think over: *to digest information*. **3.** to shorten systematically; summarise. *–v.i.* **4.** to digest food. **5.** to be digested as food. *–n.* **6.** a collection of written matter, often summarised, as a group of laws.

digestion

-digestedly *adv.* **-digestedness** *n.* **-digestible** /dəˈdʒɛstəbəl/ *adj.* **-digestive** *adj.*

digestion /dəˈdʒɛstʃən, daɪ-/ *n. Physiology* the process by which food is digested.

digger /ˈdɪgə/ *n.* **1.** a tool, part of a machine, etc., for digging. **2.** a miner, especially a gold miner. **3.** *Colloquial* an Australian of New Zealand soldier, especially one who served in World War I. **4.** *Australian, NZ* (a term of address among men) cobber; mate. **5.** *NZ Prison Colloquial* a punishment cell.

diggings /ˈdɪgɪŋz/ *pl. n.* **1.** a place where digging is carried on. **2.** a mining operation or locality. **3.** that which is dug out. **4.** *Colloquial* living quarters; lodgings.

digit /ˈdɪdʒət/ *n.* **1.** a finger or toe. **2.** any of the Arabic figures 0, 1...9.

digital /ˈdɪdʒətəl/ *adj.* **1.** having to do with a digit or finger. **2.** having to do with digits or numerals. **3.** *Electronics* having to do with information represented by patterns made up from qualities existing in two states only, on and off, as pulses (opposed to *analog*): *digital signals*. **4.** having to do with a device which represents a variable as a series of digits, as a digital watch which shows passing time by a series of changing numbers, or a digital tuner which similarly shows the frequencies to which it is being tuned. Compare **analog**.

digital audio *n.* a system of recording and reproduction of sound which is based on digital encoding.

digital computer *n.* a type of computer in which numbers are represented by patterns of on-off states of voltages.

digital display *n.* a display in which information is represented in digital rather than analog form; readout.

digitalis /dɪdʒəˈtaləs/ *n.* **1.** any plant of the genus *Digitalis*, especially the common foxglove, *D. purpurea*. **2.** the dried leaves of the common foxglove, used in medicine, especially as a heart stimulant.

digital recording *n.* **1.** a recording method in which the sound (the audio wave form) is sampled at regular frequent intervals, usually between 40 000 and 50 000 times per second, and each sample is assigned a numerical value, usually expressed in binary notation. **2.** a recording produced by the process of digital recording.

digital-to-analog converter *n.* an electronic device for converting digital signals to analog signals. **-digital-to-analog conversion** *n.*

dignified /ˈdɪgnəfaɪd/ *adj.* marked by dignity of aspect or manner; noble; stately: *dignified conduct*. **-dignifiedly** *adv.*

dignify /ˈdɪgnəfaɪ/ *v.t.* **-fied, -fying. 1.** to confer honour or dignity upon; honour; ennoble. **2.** to give high-sounding title or name to; confer unmerited distinction upon.

dignitary /ˈdɪgnətri, -nətəri/ *n.* **-ries.** someone who holds a high rank or office, especially in the church.

dignity /ˈdɪgnəti/ *n.* **-ties. 1.** nobleness of manner or style; stateliness. **2.** nobleness of mind; worthiness. **3.** high rank or title. **4.** degree of excellence or rank. **5.** sense of self-importance or self-respect.

digress /daɪˈgrɛs/ *v.i.* to deviate or wander away from the main purpose in speaking or writing, or from the principal line of argument, study, etc. **-digresser** *n.*

dike¹ = dyke /daɪk/ *n., v.* **dyked, dyking.** *-n.* **1.** an embankment for restraining the waters of the sea or a river. **2.** a ditch. **3.** a ridge or bank of earth as thrown up in excavating. **4.** a causeway. **5.** an obstacle; barrier. **6.** *Geology* a tabular body of igneous rock which cuts across the structure of adjacent rocks or cuts massive rocks; formed by intrusion of magma. **7.** *Australian, NZ Colloquial* a toilet. *-v.t.* **8.** to drain with a dyke. **9.** to enclose, restrain, or protect by a dyke: *to dyke a tract of land*.

dike² /daɪk/ *n.* → **dyke¹**.

dilapidated /dəˈlæpədeɪtəd/ *adj.* reduced to, or fallen into, ruin or decay.

dilate /daɪˈleɪt, də-/ *v.* **-lated, -lating.** *-v.t.* **1.** to make wider or larger; cause to expand. *-v.i.* **2.** to spread out; expand. *-phr.* **3. dilate on** (or **upon**), to speak about at length; expatiate on. **-dilatability** /daɪˌleɪtəˈbɪləti, də-/ *n.* **-dilatable** *adj.* **-dilation** *n.*

dilatory /ˈdɪlətri, -təri/ *adj.* **1.** inclined to delay or procrastinate; slow; tardy; not prompt. **2.** intended to bring about delay, gain time, or defer decision: *a dilatory strategy*. **-dilatorily** *adv.* **-dilatoriness** *n.*

dilemma /dəˈlɛmə, daɪ-/ *n.* a situation requiring a choice between equally undesirable alternatives; an embarrassing or perplexing situation. **-dilemmatic** /dɪləˈmætɪk/ *adj.*

dilettante /dɪləˈtænti, ˈdɪləˌtænt/ *n.* **-ti** /-ti/ *or* **-tes,** *adj.* *-n.* **1.** someone who pursues an art or science desultorily or merely for amusement; a dabbler. **2.** a lover of an art or science, especially of a fine art. *-adj.* **3.** having to do with dilettantes. **-dilettantish** *adj.*

diligent /ˈdɪlədʒənt/ *adj.* **1.** constant and persistent in an effort to accomplish something. **2.** pursued with persevering attention; painstaking. **-diligently** *adv.*

dill¹ /dɪl/ *n.* **1.** a plant *Anethum graveolens*, bearing a seedlike fruit used in medicine and for flavouring pickles, etc. **2.** its aromatic seeds or leaves.

dill² /dɪl/ *n. Colloquial* a fool; an incompetent. Also, **dillpot**.

dillybag /ˈdɪlibæg/ *n.* **1.** *Australian* any small bag for carrying food or personal belongings. **2.** a bag made of twisted grass or fibre, used by Aborigines. Also, **dilly**.

dillydally /ˈdɪlidæli/ *v.i.* **-dallied, -dallying.** to waste time, especially by indecision; trifle; loiter.

dilute /daɪˈlut, -ˈljut/ *v.* **-luted, -luting,** *adj.* *-v.t.* **1.** to make thinner or weaker by the addition of water, etc. *-adj.* **2.** reduced in strength, as a chemical with water added; weak: *a dilute solution*. **-diluter** *n.* **-dilution** *n.*

dim /dɪm/ *adj.* **dimmer, dimmest,** *v.* **dimmed, dimming.** *-adj.* **1.** not bright; lacking in light: *a dim room*. **2.** not clearly seen or heard; indistinct: *a dim object*. **3.** not clear to the mind; vague: *a dim idea*. **4.** not brilliant; dull: *a dim colour*. **5.** not seeing clearly: *eyes dim with tears*. **6.** disapproving: *to take a dim view of something*. **7.** *Colloquial* (of a person), lacking in understanding; stupid. *-v.t.* **8.** to make dim. *-v.i.* **9.** to become dim. **-dimly** *adv.* **-dimmer** *n.* **-dimness** *n.*

dime /daɪm/ *n.* a silver coin of the US, of the value of 10 cents or $1/10$ dollar.

dimension /dəˈmɛnʃən/ *n.* **1.** magnitude measured in a particular direction, or along a diameter or principal axis. **2.** (*usually plural*) measure; extent; size; magnitude; scope; importance. **3.** an aspect; appearance: *the conference took on a more interesting dimension*. **-dimensional** *adj.* **-dimensionless** *adj.*

diminish /dəˈmɪnɪʃ/ *v.t.* **1.** to make, or cause to seem, smaller; lessen; reduce. **2.** *Music* to make smaller by a semitone than the corresponding perfect or minor interval. **3.** to detract from; disparage. *-v.i.* **4.** to lessen; decrease. **-diminishable** *adj.* **-diminishingly** *adv.*

diminishing returns *pl. n. Economics* the fact, often stated as a law or principle, that as any factor in production (such as labour, capital, etc.) is increased, the output per unit factor will eventually decrease.

diminuendo /dəˌmɪnjuˈɛndoʊ/ *n.* **-dos** /-doʊz/. *Music* a gradual reduction of force or loudness.

diminutive /dəˈmɪnjətɪv/ *adj.* **1.** small; little; tiny: *a diminutive house*. **2.** *Grammar* relating to or productive of a form denoting smallness, familiarity, affection, or triviality, as the suffix *-let*, in *droplet* from *drop*. *-n.* **3.** *Grammar* a diminutive element or formation. **–diminutively** *adv.* **–diminutiveness** *n.*

dimple /ˈdɪmpəl/ *n., v.* **-pled, -pling.** *-n.* **1.** a small natural hollow, permanent or transient, in some soft part of the human body, especially one produced in the cheek in smiling. **2.** any slight depression like this. *-v.t.* **3.** to mark with, or as with, dimples; produce dimples in. *-v.i.* **4.** to become dimpled. **5.** to cause dimples to form by smiling. **–dimply** *adj.*

dim sim /dɪm ˈsɪm/ *n.* a dish of Chinese origin, made of seasoned meat wrapped in thin dough and steamed or fried.

dim sum /dɪm ˈsʌm/ *n.* (in Chinese cookery) small dumplings with savoury or sweet fillings, either steamed or fried. See **yum cha**.

dimwit /ˈdɪmwɪt/ *n. Colloquial* a stupid or slow-thinking person. **–dimwitted** *adj.*

din /dɪn/ *n., v.* **dinned, dinning.** *-n.* **1.** a loud, confused noise; a continued loud or tumultuous sound; noisy clamour. *-v.t.* **2.** to assail with din. **3.** to sound or utter with clamour or persistent repetition. *-v.i.* **4.** to make a din.

dinar /ˈdinɑ/ *n.* a unit of currency of greatly varying value used in various Arab countries and Yugoslavia.

dine /daɪn/ *v.* **dined, dining.** *-v.i.* **1.** to eat the principal meal of the day; have dinner. **2.** to take any meal. *-v.t.* **3.** to entertain at dinner. *-phr.* **4. dine at the Y**, *Colloquial* ‡ to engage in cunnilingus. **5. dine out**, to eat dinner away from home. **6. dine out on**, **a.** to be invited to places where one might not otherwise have gone on the strength of (a particular ability, qualification, etc.). **b.** to entertain with (a particular joke, anecdote, etc.) at a dinner or other social occasion.

ding /dɪŋ/ *v.i.* **1.** to strike or beat. **2.** to sound, as a bell; ring, especially repeatedly. *-v.t.* **3.** to cause to ring, as by striking. **4.** *Australian, NZ Colloquial* to smash; damage. *-n.* **5.** a blow or stroke. **6.** the sound of bell, etc. **7.** *Australian, NZ Colloquial* a minor accident with a car, bike, etc.

dingbat /ˈdɪŋbæt/ *n.* **1.** *Colloquial* an eccentric or peculiar person. **2.** *Printing* any ornamental typographical symbol used for decoration, text division, etc. *-phr. Colloquial* **3. the dingbats**, **a.** delirium tremens. **b.** a fit of madness or rage. **–dingbats** *adj.*

dinghy /ˈdɪŋi/ *n.* **-ghies. 1.** a small rowing or sailing boat or ship's tender. **2.** an inflatable rubber boat carried by aircraft, for use in emergencies. Also, **dingey, dingy, dinky**.

dingo /ˈdɪŋgoʊ/ *n.* **-goes** or **-gos**, *v.* *-n.* **1.** the Australian wild dog, *Canis familiaris dingo*, introduced by the Aborigines, often tawny-yellow in colour, with erect ears, a bushy tail, and distinctive gait, and with a call resembling a howl or yelp rather than a bark. **2.** *Australian* **a.** a contemptible person; coward. **b.** one who shirks responsibility or evades difficult situations. *-v.i.* **3.** *Australian* to act in a cowardly manner. *-v.t.* **4.** *Australian* **a.** to shirk, evade, or avoid. **b.** to spoil or ruin. *-phr.* **5. dingo on someone**, *Australian* to betray someone.

dingy /ˈdɪndʒi/ *adj.* **-gier, -giest. 1.** of a dark, dull, or dirty colour or aspect; lacking brightness or freshness. **2.** shabby; disreputable. **–dingily** *adv.* **–dinginess** *n.*

dink /dɪŋk/ *Australian Colloquial* *-n.* **1.** → **double** (def. 18). *-v.t.* **2.** → **double** (def. 25).

dinkum /ˈdɪŋkəm/ *Australian, NZ Colloquial* *-adj.* **1.** Also, **dinky-di**. true; honest; genuine: *dinkum Aussie*. **2.** seriously interested in a proposed deal, scheme, etc. *-adv.* **3.** truly. See **fair dinkum**. *-interj.* **4.** Also, **fair dinkum, straight dinkum**. (an assertion of truth or genuineness): *dinkum, that's what happened.*

dinky /ˈdɪŋki/ *adj.* **dinkier, dinkiest**, *n.* **dinkies**. *Colloquial* *-adj.* **1.** of small size. **2.** neat; dainty; smart. *-n.* **3.** *Australian* a small tricycle. **4.** → **dinghy**.

dinky-di /ˈdɪŋki-daɪ/ *adj. Australian, NZ Colloquial* → **dinkum**.

dinner /ˈdɪnə/ *n.* **1.** the main meal, taken either about noon or in the evening. **2.** a formal meal in honour of some person or occasion. *-phr.* **3. done like a dinner**, *Australian Colloquial* completely defeated or outwitted. **–dinnerless** *adj.*

dinosaur /ˈdaɪnəsɔ/ *n.* any member of extinct groups of Mesozoic reptiles, mostly of gigantic size, known in modern classifications as the Saurischia and the Ornithischia.

dint /dɪnt/ *n.* **1.** force; power: *by dint of argument*. **2.** a dent. *-v.t.* **3.** to make a dint or dints in. **4.** to impress or drive in with force.

diocese /ˈdaɪəsɪs/ *n.* **dioceses** /ˈdaɪəsəsəz, ˈdaɪəsɪz/ the district, with its population, falling under the pastoral care of a bishop.

diode /ˈdaɪoʊd/ *n.* a valve or solid-state device that allows electric current to flow in only one direction through it.

diorama /daɪəˈrɑmə/ *n.* **1.** a miniature scene reproduced in three dimensions with the aid of lights, colours, etc. **2.** a spectacular picture, partly translucent, for exhibition through an aperture, made more realistic by various illuminating devices. **3.** a building where such scenes or pictures are exhibited. **–dioramic** /daɪəˈræmɪk/ *adj.*

dioxin /daɪˈɒksən/ *n.* any of a group of chemical compounds present as contaminants in certain herbicides, especially the highly toxic 2,3,7,8-tetrachlorodibenzo-p-dioxin (TCDD) present in 2,4,5-T.

dip /dɪp/ *v.* **dipped, dipping**, *n.* *-v.t.* **1.** to plunge temporarily into a liquid, as to wet or to take up some of the liquid. **2.** to lower and raise: *to dip a flag in salutation*. **3.** to immerse (a sheep, etc.) in a solution to destroy germs, parasites, or the like. **4.** to direct (motor-car headlights) downwards, as to avoid dazzling oncoming drivers. *-v.i.* **5.** to plunge into water or other liquid and emerge quickly. **6.** to sink or drop down, as if plunging into water. **7.** to incline or slope downwards. **8.** to engage slightly in a subject. **9.** to read here and there in a book. *-n.* **10.** the act of dipping; a plunge into water, etc. **11.** a liquid into which something is dipped. **12.** → **sheep dip**. **13.** a lowering momentarily; a sinking down. **14.** a soft savoury mixture into which biscuits, potato crisps, or the like, are dipped before being eaten, usually served with cocktails. **15.** downward extension, inclination, or slope. **16.** the amount of such extension. **17.** a hollow or depression in the land. **18.** *Geology, Mining* the downward inclination of a stratum, vein, fault, joint, or other planar surface referred to a horizontal plane. **19.** *Surveying* the angular amount by which the horizon lies below the level of the eye. **20.** the angle which a freely poised magnetic needle makes with the plane of the horizon; inclination. **21.** a short downward plunge of an aeroplane or the like. **22.** *Colloquial* a short swim. **23.** *Prison Colloquial* a

diphtheria

pickpocket. –*phr.* **24. dip into one's pocket,** to spend money. **25. dip one's lid,** *Australian* **a.** to lift one's hat as a mark of respect. **b.** (sometimes fol. by *to*) to offer special respect, honour, or congratulations (often in the non-standard form): *I dips me lid to you.* **26. dip out,** *Australian, NZ Colloquial* **a.** (sometimes fol. by *on*) to remain uninvolved. **b.** to miss out. **c.** to fail: *he dipped out in his exams.*

diphtheria /dɪfˈθɪərɪə/ *n. Pathology* a febrile infectious disease caused by a specific bacillus and characterised by the formation of a false membrane in the air passages, especially the throat.

diphthong /ˈdɪfθɒŋ/ *n.* **1.** *Phonetics* a speech sound consisting of a glide from the articulatory position of one vowel towards that of another, and having only one syllabic peak, as *ei* in *vein.* **2.** a digraph as *ea* in *each.* **3.** a ligature representing a vowel, as *æ* or *œ* –**diphthongal** /ˈdɪfθɒŋəl, -θɒŋgəl/ *adj.*

diploid /ˈdɪplɔɪd/ *adj.* **1.** double. **2.** *Biology* having two similar complements of chromosomes.

diploma /dəˈploʊmə/ *n.* **-mas.** a document as one stating a candidate's success in an examination or some other qualification, etc., usually of a lower standard or more specialised character than a degree.

diplomacy /dəˈploʊməsi/ *n.* **-cies. 1.** the conduct by government officials of negotiations and other relations between states. **2.** the science of conducting such negotiations. **3.** skill in managing any negotiations; artful management. –**diplomat** *n.* –**diplomatic** *adj.*

diplomatic corps *n.* the body of diplomats accredited and resident at a court or capital. Also, **diplomatic body.**

diplomatic immunity *n.* the immunity from local jurisdiction, taxation, etc., which is the privilege of official representatives of a foreign state.

dipper /ˈdɪpə/ *n.* a container with a handle, used for taking up liquids. –**dipperful** /ˈdɪpəfʊl/ *n.*

dire /ˈdaɪə/ *adj.* **direr, direst.** –*adj.* **1.** causing or attended with great fear or suffering; dreadful; awful: *a dire calamity.* –*phr.* **2. in dire straits,** in extreme difficulty; in danger.

direct /dəˈrɛkt, daɪ-/ *v.t.* **1.** to guide; conduct; manage. **2.** to give instructions to; command; order: *I directed him to do it.* **3.** to tell or show (a person) the way to a place, etc. **4.** to organise and control the production of (a play or film). **5.** to point or aim towards a place or object. **6.** to address (words, a letter, etc.) to a person. –*v.i.* **7.** to act as a guide or director. **8.** to give commands or orders. –*adj.* **9.** going in a straight line or by the shortest course; straight: *a direct route.* **10.** in an unbroken line of descent; lineal. **11.** without anything or anyone in between; immediate. **12.** going straight to the point; straightforward: *a direct insult.* **13.** (of opposites, contrasts, etc.) complete; exact. **14.** *Grammar* (of a quotation or speech) consisting exactly of the words originally used. **15.** *Electricity* of or relating to direct current. –*adv.* **16.** in a direct manner. –**directness** *n.*

direct action *n.* any method of directly pitting the strength of organised workers or any other large group against employers or capitalists or government, as by strikes, picketing, sabotage, working strictly to rule, civil disobedience, etc. –**direct-actionist** *n.*

direct current *n. Electricity* a relatively steady current in one direction in a circuit; a continuous stream of electrons through a conductor. Compare **alternating current.** Also, **DC, dc.**

direction /dəˈrɛkʃən, daɪ-/ *n.* **1.** the act of directing, pointing, aiming, etc. **2.** the line along which anything lies, faces, moves, etc., towards a certain point or area. **3.** the point or area itself. **4.** a line of action, tendency, etc. **5.** guidance; instruction; management. **6.** an order; command. **7.** a name and address on a letter, etc. **8.** the decisions of the director in a stage or film production. –**directional** *adj.*

directive /dəˈrɛktɪv, daɪ-/ *adj.* **1.** serving to direct; directing. –*n.* **2.** an authoritative instruction or direction.

directly /dəˈrɛktli, daɪ-/ *adv.* **1.** in a direct line, way, or manner; straight. **2.** without delay; immediately. **3.** presently. **4.** absolutely; exactly; precisely. –*conj.* **5.** as soon as: *directly he arrived, he mentioned the subject.*

direct marketing *n.* a marketing technique in which the producer bypasses retailers and sells directly to the customer by such means as door-to-door selling, home parties, etc. Also, **direct selling.** –**direct marketer** *n.*

director /dəˈrɛktə, daɪ-/ *n.* **1.** *Commerce* one of a body of persons chosen to control or govern the affairs of a company or corporation. **2.** the manager of the interpretative aspects of a stage or film production who supervises such elements as the acting, photography, etc. –**directorship** *n.*

directory /dəˈrɛktəri, -tri/ *n.* **-ries,** *adj.* –*n.* **1.** a book or the like containing an alphabetical list of the names and addresses of people in a city, district, building, etc., or of a particular class of persons, etc. **2.** a book containing an alphabetical list of telephone subscribers and their numbers. **3.** any book or list which serves to direct the reader. –*adj.* **4.** serving to direct; directing.

direct selling *n.* → **direct marketing.**

direct tax *n.* a compulsory monetary contribution such as income tax, demanded by a government for its support and levied directly on the persons who will bear the burden of it.

dirge /dɜːdʒ/ *n.* a funeral song or tune, or one expressing mourning.

dirigible /ˈdɪrɪdʒəbəl, dəˈrɪdʒəbəl/ *n.* **1.** an early airship. –*adj.* **2.** that may be controlled, directed, or steered.

dirt /dɜːt/ *n.* **1.** earth or soil, especially when loose. **2.** any foul or filthy substance, as excrement, mud, etc. **3.** something vile, mean, or worthless. **4.** moral filth; vileness. **5.** abusive or scurrilous language. **6.** unsavoury or malicious gossip. *–adj.* **7.** made of dirt: *a dirt floor.* –*phr.* **8. eat dirt,** to accept insult without complaint.

dirty /ˈdɜːti/ *adj.* **dirtier, dirtiest,** *v.* **dirtied, dirtying,** *adv.* –*adj.* **1.** soiled with dirt; foul; unclean. **2.** imparting dirt; soiling. **3.** vile; mean. **4.** morally unclean; indecent. **5.** in possession of illegal drugs, stolen goods, etc. Compare **clean** (def. 15). **6.** *Sport* characterised by roughness, unfairness, and frequent fouls: *a dirty game.* **7.** (of devices capable of producing nuclear reactions) having the quality of generating unwanted radioactive by-products: *a dirty bomb.* **8.** stormy; squally, as the weather: *it looks dirty to windward.* **9.** *Australian Colloquial* angry. –*v.t.* **10.** to make dirty. –*v.i.* **11.** to become dirty. –*adv.* **12.** *Colloquial* (an intensifier): *a dirty big truck.* –*phr.* **13. be dirty on,** *Australian Colloquial* to be angry with. **14. do the dirty on,** *Colloquial* to behave unfairly or wrongly towards. –**dirtily** *adv.* –**dirtiness** *n.*

dirty weekend *n. Colloquial* a weekend spent with a lover in sensual delights.

dirty word *n.* **1.** a vulgar word. **2.** something one doesn't mention because it is as objectionable as if it were a vulgar word: *work is a dirty word around here.*

dis-[1] a prefix of Latin origin meaning 'apart', 'asunder', 'away', or having a privative, negative, or reversing force (see **de-** and **un-**[2]), used freely,

dis- especially with these latter significations, as an English formative, as in *disability, disaffirm, disbar, disbelief, discontent, disentangle, dishearten, disinfect, dislike, disown, disrelish*. Also, **di-**.

dis-² variant of **di-¹**, as in *dissyllable*.

disability /dɪsəˈbɪlətɪ/ *n.* **-ties**. **1.** lack of competent power, strength, or physical or mental ability; incapacity. **2.** a particular physical or mental weakness or incapacity.

disable /dɪsˈeɪbəl/ *v.t.* **-bled, -bling**. **1.** to make unable; weaken or destroy the capability of; cripple; incapacitate. **2.** to make legally incapable; disqualify. **3.** to make inoperative: *they soon disabled the alarm*. **–disablement** *n.*

disabled /dɪsˈeɪbəld/ *adj.* incapacitated in some way, especially by permanent injury or disease.

disabuse /dɪsəˈbjuz/ *v.t.* **-bused, -busing**. to free from deception or error; set right.

disadvantage /dɪsədˈvæntɪdʒ/ *n., v.* **-taged, -taging**. *–n.* **1.** absence or deprivation of advantage; any unfavourable circumstance or condition. **2.** injury to interest, reputation, credit, profit, etc.; loss. *–v.t.* **3.** to subject to disadvantage. **–disadvantageous** /ˌdɪsædvænˈteɪdʒəs/ *adj.*

disadvantaged /dɪsədˈvæntɪdʒd/ *v.* **1.** past tense and past participle of **disadvantage**. *–adj.* **2.** low in socioeconomic rank or background: *a disadvantaged suburb*. **3.** deprived of financial security, educational background, opportunity, etc., as a result of discrimination.

disaffect /dɪsəˈfɛkt/ *v.t.* to alienate the affection of; make ill-affected, discontented, or disloyal.

disagree /dɪsəˈgri/ *v.i.* **-greed, -greeing**. **1.** (sometimes fol. by *with*) to fail to agree; differ: *the conclusions disagree with the facts*. **2.** to differ in opinion; dissent. **3.** to quarrel. *–phr.* **4. disagree with, a.** to hold an opinion contrary to (someone). **b.** to have a bad effect on: *food that disagrees with you*. **–disagreement** *n.*

disagreeable /dɪsəˈgriəbəl/ *adj.* **1.** contrary to one's taste or liking; unpleasant; offensive; repugnant. **2.** unpleasant in manner or nature; unamiable. **–disagreeableness** *n.* **–disagreeably** *adv.*

disallow /dɪsəˈlaʊ/ *v.t.* **1.** to refuse to allow. **2.** to refuse to admit the truth or validity of. **–disallowable** *adj.* **–disallowance** *n.*

disappear /dɪsəˈpɪə/ *v.i.* **1.** to cease to appear or be seen; vanish from sight. **2.** to cease to exist or be known; pass away; end gradually. *–phr.* **3. do a disappearing act**, (*humorous*) to go away rapidly; depart. **–disappearance** *n.*

disappoint /dɪsəˈpɔɪnt/ *v.t.* **1.** to fail to fulfil the expectations or wishes of (a person): *his conduct disappointed us*. **2.** to defeat the fulfilment of (hopes, plans, etc.); thwart; frustrate. **–disappointer** *n.* **–disappointingly** *adv.*

disapprobation /ˌdɪsæprəˈbeɪʃən/ *n.* disapproval; censure. **–disapprobative** /dɪsəˈproʊbətɪv/ *adj.* **–disapprobatory** /dɪsəˈproʊbətri, -təri/ *adj.*

disapprove /dɪsəˈpruv/ *v.* **-proved, -proving**. *–v.t.* **1.** to think wrong or reprehensible; censure or condemn in opinion. **2.** to withhold approval from; decline to sanction: *the court disapproved the verdict*. *–v.i.* **3.** to be full of censure. *–phr.* **4. disapprove of**, to have an unfavourable opinion of. **–disapproval** *n.* **–disapprover** *n.* **–disapprovingly** *adv.*

disarm /dɪsˈam/ *v.t.* **1.** to deprive of arms. **2.** to deprive of means of attack or defence. **3.** to divest of hostility, suspicion, etc.; make friendly. *–v.i.* **4.** (of a country) to reduce or limit the size, equipment, armament, etc., of the army, navy, or air forces. **–disarmer** *n.*

disarmament /dɪsˈaməmənt/ *n.* **1.** the act of disarming. **2.** the state of being disarmed, as in fencing. **3.** the reduction or limitation of the size, equipment, armament, etc., of the army, navy, or air forces.

disarray /dɪsəˈreɪ/ *v.t.* **1.** to put out of array or order; throw into disorder. *–n.* **2.** disorder; confusion. **3.** disorder of apparel; disorderly dress.

disaster /dəˈzastə/ *n.* **1.** any unfortunate event, especially a sudden or great misfortune. **2.** *Colloquial* a total failure, as of a person, machine, plan, etc.

disavow /dɪsəˈvaʊ/ *v.t.* to disclaim knowledge of, connection with, or responsibility for; disown; repudiate. **–disavower** *n.*

disband /dɪsˈbænd/ *v.t.* **1.** to break up or disorganise (a band or company); dissolve (a military force) by dismissing from service. *–v.i.* **2.** to break up, as a band or company. **–disbandment** *n.*

disbar /dɪsˈba/ *v.t.* **-barred, -barring**. to expel from the legal profession or from the bar. **–disbarment** *n.*

disbelief /dɪsbəˈlif/ *n.* refusal or inability to believe.

disbelieve /dɪsbəˈliv/ *v.* **-lieved, -lieving**. *–v.t.* **1.** to reject as false: *I disbelieve your statement*. *–phr.* **2. disbelieve in**, to have no faith in: *I disbelieve in ready-made solutions*.

disburse /dɪsˈbɜs/ *v.t.* **-bursed, -bursing**. to pay out (money); expend. **–disbursable** *adj.* **–disburser** *n.*

disc /dɪsk/ *n.* **1.** any thin, flat, circular plate or object. **2.** a round, flat area. **3.** the apparently flat surface of the sun, etc. **4.** *Computers* → **disk**. **5.** a gramophone record. **6.** *Anatomy, Zoology* **a. interarticular disc**, a plate of cartilage interposed between the articulating ends of bones. **b. intervertebral disc**, the plate of fibrocartilage interposed between the bodies of adjacent vertebrae. Also, *Chiefly US*, **disk**. **–discal** *adj.* **–disclike** *adj.*

discard /dɪsˈkad/ *v.*, /ˈdɪskad/ *n.* *–v.t.* **1.** to cast aside; reject; dismiss, especially from use. **2.** *Cards* **a.** to throw out (a card or cards) from one's hand. **b.** to play (a card, not a trump, of a different suit from that of the card led). *–n.* **3.** a person or thing that is cast out or rejected. **4.** *Cards* the card or cards discarded. **–discarder** *n.*

discern /dəˈsɜn/ *v.t.* **1.** to perceive by the sight or some other sense or by the intellect; see, recognise, or apprehend clearly. **2.** to distinguish mentally; recognise as distinct or different; discriminate: *he discerns good and bad, good from bad*. *–v.i.* **3.** to distinguish or discriminate. **–discerner** *n.* **–discernible** *adj.*

discerning /dəˈsɜnɪŋ/ *adj.* showing discernment; discriminating. **–discerningly** *adv.*

discernment /dəˈsɜnmənt/ *n.* **1.** faculty of discerning; discrimination; acuteness of judgment. **2.** the act of discerning.

discharge /dɪsˈtʃadʒ/ *v.* **-charged, -charging**; /ˈdɪstʃadʒ/ *n.* *–v.t.* **1.** to unload (a ship, etc.). **2.** to fire; shoot: *to discharge a gun*. **3.** to give out; emit: *the pipe discharged water*. **4.** to fulfil or perform (a duty, responsibility, etc.). **5.** to dismiss from office, employment, service, etc. **6.** to send away or allow to go (fol. by *from*). **7.** to pay (a debt). **8.** *Law* **a.** to terminate (an obligation): *to discharge a debt by payment*. **b.** to release (someone) from an obligation. **9.** *Electricity* to rid (something) of a charge of electricity: *a short circuit may discharge a battery*. *–v.i.* **10.** to get rid of a charge or load. **11.** to give out liquid, etc.: *the wound was discharging*. **12.** to go off; explode: *the gun discharged*. **13.** *Electricity* to lose, or give up, a charge of electricity. *–n.* **14.** the act of discharging a ship, load, etc. **15.** the act of firing a weapon. **16.** a sending or coming out, as of water from a pipe; emission. **17.** something discharged. **18.** *Law* **a.** the freeing of some-

disciple / discreet

one held by police or in prison. **b.** the termination of an obligation. **19.** the payment of a debt. **20.** dismissal from office, employment, service, etc. **21.** a certificate of release, as from service, responsibility, etc. **22.** *Electricity* **a.** the withdrawing or transferring of an electric charge. **b.** the equalisation of potential difference between two terminals, etc. **–dischargeable** *adj.* **–discharger** *n.*

disciple /dəˈsaɪpəl/ *n.* **1.** *Bible* one of the twelve personal followers of Jesus Christ. **2.** any follower of Christ. **3.** an adherent of the doctrines of another; a follower. **–discipleship** *n.*

disciplinarian /dɪsəpləˈnɛəriən/ *n.* **1.** someone who enforces or advocates discipline. *–adj.* **2.** disciplinary.

discipline /ˈdɪsəplən/ *n., v.* **-plined, -plining.** *–n.* **1.** training designed to teach proper conduct or behaviour in accordance with rules. **2.** punishment given to correct and train. **3.** the training effect of experience, trouble, etc.: *the army will be good discipline for them.* **4.** a state of order kept by training and control: *to keep good discipline in an army.* **5.** a set or system of rules. **6.** a branch of learning: *the discipline of mathematics.* *–v.t.* **7.** to bring to a state of order and obedience by training and control. **8.** to punish; correct; chastise: *I shall have to discipline him severely.* **–disciplinary** *adj.* **–discipliner** *n.*

disc jockey *n.* → **DJ**.

disclaim /dɪsˈkleɪm/ *v.t.* **1.** to repudiate or deny interest in or connection with; disavow; disown: *disclaiming all participation.* *–v.i.* **2.** *Law* to renounce or repudiate a legal claim or right.

disclaimer /dɪsˈkleɪmə/ *n.* **1.** the act of disclaiming; the renouncing, repudiating, or denying of a claim; disavowal. **2.** *Law* a clause added to legal documents, etc., limiting the application of previous clauses.

disclose /dəsˈkloʊz/ *v.* **-closed, -closing.** *–v.t.* **1.** to cause to appear; allow to be seen; make known; reveal: *to disclose a plot.* **2.** to uncover; lay open to view. **–discloser** *n.* **–disclosure** *n.*

disco /ˈdɪskoʊ/ *n.* **1.** a place of public entertainment or a club in which patrons may dance, especially to recorded music. **2.** an entertainment event at which patrons may dance to recorded music: *there's a disco at the school hall on Friday night.* *–adj.* **3.** having to do with music in the style of that used in discos, characterised by a strong dance beat.

discolour = discolor /dɪsˈkʌlə/ *v.t.* **1.** to change the colour of; spoil the colour of; stain. *–v.i.* **2.** to change colour; become faded or stained. **–discolouration** /dɪskʌləˈreɪʃən/ *n.*

discomfit /dɪsˈkʌmfət/ *v.t.* **1.** to defeat utterly; rout. **2.** to frustrate the plans of; thwart; foil. **3.** to throw into perplexity or dejection; disconcert.

discomfiture /dɪsˈkʌmfətʃə/ *n.* **1.** frustration of hopes or plans. **2.** disconcertion; confusion.

discomfort /dɪsˈkʌmfət/ *n.* **1.** absence of comfort or pleasure; uneasiness; disturbance of peace; pain. **2.** anything that disturbs the comfort. *–v.t.* **3.** to disturb the comfort or happiness of; make uncomfortable or uneasy.

discompose /dɪskəmˈpoʊz/ *v.t.* **-posed, -posing.** **1.** to bring into disorder; disarrange; unsettle. **2.** to disturb the composure of; agitate; perturb. **–discomposedly** *adv.* **–discomposingly** *adv.*

disconcert /dɪskənˈsɜt/ *v.t.* **1.** to disturb the self-possession of; confuse; perturb; ruffle. **2.** to throw into disorder or confusion; disarrange. **–disconcertingly** *adv.* **–disconcertion, disconcertment** *n.*

disconnect /dɪskəˈnɛkt/ *v.t.* to sever or interrupt the connection of or between; detach.

disconnected /dɪskəˈnɛktəd/ *adj.* **1.** not connected; disjointed; broken. **2.** incoherent. **–disconnectedly** *adv.* **–disconnectedness** *n.*

disconsolate /dɪsˈkɒnsələt/ *adj.* **1.** without consolation or solace; unhappy; inconsolable. **2.** characterised by or causing discomfort; cheerless; gloomy. **–disconsolately** *adv.* **–disconsolation** /dɪsˌkɒnsəˈleɪʃən/, **disconsolateness** *n.*

discontent /dɪskənˈtɛnt/ *n.* Also, **discontentment**. lack of content; dissatisfaction. *–v.t.* to deprive of content; dissatisfy; displease.

discontinue /dɪskənˈtɪnju/ *v.* **-tinued, -tinuing.** *–v.t.* **1.** to cause to cease; put an end to. **2.** to cease to take, use, etc.: *to discontinue a newspaper.* *–v.i.* **3.** to come to an end or stop; cease; desist. **–discontinuation** /dɪskəntɪnjuˈeɪʃən/ *n.* **–discontinuer** *n.* **–discontinuous** *adj.*

discord /ˈdɪskɔd/ *n.* **1.** lack of concord or harmony between persons or things; disagreement of relations. **2.** difference of opinions. **3.** strife; dispute; war. **4.** *Music* an inharmonious combination of musical notes sounded together. **5.** any confused or harsh noise; dissonance.

discotheque /ˈdɪskətɛk/ *n.* → **disco**.

discount /ˈdɪskaʊnt/ *for defs 1, 2 and 6*, /dɪsˈkaʊnt/ *for defs 3–5 v.*, /ˈdɪskaʊnt/ *n.* *–v.t.* **1.** to deduct an amount from the purchase price of (an item): *they are discounting refrigerators this week.* **2.** to purchase or sell (a bill or note) before maturity at a reduction based on the interest for the time it still has to run. **3.** to leave out of account; disregard. **4.** to make a deduction from; allow for exaggeration in (a statement, etc.). **5.** to take (an event, etc.) into account in advance, especially with loss of value, effectiveness, etc. *–v.i.* **6.** to advance money after deduction of interest. *–n.* **7.** the act of discounting. **8.** amount deducted for prompt payment or other special reason. **9.** any deduction from the nominal value. *–adj.* **10.** having, showing or offering a discount or discounts: *discount store; discount price.* *–phr.* **11. at a discount, a.** *Commerce* below par. **b.** in low esteem or regard. **c.** not in demand. **–discountable** *adj.* **–discounter** *n.*

discourage /dɪsˈkʌrɪdʒ/ *v.t.* **-raged, -raging.** **1.** to deprive of courage; dishearten; dispirit. **2.** to obstruct by opposition or difficulty; hinder: *low prices discourage industry.* **3.** to express disapproval of: *to discourage the expression of enthusiasm.* *–phr.* **4. discourage from**, to dissuade from: *cold weather discourages some people from going out.* **–discourager** *n.* **–discouragingly** *adv.*

discourse /ˈdɪskɔs, dɪsˈkɔs/ *n.*, /dɪsˈkɔs/ *v.* **-coursed, -coursing.** *–n.* **1.** communication of thought by words; talk; conversation. **2.** a formal discussion of a subject in speech or writing, such as a dissertation, treatise, sermon, etc. *–v.i.* **3.** to communicate thoughts orally; talk; converse. **4.** to treat of a subject formally in speech or writing. **–discourser** *n.*

discourteous /dɪsˈkɜtiəs/ *adj.* lacking courtesy; impolite; uncivil; rude. **–discourteously** *adv.* **–discourteousness** *n.*

discover /dɪsˈkʌvə/ *v.t.* to get knowledge of, learn of, or find out; gain sight or knowledge of (something previously unseen or unknown). **–discoverable** *adj.* **–discoverer** *n.*

discredit /dɪsˈkrɛdət/ *v.t.* **1.** to injure the credit or reputation of. **2.** to show to be undeserving of credit or belief; destroy confidence in: *the report is discredited.* *–n.* **3.** loss or lack of belief, of confidence; disbelief; distrust. **4.** loss or lack of repute or esteem; disrepute. **5.** something that damages a good reputation. **–discreditable** *adj.*

discreet /dəsˈkrit/ *adj.* **1.** wise or judicious in avoiding mistakes or faults; prudent; circumspect;

discrepancy

discrepancy /dɪsˈkrepənsi/ *n.* **-cies. 1.** the state or quality of being discrepant; difference; inconsistency. **2.** an instance of difference or inconsistency.

discrete /dɪsˈkriːt/ *adj.* **1.** detached from others; separate; distinct. **2.** consisting of or characterised by distinct or individual parts; discontinuous. **–discretely** *adv.* **–discreteness** *n.*

discretion /dɪsˈkrɛʃən/ *n.* **1.** power or right of deciding, or of acting according to one's own judgment; freedom of judgment or choice. **2.** the quality of being discreet; discernment of what is judicious or expedient, especially with reference to one's own actions or speech; prudence. *–phr.* **3. at discretion,** as one wishes or decides.

discriminate /dəsˈkrɪmənɛɪt/ *v.* **-nated, -nating.** *–v.i.* **1.** to make a distinction, as in favour of or against a person or thing: *to discriminate against a minority.* **2.** to note or observe a difference; distinguish accurately: *to discriminate between things.* **3.** *Electronics* to extract a desired frequency from unwanted frequency components in a radio signal. *–v.t.* **4.** to make or constitute a distinction in or between; differentiate: *to discriminate one thing from another.* **–discriminately** *adv.* **–discrimination** *n.* **–discriminator** *n.* **–discriminatory** *adj.*

discursive /dɪsˈkɜːsɪv/ *adj.* **1.** passing irregularly from one subject to another; rambling; digressive. **2.** proceeding by reasoning or argument; not intuitive. **–discursively** *adv.* **–discursiveness** *n.* **–discursion** *n.*

discus /ˈdɪskəs/ *n.* **discuses** or **disci** /ˈdɪsaɪ/. a disc, usually made of wood rimmed with metal, thrown by modern athletes.

discuss /dəsˈkʌs/ *v.t.* to examine by argument; sift the considerations for and against; debate; talk over. **–discusser** *n.* **–discussible = discussable** *adj.*

disdain /dɪsˈdeɪn/ *v.t.* **1.** to look upon or treat with contempt; despise; scorn. **2.** to think unworthy of notice, performance, etc.; consider beneath oneself. *–n.* **3.** a feeling of contempt for anything regarded as unworthy; haughty contempt; scorn.

disease /dəˈziːz/ *for def.* **4** *n.,* /dəˈziːz/ *v.* **-seased, -seasing.** *–n.* **1.** a morbid condition of the body, or of some organ or part; illness; sickness; ailment. **2.** a similar disorder in plants. **3.** any deranged or depraved condition, as of the mind, affairs, etc. **4.** uneasiness; anxiety. *–v.t.* **5.** to affect with disease; make ill.

diseconomy /dɪsəˈkɒnəmi/ *n.* **1.** the lack of economy; a faulty economy. *–phr.* **2. diseconomy of scale,** a situation where a manufacturer finds that any increase in capital outlay in plant and machinery results in higher costs per unit of production.

disembark /dɪsəmˈbɑːk/ *v.t.* **1.** to put on shore from a ship; land. *–v.i.* **2.** to go on shore; land. **–disembarkation** /dɪsˌɛmbɑːˈkeɪʃən/ *n.*

disembowel /dɪsəmˈbaʊəl/ *v.t.* **-elled** or *Chiefly US* **-eled, -elling** or *Chiefly US* **-eling.** to remove the bowels or entrails from; eviscerate. **–disembowelment** *n.*

disenchant /dɪsənˈtʃænt/ *v.t.* to disillusion; make discontented. **–disenchanter** *n.* **–disenchantment** *n.*

disenchanted /dɪsənˈtʃæntəd/ *adj.* (sometimes fol. by *with*) disappointed

disengage /dɪsənˈɡeɪdʒ/ *v.* **-gaged, -gaging.** *–v.t.* **1.** to release from attachment or connection; loosen; unfasten. **2.** to free from engagement, pledge, obligation, etc. **3.** to break off action with

disharmony

(an enemy). *–v.i.* **4.** to become disengaged; free oneself.

disentangle /dɪsənˈtæŋɡəl/ *v.* **-gled, -gling.** *–v.t.* **1.** to free from entanglement; untangle; extricate. *–v.i.* **2.** to become free from entanglement. **–disentanglement** *n.*

disfavour = disfavor /dɪsˈfeɪvə/ *n.* **1.** unfavourable regard; displeasure; disesteem: *the minister incurred the king's disfavour.* **2.** lack of favour; state of being regarded unfavourably: *in disfavour at court.* **3.** an act of disregard, dislike, or unkindness: *to dispense disfavours.* *–v.t.* **4.** to regard or treat with disfavour.

disfigure /dɪsˈfɪɡə/ *v.t.* **-ured, -uring. 1.** to mar the figure, appearance, or beauty of; deform; deface. **2.** to mar the effect or excellence of. **–disfigurer** *n.* **–disfigured** *adj.*

disfranchise /dɪsˈfræntʃaɪz/ *v.t.* **-chised, -chising. 1.** to deprive (persons) of rights of citizenship, as of the right to vote. **2.** to deprive of a franchise, privilege, or right. **–disfranchisement** /dɪsˈfræntʃəzmənt, ˌdɪsfrænˈtʃaɪzmənt/ *n.*

disgorge /dɪsˈɡɔːdʒ/ *v.* **-gorged, -gorging.** *–v.t.* **1.** to eject or throw out from or as from the gorge or throat; to vomit; discharge. **2.** to give up unwillingly. *–v.i.* **3.** to disgorge something. **–disgorgement** *n.* **–disgorger** *n.*

disgrace /dəsˈɡreɪs/ *n., v.* **-graced, -gracing.** *–n.* **1.** the state of being in dishonour; ignominy; shame. **2.** a cause of shame or reproach. **3.** the state of being out of favour; exclusion from favour, confidence, or trust. *–v.t.* **4.** to bring or reflect shame or reproach upon. **5.** to dismiss with discredit; put out of grace or favour; treat with disfavour. **–disgracer** *n.* **–disgraceful** *adj.*

disgruntle /dɪsˈɡrʌntl/ *v.t.* **-tled, -tling.** to put into a state of sulky dissatisfaction; make discontented. **–disgruntlement** *n.*

disgruntled /dɪsˈɡrʌntld/ *v.* **1.** past tense and past participle of **disgruntle.** *–adj.* **2.** mildly upset; discontented.

disguise /dəsˈɡaɪz/ *v.* **-guised, -guising,** *n.* *–v.t.* **1.** to change the appearance of, so as to hide identity. **2.** to conceal or cover up the real state or character of: *she may disguise her intentions.* *–n.* **3.** a covering, condition, manner, etc., that serves for concealment of character or quality. **4.** the make-up, mask or costume of an entertainer. **5.** the act of disguising. **6.** the state of being disguised. **–disguisable** *adj.* **–disguisedly** *adv.* **–disguiser** *n.*

disgust /dəsˈɡʌst/ *v.t.* **1.** to cause nausea or loathing in. **2.** to offend the good taste, moral sense, etc., of; cause aversion or impatient dissatisfaction in. *–n.* **3.** strong distaste; nausea; loathing. **4.** repugnance caused by something offensive; strong aversion; impatient dissatisfaction. **–disgustedly** *adv.*

dish /dɪʃ/ *n.* **1.** an open, more or less shallow container of pottery, glass, metal, wood, etc., used for various purposes, especially for holding or serving food. **2.** that which is served or contained in a dish. **3.** a particular article or preparation of food. **4.** as much as a dish will hold. **5.** anything like a dish in form or use, as a goldminer's vessel for washing alluvial gold. **6.** concave state, or the degree of concavity, as of a wheel. **7.** *Colloquial* an attractive woman or man. *–v.t.* **8.** to fashion like a dish; make concave. **9.** *Goldmining* to swirl (dirt and water) in a pan seeking to separate out the gold: *they dished the stuff all morning.* **10.** *Colloquial* to defeat; frustrate; cheat. *–phr.* **dish out,** to distribute; share out. **12. dish up, a.** to put into or serve in a dish, as food: *to dish up dinner.* **b.** to present hastily or carelessly.

disharmony /dɪsˈhɑːməni/ *n.* **-nies.** discord; lack of

dishearten /dɪsˈhɑtn/ *v.t.* to depress the spirits of; discourage. **–dishearteningly** *adv.* **–disheartenment** *n.*

dishevelled /dɪˈʃɛvəld/ *adj.* **1.** hanging loosely or in disorder; unkempt: *dishevelled hair.* **2.** untidy; disarranged: *dishevelled appearance.* Also, *Chiefly US,* **disheveled.**

dishonest /dɪsˈɒnəst/ *adj.* **1.** not honest; disposed to lie, cheat, or steal: *a dishonest person.* **2.** proceeding from or exhibiting lack of honesty; fraudulent. **–dishonestly** *adv.*

dishonour = dishonor /dɪsˈɒnə/ *n.* **1.** lack of honour or respect: *his actions show dishonour to his country.* **2.** shame; ignominy; disgrace: *his actions brought dishonour on his country.* *–v.t.* **3.** to bring shame on; disgrace: *his actions dishonour his country.* **4.** to fail or refuse to honour (a cheque, etc.) by payment.

disillusion /dɪsəˈluʒən/ *v.t.* **1.** to free from illusion; disenchant. *–n.* **2.** a freeing or a being freed from illusion; disenchantment. **–disillusionment** *n.* **–disillusive** /dɪsəˈlusɪv/ *adj.*

disincline /ˌdɪsɪnˈklaɪn/ *v.* **-clined, -clining.** *–v.t.* **1.** to make averse. *–v.i.* **2.** to be averse or indisposed. **–disinclination** *n.*

disinfect /ˌdɪsɪnˈfɛkt/ *v.t.* to cleanse (rooms, clothing, etc.) from infection; destroy disease germs in. **–disinfector** *n.*

disinfectant /dɪsənˈfɛktənt/ *n.* **1.** any chemical agent that destroys bacteria. *–adj.* **2.** disinfecting.

disinflation /ˌdɪsɪnˈfleɪʃən/ *n.* a reduction of prices, generally with attendant increase in the purchasing power of money.

disinformation /dɪsɪnfəˈmeɪʃən/ *n.* misleading information supplied intentionally, as in counterespionage.

disinherit /ˌdɪsɪnˈhɛrət/ *v.t.* **1.** to exclude from inheritance (an heir or a next of kin). **2.** to deprive of the right to inherit. **–disinheritance** *n.*

disintegrate /dɪsˈɪntəgreɪt/ *v.* **-grated, -grating.** *–v.t.* **1.** to reduce to particles, fragments, or parts; break up or destroy the cohesion of: *rocks are disintegrated by frost and rain.* *–v.i.* **2.** to separate into its component parts; break up. **3.** (of a person) to lose one's judgment, memory, mental grasp, etc., as through senility. **–disintegrable** /dɪsˈɪntəgrəbəl/ *adj.* **–disintegration** /dɪsˌɪntəˈgreɪʃən/ *n.* **–disintegrator** *n.*

disinterest /dɪsˈɪntərəst, -trəst/ *n.* **1.** absence of personal involvement or bias. *–v.t.* **2.** to divest of interest or concern.

disinterested /dɪsˈɪntrəstəd/ *adj.* **1.** unbiased by personal involvement or advantage; not influenced by selfish motives. **2.** *Colloquial* uninterested. **–disinterestedly** *adv.* **–disinterestedness** *n.*

disjoint /dɪsˈdʒɔɪnt/ *v.t.* **1.** to separate or disconnect the joints or joinings of. **2.** to put out of order; derange. *–v.i.* **3.** to come apart. **4.** to be dislocated; to put out of joint. *–adj.* **5.** *Mathematics* (of two sets) having no elements in common.

disjointed /dɪsˈdʒɔɪntəd/ *adj.* **1.** having the joints or connections separated: *a disjointed fowl.* **2.** disconnected; incoherent: *a disjointed discourse.* **–disjointedly** *adv.* **–disjointedness** *n.*

disk /dɪsk/ *n.* a storage unit for computers consisting of a rapidly spinning magnetic disc on which information is recorded by magnetising the surface. Also, **disc.**

dislike /dɪsˈlaɪk/ *v.* **-liked, -liking.** *n.* *–v.t.* **1.** not to like; regard with displeasure or aversion: *I dislike him; I dislike having to work.* *–n.* **2.** the feeling of disliking; distaste: *I have taken a strong dislike to him.* **–dislikeable** *adj.*

dislocate /ˈdɪsləkeɪt/ *v.t.* **-cated, -cating.** **1.** to put out of place; displace; put out of proper relative position. **2.** to put out of joint or out of position, as a limb or an organ. **3.** to throw out of order; derange; upset; disorder.

dislodge /dɪsˈlɒdʒ/ *v.t.* **-lodged, -lodging.** to remove or drive from a place of rest or lodgment; drive from a position occupied. **–dislodgment** *n.*

disloyal /dɪsˈlɔɪəl/ *adj.* not loyal; false to one's obligations or allegiance; faithless; treacherous. **–disloyalty** *n.* **–disloyally** *adv.*

dismal /ˈdɪzməl/ *adj.* **1.** causing gloom or dejection; gloomy; dreary; cheerless; melancholy. **2.** terrible; dreadful. **–dismally** *adv.* **–dismalness** *n.*

dismantle /dɪsˈmæntl/ *v.t.* **-tled, -tling.** **1.** to deprive or strip of apparatus, furniture, equipment, defences, etc.: *to dismantle a ship or a fortress.* **2.** to pull down; take apart; take to pieces. **–dismantlement** *n.*

dismay /dɪsˈmeɪ/ *v.t.* **1.** to break down the courage of utterly, as by sudden danger or trouble; dishearten utterly; daunt. **2.** to cause to feel strong displeasure or disappointment. *–n.* **3.** sudden or complete loss of courage; utter dishearuenment.

dismember /dɪsˈmɛmbə/ *v.t.* **1.** to deprive of members or limbs; divide limb from limb. **2.** to separate into parts; divide and distribute the parts of (a kingdom, etc.). **–dismemberer** *n.* **–dismemberment** *n.*

dismiss /dɪsˈmɪs/ *v.t.* **1.** to direct or allow to leave. **2.** to remove, as from office or service. **3.** *Cricket* to cause (the person or team batting) to be out. **4.** to discard or reject. **5.** to lay aside, especially to put aside from consideration. **6.** *Law* to put out of court, as a complaint or appeal. **–dismissible** *adj.*

dismount /dɪsˈmaʊnt/ *v.i.* **1.** to get off or alight from a horse, bicycle, etc. *–v.t.* **2.** to bring or throw down, as from a horse; unhorse. **3.** to remove (a thing) from its mounting, support, setting, etc. **4.** to take (a piece of mechanism) to pieces. **–dismountable** *adj.*

disobedient /dɪsəˈbidiənt/ *adj.* neglecting or refusing to obey; refractory. **–disobedience** *n.* **–disobediently** *adv.*

disobey /dɪsəˈbeɪ/ *v.t.* **1.** to neglect or refuse to obey (an order, person, etc.). *–v.i.* **2.** to be disobedient. **–disobeyer** *n.*

disorder /dɪsˈɔdə/ *n.* **1.** a lack of order or regular arrangement; confusion. **2.** something which is different from usual, especially in physical or mental health. **3.** a public disturbance. *–v.t.* **4.** to destroy the order of. **5.** to upset the physical or mental health of. **–disorderly** *adj.*

disorganise = disorganize /dɪsˈɔgənaɪz/ *v.t.* **-nised, -nising.** to destroy the organisation, systematic arrangement, or orderly connection of; throw into confusion or disorder. **–disorganiser** *n.*

disorientate /dɪsˈɔriənteɪt/ *v.t.* **-tated, -tating.** **1.** to confuse as to direction. **2.** to perplex; to confuse. Also, **disorient.** **–disorientation** /dɪsˌɔriənˈteɪʃən/ *n.*

disown /dɪsˈoʊn/ *v.t.* to refuse to acknowledge as belonging or relating to oneself; deny the ownership of or responsibility for; repudiate; renounce. **–disowner** *n.* **–disownment** *n.*

disparage /dəsˈpærɪdʒ/ *v.t.* **-raged, -raging.** **1.** to bring reproach or discredit upon; lower the estimation of. **2.** to speak of or treat slightingly; depreciate; belittle. **–disparager** *n.* **–disparagingly** *adv.*

disparate /ˈdɪspərət/ *adj.* distinct in kind; essentially different; dissimilar; unlike; having no common genus. **–disparately** *adv.* **–disparity,**

disparateness n.
dispassionate /dɪsˈpæʃənət/ adj. free from or unaffected by passion; devoid of personal feeling or bias; impartial; calm: *a dispassionate critic*. –**dispassionately** adv. –**dispassionateness** n.
dispatch /dəsˈpætʃ/ v.t. 1. to send off; put under way: *I will dispatch a letter immediately*. 2. to put to death; kill. 3. to carry through (business, etc.) speedily; settle quickly. –n. 4. the sending off of a messenger, letter, etc. 5. a putting to death; killing. 6. efficient performance or speed: *proceed with all possible dispatch*. 7. a state or military communication sent by special messenger. 8. a news account sent by a reporter to a newspaper. –phr. 9. **mentioned in dispatches**, named in military reports for special bravery. Also, **despatch**. –**dispatcher** n.
dispel /dɪsˈpel/ v. -**pelled**, -**pelling**. –v.t. 1. to drive off in various directions; scatter; disperse; dissipate: *to dispel vapours, fear, etc*. –v.i. 2. to be scattered; melt away. –**dispeller** n.
dispensable /dɪsˈpensəbəl/ adj. that may be dispensed with or done without; unimportant. –**dispensability** /dɪspensəˈbɪləti/ n.
dispensary /dɪsˈpensəri/, -sri/ n. -**ries**. a place where something is dispensed, especially medicines.
dispensation /ˌdɪspenˈseɪʃən/ n. 1. the act of dispensing; distribution; administration; management. 2. something that is distributed or given out. 3. a certain order, system, or arrangement. 4. a dispensing with, doing away with, or doing without something. 5. *Roman Catholic Church* the relaxation of a law by a competent superior in a specific case directly affecting physical matters. –**dispensational** adj.
dispense /dɪsˈpens/ v.t. -**pensed**, -**pensing**. 1. to deal out; distribute: *to dispense justice; to dispense wisdom*. 2. to administer (laws, etc.). 3. *Pharmaceutical* to put up and distribute (medicine), especially on prescription. –phr. 4. **dispense with**, a. to do without; forgo. b. to do away with (a need, etc.). c. to grant exemption from (a law, promise, etc.): *not even the prime minister can dispense with the common law*.
disperse /dəsˈpɜs/ v. -**persed**, -**persing**. –v.t. 1. to scatter abroad; send or drive off in various directions. 2. to spread; diffuse: *the wise disperse knowledge*. 3. to dispel; cause to vanish: *the fog is dispersed*. –v.i. 4. to separate and move apart in different directions without order or regularity; become scattered: *the company dispersed at 10 o'clock*. 5. to be dispelled; be scattered out of sight; vanish. –**dispersal**, **dispersion** n. –**disperser** n. –**dispersedly** adv. –**dispersive** adj.
dispirit /dɪsˈpɪrət/ v.t. to deprive of spirit; depress the spirits of; discourage; dishearten. –**dispirited** adj. –**dispiriting** adj. –**dispiritedly** adv. –**dispiritingly** adv. –**dispiritedness** n.
displace /dɪsˈpleɪs/ v.t. -**placed**, -**placing**. 1. to put out of the usual or proper place: *to displace a bone*. 2. to take the place of; replace. 3. to remove from a position, office, etc. –**displaceable** adj.
–**displaced person** n. a civilian who is involuntarily outside the national boundaries of his or her country.
displacement /dɪsˈpleɪsmənt/ n. 1. the act of displacing. 2. the state of being displaced. 3. *Psychoanalysis* the transfer of an emotion from the object about which it was originally experienced to another object.
display /dɪsˈpleɪ/ v.t. 1. to show; exhibit: *the ship will display a flag; his face displayed fear*. –n. 2. the act of displaying; exhibition; show: *a display of goods; a display of skill*. 3. an ostentatious display: *a display of wealth*. 4. behaviour used by birds in communication, often before mating. –**displayer** n.
displease /dɪsˈpliz/ v. -**pleased**, -**pleasing**. –v.t. 1. to cause dissatisfaction to; offend; annoy. –v.i. 2. to be unpleasant; cause displeasure. –**displeasingly** adv. –**displeasure** n.
disposable income n. the part of a person's income which remains after the deduction of income tax, etc.
disposable nappy n. a commercially-made nappy in which a soft absorbent lining is attached to a fitted plastic covering, the nappy being thrown away after use.
disposal /dəsˈpoʊzəl/ n. 1. the act of disposing, or of disposing of something; arrangement. 2. power or right to dispose of a thing; control: *left to his disposal*.
dispose /dəsˈpoʊz/ v.t. -**posed**, -**posing**. 1. to put in a particular or the proper order or arrangement; adjust by arranging the parts. 2. to put in a particular or suitable place. 3. to give a tendency or inclination to; incline: *to dispose someone to listen*. –phr. 4. **dispose of**, a. to deal with definitely: *to dispose of the matter*. b. to get rid of; dump: *to dispose of a corpse*. c. *Sport* to eliminate as a competitor. d. to make over or part with (property), as by gift or sale. –**disposable** adj. –**disposer** n.
disposition /dɪspəˈzɪʃən/ n. 1. mental or moral constitution; turn of mind. 2. mental inclination; willingness. 3. physical inclination or tendency. 4. power to dispose of a thing; control. –**dispositional** adj.
dispossess /dɪspəˈzes/ v.t. to put (a person) out of possession, especially of real property; oust. –**dispossession** n. –**dispossessor** n. –**dispossessory** /dɪspəˈzesəri/ adj.
disproportionate /dɪsprəˈpɔʃənət/ adj. not proportionate; out of proportion, as in size, number, etc. Also, **disproportional**. –**disproportion** n. –**disproportionately** adv. –**disproportionateness** n.
disprove /dɪsˈpruv/ v.t. -**proved**, -**proving**. to prove (an assertion, claim, etc.) to be false or wrong; refute; invalidate. –**disprovable** adj. –**disproval** n.
dispute /dəsˈpjut/ v. -**puted**, -**puting**. n. –v.i. 1. to engage in argument or discussion. 2. to argue vehemently; wrangle or quarrel. –v.t. 3. to argue or debate about; discuss. 4. to quarrel or fight about; contest. –n. 5. argumentation; verbal contention; a debate or controversy; a quarrel. –**disputable** adj. –**disputer** n.
disqualify /dɪsˈkwɒləfaɪ/ v. -**fied**, -**fying**. –v.t. 1. to deprive of qualification or fitness; render unfit; incapacitate. 2. to deprive of legal or other rights or privileges; pronounce unqualified. 3. *Sport* to deprive of the right to engage or compete in a match because the rules have been broken. –**disqualification** n.
disquiet /dɪsˈkwaɪət/ v.t. 1. to deprive of quiet, rest, or peace; disturb; make uneasy. –n. 2. lack of quiet; disturbance; unrest; uneasiness. –**disquietly** adv.
disregard /dɪsrəˈɡad/ v.t. 1. to pay no attention to; leave out of consideration. 2. to treat without due regard, respect, or attentiveness. –n. 3. lack of regard or attention; neglect. 4. lack of due or respectful regard. –**disregardful** adj. –**disregarder** n.
disrepair /dɪsrəˈpeə/ n. the state of being out of repair; impaired condition.
disreputable /dɪsˈrepjətəbəl/ adj. 1. not reputable; having a bad reputation. 2. discreditable; dishonourable. –**disreputability** /dɪsˌrepjətəˈbɪləti/,

disreputableness *n.* **–disreputably** *adv.*

disrepute /dɪsrə'pjut/ *n.* ill repute; discredit (usu. preceded by *in, into*): *this would bring the administration of justice into disrepute.*

disrespect /dɪsrə'spɛkt/ *n.* lack of respect; disesteem; rudeness.

disrobe /dɪs'roʊb/ *v.* **-robed, -robing.** *–v.i.* **1.** to undress. *–v.t.* **2.** to undress (someone). **–disrobement** *n.* **–disrober** *n.*

disrupt /dɪs'rʌpt/ *v.t.* **1.** to interrupt the continuity of: *the TV transmission was disrupted.* **2.** to cause disorder in: *to disrupt a meeting.* **–disruption** *n.* **–disrupter = disruptor** *n.*

dissatisfy /dɪs'sætəsfaɪ/ *v.t.* **-fied, -fying.** to make ill-satisfied, ill-pleased, or discontented. **–dissatisfaction** *n.*

dissect /də'sɛkt, daɪ-/ *v.t.* **1.** to cut apart (an animal body, plant, etc.) to examine the structure, relation of parts, or the like. **2.** to examine minutely part by part; analyse. **–dissectible** *adj.* **–dissector** *n.*

dissemble /də'sɛmbəl/ *v.* **-bled, -bling.** *–v.t.* **1.** to give a false semblance to; conceal the real nature of. **2.** to put on the appearance of; feign. *–v.i.* **3.** to conceal one's motives, etc., under some pretence; speak or act hypocritically. **–dissembler** *n.* **–dissemblingly** *adv.*

disseminate /də'sɛmənet/ *v.t.* **-nated, -nating.** to scatter, as seed in sowing; spread abroad; diffuse; promulgate. **–dissemination** /dəsɛmə'neɪʃən/ *n.* **–disseminative** *adj.* **–disseminator** *n.*

dissension /də'sɛnʃən/ *n.* **1.** violent disagreement; discord; a contention or quarrel. **2.** difference in sentiment or opinion; disagreement.

dissent /də'sɛnt/ *v.i.* **1.** (sometimes fol. by *from*) to differ in sentiment or opinion; disagree; withhold assent. *–n.* **2.** difference in sentiment or opinion. **–dissenter** *n.* **–dissenting** *adj.* **–dissentingly** *adv.*

dissertation /dɪsə'teɪʃən/ *n.* **1.** a written essay, treatise, or thesis. **2.** a formal discourse. **–dissertational** *adj.*

disservice /dɪs'sɜvəs/ *n.* harm; injury; an ill turn. **–disserviceable** *adj.*

dissident /'dɪsədənt/ *adj.* **1.** differing; disagreeing; dissenting. *–n.* **2.** someone who differs; a dissenter, especially against a particular political system.

dissimilar /dɪ'sɪmələ/ *adj.* not similar; unlike; different. **–dissimilarly** *adv.*

dissimulate /də'sɪmjəleɪt/ *v.* **-lated, -lating.** *–v.t.* **1.** to disguise or conceal under a false semblance; dissemble. *–v.i.* **2.** to use dissimulation; dissemble. **–dissimulative** /də'sɪmjələtɪv/ *adj.* **–dissimulator** *n.*

dissipate /'dɪsəpeɪt/ *v.* **-pated, -pating.** *–v.t.* **1.** to scatter in various directions; disperse; dispel; disintegrate. **2.** to scatter wastefully or extravagantly; squander. *–v.i.* **3.** to become scattered or dispersed; be dispelled; disintegrate. **4.** to indulge in extravagant, intemperate, or dissolute pleasure; practise dissipation. **–dissipater** *n.* **–dissipation** *n.* **–dissipative** *adj.*

dissociate /dɪ'soʊʃieɪt, -'soʊsieɪt/ *v.* **-ated, -ating.** *–v.t.* **1.** to sever the association of; disunite; separate. *–v.i.* **2.** to withdraw from association. Also, **disassociate.** **–dissociation** *n.* **–dissociative** /dɪ'soʊʃətɪv, -'soʊsiətɪv/ *adj.*

dissolute /'dɪsəlut/ *adj.* indifferent to moral restraints; given over to dissipation; licentious. **–dissolutely** *adv.* **–dissoluteness** *n.*

dissolution /dɪsə'luʃən/ *n.* **1.** the act of resolving into parts or elements. **2.** the undoing or breaking up of a tie, bond, union, etc. **3.** *Government* an order issued by the head of the state terminating a parliament and necessitating a new election. **4.** death or decease. **5.** a bringing or coming to an end; destruction. **–dissolutive** /'dɪsəlutɪv/ *adj.*

dissolve /də'zɒlv/ *v.* **-solved, -solving.** *–v.t.* **1.** to make a solution of in a solvent: *to dissolve sugar in water.* **2.** to undo (a tie or bond); break up (a connection, union, assembly, etc.). **3.** *Government* to order the termination of a parliament, usually at a regular interval, or in the event of the government being defeated. **4.** to bring to an end; destroy; dispel. *–v.i.* **5.** to become dissolved, as in a solvent: *Sugar dissolves in water.* **6.** to break up; disperse. **7.** to disappear gradually: *the figure dissolved into the mist.* **–dissolvability** /dəzɒlvə'bɪləti/, **dissolvableness** *n.* **–dissolvable** *adj.* **–dissolver** *n.*

dissonance /'dɪsənəns/ *n.* **1.** an inharmonious or harsh sound; discord. **2.** disagreement or incongruity. Also, **dissonancy.** **–dissonant** *adj.*

dissuade /dɪ'sweɪd/ *v.t.* **-suaded, -suading.** (sometimes fol. by *from*) to deter by advice or persuasion; persuade not to do something: *dissuade him from leaving home.* **–dissuader** *n.* **–dissuasion** *n.* **–dissuasive** *adj.*

distance /'dɪstns, 'dɪstəns/ *n.* **1.** the amount of space between things or points: *the distance between Sydney and Perth*; *we travelled a great distance.* **2.** the condition or fact of being distant; remoteness: *the distance of Sydney from Perth makes communication difficult.* **3.** any kind of gap or space: *the distance between ideas and action; the business has covered a lot of distance in a year.* **4.** the far part of a landscape, etc.: *the distance was covered in haze.* *–v.t.* **5.** to leave far behind, as in a race. **6.** to make distant, especially in feelings: *she distanced herself from them.* *–phr.* **7. go the distance,** to complete something. **8. keep one's distance,** to be reserved or aloof.

distant /'dɪstənt/ *adj.* **1.** far off or apart in space or time; remote: *a distant town.* **2.** separate or apart in space: *a place a kilometre distant.* **3.** far apart in any way: *a distant relative.* **4.** not friendly; reserved; aloof. **5.** to a distance: *a distant journey.* **–distantly** *adv.*

distaste /dɪs'teɪst/ *n.* dislike; disinclination. **–distasteful** *adj.*

distemper[1] /dɪs'tɛmpə/ *n.* **1.** *Veterinary Science* a specific infectious disease of young dogs caused by a filterable virus. **2.** deranged condition of mind or body; a disorder or disease. **3.** ill humour; discontent.

distemper[2] /dɪs'tɛmpə/ *n.* a water paint used for the decoration of interior walls and ceilings, especially one in which the binding medium consists essentially of glue, casein, or a similar sizing material.

distend /dəs'tɛnd/ *v.i.* **1.** to become stretched, or bloated; to swell, as something hollow or elastic. *–v.t.* **2.** to stretch apart or asunder. **3.** to exaggerate, or magnify the importance of. **–distensible** *adj.*

distil = distill /dəs'tɪl/ *v.* **-tilled, -tilling.** *–v.t.* **1.** to purify and concentrate (a liquid) by heating it to vapour, and then changing it back to liquid by condensation. **2.** to extract by distillation. **3.** to separate (*off* or *out*) by distillation: *to distil salt out of water.* **4.** to let fall or give forth in or as if in drops: *to distil wisdom.* *–v.i.* **5.** to undergo distillation. **6.** to fall in drops; trickle; exude. **–distillable** *adj.*

distillate /'dɪstələt, -leɪt/ *n.* **1.** the product obtained from the condensation of vapours in distillation. **2.** → **diesel oil.**

distillation /dɪstə'leɪʃən/ *n.* **1.** the volatilisation or evaporation and subsequent condensation of a liquid, as when water is boiled in a retort and the steam is condensed in a cool receiver. **2.** the purification or concentration of a substance; the

distillery obtaining of the essence or volatile properties contained in it, or the separation of one substance from another, by such a process. **3.** a product of distilling; a distillate. –**distillatory** /dəs'tɪlətəri, -tri/ adj.

distillery /dəs'tɪləri/ n. **-ries.** a place or establishment where distilling, especially the distilling of alcoholic spirits, is carried on.

distinct /dəs'tɪŋkt/ adj. **1.** (sometimes fol. by *from*) distinguished as not being the same; not identical; separate. **2.** different in nature or qualities; dissimilar. **3.** clear to the senses or intellect; plain; definite; unmistakable. **4.** distinguishing clearly, as the vision. **5.** more than usually notable; pronounced; effective: *her book is a distinct enrichment of our literature.* –**distinctly** adv. –**distinctness** n.

distinction /dəs'tɪŋkʃən/ n. **1.** a marking of something as different: *the distinction between the two sets of marks is plain.* **2.** the recognising or noting of differences; discrimination: *the distinction made between black and white peoples has had some sad results.* **3.** difference: *the distinction between psychology and psychiatry is not always fully understood.* **4.** a distinguishing characteristic: *he has the distinction of being the only one who always comes late.* **5.** a mark of special favour: *she was given the distinction of appearing on the platform with the leaders.* **6.** marked superiority; note; eminence: *a writer of distinction.* **7.** (in some universities, colleges, etc.) the highest grade awarded.

distinctive /dəs'tɪŋktɪv/ adj. distinguishing; serving to distinguish; characteristic. –**distinctively** adv. –**distinctiveness** n.

distinguish /dəs'tɪŋgwɪʃ/ v.t. **1.** (sometimes fol. by *from*) to mark off as different. **2.** to recognise as distinct or different; discriminate. **3.** to perceive clearly by sight or other sense; discern; recognise. **4.** to serve to separate as different; be a distinctive characteristic of; characterise. **5.** to make prominent, conspicuous, or eminent: *to distinguish oneself in battle.* **6.** to divide into classes; classify. –v.i. **7.** to recognise or note differences; discriminate. –*phr.* **8. distinguish between**, to indicate or show a difference between. –**distinguishable** adj. –**distinguishableness** n. –**distinguishably** adv. –**distinguisher** n. –**distinguishingly** adv.

distinguished /dəs'tɪŋgwɪʃt/ adj. **1.** conspicuous; marked. **2.** noted; eminent; famous. **3.** having an air of distinction; distingué.

distort /dəs'tɔt/ v.t. **1.** to twist awry or out of shape; make crooked or deformed. **2.** to pervert; misrepresent. –**distortion, distortedness** n. –**distorted** adj. –**distorter** n.

distract /dəs'trækt/ v.t. **1.** to draw away or divert, as the mind or attention. **2.** to divide (the mind, attention, etc.) between objects. **3.** to entertain; amuse; divert. **4.** to disturb or trouble greatly in mind. **5.** to rend by dissension or strife. –**distracted** adj. –**distractedly** adv. –**distracter** n. –**distracting** adj. –**distractingly** adv. –**distraction** n.

distraught /dəs'trɔt/ adj. **1.** distracted; bewildered; deeply agitated. **2.** crazed. –**distraughtly** adv.

distress /dəs'trɛs/ n. **1.** great pain, anxiety, or sorrow; acute suffering; affliction; trouble. **2.** acute poverty. **3.** physical exhaustion. –**distressful, distressing** adj. –**distressingly** adv.

distribute /dəs'trɪbjut/ v.t. **-uted, -uting. 1.** to divide and bestow in shares; deal out; allot. **2.** to disperse through a space or over an area; spread; scatter. **3.** to divide into parts of distinct character. –**distributable** adj.

distribution /dɪstrə'bjuʃən/ n. **1.** the act of distributing: *the distribution of presents made everyone happy.* **2.** the state or manner of being distributed: *an unfair distribution of wealth; the distribution of coniferous forests.* **3.** arrangement; classification: *distribution into types.* **4.** anything distributed: *a distribution to the poor.* **5.** the process by which goods reach consumers; process of selling a product: *some quality is lost in distribution.* **6.** *Economics* **a.** the division of the total income of any society among its members, or among the factors of production. **b.** the system of dispersing goods throughout a community. –**distributional** adj.

distributor = distributer /dəs'trɪbjətə/ n. **1.** a person or thing that distributes something. **2.** *Commerce* a person or firm engaged in the general distribution or marketing of some article or class of goods. **3.** *Machinery* a device in a multicylinder engine which distributes the igniting voltage to the sparking plugs in a definite sequence. **4.** *Australian* a major arterial road, usually a freeway, designed to take traffic quickly from the centre of the city towards the outer suburbs.

district /'dɪstrɪkt/ n. **1.** a region or locality. **2.** an area of land delineated for some administrative or other purpose.

distrust /dɪs'trʌst/ v.t. **1.** to feel distrust of; regard with doubt or suspicion. –n. **2.** lack of trust; doubt; suspicion. –**distrustful** adj. –**distruster** n.

disturb /də'stɜb/ v.t. **1.** to interrupt the quiet, rest, or peace of. **2.** to interfere with; interrupt; hinder. **3.** to throw into commotion or disorder; agitate; disorder; disarrange; unsettle. **4.** to perplex; trouble. –**disturber** n. –**disturbing** adj. –**disturbingly** adv.

disturbance /də'stɜbəns/ n. **1.** the act of disturbing. **2.** the state of being disturbed. **3.** an instance of this; commotion. **4.** an outbreak of disorder; a breach of public peace.

disuse /dɪs'jus/ n., /dɪs'juz/ v. **-used, -using.** –n. **1.** discontinuance of use or practice. –v.t. **2.** to cease to use.

ditch /dɪtʃ/ n. **1.** a long, narrow hollow made in the earth by digging, as one for draining or irrigating land; trench. **2.** any open passage or trench, as a natural channel or waterway. –v.t. **3.** *Colloquial* to get rid of; get away from. **4.** *Colloquial* to crash-land (an aeroplane), especially in the sea.

dither /'dɪðə/ n. **1.** a trembling; vibration. **2.** *Colloquial* a state of trembling excitement or vacillation. –v.i. **3.** to be vacillating; uncertain. **4.** to tremble with excitement or fear. –**dithering, dithery** adj.

ditto /'dɪtoʊ/ n. **-tos,** adv., v. **-toed, -toing.** –n. **1.** the aforesaid; the same (used in accounts, lists, etc., to avoid repetition). *Symbol:* "; *Abbrev.*: do. **2.** the same thing repeated. –adv. **3.** as already stated; likewise. –v.t. **4.** to duplicate; copy.

ditty /'dɪti/ n. **-ties. 1.** a poem intended to be sung. **2.** a short, simple song.

diuretic /ˌdaɪju'rɛtɪk/ adj. **1.** increasing the volume of the urine, as a medicinal agent. –n. **2.** a diuretic medicine or agent.

diurnal /daɪ'ɜnəl/ adj. **1.** occurring each day; daily. **2.** having to do with the daytime. **3.** active by day, as certain birds and insects. –**diurnally** adv.

divan /də'væn/ n. **1.** a low bed with no headboard or tailboard. **2.** a sofa or couch, especially one that can be converted into a bed for occasional use. **3.** (formerly) a council of state in Turkey and other Middle Eastern countries.

dive /daɪv/ v. **dived** *or Chiefly US* **dove, dived, diving,** n. –v.i. **1.** to plunge, especially head first, into water, etc. **2.** to go below the surface of the water, as a submarine. **3.** (of an aeroplane) to descend steeply. **4.** to penetrate suddenly into anything, as with the hand: *he dived into the box and brought out a pair of shoes; she dived into*

diver

her work. **5.** to dart; go out of sight: *the thief dived behind the cupboard.* –*n.* **6.** the act of diving. **7.** *Colloquial* a disreputable place, as for drinking, gambling, etc. **8.** a sharp drop or fall: *profits took a dive this week.*

diver /'daɪvə/ *n.* **1.** a person or thing that dives. **2.** someone who makes a business of diving, as for pearl oysters, to examine sunken vessels, etc. **3.** any of various birds which habitually dive, as loons, grebes, etc.

diverge /daɪ'vɜdʒ/ *v.i.* **-verged, -verging. 1.** to move or lie in different directions from a common point; branch off. **2.** to differ in opinion or character; deviate. **3.** to digress, from a plan, discussion, etc.

diverse /daɪ'vɜs, 'daɪvɜs/ *adj.* **1.** of a different kind, form, character, etc.; unlike. **2.** of various kinds or forms; multiform. **–diversely** *adv.* **–diverseness** *n.*

diversify /daɪ'vɜsəfaɪ, də-/ *v.* **-fied, -fying.** –*v.t.* **1.** to make diverse, as in form or character; give variety or diversity to; variegate. **2.** to vary (investments); invest in different types of (securities). –*v.i.* **3.** to extend one's activities, especially in business, over more than one field. **–diversifiable** *adj.*

diversion /də'vɜʒən, daɪ-/ *n.* **1.** the act of diverting or turning aside, as from a course. **2.** a compulsory detour on a road or motorway, to avoid an obstacle, bottleneck, etc. **3.** distraction from business, care, etc.; recreation; entertainment; amusement; a pastime. **4.** *Military* a feint intended to draw off attention from the point of main attack. **–diversionary** *adj.*

diversity /də'vɜsəti, daɪ-/ *n.* **-ties. 1.** the state or fact of being diverse; difference; unlikeness. **2.** variety; multiformity. **3.** a point of difference.

divert /də'vɜt, daɪ-/ *v.t.* **1.** to turn aside from a path or course; deflect. **2.** to set (traffic) on a detour. **3.** to draw off to a different object, purpose, etc. **4.** to distract from serious occupation; entertain or amuse. **–diverter** *n.* **–divertible** *adj.*

diverticulum /daɪvə'tɪkjələm/ *n.* **-la** /-lə/. *Anatomy* a blind tubular sac or process, branching off from a canal or cavity, as the intestine. **–diverticular** *adj.*

divest /daɪ'vɛst/ *v.t.* **1.** to strip of clothing etc.; disrobe. **2.** to strip or deprive of anything; dispossess.

divide /də'vaɪd/ *v.* **-vided, -viding,** *n.* –*v.t.* **1.** to separate into parts; split up: *a river divides the city; all that backbiting has divided the staff.* **2.** to separate or part from each other or from something else; sunder; cut off. **3.** to deal out in parts; share; apportion: *to divide a cake; divide an estate; to divide time between work and play.* **4.** to separate in opinion or feeling; cause to disagree: *the tax issue divided Parliament.* **5.** to classify: *zoologists divide animals into families.* **6.** *Mathematics* to separate into equal parts by the process of division: *to divide 16 by 4.* **7.** *Parliamentary Procedure* to separate (a legislature, etc.) into two groups to find out the vote on a question. –*v.i.* **8.** to become divided or separated: *to divide into four parts; the staff divided over the issue.* **9.** to branch; diverge; fork: *the road divides three kilometres out of town.* **10.** *Mathematics* to do division. **11.** *Parliamentary Procedure* to vote by separating into two groups. –*n.* **12.** *Geography* a watershed: *the Great Divide.*

dividend /'dɪvədɛnd/ *n.* **1.** *Mathematics* a number to be divided by another number (the divisor). **2.** *Finance* **a.** a pro rata share in an amount to be distributed, as of a company's profits to shareholders. **b.** interest payable on public funds. **3.** a payment to creditors and shareholders in a liquidated company. **4.** a share of anything divided. **5.** the totalisator payout on a racing bet. **6.** *Colloquial* a good result or advantage: *the way I'm doing it is paying dividends.*

divider /də'vaɪdə/ *n.* **1.** a person or thing that divides something. **2.** (*plural*) a pair of compasses as used for dividing lines, measuring, etc.

divine /də'vaɪn/ *adj., v.* **-vined, -vining.** –*adj.* **1.** of or relating to God or a god. **2.** addressed or belonging to God; religious; sacred: *divine service.* **3.** coming from God: *the divine right of kings.* **4.** supremely good, great, etc.: *a person of divine beauty.* **5.** *Colloquial* excellent: *what a divine dress!* –*v.t.* **6.** to discover (water, metal, etc.) by a divining rod. **7.** to discover or tell (something unknown or the future), as by supernatural means; prophesy. **8.** to guess or make out (something) by conjecture: *to divine someone's intentions.* –*v.i.* **9.** to use or practise divination; prophesy. **10.** to have perception by intuition or insight; conjecture. **–divination** *n.* **–divinely** *adv.* **–divineness** *n.*

diving bell *n.* a hollow vessel filled with air under pressure, in which persons may work under water.

diving petrel *n.* any of various birds of the family Pelecanoididae, especially the common diving petrel, *Pelecanoides urinatrix*, a small, short-tailed bird, black above and white underneath, with brown eyes, black beak, and cobalt blue legs, common in south-eastern Australian seas.

divining rod *n.* a rod used in divining, especially a forked stick, commonly of hazel, said to tremble or move when held over a spot where water, metal, etc., is underground.

divinity /də'vɪnɪti/ *n.* **-ties. 1.** the quality of being divine; divine nature. **2.** a divine being; a god. **3.** the science of divine things; theology. **4.** godlike character; supreme excellence.

divisible /də'vɪzəbəl/ *adj.* capable of being divided. **–divisibility, divisibleness** *n.* **–divisibly** *adv.*

division /də'vɪʒən/ *n.* **1.** the act of dividing or the state of being divided; partition: *the division of a country after war.* **2.** a distribution; a sharing-out: *a just division of wealth.* **3.** *Mathematics* the opposite process to multiplication; the finding of a quantity (the quotient) which, when multiplied by a given quantity (the divisor), gives another given quantity (the dividend). *Symbol*: ÷. **4.** something that divides; a dividing line or mark: *the division between NSW and Qld.* **5.** a section, grouping or category: *all the players under 15 will be in A division.* **6.** a separation by difference of opinion or feeling; disagreement; dissension: *the divisions in our society are alarming.* **7.** *Government* the separation of the members of a legislature, etc., into two groups, in taking a vote. **8.** a semi-independent administrative unit in industry or government. **9.** a major military unit, larger than a regiment or brigade and smaller than a corps, usually commanded by a major general. **–divisional, divisionary** *adj.* **–divisionally** *adv.*

divisive /də'vɪzɪv, -'vaɪsɪv/ *adj.* **1.** forming or expressing division or distribution. **2.** creating division or discord. **–divisively** *adv.* **–divisiveness** *n.*

divisor /də'vaɪzə/ *n.* *Mathematics* **1.** a number by which another number (the dividend) is divided. **2.** a number contained in another given number a certain number of times, without a remainder.

divorce /də'vɔs/ *n., v.* **-vorced, -vorcing.** –*n.* **1.** the dissolution of the marriage contract. **2.** any formal separation of man and wife according to established custom. **3.** a complete separation of any kind. –*v.t.* **4.** to separate; cut off. **–divorceable** *adj.* **–divorcer** *n.*

divorcee /dəvɔ'si/ *n.* a divorced person.

divot /'dɪvət/ *n. Golf, Cricket, etc.* a piece of turf cut out with a club or bat making a stroke.

divulge /dəˈvʌldʒ, daɪ-/ *v.t.* **-vulged, -vulging.** to disclose or reveal (something private, secret, or previously unknown). **–divulgement** *n.* **–divulger** *n.* **–divulgence** *n.*

divvy /ˈdɪvi/ *n.* **-vies,** *v.* **-vied, -vying.** *Colloquial* –*n.* **1.** a dividend. **2.** (*plural*) rewards; profits; gains. –*v.t.* **3.** (sometimes fol. by *with*) to share. –*phr.* **4. divvy up, a.** to divide (something) into shares. **b.** to hand over portions as shares: *we'll divvy up tomorrow.*

dizzy /ˈdɪzi/ *adj.* **-zier, -ziest,** *v.* **-zied, -zying.** –*adj.* **1.** having an unpleasant feeling of spinning around, with a tendency to fall; giddy; vertiginous. **2.** bewildered; confused. **3.** causing a giddy feeling: *a dizzy height.* **4.** *Colloquial* foolish or stupid. –*v.t.* **5.** to make dizzy. **–dizzily** *adv.* **–dizziness** *n.*

DJ /ˈdi dʒeɪ, di ˈdʒeɪ/ *n.* someone who plays and announces recorded music, as on a radio program, at a disco, etc. Also, **disk jockey, deejay.**

DNA /di ɛn ˈeɪ/ *n.* one of a class of large molecules which are found in the nuclei of cells and in viruses and which are responsible for the transference of genetic characteristics, usually consisting of two interwoven helical chains of polynucleotides.

do /du/ *v. present singular 1* **do,** *2* **do,** *3* **does,** *plural* **do,** *past tense* **did,** *past pasticiple* **done,** *present participle* **doing,** *n.* –*v.t.* **1.** to perform (acts, duty, penance, a part, etc.). **2.** to accomplish; finish. **3.** to put forth; exert: *do your best.* **4.** to be the cause of (good, harm, credit, etc.); bring about; effect. **5.** to render (homage, justice, etc.). **6.** to deal with as the case may require: *to do meat; do the dishes.* **7.** to solve or find the answer to: *to do a maths problem.* **8.** to cover; traverse: *we did thirty kilometres today.* **9.** to travel at (a specified speed): *the car was doing 50 km/h.* **10.** to serve (a period of time in a prison). **11.** to make; create; form: *she will do your portrait.* **12.** to study: *he is doing German.* **13.** to visit as a tourist or sightseer: *they did Spain last year.* **14.** to provide; prepare: *this pub does lunches.* **15.** to spay or castrate (an animal). **16.** *Colloquial* to serve; suffice for: *this will do us for the present.* **17.** *Colloquial* to cheat or swindle. **18.** *Colloquial* to treat violently; beat up: *I'll do you.* **19.** *Australian, NZ Colloquial* to use up; expend: *he did his money at the races.* –*v.i.* **20.** to act, especially effectively; be in action. **21.** to behave or proceed (wisely, etc.). **22.** to get along or fare (well or ill); manage (with; without, etc.). **23.** to be as to health: *how are you doing?* **24.** to serve or be satisfactory, as for the purpose; suffice; be enough: *will this do?* –*v.* (*aux*) **25.** (used in interrogative, negative, and inverted constructions, in imperatives with *you* or *thou* expressed, and occasionally as a metric expedient in verse): *do you think so? I don't agree.* **26.** (used to lend emphasis to a principal verb): *do come!* **27.** (used to avoid repetition of a full verb or verb expression): *I think as you do; did you see him? I did.* –*n.* **28.** *Colloquial* a swindle. **29.** *Colloquial* a festivity or treat: *we're having a big do next week.* **30.** (*plural*) rules, customs, etc.: *dos and don'ts.* **31.** *NZ* a success: *make a do of something.* –*phr.* **32. can** (or **could**) **do with,** to require or be likely to benefit from: *I could do with more sleep.* **33. can** (or **could**) **do without,** to be better off without: *I could do without your sarcasm.* **34. do a (someone),** *Colloquial* to imitate or act in the manner of (someone): *he did a Whitlam.* **35. do away with, a.** to put an end to; abolish. **b.** to kill. **36. do by,** to deal; treat: *she did well by her employees.* **37. do for, a.** to accomplish the defeat, ruin, death, etc., of. **b.** to provide or manage for. **c.** *Colloquial* to cook and keep house for. **d.** *Colloquial* to charge with a certain offence: *I've been done for speeding again.* **38. do in,** *Colloquial* **a.** to kill; murder. **b.** to exhaust; tire out. **c.** to ruin. **39. do one's block** (or **nana**), *Colloquial* to lose one's temper. **40. do one's dough, a.** to lose money on a bad buy or bet. **b.** to throw away a last chance. **41. do one's thing,** *Colloquial* to act according to one's own self-image. **42. do or die,** to make a supreme effort. **43. do out of,** *Colloquial* to deprive, cheat, or swindle of. **44. do over, a.** to redecorate; renovate: *to do a room over.* **b.** to assault. **45. do someone proud,** *Colloquial* to treat someone lavishly. **46. do time,** to serve a term in prison. **47. do up, a.** to wrap and tie up. **b.** to fasten. **c.** to renovate. **48. do without, a.** to dispense with; give up: *I will do without sweets for Lent.* **b.** to manage without; cope without: *we can do without butter since we have margarine.* **49. have to do with,** to be connected with: *smoking has a lot to do with cancer.* **50. make do,** to get along with the resources available. **–doable** *adj.*

dob /dɒb/ *v.t.* **dobbed, dobbing.** *Colloquial* **1.** *Australian, NZ* to betray (someone), as by reporting for a misdemeanour. **2.** *Football* to kick, usually accurately, especially in shooting for goal: *he's dobbed another goal.* –*phr.* **3. dob in,** *Australian* **a.** to report (someone) for a misdemeanour. **b.** to nominate (someone absent) for an unpleasant task. **c.** to contribute money to a common fund: *we'll all dob in and buy him a present.* **d.** to contribute: *to dob in a fiver.* **4. dob on,** *Australian* to inform against; betray. **–dobber** *n.*

Doberman pinscher /ˌdoʊbəmən ˈpɪntʃə/ *n.* one of a breed of large smooth-coated terriers, usually black-and-tan or brown, with long forelegs, and wide hindquarters. Also, **Doberman.**

docile /ˈdoʊsaɪl/ *adj.* **1.** readily trained or taught; teachable. **2.** easily managed or handled; tractable. **–docilely** *adv.* **–docility** /doʊˈsɪləti/ *n.*

dock¹ /dɒk/ *n.* **1.** a wharf. **2.** the space or waterway between two piers or wharves, as for receiving a ship while in port. **3.** such a waterway, enclosed or open, together with the surrounding piers, wharves, etc. **4.** → **dry dock. 5.** a semi-enclosed structure which a plane, truck, etc., can enter for the purpose of loading, repair, maintenance, etc. –*v.t.* **6.** to bring into a dock; lay up in a dock. **7.** to put into a dry dock for repairs, cleaning, or painting. **8.** *Aerospace* to close and lock (one spacecraft) into another while in orbit. –*v.i.* **9.** to come or go into a dock or dry dock. **10.** *Aerospace* to close and lock two spacecraft together in orbit. –*phr.* **11. in dock,** *Colloquial* **a.** (of equipment, etc.) out of order and being fixed. **b.** (of a person) ill; laid up.

dock² /dɒk/ *n.* **1.** the solid or fleshy part of an animal's tail, as distinguished from the hair. **2.** the part of a tail left after cutting or clipping. –*v.t.* **3.** to cut off the end of (a tail, etc.). **4.** to deduct a part from (wages, etc.).

dock³ /dɒk/ *n.* an enclosed place in a courtroom where the accused is placed during trial.

dock⁴ /dɒk/ *n.* **1.** any of various plants of the genus *Rumex,* as *R. crispus* (**curled dock**) and *R. obtusifolius* (**broad-leaved dock**), mostly troublesome weeds with long taproots. **2.** any of various other plants, mostly coarse weeds.

docket /'dɒkət/ *n.* **1.** an official memorandum or entry of proceedings in a legal cause, or a register of such entries. **2.** a warrant certifying payment of customs duty. **3.** a receipt: *can I have a docket please?* –*v.t.* **4.** to endorse (a letter, etc.) with a memorandum.

dockyard /'dɒkjad/ *n.* a naval establishment containing docks, shops, warehouses, etc., where ships are built, fitted out, and repaired.

doctor /'dɒktə/ *n.* **1.** a person licensed to practise medicine, or some branch of medicine; a physician or medical practitioner other than a surgeon. **2.** a person who has received the highest degree conferred by a university. **3.** (*cap.*) (a conventional title of respect for such a person). **4.** *Australian* a strong, fresh breeze, as the Albany, Esperance, Fremantle doctor. –*v.t.* **5.** *Colloquial* to tamper with; falsify; adulterate. **6.** *Colloquial* to castrate or spay. –*v.i.* **7.** to practise medicine. –*phr.* **8. go for the doctor, a.** to bet all one's money on a race. **b.** to make an all-out effort that consumes all one's resources or lacks all restraint. **9. just what the doctor ordered,** *Colloquial* something agreeable; the perfect solution. –**doctoral** *adj.*

doctorate /'dɒktərət/ *n.* the degree of doctor.

doctrinaire /dɒktrə'nεə/ *n.* **1.** someone who tries to apply some doctrine or theory without a sufficient regard to practical considerations; an impractical theorist. –*adj.* **2.** dogmatic. **3.** theoretical and unpractical. **4.** of a doctrinaire. –**doctrinarism** *n.* –**doctrinarian** *n.*

doctrine /'dɒktrən/ *n.* **1.** a particular moral or religious principle taught or advocated. **2.** teachings collectively. **3.** a body or system of teachings relating to a particular subject. –**doctrinism** *n.*

document /'dɒkjəmənt/ *n.*, /'dɒkju,mεnt/ *v.* –*n.* **1.** a written or printed paper furnishing information or evidence, a legal or official paper. –*v.t.* **2.** to furnish with documents, evidence, or the like. **3.** to support by documentary evidence. **4.** to record, give an account of: *an attempt to document the period.* –**documentation** *n.*

documentary /dɒkju'mεntəri, -tri/ *adj., n.* **-ries.** –*adj.* **1.** Also, **documental** /dɒkju'mεntl/. relating to, consisting of, or derived from documents. –*n.* **2.** a factual presentation of a real event, person's life, etc., in a television or radio program, film, etc.

dodder /'dɒdə/ *v.i.* to shake; tremble; totter. –**dodderer** *n.* –**doddery** *adj.*

doddle /'dɒdl/ *n. Colloquial* something which can be accomplished with little effort; walkover: *this course is a real doddle.*

dodeca- a word element meaning 'twelve'. Also (*before vowels*), **dodec-**.

dodge /dɒdʒ/ *v.* **dodged, dodging,** *n.* –*v.i.* **1.** to move aside or change position suddenly, as to avoid a blow or to get behind something. **2.** to use evasive methods; prevaricate. –*v.t.* **3.** to elude by a sudden shift of position or by strategy. –*n.* **4.** an act of dodging; a spring aside.

dodgy /'dɒdʒi/ *adj.* **1.** artful. **2.** *Colloquial* tricky; awkward; unreliable.

dodo /'doudou/ *n.* **-does** *or* **-dos.** –*n.* **1.** a clumsy flightless bird of the genera *Raphus* and *Pezophaps*, about the size of a goose, formerly inhabiting the islands of Mauritius, Réunion, and Rodriguez, but now extinct. **2.** *Colloquial* a silly or slow-witted person. –*phr.* **3. dead as a dodo,** *Colloquial* inanimate and beyond possibility of revival.

doe /dou/ *n.* **1.** the female of the deer and antelope. **2.** the female of certain other animals, such as the kangaroo, goat, and rabbit.

does /dʌz/ *weak form* /dəz/ *v.* **1.** 3rd person singular present indicative of **do**[1]. –*phr.* **2. that does it,** (an exclamation indicating exasperation, defeat, etc.).

doesn't /'dʌzənt/ *v.* contraction of *does not.*

doff /dɒf/ *v.t.* **1.** to put or take off, as dress. **2.** to remove (the hat) in salutation. –**doffer** *n.*

dog /dɒg/ *n., v.* **dogged, dogging.** –*n.* **1.** a domesticated carnivore, *Canis familiaris*, bred in a great many varieties. **2.** any animal belonging to the same family, Canidae, including the wolves, jackals, foxes, etc. **3.** the male of such an animal (opposed to *bitch*). **4.** a despicable fellow. **5.** *Colloquial* an unattractive woman: *she's a real dog.* **6.** *Colloquial* something which is disappointing or unsuccessful: *he's produced some good films as well as a few dogs.* **7.** any of various mechanical devices, as for gripping or holding something. **8.** an andiron. **9.** (*plural*) *Colloquial* feet. –*v.t.* **10.** to follow or track constantly like a dog; hound; worry; plague: *he was dogged by misfortune.* –*phr.* **11. a dog tied up,** *Colloquial* an outstanding account. **12. gay dog,** *Colloquial* a rakish, possibly dissolute man. **13. go to the dogs,** *Colloquial* to go to ruin. **14. lame dog,** an unfortunate person; a helpless person. **15. lead a dog's life,** to have a harassed existence; to be continuously unhappy. **16. let sleeping dogs lie,** to refrain from action which might alter the existing situation. **17. put on (the) dog,** to behave pretentiously; put on airs. **18. the dogs,** *Colloquial* greyhound racing.

dogbox /'dɒgbɒks/ *n.* **1.** a compartment in a passenger train or tram to which there is no access by corridor from other compartments within the carriage. **2.** *NZ Colloquial* cramped quarters; a kennel-like room. –*phr.* **3. in the dogbox,** *NZ Colloquial* (sometimes fol. by *with*) in disfavour.

dog-collar /'dɒg-kɒlə/ *n.* **1.** a collar to identify or control a dog. **2.** a stiff collar, fastened behind, worn by certain members of the clergy or priests; a clerical collar. **3.** → **choker** (def. 2).

dog-ear /'dɒg-ɪə/ *n.* the corner of a page in a book folded over like a dog's ear, as by careless use or to mark a place. –**dog-eared** *adj.*

dogfight /'dɒgfaɪt/ *n.* **1.** a fierce fight between two dogs. **2.** a violent engagement of fighter planes at close quarters. **3.** any rough-and-tumble physical battle.

dogged /'dɒgəd/ *adj.* having the pertinacity of a dog; obstinate. –**doggedly** *adv.* –**doggedness** *n.*

doggerel /'dɒgərəl/ *adj.* **1.** (of verse) comic or burlesque, and usually loose or irregular in measure. –*n.* **2.** doggerel verse.

doggo /'dɒgou/ *adv. Colloquial* **1.** out of sight. –*phr.* **2. lie doggo,** to hide; remain in concealment.

dogleg /'dɒglεg/ *n.* **1.** an angle in a road, track, etc., resembling that of a dog's hind leg. –*adj.* **2.** Also, **dog-legged.** having such a bend.

dogma /'dɒgmə/ *n.* **-mas** *or* **-mata** /-mətə/. **1.** a system of principles or tenets, as of a church. **2.** a tenet or doctrine authoritatively laid down, as by a church. **3.** prescribed doctrine. **4.** a settled opinion; a belief; a principle.

dogmatic /dɒg'mætɪk/ *adj.* **1.** having to do with a dogma or dogmas; doctrinal. **2.** asserting opinions in an authoritative, positive, or arrogant manner; positive; opinionated. Also, **dogmatical.** –**dogmatically** *adv.*

dog paddle *n.* a simple, very slow swimming stroke, in which the arms and legs are flicked below water.

doily /'dɔɪli/ *n.* **-lies.** a small ornamental mat, as of embroidery or lace, paper or plastic, often placed under cakes, sandwiches, etc., on a plate. Also, doiley.

Dolby system /'dɒlbi sɪstəm/ *n.* either of two systems, Dolby A and Dolby B, by means of which noise is reduced in recording and playback of magnetic tapes; Dolby A treats all sections of the sound spectrum while Dolby B treats only the high frequency end of the spectrum.

doldrums /'dɒldrəmz/ *pl. n.* **1. a.** the region of relatively calm winds near the equator. **b.** the calms or weather variations characteristic of those parts. *–phr.* **2. in the doldrums**, in a period of dullness, depression, etc.

dole /doʊl/ *n., v.* **doled, doling.** *–n.* **1.** a portion of money, food, etc., given, especially in charity or for maintenance. **2.** a dealing out or distributing, especially in charity. **3.** a payment by a government to an unemployed person. *–v.t.* **4.** to distribute in charity. *–phr.* **5. dole out**, to give out sparingly or in small quantities. **6. go** (or **be**) **on the dole**, to receive the dole (def. 3).

dole bludger *n. Australian, NZ Colloquial* **1.** someone who is unemployed and lives on social security benefits without making proper attempts to find employment. **2.** (*derogatory*) any person on social security benefits.

doleful /'doʊlfəl/ *adj.* full of grief; sorrowful; gloomy. **–dolefully** *adv.* **–dolefulness** *n.*

doll /dɒl/ *n.* **1.** a toy puppet representing a child or other human being; a child's toy baby. **2.** a pretty but expressionless or unintelligent woman. **3.** *Colloquial* an attractive woman, especially one who is young. *–phr.* **4. doll up**, *Colloquial* **a.** to dress (someone or oneself) in a smart or showy manner: *all dolled up in satin*. **b.** to dress (oneself) up rather too smartly or too much. **–dollish** *adj.* **–dollishly** *adv.* **–dollishness** *n.*

dollar /'dɒlə/ *n.* **1.** the monetary unit of Australia, equal to 100 cents. *Symbol*: $ **2.** any of various monetary units elsewhere, as in the US, Hong Kong, Singapore, Brunei, etc. **3.** *Malaysian English Colloquial* → **ringgit**. *–phr.* **4. big dollars**, *Colloquial* a large amount of money. **5. bottom dollar**, the last of one's money: *down to his bottom dollar*.

dollar bird *n.* a migratory, insectivorous bird, *Eurystomus orientalis*, having conspicuous pale round patches on the underwings, breeding in summer in Australia and wintering in the Moluccas and the Bismarck Archipelago.

dollop /'dɒləp/ *n. Colloquial* a lump; a mass.

dolly /'dɒli/ *n.* **-lies. 1.** a child's name for a doll. **2. a.** a low truck with small wheels for moving loads too heavy to be carried by hand. **b.** *Film, TV* a small, mobile platform for carrying cameras, directors, etc., and often running on tracks. **3.** Also, **dolly bird**. *Colloquial* a woman, especially a young, attractive one, who is not particularly intelligent. *–phr.* **4. up to dolly's wax**, *Australian, NZ* up to the neck (where a doll's wax head began), in the sense of full of food.

dolmen /'dɒlmən/ *n.* an ancient structure, usually regarded as a tomb, consisting of two or more large upright stones set with a space between and capped by a horizontal stone. Compare **cromlech**.

dolomite /'dɒləmaɪt/ *n.* **1.** a very common mineral, calcium magnesium carbonate, $CaMg(CO_3)_2$, occurring in crystals and in masses (called **dolomite marble** when coarse-grained). **2.** a rock consisting essentially or largely of this mineral. **–dolomitic** /dɒlə'mɪtɪk/ *adj.*

dolorous /'dɒlərəs/ *adj.* expressing pain or sorrow. **–dolorously** *adv.* **–dolorousness** *n.*

dolour = **dolor** /'dɒlə, 'doʊlə/ *n.* sorrow or grief.

dolphin /'dɒlfən/ *n.* any of various cetaceans of the family Delphinidae, some of which are commonly called porpoises, especially *Delphinus delphis*, which has a long, sharp nose and abounds in the Mediterranean and the temperate Atlantic. **2.** either of two fishes of tropical and temperate seas *Coryphaena hippurus* and *C. equisetis*, noted for their rapid colour changes when dying.

dolt /doʊlt/ *n.* a dull, stupid person; a blockhead. **–doltish** *adj.* **–doltishly** *adv.* **–doltishness** *n.*

-dom a noun suffix meaning: **1.** domain, as in *kingdom*. **2.** collection of persons, as in *officialdom*. **3.** rank or station, as in *earldom*. **4.** general condition, as in *freedom*.

domain /də'meɪn/ *n.* **1.** *Law* ownership and control over the use of land. **2.** a field of activity, knowledge, etc.: *the domain of commerce; the domain of science*. **3.** a region with specific characteristics, types of growth, animal life, etc. **4.** *Physics* a small region of ferromagnetic substance in which the atoms or molecules have a common direction of magnetic effect. **5.** *Mathematics* (of a function) the set of values of the independent variables for which the function is defined.

dome /doʊm/ *n., v.* **domed, doming.** *–n.* **1.** *Architecture* a large, hemispherical, approximately hemispherical, or spheroidal vault, its form produced by rotating an arch on its vertical radius. **2.** anything shaped like a dome. **3.** *Colloquial* a person's head. *–v.i.* **4.** to rise or swell as a dome. **–domelike** *adj.*

domestic /də'mɛstɪk/ *adj.* **1.** of or relating to the home, the household, or family. **2.** enjoying home life or matters. **3.** living with humans; tame: *domestic animals*. **4.** belonging, existing, or produced within a country; not foreign. *–n.* **5.** a hired household servant. **6.** *Colloquial* an argument with one's spouse or another member of the household. **–domestically** *adv.*

domesticate /də'mɛstəkeɪt/ *v.t.* **-cated, -cating. 1.** to convert to domestic uses; tame. **2.** to attach to home life or affairs. **3.** to cause to be or feel at home; naturalise. **–domestication** /dəmɛstə'keɪʃən/ *n.* **–domesticator** *n.* **–domesticity** *n.*

domestic violence *n. Law* personal violence committed by one member or former member of a household against another.

domicile /'dɒməsaɪl/ *n., v.* **-ciled, -ciling.** *–n.* **1.** a place of residence; an abode; a house or home. **2.** *Law* a permanent legal residence. *–v.i.* **3.** (sometimes fol. by *at, in*, etc.) to have one's domicile; dwell.

dominant /'dɒmənənt/ *adj.* **1.** ruling; governing; controlling; most influential. **2.** occupying a commanding position: *the dominant points of the globe*. **3.** main; major; chief: *steel production is the dominant industry in our town*. *–n.* **4.** *Genetics* a hereditary character resulting from a gene with a greater biochemical activity than another, termed the recessive. The dominant masks the recessive. **–dominantly** *adv.*

dominate /'dɒmənəɪt/ *v.* **-nated, -nating.** *–v.t.* **1.** to rule over; govern; control. **2.** to tower above; overshadow. *–v.i.* **3.** to rule; exercise control; predominate. **4.** to occupy a commanding position. **–dominator** *n.* **–dominative** *adj.*

domination /dɒmə'neɪʃən/ *n.* **1.** the act of dominating. **2.** rule or sway, often arbitrary. **3.** *Theology* a member of the fourth order of angels. See **angel** (def. 1).

domineer /dɒmə'nɪə/ *v.i.* **1.** to govern arbitrarily; tyrannise. **2.** to command haughtily; behave arrogantly. **3.** to tower (over or above). *–v.t.* **4.** to rule or command (someone) arrogantly or arbitrarily. **–domineering** *adj.*

dominion /də'mɪnjən/ *n.* **1.** the power or right of governing and controlling; sovereign authority. **2.** rule or sway; control or influence. **3.** a territory, usually of considerable size, in which a single rulership holds sway. **4.** lands or domains subject to sovereignty or control. **5.** *Theology* → **domination** (def. 3).

domino /ˈdɒmənoʊ/ *n.* **-noes. 1.** (*plural construed as singular*) any of various games played with flat, oblong pieces of ivory, bone, or wood, the face of which is divided into two parts, each left blank or marked with pips, usually from one to six. **2.** one of these pieces.

domino theory *n.* a theory that a particular political development or event in one country will lead to its repetition in others, as a Communist takeover of one South-East Asian country leading to a similar takeover of neighbouring countries.

don[1] /dɒn/ *n.* **1.** (*cap.*) a Spanish or Italian title prefixed to the given name of a man of a high rank. **2.** a Spanish lord or gentleman. **3.** a person of great importance. **4.** (in British universities) a head, fellow, or tutor of a college. **5.** the leader of a Mafia family.

don[2] /dɒn/ *v.t.* **donned, donning.** to put on (clothing, etc.).

donate /doʊˈneɪt/ *v.t.* **-nated, -nating.** to present as a gift; make a gift or donation of, as to a fund or cause. **–donator** *n.*

done /dʌn/ *v.* **1.** past participle of **do**[1]. *–adj.* **2.** executed; completed; finished; settled. **3.** cooked. **4.** worn out; used up. **5.** in conformity with fashion and good taste. *–interj.* **6.** (an exclamation signifying that something has been agreed upon, settled, etc.). *–phr.* **7. done for,** *Colloquial* **a.** dead. **b.** close to death. **c.** utterly exhausted. **d.** deprived of one's means of livelihood, etc.; ruined. **8. done in,** *Colloquial* very tired; exhausted. **9. done out of,** *Colloquial* cheated of. **10. done up,** *Colloquial* **a.** dressed smartly. **b.** finished; ruined. **11. get done,** *Colloquial* to be beaten, as in a contest or fight: *the Tigers got done last Saturday*. **12. have** (or **be**) **done with,** to finish relations or connections with. **13. not done,** generally frowned upon; not acceptable.

donga /ˈdɒŋɡə/ *n. Australian* **1.** a shallow gully or dried-out watercourse. **2.** a makeshift shelter.

donkey /ˈdɒŋki/ *n.* **-keys.** *–n.* **1.** a domesticated ass, *Equus asinus*, used as a beast of burden. **2.** a stupid, silly or obstinate person. *–adj.* **3.** *Machinery* auxiliary: *donkey pump*. *–phr.* **4. donkey's years** (or **ages**), a long time.

donkey vote *n.* (in a compulsory preferential system of voting) a vote in which the voter's apparent order of preference among the candidates listed on the ballot paper corresponds with the order in which the names appear in the list, so that he or she probably is not expressing any preference at all.

donnybrook /ˈdɒnibrʊk/ *n.* a fight or argument; a brawl. Also, **donneybrook**.

donor /ˈdoʊnə/ *n.* **1.** someone who gives or donates something. **2.** *Medicine* **a.** a person or animal that furnishes blood for transfusion. **b.** someone who furnishes body organs, as a kidney or heart, for transplant surgery. **3.** *Law* someone who gives property by gift, legacy, or devise, or who confers a power of appointment.

don't /doʊnt/ *v.* contraction of *do not*.

doodle /ˈdudl/ *v.* **-dled, -dling.** *–v.t.* **1.** to draw (a design, figure, etc.) while preoccupied. *–v.i.* **2.** to scribble idly. *–n.* **3.** a scribbled design, figure, etc., drawn idly.

doom /dum/ *n.* **1.** a terrible fate. **2.** ruin; death. **3.** a judgment or sentence, especially an unfavourable one. *–v.t.* **4.** to destine, especially to a terrible fate. **5.** to pronounce judgment against; condemn.

doona /ˈdunə/ *n. Australian* → **continental quilt.**

door /dɔ/ *n.* **1.** a movable barrier of wood or other material, commonly turning on hinges or sliding in a groove, for closing and opening a passage or opening into a building, room, cupboard, etc. **2.** a doorway. **3.** the building, etc., to which a door belongs: *two doors down the street.* **4.** any means of approach or access, or of exit. *–phr.* **5. lay something at someone's door,** to attribute something to someone; to impute blame for something to someone. **6. next door to, a.** in the next house to. **b.** very near; bordering upon. **7. out of doors,** in the open air; outside a building. **8. show someone the door,** to dismiss someone from the house; turn someone out. **9. the door,** the takings from a show's ticket sales at the door.

doover /ˈduvə/ *n. Australian Colloquial* any object (often used jocularly in place of the usual name). Also, **doovah, doofer.**

dope /doʊp/ *n., v.* **doped, doping.** *Colloquial* *–n.* **1.** any drug, especially a narcotic. **2.** information. **3.** a stupid person. *–v.t.* **4.** to affect with dope or drugs (often fol. by *up*): They doped the horses before the race. **–doper** *n.*

Doppler effect /ˈdɒplər əfekt/ *n.* the apparent change in frequency and wavelength of a train of sound or light waves if the distance between the source and the receiver is changing.

dork /dɔk/ *n. Colloquial* a fool, especially someone who is physically or socially clumsy or inept.

dormant /ˈdɔmənt/ *adj.* **1.** lying asleep or as if asleep; inactive as in sleep; torpid. **2.** in a state of rest or inactivity; quiescent; inoperative; in abeyance.

dormer /ˈdɔmə/ *n.* **1.** Also, **dormer window.** a vertical window in a projection built out from a sloping roof. **2.** the whole projecting structure.

dormitory /ˈdɔmətri/ *n.* **-ries. 1.** a room for sleeping, usually large and containing many beds, sometimes in cubicles, for the inmates of a school or other institution. **2.** Also, **dormitory suburb.** a suburb in which a high proportion of the inhabitants are commuters.

dormouse /ˈdɔmaʊs/ *n.* **dormice** /ˈdɔmaɪs/. any of the small, furry-tailed rodents of Europe, Asia, and Africa which constitute the family Gliridae, resembling small squirrels in appearance and habits.

dorothy dixer /ˌdɒrəθi ˈdɪksə/ *n. Colloquial* a question asked in parliament specifically to allow a propagandist reply by a minister.

dorsal /ˈdɔsəl/ *adj.* **1.** *Zoology* having to do with the back, as of an organ or part: *dorsal nerves.* **2.** *Botany* having to do with to the surface away from the axis, as of a leaf; abaxial. **–dorsally** *adv.*

dorsi- a combining form of **dorsal, dorsum,** as in *dorsiferous.* Also, **dorso-**.

dory[1] /ˈdɔri/ *n.* **-ries.** a small boat with a flat bottom and flaring sides.

dory[2] /ˈdɔri/ *n.* **-ries.** one of several species of flattened, deep-bodied, spiny-rayed, marine food fish, especially *Zeus australis*.

dosage /ˈdoʊsɪdʒ/ *n.* **1.** the administration of medicine in doses. **2.** the amount of a medicine to be given.

dose /doʊs/ *n.* **1.** a quantity of medicine prescribed to be taken at one time. **2.** a definite quantity of anything analogous to medicine, especially of something nauseous or disagreeable.

doss /dɒs/ *Colloquial* *–n.* **1.** a place to sleep, especially in a cheap lodging house. *–v.i.* **2.** Also, **doss down.** to make a temporary sleeping place for oneself. **–dosshouse** *n.*

dossier /ˈdɒsiə/ *n.* a bundle of documents on the same subject, especially information about a particular person.

dot /dɒt/ *n., v.* **dotted, dotting.** *–n.* **1.** a minute or small spot on a surface; a speck. **2.** a small,

dotage

roundish mark made with or as with a pen. **3.** *Music* **a.** a point placed after a note or rest, to indicate that the duration of the note or rest is to be increased one half. A double dot further increases the duration by one half the value of the single dot. **b.** a point placed under or over a note to indicate that it is to be played staccato, i.e., shortened. **4.** *Telegraphy* a signal of shorter duration than a dash, used in groups of dots, dashes, and spaces, to represent letters in Morse or a similar code. **5.** a full stop; a decimal point. –*v.t.* **6.** to mark with or as with a dot or dots. **7.** to stud or diversify, as dots do. –*phr.* **8. dot and carry one**, *Colloquial* **a.** to walk with a limp. **b.** (in simple mathematics) to set down the unit and carry over the tens to the next column. **9. dot one's i's and cross one's t's**, *Colloquial* to pay particular attention to detail. **10. in the year dot**, *Colloquial* long ago. **11. on the dot**, *Colloquial* punctual; exactly on time. –**dotter** *n.*

dotage /'doʊtɪdʒ/ *n.* **1.** feebleness of mind, especially resulting from old age; senility. **2.** excessive fondness; foolish affection.

dote /doʊt/ *v.i.* **doted, doting. 1.** to be weak-minded, especially from old age. –*phr.* **2. dote on** (or **upon**), to bestow excessive love or fondness on. –**doter** *n.*

dot-matrix printer *n.* a printer which composes each character out of a series of dots produced by a stylus which moves across the paper.

dotty /'dɒti/ *adj.* **-tier, -tiest. 1.** *Colloquial* crazy; eccentric. **2.** marked with dots; placed like dots.

double /'dʌbəl/ *det., adj., pron., n., v.* **-led, -ling,** *adv.* –*det.* **1.** twice as great, heavy, strong, etc.: *double pay.* –*adj.* **2.** twofold in form, size, amount, extent, etc.; of extra size or weight: *a double blanket.* **3.** composed of two like parts or members; paired: *a double cherry.* **4.** *Botany* (of flowers) having the number of petals greatly increased. **5.** (of musical instruments) producing a tone an octave lower than the notes indicate. **6.** twofold in character, meaning, or conduct; ambiguous: *a double interpretation.* **7.** deceitful; hypocritical; insincere. **8.** folded over once; folded in two; doubled. **9.** duple, as time or rhythm. –*pron.* **10.** a twofold size or amount; twice as much. –*n.* **11.** a duplicate; a counterpart. **12.** a sudden backward turn or bend. **13.** *Film, etc.* a substitute actor who takes another's place, as in difficult or dangerous scenes. **14.** *Theatre* an actor with two parts in one play. **15.** *Tennis* two successive faults in serving. **16.** (in darts) **a.** a narrow space between two parallel circles on the outer edge of a dartboard. **b.** a throw which places a dart there. **17.** a bet on two horses, in different races, any winnings and the stake from the first bet being placed on the second horse. **18.** Also, **dub.** a ride obtained from being doubled (def. 25); dink. –*v.t.* **19.** to make double or twice as great: *to double a sum; to double a size.* **20.** *Film, etc.* to act as a double or substitute for (another actor). **21.** to be or have twice as much as. **22.** (sometimes fol. by *over, up, back*, etc.) to bend or fold with one part upon another. **23.** to clench (the fist). **24.** to sail or go round: *to double Cape Horn.* **25.** Also, **dub.** to convey as a second person on a horse, bicycle, or motorcycle; dink. –*v.i.* **26.** to become double. **27.** (sometimes fol. by *up*) to double a stake in gambling or the like. **28.** (sometimes fol. by *up*) to bend or fold. **29.** *Military* to march at the double-time pace. **30. a.** *Theatre* to play two stage roles in a small company. **b.** *Music* to play two instruments in a band. –*adv.* **31.** twofold; doubly. –*phr.* **32. at** (or **on**) **the double, a.** *Colloquial* fast; quickly; at a run. **b.** in double time, as in marching troops. **33. double back**, to turn back on a course. **34. double or quits**, *Colloquial* **a.** a bet in which a debt is doubled if the debtor loses, or discharged if the debtor wins. **b.** any of various gambling games based on this principle. **35. double up**, to share quarters, etc. **36. live** (or **lead**) **a double life**, to conduct one's life in an apparently blameless fashion while secretly involved in a dishonourable, immoral, or socially disapproved activity. –**doubleness** *n.* –**doubler** *n.* –**doubly** *adv.*

double agent *n.* a secret agent working simultaneously for two opposed countries, companies, etc., usually without either knowing of the agent's association with the other.

double bass *n.* **1.** Also, **string bass**. the largest instrument of the violin family, having four strings and played resting vertically on the floor. **2.** → **contrabass**.

double-breasted /'dʌbəl-brɛstəd/ *adj.* (of a garment) overlapping sufficiently to form two thicknesses of considerable width on the breast. See **single-breasted**.

double chin *n.* a fold of fat beneath the chin.

doublecross /dʌbəl-'krɒs/ *v.t. Colloquial* to prove treacherous to; betray. –**double-crosser** *n.*

double dissolution *n. Australian Government* the simultaneous dissolving by the governor or governor-general of both houses of parliament prior to the calling of a general election, used as a means of resolving the situation where the upper house consistently opposes the intentions of the lower house.

double-dutch /dʌbəl-'dʌtʃ/ *n. Colloquial* nonsense; gibberish; incomprehensible speech.

double happy *n. NZ* a firecracker.

double-jointed /dʌbəl-'dʒɔɪntəd/ *adj.* having unusually flexible joints which enable the appendages and spine to curve in extraordinary ways.

double negative *n. Grammar* a combination of two negative elements in a construction.

double standard *n.* **1.** a code of sexual morality more lenient towards men than towards women. **2.** any rule, judgment, principle, etc., which permits greater freedom to one person or group than to another.

doublet /'dʌblət/ *n.* **1.** a close-fitting outer body garment, with or without sleeves, formerly worn by men. **2.** a pair of like things; a couple. **3.** one of a pair of like things; a duplicate.

double take *n.* a second look, either literal or figurative, given to a person, event, etc., whose significance is suddenly understood.

doubletalk /'dʌbəltɔk/ *n. Colloquial* **1.** speech using nonsense syllables together with words in a rapid patter. **2.** evasive or ambiguous language.

double time *n.* **1.** double wages paid to persons who remain at work on certain occasions, such as public holidays, etc. **2.** *US Army* the fastest rate of marching troops, a slow jog in which 180 paces are taken in a minute. –*phr.* **3. in double time**, with speed; quickly.

doubt /daʊt/ *v.t.* **1.** to be uncertain in opinion about; hold questionable; hesitate to believe. **2.** to distrust. –*v.i.* **3.** to feel uncertainty as to something; be undecided in opinion or belief. –*n.* **4.** undecidedness of opinion or belief; a feeling of uncertainty. **5.** distrust; suspicion. **6.** a state of affairs such as to occasion uncertainty. –*phr.* **7. beyond a shadow of doubt**, for certain; definitely. **8. in doubt**, in uncertainty; in suspense. **9. without doubt**, without question; certainly. –**doubtable** *adj.* –**doubter** *n.* –**doubtingly** *adv.*

doubtful /'daʊtfəl/ *adj.* **1.** admitting of or causing doubt; uncertain; ambiguous. **2.** of uncertain issue. **3.** of questionable character. **4.** undecided in opinion or belief; hesitating. –**doubtfully** *adv.* –**doubtfulness** *n.*

doubtless /ˈdaʊtləs/ *adv.* **1.** without doubt; unquestionably. **2.** probably or presumably. –**doubtlessly** *adv.* –**doubtlessness** *n.*

douche /duʃ/ *n.* a jet or current of water applied to a body part, organ, or cavity for medicinal, hygienic, or contraceptive purposes.

dough /doʊ/ *n.* **1.** flour or meal combined with water, milk, etc., in a mass for baking into bread, cake, etc. **2.** any soft, pasty mass. **3.** *Colloquial* money. –*phr.* **4. do one's dough,** *Colloquial* to lose one's money, especially in some speculation or gamble.

doughnut /ˈdoʊnʌt/ *n.* Also, **donut**. a small ring-shaped cake of sweetened or, sometimes, of unsweetened dough fried in deep fat.

doughty /ˈdaʊti/ *adj.* **-tier, -tiest**. strong; hardy; valiant. –**doughtily** *adv.* –**doughtiness** *n.*

dour /ˈdaʊə, dʊə/ *adj.* hard; severe; stern. –**dourly** *adv.* –**dourness** *n.*

douse /daʊs/ *v.t.* **doused, dousing. 1.** to plunge into water or the like; drench: *to douse someone with water.* **2.** *Colloquial* to put out or extinguish (a light). Also, **dowse**. –**douser** *n.*

dove /dʌv/ *n.* **1.** any bird of the pigeon family Columbidae, such as the native peaceful dove, *Geopelia striata*, a blue-grey bird with bars and scallops of black, or the introduced spotted turtledove, *Steptophelia chinensis*. **2.** an innocent, gentle, or tender person. **3.** a politician or political adviser who favours conciliatory policies as a solution to armed conflict. Compare **hawk¹** (def. 3).

dovecot /ˈdʌvkɒt/ *n.* a structure, usually at a height above the ground, for domestic pigeons. Also, **dovecote** /ˈdʌvkoʊt/.

dovetail /ˈdʌvteɪl/ *n.* **1.** *Carpentry* a joint or fastening formed by one or more tenons and mortices spread in the shape of a dove's tail. –*v.t.* **2.** to join together compactly or harmoniously.

dowager /ˈdaʊədʒə/ *n.* **1.** a woman who holds some title or property from her deceased husband, especially the widow of a king, duke, or the like; often added to her title to distinguish her from the wife of the present king, duke, or the like. **2.** *Colloquial* a dignified elderly lady.

dowdy /ˈdaʊdi/ *adj.* **-dier, -diest,** *n.* **-dies**. –*adj.* **1.** ill-dressed; not trim, smart, or stylish. –*n.* **2.** an ill-dressed woman. –**dowdily** *adv.* –**dowdiness** *n.* –**dowdyish** *adj.*

dowel /ˈdaʊəl/ *n., v.* **-elled** or *Chiefly US* **-eled, -elling** or *Chiefly US* **-eling**. *Carpentry* –*n.* **1.** Also, **dowel pin**. a pin, usually round, fitting into corresponding holes in two adjacent pieces to prevent slipping or to align the two pieces. **2.** Also, **dowelling**. long, thin, round strips of wood suitable for making such pins, or for hanging posters, etc. –*v.t.* **3.** to reinforce with dowels; furnish with dowels.

down¹ /daʊn/ *adv.* **1.** from higher to lower; in descending direction or order; into or in a lower position or condition. **2.** on or to the ground. **3.** to a point of submission, inactivity, etc. **4.** to or in a position spoken of as lower, as the south, the country, a business district, etc. **5.** in or into a city, having come from a country area: *he was relieved the wool had gone down.* **6.** to or at a low point, degree, rate, pitch, volume, etc. **7.** from an earlier to a later time. **8.** from a greater to a lesser bulk, degree of consistency, strength, etc.: *to boil down syrup.* **9.** in due position or state: *to settle down to work.* **10.** on paper or in a book: *to write something down.* **11.** in cash; at once: *to pay $40 down.* **12.** *Boxing* touching the ring floor with some part of the body other than the feet. –*prep.* **13.** to, towards, or at a lower place on or in: *down the stairs.* **14.** to, towards, near, or at a lower station, condition, or rank in. **15. a.** away from the source, origin, etc., of: *down the river.* **b.** down at: *I've a cottage down the coast.* **16.** in the same course or direction as: *to sail down the wind.* –*adj.* **17.** downwards; going or directed downwards. **18.** travelling away from a terminus: *a down train.* **19.** fallen or prostrate. **20.** not in activity: *the wind is down.* **21.** (of a computer or a computerised system) not operational. **22.** being a portion of the full price of an article bought on an instalment plan or mortgage, etc., that is paid at the time of purchase. **23.** losing or having lost money at gambling: *he was $10 down after a day at the races.* **24.** losing or behind an opponent by a specified number of points, holes, etc. **25.** *Colloquial* depressed; unhappy. **26.** *Colloquial* in prison: *he is down for a few months.* –*n.* **27.** a downward movement; a descent. **28.** a reverse: *the ups and downs of fortune.* **29.** *Colloquial* a grudge; a feeling of hostility –*v.t.* **30.** to put or throw down; subdue. **31.** to drink down: *to down a schooner of beer.* –*v.i.* **32.** to go down; fall. –*interj.* **33.** (a command, especially to a dog, to cease jumping, etc.): *down Rover!* **34.** (a command to take cover, or duck). –*phr.*

35. down and out, without friends, money, or prospects.

36. down at heel, poor; shabby; seedy.

37. down at (or **in**), at or in any place considered lower, as in altitude, or in being more southerly located: *down in the big smoke.*

38. down below, *Colloquial* concerning one's private parts: *I've got problems down below.*

39. down in the mouth, discouraged; depressed.

40. down on, over-severe towards; unnecessarily ready to detect faults in and punish harshly.

41. down on one's luck, suffering a period of poverty, destitution, etc.

42. down south, a. in the south. **b.** *Colloquial* (of money) not spent, but in the bank: *put it all down south.*

43. down to, to any place considered lower, as in altitude, or in being more southerly located.

44. down tools, (of workers) to cease to work, as in starting a strike.

45. down with ..., (an exclamation indicating total resistance, as to a person in power, a law or regulation, a practice, etc.): *down with taxes; down with the king!*

46. go down, *Colloquial* ‡ (sometimes fol. by *on*) to perform oral sex.

47. send down, *Brit* **a.** to expel from university. **b.** *Colloquial* to send to prison: *he was sent down for three years.*

down² /daʊn/ *n.* **1.** the first feathering of young birds. **2.** a soft hairy growth as the hair on the human face when first beginning to appear.

down³ /daʊn/ *n.* (*usually plural*) open, rolling, upland country with fairly smooth slopes usually covered with grass.

down-and-out /daʊn-ɒn-ˈaʊt/ *n. Colloquial* a person, usually of disreputable appearance, without friends, money, or prospects.

downcast /ˈdaʊnkast/ *adj.* **1.** directed downwards, as the eyes. **2.** dejected in spirit; depressed.

downer /ˈdaʊnə/ *n. Colloquial* **1.** a depressant or tranquilliser, as Valium, etc. **2.** a depressing experience.

downfall /ˈdaʊnfɔl/ *n.* **1.** descent to a lower position or standing; overthrow; ruin. **2.** a cause of this. **3.** a fall, as of rain or snow. –**downfallen** *adj.*

downgrade /daʊnˈgreɪd/ *v.* **-graded, -grading,** /ˈdaʊngreɪd/ *n.* –*v.t.* **1.** to assign (a person, job or the like) to a lower status, usually with a smaller salary. **2.** to reduce the security classification of (a classified document, article, etc.). **3.** to deni-

downhill 234 **dragonfly**

grate or belittle: *politicians are constantly downgraded by the public*. –*n.* **4.** a downward slope. –*adj.* **5.** downhill. –*phr.* **6. on the downgrade**, heading for poverty, ruin, etc.

downhill /daʊnˈhɪl/ *adv.*, /ˈdaʊnhɪl/ *adj.*, *n.* –*adv.* **1.** down the slope of a hill; downwards into a deteriorating or declining position, condition, etc. –*adj.* **2.** going or tending downwards on or as on a hill. –*n.* **3.** *Skiing* a high-speed race downhill in which skiers compete in turn, the winner being the competitor who completes the course in the fastest time.

download /daʊnˈloʊd/ *v.t.* **1.** *Computers* to transfer (data or programs) from one computer to another, typically from a host computer to a slave. **2.** (of carriers) to transfer (goods) to a second truck before delivering them.

down-market /ˈdaʊn-makət/ *adj.* **1.** having to do with commercial services and goods of inferior status, quality, and price. **2.** inferior in style or production. See **up-market**.

down payment *n.* the initial deposit on a purchase made on an instalment plan or mortgage.

downpour /ˈdaʊnpɔː/ *n.* a heavy, continuous fall of water, rain, etc.

downright /ˈdaʊnraɪt/ *adj.* **1.** thorough; absolute; out-and-out. **2.** direct; straightforward. –*adv.* **3.** completely or thoroughly: *he is downright angry*. –**downrightly** *adv.* –**downrightness** *n.*

downsize /ˈdaʊnsaɪz/ *v.* -**sized**, -**sizing**. –*v.t.* **1.** to scale down in size, as a work force, space requirements, financial commitment, etc. **2.** to reduce (some aspect of a business) in order to save money. –*v.i.* **3.** to engage in such scaling down or reduction.

downstairs /daʊnˈstɛəz/ *adv.* **1.** down the stairs. **2.** to or on a lower floor.

downstream /daʊnˈstriːm/ *adv.*, /ˈdaʊnstriːm/ *adj.* –*adv.* **1.** with or in the direction of the current of a stream. –*adj.* **2.** farther down a stream.

Down syndrome *n.* a chromosomal abnormality which results in mental retardation and certain physical characteristics such as slanting eyes. Also, **Down's syndrome**.

down-to-earth /ˈdaʊn-tu-ɜθ/ *adj.* sensible; without pretensions; realistic.

downtown /daʊnˈtaʊn/ *adv.* to or in the business section of a city.

downtrodden /ˈdaʊntrɒdn/ *adj.* trodden down; trampled upon; tyrannised over. Also, **downtrod**.

downturn /ˈdaʊntɜn/ *n.* a decline, deterioration: *a downturn in prosperity*.

down-under /daʊn-ˈʌndə/ *n. Colloquial* Australia, New Zealand, and adjacent Pacific islands (viewed from or as from the Northern Hemisphere).

downward /ˈdaʊnwəd/ *adj.* **1.** moving or tending to a lower place or condition. **2.** descending or deriving from a head, source, or beginning. –*adv.* **3.** downwards. –**downwardly** *adv.* –**downwardness** *n.*

downwards /ˈdaʊnwədz/ *adv.* **1.** from a higher to a lower place or condition. **2.** down from a head, source, or beginning. **3.** from more ancient times to the present day. Also, **downward**.

downwind /daʊnˈwɪnd/ *adv.* **1.** in the direction of the wind; with the wind. **2.** towards the leeward side.

dowry /ˈdaʊəri, ˈdaʊri/ *n.* -**ries**. **1.** the money, goods, or estate which a woman brings to her husband at marriage. **2.** any gift or reward given to or for a bride by a man in consideration for the marriage. **3.** a natural gift or endowment; talent: *a noble dowry*.

dowse /daʊs/ *v.t.*, *v.i.* **dowsed**, **dowsing**. → **douse**. –**dowser** *n.*

doyen /ˈdɔɪən/ *n.* the senior member of a body, class, profession, etc. –**doyenne** *fem. n.*

doze /doʊz/ *v.* **dozed**, **dozing**, *n.* –*v.i.* **1.** to sleep lightly or fitfully. **2.** to be dull or half asleep. –*n.* **3.** a light or fitful sleep. –*phr.* **4. doze away**, to pass or spend (time) in drowsiness. **5. doze off**, to fall into a light sleep unintentionally. –**dozer** *n.*

dozen /ˈdʌzən/ *n.* -**zen** *or* -**zens**. –*n.* **1.** a group of twelve units or things. –*phr.* **2. daily dozen**, daily physical exercises.

drab /dræb/ *adj.* **drabber**, **drabbest**. **1.** having a dull grey colour. **2.** dull; cheerless. –**drably** *adv.* –**drabness** *n.*

drachma /ˈdrækmə/ *n.* -**mas** *or* -**mae** /-miː/. the monetary unit of Greece.

drack /dræk/ *adj. Australian Colloquial* unattractive; dressed in a slovenly manner: *a drack sort*.

draconian /drəˈkoʊniən/ *adj.* harsh; rigorous; severe. –**draconically** *adv.*

draft /drɑːft/ *n.* **1.** a preliminary plan, sketch, or design. **2.** a rough form of any writing, intended to be revised or copied. **3.** → **conscription**. **4.** a written order for the payment of money; bill of exchange. **5.** an animal or animals chosen and separated from the herd or flock. –*v.t.* **6.** to draw the outlines or plan of; sketch. **7.** to write as a draft. **8.** to conscript. **9.** to separate animals from the herd or flock for a particular purpose, such as branding. –**drafter** *n.* –**drafting** *n.*

draftsman /ˈdrɑːftsmən/ *n.*, *plural* -**men**. **1.** someone who draws up documents. **2.** → **draughtsman** (defs 1 and 2).

drag /dræg/ *v.* **dragged**, **dragging**, *n.* –*v.t.* **1.** to draw with force, effort, or difficulty; pull heavily or slowly along; haul; trail. **2.** to search with a drag, grapnel, or the like. –*v.i.* **3.** to be drawn or hauled along. **4.** to trail on the ground. **5.** to move heavily or with effort. **6.** to proceed or pass with tedious slowness. –*n.* **7.** something used by or for dragging as a dragnet or a dredge. **8.** anything that retards progress. **9.** act of dragging. **10.** slow, laborious movement or procedure; retardation. **11.** the force due to the relative airflow exerted on an aeroplane or other body tending to reduce its forward motion. **12.** *Angling* **a.** a brake on a fishing reel. **b.** the sideways pull on a fishing line as caused by a cross current. **13.** *Colloquial* somebody or something that is extremely boring. **14.** *Colloquial* a puff or a pull on a cigarette. **15.** *Colloquial* women's clothes, worn by men; transvestite costume. **16.** *Colloquial* → **drag race**. **17.** *Colloquial* a road or street: *the main drag*. –*phr.* **18. drag in**, **a.** to haul in. **b.** to introduce, as an irrelevant matter. **19. drag on**, to pass tediously: *the days dragged on*. **20. drag one's feet**, to hang back deliberately. **21. drag out**, **a.** to haul out. **b.** to protract: *to drag out the proceedings*. **22. have a drag with**, *US Colloquial* to have influence with.

dragnet /ˈdrægnɛt/ *n.* **1.** a net to be drawn along the bottom of a river, pond, etc., or along the ground, to catch something. **2.** anything that serves to catch or drag in, as a police system.

dragon /ˈdrægən/ *n.* **1.** a mythical monster variously represented, generally as a huge winged reptile with crested head and terrible claws, and often spouting fire. **2.** a fierce, violent person. **3. a.** a severely watchful woman; a duenna. **b.** a formidable woman. **4.** → **komodo dragon**. **5.** any of various lizards of the family Agamidae, such as the frill-necked lizard, *Chlamydosaurus kingi* of northern Australia, or the bearded dragon *Amphibolurus barbatus*. –**dragoness** *fem. n.* –**dragonish** *adj.*

dragonfly /ˈdrægənflaɪ/ *n.* -**flies**. any of the larger, harmless insects of the order Odonata, which feed

dragoon
on mosquitoes and other insects, and whose immature forms are aquatic.

dragoon /drə'guːn/ *n.* **1.** a cavalryman of certain regiments. *–v.t.* **2.** to force by rigorous and oppressive measures; coerce.

drag queen *n.* a male transvestite whose clothing and behaviour are excessively flamboyant.

drag race *n.* a race between cars starting from a standstill, the winner being the car that can accelerate fastest. Also, **drag**. **–drag-racer** *n.*

drain /dreɪn/ *v.t.* **1.** to draw off gradually, as a liquid; remove by degrees, as by filtration. **2.** to draw off or take away completely. **3.** to withdraw liquid gradually from; make empty or dry by drawing off liquid. **4.** to deprive of possessions, resources, etc., by gradual withdrawal; exhaust. *–v.i.* **5.** to flow off gradually. **6.** to become empty or dry by the gradual flowing off of moisture. *–n.* **7.** that by which anything is drained, as a pipe or conduit. **8.** *Electronics* one of the three electrodes of a field effect transistor. **9.** *Surgery* a material or appliance for maintaining the opening of a wound to permit free exit of fluid contents. **10.** gradual or continuous outflow, withdrawal, or expenditure. **11.** the cause of a continual outflow, withdrawal, or expenditure. **12.** act of draining. **13.** *Colloquial* a small drink. *–phr.* **14. drain the dragon**, *Colloquial* to urinate. **15. go down the drain**, *Colloquial* **a.** to be wasted. **b.** to become worthless. **16. laugh like a drain**, *Colloquial* to laugh loudly. **–drainable** *adj.* **–drainer** *n.*

drainage /'dreɪnɪdʒ/ *n.* **1.** the act or process of draining. **2.** a system of drains, artificial or natural. **3.** something that is drained off. **4.** *Medicine* the draining of body fluids (bile, urine, etc.) or of pus and other morbid products from a wound.

drake /dreɪk/ *n.* the male of any bird of the duck kind.

dram /dræm/ *n.* **1.** a unit of measurement in the imperial system, equal to 1/16 ounce avoirdupois weight (27.34 grains) or approx. 1.772×10^{-3} kg. **2.** a small quantity of anything.

DRAM /'diː ræm/ *n. Computers* **1.** → **dynamic random access memory**. *–adj.* **2.** having to do with dynamic random access memory. Also, **Dram**.

drama /'drɑːmə/ *n.* **1.** a composition in prose or verse presenting in dialogue or pantomime a story involving conflict or contrast of character, especially one intended to be acted on the stage; a play. **2.** the branch of literature having such compositions as its subject; dramatic art or representation. **3.** the art which deals with plays from their writing to their final production. **4.** any series of events having dramatic interest or results.

dramatic /drə'mætɪk/ *adj.* **1.** having to do with drama. **2.** using the form or manner of drama. **3.** characteristic of or appropriate to drama; involving conflict or contrast. **4.** showy; ostentatious: *a dramatic display of indignation.* **–dramatically** *adv.*

dramatise = dramatize /'dræmətaɪz/ *v.t.* **-tised, -tising. 1.** to put into dramatic form. **2.** to express or represent dramatically: *he dramatises his woes.* **–dramatiser** *n.*

dramatist /'dræmətəst/ *n.* a writer of dramas or dramatic poetry; a playwright.

drank /dræŋk/ *v.* past tense of **drink**.

drape /dreɪp/ *v.* **draped, draping,** *n. –v.t.* **1.** to cover or hang with cloth or some fabric, especially in graceful folds; adorn with drapery. **2.** to adjust (hangings), clothing, etc.) in graceful folds. **3.** *Colloquial* to position in a casual manner: *he draped his legs over the arms of the chair. –n.* **4.** (*plural*) curtains.

draper /'dreɪpə/ *n.* a dealer in textiles and cloth goods, etc.

drapery /'dreɪpəri/ *n.* **-ries. 1.** cloths or textile fabrics collectively. **2.** the business of a draper. **3.** coverings, hangings, clothing, etc., of some fabric, especially as arranged in loose, graceful folds. **–draperied** *adj.*

drastic /'dræstɪk/ *adj.* severe or forceful; extreme. **–drastically** *adv.*

draught /drɑːft/ *n.* **1.** a current of air, especially in a room, chimney, stove, or any enclosed space. **2.** a device for regulating the flow of air in a stove, fireplace, etc. **3.** an act of drawing or pulling, or that which is drawn; a pull; haul. **4.** an animal, or team of animals used to pull a load. **5.** the drawing of a liquid from its receptacle, as of ale from a cask. **6.** → **draught beer. 7.** drinking, or a drink. **8.** an amount drunk as a continuous act. **9.** a dose of medicine. **10.** a catch or take of fish. **11. a.** the action of displacing water with a vessel. **b.** the depth of water a vessel needs to float it. **12.** (*plural construed as sing.*) a game played by two people each with twelve pieces on a chequered board. **13.** one of the pieces in this game. **14.** → **draft** (especially for defs 1 and 2). *–adj.* **15.** being on draught; drawn as required: *draught ale.* **16.** used or suited for drawing loads. *–phr.* **17. feel the draught,** *Colloquial* to be harmed by conditions becoming unfavourable to one's affairs.

draught beer *n.* beer drawn from a cask or keg.

draughthorse /'drɑːftˌhɔːs/ *n.* a strong heavily built horse, 15 hands or over in height, used for pulling heavy loads.

draughtsman /'drɑːftsmən/ *n.* **-men. 1.** someone who draws sketches, plans, or designs. **2.** someone employed in making mechanical drawings, as of machines, structures, etc. **3.** → **draftsman** (def. 1). **4.** one of the pieces used in draughts, usually a small coloured disc. **–draughtsmanship** *n.*

draughty /'drɑːfti/ *adj.* **draughtier, draughtiest.** characterised by or causing draughts of air. **–draughtiness** *n.*

draw /drɔː/ *v.* **drew** /druː/ *or* **drawn, drawing,** *n. –v.t.* **1.** (sometimes fol. by *along, away, in, out, off,* etc.) to cause to come as by a pulling force; pull; drag; lead. **2.** to bring or take out, as from a receptacle or source: *to draw water, blood, tears, teeth.* **3.** to bring towards oneself or itself, as by inherent force or influence; attract: *draw a crowd; draw flak.* **4.** to pick or choose at random. **5. a.** to be dealt or take (a card) from the pack. **b.** *Bridge* to remove (trumps, or outstanding cards of a given suit) from an opponent's hand. **6.** to sketch in lines or words; delineate; depict: *to draw a picture.* **7.** to mark out; trace. **8.** to frame or formulate, as a distinction. **9.** to take in, as by sucking or inhaling. **10.** to get; derive; deduce: *to draw a conclusion.* **11.** to disembowel (a fowl, etc.). **12.** to pull out to full or greater length; stretch; make by attenuating, as wire. **13.** *Medicine* to digest and cause to discharge: *to draw an abscess by a poultice.* **14.** to write or sign (an order, draft, or bill of exchange). **15.** *Nautical* (of a boat) to displace (a certain depth of water). **16.** *Sport* to leave (a contest) undecided. **17.** *Sport* to be drawn in (a certain position) for the start of a race: *to draw a good position.* **18.** *Archery* to pull back the bowstring and arrow of (a bow) preparatory to shooting the arrow. *–v.i.* **19.** to exert a pulling, moving, or attracting force: *a sail draws by being filled with wind and properly trimmed.* **20.** to be drawn; move (*on, off, out,* etc.) as under a pulling force: *the day draws near.* **21.** (sometimes fol. by *on*) to take out a sword, pistol, etc., for action: *to draw on an opponent.* **22.** to use or practise the art of tracing figures; practise drawing. **23.** to produce or have a draught of air, etc., as in a pipe or flue. **24.** *Games* to leave a contest undecided. **25.** (of tea) to infuse. –*n.* **26.** the act of drawing. **27.** something that draws or attracts. **28.** that which is drawn, as a lot. **29.** *Sport* a drawn or undecided contest. **30.** the drawing of a gun out of its holster: *Cowboy Dan was quick on the draw.* –*phr.* **31. draw a bath**, *Chiefly Brit* to fill a bathtub with water in preparation for a bath. **32. draw a bead on**, to take aim at. **33. draw a blank**, **a.** to draw from a lottery an unmarked counter, one not associated with any prize. **b.** to be unsuccessful, especially when looking for someone or something. **34. draw on**, **a.** to approach; to near. **b.** to pull on (a garment). **c.** to call on or make a demand on: *to draw on supplies.* **d.** to make a levy or call on (for money, supplies, etc.). **35. draw out**, **a.** to extract. **b.** to lengthen or prolong. **c.** to encourage or persuade (somebody) to talk. **36. draw stumps**, *Cricket* to pull up the stumps as a sign that the day's play has ended. **37. draw the line**, *Colloquial* **a.** to fix a limit. **b.** to refuse. **38. draw the teeth of**, *Colloquial* to render harmless. **39. draw up**, **a.** to bring to a halt. **b.** to come to a halt **c.** to prepare or set out (a document, plan, etc.). **d.** to arrange, especially in military formation.

drawback /'drɔbæk/ *n.* **1.** a hindrance or disadvantage. **2.** *Commerce* an amount paid back from a charge made. **3.** *Government* refund of excise or import duty, as when imported goods are re-exported. See **rebate**¹. **4.** the full inhalation of tobacco smoke into the lungs.

drawbridge /'drɔbrɪdʒ/ *n.* a bridge of which the whole or a part may be drawn up or aside to prevent access or to leave a passage open for boats, etc.

drawcard /'drɔkad/ *n.* a person, act, entertainment, occasion, etc., that can be relied upon to produce a large attendance; crowd puller.

drawee /drɔ'i/ *n.* someone on whom an order, draft, or bill of exchange is drawn.

drawer /drɔ/ *for defs 1 and 2*, /'drɔə/ *for defs 3 and 4 n.* **1.** a sliding compartment, as in a piece of furniture, that may be drawn out in order to get access to it. **2.** (*plural*) a garment for the lower part of the body, with a separate portion for each leg; underpants. **3.** a person or thing that draws something. **4.** *Finance* someone who draws an order, draft, or bill of exchange.

drawing /'drɔɪŋ, 'drɔrɪŋ/ *n.* **1.** the act of a person or thing that draws. **2.** representation by lines; delineation of form without reference to colour. **3.** a sketch, plan, or design, especially one made with pen, pencil, or crayon. **4.** the art of making these.

drawing board *n.* **1.** a rectangular board to which paper can be affixed for drawing on. –*phr.* **2. back to the drawing board**, back to the basic essentials; back to the planning stage. **3. on the drawing board**, in preparation.

drawing-pin /'drɔɪŋ-pɪn/ *n.* a short broad-headed tack designed to be pushed in by the thumb; thumbtack.

drawing room *n.* a room for the reception and entertainment of visitors; a living room.

drawl /drɔl/ *v.i.* **1.** to speak with slow, lingering utterance. –*v.t.* **2.** to say or utter with slow, lingering utterance. –*n.* **3.** the act or utterance of someone who drawls. **–drawler** *n.* **–drawlingly** *adv.* **–drawly** *adj.*

drawn /drɔn/ *v.* **1.** past participle of **draw**. –*adj.* **2.** tired; haggard; tense.

dray /dreɪ/ *n.* **1.** a low, strong cart without fixed sides, for carrying heavy loads. **2.** a sledge. –*v.t.* **3.** to convey on a dray.

dread /drɛd/ *v.t.* **1.** to fear greatly; be in shrinking apprehension or expectation of: *to dread death.* –*n.* **2.** terror or apprehension as to something future; great fear. **3.** deep awe or reverence. –*adj.* **4.** greatly feared; frightful; terrible.

dreadful /'drɛdfəl/ *adj.* **1.** causing great dread, fear, or terror; terrible: *a dreadful storm.* **2.** venerable; awe-inspiring. **3.** *Colloquial* extremely bad or unpleasant. **–dreadfully** *adv.* **–dreadfulness** *n.*

dream /drim/ *n., v.* **dreamed** *or* **dreamt**, **dreaming**. –*n.* **1.** a succession of images or ideas present in the mind during sleep. **2.** the sleeping state in which this occurs. **3.** an object seen in a dream. **4.** an involuntary vision occurring to one awake: *a waking dream.* **5.** a vision voluntarily indulged in while awake; daydream; reverie. **6.** a wild or vain fancy. **7.** something or somebody of an unreal beauty or charm. **8.** a hope; an inspiration; an aim. –*adj.* **9.** ideal: *my dream home.* –*v.i.* **10.** to have a dream or dreams. **11.** to indulge in daydreams or reveries. –*v.t.* **12.** to see or imagine in sleep or in a vision. **13.** to imagine as if in a dream; fancy; suppose. –*phr.* **14. dream away**, to pass or spend (time, etc.) in dreaming. **15. dream of**, to think or conceive of (something) in a very remote way: *to dream of having a holiday.* **16. dream on**, *Colloquial* (an exclamation indicating that someone is being unrealistic). **17. dream up**, *Colloquial* to form or plan in the imagination; invent. **18. in your dreams**, *Colloquial* (an ironic exclamation indicating that the person addressed is indulging in wishful thinking or unrealistic fantasy). **–dreamer** *n.* **–dreamful** *adj.* **–dreamless** *adj.* **–dreamlike** *adj.*

dreaming /'drimɪŋ/ *n.* **1.** an Aborigine's awareness and knowledge of the Dreamtime. **2.** a division of an Aboriginal people, based on totemic allegiance. –*phr.* **3. the Dreaming**, → **Dreamtime**.

Dreamtime /'drimtaɪm/ *n.* (in Aboriginal mythology) the time in which the earth received its present form and in which the patterns and cycles of life and nature were initiated; alcheringa.

dreamy /'drimi/ *adj.* **dreamier, dreamiest. 1.** full of dreams; characterised by or causing dreams. **2.** of the nature of or characteristic of dreams; visionary. **3.** vague; dim. **4.** soothing; quiet; gentle. **5.** *Colloquial* marvellous; extremely pleasing. **–dreamily** *adv.* **–dreaminess** *n.*

dreary /'drɪəri/ *adj.* **drearier, dreariest. 1.** causing sadness or gloom. **2.** dull. Also, *Poetic*, **drear**. **–drearily** *adv.* **–dreariness** *n.*

dredge¹ /drɛdʒ/ *n., v.* **dredged, dredging.** –*n.* **1.** a dragnet or other contrivance for gathering material or objects from the bed of a river, etc. **2.** any of various powerful machines for dredging up or removing earth, etc., as from the bottom of a river, by means of a scoop, a series of buckets, a suction pipe, or the like. –*v.t.* **3.** to clear out with a dredge; remove sand, silt, mud, etc., from the bottom of. **4.** to take, catch, or gather with a dredge; obtain or remove by a dredge. –*v.i.* **5.** to use a dredge. –*phr.* **6. dredge up**, to find, usually with some difficulty: *to dredge up an argument.*

dredge² /drɛdʒ/ *v.t.* **dredged, dredging.** (in cookery) to sprinkle or coat with some powdered substance, especially flour.

dreg /drɛg/ *n.* a small remnant or quantity. **–dreggy** *adj.*

dregs /drɛgz/ *pl. n.* **1.** sediment of wine or other drink; lees; grounds. **2.** any waste or worthless residue. –*phr.* **3. the dregs (of society)**, a person or a class of people considered to be worthless, especially irretrievably immoral.

drench /drɛntʃ/ *v.t.* **1.** to wet thoroughly; steep; soak: *the rain drenched my clothes.* **2.** *Veterinary Science* to give a dose of medicine to, especially by force: *to drench a horse.* –*n.* **3.** something that drenches: *a drench of rain.* **4.** a dose of medicine

dress

for an animal. –**drencher** *n.*

dress /drɛs/ *n.* **1.** the chief outer garment worn by women, consisting of a skirt and a bodice, made either separately or together. **2.** clothing; apparel; garb. **3.** fine clothes; formal costume: *full dress.* –*adj.* **4.** of or for a dress or dresses: *dress fabric.* **5.** of or for a formal occasion: *a dress suit; a dress uniform.* –*v.t.* **6.** to equip with clothing, ornaments, etc.; deck; attire. **7.** to put formal or evening clothes on. **8.** to arrange a display in; ornament or adorn: *to dress a shop window.* **9.** to prepare (fowl, game, skins, fabrics, timber, stone, ore, etc.) by special processes. **10.** to comb out and do up (hair). **11.** to cultivate (land, etc.). **12.** to treat (wounds or sores). **13.** to make straight; bring (troops) into line: *to dress ranks.* –*v.i.* **14.** to clothe or attire oneself. **15.** to clothe oneself in formal or evening clothes. **16.** to come into line, as troops. –*phr.* **17. dress down**, *Colloquial* **a.** to scold severely; upbraid and rebuke. **b.** to dress casually. **18. dressed to kill**, *Colloquial* so well dressed as to make an extremely favourable impression. **19. dress on the left**, (of males) to have the genitals positioned at the inside top of the left trouser leg. **20. dress on the right**, (of males) to have the genitals positioned at the inside top of the right trouser leg. **21. dress ship**, *Nautical* to decorate a ship by hoisting lines of flags running the full length of the ship. **22. dress up**, **a.** to put on best clothes. **b.** to put on fancy dress, costume, or guise.

dressage /ˈdrɛsaʒ/ *n.* the art of training of a horse in obedience, deportment, and responses.

dress circle *n.* a circular or curving division of seats in a theatre, cinema, etc., usually the first gallery above the floor.

dresser[1] /ˈdrɛsə/ *n.* **1.** someone employed to help to dress actors, etc., at a theatre. **2.** any of several tools or devices used in dressing materials, as a hammer used to dress lead. **3.** an assistant to a surgeon. **4.** a window-dresser.

dresser[2] /ˈdrɛsə/ *n.* a kitchen sideboard with a set of shelves and drawers for dishes and cooking utensils.

dressing /ˈdrɛsɪŋ/ *n.* **1.** that with which something is dressed. **2.** a sauce for food: *salad dressing.* **3.** stuffing for a fowl. **4.** an application for a wound. **5.** manure, compost, or other fertilisers for land.

dressing-gown /ˈdrɛsɪŋ-gaʊn/ *n.* a loose gown or robe generally worn over night attire.

dressing-table /ˈdrɛsɪŋ-teɪbəl/ *n.* **1.** a table or stand, usually surmounted by a mirror. **2.** a small desk-like table, with drawers beneath often screened by curtains.

dressy /ˈdrɛsi/ *adj.* **1.** smart; stylish. **2.** suitable for formal occasions. **3.** excessively elaborate. –**dressily** *adv.* –**dressiness** *n.*

drew /dru/ *v.* past tense of **draw**.

dribble /ˈdrɪbəl/ *v.* **-bled, -bling**, *n.* –*v.i.* **1.** to fall or flow in drops or small quantities; trickle. **2.** to let saliva flow from the mouth; drivel; slaver. **3.** (in certain sports) to move a ball along by a series of rapid kicks, bounces, or pushes. –*v.t.* **4.** to let fall in drops. **5.** *Sport* to move (the ball) along by a quick succession of kicks, bounces, pushes, or hits. –*n.* **6.** a small trickling stream. **7.** a small quantity of anything. –**dribbler** *n.* –**dribbly** *adj.*

dried /draɪd/ *v.* past tense and past participle of **dry**.

drier /ˈdraɪə/ *adj.* **1.** Also, **dryer**. comparative of **dry**. –*n.* **2.** → **dryer**.

driest /ˈdraɪəst/ *adj.* superlative of **dry**.

drift /drɪft/ *n.* **1.** a driving movement or force; impetus. **2.** *Aeronautics* the deviation of an aircraft, ship, etc., from a set course, due to currents. **3.** a tendency or trend: *the drift to the cities; the*

drive

drift of public opinion towards improved conservation. **4.** the course of anything; tenor; general meaning: *the drift of an argument.* **5.** a heap of any matter driven together: *a drift of sand.* **6.** a tapering steel rod used to bring two holes into alignment for riveting or bolting. –*v.i.* **7.** to be carried along by currents of water or air, or by the force of circumstances. **8.** to wander aimlessly. **9.** to collect into heaps: *the sand drifts into ridges.* –*v.t.* **10.** to carry along: *the current drifted the boat out to sea.*

driftwood /ˈdrɪftwʊd/ *n.* wood floating on, or cast ashore by, the water.

drill[1] /drɪl/ *n.* **1.** a tool or machine for boring cylindrical holes. **2.** *Military* training in formal marching or other precise military or naval movements. **3.** any strict, methodical training or exercise: *fire drill.* **4.** *Colloquial* the correct procedure; routine: *they showed the new worker the drill.* **5.** a shellfish which attacks oysters. –*v.t.* **6.** to pierce or bore (a hole). **7.** *Military* to train (soldiers) in formation marching, etc. **8.** train (someone) in new work or procedure. –*v.i.* **9.** to use a drill (def. 1). **10.** to go through an exercise in military or other training. –**drillable** *adj.* –**driller** *n.*

drill[2] /drɪl/ *n.* **1.** a small furrow made in the soil in which to sow seeds. **2.** a row of seeds or plants thus sown. –*v.t.* **3.** to plant (ground) in drills. –**driller** *n.*

drill[3] /drɪl/ *n.* strong twilled cotton.

drily /ˈdraɪli/ *adv.* → **dryly**.

drink /drɪŋk/ *v.* **drank** *formerly also* **drunk, drunk** *sometimes* **drank**; *formerly or as predicative adjective* **drunken**; **drinking**, *n.* –*v.i.* **1.** to swallow water or other liquid; imbibe. **2.** to imbibe alcoholic beverages, especially habitually or to excess; tipple. –*v.t.* **3.** to swallow (a liquid). **4.** to take in (a liquid) in any manner; absorb. **5.** to take in through the senses, especially with eagerness and pleasure. **6.** to swallow the contents of (a cup, etc.). **7.** to drink in honour of or with good wishes for: *to drink one's health.* –*n.* **8.** any liquid which is swallowed to quench thirst, for nourishment, etc.; a beverage. **9. a.** alcoholic liquor. **b.** a measure of this. **10.** excessive indulgence in alcoholic liquor. **11.** a draught of liquid; a potion. **12.** (*plural*) a small informal party: *do come over for drinks.* –*phr.* **13. drink to**, to salute in drinking; drink in honour of. **14. drink with the flies**, *Colloquial* to drink (def. 2) alone. **15. the drink**, *Colloquial* the sea or a large lake. –**drinker** *n.*

drink-driving /drɪŋk-ˈdraɪvɪŋ/ *n.* the driving of a car while under the influence of alcohol.

drip /drɪp/ *v.* **dripped, dripping**, *n.* –*v.i.* **1.** to let fall drops; shed drops: *a tap drips if the washer is worn out.* **2.** to fall in drops, as a liquid: *water drips from a tap.* –*v.t.* **3.** to let fall in drops: *the tap drips water.* –*n.* **4.** the act or sound of dripping. **5.** *Medicine* a continuous slow infusion of liquid into a blood vessel of a patient. **6.** *Colloquial* a boring or dull person. –**drippy** *adj.*

dripping /ˈdrɪpɪŋ/ *n.* **1.** the act of anything that drips. **2.** fat exuded from meat in cooking and used as shortening, for making gravy, or for basting.

drive /draɪv/ *v.* **drove, driven, driving**, *n., adj.* –*v.t.* **1.** to send along, away, off, in, out, back, etc., by compulsion; force along. **2.** to overwork; overtask. **3.** to cause and guide the movement of (an animal, vehicle, etc.). **4.** to convey in a vehicle. **5.** to keep (machinery) going. **6.** to impel; constrain; urge; compel: *to drive someone to do something.* **7.** to carry (business, a bargain, etc.) vigorously through. **8.** *Mining, etc.* to excavate horizontally (or nearly so). **9.** *Tennis, Cricket, Golf, Bowls, etc.* to hit or throw (the ball) very

drive

swiftly. **10.** *Hunting* to chase (game). *–v.i.* **11.** to go along before an impelling force; be impelled: *the ship drove before the wind.* **12.** to rush or dash violently. **13.** to act as driver. **14.** to go or travel in a driven vehicle: *to drive away, back, in, out, from, to,* etc. *–n.* **15.** the act of driving. **16.** an impelling along, as of game, cattle, or floating logs, in a particular direction. **17.** the animals, logs, etc., thus driven. **18.** (in tree-felling) a line of trees on a hillside partly cut so as to fall when the uppermost tree is felled. **19.** *Psychology* a source of motivation: *the sex drive.* **20.** *Sport* a propelling or forceful action, especially a powerful battery stroke in cricket, tennis, etc., or a forcible delivery in bowls. **21.** a vigorous onset or onward course. **22.** a strong military offensive. **23.** a united effort to accomplish some purpose, especially to raise money for a government loan or for some charity. **24.** vigorous pressure or effort, as in business. **25.** energy and initiative. **26.** a trip in a driven vehicle. **27.** a road for driving, especially a private access road to a private house. **28.** *Mining* a horizontal tunnel or shaft. **29.** *Machinery* a driving mechanism, as of a motor car: *gear drive, chain drive.* **30.** *Motor Vehicles* point or points of power application to the roadway: *front drive; rear drive; four-wheel drive.* **31.** *Computers* a controlling mechanism for moving magnetic tapes, floppy discs, etc., thus enabling data to be accessed. *–adj.* **32.** relating to a part of a machine used in its propulsion. *–phr.* **33. drive a coach-and-four through,** to go through easily, without opposition or hindrance: *you could drive a coach-and-four through that argument.* **34. drive at,** to make an effort to reach for; aim at: *the idea he was driving at; what is he driving at?* **35. drive away,** to repel. **36. drive back,** to repel (an attack). **37. drive off,** to chase away from a secured location. **38. drive someone up the wall,** *Colloquial* to exasperate someone.

drive-in /'draɪv-ɪn/ *n.* **1.** a cinema so designed that patrons drive in to a large area in front of an outdoor screen and view the film while seated in their cars. *–adj.* **2.** (of any shop, food outlet, etc.) catering for customers in cars.

drivel /'drɪvəl/ *v.* **-elled** or *Chiefly US* **-eled**, **-elling** or *Chiefly US* **-eling,** *n. –v.i.* **1.** to let saliva flow from the mouth or mucus from the nose; slaver. *–v.t.* **2.** to waste foolishly. *–n.* **3.** → **drool. –driveller** *n.*

driver /'draɪvə/ *n.* **1.** someone who drives an animal or animals, a vehicle, etc.; coachman, drover, chauffeur, etc. **2.** a golf club with a long shaft, used for making long shots, as from the tee. **–driverless** *adj.*

driveway /'draɪvweɪ/ *n.* **1.** a passage along which vehicles may be driven, especially outside a private house. **2.** the area in the front of a service station adjacent to the petrol pumps.

driving /'draɪvɪŋ/ *adj.* **1.** (of a person) effective in eliciting work from others; energetic. **2.** violent; having tremendous force. **3.** relaying or transmitting power. **4.** rhythmic; urgent; in a fast tempo.

drizzle /'drɪzəl/ *v.* **-zled, -zling,** *n. –v.i.* **1.** to rain gently and steadily in fine drops; sprinkle. *–n.* **2.** a very light rain. **–drizzly** *adj.*

droll /droʊl/ *adj.* amusingly queer; comical; waggish. **–drollery, drollness** *n.* **–drolly** *adv.*

-drome 1. a word element meaning 'running', 'course', 'racecourse', as in *hippodrome.* **2.** a word element referring to a large structure or area for a specific use, as in *aerodrome, cosmodrome.*

dromedary /'drɒmədəri, -dri/ *n.* **-ries.** the one-humped or Arabian camel, *Camelus dromedarius,* light swift types of which are bred for riding and racing.

drone[1] /droʊn/ *n.* **1.** the male of the honey bee and

drop

other bees, stingless and making no honey. **2.** someone who lives on the labour of others; an idler; a sluggard. **3.** a remotely controlled mechanism, such as a radio-controlled plane or boat. **–dronish** *adj.*

drone[2] /droʊn/ *v.* **droned, droning,** *n. –v.i.* **1.** to make a dull, continued, monotonous sound; hum; buzz. **2.** to speak in a monotonous tone. *–n.* **3.** *Music* **a.** a continuous low tone produced by the bass pipes or bass strings of musical instruments. **b.** the pipes (especially of the bagpipe) or strings producing this tone. **–droningly** *adv.*

drongo[1] /'drɒŋgoʊ/ *n.* **-gos.** any of the passerine birds of the African, Asiatic, and Australian family Dicruridae, usually black in colour, with long forked tails, and insectivorous habits.

drongo[2] /'drɒŋgoʊ/ *n. Australian, NZ Colloquial* a slow-witted or stupid person.

drool /drul/ *n. Colloquial* **1.** saliva flowing from the mouth or mucus from the nose. *–v.i.* **2.** to produce drool. *–phr.* **3. drool over,** to show excessive pleasure at (something or the prospect of something).

droop /drup/ *v.i.* **1.** to sink, bend, or hang down, as from weakness or exhaustion. **2.** to fall into a state of physical weakness; flag; fail. **3.** to lose spirit or courage. **–droopingly** *adv.* **–droopy** *adj.*

drop /drɒp/ *n., v.* **dropped, dropping.** *–n.* **1.** a small quantity of liquid which falls or is produced in a more or less spherical mass; a liquid globule. **2.** the quantity of liquid contained in such a mass. **3. a.** a very small quantity of liquid. **b.** a small drink, usually alcoholic. **4.** a minute quantity of anything. **5.** (*usually plural*) liquid medicine given in drops. **6.** a lozenge (confection). **7.** a pendant. **8.** act of dripping; fall; descent. **9.** the distance or depth to which anything drops or falls. **10.** a steep slope. **11.** a fall in degree, amount, value, etc.: *a drop in price.* **12.** *Cricket* a falling wicket: *first drop; second drop.* **13.** that which drops or is used for dropping. **14.** a drop curtain. **15.** a trapdoor. **16. a.** a stick of parachutists. **b.** a descent by parachute. **17. a.** the total yield of lambs from a flock of sheep. **b.** the lambing season. *–v.i.* **18.** to fall in globules or small portions, as water or other liquid: *rain drops from the clouds.* **19.** to fall vertically like a drop; have an abrupt descent. **20.** to sink to the ground as if inanimate. **21.** to fall wounded, dead, etc. **22.** to come to an end; cease; lapse: *there the matter dropped.* **23.** to withdraw; disappear: *to drop out of sight.* **24.** to squat or crouch, as a dog at the sight of game. **25.** to fall lower in condition, degree, etc.; sink: *the prices dropped sharply.* **26.** to pass without effort into some specified condition: *to drop asleep; drop into the habit of doing it.* **27.** to move down gently, as with the tide or a light wind. **28.** to fall or move (*back, behind,* etc.). **29.** (of an unborn child) to change position in the womb so that the head becomes engaged before labour. **30.** (of animals) to give birth, especially of sheep and cattle. *–v.t.* **31.** to let fall in drops or small portions: *drop a tear.* **32.** to let fall; allow to sink to a lower position; lower: *to drop anchor.* **33.** to give birth to (young). **34.** to bring to the ground by a blow or shot. **35.** *Colloquial* to fell (a tree, etc.). **36.** to lengthen by lowering: *to drop a hem.* **37.** to lower (the voice) in pitch or loudness. **38.** to utter or express casually or incidentally, as a hint. **39.** to send or post (a note, etc.): *drop me a line.* **40.** to omit (a letter or syllable) in pronunciation or writing: *he dropped his h's.* **41.** to cease to keep up or have to do with: *I dropped the subject.* **42.** to cease to employ; to dismiss. **43.** *Rugby Football,* etc. to score (a goal) by a drop kick. **44.** *Colloquial* to stop, cease: *drop it!* **45.** *Colloquial* to take (drugs) in tablet or capsule form. **46.** *Cricket* to spill (a caught ball). –*phr.* **47. drop by** (or **across**), to visit briefly. **48. drop in**, (sometimes fol. by *on*) to come casually or unexpectedly into a place; to visit informally: *he drops in on us occasionally.* **49. drop off, a.** to decrease; decline: *sales have dropped off.* **b.** to fall asleep. **c.** to set down, as from a ship, car, etc. **50. drop out, a.** to leave a particular community out of disenchantment with their aims or beliefs. **b.** (of a telecommunication line) to become disconnected. **51. get** (or **have**) **the drop on**, *US Colloquial* **a.** to pull and aim a gun, etc., before (an antagonist) can. **b.** to get or have at a disadvantage. **52. till one drops**, *Colloquial* until one is exhausted: *shop till you drop.* **–droppable** *adj.*

drop-dead /'drɒp-ded/ *adv. Colloquial* **1.** (an intensifier): *drop-dead gorgeous.* –*adj.* **2.** extremely attractive: *a drop-dead hunk.*

drop kick *n.* **1.** *Football* a kick given the ball just as it rises from the ground after being dropped by the kicker. **2.** *Colloquial* an obnoxious person.

drop-out /'drɒp-aʊt/ *n.* **1.** someone who decides to opt out of conventional society, a given social group, or an educational institution: *student dropouts became more numerous in the sixties.* **2.** *Rugby Football* a drop kick made from a defending player's quarter zone or goal line after the ball has crossed the try line or has been touched down. Also, **dropout**.

dropper /'drɒpə/ *n.* a glass tube with an elastic cap at one end and a small orifice at the other, for drawing in a liquid and expelling it in drops.

dropsy /'drɒpsi/ *n. Pathology* an excessive accumulation of serous fluid in a serous cavity or in the subcutaneous cellular tissue. **–dropsical** *adj.* **–dropsied** *adj.*

dross /drɒs/ *n.* **1.** *Metallurgy* a waste product taken off molten metal during smelting, essentially metallic in character. **2.** waste matter; refuse. **–drossy** *adj.* **–drossiness** *n.*

drought /draʊt/ *n.* **1.** dry weather; lack of rain, especially such as would affect the growth of crops or deplete reserves of water for industrial or domestic use. **2.** scarcity.

drove[1] /droʊv/ *v.* past tense of **drive**.

drove[2] /droʊv/ *n., v.* **droved**, **droving**. –*n.* **1.** a number of oxen, sheep, or swine driven in a group; herd; flock. **2.** a large crowd of human beings, especially in motion. –*v.t.* **3.** to drive herds of cattle or flocks of sheep, usually over long distances, to market. **–droving** *n.*

drover /'droʊvə/ *n.* someone who drives cattle, sheep, etc., to market, usually over long distances.

drown /draʊn/ *v.i.* **1.** to be suffocated by being under water or other liquid for too long. –*v.t.* **2.** to suffocate (a person, etc.) by holding under water or other liquid. **3.** to destroy; get rid of: *to drown your sorrows.* **4.** to flood. **5.** to overpower (sound) by a louder sound (fol. by *out*).

drowse /draʊz/ *v.i.* **drowsed**, **drowsing**. **1.** to be sleepy; be half asleep. **2.** to be dull or sluggish.

drowsy /'draʊzi/ *adj.* **-sier**, **-siest**. **1.** inclined to sleep; half asleep. **2.** dull; sluggish. **–drowsily** *adv.* **–drowsiness** *n.*

drubbing /'drʌbɪŋ/ *n.* a beating; a decisive defeat.

drudge /drʌdʒ/ *n., v.* **drudged**, **drudging**. –*n.* **1.** someone who labours at servile or uninteresting tasks; a hard toiler. –*v.i.* **2.** to perform servile, distasteful, or hard work. **–drudger** *n.* **–drudgingly** *adv.*

drudgery /'drʌdʒəri/ *n.* **-ries.** tedious, hard, or uninteresting work.

drug /drʌg/ *n., v.* **drugged**, **drugging**. –*n.* **1.** a chemical substance given with the intention of preventing or curing disease or otherwise enhancing the physical or mental welfare of humans or animals. **2.** a habit-forming medicinal substance; a narcotic. –*v.t.* **3.** to stupefy or poison with a drug.

Druid /'druəd/ *n.* **1.** (*often l.c.*) one of an order of priests or ministers of religion among the ancient Celts of Gaul, Britain, and Ireland. **2.** a member of one of several modern movements to revive druidism, which meet seasonally in special costume to conduct their ceremonies. **–druidic**, **druidical** *adj.* **–druidism** *n.*

drum /drʌm/ *n., v.* **drummed**, **drumming**. –*n.* **1.** a musical instrument consisting of a hollow body covered at one or both ends with a tightly stretched membrane, or head, which is struck with the hand, a stick, or a pair of sticks. **2.** any hollow tree or similar device used in this way. **3.** the sound produced by either of these. **4.** any noise suggestive of it. **5.** someone who plays the drum. **6.** a natural organ by which an animal produces a loud or bass sound. **7.** *Computers* (formerly) a magnetically coated drum revolving at high speed, used for data storage. **8.** a cylindrical part of a machine. **9.** a cylindrical box or receptacle. –*v.i.* **10.** to beat or play a drum. **11.** to beat on anything rhythmically. **12.** to make a sound like that of a drum; resound. –*v.t.* **13.** to beat rhythmically; perform (a tune) by drumming. **14.** to call or summon by, or as by, beating a drum. **15.** to drive or force by persistent repetition: *to drum an idea into someone.* –*phr.* **16. drum out**, to expel or dismiss in disgrace to the beat of a drum. **17. drum up, a.** to solicit or obtain (trade, customers, etc.). **b.** *Colloquial* to give advice or information to: *I drummed him up on the deal.* **18. the drum**, *Australian, NZ Colloquial* information or advice usually confidential or profitable: *to give someone the drum.* **–drummer** *n.*

drumstick /'drʌmstɪk/ *n.* **1.** a stick for beating a drum. **2.** the lower part of the leg of a cooked chicken, duck, turkey, etc.

drunk /drʌŋk/ *v.* **1.** past participle of **drink**. –*adj.* **2.** (*usually used predicatively*) intoxicated with alcoholic drink. –*n.* **3.** *Colloquial* a drunken person. –*phr.* **4. drunk with**, intoxicated with, or as with: *drunk with joy; drunk with success.* **–drunken** *adj.*

drupe /drup/ *n.* a fruit, such as the peach, cherry, plum, etc., consisting of an outer skin (epicarp), a (generally) pulpy and succulent layer (mesocarp), and a hard and woody inner shell or stone (endocarp) which encloses usually a single seed. **–drupaceous** *adj.*

dry /draɪ/ *adj.* **drier**, **driest**, *v.* **dried**, **drying**, *n.* **dries.** –*adj.* **1.** free from moisture; not moist; not wet. **2.** having little or no rain: *a dry climate or season.* **3.** characterised by absence, deficiency, or failure of natural or ordinary moisture. **4.** not under, in, or on water: *dry land.* **5.** not yielding water or other liquid: *a dry well.* **6.** not yielding milk: *a dry cow.* **7.** free from tears: *dry eyes.* **8.** wiped or drained away; evaporated: *a dry river.* **9.** desiring drink; thirsty. **10.** causing thirst: *dry work.* **11.** without butter or the like: *dry toast.* **12.** (of a biscuit) not sweet. **13.** plain; bald; unadorned: *dry facts.* **14.** dull; uninteresting: *a dry subject.* **15.** humorous or sarcastic in an unemotional or impersonal way: *dry humour.* **16.** indifferent; cold; unemotional: *a dry answer.* **17.** (of wine and cider) not sweet. **18.** of or relating to non-liquid substances or commodities: *dry measure.* **19.** characterised by a prohibition of the consumption or sale of alcohol: *a dry ship; a dry community.* **20.** (of a sheep) not rearing a lamb. **21.** (of a cough) not accompanied by the bringing up of mucus etc. –*v.t.* **22.** to make dry; to free from moisture: *dry your eyes.* –*v.i.* **23.** to become

dry-clean

dry; lose moisture. –*n*. **24.** a dry state, condition, or place. **25.** one within a political party, etc., who maintains a hard, uncompromising fiscal policy, as a monetarist (opposed to *wet*). **26.** *US Colloquial* a prohibitionist. –*phr*. **27. declare dry**, to declare sheep to be sufficiently unaffected by rain to enable shearing to continue. **28. dry out**, **a.** (of wet things, especially clothes) to dry of their own accord. **b.** to subject (an alcoholic or drug addict) to a systematic process of detoxification. **c.** (of alcoholics and drug addicts) to rid the body of the drug of dependence. **d.** (of drought) to cause (land) to become quite dry: *the plain was dried out.* **e.** (of drought) to afflict (people in rural and outback areas) so severely that they must leave their land. **29. dry up**, **a.** to become completely dry. **b.** to become intellectually barren. **c.** *Colloquial* to stop talking. **30. the dry**, (*sometimes cap*.) the rainless season in central and northern Australia and in the tropics generally; May to November. –**dryness** *n*.

dry-clean /draɪ-'klin/ *v.t.* to clean (garments, etc.) with benzine, chemical solvents, etc., rather than water. –**drycleaner** *n*.

drycleaners /draɪ'klinəz/ *n*. a business where clothes, etc., are dry-cleaned. Also, **cleaners**.

dry dock *n*. **1.** a basin-like structure from which the water can be removed after the entrance of a ship, used when making repairs on a ship's bottom, etc. **2.** a floating structure which may be partially submerged to permit a vessel to enter, and then raised to lift the vessel out of the water for repairs, etc.

dryer /'draɪə/ *n*. **1.** a substance added to paints, varnishes, etc., to make them dry quickly. **2.** a mechanical contrivance for removing moisture. –*adj*. **3.** → **drier**.

dry ice *n*. solid carbon dioxide, having a temperature of minus 78°C at atmospheric pressure.

dryly = **drily** /'draɪli/ *adv.* in a dry or sarcastic manner: *she smiled dryly at the inept remark.*

dry measure *n*. the system of units of capacity formerly used in Britain, Australia, and the US for measuring dry commodities, such as grain, fruit, etc.

dry run *n*. a test exercise or rehearsal.

d.t.'s /di 'tiz/ *n*. → **delirium tremens**. Also, **d.t.**

dual /'djuəl/ *adj.* **1.** having to do with the number two. **2.** composed or consisting of two parts; twofold; double: *dual ownership, dual controls on a plane.* –**dually** *adv*.

dub¹ /dʌb/ *v.t.* **dubbed, dubbing. 1.** to strike lightly with a sword in the ceremony of conferring knighthood; make, or designate as, a knight: *the king dubbed him knight.* **2.** to invest with any dignity or title; style; name; call: *he dubbed me charlatan.* **3.** to strike, cut, rub, etc., in order to make smooth, or of an equal surface: *to dub leather, timber.* **4.** to dress (a fly) for fishing.

dub² /dʌb/ *v.t.* **dubbed, dubbing. 1.** to change the soundtrack of (a film or videotape), as in substituting a dialogue in another language. **2.** to add new sounds on to (an existing recording). **3.** to transfer (recorded sound) on to a new record or tape; rerecord.

dubious /'djubiəs/ *adj.* **1.** doubtful; marked by or occasioning doubt: *a dubious question.* **2.** wavering or hesitating in opinion; inclined to doubt. –**dubiously** *adv*. –**dubiousness** *n*.

duchess /'dʌtʃɛs, 'dʌtʃəs/ *n*. **1.** the wife or widow of a duke. **2.** a woman who holds in her own right the sovereignty or titles of a duchy. **3.** *Colloquial* a woman of showy demeanour or appearance. –*v.t.* **4.** *Colloquial* to treat in an obsequious fashion in order to improve one's social or political standing.

duel

duchy /'dʌtʃi/ *n*. **-chies**. the territory ruled by a duke or duchess.

duck¹ /dʌk/ *n*. **ducks**, (*especially collectively*) **duck**. **1.** any of numerous wild or domesticated web-footed swimming birds of the family Anatidae, especially of the genus *Anas* and allied genera, including the black duck and the mallard, characterised by a broad, flat bill, short legs, and depressed body. **2.** the female of this fowl, as distinguished from the male (or *drake*). **3.** the flesh of a duck, eaten as food. **4.** *Colloquial* a darling; pet. –*phr*. **5. old duck**, *Colloquial* (*derogatory*) an old woman.

duck² /dʌk/ *v.i.* **1.** to plunge the whole body or the head momentarily under water. **2.** to stoop suddenly; bob. **3.** to avoid a blow, unpleasant task, etc. –*phr*. **4. duck out**, to absent oneself for a short time: *to duck out to the shops for a few minutes.* **5. duck out on**, to desert (someone). –**ducker** *n*.

duck³ /dʌk/ *n*. a military vehicle for amphibious use.

duck⁴ /dʌk/ *n*. *Cricket* a batsman's score of nought. Also, **duck's egg**.

duckbill /'dʌkbɪl/ *n*. → **platypus**. Also, **duck-billed platypus**.

duckling /'dʌklɪŋ/ *n*. a young duck.

duckweed /'dʌkwid/ *n*. **1.** any member of the family Lemnaceae, especially of the genus *Lemna*, comprising small aquatic plants which float free on still water. **2.** a native weed, *Hydrocotyle tripartita*, with small leaves and creeping stems, especially troublesome on lawns; waterweed.

duco /'djukoʊ/ *n*. *Australian* a type of paint, especially as applied to the body work of a motor vehicle.

duct /dʌkt/ *n*. **1.** any tube, canal, or conduit by which fluid or other substances are conducted or conveyed. –*v.t.* **2.** to convey by means of a duct or ducts.

ductile /'dʌktaɪl/ *adj.* **1.** capable of being drawn out into wire or threads, as gold. **2.** capable of being hammered out thin, as certain metals. **3.** able to stand deformation under a load without fracture. **4.** capable of being moulded or shaped; plastic. **5.** susceptible; compliant; tractable. –**ductility** /dʌk'tɪləti/ *n*.

dud /dʌd/ *Colloquial* –*n*. **1.** any thing or person that proves a failure. –*adj.* **2.** useless; defective.

dude /djud, dud/ *n*. *Colloquial* **1.** an adult male; fellow. **2.** a person who is well regarded, especially as being fashionable and up-to-date. **3.** (a familiar form of address). **4.** *Originally US* a person who is stylishly dressed in a somewhat ostentatious way. **5.** *Originally US* a city-slicker.

dudgeon /'dʌdʒən/ *n*. a feeling of offence or resentment; anger: *we left in high dudgeon.*

duds /dʌdz/ *pl. n*. *Colloquial* **1.** clothes, especially old or ragged clothes. **2.** belongings in general. **3.** *Australian* trousers.

due /dju/ *adj.* **1.** immediately payable. **2.** owing, irrespective of whether the time of payment has arrived. **3.** rightful; proper; fitting: *due care; in due time.* **4.** adequate; sufficient: *a due margin for delay.* **5.** under engagement as to time; expected to be ready, be present, or arrive. –*n*. **6.** that which is due or owed. **7.** (*usually plural*) a payment due, as a charge, a fee, a membership subscription, etc. –*adv.* **8.** directly or straight: *he sailed due east.* –*phr*. **9. due to**, owing to. **10. give someone their due**, to ascribe proper credit to someone. **11. one's due**, what one has earned or merited.

duel /'djuəl/ *n., v.* **-elled** or *Chiefly US* **-eled**, **-elling** or *Chiefly US* **-eling**. –*n*. **1.** a prearranged combat between two persons, fought with deadly

duet /dju'ɛt/ n. a musical composition for two voices or performers. –**duettist** n.

duff[1] /dʌf/ n. **1.** *Brit.* a flour pudding boiled, or sometimes steamed, in a bag. –v.t. **2.** *Colloquial* to make pregnant. –*phr.* **3. up the duff**, *Colloquial* **a.** pregnant. **b.** ruined; broken.

duff[2] /dʌf/ v.t. to steal (cattle, sheep, etc.), usually altering brands in the process.

duffer[1] /'dʌfə/ n. someone who steals cattle, sheep, etc., especially by altering the brand.

duffer[2] /'dʌfə/ n. **1.** (*humorous*) a foolish person: *you're a silly duffer!* **2.** a plodding, stupid, or incompetent person.

dug[1] /dʌg/ v. past tense and past participle of **dig**.

dug[2] /dʌg/ n. the breast, udder, or nipple of a female.

dugite /'dugaɪt/ n. a medium-sized, venomous snake, *Pseudonaja affinis*, of central and western areas of Australia, related to the common brown snake.

dugong /'dugɒŋ/ n. an aquatic herbivorous mammal, *Dugong dugon*, of the order Sirenia, found in tropical coastal areas of the Indian Ocean, having forelimbs adapted as flippers, no hind limbs, and a horizontal lobed tail; sea cow.

dugout /'dʌgaʊt/ n. **1.** a rough shelter or dwelling formed by an excavation in the ground or in the face of a bank. **2.** *Mining* an abandoned opal working which has been turned into living quarters. **3.** a boat made by hollowing out a log.

duke[1] /djuk/ n. **1.** a sovereign prince, the ruler of a small state called a duchy. **2.** (in Britain) a nobleman of the highest rank after that of a prince and ranking next above marquess. **3.** a nobleman of corresponding rank in certain other countries.

duke[2] /duk/ n. *Colloquial* a fist. Also, **dook**.

dulcet /'dʌlsət/ adj. agreeable to the feelings, the eye, or, especially, the ear; pleasing; soothing; melodious.

dulcimer /'dʌlsəmə/ n. **1.** a trapezoidal zither with metal strings struck by light hammers; a cembalo; a cymbalo. **2.** *US* a modern folk instrument related to the guitar and plucked with the fingers.

dull /dʌl/ adj. **1.** slow of understanding; stupid. **2.** lacking sharpness in the senses or feelings; unfeeling. **3.** not sharply felt: *a dull pain*. **4.** low in spirits; listless. **5.** boring, uninteresting: *a dull talk*. **6.** not sharp; blunt: *a dull knife*. **7.** not bright, or clear; dim: *a dull day; a dull sound*. –v.t. **8.** to make dull. –v.i. **9.** to become dull. –**dullish** adj. –**dullness** n. –**dully** adv.

duly /'djuli/ adv. **1.** in a due manner; properly; fitly. **2.** in due season; punctually. **3.** adequately.

dumb /dʌm/ adj. **1.** unable to speak. **2.** silent. **3.** stupid; dull-witted. –**dumbly** adv. –**dumbness** n.

dumbbell /'dʌmbɛl/ n. a gymnastic hand apparatus made of wood or metal, consisting of two balls joined by a barlike handle, used as weights, usually in pairs.

dumbfound /'dʌmfaʊnd/ v.t. to strike dumb with amazement. Also, **dumfound**. –**dumbfounder** n.

dummy /'dʌmi/ n. **-mies**, adj. –n. **1.** an imitation or copy of something, as for display, to indicate appearance, exhibit clothing, etc. **2.** *Colloquial* a stupid person; dolt. **3.** one who has nothing to say or who takes no active part in affairs. **4.** *Australian, NZ History* (especially in buying land) someone ostensibly acting on their own behalf while actually acting as an agent for others. **5.** a rubber teat given to a baby to suck. **6.** *Printing* sheets folded and made up to show the size, shape, form, sequence, and general style of a contemplated piece of printing. **7.** Also, **dummy pass**. *Football* a feigned or pretended manoeuvre. **8.** *NZ Prison Colloquial* a punishment cell; digger. –adj. **9.** acting for others while ostensibly acting for oneself, especially in buying land. **10.** counterfeit; sham; imitation. **11.** (of ammunition) not furnished with a destructive missile, and used chiefly in military training. –*phr.* **12. sell someone the dummy**, *Football* to deceive one's opponent into thinking that one is about to make a pass. **13. spit the dummy**, *Colloquial* **a.** to give up or opt out of a contest or the like before there is reasonable cause to do so. **b.** to throw a tantrum.

dump /dʌmp/ v.t. **1.** to throw down in a mass; fling down or drop heavily. **2.** to empty out, as from a cart by tilting. **3.** to get rid of; hand over to somebody else. **4.** *Computers* to print out, with minimal editing, the content of computer memory, usually for diagnostic purposes in debugging. **5.** *Commerce* **a.** to put (goods) on the market in large quantities and at a low price, especially to a large or favoured buyer. **b.** to market (goods) thus in a foreign country, as at a price below that charged in the home country. **6.** *Football* to tackle heavily. **7.** (of a wave) to hurl (a body-surfer) onto the churned-up sand at the bottom of the wave. –v.i. **8.** to fall or drop down suddenly. **9.** to unload. **10.** to offer for sale at a low price, especially to offer low prices to favoured buyers. –n. **11.** anything as rubbish dumped or thrown down. **12.** a place where it is deposited. **13.** *Military* a collection of ammunition, stores, etc., deposited at some point, as near a battle front, to be distributed for use. **14.** the act of dumping. **15.** *Mining* mullock and dirt heaped around mine shafts. **16.** *Colloquial* a place, house, or town that is poorly kept up, and generally of wretched appearance. –*phr.* **17. dump on**, *Colloquial* to criticise, put down, or scold (someone). **18. sell the dump**, *Colloquial* (sometimes fol. by *from*) **a.** *Football* to pass the ball to avoid being tackled. **b.** to pass on something worthless, or the object of some dispute to avoid trouble.

dumper /'dʌmpə/ n. **1.** a person or thing that dumps something. **2.** *Surfing* a wave which, in shallow water, instead of breaking evenly from the top, crashes violently down, throwing surfers to the bottom.

dumpling /'dʌmplɪŋ/ n. **1.** a rounded mass of steamed dough (often served with stewed meat, etc.). **2.** a kind of pudding consisting of a wrapping of dough enclosing an apple or other fruit, and boiled or baked.

dumps /dʌmps/ pl. n. *Colloquial* a dull, gloomy state of mind: *down in the dumps*.

dumpy /'dʌmpi/ adj. **dumpier, dumpiest**. short and stout; squat: *a dumpy woman*. –**dumpily** adv. –**dumpiness** n.

dun[1] /dʌn/ v.t. **dunned, dunning**. to make repeated and insistent demands upon, especially for the payment of a debt.

dun[2] /dʌn/ adj. **1.** dull or greyish brown. **2.** dark; gloomy.

dunce /dʌns/ n. a dull-witted or stupid person; a dolt.

dune /djun/ n. a sand hill or sand ridge formed by the wind, usually in desert regions or near lakes and oceans.

dung /dʌŋ/ n. manure; excrement, especially of animals. –**dungy** adj.

dungeon /'dʌndʒən/ n. any dark, small prison or cell, especially underground.

dunk /dʌŋk/ v.t. **1.** to immerse in water. **2.** to dip (biscuits, etc.) into coffee, milk, etc. –**dunker** n.

dunnart /'dʌnat/ n. any of the narrow-footed car-

dunny /'dʌni/ *n. Australian, NZ* **1.** an outside toilet, found in unsewered areas, usually at some distance from the house it serves and consisting of a small shed furnished with a lavatory seat placed over a sanitary can. **2.** *Colloquial* a toilet.

duo /'djuou/ *n.* **duos** *or* **dui** /'djui/. **1.** *Music* a duet. **2.** a pair of singers, entertainers, etc.

duo- a word element meaning 'two', as in *duologue*.

duodenum /djuə'dinəm/ *n. Anatomy* the first portion of the small intestine, from the stomach to the jejunum.

dupe /djup/ *n., v.* **duped, duping.** –*n.* **1.** someone who is imposed upon or deceived; a gull. –*v.t.* **2.** to make a dupe of; deceive; delude; trick. **–dupable** *adj.* **–dupability** /djupə'bɪləti/ *n.* **–duper** *n.*

duple /'djupəl/ *adj.* double; twofold.

duplex /'djupleks/ *adj.* **1.** twofold; double. –*n.* **2.** *US, Australian* a building consisting of two separate dwellings, arranged either on each storey of a two-storey building, or as a pair of semidetached cottages.

duplicate /'djupləkət/ *adj., n.*; /'djupləkeɪt/ *v.* **-cated, -cating.** –*adj.* **1.** exactly like or corresponding to something else. **2.** double; consisting of or existing in two corresponding parts. –*n.* **3.** a copy exactly like an original. **4.** anything corresponding in all respects to something else. –*v.t.* **5.** to make an exact copy of; repeat. **6.** to double; make twofold. –*phr.* **7. in duplicate,** in two copies, exactly alike. **–duplicative** /'djupləkətɪv/ *adj.* **–duplicator** *n.*

duplicity /dju'plɪsəti/ *n.* **-ties.** deceitfulness in speech or conduct; speaking or acting in two different ways concerning the same matter with intent to deceive; double-dealing. **–duplicitous** *adj.*

durable /'djurəbəl/ *adj.* **1.** having the quality of lasting or enduring; not easily worn out, decayed, etc. –*n.* **2.** (*plural*) goods which are durable. **–durability** /djurə'bɪləti/, **durableness** *n.* **–durably** *adv.*

duration /dju'reɪʃən/ *n.* **1.** continuance in time. **2.** the length of time anything continues. –*phr.* **3. for the duration,** for a long time; for as long as something takes. **–durative** *adj.*

duress /dju'res/ *n.* **1.** constraint; compulsion. **2.** forcible restraint of liberty; imprisonment. **3.** *Law* such constraint or coercion as will render void a contract or other legal act entered or performed under its influence.

during /'djurɪŋ/ *prep.* **1.** throughout the continuance of. **2.** in the course of.

dusk /dʌsk/ *n.* **1.** partial darkness; a state between light and darkness; twilight; shade; gloom. **2.** the darker stage of twilight. **–duskish** *adj.*

dusky /'dʌski/ *adj.* **duskier, duskiest. 1.** somewhat dark; dark-coloured. **2.** of a black race: *a dusky maid appeared.* **3.** deficient in light; dim. **4.** gloomy. **–duskily** *adv.* **–duskiness** *n.*

dusky moorhen *n.* a rail, *Gallinula tenebrosa,* brownish black with white patches on the tail-coverts and a red frontal shield, found mainly in swamps and parklands of eastern Australia.

dust /dʌst/ *n.* **1.** earth or other matter in fine, dry particles. **2.** any finely powdered substance, as sawdust. **3.** a cloud of finely powdered earth or other matter in the air. **4.** that to which anything, as the human body, is reduced by disintegration or decay. **5.** the mortal human body. **6.** disturbance; turmoil: *let the dust settle.* –*v.t.* **7.** (sometimes fol. by *off*) to free from dust; wipe the dust from: *to dust the table.* **8.** to sprinkle (with dust or powder): *to dust plants with powder.* **9.** to strew or sprinkle as dust: *dust powder over plants.* **10.** to soil with dust; make dusty. –*v.i.* **11.** to wipe dust from furniture, a room etc. **12.** to become dusty. –*phr.* **13. bite the dust,** to be killed or wounded. **14. dust off,** to take from storage and make ready for use again; begin to use or practise again. **15. lick the dust,** *Colloquial* **a.** to be killed or wounded. **b.** to grovel; humble oneself abjectly. **16. raise the dust,** *Colloquial* to make a fuss; cause a disturbance. **17. shake the dust off one's feet,** to depart with scorn. **18. throw dust in someone's eyes,** to mislead someone. **–dustless** *adj.*

duster /'dʌstə/ *n.* **1.** a cloth, brush, etc., for removing dust. **2.** a felt pad mounted on a wooden block, used in schools for cleaning the blackboard. **3.** an apparatus for sprinkling dust or powder on something.

dust jacket *n.* a jacket (def. 3) for a book. Also, **dustcover.**

dust-up /'dʌst-ʌp/ *n. Colloquial* a commotion; fight; scuffle.

Dutch courage /dʌtʃ 'kʌrɪdʒ/ *n.* courage inspired by alcoholic drink.

Dutch oven *n.* **1.** a large, heavy pot with a close-fitting lid used for slow cooking. **2.** a metal utensil, open in front, for roasting before an open fire. **3.** a brick oven in which the walls are preheated for cooking.

Dutch treat *n.* a meal or entertainment in which each person pays for himself or herself. Also, **Dutch shout.**

Dutch uncle *n.* someone who offers concerned and disinterested advice at length.

dutiful /'djutəfəl/ *adj.* **1.** performing the duties required of one; obedient: *a dutiful child.* **2.** required by duty; proceeding from or expressive of a sense of duty: *dutiful attention.* **–dutifully** *adv.* **–dutifulness** *n.*

duty /'djuti/ *n.* **-ties.** –*n.* **1.** that which one is bound to do by moral or legal obligation. **2.** the binding or obligatory force of that which is morally right; moral obligation. **3.** action required by one's position or occupation; office; function: *the duties of a soldier or clergyman.* **4.** a specific or *ad valorem* levy imposed by law on the import, export, sale, or manufacture of goods, the transference of property, the legal recognition of deeds and documents, etc. **5.** *Agriculture* the amount of water necessary to provide for the crop in a given area. –*phr.* **6. do duty for,** to be a substitute for; serve the same function as. **7. off duty,** not at work. **8. on duty,** at work. **–dutiable** *adj.*

duvet /'duveɪ/ *n. NZ, Brit.* → **continental quilt.**

dux /dʌks/ *n. Australian, NZ* the top pupil academically in some division of a school.

dwarf /dwɔf/ *n.* **1.** a person, animal or plant much below the ordinary height or size. –*adj.* **2.** of unusually small height or size; diminutive. –*v.t.* **3.** to cause to seem small: *the tower dwarfed the surrounding buildings.* **4.** to prevent the proper growth or development of.

dwell /dwel/ *v.i.* **dwelt** *or* **dwelled, dwelling. 1.** to abide as a permanent resident. **2.** to continue for a time. –*phr.* **3. dwell on** (or **upon**), to linger over in thought, speech, or writing; to emphasise: *to dwell upon a subject; to dwell on a point in argument.* **–dweller** *n.*

dwelling /'dwelɪŋ/ *n.* **1.** a place of residence or abode; a house. **2.** continued or habitual residence.

dwindle /'dwɪndl/ *v.i.* **-dled, -dling. 1.** to become smaller and smaller; shrink; waste away: *his vast fortune has dwindled away.* **2.** to fall away, as in quality; degenerate. **–dwindling** *adj.*

dye /daɪ/ *n., v.* **dyed, dyeing.** –*n.* **1.** a colouring material or matter. **2.** a liquid containing colour-

dying ing matter for imparting a particular hue to cloth, etc. **3.** colour or hue, especially as produced by dyeing. –*v.t.* **4.** to colour or stain; treat with a dye; colour (cloth, etc.) by soaking in a liquid containing colouring matter: *to dye cloth red*. –*v.i.* **5.** to impart colour, as a dye. **6.** to become coloured when treated with a dye: *this cloth dyes easily.* –*phr.* **7. of the deepest** (or **blackest**) **dye**, of the worst kind. –**dyer** *n.*

dying /'daɪɪŋ/ *adj.* **1.** ceasing to live; approaching death: *a dying man*. **2.** relating to or associated with death: *a dying hour*. **3.** given, uttered, or manifested just before death: *dying words*. **4.** drawing to a close: *the dying year*. –*n.* **5.** death.

dyke¹ = **dike** /daɪk/ *n.*

dyke² /daɪk/ *n. Colloquial* a lesbian.

dyke² /daɪk/ *n., v.* **dyked, dyking.** → **dike**¹.

dyna- a word element referring to power, as in *dynameter*. Also, **dynam-**.

dynamic /daɪ'næmɪk/ *adj.* **1.** having to do with force not in equilibrium (opposed to *static*) or to force in any state. **2.** having to do with dynamics. **3.** characterised by energy or effective action; active; forceful.

dynamic random access memory *n. Computers* a computer memory in which the information gradually decays, the cells needing to be topped up at frequent intervals, but the overall system being faster and cheaper than SRAM.

dynamics /daɪ'næmɪks/ *n.* **1.** *Physics* the branch of mechanics that deals with those forces which cause or affect the motion of bodies. **2.** the science or principles of forces acting in any field. **3.** (*construed as plural*) the forces, physical or moral, at work in any field. **4.** *Music* variations in the volume of sound.

dynamism /'daɪnəmɪzəm/ *n.* the force or active principle on which a thing, person, or movement operates.

dynamite /'daɪnəmaɪt/ *n., v.* **-mited, -miting.** –*n.* **1.** a high explosive consisting of nitroglycerine mixed with some absorbent substance such as kieselguhr. **2.** *Colloquial* anything or anyone potentially dangerous and liable to cause trouble. **3.** *Colloquial* anything or anyone exceptional. –*v.t.* **4.** to blow up, shatter, or destroy with dynamite. –**dynamitic** /daɪnə'mɪtɪk/ *adj.*

dynamo /'daɪnəmoʊ/ *n.* **-mos. 1.** any rotating machine in which mechanical energy is converted into electrical energy, especially a direct current generator. **2.** *Colloquial* a forceful, energetic person.

dynasty /'dɪnəsti/ *n.* **-ties. 1.** a sequence of rulers from the same family or stock. **2.** the rule of such a sequence. –**dynastic** /də'næstɪk, daɪ-/, **dynastical** /də'næstɪkəl, daɪ-/ *adj.* –**dynastically** /də'næstɪkli, daɪ-/ *adv.*

dyne /daɪn/ *n.* the unit of force in the centimetre-gram-second system, equal to 10×10^{-6} newtons. *Symbol:* dyn

dys- a prefix, especially medical, indicating difficulty, poor condition, as in *dysphoria*.

dysentery /'dɪsəntri/ *n. Pathology* an infectious disease marked by inflammation and ulceration of the lower part of the bowels, with diarrhoea that becomes mucous and haemorrhagic. –**dysenteric** /dɪsən'tɛrɪk/ *adj.*

dysfunctional /dɪs'fʌŋkʃənəl/ *adj.* not functioning properly or normally: *a dysfunctional society*.

dyslexia /dɪs'lɛksiə/ *n. Psychology* impairment in reading ability, often associated with other disorders especially in writing and coordination.

dysmenorrhoea /dɪs,mɛnə'riə/ *n. Pathology* painful menstruation. Also, **dysmenorrhea.**

dyspepsia /dɪs'pɛpsiə/ *n. Pathology* deranged or impaired digestion; indigestion.

dyspeptic /dɪs'pɛptɪk/ *adj.* **1.** having to do with dyspepsia. **2.** morbidly gloomy or pessimistic. –*n.* **3.** someone subject to or suffering from dyspepsia. –**dyspeptically** *adv.*

dystopia /dɪs'toʊpiə/ *n.* an imaginary world in which everything is as bad as it can possibly be (opposed to *utopia*).

E e

E, e /i/ *n.* **E's, Es, e's** *or* **es. 1.** the fifth letter of the English alphabet. **2.** *Music* the third note in the scale of C major.

e- variant of **ex-**¹, used in words of Latin origin before consonants except *c, f, p, q, s,* and *t,* as in *emit*.

each /itʃ/ *det.* **1.** every, of two or more considered individually or one by one: *each stone in the building.* –*pron.* **2.** each one: *each went his way.* –*adv.* **3.** apiece: *they cost a dollar each.* –*phr.* **4. bet each way,** *Colloquial* **a.** to place an each-way bet. **b.** to be undecided or neutral.

each other *n.* each the other (used to describe a reciprocal relation or action between two or more people, objects, etc.): *they hit each other.*

eager /'igə/ *adj.* **1.** keen or ardent in desire or feeling; impatiently longing: *I am eager for or about it; eager to do it.* **2.** characterised by great earnestness. –**eagerly** *adv.* –**eagerness** *n.*

eagle /'igəl/ *n.* **1.** any of certain large, diurnal birds of prey of the family Accipitridae, as the wedge-tailed eagle, noted for their size, strength, powerful flight and keenness of vision. **2.** *Golf* a score two below par on any but par-three holes.

eaglehawk /'igəlhɔk/ *n.* **1.** → **wedge-tailed eagle.** –*v.t.* **2.** to pluck wool from a dead sheep.

eaglet /'iglət/ *n.* a young eagle.

ear¹ /ɪə/ *n.* **1.** the organ of hearing, in humans and other mammals usually consisting of three parts (**external ear, middle ear,** and **inner ear**). **2.** the external part alone. **3.** the sense of hearing. **4.** keen perception of the differences of sound, especially sensitiveness to the quality and correctness of musical sounds: *an ear for music.* **5.** attention; heed, especially favourable attention: *gain a person's ear.* –*phr.*
6. be all ears, to listen attentively.
7. bend someone's ear, *Colloquial* to harangue someone.
8. by ear, without dependence upon or reference to written music.
9. fall on deaf ears, to pass unheeded.
10. have an ear to the ground, to be well informed about gossip or trends.
11. go in one ear and out the other, to be heard but ignored; make no impression.
12. out on one's ear, dismissed summarily.
13. set by the ears, to cause to disagree or quarrel.
14. turn a deaf ear, to refuse to help or consider helping.
15. up to one's ears, deeply involved; extremely busy.
16. wet behind the ears, naive; immature. –**earless** *adj.* –**earlike** *adj.*

ear² /ɪə/ *n.* the part of a cereal plant, such as wheat or barley, which contains the flowers and hence the fruit, grains, or kernels.

earbash /'ɪəbæʃ/ *Colloquial* –*v.t.* **1.** to harangue (someone). –*v.i.* **2.** to talk insistently and for a long time. –**earbasher** *n.* –**earbashing** *n.*

eardrum /'ɪədrʌm/ *n.* the tympanic membrane.

earl /ɜl/ *n.* a British nobleman ranked immediately below a marquess and immediately above a viscount, the title now being unconnected with territorial jurisdiction. –**earldom** *n.*

early /'ɜli/ *adv.* **-lier, -liest,** *adj.* –*adv.* **1.** in or during the first part of some division of time, or of some course or series: *early in the year.* **2.** before the usual or appointed time; in good time: *come early.* **3.** far back in time. –*adj.* **4.** occurring in the first part of some division of time, or of some course or series: *an early hour.* **5.** occurring before the usual or appointed time: *an early dinner.* **6. a.** belonging to a period far back in time or to the first part of such a period: *the early Norman castles.* **b.** belonging to the period when white settlements were first made in Australia, or in a section of it: *the early days; early explorers.* **7.** occurring soon: *an early reply.* –*phr.* **8. early days,** too soon to form an opinion or see an outcome: *it's early days yet.* **9. early on,** after very little time has elapsed; before the main part of a project, game, etc., has been completed. –**earliness** *n.*

early Nancy /ɜli 'nænsi/ *n.* a wildflower of the lily family, *Anguillaria dioica,* found throughout Australia, the white flower of which has a purple band around the base of each segment, together forming a purple ring.

earmark /'ɪəmak/ *n.* **1.** a mark of identification made on the ear of an animal. **2.** any identifying or distinguishing mark or characteristic. –*v.t.* **3.** to set aside for a specific purpose or use: *to earmark goods for export.*

earn /ɜn/ *v.t.* **1.** to gain by labour or service: *to earn one's living.* **2.** to merit as compensation, as for service; deserve: *to receive more than one has earned.* **3.** to get as one's desert or due: *to earn a reputation for honesty.* **4.** to gain as due return or profit: *defence bonds earn interest.* –**earner** *n.*

earnest /'ɜnəst/ *adj.* **1.** serious in intention, purpose, or effort; sincerely zealous: *an earnest worker.* **2.** showing depth and sincerity of feeling: *earnest words.* –**earnestly** *adv.* –**earnestness** *n.*

earphone /'ɪəfoʊn/ *n.* a small device for converting electric signals into soundwaves, so designed that it is meant to fit into the ear or to be held close to it.

earring /'ɪə,rɪŋ/ *n.* a ring or other ornament worn in or on the lobe of the ear.

earshot /'ɪəʃɒt/ *n.* reach or range of hearing: *within earshot.*

earth /ɜθ/ *n.* **1.** (*often cap.*) the planet which we inhabit, the third in order from the sun. Its period of revolution is 1 year, and its mean distance from the sun 149 597 870 km. Its diameter is 12 756 km. It has one satellite, the Moon. **2.** the inhabitants of this planet: *the whole earth rejoiced.* **3.** this planet as the habitation of humans, often in contrast to heaven and hell. **4.** the surface of this planet. **5.** the solid matter of this planet; the dry land; the ground. **6.** the softer part of the land, as distinguished from rock; soil. **7.** the hole of a burrowing animal. **8.** any hole in the ground where a fox seeks shelter when being chased. **9.** *Electricity* **a.** a conducting connection between an electric circuit or equipment and the ground or some similar large conducting body. **b.** the terminal to which the earthing connection is attached. –*v.t.* **10.** *Electricity* to establish an earth for (a device, circuit, etc.); join (a conductor) to earth. –*phr.* **11. come down** (or **back**) **to earth,** to

earthen return to practical or realistic attitudes. **12. down to earth**, practical; plain; blunt. **13. on earth**, (used as an intensifier): *what on earth are you doing?* **14. run to earth**, **a.** to pursue (an animal) to its burrow or hole. **b.** to hunt down; track down. **15. the earth**, everything; a great deal: *cost the earth; want the earth.*

earthen /'ɜθən/ *adj.* **1.** composed of earth. **2.** made of baked clay.

earthenware /'ɜθənwɛə/ *n.* **1.** earthen pottery; vessels, etc., of baked or hardened clay. **2.** the material of such vessels (usually the coarse, opaque varieties, the finer, translucent kinds being called *porcelain*). –*adj.* **3.** made of such material. **4.** having to do with vessels made of such material.

earthly /'ɜθli/ *adj.* **-lier, -liest**. **1.** having to do with the earth, especially as opposed to heaven; worldly. **2.** possible or conceivable: *no earthly use.* –*phr.* **3. an earthly (chance)**, (*used with a negative*) any chance whatsoever: *he stood no earthly chance of winning.* **4. not have an earthly**, **a.** to have no idea. **b.** to have no chance. –**earthliness** *n.*

earthquake /'ɜθkweɪk/ *n.* tremors or earth movements in the earth's crust when fracturing rocks send out a series of three distinct sets of shock waves (earthquake waves).

earthworm /'ɜθwɜm/ *n.* **1.** any of numerous annelid worms that burrow in soil and feed on soil and decaying organic matter. **2.** a mean or grovelling person.

earthy /'ɜθi/ *adj.* **earthier, earthiest. 1.** of the nature of or consisting of earth or soil. **2.** (of the flavour of a wine) suggestive of the soil in which the grapes were grown. **3.** coarse or unrefined. **4.** direct; robust; unaffected.

ease /iz/ *n., v.* **eased, easing.** –*n.* **1.** freedom from labour, pain, or physical annoyance of any kind; tranquil rest; comfort: *to take one's ease.* **2.** freedom from concern, anxiety, or solicitude; a quiet state of mind: *be at ease.* **3.** freedom from difficulty or great labour; facility: *it can be done with ease.* **4.** freedom from stiffness, constraint, or formality; unaffectedness: *ease of manner; at ease with others.* –*v.t.* **5.** to give rest or relief to; make comfortable. **6.** to free from anxiety or care: *to ease one's mind.* **7.** to mitigate, lighten, or lessen: *to ease the pain.* **8.** to release from pressure, tension, or the like. **9.** (in sewing, etc.) to join (two pieces of material whose edges are of unequal length) in such a way that the extra fullness of the larger section is distributed evenly along the join. **10.** to render less difficult; facilitate. **11.** to move slowly and with great care. –*v.i.* **12.** to become less painful or burdensome. **13.** *Gambling* (of betting odds) to lengthen. –*phr.* **14. at ease**, **a.** comfortable and relaxed. **b.** *Military* a position of rest in which soldiers may relax, but may not leave their place or talk. **15. ease along**, to move with great care. **16. ease in**, to insert slowly and with care. **17. ease into**, to commence gradually. **18. ease off** (or **up**), to reduce severity, pressure, tension, etc. **19. put at ease**, to make feel relaxed and free from nervousness or tension. –**easeful** *adj.* –**easer** *n.*

easel /'izəl/ *n.* a frame in the form of a tripod, for supporting an artist's canvas, a blackboard, or the like.

easement /'izmənt/ *n.* **1.** an easing; relief. **2.** something that gives ease; a convenience. **3.** *Law* a right held by one person to make use of the land of another.

east /ist/ *n.* **1.** a cardinal point of the compass (90 degrees to the right of north), corresponding to the point where the sun is seen to rise. **2.** the direction in which this point lies. –*adj.* **3.** lying towards or situated in the east: *the east side.* **4.** directed or proceeding towards the east: *the east route.* **5.** coming from the east: *an east wind.* **6.** (*also cap.*) designating the eastern part of a region, nation, etc. **7.** *Ecclesiastical* towards the altar as situated with respect to the nave. –*adv.* **8.** towards or in the east: *he went east.* **9.** from the east. –*phr.* **10. the east**, (*also cap.*) a quarter or territory situated in an eastern direction.

Easter /'istə/ *n.* **1.** a yearly Christian festival celebrating the resurrection of Jesus Christ, observed on the first Sunday after the full moon on or following 21 March. **2.** Also, **Easter Day**, **Easter Sunday**. the day on which this festival is celebrated.

easterly /'istəli/ *adj.* **1.** moving, directed, or situated towards the east: *an easterly course.* **2.** coming from the east: *an easterly wind.* **3.** towards the east. **4.** from the east. –*n.* **5.** a wind from the east.

eastern /'istən/ *adj.* **1.** lying towards or situated in the east: *the eastern seaboard.* **2.** directed or proceeding towards the east: *an eastern route.* **3.** coming from the east: *an eastern wind.* **4.** (*usually cap.*) having to do with the East. –**easterner** *n.*

Eastern Standard Time *n.* a time zone lying on the 150th meridian including Queensland, New South Wales, Victoria, and Tasmania, ten hours ahead of Greenwich Mean Time, a half-hour ahead of Central Standard Time and two hours ahead of Western Standard Time.

easy /'izi/ *adj.* **easier, easiest,** *adv.* –*adj.* **1.** not difficult; requiring no great labour or effort: *easy to read; an easy victory.* **2.** free from pain, discomfort, worry, or care: *he has an easy conscience now; easy in one's mind.* **3.** conducive to ease or comfort: *an easy stance.* **4.** fond of or given to ease; easygoing. **5.** not harsh or strict; lenient: *an easy master.* **6.** not burdensome or oppressive: *easy terms.* **7.** not difficult to influence; compliant. **8.** (usually of a woman) sexually promiscuous. **9.** *Colloquial* having no firm preferences in a particular matter: *I'm easy.* **10.** free from formality, constraint, or embarrassment: *easy style; easy manners.* **11.** not tight; fitting loosely: *an easy fit.* **12.** not forced or hurried; moderate: *an easy pace.* –*adv.* **13.** *Colloquial* in a less tense manner; comfortably: *take it easy.* –*phr.* **14. easy meat**, *Colloquial* someone who is expected to put up no opposition or resistance. **15. easy on the eyes**, *Colloquial* attractive; good-looking. **16. easy pickings**, profits or advantages which are readily obtainable. **17. go easy on**, *Colloquial* **a.** to be lenient with. **b.** to use sparingly: *go easy on the honey.* **18. go easy with**, *Colloquial* to handle carefully: *go easy with that valuable jar.* **19. on easy street**, *Colloquial* with plenty of money; in a comfortable financial position.

easygoing /'izigoʊɪŋ/ *adj.* **1.** taking matters in an easy way; comfortably unconcerned. **2.** going easily, as a horse.

eat /it/ *v.* **ate** /eɪt, ɛt/ or **eaten** /'itn/ or **eating**, *n.* –*v.t.* **1.** to take into the mouth and swallow for nourishment; especially to masticate and swallow, as solid food. **2.** to consume by or as by devouring. **3.** to ravage or devastate. **4.** to wear or waste away; corrode. **5.** to make (a hole, passage, etc.) as by gnawing or corrosion. **6.** *Colloquial* to cause to worry; trouble: *what's eating you?* **7.** *Colloquial* ‡ to perform fellatio or cunnilingus on. –*v.i.* **8.** to consume food; take a meal. **9.** to make a way as by gnawing or corrosion. –*n.* **10.** (*plural*) *Colloquial* food. –*phr.* **11. eat fit to bust**, to eat with good appetite. **12. eat into**, to remove gradually; erode. **13. eat one's heart out**, to pine. **14. eat one's words**, to take back what one has said. **15. eat out**, to dine away from one's home

eaves /ivz/ *pl. n.* the overhanging lower edge of a roof.

eavesdrop /'ivzdrɒp/ *v.i.* **-dropped, -dropping.** to listen clandestinely. **—eavesdropper** *n.*

ebb /ɛb/ *n.* **1.** the reflux or falling of the tide (opposed to *flood* and *flow*). **2.** a flowing backwards or away; decline or decay. **3.** a point of decline: *his fortunes were at a low ebb.* **–***v.i.* **4.** to flow back or away, as the water of a tide (opposed to *flow*). **5.** to decline or decay; waste or fade away: *his life is ebbing.*

ebony /'ɛbəni/ *n.* **-onies.** a hard, heavy, durable wood, most highly prized when black, from various tropical trees usually of the genus *Diospyros*, such as *D. ebenum* of southern India and Sri Lanka, used for cabinetwork, etc., and *Maba humilis* of Queensland used for musical instruments.

ebullient /ə'bʊljənt, ə'bʌl-, ə'bjul-/ *adj.* **1.** seething or overflowing with fervour, enthusiasm, excitement, etc. **2.** boiling; bubbling like a boiling liquid. **—ebulliently** *adv.* **—ebullience, ebulliency** *n.*

ec- variant of **ex-**[3], before consonants, as in *eccentric*.

eccentric /ək'sɛntrɪk/ *adj.* **1.** deviating from the recognised or usual character, practice, etc.; irregular; peculiar; odd; queer: *eccentric conduct, an eccentric person.* **2.** not having the same centre, as two circles or spheres of which one is within the other or which intersect; not concentric. **3.** not situated in the centre, as an axis. **–***n.* **4.** an unusual, peculiar, or odd person or thing. **—eccentricity** /ɛksən'trɪsəti/ *n.* **—eccentrically** *adv.*

ecclesiastic /əklizi'æstɪk/ *n.* **1.** a member of the clergy, or person in orders. **–***adj.* **2.** ecclesiastical.

ecclesiastical /əklizi'æstəkəl/ *adj.* having to do with the church or the clergy; churchly; clerical; not secular or lay: *ecclesiastical discipline, affairs, ecclesiastical courts.* **—ecclesiastically** *adv.*

echelon /'ɛʃəlɒn/ *n.* **1.** a level of command: *in the higher echelons.* **2.** any steplike formation, especially of people in movement.

echidna /ə'kɪdnə/ *n.* **-nas** or **-nae** /-ni/. any of the spine-covered insectivorous monotreme mammals with claws and a slender snout, occurring in two genera, the **long-beaked echidna**, *Zaglossus*, of New Guinea, and the smaller **straight-beaked echidna**, *Tachyglossus*, of mainland Australia, Tasmania, and southern New Guinea; spiny anteater.

echo /'ɛkoʊ/ *n.* **echoes**, *v.* **echoed, echoing.** **–***n.* **1.** a repetition of sound, produced by soundwaves bouncing back from a surface. **2.** a sound heard again near its source, after reflection. **3.** any repetition or close imitation, as of ideas or opinions of another. **4.** *Electricity* the reflection of a radio wave such as is used in radar, etc. **–***v.i.* **5.** to resound with an echo. **6.** to be repeated by or as if by an echo: *her words echoed in my mind for years.* **–***v.t.* **7.** to repeat by or as by an echo: *the hall will echo even faint sounds; his followers merely echoed his ideas.* **8.** to repeat the words, etc., of (a person, etc.): *the children echo the teacher.*

eclair /eɪ'klɛə, ə-/ *n.* a light, finger-shaped cake made of choux pastry, filled with cream or custard, and coated with (usually chocolate) icing. Also, **éclair.**

eclectic /ɛ'klɛktɪk/ *adj.* **1.** selecting; choosing from various sources. **2.** made up of what is selected from diverse sources. **—eclectically** *adv.* **—eclecticism** *n.*

eclipse /ə'klɪps, i-/ *n., v.* **eclipsed, eclipsing.** **–***n.* **1.** *Astronomy* **a.** the obscuration of the light of a satellite by the intervention of its primary planet between it and the sun, as in a **lunar eclipse** when the moon is partially or wholly within the earth's shadow. **b.** the interception of the light of the sun by the intervention of the moon between it and the observer, as in a **solar eclipse**. **c.** (in an eclipsing binary system) the partial or complete interception of the light of one component by the other. **2.** any obscuration of light. **3.** any obscuration or overshadowing; loss of brilliance or splendour. **–***v.t.* **4.** to cause to suffer eclipse: *the moon eclipses the sun.* **5.** to cast a shadow upon; obscure; darken. **6.** to make dim by comparison; surpass **—eclipser** *n.*

ecliptic /ə'klɪptɪk, i-/ *n.* **1.** the great circle formed by the intersection of the plane of the earth's orbit with the celestial sphere; the apparent annual path of the sun in the heavens. **2.** an analogous great circle on a terrestrial globe. **–***adj.* Also, **ecliptical.** **3.** relating to an eclipse. **4.** relating to the ecliptic. **—ecliptically** *adv.*

ecology /ə'kɒlədʒi/ *n.* **1.** the branch of biology that deals with the relations between organisms and their environment; bionomics. **2.** the branch of sociology that deals with the spacing of people and of institutions and their resulting interdependence. **—ecological** /ikə'lɒdʒɪkəl/, **ecologic** /ikə'lɒdʒɪk/ *adj.* **—ecologically** /ikə'lɒdʒɪkli/ *adv.* **—ecologist** *n.*

economic /ɛkə'nɒmɪk, ikə-/ *adj.* **1.** having to do with the production, distribution, and use of income and wealth. **2.** having to do with the science of economics. **3.** having to do with an economy, or system of organisation or operation, especially of the process of production. **4.** having to do with the means of living; utilitarian: *economic entomology, botany, etc.*

economical /ɛkə'nɒmɪkəl, ikə-/ *adj.* **1.** avoiding waste or extravagance; thrifty. **2.** economic. **—economically** *adv.*

economic rationalism *n.* a theory of economics which opposes government intervention and which maintains that the economy of a country works better when it responds to market forces.

economics /ɛkə'nɒmɪks, ikə-/ *n.* **1.** the science that deals with the production, distribution, and consumption of goods and services, or the material welfare of human beings; political economy. **2.** (*construed as plural*) economically significant aspects. **—economist** *n.*

economise = **economize** /ə'kɒnəmaɪz/ *v.* **-mised, -mising.** **–***v.t.* **1.** to manage economically; use sparingly or frugally. **–***v.i.* **2.** to practise economy; avoid waste or extravagance. **—economisation** /ə,kɒnəmaɪ'zeɪʃən/ *n.* **—economiser** *n.*

economy /ə'kɒnəmi/ *n.* **-mies.** **1.** the careful management of money, materials, etc. **2.** an act or means of careful saving; a saving. **3.** *Economics* the interrelationship between the factors of production (land, labour and capital, and possibly also management or enterprise) and the means of production, distribution, and exchange. **4.** the management of the resources of a country, etc., with a view to productiveness and the avoidance of waste: *national economy.* **5.** the efficient and sparing use of something: *economy of effort.*

ecosystem /'ikoʊ,sɪstəm, 'ɛk-/ *n.* a community of organisms, interacting with one another, plus the environment in which they live and with which they also interact, such as a pond or a forest.

ecotourism /ikoʊ'tʊərɪzəm/ *n.* **1.** tourism so arranged that it involves no degradation of the environment. **2.** tourism which takes in places of

ecstasy — ef-

ecstasy /ˈɛkstəsi/ *n.* **-sies. 1.** overpowering emotion or exaltation; a sudden access of intense feeling. **2.** rapturous delight. **3.** Also, **MDMA**. a synthetic drug, 3,4 methylenedioxymethamphetamine, which is used as a stimulant. **–ecstatic** /ɛkˈstætɪk/ *adj.*

ecto- a prefix (chiefly in biological words) meaning 'outside', 'outer', 'external', 'lying upon' (opposed to *endo- ento-*), as in *ectoderm*.

-ectomy a combining form attached to the name of a part of the body and producing a word meaning an operation for the excision of that part.

ecumenical /ɛkjəˈmɛnəkəl, ik-/ *adj.* **1.** general; universal. **2.** relating to the whole Christian Church Also, **ecumenic**, **oecumenical**. **–ecumenicalism** *n.* **–ecumenically** *adv.*

eczema /ˈɛksəmə/ *n. Pathology* an inflammatory disease of the skin attended with itching and the exudation of serous matter. **–eczematous** /ɛkˈsɛmətəs/ *adj.*

-ed¹ a suffix forming the past tense, as in *he crossed the river*.

-ed² a suffix forming: **1.** the past participle, as in *he had crossed the river*. **2.** participial adjectives indicating a condition or quality resulting from the action of the verb, as *inflated balloons*.

-ed³ a suffix serving to form adjectives from nouns, as *bearded, moneyed, tender-hearted*.

edam /ˈidəm, ˈɛdəm/ *n.* a hard, round, yellow cheese, sometimes spiced, with a red wax rind.

eddy /ˈɛdi/ *n.* **eddies. 1.** a current at variance with the main current in a stream of liquid or gas, especially one having a rotary or whirling motion. **2.** any similar current, as of air, dust, fog, etc.

edge /ɛdʒ/ *n., v.* **edged, edging.** *–n.* **1.** the border or part adjacent to a line of division; a brim or margin: *the horizon's edge*. **2.** a brink or verge: *the edge of a precipice*. **3.** one of the narrow surfaces of a thin, flat object: *a book with gilt edges*. **4.** the line in which two surfaces of a solid object meet: *the edge of a box*. **5.** the thin, sharp side of the blade of a cutting instrument or weapon. **6.** the sharpness proper to a blade. **7.** sharpness or keenness of language, argument, appetite, desire, etc. **8.** *Skiing* a steel edge fitted to skis to make control easier on ice or hard snow. **9.** *Cricket* a stroke off the edge of the bat, usually unintentional; a snick. *–v.t.* **10.** to put an edge on; sharpen. **11.** to machine to a straight line or a desired curve. **12.** to provide with an edge or border; border. **13.** to move edgeways; move or force gradually: *to edge one's way through a crowd; to edge a rival off the track*. **14.** *Skiing* to force the edges of (the skis) into the slope to prevent side slipping. **15.** *Cricket* to play (the ball) from the edge of the bat, usually unintentionally; snick. *–v.i.* **16.** to move (*along, down, up*, etc.) edgeways; advance gradually. *–phr.* **17. edge out**, to force (an opponent) out of a race, competition, etc. **18. have the edge**, *Colloquial* (sometimes fol. by *on* or *over*) to have the advantage. **19. on edge, a.** acutely uncomfortable or sensitive **b.** eager or impatient. **20. over the edge**, from, in a state of mental unbalance. **–edged** *adj.* **–edgeless** *adj.* **–edger** *n.*

edgeways /ˈɛdʒweɪz/ *adv.* **1.** with the edge forwards; in the direction of the edge. **2.** with a sideways movement. *–phr.* **3. get a word in edgeways**, to succeed in making oneself heard in conversation. Also, **edgewise** /ˈɛdʒwaɪz/.

edgy /ˈɛdʒi/ *adj.* **-ier, -iest. 1.** sharp-edged; sharply defined, as outlines. **2.** on edge; irritable. **–edginess** *n.*

edible /ˈɛdəbəl/ *adj.* **1.** fit to be eaten as food; eatable; esculent. *–n.* **2.** (*usually plural*) anything edible; an eatable. **–edibility** /ɛdəˈbɪləti/, **edibleness** *n.*

edict /ˈidɪkt/ *n.* **1.** a decree issued by a sovereign or other authority. **2.** any authoritative proclamation or command. **–edictal** /iˈdɪktəl/ *adj.* **–edictally** /iˈdɪktəli/ *adv.*

edifice /ˈɛdəfəs/ *n.* a building, especially one of large size or imposing appearance: *a spacious edifice of brick*. **–edificial** /ɛdəˈfɪʃəl/ *adj.*

edify /ˈɛdəfaɪ/ *v.t.* **-fied, -fying.** to build up or increase the faith, morality, etc., of; instruct or benefit, especially morally. **–edifier** *n.* **–edification** /ɛdəfəˈkeɪʃən/ *n.* **–edifyingly** *adv.*

edit /ˈɛdət/ *v.t.* **1.** to supervise or direct the preparation of (a newspaper, magazine, etc.); act as editor of; direct the policies of. **2.** to collect, prepare, and arrange (materials) for publication. **3.** to revise and correct. **4.** to make (a cinema or television film, sound recording, or any part of a film or recording) from rushes, by cutting and arranging them, synchronising soundtrack, etc. **–editor** *n.*

edition /əˈdɪʃən/ *n.* **1.** one of a number of printings of the same book, newspaper, etc., issued at different times, and differing from another by alterations, additions, etc. (as distinguished from *impression*). **2.** the format in which a literary work is published: *a one-volume edition of Shakespeare*. **3.** the whole number of impressions or copies of a book, newspaper, etc., printed from one set of type at one time. **4.** *Colloquial* any version of anything, especially one resembling an earlier version.

editorial /ɛdəˈtɔriəl/ *n.* **1.** an article, in a newspaper or the like, presenting the opinion or comment of an editor or a leader-writer in the name of the publication; a leader. *–adj.* **2.** having to do with an editor. **3.** written by an editor. **–editorially** *adv.*

educate /ˈɛdʒəkeɪt/ *v.t.* **-cated, -cating. 1.** to develop the faculties and powers of by teaching, instruction, or schooling; qualify by instruction or training for a particular calling, practice, etc.; train: *to educate someone for something or to do something*. **2.** to provide education for; send to school. **3.** to develop or train (the ear, taste, etc.): *to educate one's palate*. **–educated** *adj.* **–educative** *adj.* **–educable** *adj.* **–educability** *n.*

education /ɛdʒəˈkeɪʃən/ *n.* **1.** the act or process of educating; the imparting or acquisition of knowledge, skill, etc.; systematic instruction or training. **2.** the result produced by instruction, training, or study. **3.** the science or art of teaching; pedagogics. **–educational** *adj.*

educology /ɛdʒəˈkɒlədʒi/ *n.* the study of methods of teaching based on the observation of teaching practices and the application of that theory in order to enhance teaching skills. **–educologist** *n.*

-ee a suffix of nouns denoting someone who is the object of some action, or undergoes or receives something (often as opposed to the person acting), as in *assignee, donee, employee*.

eel /il/ *n.* **1.** any of various elongate, snakelike, freshwater or marine fishes of the order Apodes, such as *Anguilla reinhardtii* of eastern Australian rivers or *A. anguilla* of Europe. **2.** any of several similar but unrelated fishes, such as the lamprey.

-eer a suffix of nouns denoting someone who is concerned with, or employed in connection with, or busies himself or herself with something, as in *auctioneer, engineer, profiteer*. Also, **-ier**.

eerie /ˈɪəri/ *adj.* **eerier, eeriest.** inspiring fear; weird, strange, or uncanny. **–eerily** *adv.* **–eeriness** *n.*

ef- variant of **ex-** (by assimilation) before *f*, as in *efferent*.

efface /ə'feɪs/ *v.t.* **effaced, effacing. 1.** to wipe out; destroy; do away with: *to efface a memory.* **2.** to rub out, erase, or obliterate (outlines, traces, inscriptions, etc.). **3.** to make inconspicuous or not noticeable: *to efface oneself.* **–effaceable** *adj.* **–effacement** *n.* **–effacer** *n.*

effect /ə'fɛkt, i-/ *n.* **1.** that which is produced by some agency or cause; a result; a consequence: *the effect of heat.* **2.** power to produce results; efficacy; force; validity; weight: *of no effect.* **3.** the state of being operative; operation or execution; accomplishment or fulfilment: *to bring a plan into effect.* **4.** a mental impression produced, as by a painting, speech, etc. **5.** the result intended; purport or intent; tenor or significance: *he wrote to that effect.* **6.** (of stage properties) a sight, sound or, occasionally, smell simulated by artificial means to give a particular impression in a theatre. **7.** a scientific phenomenon: *the Doppler effect.* **8.** (*plural*) goods; movables; personal property. *–v.t.* **9.** to produce as an effect; bring about; accomplish; make happen. **10.** to produce or make. *–phr.* **11. be in effect,** be in operation, as a law. **12. come into effect,** become operative, as a law. **13. for effect,** for the sake of a desired impression; with histrionic intent. **14. in effect,** in fact or reality, although perhaps not formally acknowledged as such: *he is in effect the leader.* **15. take effect,** to begin to operate, as a drug, etc. **–effecter** *n.* **–effectible** *adj.*

effective /ə'fɛktɪv, i-/ *adj.* **1.** serving to effect the purpose; producing the intended or expected result: *effective measures, effective steps towards peace.* **2.** actually in effect: *the law becomes effective at midnight.* **3.** producing a striking impression; striking: *an effective picture.* *–n.* **4.** a soldier or sailor fit for duty or active service. **5.** the effective total of a military force. **–effectively** *adv.* **–effectiveness** *n.*

effectual /ə'fɛktʃuəl, i-/ *adj.* **1.** producing, or capable of producing, an intended effect; adequate. **2.** valid or binding, as an agreement or document. **–effectuality** /əfɛktʃu'ælətɪ, i-/, **effectualness** *n.* **–effectually** *adv.*

effeminate /ə'fɛmənət, i-/ *adj.* **1.** (of a man) soft or delicate to an unmanly degree in traits, tastes, habits, etc.; womanish. **2.** characterised by unmanly softness, delicacy, self-indulgence, etc.: *an effeminate life.* *–n.* **3.** a male homosexual. **–effeminately** *adv.* **–effeminacy, effeminateness** *n.*

effervesce /ɛfə'vɛs/ *v.i.* **-vesced, -vescing. 1.** to give off bubbles of gas, as fermenting liquors; bubble and hiss. **2.** to issue forth in bubbles. **3.** to exhibit fervour, excitement, liveliness, etc. **–effervescent** *adj.* **–effervescence, effervescency** *n.* **–effervescible** *adj.*

effete /ə'fit/ *adj.* **1.** that has lost its vigour or energy; exhausted; worn out. **2.** unable to produce. **–effetely** *adv.* **–effeteness** *n.*

efficacy /'ɛfəkəsɪ/ *n.* **-cies. 1.** capacity for serving to produce effects; effectiveness. **–efficacious** /ɛfə'keɪʃəs/ *adj.*

efficient /ə'fɪʃənt, i-/ *adj.* **1.** effective in the use of energy or resources. **2.** adequate in operation or performance; having and using the requisite knowledge, skill, and industry; competent; capable. **3.** producing an effect, as a cause; causative. **–efficiency** *n.* **–efficiently** *adv.*

effigy /'ɛfədʒɪ/ *n.* **-gies. 1.** a representation or image, especially sculptured, as on a monument or coin. **2.** a doll or crude representation of a person, especially one made as an expression of hatred, or to be used in witchcraft.

effloresce /ɛflə'rɛs/ *v.i.* **-resced, -rescing. 1.** to burst into bloom; blossom. **2.** (of a crystal) to change on the surface to a powder, upon exposure to air, as a result of loss of some water of crystallisation. **3.** (of a rock or mineral) to become encrusted with fine-grain crystals as a result of evaporation or chemical change. **–efflorescent** *adj.* **–efflorescence** *n.*

effluent /'ɛfluənt/ *adj.* **1.** flowing out. *–n.* **2.** something that flows out, as liquid waste from industry, sewage works, etc. **3.** a stream flowing out of another stream, lake, etc.

effort /'ɛfət/ *n.* **1.** exertion of power, physical or mental: *an effort to reform.* **2.** an attempt. **–effortless** *adj.* **–effortful** *adj.*

effrontery /ə'frʌntərɪ, i-/ *n.* **-ries.** shameless or impudent boldness; barefaced audacity.

effusion /ə'fjuʒən, i-/ *n.* **1.** the act of effusing or pouring forth. **2.** something that is effused. **3.** unrestrained expression of feelings, etc.: *poetic effusions.*

effusive /ə'fjusɪv, -zɪv, i-/ *adj.* unduly demonstrative; without reserve: *effusive emotion, an effusive person.* **–effusively** *adv.* **–effusiveness** *n.*

EFT electronic funds transfer.

EFTPOS /'ɛftpɒs/ *n.* **1.** Also, **EFTPOS system.** a system of electronic funds transfer from a customer's account to a merchant's account, operated by the customer by means of a coded plastic card inserted into a special-purpose terminal and a PIN number by which the transaction is authorised. *–adj.* **2.** having to do with an EFTPOS system.

egalitarian /əgælə'tɛərɪən, i-/ *adj.* **1.** asserting the equality of all people. *–n.* **2.** someone who asserts the equality of all people. **–egalitarianism** *n.*

egg[1] /ɛg/ *n.* **1.** the roundish reproductive body produced by the female of animals, consisting of the female reproductive cell and its envelopes. The envelopes may be albumen jelly, membranes, egg case, or shell, according to species. **2.** the body of this sort produced by birds, especially the domestic hen. **3.** the contents of an egg, especially that of a domestic hen, used for food. **4.** Also, **egg cell.** the ovum or female reproductive cell. *–v.t.* **5.** to prepare (food) by dipping in beaten egg. *–phr.* **6. bad egg,** a person of reprehensible character. **7. have egg on one's face,** *Colloquial* to be exposed in an embarrassing situation. **8. in the egg,** in the planning stages. **9. put all one's eggs in one basket,** to devote all one's resources to or risk all one's possessions, etc., on a single undertaking. **10. tread on eggs,** to be very cautious.

egg[2] /ɛg/ *phr.* **egg on,** to incite or urge; encourage.

eggflip /'ɛgflɪp/ *n.* a milk drink containing whipped raw egg, sugar, and sometimes flavouring.

eggplant /'ɛgplænt/ *n.* **1.** a plant, *Solanum melongena,* probably originally of Central Asia, cultivated for its edible, more or less egg-shaped fruit, dark purple (or sometimes white or yellow) in colour; aubergine. **2.** the fruit, used as a table vegetable.

ego /'igoʊ/ *n.* **egos. 1.** the 'I' or self of any person; a person as thinking, feeling, and willing, and distinguishing itself from the selves of others and from objects of its thought. **2.** *Colloquial* conceit; egotism.

egocentric /ɛgoʊsɛntrɪk, 'igoʊ-/ *adj.* **1.** *Philosophy* having or regarding self as the centre of all things, especially as applied to the known world. **2.** self-centred. *–n.* **3.** an egocentric person. **–egocentricity** /ˌɛgoʊsɛn'trɪsətɪ, ˌigoʊ-/ *n.*

egotism /'ɛgətɪzəm, 'igoʊ-, 'igə-/ *n.* **1.** the habit of talking too much about oneself; self-conceit; boastfulness. **2.** selfishness. **–egotist** *n.* **–egotistic, egotistical** *adj.* **–egotistically** *adv.*

ego trip *n. Colloquial* behaviour intended to attract attention and admiration, for the sake of

egregious / election

boosting one's own ego.

egregious /ə'gridʒiəs, -dʒəs/ *adj.* remarkably or extraordinarily bad; flagrant: *an egregious lie, an egregious fool.* **—egregiously** *adv.* **—egregiousness** *n.*

egress /'igrɛs/ *n.* **1.** the act of going or passing out, especially from an enclosed place. **2.** a means or place of going out; an exit. **3.** the right of going out. **—egression** /i'grɛʃən/ *n.*

egret /'igrət/ *n.* any of various herons occurring throughout the world and bearing long plumes in the breeding season, such as the **white egret**, *Egretta alba*.

ehoa /'ɛhoʊə/ *n. NZ* (as a term of address) friend.

eider /'aɪdə/ *n.* any of several large sea ducks of the genus *Somateria* and allied genera of the Northern Hemisphere, generally black and white, and yielding eiderdown. Also, **eider duck**.

eiderdown /'aɪdədaʊn/ *n.* **1.** down or soft feathers from the breast of the eider duck. **2.** a heavy quilt, properly one filled with eiderdown.

eight /eɪt/ *n.* **1.** a cardinal number, seven plus one (7 + 1). **2.** the symbol for this number, e.g. 8 or VIII. **3.** a set of eight people or things especially a rowing crew. *—det.* **4.** amounting to eight: *eight apples. —pron.* **5.** eight people or things: *eight came to the party.* **—eighth** *adj.*

eighteen /eɪ'tin/ *n.* **1.** a cardinal number, ten plus eight. **2.** a symbol for this number, as 18 or XVIII. **3.** a team in Australian Rules football: *the Carlton eighteen. —det.* **4.** amounting to eighteen in number. *—pron.* **5.** eighteen people or things. **—eighteenth** *adj.*

eighty /'eɪti/ *n.* **eighties**, *det., pron. —n.* **1.** a cardinal number, ten times eight. **2.** a symbol for this number, as 80 or LXXX or XXC. **3.** *(plural)* the numbers from 80 to 89 of a series, especially with reference to the years of a person's age, or the years of a century. *—det.* **4.** amounting to eighty in number. *—pron.* **5.** eighty people or things. **—eightieth** *adj., n.*

eisteddfod /ə'stɛdfəd/ *n.* **-fods** or **-fodau**. *Australian* any competitive music festival.

either /'aɪðə, 'iðə/ *det.* **1.** one or the other of two: *you may sit at either end of the table.* **2.** each of the two; the one and the other: *there are trees on either side of the river. —pron.* **3.** one or the other; not both: *take either; either is correct. —conj.* **4.** (used to indicate one of two coordinate alternatives): *either come or write. —adv.* **5.** (used after negative sentences coordinated by *and, or, nor*, or after a negative subordinate clause): *she is not fond of parties and I am not either; I am going and nobody can prevent it either; if you do not come, he will not come either.*

ejaculate /ə'dʒækjəleɪt, i-/ *v.* **-lated, -lating**. *—v.t.* **1.** to utter suddenly and briefly; exclaim. **2.** to eject suddenly and swiftly; discharge. *—v.i.* **3.** to discharge seminal fluid. **—ejaculation** /ədʒækjə'leɪʃən, i-/ *n.* **—ejaculator** *n.* **—ejaculatory** *adj.*

eject /ə'dʒɛkt, i-/ *v.* *—v.t.* **1.** to drive or force out; expel, as from a place or position. **2.** to evict, as from property. *—v.i.* **3.** to eject oneself in an emergency from the cockpit of an aircraft, etc., by means of a mechanical device. **—ejective** *adj.* **—ejection, seminal** *n.* **—ejector** *n.*

eke /ik/ *phr.* **eke out**, **1.** to supply what is lacking to; supplement. **2.** to contrive to make (a living) or support (existence) by various makeshifts: *a poor family eking out a miserable existence on a run-down farm.*

elaborate /ə'læbərət, ə'læbəreɪt, i-/ *v.* **-rated, -rating**. *—adj.* **1.** worked out with great care and nicety of detail; executed with great minuteness: *elaborate preparations, care, etc. —v.t.* **2.** to work out carefully or minutely; work up to perfection. **3.** to produce or develop by labour. *—v.i.* **4.** to become elaborate. *—phr.* **5. elaborate on**, to add details to; give fuller treatment of. **—elaboration** /əlæbə'reɪʃən, i-/ *n.* **—elaborately** *adv.* **—elaborateness** *n.* **—elaborator** *n.* **—elaborative** *adj.*

elan /eɪ'læn, -'lɒ̃/ *n.* dash; impetuous ardour. Also, **élan**.

eland /'ilənd/ *n.* either of two large, heavily built African antelopes, *Taurotragus oryx* and *T. derbianus*, having spirally twisted horns in both sexes.

elapse /ə'læps, i-/ *v.* **elapsed, elapsing**, *n. —v.i.* **1.** (of time) to slip by or pass away. *—n.* **2.** the passing (of time); lapse.

elastic /ə'læstɪk, i-/ *adj.* **1.** (of solids) having the property of recovering shape after being pushed, pulled, etc. **2.** (of gases) expanding spontaneously. **3.** flexible, yielding, or adaptable. **4.** (of a person) readily recovering from depression or tiredness. *—n.* **5.** a band or fabric made elastic with strips or threads of rubber. **—elastically** *adv.* **—elasticity** /əlæs'tɪsəti, i-/ *n.*

elastomer /ə'læstəmə, i-/ *n.* an elastic, rubber-like substance occurring naturally (natural rubber) or produced synthetically (butyl rubber, neoprene, etc.). **—elastomeric** /əlæstə'mɛrɪk, i-/ *adj.*

elate /ə'leɪt, i-/ *v.t.* **elated, elating**. to put in high spirits; make proud. **—elated** *adj.* **—elation** *n.*

elbow /'ɛlboʊ/ *n.* **1.** the bend or joint of the arm between upper arm and forearm. **2.** something bent like the elbow, as a sharp turn in a road or river, or a piece of pipe bent at an angle. *—v.t.* **3.** to push with or as with the elbow; jostle. **4.** to make (one's way) by so pushing. *—v.i.* **5.** to push; jostle. *—phr.* **6. at one's elbow**, near at hand. **7. bend** (or **raise**) **one's elbow**, to drink (especially to consume beer). **8. out at elbows** or **out at the elbow**, ragged or impoverished. **9. up to the elbows**, very busy; wholly engaged or engrossed.

elbow grease *n.* vigorous, continuous exertion; hard physical labour.

elbow room *n.* sufficient room or scope.

elder[1] /'ɛldə/ *adj.* **1.** older. **2.** higher in rank; senior. *—n.* **3.** a person older than oneself: *you should be polite to your elders.* **4.** an older and more powerful person in a tribe or social group. **5.** *Ecclesiastical* (in some Protestant churches) a governing officer, often with teaching or pastoral duties. **—eldership** *n.*

elder[2] /'ɛldə/ *n.* **1.** any plant of the genus *Sambucus* of the northern hemisphere, which is composed of shrubs or trees with clusters of small, usually white, flowers and black to red fruit. **2.** any of various unrelated species, such as **ground elder**, *Aegopodium podagraria*, and **box elder**, *Acer negundo*.

elderly /'ɛldəli/ *adj.* **1.** somewhat old; between middle and old age. **2.** of or relating to persons in later life. *—phr.* **3. the elderly**, elderly people. **—elderliness** *n.*

eldest /'ɛldəst/ *adj.* oldest; now surviving only in *the eldest brother, sister,* and *eldest hand*.

elect /ə'lɛkt, i-/ *v.t.* **1.** to select by vote, as for an office. **2.** to determine in favour of (a course of action, etc.). **3.** to pick out or choose. *—adj.* **4.** *(after the noun)* selected for an office, but not yet inducted: *the president elect. —n.* **5.** a person or the persons elected or worthy to be chosen. *—phr.* **6. the elect**, chosen by God, especially for eternal life.

election /ə'lɛkʃən, i-/ *n.* **1.** the selection of a person or persons for office by vote. **2.** a public vote upon a proposition submitted. **3.** the act of electing.

electioneer /ə'lɛkʃənɪə, -ɪ-/ *v.i.* to work for the success of a candidate, party, etc., in an election. **—electioneer** *n.* **—electioneering** *adj.*, *n.*

elective /ə'lɛktɪv, -ɪ-/ *adj.* 1. appointed by election. 2. filled by an election: *elective position.* 3. having the power to choose. 4. not required; optional: *an elective subject; an elective course.* **—n.** 5. a course or subject chosen; optional study. **—electively** *adv.* **—electiveness, electivity** /ɪlɛk'tɪvəti/ *n.*

elector /ə'lɛktə, -ɪ-/ *n.* someone who elects or may elect, especially a qualified voter. **—electorship** *n.*

electoral /ə'lɛktərəl, -trəl, -ɪ-/ *adj.* 1. relating to electors or election. 2. consisting of electors.

electorate /ə'lɛktərət, -trət, -ɪ-/ *n.* 1. a body of constituents; the body of voters, or, loosely, of residents, in a district represented by an elected member of the legislature. 2. the district itself. 3. the body of persons entitled to vote in an electorate.

electr- variant of **electro-**, before vowels, as in *electrode.*

Electra complex /ə'lɛktrə ˌkɒmplɛks/ *n.* (in psychoanalysis) the unresolved desire of a daughter for sexual gratification from her father.

electric /ə'lɛktrɪk/ *adj.* 1. having to do with electricity: *an electric current; an electric shock.* 2. producing, transmitting, or operated by electric currents: *an electric bell.* 3. electrifying; thrilling; exciting; stirring: *the atmosphere was electric.* 4. having to do with musical instruments which are amplified by means of a built-in electronic device attached directly to some sounding section of the instrument, as electric guitar, electric bass, etc. **—n.** 5. (*plural*) an electrical system, as in a motor vehicle.

electrician /əlɛk'trɪʃən, ɛlɛk-, ilɛk-/ *n.* someone who installs, operates, maintains, or repairs electrical devices.

electricity /əlɛk'trɪsəti, ɛlɛk-, ilɛk-/ *n.* 1. *Physics* an agency producing various physical phenomena, such as attraction and repulsion, luminous and heating effects, shock to the body, chemical decomposition, etc., which were originally thought to be caused by a kind of fluid, but are now regarded as being due to the presence and movements of electrons, protons, and other electrically charged particles. 2. the science dealing with this agency. 3. electric current.

electrify /ə'lɛktrəfaɪ, -ɪ-/ *v.t.* **-fied, -fying.** 1. to charge with or subject to electricity; to apply electricity to. 2. to equip for the use of electric power, as a railway. 3. to startle greatly; excite or thrill: *to electrify an audience.* **—electrifiable** *adj.* **—electrification** /əlɛktrəfə'keɪʃən/ *n.* **—electrifier** *n.*

electro- a word element meaning 'pertaining to or caused by electricity', as in *electromagnet, electrotype, electrochemistry, electrolysis, electrocute.* Also, **electr-.**

electrocardiogram /ə,lɛktroʊ'kadɪəgræm, -ɪ-/ *n.* the graphic record produced by an electrocardiograph. *Abbrev.:* ECG Also, **cardiogram.**

electrocardiograph /ə,lɛktroʊ'kadɪəgræf, -ɪ-/ *n.* a device which detects and records the minute differences in electric potential caused by heart action and occurring between different parts of the body; used in the diagnosis of heart disease. *Abbrev.:* ECG. Also, **cardiograph.** **—electrocardiographic** /ə,lɛktroʊˌkadɪə'græfɪk, -ɪ-/ *adj.* **—electrocardiographically** /ə,lɛktroʊˌkadɪə'græfɪkli, -ɪ-/ *adv.* **—electrocardiography** /ə,lɛktroʊˌkadɪ'ɒgrəfi/ *n.*

electrocute /ə'lɛktrəkjut, -ɪ-/ *v.t.* **-cuted, -cuting.** 1. to kill by electricity. 2. to execute (a criminal) by electricity. **—electrocution** /əlɛktrə'kjuʃən/ *n.*

electrode /ə'lɛktroʊd, -ɪ-/ *n.* a conductor of electricity belonging to the class of metallic conductors, but not necessarily a metal, through which a current enters or leaves an electrolytic cell, arc generator, radio valve, gaseous discharge tube, or any conductor of the non-metallic class.

electroencephalogram /ə,lɛktroʊɛn'sɛfələgræm, -ɪ-/ *n.* the graphic record produced by an electroencephalograph. *Abbrev.:* EEG

electroencephalograph /ə,lɛktroʊɛn'sɛfələgræf, -ɪ-/ *n.* a device which detects and records the electrical activity of the brain. *Abbrev.:* EEG **—electroencephalographic** /ə,lɛktroʊɛnˌsɛfələ'græfɪk, -ɪ-/ *adj.* **—electroencephalographically** /ə,lɛktroʊɛnˌsɛfələ'græfɪkli, -ɪ-/ *adv.* **—electroencephalography** /ə,lɛktroʊɛnˌsɛfə'lɒgrəfi, -ɪ-/ *n.*

electrolysis /əlɛk'trɒləsəs, ilɛk-, ɛlək-/ *n.* 1. the decomposition of a chemical compound in solution or as a pure liquid by an electric current. 2. *Surgery* the destruction of tumours, hair roots, etc., by an electric current. **—electrolytic** /əlɛktrə'lɪtɪk, -ɪ-/ *adj.*

electrolyte /ə'lɛktrəlaɪt, -ɪ-/ *n.* 1. an electricity conducting medium in which the flow of current is accompanied by the movement of matter. 2. *Chemistry* any substance which dissociates into ions when dissolved in a suitable medium or when melted, thus forming a conductor of electricity. **—electrolytic** /əlɛktrə'lɪtɪk, -ɪ-/ *adj.*

electromagnetism /ə,lɛktroʊ'mægnə,tɪzəm, -ɪ-/ *n.* 1. the phenomena collectively resting upon the relations between electric currents and magnetism. 2. the science that deals with these relations. **—electromagnetic** *adj.*

electromotive force *n.* a measure of the intensity of a source of electrical energy which produces an electric current in a circuit. The SI unit is the volt. *Abbrev.:* e.m.f., EMF

electron /ə'lɛktrɒn, -ɪ-/ *n. Physics* an elementary particle which is a constituent of all atoms, with a minute mass of 9.1083×10^{-28} grams. It has a negative electric charge of approximately 1.6×10^{-19} coulombs. The positively charged electron is called a *positron*.

electronegative /ə,lɛktroʊ'nɛgətɪv, -ɪ-/ *adj.* 1. having a negative charge. 2. having an affinity for electrons, thus forming anions.

electronic /ɛlək'trɒnɪk, əlɛk'trɒnɪk, -ɪ-/ *adj.* 1. having to do with electrons. 2. having to do with electronics or any devices or systems based on electronics.

electronic banking *n.* banking transactions conducted by means of electronic systems or networks, as by EFTPOS.

electronic funds transfer *n.* a computerised banking system for the transfer of funds from one account to another. *Abbrev.:* EFT

electronic game *n.* any of various small, handheld, usually battery-operated devices for playing computerised games, having a screen for the display of graphics and a small range of control buttons.

electronic mail *n.* → **email** (def. 1).

electronic pop *n.* a style of pop music originating in Britain and Europe in which the number of musicians is reduced to a minimum in favour of computer-driven synthesised backing tracks.

electronics /əlɛk'trɒnɪks, -ɪ-, ɛlək-/ *n.* the investigation and application of phenomena involving the movement of electrons in valves and semiconductors.

electron microscope *n.* a microscope of extremely high power which uses beams of electrons focused by electron lenses instead of rays of light, the magnified image being formed on a

electroplate / ellipsis

fluorescent screen or recorded on a photographic plate. Its magnification and resolving power is substantially greater than that of any optical microscope.

electroplate /ə'lɛktrəpleɪt, i-/ *v.* **-plated, -plating,** *n.* *-v.t.* **1.** to plate or coat with a metal by electrolysis. *-n.* **2.** electroplated articles or ware. **-electroplater** *n.* **-electroplating** *n.*

electropositive /ə,lɛktrou'pɒzətɪv, i-/ *adj.* **1.** having a positive charge. **2.** tending to give up electrons, thus forming cations.

elegant /'ɛləgənt, 'ɛlɪ-/ *adj.* **1.** tastefully fine or luxurious in dress, manners, etc.: *elegant furnishings.* **2.** gracefully refined, as in tastes, habits, literary style, etc. **3.** nice, choice, or pleasingly superior in quality or kind, as a contrivance, preparation, or process. **4.** *Colloquial* excellent; fine; superior. **-elegance** *n.* **-elegantly** *adv.*

elegy /'ɛlədʒi/ *n.* **-gies.** a mournful, melancholy, or plaintive poem, especially a funeral song or a lament for the dead.

element /'ɛləmənt/ *n.* **1.** a thing or quality that is part of a whole. **2.** *Chemistry* one of a class of substances each consisting totally of atoms of the same atomic number. **3.** one of the simple substances, usually earth, water, air, and fire, once thought to make up all matter. **4.** the natural or ideal surroundings of any person or thing: *He's in his element.* **5.** (*plural*) atmospheric forces; weather: *protected from the elements.* **6.** (*plural*) the basic principles of an art, science, etc.: *the elements of grammar.* **7.** *Electricity* **a.** a resistance wire, etc., making up the heating unit of an electric heater, cooker, etc. **b.** one of the electrodes of a cell or radio valve. **8.** *Mathematics* **a.** a member of a set. **b.** part of a geometric figure.

elemental /ɛlə'mɛntl/ *adj.* **1.** simple or basic, unable to be further divided. **2.** of or like forces of nature; basic or powerful. **3.** relating to the four elements (def. 3). **4.** relating to chemical elements. **-elementally** *adv.*

elementary /ɛlə'mɛntri, -təri/ *adj.* **1.** having to do with elements, rudiments, or first principles: *elementary education; an elementary grammar.* **2.** being an ultimate constituent; simple or uncompounded. **3.** having to do with the four elements or to the great forces of nature; elemental. **-elementarily** *adv.* **-elementariness** *n.*

elephant /'ɛləfənt/ *n.* either of two very large, herbivorous mammals of the family Elephantidae, the *Loxodonta africana* of Africa and the somewhat smaller *Elephas maximus* of India and neighbouring regions, having thick, almost hairless skin, a long, prehensile trunk, upper incisors prolonged into long curved tusks and, in the African species, large, flapping ears. **2.** an animal of the order Proboscidea, such as a mammoth. **-elephantine, elephantoid** *adj.*

elevate /'ɛləveɪt/ *v.t.* **-vated, -vating. 1.** to move or raise to a higher place or position; lift up. **2.** to raise to a higher state or station; exalt. **3.** to raise the spirits of; put in high spirits. **-elevated** *adj.*

elevation /ɛlə'veɪʃən/ *n.* **1.** height above sea or ground level. **2.** a high or raised place. **3.** grandeur or dignity; nobleness. **4.** the act of lifting. **5.** the state of being raised. **6.** *Architecture* **a.** a scale drawing of an object or structure, especially the face of a building, showing it without perspective, every point being drawn as if looked at horizontally. **b.** the front, side, or back of a building. **7.** *Surveying* the angle between the line from an observer to an object above the observer and a horizontal line.

elevator /'ɛləveɪtə/ *n.* **1.** a mechanical device for raising articles. **2.** → **lift** (def. 12). **3.** a building for storing grain, the grain being handled by means of mechanical lifting and conveying devices. **4.** a hinged horizontal device on a aeroplane, etc., used to control the longitudinal inclination, generally placed at the tail end of the fuselage. **5.** *Anatomy* a muscle for raising part of the body.

eleven /ə'lɛvən/ *n.* **1.** a cardinal number, ten plus one (10 + 1). **2.** the symbol for this number, e.g. 11 or XI. **3.** a set of eleven people or things. **4.** a team of eleven players, as in soccer, cricket, hockey, etc. *-det.* **5.** amounting to eleven: *eleven apples. -pron.* **6.** eleven people or things: *eleven came to the party.* **-eleventh** *adj., n.*

eleventh hour *n.* the last possible moment for doing something. **-eleventh-hour** *adj.*

elf /ɛlf/ *n.* **elves** /ɛlvz/. **1.** one of a class of imaginary beings, especially from mountainous regions, with magical powers, given to capricious interference in human affairs, and usually imagined to be a diminutive being in human form; a sprite; a fairy. **2.** a dwarf or a small child. **3.** a small, mischievous person. **-elfin, elfish, elvish, elflike** *adj.*

elicit /ə'lɪsət/ *v.t.* to draw or bring out or forth; educe; evoke: *to elicit the truth.* **-elicitation** /əlɪsə'teɪʃən/ *n.* **-elicitor** *n.*

elide /ə'laɪd, i-/ *v.t.* **elided, eliding.** to omit (a vowel, consonant, or syllable) in pronunciation.

eligible /'ɛlədʒəbəl/ *adj.* **1.** fit or proper to be chosen; worthy of choice; desirable. **2.** legally qualified to be elected or appointed to office. **3.** (of a single person) the desirable object of matrimonial designs: *an eligible bachelor.* **-eligibly** *adv.* **-eligibility** /ɛlədʒə'bɪləti/ *n.*

eliminate /ə'lɪmənɛɪt, i-/ *v.t.* **-nated, -nating. 1.** to get rid of; expel; remove: *to eliminate errors.* **2.** to omit as irrelevant or unimportant; ignore. **3.** *Physiology* to void or expel (waste matter) from an organism. **4.** *Mathematics* to remove (a quantity) from an equation by elimination. **-eliminability** /əlɪmənə'bɪləti/ *n.* **-eliminable** *adj.* **-elimination** *n.* **-eliminative** *adj.* **-eliminator** *n.* **-eliminatory** *adj.*

elision /ə'lɪʒən, i-/ *n.* the omission of a vowel, consonant, or syllable in writing or pronunciation.

elite /ə'lit, eɪ-, i-/ *n.* **1.** the choice or best part, as of a body or class of persons. **2.** (*construed as plural*) persons of the highest class. **3.** a group of persons exercising the major share of authority or control within a larger organisation. *-adj.* **4.** belonging to or having to do with an elite.

elitism /ə'litɪzəm, eɪ-, i-/ *n.* **1.** practice of or belief in rule by an elite. **2.** consciousness of or pride in belonging to a select or favoured group. **3.** snobbery; anti-democratic sentiment. **-elitist** *n., adj.*

elixir /ə'lɪksə, ɛ-, i-/ *n.* **1.** an alchemic preparation formerly believed to be capable of transmuting base metals into gold, or of prolonging life: *elixir vitae,* or *elixir of life.* **2.** a sovereign remedy; panacea; cure-all. **3.** the quintessence or absolute embodiment of anything.

elk /ɛlk/ *n.* **elks,** (*especially collectively*) **elk.** the largest existing European and Asiatic deer, *Alces alces,* closely related to the moose.

ellipse /ə'lɪps, i-/ *n. Geometry* a plane curve such that the sums of the distances of each point in its periphery from two fixed points, the foci, are equal. It is a conic section formed by the intersection of a right circular cone by a plane which cuts obliquely the axis and the opposite sides of the cone.

ellipsis /ə'lɪpsɪs, i-/ *n.* **-lipses** /-'lɪpsiz/. **1.** *Grammar* the omission from a sentence of a word or words which would complete or clarify the construction. **2.** *Printing* a mark or marks, such as —, or ..., or ***, to indicate an omission or suppression of letters or words.

elm /ɛlm/ *n.* **1.** any tree, mostly deciduous, of the genus *Ulmus*, family Ulmaceae, of northern temperate regions and mountains of tropical Asia, such as the English elm, *U. procera*, a large tree probably once endemic in England, now widely cultivated for shade and ornament, and Chinese elm, *U. parvifolia*, of China, Japan, Korea, and Taiwan. **2.** the wood of any such tree.

elocution /ɛləˈkjuʃən/ *n.* **1.** manner of speaking or reading in public. **2.** the study and practice of spoken delivery, including the management of voice and gesture. **–elocutionary** /ɛləˈkjuʃənri, -ʃənəri/ *adj.* **–elocutionist** *n.*

elongate /ˈilɒŋgeɪt/ *v.* **-gated, -gating.** *–v.t.* **1.** to draw out to greater length; lengthen; extend. *–v.i.* **2.** to increase in length. **–elongation** *n.*

elope /əˈloʊp/, i-/ *v.i.* **eloped, eloping. 1.** to run away with a lover, usually in order to marry without parental consent. **2.** to abscond or escape. **–elopement** *n.* **–eloper** *n.*

eloquent /ˈɛləkwənt/ *adj.* **1.** having or exercising the power of fluent, forcible, and appropriate speech: *an eloquent orator*. **2.** characterised by forcible and appropriate expression: *an eloquent speech*. **3.** movingly expressive: *eloquent looks*. **–eloquently** *adv.* **–eloquence** *n.*

Eloueran /ɛˈlaʊərən/ *n.* a cultural period of Aboriginal development recognised in eastern Australia, which follows the Bondaian period and extends to the present.

else /ɛls/ *adv.* **1.** (following as an appositive an indefinite or interrogative pronoun). **a.** other than the person or the thing mentioned instead: *somebody else; who else? shall I do? who else is going?* **2.** (following an indefinite or interrogative pronoun and forming with it an indefinite or compound pronoun with inflection at the end): *somebody else's child; nobody else's business; who else's child could it be?* **3.** otherwise: *run, or else you will be late.*

elsewhere /ˈɛlsweə, ɛlsˈweə/ *adv.* somewhere else; in or to some other place.

elucidate /əˈlusədeɪt, i-/ *v.t.* **-dated, -dating.** to make lucid or clear; throw light upon; explain. **–elucidation** /əlusəˈdeɪʃən, i-/ *n.* **–elucidator** *n.* **–elucidative, elucidatory** *adj.*

elude /əˈlud, i-/ *v.t.* **eluded, eluding. 1.** to avoid or escape by dexterity or artifice: *to elude pursuit*. **2.** to slip away from; evade: *to elude vigilance*. **3.** to escape the mind of; baffle. **–eluder** *n.* **–elusion** *n.* **–elusive, elusory** *adj.*

elves /ɛlvz/ *n.* plural of **elf**.

em /ɛm/ *n.* **ems. 1.** the letter M, m. **2.** *Printing* the square of the body size of any type (originally the portion of a line occupied by the letter M). **3.** *Printing* the unit of measurement of the printing on a page equal to 12 points; pica.

em-[1] variant of **en-**[1], before *b, p,* and sometimes *m,* as in *embalm*. Compare **im-**[1].

em-[2] variant of **en-**[2], before *b, m, p, ph,* as in *embolism, emphasis*.

emaciate /əˈmeɪsieɪt, i-/ *v.t.* **-ated, -ating.** to make lean by a gradual wasting away of flesh. **–emaciation** *n.*

email /ˈimeɪl/ *n.* **1.** Also, **electronic mail**. messages sent on a telecommunications system linking computers or terminals, designed to be accessed by users to record or receive information. *–v.t.* **2.** to send (a message by email). **3.** to send such messages to (someone). *–adj.* **4.** of or relating to email. Also, **e-mail**.

emanate /ˈɛməneɪt/ *v.i.* **-nated, -nating.** to flow out, issue, or proceed as from a source or origin; come forth; originate. **–emanation** /ɛməˈneɪʃən/ *n.* **–emanative, emanatory** *adj.*

emancipate /əˈmænsəpeɪt, i-/ *v.t.* **-pated, -pating. 1.** to free from restraint of any kind, especially the inhibitions of tradition. **2.** *Australian History* to free (a convict who has received a conditional or absolute pardon as a reward for good conduct). **3.** to free (a slave). **–emancipation** *n.* **–emancipative** *adj.* **–emancipator** *n.*

emancipist /əˈmænsəpəst, i-/ *n.* **1.** an emancipationist. **2.** *Australian History* a freed convict, as one whose sentence had expired or who had received a conditional or absolute pardon from a colonial governor in Australia as a reward for good conduct. *–adj.* **3.** *Australian History* of or relating to such a freed convict.

emasculate /əˈmæskjəleɪt, i-/ *v.t.* **-lated, -lating. 1.** to castrate. **2.** to deprive of strength or vigour; weaken; render effeminate. **–emasculation** /əmæskjəˈleɪʃən, i-/ *n.* **–emasculator** *n.* **–emasculatory, emasculative** *adj.*

embalm /ɛmˈbam/ *v.t.* **1.** to treat (a dead body) with balsams, spices, etc., or (now usually) with drugs or chemicals, in order to preserve from decay. **2.** to preserve from oblivion; keep in memory. **–embalmer** *n.* **–embalmment** *n.*

embankment /ɛmˈbæŋkmənt, ə-/ *n.* **1.** a bank, mound, dike, or the like, raised to hold back water, carry a road, etc. **2.** the act of embanking.

embargo /ɛmˈbagoʊ/ *n.* **-goes,** *v.* **-goed, -going.** *–n.* **1.** an order of a government prohibiting the movement of merchant vessels from or into its ports. **2.** any restriction imposed upon commerce by law. **3.** a restraint or hindrance; a prohibition. *–v.t.* **4.** to impose an embargo on.

embark /ɛmˈbak/ *v.i.* **1.** to board a ship, as for a voyage. **2.** to engage in an enterprise, business, etc. *–v.t.* **3.** to put or receive on board a ship. **4. a.** to involve (a person) in an enterprise. **b.** to venture or invest (money, etc.) in an enterprise. **–embarkation, embarcation** /ɛmbaˈkeɪʃən/ *n.*

embarrass /ɛmˈbærəs/ *v.t.* **1.** to disconcert; abash; make uncomfortable, self-conscious, etc.; confuse. **2.** to make difficult or intricate, as a question or problem; complicate. **3.** to put obstacles or difficulties in the way of; impede. **4.** to beset with financial difficulties; burden with debt. *–v.i.* **5.** to become disconcerted, abashed. **–embarrassing** *adj.* **–embarrassingly** *adv.* **–embarrassment** *n.*

embassy /ˈɛmbəsi/ *n.* **-sies. 1.** a body of persons entrusted with a mission to a sovereign or government; an ambassador and his or her staff. **2.** the official headquarters of an ambassador. **3.** the function or office of an ambassador. **4.** *Colloquial* the body of persons sent on any undertaking.

embed /ɛmˈbɛd/ *v.t.* **-bedded, -bedding. 1.** to fix firmly in a surrounding mass. **2.** to lay in or as in a bed. Also, **imbed**. **–embedding, embedment** *n.*

embellish /ɛmˈbɛlɪʃ/ *v.t.* **1.** to beautify by or as by ornamentation; ornament; adorn. **2.** to enhance (a statement or narrative) with fictitious additions; embroider. **–embellisher** *n.* **–embellishment** *n.*

ember /ˈɛmbə/ *n.* **1.** a small live coal, brand of wood, etc., as in a dying fire. **2.** (*plural*) the smouldering remains of a fire.

embezzle /ɛmˈbɛzəl/ *v.t.* **-zled, -zling.** to appropriate fraudulently to one's own use, as money or property entrusted to one's possession. **–embezzlement** *n.* **–embezzler** *n.*

embitter /ɛmˈbɪtə/ *v.t.* to make bitter or more bitter. **–embitterer** *n.* **–embitterment** *n.*

emblazon /ɛmˈbleɪzən/ *v.t.* **1.** to portray or inscribe on or as on a heraldic shield; to embellish or decorate. **2.** to proclaim; celebrate or extol. **–emblazoner** *n.* **–emblazonment** *n.* **–emblazonry** *n.*

emblem /ˈɛmbləm/ *n.* **1.** an object, or a representation of it, symbolising a quality, state, class of persons, etc.; a symbol. **2.** an allegorical drawing or picture, often with explanatory writing. **–emblematic** /ˌɛmbləˈmætɪk/, **emblematical** /ˌɛmbləˈmætɪkəl/ *adj*. **–emblematically** /ˌɛmbləˈmætɪkli/ *adv*.

embody /ɛmˈbɒdi/ *v.t.* **-bodied, -bodying. 1.** to invest with a body, as a spirit; incarnate; make corporeal. **2.** to give a concrete form to; express or exemplify (ideas, etc.) in concrete form. **3.** to collect into or include in a body; organise; incorporate. **4.** to embrace or comprise. **–embodiment** *n*.

embolism /ˈɛmbəlɪzəm/ *n. Pathology* the occlusion of a blood vessel by an embolus. **–embolismic** *adj*.

embolus /ˈɛmbələs/ *n.* **-li** /-laɪ/. undissolved material carried by the blood current and impacted in some part of the vascular system, as thrombi or fragments of thrombi, tissue fragments, clumps of bacteria, protozoan parasites, fat globules, gas bubbles.

emboss /ɛmˈbɒs/ *v.t.* **1.** to raise or represent (surface designs) in relief. **2.** to cause to bulge out; make protuberant; make umbonate. **3.** to raise a design on (a fabric) by pressing. **4.** to cover or ornament with bosses or studs. **–embosser** *n*. **–embossment** *n*.

embrace /ɛmˈbreɪs/ *v.* **-braced, -bracing,** *n. –v.t.* **1.** to take or hold in the arms; hug. **2.** to take or receive (an idea, etc.) gladly or eagerly. **3.** to make use of (an opportunity, etc.). **4.** to encircle; surround; enclose. **5.** to include. *–v.i.* **6.** to join in an embrace. *–n.* **7.** the act of embracing; a hug. **–embraceable** *adj*. **–embracement** *n*. **–embracer** *n*. **–embracive** *adj*.

embroider /ɛmˈbrɔɪdə/ *v.t.* **1.** to decorate with ornamental needlework. **2.** to adorn or embellish rhetorically, especially with fictitious additions. **–embroiderer** *n*. **–embroidery** *n*.

embroil /ɛmˈbrɔɪl, əm-/ *v.t.* **1.** to bring into a state of discord; involve in contention or strife. **2.** to throw into confusion; complicate. **–embroiler** *n*. **–embroilment** *n*.

embryo /ˈɛmbrioʊ/ *n.* **-os. 1.** an organism in the earlier stages of its development, as before emergence from the egg or before metamorphosis. **2.** (among mammals and other viviparous animals) a young animal during its earlier stages within the mother's body (including, in humans, the developmental stages up to the end of the seventh week). **3.** the rudimentary plant usually contained in the seed. **4.** the beginning or rudimentary stage of anything.

embryonic /ˌɛmbriˈɒnɪk/ *adj.* **1.** relating to or in the state of an embryo. **2.** rudimentary; undeveloped. Also, **embryonal** /ˈɛmbriənəl/.

embryo transfer *n.* a procedure whereby a developing embryo is transplanted, usually into the uterus of a female parent. Also, **embryo transplant**.

emend /əˈmɛnd, i-/ *v.t.* **1.** to free from faults or errors; correct. **2.** to amend (a text) by removing errors. **–emendable** *adj*. **–emendation** /imənˈdeɪʃən/ *n*. **–emendatory** *adj*.

emerald /ˈɛmrəld, ˈɛmərəld/ *n.* **1.** a rare green variety of beryl, highly valued as a gem. **2.** clear bright green. *–adj.* **3.** having a clear, bright green colour.

emerge /əˈmɜdʒ, i-/ *v.i.* **emerged, emerging. 1.** to rise or come forth from or as from water or other liquid. **2.** to come forth into view or notice, as from concealment or obscurity. **3.** to come up or arise, as a question or difficulty.

emergency /əˈmɜdʒənsi, i-/ *n.* **-cies.** an unforeseen occurrence; a sudden and urgent occasion for action.

emergent /əˈmɜdʒənt, i-/ *adj.* **1.** (of a nation) recently independent or newly formed as a political entity, and generally in an early stage of economic development. **2.** emerging. **–emergence** *n.* **–emergently** *adv*.

emeritus /əˈmɛrətəs, i-/ *adj.* retired or honourably discharged from active duty because of age, infirmity, or long service, but retained on the rolls: *a professor emeritus*.

emery /ˈɛməri/ *n.* a granular mineral substance consisting typically of corundum mixed with an iron oxide, used powdered, crushed, or consolidated for grinding and polishing.

emetic /əˈmɛtɪk/ *adj.* **1.** inducing vomiting, as a medicinal substance. *–n.* **2.** an emetic medicine or agent.

-emia variant of **-aemia,** as in *hyperemia*.

emigrate /ˈɛməgreɪt/ *v.i.* **-grated, -grating.** to leave one country or region to settle in another; migrate. **–emigrant** *n.* **–emigration** /ˌɛməˈgreɪʃən/ *n*.

eminent /ˈɛmənənt/ *adj.* **1.** high in station, rank, or repute; distinguished. **2.** conspicuous, signal, or noteworthy: *eminent services, eminent fairness*. **–eminence** *n.* **–eminently** *adv*.

emir /ɛˈmɪə, ˈɛmɪə/ *n.* **1.** a Muslim or Arabian chieftain or prince. **2.** a title of honour of the descendants of Mohammed. **3.** a former title of certain Turkish officials. Also, **emeer**, **–emirate** /ˈɛməreɪt/ *n*.

emissary /ˈɛməsəri, -əsri/ *n.* **-ries. 1.** an agent sent on a mission. **2.** an agent sent on a mission of a secret nature.

emission control *n.* the control of polluting gases released into the atmosphere by motor vehicles, incinerators, factories, etc.

emit /əˈmɪt, i-/ *v.t.* **emitted, emitting. 1.** to send forth; give out or forth (liquid, light, heat, sound, etc.); discharge. **2.** to issue, as an order or a decree. **3.** to issue formally for circulation. **4.** to utter, as opinions. **–emission** *n*.

emollient /əˈmɒliənt, -ˈmoʊ-/ *adj.* having the power of softening or relaxing living tissues, as a medicinal substance; soothing, especially to the skin.

emolument /əˈmɒljəmənt/ *n.* profit arising from office or employment; compensation for services; salary or fees.

emoticon /əˈmoʊtəkɒn/ *n. Computers* an image, created with keyboard characters, used in texts to indicate an emotion, such as :-) to denote happiness and :-(to denote unhappiness.

emotion /əˈmoʊʃən, i-/ *n.* **1.** an affective state of consciousness in which joy, sorrow, fear, hate, or the like, is experienced (distinguished from cognitive and volitional states of consciousness). **2.** any of the feelings of joy, sorrow, fear, hate, love, etc. **3.** a state of agitation of the feelings actuated by experiencing fear, joy, etc. **–emotionless** *adj*.

emotional /əˈmoʊʃənəl, i-/ *adj.* **1.** relating to emotion or the emotions. **2.** subject to or easily affected by emotion. **3.** appealing to the emotions. **4.** effected or determined by emotion rather than reason: *an emotional decision*. **5.** overwrought; displaying undue emotion. **–emotionally** *adv*. **–emotionality** *n*.

emotive /əˈmoʊtɪv, i-/ *adj.* **1.** characterised by or relating to emotion. **2.** exciting emotion. **–emotively** *adv.* **–emotiveness, emotivity** /ˌimoʊˈtɪvəti/ *n*.

empanel /ɛmˈpænəl/ *v.t.* **-elled** *or Chiefly US* **-eled, -elling** *or Chiefly US* **-eling.** to enter on a panel or list for jury duty. Also, **impanel**. **–empanelment** *n*.

empathy /ˈɛmpəθi/ *n.* mental entering into the feeling or spirit of a person or thing; appreciative

emperor

perception or understanding. **–empathic** /ɛmˈpæθɪk/ *adj.* **–empathically** /ɛmˈpæθɪkli/ *adv.* **–empathise = empathize** *v.*

emperor /ˈɛmpərə/ *n.* **1.** the sovereign or supreme ruler of an empire. **2.** a title of dignity given to certain kings not rulers of empires. **3.** any of various Australian fishes of the family Lethrinidae, resembling bream but having pointed heads and scaleless cheeks. **–emperorship** *n.*

emphasis /ˈɛmfəsəs/ *n.* **-phases** /-fəsiːz/. **1.** stress laid upon, or importance or significance attached to anything. **2.** anything upon which great stress is laid. **3.** intensity or force of expression, action, etc. **4.** prominence, as of outline.

emphasise = emphasize /ˈɛmfəsaɪz/ *v.t.* **-sised, -sising.** to give emphasis to; lay stress upon; stress.

emphatic /ɛmˈfætɪk/ *adj.* **1.** uttered, or to be uttered, with emphasis; strongly expressive. **2.** using emphasis in speech or action. **3.** forcibly significant; strongly marked; striking. **–emphatically** *adv.*

emphysema /ɛmfəˈsimə/ *n. Pathology* abnormal distension of an organ or a part of the body with air or other gas, especially pulmonary emphysema which causes severe restriction of respiratory function. **–emphysematous** /ɛmfəˈsɛmətəs, -ˈsimə-/ *adj.*

empire /ˈɛmpaɪə/ *n.* **1.** an aggregate of nations or peoples ruled over by an emperor or other powerful sovereign or government; usually a territory of greater extent than a kingdom ruled by a single sovereign: *the Roman empire.* **2.** a government under an emperor: *the first French empire.* **3.** supreme power in governing; imperial power; sovereignty. **4.** supreme control; absolute sway. **5.** *Colloquial* a large and powerful enterprise or group of enterprises controlled by a single person or group of people.

empirical /ɛmˈpɪrɪkəl/ *adj.* **1.** derived from or guided by experience or experiment. **2.** depending upon experience or observation alone, without using science or theory, especially in medicine. **–empirically** *adv.* **–empiricism** *n.*

empiricism /ɛmˈpɪrəsɪzəm/ *n.* **1.** empirical method or practice. **2.** *Philosophy* the doctrine that all knowledge is derived from experience. **3.** undue reliance upon experience; quackery. **–empiricist** *n., adj.*

employ /ɛmˈplɔɪ/ *v.t.* **1.** to use the services of (a person); have or keep in one's service; keep busy or at work: *this factory employs thousands of workers.* **2.** to make use of (an instrument, means, etc.); use; apply. **3.** to occupy or devote (time, energies, etc.): *I employ my spare time in reading.* *–n.* **4.** employment; service: *to be in someone's employ.* **–employable** *adj.* **–employment** *n.*

employee /ɛmˈplɔɪi, ɛmplɔɪˈi/ *n.* a person working for another person or a business firm for pay. Also, **employe, employé.**

employer /ɛmˈplɔɪə/ *n.* someone who employs people, especially for wages.

emporium /ɛmˈpɔriəm/ *n.* **-poriums** or **-poria** /-ˈpɔriə/. a large store selling a great variety of articles.

empower /ɛmˈpaʊə/ *v.t.* **1.** to give power or authority to; authorise: *I empowered him to make the deal for me.* **2.** to enable or permit. **–empowerment** *n.*

empress /ˈɛmprəs/ *n.* **1.** a woman ruler of an empire. **2.** the consort of an emperor. **3.** a woman with power to influence or command.

empty /ˈɛmpti, ˈɛmti/ *adj.* **-tier, -tiest;** *v.* **-tied, -tying;** *n.* **-ties.** *–adj.* **1.** containing nothing; void of the usual or appropriate contents: *an empty bottle.* **2.** vacant; unoccupied: *an empty house.* **3.**

254

enable

without burden or load: *an empty wagon.* **4.** without force, effect, or significance; unsatisfactory; meaningless: *empty compliments; empty pleasures.* **5.** *Colloquial* hungry. **6.** without knowledge or sense; frivolous; foolish. **7.** *Colloquial* drained of emotion; spent. *–v.t.* **8.** to make empty; deprive of contents; discharge the contents of: *to empty a bucket.* **9.** to discharge (contents): *empty the water out of a bucket.* *–v.i.* **10.** to become empty: *the room emptied rapidly after the lecture.* **11.** to discharge contents, as a river: *the river empties into the sea.* *–n.* **12.** *Colloquial* something empty, as a bottle, can, or the like. *–phr.* **13. empty of,** destitute of (some quality or qualities); devoid of: *a life empty of happiness.* **–emptily** *adv.* **–emptiness** *n.*

emu /ˈimju/ *n.* either of two large, flightless, three-toed Australian birds of the ratite genus *Dromaius, D. novae-hollandiae* and *D. diemenianus,* closely related to the ostrich, but smaller. The former species has the skin of the head and the throat blue, and long, drooping, brownish plumage; the latter species is now extinct.

emu bush *n.* any of a number of shrubs of the endemic Australian genus *Eremophila,* family Myoporaceae, having fruits which are eaten by emus.

emulate /ˈɛmjuleɪt, -jə-/ *v.t.* **-lated, -lating.** **1.** to try to equal or excel; imitate with effort to equal or surpass. **2.** to rival with some degree of success. **3.** (of a computer) to imitate (a particular computer system) by means of a software system that allows it to run the same programs as the system imitated. **–emulation** /ɛmjuˈleɪʃən, -jə-/ *n.* **–emulative** /ˈɛmjələtɪv/ *adj.* **–emulator** *n.*

emulsify /əˈmʌlsəfaɪ/ *v.t.* **-fied, -fying.** to make into an emulsion. **–emulsification** /əmʌlsəfəˈkeɪʃən/ *n.* **–emulsifier** *n.*

emulsion /əˈmʌlʃən/ *n.* **1.** a liquid preparation of the colour and consistency of milk. **2.** *Chemistry* any colloidal suspension of a liquid in another liquid. **–emulsive** *adj.*

en /ɛn/ *n.* **1.** the letter N, n. **2.** *Printing* half of the width of an em.

en-[1] a prefix meaning primarily 'in', 'into', first occurring in words from French, but now used freely as an English formative: **1.** with the end concrete force of putting the object into or on something or of bringing the object into the specified condition, often serving to form transitive verbs from nouns or adjectives, as in *enable, enact, endear, engulf, enshrine, enslave.* **2.** prefixed to verbs, to make them transitive, or, if already transitive, to give them the transitive sign, as in *enkindle, entwine, engild, engird, engrave, enshield.* Compare **in-**[2], **im-**[1]. Also, **em-**.

en-[2] a prefix representing Greek *en-,* corresponding to **en-**[1] and occurring chiefly in combinations already formed in Greek, as *energy, enthusiasm.* Also, **em-**[2].

-en[1] a suffix, forming transitive and intransitive verbs from adjectives, as in *fasten, harden, sweeten,* or from nouns, as in *heighten, lengthen, strengthen.*

-en[2] a suffix of adjectives indicating material, appearance, as in *ashen, golden, oaken.*

-en[3] a suffix used to mark the past participle in many strong and some weak verbs, as in *taken, proven.*

-en[4] a suffix forming the plural of some nouns, as in *brethren, children, oxen.*

-en[5] a diminutive suffix, as in *maiden, kitten, chicken.*

enable /ɛnˈeɪbəl, ən-/ *v.t.* **-bled, -bling.** **1.** to make able; give power, means, or ability to; make competent; authorise: *this will enable him to do it.* **2.** to make possible or easy.

enabling 255 end

enabling /ɛn'eɪblɪŋ, ən-/ *adj.* (of an act, statute, or bill) enabling a person or a company to do something otherwise illegal.

enact /ɛn'ækt, ən-/ *v.t.* **1.** to make into an act or statute. **2.** to ordain; decree. **3.** to represent on or as on the stage; act the part of: *to enact Hamlet*. **–enactor** *n.* **–enactment** *n.*

enamel /ə'næməl/ *n., v.* **-elled** or *Chiefly US* **-eled, -elling** or *Chiefly US* **-eling.** *–n.* **1.** a glassy substance, usually opaque, applied by fusion to a surface of metal, pottery, etc., as an ornament or for protection. **2.** any of various enamel-like varnishes, paints, etc. **3.** *Anatomy, Zoology* the hard, glossy, outer structure of the crowns of teeth. *–v.t.* **4.** to inlay, cover, or ornament with enamel. **–enameller** *n.* **–enamellist** *n.* **–enamelwork** *n.*

enamoured = enamored /ɛn'æməd, ən-/ *adj.* (sometimes fol. by *of*) inflamed with love; charmed; captivated: *to be enamoured of a lady*.

encapsulate /ɛn'kæpsjəleɪt, ən-, -ʃə-/ *v.t.* **-lated, -lating. 1.** to enclose in or as in a capsule. **2.** to put in shortened form; condense; abridge. **–encapsulation** /ɛnˌkæpsjə'leɪʃən, -ʃə-/ *n.*

encase /ɛn'keɪs, ən-/ *v.t.* **-cased, -casing.** to enclose in or as in a case. Also, **incase**. **–encasement** *n.*

-ence a noun suffix equivalent to **-ance**, and corresponding to **-ent** in adjectives, as in *abstinence, consistence, dependence, difference.*

encephalitis /ˌɛnsɛfə'laɪtəs, ɛnkɛf-, ən-/ *n.* Pathology inflammation of the substance of the brain. **–encephalitic** /ˌɛnsɛfə'lɪtɪk, ɛnkɛf-, ən-/ *adj.*

encephalo- a word element meaning 'brain', as in *encephalomyelitis*. Also, **encephal-**.

encephalogram /ɛn'sɛfələgræm, ɛnkɛf-/ *n.* an X-ray photograph of the brain.

enchant /ɛn'tʃænt, ən-, -'tʃant/ *v.t.* **1.** to subject to magical influence; cast a spell over; bewitch. **2.** to impart a magic quality or effect to. **3.** to delight in a high degree; charm. **–enchanting** *adj.* **–enchantment** *n.*

enchilada /ɛntʃə'lɑdə/ *n.* **1.** a Mexican dish of a rolled tortilla filled with meat and seasonings, usually including chilli. *–phr.* **2. the whole enchilada**, *Colloquial* the entirety of something possessed or achieved, especially something impressive: *the house has a pool, tennis court, billiard room – the whole enchilada.*

encircle /ɛn'sɜkəl, ən-/ *v.t.* **-cled, -cling. 1.** to form a circle around; surround; encompass. **2.** to make a circling movement around; make the circuit of. **–encirclement** *n.*

enclave /'ɛnkleɪv, 'ɒnkleɪv/ *n.* a country, or, especially, an outlying portion of a country, entirely or mostly surrounded by the territory of another country.

enclose /ɛn'kloʊz, ən-/ *v.t.* **-closed, -closing. 1.** to shut in; close in on all sides. **2.** to surround as with a fence or wall: *to enclose land.* **3.** to insert in the same envelope, etc., with the main letter, etc.: *he enclosed a cheque.* **4.** to contain (the thing transmitted): *her letter enclosed a cheque.*

enclosure /ɛn'kloʊʒə, ən-/ *n.* **1.** the act or result of enclosing: *the horses were in a large enclosure.* **2.** (formerly) the practice of taking common land by setting up a fence around it. **3.** that which is enclosed, e.g. paper, money, etc., sent in a letter.

encode /ɛn'koʊd/ *v.t.* **-coded, -coding.** to put into coded form, as a message, computer program, etc.

encompass /ɛn'kʌmpəs, ən-/ *v.t.* **1.** to form a circle around; encircle; surround. **2.** to enclose; contain. **–encompassment** *n.*

encore /'ɒnkɔ, 'ɒŋkɔ/ *interj.* **1.** again; once more (used by an audience in calling for a repetition of a song, etc., or for an additional number or piece). *–n.* **2.** a demand, as by applause, for a repetition of a song, etc., or for an additional number or piece. **3.** something that is performed in response to such a demand.

encounter /ɛn'kaʊntə, ən-/ *v.t.* **1.** to come upon; meet with, especially unexpectedly. **2.** to meet with or contend against (difficulties, opposition, etc.). **3.** to meet (a person, military force, etc.) in conflict. *–n.* **4.** a meeting with a person or thing, especially casually or unexpectedly. **5.** a meeting in conflict or opposition; a battle; a combat.

encourage /ɛn'kʌrɪdʒ, ən-/ *v.t.* **-raged, -raging. 1.** to inspire with courage, spirit, or confidence. **2.** to stimulate by assistance, approval, etc. **–encourager** *n.* **–encouragingly** *adv.* **–encouragement** *n.*

encroach /ɛn'kroʊtʃ, ən-/ *v.i.* **1.** to advance beyond proper limits; make gradual inroads. **2.** to trespass upon the property or rights of another, especially stealthily or by gradual advances. **–encroacher** *n.* **–encroachingly** *adv.* **–encroachment** *n.*

encrust /ɛn'krʌst, ən-/ *v.t.* **1.** to cover or line with a crust or hard coating. **2.** to form into a crust. **3.** to deposit as a crust. *–v.i.* **4.** to form a crust.

encumber /ɛn'kʌmbə, ən-/ *v.t.* **1.** to impede or hamper; retard; embarrass. **2.** to block up or fill with what is obstructive or superfluous. **3.** to burden with obligations, debt, etc. **4.** to burden or impede with or as with parcels, etc. Also, **incumber**. **–encumbrance** *n.*

encyclopedia = encyclopaedia /ɛnˌsaɪklə'pidɪə, ən-/ *n.* **1.** a work treating separately various topics from all branches of knowledge, usually in alphabetical arrangement. **2.** a work treating exhaustively one art or science especially in articles arranged alphabetically; a cyclopaedia.

end /ɛnd/ *n.* **1.** an extremity of anything that is longer than it is broad: *the end of a street, rope, rod, etc.* **2.** an extreme or farthermost part of anything extended in space: *the ends of the earth.* **3.** anything that bounds an object at one of its extremities; a limit. **4.** a place or section adjacent to an extremity or limit: *at the far end of the room.* **5.** the act of coming to an end; termination. **6.** the concluding part. **7.** a purpose or aim: *to gain one's end.* **8.** the object for which a thing exists: *the happiness of the people is the end of government.* **9.** issue or result. **10.** termination of existence; death. **11.** a cause of death, destruction, or ruin. **12.** a remnant or fragment: *odds and ends.* **13.** a part or share of something: *her end of the work.* **14.** a district or locality, especially part of a town: *the West End.* **15.** *Bowls* a part of the game during which the players all deliver their bowls to one end of the green; at the completion of one end the direction of play may reverse. *–v.t.* **16.** to bring to an end or natural conclusion. **17.** to put an end to by force. **18.** to form the end of. *–v.i.* **19.** to come to an end; terminate; cease: *he ended by settling down.* **20.** to issue or result: *extravagance ends in want.* *–phr.*

21. at a loose end, Also, **at loose ends. a.** unoccupied; with nothing to do. **b.** in disorder.

22. at the sharp end, in the position or place where the important action takes place, hence where the greatest risk exists.

23. end on, with the end facing, or next to the observer.

24. end to end, (of two objects) having the ends adjacent.

25. end up, *Colloquial* to reach a final condition, circumstance, goal: *you'll end up in prison.*

26. get one's end in, *Colloquial* ‡ (of a male) to have sexual intercourse.

27. go off the deep end, *Colloquial* to become violently agitated; lose control of one's emotions.

28. in the end, as an outcome; at last; finally.
29. keep one's end up, *Colloquial* to see that one's contribution to a joint undertaking is adequately performed.
30. make (both) ends meet, to keep expenditure within one's means.
31. no end, *Colloquial* (an intensifier): *no end of trouble.*
32. on end, a. upright. **b.** continuously.
33. the (living) end, a. the worst thing possible. **b.** a person who is incompetent or insufferable in every way. **—ender** *n.* **—endless** *adj.*

endanger /ɛn'deɪndʒə, ən-/ *v.t.* to expose to danger; imperil. **—endangerment** *n.*

endear /ɛn'dɪə, ən-/ *v.t.* to make dear, esteemed, or beloved: *he endeared himself to his mother.* **—endearingly** *adv.*

endearment /ɛn'dɪəmənt, ən-/ *n.* **1.** the act of endearing. **2.** the state of being endeared. **3.** an action or utterance manifesting affection; a caress or an affectionate term.

endeavour = endeavor /ɛn'dɛvə, ən-/ *v.i.* **1.** to exert oneself to do or effect something; make an effort; strive. *—v.t.* **2.** to attempt; try: *he endeavours to keep things nice about his place. —n.* **3.** a strenuous effort; an attempt. **—endeavourer** *n.*

endemic /ɛn'dɛmɪk/ *adj.* **1.** Also, **endemical**. peculiar to a particular people or locality, as a disease. *—n.* **2.** an endemic disease or plant. **—endemically** *adv.* **—endemism** /'ɛndəmɪzəm/, **endemicity** /ɛndə'mɪsəti/ *n.*

endive /'ɛndaɪv/ *n.* a herb, *Cichorium endivia*, probably of Indian origin, now widely cultivated for its finely divided curled leaves used in salads and as a cooked vegetable.

endo- a word element meaning 'internal', as in *endocarp.* Also, **end-**.

endocrine /'ɛndəkrən, -krɪn, -kraɪn/ *adj.* having to do with the endocrine glands or their secretions: *endocrine function.* **—endocrinal** /ɛndə'kraɪnəl/, **endocrinic** /ɛndə'krɪnɪk/, **endocrinous** /ɛn'dɒkrənəs/ *adj.*

endocrine gland *n. Physiology* any of various glands or organs (as the thyroid gland, suprarenal bodies, pituitary body, etc.) which produce certain important internal secretions (products released directly into the blood or lymph) acting upon particular organs, and which, through improper functioning, may cause grave disorders or death; ductless gland.

endorse /ɛn'dɔs, ən-/ *v.t.* **-dorsed, -dorsing. 1.** to add a modifying statement to (a document, licence, etc.). **2.** to sign one's name to (a commercial document, cheque, etc.) as to transfer money, acknowledge receipt, etc. **3.** to give support to; approve: *I don't endorse that sort of behaviour.* **4.** (of a branch of a political party) to select (someone) as a candidate for election: *Labor has endorsed him as its candidate.* Also, **indorse. —endorsable** *adj.* **—endorsement** *n.* **—endorser** *n.*

endow /ɛn'daʊ, ən-/ *v.t.* **1.** to provide with a permanent fund or source of income: *to endow a college.* **2.** to furnish as with some gift, faculty, or quality; equip: *Nature has endowed him with great ability.* **—endowment** *n.* **—endower** *n.*

endue /ɛn'dju, ən-/ *v.t.* **-dued, -duing. 1.** to invest or endow with some gift, quality, or faculty: *endued with life.* **2.** to put on; assume. Also, **indue.**

endurance /ɛn'djʊrəns, ən-/ *n.* **1.** the fact or power of enduring or bearing anything. **2.** lasting quality; duration. **3.** something endured, as a hardship. **4.** *Aeronautics* the time an aircraft can continue flying under given conditions without refuelling.

endure /ɛn'djʊə/ *v.* **-dured, -during.** *—v.t.* **1.** to hold out against; sustain without impairment or yielding; undergo. **2.** to bear without resistance or with patience; tolerate: *I cannot endure to listen to that any longer. —v.i.* **3.** to continue to exist; last **4.** to support adverse force or influence of any kind; suffer without yielding; suffer patiently. **5.** to retain a certain stature; maintain recognition of merit. **—endurable** *adj.* **—enduring** *adj.*

-ene 1. a noun suffix used in chemistry, in names of hydrocarbons, as *anthracene, benzene, naphthalene,* specifically those of the ethylene series, as *butylene.* **2.** a generalised suffix used in trademarks for substances, often implying synthetic manufacture.

enema /'ɛnəmə/ *n.* **enemas** or **enemata** /ə'nɛmətə, i-/ *Medicine* a fluid injected into the rectum, as to evacuate the bowels.

enemy /'ɛnəmi/ *n.,* **-mies,** *adj. —n.* **1.** someone who hates another, or has harmful designs against them; adversary; opponent. **2.** an armed foe; opposing military force. **3.** a hostile nation, state, or its people. **4.** something harmful. *—adj.* **5.** belonging to a hostile power or to its people: *enemy property.*

energetic /ɛnə'dʒɛtɪk/ *adj.* **1.** possessing or exhibiting energy; forcible; vigorous. **2.** powerful in action or effect; effective. **—energetically** *adv.*

energy /'ɛnədʒi/ *n.,* **-gies. 1.** capacity or habit of vigorous activity. **2.** the actual exertion of power; operation; activity. **3.** power as exerted. **4.** ability to produce action or effect. **5.** vigour or forcefulness of expression.

enervate /'ɛnəveɪt/ *v.t.* **-vated, -vating.** to deprive of force, or strength; destroy the vigour of; weaken. **—enervation** /ɛnə'veɪʃən/ *n.* **—enervator** *n.* **—enervative** *adj.*

enfold /ɛn'foʊld, ən-/ *v.t.* **1.** to wrap up; envelop: *enfolded in a magic mantle.* **2.** to clasp; embrace. **3.** to surround with as with folds. **4.** to form into a fold or folds: *a cambium layer deeply enfolded where it extends downwards.* Also, **infold. —enfolder** *n.* **—enfoldment** *n.*

enforce /ɛn'fɔs, ən-/ *v.t.* **-forced, -forcing. 1.** to put or keep in force; compel obedience to: *to enforce laws or rules.* **2.** to obtain (payment, obedience, etc.) by force or compulsion. **3.** to impose (a course of action) upon a person. **4.** to support (a demand, etc.) by force. **5.** to impress or urge (an argument, etc.) forcibly; lay stress upon. **—enforceable** *adj.* **—enforcedly** *adv.* **—enforcer** *n.* **—enforcement** *n.*

enfranchise /ɛn'fræntʃaɪz, ən-/ *v.t.* **-chised, -chising. 1.** to grant a franchise to; admit to citizenship, especially to the right of voting. **2.** *Law* to invest with the right of being represented in Parliament. **3.** to set free; liberate, as from slavery. **—enfranchisement** /ən'fræntʃəzmənt/ *n.* **—enfranchiser** *n.*

engage /ɛn'geɪdʒ, ən-/ *v.* **-gaged, -gaging.** *—v.t.* **1.** to obtain the attention or efforts of (a person, etc.): *he engaged her in conversation.* **2.** to obtain for aid, employment, use, etc.; hire: *to engage a workman; to engage a room.* **3.** to attract and hold fast: *to engage attention, interest, etc.* **4.** to bind as by a promise, contract, oath, etc.: *he engaged to do it in writing.* **5.** (usually in passive) to promise in marriage; betroth. **6.** to bring (troops) into conflict; enter into battle with: *our army engaged the enemy.* **7.** *Mechanics* to cause to become interlocked: *to engage first gear.* *—v.i.* **8.** to occupy oneself; become involved: *to engage in business; to engage in politics.* **9.** to pledge one's word; assume an obligation. **10.** to enter into battle. **11.** *Mechanics* to interlock. **—engager** *n.*

engaged /ɛn'geɪdʒd, ən-/ *adj.* **1.** busy or occupied; involved. **2.** under agreement to marry. **3.** *Mechanics* **a.** interlocked. **b.** (of wheels) in gear

engagement — enrich

with each other. **4.** (of a telephone line) inaccessible because already in use.

engagement /ɛn'geɪdʒmənt, ən-/ *n.* **1.** the act of engaging. **2.** the state of being engaged. **3.** an appointment or arrangement, often of a business nature.

engaging /ɛn'geɪdʒɪŋ, ən-/ *adj.* winning; attractive; pleasing. **–engagingly** *adv.* **–engagingness** *n.*

engender /ɛn'dʒɛndə, ən-/ *v.t.* **1.** to produce, cause, or give rise to: *hatred engenders violence.* **2.** to beget; procreate. **–engenderer** *n.* **–engenderment** *n.*

engine /'ɛndʒən/ *n.* **1.** any mechanism or machine designed to convert energy into mechanical work: *a steam engine, internal-combustion engine, etc.* **2.** a railway locomotive. **3.** any mechanical contrivance. **4.** a driving force. **5.** a machine or instrument used in warfare, as a battering ram, catapult, piece of artillery, etc.

engineer /ɛndʒə'nɪə/ *n.* **1.** someone trained in the design, construction, and use of engines or machines, or in any of the various branches of engineering: *a mechanical engineer; an electrical engineer.* **2.** a skilful manager. *–v.t.* **3.** to plan, construct, or manage as an engineer. **4.** to arrange, manage or carry through by skilful, clever means.

engineering /ɛndʒə'nɪərɪŋ/ *n.* **1.** the art or science of making practical application of the knowledge of pure sciences such as physics, chemistry, biology, etc. **2.** the action, work, or profession of an engineer. **3.** skilful or artful contrivance; manoeuvring.

English /'ɪŋglɪʃ, 'ɪŋlɪʃ/ *adj., n.* **Englishes** for def. 5 *–adj.* **1.** of, relating to, or characteristic of England or its inhabitants, institutions, etc. **2.** belonging or relating to, or spoken or written in, the English language. *–n.* **3.** the people of England collectively, especially as distinguished from the Scots, Welsh, and Irish. **4.** the Germanic language of the British Isles, historically termed Old English or Anglo-Saxon (to 1150), Middle English (to 1450) and Modern English. **5.** a dialect or national variety of English, being one of many such varieties used throughout the world, often specified as in *Australian English, American English.* **6.** straightforward and simple language. *–phr.* **7. the Queen's** (or **King's**) **English**, (supposedly) educated or correct English speech or usage.

engrave /ɛn'greɪv, ən-/ *v.t.* **-graved, -graving. 1.** to incise (letters, designs, etc.) on a hard surface, as of metal, stone, or the end-grain of wood. **2.** to print from such a surface. **3.** to mark or ornament with incised letters, designs, etc. **4.** to impress deeply; infix. **–engraver** *n.*

engraving /ɛn'greɪvɪŋ, ən-/ *n.* **1.** the art of forming designs by cutting, corrosion by acids, a photographic process, etc., on the surface of metal plates or of blocks of wood, etc., for the purpose of taking off impressions or prints of the design so formed. **2.** the design engraved. **3.** an engraved plate or block. **4.** an impression or print from this.

engross /ɛn'groʊs, ən-/ *v.t.* **1.** to occupy wholly, as the mind or attention; absorb. **2.** to write or copy in a fair, large hand or in a formal manner, as a public document or record. **–engrosser** *n.* **–engrossment** *n.*

engulf /ɛn'gʌlf, ən-/ *v.t.* **1.** to swallow up in or as in a gulf. **2.** to plunge or immerse. Also, **ingulf**. **–engulfment** *n.*

enhance /ɛn'hæns, -'hɑns, ən-/ *v.t.* **-hanced, -hancing. 1.** to raise to a higher degree; intensify; magnify. **2.** to raise the value or price of. **–enhancement** *n.* **–enhancer** *n.* **–enhancive** *adj.*

enigma /ə'nɪgmə/ *n.* **1.** somebody or something puzzling or inexplicable. **2.** a saying, question, picture, etc., containing a hidden meaning; a riddle. **–enigmatic** /ɛnɪg'mætɪk/, **enigmatical** /ɛnɪg'mætɪkəl/ *adj.*

enjoin /ɛn'dʒɔɪn, ən-/ *v.t.* to order or direct (a person, etc.) to do something; prescribe (a course of action, etc.) with authority or emphasis. **–enjoiner** *n.* **–enjoinment** *n.*

enjoy /ɛn'dʒɔɪ, ən-/ *v.t.* **1.** to experience with joy; take pleasure in. **2.** to have and use with satisfaction; have the benefit of. **3.** to find or experience pleasure for (oneself). **4.** to undergo (an improvement). *–v.i.* **5.** to have a good time: *let's forget our troubles and enjoy.* **–enjoyer** *n.*

enlarge /ɛn'lɑdʒ, ən-/ *v.* **-larged, -larging.** *–v.t.* **1.** to make larger; increase in extent, bulk, or quantity; add to. **2.** to increase the capacity or scope of; expand. **3.** *Photography* to make (a print) larger than the negative, by projection printing. *–v.i.* **4.** to speak or write at large; expatiate: *to enlarge upon a point.* **–enlargeable** *adj.* **–enlargement** *n.* **–enlarger** *n.*

enlighten /ɛn'laɪtn, ən-/ *v.t.* to give intellectual or spiritual light to; instruct; impart knowledge to. **–enlightener** *n.* **–enlighteningly** *adv.* **–enlightenment** *n.*

enlist /ɛn'lɪst, ən-/ *v.i.* **1.** to engage for military or naval service by enrolling after mutual agreement. **2.** to enter into some cause, enterprise, etc. **–enlister** *n.* **–enlistment** *n.*

enliven /ɛn'laɪvən, ən-/ *v.t.* **1.** to make vigorous or active; invigorate. **2.** to make sprightly, gay, or cheerful; brighten. **–enlivener** *n.* **–enlivenment** *n.*

en masse /ɒn 'mæs/ *adv.* in a mass or body; all together.

enmity /'ɛnməti/ *n.* **-ties.** a feeling or condition of hostility; hatred; ill will; animosity; antagonism.

ennui /ɒn'wi/ *n.* a feeling of weariness and discontent resulting from satiety or lack of interest; boredom.

enormity /ə'nɔməti, i-/ *n.* **-ties. 1.** enormousness; hugeness of size, scope, extent, etc. **2.** outrageous or heinous character; atrociousness: *the enormity of his offences.* **3.** something outrageous or heinous, as an offence.

enormous /ə'nɔməs, i-/ *adj.* **1.** greatly exceeding the common size, extent, etc.; huge; immense. **2.** outrageous or atrocious: *enormous wickedness.* **–enormously** *adv.* **–enormousness** *n.*

enough /ə'nʌf, i-/ *det.* **1.** adequate for the want or need; sufficient for the purpose or to satisfy desire: *enough food for everyone.* *–pron.* **2.** an adequate quantity or number; a sufficiency: *I've had enough of it.* *–adv.* **3.** in a quantity or degree that answers a purpose or satisfies a need or desire; sufficiently: *you're not pressing hard enough.* **4.** fully or quite: *ready enough.* **5.** tolerably or passably: *he sings well enough.* *–interj.* **6.** (an exclamation indicating frustration, anger, extreme irritation, etc.). *–phr.* **7. be man enough,** (of a man) to be suitably courageous or honourable: *he was man enough to own up.* **8. enough and to spare,** plenty. **9. enough's enough,** (an expression indicating that one's limit of toleration has been reached). **10. enough to sink a ship,** *Colloquial* a great deal.

enquire /ɪn'kwaɪə, ən-, ɛn-/ *v.i., v.t.* **-quired, -quiring.** → **inquire. –enquirer** *n.*

enquiry /ɪn'kwaɪri, ən-, ɛn-/ *n.* **-ries.** → **inquiry.**

enrage /ɛn'reɪdʒ, ən-/ *v.t.* **-raged, -raging.** to put into a rage; infuriate.

enrapture /ɛn'ræptʃə, ən-/ *v.t.* **-tured, -turing.** to move to rapture; delight beyond measure. **–enrapt** *adj.*

enrich /ɛn'rɪtʃ, ən-/ *v.t.* **1.** to supply with abun-

enrol

dance of anything desirable: *to enrich the mind with knowledge*. **2.** to enhance; make finer in flavour, colour, or significance. **3.** *Physics* to increase the abundance of a particular isotope in a mixture of isotopes, especially of a fissile isotope in a nuclear fuel, as enriching uranium with the isotope U-235. **–enrichment** *n*.

enrol /ɛn'roʊl, ən-/ *v*. **-rolled, -rolling.** *–v.t.* **1.** to write (a name) or insert the name of (a person) in a roll or register; place upon a list. **2.** to enlist (oneself). **3.** to put in a record; record. **4.** to roll or wrap up. *–v.i.* **5.** to enrol oneself. Also, *Chiefly US*, **enroll. –enroller** *n*. **–enrolment** *n*.

en route *adv*. on the way.

ensconce /ɛn'skɒns, ən-/ *v.t.* **-sconced, -sconcing. 1.** to cover or shelter; hide securely. **2.** to settle securely or snugly: *ensconced in an armchair*.

ensemble /ɒn'sɒmbəl/ *n*. **1.** all the parts of a thing taken together, so that each part is considered only in relation to the whole. **2.** the entire costume of an individual, especially when all the parts are in harmony. **3.** the general effect, as of a work of art. **4.** the united performance of the full number of singers, musicians, etc. **5.** a group of supporting singers, actors, dancers, etc., in a theatrical production.

enshrine /ɛn'ʃraɪn, ən-/ *v.t.* **-shrined, -shrining. 1.** to enclose in or as in a shrine. **2.** to cherish as sacred. Also, **inshrine. –enshrinement** *n*.

ensign /'ɛnsaɪn, 'ɛnsən/ *n*. **1.** a flag or banner, as of a nation. **2.** a badge of office or authority. **3.** any sign, token, or emblem. **4.** a standard-bearer. **5.** (formerly) the lowest commissioned rank in the British infantry. **–ensignship, ensigncy** *n*.

enslave /ɛn'sleɪv, ən-/ *v.t.* **-slaved, -slaving.** to make a slave of; reduce to slavery. **–enslavement** *n*. **–enslaver** *n*.

ensnare /ɛn'snɛə, ən-/ *v.t.* **-snared, -snaring.** to capture in, or involve as in, a snare. **–ensnarement** *n*. **–ensnarer** *n*.

ensue /ɛn'sju, ən-/ *v.i.* **-sued, -suing. 1.** to follow in order; come afterwards, especially in immediate succession. **2.** to follow as a consequence; result.

en suite *adj*. in succession; in a series or set.

ensure /ɛn'ʃɔ, ən-/ *v.t.* **-sured, -suring. 1.** to secure, or bring surely, as to a person: *this letter will ensure you a hearing*. **2.** to make sure or certain to come, occur, etc.: *measures to ensure the success of an undertaking*.

-ent a suffix equivalent to **-ant**, in adjectives and nouns, as in *ardent, dependent, different, expedient*.

entail /ɛn'teɪl, ən-/ *v.t.* **1.** to bring on or involve by necessity or consequences: *a loss entailing no regret*. **2.** to impose as a burden. **3.** *Law* to limit the inheritance of (a landed estate) to a specified line of heirs, so that it cannot be bequeathed, alienated, or devised. **4.** to cause (anything) to descend to a fixed series of possessors. *–n*. **5.** *Law* the rule of descent settled for an estate. **–entailer** *n*. **–entailment** *n*.

entangle /ɛn'tæŋgəl, ən-/ *v.t.* **-gled, -gling. 1.** (*usually used in the passive*) to make tangled; complicate. **2.** to involve in anything like a tangle; ensnare; enmesh. **3.** to involve in difficulties; embarrass; perplex. **–entangler** *n*. **–entanglement** *n*.

entente /ɒn'tɒnt/ *n*. **1.** understanding. **2.** the parties to an understanding.

enter /'ɛntə/ *v.i.* **1.** to come or go in. **2.** to make an entrance, as on the stage. **3.** to be admitted. *–v.t.* **4.** to come or go into. **5.** to penetrate or pierce: *the bullet entered the flesh*. **6.** to put in or insert: *to enter a wedge*. **7.** to become a member of, or join. **8.** to cause to be admitted, as into a

entire

school, competition, etc. **9.** to make a beginning of or in, or begin upon; engage or become involved in. **10.** to make a record of; record or register. **11.** *Law* **a.** to place in regular form before a court, as a writ. **b.** to occupy or to take possession of (lands); make an entrance, entry, ingress in, under claim of a right to possession. **12.** to register formally; submit; put forward: *to enter an objection*. *–phr*. **13. enter into, a.** to take an interest or part in; engage in. **b.** to take up the consideration of (a subject); investigate. **c.** to sympathise with (a person's feelings, etc.). **d.** to assume the obligation of. **e.** to become a party to. **f.** to make a beginning in. **g.** to form a constituent part or ingredient of: *lead enters into the composition of pewter*. **h.** to penetrate; plunge deeply into. **i.** to go into (a specific state): *to enter into a state of hypnosis*. **14. enter on** (or **upon**), to make a beginning in. **–enterable** *adj*. **–enterer** *n*.

enteritis /ɛntə'raɪtəs/ *n*. *Pathology* inflammation of the intestines.

entero- a word element meaning 'intestine'.

enterprise /'ɛntəpraɪz/ *n*. **1.** a project undertaken or to be undertaken, especially one that is of some importance or that requires boldness or energy. **2.** engagement in such projects. **3.** boldness or readiness in undertaking; adventurous spirit, or energy. **4.** a company organised for commercial purposes.

enterprise agreement *n*. (in Australia) an agreement between the employees and employers of an enterprise regarding pay and working conditions, which results from enterprise bargaining.

enterprise bargaining *n*. (in Australia) bargaining on wages and conditions conducted between the employer and employees of an enterprise.

enterprising /'ɛntəpraɪzɪŋ/ *adj*. ready to undertake projects of importance or difficulty, or untried schemes; energetic and daring in carrying out any undertaking. **–enterprisingly** *adv*.

entertain /ɛntə'teɪn/ *v.t.* **1.** to hold the attention of agreeably; divert; amuse. **2.** to receive as a guest. **3.** to have in the mind; consider: *he entertained ideas of growing rich*. *–v.i.* **4.** to entertain guests. **–entertaining** *adj*. **–entertainment** *n*.

entertainer /ɛntə'teɪnə/ *n*. **1.** someone who entertains. **2.** a singer, reciter, or the like, who gives, or takes part in, public entertainments.

enthral /ɛn'θrɒl, ən-/ *v.t.* **-thralled, -thralling. 1.** to captivate; charm. **2.** to put or hold in servitude; subjugate. Also, *Chiefly US*, **enthrall. –enthraller** *n*. **–enthralment;** *US*, **enthrallment** *n*. **–enthralled** *adj*.

enthrone /ɛn'θroʊn, ən-/ *v.t.* **-throned, -throning. 1.** to place on or as on a throne. **2.** to invest with sovereign or episcopal authority. **3.** to exalt. **–enthronement** *n*.

enthuse /ɛn'θjuz, -'θjuz, ən-/ *v*. **-thused, -thusing.** *–v.i.* **1.** to become enthusiastic; show enthusiasm. *–v.t.* **2.** to move to enthusiasm. **3.** to say enthusiastically.

enthusiasm /ɛn'θjuziæzəm, -'θjuz-, ən-/ *n*. **1.** absorbing or controlling possession of the mind by any interest or pursuit; lively interest. **2.** extravagant religious emotion. **–enthusiast** *n*. **–enthusiastic** *adj*.

entice /ɛn'taɪs, ən-/ *v.t.* **-ticed, -ticing.** to draw on by exciting hope or desire; inveigle. **–enticer** *n*. **–enticement** *n*. **–enticingly** *adv*.

entire /ɛn'taɪə, ən-/ *adj*. **1.** having all the parts or elements; whole; complete. **2.** not broken, mutilated, or decayed; intact. **3.** unimpaired or undiminished. **4.** being wholly of one piece; undivided; continuous. **5.** full or thorough: *entire freedom of choice*. **–entirely** *adv*. **–entireness, entirety** *n*.

entitle /ɛn'taɪtl, ən-/ v.t. -tled, -tling. 1. to give (a person or thing) a title, right, or claim to something; furnish with grounds for laying claim. 2. to call by a particular title or name; name. 3. to designate (a person) by an honorary title.

entity /'ɛntəti/ n. -ties. 1. something that has a real existence; a thing. 2. a business organisation of unspecified kind. 3. being or existence. 4. essential nature.

ento- variant of **endo-**.

entomology /ɛntə'mɒlədʒi/ n. the branch of zoology that deals with insects. **-entomological** /ɛntəmə'lɒdʒɪkəl/, **entomologic** /ɛntəmə'lɒdʒɪk/ adj. **-entomologically** /ɛntəmə'lɒdʒɪkli/ adv. **-entomologist** n.

entourage /ɒntu'rɑːʒ, -rɑʒ/ n. 1. attendants, as of a person of rank. 2. any group of people accompanying or assisting someone.

entrails /'ɛntreɪlz/ pl. n. the internal parts of the trunk of an animal body.

entrance[1] /'ɛntrəns/ n. 1. the act of entering, as into a place or upon new duties. 2. a point or place of entering; an opening or passage for entering. 3. power or liberty of entering; admission.

entrance[2] /ɛn'trɑːns, -'træns, ən-/ v.t. -tranced, -trancing. 1. to fill with delight or wonder; enrapture. 2. to put into a trance. **-entrancement** n. **-entrancingly** adv.

entrant /'ɛntrənt/ n. 1. someone who enters. 2. a new member, as of an association, a university, etc. 3. a competitor in a contest.

entreat /ɛn'triːt, ən-/ v.t. 1. to make supplication to (a person); beseech; implore: *to entreat a person for something*. 2. to ask earnestly for (something). –v.i. 3. to make an earnest request or petition. Also, **intreat**. **-entreatingly** adv. **-entreaty** n.

entree /'ɒntreɪ/ n. 1. *Australian*, *NZ* a dish served at dinner before the main course. 2. *Brit.*, *US* the main course of a dinner. 3. the right or privilege of entering. Also, **entrée**.

entrench /ɛn'trɛntʃ, ən-/ v.t. 1. to dig trenches for defensive purposes around (oneself, a military position, etc.). 2. to place in a position of strength; establish firmly: *the soldiers entrenched themselves behind a thick concrete wall*. 3. to establish so strongly or securely as to make any change very difficult: *the clauses concerning human rights are entrenched in the new constitution*. –v.i. 4. to dig in. –*phr.* 5. **entrench on** (or **upon**), a. to encroach on; trespass on; infringe on: *to entrench on the domain or rights of another*. b. to verge on: *proceedings entrenching on impiety*. Also, **intrench**. **-entrencher** n.

entrepreneur /ɒntrəprə'nɜː/ n. 1. someone who organises and manages any enterprise, especially one involving considerable risk (often in theatrical context). 2. an employer of productive labour; a contractor. **-entrepreneurial** adj. **-entrepreneurialism** n. **-entrepreneurship** n.

entropy /'ɛntrəpi/ n. a measure of the unavailable energy in a thermodynamic system; it may also be regarded as a measure of the state of disorder of a system. A change of entropy in a reversible process is the ratio of heat absorbed to the absolute temperature.

entrust /ɛn'trʌst, ən-/ v.t. 1. to invest with a trust or responsibility; charge with a specified office or duty involving trust. 2. to commit (something) in trust (*to*); confide, as for care, use, or performance: *to entrust a secret, money, powers, or work to another*. 3. to commit as if with trust or confidence: *to entrust one's life to a frayed rope*. Also, **intrust**. **-entrustment** n.

entry /'ɛntri/ n. -ries. 1. the act of entering; entrance. 2. a way or place of entering. 3. permission or right to enter; access. 4. the act of recording something in a book, list, etc. 5. the statement, name, etc., so recorded. 6. someone entered in competition. 7. *Music* a point in a musical performance where a member of an orchestra or choir or a soloist begins to play or sing after being silent for some time.

entwine /ɛn'twaɪn, ən-/ v.t., v.i. -twined, -twining. to twine with, about, around, or together. Also, **intwine**. **-entwinement** n.

enumerate /ə'njuːməreɪt, i-/ v.t. -rated, -rating. 1. to mention separately as if in counting; name one by one; specify as in a list. 2. to ascertain the number of; count. **-enumerative** /ə'njuːmərətɪv, i-/ adj. **-enumerator** n. **-enumeration** /ə,njuːmə'reɪʃən, i-/ n.

enunciate /ə'nʌnsieɪt, i-/ v. -ated, -ating. –v.t. 1. to utter or pronounce (words, etc.), especially in a particular manner: *he enunciates his words distinctly*. 2. to state or declare definitely, as a theory. 3. to announce or proclaim. –v.i. 4. to pronounce words, especially in an articulate or a particular manner. **-enunciable** adj. **-enunciability** /ə,nʌnsiə'bɪləti, i-/ n. **-enunciatively** adv. **-enunciator** n. **-enunciation** /ə,nʌnsi'eɪʃən, i-/ n.

enuresis /ɛnju'riːsəs/ n. *Pathology* incontinence or involuntary discharge of urine; bed-wetting. **-enuretic** /ɛnju'rɛtɪk/ adj.

envelop /ɛn'vɛləp, ən-/ v., /'ɛnvələʊp, 'ɒn-/ n. –v.t. 1. to wrap up in or as in a covering. 2. to serve as a wrapping or covering for. 3. to surround entirely. 4. to obscure or conceal: *mountains enveloped in mist*. –n. 5. → **envelope**. **-enveloper** /ɛn'vɛləpə, ən-/ n. **-envelopment** n.

envelope /'ɛnvələʊp, 'ɒn-/ n. 1. a cover for a letter or the like, usually so made that it can be sealed or fastened. 2. something that envelops; a wrapper, integument, or surrounding cover.

enviable /'ɛnviəbəl/ adj. that is to be envied; worthy to be envied; highly desirable. **-enviableness** n. **-enviably** adv.

envious /'ɛnviəs/ adj. full of, feeling, or expressing envy: *envious of a person's success, an envious attack*. **-enviously** adv. **-enviousness** n.

environment /ɛn'vaɪrənmənt, ən-/ n. 1. the aggregate of surrounding things, conditions, or influences. 2. the biological conditions in which an organism lives, especially a balanced system. 3. a situation involving a specified factor or factors: *the work environment*. 4. an art form which is designed to be viewed and touched while the spectator moves around, over, under and through it. **-environmental** adj.

environmental impact study n. (in Australia) a study undertaken in order to assess the effect on a specified environment of the introduction of any new factor which may upset the ecological balance.

environment effects statement n. (in Australia) a statement of all matters that significantly affect a specified environment to determine whether to proceed with an environmental impact statement.

environs /ɛn'vaɪrənz, ən-/ pl. n. immediate neighbourhood; surrounding parts or districts, as of a city; outskirts; suburbs.

envisage /ɛn'vɪzədʒ, -zɪdʒ, ən-/ v.t. -aged, -aging. 1. to contemplate; visualise. 2. to expect. **-envisagement** n.

envoy /'ɛnvɔɪ/ n. 1. a diplomatic agent of the second rank, next in dignity after an ambassador, commonly called minister (title in full: **envoy extraordinary and minister plenipotentiary**). 2. a diplomatic agent. 3. any accredited messenger or representative.

envy /'ɛnvi/ n. -vies, v. -vied, -vying. –n. 1. a

enzyme 260 **epoch**

feeling of discontent or mortification, usually with ill will, at seeing another's superiority, advantages, or success. **2.** desire for some advantage possessed by another. **3.** an object of envious feeling. –*v.t.* **4.** to regard with envy; be envious of. **–envier** *n.* **–envyingly** *adv.*

enzyme /'ɛnzaɪm/ *n.* any protein capable of catalysing a chemical reaction necessary to the cell. **–enzymic** /ɛn'zaɪmɪk/, **enzymatic** /ˌɛnzaɪ'mætɪk/ *adj.*

eo- a word element meaning 'early', 'primeval', as in *Eocene.*

eon /'iɒn/ *n.* → **aeon**.

-eous variant of **-ous**, occurring in adjectives taken from Latin or derived from Latin nouns.

epaulet /'ɛpəlɛt, -lət/ *n.* an ornamental shoulder piece worn on uniforms, chiefly by military and naval officers. Also, **epaulette**.

ephemeral /ə'fɛmərəl, i-/ *adj.* **1.** lasting only a day or a very short time; short-lived; transitory. –*n.* **2.** an ephemeral entity, as certain insects. **–ephemerally** *adv.*

epi- a prefix meaning 'on', 'to', 'against', 'above', 'near', 'after', 'in addition to', sometimes used as an English formative, chiefly in scientific words, as *epiblast, epicalyx, epizoon.* Also, **ep-, eph-**.

epic /'ɛpɪk/ *adj.* **1.** having to do with poetry dealing with a series of heroic achievements or events, in a long narrative in elevated style: *Homer's 'Iliad' is an epic poem.* –*n.* **2.** an epic poem. **3.** a novel or film resembling an epic, especially one dealing with the adventures and achievements of a single individual. **–epically** *adv.* **–epic-like** *adj.*

epicene /'ɛpisin, 'ɛpə-/ *adj.* belonging to, or partaking of the characteristics of, both sexes.

epicentre /'ɛpɪsɛntə/ *n.* a point from which earthquake waves seem to go out, directly above the true centre of disturbance. Also, **epicentrum**; *US*, **epicenter**. **–epicentral** /ɛpi'sɛntrəl/ *adj.*

epicure /'ɛpɪkjuə, 'ɛpə-/ *n.* **1.** someone who cultivates a refined taste, as in food, drink, art, music, etc. **2.** someone given up to sensuous enjoyment; a glutton or sybarite.

epidemic /ɛpə'dɛmɪk/ *adj.* **1.** Also, **epidemical**. affecting at the same time a large number of people in a locality, and spreading from person to person, as a disease not permanently prevalent there. –*n.* **2.** a temporary prevalence of a disease. **–epidemical** *adj.* **–epidemically** *adv.* **–epidemicity** /ɛpədə'mɪsəti/ *n.*

epidermis /ɛpi'dɜməs, ɛpə-, 'ɛpɪdəməs/ *n. Anatomy* the outer, non-vascular, non-sensitive layer of the skin, covering the true skin or corium (dermis). **–epidermal, epidermic** *adj.*

epidural /ɛpi'djurəl/ *adj.* **1.** *Anatomy* situated on or over the dura. –*n.* **2.** → **epidural anaesthetic**.

epidural anaesthetic = epidural anesthetic *n.* the injection of an agent into the epidural space of the spinal cord to produce regional anaesthesia, especially in childbirth.

epiglottis /ɛpi'glɒtəs, 'ɛpiglɒtəs/ *n. Anatomy* a thin, valvelike cartilaginous structure that covers the glottis during swallowing, preventing the entrance of food and drink into the larynx. **–epiglottal, epiglottic** *adj.*

epigram /'ɛpigræm, 'ɛpə-/ *n.* **1.** any witty, ingenious, or pointed saying tersely expressed. **2.** epigrammatic expression. **3.** a short poem dealing concisely with a single subject, usually ending with a witty or ingenious turn of thought, and often satirical.

epigraph /'ɛpɪgræf, -graf, 'ɛpə-/ *n.* **1.** an inscription, especially on a building, statue, or the like. **2.** an apposite quotation at the beginning of a book, chapter, etc. **–epigraphic** /ɛpi'græfɪk, ɛpə-/ *adj.* **–epigraphy** /ɛ'pɪgrəfi, ə-/ *n.* **–epigraphist** /ɛ'pɪgrəfəst, ə-/ *n.*

epilepsy /'ɛpəlɛpsi/ *n. Pathology* a nervous disease usually characterised by convulsions and almost always by loss of consciousness. **–epileptic** /ɛpə'lɛptɪk/ *adj.*

epilogue /'ɛpɪlɒg, 'ɛpə-/ *n.* **1.** a speech, usually in verse, by one of the actors after the conclusion of a play. **2.** the person or persons speaking this. **3.** a concluding part added to a literary work. **4.** the final program, especially one with a religious content, of a day's broadcasting on radio or television. **–epilogist** /ɛ'pɪlədʒəst, ə-/ *n.*

epiphany /ə'pɪfəni/ *n.* **1.** an appearance, revelation, or manifestation of a divine being. **2.** the manifestation of Christ to the Magi. **3.** the Christian festival on 6 January, celebrating this. **4.** a revelation of the basic nature of something; a perception of some essential truth.

epiphyte /'ɛpifaɪt, 'ɛpə-/ *n. Botany* a plant which grows upon another but does not get food, water, or minerals from it. **–epiphytic** /ɛpi'fɪtɪk, ɛpə-/, **epiphytical** /ɛpi'fɪtɪkəl, ɛpə-/ *adj.* **–epiphytically** /ɛpi'fɪtɪkli, ɛpə-/ *adv.*

episcopal /ə'pɪskəpəl/ *adj.* **1.** having to do with a bishop. **2.** *Chiefly US* having to do with the Anglican Church, or a branch of it.

episode /'ɛpəsoʊd/ *n.* **1.** an incident in the course of a series of events, in a person's life or experience, etc. **2.** an incidental narrative or digression in the course of a story, poem, or other writing. **3.** any of a number of loosely connected but generally related scenes or stories comprising a literary work. **4.** (in radio, television, etc.) any of the separate programs constituting a serial. **–episodic** /ɛpə'sɒdɪk/, **episodial** /ɛpə'sɒdɪəl/ *adj.* **–episodically** /ɛpə'sɒdɪkli/ *adv.*

epistemology /əpɪstə'mɒlədʒi/ *n.* the branch of philosophy that deals with the origin, nature, methods, and limits of human knowledge. **–epistemological** /əpɪstəmə'lɒdʒɪkəl/ *adj.* **–epistemologically** /əpɪstəmə'lɒdʒɪkli/ *adv.* **–epistemologist** *n.*

epistle /ə'pɪsəl/ *n.* **1.** a written communication; a letter, especially one of formal or didactic character. **2.** (*usually cap.*) one of the apostolic letters found in the New Testament.

epitaph /'ɛpitaf, 'ɛpə-/ *n.* **1.** a commemorative inscription on a tomb or mortuary monument. **2.** any brief writing resembling such an inscription. **–epitaphic** /ɛpi'tæfɪk/ *adj.* **–epitaphist** *n.*

epithet /'ɛpəθɛt, ɛpi-, -θət/ *n.* **1.** an adjective or other term applied to a person or thing to express an attribute, as in Alexander *the Great.* **2.** a word or phrase expressing abuse or contempt: *she hurled choice epithets at his departing figure.* **–epithetic** /ɛpə'θɛtɪk, ɛpi-/, **epithetical** /ɛpə'θɛtɪkəl/ *adj.*

epitome /ə'pɪtəmi/ *n.* **1.** a summary or condensed account, especially of a literary work; an abstract. **2.** a condensed representation or typical characteristic of something: *the epitome of all mankind.* **–epitomic** /ɛpi'tɒmɪk/, **epitomical** /ɛpi'tɒmɪkəl/ *adj.*

epoch /'ipɒk, 'ɛpɒk/ *n.* **1.** a particular period of time as marked by distinctive character, events, etc. **2.** the beginning of any distinctive period in the history of anything. **3.** a point of time distinguished by a particular event, or state of affairs. **4.** *Geology* the main division of a geological period, representing the time required for making a geological series. **5.** *Astronomy* **a.** an arbitrarily fixed instant of time or date (usually the beginning of a century or half-century) used as a reference in giving the elements of a planetary orbit or the like. **b.** the mean longitude of a planet as seen from the sun at such an instant or date. **–epochal** /'ɛpɒkəl/ *adj.*

eponym /'ɛpənɪm/ n. a person, real or imaginary, from whom a tribe, place, institution, etc., takes, or is supposed to take, its name, as *Britons* from *Brut* (supposed to be the grandson of Aeneas). **–eponymic** /ɛpou'nɪmɪk/ adj. **–eponymous** /ə'pɒnəməs/ adj. **–eponomy** /ə'pɒnəmɪ/ n.

epoxy /i'pɒksi, ə-/ adj., n. **epoxies.** –adj. **1.** *Chemistry* containing an oxygen atom that bridges two connected atoms, as in *epoxy ethene*. –n. **2.** Also, **epoxy resin, epoxide resin**. any of a class of susbstances derived by polymerisation from certain viscous liquid or brittle solid compounds, used chiefly in adhesives, coatings, electrical insulation, solder mix, in the casting of tools and dies, and in experimental sculpture.

EPROM /'ɪprɒm/ n. a computer memory chip whose contents can be erased using a process involving ultraviolet light, and re-programmed for other purposes.

Epsom salts /ɛpsəm 'sɒlts/ pl. n. hydrated magnesium sulfate, used as a cathartic, etc.

Epstein-Barr virus /ˌɛpstaɪn-'ba vaɪrəs/ n. a virus that causes glandular fever, characterised by sudden fevers and a benign swelling of the lymph nodes.

equable /'ɛkwəbəl/ adj. **1.** free from variations; uniform, as motion or temperature. **2.** uniform in operation or effect, as laws. **3.** tranquil, even, or not easily disturbed, as the mind. **–equability** /ɛkwə'bɪlətɪ/, **equableness** n. **–equably** adv.

equal /'ikwəl/ adj., n., v. **equalled** or *Chiefly US* **equaled, equalling** or *Chiefly US* **equaling**. –adj. **1.** (sometimes fol. by *to* or *with*) as great as another: *the velocity of sound is not equal to that of light*. **2.** like or alike in quantity, degree, value, etc.; of the same rank, ability, merit, etc. **3.** evenly proportioned or balanced: *an equal mixture, an equal contest*. **4.** uniform in operation or effect: *equal laws*. **5.** level, as a plain. –n. **6.** a person or thing that is equal to another. –v.t. **7.** to be or become equal to; match. **8.** to make or do something equal to. **9.** to recompense fully: *he will equal your losses*. –phr. **10. equal to, a.** adequate or sufficient in quantity or degree for: *the supply is equal to the demand*. **b.** having adequate powers, ability, or means for: *he was not equal to the task*. **–equality** n. **–equally** adv.

equanimity /ikwə'nɪməti, ɛkwə-/ n. evenness of mind or temper; calmness; composure.

equate /i'kweɪt, ə-/ v.t. **equated, equating**. **1.** to state the equality of or between; put in the form of an equation. **2.** to reduce to an average; make such correction or allowance in as will reduce to a common standard of comparison. **3.** to regard, treat, or represent as equivalent.

equation /i'kweɪʒən, ə-, -ʃən/ n. **1.** the act of making equal; equalisation. **2.** equally balanced state; equilibrium. **3.** *Mathematics* an expression of, or a proposition asserting, the equality of two quantities, using the sign = between them. **–equational** adj.

equator /ə'kweɪtə, i-/ n. **1.** the great circle of a sphere or any heavenly body which has its plane perpendicular to the axis joining the poles of that sphere or body, and lies equidistant between them. **2.** the great circle of the earth, equidistant from the North and South Poles. **3.** a circle separating a surface into two congruent parts.

equerry /'ɛkwəri/ n. **-ries. 1.** (formerly) an officer of a royal or similar household, charged with the care of the horses. **2.** an officer who attends on the British sovereign or on a representative of the sovereign, such as an Australian state governor.

equestrian /ə'kwɛstriən, i-/ adj. **1.** having to do with riders or riding on horseback. **2.** mounted on horseback. **3.** representing a person on horseback: *an equestrian statue*. –n. **4.** a rider or performer on horseback. **–equestrianism** n. **–equestrienne** fem. n.

equi- a word element meaning 'equal', as in *equidistant, equivalent*.

equidistant /ikwi'dɪstənt, ikwə-, ɛ-/ adj. equally distant. **–equidistantly** adv. **–equidistance** n.

equilateral /ikwə'lætərəl/ adj. **1.** having all the sides equal. –n. **2.** a figure having all its sides equal. **3.** a side equivalent, or equal to others. **–equilaterally** adv.

equilibrium /ikwə'lɪbriəm, ɛ-/ n. **-riums** or **-ria**. **1.** a state of rest due to the action of forces that counteract each other. **2.** equal balance between any powers, influences, etc.; equality of effect. **3.** mental or emotional balance.

equine /'ɛkwaɪn, 'i-/ adj. **1.** having to do with or resembling a horse. –n. **2.** a horse. **–equinity** /ɛ'kwɪnəti/ n.

equinox /'ikwənɒks, 'ɛ-/ n. *Astronomy* **1.** the time when the sun crosses the plane of the earth's equator, making night and day all over the earth of equal length, occurring about 21 March and 22 September. **2.** either of the equinoctial points.

equip /ə'kwɪp, i-/ v.t. **equipped, equipping. 1.** to furnish or provide with whatever is needed for services or for any undertaking; to fit out, as a ship, office, kitchen, etc. **2.** to dress out; array. **–equipper** n.

equipment /ə'kwɪpmənt, i-/ n. **1.** anything used in or provided for equipping. **2.** the act of equipping. **3.** the state of being equipped. **4.** knowledge and skill necessary for a task, etc.: *he lacks equipment for the law*. **5.** a collection of necessary implements (such as tools).

equitable /'ɛkwətəbəl/ adj. characterised by equity or fairness; just and right; fair; reasonable. **–equitableness** n. **–equitably** adv.

equity /'ɛkwəti/ n. **-ties. 1.** the quality of being fair; fairness; impartiality. **2.** anything which is fair and just. **3.** *Law* **a.** a body of law (orig. English), serving to correct and make up for the limitations and inflexibility of common law. **b.** an equitable right or claim. **4.** (*plural*) a company's ordinary shares not bearing fixed interest. **5.** (*cap.*) the actors' trade union.

equivalent /ə'kwɪvələnt, i-/ adj. **1.** equal in value, measure, force, effect, significance, etc. **2.** corresponding in position, function, etc. –n. **3.** something that is equivalent. **–equivalently** adv. **–equivalence** /ə'kwɪvələns, i-/ n.

equivocal /ə'kwɪvəkəl, i-/ adj. **1.** of uncertain significance; not determined: *an equivocal attitude*. **2.** of doubtful nature or character; questionable; dubious; suspicious. **3.** having different meanings equally possible, as a word or phrase; susceptible of double interpretation; ambiguous. **–equivocally** adv. **–equivocalness** n.

equivocate /ə'kwɪvəkeɪt, i-/ v.i. **-cated, -cating**. to use equivocal or ambiguous expressions, especially in order to mislead; prevaricate. **–equivocatingly** adv. **–equivocator** n. **–equivocating** adj., n.

-er¹ a suffix serving as the regular English formative of agent nouns, as in *bearer, creeper, employer, harvester, teacher, theoriser*.

-er² a suffix of nouns denoting persons or things concerned or connected with something, as in *butler, grocer, officer, garner*.

-er³ a suffix forming the comparative degree of adjectives and adverbs, as in *harder, smaller, faster*.

-er⁴ a termination of certain nouns denoting action or process, as in *dinner, rejoinder, remainder, trover*.

era /'ɪərə/ n. **1.** a period of time marked by a particular character, events, etc.: *an era of prog-*

eradicate /ə'rædəkeɪt, ɪ-/ *v.t.* **-cated, -cating.** 1. to remove or destroy utterly; extirpate. 2. to pull up by the roots. **—eradication** /ərædə'keɪʃən, ɪ-/ *n.* **—eradicator** *n.* **—eradicative** *adj.* **—eradicable** *adj.*

erase /ə'reɪz, ɪ-/ *v.t.* **erased, erasing.** 1. to rub or scrape out, as letters or characters written, engraved, etc.; efface. 2. to obliterate (material recorded on an electromagnetic tape) by demagnetising it. **—erasable** *adj.* **—erasion** *n.*

eraser /ə'reɪzə, ɪ-/ *n.* an instrument, such as a piece of rubber or cloth, for erasing marks made with pen, pencil, chalk, etc.

erect /ə'rɛkt, ɪ-/ *adj.* 1. upright in position or posture: *to stand or sit erect*. 2. raised or directed upwards: *a dog with ears erect*; *erect penis*. 3. *Botany* upright throughout; not spreading, etc.: *an erect stem*; *an erect leaf*. *—v.t.* 4. to build or set up; construct; raise: *to erect a house*; *to erect social barriers*. 5. to raise and set in an upright position: *to erect a telegraph pole*. 6. to set up or establish, as an institution; found. **—erectable** *adj.* **—erecter** *n.* **—erectness** *n.* **—erectly** *adv.*

erection /ə'rɛkʃən, ɪ-/ *n.* 1. the act of erecting. 2. the state of being erected. 3. something erected, as a building or other structure. 4. *Physiology* **a.** a distended and rigid state of an organ or part containing erectile tissue. **b.** an erect penis.

erg[1] /ɜg/ *n.* a unit of work or energy in the centimetre-gram-second system, equal to 0.1×10^{-6} joules. *Symbol:* erg

erg[2] /ɜg/ *n.* any vast area covered deeply with sand in the form of shifting dunes, as parts of the Sahara Desert.

ergo /'ɜgoʊ/ *conj.*, *adv.* therefore; consequently.

ergonomics /ɜgə'nɒmɪks, ɜgoʊ-/ *n.* the study of the engineering aspects of the relationship between human workers and their working environment. **—ergonomist** *n.*

ermine /'ɜmən/ *n.* **-mines,** (*especially collectively*) **-mine.** 1. a weasel, *Mustela erminea* of northern regions, which turns white in winter. The brown summer phase is called the stoat. 2. the lustrous white winter fur of the ermine, having a black tail tip.

-ern an adjectival suffix occurring in *northern,* etc.

erode /ə'roʊd, ɪ-/ *v.t.* **eroded, eroding.** 1. to eat out or away; destroy by slow consumption. 2. to form (a channel, etc.) by eating or wearing away (used especially in geology, to denote the action of all the forces of nature that wear away the earth's surface). **—erodent** *adj.*

erogenous /ə'rɒdʒənəs, ɛ-, ɪ-/ *adj.* arousing or tending to arouse sexual desire. Also, **erogenic** /ɛrə'dʒɛnɪk/. **—erogeneity** /ˌɛrədʒə'niəti/ *n.*

erosion /ə'roʊʒən, ɪ-/ *n.* 1. the act of eroding. 2. the state of being eroded. 3. *Geology* the process by which the surface of the earth is worn away by the action of water, glaciers, winds, waves, etc.

erotic /ə'rɒtɪk, ɛ-, ɪ-/ *adj.* 1. having to do with sexual love; amatory. 2. arousing or satisfying sexual desire. 3. subject to or marked by strong sexual desires.

err /ɜ/ *v.i.* 1. to go astray in thought or belief; be mistaken; be incorrect. 2. to go astray morally; sin. 3. to deviate from the true course, aim, or purpose.

errand /'ɛrənd/ *n.* 1. a trip to convey a message or execute a commission; a short journey for a specific purpose: *he was sent on an errand*. 2. a special business entrusted to a messenger; a commission. 3. the purpose of any trip or journey: *his errand was to secure the release of the captives*.

errant /'ɛrənt/ *adj.* 1. journeying or travelling, as a medieval knight in quest of adventure; roving adventurously. 2. deviating from the regular or proper course; erring. 3. moving in an aimless or quickly changing manner. **—errantly** *adv.*

erratic /ə'rætɪk, ɪ-/ *adj.* 1. deviating from the proper or usual course in conduct or opinion; eccentric. 2. having no certain course; wandering; not fixed: *erratic winds*. 3. *Geology* (of boulders, etc.) transported from the original site to an unusual location, as by glacial action. **—erratically** *adv.*

erratum /ə'ratəm, ɛ-/ *n.* **-ta** /-tə/. an error in writing or printing.

erroneous /ə'roʊniəs/ *adj.* containing error; mistaken; incorrect. **—erroneously** *adv.* **—erroneousness** *n.*

error /'ɛrə/ *n.* 1. deviation from accuracy or correctness; a mistake, as in action, speech, etc. 2. belief in something untrue; the holding of mistaken opinions. 3. the condition of believing what is not true: *in error about the date*. 4. a moral offence; wrongdoing. **—errorless** *adj.*

ersatz /'3sæts, '3sats/ *adj.* serving as a substitute: *an ersatz meat dish made of eggplant and oatmeal*.

erstwhile /'3stwaɪl/ *adj.* former: *erstwhile enemies*.

erudite /'ɛrədaɪt/ *adj.* characterised by erudition; learned or scholarly: *an erudite professor*; *an erudite commentary*. **—eruditely** *adv.* **—eruditeness** *n.*

erudition /ɛrə'dɪʃən/ *n.* acquired knowledge, especially in literature, languages, history, etc.; learning; scholarship.

erupt /ə'rʌpt, ɪ-/ *v.i.* 1. to burst forth, as volcanic matter. 2. (of a volcano, geyser, etc.) to eject matter. 3. (of teeth) to break through surrounding hard and soft tissues and become visible in the mouth. 4. to break out suddenly or violently, as if from restraint. 5. to break out with or as with a skin rash. **—eruption** *n.* **—eruptible** *adj.* **—eruptive** *adj.*

-ery a suffix of nouns denoting occupation, business, calling, or condition, place or establishment, goods or products, things collectively, qualities, actions, etc., as in *archery, bakery, cutlery, fishery, grocery, nunnery, pottery, finery, foolery, prudery, scenery, tracery, trickery, witchery*.

erythro- a word element meaning 'red', as in *erythrocyte*. Also, **erythr-**.

-es a variant of **-s**[2] and **-s**[3] after *s, z, ch, sh,* and in those nouns ending in *-f* which have *-v-* in the plural. Compare **-ies**.

escalate /'ɛskəleɪt/ *v.* **-lated, -lating.** *—v.t.* 1. to enlarge; intensify, especially a war. *—v.i.* 2. to grow in size or intensity; develop or increase by stages: *food prices are escalating*. **—escalation** /ɛskə'leɪʃən/ *n.*

escalator /'ɛskəleɪtə/ *n.* a continuously moving staircase for carrying passengers up or down.

escapade /'ɛskəpeɪd, ɛskə'peɪd/ *n.* 1. a reckless proceeding; a wild prank. 2. an escape from confinement or restraint.

escape /əs'keɪp/ *v.* **-caped, -caping,** *n.* *—v.i.* 1. to get away from or avoid capture, restraint, danger, evil, etc.: *to escape from prison*; *they escaped with their lives*. 2. (of fluid, etc.) to leak or flow out from a container. 3. *Botany* (of an introduced plant) to grow wild. *—v.t.* 4. to succeed in getting free from or avoiding (prison, capture, danger, evil, etc.): *to escape the police*; *to escape death*. 5. to not be noticed or remembered by (a person):

his name escapes me. **6.** to slip from (someone) by accident: *a sigh escaped her.* –*n.* **7.** the act of escaping. **8.** a means of escaping: *a fire escape.* **9.** avoidance of reality. **10.** leakage, especially of water, gas, etc. **–escapable, escapeless** *adj.* **–escaper** *n.*

escapism /əsˈkeɪpɪzəm/ *n.* the avoidance of reality by absorption of the mind in entertainment, or in an imaginative situation, activity, etc. **–escapist** *adj., n.*

escarpment /əsˈkɑpmənt/ *n.* **1.** a long, cliff-like ridge of rock, or the like, commonly formed by faulting or fracturing of the earth's crust. **2.** ground cut into an escarp around a fortification or defensive position.

-esce a suffix of verbs meaning to begin to be or do something, become, grow, or be somewhat (as indicated by the rest of the word), as in *convalesce, deliquesce.*

-escence a suffix of nouns denoting action or process, change, state, or condition, etc., and corresponding to verbs ending in *-esce* or adjectives ending in *-escent*, as in *convalescence, deliquescence, luminescence, recrudescence.*

-escent a suffix of adjectives meaning beginning to be or do something, becoming or being somewhat (as indicated), as in *convalescent, deliquescent, recrudescent*, often associated with verbs ending in *-esce* or nouns ending in *-escence.*

eschew /əsˈtʃu, ɛs-/ *v.t.* to abstain from; shun; avoid: *to eschew evil.* **–eschewal** *n.* **–eschewer** *n.*

escort /ˈɛskɔt/ *n.*, /əsˈkɔt, ɛs-/ *v.* –*n.* **1.** a body of persons, or a single person, ship or ships, etc., accompanying another or others for protection, guidance, or courtesy. **2.** an armed guard. **3.** protection, safeguard, or guidance on a journey. **4.** a person accompanying another to a dance, party, etc.; partner. –*v.t.* **5.** to attend or accompany as an escort.

escutcheon /əsˈkʌtʃən/ *n.* **1.** the shield or shield-shaped surface, on which armorial bearings are depicted. –*phr.* **2. a blot on someone's escutcheon**, a stain on someone's honour or reputation. **–escutcheoned** *adj.*

-ese a noun and adjective suffix indicating **1.** locality, nationality, language, etc., as in *Japanese, Vietnamese.* **2.** a particular jargon, as in *computerese, journalese, bureaucratese.*

Eskimo /ˈɛskəmoʊ, ˈɛski-/ *n.* **-mos** or **-mo.** → **Inuit.**

esky /ˈɛski/ *n.* **eskies.** *Australian* a portable icebox. Also, **Esky.**

ESL /i ɛs ˈɛl/ English as a second language

esoteric /ɛsəˈtɛrɪk, ɛsoʊ-/ *adj.* **1.** understood by or meant for a select few; profound; recondite. **2.** belonging to the select few. **3.** private; secret; confidential. **4.** (of philosophical doctrine, etc.) intended to be communicated only to the initiated. **–esoterically** *adv.* **–esotericism, esotery** /ˈɛsətəri/ *n.*

ESP /i ɛs ˈpi/ *n.* extrasensory perception; perception or communication outside of normal sensory activity, as in telepathy and clairvoyance.

espalier /əsˈpæljə/ *n.* **1.** a trellis or framework on which fruit trees, vines, or shrubs are trained to grow flat. **2.** a plant trained on such a trellis or framework, or on a fence or wall. –*v.t.* **3.** to train on an espalier. **4.** to furnish with an espalier.

especial /əsˈpɛʃəl/ *adj.* **1.** special; exceptional; outstanding: *of no especial importance, an especial friend.* **2.** of a particular kind, or peculiar to a particular one: *your especial case.* **–especially** *adv.*

Esperanto /ɛspəˈræntoʊ/ *n.* an artificial language invented in 1887 by LL Zamenhof and intended for international auxiliary use. It is based on the commonest words in the most important European languages.

espionage /ˈɛspiənəʒ, -nadʒ/ *n.* **1.** the practice of spying on others. **2.** the systematic use of spies by a government to discover the military and political secrets of other nations.

esplanade /ˈɛspləneɪd, -nad/ *n.* any open level space serving for public walks or drives, especially one by the sea.

espouse /əsˈpaʊz, ɛs-/ *v.t.* **-poused, -pousing. 1.** to make one's own, adopt, or embrace, as a cause. **2.** to take in marriage; marry. **–espousal** *n.* **–espouser** *n.*

espresso /ɛsˈprɛsoʊ/ *n.* coffee made by forcing steam under pressure or boiling water through ground coffee beans. Also, **expresso.**

espy /əsˈpaɪ, ɛs-/ *v.t.* **-pied, -pying.** to see at a distance; catch sight of; detect. **–espier** *n.*

-esque an adjective suffix indicating style, manner, or distinctive character, as in *arabesque, picturesque, statuesque.*

-ess a suffix forming distinctively feminine nouns, such as *countess, hostess, lioness.*

essay /ˈɛseɪ/ *for def. 1,* /ˈɛseɪ, ɛˈseɪ/ *for defs 2 and 3 n.,* /ɛˈseɪ/ *v.* –*n.* **1.** a short literary composition on a particular subject. **2.** an effort to perform or accomplish something; an attempt. **3.** a tentative effort. –*v.t.* **4.** to try; attempt. **5.** to put to the test; make trial of. **–essayer** *n.* **–essayistic** *adj.*

essence /ˈɛsəns/ *n.* **1.** intrinsic nature; important elements or features of a thing. **2.** a substance obtained from a plant, drug, or the like, by distillation or other process, and containing its characteristic properties in concentrated form. **3.** an alcoholic solution of an essential oil. **4.** a perfume. **5.** something that is, especially a spiritual or immaterial entity.

essential /əˈsɛnʃəl/ *adj.* **1.** absolutely necessary; indispensable: *discipline is essential in an army.* **2.** constituting or having to do with the essence of a thing. **3.** being the essence of a plant, etc. **4.** being such by its very nature, or in the highest sense: *essential happiness; essential poetry.* –*n.* **5.** an indispensable element; a chief point: *concentrate on essentials rather than details.* **–essentially** *adv.* **–essentialness** *n.* **–essentiality** *n.*

-est a suffix forming the superlative degree of adjectives and adverbs, as in *warmest, fastest, soonest.*

establish /əsˈtæblɪʃ/ *v.t.* **1.** to set up on a firm or permanent basis; institute; found: *to establish a business; to establish a university.* **2.** to settle or install (someone) in a position, business, etc. **3.** to settle (oneself) as if permanently. **4.** to cause to be accepted: *to establish a custom; to establish a precedent.* **5.** to show (a fact, claim, etc.) to be valid; prove. **6.** to appoint or ordain (a law, etc.). **7.** to bring about: *to establish peace.* **8.** to make (a church) a state institution. **–establisher** *n.*

establishment /əsˈtæblɪʃmənt, ɛs-/ *n.* **1.** the act of establishing. **2.** something established, especially an organisation or institution. **3.** office or home and everything connected with it (as furniture, grounds, employees, etc.). –*phr.* **4. the Establishment**, those people collectively, whose opinions are said to have influence in society and government.

estate /əˈsteɪt, ɛs-/ *n.* **1.** a piece of landed property, especially one of large extent: *to have an estate in the country.* **2.** *Law* **a.** property or possessions. **b.** the legal position or status of an owner, considered with respect to his or her property in land or other things. **c.** the degree of interest which a person has in land with respect to the nature of the right, its duration, or its relation to the rights

estate agent

of others. **d.** interest, ownership, or property in land or other things. **e.** the property of a deceased person, a bankrupt, etc., viewed as an aggregate. **3.** a housing development. **4.** an industrial development area; a trading estate. **5.** period or condition of life: *to attain to man's estate*. **6.** a political or social group or class, as in France, the clergy, nobles, and commons, or in England, the lords spiritual, lords temporal, and commons (the three **estates of the realm**). **7.** condition or circumstances with reference to worldly prosperity, estimation, etc.; social status or rank. **8.** high rank or dignity. *–adj.* **9.** denoting the wine from one particular estate or vineyard.

estate agent *n.* → **real estate agent.**

esteem /əsˈtim/ *v.t.* **1.** to regard as valuable; regard highly or favourably: *I esteem him highly.* **2.** to consider as of a certain value; regard: *I esteem it worthless.* **3.** to set a value on; value: *to esteem lightly.* *–n.* **4.** favourable opinion or judgment; respect or regard: *to hold a person or thing in high esteem.*

ester /ˈɛstə/ *n. Chemistry* a compound formed by the reaction between an acid and an alcohol with the elimination of a molecule of water.

estimable /ˈɛstəməbəl/ *adj.* **1.** worthy of esteem; deserving respect. **2.** capable of being estimated. **–estimableness** *n.* **–estimably** *adv.*

estimate /ˈɛstəmeɪt/ *v.* **-mated, -mating,** /ˈɛstəmət/ *n.* *–v.t.* **1.** to approximately calculate (the value, size, weight, etc.). **2.** to form an opinion of; judge. *–n.* **3.** an approximate calculation of the value, amount, possible cost, etc., of something. **4.** a judgment or opinion. **–estimation** *n.* **–estimative** *adj.* **–estimator** *n.*

estrange /əˈstreɪndʒ/ *v.t.* **estranged, estranging. 1.** to turn away in feeling or affection; alienate the affections of. **2.** to remove to or keep (usu. oneself) at a distance. **3.** to divert from the original use or possessor. **–estrangement** *n.* **–estranger** *n.*

estuary /ˈɛstʃuəri, ˈɛstʃəri/ *n.* **-ries. 1.** the part of the mouth or lower course of a river in which its current meets the sea's tides, and is subject to their effects. **2.** an arm or inlet of the sea. **–estuarial** /ɛstʃuˈɛəriəl/, **estuarine** *adj.*

-et a noun suffix having properly a diminutive force (now lost in many words), as in *islet, bullet, facet, midget, owlet, plummet.*

ETA /i ti ˈeɪ/ estimated time of arrival.

et cetera /ət ˈsɛtrə, ɛt-, -ərə/ and others; and so forth; and so on (used to indicate that more of the same sort or class might have been mentioned, but for shortness are omitted). *Abbrev.*: etc.

etch /ɛtʃ/ *v.t.* **1.** to engrave (metals, etc.) with an acid or the like, especially to form a design in furrows which when charged with ink will give an impression on paper. **2.** to portray or outline clearly (a character, features, etc.). **3.** to fix (in the memory); to root firmly (in the mind). **4.** to cut, as a geographical feature, by erosion, etc. *–v.i.* **5.** to practise the art of etching. **–etcher** *n.*

etching /ˈɛtʃɪŋ/ *n.* **1.** a process of making designs or pictures on a metal plate, glass, etc., by the corrosion of an acid. **2.** an impression, as on paper, taken from an etched plate. **3.** the design produced. **4.** the plate on which such a design is etched.

eternal /əˈtɜnəl, i-/ *adj.* **1.** lasting throughout eternity; without beginning or end: *eternal life.* **2.** perpetual; ceaseless **3.** enduring; immutable: *eternal principles.* **4.** *Metaphysics* existing outside of all relations of time; not subject to change. *–n.* **5.** that which is eternal. **–eternally** *adv.* **–eternalness** *n.*

eternity /əˈtɜnəti, i-/ *n.* **-ties. 1.** infinite time; duration without beginning or end. **2.** eternal existence, especially as contrasted with mortal life. **3.** an endless or seemingly endless period of time.

-eth¹ an ending of the third person singular present indicative of verbs, now occurring only in archaic forms or used in solemn or poetic language, as in *doeth* or *doth, hath, hopeth, sitteth.*

-eth² the form of *-th*, the ordinal suffix, after a vowel, as in *twentieth, thirtieth,* etc. See **-th**².

ether /ˈiθə/ *n.* **1.** *Chemistry* **a.** a highly volatile and flammable colourless liquid, diethyl ether, $(C_2H_5)_2O$, obtained by the action of sulfuric acid on alcohol, and used as a solvent and anaesthetic; sulfuric ether. **b.** one of a class of organic compounds in which any two organic groups are attached directly to oxygen, having the general formula R_2O, as ethyl ether $(C_2H_5)_2O$. **2.** Also, **aether.** the upper regions of space; the clear sky; the heavens. **3.** Also, **aether.** the medium supposed by the ancients to fill the upper regions. **4.** Also, **aether.** an all-pervading medium postulated for the transmission of light, heat, etc., by the older elastic solid theory. **5.** (*usually plural*) certain undefined properties of wine which result in fine flavour and bouquet.

ethereal /əˈθɪəriəl, i-/ *adj.* **1.** light, airy, or tenuous. **2.** extremely delicate or refined: *ethereal beauty.* **3.** heavenly or celestial. **4.** of the ether or upper regions of space. **5.** *Chemistry* having to do with ethyl ether. Also (*for defs 1–4*), **aethereal.** **–etherealiy** /əθɪəriˈæləti, i-/, **etherealness** *n.* **–ethereally** *adv.*

ethernet /ˈiθənɛt/ *adj.* having to do with a protocol for a LAN covering both software and hardware, which standardises the size of the coaxial cable, the speed of information flow within the system, the type of information to be transmitted through the system, and the number of devices attached to the network. Also, **Ethernet.**

ethical /ˈɛθɪkəl/ *adj.* **1.** relating to or dealing with morals or the principles of morality; relating to right and wrong in conduct. **2.** in accordance with the rules or standards for right conduct or practice, especially the standards of a profession: *it is not considered ethical for doctors to advertise.* *–n.* **3.** (of a medicine) which cannot be bought over the counter but must be prescribed by a doctor. **–ethically** *adv.* **–ethicalness** *n.*

ethics /ˈɛθɪks/ *pl. n.* **1.** a system of moral principles by which human actions and proposals may be judged good or bad, or right or wrong. **2.** the rules of conduct recognised in respect of a particular class of human actions: *medical ethics.* **3.** moral principles, as of an individual.

ethnic /ˈɛθnɪk/ *adj.* **1.** relating to a population or particular group and their history, customs, language, etc. **2.** of or relating to members of the community who are migrants or children of migrants and whose original language is not English. **3.** coming from a particular culture: *ethnic music.* *–n. Australian* (*sometimes derogatory*) **4.** a member of an ethnic group. **–ethnically** *adv.* **–ethnicity** /ɛθˈnɪsɪti/ *n.*

ethnic cleansing *n.* the forcible removal of all ethnic groups in an ethnically mixed population that are not of a particular origin.

ethno- a word element meaning 'race', 'nation', as in *ethnology.*

ethnography /ɛθˈnɒɡrəfi/ *n.* **1.** the scientific description and classification of the various human cultural and racial groups. **2.** ethnology, especially as descriptive. **–ethnographer** *n.* **–ethnographic** /ɛθnəˈɡræfɪk/, **ethnographical** /ɛθnəˈɡræfɪkəl/ *adj.* **–ethnographically** /ɛθnəˈɡræfɪkli/ *adv.*

ethnology /ɛθˈnɒlədʒi/ *n.* the science that deals with the distinctive subdivisions of humankind, their origin, relations, speech, institutions, etc.

–ethnological /ɛθnəˈlɒdʒɪkəl/, **ethnologic** /ɛθnəˈlɒdʒɪk/ *adj.* **–ethnologically** /ɛθnəˈlɒdʒɪkli/ *adv.* **–ethnologist** *n.*

ethos /ˈiθɒs/ *n.* **1.** character or disposition. **2.** *Sociology* the fundamental spiritual characteristics of a culture.

ethyl alcohol /ɛθəl ˈælkəhɒl/ *n.* See **alcohol**.

etiquette /ˈɛtɪkət/ *n.* **1.** conventional requirements as to social behaviour; proprieties of conduct as established by any class or community or for any occasion. **2.** a prescribed or accepted code of usage in matters of ceremony, as at a court or in official or other formal observances. **3.** conventional and accepted standards and practices in certain professions, as medicine.

-ette 1. a noun suffix, the feminine form of *-et*, occurring especially: **2.** with the original diminutive force, as in *cigarette*. **3.** as a distinctively feminine ending, as in *coquette*, and various colloquial formations, as *usherette*. **4.** in trademarks of imitations or substitutes, as in *leatherette*.

etymology /ɛtəˈmɒlədʒi/ *n.* **-gies. 1.** the study of historical linguistic change, especially as applied to individual words. **2.** an account of the history of a particular word. **3.** the derivation of a word. **–etymological** /ɛtəməˈlɒdʒɪkəl/, **etymologic** /ɛtəməˈlɒdʒɪk/ *adj.* **–etymologically** /ɛtəməˈlɒdʒɪkli/ *adv.* **–etymologist** *n.*

eucalypt /ˈjukəlɪpt/ *n.* any tree of the genus *Eucalyptus*.

eucalyptus /jukəˈlɪptəs/ *n.* **-tuses** or **-ti,** /-taɪ/ *adj.* **–***n.* **1.** any member of the myrtaceous genus *Eucalyptus*, including many tall trees, native to the Australian region and cultivated elsewhere, many yielding valuable timber and some an oil, used in medicine as a germicide and expectorant. **–***adj.* **2.** having to do with a preparation, confection, etc., containing eucalyptus oil.

Eucharist /ˈjukərəst/ *n.* **1.** the sacrament of the Lord's Supper; the communion; the sacrifice of the mass. **2.** the consecrated elements of the Lord's Supper, especially the bread. **–Eucharistic** /jukəˈrɪstɪk/, **Eucharistial** /jukəˈrɪstɪkəl/ *adj.* **–Eucharistically** /jukəˈrɪstɪkli/ *adv.*

euchre /ˈjukə/ *n., v.* **-chred, -chring.** **–***n.* **1.** Cards a game played usually by two, three, or four persons, with the 32 (or 28 or 24) highest cards in the pack. **–***v.t.* **2.** *Colloquial* to outwit; get the better of, as by scheming.

eugenic /juˈdʒɪnɪk, -ˈdʒɛn-/ *adj.* **1.** of or bringing about improvement in the type of offspring produced. **2.** having good inherited characteristics. Also, **eugenical.** **–eugenically** *adv.*

eulogy /ˈjulədʒi/ *n.* **-gies. 1.** a speech or writing in praise of a person or thing, especially a set oration in honour of a deceased person. **2.** high praise or commendation.

eumung /ˈjumʌŋ/ *n.* any of several species of the genus *Acacia*, such as *A. stenophylla* of inland eastern Australia. Also, **eumong** /ˈjumɒŋ/.

eunuch /ˈjunək/ *n.* a castrated man, especially one formerly employed as a harem attendant or officer of state by oriental rulers.

euphemism /ˈjufəmɪzəm/ *n.* **1.** the substitution of a mild, indirect, or vague expression for a harsh or blunt one. **2.** the expression so substituted: *'to pass away' is a euphemism for 'to die'*. **–euphemist** *n.* **–euphemistic** /jufəˈmɪstɪk/, **euphemistical** /jufəˈmɪstɪkəl/ *adj.* **–euphemistically** /jufəˈmɪstɪkli/ *adv.*

euphonium /juˈfouniəm/ *n.* a tenor tuba mainly used in brass bands.

euphony /ˈjufəni/ *n.* **-nies. 1.** agreeableness of sound; pleasing effect to the ear, especially of speech sounds as uttered or as combined in utterance. **2.** *Phonetics* a tendency to change speech sounds for ease and economy of utterance, a former explanation of phonetic change.

euphoria /juˈfɔriə/ *n.* a feeling or state of wellbeing, especially one of unnatural elation. **–euphoric** /juˈfɒrɪk/ *adj.* **–euphorically** /juˈfɒrɪkli/ *adv.*

eureka /juˈrikə/ *interj.* (an exclamation of triumph at a discovery or supposed discovery).

Eureka flag *n.* a flag bearing a white cross, with a star at the end of each arm, on a blue field; first raised at the Eureka Stockade in 1854 and more recently associated with the move to make Australia a republic.

eurhythmics /juˈrɪðmɪks/ *n.* the art of interpreting in bodily movements the rhythm of musical compositions, with the aim of developing the sense of rhythm and symmetry; invented by Emile Jaques-Dalcroze. Also, **eurythmics**.

euro /ˈjurou/ *n.* → **wallaroo** (def. 2).

eurodollar /ˈjuroudɒlə/ *n.* a US dollar as part of funds held outside the United States of America.

European wasp /jurəpiən ˈwɒsp/ *n.* a wasp, *Vespula germanica*, which is a native of Europe, North Africa, and parts of Asia Minor, but which is now also established in the US, Australia, and New Zealand.

eury- a word element meaning 'broad', as in *eurypterid*.

Eustachian tube /juˈsteɪʃən tjub/ *n.* *Anatomy* a canal extending from the middle ear to the pharynx; auditory canal.

euthanasia /juθəˈneɪʒə/ *n.* **1.** painless death. **2.** the deliberate bringing about of the death of a person suffering from an incurable disease or condition, as by administering a lethal drug or by withdrawing existing life-supporting treatments.

evacuate /əˈvækjueɪt/ *v.* **-ated, -ating.** **–***v.t.* **1.** to leave empty; vacate. **2.** to move (persons or things) from a threatened place, disaster area, etc., to a place of greater safety. **3.** *Physiology* to discharge or eject as through the excretory passages, especially from the bowels. **4.** *Physical Chemistry* to pump out, creating a vacuum; exhaust: *the apparatus was evacuated before being filled with oxygen.* **–***v.i.* **5.** to leave a town because of air-raid threats, etc.: *they evacuated when the air raids began.* **–evacuation** *n.* **–evacuator** *n.*

evacuee /əvækjuˈi/ *n.* someone who is withdrawn or removed from a place of danger.

evade /əˈveɪd, i-/ *v.* **evaded, evading. 1.** to get round or escape from by trickery or cleverness: *to evade the law; to evade pursuit.* **2.** to avoid doing: *to evade a duty.* **3.** to keep from answering directly: *to evade a question.* **–evadable = evadible** *adj.* **–evader** *n.* **–evadingly** *adv.*

evaluate /əˈvæljueɪt, i-/ *v.t.* **-ated, -ating.** to ascertain the value or amount of; appraise carefully. **–evaluation** /əvæljuˈeɪʃən, i-/ *n.* **–evaluative** *adj.*

evangelical /ivænˈdʒɛləkəl/ *adj.* **1.** relating to the gospel and its teachings. **2.** related to those Christian bodies which emphasise the teachings and authority of the Scriptures, in opposition to that of the church itself or of reason. **3.** relating to certain movements in the 18th and 19th centuries which stressed the importance of personal experience of guilt for sin, and of reconciliation to God through Christ. **–evangelicalism** *n.* **–evangelically** *adv.*

evangelist /əˈvændʒələst, i-/ *n.* **1.** a preacher of the gospel. **2.** (*cap.*) any of the writers (Matthew, Mark, Luke, and John) of the four Gospels. **3.** one of a class of teachers in the early church, next in rank after apostles and prophets. **–evangelistic** *adj.* **–evangelism** *n.*

evaporate /əˈvæpəreɪt, i-/ *v.* **-rated, -rating.** **–***v.i.*

evasion 266 **everywhere**

1. to turn to vapour; pass off in vapour. **2.** to give off moisture. **3.** to disappear; vanish; fade: *as soon as his situation became clear to him, his hopes quickly evaporated.* –*v.t.* **4.** to convert into a gaseous state or vapour; drive off or extract in the form of vapour. **–evaporation** *n.* **–evaporator** *n.*

evasion /ə'veɪʒən, i-/ *n.* **1.** the act of escaping something by trickery or cleverness: *evasion of one's duty, responsibilities, etc.* **2.** the avoiding of an argument, accusation, question, or the like, as by a subterfuge. **3.** a means of evading; a subterfuge; an excuse or trick to avoid or get round something. **4.** tax evasion.

eve /iv/ *n.* **1.** the evening, or often the day, before a church festival, and hence before any date or event. **2.** the period just preceding any event, etc.: *the eve of a revolution.*

even /'ivən/ *adj.* **1.** level; flat; without irregularities; smooth: *an even surface; even country.* **2.** on the same level; in the same plane or line; parallel: *even with the ground.* **3.** free from variations or fluctuations; regular: *even motion.* **4.** uniform in action, character, or quality: *an even colour; to hold an even course.* **5.** equal in measure or quantity: *even quantities of two substances.* **6.** same: *letters of even date.* **7.** divisible by 2, thus, 2, 4, 6, 8, 10, and 12 are *even* numbers (opposed to *odd*, as 1, 3, etc.). **8.** denoted by such a number: *the even pages of a book.* **9.** exactly expressible in integers, or in tens, hundreds, etc., without fractional parts: *an even kilometre; an even hundred.* **10.** exactly balanced on each side; equally divided. **11.** leaving no balance of debt on either side, as accounts; square, as one person with another. **12.** calm; placid; not easily excited or angered: *an even temper.* **13.** equitable, impartial, or fair: *an even bargain; an even chance.* –*adv.* **14.** evenly. **15.** still; yet (used to emphasise a comparative): *even more suitable.* **16.** (used to suggest that something mentioned as a possibility constitutes an extreme case, or one that might not be expected): *the slightest noise, even, disturbs him; even if he goes, he may not take part.* **17.** just: *even now.* **18.** fully or quite: *even to death.* **19.** indeed (used as an intensifier for stressing identity or truth of something): *he is willing, even eager, to do it.* –*v.t.* **20.** to make even; level; smooth. **21.** to place in an even state as to claim or obligation; balance: *to even, or even up, accounts.* –*phr.* **22. break even**, to have one's credits or profits equal one's debits or losses. **23. even out** (or **off**), **a.** to make even. **b.** to become even. **24. get even**, to get one's revenge; square accounts. **–evener** *n.* **–evenness** *n.* **–evenly** *adv.*

evening /'ivnɪŋ/ *n.* **1.** the later part of the day and the early part of the night. **2.** any ending or weakening period: *the evening of life.* **3.** *Old* (especially in rural areas) the period of the day after midday. –*adj.* **4.** relating to evening.

event /ə'vɛnt, i-/ *n.* **1.** anything that happens or is regarded as happening; an occurrence, especially one of some importance. **2.** the fact of happening: *to wait for the event of a disaster.* **3.** *Philosophy* something which occurs in a certain place during a particular interval of time. **4.** *Sport* each of the items in a program of one sport or a number of sports. –*phr.* **5. after the event**, after the outcome of a situation: *to give advice after the event.* **6. at all events** or **in any event**, whatever happens; in any case. **7. in the event of**, in the circumstances of: *in the event of her death.* **–eventless** *adj.*

eventful /ə'vɛntfəl, i-/ *adj.* **1.** full of events or incidents, especially of a striking character: *an eventful period.* **2.** having important issues or results; momentous. **–eventfully** *adv.* **–eventfulness** *n.*

eventual /ə'vɛntʃəl, -tʃuəl/ *adj.* **1.** relating to the event or issue; consequent; ultimate. **2.** depending upon uncertain events; contingent.

eventuality /əvɛntʃu'ælətɪ/ *n.* **-ties. 1.** a contingent event; a possible occurrence or circumstance. **2.** the state or fact of being eventual; contingent character.

eventually /ə'vɛntʃəli, -tʃuəli/ *adv.* finally; ultimately.

eventuate /ə'vɛntʃueɪt/ *v.i.* **-ated, -ating. 1.** to have issue; result. **2.** to come about. **–eventuation** /əvɛntʃu'eɪʃən/ *n.*

ever /'ɛvə/ *adv.* **1.** at all times: *he is ever ready to excuse himself.* **2.** continuously: *ever since then.* **3.** at any time: *did you ever see anything like it?* **4.** (with emphatic force, in various idiomatic constructions and phrases) in any possible case; by any chance; at all: *how ever did you manage to do it?* –*phr.* **5. do I ever!**, *Colloquial* (an exclamation used to express a positive answer to a question). **6. ever and again** or **ever and anon**, every now and then, continually. **7. ever so, a.** to whatever extent or degree: *be she ever so bold.* **b.** *Colloquial* (an intensifier): *he's ever so handsome*

evergreen /'ɛvəgrin/ *adj.* **1.** (of trees, shrubs, etc.) having living leaves throughout the entire year, the leaves of the past season not being shed until after the new foliage has been completely formed. **2.** (of leaves) belonging to such a plant. **3. a.** retaining youthful characteristics in maturity: *an evergreen tennis player.* **b.** retaining popularity from an earlier period: *an evergreen play.* –*n.* **4.** an evergreen plant.

everlasting /ɛvə'lɑstɪŋ/ *adj.* **1.** always; forever: *everlasting God.* **2.** lasting or continuing for a long time. **3.** constantly happening; incessant: *I seem to have everlasting worries.* –*n.* **4.** eternity. **5.** Also, **everlasting flower**. any of various plants or flowers which keep their shape, colour, etc., when dried. **–everlastingly** *adv.* **–everlastingness** *n.*

evermore /ɛvə'mɔ/ *adv.* from now on for always; forever; eternally (often preceded by *for*).

every /'ɛvri/ *det.* **1.** each (referring one by one to all the members of an aggregate): *every day, be sure to remember every word he says.* **2.** all possible; the greatest possible degree of: *every prospect of success.* –*phr.* **3. every bit**, *Colloquial* in every respect; in all points: *every bit as good.* **4. every man and his dog**, a lot of people; the general public. **5. every now and then** or **every now and again** or **every once in a while**, occasionally; from time to time. **6. every other**, every second; every alternate. **7. every which way**, in all directions: *the wind seems to be blowing every which way.*

everybody /'ɛvribɒdi/ *pron.* **1.** every person. **2. everybody who is anybody**, *Colloquial* everyone important.

everyday /'ɛvrideɪ/ *adj.* **1.** happening every day; daily: *an everyday occurrence.* **2.** of or for ordinary days, as contrasted with Sundays or special occasions: *everyday clothes.* **3.** such as is met with every day; ordinary; commonplace: *an everyday scene.*

everyone /'ɛvriwʌn/ *pron.* every person; everybody.

everything /'ɛvriθɪŋ/ *pron.* **1.** every thing or particular of an aggregate or total; all. **2.** something extremely important: *this news means everything to us.* –*phr.* **3. have everything going for one**, to have every possible advantage. **4. into everything**, involved in a wide number of activities.

everywhere /'ɛvriwɛə/ *adv.* in every place or part;

evict

in all places.
evict /ə'vɪkt, i-/ v.t. **1.** to expel (a person, especially a tenant) from land, a building, etc., by legal process. **2.** to recover (property, etc.) by virtue of superior legal title. **–eviction** n. **–evictor** n.
evidence /'ɛvədəns/ n., v. **-denced, -dencing.** –n. **1.** ground for belief; that which tends to prove or disprove something; proof. **2.** something that makes evident; an indication or sign. **3.** *Law* the data, in the form of testimony of witnesses, or of documents or other objects (such as a photograph, a revolver, etc.) identified by witnesses, offered to the court or jury in proof of the facts at issue. –v.t. **4.** to make evident or clear; show clearly; manifest. **5.** to support by evidence. –*phr.* **6. in evidence,** in a situation to be readily seen; plainly visible; conspicuous. **7. turn queen's** (or **king's**) (or **state's**) **evidence,** *Law* (of an accomplice in a crime) to become a witness for the prosecution against the others involved. **–evidential, evidentiary** adj.
evident /'ɛvədənt/ adj. plain or clear to the sight or understanding: *an evident mistake*.
evidently /'ɛvədəntli/ adv. obviously; apparently.
evil /'ivəl/ adj. **1.** violating or inconsistent with the moral law; wicked: *evil deeds, an evil life.* **2.** harmful; injurious: *evil laws.* **3.** characterised or accompanied by misfortune or suffering; unfortunate; disastrous: *to be fallen on evil days.* **4.** due to (actual or imputed) bad character or conduct: *an evil reputation.* **5.** characterised by anger, irascibility, etc. –n. **6.** that which is evil; evil quality, intention, or conduct: *to choose the lesser of two evils.* **7.** (*sometimes cap.*) the force which governs and brings about wickedness and sin. **8.** that part of someone or something that is wicked. **9.** harm; mischief; misfortune: *to wish one evil.* **10.** anything causing injury or harm. –*phr.* **11. the evil one,** the devil; Satan. **–evilly** adv. **–evilness** n.
evince /ə'vɪns, i-/ v.t. **evinced, evincing**. **1.** to show clearly; make evident or manifest; prove. **2.** to reveal the possession of (a quality, trait, etc.). **–evincible** adj.
eviscerate /ə'vɪsəreɪt, i-/ v.t. **-rated, -rating**. to deprive of vital or essential parts. **–evisceration** /əvɪsə'reɪʃən, i-/ n.
evocative /ə'vɒkətɪv/ adj. tending to evoke.
evoke /ə'vouk, i-/ v.t. **evoked, evoking**. **1.** to call up, or produce (memories, feelings, etc.): *to evoke a memory, a smile, etc.* **2.** to provoke, or elicit. **3.** to call up; cause to appear; summon: *to evoke a spirit from the dead.* **–evoker** n.
evolution /ɛvə'luʃən, ivə-/ n. **1.** any process of formation or growth; development: *the evolution of man, the drama, the aeroplane, etc.* **2.** something evolved; a product. **3.** *Biology* the continuous genetic adaptation of organisms or species to the environment by the integrating agencies of selection, hybridisation, inbreeding, and mutation. **4.** a motion incomplete in itself, but combining with coordinated motions to produce a single action, as in a machine. **5.** an evolving or giving off of gas, heat, etc. **–evolutional** adj. **–evolutionally** adv.
evolve /ə'vɒlv, i-/ v. **evolved, evolving.** –v.t. **1.** to develop gradually: *to evolve a scheme, a plan, a theory, etc.* **2.** *Biology* to develop, as by a process of differentiation, to a more highly organised condition. **3.** to give off or emit, as smells, vapours, etc. –v.i. **4.** to come forth gradually into being; develop; undergo evolution. **–evolvable** adj. **–evolvement** n. **–evolver** n.
ewe /ju/ n. a female sheep.
ewer /'juə/ n. **1.** a pitcher with a wide spout, especially one to hold water for ablutions. **2.** a decorative vessel having a spout and handle, especially a tall, slender vessel with a base.

examine

ex¹ /ɛks/ prep. **1.** *Finance* without, not including, or without the right to have: *ex dividend, ex interest, ex rights.* **2.** *Commerce* out of; free out of: *ex warehouse, ex ship, etc.* (free of charges until the time of removal out of the warehouse, ship, etc.). –n. *Colloquial* **3.** one's former husband or wife. **4.** one's former boyfriend or girlfriend.
ex² /ɛks/ n. the letter X, x.
ex-¹ a prefix meaning 'out of', 'from', and hence 'utterly', 'thoroughly', and sometimes serving to impart a privative or negative force or to indicate a former title, status, etc.; freely used as an English formative, as in *exstipulate, exterritorial,* and especially in such combinations as *ex-president* (former president), *ex-member, ex-wife*; occurring before vowels and *c, p, q, s, t.* Also, **e-**, **ef-**.
ex-² variant of **exo-**.
ex-³ a prefix identical in meaning with **ex-¹**, occurring before vowels in words of Greek origin, as in *exarch, exegesis.* Also, **ec-**.
exacerbate /ɛk'sæsəbeɪt/ v.t. **-bated, -bating**. **1.** to increase the bitterness or violence of (disease, ill feeling, etc.); aggravate. **2.** to embitter the feelings of (a person); irritate; exasperate.
exact /əg'zækt, ɛg-/ adj. **1.** strictly correct or accurate: *an exact likeness.* **2.** completely right; precise: *the exact date.* **3.** (of laws, discipline, etc.) strict: *he expects exact manners.* –v.t. **4.** to call for or demand, sometimes by force: *to exact obedience; to exact money.* **–exactable** adj. **–exacter = exactor** n. **–exactness** n.
exacting /əg'zæktɪŋ, ɛg-/ adj. **1.** severe or rigid in demands or requirements, as a person. **2.** requiring close application, as a task. **3.** given to or characterised by exaction; extortionate. **–exactingly** adv. **–exactingness** n.
exactitude /əg'zæktətjud, ɛg-/ n. the quality of being exact; exactness; preciseness; accuracy.
exactly /əg'zæktli, ɛg-/ adv. **1.** in an exact manner; precisely, according to rule, measure, fact, etc., accurately. **2.** just: *she does exactly as she likes.* **3.** quite so; that's right.
exaggerate /əg'zædʒəreɪt, ɛg-/ v. **-rated, -rating**. –v.t. to magnify beyond the limits of truth; overstate; represent disproportionately: *to exaggerate one's importance, the difficulties of a situation, the size of one's house, etc.* **2.** to increase or enlarge abnormally. –v.i. **3.** to use exaggeration, as in speech or writing: *she's always exaggerating.* **–exaggeration** n. **–exaggerative** adj. **–exaggeratingly** adv. **–exaggerator** n.
exalt /əg'zɔlt, ɛg-/ v.t. **1.** to elevate in rank, honour, power, character, quality, etc.: *exalted to the position of president.* **2.** to praise; extol: *to exalt someone to the skies.* **3.** to stimulate, as the imagination. **4.** to intensify, as a colour. **–exaltation** n. **–exalter** n.
exalted /əg'zɔltəd, ɛg-/ adj. **1.** elevated, as in rank or character; of high station: *an exalted personage.* **2.** noble or elevated, lofty: *an exalted style.* **3.** rapturously excited. **–exaltedly** adv. **–exaltedness** n.
exam /əg'zæm, ɛg-/ n. an examination (defs 3 and 4).
examination /əgzæmə'neɪʃən, ɛg-/ n. **1.** the act of examining; inspection; inquiry; investigation. **2.** the act or process of testing students, etc., as by questions. **3.** the test itself; list of questions asked. **4.** the statements, etc., made by one examined. **5.** *Law* formal questioning. **–examinational** adj.
examine /əg'zæmən, ɛg-/ v.t. **-ined, -ining**. **1.** to inspect or scrutinise carefully; inquire into or investigate. **2.** to test the knowledge, reactions, or qualifications of (a pupil, candidate, etc.), as by

questions or assigned tasks. **3.** to subject to legal inquisition; put to question in regard to conduct or to knowledge of facts; interrogate: *to examine a witness or a suspected person.* –**examinable** *adj.* –**examiner** *n.*

example /əg'zæmpəl, ɛg-/ *n.* **1.** one of several things, or a part of something, taken to show the character of the whole. **2.** something to be followed; a pattern or model: *to set a good example.* **3.** a model used to show one of a type; specimen. **4.** something used to explain a rule or method, as a mathematical problem to be solved. **5.** a case, especially of punishment, used as a warning.

exasperate /əg'zæspəreɪt, ɛg-/ *v.t.* -**rated**, -**rating**. to irritate to a high degree; annoy extremely; infuriate. –**exasperation** *n.* –**exasperatedly** *adv.* –**exasperatingly** *adv.* –**exasperater** *n.*

excavate /'ɛkskəveɪt/ *v.t.* -**vated**, -**vating**. **1.** to make hollow by removing the inner part; make a hole or cavity in; form into a hollow, as by digging. **2.** to make (a hole, tunnel, etc.) by removing material. **3.** to expose or lay bare by digging; unearth: *to excavate an ancient city.* –**excavation** *n.*

exceed /ək'sid, ɛk-/ *v.t.* **1.** to go beyond the bounds or limits of: *to exceed one's powers.* **2.** to go beyond in quantity, degree, rate, etc.: *to exceed the speed limit.* **3.** to surpass; be superior to; excel. *–v.i.* **4.** to be greater, as in quantity or degree. **5.** to surpass others, excel, or be superior. –**exceeder** *n.*

excel /ək'sɛl, ɛk-/ *v.* -**celled**, -**celling**. *–v.t.* **1.** to surpass; be superior to; outdo. *–v.i.* **2.** to surpass others or be superior in some respect.

excellence /'ɛksələns/ *n.* **1.** the fact or state of excelling; superiority; eminence. **2.** an excellent quality or feature. **3.** (*usually cap.*) → **excellency** (def. 1).

excellency /'ɛksələnsi/ *n.* -**cies**. **1.** (*usually cap.*) a title of honour given to certain high officials, as governors and ambassadors. **2.** (*usually cap.*) a person so entitled. **3.** excellence.

excellent /'ɛksələnt/ *adj.* possessing excellence or superior merit; remarkably good. –**excellently** *adv.*

except[1] /ək'sɛpt, ɛk-/ *prep.* **1.** with the exclusion of; excluding; save; but: *they were all there except me.* –*conj.* **2.** Also, **except that.** with the exception that: *parallel cases except A is younger than B.* **3.** otherwise than; but: *well fortified except here.*

except[2] /ək'sɛpt, ɛk-/ *v.t.* **1.** to exclude; leave out: *present company excepted.* –*v.i.* **2.** to object: *to except against a statement, a witness, etc.*

exception /ək'sɛpʃən, ɛk-/ *n.* **1.** the act of excepting. **2.** the fact of being excepted. **3.** something excepted; an instance or case not conforming to the general rule. **4.** an adverse criticism, especially on a particular point; opposition of opinion; objection; demurral: *a statement liable to exception.* –*phr.* **5. exception that proves the rule,** an apparent exception which can in fact be accommodated within a rule. **6. take exception,** to take offence. **7. take exception to,** to make objection to; demur with respect to.

exceptional /ək'sɛpʃənəl, ɛk-/ *adj.* **1.** forming an exception or unusual instance; unusual; extraordinary. **2.** extraordinarily good, as of a performance or product. **3.** extraordinarily skilled, talented, or clever. –**exceptionally** *adv.* –**exceptionalness** *n.*

excerpt /'ɛksɜpt/ *n.*, /ɛk'sɜpt/ *v.* –*n.* **1.** a passage taken out of a book or the like; an extract. –*v.t.* **2.** to take out (a passage) from a book or the like; extract. –**excerption** *n.*

excess /ək'sɛs, 'ɛk-/ *n.*, /'ɛksɛs/ *adj.* –*n.* **1.** the fact of exceeding (going beyond) something else in amount or degree. **2.** the amount or degree by which one thing exceeds another. **3.** an extreme amount or degree: *to have an excess of energy; he drank to excess.* **4.** a going beyond ordinary or proper limits, especially in eating and drinking. –*adj.* **5.** more than is necessary, or usual; extra: *excess baggage.*

exchange /əks'tʃeɪndʒ, ɛk-/ *v.* -**changed**, -**changing**, *n.* –*v.t.* **1.** give up (something) in return for something else, usually of equal value, quantity, etc.: *to exchange dollars for pounds.* **2.** to replace by another or something else: *to exchange a faulty tool.* **3.** (of two or more people) to each give and receive; interchange: *to exchange blows; to exchange gifts.* –*v.i.* **4.** to make an exchange: *we'll exchange with you.* **5.** to pass or be taken as an equivalent. –*n.* **6.** the act or process of exchanging: *an exchange of gifts.* **7.** something given or received in exchange for something else: *the car was a fair exchange.* **8.** a central office or station where incoming calls, letters, etc., are sorted, and redirected: *a telephone exchange.* **9.** a method or system by which debits and credits in different places are settled without the actual sending of money, by means of documents representing money values. **10.** the equal interchange of equivalent sums of money, as in the currencies of two countries. **11.** *Economics* the varying rate or sum, in one country's money, given for a fixed sum in another; rate of exchange. –**exchangeable** *adj.* –**exchangeability** *n.* –**exchanger** *n.*

exchange rate *n.* in international money markets, the rate at which one currency can be exchanged for another.

exchequer /əks'tʃɛkə/ *n.* **1.** a treasury, as of a state or nation. **2.** *Colloquial* funds; finances.

excise[1] /'ɛksaɪz, ɛk'saɪz/ *n.*, /ɛk'saɪz/ *v.* -**cised**, -**cising**. –*n.* **1.** an inland tax or duty on certain commodities, such as spirits, tobacco, etc., levied on their manufacture, sale, or consumption within the country. **2.** a tax imposed for a licence to carry on certain employments, pursue certain sports, etc. **3.** the branch of the civil service that collects excise duties. –*v.t.* **4.** to impose an excise on. –**excisable** *adj.*

excise[2] /ɛk'saɪz/ *v.t.* -**cised**, -**cising**. **1.** to expunge, as a passage or sentence. **2.** to cut out or off, as a tumour. –**excision** /ɛk'sɪʒən/ *n.* –**excisable** *adj.*

excite /ək'saɪt, ɛk-/ *v.t.* -**cited**, -**citing**. **1.** to arouse or stir up the feelings of: *Christmas excites children.* **2.** to cause; awaken: *to excite interest or curiosity.* **3.** to stir to action; stir up: *to excite a dog.* **4.** *Physiology* to stimulate: *to excite a nerve.* –**excitable** *adj.* –**excitative**, **excitatory** /ɛksaɪ'teɪtəri/ *adj.* –**excited** *adj.* –**excitement** *n.*

exclaim /əks'kleɪm, ɛks-/ *v.i.* **1.** to cry out or speak suddenly and vehemently, as in surprise, strong emotion, protest, etc. –*v.t.* **2.** to cry out; say loudly or vehemently. –**exclaimer** *n.*

exclamation /ɛksklə'meɪʃən/ *n.* **1.** the act of exclaiming. **2.** an outcry in response to feelings of protest, disgust, indignation, joy, or surprise. **3.** an interjection.

exclamation mark *n.* **1.** a punctuation mark (!) used after an exclamation. **2.** *Brit.* a road sign bearing a symbol resembling this mark, placed to give advance warning of some hazard. Also, **exclamation point.**

exclude /əks'klud, ɛks-/ *v.t.* -**cluded**, -**cluding**. **1.** to shut or keep out; prevent the entrance of. **2.** to shut out from consideration, privilege, etc. **3.** to expel and keep out; thrust out; eject. –**excludable** *adj.* –**excluder** *n.* –**exclusion** *n.*

exclusive /əks'klusɪv, ɛks-/ *adj.* **1.** not including or admitting of something else; incompatible: *the* *idea of masculine is exclusive of the idea of feminine.* **2.** excluding from consideration or account: *100 to 121 exclusive* (excluding 100 and 121, but including from 101 to 120). **3.** limited to a given object or objects: *he pays exclusive attention to business.* **4.** shutting out all others from a part or share: *exclusive interview.* **5.** single or sole: *a horse was his exclusive means of transport.* **6.** (of a club, group, etc.) having limited membership; elitist. **7.** *Colloquial* fashionable: *an exclusive club.* –**exclusively** *adv.* –**exclusiveness** *n.* –**exclusivity** *n.*

excommunicate /ɛkskə'mjunəkeɪt/ *v.t.* **-cated, -cating.** to cut off from communion or membership, especially from the sacraments and fellowship of the church by ecclesiastical sentence. –**excommunicable** *adj.* –**excommunication** *n.* –**excommunicative** *adj.* –**excommunicatory** *adj.* –**excommunicator** *n.*

excrement /'ɛkskrəmənt/ *n.* waste matter discharged from the body, especially the faeces. –**excrementitious** *adj.* –**excremental** /ɛkskrə'mɛntl/ *adj.* –**excrementally** /ɛkskrə'mɛntli/ *adv.*

excrescence /ɛks'krɛsəns/ *n.* **1.** abnormal growth or increase. **2.** an abnormal outgrowth, usually harmless, on an animal or vegetable body. **3.** a normal outgrowth such as hair. **4.** any disfiguring addition.

excreta /əks'kritə, ɛks-/ *pl. n.* excreted matter, as sweat, urine, etc. –**excretal** *adj.*

excrete /əks'krit, ɛks-/ *v.t.* **-creted, -creting.** to separate and eliminate from an organic body; separate and expel from the blood or tissues, as waste or harmful matters. –**excretive, excretory** *adj.*

exculpate /'ɛkskʌlpeɪt, ɛks'kʌlpeɪt/ *v.t.* **-pated, -pating.** to clear from a charge of guilt or fault; free from blame; vindicate. –**exculpatory** *adj.* –**exculpable** /ək'skʌlpəbəl, ɛk-/ *adj.* –**exculpation** /ɛkskʌl'peɪʃən/ *n.*

excursion /ək'skɜʃən, ɛk-, -ʒən/ *n.* **1.** a short journey or trip to some point for a special purpose: *a pleasure excursion, a scientific excursion.* **2.** a trip in a coach, train, etc., at a reduced rate: *weekend excursions to seashore or mountain resorts.* **3.** the persons who make such a journey. **4.** deviation or digression. –**excursionist** *n.*

excuse /ək'skjuz, ɛk-/ *v.* **-cused, -cusing,** /ək'skjus/ *n.* –*v.t.* **1.** to pardon or forgive; overlook (a fault, etc.): *we'll excuse your behaviour.* **2.** to try to remove the blame of; apologise for. **3.** to serve as a reason for (a fault, etc.); justify: *his youth does not excuse his behaviour.* **4. a.** to free from duty, punishment, etc: *he excused her from the washing up.* **b.** to allow to leave: *she excused him from the room.* –*n.* **5.** something which is offered as, or serves as, a reason for being excused. **6.** the act of excusing. **7.** a pretended reason; pretext. **8.** a bad example of a particular thing: *she was wearing a poor excuse for a hat.* –**excusable** *adj.* –**excusableness** *n.* –**excusably** *adv.* –**excusal** *n.* –**excuseless** *adj.* –**excuser** *n.* –**excusive** *adj.*

execrable /'ɛksəkrəbəl/ *adj.* **1.** deserving to be execrated; detestable; abominable. **2.** *Colloquial* very bad: *an execrable pun.* –**execrably** *adv.*

execrate /'ɛksəkreɪt/ *v.t.* **-crated, -crating.** **1.** to detest utterly; abhor; abominate. **2.** to curse; imprecate evil upon. –**execration** *n.* –**execrative** *adj.* –**execratory** *adj.* –**execrator** *n.*

execute /'ɛksəkjut/ *v.t.* **-cuted, -cuting.** **1.** to carry out; accomplish: *to execute a plan or order.* **2.** to perform or do: *to execute a manoeuvre or gymnastic feat.* **3.** to inflict capital punishment on; put to death according to law. **4.** to produce in accordance with a plan or design: *to execute a statue or a picture.* –**executable** *adj.* –**executer** *n.* –**execution** *n.*

executive /əg'zɛkjətɪv, ɛg-/ *adj.* **1.** suited for execution or carrying into effect; of the kind requisite for practical performance or direction: *executive ability.* **2.** charged with or relating to execution of laws, or administration of affairs. **3.** designed for or used by executives: *an executive aircraft.* –*n.* **4.** a person or body having administrative authority as in a company. **5.** the body of people, members of the governing party or parties, drawn from both houses of parliament, who form policy and control the appropriate government departments and instrumentalities, and who are responsible to parliament for such administration. Compare **legislature, judiciary.** –**executively** *adv.*

executor /əg'zɛkjətə, ɛg-/ *n.* **1.** someone who executes, or carries out, performs, fulfils, etc. **2.** *Law* a person named by a testator in his or her will to carry out its provisions. –**executrix** *fem. n.* –**executorial** /əgzɛkjə'tɔriəl, ɛg-/ *adj.* –**executorship** *n.*

exegesis /ɛksə'dʒisəs/ *n.* **-geses** /-'dʒisiz/. critical explanation or interpretation, especially of Scripture. –**exegete** *n.* –**exegetic, exegetical** *adj.*

exemplary /əg'zɛmpləri, ɛg-/ *adj.* **1.** worthy of imitation; commendable: *exemplary conduct.* **2.** such as may serve as a warning: *an exemplary penalty.* **3.** serving as a model or pattern. **4.** serving as an illustration or specimen; illustrative; typical. **5.** of, relating to, or consisting of exempla. –**exemplarily** *adv.* –**exemplariness** *n.*

exemplify /əg'zɛmpləfaɪ, ɛg-/ *v.t.* **-fied, -fying.** **1.** to show or illustrate by example. **2.** to furnish, or serve as, an example of. –**exemplification** *n.* –**exemplifier** *n.*

exempt /əg'zɛmpt, ɛg-/ *v.t.* **1.** to free from an obligation or liability to which others are subject; release: *to exempt someone from military service, from an examination, etc.* –*adj.* **2.** released from, or not subject to, an obligation, liability, etc.: *exempt from taxes.* –*n.* **3.** someone who is exempt from, or not subject to, an obligation, duty, etc. –**exemption** *n.* –**exemptible** *adj.*

exequies /'ɛksəkwiz/ *pl. n.* **-quy** /-kwi/. funeral rites or ceremonies. –**exequial** *adj.*

exercise /'ɛksəsaɪz/ *n.,* *v.* **-cised, -cising.** –*n.* **1.** bodily or mental activity, especially for training or improvement. **2.** something done or performed as practice or training in a particular skill: *French grammar exercises; piano exercises.* **3.** a putting into use or operation: *the exercise of care; the exercise of willpower.* **4.** a literary, musical or artistic work done for practice or to show a particular technical point. –*v.t.* **5.** to put through exercises, or forms of practice in order to train, develop, etc.: *to exercise soldiers; to exercise a horse; to exercise the voice.* **6.** to put into action, practice, or use: *to exercise care; to exercise patience; to exercise judgment.* **7.** to have as an effect: *to exercise influence on someone.* **8.** to worry; make uneasy: *his poor health exercised his mind.* –*v.i.* **9.** to do exercises; take bodily exercise. –**exercisable** *adj.* –**exerciser** *n.*

exert /əg'zɜt, ɛg-/ *v.t.* **1.** to put forth, as power; exercise, as ability or influence; put into vigorous action. –*phr.* **2. exert oneself,** to put forth one's powers; use one's efforts; strive. –**exertive** *adj.*

exertion /əg'zɜʃən, ɛg-/ *n.* **1.** vigorous action or effort. **2.** an effort. **3.** exercise, as of power or faculties. **4.** an instance of this.

exeunt /'ɛksiʊnt/ (a stage direction indicating that the actors named go out or off stage).

exfoliate /ɛks'fouliett/ *v.t.* **-ated, -ating.** to throw off in scales. –**exfoliation** *n.* –**exfoliative** *adj.*

ex gratia /ɛks 'greɪʃə/ *adj.* (of something granted)

as a favour and not because of a legal obligation.

exhale /ɛks'heɪl/ *v.i.* **-haled, -haling.** to emit breath or vapour. **-exhalation** *n.* **-exhalant** *n.* **-exhalable** *adj.* **-exhalative** *adj.*

exhaust /əg'zɔst, ɛg-/ *v.t.* **1.** to wear out, or tire greatly (a person): *I have exhausted myself working.* **2.** to empty by drawing out the contents; drain off completely. **3.** to make a vacuum in. **4.** to use up completely: *I have exhausted my patience.* **5.** to treat or study thoroughly (a subject, etc.). *—n.* **6.** *Machinery* **a.** the escape of gases from the cylinder of an engine after ignition and expansion. **b.** the steam or gases given off. **c.** the parts of an engine through which the exhaust is ejected. **-exhauster** *n.* **-exhaustible** *adj.* **-exhaustibility** /əgzɔstə'bɪləti, əg-/ *n.* **-exhaustion** *n.*

exhaustive /əg'zɔstɪv, ɛg-/ *adj.* **1.** exhausting a subject, topic, etc.; comprehensive; thorough. **2.** tending to exhaust or drain, as of resources or strength. **-exhaustively** *adv.* **-exhaustiveness** *n.*

exhibit /əg'zɪbət, ɛg-/ *v.t.* **1.** to offer or expose to view; present for inspection. **2.** to manifest or display: *to exhibit anger.* **3.** to place on show: *to exhibit paintings.* **4.** *Law* to submit (a document, etc.) in evidence in a court of law. *—n.* **5.** something that is exhibited. **-exhibitor = exhibiter** *n.* **-exhibitory** *adj.*

exhibition /ɛksə'bɪʃən/ *n.* **1.** an exhibiting, showing, or presenting to view. **2.** a public display of feats of skill, athletic prowess, etc., as a boxing bout in which no decision is reached. **3.** a public show or display. *—phr.* **4. make an exhibition of oneself,** to behave foolishly or so as to excite ridicule.

exhibitionism /ɛksə'bɪʃənɪzəm/ *n.* a tendency to display one's abilities or to behave in such a way as to attract attention. **-exhibitionist** *n.*

exhilarate /əg'zɪləreɪt, ɛg-/ *v.t.* **-rated, -rating. 1.** to make cheerful or merry. **2.** to enliven; stimulate; invigorate. **-exhilaration** *n.* **-exhilarating, exhilarative** *adj.* **-exhilarant** *n.* **-exhilaratingly** *adv.* **-exhilarator** *n.*

exhort /əg'zɔt, ɛg-/ *v.t.* **1.** to urge, advise, or caution earnestly; admonish urgently. *—v.i.* **2.** to make exhortation; give admonition. **-exhortative, exhortatory** *adj.* **-exhorter** *n.*

exhume /ɛks'hjum/ *v.t.* **-humed, -huming.** to dig (something buried, especially a dead body) out of the earth; disinter. **-exhumation** /ɛkshju'meɪʃən/ *n.* **-exhumer** *n.*

exigent /'ɛksədʒənt/ *adj.* **1.** requiring immediate action or aid; urgent; pressing. **2.** requiring a great deal, or more than is reasonable. **-exigency, exigence** *n.* **-exigently** *adv.*

exiguous /əg'zɪgjuəs, ɛg-/ *adj.* scanty; small; slender. **-exiguity** /ɛksə'gjuəti/, **exiguousness** *n.* **-exiguously** *adv.*

exile /'ɛgzaɪl, 'ɛksaɪl/ *n., v.* **-iled, -iling.** *—n.* **1.** prolonged separation from one's country or home, as by stress of circumstances. **2.** someone separated from his or her country or home. **3.** expulsion from one's native land by authoritative decree. **4.** the fact or state of such expulsion. *—v.t.* **5.** to separate from country, home, etc.

exist /əg'zɪst, ɛg-, ɪg-/ *v.i.* **1.** to have actual being; be. **2.** to have life or animation; live.

existence /əg'zɪstəns, ɛg-, ɪg-/ *n.* **1.** the state or fact of existing; being. **2.** continuance in being or life; life: *a struggle for existence.* **3.** mode of existing. **4.** all that exists. **5.** something that exists, an entity, or a being. **-existent** *adj., n.*

existentialism /ɛgzɪs'tɛnʃəlɪzəm/ *n.* any of a group of doctrines, some theistic, some atheistic, which stress the importance of existence, as such, and of the freedom and responsibility of the finite human individual. **-existential** *adj.* **-existentialist** *adj., n.*

exit /'ɛgzət, -zɪt, 'ɛksət, -sɪt/ *n.* **1.** a way or passage out. **2.** a going out or away; departure: *to make an exit.* **3.** the departure of a player from the stage as part of the action of a play. *—v.i.* **4.** to depart; go away. **5.** (a stage direction meaning that the actor named goes out or off stage).

exit poll *n.* a poll taken of people as they are leaving a polling booth after voting in an election.

exo- a prefix meaning 'external'. Also, **ex-²**.

exocrine /'ɛksoʊkraɪn, -rɪn/ *adj.* **1.** (of a gland, organ, etc.) having external secretion. **2.** relating to the secretion of such a gland.

exodus /'ɛksədəs/ *n.* **1.** a going out; departure or emigration, usually of a large number of people. **2.** (*cap.*) the departure of the Israelites from Egypt under Moses. **3.** (*cap.*) the second book of the Old Testament, containing an account of this departure.

exonerate /əg'zɒnəreɪt, ɛg-/ *v.t.* **-rated, -rating. 1.** to clear, as of a charge; free from blame; exculpate. **2.** to relieve, as from an obligation, duty, or task. **-exoneration** /əgzɒnə'reɪʃən, ɛg-/ *n.* **-exonerative** *adj.* **-exonerator** *n.*

exorbitant /əg'zɔbətənt, ɛg-/ *adj.* exceeding the bounds of custom, propriety, or reason, especially in amount or extent: *to charge an exorbitant price for something.* **-exorbitance** *n.* **-exorbitantly** *adv.*

exorcise = exorcize /'ɛksɔsaɪz/ *v.t.* **-cised, -cising. 1.** to seek to expel (an evil spirit) by adjuration or religious or solemn ceremonies. **2.** to deliver (a person, place, etc.) from evil spirits or malignant influences. **-exorcisement** *n.*

exoteric /ɛksoʊ'tɛrɪk/ *adj.* **1.** suitable for or communicated to the general public. **2.** not belonging or relating to the inner or select circle, as of disciples. **3.** popular; simple; commonplace. **4.** having to do with the outside; exterior; external. **-exoterically** *adv.* **-exotericism** *n.*

exotic /əg'zɒtɪk, ɛg-/ *adj.* **1.** of foreign origin or character; not native; introduced from abroad, but not fully naturalised or acclimatised. **2.** strikingly unusual or colourful in appearance or effect; strange; exciting. **-exotically** *adv.*

expand /ək'spænd, ɛk-/ *v.t.* **1.** to increase in extent, size, volume, scope, etc.: *heat expands metal.* **2.** to spread or stretch out; unfold: *a bird expands its wings.* **3.** to express in fuller form or greater detail; develop: *to expand a short story into a novel.* *—v.i.* **4.** to increase or grow in extent, bulk, scope, etc.: *most metals expand with heat,* the *mind expands with experience.* **5.** to spread out; unfold; develop: *the buds had not yet expanded.* **-expandable** *adj.* **-expanded** *adj.* **-expander** *n.* **-expansion** *n.*

expanse /ək'spæns, ɛk-/ *n.* **1.** something that is spread out, especially over a large area. **2.** an uninterrupted space or area; a wide extent of anything: *an expanse of water, of sky, etc.* **3.** expansion; extension.

expansive /ək'spænsɪv, ɛk-/ *adj.* **1.** tending to expand or capable of expanding. **2.** causing expansion. **3.** having a wide range or extent; comprehensive; extensive. **4.** (of a person's manner or speech) effusive; unrestrained; free; open. **-expansively** *adv.* **-expansiveness** *n.*

expatiate /əks'peɪʃieɪt, ɛk-/ *v.i.* **-ated, -ating. 1.** to enlarge in discourse or writing; be copious in description or discussion: *to expatiate upon a theme.* **2.** to move or wander about intellectually, imaginatively, etc., without restraint. **-expatiation** /əkspeɪʃi'eɪʃən, ɛk-/ *n.* **-expatiator** *n.*

expatriate /ɛks'pætrieɪt/ *v.* **-ated, -ating**

/ɛks'pætriət, -rieɪt/ adj., n. –v.t. **1.** to banish (a person) from his or her native country. **2.** to withdraw (oneself) from residence in and/or allegiance to one's native country. –adj. **3.** expatriated; exiled. –n. **4.** an expatriated person. **–expatriation** /ɛks,pætri'eɪʃən/ n.

expect /ək'spɛkt, ɛk-/ v.t. **1.** to look forward to; regard as likely to happen; anticipate the occurrence or the coming of: *I expect to do it*; *I expect him to come*; *I expect that he will come*. **2.** to look for with reason or justification: *we cannot expect obedience*; *I expect you to do that*. –v.i. **3.** *Colloquial* to suppose or surmise. –phr. **4. be expecting**, *Colloquial* to be pregnant.

expectant /ək'spɛktənt, ɛk-/ adj. **1.** having expectations; expecting. **2.** expecting the birth of a child: *an expectant mother*. **3.** characterised by expectations. **4.** expected or anticipated; prospective. –n. **5.** someone who expects or waits in expectation. **–expectancy** n. **–expectantly** adv.

expectation /,ɛkspɛk'teɪʃən/ n. **1.** the act of expecting. **2.** the state of expecting: *he waits in expectation*. **3.** the state of being expected. **4.** something expected; a thing looked forward to. **5.** (*often plural*) a prospect of future good, success, or profit: *to have great expectations*.

expectorate /ək'spɛktəreɪt, ɛk-/ v. **-rated, -rating**. –v.t. **1.** to eject or expel (phlegm, etc.) from the throat or lungs by coughing or hawking and spitting; spit. –v.i. **2.** to spit. **–expectorant** n. **–expectoration** n. **–expectorator** n.

expedient /ək'spidiənt, ɛk-/ adj. **1.** tending to promote some proposed or desired object; fit or suitable for the purpose; proper in the circumstances: *it is expedient that you go*. **2.** conducive to advantage or interest, as opposed to right. **3.** acting in accordance with expediency. –n. **4.** a means to an end. **5.** a means devised or used in an exigency; a resource; a shift: *to resort to expedients to achieve one's purpose*. **–expediency** n. **–expediently** adv.

expedite /'ɛkspədaɪt/ v.t. **-dited, -diting**. **1.** to speed up the progress of; hasten: *to expedite matters*. **2.** to accomplish promptly, as a piece of business; dispatch. **3.** to issue officially, as a document. **–expediter** n.

expedition /ɛkspə'dɪʃən/ n. **1.** an excursion, journey, or voyage made for some specific purpose, as of war or exploration. **2.** the body of persons or ships, etc., engaged in it. **3.** promptness or speed in accomplishing something. **–expeditionary** adj.

expeditious /ɛkspə'dɪʃəs/ adj. quick; characterised by promptness. **–expeditiously** adv. **–expeditiousness** n.

expel /ək'spɛl, ɛk-/ v.t. **-pelled, -pelling**. **1.** to drive or force out or away; discharge or eject: *to expel air from the lungs, an invader from a country*. **2.** to cut off from membership or relations: *to expel a pupil from a school*. **–expellant** adj., n. **–expellable** adj. **–expellee** /ɛkspɛl'i/ n. **–expeller** n.

expend /ək'spɛnd, ɛk-/ v.t. **1.** to use up: *to expend energy, time, care, etc., on something*. **2.** to pay out; disburse; spend. **–expender** n.

expendable /ək'spɛndəbəl, ɛk-/ adj. **1.** capable of being expended. **2.** (of an item of equipment or supply) normally consumed in use. **3.** (of troops, equipment, etc.) capable of being sacrificed to achieve an objective.

expenditure /ək'spɛndətʃə, ɛk-/ n. **1.** the act of expending; disbursement; consumption. **2.** something that is expended; expense.

expense /ək'spɛns, ɛk-/ n. **1.** cost or charge. **2.** a cause or occasion of spending: *owning a car is a great expense*. **3.** the act of expending; expenditure. **4.** loss or injury due to any detracting cause (preceded by *at*): *quantity at the expense of quality*. **5.** (*plural*) *Commerce* **a.** charges incurred in the execution of an undertaking or commission. **b.** money paid as reimbursement for such charges: *to receive a salary and expenses*.

expense account n. a record of expenditure incurred by an employee in the course of business to be refunded by the employer or claimed against tax.

expensive /ək'spɛnsɪv, ɛk-/ adj. entailing great expense; costly. **–expensively** adv. **–expensiveness** n.

experience /ək'spɪəriəns, ɛk-/ n., v. **-enced, -encing**. –n. **1.** a particular instance of personally encountering or undergoing something: *a strange experience*. **2.** the process or fact of personally observing, encountering, or undergoing something: *business experience*. **3.** the observing, encountering, or undergoing of things generally as they occur in the course of time: *to learn from experience, the range of human experience*. **4.** knowledge or practical wisdom gained from what one has observed, encountered, or undergone: *men of experience*. –v.t. **5.** to have experience of; meet with; undergo; feel. **–experienced** adj. **–experiential** adj.

experiment /ək'spɛrəmənt, ɛk-/ n., /ək'spɛrəmɛnt, ɛk-/ v. –n. **1.** a test or trial; a tentative procedure; an act or operation for the purpose of discovering something unknown or testing a principle, supposition, etc.: *a chemical experiment*. **2.** the conducting of such operations; experimentation: *a product that is the result of long experiment*. –v.i. **3.** to try or test in order to find something out: *to experiment with drugs in order to find a cure for a certain disease*. **–experimenter** n.

expert /'ɛkspɜt/ n. **1.** someone who has special skill or knowledge in some particular field; a specialist; authority: *a language expert; an expert on mining*. **2.** *Shearing* the person who sharpens the shearers' cutters. –adj. **3.** relating to, coming from, or characteristic of an expert: *expert work, expert advice*. **–expertly** adv. **–expertness** n.

expertise /ɛkspɜ'tiz/ n. expert skill or knowledge; expertness.

expert system n. a computing system which is provided with a certain amount of basic information and a general set of rules instructing it how to reason and draw conclusions, which allows it to mimic the thought processes of a human expert in a specialised field, such as diagnostic medicine, in order to reach a conclusion. **–expert-system** adj.

expiate /'ɛkspieɪt/ v.t. **-ated, -ating**. to atone for; make amends or reparation for. **–expiable** adj. **–expiatory** adj. **–expiation** n. **–expiator** n.

expire /ək'spaɪə, ɛk-/ v.i. **-pired, -piring**. **1.** to come to an end; terminate. **2.** to emit the last breath; die. **–expiration** n. **–expiratory** adj. **–expirer** n. **–expiry** n.

explain /ək'spleɪn, ɛk-/ v.t. **1.** to make plain or clear; render intelligible: *to explain an obscure point*. **2.** to make known in detail: *to explain how to do something, to explain a process*. **3.** to assign a meaning to; interpret. **–explanatory** adj. **–explainable** adj. **–explainer** n.

explanation /ɛksplə'neɪʃən/ n. **1.** the act or process of explaining. **2.** something that explains; a statement made to clarify something and make it understandable; an exposition. **3.** a meaning or interpretation: *to find an explanation of a mystery*. **4.** a mutual declaration of the meaning of words spoken, actions, motives, etc., with a view to adjusting a misunderstanding or reconciling differences.

expletive /ək'splitɪv, ɛk-/ adj. **1.** Also, **expletory**. added merely to fill out a sentence or line, give

explicable /ˈɛksplɪkəbəl, ɛk-/ *adj.* capable of being explained.

explicate /ˈɛksplədkeɪt/ *v.t.* **-cated, -cating. 1.** to develop (a principle, etc.). **2.** to make plain or clear; explain; interpret.

explicit /əkˈsplɪsət, ɛk-/ *adj.* **1.** leaving nothing merely implied; clearly expressed; unequivocal: *an explicit statement, instruction, etc.* **2.** clearly developed or formulated: *explicit knowledge or belief.* **3.** definite and unreserved in expression; outspoken: *he was quite explicit on that point.* **–explicitly** *adv.* **–explicitness** *n.*

explode /əkˈsploʊd, ɛk-/ *v.* **-ploded, -ploding.** **–***v.i.* **1.** to expand with force and noise because of rapid chemical change or decomposition, as gunpowder, nitroglycerine, etc. **2.** to burst, fly into pieces, or break up violently with a loud report, as a boiler from excessive pressure of steam. **3.** to burst forth violently, especially with noise, laughter, violent speech, etc. **–***v.t.* **4.** to cause to be rejected; destroy the reputation of; discredit or disprove: *to explode a theory.* **–exploder** *n.*

exploit[1] /ˈɛksplɔɪt/ *n.* a striking or notable deed; a feat; a spirited or heroic act.

exploit[2] /əkˈsplɔɪt, ɛk-/ *v.t.* **1.** to turn to practical account; utilise for profit, especially natural resources. **2.** to use selfishly for one's own ends. **–exploitation** *n.* **–exploiter** *n.* **–exploitable** *adj.* **–exploitative** *adj.*

explore /əkˈsplɔ, ɛk-/ *v.* **-plored, -ploring.** **–***v.t.* **1.** to traverse or range over (a region, etc.) for the purpose of discovery. **2.** to look into closely; scrutinise; examine. **3.** *Surgery* to investigate, especially mechanically, as with a probe. **–***v.i.* **4.** to engage in exploration. **–***phr.* **5. explore every avenue,** to try every means. **–explorer** *n.*

explosion /əkˈsploʊʒən, ɛk-/ *n.* **1.** the act of exploding; a violent expansion or bursting with noise, as of gunpowder or a boiler. **2.** the noise itself. **3.** a violent outburst of laughter, anger, etc. **4.** any sudden, rapid, or large increase: *the population explosion.*

explosive /əkˈsploʊzɪv, ɛk-, -sɪv/ *adj.* **1.** tending or serving to explode: *an explosive substance.* **2.** having to do with an explosion. **3.** liable to flare up suddenly. **–***n.* **4.** an explosive agent or substance, as dynamite. **–explosively** *adv.* **–explosiveness** *n.*

expo /ˈɛkspoʊ/ *n.* a large exhibition of technology, arts and crafts, industrial products, etc., often accompanied by shows, dances, festivals, displays, etc.

exponent /əkˈspoʊnənt, ɛk-/ *n.* **1.** a person or thing that expounds, explains, or interprets. **2.** a person or thing that stands as a representative, type, or symbol of something: *the exponent of democratic principles.* **3.** *Mathematics* a symbol placed above and at the right of another symbol (the base), to denote to what power the latter is to be raised, as in x^3. **–exponential** *adj.*

export /ˈɛkspɔt, ɛk-, ˈɛkspɔt/ *v.,* /ˈɛkspɔt/ *n., adj.* **–***v.t.* **1.** to send (commodities) to other countries or places for sale, exchange, etc. **2.** *Computers* to copy (data) from one processing system to another in a different format. **–***n.* **3.** the act of exporting; exportation. **4.** an article exported. **–***adj.* **5. a.** having to do with the export of goods: *export income.* **b.** having to do with products good enough in quality to be exported and better than those kept for home consumption: *export beef.* **–exportable** *adj.* **–exporter** *n.*

expose /əkˈspoʊz, ɛk-/ *v.t.* **-posed, -posing. 1.** to lay open to danger, attack, harm, etc.: *to expose soldiers to gunfire, to expose one's character to attack.* **2.** to lay open to something specified: *to expose oneself to misunderstanding.* **3.** to uncover or bare to the air, cold, etc.: *to expose one's head to the rain.* **4.** to present to view; exhibit; display: *the beggar who exposes his sores.* **5.** to make known, disclose, or reveal (intentions, secrets, etc.) **6.** to reveal or unmask (crime, fraud, an impostor, etc.). **7.** to hold up to public reprehension or ridicule. **8.** to leave in an unsheltered or open place, as (in some societies) an unwanted child to die. **9.** *Photography* to subject (a plate, film or paper) to the action of light or other actinic rays. **–***phr.* **10. expose oneself,** to exhibit one's external sexual organs in public. **–exposure** *n.*

exposé /ɛkspoʊˈzeɪ/ *n.* **1.** a formal explanation or exposition. **2.** an exposure, as of something discreditable.

exposition /ɛkspəˈzɪʃən/ *n.* **1.** an exhibition or show, as of the products of art and manufacture. **2.** an act of expounding, setting forth, or explaining. **3.** a detailed statement or explanation; an explanatory treatise. **4.** the act of presenting to view; display. **–expository** *adj.*

expostulate /əkˈspɒstʃuleɪt, ɛk-/ *v.i.* **-lated, -lating.** to reason earnestly with a person against something they intend to do or have done; remonstrate (*on,* or *upon*): *to expostulate with him on the impropriety.* **–expostulation** *n.* **–expostulatingly** *adv.* **–expostulator** *n.*

expound /əkˈspaʊnd, ɛk-/ *v.t.* **1.** to set forth or state in detail: *to expound theories, principles, etc.* **2.** to explain; interpret. **–expounder** *n.*

express /əkˈsprɛs, ɛk-/ *v.t.* **1.** to put (thought) into words: *to express an idea clearly.* **2.** to show or make known; reveal: *her actions expressed her feelings; he expressed his ideas in his painting.* **3.** to set forth the thoughts, feelings, etc., of (oneself): *he expresses himself in his work; she finds it hard to express herself in English.* **4.** to represent: *the colour in this painting expresses sadness.* **5.** to press out: *to express the juice of a fruit.* **–***adj.* **6.** clearly stated; definite; explicit. **7.** special; particular; definite: *an express purpose.* **8.** exactly formed or represented: *an express image.* **9.** sent by express (def. 15): *an express letter.* **10.** specially direct or fast: *an express train.* **–***adv.* **11.** by express; unusually fast. **12.** specially; for a particular purpose. **–***n.* **13.** an express train, bus, etc. **14.** a messenger or message specially sent. **15.** a system or method for sending parcels, money, etc., quickly: *to send a parcel by express.* **–expresser** *n.* **–expressible** *adj.*

expression /əkˈsprɛʃən, ɛk-/ *n.* **1.** the act of setting forth in words: *the expression of opinions; the expression of facts.* **2.** a particular word, phrase, or form of words: *a polite expression.* **3.** the manner or form in which a thing is expressed in words. **4.** the showing of feeling, character, etc., on the face, in the voice, in a work of art, etc: *her loneliness found expression in her writing; she reads with a lot of expression.* **5.** a look or tone of voice that expresses feeling, etc.: *a sad expression.* **6.** the quality or power of expressing feeling, etc.: *a face that lacks expression.* **7.** the act of representing by symbols, etc. **8.** *Mathematics* a combination of numbers or symbols with no equals sign, which represents a number or mathematical entity. **9.** the act of pressing out. **–expressionless** *adj.*

expressionism /əkˈsprɛʃənɪzəm, ɛk-/ *n.* a theory of art especially that originating in Europe about the time of World War I, which emphasises free expression of the artist's emotional reactions rather than the representation of the natural

expressive

appearance of objects. **–expressionist** *n.*, *adj.* **–expressionistic** /əkspɹɛʃəˈnɪstɪk, ɛk-/ *adj.*

expressive /əkˈspɹɛsɪv, ɛk-/ *adj.* **1.** serving to express; indicative of power to express: *a look expressive of gratitude.* **2.** full of expression, as the face or voice. **3.** of, relating to, or concerned with expression. **–expressively** *adv.* **–expressiveness** *n.* **–expressivity** /ɛkspɹɛsˈɪvəti/ *n.*

expressway /əkˈspɹɛsweɪ, ɛk-/ *n.* a road designed for high speed traffic. Also, **freeway**.

expropriate /ɛksˈpɹoʊpɹieɪt/ *v.t.* **-ated**, **-ating**. **1.** to take, especially for public use by the right of eminent domain, thus divesting the title of the private owner. **2.** to dispossess (a person) of ownership. **–expropriation** /ɛkspɹoʊpɹiˈeɪʃən/ *n.* **–expropriator** *n.*

expulsion /əkˈspʌlʃən, ɛk-/ *n.* **1.** the act of driving out or expelling. **2.** the state of being expelled. **–expulsive** *adj.*

expunge /əkˈspʌndʒ, ɛk-/ *v.t.* **-punged**, **-punging**. **1.** to strike or blot out; erase; obliterate. **2.** to efface; wipe out or destroy. **–expunction** *n.* **–expunger** *n.*

expurgate /ˈɛkspɜgeɪt, -pəgeɪt/ *v.t.* **-gated**, **-gating**. **1.** to amend by removing offensive or objectionable matter: *to expurgate a book.* **2.** to purge or cleanse. **–expurgatorial** *adj.* **–expurgatory** *adj.* **–expurgation** /ɛkspɜˈgeɪʃən, -pəˈgeɪʃən/ *n.* **–expurgator** *n.* **–expurgated** *adj.*

exquisite /ˈɛkskwəzət, əkˈskwɪzət, ɛk-/ *adj.* **1.** of peculiar beauty or charm, or rare and appealing excellence, as a face, a flower, colouring, music, poetry, etc. **2.** extraordinarily fine, admirable, or consummate. **3.** intense, acute, or keen, as pleasure, pain, etc. **4.** keenly or delicately sensitive or responsive: *an exquisite ear for music.* **5.** of peculiar refinement or elegance, as taste, manners, etc., or persons. **–exquisitely** *adv.* **–exquisiteness** *n.*

extant /ɛkˈstænt, ˈɛkstənt/ *adj.* in existence; still existing; not destroyed or lost.

extempore /əkˈstɛmpəri, ɛk-/ *adv.* **1.** on the spur of the moment; without premeditation or preparation; offhand. **2.** without notes: *to speak extempore.* **3.** (of musical performance) by improvisation. **–***adj.* **4.** extemporaneous; impromptu. **–extemporaneous** *adj.* **–extemporaneously** *adv.*

extend /əkˈstɛnd, ɛk-/ *v.t.* **1.** to stretch out; draw out to the full length. **2.** to cause to reach or stretch: *he extended his soldiers along the front line.* **3.** to stretch forth or hold out: *she extended her hand.* **4.** to lengthen; prolong: *they extended the time of play.* **5.** to spread out in area, scope, etc.; expand: *they extended their operations interstate.* **6.** to offer; grant; give: *she extended me an invitation.* **–***v.i.* **7.** to be or become extended. **8.** to reach or stretch: *this road extends for miles.* **9.** to increase in length, area, scope, etc. **–extended** *adj.* **–extendible = extendable** *adj.*

extended family *n.* a family group or unit comprising not only parents and children but also immediate relatives, and sometimes people not related to the group; responsibility for all the children is shared by all the older members of the group. See **nuclear family**.

extensile /ɛkˈstɛnsaɪl/ *adj. Chiefly Zoology, Anatomy* capable of being extended; adapted for stretching out; extensible; protrusible.

extension /əkˈstɛnʃən, ɛk-/ *n.* **1.** an extending or being extended. **2.** something extended; an extended object, time or space: *an extension to a house; an extension of time.* **3.** range of extending; extent. **4.** an extra telephone connected to the same line as a main telephone. **5.** *Commerce* a written agreement by someone who is owed a debt to give extra time to the person who owes it. **6.** *Anatomy* the act of straightening a limb, or its resulting position. **7.** *Philosophy* the class of things to which a term applies; denotation: *the extension of the term 'man' includes individuals as 'Socrates', 'Plato', 'Aristotle', etc.* **–***adj.* **8.** of or relating to a course, service, etc., which is outside the normal work of an organisation: *the agriculture department offers an extension service to farmers.* **–extensional** *adj.* **–extensionally** *adv.*

extensive /əkˈstɛnsɪv, ɛk-/ *adj.* **1.** of great extent; wide; broad; covering a great area; large in amount: *an extensive forest, an extensive influence.* **2.** far-reaching; comprehensive; thorough; lengthy; detailed: *extensive knowledge; extensive inquiries.* **3.** of or having extension. **4.** relating to a system of agriculture involving the use or cultivation of large areas of land (as where land is cheap) with a minimum of labour and expense (opposed to *intensive*). **–extensively** *adv.* **–extensiveness** *n.*

extensor /əkˈstɛnsə, ɛk-, -sɔ/ *n. Anatomy* a muscle which serves to extend or straighten a part of the body (opposed to *flexor*).

extent /əkˈstɛnt, ɛk-/ *n.* **1.** the space or degree to which a thing extends; length, area, or volume: *the extent of a line, to the full extent of his power.* **2.** something extended; an extended space; a particular length, area, or volume; something having extension.

extenuate /əkˈstɛnjueɪt, ɛk-/ *v.t.* **-ated**, **-ating**. **1.** to represent (a fault, offence, etc.) as less serious: *to extenuate a crime.* **2.** to serve to make (fault, offence, etc.) seem less serious: *extenuating circumstances.* **3.** to underestimate, underrate, or make light of. **–extenuation** *n.* **–extenuatingly** *adv.* **–extenuative** *adj.* **–extenuator** *n.*

exterior /əkˈstɪəriə, ɛk-/ *adj.* **1.** outer; being on the outer side or surface; outside: *the exterior side or surface, exterior decorations.* **2.** situated or being outside; relating to or connected with what is outside: *the exterior possessions of a country.* **3.** *Geometry* (of an angle) outer, as an angle formed outside two parallel lines when cut by a third line. **–***n.* **4.** the outer surface or part; the outside; outward form or appearance. **5.** *Film, TV* a sequence shot out-of-doors. **–exteriority** /əkstɪəriˈɒrəti, ɛk-/ *n.* **–exteriorly** *adv.*

exterminate /əkˈstɜməneɪt, ɛk-/ *v.t.* **-nated**, **-nating**. to get rid of by destroying; destroy totally; extirpate. **–exterminatory** *adj.* **–exterminable** *adj.* **–extermination** /əkstɜməˈneɪʃən, ɛk-/ *n.* **–exterminator** *n.*

external /əkˈstɜnəl, ɛk-/ *adj.* **1.** of or relating to the outside or outer part; outer. **2.** (of a cream, etc.) to be applied to the outside of a body. **3.** acting or coming from without. **4.** relating to outward appearance or show: *external acts of worship.* **5.** relating to what is outside or foreign: *external commerce.* **6.** *Philosophy* belonging to the world of things, considered as separate from the mind. **7.** *Education* studying or studied outside a university, etc.: *an external degree.* **–***n.* **8.** (*plural*) things that are external and not absolutely necessary: *the externals of religion.* **–externality** *n.* **–externally** *adv.*

extinct /əksˈtɪŋkt, ɛk-/ *adj.* **1.** (of a volcano) extinguished; quenched; having ceased eruption. **2.** (of a species) without a living representative. **3.** (of an organisation, etc.) no longer working. **4.** having come to an end.

extinguish /əkˈstɪŋgwɪʃ, ɛk-/ *v.t.* **1.** to put out (a fire, light, etc.); put out the flame of (something burning or alight). **2.** to put an end to or bring to an end; wipe out of existence: *to extinguish a hope, a life, etc.* **3.** to obscure or eclipse, as by superior brilliance. **–extinguisher** *n.* **–extinguishable** *adj.* **–extinguishment** *n.*

extirpate /'ɛkstəpeɪt, -stə-/ v.t. **-pated, -pating. 1.** to remove utterly; destroy totally; exterminate; do away with. **2.** to pull up by the roots; root up. **–extirpation** /ɛkstɜ'peɪʃən, -stə-/ n. **–extirpative** adj. **–extirpator** n.

extol /ək'stoʊl, ɛk-/ v.t. **-tolled, -tolling.** to praise highly; laud; eulogise. Also, **extoll. –extoller** n. **–extolment** n.

extort /ək'stɔt, ɛk-/ v.t. **1.** to wrest or wring (something) from a person by violence, intimidation, or abuse of authority; obtain (money, information, etc.) by force, torture, threat, or the like. **2.** to take illegally under cover of office. **–extorter** n. **–extortive** adj.

extortion /ək'stɔʃən, ɛk-/ n. **1.** the act of extorting. **2.** Law the crime of obtaining money or other things of value under abuse of one's office or authority, when none is due or not so much is due, or before it is due. **3.** oppressive or illegal exaction, as of excessive price or interest. **4.** anything extorted. **–extortionate** adj. **–extortionary** adj. **–extortioner** n.

extra /'ɛkstrə/ adj. **1.** beyond or more than what is usual, expected, or necessary; additional: *an extra edition of a newspaper; an extra lecture.* **2.** better than usual: *extra fineness.* –n. **3.** something extra or additional. **4.** an additional expense. **5.** an edition of a newspaper other than the regular edition or editions. **6.** *Film* a person hired by the day to play a small part. **7.** (*usually plural*) *Cricket* a score or run not made from the bat, as a bye or a wide; a sundry. –adv. **8.** in excess of the usual or specified amount: *an extra high price.* **9.** beyond the ordinary degree; unusually; uncommonly: *done extra well.*

extract /ək'strækt/ v., /'ɛkstrækt/ n. –v.t. **1.** to draw forth or get out by force or effort: *The dentist must extract the tooth.* **2.** to draw out (a doctrine, principle, etc.). **3.** to obtain (pleasure, comfort, etc.) from a person, event, etc. **4.** to copy out (passages, etc.), as from a book, etc. **5.** to take by force (information, money, etc.). **6.** to separate or obtain (a juice, ingredient, etc.) from a mixture by pressure, distillation, etc. **7.** *Metallurgy* to separate (a metal) from an ore by any process. –n. **8.** something extracted, as the substance from a drug, plant, etc. **9.** a passage taken from a book, etc. **–extractive** adj. **–extractor** n. **–extractable, extractible** adj.

extraction /ək'strækʃən, ɛk-/ n. **1.** the act of extracting. **2.** the state or fact of being extracted. **3.** descent or lineage. **4.** something extracted; an extract.

extracurricular /ɛkstrəkə'rɪkjələ/ adj. outside the regular curriculum.

extramarital /ɛkstrə'mærətl/ adj. having to do with sexual relations with someone other than one's spouse.

extraneous /ək'streɪniəs, ɛk-/ adj. introduced or coming from without; not belonging or proper to a thing; external; foreign; not essential. **–extraneously** adv. **–extraneousness** n.

extraordinaire /ɛkstrədɔ'nɛə/ adj. (follows noun) **1.** (of a professional) unusually excellent or skilful: *a tenor extraordinaire.* **2.** extraordinary.

extraordinary /ək'strɔdənri, ɛk-/ adj. **1.** beyond what is ordinary; out of the regular or established order: *extraordinary power or expenses.* **2.** exceptional in character, amount, extent, degree, etc.; unusual; remarkable: *extraordinary weather, weight, speed, an extraordinary man or book.* **3.** (*usu. follows noun*) (of officials, etc.) outside of, additional to, or ranking below an ordinary one: *a professor extraordinary.* **–extraordinarily** adv. **–extraordinariness** n.

extrapolate /ɛk'stræpəleɪt/ v.t. **-lated, -lating.** to infer (what is not known) from that which is known; conjecture. **–extrapolation** /ɛkstræpə'leɪʃən/ n.

extrasensory /ɛkstrə'sɛnsəri/ adj. outside the normal sense perception. See **ESP**.

extraterrestrial /ɛkstrətə'rɛstriəl/ adj. outside of originating outside the earth.

extravagant /ək'strævəgənt, ɛk-/ adj. **1.** going beyond prudence or necessity in expenditure; wasteful: *an extravagant person.* **2.** excessively high; exorbitant: *extravagant expenses or prices.* **3.** exceeding the bounds of reason, as actions, demands, opinions, passions, etc. **4.** exceedingly elaborate; flamboyant: *an extravagant dress.* **–extravagantly** adv. **–extravagantness** n.

extravaganza /əkstrævə'gænzə, ɛk-/ n. **1.** a musical or dramatic composition, as comic opera or musical comedy, marked by wildness and irregularity in form and feeling and elaborateness in staging and costume. **2.** extravagant behaviour or speech.

extreme /ək'strim, ɛk-/ adj. **-tremer, -tremist,** n. –adj. **1.** of a character or kind most removed from the ordinary or average: *an extreme case; extreme measures.* **2.** very great in degree: *extreme joy.* **3.** outermost: *at the extreme edge of the forest.* **4.** farthest, or very far in any direction. **5.** going to the utmost lengths: *extreme fashions; extreme politics.* –n. **6.** the highest degree, or a very high degree: *showy in the extreme;* to *an extreme.* **7.** one of two things as different from each other as possible: *the extremes of joy and grief.* **8.** the farthest length, beyond the ordinary or average: *extreme in dress.* **–extremely** adv. **–extremeness** n.

extremism /ək'strimɪzəm, ɛk-/ n. a tendency or disposition to go to extremes, especially in political matters. **–extremist** n.

extremity /ək'strɛməti, ɛk-/ n. **-ties. 1.** the extreme or terminal point, limit, or part of something. **2.** a limb of the body. **3.** (*chiefly plural*) the end part of a limb, as a hand or foot. **4.** (*often plural*) a condition, or circumstances, of extreme need, distress, etc. **5.** the utmost or any extreme degree: *the extremity of joy.*

extricate /'ɛkstrəkeɪt/ v.t. **-cated, -cating. 1.** to disentangle; disengage; free: *to extricate one from a dangerous or embarrassing situation.* **2.** to liberate (gas, etc.) from combination, as in a chemical process. **–extricable** /ɛks'trɪkəbəl/ adj. **–extrication** /ɛkstrə'keɪʃən/ n.

extrinsic /ɛks'trɪnzɪk/ adj. **1.** extraneous; not inherent; unessential. **2.** being outside a thing; outward or external; operating or coming from without. **–extrinsically** adv.

extrovert /'ɛkstrəvɜt/ n. **1.** *Psychology* one characterised by extroversion; a person concerned chiefly with what is external or objective. Compare **introvert** (def. 1). –adj. **2.** marked by extroversion. –v.t. **3.** to direct (the mind, etc.) outwards, or to things outside the self. **–extroversion** n. **–extroverted** adj.

extrude /ɛk'strud/ v. **-truded, -truding.** –v.t. **1.** to thrust out; force or press out; expel. **2.** (in moulding or making metals, plastics, etc.) to form into a desired cross-sectional shape by ejecting through a shaped opening: *to extrude tubing.* –v.i. **3.** to protrude. **–extruder** n. **–extrusion** n.

exuberant /əg'zjubərənt, ɛg-/ adj. **1.** lavish; effusive: *an exuberant welcome.* **2.** full of vigour; abounding in high spirits: *the soldiers were exuberant after their victory.* **3.** profuse in growth or production; luxuriant; superabundant: *exuberant vegetation.* **–exuberance** n. **–exuberantly** adv.

exude /əg'zjud, ɛg-/ v. **-uded, -uding.** –v.i. **1.** to come out gradually in drops like sweat through pores or small openings; ooze out. –v.t. **2.** to send out like sweat; emit through pores or small open-

exult /əgˈzʌlt, egˈ-/ *v.i.* (sometimes fol. by *in*, *at*, *over*) to show or feel a lively or triumphant joy; rejoice exceedingly; be highly elated; be jubilant: *he exulted to find that he had won*. **–exultant** *adj.* **–exultation** *n.* **–exultingly** *adv.*

-ey¹ variant of **-y¹**, used especially after *y*, as in *clayey*.

-ey² variant of **-y²**, used especially after *y*.

eye /aɪ/ *n.* **eyes**, *v.* **eyed**, **eyeing** *or* **eying**. –*n.* **1.** the organ of sight or vision. **2.** this organ with respect to the colour of the iris: *blue eyes*. **3.** the region surrounding the eye: *a black eye*. **4.** sight; vision. **5.** power of seeing; appreciative or discriminating visual perception: *an eye for colour*. **6.** (*often plural*) look, glance, or gaze: *to cast one's eye on a thing*. **7.** (*often plural*) attentive look, close observation, or watch: *to be all eyes*. **8.** regard, respect, view, aim, or intention: *to have an eye to one's own advantage*; *with an eye to winning favour*. **9.** (*often plural*) manner or way of looking at a thing, estimation, or opinion: *in the eyes of the law*. **10.** something resembling or suggesting the eye in appearance, shape, etc., as the bud of a tuber, the central spot of a target, the lens of a camera, one of the round spots on the tail feathers of a peacock, the hole of a needle, a hole pierced in a thing for the insertion of some object, a metal or other ring as for a rope to pass through, or the loop into which a hook is inserted (forming together with the hook a **hook and eye**). **11.** *Meteorology* the central region of low pressure in a tropical hurricane, where calm conditions prevail, often with clear skies. –*v.t.* **12.** to fix the eyes upon; view. **13.** to observe or watch narrowly. –*phr.*
14. all my eye, *Colloquial* nonsense.
15. an eye for an eye, repayment in kind, as revenge for an injustice.
16. before (or **under**) **someone's very eyes**, in someone's presence.
17. catch someone's eye, to attract someone's attention.
18. cry one's eyes out, to weep copiously.
19. easy on the eye, attractive to look at.
20. get one's eye in, **a.** (in cricket and other ball games) to be able, through practice, to follow the movement of the ball. **b.** *Colloquial* to adapt oneself to a situation; become accustomed.
21. give someone the glad eye, to look amorously at someone.
22. have an eye for, to be discerning about; be a good judge of.
23. have eyes only for, **a.** to look at nothing else but. **b.** to desire nothing else but.
24. have one's eye on, **a.** to watch over carefully, especially for misdemeanour. **b.** to watch with interest in order to take; covet. **c.** to set one's sights on: *to have one's eye on the state archery team*.
25. in the public eye, often seen in public; well known.
26. keep an eye on, to watch attentively; mind.
27. keep an eye out for, to be watchful, or on the lookout for.
28. keep one's eye on the ball, **a.** (in cricket, golf, and other ball games) to watch the ball right up to the moment when one strikes it, catches it, etc. **b.** *Colloquial* to pay attention to the matter in hand.
29. keep one's eyes open (or **skinned**) (or **peeled**), to be especially watchful.
30. lay (or **clap**) (or **set**) **eyes on**, to catch sight of; see.
31. make eyes at, to gaze flirtatiously at.
32. make someone open their eyes, to astonish someone; cause someone to stare in surprise.
33. open the eyes of, to make (someone) aware of the truth of something or of something previously unknown; to enlighten.
34. pick the eyes out of, to select the best parts, pieces, etc., of (a collection).
35. run one's eye over, to glance at briefly.
36. see eye to eye, to have the same opinion; agree.
37. see with half an eye, to see easily; realise immediately.
38. shut (or **close**) **one's eyes to**, to refuse to see; disregard.
39. sight for sore eyes, a welcome sight; an agreeable sight.
40. turn a blind eye on (or **to**), to pretend not to see; ignore.
41. up to the eyes in, very busy with; deeply involved in.
42. with one's eyes open, fully aware of potential risks. **–eyeless** *adj.*

eyeball /ˈaɪbɔl/ *n.* **1.** the ball or globe of the eye. –*v.t.* **2.** to look at, especially to observe closely.

eyebrow /ˈaɪbraʊ/ *n.* **1.** the arch or ridge forming the upper part of the orbit of the eye. **2.** the fringe of hair growing upon it.

eyelash /ˈaɪlæʃ/ *n.* one of the short, thick, curved hairs growing as a fringe on the edge of an eyelid.

eyelet /ˈaɪlət/ *n.* **1.** a small, typically round hole, as in cloth or leather, for passing a lace or cord through. **2.** a metal ring for lining a small hole.

eyelid /ˈaɪlɪd/ *n.* the movable lid of skin which serves to cover and uncover the eyeball.

eyesight /ˈaɪsaɪt/ *n.* **1.** the power or faculty of seeing. **2.** the action or fact of seeing. **3.** the range of the eye.

eyesore /ˈaɪsɔ/ *n.* something unpleasant to look at: *the broken window was an eyesore to the neighbours*.

eyetooth /ˈaɪtuθ/ *n.* **-teeth** /-tiθ/. **1.** a canine tooth, especially of the upper jaw (so named from its position under the eye). –*phr.* **2. cut one's eyeteeth**, to become old and experienced enough to understand things. **3.** (**would**) **give one's eyeteeth for**, *Colloquial* to desire greatly.

eyewitness /ˈaɪwɪtnəs/ *n.* **1.** someone who actually beholds some act or occurrence, and hence can give testimony concerning it. –*adj.* **2.** given by an eyewitness.

eyrie /ˈɪəri, ˈɛəri/ *n.* **1.** the nest of a bird of prey, as an eagle or a hawk. **2.** a lofty nest of any large bird. **3.** an elevated habitation or situation. Also, **aerie**, **aery**, **eyry**.

Ff

F, f /ɛf/ *n.* **F's, Fs, f's** *or* **fs**. **1.** the sixth letter of the English alphabet. **2.** the sixth in order or in a series. **3.** *Music* the fourth degree in the scale of C major or the sixth in the relative scale of A minor.

fable /'feɪbəl/ *n.* **1.** a short tale to teach a moral, often with animals or inanimate objects as characters: *the fable of the tortoise and the hare.* **2.** a story not founded on fact. **3.** an untruth; a falsehood. **–fabler** *n.*

fabric /'fæbrɪk/ *n.* **1.** a cloth made by weaving, knitting, or felting fibres: *woollen fabrics.* **2.** framework; structure: *fabric of society.*

fabricate /'fæbrɪkeɪt/ *v.t.* **-cated, -cating**. **1.** to make by art and labour; construct. **2.** to make by assembling standard parts or sections. **3.** to devise or invent (a legend, lie, etc.). **4.** to fake; forge (a document). **–fabrication** /fæbrə'keɪʃən/ *n.* **–fabricator** *n.*

fabulous /'fæbjuləs/ *adj.* **1.** almost unbelievable: *a fabulous price.* **2.** *Colloquial* wonderful; exceptionally pleasing. **3.** told about in fables; legendary; not true or real: *the fabulous exploits of Hercules.* **–fabulously** *adv.* **–fabulousness** *n.*

facade /fə'sad, fæ-/ *n.* **1.** *Architecture* a face or front, or the principal face, of a building. **2.** an appearance, especially a misleading one: *behind his facade of benevolence he hides a cruel nature.* Also, **façade**.

face /feɪs/ *n., v.* **faced, facing.** *–n.* **1.** the front part of the head, from the forehead to the chin. **2.** sight; presence: *to someone's face.* **3.** a look or expression on the face: *sad face.* **4.** an expression, indicating ridicule, disgust, etc.: *to make faces.* **5.** *Colloquial* boldness; impudence: *to have the face to ask.* **6.** outward appearance: *old problems with new faces.* **7.** outward show; pretence: *to put a good face on the matter.* **8.** good name; prestige: *to save one's face; lose face.* **9.** a well-known person, especially one on whom a publicity drive, campaign, etc., depends; identity. **10.** an aspect of a hill, mountain, etc.: *the sheep were on the southern face.* **11.** the surface: *face of the earth.* **12.** the side or part of a side upon which the use of a thing depends: *the face of a cloth, document, playing card, watch, etc.* **13.** the most important side; the front: *the face of a building, arch, etc.* **14.** the acting, striking, or working surface of an implement, tool, bat, club, etc. **15.** *Geometry* any one of the bounding surfaces of a solid figure: *a cube has six faces.* **16.** *Mining* the front or end of a drift or excavation, where the material is being or was last mined. **17.** *Printing* **a.** the working surface of a type, plate, etc. **b.** the style or appearance of type; typeface: *broad face; narrow face.* *–v.t.* **18.** to look towards: *face the light.* **19.** to have the front towards or in the direction of: *the statue faces the park.* **20.** to meet face to face; confront: *faced with a problem.* **21.** to see a matter through despite embarrassment: *to face a thing out.* **22.** to oppose confidently or defiantly: *to face fearful odds.* **23.** to cover or partly cover with a different material in front: *a brick house faced with wood.* **24.** to cover some part of (a garment) with another material. *–v.i.* **25.** (sometimes fol. by *to, towards,* or *on*) to be turned or positioned: *the houses face to the south; the house faces on the square.* **26.** to turn in a specified direction: *to face right. –phr.* **27. at face value, a.** at the value shown on the ticket, price tag, etc. **b.** according to appearances. **28. come face to face with,** to be confronted with: *to come face to face with death.* **29. face it out,** to ignore or defy blame, hostility, etc. **30. face someone out, a.** to stare someone out. **b.** to cause someone to concede by adhering consistently to a particular version. **31. face to face,** opposite: *the buildings are face to face.* **32. face up to,** to meet courageously; acknowledge; deal with. **33. in the face of, a.** notwithstanding: *in the face of many obstacles.* **b.** when confronted with: *to keep up prices in the face of a falling market.* **34. look someone in the face,** to meet someone without fear or embarrassment. **35. off one's face,** *Colloquial* **a.** mad; insane. **b.** incapacitated as a result of taking drugs, alcohol, etc. **36. on the face of it,** to all appearances; seemingly. **37. put on one's face,** to put on make-up. **38. set one's face against,** to oppose implacably. **39. show one's face,** to make an appearance; be seen. **–faceable** *adj.*

facelift /'feɪslɪft/ *n.* **1.** a session or course of plastic surgery on the face for the elimination of wrinkles, etc. **2.** any improvement in appearance: *to give an ancient building a facelift.* **–facelifting** *n., adj.*

facer /'feɪsə/ *n.* **1.** a person or thing that faces, especially a cutter for smoothing a surface. See **face** (def. 23). **2.** *Colloquial* a sudden and severe check; a disconcerting difficulty, problem, etc. **3.** *Colloquial* a blow in the face.

facet /'fæsət/ *n.* **1.** one of the small plane polished surfaces of a cut gem. **2.** aspect; phase: *a facet of the mind.*

facetious /fə'siʃəs/ *adj.* **1.** intended to be amusing: *his facetious remarks are often merely irreverent.* **2.** trying to be amusing: *a facetious person.* **–facetiously** *adv.* **–facetiousness** *n.*

facial /'feɪʃəl/ *adj.* **1.** having to do with the face. *–n.* **2.** *Colloquial* a massage or treatment for the face. **–facially** *adv.*

-facient a suffix forming adjectives meaning 'that makes or causes (something)' and nouns meaning 'one that makes or causes (something)', as in *absorbefacient,* noun and adjective.

facile /'fæsaɪl/ *adj.* **1.** moving, acting, working, proceeding, etc., with ease: *a facile hand, tongue, pen, etc.* **2.** easily done, performed, used, etc.: *a facile victory, method, etc.* **3.** easy or unconstrained, as manners or persons; affable, agreeable, or complaisant; easily influenced. **4.** glib; a *facile expression.* **–facilely** *adv.* **–facileness** *n.*

facilitate /fə'sɪləteɪt/ *v.t.* **-tated, -tating**. to make easier or less difficult; help forward (an action, a process, etc.). **–facilitation** /fəsɪlə'teɪʃən/ *n.*

facility /fə'sɪləti/ *n.* **-ties**. **1.** something that makes possible the easier performance of any action;

facing / **fair**

facing /'feɪsɪŋ/ n. **1.** a covering in front, for ornament, protection, etc., as an outer layer of different stone forming the face of a wall. **2.** material applied on the edge of a garment for ornament or protection. **3.** *NZ* an open hillside; face.

facsimile /fæk'sɪməli/ n. **1.** an exact copy. **2. a.** (formerly) a method of transmitting pictures by radio telegraph. **b.** → **fax**.

fact /fækt/ n. **1.** what has really happened or is the case; truth; reality: *in fact rather than theory*; *the fact of the matter is*. **2.** something known to have happened; a truth known by actual experience or observation: *scientists working with facts*. **3.** something said to be true or supposed to have happened: *the facts are as follows*. **4.** *Law* **a.** an actual or alleged physical or mental event or existence, as distinguished from a legal effect or consequence. Thus, whether certain words were spoken is *a question of fact*; whether, if spoken, they constituted a binding promise, is usually *a question of law*. **b.** a wrongful deed (now only in certain legal phrases): *before the fact*; *after the fact*. –*phr.* **5. in fact**, really; indeed. –**factual** *adj*.

faction /'fækʃən/ n. **1.** a smaller group of people within a larger group, often one using unscrupulous methods to accomplish selfish purposes. **2.** party strife or intrigue: *faction has no regard for national interests*. –**factionary**, **factionist** *n*.

factious /'fækʃəs/ adj. **1.** acting only in the interests of a group or faction: *factious opposition*. **2.** caused by factional spirit or strife: *factious quarrels*. –**factiously** *adv*. –**factiousness** *n*.

factitious /fæk'tɪʃəs/ adj. **1.** artificial; not spontaneous or natural: *a factitious value*, *factitious enthusiasm*. **2.** made; manufactured. –**factitiously** *adv*. –**factitiousness** *n*.

factor /'fæktə/ n. **1.** one of the elements that contribute to bringing about any given result. **2.** *Mathematics* one of two or more numbers, algebraic expressions, or the like, which when multiplied together produce a given product; a divisor: *6 and 3 are factors of 18*. **3.** someone who acts, or transacts business, for another. **4.** an agent entrusted with possession of goods for sale. –**factorship** *n*.

factorial /fæk'tɔrɪəl/ *Mathematics* –*n*. **1.** the product of an integer multiplied by all the lower integers: *the factorial of 4 (written 4!) is 4 × 3 × 2 × 1 = 24*. –*adj*. **2.** having to do with factors or factorials.

factory /'fæktri, -təri/ n. -ries. a building or group of buildings, usually with equipment, where goods are manufactured. –**factory-like** *adj*.

factotum /fæk'toʊtəm/ n. someone employed to do all kinds of work for another.

faculty /'fækəlti/ n. -ties. **1.** an ability, natural or acquired, for a particular kind of action. **2.** one of the powers of the mind, as memory, reason, speech, etc.: *the mental faculties*, *be in full possession of all one's faculties*. **3.** an inherent capability of the body: *the faculties of sight and hearing*. **4.** *Education* **a.** one of the branches of learning, as arts, law, or medicine, in a university. **b.** the teaching body, sometimes with the students, in any of these branches. **5.** the members of a learned profession, especially the medical profession.

fad /fæd/ n. a temporary, usually irrational pursuit, by numbers of people, of some action that excites attention and has prestige.

fade /feɪd/ v. **faded**, **fading**. –*v.i.* **1.** to lose freshness, vigour, strength, or health: *the flower faded*. **2.** to lose brightness or vividness, as light or colour. –*v.t.* **3.** to cause to fade: *sunshine faded the tapestry*. –*phr.* **4. fade away**, to disappear or die gradually: *her smile faded*. **5. fade in** (or **up**), *TV*, *Radio*, *Film* to cause (sound or vision) to increase gradually. **6. fade out**, **a.** *TV*, *Radio*, *Film* to cause (sound or vision) to decrease gradually. **b.** to ease oneself out of a difficult situation. –**fader** *n*.

faeces = **feces** /'fisiz/ pl. n. waste matter discharged from the intestines; excrement. –**faecal** /'fikəl, 'fisəl/ *adj*.

fag /fæg/ v. **fagged**, **fagging**. n. –*v.i.* **1.** to work till wearied; work hard: *to fag away at French*. –*n.* **2.** *Brit.* a younger boy at a public school required to perform certain services for an older pupil. **3.** *Colloquial* a cigarette. –*phr.* **4. fag out**, to tire by labour; exhaust: *we were fagged out*.

faggot /'fægət/ n. **1.** a bundle of sticks, twigs, or small branches, etc. bound together, used for fuel, etc. **2.** a bundle of pieces of iron or steel to be welded. **3.** *Colloquial* (*derogatory*) a male homosexual. Also, *US*, **fagot**.

Fahrenheit /'færənhaɪt/ adj. **1.** having to do with a scale of temperature in which the melting point of ice is 32 degrees above zero (32°F) and the boiling point of water is 212 degrees above zero (212°F). The relation of the degree Fahrenheit to the degree Celsius (°C) is expressed by the formula °F = $\frac{9}{5}$°C + 32. –*n.* **2.** the Fahrenheit scale.

fail /feɪl/ v.i. **1.** to come short or be wanting in action, detail, or result; disappoint or prove lacking in what is attempted, expected, desired, or approved. **2.** to be or become deficient or lacking; fall short; be insufficient or absent: *our supplies failed*. **3.** to fall off; dwindle; pass or die away. **4.** to lose strength or vigour; become weaker. **5.** to become unable to meet one's engagements, especially one's debts or business obligations; become insolvent or bankrupt. –*v.t.* **6.** to neglect to perform or observe: *he failed to come*. **7.** to prove of no use or help to, as some expected or usual resource: *his friends failed him*; *words failed her*. **8.** to take (an examination, etc.) without passing. **9.** to declare (a person) unsuccessful in a test, course of study, etc. **10.** to declare (a vehicle, train, etc.) unroadworthy. –*n.* **11.** an examination score which is classified as a failure. –*phr.* **12. without fail**, for certain; with certainty.

failing /'feɪlɪŋ/ n. **1.** a defect; shortcoming; weakness. –*prep.* **2.** in the absence or default of: *failing payment, we shall sue*. –**failingly** *adv*.

fail-safe /'feɪl-seɪf/ adj. ensuring safety in the event of failure or accident: *a fail-safe system*.

failure /'feɪljə/ n. **1.** an act of failing; lack of success: *his effort ended in failure*. **2.** non-performance of something due or required: *a failure to do as promised*. **3.** a running short; insufficiency: *failure of crops*, *failure of supplies*. **4.** loss of strength, etc.: *the failure of health*. **5.** inability to meet financial commitments. **6.** someone or something that proves unsuccessful.

faint /feɪnt/ adj. **1.** lacking brightness, clearness, loudness, strength, etc.: *a faint light*; *a faint sound*; *a faint similarity*. **2.** half-hearted: *faint resistance*; *faint praise*. **3.** feeling weak, dizzy, or exhausted: *faint with hunger*. –*v.i.* **4.** to lose consciousness for a short time; swoon. –*n.* **5.** short loss of consciousness; a swoon. –**fainter** *n*. –**faintish** *adj*. –**faintly** *adv*. –**faintness** *n*.

fair[1] /feə/ adj. **1.** free from bias, dishonesty, or injustice: *a fair decision or judge*. **2.** that is legit-

fair 278 **fall**

imately sought, pursued, done, given, etc.; proper under the rules: *fair game, stroke, hit, etc.* **3.** moderately good, large, or satisfactory; not undesirable, but not excellent: *a fair income, appearance, reputation.* **4.** marked by favouring conditions; likely; promising: *in a fair way to succeed.* **5.** *Meteorology* **a.** (of the sky) bright; sunny; cloudless to half-cloudy. **b.** (of the weather) fine; with no aspect of rain, snow, or hail; not stormy. **6.** free from blemish, imperfection, or anything that impairs the appearance, quality, or character: *a fair copy.* **7.** clear; easy to read: *fair handwriting.* **8.** of a light hue; not dark: *fair skin.* **9.** beautiful; pleasing in appearance; attractive. **10.** seemingly good or sincere but not so: *fair promises.* **11.** courteous; civil: *fair words.* –*adv.* **12.** in a fair manner: *he doesn't play fair.* **13.** straight; directly, as in aiming or hitting. **14.** *Colloquial* completely: *I was fair flabbergasted.* –*phr.* **15. a fair cop**, *Colloquial* the discovery of a wrongdoer in the act or with guilt apparent. **16. a fair treat**, *Colloquial* excellently; splendidly. **17. fair and square**, *Colloquial* **a.** honest; just; straightforward: *a fair and square deal.* **b.** directly; accurately: *I hit him fair and square on the chin.* **c.** honestly; justly; straightforwardly: *to be beaten fair and square.* **18. fair's fair**, (an exclamation offered as a plea for fair play). **19. fair suck (of the sauce bottle)**, *Australian Colloquial* → **fair go. 20. fair to middling**, *Colloquial* tolerably good; so-so. **21. in a fair way to**, likely to; on the way to: *you're in a fair way to becoming an alcoholic, the amount you drink.* –**fairness** *n.*

fair[2] /fɛə/ *n.* **1.** an amusement show, originally as accompanying a sale of livestock; now usually travelling from place to place, having sideshows, merry-go-rounds, dodgems, etc. **2.** a periodic gathering of buyers and sellers, as of livestock, books, antiques, etc., in an appointed place. **3.** an exhibition, especially an international one, for the display of national industrial and other achievements: *International Trade Fair.*

fair dinkum *Australian, NZ Colloquial* –*adj.* **1.** true, genuine, dinkum: *are you fair dinkum?* –*interj.* **2.** Also, **fair dink.** (an assertion of truth or genuineness): *it's true, mate, fair dinkum.*

fair enough *Colloquial* –*adj.* **1.** acceptable; passable. –*interj.* **2.** (a statement of acquiescence, or agreement).

fair game *n.* a legitimate, suitable, or likely subject of attack.

fair go *Australian, NZ Colloquial* –*n.* **1.** a fair or reasonable course of action: *do you think that's a fair go?* **2.** a chance to get on with something without interference or distraction: *the chairperson pleaded for silence and a fair go for the speaker.* –*interj.* **3.** (an appeal for fairness or reason): *fair go, mate!*

fairly /ˈfɛəli/ *adv.* **1.** in a fair manner; justly; impartially. **2.** moderately; tolerably: *fairly good.* **3.** actually; completely: *the wheels fairly spun.* **4.** properly; legitimately.

fairway /ˈfɛəweɪ/ *n.* **1.** an unobstructed passage or way. **2.** *Golf* the part of the links between tees and putting greens where the grass is kept short.

fairy /ˈfɛəri/ *n.* **-ries**, *adj.* –*n.* **1.** one of a class of supernatural beings, generally conceived as of diminutive human form, having magical powers capriciously exercised for good or evil in human affairs. **2.** such beings collectively. **3.** *Colloquial* a homosexual male –*adj.* **4.** having to do with fairies. **5.** of the nature of a fairy; fairy-like. –*phr.* **6. away** (or **off**) **with the fairies**, *Australian, NZ Colloquial* no longer in tune with reality. **7. shoot a fairy**, *Colloquial* to fart. –**fairy-like** *adj.*

fairy penguin *n.* a small penguin, *Eudyptula minor*, steely blue on top and white underneath, with silver-grey eyes and a black bill, found in the southern coastal regions of Australia and in New Zealand. Also, **little penguin.**

fairytale /ˈfɛəriteɪl/ *n.* **1.** a tale, usually involving fairies and folklore, as told to children. **2.** a statement or account of something imaginary or incredible. **3.** a lie; fabrication. –*adj.* **4.** relating to or likely to occur in a fairytale; unreal.

faith /feɪθ/ *n.* **1.** confidence or trust in someone or something. **2.** belief which is not based on proof. **3.** belief in the teachings of religion. **4.** a system of religious belief: *Christian faith; Jewish faith.* **5.** a duty or obligation of loyalty (to a person, promise, engagement, etc.): *to keep or break faith with; to act in good faith; act in bad faith.* –**faithless** *adj.*

faithful /ˈfeɪθfəl/ *adj.* **1.** strict or thorough in the performance of duty. **2.** true to one's word, promises, vows, etc. **3.** full of or showing loyalty or fidelity. **4.** that may be relied upon, trusted, or believed. **5.** adhering or true to fact or an original: *a faithful account; a faithful copy.* –*phr.* **6. the faithful**, **a.** the believing members of the Christian Church or of some branch of it. **b.** the adherents of the Muslim faith. **c.** the body of loyal members of any party or group. –**faithfully** *adv.* –**faithfulness** *n.*

fake /feɪk/ *v.* **faked, faking**, *n., adj. Colloquial* –*v.t.* **1.** to prepare or make (something) deceptive, or fraudulent: *to fake money.* **2.** to pretend; simulate: *to fake illness.* –*n.* **3.** someone who fakes: *you can tell he's a fake.* **4.** something faked or not genuine: *that diamond's a fake.* –*adj.* **5.** designed to deceive or cheat: *he sold fake watches.*

fakir /ˈfeɪkɪə/ *n.* a Muslim or Hindu religious ascetic or mendicant monk. Also, **fakeer.**

falcon /ˈfælkən, ˈfɒlkən, ˈfɔkən/ *n.* any of various diurnal birds of prey of the family Falconidae, especially of the genus *Falco*, such as the **peregrine falcon** (*F. peregrinus*), having long, pointed wings and a notched bill, and taking its quarry as it moves. **2.** any of various hawks used in falconry, and trained to hunt other birds and game (properly, the female only, the male being known as a tercel).

fall /fɔl/ *v.* **fell, fallen, falling**, *n.* –*v.i.* **1.** to descend from a higher to a lower place or position through loss or lack of support; drop. **2.** to come down suddenly from a standing or erect position: *to fall on one's knees.* **3.** to become less or lower: *the temperature fell ten degrees.* **4.** to hang down; extend downwards: *her hair falls to her waist.* **5.** to be cast down, as the eyes. **6.** to succumb to temptation. **7.** to lose high position, dignity, character, etc. **8.** to succumb to attack: *the city fell to the enemy.* **9.** to be overthrown, as a government. **10.** to drop down wounded or dead; be slain: *to fall in battle.* **11.** to come as if by dropping, as stillness, night, etc. **12.** to come by lot or chance: *their choice fell upon him.* **13.** to come by chance into a particular position: *to fall among thieves.* **14.** to come to pass; occur; happen: *Christmas falls on a Monday this year.* **15.** to have proper place: *the accent falls on the first syllable.* **16.** come by right: *the inheritance fell to the only surviving relative.* **17.** (of speech, etc.) to issue or proceed: *the words that fall from his lips.* **18.** to lose animation, as the face. **19.** to slope, as land. **20.** to be directed, as light, sight, etc., on something. **21.** to come down in fragments, as a building. –*v.* (*copular*) **22.** to pass into some condition or relation: *to fall asleep, in love, into ruin.* **23.** to become: *to fall sick, pregnant, vacant, due.* –*v.t.* **24.** *Australian, NZ* to fell (trees, etc.) –*n.* **25.** the act of falling, or dropping from a higher to a lower place or position; descent, as of

fall / family

rain, snow, etc. **26.** the quantity that descends. **27.** a becoming less; a lowering; a sinking to a lower level. **28.** the distance through which anything falls. **29.** (*usually plural*) a cataract or waterfall. **30.** downward slope or declivity. **31.** a falling from an erect position, as to the ground: *to have a bad fall*. **32.** a hanging down. **33.** a succumbing to temptation; lapse into sin. **34.** surrender or capture, as of a city. **35.** proper place: *the fall of an accent on a syllable*. **36.** *Wrestling* **a.** the fact or a method of being thrown on one's back by an opponent and held down with both shoulders on the canvas for a specific period of time, usually a count of three; a pinfall. **b.** a bout, or one of the best of three victories which go to make up a bout: *to try a fall*. **37.** *Chiefly US* autumn. **38.** a stand of trees suitable for felling. *–phr.* **39. fall about**, *Colloquial* to laugh immoderately. **40. fall apart**, (of an organisation, business, scheme, etc.) to cease to operate or function effectively, resulting in failure. **41. fall away**, **a.** to withdraw support or allegiance. **b.** to decline; decay; perish. **c.** to lose flesh; become lean. **d.** *Nautical* to deviate from the course to which the head of the ship is directed. **42. fall back**, to recede; give way; retreat. **43. fall back on**, **a.** *Military* to retreat to. **b.** to have recourse to. **44. fall behind**, to slacken in pace or progress; lag: *to fall behind in work, payments, etc.* **45. fall down**, to fail: *to fall down on the job*. **46. fall flat**, to fail to have a desired effect: *his jokes fell flat*. **47. fall for**, **a.** to be deceived by. **b.** to fall in love with. **48. fall in**, **a.** to sink inwards; fall to pieces inwardly. **b.** to take one's proper place in line, as a soldier. **c.** to agree. **d.** to make a mistake, especially when tricked into doing so. **49. fall into**, to be naturally divisible into: *the nut falls into halves*. **50. fall into place**, to eventuate in a satisfactory way. **51. fall in with**, **a.** to meet and become acquainted with. **b.** to agree to. **52. fall off**, **a.** to drop off. **b.** to separate or withdraw. **c.** to become estranged; withdraw from allegiance. **d.** to decline in vigour, interest, etc. **e.** to decrease in number, amount, intensity, etc.; diminish. **53. fall off the back of a truck**, *Colloquial* to be obtained by questionable or illegal means. **54. fall on hard times**, to experience trouble in one's life. **55. fall on** (or **upon**), **a.** to assault; attack. **b.** to light upon; chance upon. **56. fall on one's feet**, to emerge from a difficult or adverse situation without serious harm. **57. fall out**, **a.** to drop out of one's place in line, as a soldier. **b.** to disagree; quarrel. **c.** to occur; happen; turn out. **58. fall out of the air**, (of an aircraft) to have a complete loss of power resulting in a crash landing. **59. fall over oneself**, **a.** to become confused in attempting to take some action. **b.** to be very enthusiastic: *people were falling over themselves to sign up*. **60. fall short**, **a.** to fail to reach a particular amount, degree, standard, etc. **b.** to prove insufficient; give out. **61. fall through**, to come to naught; fail; miscarry. **62. fall to**, **a.** to betake or apply oneself to; begin: *to fall to work; to fall to argument; to fall to blows, etc.* **b.** to begin to eat. **63. fall under**, to be classed as; be included in. **64.** (*sometimes cap.*) **the fall**, *Theology* **a.** the transgression of Adam and Eve from which ensued the lapse of humankind into a state of natural or innate sinfulness: *the fall of humankind*. **b.** this lapsed state of humanity.

fallacy /ˈfæləsi/ *n.* **-cies. 1.** a deceptive, misleading, or false notion, belief, etc.: *a popular fallacy*. **2.** a misleading or unsound argument. **3.** deceptive, misleading, or false nature. **4.** *Logic* any of various types of erroneous reasoning that render arguments logically unsound. **–fallacious** *adj.*

fallible /ˈfæləbəl/ *adj.* **1.** liable to be deceived or mistaken; liable to err. **2.** liable to be erroneous or false. **–fallibility** /fælə'bɪləti/, **fallibleness** *n.* **–fallibly** *adv.*

Fallopian tubes /fə'loupiən tʃubz/ *pl. n. Anatomy* the uterine tubes, a pair of slender oviducts leading from the ovaries to the uterus, for transport and fertilisation of ova.

fallout /ˈfɔlaʊt/ *n.* **1.** the descent of airborne particles of dust, soot, or, more particularly, of radioactive materials resulting from a nuclear explosion. **2.** the indirect effects of a decision, event, etc.

fallow /ˈfæloʊ/ *adj.* ploughed and left unseeded for a season or more; uncultivated. **–fallowness** *n.*

false /fɔls, fɒls/ *adj.* **falser, falsest.** *–adj.* **1.** not true or correct; erroneous: *a false statement*; *a false accusation*. **2.** uttering or declaring what is untrue: *false prophets*; *a false witness*. **3.** deceitful; treacherous; faithless: *a false friend*. **4.** deceptive; used to deceive or mislead: *false weights*; *to give a false impression*. **5.** not genuine: *a false signature*; *false diamonds*; *false teeth* **6.** *Biology* improperly so called, as from deceptive resemblance to something that properly bears the name: *the false acacia*. **7.** inaccurate in pitch, as a musical note. *–phr.* **8. play someone false**, to behave disloyally towards someone. **–falsely** *adv.* **–falseness** *n.* **–falsity** *n.*

falsehood /ˈfɔlshʊd/ *n.* **1.** lack of conformity to truth or fact. **2.** something false; an untrue idea, belief, etc.

false pretences *pl. n.* the use of false representations, forged documents, or similar illegal devices to obtain money or property.

falsetto /fɒl'sɛtoʊ/ *n.* **-os. 1.** an unnaturally or artificially high-pitched voice or register, especially in a man. **2.** someone who sings with such a voice.

falsify /ˈfɔlsəfaɪ/ *v.t.* **-fied, -fying. 1.** to make false or incorrect, especially so as to deceive. **2.** to alter fraudulently. **3.** to represent falsely; misrepresent. **4.** to show or prove to be false; disprove. **–falsifiable** *adj.* **–falsification** /fɔlsəfə'keɪʃən/ *n.* **–falsifier** *n.*

falter /ˈfɔltə/ *v.i.* **1.** to hesitate or waver in action, purpose, etc.; give way. **2.** to speak hesitatingly or brokenly. **3.** to become unsteady in movement, as a person, an animal, or the legs, steps, etc.: *with faltering steps*. **–falteringly** *adv.*

fame /feɪm/ *n.* **1.** widespread reputation, especially of a favourable character: *literary fame*. **2.** reputation; common estimation; opinion generally held. **–fameless** *adj.*

familiar /fəˈmɪljə/ *adj.* **1.** well-known: *a familiar sight*. **2.** well-acquainted: *to be familiar with a subject*. **3.** easy; informal: *to write in familiar style*. **4.** close; intimate: *a familiar friend*; *to be on familiar terms*. **5.** unduly intimate; taking liberties; presuming. *–n.* **6.** a close friend. **–familiarise = familiarize** *v.* **–familiarly** *adv.* **–familiarity** *n.*

family /ˈfæməli, ˈfæmli/ *n.* **-lies,** *adj.* *–n.* **1.** parents

family law

and their children, whether dwelling together or not. **2.** one's children collectively. **3.** any group of persons closely related by blood, as parents, children, uncles, aunts, and cousins. **4.** all those persons descended from a common progenitor. **5.** descent, especially good or noble descent: *young men of family.* **6.** a group of persons who form a household and who regard themselves as having familial ties. **7.** *US* an independent unit of the Mafia. **8.** *Biology* the usual major subdivision of an order or suborder, commonly comprising several genera, as Equidae (horses), Formicidae (ants), Orchidaceae (orchids). Names of animal families end in *-idae*, of plant families in *-aceae*. **9.** any group of related things. **10.** (in the classification of languages) a number of languages all of which are more closely related to each other than any of them are to any language outside the group, usually a major grouping admitting of subdivisions: *English is of the Indo-European family.* *-adj.* **11.** of, relating to, or used by a family: *the family car; a family pack.* **12.** (of a film, television program, etc.) of a type suitable in subject matter and treatment for all members of the family to see. *-phr.* **13. in the family way,** *Colloquial* pregnant. **-familial** *adj.*

family law *n.* the body of federal law which pertains to the rights of parents and their children, especially at the time of the break-up of the family unit.

family planning *n.* the regulation of the number of children born into a family by the use of various methods of birth control.

family tree *n.* a genealogical chart showing the ancestry, descent, and relationship of the members of a family, as of people, animals, languages, etc.

famine /'fæmən/ *n.* **1.** extreme and general scarcity of food. **2.** any extreme and general scarcity.

famished /'fæmɪʃt/ *adj. Colloquial* very hungry.

famous /'feɪməs/ *adj.* celebrated in fame or public report; renowned; well known: *a famous victory.* **-famously** *adv.* **-famousness** *n.*

fan[1] /fæn/ *n., v.* **fanned, fanning.** *-n.* **1.** any device for causing a current of air by the movement of a broad surface or a number of such surfaces. **2.** such an object made of feathers, leaves, paper, cloth, etc., designed to be hand-held. **3.** anything resembling such an implement, as the tail of a bird. **4.** any of various devices consisting essentially of a series of radiating vanes or blades attached to and revolving with a central hublike portion, and used to produce a current of air. **5.** a series of revolving blades supplying air for winnowing or cleaning grain. **6.** *Geology* a fan-shaped shingle, deposit, etc. *-v.t.* **7.** to move or agitate (the air) with, or as with, a fan. **8.** to cause air to blow upon, as from a fan; cool or refresh with, or as with, a fan. **9.** to stir to activity with, or as with, a fan: *fan a flame, emotions, etc.* **10.** (of a breeze, etc.) to blow upon, as if driven by a fan. **11.** to spread out like a fan. **12.** *Agriculture* to winnow, especially by an artificial current of air. *-phr.* **13. fan out, a.** to spread out like a fan: *the peacock's tail fans out.* **b.** (of people, especially soldiers) to spread out in pursuance of a plan, especially one which involves covering a wide terrain. **-fanlike** *adj.* **-fanner** *n.*

fan[2] /fæn/ *n. Colloquial* an enthusiastic devotee or follower: *a football fan; a film fan.*

fanatic /fə'nætɪk/ *n.* **1.** a person with an extreme and unreasoning enthusiasm or zeal, especially in religious matters. *-adj.* **2.** fanatical. **-fanatical** *adj.*

fanbelt /'fænbɛlt/ *n.* the belt which drives the cooling fan of a motor, especially a car motor.

fanciful /'fænsəfəl/ *adj.* **1.** exhibiting fancy; quaint

or odd in appearance: *a fanciful design.* **2.** suggested by fancy; imaginary; unreal. **3.** led by fancy rather than by reason and experience; whimsical: *a fanciful mind.* **-fancifully** *adv.* **-fancifulness** *n.*

fancy /'fænsi/ *n.* **-cies,** *adj.* **-cier, -ciest,** *v.* **-cied, -cying,** *interj.* *-n.* **1.** imagination, especially as exercised in a capricious or desultory manner. **2.** a mental image or conception. **3.** an idea or opinion with little foundation; a hallucination. **4.** a caprice; whim; vagary. **5.** capricious preference; inclination; a liking: *to take a fancy to something.* *-adj.* **6.** adapted to please the taste or fancy; of delicate or refined quality: *fancy goods; fancy fruits.* **7.** ornamental. **8.** depending on fancy or caprice; whimsical; irregular. **9.** bred to develop points of beauty or excellence, as an animal. *-v.t.* **10.** to form a conception of; picture to oneself: *fancy living with him all your life!* **11.** to believe without being sure or certain. **12.** to take a liking to; like. **13.** to place one's hopes or expectations on: *I fancy her for our next MP.* *-interj.* **14.** (an expression of mild surprise). *-phr.* **15. fancy oneself,** *Colloquial* to hold an excessively good opinion of one's own merits.

fancy dress *n.* **1.** dress chosen in accordance with the wearer's fancy, for wear at a ball or the like, as that characteristic of a particular period or place, class of persons, or historical or fictitious character. **2.** any bizarre or unusual costume.

fanfare /'fænfɛə/ *n.* **1.** a flourish or short air played on trumpets or the like. **2.** an ostentatious flourish or parade.

fang[1] /fæŋ/ *n.* **1.** one of the long, sharp, hollow or grooved teeth of a snake, by which venom is injected. **2.** a canine tooth. **3.** the root of a tooth. **4.** a pointed tapering part of a thing. **5.** *Colloquial* a tooth. **-fanged** *adj.* **-fangless** *adj.* **-fanglike** *adj.*

fang[2] /fæŋ/ *v.t.* **1.** to drive (a motor vehicle) at high speed. *-v.i.* **2.** to move (*along, down,* etc.) in a motor vehicle at high speed.

fanlight /'fænlaɪt/ *n.* a fan-shaped or other window above a door or other opening.

fantail /'fænteɪl/ *n.* **1.** a tail, end, or part shaped like a fan. **2.** one of a fancy breed of domestic pigeons with a fan-shaped tail. **3.** any of various small birds of the genus *Rhipidura*, having fanlike tails, as *R. fuliginosa* of New Zealand. **4.** one of an artificially bred variety of goldfish with double anal and caudal fins.

fantasise = **fantasize** /'fæntəsaɪz/ *v.i.* **-sised, -sising.** to indulge in an extended and elaborate daydream. **-fantasiser** *n.*

fantastic /fæn'tæstɪk/ *adj.* **1.** peculiar or strange in character, design, movement, etc.: *fantastic ornaments.* **2.** fanciful or unexpected, as persons or their ideas, actions, etc. **3.** imaginary; groundless; not real: *fantastic fears.* **4.** very fanciful; irrational: *fantastic reasons.* **5.** *Colloquial* large, great: *a fantastic sum of money.* **6.** *Colloquial* very good; fine; wonderful. Also, **fantastical. -fantastically** *adv.* **-fantasticalness, fantasticality** /fæn,tæs-tə'kæləti/ *n.*

fantasy /'fæntəsi, -zi/ *n.* **-sies.** **1.** imagination, especially when unrestrained. **2.** the forming of grotesque mental images. **3.** a hallucination. **4.** an ingenious or odd thought, design, or invention. **5.** *Music, Literature* a fantasia. Also, **phantasy.**

FAQ /ɛf eɪ 'kju, fæk/ *n. Computers* **1.** frequently asked question. **2.** an electronic file of frequently asked questions and the corresponding answers on a given topic.

far /fa/ *adj.* **further** *or, especially for defs 1 and 5–7* **farther; furthest** *or, especially for defs 1 and 5–7* **farthest.** *-adv.* **1.** at or to a great distance; a long way off; to a remote point: *far*

ahead. **2.** to or at a remote time, etc.: *to see far into the future.* **3.** to a great degree; very much: *far better; far worse; far different.* **4.** at or to a definite distance, point of progress, or degree: *we've come this far - why turn back?* –*adj.* **5.** at a great distance; remote in place: *the far scrub.* **6.** extending to a great distance. **7.** more distant of the two: *the far side.* **8.** remote in time, degree, scope, purpose, etc. **9.** greatly different or apart. –*phr.*
10. as far as, to the distance, extent, or degree that.
11. by far, very much.
12. far and away, very much.
13. far and near, over great distances.
14. far and wide, over great distances.
15. far be it from me, I do not wish or dare.
16. far gone, **a.** in an advanced or extreme state. **b.** *Colloquial* extremely mad. **c.** *Colloquial* extremely drunk. **d.** *Colloquial* almost exhausted. **e.** *Colloquial* dying.
17. far out, *Colloquial* (an exclamation indicating astonishment, admiration, etc.).
18. few and far between, rare; infrequent.
19. go far, **a.** to be successful; do much. **b.** to tend greatly.
20. how far, to what distance, extent, or degree.
21. in so far, to such an extent.
22. so far, **a.** up to now. **b.** up to a certain point, extent, etc.
23. so far so good, no trouble yet.
24. (*also caps*) **the far north**, **a.** the remote northern regions of Australia. **b.** the northern part of the north Auckland region in New Zealand.
25. (*also caps*) **the far south**, the southern part of the South Island in New Zealand, or the offshore islands near it.
26. (*also caps*) **the far west**, the remote western regions of Queensland and New South Wales. –**farness** *n.*

farad /'færəd/ *n. Electricity* the derived SI unit of the electric capacitance that exists between two conductors when the transfer of an electric charge of one coulomb from one to the other changes the potential difference between them by one volt. *Symbol:* F

faraway /'farəweɪ/ *adj.* **1.** distant; remote. **2.** abstracted or dreamy, as a look.

farce /fas/ *n.* **1.** a light, humorous play in which the plot depends upon situation rather than character. **2.** the branch of drama that is concerned with this form of composition. **3.** foolish show; mockery; a ridiculous sham.

fare /fɛə/ *n., v.* **fared, faring.** –*n.* **1.** the price of conveyance or passage. **2.** the person or persons who pay to be conveyed in a vehicle. **3.** food. –*v.i.* **4.** to experience good or bad fortune, treatment, etc.; get on: *he fared well.* **5.** to go; turn out; happen (used impersonally): *it fared ill with him.* –**farer** *n.*

farewell /fɛə'wɛl/ *interj.* **1.** goodbye; adieu; may you fare well. –*n.* **2.** good wishes at parting. **3.** leave-taking; departure: *a fond farewell.* –*adj.* **4.** parting; valedictory: *a farewell speech.* –*v.t.* **5.** to say goodbye to.

far-fetched /'fa-fɛtʃt/ *adj.* remotely connected; forced; strained: *a far-fetched example.*

farinaceous /færə'neɪʃəs/ *adj.* consisting of or made of flour or meal, as food.

farm /fam/ *n.* **1.** a tract of land devoted to agriculture. **2.** a farmhouse. **3.** a tract of land or water devoted to some other industry, especially the raising of livestock, fish, etc.: *a chicken farm; an oyster farm.* –*v.t.* **4.** to cultivate (land). **5.** to raise (livestock, fish, etc.) on a farm (def. 3). –*v.i.* **6.** to cultivate the soil; operate a farm. –*phr.* **7. buy back the farm**, to reverse a trend towards excessive foreign ownership of companies, by means of legislation or other government control. **8. farm out**, to distribute (responsibilities, duties, etc.): *he farmed out the difficult questions to the supervisor.* **9. sell off the farm**, to sell to foreign interests the capital assets of a country. –**farmable** *adj.*

farrier /'færiə/ *n.* **1.** a blacksmith who shoes horses. **2.** a veterinary surgeon for horses. –**farriery** *n.*

farrow /'færoʊ/ *n.* a litter of pigs. –*v.t.* **2.** (of swine) to bring forth (young). –*v.i.* **3.** to produce a litter of pigs.

far-sighted /'fa-saɪtəd/ *adj.* **1.** seeing to a great distance. **2.** seeing objects at a distance more clearly than those near at hand; long-sighted; hypermetropic. **3.** foreseeing future results wisely: *a far-sighted statesman.* –**far-sightedly** *adv.* –**far-sightedness** *n.*

fart /fat/ *Colloquial* –*n.* **1.** an emission of wind from the anus, especially an audible one. **2.** a foolish or ineffectual person. –*v.i.* **3.** to emit wind from the anus. –*phr.* **4. fart around** (or **about**), to behave stupidly or waste time.

farther /'faðə/ (*comparative of* **far**) *adv.* **1.** at or to a greater distance, degree, point. **2.** additionally; further. –*adj.* **3.** more distant or remote. **4.** additional; further.

farthest /'faðəst/ (*superlative of* **far**) *adj.* **1.** most distant or remote. **2.** longest. –*adv.* **3.** to or at the greatest distance.

farthing /'faðɪŋ/ *n.* **1.** a former British coin of bronze, worth one quarter of a penny. **2.** something of very small value.

fascinate /'fæsəneɪt/ *v.* **-nated, -nating.** –*v.t.* **1.** to attract and hold irresistibly by delightful qualities. **2.** to deprive of the power of resistance or movement, as through terror. **3.** to hold the attention. –**fascination** /fæsə'neɪʃən/ *n.* –**fascinating** *adj.*

fascism /'fæʃɪzəm, 'fæsɪzəm/ *n.* **1.** (*often cap.*) a theory of social organisation based on the idea that those most suited to hold power should do so. **2.** (*often cap.*) a pattern of social organisation embracing this theory which usually exalts race or nation, has centralised autocratic government under a dictator and forcibly suppresses all opposition; adopted between the World Wars by several European countries, such as Hungary, Germany, etc. **3.** (*derogatory*) any extreme right-wing ideology, sometimes involving racism.

fashion /'fæʃən/ *n.* **1.** a prevailing custom or style of dress, etiquette, procedure, etc.: *the latest fashion in hats.* **2.** conventional usage in dress, manners, etc., especially of polite society, or conformity to it: *dictates of fashion; out of fashion.* **3.** manner; way; mode: *in a warlike fashion.* **4.** the make or form of anything. **5.** a kind; sort. –*v.t.* **6.** to give a particular shape or form to; make. **7.** to accommodate; adapt. –*adj.* **8.** relating to or displaying new fashions in clothes, etc. –*phr.* **9. after** (or **in**) **a fashion**, in some manner or other, but not particularly well.

fashionable /'fæʃənəbəl, 'fæʃnəbəl/ *adj.* **1.** observant of or conforming to the fashion. **2.** of, characteristic of, or patronised by the world of fashion. –**fashionableness, fashionability** *n.* –**fashionably** *adv.*

fast[1] /fast/ *adj.* **1.** moving or able to move quickly; quick; swift; rapid: *a fast horse.* **2.** done in comparatively little time: *a fast race; fast work.* **3.** indicating a time in advance of the correct time, as a clock. **4.** adapted to or productive of rapid movement: *a fast track.* **5.** extremely energetic and active, especially in pursuing pleasure immoderately or without restraint, as a person. **6.** characterised by such energy or pursuit of plea-

fast sure, as a mode of life. **7.** resistant: *acid-fast*. **8.** firmly fixed in place; not easily moved; securely attached: *to make fast*. **9.** that cannot escape or be extricated. **10.** firmly tied, as a knot. **11.** closed and made secure, as a door. **12.** such as to hold securely: *to lay fast hold on a thing*. **13.** firm in adherence: *fast friends*. **14.** permanent; lasting: *a fast colour*. **15.** deep or sound, as sleep. **16.** *Photography* permitting very short exposure, as by having a wide shutter opening or high film sensitivity: *a fast lens or film*. **17.** (of the surface of a cricket pitch, racecourse, etc.) hard and dry, and therefore conducive to fast movement. –*adv.* **18.** tightly: *to hold fast*. **19.** soundly: *fast asleep*. **20.** quickly, swiftly, or rapidly. **21.** in quick succession. **22.** in an energetic or dissipated way. –*phr.* **23. play fast and loose with**, to behave in an inconsiderate, inconstant, or irresponsible manner towards. **24. pull a fast one**, *Colloquial* to act unfairly or deceitfully.

fast² /fast/ *v.i.* **1.** to abstain from all food. **2.** to eat only sparingly or of certain kinds of food, especially as a religious observance. –*n.* **3.** a fasting; an abstinence from food, or a limiting of one's food, especially when voluntary and as a religious observance. –**faster** *n.*

fasten /'fasən/ *v.t.* **1.** to make fast; fix firmly or securely in place or position; attach securely to something else. **2.** to make secure, as an article of dress with buttons, clasps, etc., or a door with a lock, bolt, etc. **3.** to attach by any connecting agency: *to fasten a nickname or a crime upon one*. **4.** to direct (the eyes, thoughts, etc.) intently. –*phr.* **5. fasten in**, to enclose securely, as a person or an animal. **6. fasten on**, to take firm hold of; seize. –**fastener** *n.*

fast forward *n.* **1.** the mode on a video or audio tape recorder which runs the tape forward quickly. **2.** a state in which things move at a rapid pace. –*adv.* **3.** in this mode or state.

fast-forward /fast-'fɔwəd/ *adj.* **1.** having to do with fast forward. –*v.t.* **2.** to run (a videotape or audio tape or a specific section thereof) at fast forward. –*v.i.* **3.** to advance at fast forward through a videotape or audio tape. **4.** to move rapidly forward in the imagination to a future time.

fastidious /fæs'tɪdiəs/ *adj.* **1.** hard to please; excessively critical: *a fastidious taste*. **2.** anxious to achieve the best result; particular: *fastidious attention to detail*. –**fastidiously** *adv.* –**fastidiousness** *n.*

fast lane *n.* **1.** the right-hand lane on a highway, often used for overtaking. –*phr.* **2. life in the fast lane**, an urban lifestyle characterised by activity and pace.

fast-track /'fast-træk/ *v.t.* **1.** to move (people, oneself, etc.) into or through a system with unusual speed. **2.** to bring (something) about with unusual speed: *the government fast-tracked the construction of the bridge*. –*v.i.* **3.** to move at unusual speed towards a goal. –*adj.* **4.** relying on or relating to a fast track.

fat /fæt/ *adj.* **fatter**, **fattest**, *n.* –*adj.* **1.** having much flesh other than muscle; fleshy; corpulent; obese. **2.** having much edible flesh; well-fattened: *to kill a fat lamb*. **3.** consisting of, resembling, or containing fat. **4.** fertile, as land. **5.** profitable, as an office. **6.** yielding excess: *a fat profit*. **7.** thick; broad; extended. **8.** plentiful. **9.** plentifully supplied. –*n.* **10.** any of several white or yellowish substances, greasy to the touch, forming the chief part of the adipose tissue of animals and also found in plants. **11.** animal tissue containing much of this substance. **12.** the richest or best part of anything. **13.** especially profitable or advantageous work. **14.** (*plural*) livestock fattened for sale. **15.** *Colloquial* an erection (def. 4b). **16.** *Colloquial* overtime. –*phr.* **17. a fat chance**, *Colloquial* little or no chance. **18. a fat lot**, *Colloquial* little or nothing. **19. crack a fat**, *Colloquial* to get an erection. **20. it isn't over till the fat lady sings**, *Colloquial* the outcome is unknown until the very end. **21. live on one's fat**, to consume reserves; live on one's capital. **22. the fat is in the fire**, an irrevocable step has been taken, resulting in dire consequences. **23. the fat of the land**, great luxury. –**fatly** *adv.* –**fatness** *n.* –**fatten** *v.* –**fatty** *adj.*

fatal /'feɪtl/ *adj.* **1.** causing death: *a fatal accident*. **2.** causing destruction or ruin: *an action that is fatal to the success of a project*. **3.** decisively important; fateful: *the fatal day finally arrived*. **4.** proceeding from or decreed by fate; inevitable. –**fatally** *adv.* –**fatalness** *n.*

fatalism /'feɪtəlɪzəm/ *n.* **1.** the doctrine that all events are subject to fate or inevitable predetermination. **2.** the acceptance of all things and events as inevitable; submission to fate. –**fatalist** *n.* –**fatalistic** /feɪtə'lɪstɪk/ *adj.* –**fatalistically** /feɪtə'lɪstɪkli/ *adv.*

fatality /fə'tæləti/ *n.* **-ties. 1.** a disaster resulting in death; a calamity or misfortune. **2.** someone who is killed in an accident or disaster.

fate /feɪt/ *n.*, *v.* **fated**, **fating**. –*n.* **1.** fortune; lot; destiny. **2.** a divine decree or a fixed sentence by which the order of things is prescribed. **3.** something that is inevitably predetermined. **4.** a prophetic declaration of what must be. –*v.t.* **5.** (*now only in the passive*) to predetermine as by the decree of fate; destine.

fateful /'feɪtfəl/ *adj.* **1.** involving momentous consequences; decisively important. **2.** fatal, deadly, or disastrous. **3.** controlled by irresistible destiny. **4.** prophetic; ominous. –**fatefully** *adv.* –**fatefulness** *n.*

father /'faðə/ *n.* **1.** a male parent. **2.** any male ancestor, especially the founder of a race, family, or line. **3.** *Colloquial* a father-in-law, stepfather, or adoptive father. **4.** one who exercises paternal care over another; a fatherly protector or provider: *a father to the poor*. **5.** one of the leading men of a city, etc. **6. a.** (*often cap.*) a title of reverence, as for Church dignitaries, officers of monasteries, monks, confessors, and priests. **b.** a person bearing this title. –*v.t.* **7.** to beget. **8.** to originate; be the author of. –*phr.* **9. how's your father**, *Chiefly Brit Colloquial* sexual play; hanky-panky. **10. the father of a ...**, the biggest; a very big: *the father of a hiding*.

father-in-law /'faðər-ɪn-lɔ/ *n.* **fathers-in-law**. the father of one's husband or wife.

fathom /'fæðəm/ *n.* **fathoms**, (*especially collectively*) **fathom**, *v.* –*n.* **1.** a unit of depth in the imperial system equal to 6 ft or 1.8288 m, used in nautical measurements. *Symbol:* fm –*v.t.* **2.** to reach in depth by measurement in fathoms; sound; try the depth of; penetrate to or find the bottom or extent of. **3.** to measure the depth of by sounding. **4.** to penetrate to the bottom of; understand thoroughly. –**fathomable** *adj.* –**fathomless** *adj.* –**fathomer** *n.*

fatigue /fə'tig/ *n.*, *v.* **-tigued**, **-tiguing**. –*n.* **1.** a cause of) weariness from bodily or mental exertion. **2.** *Physiology* a temporary lessening of the proper functioning of organs, tissues, cells, etc., after too much use. **3.** *Mechanics* the weakening of material subjected to stress. **4.** Also, **fatigue duty**. *Military* labour of a generally non-military kind such as cleaning or cooking. –*v.t.* **5.** to weary with bodily or mental effort; drain. –*v.i.* **6.** to grow weary as a result of exertion; tire. –**fatigued** *adj.* –**fatigueless** *adj.*

fatuous /'fætʃuəs/ *adj.* **1.** foolish, especially in an

fatwa unconscious, complacent manner; silly. **2.** unreal; illusory. **–fatuously** *adv.* **–fatuousness** *n.*

fatwa /'fætwə/ *n.* a religious decree issued by a Muslim leader. Also, **fatwah**.

faucet /'fɔsət/ *n. Chiefly US* any device for controlling the flow of liquid from a pipe or the like by opening or closing an orifice; a tap; a cock.

fault /fɔlt, fɒlt/ *n.* **1.** a defect or imperfection; a flaw; a failing. **2.** an error or mistake. **3.** a misdeed or transgression. **4.** delinquency; culpability; cause for blame. **5.** *Geology, Mining* a break in the continuity of a body of rock or of a vein, with dislocation along the plane of fracture. **6.** *Tennis, etc.* **a.** a failure to serve the ball legitimately within the prescribed limits. **b.** a ball which when served does not land in the proper section of the opponent's court. **7.** *Showjumping* a scoring unit used in recording improper execution of jumps by contestants. *–v.i.* **8.** *Geology* to undergo a fault or faults. **9.** to commit a fault. *–v.t.* **10.** *Geology* to cause a fault in. **11.** to find fault with, blame, or censure. *–phr.* **12. at fault, a.** open to censure; blamable. **b.** puzzled; astray. **c.** (of hounds) unable to pick up a lost scent. **13. find fault,** (sometimes fol. by *with*) find something wrong; complain. **14. in fault,** open to censure; blamable. **15. to a fault,** excessively. **–faulty** *adj.* **–faultless** *adj.*

faun /fɔn/ *n.* (in Roman mythology) one of a class of rural deities represented as men with the ears, horns, and tail, and later also the hind legs, of a goat. **–faunlike** *adj.*

fauna /'fɔnə/ *n.* **-nas** or **-nae. 1.** the animals of a given region or period, taken collectively (as distinguished from the plants or *flora*). **2.** a treatise on the animals of a given region or period. **–faunal** *adj.*

faux pas /'fou pa/ *n.* **faux pas** /'fou paz-pa/. a false step; a slip in manners; a breach of etiquette.

favour = **favor** /'feɪvə/ *n.* **1.** a kind act; something done or granted out of goodwill, rather than from justice or for remuneration: *ask a favour.* **2.** kindness; kind approval. **3.** a state of being approved, or held in regard: *in favour, out of favour.* **4.** excessive kindness; unfair partiality: *show undue favour to someone.* **5.** a gift bestowed as a token of goodwill, kind regard, love, etc. **6.** (*plural*) consent to sexual intimacy. *–v.t.* **7.** to regard with favour. **8.** to have a preference for; treat with partiality. **9.** to be favourable to; facilitate. **10.** to deal with gently: *favour a lame leg.* **11.** to aid or support. *–phr.* **12. in favour of, a.** in support of; on the side of. **b.** to the advantage of. **c.** (of a cheque, etc.) payable to. **–favourer** *n.* **–favouringly** *adv.* **–favourless** *adj.*

favourable = **favorable** /'feɪvərəbəl, -vrəbəl/ *adj.* **1.** affording aid, advantage, or convenience: *a favourable position.* **2.** manifesting favour; inclined to aid or approve. **3.** (of an answer) granting what is desired. **4.** promising well: *the signs are favourable.* **–favourableness** *n.* **–favourably** *adv.*

favourite = **favorite** /'feɪvərət, -vrət/ *n.* **1.** a person or thing regarded with special favour or preference. **2.** *Sport* a competitor considered likely to win. **3.** *Racing* the horse, dog, etc., which is most heavily backed. **4.** a person treated with special (especially undue) favour, as by a ruler. *–adj.* **5.** regarded with particular favour or preference: *a favourite child.*

favouritism = **favoritism** /'feɪvərətɪzəm, -vrə-/ *n.* **1.** the favouring of one person or group over others having equal claims. **2.** the state of being a favourite. **3.** the state of being the favourite in a race, competition, etc.: *suffering from favouritism, the horse ran at low odds.*

fawn[1] /fɔn/ *n.* **1.** a young deer. **2.** a buck or doe of the first year. **3.** a light yellowish colour. *–v.i.* **4.** (of deer) to bring forth young. **–fawnlike** *adj.*

fawn[2] /fɔn/ *v.i.* **1.** to seek notice or favour by servile demeanour. **2.** to show fondness by crouching, wagging the tail, licking the hand, etc. (said especially of dogs). **–fawner** *n.* **–fawningly** *adv.*

fax /fæks/ *n.* Also, **facsimile. 1.** a method of transmitting documents or pictures along a telephone line. **2.** a document or picture so transmitted. **3.** a machine which transmits and receives graphic data along a telephone line. *–v.t.* **4.** to send (a document, picture, etc.) by fax. *–v.i.* **5.** to send a fax.

faze /feɪz/ *v.t.* **fazed, fazing.** *Colloquial* to disturb; discomfit; daunt.

FBT /ɛf bi 'ti/ fringe benefits tax.

fear /fɪə/ *n.* **1.** a painful feeling of impending danger, evil, trouble, etc.; the feeling or condition of being afraid. **2.** a specific instance of such a feeling. **3.** anxiety; solicitude. **4.** reverential awe, especially towards God. **5.** a cause for fear. *–v.t.* **6.** to regard with fear; be afraid of. **7.** to have reverential awe of. *–v.i.* **8.** to have fear; be afraid. *–phr.* **9. fear for,** to be fearful or anxious concerning: *they feared for their lives; I fear for his health.* **10. for fear of,** in order to avoid or prevent. **11. no fear,** *Colloquial* certainly not. **–fearer** *n.* **–fearless** *adj.*

fearful /'fɪəfəl/ *adj.* **1.** causing, or apt to cause, fear. **2.** feeling fear, dread, or solicitude: *I am fearful of him doing it.* **3.** full of awe or reverence. **4.** showing or caused by fear. **5.** *Colloquial* extremely bad, large, etc. **–fearfully** *adv.* **–fearfulness** *n.*

fearsome /'fɪəsəm/ *adj.* **1.** causing fear. **2.** afraid; timid. **–fearsomely** *adv.* **–fearsomeness** *n.*

feasible /'fizəbəl/ *adj.* **1.** capable of being done, effected, or accomplished: *a feasible plan.* **2.** likely; probable: *a feasible theory, a feasible excuse.* **–feasibility** /fizə'bɪləti/, **feasibleness** *n.* **–feasibly** *adv.*

feast /fist/ *n.* **1.** a periodical celebration or festival having special religious or other significance. **2.** a rich and elaborate meal or entertainment especially one for many or important guests; banquet. **3.** an abundant quantity of anything eaten or giving pleasure: *a feast of oysters; a feast of music.* **4.** something highly agreeable: *a feast for the eyes.* *–v.i.* **5.** to have or eat a feast (def. 2); eat sumptuously: *to feast for a week.* **6.** to look with delight at something pleasing: *to feast on someone's beauty.* *–v.t.* **7.** to provide or entertain with a feast. **8.** to delight; gratify. **–feaster** *n.* **–feasting** *n.*

feat /fit/ *n.* **1.** a noteworthy or extraordinary act or achievement, usually displaying boldness, skill, etc. **2.** an action; deed.

feather /'fɛðə/ *n.* **1.** one of the epidermal appendages which together constitute the plumage of birds, being typically made up of a hard, tubelike portion (the quill) attached to the body of the bird, which passes into a thinner, stemlike distal portion (the rachis) bearing a series of slender processes (barbs) which unite in a bladelike structure (web) on each side. **2.** condition, as of health, spirits, etc.: *in fine feather; in high feather.* **3.** kind or character: *birds of a feather flock together.* **4.** something very light, weak, or small. **5.** *Rowing* the act of feathering. *–v.t.* **6.** to provide with feathers, as an arrow. **7.** to clothe or cover with, or as with, feathers. **8.** *Rowing* to turn (an oar) after a stroke so that the blade becomes nearly horizontal, and hold it thus as it is moved back into position for the next stroke. **9.** to touch the controls of (a machine) lightly so as to cause it to respond gently and evenly. *–v.i.* **10.** (of a wave off the shore) to break very slowly, developing a

featherweight

white cap. **11.** *Rowing* to feather an oar. *–phr.* **12. a feather in one's cap**, a mark of distinction; an honour. **13. feather one's nest**, to provide for or enrich oneself. **14. make the feathers fly**, to cause confusion; create disharmony. **15. show the white feather**, to show cowardice. **–feathered** *adj.* **–featherless** *adj.* **–feather-like** *adj.*

featherweight /'fɛðəweɪt/ *n.* **1.** a boxer who weighs between 54 and 57 kg (in amateur ranks) or between 53.521 and 57.153 kg (in professional ranks). **2.** a very light or insignificant person or thing.

feature /'fitʃə/ *n., v.* **-tured, -turing.** *–n.* **1.** any part of the face: *his eyes are his worst feature.* **2.** an outstanding part or quality: *good surfing beaches are a feature of the Australian coast.* **3.** the main film in a cinema program, usually more than sixty minutes long. **4.** a special article, column, cartoon, etc., in a newspaper or magazine. **5.** a non-fiction radio or television program designed to entertain and inform. *–v.t.* **6.** to present or give prominence to: *to feature a new series of plays; to feature a special range of goods.* *–v.i.* **7.** to be a feature or distinctive mark of: *fine lines feature very largely in Aboriginal painting.* **8.** to be prominent (fol. by *in*): *the Minister features often in the news.* **–featureless** *adj.*

febri- a word element meaning 'fever', as in *febrifuge.*

febrile /'fɛbraɪl, fi-/ *adj.* relating to or marked by fever; feverish.

February /'fɛbruəri/ *n.* the second month of the year, containing ordinarily 28 days, in leap years 29.

feckless /'fɛkləs/ *adj.* **1.** ineffective; feeble. **2.** spiritless; worthless. **–fecklessly** *adv.* **–fecklessness** *n.*

fecund /'fɛkənd, 'fik-/ *adj.* capable of producing offspring, or fruit, vegetation, etc., in abundance; prolific; fruitful; productive. **–fecundity** *n.*

fed¹ /fɛd/ *v.* **1.** past tense and past participle of **feed.** *–phr.* **2. fed up (to the back teeth)**, *Colloquial* (sometimes fol. by *with*) annoyed; frustrated.

fed² /fɛd/ *n. Colloquial* **1.** a federal police officer. **2.** any police officer.

federacy /'fɛdərəsi/ *n.* → **confederacy**.

federal /'fɛdərəl, 'fɛdrəl/ *adj.* **1.** having to do with a compact or a league, especially a league between nations or states. **2. a.** having to do with a union of states under a central government distinct from the individual governments of the separate states: *the federal government of Australia.* **b.** favouring a strong central government in such a union. **c.** relating to such a central government: *federal offices.* *–n.* **3.** an advocate of federation or federalism. **–federalism** *n.* **–federalist** *n.* **–federally** *adv.*

federate /'fɛdəreɪt/ *v.* **-rated, -rating** /'fɛdərət, 'fɛdrət/ *adj.* *–v.t.* **1.** to join or bring together in a league or confederacy. **2.** to organise on a federal basis. *–v.i.* **3.** to unite in a federation. *–adj.* **4.** allied; federated: *federate nations.* **–federator** *n.*

federation /fɛdə'reɪʃən/ *n.* **1.** the formation of a political unity with a central government, from a number of separate states, etc., each of which keeps control of its own internal affairs. **2.** the political unity so formed. *–adj.* **3.** of the style of architecture, etc., common at the time of the federation of the six Australian states: *a federation house.*

fee /fi/ *n.* **1.** a payment for services: *a doctor's fee.* **2.** a sum paid for a privilege: *an admission fee.* **3.** a charge allowed by law for the service of a public officer. **–feeless** *adj.*

feeble /'fibəl/ *adj.* **-bler, -blest. 1.** physically weak,

feeler

as from age, sickness, etc. **2.** weak intellectually or morally: *a feeble mind.* **3.** lacking in force, strength, or effectiveness. **–feebleness** *n.* **–feeblish** *adj.* **–feebly** *adv.*

feed /fid/ *v.* **fed, feeding,** *n.* *–v.t.* **1.** to give food to; supply with nourishment. **2.** → **breastfeed**. **3.** to provide with the requisite materials for development, maintenance, or operation. **4.** to yield, or serve as, food for. **5.** to furnish for consumption. **6.** to satisfy; minister to; gratify. **7.** to supply for maintenance or to be operated upon, as to a machine. **8.** to use (land) as pasture. **9.** *Colloquial* to provide cues to (an actor, especially a comedian). *–v.i.* **10.** to take food; eat; graze. **11.** to be nourished or gratified; subsist. *–n.* **12.** food, especially for cattle, etc. **13. a.** milk, or other liquid preparations, for an unweaned baby. **b.** the act of feeding such a baby. **14.** *Colloquial* a meal. **15.** an act of feeding. **16.** a feeding mechanism. **17.** the rate of advance of a cutting mechanism, as a drill or cutting tool. *–phr.* **18. feed into**, to enter, so as to form part of a larger mass or collection. **19. feed up**, to give food to (a person or animal) with the object of making them larger, healthier, etc.: *we'll have to feed you up.* **–feeder** *n.*

feedback /'fidbæk/ *n.* **1.** the returning of a part of the output of any system, especially a mechanical, electronic, or biological one, as input, especially for correction or control purposes, to alter the characteristic sound of conventional musical instruments, etc. **2.** an indication of the reaction of the recipient, as of an audience. **3.** the input of a signal into a microphone from the output of the same system, usually causing a high-pitched screech.

feel /fil/ *v.* **felt, feeling,** *n.* *–v.t.* **1.** to perceive or examine by touch. **2.** to have a sensation (other than sight, hearing, taste, and smell) of. **3.** to find or pursue (one's way) by touching, groping, or cautious moves. **4.** to be or become conscious of. **5.** to form an impression; believe: *I felt it was going to rain; I felt the presence of a stranger in the room.* **6.** to be emotionally affected by: *to feel one's disgrace keenly.* **7.** to experience the effects of: *the whole region felt the storm.* **8.** to have a specified sensation or impression: *to feel oneself slighted.* **9.** to have a general or thorough conviction of. *–v.i.* **10.** to have perception by touch or by any nerves of sensation other than those of sight, hearing, taste, and smell: *the blind develop an ability to feel.* **11.** to make examination by touch; grope: *he felt for her hand; I felt in the bag.* **12.** to have mental sensations or emotions: *I was too exhausted to feel.* *–v. (cop)* **13.** to be consciously, in emotion, opinion, etc.: *to feel happy, angry, sure.* **14.** to have a sensation of being: *to feel warm, free.* **15.** to seem (in the impression produced): *that feels strange to me; how does it feel to be rich?* *–n.* **16.** a quality of an object that is perceived by feeling or touching: *a soapy feel.* **17.** an act of feeling. **18.** a sensation of something felt; a vague mental impression or feeling. **19.** the sense of touch: *soft to the feel.* **20.** *Colloquial* the precise manner of doing, using, etc.: *you'll soon get the feel of it.* *–phr.* **21. feel for (or with)**, to have sympathy or compassion **22. feel like**, to have a desire or inclination for. **23. feel oneself**, **a.** to be in one's usual mental or physical state. **b.** to masturbate **24. feel out**, to make exploratory moves in order to assess possible reaction: *we felt out the opposition; we felt out the situation.* **25. feel up to**, *Colloquial* to be well enough to be capable of; to be able to cope with.

feeler /'filə/ *n.* **1.** a proposal, remark, hint, etc., designed to bring out the opinions or purposes

feeling / feminine

of others. **2.** *Zoology* an organ of touch, such as an antenna or a tentacle.

feeling /ˈfiliŋ/ *n.* **1.** the sense of touch. **2.** a particular sensation, emotion or impression: *a feeling of warmth; a feeling of joy; a feeling of inferiority.* **3.** *Psychology* consciousness itself. **4.** an intuition; premonition: *a feeling that something is going to happen.* **5.** capacity for emotion; pity: *she has no feeling.* **6.** sentiment; opinion: *the general feeling was in favour of the proposal.* **7.** Also, **bad feeling, ill feeling.** bitterness; collective or mutual hostility or ill will: *there was bad feeling over his promotion.* **8.** (*plural*) sensibilities: *to hurt one's feelings.* **9.** fine emotional endowment: *a person of feeling.* **10.** *Music, etc.* **a.** emotional or sympathetic perception shown by an artist in his work. **b.** the general impression given by a work. **c.** sympathetic appreciation: *to play with feeling.* –*adj.* **11.** that feels; sentient; sensitive; as nerves. **12.** open to emotion; sympathetic: *a feeling person.* **13.** showing emotion: *a feeling look.* –**feelingly** *adv.*

feet /fit/ *n.* **1.** plural of **foot.** –*phr.*
2. at someone's feet, a. captive; at someone's mercy. **b.** utterly devoted to someone.
3. carry someone out feet first, *Colloquial* **a.** to carry someone out dead. **b.** to carry someone out in a state of incapacitation, as by being drunk, unconscious, etc.
4. fall (or **land**) **on one's feet,** to be lucky.
5. feet first, *Colloquial* **a.** dead. **b.** thoughtlessly; impetuously.
6. feet of clay, an imperfection or blemish in the character of someone which mars the image of perfection.
7. get one's feet wet, *Colloquial* to obtain firsthand and practical experience.
8. keep one's feet, to keep one's balance.
9. keep one's feet on the ground, to retain a sensible and practical outlook.
10. put one's feet up, *Colloquial* to relax or rest, especially by lying down.
11. put (or **set**) **someone on their feet, a.** to enable someone to act without help from others; make someone financially independent. **b.** to restore someone to a former position or condition.
12. stand on one's own (two) feet, to be self-sufficient.
13. sweep someone off their feet, a. to cause someone to lose a footing, as a wave, etc. **b.** to impress or overwhelm someone. See **foot.** –**feetless** *adj.*

feign /fein/ *v.t.* **1.** to invent fictitiously or deceptively, as a story or an excuse. **2.** to represent fictitiously; put on an appearance of: *to feign sickness.* **3.** to imitate deceptively: *to feign another's voice.* –**feigner** *n.* –**feigningly** *adv.*

feint¹ /feint/ *n.* **1.** a movement made with the object of deceiving an adversary; appearance of aiming at one part or point when another is the real object of attack. **2.** a feigned or assumed appearance. –*v.i.* **3.** to make a feint.

feint² /feint/ *n.* **1.** the lightest weight of line used in printing ruled paper. –*adj.* **2.** ruled with a line of such weight.

Feldenkrais method /ˈfɛldənkraɪs ˌmɛθəd/ *n.* a method of helping people gain better health through the teaching of techniques of movement.

feldspar /ˈfɛldspa, ˈfɛlspa/ *n.* → **felspar.**

felicitate /fəˈlɪsəteɪt/ *v.t.* **-tated, -tating.** to compliment upon a happy event; congratulate: *to felicitate someone on their good fortune.* –**felicitation** /fəlɪsəˈteɪʃən/ *n.* –**felicitator** *n.*

felicity /fəˈlɪsəti/ *n.* **-ties. 1.** the state of being happy, especially in a high degree. **2.** an instance of this. **3.** a source of happiness. **4.** a skilful faculty: *felicity of expression.* –**felicitous** *adj.*

feline /ˈfiːlaɪn/ *adj.* **1.** belonging or relating to the cat family, Felidae, which includes, besides the domestic cat, the lions, tigers, leopards, lynxes, jaguars, etc. **2.** catlike; characteristic of animals of the cat family: *feline softness of step.* **3.** sly; spiteful; stealthy; treacherous. –*n.* **4.** an animal of the cat family. –**felinely** *adv.* –**felineness, felinity** /fəˈlɪnəti/ *n.*

fell¹ /fɛl/ *v.* past tense of **fall.**

fell² /fɛl/ *v.t.* **1.** to cause to fall; knock, strike, or cut down: *to fell an elephant, a tree, etc.* **2.** *Sewing* to finish (a seam) by sewing the edge down flat. –**feller** *n.*

fell³ /fɛl/ *adj.* **1.** fierce; cruel; dreadful. **2.** destructive; deadly: *fell poison or disease.* –*phr.* **3. at one fell swoop,** in a single action or coordinated series of actions. –**fellness** *n.*

fell⁴ /fɛl/ *n.* the skin or hide of an animal; a pelt.

fellatio /fəˈleɪʃioʊ/ *n.* oral stimulation of the male genitals. Also, **fellation** /fəˈleɪʃən/.

fellow /ˈfɛloʊ, ˈfɛlə/ *n.* **1.** *Colloquial* a man; boy. **2.** a friend; companion; comrade: *my dear fellow.* **3.** someone belonging to the same class; equal; peer: *the equal of his fellows.* **4.** one of a pair; mate or match: *put the glove with its fellow.* **5.** (*usually cap.*) a member of a learned or professional society: *a Fellow of the Royal Australian College of Surgeons.* **6.** *Education* a scholar or postgraduate student in a college or university, who is engaged in research rather than teaching. –*adj.* **7.** having the same position, work, condition, etc.: *fellow students.*

fellowship /ˈfɛloʊʃɪp, ˈfɛlə-/ *n.* –*n.* **1.** a sharing or unity of interest, feeling, etc.: *He feels fellowship with other workers.* **2.** companionship, especially between members of the same church. **3.** an association of people with similar tastes, interests, etc. **4. a.** the position or salary of a fellow of a university, etc. **b.** a foundation for the support of a fellow in a college or university.

felon /ˈfɛlən/ *n. Law* someone who has committed a felony.

felony /ˈfɛləni/ *n.* **-nies.** *Law* any of various indictable offences, such as murder, burglary, etc., of graver character than those called misdemeanours.

felspar = feldspar /ˈfɛlspa/ *n.* any of a group of minerals, principally aluminosilicates of potassium, sodium, and calcium, and characterised by two cleavages at nearly right angles. They are among the most important constituents of igneous rocks. –**felspathic** /fɛlˈspæθɪk/ *adj.*

felt¹ /fɛlt/ *v.* past tense and past participle of **feel.**

felt² /fɛlt/ *n.* **1.** a non-woven fabric of wool, fur, or hair, matted together by pressure. **2.** any matted fabric or material. –*adj.* **3.** relating to or made of felt.

female /ˈfiːmeɪl/ *n.* **1.** a human being of the sex which conceives and brings forth young; a woman or girl. **2.** any animal of corresponding sex. **3.** *Botany* a pistillate plant. –*adj.* **4.** belonging to the female sex. **5.** relating to this sex; feminine. **6.** composed of females: *a female cricket team.* **7.** *Botany* **a.** indicating or relating to a plant or its reproductive structure which produces or contains elements that need fertilisation. **b.** (of seed plants) pistillate. **8.** *Mechanics* indicating some part, etc., into which a corresponding part fits: *a female outlet; a female plug.* –**femalely** *adv.* –**femaleness** *n.*

feminine /ˈfɛmənən/ *adj.* **1.** relating to a woman. **2.** belonging to the female sex. **3.** marked by qualities thought to be possessed by women, as sympathy, gentleness, etc. **4.** effeminate. **5.** *Grammar* indicating or relating to one of the three

feminism

genders of Latin, German, etc., or one of the two of French, Spanish, etc. **6.** *Poetry* **a.** (of a line) ending with an extra unaccented syllable. **b.** (of rhyming words) having a stressed first syllable followed by one or more unaccented syllables, as in *motion, notion*. –*n.* **7.** *Grammar* **a.** the feminine gender. **b.** a noun of that gender. –**femininely** *adv.* –**femininity** /fɛməˈnɪnəti/, **femininess** *n.*

feminism /ˈfɛmənɪzəm/ *n.* advocacy of equal rights and opportunities for women, especially the extension of their activities in social and political life. –**feminist** *n., adj.*

femto- a prefix denoting 10^{-15} of a given unit, as in *femtogram*. Symbol: f

femur /ˈfimə/ *n.* **femurs** or **femora** /ˈfɛmərə/. *Anatomy* a bone in the limb of an animal extending from the pelvis to the knee; the thighbone.

fence /fɛns/ *n., v.* **fenced, fencing**. –*n.* **1.** an enclosure or barrier, usually of wire or wood, as around or along a field, garden, etc. **2.** *Colloquial* **a.** a person who receives and disposes of stolen goods. **b.** the place of business of such a person. **3.** an obstacle to be jumped in show-jumping or steeplechasing. –*v.t.* **4.** to provide (a plot of land, etc.) with a fence or fences: *to fence the garden*. –*v.i.* **5.** to use a sword, foil, etc., in defence and attack or in exercise or exhibition of skill in that art. **6.** to parry arguments; strive to evade giving direct answers. **7.** *Colloquial* to receive stolen goods. –*phr.* **8. fence in**, to enclose by surrounding with a fence or fences. **9. fence off**, to shut out by means of a fence. **10. over the fence**, *Australian* immoderate; objectionable; unacceptable: *her behaviour was quite over the fence*. **11. rush one's fences**, to act precipitately. **12. sit on the fence**, to remain neutral; to avoid a conflict. –**fenceless** *adj.* –**fencelessness** *n.* –**fencelike** *adj.* –**fencing** *n.*

fend /fɛnd/ *v.t.* **1.** Also, **fend off. a.** to ward off: *to fend off blows*. **b.** to parry: *he fended the questions skilfully*. –*phr.* **2. fend for**, *Colloquial* to provide for: *to fend for oneself*.

fender /ˈfɛndə/ *n.* **1.** a device on the front of a railway engine, or the like, for clearing the track of obstructions. **2.** *US* a mudguard of a motor vehicle. **3.** a low metal guard in front of an open fireplace, to keep back falling coals.

feng shui /fʊŋ ˈʃweɪ, fʊŋ ˈʃwi, fɛŋ ˈʃui/ *n.* **1.** the balancing of Yin and Yang in one's physical surroundings in accordance with Chinese tradition achieved by following rules in relation to the architecture and location of buildings, the position of objects and furniture in a room, etc. –*adj.* **2.** of or relating to feng shui: *a feng shui expert*.

fennel /ˈfɛnəl/ *n.* **1.** an umbelliferous plant, *Foeniculum vulgare*, having yellow flowers, and bearing aromatic fruits which, as well as the leaves and stem, are used in cookery and medicine. **2.** the fruits (**fennel seed**) of this plant. **3.** any of various more or less similar plants, as *Ferula communis* (**giant fennel**), a tall ornamental herb.

-fer a noun suffix meaning 'bearing', 'producing', 'yielding', 'containing', 'conveying', with a corresponding adjective in *-ferous*, as *conifer* (a coniferous tree).

feral /ˈfɛrəl, ˈfɪərəl/ *adj.* **1.** wild, or existing in a state of nature, as animals (or, sometimes, plants). **2.** having reverted to the wild state, as from domestication. **3.** of or characteristic of wild animals: *the feral state*. **4.** *Colloquial* living as or looking like a feral (def. 8). **5.** *Colloquial* disgusting; gross. **6.** *Colloquial* excellent; admirable. –*n.* **7.** a domesticated animal which has reverted to the wild state. **8.** a person who espouses environmentalism to the point of living close to nature in more or less primitive conditions and who deliberately shuns the normal code of society with regard to dress, habitat, hygiene, etc. –*phr.* **9. go feral**, **a.** (of domesticated animals) to revert to the wild state: *cats that had gone feral*. **b.** *Colloquial* to lose all self-control in an unrestrained verbal or physical attack on someone.

ferment /ˈfɜmɛnt/ *n.*, /fəˈmɛnt, fɜ-/ *v.* –*n.* **1.** any of various agents or substances which cause fermentation, especially: **a.** any of various living organisms (**organised ferments**), as yeasts, moulds, certain bacteria, etc. **b.** any of certain complex substances derived from living cells (**unorganised ferments** or **enzymes**) as pepsin, etc. **2.** agitation; excitement; tumult. –*v.t.* **3.** to cause to undergo fermentation. **4.** to inflame; foment. –*v.i.* **5.** to be fermented; undergo fermentation. **6.** to seethe with agitation or excitement. –**fermentable** *adj.* –**fermentative** *adj.*

fermentation /fɜmɛnˈteɪʃən/ *n.* **1.** *Biochemistry* the breakdown of complex molecules brought about by a ferment, as in the changing of grape sugar into ethyl alcohol by yeast enzymes. **2.** the act or process of undergoing such a change. **3.** agitation; excitement.

fern /fɜn/ *n.* any of the pteridophytes constituting the order Filicales, distinguished from other pteridophytes in having few leaves, large in proportion to the stems, and bearing sporangia on the undersurface or margin. –**fernlike** *adj.*

fernbird /ˈfɜnbɜd/ *n.* a small brown and white New Zealand bird, *Bowdleria punctata*, with loosely-barbed tail feathers; matata.

fern land *n.* *NZ* land covered or originally covered with bracken.

Fernleaf /ˈfɜnlif/ *n.* *Colloquial* a New Zealander.

ferocious /fəˈroʊʃəs/ *adj.* savagely fierce, as a wild beast, person, action, aspect, etc.; violently cruel. –**ferocity** *n.* –**ferociously** *adv.* –**ferociousness** *n.*

-ferous an adjective suffix meaning 'bearing', 'producing', 'yielding', 'containing', 'conveying', as in *auriferous, balsamiferous, coniferous, pestiferous*.

ferret /ˈfɛrət/ *n.* **1.** a domesticated, albinistic, red-eyed form of the polecat, used for hunting rabbits and rats in their burrows. **2.** *Cricket Colloquial* a person with very poor batting skills (one who goes in after the rabbits). Compare **rabbit**[1] (def. 2). –*v.t.* **3.** to search out or bring to light: *to ferret out the facts*. –*v.i.* **4.** to search about. –**ferreter** *n.* –**ferrety** *adj.*

ferri- a word element meaning 'iron', implying especially combination with ferric iron or ferrites.

ferric /ˈfɛrɪk/ *adj.* of or containing iron, especially in the trivalent state.

ferro- a word element meaning 'iron'. In chemistry, *ferro-* implies especially combination with ferrous iron as opposed to ferric iron. Also, **ferri-**.

ferrous /ˈfɛrəs/ *adj.* of or containing iron, especially in the divalent state.

ferrule /ˈfɛrul, -rəl/ *n., v.* **-ruled, -ruling.** –*n.* **1.** a metal ring or cap put round the end of a post, stick, handle, etc., for strength or protection. **2.** (in steam boilers) a bush for expanding the end of a flue. –*v.t.* **3.** to furnish with a ferrule. Also, **ferrel**.

ferry /ˈfɛri/ *n.* **-ries**, *v.* **-ried, -rying.** –*n.* **1.** a service with terminals and floating equipment, for transport from shore to shore across a body of water, usually narrow, such as a river, harbour, or strait. **2.** a ferryboat. **3.** a vessel used in such a service. –*v.t.* **4.** to carry or convey over water in a boat or plane. **5.** to transport to and from a place, especially on a regular basis: *he ferried the children to and from school*.

fertile /ˈfɜtaɪl/ *adj.* **1.** bearing or capable of bearing

fertilise vegetation, crops, etc., abundantly, as land or soil. **2.** bearing offspring freely; prolific. **3.** abundantly productive or inventive: *a fertile imagination.* **4.** able to produce offspring. **5.** conducive to productiveness: *fertile showers.* **–fertilely** *adv.* **–fertileness** *n.*

fertilise = fertilize /'fɜtəlaɪz/ *v.t.* **-lised, -lising. 1.** *Biology* **a.** to render (an egg, ovum, or female cell) capable of development by union with the male element, or sperm. **b.** to fecundate or impregnate (an animal or plant). **2.** to make fertile; enrich (soil, etc.) for crops, etc. **3.** to make productive. **–fertilisable** *adj.*

fertiliser = fertilizer /'fɜtəlaɪzə/ *n.* any material used to fertilise the soil, especially a commercial or chemical manure.

fervent /'fɜvənt/ *adj.* having or showing great warmth and earnestness of feeling: *a fervent admirer, plea, etc.* **–fervently** *adv.* **–fervour = fervor** *n.*

fescue /'fɛskju/ *n.* **1.** any grass of the genus *Festuca,* some species of which, especially **Chewings fescue** and **creeping red fescue,** are cultivated for pasture or lawns. **2.** any of several grasses belonging to other related genera, as *Vulpia, rat's-tail fescue.*

-fest a suffix indicating a period of festive or enthusiastic activity in the thing named: *lovefest, musicfest, talkfest.*

fester /'fɛstə/ *v.i.* **1.** to generate purulent matter; suppurate. **2.** to cause ulceration, or rankle, as a foreign body in the flesh. **3.** to putrefy or rot. **4.** to rankle, as a feeling of resentment.

festival /'fɛstəvəl/ *n.* **1.** a periodic religious or other feast: *the festival of Christmas.* **2.** any time of feasting; an anniversary for festive celebration. **3.** a public festivity, with performances of music, processions, exhibitions, etc., often timed to coincide with some natural event, such as spring, the blossoming of certain trees, etc.: *Moomba festival.* **4.** a series of musical, dramatic, or other performances. *–adj.* **5.** of, relating to, or befitting a feast or holiday; festal.

festive /'fɛstɪv/ *adj.* joyful; merry. **–festively** *adv.* **–festiveness** *n.*

festivity /fɛs'tɪvəti/ *n.* **-ties. 1.** a festive celebration or occasion. **2.** *(plural)* festive proceedings. **3.** festive character; festive gaiety or pleasure.

festoon /fɛs'tun/ *n.* **1.** a string or chain of flowers, foliage, ribbon, etc., suspended in a curve between two points. **2.** a decorative representation of this, as in architectural work or on pottery. *–v.t.* **3.** to adorn with, or as with, festoons.

fetch /fɛtʃ/ *v.t.* **1.** to go and return with, or bring to or from a particular place: *to fetch a book from another room.* **2.** to cause to come to a particular place or condition; succeed in bringing: *to fetch a doctor.* **3.** to realise or bring in (a price, etc.). **4.** to take (a breath). **5.** to utter (a sigh, groan, etc.). **6.** to deal or deliver (a stroke, blow, etc.). *–v.i.* **7.** *Hunting* to retrieve game. *–phr.* **8. fetch and carry,** to do minor menial jobs. **9. fetch up,** *Colloquial* **a.** to reach a goal or final state; end up: *you'll fetch up in prison.* **b.** to vomit. **c.** to come to a sudden stop, as a ship running aground, or a walker suddenly pausing. **d.** to bring to a sudden stop. **e.** *US* to bring up (a child, etc.). **–fetcher** *n.*

fetching /'fɛtʃɪŋ/ *adj.* charming; captivating. **–fetchingly** *adv.*

fete /feɪt/ *n., v.* **feted, feting.** *–n.* **1.** a function to raise money for charity, church, school, etc., frequently outdoor and combining the activities of bazaar and fair. **2.** a feast or festival. **3.** a festal day; a holiday. *–v.t.* **4.** to give a hospitable public reception to (someone); lionise. Also, **fête.**

fetid /'fɛtəd, 'fitəd/ *adj.* having a strong, offensive smell; stinking. Also, **foetid. –fetidly** *adv.* **–fetidness, fetidity** /fə'tɪdəti/ *n.*

fetish /'fɛtɪʃ, 'fit-/ *n.* **1.** a material, commonly an inanimate object, regarded with awe as being the embodiment or habitation of a potent spirit, or as having magical potency because of the materials and methods used in compounding it. **2.** any object of blind reverence. **3.** an obsession or fixation, usually expressed in ritualistic behaviour. **–fetishism** *n.* **–fetishist** *n.* **–fetishlike** *adj.*

fetlock /'fɛtlɒk/ *n.* a part of a horse's leg situated behind the joint between the cannon bone and the great pastern bone, and bearing a tuft of hair.

fetta /'fɛtə/ *n.* a soft, ripened white cheese, from Greece, made originally from goat's or ewe's milk and now from cow's milk, cured in brine. Also, **feta.**

fetter /'fɛtə/ *n.* **1.** a chain or shackle placed on the feet. **2.** *(usually plural)* anything that confines or restrains. *–v.t.* **3.** to put fetters upon. **4.** to confine; restrain.

fettle /'fɛtl/ *n.* **1.** state; condition: *in fine fettle.* *–v.t.* **2.** *Metallurgy* to remove the roughness from (a casting) and to verify that it is free from flaws, by hanging in chains and striking with a hammer.

feud /fjud/ *n.* **1.** a bitter, continuous hostility, especially between two families, clans, etc. **2.** a quarrel or contention. *–v.i.* **3.** to conduct a feud.

feudal /'fjudl/ *adj.* **1.** having to do with a feoff or fee: *a feudal estate.* **2.** having to do with the holding of land in a feoff or fee. **3.** having to do with the feudal system: *feudal law.* **–feudalism** *n.* **–feudality** /fju'dæləti/ *n.* **–feudally** *adv.*

fever /'fivə/ *n.* **1.** a morbid condition of the body characterised by undue rise of temperature, quickening of the pulse, and disturbance of various bodily functions. **2.** any of a group of diseases in which high temperature is a prominent symptom: *scarlet fever.* **3.** intense nervous excitement. *–phr.* **4. fever pitch,** the height of excitement (especially of crowds). **–fevered, feverish** *adj.* **–feverless** *adj.*

few /fju/ *det.* **1.** not many; a small number: *few clouds in the sky.* *–pron.* **2.** a small number of people or things: *few would agree.* *–phr.* **3. a few, a.** a small number. **b.** *(ironic)* (especially with reference to alcoholic drink) a not small number: *he had sunk a few by then.* **4. few and far between,** rare; infrequent. **5. quite a few** or **a fair few** or **a good few** or **some few,** a fairly large number. **6. the few,** the minority. **–fewness** *n.*

fey /feɪ/ *adj.* **1.** as if enchanted, under a spell, aware of supernatural influences. **2.** light-headed; eccentric; slightly crazy. **3.** dying; in the state of heightened awareness formerly supposed to presage death. **–feyly** *adv.* **–feyness** *n.*

fez /fɛz/ *n.* **fezzes.** a Muslim man's felt cap, usually of a red colour, having the shape of a truncated cone, and ornamented with a long black tassel; formerly the national headdress of the Turks.

fiancée /fi'ɒnseɪ/ *n.* a woman engaged to be married. **–fiancé** *masc. n.*

fiasco /fi'æskoʊ/ *n.* **-os.** an ignominious failure.

fiat /'fiæt, 'fiət/ *n.* an authoritative decree, sanction, or order.

fib /fɪb/ *n., v.* **fibbed, fibbing.** *–n.* **1.** a trivial falsehood. *–v.i.* **2.** to tell a fib.

fibr- a word element meaning 'fibre', as in *fibrin.* Also, **fibri-, fibro-.**

fibre /'faɪbə/ *n.* **1.** a fine threadlike piece, as of cotton, or asbestos; filament. **2.** filaments collectively. **3.** matter made from such threads either natural or artificial: *muscle fibre; cloth fibre.* **4. a.** fibrous matter from plants, used in industry, etc. **b.** this matter as an essential part of the diet;

fibreglass

roughage. *–phr.* **5. moral fibre,** strength of character. **–fibrous, fibred** *adj.* **–fibreless** *adj.*

fibreglass /'faɪbəglas/ *n.* a material consisting of extremely fine filaments of glass which are combined in yarn and woven into fabrics, or are used in masses as an insulator or used embedded in plastic as a construction material for boat hulls, light car bodies, etc.; glass fibre. Also, *Chiefly US,* **fiberglass, fiberglas.**

fibre optics *n. Telecommunications* **1.** the process of passing light along bundles of very fine fibres by internal reflection, used in medicine to transmit images, and in communication (in the form of light pulses) to transmit information. **2.** the study of this process.

fibro /'faɪbrou/ *n. Australian* **1.** compressed asbestos and cement used for building materials such as wallboard, corrugated roofing, pipes, etc. *–adj.* **2.** made of this material: *a fibro house.* Also, **fibrocement.**

fibrositis /faɪbrə'saɪtəs/ *n. Pathology* an inflammatory change in fibrous tissue, such as muscle sheaths, ligament tendons, fasciae, and the like, causing pain and difficulty in movement.

fibula /'fɪbjələ/ *n.* **-las** *or* **-lae** /-li/. **1.** *Anatomy* the outer and thinner of the two bones of the lower leg, extending from the knee to the ankle. **2.** *Archaeology* a clasp or brooch, usually more or less ornamented. **–fibular** *adj.*

-fic an adjective suffix meaning 'making', 'producing', 'causing', as in *colorific, frigorific, horrific, pacific, prolific, soporific.*

-fication a suffix of nouns of action or state corresponding to verbs ending in *-fy,* as in *deification, pacification.*

fickle /'fɪkəl/ *adj.* likely to change; capricious; irresolute. **–fickleness** *n.* **–fickly** *adv.*

fiction /'fɪkʃən/ *n.* **1.** the branch of literature comprising works of imaginative narration, especially in prose form. **2.** works of this class, such as novels or short stories. **3.** something feigned, invented, or imagined; a made-up story. **–fictional** *adj.* **–fictionist** *n.*

fictitious /fɪk'tɪʃəs/ *adj.* **1.** counterfeit; false; not genuine: *fictitious names.* **2.** relating to or consisting of fiction; imaginatively produced or set forth; created by the imagination: *a fictitious hero.* **–fictitiously** *adv.* **–fictitiousness** *n.*

-fid an adjective suffix meaning 'divided', 'lobed', as in *bifid, trifid, multifid, pinnatifid.*

FID /ɛf aɪ 'di/ financial institutions duty.

fiddle /'fɪdl/ *n., v.* **-dled, -dling.** *–n.* **1.** a violin. **2.** any stringed musical instrument of the viol class. **3.** *Colloquial* an illegal or underhand transaction or contrivance. *–v.i.* **4.** *Colloquial* to play on the fiddle. **5.** to make aimless movements, as with the hands. **6.** to trifle. **7.** to profit or gain by surreptitious crookedness. *–v.t.* **8.** *Colloquial* to play (a tune) on a fiddle. **9.** to contrive by illegal or underhand means. **10.** to falsify: *he was caught fiddling the accounts. –phr.* **11. fit as a fiddle,** in excellent health. **12. have a face as long as a fiddle,** to look dismal. **13. on the fiddle,** manipulating or covering up illicit money-making schemes. **14. play second fiddle,** to take a minor part. **–fiddler** *n.*

fiddly /'fɪdli/ *adj. Colloquial* difficult or exacting, as something small done with the hands.

fidelity /fə'dɛlətɪ/ *n.* **-ties. 1.** the strict observance of promises, duties, etc. **2.** loyalty. **3.** conjugal faithfulness. **4.** strict adherence to truth or fact; (of persons) honesty, truthfulness; (of descriptions, copies, etc.) correspondence with the original. **5.** the ability of an electronic system, such as an amplifier, transmitter, etc., to reproduce accurately in its output the desired characteristics of its input.

fidget /'fɪdʒət/ *v.i.* **1.** to move about restlessly or impatiently; be uneasy. *–v.t.* **2.** to cause to fidget; make uneasy. *–n.* **3.** (*often plural*) condition of restlessness or uneasiness. **4.** someone who fidgets.

fiduciary /fɪ'djuʃəri/ *n.* **-ries,** *adj. –n.* **1.** *Law* a person to whom property is entrusted to hold, control, or manage for another. *–adj.* **2.** *Law* having to do with the relation between a fiduciary and his or her principal: *a fiduciary capacity; a fiduciary duty.* **3.** depending on public confidence for value or currency.

field /fild/ *n.* **1.** a piece of open or cleared ground, especially one suitable for raising animals or growing crops. **2.** a piece of ground used for sports or contests. **3.** *Sport* **a.** all those in a competition, especially a race. **b.** the runners in a race other than the leaders. **c.** those players who are fielding. **4.** *Military* a battlefield. **5.** any region characterised by a certain feature or product: *a gold field; a field of ice.* **6.** the background of a painting, shield, flag, etc. **7.** a range of activity, interest, study, etc.: *my field of work is law.* **8.** a place of study, work, etc., away from the office, laboratory, etc., especially one where basic material is gathered for later study. **9.** *Physics* an area or space influenced by some force or thing: *electric field; magnetic field; gravitation field.* **10.** *Physics* the whole area which can be seen through or projected by an optical instrument at one time. **11.** *Electricity* **a.** the main magnetic field of an electric motor or generator. **b.** the structure in a dynamo designed to establish magnetic lines of force in an armature. **12.** *Computers* a specified area of a record. *–v.t.* **13.** *Cricket, etc.* to place (a player) into the field to play. **14.** to deal with: *he fielded difficult questions. –v.i.* **15.** to act as a fielder. *–adj.* **16.** *Sport, etc.* of, or happening on, a field rather than a track: *pole vault and long jump are field events.* **17.** of, or conducted in, open air: *we'll have a field study.*

field day *n.* **1.** a day devoted to outdoor activities or sports. **2.** a day on which a hunt meets. **3. a.** a day on which military or civil security operations in the field are practised. **b.** a day of display of manoeuvres, techniques, etc. **4.** a day or occasion of unrestricted enjoyment, amusement, success, etc.

fielder /'fildə/ *n. Cricket, etc.* any member of the team which is fielding, as opposed to the one which is batting.

field-glasses /'fild-glasəz/ *pl. n.* a compact binocular telescope for use out of doors. See **binocular.**

field goal *n.* (in Rugby Football, etc.) a goal scored by drop-kicking the ball over the opponents' goal during play; drop goal.

fiend /find/ *n.* **1.** Satan; the devil. **2.** any evil spirit. **3.** a diabolically cruel or wicked person. **4.** *Colloquial* a person or thing that causes mischief or annoyance. **5.** *Colloquial* someone who is devoted or addicted to some game, sport, etc.: *a bridge fiend.* **–fiendish, fiendlike** *adj.*

fierce /fɪəs/ *adj.* **fiercer, fiercest. 1.** wild or vehement in temper, appearance, or action: *fierce animals, fierce looks.* **2.** violent in force, intensity, etc.: *fierce winds.* **3.** furiously eager or intense: *fierce competition.* **4.** *Colloquial* extreme; unreasonable: *the prices are fierce.* **–fiercely** *adv.* **–fierceness** *n.*

fiery /'faɪəri/ *adj.* **fierier, fieriest. 1.** consisting of, with, or containing fire: *a fiery furnace.* **2.** like or suggestive of fire: *a fiery heat; a fiery red colour.* **3.** having strong feelings; passionate: *a fiery speech.* **–fierily** *adv.* **–fieriness** *n.*

fiesta /fi'ɛstə/ *n.* **1.** a religious celebration; a saint's day. **2.** a holiday or festival.

fife /faɪf/ *n., v.* **fifed, fifing.** –*n.* **1.** a high-pitched flute much used in military music. –*v.i.* **2.** to play on a fife. **–fifer** *n.*

fifteen /fɪfˈtiːn/ *n.* **1.** a cardinal number, ten plus five. **2.** a symbol for this number, as 15 or XV. **3.** a set or group of fifteen, as a rugby union team. –*det.* **4.** amounting to fifteen in number. –*pron.* **5.** fifteen people or things. **–fifteenth** *adj.*

fifth /fɪfθ/ *adj.* **1.** next after the fourth. **2.** being one of five equal parts. –*n.* **3.** a fifth part, especially of one (1/5). **4.** the fifth member of a series. **5.** *Music* **a.** a note on the fifth degree from another note (counted as the first). **b.** the interval between such notes. **–fifthly** *adv.*

fifth column *n.* a body of persons residing in a country who are in sympathy with its enemies, and who are serving enemy interests or are ready to assist an enemy attack. **–fifth columnist** *n.*

fifth generation *n.* a theoretical stage of computer development, in which computers would have certain desirable capabilities, such as the ability to learn from past experiences, to make inferences, to understand natural language, and perform other functions in a way that resembles human thought.

fifty /ˈfɪfti/ *n.* **-ties,** *det., pron.* –*n.* **1.** a cardinal number, ten times five (10 × 5). **2.** a symbol for this number, as 50 or L. **3.** a set of fifty persons or things. **4.** (*plural*) the numbers from 50 to 59 of a series, especially years of person's age or the years of a century. –*det.* **5.** amounting to fifty in number: *fifty apples.* –*pron.* **6.** fifty people or things: *fifty came to the party.* **–fiftieth** *adj., n.*

fig /fɪg/ *n.* **1.** any tree or shrub of the moraceous genus *Ficus*, especially a small tree, *F. carica*, native to south-western Asia, bearing a turbinate or pear-shaped fruit which is eaten fresh or preserved or dried. **2.** the fruit of such a tree or shrub, or of any related species. **3.** the value of a fig; the merest trifle; the least bit. **4.** a gesture of contempt.

fight /faɪt/ *n., v.* **fought, fighting.** –*n.* **1.** a battle or combat. **2.** any quarrel, contest, or struggle. **3.** ability or inclination to fight: *there was no fight left in him; to show fight.* –*v.i.* **4.** to engage in battle or in single combat; attempt to defeat, subdue, or destroy an adversary. **5.** to contend in any manner; strive vigorously for or against something. –*v.t.* **6.** to contend with in battle or combat; war against. **7.** to contend with or against in any manner. **8.** to carry on (a battle, duel, etc.). **9.** to maintain (a cause, quarrel, etc.) by fighting or contending. **10.** to make (one's way) by fighting or striving. –*phr.* **11. fight down,** to repress or overcome. **12. fight it out,** to struggle till a decisive result is obtained. **13. fight like Kilkenny cats,** to fight ferociously. **14. fight off,** to struggle against; drive away. **15. fight shy of,** to keep carefully aloof from (a person, affair, etc.). **–fightable** *adj.* **–fighter** *n.*

figment /ˈfɪgmənt/ *n.* **1.** a mere product of the imagination; a pure invention. **2.** a feigned, invented, or imagined story, theory, etc.

figurative /ˈfɪgjʊrətɪv, ˈfɪgə-/ *adj.* **1.** having to do with a figure of speech, especially a metaphor; metaphorical; not literal: *a figurative expression.* **2.** metaphorically so called: *this remark was a figurative boomerang.* **3.** abounding in or addicted to figures of speech. **4.** representing by means of a figure or likeness, as in drawing or sculpture. **5.** representing by a figure or emblem; emblematic. **–figuratively** *adv.* **–figurativeness** *n.*

figure /ˈfɪgə/ *n., v.* **-ured, -uring.** –*n.* **1.** a written symbol other than a letter. **2.** a numerical symbol, especially an Arabic numeral. **3.** an amount or value expressed in numbers. **4.** (*plural*) the use of numbers in calculating: *poor at figures.* **5.** form or shape, as determined by outlines or exterior surfaces: *round, square, or cubical in figure.* **6.** the bodily form or frame: *a slender or graceful figure.* **7.** an individual bodily form, or a person with reference to form or appearance: *a tall figure stood in the doorway.* **8.** a person as he or she appears, or as presented before the eyes of the world: *political figures.* **9.** a character or personage, especially one of distinction: *a figure in society.* **10.** the appearance or impression made by a person, or sometimes a thing. **11.** a diagram or pictorial representation in a book, especially a textbook. **12.** a representation, pictorial or sculptured, of something, especially of the human form. **13.** an emblem or type: *the dove is a figure of peace.* **14.** *Rhetoric* a figure of speech. **15.** a device or pattern, as in cloth. **16.** a movement, pattern, or series of movements in skating. **17.** a distinct movement or division of a dance. **18.** *Geometry* a combination of geometrical elements disposed in a particular form or shape: *the circle, square, and polygon are plane figures; the sphere, cube, and polyhedron are solid figures.* –*v.t.* **19.** to compute or calculate. **20.** to express in figures. **21.** to mark or adorn with figures, or with a pattern or design. **22.** to represent by a pictorial or sculptured figure, a diagram, or the like; picture or depict; trace (an outline, etc.). **23.** to conclude, judge, reason, reflect. –*v.i.* **24.** to compute or work with numerical figures. **25.** to make a figure or appearance; be conspicuous: *his name figures in the report.* **26.** *Colloquial* to be in accordance with expectations or reasonable likelihood. –*phr.* **27. cut a (fine) figure,** to create a brilliant impression, especially with regard to clothes and manner. **28. figure on,** *Colloquial* **a.** to count or rely on. **b.** to take into consideration. **29. figure out,** to solve; understand; make out. **–figurer** *n.*

figurehead /ˈfɪgəhɛd/ *n.* **1.** someone who is nominally the head of a society, community, etc., but has no real authority or responsibility. **2.** *Nautical* an ornamental figure, such as a statue or bust, placed over the cutwater of a ship.

figure of speech *n.* a literary mode of expression, such as a metaphor, simile, personification, antithesis, etc., in which words are used out of their literal sense, or out of ordinary locutions, to suggest a picture or image, or for other special effect; a trope.

figurine /fɪgəˈriːn, fɪgjə-, ˈfɪgjuriːn/ *n.* a small ornamental figure of pottery, metalwork, etc.; statuette.

filament /ˈfɪləmənt/ *n.* **1.** a very fine thread or threadlike structure; a fibre or fibril. **2.** a single element of textile fibre (such as silk), or mechanically produced fibre (such as rayon or nylon). **3.** *Electricity* (in an incandescent lamp) the threadlike conductor in the bulb which is raised to incandescence by the passage of current.

filch /fɪltʃ/ *v.t.* to steal (especially something of small value); pilfer. **–filcher** *n.*

file¹ /faɪl/ *n., v.* **filed, filing.** –*n.* **1.** any device, as a cabinet, in which papers, etc., are arranged or classified for convenient reference. **2.** a collection of papers so arranged or classified; any orderly collection of papers, etc. **3.** *Computers* a memory storage device, other than a core store, as disc file, magnetic tape file, etc. **4.** a line of persons or things arranged one behind another, especially a group of soldiers moving in formation; Indian file; single file. **5.** one of the vertical lines of squares on a chessboard. –*v.t.* **6.** to place in a file. **7.** to arrange (papers, records, official documents, etc.) methodically for preservation and convenient reference. **8.** to place on record, register (a petition, etc.). **9.** *Law* to bring (a suit) before a court of

file 290 **fin**

law. **10.** *Journalism* to send (newspaper copy) to a newspaper or news agency. –*v.i.* **11.** to march in a file or line, one after another, as soldiers. –*phr.* **12. on file**, on or in a file, or in orderly arrangement for convenient reference, as papers. **–filer** *n.*

file² /faɪl/ *n., v.* **filed, filing**. –*n.* **1.** a metal (usually steel) tool of varying size and form, with numerous small cutting ridges or teeth on its surface, for smoothing or cutting metal and other substances. –*v.t.* **2.** to reduce, smooth, cut, or remove with or as with a file. **–filer** *n.*

filial /ˈfɪljəl, -ɪəl/ *adj.* **1.** relating to or befitting a son or daughter: *filial obedience*. **2.** bearing the relation of a child to a parent. **–filially** *adv.* **–filialness** *n.*

filibuster /ˈfɪləbʌstə/ *n.* **1.** the use of obstructive tactics, such as making prolonged speeches or using irrelevant material, in order to delay legislative action. **2.** someone who engages in an unlawful military expedition into a foreign country to inaugurate or to aid a revolution. –*v.i.* **3.** to impede legislation by using obstructive tactics, especially by making long speeches. **4.** to act as a freebooter, buccaneer, or irregular military adventurer. **–filibusterer** /ˈfɪləbʌstərə/ *n.* **–filibusterism** /ˈfɪləbʌstərɪzəm/ *n.* **–filibusterous** /fɪləˈbʌstərəs/ *adj.*

filigree /ˈfɪləgri/ *n., adj., v.* **-greed, -greeing**. –*n.* **1.** ornamental work of fine wires, especially lacy jewellers' work of scrolls and arabesques. **2.** anything very delicate or fanciful. –*adj.* **3.** composed of or resembling filigree. –*v.t.* **4.** to adorn with or form into filigree. Also, **filagree, fillagree**.

fill /fɪl/ *v.t.* **1.** to make full; put as much as can be held into. **2.** to occupy to the full capacity: *water filled the basin; the crowd filled the hall*. **3.** to supply to fullness or plentifully: *to fill a house with furniture; to fill the heart with joy*. **4.** to satisfy, as food does. **5.** to be plentiful throughout: *fish filled the rivers*. **6.** to extend throughout; pervade completely: *the perfume filled the room*. **7.** to furnish (a vacancy or office) with an occupant or incumbent. **8.** to occupy and perform the duties of (a position, post, etc.). **9.** to execute (a business order). **10.** to supply (a blank space) with written matter, decorative work, etc. **11.** to meet (requirements, etc.) satisfactorily: *the book fills a long-felt want*. **12.** to make up or compound (a medical prescription). **13.** to stop up or close: *to fill a tooth or a crevice*. –*v.i.* **14.** to become full: *the hall filled rapidly; her eyes filled with tears*. **15.** to become distended, as sails with the wind. –*n.* **16.** a full supply; enough to satisfy want or desire: *to eat one's fill*. **17.** an amount of something sufficient for filling; a charge. **18.** a mass of earth, stones, etc., used to fill a hollow, etc. –*phr.* **19. fill in**, **a.** to fill (a hole, hollow, blank, etc.) with something put in. **b.** to complete (a document, design, etc.) by filling blank spaces. **c.** to put in or insert so as to fill: *to fill in omitted names*. **d.** to occupy, spend (time). **e.** to act as a substitute. **f.** to give all necessary information, etc. **20. fill out**, **a.** to distend (sails, etc.). **b.** to become larger or, fuller, grow fat, expand, as the figure, etc. to. **c.** to complete the details of (a plan, design, etc.). **21. fill someone's shoes**, to replace someone effectively, usually in some specified capacity: *can you fill her shoes as an administrator?* **22. fill the bill**, *Colloquial* to satisfy the requirements of the case; be or do what is wanted. **23. fill up**, to fill completely. **–filler** *n.*

fillet /ˈfɪlət/ *n.* **1.** a narrow strip, as of ribbon, wood, or metal. **2.** a strip of any material used for binding. **3.** *Cookery* **a.** a strip or long (flat or thick) boned piece of fish. **b.** a standard cut of beef or pork, containing little fat and no bone. –*v.t.* **4.** *Cookery* to cut or prepare (meat or fish) as a fillet.

filling /ˈfɪlɪŋ/ *n.* **1.** something that is put in to fill something: *the filling of a pie*. **2.** a substance in plastic form, as cement, amalgam, or gold foil, used to close a cavity in a tooth.

fillip /ˈfɪləp/ *n.* anything that tends to rouse, excite, or revive; a stimulus.

filly /ˈfɪli/ *n.* **-lies**. **1.** a female horse not past its fourth birthday; a young mare. **2.** *Colloquial* a girl or woman.

film /fɪlm/ *n.* **1.** a thin layer or coating. **2.** a thin sheet of any material. **3.** *Photography* **a.** a sensitive coating, as of gelatine and silver bromide, used on photographic plate or film (def. 3b). **b.** a strip of cellulose material covered with this substance, used in cameras. **4.** *Film* **a.** a film strip containing an ordered set of pictures or photographs of objects in motion projected on to a screen so rapidly as to give the appearance that the objects or actors are moving. **b.** such a film strip representing an event, play, story, etc. **c.** the creative art of film-making: *this director is one of the icons of film*. –*v.t.* **5.** to cover with a film, or thin skin. **6.** *Film* **a.** to photograph with a film camera. **b.** to reproduce in the form of a film or films: *to film a novel*. –*v.i.* **7.** to become covered by a film. **8.** to be reproduced in a film: *this story films easily*.

film clip *n.* a short extract from a film, usually shown as part of promotional material.

film noir /fɪlm ˈnwɑ/ *n.* **1.** a black-and-white film genre, especially of the 1940s, concerned with the darker side of human nature, and typified by sombre, shadowy photography and an overall feeling of depression or pessimism. **2.** any later film style emulating this genre. **3.** a film of this genre or emulating it. –*adj.* **4.** of or relating to this genre: *a famous film noir actor*.

filmy /ˈfɪlmi/ *adj.* **filmier, filmiest**. being, resembling, or covered with a thin layer or film. **–filmily** *adv.* **–filminess** *n.*

filo pastry /ˈfiloʊ peɪstri, ˈfaɪloʊ/ *n.* a paper-thin pastry made from flour and water, often used in Greek cookery.

filter /ˈfɪltə/ *n.* **1.** any device through which liquids are strained to remove unwanted particles or to recover solids. **2.** any of various similar devices, used for removing dust from air, unwanted elements from tobacco smoke, or blocking certain kinds of light rays. **3.** *Colloquial* a filter tip on a cigarette. **4.** *Physics* a device for picking out waves or currents of certain frequencies. –*v.t.* **5.** to remove by the action of a filter. **6.** to act as a filter for. **7.** to pass through a filter. –*v.i.* **8.** to pass through, or as through, a filter. **–filterer** *n.* **–filterable** *adj.*

filth /fɪlθ/ *n.* **1.** foul matter; offensive or disgusting dirt. **2.** foul condition. **3.** moral impurity, corruption, or obscenity. **4.** foul language.

filthy /ˈfɪlθi/ *adj.* **filthier, filthiest**. –*adj.* **1.** foul with, characterised by, or having the nature of filth; disgustingly dirty. **2.** vile; obscene. **3.** (as a general epithet of strong condemnation) highly offensive or objectionable: *filthy lucre*. **4.** *Colloquial* very unpleasant: *filthy weather*. –*phr.* **5.** **filthy rich**, *Colloquial* very rich. **–filthily** *adv.* **–filthiness** *n.*

filtrate /ˈfɪltreɪt/ *v.* **-trated, -trating**, *n.* –*v.t., v.i.* **1.** → **filter**. –*n.* **2.** liquid which has been passed through a filter. **–filtration** /fɪlˈtreɪʃən/ *n.*

fin /fɪn/ *n.* **1.** any of several wing- or paddle-like organs on the body of a fish, used for propelling, steering or balancing. **2.** *Nautical* a fin-shaped plane on a submarine or boat. **3.** a small, fin-shaped attachment underneath the rear of a surfboard. **4.** → **flipper**. **5.** any part, of a machine,

final

etc., like a fin. –**finless** *adj.* –**finlike** *adj.*

final /'faɪnəl/ *adj.* **1.** relating to or coming at the end; last in place, order, or time. **2.** bringing something to an end; conclusive or decisive: *a final argument.* –*n.* **3.** that which is last; that which forms an end of a series. **4.** (*often plural*) something final, as a last game or contest in a series. **5.** (*plural*) an examination at the end of a course. –**finality** *n.*

finale /fə'nɑli/ *n.* **1.** the last piece, division, or movement of a concert, opera, or musical composition. **2.** the concluding part of any performance, course of proceedings, etc.

finalise = finalize /'faɪnəlaɪz/ *v.t.* -**lised**, -**lising**. to put into final form; conclude, settle. –**finalisation** /faɪnəlaɪ'zeɪʃən/ *n.*

finalist /'faɪnələst/ *n.* someone who is entitled to take part in the final trial or round, as of an athletic contest.

finance /'faɪnæns, fə'næns/ *n., v.* -**nanced**, -**nancing**. –*n.* **1.** the management of public revenues; the conduct or transaction of money matters generally, especially such as affect the public, as in the fields of banking and investment. **2.** (*plural*) pecuniary resources, as of a sovereign, state, company, or an individual; revenue. –*v.t.* **3.** to supply with means of payment; provide capital for; to obtain or furnish credit for. **4.** to manage financially. –*v.i.* **5.** to conduct financial operations; manage finances. –**financial** *adj.* –**financier** *n.*

financial institutions duty *n.* a tax on receipts by financial institutions, such as banks, credit unions, etc. *Abbrev:* FID

financial year *n.* any twelve-monthly period at the end of which a government, company, etc., balances its accounts and determines its financial condition. Also, **fiscal year**.

finch /fɪntʃ/ *n.* **1.** any of numerous small, often strikingly coloured passerine birds of the family Estrildidae, the grassfinches, as the **red-browed finch**, *Estrilda temporalis*, of eastern Australia. **2.** any of various small, passerine birds of the family Fringillidae, including the buntings, linnets, etc., many having heavy, conical, seed-cracking bills and some of which, as the goldfinch and the greenfinch, have been introduced into Australia.

find /faɪnd/ *v.* **found**, **finding**, *n.* –*v.t.* **1.** to come upon by chance; meet. **2.** to learn, attain, or obtain by search or effort. **3.** to discover. **4.** to recover (something lost). **5.** to gain or regain the use of: *to find one's tongue.* **6.** to succeed in attaining; gain by effort: *to find safety in flight; to find occasion for revenge.* **7.** to provide or furnish. **8.** to discover by experience or to perceive: *to find something to be true; to find something new to be developing.* **9.** to ascertain by study or calculation: *to find the sum of several numbers.* **10.** *Law* **a.** to determine after judicial inquiry: *to find a person guilty.* **b.** to pronounce as an official act (an indictment, verdict, or judgment). –*v.i.* **11.** to determine the issue after judicial inquiry: *the jury found for the plaintiff.* –*n.* **12.** the act of finding: *his find was widely reported.* **13. a.** a thing found, especially one of great monetary or other value, such as a gold deposit, an archaeological site, etc. **b.** a thing or person found and then discovered to be unexpectedly pleasing or valuable: *the new cook was a real find.* –*phr.* **14. find fault**, (sometimes fol. by *with*) to find cause of blame or complaint; express dissatisfaction. **15. find oneself**, to discover one's true vocation; learn one's abilities and how to use them. **16. find one's feet**, **a.** to be able to stand and walk. **b.** to be able to act independently without the help of others. **17. find out**, **a.** to discover in the course of time or experience; discover by search or inquiry; ascertain by study. **b.** to detect, as in an offence; discover the actions or character of; discover or detect (a fraud, imposture, etc.). **c.** to discover the identity of (a person). –**findable** *adj.*

fine[1] /faɪn/ *adj.* **finer**, **finest**, *adv., v.* **fined**, **fining**. –*adj.* **1.** of the highest or of very high grade or quality. **2.** free from imperfections or impurities. **3.** (of weather) **a.** sunny. **b.** *Meteorology* without rain. **4.** choice, excellent, or admirable: *a fine sermon.* **5.** consisting of minute particles: *fine sand.* **6.** very thin or slender: *fine thread.* **7.** keen or sharp, as a tool. **8.** delicate in texture: *fine linen.* **9.** delicately fashioned. **10.** highly skilled or accomplished: *a fine musician.* **11.** characterised by or affecting refinement or elegance: *a fine lady.* **12.** polished or refined: *fine manners.* **13.** ornate or elegant: *fine writing.* **14.** delicate or subtle: *a fine distinction.* **15.** showy or smart; smartly dressed. **16.** good-looking or handsome. **17.** (of gold, silver, etc.) having a high proportion of pure metal, or having the proportion as specified. **18.** *Cricket* towards fine leg. **19.** in good health; well: *I'm feeling fine.* –*adv.* **20.** *Colloquial* in a fine manner; excellently or very well; elegantly; delicately; with nicety. –*v.i.* **21.** to become fine or finer. **22.** Also, **fine down**. to become fine or clear; clarify: *the cider will fine if it is left to stand.* –*v.t.* **23.** to make fine or finer. **24.** to clarify (wines or spirits) by filtration. –*phr.* **25. fine down**, to become more elegantly slim: *her figure will fine down as she gets older.* **26. fine up**, (of weather) to become fine. –**fineness** *n.*

fine[2] /faɪn/ *n., v.* **fined**, **fining**. –*n.* **1.** a sum of money exacted as a penalty for an offence or dereliction. –*v.t.* **2.** to subject to a fine, or pecuniary penalty; punish by a fine. –*phr.* **3. in fine**, finally; in short. –**fineable = finable** *adj.*

fine arts *pl. n.* the arts which seek expression through beautiful or significant modes, such as architecture, sculpture, painting, ceramics, engraving, and music.

finery /'faɪnəri/ *n.* -**ries**. fine or showy dress, ornaments, etc.

finesse /fə'nɛs/ *n., v.* -**nessed**, -**nessing**. –*n.* **1.** delicacy of execution; subtlety of discrimination. **2.** artful management; craft; strategy. **3.** *Bridge, etc.* an attempt to win a trick by bluffing the opposition into withholding their winning card, allowing a low card to win. **4.** (of wine) fineness of character; elegance. –*v.t.* **5.** to accomplish by finesse or artifice.

finger /'fɪŋgə/ *n.* **1.** any of the terminal members of the hand, especially one other than the thumb. **2.** a part of a glove made to receive a finger. **3.** the breadth of a finger as a unit of length; digit. **4.** the length of a finger, 12 cm, or approximately that. **5.** something like or likened to a finger: *a finger of toast; a finger of land; fish fingers.* –*v.t.* **6.** to touch with the fingers; handle; toy or meddle with. **7.** to pilfer; filch. **8.** *Colloquial* to point out; accuse. **9.** *Music* **a.** to play on (an instrument) with the fingers. **b.** to perform or mark (a passage of music) with a certain fingering (def. 2). –*phr.* **10. burn one's fingers**, to get hurt or suffer loss from meddling with or engaging in anything. **11. give someone the finger**, to make an offensive gesture at someone by holding up the index finger. **12. have a finger in the pie**, to have a share in the doing of something. **13. keep (or have) one's fingers crossed**, to wish for good luck, or success in a particular enterprise. **14. lay a finger on**, to touch or assault in the mildest degree: *if you lay so much as a finger on him I'll kill you.* **15. lay (or put) one's finger on**, to indicate exactly. **16. not lift a finger**, to do nothing; make no attempt. **17. point the finger**, (sometimes fol. by *at*) to suspect or accuse. **18. pull one's finger out**, *Colloquial* to become active; hurry. **19. put the finger on**, *Colloquial* **a.** to inform against or identify (a criminal) to the police. **b.** to designate as a victim, as of murder or other crime. **20. slip through someone's fingers**, to elude someone, as a missed opportunity. **21. snap one's fingers at**, to show disdain or contempt for. **22. twist round one's little finger**, to dominate; influence easily. **–fingerer** *n*. **–fingerless** *adj*.

fingering /ˈfɪŋgərɪŋ/ *n*. *Music* **1.** the action or method of using the fingers in playing an instrument. **2.** the indication of the way the fingers are to be used in performing a piece of music.

fingernail /ˈfɪŋgəneɪl/ *n*. the nail at the end of a finger.

fingerprint /ˈfɪŋgəprɪnt/ *n*. **1.** an impression of the markings of the inner surface of the last joint of the thumb or a finger. **2.** such an impression made with ink for purposes of identification. –*v.t.* **3.** to take the fingerprints of.

fingertip /ˈfɪŋgətɪp/ *n*. **1.** the tip of a finger. **2.** a covering used to protect the end of a finger. –*phr.* **3. at one's fingertips**, **a.** close at hand, within easy reach. **b.** readily at one's disposal, as a result of complete familiarity with the subject.

finicky /ˈfɪnɪki/ *adj*. **1.** excessively fastidious; too particular or fussy. **2.** (of things) overelaborate; containing too much unimportant detail. Also, **finikin, finicking**.

finish /ˈfɪnɪʃ/ *v.t.* **1.** to bring (action, speech, work, affairs, etc.) to an end or to completion. **2.** to come to the end of (a course, period of time, etc.). **3.** Also, **finish up, finish off**. to use up or consume completely: *to finish your dinner.* **4.** to complete and perfect in detail; put the final touches on. **5.** to put the last treatment or coating on (wood, metal, etc.). **6.** to perfect (a person) in education, accomplishments, social graces etc. –*v.i.* **7.** to come to an end. **8.** to complete a course, etc. –*n.* **9.** the end or conclusion; the last stage. **10.** the end of a hunt, race, etc. **11.** a decisive ending: *a fight to the finish.* **12.** the quality of being finished or completed with smoothness, elegance, etc. **13.** (of wine) the lingering aftertaste. **14.** educational or social polish. **15.** the manner in which a thing is finished in preparation, or an effect imparted in finishing: *a soft or dull finish.* **16.** the surface coating or texture of wood, metal, etc. **17.** something used or serving to finish, complete, or perfect a thing. **18.** woodwork, etc., especially in the interior of a building, not essential to the structure but used for purposes of ornament, neatness, etc. **19.** a final coat of plaster or paint. **20.** a material for application in finishing. –*phr.* **21. finish off**, to overcome completely; destroy or kill. **22. finish up**, *Colloquial* to reach a final condition, circumstance, or goal. –**finisher** *n*.

finite /ˈfaɪnaɪt/ *adj*. **1.** having bounds or limits; not too great or too small to be measurable. **2.** subject to limitations or conditions, as of space, time, circumstances, or the laws of nature: *finite existence.* –**finitely** *adv.* –**finiteness** *n*.

finite verb *n*. *Grammar* a verb limited by person, number, tense, mood, and aspect (opposed to the infinite forms, participle, infinitive, and gerund, which have only a few limitations).

fink /fɪŋk/ *n*. *Colloquial* a contemptible or undesirable person, especially one who reneges on an undertaking.

fiord /ˈfjɔd/ *n*. a long, relatively narrow arm of the sea, bordered by steep cliffs, as on the coast of Norway. Also, **fjord**.

fir /fɜ/ *n*. **1.** any of the pyramidal coniferous trees constituting the genus *Abies*, such as *A. balsamea*, the balsam fir. **2.** the wood of such a tree.

fire /ˈfaɪə/ *n., v.* **fired, firing.** –*n.* **1.** the active principle of burning or combustion, manifested by the evolution of light and heat. **2.** a burning mass of material, as on a hearth or in a furnace. **3.** the destructive burning of a building, town, forest, etc.; a conflagration. **4.** flashing light; luminous appearance. **5.** brilliance, as of a gem. **6.** burning passion; ardour; enthusiasm. **7.** vigour; energy. **8.** liveliness of imagination. **9.** heating quality, as of strong drink. **10.** a spark or sparks. **11.** the discharge of firearms: *to open fire.* **12.** the effect of firing military weapons: *to place fire upon the enemy.* –*v.t.* **13.** to set (something) on fire, usually for a specific purpose: *the Aborigines used to fire the bush when hunting.* **14.** to supply (a furnace, etc.) with fuel; attend to the fire of (a boiler, etc.). **15.** to expose to the action of fire; subject to heat. **16.** to apply heat to in a kiln for baking or glazing; burn. **17.** to inflame, as with passion; fill with ardour. **18.** Also, **fire up**. to inspire: *the music fired his imagination; the news has really fired her up.* **19.** to discharge, as a gun. **20.** to project (a missile) by discharging from a gun, etc. **21.** to dismiss from a job. –*v.i.* **22.** to go off, as a gun. **23.** to discharge a gun, etc. **24.** to hurl a missile. **25.** (of an internal-combustion engine) to cause ignition of the air-fuel mixture in the cylinder or cylinders. **26.** to perform extremely well, successfully, and vigorously: *the team really fired in the second half.* –*phr.*

27. between two fires, being attacked from both sides.

28. catch fire, to become ignited.

29. fire away, (*usually in the imperative*) *Colloquial* to begin speaking: *fire away – I'm listening.*

30. fire up, **a.** to start up (an internal-combustion engine). **b.** to start up (any device with an engine or motor, as a computer, blender, etc.). **c.** to inspire.

31. go through fire and water, to face any hardship or danger.

32. hang fire, **a.** to be slow in exploding. **b.** to be irresolute. **c.** to be postponed or delayed.

33. lay a fire, to arrange fuel to be lit.

34. on fire, **a.** ignited; burning. **b.** eager; ardent; zealous.

35. play with fire, to meddle carelessly or lightly with a dangerous matter.

36. set fire to or **set on fire**, **a.** to cause to burn. **b.** to excite violently; inflame.

37. take fire, **a.** to become ignited. **b.** to become filled with enthusiasm or zeal.

38. under fire, **a.** exposed to enemy fire. **b.** under criticism or attack. –**fireable** *adj*.

firearm /ˈfaɪəram/ *n*. a small arms weapon from which a projectile is discharged by an explosion.

firebreak /ˈfaɪəbreɪk/ *n*. a strip of ploughed or cleared land made to check the spread of fire.

fire brigade *n*. **1.** an organisation set up to fight fires. **2.** a unit of such an organisation.

fire-engine /ˈfaɪər-ɛndʒən/ *n*. a motor vehicle equipped for fire fighting, now usually having a motor-driven pump for shooting water from fire hydrants, etc., or chemical solutions at high pressure.

fire-escape /ˈfaɪər-əskeɪp/ *n*. a fireproof staircase, or some other apparatus or structure, used to escape from a burning building.

firefighter /ˈfaɪəfaɪtə/ *n.* **1.** someone whose activity or employment is to extinguish fires, especially bushfires. **2.** *Colloquial* → **troubleshooter**. –**firefighting** *adj.*, *n.*

firefly /ˈfaɪəflaɪ/ *n.* **-flies. 1.** any of the soft-bodied, nocturnal beetles of the family Lampyridae, which possess abdominal light-producing organs; lightning bug. The luminous larvae or wingless females are called **glow-worms. 2.** a fly (**fly**¹ def. 17) designed to protect a camp fire.

fireman /ˈfaɪəmən/ *n.* **-men. 1.** → **firefighter** (def. 1). **2.** someone employed to tend fires; a stoker. **3.** *Railways* **a.** someone who tends the fire of a steam locomotive and assists the driver. **b.** the assistant to the driver on a diesel or electric locomotive.

fireplace /ˈfaɪəpleɪs/ *n.* **1.** the part of a chimney which opens into a room and in which fuel is burnt. **2.** any open structure, usually of masonry, for containing fire, as at a camp site.

fire station *n.* a building housing a unit of a fire brigade and its equipment.

fire trail *n.* a permanent track cleared through bush to provide firefighters with access to bushfires.

firetrap /ˈfaɪətræp/ *n.* a building which, because of the material or arrangement of the structure, is especially dangerous in case of fire.

firework /ˈfaɪəwɜk/ *n.* **1.** (*usually plural*) a combustible or explosive device for producing a striking display of light or a loud noise, often also used in signalling at night, etc. **2.** (*plural*) **a.** a pyrotechnic display. **b.** a display of anger or bad temper. **c.** an exciting spectacle or performance.

firing line *n.* **1.** the positions at which troops are stationed to fire upon the enemy or targets. **2.** the forefront of any activity.

firing squad *n.* a military detachment assigned to execute a condemned person by shooting.

firm¹ /fɜm/ *adj.* **1.** relatively solid, hard or stiff: *firm ground; firm texture.* **2.** securely fixed in place. **3.** steady; not shaking or trembling: *a firm hand; a firm voice.* **4.** (of a belief, decree, agreement, etc.) fixed, settled, or unchangeable. **5.** (of people or principle) steadfast or unwavering. **6.** (of prices, the market, etc.) not fluctuating or falling. –*v.t.* **7.** to make firm. –*v.i.* **8.** to become firm. –*adv.* **9.** in a firm manner: *stand firm.* –**firmly** *adv.* –**firmness** *n.*

firm² /fɜm/ *n.* **1.** a business organisation or partnership. **2.** the name or title under which associated parties transact business: *the firm of Jones & Co.* **3.** a team of medical officers in or attached to a hospital, headed by a physician or surgeon, specialising in one aspect or branch of medicine.

firmament /ˈfɜməmənt/ *n.* the vault of heaven; the sky. –**firmamental** *adj.*

first /fɜst/ *adj.* **1.** being before all others with respect to time, order, rank, importance, etc. (the ordinal of *one*). **2.** *Music* highest or chief among several voices or instruments of the same class: *first alto; first horn.* **3.** *Motor Vehicles* being or relating to a low transmission gear ratio. –*adv.* **4.** before all others or anything else in time, order, rank, etc. **5.** before some other thing, event, etc. **6.** for the first time. **7.** in preference to something else; rather; sooner. **8.** in the first place; firstly. –*n.* **9.** that which is first in time, order, rank, etc. **10.** the beginning. **11.** the first part; the first member of a series. **12.** *Motor Vehicles* first gear. **13.** the first place in a race, etc. **14.** a first-class degree. **15.** (*plural*) the best quality of certain articles of commerce. –*phr.* **16. at first blush**, at the first view; on first consideration. **17. at first hand**, from the first or original source. **18. at (the) first**, at the beginning or outset. **19. be a first**, to be the first experience of something, or first attempt at doing something: *this tour is a first for me.* **20. draw first blood**, **a.** (in physical combat) to inflict the first injury. **b.** (in non-physical competition) to gain the initial advantage. **21. first and last**, altogether; in all. **22. first bash**, the first go: *you can have first bash at this.* **23. first in, best dressed**, *Australian* (an expression meaning that the first person to arrive has an advantage over others in a group). **24. first thing**, before anything else; at once; early. **25. first up**, *Australian* at the first attempt. **26. from the first**, from the beginning or outset. –**firstly** *adv.*

first aid *n.* emergency aid or treatment given to persons suffering from accident, etc., until the services of a doctor can be obtained.

first-class /ˈfɜst-klas/ *adj.*, /ˌfɜst-ˈklas/ *adv.* –*adj.* **1.** of the highest or best class or quality. **2.** best-equipped and most expensive: *a first-class carriage.* **3.** denoting a degree bearing the highest class of honours in a university examination. –*adv.* **4.** by first-class conveyance: *to travel first-class.*

first-day cover *n.* an envelope bearing a newly-issued stamp, posted and cancelled on the day of issue.

first-degree /ˈfɜst-dəgri/ *adj.* of a degree which is at the extreme end of a scale, either as the lowest (*first-degree burn*) or the highest (*first-degree murder*).

First Fleeter *n.* a person whose family can be traced back to someone who came to Australia with the First Fleet in 1788.

first-hand /fɜst-ˈhænd/ *adv.*, /ˈfɜst-hænd/ *adj.* –*adv.* **1.** from the first or original source. –*adj.* **2.** having to do with the first or original source. **3.** direct from the original source.

first officer *n.* **1.** → **mate**¹ (def. 6). **2.** in an aircrew, the officer next in seniority to the captain.

first-past-the-post /ˌfɜst-past-ðə-ˈpoʊst/ *adj.* having to do with a voting system in which the candidate who gains the largest number of votes wins. Compare **proportional representation**, **preferential voting**.

first person *n.* the class of a pronoun or verb in which the speaker is the subject. See **person** (def. 10).

first principle *n.* any law, axiom, or concept which represents the highest degree of generalisation and which depends on fundamental principles.

first refusal *n.* the right of a customer to buy or refuse goods before they can be sold to anyone else.

fiscal /ˈfɪskəl/ *adj.* **1.** having to do with the public treasury or revenues. **2.** having to do with financial matters in general. –*n.* **3.** (in some countries) an official having the function of public prosecutor. –**fiscally** *adv.*

fiscal year *n.* → **financial year**.

fish /fɪʃ/ *n.* **fishes**, (*especially collectively*) **fish**, *v.* –*n.* **1.** any of various cold-blooded, completely aquatic vertebrates, having gills, fins, and typically an elongated body usually covered with scales. **2.** any of various other aquatic animals. **3.** the flesh of fishes used as food. –*v.t.* **4.** to catch or attempt to catch (fish or the like). **5.** to try to catch fish in (a stream, etc.). **6.** to draw (*up, out,* etc.) as by fishing: *to fish a pin out of a crack.* **7.** to search through as by fishing. –*v.i.* **8.** to catch or

fish

attempt to catch fish, as by angling or drawing a net. **9.** to search for or attempt to catch on to something under water, in mud, etc., by the use of a dredge, rake, hook, or the like. **10.** to seek to obtain something by artifice or indirection: *to fish for compliments, information, etc.* –*phr.* **11. a fine** (or **pretty**) **kettle of fish**, trouble; confusion. **12. a poor fish**, *Colloquial* an ineffectual and characterless person. **13. a queer fish**, *Colloquial* an unusual or eccentric person. **14. drink like a fish**, to drink alcoholic liquor to excess. **15. feed the fishes**, **a.** to vomit over the side of a boat or ship as a result of seasickness. **b.** to drown. **16. fish in troubled waters**, to take advantage of uncertain conditions; profit from the difficulties of others. **17. fish out**, **a.** to exhaust of fish by fishing. **b.** to obtain by careful search or by artifice. **18. like a fish out of water**, out of one's proper environment; ill at ease in unfamiliar surroundings. **19. neither fish nor fowl**, Also, **neither fish, flesh, fowl, nor good red herring**. neither one thing nor the other. **20. other fish to fry**, other matters requiring attention. **21. what's that got to do with the price of fish**, *Colloquial* (a phrase used to question the relevance of a piece of information). –**fishable** *adj.* –**fishless** *adj.* –**fishlike** *adj.*

fisherman /ˈfɪʃəmən/ *n.* **-men**. **1.** someone engaged in fishing, whether for profit or pleasure. **2.** a vessel used in fishing.

fishery /ˈfɪʃəri/ *n.* **-ries**. **1.** the occupation or industry of catching fish or taking other products of the sea or streams from the water. **2.** a place where such an industry is regularly carried on. **3.** a fishing establishment.

fishmonger /ˈfɪʃmʌŋgə/ *n.* a dealer in fish.

fishwife /ˈfɪʃwaɪf/ *n.* **-wives**. **1.** a woman who sells fish. **2.** a coarse-mannered woman who uses abusive language.

fishy /ˈfɪʃi/ *adj.* **fishier, fishiest**. **1.** fishlike in smell, taste, etc. **2.** *Colloquial* odd or questionable. **3.** dull and expressionless: *fishy eyes.* –**fishily** *adv.* –**fishiness** *n.*

fissi- a word element meaning 'cleft'.

fissile /ˈfɪsaɪl/ *adj.* **1.** capable of being split or divided; cleavable. **2.** *Physics* (of an atom, isotope, or nucleus) capable of undergoing nuclear fission, especially of an isotope which is capable of undergoing fission upon impact with a slow neutron. Also, *US*, **fissionable** /ˈfɪʃənəbəl/.

fission /ˈfɪʃən/ *n.* **1.** the act of cleaving or splitting into parts. **2.** *Biology* the division of an organism into new organisms as a process of reproduction. **3.** *Physics* the splitting of the nucleus of a heavy atom, such as uranium, to form the nuclei of lighter atoms.

fissure /ˈfɪʃə/ *n., v.* **-sured, -suring**. –*n.* **1.** a crack or split; cleft. **2.** a breaking or dividing. –*v.t.* **3.** to crack or split. –*v.i.* **4.** to become split.

fist /fɪst/ *n.* **1.** the hand closed tightly, with the fingers doubled into the palm. **2.** *Colloquial* the hand. **3.** *Colloquial* a person's handwriting. –*phr.* **4. make a good fist of**, to perform (a task) well. **5. make a poor fist of**, to perform (a task) badly.

fit¹ /fɪt/ *adj.* **fitter, fittest**, *v.* **fitted, fitting**, *n.* –*adj.* **1.** well adapted or suited: *a fit choice or opportunity; fit to be eaten.* **2.** proper or becoming. **3.** qualified or competent, as for an office or function. **4.** worthy or deserving: *not fit to be seen.* **5.**

fix

prepared or ready: *crops fit for gathering.* **6.** in good physical condition, as an athlete, a race horse, military troops, etc. **7.** in good health. –*v.t.* **8.** to be adapted to or suitable for (a purpose, object, occasion, etc.). **9.** to be proper or becoming for. **10.** to be of the right size or shape for. **11.** to conform or adjust to something: *to fit a ring to the finger.* **12.** to make qualified or competent: *qualities that fit someone for leadership.* **13.** to prepare. **14.** to put (*in, into, on, together,* etc.) with proper adjustment. **15.** to provide; furnish; equip: *fit a door with a new handle.* **16.** *Colloquial* to bring (someone) before the law on a trivial or trumped-up charge while really intending to victimise them: *he had been trying to fit Chilla for years.* –*v.i.* **17.** to be suitable or proper. **18.** to be of the right size or shape, as a garment for the wearer, or any object or part for a thing to which it is applied. –*n.* **19.** the manner in which a thing fits: *a perfect fit.* **20.** something that fits: *that coat is a poor fit.* **21.** the process or a process of fitting. **22.** an instance of fitting together well. **23.** *Colloquial* the equipment used to prepare and inject drugs. –*phr.* **24. fit as a flea**, *Colloquial* very fit. **25. fit in**, to be well adapted. **26. fit like a glove**, to be a perfect fit. **27. fit out** (or **up**), to furnish with clothing, equipment, furniture, fixtures, or other requisites. **28. fit the bill**, to suit; be what is required. **29. fit to be tied**, *Colloquial* very angry. **30. fit up**, *Colloquial* to construct a false case against (someone). –**fitness** *n.*

fit² /fɪt/ *n.* **1.** a sudden, acute attack or manifestation of a disease: *fit of epilepsy.* **2.** an access, spell, or period of emotion or feeling, inclination, activity, idleness, etc. **3.** a convulsion. –*phr.* **4. by** (or **in**) **fits (and starts)**, by irregular spells; fitfully; intermittently. **5. in fits**, *Colloquial* laughing uncontrollably. **6. throw a fit**, to become very excited or angry.

fitful /ˈfɪtfəl/ *adj.* coming, appearing, acting, etc., in fits or by spells; irregularly intermittent. –**fitfully** *adv.* –**fitfulness** *n.*

fitter /ˈfɪtə/ *n.* **1.** someone who fits garments. **2.** someone who fits together or adjusts the parts of machinery. **3.** someone who supplies and installs fittings or fixtures. **4.** someone who furnishes or equips with whatever is necessary for some purpose.

fitting /ˈfɪtɪŋ/ *adj.* **1.** suitable or appropriate; proper or becoming. –*n.* **2.** an act or instance of trying on clothes which are being made to determine proper fit. **3.** (of clothes) size. **4.** anything provided as equipment, parts, accessories, etc. **5.** (*plural*) furnishings, fixtures, etc. –**fittingly** *adv.* –**fittingness** *n.*

five /faɪv/ *n.* **1.** a cardinal number, four plus one. **2.** a symbol for this number, as 5 or V. **3.** a set of five persons or things. **4.** a playing card, etc., with five pips. –*det.* **5.** amounting to five in number: *five apples.* –*pron.* **6.** five people or things: *sleeps five; give me five.* –*phr.* **7. take five**, *Colloquial* (especially of a performing group in rehearsal) to take a break, originally of five minutes, for rest or refreshment.

five-eighth /faɪvˈeɪtθ/ *n. Rugby Football* **1.** the back who is stationed between the half-back and the centre three-quarters; fly-half; stand-off half. **2.** *NZ* either of the two players positioned outside the half-back, either the five-eighth (def. 1) or the inside-centre. Also, **five-eight, five-eighths**.

fix /fɪks/ *v.* **fixed, fixing**, *n.* –*v.t.* **1.** to make fast, firm, or stable. **2.** to place definitely and more or less permanently. **3.** to settle definitely; determine: *to fix a price.* **4.** to direct (the eyes, the attention, etc.) steadily. **5.** to attract and hold (the eye, the attention, etc.). **6.** to make set or rigid. **7.** to put

fixation

into permanent form. **8.** to put or place (responsibility, blame, etc.) on a person. **9.** to assign or refer to a definite place, time, etc. **10.** to repair. **11.** to put in order or in good condition; adjust or arrange. **12.** *Colloquial* to arrange matters with, or with respect to, especially privately or dishonestly, so as to secure favourable action: *to fix a jury; to fix a game.* **13.** *US* to get (a meal); prepare (food). **14.** *Colloquial* to put in a condition or position to make no further trouble. **15.** *Colloquial* to get even with; get revenge upon. **16.** *Chemistry* **a.** to make stable in consistency or condition; reduce from fluidity or volatility to a more permanent state. **b.** to convert atmospheric nitrogen into an ammonia for use as fertilisers. –*v.i.* **17.** to become fixed. **18.** to become set; assume a rigid or solid form. **19.** to become stable or permanent. –*n.* **20.** *Colloquial* a position from which it is difficult to escape; a predicament. **21.** *Colloquial* the determining of a position, as of an aeroplane by mathematical, electronic, or other means. **22.** *Colloquial* a shot of heroin or other drug. **23.** a dose of something habitually consumed, viewed, etc., as food, entertainment, etc., especially when conceived of as addictive. **24.** a method of fixing some problem. –*phr.* **25. fix on** (or **upon**), to decide on, single out, or choose. **26. fix up, a.** to arrange, organise, or decide on. **b.** *Australian, NZ* to put right; solve. **c.** *Australian, NZ* to renovate. **d.** *Australian, NZ* to attend to the needs of (someone). **–fixable** *adj.* **–fixer** *n.* **–fixity** *n.*

fixation /fɪkˈseɪʃən/ *n.* **1.** the act of fixing. **2.** the state of being fixed. **3.** *Psychology* a partial arrest of emotional and instinctual development at an early point in life, due to a severe traumatic experience or an overwhelming gratification.

fixed interest *n.* an interest rate which is payable on a loan and which is fixed for the entire period of the loan.

fixture /ˈfɪkstʃə/ *n.* **1.** something securely fixed in position; a permanently attached part or appendage of a house, etc.: *an electric-light fixture.* **2.** a person or thing long established in the same place or position. **3.** a sporting event to be held on a date arranged in advance, as a football match. **4.** an act of fixing. **–fixtureless** *adj.*

fizz /fɪz/ *v.i.* **1.** to make a hissing or sputtering sound. **2.** (of carbonated drinks) to give off bubbles of gas. –*n.* **3.** a hissing sound; effervescence. **4.** soda-water or other effervescent water. **–fizzy** *adj.*

fizzer /ˈfɪzə/ *n. Australian, NZ Colloquial* **1.** a firecracker which fails to explode. **2.** a failure; fiasco.

fizzle /ˈfɪzəl/ *v.* **-zled, -zling,** *n.* –*v.i.* **1.** to make a hissing or sputtering sound, especially one that dies out weakly. –*n.* **2.** a fizzling, hissing, or sputtering. **3.** *Colloquial* a fiasco; a failure. –*phr.* **4. fizzle out,** *Colloquial* to fail ignominiously after a good start. **–fizzler** *n.*

fjord /ˈfjɔd/ *n.* → **fiord.**

flab /flæb/ *n. Colloquial* bodily fat; flabbiness.

flabbergast /ˈflæbəgæst, -gast/ *v.t.* to overcome with surprise and bewilderment; astound.

flabby /ˈflæbi/ *adj.* **-bier, -biest. 1.** hanging loosely or limply, as flesh, muscles, etc. **2.** having such flesh. **3.** lacking firmness, as character, persons, principles, utterances, etc.; feeble. **–flabbily** *adv.* **–flabbiness** *n.*

flaccid /ˈflæsəd, ˈflæksəd/ *adj.* soft and drooping; flabby; limp; not firm: *flaccid muscles.* **–flaccidity** /fləˈsɪdəti/, **flaccidness** *n.* **–flaccidly** *adv.*

flag¹ /flæg/ *n., v.* **flagged, flagging.** –*n.* **1.** a piece of cloth, commonly bunting, of varying size, shape, colour, and device, usually attached by one edge to a staff or cord, and used as an ensign,

flake

standard, symbol, signal, decoration, display, etc. **2.** a pennant awarded to a winning team. **3.** any signal or indicator. **4.** *Computers* a marker assigned to an item of stored data. **5.** a slip of paper used as a bookmark. **6.** an attachment to the meter of a taxi showing whether the taxi is engaged or not. –*v.t.* **7.** to place a flag or flags over or on; decorate with flags. **8.** *Computers* to mark with a flag: *all additions to the file will be flagged.* **9.** to identify in some way as marked for future reference: *she flagged her interest in the proposal very early in the meeting.* –*phr.* **10. flag down,** to signal (a driver of a motor vehicle) to stop. **11. flag of convenience,** the flag of a country in which a ship has been registered only to gain some financial or legal advantage. **12. flag of distress,** a flag displayed as a signal of distress, generally at half-mast or upside down. **13. flag of truce,** a white flag displayed as an invitation to the enemy to confer, or carried as a sign of peaceful intention by one sent to deal with the enemy. **14. have the flags out,** *Colloquial* **a.** to celebrate or welcome. **b.** to be menstruating. **15. keep the flag flying,** to appear courageous and cheerful in the face of difficulty. **16. show the flag, a.** to assert one's claim or interest, especially by the physical presence of troops, etc. **b.** *Colloquial* to put in an appearance. **17. strike** (or **lower**) **the flag, a.** to relinquish command, as of a ship. **b.** to submit or surrender. **–flagless** *adj.*

flag² /flæg/ *v.i.* **flagged, flagging. 1.** to hang loosely or limply; droop. **2.** to fall off in vigour, energy, activity, interest, etc.

flag³ /flæg/ *n., v.* **flagged, flagging.** –*n.* **1.** a flat slab of stone used for paving, etc. **2.** (*plural*) a walk paved with such slabs. –*v.t.* **3.** to pave with flags. **–flagless** *adj.*

flagellate *v.* **-lated, -lating,** /ˈflædʒəleɪt/ *n.* –*v.t.* **1.** to whip; scourge; flog; lash. –*n.* **2.** *Zoology* any of the Flagellata, a class of protists distinguished by having one or more long mobile filaments as locomotory organs. **–flagellation** /flædʒəˈleɪʃən/ *n.* **–flagellator** /ˈflædʒəˈleɪtə/ *n.*

flag fall *n.* an initial fee for hiring a taxi, registered automatically on its meter.

flagon /ˈflægən/ *n.* **1.** a large bottle for wine, etc., especially one which is squat and of large circumference. **2.** a vessel for holding liquids, as for use at table, especially one with a handle, a spout, and usually a cover.

flagrant /ˈfleɪgrənt/ *adj.* glaring; notorious; scandalous: *a flagrant crime, a flagrant offender.* **–flagrance, flagrancy** *n.* **–flagrantly** *adv.*

flagship /ˈflægʃɪp/ *n.* **1.** a ship which carries a flag officer of a fleet, squadron, or the like, and displays this officer's flag. **2.** the best example of a commercial item or enterprise. –*adj.* **3.** relating to the finest example of some commercial item or enterprise.

flagstone /ˈflægstoʊn/ *n.* a flat slab of stone used for paving, etc.

flail /fleɪl/ *n.* **1.** an instrument for threshing grain by hand, consisting of a staff or handle to one end of which is attached a freely swinging stick or bar. –*v.t.* **2.** to strike with, or as if with, a flail. –*v.i.* **3.** to move as a flail, in a thrashing or erratic manner.

flair /flɛə/ *n.* **1.** talent; aptitude; keen perception. **2.** elegance; stylishness: *to dress with flair.*

flak /flæk/ *n.* **1. a.** anti-aircraft fire, especially as experienced by the crews of military aircraft at which the fire is directed. **b.** the shrapnel from such fire. **2.** heavy criticism; abuse.

flake¹ /fleɪk/ *n., v.* **flaked, flaking.** –*n.* **1.** a small, flat, thin piece of anything. **2.** a small piece split off something. –*v.i.* **3.** to peel off or separate in

flake

flakes. **4.** to fall in flakes, as snow. **5.** Also, **flake out**. *Colloquial* to collapse, faint, or fall asleep, especially as a result of complete exhaustion, or influence of alcohol, drugs, etc. *–v.t.* **6.** to remove in flakes. **7.** to break flakes or chips from. **8.** to cover with or as with flakes. **9.** to form into flakes.

flake² /fleɪk/ *n.* the flesh of various sharks and rays, often the flaps of the skate, commonly sold in fish shops.

flambé /flɒm'beɪ/ *adj.* (of food) dressed or served in flaming spirits, especially brandy.

flamboyant /flæm'bɔɪənt/ *adj.* **1.** extroverted and consciously theatrical: *a flamboyant personality*. **2.** flaming; gorgeous: *flamboyant colours*. **3.** florid; ornate; showy: *flamboyant rhetoric*. –**flamboyance, flamboyancy** *n.* –**flamboyantly** *adv.*

flame /fleɪm/ *n., v.* **flamed, flaming**. *–n.* **1.** burning gas or vapour, as from wood, etc., undergoing combustion; a portion of ignited gas or vapour. **2.** (*often plural*) state or condition of blazing combustion: *to burst into flames.* **3.** any flamelike condition; glow; inflamed condition. **4.** brilliant light; scintillating lustre. **5.** bright colouring; a streak or patch of colour. **6.** heat or ardour, as of zeal or passion. **7.** *Colloquial* an object of the passion of love; sweetheart. *–v.i.* **8.** to burn with a flame or flames; burst into flames; blaze. **9.** to glow like flame; shine brilliantly; flash. **10.** to burn as with flame, as passion; break into open anger, indignation, etc. *–v.t.* **11.** to subject to the action of flame or fire. **12.** *Computers* to send electronic mail expressing outrage to, usually as one among many such senders. *–phr.* **13. flame up**, to blush violently. –**flameless** *adj.* –**flamy** *adj.*

flame-gum /'fleɪm-gʌm/ *n.* a small tree, *Eucalyptus ficifolia*, of western Australia, widely cultivated for its bright red flowers.

flamenco /flə'mɛŋkoʊ/ *n.* **-os**. a kind of Spanish music or dance, especially of the gipsy style.

flame tree *n.* an ornamental tree, *Brachychiton acerifolius*, of Australia, with scarlet, bell-shaped flowers.

flaming /'fleɪmɪŋ/ *adj.* **1.** emitting flames; blazing; fiery. **2.** glowing; brilliant. **3.** violent; vehement; passionate. **4.** *Colloquial* (an intensifier): *a flaming bore.* **5.** *Colloquial* (a euphemism for various expletives): *stone the flaming crows.* –**flamingly** *adv.*

flamingo /flə'mɪŋgoʊ/ *n.* **-gos** *or* **-goes**. **1.** any of the aquatic birds constituting the family Phoenicopteridae, with very long neck and legs, webbed feet, bills bent downwards, and pinkish to scarlet plumage. **2.** a dark shade of pinkish orange.

flammable /'flæməbəl/ *adj.* easily set on fire; combustible; inflammable. –**flammability** /flæmə'bɪləti/ *n.*

flan /flæn/ *n.* **1.** an open tart containing cheese, cream, or fruit. **2.** a piece of metal shaped ready to form a coin, but not yet stamped by the die. **3.** the metal of which a coin is made, as distinguished from its design.

flange /flændʒ/ *n.* a projecting rim, collar, edge, ridge, or the like, on an object, for keeping it in place, attaching it to another object, strengthening it, etc. –**flangeless** *adj.*

flank /flæŋk/ *n.* **1.** the side of an animal between its ribs and hip. **2.** the thin piece of flesh of flank. **3.** the side of anything. **4.** *Military, Navy* the far right or left side of an army or fleet. **5.** *Australian Rules* an outside position, as half-forward flank. *–v.t.* **6.** to be at the side of. **7.** to defend or guard at a flank. **8.** to pass round the flank of.

flannel /'flænəl/ *n., v.* **-elled** *or Chiefly US* **-eled, -elling** *or Chiefly US* **-eling**. *–n.* **1.** a warm, soft fabric of wool or blends of wool and cotton, wool and rayon, or cotton warp with wool filling. **2.** → **washer** (def. 4). **3.** (*plural*) an outer garment, especially trousers, made of flannel. **4.** (*plural*) *Obsolete* woollen undergarments. *–v.t.* **5.** to cover or clothe with flannel. –**flannelly** *adj.*

flannelette /flænə'lɛt/ *n.* a cotton fabric, plain or printed, napped on one side to imitate flannel.

flannel flower *n.* an Australian plant, *Actinotus helianthi*, having white, flannel-like bracts below the flowers, so that the whole has the appearance of a composite flower.

flap /flæp/ *v.* **flapped, flapping**, *n.* *–v.i.* **1.** to swing about loosely, especially with a noise: *a curtain flaps in the wind.* **2.** to move up and down like wings. **3.** *Colloquial* to become nervous or excited; panic. *–v.t.* **4.** to move (arms, wings, etc.) up and down. **5.** to cause to swing loosely, especially with a noise. **6.** to slap. *–n.* **7.** a flapping movement. **8.** a flapping noise. **9.** a slap. **10.** something broad and bendable, or flat and thin, that hangs loosely, joined at one side only. **11.** *Aeronautics* a hinged part of a wing, that can be lifted in flight to change lift and drag. **12.** *Colloquial* a state of nervous excitement: *in a flap.* –**flapless** *adj.*

flapper /'flæpə/ *n.* **1.** something broad and flat for striking with, or for making a noise by striking. **2.** a young bird just learning to fly. **3.** a young woman during the 1920s, especially one freed from the traditional social and moral restraints.

flare /flɛə/ *v.* **flared, flaring**, *n.* *–v.i.* **1.** to burn with an unsteady, swaying flame, as a torch or candle in the wind. **2.** Also, **flare up**. to blaze with a sudden burst of flame. **3.** to shine or glow. **4.** to spread gradually outwards as the end of a trumpet, or a ship's sides or bows. **5.** Also, **flare out**. (of a skirt) to extend outwards gradually from top to bottom. *–v.t.* **6.** to cause (a candle, etc.) to burn with a swaying flame. **7.** to display conspicuously or ostentatiously. **8.** to signal by flares of fire or light. **9.** to cause (something) to spread gradually outwards in form. *–n.* **10.** a flaring or swaying flame or light as of torches in the wind. **11.** a sudden blaze or burst of flame. **12.** a sudden blaze of fire or light used as a signal or for illumination or guidance, etc. **13.** a device or substance used to produce such a blaze of fire or light. **14.** a sudden burst, as of zeal or of temper. **15.** a gradual spread outwards in form; outward curvature: *the flare of a skirt.* **16.** something that spreads out. **17.** *Optics* light reflected by the surfaces of an optical system. **18.** (*plural*) trousers having the lower parts of the legs flared. *–phr.* **19. flare up**, to start up or burst out in sudden fierce passion, anger, etc.

flash /flæʃ/ *n.* **1.** a sudden, transitory outburst of flame or light: *a flash of lightning.* **2.** a sudden, brief outburst or display of joy, wit, etc. **3.** the time occupied by a flash of light; an instant: *to do something in a flash.* **4.** a distinctive mark or emblem, as on a soldier's uniform to identify his or her unit. **5.** *Journalism* a brief report, usually transmitting preliminary news of an important story or development. **6.** *Photography* → **flashgun**. **7.** *Mining* an opal reflecting a single flash in a large patch of colour. *–v.i.* **8.** to break forth into sudden flame or light, especially transiently or intermittently; to gleam. **9.** to speak or behave with sudden anger. **10.** to burst suddenly into view or perception: *the answer flashed into his mind.* **11.** to move like a flash. **12.** *Colloquial* to make a sudden display. *–v.t.* **13.** to emit or send forth (fire or light) in sudden flashes. **14.** to communicate instantaneously, as by telegraph. **15.** *Colloquial* to make a sudden or ostentatious display of: *to flash one's diamonds.* **16.** to expose oneself (**expose** def. 10) briefly and unexpect-

flashback   297   **flavour**

edly. –*adj.* **17.** showy or ostentatious. **18.** smart and attractive: *that's a very flash shirt.* –*adv.* **19.** in a showy or ostentatious manner: *to act flash.* –*phr.* **20. flash in the pan**, something which begins promisingly but has no lasting significance. –**flasher** *n.*

flashback /'flæʃbæk/ *n.* **1.** a representation, during the course of a novel, film, etc., of some event or scene which occurred at a previous time. **2.** a sudden remembering of someone or something from the past. **3.** an unexpected re-occurrence of psychedelic phenomena previously induced by drugs.

flashbulb /'flæʃbʌlb/ *n.* a glass bulb filled with oxygen and a thin sheet of magnesium or aluminium, giving a momentary bright light when fired, used as a light source, in photography.

flash flood *n.* a sudden, destructive rush of water down a narrow gully or over a sloping surface in desert regions, due to heavy rains in the mountains or foothills.

flashgun /'flæʃgʌn/ *n.* a device which discharges a flashbulb in synchronisation with a camera shutter, or which produces a flash by electronic means.

flashpoint /'flæʃpɔɪnt/ *n.* **1.** the lowest temperature at which a volatile oil will give off explosive or ignitable vapours. **2.** *Colloquial* the point or moment at which an explosion takes place or control is lost: *tempers reached flashpoint after the chairman's speech.*

flashy /'flæʃi/ *adj.* **flashier, flashiest**. **1.** sparkling or brilliant, especially in a superficial way or for the moment. **2.** pretentiously smart; showy; gaudy. –**flashily** *adv.* –**flashiness** *n.*

flask /flask/ *n.* a bottle-shaped container made of glass, metal, etc.: *a flask of oil, a brandy flask.*

flat[1] /flæt/ *adj.* **flatter, flattest**, *adv., n.* –*adj.* **1.** level, even, or without inequalities of surface, as land, etc. **2.** horizontally level: *a flat roof.* **3.** comparatively lacking in projection or depression of surface: *a broad flat face.* **4.** (of a sea, harbour, etc.) unbroken by waves; with little or no swell. **5.** lying at full length, as a person. **6.** lying wholly on or against something: *a ladder flat against a wall.* **7.** thrown down, laid low, or level with the ground, as fallen trees or buildings. **8.** (of a race) run on a level course or track, without obstacles to be jumped. **9.** having a generally level shape or appearance; not deep or thick: *a flat plate.* **10.** (of the heel of a shoe) low and broad. **11.** (of feet) having little or no arch. **12.** spread out, as an unrolled map, the open hand, etc. **13.** collapsed; deflated: *a flat tyre.* **14.** without qualification; unqualified, downright, or positive: *a flat denial*; *flat broke.* **15.** without modification: *a flat rate*; *a flat price.* **16.** uninteresting, dull, or tedious. **17.** (of wine) lacking substance and body; low in acidity. **18.** stale; tasteless or insipid, as food. **19.** (of beer, etc.) having lost its effervescence. **20.** pointless, as a remark, joke, etc. **21.** commercially dull, as trade or the market. **22.** lacking relief, contrast, or shading, as a painting. **23.** not giving the effect of perspective: *the flat quality of medieval painting.* **24.** *Painting* without gloss; matt. **25.** not clear, sharp, or ringing, as sound, a voice, etc. **26.** *Music* **a.** (of a note) lowered a semitone in pitch: *B flat.* **b.** below an intended pitch, as a note; too low (opposed to *sharp*). **c.** (of an interval) diminished. **27.** *Nautical* (of a sail) **a.** cut with little or no fullness. **b.** trimmed as nearly fore-and-aft as possible, for sailing to windward. –*adv.* **28.** in a flat position; horizontally; levelly. **29.** positively; absolutely. **30.** exactly. **31.** *Music* below the true pitch. –*n.* **32.** something flat. **33.** a flat surface, side or part of anything: *the flat of a blade*; *the flat of the hand.*

34. flat or level ground; a flat area. **35.** (*often plural*) low-lying land, especially when swampy or prone to flooding. **36.** *Music* **a.** (in musical notation) the character ♭, which, when attached to a note or a stave degree, lowers its signature one chromatic semitone. **b.** a note one chromatic semitone below another. **c.** (on keyboard instruments, with reference to any given key) the key next below or to the left. **37.** a flat-heeled shoe. **38.** *Theatre* a piece of scenery consisting of a wooden frame, usually rectangular, covered with lightweight board or fabric. –*v.t.* **39.** *Music* to lower (a pitch) especially one semitone. –*phr.* **40. and that's flat**, *Colloquial* (a phrase expressing resolution or determination): *well I'm going and that's flat.* **41. fall flat**, to fail to have a desired effect: *his jokes fell flat.* **42. flat to the boards, a.** travelling at maximum speed. **b.** extremely busy. **43. flat out**, *Colloquial* **a.** as fast as possible. **b.** very busy. **c.** exhausted; unable to proceed. **44. flat out like a lizard drinking**, *Australian Colloquial* **a.** exerting oneself to the utmost. **b.** lying prone.

flat[2] /flæt/ *n., v.* **flatted, flatting**. –*n.* **1.** a suite of rooms, usually on one floor only, forming a complete residence, and usually rented. –*v.i.* **2.** *Australian, NZ* to live in a flat.

flatbread /'flætbrɛd/ *n.* any of various unleavened breads, baked in thin sheets.

flatfoot /'flætfʊt/ *n.* a condition in which the arch of the foot is flattened so that the entire sole rests upon the ground.

flat-footed /flæt-'fʊtəd/ *adj.* **1.** having flat feet. **2.** *Colloquial* clumsy and tactless. **3.** *Colloquial* unprepared, unable to react quickly. –**flat-footedly** *adv.* –**flat-footedness** *n.*

flathead /'flæthɛd/ *n.* any of numerous species of elongate, bottom-dwelling fishes with depressed, ridged heads, belonging especially to the family Platycephalidae, found in the Indian and Pacific Oceans and commercially important as food fishes.

flatten /'flætn/ *v.t.* **1.** to make flat. **2.** *Colloquial* to knock (someone) out. **3.** *Colloquial* to crush or disconcert. –**flattener** *n.*

flatter /'flætə/ *v.t.* **1.** to seek to please by complimentary speech or attentions; compliment or praise, especially insincerely. **2.** to represent too favourably, as in portrayal. **3.** to show to advantage. **4.** to play upon the vanity or susceptibilities of; cajole, wheedle, or beguile. **5.** to gratify by compliments or attentions, or as a compliment does: *to feel flattered by an invitation.* –*phr.* **6. flatter oneself**, to beguile oneself; please oneself with a thought or belief: *he flattered himself that he was creating just the impression he wanted.* –**flatterer** *n.* –**flatteringly** *adv.* –**flattery** *n.*

flatulent /'flætʃələnt/ *adj.* **1.** generating gas in the alimentary canal. **2.** pretentious; empty. –**flatulence, flatulency** *n.* –**flatulently** *adv.*

flatworm /'flætwɜm/ *n.* → **platyhelminth**.

flaunt /flɔnt/ *v.i.* **1.** to parade or display oneself conspicuously or boldly. **2.** to wave conspicuously in the air. –**flaunter** *n.* –**flauntingly** *adv.* –**flaunty** *adj.*

flautist /'flɔtəst/ *n.* a flute player. Also, *Chiefly US*, **flutist**.

flavo- a word element meaning 'yellow', as in *flavoprotein.* Also (*before vowels*), **flav-**.

flavour = flavor /'fleɪvə/ *n.* **1.** taste, especially a characteristic taste, or a noticeable element in the taste, of a thing. **2.** a flavouring substance or extract. **3.** the characteristic quality of a thing: *a book which catches the flavour of the sea.* **4.** a particular quality noticeable in a thing: *language with a strong nautical flavour.* –*v.t.* **5.** to give flavour to. –*phr.* **6. flavour of the month**, some-

flaw 298 **flight**

one or something that is currently popular. **–flavourer** n. **–flavourful** adj. **–flavourless** adj.

flaw /flɔ/ n. **1.** a marring feature; a defect; a fault. **2.** a defect impairing legal soundness or validity: *flaw in a lease or a will.* **3.** a crack, break, breach, imperfection, or rent. **–flawless** adj. **–flawlessly** adv. **–flawlessness** n.

flax /flæks/ n. **1.** any plant of the genus *Linum*, especially *L. usitatissimum*, a slender, erect annual plant with narrow, lance-shaped leaves and blue flowers, much cultivated for its fibre and seeds. **2.** the fibre of this plant, manufactured into linen yarn for thread or woven fabrics. **3.** any of various plants or fibres resembling flax, as *Phormium tenax*, New Zealand flax.

flaxen /'flæksən/ adj. **1.** made of flax. **2.** resembling flax. **3.** of the pale yellowish colour of dressed flax. Also, **flaxy**.

flay /fleɪ/ v.t. **1.** to strip off the skin or outer covering of. **2.** to criticise or reprove with scathing severity. **3.** to strip of money or property; fleece. **–flayer** n.

flea /fli/ n. any of numerous small, wingless, bloodsucking insects of the order Siphonaptera, parasitic upon mammals and birds, and noted for their powers of leaping.

flea market n. a market where usually secondhand or cheap articles are sold.

fleck /flɛk/ n. **1.** any spot or patch of colour, light, etc. –v.t. **2.** to mark with a fleck or flecks; spot; dapple.

fled /flɛd/ v. past tense and past participle of **flee**.

fledge /flɛdʒ/ v. fledged, fledging. –v.t. **1.** to bring up (a young bird) until it is able to fly. **2.** to furnish with or as with feathers or plumage; feather (an arrow).

fledgling /'flɛdʒlɪŋ/ n. **1.** a young bird just fledged. **2.** an inexperienced person. Also, **fledgeling**.

flee /fli/ v., **fled**, **fleeing**. –v.i. **1.** to run away, as from danger, pursuers, etc.; take flight. **2.** to move swiftly; fly; speed. –v.t. **3.** to run away from (a place, person, etc.).

fleece /flis/ n., v. **fleeced**, **fleecing**. –n. **1.** the coat of wool that covers a sheep or some similar animal. **2.** the wool shorn from a sheep at one time. **3.** a fabric with a soft, silky pile, used for warmth, as for lining garments. –v.t. **4.** to strip of money or belongings; plunder; swindle. **–fleecy** adj. **–fleeceable** adj.

fleet¹ /flit/ n. **1.** the largest organised unit of naval ships grouped for tactical or other purposes. **2.** the vessels, aeroplanes, or vehicles collectively of a single transport company or undertaking. **3.** a number of aeroplanes, motor vehicles, etc., moving or operating in company.

fleet² /flit/ adj. **1.** swift; rapid: *fleet of foot; a fleet horse.* –v.i. **2.** *Nautical* to change the position of a ship, cable, etc., especially in a fore-and-aft direction. **–fleetly** adv. **–fleetness** n.

fleeting /'flitɪŋ/ adj. gliding swiftly away; passing swiftly; transient; transitory. **–fleetingly** adv. **–fleetingness** n.

flesh /flɛʃ/ n. **1.** the soft substance of an animal body, consisting of muscle and fat. **2.** muscular tissue. **3.** fatness; weight: *to put on flesh.* **4.** such substance of animals as an article of food, usually excluding fish and sometimes fowl; meat. **5.** the body, especially as distinguished from the spirit or soul. **6.** the physical or animal nature of humankind: *sins of the flesh.* **7.** one's kindred or family, or a member of it. **8.** the soft pulpy portion of a fruit, vegetable, etc., as distinguished from the core, skin, shell, etc. **9.** the surface of the body, especially with respect to colour. **10.** the colour of the skin of a white person; pinkish white with a tinge of yellow; pinkish cream. –phr.

11. flesh out, **a.** to make (a character in a story, film, etc.) come alive by adding details of appearance and behaviour. **b.** to explain; amplify. **12. in the flesh**, **a.** alive. **b.** in bodily form; in person. **13. pound of flesh**, a person's right or due, insisted on mercilessly with a total disregard for others. **–fleshy** adj. **–fleshless** adj.

fleur-de-lis /flɜ-də-'li/ n., *plural* **fleurs-de-lis** /flɜ-də-'liz/. a heraldic device somewhat resembling three petals or floral segments of an iris tied by an encircling band.

flew /flu/ v. past tense of **fly¹**.

flex¹ /flɛks/ v.t. **1.** to bend (something pliant or jointed, as a part of the body). –n. **2.** a small, flexible insulated electric cable or wire, especially for supplying power to movable domestic appliances.

flex² /flɛks/ v.i. **1.** Also, **flex off**, **flex out**. to absent oneself from work under a flexitime scheme. –n. **2.** Also, **flexi**. a day off awarded under the flexitime system.

flexible /'flɛksəbəl/ adj. **1.** capable of being bent; easily bent. **2.** susceptible of modification or adaptation; adaptable. **3.** willing or disposed to yield. **–flexibility** /flɛksə'bɪləti/, **flexibleness** n. **–flexibly** adv.

flexiday /'flɛksɪdeɪ/ n. a day taken off from work under a flexitime scheme.

flexitime /'flɛksitaɪm/ n. an arrangement of ordinary hours of work in which employees may elect to vary their commencing, ceasing, and mealbreak times while still maintaining the total number of hours worked.

flexor /'flɛksə/ n. *Anatomy* a muscle which serves to flex or bend a part of the body (opposed to *extensor*).

flick /flɪk/ n. **1.** a sudden light blow or stroke, as with a whip or the finger. **2.** the sound thus made. **3.** something thrown off with or as with a jerk: *a flick of spray.* –v.t. **4.** to strike lightly with a whip, the finger, etc. **5.** to remove with such a stroke: *to flick dust from one's coat, to flick away a crumb.*

flicker /'flɪkə/ v.i. **1.** to burn unsteadily. **2.** to move quickly to and fro; vibrate. –n. **3.** an unsteady flame or light. **4.** a flickering movement. **5.** a thing passing quickly: *a flicker of hope.* **–flickeringly** adv.

flick-knife /'flɪk-naɪf/ n. a knife the blade of which springs out at the press of a button on the handle; switchblade.

flier /'flaɪə/ n. → **flyer**.

flight¹ /flaɪt/ n. **1.** the act, manner, or power of flying. **2.** the distance covered or the course pursued by a flying object. **3.** a number of beings or things flying or passing through the air together: *a flight of swallows.* **4.** a journey by air, especially by aeroplane. **5.** a scheduled trip on an airline. **6.** the basic tactical unit of military air forces, consisting of two or more aircraft. **7.** the act, principles, or art of flying an aeroplane. **8.** the progress of a spacecraft into space and, sometimes, back. **9.** swift movement in general. **10.** a soaring above or transcending ordinary bounds: *a flight of fancy.* **11.** *Athletics* a specific number, usually ten, of hurdles in a race. **12.** the real or artificial feathers at the back of an arrow, dart, etc., designed to make it fly straight. **13.** *Architecture* **a.** the series of steps or stairs between two adjacent landings. **b.** a series of steps, etc., ascending without change of direction. –v.t. **14.** to deliver (a cricket ball, dart, etc.) in a certain manner, especially so that it flies comparatively slowly. –phr. **15. in full flight**, **a.** at top speed. **b.** at the peak of performance: *a voice in full flight.* **16. in the first flight**, excellent; one of the best.

flight² /flaɪt/ n. **1.** the act of fleeing; hasty depar-

flight attendant

ture. –*phr.* **2. put to flight**, to force to flee; rout. **3. take (to) flight**, to flee.

flight attendant *n.* someone whose job is to attend to passengers on an aircraft, such as by serving meals, giving information, etc.

flight recorder *n.* a box containing recording equipment which collects information about an aircraft's flight, used especially to determine the cause of a crash; black box.

flighty /'flaɪti/ *adj.* **-tier**, **-tiest**. **1.** given to flights or sallies of fancy, caprice, etc.; volatile; frivolous. **2.** slightly delirious; light-headed; mildly crazy. **3.** emotionally unreliable; flirtatious. –**flightily** *adv.* –**flightiness** *n.*

flimsy /'flɪmzi/ *adj.* **-sier**, **-siest**. **1.** without material strength or solidity: *a flimsy material*; *a flimsy structure*. **2.** weak; inadequate; not carefully thought out: *a flimsy excuse or argument*. –**flimsily** *adv.* –**flimsiness** *n.*

flinch /flɪntʃ/ *v.i.* **1.** to draw back or shrink from what is dangerous, difficult, or unpleasant. **2.** to shrink under pain; wince. –**flincher** *n.* –**flinchingly** *adv.*

fling /flɪŋ/ *v.* **flung, flinging**, *n.* –*v.t.* **1.** to throw, cast, or hurl; throw with force or violence; throw with impatience, disdain, etc. **2.** to put suddenly or violently: *to fling someone into jail.* **3.** to send forth suddenly and rapidly: *to fling fresh troops into a battle.* **4.** to throw aside or off. **5.** Also, **fling out**, to utter (harsh or abusive language). **6.** to throw to the ground, as in wrestling or from horseback. –*v.i.* **7.** to move with haste or violence; rush; dash. **8.** to fly into violent and irregular motions, as a horse; throw the body about, as a person. –*n.* **9.** the act of flinging. **10.** a spell of unrestrained indulgence of one's impulses: *to have one's fling.* **11.** *Colloquial* a brief sexual affair. –*phr.* **12. (at) full fling**, at full speed; with reckless abandon. **13. fling aside**, to remove forcefully from out of one's way. –**flinger** *n.*

flint /flɪnt/ *n.* **1.** a hard kind of stone, a form of silica resembling chalcedony but more opaque, less pure, and less lustrous. **2.** a piece of this, especially as used for striking fire. **3.** something very hard or obdurate.

flip /flɪp/ *v.* **flipped, flipping**, *n.* –*v.t.* **1.** to toss or put in motion with a snap of a finger and thumb; flick. **2.** to move (something) with a jerk or jerks. –*n.* **3.** a smart tap or strike. **4.** a somersault. –*phr.* **5. flip one's lid**, *Colloquial* to become angry. **6. the flip side (of the coin)**, the necessary but unpleasant concomitant: *the flip side of going swimming is that I have to get up early.*

flip-flop /'flɪp-flɒp/ *n.* **1.** an electronic circuit which alternates polarity. **2.** *Computers* an electronic device used to store a binary digit.

flippant /'flɪpənt/ *adj.* **1.** clever or pert in speech. **2.** characterised by a shallow or disrespectful levity. –**flippancy, flippantness** *n.* –**flippantly** *adv.*

flipper /'flɪpə/ *n.* **1.** a broad, flat limb, as of a seal, whale, etc., especially adapted for swimming. **2.** a device resembling in form an animal's flipper, usually made of rubber, used as an aid in swimming.

flirt /flɜt/ *v.i.* **1.** to trifle in love; play at love; coquet. **2.** to trifle or toy (with an idea, etc.). –*n.* **3.** a person given to flirting. –**flirtation** *n.* –**flirtatious** *adj.* –**flirter** *n.* –**flirtingly** *adv.*

flit /flɪt/ *v.* **flitted, flitting**, *n.* –*v.i.* **1.** to move lightly and swiftly; fly, dart, or skim along. **2.** to pass away quickly, as time. –*n.* **3.** *Colloquial* a removal, especially a surreptitious one; an elopement: *a moonlight flit.*

float /floʊt/ *v.i.* **1.** to rest or move gently on the surface of a liquid. **2.** to rest or move as if in a liquid or gas: *the idea floated through my mind.*

floodlight

3. to move or drift about free from attachment. –*v.t.* **4.** to cause to float. **5.** to set going (a company, etc.). **6.** to sell (stocks, bonds, etc.) on the market. **7.** *Economics* to allow the rate of exchange of (a currency) to find its own level in a foreign exchange market. –*n.* **8.** something that floats as **a.** the hollow ball used to control the liquid level in a tank, cistern, etc. **b.** the hollow, boatlike part under an aeroplane allowing it to float on water. **c.** the cork on a fishing line. **d.** the air-filled organ supporting an animal in the water. **9.** a platform on wheels, bearing a display, and drawn in a procession. **10.** Also, **horse float**, a van or trailer for transporting horses. **11.** a quantity of money used by shopkeepers, etc., to provide change. –**floatable** *adj.* –**floaty** *adj.*

floater /'floʊtə/ *n.* **1.** a spot that appears to drift in front of the eye, caused by vitreous debris within the fluid of the eyeball casting a shadow on the retina. **2.** a loose piece of rock which can be moved by a bulldozer, as opposed to a large rock formation which must be drilled and blasted out. **3.** *Australian* a meat pie served in pea soup. **4.** *Colloquial* someone who often changes their job; a temporary employee; one of the floating population.

float tank *n.* a tank used in flotation therapy. Also, **flotation tank**.

flocculent /'flɒkjələnt/ *adj.* consisting of or containing loose woolly masses, as certain chemical precipitates. –**flocculence** *n.* –**flocculently** *adv.*

flock¹ /flɒk/ *n.* **1.** a number of animals of one kind keeping, feeding, or herded together, now especially of sheep or goats, or of birds. **2.** a crowd; large number of people. **3.** (in New Testament and ecclesiastical use) **a.** the Christian Church in relation to Christ. **b.** a single congregation in relation to its pastor. –*v.i.* **4.** to gather or go in a flock, company, or crowd. –**flockless** *adj.*

flock² /flɒk/ *n.* **1.** a lock or tuft of wool, hair, etc. **2.** (*construed as plural or singular*) wool refuse, shearings of cloth, old cloth torn to pieces, etc., used for stuffing mattresses, upholstering furniture, etc. **3.** (*construed as singular or plural*) finely powdered wool, cloth, etc., used in making wallpaper.

floe /floʊ/ *n.* **1.** a field of floating ice formed on the surface of the sea, etc. **2.** a detached floating portion of such a field.

flog /flɒg/ *v.t.* **flogged, flogging**. –*v.t.* **1.** to beat hard with a whip, stick, etc.; whip. **2.** *Colloquial* to sell or attempt to sell. **3.** to steal. –*phr.* **4. flog a dead horse**, to make useless efforts, as in attempting to raise interest in a dead issue. **5. flog to death**, to use over and over again. –**flogger** *n.*

flood /flʌd/ *n.* **1.** a great flowing or overflowing of water, especially over land not usually beneath water. **2.** any great outpouring or stream: *a flood of words; a flood of light.* **3.** the flowing in of the tide (opposed to *ebb*). –*v.t.* **4.** to cover with a flood. **5.** to oversupply: *they flooded us with gifts.* –*v.i.* **6.** to flow or pour in, or as if in, a flood: *The water flooded into the house.* **7.** to rise in a flood; overflow: *the river flooded.* –**floodable** *adj.* –**floodless** *adj.* –**flooder** *n.*

floodgate /'flʌdgeɪt/ *n.* **1.** a gate designed to regulate the flow of water. **2.** anything serving to control indiscriminate flow or passage. **3.** *NZ* a free-hanging fence across a gully or creek which floats above an occasional flood.

floodlight /'flʌdlaɪt/ *n., v.* **-lighted** or **-lit**, **-lighting**. –*n.* **1.** an artificial light so directed or diffused as to give a comparatively uniform illumination over a given area. **2.** a floodlight lamp or projector. –*v.t.* **3.** to illuminate with or as with a floodlight.

floor /flɔ/ *n.* **1.** that part of a room or the like which forms its lower enclosing surface, and upon which one walks. **2.** a storey of a building. **3.** a level supporting surface in any structure: *the floor of a bridge.* **4.** a platform or prepared level area for a particular use: *a threshing floor.* **5.** the flat bottom of any more or less hollow place: *the floor of a cave.* **6.** any more or less flat extent or surface. **7.** *Colloquial* the ground. **8.** the part of a legislative chamber, etc., where the members sit, and from which they speak. **9.** the right of one member to speak from such a place in preference to other members: *the member for Wentworth has the floor.* **10.** the main part of a stock exchange or the like, as distinct from galleries, etc. **11.** *Mining* **a.** the bottom of a horizontal passageway. **b.** an underlying stratum, as of ore, usually flat. **12.** the bottom, base, or minimum charged or paid: *a price or wage floor.* –*v.t.* **13.** to cover or furnish with a floor. **14.** to bring down to the floor or ground; knock down. **15.** *Colloquial* to beat or defeat. **16.** *Colloquial* to confound or nonplus: *to be floored by a problem.* –*phr.* **17. take the floor**, to begin speaking in a public gathering. **18. wipe the floor with**, *Colloquial* to overcome or vanquish totally. –**floorer** *n.* –**floorless** *adj.*

floor show *n.* an entertainment given in a nightclub or cabaret, usually consisting of a series of singing, dancing, or comic episodes.

flop /flɒp/ *v.* **flopped, flopping**, *n.* –*v.i.* **1.** to fall or plump down suddenly, especially with noise; drop or turn with a sudden bump or thud. **2.** to fall flat on the surface of water. **3.** *Colloquial* to yield or break down suddenly; fail. –*n.* **4.** *Colloquial* a failure. –**flopper** *n.* –**floppy** *adj.*

floppy disk *n.* a flexible magnetic disk used for storing data; diskette.

flora /'flɔrə/ *n.* **floras** or **florae** /'flɔri/. **1.** the plants of a particular region or period, listed by species. **2.** a work systematically describing such plants.

floral /'flɔrəl, 'florəl/ *adj.* relating to or consisting of flowers. –**florally** *adv.*

florid /'flɒrəd/ *adj.* **1.** highly coloured or ruddy, as complexion, cheeks, etc. **2.** flowery; excessively ornate; showy: *a florid prose style, florid music.* –**floridity** /flɒ'rɪdəti/, **floridness** *n.* –**floridly** *adv.*

florin /'flɒrən/ *n.* a silver coin worth two shillings; a former unit of currency.

florist /'flɒrəst/ *n.* a retailer of flowers, ornamental plants, etc.

-florous an adjectival suffix meaning 'flowered', as in *uniflorous*.

floss /flɒs/ *n.* **1.** the cottony fibre yielded by the silk-cotton trees. **2.** silk filaments with little or no twist, used in weaving as brocade or in embroidery. **3.** any silky filamentous matter, as the silk of maize. **4.** → **dental floss**. Also (*for defs 1–3*), **floss silk**.

flotation /floʊ'teɪʃən/ *n.* **1.** the act or state of floating. **2.** the floating or launching of a commercial venture, a loan, etc. **3.** *Metallurgy* a process for separating the different crystalline phases in a mass of powdered ore based on their ability to sink in, or float on, a given liquid. **4.** the science of floating bodies. Also, **floatation**.

flotation therapy *n.* a method of relaxation in which a person floats in a specially designed tank that is sealed to eliminate external stimuli.

flotilla /flə'tɪlə/ *n.* **1.** number of small naval vessels; a subdivision of a fleet. **2.** a small fleet.

flotsam /'flɒtsəm/ *n.* such part of the wreckage of a ship and its cargo as is found floating on the water. Compare **jetsam**.

flotsam and jetsam *n.* **1.** the wreckage of a ship and its cargo found either floating upon the sea or washed ashore. **2.** odds and ends.

flounce¹ /flaʊns/ *v.* **flounced, flouncing**, *n.* –*v.i.* **1.** to go (*away, off, out,* etc.) with an impatient or angry fling of the body: *to flounce out of a room in a rage.* **2.** to throw the body about, as in floundering or struggling; twist; turn; jerk. –*n.* **3.** action of flouncing; a flouncing movement.

flounce² /flaʊns/ *n., v.* **flounced, flouncing**. –*n.* **1.** a strip of material, wider than a ruffle, gathered and attached at one edge and with the other edge left hanging, used for trimming, especially on women's skirts. –*v.t.* **2.** to trim with a flounce or flounces.

flounder¹ /'flaʊndə/ *v.i.* **1.** to struggle (*along, on, through,* etc.) with stumbling or plunging movements. **2.** to struggle clumsily or helplessly in embarrassment or confusion.

flounder² /'flaʊndə/ *n.* **flounder**. **1.** any of numerous species of flatfishes, belonging to the families Bothidae and Pleuronectidae, found in coastal Australian and New Zealand waters. **2.** a European marine flatfish, *Platichthys flesus*, widely caught for food.

flour /'flaʊə/ *n.* **1.** the finely ground meal of wheat or other grain, especially the finer meal separated by bolting. **2.** any fine, soft powder: *flour of emery.* –*v.t.* **3.** to sprinkle or dredge with flour, as food or utensils in cookery. –**flourless, flourlike, floury** *adj.*

flourish /'flʌrɪʃ/ *v.i.* **1.** to be in a strong, healthy state; thrive; prosper: *During this period art flourished.* **2.** to be at the height of fame or excellence. –*v.t.* **3.** to wave showily (a sword, a stick, the limbs, etc.) about in the air. –*n.* **4.** waving, as of a sword, a stick, or the like. **5.** anything used for display, as a decoration in writing or an elaborate passage in music. **6.** a trumpet call or fanfare. –**flourishing** *adj.* –**flourisher** *n.*

flout /flaʊt/ *v.t.* to mock; scoff at; treat with disdain or contempt: *to flout the rules.* –**flouter** *n.* –**floutingly** *adv.*

flow /floʊ/ *v.i.* **1.** to move along in or as in a stream. **2.** to stream or pour forth. **3.** to proceed continuously and smoothly, like a stream, as thought, speech, etc. **4.** to fall or hang loosely: *flowing hair.* **5.** to overflow with something: *a land flowing with milk and honey.* **6.** to rise and advance, as the tide (opposed to *ebb*). –*n.* **7.** the act, rate or amount of flowing. **8.** any continuous movement, as of thought, speech, trade, etc., like that of a stream of water. **9.** something that flows; stream. **10.** an outpouring of something, as in a stream: *a flow of blood.* **11.** the rise of the tide; flood (opposed to *ebb*).

flow chart *n.* a diagram showing the step-by-step operation of a system. Also, **flow diagram, flow sheet**.

flower /'flaʊə/ *n.* **1.** the coloured and decorative part of a plant. **2.** *Botany* the sexual reproductive structure of an angiosperm (a plant whose seeds are enclosed in an ovary). **3.** a plant grown for the beauty of its flower. **4.** the state of bloom: *plants in flower.* **5.** the finest or choicest part or example. **6.** (*plural*) *Chemistry* a substance in the form of fine powder, especially as obtained by sublimation: *flowers of sulfur.* –*v.i.* **7.** (of a plant) to produce flowers. **8.** to reach the stage of full development. –**flowerless** *adj.* –**flower-like** *adj.*

flower girl *n.* a very young girl attending a bride.

flowery /'flaʊəri/ *adj.* **-rier, -riest. 1.** abounding in or covered with flowers. **2.** containing highly ornate language: *a flowery style.* **3.** decorated with floral designs. –**flowerily** *adv.* –**floweriness** *n.*

flown /floʊn/ *v.* past participle of **fly¹**.

flow-on /'floʊ-ɒn/ *n.* the wider application of

changes in wages, costs, etc., which have arisen in one part of the community.

flu /fluː/ *n. Colloquial* → **influenza**.

fluctuate /ˈflʌktʃueɪt/ *v.i.* **-ated, -ating.** to change continually, as by turns, from one course, position, condition, amount, etc., to another, as the mind, opinion, policy, prices, temperature, etc.; vary irregularly; be unstable. **–fluctuant** *adj.*

flue /fluː/ *n.* **1.** the smoke passage in a chimney. **2.** any duct or passage for air, gases, or the like.

fluent /ˈfluːənt/ *adj.* **1.** flowing smoothly and easily: *to speak fluent French.* **2.** able to speak or write readily: *a fluent speaker.* **3.** easy; graceful: *fluent motion, curves, etc.* **–fluency, fluentness** *n.* **–fluently** *adv.*

fluff /flʌf/ *n.* **1.** light, downy particles, as of cotton. **2.** a downy mass; something downy or fluffy. **3.** *Colloquial* a blunder or error in execution, performance, etc. –*v.t.* **4.** to make into fluff; shake or puff out (feathers, hair, etc.) into a fluffy mass. **5.** *Colloquial* to fail to perform properly: *to fluff a golf stroke; to fluff an examination; to fluff one's lines in a play.* –*v.i.* **6.** to become fluffy, move, float, or settle down like fluff. **7.** *Colloquial* to blunder; fail in performance or execution. **8.** to lie; bluff. –*phr.* **9. bit of fluff,** *Colloquial* an attractive but empty-headed young woman. **–fluffy** *adj.*

fluid /ˈfluːəd/ *n.* **1.** a substance which is capable of flowing and offers no permanent resistance to changes of shape; a liquid or a gas. –*adj.* **2.** capable of flowing; liquid or gaseous. **3.** changing readily; shifting, not fixed, stable, or rigid. **–fluidal, fluidic** /fluˈɪdɪk/ *adj.* **–fluidity,** /fluˈɪdəti/, **fluidness** *n.* **–fluidly** *adv.*

fluid ounce *n.* a unit of volume in the imperial system, equal to $\frac{1}{20}$ of a pint (28.413 062 5 × 10^{-3} litres) or, in the US, $\frac{1}{6}$ of a pint (29.573 529 562 5 × 10^{-3} litres).

fluke[1] /fluːk/ *n.* **1.** the flat triangular piece at the end of each arm of an anchor, which catches in the ground. **2.** a barb, or the barbed head, of a harpoon, etc. **3.** either half of the triangular tail of a whale.

fluke[2] /fluːk/ *n.* **1.** any accidental advantage; a lucky chance. **2.** an accidentally successful stroke in billiards or other sports. **–fluky** *adj.*

fluke[3] /fluːk/ *n.* **1.** the flounder, *Platichtys flesus.* **2.** → **trematode.**

flummox /ˈflʌməks/ *v.t. Colloquial* to bewilder; confuse.

flung /flʌŋ/ *v.* past tense and past participle of **fling.**

flunk /flʌŋk/ *Colloquial* –*v.i.* **1.** to fail, as a student in an examination. –*v.t.* **2.** to remove (a student) as unqualified from a school, course, etc.

flunkey /ˈflʌŋki/ *n.* **-keys. 1.** a male servant in livery; a lackey. **2.** a servile follower; a toady. **–flunkeydom, flunkeyism** *n.* **–flunkeyish** *adj.*

fluor-[1] a word element indicating the presence of fluorine.

fluor-[2] a word element indicating fluorescence.

fluorescence /fluəˈrɛsəns, flə-/ *n.* **1.** the property possessed by certain substances of emitting light upon exposure to external radiation or bombardment by a stream of particles. **2.** the light or luminosity so produced. **–fluoresce** *v.* **–fluorescent** *adj.*

fluoridation /fluərəˈdeɪʃən, ˈfluː-/ *n.* the addition to toothpaste, public water supplies, etc. of fluoride compounds to prevent tooth decay in the populace.

fluoride /ˈfluəraɪd, ˈfluː-/ *n.* **1.** a salt of hydrofluoric acid. **2.** an organic compound with one or more hydrogen atoms substituted by fluorine atoms, as methyl fluoride. –*adj.* **3.** having to do with a substance containing fluoride, as toothpaste.

fluorine /ˈfluərin, ˈfluː-/ *n.* a non-metallic element, a pale yellow corrosive gas, occurring combined, especially in fluorspar, cryolite, phosphate rock, and other minerals. *Symbol:* F; *relative atomic mass:* 18.9984; *at. no.:* 9. See **halogen.**

fluorspar /ˈfluəspa/ *n.* a common mineral, calcium fluoride, CaF_2, occurring in colourless, green, blue, purple, and yellow crystals, usually in cubes. It is the principal source of fluorine, and is also used as a flux in metallurgy and for ornamental purposes. Also, **fluor;** *Chiefly US,* **fluorite.** **–fluoric** *adj.*

flurry /ˈflʌri/ *n.* **-ries. 1.** a sudden gust of wind. **2.** commotion; sudden excitement or confusion; nervous hurry.

flush[1] /flʌʃ/ *n.* **1.** a blush; rosy glow. **2.** a rushing, as of water. **3.** a rush of emotion; elation: *the first flush of success.* **4.** a glowing freshness or energy: *the flush of youth.* **5.** a wave of heat experienced in fever, menopause, etc. –*v.t.* **6.** to flood with water, especially for cleaning purposes. –*v.i.* **7.** to blush; redden. **–flusher** *n.*

flush[2] /flʌʃ/ *adj.* **1.** even or level, as with a surface; in one plane. **2.** well-supplied, as with money; affluent. **3.** quite full; full to overflowing. –*adv.* **4.** so as to be flush or even. **5.** squarely; full on: *I hit him flush on the face.* –*n.* **6.** fresh growth, as of shoots and leaves.

flush[3] /flʌʃ/ *adj.* consisting entirely of cards of one suit: *a flush hand.*

fluster /ˈflʌstə/ *v.t.* **1.** to confuse; make nervous. **2.** to excite and confuse with drink.

flute /fluːt/ *n., v.* **fluted, fluting.** –*n.* **1.** a musical wind instrument consisting of a tube with a series of finger holes or keys in which the air is blown across a hole at the end or side of the tube. **2.** *Architecture, etc.* a groove, as along the length of a pillar. –*v.i.* **3.** to produce flutelike sounds. **4.** to play a flute. –*v.t.* **5.** to utter in flutelike tones. **6.** to form lengthwise grooves in. **–flutelike** *adj.* **–fluting** *n.*

fluted /ˈfluːtəd/ *adj.* **1.** having flutes or grooves, as a pillar. **2.** fine, clear and mellow; flute-like: *fluted notes.*

flutter /ˈflʌtə/ *v.i.* **1.** to flap or wave lightly in the air: *the flags were fluttering.* **2.** (of birds, etc.) to flap the wings, or fly with flapping movements. **3.** to move with quick, uneven movements. **4.** (of the heart, etc.) to beat fast and unevenly. **5.** to tremble; be agitated. **6.** *Swimming* (of the feet) to kick up and down in turn, as in the crawl and backstroke. –*v.t.* **7.** to cause to flutter; vibrate; agitate. –*n.* **8.** a fluttering movement. **9.** a state of nervous excitement or confusion. **10.** *Colloquial* a small bet. **–fluttery** *adj.* **–flutterer** *n.* **–flutteringly** *adv.*

fluvial /ˈfluːviəl/ *adj.* of, relating to, or produced by a river.

flux /flʌks/ *n.* **1.** a flowing or flow. **2.** the flowing in of the tide. **3.** continuous passage; continuous change: *to be in a state of flux.* **4.** *Pathology* an abnormal or morbid discharge of blood or other matter from the body. **5.** → **solder** (def. 1).

fly[1] /flaɪ/ *v.* **flew, flown, flying,** *n.* **flies.** –*v.i.* **1.** to move through the air on wings, as a bird. **2.** to be borne through the air by the wind or any other force or agency. **3.** to float or flutter in the air, as a flag, the hair, etc. **4.** to travel through the air in an aircraft: *she flew to Brisbane.* **5.** to move or pass swiftly; move with a start or rush: *she flew to answer the door.* **6.** to change rapidly and unexpectedly from one state to another: *to fly open.* –*v.t.* **8.** to cause to fly: *to fly a model aeroplane, a kite, a hawk.* **9.** to operate (an aircraft or spacecraft). **10.** to hoist aloft or bear aloft: *to fly a flag.* **11.** to travel over by flying.

fly **12.** to transport by flying. **13.** to avoid; flee from. *–n.* **14.** a strip sewn along one edge of a garment, to aid in concealing the buttons or other fasteners. **15.** such a strip used to hide the opening on a pair of trousers, or the fastening itself. **16.** a flap forming the door of a tent. **17.** a piece of canvas extending over the ridgepole of a tent and forming an outer roof. **18.** a light tent. **19.** *US* the course of a flying object, as a ball. **20.** *Machinery* → **flywheel. 21.** (*plural*) *Theatre* the space and apparatus above the stage. **22.** *Colloquial* an attempt: *give it a fly.* *–phr.* **23. fly a kite,** *Colloquial* to attempt to obtain reactions to a proposed course of action by allowing it to be circulated as a rumour or unconfirmed report. **24. fly at,** to attack. **25. fly high, a.** to be ambitious. **b.** *Colloquial* to be in a state of euphoria, as induced by drugs. **26. fly in the face of,** *Colloquial* to defy insultingly. **27. fly off,** to move away quickly by or as by flying. **28. fly off the handle,** *Colloquial* to lose one's temper, especially unexpectedly. **29. fly out,** *Australian Colloquial* to lose one's temper; become suddenly violently angry. **30. go fly a kite,** *Colloquial* (a phrase used to rebuff someone); get lost. **31. let fly, a.** to make an attack. **b.** to throw or propel. **c.** to give free rein to, especially in attacking: *he let fly his pent-up anger.* **32. on the fly, a.** *US* while still in flight; on the volley. **b.** hurriedly.

fly² /flaɪ/ *n.* **flies. 1.** any of the two-winged insects constituting the order Diptera (**true flies**), especially one of the family Muscidae, as the common housefly, *Musca domestica.* **2.** any of a number of other winged insects, as the mayfly or firefly. **3.** *Angling* a fishhook dressed with silk, tinsel, etc., to resemble an insect. *–phr.* **4. fly in the ointment,** a slight flaw that greatly diminishes the value or pleasure of something. **5. fly on the wall,** an unnoticed observer. **–flyless** *adj.*

fly-by-night /'flaɪ-baɪ-naɪt/ *Colloquial* *–adj.* **1.** irresponsible; unreliable. *–n.* **2.** someone who leaves secretly at night, as in order to avoid paying debts. **3.** someone who leads an active and entertaining night-life. **–fly-by-nighter** *n.*

flycatcher /'flaɪkætʃə/ *n.* any of numerous small, insectivorous birds of the Old World family Muscicapidae.

flyer /'flaɪə/ *n.* **1.** something that flies, such as a bird or insect. **2.** an aviator or a passenger in a plane. **3.** a person or thing that moves at great speed. **4.** some part of a machine having a rapid motion. **5.** a newspaper placard advertising headline news. **6.** a single sheet of printed material circulated to announce an event, promote a cause or advertise a product: *an election flyer.* Also, **flier.**

flying buttress *n.* a segmental arch which carries the thrust of a wall over a space to a solid pier buttress.

flying fox *n.* **1.** any of various large bats of the suborder Megachiroptera, especially of the genus *Pteropus*, of Australia, tropical Asia, and Africa, having a foxlike head and feeding on fruit and blossom. **2.** *Australian, NZ* a cable-operated carrier over watercourses or difficult terrain.

flying phalanger *n.* → **glider** (def. 3).

flying saucer *n.* any of various disc-shaped objects allegedly seen flying at high speeds and altitudes.

flyleaf /'flaɪliːf/ *n.* **-leaves** /-liːvz/. a blank leaf in the front or at the back of a book.

flystrike /'flaɪstraɪk/ *n.* → **sheep strike.**

flytrap /'flaɪtræp/ *n.* **1.** any of various plants which entrap insects, especially Venus's flytrap. **2.** a trap for flies.

flyweight /'flaɪweɪt/ *n.* a boxer weighing between 48 and 51 kg (in the amateur ranks) or no more than 50.80 kg (in the professional ranks).

flywheel /'flaɪwiːl/ *n.* **1.** a heavy wheel which by its momentum tends to equalise the speed of machinery with which it is connected. **2.** a wheel used to carry the piston over dead centre.

foal /foʊl/ *n.* **1.** a young horse or other equine animal. **2.** a horse not yet past its first birthday. *–v.i.* **3.** to give birth to a foal.

foam /foʊm/ *n.* **1.** an aggregation of minute gas bubbles formed in a liquid by agitation, fermentation, etc. **2.** the froth of perspiration formed on the skin of a horse or other animal from great exertion. **3.** froth formed in the mouth, as in epilepsy and rabies. **4.** a substance which on being discharged from a fire extinguisher forms a layer of small stable bubbles. **5.** a light material, in either spongy or rigid form, produced by foaming. *–v.i.* **6.** to form or gather foam; emit foam. *–v.t.* **7.** to cause to foam. *–phr.* **8. foam at the mouth,** to be speechless with some emotion, especially with rage. **–foamy** *adj.* **–foamingly** *adv.* **–foamless** *adj.*

fob¹ /fɒb/ *n.* **1.** Also, **fob pocket.** a small pocket just below the waistline in trousers or breeches (formerly in the waistband) to hold a watch, etc. **2.** a short chain or ribbon with a seal or the like, attached to a watch and worn hanging from the pocket.

fob² /fɒb/ *v.* **fobbed, fobbing.** *–phr.* **fob off, 1.** (sometimes fol. by *on*) to palm off: *to fob off an inferior watch on a person.* **2.** to put off.

focaccia /fə'katʃə/ *n.* flat Italian bread which can be eaten with various fillings or toppings.

focal length *n.* *Optics* **1.** (of a mirror or lens) the distance from the optical centre to the focal point. **2.** (of a telescope) the distance between the object lens and its corresponding focal plane.

focal point *n.* **1.** *Optics* the focus for a beam of light rays parallel to the principal axis of a lens or mirror; principal focus. **2.** the main point of interest, agreement, disagreement, etc.

focus /'foʊkəs/ *n.* **-ci** /-saɪ, -kaɪ/ *or* **-cuses,** *v.* **-cused** *or* **-cussed, -cusing** *or* **-cussing.** *–n.* **1.** *Physics* a point at which rays of light, heat, or other radiation, meet after being refracted or reflected. **2.** *Optics* **a.** a point from which diverging rays appear to proceed, or a point at which converging rays would meet if they could be prolonged in the same direction (**virtual focus**). **b.** clear and sharply defined condition of an image. **c.** the position of a viewed object, or the adjustment of an optical device, necessary to produce a clear image: *in focus, out of focus.* **3.** a central point, as of attraction, attention, or activity. **4.** *Geometry* one of the points from which the distances to any point of a given curve are in a linear relation. *–v.t.* **5.** to bring to a focus or into focus. **6.** to concentrate; to focus one's attention. **–focusable** *adj.* **–focuser** *n.*

fodder /'fɒdə/ *n.* **1.** food for livestock, especially dried food, such as hay, straw, etc. *–v.t.* **2.** to feed with or as with fodder.

foe /foʊ/ *n.* **1.** someone who entertains enmity, hatred, or malice against another; an enemy. **2.** an enemy in war; hostile army. **3.** an opponent in a game, or contest.

foetus = fetus /'fiːtəs/ *n.* the young of an animal in the womb or in the egg, especially in its later stages.

fog /fɒg/ *n., v.* **fogged, fogging.** *–n.* **1.** a cloudlike mass or layer of minute globules of water in the air near the earth's surface; thick mist. **2.** any darkened state of the atmosphere, or the diffused substance which causes it. **3.** a state of mental confusion or obscurity: *a fog of doubt.* *–v.t.* **4.** to envelop with, or as with fog. **–foggy** *adj.* **–fogless** *adj.*

foghorn

foghorn /'fɒghɔn/ *n.* **1.** *Nautical* a horn for sounding warning signals, as to vessels, in foggy weather. **2.** *Colloquial* a deep, loud voice.

fogy = fogey /'fougi/ *n.* **-gies.** an old-fashioned or excessively conservative person (usu. preceded by *old*).

FOI /ɛf ou 'aɪ/ freedom of information.

foible /'fɔɪbəl/ *n.* a weak point or whimsy; a weakness or failing of character.

foil¹ /fɔɪl/ *v.t.* to frustrate (a person, an attempt, a purpose); baffle; baulk.

foil² /fɔɪl/ *n.* **1.** a metallic substance formed into very thin sheets by rolling and hammering: *gold, tin, aluminium, or lead foil.* **2.** the metallic backing applied to glass to form a mirror. **3.** a thin layer of metal placed under a gem in a closed setting, to improve its colour or brilliance. **4.** anything that serves to set off another thing distinctly or to advantage by contrast.

foil³ /fɔɪl/ *n.* **1.** a flexible, thin sword with a button at the point, for use in fencing. **2.** (*plural*) the art of exercise or fencing with such swords.

foist /fɔɪst/ *phr.* **foist on** (or **upon**), to palm off or impose fraudulently or unwarrantably on.

fold¹ /fould/ *v.t.* **1.** to double or bend (cloth, paper, etc.) over upon itself. **2.** to bring together (the arms, hands, legs, etc.) with one round another: *to fold one's arms on one's chest.* **3.** to bring (the wings) close to the body, as a bird on alighting. **4.** to enclose; wrap: *to fold something in paper.* **5.** to clasp or embrace: *to fold someone in one's arms.* –*v.i.* **6.** to be folded or be capable of folding: *the doors fold back.* **7.** to be closed or brought to an end, usually with financial loss, as a business enterprise or theatrical production. –*n.* **8.** a part that is folded; pleat; layer: *to wrap something in folds of cloth.* **9.** a hollow made by folding: *to carry something in the fold of one's dress.* **10.** a crease made by folding. **11.** a hollow place in undulating ground: *a fold of the hills or mountains.* **12.** *Geology* a portion of strata which is folded or bent (as an anticline or syncline), or which connects two horizontal or parallel portions of strata of different levels (as a monocline). **13.** an act of folding or doubling over. –*phr.* **14. fold about** (or **around**), to bend or wind around: *to fold one's arms about a person's neck.* **15. fold in**, *Cookery* to mix in, as beaten eggwhites added to a batter or the like, by gently turning one part over another with a spoon, etc. **16. fold up, a.** to bring into a compact form, or shut, by bending and laying parts together: *to fold up a map.* **b.** to collapse. **c.** to fail in business.

fold² /fould/ *n.* **1.** an enclosure for domestic animals, especially sheep. **2.** the sheep contained in it. **3.** a flock of sheep. **4.** a church or congregation. –*phr.* **5. the fold**, the company which a rebellious or unconventional person might leave and later return to, having thought better of it.

-fold a suffix attached to numerals and other quantitative words or stems to denote multiplication by or division into a certain number, as in *twofold, manifold.*

folder /'fouldə/ *n.* an outer cover, usually a folded sheet of light cardboard, for papers.

foliage /'fouliɪdʒ/ *n.* **1.** the leaves of a plant, collectively; leafage. **2.** leaves in general. **3.** the representation of leaves, flowers, and branches in architectural ornament, etc. –**foliaged** *adj.*

folio /'fouliou/ *n.* **-lios. 1.** a sheet of paper folded once to make two leaves (four pages) of a book. **2.** a volume having pages of the largest size. **3.** a leaf of a manuscript or book numbered only on the front side. **4.** *Printing* the page number of a book.

folivore /'foulivɔ/ *n.* an animal, especially a primate, that subsists largely on leaves, as the koala.

foment

folk /fouk/ *n.* **folk** *or* **folks**, *adj.* –*n.* **1.** people in general, especially the common people. **2.** (*usually plural*) people of a specified class or group: *poor folks.* **3.** (*plural*) *Colloquial* the persons of one's own family; one's relatives. –*adj.* **4.** originating among the common people. –**folksy** *adj.*

folk dance *n.* **1.** a dance which originated among, and has been transmitted through, the common people. **2.** a piece of music for such a dance. –**folk dancing** *n.*

folklore /'fouklɔ/ *n.* **1.** the lore of the common people; the traditional beliefs, legends, customs, etc., of a people. **2.** the study of such lore. –**folklorist** *n.* –**folkloristic** /fouklə'rɪstɪk/ *adj.*

folk music *n.* **1.** music, usually of simple character, originating and handed down among the common people. **2.** music originating in the urban American beat generation of the 1940s and 1950s which concentrates on lyrics of social comment. Also, **folk**.

follicle /'fɒlɪkəl/ *n.* **1.** *Botany* a dry one-celled seed vessel consisting of a single carpel, and dehiscent only by the ventral suture, such as the fruit of larkspur. **2.** *Anatomy* a small cavity, sac, or gland.

follow /'fɒlou/ *v.t.* **1.** to come after in natural sequence, order of time, etc.; succeed. **2.** to go or come after; move behind in the same direction: *go on ahead and I'll follow you.* **3.** to accept as a guide or leader; accept the authority or example of, or adhere to, as a person. **4.** to conform to, comply with, or act in accordance with: *to follow a person's advice.* **5.** to imitate or copy. **6.** to move forward along (a path, etc.). **7.** to come after as a result or consequence; result from: *the effects that followed this decision.* **8.** to go after or along with (a person, etc.) as a companion. **9.** to go in pursuit of: *to follow an enemy.* **10.** to endeavour to obtain or to attain to. **11.** to watch the movements, progress, or course of. **12.** to keep up to date with; observe the development of: *to follow the news; to follow the cricket.* **13.** to support or barrack for (a sporting team). **14.** to keep up with and understand (an argument, etc.): *do you follow me?* –*v.i.* **15.** to come next after something else in natural sequence, order of time, etc. **16.** to happen or occur after something else; come next as an event. **17.** to go or come after a person or thing in motion: *go on ahead and I'll follow.* **18.** to result as an effect; occur as a consequence. –*phr.* **19. follow out,** to execute; carry out to a conclusion. **20. follow suit, a.** *Cards* to play a card of the same suit as that first played. **b.** to follow the example of another. **21. follow through, a.** to carry out completely, as a stroke in tennis or golf. **b.** to pursue an endeavour to its conclusion. **22. follow up, a.** to pursue closely. **b.** to pursue to a conclusion. **c.** to increase the effect of by further action. **d.** to take further action, investigation, etc., after the elapse of an interval of time. –**follower** *n.*

following /'fɒlouɪŋ/ *n.* **1.** a body of followers, attendants, adherents, etc. –*adj.* **2.** that follows. **3.** that comes after or next in order or time: *the following day.* **4.** that is now to follow; now to be mentioned, described, related, or the like. –*phr.* **5. the following,** things, lines, pages, etc., that follow.

folly /'fɒli/ *n.* **-lies. 1.** the state or quality of being foolish; lack of understanding or sense. **2.** a foolish action, practice, idea, etc.; an absurdity. **3.** *Architecture* a useless but costly structure, often in the form of a sham Gothic or classical ruin; especially popular in 18th-century England. **4.** (*plural*) a theatrical revue.

foment /fə'mɛnt/ *v.t.* **1.** to promote the growth or development of; instigate or foster (discord, rebellion, etc.). **2.** to apply warm water or medicated liquid, cloths dipped in such liquid, or the like, to (the surface of the body). **–fomentation** *n.* **–fomenter** *n.*

fond /fɒnd/ *adj.* **1.** loving: *give someone a fond look.* **2.** foolishly tender; over-affectionate; doting: *a fond parent.* **3.** cherished with strong or unreasoning affection: *nourish fond hopes.* **4.** *Archaic* foolish or silly. **–phr. 5. fond of**, liking: *fond of children; fond of drink.*

fondle /'fɒndl/ *v.t.* **-dled, -dling**. to handle or touch fondly; caress. **–fondler** *n.*

fondue /'fɒndju/ *n.* **1.** a dish of melted cheese and white wine, heated over a small burner at the table, into which pieces of bread are dipped before being eaten. **2.** any similar dish of oil or flavoured stock (def. 25) in which pieces of fish, meat, vegetable, or fruit are cooked at the table on individual skewers before being eaten.

font¹ /fɒnt/ *n.* **1.** a receptacle, usually of stone, as in a baptistery or church, for the water used in baptism. **2.** a receptacle for holy water; stoup. **3.** the reservoir for oil in a lamp.

font² /fɒnt/ *n.* a complete assortment of printing type of one style and size. Also, **fount**.

fontanelle /fɒntə'nɛl/ *n. Anatomy* one of the spaces, closed by membrane, between the bones of the foetal or young skull. Also, *Chiefly US*, **fontanel**.

food /fud/ *n.* **1.** what is eaten, or taken into the body, for nourishment. **2.** more or less solid nourishment (as opposed to *drink*). **3.** a particular kind of solid nourishment: *a breakfast food.* **4.** whatever supplies nourishment to organic bodies: *plant food.* **5.** anything serving as material for consumption or use: *food for thought.* **–foodless** *adj.*

food irradiation *n.* a technique of preserving food by exposing it to gamma rays from cobalt-60 or caesium-137 which destroys the micro-organisms which make food go bad, prevents insect attack, stops food such as potatoes or onions from sprouting, and extends the shelf life of many foods.

foodstuff /'fudstʌf/ *n.* a substance or material suitable for food.

fool¹ /ful/ *n.* **1.** one who lacks sense; a silly or stupid person. **2.** a professional jester, formerly kept by a person of rank for amusement. **3.** a weak-minded or idiotic person. **–v.t. 4.** to make a fool of; impose on; trick; deceive. **–v.i. 5.** to act like a fool; joke; play. **6.** to jest; make believe: *I was only fooling.* **–phr. 7. be a fool to oneself**, to unwittingly disadvantage oneself. **8. fool around**, to potter aimlessly; waste time: *we were just fooling around down at the shopping centre.* **9. fool around with**, **a.** to waste time on: *to fool around with trivial details.* **b.** to philander or trifle with: *fooling around with a woman old enough to be your mother.* **c.** to engage in sexual activities with. **10. fool with**, to play or meddle foolishly with: *to fool with a loaded gun.* **11. make a fool of**, to make appear foolish, often by deceiving or imposing on others. **12. more fool ...**, (an expression declaring an action, often a well-intentioned one, performed by the person specified, was foolish).

fool² /ful/ *n.* a dish made of fruit stewed, made into a puree, and mixed with thick cream or custard: *gooseberry fool.*

foolhardy /'fulhadi/ *adj.* **-dier, -diest**. bold without judgment; foolishly rash or venturesome. **–foolhardily** *adv.* **–foolhardiness** *n.*

foolish /'fulɪʃ/ *adj.* **1.** silly; without sense: *a foolish person.* **2.** resulting from or evidencing folly; ill-considered; unwise: *a foolish action, speech, etc.* **–foolishly** *adv.* **–foolishness** *n.*

foolproof /'fulpruf/ *adj.* **1.** involving no risk or harm, even when tampered with. **2.** never-failing: *a foolproof method.*

foolscap /'fulzkæp/ *n.* a printing paper size, 13½ × 17 inches, most commonly in use before metrication.

foot /fʊt/ *n.* **feet. 1.** (in vertebrates) the terminal part of the leg, below the ankle joint, on which the body stands and moves. **2.** (in invertebrates) any part similar in position or function. **3.** such a part considered as the organ of locomotion. **4.** a unit of length in the imperial system, derived from the length of the human foot. It is divided into 12 inches and equal to 0.3048 m. **5.** infantry. **6.** walking or running motion. **7.** (of furniture) a shaped or ornamented part terminating the leg. **8.** the flaring base or rim of a glass, teapot, etc. **9.** the part of a stocking, etc., covering the foot. **10.** the lowest part, or bottom, as of a hill, ladder, page, sail, etc. **11.** the part of anything opposite the top or head. **12.** the end of a bed, grave, etc., towards which the feet are placed. **13.** *Prosody* a group of syllables constituting a metrical unit of a verse. **–phr.**
14. foot it, **a.** to walk; go on foot. **b.** to move the feet to measure or music, or dance.
15. foot the bill, to meet all expenses.
16. get off on the right foot, to have a good start.
17. get off on the wrong foot, to have a bad start.
18. have one foot in the grave, to be near death.
19. my foot, (an exclamation of disbelief).
20. on foot, **a.** on one's feet, rather than riding or sitting. **b.** in motion; astir. **c.** in active existence or operation.
21. put one's best foot forward, **a.** to make as good an impression as possible. **b.** to do one's very best. **c.** to walk as fast as possible.
22. put one's foot down, **a.** to take a firm stand. **b.** to accelerate in a motor vehicle.
23. put one's foot in it (or **in one's mouth**), *Colloquial* to make an embarrassing blunder.
24. set foot in, to enter; go into.
25. set on foot, to start (something) going; originate. See **feet**.

footage /'fʊtɪdʒ/ *n.* **1.** length or extent in feet: *the footage of timber.* **2.** a length of film; the film used for a scene or scenes.

foot-and-mouth disease *n. Veterinary Science* a contagious virus disease of cattle and other cloven-hoofed animals, characterised by a vesicular eruption about the hoofs and mouth. The disease very rarely affects humans.

football /'fʊtbɔl/ *n.* **1.** any game in which the kicking of a ball has a large part, as Australian Rules, Rugby Union, Rugby League, soccer, American football, etc. **2.** the ball used in such games. **–footballer** *n.*

footer /'fʊtə/ *n.* **1.** (with a numeral prefixed) a person or thing of the height or length in feet indicated: *a six-footer.* **2.** (with a numeral prefixed) a racing yacht with an unenclosed hull of the length in feet indicated: *that yacht is a sixteen-footer.* **3.** *Colloquial* → **football**. **4.** (in computer typesetting) an item programmed to appear regularly at the foot of a page. Compare **header** (def. 4).

foothill /'fʊthɪl/ *n.* a minor elevation at the base of a mountain or mountain range.

foothold /'fʊthoʊld/ *n.* **1.** a hold or support for the feet; a place where one may stand or tread securely. **2.** firm footing; secure position.

footie /'fʊti/ *n.* → **footy**.

footing /'fʊtɪŋ/ *n.* **1.** a firm position; foothold. **2.** a foundation on which anything is established. **3.** a place or support for the feet. **4.** a firm placing of the feet. **5.** the condition of a relationship: *he is on a friendly footing with her.*

footlights /'fʊtlaɪts/ *pl. n.* **1.** *Theatre* a row of lights at the front of the stage, nearly on a level with the feet of the performers. **2.** *Colloquial* the stage; acting profession.

footloose /'fʊtlus/ *adj.* free to go or travel about; not confined by responsibilities, etc.: *footloose and fancy-free.*

footman /'fʊtmən/ *n.* **-men.** a male servant in livery who attends the door or the carriage, waits at table, etc.

footnote /'fʊtnoʊt/ *n., v.* **-noted, -noting.** –*n.* **1.** a note or comment at the foot of a page, referring to a specific part of the text on the page. **2.** an added comment, of less importance than the main text. –*v.t.* **3.** to add footnotes to (a text).

footpath /'fʊtpaθ/ *n.* a path for pedestrians only, especially one at the side of a road or street.

footprint /'fʊtprɪnt/ *n.* **1.** a mark left by a foot **2.** an area of the earth's surface covered by a satellite transmission.

footstep /'fʊtstɛp/ *n.* **1.** a step or tread of the foot, or the sound produced by it; footfall. –*phr.* **2. follow in someone's footsteps,** to succeed or imitate.

footsy /'fʊtsi/ *n.* **-sies.** *Colloquial* **1.** a foot. –*phr.* **2. play footsies,** (sometimes fol. by *with*) to touch in secret a person's feet, knees, etc., with one's feet, especially as part of amorous play.

footy /'fʊti/ *n. Australian, NZ Colloquial* → **football.** Also, **footie.**

fop /fɒp/ *n.* a man who is excessively concerned about his manners and appearance. –**foppish** *adj.*

for /fɔ/ *weak forms* /fə, f/ *prep.* **1.** with the object or purpose of: *to go for a walk.* **2.** intended to belong to, suit the purposes or needs of, or be used in connection with: *a book for children; a box for gloves.* **3.** in order to obtain: *a suit for damages.* **4.** with inclination or tendency towards: *to long for a thing; to have an eye for beauty.* **5.** (expressing a wish or desire for something to be obtained): *O for the wings of a dove.* **6.** in consideration of, or in return for: *three for a dollar; to be thanked for one's efforts.* **7.** appropriate or adapted to: *a subject for speculation.* **8.** with regard or respect to: *pressed for time; too warm for April.* **9.** during the continuance of: *for a long time.* **10.** in favour of, or on the side of: *to stand for honest government.* **11.** in place of, or instead of: *a substitute for butter.* **12.** in the interest of: *to act for a client.* **13.** as an offset to: *blow for blow.* **14.** in honour of: *to give a dinner for a person.* **15.** in punishment of: *fined for stealing.* **16.** with the purpose of reaching: *to start for Perth.* **17.** conducive to: *for the advantage of everybody.* **18.** in order to save: *to flee for one's life.* **19.** in order to become: *to go for a soldier.* **20.** in assignment or attribution to: *an engagement for this evening; it is for you to decide.* **21.** to allow of; to require: *too many for separate mention.* **22.** such as results in: *his reason for going.* **23.** as affecting the interests or circumstances of: *bad for one's health.* **24.** in proportion or with reference to: *tall for his age.* **25.** in the character of, or as being: *to know a thing for a fact.* **26.** by reason of, or because of: *to shout for joy; famed for its beauty.* **27.** in spite of: *for all that.* **28.** to the extent or amount of: *to walk for a mile.* **29.** (sometimes used to govern a noun or pronoun followed by an infinitive, in a construction equivalent to a clause with *that* and *should,* etc.), as in *it is time for him to go,* meaning *it is time that he should go.* –*conj.* **30.** seeing that; since. **31.** because. –*phr.* **32. for it,** *Colloquial* about to suffer some punishment, injury, setback, or the like.

for- a prefix meaning 'away', 'off', 'to the uttermost', 'extremely', 'wrongly', or imparting a negative or privative force, occurring in words of Old or Middle English origin, many of which are now obsolete or archaic, as in *forswear, forbid.*

forage /'fɒrɪdʒ/ *n., v.* **-raged, -raging.** –*n.* **1.** food for horses and cattle; fodder; provender. **2.** the act of searching for provisions of any kind. **3.** a raid. –*v.i.* **4.** to wander in search of supplies. **5.** to hunt or search about. –**forager** *n.*

foray /'fɒreɪ, 'fɒ-/ *n.* a raid for the purpose of taking plunder. –**forayer** *n.*

forbade /fə'beɪd/ *v.* past tense of **forbid.** Also, **forbad** /fə'bæd/.

forbear /fɔ'bɛə/ *v.* **-bore, -borne, -bearing.** –*v.t.* **1.** to refrain from; desist from; cease. **2.** to refrain from using, etc.; keep back; withhold. –*v.i.* **3.** to be patient; show forbearance. –**forbearer** *n.* –**forbearingly** *adv.*

forbearance /fɔ'bɛərəns/ *n.* **1.** the act of forbearing; a refraining from something. **2.** an abstaining from the enforcement of a right.

forbid /fə'bɪd/ *v.t.* **-bade, -bad, -bade** *or* **-bad, -bidding. 1.** to command (a person, etc.) not to do, have, use, etc., something, or not to enter some place. **2.** to put an interdiction against (something); prohibit. **3.** to hinder or prevent; make impossible. **4.** to exclude; repel. –**forbidder** *n.*

forbidding /fə'bɪdɪŋ/ *adj.* **1.** causing dislike or fear: *a forbidding countenance.* **2.** repellent; dangerous-looking: *forbidding cliffs, clouds, etc.* –**forbiddingly** *adv.* –**forbiddingness** *n.*

force /fɔs/ *n., v.* **forced, forcing.** –*n.* **1.** strength; intensity of effect: *the force of a blow; the force of an argument; the force of circumstances.* **2.** power, as of a ruler or nation; might. **3.** strength or power used upon a thing or person; violence: *to use force in order to do something; to use force on a person.* **4.** *Agriculture* the ability of a dog to control sheep, etc. **5.** mental or moral strength; power of effective action. **6.** (*often plural*) the army, navy and air force of a country. **7.** any body of people combined for joint action: *the police force.* **8.** *Physics* **a.** an influence which produces or tends to produce motion or change of motion. **b.** the strength of this influence. **c.** a push, pull or twist. **9.** any strong influence: *the changes in the law were brought about by social forces.* **10.** the binding power of an agreement, etc. –*v.t.* **11.** to make (oneself or someone) do something; compel: *she forced him to confess.* **12.** to drive by force; overcome the resistance of. **13.** to bring about or effect by force or as a necessary result: *to force a passage; to force a confession.* **14.** to put or impose (something) by force on or upon a person. **15.** to enter or take by force; overpower. **16.** to break open (a door, lock, etc.). **17.** Also, **force-ripen.** to cause (plants, fruits, etc.) to grow or ripen at an increased rate by artificial methods. **18.** *Agriculture* to keep (sheep, etc.) moving through a race or yard, usually using a dog. **19. in force, a.** in operation, effect, etc.: *a law now in force.* **b.** in full strength: *her friends came to see her in force.* –**forceless** *adj.* –**forcer** *n.*

forceful /'fɔsfəl/ *adj.* **1.** full of force; powerful; vigorous; effective. **2.** acting or driven with force. –**forcefully** *adv.* –**forcefulness** *n.*

forceps /'fɔsəps/ *n.* **-ceps** *or* **-cipes** /-səpiz/. an instrument, as pincers or tongs, for seizing and holding objects, as in surgical operations. –**forcepslike** *adj.*

forcible /'fɔsəbəl/ *adj.* **1.** effected by force. **2.** having force; producing a powerful effect; effective. **3.** convincing, as reasoning. **4.** characterised by the use of force or violence. –**forcibleness,**

forcibility /fɔsə'bɪlətɪ/ *n.* **–forcibly** *adv.*

ford /fɔd/ *n.* **1.** a place where a river or other body of water may be crossed by wading. *–v.t.* **2.** to cross (a river, etc.) by a ford. **–fordable** *adj.* **–fordless** *adj.*

fore /fɔ/ *adj.* **1.** situated at or towards the front, as compared with something else. **2.** first in place, time, order, rank, etc.; forward; earlier. *–adv.* **3.** *Nautical* at or towards the bow. *–n.* **4.** the forepart of anything; the front. **5.** *Nautical* the foremast. *–phr.* **6. to the fore**, **a.** to or at the front; to or in a conspicuous place or position. **b.** ready at hand. **c.** still alive.

fore- a prefix form of **before** meaning 'front', (*forehead, forecastle*), 'ahead of time' (*forecast, foretell*), 'superior' (*foreman*), etc.

forearm¹ /'fɔram/ *n.* the part of the arm between the elbow and the wrist.

forearm² /fɔr'am/ *v.t.* to arm beforehand.

forebear /'fɔbeə/ *n.* (*usually plural*) an ancestor; forefather.

forebode /fɔ'boud/ *v.* **-boded, -boding.** *–v.t.* **1.** to foretell or predict; portend; be an omen of; indicate beforehand: *clouds that forebode a storm*. **2.** to have a presentiment of (especially evil). **–foreboder** *n.*

forecast /'fɔkast/ *v.* **-cast** *or* **-casted, -casting,** *n.* *–v.t.* **1.** to conjecture beforehand; predict. **2.** to make a forecast of (the weather, etc.). **3.** to serve as, a forecast of; foreshadow. **4.** to cast, contrive, or plan beforehand; prearrange. *–n.* **5.** a prediction, especially as to the weather. **–forecaster** *n.*

forecastle /'fouksəl/ *n.* the seamen's quarters in the forward part of a merchant vessel. Also, **fo'c'sle.**

foreclose /fɔ'klouz/ *v.* **-closed, -closing.** *–v.t.* **1.** *Law* **a.** to deprive (a mortgagor or pledgor) of the right to redeem his or her property. **b.** to take away the right to redeem (a mortgage or pledge). **2.** to shut out; exclude or bar. **3.** to hinder or prevent, as from doing something. **4.** to close, settle, or answer beforehand. *–v.i.* **5.** to foreclose a mortgage or pledge. **–foreclosure** *n.* **–foreclosable** *adj.*

forefather /'fɔfaðə/ *n.* an ancestor.

forefinger /'fɔfɪŋgə/ *n.* the first finger, next to the thumb; the index finger.

forego /fɔ'gou/ *v.* **-went, -gone, -going.** *–v.i.* **1.** to go before. *–v.t.* **2.** to precede. **–foregoer** *n.*

foreground /'fɔgraund/ *n.* the ground or parts situated, or represented as situated, in the front; the nearer portion of a scene (opposed to *background*). **–foregrounding** *n.*

forehand /'fɔhænd/ *adj.* **1.** made to the right side of the body (when the player is right-handed). **2.** done beforehand; anticipative; given or made in advance, as a payment.

forehead /'fɒrəd/ *n.* **1.** the fore or front upper part of the head; the part of the face above the eyes; the brow. **2.** the fore or front part of anything.

foreign /'fɒrən/ *adj.* **1.** relating to, like, or coming from another country or nation. **2.** relating to dealings with other countries. **3.** outside one's own country, society, etc. **4.** *Law* outside the legal power of the state; alien. **5.** not belonging: *a foreign substance in the eye; foreign to our discussion*. **6.** strange; unfamiliar. **–foreignness** *n.*

foreign affairs *pl. n.* international relations; activities of a nation arising from its dealings with other nations.

foreigner /'fɒrənə/ *n.* **1.** a person not native or naturalised in the country or jurisdiction under consideration; an alien. **2.** a thing produced in or coming from a foreign country.

foreign exchange *n.* the buying and selling of the money of other countries. **2.** the money of other countries.

forelock /'fɔlɒk/ *n.* **1.** the lock of hair that grows from the forepart of the head. *–phr.* **2. touch (or tug) (or pull) one's forelock**, to touch or tug one's forelock as a gesture of servility.

foreman /'fɔmən/ *n.* **-men. 1.** a man in charge of a group of workers. **2.** the spokesman of a jury. **–foremanship** *n.*

foremost /'fɔmoust/ *adj.* **1.** first in place, order, rank, etc. *–adv.* **2.** first.

forename /'fɔneɪm/ *n.* a name that precedes the family name or surname; a first name.

forensic /fə'rɛnsɪk, -zɪk/ *adj.* having to do with courts of law or legal proceedings. **–forensically** *adv.*

foreplay /'fɔpleɪ/ *n.* stimulation preceding sexual intercourse.

forerunner /'fɔrʌnə/ *n.* **1.** a predecessor; ancestor. **2.** a herald or harbinger. **3.** a prognostic or portent.

foresee /fɔ'si/ *v.* **-saw, -seen, -seeing.** *–v.t.* **1.** to see beforehand; have prescience of; foreknow. *–v.i.* **2.** to exercise foresight. **–foreseeable** *adj.* **–foreseer** *n.*

foreshadow /fɔ'ʃædou/ *v.t.* to show or indicate beforehand; prefigure. **–foreshadower** *n.*

foreshore /'fɔʃɔ/ *n.* **1.** the forepart of the shore; the part of the shore between the ordinary highwater mark and low-water mark. **2.** the ground between the water's edge and the land cultivated or built upon.

foresight /'fɔsaɪt/ *n.* **1.** care or provision for the future; provident care. **2.** the act or power of foreseeing; prevision; prescience. **3.** perception gained by or as by looking forward; prospect; a view into the future. **–foresighted** *adj.* **–foresightedness** *n.*

foreskin /'fɔskɪn/ *n.* → **prepuce**.

forest /'fɒrəst/ *n.* **1.** a large tract of land covered with trees: *Kioloa State Forest*. **2.** the trees alone: *to cut down a forest*. **3.** a thick cluster of many things. *–v.t.* **4.** to cover with trees; convert into a forest. **–forested** *adj.* **–forestless** *adj.* **–forest-like** *adj.*

forestall /fɔ'stɔl/ *v.t.* **1.** to prevent, hinder, or thwart by action in advance; take measures concerning or deal with (a thing) in advance. **2.** to deal with, meet, or realise in advance of the natural or proper time; be beforehand with or get ahead of (a person, etc.) in action. **–forestaller** *n.* **–forestalment** *n.*

forester /'fɒrəstə/ *n.* **1.** someone who practises, or is versed in, forestry. **2.** an officer having charge of a forest.

forestry /'fɒrəstri/ *n.* **1.** the science of planting and taking care of forests. **2.** the act of establishing and managing forests. **3.** forest land.

forever /fər'ɛvə/ *adv.* **1.** eternally; without ever ending: *to last forever, go away forever*. **2.** continually; incessantly: *he's forever complaining*. Also, **for ever**.

foreword /'fɔwɜd/ *n.* a preface or introductory statement in a book, etc.

forfeit /'fɔfət/ *n.* **1.** a fine; penalty. **2.** the act of forfeiting. **3.** something lost because of crime, carelessness, neglect, etc. *–v.t.* **4.** to lose, or become liable to lose (something) because of a crime, fault, etc. *–adj.* **5.** lost in this way. **–forfeitable** *adj.* **–forfeiter** *n.*

forgave /fə'geɪv/ *v.* past tense of **forgive**.

forge¹ /fɔdʒ/ *n., v.* **forged, forging.** *–n.* **1.** the special fireplace or furnace in which metal is heated before shaping. **2.** → **smithy**. *–v.t.* **3.** to form by heating and hammering. **4.** to form or make in any way. **5.** to invent (a lie, etc.). **6.** to copy (a signature, etc.) in order to deceive. *–v.i.*

7. to commit forgery. **8.** to work at a forge. **–forgeable** *adj.* **–forger** *n.*

forge² /fɔdʒ/ *phr.* **forge ahead**, **1.** to progress with increased speed: *the runner in second place forged ahead at the turn.* **2.** to progress because of vigorous effort or special circumstances, especially from a condition of difficulty: *forging ahead with restructuring of management.*

forgery /'fɔdʒəri/ *n.* **-ries**. **1.** the making of a fraudulent imitation of a thing, or of something spurious which is put forth as genuine, as a coin, a work of art, a literary production, etc. **2.** something, as a coin, a work of art, a writing, etc., produced by forgery. **3.** the act of fabricating or producing falsely.

forget /fə'gɛt/ *v.* **-got**, **-gotten**, **-getting**. *–v.t.* **1.** to cease to remember; fail to remember; be unable to recall. **2.** to omit or neglect unintentionally (to do something). **3.** to omit to take; leave behind inadvertently: *to forget one's keys.* **4.** to omit to mention; leave unnoticed. **5.** to omit to think of; take no note of. **6.** to neglect wilfully; overlook, disregard, or slight. *–v.i.* **7.** to cease or omit to think of something. *–phr.* **8. forget it**, to drop the subject or come to another view of it. **9. forget oneself**, **a.** to say or do something improper. **b.** to fail to remember one's station, position, or character. **c.** to become absentminded. **d.** to lose consciousness, as in sleep. **–forgettable** *adj.* **–forgetter** *n.*

forgetful /fə'gɛtfəl/ *adj.* **1.** apt to forget; that forgets: *a forgetful person.* *–phr.* **2. forgetful of**, heedless or neglectful of: *to be forgetful of others.* **–forgetfully** *adv.* **–forgetfulness** *n.*

forget-me-not /fə'gɛt-mi-nɒt/ *n.* any small plant of the family Boraginaceae, especially of the genera *Myosotis* and *Cynoglossum*, a light blue flower, regarded as an emblem of constancy.

forgive /fə'gɪv/ *v.* **-gave**, **-given**, **-giving**. *–v.t.* **1.** to grant free pardon for or remission of (an offence, debt, etc.); pardon. **2.** to give up all claim on account of; remit (a debt, etc.). **3.** to grant free pardon to (a person). **4.** to cease to feel resentment against: *to forgive one's enemies.* *–v.i.* **5.** to pardon an offence or an offender. **–forgiveness** *n.* **–forgiving** *adj.* **–forgivable** *adj.* **–forgivably** *adv.*

forgo /fɔ'goʊ/ *v.t.* **-went**, **-gone**, **-going**. to abstain or refrain from; do without; give up, renounce, or resign. **–forgoer** *n.*

forgot /fə'gɒt/ *v.* past tense of **forget**.

forgotten /fə'gɒtn/ *v.* past participle of **forget**.

fork /fɔk/ *n.* **1.** an instrument having two or more prongs or tines, for holding, lifting, etc., as any of various agricultural tools, or an implement for handling food at table or in cooking. **2.** something resembling or suggesting this in form. **3.** the point or part at which a thing, as a river or a road, divides into branches. **4.** each of the branches into which a thing forks. *–v.t.* **5.** to pierce, raise, pitch, dig, etc., with a fork. *–v.i.* **6.** to form a fork; divide into branches. *–phr.* **7. fork out**, *Colloquial* to pay, usually grudgingly. *–phr.* **8. fork over**, *Colloquial* to hand over. **–forkful** *n.* **–forkless** *adj.* **–forklike** *adj.*

forklift /'fɔklɪft/ *n.* two power-operated, parallel, horizontal arms for lifting and carrying goods, fitted to a truck or other vehicle, especially in a warehouse or factory.

forlorn /fə'lɔn/ *adj.* **1.** abandoned, deserted, or forsaken. **2.** desolate or dreary; unhappy or miserable, as in feeling, condition, or appearance. **3.** desperate or hopeless. *–phr.* **4. forlorn of**, bereft of: *forlorn of hope.* **–forlornly** *adv.* **–forlornness** *n.*

form /fɔm/ *n.* **1.** definite shape; external shape or appearance considered apart from colour or material; configuration. **2.** the shape of a thing or person. **3.** a body, especially that of a human being. **4.** something that gives or determines shape; a mould. **5.** a particular structural condition, character, or mode of being exhibited by a thing: *water in the form of ice.* **6.** the manner or style of arranging and coordinating parts for a pleasing or effective result, as in literary or musical composition. **7.** the formal structure of a work of art; the organisation and relationship of lines or colours in a painting or volumes and voids in a sculpture so as to create a coherent image. **8.** due or proper shape; orderly arrangement of parts; good order. **9.** a set, prescribed, or customary order or method of doing something. **10.** a set order of words, as for use in religious ritual or in a legal document. **11.** a document with blank spaces to be filled in with particulars: *a tax form.* **12.** a typical document to be used as a guide in framing others for like cases: *a form for a deed.* **13.** a conventional method of procedure or behaviour. **14.** a formality or ceremony, often with implication of absence of real meaning. **15.** procedure, according to a set order or method. **16.** formality; ceremony; conformity to the usages of society. **17.** mere outward formality or ceremony; conventional observance of social usages. **18.** procedure or conduct, as judged by social standards: *good form; bad form.* **19.** manner or method of performing something. **20.** condition, especially good condition, with reference to fitness for performing. **21.** *Grammar* **a.** any word, part of a word, or group of words arranged in a construction, which recurs in various contexts in a language with relatively constant meaning. **b.** a particular shape of a form (def. 21a) when it occurs in several ways: in *'I'm', "m"* is a form of *'am'*. **c.** a word with a particular inflectional ending or other modification, as *goes* which is a form of *go*. **22. a.** a single division of a school containing pupils of about the same age or of the same level of scholastic progress. **b.** the pupils themselves in such a division. **23.** a bench or long seat. **24.** *Horseracing, etc.* the record of an entrant's past performance by which chances of success in a race are assessed. **25.** *Colloquial* a person's record or reputation. *–v.t.* **26.** to construct or frame. **27.** to make or produce; to serve to make up, or compose; serve for, or constitute. **28.** to place in order; arrange; organise. **29.** to frame (ideas, opinions, etc.) in the mind. **30.** to contract (habits, friendships, etc.). **31.** to give form or shape to; shape; fashion. **32.** to give a particular form to, or fashion in a particular manner. **33.** to mould by discipline or instruction. **34.** *Grammar* to stand in relation to (a particular derivative or other form) by virtue of the absence or presence of an affix or other grammatical element or change: *'man' forms its plural by the change of -a- to -e-.* *–v.i.* **35.** to take or assume form. **36.** to be formed or produced. **37.** to take a particular form or arrangement. *–phr.* **38. a matter of form**, a routine activity, especially a procedural matter. **39. form up**, *Military* to draw up in lines or in formation. **–formless** *adj.*

-form a suffix meaning 'having the form of', as in *cruciform*.

formal /'fɔməl/ *adj.* **1.** being in accordance with custom; conventional. **2.** marked by form or ceremony: *a formal occasion.* **3.** (of a person) excessively ceremonious. **4.** being a matter of form only; perfunctory. **5.** following official method: *a formal vote; a formal complaint.* **6.** *Education* gained in a recognised place of learning: *a formal education.* **7.** relating to the form or shape of a thing, rather than the content or meaning. *–n.* **8.** *Australian, NZ* a dance or ball at which evening

formaldehyde

dress is to be worn. **–formally** *adv.* **–formalness** *n.*

formaldehyde /fɔ'mældəhaɪd/ *n.* a gas, HCHO, used most often in the form of a 40 per cent aqueous solution, as a disinfectant and preservative, and in the manufacture of various resins and plastics; methanal. Also, **formaldehyd**.

formalin /'fɔməlɪn/ *n.* an aqueous solution of formaldehyde used as a sterilising solution for non-boilable material, in the treatment of warts, and as a preservative for biological specimens.

formality /fɔ'mælətɪ/ *n.* **-ties**. **1.** the quality of being formal; obedience to rules and customs; conventionality. **2.** too great an attention to rules; stiffness. **3.** an official or formal act; ceremony. **4.** something done only to obey outward form or custom.

format /'fɔmæt/ *n., v.* **-matted, -matting**. –*n.* **1.** the general physical appearance of a book, newspaper, or magazine, etc., such as the size, typeface, binding, quality of paper, margins, etc. **2.** the plan or style of something: *the format of a television series*. **3.** *Computers* an orderly arrangement of data elements to form a larger entity, as a list, table, file, etc. –*v.t.* **4.** to organise (a book, data, etc.) into a particular format.

formation /fɔ'meɪʃən/ *n.* **1.** the manner in which a thing is formed; disposition of parts; formal structure or arrangement. **2.** *Military* a particular disposition of troops. **3.** a group of two or more aircraft flying as a unit according to a fixed plan. **4.** a team of ballroom dancers, gymnasts, etc., performing according to a previously arranged sequence. **5.** something formed.

formative /'fɔmətɪv/ *adj.* **1.** giving form or shape; forming; shaping; fashioning; moulding. **2.** relating to formation or development: *the formative period of a nation*. **3.** *Biology* capable of developing new cells or tissue by cell division and differentiation: *formative tissue*. **–formatively** *adv.* **–formativeness** *n.*

former /'fɔmə/ *adj.* **1.** preceding in time; prior or earlier. **2.** past, long past, or ancient. **3.** preceding in order; being the first of two. **4.** being the first mentioned of two. **5.** having held a particular office in the past: *a former president*. –*phr.* **6. the former**, the item or person (out of two) previously mentioned (opposed to *the latter*).

formerly /'fɔməlɪ/ *adv.* in time past; heretofore; of old.

formica /fɔ'maɪkə/ *n.* a thermosetting plastic usually used in transparent or printed sheets as a chemical-proof and heat-resistant covering for furniture, wall panels, etc.

formidable /'fɔmədəbəl, fɔ'mɪdəbəl/ *adj.* **1.** that is to be feared or dreaded, especially in encounters or dealings. **2.** of alarming strength, size, difficulty, etc. **3.** such as to inspire apprehension of defeat or failure. **–formidableness, formidability** /fɔmɪdə'bɪlətɪ/ *n.* **–formidably** *adv.*

formula /'fɔmjələ/ *n.* **-las** or **-lae** /-liː/. **1.** a set form of words, as for stating or declaring something definitely or authoritatively, for indicating procedure to be followed, or for prescribed use on some ceremonial occasion. **2.** *Mathematics* a rule or principle frequently expressed in algebraic symbols. **3.** a fixed and successful method of doing something: *his book followed the usual formula of sex, sadism, and spying*. **4.** *Chemistry* an expression of the constituents of a compound by symbols and figures, as an **empirical formula**, which merely indicates the proportions of each kind of atom in the molecule, as CH_2O, a **molecular formula**, which indicates the actual numbers of atoms, or a **structural formula**, which represents diagrammatically the linkage of each atom in the molecule, as H–O–H. **5.** a recipe or pre-

308

fortnight

scription. **6.** a formal statement of religious doctrine. **7.** one of the sets of specifications to which racing motor cars must conform to classify for particular races.

formulate /'fɔmjəleɪt/ *v.t.* **-lated, -lating**. **1.** to express in precise form; state definitely or systematically. **2.** to reduce to or express in a formula. **–formulation** /fɔmjə'leɪʃən/ *n.* **–formulator** *n.*

formwork /'fɔmwɜk/ *n.* (in building) the temporary structure into which concrete is poured which defines its shape once it has cured. Also, **forms**.

fornication /fɔnə'keɪʃən/ *n.* **1.** voluntary sexual intercourse between unmarried persons. **2.** *Bible* **a.** adultery. **b.** idolatry. **–fornicate** *v.*

forsake /fə'seɪk/ *v.t.* **-sook, -saken, -saking**. **1.** to desert or abandon: *forsake one's friends*. **2.** to give up or renounce (a habit, way of life, etc.).

forswear /fɔ'swɛə/ *v.* **-swore, -sworn, -swearing**. –*v.t.* **1.** to reject or renounce upon oath or with protestations. **2.** to deny upon oath or with strong asseveration. **3.** to perjure (oneself). –*v.i.* **4.** to swear falsely; commit perjury. **–forswearer** *n.*

fort /fɔt/ *n.* **1.** a strong or fortified place; any armed place surrounded by defensive works and occupied by troops; a fortification; a fortress. **2.** *Australian History* a stockade erected by settlers in unexplored territory: *Fort Bourke*. –*phr.* **3. hold the fort**, to look after an establishment or situation, especially in the absence of those who normally do it.

forte[1] /'fɔteɪ/ *n.* a strong point, as of a person; that in which one excels.

forte[2] /'fɔteɪ/ *adv. Music* loudly (opposed to *piano*).

forth /fɔθ/ *adv.* **1.** forwards; onwards or outwards in place or space. **2.** onwards in time, in order, or in a series: *from that day forth*. **3.** out, as from concealment or inaction; into view or consideration. **4.** away, as from a place or country; abroad. –*phr.* **5. and so forth**, and so on; et cetera.

forthcoming /fɔθ'kʌmɪŋ/ *adj.* **1.** coming forth, or about to come forth; about to appear; approaching in time. **2.** ready or available when required or expected. **3.** ready to provide information; open. –*n.* **4.** a coming forth; appearance.

forthright /'fɔθraɪt/ *adj.* **1.** going straight to the point; outspoken. **2.** proceeding in a straight course; direct; straightforward. **–forthrightness** *n.*

forthwith /fɔθ'wɪθ, -'wɪð/ *adv.* **1.** immediately; at once; without delay. **2.** as soon as can reasonably be expected.

fortification /fɔtəfə'keɪʃən/ *n.* **1.** the act of fortifying or strengthening. **2.** something that fortifies or protects. **3.** the art or science of constructing defensive military works. **4.** (*often plural*) a military work constructed for the purpose of strengthening a position; fortified place; fort; castle.

fortify /'fɔtəfaɪ/ *v.* **-fied, -fying**. –*v.t.* **1.** to strengthen against attack; surround with defences; provide with defensive military works; protect with fortifications. **2.** to furnish with a means of resisting force or standing strain, wear, etc. **3.** to make strong; impart strength or vigour to, as the body. **4.** to enrich and increase the effectiveness, as of food, by adding further ingredients. **5.** to add alcohol to (wines, etc.) to stop fermentation or to increase the strength. **–fortifiable** *adj.* **–fortifier** *n.*

fortitude /'fɔtətʃud/ *n.* patient courage under affliction, privation, or temptation; moral strength or endurance.

fortnight /'fɔtnaɪt/ *n.* the space of fourteen nights and days; two weeks.

fortress /'fɔtrəs/ *n.* **1.** a large fortified place; a fort or group of forts, often including a town. **2.** any place of security.

fortuitous /fɔ'tjuətəs/ *adj.* happening or produced by chance; accidental. **–fortuitously** *adv.* **–fortuitousness** *n.*

fortunate /'fɔtʃənət/ *adj.* **1.** having good fortune; receiving good from uncertain or unexpected sources; lucky. **2.** bringing or presaging good fortune; resulting favourably; auspicious. **–fortunately** *adv.* **–fortunateness** *n.*

fortune /'fɔtʃən/ *n.* **1.** position in life as determined by wealth: *to make one's fortune*; *a man of fortune*. **2.** amount or stock of wealth. **3.** great wealth; ample stock of wealth. **4.** chance; luck. **5.** (*often plural*) that which happens or is to happen to someone during their life. **6.** lot; destiny. **7.** (*often cap.*) chance personified, commonly regarded as a goddess distributing arbitrarily or capriciously the lots of life. **8.** good luck; success; prosperity. –*phr.* **9. tell someone's fortune**, to foretell coming events in a person's life. **–fortuneless** *adj.*

fortune-teller /'fɔtʃən-tɛlə/ *n.* someone who professes to tell people what will happen in the future. **–fortune-telling** *adj.*, *n.*

forty /'fɔti/ *n.* **-ties**, *det.*, *pron.* –*n.* **1.** a cardinal number, ten times four. **2.** a symbol for this number, as 40 or XL or XXXX. **3.** (*plural*) the numbers from 40 to 49 of a series, usually with reference to the years of a person's age, or the years of a century, especially the 20th. –*det.* **4.** amounting to forty in number. –*pron.* **5.** forty people or things. **–fortieth** *adj.*

forum /'fɔrəm/ *n.* **forums** or **fora** /'fɔrə/. **1.** the marketplace or public square of an ancient Roman city, the centre of judicial and other business and a place of assembly for the people. **2.** a court or tribunal. **3.** an assembly for the discussion of questions of public interest. **4.** a vehicle for public discussion, as a publication, radio program, etc.

forward /'fɔwəd/; *for def. 10 also* /'fɔrəd/ *adj.* **1.** directed towards a point in advance, moving ahead; onward: *a forward step*. **2.** at the front: *the forward section of the plane*. **3.** well-advanced. **4.** ready, or eager; prompt. **5.** bold; presumptuous. **6.** of or relating to the future: *forward buying*. **7.** (of people or opinions) extreme; radical; progressive. –*n.* **8.** *Soccer, Hockey, etc.* a player placed in front of other members of the team. **9. a.** *Australian Rules* one of six players who make up the forward line, the main attacking force of the team. **b.** *Rugby Union* one of the eight players in a team who form the scrum and act as a pack in rushing the ball forward and getting it to the three-quarters. **c.** *Rugby League* one of the six players with similar functions. –*adv.* **10.** towards the front of a ship or aeroplane. **11.** → **forwards**. –*v.t.* **12.** to send forward; transmit, especially to a new address: *to forward a letter*. **13.** to advance or help onwards; hasten.

forwards /'fɔwədz/ *adv.* **1.** towards or at a place, point, or time in advance; onwards; ahead: *to move forwards*, *from this day forwards*, *to look forwards*. **2.** towards the front. **3.** out; forth; into view or consideration. Also (*especially in figurative senses*), **forward**.

fossick /'fɒsɪk/ *v.i. Australian, NZ* **1.** to search unsystematically or in a small way for mineral deposits, usually over ground previously worked by others. **2.** to search similarly for small items: *to fossick through a drawer for scissors*. **–fossicker** *n.* **–fossicking** *n.*

fossil /'fɒsəl/ *n.* **1.** any remains, impression, or trace of an animal or plant of a former geological age, such as a skeleton or a footprint. **2.** *Colloquial* an outdated or old-fashioned person or thing. –*adj.* **3.** being a fossil: *fossil insects*. **4.** obtained from below the earth's surface: *fossil salt*. **–fossiliferous** /fɒsə'lɪfərəs/ *adj.* **–fossil-like** *adj.*

foster /'fɒstə/ *v.t.* **1.** to promote the growth or development of; further; encourage: *to foster foreign trade*. **2.** to bring up or rear, as a foster-child. **3.** to care for or cherish. **4.** to place (a child) in a foster home. **–fosterer** *n.*

fought /fɔt/ *v.* past tense and past participle of **fight**.

foul /faʊl/ *adj.* **1.** grossly offensive to the senses; disgustingly loathsome; noisome: *a foul smell*. **2.** charged with or characterised by offensive or noisome matter: *foul air*. **3.** filthy or dirty, as places, vessels, or clothes. **4.** clogged or obstructed with foreign matter: *a foul chimney*. **5.** unfavourable or stormy, as weather. **6.** contrary, as the wind. **7.** grossly offensive in a moral sense. **8.** abominable, wicked, or vile, as deeds, crime, slander, etc. **9.** scurrilous, profane, or obscene, as language. **10.** contrary to the rules or established usages, as of a sport or game; unfair. **11.** in collision or obstructing contact: *a ship foul of a rock*. **12.** entangled, caught, or jammed: *a foul anchor*. –*adv.* **13.** in a foul manner; foully; unfairly. –*n.* **14.** that which is foul. **15.** a collision or entanglement, especially in sailing or fishing. **16.** a violation of the rules of a sport or game. –*v.t.* **17.** to make foul; defile; soil. **18.** to clog or obstruct, as a chimney or the bore of a gun. **19.** to collide with. **20.** to cause to become entangled or caught, as a rope. **21.** to defile; dishonour; disgrace. **22.** *Nautical* to encumber (a ship's bottom) with seaweed, barnacles, etc. –*v.i.* **23.** to become foul. **24.** *Nautical* to come into collision, as two boats. **25.** to become entangled or clogged: *the rope fouled*. **26.** *Sport* to make a foul play; give a foul blow. **27. fall** (or **run**) **foul of**, **a.** (of ships) to collide with. **b.** to come into conflict with. **28. foul one's own nest**, to allow scandal or disgrace to enter one's own affairs. **29. foul up**, *Colloquial* **a.** to bungle or spoil **b.** to cause confusion. **–foulness** *n.* **–foully** *adv.*

found¹ /faʊnd/ *v.* **1.** past tense and past participle of **find**. –*phr.* **2. all found**, inclusive of necessary provisions, etc.; with everything provided.

found² /faʊnd/ *v.t.* **1.** to set up or establish on a firm basis or for enduring existence: *to found a dynasty*. **2.** to lay the lowest part of, fix, or build (a structure) on a firm base or ground: *a house founded upon a rock*. **3.** to afford a basis or ground for. –*phr.* **4. found on**, to base on or ground in: *a story founded on fact*.

foundation /faʊn'deɪʃən/ *n.* **1.** the basis of anything. **2.** the natural or prepared base on which some structure rests. **3.** *Building Trades* the lowest part of a building, wall, etc., usually of masonry, and partly or totally below the surface of the ground. **4.** the act of founding, setting up, establishing, etc. **5.** (a donation for the support of) an institution. –*adj.* **6.** of or relating to someone associated with the beginning: *a foundation member*.

founder¹ /'faʊndə/ *n.* someone who founds or establishes.

founder² /'faʊndə/ *v.i.* **1.** to fill with water and sink, as a ship. **2.** to fall or sink down, as buildings, ground, etc. **3.** to suffer wreck, or fail utterly. **4.** to stumble, break down, or go lame, as a horse.

foundling /'faʊndlɪŋ/ *n.* an infant found abandoned; a child without a parent or guardian.

foundry /'faʊndri/ *n.* **-ries**, an establishment for the production of castings, in which molten metal is poured into moulds to shape the castings.

fount¹ /faʊnt/ *n.* **1.** a spring of water; fountain. **2.**

fount a source or origin.
fount² /fɒnt/ n. → **font²**.
fountain /'faʊntɪn/ n. 1. a spring or source of water; the source or head of a stream. 2. the source or origin of anything. 3. a jet or stream of water (or other liquid) made by mechanical means to spout or rise from an opening or structure, as to afford water for use, or to cool the air, or to serve for ornament. 4. a structure for discharging such a jet or a number of jets, often an elaborate or artistic work with basins, sculptures, etc. 5. a reservoir for a liquid to be supplied gradually or continuously. –**fountainless** adj. –**fountain-like** adj.
fountain pen n. a pen with a reservoir for supplying ink to the point of the nib.
four /fɔ/ n. 1. a cardinal number, three plus one. 2. a symbol of this number, as 4 or IV or III. 3. a set of this many persons or things. 4. a playing card, etc., with four pips. 5. Rowing a. a crew of four rowers. b. a racing boat for a crew of four and sometimes a cox. 6. Cricket a hit scoring four runs, when the ball is hit to the boundary, but first touches the ground inside the boundary. –det. 7. amounting to four in number: four apples. –pron. 8. four people or things: sleeps four; give me four. –phr. 9. **on all fours**, on the hands and feet (or knees). 10. **on all fours with**, corresponding exactly to. –**fourth** adj.
4GL /fɔ dʒi 'ɛl/ n. → **fourth-generation language**.
Fourier analysis /fʊriə ə'næləsəs/ n. the decomposition of any periodic function such as a complex sound or electromagnetic waveform into the sum of a number of sine and cosine functions.
fourteen /fɔ'tin/ n. 1. a cardinal number, ten plus four. 2. a symbol for this number, as 14 or XIV or XIIII. –det. 3. amounting to fourteen in number. –pron. 4. fourteen people or things. –**fourteenth** adj.
fourth dimension n. the dimension of time, which is required in addition to the three dimensions of space, in order to locate a point in space-time. –**fourth-dimensional** adj.
fourth estate n. the public press, the newspapers, or journalists collectively.
fourth-generation language /,fɔθ-dʒɛnəreɪʃən 'læŋwɪdʒ/ n. a computer language in which the instructions are made in simple English statements by the user and interpreted by the computer into lower level languages. Abbrev.: 4GL Also, **fourth-generation query language**.
four-wheel drive n. 1. the mechanism which connects all four wheels of a motor vehicle to the source of power. 2. a motor vehicle which has such a mechanism. Abbrev.: 4WD.
fowl /faʊl/ n. **fowls**, (especially collectively) **fowl**, v. 1. the domestic or barnyard hen or cock (**domestic fowl**), a gallinaceous bird (often designated as Gallus domesticus) of the pheasant family, descended from wild species of Gallus (**jungle fowl**). 2. any of various other gallinaceous or similar birds, as the turkey or duck. 3. (in market and household use) a full-grown domestic fowl for food purposes (as distinguished from a chicken, or young fowl). 4. the flesh or meat of a domestic fowl. 5. any bird (now chiefly in combination): waterfowl; wildfowl. –v.i. 6. to hunt or take wildfowl.
fox /fɒks/ n. 1. any of certain carnivores of the dog family, Canidae, especially those constituting the genus Vulpes, smaller than the wolves, characterised by pointed muzzle, erect ears, and long, bushy tail. 2. the fur of this animal. 3. a cunning or crafty person. –v.t. 4. Colloquial to deceive or trick. –**foxlike** adj.
fox terrier n. one of a breed of small, active terriers, formerly used to drive foxes from their holes, having a coat which is either smooth and dense or harsh and wiry, according to variety, and is usually white with dark markings.
foxtrot /'fɒkstrɒt/ n. a ballroom dance, in 4/4 time, characterised by various combinations of short, quick steps.
foxy /'fɒksi/ adj. **foxier, foxiest**, n. –adj. 1. foxlike; cunning or crafty. 2. yellowish or reddish brown; of the colour of the common red fox. 3. impaired or defective in quality. –n. 4. Colloquial → **fox terrier**.
foyer /'fɔɪə, 'fɔɪjə/ n. 1. (in theatres and cinemas) the area between the outer lobby and the auditorium. 2. a hall or anteroom, especially in a hotel.
fracas /'fræka, -kəs/ n. a disorderly noise, disturbance, or fight; uproar.
fractal /'fræktəl/ n. 1. a geometric structure having an irregular or fragmented appearance which is of a similar character at all magnifications. –adj. 2. having to do with a fractal or fractals.
fraction /'frækʃən/ n. 1. Mathematics one or more parts of a unit or whole number; the ratio between any two numbers. 2. a part as distinguished from the whole of anything: only a fraction of the population is literate. 3. a piece broken off; fragment or bit. –**fractional** adj.
fractious /'frækʃəs/ adj. 1. cross, fretful, or peevish. 2. refractory or unruly. –**fractiously** adv. –**fractiousness** n.
fracto- a word element meaning 'broken'.
fracture /'fræktʃə/ n., v. -**tured**, -**turing**. –n. 1. the breaking of a bone, cartilage, etc., or the resulting condition (in a bone, called a **simple fracture** when the broken bone does not pierce the skin and a **compound fracture** when either the broken bone pierces the skin or protrudes into an open wound). See **compound fracture, greenstick fracture, hairline fracture, stress fracture**. 2. the characteristic manner of breaking. 3. the characteristic appearance of a broken surface, as of a mineral. 4. the act of breaking. 5. the state of being broken. 6. a break, breach, or split. –v.t. 7. to break or crack. 8. to cause or to suffer a fracture in (a bone, etc.). –v.i. 9. to undergo fracture; break. –**fractural** adj.
fragile /'frædʒaɪl/ adj. easily broken, shattered, or damaged; delicate; brittle; frail: fragile porcelain; a fragile cease-fire. –**fragilely** adv. –**fragility** /frə'dʒɪləti/, **fragileness** n.
fragment /'frægmənt/ n., /fræg'mɛnt/ v. –n. 1. a part broken off or detached: scattered fragments of rock. 2. a portion that is unfinished or incomplete: fragments of a letter. 3. an odd piece, bit, or scrap. –v.i. 4. to break into fragments: this kind of rock fragments easily. –**fragmentary** adj. –**fragmentation** n. –**fragmented** /fræg'mɛntəd/ adj.
fragrant /'freɪgrənt/ adj. 1. having a pleasant odour; sweet-smelling; sweet-scented. 2. delightful; pleasant: fragrant memories. –**fragrance, fragrancy** n. –**fragrantly** adv.
frail /freɪl/ adj. 1. weak; not robust; having delicate health. 2. easily broken or destroyed; fragile. 3. morally weak; not strong against temptation. –**frailly** adv. –**frailness** n. –**frailty** n.
frame /freɪm/ n., v. **framed, framing**. –n. 1. an enclosing border or case: a picture frame; a door frame; a frame of trees round a house. 2. anything composed of parts fitted and joined together; a structure. 3. the sustaining parts of such a structure: the frame of a pair of spectacles; a house with a wooden frame. 4. body structure; build: a heavy frame. 5. any of various machines operating on or within a framework. 6. a machine or part of a machine used in textile production. 7. the rigid part of a bicycle. 8. a particular state,

frame of reference

as of the mind: *an unhappy frame of mind.* **9.** form or structure in general; system; order. **10.** *Shipbuilding* one of the transverse structural members of a ship's hull, extending from the gunwale to the bilge or to the keel. **11.** a structure placed in a beehive on which bees build a honeycomb. **12.** *Colloquial* (in baseball) an inning. **13.** one of the successive small pictures on a strip of film. **14.** *Colloquial* (of livestock) a very thin animal. **15.** *Colloquial* **frame-up**. *-v.t.* **16.** (of a boat, plan, poem, excuse, etc.) to form or make, put together; shape. **17.** to conceive or imagine, as ideas, etc. **18.** to shape or to prearrange falsely, as a plot, a race, etc. **19.** *Colloquial* to make someone appear guilty by a plot; incriminate. **20.** (of a picture) to provide with or put into a frame. **21.** to surround or act as a setting: *ivy framed the window; curly hair framed her face.* **–frameless** *adj.* **–framer** *n.*

frame of reference *n.* **1.** *Mathematics* a system of coordinates within which a particular set of conditions can be defined. **2.** a context, a set of considerations, factors, etc., in the light of which a present concern is to be considered.

frame-up /'freɪm-ʌp/ *n.* a situation in which an innocent person is made to appear to be guilty of a crime.

framework /'freɪmwɜk/ *n.* **1.** a structure composed of parts fitted and united together. **2.** a structure designed to support or enclose something; frame or skeleton. **3.** frames collectively. **4.** work done in, on, or with a frame.

franc /fræŋk/ *n.* the monetary unit of France, Belgium, Switzerland, and various other countries.

franchise /'fræntʃaɪz/ *n.* **1.** the rights of a citizen, especially the right to vote. **2.** a privilege arising from the grant of a sovereign or government, or from prescription, which presupposes a grant. **3.** permission granted by a manufacturer to a distributor or retailer to sell the manufacturer's products. **–franchisor** *n.* **–franchising** *n.*

Franco- a word element meaning 'French' or 'France', as in *Franco-German.*

frangible /'frændʒəbəl/ *adj.* **1.** capable of being broken; breakable. **2.** (of telegraph poles, etc.) designed to detach from a solid base at ground level upon the impact of a motor vehicle. **–frangibility** /ˌfrændʒə'bɪləti/ *n.*

frangipani /ˌfrændʒə'pæni/ *n.* **-nis.** a shrub or tree, of the genus *Plumeria*, with thick, fleshy branches, cultivated for its strongly scented yellow and white, occasionally pink, flowers. Also, **frangipanni**.

frank /fræŋk/ *adj.* **1.** open or unreserved in speech; candid or outspoken; sincere. **2.** undisguised; avowed; downright: *frank mutiny.* *-v.t.* **3.** to mark (a letter, parcel, etc.) for transmission free of the usual charge, by virtue of official or special privilege or delivery without stamps. **–frankly** *adv.* **–frankness** *n.* **–frankable** *adj.* **–franker** *n.*

frankfurt /'fræŋkfət/ *n.* a reddish variety of sausage made of beef or pork, commonly cooked by steaming or boiling. Also, **frankfurter, frank**.

frantic /'fræntɪk/ *adj.* wild with excitement, passion, fear, pain, etc.; frenzied; characterised by or relating to frenzy. **–frantically, franticly** *adv.* **–franticness** *n.*

fraternal /frə'tɜnəl/ *adj.* **1.** of or befitting a brother or brothers; brotherly. **2.** of or being a society of men associated in brotherly union, as for mutual aid or benefit: *a fraternal society.* **–fraternalism** *n.* **–fraternally** *adv.*

fraternise = fraternize /'frætənaɪz/ *v.i.* **-nised, -nising. 1.** to associate in a fraternal or friendly way. **2.** to associate intimately with citizens of an enemy or conquered country. **–fraternisation** /ˌfrætənaɪ'zeɪʃən/ *n.* **–fraterniser** *n.*

fraternity /frə'tɜnəti/ *n.* **-ties. 1.** a body of persons associated as by ties of brotherhood. **2.** any body or class of persons having common purposes, interest, etc: *the medical fraternity.* **3.** the relation of persons associated on the footing of brothers: *liberty, equality, and fraternity.*

fraud /frɔd/ *n.* **1.** deceit, trickery, sharp practice, or breach of confidence, by which it is sought to gain some unfair or dishonest advantage. **2.** someone who makes deceitful pretences; impostor. **–fraudulent** *adj.*

fraught /frɔt/ *adj.* **1.** *Colloquial* upset; anxious; tense. *-phr.* **2. fraught with**, involving; full of (something undesirable): *an undertaking fraught with danger, a heart fraught with grief.*

fray[1] /freɪ/ *n.* a noisy quarrel; contest; brawl; fight, skirmish, or battle.

fray[2] /freɪ/ *v.t.* **1.** to wear (cloth, rope, etc.) to loose threads or fibres at the edge or end; cause to unravel. **2.** to wear by rubbing (sometimes fol. by *through*). **3.** to strain (a person's temper); exasperate; upset. *-v.i.* **4.** (of cloth, temper, etc.) to become worn through, or unravelled.

frazzle /'fræzəl/ *v.* **-zled, -zling,** *n.* *-v.t.* **1.** to cause to fray; wear to threads or shreds. **2.** to make weary; tire out. *-v.i.* **3.** to fray. **4.** to become weary. *-n.* **5.** a state of being frazzled or worn out. **6.** a remnant; shred.

freak /frik/ *n.* **1.** a sudden and apparently causeless change or turn of events, the mind, etc.; a capricious notion, occurrence, etc. **2.** any abnormal product or curiously unusual object; monstrosity. **3.** a person or animal on exhibition as an example of some strange deviation from nature. **4.** someone who does not conform to orthodox, conservative forms of behaviour, as by taking illicit drugs, by wearing unconventional dress, etc. **5.** *Colloquial* someone who is enthused about a particular thing: *a Jesus freak, a drug freak.* *-adj.* **6.** unusual; odd; irregular: *a freak copy of a book.* *-v.i.* **7.** Also, **freak out**. *Colloquial* **a.** (sometimes fol. by *on*) to have an extreme reaction, either favourable or adverse, to something, especially a drug-induced experience. **b.** to panic. *-v.t.* **8.** to terrify, as an experience produced by hallucinogenic drugs. *-phr.* **9. freak out**, *Colloquial* to fill with dread or terror: *the thought of the exams freaks me out.* **–freakish, freaky** *adj.*

freckle /'frɛkəl/ *n., v.* **-led, -ling.** *-n.* **1.** a small brownish spot in the skin, especially on the face, neck, or arms. **2.** any small spot or discolouration. *-v.i.* **3.** to become freckled. **–freckled** *adj.*

free /fri/ *adj.* **freer, freest,** *adv., v.* **freed, freeing.** *-adj.* **1.** enjoying personal rights or liberty, as one not in slavery. **2.** relating to or reserved for those who enjoy personal liberty. **3.** *Australian History* **a.** relating to a convict who had been released or freed. **b.** relating to a settler, immigrant, etc., who had never been a convict (used in opposition to *freed*): *a threefold society of free, freed, and bond.* **4.** possessed of, characterised by, or existing under civil liberty as opposed to arbitrary or despotic government, as a country or state, or its citizens, institutions, etc. **5.** enjoying political liberty or independence, as a people or country not under foreign rule. **6.** exempt from external authority, interference, restriction, etc., as a person, the will, thought, choice, action, etc.; independent; unfettered. **7.** at liberty, permitted, or able at will (to do something): *free to choose.* **8.** not subject to special regulation or restrictions, as trade: *free trade.* **9.** not literal, as a translation. **10.** not subject to rules, set forms, etc.: *the free song of a bird; free verse.* **11.** clear of obstructions or obstacles, as a corridor. **12.** available; unoccupied; not in use: *the managing director is now free.* **13.** uncombined chemically: *free oxygen.* **14.**

free alongside ship

that may be used by or open to all: *a free port; a free market.* **15.** general: *a free fight.* **16.** unimpeded, as motion or movements; easy, firm, or swift in movement: *a free step.* **17.** loose, or not held fast or attached: *to get one's arm free.* **18.** not joined to or in contact with something else: *a free surface.* **19.** acting without self-restraint or reserve: *too free with one's tongue.* **20.** frank and open; unconstrained, unceremonious, or familiar. **21.** unrestrained by decency; loose or licentious. **22.** ready in giving, liberal, or lavish: *to be free with one's advice.* **23.** given readily or in profusion, or unstinted. **24.** given without consideration of a return, as a gift. **25.** provided without, or not subject to, a charge or payment: *free milk.* *–adv.* **26.** in a free manner; freely. **27.** without cost or charge. **28.** *Nautical* farther from the wind than when close-hauled: *to sail free.* *–v.t.* **29.** make free; set at liberty; release from bondage, imprisonment, or restraint. *–phr.* **30. for free,** for nothing; gratis. **31. free and easy,** informal; casual; without restraint. **32. free from** (or **of**), **a.** to disengage or release from: *his captors freed him of his bonds.* **b.** to exempt or deliver from: *to free someone from their oath.* **c.** to release from (something that controls, restrains, burdens, etc.): *alcohol freed her of all inhibition.* **33. free, gratis (and for nothing),** (a formula emphasising that something is not charged for). **34. make free with,** to treat or use too familiarly; take liberties with. *–***freely** *adv.*

free alongside ship *adj.* (a term of sale meaning that the seller agrees to deliver the merchandise alongside ship without extra charge to the buyer).

freebie /ˈfribi/ *n. Colloquial* a service or item provided without charge.

freedom /ˈfridəm/ *n.* **1.** the power to act or speak at will without fear of government oppression; civil liberty. **2.** political or national independence. **3.** a privilege enjoyed by a city or corporation. **4.** personal liberty, as opposed to bondage or slavery. **5.** the state of being unconfined: *to escape into freedom.* **6.** exemption from outside control, interference, regulation, etc.: *the freedom to do it in his own way.* **7.** an absence of or release from ties, obligations, etc. **8.** an exemption from something unpleasant or burdensome (fol. by *from*): *freedom from fear.* **9.** ease of movement or action. **10.** frankness of manner or speech. **11. a.** absence of ceremony or reserve; familiarity; impertinence: *freedom of behaviour.* **b.** an instance of such behaviour; a liberty; an impertinence. **12.** the right of enjoying all the privileges or rights of citizenship, membership, etc.: *freedom of the city.*

free enterprise *n.* the doctrine or practice of a minimum amount of government control of private business and industry.

free hand *n.* unrestricted freedom or authority.

freehand /ˈfrihænd/ *adj.* done by the hand without guiding instruments, measurements, or other aids: *a freehand drawing.*

freehold /ˈfrihoʊld/ *n.* **1.** a tenure of real property by which an estate of inheritance in fee simple or fee tail or for life is held. **2.** an estate held by such tenure. Compare **leasehold**.

freelance /ˈfrilæns/ *n., v.* **-lanced, -lancing,** *adj., adv. –n.* **1.** a journalist, commercial artist, editor, etc., who does not work on a regular salaried basis for any one employer. **2.** a politician who is not attached to any particular political party. *–v.i.* **3.** to act or work as a freelance. *–adj.* **4.** having to do with a freelance. *–adv.* **5.** in the manner of a freelance. *–***freelancer** *n.*

freeload /ˈfriloʊd/ *v.i. Colloquial* to contrive to take food, benefits, etc., without paying or contributing; cadge. *–***freeloader** *n.*

free will

free love *n.* the doctrine or practice of free choice in sexual relations, without restraint of legal marriage or of any continuing obligations independent of one's will.

Freemason /ˈfriːmeɪsən/ *n.* **1.** Also, **Mason.** a member of a widespread and once secret order of men (**Free and Accepted Masons**), having for its object mutual help, the fostering of brotherly love among its members, and universal charity and tolerance. **2.** (*l.c.*) *History* **a.** one of a class of skilled stoneworkers (not bonded, hence *free masons*) of the Middle Ages, having a system of secret signs and passwords. **b.** a member of a society composed of such workers, later (17th century) with honorary members (known as *accepted masons*) who were not connected with the building trades. *–***Freemasonry** *n.*

free port *n.* **1.** a port open under equal conditions to all traders. **2.** a part or all of a port not included in customs territory so as to expedite transhipment of what is not to be imported.

free-range /ˈfri-reɪndʒ/ *adj.* **1.** having to do with chickens reared in an open or free environment, rather than in a battery. **2.** having to do with the eggs of such chickens.

free selection *Australian History* land selected, especially for agricultural use and taken up by lease or licence under various land acts, or after crown auction, as opposed to land granted by the Crown or taken by squatting. *–***free selector** *n.*

freesia /ˈfriʒə/ *n.* any plant of the genus *Freesia*, native to southern Africa, cultivated for its fragrant white, yellow, or sometimes coloured, tubular flowers.

free speech *n.* the right to voice one's opinions in public.

freestyle /ˈfristaɪl/ *n.* **1.** *Swimming* **a.** a race in which the competitors may use any stroke they choose, usually the crawl. **b.** the style of swimming used in such a race. **2.** → **crawl** (def. 7). **3.** *Wrestling* a style of wrestling in which almost every kind of hold is permitted; all-in wrestling.

free-to-air /ˈfri-tu-ˈɛə/ *adj.* (of television programs) supplied at no cost to the consumer.

free trade *n.* **1.** trade between different countries, free from governmental restrictions or duties. **2.** international trade free from protective duties, etc., and subject only to such tariffs as are needed for revenue. **3.** the system, principles, or maintenance of such trade.

free verse *n.* verse unhampered by fixed metrical forms, in extreme instances consisting of little more than rhythmic prose in lines of irregular length.

free vote *n. Parliamentary Procedure* a vote on a motion in which members are free to vote according to their own judgment without being bound by any party policy or decision; conscience vote.

freeway /ˈfriweɪ/ *n.* a road designed for high speed traffic. Also, **expressway**.

freewheel /ˈfriwil/ *n.* **1.** an overrunning clutch device connected to the transmission gearbox of a motor vehicle which automatically disengages the drive shaft whenever it tends to rotate more rapidly than the shaft driving it. *–v.i.* **2.** to coast in a car, bicycle, etc., with the wheels disengaged from the driving mechanism. **3.** *Colloquial* to act independently, particularly in personal, social matters. **4.** *Colloquial* to discuss matters or to act in a wide-ranging, uninhibited manner, as a politician. *–***freewheeling** *adj.*

free will *n.* **1.** free choice; voluntary decision. **2.** *Philosophy* the doctrine that the conduct of human beings expresses personal choice and is not simply determined by physical or divine forces. *–***free-will** *adj.*

freeze /friːz/ v. **froze, frozen, freezing,** n. –v.i. **1.** to become hardened into ice or into a solid body; to change from the liquid to the solid state by loss of heat. **2.** to become hard or rigid because of loss of heat, as objects containing moisture. **3.** to become obstructed by the formation of ice, as pipes. **4.** to become fixed to something by or as by the action of frost. **5.** to be of the degree of cold at which water freezes. **6.** to be extremely cold: *the weather is freezing*. **7.** to suffer the effects of intense cold; have the sensation of extreme cold. **8.** to die of frost or cold. **9.** to lose warmth of feeling; be chilled with fear, etc. **10.** to stop suddenly; become immobilised, as through fear, shock, etc. –v.t. **11.** to congeal; harden into ice; change from a fluid to a solid state by loss of heat. **12.** to form ice on the surface of, as a river or pond. **13.** Also, **freeze up.** to obstruct or close by the formation of ice, as pipes. **14.** to fix fast in ice. **15.** to harden or stiffen by cold, as objects containing moisture. **16.** to subject (something) to a freezing temperature, as in a refrigerator. **17.** to cause to suffer the effects of intense cold; produce the sensation of extreme cold in. **18.** to kill by frost or cold. **19.** to congeal as if by cold; chill with fear; dampen the enthusiasm of. **20.** to cause (someone) to become immobilised, as through fear, shock, etc. **21.** *Finance* to render impossible of liquidation or collection: *bank loans are frozen in business depressions.* **22.** to fix (wages, prices, etc.) at a specific level, usually by government order. **23.** to make insensitive (a part of the body) by artificial freezing, as for surgery. –n. **24.** the act of freezing. **25.** the state of being frozen. **26.** *Meteorology* a period during which temperatures remain constantly below 0°C. **27.** a frost. **28.** legislative action by a government to fix wages, prices, etc., at a specific level. **29.** (in films) an arresting of the motion by printing one frame many times. –*phr.* **30. freeze out,** to exclude, or compel to withdraw, from society, business, etc., as by chilling behaviour, severe competition, etc. **31. freeze over, a.** to become coated with ice. **b.** (of an expanse of water) to have a surface of ice. –**freezable** *adj.*

freezer /ˈfriːzə/ n. a refrigerated cabinet held at or below 0°C.

freezing point n. the temperature at which a liquid freezes: *the freezing point of water is 0°C.*

freight /freɪt/ n. **1.** cargo or lading carried for pay either by land, water, or air. **2.** the charge made for transporting goods. –v.t. **3.** to transport as freight; send by freight. –**freighter** n. –**freightless** *adj.*

French bean /frɛntʃ ˈbiːn/ n. a small twining or bushy annual herb, *Phaseolus vulgaris*, often cultivated for its slender green edible pods. Also, **kidney bean, haricot bean.**

French cricket n. a game played with a ball and a cricket bat, in which the players when batting hold the bat in front of their legs, and can only be dismissed if the ball hits their legs or they are caught.

French fries pl. n. thin strips of potatoes fried in deep fat; chips. Also, **fries, French fried potatoes.**

French horn n. a mellow-toned brass wind instrument derived from the hunting horn and consisting of a long, coiled tube ending in a flaring bell.

French-kiss /frɛntʃˈkɪs/ v.t., v.i. → **tongue-kiss.** –**French-kisser** n. –**French-kissing** n.

French letter n. *Colloquial* → **condom.**

French polish n. a solution of shellac in methylated spirits with or without the addition of some colouring material; used as a high-quality furniture finish.

frenetic /frəˈnɛtɪk/ *adj.* frantic; frenzied. Also, phrenetic. –**frenetically** *adv.*

frenzy /ˈfrɛnzi/ n. **-zies**, v. **-zied, -zying.** –n. **1.** violent mental agitation; wild excitement or enthusiasm. **2.** the violent excitement of a paroxysm of mania; mental derangement; delirium. –v.t. **3.** to drive to frenzy; make frantic.

frequency /ˈfriːkwənsi/ n. **-cies.** **1.** Also, **frequence.** the state or fact of being frequent; frequent occurrence. **2.** rate of recurrence. **3.** *Physics* the number of cycles, oscillations, or vibrations of a wave motion or oscillation in unit time; the derived SI unit of frequency is the hertz. **4.** *Statistics* the number of items occurring in a given category. See **relative frequency. 5.** *Botany* a quantitative character of a plant community; an expression of the percentage of sample plots in which a particular species occurs.

frequency modulation n. *Radio* a broadcasting system, relatively free from static, in which the frequency of the transmitted wave is modulated or varied in accordance with the amplitude and pitch of the signal (distinguished from *amplitude modulation*). *Abbrev.*: FM

frequent /ˈfriːkwənt/ *adj.*, /frəˈkwɛnt/ v. –*adj.* **1.** happening or occurring at short intervals: *to make frequent trips to a place.* **2.** constant, habitual, or regular: *a frequent guest.* **3.** at short distances apart: *a coast with frequent lighthouses.* –v.t. **4.** to visit often; go often to; be often in. –**frequently** *adv.* –**frequenter** n.

frequent flyer n. **1.** a person who is part of a scheme in which discounted or free flights are awarded after a certain number of airline trips have been made. –*adj.* **2.** of or relating to such a scheme.

fresco /ˈfrɛskoʊ/ n. **-coes** or **-cos.** –n. **1.** the art of painting on fresh lime plaster, as on a wall or ceiling, so that the pigments are absorbed (**true fresco**), or, less properly, on dried plaster (**dry fresco**). **2.** a picture or design so painted. –v.t. **3.** to paint in fresco. –**frescoer** n.

fresh /frɛʃ/ *adj.* **1.** newly made or obtained, etc.: *fresh footprints.* **2.** newly arrived: *fresh from school.* **3.** additional or further: *fresh supplies.* **4.** not salt: *fresh water.* **5.** (of meat, etc.) in good natural condition; unspoiled. **6.** not canned, frozen or preserved: *fresh food.* **7.** not tired; brisk; vigorous. **8.** not faded or worn. **9.** looking youthful and healthy. **10.** pure, cool, or refreshing, as air. **11.** inexperienced: *fresh to the job.* **12.** forward or presumptuous; cheeky. –n. **13.** the fresh part or time. –**freshen** v. –**freshly** *adv.* –**freshness** n.

freshwater /ˈfrɛʃwɔtə/ *adj.* of or living in water that is fresh, or not salt.

fret¹ /frɛt/ v.i. **fretted, fretting.** **1.** to give oneself up to feelings of irritation, resentful discontent, regret, worry, or the like. **2.** to cause corrosion; gnaw. –**fretful** *adj.* –**fretfully** *adv.* –**fretfulness** n.

fret² /frɛt/ n., v. **fretted, fretting.** –n. **1.** an interlaced, angular design; fretwork. **2.** an angular design of bands within a border. –v.t. **3.** to ornament with a fret or fretwork.

fret³ /frɛt/ n. any of the ridges of wood, metal, or string, set across the fingerboard of a guitar or similar instrument which help the fingers to stop the strings at the correct points.

fretwork /ˈfrɛtwɜːk/ n. **1.** ornamental work consisting of interlacing parts, especially work in which the design is formed by perforation. **2.** any pattern of dark and light, such as that of perforated fretwork.

Freudian slip /frɔɪdiən ˈslɪp/ n. a slip of the tongue by which the speaker actually says something apposite or revealing, which was not primarily intended, but is taken to reveal the

friable /ˈfraɪəbəl/ *adj.* easily crumbled or reduced to powder; crumbly: *friable rock.* **–friability** /fraɪəˈbɪlɪti/, **friableness** *n.*

friar /ˈfraɪə/ *n.* a brother or member of one of certain Christian religious orders, especially the mendicant orders of Franciscans (**Grey Friars**), Dominicans (**Black Friars**), Carmelites (**White Friars**), and Augustinians (**Austin Friars**).

friar-bird /ˈfraɪə-bɜd/ *n.* any of certain honey-eating birds of the genus *Philemon* of Australia, New Guinea and nearby islands, having the head partly naked like a friar.

friction /ˈfrɪkʃən/ *n.* **1.** clashing or conflict, as of opinions, etc. **2.** *Mechanics, Physics* the resistance to the relative motion (sliding or rolling) of surfaces of bodies in contact. **3.** the rubbing of the surface of one body against that of another. **–frictional** *adj.*

Friday /ˈfraɪdeɪ, -di/ *n.* the sixth day of the week, following Thursday.

fridge /frɪdʒ/ *n. Colloquial* → **refrigerator.**

fried /fraɪd/ *v.* **1.** past tense and past participle of **fry**¹. *–adj.* **2.** cooked in fat or oil.

friend /frɛnd/ *n.* **1.** one attached to another by feelings of affection or personal regard. **2.** a well-wisher, patron, or supporter. **3.** someone who is on good terms with another; one not hostile. **4.** a member of the same nation, party, etc. **5.** (*cap.*) someone who supports an institution, charity, etc., with money or honorary services. **–friendship** *n.* **–friendless** *adj.* **–friendlessness** *n.*

friendly /ˈfrɛndli/ *adj.* **-lier, -liest. 1.** characteristic of or befitting a friend; showing friendship: *a friendly greeting.* **2.** favourably disposed; inclined to approve, help, or support. **3.** *Sport* of a match which does not entail points in a competition. **–friendlily** *adv.* **–friendliness** *n.*

friendly fire *n.* fire (def. 12) originating with one's own or allied units.

fries /fraɪz/ *pl. n.* → **French fries.**

Friesian /ˈfriʒən/ *n.* one of a breed of dairy cattle, usually black and white in colouring.

frieze /friz/ *n.* any decorative band or similar feature, as on a wall. **–friezing** *n.*

frig /frɪg/ *phr.* **1. frig around,** to behave in a stupid or aimless manner. **2. frig up,** to confuse; muddle: *the advertising department is always frigging up the layout.*

frigate /ˈfrɪgət/ *n.* a general-purpose warship of about 2700 tonnes, used as an escort vessel.

frigatebird /ˈfrɪgətbɜd/ *n.* any of several species of large, rapacious, tropical seabirds with huge wings, forked tails and small legs and feet, noted for their powers of flight, such as the greater frigatebird, *Fregata minor*; man-o'-war bird.

fright /fraɪt/ *n.* **1.** sudden and extreme fear; a sudden terror. **2.** a person or thing of shocking, grotesque, or ridiculous appearance: *she looked a fright.*

frighten /ˈfraɪtn/ *v.t.* **1.** to throw into a fright; terrify; scare. **2.** to drive (*away, off,* etc.) by scaring. **–frightener** *n.* **–frighteningly** *adv.*

frightful /ˈfraɪtfəl/ *adj.* **1.** such as to cause fright; dreadful, terrible, or alarming. **2.** horrible, shocking, or revolting. **3.** unpleasant; disagreeable: *we had a frightful time.* **4.** *Colloquial* (used as an intensifier) very great. **–frightfully** *adv.* **–frightfulness** *n.*

frigid /ˈfrɪdʒəd/ *adj.* **1.** very cold in temperature: *a frigid climate.* **2.** without warmth of feeling; without ardour or enthusiasm. **3.** stiff or formal. **4.** (of a woman) **a.** disinclined to sexual intercourse. **b.** unable to achieve orgasm during intercourse. **–frigidity** /frɪˈdʒɪdəti/, **frigidness** *n.* **–frigidly** *adv.*

Frigid Zone *n.* either of the two regions between the poles and the polar circles.

frill /frɪl/ *n.* **1.** a trimming consisting of a strip of material or lace, gathered at one edge and left loose at the other; a ruffle. **2.** something resembling such a trimming, such as the fringe of hair on the chest of some dogs. **3.** *Colloquial* an affectation of manner, style, etc. **4.** something superfluous or useless. *–v.t.* **5.** to trim or ornament with a frill or frills. **–frilly** *adj.*

frill-necked lizard *n.* an agamid or dragon lizard, *Chlamydosaurus kingi*, of northern Australia possessing a large, ruff-like, erectable frill behind the head and using hind legs for propulsion.

fringe /frɪndʒ/ *n.* **1.** an ornamental border of cords or threads, loose or tied in bunches, as on a rug. **2.** anything like this: *a fringe of trees about a field.* **3.** hair falling over the forehead. **4.** a border; margin; outer part or extremity: *the fringes of society; the fringe of town.* *–v.t.* **5.** to give a fringe to. **6.** to serve as a fringe for: *trees fringe the field.* *–adj.* **7.** extra; on the side: *fringe benefits.* **8.** not socially acceptable. **–fringeless** *adj.* **–fringelike** *adj.* **–fringy** *adj.*

fringe benefit *n.* a reward received in addition to one's wage, such as a car, travel allowance, etc.

fringe benefits tax *n.* a tax on fringe benefits. *Abbrev.*: FBT

frisk /frɪsk/ *v.i.* **1.** to dance, leap, skip, or gambol, as in frolic. *–v.t.* **2.** *Colloquial* to search (a person) for concealed weapons, etc., by feeling their clothing. **–frisker** *n.*

frisky /ˈfrɪski/ *adj.* **friskier, friskiest.** lively; frolicsome; playful. **–friskily** *adv.* **–friskiness** *n.*

frisson /ˈfrɪsɒn/ *n.* a shiver; thrill.

fritter¹ /ˈfrɪtə/ *phr.* **fritter away,** to disperse or squander piecemeal, or waste little by little: *to fritter away one's money.* **–fritterer** *n.*

fritter² /ˈfrɪtə/ *n.* a small cake of batter, sometimes containing fruit or some other ingredient, fried in deep fat or sautéed in a frying pan.

frivolous /ˈfrɪvələs/ *adj.* **1.** of little or no weight, worth, or importance; not worthy of serious notice: *a frivolous objection.* **2.** characterised by lack of seriousness or sense: *frivolous conduct.* **3.** given to trifling or levity, as persons. **–frivolity** /frɪˈvɒləti/ *n.* **–frivolously** *adv.* **–frivolousness** *n.*

frizz /frɪz/ *v.* **frizzed, frizzing,** *n.* **frizzes.** *–v.t.* **1.** to make into small, crisp curls or little tufts. *–n.* **2.** something frizzed; frizzed hair. Also, **friz. –frizzy** *adj.*

frizzle¹ /ˈfrɪzəl/ *v.* **-zled, -zling,** *n.* *–v.t.* **1.** to frizz. *–n.* **2.** a short, crisp curl. **–frizzler** *n.*

frizzle² /ˈfrɪzəl/ *v.* **-zled, -zling.** *–v.i.* **1.** to make a sizzling or sputtering noise in frying or the like. *–v.t.* **2.** to crisp (meat, etc.) by frying.

fro /froʊ/ *phr.* **to and fro,** back and forth.

frock /frɒk/ *n.* **1.** a dress. **2.** a loose outer garment worn by peasants and workmen; smock. **3.** a coarse outer garment with large sleeves, worn by members of some religious orders. *–v.t.* **4.** to provide with or clothe in a frock. **5.** to invest with priestly or clerical office. **–frockless** *adj.*

frog¹ /frɒg/ *n.* **1.** any of various tailless amphibians, order Salientia, especially of the web-footed aquatic species, typically having a smooth skin and long hind legs adapted for leaping. **2.** any of various froglike amphibians. **3.** a slight hoarseness due to mucus on the vocal cords: *a frog in the throat.* **4.** a small, heavy holder placed in a bowl or vase to hold flower stems in position. **–froglike** *adj.*

frog² /frɒg/ *n.* **1.** an ornamental fastening for the front of a coat, consisting of a button and a loop through which it passes. **2.** a device at the intersection of two railway tracks, to permit the wheels

frogman and flanges on one track to cross or branch from the other, or a similar device on a system of overhead wires as on a tramway or electric railway.

frogman /'frɒgmən/ *n*. **-men**. a swimmer specially equipped for swimming underwater, especially with wetsuit, flippers, aqualung, etc.

frolic /'frɒlɪk/ *n.*, *v*. **-icked, -icking**. –*n*. **1**. merry play; gaiety; fun. –*v.i*. **2**. to play merrily; have fun; play merry pranks. **–frolicsome** *adj*. **–frolicker** *n*.

from /frɒm/ *weak form* /frəm/ *prep*. a particle specifying a starting point, and hence used to express removal or separation in space, time, order, etc., discrimination or distinction, source or origin, instrumentality, and cause or reason: *a train running west from Sydney*; *from that time onwards*; *to wander from one's purpose*; *to refrain from laughing*; *sketches drawn from nature*.

frond /frɒnd/ *n*. **1**. a finely divided leaf, often large (properly applied to the ferns and some of the palms). **2**. a leaf-like expansion not differentiated into stem and foliage, as in lichens. **–fronded** *adj*. **–frondless** *adj*.

front /frʌnt/ *n*. **1**. the foremost part or surface of anything. **2**. the part or side of anything, as a house, which seems to look out or be directed forwards. **3**. any side or face, as of a house. **4**. a place or position directly in front of anything. **5**. *Military* **a**. the foremost line or part of an army, etc. **b**. a line of battle. **c**. any location at which opposing military forces are engaged in combat. **6**. land facing a road, river, etc. **7**. a seaside promenade. **8**. someone or something which serves as a cover for another activity, especially an illegal or disreputable one. **9**. outward impression of rank, position, or wealth. **10**. bearing or demeanour in confronting anything: *a calm front*. **11**. cool assurance, or impudence. **12**. something attached or worn at the forepart, as a shirt front, a dicky, etc. **13**. *Meteorology* a surface of discontinuity separating two dissimilar air masses. –*adj*. **14**. of or relating to the front. **15**. situated in or at the front. **16**. *Phonetics* pronounced with the tongue relatively far forward in the mouth: the vowels of 'beet' and 'bat' are front vowels. –*v.t*. **17**. to have the front towards; face. **18**. to meet face to face; confront. **19**. to face in opposition, hostility, or defiance. **20**. to furnish or supply with a front. **21**. to serve as a front to. –*v.i*. **22**. to have or turn the front in some specified direction: *our house fronts on to the lake*. **23**. *Colloquial* to appear before a court on a charge. **24**. Also, **front up**. *Colloquial* to arrive, turn up. **25**. *Colloquial* to head a band group of musicians. –*phr*. **26**. **up front**, **a**. in advance: *they paid a thousand dollars up front*. **b**. in the public eye: *the company needs to develop an image up front*. **–frontless** *adj*.

frontage /'frʌntɪdʒ/ *n*. **1**. the front of a building or plot of land. **2**. the lineal extent of this front. **3**. the direction it faces. **4**. land abutting on a river, street, etc. **5**. the space lying between a building and the street, etc.

frontal /'frʌntl/ *adj*. **1**. of, in, or at the front: *a frontal attack*. **2**. *Anatomy* denoting or relating to the bone (or pair of bones) forming the forehead, or to the forehead in general. **3**. *Meteorology* of or relating to the division between dissimilar air masses. **4**. viewed from the front: *a frontal nude*. –*phr*. **5**. **full frontal**, a view of a naked body from the front. **–frontally** *adv*.

frontbencher /'frʌntbentʃə, frʌnt'bentʃə/ *n*. a member of parliament who is a government minister or opposition spokesperson. **–frontbench** *adj*.

frontier /frʌn'tɪə, 'frʌntɪə/ *n*. the part of a country which borders another country; boundary; border; extreme limit.

frontispiece /'frʌntəspis/ *n*. **1**. an illustrated leaf preceding the titlepage of a book. **2**. *Architecture* **a**. the most richly decorated and usually central portion of the principal face of a building. **b**. the pediment over a door, gate, etc.

frost /frɒst/ *n*. **1**. the atmospheric condition which causes the freezing of water. **2**. a covering of minute ice needles, formed from the atmosphere at night on cold surfaces when the dewpoint is below freezing point (**white frost** or **hoarfrost**). **3**. the act or process of freezing. **4**. crushed glass of paper thickness, used for decorative purposes. **5**. a coolness between persons; an icy manner. **6**. *Colloquial* something which is received coldly; a failure. **7**. *Colloquial* a swindle. –*v.t*. **8**. to cover with frost. **9**. to give a frostlike surface to (glass, etc.). **10**. to ice (a cake, etc.). –*v.i*. **11**. Also, **frost up**. to freeze or become hardened with frost. **–frostless** *adj*. **–frostlike** *adj*. **–frosty** *adj*.

frostbite /'frɒstbaɪt/ *n*. *Pathology* the inflamed, sometimes gangrenous effect on a part of the body, especially the extremities, due to excessive exposure to extreme cold. **–frostbitten** *adj*.

frosting /'frɒstɪŋ/ *n*. **1**. a fluffy icing used to cover and decorate cakes. **2**. a decoration of granules of sugar, usually stuck on with eggwhites, around the rim of a glass as for certain cocktails. **3**. a lustreless finish, as of metal or glass. **4**. a material used for decorative work, as signs, etc., made from coarse, powdered glass flakes.

froth /frɒθ/ *n*. **1**. an aggregation of bubbles, as on a fermented liquid or at the mouth of a hard-driven horse; foam. **2**. something unsubstantial or evanescent, as idle talk; trivial ideas. –*v.t*. **3**. to cause to foam. **4**. to emit like froth. –*v.i*. **5**. to give out froth; foam. **–frothy** *adj*.

frown /fraʊn/ *v.i*. **1**. to contract the brow as in displeasure or deep thought; scowl. **2**. to look displeased; have an angry look. –*n*. **3**. a frowning look; scowl. –*phr*. **4**. **frown on** (or **upon**), to regard disapprovingly: *making personal calls at work is frowned on*. **–frowner** *n*. **–frowningly** *adv*.

frowzy /'fraʊzi/ *adj*. **-zier, -ziest**. **1**. dirty and untidy; slovenly. **2**. ill-smelling; musty. Also, **frowsy, frouzy**. **–frowzily** *adv*. **–frowziness** *n*.

froze /froʊz/ *v*. past tense of **freeze**.

frozen /'froʊzən/ *v*. **1**. past participle of **freeze**. –*adj*. **2**. made solid by cold. **3**. covered with ice. **4**. hurt or killed by cold. **5**. (of food) kept below 0°C for preservation. **6**. unfeeling or cold in manner. **7**. made unusable or not available: *a frozen bank account*. **8**. stopped, fixed or unmoving. **–frozenly** *adv*. **–frozenness** *n*.

fructify /'frʌktəfaɪ, frʊk-/ *v*. **-fied, -fying**. –*v.i*. **1**. to bear fruit. –*v.t*. **2**. to make fruitful or productive; fertilise.

fructose /'frʊktoʊz, -toʊs, 'frʌk-/ *n*. a white, crystalline, very sweet sugar found in honey and fruit, $C_6H_{12}O_6$; fruit sugar.

frugal /'frugəl/ *adj*. **1**. economical in use or expenditure; prudently saving or sparing. **2**. entailing little expense; costing little; scanty; meagre. **–frugality** /fru'gælɪti/, **frugalness** *n*. **–frugally** *adv*.

fruit /frut/ *n*. **1**. any product of vegetable growth useful to humans or animals. **2**. *Botany* **a**. the developed ovary of a seed plant with its contents and accessory parts, as the pea-pod, nut, tomato, pineapple, etc. **b**. the edible part of a plant developed from a flower, with any accessory tissues, as the peach, mulberry, banana, etc. **3**. anything produced or accruing; product, result or effect; return or profit. **4**. *Colloquial* a male homosexual. –*v.i*. **5**. to bear fruit. –*phr*. **6**. **fruit for** (or **on**)

fruitful

the sideboard. **a.** something extra; a luxury item. **b.** an additional source of income. **–fruitlike** *adj.*

fruitful /'frutfəl/ *adj.* **1.** abounding in fruit, as trees or other plants; bearing fruit abundantly. **2.** producing an abundant growth, as of fruit. **3.** productive of results; profitable: *fruitful investigations.* **–fruitfully** *adv.* **–fruitfulness** *n.*

fruition /fru'ɪʃən/ *n.* **1.** attainment of anything desired; attainment of maturity; realisation of results: *the fruition of one's labours.* **2.** the state of bearing fruit.

fruitless /'frutləs/ *adj.* **1.** useless; unproductive; vain; without results. **2.** without fruit; barren. **–fruitlessly** *adv.* **–fruitlessness** *n.*

fruity /'fruti/ *adj.* **-tier, -tiest. 1.** resembling fruit; having the taste or flavour of fruit. **2.** (of wine) having body and fullness of flavour. **3.** (of a voice) mellow, florid. **4.** sexually suggestive; salacious. **5.** smelly.

frump /frʌmp/ *n.* a dowdy, drably dressed woman.

frustrate /frʌs'treɪt/ *v.t.* **-trated, -trating. 1.** to make (plans, efforts, etc.) of no avail; defeat; baffle; nullify. **2.** to disappoint or thwart (a person).

fry¹ /fraɪ/ *v.* **fried, frying,** *n.* **fries.** *–v.t.* **1.** to cook in fat, oil, etc., usually over direct heat. *–n.* **2.** a dish of something fried.

fry² /fraɪ/ *n.* **fry.** *–n.* **1.** the young of fishes, or of some other animals, as frogs. **2.** young or small fishes or other young creatures, as children, collectively. *–phr.* **3. small fry, a.** unimportant or insignificant people. **b.** young children.

ftp /ɛf ti 'pi/ *n.*, *v.* **ftp'd, ftp'ing.** *–n.* **1.** a computer program which enables the transfer of data from one computer to another via a communications network. *–v.t.* **2.** to transfer (data) by this means. Also, **FTP**.

fuchsia /'fjuʃə/ *n.* **1.** any plant of the genus *Fuchsia,* which includes many varieties cultivated for their handsome drooping flowers. **2.** any of various unrelated species with flowers thought to resemble those of the fuchsia, as *Eremophila maculata.*

fuck /fʌk/ **‡ ‡** *Colloquial* *–v.t.* **1.** to have sexual intercourse with. **2.** Also, **fuck up.** to make a mess of; to ruin or break: *this doesn't work any more – you've fucked it.* *–v.i.* **3.** to have sexual intercourse. *–n.* **4.** a sexual partner (especially in contexts where performance, willingness, etc., is evaluated): *a good fuck; an easy fuck.* **5.** the act of sexual intercourse. *–interj.* **6. a.** (an offensive exclamation of disgust or annoyance). **b.** (an exclamation of wonder or delight). *–phr.*
7. fuck around (or **about**), **a.** to behave stupidly or inanely. **b.** to be sexually unfaithful or promiscuous.
8. fuck off, a. to go away; depart: *after that, we fucked off; just fuck off!* **b.** (*used imperatively*) (a harsh expression of abuse or dismissal).
9. fuck someone around (or **about**), to treat someone unfairly; deceive, or cause inconvenience, distress, etc., to someone.
10. fuck someone over, to treat someone unfairly with calculated malice.
11. fuck someone up, to destroy someone's emotional wellbeing and stability.
12. fuck up, to make a mistake.
13. fuck with, to meddle with; tamper with.
14. go fuck yourself, (an expression of rejection, dismissal, etc.).
15. not give a fuck, not to care at all.
16. the fuck, (an intensifier): *who the fuck are you?*
17. what the fuck, (an exclamation of astonishment combined with dismay or annoyance).

full

fuddle /'fʌdl/ *v.t.* **-dled, -dling. 1.** to intoxicate. **2.** to muddle or confuse.

fuddy-duddy /'fʌdi-dʌdi/ *n.* a fussy, stuffy, or old-fashioned person.

fudge¹ /fʌdʒ/ *n.* a kind of soft sweet composed of sugar, butter, milk, chocolate, or the like.

fudge² /fʌdʒ/ *v.* **fudged, fudging.** *–v.t.* **1.** to put together in a makeshift, clumsy, or dishonest way; fake. *–v.i.* **2.** (in games and contests) to gain advantage improperly.

fuel /'fjuəl, fjul/ *n.*, *v.* **-elled** or *Chiefly US* **-eled, -elling** or *Chiefly US* **-eling.** *–n.* **1.** combustible matter used to maintain fire, as coal, wood, oil etc. **2.** material used to feed an engine, as petrol, diesel, etc. **3.** a source of energy for operating machines, appliances, etc., as gas or electricity. **4.** a fissile material used in a nuclear reactor to produce energy. **5.** the means of sustaining or increasing passion, ardour, etc. **6.** food; those elements in food which enable the body to produce energy. *–v.t.* **7. a.** to supply with fuel. **b.** to deliberately increase (a reaction) as if by adding fuel. *–v.i.* **8.** Also, **fuel up.** to procure or take in fuel. *–phr.* **9. add fuel to the fire,** to aggravate a situation.

fuel-injection /'fjuəl-ɪndʒɛkʃən/ *n.* a method of spraying liquid fuel directly into the cylinders of an internal-combustion engine instead of using a carburettor. **–fuel-injector** *n.* **–fuel-injected** *adj.*

-fuge a word element referring to 'flight', as in *refuge.*

fugitive /'fjudʒətəv, -ɪv/ *n.* **1.** someone who is fleeing; a runaway. *–adj.* **2.** having taken flight, or run away: *a fugitive slave.* **3.** fleeting; transitory. **–fugitively** *adv.* **–fugitiveness** *n.*

fugue /fjug/ *n.* **1.** *Music* a polyphonic composition based upon one, two, or even more themes, which are enunciated by the several voices or parts in turn, subjected to contrapuntal treatment, and gradually built up into a complex form having somewhat distinct divisions or stages of development and a marked climax at the end. **2.** *Psychology* a period of loss of memory, when the individual disappears from his or her usual haunts. **–fuguelike** *adj.*

-ful a suffix meaning: **1.** full of or characterised by: *shameful, beautiful, careful, thoughtful.* **2.** tending or able to: *wakeful, harmful.* **3.** as much as will fill: *spoonful, handful.*

fulcrum /'fʊlkrəm/ *n.* **-crums** or **-cra** /-krə/. **1.** the support, or point of rest, on which a lever turns in moving a body. **2.** a prop.

fulfil /fʊl'fɪl/ *v.t.* **-filled, -filling. 1.** to carry out, or bring to consummation, as a prophecy, promise, etc. **2.** to perform or do, as duty; obey or follow, as commands. **3.** to satisfy (requirements, etc.) **4.** to bring to an end, finish, or complete, as a period of time. Also, *US*, **fulfill.** **–fulfilment** *n.* **–fulfiller** *n.*

full /fʊl/ *adj.* **1.** filled; containing all that can be held; filled to utmost capacity: *a full cup; a full theatre.* **2.** complete; entire; maximum: *a full supply.* **3.** of unmixed ancestry: *a full Aborigine.* **4.** of the maximum size, amount, extent, volume, etc.: *a full kilometre; full pay; the full moon.* **5.** (of garments, etc.) wide, ample, or having ample folds. **6.** filled or rounded out, as in form. **7.** *Music* ample and complete in volume or richness of sound. **8.** (of wines) having considerable body. **9.** being fully or entirely such: *a full brother.* **10.** *Australian, NZ Colloquial* intoxicated. *–adv.* **11.** completely or entirely. **12.** exactly or directly: *the blow struck him full in the face.* *–n.* **13.** (of the moon) the stage of complete illumination. *–phr.* **14. be full of it,** *Colloquial* **a.** to habitually express opinions which are outrageous or incorrect. **b.** to put on airs.

15. full and by, *Nautical* with the sails full and sailing close to the wind.
16. full as a boot (or **goog**) (or **tick**) (or **fart**), *Australian, NZ Colloquial* **a.** very drunk. **b.** unable to eat any more.
17. full of, **a.** engrossed with or absorbed in. **b.** *Colloquial* exasperated by: *I'm getting full of this job.*
18. full of oneself, conceited; egoistic.
19. full up, *Colloquial* **a.** filled to capacity. **b.** having all places taken: *the car park is full up.* **c.** (of a person) replete; having eaten enough. **d.** exasperated; disgruntled.
20. in full, **a.** without reduction; to or for the full amount: *a receipt in full.* **b.** without abbreviation or contraction.
21. in full cry, in hot pursuit, as dogs in the chase.
22. in full force, with no-one missing.
23. on the full, (of a ball) in flight before bouncing.
24. to the full, in full measure; to the utmost extent. **–fullness** *n.* **–fully** *adv.*

full-back /fʊl'bæk, 'fʊl-bæk/ *n.* **1.** *Australian Rules* the central position on the back line nearest to the defenders' goal. **2.** *Soccer, Rugby, Hockey, etc.* a player whose main purpose is to defend their own goal.

full blood *n.* **1.** an individual of unmixed ancestry especially for dark-skinned peoples such as Aborigines, negroes, etc. **2.** (especially of horses) a purebred.

full bore *n.* **1.** the maximum production (of oil or gas from a drill hole). *–adv.* **2.** with maximum effort; with the greatest possible speed or productivity. *–phr.* **3. the full bore**, *Colloquial* the maximum: *give it the full bore.*

full moon *n.* → **moon** (def. 2c).

full stop *n.* the point or character (.) used to mark the end of a complete declarative sentence, indicate an abbreviation, etc.; a period. Also, **full point**.

full-time /'fʊl-taɪm/ *adj.* **1.** taking all the normal working hours (opposed to *part-time*). **2.** having to do with something that occupies someone all the time. **3.** *Sport* having to do with the time at which play is to end: *the full-time whistle.* *–adv.* **4.** during all normal working hours. *–n.* **5.** *Sport* the time at which play is to end.

fully-fledged /'fʊli-flɛdʒd/ *adj.* **1.** able to fly. **2.** fully developed. **3.** of full rank or standing. **4.** fully qualified or established: *a fully-fledged professor.*

fully-paid /'fʊli-peɪd/ *adj.* having to do with shares or stock on which the face value of the capital represented has been paid in full.

fulmar /'fʊlmə/ *n.* any of certain oceanic birds of the petrel family, such as *Fulmar glacioloides*, a gull-like Antarctic species.

fulminate /'fʊlmənert, 'fʌl-/ *v.* **-nated, -nating**, *n.* *–v.i.* **1.** to explode with a loud noise; detonate. *–n.* **2.** *Chemistry* one of a group of unstable explosive compounds derived from fulminic acid, HONC, found only in its salts, especially the mercury salt of fulminic acid which is a powerful detonating agent. *–phr.* **3. fulminate against**, to issue denunciations or the like against. **–fulmination** *n.* **–fulminator** *n.* **–fulminatory** *adj.*

fulsome /'fʊlsəm/ *adj.* **1.** offensive to good taste, especially as being excessive; gushing; insincere: *fulsome praise.* **2.** comprehensive; expansive: *in fulsome detail.* **3.** lavish; unstinted. **4.** *Obsolete* copious; abundant. **–fulsomely** *adv.* **–fulsomeness** *n.*

fumble /'fʌmbəl/ *v.* **-bled, -bling**, *n.* *–v.i.* **1.** to feel about clumsily: *he fumbled for his shoes in the dark; he just fumbles about all day wasting time.* *–v.t.* **2.** to handle clumsily: *to fumble a ball.* *–n.* **3.** the act of fumbling. **–fumbler** *n.* **–fumbling** *adj.*, **–fumblingly** *adv.*

fume /fjum/ *n., v.* **fumed, fuming.** *–n.* **1.** (often *plural*) any smokelike or vaporous exhalation from matter or substances. *–v.i.* **2.** to show irritation or anger. **3.** to give off fumes. **–fumeless** *adj.* **–fumelike** *adj.* **–fumingly** *adv.* **–fumy** *adj.*

fumigate /'fjuməgeɪt/ *v.t.* **-gated, -gating.** to expose to smoke or fumes, as in disinfecting. **–fumigator** *n.* **–fumigation** /fjumə'geɪʃən/ *n.*

fun /fʌn/ *n., v.* **funned, funning**, *adj.* *–n.* **1.** mirthful sport or diversion; merry amusement; joking; playfulness. *–v.i.* **2.** *Colloquial* to make fun; joke. *–adj.* **3.** *Colloquial* relating to, or providing entertainment: *a fun place to be.* **4.** lively and entertaining: *a fun person.* *–phr.* **5. for fun**, purely for amusement: *just for fun, we ran down the hill.* **6. in fun**, as a joke, playfully; not seriously: *I'm sorry you're offended – it was said in fun.* **7. like fun**, *Colloquial* not at all: *like fun I'll give you breakfast in bed.* **8. make fun of** or **poke fun at**, to ridicule.

function /'fʌŋkʃən, 'fʌŋʃən/ *n.* **1.** the kind of action or activity proper to a person, thing, or institution. **2.** any ceremonious public or social gathering or occasion. **3.** any basic computer operation. *–v.i.* **4.** to perform a function; act; serve; operate. **5.** to carry out normal work, activity, or processes. **–functionless** *adj.*

functional /'fʌŋkʃənəl/ *adj.* **1.** having to do with a function or functions. **2.** designed or adapted primarily to perform some operation or duty: *a functional building.* **–functionality** /fʌŋkʃə'næləti/ *n.* **–functionally** *adv.*

functional grammar *n.* a grammar in which the analysis begins with the functions of language and words rather than their forms.

function key *n.* any of a numbered set of keys (usually 10 or 12) on a computer keyboard, which can be programmed, either by a piece of software, or by a user, to perform certain functions, often used to reduce the number of necessary keystrokes.

fund /fʌnd/ *n.* **1.** a stock of money. **2.** a store or stock of something: *a fund of knowledge.* **3.** (*plural*) ready money. *–v.t.* **4.** to put into a fund. **5.** to change (a short-term debt or debts) into a long-term debt or loan-bearing interest, represented by bonds. **6.** to provide a fund or funds for.

fundamental /fʌndə'mɛntl/ *adj.* **1.** serving as, or being a component part of, a foundation or basis; basic; underlying: *fundamental principles.* **2.** of or affecting the foundation or basis: *a fundamental change.* **3.** essential; primary; original. **4.** *Music* (of a chord) having its root as its lowest note. *–n.* **5.** a leading or primary principle, rule, law, or the like, which serves as the groundwork of a system; essential part. **–fundamentality** /fʌndəmɛn'tæləti/ *n.* **–fundamentally** *adv.*

funeral /'fjunrəl, 'fjunərəl/ *n.* **1.** the ceremonies connected with the disposition of the body of a dead person; obsequies. **2.** a funeral procession. **3.** *Colloquial* business; worry; concern: *that's his funeral.* *–adj.* **4.** having to do with a funeral. *–phr.* **5. it's your (his, her, etc.) funeral**, *Colloquial* (a phrase implying that the consequences of a particular action, or lack of it, are no one's fault but yours, his, hers, etc.): *if she doesn't apply on time, it's her funeral.* **–funerary** *adj.*

funeral parlour *n.* an undertaker's place of business, sometimes containing a small chapel as well as the rooms where the dead are prepared for burial or cremation.

funereal

funereal /fjuˈnɪərɪəl/ *adj.* **1.** having to do with a funeral. **2.** mournful; gloomy; dismal. **–funereally** *adv.*

fungi /ˈfʌngi, ˈfʌngaɪ/ *n.* plural of **fungus**.

fung shui /fʊŋ ˈʃwi/ *n.* → **feng shui**.

fungus /ˈfʌŋgəs/ *n.* **fungi** /ˈfʌngi/ *or* **funguses**. **1.** any of the Fungi, a group of thallophytes including the mushrooms, moulds, mildews, rusts, smuts, etc., characterised chiefly by absence of chlorophyll and which subsist upon dead or living organic matter. **2.** *Pathology* a spongy morbid growth, as proud flesh formed in a wound. **–fungous** *adj.* **–fungus-like** *adj.*

funicular railway /fəˌnɪkjələ ˈreɪlweɪ/ *n.* a railway system of short length operating up steep gradients, in which cable-linked cars or trains move up and down simultaneously, thus minimising the pull of gravity.

funk[1] /fʌŋk/ *Colloquial* –*n.* **1.** fear or a condition of terror: *he was in a funk about his exams.* **2.** a coward. –*v.t.* **3.** to be afraid of. **4.** to fear and try to avoid. –*v.i.* **5.** to be in a funk.

funk[2] /fʌŋk/ *n.* **1.** an up-tempo style of soul music originating on the west coast of America and distinguished by much syncopation. **2.** *US* a strong smell or stink.

funky /ˈfʌŋki/ *adj.* **1.** exciting, satisfying, or pleasurable. **2.** *Music* relating to or in the style of funk. **3.** having to do with a style of dress reminiscent of the period identified by the emergence of jazz. **4.** *US* having an unpleasant smell.

funnel /ˈfʌnəl/ *n., v.* **-nelled** *or Chiefly US* **-neled**, **-nelling** *or Chiefly US* **-neling**. –*n.* **1.** a cone-shaped utensil with a tube at the apex, for conducting liquid, etc., through a small opening, as into a bottle. **2.** a metal chimney, especially of a ship or a steam engine. **3.** a flue, tube, or shaft, as for ventilation. –*v.t.* **4.** to converge or concentrate: *to funnel all one's energies into a job.* **–funnel-like** *adj.*

funnel-web /ˈfʌnəl-wɛb/ *n.* **1.** either of two species of large, aggressive, venomous, eastern Australian spiders of the genus *Atrax*, which construct a silken, tube-like lair sometimes expanded into a funnel shape at the entrance. **2.** any other species of the genus *Atrax*.

funny /ˈfʌni/ *adj.* **-nier, -niest,** *n.* **-nies.** –*adj.* **1.** affording fun; amusing; comical. **2.** curious; strange; queer; odd. **3.** *Colloquial* insolent. –*n.* **4.** *Colloquial* a joke. **–funnily** *adv.* **–funniness** *n.*

funny bone *n.* the part of the elbow where the ulnar nerve passes by the internal condyle of the humerus, which when struck causes a peculiar tingling sensation in the arm and hand. Also, *US*, **crazy bone**.

funny money *n. Colloquial* money which is nominally exchanged between different sections of the one organisation for bookkeeping purposes but which has no physical existence.

fur /fɜ/ *n., v.* **furred, furring.** –*n.* **1.** the skin of certain animals (such as the cat, rabbit, seal, mink, etc.), covered with a fine, soft, thick, hairy coating. **2.** the cured and treated skin of certain of these animals used for lining or trimming garments or for entire garments. **3.** an article of dress made of or with such material, as a fur coat or stole. **4.** any coating resembling or suggesting fur, such as one of morbid matter on the tongue. –*v.t.* **5.** to coat with foul or deposited matter. –*phr.* **6. make the fur fly,** *Colloquial* to quarrel noisily; make a scene or disturbance. **–furry** *adj.* **–furless** *adj.*

furbish /ˈfɜbɪʃ/ *v.t.* **1.** Also, **furbish up.** to restore to freshness of appearance or condition. **2.** to remove rust from (armour, weapons, etc.); polish; burnish. **–furbisher** *n.*

fusillade

furious /ˈfjʊrɪəs/ *adj.* **1.** full of fury, violent passion, or rage. **2.** intensely violent, as wind, storms, etc. **3.** of unrestrained energy, speed, etc.: *furious activity.* **–furiously** *adv.* **–furiousness** *n.*

furl /fɜl/ *v.t.* to draw into a compact roll, as a sail against a spar or a flag against its staff.

furlong /ˈfɜlɒŋ/ *n.* a unit of distance, in the imperial system, equal to 220 yards or 201.168 m. *Symbol:* fur

furlough /ˈfɜloʊ/ *n.* leave of absence from official duty usually for a longish period.

furnace /ˈfɜnəs/ *n.* **1.** a structure or apparatus in which to generate heat, as for heating buildings, smelting ores, producing steam, etc. **2.** a place of burning heat. **–furnace-like** *adj.*

furnish /ˈfɜnɪʃ/ *v.t.* **1.** to provide or supply. **2.** to fit up (a house, room, etc.) with necessary appliances, especially furniture. **–furnisher** *n.*

furniture /ˈfɜnətʃə/ *n.* **1.** the movable articles, as tables, chairs, bedsteads, desks, cabinets, etc., required for use or ornament in a house, office, or the like. **2.** fittings, apparatus, or necessary accessories for something.

furore = furor /ˈfjʊrɔ/ *n.* **1.** a general outburst of enthusiasm or excited disorder. **2.** fury; rage; madness.

furphy /ˈfɜfi/ *n.* **-phies.** *Australian* a rumour; a false story.

furrier /ˈfʌriə/ *n.* a dealer in or dresser of furs.

furrow /ˈfʌroʊ/ *n.* **1.** a narrow trench made in the ground, especially by a plough. **2.** a narrow, trenchlike depression in any surface. **3.** a groove, as in the skin of the forehead, etc. –*v.t.* **4.** to make a furrow or furrows in; plough (land, etc.). **5.** to make wrinkles in (the face, etc.). **–furrower** *n.*

further /ˈfɜðə/ (*comparative of* **far**) *adv.* **1.** at or to a greater distance. **2.** to a greater degree. **3.** in addition. –*adj.* **4.** more distant; farther. **5.** longer. **6.** more. –*v.t.* **7.** to encourage; promote; help: *to further a cause.* **–furtherer** *n.*

furthermore /ˈfɜðəˌmɔ/ *adv.* moreover; in addition.

furtive /ˈfɜtɪv/ *adj.* **1.** taken, done, used, etc., by stealth; secret: *a furtive glance.* **2.** sly; shifty: *a furtive manner.* **–furtively** *adv.* **–furtiveness** *n.*

fury /ˈfjʊri/ *n.* **-ries.** –*n.* **1.** frenzied or unrestrained violent passion, especially anger. **2.** violence; vehemence; fierceness. **3.** a fierce and violent person, especially a woman. –*phr.* **4. like fury,** *Colloquial* furiously; violently.

fuse[1] /fjuz/ *n., v.* **fused, fusing.** –*n.* **1.** *Electricity* a device for preventing an excessive current from passing through a circuit, consisting of a piece of wire which breaks the circuit by melting if the current exceeds a specified value. **2.** a tube, ribbon, or the like, filled or saturated with combustible matter, for igniting an explosive. **3.** a mechanical or electronic device to detonate an explosive charge. –*v.i.* **4. a.** (of an electrical appliance) to fail because of an internal short circuit: *the toaster fused.* **b.** (of an electrical circuit) to cause, perhaps because of a short or overloading, the fuse governing it to burn out: *the power circuit has fused.* –*phr.* **5. blow a fuse,** *Colloquial* to lose one's temper. **6. have a short fuse,** *Colloquial* to tend to become angry quickly.

fuse[2] /fjuz/ *v.* **fused, fusing.** –*v.t.* **1.** to combine or blend by melting together; melt. **2.** to unite or blend into a whole, as if by melting together. –*v.i.* **3.** to become liquid under the action of heat; melt. **4.** to become united or blended, as if by melting together. **–fusible** *adj.*

fuselage /ˈfjuzəlaʒ, -lɪdʒ/ *n.* the body of an aircraft.

fusillade /ˌfjuzəˈleɪd, -ˈlad/ *n., v.* **-laded, -lading.** –*n.* **1.** a simultaneous or continuous discharge of firearms. **2.** an execution carried out by this

fusion

means. **3.** a general discharge or outpouring of anything: *a fusillade of questions.* –*v.t.* **4.** to attack or shoot down by a fusillade.

fusion /'fjuʒən/ *n.* **1.** the act or process of fusing. **2.** something that is fused. **3.** *Physics* a thermonuclear reaction in which nuclei of light atoms join to form nuclei of heavier atoms, such as the combination of deuterium atoms to form helium atoms, usually with the release of large amounts of energy.

fuss /fʌs/ *n.* **1.** an excessive display of anxious activity; needless or useless bustle. **2.** a commotion, argument, or dispute. **3.** a person given to fussing. –*v.i.* **4.** to make a fuss; make much ado about trifles; to move fussily about. –*v.t.* **5.** to put into a fuss; disturb with trifles; bother. –*phr.* **6. fuss over**, to pay excessive attention to. **7. make a fuss about**, to draw attention forcefully to. **8. make a fuss of**, to treat with special care and affection. –**fusser** *n.*

fusspot /'fʌspɒt/ *n. Colloquial* a fussy person; someone who is over-particular.

fussy /'fʌsi/ *adj.* **-sier, -siest**. **1.** excessively busy with trifles; anxious or particular about petty details. **2.** (of clothes, etc.) elaborately made or trimmed. **3.** full of excessive detail. –**fussily** *adv.* –**fussiness** *n.*

fusty /'fʌsti/ *adj.* **-tier, -tiest**. **1.** mouldy; musty; having a stale smell; stuffy. **2.** old-fashioned. **3.** stubbornly old-fashioned and out-of-date. –**fustily** *adv.* –**fustiness** *n.*

futile /'fjutaɪl/ *adj.* incapable of producing any result; ineffective; useless; not successful. –**futilely** *adv.* –**futileness** *n.*

futon /'futɒn/ *n.* a Japanese-style bed consisting of an unsprung mattress on a support of wooden slats.

future /'fjutʃə/ *n.* **1.** a time that is going to be or come, after the present time: *things will be better in the future.* **2.** what will exist or happen in future time: *to tell the future.* **3.** future condition: *his future looks bright.* –*adj.* **4.** coming in, or relating to the future.

futures contract *n.* a purchase or sale of commodities for future receipt or delivery.

futuristic /fjutʃə'rɪstɪk/ *adj.* **1.** having to do with futurism. **2.** *Colloquial* (of a work of art or the like) in a modern style; without reference to traditional forms, etc. **3.** (of design in clothes, furniture, etc.) anticipating the space age; avant-garde.

fuzz /fʌz/ *n.* **1.** loose, light, fibrous, or fluffy matter. **2.** a mass or coating of such matter. **3.** *Colloquial* a blur. **4.** *Colloquial* frizzy hair. **5.** *Colloquial* the police force or a police officer. –**fuzzy** *adj.*

fuzzy logic *n. Computers* a method of decision-making that makes evaluations of data which does not lend itself to clear-cut decisions.

-fy a suffix meaning: **1.** to make; cause to be; render: *simplify, beautify.* **2.** to become; be made: *liquefy.* Also, **-ify**.

G g

G, g /dʒi/ n. **G's, Gs, g's** or **gs**. 1. the seventh letter of the English alphabet. 2. the seventh in order of a series. 3. *Music* the fifth note in the scale of C major.

gab /gæb/ v. **gabbed, gabbing**, n. *Colloquial* –v.i. 1. to talk idly; chatter. –n. 2. idle talk; chatter. 3. glib speech: *the gift of the gab.* –**gabber** n.

gabble /'gæbəl/ v.i. **-bled, -bling**. 1. to talk rapidly and unintelligibly; jabber. 2. (of geese, etc.) to cackle. –**gabbler** n.

gaberdine = gabardine /gæbə'din, 'gæbədin/ n. 1. a closely woven twill fabric of worsted, cotton, or spun rayon. 2. a man's long, loose cloak or frock, worn in the Middle Ages.

gable /'geɪbəl/ n., v. **-bled, -bling**. –n. 1. the triangular wall enclosed by the two slopes of a roof and a horizontal line across the eaves. 2. any architectural feature shaped like a gable. –v.t. 3. to build with a gable or gables; form as a gable. –**gabled** adj.

gad /gæd/ phr. **gad about** (or **around**), to move restlessly or idly from place to place, especially in search of pleasure.

gadabout /'gædəbaʊt/ n. *Colloquial* a restless person, especially one who leads an active social life.

gadget /'gædʒət/ n. a mechanical contrivance or device; any ingenious article.

gado gado /gadoʊ 'gadoʊ/ n. an Indonesian dish consisting of lightly steamed vegetables with boiled egg or strips of omelette, topped with a peanut sauce.

gaff¹ /gæf/ n. 1. a strong hook with a handle, used for landing large fish. –v.t. 2. to hook or land with a gaff.

gaff² /gæf/ phr. **blow the gaff**, *Colloquial* to disclose a secret.

gaffe /gæf/ n. a social blunder.

gaffer /'gæfə/ n. 1. *Brit Archaic* an old man. 2. *Film, TV* the chief lighting electrician.

gag¹ /gæg/ v. **gagged, gagging**, n. –v.t. 1. to stop up the mouth of (someone) so as to prevent sound or speech. 2. to use force or official power to prevent (someone) from using free speech, etc. 3. (in parliament) to close (a debate) when some members still wish to speak. –v.i. 4. to be unable to swallow, and to heave as though vomiting. –n. 5. something pushed into or tied around the mouth to prevent speech. 6. forceful discouragement of freedom of speech. 7. a closing of parliamentary debate when some members still wish to speak. –**gagger, gagster** n.

gag² /gæg/ v. **gagged, gagging**, n. *Colloquial* –v.i. 1. to make jokes. –n. 2. a joke. 3. an interpolation introduced by an actor into his or her part. –**gagger** n.

gaga /'gaga/ adj. *Colloquial* 1. mad; fatuously eccentric. 2. senile. 3. besotted: *he is gaga about his new car.*

gage /geɪdʒ/ n., v.t. **gaged, gaging**. → **gauge**. –**gager** n.

gaggle /'gægəl/ n. 1. a flock of geese. 2. any disorderly group.

gaiety /'geɪəti/ n. **-ties**. 1. the state of being gay or cheerful; gay spirits. 2. (*often plural*) merrymaking or festivity: *the gaieties of the New Year season.* 3. showiness; finery: *gaiety of dress.*

gaily /'geɪli/ adv. 1. merrily. 2. showily. 3. unconcernedly.

gain /geɪn/ v.t. 1. to obtain; secure (something desired); acquire: *gain time.* 2. to win; get in competition: *gain the prize.* 3. to acquire as an increase or addition: *to gain weight, speed, etc.* 4. to obtain as a profit: *he gained ten dollars by that transaction.* 5. to reach by effort; get to; arrive at: *to gain a good harbour.* –v.i. 6. to improve; make progress; advance. 7. (sometimes fol. by *on* or *upon*) to get nearer, as in pursuit. 8. to get farther away (from pursuers). –n. 9. profit; advantage. 10. (*plural*) profits; winnings. 11. an increase or advance. 12. the act of gaining; acquisition. 13. *Electronics* an increase in a signal parameter, as voltage, current, or power, expressed as the ratio of the output to the input. 14. (of an amplifier) volume. –phr. 15. **gain ground**, **a**. to make an advance, as in the face of opposition. **b**. to obtain an advantage. 16. **gain time**, to delay; achieve a postponement.

gainful /'geɪnfəl/ adj. profitable; lucrative. –**gainfully** adv. –**gainfulness** n.

gainsay /geɪn'seɪ/ v.t. **-said, -saying**. 1. to deny. 2. to speak or act against. –**gainsayer** n.

gait /geɪt/ n. 1. a particular manner of walking. 2. any of the characteristic rhythms of locomotion of a horse, as the walk, trot, canter, or gallop.

gaiter /'geɪtə/ n. (*often plural*) a covering for the ankle and instep, and sometimes also the lower leg, made of cloth or leather and worn over the shoe, formerly part of male attire.

gala /'galə/ adj. 1. festive; festal; showy: *his visits were always gala occasions.* –n. 2. a celebration; festive occasion.

galactic /gə'læktɪk/ adj. 1. *Astronomy* relating to a galaxy, especially the Milky Way. 2. *Physiology* relating to or stimulating the secretion of milk.

galah /gə'la/ n. 1. a common small cockatoo, *Cacatua roseicapilla*, pale grey above and deep pink below, found in open areas in most parts of Australia. 2. *Australian Colloquial* a fool; simpleton.

galaxy /'gæləksi/ n. **-axies**. 1. *Astronomy* any large system of stars held together by gravitation and separated from any other similar system by great areas of space. 2. a gathering of famous people.

gale /geɪl/ n. 1. a strong wind. 2. a noisy outburst: *a gale of laughter.*

gall¹ /gɔl/ n. 1. bile. 2. something very bitter or severe. 3. bitterness of spirit; rancour. 4. impudence; effrontery.

gall² /gɔl/ v.t. to irritate or infuriate.

gall³ /gɔl/ n. any abnormal vegetable growth or excrescence on plants, caused by various agents, including insects, nematodes, fungi, bacteria, viruses, chemicals, and mechanical injuries.

gallant /'gælənt, gə'lænt/ adj. 1. brave and dashing: *gallant young men.* 2. (of a man) noticeably polite and attentive to women. 3. generous or sporting: *a gallant gesture.* 4. amorous. –**gallantry** n. –**gallantly** adv. –**gallantness** n.

gall bladder n. a vesicle attached to the liver which receives bile from the hepatic ducts, concentrates it, and discharges it after meals.

galleon /'gæliən, 'gæljən/ n. a kind of large sailing vessel formerly used by Spain and other countries, both as warships and as merchant ships.

gallery /'gæləri/ n. **-ries**. -n. **1.** a long, narrow, covered walk, open at one or both sides. **2.** a corridor, usually large and with ornate walls and ceiling. **3.** a raised platform or passageway along the outside or inside of the wall of a building; balcony. **4.** a platform projecting from the interior walls of a church, theatre, etc., to provide seats or room for a part of the audience. **5.** the highest of such platforms in a theatre, usually containing the cheapest seats. **6.** the occupants of such a platform in a theatre. **7.** any body of spectators or auditors. **8.** a room, series of rooms, or building devoted to the exhibition of works of art. **9.** a collection of art for exhibition. **10.** a room or building in which to take pictures, practise shooting, etc. **11.** any of various tunnels or passages, as an underground passage in a fortification, a tunnel within the body of a dam, etc. **12.** *Mining* a level or drift. –*phr.* **13. play to the gallery**, to seek applause by playing to popular taste rather than considered judgment. –**galleried** *adj.*

galley /'gæli/ n. **-leys**. **1.** an early seagoing vessel propelled by oars or by oars and sails. **2.** a large rowing boat, formerly used in England. **3.** the kitchen of a ship or airliner. **4.** *Printing* **a.** a long, narrow tray, usually of metal, for holding type which has been set. **b.** galley proof.

gallinaceous /gælə'neɪʃəs/ *adj.* **1.** relating to or resembling the domestic fowls. **2.** belonging to the group or order Galliformes, which includes the domestic fowls, pheasants, grouse, partridges, etc. Also, **gallinacean**.

galling /'gɔlɪŋ/ *adj.* chafing; irritating; exasperating. –**gallingly** *adv.*

gallivant /'gælɪvænt/ *v.i.* to go from place to place in a rollicking, frivolous, or flirtatious manner. Also, **galavant**.

gallon /'gælən/ n. **1.** a unit of capacity in the imperial system, for the measurement of liquids and dry goods, defined as the volume occupied by 10 lbs of distilled water under specified conditions; equal to $4.546\ 09 \times 10^{-3} m^3$ (4.546 09 litres); imperial gallon. **2.** a US measure of liquid commodities only, defined in the US as 231 cubic inches; equal to 3.785 litres. One imperial gallon equals 1.200 94 US gallons.

gallop /'gæləp/ *v.i.* **1.** to ride a horse at a gallop; ride at full speed. **2.** to run rapidly by leaps, as a horse; go at a gallop. **3.** to go fast, race, or hurry, as a person, the tongue, time, etc. –*v.t.* **4.** to cause (a horse, etc.) to gallop. –*n.* **5.** a fast gait of the horse (or other quadruped) in which in the course of each stride all four feet are off the ground at once. **6.** a run or ride at this gait. **7.** a rapid rate of going, or a course of going at this rate. –*phr.* **8. the gallops**, *Colloquial* horseracing (distinguished from the *trots*, the *dogs*). –**galloper** n.

gallows /'gælouz/ n. **gallows** or **gallowses**. **1.** a wooden frame, consisting of a crossbeam on two uprights, on which condemned persons were, and in certain countries still are, executed by hanging. **2.** a similar structure, as for suspending something or for gymnastic exercise. **3.** a device on which slaughtered animals, such as cattle, are hung. –*phr.* **4. the gallows**, execution by hanging.

gallstone /'gɔlstoʊn/ n. *Pathology* a calculus or stone formed in the bile ducts or gall bladder.

gallup poll /'gæləp poʊl/ n. the questioning of a representative cross-section of the population in order to assess public opinion, as of voting intentions.

galoot /gə'lut/ n. *Colloquial* an awkward, silly person: *silly galoot*. Also, **galloot**.

galore /gə'lɔ/ *adj.* (*used only after nouns*) in abundance: *there was food galore*.

galoshes /gə'lɒʃəz/ *pl. n.* a pair of over-shoes of rubber or other waterproof substance for protection against wet, cold, etc. Also, **goloshes**.

galvanise = galvanize /'gælvənaɪz/ *v.t.* **-nised, -nising**. **1.** to stimulate by or as by electricity. **2.** to startle into sudden activity. **3.** to coat (iron or steel) with zinc. –**galvanisation** /gælvənaɪ'zeɪʃən/ n. –**galvaniser** n.

galvanised iron = galvanized iron n. **1.** iron coated with zinc to prevent rust. **2.** such iron formed into corrugated sheets, and used for roofing, etc., especially in rural buildings or outhouses.

gambit /'gæmbət/ n. **1.** an opening in chess, in which the player seeks by sacrificing a pawn or other piece to obtain some advantage. **2.** any act or course of action by which one seeks to obtain some advantage.

gamble /'gæmbəl/ v. **-bled, -bling**, n. –*v.i.* **1.** to play at any game of chance for stakes. **2.** to stake or risk money, or anything of value, on the outcome of something involving chance. **3.** to act on favourable hopes or assessment: *in calling the general election, the prime minister is gambling on public acceptance of his policies to date*. –*v.t.* **4.** to risk or venture. –*n.* **5.** any matter or thing involving risk or uncertainty. **6.** a venture in or as in gambling. –*phr.* **7. gamble away**, to lose or squander by betting. –**gambler** n. –**gambling** n.

gambol /'gæmbəl/ *v.i.* **-bolled** or *Chiefly US* **-boled, -bolling** or *Chiefly US* **-boling**. to skip about, as in dancing or playing; frolic.

game¹ /geɪm/ n., *adj.* **gamer, gamest**, v. **gamed, gaming**. –*n.* **1.** an amusement or pastime: *children's games*. **2.** the apparatus employed in playing any of certain games: *a shop selling toys and games*. **3.** a contest for amusement in the form of a trial of chance, skill, or endurance, according to set rules; a match: *games of football, golf, etc.* **4.** a single contest of play, or a definite portion of play in a particular game: *a rubber of three games in bridge*. **5.** the number of points required to win a game. **6.** a particular manner or style of playing a game. **7.** a proceeding carried on according to set rules as in a game: *the game of diplomacy*. **8.** *Colloquial* business or profession. **9.** a trick; strategy: *to see through someone's game*. **10.** sport of any kind; joke: *to make game of a person*. **11.** wild animals, including birds and fishes, such as are hunted or taken for sport or profit. **12.** the flesh of wild animals or game, used for food. **13.** any object of pursuit or attack; prey. **14.** fighting spirit; pluck. –*adj.* **15.** relating to animals hunted or taken as game. **16.** with fighting spirit; plucky; resolute: *as game as a fighting cock*. **17.** *Colloquial* (sometimes fol. by *for* or by an infinitive) willing to undertake something hazardous or challenging: *I'm game to go bushwalking*; *I'm game for a swim*. –*v.i.* **18.** to play games of chance for stakes; gamble. –*phr.* **19. game, set, and match**, (sometimes fol. by *to*) a convincing victory; complete triumph. **20. give the game away**, *Australian, NZ* **a.** to reject or abandon a pursuit or activity previously followed. **b.** to reveal some strategy or secret. **21. have the game sewn up** (or **by the throat**), to be in control of the situation. **22. lift one's game**, to improve one's performance. **23. off one's game**, not giving one's best performance; out of form. **24. on one's game**, giving one's best performance; in form. **25. on the game**, *Colloquial* working as a prostitute. **26. play the game**, to act fairly or justly, or in accordance with recognised rules. **27. throw the game away**, to lose a contest as a result of ineptitude or blunders. **28. two can play

game   322   **garland**

at that game, *Colloquial* (an expression meaning 'others can act in a like manner', usually indicating intended retaliation by another person). –**gamely** *adv.* –**gameness** *n.*

game² /geɪm/ *adj. Colloquial* → **gammy**.

game plan *n.* an overall strategy or long-term plan, as in politics, business, etc.

gamesmanship /ˈgeɪmzmənʃɪp/ *n.* the art or practice of winning games, or gaining advantages without actually cheating, by disconcerting the opponent.

gamete /ˈgæmit, gəˈmit/ *n. Biology* either of the two germ cells which unite to form a new organism; a mature reproductive cell. –**gametal** /gəˈmitl/, **gametic** /gəˈmɛtɪk/ *adj.*

gamin /ˈgæmən/ *n.* **1.** a neglected boy left to run about the streets. **2.** a mischievous boy. –*adj.* **3.** (of a person's appearance, or hairstyle) elfin.

gamma rays /ˈgæmə reɪz/ *pl. n.* rays similar to X-rays, but of higher frequency and penetrating power, forming part of the radiation of radioactive substance.

gammon /ˈgæmən/ *n.* **1.** a smoked or cured ham. **2.** the lower end of a side of bacon.

gammy /ˈgæmi/ *adj. Colloquial* lame: *a gammy leg.*

gamo- a word element meaning 'sexual union'.

-gamous an adjectival word element corresponding to the noun element **-gamy**, as in *polygamous.*

gamut /ˈgæmət/ *n.* the whole scale or range.

-gamy **1.** a word element meaning 'marriage', as in *polygamy.* **2.** *Biology* a word element meaning 'sexual union', as in *allogamy.*

gander /ˈgændə/ *n.* **1.** the male of the goose. **2.** *Colloquial* a look at something.

gang /gæŋ/ *n.* **1.** a band or group: *a gang of boys.* **2. a.** a group of persons working together; squad; shift: *a gang of labourers.* **b.** *Australian History* a party of convicts labouring under the control of an overseer on public works: *a road gang; a wood-cutting gang.* **3.** a group of persons, usually considered disreputable, violent or criminal, associated for a particular purpose: *a gang of thieves.* **4.** a set of tools, etc., arranged to work together or simultaneously. –*v.t.* **5.** to arrange in gangs; form into a gang. –*v.i.* **6.** *Colloquial* to form or act as a gang. –*phr.* **7. gang up,** to form into a gang, usually in opposition to another person or group. **8. gang up on,** to attack in a gang; combine against.

gangling /ˈgæŋglɪŋ/ *adj.* (of a person) awkwardly tall and spindly; lank and loosely built. Also, **gangly** /ˈgæŋgli/.

ganglion /ˈgæŋglɪən/ *n.* **ganglia** /-gliə/ or **ganglions**. **1.** *Anatomy* a bundle of nerve cells outside the brain and spinal cord. **2.** *Pathology* a cyst or enlargement in connection with the sheath of a tendon, usually at the wrist. **3.** a centre of intellectual or industrial force, activity, etc. –**ganglionic** /ˌgæŋgliˈɒnɪk/ *adj.*

gangplank /ˈgæŋplæŋk/ *n.* a plank, often having cleats, used as a temporary bridge in passing into and out of a ship, etc.

gangrene /ˈgæŋgrin/ *n. Pathology* the dying of tissue, as from interruption of circulation; mortification. –**gangrenous** /ˈgæŋgrənəs/ *adj.*

gangster /ˈgæŋstə/ *n.* a member of a gang of criminals.

gangway /ˈgæŋweɪ/ *n.* **1.** a passageway, often on a ship. **2.** (an opening or removable section of a ship's rail for) a gangplank. **3.** an aisle in a theatre. –*interj.* **4.** clear the way!

gannet /ˈgænət/ *n.* any of several large pelagic birds of the family Sulidae, such as the **Australian gannet,** *Morus serrator.*

gantry /ˈgæntri/ *n.* **-tries**. **1.** a spanning framework, such as a bridgelike portion of certain cranes, a structure holding railway signals above the tracks, etc. **2.** a frame supporting something, such as a missile, standing vertical before blast-off. **3.** a simple frame holding a barrel or cask. Also, **gauntry**.

gaol /dʒeɪl/ *n., v.* → **jail**.

gap /gæp/ *n.* **1.** a break or opening, as in a fence, etc.; breach. **2.** any interruption in space or time. **3.** a wide difference in ideas, natures, etc. **4.** a deep, sloping cut in a mountain range. –**gapless** *adj.*

gape /geɪp/ *v.* **gaped, gaping,** *n.* –*v.i.* **1.** to stare with open mouth, as in wonder. **2.** to open as a gap; split or become open wide. –*n.* **3.** a breach or rent; wide opening. –**gaper** *n.* –**gapingly** *adv.*

garage /ˈgæraʒ, -radʒ, gəˈraʒ, -ˈradʒ/ *n., v.* **-raged, -raging.** –*n.* **1.** a building for sheltering a motor vehicle or vehicles. **2.** an establishment where motor vehicles are repaired, petrol is sold, etc. –*v.t.* **3.** to put or keep in a garage.

garb /gab/ *n.* **1.** fashion or mode of dress, especially of a distinctive kind. **2.** clothes. **3.** covering, semblance, or form. –*v.t.* **4.** to dress; clothe.

garbage /ˈgabɪdʒ/ *n.* **1.** refuse animal and vegetable matter. **2.** household, especially kitchen, waste; rubbish; refuse. **3.** anything worthless, undesirable, or unnecessary.

garbage collector *n.* one employed to collect garbage.

garble /ˈgabəl/ *v.* **-bled, -bling,** *n.* –*v.t.* **1.** to make unfair or misleading selections from (facts, statements, writings, etc.); corrupt. **2.** to make incomprehensible. –*n.* **3.** the process of garbling. –**garbler** *n.*

garbo /ˈgaboʊ/ *n. Australian Colloquial* **1.** a garbage collector. **2.** a garbage container.

garden /ˈgadn/ *n.* **1.** a plot of ground devoted to the cultivation of useful or ornamental plants. **2.** a piece of ground, or other space, commonly with ornamental plants, trees, etc., used as a place of recreation: *a botanical garden; a roof garden.* **3.** a fertile and delightful spot or region. –*adj.* **4.** relating to or produced in a garden. **5.** (of recent urban developments) deliberately planned so as to have many garden-like open spaces: *a garden city.* –*v.i.* **6.** to lay out or cultivate a garden. –*v.t.* **7.** to cultivate as a garden. –*phr.* **8. lead up the garden path,** *Colloquial* to mislead, hoax, or delude. –**gardener** *n.* –**gardening** *n.* –**gardenless** *adj.* –**gardenlike** *adj.*

gardenia /gaˈdinjə, -niə/ *n.* any of the evergreen trees and shrubs of the genus *Gardenia*, native to the warmer parts of the eastern hemisphere, including species cultivated for their fragrant, waxlike, white flowers.

garfish /ˈgafɪʃ/ *n.* **-fishes,** (*especially collectively*) **-fish**. any of numerous fishes found in Australian marine and estuarine waters, having a slender body and the lower jaw produced as a needle-like point, as the widely distributed sea garfish *Henirhamphus australis.*

gargle /ˈgagəl/ *v.* **-gled, -gling,** *n.* –*v.t.* **1.** to wash or rinse (the throat or mouth) with a liquid held in the throat and kept in motion by a stream of air from the lungs. –*v.i.* **2.** to gargle the throat or mouth. –*n.* **3.** any liquid used for gargling. **4.** *Colloquial* a drink, usually alcoholic.

gargoyle /ˈgagɔɪl/ *n.* a spout, often terminating in a grotesque head (animal or human) with open mouth, projecting from the gutter of a building for carrying off rainwater.

garish /ˈgeərɪʃ, ˈgar-/ *adj.* **1.** glaring, or excessively bright. **2.** crudely colourful or showy, as dress, etc. **3.** excessively ornate, as structures, writings, etc. –**garishly** *adv.* –**garishness** *n.*

garland /ˈgalənd/ *n.* **1.** a wreath or string of flowers, leaves, or other material, worn for ornament or as an honour, or hung on something as a decoration. **2.** a collection of short literary pieces, usually poems and ballads; a miscellany. –*v.t.* **3.** to crown with a garland; deck with garlands.

garlic /'gɑlɪk/ *n.* **1.** a hardy plant, *Allium sativum*, whose strong-scented pungent bulb is used in cookery and medicine. **2.** any of various other species of the same genus. **3.** the bulb of any such plant. –*adj.* **4.** seasoned with or containing garlic.

garment /'gɑmənt/ *n.* **1.** any article of clothing. **2.** outer covering; outward appearance. –*v.t.* **3.** to clothe. –**garmentless** *adj.*

garnet /'gɑnət/ *n.* **1.** any of a group of hard, vitreous minerals, silicates of calcium, magnesium, iron, or manganese with aluminium or iron, varying in colour. A deep red transparent variety is used as a gem and as an abrasive (**garnet paper**). **2.** deep red, as of a garnet. –**garnet-like** *adj.*

garnish /'gɑnɪʃ/ *v.t.* **1.** to fit out with something that adorns or decorates. **2.** to decorate (a dish) for the table. **3.** *Law* to warn; give notice. –*n.* **4.** adornment or decoration. –**garnisher** *n.*

garnishee /gɑnə'ʃi/ *v.* **-sheed, -sheeing**, *n. Law* –*v.t.* **1.** to attach (money or property) by garnishment. **2.** to make (a person) a garnishee. –*n.* **3.** a person served with a garnishment.

garnishment /'gɑnɪʃmənt/ *n. Law* a warning served on a person, at the suit of a credit or plaintiff, to hold, subject to the court's direction, money or property of the defendant in his or her possession.

garret /'gærət/ *n.* → **attic** (def. 1).

garrison /'gærəsən/ *n.* **1.** a body of troops stationed in a fortified place. **2.** the place where they are stationed. –*v.t.* **3.** to provide (a fort, town, etc.) with a garrison. **4.** to occupy (a fort, post, station, etc.).

garrotte /gə'rɒt/ *n., v.* **-rotted, -rotting**. –*n.* **1.** a Spanish mode of capital punishment, originally by means of an instrument causing death by strangulation, later by one injuring the spinal column at the base of the brain. **2.** the instrument used. **3.** strangulation or throttling, especially for the purpose of robbery. –*v.t.* **4.** to execute by the garrotte. **5.** to throttle, especially for the purpose of robbery. Also, **garotte, garrote**. –**garrotter** *n.*

garrulous /'gærələs/ *adj.* **1.** given to much talking, especially about trifles. **2.** wordy or diffuse, as speech. –**garrulity** *n.* –**garrulously** *adv.* –**garrulousness** *n.*

garter /'gɑtə/ *n.* a fastening, often in the form of a band passing round the leg, to keep up stockings or long socks.

gas¹ /gæs/ *n.* **gases**, *v.* **gassed, gassing**. –*n.* **1.** *Physics* a substance consisting of atoms or molecules which move about freely so that it takes up the whole of the space in which it is contained. **2.** any such substance used as a fuel, especially coal gas or natural gas. **3.** a mistlike mass of fine particles, used in warfare to poison or otherwise harm the enemy. **4.** *Colloquial* empty talk. –*adj.* **5.** coming from, produced by, or involving gas: *a gas stove.* **6.** *Colloquial* great, wonderful: *a gas idea.* –*v.t.* **7.** to affect, overcome, or asphyxiate with gas or fumes. –*v.i.* **8.** *Colloquial* to spend time in empty talk. –**gaseous** *adj.* –**gasify** *v.* –**gassy** *adj.* –**gasless** *adj.*

gas² /gæs/ *n. Chiefly US Colloquial* **1.** petrol. –*phr.* **2. step on the gas**, to hurry.

gasbag /'gæsbæg/ *n., v.* **-bagged, -bagging**. –*n.* **1.** a bag for holding gas, as in a balloon or dirigible. **2.** *Colloquial* an empty, voluble talker; a windbag. –*v.i.* **3.** *Colloquial* to talk volubly; chatter.

gash /gæʃ/ *n.* a long, deep wound or cut, especially in the flesh; a slash.

gasket /'gæskət/ *n.* **1.** anything used as a packing or jointing material for making joints fluid-tight. **2.** a suitably punched asbestos sheet, usually sandwiched between thin sheets of copper, for making a gastight joint, especially between the cylinder block and the cylinder head of an internal-combustion engine. –*phr.* **3. blow a gasket**, to lose one's temper.

gas mantle /'gæs mæntl/ *n.* a chemically prepared, incombustible network hood for a gas jet which, when the jet is lit, becomes incandescent and gives a brilliant light.

gasmask /'gæsmɑsk/ *n.* a masklike device worn to protect against noxious gases, fumes, etc., as in warfare or in certain industries, the air inhaled by the wearer being filtered through charcoal and chemicals.

gasoline = **gasolene** /'gæsəlin/ *n. Chiefly US* → **petrol**.

gasometer /gæ'sɒmətə, gə-/ *n.* **1.** a large tank or reservoir for storing gas, especially at a gasworks. **2.** a laboratory apparatus for measuring or storing gas. –**gasometric** /gæsə'mɛtrɪk/, **gasometrical** /gæsə'mɛtrɪkəl/ *adj.*

gasp /gæsp/ *n.* **1.** a sudden, short breath; convulsive effort to breathe. **2.** a short, convulsive utterance, especially as a result of fear or surprise. –*v.i.* **3.** to catch the breath, or struggle for breath, with open mouth, as from exhaustion; breathe convulsively. –*phr.* **4. be gasping for** (or **after**), to long for with breathless eagerness; desire; crave. **5. gasp for air** (or **breath**), to struggle to breathe. **6. gasp out**, to utter with gasps.

gastric /'gæstrɪk/ *adj.* having to do with the stomach.

gastric brooding frog *n.* either of two species of aquatic frog of the genus *Rheobatrachus*, found in eastern Queensland, which is distinguished by its habit of swallowing its fertilised eggs, incubating its eggs in its stomach, and finally giving birth to fully-formed young through its mouth.

gastro- a word element meaning 'stomach', as in *gastropod, gastrology*. Also, **gastero-, gastr-**.

gastroenteritis /ˌgæstroʊɛntə'raɪtəs/ *n. Pathology* inflammation of the stomach and intestines.

gastroenterology /ˌgæstroʊɛntə'rɒlədʒi/ *n.* the study of the structure and diseases of digestive organs. –**gastroenterologist** *n.*

gastronome /'gæstrənoʊm/ *n.* a gourmet; epicure. Also, **gastronomer** /gæs'trɒnəmə/.

gastronomy /gæs'trɒnəmi/ *n.* the art or science of good eating. –**gastronomic** /gæstrə'nɒmɪk/, **gastronomical** /gæstrə'nɒmɪkəl/ *adj.* –**gastronomically** /gæstrə'nɒmɪkli/ *adv.* –**gastronomist** *n.*

gastropod /'gæstrəpɒd/ *n.* any of the Gastropoda, a class of molluscs comprising the snails, having a shell of a single valve, usually spirally coiled, and a ventral muscular foot on which they glide about. Also, **gasteropod**.

gate /geɪt/ *n.* **1.** a movable frame, in a fence or wall, or across a passageway. **2.** an opening for passage into an enclosed area. **3.** any narrow means of entrance. **4.** a device for controlling the passage of water, steam, etc., as in a dam, pipe, etc.; valve. **5.** the number of persons who pay for admission to a sporting event. **6.** Also, **gate money**. the money taken for entrance to a sporting event. **7.** *Motor Vehicles* the H-shaped arrangement controlling the gearstick movement. **8.** *Electricity* an electronic circuit which controls the passage of information signals. –**gateman** /'geɪtmən/ *n.*

gateau /'gætoʊ/ *n.* **gateaux** /-toʊz, -toʊ/ an elaborate cake or dessert having a base of sponge, biscuit, or pastry, on top of which fruit, jelly,

gatecrash

cream, etc., are added as garnish. Also, **gâteau**.
gatecrash /'geɪtkræʃ/ v.t. to attend (a party) uninvited, or to attend (a public entertainment, etc.) without a ticket. –**gatecrasher** n.
gather /'gæðə/ v.t. **1.** to bring (persons, animals, or things) together into one company or aggregate. **2.** to get together from various places or sources; collect gradually. **3.** to learn or infer from observation: *I gather that he'll be leaving*. **4.** to pick (any crop or natural yield) from its place of growth or formation: *to gather grain, fruit, or flowers*. **5.** to wrap or draw around or close to someone or something: *to gather a person into one's arms*. **6.** to pick up piece by piece. **7.** to attract: *to gather a crowd*. **8.** to take by selection from among other things; sort out; cull. **9.** Also, **gather up**. to assemble or collect (one's energies or oneself) as for an effort. **10.** to contract (the brow) into wrinkles. **11.** to draw up (cloth) on a thread in fine folds or puckers by running a thread through. **12.** *Bookbinding* to assemble (the printed sheets of a book) in their proper sequence to be bound. **13.** to increase (speed, etc.), as a moving vehicle. –v.i. **14.** to come together or assemble: *to gather round a fire, to gather in crowds*. **15.** to collect or accumulate. **16.** to grow as by accretion; increase. **17.** to come to a head, as a sore in suppurating. –n. **18.** a drawing together; contraction. **19.** (*usually plural*) a fold or pucker in gathered cloth, etc. –*phr.* **20. be gathered to one's fathers**, to die. **21. gather dust**, to lie unused or untouched. –**gathering** n. –**gatherable** adj. –**gatherer** n.
gauche /ɡoʊʃ/ adj. awkward; clumsy; tactless: *her apology was as gauche as if she had been a schoolgirl*. –**gaucheness** n.
gaudy /'ɡɔdi/ adj. **-dier, -diest. 1.** brilliant; excessively showy. **2.** showy without taste; vulgarly showy; flashy. –**gaudily** adv. –**gaudiness** n.
gauge /ɡeɪdʒ/ v. **gauged, gauging**. –v.t. **1.** to appraise, estimate, or judge. **2.** to determine the dimensions, capacity, quantity, or force of; measure, as with a gauge. **3.** to make conformable to a standard. –n. **4.** a standard of measure; standard dimension or quantity. **5.** a means of estimating or judging; criterion; test. **6.** extent; scope; capacity. **7.** any instrument for measuring pressure, volume, or dimensions, as a pressure gauge, micrometer gauge, etc. **8.** *Ordnance* the internal diameter of a gun bore. **9.** the distance between the rails in a railway system; **standard gauge** is 1435mm; **broad gauge** is wider, and **narrow gauge** narrower, than this. Also, **gage**. –**gaugeable** adj.
gaunt /ɡɔnt/ adj. **1.** abnormally thin; emaciated; haggard. **2.** bleak, desolate, or grim, as places or things. –**gauntly** adv. –**gauntness** n.
gauntlet[1] /'ɡɔntlət/ n. **1.** a medieval glove, as of mail or plate, to protect the hand. **2.** a glove with a cuff-like extension for the wrist. –*phr.* **3. take up the gauntlet**, to accept a challenge, originally to a duel. **4. throw down the gauntlet**, to extend a challenge, originally to a duel. Also, **gantlet**.
gauntlet[2] /'ɡɔntlət/ phr. **run the gauntlet, 1.** to be forced to run between two rows of men who strike at one with switches or other weapons as one passes (formerly a common military punishment). **2.** to undertake an extremely hazardous operation. Also, *US*, **gantlet**.
gauss /ɡaʊs/ n. *Electricity* a unit of magnetic induction in the centimetre-gram-second system, equal to 0.1×10^{-3} teslas.
gauze /ɡɔz/ n. **1.** any thin transparent fabric made from any fibre in a plain or leno weave. **2.** some similar open material, as of wire. **3.** a thin haze. –v.t. **4.** to cover with gauze. –v.i. **5.** to become misty. –**gauzelike, gauzy** adj.

gave /ɡeɪv/ v. past tense of **give**.
gavel /'ɡævəl/ n. **1.** a small mallet used by a presiding officer to signal for attention or order. –v.i. **2.** to hammer, as with a gavel.
gawk /ɡɔk/ n. **1.** an awkward, foolish person. –v.i. **2.** *Colloquial* to act like a gawk; stare stupidly.
gawky /'ɡɔki/ adj. **-kier, -kiest.** awkward; ungainly; clumsy. –**gawkily** adv. –**gawkiness** n.
gay /ɡeɪ/ adj. **gayer, gayest**, n. –adj. **1.** having or showing a joyous mood: *gay spirits, music, scenes, etc.* **2.** bright or showy: *gay colours, flowers, ornaments, etc.* **3.** given to or abounding in social or other pleasures: *a gay social season*. **4.** (especially of a male) homosexual: *gay rights*. –n. **5.** a homosexual, especially male.
gaze /ɡeɪz/ v. **gazed, gazing**, n. –v.i. **1.** to look steadily or intently; look with curiosity, wonder, etc. –n. **2.** a steady or intent look. –**gazer** n.
gazebo /ɡə'zibou/ n. **-bos** or **-boes**. a structure commanding an extensive prospect, especially a turret, pavilion, or summerhouse.
gazelle /ɡə'zɛl/ n. any of various small antelopes of the genus *Gazella* and allied genera, noted for their graceful movements and lustrous eyes. –**gazelle-like** adj.
gazette /ɡə'zɛt/ n., v. **-zetted, -zetting**. –n. **1.** a newspaper (now common only in newspaper titles). **2.** an official government journal, containing lists of government appointments and promotions, bankruptcies, etc. –v.t. **3.** to publish, announce, or list in a gazette.
gazetteer /ɡæzə'tɪə/ n. **1.** a geographical dictionary. **2.** a journalist, especially one appointed and paid by the government.
gazump /ɡə'zʌmp/ v.t. **1.** to bypass (a buyer of real estate with whom a price has been agreed) by selling at a higher price to another. **2.** to force (a buyer) to accept a price higher than that previously agreed upon. –**gazumper** n. –**gazumping** n.
GDP /dʒi di 'pi/ gross domestic product.
gear /ɡɪə/ n. **1.** *Mechanics* a device for passing on or changing movement, as by toothed wheels. **2.** tools or apparatus, especially as used for a particular operation. **3.** personal possessions; goods. **4.** *Colloquial* clothes. –v.t. **5.** to provide with or connect by gearing. **6.** to prepare or fit (someone or something) for a particular situation: *he gears his cooking to his family's tastes*.
gearbox /'ɡɪəbɒks/ n. the casing in which gears are enclosed, especially in a motor vehicle.
gearing /'ɡɪərɪŋ/ n. **1.** the parts collectively by which motion is transmitted in machinery, especially a train of toothed wheels. **2.** the installation of such gears.
gearstick /'ɡɪəstɪk/ n. a device for selecting or connecting gears for transmitting power, especially in a motor vehicle. Also, **gearlever** /'ɡɪəlivə/.
gecko /'ɡɛkoʊ/ n. **-os** or **-oes**. a lizard of the family Geckonidae, mostly nocturnal, many with adhesive pads on the toes.
gee /dʒi/ phr. **gee up**, (a command to horses, etc., directing them to go faster).
geek[1] /ɡik/ n. *Colloquial* a look: *have a geek at this*. Also, **geez, gig, gink**.
geek[2] /ɡik/ n. *Colloquial* **1.** a person who makes a spectacle of himself or herself for the entertainment of others. **2.** any eccentric person. **3.** someone who is socially awkward. **4.** *Computers* a person whose lifestyle revolves around computers. –adj. **5.** *Computers* of or relating to such a person or their lifestyle: *geek magazine*.
geese /ɡis/ n. plural of **goose**.
gee-whiz /'dʒi-wɪz/ adj. *Colloquial* astonishing, especially by virtue of technological innovation:

gee-whiz gadgetry. Also, **gee-whizz**.

geezer /'gizə/ *n. Colloquial* an odd character. Also, **geeser**.

Geiger counter /'gaɪgə kaʊntə/ *n.* an instrument for detecting and counting ionising particles, consisting of a tube which conducts electricity when the gas within is ionised by such a particle. It is used in measuring the degree of radioactivity in an area left by the explosion of an atom bomb, in investigations of cosmic rays, etc. Also, **Geiger-Müller counter**.

geisha /'geɪʃə/ *n.* **-sha** *or* **-shas**. a Japanese woman trained to entertain men with singing, dancing, and conversation.

gel /dʒɛl/ *n., v.* **gelled, gelling**. *–n.* **1.** *Physical Chemistry* a semirigid colloidal dispersion of a solid with a liquid or gas, such as jelly, glue, or silica gel. **2.** a clear, liquid jelly, sometimes tinted, used for cosmetic purposes. *–v.i.* **3.** to form or become a gel.

gelatine /'dʒɛlətin, dʒɛlə'tin/ *n.* **1.** a brittle, nearly transparent, faintly yellow, odourless, and almost tasteless organic substance, obtained by boiling in water the ligaments, bones, skin, etc., of animals, and forming the basis of jellies, glues, and the like. **2.** any of various similar substances, such as vegetable gelatine. **3.** a preparation or product in which gelatine is the essential constituent. Also, **gelatin** /'dʒɛlətən/.

gelato /dʒə'latoʊ/ *n.* an iced confection made from cream, milk, or water in any combination, with fruit or nut flavouring, and whipped at a very low temperature.

geld /gɛld/ *v.t.* **gelded** *or* **gelt, gelding**. to castrate (especially animals).

gelding /'gɛldɪŋ/ *n.* a castrated animal, especially a horse.

gelignite /'dʒɛləgnaɪt/ *n.* an explosive consisting of nitroglycerine, nitrocellulose, potassium nitrate, and wood pulp which is used for blasting.

gem /dʒɛm/ *n.* **1.** a stone used in jewellery, fashioned to bring out its beauty. **2.** something likened to or prized as a gem because of its beauty or worth, especially something small: *the gem of the collection*. **–gemlike** *adj.* **–gemmy** *adj.*

gemfish /'dʒɛmfɪʃ/ *n.* a food fish with delicate flavour, *Rexea solandri*, plentiful in waters of south-eastern Australia; hake.

gemma /'dʒɛmə/ *n.* **gemmae** /'dʒɛmi/. **1.** *Botany* a cell or cluster of cells, or a leaf- or budlike body, which separates from the parent plant and forms a new plant, as in mosses, liverworts, etc. **2.** *Zoology* an asexually produced mass of cells that will develop into an animal. Also, **gemmule**.

gen /dʒɛn/ *Colloquial –n.* **1.** general information. **2.** all the necessary information about a subject. *–phr.* **3. gen up**, (sometimes fol. by *on*) to become informed, to learn or read up.

-gen a suffix meaning: **1.** something produced, or growing: *acrogen, endogen, exogen*. **2.** something that produces: *hydrogen, oxygen*.

gender /'dʒɛndə/ *n.* **1.** *Grammar* **a.** (in many languages) a set of classes, such as masculine, feminine and neuter, which together include all nouns. Often the classification correlates in part with sex (**natural gender**) or animateness. **b.** one class of such a set. **2.** sex (def. 1). **–genderless** *adj.*

gender gap *n.* the difference in attitudes, opinions, social customs, etc., which exists between males and females.

gender role *n.* a role such as breadwinner, nurturer, etc., which is assigned to a person on the basis of their gender.

gene /dʒin/ *n.* the unit of inheritance, associated with deoxyribonucleic acid, which is situated on and transmitted by the chromosome, and which develops into a hereditary character as it reacts with the environment and with the other genes. **–genic** *adj.*

genealogy /dʒini'ælədʒi/ *n.* **-gies**. **1.** an account of the descent of a person or family through an ancestral line. **2.** the investigation of pedigrees as a department of knowledge. **–genealogical** /dʒiniə'lɒdʒɪkəl/, **genealogic** /dʒiniə'lɒdʒɪk/ *adj.* **–genealogically** /dʒiniə'lɒdʒɪkli/ *adv.* **–genealogist** *n.*

gene mapping *n.* the identification of the place on one of the twenty-three pairs of human chromosomes where a particular gene lies.

gene pool *n.* the total amount of genetic information, and thus of possibilities for future evolutionary development, held by all the individuals in a specified population.

genera /'dʒɛnərə/ *n.* plural of **genus**.

general /'dʒɛnrəl/ *adj.* **1.** relating to, affecting, including, or participated in by all members of a class or group; not partial or particular: *a general election*. **2.** common to many or most of a community; prevalent; usual: *the general practice*. **3.** not restricted to one class or field; miscellaneous: *the general public; general knowledge*. **4.** not limited to a detail of application; not specific or special: *general instructions*. **5.** indefinite or vague: *to refer to a matter in a general way*. **6.** having extended command, or superior or chief rank (often follows noun): *a general officer; governor-general*. *–n.* **7.** *Military* **a.** an officer next in rank above a lieutenant general and below a field marshal. **b.** one who fulfils the function of a general officer; a military commander: *Julius Caesar was a great general*. *–phr.* **8. in general**, **a.** with respect to the whole class referred to. **b.** as a general rule; commonly. **–generalness** *n.*

general anaesthetic = general anesthetic *n.* an anaesthetic which anaesthetises the entire body and is accompanied by loss of consciousness.

general election *n.* a parliamentary election, not a by-election, in which all seats in the house are thrown open, as a Federal or State election for the Lower House.

generalise = generalize /'dʒɛnrəlaɪz/ *v.* **-lised, -lising**. *–v.t.* **1.** to give a general (rather than specific or special) character to. **2.** to form (a general principle, etc.) from studying facts, etc. **3.** to bring into general use or knowledge. *–v.i.* **4.** to form general ideas or principles. **5.** to talk generally or vaguely. **–generalisation** *n.*

generality /dʒɛnə'ræləti/ *n.* **-ties**. **1.** a general or vague statement: *to speak in vague generalities*. **2.** general principle; general rule or law. **3.** the greater part or majority: *the generality of people*. **4.** state or quality of being general.

generally /'dʒɛnrəli/ *adv.* **1.** with respect to the larger part, or for the most part: *a claim generally recognised*. **2.** usually; commonly; ordinarily: *he generally comes at noon*. **3.** without reference to particular persons or things: *generally speaking*.

general practitioner *n.* a doctor who does not specialise in any particular branch of medicine; a doctor in general practice. *Abbrev.*: GP

general strike *n.* a mass strike in all or many trades and industries in a section or in all parts of a country.

generate /'dʒɛnəreɪt/ *v.t.* **-rated, -rating**. **1.** to bring into existence; give rise to; produce; cause to be: *to generate electricity*. **2.** to beget, to procreate. **3.** *Mathematics* **a.** to specify (a set) by applying rules or operations to given quantities. **b.** to trace out (a figure) by the motion of another figure. **4.** *Linguistics* to produce (sentences, etc.) from a limited inventory of linguistic items by applying a series of grammatical rules.

generation /dʒɛnəˈreɪʃən/ *n.* **1.** the whole body of individuals born about the same time: *the rising generation*. **2.** the age or average lifetime of a generation; term of years (commonly thirty) accepted as the average difference of age between one generation of a family and the next. **3.** a single step in natural descent, as of human beings, animals, or plants. **4.** the act or process of generating; procreation. **5.** production by natural or artificial processes; evolution, as of heat or sound.

generation X *n.* the generation following the baby-boomers, characterised in contrast with that group as being not as easily identifiable as a group, and in particular as not being vocal on social issues but rather concerned with individual gain. Also, **X generation**. **–generation Xer** *n.*

generator /ˈdʒɛnəreɪtə/ *n.* **1.** *Electricity* a machine which converts mechanical energy into electrical energy; dynamo. **2.** *Chemistry* an apparatus for producing a gas or vapour.

generic /dʒəˈnɛrɪk/ *adj.* **1.** relating to a genus. **2.** applicable or referring to all the members of a genus or class. **3.** of or relating to a class of commodities marketed under the brand name of a retailing chain with the implication of greater cheapness than if they appeared under the brand name of the producer. **4.** identified by the name of the product itself, not by a particular brand name. **–***n.* **5.** a generic commodity. Also, **generical**. **–generically** *adv.*

generous /ˈdʒɛnərəs, ˈdʒɛnrəs/ *adj.* **1.** munificent or bountiful; unselfish: *a generous giver or gift*. **2.** free from meanness or smallness of mind or character. **3.** furnished liberally; abundant: *a generous portion*. **4.** rich or strong, as wine. **5.** fertile, as soil. **–generously** *adv.* **–generousness** *n.*

gene shears *pl. n.* molecules developed to target and destroy specific RNA within plant and animal cells and so to prevent an undesirable gene from carrying out its work.

genesis /ˈdʒɛnəsəs/ *n.* **-ses** /-siz/. **1.** origin; production; creation. **2.** (*cap.*) the first book of the Old Testament, telling of the beginnings of the world and of humankind.

gene therapy *n.* a procedure in which defective genes are replaced or mutated in order to correct a genetic defect.

genetic /dʒəˈnɛtɪk/ *adj.* **1.** *Biology* relating or according to genetics. **2.** relating to genesis or origin. **–genetically** *adv.*

genetics /dʒəˈnɛtɪks/ *n.* the science of heredity, dealing with resemblances and differences of related organisms flowing from the interaction of their genes and the environment. **–geneticist** *n.*

genial /ˈdʒiniəl/ *adj.* **1.** sympathetically cheerful; cordial: *a genial disposition, a genial host*. **2.** enlivening; supporting life; pleasantly warm, or mild. **–geniality** *n.* **–genially** *adv.* **–genialness** *n.*

genie /ˈdʒini/ *n.* a spirit of Arabian mythology. See **jinn**.

genital /ˈdʒɛnətl/ *adj.* relating to generation or the organs of generation.

genital herpes *n. Pathology* a sexually transmitted disease caused by the herpes simplex virus type 2.

genitalia /dʒɛnəˈteɪliə/ *pl. n.* the genitals.

genitals /ˈdʒɛnətlz/ *pl. n.* the reproductive organs, especially the external organs.

genitive /ˈdʒɛnətɪv/ *Grammar* **–***adj.* **1.** (in some inflected languages) denoting the case of nouns generally used to modify other nouns, often indicating possession, but used also in expressions of measure, origin, characteristic, as *John's* hat, *week's* holiday, *duty's* call. **2.** denoting the affix or other element characteristic of this case, or a word containing such an element. **3.** similar to such a case form in function or meaning. **–***n.* **4.** the genitive case. **5.** a word in that case. **6.** a construction of similar meaning. **–genitival** /dʒɛnəˈtaɪvəl/ *adj.* **–genitivally** /dʒɛnəˈtaɪvəli/ *adv.*

genius /ˈdʒiniəs/ *n.* **geniuses** *for defs 1-4 and 7* **genii** /ˈdʒiniaɪ/ *for defs 5, 6 and 8* **1.** great natural ability for original ideas; highest level of mental ability. **2.** a person having such ability. **3.** natural ability: *he has a genius for fixing cars*. **4.** special character or spirit of a nation, period, language, etc. **5.** the spirit which attends and guards a place, etc. **6.** either of two opposed spirits, one good and the other evil, supposed to attend a person throughout his or her life. **7.** a person who strongly influences the life of another: *she is my evil genius*. **8.** (*plural*) any demon or spirit, especially genie or jinn.

genocide /ˈdʒɛnəsaɪd/ *n.* extermination of a national or racial group as a planned move. **–genocidal** /dʒɛnəˈsaɪdl/ *adj.*

genotype /ˈdʒɛnətaɪp/ *n.* **1.** the fundamental hereditary constitution of an organism. **2.** a group of organisms with a common heredity. **–genotypic** /dʒɛnəˈtɪpɪk/ *adj.* **–genotypically** /dʒɛnəˈtɪpɪkli/ *adv.*

-genous an adjective suffix derived from nouns in **-gen** and **-geny**.

genre /ˈʒɒnrə/ *n.* **1.** kind; sort; genus. **2.** *Art* paintings, etc., which represent scenes from ordinary life (as opposed to landscapes, etc.). **3.** a conventional literary form or format, such as the novel, drama or letter. **4.** a type of discourse such as dialogue, email, etc.

genteel /dʒɛnˈtil/ *adj.* **1.** belonging or suited to polite society. **2.** well-bred or refined; polite; elegant; stylish. **3.** affectedly proper in manners and speech. **–genteelly** *adv.* **–genteelness** *n.*

gentile /ˈdʒɛntaɪl/ *adj.* **1.** having to do with any people not Jewish. **2.** Christian, as opposed to Jewish. **–***n.* **3.** someone who is not Jewish, especially a Christian. Also, **Gentile**.

gentility /dʒɛnˈtɪləti/ *n.* **-ties**. **1.** superior refinement or elegance, possessed or affected. **2.** gentle birth.

gentle /ˈdʒɛntl/ *adj.* **-tler**, **-tlest**. **1.** kindly; amiable: *gentle words*. **2.** not severe, rough, or violent: *a gentle wind; a gentle tap*. **3.** gradual: *a gentle slope*. **4.** of upper class birth or family. **5.** easily handled: *a gentle animal*. **6.** soft or low: *a gentle sound*. **7.** *Archaic* polite; refined: *a gentle lady*. **8.** *Archaic* noble; chivalrous: *a gentle knight*. **–gentleness** *n.* **–gently** *adv.*

gentleman /ˈdʒɛntlmən/ *n.* **-men**. **1.** a man of good breeding, education, and manners. **2.** (as a polite form of speech) any man. **–gentlemanlike**, **gentlemanly** *adj.*

gentry /ˈdʒɛntri/ *n.* **1.** well-born and well-bred people. **2.** the class below the nobility.

genuflect /ˈdʒɛnjəflɛkt/ *v.i.* to bend the knee or knees, especially in reverence. **–genuflection** *n.* **–genuflector** *n.*

genuine /ˈdʒɛnjuən/ *adj.* **1.** being truly such; real; authentic: *genuine regret, genuine worth*. **2.** properly so called: *genuine leprosy*. **3.** sincere; free from pretence or affectation: *a genuine person*. **–genuinely** *adv.* **–genuineness** *n.*

genus /ˈdʒinəs/ *n.* **genera** /ˈdʒɛnərə/. **1.** a kind; sort; class. **2.** *Biology* the usual major subdivision of a family or subfamily, usually consisting of more than one species, essentially very similar to one another and regarded as phylogenetically very closely related. The genus designation is the first part of the scientific name of a species, as in *Lynx canadensis*, the Canadian lynx. **3.** *Logic* a class or group of individuals including subordinate groups called *species*.

-geny a suffix meaning 'origin', as in *phylogeny*.

geo- a word element meaning 'the earth', as in *geocentric*.

geocentric /dʒioʊ'sɛntrɪk/ *adj.* **1.** *Astronomy* as viewed or measured from the centre of the earth: *the geocentric altitude of a star.* **2.** having or representing the earth as a centre: *a geocentric theory of the universe.* Also, **geocentrical**. –**geocentrically** *adv.*

geography /dʒi'ɒgrəfi/ *n.* **-phies. 1.** the study of the areal differentiation of the earth's surface, as shown in the character, arrangement, and interrelations over the world of elements such as climate, relief, soil, vegetation, population, land use, industries, or states, and of the unit areas formed by the complex of these individual elements. **2.** the topographical features of a region, usually of the earth, but sometimes of Mars, the moon, etc. **3.** a book, especially a textbook, on this subject.

geological time *n.* the time covering the development of the planet earth to the present; about 5000 million years.

geology /dʒi'ɒlədʒi/ *n.* **geologies. 1.** the science that deals with the earth, the rocks of which it is composed, and the changes which it has undergone or is undergoing. **2.** the geological features of a locality. –**geological** /dʒiə'lɒdʒəkəl/ *adj.* –**geologist** *n.*

geometric /dʒiə'mɛtrɪk/ *adj.* **1.** having to do with geometry; according to the principles of geometry. **2.** having to do with painting, sculpture, or ornamentation with predominantly geometric characteristics or figures. **3.** → **geometrical**.

geometrical /dʒiə'mɛtrɪkəl/ *adj.* **1.** resembling or using the lines or figures of geometry. **2.** → **geometric.** –**geometrically** *adv.*

geometric progression *n. Mathematics* a sequence of terms in which the ratio of any term to its predecessor is a constant, as 1, 3, 9, 27, 81, and 243, and 144, 12, 1, and $1/12$.

geometry /dʒi'ɒmətri/ *n.* **1.** the branch of mathematics that deals with the properties of figures in space. **2.** the shape of a surface or solid. **3.** the spatial configuration of the elements of a system: *the geometry of the apparatus.*

geophysics /dʒioʊ'fɪzɪks/ *n.* the physics of the earth, dealing especially with the study of inaccessible portions of the earth by instruments and apparatus such as the torsion balance, seismograph, and magnetometer. –**geophysical** *adj.* –**geophysicist** *n.*

georgette /dʒɔ'dʒɛt/ *n.* sheer silk or rayon crepe of dull texture. Also, **georgette crepe**.

geotropic /dʒioʊ'trɒpɪk/ *adj.* **1.** of or relating to geotropism. **2.** taking a particular direction with reference to the earth. –**geotropically** *adv.*

geranium /dʒə'reɪniəm/ *n.* **1.** any of the plants of the genus *Geranium*, most of which have pink or purple flowers, and some of which, such as *G. maculatum*, have an astringent root used in medicine; cranesbill. **2.** a plant of the allied genus *Pelargonium*, of which many species are well known in cultivation for their showy flowers (such as the **scarlet geraniums**) or their fragrant leaves (such as the **rose geraniums**).

geriatric /dʒɛri'ætrɪk/ *adj.* **1.** having to do with geriatrics or with aged persons. **2.** *Colloquial* marked by debilitation by or as by old age: *a geriatric performance.* –*n.* **3.** an aged person, especially one incapacitated or invalided by old age.

geriatrics /dʒɛri'ætrɪks/ *n.* the science of the medical and hygienic care of, or the diseases of, aged persons. –**geriatrician** /dʒɛriə'trɪʃən/, **geriatrist** *n.* –**geriatric** *adj.*

germ /dʒɜm/ *n.* **1.** a micro-organism, especially when disease-producing; microbe. **2.** that from which anything springs as if from a seed. **3.** *Embryology* **a.** a bud, offshoot, or seed. **b.** the rudiment of a living organism; an embryo in its early stages. **4.** *Biology* the initial stage in development or evolution, as a germ cell or ancestral form. –**germless** *adj.*

german /'dʒɜmən/ *adj.* **1.** sprung from the same father and mother (always placed after the noun): *a brother-german.* **2.** sprung from the brother or sister of one's father or mother, or from brothers or sisters: *a cousin-german.*

germane /dʒɜ'meɪn/ *adj.* closely related; pertinent: *a remark germane to the question.*

German measles *n.* → **rubella**.

German shepherd *n.* one of a highly intelligent wolflike breed of dog, much used for police work, or as a guide-dog, etc.; Alsatian.

germinal /'dʒɜmənəl/ *adj.* **1.** having to do with a germ or germs. **2.** being a germ or germ cell. **3.** in the earliest stage of development: *germinal ideas.*

germinate /'dʒɜməneɪt/ *v.* **-nated, -nating.** –*v.i.* **1.** to begin to grow or develop. **2.** *Botany* **a.** to develop into a plant or individual, as a seed, or as a spore, bulb, or the like. **b.** to sprout; put forth shoots. –*v.t.* **3.** to cause to develop; produce. –**germination** /dʒɜmə'neɪʃən/ *n.* –**germinator** *n.*

gerontology /dʒɛrən'tɒlədʒi/ *n.* the study of old age, its diseases and phenomena. –**gerontologist** *n.*

-gerous a combining form meaning 'bearing' or 'producing', as in *setigerous.*

gerrymander /'dʒɛrimændə/ *v.t.* **1.** *Politics* to subject (an electorate, etc.) to a gerrymander. **2.** to manipulate unfairly. –*n.* **3.** *Politics* an arbitrary arrangement of the political divisions of an electorate, etc., made so as to give one party an unfair advantage in elections.

gerund /'dʒɛrənd/ *n. Grammar* **1.** (in Latin and some other languages) a derived noun form of verbs, having (in Latin) all case forms but the nominative. For example, Latin *dicendī* genitive, *dicendō*, dative, ablative, *dicendum*, accusative, 'saying'. No nominative form occurs. **2.** (sometimes, from similarity of meaning) the English *-ing* form of a verb when in nominal function. *Walking* and *writing* are gerunds in the sentences 'walking is good exercise' and 'writing is easy'. –**gerundial** /dʒə'rʌndiəl/ *adj.*

gestate /'dʒɛsteɪt/ *v.t.* **-tated, -tating.** to carry in the womb during the period from conception to delivery. –**gestation** *n.*

gesticulate /dʒɛs'tɪkjəleɪt/ *v.* **-lated, -lating.** –*v.i.* **1.** to make or use gestures, especially in an animated or excited manner with or instead of speech. –*v.t.* **2.** to express by gesturing. –**gesticulator** *n.*

gesture /'dʒɛstʃə/ *n., v.* **-tured, -turing.** –*n.* **1.** movement of the body, head, arms, hands, or face expressive of an idea or an emotion: *the gestures of an orator, a gesture of impatience.* **2.** any action or proceeding intended for effect or as a formality; demonstration: *a gesture of friendship.* –*v.i.* **3.** to make or use gestures. –*v.t.* **4.** to express by gestures. –**gesturer** *n.*

get /gɛt/ *v.* **got** or *Archaic* **gat, got, getting.** –*v.t.* **1.** to obtain, gain, or acquire by any means: *to get favour by service; get a good price.* **2.** to fetch or bring: *I will go and get it.* **3.** to receive or be awarded: *I got a present; they got five years for theft.* **4.** to obtain by working; earn: *to get one's living.* **5.** to acquire a mental grasp or command of; learn: *to get a lesson by heart.* **6.** to hear or understand: *I didn't get the last word.* **7.** to be afflicted with (an illness, etc.): *to be getting the*

flu. **8.** to reach or communicate with (someone): *to get him on the phone.* **9.** to cause to be or do: *to get a friend appointed; get one's hair cut; get the fire to burn.* **10.** to manage; succeed in accomplishing: *I didn't get to see her.* **11.** to prevail on: *to get her to speak.* **12.** to prepare; make ready: *to get dinner.* **13.** *Colloquial* to hit: *the bullet got her in the leg.* **14.** *Colloquial* to have revenge on, especially by physical assault: *I'll get you for that.* **15.** *Colloquial* to grasp or understand the meaning or intention of (a person). **16.** *Colloquial* to look at; perceive: *get that hairdo!* **17.** *Colloquial* to baffle; reveal the ignorance of: *you've got me there, mate!* **18.** *Colloquial* to have a strong effect upon, as irritation, anger, amusement: *her behaviour really gets me.* **19.** *Colloquial* to trick or deceive. **20.** *Colloquial* to kill. **21.** *Colloquial* to answer: *who'll get the phone?* –*v.i.* **22.** to come to or arrive: *to get home.* **23.** to succeed in coming or going *(away, in, into, out, over, through,* etc.). –*v.* *(copular)* **24.** to become; grow: *to get tired.* –*v.* *(aux)* **25.** (used to form a passive verb): *to get married.* –*phr.*
26. be getting on, to be advanced in years.
27. do a get, *Colloquial* to escape; run away.
28. get about, **a.** to move about. **b.** (of rumours, etc.) to become known.
29. get across, **a.** to make understood. **b.** *Theatre* to communicate successfully (to an audience). **c.** *Colloquial* to irritate or annoy.
30. get ahead, to be successful; make progress.
31. get along, **a.** to go away.
32. get along with you, (an exclamation of disbelief).
33. get any, *Colloquial* to have sexual intercourse: *are you getting any?*
34. get around, **a.** to move about. **b.** (of rumours, etc.) to become known. **c.** to overcome (a difficulty).
35. get at, **a.** to reach; make contact with: *I can't get at it.* **b.** *Colloquial* to hint at or imply: *what's she getting at?* **c.** *Colloquial* to tamper with, as by corruption or bribery. **d.** *Colloquial* to nag or find fault with: *why are you always getting at me?*
36. get away, **a.** to escape. **b.** to depart. **c.** to start in a race: *the horses got away cleanly.* **d.** to go away, especially on holiday: *we'll get away this evening.* **e.** Also, **get out.** *Colloquial* (an exclamation of surprise or disbelief). **f.** (of grass or feed grains) to grow sufficiently to provide useful fodder for stock.
37. get away from, **a.** to escape. **b.** to avoid.
38. get away from it all, to leave business, work, worries, etc., for a holiday.
39. get away with, to avoid punishment or blame for.
40. get away with you, *Colloquial* (an exclamation indicating good-humoured disbelief or dismissal).
41. get back, **a.** to return: *we should get back before sunset.* **b.** to recover or make as a profit on: *they got back twice the amount they invested.*
42. get back on (or **at**), *Colloquial* to get revenge on (someone).
43. get back to, **a.** (of information intended to be suppressed or withheld) to reach the ears of: *the rumour will get back to him eventually.* **b.** to contact (someone) for a second time.
44. get by, to manage; carry on in spite of difficulties.
45. get cracking, *Colloquial* to begin vigorously; hurry.
46. get down, **a.** to bring down. **b.** to come down. **c.** *Colloquial* to respond euphorically to music: *get down and boogie.* **d.** to

depress or discourage (someone).
47. get down to, to begin to concentrate on or give one's attention to.
48. get even with, to square accounts with.
49. get going, to begin; make haste.
50. get his (or **hers,** etc.), *Colloquial* **a.** to get a just reward. **b.** to be killed.
51. get in, to order or stock up (provisions, etc.).
52. get in for one's chop, *Australian, NZ Colloquial* to attempt to obtain a fair share.
53. get inside, **a.** to make a way into. **b.** to achieve deep understanding of.
54. get into, **a.** to become involved or immersed in (an activity): *I was just getting into reading when the phone rang.* **b.** *Colloquial* to attack (someone) vigorously, either physically or verbally. **c.** *Colloquial* to set about (a task) vigorously. **d.** to consume regularly in large quantities: *to get into the booze.*
55. get into (or **in**) **bed with**, *Colloquial* **a.** to have sexual intercourse with. **b.** to enter into a close business arrangement with.
56. get in touch with, **a.** to contact; exchange words with. **b.** to become familiar with; come to grips with.
57. get it in the neck, *Colloquial* to be rebuked or punished.
58. get it on, *Colloquial* (sometimes fol. by *with*) to have sexual intercourse.
59. get it together, *Colloquial* to achieve harmony or success.
60. get it up, *Colloquial* to achieve an erection.
61. get lost, *Colloquial* to go away; desist: *get lost, will you!*
62. get off, **a.** to escape; evade consequences. **b.** to start a journey; leave. **c.** to dismount from (a horse or train, etc.). **d.** *Colloquial* to cease to interfere. **e.** *Colloquial* to experience orgasm.
63. get off on, *Colloquial* to enjoy thoroughly: *she really gets off on punk rock.*
64. get off one's bike, *Colloquial* to become angry.
65. get on, to age.
66. get on (or **along**), **a.** to advance one's cause; prosper. **b.** to make progress; proceed; advance. **c.** (sometimes fol. by *with*) to agree or be friendly.
67. get oneself up, to dress elaborately.
68. get one's jollies, *Colloquial* to get pleasurable excitement, especially from or as from doing something forbidden or improper.
69. get one's own back, to be revenged.
70. get on someone's nerves, to annoy or irritate someone.
71. get on the telephone, to initiate a telephone call.
72. get on to (or **onto**), **a.** to discover. **b.** to contact; get in touch with (someone). **c.** (*usually imperative*) *Colloquial* to look at: *get on to that outfit!* **d.** *Colloquial* to obtain: *to get on to some good bargains.*
73. get on top of, **a.** to become adept in or knowledgeable about (a subject, job, etc.); master. **b.** to dominate. **c.** to weigh down emotionally.
74. get out, **a.** to escape. **b.** (of information) to become publicly known. **c.** to alight from a vehicle. **d.** to succeed in solving (a puzzle, mystery, etc.).
75. get out from under, to escape from (a difficult or threatening situation); abandon (one's responsibilities).
76. get outside of, *Colloquial* to eat.
77. get over, **a.** to overcome (a difficulty, etc.). **b.** to recover from: *to get over a shock or illness.*
78. get real, *Colloquial* to become sensible or realistic.

79. get round, a. to outwit. **b.** to cajole or ingratiate oneself with (someone). **c.** to overcome (difficulties, etc.).
80. get round to, to come at length to (doing something).
81. get set, a. (as a command at the start of a running race) be ready. **b.** *Two-up, etc.* to place a wager.
82. get someone going, *Colloquial* to arouse someone to anger, excitement, interest, etc.
83. get someone wrong, *Colloquial* to misunderstand someone: *don't get me wrong!*
84. get (stuck) into, *Colloquial* **a.** to attack (someone) vigorously either physically or verbally. **b.** to set about (a task) vigorously. **c.** to eat hungrily.
85. get the axe (or **chop**) (or **spear**), *Colloquial* to be dismissed from a job.
86. get this, *Colloquial* (an exclamation calling for attention, especially to information about to be imparted).
87. get through to, a. to make a telephone connection with. **b.** *Colloquial* to make understand.
88. get to, a. to arouse deep feeling in. **b.** to annoy or irritate.
89. get together, a. to confer. **b.** to meet informally.
90. get under someone's skin, to arouse someone's irritation or embarrassment.
91. get up, a. to arise; sit up or stand. **b.** to rise from bed. **c.** to ascend or mount. **d.** (of wind, sea, etc.) to increase in force. **e.** to make ready: *to get up wool for sale.* **f.** to prepare, arrange, or organise. **g.** to acquire a knowledge of: *to get up a subject.* **h.** to produce in a specified style, as a book. **i.** to work up (a feeling, etc.). **j.** to be acquitted. **k.** to win (an election, court case, contest, etc.).
92. get up to, to be involved in (especially mischief, etc.).
93. get with, to have intercourse with.
94. get with child, *Archaic* to make pregnant. –**gettable** *adj.*

getaway /'getəweɪ/ *Colloquial* –*n.* **1.** a getting away; an escape. **2.** a usually short holiday. **3.** the start of a race. –*adj.* **4.** relating to a getaway: *the getaway car was found.*

get-out /'gɛt-aʊt/ *phr.* **as all get-out,** *Colloquial* in the extreme: *he's as silly as all get-out.*

get-together /'gɛt-təgɛðə/ *n. Colloquial* **1.** a meeting. **2.** a small and informal social gathering.

geyser /'gizə, 'gaɪzə/ *for def. 1,* /'gizə/ *for def. 2 n.* **1.** a hot spring which intermittently sends up fountain-like jets of water and steam into the air. **2.** a hot-water heater.

ghastly /'gastli/ *adj.* **-lier, -liest. 1.** frightful; dreadful; horrible: *a ghastly murder.* **2.** deathly pale: *a ghastly look.* **3.** *Colloquial* bad; unpleasant; shocking: *a ghastly failure.* –**ghastliness** *n.*

ghee /gi/ *n.* a kind of liquid butter, clarified by boiling, made from the milk of cows and buffaloes.

gherkin /'gɜkən/ *n.* the small, immature fruit of some common varieties of cucumber, used in pickling.

ghetto /'gɛtoʊ/ *n.* **-tos** *or* **-toes.** a quarter in a city in which any minority group lives.

ghetto-blaster /'gɛtoʊ-blastə/ *n.* a large, powerful, portable stereo radio cassette player, as used by rap dancers in street music. Also, **ghetto blaster.**

ghost /goʊst/ *n.* **1.** the disembodied spirit of a dead person imagined as wandering among or haunting living persons. **2.** a mere shadow or semblance: *ghost of a chance.* **3.** (*cap.*) a spiritual being: *Holy Ghost.* **4.** *Colloquial* → **ghost writer. 5.** *Optics* a bright spot or secondary image caused by a defect in an optical instrument or system. **6.** *Electronics* an unwanted double or secondary image on the screen of a television or radar set caused by reflection of the received signals from an adjacent object. –*v.t.* **7.** to write for someone else who is publicly known as the author. –*phr.* **8. give up the ghost, a.** to die. **b.** to despair. **c.** (of a piece of machinery) to break down completely. –**ghostly, ghostlike** *adj.*

ghost gum *n.* an inland Australian species of *Eucalyptus, E. papuana,* with a smooth white trunk.

ghost town *n.* a deserted or semi-deserted town, such as a formerly prosperous goldmining town.

ghost writer *n.* someone who does literary work for someone else who takes the credit.

ghoul /gul/ *n.* **1.** an evil demon of oriental legend, supposed to feed on human beings, and especially to rob graves, prey on corpses, etc. **2.** someone who revels in what is revolting. –**ghoulish** *adj.* –**ghoulishly** *adv.* –**ghoulishness** *n.*

GI /dʒi 'aɪ/ *n. Colloquial* a soldier, usually other than an officer, in any of the US armed forces.

giant /'dʒaɪənt/ *n.* **1.** one of a race of beings in Greek mythology, of more than human size and strength, who were subdued by the Olympian gods. **2.** an imaginary being of human form but superhuman size, strength, etc. **3.** a person or thing of unusually great size, endowments, importance, etc.: *an intellectual giant.* –*adj.* **4.** gigantic; huge: *the giant cactus.* **5.** great or eminent above others. –**giantess** /'dʒaɪəntɛs/ *fem. n.*

giant perch *n.* → **barramundi.**

gibber[1] /'dʒɪbə/ *v.i.* **1.** to speak inarticulately; chatter. –*n.* **2.** gibbering utterance.

gibber[2] /'gɪbə/ *n. Australian* a stone; boulder.

gibberish /'dʒɪbərɪʃ/ *n.* **1.** rapid, unintelligible talk. **2.** incomprehensible writing.

gibbon /'gɪbən/ *n.* any of the small, slender, long-armed anthropoid apes, genus *Hylobates,* of arboreal habits, found in the East Indies and southern Asia.

gibe /dʒaɪb/ *v.* **gibed, gibing,** *n.* –*v.i.* **1.** to utter mocking words; scoff; jeer. –*v.t.* **2.** to taunt; deride; flout. –*n.* **3.** a taunting or sarcastic remark. Also, **jibe.** –**giber** *n.* –**gibingly** *adv.*

giblet /'dʒɪblət/ *n.* (*usually plural*) the heart, liver, or gizzard from a fowl, often cooked separately.

giddy /'gɪdi/ *adj.* **-dier, -diest. 1.** frivolously light; impulsive; flighty: *a giddy mind, a giddy girl.* **2.** affected with vertigo; dizzy. **3.** attended with or causing dizziness: *a giddy climb.* –**giddily** *adv.* –**giddiness** *n.*

gidgee /'gɪdʒi/ *n.* **1.** a small gregarious Australian tree, *Acacia cambagei,* which gives off an unpleasant odour at the approach of rain; stinking wattle. **2.** any of certain other species of wattle, such as the poisonous **georgina gidgee,** *Acacia georginae.* **3.** a long spear made from gidgee wood.

gift /gɪft/ *n.* **1.** something given; a present. **2.** the act of giving. **3.** a special ability or talent: *he has the gift of song.* **4.** *Colloquial* anything very easily obtained or understood: *the exam question was a gift.* –*phr.* **5. look a gift horse in the mouth,** to accept a gift gratefully or critically.

GIFT /gɪft/ *n.* a treatment for female infertility where at least one fallopian tube is intact, whereby ova and sperm are collected and placed, using a laparoscope, into the intact fallopian tube where fertilisation can occur.

gifted /'gɪftəd/ *adj.* endowed with natural gifts; talented: *a gifted artist.*

gift-horse /'gɪft-hɒs/ *phr.* **look a gift-horse in the mouth,** to criticise a gift; accept a gift ungrate-

gig

fully.

gig¹ /gɪg/ *n., v.* **gigged, gigging.** *–n.* **1.** *Nautical* **a.** a long, fast-pulling boat used especially for racing. **b.** the boat reserved for a ship's captain. **2.** a light, two-wheeled one-horse carriage. *–v.i.* **3.** to ride in a gig.

gig² /gɪg/ *n. Colloquial* **1.** a booking for a musician, comedian, etc., to perform at a venue. **2.** the performance itself. **3.** any job or occupation.

gigantic /dʒaɪˈgæntɪk/ *adj.* **1.** of, like, or befitting a giant. **2.** very large; huge. **–gigantically** *adv.* **–giganticness** *n.*

giggle /ˈgɪgəl/ *v.* **-gled, -gling,** *n. –v.i.* **1.** to laugh in a silly, undignified way, as from youthful spirits or ill-controlled amusement; titter. *–n.* **2.** a silly, spasmodic laugh; a titter. **3.** *Colloquial* an amusing occasion: *a bit of a giggle. –phr.* **4. get the giggles,** *Colloquial* to giggle repeatedly, and sometimes helplessly, often at the one thing repeatedly brought to mind. **–giggly** *adj.* **–giggler** *n.*

gigolo /ˈʒɪgəloʊ/ *n.* **-los. 1.** a man supported by a woman, especially a young man supported by an older woman in return for companionship. **2.** a male professional dancing partner.

gild /gɪld/ *v.t.* **gilded** *or* **gilt, gilding. 1.** to coat with gold, gold leaf, or gold-coloured substance. **2.** to give a bright, pleasing, or specious aspect to. *–phr.* **3. gild the lily,** to spoil beauty by overembellishment.

gill¹ /gɪl/ *n.* **1.** an aquatic respiratory organ, either external or internal, usually feathery, platelike, or filamentous. **2.** one of the radiating vertical plates on the underside of the cap of a fungus such as the mushroom. **3.** the ground ivy. *–phr.* **4. fed up to the gills,** *Colloquial* thoroughly exasperated. **5. loaded to the gills,** *Colloquial* **a.** carrying as much as can be carried **b.** drunk. **6. white (or green) at the gills,** *Colloquial* pale-faced through fear, exhaustion, nausea, etc. **–gilled** *adj.* **–gill-like** *adj.*

gill² /dʒɪl, gɪl/ *n.* a unit of liquid measure in the imperial system, equal to ¼ pint, or 0.142 065 312 5 × 10⁻³m³ (approx. ⅐ litre).

gilt /gɪlt/ *v.* **1.** a past tense and past participle of **gild¹.** *–adj.* **2.** gilded; golden in colour. *–n.* **3.** the gold or other material applied in gilding; gilding.

gilt-edged /ˈgɪlt-ɛdʒd/ *adj.* **1.** having the edges gilded: *gilt-edged paper.* **2.** of the highest order or quality: *gilt-edged securities.*

gimlet /ˈgɪmlət/ *n.* **1.** a small tool for boring holes, consisting of a shaft with a pointed screw at one end and a handle at the other. **2.** a tree, *Eucalyptus saluleris,* of western Australia, the bole of which is characteristically twisted and furrowed. *–v.t.* **3.** to pierce with or as with a gimlet. *–adj.* **4.** able to bore through, or penetrate. **5.** deeply penetrating, or thought to be deeply penetrating: *gimlet eyes.*

gimmick /ˈgɪmɪk/ *n. Colloquial* a pronounced eccentricity of dress, manner, voice, etc., or an eccentric action or device, especially one exploited to gain publicity. **–gimmicky** *adj.*

gin¹ /dʒɪn/ *n.* an alcoholic beverage obtained by redistilling spirits with flavouring agents, especially juniper berries, orange peel, angelica root, etc.

gin² /dʒɪn/ *n., v.* **ginned, ginning.** *–n.* **1.** a machine for separating cotton from its seeds. **2.** a trap or snare for game, etc. *–v.t.* **3.** to clear (cotton) of seeds with a gin. **4.** to catch (game, etc.) in a gin. **–ginner** *n.*

gin³ /dʒɪn/ *n.* a card game similar to rummy in which a player with a total of 10 unmatched points or less may end the game. Also, **gin rummy.**

girth

ginger /ˈdʒɪndʒə/ *n.* **1.** the pungent, spicy rhizome of any of the reedlike plants of the genus *Zingiber,* especially of *Z. officinale,* variously used in cookery and medicine. **2.** any of these plants, native to the East Indies, but now cultivated in most tropical countries. **3.** a reddish brown or tawny colour. **4.** (of hair) red. **5.** *Colloquial* piquancy; animation. *–phr.* **6. ginger up, a.** *Colloquial* to impart spiciness or piquancy to. **b.** to make lively. **–gingerer** *n.*

ginger ale *n.* a soft drink, flavoured with ginger, used for mixing with spirits, especially brandy.

ginger beer *n.* a non-alcoholic carbonated drink of water, sugar, yeast, etc., flavoured with ginger.

gingerbread /ˈdʒɪndʒəbrɛd/ *n.* **1.** a kind of cake flavoured with ginger and treacle or golden syrup. **2.** something showy but unsubstantial and inartistic. *–adj.* **3.** showy but unsubstantial and inartistic.

gingerly /ˈdʒɪndʒəli/ *adv.* with extreme care or caution; warily. **–gingerliness** *n.*

gingham /ˈgɪŋəm/ *n.* a yarn-dyed, plain-weave cotton fabric, usually striped or checked.

gingivitis /dʒɪndʒəˈvaɪtəs/ *n. Pathology* inflammation of the gums.

ginormous /dʒaɪˈnɔməs/ *adj. Colloquial* very large.

ginseng /ˈdʒɪnsɛŋ/ *n.* **1.** either of two plants, *Panax ginseng* of China, Korea, etc., and *P. quinquefolium* of North America, yielding an aromatic root which is extensively used in medicine by the Chinese. **2.** the root itself. **3.** a preparation made from it.

gipsy = gypsy /ˈdʒɪpsi/ *n.* **-sies. 1.** (*often cap.*) one of a nomadic Caucasian minority race of Hindu origin. **2.** someone who resembles or lives like a gipsy. **–gipsy-like** *adj.*

giraffe /dʒəˈraf/ *n.* a tall, long-necked, spotted ruminant, *Giraffa camelopardalis,* of Africa, the tallest of existing quadrupeds.

gird /gɜd/ *v.t.* **girt** *or* **girded, girding. 1.** Also, **gird up,** to encircle with a belt or girdle. **2.** to surround; hem in. *–phr.* **3. gird oneself (up) for,** to prepare oneself mentally for **4. gird one's loins,** (sometimes fol. by *for*) to prepare oneself (for some difficult or unpleasant task).

girder /ˈgɜdə/ *n.* **1.** (in structural work) any main horizontal supporting member or beam, as of steel, reinforced concrete, or wood. **2.** one of the principal horizontal timbers which support the joists in certain floors.

girdle /ˈgɜdl/ *n., v.* **-dled, -dling.** *–n.* **1.** a belt, cord, or the like, worn around the waist. **2.** a lightweight undergarment which supports the abdominal region of the body. **3.** any encircling band; compass; limit. **4.** *Gems* the edge around a brilliant or other cut stone at the junction of the upper and lower faces. **5.** *Anatomy* the bony framework which unites the upper or lower extremities to the axial skeleton. *–v.t.* **6.** to encompass; enclose; encircle. **7.** to cut away the bark in a ring around (a tree, branch, etc.), thus causing death. **–girdle-like** *adj.* **–girdler** *n.*

girl /gɜl/ *n.* **1.** a female child or young person. **2.** a young woman. **3.** a female servant, especially (in India, Africa, and elsewhere) a native female servant. **4.** *Colloquial* a sweetheart.

girlfriend /ˈgɜlfrɛnd/ *n.* **1.** a female friend. **2.** a young woman in whom a man or boy has a special interest or to whom he is attracted; a sweetheart.

Girl Guide *n.* (*sometimes l.c.*) → **Guide.**

girth /gɜθ/ *n.* **1.** the measure around anything; circumference. **2.** a band passed under the belly of a horse, etc., to secure a saddle or pack on its back. **3.** a band or girdle.

gist /dʒɪst/ *n.* **1.** the substance or pith of a matter; essential part: *the gist of an argument.* **2.** the ground on which a legal action rests.

give /gɪv/ *v.* **gave, given, giving,** *n.* –*v.t.* **1.** to deliver freely; bestow; hand over: *to give someone a present.* **2.** to deliver to another in exchange for something; pay. **3.** to grant permission or opportunity to; enable; assign; award. **4.** to set forth or show; present; offer. **5.** to present to, or as to an audience: *ladies and gentleman, I give you the Lord Mayor of Sydney.* **6.** to propose as the subject of a toast: *I give you the bride.* **7.** to assign as a basis of calculation or reasoning; suppose; assume: *given these facts.* **8.** to assign to someone as their right, lot, etc.: *to give a child a name; to give him the benefit of the doubt.* **9.** *Originally US Colloquial* to tell; offer as explanation: *don't give me that.* **10.** to be prepared to assign: *I don't give a damn for your views.* **11.** to set aside for a specified purpose: *he gives great attention to detail.* **12.** concede to (someone); admit: *I'll give you that.* **13.** to furnish or provide: *give aid; give evidence.* **14.** to afford or yield; produce: *give satisfaction; give good results.* **15.** to make, do or perform: *give a start; give a lurch.* **16.** to issue; put forth, emit, or utter: *give a cry; give a command.* **17.** to cause: *I was given to understand.* **18.** to impart or communicate: *give advice; give someone a cold.* **19.** to deal or administer: *give someone a blow; give someone medicine; give someone the sacrament.* **20.** to relinquish or surrender: *to give ground.* **21.** to produce; present: *to give a play.* **22.** to act as host at (a social function etc.): *to give a party.* **23.** to pledge: *to give one's word of honour.* –*v.i.* **24.** to make a gift or gifts. **25.** to yield, as to pressure or strain; draw back; relax. **26.** to break down; fail. **27.** to be situated facing a specified direction: *the house gives on to the seafront.* **28.** *Colloquial* to happen; occur: *what gives in Darwin?* –*n.* **29.** the act or fact of yielding to pressure; elasticity. –*phr.* **30. give and take, a.** a method of dealing by compromise or mutual concession; cooperation. **b.** good-humoured exchange of talk, ideas, etc. **31. give away, a.** to give as a present. **b.** to hand over (the bride) to the bridegroom at a wedding. **c.** to let (a secret) be known. **d.** to betray (a person). **e.** *Australian, NZ* to abandon; give up: *times were hard so I gave farming away.* **32. give birth to, a.** to bear. **b.** to be the origin of. **33. give in, a.** to yield; acknowledge defeat. **b.** to hand in. **c.** to include additionally: *the cushions were given in with the lounge.* **34. give in to,** to allow (someone) to have their way. **35. give it a go** (or **whirl**), *Colloquial* to make an attempt. **36. give it away,** *Australian* to cease to do something, usually in exasperation. **37. give of,** to devote; contribute largely. **38. give off,** to put forth; emit. **39. give oneself away,** to reveal something about oneself accidentally. **40. give oneself up to,** to surrender or devote oneself to. **41. give or take,** with a small allowance made on either side. **42. give out, a.** to become worn out or used up. **b.** to send out; emit. **c.** to distribute; issue. **d.** to announce publicly. **e.** *Cricket* (of an umpire) to declare (the person batting) to be out. **43. give over, a.** to transfer. **b.** to assign for a specific purpose: *the evening was given over to feasting.* **c.** *Brit Colloquial* to desist. **44. give rise to,** to be the origin of; cause; result in. **45. give someone** (or **something**) **best,** to acknowledge the superiority of someone or something. **46. give up, a.** to lose all hope. **b.** to abandon as hopeless. **c.** to desist from; forsake: *give up a task.* **d.** to surrender. **e.** to devote entirely. **f.** to inform against. –**givable** *adj.* –**giver** *n.*

give-away /'gɪv-əweɪ/ *Colloquial* –*n.* **1.** a disclosure or revelation, usually unintentional: *a dead give-away.* **2.** anything given away with an item for sale as a promotion. –*adj.* **3.** (of a television program, etc.) characterised by the awarding of prizes, money, etc., to recipients chosen, usually through a question-and-answer contest.

given /'gɪvən/ *v.* **1.** past participle of **give.** –*adj.* **2.** stated, fixed, or specified: *at a given time.* **3.** assigned as a basis of calculation, reasoning, etc.: *given A and B, C follows.* **4.** (on official documents) executed and delivered as of the date specified. –*phr.* **5. given to,** addicted or disposed to: *given to drink.*

gizzard /'gɪzəd/ *n.* **1.** the grinding or muscular stomach of birds, the organ in which food is triturated after leaving the glandular stomach; ventriculus. **2.** *Colloquial* the heart.

glacé /'glæseɪ, 'glɑ-/ *adj.* **1.** iced or sugared, as cake. **2.** crystallised, as fruits. **3.** finished with a gloss, as kid or silk.

glacial /'gleɪʃəl, 'gleɪsɪəl/ *adj.* **1.** characterised by the presence of ice in extensive masses or glaciers. **2.** due to or associated with the action of ice or glaciers. **3.** having to do with glaciers or ice sheets. **4.** cold as ice; icy. **5.** *Chemistry* of or tending to assume an icelike form, as certain acids. –**glacially** *adv.*

glacial epoch *n.* **1.** the geologically recent Pleistocene epoch, during which much of the Northern Hemisphere was covered by great ice sheets; ice age. **2.** any of the glaciations or ice ages of past geological periods as during the Permian and late Pre-Cambrian in Australia.

glacier /'gleɪsɪə, 'glæsɪə/ *n.* an extended mass of ice formed from snow falling and accumulating over the years and moving very slowly, either descending from high mountains, as in valley glaciers, or moving outwards from centres of accumulation, as in continental glaciers. –**glaciered** *adj.*

glad[1] /glæd/ *adj.* **gladder, gladdest.** –*adj.* **1.** (sometimes fol. by *of, at,* etc., or an infinitive or clause) delighted or pleased: *to be glad of the news; glad to go; glad that one has come.* **2.** characterised by or showing cheerfulness, joy, or pleasure, as looks, utterances, etc. **3.** attended with or causing joy or pleasure: *a glad occasion; glad tidings.* **4.** willing. –*phr.* **5. the glad eye,** an inviting or flirtatious look: *she gave him the glad eye.* **6. the glad hand,** (*usually ironic*) a welcome; greeting: *they gave her the glad hand.* –**gladden** *v.* –**gladly** *adv.* –**gladness** *n.*

glad[2] /glæd/ *n. Colloquial* → **gladiolus.** Also, **gladdie.**

glade /gleɪd/ *n.* an open space in a forest.

gladiator /'glædieɪtə/ *n.* **1.** *Roman History* a person, often a slave or captive, who fought in public with a sword or other weapon to entertain the people. **2.** someone who takes up a cause or right; a controversialist.

gladiolus /glædi'oʊləs/ *n.* -**lus** *or* -**li** /laɪ/ *or* -**luses.** any plant of the genus *Gladiolus*, native mainly to South Africa, with erect leaves, and spikes of variously coloured flowers; sword lily.

glair /glɛə/ *n.* the white of an egg.

glamour = glamor /'glæmə/ *n.* **1.** alluring and often illusory charm; fascination. **2.** *Archaic*

glance

magic or enchantment; spell; witchery. –**glamorous** *adj.*

glance /glæns/ glans/ *v.* **glanced, glancing**, *n.* –*v.i.* **1.** to look quickly. **2.** to flash; gleam. **3.** to hit and go off at an angle: *the blow glanced off the man's chest.* **4.** to make a brief reference to, in passing: *we'll just glance at the history of the subject.* –*n.* **5.** the act of glancing.

gland /glænd/ *n.* **1.** *Anatomy* **a.** an organ or tissue which elaborates and discharges a substance which is used elsewhere in the body (*secretion*), or eliminated (*excretion*). **b.** any of various organs or structures likened to true glands. **2.** *Botany* a secreting organ or structure, especially one on or near a surface. –**glandless** *adj.* –**glandlike** *adj.* –**glandular** *adj.*

glandular fever *n.* *Pathology* an acute infectious disease characterised by sudden fever, a benign swelling of lymph nodes, and increase in leucocytes having only one nucleus in the bloodstream; infectious mononucleosis.

glare /gleə/ *n.*, *v.* **glared, glaring**. –*n.* **1.** a strong, bright light; brilliant or dazzling light: *the glare of oncoming car lights*; *the glare of ice.* **2.** showy appearance; dazzle. **3.** a fierce look: *she gave him a glare for his bad manners.* –*v.i.* **4.** to shine with a strong, dazzling light. **5.** to be too brightly decorated. **6.** to be very bright in colour. **7.** to be very noticeable. **8.** to give a (long) fierce look.

glaring /ˈglɛərɪŋ/ *adj.* **1.** that glares; brilliant; dazzling. **2.** excessively bright; garish. **3.** very conspicuous: *glaring defects.* **4.** staring fiercely. –**glaringly** *adv.* –**glaringness** *n.*

glass /glas/ *n.* **1.** a hard more or less transparent substance produced by the melting of silica and silicates. The type used for windows, bottles, etc., contains silica, soda, and lime. **2.** any substance similar to glass, e.g. fused borax, obsidian, etc. **3.** something made of glass, e.g. a mirror, barometer, etc. **4.** (*plural*) an aid for poor eyesight, consisting usually of two glass lenses set in a frame which rests on the nose and is held in place by pieces passing over the ears. **5.** household articles ornaments, etc., made of glass; glassware. **6.** a glass container for cold drinks. **7.** the quantity contained in a drinking glass. –*adj.* **8.** made of glass. **9.** fitted with panes of glass; glazed. –*v.t.* **10.** to fit with panes of glass; cover with or put in glass. –**glassless** *adj.* –**glasslike** *adj.* –**glassy** *adj.*

glaucoma /glɔˈkoumə/ *n.* *Pathology* a disease of the eye, characterised by increased pressure within the eyeball with progressive loss of vision. –**glaucomatous** /glɔˈkoumətəs, -ˈkɒmə-/ *adj.*

glaze /gleɪz/ *v.* **glazed, glazing**, *n.* –*v.t.* **1.** to fit with glass; cover with or as if with glass. **2.** *Pottery* **a.** to produce a vitreous waterproof surface (either shiny or matt) on (pots). **b.** to cover with a glaze, before firing. **3.** *Cookery* to cover (food) with a glaze (def. 9). **4.** *Painting* to cover (a painted surface, etc.) with a thin coat of transparent colour in order to change the tone slightly. –*v.i.* **5.** to become glazed or glassy: *his eyes glazed over as he remembered the past.* –*n.* **6.** a smooth shiny surface on certain materials. **7.** *Pottery* (a substance used to produce) this surface on glazed pottery. **8.** *Painting* a thin coat of transparent colour, over a painted surface. **9.** *Cookery* something used to coat food, as: **a.** egg-white on pastry, or syrup on a cooked tart. **b.** stock cooked down to a thin paste, used on meats. –**glazer** *n.* –**glazy** *adj.*

glazier /ˈgleɪziə/ *n.* someone who fits windows, etc., with glass.

gleam /glim/ *n.* **1.** a flash or beam of light. **2.** dim or subdued light. **3.** a brief or slight manifestation: *a gleam of hope.* –*v.i.* **4.** to send forth a gleam or gleams. **5.** to appear suddenly and clearly, like a flash of light. –*phr.* **6. gleam in one's eye**, a look betokening humour or unstated intentions.

glean /glin/ *v.t.* **1.** to gather slowly and laboriously in bits. **2.** to gather (grain, etc.) after the reapers or regular gatherers. **3.** to discover or find out. –*v.i.* **4.** to collect or gather anything little by little or slowly. –**gleaner** *n.*

glee /gli/ *n.* **1.** demonstrative joy; exultation. **2.** a kind of unaccompanied part-song, grave or joyful, for three or more voices.

glen /glɛn/ *n.* a small, narrow, secluded valley.

glib /glɪb/ *adj.* **glibber, glibbest**. **1.** ready and fluent, often thoughtlessly or insincerely so: *glib speakers*, *a glib tongue.* **2.** easy, as action or manner. –**glibly** *adv.* –**glibness** *n.*

glide /glaɪd/ *v.* **glided, gliding**, *n.* –*v.i.* **1.** to move smoothly along, as if without effort, as a flying bird, a boat, a skater, etc. **2.** to go quietly or unnoticed; slip (fol. by *in, out*, etc.). **3.** *Aeronautics* to move in the air, especially at an easy angle downwards, by the action of gravity, air-currents, etc., without use of an engine. **4.** *Music* to pass from note to note without a break; slur. –*v.t.* **5.** to cause to glide. –*n.* **6.** a gliding movement, as in dancing. **7.** *Linguistics* → **semivowel**. –**glidingly** *adv.*

glider /ˈglaɪdə/ *n.* **1.** a small cup-shaped mould in which the legs of chairs, etc., are stood to prevent them marking the floor. **2.** *Aeronautics* a motorless aeroplane for gliding from a higher to a lower level by the action of gravity, or from a lower to a higher level by the action of air currents. **3.** any of the arboreal marsupials of Australia and New Guinea, having a parachute-like membrane along the side of the body by which they are able to glide.

glimmer /ˈglɪmə/ *n.* **1.** a faint or unsteady light; gleam. **2.** a dim perception; inkling. **3.** a faint appearance or indication: *a glimmer of hope.* –*v.i.* **4.** to shine faintly or unsteadily; twinkle; flicker. **5.** to appear faintly or dimly.

glimpse /glɪmps/ *n.*, *v.* **glimpsed, glimpsing**. –*n.* **1.** a momentary sight or view. **2.** a vague idea; inkling. –*v.t.* **3.** to catch a glimpse of. –**glimpser** *n.*

glint /glɪnt/ *n.* **1.** a gleam or glimmer; flash. **2.** gleaming brightness; lustre. –*v.i.* **3.** to gleam or flash.

glissando /glɪˈsændou/ *n.* **glissandi** /glɪˈsændi/. *Music* any sliding effect performed on a musical instrument especially by sliding one finger rapidly over the keys of a piano or strings of a harp.

glisten /ˈglɪsən/ *v.i.* **1.** to shine with a sparkling light, especially as a result of being wet. –*n.* **2.** a glistening; sparkle. –**glisteningly** *adv.*

glitch /glɪtʃ/ *n.* *Colloquial* **1.** an extraneous electric current or signal, especially one that interferes in some way with the functioning of a system. **2.** (in computers) an intermittent or minor error, especially when the source is unknown. **3.** a hitch; snag; malfunction.

glitter /ˈglɪtə/ *v.i.* **1.** to shine with a brilliant, sparkling light or lustre. **2.** to make a brilliant show: *glittering scenes of a court.* –*n.* **3.** glittering light or lustre. **4.** shiny ornamental metallic fragments, usually coloured, designed to be sprinkled onto some form of adhesive. –**glitteringly** *adv.*

glitz /glɪts/ *n.* *Colloquial* conspicuous luxury of dubious taste. –**glitzy** *adj.*

gloat /glout/ *v.i.* **1.** to gaze with exultation; dwell mentally upon something with intense (and often evil) satisfaction: *to gloat over another's misfortunes.* **2.** to smile smugly or scornfully; to display complacency. –*n.* **3.** the act of gloating. –**gloater** *n.* –**gloatingly** *adv.*

glob /glɒb/ *n.* *Colloquial* a rounded lump of some

global

soft but pliable substance: *a glob of cream*.
global /'gloʊbəl/ *adj.* **1.** spherical; globe-shaped. **2.** relating to or covering the whole world. **3.** all-embracing; comprehensive. **4.** *Computers* operating over an entire database, set of records, etc. **–globally** *adv*.

global warming *n.* the significant rise in temperature of the whole of the earth's atmosphere.

globe /gloʊb/ *n.* **1.** the earth (usu. preceded by *the*). **2.** a planet or other celestial body. **3.** a sphere on which is depicted a map of the earth (terrestrial globe) or of the heavens (celestial globe). **4.** anything more or less spherical, such as a lampshade or a glass fishbowl. **5.** *Australian, NZ* → **bulb** (def. 3). **–globelike** *adj*.

globetrotter /'gloʊbtrɒtə/ *n. Colloquial* someone who travels widely, especially for sightseeing. **–globetrotting** *n., adj*.

globule /'glɒbjul/ *n.* a small spherical body. **–globular** *adj*.

glockenspiel /'glɒkənspil, -kənʃpil/ *n. Music* a set of steel bars mounted in a frame and struck with hammers, used in military bands.

gloom¹ /glum/ *n.* darkness; dimness.

gloom² /glum/ *n.* **1.** a state of melancholy or depression; low spirits. **2.** a despondent look or expression. **–gloomy** *adj*.

glorify /'glɔrəfaɪ/ *v.t.* **-fied, -fying**. **1.** to magnify with praise; extol. **2.** to transform into something more splendid. **3.** to make glorious; invest with glory. **4.** to promote the glory of (God); ascribe glory and praise in adoration to (God). **–glorification** /glɔrəfə'keɪʃən/ *n.* **–glorifiable** *adj.* **–glorifier** *n*.

glorious /'glɔriəs/ *adj.* **1.** admirable; delightful: *we had a glorious time*. **2.** conferring glory: *a glorious victory*. **3.** full of glory; entitled to great renown: *a glorious hero*. **4.** brilliantly beautiful: *the glorious heavens*. **–gloriously** *adv.* **–gloriousness** *n*.

glory /'glɔri/ *n.* **glories**, *v.* **gloried, glorying**. **–n.** **1.** exalted praise, honour, or distinction, accorded by common consent: *paths of glory*. **2.** something that makes honoured or illustrious; a distinguished ornament; an object of pride. **3.** adoring praise or thanksgiving: *give glory to God*. **4.** resplendent beauty or magnificence: *the glory of God*. **5.** a state of splendour, magnificence, or greatest prosperity. **6.** a state of contentment, as one resulting from a triumphant achievement. **7.** the splendour and bliss of heaven; heaven. **8.** a ring, circle, or surrounding radiance of light represented about the head or the whole figure of a sacred person, as Christ, a saint, etc.; a halo, nimbus, or aureole. **–v.i.** **9.** to exult with triumph; rejoice proudly. **–interj.** **10.** (*cap*.) Also, **Glory be!**. (a mild expression of surprise, elation, or exultation). **–phr.** **11. glory in**, to be boastful about; exult arrogantly at.

glory box *n.* a chest in which young women store clothes, linen, etc., in expectation of being married; bottom drawer; hope chest.

gloss¹ /glɒs/ *n.* **1.** a superficial lustre: *gloss of satin*. **2.** an external show; specious appearance. **–v.t.** **3.** to put a gloss upon. **–phr.** **4. gloss over**, to give a specious interpretation of; explain away: *to gloss over a mistake*. **–glosser** *n.* **–glossless** *adj.* **–glossy** *adj*.

gloss² /glɒs/ *n.* **1.** an explanation in a foot-note of a technical or unusual expression in a text. **2.** a glossary. **3.** a cleverly misleading explanation. **–v.t.** **4.** to put glosses on; annotate. **5.** to cover up; explain away (often fol. by *over*): *to gloss over a mistake*. **–glosser** *n*.

glossary /'glɒsəri/ *n.* **-ries**. a list of technical, dialectal, and difficult terms in a subject or field, or

glutinous

in a particular text, with definitions. **–glossarial** /glɒ'sɛəriəl/ *adj.* **–glossarist** *n*.

-glot a suffix indicating proficiency in language, as in *polyglot*.

glottis /'glɒtɪs/ *n. Anatomy* the opening at the upper part of the larynx, between the vocal cords.

glove /glʌv/ *n., v.* **gloved, gloving**. **–n.** **1.** a covering for the hand, made with a separate sheath for each finger and for the thumb. **2.** → **boxing glove**. **–v.t.** **3.** to cover with or as with a glove; provide with gloves. **4.** to serve as a glove for. **5.** *Cricket* **a.** (of the person batting) to play (a ball) off the batting glove. **b.** (of the wicket-keeper) to catch or stop (a ball). **–phr.** **6. take off the gloves**, to become overly aggressive. **7. take up the glove**, See **gauntlet¹** (def. 3). **8. throw down the glove**, See **gauntlet¹** (def. 4). **–gloveless** *adj*.

glove box *n.* **1.** Also, **glove compartment**. a small compartment in a car, usually set into the dashboard, for the storage of small articles. **2.** a metal box used by workers who need to manipulate radioactive materials, or materials requiring a dust-free, sterile, or inert atmosphere; manipulation is carried out by means of gloves attached to ports in the walls of the box.

glow /gloʊ/ *n.* **1.** the light given out by an extremely hot substance; incandescence. **2.** brightness of colour. **3.** a state of bodily heat. **4.** warmth of feeling, etc.; ardour. **–v.i.** **5.** to give out bright light and heat without flame. **6.** to shine like something strongly heated. **7.** to show a strong, bright colour. **8.** to be extremely hot. **9.** to show strong feelings; show enthusiasm: *she was glowing with pride*.

glower /'gloʊə, 'glaʊə/ *v.i.* **1.** to look angrily; stare with sullen dislike or discontent. **–n.** **2.** a glowering look; frown. **–gloweringly** *adv*.

glowing /'gloʊɪŋ/ *adj.* **1.** incandescent. **2.** rich and warm in colouring: *glowing colours*. **3.** exhibiting the glow of health, excitement, etc. **4.** ardent or impassioned; enthusiastic: *a glowing account*. **–glowingly** *adv*.

glow-worm /'gloʊ-wɜm/ *n.* **1.** a firefly, especially the wingless female or the luminous larva. **2.** the larva of certain fungus flies such as, in New Zealand, *Bolitophila luminosa*.

gluco- a prefix indicating the presence of glucose.

glucose /'glukoʊz, -oʊs/ *n.* **1.** *Chemistry* hexose, a sugar $C_6H_{12}O_6$, the D- form of which (dextrose) occurs in many fruits, animal tissues, and fluids, etc., and has a sweetness about one half that of ordinary sugar. **2.** a syrup containing dextrose, maltose, and dextrine, obtained by the incomplete hydrolysis of starch.

glue /glu/ *n., v.* **glued, gluing**. **–n.** **1.** any adhesive substance made from any natural or synthetic resin or material. **–v.t.** **2.** to join or fasten with glue. **3.** to fix or attach firmly, as if with glue; make adhere closely. **–gluer** *n.* **–gluey** *adj*.

gluggy /'glʌgi/ *adj. Colloquial* sticky.

glum /glʌm/ *adj.* **glummer, glummest**. gloomily sullen or silent; dejected. **–glumly** *adv.* **–glumness** *n*.

glut /glʌt/ *v.* **glutted, glutting**, *n.* **–v.t.** **1.** to feed or fill to satiety; sate: *to glut the appetite*. **2.** to feed or fill to excess; cloy. **3.** to choke up: *glut a channel*. **–n.** **4.** a full supply. **5.** a surfeit. **–phr.** **6. glut the market**, to overstock the market; furnish a supply of any article largely in excess of the demand, so that the price is unusually low.

gluten /'glutn/ *n.* **1.** the tough, viscid nitrogenous substance remaining when the flour of wheat or other grain is washed to remove the starch. **2.** glue, or some gluey substance.

glutinous /'glutənəs/ *adj.* resembling glue; gluey;

glutton

viscid; sticky. **—glutinously** adv. **—glutinousness, glutinosity** /gluta'nɒsəti/ n.

glutton /'glʌtn/ n. **1.** someone who eats to excess; a gormandiser. **2.** someone who indulges in something excessively. —phr. **3. be a glutton for**, to accept an inordinate amount of (something specified) which is generally considered difficult or unpleasant: *you're a glutton for punishment*. **—gluttonous** adj. **—gluttony** n.

glyceride /'glɪsəraɪd/ n. *Chemistry* one of a group of esters obtained from glycerol in combination with acids.

glycerine /glɪsə'rin, 'glɪsərən/ n. *Chemistry* → **glycerol**. Also, **glycerin** /'glɪsərən/.

glycerol /'glɪsərɒl/ n. a colourless, odourless, liquid alcohol, $HOCH_2CHOHCH_2OH$, of syrupy consistency and sweet taste, obtained by the saponification of natural fats and oils, and used as a solvent, plasticiser, or sweetener.

gnarl /nal/ n. **1.** a knotty protuberance on a tree; knot. —v.t. **2.** to twist.

gnarled /nald/ adj. **1.** (of trees) full of or covered with gnarls. **2.** (of persons) **a.** having a rugged, weather-beaten appearance. **b.** cross-grained; perverse; cantankerous. Also, **gnarly**.

gnash /næʃ/ v.t. **1.** to grind (the teeth) together, especially in rage or pain. **2.** to bite with grinding teeth.

gnat /næt/ n. **1.** any of various small dipterous insects, such as a non-biting midge of the family Chironomidae. **2.** *Chiefly Brit.* a mosquito.

gnaw /nɔ/ v. **gnawed**, **gnawed** or **gnawn**, **gnawing**. —v.t. **1.** to wear away or remove by persistent biting. **2.** to make by gnawing. **3.** to corrode; consume. **4.** to consume with passion; torment. —v.i. **5.** to bite persistently. **—gnawer** n.

gneiss /naɪs/ n. a coarse-grained metamorphic rock, generally made up of bands which differ in colour and composition, some bands being rich in felspar and quartz, others rich in hornblende or mica. **—gneissic** adj.

gnome /noʊm/ n. **1.** one of a species of diminutive beings said in story to inhabit the interior of the earth and to act as guardians of its treasures, usually thought of as shrivelled little old men; a troll. Also, **garden gnome**. a small statue of a gnome, usually displayed as a garden decoration. **3.** a banker, involved in international currency and loan dealings, usually operating from Zurich, and thought to exercise a mysterious and sinister effect on world economic affairs. **—gnomish** adj.

gnomic /'noʊmɪk, 'nɒm-/ adj. like or containing gnomes or aphorisms. **—gnomically** adv.

-gnosis a suffix referring to recognition, especially of a morbid condition, as in *prognosis*.

GNP /dʒi ɛn 'pi/ gross national product.

gnu /nu/ n. **gnus**, (*especially collectively*) **gnu**. → **wildebeest**.

go /goʊ/ v. **went**, **gone**, **going**, n. **goes**, adj. —v.i. **1.** to move or pass (in a direction specified); proceed. **2.** to move away or out; depart (opposed to *come*). **3.** *Cricket* to be dismissed. **4.** to keep or be in motion; act, work, or run: *the clock's not going*. **5.** to act or perform so as to achieve a specified state or condition. **6.** to move towards a point or a given result or in a given manner; proceed; advance. **7.** to be known: *to go by a name*. **8.** to reach or extend: *this road goes to the city*. **9.** (of time) to pass; elapse. **10.** to be awarded, transferred, or applied to a particular recipient or purpose. **11.** to be sold: *the property went for a song*. **12.** to conduce or tend: *this only goes to prove the point*. **13.** to turn out: *how did the game go?* **14.** to belong; have a place: *this book goes on the top shelf*. **15.** (sometimes fol. by *with*) (of colours, etc.) to harmonise; be compatible; be suited. **16.** to fit into, round, etc. **17.** to be used up, finished or consumed. **18.** to develop, especially with reference to success, or failure: *we'll have to see how things go*. **19.** to be phrased: *how do the words go?* **20.** to resort; have recourse: *to go to court*. **21.** to be given up; be worn out; be lost or ended. **22.** to die. **23.** to fail; give way. **24.** to begin; come into action: *here goes!* **25.** to be acceptable: *anything goes*. **26.** to carry final authority: *what I say goes*. **27.** to contribute to a result: *the items which go to make up a total*. —v. (*copular*) **28.** to become; assume another state or condition: *to go mad*. **29.** to make (a sound, effect, etc.) when operated: *the gun went bang*. **30.** to continue; be habitually in a specified condition: *to go hungry*. —v.t. **31.** to proceed on: *he went his way*. **32.** *Cards* to bid. **33.** *Colloquial* to say: *and he goes 'rack off' to the big man*. **34.** *Colloquial* to attack, especially physically. —n. **35.** the act of going: *the come and go of the seasons*. **36.** *Colloquial* energy, spirit, or animation: *to be full of go*. **37.** one's turn to play or to make an attempt at something. **38.** *US Colloquial* a bargain. —adj. **39.** ready; functioning properly: *all instruments are go*. —phr.

40. a rum go, *Colloquial* a strange or inexplicable situation.

41. as ... go, as is the normal run of ...: *she's quite young as grandmothers go*.

42. as things go, as is the usual way.

43. be (all) the go, *Colloquial* to be fashionable.

44. could go a ..., *Colloquial* to want (something specified, especially food or drink): *I could go a cool drink*.

45. fair go, *Colloquial* **a.** a fair or reasonable course of action: *do you think that's a fair go?* **b.** a chance to get on with something without interference or distraction. **c.** (an appeal for fairness or reason): *fair go, mate!*

46. from go to whoa, *Colloquial* from beginning to end.

47. from the word go, *Colloquial* from the beginning.

48. get a go on, *Colloquial* to move more quickly: *we'll have to get a go on*.

49. give it a go, *Colloquial* to make an attempt.

50. go about, *Nautical* to change course.

51. go ahead, **a.** to proceed. **b.** to take the lead; to be in the forefront: *the big horse went ahead soon after the start*.

52. go all out, *Colloquial* to expend the utmost energy.

53. go all the way, *Colloquial* to have full sexual intercourse.

54. go all the way with, **a.** to support wholeheartedly; agree with absolutely. **b.** *Sport* to equal; match.

55. go a long way toward(s), to make largely possible.

56. go along with, to agree with; accept.

57. go around, **a.** to move about; circulate. **b.** to be enough for all: *enough food to go around*.

58. go around with, *Colloquial* **a.** to keep the company of (someone in whom one has a romantic interest). **b.** to maintain a friendship with (a person or group of people).

59. go at, **a.** to undertake with vigour. **b.** to attack.

60. go back on, **a.** to fail (someone); let (someone) down. **b.** to fail to keep (one's word, promise, etc.).

61. go by, **a.** to pass. **b.** to be guided by.

62. go down, **a.** to descend. **b.** to slope down. **c.** to be defeated. **d.** to be remembered by posterity. **e.** (of the sun) to set. **f.** to fall ill: *he has gone down with the mumps*. **g.** to be received (as

specified): *the play went down well with the critics; how did your suggestion go down?* **h.** *Colloquial* to be sent to prison. **i.** *Brit* to leave university at the end of the term or permanently. **j.** *Bridge* to fail to make one's contract. **k.** *Mining* to sink a shaft on a claim. **l.** *Boxing* to be knocked to the canvas or to slip to the canvas. **m.** *Colloquial* to happen. **n.** *Colloquial* ‡ to perform oral sex.
63. go down on, *Colloquial* ‡ to perform oral sex on.
64. go for, a. to attack; set upon. **b.** to be attracted to: *I go for music in a big way.* **c.** to aim for: *he's going for the chairmanship.* **d.** to apply to: *that goes for all of us.*
65. go for it, *Colloquial* (an exclamation of encouragement or exhortation, especially to a sporting competitor).
66. go for one's life, *Colloquial* **a.** to indulge in any activity to the maximum. **b.** to move very quickly, as in running away.
67. go for your life, *Colloquial* (an expression giving support, encouragement, etc., to someone about to undertake an energetic activity).
68. go halves, to share equally between two.
69. go in for, to make (something) one's particular interest.
70. go into, a. to investigate or study thoroughly. **b.** *Mathematics* to be a divisor of: *how many times does 4 go into 12?* **c.** *Mathematics* to be a factor of: *4 goes into 12.*
71. go in with, to enter a partnership or other agreement with.
72. go it alone, *Colloquial* to act alone.
73. go missing, a. to become lost. **b.** to absent oneself.
74. go native, to turn one's back on the comforts of civilisation and adopt a primitive style of life in a natural environment.
75. go off, a. to go away: *she went off without a word.* **b.** to discharge; explode. **c.** (of food, etc.) to become bad; deteriorate: *the meat's gone off.* **d.** to take place (in a specified manner): *the rehearsal went off well.* **e.** *Colloquial* to get married. **f.** *Australian Colloquial* to be raided by the police: *that club hasn't gone off in six months.* **g.** *Australian Colloquial* to be stolen: *when I returned to the room my camera had gone off.* **h.** *Australian Colloquial* (of a racehorse) to be set to win in a fixed race: *tell me when your horse is going off.* **i.** *Colloquial* to come to dislike.
76. go off at, *Colloquial* to reprimand; scold.
77. go off one's head, *Colloquial* **a.** to become insane. **b.** to become very angry.
78. go off pop, *Colloquial* to express one's anger.
79. go off the bite, (of fish) to cease taking the bait.
80. go on, a. to go ahead; proceed; continue. **b.** to manage; do. **c.** to behave; act. **d.** to take place. **e.** to chatter continually. **f.** (an exclamation of astonishment verging on disbelief). **g.** to use as evidence or material. **h.** *Colloquial* to get near (an age or a time): *he's going on seventy; it's going on midnight.*
81. go out, a. to be extinguished: *the light went out.* **b.** to attend social functions, etc. **c.** *Cards* to dispose of the last card in one's hand. **d.** to be broadcast. **e.** *Colloquial* to lose consciousness: *he went out like a light.*
82. go out with, to frequent the society of; date regularly.
83. go over, a. to read or re-read. **b.** to repeat. **c.** to examine. **d.** to have an effect (as specified): *my proposal went over very badly.* **e.** *Rugby Football* to score a try. **f.** to change sides, political allegiance, etc.
84. go places, *Colloquial* to achieve notable success.
85. go round to, to make a visit to.
86. go soft, a. to deteriorate intellectually, morally, or physically. **b.** to become less severe.
87. go spare, *Colloquial* to lose one's temper; become exasperated.
88. go through, a. to undergo; endure. **b.** to examine in order. **c.** to be accepted. **d.** to consume: *we go through 3 litres of milk a day.* **e.** to deal with quickly and thoroughly: *the shearer went through the mob in a day.*
89. go through with, to complete; bring to a finish.
90. go to, to be relevant to; address.
91. go to bed with, *Colloquial* to have sex with.
92. go to it, to undertake any activity with gusto.
93. go to show, to serve as evidence; to help to prove.
94. go under, to be overwhelmed; be ruined.
95. go up, a. to rise or ascend; advance. **b.** *Brit* to go to university for the first time or at the beginning of term.
96. go wild, a. to revert to an untamed or savage state. **b.** to respond very demonstratively or with extreme emotion, usually pleasure: *the crowd went wild when the home team won.*
97. go with, a. to harmonise with. **b.** *Colloquial* to frequent the society of: *he went with a rough group at school.* **c.** *Colloquial* to be in an amorous or sexual relationship with.
98. go without, to manage without; get along in the absence of, usually something agreeable.
99. go without saying, to be self-evident.
100. have a go, *Colloquial* **a.** to make an attempt; try: *come on, have a go!* **b.** *Cricket* to hit out recklessly.
101. how are you going?, *Australian* (a conventional greeting, not necessarily seeking an answer).
102. it's a go, *Colloquial* it's possible; all's clear.
103. let go, a. to release. **b.** to give free rein to (one's emotion, etc.), especially in making an attack.
104. let go of, to release one's hold on.
105. let oneself go, a. to cease to care for one's appearance. **b.** to become uninhibited.
106. make a go of, *Colloquial* to turn (something) into a success.
107. no go, *Colloquial* not possible; futile; vain.
108. not go much on, *Colloquial* not to be attracted to or enthused by: *I don't go much on him.*
109. on the go, *Colloquial* constantly going; very active.
110. open go, *Colloquial* **a.** a situation in which fair play prevails and no unfair restraints or limiting conditions apply: *the election was an open go.* **b.** a situation in which normal restraints do not apply: *it was open go at the bar that night.*
111. ready, set (or **steady**), **go,** a command to begin a race, contest, etc.).
112. that's the way it goes, *Colloquial* that's how things are.
113. the go, *Australian Colloquial* the recommended or best course of action: *the go is to be there early.*

goad /goʊd/ *n.* **1.** a stick with a pointed end, for driving cattle, etc. **2.** anything that pricks or wounds like such a stick; a stimulus. *–v.t.* **3.** to prick or drive with or as with a goad; incite. **–goadlike** *adj.*

go-ahead /ˈgoʊ-əhɛd/ *adj.* **1.** going forward; advancing. **2.** progressive; active; enterprising. *–n.* **3.** permission to proceed.

goal /'goʊl/ *n.* **1.** that towards which effort is directed; aim or end. **2.** (in ball games) an area, basket, cage, object or structure towards which the players strive to advance the ball, etc. **3.** the act of throwing or kicking the ball through or over the goal, thus qualifying for a score. **4.** the score made by accomplishing this. **–goalless** *adj.*

goalkeeper /'goʊlkipə/ *n. Soccer, Hockey, etc.* a player whose special duty is to prevent the ball from going through, into, or over the goal.

goanna /gou'ænə/ *n.* any of various large Australian varanid (monitor) lizards such as the common lace monitor, *Varanus varius*, which occurs generally throughout mainland Australia.

goat /goʊt/ *n.* **1.** any bovid animal of the tribe Caprini, comprising various agile hollow-horned ruminants closely related to the sheep, found native in rocky and mountainous regions of the Old World, and including domesticated forms common throughout the world. **2.** any of various allied animals, as *Oraemnos montanus* (**Rocky Mountain goat**), a ruminant of western North America. **3.** *Colloquial* a scapegoat; one who is the butt of a joke. **4.** *Colloquial* a fool: *to make a goat of oneself.* **5.** *Colloquial* a lecher; a licentious man. **6.** (*plural*) (in collocations with *sheep*) evil, bad, or inferior people or things: *to separate the sheep from the goats.* **–***phr.* **7. act the (giddy) goat**, *Colloquial* to behave in a foolish or frivolous manner; fool around. **8. get (on) someone's goat**, to annoy or irritate someone. **9. hairy goat**, *Colloquial* a racehorse which does not perform well. **10. run like a hairy goat**, *Colloquial* **a.** to run very slowly. **b.** to run very fast. **–goatlike** *adj.*

goatee /goʊ'ti/ *n.* a man's beard trimmed to a tuft or a point on the chin.

gob[1] /gɒb/ *n.* a mass or lump.

gob[2] /gɒb/ *n. Colloquial* the mouth.

gobble[1] /'gɒbəl/ *v.* **-bled, -bling.** *–v.t.* **1.** to swallow hastily in large pieces; gulp. **2.** *Colloquial* to seize upon greedily or eagerly. *–v.i.* **3.** to eat hastily. **–gobbler** *n.*

gobble[2] /'gɒbəl/ *v.i.* **-bled, -bling.** to make the characteristic throaty cry of a turkey cock.

gobbledegook = gobbledygook /'gɒbldi,guk, -,guk/ *n. Colloquial* language characterised by circumlocution and jargon: *the gobbledegook of government reports.*

go-between /'goʊ-bətwin/ *n.* someone who acts as agent between persons or parties.

goblet /'gɒblət/ *n.* a drinking vessel with a foot and stem.

goblin /'gɒblən/ *n.* a grotesque mischievous sprite or elf.

gobsmacked /'gɒbsmækt/ *adj. Colloquial* astonished; flabbergasted.

go-cart /'goʊ-kat/ *n.* **1.** a small, wheeled vehicle for small children to ride in. **2.** → **go-kart**.

god /gɒd/ *n.* **1.** a supernatural being or entity which is worshipped, revered, propitiated, or entreated according to particular conventions, and is believed to control nature or human destiny, often being associated with a particular aspect or facet of these: *among Hawaiians the god of war was called Kukailimoko.* **2.** the image of such a being or entity; idol: *he refused to bow down to any god of stone.* **3.** (*cap.*) (according to Jewish, Christian, Islamic, and certain other theologies) the one Supreme Being, the creator and ruler of the universe: *in the beginning God created the heaven and the earth.* **4.** any person or practice to which excessive attention or devotion is given: *George made a god of horseracing.* **–***phr.* **5. for God's sake**, Also, **for Godsake, for godsake.** (an exclamation indicating surprise, vexation, indignation, etc.): *for God's sake, shut up!* **6. God!**, Also, **Oh God!, My God!.** (an oath or exclamation used to express weariness, annoyance, disappointment, etc.): *oh God! will it never end?* **7. God's gift to …**, *Colloquial* (*often ironic*) a truly wonderful person in a specified sphere of interest: *God's gift to the business world; God's gift to women.* **8. God's own**, **a.** (an intensifier): *God's own good health.* **b.** (of a country) the best; a paradise. **9. good God!**, (an exclamation indicating surprise, consternation, etc.). **10. the gods**, the highest gallery in a theatre: *the crowd in the gods was becoming restless.*

godchild /'gɒdtʃaɪld/ *n.* **-children.** one for whom a person (godparent) stands sponsor at baptism.

goddess /'gɒdəs, 'gɒdɛs/ *n.* **1.** a female god or deity. **2.** a woman of extraordinary beauty. **3.** an adored woman. **–goddess-hood, goddess-ship** *n.*

godforsaken /'gɒdfəseɪkən/ *adj. Colloquial* desolate; remote.

godly /'gɒdli/ *adj.* **-lier, -liest.** conforming to God's laws; pious. **–godlily** *adv.* **–godliness** *n.*

godparent /'gɒdpɛərənt/ *n.* a godfather or godmother.

godsend /'gɒdsɛnd/ *n.* something unexpected but particularly welcome and timely, as if sent by God.

godspeed /gɒd'spid/ *interj.* **1.** God speed you. **–***n.* **2.** a wish of success to someone setting out on a journey or undertaking.

godwit /'gɒdwɪt/ *n.* any of several large shorebirds of the genus *Limosa*, all with long, slightly upcurved bills, two species of which, the **bar-tailed godwit**, *Limosa lapponica*, and the **black-tailed godwit**, *Limosa limosa*, regularly migrate to coastal areas of Australia.

goer /'goʊə/ *n.* **1.** someone who attends regularly (usu. used in combination): *a cinema goer.* **2.** *Colloquial* a peron or thing that moves fast. **3.** *Colloquial* a person who is characterised by great energy in all their activities. **4.** *Colloquial* any activity, project, etc., having evident prospects of success.

goes /'goʊz/ *v.* **1.** 3rd person singular present of **go**. **–***n.* **2.** plural of **go**.

goggle /'gɒgəl/ *n., v.* **-gled, -gling.** **–***n.* **1.** (*plural*) spectacles often with special rims, lenses, or sidepieces, so devised as to protect the eyes from wind, dust, water, or glare. **–***v.i.* **2.** to stare with bulging eyes. **3.** to roll the eyes.

going-over /'goʊɪŋ-'oʊvə/ *n.* **goings-over.** *Colloquial* **1.** a thorough examination. **2.** a severe beating or thrashing.

goings-on /,goʊɪŋz-'ɒn/ *pl. n. Colloquial* **1.** actions; conduct; behaviour (used chiefly with depreciative force): *we were shocked by the goings-on at the office party.* **2.** current events: *she only kept in touch with the goings-on at home through newspapers.*

goitre /'gɔɪtə/ *n. Pathology* an enlargement of the thyroid gland, on the front and sides of the neck. Also, *US*, **goiter**.

go-kart /'goʊ-kat/ *n.* a small light vehicle, especially one without bodywork, having a low-powered engine, used for relatively safe racing. Also, **go-cart, kart**.

gold /goʊld/ *n.* **1.** a precious yellow metal, nonrusting, and able to be moulded. *Symbol:* Au (for Latin *aurum*); *at. no.:* 79; *relative atomic mass:* 196.967. **2.** money; wealth. **3.** something compared to this metal in brightness, preciousness, etc.: *a heart of gold.* **4.** a bright metallic yellow colour, sometimes shading towards brown. **–***adj.* **5.** consisting of, or like gold.

golden /'goʊldən/ *adj.* **1.** of the colour of gold;

yellow: *golden hair*. **2.** made of gold: *golden keys*. **3.** like gold in value; excellent: *a golden chance*. **4.** gifted; likely to succeed: *golden girl*. **5.** relating to the fiftieth event of a series, as a wedding anniversary. –**goldenly** *adv*. –**goldenness** *n*.

golden handshake *n*. *Colloquial* a gratuity or benefit, given to employees as a recognition of their services on the occasion of their retirement or resignation, or as compensation when they are dismissed.

golden mean *n*. the happy medium between extremes; moderate course of action.

golden retriever *n*. one of a breed of retrievers with thick, wavy, golden coat.

golden staph /ˈɡoʊldən ˈstæf/ *n*. *Colloquial* a pathogenic species of staphylococcus, *Staphylococcus aureus*, which causes boils, septic infections, bacterial food poisoning, etc., and usually forms a golden pigment.

golden syrup *n*. a supersaturated solution of sucrose, glucose, and fructose, derived from sugar processing; used in cookery and as a sauce for porridge, desserts, etc.

golden wattle *n*. **1.** a broad-leafed Australian acacia, *Acacia pycnantha*, yielding useful gum and tanbark; floral emblem of the Commonwealth of Australia. **2.** any similar acacia, especially the Sydney golden wattle, *A. longifolia*.

goldfield /ˈɡoʊldfiːld/ *n*. a district in which gold is mined.

goldfinch /ˈɡoʊldfɪntʃ/ *n*. a European songbird, *Carduelis carduelis*, having a crimson face and wings marked with yellow, introduced into Australia where it is now common.

goldfish /ˈɡoʊldfɪʃ/ *n*. **-fishes,** (especially collectively) **-fish**, a small fish, *Carassius auratus*, of the carp family and originally native to China, prized for aquariums and pools because of its golden colouring and variable form (produced by artificial selection); introduced, feral, and now quite widespread in the southern half of Australia.

gold leaf *n*. gold beaten into a very thin sheet, used for gilding, etc.

goldmine /ˈɡoʊldmaɪn/ *n*. **1.** a mine yielding gold. **2.** a source of great wealth. **3.** a source of anything required: *a goldmine of information*. –**goldminer** *n*. –**goldmining** *n*.

gold record *n*. a gold-plated record made by a recording company when a certain number of copies of the record (in Australia 20 000) have been sold, and presented by the company to the artists or other people involved in its production and promotion.

gold reserve *n*. *Economics* the total gold coin and bullion held by a central authority either national or international. It is used to make international payments, and nationally to maintain the value of the token notes and coinage issued on behalf of the government.

gold rush *n*. a large-scale and rapid movement of people to a region where gold has been discovered, as that to Bendigo and Ballarat, Victoria, in the mid-19th century.

gold standard *n*. *Economics* a monetary system in which there is a free mintage of gold into standard legal coins, free movement of gold into and out of the country, and in which the currency unit is based on gold of a fixed weight and fineness.

golf /ɡɒlf/ *n*. an outdoor game, in which a small resilient ball is driven with special clubs into a series of holes, distributed at various distances over a course having natural or artificial obstacles, the object being to get the ball into each hole in as few strokes as possible. –**golfer** *n*.

golf ball *n*. **1.** a small white ball with a resilient core of rubber used in playing golf. **2.** *Colloquial* the movable metal ball bearing the type in an electric typewriter.

golf course *n*. the ground or course over which golf is played. Also, **golf links**.

Goliath /ɡəˈlaɪəθ/ *n*. **1.** a person of great strength or size; a giant. **2.** *Bible* a gigantic Philistine champion who was slain by David with a stone from his sling.

golliwog /ˈɡɒliwɒɡ/ *n*. a soft, black-faced doll. Also, **gollywog**.

golly /ˈɡɒli/ *interj*. *Colloquial* (a mild expletive expressing surprise, etc.).

-gon a suffix denoting geometrical figures having a certain number or kind of angles, as in *polygon, pentagon*.

gonad /ˈɡoʊnæd/ *n*. the sex gland, male or female, in which gametes develop and appropriate sex hormones are produced. –**gonadal** /ˈɡoʊnædəl/, **gonadial** /ɡoʊˈneɪdiəl/, **gonadic** /ɡoʊˈnædɪk/ *adj*.

gondola /ˈɡɒndələ/ *n*. **1.** a long, narrow boat with a high peak at each end and often a small cabin near the middle, used on the Venetian canals and usually propelled at the stern by a single oar or pole. **2.** the car of a dirigible. **3.** the basket suspended beneath a balloon, for carrying passengers, instruments, etc. **4.** a free-standing tray on legs for displaying goods on a shop floor. –**gondolier** *n*.

gone /ɡɒn/ *v*. **1.** past participle of **go**. –*adj*. **2.** departed; left. **3.** lost or hopeless. **4.** used up. **5.** that has departed or passed away; dead. **6.** depleted of stamina (in a specified part of the body): *gone in the legs*. **7.** weak and faint: *a gone feeling*. **8.** pregnant: *three months gone*. **9.** *Colloquial* exhilarated; in a state of excitement (as by the influence of drugs, etc.). **10.** *Colloquial* infatuated: *one look from Harold and she was gone*. **11.** *Colloquial* incapacitated through laughter, drugs, alcohol, over-excitement, etc. –*phr*. **12. far gone**, *Colloquial* out of one's senses with exhaustion, illness, intoxication, insanity, etc. **13. far gone in**, in an advanced state of: *far gone in a disease*. **14. gone a million**, *Colloquial* utterly defeated or ruined. **15. gone in the head** (or **scone, etc.**), *Colloquial* crazy; insane. **16. gone on**, *Colloquial* infatuated with.

goner /ˈɡɒnə/ *n*. *Colloquial* a person or thing that is dead, lost, or past recovery or rescue.

gong /ɡɒŋ/ *n*. **1.** *Music* an oriental bronze disc with the rim turned up, to be struck with a soft-headed stick. **2.** any saucer-shaped bell, especially one sounded by a hammer. **3.** *Colloquial* a medal. –*phr*. **4. get the gong**, *Colloquial* to receive a peremptory rejection or refusal. –**gonglike** *adj*.

-gonium /-ˈɡoʊniəm/ a word element referring to reproductive cells.

gonna /ˈɡʌnə/ *v*. *Colloquial* (a written form used to indicate rapid or unemphatic pronunciations of) going to. Also, **gunna**.

gono- a word element meaning 'sexual' or 'reproductive', as in *gonococcus*.

gonorrhoea /ɡɒnəˈriə/ *n*. *Pathology* a contagious disease causing purulent inflammation mainly of the urethra and cervix, but occasionally also causing inflammation of the anus, eye, or pharynx. Also, **gonorrhea**. –**gonorrhoeal** *adj*.

-gony a word element meaning 'production', 'genesis', 'origination', as in *cosmogony, theogony*.

goo /ɡuː/ *n*. *Colloquial* sticky matter. –**gooey** *adj*.

good /ɡʊd/ *adj*. **better, best**, *n., interj*. –*adj*. **1.** morally excellent; righteous; pious. **2.** satisfactory in quality, quantity, or degree; excellent: *good food, good health*. **3.** right; proper; qualified; fit: *do whatever seems good to you, her credit is good*. **4.** well-behaved: *a good child*. **5.** restorative or

good

beneficial: *this medicine is good for you.* **6.** fresh and palatable; not tainted. **7.** honourable or worthy; in good standing: *a good name.* **8.** refined; well-bred; educated. **9.** reliable; safe: *good securities.* **10.** genuine; sound or valid: *good judgment; good reasons.* **11.** loyal; close: *a good friend.* **12.** attractive; fine; beautiful: *she has a good figure.* **13.** (of the complexion) without blemish or flaw. **14.** agreeable; pleasant; genial: *have a good time.* **15.** pleasurable; exciting. **16.** satisfactory for the purpose; advantageous: *a good day for fishing.* **17.** sufficient or ample: *a good supply.* **18.** (of clothes) best or newest. **19.** full: *a good day's journey.* **20.** competent or skilful; clever: *a good manager; good at arithmetic.* **21.** fairly great: *a good deal.* **22.** *Colloquial* in good health; well: *how are you? I'm good, thanks.* –*n.* **23.** profit; worth; advantage; benefit: *to work for the common good.* **24.** excellence or merit; righteousness; kindness; virtue. **25.** (*sometimes cap.*) the force which governs and brings about righteousness and virtue: *to be a power for good.* **26.** a good, commendable, or desirable thing. **27.** (*plural*) possessions, especially movable effects or personal chattels. **28.** (*plural*) articles of trade; wares; merchandise, especially that which is transported by land. **29.** an item of merchandise. –*interj.* **30.** (an expression of approval or satisfaction). –*phr.* **31. all to the good**, *Colloquial* generally advantageous (often used to justify an unpleasant event). **32. a good press**, *Colloquial* a favourable reaction by newspapers and journals. **33. a good question**, *Colloquial* a difficult or demanding question. **34. a good way**, *Colloquial* a considerable extent. **35. as good as**, in effect; practically: *he as good as said it.* **36. as good as gold**, *Colloquial* (especially of children) well behaved. **37. be up to no good**, *Colloquial* to be doing wrong; be breaking the law in some undisclosed way; be behaving in a suspicious manner. **38. do good**, to perform acts of charity; help the needy: *she spends her life doing good.* **39. feel good**, *Colloquial* to be happy or in good health. **40. for good (and all)**, finally and permanently; forever: *to leave a place for good.* **41. good and**, (an intensifier) *you can wait until we're good and ready.* **42. good enough**, *Colloquial* satisfactory. **43. good for**, **a.** valid throughout: *this ticket is good for six months.* **b.** entitling a person to: *that is good for a beer or two.* **c.** (of a person) willing or thought to be willing to provide: *you're always good for a loan.* **44. good for you**, (*often patronising or ironic*) *Colloquial* (an expression of approval, encouragement, etc.). **45. good grief**, *Colloquial* (an expression of surprise, vexation, etc.). **46. good iron**, *Colloquial* **a.** (an exclamation of approval). **b.** a likeable person. **47. good luck**, *Colloquial* (an expression wishing a person well). **48. good on you**, *Colloquial* (an expression of approval, encouragement, etc.). **49. good one**, (an exclamation of praise, admiration, etc.). **50. goods and chattels**, **a.** all movable properties. **b.** *Colloquial* all someone's possessions. **51. good show**, *Colloquial* (an expression of approval). **52. in good with**, *Colloquial* enjoying the approval of. **53. make good**, **a.** to make recompense for; pay for. **b.** to keep to (an agreement); fulfil. **c.** to be successful. **d.** to prove the truth of; substantiate. **54. no good to gundy**, *Colloquial* worthless. **55. one's good lady**, one's wife. **56. that's a good one**, *Colloquial* (an ironic expression of disbelief). **57. the goods**, *Colloquial* **a.** what has been promised or is expected: *to deliver the goods.* **b.** the genuine article. **c.** evidence of guilt, as stolen articles: *to catch them with the goods.* **d.** information; run-down: *did you get the goods on him?* **58. too good to be true**, *Colloquial* so satisfactory as to be unbelievable. **59. too much of a good thing**, *Colloquial* **a.** excessive. **b.** an excessive amount.

goodbye /gud'baɪ/ *interj.*, *n.* **-byes**. –*interj.* **1.** farewell (a conventional expression used at parting). –*n.* **2.** a farewell. Also, *Chiefly US*, **goodby**.

Good Friday *n.* the Friday before Easter, a holy day of the Christian Church, observed as the anniversary of the crucifixion of Jesus.

goodly /'gudli/ *adj.* **-lier**, **-liest**. **1.** of a good quality: *a goodly gift.* **2.** of good or fine appearance. **3.** of good size or amount: *a goodly sum.* –**goodliness** *n.*

goodness /'gudnəs/ *n.* **1.** moral excellence; virtue. **2.** kindly feeling; kindness; generosity. **3.** excellence of quality: *goodness of workmanship.* **4.** the best part of anything; essence; strength. **5.** (used in various exclamatory or emphatic expressions): *goodness me!; goodness gracious; my goodness; thank goodness!* –*interj.* **6.** (an exclamation expressing mild surprise).

good night *interj.* (a conventional expression used at a meeting or, more usually, a parting during the evening or night).

goodnight /gud'naɪt/ *n.*, /'gudnaɪt/ *adj.* –*n.* **1.** a farewell; a leave-taking. –*adj.* **2.** having to do with a parting, especially final or at night: *a goodnight kiss.*

goods and services tax *n.* a tax on the consumption of goods and services, imposed on the value (usually defined as sales less purchases) that is added at each stage of the manufacturing and distribution process and levied at the point of sale to the final consumer. Also, **GST**.

goodwill /gud'wɪl/ *n.* **1.** friendly disposition; benevolence; favour. **2.** cheerful acquiescence. **3.** *Commerce* an intangible, saleable asset arising from the reputation of a business and its relations with its customers, distinct from the value of its stock, etc. –*adj.* **4.** exhibiting or attempting to foster goodwill: *a goodwill mission.* Also, **good will**.

goof /guf, gɒf/ *Colloquial* –*n.* **1.** a foolish or stupid person. –*v.i.* **2.** (sometimes fol. by *on*) to blunder; slip up. –*phr.* **3. goof around**, to act the comedian; clown around. **4. goof off**, to daydream; fritter away time. **5. goof up**, to bungle (something); botch. –**goofy** *adj.* –**goofily** *adv.* –**goofiness** *n.*

goog /gug/ *n. Australian, NZ Colloquial* **1.** an egg. –*par.* **2. full as a goog**, **a.** extremely drunk. **b.** well-fed.

googly /'gugli/ *n. Cricket* a delivery bowled by a wrist-spinner which looks as if it will break one way but in fact goes the other (the right-hander's googly will act as an off-break to the right-handed person batting, the left-hander's will act as a leg-break); bosie; wrong 'un.

goon /gun/ *n. Colloquial* **1.** a stupid person. **2.** a hooligan or thug.

goori /'guri/ *n.* → **kuri**. Also, **goorie**.

goose¹ /gus/ *n.* **geese**. **1.** any of numerous wild or domesticated web-footed birds of the family Anatidae, most of them larger and with a longer neck than the ducks, as the pied goose; the principal genera are *Anser*, *Branta*, and *Chen*. **2.** the female of this bird, as distinguished from the male (or *gander*). **3.** the flesh of the goose. **4.** a silly or foolish person; simpleton. –*phr.* **5. cook someone's goose**, *Colloquial* to frustrate or ruin someone's hopes or plans. **–gooselike** *adj.*

goose² /gus/ *v.t.* **goosed**, **goosing**. to poke (someone) between the buttocks, usually in fun and unexpectedly.

gooseberry /'guzbəri, -bri/ *n.* **-ries**. –*n.* **1.** the small, edible, acid, globular fruit or berry of certain prevailingly prickly shrubs of the genus *Ribes*, especially *R. grossularia*. **2.** the shrub itself. –*phr.* **3. play gooseberry**, to embarrass or restrict two people who might like to be alone by accompanying them.

goose pimples *pl. n.* a rough condition of the human skin resembling that of a plucked goose caused by erection of the papillae and induced by cold or fear. Also, **goose bumps**, **goose flesh**. **–goosepimply** *adj.*

goosestep /'gusstɛp/ *n., v.* **-stepped**, **-stepping**. –*n.* **1.** a military exercise in which the body is balanced on one foot (without advancing) while the other foot is swung forwards and back. **2.** an exaggerated marching step in which the legs are swung high with straight, stiff knees. –*v.i.* **3.** to walk or march in a goosestep.

gopher¹ /'goufə/ *n.* any of various ground squirrels of western North America, such as *Citellus* (or *Spermophilus*) *tridecemlineatus*.

gopher² /'goufə/ *n. Colloquial* someone employed to run errands, give general assistance, etc. Also, **gofer**.

gore¹ /gɔ/ *n.* blood that is shed, especially when clotted.

gore² /gɔ/ *v.t.* **gored**, **goring**. (of an animal) to pierce with the horns or tusks.

gore³ /gɔ/ *n.* a triangular piece of cloth, etc., inserted in a garment, a sail, etc., to give greater width or secure the desired shape or adjustment.

gorge /gɔdʒ/ *n., v.* **gorged**, **gorging**. –*n.* **1.** a narrow valley with steep, rocky walls, especially one through which a stream runs. **2.** the contents of the stomach. **3.** the throat; gullet. –*v.t.* **4.** (*mainly reflexive or passive*) to stuff with food: *he gorged himself.* **–gorger** *n.*

gorgeous /'gɔdʒəs/ *adj.* **1.** sumptuous; magnificent; splendid in appearance or colouring: *she was wearing a gorgeous necklace.* **2.** *Colloquial* very good, pleasing, or enjoyable: *I had a gorgeous weekend.* **–gorgeously** *adv.* **–gorgeousness** *n.*

gorilla /gə'rɪlə/ *n.* **1.** the largest of the anthropoid apes, *Gorilla gorilla*, ground-living and vegetarian, of western equatorial Africa. **2.** an ugly, brutal fellow.

gormandise = **gormandize** /'gɔməndaɪz/ *v.i.* **-dised**, **-dising**. to eat like a glutton. **–gormandiser** *n.*

gormless /'gɔmləs/ *adj. Colloquial* (of a person) dull; stupid; senseless. **–gormlessness** *n.*

gorse /gɔs/ *n.* any plant of the genus *Ulex*, especially *U. europaeus*, a low, much-branched, spiny shrub with yellow flowers, native to Europe and introduced into many countries; furze. **–gorsy** *adj.*

gory /'gɔri/ *adj.* **gorier**, **goriest**. **1.** covered or stained with gore; bloody. **2.** resembling gore. **3.** *Colloquial* distasteful or unpleasant: *he read the gory details of the accident.* **–gorily** *adv.* **–goriness** *n.*

gosh /gɒʃ/ *interj.* (an exclamation or mild oath).

goshawk /'gɒʃhɔk/ *n.* any of various powerful, short-winged hawks, formerly much used in falconry, widely dispersed throughout the world.

gosling /'gɒzlɪŋ/ *n.* a young goose.

go-slow /'goʊ-sloʊ/ *n. Colloquial* a deliberate curtailment of output by workers as an industrial sanction; work-to-rule.

gospel /'gɒspəl/ *n.* **1.** (*often cap.*) the body of doctrine taught by Christ and the apostles; Christian revelation. **2.** the story of Christ's life and teachings, especially as contained in the first four books of the New Testament. **3.** (*usually cap.*) one of these books. **4.** something regarded as true and implicitly believed: *to take as gospel.* –*adj.* **5.** in accordance with the gospel; evangelical.

gospel music *n.* a primarily vocal music, a precursor of the blues, but based on hymns.

gossamer /'gɒsəmə/ *n.* **1.** a fine filmy cobweb, seen on grass and bushes, or floating in the air in calm weather, especially in autumn. **2.** an extremely delicate variety of gauze. **3.** any finely spun, silken fabric. –*adj.* **4.** Also, **gossamery** /'gɒsəməri/. of or like gossamer; thin and light.

gossip /'gɒsəp/ *n., v.* **-siped**, **-sipped**, **-siped** or **-sipped**. –*n.* **1.** idle talk, especially about the affairs of others. **2.** light, familiar talk or writing. **3.** someone given to tattling or idle talk. –*v.i.* **4.** to talk idly, especially about the affairs of others. **–gossiper** *n.* **–gossiping** *n.* **–gossipingly** *adv.*

got /gɒt/ *v.* **1.** past tense and past participle of **get**. –*phr.* **2. have got**, to have; possess: *I've got a house in Tamworth*. **3. have got to**, to be under an obligation to; be obliged to: *I've got to go; you've got to be joking.* **4. what's got into someone?**, *Colloquial* (a query as to what is causing someone to behave in an uncharacteristic way, such as angrily, absent-mindedly, etc.).

Goth /gɒθ/ *n.* **1.** one of a Teutonic people who, in the 3rd to 5th century AD, invaded and settled in parts of the Roman Empire. **2.** (*usually l.c.*) a type of pop music which has a serious message and which is rather austere or gloomy in style, associated with a style of dress featuring an anaemic look, black clothes, black hair which is gelled and spiky, and silver jewellery.

Gothic /'gɒθɪk/ *adj.* **1.** *Architecture* denoting or relating to a style originating in France and spreading over western Europe from the 12th to the 16th century, characterised by a design emphasising skeleton construction, the elimination of wall planes, the comparatively great height of the buildings, the pointed arch, rib vaulting, and the flying buttress. **2.** (especially in literature) stressing irregularity and details, usually of a grotesque or horrible nature: *a Gothic novel.* **3.** *Printing* (of a typeface) having elaborate pointed characters. **4.** (*usually l.c.*) of or relating to the goth music cult. See **Goth** (def. 2). –*n.* **5.** (*usually l.c.*) a person who is an adherent of the goth music cult and who dresses in austere black. See **Goth** (def. 2). **–Gothically** *adv.*

gouache /gu'aʃ, -'æʃ/ *n.* a method of painting with opaque watercolours.

gouda /'gaʊdə, 'gu-/ *n.* a semi-soft to hard, sweet-curd cheese, with a smooth, mellow taste, made in a traditional flat wheel shape with rounded edges and a yellow rind.

gouge /gaʊdʒ/ *n., v.* **gouged**, **gouging**. –*n.* **1.** a chisel whose blade has a concavo-convex cross-section, the bevel being ground on either the inside or the outside of the cutting end of the tool. **2.** a groove or hole made by gouging. –*v.t.* **3.** to dig or force out with or as with a gouge: *to gouge out an eye.*

goulash /'gulæʃ/ *n.* a stew made of meat, usually beef or veal, flavoured with chopped onions and paprika.

gourd /gʊəd, gɔd/ *n.* the fruit of any of various

gourmand

plants of the family Cucurbitaceae, especially that of *Lagenaria siceraria* (**bottle gourd**), whose dried shell is used for bottles, bowls, etc., or that of certain forms of *Cucurbita pepo* sometimes cultivated for ornament. –**gourd-like** *adj.* –**gourd-shaped** *adj.*

gourmand /gɔ'mɒnd, 'gɔmənd/ *n.* someone fond of good eating. Also, **gormand**.

gourmet /'guəmeɪ, 'gɔ-/ *n.* **1.** a connoisseur in the delicacies of the table; an epicure. –*adj.* **2.** of a standard required by a gourmet; first-rate: *a gourmet meal.*

gout /gaut/ *n. Pathology* a constitutional disease characterised by painful inflammation of the joints (chiefly those in the feet and hands, and especially in the big toe), and by excess of uric acid in the blood.

govern /'gʌvn/ *v.t.* **1.** to rule by right of authority: *to govern a state.* **2.** to have a directing influence over; guide: *anger governed his decision.* **3.** to hold in control: *to govern your temper.* **4.** to serve as a law for: *the principles governing a case.* **5.** *Grammar* to control (the case of a noun or the mood of a verb); for example, in *'They helped us'*, the verb *'helped'* is said to govern the objective case of the pronoun. –*v.i.* **6.** to have a controlling influence. –**governable** *adj.*

governess /'gʌvənəs/ *n.* a woman who directs the education of children, generally in their own homes.

government /'gʌvənmənt/ *n.* **1.** the authoritative direction and restraint exercised over the actions of people in communities, societies, and states; direction of the affairs of a state, etc.; political rule and administration: *government is necessary to the existence of society.* **2.** the form or system of rule by which a state, community, etc., is governed: *monarchical government; episcopal government.* **3.** (*sometimes construed as plural*) the governing body of persons in a state, community, etc.; the executive power; the administration: *the government was defeated in the last election.* **4.** direction; control; rule: *the government of one's conduct.* –*adj.* **5.** of or relating to a government. –**governmental** /gʌvən'mɛntl/ *adj.* –**governmentally** /gʌvən'mɛntəli/ *adv.*

governor /'gʌvənə, 'gʌvnə/ *n.* **1.** someone placed in control of an organisation, society, etc.: *governor of a bank.* **2. a.** the representative of the king or queen with powers given by law, in a British dependent territory: *Phillip was the first governor of Australia.* **b.** the main representative of the king or queen in a state of the Commonwealth of Australia. **3.** the executive head of a state in the US. **4.** *Machinery* a device for controlling a supply of fuel in an engine.

governor-general /gʌvənə-'dʒɛnrəl/ *n.* **governor-generals** *or* **governors-general**. the principal representative of the sovereign in certain independent Commonwealth countries.

gown /gaun/ *n.* **1.** a woman's dress, usually formal, comprising bodice and skirt, usually joined. **2.** a loose, flowing, outer garment in various forms, worn by men or women as distinctive of office, profession, or status: *a judge's gown, an academic gown.* –*v.t.* **3.** to dress in a gown.

grab /græb/ *v.* **grabbed, grabbing**, *n.* –*v.t.* **1.** to seize suddenly and eagerly; snatch. **2.** to take illegal possession of; seize forcibly or unscrupulously: *to grab land.* **3.** *Colloquial* to affect; impress: *how does that grab you?* –*n.* **4.** a sudden, eager grasp or snatch. **5.** seizure or acquisition by violent or unscrupulous means. **6.** that which is grabbed. **7.** a mechanical device for gripping objects. –*phr.* **8. up for grabs**, ready for the taking; available for anyone to claim. –**grabber** *n.*

grace /greɪs/ *n.*, *v.* **graced, gracing**. –*n.* **1.** elegance or beauty of form, manner, motion, or act. **2.** a pleasing or attractive quality or endowment. **3.** favour or goodwill. **4.** manifestation of favour, especially as by a superior. **5.** mercy; clemency; pardon. **6.** favour shown in granting a delay or temporary immunity: *an act of grace.* **7.** (*plural*) affected manner; manifestation of pride or vanity: *to put on airs and graces.* **8.** *Law* an allowance of time to a debtor before suit can be brought against him or her after the debt has by its terms become payable: *seven days' grace.* **9.** a short prayer before or after a meal, in which a blessing is asked and thanks are given. **10.** *Music* an embellishment consisting of a note or notes not essential to the harmony or melody, as an appoggiatura, an inverted mordent, etc. **11.** (*usually cap.*) a formal title used in addressing or mentioning a duke, duchess, or archbishop, and formerly also a sovereign (preceded by *your, his* or *her*). –*v.t.* **12.** to lend or add grace to; adorn. **13.** to favour or honour: *to grace an occasion with one's presence.* –*phr.* **14. fall from grace**, **a.** *Theology* to descend into sin or disfavour with God. **b.** to lose favour, especially with someone in authority. **15. have the grace to**, to be so kind as to (do something). **16. state of grace**, *Theology* **a.** the condition of being in God's favour. **b.** the condition of being one of the elect. **17. with** (**a**) **bad grace**, unwillingly; reluctantly: *he conceded defeat with bad grace.* **18. with** (**a**) **good grace**, willingly; ungrudgingly.

graceful /'greɪsfəl/ *adj.* characterised by grace of form, manner, movement, or speech; elegant; easy or effective. –**gracefully** *adv.* –**gracefulness** *n.*

gracious /'greɪʃəs/ *adj.* **1.** disposed to show grace or favour; kind; benevolent; courteous. **2.** indulgent or beneficent in a condescending or patronising way, especially to inferiors. –*interj.* **3.** (an exclamation of surprise, etc.). –**graciously** *adv.* –**graciousness, graciosity** /greɪʃi'ɒsəti/ *n.*

gradation /grə'deɪʃən/ *n.* **1.** any process or change taking place through a series of stages, by degrees, or gradually. **2.** a stage, degree, or grade in such a series. **3.** the passing of one tint or shade of colour to another, or one surface to another, by very small degrees, as in painting, sculpture, etc. –**gradational** *adj.* –**gradationally** *adv.*

grade /greɪd/ *n.*, *v.* **graded, grading**. –*n.* **1.** a degree in a scale, as of rank, advancement, quality, value, intensity, etc. **2.** a class of persons or things of the same relative rank, quality, etc. **3.** a step or stage in a course or process. **4.** a non-SI unit of plane angle, equal to the angle between two radii of a circle which cut off an arc equal to $\frac{1}{400}$ of that circumference (approx. 15.7×10^{-3} radians). **5.** a division of a school in terms of pupils' age or academic level. **6.** a number, letter, etc., indicating the relative quality of a student's work in a course, examination, or special subject. **7.** inclination with the horizontal of a road, railway, etc., usually expressed by stating the vertical rise or fall as a percentage of the horizontal distance. –*v.t.* **8.** to arrange in a series of grades; class; sort. **9.** to determine the grade of. **10.** to cause to pass by degrees, as from one colour or shade to another. –*v.i.* **11.** to be graded. **12.** to be of a particular grade or quality. –*phr.* **13. make the grade**, to reach a desired minimum level of achievement, qualification.

-grade a word element meaning 'walking', 'moving', 'going', as in *retrograde*.

grader /'greɪdə/ *n.* a motor-driven vehicle, with a blade for pushing earth, used for grading roads and for shallow excavation.

gradient /'greɪdiənt/ *n.* **1.** the degree of inclination, or the rate of ascent or descent, in a railway, etc. **2.** an inclined surface; grade; ramp. **3.** *Physics*

gradual

change in a variable quantity, such as temperature or pressure, per unit distance.

gradual /'grædʒuəl/ *adj.* **1.** taking place, changing, moving, etc., by degrees or little by little: *gradual improvement in health.* **2.** rising or descending at an even, moderate inclination: *a gradual slope.* **–gradualism** *n.* **–gradually** *adv.* **–gradualness** *n.*

graduate /'grædʒuət/ *n., adj.*; /'grædʒueɪt/ *v.* **-ated, -ating.** *–n.* **1.** someone who has received a degree on completing a course of study, as at a university or college. *–adj.* **2.** that has graduated: *a graduate student.* **3.** having to do with graduates: *a graduate course.* *–v.i.* **4.** to receive a degree or diploma on completing a course of study. *–v.t.* **5.** to divide into or mark with degrees or other divisions, as the scale of a thermometer. **–graduation** *n.* **–graduator** *n.*

graffiti /grə'fiti/ *pl. n.* **graffito** /grə'fitou/. **1.** (*usually construed as singular*) drawings or words, sometimes obscene, sometimes political, etc., written on surfaces such as the walls of buildings, billboards, partitions in public toilets, etc. **2.** (*singular*) *Archaeology* an ancient drawing or writing scratched on a wall or other surface.

graffiti art *n.* a popular art form, usually produced as a mural, which adopts a graffiti style.

graffitist /grə'fitəst/ *n.* an exponent of the popular art of graffiti.

graft[1] /graft/ *n.* **1.** *Horticulture* a shoot or part of a plant (the scion) placed in a groove or slit in another plant (the stock) so as to be fed by and united with it. **2.** *Surgery* a piece of living tissue cut from one part of a person and placed elsewhere on their body or on another person's body. *–v.t.* **3.** to insert (a graft) into a plant or tree. **4.** to cause (a plant) to grow through grafting. **5.** *Surgery* to transplant (a part of living tissue) as a graft. *–v.i.* **6.** to become grafted. **–grafter** *n.* **–grafting** *n.*

graft[2] /graft/ *n.* **1.** work, especially hard work. **2.** the acquisition of gain or advantage by dishonest, unfair, or shady means, especially through the abuse of one's position or influence in politics, business, etc. *–v.i.* **3.** to work hard, toil (especially at physical tasks). **4.** to practise graft.

grail /greɪl/ *n.* a cup (also taken as a chalice) which according to medieval legend was used by Jesus at the Last Supper, and in which Joseph of Arimathaea received the last drops of Jesus's blood at the cross, used often as a symbol for a lost, pure kind of Christianity; Holy Grail.

grain /greɪn/ *n.* **1.** a small hard seed, especially a seed of one of the cereal plants: wheat, rye, oats, barley, maize, or millet. **2.** the gathered seeds of cereal plants in the mass. **3.** the plants themselves, whether standing or gathered. **4.** any small, hard particle, as of sand, gold, pepper, gunpowder, etc. **5.** the smallest unit of weight in most imperial systems, originally determined by the weight of a plump grain of wheat. In the British and US systems – avoirdupois, troy, and apothecaries' – the grain is identical and equal to $64.798\,918 \times 10^{-6}$ kg. In an avoirdupois ounce there are 437.5 grains; in the troy and apothecaries' ounces there are 480 grains. *Symbol:* gr **6.** the smallest possible amount of anything: *a grain of truth.* **7.** the arrangement or direction of fibres in wood, or the resulting appearance or markings. **8.** the size of constituent particles of any substance; texture: *sugar of fine grain.* **9.** granular texture or appearance: *a stone of coarse grain.* **10.** *Photography* one of the particles which constitute a photographic emulsion of a film or plate, the size of which limits the possible magnification of the projected image. **11.** temper or natural character: *to go against the grain.* *–phr.* **12. with a grain**

grandstand

of salt, with some reserve; without wholly believing. **–grainer** *n.* **–grainy** *adj.*

gram /græm/ *n.* a metric unit of mass, one thousandth of a kilogram. *Symbol:* g

-gram[1] a word element meaning something drawn or written, as in *diagram, epigram, telegram, monogram.*

-gram[2] a word element meaning grams; having to do with a gram, as in *kilogram.*

gramma /'græmə/ *n.* a type of pumpkin, *Cucurbita moschata,* the fruit of which is elongated and has an orange flesh and skin.

grammar /'græmə/ *n.* **1.** (a description of) the parts of a language (sounds, words, formation and arrangement of words, etc.) regarded as a system or structure: *English grammar.* **2.** → **syntax. 3.** speech or writing conforming to standard usage: *He knows his grammar.* **4.** a book containing a grammar. **–grammarian** *n.* **–grammarless** *adj.*

grammatical /grə'mætɪkəl/ *adj.* **1.** having to do with grammar: *grammatical analysis.* **2.** conforming to standard usage: *grammatical speech.* **–grammatically** *adv.* **–grammaticalness** *n.*

gramophone /'græməfoʊn/ *n.* → **record-player.** Also, *Chiefly US,* **phonograph. –gramophonic** *adj.*

grampus /'græmpəs/ *n.* **1.** a cetacean, *Grampus griseus,* of the dolphin family, widely distributed in northern seas. **2.** any of various related cetaceans, such as the killer, *Orcinus orca.*

granary /'grænəri/ *n.* **-ries. 1.** a storehouse or repository for grain, especially after it has been threshed or husked. **2.** a region abounding in grain.

grand /grænd/ *adj., n.* **grands** *for def. 10* **grand** *for def. 11 –adj.* **1.** impressive in size, appearance or effect: *grand mountain scenery.* **2.** stately; majestic; dignified. **3.** splendid; magnificent: *a grand palace.* **4.** noble; fine: *a grand old man.* **5.** highest, or very high, in importance or official position: *a grand ruler.* **6.** main; principal; chief: *the grand staircase.* **7.** complete; comprehensive: *a grand total.* **8.** *Colloquial* first-rate; very good: *grand weather.* **9.** younger or older by one generation than the specified relationship (used in compounds), as in *grandfather, grandchild,* etc. *–n.* **10.** → **piano**[1] (def. 2). **11.** *Colloquial* a thousand dollars. **–grandly** *adv.* **–grandness** *n.*

grandchild /'græntʃaɪld/ *n.* **-children.** a child of one's son or daughter.

grandeur /'grændʒə/ *n.* the state or quality of being grand; imposing greatness; exalted rank, dignity, or importance.

grandfather /'grænfaðə, 'grænd-/ *n.* the father of one's father or mother.

grand final *n.* (in a sporting competition, etc., where the winner is not decided on a simple knockout basis) the final game of a competition, between the two remaining teams or contestants, to determine who shall win the premiership.

grandiloquent /græn'dɪləkwənt/ *adj.* speaking or expressed in a lofty or pompous style; bombastic. **–grandiloquently** *adv.*

grandiose /'grændioʊs/ *adj.* **1.** grand in an imposing or impressive way. **2.** affectedly grand or stately; pompous. **–grandiosely** *adv.* **–grandiosity** /grændi'ɒsəti/ *n.*

grandmother /'grænmʌðə, 'grænd-/ *n.* **1.** the mother of one's father or mother. *–phr.* **2. tell that to your grandmother,** (an exclamation expressing disbelief).

grandparent /'grænpɛərənt/ *n.* a parent of a parent.

grand piano *n.* → **piano**[1] (def. 2).

grandstand /'grænstænd, 'grænd-/ *n.* **1.** the principal stand for spectators at a racecourse, athletic field, etc. **2.** the people sitting in the grandstand. –*v.i.* **3.** to behave ostentatiously in order to impress or win approval. –*adj.* **4.** having to do with a grandstand or the spectators in it. **5.** from a good vantage point, as a grandstand: *a grandstand view of the incident.*

grange /greɪndʒ/ *n.* **1.** a farm. **2.** a country dwelling house with its various farm buildings; dwelling of a yeoman or gentleman farmer.

granite /'grænət/ *n.* **1.** a granular igneous rock composed chiefly of felspar (orthoclase) and quartz, usually with one or more other minerals, such as mica, hornblende, etc., much used in building, and for monuments, etc. **2.** great hardness or firmness. –**granitelike** *adj.* –**granitic** /grə'nɪtɪk/ *adj.*

granny /'græni/ *n.* **-nies**. *Colloquial* **1.** → **grandmother**. **2.** an old woman. **3.** a fussy person.

granny flat *n.* a self-contained extension to or section of a house, designed either for a relative of the family, such as a grandmother, to live in, or to be rented.

Granny Smith *n.* a variety of apple with a green skin and crisp juicy flesh, suitable for eating raw or cooking.

grant /grænt, grant/ *v.t.* **1.** to bestow or confer, especially by a formal act: *to grant a right.* **2.** to give or accord: *to grant permission.* **3.** to agree or accede to: *to grant a request.* **4.** to admit or concede; accept for the sake of argument: *I grant that point.* **5.** to transfer or convey, especially by deed or writing: *to grant property.* –*n.* **6.** that which is granted, as a privilege or right, a sum of money, as for a student's maintenance, or a tract of land. **7.** the act of granting. –*phr.* **8. granted**, (a reply acceding to a request for permission or pardon). **9. take someone for granted**, to fail to appreciate someone's efforts. **10. take something for granted**, to assume something without verification. –**grantable** *adj.* –**granter** *n.*

granular /'grænjələ/ *adj.* **1.** containing or composed of granules. **2.** having to do with grains. **3.** showing a granulated structure. –**granularity** /grænjʊ'lærəti/ *n.* –**granularly** *adv.*

granulate /'grænjəleɪt/ *v.* **-lated, -lating**. –*v.t.* **1.** to form into granules or grains. –*v.i.* **2.** to become granular. –**granulation** /grænjə'leɪʃən/ *n.* –**granulator** *n.*

granule /'grænjul/ *n.* a small grain, pellet, or particle.

grape /greɪp/ *n.* **1.** the edible, pulpy, smoothskinned berry or fruit which grows in clusters on vines of the genus *Vitis* and related plants, especially *V. vinifera* from which wine is made. **2.** any vine bearing this fruit. **3.** dull, dark purplish red.

grapefruit /'greɪpfrut/ *n.* **1.** a large roundish, yellow-skinned edible citrus fruit with a juicy, acid pulp. **2.** the tropical or subtropical tree, *Citrus paradisi*, from which the fruit is obtained.

grapevine /'greɪpvaɪn/ *n.* **1.** a vine that bears grapes. **2.** *Colloquial* the means by which any form of information is passed, especially word of mouth.

graph /græf, graf/ *n.* **1.** a diagram representing a system of connections or inter-relations among two or more things by a number of distinctive dots, lines, bars, etc. **2.** *Mathematics* a curve as representing a given function. –*v.t.* **3.** to draw a graph of. **4.** to draw (a curve) as representing a given function.

graph- variant of **grapho-** before vowels.

-graph a word element meaning: **1.** drawn or written, as in *autograph*. **2.** something drawn or written, as in *lithograph, monograph*. **3.** an apparatus for drawing, writing, recording, etc., as in *barograph*.

graphic /'græfɪk/ *adj.* **1.** life-like; vivid: *a graphic description of a scene.* **2.** relating to the use of diagrams, graphs, mathematical curves, or the like; diagrammatic. **3.** relating to writing: *graphic symbols.* Also, **graphical**. –**graphically** *adv.*

graphical user interface *n.* Computers an interface which uses graphic displays, such as icons and pull-down menus, to guide the user and initiate commands. Also, **GUI, graphic interface**.

graphic arts *pl. n.* drawing, engraving, etching, and other arts involving the use of lines, strokes, colour, etc., to express or convey ideas. –**graphic artist** *n.*

graphics /'græfɪks/ *n.* **1.** the art of drawing, especially as concerned with mathematics, engineering, etc. **2.** the science of calculating by diagrams. **3.** the production of patterns and diagrams by computer. **4.** design that incorporates typographical elements; the production of diagrams or pictures in conjunction with text.

graphite /'græfaɪt/ *n.* a very common mineral, soft native carbon, occurring in black to dark grey foliated masses with metallic lustre and greasy feel, used in so-called lead pencils, as a lubricant, for making crucibles and other refractories, etc.; plumbago; black lead. –**graphitic** /grə'fɪtɪk/ *adj.*

grapho- a word element meaning 'writing', as in *graphology*. Also, **graph-**.

-graphy a combining form denoting some process or form of drawing, representing, writing, recording, describing, etc., or an art or science concerned with some such thing, as in *biography, choreography, geography, orthography, photography*.

grapnel /'græpnəl/ *n.* a device consisting essentially of one or more hooks or clamps, for grasping or holding something; a grapple; grappling iron.

grapple /'græpəl/ *n., v.* **-pled, -pling**. –*n.* **1.** a hook or an iron instrument by which one thing, such as a ship, fastens on another; a grapnel. **2.** a seizing or gripping. **3.** a grip or close hold in wrestling or hand-to-hand fighting. –*v.t.* **4.** to seize, hold, or fasten with or as with a grapple. **5.** to engage in a struggle or close encounter with. –*v.i.* **6.** to hold or make fast to something as with a grapple. **7.** to use a grapple. **8.** to seize another, or each other, in a firm grip, as in wrestling; clinch. –*phr.* **9. grapple with**, to try to overcome or to deal with: *to grapple with a problem.* –**grappler** *n.*

grasp /græsp, grasp/ *v.t.* **1.** to seize and hold by or as by clasping with the fingers. **2.** to seize upon; hold firmly. **3.** to lay hold of with the mind; comprehend; understand. –*v.i.* **4.** to make the motion of seizing; seize something firmly or eagerly. –*n.* **5.** a grasping or gripping; grip of the hand. **6.** power of seizing and holding; reach: *to have a thing within one's grasp.* **7.** hold, possession, or mastery: *to wrest power from the grasp of a usurper.* **8.** mental hold or comprehension: *a subject beyond one's grasp.* –*phr.* **9. grasp at**, to catch at; try to seize. –**graspable** *adj.* –**grasper** *n.*

grasping /'græspɪŋ, 'grasp-/ *adj.* **1.** that grasps. **2.** greedy. –**graspingly** *adv.* –**graspingness** *n.*

grass /gras/ *n.* **1.** any plant of the family Gramineae (or Poaceae), characterised by jointed stems, sheathing leaves, flower spikelets, and fruit consisting of a seed-like grain or caryopsis (true grasses). **2.** herbage in general, or the plants on which grazing animals pasture, or which are cut and dried as hay. **3.** *Colloquial* → **marijuana**. **4.** grass-covered ground; lawn. **5.** pasture: *half of the farm is grass; to put the animals to grass.* **6.** (*plural*) stalks or sprays of grass: *filled with dried grasses.* **7.** *Colloquial* an informer. –*v.t.* **8.** to cover with grass or turf. **9.** to feed with growing grass; pasture. –*phr.* **10. grass on**, *Colloquial* to inform on. **11. let the grass grow under one's feet**, to be lax in one's efforts; miss an opportunity. **12. put out to grass**, **a.** to withdraw (a racehorse) from racing, etc., due to old age. **b.** *Colloquial* to retire (a person).

grassfinch /'grɑːsfɪntʃ/ *n.* any of numerous species of small, colourful weaverbirds of the family Ploceidae, living and moving in flocks, widely distributed in Australia, Asia, and Africa.

grasshopper /'grɑːshɒpə/ *n.* **1.** any of numerous orthopterous insects which are terrestrial, herbivorous and have hind legs for leaping, and many of which are destructive to vegetation, as the locusts, certain katydids, etc. –*phr.* **2. knee-high to a grasshopper**, small; young.

grassroots /grɑːs'ruːts, 'grɑːsruːts/ *Originally US Colloquial* –*pl. n.* **1.** the basic essentials or foundation. –*adj.* **2.** relating to, close to, or emerging spontaneously from the people.

grasstree /'grɑːs,triː/ *n.* **1.** → **black boy**. **2.** any of various other plants or trees, having leaves thought to resemble grass, such as the giant grasstree, *Richea pandanifolia*, a small Tasmanian tree.

grate¹ /greɪt/ *n.* **1.** a frame of metal bars for holding fuel when burning, as in a fireplace or furnace. **2.** a framework of parallel or crossed bars used as a partition, guard, cover, or the like. **3.** a fireplace.

grate² /greɪt/ *v.* **grated**, **grating**. –*v.i.* **1.** to have an irritating or unpleasant effect on the feelings. **2.** to make a sound as of rough scraping. **3.** to sound harshly; jar: *to grate on the ear*. –*v.t.* **4.** to rub together with a harsh, jarring sound: *to grate the teeth*. **5.** to reduce to small particles by rubbing against a rough surface or a surface with many sharp-edged openings: *to grate a nutmeg*. –**grater** *n.* –**grating** *adj.* –**gratingly** *adv.*

grateful /'greɪtfəl/ *adj.* **1.** warmly or deeply appreciative of kindness or benefits received; thankful: *I am grateful to you for your kindness*. **2.** actuated by or expressing gratitude: *a grateful letter*. **3.** pleasing to the mind or senses; agreeable or welcome; refreshing: *grateful slumber*. –**gratefully** *adv.* –**gratefulness** *n.*

gratify /'grætəfaɪ/ *v.t.* **-fied, -fying**. **1.** to give pleasure to (persons) by satisfying desires or humouring inclinations or feelings. **2.** to satisfy; indulge; humour: *to gratify desires or appetites*. –**gratifier** *n.* –**gratification** /grætəfə'keɪʃən/ *n.*

grating /'greɪtɪŋ/ *n.* a partition or frame of parallel or crossing bars; open latticework of wood or metal serving as a cover or guard, but admitting light, air, etc.

gratis /'grɑːtəs/ *adv.* **1.** for nothing; gratuitously. –*adj.* **2.** free of cost; gratuitous.

gratitude /'grætətjuːd/ *n.* the quality or feeling of being grateful or thankful.

gratuitous /grə'tjuːətəs/ *adj.* **1.** freely bestowed or obtained; free. **2.** being without reason, cause, or justification: *a gratuitous insult*. –**gratuitously** *adv.* –**gratuitousness** *n.*

gratuity /grə'tjuːəti/ *n.* **-ties**. **1.** a gift, usually of money, over and above payment due for service; tip. **2.** something that is given without claim or demand. **3.** a bounty given to soldiers.

graunch /grɔːntʃ/ *v.i. Chiefly NZ* To make a grinding or grating sound: *the ship graunched over the rocks*.

graunchy /'grɔːntʃi/ *adj.* **-chier, -chiest**. *NZ Colloquial* difficult; testing.

grave¹ /greɪv/ *n.* **1.** an excavation made in the earth to receive a dead body in burial. **2.** any place of interment; a tomb or sepulchre. **3.** any place that becomes the receptacle of what is dead, lost or past: *the grave of dead reputations*. –*phr.* **4. dig one's own grave**, to cause one's own downfall or ruin. **5. have one foot in the grave**, to be infirm, old, or near death. **6. turn in one's grave**, (of a dead person) to be likely to have been offended or horrified by a modern event or events.

grave² /greɪv/; /grɑːv/ *for defs 4 and 5 adj.* **graver, gravest**, *n.* –*adj.* **1.** dignified; sedate; serious; earnest; solemn: *a grave person, grave thoughts, grave ceremonies*. **2.** weighty, momentous, or important: *grave responsibilities*. **3.** important or critical; involving serious issues: *a grave situation*. **4.** *Phonetics* denoting or having a particular accent (`) indicating originally a comparatively low pitch (as in ancient Greek); later, quality of sound (as in the French *père*), distinct syllabic value (as in *belovèd*), etc. –*n.* **5.** the grave accent. –**gravely** *adv.* –**graveness** *n.*

grave³ /greɪv/ *v.t.* **graved**, **graved** or **graven**, **graving**. *Archaic* **1.** to carve or engrave. **2.** to impress deeply: *graven on the mind*.

gravel /'grævəl/ *n.* small stones and pebbles, or a mixture of these with sand.

gravelly /'grævəli/ *adj.* **1.** consisting of, containing, or resembling gravel. **2.** (of a voice) harsh.

graven image *n.* an idol (def. 1) carved from wood, stone, etc.

gravitate /'grævəteɪt/ *v.i.* **-tated, -tating**. **1.** to move or tend to move under the influence of gravitational force. **2.** to tend towards the lowest level; sink; fall. –*phr.* **3. gravitate to** (or **towards**), to have a natural tendency towards or be strongly attracted to.

gravitation /grævə'teɪʃən/ *n.* **1.** *Physics* **a.** the force of attraction between all particles or bodies, or that acceleration of one towards another, of which the fall of bodies to the earth is an instance. **b.** an act or process caused by this force. **2.** natural tendency towards some point or object of influence: *the gravitation of people towards the suburbs*. –**gravitational** *adj.* –**gravitationally** *adv.*

gravitational field *n.* *Physics* the region in which a body with a finite mass exerts an appreciable force of attraction on another body of finite mass.

gravity /'grævəti/ *n.* **-ties**. **1.** gravitation, especially the force of attraction by which earthly bodies tend to fall towards the centre of the earth. **2.** heaviness or weight: *centre of gravity; specific gravity*. **3.** solemnity; dignity; seriousness. **4.** seriousness; critical quality: *the gravity of his illness*.

gravy /'greɪvi/ *n.* **-vies**. **1.** the fat and juices that drip from meat during cooking, often made into a dressing for meat, etc. **2.** *Colloquial* any perquisite; money easily acquired.

graze¹ /greɪz/ *v.* **grazed**, **grazing**. –*v.i.* **1.** to feed on growing herbage, as cattle, sheep etc. –*v.t.* **2.** to feed on (growing grass). **3.** to put cattle, sheep, etc., to feed on (grass, pasture, etc.). **4.** to tend (cattle, sheep, etc.) while at pasture. –*phr.* **5. graze back** (or **down**), to crop (growth on a paddock) by putting cattle, etc. to graze on it.

graze² /greɪz/ *v.* **grazed**, **grazing**, *n.* –*v.t.* **1.** to touch or rub lightly in passing. **2.** to scrape the skin from (the leg, arm, etc.); abrade. –*v.i.* **3.** to touch or rub something lightly, or so as to produce slight abrasion, in passing. –*n.* **4.** a grazing; a touching or rubbing lightly in passing. **5.** a slight scratch in passing; abrasion.

grazier /'greɪziə/ *n. Australian, NZ* the owner of a rural property on which sheep or cattle are grazed.

grease /griːs/ *n.*, /griːz, griːs/ *v.* **greased, greasing**. –*n.* **1.** the melted or rendered fat of animals, especially when in a soft state. **2.** fatty or oily matter in general; lubricant. –*v.t.* **3.** to put grease

greasepaint

on; lubricate. **4.** to smear with grease. **5.** to cause to run easily. *–phr.* **6. grease someone's palm,** *Colloquial* to bribe someone. **–greaseless** *adj.* **–greaser** *n.*

greasepaint /'greɪspeɪnt/ *n.* **1.** a mixture of tallow or hard grease and a pigment, used by actors for painting their faces. **2.** any theatrical make-up.

greasy /'grizi, -si/ *adj.* **-sier, -siest. 1.** smeared or soiled with grease. **2.** composed of or containing grease; oily: *greasy food*. **3.** greaselike in appearance or to the touch; slippery. **–greasily** *adv.* **–greasiness** *n.*

great /greɪt/ *adj.* **1.** unusually or comparatively large in size or dimensions: *a great house, lake, or fire*. **2.** large in number; numerous: *a great many*. **3.** unusual or considerable in degree: *great pain*. **4.** notable or remarkable: *a great occasion*. **5.** distinguished; famous: *the great men and women of history*. **6.** of much consequence; important: *great issues*. **7.** chief or principal: *the great seal*. **8.** of high rank, official position, or social standing: *a great noble*. **9.** of noble or lofty character: *great thoughts*. **10.** much in use or favour: *'wit' was a great word with the 18th-century critics*. **11.** being such in an extreme degree: *great friends; a great talker*. **12.** of extraordinary powers; having unusual merit; very admirable: *a great writer; a great politician*. **13.** *Colloquial* first-rate; very good; fine: *we had a great time*. **14.** one degree more remote in direct ascent or descent than a specified relationship: *great-grandfather*. *–n.* **15.** *Colloquial* a great person; a person who has accomplished great achievements. *–adv.* **16.** (an intensifier): *you great big baby!* **17.** *Colloquial* successfully; well: *rosemary goes great with lamb*. *–interj.* **18.** (an expression of admiration, enthusiasm, etc.). *–phr.* **19. a great many,** a very large number of. **20. be a great one for,** *Colloquial* to be enthusiastic about: *she's a great one for computers*. **21. great at,** *Colloquial* **a.** skilful or expert in: *great at skating*. **b.** persistent in: *he was great at bossing others around*. **–greatness** *n.*

great circle *n.* **1.** a circle on a sphere the plane of which passes through the centre of the sphere. **2.** the line of shortest distance between two points on the surface of the earth.

greatcoat /'greɪtkoʊt/ *n.* a heavy overcoat.

great crested grebe *n.* a large waterbird, *Podiceps cristanus*, dark brown above and silky white below with a double-horned crest and chestnut frills, which nests on a raft of water plants moored to reeds, and is found mostly in southeastern Australia; loon.

Great Dane /greɪt 'deɪn/ *n.* one of a breed of large, powerful, short-haired dogs, somewhat resembling the mastiff.

grebe /grib/ *n.* any of a number of waterbirds with lobed toes, vestigial tail and weak legs, as the **Australian little grebe,** *Podiceps novaehollandiae*, or the **pied-billed grebe,** *Podilymbus podiceps* of America.

greed /grid/ *n.* inordinate or rapacious desire, especially for food or wealth. **–greedless** *adj.*

green /grin/ *adj.* **1.** of the colour of growing leaves, between yellow and blue in the spectrum. **2.** covered with plants, grass, leaves, etc.; verdant: *green fields*. **3.** consisting of green vegetables: *a green salad*. **4.** full of life and vigour. **5.** characterised by a concern for environmental issues. **6.** not dried or cured; unseasoned. **7.** unripe. **8.** untrained; inexperienced. **9.** easily fooled; gullible. **10.** fresh or new. **11.** pale; sickly. **12.** not cooked, fired, set or otherwise fully processed. **13.** *Colloquial* jealous. **14.** concerned with or relating to the protection of the natural environment: *the green vote*. *–n.* **15.** a green colour. **16.** grassy land;

greeting

a plot of grassy ground: *the village green*. **17.** Also, **putting green.** *Golf* the area of lawn at the end of the fairway, which surrounds the hole. **18.** *Bowls* a level plot of smooth, green lawn used for playing bowls. **19.** (*plural*) **a.** the leaves and stems of plants, e.g. lettuce, used for food. **b.** fresh leaves or branches of trees, shrubs, etc., used for decoration. *–v.t.* **20.** to make green. *–v.i.* **21.** to become green. **–greenish** *adj.*

green ban *n. Australian* **1.** a refusal by employees to work or to allow work to proceed on a building site that is situated in a green belt. **2.** a similar refusal with respect to any construction work which would necessitate destroying something of natural, historical, or social significance.

green belt *n.* an area of parkland, rural or uncultivated land, or native bush, near a town or a city on which building is either strictly controlled or not permitted.

greenery /'grinəri/ *n.* **-ries. 1.** green foliage or vegetation; verdure. **2.** a place where green plants are reared or kept.

green-eyed /'grin-aɪd/ *adj.* **1.** having green eyes. **2.** jealous.

greenfield /'grinfild/ *adj.* **1.** of or relating to a location for a business where there has not previously been any building: *a greenfield site*. **2.** of or relating to any enterprise which is becoming active in a market where there has been no previous competitor: *a greenfield operation*.

greenfinch /'grinfɪntʃ/ *n.* a European finch, *Chloris chloris*, with green and yellow plumage, introduced into Australia.

greengage /'gringeɪdʒ/ *n.* one of several varieties of light green plums.

greengrocer /'gringroʊsə/ *n.* a retailer of fresh vegetables and fruit.

greenhouse /'grinhaʊs/ *n.* a building, chiefly of glass, for the cultivation or protection of plants.

greenhouse effect *n.* **1.** the increase in temperature in a greenhouse caused by the radiant heat from the sun passing through the glass, while heat within the greenhouse is trapped there by the glass. **2.** the same effect on the temperature of the earth caused by its atmosphere acting as the glass of a greenhouse does, possibly to be increased as pollution adds more and more carbon dioxide to the atmosphere.

greenhouse gas *n.* one of a number of gases found in the atmosphere that contribute to the greenhouse effect.

greenie /'grini/ *n. Colloquial* a conservationist.

greenmail /'grinmeɪl/ *n.* the purchase of a large block of a company's shares, threatening a takeover, but actually in order to have the shares purchased at a much higher price by a group friendly to the company. **–greenmailer** *n.*

green pepper *n.* **1.** the fruit of the bell or sweet pepper, *Capsicum frutescens* var. *grossum*. **2.** the mild, unripe fruit of any of the garden peppers, *Capsicum frutescens*, used as a green vegetable.

greenstick fracture /ˌgrɪnstɪk 'fræktʃə/ *n.* a partial fracture of a bone of a young person or animal, in which only one side of a bone is broken.

Greenwich Mean Time /ˌgrɛnɪtʃ 'min taɪm/ *n.* mean solar time of the meridian through Greenwich, England; from 1884 to 1972 widely used throughout the world as a basis for calculating local time. See **universal time.** *Abbrev.:* GMT

greet /grit/ *v.t.* **1.** to address with some form of salutation; welcome. **2.** to receive with demonstrations of feeling. **3.** to manifest itself to: *music greets the ear*. *–v.i.* **4.** to give salutations on meeting. **–greeter** *n.*

greeting /'gritɪŋ/ *n.* **1.** the act or words of someone

gregarious

who greets. **2.** (*usually plural*) a friendly message: *send greetings*.

gregarious /grə'gɛəriəs/ *adj.* **1.** living in flocks or herds, as animals. **2.** *Botany* growing in open clusters; not matted together. **3.** fond of company; sociable. **4.** relating to a flock or crowd. **–gregariously** *adv.* **–gregariousness** *n.*

Gregorian chant /grə,gɔriən 'tʃænt/ *n.* → **plainsong**.

gremlin /'grɛmlən/ *n.* **1.** a mischievous invisible being, said by airmen to cause engine trouble and mechanical difficulties. **2.** any source of mischief.

grenade /grə'neɪd/ *n.* **1.** a small explosive shell thrown by hand or fired from a rifle. **2.** a glass missile for scattering chemicals in order to put out fires, spread tear gas, etc.

grevillea /grə'vɪliə/ *n.* any shrub or tree of the very large, mainly Australian, genus *Grevillea*, family Proteaceae, many of which are attractive ornamentals and a number, such as *G. robusta*, silky oak, useful timber trees.

grew /gru/ *v.* past tense of **grow**.

grey /greɪ/ *adj.* **1.** of a colour between white and black, having no definite hue; ash-coloured. **2.** dark, overcast, dismal, gloomy: *the cloudy sky was grey*. **3.** relating to old age: *grey power*. *–n.* **4.** any achromatic colour. **5.** grey material or clothing: *to dress in grey*. *–v.t.* **6.** to make grey. *–v.i.* **7.** to become grey. **–greyish** *adj.* **–greyly** *adv.* **–greyness** *n.*

grey area *n.* **1.** an issue which is not clear-cut; a subject which is vague and ill-defined. **2.** the area midway between two extremes.

grey-crowned babbler *n.* See **babbler**¹ (def. 2).

grey gum *n.* any of several species of the genus *Eucalyptus*, especially *E. punctata*, of eastern New South Wales, with dull grey bark often with patches of a pinkish or cream colour.

greyhound /'greɪhaʊnd/ *n.* one of a breed of tall, slender dogs, notable for keen sight and for fleetness.

grid /grɪd/ *n.* **1.** a grating of crossed bars; gridiron. **2.** a network of cables, pipes, etc., for the supply of electricity, gas, water, etc. **3.** a network of horizontal and vertical lines on a map, printer's layout, plan, etc.

griddle /'grɪdl/ *n.*, *v.* **-dled**, **-dling**. *–n.* **1.** a flat, heated surface on top of a stove for cooking oatcakes, biscuits, etc. *–v.t.* **2.** to cook on a griddle.

gridiron /'grɪdaɪən/ *n.* **1.** a utensil consisting of parallel metal bars on which to grill meat, etc. **2.** *American Football* the field of play, so called on account of the transverse white lines crossing it every five yards. **3.** → **American football**. **4.** a structure above the stage of a theatre, from which hung scenery, etc., is manipulated.

grief /grif/ *n.* **1.** keen mental suffering or distress over affliction or loss; sharp sorrow; painful regret. **2.** a cause or occasion of keen distress or sorrow. *–phr.* **3. come to grief**, to come to a bad end; turn out badly. **4. good grief**, (an exclamation indicating surprise or consternation). **–griefless** *adj.*

grievance /'grivəns/ *n.* **1.** a wrong, real or fancied, considered as grounds for complaint: *a popular grievance*. **2.** resentment or complaint, or the grounds for complaint, against an unjust act: *to have a grievance against someone*.

grieve /griv/ *v.* **grieved**, **grieving**. *–v.i.* **1.** to feel grief; sorrow. *–v.t.* **2.** to distress mentally; cause to feel grief or sorrow. **–griever** *n.* **–grievingly** *adv.*

grievous /'grivəs/ *adj.* **1.** causing grief or sorrow: *grievous news*. **2.** flagrant; atrocious: *a grievous fault*. **–grievously** *adv.* **–grievousness** *n.*

grip

griffin /'grɪfən/ *n.* a mythical monster, usually having the head and wings of an eagle and the body of a lion. Also, **griffon**, **gryphon**.

grill /grɪl/ *n.* **1.** → **griller**. **2.** a meal in which the meat component is grilled. *–v.t.* **3.** to cook under a griller. **4.** *Colloquial* to subject to severe cross-examination or questioning.

grille /grɪl/ *n.* **1.** a lattice or openwork screen, such as a window or gate, usually of metal and often of decorative design. **2.** a grating or screen in a ventilation system. **3.** an ornamental metal screen at the front of a car. **–grilled** *adj.*

griller /'grɪlə/ *n.* a cooking device, or the part of a stove, in which meat, etc., is cooked by exposure to direct radiant heat.

grim /grɪm/ *adj.* **grimmer**, **grimmest**. **1.** stern; unrelenting; uncompromising: *grim necessity*. **2.** of a sinister or ghastly character; repellent: *a grim joke*. **3.** of a fierce or forbidding aspect: *a grim countenance*. **4.** fierce, savage, or cruel: *grim warrior*. **5.** *Colloquial* disagreeable; unpleasant. **–grimly** *adv.* **–grimness** *n.*

grimace /'grɪməs, grə'meɪs/ *n.*, *v.* **-maced**, **-macing**. *–n.* **1.** a wry face; facial contortion; ugly facial expression. *–v.i.* **2.** to make grimaces. **–grimacer** *n.*

grime /graɪm/ *n.*, *v.* **grimed**, **griming**. *–n.* **1.** dirt or foul matter, especially on or ingrained in a surface. *–v.t.* **2.** to cover with dirt; soil; make very dirty. **–grimy** *adj.*

grin /grɪn/ *v.* **grinned**, **grinning**. *–v.i.* **1.** to smile broadly, or with a wide distension of the mouth. **2.** to draw back the lips so as to show the teeth, as a snarling dog or a person in pain. *–n.* **3.** the act of grinning; a broad smile. **4.** the act of withdrawing the lips and showing the teeth. *–phr.* **5. grin and bear it**, *Colloquial* to endure without complaint. **6. grin through**, (of paint) to show through a top coat because of poor opacity of the top layer. **–grinner** *n.* **–grinningly** *adv.*

grind /graɪnd/ *v.* **ground**, **grinding**. *n.* *–v.t.* **1.** to wear, smooth, or sharpen by friction; whet: *to grind a lens, an axe, etc.* **2.** to reduce to fine particles as by pounding or crushing. **3.** to oppress or torment. **4.** to rub harshly or gratingly; grate together; grit: *to grind one's teeth*. **5.** to operate by turning a crank: *to grind a barrel organ*. **6.** to produce by pulverising, turning a crank, etc.: *to grind flour*. *–v.i.* **7.** to perform the operation of reducing to fine particles. **8.** to rub harshly; grate. **9.** to be or become ground. **10.** to be polished or sharpened by friction. **11.** *Colloquial* to work or study laboriously. **12.** *Colloquial* to rotate the pelvis during or as during sexual intercourse or erotic dancing. *–n.* **13.** the act of grinding. **14.** a grinding sound. **15.** *Colloquial* laborious or monotonous work; close or laborious study. **16.** *Colloquial* a diligent or laborious student. **17.** *NZ* a hard, tiring hike. **18.** *Colloquial* ‡ an act of sexual intercourse. *–phr.* **19. grind down, a.** to wear down. **b.** to oppress. **20. grind to a halt, a.** (of a wheeled vehicle) to be brought to a stop, with noisy friction in the wheels. **b.** (of an enterprise, scheme, etc.) to arrive slowly at the point where no progress is being made. **21. the daily grind**, the daily routine of work. **–grindingly** *adv.*

grindstone /'graɪndstoʊn/ *n.* **1.** a rotating solid stone wheel used for sharpening, shaping, etc. **2.** → **millstone**.

grip /grɪp/ *n.*, *v.* **gripped**, **gripping**. *–n.* **1.** the act of grasping; a seizing and holding fast; firm grasp: *the grip of a vice*. **2.** the power of gripping. **3.** a grasp, hold or control. **4.** a handle or hilt. **5.** a special way of clasping hands. **6.** a special way of holding something, such as a golf club or tennis racquet. **7.** a travelling bag; holdall. **8.** mental or

gripe

intellectual hold; competence. **9.** something which seizes and holds, as a clutching device on a cable car. **10.** a sudden, sharp pain; spasm of pain. **11.** *Film, TV* a person employed to carry equipment, shift scenery, props, etc. –*v.t.* **12.** to grasp or seize firmly; hold fast. **13.** to take hold on; hold the interest of: *to grip the mind*. **14.** to attach by a grip or clutch. –*v.i.* **15.** to take firm hold; hold fast. **16.** to take hold on the mind. –*phr.* **17. come (or get) to grips with, a.** to tackle (an assailant). **b.** to deal with effectively. **–gripper** *n.* **–grippingly** *adv.*

gripe /graɪp/ *v.* griped, griping. *n.* –*v.i.* **1.** *Colloquial* to complain constantly; grumble. –*n.* **2.** an objection; complaint. **3.** (*usually plural*) an intermittent spasmodic pain in the bowels. **–griper** *n.* **–griping** *adj.*

grisly /ˈgrɪzli/ *adj.* **-lier, -liest. 1.** such as to cause a shuddering horror; gruesome: *a grisly monster*. **2.** formidable; grim: *a grisly countenance*. **–grisliness** *n.*

grist /grɪst/ *n.* **1.** corn to be ground. **2.** ground corn; meal produced from grinding. –*phr.* **3. grist to the mill,** something which is of advantage or relevance.

gristle /ˈgrɪsəl/ *n.* → **cartilage**.

grit /grɪt/ *n.*, *v.* **gritted, gritting.** –*n.* **1.** fine, stony, or hard particles such as are deposited like dust from the air or occur as impurities in food, etc. **2.** *Geology* a sandstone composed of coarse angular grains and very small pebbles. **3.** firmness of character; indomitable spirit; pluck. –*v.t.* **4.** to clench or grind: *to grit the teeth*. **–gritless** *adj.*

grits /grɪts/ *pl. n.* a grain, especially oats, hulled and often coarsely ground.

grizzle /ˈgrɪzəl/ *v.* **-zled, -zling.** –*v.i.* **1.** to whimper; whine; complain fretfully. –*n.* **2.** a fretful complaint.

grizzly[1] /ˈgrɪzli/ *adj.* **-lier, -liest. n. -lies.** –*adj.* **1.** somewhat grey; greyish. **2.** grey-haired. –*n.* **3.** → **grizzly bear**.

grizzly[2] /ˈgrɪzli/ *adj.* **-lier, -liest.** inclined to complain fretfully: *a grizzly child*.

grizzly bear *n.* a large, ferocious bear, *Ursus horribilis*, of western North America, varying in colour from greyish to brownish.

groan /groʊn/ *n.* **1.** a low, mournful sound uttered in pain or grief. **2.** a deep murmur uttered in derision, disapproval, etc. **3.** a deep grating or creaking noise, as of wood, etc. –*v.i.* **4.** to utter a deep inarticulate sound expressive of grief or pain; moan. **5.** to make a sound similar to a groan; creak; resound harshly. **6.** to be overburdened or overloaded. –*v.t.* **7.** to utter with groans. –*phr.* **8. groan beneath** (or **under**), to suffer lamentably as a result of. **–groaner** *n.* **–groaning** *n., adj.* **–groaningly** *adv.*

grocer /ˈgroʊsə/ *n.* a dealer in general supplies for the table, such as flour, sugar, coffee, etc., and in other articles of household use.

grocery /ˈgroʊsəri/ *n.* **-ries. 1.** a grocer's store. **2.** (*usually plural*) a commodity sold by grocers. **3.** the business of a grocer.

grog /grɒg/ *n., v.* **grogged, grogging.** *Australian, NZ Colloquial* –*n.* **1.** alcohol, particularly cheap alcohol. –*v.i.* **2.** to drink alcoholic drinks: *the boys had been grogging all day*. –*phr.* **3. grog on,** to indulge in a long session of drinking **4. grog up,** to drink, usually to excess. **5. on the grog,** drinking alcoholic beverages, especially to an intoxicating degree: *she's back on the grog again*.

groggy /ˈgrɒgi/ *adj.* **-gier, -giest.** *Colloquial* **1.** staggering, as from exhaustion or blows. **2.** drunk; intoxicated. **–groggily** *adv.* **–grogginess** *n.*

groin /grɔɪn/ *n.* **1.** *Anatomy* the fold or hollow where the thigh joins the abdomen. **2.** *Architec-*

grotesque

ture the curved line or edge formed by the intersection of two vaults. **3.** → **groyne**.

grommet /ˈgrɒmət/ *n.* **1.** *Machinery* a ring or eyelet of metal, rubber, etc. **2.** *Nautical* an eyelet of rope, metal, or the like, as on the edge of a sail.

groom /grum/ *n.* **1.** a man or boy in charge of horses or the stable. **2.** a man newly married, or about to be married; bridegroom. –*v.t.* **3.** to tend carefully as to person and dress; make neat or tidy. **4.** to tend (horses). **5.** to prepare for a position, election, etc.: *groom a political candidate*.

groomsman /ˈgrumzmən/ *n.* **-men.** a man who attends the bridegroom at a wedding.

groove /gruv/ *n., v.* **grooved, grooving.** –*n.* **1.** a furrow or channel cut by a tool. **2.** a rut, furrow, or channel formed by any agency. **3.** a fixed routine: *to get into a groove*. **4.** the track of a gramophone record in which the needle or stylus rides. **5.** *Colloquial* an exciting or satisfying experience. **6.** a rhythm or beat: *a funky groove*. –*v.t.* **7.** to cut a groove in; furrow. **8.** to fix in a groove. –*v.i.* **9.** *Colloquial* to be in a state of euphoria. **10.** *Colloquial* to dance or listen to music: *groove to some original tunes*. –*phr.* **11. groove on,** *Colloquial* to be delighted or pleased with. **12. in the groove,** *Colloquial* **a.** giving one's best performance, as in music (especially jazz), sport, etc. **b.** competently or steadily engaged in an activity: *my work was rough at the start but I'm in the groove now*.

groovy /ˈgruvi/ *adj.* *Colloquial* **1.** exciting, satisfying, or pleasurable. **2.** appreciative: *a groovy audience*.

grope /groʊp/ *v.* **groped, groping.** –*v.i.* **1.** to feel about with the hands; feel one's way. **2.** to search blindly or uncertainly. –*v.t.* **3.** to seek by or as by feeling. **4.** *Colloquial* to fondle; embrace clumsily and with sexual intent. **–groper** *n.* **–gropingly** *adv.*

groper /ˈgroʊpə/ *n.* **-pers,** (*especially collectively*) **-per.** any of several species of large Australian or New Zealand marine fish, typically with enormous gape.

gross /groʊs/ *adj.*, *n.* **grosses** for def. 7 **gross** for def. 8 *Colloquial* –*adj.* **1.** whole, entire, or total, especially without having been subjected to deduction, as for charges, loss, etc.: *gross profits*. **2.** glaring or flagrant: *gross injustice*. **3.** morally coarse; lacking refinement; indelicate or indecent: *gross tastes*. **4.** large, big, or bulky. **5.** thick; dense; heavy: *gross vegetation*. **6.** *Colloquial* repulsive; disagreeable; objectionable. –*n.* **7.** the main body, bulk or mass. **8.** a unit consisting of twelve dozen, or 144. –*v.t.* **9.** to make a gross profit of; earn a total of. –*interj.* **10.** *Colloquial* (an exclamation indicating disgust, revulsion, etc.). –*phr.* **11. gross out,** *Colloquial* **a.** to feel disgust. **b.** to disgust (someone). **12. gross up,** to amplify; enlarge; fill out the details of. **–grossly** *adv.* **–grossness** *n.*

gross domestic product *n. Economics* an estimate of the total value of all legal goods and services produced in a country in a specified time, usually a year. Also, **GDP**.

gross motor skills *pl. n.* the physical skills considered basic to human activity, such as locomotion, balance, spatial orientation, etc.

gross national product *n. Economics* gross domestic product plus income earned by domestic residents from overseas investments, minus income earned in the domestic market accruing to overseas (foreign) residents. Also, **GNP**.

gross tonnage *n.* a measurbefore of the enclosed internal volume of a ship and its superstructure, with certain spaces exempted.

grotesque /groʊˈtɛsk/ *adj.* **1.** fantastic in the shap-

grotto /ˈgrɒtoʊ/ n. **-toes** or **-tos**. 1. a cave or cavern. 2. an artificial cavern-like recess or structure.

grotty /ˈgrɒti/ adj. Colloquial 1. dirty; filthy. 2. useless; rubbishy. –**grottiness** n.

grouch /graʊtʃ/ Colloquial –v.i. 1. to be sulky or morose; show discontent; complain. –n. 2. a sulky or morose person. 3. a sulky or morose mood.

ground¹ /graʊnd/ n. 1. the earth's solid surface; firm or dry land: *fall to the ground*. 2. earth or soil: *stony ground*. 3. land having a special character: *rising ground*. 4. (often plural) a tract of land occupied, or appropriated to a special use: *hospital grounds*. 5. (often plural) the foundation or basis on which a theory or action rests; motive; reason: *grounds for a statement*. 6. a field of study; topic for discussion; subject of a discourse: *the inquiry covered a great deal of ground*; *the conversation touched on delicate ground*. 7. the underlying or main surface or background, in painting, decorative work, lace, etc. 8. (plural) dregs or sediment: *coffee grounds*. 9. → **earth** (def. 10). –adj. 10. situated on or at, or adjacent to, the surface of the earth: *the ground floor*. 11. relating to the ground. 12. Military operating on land: *ground forces*. –v.t. 13. to lay or set on the ground. 14. to place on a foundation; found; fix firmly; settle or establish. 15. to instruct in elements or first principles. 16. to furnish with a ground or background on decorative work, etc. 17. Electricity to establish an earth for (a circuit, device, etc.). 18. Nautical to run aground. 19. to prevent (an aircraft or a pilot) from flying. 20. to restrict, or withdraw privileges from. –v.i. 21. to come to or strike the ground. –phr.
22. break new ground, to begin a fresh operation.
23. common ground, matters on which agreement exists.
24. cover the ground, to deal with the main points if not the fine details of a subject, plan, etc.
25. cut the ground from under someone's feet or **cut the ground from under someone**, to anticipate the arguments, plans, etc., of another, to his or her disadvantage.
26. down to the ground, Colloquial completely, entirely.
27. gain ground, to advance; make progress.
28. give ground, to give way.
29. go to ground, to withdraw from public attention and live quietly.
30. have one's feet on the ground, to be sensible and level-headed.
31. hold (or **stand**) **one's ground**, to maintain one's position.
32. lose ground, **a.** to lose what one has gained; retreat; give way. **b.** to become less well known or accepted.
33. run into the ground, Colloquial **a.** to drive (a vehicle), often without proper maintenance, until it is worn out and beyond repair. **b.** to exhaust (someone) by making them overly busy.
34. run to ground, **a.** to hunt down; track down. **b.** to pursue (an animal) to its burrow or hole.
35. shift one's ground, to take another position or defence in an argument or situation.

ground² /graʊnd/ v. 1. past tense and past participle of **grind**. –adj. 2. reduced to fine particles or dust by grinding. 3. having the surface abraded or roughened by or as by grinding: *ground glass*. 4. minced, as of meat.

grounding /ˈgraʊndɪŋ/ n. fundamental knowledge of a subject: *a good grounding in mathematics*.

groundless /ˈgraʊndləs/ adj. without basis or reason: *groundless fears*. –**groundlessly** adv. –**groundlessness** n.

ground plan n. 1. the plan of a ground floor of a building. 2. first or fundamental plan.

ground rent n. the rent at which land is leased to a tenant for a specified term, usually ninety-nine years.

ground rule n. (usually plural) a basic rule of a game, meeting, procedure, etc.

groundsheet /ˈgraʊndʃit/ n. a waterproof sheet spread on the ground to give protection against dampness.

groundwork /ˈgraʊndwɜk/ n. the foundation, base, or basis of anything.

ground zero n. the point on the surface of the earth directly below the point at which a nuclear weapon explodes, or the centre of the crater if the weapon is exploded on the ground. Also, **surface zero**.

group /grup/ n. 1. a number of people or things gathered, or considered as being connected in some way. 2. a number of businesses, etc., connected in organisation and finance. 3. Chemistry **a.** a number of atoms in a molecule connected or arranged together in a particular manner that keeps its identity but cannot exist independently; a radical: *the hydroxyl group, -OH*. **b.** a vertical column of the periodic table containing elements with similar properties. 4. Geology a division of stratified rocks consisting of two or more formations. 5. a collection of musicians who play together: *pop group*; *rock group*. 6. → **blood group**. 7. a grouping of similar plants or animals but which are not related under a scientific classification. –v.t. 8. to place in a group, as with others. 9. to arrange in or form into a group or groups. –v.i. 10. to form a group. 11. to be part of a group.

group certificate n. (in Australia) a certificate issued by an employer to an employee at the end of a financial year or on termination of employment, detailing gross income, tax paid, contributions to superannuation, etc.

grouper /ˈgrupə/ n. **-pers**, (especially collectively) **-per**. any of various often large fishes, of *Epinephelus* and related genera, found in warm seas.

group house n. a residential facility which gives the residents, who have a physical or mental disability, the opportunity to live relatively independently in the general community through mutual support and interaction with that community. Also, **community house**, **group home**.

group therapy n. the treatment of a group of psychiatric patients in sessions which all attend and in which problems are shared and discussed.

grouse¹ /graʊs/ n. **grouse**. any of various gallinaceous birds of the family Tetraonidae, of the Northern Hemisphere, including important game species as the **red grouse**, *Lagopus scoticus*, of Britain and the **ruffed grouse**, *Bonasa umbellus*, of North America.

grouse² /graʊs/ v. **groused**, **grousing**, n. Colloquial –v.i. 1. to grumble; complain. –n. 2. a complaint. –**grouser** n.

grouse³ /graʊs/ adj. Australian, NZ Colloquial 1. very good. –phr. 2. **extra grouse**, excellent.

grout /graʊt/ n. 1. a thin coarse mortar poured into the joints of masonry and brickwork. 2. a fine finishing plaster for walls and ceilings. –v.t. 3. to fill up, form, or finish the spaces between (stones, etc.) with grout.

grove /groʊv/ *n.* a small wood or plantation of trees.

grovel /ˈgrɒvəl/ *v.i.* **-elled** *or Chiefly US* **-eled**, **-elling** *or Chiefly US* **-eling**. **1.** to humble oneself or act in an abject manner, as in fear or in mean servility. **2.** to lie or move with the face downwards and the body prostrate, especially in abject humility, fear, etc. –**groveller** *n.*

grow /groʊ/ *v.* **grew**, **grown**, **growing**. –*v.i.* **1.** to increase by natural development, as any living organism or part by assimilation of nutriment; increase in size or substance. **2.** to arise or issue as from a germ, stock, or originating source. **3.** to increase gradually; become greater. –*v.* (*copular*) **4.** to come to be, or become, by degrees: *to grow old.* –*v.t.* **5.** to cause to grow: *he grows corn.* **6.** to allow to grow: *to grow a beard.* **7.** (*used in the passive*) to cover with a growth: *a field grown with corn.* –*phr.* **8. grow apart**, to become gradually separated or disunited by or as by growth. **9. grow like Topsy**, *Colloquial* to grow in an unplanned, random way. **10. grow on, a.** to obtain an increasing influence, effect, etc., on. **b.** to win the affection or admiration of by degrees. **11. grow out of, a.** to become too big or too mature for; outgrow. **b.** to develop from; originate in. **12. grow together**, to become gradually attached or united by or as by growth. **13. grow up, a.** to increase in growth; attain maturity. **b.** to spring up; arise.

growl /graʊl/ *v.i.* **1.** to utter a deep guttural sound of anger or hostility: *a dog growls.* **2.** to murmur or complain angrily; grumble. **3.** to rumble. –*v.t.* **4.** to express by growling. –*n.* **5.** the act or sound of growling. –**growlingly** *adv.* –**growler** *n.*

grown-up /ˈgroʊn-ʌp/ *adj.* **1.** having reached the age of maturity. **2.** characteristic of or suitable for adults. –*n.* **3.** a grown-up person; an adult.

growth /groʊθ/ *n.* **1.** the act, process, or manner of growing; development; gradual increase. **2.** stage of development. **3.** something that has grown or developed by or as by a natural process; a product: *a growth of weeds.* **4.** *Pathology* a morbid mass of tissue, as a tumour.

groyne /grɔɪn/ *n.* a small jetty built out into the sea or a river in order to prevent erosion of the beach or bank. Also, **groin**.

grub /grʌb/ *n.*, *v.* **grubbed**, **grubbing**. –*n.* **1.** the bulky larva of certain insects, especially beetles. **2.** *Colloquial* food. –*v.t.* **3.** to dig up by the roots; uproot (often fol. by *up* or *out*). –*v.i.* **4.** to dig; search by or as by digging. **5.** to lead a hard-working life; drudge.

grubby /ˈgrʌbi/ *adj.* **-bier**, **-biest**. **1.** dirty; slovenly. **2.** infested with or affected by grubs or larvae. –**grubbily** *adv.* –**grubbiness** *n.*

grudge /grʌdʒ/ *n.*, *v.* **grudged**, **grudging**. –*n.* **1.** a feeling of ill will or resentment excited by some special cause, such as a personal injury or insult, etc. –*v.t.* **2.** to give or permit with reluctance; submit to unwillingly. **3.** to be dissatisfied at seeing the good fortune of (another). –*v.i.* **4.** to feel dissatisfaction or ill will. –**grudgeless** *adj.* –**grudger** *n.* –**grudgingly** *adv.*

gruel /ˈgruəl/ *n.* **1.** a light, usually thin, cooked cereal made by boiling meal, especially oatmeal, in water or milk. **2.** any similar substance.

gruelling /ˈgruəlɪŋ/ *adj.* exhausting; very tiring; severe. Also, *Chiefly US*, **grueling**.

gruesome /ˈgrusəm/ *adj.* such as to make one shudder; inspiring horror; revolting. –**gruesomely** *adv.* –**gruesomeness** *n.*

gruff /grʌf/ *adj.* **1.** low and harsh; hoarse: *a gruff voice.* **2.** rough; surly: *a gruff manner.* –**gruffly** *adv.* –**gruffness** *n.*

grumble /ˈgrʌmbəl/ *v.* **-bled**, **-bling**, *n.* –*v.i.* **1.** to murmur in discontent; complain ill-humouredly. **2.** to speak low, indistinct sounds; growl. –*v.t.* **3.** to express or utter with murmuring or complaining; rumble. –*n.* **4.** an ill-humoured complaining; murmur; growl. –**grumbler** *n.* –**grumblingly** *adv.*

grump /grʌmp/ *n.* → **grouch**.

grumpy /ˈgrʌmpi/ *adj.* **-pier**, **-piest**. surly; ill-tempered. –**grumpily** *adv.* –**grumpiness** *n.*

grunge /grʌndʒ/ *n.* **1.** a substance of an unpleasant nature, especially a dirty scum or slime. **2.** a guitar-based form of heavy rock music using simple minor-chord progressions, on-the-beat rhythms and lyrics ranging from the frivolous to the unsavoury. **3.** a fashion in which clothes are worn which are normally considered shabby or unfashionable, as those bought in second-hand shops.

grunt /grʌnt/ *v.i.* **1.** to utter the deep guttural sound characteristic of a pig. **2.** to grumble, as in discontent. –*v.t.* **3.** to express with a grunt. –**gruntingly** *adv.*

gruyère /ˈgrujə, gruˈjɛə/ *n.* a firm pale yellow variety of Swiss cheese with some surface growth which gives added flavour.

GST /dʒi ɛs ˈti/ *n.* → **goods and services tax**.

guarantee /gærənˈti/ *n.*, *v.* **-teed**, **-teeing**. –*n.* **1.** a pledge or promise accepting responsibility for someone else's debts, liabilities, obligations, etc. **2.** a promise or assurance (especially given in writing) that a manufacturer will make good any defects under certain conditions. **3.** someone who gives a guarantee; guarantor. **4.** someone to whom a guarantee is made. **5.** anything which is taken or presented as security. **6.** something that has the force or effect of a guarantee: *wealth is no guarantee of happiness.* –*v.t.* **7.** to secure, as by giving or taking security. **8.** to accept responsibility: *to guarantee the carrying out of a contract.* **9.** to (promise to) compensate (fol. by *from*, *against*, or *in*): *to guarantee someone against loss.* **10.** to promise.

guarantor /gærənˈtɔ/ *n.* someone who makes or gives a guarantee or guaranty.

guaranty /ˈgærənti/ *n.* **-ties**, *v.t.* **-tied**, **-tying**. → **guarantee**.

guard /gad/ *v.t.* **1.** to keep safe from harm; protect; watch over. **2.** to keep under close watch in order to prevent escape, outbreaks, etc.: *to guard a prisoner.* **3.** to keep in check, from caution or prudence: *to guard the tongue.* **4.** to provide with some safeguard or protective appliance, etc. –*v.i.* **5.** to give protection; keep watch; be watchful. –*n.* **6.** one who guards, protects, or keeps a protecting or restraining watch. **7.** one who keeps watch over prisoners or others under restraint. **8.** a body of people, especially soldiers, charged with guarding a place from disturbance, theft, fire, etc. **9.** restraining watch, as over a prisoner or other person under restraint: *to be kept under close guard.* **10.** a contrivance, appliance, or attachment designed for guarding against injury, loss, etc. **11.** something intended or serving to guard or protect; a safeguard. **12.** a posture of defence or readiness, as in fencing, boxing, bayonet drill, etc. **13.** *Basketball* one of the defensive players in a team, stationed at the backcourt. **14.** an official in general charge of a railway train. –*phr.* **15. guard against**, to take precautions against: *to guard against errors.* **16. off (one's) guard**, unprepared to meet a sudden attack; unwary. **17. on (one's) guard**, watchful or vigilant against attack; cautious; wary. –**guardable** *adj.* –**guarder** *n.*

guarded /ˈgadəd/ *adj.* **1.** cautious; careful: *to be guarded in one's speech.* **2.** protected or watched,

guardian as by a guard. **–guardedly** *adv.* **–guardedness** *n.*

guardian /'gɑdiən/ *n.* **1.** someone who guards, protects, or preserves. **2.** *Law* someone who is entrusted by law with the care of the person or property, or both, of another, as of a minor or of some other person legally incapable of managing his or her own affairs. *–adj.* **3.** guarding; protecting: *a guardian angel.* **–guardianship** *n.*

guava /'gwɑvə/ *n.* **1.** any of various trees and shrubs of the genus *Psidium*, especially *P. guajava* and the cherry guava *P. cattleianum*, native to tropical and subtropical America, with a fruit used for jelly, etc. **2.** the fruit, used for making jam, jelly, etc.

guerilla = guerrilla /gə'rɪlə/ *n.* **1.** a member of a small, independent band of soldiers which harasses the enemy by surprise raids, attacks on communication and supply lines, etc. *–adj.* **2.** relating to such fighters or their method of warfare.

Guernsey /'gɜnzi/ *n.* **-seys.** one of a breed of dairy cattle.

guess /gɛs/ *v.t.* **1.** to form an opinion of at random or from evidence admittedly uncertain: *to guess someone's age.* **2.** to estimate or conjecture correctly: *to guess a riddle.* **3.** to think, believe, or suppose: *I guess I can get there in time.* *–phr.* **4. guess at,** to form an estimate of; conjecture: *to guess at the height of a building.* **–guessable** *adj.* **–guesser** *n.* **–guessingly** *adv.*

guesswork /'gɛswɜk/ *n.* work or procedure based on guessing; conjecture.

guest /gɛst/ *n.* **1.** someone who is entertained at the house or table of another. **2.** someone who receives the hospitality of a club, a city, or the like. **3.** someone who pays for lodging, and sometimes food, at a hotel, etc. *–adj.* **4.** (of a performer, speaker, etc.) specially invited to make an occasional appearance in one of a series of meetings, concerts, broadcasts, etc. **–guestless** *adj.*

guff /gʌf/ *n. Colloquial* empty or foolish talk; humbug; nonsense.

guffaw /gʌ'fɔ, gə-/ *n.* **1.** a loud, coarse burst of laughter. *–v.i.* **2.** to laugh loudly and boisterously.

GUI /dʒi ju 'aɪ, 'gui/ *n. Computers* → **graphical user interface.**

guidance /'gaɪdns/ *n.* advice; leadership; instruction.

guide /gaɪd/ *v.* **guided, guiding,** *n.* *–v.t.* **1.** to lead as to a place; show the way to. **2.** to direct the movement or course of: *to guide a horse.* **3.** to lead, direct or advise in any course or action. *–n.* **4.** someone who guides, especially a person employed to guide travellers, tourists, mountaineers, etc. **5.** a book with information for travellers, tourists, etc. **6.** anything that guides, as a device for guiding forward movement in a machine. **7.** (*usually cap.*) Also, **Girl Guide.** a member of a worldwide youth movement for girls which developed from an organisation founded in England in 1910 by Lady Agnes Baden-Powell; members participate in organised activities which have the aim of promoting outdoor adventure, community service and care for the environment. **–guidable** *adj.* **–guideless** *adj.* **–guider** *n.*

Guide /gaɪd/ *n.* (*sometimes l.c.*) a member of a worldwide youth movement for girls which developed from an organisation founded in England in 1910 by Lady Agnes Baden-Powell; members participate in organised activities which have the aim of promoting outdoor adventure, community service, and care for the environment. Also, **guide, Girl Guide, girl guide.**

guide-dog /'gaɪd-dɒg/ *n.* a dog specially trained to lead or guide a blind person.

guideline /'gaɪdlaɪn/ *n.* **1.** a line drawn as a guide for further writing, drawing, etc. **2.** (*usually plural*) a statement which defines policy or the area in which a policy is operative.

guild /gɪld/ *n.* **1.** an organisation of persons with common professional or cultural interests formed for mutual aid and protection. **2.** one of the associations, numerous in the Middle Ages, formed for mutual aid and protection or for a common purpose, most frequently by persons associated in trade or industry. Also, **gild.**

guilder /'gɪldə/ *n.* the monetary unit of the Netherlands.

guile /gaɪl/ *n.* **1.** insidious cunning; deceitfulness; treachery. *–phr.* **2. without guile,** artless and ingenuous.

guillotine /'gɪlətin/ *n.*, /gɪlə'tin/ *v.* **-tined, -tining.** *–n.* **1.** an instrument for beheading persons by means of a heavy blade falling between two grooved posts. **2.** a device with a long blade for trimming paper. **3.** a time limit on a parliamentary debate. *–v.t.* **4.** *Parliament* to limit the time allowed for debate of (each section of a bill). **5.** to behead by the guillotine. **–guillotiner** *n.*

guilt /gɪlt/ *n.* **1.** the fact or state of having committed an offence or crime; grave culpability, as for some conscious violation of moral or penal law. **2.** a feeling of responsibility or remorse for some crime, wrong, etc., either real or imagined. *–phr.* **3. guilt by association,** guilt imputed to someone because of their connection with others who are guilty. **4. the guilts,** *Colloquial* feelings of guilt, remorse, etc.: *an attack of the guilts.* **–guilty** *adj.*

guinea /'gɪni/ *n.* until decimal currency, the sum of 21 shillings.

guise /gaɪz/ *n.* **1.** external appearance in general; aspect or semblance: *an old principle in a new guise.* **2.** assumed appearance or mere semblance: *under the guise of friendship.*

guitar /gə'tɑ/ *n.* a musical stringed instrument with a long fretted neck and a flat, somewhat violin-like body. The strings, usually six in number, are plucked or struck with a sweeping motion. **–guitarist** *n.* **–guitarlike** *adj.*

gulf /gʌlf/ *n.* **1.** a portion of an ocean or sea partly enclosed by land. **2.** a deep hollow; chasm or abyss. **3.** any wide separation, as in social class, education, etc. **4.** something that engulfs or swallows up. **–gulflike** *adj.*

gull /gʌl/ *n.* any of numerous long-winged, web-footed, aquatic birds constituting the sub-family Larinae (family Laridae), especially of the genus *Larus,* usually white with grey back and wings, as the silver gull.

gullet /'gʌlət/ *n.* **1.** the oesophagus, or tube by which food and drink swallowed pass to the stomach. **2.** the throat or pharynx.

gullible /'gʌləbəl/ *adj.* easily deceived or cheated. **–gullibility** /gʌlə'bɪlɪti/ *n.* **–gullibly** *adv.*

gully /'gʌli/ **gullies.** *n.* **1.** a small valley or canyon cut by running water. **2.** a ditch or gutter. **3.** *Cricket* **a.** a fielding position between the slips and point. **b.** the fielder in this position.

gully trap *n.* a water-sealed trap through which the house drainage is connected to the external drains. Also, **gulley trap.**

gulp /gʌlp/ *v.i.* **1.** to gasp or choke as when taking large draughts of liquids. *–v.t.* **2.** Also, **gulp down.** to swallow eagerly, or in large draughts or pieces. *–n.* **3.** the act of gulping. **4.** the amount swallowed at one time; mouthful. *–phr.* **5. gulp down,** to suppress or choke back: *to gulp down a sob.* **–gulper** *n.*

gum¹ /gʌm/ *n., v.* **gummed, gumming.** *–n.* **1.** any of various viscid, amorphous exudations from

gum

plants, hardening on exposure to air, and soluble in, or forming a viscid mass with, water. **2.** any of various similar exudations, such as resin, kino, etc. **3.** a preparation of such a substance, as for use in the arts, etc. **4.** → **gum tree** (def. 1). **5.** Also, **gumwood**. the wood of any such tree or shrub. **6.** mucilage; glue. **7.** → **chewing gum**. **8.** → **gumdrop**. *–v.t.* **9.** to smear, stiffen, or stick together with gum. *–phr.* **10. gum up**, to clog with or as with some gummy substance. **11. gum up the works**, to interfere with or spoil something.

gum² /gʌm/ *n.* (*often plural*) the firm, fleshy tissue covering the alveolar parts of either jaw and enveloping the bases of the teeth.

gum arabic /gʌm 'ærəbɪk/ *n.* a gum obtained from *Acacia senegal* and other species of acacia, used in calico printing; in making mucilage, ink, and the like; in medicine, etc.

gumboot /'gʌmbut/ *n.* a rubber boot reaching to the knee or thigh.

gum-digger /'gʌm-dɪgə/ *n. NZ* **1.** one who is employed digging up fossilised kauri gum. **2.** *Colloquial* a dentist. **–gum-digging** *n.*

gumdrop /'gʌmdrɒp/ *n.* a hard gelatinous sweet.

gumland /'gʌmlænd/ *n. NZ* poor quality land in which kauri gum may be found.

gumnut /'gʌmnʌt/ *n.* the woody, inedible, ripe capsule of the eucalyptus.

gumption /'gʌmpʃən/ *n. Colloquial* **1.** initiative; resourcefulness. **2.** shrewd, practical commonsense.

gum tree *n.* **1.** Also, **gum.** any tree or shrub of the myrtaceous genus *Eucalyptus*, almost entirely Australian apart from very few tropical species in New Guinea and other nearby islands, some yielding eucalyptus oil and some hardwood timber, and bearing gumnuts as fruits; eucalyptus. **2.** any of various other gum-yielding trees, such as the sweet gum and the sapodilla. *–phr.* **3. up a gum tree**, *Colloquial* **a.** in difficulties; in a predicament. **b.** completely baffled.

gun /gʌn/ *n., v.* **gunned, gunning**, *adj. –n.* **1.** a weapon comprising a metallic tube, with its stock or carriage and attachments, from which heavy missiles are thrown by the force of an explosive; a piece of ordnance. **2.** any portable firearm, as a rifle, revolver, etc. **3.** any similar device for projecting something: *an airgun; a cement gun.* **4.** a member of a shooting party. **5.** *Australian, NZ Colloquial* a champion, especially in shearing. *–v.i.* **6.** to hunt with a gun. **7.** to shoot with a gun. **8.** *Colloquial* (of a motor vehicle) to take off at great speed. *–v.t.* **9.** to feed fuel to (an engine), suddenly and quickly resulting in a sudden increase in speed. *–adj.* **10.** *Australian, NZ Colloquial* having to do with someone who is expert: *gun shearer; gun drover. –phr.* **11. beat** (or **jump**) **the gun**, **a.** (in a race) to begin before the starting gun has fired. **b.** to begin prematurely; be overeager. **12. carry** (or **hold**) (**big**) **guns**, to be in a powerful or strong position. **13. go great guns**, *Colloquial* (sometimes fol. by *at* or *with*) to be successful. **14. gun down**, to shoot with a gun. **15. gun for**, *Colloquial* to seek (a person) with the intention to harm or kill. **16. in the gun**, in trouble; the object of criticism. **17. stick to one's guns**, to maintain one's position in an argument, etc., against opposition.

gunboat diplomacy /'gʌnbout də'ploʊməsi/ *n.* diplomacy or foreign affairs in conjunction with the use or threat of military force.

gung-ho /gʌŋ'hoʊ/ *adj.* intemperately and naively enthusiastic.

gunk /gʌŋk/ *n. Colloquial* **1.** material, especially of a dirty, slimy, or offensive nature. **2.** a food judged to be bad or inappropriate, especially oversweet and cloying. **3.** an unpleasing sticky substance coating something else. **4.** any viscous substance: *she smeared cosmetic gunk all over her face.*

gunner /'gʌnə/ *n. Military* an artilleryman.

gunnery /'gʌnəri/ *n.* **1.** the art and science of constructing and managing guns, especially large guns. **2.** the firing of guns. **3.** guns collectively.

gunny /'gʌni/ *n.* **-nies. 1.** a strong, coarse material made commonly from jute, used for sacking, etc. **2.** Also, **gunnybag, gunnysack.** a bag or sack made of this material. **3.** *Mining* a mine cavity from which ore has been removed.

gunpowder /'gʌnpaʊdə/ *n.* **1.** an explosive mixture of saltpetre (potassium nitrate), sulfur, and charcoal, used especially in gunnery. **2.** a fine variety of green China tea, each leaf of which is rolled into a small ball.

gun-running /'gʌn-rʌnɪŋ/ *n.* the smuggling of guns, etc., into a country. **–gun-runner** *n.*

gunwale /'gʌnəl/ *n.* the upper edge of a vessel's or boat's side. Also, **gunnel.**

gunyah /'gʌnjə/ *n.* **1.** an Aborigine's hut made of boughs and bark. **2.** a small rough hut or shelter in the bush. Also, **gunya.**

guppy /'gʌpi/ *n.* **-pies.** a viviparous top minnow, *Poecilia reticulata*, of the family Poeciliidae, common in home aquariums.

gurgle /'gɜgəl/ *v.* **-gled, -gling**, *n. –v.i.* **1.** to flow in a broken, irregular, noisy current: *water gurgles from a bottle.* **2.** to make a sound as of water doing this (often used of birds or of human beings). *–v.t.* **3.** to utter with a gurgling sound. *–n.* **4.** the act or noise of gurgling. **–gurglingly** *adv.*

gurgler /'gɜglə/ *phr.* **down the gurgler**, *Colloquial* ruined; irretrievably lost or destroyed.

guru /'guru, 'guru/ *n.* **1.** (in Hinduism) a preceptor and spiritual guide. **2.** an influential teacher or mentor. **3.** a person who is recognised as an expert in a given field: *fashion guru; sports guru*

gush /gʌʃ/ *v.i.* **1.** to issue with force, as a fluid escaping from confinement; flow suddenly and copiously. **2.** *Colloquial* to express oneself extravagantly or emotionally; talk effusively. **3.** to have a copious flow of something, as of blood, tears, etc. **–gushingly** *adv.* **–gusher** *n.* **–gushy** *adj.*

gusset /'gʌsət/ *n.* **1.** an angular piece of material inserted in a garment to strengthen, enlarge, or give freedom of movement to some part of it. **2.** a metal bracket for strengthening a structure at a joint or angle.

gust /gʌst/ *n.* **1.** a sudden, strong blast of wind. **2.** a sudden rush or burst of water, fire, smoke, sound, etc. **3.** an outburst of passionate feeling. *–v.i.* **4.** to blow in gusts: *the wind gusted to 50 knots.* **–gusty** *adj.*

gusto /'gʌstoʊ/ *n.* keen relish or hearty enjoyment, as in eating, drinking, or in action or speech generally: *to tell a story with gusto.*

gut /gʌt/ *n., v.* **gutted, gutting.** *–n.* **1.** → **intestine** (def. 1). **2.** (*plural*) the intestines; entrails. **3.** (*plural*) *Colloquial* the stomach or abdomen. **4.** (*plural*) *Colloquial* courage; endurance: *to have guts.* **5.** the tissue or fibre of the intestine: *sheep's gut.* **6.** the processed gut of an animal, used for violin strings, etc. **7.** (*plural*) *Colloquial* essential parts or contents: *the guts of the motor. –v.t.* **8.** to take out the guts of; disembowel. **9.** to rob or plunder of contents. **10.** to destroy the inside of: *fire gutted the building. –adj.* **11.** of or relating to feelings or intuition: *a gut response.*

gutless /'gʌtləs/ *adj.* **1.** cowardly. **2.** lacking in power, especially of a car, motor, etc. *–phr.* **3. gutless wonder**, *Colloquial* **a.** a very cowardly person. **b.** a machine, especially a motor vehicle, that lacks power. **–gutlessness** *n.*

guts /gʌts/ *Colloquial* –*n.* **1.** the bowels or entrails. **2.** the stomach or abdomen. **3.** courage; stamina; endurance: *to have guts.* **4.** essential information: *the guts of the matter.* **5.** essential parts or contents: *let me get to the guts of the motor.* **6.** Also, **greedy-guts,** someone greedy for food; a glutton. –*v.t.* **7.** to cram (oneself) with food. –*phr.* **8. hate someone's guts,** to loathe or detest someone. **9. have someone's guts for garters,** to exact revenge on someone. **10. rough as guts,** (of a person) coarse in manner and behaviour. **11. spill** (or **give**) **one's guts,** to give information, as to the police, without restraint: *they had broken him – he was about to spill his guts to them.* **12. the** (**good**) **guts,** (sometimes fol. by *on*) accurate information, especially when intended to be used against someone. **13. work one's guts out,** to work excessively hard. See **gut.**

gutsy /'gʌtsi/ *adj. Colloquial* **1.** full of courage; full of guts. **2.** warmly wholehearted; unreserved. **3.** strong, full-bodied: *a gutsy wine.* **4.** greedy; gluttonous.

gutta-percha /gʌtə-'pɜːtʃə/ *n.* the coagulated milky juice, nearly white when pure, of various Malaysian trees of the family Sapotaceae, especially *Palaquium gutta,* variously used in the arts, medicine, and manufacturing, as for insulating electric wires.

gutter /'gʌtə/ *n.* **1.** a channel at the side (or in the middle) of a road or street, for carrying away surface water. **2.** any similar channel, for carrying off fluid. **3.** Also, **guttering.** a channel at the eaves or roof of a building, for carrying off rainwater. **4.** the lowest social conditions in the community: *the language of the gutter.* –*v.i.* **5.** to form gutters, as running water does. **6.** (of a lighted candle) to melt away quickly and irregularly. –**gutterlike** *adj.* –**guttery** *adj.*

guttural /'gʌtərəl/ *adj.* **1.** relating to the throat. **2.** harsh; throaty. –**gutturally** *adv.* –**gutturalness** *n.*

guy¹ /gaɪ/ *n. Originally US Colloquial* **1.** a fellow or man: *guys and dolls.* **2.** a boyfriend. **3.** a person (male or female). –*phr.* **4. the bad guys,** the villains. **5. the good guys,** the heroes

guy² /gaɪ/ *n., v.* **guyed, guying.** –*n.* **1.** a rope or appliance used to guide and steady a thing being hoisted or lowered, or to secure anything liable to shift its position. –*v.t.* **2.** to guide, steady, or secure with a guy or guys.

guzzle /'gʌzəl/ *v.* **-zled, -zling.** –*v.t.* **1.** to drink (or sometimes eat) frequently and greedily: *they sat there all evening guzzling their beer.* –*v.i.* **2.** to drink (or eat) in such a manner. –**guzzler** *n.*

gym /dʒɪm/ *n.* **1.** → **gymnasium. 2.** → **gymnastics.**

gymkhana /dʒɪm'kɑːnə/ *n.* **1.** a horse-riding event featuring games and novelty contests. **2.** a festival featuring gymnastics and athletic showmanship. **3.** Also, **motorkhana.** a series of motoring events designed to test skill and judgment of drivers.

gymnasium /dʒɪm'neɪziəm/ *n.* **-siums** *or* **-sia** /-ziə/. a building or room equipped with facilities for gymnastics and sport.

gymnast /'dʒɪmnæst, -nəst/ *n.* someone trained and skilled in, or a teacher of, gymnastics.

gymnastic /dʒɪm'næstɪk/ *adj.* relating to exercises which develop flexibility, strength, and agility. –**gymnastically** *adv.*

gymnastics /dʒɪm'næstɪks/ *n.* **1.** (*construed as plural*) gymnastic exercises. **2.** (*construed as singular*) the practice or art of gymnastic exercises.

gyn- variant of **gyno-,** occurring before vowels, as in *gynarchy.*

gynaecology = **gynecology** /gaɪnə'kɒlədʒi/ *n.* the department of medical science which deals with the functions and diseases peculiar to women. –**gynaecological** /gaɪnəkə'lɒdʒɪkəl/ *adj.* –**gynaecologist** *n.*

gyno- a word element meaning 'woman', 'female', as in *gynogenic.* Also, **gyn-**.

-gynous 1. an adjective combining form referring to the female sex, as in *androgynous.* **2.** a suffix meaning 'woman'.

gyp /dʒɪp/ *v.* **gypped, gypping,** *n. Colloquial* –*v.t.* **1.** to swindle; cheat; defraud or rob by some sharp practice. **2.** to obtain by swindling or cheating; steal. –*n.* **3.** a swindle. **4.** a swindler or cheat. –**gypper** *n.*

gypsum /'dʒɪpsəm/ *n.* a very common mineral, hydrated calcium sulfate, $CaSO_4 \cdot 2H_2O$, occurring in crystals and in masses, soft enough to be scratched by the fingernail, used to make plaster of Paris, as an ornamental material, as a fertiliser, etc.

gypsy /'dʒɪpsi/ *n.* **-sies,** *adj.* → **gipsy.**

gyrate /dʒaɪ'reɪt/ *v.i.* **-rated, -rating.** to move in a circle or spiral, or round a fixed point; whirl.

gyre /dʒaɪə/ *n.* a ring or circle.

gyro- a word element meaning: **1.** ring; circle. **2.** spiral.

gyrocompass /'dʒaɪroʊˌkʌmpəs/ *n.* a device used like the ordinary compass for determining directions, but using a continuously driven gyroscope instead of a magnetised needle or bar, the gyroscope being so mounted that its axis constantly maintains its position with reference to the geographical north, thus dealing with true geographical meridians used in navigation instead of magnetic meridians. Also, **gyroscopic compass.**

gyroscope /'dʒaɪrəskoʊp/ *n.* an apparatus consisting of a rotating wheel so mounted that its axis can turn freely in certain or all directions, and capable of maintaining the same absolute direction in space in spite of movements of the mountings and surrounding parts. It is based on the principle that a body rotating steadily about an axis will tend to resist changes in the direction of the axis, and is used to maintain equilibrium, as in a plane or ship, to determine direction, etc. –**gyroscopic** /dʒaɪrə'skɒpɪk/ *adj.*

H h

H, h /eɪtʃ/ *non-standard* /heɪtʃ/ *n.* **H's, Hs, h's** or **hs**. **1.** a consonant, the 8th letter of the English alphabet. **2.** (as a symbol) the eighth in a series.

habeas corpus /ˌheɪbɪəs 'kɔːpəs/ *n. Law* a prerogative writ directed to someone who detains another in custody, commanding them to produce the other person before the court. It is mainly used to test the legality of an imprisonment.

haberdashery /'hæbədæʃəri/ *n.* **-ries**. **1.** a shop, counter, or section of a department store where small wares such as buttons, needles, ribbons, etc., are sold. **2.** the goods themselves. **–haberdasher** *n.*

habit /'hæbɪt/ *n.* **1.** a constant tendency to act in a certain way. **2.** a particular practice or custom: *it is my habit to read before bed.* **3.** a behaviour or need that is difficult to stop; addiction; compulsion: *smoking has become a habit.* **4.** a customary practice or use: *to act from force of habit.* **5.** a condition: *a habit of mind.* **6.** a characteristic appearance or form of growth of an animal or plant: *a twisting habit.* **7.** *Chemistry* the characteristic crystalline form of a mineral. **8.** the dress of a particular profession, religious order, etc.: *a monk's habit.* **9.** a woman's riding dress. **–habitable** *adj.* **–habitual** *adj.*

habitat /'hæbətæt/ *n.* **1.** the native environment or kind of place where a given animal or plant naturally lives or grows, such as warm seas, mountain tops, fresh waters, etc. **2.** place of abode; habitation.

habitation /hæbə'teɪʃən/ *n.* **1.** a place of abode; dwelling. **2.** the act of inhabiting; occupancy by inhabitants.

habituate /hə'bɪtʃueɪt/ *v.t.* **-ated, -ating**. **1.** to accustom (a person, the mind, etc.) as to something; make used (*to*). **2.** *Colloquial* to frequent. **–habituation** /həbɪtʃu'eɪʃən/ *n.*

habitué /hə'bɪtʃueɪ, hə'bɪtjueɪ/ *n.* a habitual frequenter of a place.

hacienda /hæsi'ɛndə/ *n.* (in Latin America) **1.** a landed estate, ranch, or farm. **2.** the main house on such an estate; a country house. **3.** a stock-raising, mining, or manufacturing establishment in the country.

hack¹ /hæk/ *v.t.* **1.** to cut, notch, or chop irregularly, as with heavy blows. **2.** to break up the surface of (the ground). **3.** to clear (a path, etc.) by cutting down brush, etc. **4.** to damage by cutting harshly or ruthlessly: *the subeditor hacked the article to bits.* **5.** to kick the shins of intentionally, as in Rugby football. *–v.i.* **6.** to make rough cuts or notches; deal cutting blows. *–n.* **7.** a tool, such as an axe, hoe, pick, etc., for hacking. **8.** an act of hacking; a cutting blow. **9.** a short, broken cough. *–phr.* **10. hack into**, to gain unauthorised access, as to the information stored on an organisation's computer, or the computer itself, or the organisation itself. **–hacker** *n.*

hack² /hæk/ *n.* **1.** a riding horse kept for hire to the public, or used for ordinary riding. **2.** an old or worn-out horse. **3.** someone who does routine or poor quality literary or other work for a living; someone who does hackwork. **4.** → **hacker**. *–v.t.* **5.** *Colloquial* to put up with; endure. *–v.i.* **6.** to ride a horse on the road at an ordinary pace. *–adj.* **7.** hired; of a hired sort: *hack writer.* **8.** unoriginal; hackneyed; trite.

hacker /'hækə/ *n. Computers Colloquial* **1.** a computer enthusiast who studies computers and writes programs as a hobby. **2.** someone who gains unauthorised access to a computer system and makes alterations. Also, **hack**.

hackneyed /'hæknid/ *adj.* made commonplace or trite; stale.

hacksaw /'hæksɔː/ *n.* a saw used for cutting metal, consisting typically of a narrow, fine-toothed blade fixed in a frame.

hackwork /'hækwɜːk/ *n.* the routine aspects of a creative or artistic occupation, considered as mundane, or of an inferior quality, especially in the literary field.

had /hæd/ *weak forms* /həd, əd, d/ *v.* **1.** past tense and past participle of **have**. *–phr.* **2. be had**, to be cheated or duped. **3. had better**, ought to: *you had better do as you are told.* **4. had rather** (or **sooner**), to consider as preferable: *I had rather you came early.* **5. have had**, to be utterly exasperated with: *I have had this government.* **6. have had it**, *Colloquial* **a.** to be utterly exasperated. **b.** to be exhausted. **c.** to be on the point of death or doomed to die. **d.** (of a device, machine, etc.) to be irreparably broken. **e.** to become out of fashion or no longer popular.

haddock /'hædək/ *n.* **-docks**, (*especially collectively*) **-dock**. a food fish, *Melanogrammus aeglefinus*, of the northern Atlantic, related to but smaller than the cod.

haematoma /himə'toumə, hɛm-/ *n.* **-mata** /-mətə/ or **haemas**. a bruise or collection of blood in a tissue. Also, **hematoma**.

haemo- = hemo- a word element meaning 'blood' as in *haemolysis*. Also, **haem- = hem-, haema- = hema-, haemat- = hemat-, haemato- = hemato-**.

haemoglobin /himə'gloubən/ *n. Physiology* a protein in blood responsible for the red colour of blood which carries oxygen to the tissues. Also, **hemoglobin**.

haemophilia /himə'fɪliə/ *n. Pathology* a blood disorder characterised by a tendency to bleed immoderately as from an insignificant wound, due to impaired blood coagulation. Also, **hemophilia**. **–haemophiliac** *n.*

haemorrhage /'hɛmərɪdʒ/ *n., v.* **-rrhaged, -rrhaging**. *–n.* **1.** a discharge of blood, as from a ruptured blood vessel. *–v.i.* **2.** to bleed severely. Also, **hemorrhage**. **–haemorrhagic** /hɛmə'rædʒɪk/ *adj.*

haemorrhoid /'hɛmərɔɪd/ *n.* a dilatation of a superficial vein of the canal or margin of the anus; pile. Also, **hemorrhoid**. **–haemorrhoidal** /hɛmə'rɔɪdl/ *adj.*

haft /haft/ *n.* a handle, especially of a knife, sword, dagger, etc.

hag /hæg/ *n.* **1.** a repulsive, often vicious or malicious, old woman. **2.** a witch. **–haggy** *adj.*

haggard /'hægəd/ *adj.* careworn; gaunt, as from prolonged suffering, anxiety, exertion, or ill health. **–haggardly** *adv.* **–haggardness** *n.*

haggis /'hægəs/ *n.* a dish, originally Scottish, made of the heart, liver, etc., of a sheep, etc., minced with suet and oatmeal, seasoned, and boiled in the stomach of the animal.

haggle /'hægəl/ *v.i.* **-gled, -gling. 1.** to bargain in a petty and tedious manner. **2.** to wrangle, dispute, or cavil. **-haggler** *n.*

hagiography /hægi'ɒgrəfi, heɪdʒi-/ *n.* **-phies.** the writing and critical study of the lives of the saints; hagiology. **-hagiographic** /hægiə'græfɪk, heɪdʒi-/, **hagiographical** /hægiə'græfɪkəl, heɪdʒi-/ *adj.*

haiku /'haɪku/ *n.* **1.** a Japanese verse form, developed in the 16th century, usually containing seventeen syllables, and having an allusion to the seasons of the year. **2.** an English poem modelled on this Japanese form.

hail¹ /heɪl/ *v.t.* **1.** to salute or greet; welcome. **2.** to salute or name as: *to hail someone (as) victor.* **3.** to acclaim; to approve with enthusiasm. **4.** to call out to, in order to attract attention: *to hail a person; to hail a taxi.* *-v.i.* **5.** to call out in order to greet, attract attention, etc. *-n.* **6.** a shout or call to attract attention. **7.** the act of hailing. **8.** a salutation or greeting. *-interj.* **9.** *Poetic* (an exclamation of salutation or greeting.) *-phr.* **10. hail from**, to belong to as the place of residence, point of departure, etc. **11. within hail**, within reach of the voice. **-hailer** *n.*

hail² /heɪl/ *n.* **1.** a shower of small balls or lumps of ice falling from the clouds. **2.** a shower of anything: *a hail of bullets.* *-v.i.* **3.** to pour down hail: *it is hailing.* **4.** to fall as if hail: *bullets hailed down.* *-v.t.* **5.** to pour down as if, or like, hail: *it was hailing bullets.*

hair /hɛə/ *n.* **1.** the natural covering of the human head. **2.** the aggregate of hairs which grow on an animal. **3.** one of the numerous fine, usually cylindrical filaments growing from the skin and forming the coat of most mammals. **4.** a similar fine, filamentous outgrowth from the body of insects, etc. **5.** *Botany* a filamentous outgrowth of the epidermis. **6.** cloth made of hair from such animals as camel and alpaca. **7.** a very small magnitude, measure, degree, etc.: *he lost the race by a hair.* *-phr.* **8. get in someone's hair**, *Colloquial* to irritate or annoy someone. **9. hair of the dog (that bit you)**, *Colloquial* an alcoholic drink taken to relieve a hangover. **10. keep your hair on**, *Colloquial* keep calm; do not get angry. **11. let one's hair down**, to behave in an informal, relaxed, or uninhibited manner. **12. make someone's hair stand on end**, to fill someone with terror or alarm. **13. put hair on someone's chest**, (of food or drink consumed by a person) to make them feel fitter, more robust, etc. **14. split hairs**, to make fine or unnecessary distinctions. **15. tear one's hair out**, to show extreme emotion, as anger, anxiety, etc. **16. without turning a hair**, showing no emotion; keeping placid and unmoved. **-hairlike** *adj.* **-hairless** *adj.*

hairdo /'hɛədu/ *n.* **-dos. 1.** the style in which a person's hair is arranged, cut, tinted, etc. **2.** the hair so arranged.

hairdresser /'hɛədrɛsə/ *n.* someone who cuts, styles and generally tends customers' hair. **-hairdressing** *n.*

hairline /'hɛəlaɪn/ *n.* **1.** the line formed at the junction of the hair with the forehead. **2.** a very slender line. **-hairline** *adj.*

hairline fracture *n.* a break or fault in a bone, metal casting, etc., which reveals itself as a very thin line on the surface.

hairpiece /'hɛəpis/ *n.* false or substitute hair, usually mounted on a canvas and wire frame attached to the real hair to enhance or glamorise a style, or to conceal baldness.

hair-raising /'hɛə-reɪzɪŋ/ *adj.* terrifying.

hair's-breadth /'hɛəz-brɛdθ, -brɛtθ/ *n.* **1.** a very small space or distance. *-adj.* **2.** extremely narrow or close. Also, **hairsbreadth, hairbreadth**.

hair-trigger /'hɛə-trɪgə/ *n.* a trigger that allows the firing mechanism of a firearm to be operated by very slight pressure.

hairy /'hɛəri/ *adj.* **-rier, -riest. 1.** covered with hair; having much hair. **2.** consisting of or resembling hair. **3.** *Colloquial* difficult: *that's a hairy problem.* **4.** *Colloquial* frightening: *a hairy drive.*

hajji /'hʌdʒi/ *n.* **-jis.** a Muslim who has performed the pilgrimage to Mecca. Also, **hadji**.

haka /'hakə/ *n.* **1.** a Maori ceremonial posture dance with vocal accompaniment. **2.** a debased form of this used by New Zealand schools, sports teams, etc, as aggressive showpieces.

hake /heɪk/ *n.* **hakes,** (*especially collectively*) **hake. 1.** → **gemfish. 2.** any of several marine gadoid fishes of the genus *Merluccius*, related to the cod, such as *M. merluccius* of European coasts. **3.** any of various related marine fishes, especially of the genus *Urophycis*, or allied genera, such as *U. tenius* (**white hake**) of the US New England coast.

hakea /'heɪkiə/ *n.* any shrub or tree of the Australian genus *Hakea*, family Proteaceae, characterised by hard woody fruit with winged seeds.

halal /hæ'læl/ *adj.* (of meat from animals), slaughtered in accordance with Muslim rites: *halal meat.*

halcyon /'hælsiən/ *n.* **1.** a bird, usually identified with the kingfisher, fabled by the ancients to breed about the time of the winter solstice in a nest floating on the sea, and to have the power of charming winds and waves into calmness. *-adj.* **2.** calm, tranquil, or peaceful. **3.** carefree; joyous.

hale¹ /heɪl/ *adj.* **haler, halest.** free from disease or infirmity; robust; vigorous. **-haleness** *n.*

hale² /heɪl/ *v.t.* **haled, haling. 1.** to haul, pull, or draw with force. **2.** to drag, or bring as by dragging: *to hale someone into court.* **-haler** *n.*

half /haf/ *n.* **halves** /havz/ *det., adj., adv.* *-n.* **1.** one of the two equal (or approximately equal) parts into which anything is or may be divided. **2.** *Sport* either of the two periods of a game. **3.** *Rugby Football* **a.** → **half-back** (def. 1). **b.** → **five-eighth** (def. 1). **4.** *Golf* an equal score (with the opponent) either on a hole or on a round. **5.** one of a pair. **6.** *Colloquial* a half-pint, especially of beer. *-det.* **7.** being one of the two equal (or approximately equal) parts into which anything is or may be divided. **8.** being equal to only about half of the full measure or capability: *half speed.* *-adj.* **9.** partial or incomplete: *a half job.* *-adv.* **10.** to the extent or measure of half: *a bucket half full of water.* **11.** in part; partly. **12.** to some extent. *-phr.* **13. and a half**, of an exceptional nature: *it's a job and a half.* **14. by half**, by a great deal; by too much: *too clever by half.* **15. not half!**, *Colloquial* certainly; indeed. **16. not half bad**, *Colloquial* surprisingly good; quite good: *his first poems were not half bad.* **17. the half of it**, a more significant part of something (usually with a negative): *you think we're in trouble, but that's not the half of it.*

half-back /'haf-bæk/ *n.* **1.** *Rugby Football* the player who puts the ball in the scrum, and tries to catch it as it emerges. **2.** *Australian Rules* any of the three positions on the line between the centre-line and the full-back line. **3.** *Soccer* one of the three players in the next line behind the forward line.

half-baked /'haf-beɪkt/ *adj.* **1.** insufficiently cooked. **2.** *Colloquial* not completed: *a half-baked scheme.* **3.** *Colloquial* lacking or failing to exhibit mature judgment or experience: *half-baked theorists.*

half-breed /'haf-brid/ *n.* **1.** the offspring of parents of different races; someone who is half-blooded.

half-brother /'haf-brʌðə/ *n.* a brother by one parent only.

half-caste /'haf-kast/ *n.* **1.** a person of mixed race, especially where the races are of different colours. *–adj.* **2.** having to do with such a person.

half-cock /haf-'kɒk/ *n.* the position of the hammer of a firearm when held halfway by a mechanism so that it will not operate.

half-hearted /'haf-hatəd/ *adj.* having or showing little enthusiasm. **–half-heartedly** *adv.* **–half-heartedness** *n.*

half-life /'haf-laif/ *n.* the time required for one half of a sample of unstable material to undergo chemical change, as the disintegration of radioactive material, the chemical change of free radicals, etc.

half-mast /haf-'mast/ *n.* **1.** a position which is lower than the normal position of a flag on a flagpole; the position where a flag is flown to indicate death or mourning, the tradition possibly based on the idea of allowing space for the non-existent flag of death to fly above it. *–v.t.* **2.** to place (a flag) at half-mast (as a mark of respect for the dead). *–phr.* **3. at half-mast, a.** (of a flag) flying at this position. **b.** (of trousers) not extending to the ankles. **c.** (of any item of clothing) sagging below where it should reach: *socks at half-mast.*

half-sister /'haf-sɪstə/ *n.* a sister by one parent only.

halfway /haf'weɪ/ *adv.*, /'hafweɪ/ *adj.* *–adv.* **1.** half over the way: *to go halfway to a place.* **2.** to or at half the distance: *the rope reaches only halfway.* *–adj.* **3.** midway, as between two places or points. **4.** going to or covering only half the full extent; partial: *halfway measures.* *–phr.* **5. meet someone halfway,** to reach a compromise with someone.

halfway house *n.* **1.** (formerly) an inn or coaching station half the distance to one's destination. **2.** a position midway between two extremes, as in an argument, debate, etc. **3.** a house, usually run by an organisation, in which former prisoners, drug addicts, etc, can live until capable of organising their own affairs.

halibut /'hæləbət/ *n.* **-buts,** (*especially collectively*) **-but.** either of two species of large flatfishes, *Hippoglossus hippoglossus* of the North Atlantic and *H. stenolepis* of the North Pacific, widely used for food.

halitosis /hælə'toʊsəs/ *n.* bad or offensive breath.

hall /hɔl/ *n.* **1.** the entrance room or vestibule of a house or building. **2.** a corridor or passageway in a building. **3.** a large building or room for public assembly and other community uses. **4.** a large building for residence, instruction, or other purposes, as in a university or college.

hallelujah /hælə'luːjə/ *interj.* Praise ye the Lord! Also, **halleluiah, alleluia.**

hallmark /'hɔlmak/ *n.* **1.** Also, **plate-mark.** an official mark or stamp indicating a standard of purity, used in marking gold and silver articles. **2.** any mark or special indication of genuineness, good quality, etc. **3.** any outstanding feature or characteristic.

hallow /'hæloʊ/ *v.t.* **1.** to make holy; sanctify; consecrate. **2.** to honour as holy.

Halloween /hæloʊ'in, hælə'win/ *n.* the evening of 31 October, the eve of All Saints' Day. Also, **Hallowe'en.**

hallucination /həluːsə'neɪʃən/ *n.* **1.** subjective sense perceptions for which there is no appropriate external source, such as 'hearing voices'. When persistent it is characteristic of severe psychiatric disorder or brain disease. Compare **delusion** (def. 4), **illusion** (def. 4). **2.** a suffering from illusion or false notions. **–hallucinate** *v.*

hallucinogen /hə'luːsənədʒən/ *n.* a drug or chemical capable of producing hallucinations. **–hallucinogenic** /həluːsənə'dʒɛnɪk/ *adj.*

halo /'heɪloʊ/ *n.* **-loes** *or* **-los.** **1.** a radiance surrounding the head in the representation of a sacred personage. **2.** an ideal glory investing an object viewed with feeling or sentiment: *the halo around Shakespeare's plays.* **3.** a circle of light, appearing round the sun or moon, caused by the refraction of light in suspended ice crystals. **–halo-like** *adj.*

halo- a word element meaning 'salt', as in *halogen.*

halogen /'heɪlədʒən, 'hæl-/ *n. Chemistry* any of the electronegative elements fluorine, chlorine, iodine, bromine, and astatine, which form binary salts by direct union with metals.

halt /hɒlt, hɔlt/ *v.i.* **1.** to undertake a temporary or permanent cessation of some activity: *the bus halted for five minutes before resuming its journey.* *–v.t.* **2.** to stop or cause to stop: *we must halt the train.* *–n.* **3.** a temporary stop. *–interj.* **4.** (a command to stop and stand motionless, especially as to troops). *–phr.* **5. call a halt,** (followed _plusm_ *to*) to bring to an end: *we must call a halt to corruption.*

halter /'hɒltə, 'hɔltə/ *n.* **1.** a rope or strap with a noose or headstall, for leading or fastening horses or cattle. **2.** a rope with a noose for hanging criminals. **–halter-like** *adj.*

halve /hav/ *v.t.* **halved, halving. 1.** to divide in halves; share equally. **2.** to reduce to half.

halves /havz/ *n.* **1.** plural of **half.** *–phr.* **2. by halves, a.** incompletely. **b.** half-heartedly. **3. go halves,** to divide equally; share.

halyard /'hæljəd/ *n.* a rope or tackle used to hoist or lower a sail, yard, flag, etc. Also, **halliard.**

ham[1] /hæm/ *n.* **1.** one of the rear quarters of a pig, especially the heavy-muscled part, between hip and hock. **2.** the meat of this part. **3.** (*often plural*) the back of the thigh or the thigh and the buttock together.

ham[2] /hæm/ *n.*, *v.* **hammed, hamming.** *Colloquial* *–n.* **1.** Also, **ham actor.** an actor who overacts. **2.** the operator of a ham radio. *–v.i.* **3.** to act with exaggerated expression of emotion; overact. *–phr.* **4. ham it up,** to exaggerate one's feelings or responses.

hamburger /'hæmbɜgə/ *n.* **1.** a flat round cake of minced beef, seasoned and fried. **2.** a bread roll or soft bun containing such meat and often including onion, salad, etc.

hamlet /'hæmlət/ *n.* **1.** a small village. **2.** a small cluster of houses in the country. **3.** a village without a church of its own, but belonging to the parish of another village or a town.

hammer /'hæmə/ *n.* **1.** an instrument consisting of a solid head, usually of metal, set crosswise on a handle, used for beating metals, driving in nails, etc. **2.** any of various instruments or devices resembling a hammer in form, action, or use. **3.** *Firearms* that part of the lock which by its fall or action causes the discharge, as by exploding the percussion cap; the cock. **4.** one of the padded levers by which the strings of a piano are struck. **5.** *Athletics* a metal ball attached to a long, flexible handle, used in certain throwing contests. *–v.t.* **6.** to beat or drive with or as with a hammer. **7.** to fasten by or as by using a hammer. **8.** to put together or build with a hammer and nails. **9.** to hit with some force; pound. **10.** to state forcefully; present (facts, etc.) aggressively. **11.** to subject forcibly and relentlessly to interrogation, pressure, etc.: *the Minister was hammered by the opposition at question time.* **12.** *Stock Exchange* **a.** to announce (a defaulter) on the Stock Exchange.

hammer and sickle

b. to depress or beat down (the price of a stock). –*v.i.* **13.** to strike blows with or as with a hammer. **14.** to make persistent or laborious attempts. –*phr.* **15. come** (or **go**) **under the hammer,** to be sold by auction. **16. hammer out, a.** to form by hammering. **b.** to contrive or work out laboriously: *they hammered out an agreement*. –**hammerer** *n.* –**hammerless** *adj.* –**hammerlike** *adj.*

hammer and sickle *n.* **1.** the emblem of the Soviet Union, adopted in 1923. **2.** any similar emblem of communism outside the Soviet Union.

hammer and tongs *adv. Colloquial* with great noise, vigour, or violence.

hammerhead /'hæməhed/ *n.* **1.** the head of a hammer. **2.** any of the sharks constituting the genus *Sphyrna*, characterised by a head expanded laterally so as to resemble a double-headed hammer.

hammering /'hæmərɪŋ/ *n.* **1.** the act of using a hammer: *the sound of hammering met my ears.* **2.** *Colloquial* a beating; hiding. –*phr.* **3. take a hammering,** *Colloquial* **a.** to be beaten up. **b.** to be subjected to intense cross-examination or criticism.

hammock /'hæmək/ *n.* a kind of hanging bed or couch made of canvas, netting, or the like.

hamper[1] /'hæmpə/ *v.t.* to impede; hinder; hold back.

hamper[2] /'hæmpə/ *n.* a large basket or receptacle made from cane, wickerwork, etc., usually with a cover.

hamster /'hæmstə/ *n.* any of a number of short-tailed, stout-bodied, burrowing rodents, having large cheek pouches, and inhabiting parts of Europe and Asia, such as *Cricetus cricetus*.

hamstring /'hæmstrɪŋ/ *n., v.* **-strung, -stringing**. –*n.* **1.** (in humans) any of the tendons bounding the ham, or hollow of the knee. –*v.t.* **2.** to cut the hamstring or hamstrings of and thus disable. **3.** to cripple; render useless; thwart.

hand /hænd/ *n.* **1.** (in humans) the terminal, prehensile part of the arm, consisting of the palm and five digits. **2.** the corresponding part of the forelimb in any of the higher vertebrates. **3.** something resembling a hand in shape or function: *the hands of a clock.* **4.** a symbol used in writing or printing to draw attention to something. **5.** a person employed in manual labour; worker; labourer: *a factory hand.* **6.** a person who does a specified thing: *a book by several hands.* **7.** a member of a ship's crew: *all hands on deck!* **8.** (*often plural*) possession or power; control, custody, or care: *to have someone's fate in one's hands.* **9.** agency; active cooperation in doing something: *a helping hand.* **10.** side: *on every hand.* **11.** a side of a subject, question, etc.: *on the other hand.* **12.** a source, as of information or of supply: *at first hand.* **13.** style of handwriting. **14.** a person's handwriting. **15.** skill; execution; touch: *a painting that shows a master's hand.* **16.** a person, with reference to action, ability, or skill: *a poor hand at writing letters.* **17.** a pledge of marriage. **18.** a linear measure in the imperial system, used in giving the height of horses, etc., equal to four inches or 0.1016 m (approx. 10 cm). **19.** *Cards* **a.** the cards dealt to or held by each player at one time. **b.** the person holding the cards. **c.** a single part of a game, in which all the cards dealt at one time are played. **20.** a bundle or bunch of various fruit, leaves, etc., as a cluster of bananas or tobacco leaves tied together. **21.** a round or outburst of applause for a performer: *to get a hand.* **22.** what is left from a pork forequarter after the removal of the foreloin: *pork hand.* –*v.t.* **23.** to deliver or pass with the hand. **24.** to help or conduct with the hand. –*adj.* **25.** of or belonging to the hand. **26.** done or made by hand. **27.** that may be carried in, or worn on, the hand. **28.** operated by hand. –*phr.*

29. a firm hand, strict control.

30. a free hand, freedom to act as desired.

31. a heavy hand, severity or oppression.

32. a high hand, dictatorial manner or arbitrary conduct.

33. at hand, a. within reach; nearby. **b.** near in time. **c.** ready for use.

34. at the hand (or **hands**) **of,** from the action or agency of.

35. bear a hand, to give assistance.

36. by hand, by the use of the hands (as opposed to any other means): *to make pottery by hand.*

37. change hands, to pass from one owner to another.

38. come to hand, to be received; come within one's reach.

39. declare one's hand, to reveal one's intentions or circumstances.

40. eat out of someone's hand, to be uncritically compliant and trusting of another, often in a servile or sycophantic manner.

41. force someone's hand, to compel someone to act prematurely or against their better judgment.

42. from hand to hand, from one person to another.

43. from hand to mouth, a. eating at once whatever one gets. **b.** with attention to immediate wants only.

44. get one's hand in, to develop a skill through practice.

45. give a hand, to help; assist.

46. give one's hand on, to vouch for.

47. hand and glove, on very intimate terms.

48. hand down, a. to deliver (the decision of a court). **b.** to transmit from the higher to the lower, in space or time: *to hand a legend down to posterity.*

49. hand in, to present for acceptance.

50. hand in glove, (sometimes fol. by *with*) on very intimate terms; in league.

51. hand in hand, a. with hands mutually clasped. **b.** conjointly or concurrently.

52. hand it to, to give due credit to.

53. hand on, to pass on; transmit.

54. hand off, *Rugby Football* to thrust off (an opponent who is tackling).

55. hand over, a. to deliver into another's keeping. **b.** to give up or yield control of.

56. hand over fist, a. easily. **b.** in large quantities: *to make money hand over fist.*

57. hand out, to distribute.

58. hands down, totally; completely; easily.

59. hands off, keep off; refrain from blows or touching.

60. hands up, raise the hands (as a sign of surrender).

61. hand to hand, in close combat; at close quarters.

62. have a hand in, to have a part or concern in doing.

63. have one's hands full, to be fully occupied.

64. have one's hand in, to have achieved skill through practice.

65. hold the hand out, *Colloquial* **a.** to exploit the benefits given out by the government and other welfare organisations. **b.** to demand bribe money.

66. in good hands, in the care of someone trustworthy.

67. in hand, a. under control. **b.** in immediate

possession: *cash in hand.* **c.** in process: *keep to the matter in hand.*
68. keep one's hand in, to keep in practice.
69. lay hands on, a. to assault; to beat up. **b.** to lay one's hands on the head of (a person) as part of a ritual.
70. lay one's hands on, *Colloquial* to obtain.
71. off one's hands, out of one's responsible charge or care.
72. on every hand, all around; everywhere.
73. on hand, a. in immediate possession: *cash on hand.* **b.** before someone for attention. **c.** present.
74. on one's hands, in one's care: *he was left with his sister's children on his hands.*
75. out of hand, a. beyond control: *to let one's temper get out of hand.* **b.** at once; without delay.
76. out of one's hands, out of one's control or care.
77. play into the hands of, to act, without full realisation, against one's best interest and in the interest of (an enemy or potential opponent).
78. shake hands, to clasp another's right hand as a salutation, in closing a bargain, etc.
79. show of hands, a voting procedure by which a motion is passed or lost on the basis of an estimate of the number of hands raised.
80. show one's hand, to reveal one's attitudes, plans, opinions, etc., intentionally or not.
81. take a hand in, to have a part or concern in doing.
82. take in hand, a. to assume responsibility for. **b.** to subject to vigorous discipline.
83. take off someone's hands, to remove from someone's responsibility.
84. the upper hand, a position of marked superiority; whip hand.
85. throw in one's hand, to give up; stop doing something; surrender.
86. to hand, a. within reach; at hand. **b.** into one's immediate possession.
87. try one's hand, (sometimes fol. by *at*) to make an attempt, especially for the first time.
88. turn one's hand to, to turn one's energies to; set to work at.
89. wait on someone hand and foot, attend to someone's every need; shower attention upon someone.
90. wash one's hands of, to have nothing more to do with.

handbag /'hændbæg/ *n.* a small bag used for carrying money, personal articles, etc., held in the hand or worn over the shoulder by means of a strap.

handball /'hændbɔl/ *n.* **1.** a game in which a small ball is batted against a wall with the (usually gloved) hand. **2.** the kind of ball used in this game. **3.** → **handpass.**

handbook /'hændbʊk/ *n.* a small book or treatise serving for guidance, as in an occupation or study: *handbook of car maintenance.*

handcuff /'hændkʌf/ *n.* a ring-shaped shackle for the wrist, usually one of a pair connected by a short chain or linked bar.

handed /'hændəd/ *adj.* **1.** having a hand or hands. **2.** having to do with preference or necessity in the use of hands, specified in combination: *right-handed, one-handed.* **3.** done by a specified number of hands: *a double-handed game.*

handful /'hændfʊl/ *n.* **-fuls. 1.** as much or as many as the hand can grasp or contain. **2.** a small quantity or number: *a handful of men.* **3.** *Colloquial* a thing or a person that is as much as one can manage.

handicap /'hændikæp/ *n., v.* **-capped, -capping.** –*n.* **1.** a race, etc., in which certain disadvantages or advantages of weight, distance, time, past records, etc., are placed upon competitors to make their chances of winning equal. **2.** the disadvantage or advantage itself. **3.** any disadvantage that makes success more difficult; encumbrance. **4.** a physical disability. –*v.t.* **5.** to be a handicap or disadvantage to: *his age handicaps him.* **6.** to assign handicaps to (competitors). **–handicapped** *adj.* **–handicapper** *n.*

handicraft /'hændikraft/ *n.* **1.** manual skill. **2.** a manual art or occupation.

handiwork /'hændiwɜk/ *n.* **1.** work done or a thing or things made by the hands. **2.** the labour or action of a particular doer or maker: *the handiwork of humans.* **3.** the result of someone's action or agency.

handkerchief /'hæŋkətʃif/ *n.* a small square piece of fabric, usually cotton, carried about the person for wiping the face, nose, etc., or as an accessory to one's attire.

handle /'hændl/ *n., v.* **-dled, -dling.** –*n.* **1.** the part of a thing which is intended to be held by the hand in using or moving it. **2.** *Colloquial* something that may be taken advantage of in bringing about a result. **3.** *Colloquial* a title in front of a name. **4.** *Colloquial* a person's name. –*v.t.* **5.** to touch or feel with the hand. **6.** to employ, or use: *he can handle his fists well in a fight.* **7.** to manage, direct, or control: *the captain cannot handle his soldiers.* **8.** to deal with (as a matter or subject). **9.** to deal with or treat in a particular way: *you must handle old people with respect.* **10.** to deal or trade in (goods, etc.). –*v.i.* **11.** to respond to handling: *how does the car handle?* –*phr.* **12. get a handle on,** to comprehend; find a way of proceeding with or dealing with. **–handled** *adj.*

handler /'hændlə/ *n.* **1.** *Boxing* someone who assists in the training of a fighter or acts as their second during the fight. **2.** someone who manages a dog, etc., in a contest, in the police force, army etc.

hand-me-down /'hænd-mi-daʊn/ *n. Colloquial* a garment handed down or acquired second-hand. Also, **reach-me-down.**

handout /'hændaʊt/ *n.* **1.** written information distributed free of charge. **2.** a free sample given as for advertisement. **3.** food, money, etc. given as charity. –*phr.* **4. live on handouts,** *Colloquial* to subsist on the social benefits offered by charity, private and public. Also, **hand-out.**

handpass /'hændpas/ *Australian Rules* –*n.* **1.** a pass in which a player attempts to deliver the ball to a team-mate by holding the ball in one hand and hitting it away with the other, usually clenched as a fist. –*v.i.* **2.** to pass the ball thus. Also, **handball.**

hand-pick /hænd-'pɪk/ *v.t.* **1.** to pick (fruit, etc.) by hand. **2.** to select carefully. **–hand-picked** *adj.*

handrail /'hændreɪl/ *n.* a rail serving as a support or guard at the side of a stairway, platform, etc.

handset /'hændsɛt/ *n., v.* **-set, -setting.** –*n.* **1.** a part of a telephone combining both the receiver and the transmitter, at each end of a handle. –*v.t.* **2.** *Printing* to set (type) by hand.

hands-free /hændz-'fri/ *adj.* of or relating to a telephone which does not require the use of a handset.

handshake /'hændʃeɪk, 'hænd-/ *n.* **1.** a clasping of another's right hand as in salutation, congratulation, agreement, etc. **2.** *Computers* a signal sent from one device to another, indicating readiness to receive transferred information.

handsome /'hænsəm/ *adj.* **-somer, -somest. 1.** of fine or admirable appearance; comely; tastefully or elegantly fine: *a handsome person.* **2.** considerable, ample, or liberal in amount: *a handsome* *fortune.* **3.** gracious; generous: *a handsome gift.* –**handsomely** *adv.* –**handsomeness** *n.*

handspring /'hændsprɪŋ/ *n.* a kind of somersault in which the body is supported upon one or both hands while turning in the air.

handstand /'hænstænd, 'hænd-/ *n.* the act, or an instance of balancing upside down on one's hands.

hand-to-mouth /hænd-tə-'maʊθ/ *adj.* with only enough means to barely exist.

handwriting /'hænd,raɪtɪŋ/ *n.* **1.** writing done with the hand. **2.** a kind or style of writing.

handy /'hændi/ *adj.* **-dier, -diest. 1.** ready to hand; conveniently accessible: *to have aspirins handy.* **2.** ready or skilful with the hands; deft; dexterous. **3.** convenient to handle; easily manipulated or manoeuvred: *a handy ship.* **4.** convenient or useful: *a handy tool.* –*phr.* **5. come in handy,** to prove to be useful: *a list of a few things that may come in handy.* –**handily** *adv.* –**handiness** *n.*

handyman /'hændimæn/ *n.* **1.** someone hired to do odd jobs. **2.** someone who enjoys or is skilled at doing small repairs, etc., especially around the house.

hang /hæŋ/ *v.* **hung** *or especially for capital punishment and suicide* **hanged, hanging,** *n.* –*v.t.* **1.** to fasten or attach (a thing) so that it is supported only from above; suspend. **2.** to suspend so as to allow free movement as on a hinge. **3.** to fasten or suspend (a person) on a gallows or the like, especially as a method of capital punishment. **4.** to suspend by the neck until dead. **5.** to let droop or bend downwards: *to hang one's head in shame.* **6.** to furnish or decorate with something suspended: *to hang a room with tapestries.* **7.** to attach (paper, etc.) to walls. **8. a.** to suspend (game) by the feet until it becomes high. **b.** to suspend (meat such as bacon, beef, etc.) to allow it to mature or to dry for preservation. **9.** *Art* **a.** to exhibit (a picture or pictures). **b.** to exhibit the work of (a painter or the like). **10.** to hinge (a door, window, etc.) to its frame. **11.** (used in maledictions and emphatic expressions): *I'll be hanged if I do.* **12.** to keep (a jury) from rendering a verdict, as one juror by refusing to agree with the others. **13.** to cause (a computer) to hang (def. 23). –*v.i.* **14.** to be suspended; dangle. **15.** to swing freely, as on a hinge. **16.** to be suspended from a cross or gallows; suffer death in this way as punishment. **17.** to bend forwards or downwards; lean over; incline downwards. **18.** to be doubtful or undecided; waver or hesitate; remain unfinished. **19.** to rest, float, or hover in the air. **20.** to remain in attention or consideration: *to hang upon a person's words.* **21.** *Art* **a.** to be exhibited, as in an art gallery. **b.** to have one's works exhibited. **22.** to fail to agree, as a jury. **23.** (of a computer or computer peripheral) to cease to respond to further commands either because it is occupied in performing a task or because of some software error. –*n.* **24.** the way in which a thing hangs: *the hang of a curtain.* **25.** *Colloquial* the precise manner of doing, using, etc., something: *to get the hang of a tool.* **26.** *Colloquial* meaning or force: *to get the hang of a subject.* **27.** the least degree of care, concern, etc. (in mild expletives): *not to give a hang.* –*phr.* **28. go hang,** (an impolite dismissive interjection implying the speaker has no further interest in what the person addressed does): *go hang for all I care!* **29. hang about,** (an exclamation designed to interrupt a proceeding, discussion, etc., so as to introduce a new consideration, idea, etc.). **30. hang about** (or **around**), to loiter; wait. **31. hang (a)round like a bad smell, a.** to loiter in a place, causing annoyance. **b.** to be an unwanted companion. **32. hang (around) with someone,** to spend time in someone's company. **33. hang back,** to resist advancing; be reluctant to proceed. **34. hang, draw, and quarter, a.** (formerly) to punish (someone) for treason by hanging, disembowelling, and subsequently cutting them into four pieces for public display. **b.** to punish severely. **35. hang fire,** *Colloquial* to be slow in action or acceptance. **36. hang five,** *Colloquial* to ride a surfboard standing on the nose of the board with the toes of one foot over the edge. **37. hang in, a.** *Horseracing* (of horses) to veer away from the most direct course, toward the fence. **b.** *Surfing* to ride close to the breaking part of the wave. **c.** *Colloquial* to persevere. **38. hang in the balance,** to be in doubt or suspense. **39. hang loose,** to relax; fill in time. **40. hang of a,** Also, **hanguva.** *Colloquial* (an intensive phrase): *in a hang of a hurry.* **41. hang off,** to delay; procrastinate. **42. hang on, a.** to persevere, to maintain existing conditions with effort. **b.** Also, **hang upon.** to be conditioned or contingent on; be dependent on. **c.** Also, **hang upon.** to hold fast, cling, or adhere to; rest for support on. **d.** to linger: *corruption still hangs on in the city.* **e.** to wait: *hang on! I'm not quite ready.* **43. hang one on someone,** *Colloquial* to punch someone. **44. hang out, a.** to lean through an opening. **b.** *Colloquial* (sometimes fol. by *at* or *in*) to live at or frequent a particular place. **c.** to suspend in open view; display: *to hang out a banner.* **d.** to remain functioning: *can the motor hang out?* **e.** (of creases) to disappear once the article of clothing is left to hang. **f.** *Horseracing* (of horses) to veer away from the most direct course, that is, away from the fence. **45. hang out for,** *Colloquial* **a.** to remain adamant in expectation of (a goal, reward, etc.): *I'll hang out for a higher price before I'll sell.* **b.** to be in need of; crave: *he's hanging out for some dope.* **46. hang ten,** *Colloquial* to ride a surfboard while standing on the nose of the board with all one's toes over the edge. **47. hang together, a.** to hold together; remain united. **b.** to be consistent: *his statements do not hang together.* **48. hang up, a.** to suspend on a hook or peg. **b.** to hold up. **c.** to break off a telephone call by putting down the receiver. **d.** to tether (a horse). **e.** *Shearing* to stop work, as by hanging up shears. **49. let it all hang out,** *Colloquial* **a.** to allow oneself to speak one's mind or show emotion freely. **b.** to be uninhibited in manner, dress, etc. –**hanger** *n.*

hangar /'hæŋə/ *n.* **1.** a shed or shelter. **2.** a shed for aeroplanes or airships.

hanger-on /hæŋər-'ɒn/ *n.* **hangers-on.** someone who clings to a service, place, or connection; follower.

hang-glider /'hæŋ-glaɪdə/ *n.* **1.** a simple kite-like glider without a fuselage but with a framework from which a person hangs in a harness, using a horizontal bar to control flight. **2.** a person operating such a glider.

hangi /'hʌŋi/ *n.* **1.** a Maori oven in which food is steamed over hot stones in the ground; umu. **2.**

a feast at which such food is served.

hanging /'hæŋɪŋ/ *n.* **1.** death by suspending on a rope, gallows, etc. **2.** (*often plural*) something that hangs on the walls of a room. –*adj.* **3.** positioned at a height: *a hanging garden*.

hangman /'hæŋmən/ *n.* **-men. 1.** the person who hangs persons condemned to death; public executioner. **2.** *NZ Colloquial* a character; eccentric person. **3.** a word game in which one player is required to guess the letters making up a word which the other player has chosen, each incorrect guess being registered by a line in a simple drawing of a hanged figure; a winning player guesses the word before the picture is completed.

hangout /'hæŋaʊt/ *n. Colloquial* a place where one lives or frequently visits.

hangover /'hæŋoʊvə/ *n.* **1.** *Colloquial* the aftereffects of excessive indulgence in alcoholic drink. **2.** something remaining behind from a former period or state of affairs.

hang-up /'hæŋ-ʌp/ *n. Colloquial* something which occasions unease, inhibition, or conflict in an individual.

hank /hæŋk/ *n.* **1.** a skein, as of thread or yarn. **2.** a coil, knot, or loop: *a hank of hair*.

hanker /'hæŋkə/ *v.i.* **1.** to have a restless desire (to do something): *to hanker to go back home*. –*phr.* **2. hanker after** (or **for**), to have a restless or incessant longing for: *to hanker after freedom*. **–hankering** *n.* **–hankerer** *n.*

hanky /'hæŋki/ *n. Colloquial* → **handkerchief**. Also, **hankie**.

hanky-panky /,hæŋki-'pæŋki/ *n. Colloquial* **1.** trickery; subterfuge or the like. **2.** sexual play.

Hansard /'hænsəd/ *n.* the official printed reports of the debates and proceedings of parliament, especially in Australia, New Zealand, Britain, and Canada.

haphazard /hæp'hæzəd/ *adj.* **1.** determined by or dependent on mere chance: *a haphazard remark*. –*adv.* **2.** in a haphazard manner; at random; by chance. –*n.* **3.** mere chance; accident: *to proceed at haphazard*. **–haphazardly** *adv.* **–haphazardness** *n.*

hapless /'hæpləs/ *adj.* luckless; unfortunate; unlucky. **–haplessly** *adv.* **–haplessness** *n.*

haplo- a word element meaning 'single', 'simple'.

haploid /'hæplɔɪd/ *adj.* Also, **haploidic. 1.** single; simple. **2.** *Biology* (of gametes, etc.) having a single set of chromosomes. –*n.* **3.** *Biology* an organism or cell having only one complete set of chromosomes, ordinarily half the normal diploid number.

happen /'hæpən/ *v.i.* **1.** to come to pass, take place, or occur. **2.** to come to pass by chance; occur without apparent reason or design; chance. **3.** to have the fortune or lot (to do or be as specified): *I happened to be him*. **4.** to befall, as to a person or thing. –*phr.* **5. happen on** (or **upon**), to come upon by chance.

happy /'hæpi/ *adj.* **-pier, -piest**. –*adj.* **1.** characterised by or indicative of pleasure, content, or gladness: *a happy mood*. **2.** delighted, pleased, or glad, as over a particular thing: *to be happy to see a person*. **3.** favoured by fortune; fortunate or lucky: *a happy event*. **4.** apt or felicitous, as actions, utterances, ideas, etc. **5.** *Colloquial* showing an excessive liking for, or quick to use an item indicated (used in combination): *trigger-happy*. –*phr.* **6. happy as Larry**, *Colloquial* very happy. **7. happy days**, *Colloquial* (*sometimes ironic*) (an expression indicating satisfaction with life). **8. the happy day**, *Colloquial* the day of a prospective wedding: *when's the happy day?*

happy-go-lucky /,hæpi-goʊ-'lʌki/ *adj.* **1.** trusting cheerfully to luck. –*adv.* **2.** haphazard; by mere chance.

hapu /'hapu/ *n.* a section of a Maori tribe.

hapuku /'hapəkə, hə'pʊkə/ *n.* the groper, *Polyprion oxygeneios*, of New Zealand and eastern Australian waters. Also, **hapuka**.

harakiri /hærə'kɪri/ *n.* ritual suicide by ripping open the abdomen with a dagger or knife; the national form of honourable suicide in Japan, formerly practised among the military classes when disgraced or sentenced to death. Also, **harakari** /hærə'kari/, **harikari**.

harangue /hə'ræŋ/ *n., v.* **-rangued, -ranguing**. –*n.* **1.** a passionate, vehement speech; noisy and intemperate address. **2.** any long, declamatory or pompous speech. –*v.t.* **3.** to address in a harangue. **–haranguer** *n.*

harass /hə'ræs, 'hærəs/ *v.t.* **1.** to trouble by repeated attacks, incursions, etc., as in war or hostilities; harry; raid. **2.** to disturb persistently; torment, as with troubles, cares, etc. **–harasser** *n.* **–harassingly** *adv.* **–harassment** /'hærəsmənt, hə'ræsmənt/ *n.*

harbinger /'habɪŋə, -bɪndʒə/ *n.* **1.** someone who goes before and makes known the approach of another. **2.** something that foreshadows a future event; an omen.

harbour = **harbor** /'habə/ *n.* **1.** a portion of a body of water along the shore deep enough for ships, and so situated with respect to coastal features, whether natural or artificial, as to provide protection from winds, waves, and currents. **2.** any place of shelter or refuge. –*v.t.* **3.** to conceal; give a place to hide: *to harbour smuggled goods*. **4.** to entertain in the mind; indulge (usually unfavourable or evil feelings): *to harbour suspicion*. **5.** to shelter (a ship) in a harbour or haven. **–harbourer** *n.* **–harbourless** *adj.*

hard /had/ *adj.* **1.** solid and firm to the touch; not soft. **2.** firmly formed; tight: *a hard knot*. **3.** difficult to do or accomplish; fatiguing; troublesome: *a hard task*. **4.** difficult or troublesome with respect to an action specified: *hard to please*. **5.** difficult to deal with, manage, control, overcome, or understand: *a hard problem*. **6.** involving or performed with great exertion, energy, or persistence: *hard work*. **7.** carrying on work in this manner: *a hard worker*. **8.** vigorous or violent; severe: *a hard rain*. **9.** oppressive; harsh; rough: *hard treatment*. **10.** unpleasant; unfair; bad: *hard luck*. **11.** austere; uncomfortable; causing pain, poverty, etc.: *hard times*. **12.** unfeeling; callous: *a hard heart*. **13.** harsh or severe in dealing with others: *a hard master*. **14.** incapable of being denied or explained away: *hard facts*. **15.** based on solid evidence; factual: *hard information* **16.** harsh or unfriendly; not easily moved: *hard feelings*. **17.** harsh or unpleasant to the eye, ear, or aesthetic sense. **18.** severe or rigorous in terms: *a hard bargain*. **19.** not swayed by sentiment or sophistry; shrewd: *to have a hard head*. **20. a.** alcoholic or intoxicating: *hard liquor*. **b.** dangerously addictive: *hard drugs*. **21.** (of water) containing mineral salts which interfere with the action of the soap. **22.** *Physics* (of radiation) of short wavelength and high penetrating power. **23.** *Phonetics* (of *c* and *g*) pronounced as in *come* and *go*. **24.** of or relating to hard-core pornography. –*adv.* **25.** with great exertion; with vigour or violence: *to work hard*. **26.** earnestly or intently: *to look hard at a thing*. **27.** harshly or severely; badly; gallingly: *it goes hard*. **28.** so as to be solid or firm: *frozen hard*. **29.** *Nautical* closely, fully, or to the extreme limit: *hard aport*. –*n.* **30.** *Colloquial* an erect penis. –*phr.*
31. do it the hard way, to choose a needlessly difficult way of doing something.
32. hard by (or **against**), close to or nearby.

33. hard cash, cash, as opposed to cheques, credit, etc.
34. hard cheese (or **cheddar**) (or **luck**), *Colloquial* **a.** bad luck. **b.** (an off-hand expression of sympathy). **c.** (a rebuff to an appeal for sympathy).
35. hard done by, *Colloquial* unfairly treated.
36. hard of hearing, partly deaf.
37. hard put (**to it**), in great difficulties.
38. hard up, *Colloquial* urgently in need of something, especially money.
39. live hard, **a.** to indulge in life's pleasures to excess. **b.** to live on a frugal and physically exacting regimen.
40. one's hardest, to the best of one's ability.
41. put the hard word on, *Australian, NZ Colloquial* **a.** to ask a favour of (someone). **b.** to ask (someone) for sexual intercourse.
42. the too hard basket, a fictitious filing allocation in which to place matters which are too difficult to handle. –**harden** *v*. –**hardness** *n*.

hardback /'hadbæk/ *n*. **1.** a book bound in stiff covers. –*adj*. **2.** having to do with such books or the publishing of such books; casebound. Compare **paperback**.

hard-bitten /'had-bɪtn/ *adj*. tough; stubborn.

hardboard /'hadbɔd/ *n*. a material made from wood fibres compressed into sheets, having many household and industrial uses.

hard case *n*. **1.** a tough, cynical person. **2.** *Australian, NZ* a witty, consistently amusing person; hard doer. **3.** an incorrigible person. **4.** a person suffering from drug addiction, especially to alcohol. –**hard-case** *adj*.

hard core *n*. **1.** the unyielding or intransigent members forming the nucleus of a group: *a hard core of dissidents*. **2.** untreatable or unyielding matter or material within something: *the hard core of the infection remained*.

hard-core /'had-kɔ/ *adj*. **1.** of or belonging to the hard core: *a hard-core Communist*. **2.** having to do with a residual chronic social condition: *hard-core unemployment*. **3.** explicit; blunt; unequivocal: *hard-core pornography*.

hardcore /had'kɔ/ *n*. solid pieces of rock, gravel, or broken brick which form a foundation base for other building materials.

hard court *n*. a tennis court with a surface of cinders, sand, asphalt, or the like. –**hard-court** *adj*.

hard-headed /'had-hɛdəd/ *adj*. not easily moved or deceived; practical; shrewd. –**hard-headedly** *adv*. –**hard-headedness** *n*.

hard-hearted /'had-hatəd/ *adj*. unfeeling; unmerciful; pitiless. –**hard-heartedly** *adv*. –**hard-heartedness** *n*.

hardline /'hadlaɪn/ *adj*. not deviating from a set doctrine, policy, etc.: *a hardline attitude to drugs*. Also, **hard-line**.

hardly /'hadli/ *adv*. **1.** barely; almost not at all: *hardly any*; *hardly ever*; *hardly had he started when the command came to stop*. **2.** not quite: *that is hardly true*. **3.** with little likelihood: *he will hardly come now*. **4.** with trouble or difficulty. **5.** harshly or severely.

hard news *n*. *Radio, TV* news about matters of serious interest which is informative and factual, rather than interpretive.

hard-nosed /'had-noʊzd/ *adj*. ruthless, especially in business.

hard-pressed /had-'prɛst/ *adj*. under pressure created by natural conditions, a rival, an enemy, etc.: *we will be hard-pressed to beat the other team*.

hard sell *n*. a method of advertising or selling which is direct, forceful, and insistent; high-pressure salesmanship. See **soft sell**.

hardship /'hadʃɪp/ *n*. **1.** a condition that bears hard upon one; severe toil, trial, oppression, or need. **2.** an instance of this; something hard to bear.

hard stuff *n*. *Colloquial* **1.** strong alcoholic liquor; spirits. **2.** hard drugs, as heroin, etc.

hard-up /'had-ʌp/ *adj*. in financial difficulties; poor. Also (*especially in predicative use*), **hard up**.

hardware /'hadwɛə/ *n*. **1.** building materials, tools, etc.; ironmongery. **2.** the mechanical equipment necessary for conducting an activity, usually distinguished from the theory and design which make the activity possible. **3.** *Computers* the physical components of a computer system, such as the circuitry, magnetic tape units, etc. (opposed to *software*).

hardy /'hadi/ *adj*. **-dier, -diest**. **1.** capable of enduring fatigue, hardship, exposure, etc.: *hardy animals*. **2.** (of plants) able to withstand the cold of winter in the open air. **3.** requiring great physical endurance: *the hardiest sports*. **4.** bold or daring; courageous, as persons, actions, etc. **5.** unduly bold; presumptuous; foolhardy. –**hardiness, hardihood** *n*.

hare /hɛə/ *n*. **hares**, (*especially collectively*) **hare**, *v*. **hared, haring**. –*n*. **1.** a rodent-like mammal of the genus *Lepus* (order Lagomorpha), rabbit-like, with long ears, divided upper lip, short tail, and lengthened hind limbs adapted for leaping. **2.** any of the larger solitary members of the genus distinguished from the smaller gregarious social rabbits. –*v.i*. **3.** to run fast. –*phr*. **4. start a hare**, to bring an irrelevant point into an argument. –**harelike** *adj*.

harelip /'hɛəlɪp/ *n*. a congenitally deformed lip, usually the upper one in which there is a vertical fissure causing it to resemble the cleft lip of a hare. –**hare-lipped** *adj*.

harem /'hɛərəm, ha'rim/ *n*. **1.** the part of an oriental palace or house reserved for the residence of women. **2.** the women in an oriental household: mother, sisters, wives, concubines, daughters, entertainers, servants, etc.

haricot /'hærəkoʊ/ *n*. **1.** the French bean, *Phaseolus vulgaris*. **2.** its pod, **haricot vert** (green bean). **3.** its seed, when pale, **haricot blanc** (white bean), and when dark, **haricot rouge** (red bean). See **kidney bean**.

hark /hak/ *v.i*. **1.** (*used chiefly in the imperative*) to listen; hearken. –*phr*. **2. hark back**, (sometimes fol. by *to*) to return to a previous point or subject, as in discourse or thought; revert.

harlequin /'haləkwən/ *adj*. fancifully varied in colour, decoration, etc.

harlot /'halət/ *n*. a promiscuous woman; prostitute.

harm /ham/ *n*. **1.** injury; damage; hurt: *to do him bodily harm*. **2.** moral injury; evil; wrong. –*v.t*. **3.** to do harm to; injure; damage; hurt. –**harmful** *adj*. –**harmless** *adj*. –**harmer** *n*.

harmonica /ha'mɒnɪkə/ *n*. **1.** a musical instrument having a set of small metallic reeds mounted in a case and played by the breath; a mouth organ. **2.** any of various percussion instruments which use graduated bars of metal or other hard material as sounding elements.

harmonics /ha'mɒnɪks/ *n*. the science of musical sounds.

harmonium /ha'moʊniəm/ *n*. a reed organ, especially one in which the air is forced outwards through the reeds.

harmony /'haməni/ *n*. **-nies**. **1.** agreement; accord; harmonious relations. **2.** a consistent, orderly, or pleasing arrangement of parts; congruity. **3.** *Music* **a.** any simultaneous combination of notes. **b.** the science of the structure, relations, and practical combination of chords. –**harmonious**

harness /'hanəs/ *n.* **1.** the combination of straps, bands, and other parts forming the working gear of a horse or other draught animal (except the ox). **2.** a similar combination worn by persons for safety, protection, restraint, etc. *–v.t.* **3.** to put harness on (a horse, etc.); attach by a harness, as to a vehicle. **4.** to bring under conditions for working. *–phr.* **5. in harness, a.** side by side; together. **b.** working; at one's job. **–harnesser** *n.* **–harnessless** *adj.* **–harnesslike** *adj.*

harp /hap/ *n.* **1.** a musical instrument consisting of a triangular frame (comprising a sounding-board, a pillar, and a curved neck) and strings stretched between sounding-board and neck and plucked with the fingers. *–v.i.* **2.** to play on a harp. *–phr.* **3. harp on** (or **upon**), to dwell on persistently or tediously in speaking or writing. **–harper**, **harpist** *n.*

harpoon /ha'pun/ *n.* a barbed, spearlike missile attached to a rope, and thrown by hand or shot from a gun, used in catching whales and large fish. **–harpooner** *n.* **–harpoonlike** *adj.*

harpsichord /'hapsɪkɔd/ *n.* a keyboard instrument, precursor of the piano, in common use from the 16th to the 18th century, and revived in the 20th, in which the strings are plucked by leather or quill points connected with the keys. **–harpsichordist** *n.*

harpy /'hapi/ *n.* **1.** a greedy, snatching person. **2.** an unattractive, bad-tempered, old woman.

harridan /'hærədən/ *n.* a disreputable violent woman; vicious old hag.

harrier /'hæriə/ *n.* **1.** a person or thing that harries. **2.** any of several hawks of the genus *Circus* (family Falconidae), all of which course back and forth over pasture lands searching for the small birds and mammals on which they feed.

harrow /'hærou/ *n.* **1.** a wheelless agricultural implement set with teeth, upright discs, etc., usually of iron, drawn over ploughed land to level it, break clods, etc. *–v.t.* **2.** to draw a harrow over (land, etc.); break or tear with a harrow. **3.** to disturb keenly or painfully; distress the mind, feelings, etc. **–harrower** *n.* **–harrowingly** *adv.*

harrowing /'hærouɪŋ/ *adj.* disturbing or distressing to the mind, feelings, etc.

harry /'hæri/ *v.* **-ried, -rying.** *–v.t.* **1.** to harass by forced exactions, rapacious demands, etc.; torment; worry. **2.** to ravage, as in war; devastate. *–v.i.* **3.** to make harassing incursions.

harsh /haʃ/ *adj.* **1.** ungentle and unpleasant in action or effect: *harsh treatment.* **2.** rough to the touch or to any of the senses: *a harsh surface, a harsh voice.* **3.** jarring upon the aesthetic senses; inartistic: *his painting was full of harsh lines and clashing colours.* **–harshly** *adv.* **–harshness** *n.*

hart /hat/ *n.* **harts**, (*especially collectively*) **hart**. a male of the deer, commonly the red deer, *Cervus elaphus*, especially after its fifth year.

hartebeest /'hatəbist/ *n.* a large antelope of southern Africa of the genus *Alcephalus*, such as *A. caama*, of a red colour, having a long face with naked muzzle.

harum-scarum /hɛərəm-'skɛərəm/ *adj.* **1.** reckless; rash. *–adv.* **2.** recklessly; wildly.

harvest /'havəst/ *n.* **1.** (the season of) the gathering of crops. **2.** a crop or yield, as of grain. **3.** a supply of anything gathered and stored up: *a harvest of nuts.* **4.** the result of any process. *–v.t.* **5.** to gather (a crop). **6.** to gather the crop from: *he will harvest the fields.* *–v.i.* **7.** to gather a crop; reap. **–harvesting** *n.* **–harvestless** *adj.*

harvester /'havəstə/ *n.* **1.** someone who harvests; a reaper. **2.** any of various machines for harvesting field crops, such as grain, flax, potatoes, etc.

has /hæz/ *weak forms* /həz, əz/ *v.* 3rd person singular present indicative of **have**.

has-been /'hæz-bin/ *n. Colloquial* a person or thing that is no longer effective, successful, popular, etc.

hash[1] /hæʃ/ *n.* **1.** a dish of chopped, cooked meat, reheated in a highly seasoned sauce. **2.** a mess, jumble, or muddle. **3.** any preparation of old material worked over. *–v.t.* **4.** to chop into small pieces; mince; make into a hash. *–phr.* **5. make a hash of**, to spoil or make a mess of.

hash[2] /hæʃ/ *n. Colloquial* → **hashish**.

hash[3] /hæʃ/ *n.* **1.** a numeral sign, #, used, for example, in engineering to denote drill sizes, as in #60, #90. **2.** *Computers* one of the symbols on a computer keyboard; hatch; gadget.

hash brown *n.* a small patty made by mashing, grating or dicing potato and frying it until crisp.

hashish /hæ'ʃiʃ, 'hæʃɪʃ/ *n.* **1.** the flowering tops, leaves, etc., of Indian hemp, smoked, chewed, or otherwise used as a narcotic and intoxicant. **2.** any of various preparations made from this plant.

hasp /hæsp, hasp/ *n.* a clasp for a door, lid, etc., especially one passing over a staple and fastened by a pin or a padlock.

hassle /'hæsəl/ *n., v.* **-led, -ling.** *Colloquial* *–n.* **1.** a quarrel; squabble. **2.** a struggle; period of unease: *today was a real hassle.* *–v.t.* **3.** worry; harass: *don't hassle me.* **–hassled** *adj.*

hassock /'hæsək/ *n.* **1.** a thick, firm cushion used as a footstool or for kneeling. **2.** a rank tuft of coarse grass or sedge, as in a bog.

haste /heɪst/ *n.* **1.** energetic speed in motion or action. **2.** speed as a result of urgency. **3.** quickness without due reflection; thoughtless or rash speed: *haste makes waste.* *–v.t., v.i.* **4.** *Archaic* → **hasten**. *–phr.* **5. in haste**, with speed, quickly. **6. make haste, a.** to exert oneself to do something quickly. **b.** to go somewhere with haste. **–hasty** *adj.*

hasten /'heɪsən/ *v.i.* **1.** to move or act with haste; proceed with haste; hurry: *to hasten to a place.* *–v.t.* **2.** to cause to hasten; accelerate. **–hastener** *n.*

hat /hæt/ *n.* **1.** a shaped covering for the head, usually with a crown and a brim, worn outdoors. **2.** *Colloquial* a rank or office among many: *which hat is he wearing now?* **3.** *Computers* → **caret** (defs 2 and 3). *–phr.* **4. at the drop of a hat**, on the spur of the moment; without preliminaries. **5. bad hat**, *Colloquial* a bad or immoral person. **6. eat one's hat**, *Colloquial* to be very surprised (if a certain event happens): *if they win this game I'll eat my hat.* **7. my hat**, (an exclamation of surprise and disbelief). **8. old hat**, *Colloquial* (of ideas, etc.) old-fashioned; out-of-date. **9. send** (or **pass**) **around the hat**, to make a collection, sometimes in a hat, for a needy person or cause. **10. take one's hat off to**, to express respect or admiration for. **11. talk through one's hat**, *Colloquial* to talk nonsense; speak without knowledge of the true facts. **12. throw one's hat in the door**, to test the warmth of one's reception in company, as when arriving late. **13. throw one's hat into the ring**, to join in a competition or contest. **14. under one's hat**, *Colloquial* secret, confidential: *keep this information under your hat.* **15. wear two hats**, to act in two official capacities at the same time. **–hatless** *adj.* **–hatlike** *adj.*

hatch¹ /hætʃ/ *v.t.* **1.** to bring forth (young) from the egg. **2.** to cause young to emerge from (the egg). **3.** to contrive; devise; concoct: *to hatch a plot.* –*v.i.* **4.** to be hatched. **–hatcher** *n.*

hatch² /hætʃ/ *n.* **1.** a cover for an opening in a ship's deck, a floor, a roof, or the like. **2.** the opening itself. **3.** (*often plural*) a hatchway. **4.** an opening in the wall between a kitchen and dining room, through which food is served. –*phr.* **5. down the hatch**, drink up! **6. under hatches**, below the ship's deck.

hatch³ /hætʃ/ *v.t.* **1.** to mark with lines, especially closely set parallel lines, as for shading in drawing or engraving. –*n.* **2.** a shading line in drawing or engraving. **3.** *Computers* → **hash³** (def. 2).

hatchback /'hætʃbæk/ *n.* a type of car fitted with a door at the rear which includes the rear-vision window, and which has hinges at the top.

hatchet /'hætʃət/ *n.* **1.** a small, short-handled axe for use with one hand. **2.** a tomahawk. –*phr.* **3. bury the hatchet**, to make peace. **4. dig up** (or **take up**) **the hatchet**, to prepare for war. **–hatchet-like** *adj.*

hatchet man *n.* **1.** someone employed or delegated to perform unpleasant tasks, such as cutting costs, firing personnel, etc., for an employer. **2.** a hired assassin.

hate /heɪt/ *v.* **hated, hating,** *n., adj.* –*v.t.* **1.** to regard with a strong or passionate dislike; detest. **2.** to dislike; be unwilling: *I hate to do it.* –*v.i.* **3.** to feel hatred. –*n.* **4.** hatred; strong dislike. **5.** the object of hatred. –*adj.* **6.** devoted to expressing resentment or dislike: *a hate session.* –*phr.* **7. have a hate on** (or **against**), to feel strong antipathy to or dislike for. **–hater** *n.*

hateful /'heɪtfəl/ *adj.* exciting hate; detestable; odious. **–hatefully** *adv.* **–hatefulness** *n.*

hatred /'heɪtrəd/ *n.* the feeling of someone who hates; intense dislike; detestation.

hatter /'hætə/ *n.* **1.** a maker or seller of hats. –*phr.* **2. mad as a hatter**, very eccentric; crazy.

haughty /'hɔti/ *adj.* **-tier, -tiest.** disdainfully proud; arrogant; supercilious. **–haughtily** *adv.* **–haughtiness** *n.*

haul /hɔl/ *v.t.* **1.** to pull or draw with force; move or transport by drawing. –*v.i.* **2.** to pull or tug. **3.** to change one's course of procedure or action; go in a given direction. **4.** *Nautical* to sail, as in a particular direction. –*n.* **5.** the act of hauling; a strong pull or tug. **6.** that which is hauled. **7.** the distance over which anything is hauled: *a short haul; a long haul.* **8.** *Fishing* **a.** the quantity of fish taken at one draught of the net. **b.** the draught of a fishing net. **9.** *Colloquial* the taking or acquisition of anything, or that which is taken. –*phr.* **10. haul over the coals**, *Colloquial* to rebuke; scold. **11. haul off**, **a.** *Nautical* to change the course of a ship so as to get farther off from an object. **b.** to draw off or away. **c.** *US Colloquial* to draw the arm back preparatory to striking a blow. **12. haul round** (or **to**), (of the wind) to change direction; shift; veer. **13. haul up**, **a.** *Colloquial* to bring up, as before a superior, for reprimand; call to account. **b.** *Nautical* to change the course of (a ship), especially so as to sail closer to the wind. **14. in** (or **over**) **the long haul**, in the long term; in a long period of time. **15. in** (or **over**) **the short haul**, in the short term; in a short period of time. **–hauler** *n.*

haulage /'hɔlɪdʒ/ *n.* **1.** the act or labour of hauling. **2.** transport, especially heavy road transport. **3.** a charge for hauling.

haulier /'hɔliə/ *n.* a person or company engaged in haulage (def. 2).

haunch /hɔntʃ/ *n.* **1.** the hip. **2.** the fleshy part of the body about the hip. **3.** a hindquarter of an animal. **4.** the leg and loin of an animal, as used for food.

haunt /hɔnt/ *v.t.* **1.** to reappear frequently to after death. **2.** to push in upon continually: *memories that haunt one.* **3.** to worry: *his guilt haunted him.* **4.** to visit frequently. **5.** to be often with. –*n.* **6.** (*often plural*) a place visited often: *I will return to my old haunts.* **–haunter** *n.* **–hauntingly** *adv.*

haute cuisine /out kwə'zin/ *n.* cooking to a high standard.

have /hæv/ *v. present singular* 1 **have**, 2 **have** or *Archaic,* **hast**, 3 **has** or *Archaic,* 3 **hath**, *plural* **have**, **had**, **having**, –*v.t.* **1.** to possess; own; to hold for use: *to have property; to have a car.* **2.** to be made of or to contain: *this volume has an index.* **3.** to hold or possess in some other relation, as of kindred, friendship, association, etc.: *he has two brothers; she has twenty private pupils.* **4.** to hold or possess in a relative position: *to have someone under one's thumb.* **5.** to possess as a characteristic or a feature: *he has blue eyes; I have a shocking temper.* **6.** to get; receive; or take: *I had no news for six months.* **7.** to experience, enjoy or suffer: *to have a pleasant time.* **8.** to hold or stage (a social occasion, etc.): *to have a party.* **9.** to entertain; accept as a welcome visitor: *thank you for having me.* **10.** to eat, drink or partake of: *he had a meal.* **11.** to hold in mind, sight, etc.: *to have doubts.* **12.** to require or cause (to do something, to be done, or as specified): *have it ready at five.* **13.** to arrange, put or keep in a specific place: *why not have the bookshelves in the corner.* **14.** to engage in or perform: *to have a talk.* **15.** to be scheduled for: *I have two appointments tomorrow.* **16.** to show or exhibit in action: *to have a care; have mercy.* **17.** to permit or allow: *I will not have it.* **18.** to buy, accept or take: *I'll have this one, thanks.* **19.** to invite or expect visitors, etc.: *we have twenty people coming for dinner.* **20.** to assert or maintain: *rumour has it so.* **21.** to know or understand, especially for use: *to have neither Latin nor Greek; to have the necessary technique.* **22.** to give birth to: *to have a baby.* **23.** to possess sexually; to copulate with. **24.** *Colloquial* to hold at a disadvantage: *she has you there.* **25.** *Colloquial* to outwit, deceive, or cheat: *a person not easily had.* –*v.i.* **26.** to possess money, etc.; be well off: *those who have should help the poor.* –*v. (aux)* **27.** (used with the past participle of a verb to form the grammatical perfect): *they have gone.* –*n.* **28.** *Colloquial* a delusion; trick: *it was a bit of a have.* –*phr.*

29. have at, *Archaic* to attack.

30. have (or **be**) **done**, (sometimes fol. by *with*) to cease or finish.

31. have done with, to sever relations with (someone).

32. have had someone (or **something**), *Colloquial* to be annoyed or exasperated with someone or something: *I've had you; I've had this job.*

33. have it away, *Brit. Colloquial* to have sexual intercourse.

34. have it coming, *Colloquial* to deserve an unpleasant fate.

35. have it in for, *Colloquial* to hold a grudge against.

36. have it made, *Colloquial* to be assured of success.

37. have it off, *Colloquial* to have sexual intercourse.

38. have it out, to have a candid argument; to discuss a matter extensively.

39. have nothing to do with, **a.** to have no dealings with: *she will have nothing to do with him.* **b.** to be of no concern to: *that has nothing to do with you.*

haven

40. have on, a. to be wearing. **b.** to have arranged or planned: *what appointments do you have on tomorrow?*
41. have oneself on, *Colloquial* to delude oneself, especially as a result of pandering to one's own ego.
42. have someone in (or **over**), to invite or entertain someone at home.
43. have someone on, *Colloquial* **a.** to tease or deceive someone. **b.** to accept a fight or competition with someone: *I'll have him on anytime.*
44. have to, to be required, compelled, or under obligation to: *you have to throw a six to start; we had to keep stopping.*
45. have to do with, to concern; be about: *the second lecture has to do with mining.*
46. have up, *Colloquial* (sometimes fol. by *for*) to bring before the authorities, especially in court: *he was had up for theft.*
47. let someone have it, *Colloquial* to launch a strong attack upon someone.
48. not having any, *Colloquial* **a.** refusing to accept something. **b.** refusing to join in some activity.
49. the haves and the have-nots, *Colloquial* the rich and the poor.

haven /'heɪvən/ *n.* **1.** a harbour or port. **2.** an inlet of a sea or river mouth where ships can obtain good anchorage. **3.** any place of shelter and safety. **–havenless** *adj.*

haversack /'hævəsæk/ *n.* **1.** a soldier's bag for rations. **2.** any bag carried on the back or shoulders, used for provisions and the like.

havoc /'hævək/ *n.* **1.** devastation; ruinous damage. *–phr.* **2. play havoc with,** to ruin; destroy. **–havocker** *n.*

hawk¹ /hɔk/ *n.* **1.** any of numerous diurnal birds of prey of the family Falconidae. **2.** any of certain other birds, such as the nighthawk. **3.** a politician or political adviser who favours aggressive or intransigent military policies. Compare **dove** (def. 3). *–v.i.* **4.** to fly, or hunt on the wing, like a hawk. **5.** to hunt with hawks trained to pursue game. **–hawkish** *adj.* **–hawklike** *adj.*

hawk² /hɔk/ *v.t.* **1.** to offer for sale by outcry in a street or from door to door. *–v.i.* **2.** to carry wares about; peddle. *–phr.* **3. hawk about,** to spread, especially news and the like.

hawk³ /hɔk/ *v.i.* to make an effort to raise phlegm from the throat; clear the throat noisily.

hawker /'hɔkə/ *n.* someone who travels from place to place or house to house selling goods.

hawser /'hɔzə/ *n.* a small cable or large rope used in warping, mooring, towing, etc.

hawthorn /'hɔθɔn/ *n.* any species of the genus *Crataegus*, usually small trees with stiff thorns, cultivated in hedges for their white or pink blossoms and bright-coloured fruits; may.

hay /heɪ/ *n.* **1.** grass cut and dried for use as fodder. **2.** grass mowed or intended for mowing. *–phr.* **3. hit the hay,** to go to bed. **4. make hay, a.** to cut grass for fodder. **b.** to scatter everything in disorder. **5. make hay while the sun shines,** to make the most of opportunity. **6. roll in the hay,** to sport sexually or copulate with another.

hay fever *n. Pathology* a catarrhal affection of the mucous membranes of the eyes and respiratory tract, attacking susceptible persons usually during the summer, and due to the action of the pollen of certain plants.

haywire /'heɪwaɪə/ *n.* **1.** wire used to bind hay. *–adj.* **2.** in disorder; out of order. **3.** out of control; crazy: *to go haywire.*

hazard /'hæzəd/ *n.* **1.** a risk; exposure to danger or harm. **2.** the cause of such a risk; a potential source of harm, injury, difficulty, etc.: *the motor car has become a major hazard in modern life.* **3.** chance; uncertainty. **4.** *Golf* an obstacle, as a bunker, road, bush, water, or the like, on the course. *–v.t.* **5.** to venture to offer (a statement, conjecture, etc.). **6.** to put to the risk of being lost; to expose to risk. **7.** to take or run the risk of (a misfortune, penalty, etc.). **8.** to venture upon (anything of doubtful issue). *–phr.* **9. at hazard, a.** at risk; staked. **b.** by chance: *we met at hazard.* **–hazardous** *adj.* **–hazardable** *adj.* **–hazardless** *adj.* **–hazarder** *n.*

haze /heɪz/ *n.* **1.** an aggregation of minute suspended particles of vapour, dust, etc., near the surface of the earth, causing an appearance of thin mist in the atmosphere. **2.** obscurity or vagueness of the mind, perception, feelings, etc. **–hazy** *adj.*

hazel /'heɪzəl/ *n.* **1.** any shrub or small tree of the genus *Corylus*, which bears edible nuts, such as *C. avellana* of Europe or *C. americana* and *C. cornuta* of America. **2.** the light yellowish-brown of a hazelnut.

H-bomb /'eɪtʃ-bɒm/ *n.* hydrogen bomb.

he /hi/ *weak form* /i/ *pron.* **him,** *n.* **hes,** *adj.* *–pron. (personal) third person, singular, masc., subjective* **1.** the male being in question or last mentioned. **2.** anyone; that person: *he who hesitates is lost.* *–n.* **3.** a man or any male person or animal (correlative to *she*). *–adj.* **4.** male or masculine, especially of animals.

head /hɛd/ *n.* **1.** the upper part of the human body, joined to the trunk by the neck. **2.** the corresponding part of an animal's body. **3.** the head considered as the seat of thought, memory, understanding, etc.: *to have a head for mathematics.* **4.** the position of leadership; chief command; greatest authority. **5.** one to whom others are subordinate; a leader or chief. **6.** that part of anything which forms or is regarded as forming the top, summit, or upper end: *head of a page.* **7.** the foremost part or end of anything; a projecting part: *head of a procession; head of a rock.* **8.** Also, **loose head.** *Rugby Football* in a scrum, the front-row forward who has only one shoulder in contact with an opposite player. **9.** a person considered with reference to their mind, disposition, attributes, etc.: *wise heads; crowned heads.* **10.** (*plural* **head**) a person or animal considered merely as one of a number: *ten head of cattle; to charge $10 a head.* **11.** a measurement to show the difference in height between two people, or the distance between two horses in a race. **12.** culmination or crisis; conclusion: *to bring matters to a head.* **13.** the hair covering the head: *to comb someone's head.* **14.** a rounded or compact part of a plant, usually at the top of the stem, as of leaves (as in the cabbage or lettuce), leaf-stalks (as in the celery), flower buds (as in the cauliflower), sessile florets crowded together on a receptacle, etc. **15.** that part of a cereal plant, as wheat, barley, etc., which contains the flowers and hence the fruit, grains, and kernels. **16.** the striking part of an instrument, tool, weapon, or the like (opposed to the gripping part), as the part of a golf club which includes the face and with which the ball is hit. **17.** the maturated part of an abscess, boil, etc. **18.** a projecting point of a coast, especially when high, as a cape, headland, or promontory. **19.** the obverse of a coin, as bearing a head or other principal figure (opposed to *tail*). **20.** one of the chief points or divisions of a discourse; topic. **21.** the source of a river or stream. **22.** collar, froth, or foam, as that formed on beer when poured. **23.** the height of the free surface of a liquid above a given level. **24.** *Machinery* a device on turning and boring machines, especially lathes, holding one or more

cutting tools to the work. **25.** the pressure of a confined body of steam, etc., per unit of area. **26.** the height of a column of fluid required for a certain pressure. **27.** the electromagnet in a machine such as a tape recorder, VCR, or computer, which converts electromagnetic impulses stored on the tape or disk into electrical pulses to be produced. *–adj.* **28.** situated at the top or front: *the head division of a parade.* **29.** being in the position of leadership or superiority. *–v.t.* **30.** to go at the head of or in front of; lead, precede: *to head a list.* **31.** to race ahead of (a mob of moving animals, such as sheep, stampeding cattle, etc.) so as to stop their progress. **32.** to be the head or chief of. **33.** to turn the head or front of in a specified direction: *to head one's boat for the shore.* **34.** to go round the head of (a stream, etc.). **35.** to furnish or fit with a head. **36.** *Agriculture* to harvest (especially a grain crop) by removing the head. **37.** *Football* to propel (the ball) by action of the head. *–v.i.* **38.** (sometimes fol. by *for*) to move forwards towards a point specified; direct one's course; go in a certain direction. *–phr.* **39. come to a head**, to reach a crisis.
40. (down) by the head, *Nautical* so loaded as to draw more water forward than aft.
41. get a big (or **swelled**) **head**, to become conceited.
42. give someone (or **something**) **their** (or **its**) **head**, **a.** to allow someone or something greater freedom: *if we gave him his head he'd be at the beach every day.* **b.** to allow a horse greater freedom in running.
43. go to someone's head, **a.** to make someone confused or dizzy. **b.** to make someone conceited.
44. have a (good) head on one's shoulders, to have a balanced and sensible outlook.
45. have heads over, *Colloquial* to punish the people responsible for (a blunder).
46. have one's head screwed on (the right way), *Colloquial* to demonstrate great commonsense, judgment, etc.
47. have someone's head, *Colloquial* to punish someone severely.
48. head and shoulders above, by far superior to.
49. head off, to intercept (something) and force it to change course.
50. head over heels, completely; utterly: *head over heels in love.*
51. head over heels (or **tail**), *Colloquial* upside-down; headlong as after a somersault.
52. head them, (in two-up) to make the coins land with heads upwards.
53. head up, to act as the head of: *to head up the new committee.*
54. hit one's head against a brick wall, to persist in trying to do the impossible.
55. keep one's head above water, to remain in control of a difficult situation, especially a financial one.
56. keep one's head down, **a.** to work hard and consistently. **b.** to stay out of view and hence out of trouble.
57. lay (or **put**) **heads together**, to come together to scheme.
58. lose one's head, to panic, become flustered, especially in an emergency.
59. need one's head read, *Colloquial* (*humorous*) to be insane.
60. not able to make head or tail of, *Colloquial* not able to understand or work out: *I can't make head or tail of this question.*
61. off one's head, *Colloquial* mad; very excited; delirious.
62. off the top of one's head, extempore;

impromptu.
63. ... one's head off, *Colloquial* to an extreme; excessively: *talk one's head off.*
64. on one's own head, as one's own responsibility.
65. out of one's head, out of one's mind; demented; delirious.
66. out of someone's head, from someone's mind, memory, imagination, etc.: *that story has come completely out of my head.*
67. over someone's head, **a.** passing over someone having a prior claim or a superior position. **b.** beyond someone's comprehension.
68. pull one's head in, *Australian Colloquial* to mind one's own business.
69. take it into one's head, to conceive an idea, plan, or the like.
70. turn someone's head, to make someone vain or conceited. **–headlike** *adj.*

-head¹ a suffix denoting state, condition, character, etc., as in *godhead*, and other words, now mostly archaic or obsolete, many being superseded by forms in **-hood**.

-head² a suffix indicating a person typified by a specified predilection, as *acidhead*.

headache /'hɛdeɪk/ *n.* **1.** a pain situated in the head. **2.** *Colloquial* a troublesome or worrying problem. **–headachy** *adj.*

headbanging /'hɛdbæŋɪŋ/ *n.* **1.** a style of dancing to heavy metal music in which the dancer shakes the head violently or actually bangs it against something. *–adj.* **2.** having to do with a style of music suitable for headbanging.

-headed a suffix meaning: **1.** having a specified kind of head: *long-headed*, *wrong-headed.* **2.** having a specified number of heads: *two-headed.*

header /'hɛdə/ *n.* **1.** one who or an apparatus which removes or puts a head on something. **2.** a form of reaping machine which cuts off and gathers only the head of the grain. **3.** *Building Trades* a brick or stone laid with its length across the thickness of a wall. Compare **stretcher** (def. 4). **4.** (in computer typesetting) an item programmed to appear regularly at the top of a page. Compare **footer** (def. 4). **5.** *Soccer* a shot made with the head. *–phr.* **6. take a header**, *Colloquial* to dive.

headfirst /hɛd'fɜst/ *adv.* **1.** with the head in front or bent forwards; headlong. **2.** rashly; precipitately. Also, **headforemost** /hɛd'fɔmoʊst/.

headhunting /'hɛdhʌntɪŋ/ *n.* **1.** (among certain tribes) the practice of making incursions for procuring human heads as trophies or for use in religious ceremonies. **2.** *Colloquial* the eliminating of political enemies. **3.** *Colloquial* the search for new executives, usually senior, through personal contacts rather than advertisements. **–headhunter** *n.*

heading /'hɛdɪŋ/ *n.* **1.** something that serves as a head, top, or front. **2.** a title or caption of a page, chapter, etc. **3.** a section of a subject of discourse; a topic. **4.** a horizontal passage in the earth, as for an intended tunnel, for working a mine, for ventilation or drainage, etc.; a drift. **5.** navigational direction; bearing.

headland /'hɛdlənd, -lænd/ *n.* a promontory extending into a large body of water, such as a sea or lake.

headlight /'hɛdlaɪt/ *n.* a light equipped with a reflector, on the front of any vehicle.

headline /'hɛdlaɪn/ *n., v.* **-lined, -lining.** *–n.* **1.** a display line over an article, etc., as in a newspaper. **2.** (*plural*) the few most important items of news very briefly stated: *here again are the headlines.* **3.** (in palmistry) a line of the head. *–v.t.* **4.** to furnish with a headline.

headlong /'hɛdlɒŋ/ *adv.* **1.** headfirst: *to plunge headlong.* **2.** rashly; without thought. **3.** with great speed; precipitately. *–adj.* **4.** done or going with the head foremost. **5.** marked by haste; precipitate. **6.** rash; impetuous.

headmaster /'hɛdmastə, hɛd'mastə/ *n.* the male principal of a school. **–headmastership** *n.*

headmistress /'hɛdmɪstrəs, hɛd'mɪstrəs/ *n.* the female principal of a school.

head-on /hɛd-'ɒn/ *adv.*, /'hɛd-ɒn/ *adj.*, *n. –adv.* **1.** with the head or front pointing towards, striking, or opposed to something: *the boat was head-on to the beach; the cars met head-on. –adj.* **2.** having to do with what has met head-on: *a head-on collision.* **3.** having to do with a direct confrontation: *a head-on argument. –n.* **4.** a head-on collision.

headphone /'hɛdfoʊn/ *n.* (*often plural*) a device consisting of one or two earphones with attachments for holding them over the ears.

headquarters /'hɛdkwɔtəz, hɛd'kwɔtəz/ *pl. n.* (*often construed as singular*) **1.** any centre from which official orders are issued: *police headquarters.* **2.** any centre of operations. **3.** the offices of a military commander; the place where a commander customarily issues orders. **4.** a military unit consisting of the commander, his or her staff, and other assistants. **5.** the building occupied by a headquarters.

headstand /'hɛdstænd/ *n.* a position of the body in which it is balanced vertically, the head and hands on the ground.

head start *n.* an initial advantage in a race, competition, etc.

headstone /'hɛdstoʊn/ *n.* a stone set at the head of a grave.

headstrong /'hɛdstrɒŋ/ *adj.* **1.** bent on having one's own way; wilful. **2.** proceeding from wilfulness: *a headstrong course.* **–headstrongness** *n.*

headwaters /'hɛdwɔtəz/ *pl. n.* the upper tributaries of a river.

headway /'hɛdweɪ/ *n.* **1.** motion forwards or ahead; advance. **2.** progress in general. **3.** rate of progress. *–phr.* **4. make headway**, to make progress, especially against difficulties.

headwind /'hɛdwɪnd/ *n.* a wind that blows directly against the course of a ship or the like.

heady /'hɛdi/ *adj.* **-ier, -iest. 1.** rashly impetuous. **2.** intoxicating. **–headily** *adv.* **–headiness** *n.*

heal /hil/ *v.t.* **1.** to make whole or sound; restore to health; free from ailment. **2.** to free from anything evil or distressing; amend: *to heal a quarrel.* **3.** to cleanse or purify. *–v.i.* **4.** to effect a cure. **5.** Also, **heal up, heal over**. to become whole or sound; get well. **–healer** *n.*

health /hɛlθ/ *n.* **1.** soundness of body; freedom from disease or ailment. **2.** the general condition of the body or mind with reference to soundness and vigour: *good health.* **3.** a polite or complimentary wish for a person's health, happiness, etc., especially as a toast. *–phr.* **4. to your health**, (an expression of goodwill, especially as a toast).

health camp *n. NZ* a camp intended to improve children of less than usual physiological or emotional health.

health inspector *n.* an officer appointed to inspect working and living conditions, buildings, etc., in the area, to ensure that they conform to health regulations.

health stamp *n. NZ* one of an annual issue of stamps, part of the sale proceeds of which goes towards supporting health camps.

healthy /'hɛlθi/ *adj.* **-thier, -thiest. 1.** possessing or enjoying health: *healthy body or mind.* **2.** relating to or characteristic of health: *a healthy appearance.* **3.** conducive to health, or healthful: *healthy recreations.* **–healthily** *adv.* **–healthiness** *n.*

heap /hip/ *n.* **1.** an assemblage of things, lying one on another; a pile: *a heap of stones.* **2.** *Colloquial* a great quantity or number; a multitude. **3.** *Colloquial* something very old and dilapidated, especially a motor car. **4.** (*plural*) (an intensifier used with a comparative): *Bill's unit is heaps bigger than mine. –v.t.* **5.** (sometimes fol. by *up*, *on*, *together*, etc.) to gather, put, or cast in a heap; pile. **6.** (sometimes fol. by *up*) to accumulate or amass: *to heap up riches.* **7.** to cast or bestow in great quantity: *to heap blessings or insults upon a person.* **8.** to load or supply abundantly with something: *to heap a person with favours. –v.i.* **9.** to become heaped or piled, as sand, snow, etc.; rise in a heap or heaps. *–phr.* **10. give it heaps**, *Australian, NZ Colloquial* to treat something with firmness, in order to exact good performance. **11. give someone heaps**, *Australian, NZ Colloquial* **a.** to express strong displeasure with someone; criticise someone severely. **b.** to tease someone; provoke someone to anger, annoyance, etc., by banter or mockery. **12. heap coals of fire on someone's head**, to mortify or make ashamed someone who has acted unkindly by being especially kind to them. **13. strike all of a heap**, *Colloquial* to dumbfound; amaze; overwhelm. **–heaper** *n.*

hear /hɪə/ *v.* **heard** /hɜd/ *or* **hearing**. *–v.t.* **1.** to perceive by the ear. **2.** to listen to: *to refuse to hear a person.* **3.** to learn by the ear or by being told; be informed of: *to hear news.* **4.** to be among the audience at or of: *to hear a lecture.* **5.** to give a formal, official, or judicial hearing to, as a sovereign, a teacher, an assembly, or a judge does. **6.** to listen to with favour, assent, or compliance. *–v.i.* **7.** to have perception of sound by the ear; have the sense of hearing. **8.** to listen or take heed. **9.** to receive information by the ear or otherwise: *to hear from a friend.* **10.** to listen with favour or assent: *he would not hear of it. –phr.* **11. hear, hear**, (an exclamation of agreement, support, assent, etc.). **12. hear out**, to listen to (someone or something) until the end. **13. hear things**, to imagine noises; hallucinate. **–hearer** *n.*

hearing /'hɪərɪŋ/ *n.* **1.** the faculty or sense by which sound is perceived. **2.** the act of perceiving sound. **3.** opportunity to be heard: *to grant a hearing.* **4.** *Law* the trial of an action. **5.** earshot: *out of hearing.*

hearing aid *n.* a compact, inconspicuous amplifier worn to improve one's hearing.

hearsay /'hɪəseɪ/ *n.* gossip; rumour.

hearse /hɜs/ *n.* a funeral vehicle for conveying a dead person to the place of burial.

heart /hat/ *n.* **1.** a hollow muscular organ which by rhythmic contraction and dilatation keeps the blood in circulation throughout the body. **2.** this organ considered as the seat of life, or vital powers, or of thought, feeling, or emotion: *to die of a broken heart.* **3.** the seat of emotions and affections (often in contrast to the *head* as the seat of the intellect): *to win a person's heart.* **4.** feeling; sensibility; capacity for sympathy: *to have no heart.* **5.** spirit, courage, or enthusiasm: *to lose heart.* **6.** the innermost or middle part of anything. **7.** the vital or essential part; core: *the very heart of the matter.* **8.** the breast or bosom: *to clasp a person to one's heart.* **9.** a person, especially in expressions of praise or affection: *dear heart.* **10.** a figure or object with rounded sides meeting in an obtuse point at the bottom and curving inwards to a cusp at the top. **11.** *Cards* **a.** a playing card of a suit marked with heart-shaped figures in red. **b.** (*plural*) the suit of cards bearing this symbol. **c.** (*plural construed as sing.*)

a game in which the players try to avoid taking tricks containing hearts. **12.** *Botany* the core of a tree; the solid central part without sap or albumen. **13.** good condition for production, growth, etc., as of land or crops. *–phr.* **14. after someone's own heart**, appealing to someone's taste or affection. **15. at heart**, in one's heart, thoughts, or feelings; in reality. **16. be all heart**, (*usually ironic*) to be full of consideration and kindness. **17. break the heart of**, **a.** to disappoint grievously in love. **b.** to crush with sorrow or grief. **18. by heart**, from memory; committing to memory. **19. close to someone's heart**, deeply affecting someone's interests and affections. **20. cry one's heart out**, to cry bitterly or violently. **21. eat one's heart out**, to pine or fret, especially with envy. **22. from (the bottom of) one's heart**, sincerely. **23. have a change of heart**, to reverse a decision or opinion. **24. have a heart**, to be reasonable; show mercy. **25. have at heart**, to cherish as an object, aim, etc. **26. have one's heart in one's mouth** (or **throat**), to be very frightened. **27. have the heart**, **a.** to have enough courage. **b.** (in negative sentences) to be unfeeling enough. **28. heart and soul**, completely; wholly. **29. heart of oak**, a courageous and long-suffering spirit. **30. in one's heart of hearts**, at the depth of one's feelings: *he knew in his heart of hearts that he was wrong.* **31. lose one's heart**, to fall in love. **32. set someone's heart at rest**, to ease someone's anxieties: *the doctor was able to set the patient's heart at rest.* **33. set one's heart on**, to desire greatly; to resolve to obtain. **34. take heart**, to find new courage or strength; be reassured or encouraged. **35. take to heart**, **a.** to think seriously about. **b.** to be deeply affected by; grieve over. **36. the red heart (of Australia)**, the remote interior of Australia, thought of as the central point of the country, and by association with the red soil typical of the region. **37. to one's heart's content**, as much as one wishes. **38. wear one's heart on one's sleeve**, to openly reveal one's feelings, intentions, etc. **39. with all one's heart**, with all willingness; heartily.

heartache /'hateɪk/ *n.* mental anguish; painful sorrow.

heart attack *n.* **1.** any sudden severe instance of heart malfunction. **2.** the blocking of an artery to the heart resulting in the death of part of the heart muscle; myocardial infarct. Compare **coronary thrombosis**.

heartburn /'hatbɜn/ *n.* **1.** a burning sensation in the epigastrium. **2.** envy; bitter jealousy.

hearten /'hatn/ *v.t.* to give courage to; cheer.

heartfelt /'hatfɛlt/ *adj.* deeply or sincerely felt; earnest; sincere: *heartfelt joy, heartfelt words.*

hearth /haθ/ *n.* **1.** the part of the floor of a room on which the fire is made or above which is a stove, fireplace, furnace, etc. **2.** the fireside; home.

heartless /'hatləs/ *adj.* without heart or feeling; unfeeling; cruel: *heartless words.* **–heartlessly** *adv.* **–heartlessness** *n.*

heart-rending /'hat-rɛndɪŋ/ *adj.* causing acute mental anguish. **–heart-rendingly** *adv.*

heart-throb /'hat-θrɒb/ *n.* the object of an infatuation, such as a pop singer, film star, or the like.

heart-to-heart /'hat-tə-hat/ *adj.*, /hat-tə-'hat/ *n.* *–adj.* **1.** frank; sincere. *–n.* **2.** a frank and sincere conversation usually between two people.

heart-warming /'hat-wɔmɪŋ/ *adj.* emotionally moving in a way which evokes a pleased and approving response.

hearty /'hati/ *adj.* **-tier**, **-tiest**, *n.* **-ties**. *–adj.* **1.** warm-hearted; affectionate; cordial; friendly: *a hearty welcome.* **2.** heartfelt; genuine; sincere: *hearty approval.* **3.** enthusiastic; vigorous: *a hearty laugh.* **4.** physically vigorous; strong and well: *hale and hearty.* **5.** large or satisfying: *a hearty meal.* **6.** enjoying or needing abundant food: *a hearty appetite.* **7.** (of soil) fertile. *–n.* **8.** *Colloquial* a brave or good fellow. **9.** a sailor. **–heartiness** *n.*

heat /hit/ *n.* **1.** the quality or condition of being hot. **2.** the sensation of hotness or warmth; heated bodily condition. **3.** *Physics* energy that is transferred between two regions by virtue of a temperature difference only, now measured in joules, formerly measured in calories. **4.** *Physics* the amount of heat (def. 3) evolved or absorbed per unit amount of substance in a process as combustion. **5.** hot condition of the atmosphere or physical environment; hot season or weather. **6.** warmth or intensity of feeling: *the heat of an argument.* **7.** a fit of passion. **8.** the height of greatest intensity of any action: *to do a thing at white heat.* **9.** *Colloquial* pressure of police, prison, or other investigation or activity: *the thieves went into hiding until the heat was off.* **10.** a single course in or division of a race or other contest. **11.** *Zoology* **a.** sexual excitement in animals, especially females; oestrus. **b.** the period or duration of such excitement. *–v.t.* **12.** to make hot or warm. **13.** to excite in mind or feeling; inflame with passion. *–v.i.* **14.** to become hot or warm. **15.** to become excited in mind or feeling. *–phr.* **16. on heat**, (of female animals) at a stage of sexual receptivity in the oestrus cycle; in season. **17. put the heat on**, *Colloquial* to put pressure on. **–heater** *n.* **–heatless** *adj.*

heated /'hitəd/ *adj.* **1.** warmed; having the temperature raised. **2.** inflamed; vehement; angry.

heater /'hitə/ *n.* **1.** an apparatus for heating, such as a furnace. **2.** *Electronics* the element of a radio valve which carries the current for heating a cathode. **3.** *US Colloquial* a pistol or revolver.

heath /hiθ/ *n.* **1.** a tract of open, uncultivated land covered by low, usually small-leaved, shrubs. **2.** any of various low evergreen shrubs of the family Ericaceae, common on waste land, such as *Calluna vulgaris*, the common heather of England and Scotland with small pinkish purple flowers. **3.** any plant of the genus *Erica*, or of the family Ericaceae. **4.** any other heathlike species, especially of the family Epacridaceae, such as species of the genera *Epacris* and *Leucopogon*.

heathen /'hiðən/ *n.* **-thens** or **-then**, *adj.* *–n.* **1.** an unconverted individual of a people which does not acknowledge the god of the Bible; someone who is neither Christian, Jewish, nor Muslim; pagan. **2.** an irreligious or unenlightened person. *–adj.* **3.** pagan; relating to the heathen. **4.** irreligious or unenlightened. **–heathendom**, **heathenry**, **heathenness**, **heathenism** *n.* **–heathenish** *adj.*

heather /'hɛðə/ *n.* any of various heaths, especially *Calluna vulgaris* (**Scotch heather**). See **heath** (def. 2).

heatwave /'hitweɪv/ *n.* **1.** an air mass of high temperature, covering an extended area and moving

heave

relatively slowly. **2.** a prolonged period of excessively warm weather.
heave /hiv/ *v.* **heaved** or *Chiefly Nautical* **hove**, **heaving**, *n.* –*v.t.* **1.** to raise or lift with effort or force; hoist. **2.** to lift and throw, often with effort or force: *to heave an anchor overboard.* **3.** *Nautical* **a.** to haul, draw, or pull, as by a cable. **b.** to cause (a ship) to move in a certain direction. **4.** to utter laboriously or painfully: *to heave a sigh.* **5.** to cause to rise and fall with or as with a swelling motion. **6.** to raise or force up in a swelling movement; force to bulge. –*v.i.* **7.** to rise and fall with or as with a swelling motion. **8.** to breathe with effort; pant. **9.** to vomit; retch. **10.** to rise as if thrust up, as a hill; swell or bulge. **11.** *Nautical* **a.** to haul or pull, as at a cable; to push, as at the bar of a capstan. **b.** to move a ship, or move as a ship does, by such action. **c.** to move or go *(about, ahead,* etc.). –*n.* **12.** the act of heaving. **13.** (of the sea) the force exerted by the swell. –*phr.* **14. heave ho,** (an exclamation used by sailors when heaving the anchor up, etc.). **15. heave in sight,** to rise into view as from below the horizon, as a ship. **16. heave to,** *Nautical* **a.** to stop the headway of (a vessel), especially by bringing the head to the wind and trimming the sails so that they act against one another; to stop (a vessel). **b.** to stop a vessel in this manner: *we hove to at night for safety.* **c.** (of a vessel) to be stopped in this manner.
heaven /'hɛvən/ *n.* **1.** (*also cap.*) (in many religions and mythologies) a place or state of existence where people (often those who have lived righteously or those chosen by a god or gods) live on after death in happiness. **2.** (*chiefly plural*) the sky or firmament, or expanse of space surrounding the earth. **3.** a place or state of supreme bliss: *a heaven on earth.* –*phr.* **4. for heaven's sake, a.** (an exclamation indicating irritation or entreaty). **b.** (a rhetorical tag to indicate surprise, indignation, etc.). **5. good heavens,** (an exclamation indicating surprise, consternation, indignation, etc.). **6. heavens (above),** (an exclamation indicating surprise, vexation, indignation, etc.). **7. move heaven and earth,** to do all that is possible. **8. to high heaven,** to an extreme degree: *to complain to high heaven; to stink to high heaven.*
heavenly /'hɛvənli/ *adj.* **1.** resembling or befitting heaven; blissful; beautiful: *a heavenly spot.* **2.** of or in the heavens: *the heavenly bodies.* **3.** belonging to or coming from the heaven of God, the angels, etc. **4.** celestial or divine: *heavenly peace.* –**heavenliness** *n.*
heavy /'hɛvi/ *adj.* **-ier, -iest,** *n.* **-ies,** *v.* **-ied, -ying,** *adv.* –*adj.* **1.** of great weight; hard to lift or carry: *a heavy load.* **2.** of great amount, force, intensity, etc: *a heavy vote.* **3.** bearing hard upon; burdensome; harsh; distressing: *heavy taxes.* **4.** having much weight in proportion to bulk; being of high specific gravity: *a heavy metal.* **5.** broad, thick, or coarse; not delicate: *heavy lines.* **6.** of more than the usual, average, or specified weight: *heavy cargo.* **7.** connected or concerned with the manufacture of goods of more than the usual weight: *heavy industry.* **8.** *Military* **a.** heavily armed or equipped. **b.** of the larger sizes: *heavy weapons.* **9.** serious; grave: *a heavy offence.* **10.** hard to deal with; trying; difficult: *a heavy task.* **11.** being such in an unusual degree: *a heavy smoker.* **12.** weighted or laden: *air heavy with moisture.* **13.** depressed with trouble or sorrow; showing sorrow: *a heavy heart.* **14.** overcast or cloudy: *heavy sky.* **15.** clumsy; slow in movement or action. **16.** without vivacity or interest; ponderous; dull: *a heavy style.* **17.** loud and deep: *a heavy sound.* **18.** exceptionally dense in substance;

hedge

insufficiently raised or leavened; thick: *heavy bread.* **19.** not easily digested: *heavy food.* **20.** (of music, literature, etc.) intellectual or deep. **21.** important; serious; meaningful: *a heavy emotion.* **22.** *Theatre* sober, serious, or sombre: *a heavy part.* **23.** *Colloquial* coercive; threatening: *the cops were really heavy.* **24.** *Chemistry* (of an isotope) of greater atomic weight: *heavy hydrogen.* –*n.* **25.** *Colloquial* **a.** a person who is eminent and influential in the sphere of his or her activities, as a senior student, someone important in business, etc. **b.** a person of some status who exercises authority unpleasantly or seeks to intimidate. **c.** a man who attempts to intimidate a woman into sexual submission. **26.** *Colloquial* a detective. **27.** *Theatre* **a.** a villainous part or character. **b.** an actor who plays villainous parts or characters. –*v.t.* **28.** *Colloquial* to confront, put pressure on. –*adv.* **29.** heavily. –*phr.* **30. be heavy on,** *Colloquial* to consume in excessive quantities: *this car is heavy on petrol.* **31. come the heavy** or **do a heavy,** *Colloquial* to exert authority; intimidate others.
heavy-handed /'hɛvi-hændəd/ *adj.* **1.** oppressive; harsh. **2.** clumsy. –**heavy-handedness** *n.*
heavy metal *n.* **1.** a metal with a density greater than five times that of water, particularly cadmium, chromium, cobalt, gold, lead, mercury, silver, thallium and vanadium; such metals can accumulate to toxic levels in animal tissues. **2.** a style of rock music dominated by electric guitars played at high levels of amplification and with great timbral distortion. **3.** large military weapons or ammunition. –**heavy-metal** *adj.*
heavyweight /'hɛviweɪt/ *n.* **1.** one of more than average weight. **2.** a boxer in the heaviest group; an amateur fighter exceeding 81 kg in weight or a professional fighter exceeding 79.378 kg in weight. **3.** a professional wrestler exceeding 88.904 kg. **4.** *Colloquial* a person of considerable power, influence, or forcefulness in a certain field, such as a writer, philosopher, or politician.
Hebrew /'hibru/ *n.* **1.** a member of that branch of the Semitic race descended from the line of Abraham; Israelite; Jew. –*adj.* **2.** of or relating to the Hebrews or their language.
heckle /'hɛkəl/ *v.t.* **-led, -ling.** to badger or torment; harass, especially a public speaker, with questions and gibes. –**heckler** *n.* –**heckling** *n.*
hectare /'hɛktɛə/ *n.* a surface measure, the common unit of land measure in the metric system, equal to 100 ares, or 10 000 square metres (approx. 2.47 acres). *Symbol:* ha
hectic /'hɛktɪk/ *adj.* **1.** characterised by great excitement, passion, activity, confusion, haste: *hectic meeting, hectic day.* **2.** marking a particular habit or condition of body, such as the fever of phthisis (**hectic fever**) when this is attended by flushed cheeks (**hectic flush**), hot skin, and emaciation. **3.** relating to or affected with such fever; consumptive. –**hectically** *adv.*
hecto- a prefix denoting 10^2 of a given unit, as in *hectogram. Symbol:* h Also *(before vowels),* **hect-**.
hector /'hɛktə/ *v.t.* **1.** to treat with insolence; bully; torment. –*v.i.* **2.** to act in a blustering, domineering way; be a bully.
hedge /hɛdʒ/ *n., v.* **hedged, hedging.** –*n.* **1.** a row of bushes or small trees planted close together, especially when forming a fence or boundary. **2.** any barrier or boundary. **3.** an act or a means of hedging a bet or the like. **4.** an investment, fiscal policy, etc., designed to offset losses caused by inflation or other business hazard. –*v.t.* **5.** to enclose with or separate by a hedge: *the garden was hedged with acacias.* **6.** to protect (a bet, etc.) by taking some offsetting risk. –*v.i.* **7.** to avoid taking an open or decisive course. **8.** to avoid

hedgehog

giving a question a direct answer. **9.** *Finance* to enter transactions that will protect against loss through a compensatory price movement. *–phr.* **10. hedge about** (or **around**), to surround so as to prevent escape or hinder free movement; obstruct: *to be hedged about by difficulties.* **11. hedge against**, to protect a bet, speculation, etc., from (risk) by taking some offsetting risk. **12. hedge in**, to cut off passage from, as with a hedge; hem in.

hedgehog /'hɛdʒhɒg/ *n.* any of several nocturnal, insectivorous mammals of the family Erinaceidae, of the genus *Erinaceus* of Europe, Africa, and Asia having erectile spines on the upper part of the body and able to roll into a ball for protection.

heed /hid/ *v.t.* **1.** to give attention to; regard; notice. *–v.i.* **2.** to give attention; have regard. *–n.* **3.** careful attention; notice; observation (usu. with *give* or *take*). **–heedful** *adj.* **–heedless** *adj.* **–heeder** *n.*

heel¹ /hil/ *n.* **1.** (in humans) the back part of the foot, below and behind the ankle. **2.** an analogous part in other vertebrates. **3.** either hind foot or hoof of some animals, as the horse. **4.** the part of a stocking, shoe, or the like, covering the heel. **5.** a solid part of wood, rubber, etc., attached to the sole of a shoe, under the heel. **6.** the part of the palm of a hand or glove nearest the wrist. **7.** something resembling the human heel in position, shape, etc.: *heel of bread.* **8.** *Colloquial* a despicable person; cad. *–v.t.* **9.** to furnish with heels, as shoes. **10.** to follow at the heels of. *–v.i.* **11.** to follow at one's heels. *–phr.*
12. at someone's heels, close behind someone.
13. cool (or **kick**) **one's heels**, *Colloquial* to be kept waiting.
14. dig one's heels in, to maintain an immovable position in debate, etc.; be stubborn.
15. down at heel, **a.** having the shoe heels worn down. **b.** shabby. **c.** slipshod or slovenly. **d.** in straitened circumstances; impoverished.
16. heel in, to plant (cuttings or plants) temporarily before putting them in their permanent growing site.
17. kick up one's heels, to enjoy oneself.
18. lay by the heels, to capture; seize.
19. on the heels of, closely following.
20. show a clean pair of heels, to escape by outdistancing pursuers.
21. take to one's heels, to run off or away.
22. to heel, **a.** (of a dog) following a person with the nose close to their left heel. **b.** under control.
23. turn on one's heel, to change the direction one's body is facing, usually quickly and as part of moving away from a person or persons just spoken to, as in anger, sudden resolve, etc.
–heeler *n.* **–heelless** *adj.*

heel² /hil/ *v.i.* **1.** (of a ship, etc.) to lean to one side; cant; tilt. *–v.t.* **2.** to cause to lean or cant. *–n.* **3.** a heeling movement; a cant.

heeler /'hilə/ *n.* **1.** a dog which follows at one's heel. **2.** a cattle or sheep dog which rounds up stock by following at their heels.

heft /hɛft/ *v.t.* **1.** to try the weight of by lifting. **2.** to heave or lift.

hefty /'hɛfti/ *adj.* **-tier, -tiest.** *Colloquial* **1.** heavy; weighty. **2.** big and strong; powerful; muscular. **–heftily** *adv.* **–heftiness** *n.*

hegemony /hɛɡəməni, 'hɛdʒ-, həˈɡɛməni/ *n.* **-monies. 1.** leadership or predominant influence exercised by one state over others, as in a confederation. **2.** leadership; predominance. **–hegemonic** /hɛɡəˈmɒnɪk, hɛdʒ-/ *adj.*

heifer /'hɛfə/ *n.* **1.** a cow that has not produced a calf and is under three years of age. **2.** *Colloquial* a young woman. **3.** *Colloquial* a woman of solid build, especially one who lacks grace.

hell

height /haɪt/ *n.* **1.** the distance from bottom to top: *the height of the tree is 20 metres.* **2.** extent upwards; altitude; stature; distance upwards; elevation: *height above sea level.* **3.** a high place or level; hill or mountain. **4.** the highest part; top; apex. **5.** the highest or central point; utmost degree: *the height of the season.*

heinous /'heɪnəs, 'hi-/ *adj.* hateful; odious; gravely reprehensible: *a heinous offence.* **–heinously** *adv.* **–heinousness** *n.*

heir /ɛə/ *n.* **1.** *Law* one who inherits the estate (def. 2e) of a deceased person, normally after it has been reduced by the payment of any debts, liabilities or charges which may pertain to it. **2.** someone to whom something falls or is due. **3.** a person, society, etc., considered as the continuer of a tradition, policy, or the like previously established. **–heiress** /'ɛərɛs, -əs/ *fem. n.* **–heirdom** *n.* **–heirship** *n.* **–heirless** *adj.*

heir apparent *n.* **heirs apparent.** an heir whose right cannot be lost as long as he survives the ancestor.

heirloom /'ɛəlum/ *n.* **1.** any family possession transmitted from generation to generation. **2.** *Law* a chattel that descends to the heir, such as a portrait of an ancestor, etc.

heir presumptive /ɛə prəˈzʌmptɪv/ *n.* an heir whose expectation may be defeated by the birth of a nearer heir.

heist /haɪst/ *v.t.* **1.** to rob; steal. *–n.* **2.** a robbery; burglary. Also, **hoist.**

held /hɛld/ *v.* past tense and past participle of **hold.**

helicopter /'hɛlikɒptə, 'hɛlə-/ *n.* any of a class of heavier-than-air craft which are lifted and sustained in the air by helicoidal surfaces or propellers turning on vertical axes by virtue of power supplied from an engine.

helio- a word element meaning 'sun', as in *heliocentric.* Also, **heli-.**

heliotrope /'hɛliətroʊp, 'hiliə-, 'hɛljə-, 'hiljə-/ *n.* **1.** *Botany* any plant that turns towards the sun. **2.** any herb or shrub of the genus *Heliotropium*, especially *H. arborescens*, a garden plant with small, fragrant purple flowers, and caterpillar weed, *H. europaeum*, a common noxious weed. **3.** a light tint of purple; reddish lavender.

helipad /'hɛlipæd/ *n.* an aerodrome or landing place for helicopters.

heliport /'hɛlipɔt/ *n.* a landing place for helicopters, often the roof of a building, with facilities for passenger handling.

helipterum /hɛˈlɪptərəm/ *n.* any plant of the genus *Helipterum*, family Compositae, usually with yellow, pink, or white flowers, some species of which, such as *H. roseum* from western Australia, have flowers which can be picked for dried flower arrangements.

helium /'hiliəm/ *n.* an inert gaseous element present in the sun's atmosphere, certain minerals, natural gas, etc., and also occurring as a radioactive decomposition product. Symbol: He; *relative atomic mass*: 4.0026; *at. no.*: 2; *density*: 0.1785 at 0°C and 760 mm pressure.

helix /'hiliks, 'hɛl-/ *n.* **helices** /'hilisiz, 'hɛl-/ or **helixes. 1.** a spiral. **2.** *Geometry* the curve assumed by a straight line drawn on a plane when that plane is wrapped round a cylindrical surface of any kind, especially a right circular cylinder, as the curve of a screw thread. **–helical, helicoid** *adj.*

hell /hɛl/ *n.* **1.** (*also cap.*) (in many religions and mythologies) the abode of the spirits of the dead, often, as in Christianity, a place or state of existence where the wicked are punished after death. **2.** any place or state of torment or misery. **3.** the

powers of evil. **4.** anything that causes torment; any severe or extremely unpleasant experience, either mental or physical. *–interj.* **5.** (an exclamation of annoyance, disgust, etc.). *–phr.*
6. (**all**) **hell breaks loose**, much trouble ensues, especially occasioning uproar.
7. beat hell out of, to physically assault (someone) in a vindictive manner.
8. blast hell out of, to reprimand severely.
9. come hell or high water, whatever happens.
10. for the hell of it, for no specific reason; for its own sake.
11. frighten the hell out of, to frighten severely.
12. get the hell away, (sometimes fol. by *from*) to distance oneself.
13. get the hell out, (sometimes fol. by *of*) to leave rapidly.
14. give someone hell, to make things unpleasant for someone.
15. hell for leather, at top speed; recklessly fast.
16. hell of a, Also, **helluva. a.** appallingly difficult, unpleasant, etc. **b.** notable; remarkable.
17. hell's bells, (a mild imprecation).
18. hell's teeth, (an exclamation of astonishment, indignation, etc.).
19. hell to pay, serious unwanted consequences.
20. like hell, **a.** (an intensifier with adverbial force): *run like hell.* **b.** (an intensifier in expressions of ironic negation): *like hell I will; like hell it was.*
21. merry hell, an upheaval; a severe reaction; severe pain.
22. not a hope in hell, not the slightest possibility.
23. play hell with, **a.** to cause considerable damage, injury, or harm to. **b.** *Colloquial* to reprimand severely; scold.
24. raise hell, cause enormous trouble.
25. the hell or **in the hell** or **in hell**, (an intensifier used with interrogatives): *what in hell are you doing here?; who in the hell are you?*
26. the hell out of, (to kick, beat, etc.) with great vigour: *to hit the hell out of the ball.*
27. the hell with it, (an expression of disgust or rejection).
28. what the hell, (an exclamation of contempt, dismissal, or the like).
hell-bent /hɛl-'bɛnt/ *adj.* stubbornly or recklessly determined.
hellhole /'hɛlhoʊl/ *n. Colloquial* a highly unpleasant place.
hello /hʌ'loʊ, hə-/ *interj., n.* **-los**, *v.* **-loed, -loing**. *–interj.* **1.** (an exclamation to attract attention, answer a telephone, or express greeting). **2.** (an exclamation of surprise, etc.). *–n.* **3.** the call 'hello'. *–v.i.* **4.** to call 'hello'. Also, **hallo, hullo**.
hell's angel *n.* **1.** a member of a group of lawless, usually leather-jacketed, motorcyclists known for their disturbance of civil order in the US, especially California. **2.** a member of a group of motorcyclists influenced by or imitating hell's angels.
helm /hɛlm/ *n.* **1.** the tiller or wheel by which the rudder of a vessel is controlled. **2.** the entire steering apparatus. **3.** a moving of the helm. **4.** the place or post of control: *the helm of affairs.* *–v.t.* **5.** to steer; direct. **–helmless** *adj.*
helmet /'hɛlmət/ *n.* any of various defensive coverings for the head, such as those worn by soldiers, firefighters, divers, etc. **–helmeted** *adj.*
helmet orchid *n.* any species of the orchid genus *Corybas*, tiny terrestrial herbs found from India to New Zealand.
helminth /'hɛlmɪnθ/ *n.* a worm, especially a parasitic worm. **–helminthic** *adj.* **–helminthoid** *adj.*

helot /'hɛlɒt/ *n.* a serf or slave; a bondman.
help /hɛlp/ *v.t.* **1.** to cooperate effectively with (a person); aid; assist. **2.** to furnish aid to; contribute strength or means to; assist in doing: *remedies that help digestion.* **3.** to succour; save; rescue. **4.** to relieve (someone) in need, sickness, pain, or distress. **5.** (with *can* or *cannot*) to refrain from; avoid: *he can help doing it; he can't help doing it.* **6.** to remedy, stop, or prevent. **7.** to contribute an improvement to: *the use of a little make-up would help her appearance.* *–v.i.* **8.** to give aid; be of service or advantage: *every little helps.* *–n.* **9.** the act of helping; aid or assistance; relief or succour. **10.** a person or thing that helps. **11.** a hired helper. **12.** a body of such helpers. **13.** a domestic servant or a farm labourer. **14.** means of remedying, stopping, or preventing: *the thing is done, and there is no help for it now. –interj.* **15.** (a call for assistance.) *–phr.* **16. help out**, to be of assistance; assist in or as in a crisis or difficulty. **17. help oneself**, (sometimes fol. by *to*) to take or appropriate something at will: *help yourself to the salad.* **18. help someone to**, to serve food to someone at table: *can I help you to some salad?* **19. not be able to help oneself**, to be unable to resist a risk or temptation: *when it comes to flirting he just can't help himself.* **20. so help me (God)**, (an exclamation giving assurance of the speaker's veracity.) **–helpful** *adj.* **–helpable** *adj.* **–helper** *n.*
helping /'hɛlpɪŋ/ *n.* **1.** a portion served to a person at one time. *–adj.* **2.** giving assistance, support, etc.: *a helping hand.* **–helpingly** *adv.*
helpless /'hɛlpləs/ *adj.* **1.** unable to help oneself; weak or dependent: *a helpless invalid.* **2.** without help, aid, or succour. **3.** incapable, inefficient, or shiftless. **–helplessly** *adv.* **–helplessness** *n.*
helpmate /'hɛlpmeɪt/ *n.* **1.** a companion and helper. **2.** a wife or husband.
help screen *n. Computers* a screen with additional information relating to a system or program to assist the user.
helter-skelter /hɛltə-'skɛltə/ *adv.* **1.** in headlong, disorderly haste: *to run helter-skelter.* *–n.* **2.** tumultuous haste or disorder. **3.** a helter-skelter flight, course, or performance. **4.** a tower with an external spiral slide, as at a fairground. *–adj.* **5.** confused; disorderly; carelessly hurried.
hem¹ /hɛm/ *v.* **hemmed, hemming**, *n.* *–v.t.* **1.** to fold back and sew down the edge of (cloth, a garment, etc.). **2.** to form an edge or border to or around. *–n.* **3.** the edge or border of a garment, etc., especially at the bottom. *–phr.* **4. hem in**, to enclose or confine: *hemmed in by enemies.*
hem² /hɛm/ *interj., v.* **hemmed, hemming**. *–interj.* **1.** (an utterance resembling a slight clearing of the throat, used to attract attention, express doubt, etc.). *–n.* **2.** the utterance or sound of 'hem'. *–v.i.* **3.** to utter the sound 'hem'. **4.** to hesitate in speaking. *–phr.* **5. hem and haw**, to avoid giving a direct answer.
he-man /'hi-mæn/ *n. Colloquial* a tough or aggressively masculine man.
hemi- a prefix meaning 'half', as in *hemialgia*. Compare **semi-**.
hemisphere /'hɛməsfɪə/ *n.* **1.** half of the terrestrial globe or celestial sphere. **2.** a map or projection of either of these. **3.** the half of a sphere. **4.** *Anatomy* either of the lateral halves of the cerebrum.
hemlock /'hɛmlɒk/ *n.* **1.** a poisonous umbelliferous herb, *Conium maculatum*, with spotted stems, finely divided leaves, and small white flowers, used medicinally as a powerful sedative. **2.** a poisonous drink made from this herb.
hemp /hɛmp/ *n.* **1.** a tall, annual herb, *Cannabis sativa*, native to Asia, but cultivated in many parts

hemstitch

of the world, and yielding hashish, bhang, cannabin, etc. **2.** the tough fibre of this plant used for making coarse fabrics, ropes, etc. **3.** → **marijuana**. **4.** *NZ* New Zealand flax, *Phormium tenax*.

hemstitch /'hɛmstɪtʃ/ *v.t.* **1.** to hem along a line from which threads have been drawn out, stitching the crossthreads into a series of small groups. –*n.* **2.** the stitch used or the needlework done in hemstitching.

hen /hɛn/ *n.* **1.** the female of the domestic fowl. **2.** the female of any bird, especially of a gallinaceous bird. **3.** *Colloquial* a woman, especially a fussy or foolish woman. –*phr.* **4. scarce** (or **rare**) **as hen's teeth**, *Colloquial* extremely rare.

hen-cackle /'hɛn-kækəl/ *n. NZ Colloquial* **1.** a mountain considered easy to climb. **2.** anything regarded as very easy or trivial.

hence /hɛns/ *adv.* **1.** as an inference from this fact; for this reason; therefore: *of the best quality and hence satisfactory*. **2.** *Archaic* from this time onwards; henceforth. **3.** *Archaic* from this place; away from here.

henceforth /hɛns'fɔθ/ *adv.* from this time forth; from now on. Also, **henceforwards** /hɛns'fɔwədz/, **henceforward**.

henchman /'hɛntʃmən/ *n.* **-men**. **1.** a trusty attendant or follower. **2.** a ruthless and unscrupulous follower.

henna /'hɛnə/ *n.* **1.** a shrub or small tree, *Lawsonia inermis*, of Asia and the Levant. **2.** a reddish orange dye or cosmetic made from the leaves of this plant. **3.** reddish or orange-brown. –*v.t.* **4.** to tint or dye with henna.

hen party *n.* a party exclusively for women.

henpeck /'hɛnpɛk/ *v.t.* (of a wife) to domineer over (her husband). –**henpecked** *adj.*

henry /'hɛnri/ *n.* **-rys**. the derived SI unit of inductance, equivalent to the inductance of a circuit in which an electromotive force of one volt is produced by a current in the circuit which varies at the rate of one ampere per second. *Symbol*: H

he-oak /'hi-oʊk/ *n.* any of various species of casuarina, especially *Casuarina stricta*.

hepatic /hə'pætɪk/ *adj.* **1.** having to do with the liver. **2.** acting on the liver, as a medicine. **3.** liver-coloured; dark reddish brown.

hepatitis /hɛpə'taɪtəs/ *n.* a serious disease characterised by inflammation or enlargement of the liver, appearing in various forms caused by different viruses, each form being identified by a letter of the alphabet.

hepatitis A *n.* a form of hepatitis caused by the hepatitis A virus, occurring mainly in young children and spread by contaminated food or eating utensils.

hepatitis B *n.* a form of hepatitis caused by the hepatitis B virus, which enters the blood of the recipient from infected blood (or blood products) or other body fluids, and which can be transmitted through sexual contact and contaminated needles and instruments.

hepatitis C *n.* a form of hepatitis caused by the hepatitis C virus, which is transmitted by infected body fluids and occurs mainly in intravenous drug users.

hepta- a prefix meaning 'seven'. Also (*before vowels*), **hept-**.

heptathlon /hɛp'tæθlən/ *n.* an athletic contest comprising seven different events and won by the contestant having the highest total score.

her /hɜ/ *weak forms* /hə, ə/ *pron.* (*personal*) **1.** the objective case of **she**. –*det.* **2.** the possessive form of **she**: *her mother*.

herald /'hɛrəld/ *n.* **1.** someone, often an official, who carries messages or makes announcements. **2.** a person or thing that tells of the approach of somebody or something; harbinger: *a cloudy sky is the herald of rain*. **3.** an officer who arranged medieval tournaments, etc., later employed to keep records of the use of coats of arms. –*v.t.* **4.** to tell of the approach of. –**heraldic** *adj.*

heraldry /'hɛrəldri/ *n.* **-dries**. **1.** the science of armorial bearings. **2.** the art of blazoning armorial bearings, of settling the right of persons to bear arms or to use certain bearings, of tracing and recording genealogies, of recording honours, and of deciding questions of precedence. **3.** the office or duty of a herald. **4.** heraldic symbolism. **5.** heraldic pomp or ceremony.

herb /hɜb/ *US* /ɜb/ *n.* **1.** a flowering plant whose stem above ground does not become woody and persistent. **2.** such a plant when valued for its medicinal properties, flavour, scent, or the like. **3.** (*plural*) *Colloquial, Australian, NZ* power, especially of cars: *this car has plenty of herbs*. –*phr.* **4. give it herbs**, *Australian, NZ Colloquial* to accelerate a motor vehicle. **5. the herb**, *Colloquial* marijuana. –**herbal** *adj.* –**herbalist** *n.* –**herbless** *adj.* –**herby** *adj.*

herbaceous /hɜ'beɪʃəs/ *adj.* **1.** having to do with or resembling a herb; herblike. **2.** (of plants or plant parts) not woody. **3.** (of flowers, sepals, etc.) having the texture, colour, etc., of an ordinary foliage leaf.

herbivore /'hɜbəvɔ/ *n.* a herbivorous animal. –**herbivorous** *adj.*

herculean /hɜkjə'liən, hɜ'kjuliən/ *adj.* **1.** requiring the strength of a Hercules; very hard to perform: *a herculean task*. **2.** prodigious in strength, courage, or size.

herd /hɜd/ *n.* **1.** a number of animals, especially cattle, kept, feeding, or travelling together; drove; flock. **2.** (*derogatory*) a large company of people. –*v.i.* **3.** to unite or go in a herd; to assemble or associate as a herd. –*v.t.* **4.** to form into or as if into a herd. –*phr.* **5. the herd**, the common people; the rabble.

here /hɪə/ *adv.* **1.** in this place; in this spot or locality (opposed to *there*): *put it here*. **2.** to or towards this place; hither: *come here*. **3.** at this point; at this juncture: *here the speaker paused*. **4.** (often used in pointing out or emphasising some person or thing present): *my friend here knows the facts*. **5.** present (used in answer to rollcall, etc.). **6.** in the present life or state. –*n.* **7.** this place. **8.** this world; this life. –*phr.* **9. here and now**, at this very moment; immediately. **10. here and there**, **a.** in various places; at intervals. **b.** hither and thither; to and fro. **11. here goes**, (an exclamation to show one's resolution on beginning some bold or unpleasant act). **12. here's to**, (a formula in offering a toast): *here's to you!* **13. here today and gone tomorrow**, (of someone or something) existing or staying in one place for only a short time. **14. here we** (or **you**) **are**, *Colloquial* here is what we (or you) want, or are looking for. **15. here we go again**, (an exclamation indicating exasperation or resignation at a course of action about to occur yet once again). **16. neither here nor there**, irrelevant; unimportant. **17. the here and now**, **a.** the immediate present. **b.** this world; this life.

here- a word element meaning 'this (place)', 'this (time)', etc., used in combination with certain adverbs and prepositions.

hereafter /hɪər'aftə/ *adv.* **1.** after this in time or order; at some future time. **2.** in the world to come. –*n.* **3.** a future life; the world to come. **4.** time to come; the future.

hereby /'hɪəbaɪ/ *adv.* by this; by means of this; as a result of this.

hereditary /hə'rɛdətri/ *adj.* **1.** passing, or capable

heredity /hə'rɛdəti/ n. **-ties. 1.** the transmission of genetic characteristics from parents to progeny; the factor which determines the extent to which an individual resembles its progenitors, dependent upon the separation and regrouping of genes during meiosis and fertilisation. **2.** the genetic characteristics transmitted to an individual by its parents.

Hereford /'hɛrəfəd/ n. one of a highly productive, hardy, early maturing breed of beef cattle, characterised by a red body, white face, and other white markings.

heresy /'hɛrəsi/ n. **-sies. 1.** doctrine contrary to the orthodox or accepted doctrine of a church or religious system. **2.** the maintaining of such an opinion or doctrine.

heritage /'hɛrətɪdʒ/ n. **1.** something that comes or belongs to one by reason of birth; an inherited lot or portion. **2.** the culture, traditions, and national assets preserved from one generation to another. **3.** something reserved for someone: *the heritage of the righteous*. **4.** *Law* something that has been or may be inherited by legal descent or succession. **5.** *Bible* God's chosen people; the Israelites.

hermaphrodite /hɜ'mæfrədaɪt/ n. **1.** an animal or a flower having normally both the male and the female organs of generation. **2.** a person with male and female sexual organs and characteristics. **3.** a person or thing in which two opposite qualities are combined. **–hermaphroditic** /həmæfrə-'dɪtɪk/, **hermaphroditical** /həmæfrə'dɪtɪkəl/ *adj.* **–hermaphroditically** /həmæfrə'dɪtɪkli/ *adv.*

hermeneutic /həmə'njutɪk/ *adj.* interpretative; explanatory. Also, **hermeneutical. –hermeneutically** *adv.* **–hermeneutist** *n.*

hermetic /hɜ'mɛtɪk/ *adj.* **1.** made airtight by fusion or sealing. **2.** unaffected by external influences. **3.** relating to occult sciences. **–hermetically** *adv.*

hermit /'hɜmət/ n. **1.** someone who has retired to a solitary place for a life of religious seclusion. **2.** any person living in seclusion. **3.** *Zoology* an animal of solitary habits. **–hermitic, hermitical** *adj.* **–hermitically** *adv.*

hermit crab n. any of numerous decapod crustaceans of the families Paguridae and Coenobitidae, which protect their exposed soft parts by occupying the cast-off shell of a univalve mollusc.

hernia /'hɜniə/ n. **-nias.** the protrusion of an organ or tissue through an opening in its surrounding tissues, especially in the abdominal region; a rupture. **–hernial** *adj.*

hero /'hɪəroʊ/ n. **-roes. 1.** a person of distinguished courage or performance. **2.** someone invested with heroic qualities in the opinion of others. **3.** the principal male character in a story, play, etc. **4.** (in early mythological antiquity) a being of godlike prowess and beneficence, especially one who came to be honoured as a divinity.

heroic /hə'roʊɪk/ *adj.* Also, **heroical. 1.** like a hero; daring; noble: *a heroic explorer*. **2.** dealing with heroes: *heroic poetry*. **3.** like heroic poetry in language or style; grand; exalted. **–n. 4.** (*usually plural*) → **heroic verse. 5.** (*plural*) language or behaviour that is unnaturally grand. **–heroically** *adv.* **–heroicalness, heroicness** *n.*

heroic verse n. a form of verse adapted to the treatment of heroic or exalted themes; in classical poetry, the hexameter; in English, German, and Italian, the iambic of ten syllables; and in French, the Alexandrine.

heroin /'hɛroʊən/ n. a derivative of morphine, $C_{21}H_{23}NO_5$, formerly used as a sedative, etc., and constituting a dangerous addictive drug; diamorphine.

heroine /'hɛroʊən/ n. **1.** a woman of heroic character; a female hero. **2.** the principal female character in a story, play, etc.

heron /'hɛrən/ n. any of the long-legged, long-necked, long-billed wading birds constituting the family Ardeidae, including the true herons, bitterns, egrets, etc.

herpes /'hɜpiz/ n. *Pathology* any of certain inflammatory viral infections of the skin or mucous membrane, characterised by clusters of vesicles which tend to spread. **–herpetic** /hɜ'pɛtɪk/ *adj.*

herpetology /hɜpə'tɒlədʒi/ n. the branch of zoology that deals with reptiles and amphibians. **–herpetological** /hɜpətə'lɒdʒɪkəl/ *adj.* **–herpetologically** /hɜpətə'lɒdʒəkli/ *adv.* **–herpetologist** *n.*

herring /'hɛrɪŋ/ n. **-rings**, (*especially collectively*) **-ring. 1.** any of a number of marine and freshwater fishes belonging to various families such as the ox-eye herring, freshwater herring, tommy ruff. **2.** any fish of the marine family Clupeidae, including *Clupea harengus*, an important food fish which occurs in enormous shoals in the North Sea and the North Atlantic.

herringbone /'hɛrɪŋboʊn/ n., v. **-boned, -boning.** **–n. 1.** a pattern consisting of adjoining rows of parallel lines so arranged that any two rows have the form of a V or inverted V; used in masonry, textiles, embroidery, etc. **2.** an embroidery stitch resembling cross-stitch. **–v.t. 3.** *Skiing* to climb (a steep slope) step by step with the skis turned out to form a V and edged into the snow.

hers /hɜz/ *pron.* (*possessive*) the possessive form of **she**, used predicatively or absolutely: *the fault was hers*; *hers was the clearer answer*; *a book of hers*.

herself /hə'sɛlf/ *pron.* **1.** the reflexive form of *her*: *she cut herself*. **2.** an emphatic form of *her* or *she* used: **a.** as object: *she used it for herself*. **b.** in apposition to a subject or object: *she did it herself*. **3.** her proper or normal self; her usual state of mind (used after *be*, *become*, or *come to*): *she is herself again*.

hertz /hɜts/ n. the derived SI unit of frequency, defined as the frequency of a periodic phenomenon of which the periodic time is one second; one cycle per second. *Symbol:* Hz

hesitant /'hɛzətənt/ *adj.* **1.** hesitating; undecided. **2.** lacking readiness of speech. **–hesitancy** *n.* **–hesitantly** *adv.*

hesitate /'hɛzəteɪt/ *v.i.* **-tated, -tating. 1.** to hold back in doubt or indecision: *to hesitate to believe*. **2.** to have scrupulous doubts; be unwilling. **3.** to pause. **4.** to falter in speech; stammer. **–hesitation** *n.* **–hesitator** *n.* **–hesitatingly** *adv.*

hessian /'hɛʃən/ n. a strong fabric made from jute, used for sacks, carpet backing, etc. Also, *US*, **burlap**.

hetero- a word element meaning 'other' or 'different', as in *heterocercal*. Also (*before vowels*), **heter-**.

heterodox /'hɛtərədɒks, 'hɛtrə-/ *adj.* **1.** not in accordance with established or accepted doctrines or opinions, especially in theology. **2.** holding unorthodox doctrines or opinions.

heterogeneous /hɛtəroʊ'dʒɪniəs/ *adj.* **1.** different in kind; unlike; incongruous. **2.** composed of parts of different kinds; having widely unlike elements or constituents; not homogeneous. **–heterogeneously** *adv.* **–heterogeneousness, heterogeneity** /ˌhɛtəroʊdʒə'niəti/ *n.*

heterosexual /hɛtəroʊ'sɛkʃuəl/ *adj.* **1.** *Biology*

heterosexuality

relating to the other sex or to both sexes. **2.** exhibiting or relating to heterosexuality. –*n.* **3.** a heterosexual person.

heterosexuality /hɛtərou,sɛkʃu'ælətɪ/ *n.* sexual feeling for a person (or persons) of opposite sex.

het-up /'hɛt-ʌp/ *adj. Colloquial* anxious; worried. Also, **het up**.

heuristic /hju'rɪstɪk/ *adj.* **1.** serving to find out; furthering investigation. **2.** (of a teaching method) encouraging the student to discover for himself or herself. –**heuristically** *adv.*

hew /hju/ *v.* hewed, hewed *or* hewn, hewing. –*v.t.* **1.** to strike forcibly with an axe, sword, or the like; chop; hack. **2.** to make or shape with cutting blows: *to hew a passage.* **3.** to cut (*away, off, out, from,* etc.) from a whole by means of cutting leaves. –**hewer** *n.*

hex /hɛks/ *n.* **1.** an evil spell or charm. **2.** an evil, dominating influence over someone or something. –*v.t.* **3.** to wish or bring misfortune, as if by an evil spell.

hexa- a prefix meaning 'six', as in *hexagon.* Also (*before vowels*), **hex-**.

hexachlorophene /hɛksə'klɔrəfin/ *n.* an antiseptic agent, $C_{13}H_6Cl_6O_2$, often used as an ingredient in soaps and creams intended to sterilise the skin.

hexagon /'hɛksəgɒn, -gən/ *n.* a polygon having six angles and six sides. –**hexagonal** /hək'sægənəl/ *adj.* –**hexagonally** *adv.*

hey /heɪ/ *interj.* (an exclamation used to call attention, give encouragement, etc.). Also, **heigh**, **ha**.

heyday /'heɪdeɪ/ *n.* the stage or period of highest vigour or fullest strength.

hi /haɪ/ *interj.* (an exclamation, especially of greeting).

hiatus /haɪ'eɪtəs/ *n.* **-tuses** *or* **-tus**. **1.** a break, with a part missing; an interruption; lacuna: *a hiatus in a manuscript.* **2.** a gap or opening. –**hiatal** /haɪ'eɪtl/ *adj.*

hiatus hernia *n.* a hernia in a part of the stomach through the oesophageal hiatus, often causing heartburn.

hibernate /'haɪbəneɪt/ *v.i.* **-nated, -nating. 1.** to spend the winter in close quarters in a dormant condition, as certain animals. **2.** to withdraw into or remain in seclusion. –**hibernation** /haɪbə'neɪʃən/ *n.*

hibiscus /haɪ'bɪskəs/ *n.* any of the herbs, shrubs, or trees belonging to the genus *Hibiscus,* especially *H. rosa-sinensis,* with broad, showy, short-lived flowers.

hiccup /'hɪkʌp/ *n.* **1.** a quick, involuntary inspiration suddenly checked by closure of the glottis, producing a characteristic sound. **2.** (*usually plural*) the condition of having such spasms: *to have the hiccups.* **3.** a minor problem arising in the course of a planned operation. –*v.i.* **4.** to make the sound of a hiccup. **5.** to have the hiccups. Also, **hiccough** /'hɪkʌp/.

hick /hɪk/ *n. Colloquial* **1.** an unsophisticated person. **2.** a farmer.

hickory /'hɪkəri/ *n.* **-ries. 1.** any of the North American trees of the genus *Carya,* certain of which, such as the pecan, *C. illinoensis* (*C. 'pecan*), bear sweet, edible nuts (hickory nuts), and others, such as the shagbark, *C. ovata,* yield valuable hard wood and edible nuts. **2.** a switch, stick, etc. of this wood.

hid /hɪd/ *v.* past tense and past participle of **hide**[1].

hidden /'hɪdn/ *v.* **1.** past participle of **hide**[1]. –*adj.* **2.** concealed; obscure; latent.

hidden agenda *n.* a purpose which is not fully revealed but which is to be accomplished alongside or through the ostensible aims.

hide[1] /haɪd/ *v.* **hid, hidden** *or* **hid, hiding.** –*v.t.* **1.** to conceal from sight; prevent from being seen or discovered. **2.** to obstruct the view of; cover up: *the sun was hidden by clouds.* **3.** to conceal from knowledge; keep secret: *to hide one's feelings.* –*v.i.* **4.** to conceal oneself; lie concealed. –*n.* **5.** a covered place to hide in while shooting or observing wildlife. –*phr.* **6. hide one's head**, *Colloquial* to be ashamed. –**hider** *n.*

hide[2] /haɪd/ *n.* **1.** the skin of an animal, especially one of the larger animals, raw or dressed: *the hide of a calf.* **2.** *Colloquial* the human skin. **3.** *Australian Colloquial* impudence: *he's got a hide!* –*phr.* **4. a thick hide**, *Colloquial* insensitivity to criticism. **5. have a hide like an elephant,** *Colloquial* to be particularly insensitive and crass. **6. have more hide than Jessie,** *Australian Colloquial* to be particularly impudent. **7. neither hide nor hair,** not a vestige; no clue. **8. no hide no Christmas box,** *Australian Colloquial* no reward is to be had without impudent initiative.

hide-and-seek /haɪd-n-'sik/ *n.* a children's game in which some hide and others seek them.

hideaway /'haɪdəweɪ/ *n. Colloquial* **1.** a place of concealment; a refuge. **2.** a retreat, as a holiday home, where it is difficult for others to interrupt one's relaxation.

hidebound /'haɪdbaʊnd/ *adj.* **1.** narrow and rigid in opinion: *a hidebound pedant.* **2.** (of a horse, etc.) having the back and ribs bound tightly by the hide.

hideous /'hɪdiəs/ *adj.* **1.** horrible or frightful to the senses; very ugly: *a hideous monster.* **2.** shocking or revolting to the moral sense: *a hideous crime.* –**hideously** *adv.* –**hideousness** *n.*

hide-out /'haɪd-aʊt/ *n.* a safe retreat for those who are being pursued, especially by the law; a hiding place; refuge.

hiding[1] /'haɪdɪŋ/ *n.* **1.** the act of concealing; concealment: *to remain in hiding.* **2.** a place or means of concealment. **3.** (*plural*) → **hide-and-seek**.

hiding[2] /'haɪdɪŋ/ *n.* **1.** a beating. **2.** a defeat.

hierarchy /'haɪəraki/ *n.* **-chies. 1.** any system of persons or things in a graded order, etc. **2.** *Science* a series of successive terms of different rank. The terms *phylum, class, order, family, genus,* and *species* constitute a hierarchy in zoology. **3.** government by ecclesiastical rulers. –**hierarchical** /haɪə'rakɪkəl/ *adj.* –**hierarchism** *n.*

hieratic /haɪə'rætɪk/ *adj.* **1.** having to do with priests or the priesthood; priestly. **2.** having to do with a form of ancient Egyptian writing consisting of abridged forms of hieroglyphics, used by the priests in their records. **3.** having to do with certain styles in art whose types or methods are fixed by or as by religious tradition. Also, **hieratical.** –**hieratically** *adv.*

hiero- a word element meaning 'sacred', as in *hierocracy.* Also (*before a vowel*), **hier-**.

hieroglyphic /haɪərə'glɪfɪk/ *adj.* Also, **hieroglyphical. 1.** having to do with a writing system, particularly that of the ancient Egyptians, in which many of the symbols are conventionalised pictures of the thing named by the words for which the symbols stand. –*n.* **2.** Also, **hieroglyph** /'haɪərəglɪf/. a hieroglyphic symbol. **3.** (*usually plural*) hieroglyphic writing. **4.** (*plural*) writing difficult to decipher. –**hieroglyphically** *adv.*

hi-fi /'haɪ-faɪ/ *adj.* **1.** → **high-fidelity**. –*n.* **2.** a high-fidelity audio system, etc.

higgledy-piggledy /hɪgəldi-'pɪgəldi/ *Colloquial* –*adv.* **1.** in a jumbled confusion. –*adj.* **2.** confused; jumbled.

high /haɪ/ *adj.* **1.** having a great or considerable reach or extent upwards; lofty; tall. **2.** having a specified extent upwards. **3.** situated above the ground or some base; elevated. **4.** far above the horizon, as a heavenly body. **5.** lying or being

high

above the general level: *high ground*. **6.** of more than average or normal height or depth: *the river was high after the rain*. **7.** intensified; exceeding the common degree or measure; strong; intense, energetic: *high speed*. **8.** assigning or attributing a great amount, value, or excellence: *high estimate*. **9.** expensive, costly, or dear. **10.** exalted in rank, station, estimation, etc.; of exalted character or quality: *a high official*. **11.** *Music* **a.** acute in pitch. **b.** a little sharp, or above the desired pitch. **12.** produced by relatively rapid vibrations; shrill: *high sounds*. **13.** extending to or from an elevation: *a high dive*. **14.** of great amount, degree, force, etc.: *a high temperature*. **15.** chief; principal; main: *the high altar of a church*. **16.** of great consequence; important; grave; serious: *high treason*. **17.** of a period of time, at its fullest point of development: *the High Renaissance*. **18.** lofty; haughty; arrogant: *he spoke in a high tone*. **19.** advanced to the utmost extent, or to the culmination: *high tide*. **20.** elated; merry or hilarious: *high spirits*. **21.** *Colloquial* intoxicated or elated with alcohol or drugs. **22.** luxurious; extravagant: *high living*. **23.** remote: *high latitude*; *high antiquity*. **24.** extreme in opinion or doctrine, especially religious or political. **25.** designating or relating to highland or inland regions. **26.** *Biology* having a relatively complex structure: *the higher mammals*. **27.** *Phonetics* pronounced with the tongue relatively close to the roof of the mouth: 'feed' and 'food' have high vowels. **28. a.** (of meat, especially game) tending towards a desirable amount of decomposition; slightly tainted. **b.** smelly; bad. **29.** having a comparatively large amount of a particular constituent: *food high in protein*. **30.** *Cards* **a.** having greater value than another card. **b.** capable of taking a trick; being a winning card. –*adv.* **31.** at or to a high point, place, or level, or a high rank or estimate, a high amount or price, or a high degree. –*n.* **32.** a high level: *share prices reached a new high*. **33.** top gear. **34.** *Meteorology* a pressure system characterised by relatively high pressure at its centre; an anticyclone. **35.** *Colloquial* a euphoric state induced by drugs. –*phr.* **36. high and dry, a.** (of a ship) wholly above water-level at low tide. **b.** *Colloquial* abandoned; stranded; deserted. **37. high and low,** everywhere. **38. high and mighty,** overweeningly proud; overbearing. **39. high as a kite, a.** under the influence of drugs or alcohol. **b.** in exuberant spirits. **40. on a high,** experiencing a euphoric state induced by drugs. **41. on high, a.** at or to a height; above. **b.** in heaven. **–highly** *adj*.

highbrow /'haɪbraʊ/ *Colloquial* –*n.* **1.** someone who has pretensions to superior taste in artistic matters. –*adj.* **2.** having to do with things that highbrows approve of: *highbrow music* Compare **lowbrow**.

high-camp /haɪ-'kæmp/ *adj.* affected; ostentatious, as typical of certain homosexuals.

high-class /'haɪ-klɑs/ *adj.* of superior quality.

high commissioner *n.* the chief representative of a sovereign member of the Commonwealth of Nations in the country of another sovereign member, usually equivalent in rank to an ambassador, as the Australian High Commissioner in London.

high-fibre /'haɪ-faɪbə/ *adj.* having to do with foods with a high proportion of plant fibre, that is, the indigestible parts of plant cell walls.

high-fidelity /haɪ-fɪ'dɛlətɪ/ *adj.* (of an amplifier, radio receiver, etc.) reproducing the full audio range of the original sounds with relatively little distortion. Also, **hi-fi**.

high five *n.* a form of salutation in which two people slap the palms of their hands together, often to express solidarity in victory.

high-flown /'haɪ-floʊn/ *adj.* **1.** extravagant in aims, pretensions, etc. **2.** pretentiously lofty; bombastic.

high frequency *n.* **1.** a radio frequency in the range 3 to 30 megacycles per second. *Abbrev.*: h.f. **2.** any audible frequency which is high in pitch. **–high-frequency** *adj.*

high-grade /'haɪ-greɪd/ *adj.* of superior quality.

high-handed /'haɪ-hændəd/ *adj.* overbearing; arbitrary: *a high-handed manner*. **–high-handedly** *adv.* **–high-handedness** *n.*

high jump *n.* **1.** *Athletics* **a.** a vertical jump in which one attempts to go as high as possible. **b.** a contest for the highest such jump. –*phr.* **2. for the high jump,** *Colloquial* about to face an unpleasant experience, especially a punishment or reprimand.

highland /'haɪlənd/ *n.* **1.** an elevated region; a plateau: *a jutting highland*. **2.** (*plural*) a mountainous region or elevated part of a country. –*adj.* **3.** of, relating to, or characteristic of highlands.

high-level language /'haɪ-lɛvəl ˌlæŋgwɪdʒ/ *n.* *Computers* a language used for writing programs which is closer to human language or conventional mathematical notation than to machine language. Compare **low-level language**.

highlight /'haɪlaɪt/ *v.t.* **-lighted, -lighting,** *n.* –*v.t.* **1.** to make noticeable or prominent; emphasise. **2.** (in photography, painting, etc.) to show up (the areas of greatest brightness) with paint or by exposing lighter areas. **3.** to dye (part of hair) with a light colour. –*n.* **4.** a noticeable or striking part: *the highlight of his talk*. **5.** *Art* the point of strongest light in a picture or form.

highly strung *adj.* tense; in a state of (especially nervous) tension: *highly strung nerves, highly strung people*. Also, **high-strung**.

high-minded /'haɪ-maɪndəd/ *adj.* **1.** having or showing high, exalted principles or feelings: *a high-minded ruler*. **2.** proud or arrogant. **–high-mindedly** *adv.* **–high-mindedness** *n.*

highness /'haɪnəs/ *n.* **1.** the state of being high; loftiness; dignity. **2.** (*cap.*) a title of honour given to royal or princely personages (preceded by *His, Her, Your,* etc.).

high-pitched /'haɪ-pɪtʃt/ *adj.* **1.** *Music* played or sung at a high pitch. **2.** (of a discussion, argument, etc.) marked by strong feeling; emotionally intense. **3.** (of a roof) nearly perpendicular; steep. **4.** aspiring; lofty; lofty in tone.

high-powered /'haɪ-paʊəd/ *adj.* **1.** (of an optical instrument) capable of giving a high magnification. **2.** energetic; vigorous; forceful: *a high-powered sales campaign*. **3.** having great power or efficiency: *a high-powered car*.

high-pressure /'haɪ-prɛʃə/ *adj.* **1.** having or involving a pressure above the normal: *high-pressure steam*. **2.** vigorous; persistent: *high-pressure salesmanship*.

high profile *n.* the conspicuousness which is gained by a public figure.

high-rise /'haɪ-raɪz/ *adj.* → **multistorey**.

high school *n.* → **secondary school**. **–high-schooler** *n.*

high-speed /'haɪ-spid/ *adj.* **1.** operating, or capable of operating, at a high speed. **2.** *Photography* (of film) usable with low illumination and short exposures. **3.** (of steel) especially hard and capable of retaining its hardness even at red heat, so that it can be used for lathe tools.

high-spirited /'haɪ-spɪrɪtəd/ *adj.* having a high, proud, or bold spirit; mettlesome.

hightail /'haɪteɪl/ *phr.* **hightail it,** , *Originally US Colloquial* to move away quickly: *he hightailed it out of town*.

high tech *n.* high technology.

high-tech /'haɪ-tɛk/ *adj.* ultra-modern, especially using materials or styles associated with high technology. Also, **hi-tech**.

high technology *n.* highly sophisticated, innovative technology, especially electronic.

high-tension /'haɪ-tɛnʃən/ *adj. Electricity* (of a device, circuit, circuit component, etc.) subjected to, or capable of operating under, a relatively high voltage, usually 1000 volts or more. *Abbrev.*: HT

high time *n.* **1.** the right time; the time just before it is too late: *it's high time that was done*. **2.** *Colloquial* an enjoyable and lively time: *a high old time at the party*.

high treason *n.* treason against the sovereign or state.

highway /'haɪweɪ/ *n.* **1.** a main road, such as one between towns. **2.** any public passage, either a road or waterway. **3.** any main or ordinary route, track, or course.

highwayman /'haɪweɪmən/ *n.* **-men**. (formerly) a robber on the highway, especially one on horseback.

hijab /hə'dʒab/ *n.* the traditional Islamic garment worn by women, which covers the body, revealing only the face and hands. Also, **hejab**.

hijack /'haɪdʒæk/ *v.t.* **1.** to steal (something) in transit, such as a lorry and the goods it carries. **2.** to seize by force or threat of force (a vehicle, especially a passenger-carrying vehicle, such as an aircraft), and attempt to divert it to a different destination. **3.** to seize control of (something) for one's own purposes: *clearly his ideas had been hijacked by Ted*. *–v.i.* **4.** to engage in such seizing or stealing. Also, **highjack**. **–hijacker** *n.*

hike /haɪk/ *v.* **hiked, hiking**, *n.* *–v.i.* **1.** to walk a long distance, especially through country districts or the bush, for pleasure. *–n.* **2.** a long walk. **3.** an increase in wages, fares, prices, etc. *–phr.* **4. hike up, a.** to pull or drag up. **b.** to increase (a fare, price, etc.). **–hiker** *n.*

hilarious /hə'lɛəriəs/ *adj.* **1.** very funny; provoking mirth. **2.** boisterously merry. **3.** cheerful. **–hilariously** *adv.* **–hilariousness** *n.* **–hilarity** *n.*

hill /hɪl/ *n.* **1.** a conspicuous natural elevation of the earth's surface, smaller than a mountain. **2.** an artificial heap or pile: *anthill*. *–phr.* **3. as old as the hills,** *Colloquial* very old. **4. over the hill,** past prime efficiency; past the peak of physical or other condition, etc. **5. take to the hills,** to run away and hide. **–hiller** *n.*

hillbilly /'hɪlbɪli/ *n.* **-lies**. *Originally US* a rustic or yokel living in the backwoods or mountains.

hillock /'hɪlək/ *n.* a small hill. **–hillocky** *adj.*

Hills hoist *n.* a widely-sold Australian clothes hoist.

hilly /'hɪli/ *adj.* **hillier, hilliest**. **1.** abounding in hills: *hilly country*. **2.** elevated; steep. **–hilliness** *n.*

hilt /hɪlt/ *n.* **1.** the handle of a sword or dagger. **2.** the handle of any weapon or tool. *–phr.* **3. to the hilt,** fully; completely: *armed to the hilt*. **–hilted** *adj.*

him /hɪm/ *pron.* (*personal*) objective case of **he**.

himself /hɪm'sɛlf/ *pron.* **1.** the reflexive form of **he**: *he cut himself*. **2.** an emphatic form of *him* or *he* used: **a.** as object: *he used it for himself*. **b.** in apposition to a subject or object: *he did it himself*. **3.** his proper or normal self; his usual state of mind (used after such verbs as *be, become,* or *come to*): *he is himself again*.

hind[1] /haɪnd/ *adj.* **hinder, hindmost** *or* **hindermost**. situated behind or at the back; posterior: *the hind legs of an animal*.

hind[2] /haɪnd/ *n.* the female of the deer, chiefly the red deer, especially in and after the third year.

hinder[1] /'hɪndə/ *v.t.* **1.** to interrupt; check; retard: *to be hindered by storms*. **2.** to prevent from acting or taking place; stop: *to hinder someone from committing a crime*. *–v.i.* **3.** to be an obstacle or impediment. **–hinderer** *n.* **–hinderingly** *adv.*

hinder[2] /'haɪndə/ *adj.* situated at the rear or back; posterior: *the hinder part of the ship*.

hindrance /'hɪndrəns/ *n.* **1.** an impeding, stopping, or preventing. **2.** a means or cause of hindering.

hindsight /'haɪndsaɪt/ *n.* perception of the nature and exigencies of a case after the event: *hindsight is easier than foresight*.

Hinduism /'hɪnduɪzəm/ *n.* the main religion of India, with a complex body of religious, social, cultural, and philosophical beliefs, and a strict system of castes.

hinge /hɪndʒ/ *n., v.* **hinged, hinging**. *–n.* **1.** a movable joint or device on which a door, gate, shutter, lid, etc., turns or moves. **2.** that on which something turns or depends; principle; central rule. *–v.i.* **3.** to depend or turn on, or as if on, a hinge: *Everything hinges on his decision*. *–v.t.* **4.** to supply with or attach by hinge(s). **–hinged** *adj.*

hint /hɪnt/ *n.* **1.** an indirect or covert suggestion or implication; an intimation. **2.** a brief, helpful suggestion; a piece of advice. **3.** a very small or barely perceptible amount. *–v.t.* **4.** to give a hint of. *–phr.* **5. hint at,** to make indirect suggestion of or allusion to. **–hinter** *n.*

hinterland /'hɪntəlænd/ *n.* **1.** an inland area supplying goods to a port. **2.** the land lying behind a coastal district. **3.** an area or sphere of influence in the unoccupied interior claimed by the state possessing the coast. **4.** the remote or less developed parts of a country.

hip[1] /hɪp/ *n.* **1.** the projecting part of each side of the body formed by the side of the pelvis and the upper part of the femur, with the flesh covering them; the haunch. **2.** the hip joint. **–hipless** *adj.* **–hiplike** *adj.*

hip[2] /hɪp/ *n.* the ripe fruit of a rose, especially of a wild rose.

hip[3] /hɪp/ *interj.* (an exclamation used in cheers or in signalling for cheers): *hip, hip, hooray!*

hippie /'hɪpi/ *n.* someone who rejects conventional social values in favour of new standards of awareness (sometimes drug-induced), universal love or union with nature, etc. Also, **hippy**.

hip-pocket /hɪp-'pɒkət/ *n.* **1.** a pocket on the back of a person's trousers in which their wallet might be kept. *–adj.* **2.** concerned with money: *a hip-pocket issue*.

Hippocratic oath /ˌhɪpəˌkrætɪk 'oʊθ/ *n.* an oath embodying the duties and obligations of physicians, sometimes taken by those about to enter upon the practice of medicine.

hippopotamus /ˌhɪpə'pɒtəməs/ *n.* **-muses** *or* **-mi** /-maɪ/. **1.** a large herbivorous mammal, *Hippopotamus amphibius*, having a thick hairless body, short legs, and large head and muzzle, found in and near the rivers and lakes of Africa, and able to remain under water for a considerable time. **2.** Also, **pygmy hippopotamus**. a similar but much smaller animal, *Choeropsis liberiensis*, of West Africa.

hire /'haɪə/ *v.* **hired, hiring**. *–v.t.* **1.** to engage the services of for payment: *to hire a clerk*. **2.** to engage the temporary use of for payment: *to hire a car*. **3.** Also, **hire out**. to grant the temporary use of, or the services of, for a payment. *–n.* **4.** the price or compensation paid, or contracted to be paid, for the temporary use of something or for personal services or labour; pay. **5.** the act of hiring. **–hireable** *adj.* **–hirer** *n.*

hireling /'haɪəlɪŋ/ *n.* **1.** (*derogatory*) someone working only for payment. **2.** a mercenary. *–adj.*

hire-purchase

3. venal; mercenary.

hire-purchase /haɪə-'pɜtʃəs/ n. 1. a system whereby a person pays for a commodity by regular instalments, while having full use of it after the first payment. –adj. 2. having to do with or bought with the aid of such a system.

hirsute /'hɜsjut/ adj. hairy. –**hirsuteness** n.

his /hɪz/ weak form /ɪz/ det. 1. the possessive form of **he**: *his mother.* –pron. *(possessive)* 2. the possessive form of **he**, used predicatively or absolutely: *this book is his; himself and his; a book of his.*

Hispanic /hɪs'pænɪk/ adj. 1. Spanish or Portuguese. 2. Latin American.

hiss /hɪs/ v.i. 1. to make a sharp sound like that of the letter s prolonged, as a goose or snake does. 2. to express disapproval or hatred by making this sound. –v.t. 3. to show disapproval of by hissing. 4. to utter with a hiss. –n. 5. a hissing sound, especially in disapproval. –**hisser** n.

histamine /'hɪstəmin/ n. an amine, $C_3H_3N_2CH_2CH_2NH_2$, produced by the loss of carbon dioxide from histidine. It is released by the tissues in allergic reactions, is a powerful uterine stimulant, and lowers the blood pressure. –**histaminic** /hɪstə'mɪnɪk/ adj.

histo- a word element meaning 'tissue', as in *histogen*. Also (*before vowels*), **hist-**.

histology /hɪs'tɒlədʒi/ n. 1. the science concerned with organic tissues. 2. the study of the structure, especially the microscopic structure, of organic tissues. –**histological** /hɪstə'lɒdʒəkəl/, **histologic** /hɪstə'lɒdʒɪk/ adj. –**histologist** n.

historian /hɪs'tɔriən/ n. 1. a writer of history. 2. an expert in history; an authority on history. 3. a student of history.

historic /hɪs'tɒrɪk/ adj. well-known or important in history: *historic scenes.* Also, **historical**.

historical /hɪs'tɒrɪkəl/ adj. 1. relating to or concerned with the study of history or past events: *historical methodology.* 2. dealing with history or past events: *historical documents.* 3. based on fact, as opposed to legend or fiction: *the historical King Arthur.* 4. narrated or mentioned in history; belonging to the past: *a historical event.* 5. → **historic**. –**historically** adv. –**historicalness** n.

history /'hɪstri, 'hɪstəri/ n. -ries. –n. 1. the branch of knowledge dealing with past events. 2. the record of past events, especially in connection with the human race. 3. a continuous, systematic written narrative, in order of time, of past events as relating to a particular people, country, period, person, etc. 4. the aggregate of past events. 5. a past worthy of record or out of the ordinary: *a ship with a history.* 6. a systematic account of any set of natural phenomena, without reference to time. 7. a drama representing historical events. –phr. 8. **be ancient history**, to be finished or gone irrevocably. 9. **be history**, *Colloquial* a. to be dead. b. to be ruined or incapacitated. c. to be broken beyond repair. 10. **go down in history**, (of an event or person) to be sufficiently significant to be always remembered. 11. **make history**, to achieve lasting fame. 12. **the rest is history**, the rest of the story is well-known and authenticated (usually following an account of facts alleged or hitherto not known).

histrionics /hɪstri'ɒnɪks/ pl. n. 1. dramatic representation; theatricals; acting. 2. artificial or melodramatic behaviour, speech, etc., for effect. –**histrionic, histrionical** adj.

hit /hɪt/ v. **hit**, **hitting**, n., adj. –v.t. 1. to deal a blow or stroke; bring forcibly into collision. 2. to come against with an impact or collision, as a missile, a flying fragment, a falling body, or the like does. 3. to reach with a missile, a weapon, a blow, or the like (intentionally or otherwise), as

hitch

one throwing, shooting or striking; succeed in striking. 4. to drive or propel by a stroke. 5. to have a marked effect on; affect severely. 6. to assail effectively and sharply. 7. to reach (a specified level or figure). 8. to be published in or appear in (a newspaper). 9. to come or light upon; meet; find: *to hit the right road.* 10. to guess correctly. 11. to succeed in representing or producing exactly: *to hit a likeness in a portrait.* 12. to arrive at: *to hit town.* 13. to begin to travel on: *to hit the trail.* 14. to demand or obtain money from: *the building company hit me for a thousand dollars.* 15. *Colloquial* to inject (any form of drugs). –v.i. 16. to deal a blow or blows. –n. 17. an impact or collision, as of one thing against another. 18. a stroke that reaches an object; blow. 19. a successful stroke, performance, or production; success: *the play is a hit.* 20. an effective or telling expression or saying; gibe; taunt. 21. *Colloquial* a shot of heroin or any drug; a fix. –adj. 22. successful; achieving popularity. –phr.

23. **hit for six**, a. *Cricket* (of the person batting) to strike (the ball) so that it lands outside the playing area, the stroke being worth six runs. b. to confuse or disturb greatly: *the bad news hit him for six.*

24. **hit home**, to make an impact or impression upon someone.

25. **hit it off**, *Colloquial* to get on well together; agree.

26. **hit off**, to make a beginning; commence.

27. **hit on**, a. Also, **hit upon**. to come upon unexpectedly; find by chance. b. *Colloquial* to make sexual advances to.

28. **hit out at**, a. to aim a blow at. b. to make an attack on in speech or writing: *the press is hitting out at the inaction of politicians.*

29. **hit someone hard**, to have a severe and distressing effect upon someone.

30. **hit the bottle** (or **booze**), *Colloquial* to drink heavily; become an alcoholic.

31. **hit the ceiling** (or **roof**), *Colloquial* to display extreme anger or astonishment.

32. **hit the deck**, a. to prostrate oneself on the ground, usually in self-protection. b. *Colloquial* to get out of bed.

33. **hit the headlines**, to gain publicity; achieve notoriety.

34. **hit the nail on the head**, a. to sum up a situation with clarity and incisiveness. b. to give perfect satisfaction.

35. **hit the road**, to set out.

36. **hit the sack** (or **hay**), *Colloquial* to go to bed.

37. **hit the spot**, *Colloquial* to fulfil a need; satisfy.

38. **hit up**, a. *Tennis* to warm up by hitting the ball back and forth across the net, disregarding the rules of play. b. *Colloquial* to take a drug, as heroin, usually by injecting it into the bloodstream.

39. **not to know what hit one**, to be taken unawares; be thrown into confusion or dismay. –**hittable** adj. –**hitter** n.

hit-and-run /hɪt-n-'rʌn/ adj. 1. having to do with the driver of a motor vehicle who leaves the scene of an accident in which he or she was involved without stopping to give assistance or fulfil any legal obligations. 2. having to do with such an accident. 3. (of an air-raid) lasting only a short time and marked by a rapid withdrawal from the area of attack. Also, **hit-run**.

hitch /hɪtʃ/ v.t. 1. to make fast, especially temporarily, by a hook, rope, etc.; tether. 2. to harness (an animal) to a vehicle (often fol. by *up*). 3. to

hitched

tug or jerk (usually followed by *up*): *to hitch one's trousers up*. **4.** *Colloquial* to obtain or seek to obtain (a ride) from a passing vehicle: *we hitched a ride to school*. –*v.i.* **5.** *Colloquial* → **hitchhike**. –*n.* **6.** *Nautical, etc.* a kind of knot. **7.** a halt; obstruction: *a hitch in the proceedings*. **8.** a hitching movement; a jerk or tug. **9.** *Colloquial* a ride from a passing vehicle. –**hitcher** *n.*

hitched /hɪtʃt/ *adj. Colloquial* married.

hitchhike /'hɪtʃhaɪk/ *v.i.* -**hiked**, -**hiking**. *Colloquial* to travel by obtaining rides in passing vehicles. –**hitchhiker** *n.*

hither /'hɪðə/ *adv.* **1.** to or towards this place; here: *to come hither*. –*phr.* **2. hither and thither**, this way and that; in various directions.

hitherto /hɪðə'tu/ *adv.* up to this time; until now: *a fact hitherto unknown*.

hit man *n. Colloquial* a hired assassin.

hit parade *n.* a selection of the current most popular songs.

HIV /eɪtʃ aɪ 'vi/ *n.* the virus which causes AIDS.

hive /haɪv/ *n.* **1.** an artificial shelter for honeybees; a beehive. **2.** the bees inhabiting a hive. **3.** something resembling a beehive in structure or use. **4.** a place swarming with busy occupants: *a hive of industry*. **5.** a swarming or teeming multitude. –*phr.* **6. hive off**, **a.** *Commerce* (of shareholders in a company) to buy shares in (a new company being formed by the existing one). **b.** (of an organisation, business, etc.) to separate (one group or function) from the rest. **c.** to break away from a group. –**hiveless** *adj.* –**hivelike** *adj.*

hives /haɪvz/ *n.* (*construed as sing.*), *Pathology* any of various eruptive diseases of the skin, such as the weals of urticaria.

HIV-negative /eɪtʃ aɪ vi 'nɛɡətɪv/ *adj.* not having developed antibodies to HIV.

HIV-positive /eɪtʃ aɪ vi 'pɒzətɪv/ *adj.* having antibodies to HIV in the blood.

hoard /hɔd/ *n.* **1.** an accumulation of something for preservation or future use: *a hoard of gold*. –*v.t.* **2.** to accumulate for preservation or future use, especially in a secluded place. –*v.i.* **3.** to accumulate money, food, or the like, especially in a secluded place. –**hoarder** *n.*

hoarding /'hɔdɪŋ/ *n.* **1.** a temporary fence enclosing a building during erection. **2.** a large billboard on which advertisements or notices are displayed.

hoarfrost /'hɔfrɒst/ *n.* → **frost** (def. 2).

hoarse /hɔs/ *adj.* **hoarser**, **hoarsest**. **1.** having a vocal tone characterised by weakness of intensity and excessive breathiness; husky. **2.** having a raucous voice. **3.** making a harsh, low sound. –**hoarsely** *adv.* –**hoarseness** *n.*

hoary /'hɔri/ *adj.* **hoarier**, **hoariest**. **1.** grey or white with age. **2.** ancient or venerable. **3.** grey or white. –**hoariness** *n.*

hoax /hoʊks/ *n.* **1.** a humorous or mischievous deception, especially a practical joke. –*v.t.* **2.** to deceive by a hoax. –**hoaxer** *n.*

hobble /'hɒbəl/ *v.* -**bled**, -**bling**, *n.* –*v.i.* **1.** to walk lamely; limp. **2.** to go unsteadily and irregularly: *hobbling verse*. –*v.t.* **3.** to cause to limp. **4.** to tie loosely together the legs of (a horse, etc.) so as to prevent free motion. –*n.* **5.** an uneven, halting walk; limp. **6.** a rope, strap, etc., used to hobble an animal. –**hobbler** *n.* –**hobbling** *adj.* –**hobblingly** *adv.*

hobby /'hɒbi/ *n.* -**bies**. **1.** a spare-time activity or pastime, etc., pursued for pleasure or recreation. **2.** a child's hobbyhorse. –**hobbyist** *n.*

hobby farm *n.* a farm maintained for interest's sake, usually not the owner's chief source of income. –**hobby farmer** *n.*

hobbyhorse /'hɒbihɔs/ *n.* **1.** a stick with a horse's head, or a rocking horse, ridden by children. **2.** a favourite topic; obsessive notion.

hobgoblin /'hɒbɡɒblən/ *n.* **1.** a mischievous goblin. **2.** anything causing superstitious fear; a bogy.

hobnail /'hɒbneɪl/ *n.* a large-headed nail for protecting the soles of heavy boots and shoes.

hobnob /'hɒbnɒb/ *v.i.* -**nobbed**, -**nobbing**. to associate on very friendly terms: *hobnobbing with the management got him his golden handshake*.

hobo /'hoʊboʊ/ *n.* -**bos** or -**boes**. **1.** a tramp or vagrant. **2.** a migratory worker. –**hoboism** *n.*

hock[1] /hɒk/ *n.* **1.** the joint in the hind leg of the horse, etc., above the fetlock joint, corresponding to the ankle in humans but raised from the ground and protruding backwards when bent. **2.** a cut of pork through the joint of a leg or foreleg.

hock[2] /hɒk/ *n.* **1.** a dry white wine, grown along the Rhine river. **2.** (in unofficial use) any similar wine made elsewhere.

hock[3] /hɒk/ *Colloquial* –*v.t.* **1.** → **pawn**[1] (def. 1). **2.** to sell (especially illegally). –*phr.* **3. in hock**, pawned.

hockey /'hɒki/ *n.* a game in which opposing sides seek with sticks curved at one end to drive a ball (in **field hockey**) or puck (in **ice hockey**) into their opponents' goal.

hocus-pocus /hoʊkəs-'poʊkəs/ *interj.* **1.** (a formula used in conjuring or performing magic). –*n.* **2.** skilful use of the hands to confuse an audience. **3.** trickery. **4.** unnecessary elaboration to cover a deception or to make a basically simple thing appear more mysterious.

hod /hɒd/ *n.* a portable trough for carrying mortar, bricks, etc., fixed crosswise on top of a pole and carried on the shoulder.

hoe /hoʊ/ *n., v.* **hoed**, **hoeing**. –*n.* **1.** a long-handled implement with a thin, flat blade usually set transversely, used to break up the surface of the ground, destroy weeds, etc. –*v.t.* **2.** to dig, scrape, weed, cultivate, etc., with a hoe. –*v.i.* **3.** to use a hoe. –*phr.* **4. hoe in**, *Colloquial* **a.** to commence to eat heartily. **b.** to begin something energetically. **5. hoe into**, *Colloquial* **a.** to begin to eat (food) heartily. **b.** to attack (a person) vigorously, usually verbally. **c.** to undertake (a job) with vigour. –**hoer** *n.*

hog /hɒɡ/ *n., v.* **hogged**, **hogging**. –*n.* **1.** a mammal of the family Suidae; a pig (in the US, the general word). **2.** a domesticated swine, especially a castrated boar, bred for slaughter. **3.** → **hogget**. **4.** *Colloquial* a selfish, gluttonous, or filthy person. –*v.t.* **5.** *Colloquial* to appropriate selfishly; take more than one's share of. –*phr.* **6. go the whole hog**, *Colloquial* to do something completely and thoroughly; to commit oneself unreservedly to a course of action. **7. live high on the hog**, *Colloquial* to live luxuriously or extravagantly. –**hoglike** *adj.*

hogget /'hɒɡət/ *n.* **1.** a young sheep of either sex, from the age of ten months to the cutting of its first two adult teeth. **2.** the meat of such a sheep. Also, **hog**.

Hogmanay /hɒɡmə'neɪ, 'hɒɡməneɪ/ *n. Scot* (*sometimes l.c.*). **1.** New Year's Eve. **2.** the celebrations held on this occasion.

hogshead /'hɒɡzhɛd/ *n.* a unit of measurement of capacity in the imperial system, equal to 52 gallons (approx. 236.4 litres).

hogwash /'hɒɡwɒʃ/ *n.* **1.** any worthless stuff. **2.** meaningless or insincere talk; nonsense.

ho-hum /hoʊ-'hʌm/ *interj.* **1.** (an expression of boredom, weariness, etc.). –*adj.* **2.** boring; plain; lacking vitality or interest.

hoick /hɔɪk/ *v.t.* **1.** to hoist abruptly. **2.** to cause to rise sharply or abruptly, as an aeroplane.

hoi polloi /hɔɪ pə'lɔɪ/ *n.* **the**, the common people; the masses.

hoist /hɔɪst/ *v.t.* **1.** to raise or lift, especially by some mechanical appliance: *to hoist sail*. **2.** *Colloquial* to steal, especially to shoplift. **3.** *Colloquial* to throw. *–n.* **4.** an apparatus for hoisting, as a lift. **5.** the act of hoisting; a lift. –**hoister** *n.*

hokey-pokey /ˈhoʊki-ˈpoʊki/ *n.* **1.** → **hocus-pocus**. **2.** a kind of round dance with hand and foot gestures. **3.** *Originally NZ* a toffee-like sweet.

hokonui /hoʊkəˈnuːi/ *n. NZ Colloquial* any illicitly-distilled spirits.

hold¹ /hoʊld/ *v.* **held, held** or *Archaic* **holden, holding,** *n. –v.t.* **1.** to have or keep in the hand; keep fast; grasp. **2.** to reserve; retain; set aside. **3.** to bear, sustain, or support with the hand, arms, etc., or by any means. **4.** to keep in a specified state, relation, etc.: *to hold the enemy in check*. **5.** to keep in custody; detain. **6.** to engage in; preside over; carry on; pursue; observe or celebrate: *to hold a meeting*. **7.** to have the ownership or use of; keep as one's own; occupy: *to hold office*. **8.** to contain; be capable of containing: *this bottle holds two litres*. **9.** to have or keep in the mind; think or believe; entertain: *to hold a belief*. **10.** to regard or consider: *to hold a person responsible*. **11.** *Law* (of a court) to decide. **12.** to regard with a specified degree of affection or attachment: *to hold someone dear; to hold someone cheap*. **13.** to keep (territory, etc.) forcibly, as against an adversary. *–v. (copular)* **14.** to remain or continue in a specified state, relation, etc.: *to hold still*. *–v.i.* **15.** to remain fast; adhere; cling: *the anchor holds*. **16.** to keep or maintain a grasp on something. **17.** to maintain one's position against opposition; continue in resistance. **18.** to remain attached, faithful, or steadfast: *to hold to one's purpose*. **19.** to remain valid; be in force: *the rule does not hold*. **20.** (*usually in the imperative*) *Archaic* to refrain or forbear. *–n.* **21.** the act of holding fast by a grasp of the hand or by some other physical means; grasp; grip: *take hold*. **22.** something to hold a thing by, as a handle; something to grasp for support. **23.** one of a set of ways of grasping an opponent in wrestling. **24.** a thing that holds fast or supports something else. **25.** a controlling force, or dominating influence: *to have a hold on a person*. *–phr.*
26. get a hold on oneself, *Colloquial* to get control over oneself.
27. hold a catch, *Cricket* to retain control of the ball after a catch so that the catch is considered valid.
28. hold back, a. to restrain or check. **b.** to retain possession of; keep back; withhold.
29. hold down, to continue to hold (a position, job, etc.), especially in spite of difficulties.
30. hold forth, a. to propose as likely: *he held forth little prospect of improvement*. **b.** to speak pompously or at tedious length: *she held forth about her achievements*.
31. hold from (or **to**), to hold (property) by grant of; derive title to.
32. hold good, to be true; be valid.
33. hold in, to restrain, check, or curb: *he managed to hold in his anger*.
34. hold it, (a call to someone to stop, wait, etc.).
35. hold off, a. to keep aloof or at a distance. **b.** to refrain from action.
36. hold on, a. to keep fast hold on something. **b.** to continue; persist. **c.** (*chiefly in the imperative*) *Colloquial* to stop or wait: *to tell someone to hold on; hold on!*
37. hold one's own, to maintain one's position or condition.
38. hold one's tongue (or **peace**), to keep silent; cease or refrain from speaking.
39. hold out, a. to offer or present. **b.** to extend or stretch forth. **c.** to continue to exist; last. **d.** to refuse to yield or submit. **e.** *Originally US Colloquial* to keep back something expected or due.
40. hold out for, to remain adamant in expectation of: *I'm going to hold out for a better offer*.
41. hold over, a. to keep for future consideration or action; postpone. **b.** *Music* to prolong (a note) from one bar to the next.
42. hold someone's hand, to provide moral support for someone.
43. hold the ball, *Australian Rules* to retain possession of the ball when seized by another player, thereby incurring a penalty.
44. hold the line, (of someone on the telephone) to wait.
45. hold the road, (of tyres on a car) to grip the road.
46. hold to, to abide by; keep to.
47. hold together, a. to cause to remain in one piece: *only one bolt holds it together*. **b.** to cause to remain functioning as a unit: *the sergeant held the company together*. **c.** to remain whole or in one piece.
48. hold up, a. to keep in an erect position. **b.** to present to notice; exhibit; display. **c.** to hinder; delay. **d.** to stop by force in order to rob. **e.** to remain intact: *her testimony held up under cross-examination*.
49. hold water, a. to retain water; not let water run through. **b.** to prove sound, tenable, or valid: *Mr Black's claims will not hold water*.
50. hold with, to agree with; approve of.
51. no holds barred, a. *Wrestling* with no restrictions as to rules. **b.** without restraint or inhibition.
52. on hold, temporarily in abeyance: *we've got that plan on hold*.

hold² /hoʊld/ *n. Nautical* the interior of a ship below the deck, especially where the cargo is stowed.

holder /ˈhoʊldə/ *n.* **1.** something to hold a thing with. **2.** someone who has the ownership, possession, or use of something; an owner; a tenant. **3.** the payee or endorsee in possession of a bill of exchange or promissory note. **4.** → **shareholder**. **5.** someone who wins and keeps a sports cup until the next contest or championship is held.

holding /ˈhoʊldɪŋ/ *n.* **1.** (*often plural*) property owned, especially stocks and shares, and land. *–adj.* **2.** used as an interim measure: *a holding yard*.

holding company *n.* **1.** a company controlling, or able to control, other companies by virtue of share ownership in these companies. **2.** a company which owns stocks or securities of other companies, deriving income from them.

hold-up /ˈhoʊld-ʌp/ *n. Colloquial* **1.** a forcible stopping and robbing of a person, bank, etc. **2.** a delay; stoppage.

hole /hoʊl/ *n., v.* **holed, holing.** *–n.* **1.** an opening through anything; an aperture. **2.** a hollow place in a solid body or mass; a cavity: *a hole in the ground*. **3.** a waterhole. **4.** *Goldmining* a shaft sunk into the ground from the surface; a miner's excavation. **5.** the excavated habitation of an animal; a burrow. **6.** a small, mean abode or town. **7.** a dungeon; place of confinement. **8.** *Golf* **a.** the small cavity into which the ball is to be hit. **b.** any one of the eighteen stages of a round of golf, in each of which the player must hit the ball in a series of strokes from the tee to a small hole in the putting green. **9.** *US* a cove or small harbour. **10.** *Colloquial* an embarrassing position or predicament: *to find oneself in a hole*. **11.** *Colloquial* ‡ any of certain apertures of the body,

hole-and-corner / **homely**

as the anus or vagina. –*v.t.* **12.** to make a hole or holes in. **13.** to put or drive into a hole. **14.** *Golf* to drive (the ball) into a hole. **15.** *Colloquial* to fire a bullet into. –*v.i.* **16.** to make a hole or holes. **17.** Also, **hole out**. *Golf* to drive the ball into a hole. –*phr.* **18. hole up, a.** to go into a hole; retire for the winter, as a hibernating animal. **b.** to hide (often from the police). **19. like a hole in the head**, *Colloquial* not at all: *right now I need a visit from him like a hole in the head*. **20. put a big hole in**, *Colloquial* to eat or drink a large proportion of: *well, I may not have finished it, but I put a big hole in it*. **–holey** *adj.*

hole-and-corner /hoʊl-ən-ˈkɔnə/ *adj.* furtive; secretive; underhand.

holiday /ˈhɒlədeɪ/ *n.* **1.** a day on which ordinary business is stopped, often in memory of some event, person, religious feast, etc. **2.** (*often plural*) a break from work often involving a trip away from home; vacation. –*adj.* **3.** relating to or suited to a holiday: *a holiday frame of mind*. –*v.i.* **4.** to take a holiday: *she will holiday on the Gold Coast*.

holiness /ˈhoʊlinəs/ *n.* **1.** the state or character of being holy; sanctity. **2.** (*cap.*) a title of the pope, and formerly also of other high ecclesiastical dignitaries, etc. (preceded by *his* or *your*).

hollow /ˈhɒloʊ/ *adj.* **1.** having a hole or cavity within; not solid; empty: *a hollow ball*. **2.** having a depression or concavity: *a hollow surface*. **3.** sunken, as the cheeks or eyes. **4.** (of sound) not resonant; dull, muffled, or deep: *a hollow voice*. **5.** without substantial or real worth; vain: *a hollow victory*. **6.** insincere or false: *hollow compliments*. **7.** hungry. –*n.* **8.** an empty space within anything; a hole; a depression or cavity. **9.** a valley: *the hollow of a hill*. –*v.t.* **10.** to make hollow. –*v.i.* **11.** to become hollow. –*adv.* **12.** in a hollow manner. –*phr.* **13. beat hollow**, *Colloquial* to defeat utterly or completely. **14. have hollow legs**, to have a prodigious appetite. **15. hollow out, a.** to form by making something hollow: *to hollow out a depression*. **b.** to form a cavity in: *to hollow out a tree trunk*. **–hollowly** *adv.* **–hollowness** *n.*

holly /ˈhɒli/ *n.* **-lies. 1.** any of the trees or shrubs of the genus *Ilex*, especially those species having glossy, spiny-edged leaves and small, whitish flowers succeeded by bright red berries. **2.** the foliage and berries, much used for decoration, especially during the Christmas season.

holo- a word element meaning 'whole' or 'entire', as in *holocaust*.

holocaust /ˈhɒləkɒst, -kɔst/ *n.* great or total destruction of life, especially by fire.

Holocene /ˈhɒləsin/ *adj. Geology* of or relating to the Recent period.

hologram /ˈhɒləɡræm/ *n.* a negative produced by holography.

holography /hɒˈlɒɡrəfi/ *n.* a form of photography in which no lens is used and in which a photographic plate records the interference pattern between two parts of a laser beam. The result is a plate which when exposed to bright light seems to reproduce a three-dimensional image. **–holographic** *adj.*

holster /ˈhoʊlstə/ *n.* a leather case for a pistol, attached to a belt or a saddle. **–holstered** *adj.*

holus-bolus /ˌhoʊləs-ˈboʊləs/ *adv. Colloquial* **1.** all at once. **2.** in its entirety. **3.** all together.

holy /ˈhoʊli/ *adj.* **-lier, -liest**, *n.* **-lies**. –*adj.* **1.** specially recognised as set aside to a god; consecrated: *a holy day*. **2.** given over to the service of God, the Church, or religion: *a holy man*. **3.** of religious character, purity, etc.: *a holy love*. **4.** deserving deep respect: *a holy shrine*. –*n.* **5.** a holy place or thing.

homage /ˈhɒmɪdʒ/ *n.* **1.** respect or reverence paid or rendered. **2.** the formal acknowledgment by which a feudal tenant or vassal declared himself to be the man of his lord, owing him faith and service. **3.** the relation thus established of a vassal to his lord. **4.** something done or given in acknowledgment or consideration of vassalage.

home /hoʊm/ *n., adj., adv., v.* **homed, homing**. –*n.* **1.** a house, or other shelter that is the fixed residence of a person, a family, or a household. **2.** a place of one's domestic affections. **3.** (*often cap.*) an institution for the homeless, sick, etc. **4.** the dwelling place or retreat of an animal. **5.** the place or region where something is native or most common. **6.** any place of existence or refuge: *a heavenly home*. **7.** one's native place or own country. **8.** (in games) the goal; finishing post; base. **9.** *Baseball* the plate at which the batter stands and which he or she must return to and touch after running round the bases, in order to score a run. **10.** *Australian, NZ, Obsolete* Great Britain, especially England, viewed as the homeland. –*adj.* **11.** of, relating to, or connected with one's home, town, centre of operations, or country; domestic. **12.** close to, or relating to, the homestead or main group of buildings of a station: *the home paddock*. **13.** that strikes home, or to the mark aimed at; to the point: *a home thrust*. –*adv.* **14.** to, towards, or at home: *to go home*. **15.** deep; to the heart; effectively and completely. **16.** to the mark or point aimed at: *to strike home*. **17.** *Nautical* all the way; as far as possible: *to heave the anchor home*. –*v.i.* **18.** to go or return home. –*v.t.* **19.** to bring or send home. **20.** to direct, especially under control of an automatic aiming device, towards an airport, target, etc. –*phr.* **21. a home away from home**, a place having the comforts of home. **22. at home, a.** in one's own house or country. **b.** (of a sporting team, etc.) in one's own town or one's own grounds. **c.** in a situation familiar to one; at ease. **d.** prepared to receive social visits. **e.** (sometimes fol. by *with*) familiar; accustomed; well-informed. **23. bring home to**, to cause (someone) to realise fully: *this will bring home to you the folly of what you have done*. **24. home and hosed**, *Australian, NZ* **a.** finished successfully. **b.** now judged to be sure of success. **25. home in on, a.** (of guided missiles, aircraft, etc.) to proceed, especially under control of an automatic aiming mechanism towards (an airport, fixed or moving target, etc.). **b.** to proceed towards, as if guided by an external force. **26. home on the pig's back**, *Australian, NZ* certain to succeed. **27. nothing to write home about**, not remarkable; unexciting; inferior. **28. who is he (or she) when he's (or she's) at home?**, (an expression, usually scornful, indicating that the person referred to has an undeservedly high opinion of himself or herself). **–homeless** *adj.*

homebirth /ˈhoʊmbɜθ/ *n.* a birth in which the mother gives birth in her own home.

homebody /ˈhoʊmbɒdi/ *n. Colloquial* someone who likes being at home.

homeboy /ˈhoʊmbɔɪ/ *n.* **1.** *Originally US Colloquial (especially Black English)* a boy from one's home district or town. **2.** a member of a youth gang.

home economics *n.* the art and science of home-making, including the purchase, preparation, and service of food, the selection and making of clothing, the choice of furnishings, the care of children, etc. Also, **home science**.

home invasion *n.* the holding up of a family in their home.

homeland /ˈhoʊmlænd/ *n.* one's native land.

homely /ˈhoʊmli/ *adj.* **-lier, -liest. 1.** proper or

suited to the home or to ordinary domestic life; plain; unpretentious: *homely fare*. **2.** not good-looking; plain: *a homely girl*. **–homeliness** *n*.

homeostasis = homoeostasis /ˌhoʊmioʊˈsteɪsəs/ *n*. **1.** physiological equilibrium within living creatures involving a balance of functions and chemical composition. **2.** maintenance of social equilibrium.

home page *n*. *Computers* the introductory page for a site on the Internet, containing information about the site, addresses, menus, etc.

home rule *n*. self-government in internal affairs by the inhabitants of a dependent country.

homesick /ˈhoʊmsɪk/ *adj*. ill or depressed from a longing for home. **–homesickness** *n*.

homespun /ˈhoʊmspʌn/ *adj*. **1.** spun or made at home: *homespun cloth*. **2.** made of such cloth. **3.** plain; unpolished; simple. *–n*. **4.** cloth made at home, or of homespun yarn. **5.** cloth of similar appearance to that hand-spun and hand-woven.

homestead /ˈhoʊmstɛd/ *n*. the main residence on a sheep or cattle station or large farm.

home truth *n*. a disagreeable statement of fact that hurts the sensibilities.

home unit *n*. *Australian*, *NZ* one of a number of dwelling apartments in the same building, each owned under separate title, frequently by the occupier. Compare **flat**² (def. 1). Also, **unit**.

homeward /ˈhoʊmwəd/ *adj*. **1.** directed towards home. *–adv*. **2.** homewards.

homework /ˈhoʊmwɜk/ *n*. **1.** the part of a lesson or lessons prepared outside school hours. *–phr*. **2. do one's homework**, *Colloquial* to undertake preparatory work for a meeting, interview, discussion, etc.

homey = homy /ˈhoʊmi/ *adj*. **-mier, -miest,** *n*. *Colloquial–adj*. **1.** homelike; comfortable; friendly. *–n*. **2.** → **homeboy**.

homicide /ˈhɒməsaɪd/ *n*. **1.** the killing of one human being by another. **2.** a murderer. **–homicidal** *adj*.

homily /ˈhɒməli/ *n*. **-lies. 1.** a religious discourse addressed to a congregation; a sermon. **2.** an admonitory or moralising discourse.

homing pigeon *n*. a pigeon trained to fly home from a distance, used to carry messages.

hominid /ˈhɒmənɪd/ *n*. a member of the Hominidae, a family comprising humans and their humanlike precursors, known by fossils.

hominoid /ˈhɒmənɔɪd/ *adj*. **1.** humanlike. **2.** having to do with the superfamily Hominoidea which includes humans and the anthropoid apes. *–n*. **3.** a humanlike creature.

hommos /ˈhʊməs/ *n*. → **hummus**.

homo- a combining form meaning 'the same' (opposed to *hetero-*), as in *homocercal*.

homoeo- a word element meaning 'similar' or 'like', as in *homoeomorphism*. Also, **homeo-, homoio-**.

homoeopathy = homeopathy /ˌhoʊmiˈɒpəθi/ *n*. a method of treating disease by drugs, given in minute doses, which produce in a healthy person symptoms similar to those of the disease. **–homoeopathic** /ˌhoʊmioʊˈpæθɪk/ *adj*. **–homoeopathically** /ˌhoʊmiˈɒpæθɪkli/ *adv*. **–homoeopathist, homoeopath** *n*.

homoeostasis /ˌhoʊmioʊˈsteɪsəs/ → **homeostasis**.

homogeneous /ˌhoʊməˈdʒiniəs, ˌhɒmə-/ *adj*. **1.** composed of parts all of the same kind; not heterogeneous. **2.** of the same kind or nature; essentially alike. **–homogeneously** *adv*. **–homogeneity** /ˌhoʊmədʒəˈniəti, ˌhɒmə-/, **homogeneousness** *n*.

homogenise = homogenize /həˈmɒdʒənaɪz/ *v*. **-nised, -nising.** *–v.t*. **1.** to make homogeneous; form by mixing and emulsifying. *–v.i*. **2.** to become homogeneous. **–homogenisation** /həˌmɒdʒənaɪˈzeɪʃən/ *n*. **–homogeniser** *n*.

homogenous /həˈmɒdʒənəs/ *adj*. **1.** corresponding in structure because of a common origin. **2.** → **homogeneous**.

homograph /ˈhɒməɡræf/ *n*. a word of the same written form as another, but of different origin and meaning, as *fair*¹ and *fair*². **–homographic** /ˌhɒməˈɡræfɪk/ *adj*.

homologous /həˈmɒləɡəs/ *adj*. **1.** having the same or a similar relation; corresponding, as in relative position, structure, etc. **2.** *Biology* corresponding in type of structure and in origin, but not necessarily in function: *the wing of a bird and the foreleg of a horse are homologous*. **3.** *Chemistry* of the same chemical type, but differing by a fixed increment in certain constituents. **4.** *Medicine*, etc. relating to the relation between bacteria and the immune serum prepared from them.

homonym /ˈhɒmənɪm/ *n*. a word like another in sound and often in spelling, but different in meaning, as *meat* and *meet*. **–homonymous** /həˈmɒnəməs/, **homonymic** *adj*. **–homonymy** /həˈmɒnəmi/ *n*.

homophobia /ˌhoʊməˈfoʊbiə/ *n*. fear of homosexuals, usually linked with hostility towards them. **–homophobe** *n*. **–homophobic** *adj*.

homophone /ˈhɒməfoʊn, ˈhoʊmə-/ *n*. **1.** *Phonetics* a word pronounced the same as another, whether spelled the same or not: *heir* and *air* are homophones. **2.** (in writing) an element which represents the same spoken unit as another, as (usually) English *ks* and *x*.

Homo sapiens /ˌhoʊmoʊ ˈsæpiɛnz, -piənz/ *n*. **1.** the human species, being the single surviving species of the genus *Homo* and of the primate family, Hominoidea, to which it belongs; includes extinct types of prehistoric humans, such as Neanderthal man (*Homo sapiens neanderthalensis*), as well as modern humans (*Homo sapiens sapiens*). **2.** Also, **homo sapiens**. (in general usage) modern human beings.

homosexual /ˌhoʊmoʊˈsɛkʃuəl, ˌhɒmə-/ *adj*. **1.** relating to or exhibiting homosexuality. *–n*. **2.** a homosexual person, especially a male.

homosexuality /ˌhoʊmoʊsɛkʃuˈæləti, ˌhɒmə-/ *n*. sexual feeling for a person of the same sex, especially between men.

hone /hoʊn/ *n*., *v*. **honed, honing.** *–n*. **1.** a whetstone of fine, compact texture, especially one for sharpening razors. *–v.t*. **2.** to sharpen on or as on a hone: *to hone a razor*. **3.** to cut back, trim. **4.** to improve by careful attention or practice: *to hone one's skills*.

honest /ˈɒnəst/ *adj*. **1.** honourable in principles, intentions, and actions; upright: *an honest person*. **2.** showing uprightness and fairness: *honest methods*. **3.** acquired fairly: *honest money*. **4.** open; sincere: *an honest face*. **5.** truthful; creditable; candid. **6.** chaste or virtuous; respectable. *–phr*. **7. make someone an honest woman** or **make an honest woman of someone**, (*humorous*) to marry a woman with whom one has been having a sexual relationship: *he finally made an honest woman of her*.

honestly /ˈɒnəstli/ *adv*. **1.** with honesty; in an honest manner. *–interj*. **2.** (an exclamation used to emphasise the honesty or integrity of one's intentions, statements, etc.): *I do think so. Honestly!* **3.** (an expression of exasperation).

honey /ˈhʌni/ *n*. **honeys,** *adj*. *–n*. **1.** a sweet, sticky fluid produced by bees from the nectar collected from flowers. **2.** something sweet, delicious, or delightful. **3.** *Colloquial* a person or thing which draws admiration: *that machine is a honey*. **4.** sweet one; darling. *–adj*. **5.** of or like honey; sweet; dear. **–honeyed** *adj*. **–honey-like** *adj*.

honeycomb /'hʌnikoʊm/ *n.* **1.** a structure of wax containing rows of hexagonal cells, formed by bees for the reception of honey and pollen and of their eggs. **2.** any substance, such as a casting of iron, etc., having cells like those of a honeycomb. *–adj.* **3.** having the structure or appearance of a honeycomb: *honeycomb weave. –v.t.* **4.** to pierce with many holes or cavities: *the hills were honeycombed with caves.*

honeydew melon /hʌnidju 'mɛlən/ *n.* a sweet-flavoured, white-fleshed melon with a smooth, pale green rind.

honeyeater /'hʌni,itə/ *n.* any of numerous birds constituting the family Meliphagidae, chiefly of Australasia, with a bill and tongue adapted for extracting the nectar from flowers.

honeymoon /'hʌnimun/ *n.* **1.** a holiday spent by a newly married couple before settling down to normal domesticity. **2.** the first weeks immediately after marriage. **3.** the early period of any relationship, especially when characterised by happiness or harmony: *the new government's honeymoon with the public lasted several months. –v.i.* **4.** to spend one's honeymoon. **–honeymooner** *n.*

honey-pot ant *n.* an Australian species of ant, *Camponotus inflatus*, characterised by the fact that some workers store excess food in a distended abdomen.

honeysuckle /'hʌnisʌkəl/ *n.* **1.** any of the upright or climbing shrubs constituting the genus *Lonicera*, some species of which are cultivated for their fragrant white, yellow, or red tubular flowers. **2.** any of various other fragrant or ornamental plants. **3.** any of several Australian trees or shrubs of the genus *Banksia*. **4.** *NZ* a stately, upright tree, *Knightia excelsa*, with masses of dark-red flowers, the wood of which is often used for furniture making; rewarewa.

hongi /'hɒŋi/ *n.* a Maori greeting, expressed by touching noses.

honk /hɒŋk/ *n.* **1.** the cry of the goose. **2.** any similar sound, as a car horn. *–v.i.* **3.** to emit a honk. **–honker** *n.*

honorarium /ɒnə'rɛəriəm/ *n.* **-rariums** *or* **-raria** /-'rɛəriə/. **1.** an honorary reward, as in recognition of professional services on which no price may be set. **2.** a fee for services rendered by a professional person.

honorary /'ɒnərəri/ *adj.* **1.** given for honour only: *an honorary title.* **2.** holding a title or position given for honour only: *an honorary president.* **3.** (of a position, job, etc.) unpaid: *the honorary secretary of the committee.* **4.** given, made, or serving as a sign of honour: *an honorary gift. –n.* **5.** (formerly) a specialist working in a public hospital.

honorific /ɒnə'rɪfɪk/ *adj.* Also, **honorifical. 1.** doing or conferring honour. **2.** having the quality of an honorific. *–n.* **3.** (in certain languages, such as Chinese and Japanese) a class of forms used to show respect, especially in direct address. **4.** a title or term of respect, such as *Doctor, Professor, Rt Hon.* **–honorifically** *adv.*

honour = **honor** /'ɒnə/ *n.* **1.** high public esteem; fame; glory. **2.** credit or reputation for behaviour that is becoming or worthy. **3.** a source of credit or distinction: *to be an honour to one's family.* **4.** high respect, as for worth, merit, or rank: *to be held in honour.* **5.** such respect manifested: *to be received with honour.* **6.** a special privilege or favour: *I have the honour to acknowledge your letter.* **7.** (*usually plural*) high rank, dignity, or distinction: *political honours.* **8.** (*cap.*) a deferential title, especially of certain judges (preceded by *Your, His, Her,* etc.). **9.** high-minded character or principles; fine sense of one's obligations: *a man of honour.* **10.** (*plural*) (in universities) **a.** scholastic or academic achievement in a degree examination higher than that required for a pass degree. **b.** the grade of scholarship achieved: *first-class honours.* **c.** the course of study. **11.** chastity or purity in a woman. **12.** *Bridge* any one of the five highest ranking cards in each suit; for scoring purposes, any one of the highest cards of the trump suit or any one of the four aces at no trump. **13.** *Whist* any of the four highest trump cards. **14.** *Golf* the preference of teeing off before the other players or side, given after the first hole to the player or players who won the previous hole. *–v.t.* **15.** to hold in honour or high respect; revere. **16.** to treat with honour. **17.** to confer honour or distinction upon. **18.** to worship (the Supreme Being). **19.** to show a courteous regard for: *to honour an invitation.* **20.** to accept and pay (a cheque, etc.) when due. **21.** to accept the validity of (a document, etc.). *–phr.* **22. do honour to, a.** to show respect to. **b.** to be a credit to. **23. do the honours,** to act or preside as host. **24. on** (or **upon**) **one's honour, a.** (an expression acknowledging personal responsibility for one's actions). **b.** (an expression pledging one's reputation as to the truthfulness of a statement, etc.). **c.** (an expression promising obedience or good behaviour). **–honourer** = **honorer** *n.* **–honourless** = **honorless** *adj.*

honourable = **honorable** /'ɒnərəbəl/ *adj.* **1.** in accordance with principles of honour; upright: *an honourable man.* **2.** of high rank, dignity or distinction; noble, illustrious, or distinguished. **3.** (*cap.*) **a.** a title prefixed to the name of certain high officials, including members of parliament, especially when one member refers to another: *the honourable member, the honourable gentleman.* **b.** *Brit.* a title prefixed to the given name of younger sons of earls and all children of viscounts and barons. *Abbrev.*: Hon. **–honourably** *adv.*

hood /hʊd/ *n.* **1.** a soft covering for the head and neck, sometimes joined to a garment. **2.** something looking like this, as a hood-shaped petal, etc. **3.** a piece of hood-shaped material, worn with an academic gown, the colour and material of the lining depending on the degree held and the university by which the degree was given. **4.** the folding roof of a convertible car. **5.** *Colloquial* a criminal. **–hoodless** *adj.* **–hoodlike** *adj.*

hoodlum /'hʊdləm/ *n.* **1.** a petty gangster; ruffian. **2.** a destructive, noisy, or rough child or young person. **–hoodlumism** *n.*

hoodoo /'hudu/ *n.* **-doos. 1.** voodoo. **2.** *Colloquial* a person or thing that brings bad luck.

hoodwink /'hʊdwɪŋk/ *v.t.* to deceive; humbug. **–hoodwinker** *n.*

hoof /hʊf/ *n.* **hoofs** /hʊfs/ *or* **hooves** /huvz/. **1.** the horny covering protecting the ends of the digits or encasing the foot in certain animals, as the ox, horse, etc. **2.** the entire foot of a horse, donkey, etc. **3.** a hoofed animal; one of a herd. **4.** *Colloquial* (*humorous*) the human foot. *–phr.* **5. hoof it,** *Colloquial* **a.** to walk. **b.** to dance. **6. on the hoof,** (of livestock) alive, not butchered. **–hooflike** *adj.*

hoo-ha /'hu-ha/ *n. Colloquial* **1.** a fuss; turmoil. **2.** noise, bustle, etc., especially associated with publicity. **3.** nonsense.

hook /hʊk/ *n.* **1.** a curved or angular piece of metal or other firm substance catching, pulling, or sustaining something. **2.** a fishhook. **3.** that which catches; a snare; a trap. **4. a.** (in advertising, entertainment, etc.) an inducement or feature which catches the attention of listeners or onlookers and draws them further in to the material to where the main item lies. **b.** (in writing, especially journalism) something which catches the attention of the reader, usually in the first paragraph. **5.**

hookah

something curved or bent like a hook, as a mark or symbol, etc. **6.** a sharp curve or angle in the length or course of anything. **7.** a curved spit of land. **8.** a recurved and pointed organ or appendage of an animal or plant. **9.** *Golf* a drive or other stroke which curves to the left of the player striking the ball. **10.** *Cricket* a curving stroke of the bat, whereby the ball is driven to the on side of the field. **11.** *Boxing* a curving blow made with the arm bent, and coming in to the opponent from the side: *right hook.* **12.** *Surfing* the top of a breaking wave. **13.** *Music* a stroke or line attached to the stem of a quaver, semiquaver, etc. **14.** (*plural*) *Colloquial* fingers. –*v.t.* **15.** to seize, fasten, or catch hold of and draw in with or as with a hook. **16.** to catch (fish) with a fishhook. **17.** *Colloquial* to seize by stealth, pilfer, or steal. **18.** to catch by artifice. **19.** to catch on the horns, or attack with the horns. **20.** *Boxing* to deliver a hook. **21.** *Cricket*, *Golf* to hit (the ball) so as to produce a hooking stroke. **22.** *Colloquial* to marry: *he's managed to hook a rich woman.* –*v.i.* **23.** to become attached or fastened by or as by a hook; join on. **24.** to curve or bend like a hook. **25.** *Boxing* to deliver a hook. **26.** *Cricket*, *Golf* **a.** (of the player) to make a hooking stroke. **b.** (of the ball) to describe a course to the left or on side of the player after being hooked. **27.** *Colloquial* to depart; clear off. –*phr.* **28. by hook or by crook,** by any means, fair or foul. **29. hook it,** *Colloquial* to depart; clear off. **30. hook, line, and sinker,** completely. **31. hook up, a.** to fasten with a hook or hooks. **b.** to put together (mechanical apparatus) and connect to the source of power. **c.** to arrange a communications link between (users of a communications system). **d.** *Colloquial* to meet again and spend time with (someone): *let's get some numbers so we can hook up later on.* **32. let someone off the hook,** to allow someone to escape the consequence of their actions or to evade their responsibilities. **33. off the hook, a.** (of a garment) available for immediate use; ready-made. **b.** out of a predicament. **c.** (of a telephone) with the receiver lifted. **34. on one's own hook,** *Colloquial* on one's own responsibility. **35. on the hook, a.** waiting; being delayed. **b.** in a predicament. **36. put the hooks into,** *Colloquial* to borrow from; cadge from. **37. sling one's hook,** *Colloquial* to depart.

hookah /'hʊkə/ *n.* a pipe with a long, flexible tube by which the smoke of tobacco, marijuana, etc., is drawn through a vessel of water and thus cooled. Also, **hooka**.

hooked /hʊkt/ *adj.* **1.** bent like a hook; hook-shaped. **2.** made with or having a hook. **3.** caught, as a fish. **4.** *Colloquial* addicted; obsessed (usually followed by *on*). **5.** *Colloquial* married.

hooker /'hʊkə/ *n.* **1.** *Rugby Football* the central forward in the front row of the scrum, whose job is to pull back the ball with their foot. **2.** *Colloquial* a prostitute.

hookworm /'hʊkwɜm/ *n.* any of certain bloodsucking nematode worms, such as *Ancylostoma duodenale* and *Necator americanus*, parasitic in the intestine of humans and other animals.

hooky /'hʊki/ *phr.* **play hooky,** *Colloquial* to stay away from school, work, etc., without a justifiable excuse.

hooligan /'hulɪɡən/ *Colloquial* –*n.* **1.** a hoodlum; young street rough. –*adj.* **2.** of or like hooligans. –**hooliganism** *n.*

hoon /hun/ *n. Australian, NZ Colloquial* **1.** a loutish, aggressive, or surly youth. **2.** a foolish or silly person, especially one who is a show-off.

hoop /hup/ *n.* **1.** a circular band or ring of metal, wood, or other stiff material. **2.** such a band to hold together the staves of a cask, barrel, etc. **3.** a large ring of wood or plastic for children's games. **4.** one of the iron arches used in croquet. **5.** a circular band of stiff material used to make a woman's skirt stand out. **6.** a large ring, with paper stretched over it through which circus animals, etc., jump. **7.** *Colloquial* → **jockey** (def. 1). –*v.t.* **8.** to bind or fasten with a hoop or hoops. **9.** to encircle; embrace. –*phr.* **10. go through the hoop,** go through a bad time; undergo an ordeal. **11. jump through hoops,** to obey without question, in the manner of a trained dog. **12. put someone through (the) hoops,** to subject someone to a series of (often unreasonable) tests or trials. –**hooped** *adj.*

hoop pine *n.* a valuable softwood timber tree of northern Australia and New Guinea, *Araucaria cunninghamii.*

hooray /həˈreɪ, ˈhʊreɪ/ *interj.* **1.** (an exclamation of joy, applause, or the like). –*v.i.* **2.** to shout 'hooray'. –*n.* **3.** the exclamation 'hooray'. Also, **hoorah, hurray.**

hoot[1] /hut/ *v.i.* **1.** to cry out or shout, especially in disapproval or derision. **2.** (of an owl) to utter its cry. **3.** to utter a similar sound. **4.** to blow a horn or factory hooter; honk. **5.** to laugh. –*v.t.* **6.** to assail with shouts of disapproval or derision. **7.** to drive (*out, away, off,* etc.) by hooting. **8.** to express in hoots. –*n.* **9.** the cry of an owl. **10.** any similar sound, as an inarticulate shout. **11.** a cry or shout, especially of disapproval or derision. **12.** *Colloquial* a thing of no value: *I don't give a hoot.* **13.** *Colloquial* an amusing or funny thing or person.

hoot[2] /hut/ *n. Chiefly NZ Colloquial* money.

hooves /huvz/ *n.* a plural of **hoof.**

hop[1] /hɒp/ *v.* **hopped, hopping,** *n.* –*v.i.* **1.** to leap; move by leaping with all feet off the ground. **2.** to spring or leap on one foot. **3.** to make a flight or trip. **4.** Also, **hop off.** *US Colloquial* (of an aeroplane, etc.) to leave the ground in beginning a flight. **5.** *Colloquial* to dance. **6.** to limp. **7.** *Colloquial* to go, come, move, etc.: *I'll just hop down to the shop; hop in and I'll give you a lift; she hopped on a plane to visit her mother.* –*v.t.* **8.** *Colloquial* to jump over (a fence, ditch, etc.) **9.** *Colloquial* (of an aeroplane, etc.) to cross by a flight. –*n.* **10.** an act of hopping; short leap. **11.** a leap on one foot. **12.** *Colloquial* a flight of an aeroplane. **13.** *Colloquial* a dance, or dancing party. –*phr.* **14. hop into,** *Colloquial* **a.** to set about (something) energetically: *she hopped into the job at once.* **b.** to put (clothes) on briskly: *he hopped into his cossie.* **15. hop into bed,** *Colloquial* (sometimes fol. by *with*) to have casual sex. **16. hop it,** *Colloquial* to go away; leave. **17. hop the twig,** *Colloquial* to die. **18. hop to it,** to set about something quickly. **19. hop up and down,** *Colloquial* to express agitation or irritation. **20. on the hop, a.** unprepared. **b.** busy, moving.

hop[2] /hɒp/ *n.* **1.** one of the twining plants of three species of the genus *Humulus.* **2.** (*plural*) the dried ripe cones of the female flowers of the hop plant, used in brewing, medicine, etc. **3.** (*plural*) beer.

hopbush /'hɒpbʊʃ/ *n.* any shrub of the genus *Dodonaea,* widespread in Australia, which has papery, often reddish, winged fruits and is thought to resemble the hop.

hope /hoʊp/ *n., v.* **hoped, hoping.** –*n.* **1.** expectation of something desired; desire accompanied by expectation. **2.** a particular instance of such expectation or desire: *a hope of success.* **3.** confidence in a future event; ground for expecting something: *there is no hope of his recovery.* **4.** a person or thing that expectations are centred in: *the hope of the family.* –*v.t.* **5.** to look forward to with desire and more or less confidence: *I hope*

hopeful | horror

to meet you again. **6.** to trust in the truth of a matter (with a clause): *I hope that you are satisfied.* –*v.i.* **7.** to be in a state of hope. **8.** to trust or rely. –*phr.* **9. great white hope**, a person from whom or a thing from which exceptionally great successes or benefits are expected. **10. hope against hope**, to continue to hope, although there are no apparent grounds for such hope. **11. hope for**, to have an expectation of (something desired): *to hope for forgiveness.* **12. some hope**, (an expression of pessimism, resignation, or disbelief). –**hopingly** *adv.*

hopeful /ˈhoʊpfəl/ *adj.* **1.** full of hope; expressing hope: *hopeful words.* **2.** exciting hope; promising advantage or success: *a hopeful prospect.* –*n.* **3.** a promising young person. –**hopefulness** *n.*

hopefully /ˈhoʊpfəli/ *adv.* **1.** in a hopeful fashion. **2.** *Colloquial* it is hoped: *hopefully the drought will soon end.*

hopeless /ˈhoʊpləs/ *adj.* **1.** affording no hope; desperate: *a hopeless case.* **2.** without hope; despairing: *hopeless grief.* **3.** not possible to resolve or solve: *a hopeless problem.* **4.** not able to learn, perform, act, etc., incompetent: *a hopeless pupil.* –**hopelessly** *adv.* –**hopelessness** *n.*

hopper /ˈhɒpə/ *n.* **1.** any of various jumping insects, such as grasshoppers, leaf-hoppers, cheese maggots, etc. **2.** a funnel-shaped chamber in which materials are stored temporarily and later discharged through the bottom.

hopping mouse *n.* any of various Australian endemic rodents of the genus *Notomys*, which hop rapidly like a kangaroo.

hopsack /ˈhɒpsæk/ *n.* **1.** a coarse, jute sacking material. **2.** a fabric with coarse surface, used to make clothing. Also, **hopsacking**.

hopscotch /ˈhɒpskɒtʃ/ *n.* a children's game in which the player hops from one compartment to another of a diagram traced on the ground, without touching a line.

horde /hɔd/ *n., v.* **horded, hording.** –*n.* **1.** (*often insulting*) a great company; multitude. **2.** a nomadic group especially of Mongols. **3.** a moving pack of animals, insects, etc. –*v.i.* **4.** to gather in a horde.

hori /ˈhɔri/ *n. NZ Colloquial* (*derogatory*) a Maori.

horizon /həˈraɪzən/ *n.* **1.** the line or circle which forms the apparent boundary between earth and sky. **2.** the limit or range of perception, knowledge, or the like. **3.** *Geology* a plane in rock strata characterised by particular features, such as occurrence of distinctive fossil species.

horizontal /hɒrəˈzɒntl/ *adj.* **1.** at right angles to the upright (vertical). **2.** lying down. **3.** near, on, or parallel to the horizon. **4.** measured or contained in a plane parallel to the horizon: *a horizontal distance.* –*n.* **5.** a horizontal line, plane, position, etc. –**horizontality**, **horizontalness** *n.* –**horizontally** *adv.*

hormone /ˈhɔmoʊn/ *n. Physiology* **1.** any of various substances which are formed in endocrine organs and which activate specifically receptive organs when transported to them by the body fluids. The internal secretions of the thyroid gland, pancreas, etc., are hormones. **2.** a synthetic substance having the same effect. –**hormonal** *adj.*

hormone patch *n.* an adhesive dressing which slowly dispenses hormones by absorption through the skin, used to supplement a deficiency or correct an imbalance.

hormone replacement therapy *n.* the administration of oestrogen and progesterone to postmenopausal women to reduce the risk of osteoporosis, and because it appears that these hormones protect women from cardiovascular disease, in addition to reducing the symptoms of the menopause. Also, **HRT**.

horn /hɔn/ *n.* **1.** a hard, projected, often curved and pointed, hollow and permanent growth (usually one of a pair, a right and a left) on the head of certain mammals, as cattle, sheep, goats, antelopes, etc. (**true horn**). **2.** each of the pair of solid, deciduous, usually branched bony growths, or antlers, on the head of a deer. **3.** some similar growth, as the tusk of a narwhal. **4.** a process projecting from the head of an animal and suggestive of a horn, as a feeler, tentacle, crest, etc. **5.** the substance, consisting largely of keratin, of which true horns are composed. **6.** any similar substance, as that of hoofs, nails, corns, etc. **7.** something formed from or resembling the hollow horn of an animal: *a drinking horn.* **8.** *Colloquial* ‡ an erection (def. 4b). **9.** *Music* a wind instrument, originally formed from the hollow horn of an animal but now usually made of brass or other metal or material. **10.** an instrument for sounding a warning signal: *a motor horn.* **11.** each of the alternatives of a dilemma. –*v.t.* **12.** to butt or gore with the horns. **13.** to furnish with horns. –*adj.* **14.** made of horn. –*phr.* **15. draw** (or **pull**) **one's horns in**, to economise; reduce one's activities; retreat. **16. horn in**, *Colloquial* (sometimes fol. by *on*) to thrust oneself forward obtrusively. –**horned** *adj.* –**hornless** *adj.* –**hornlike** *adj.*

hornblende /ˈhɔnblɛnd/ *n.* any of the common black or dark-coloured aluminous varieties of amphibole. –**hornblendic** /hɔnˈblɛndɪk/ *adj.*

hornet /ˈhɔnət/ *n.* **1.** any large, strong, social wasp of the family Vespidae having an exceptionally severe sting. –*phr.* **2. mad as a hornet**, *Colloquial* extremely angry.

hornet's nest *n.* a great deal of trouble, hostility.

hornpipe /ˈhɔnpaɪp/ *n.* **1.** an English folk clarinet with an ox horn to conceal the reed and another one to form the bell. **2.** a lively dance (originally to hornpipe music) usually by a single person, popular among sailors. **3.** a piece of music for or in the style of such a dance.

horny /ˈhɔni/ *adj.* **-nier, -niest. 1.** hornlike through hardening; callous: *horny hands.* **2.** consisting of a horn or a hornlike substance; corneous. **3.** more or less translucent, like horn. **4.** having a horn or horns or hornlike projections. **5.** *Colloquial* randy; sexually excited. –**horniness** *n.*

horology /həˈrɒlədʒi/ *n.* the art or science of making timepieces or of measuring time. –**horologic** /hɒrəˈlɒdʒɪk/, **horological** /hɒrəˈlɒdʒɪkəl/ *adj.* –**horologist** *n.*

horopito /hɒrəˈpitoʊ/ *n. NZ* → **peppertree** (def. 3).

horoscope /ˈhɒrəskoʊp/ *n.* **1.** a forecast of a person's future derived from a study of the relative positions of the sun, moon, planets, and zodiacal constellations at the time of the person's birth. **2.** a diagram of the heavens for use in calculating horoscopes. **3.** the art or practice of foretelling future events by observation of the stars and planets.

horrendous /hɒˈrɛndəs, hə-/ *adj.* dreadful; horrible. –**horrendously** *adv.*

horrible /ˈhɒrəbəl/ *adj.* **1.** causing or tending to cause horror; dreadful: *a horrible sight.* **2.** extremely unpleasant; deplorable; excessive: *horrible conditions.* –**horribleness** *n.* –**horribly** *adv.*

horrid /ˈhɒrəd/ *adj.* **1.** such as to cause horror; dreadful; abominable. **2.** *Colloquial* extremely unpleasant or disagreeable: *horrid weather.* –**horridly** *adv.* –**horridness** *n.*

horrific /hɒˈrɪfɪk, hə-/ *adj.* causing horror.

horrify /ˈhɒrəfaɪ/ *v.t.* **-fied, -fying.** to cause to feel horror; strike with horror; shock intensely. –**horrification** /hɒrəfəˈkeɪʃən/ *n.*

horror /ˈhɒrə/ *n.* **1.** great fear or disgust: *to draw back in horror.* **2.** anything that creates such a

hors d'oeuvre

feeling: *the horrors of war.* **3.** *Colloquial* something considered ugly or bad: *that hat is a horror.* **4.** a strong or painful dislike: *a horror of violence.* **5.** *(plural) Colloquial* **a.** a great feeling of fear: *heights give me the horrors.* **b.** → **delirium tremens.**

hors d'oeuvre /ɔ 'dɜv/ *n.* an appetiser, canapé, or savoury, served with cocktails, before a meal, etc.

horse /hɔs/ *n.* **horses,** (*especially collectively*) **horse,** *v.* **horsed, horsing,** *adj.* –*n.* **1.** a large, solid-hoofed quadruped, *Equus caballus,* domesticated since prehistoric times, and employed as a beast of draught and burden and for carrying a rider. **2.** a male horse, fully-grown and past its fourth birthday. **3.** any animal of the family Equidae (**horse family**), which includes the ass, zebra, etc. **4.** soldiers serving on horseback; cavalry: *a thousand horse.* **5.** something on which a person rides, sits, or exercises as if on a horse's back: *rocking horse.* **6.** a leather-covered block, adjustable in height, used for vaulting and other gymnastic exercises. **7.** a frame, block, etc., with legs on which something is mounted or supported. **8.** *Colloquial* → **heroin.** –*v.t.* **9.** to provide with a horse or horses. **10.** to set on horseback. –*adj.* **11.** unusually large for one of its kind. **12.** of or relating to a horse or horses. **13.** mounted on horses. –*phr.* **14. a horse of another** (or **a different**) **colour,** a different thing altogether. **15. back the wrong horse,** to support the wrong or losing contender. **16. eat like a horse,** to have a prodigious appetite. **17. flog a dead horse,** to make useless efforts, as in attempting to raise interest in a dead issue. **18. from the horse's mouth,** from an authoritative source. **19. hold one's horses,** to restrain one's impulses; hold back. **20. horse about** (or **around**), to act or play roughly or boisterously. **21. horses for courses, a.** (an expression referring to the theory that a horse which races well on one track or type of track should not be run on a different track to which it is not suited). **b.** (an expression referring to the notion that someone should be matched with a position, task, etc., suited to their particular talents). **22. white horse,** the foamy crest of a wave. **23. willing horse,** a willing worker.

horse float *n.* a van or trailer for conveying horses by road, rail, etc. Also, **float.**

horseplay /'hɔspleɪ/ *n.* rough or boisterous play.

horsepower /'hɔspaʊə/ *n.* a unit of measurement of power, or rate of doing work, in the imperial system, defined as 550 foot-pounds per second (equal to 745.7 watts).

horseradish /'hɔsrædɪʃ/ *n.* **1.** a cultivated plant, *Armoracia lapathifolia.* **2.** its pungent root, ground and used as a condiment and in medicine.

horse sense *n. Colloquial* **1.** plain, practical common sense. **2.** an ability to judge horseflesh, to ride well, etc.

horseshoe /'hɔsʃu/ *n.* **1.** a U-shaped iron plate nailed to a horse's hoof to protect it. **2.** something shaped like a horseshoe. **3.** a symbol of good luck usually when vertical with the open end uppermost.

horse-trading /hɔs-'treɪdɪŋ/ *n.* shrewd and close bargaining. –**horse-trader** *n.*

horsy /'hɔsi/ *adj.* **-sier, -siest. 1.** having to do with a horse or horses: *horsy talk.* **2.** (of a person) interested in or devoted to horses, horseracing, etc. **3.** *Colloquial* (of a person) large and supposedly horselike in appearance or manner. –**horsiness** *n.*

hortatory /hɔ'teɪtəri, 'hɔtətri/ *adj.* encouraging; inciting; exhorting; urging to some course of conduct or action: *a hortatory address.* Also, **hortative.**

hot

horticulture /'hɔtəkʌltʃə/ *n.* **1.** commercial cultivation of fruit, vegetables, and flowers, including berries, grapes, vines, and nuts. **2.** the science or art of growing fruit, vegetables, flowers, or ornamental plants. **3.** the cultivation of a garden. –**horticultural** /hɔtə'kʌltʃərəl/ *adj.* –**horticulturist** /hɔtə'kʌltʃərəst/, **horticulturalist** /hɔtə'kʌltʃərələst/ *n.*

hose /hoʊz/ *n.* **hose,** *v.* **hosed, hosing.** –*n.* **1.** a garment for the foot and lower part of the leg; stockings, tights, pantihose, etc. **2.** a garment for the legs and thighs, such as tights or breeches, formerly worn by men. **3.** a flexible tube for conveying water, etc., to a desired point: *a garden hose.* –*v.t.* **4.** to water, wash, or drench by means of a hose.

hosiery /'hoʊzəri/ *n.* hose or stockings of any kind. –**hosier** *n.*

hospice /'hɒspəs/ *n.* **1.** (formerly) a house of shelter or rest for pilgrims, strangers, etc., especially one kept by a religious order. **2.** a hospital for terminally ill patients.

hospitable /hɒs'pɪtəbəl/ *adj.* **1.** affording a generous welcome to guests or strangers: *a hospitable city.* **2.** inclined to or characterised by hospitality: *a hospitable reception.* –*phr.* **3. hospitable to,** favourably receptive or open to: *hospitable to new ideas.* –**hospitableness** *n.* –**hospitably** *adv.*

hospital /'hɒspɪtl/ *n.* **1.** an institution in which sick or injured persons are given medical or surgical treatment. **2.** a similar establishment for the care of animals. **3.** a shop for repairing specific things: *a dolls' hospital.*

hospitalise = **hospitalize** /'hɒspətəlaɪz/ *v.t.* **-lised, -lising.** to place for medical care, etc., in a hospital. –**hospitalisation** /hɒspətəlaɪ'zeɪʃən/ *n.*

hospitality /hɒspə'tæləti/ *n.* **-ties.** the reception and entertainment of guests or strangers with liberality and kindness.

host[1] /hoʊst/ *n.* **1.** someone who receives guests in his or her own home or elsewhere: *the host at a party.* **2.** the landlord of an inn. **3.** an animal or plant from which a parasite gains food. –*v.t.* **4.** to act as a host (def. 1). **5.** to compere (a television show, etc.).

host[2] /hoʊst/ *n.* a multitude or great number of persons or things: *a host of details.*

hostage /'hɒstɪdʒ/ *n.* **1.** a person given or held as a security for the performance of certain actions such as the payment of ransom, etc. **2.** a security or pledge.

host computer *n.* the key or central computer in a network on which a range of operations can be performed which are not available to the peripheral or dependent computers. Also, **host.**

hostel /'hɒstəl, hɒs'tɛl/ *n.* **1.** a supervised place of accommodation, usually supplying board and lodging at a comparatively low cost, such as one for students, nurses, or the like. **2.** → **youth hostel.**

hostess /'hoʊstɛs/ *n.* **1.** a female host; a woman who entertains guests. **2.** an air hostess. **3.** a paid dancing partner. **4.** a female innkeeper.

hostile /'hɒstaɪl/ *adj.* **1.** opposed in feeling, action, or character; unfriendly; antagonistic: *hostile criticism.* **2.** of or characteristic of an enemy: *hostile ground.* –*phr.* **3. go hostile,** *NZ Colloquial* (sometimes fol. by *at*) to become angry. –**hostilely** *adv.* –**hostility** *n.*

hot /hɒt/ *adj.* **hotter, hottest,** *adv.,* *v.* **hotted, hotting.** –*adj.* **1.** having or communicating heat; having a high temperature: *a hot stove.* **2.** having a sensation of great bodily heat; attended with or producing such a sensation. **3.** having an effect as of burning on the tongue, skin, etc., as pepper, mustard, a blister, etc. **4.** having or showing

intense feeling; ardent or fervent; vehement; excited: *hot temper*. **5.** lustful. **6.** violent, furious, or intense: *the hottest battle*. **7.** strong or fresh, as a scent or trail. **8.** new; recent; fresh: *hot news*. **9.** following very closely; close: *to be hot on someone's heels*. **10.** (of colours) with red predominating. **11.** *Games* close to the sought-for object or answer. **12.** (of motor cars) tuned or modified for high speeds: *a hot rod*. **13.** radioactive, especially to a degree injurious to health. **14.** *Colloquial* recently stolen or otherwise illegally obtained; wanted by the police. **15.** *Colloquial* fashionable and exciting. **16.** *Colloquial* currently popular: *the hot favourite in a race; a hot sales item*. **17.** *Colloquial* sexually attractive; sexually stimulating. **18.** *Colloquial* performing well; peaking *–adv*. **19.** in a hot manner; hotly. *–phr.*
20. a bit hot, *Colloquial* **a.** unfair; dishonest. **b.** highly priced.
21. blow hot and cold, to change attitudes frequently; vacillate.
22. go hot and cold all over or **go all hot and cold**, to experience, or exhibit signs of, shock or embarrassment.
23. have the hots for, *Colloquial* to experience a strong sexual attraction to.
24. hot and bothered, upset; flustered; exasperated.
25. hot as Hades, *Colloquial* very hot.
26. hot as Hay, Hell, and Booligal, *Australian Colloquial* very hot.
27. hot under the collar, angry; annoyed.
28. hot up, **a.** to heat: *to hot up the milk*. **b.** to escalate: *he hotted up his attack*. **c.** to stir up: *to hot things up a bit*. **d.** to tune or modify (a motor vehicle) for high speeds. **e.** to grow excited or wild: *the party began to hot up*.
29. in hot water, *Colloquial* in trouble.
30. like a cat on a hot tin roof, in a state of extreme agitation.
31. like a cat on hot bricks, in a state of extreme agitation.
32. make it hot for, *Colloquial* to make life unpleasant for.
33. not so (or **too**) **hot**, *Colloquial* **a.** not very good; disappointing. **b.** unwell.
34. sell (or **go**) **like hot cakes**, to sell or be removed quickly, especially in large quantities.
hot air *n. Colloquial* empty, pretentious talk or writing.
hotbed /'hɒtbed/ *n.* **1.** a bed of earth, heated by fermenting manure, etc., and usually covered with glass, for growing plants out of season. **2.** a place favouring rapid growth, especially of something bad: *a hotbed of vice*.
hot-blooded /'hɒt-blʌdəd/ *adj.* virile; adventurous; excitable; impetuous.
hotchpotch /'hɒtʃpɒtʃ/ *n.* **1.** a heterogeneous mixture; a jumble. **2.** a thick soup or stew made from meat and vegetables. Also, **hodgepodge**.
hot dog *n.* **1.** a hot frankfurter or sausage, especially as served in a split roll with mustard or sauce. **2.** a short surfboard designed to turn quickly back and forth across the wave. Also, **hot-dog**. **–hot-dogger** *n.*
hotel /hoʊˈtɛl/ *n.* a building in which accommodation and food, and usually alcoholic drinks are available; public house. **–hotelier** *n.*
hotfoot /'hɒtfʊt/ *v.i.* **1.** Also, **hotfoot it**. to move with great speed. *–adv.* **2.** with great speed.
hot-headed /'hɒt-hɛdəd/ *adj.* hot or fiery in spirit or temper; impetuous; rash. **–hothead** *n.* **–hot-headedly** *adv.* **–hot-headedness** *n.*
hothouse /'hɒthaʊs/ *n.* **1.** an artificially heated greenhouse for the cultivation of tender plants. *–adj.* **2.** having to do with a delicate plant grown in a hothouse. **3.** *Colloquial* delicate; over-protected.

hotline /'hɒtlaɪn/ *n.* **1.** a direct telephone connection open to immediate communication in an emergency, as between the heads of state of the Russia and the United States. **2.** any especially important telephone connection.
hotplate /'hɒtpleɪt/ *n.* **1.** a portable appliance for cooking or keeping food warm. **2.** a solid, electrically heated metal plate, usually on top of an electric stove, upon which food, etc., may be heated or cooked.
hotpot /'hɒtpɒt/ *n.* mutton or beef cooked with potatoes, etc., in a covered pot.
hot potato *n. Colloquial* a risky situation, difficult person, or any other thing which needs careful handling.
hot rod *n. Colloquial* a car (usually an old one) whose engine has been altered for increased speed.
hot seat *n.* **1.** the electric chair. **2.** *Colloquial* a position involving difficulties or danger.
hot shot *adj.* **1.** exceptionally proficient. *–n.* **2.** someone who is exceptionally proficient, often ostentatiously so.
hot tub *n.* a tub large enough for at least one person to take a bath in, and which is equipped with devices to heat the water, aerate it, and circulate it under pressure.
hound /haʊnd/ *n.* **1.** a dog of any of various breeds used in the chase and commonly hunting by scent. **2.** any dog. **3.** *Colloquial* a mean, despicable fellow. *–v.t.* **4.** to hunt or track with hounds, or as a hound does; pursue. **5.** to harass unceasingly. **6.** to incite (a hound, etc.) to pursuit or attack; urge on. *–phr.* **7. follow the hounds**, to follow a hunt, especially on foot. **8. ride to hounds**, to foxhunt.
hound's-tooth /'haʊndz-tuθ/ *adj.* **1.** printed, decorated, or woven with a pattern of broken checks. *–n.* **2.** a pattern of contrasting jagged checks.
hour /'aʊə/ *n.* **1.** a space of time equal to one 24th part of a mean solar day or civil day; 60 minutes. **2.** a short or limited period of time. **3.** a particular or appointed time: *her hour of triumph*. **4.** the present time: *the song of the hour*. **5.** (*plural*) time spent in work, study, etc.: *after hours, office hours*. **6.** (*plural*) customary time of going to bed and getting up: *to keep late hours*. **7.** a single period of class instruction. **8.** (*plural*) *Ecclesiastical* **a.** the seven stated times of the day for prayer and devotion, the canonical hours. **b.** the offices or services prescribed for these times. **c.** a book containing them. *–phr.* **9. one's hour**, **a.** death; the time to die. **b.** a crucial moment. **10. the small hours**, the hours immediately following midnight.
hourglass /'aʊəglas/ *n.* **1.** an instrument for measuring time, consisting of two bulbs of glass joined by a narrow passage through which a quantity of sand (or mercury) runs in just an hour. *–adj.* **2.** (of a woman's figure) resembling an hourglass; having a narrow waist.
hourly /'aʊəli/ *adj.* **1.** of, relating to, occurring, or done each successive hour. **2.** frequent; continual. *–adv.* **3.** every hour; hour by hour. **4.** frequently.
house[1] /haʊs/ *n.* **houses** /haʊzəz/, /'haʊz/ *v.* **housed, housing** /haʊz/ *adj.* *–n.* **1.** a building for human habitation. **2.** a place of lodgment, rest, etc., as of an animal. **3.** a household. **4.** a building for any purpose: *a house of worship*. **5.** a place of entertainment; a theatre. **6.** the audience of a theatre, etc. **7.** an inn; a public house. **8.** a family regarded as consisting of ancestors and descendants: *the house of Habsburg*. **9.** the building in which a legislative or deliberative body meets. **10.** the body itself: *the House of Representatives*. **11.**

a quorum of such a body. **12.** a firm or commercial establishment: *the house of Rothschild*. **13.** an advisory or deliberative group, especially in Church or university affairs. **14.** a residential hall for students as in some universities. **15.** a subdivision of a school, comprising children of all ages and classes. **16.** the management of a gambling casino or commercial establishment. **17.** *Astrology* one of the twelve divisions of the heavens. *–v.t.* **18.** to put or receive into a house; provide with a house. **19.** to give shelter to; harbour; lodge. **20.** to remove from exposure; put in a safe place. *–v.i.* **21.** to take shelter; dwell. *–adj.* **22.** for, or suitable for a house. **23.** having to do with a house. *–phr.* **24. bring down the house**, to be extraordinarily well received or applauded. **25. keep house**, to manage a house; look after a home. **26. keep open house**, to be very hospitable. **27. like a house on fire**, very well; with great rapidity. **28. on the house**, free; as a gift from the management. **29. put** (or **set**) **one's house in order**, to put one's affairs into good condition. **30. safe as houses**, completely safe. **31. the little house**, *Colloquial* an outside toilet. **–houseless** *adj.*

house² /haʊs/ *n.* **1.** a style of pop music intended for dancing, which originated in Chicago and which features electronically simulated or modified effects. *–adj.* **2.** of or relating to house.

housebreaker /ˈhaʊsbreɪkə/ *n.* **1.** someone who breaks into and enters a house with felonious intent. **2.** someone who demolishes houses. **–housebreaking** *n.*

housebroken /ˈhaʊsbroʊkən/ *adj.* house-trained and generally able to act in a manner suited to being indoors.

household /ˈhaʊshoʊld/ *n.* **1.** the people of a house collectively; a family, including servants, etc.; a domestic establishment. *–adj.* **2.** having to do with a household; domestic: *household furniture*. **3.** used for maintaining and keeping a house. **4.** having to do with a royal or imperial household. **5.** very common. **–householder** *n.*

househusband /ˈhaʊshʌzbənd/ *n.* a husband who opts to stay at home and perform the duties which traditionally attach to the role of a housewife, such as cooking, cleaning, looking after children, etc. Also, **house husband**.

house journal *n.* an internal journal of a company, presenting its news to its employees. Also, **house magazine**.

housekeeper /ˈhaʊskipə/ *n.* **1.** a paid employee who is hired to run a house, direct the domestic work, catering, etc. **2.** an employee of a hotel responsible for the cleaning staff.

houselights /ˈhaʊslaɪts/ *pl. n.* the auditorium lights of a theatre, cinema, etc., which are lowered during a performance.

House of Representatives *n.* a chamber of parliament, in some countries (including Australia and the US) the lower legislative branch of the federal parliament, and in others (including New Zealand) the sole chamber.

houseproud /ˈhaʊspraʊd/ *adj.* overcareful about the cleaning of a house and the appearance of its contents.

house-train /ˈhaʊs-treɪn/ *v.t.* to train (an animal) so that it may be kept inside a house without inconvenience to other occupants; especially to train it to control its natural excretory functions. **–house-training** *n.*

house union *n.* a union to which all employees, regardless of profession or trade, may belong by virtue of working for the one employer.

house-warming /ˈhaʊs-wɔmɪŋ/ *n.* a party to celebrate beginning one's occupancy of a new house.

housewife /ˈhaʊswaɪf/; *for def. 2*, /ˈhʌsəf/ *n.* **-wives** /-waɪvz/. **1.** the woman in charge of a household, especially a wife who does no other job. **2.** a small case for needles, thread, etc. **–housewifery** /haʊsˈwɪfəri/ *n.*

house wine *n.* a bulk wine served by a club or restaurant, often bearing the establishment's label.

housework /ˈhaʊswɜk/ *n.* the work of cleaning, cooking, etc., to be done in housekeeping.

housing /ˈhaʊzɪŋ/ *n.* **1.** something serving as a shelter, covering, or the like; a shelter; lodging. **2.** houses collectively. **3.** the act of someone who houses or puts under shelter. **4.** the providing of houses for the community: *the housing of immigrants*. **5.** *Machinery* a frame, plate or the like, that encloses a part of a machine, etc., such as a bearing housing.

hove /hoʊv/ *v.* a past tense and past participle of **heave**.

hovea /ˈhoʊviə/ *n.* any plant of the Australian genus *Hovea*, family Fabaceae, with clusters of small purple pea-shaped flowers.

hovel /ˈhɒvəl/ *n.* **1.** a small, mean dwelling house; a wretched hut. **2.** an open shed, as for sheltering cattle, tools, etc.

hover /ˈhɒvə/ *v.i.* **1.** to hang fluttering or suspended in the air: *a hovering bird*. **2.** to keep lingering about; wait near at hand. **3.** to remain in an uncertain or irresolute state; waver: *hovering between life and death*. **–hoverer** *n.* **–hoveringly** *adv.*

hovercraft /ˈhɒvəkrɑft/ *n.* a vehicle able to travel in close proximity to the ground or water, on a cushion of air created by and contained within a curtain of air formed by one or more streams of air ejected downwards from the periphery of the vehicle.

how /haʊ/ *adv.* **1.** in what way or manner; by what means: *how did it happen?* **2.** to what extent, degree, etc.: *how much?* **3.** by what unit: *how do you sell these apples?* **4.** in what state or condition: *how are you?* **5.** for what reason; why. **6.** to what effect or with what meaning: *how do you mean?* **7.** what? **8.** (used to add intensity): *how well I remember*. *–conj.* **9.** concerning the condition or state in which: *she wondered how she appeared to a stranger*. **10.** concerning the extent or degree to which: *I don't mind how long you take*. **11.** concerning the means or way in which: *it worried him how she got to work*. **12.** in whatever manner: *come however you like*. *–n.* **13.** a question beginning with 'how'. *–phr.* **14. and how**, *Colloquial* very much indeed; certainly. **15. how about** ..., (used to suggest an activity) what about ...: *how about a cup of tea?* **16. how about that?**, (an exclamation of surprise, sometimes ironic, or of triumph). **17. how come?**, *Colloquial* how did this happen; why? **18. how do you do**, (a polite and formal form of greeting). **19. hows and whys**, the details of the implementation of a proposal. **20. how's that?**, **a.** what is the explanation of that? **b.** Also, **howzat?**. *Cricket* (an appeal by the fielding side to the umpire to declare the person batting to be out). **21. how's that for** ..., (an exclamation used to highlight a specified characteristic): *how's that for stamina!* **22. how's things?**, (a form of greeting). **23. how's tricks?**, (a form of greeting).

however /haʊˈevə/ *conj.* **1.** by whatever means: *however you do it, get it done*. **2.** in whatever condition, state, or manner: *come however you like*. *–adv.* **3.** nevertheless; yet; in spite of that. **4.** to whatever extent or degree; no matter how (far, much, etc.): *I'll sing, however badly*. **5.** (used emphatically) how: *however did you manage?*

howl /haʊl/ *v.i.* **1.** to utter a loud, prolonged, mournful cry, such as that of a dog or wolf. **2.** to utter a similar cry in distress, pain, rage, etc.; wail. **3.** to make a sound like an animal howling:

howler 385 **humanitarian**

the wind is howling. –*v.t.* **4.** to utter with howls. –*n.* **5.** the cry of a dog, wolf, etc. **6.** a cry or wail, as of pain or rage. **7.** a sound like wailing: *the howl of the wind.* **8.** a loud scornful laugh or yell. –*phr.* **9. howl down, a.** to ridicule or abuse (a speaker). **b.** to protest (a suggestion) vociferously so that it is abandoned.

howler /'haʊlə/ *n.* **1.** Also, **howling monkey.** any of the large, prehensile-tailed tropical American monkeys of the genus *Alouatta*, the males of which make a howling noise. **2.** *Colloquial* an especially glaring and ludicrous blunder. **3.** *Electricity* a device for testing telephone apparatus which provides a suitable current by using acoustic feedback between the telephone transmitter and receiver.

howling /'haʊlɪŋ/ *adj.* **1.** producing or uttering a howl. **2.** *Colloquial* enormous; very great: *his play was a howling success.* –*n.* **3.** unwanted feedback at audio frequencies in an amplifier.

hoyden /'hɔɪdən/ *n.* **1.** a rude or ill-bred girl; tomboy. –*adj.* **2.** hoydenish; boisterous. Also, **hoiden.** –**hoydenish** *adj.* –**hoydenishness** *n.*

HRT /eɪtʃ a 'ti/ hormone replacement therapy.

HTML /eɪtʃ ti ɛm 'ɛl/ *n.* a computer markup language, similar to SGML, used primarily to create documents for the World Wide Web.

hub /hʌb/ *n.* **1.** the central part of a wheel, as that part into which the spokes are inserted. **2.** the part in central position around which all else revolves: *the hub of the universe.*

hubbub /'hʌbʌb/ *n.* **1.** a loud, confused noise, as of many voices. **2.** tumult; uproar.

hubby /'hʌbi/ *n. Colloquial* husband.

hubris /'hjubrəs/ *n.* insolence or wanton violence stemming from excessive pride. Also, **hybris**. –**hubristic** /hju'brɪstɪk/ *adj.* –**hubristically** /hju'brɪstɪkli/ *adv.*

huckster /'hʌkstə/ *n.* Also, **hucksterer**. **1.** a retailer of small articles; a hawker. **2.** a street pedlar of fruit and vegetables. **3.** a cheaply mercenary person. –*v.i.* **4.** to deal in small articles or make petty bargains.

huddle /'hʌdl/ *v.* **-dled, -dling,** *n.* –*v.t.* **1.** to heap or crowd together. **2.** to draw (oneself) closely together; nestle (often fol. by *up*). **3.** to do hastily and carelessly (often fol. by *up, over,* or *together*). –*v.i.* **4.** to gather or crowd together in a confused mass. –*n.* **5.** a confused heap, mass, or crowd; a jumble. **6.** confusion or disorder. **7.** *Colloquial* a meeting held in secret. –**huddler** *n.*

hue[1] /hju/ *n.* **1.** the property of colour by which the various regions of the spectrum are distinguished, as red, blue, etc. **2.** variety of a colour; a tint: *pale hues.*

hue[2] /hju/ *n.* outcry, as of pursuers; clamour.

huff /hʌf/ *n.* **1.** a sudden swell of anger; a fit of resentment: *to leave in a huff.* –*v.t.* **2.** *Draughts* to remove (a piece) from the board as a penalty for failing to make a compulsory capture. –*v.i.* **3.** to puff or blow. –*phr.* **4. huff and puff,** to make a display of indignation. **5. in a huff,** in a state of being offended or annoyed; chagrined.

hug /hʌg/ *v.* **hugged, hugging,** *n.* –*v.t.* **1.** to clasp tightly in the arms, especially with affection; embrace. **2.** to cling firmly or fondly to: *to hug an opinion.* **3.** to keep close to, as in sailing, horseracing or going along: *to hug the shore; to hug the rails.* –*n.* **4.** a tight clasp with the arms; a warm embrace. –*phr.* **5. hug oneself,** to congratulate oneself; be self-satisfied.

huge /hjudʒ/ *adj.* **huger, hugest.** **1.** extraordinarily large in bulk, quantity, or extent: *a huge mountain.* **2.** large in scope, character, extent. –**hugeness** *n.*

Hughie /'hjui/ *n. Australian, NZ Colloquial* (a jocular name for the powers above used when encouraging a heavy rainfall or a good surf): *send her down; Hughie! whip 'em up, Hughie!*

huhu /'huhu/ *n.* **1.** the New Zealand beetle *Prionoplus reticularis.* **2.** Also, **huhu grub.** its larva, eaten as a delicacy by Maoris.

hui /'hui/ *n.* a Maori community gathering.

huia /'hujə/ *n.* an extinct New Zealand bird, *Heteralocha acutirostris*, glossy black with orange wattles, whose white-tipped tailfeathers were valued by Maoris as ornaments.

hula-hula /hulə-'hulə/ *n.* a kind of native Hawaiian dance, with intricate arm movements, which tells a story in mime. Also, **hula.**

hulk /hʌlk/ *n.* **1.** the body of an old or dismantled ship. **2.** a vessel specially built to serve as a storehouse, prison, etc., and not for sea service. **3.** a bulky or unwieldy person or mass of anything. **4.** a burnt-out or stripped vehicle, building, or the like.

hulking /'hʌlkɪŋ/ *adj.* bulky; heavy and clumsy. Also, **hulky.**

hull[1] /hʌl/ *n.* **1.** the husk, shell, or outer covering of a seed or fruit. **2.** the calyx of certain fruits, such as the strawberry and raspberry. **3.** any covering or envelope. –*v.t.* **4.** to remove the hull of. –**huller** *n.*

hull[2] /hʌl/ *n.* the frame or body of a ship, exclusive of masts, yards, sails, and rigging.

hullabaloo /hʌləbə'lu/ *n.* a clamorous noise or disturbance; an uproar.

hum /hʌm/ *v.* **hummed, humming,** *n., interj.* –*v.i.* **1.** to make a low, continuous, droning sound. **2.** to give forth an indistinct sound of mingled voices or noises. **3.** to make an indistinct sound in hesitation, embarrassment, dissatisfaction, etc. **4.** to sing with closed lips and without words. **5.** *Colloquial* to be busy and active: *the shop hummed all day.* –*v.t.* **6.** to sound or sing by humming. **7.** to bring, put, etc., by humming: *to hum a child to sleep.* –*n.* **8.** the act of humming, an indistinct murmur. –*interj.* **9.** (an inarticulate sound uttered in hesitation, dissatisfaction, etc.) –**hummer** *n.*

human /'hjumən/ *adj.* **1.** of, relating to, or characteristic of people: *human nature; the human race.* **2.** characterised by the weaknesses and faults typical of ordinary people: *human error.* –*n.* **3.** a human being. –**humanly** *adv.* –**humanness** *n.*

humane /hju'meɪn/ *adj.* **1.** characterised by tenderness and compassion for the suffering or distressed: *humane feelings.* **2.** (of branches of learning or literature) tending to refine; civilising: *humane studies.* –**humanely** *adv.* –**humaneness** *n.*

human immunodeficiency virus *n.* → **HIV**.

humanism /'hjumənɪzm/ *n.* **1.** any system or mode of thought or action in which human rather than spiritual concerns predominate. **2.** devotion to or study of the humanities; literary culture.

humanist /'hjumənəst/ *n.* **1.** a student of human nature or affairs. **2.** someone devoted to or versed in the humanities. **3.** a classical scholar. **4.** (*sometimes cap.*) one of the scholars of the Renaissance who pursued and disseminated the study and understanding of the cultures of ancient Rome and Greece. **5.** (*sometimes cap.*) someone who favours the thought and practice of a philosophy based on humanism (def. 1). –**humanistic** /hjumə'nɪstɪk/ *adj.*

humanitarian /hjumænə'tɛəriən/ *adj.* **1.** having regard to the interests of all humankind; broadly philanthropic. **2.** relating to ethical or theological humanitarianism. –*n.* **3.** someone who professes ethical or theological humanitarianism. **4.** a philanthropist.

humanity /hjuˈmænəti/ *n.* **-ties.** *–n.* **1.** the human race; humankind. **2.** the condition or quality of being human; human nature. **3.** the quality of being humane; kindness; benevolence. *–phr.* **4. the humanities, a.** the study of the Latin and Greek classics. **b.** the study of literature, philosophy, art, etc., as distinguished from the social and physical sciences.

human resources *pl. n.* the human component of an organisation, institution, business, country, etc., seen as one of the elements requiring skilled management to achieve a productive output. *Abbrev.*: HR

humble /ˈhʌmbəl/ *adj.* **-bler, -blest,** *v.* **-bled, -bling.** *–adj.* **1.** low in station, grade, or importance, etc.; lowly: *humble origin.* **2.** modest; meek; without pride. **3.** courteously respectful: *in my humble opinion.* *–v.t.* **4.** to lower in condition, importance, or dignity; abase. **5.** to make meek: *to humble one's heart.* **–humbleness** *n.* **–humbler** *n.* **–humbling** *adj.* **–humbly** *adv.*

humble pie *phr.* **eat humble pie,** to be humiliated; be forced to apologise humbly.

humbug /ˈhʌmbʌɡ/ *n., v.* **-bugged, -bugging.** *–n.* **1.** *Colloquial* a quality of falseness or deception. **2.** *Colloquial* someone who seeks to impose deceitfully upon others; cheat; impostor. **3.** a kind of hard, peppermint sweet, usually having a striped pattern. *–v.t.* **4.** *Colloquial* to impose upon by humbug or false pretence; delude. *–v.i.* **5.** *Colloquial* to practise humbug. **–humbugger** *n.*

humdrum /ˈhʌmdrʌm/ *adj.* **1.** lacking variety; dull: *a humdrum existence.* *–n.* **2.** humdrum character or routine; monotony. **3.** monotonous or tedious talk. **4.** a dull boring fellow.

humerus /ˈhjuːmərəs/ *n.* **-meri** /-məraɪ/. **1.** (in humans) the single long bone in the arm which extends from the shoulder to the elbow. **2.** a corresponding bone in the forelimb of other animals or in the wings of birds.

humid /ˈhjuːmɪd/ *adj.* moist or damp, with liquid or vapour: *humid air.* **–humidly** *adv.* **–humidness** *n.*

humidicrib /hjuˈmɪdɪkrɪb/ *n. Medicine* an enclosed crib with carefully controlled temperature and humidity, in which premature babies are kept until able to survive outside.

humidifier /hjuˈmɪdəfaɪə/ *n.* a device for regulating air moisture content and temperature in an airconditioned room or building.

humidity /hjuˈmɪdəti/ *n.* **1.** humid condition; dampness. **2.** *Meteorology* the condition of the atmosphere with regard to its water-vapour content.

humiliate /hjuˈmɪlieɪt/ *v.t.* **-ated, -ating.** to lower the pride or self-respect of; cause a painful loss of dignity to; mortify. **–humiliation** /hjuˌmɪliˈeɪʃən/ *n.*

humility /hjuˈmɪləti/ *n.* **-ties.** the quality of being humble; modest sense of one's own significance.

hummingbird /ˈhʌmɪŋbɜd/ *n.* any of numerous very small American birds constituting the family Trochilidae, characterised by narrow wings whose rapid vibration produces a hum, by slender bill, and usually by brilliant plumage.

hummock /ˈhʌmək/ *n.* **1.** an elevated tract rising above the general level of a marshy region. **2.** a knoll or hillock. **–hummocky** *adj.*

hummus /ˈhʊməs/ *n.* a Middle Eastern dish made from ground chickpeas and tahini, flavoured with lemon juice and garlic. Also, **hommos, hoummos**.

humorous /ˈhjuːmərəs/ *adj.* **1.** characterised by humour; amusing; funny: *the humorous side of things.* **2.** having or showing the faculty of humour; droll; facetious: *a humorous person.* **–humorously** *adv.* **–humorousness** *n.*

humour = humor /ˈhjuːmə/ *n.* **1.** the quality of being funny: *the humour of a situation.* **2.** the faculty of perceiving what is amusing or comical: *sense of humour.* **3.** the faculty of expressing the amusing or comical. **4.** speech or writing showing this faculty. **5.** mental disposition or tendency; frame of mind. **6.** capricious or freakish inclination; whim or caprice; odd traits. **7.** *Obsolete Physiology* one of the four chief bodily fluids, blood, choler or yellow bile, phlegm, and melancholy or black bile (**cardinal humours**), regarded as determining, by their relative proportions in the system, a person's physical and mental constitution. **8.** *Biology* any animal or plant fluid, whether natural or morbid, such as the blood or lymph. *–v.t.* **9.** to comply with the humour of; indulge: *to humour a child.* *–phr.* **10. out of humour,** displeased or dissatisfied; cross. **–humourless = humorless** *adj.*

hump /hʌmp/ *n.* **1.** a rounded protuberance, especially on the back, as that due to abnormal curvature of the spine in humans, or that normally present in certain animals such as the camel and bison. **2.** a low, rounded rise of ground; hummock. **3.** → **road hump. 4.** *Colloquial* a good surfing wave. **5.** *Colloquial* ‡ an act of sexual intercourse. **6.** *Colloquial* ‡ a person with whom one has sexual intercourse. *–v.t.* **7.** to raise (the back, etc.) in a hump. **8.** *Colloquial* **a.** to place or bear on the back or shoulder. **b.** to carry: *to hump the bluey.* **9.** *Colloquial* ‡ to have sexual intercourse with. *–v.i.* **10.** to rise in a hump. **11.** *Colloquial* ‡ to have sexual intercourse. *–phr.* **12. over the hump,** over the worst part or period of a difficult, dangerous, etc., time. **13. the hump,** *Colloquial* a fit of bad humour: *to get the hump.* **–humped** *adj.*

humpy /ˈhʌmpi/ *n.* **1.** a temporary bush shelter used by Aborigines; gunyah. **2.** any rough or temporary dwelling; a bush hut.

humungous /hjuˈmʌŋɡəs/ *adj. Colloquial* of huge size or extent.

humus /ˈhjuːməs/ *n.* the dark organic material in soils, produced by the decomposition of vegetable or animal matter, essential to fertility and favourable moisture supply.

hunch /hʌntʃ/ *v.t.* **1.** to thrust out or up in a hump: *to hunch one's back.* *–v.i.* **2.** Also, **hunch up.** to walk, sit, or stand in a bent position. *–n.* **3.** a hump. **4.** *Colloquial* a premonition or suspicion. **5.** a lump or thick piece.

hundred /ˈhʌndrəd/ *n.* **-dreds,** (*or, as after a numeral*) **-dred,** *det., pron.* *–n.* **1.** a cardinal number, ten times ten. **2.** a symbol for this number, as 100 or C. *–det.* **3.** amounting to one hundred in number. *–pron.* **4.** one hundred people or things. *–phr.* **5. a hundred to one,** of remote possibility.

hundreds and thousands *pl. n.* very small, brightly coloured sugary balls, used in decorating cakes, sweets etc.

hundredweight /ˈhʌndrədweɪt/ *n.* **-weights,** (*as after a numeral*) **hundredweight.** a unit of weight in the imperial system, equal to 112 lb. (approx. 50.8 kg) and, in the US, to 100 lb. (approx. 45.36 kg). *Symbol:* cwt

hung /hʌŋ/ *v.* **1.** past tense and past participle of **hang.** *–adj.* **2.** (of a jury) unable to agree on a verdict. **3.** (of a legislative body) with no party having a working majority: *a hung parliament.*

hunger /ˈhʌŋɡə/ *n.* **1.** the painful sensation or state of exhaustion caused by need of food: *to collapse from hunger.* **2.** a craving appetite; need for food. **3.** strong or eager desire: *hunger for praise.* *–v.i.* **4.** to feel hunger; be hungry. **5.** to have a strong

hunger strike 387 **hybrid**

desire.

hunger strike *n.* a persistent refusal to eat, as a protest against imprisonment, restraint, compulsion, etc.

hung-over /hʌŋ-'oʊvə/ *adj.* suffering the after-effects of drinking too much alcohol.

hungry /'hʌŋgri/ *adj.* **-grier, -griest. 1.** craving food; having a keen appetite. **2.** showing characteristics of hunger or meanness: *a lean and hungry look.* **3.** strongly or eagerly desirous: *she was hungry for learning.* **4.** marked by scarcity of food: *a hungry country.* **–hungrily** *adv.* **–hungriness** *n.*

hunk /hʌŋk/ *n.* **1.** a large piece or lump; a chunk. **2.** *Colloquial* a sexually attractive male. **–hunky** *adj.*

hunt /hʌnt/ *v.t.* **1.** to chase (game or other wild animals) for the purpose of catching or killing. **2.** to scour (a region) in pursuit of game. **3.** to use or manage (a horse, etc.) in the chase. **4.** to pursue with force, hostility, etc. **5.** to search for; seek; endeavour to obtain or find. **6.** to search (a place) thoroughly. –*v.i.* **7.** to engage in the chase. **8.** (sometimes fol. by *for* or *after*) to make a search or quest. –*n.* **9.** the act of hunting game or other wild animals; the chase. **10.** a body of persons associated for the purpose of hunting; an association of hunters. **11.** a pack of hounds engaged in the chase. **12.** a district hunted with hounds. **13.** pursuit. **14.** a search. –*phr.* **15. hunt along,** to drive (a motor vehicle) at its maximum speed. **16. hunt away,** to drive (sheep) forward during mustering. **17. hunt down,** to pursue with intent to kill or capture. **18. hunt up,** to look for, especially with success: *hunt up a reference in a book.* **–hunter** *n.* **–huntress** *fem. n.*

hunter-killer submarine *n.* a submarine which is designed to seek out and destroy enemy submarines. Also, **hunter killer submarine.**

huntsman spider *n.* any of numerous species of the family Sparassidae, especially the medium to large spiders of the genus *Isopoda*, with flattened, brown or grey, hairy bodies.

Huon pine /hjuɒn 'paɪn/ *n.* a large coniferous timber tree, *Dacrydium franklinii*, found in Tasmania.

hurdle /'hɜdl/ *n., v.* **-dled, -dling.** –*n.* **1.** a barrier in a racetrack, to be leapt by the contestants. **2.** a difficult problem to be overcome; obstacle. **3.** a movable rectangular frame of interlaced twigs, crossed bars, or the like, as for a temporary fence. –*v.t.* **4.** to leap over (a hurdle, etc.) as in a race. **5.** to master (a difficulty, problem, etc.). **6.** to construct with hurdles; enclose with hurdles. –*v.i.* **7.** to leap over a hurdle or other barrier. –*phr.* **8. the hurdles,** a race in which barriers are leapt. **–hurdler** *n.*

hurl /hɜl/ *v.t.* **1.** to drive or throw with great force. **2.** to state with strong feelings. **–hurler** *n.*

hurricane /'hʌrəkən, -ɪkən/ *n.* **1.** a violent tropical cyclonic storm. **2.** a storm of the most intense severity. **3.** *Meteorology* a wind of Beaufort scale force 12, i.e. with average windspeed of more than 63 knots, or more than 117 km/h. **4.** anything suggesting a violent storm. **5.** → **hurricane lamp.**

hurricane lamp *n.* a kerosene lamp the flame of which is protected by a glass chimney or other similar device. **2.** a candlestick with a chimney.

hurry /'hʌri/ *v.* **-ried, -rying,** *n.* **-ries.** –*v.i.* **1.** to move, proceed, or act with haste, often undue haste. –*v.t.* **2.** to drive or move (someone or something) with speed, often with confused haste. **3.** to hasten; urge forwards (often fol. by *up*). **4.** to force with undue haste to thoughtless action: *to be hurried into a decision.* –*n.* **5.** the need or desire for haste: *to be in a hurry to begin.* **6.** a hurried movement or action; haste. **–hurryingly**

adv.

hurt /hɜt/ *v.* **hurt, hurting,** *n.* –*v.t.* **1.** to cause bodily pain to or in: *the wound still hurts him.* **2.** to harm or damage (a material object, etc.) by rough use, or otherwise: *to hurt furniture.* **3.** to harm or cause mental pain to; grieve: *to hurt someone's feelings; to hurt someone's reputation.* –*v.i.* **4.** to cause pain (bodily or mental): *my finger still hurts.* **5.** to cause injury, damage, or harm. **6.** to suffer physical pain: *I hurt all over.* **7.** to suffer psychological pain. **8.** to suffer economic injury: *the farmers are hurting this year.* –*n.* **9.** a blow; bodily injury. **10.** damage or harm. **11.** wounded feelings.

hurtle /'hɜtl/ *v.* **-tled, -tling.** –*v.i.* **1.** to rush violently and noisily. **2.** to resound, as in collision or rapid motion. –*v.t.* **3.** to drive violently; fling; dash.

husband /'hʌzbənd/ *n.* **1.** the man of a married pair (correlative of *wife*). –*v.t.* **2.** to manage, especially with prudent economy; economise: *to husband one's resources.* **–husbandless** *adj.*

husbandry /'hʌzbəndri/ *n.* **1.** the business of a farmer; agriculture; farming. **2.** careful or thrifty management; frugality; thrift. **3.** the management of domestic affairs, or of resources generally.

hush /hʌʃ/ *interj.* **1.** (a command to be silent or quiet). –*v.i.* **2.** to become or be silent or quiet. –*v.t.* **3.** to make silent; silence. **4.** to suppress mention of; keep concealed. **5.** to calm or allay: *to hush someone's fears.*

hush-hush /'hʌʃ-hʌʃ/ *adj. Colloquial* highly confidential.

hush money *n.* a bribe to keep silent about something.

husk /hʌsk/ *n.* **1.** the dry external covering of certain fruits or seeds, especially of an ear of maize. **2.** the enveloping or outer part of anything, especially when dry or worthless. –*v.t.* **3.** to remove the husk from. **–husker** *n.* **–husklike** *adj.*

husky[1] /'hʌski/ *adj.* **-kier, -kiest,** *n.* **-kies.** *adj.* **1.** *Colloquial* burly; big and strong. **2.** having a semi-whispered vocal tone; somewhat hoarse. **3.** abounding in husks. –*n.* **4.** *US Colloquial* a big strong person. **–huskily** *adv.* **–huskiness** *n.*

husky[2] /'hʌski/ *n.* **-kies.** (*also cap.*) a strong dog used in a team to pull sledges over the snow.

hussy /'hʌsi, 'hʌzi/ *n.* **-sies. 1.** an ill-behaved girl. **2.** a lewd woman.

hustings /'hʌstɪŋz/ *pl. n.* **1.** an electioneering platform. **2.** election proceedings.

hustle /'hʌsəl/ *v.* **-tled, -tling,** *n.* –*v.i.* **1.** to work quickly with great energy. **2.** to push or force one's way. –*v.t.* **3.** to force roughly or hurriedly: *they hustled him out of the city.* **4.** to shake or push roughly. **5.** to urge to greater efforts; hurry along. –*n.* **6.** energetic activity, as in work. **7.** impolite shoving, pushing, etc. **–hustler** *n.*

hut /hʌt/ *n.* **1.** a simple, small house such as a beach hut, bushwalker's hut. **2.** (in snow country) a large building for accommodating skiers. **3.** *Military* a wooden or metal structure for the temporary housing of troops. **4.** the house in which the employees on a sheep or cattle station live. **–hutlike** *adj.*

hutch /hʌtʃ/ *n.* a coop for confining small animals: *rabbit hutch.*

hyacinth /'haɪəsənθ/ *n.* **1.** any of the bulbous plants constituting the genus *Hyacinthus*, especially *H. orientalis*, widely cultivated for its spikes of fragrant, white or coloured, bell-shaped flowers. **2.** a hyacinth bulb or flower.

hyalo- a word element meaning 'glass'. Also (*before vowels*), **hyal-.**

hybrid /'haɪbrɪd, -brəd/ *n.* **1.** the offspring of two animals or plants of different races, breeds, vari-

hydatid

eties, species, or genera. **2.** a half-breed; a mongrel. **3.** anything derived from heterogeneous sources, or composed of elements of different or incongruous kind. **4.** a word derived from elements of different languages. *–adj.* **5.** bred from two distinct races, breeds, varieties, species, or genera. **6.** composed of elements of different or incongruous kinds. **7.** (of a word) composed of elements originally drawn from different languages.

hydatid /ˈhaɪdætəd/ *n.* a cyst with watery contents, produced in humans and animals by a tapeworm in the larval state.

hydrangea /haɪˈdreɪndʒə/ *n.* any shrub of the genus *Hydrangea*, species of which are cultivated for their large showy white, pink, or blue flower clusters.

hydrant /ˈhaɪdrənt/ *n.* an upright pipe with a spout, nozzle, or other outlet, usually in the street, for drawing water from a main or service pipe.

hydrate /ˈhaɪdreɪt/ *n., v.* **-drated, -drating**. *Chemistry –n.* **1.** any of a class of compounds containing chemically combined water, especially salts containing water of crystallisation. *–v.t.* **2.** to combine chemically with water. **–hydration** /haɪˈdreɪʃən/ *n.* **–hydrator** *n.*

hydraulic /haɪˈdrɒlɪk/ *adj.* **1.** operated by or using water or other liquid. **2.** having to do with hydraulics. **3.** hardening under water, as a cement. **–hydraulically** *adv.*

hydraulics /haɪˈdrɒlɪks/ *n.* the science that deals with the laws governing water or other liquids in motion and their applications in engineering; practical or applied hydrodynamics.

hydro-[1] a word element meaning 'water', as in *hydrogen*. Also, **hydr-**.

hydro-[2] *Chemistry* a word element often indicating combination of hydrogen with a negative element or radical: *hydrobromic*. Also, **hydr-**.

hydrocarbon /ˌhaɪdroʊˈkɑbən/ *n. Chemistry* any of a class of compounds containing only hydrogen and carbon, such as methane, CH_4, ethylene, C_2H_4, acetylene, C_2H_2, and benzene, C_6H_6.

hydrocephalus /ˌhaɪdroʊˈsɛfələs/ *n. Pathology* an accumulation of serous fluid within the cranium, especially in infancy, often causing great enlargement of the skull, and compression of the brain. Also, **hydrocephaly** /ˌhaɪdroʊˈsɛfəli/. **–hydrocephalic** /ˌhaɪdroʊsəˈfælɪk/, **hydrocephalous** *adj.*

hydrochloric acid /ˌhaɪdrəklɒrɪk ˈæsəd/ *n.* a colourless, poisonous fuming liquid formed by the solution of hydrogen chloride in water, used extensively in chemical and industrial processes; the commercial form is muriatic acid.

hydro-electric /ˌhaɪdroʊ-əˈlɛktrɪk/ *adj.* relating to the generation and distribution of electric energy derived from the energy of falling water or other hydraulic source. **–hydro-electricity** /ˌhaɪdroʊ-əlɛkˈtrɪsəti/ *n.*

hydrofoil /ˈhaɪdrəfɔɪl/ *n.* **1.** one of two or more ski-like members, mounted at the ends of struts beneath a powered boat, supporting the hull above the surface of the water when a certain speed has been attained. **2.** a boat equipped with such members. **3.** ski-like members at the side of a boat, acting as stabilisers.

hydrogen /ˈhaɪdrədʒən/ *n.* a colourless, odourless, flammable gas, which combines chemically with oxygen to form water; the lightest of the known elements. *Symbol*: H; *relative atomic mass*: 1.00797; *at. no.*: 1; *weight of one litre at 760 mm pressure and 0°C*: 0.08987 g.

hydrogen bomb *n.* a bomb whose potency is based on the release of nuclear energy resulting from the fusion of hydrogen isotopes in the formation of helium. It is many times more powerful than the atom bomb. Also, **fusion bomb**.

hydrogen peroxide *n.* a colourless, unstable, oily liquid, H_2O_2, the aqueous solution of which is used as an antiseptic and a bleaching agent.

hydrogen sulfide /ˌhaɪdrədʒən ˈsʌlfaɪd/ *n.* a colourless, flammable, cumulatively poisonous gas, H_2S, smelling like rotten eggs; sulfuretted hydrogen.

hydrology /haɪˈdrɒlədʒi/ *n.* the science dealing with water on the land, or under the earth's surface, its properties, laws, geographical distribution, etc. **–hydrologic** /ˌhaɪdrəˈlɒdʒɪk/, **hydrological** /ˌhaɪdrəˈlɒdʒɪkəl/ *adj.* **–hydrologist** *n.*

hydrolysis /haɪˈdrɒləsəs/ *n.* **-lyses** /-ləsiz/. *Chemistry* chemical decomposition by which a compound is resolved into other compounds by taking up the elements of water. **–hydrolitic** /ˌhaɪdrəˈlɪtɪk/ *adj.*

hydrophone /ˈhaɪdrəfoʊn/ *n.* **1.** an instrument using the principles of the microphone, used to detect the flow of water through a pipe. **2.** a device for locating sources of sound under water, as for detecting submarines by the noise of their engines, etc.

hydrophyte /ˈhaɪdrəfaɪt/ *n. Botany* a plant growing in water or very moist ground. **–hydrophytic** /ˌhaɪdrəˈfɪtɪk/ *adj.*

hydroplane /ˈhaɪdrəpleɪn/ *n., v.* **-planed, -planing**. *–n.* **1.** a plane surface designed to control or facilitate the movement of an aeroplane or boat on or in the water. **2.** a motorboat, with hydrofoils or a shaped bottom, designed to plane along the surface of the water at high speeds. *–v.i.* **3.** to skim over water in the manner of a hydroplane. **4.** (of a motor vehicle) to aquaplane.

hydroponics /ˌhaɪdrəˈpɒnɪks/ *n.* the cultivation of plants by placing the roots in liquid nutrient solutions rather than in soil; soilless growth of plants. **–hydroponic** *adj.*

hydrotropic /ˌhaɪdrəˈtrɒpɪk/ *adj.* **1.** turning or tending towards moisture, as growing organs. **2.** taking a particular direction with reference to moisture.

hyena = hyaena /haɪˈinə/ *n.* any of the nocturnal carnivores of the family Hyaenidae, feeding chiefly on carrion, such as *Hyaena hyaena*, an African and Asiatic **striped laughing hyena**, about the size of a large dog, *H. brunnea*, the **brown hyena** of southern Africa, and *Crocuta crocuta*, the **spotted hyena** of Africa south of the Sahara.

hyeto- a word element meaning 'rain'.

hygiene /ˈhaɪdʒin/ *n.* **1.** the science which deals with the preservation of health. **2.** the practices, such as keeping oneself clean, which maintain good health. **–hygienist** *n.*

hygienic /haɪˈdʒinɪk/ *adj.* **1.** sanitary; clean. **2.** relating to hygiene. **–hygienically** *adv.*

hygro- a word element meaning 'wet', 'moist'. Also (*before vowels*), **hygr-**.

hygrometer /haɪˈgrɒmətə/ *n.* an instrument for determining the humidity of the atmosphere.

hylo- a word element meaning 'wood', 'matter'.

hymen /ˈhaɪmən/ *n.* the membrane that usually partly covers the opening of the vagina until it is broken, often at first sexual intercourse.

hymn /hɪm/ *n.* **1.** a song or ode in praise or honour of God, a deity, a nation, etc. *–v.t.* **2.** to praise or celebrate in a hymn; express in a hymn. **–hymnlike** *adj.*

hymnal /ˈhɪmnəl/ *n.* **1.** Also, **hymnbook**. a book of hymns for use in divine worship. *–adj.* **2.** having to do with hymns.

hype[1] /haɪp/ *n., v.* **hyped, hyping**. *Colloquial –n.* **1.** an atmosphere of deliberately stimulated excitement and enthusiasm. **2.** something which deliberately stimulates such an atmosphere, such as

hype extravagant promotion of a product, media publicity for a celebrity, etc.: *media hype.* –*v.t.* **3.** to promote (a product) extravagantly.

hype² /haɪp/ *n., v.* **hyped, hyping.** *Colloquial* –*n.* **1.** a hypodermic needle. **2.** a drug addict. –*phr.* **3. hype up, a.** to stimulate; make excited. **b.** to increase the power, speed, etc. of (a car engine, etc.): *he hyped up his FJ.*

hyper- a prefix meaning 'over', and usually implying excess or exaggeration.

hyperactive /haɪpər'æktɪv/ *adj.* active to excess; overactive. –**hyperactivity** *n.*

hyperbola /haɪ'pɜbələ/ *n.* **-las.** *Geometry* a curve consisting of two distinct and similar branches, formed by the intersection of a plane with a right circular cone when the plane makes a greater angle with the base than does the generator of the cone.

hyperbole /haɪ'pɜbəli/ *n.* obvious exaggeration, for effect; an extravagant statement not intended to be taken literally. –**hyperbolism** *n.*

hyperbolic /haɪpə'bɒlɪk/ *adj.* **1.** having to do with hyperbole; exaggerated. **2.** *Geometry* having to do with a hyperbola. Also, **hyperbolical.** –**hyperbolically** *adv.*

hyperbolic functions *pl. n. Mathematics* six mathematical functions which express angles in terms of distances between points on a hyperbola; analogous to the trigonometrical ratios, they are written *sinh, cosh, tanh, cosech, sech, cotanh.*

hypertension /haɪpə'tɛnʃən/ *n. Pathology* **1.** elevation of the blood pressure, especially the diastolic pressure. **2.** an arterial disease of which this is the outstanding sign.

hypertext /'haɪpətɛkst/ *n. Computers* the facility for creating a text which is drawn from a number of different computer packages, such as a word processor, spreadsheet, graphics, etc., each of which can be accessed from within any other.

hyperventilation /ˌhaɪpəvɛntə'leɪʃən/ *n.* the excessive exposure of the lungs to oxygen resulting in a rapid loss of carbon dioxide from the blood; abnormally increased respiration.

hyphen /'haɪfən/ *n.* **1.** a short stroke (-) used to connect the parts of a compound word or the parts of a word divided for any purpose.

hyphenate /'haɪfəneɪt/ *v.t.* **-nated, -nating. 1.** to join by a hyphen. **2.** to write with a hyphen. –**hyphenation** /haɪfə'neɪʃən/ *n.*

hypno- a word element meaning 'sleep' or 'hypnosis', as in *hypnology.* Also (*usually before vowels*), **hypn-.**

hypnosis /hɪp'noʊsəs/ *n.* **-noses** /-'noʊsiz/. **1.** *Psychology* a trance-like mental state induced in a cooperative subject by suggestion. **2.** a sleepy condition. **3.** → **hypnotism.**

hypnotic /hɪp'nɒtɪk/ *adj.* **1.** relating to hypnosis or hypnotism. **2.** susceptible to hypnotism, as a person. **3.** hypnotised. **4.** inducing sleep. –*n.* **5.** an agent or drug that produces sleep; a sedative. **6.** a person under the influence of hypnotism. –**hypnotically** *adv.*

hypnotism /'hɪpnətɪzəm/ *n.* **1.** the science dealing with the induction of hypnosis. **2.** the induction of hypnosis. –**hypnotist** *n.*

hypo¹ /'haɪpoʊ/ *n.* sodium thiosulfate (sometimes called sodium hyposulfite), Na₂S₂O₃.5H₂O, a photographic fixing agent.

hypo² /'haɪpoʊ/ *n. Colloquial* a hypodermic needle or injection.

hypo- a prefix meaning 'under', either in place or in degree ('less', 'less than').

hypo-allergenic /haɪpoʊ-ælə'dʒɛnɪk/ *adj.* relating to a substance having relatively low allergenic properties.

hypochondria /haɪpə'kɒndriə/ *n.* Also, **hypochondriasis** /haɪpəkɒn'draɪəsəs/. *Psychology* a morbid condition characterised by depressed spirits and fancies of ill health. –**hypochondriac** *n., adj.* –**hypochondriacal** /haɪpəkɒn'draɪəkəl/ *adj.*

hypocrisy /hɪ'pɒkrəsi/ *n.* **-sies. 1.** the act of pretending to have a character or beliefs, principles, etc., that one does not possess. **2.** pretence of virtue or piety; false goodness.

hypocrite /'hɪpəkrɪt/ *n.* someone given to hypocrisy; someone who feigns virtue or piety; a pretender. –**hypocritical** /hɪpə'krɪtɪkəl/ *adj.* –**hypocritically** /hɪpə'krɪtɪkli/ *adv.*

hypodermic /haɪpə'dɜmɪk/ *adj.* **1.** relating to the introduction of liquid medicine under the skin: *a hypodermic needle.* **2.** of the parts under the skin, as tissue. –*n.* **3.** a hypodermic injection or syringe. –**hypodermically** *adv.*

hypotenuse /haɪ'pɒtənjuz/ *n. Geometry* the side of a right-angled triangle opposite the right angle.

hypothalamus /haɪpə'θæləməs/ *n. Anatomy* the portion of the middle brain concerned with emotional expression and visceral responses.

hypothermia /haɪpə'θɜmiə/ *n.* **1.** *Pathology* subnormal body temperature. **2.** the artificial reduction of body temperature to slow metabolic processes, usually to facilitate heart surgery. –**hypothermal** *adj.*

hypothesis /haɪ'pɒθəsəs/ *n.* **-theses** /-θəsiz/. **1.** a proposition (or set of propositions) suggested as an explanation for the occurrence of some specified group of phenomena, either asserted merely as a provisional conjecture to guide investigation (a **working hypothesis**), or accepted as highly probable in the light of established facts. **2.** *Logic* a proposition assumed as a premise in an argument. **3.** *Logic* the antecedent of a conditional proposition. **4.** a mere assumption or guess. –**hypothesise** *v.*

hypothetical /haɪpə'θɛtɪkəl/ *adj.* **1.** assumed by hypothesis; supposed: *a hypothetical case.* **2.** involving or being a hypothesis: *hypothetical reasoning.* **3.** given to making hypotheses: *a hypothetical person.* **4.** *Logic* **a.** characterising propositions having the form *if A, then B*; conditional. **b.** (of a syllogism) having a premise which is a hypothetical proposition. **5.** (of a proposition) not well supported by evidence, and therefore of highly conjectural status. Also, **hypothetic.** –**hypothetically** *adv.*

hysterectomy /hɪstə'rɛktəmi/ *n.* **-mies.** the surgical excision of the uterus.

hysteria /hɪs'tɪəriə/ *n.* **1.** morbid or senseless emotionalism; emotional frenzy. **2.** a psychoneurotic disorder characterised by violent emotional outbreaks, perversion of sensory and motor functions, and various morbid effects due to autosuggestion. –**hysterical** *adj.*

hystero- a word element meaning 'uterus', as in *hysterotomy.* Also, **hyster-.**

I i

I, i /aɪ/ *n.* **I's, Is, i's** *or* **is. 1.** the ninth letter and third vowel of the English alphabet. **2.** the ninth in any series. **3.** Roman numeral for one. See **Roman numerals**.

-i- an ending for the first element of many compounds, originally found in the combining form of many Latin words, but often used in English as a connective irrespective of etymology, as in *cuneiform, Frenchify,* etc.

I /aɪ/ *pron.* **me, I's.** *–pron. (personal) first person, singular, subjective* **1.** (used by a speaker to refer to himself or herself). **2.** *(by hypercorrection)* me: *between you and I. –n.* **3.** *Metaphysics* the ego.

-ia a suffix of nouns, especially having restricted application in various fields, thus, in medicine (diseases: *malaria*), in geography (countries: *Rumania*), in botany (genera: *Wisteria*), in names of Roman feasts (*Lupercalia*), in Latin or Latinising plurals (*Reptilia, bacteria*), and in collectives (*insignia, militia*).

-ial variant of **-al**, as in *judicial, imperial.*

iamb /'aɪæmb, 'aɪæm/ *n. Prosody* a metrical foot of two syllables, a short followed by a long, or an unaccented by an accented (‾), as in *Come live with me and be my love*, which consists of four iambs. **–iambic** *adj.*

-ian variant of **-an**, as in *amphibian, Grecian.*

-iasis a suffix of nouns denoting state or condition, especially a morbid condition or a form of disease, as in *candidiasis, psoriasis.*

-iatry a combining form meaning 'medical care', as in *psychiatry.*

ibidem /'ɪbədɛm, ɪ'baɪdəm/ *adv.* in the same book, chapter, page, etc.

ibis /'aɪbəs/ *n.* any of various wading birds of the family Threskiornithidae, of warm regions, allied to the herons and storks and having a long, thin, down-curved bill.

-ible variant of **-able**, occurring in words taken from the Latin, as in *credible, horrible, legible, visible,* or modelled on the Latin type as *addible* (for *addable*), *reducible.*

-ic 1. a suffix forming adjectives from nouns or stems not used as words themselves, meaning 'pertaining or belonging to' (*poetic, metallic, Homeric*), found extensively in adjective nouns of a similar type (*public, magic*), and in nouns the adjectives of which end in *-ical*, (*music, critic*). **2.** *Chemistry* a suffix showing that an element is present in a compound at a high valency; at least higher than when the suffix *-ous* is used.

-ical a compound suffix forming adjectives from nouns (*rhetorical*), providing synonyms to words ending in *-ic* (*poetical*), and providing an adjective with additional meanings to those in the *-ic* form (*economical*).

ice /aɪs/ *n., v.* **iced, icing.** *–n.* **1.** the solid form of water, produced by freezing; frozen water. **2.** the frozen surface of a body of water. **3.** any substance resembling this: *camphor ice*. **4.** ice-cream. **5.** a frozen dessert made of sweetened water and fruit juice. **6.** reserve; formality. **7.** *Colloquial* a diamond or diamonds. *–v.t.* **8.** to cover with ice. **9.** to change into ice; freeze. **10.** to cool with ice, as a drink. **11.** to refrigerate with ice. **12.** to make cold as if with ice. **13.** to cover (cakes, etc.) with icing. **14.** *Colloquial* to kill; murder. *–v.i.* **15.** to freeze. *–adj.* **16.** of ice. *–phr.* **17. break the ice**, *Colloquial* **a.** to overcome initial formality and reserve at a social occasion (as with friendliness or humour). **b.** to be the first to undertake a particular action. **18. cut no ice**, *Colloquial* (sometimes fol. by *with*) to make no impression; be unconvincing: *his excuses cut no ice with me*. **19. ice up**, to become covered with ice. **20. on ice**, waiting or in readiness: *he kept the project on ice for some time*. **21. on thin ice**, in a risky or delicate situation. **–iceless** *adj.* **–icelike** *adj.*

-ice a suffix used in many nouns to indicate state or quality, as in *service, justice*.

ice age *n. (sometimes caps)* the glacial epoch.

iceberg /'aɪsbɜg/ *n.* **1.** a large floating mass of ice, detached from a glacier and carried out to sea. **2.** *Colloquial* a regular winter swimmer. **3.** *Colloquial* a cold, reserved person. *–phr.* **4. tip of the iceberg**, *Colloquial* a small part of a larger whole, usually a problem: *the leaking roof was only the tip of the iceberg.*

icecap /'aɪskæp/ *n.* a cap of ice over an area (sometimes vast), sloping in all directions from the centre.

ice-cream /'aɪs-krim/ *n.* a frozen food made of cream, rich milk, or evaporated milk, sweetened and variously flavoured.

ice hockey *n.* a form of hockey, played on an icerink by two teams of six players each, with a puck in place of a ball.

icepack /'aɪspæk/ *n.* **1.** a large area of floating ice, as in arctic seas. **2.** a cold compress consisting of a bag filled with crushed ice.

icepick /'aɪspɪk/ *n.* a pick or other tool for breaking ice.

ice skate *n.* (*usually plural*) **1.** a thin metal runner attached to the shoe, for skating on ice. **2.** a shoe fitted with such a runner.

ice-skate /'aɪs-skeɪt/ *v.i.* **-skated, -skating.** to skate on ice. **–ice-skater** *n.*

ichthyo- a word element meaning 'fish', as in *ichthyology*. Also (*before vowels*), **ichthy-**.

ichthyology /ɪkθi'ɒlədʒi/ *n.* the branch of zoology that deals with fishes. **–ichthyologic** /ɪkθiə'lɒdʒɪk/, **ichthyological** /ɪkθiə'lɒdʒɪkəl/ *adj.* **–ichthyologist** *n.*

-ician a compound suffix especially applied to an expert in a field, as in *geometrician*.

icicle /'aɪsɪkəl/ *n.* a pendent tapering mass of ice formed by the freezing of dripping water. **–icicled** *adj.*

icing /'aɪsɪŋ/ *n.* **1.** one of various sugared coatings or toppings for cakes, usually made from icing sugar with some combinations of fruit juice, eggwhite, colouring, etc. **2.** the forming of ice on the wings of a plane, rigging of a ship, etc., in conditions of extreme cold. *–phr.* **3. the icing on the cake**, the most enjoyable or advantageous aspects of a job, situation, etc; the finishing touches.

icky /'ɪki/ *adj. Colloquial* **1.** sticky; gooey. **2.** difficult to deal with; disagreeable; troublesome.

icon /'aɪkɒn/ *n.* **1.** *Eastern Church* a representation in painting, enamel, etc., of some sacred person-

icono- / idiot

icono- age, such as Christ or a saint or angel. **2.** a sign or representation which stands for its object by virtue of a resemblance or analogy to it. **3.** a person who is seen by a community as being closest to an admired stereotype. **4.** an artefact, practice, etc., which is associated with a particular way of life so strongly that it comes to be seen as a symbol of it. **5.** *Computers* a picture on a video display unit screen representing an instruction or menu option.

icono- a word element meaning 'likeness' or 'image', as in *iconography*.

iconoclast /aɪˈkɒnəklæst/ *n.* **1.** a breaker or destroyer of images, especially those set up for religious veneration. **2.** someone who attacks cherished beliefs as based on error or superstition. **–iconoclasm** *n.* **–iconoclastic** /aɪˌkɒnəˈklæstɪk/ *adj.* **–iconoclastically** /aɪˌkɒnəˈklæstɪkli/ *adv.*

-ics a suffix of nouns, originally plural as denoting things relating to a particular subject, but now mostly used as singular as denoting the body of matters, facts, knowledge, principles, etc., relating to a subject, and hence a science or art, as in *ethics, physics, politics, tactics*.

icy /ˈaɪsi/ *adj.* **icier, iciest. 1.** made of or covered with ice. **2.** resembling ice. **3.** cold: *icy wind*.

id /ɪd/ *n. Psychoanalysis* the part of the psyche residing in the unconscious which is the source of instinctive energy.

-id¹ a suffix of nouns and adjectives indicating members of a zoological family, as in *cichlid*, or of some other group or division, as in *acarid, arachnid*.

-id² variant of **-ide**, as in *parotid*.

-id³ a quasi-suffix common in adjectives, especially of states which appeal to the senses, as in *torrid, acid*.

I'd /aɪd/ contraction of *I would* or *I had*.

-idae a suffix of the taxonomic names of families in zoology, as in *Canidae*.

-ide a noun suffix in names of chemical compounds, as in *bromide*. Also, **-id**.

idea /aɪˈdɪə/ *n.* **1.** any conception existing in the mind as the result of mental apprehension or activity. **2.** a thought, conception, or notion: *what an idea!* **3.** an impression: *a general idea of what it's like*. **4.** an opinion, view, or belief. **5.** a plan of action; an intention: *the idea of becoming an engineer*. **–idealess** *adj.* **–idealness** *n.*

ideal /aɪˈdɪəl/ *n.* **1.** an idea of something at its most perfect. **2.** a standard of excellence: *to set high ideals*. **3.** a perfect example; something to be copied. **4.** an ultimate object or goal: *my ideal is to finish in six weeks*. **5.** something which exists only in idea: *an ideal of goodness*. *–adj.* **6.** perfect and seen as a standard: *ideal beauty; ideal behaviour*. **7.** seen as the best or most suitable: *that's the ideal car for us*. **8.** existing only in idea; imaginary. **–ideally** *adv.* **–idealness** *n.*

idealise = idealize /aɪˈdɪəlaɪz/ *v.* **-lised, -lising.** *–v.t.* **1.** to make ideal; represent in an ideal form or character; exalt to an ideal perfection or excellence. *–v.i.* **2.** to represent something in an ideal form; imagine or form an ideal or ideals. **–idealisation = idealization** /aɪˌdɪəlaɪˈzeɪʃən/ *n.* **–idealiser** *n.*

idealism /aɪˈdɪəlɪzəm/ *n.* **1.** the cherishing or pursuit of ideals, as for attainment. **2.** the practice of idealising. **3.** *Philosophy* **a.** any system or theory which maintains that the real is of the nature of thought, or that the object of external perception consists of ideas. **b.** the tendency to represent things in an ideal form, or as they ought to be rather than as they are, with emphasis on values. **–idealist** *n.* **–idealistic** /aɪdɪəˈlɪstɪk/ *adj.*

ideate /aɪˈdieɪt/ *v.t.* **-ated, -ating.** to form in idea, thought, or imagination. **–ideation** /aɪdiˈeɪʃən/ *n.* **–ideational** /aɪdiˈeɪʃənəl/ *adj.* **–ideationally** /aɪdiˈeɪʃənli/ *adv.*

idem /ˈɪdɛm, ˈaɪdɛm/ *pron.* the same as previously given or mentioned.

identical /aɪˈdɛntɪkəl/ *adj.* **1.** (sometimes fol. by *to* or *with*) corresponding exactly in nature, appearance, manner, etc.: *this leaf is identical to that*. **2.** the very same: *I almost bought the identical dress you are wearing*. **3.** (of twins) born from the same ovum which divides into two after fertilisation **–identically** *adv.* **–identicalness** *n.*

identification /aɪˌdɛntəfəˈkeɪʃən/ *n.* **1.** the act of identifying. **2.** something that identifies one, such as a driver's licence, passport, etc.

identify /aɪˈdɛntəfaɪ/ *v.* **-fied, -fying.** *–v.t.* **1.** to recognise or establish as being a particular person or thing; attest or prove to be as purported or asserted: *to identify handwriting, identify the bearer of a cheque*. **2.** to serve as a means of identification for: *this card identifies the bearer as a member*. **3.** *Biology* to determine to what group (a given specimen) belongs. **4.** *Psychology* to make (oneself) one with another person by putting oneself in his or her place. *–phr.* **5. identify with, a.** to make, represent to be, or regard or treat as the same as or identical to: *to identify success with happiness.* **b.** to associate in feeling, interest, action, etc., with: *to identify with people of similar background*. **–identifiable** *adj.* **–identifier** *n.*

identikit /aɪˈdɛntɪkɪt/ *n.* **1.** a set of pictures of typical facial characteristics which can be superimposed upon a frame to form a likeness, used by police to help in the identification of suspects. **2.** any picture so composed. *–adj.* **3.** relating to such a picture: *an identikit portrait*.

identity /aɪˈdɛntəti/ *n.* **-ties,** *adj.* *–n.* **1.** the condition or fact of being or remaining the same one: *the group kept its identity under different leaders*. **2.** the condition of being oneself or itself, and not another: *he doubted his own identity*. **3.** *Colloquial* an odd, interesting or famous person; a character: *a local identity*. **4.** sameness, likeness or association: *the two groups showed identity of function*. **5.** *Mathematics* an equation which is true for all values of its variables. *–adj.* **6.** serving to identify: *identity card*.

ideo- a word element meaning 'idea', as in *ideograph*.

ideology /aɪdiˈɒlədʒi/ *n.* **-gies. 1.** the body of doctrine, myth, and symbols of a social movement, institution, class, or large group. **2.** such a body of doctrine, etc., with reference to some political and cultural plan, as that of fascism, together with the devices for putting it into operation. **3.** *Philosophy* the science of ideas. **4.** theorising of a visionary or unpractical nature. **–ideological** /aɪdiəˈlɒdʒəkəl/ *adj.* **–ideologist** *n.*

id est /ɪd ˈɛst/ that is.

idio- a word element meaning 'peculiar' or 'proper to one', as in *idiosyncrasy*.

idiocy /ˈɪdiəsi/ *n.* **-cies. 1.** the condition of being an idiot; extreme degree of mental deficiency. **2.** senseless folly.

idiom /ˈɪdiəm/ *n.* **1.** a form of expression peculiar to a language, especially one having a significance other than its literal one. **2.** the peculiar character or genius of a language. **3.** a distinct style or character, as in music, art, etc.: *the idiom of Bach*. **–idiomatic** *adj.*

idiosyncrasy /ˌɪdioʊˈsɪŋkrəsi/ *n.* **-sies.** any tendency, characteristic, mode of expression, or the like, peculiar to an individual. **–idiosyncratic** /ˌɪdioʊsɪnˈkrætɪk/ *adj.* **–idiosyncratically** /ˌɪdioʊsɪnˈkrætɪkli/ *adv.*

idiot /ˈɪdiət/ *n.* **1.** an utterly foolish or senseless person. **2.** someone hopelessly deficient, especially from birth, in the ordinary mental powers.

-idium a diminutive suffix (Latinisation of Greek *-idion*) used in zoological, biological, botanical, anatomical, and chemical terms.

idle /'aɪdl/ *adj.* **idler, idlest,** *v.* **idled, idling.** *–adj.* **1.** unemployed, or doing nothing: *idle workmen*. **2.** unoccupied, as time: *idle hours*. **3.** not in use: *idle machinery*. **4.** habitually doing nothing or avoiding work: *idle fellow*. **5.** worthless, meaningless or vain: *idle talk; idle pleasures*. **6.** unfounded: *idle fears*. **7.** futile or ineffective: *idle threats*. *–v.i.* **8.** to spend time doing nothing or in worthless activities. **9.** to move idly; loiter; saunter. **10.** (of an engine) to operate with the transmission disengaged at minimum speed. *–v.t.* **11.** to waste: *to idle the hours away*. *–phr.* **12. the idle rich,** people rich enough not to have to work. **–idler** *n.* **–idleness** *n.* **–idly** *adv.*

idol /'aɪdl/ *n.* **1.** a statue, etc., worshipped as a god. **2.** *Bible* a false god, as of a heathen people. **3.** any person or thing blindly adored or revered. **–idolise = idolize** *v.*

idolatry /aɪ'dɒlətri/ *n.* **-ries. 1.** the worship of idols. **2.** blind adoration, reverence, or devotion. **–idolater** *n.* **–idolatrous** *adj.*

idyll /'aɪdəl, 'ɪdəl/ *n.* **1.** a poem or prose composition consisting of a 'little picture', usually describing pastoral scenes or events or any charmingly simple episode, appealing incident, or the like. **2.** an episode or scene of idyllic charm. Also, *US*, **idyl.** **–idyllic** *adj.*

-ie a hypocoristic suffix of nouns, the same as **-y²**, used colloquially: **1.** as an endearment, or affectionately, especially with and among children: *doggie*, a dog; *littlie*, a child. **2.** as a familiar abbreviation: *budgie*, a budgerigar; *conchie*, conscientious, or a conscientious objector; *mozzie*, a mosquito; *postie*, a postman. **3.** as a nominalisation: *greenie*, a conservationist; *stubbie*, a small, squat beer bottle.

-ier variant of **-eer,** as in *brigadier, halberdier,* etc.

-ies a word element representing the plural formation of nouns and third person singular of verbs for words ending in *-y, -ie,* and sometimes *-ey.*

if /ɪf/ *conj.* **1.** in case that; granting or supposing that; on condition that. **2.** even though. **3.** whether. *–n.* **4.** a condition; a supposition. *–phr.* **5. if only,** (used to introduce a phrase expressing a wish, especially one that cannot now be fulfilled or is thought unlikely to be fulfilled): *if only I had known!; if only he would come!*

-ify variant of **-fy,** used when the preceding stem or word element ends in a consonant, as in *intensify.*

igloo /'ɪglu/ *n.* **-loos.** a dome-shaped Inuit hut, built of blocks of hard snow.

igneous /'ɪgniəs/ *adj.* **1.** having to do with fire. **2.** *Geology* formed by the action of heat, as rocks.

igneous rock *n.* rock formed from magma which has cooled and solidified either at the earth's surface (volcanic rock) or deep within the earth's crust (plutonic rock).

ignite /ɪg'naɪt/ *v.* **-nited, -niting.** *–v.t.* **1.** to set on fire; kindle. *–v.i.* **2.** to take fire; begin to burn. **–ignitable = ignitible** *adj.* **–ignitability = ignitibility** /ɪg,naɪtə'bɪləti/ *n.*

ignition /ɪg'nɪʃən/ *n.* **1.** the act of igniting. **2.** the state of being ignited. **3.** (in an internal-combustion engine) the process which ignites the fuel in the cylinder.

ignoble /ɪg'noʊbəl/ *adj.* **1.** of low character, aims, etc.; mean; base. **2.** of low grade or quality; inferior. **–ignobility** /ˌɪgnoʊ'bɪləti/, **ignobleness** *n.* **–ignobly** *adv.*

ignominy /'ɪgnəməni/ *n.* **-nies. 1.** disgrace; dishonour; public contempt. **2.** base quality or conduct; a cause of disgrace.

ignoramus /ɪgnə'reɪməs/ *n.* **-muses.** an ignorant person.

ignorant /'ɪgnərənt/ *adj.* **1.** destitute of knowledge; unlearned. **2.** uninformed; unaware. **3.** due to or showing lack of knowledge: *an ignorant statement.* **–ignorance** *n.* **–ignorantly** *adv.*

ignore /ɪg'nɔ/ *v.t.* **-nored, -noring. 1.** to refrain from noticing or recognising: *ignore his remarks.* **2.** *US Law* (of the grand jury) to reject (a bill of indictment) as without sufficient evidence. *–phr.* **3. treat with ignore,** *Australian Colloquial* to disregard entirely. **–ignorable** *adj.* **–ignorer** *n.*

iguana /ɪ'gwanə/ *n.* any of various large lizards of the family Iguanidae, especially *I. iguana,* of tropical America, often having spiny projections on the head and back.

ikebana /ɪki'banə/ *n.* the art of Japanese flower arrangement in which flowers are displayed according to strict rules.

il-¹ variant of **in-²,** (by assimilation) before *l,* as in *illation.*

il-² variant of **in-³,** (by assimilation) before *l,* as in *illogical.*

-il variant of **-ile,** as in *civil.*

-ile a suffix of adjectives expressing capability, susceptibility, liability, aptitude, etc., as in *agile, docile, ductile, fragile, prehensile, tensile, volatile.* Also, **-il.**

-ility a compound suffix making abstract nouns from adjectives by replacing the adjective suffixes: *-il(e), -le,* as in *civility, sterility, ability.*

ilk /ɪlk/ *n.* family, class, or kind: *he and all his ilk.*

ill /ɪl/ *adj.* **worse, worst,** *n., adv.* *–adj.* **1.** sick or unwell. **2.** evil, wicked, or bad: *ill repute.* **3.** offensive or faulty: *ill manners.* **4.** unfriendly or hostile: *ill feeling.* **5.** unfavourable; adverse: *ill luck.* *–n.* **6.** evil. **7.** harm; injury. **8.** a disease; ailment. **9.** trouble; misfortune. *–adv.* **10.** wickedly. **11.** unsatisfactorily or poorly. **12.** in an unfriendly or hostile manner: *ill disposed.* **13.** unfavourably or unfortunately. **14.** with displeasure or offence: *to take it ill.* **15.** with trouble, difficulty, or inconvenience: *buying a new car is an expense we can ill afford.*

I'll /aɪl/ contraction of *I will* or *I shall.*

ill-advised /'ɪl-ədvaɪzd/ *adj.* acting or done without due consideration; imprudent. **–ill-advisedly** /ɪl-əd'vaɪzədli/ *adv.*

ill-bred /'ɪl-brɛd/ *adj.* showing or due to lack of proper breeding; unmannerly; rude: *he remained serene in a houseful of ill-bred children.* **–ill-breeding** /ɪl-'brɪdɪŋ/ *n.*

illegal /ɪ'ligəl/ *adj.* not legal; unauthorised. **–illegally** *adv.* **–illegality** /ɪli'gæləti/, **illegalness** *n.*

illegible /ɪ'lɛdʒəbəl/ *adj.* not legible; impossible or hard to read or decipher: *this letter is completely illegible.* **–illegibility** /ɪˌlɛdʒə'bɪləti/, **illegibleness** *n.* **–illegibly** *adv.*

illegitimate /ɪlə'dʒɪtəmət/ *adj.* **1.** against the law: *an illegitimate act.* **2.** born outside marriage: *an illegitimate child.* **3.** not allowed; irregular; not in good usage: *an illegitimate use of words.* *–n.* **4.** an illegitimate person; bastard. **5.** (formerly) a free settler (as opposed to a *legitimate*). **–illegitimacy** *n.* **–illegitimately** *adv.*

ill-fated /'ɪl-feɪtəd/ *adj.* **1.** destined to an unhappy fate: *an ill-fated person.* **2.** bringing bad fortune.

ill-gotten /'ɪl-gɒtn/ *adj.* acquired by evil means: *ill-gotten gains.*

ill health *n.* an unsound or disordered condition of health. Also, **ill-health.**

illicit /ɪ'lɪsət/ *adj.* not permitted or authorised; unlicensed; unlawful. **–illicitly** *adv.* **–illicitness** *n.*

illiterate /ɪˈlɪtərət, ɪˈlɪtrət/ *adj.* **1.** unable to read and write: *an illiterate tribe*. **2.** lacking education. **3.** showing lack of culture. *–n.* **4.** an illiterate person. **–illiterately** *adv.* **–illiteracy, illiterateness** *n.*

ill-mannered /ˈɪl-mænəd/ *adj.* having bad manners; impolite; rude. **–ill-manneredly** *adv.*

ill-natured /ˈɪl-neɪtʃəd/ *adj.* **1.** having or showing an unkindly or unpleasant disposition. **2.** cross; peevish. **–ill-naturedly** *adv.* **–ill-naturedness** *n.*

illness /ˈɪlnəs/ *n.* a state of bad health; sickness.

illogical /ɪˈlɒdʒɪkəl/ *adj.* not logical; contrary to or disregardful of the rules of logic; unreasonable. **–illogicality** /ˌɪˌlɒdʒɪˈkælətɪ/, **illogicalness** *n.* **–illogically** *adv.*

ill-treat /ɪl-ˈtrit/ *v.t.* to treat badly; maltreat. **–ill-treatment** *n.*

illuminate /ɪˈljumənɛɪt/ *v.t.* **-nated, -nating**. *–v.t.* **1.** to supply with light; light up: *to illuminate a building*. **2.** to decorate with lights. **3.** to throw light on (a subject), make clear or lucid. **4.** to enlighten (someone), as with knowledge. **5.** to decorate (a letter, page, manuscript, etc.) with colour, gold, etc. *–v.i.* **6.** to display lights, as in celebration. **–illumination** *n.* **–illuminator** *n.* **–illuminating, illuminative** *adj.* **–illuminatingly** *adv.*

ill-use /ɪl-ˈjuz/ *v.t.* **-used, -using**. to treat badly, unjustly, or cruelly.

illusion /ɪˈluʒən/ *n.* **1.** something that deceives by producing a false impression. **2.** the act of deceiving; deception; delusion; mockery. **3.** the state of being deceived, or an instance of this; a false impression or belief. **4.** *Psychology* normal misperception of some object or situation (e.g. optical illusions). Compare **delusion** (def. 4), **hallucination**. **–illusionary** *adj.*

illusory /ɪˈluzəri/ *adj.* **1.** causing illusion; deceptive. **2.** being an illusion; unreal. Also, **illusive**. **–illusorily** *adv.* **–illusoriness** *n.*

illustrate /ˈɪləstreɪt/ *v.t.* **-strated, -strating**. **1.** to make clear or intelligible, as by examples; exemplify. **2.** to furnish (a book, etc.) with drawings or pictorial representations intended for elucidation or adornment. **–illustrated** *adj.* **–illustration** *n.* **–illustrator** *n.* **–illustrative** /ˈɪləstreɪtɪv, ɪˈlʌstrətɪv/ *adj.*

illustrious /ɪˈlʌstrɪəs/ *adj.* **1.** highly distinguished; renowned; famous. **2.** glorious, as deeds, etc. **–illustriously** *adv.* **–illustriousness** *n.*

ill will *n.* hostile or unfriendly feeling. **–ill-willed** *adj.*

im-[1] variant of **in-**[2] used before *b, m,* and *p,* as in *imbrute, immingle*.

im-[2] variant of **in-**[3] used before *b, m,* and *p,* as in *immoral, imparity, imperishable*.

im-[3] variant of **in-**[1], before *b, m,* and *p,* as in *imbed, impearl*. Also, **em-**.

I'm /aɪm/ contraction of *I am*.

image /ˈɪmɪdʒ/ *n., v.* **imaged, imaging**. *–n.* **1.** a likeness of a person, animal, or thing. **2.** the optical counterpart or appearance of an object, produced by a mirror, lens, etc. **3.** a mental picture; idea; conception. **4.** the impression a public figure or group works to create for the public. **5.** form; appearance. **6.** Also, **spitting image**. a counterpart or copy: *the child is the image of its mother*. **7.** a symbol or emblem. **8.** a type or embodiment. **9.** a description of something in speech or writing. **10.** *Rhetoric* a figure of speech, especially a metaphor or a simile. *–v.t.* **11.** to make an image of.

imagery /ˈɪmɪdʒri/ *n.* **-geries** /-dʒəri/. **1.** the formation of images, figures, or likenesses of things, or such images collectively: *a dream's dim imagery*. **2.** figurative description or illustration; rhetorical images collectively.

imaginary /ɪˈmædʒənəri, -ənri/ *adj.* existing only in the imagination or fancy; not real; fancied: *an imaginary illness*. **–imaginarily** *adv.* **–imaginariness** *n.*

imaginary number *n.* the square root of a negative number; thus √-1 is an imaginary number, denoted by i, and so $i^2 = -1$.

imagination /ɪˌmædʒəˈneɪʃən/ *n.* **1.** the action of imagining, or of forming mental images or concepts of what is not actually present to the senses. **2.** the faculty of forming such images or concepts. **3.** *Psychology* the power of reproducing images stored in the memory under the suggestion of associated images (**reproductive imagination**), or of recombining former experiences in the creation of new images different from any known by experience (**productive imagination** or **creative imagination**). **–imaginational** *adj.*

imaginative /ɪˈmædʒənətɪv/ *adj.* **1.** characterised by or bearing evidence of imagination: *an imaginative tale*. **2.** relating to or concerned with imagination: *the imaginative faculty*. **3.** given to imagining, as persons. **–imaginatively** *adv.* **–imaginativeness** *n.*

imagine /ɪˈmædʒən/ *v.t.* **-ined, -ining**. **1.** to form a mental image of (something not actually present to the senses). **2.** to think, believe, or fancy. **3.** to assume or suppose. **4.** to conjecture or guess: *I cannot imagine what you mean*. **–imaginable** *adj.* **–imaginer** *n.*

imago /ɪˈmeɪgoʊ/ *n.* **imagos** *or* **imagines** /ɪˈmeɪdʒəniz/. **1.** *Entomology* an adult insect. **2.** *Psychoanalysis* an idealised concept of a loved one, formed in childhood and retained uncorrected in adult life.

imam /ɪˈmɑm/ *n.* a Muslim religious leader or chief.

imbecile /ˈɪmbəsil, -saɪl/ *n.* **1.** a person of defective mentality above the grade of idiocy. **2.** *Colloquial* a silly person; fool. **–imbecility** *n.* **–imbecilely** *adv.* **–imbecilic** /ˌɪmbəˈsɪlɪk/ *adj.*

imbibe /ɪmˈbaɪb/ *v.* **-bibed, -bibing**. *–v.t.* **1.** to drink in, or drink. **2.** to take or receive into the mind, as knowledge, ideas, etc. *–v.i.* **3.** to drink; absorb liquid or moisture. **–imbiber** *n.* **–imbition** *n.*

imbroglio /ɪmˈbroʊlioʊ/ *n.* **-lios**. an intricate and perplexing state of affairs; a complicated or difficult situation.

imbue /ɪmˈbju/ *v.t.* **-bued, -buing**. **1.** to impregnate or inspire, as with feelings, opinions, etc. **2.** to saturate with moisture, impregnate with colour, etc. **–imbuement** *n.*

imitate /ˈɪmətɛɪt/ *v.t.* **-tated, -tating**. **1.** to follow or endeavour to follow in action or manner. **2.** to mimic or counterfeit. **3.** to make a copy of; reproduce closely. **4.** to have or assume the appearance of; simulate. **–imitable** *adj.* **–imitation** *n.* **–imitative** *adj.* **–imitator** *n.*

immaculate /ɪˈmækjʊlət, -kjə-/ *adj.* **1.** free from spot or stain; spotlessly clean, as linen. **2.** free from moral blemish or impurity; pure, or undefiled. **3.** free from fault or flaw; free from errors, as a text. **–immaculacy, immaculateness** *n.* **–immaculately** *adv.*

immanent /ˈɪmənənt/ *adj.* remaining within; indwelling; inherent. **–immanence, immanency** *n.* **–immanently** *adv.*

immaterial /ˌɪməˈtɪərɪəl/ *adj.* **1.** of no essential consequence; unimportant. **2.** not material; incorporeal; spiritual. **–immaterially** *adv.* **–immaterialness, immateriality** /ˌɪməˌtɪərɪˈælətɪ/ *n.*

immature /ˌɪməˈtjʊə, -tjʊə/ *adj.* not mature, ripe, developed, or perfected. **–immaturely** *adv.* **–immaturity, immatureness** *n.*

immediate /ɪ'midiət/ *adj.* **1.** happening or done without delay; instant: *an immediate reply.* **2.** relating to the present time or moment: *our immediate plans.* **3.** with no time coming between; next in order: *the immediate future.* **4.** with no object or space coming between; nearest or next: *in the immediate vicinity.* **5.** with no medium or agent coming between; direct: *an immediate cause.* **–immediately** *adv.* **–immediateness** *n.*

immemorial /ɪmə'mɔriəl/ *adj.* extending back beyond memory, record, or knowledge: *from time immemorial.* **–immemorially** *adv.*

immense /ɪ'mɛns/ *adj.* **1.** vast; huge; very great: *an immense territory.* **2.** immeasurable; boundless. **3.** *Colloquial* very good or fine. **–immensely** *adv.* **–immensity, immenseness** *n.*

immerse /ɪ'mɜs/ *v.t.* **-mersed, -mersing. 1.** to plunge into or place under a liquid; dip; sink. **2.** to involve deeply; absorb. **–immersed** *adj.* **–immersion** *n.*

immigrate /'ɪməgreɪt/ *v.i.* **-grated, -grating. 1.** to pass or come into a new habitat or place of residence. **2.** to come into a country of which one is not a native for the purpose of permanent residence. **–immigration** /ɪmə'greɪʃən/ *n.* **–immigrant** *n., adj.*

imminent /'ɪmənənt/ *adj.* **1.** likely to occur at any moment; impending: *war is imminent.* **2.** projecting or leaning forward; overhanging. **–imminence** *n.* **–imminently** *adv.*

immobile /ɪ'moʊbaɪl/ *adj.* **1.** not mobile; immovable. **2.** that does not move; motionless. **–immobilise = immobilize** *v.*

immoderate /ɪ'mɒdərət, -drət/ *adj.* not moderate; exceeding just or reasonable limits; excessive; extreme. **–immoderately** *adv.* **–immoderateness, immoderation** /ɪˌmɒdə'reɪʃən/ *n.*

immodest /ɪ'mɒdəst/ *adj.* **1.** not modest in conduct, utterance, etc.; indecent; shameless. **2.** not modest in assertion or pretension; forward; impudent. **–immodestly** *adv.* **–immodesty** *n.*

immolate /'ɪməleɪt/ *v.t.* **-lated, -lating. 1.** to sacrifice. **2.** to kill as a sacrificial victim; offer in sacrifice. **–***phr.* **3. immolate oneself,** to practise self-immolation. **–immolator** *n.* **–immolation** /ɪmə'leɪʃən/ *n.*

immoral /ɪ'mɒrəl/ *adj.* not moral; not conforming to the moral law; not conforming to accepted patterns of conduct. **–immorality** /ɪmə'rælətɪ/ *n.* **–immorally** *adv.*

immortal /ɪ'mɔtl/ *adj.* **1.** undying: *immortal spirit.* **2.** celebrated in undying memory; imperishable: *immortal fame; immortal name; immortal songs.* **3.** lasting, perpetual, or constant: *an immortal memory.* **–***n.* **4.** someone of lasting fame, as Shakespeare, Bach, etc. **5.** (*usually plural*) one of the gods of Greek and Roman mythology. **–immortalise = immortalize** *v.* **–immortality** *n.* **–immortally** *adv.*

immovable = immoveable /ɪ'muvəbəl/ *adj.* **1.** incapable of being moved; fixed; stationary. **2.** not moving; motionless. **3.** not subject to change; unalterable. **4.** incapable of being affected with feeling; emotionless: *an immovable heart or face.* **5.** incapable of being moved from one's purpose, opinion, etc.; steadfast; unyielding. **–immovability** /ɪˌmuvə'bɪlətɪ/ *n.*, **immovableness** *n.* **–immovably** *adv.*

immune /ə'mjun, ɪ-/ *adj.* **1.** protected from a disease or the like, as by inoculation. **2.** exempt. **–immunise = immunize** *v.*

immune system *n.* a complex network of interacting systems within the body which protect it from pathogens and other foreign substances, and which can destroy infected, malignant, or broken-down cells.

immunology /ɪmju'nɒlədʒi/ *n.* the branch of medical science that deals with immunity from disease and the production of such immunity. **–immunologic** /ɪmjunə'lɒdʒɪk/, **immunological** /ɪˌmjunə'lɒdʒɪkəl/ *adj.* **–immunologist** *n.*

immure /ɪ'mjuə/ *v.t.* **-mured, -muring. 1.** to enclose within walls. **2.** to shut in; confine. **3.** to imprison. **4.** to build into or entomb in a wall. **–immurement** *n.*

immutable /ɪ'mjutəbəl/ *adj.* not mutable; unchangeable; unalterable; changeless. **–immutability** /ɪˌmjutə'bɪlətɪ/, **immutableness** *n.* **–immutably** *adv.*

imp /ɪmp/ *n.* **1.** a little devil or demon; an evil spirit. **2.** a mischievous child. **–impish** *adj.*

impact /'ɪmpækt/ *n.*, /ɪm'pækt/ *v.* **–***n.* **1.** the striking of one body against another. **2.** an impinging: *the impact of light on the eye.* **3.** forcible contact or impinging: *the tremendous impact of the shot.* **4.** influence or effect exerted by a new idea, concept, ideology, etc. **–***v.t.* **5.** to drive or press closely or firmly into something; pack in. **–***v.i.* **6. impact on,** to have an affect on: *this law impacts on all of us.* **7. make an impact on,** to impress.

impacted /ɪm'pæktəd/ *adj.* **1.** wedged in. **2.** *Dentistry* (of a tooth) incapable of growing out or erupting, and remaining within the jawbone. **3.** driven together; tightly packed.

impair /ɪm'pɛə/ *v.t.* to make worse; diminish in value, excellence, etc. **–impairer** *n.* **–impairment** *n.*

impala /ɪm'palə/ *n.* an antelope, *Aepyceros melampus,* from southern and eastern Africa, which can leap up to 9 metres.

impale /ɪm'peɪl/ *v.t.* **-paled, -paling. 1.** to fix upon a sharpened stake or the like. **2.** to pierce with a sharpened stake thrust up through the body, as for torture or punishment. **3.** to fix upon, or pierce through with, anything pointed. **–impalement** *n.*

impart /ɪm'pat/ *v.t.* **1.** to make known, tell, or relate: *to impart a secret.* **2.** to give, bestow, or communicate. **–impartation** /ɪmpɑ'teɪʃən/, **impartment** *n.* **–imparter** *n.*

impartial /ɪm'paʃəl/ *adj.* not partial; unbiased; just. **–impartiality** /ɪmˌpaʃi'ælətɪ/, **impartialness** *n.* **–impartially** *adv.*

impassable /ɪm'pasəbəl/ *adj.* not passable; that cannot be passed over, through, or along: *muddy, impassable roads.* **–impassability** /ɪmˌpasə'bɪlətɪ/, **impassableness** *n.* **–impassably** *adv.*

impasse /'ɪmpas/ *n.* a position from which there is no escape.

impassive /ɪm'pæsɪv/ *adj.* **1.** without emotion; apathetic; unmoved. **2.** calm; serene. **3.** unconscious. **4.** not subject to suffering. **–impassively** *adv.* **–impassiveness, impassivity** /ɪmpæ'sɪvətɪ/ *n.*

impatient /ɪm'peɪʃənt/ *adj.* **1.** not patient; not bearing pain, opposition, etc., with composure. **2.** indicating lack of patience: *an impatient answer.* **3.** restless in desire or expectation; eagerly desirous (to do something). **–***phr.* **4. impatient of,** intolerant of: *impatient of any interruptions.* **–impatience** *n.* **–impatiently** *adv.*

impeach /ɪm'pitʃ/ *v.t.* **1.** to challenge the credibility of: *to impeach a witness.* **2.** to bring an accusation against a person in respect of treason or some other grave criminal offence. **–impeachable** *adj.* **–impeachment** *n.* **–impeacher** *n.*

impeccable /ɪm'pɛkəbəl/ *adj.* **1.** faultless or irreproachable: *impeccable manners.* **2.** not liable to sin; exempt from the possibility of doing wrong. **–impeccability** /ɪmˌpɛkə'bɪlətɪ/ *n.* **–impeccably** *adv.*

impecunious /ɪmpə'kjuniəs/ *adj.* having no

impedance /ɪmˈpiːdns/ n. *Electricity* the apparent resistance, or total opposition to current of an alternating current circuit, consisting of two components, reactance and true or ohmic resistance.

impede /ɪmˈpiːd/ v.t. **-peded, -peding.** to retard in movement or progress by means of obstacles or hindrances; obstruct; hinder. **–impeder** n. **–impedingly** adv.

impediment /ɪmˈpɛdəmənt/ n. **1.** some physical defect, especially a speech disorder: *an impediment in speech*. **2.** obstruction or hindrance; obstacle. **–impedimental** /ɪmˌpɛdəˈmɛntl/, **impedimentary** /ɪmˌpɛdəˈmɛntəri/ adj.

impel /ɪmˈpɛl/ v.t. **-pelled, -pelling.** to drive or urge forward; press on; incite or constrain to action in any way. **–impeller** n. **–impellent** adj.

impend /ɪmˈpɛnd/ v.i. **1.** to be imminent; be near at hand. **2.** to threaten. *–phr.* **3. impend over**, *Archaic* to hang or be suspended over; overhang. **–impending, impendent** adj.

impenetrable /ɪmˈpɛnətrəbəl/ adj. **1.** not penetrable; that cannot be penetrated, pierced, or entered. **2.** inaccessible to ideas, influences, etc. **3.** incapable of being comprehended; unfathomable: *an impenetrable mystery*. **–impenetrability** /ɪmˌpɛnətrəˈbɪləti/, **impenetrableness** n. **–impenetrably** adv.

imperative /ɪmˈpɛrətɪv/ adj. **1.** not to be avoided or evaded: *an imperative duty*. **2.** being or expressing a command; commanding. **3.** *Grammar* designating or relating to the verb mood specialised for use in command, requests, and the like, or a verb inflected for this mode, as *listen! go! run!* etc. *–n.* **4.** a command. **5.** anything which must be done, had, etc.: *cost-cutting was made an imperative.* **–imperatival** /ɪmˌpɛrəˈtaɪvəl/ adj. **–imperatively** adv. **–imperativeness** n.

imperceptible /ˌɪmpəˈsɛptəbəl/ adj. **1.** very slight, gradual, or subtle: *imperceptible gradations*. **2.** not perceptible; not affecting the perceptive faculties. **–imperceptibility** /ˌɪmpəsɛptəˈbɪləti/, **imperceptibleness** n. **–imperceptibly** adv.

imperfect /ɪmˈpɜːfəkt/ adj. **1.** characterised by or subject to defects. **2.** not perfect; lacking completeness: *imperfect vision*. **3.** *Grammar* designating a tense which denotes action going on but not completed, especially in the past. For example, in the sentence *He was building the wall when it happened*, *was building* is in the imperfect tense. Compare **perfect, pluperfect. –imperfectly** adv. **–imperfection** /ɪmpəˈfɛkʃən/ n. **–imperfectness** n.

imperial /ɪmˈpɪəriəl/ adj. **1.** of or relating to an empire, emperor or empress. **2.** typical of the power of a ruling state over those countries, etc., under its control. **3.** having the power of an emperor or ruler. **4.** having a commanding or domineering quality, manner, or appearance; imperious. **5.** very fine or grand; magnificent. **6.** (of weights and measures) of the system legally established in Britain. **7.** (*often cap.*) of or relating to the British Empire. *–n.* **8.** a small, pointed beard growing beneath the lower lip. **–imperially** adv. **–imperialness** n.

imperialism /ɪmˈpɪəriəlɪzəm/ n. **1.** the policy of extending the rule or authority of an empire or nation over foreign countries, or of acquiring and holding colonies and dependencies. **2.** advocacy of imperial interests. **3.** the policy of so uniting the separate parts of an empire with separate governments as to secure for certain purposes a single state. **4.** imperial government. **–imperialist** n., adj. **–imperialistic** /ɪmˌpɪəriəˈlɪstɪk/ adj. **–imperialistically** /ɪmˌpɪəriəˈlɪstɪkli/ adv.

impecuniously adv. **–impecuniousness, impecuniosity** /ˌɪmpəkjuniˈɒsəti/ n.

money; penniless; poor.

imperil /ɪmˈpɛrəl/ v.t. **-rilled** *or Chiefly US* **riled, -rilling** *or Chiefly US* **-riling.** to put in peril; endanger. **–imperilment** n.

imperious /ɪmˈpɪəriəs/ adj. **1.** domineering, dictatorial, or overbearing: *an imperious tyrant, imperious temper*. **2.** urgent; imperative: *imperious need*. **–imperiously** adv. **–imperiousness** n.

impermeable /ɪmˈpɜːmiəbəl/ adj. **1.** not permeable; impassable. **2.** (of substances) not permitting the passage of a fluid through the pores, interstices, etc. **–impermeability** /ɪmˌpɜːmiəˈbɪləti/, **impermeableness** n. **–impermeably** adv.

impersonal /ɪmˈpɜːsənəl/ adj. **1.** not personal; without personal reference or connection: *an impersonal remark*. **2.** having no personality: *an impersonal deity*. **3.** *Grammar* **a.** (of a verb) having only third person singular forms, rarely if ever accompanied by an expressed subject, as Latin *pluit* (it is raining), or accompanied regularly by a non-significant subject word, as English *it is raining*. **b.** (of a pronoun) indefinite, as French *on* (one). **–impersonally** adv. **–impersonality** /ɪmˌpɜːsəˈnæləti/ n.

impersonate /ɪmˈpɜːsəneɪt/ v. **-nated, -nating**, adj. *–v.t.* **1.** to assume the character of; pretend to be. **2.** to represent in personal or bodily form; personify; typify. **3.** to act (a part), especially on the stage. *–adj.* **4.** embodied in a person; invested with personality. **–impersonation** /ɪmˌpɜːsəˈneɪʃən/ n. **–impersonator** n.

impertinent /ɪmˈpɜːtənənt/ adj. **1.** intrusive or presumptuous, as persons or their actions: *an impertinent boy*. **2.** not pertinent or relevant; irrelevant: *any impertinent detail*. **3.** inappropriate or incongruous. **4.** trivial, silly, or absurd. **–impertinence** n. **–impertinently** adv.

imperturbable /ˌɪmpəˈtɜːbəbəl/ adj. incapable of being perturbed or agitated; not easily excited; calm: *imperturbable composure*. **–imperturbability** /ˌɪmpətɜːbəˈbɪləti/, **imperturbableness** n. **–imperturbably** adv.

impervious /ɪmˈpɜːviəs/ adj. **1.** (sometimes fol. by *to*) not pervious; impermeable: *impervious to water*. **2.** (sometimes fol. by *to*) impenetrable: *impervious to reason*. **3.** not disposed to be influenced or affected. Also, **imperviable. –imperviously** adv. **–imperviousness** n.

impetigo /ˌɪmpəˈtaɪɡoʊ/ n. *Pathology* a contagious skin disease, especially of children, marked by a superficial pustular eruption, particularly on the face. **–impetiginous** /ˌɪmpəˈtɪdʒənəs/ adj.

impetuous /ɪmˈpɛtʃuəs/ adj. acting with or characterised by a sudden or rash energy: *an impetuous girl*. **–impetuosity** /ɪmˌpɛtʃuˈɒsəti/, **impetuousness** n. **–impetuously** adv.

impetus /ˈɪmpətəs/ n. **-tuses. 1.** moving force; impulse; stimulus: *a fresh impetus*. **2.** *Physics* the force with which a moving body tends to maintain its velocity and overcome resistance; energy of motion.

impinge /ɪmˈpɪndʒ/ v.i. **-pinged, -pinging. 1.** to strike or dash (*on, upon*, or *against*): *rays of light impinging on the eye*. *–phr.* **2. impinge on**, to have an affect on. **3. impinge on** (or **upon**), to encroach or infringe on. **–impingent** adj. **–impingement** n.

impious /ˈɪmpiəs, ɪmˈpaɪəs/ adj. **1.** not pious; lacking reverence for God; ungodly. **2.** not reverent towards parents; undutiful. **–impiously** adv. **–impiousness** n.

implacable /ɪmˈplækəbəl/ adj. not placable; not to be appeased or pacified; inexorable: *an implacable enemy*. **–implacability** /ɪmˌplækəˈbɪləti/, **implacableness** n. **–implacably** adv.

implant /ɪmˈplɑːnt, -ˈplænt/ v., /ˈɪmplɑːnt, -plænt/ n. *–v.t.* **1.** to instil or inculcate: *to implant sound principles*. **2.** to plant in something; infix: *implant*

implausible

living tissue. –*n.* **3.** *Medicine* **a.** tissue implanted into the body by grafting. **b.** a small tube containing a radioactive substance, such as radium, surgically implanted in tissue for the treatment of tumours, cancer, etc. –**implantation** /ɪmplænˈteɪʃən/ *n.* –**implanter** *n.*

implausible /ɪmˈplɔːzəbəl/ *adj.* not plausible; not having the appearance of truth or credibility. –**implausibility** /ɪmˌplɔːzəˈbɪləti/ *n.* –**implausibly** *adv.*

implement /ˈɪmpləmənt/ *n.*, /ˈɪmplɪmɛnt/ *v.* –*n.* **1.** an instrument, tool, or utensil: *agricultural implements.* **2.** a means; agent. –*v.t.* **3.** to put (a plan, proposal, etc.) into effect. –**implemental** /ɪmpləˈmɛntl/ *adj.* –**implementation** /ɪmpləmənˈteɪʃən/ *n.*

implicate /ˈɪmplɪkeɪt/ *v.t.* **-cated, -cating. 1.** to involve as being concerned in a matter, affair, condition, etc.: *to be implicated in a crime.* **2.** to imply as a necessary circumstance, or as something to be inferred or understood. **3.** to affect, or cause to be affected. **4.** to fold or twist together; intertwine; interlace: *implicated leaves.* –**implicative** *adj.*

implication /ɪmplɪˈkeɪʃən/ *n.* **1.** something implied or suggested as naturally to be understood without being actually stated. **2.** the state of being involved in some matter: *implication in a conspiracy.* –**implicational** *adj.* –**implicationally** *adv.*

implicit /ɪmˈplɪsət/ *adj.* **1.** (of belief, confidence, obedience, etc.) unquestioning, unreserved, or absolute. **2.** implied, rather than expressly stated: *an implicit consent.* –*phr.* **3. implicit in,** virtually contained in. –**implicitly** *adv.* –**implicitness** *n.*

implode /ɪmˈploʊd/ *v.i.* **-ploded, -ploding.** to burst inwards (opposed to *explode*). –**implosion** *n.*

implore /ɪmˈplɔː/ *v.t.* **-plored, -ploring.** to call upon in urgent or piteous supplication, as for aid or mercy; beseech; entreat: *they implored him to go.* –**imploration** /ɪmpləˈreɪʃən/ *n.* –**imploratory** *adj.* –**implorer** *n.* –**imploringly** *adv.* –**imploringness** *n.*

imply /ɪmˈplaɪ/ *v.t.* **-plied, -plying. 1.** to involve as a necessary circumstance: *speech implies a speaker.* **2.** (of words) to signify or mean. **3.** to indicate or suggest, as something naturally to be inferred, without express statement.

impolite /ɪmpəˈlaɪt/ *adj.* not polite or courteous; uncivil; rude. –**impolitely** *adv.* –**impoliteness** *n.*

impolitic /ɪmˈpɒlətɪk/ *adj.* inexpedient; injudicious. –**impoliticly** *adv.* –**impoliticness** *n.*

imponderable /ɪmˈpɒndərəbəl, -drəbəl/ *adj.* not ponderable; that cannot be weighed or assessed. –**imponderability** /ɪmˌpɒndərəˈbɪləti/, **imponderableness** *n.* –**imponderably** *adv.*

import /ɪmˈpɔːt, ˈɪmpɔːt/ *v.*, /ˈɪmpɔːt/ *n.* –*v.t.* **1.** to bring in from a foreign country, as goods, etc., for sale, use, processing, or to sell again to another country. **2.** to make known or express, as a meaning with words, actions, etc. –*n.* **3.** something that is brought in from abroad; an imported commodity or article. **4.** the act of importing or bringing in, as of goods from abroad. **5.** meaning; implication; purport. **6.** importance; consequence. –**importable** *adj.* –**importation** /ɪmpɔːˈteɪʃən/ *n.* –**importability** /ɪmˌpɔːtəˈbɪləti/ *n.* –**importer** *n.*

important /ɪmˈpɔːtnt/ *adj.* **1.** of much significance or consequence: *an important event.* **2.** prominent: *an important part.* **3.** of considerable influence or authority, as a person, position, etc. **4.** pompous. –*phr.* **5. important to,** mattering much regarding: *details important to a fair decision.* –**importance** *n.* –**importantly** *adv.*

importune /ɪmˈpɔːtʃuːn, ɪmpɔːˈtjuːn/ *v.t.* **-tuned, -tuning. 1.** to beset with solicitations; beg urgently or persistently. **2.** to beg for (something)

impregnate

urgently or persistently. –**importunate** *adj.* –**importunely** *adv.* –**importunity** /ɪmpɔːˈtjuːnəti/ *n.* –**importuner** *n.*

impose /ɪmˈpoʊz/ *v.* **-posed, -posing.** –*v.t.* **1.** to lay on or set as something to be paid, put up with, obeyed, fulfilled, etc.: *to impose taxes.* **2.** to push or force (oneself, one's company, etc.) upon others. **3.** to pass off dishonestly or deceptively. –*v.i.* **4.** to make a mark on the mind. **5.** to push or force oneself or one's needs: *to impose upon someone's kindness.* –**imposition** /ɪmpəˈzɪʃən/ *n.* –**imposable** *adj.* –**imposer** *n.*

imposing /ɪmˈpoʊzɪŋ/ *adj.* making an impression on the mind, as by great size, stately appearance, etc. –**imposingly** *adv.* –**imposingness** *n.*

impossible /ɪmˈpɒsəbəl/ *adj.* **1.** not possible; that cannot be, exist, or happen. **2.** not able to be done or effected: *it is impossible for my son to carry me.* **3.** not able to be true. **4.** not to be done, put up with, etc.: *an impossible situation.* **5.** hopelessly unsuitable; objectionable: *an impossible person.* –**impossibly** *adv.* –**impossibility** *n.*

impost /ˈɪmpɒst/ *n.* **1.** a tax, tribute, or duty. **2.** imposition. **3.** a customs duty.

impostor /ɪmˈpɒstə/ *n.* **1.** someone who imposes fraudulently upon others. **2.** someone who practises deception under an assumed character or name. –**imposture** *n.*

impotent /ˈɪmpətənt/ *adj.* **1.** not potent; lacking power or ability. **2.** utterly unable (to do something). **3.** without force or effectiveness. **4.** lacking bodily strength, or physically helpless, as an aged person or a cripple. **5.** (of a male) wholly lacking in sexual power. –**impotence, impotency** *n.* –**impotently** *adv.*

impound /ɪmˈpaʊnd/ *v.t.* **1.** to shut up in a pound, as a stray animal. **2.** to confine within an enclosure or within limits: *water impounded in a reservoir.* **3.** to seize, take, or appropriate summarily. **4.** to seize (a document, evidence, etc.) and retain in custody of the law. –**impoundable** *adj.* –**impoundment, impoundage** *n.* –**impounder** *n.*

impoverish /ɪmˈpɒvərɪʃ, -vrɪʃ/ *v.t.* **1.** to reduce to poverty: *a country impoverished by war.* **2.** to make poor in quality, productiveness, etc.; exhaust the strength or richness of: *to impoverish the soil.* –**impoverisher** *n.* –**impoverishment** *n.*

impracticable /ɪmˈpræktɪkəbəl/ *adj.* **1.** not practicable; that cannot be put into practice with the available means: *an impracticable plan.* **2.** unsuitable for practical use or purposes, as a device, material, etc. **3.** (of ground, places, etc.) impassable. –**impracticability** /ɪmˌpræktɪkəˈbɪləti/, **impracticableness** *n.* –**impracticably** *adv.*

impractical /ɪmˈpræktɪkəl/ *adj.* not practical. –**impracticality** /ɪmˌpræktəˈkæləti/, **impracticalness** *n.* –**impractically** *adv.*

imprecate /ˈɪmprəkeɪt/ *v.* **-cated, -cating.** –*v.t.* **1.** call down or invoke (especially evil or curses), as upon a person. –*v.i.* **2.** to curse; swear. –**imprecation** *n.* –**imprecator** *n.* –**imprecatory** /ˈɪmprəkətəri, ɪmprəˈkeɪtəri/ *adj.*

imprecise /ɪmprəˈsaɪs/ *adj.* not precise; ill-defined. –**imprecisely** *adv.* –**impreciseness, imprecision** *n.*

impregnable /ɪmˈprɛgnəbəl/ *adj.* strong enough to resist attack; not to be taken by force: *an impregnable fort.* –**impregnability** /ɪmˌprɛgnəˈbɪləti/ *n.* –**impregnably** *adv.*

impregnate /ˈɪmprɛgneɪt/ *v.t.* **-nated, -nating. 1.** to make pregnant; get with child or young. **2.** to fertilise. **3.** to charge with something infused or permeating throughout; saturate. **4.** to fill the interstices of with a substance. –**impregnation** /ɪmprɛgˈneɪʃən/ *n.* –**impregnator** *n.*

impresario /ɪmprəˈsɑriou/ n. **-rios. 1.** the organiser or manager of an opera, ballet, or theatre company or orchestra. **2.** a personal manager, teacher, or trainer of concert artists.

impress /ɪmˈprɛs, ˈɪmprɛs/ v., n. –v.t. **1.** to affect deeply or strongly in mind or feelings, especially favourably; influence in opinion. **2.** to urge, as something to be remembered or done. **3.** to press (a thing) into or on something. **4.** to produce (a mark, figure, etc.) by pressure; stamp; imprint. **5.** to subject to, or mark by, pressure with something. –n. **6.** a mark made by or as by pressure; stamp; imprint. –phr. **7. impress on** (or **upon**), to fix deeply or firmly in the mind or memory of (someone), as ideas, facts, etc.: *I impressed the seriousness of his position upon him.* –**impresser** n.

impression /ɪmˈprɛʃən/ n. **1.** a strong effect produced on the mind, feelings, etc. **2.** the first effect upon the mind in outward or inward sensation. **3.** an idea, belief, etc., that is often unclear. **4.** a mark, indentation, figure, etc., produced by pressure. **5.** *Printing, etc.* **a.** the process or result of printing from type, plates, etc. **b.** a printed copy from type, a plate, etc. **6.** a mould taken in plastic materials, plaster of Paris, etc. **7.** imitation, especially for entertainment, of the habits of some person or type. –**impressionable** *adj.*

impressionism /ɪmˈprɛʃənɪzəm/ n. **1.** a style of painting concerned with the analysis of tone and colour and with the effects of light on surfaces, and whose adherents painted landscapes from life, catching the impression of light by applying paint in small, bright dabs of colour. **2.** a musical or literary style intended to convey an effect or overall impression of a subject. –**impressionist** *n.*

impressive /ɪmˈprɛsɪv/ *adj.* such as to impress the mind; arousing solemn feelings: *an impressive ceremony.* –**impressively** *adv.* –**impressiveness** *n.*

imprint /ˈɪmprɪnt/ n., /ɪmˈprɪnt/ v. –n. **1.** a mark made by pressure; a figure impressed or printed on something. **2.** any impression or impressed effect. **3.** *Bibliography* information printed at the foot or back of the titlepage of a book indicating the name of the publisher, usually supplemented with the place and date of publication. –v.t. **4.** to impress (a quality, character, or distinguishing mark). **5.** to fix firmly on the mind, memory, etc. –**imprinter** *n.*

imprison /ɪmˈprɪzən/ v.t. **1.** to put into or confine in a prison; detain in custody. **2.** to shut up as if in a prison; hold in restraint. –**imprisonment** *n.*

improbable /ɪmˈprɒbəbəl/ *adj.* not probable; unlikely to be true or to happen. –**improbability** /ɪmˌprɒbəˈbɪləti/ *n.* –**improbably** *adv.*

impromptu /ɪmˈprɒmptju/ *adj.* **1.** made or done without previous preparation: *an impromptu address.* **2.** suddenly or hastily prepared, made, etc.: *an impromptu dinner.*

improper /ɪmˈprɒpə/ *adj.* **1.** not proper; not strictly belonging, applicable, or right: *an improper use for a thing.* **2.** not in accordance with propriety of behaviour, manners, etc.: *improper conduct.* –**improperly** *adv.* –**improperness** *n.*

impropriety /ɪmprəˈpraɪəti/ n. **-ties. 1.** the quality of being improper; incorrectness. **2.** inappropriateness. **3.** unseemliness.

improve /ɪmˈpruv/ v. **-proved, -proving.** –v.t. **1.** to bring into a more desirable or excellent condition: *to improve one's health.* **2.** to make (land) more profitable or valuable by enclosure, cultivation, etc.; increase the value of (property) by betterments, as buildings. –v.i. **3.** to increase in value, excellence, etc.; become better: *the situation is improving.* –phr. **4. improve on** (or **upon**), to make improvements in; do better than: *to improve on one's earlier work.* **5. on the improve,** *Colloquial* getting better. –**improvable** *adj.* –**improvability** /ɪmˌpruvəˈbɪləti/, **improvableness** *n.* –**improvement** *n.*

improvise /ˈɪmprəvaɪz/ v. **-vised, -vising.** –v.t. **1.** to prepare or provide offhand or hastily; extemporise. **2.** to construct without having access to the material or components normally thought of as necessary. **3.** to compose (verse, music, etc.) on the spur of the moment. **4.** to recite, sing, etc., extemporaneously. –v.i. **5.** to compose, utter, or execute anything extemporaneously: *he improvised in rhyme.* –**improvisation** /ɪmprəvaɪˈzeɪʃən/ *n.* –**improviser** *n.*

imprudent /ɪmˈprudnt/ *adj.* not prudent; lacking prudence or discretion. –**imprudence** *n.* –**imprudently** *adv.*

impudent /ˈɪmpjudənt, -pjə-/ *adj.* characterised by a shameless boldness, assurance, or effrontery: *impudent behaviour.* –**impudently** *adv.* –**impudence** *n.*

impugn /ɪmˈpjun/ v.t. to assail by words or arguments, as statements, motives, veracity, etc.; call in question; challenge as false. –**impugnable** *adj.* –**impugnation** /ɪmpʌgˈneɪʃən/, **impugnment** *n.* –**impugner** *n.*

impulse /ˈɪmpʌls/ n. **1.** the inciting influence of a particular feeling, mental state, etc.: *to act under the impulse of pity.* **2.** sudden, involuntary inclination prompting to action, or a particular instance of it: *to be swayed by impulse.* **3.** an impelling action or force, driving onwards or inducing motion. **4.** the effect of an impelling force; motion induced; impetus given. **5.** *Physiology* a stimulus conveyed by the nervous system, muscle fibres, etc., either exciting or limiting organic functioning. –**impulsion** *n.*

impulsive /ɪmˈpʌlsɪv/ *adj.* **1.** actuated or swayed by emotional or involuntary impulses: *an impulsive child.* **2.** having the power or effect of impelling; characterised by impulsion: *impulsive forces.* –**impulsively** *adv.* –**impulsiveness** *n.*

impunity /ɪmˈpjunəti/ *n.* exemption from punishment or ill consequences.

impure /ɪmˈpjuə/ *adj.* **1.** not pure; mixed with extraneous matter, especially of an inferior or contaminating kind: *impure water.* **2.** modified by admixture, as colour. **3.** mixed or combined with something else: *an impure style of architecture.* **4.** not morally pure; unchaste: *impure language.* –**impurity, impureness** *n.* –**impurely** *adv.*

impute /ɪmˈpjut/ v.t. **-puted, -puting. 1.** to attribute (something discreditable) to a person. **2.** to attribute or ascribe. **3.** *Law* to charge. –**imputation** /ɪmpjuˈteɪʃən/ *n.* –**imputative** *adj.* –**imputatively** *adv.* –**imputativeness** *n.* –**imputer** *n.*

in /ɪn/ *prep.* a particle expressing: **1.** inclusion within space or limits, a whole, material or immaterial surroundings, etc.: *in the city; in the army; dressed in white; in politics.* **2.** inclusion within, or occurrence during the course of or at the expiry of, a period or limit of time: *in ancient times; to do a task in an hour; return in ten minutes.* **3.** situation, condition, occupation, action, manner, relation, means, etc.: *in darkness; in sickness; in service; in crossing the street; in confidence; in French.* **4.** object or purpose: *in honour of the event.* **5.** motion or direction from without to a point within, or transition from one state to another: *to put in operation; break in two.* **6.** (of livestock) pregnant with: *the mare's in foal again.* –*adv.* **7.** in or into some place, position, state, relation, etc. **8.** on the inside, or within. **9.** in one's house or office. **10.** in office or power. **11.** in possession or occupancy. **12.** having the turn to play, in a game. **13.** towards a town or centre of population: *the drover started in before*

noon. –adj. **14.** that is or gets in; internal; inward; incoming; inbound. **15.** in favour; on friendly terms: *he's in with the managing director.* **16.** in fashion: *Mexican jewellery is in this year.* **17.** in season: *strawberries are in now.* *–n.* **18.** influence; pull; connection: *he has an in with the management – he married a director.* **19.** *(plural)* those who are in, as the political party in power. *–phr.*
20. be in it, to be part of a project or venture.
21. be in like Flynn, *Australian Colloquial* to seize an opportunity, especially a sexual one, with impetuous enthusiasm.
22. have it in one, to have the ability (to do something).
23. in for, **a.** about to undergo (especially something boring or disagreeable). **b.** entered for. **c.** involved to the limit of.
24. in for it, about to be reprimanded or punished.
25. in it, of advantage; profitable: *what's in it for me?*
26. in it up to one's neck, *Colloquial* in serious trouble.
27. in on, having a share in or a part of, especially something secret, or known to just a few people.
28. in place, (of a program, policy, enterprise, etc.) operating or functional.
29. ins and outs, **a.** nooks or recesses; windings and turnings. **b.** intricacies; details.
30. in that, for the reason that.
31. nothing in it, (in a competitive situation) no difference in performance, abilities, etc., between the contestants.
32. the in thing, *Colloquial* the latest fashion or craze.
33. well in, **a.** *Horseracing* (of a horse) given a light handicap. **b.** comfortably off.
34. well in with, on good terms with.

in-¹ a prefix representing English *in*, as in *income, indwelling, inland*, but used also as a verb-formative with transitive, intensive, or sometimes little apparent force, as in *intrust, inweave*, etc. It often assumes the same forms as **in-²**, as **en-¹**, **em-¹**, and **im-³**.

in-² a prefix of Latin origin meaning primarily 'in', but used also as a verb-formative with the same force as **in-¹**, as in *incarcerate, incantation*. Compare **em-¹**, **en-¹**. Also, **il-¹**, **im-¹**, **ir-¹**.

in-³ a prefix of Latin origin corresponding to English *un-*, having a negative or privative force, freely used as an English formative, especially of adjectives and their derivatives and of nouns, as in *inattention, indefensible, inexpensive, inorganic, invariable*. This prefix assumes the same phonetic forms as **in-²**, as in *impartial, immeasurable, illiterate, irregular*, etc. Also, **il-²**, **im-²**, **ir-²**.

-in¹ a suffix used in adjectives of Greek or Latin origin meaning 'pertaining to' and (in nouns thence derived) also imitated in English, as in *coffin, cousin, lupin*, etc.; and occurring unfelt in abstract nouns formed as nouns in Latin, as *ruin*.

-in² a noun suffix used in chemical and mineralogical nomenclature without any formal significance, though it is usually restricted to certain neutral compounds, glycerides, glucosides, and proteins as *albumin, butyrin*. In some compounds, as *glycerine*, the spelling *-ine* is also used, although an attempt is made to restrict *-ine* to basic compounds.

-in³ the second part of a compound, indicating a communal session of the activity named, as *sit-in, sleep-in, slim-in, teach-in*.

inability /ɪnə'bɪləti/ *n.* lack of ability; lack of power, capacity, or means.

inaccurate /ɪn'ækjərət/ *adj.* not accurate. **–inaccuracy, inaccurateness** *n.* **–inaccurately** *adv.*

inadequate /ɪn'ædəkwət/ *adj.* not adequate. **–inadequacy, inadequateness** *n.* **–inadequately** *adv.*

inadvertent /ɪnəd'vɜtnt/ *adj.* **1.** not attentive; heedless. **2.** characterised by lack of attention, as actions, etc. **3.** unintentional: *an inadvertent insult*. **–inadvertence** *n.* **–inadvertently** *adv.*

inalienable /ɪn'eɪliənəbəl/ *adj.* not alienable; that cannot be transferred to another: *inalienable rights*. **–inalienability** /ɪn,eɪliənə'bɪləti/ *n.* **–inalienably** *adv.*

inane /ɪn'eɪn/ *adj.* lacking sense or ideas; silly: *inane questions*. **–inanity** /ɪn'ænəti/ *n.* **–inanely** *adv.*

inanga /'ɪnəŋə/ *n.* a small New Zealand fish, *Galaxias attenuatus*.

inanimate /ɪn'ænəmət/ *adj.* **1.** not animate; lifeless. **2.** spiritless; sluggish; dull. **–inanimately** *adv.* **–inanimateness** *n.*

inappropriate /ɪnə'proʊpriət/ *adj.* not appropriate. **–inappropriately** *adv.* **–inappropriateness** *n.*

inarticulate /ɪnɑ'tɪkjələt/ *adj.* **1.** not articulate; not uttered or emitted with expressive or intelligible modulations: *inarticulate sounds*. **2.** unable to use articulate speech: *inarticulate with rage*. **3.** habitually unable to express oneself clearly and fluently in speech. **4.** *Anatomy, Zoology* not jointed; having no articulation or joint. **–inarticulately** *adv.* **–inarticulateness** *n.*

inasmuch as *conj.* **1.** in view of the fact that; seeing that; since. **2.** in so far as; to such a degree as.

inaugurate /ɪn'ɔgjəreɪt/ *v.t.* **-rated, -rating. 1.** to make a formal beginning of; initiate; commence; begin. **2.** to induct into office with formal ceremonies; install. **–inaugural** *adj.* **–inauguration** /ɪn,ɔgjə'reɪʃən/ *n.* **–inaugurator** *n.*

inauspicious /ɪnɔ'spɪʃəs/ *adj.* not auspicious; ill-omened; unfavourable; unlucky. **–inauspiciously** *adv.* **–inauspiciousness** *n.*

inborn /'ɪnbɔn/ *adj.* implanted by nature; innate.

inbreed /ɪn'brid/ *v.t.* **-bred, -breeding.** to breed (animals) repeatedly within the same strain. **–inbred** *adj.*

incalculable /ɪn'kælkjuləbəl, -kjə-/ *adj.* **1.** that cannot be calculated; beyond calculation. **2.** that cannot be forecast. **–incalculability** /ɪn,kælkjulə'bɪləti, -kjə-/, **incalculableness** *n.* **–incalculably** *adv.*

in camera *adj.* **1.** *Law* (of a case) heard by a judge in his or her private room or in court with the public excluded. *–adv.* **2.** in private; in secret: *the meeting was held in camera.*

incandescence /ɪnkæn'dɛsəns/ *n.* the state of a body caused by approximately white heat, when it may be used as a source of artificial light.

incandescent /ɪnkæn'dɛsənt/ *adj.* **1.** (of light, etc.) produced by incandescence. **2.** glowing or white with heat. **3.** intensely bright; brilliant. **–incandescently** *adv.*

incantation /ɪnkæn'teɪʃən/ *n.* **1.** the chanting or uttering of words purporting to have magical power. **2.** the formula used; a spell or charm.

incapable /ɪn'keɪpəbəl/ *adj.* **1.** not capable. **2.** without ordinary capability or ability; incompetent: *incapable workers*. *–phr.* **3. incapable of**, **a.** not having the capacity or power for (a specified act or function). **b.** not open to the influence of; not susceptible to or admitting of: *incapable of exact measurement*. **c.** without qualification for, especially legal qualification: *incapable of holding public office*. **–incapability** /ɪn,keɪpə'bɪləti/, **incapableness** *n.* **–incapably** *adv.*

incapacitate /ɪnkə'pæsɪteɪt/ *v.t.* **-tated, -tating.** to deprive of capacity; make incapable or unfit; disqualify. **–incapacitation** /ɪnkə,pæsə'teɪʃən/ n.

incapacity /ɪnkə'pæsəti/ n. **-ties.** lack of capacity; incapability.

incarcerate /ɪn'kɑsəreɪt/ v.t. **-rated, -rating.** to imprison; confine. **–incarceration** /ɪn,kɑsə'reɪʃən/ n. **–incarcerator** n.

incarnate /ɪn'kɑnət, -neɪt/ adj., /'ɪnkəneɪt/ v. **-nated, -nating.** –adj. **1.** embodied in flesh; invested with a bodily, especially a human, form: *a devil incarnate*. **2.** personified or typified, as a quality or idea: *chivalry incarnate*. –v.t. **3.** to be the embodiment or type of. **–incarnation** n.

incendiary /ɪn'sɛndʒəri/ adj., n. **-aries.** –adj. **1.** used or made for setting property on fire: *incendiary bombs*. **2.** of or relating to the criminal setting on fire of property. **3.** likely to cause trouble, discontent, etc.; inflammatory: *incendiary speeches*. n. **4.** someone who unlawfully sets fire to buildings; arsonist. **5.** *Military* a shell, bomb, etc., containing phosphorus or similar material producing great heat. **6.** one who stirs up trouble, discontent, etc.; an agitator. **–incendiarism** n.

incense¹ /'ɪnsɛns/ n. **1.** an aromatic gum or other substance producing a sweet smell when burnt, used especially in religious ceremonies. **2.** the perfume or smoke arising from such a substance when burnt.

incense² /ɪn'sɛns/ v.t. **-censed, -censing.** to inflame with wrath; make angry; enrage. **–incensement** n.

incentive /ɪn'sɛntɪv/ n. **1.** something that incites to action, etc. **2.** an inducement such as extra money, better conditions, etc., offered to employees to encourage better work. –adj. **3.** inciting, as to action; stimulating; provocative. **4.** having to do with extra money, benefits, etc., given to employees, to encourage greater output, or output of higher quality.

inception /ɪn'sɛpʃən/ n. beginning; start.

incessant /ɪn'sɛsənt/ adj. continuing without interruption: *an incessant noise*. **–incessancy, incessantness** n. **–incessantly** adv.

incest /'ɪnsɛst/ n. sexual intercourse between persons closely related by blood. **–incestuous** adj.

inch /ɪntʃ/ n. **1.** a unit of length in the imperial system, ¹/₁₂ foot or 25.4×10^{-3}m (25.4 mm). **2.** a very small amount of anything. –v.i. **3.** to move by inches or small degrees. –v.t. **4.** to move (someone or something) by inches or small degrees. –phr. **5. by inches, a.** by a narrow margin: *he escaped death by inches*. **b.** Also, **inch by inch.** by degrees; very gradually. **6. every inch,** in every respect: *every inch a king*. **7. within an inch of,** almost; very near: *she came within an inch of being knocked down by a car*.

inchoate /'ɪnkoʊeɪt/ adj. **1.** just begun; incipient. **2.** immature; rudimentary. **3.** lacking organisation; unformed. **–inchoately** adv. **–inchoateness** n.

incidence /'ɪnsədəns/ n. **1.** the range of occurrence or influence of a thing, or the extent of its effects: *the incidence of a disease*. **2.** the falling, or direction or manner of falling, of a ray of light, etc., on a surface. **3.** the fact or the manner of being incident.

incident /'ɪnsədənt/ n. **1.** an occurrence or event. **2.** a distinct piece of action, or an episode, as in a story or play. **3.** something that occurs casually in connection with something else. **4.** something relating or attaching to something else. **5. a.** an occurrence, such as a clash between troops of countries whose relations are already strained, which is liable to have grave consequences. **b.** a disturbance, especially one of a serious nature such as a riot or rebellion, about which precise information is lacking. –adj. **6.** conjoined or attaching, especially as subordinate to a principal thing. **7.** falling or striking on something. –phr. **8. incident to, a.** likely or apt to happen as a result of. **b.** naturally related to or connected with: *hardships incident to the life of an explorer*.

incidental /ɪnsə'dɛntl/ adj. **1.** happening or likely to happen in fortuitous or subordinate conjunction with something else. **2.** incurred casually and in addition to the regular or main amount: *incidental expenses*. –n. **3.** (*plural*) minor expenses. –phr. **4. incidental to,** liable to happen in connection with; naturally appertaining to. **–incidentally** adv.

incinerate /ɪn'sɪnəreɪt/ v.t. **-rated, -rating.** to reduce to ashes; cremate. **–incineration** /ɪn,sɪnə'reɪʃn/ n.

incinerator /ɪn'sɪnəreɪtə/ n. a furnace or apparatus for incinerating.

incipient /ɪn'sɪpiənt/ adj. beginning to exist or appear; in an initial stage. **–incipience, incipiency** n. **–incipiently** adv.

incise /ɪn'saɪz/ v.t. **-cised, -cising.** to cut into; cut marks, etc. upon. **–incised** adj.

incision /ɪn'sɪʒən/ n. **1.** a cut, gash, or notch. **2.** the act of incising.

incisive /ɪn'saɪsɪv/ adj. **1.** penetrating, trenchant, or sharp: *an incisive tone of voice*. **2.** adapted for cutting: *the incisive teeth*. **–incisively** adv. **–incisiveness** n.

incisor /ɪn'saɪzə/ n. a tooth in the anterior part of the jaw adapted for cutting.

incite /ɪn'saɪt/ v.t. **-cited, -citing.** to urge on; stimulate or prompt to action. **–incitement** n. **–incitation** /ɪnsaɪ'teɪʃən/ n. **–inciter** n. **–incitingly** adv.

inclement /ɪn'klɛmənt/ adj. (of the weather, etc.) not clement; severe or harsh. **–inclemency** n. **–inclemently** adv.

incline /ɪn'klaɪn/ v. **-clined, -clining** /'ɪnklaɪn, ɪn'klaɪn/ n. –v.i. **1.** to have a mental tendency; be disposed. **2.** to deviate from the vertical or horizontal; slant. **3.** to tend, in a physical sense; approximate: *the leaves incline to a blue*. **4.** to tend in course or character. **5.** to lean; bend. –v.t. **6.** to bow (the head, etc.). **7.** to cause to lean or bend in a particular direction. **8.** to turn towards (to listen favourably): *incline one's ear*. –n. **9.** an inclined surface; a slope. –phr. **10. incline someone to,** to dispose a person in mind, habit, etc. to. **–inclination** n. **–incliner** n.

include /ɪn'klud/ v.t. **-cluded, -cluding. 1.** to contain, embrace, or comprise, as a whole does parts or any part or element. **2.** to place in an aggregate, class, category, or the like. **3.** to contain as a subordinate element; involve as a factor. **–inclusion** n. **–included** adj. **–includible, includable** adj.

inclusive /ɪn'klusɪv/ adj. **1.** including in consideration or account, as the stated limit or extremes: *from six to ten inclusive*. **2.** including a great deal, or including everything concerned; comprehensive. **3.** that includes; enclosing; embracing. –phr. **4. inclusive of,** including. **–inclusively** adv. **–inclusiveness** n.

inclusive language n. non-sexist language viewed as including women in a hitherto male-dominated society, the attitudes of which were embedded in the language.

incognito /ɪnkɒg'nitoʊ/ adj. **1.** having one's identity concealed, as under an assumed name (especially to avoid notice or formal attentions). –adv. **2.** with the real identity concealed: *to travel incognito*.

incoherent /ɪnkoʊ'hɪərənt/ adj. **1.** without logical connection; disjointed; rambling: *an incoherent sentence*. **2.** characterised by such thought or language, as a person: *incoherent with rage*. **3.** without congruity of parts; uncoordinated. **4.** naturally different, or incompatible, as things. **–incoherence** n. **–incoherently** adv.

income /'ɪnkʌm, 'ɪŋ-/ n. **1.** the returns that come in periodically, especially annually, from one's work, property, business, etc.; revenue; receipts. **2.** something that comes in.

income group n. a group of people having similar incomes.

income tax n. an annual government tax on personal incomes, usually graduated and with certain deductions and exemptions.

incommode /ɪnkə'moʊd/ v.t. **-moded, -moding.** to inconvenience or discomfort.

incommodious /ɪnkə'moʊdiəs/ adj. **1.** not affording sufficient room. **2.** inconvenient. **–incommodiously** adv. **–incommodiousness** n.

incommunicado /ɪnkəmjunə'kadoʊ/ adj. **1.** (especially of a prisoner) deprived of communication with others. **2.** forced by circumstances to be out of contact or communication with others.

incomparable /ɪn'kɒmpərəbəl, -prəbəl/ adj. matchless or unequalled: *incomparable beauty.* **–incomparability** /ɪn,kɒmpərə'bɪləti, -prə-/, **incomparableness** n. **–incomparably** adv.

incompatible /ɪnkəm'pætəbəl/ adj. **1.** not compatible; incapable of existing together in harmony. **2.** contrary or opposed in character; discordant. **3.** that cannot coexist or be conjoined. **4.** *Logic* (of two or more propositions) that cannot be true simultaneously. **5.** *Pharmacology* relating to drugs or the like which interfere with one another chemically or physiologically and therefore cannot be prescribed together. **–incompatibleness, incompatibility** /ɪnkəmpætə'bɪləti/ n. **–incompatibly** adv.

incompetent /ɪn'kɒmpətənt/ adj. **1.** not competent; lacking qualification or ability: *an incompetent candidate.* **2.** characterised by or showing incompetence. **–incompetence, incompetency** n. **–incompetently** adv.

incomplete /ɪnkəm'plit/ adj. not complete; lacking some part. **–incompletely** adv. **–incompleteness, incompletion** n.

incomprehensible /,ɪnkɒmprə'hɛnsəbəl/ adj. not comprehensible; not understandable; unintelligible. **–incomprehensibility** /,ɪnkɒmprə,hɛnsə-'bɪləti/, **incomprehensibleness** n. **–incomprehensibly** adv.

inconceivable /ɪnkən'sivəbəl/ adj. unimaginable; unthinkable; incredible. **–inconceivability** /,ɪnkənsivə'bɪləti/, **inconceivableness** n. **–inconceivably** adv.

inconclusive /ɪnkən'klusɪv/ adj. **1.** not conclusive; not such as to settle a question: *inconclusive evidence.* **2.** without final results: *inconclusive experiments.* **–inconclusively** adv. **–incon- clusiveness** n.

incongruous /ɪn'kɒŋgruəs/ adj. **1.** out of keeping or place; inappropriate; unbecoming; absurd: *an incongruous effect.* **2.** not harmonious in character; inconsonant; lacking harmony of parts: *incongruous mixtures.* **3.** inconsistent: *acts incongruous with their principles.* **–incongruity** /ɪnkɒŋ'gruəti/, **incongruousness** n. **–incongruously** adv.

inconsequential /,ɪnkɒnsə'kwɛnʃəl/ adj. **1.** of no consequence; trivial. **2.** inconsequent; illogical; irrelevant. **–inconsequentiality** /,ɪnkɒnsə-,kwɛnʃi'æləti/ n. **–inconsequentially** adv.

inconsiderate /ɪnkən'sɪdərət, -drət/ adj. **1.** without due regard for the rights or feelings of others: *it was inconsiderate of him to forget.* **2.** done or acting without consideration; thoughtless. **–inconsiderately** adv. **–inconsiderateness, inconsideration** /,ɪnkənsɪdə'reɪʃən/ n.

inconsistent /ɪnkən'sɪstənt/ adj. **1.** lacking in harmony between the different parts or elements; self-contradictory. **2.** lacking agreement, as one thing with another, or two or more things in relation to each other; at variance. **3.** not consistent in principles, conduct, etc. **4.** acting at variance with professed principles. **–inconsistently** adv. **–inconsistency** n.

inconspicuous /ɪnkən'spɪkjuəs/ adj. not conspicuous, noticeable, or prominent. **–inconspicuously** adv. **–inconspicuousness** n.

incontinent /ɪn'kɒntənənt/ adj. **1.** not continent; not holding or held in; unceasing or unrestrained: *an incontinent flow of talk.* **2.** lacking in restraint, especially over the sexual appetite. **3.** *Pathology* unable to restrain natural discharges or evacuations. **–incontinence, incontinency** n. **–incontinently** adv.

incontrovertible /,ɪnkɒntrə'vɜtəbəl/ adj. not controvertible; indisputable. **–incontrovertibility** /,ɪnkɒntrə,vɜtə'bɪləti/, **incontrovertibleness** n. **–incontrovertibly** adv.

inconvenient /ɪnkən'viniənt/ adj. arranged or happening in such a way as to be awkward, inopportune, disadvantageous, or troublesome: *an inconvenient time for a visit.* **–inconvenience** n. **–inconveniently** adv.

incorporate /ɪn'kɔpəreɪt/ v. **-rated, -rating.** adj. **–v.t. 1.** to create or form a legal association. **2.** to form into a society or organisation. **3.** to introduce into or include in, as a part within a whole. **4.** to form or combine into one body as ingredients. **5.** to collect in a body; organise. **–v.i. 6.** to unite or combine so as to form one body. **–adj. 7.** formed, as a company. **–incorporable** adj. **–incorporation** /ɪn,kɔpə'reɪʃən/ n. **–incorporative** /ɪn'kɔpərətɪv/ adj.

incorrect /ɪnkə'rɛkt/ adj. **1.** not correct as to fact: *an incorrect statement.* **2.** improper: *incorrect behaviour.* **3.** not correct in form or manner: *an incorrect copy.* **–incorrectly** adv. **–incorrectness** n.

incorrigible /ɪn'kɒrədʒəbəl/ adj. **1.** not corrigible; bad beyond correction or reform: *an incorrigible liar.* **2.** impervious to punishment; wilful; uncontrollable: *an incorrigible child.* **3.** firmly fixed; not easily changed: *an incorrigible habit.* **–incorrigibility** /ɪn,kɒrədʒə'bɪləti/, **incorrigibleness** n. **–incorrigibly** adv.

increase /ɪn'kris/ v. **-creased, -creasing,** /'ɪnkris/ n. **–v.t. 1.** to make greater; augment; add to. **2.** to make more in number. **–v.i. 3.** to become greater or more in number: *sales increased.* **–n. 4.** growth in amount or numbers: *the increase of crime.* **5.** the act or process of increasing. **6.** the amount by which something is increased. **7.** product; profit; interest. **–increasable** adj. **–increaser** n. **–increasingly** adv.

incredible /ɪn'krɛdəbəl/ adj. **1.** seeming too extraordinary to be possible: *an incredible act of heroism.* **2.** not credible; that cannot be believed. **–incredibility** /ɪn,krɛdə'bɪləti/, **incredibleness** n. **–incredibly** adv.

incredulous /ɪn'krɛdʒələs/ adj. **1.** not credulous; indisposed to believe; sceptical. **2.** indicating unbelief: *an incredulous smile.* **–incredulity** /ɪnkrə'djuləti/, **incredulousness** n. **–incredulously** adv.

increment /'ɪnkrəmənt, 'ɪŋ-/ n. **1.** something added or gained; an addition or increase. **2.** profit. **3.** the act or process of increasing; growth. **4.** an increase in salary resulting from progression within a graduated scale of salaries, designed to reward an employee for increases in skill or experience. **–incremental** /ɪnkrə'mɛntl, ɪŋ-/ adj.

incriminate /ɪn'krɪməneɪt/ v.t. **-nated, -nating.** to imply or provide evidence of the fault of (someone): *incriminating evidence; her statement* *incriminated them both.* **2.** to involve in an accusation. **3.** to charge with a crime or fault. **–incrimination** /ɪnˈkrɪmɪˈneɪʃən/ *n.* **–incriminator** *n.* **–incriminatory** /ɪnˈkrɪmənətri/ *adj.*

incubate /ˈɪŋkjubeɪt, ˈɪŋ-/ *v.* **-bated, -bating.** *–v.t.* **1.** to sit upon (eggs) for the purpose of hatching. **2.** to hatch (eggs), as by sitting upon them or by artificial heat. **3.** to keep (bacterial mixtures, etc.) at the best temperature for growth. **4.** to keep at even temperature, as babies born too early (prematurely). *–v.i.* **5.** to sit upon eggs. **6.** to grow; take shape. **–incubation** /ɪŋkjuˈbeɪʃən/ *n.* **–incubative, incubatory** *adj.*

incubator /ˈɪŋkjubeɪtə, ˈɪŋ-/ *n.* **1.** an apparatus for hatching eggs artificially, consisting essentially of a case heated by a lamp or the like. **2.** a boxlike apparatus in which prematurely born infants are kept at a constant and suitable temperature. **3.** a device in which bacterial cultures, etc., are developed at a constant suitable temperature.

incubus /ˈɪŋkjubəs, ˈɪŋ-/ *n.* **-bi** /-baɪ/ *or* **-buses**. **1.** an imaginary demon or evil spirit supposed to descend upon sleeping persons, especially one reputed to have sexual intercourse with sleeping women. **2.** something that weighs upon or oppresses one like a nightmare.

inculcate /ˈɪŋkʌlkeɪt/ *v.t.* **-cated, -cating.** (sometimes fol. by *upon* or *in*) to impress by repeated statement or admonition; teach persistently and earnestly; instil. **–inculcation** /ɪŋkʌlˈkeɪʃən/ *n.* **–inculcator** *n.*

incumbent /ɪnˈkʌmbənt/ *adj.* **1.** resting on one; obligatory: *a duty incumbent upon me.* **2.** lying, leaning, or pressing on something: *incumbent posture.* *–n.* **3.** the holder of an office. **–incumbency** *n.* **–incumbently** *adv.*

incur /ɪnˈkɜ/ *v.t.* **-curred, -curring.** **1.** to run or fall into (some consequence, usually undesirable or injurious). **2.** to become liable or subject to through one's own action; bring upon oneself: *to incur his displeasure.* **–incurrable** *adj.*

incurable /ɪnˈkjurəbəl/ *adj.* not curable. **–incurability** /ɪnˌkjurəˈbɪləti/, **incurableness** *n.* **–incurably** *adv.*

incursion /ɪnˈkɜʒən/ *n.* **1.** a hostile entrance into or invasion of a place or territory, especially one of sudden character; raid; attack. **2.** a harmful inroad. **3.** a running in: *the incursion of sea water.*

ind- variant of **indo-** before vowels, as in *indene.*

indebted /ɪnˈdɛtəd/ *adj.* **1.** owing money. **2.** being under an obligation for benefits, favours, assistance etc., received. **–indebtedness** *n.*

indecent /ɪnˈdisənt/ *adj.* **1.** offending against recognised standards of propriety or good taste; vulgar: *indecent language.* **2.** not decent; unbecoming or unseemly: *indecent conduct.* **–indecency** *n.* **–indecently** *adv.*

indecent assault *n. Law* an assault in which an individual is subjected to some form of sexual activity against his or her will.

indecision /ɪndəˈsɪʒən/ *n.* inability to decide. **–indecisive** *adj.*

indeed /ɪnˈdid/ *adv.* **1.** in fact; in reality; in truth; truly (used for emphasis, to confirm and amplify a previous statement, to intensify, to indicate a concession or admission, or, interrogatively, to obtain confirmation). *–interj.* **2.** (an expression of surprise, incredulity, irony, etc.).

indefatigable /ɪndəˈfætɪgəbəl/ *adj.* incapable of being tired out; not yielding to fatigue. **–indefatigability** /ɪndəˌfætɪgəˈbɪləti/, **indefatigableness** *n.* **–indefatigably** *adv.*

indefeasible /ɪndəˈfizəbəl/ *adj. Law* not defeasible; not to be annulled or made void; not forfeitable. **–indefeasibility** /ɪndəˌfizəˈbɪləti/ *n.* **–indefeasibly** *adv.*

indefensible /ɪndəˈfɛnsəbəl/ *adj.* **1.** that cannot be justified; inexcusable: *an indefensible remark.* **2.** that cannot be defended by force of arms: *an indefensible frontier.* **–indefensibility** /ɪndəfɛnsəˈbɪləti/, **indefensibleness** *n.* **–indefensibly** *adv.*

indefinable /ɪndəˈfaɪnəbəl/ *adj.* not definable; indescribable. **–indefinableness** *n.* **–indefinably** *adv.*

indefinite /ɪnˈdɛfənət/ *adj.* **1.** not definite; without fixed or specified limit; unlimited: *an indefinite number.* **2.** not clearly defined or determined; not precise. **–indefinitely** *adv.* **–indefiniteness** *n.*

indelible /ɪnˈdɛləbəl/ *adj.* incapable of being deleted or obliterated: *an indelible impression.* **–indelibility** /ɪnˌdɛləˈbɪləti/, **indelibleness** *n.* **–indelibly** *adv.*

indelicate /ɪnˈdɛləkət/ *adj.* **1.** not delicate; lacking delicacy. **2.** offensive to a sense of propriety, or modesty; unrefined. **–indelicacy** *n.* **–indelicately** *adv.*

indemnify /ɪnˈdɛmnəfaɪ/ *v.t.* **-fied, -fying.** to compensate for damage or loss sustained, expense incurred, etc. **–indemnification** /ɪnˌdɛmnəfəˈkeɪʃən/ *n.* **–indemnifier** *n.*

indemnity /ɪnˈdɛmnəti/ *n.* **-ties.** **1.** protection or security against damage or loss. **2.** compensation for damage or loss sustained.

indent /ɪnˈdɛnt/ *v.*, /ˈɪndɛnt/ *n.* *–v.t.* **1.** to make deep hollows or notches in: *the sea indents the coast.* **2.** to set in or back from the margin: *to indent the first line of a paragraph.* **3.** to make an order for goods, etc., upon (someone, a company, etc.). **4.** to order (goods, etc.). *–v.i.* **5.** to make out an order, etc., in two copies. *–n.* **6.** an official order for goods. **7.** Also, **indentation**. a toothlike hollow or notch. **8.** Also, **indentation, indention**. the setting of a line back from the margin. **9.** → **indenture**. **–indentation** *n.* **–indenter** *n.*

indenture /ɪnˈdɛntʃə/ *n., v.* **-tured, -turing.** *–n.* **1.** a written agreement between two or more parties. **2.** an agreement by which a person, such as an apprentice, is bound to work for another. **3.** a formal agreement between a group of bondholders and the debtor concerning the debt. *–v.t.* **4.** to bind (an apprentice, etc.) by indenture.

independent /ɪndəˈpɛndənt/ *adj.* **1.** not influenced by opinions, actions, etc., of others: *an independent thinker; independent research.* **2.** not under another's control or authority; autonomous: *an independent nation.* **3.** not depending on someone or something else for existence, operation, help, support, etc. **4.** refusing to accept others' help or support. **5.** showing a spirit of independence; self-confident. **6.** (of a school) non-government. **7.** *Mathematics* (of a quantity or variable) having a value which does not depend on the value of another quantity or variable. *–n.* **8.** an independent person or thing. **9.** *Politics* someone who does not belong to any organised party and therefore votes freely. **–independently** *adv.*

in-depth /ˈɪn-dɛpθ/ *adj.* with thorough coverage: *an in-depth discussion.*

indescribable /ɪndəˈskraɪbəbəl/ *adj.* not describable. **–indescribability** /ɪndəskraɪbəˈbɪləti/ *n.* **–indescribably** *adv.*

indestructible /ɪndəˈstrʌktəbəl/ *adj.* not destructible. **–indestructibility** /ɪndəstrʌktəˈbɪləti/, **indestructibleness** *n.* **–indestructibly** *adv.*

indeterminate /ɪndəˈtɜmənət/ *adj.* **1.** not determinate; not fixed in extent; indefinite; uncertain. **2.** not settled or decided. **3.** *Mathematics* (of a quantity) having no fixed value. **–indeterminately** *adv.* **–indeterminacy, indeterminateness** *n.* **–indetermination** /ɪndətɜməˈneɪʃən/ *n.*

index /ˈɪndɛks/ *n.* **-dexes** *or* **-dices,** /-dəsiz/ *v.* *–n.* **1.** an alphabetical list of names, places, or subjects

indexation

in a book, showing their page number, etc. **2.** something used or serving to point out; a sign; indication: *a true index of his character.* **3.** a pointer or indicator in a scientific instrument. **4.** a piece of wood, metal, or the like, serving as a pointer or indicator. **5.** *Science* a number or formula indicating some property, ratio, etc., of a thing: *refractive index.* **6.** *Algebra* **a.** an exponent. **b.** the integer *n* in a radical $\sqrt[n]{}$ defining the nth root: $\sqrt[3]{7}$ *is a radical having index 3.* **7.** (*cap.*) a list of books which Roman Catholics were forbidden by the Church to read without special permission, or which were not to be read unless shortened or corrected. **8.** *Obsolete* a preface. *–v.t.* **9.** to provide (a book, etc.) with an index. **10.** to enter (a word, etc.) in an index. **11.** to change (wages, taxes, etc.) regularly in accordance with changes in prices of goods, etc. **–indexer** *n.* **–indexical** /ɪnˈdɛksɪkəl/ *adj.* **–indexless** *adj.*

indexation /ˌɪndɛkˈseɪʃən/ *n.* the adjustment of one variable in the light of changes in another variable, especially the adjustment of wages to compensate for rises in the cost of living.

index finger *n.* → **forefinger**.

Indian file /ˈɪndiən faɪl/ *n.* single file, as of persons walking.

Indian giver *n. Colloquial* someone who gives something as a gift to another and later takes or demands it back.

Indian hemp *n.* a tall, annual herb, *Cannabis sativa*, native to Asia but cultivated in many parts of the world and yielding hashish, bhang, cannabin, etc.

Indian ink *n.* **1.** a black pigment consisting of lampblack mixed with glue. **2.** a liquid ink from this. Also, *US*, **India ink**.

Indian myna *n.* → **myna** (def. 1).

Indian summer *n.* a period of summer weather occurring after the summer season.

indicate /ˈɪndəkeɪt, -dɪkeɪt/ *v.t.* **-cated, -cating. 1.** to be a sign of; betoken; imply: *his hesitation indicates unwillingness.* **2.** to point out or point to; direct attention to: *to indicate a place on a map.* **3.** to show, or make known: *the thermometer indicates temperature.* **4.** to state or express, especially briefly or in a general way: *to indicate one's intentions.* **–indicant** *adj.* **–indication** /ˌɪndəˈkeɪʃən/ *n.* **–indicatory** /ˈɪndɪkətri/ *adj.*

indicative /ɪnˈdɪkətɪv/ *adj.* **1.** (sometimes fol. by *of*) that indicates; pointing out; suggestive. **2.** *Grammar* designating or relating to the mood of the verb used in ordinary statements, questions, etc., in contrast to hypothetical statements or those made without reference to a specific actor or time of action. For example: in the sentence *Kim plays football*, the verb *plays* is in the indicative mood. **–indicatively** *adv.*

indicator /ˈɪndəkeɪtə, ˈɪndɪ-/ *n.* **1.** a pointing or directing device, such as a pointer on an instrument or a flashing light on a car. **2.** a statistic or set of statistics which suggest the state of some aspect of society: *a market indicator; the number of bricks sold is an indicator of the health of the building industry.* **3.** *Chemistry* a substance used (especially in volumetric analysis) to indicate (as by a change in colour) the condition of a solution, the point at which a certain reaction ends and another begins, etc.

indices /ˈɪndəsiz/ *n.* plural of **index**.

indict /ɪnˈdaɪt/ *v.t.* to charge with an offence or crime; accuse. **–indictable** *adj.* **–indictment** *n.* **–indicter** *n.*

indie music /ˈɪndi ˌmjuzɪk/ *n.* popular music which is not mainstream but produced on an independent record label.

indifferent /ɪnˈdɪfrənt/ *adj.* **1.** without interest or concern; not caring. **2.** having neither favourable nor unfavourable feelings towards some thing or person. **3.** neither good nor bad in character or quality: *an indifferent specimen.* **4.** not very good: *an indifferent play; indifferent health.* **5.** unimportant; immaterial. **6.** neutral in chemical, electrical, or magnetic quality. **7.** *Biology* not differentiated or specialised, as cells or tissues. **–indifference** *n.* **–indifferently** *adv.*

indigenous /ɪnˈdɪdʒənəs/ *adj.* **1.** (sometimes fol. by *to*) originating in and characterising a particular region or country; native: *the plants indigenous to Canada.* *–phr.* **2. indigenous to**, inherent in; natural to. **–indigenously** *adv.* **–indigenousness** *n.*

indigent /ˈɪndədʒənt/ *adj.* lacking the necessities of life; needy; poor. **–indigence** *n.* **–indigently** *adv.*

indigestion /ˌɪndəˈdʒɛstʃən, ɪndaɪ-/ *n.* incapability of, or difficulty in, digesting food; dyspepsia. **–indigestive** *adj.*

indignant /ɪnˈdɪgnənt/ *adj.* affected with or characterised by indignation. **–indignantly** *adv.*

indignation /ˌɪndɪgˈneɪʃən/ *n.* strong displeasure at something deemed unworthy, unjust, or base; righteous anger.

indignity /ɪnˈdɪgnəti/ *n.* **-ties.** injury to dignity; slighting or contemptuous treatment; a humiliating affront, insult, or injury.

indigo /ˈɪndɪgoʊ/ *n.* **-gos. 1.** a blue dye obtained from various plants, especially of the genus *Indigofera.* **2.** a deep violet blue between violet and blue in the spectrum. **–indigotic** /ˌɪndɪˈgɒtɪk/ *adj.*

indirect /ˌɪndəˈrɛkt, ˌɪndaɪˈrɛkt/ *adj.* **1.** not direct in space; not following a straight line: *They took an indirect course across the park.* **2.** coming or resulting otherwise than directly or immediately: *an indirect effect.* **3.** not direct in action; not straightforward: *indirect methods.* **4.** not direct in bearing, use, force, etc.: *indirect evidence.* **5.** *Grammar* not consisting exactly of the words originally used, as in *He said he was hungry* instead of the direct *He said, 'I am hungry'.* **–indirection** *n.* **–indirectly** *adv.* **–indirectness** *n.*

indirect tax *n.* a tax levied on persons who reimburse themselves by passing the cost on to others, as sales tax which is levied on commodities before they reach the consumer and ultimately paid as part of their market price.

indiscreet /ˌɪndəsˈkrit/ *adj.* not discreet; lacking prudence; lacking sound judgment: *indiscreet praise.* **–indiscreetly** *adv.* **–indiscreetness** *n.* **–indiscretion** *n.*

indiscriminate /ˌɪndəsˈkrɪmənət/ *adj.* not discriminating; making no distinction: *indiscriminate in one's friendships.* **–indiscriminately** *adv.* **–indiscriminateness** *n.*

indispensable /ˌɪndəsˈpɛnsəbəl/ *adj.* **1.** not dispensable; absolutely necessary or requisite: *an indispensable man.* **2.** that cannot be disregarded or neglected: *an indispensable obligation.* **–indispensability** /ˌɪndəspɛnsəˈbɪləti/, **indispensableness** *n.* **–indispensably** *adv.*

indisposed /ˌɪndəsˈpoʊzd/ *adj.* **1.** sick or ill, especially slightly: *indisposed with a cold.* **2.** disinclined or unwilling. **–indisposition** /ˌɪndɪspəˈzɪʃən/ *n.*

indisputable /ˌɪndəsˈpjutəbəl/ *adj.* not disputable; not open to question. **–indisputability** /ˌɪndəspjutəˈbɪləti/, **indisputableness** *n.* **–indisputably** *adv.*

indistinct /ˌɪndəsˈtɪŋkt/ *adj.* **1.** not distinct; not clearly marked off or defined. **2.** not clearly distinguishable or perceptible, as to the eye, ear, or mind. **–indistinctly** *adv.* **–indistinctness** *n.*

individual /ˌɪndəˈvɪdʒuəl/ *adj.* **1.** single; particular; separate: *the individual members of a club.* **2.** relating to or characteristic of a single person or thing: *individual tastes; an individual style.* **3.** intended for one person only: *individual servings; he needs individual attention.* –*n.* **4.** a single human being or thing. **5.** *Colloquial* a person: *a strange individual.* **6.** *Biology* **a.** a single or simple organism able to exist independently. **b.** a member of a compound organism or colony. –**individually** *adv.*

individualism /ˌɪndəˈvɪdʒuəlɪzəm/ *n.* **1.** a social theory advocating the liberty, rights, or independent action of the individual. **2.** the principle or habit of independent thought or action. **3.** the pursuit of individual rather than common or collective interests; egoism. **4.** individual character; individuality. –**individualist** *n.* –**individualistic** /ˌɪndəvɪdʒuəˈlɪstɪk/ *adj.*

individuality /ˌɪndəvɪdʒuˈælətɪ/ *n.* -**ties. 1.** the particular character, or aggregate of qualities, which distinguishes one person or thing from others: *a person of marked individuality.* **2.** the state or quality of being individual; existence as a distinct individual.

indoctrinate /ɪnˈdɒktrəneɪt/ *v.t.* -**nated, -nating. 1.** to instruct (someone) in some particular teaching or doctrine: *he was indoctrinated in the ways of the Buddha.* **2.** to so instruct (someone) in a manner which leads to their total and uncritical acceptance of the teaching; brainwash. –**indoctrination** /ɪnˌdɒktrəˈneɪʃən/ *n.* –**indoctrinator** *n.* –**indoctrinatory** *adj.*

indolent /ˈɪndələnt/ *adj.* having or showing a disposition to avoid exertion: *an indolent person.* –**indolence** *n.* –**indolently** *adv.*

indomitable /ɪnˈdɒmətəbəl/ *adj.* that cannot be subdued or overcome, as persons, pride, courage, etc. –**indomitableness** *n.* –**indomitably** *adv.*

indoor /ˈɪndɔ/ *adj.* occurring, used, etc., in a house or building, rather than out of doors: *indoor games.*

indoors /ɪnˈdɔz/ *adv.* in or into a house or building.

indubitable /ɪnˈdjubətəbəl/ *adj.* that cannot be doubted; unquestionable; certain. –**indubitableness** *n.* –**indubitably** *adv.*

induce /ɪnˈdjus/ *v.t.* -**duced, -ducing. 1.** to lead or move by persuasion or influence, as to some action, state of mind, etc.: *to induce a person to go.* **2.** to bring about, produce, or cause: *opium induces sleep.* **3.** to initiate (labour) artificially in pregnancy. –**inducement** *n.* –**inducer** *n.* –**inducible** *adj.*

induct /ɪnˈdʌkt/ *v.t.* **1.** to lead or bring in; introduce, especially formally, as into a place, office, etc. –*phr.* **2. induct to,** to introduce in knowledge or experience to.

inductance /ɪnˈdʌktəns/ *n. Electricity* the property of a circuit by virtue of which electromagnetic induction takes place. *Symbol:* L

induction /ɪnˈdʌkʃən/ *n.* **1.** *Electricity* **a.** the process by which a body with electrical or magnetic properties produces such properties in a nearby body without touching it directly. **b.** the tendency of electric currents to resist change. **2.** *Electricity* the process by which an electrical conductor may be charged. **3.** *Philosophy* **a.** the logical process of discovering general explanations for a whole class of facts by reasoning from a set of particular facts known from evidence based on experience. **b.** the conclusion thus reached. **4.** the act of inducing. **5.** the act of inducting.

indulge /ɪnˈdʌldʒ/ *v.* -**dulged, -dulging.** –*v.i.* **1.** (sometimes fol. by *in*) to allow oneself to yield to an inclination: *to indulge in one's favourite pastime.* **2.** *Colloquial* to drink alcohol in excessive amounts. –*v.t.* **3.** to yield to, satisfy, or gratify (desires, feelings, etc.). **4.** to yield to the wishes or whims of: *to indulge a child.* **5.** (sometimes fol. by *in*) to allow (oneself) to follow one's own wishes: *indulge yourself! have a chocolate.* –**indulger** *n.* –**indulgingly** *adv.*

indulgence /ɪnˈdʌldʒəns/ *n.* **1.** the act or practice of indulging; gratification of desire. **2.** indulgent allowance or tolerance. **3.** something granted or taken in gratification of desire. **4.** *Roman Catholic Church* a remission of the temporal punishment still due to sin after it has been forgiven.

industrial /ɪnˈdʌstriəl/ *adj.* **1.** relating to, of the nature of, or resulting from industry: *the industrial arts.* **2.** having highly developed industries: *an industrial nation.* **3.** working in an industry or industries: *industrial employees.* **4.** relating to the workers in industries: *industrial training.* **5.** used in industry: *industrial diamonds.* –**industrially** *adv.*

industrial action *n.* organised disruptive action, such as a strike or go-slow, taken by a group of workers, to promote what they conceive to be either their own interests or the general public good.

industrial court *n.* a court set up to hear trade and industrial disputes.

industrial design *n.* the designing of objects for manufacture. –**industrial designer** *n.*

industrialise = industrialize /ɪnˈdʌstriəlaɪz/ *v.t.* -**lised, -lising.** to introduce industry into (an area) on a large scale. –**industrialisation** /ɪnˌdʌstriəlaɪˈzeɪʃən/ *n.*

industrialist /ɪnˈdʌstriələst/ *n.* someone who conducts or owns an industrial enterprise.

industrial relations *pl. n.* **1.** the management or study of the relations between employers and employees. **2.** the relationship itself usually in a given industry, locality, etc.

industrial union *n.* **1.** a union having the right to enrol as members all of the people employed in a particular industry. **2.** a trade union, or organisation of employees, registered under the appropriate industrial legislation to give it access to industrial tribunals, etc.

industrious /ɪnˈdʌstriəs/ *adj.* hard-working; diligent: *an industrious person.* –**industriously** *adv.* –**industriousness** *n.*

industry /ˈɪndəstri/ *n.* -**tries. 1.** a particular branch of manufacture: *the steel industry.* **2.** any large-scale business activity: *the tourist industry.* **3.** manufacture as a whole: *the growth of industry in underdeveloped countries.* **4.** ownership and management of companies, factories, etc.: *disagreement between labour and industry.* **5.** hard or steady work: *he lacks industry.*

industry standard *n.* a standard which everyone involved in a particular industry agrees to adopt.

-ine[1] an adjective suffix meaning 'having to do with', 'resembling', 'made of', as in *equine, asinine, crystalline, marine.*

-ine[2] **1.** a noun suffix denoting some action, procedure, art, place, etc., as in *discipline, doctrine, medicine, latrine.* **2.** a suffix occurring in many nouns of later formation and various meanings, as in *famine, routine, grenadine, vaseline.* **3.** a noun suffix used particularly in chemical terms, as *bromine, chlorine,* and especially names of basic substances, as *amine, aniline, caffeine, quinine, quinoline.* Compare -**in**[2].

inebriate /ɪnˈibrieɪt/ *v.* -**ated, -ating,** /ɪnˈibriət/ *n., adj.* –*v.t.* **1.** to make drunk; intoxicate. **2.** to intoxicate mentally or emotionally; exhilarate. –*n.* **3.** a habitual drunkard. –*adj.* **4.** Also, **inebriated.** drunk; intoxicated. –**inebriant** *n., adj.* –**inebriation** /ɪnˌibriˈeɪʃən/ *n.*

inedible /ɪnˈɛdəbəl/ *adj.* not edible; unfit to be eaten. –**inedibility** /ɪnˌɛdəˈbɪləti/ *n.*

ineffable /ɪnˈɛfəbəl/ *adj.* that cannot be uttered or expressed; inexpressible; unspeakable: *ineffable joy.* –**ineffability** /ɪnˌɛfəˈbɪləti/, **ineffableness** *n.* –**ineffably** *adv.*

ineffective /ɪnəˈfɛktɪv/ *adj.* 1. not effective; ineffectual, as efforts. 2. inefficient, as a person. 3. lacking in artistic effect, as a design or work. –**ineffectively** *adv.* –**ineffectiveness** *n.*

ineffectual /ɪnəˈfɛktʃuəl/ *adj.* not effectual; without satisfactory or decisive effect: *an ineffectual remedy.* –**ineffectuality** /ɪnəˌfɛktʃuˈæləti/, **ineffectualness** *n.* –**ineffectually** *adv.*

inefficient /ɪnəˈfɪʃənt/ *adj.* not efficient; unable to effect or accomplish in a capable, economical way. –**inefficiency** *n.* –**inefficiently** *adv.*

ineligible /ɪnˈɛlədʒəbəl/ *adj.* 1. not eligible; not proper or suitable for choice. 2. legally disqualified to hold an office. –**ineligibility** /ɪnˌɛlədʒəˈbɪləti/ *n.* –**ineligibly** *adv.*

inept /ɪnˈɛpt/ *adj.* 1. not apt, fitted, or suitable; unsuitable. 2. absurd or foolish, as a proceeding, remark, etc. 3. (of a person) ineffectual; useless. –**ineptly** *adv.* –**ineptitude**, **ineptness** *n.*

inequality /ɪnəˈkwɒləti/ *n.* **-ties.** 1. the condition of being unequal; lack of equality; disparity: *inequality of treatment.* 2. social disparity: *the inequality between the rich and the poor.* 3. injustice; partiality. 4. unevenness, as of surface. 5. *Mathematics* an expression of two unequal quantities connected by the sign < or >, as $a > b$, 'a is greater than b'; $a < b$, 'a is less than b'.

inequitable /ɪnˈɛkwətəbəl/ *adj.* not equitable; unfair. –**inequitably** *adv.*

inert /ɪnˈɜt/ *adj.* 1. having no inherent power of action, motion, or resistance: *inert matter.* 2. still, and apparently incapable of movement: *he lay exhausted and inert.* 3. without active properties, as a drug. 4. of an inactive or sluggish habit or nature. –**inertly** *adv.* –**inertness** *n.*

inert gas *n.* → **rare gas**.

inertia /ɪnˈɜʃə/ *n.* 1. inert condition; inactivity; sluggishness. 2. *Physics* the tendency of matter to retain its state of rest or of uniform motion in a straight line. –**inertial** *adj.*

inescapable /ɪnəsˈkeɪpəbəl/ *adj.* that cannot be escaped or ignored. –**inescapably** *adv.*

inestimable /ɪnˈɛstəməbəl/ *adj.* that cannot be estimated, or too great to be estimated. –**inestimably** *adv.*

inevitable /ɪnˈɛvətəbəl/ *adj.* that cannot be avoided, evaded, or escaped; certain or necessary: *an inevitable conclusion.* –**inevitability** /ɪnˌɛvətəˈbɪləti/, **inevitableness** *n.* –**inevitably** *adv.*

inexact /ɪnəgˈzækt, ɪnɛg-/ *adj.* not exact; not strictly accurate. –**inexactly** *adv.* –**inexactitude**, **inexactness** *n.*

inexcusable /ɪnəkˈskjuzəbəl, ɪnɛk-/ *adj.* not excusable; incapable of being explained away or justified. –**inexcusability** /ɪnəkˌskjuzəˈbɪləti/, **inexcusableness** *n.* –**inexcusably** *adv.*

inexhaustible /ɪnəgˈzɒstəbəl, ɪnɛg-/ *adj.* not exhaustible; incapable of being exhausted: *an inexhaustible supply.* –**inexhaustibility** /ɪnəgˌzɒstəˈbɪləti/, **inexhaustibleness** *n.* –**inexhaustibly** *adv.*

inexorable /ɪnˈɛksərəbəl, ɪnˈɛgz-/ *adj.* 1. unyielding or unalterable: *inexorable facts.* 2. not to be persuaded, moved, or affected by prayers or entreaties. –**inexorability** /ɪnˌɛksərəˈbɪləti, ɪnˌɛgz-/, **inexorableness** *n.* –**inexorably** *adv.*

inexpensive /ɪnəkˈspɛnsɪv, ɪnɛk-/ *adj.* not expensive; costing little. –**inexpensively** *adv.* –**inexpensiveness** *n.*

inexperience /ɪnəkˈspɪəriəns, ɪnɛk-/ *n.* lack of experience, or of knowledge or skill gained from experience. –**inexperienced** *adj.*

inexplicable /ɪnəkˈsplɪkəbəl, ɪnɛk-/ *adj.* not explicable; incapable of being explained. –**inexplicability** /ˌɪnəksplɪkəˈbɪləti/, **inexplicableness** *n.* –**inexplicably** *adv.*

in extremis /ɪn ɛkˈstriməs/ *adv.* 1. in extremity. 2. near death.

infallible /ɪnˈfæləbəl/ *adj.* 1. not fallible; exempt from liability to error, as persons, their judgment, pronouncements, etc. 2. absolutely trustworthy or sure: *an infallible rule.* 3. unfailing in operation; certain: *an infallible remedy.* –**infallibility** /ɪnˌfæləˈbɪləti/, **infallibleness** *n.* –**infallibly** *adv.*

infamous /ˈɪnfəməs/ *adj.* 1. of ill fame; having an extremely bad reputation: *an infamous city.* 2. such as to deserve or to cause evil repute; detestable; shamefully bad: *infamous conduct.* –**infamously** *adv.* –**infamousness**, **infamy** *n.*

infant /ˈɪnfənt/ *n.* 1. a child during the earliest period of its life; a baby. 2. *Law* a person who is not of full age, especially one who is not yet 18 years of age. 3. anything in the first stage of existence. –*adj.* 4. of or relating to infants or infancy: *infant years.* 5. being in infancy: *an infant child*; *an infant industry.* –**infancy** *n.* –**infanthood** *n.*

infanticide /ɪnˈfæntəsaɪd/ *n.* the killing of an infant.

infantile /ˈɪnfəntaɪl/ *adj.* 1. characteristic of or befitting an infant; babyish; childish: *infantile behaviour.* 2. having to do with infants: *infantile disease.*

infantry /ˈɪnfəntri/ *n.* soldiers or military units that fight on foot, with bayonets, rifles, machine guns, grenades, mortars, etc.

infatuate /ɪnˈfætʃueɪt/ *v.t.* **-ated, -ating.** 1. to affect with folly; make fatuous. 2. to inspire or possess with a foolish or unreasoning passion, as of love. –**infatuation** /ɪnfætʃuˈeɪʃən/ *n.* –**infatuated** *adj.*

infect /ɪnˈfɛkt/ *v.t.* 1. to impregnate (a person, organ, wound, etc.) with disease-producing germs. 2. to affect with disease. 3. to impregnate with something that affects quality, character, or condition, especially unfavourably: *to infect the air with poison gas.* 4. to taint, contaminate, or affect morally: *infected with greed.* 5. to affect so as to influence feeling or action: *his courage infected the others.* –**infective** *adj.* –**infector** *n.*

infection /ɪnˈfɛkʃən/ *n.* 1. an infecting with germs of disease. 2. something that infects. 3. state of being infected. 4. infectious disease. 5. an infecting with a feeling, idea, etc.

infectious /ɪnˈfɛkʃəs/ *adj.* 1. communicable by infection, as diseases. 2. causing or communicating infection. 3. tending to spread from one to another: *laughter is infectious.* –**infectiously** *adv.* –**infectiousness** *n.*

infer /ɪnˈfɜ/ *v.t.* **-ferred, -ferring.** 1. to derive by reasoning; conclude or judge from premises or evidence. 2. *Colloquial* (of facts, circumstances, statements, etc.) to indicate or involve as a conclusion; imply. –**inferable** *adj.* –**inferably** *adv.*

inference /ˈɪnfərəns/ *n.* 1. the act or process of inferring. 2. something that is inferred. 3. *Colloquial* implication. –**inferential** /ɪnfəˈrɛnʃəl/ *adj.*

inferior /ɪnˈfɪəriə/ *adj.* 1. lower in position, rank, or degree (fol. by *to*). 2. of comparatively low importance, value or quality: *an inferior brand*; *an inferior worker.* 3. lower in place or position (now chiefly in scientific or technical use). –*n.* 4. someone inferior to another or others. –**inferiority** /ɪnˌfɪəriˈɒrəti, ˌɪnfɪə-/ *n.* –**inferiorly** *adv.*

inferiority complex *n.* **1.** *Psychiatry* a complex arising from intense feelings of inferiority, and resulting in either extreme reticence or aggressiveness due to overcompensation. **2.** *Colloquial* a feeling of inferiority or inadequacy.

infernal /ɪnˈfɜnəl/ *adj.* **1.** hellish; fiendish; diabolical: *an infernal plot.* **2.** *Colloquial* abominable; confounded: *an infernal nuisance.* –**infernality** /ɪnfəˈnælətɪ/ *n.* –**infernally** *adv.*

inferno /ɪnˈfɜnoʊ/ *n.* **-nos.** **1.** hell; the infernal regions. **2.** an infernal or hell-like region. **3.** a place or state of intolerable heat, especially due to fire.

infertile /ɪnˈfɜtaɪl/ *adj.* not fertile; unfruitful; unproductive; barren: *infertile soil.* –**infertility** /ɪnfəˈtɪlətɪ/ *n.*

infest /ɪnˈfɛst/ *v.t.* **1.** to haunt or overrun in a troublesome manner, as predatory bands, destructive animals, vermin, etc., do. **2.** to be numerous in, as anything troublesome: *the cares that infest the day.* –**infestation** /ɪnfɛsˈteɪʃən/ *n.* –**infester** *n.*

infidel /ˈɪnfədɛl/ *n.* **1.** an unbeliever. –*adj.* **2.** without religious faith.

infidelity /ɪnfəˈdɛlətɪ/ *n.* **-ties.** **1.** unfaithfulness. **2.** adultery. **3.** lack of religious faith, especially Christian. **4.** a breach of trust.

infighting /ˈɪnfaɪtɪŋ/ *n.* **1.** *Boxing* fighting at close quarters, so that blows using the full reach of the arm cannot be delivered. **2.** the secret and often ruthless struggle that takes place among members of the same organisation competing for power within it. –**infighter** *n.*

infiltrate /ˈɪnfɪltreɪt/ *v.* **-trated, -trating.** –*v.t.* **1.** to filter into or through; permeate. **2.** to cause to pass in by, or as by, filtering: *the troops infiltrated the enemy lines.* **3.** to join (an organisation) for the unstated purpose of influencing it; to subvert. –*v.i.* **4.** to pass in or through a substance, etc., by or as by filtering. –**infiltration** /ɪnfəlˈtreɪʃən/ *n.* –**infiltrative** *adj.* –**infiltrator** *n.*

infinite /ˈɪnfənət/ *adj.* **1.** immeasurably great: *a truth of infinite importance; infinite number.* **2.** without limits, absolute: *the infinite wisdom of God.* **3.** endless; inexhaustible. **4.** *Mathematics* not finite. –*n.* **5.** something which is infinite. **6.** boundless regions of space. –*phr.* **7. the Infinite** or **the Infinite Being,** God. –**infinitely** *adv.* –**infiniteness** *n.*

infinitesimal /ˌɪnfɪnəˈtɛzməl, -ˈtɛsəməl/ *adj.* **1.** indefinitely or exceedingly small: *the infinitesimal vessels of the nervous system.* **2.** immeasurably small; less than an assignable quantity: *to an infinitesimal degree.* **3.** relating to or involving infinitesimals. –*n.* **4.** an infinitesimal quantity. **5.** *Mathematics* a variable having zero as a limit. –**infinitesimally** *adv.*

infinitive /ɪnˈfɪnətɪv/ *Grammar* –*n.* **1.** (in many languages) a noun form derived from verbs, which names the action or state without specifying the subject, as Latin *esse* to be, *fuisse* to have been. **2.** (in English) the simple form of the verb (*come, take, eat*) used after certain other verbs (I didn't *eat*), or this simple form preceded by *to* (the **marked infinitive,** I wanted *to come*). –*adj.* **3.** having to do with the infinitive or its meaning. –**infinitively** *adv.*

infinity /ɪnˈfɪnətɪ/ *n.* **-ties.** **1.** the state of being infinite: *the infinity of the universe.* **2.** infinite space, time, or quantity. **3.** an indefinitely great amount, number or extent. **4.** *Mathematics* the concept of increasing without bound.

infirm /ɪnˈfɜm/ *adj.* **1.** feeble in body or health. **2.** not steadfast, unfaltering, or resolute, as persons, the mind, etc.: *infirm of purpose.* **3.** not firm, solid, or strong: *an infirm support.* **4.** unsound or invalid, as an argument, a title, etc. –**infirmly** *adv.* –**infirmness** *n.*

infirmary /ɪnˈfɜmərɪ/ *n.* **-ries.** a place for the care of the infirm, sick, or injured; a hospital.

inflame /ɪnˈfleɪm/ *v.t.* **-flamed, -flaming.** **1.** to set aflame or afire. **2.** to light or redden with or as with flames: *the setting sun inflames the sky.* **3.** to arouse to a high degree of passion or feeling. **4.** to cause to redden through anger, rage, or some other emotion. **5.** to bring up redness in: *crying had inflamed her eyes.* **6.** to raise (the blood, bodily tissue, etc.) to feverish heat. –**inflamer** *n.* –**inflamingly** *adv.*

inflammable /ɪnˈflæməbəl/ *adj.* **1.** capable of being set on fire; combustible. **2.** easily roused to passion; excitable. –*n.* **3.** something which is inflammable. –**inflammability** /ɪnˌflæməˈbɪlətɪ/, **inflammableness** *n.* –**inflammably** *adv.*

inflammation /ɪnfləˈmeɪʃən/ *n.* **1.** the act of inflaming. **2.** the state of being inflamed. **3.** *Pathology* a reaction of the body to injurious agents, commonly characterised by heat, redness, swelling, pain, etc., and disturbed function.

inflammatory /ɪnˈflæmətəri, -tri/ *adj.* **1.** tending to inflame; kindling passion, anger, etc.: *inflammatory speeches.* **2.** *Pathology* relating to or attended with inflammation. –**inflammatorily** *adv.*

inflate /ɪnˈfleɪt/ *v.* **-flated, -flating.** –*v.t.* **1.** to stretch; swell or puff out; dilate; distend. **2.** to swell with gas: *to inflate a balloon.* **3.** to puff up with pride, satisfaction, etc.: *winning the race inflated his ego.* **4.** to expand (currency, prices, etc.) too much; raise above the previous or proper amount or value. –*v.i.* **5.** to cause inflation. **6.** to become inflated. –**inflatable** *adj.* –**inflator** *n.*

inflation /ɪnˈfleɪʃən/ *n.* **1.** *Economics* **a.** undue expansion or increase of the currency of a country, especially by the issuing of paper money not redeemable in specie. **b.** a substantial rise of prices caused by an undue expansion in paper money or bank credit, or because demand exceeds supply. **2.** the act of inflating. **3.** the state of being inflated. –**inflationary** *adj.*

inflationary spiral *n.* *Economics* the situation in which increasing prices lead to increasing wages which lead to increasing prices, and so on.

inflationism /ɪnˈfleɪʃənɪzəm/ *n.* *Economics* the policy or practice of inflation through expansion of currency or bank deposits.

inflection = **inflexion** /ɪnˈflɛkʃən/ *n.* **1.** modulation of the voice; change in pitch or tone of voice. **2.** *Grammar* **a.** the existence in a language of sets of forms built normally on a single stem, having different syntactic functions and meanings, but all those of a single stem being members of the same fundamental part of speech and constituting forms of the same 'word'. **b.** a change in the form of a word, generally by affixation, by means of which a change of meaning or relationship to some other word or group of words is indicated. **c.** the affix added to the stem to produce this change. For example: *-s* in *dogs* and *-ed* in *played* are inflections. **3.** a bend or angle. **4.** *Mathematics* a change of curvature from convex to concave or vice versa. –**inflect** *v.* –**inflectional** *adj.* –**inflectionally** *adv.* –**inflectionless** *adj.*

inflexible /ɪnˈflɛksəbəl/ *adj.* **1.** not flexible; rigid: *an inflexible rod.* **2.** unyielding in temper or purpose: *inflexible under threat.* **3.** unalterable; not permitting variation. –**inflexibility** /ɪnˌflɛksəˈbɪlətɪ/, **inflexibleness** *n.* –**inflexibly** *adv.*

inflict /ɪnˈflɪkt/ *v.t.* **1.** to lay on: *to inflict a dozen lashes.* **2.** to impose as something that must be borne or suffered: *to inflict punishment.* **3.** to impose (anything unwelcome). –**infliction** *n.* –**inflictor** *n.* –**inflictive** *adj.*

inflorescence /ɪnfləˈrɛsəns/ *n.* **1.** a flowering or blossoming. **2.** *Botany* **a.** the arrangement of flowers on the axis. **b.** the flowering part of a plant. **c.** a flower cluster. **d.** flowers collectively. **e.** a single flower. –**inflorescent** *adj.*

influence /'ɪnfluəns/ *n., v.* -**enced**, -**encing**. –*n.* **1.** force or power exerted (knowingly or unknowingly) by someone or something on another, and producing change in behaviour, opinion, etc. **2.** a thing or person that exerts such action or power. –*v.t.* **3.** to exercise influence on; modify; affect, or sway. –**influencer** *n.* –**influential** *adj.*

influenza /ɪnflu'ɛnzə/ *n.* **1.** *Pathology* an acute, extremely contagious, commonly epidemic disease characterised by general prostration, and occurring in several forms with varying symptoms, usually with nasal catarrh and bronchial inflammation, and due to a specific virus; grippe. **2.** *Veterinary Science* an acute, contagious disease occurring in horses and swine, manifested by fever and catarrhal inflammations of the eyes, nasal passages, and bronchi. –**influenzal** *adj.* –**influenza-like** *adj.*

influx /'ɪnflʌks/ *n.* **1.** the act of flowing in; an inflow. **2.** the place or point at which one stream flows into another or into the sea. **3.** the mouth of a stream. **4.** the arrival of people or things in large numbers or great quantity.

infomercial /ɪnfoʊ'mɜʃəl/ *n.* *TV* an advertisement of some length, in which the content is overtly instructive.

inform /ɪn'fɔm/ *v.t.* **1.** to impart knowledge of a fact or circumstance to: *I informed him of my arrival.* **2.** to supply (oneself) with knowledge of a matter or subject: *he informed himself of all the pertinent facts.* **3.** to give character to; pervade with determining effect on the character. **4.** to animate or inspire. –*v.i.* **5.** to give information, especially to furnish incriminating evidence to a prosecuting officer. –**informant** *n.* –**informative** *adj.* –**informingly** *adv.*

informal /ɪn'fɔməl/ *adj.* **1.** not according to prescribed or customary forms; irregular: *informal proceedings.* **2.** without formality; unceremonious: *an informal visit.* **3.** not requiring formal dress: *an informal dinner.* **4.** denoting speech characterised by colloquial usage, having the flexibility of grammar, syntax, and pronunciation allowable in conversation. **5.** characterising the second singular pronominal or verbal form, or its use, in certain languages: *the informal 'tu' in French.* **6.** *Australian, NZ* (of a vote) invalid. –*phr.* **7. vote informal,** *Australian* to mark a ballot paper incorrectly thereby invalidating one's vote. –**informality** /ɪnfɔ'mælətɪ/ *n.* –**informally** *adv.*

information /ɪnfə'meɪʃən/ *n.* **1.** knowledge given or received concerning some fact or circumstance; news. **2.** knowledge on various subjects, however obtained. **3.** (in communication theory) a quantitative measure of the contents of a message. –**informational** *adj.*

information technology *n.* the use of computers to produce, store and retrieve information. Also, **IT.**

informer /ɪn'fɔmə/ *n.* **1.** someone who furnishes incriminating evidence to a prosecuting officer. **2.** an informant.

infotainment /ɪnfoʊ'teɪnmənt/ *n.* a program which disguises its educational purpose in an overtly entertaining format.

infra /'ɪnfrə/ *adv.* (in a text) below. Compare **supra.**

infra- a prefix meaning 'below' or 'beneath', as in *infra-axillary* (below the axilla).

infra-red /ɪnfrə-'rɛd/ *n.,* /'ɪnfrə-rɛd/ *adj.* –*n.* **1.** the part of the invisible spectrum contiguous to the red end of the visible spectrum, comprising radiation of greater wavelength than that of red light. –*adj.* **2.** having to do with the infra-red or its component rays: *infra-red radiation.*

infrastructure /'ɪnfrəstrʌktʃə/ *n.* **1.** the basic framework or underlying foundation (as of an organisation or a system). **2.** the roads, railways, schools, and other capital equipment which comprise such an underlying system within a country or region. **3.** the buildings or permanent installations associated with any organisation, operation, etc.

infrequent /ɪn'frikwənt/ *adj.* **1.** happening or occurring at long intervals or not often: *infrequent visits.* **2.** not constant, habitual, or regular: *an infrequent visitor.* **3.** not plentiful. –**infrequency** *n.* –**infrequently** *adv.*

infringe /ɪn'frɪndʒ/ *v.t.* -**fringed**, -**fringing**. **1.** to commit a breach or infraction of; violate or transgress. –*phr.* **2. infringe on** (or **upon**), to encroach or trespass on: *don't infringe on his privacy.* –**infringer** *n.*

infuriate /ɪn'fjurieɪt/ *v.t.* -**ated**, -**ating**. **1.** to make furious; enrage. **2.** to annoy intensely. –**infuriatingly** *adv.* –**infuriation** /ɪn,fjuri'eɪʃən/ *n.*

infuse /ɪn'fjuz/ *v.t.* -**fused**, -**fusing**. **1.** to steep or soak (a plant, etc.) in a liquid so as to extract its soluble properties or ingredients. **2.** *Cookery* to boil slowly in a solution. **3.** to pour in. –*phr.* **4. infuse into,** to introduce into as by pouring; cause to penetrate; instil into: *to infuse new life into an enterprise.* **5. infuse with,** to imbue or inspire with. –**infuser** *n.* –**infusive** /ɪn'fjusɪv/ *adj.*

infusion /ɪn'fjuʒən/ *n.* **1.** the act of infusing. **2.** something that is infused. **3.** a liquid extract obtained from a substance by steeping or soaking it in water. **4.** *Medicine* **a.** the introduction of a saline or other solution into a vein, artery, or tissue. **b.** the solution used.

-ing[1] a suffix of nouns formed from verbs, expressing the action of the verb or its result, product, material, etc., as in *the art of building, a new building, cotton wadding.* It is also used to form nouns from words other than verbs, as in *offing, shirting.*

-ing[2] a suffix forming the present participle of verbs, such participles often being used as adjectives (participial adjectives), as in *warring factions.* Compare **-ing**[1].

ingenious /ɪn'dʒinɪəs/ *adj.* **1.** (of things, actions, etc.) showing cleverness of invention or construction: *an ingenious machine.* **2.** having inventive faculty; skilful in contriving or constructing: *an ingenious mechanic.* –**ingeniously** *adv.* –**ingeniousness, ingenuity** *n.*

ingenuous /ɪn'dʒɛnjuəs/ *adj.* **1.** free from reserve, restraint, or dissimulation. **2.** artless; innocent. –**ingenuously** *adv.* –**ingenuousness** *n.*

ingest /ɪn'dʒɛst/ *v.t.* **1.** *Physiology* to put or take (food, etc.) into the body. **2.** *Aeronautics* (of a jet engine) to draw in (foreign matter). –**ingestion** *n.* –**ingestive** *adj.*

ingot /'ɪŋgət/ *n.* the casting obtained when melted metal is poured into a mould (**ingot mould**) with the expectation that it be further processed.

ingrain /ɪn'greɪn/ *v.,* /'ɪngreɪn/ *adj., n.* –*v.t.* **1.** to fix deeply and firmly, as in the nature or mind. –*adj.* **2.** ingrained. **3.** (of carpets) made of yarn dyed before weaving, and so woven as to show the pattern on both sides. **4.** dyed in grain, or through the fibre. **5.** dyed in the yarn, or in a raw state, before manufacture. –*n.* **6.** yarn, wool, etc., dyed before manufacture. **7.** an ingrain carpet. Also (*for defs 1 and 2*), **engrain.**

ingrained /ɪn'greɪnd/ *adj.* **1.** fixed firmly: *ingrained dirt.* **2.** deep-rooted: *ingrained habits.* **3.** inveterate; thorough.

ingrate /'ɪngreɪt/ *n.* **1.** an ungrateful person. –*adj.*

ingratiate /ɪnˈgreɪʃieɪt/ v.t. -ated, -ating. to establish (oneself) in the favour or good graces of others. —**ingratiatingly** adv. —**ingratiation** /ɪnˌgreɪʃiˈeɪʃən/ n. —**ingratiatory** adj.

ingratitude /ɪnˈgrætɪtjuːd/ n. the state of being ungrateful; unthankfulness.

ingredient /ɪnˈgriːdiənt/ n. 1. something that enters as an element into a mixture: *the ingredients of a cake*. 2. a constituent element of anything.

ingress /ˈɪŋgrɛs/ n. 1. the act of going in or entering. 2. the right of going in. 3. a means or place of going in; an entrance. —**ingression** /ɪnˈgrɛʃən/ n. —**ingressive** /ɪnˈgrɛsɪv/ adj. —**ingressiveness** /ɪnˈgrɛsɪvnəs/ n.

inhabit /ɪnˈhæbət/ v.t. 1. to live or dwell in (a place), as persons or animals. 2. to have its seat, or exist, in. —**inhabitable** adj. —**inhabitability** /ɪnˌhæbətəˈbɪləti/ n. —**inhabitation** /ɪnˌhæbəˈteɪʃən/ n. —**inhabitant** n.

inhale /ɪnˈheɪl/ v. -haled, -haling. —v.t. 1. to breathe in; draw in by, or as by, breathing: *to inhale air*. —v.i. 2. to draw something into the lungs, especially smoke of cigarettes, cigars, etc.: *do you inhale?* —**inhalation** n.

inherent /ɪnˈhɛrənt, ɪnˈhɪərənt/ adj. existing in something as a permanent and inseparable element, quality, or attribute. —**inherently** adv. —**inherence** n.

inherit /ɪnˈhɛrət/ v.t. 1. to take or receive (property, a right, a title, etc.) as the heir of the former owner. 2. to possess as a hereditary characteristic: *she inherited her mother's blue eyes*. —v.i. 3. to take or receive property, etc., as being heir to it. —**inheritor** n. —**inheritress, inheritrix** fem. n. —**inheritable** adj.

inheritance /ɪnˈhɛrətəns/ n. 1. something that is or may be inherited; any property passing at the owner's death to the heir or those entitled to succeed. 2. a hereditary characteristic or characteristics collectively. 3. anything received from progenitors or predecessors as if by succession: *an inheritance of family pride*. 4. portion, peculiar possession, or heritage: *the inheritance of the saints*. 5. the act or fact of inheriting: *to receive property by inheritance*.

inhesion /ɪnˈhiʒən/ n. the state or fact of inhering; inherence.

inhibit /ɪnˈhɪbət/ v.t. 1. to restrain, hinder, arrest, or check (an action, impulse, etc.). 2. to prohibit; forbid. —**inhibitor** n. —**inhibitory, inhibitive** adj.

inhibition /ɪnəˈbɪʃən, ɪnhɪ-/ n. 1. the act of inhibiting. 2. the state of being inhibited. 3. *Psychology* the blocking of any psychological process by another psychological process. 4. *Physiology* a restraining, arresting, or checking, as of action; the reduction of a reflex or other activity as the result of an antagonistic stimulation.

inhospitable /ɪnhɒsˈpɪtəbəl/ adj. 1. not inclined to or characterised by hospitality, as persons, actions, etc. 2. (of a region, climate, etc.) not offering shelter, favourable conditions, etc. —**inhospitableness** n. —**inhospitably** adv. —**inhospitality** /ɪnˌhɒspəˈtæləti/ n.

inhuman /ɪnˈhjuːmən/ adj. 1. lacking natural human feeling or sympathy for others; brutal. 2. not human. —**inhumanity** n. —**inhumanly** adv. —**inhumanness** n.

inhumane /ɪnhjuˈmeɪn/ adj. not humane; lacking humanity or kindness. —**inhumanely** adv. —**inhumanity** n.

inhume /ɪnˈhjuːm/ v.t. -humed, -huming. to bury; inter. —**inhumation** /ɪnhjuˈmeɪʃən/ n.

inimical /ɪˈnɪmɪkəl/ adj. 1. adverse in tendency or effect: *a climate inimical to health*. 2. unfriendly or hostile. —**inimicality** /ɪˌnɪmɪˈkæləti/ n. —**inimically** adv.

inimitable /ɪˈnɪmɪtəbəl/ adj. incapable of being imitated; surpassing imitation. —**inimitability** /ɪˌnɪmɪtəˈbɪləti/, **inimitableness** n. —**inimitably** adv.

iniquity /ɪˈnɪkwəti/ n. -ties. 1. gross injustice; wickedness. 2. a violation of right or duty; wicked action; sin. —**iniquitous** adj.

initial /ɪˈnɪʃəl/ adj., n., v. -ialled or *Chiefly US* -ialed, -ialling or *Chiefly US* -ialing. —adj. 1. of or relating to the beginning; incipient: *the initial step in a process*. 2. an initial letter, as of a word. 3. the first letter of a proper name. 4. a letter of extra size, often decorated, used at the beginning of a chapter or other division of a book, etc. —v.t. 5. to mark or sign with an initial or initials, especially as an indication of responsibility for or approval of contents. —**initially** adv.

initiate /ɪˈnɪʃieɪt/ v.t. -ated, -ating. 1. to begin, set going, or originate: *to initiate reforms*. 2. to introduce into the knowledge of some art or subject. 3. to admit with formal rites into secret knowledge, a society, etc. 4. to propose (a measure) by initiative procedure: *to initiate a constitutional amendment*. —**initiation** n. —**initiator** n. —**initiatory** adj.

initiative /ɪˈnɪʃiətɪv/ n. 1. an introductory act or step; leading action: *to take the initiative*. 2. readiness and ability in initiating action; enterprise: *to lack initiative*. 3. *Government* **a.** a procedure by which a specified number of voters may propose a statute, constitutional amendment, or ordinance, and compel a popular vote on its adoption. **b.** the general right or ability to present a new bill or measure, as in a legislature, etc. —adj. 4. serving to initiate; relating to initiation. —**initiatively** adv.

inject /ɪnˈdʒɛkt/ v.t. 1. to force (a fluid) into a passage, cavity, or tissue. 2. to force a fluid into (a person, tissue, etc.) especially for medical purposes. 3. to introduce (something new or different) into a thing: *to inject comedy into a situation*. 4. to introduce arbitrarily or inappropriately. 5. to interject (a remark, suggestion, etc.), as into conversation.

injection /ɪnˈdʒɛkʃən/ n. 1. the act of injecting. 2. something that is injected. 3. a liquid injected into the body, especially for medical purposes, as a hypodermic or an enema. 4. → fuel-injection.

injunction /ɪnˈdʒʌŋkʃən/ n. 1. *Law* a judicial process or order requiring the person or persons to whom it is directed to do or (more commonly) not to do a particular thing. 2. the act of enjoining. 3. something that is enjoined; a command, order or admonition. —**injunctive** adj.

injure /ˈɪndʒə/ v.t. -jured, -juring. 1. to do or cause harm of any kind to; damage; hurt; impair: *to injure the hand*. 2. to do wrong or injustice to. —**injurer** n. —**injury** n.

injustice /ɪnˈdʒʌstəs/ n. 1. the quality or fact of being unjust. 2. unjust action or treatment; violation of another's rights. 3. an unjust act or circumstance.

ink /ɪŋk/ n. 1. a fluid or viscous substance used for writing or printing. 2. a dark, protective fluid ejected by the cuttlefish and other cephalopods. —v.t. 3. to mark, stain, cover, or smear with ink. —**inker** n. —**inkless** adj. —**inklike, inky** adj.

inkling /ˈɪŋklɪŋ/ n. 1. a hint, intimation, or slight suggestion. 2. a vague idea or notion.

inland /ˈɪnlænd/ adj. 1. relating to or situated in the interior part of a country or region: *inland cities*. 2. carried on within a country; domestic; not foreign: *inland trade*. 3. confined to a country. —adv. 4. in or towards the interior of a country. —n. 5. the interior part of a country, away from the border.

in-law / inquisitive

in-law /ˈɪn-lɔ/ n. a relative by marriage.

inlay /ɪnˈleɪ/ v. **-laid, -laying**, /ˈɪnleɪ/ n. –v.t. **1.** to ornament (an object) with thin layers of fine materials set in its surface. **2.** to fix (layers of fine materials) in a surface of an object. –n. **3.** work or decoration made by inlaying. **4.** a layer of fine material set in something else. **5.** *Dentistry* a filling of metal, etc., which is fitted and fastened into a tooth as a solid mass. **–inlayer** n.

inlet /ˈɪnlət/ n., /ˈɪnleɪ/ v. **-let, -letting**. –n. **1.** an indentation of a shore line, usually long and narrow, or a narrow passage between islands. **2.** a place of admission; an entrance. **3.** something put in or inserted. –v.t. **4.** to put in; insert.

in-line skate n. → **rollerblade**.

inmate /ˈɪnmeɪt/ n. one of those confined in a hospital, prison, etc.

inn /ɪn/ n. a small hotel that provides lodging, food, etc., for travellers and others: *a country inn.* **–innless** adj.

innards /ˈɪnədz/ pl. n. **1.** the inward parts of the body; entrails; viscera. **2.** the inner parts of objects, not normally visible: *the innards of a computer.*

innate /ɪnˈeɪt/ adj. **1.** inborn; existing or as if existing in one from birth: *innate modesty.* **2.** inherent in the essential character of something. **3.** arising from the constitution of the mind, rather than acquired from experience: *innate ideas.* **–innately** adv. **–innateness** n.

inner /ˈɪnə/ adj. **1.** situated further within; interior: *an inner door.* **2.** more private or secret: *the inner circle of his friends.* **3.** mental or spiritual: *the inner life.* **4.** not obvious; esoteric: *an inner meaning.* –n. **5.** (the shot striking) the ring nearest the bullseye of a target. **–innerness** n.

innermost /ˈɪnəmoʊst/ adj. **1.** farthest inwards; inmost. –n. **2.** innermost part.

innings /ˈɪnɪŋz/ pl. n. (*construed as sing.*) **1.** *Cricket* **a.** the turn of any one member of the batting team to bat. **b.** one of the major divisions of a match, consisting of the turns at batting of all the members of one team until they are all out or until the team declares. **c.** the runs scored during such a turn or such a division. **2.** a similar opportunity to score in certain other games. **3.** any opportunity for some activity; a turn. –*phr.* **4. have had a good innings**, *Colloquial* to have had a long life or long and successful career.

innocent /ˈɪnəsənt/ adj. **1.** free from any moral wrong; not tainted with sin; pure: *innocent children.* **2.** free from legal or specific wrong; guiltless: *to be innocent of crime.* **3.** not involving evil intent or motive: *an innocent misrepresentation.* **4.** free from any quality that can cause physical or moral injury; harmless: *innocent fun.* **5.** having or showing the simplicity or naivety of an unworldly person: *she looks so innocent.* –n. **6.** an innocent person. **7.** a young child. **8.** a guileless person. **9.** Also, **innocent abroad**. an inexperienced and unworldly person. –*phr.* **10. innocent of**, devoid of: *a law innocent of merit.* **–innocence** n. **–innocently** adv.

innocuous /ɪnˈɒkjuəs/ adj. not harmful or injurious; harmless. **–innocuously** adv. **–innocuousness** n.

innovate /ˈɪnəveɪt/ v. **-vated, -vating**. –v.i. **1.** (sometimes fol. by *on* or *in*) to bring in something new; make changes in anything established. –v.t. **2.** to bring in (something new) for the first time. **–innovative, innovatory** adj. **–innovator** n.

innovation /ɪnəˈveɪʃən/ n. **1.** something new or different introduced. **2.** the act of innovating; introducing of new things or methods. **–innovational** adj. **–innovationist** n.

innuendo /ɪnjuˈɛndoʊ/ n. **-dos** or **-does**. an indirect intimation about a person or thing, especially of a derogatory nature.

innumerable /ɪˈnjumərəbəl, ɪˈnjumrəbəl/ adj. **1.** very numerous. **2.** incapable of being numbered or definitely counted. **–innumerableness, innumerability** /ɪˌnjumərəˈbɪləti/ n. **–innumerably** adv.

inoculate /ɪˈnɒkjuleɪt/ v.t. **-lated, -lating**. **1.** to implant (a disease) in a person or animal by the introduction of germs or virus, as through a puncture, in order to produce a mild form of the disease and thus secure immunity. **2.** to impregnate (a person or animal) thus. **3.** to introduce (micro-organisms) into surroundings suited to their growth, especially into the body. **4.** to imbue (a person, etc.), as with ideas. **–inoculant** n. **–inoculation** n. **–inoculative** adj. **–inoculator** n.

inoffensive /ɪnəˈfɛnsɪv/ adj. **1.** doing no harm; harmless; unoffending: *a mild, inoffensive man.* **2.** not objectionable, or not being a cause of offence. **–inoffensively** adv. **–inoffensiveness** n.

inoperable /ɪnˈɒpərəbəl, -ˈɒprə-/ adj. **1.** not operable. **2.** not admitting of a surgical operation without risk.

inoperative /ɪnˈɒpərətɪv, -ˈɒprə-/ adj. **1.** not operative; not in operation. **2.** without effect: *inoperative remedies.* **–inoperativeness** n.

inopportune /ɪnˈɒpətʃun/ adj. not opportune; inappropriate; (with regard to time) unseasonable: *an inopportune visit.* **–inopportunely** adv. **–inopportuneness, inopportunity** /ˌɪnɒpəˈtjunəti/ n.

inordinate /ɪnˈɔdənət/ adj. not within proper limits; excessive: *inordinate demands.* **–inordinacy, inordinateness** n. **–inordinately** adv.

inorganic /ɪnɔˈgænɪk/ adj. **1.** not having the organisation which characterises living bodies. **2.** not characterised by vital processes. **3.** *Chemistry* having to do with compounds not containing carbon, excepting cyanides and carbonates. Compare **organic** (def. 1). **4.** not fundamental; extraneous. **–inorganically** adv.

in-patient /ˈɪn-peɪʃənt/ n. a patient who is lodged and fed as well as treated in a hospital.

input /ˈɪnpʊt/ n. **1.** something that is put in. **2.** the current or voltage fed to an electrical machine, circuit, or device. **3.** *Computers* information which is fed into a computer before computation. **4.** a contribution of information, advice, etc: *did you have any input into the design?* –v.t. **5.** to feed (information) into a computer.

inquest /ˈɪnkwɛst/ n. **1.** a legal or judicial inquiry, especially before a jury. **2.** one made by a coroner (**coroner's inquest**). **3.** the body of people appointed to hold such an inquiry, especially a coroner's jury. **4.** their decision or finding.

inquietude /ɪnˈkwaɪətjud/ n. **1.** restlessness; uneasiness. **2.** (*plural*) disquieting thoughts.

inquire /ɪnˈkwaɪə/ v. **-quired, -quiring**. –v.i. **1.** to seek information by questioning; ask. –v.t. **2.** to seek to learn by asking. Also, **enquire**. **–inquirer** n.

inquiry /ɪnˈkwaɪəri/ n. **-ries**. **1.** an investigation, as into a matter. **2.** the act of inquiring, or seeking information by questioning; interrogation. Also, **enquiry**.

inquisition /ɪnkwəˈzɪʃən/ n. **1.** an investigation or inquiry, as one conducted by judicial or non-judicial officers. **2.** (*cap.*) *Roman Catholic Church* a special court for the defence of Catholic teaching and the judgment of heresy. **–inquisitional** adj. **–inquisitor** n.

inquisitive /ɪnˈkwɪzətɪv/ adj. **1.** unduly curious;

prying. **2.** inquiring; desirous of or eager for knowledge. –**inquisitively** *adv.* –**inquisitiveness** *n.*

inroad /'ɪnroʊd/ *n.* **1.** forcible or serious encroachment: *inroads on our savings*. **2.** a hostile or predatory incursion; a raid; a foray.

insane /ɪn'seɪn/ *adj.* **1.** not sane; not of sound mind; mentally deranged. **2.** characteristic of one mentally deranged. **3.** set apart for the care and confinement of mentally deranged persons: *an insane asylum*. **4.** utterly senseless: *an insane attempt*. **5.** *Colloquial* fantastic; wonderful. –**insaneness** *n.*

insatiable /ɪn'seɪʃəbəl/ *adj.* not satiable; incapable of being satisfied: *insatiable desire*. –**insatiability** /ɪn,seɪʃə'bɪləti/, **insatiableness** *n.* –**insatiably** *adv.*

inscribe /ɪn'skraɪb/ *v.t.* -**scribed**, -**scribing**. **1.** to write or engrave (words, characters, etc.). **2.** to mark (a surface) with words, characters, etc., especially in a durable or conspicuous way. **3.** to address or dedicate (a book, photograph, etc.) informally, especially by a handwritten note. **4.** to enrol, as on an official list. **5.** *Geometry* to draw or delineate (one figure) within another figure so that the inner lies in the boundary of the outer at as many points as possible. –**inscribable** *adj.* –**inscriber** *n.* –**inscription** *n.*

inscrutable /ɪn'skrutəbəl/ *adj.* **1.** incapable of being searched into or scrutinised; impenetrable to investigation. **2.** not easily understood; mysterious; enigmatic. **3.** impenetrable or unfathomable physically. –**inscrutability** /ɪn,skrutə'bɪləti/, **inscrutableness** *n.* –**inscrutably** *adv.*

insect /'ɪnsɛkt/ *n.* **1.** *Zoology* any animal of the subphylum Hexapoda, a group of small, air-breathing arthropods characterised by a body clearly divided into three parts, head, thorax, and abdomen, and by having only three pairs of legs, and usually having two pairs of wings. **2.** any small, air-breathing arthropod, such as a spider, tick, or centipede, having superficial, general similarity to the Hexapoda. **3.** *Colloquial* a contemptible person. –**insect-like** *adj.*

insecticide /ɪn'sɛktəsaɪd/ *n.* a substance or preparation used for killing insects. –**insecticidal** /ɪn,sɛktə'saɪdl/ *adj.*

insectivore /ɪn'sɛktəvɔː/ *n.* **1.** an insectivorous animal. **2.** any of the Insectivora, the mammalian order that includes the moles, the shrews, and the hedgehogs.

insectivorous /ɪnsɛk'tɪvərəs/ *adj.* adapted to feeding on insects, as shrews, moles, hedgehogs, etc.

insecure /ɪnsə'kjʊə/ *adj.* **1.** exposed to danger; unsafe. **2.** not firm or safe: *insecure foundations*. **3.** not free from fear, doubt, etc. –**insecurely** *adv.*

inseminate /ɪn'sɛmənɛɪt/ *v.t.* -**nated**, -**nating**. **1.** to sow; inject seed into. **2.** to introduce semen into (a female) to cause fertilisation; impregnate. **3.** to sow as seed in something; implant. –**insemination** /ɪn,sɛmə'neɪʃən/ *n.*

insensate /ɪn'sɛnseɪt, -sət/ *adj.* **1.** not endowed with sensation: *insensate stone*. **2.** without feeling; unfeeling. **3.** without sense, understanding, or judgment. –**insensately** *adv.* –**insensateness** *n.*

insensible /ɪn'sɛnsəbəl/ *adj.* **1.** incapable of feeling or perceiving; deprived of sensation; unconscious, as a person after a violent blow. **2.** without, or not subject to, a particular feeling: *insensible to shame*. **3.** unconscious, unaware, or unappreciative: *we are not insensible of your kindness*. **4.** not perceptible by the senses: *insensible transitions*. –**insensibly** *adv.* –**insensibility** /ɪn,sɛnsə'bɪləti/ *n.*

insensitive /ɪn'sɛnsətɪv/ *adj.* **1.** not sensitive: *an insensitive skin*. **2.** not susceptible to agencies or influences: *insensitive to light*. **3.** deficient in sensibility or acuteness of feeling: *an insensitive nature*. –**insensitiveness**, **insensitivity** /ɪn,sɛnsə'tɪvəti/ *n.*

inseparable /ɪn'sɛpərəbəl, -prə-/ *adj.* incapable of being separated, parted, or disjoined: *inseparable companions*. –**inseparability** /ɪn,sɛpərə'bɪləti/, **inseparableness** *n.* –**inseparably** *adv.*

insert /ɪn'sɜːt/ *v.*, /'ɪnsɜːt/ *n.* –*v.t.* **1.** to put or set in: *to insert a key in a lock*. **2.** to introduce into the body of something: *to insert an advertisement in a newspaper*. –*n.* **3.** something inserted, or to be inserted. **4.** an extra leaf printed independently of the sheets comprising a book but included when the book is bound. –**inserter** *n.* –**insertion** *n.*

in-service /ɪn-'sɜːvəs/ *adj.* having to do with any training undertaken in conjunction with the actual performance of the work involved, as courses in remedial reading techniques, creative drama, etc. for teachers.

inset /'ɪnsɛt/ *n.*, /ɪn'sɛt/ *v.* -**set**, -**setting**. –*n.* **1.** something put or set into or inside something else. –*v.t.* **2.** to set in; insert.

inside /ɪn'saɪd/ *prep.*, *adv.*; /'ɪnsaɪd/ *n.*, *adj.* –*prep.* **1.** on the inner side of; within: *inside the circle*. **2.** before the elapse of: *inside an hour*. –*adv.* **3. a.** in or into the inner part: *to go inside*. **b.** *Colloquial* in or towards a more densely settled part of the country: *inside, somewhere east of Cobar*. **4.** indoors: *he is working inside*. **5.** by nature; fundamentally: *inside, he's very kind*. **6.** *Colloquial* to or in prison. –*n.* **7.** the inner part; interior: *the inside of the house*. **8.** the inner side or surface: *the inside of the hand*. **9.** (*often plural*) *Colloquial* the inward parts of the body, especially the stomach and intestines. **10.** the inward nature. **11.** the part of a curved track or course nearer to the centre of the curves; the inside lane: *a horse coming up fast on the inside; the inside of the bend*. **12.** an inner group of persons having private knowledge about a circumstance or case. **13.** Also, **inside forward**. *Soccer, etc.* an inside left or inside right. **14.** *Surfing* the inner part of a breaking wave closest to the white water. –*adj.* **15. a.** situated or being on or in the inside; interior: *an inside loo*. **b.** *Colloquial* relating to a more densely settled part of the country: *he only shears in inside areas*. **16.** acting, employed, done, or originating within a building or place: *the robbery was an inside job*. **17.** derived from the inner circle of those concerned in and having private knowledge of a case: *inside information*. **18.** running nearer to the centre and therefore shorter: *the inside lane of a track*. –*phr.* **19. inside out**, **a.** with the inner side reversed to face outwards. **b.** thoroughly; completely: *he knows his job inside out*.

insider /ɪn'saɪdə/ *n.* **1.** someone who is inside some place, society, etc. **2.** *Colloquial* someone who is within a limited circle of persons who understand the actual facts of a case.

insider trading *n.* (in company law) the statutory offence of dealing in a company's securities by someone who through some connection with the company has special information about them which would materially affect the price of the securities if it were generally known.

inside track *n.* **1.** the lane on a racecourse nearest the inside edge, and therefore shorter than the other lanes. **2.** a favoured position. –*phr.* **3. have an inside track to**, to have access to (influential people) thus gaining an advantage over one's competitors. **4. have the inside track**, to have an advantage over one's competitors.

insidious /ɪn'sɪdiəs/ *adj.* **1.** intended to entrap or beguile: *an insidious plot*. **2.** stealthily treacherous or deceitful: *an insidious enemy*. **3.** operating or proceeding inconspicuously but with grave effect:

an insidious disease. **–insidiously** *adv.* **–insidiousness** *n.*

insight /'ɪnsaɪt/ *n.* **1.** an understanding gained or given of something: *this little insight into the life of the village.* **2.** penetrating mental vision or discernment; faculty of seeing into inner character or underlying truth: *a man of great insight.*

insignia /ɪn'sɪgnɪə/ *n.* **insignia** *or* **insignias.** **1.** a badge or distinguishing mark of office or honour: *her insignia of office.* **2.** a distinguishing mark or sign of anything: *the insignia of mourning.*

insignificant /ɪnsɪg'nɪfɪkənt/ *adj.* **1.** unimportant, trifling, or petty, as things, matters, details, etc. **2.** too small to be important: *an insignificant sum.* **3.** of no consequence, influence, or distinction, as persons. **4.** without weight of character; contemptible: *an insignificant fellow.* **5.** without meaning; meaningless, as terms. **–insignificance** *n.* **–insignificantly** *adv.*

insincere /ɪnsən'sɪə, -sɪn-/ *adj.* not sincere; not honest in the expression of actual feeling. **–insincerely** *adv.* **–insincerity** /ɪnsən'sɛrəti, -sɪn-/ *n.*

insinuate /ɪn'sɪnjueɪt/ *v.* **-ated, -ating.** *–v.t.* **1.** to suggest or hint slyly. **2.** instil or infuse subtly or artfully into the mind: *to insinuate doubt.* **3.** to bring or introduce into a position or relation by indirect or artful methods: *to insinuate oneself into the favour of another.* *–v.i.* **4.** to make insinuations. **–insinuatingly** *adv.* **–insinuative** *adj.* **–insinuator** *n.*

insipid /ɪn'sɪpəd/ *adj.* **1.** without distinctive, interesting, or attractive qualities: *an insipid tale.* **2.** without sufficient taste to be pleasing, as food or drink: *a rather insipid fruit.* **–insipidity** /ɪnsɪ'pɪdəti/, **insipidness** *n.* **–insipidly** *adv.*

insist /ɪn'sɪst/ *v.i.* **1.** to assert or maintain positively. *–phr.* **2.** to be emphatic firm, or obstinate on (some matter of desire, demand, intention, etc.): *he insisted on that privilege.* **3. insist on** (or **upon**), to dwell on with earnestness or emphasis: *to insist on a point in a discourse.* **–insister** *n.*

insistent /ɪn'sɪstənt/ *adj.* **1.** insisting; earnest or emphatic in dwelling upon, maintaining, or demanding something; persistent. **2.** compelling attention or notice: *an insistent tone.* **–insistence, insistency** *n.* **–insistently** *adv.*

in situ /ɪn 'sɪtʃu/ *adv.* in the original, actual or appropriate place.

insofar as /ɪnsoʊ'far æz/ *conj.* to the extent that. Also, **in so far as.**

insolent /'ɪnsələnt/ *adj.* boldly rude or disrespectful; contemptuously impertinent; insulting: *an insolent reply.* **–insolence** *n.* **–insolently** *adv.*

insoluble /ɪn'sɒljubəl/ *adj.* **1.** incapable of being dissolved: *insoluble salts.* **2.** that cannot be solved: *an insoluble problem.* **–insolubility** /ɪnˌsɒlju'bɪləti/, **insolubleness** *n.* **–insolubly** *adv.*

insolvent /ɪn'sɒlvənt/ *adj. Law* not solvent; unable to satisfy creditors or discharge liabilities, either because liabilities exceed assets or because of inability to pay debts as they mature.

insomnia /ɪn'sɒmnɪə/ *n.* inability to sleep, especially when chronic; sleeplessness. **–insomniac** *n.* **–insomnious** *adj.*

insouciant /ɪn'susiənt, -sjənt/ *adj.* free from concern; without anxiety; carefree. **–insouciance** *n.* **–insouciantly** *adv.*

inspect /ɪn'spɛkt/ *v.t.* **1.** to look carefully at or over; view closely and critically: *to inspect every part.* **2.** to view or examine formally or officially: *to inspect troops.*

inspector /ɪn'spɛktə/ *n.* **1.** someone who inspects. **2.** an officer appointed to inspect. **3.** someone who makes assessments for taxation purposes: *an inspector of taxes.* **4.** a police officer ranking above sergeant and below chief inspector. **5.** the rank of any of these. **–inspectoral, inspectorial** /ɪnspɛk'tɔriəl/ *adj.* **–inspectorship** *n.*

inspiration /ɪnspə'reɪʃən/ *n.* **1.** an inspiring action or influence, person or thing, as a divine influence brought to bear on a person. **2.** something inspired, as a thought. **3.** the drawing of air into the lungs; inhalation. **4.** the act of inspiring. **5.** the state of being inspired. **–inspirational** *adj.*

inspire /ɪn'spaɪə/ *v.t.* **-spired, -spiring.** *–v.t.* **1.** to impart an enlivening, quickening, or exalting influence to: *his courage inspired his followers.* **2.** to produce or awaken (a feeling, thought, etc.): *she inspires confidence in others.* **3.** to affect with a particular feeling, thought, etc.: *inspire a person with distrust.* **4.** (of an influence, feeling, etc.) to move to action: *hope inspired her to persevere.* **5.** to guide or communicate by a divine influence. **6.** to give rise to: *what inspired the quarrel?* **7.** to take (air, gases, etc.) into the lungs in breathing; inhale. *–v.i.* **8.** to give inspiration. **9.** to inhale. **–inspirer** *n.* **–inspiringly** *adv.* **–inspirable** *adj.*

inspirit /ɪn'spɪrət/ *v.t.* to infuse (new) spirit or life into. **–inspiritingly** *adv.*

instability /ɪnstə'bɪləti/ *n.* the state of being instable; lack of stability or firmness.

install /ɪn'stɔl/ *v.t.* **1.** to place in position for service or use, as a system of electric lighting, etc. **2.** to establish in any office, position, or place. **3.** to induct into an office, etc., with ceremonies or formalities, as by seating in a stall or official seat. **–installer** *n.*

instalment /ɪn'stɔlmənt/ *n.* **1.** any of several parts into which a debt or other sum payable is divided for payment at successive fixed times: *to pay for furniture by instalments.* **2.** a single portion of something furnished or issued by parts at successive times: *a serial in six instalments.* Also, *US*, **installment.**

instance /'ɪnstəns/ *n., v.* **-stanced, -stancing.** *–n.* **1.** a case of anything: *fresh instances of oppression.* **2.** an example put forth in proof or illustration: *an instance of carelessness.* **3.** legal process (now chiefly in certain expressions): *a court of first instance.* *–v.t.* **4.** to cite as an instance or example. *–phr.* **5. at the instance of,** at the urgency, solicitation, instigation, or suggestion of. **6. for instance,** for example; as an example. **7. give someone a for instance,** *Colloquial* to give someone an example.

instant /'ɪnstənt/ *n.* **1.** a very short space of time; a moment: *not an instant too soon.* **2.** the point of time now present, or present with regard to some action or event. *–adj.* **3.** following without any interval of time; immediate: *instant relief.* **4.** present; current: *the 10th instant* (the tenth day of the present month). **5.** pressing or urgent: *instant need.* **6.** (of a foodstuff) processed for simple preparation: *instant coffee.* **–instantly** *adv.*

instantaneous /ɪnstən'teɪniəs/ *adj.* **1.** occurring, done, or completed in an instant: *an instantaneous explosion.* **2.** existing at or relating to a particular instant: *the instantaneous position of something.* **–instantaneously** *adv.* **–instantaneousness, instantaneity** /ɪnˌstæntə'niəti/ *n.*

instead /ɪn'stɛd/ *adv.* **1.** in one's (its, their, etc.) stead: *she sent the boy instead.* *–phr.* **2. instead of,** in the stead or place of; in lieu of: *come by plane instead of by train.*

instep /'ɪnstɛp/ *n.* **1.** the arched upper surface of the human foot between the toes and the ankle. **2.** the part of a shoe, stocking, etc., over the instep.

instigate /'ɪnstəgeɪt/ *v.t.* **-gated, -gating.** **1.** to spur on, set on, or incite to some action or course:

instil *to instigate someone to commit a crime.* **2.** to bring about by incitement; foment: *to instigate a quarrel.* **–instigative** *adj.* **–instigator** *n.* **–instigation** /ɪnstəˈgeɪʃən/ *n.*

instil /ɪnˈstɪl/ *v.t.* **-stilled, -stilling. 1.** to infuse slowly or by degrees into the mind or feelings; insinuate; inject: *courtesy must be instilled in childhood.* **2.** to put in drop by drop. Also, *Chiefly US,* **instill. –instiller** *n.* **–instillation** /ɪnstɪˈleɪʃən/, **instilment** *n.*

instinct /ˈɪnstɪŋkt/ *n.* **1.** *Zoology, Psychology, etc.* an inborn pattern of activity and response common to a given biological stock. **2.** innate impulse or natural inclination, or a particular natural inclination or tendency. **3.** a natural aptitude or gift for something: *an instinct for art.* **4.** natural intuitive power.

institute /ˈɪnstətʃut/ *v.* **-tuted, -tuting.** *n.* **–***v.t.* **1.** to set up or establish: *institute a government.* **2.** to set going; initiate: *institute a new course.* **3.** to bring into use or practice: *institute laws.* **4.** to establish in an office or position. *–n.* **5.** a society or organisation for carrying on literary, scientific or educational work. **6.** the building occupied by such a society. **7.** *Education* **a.** an institution, usually attended after high school level, which teaches technical subjects. **b.** a unit in a university for advanced instruction and research. **8.** an established principle, law, custom, or organisation.

institution /ɪnstəˈtʃuʃən/ *n.* **1.** an organisation for the advancement of a particular purpose, usually educational, charitable, etc. **2.** a building used for such work, as a college, school, hospital, etc. **3.** a concern engaged in some activity, as an insurance company. **4.** any established law, custom, etc., in a particular culture, such as slavery. **5.** the act of setting up; establishment: *the institution of laws.* **–institutionary** *adj.* **–institutive** /ˈɪnstətjutɪv/ *adj.* **–institutor = instituter** *n.*

institutional /ɪnstəˈtʃuʃənəl/ *adj.* **1.** having to do with or established by institution. **2.** having to do with organised societies or to the buildings used for their work. **3.** being an institution. **4.** characterised by uniformity and dullness. **5.** having to do with institutes or principles, especially of jurisprudence. **–institutionally** *adv.*

institutionalise = institutionalize /ɪnstəˈtʃuʃənəlaɪz/ *v.t.* **-lised, -lising. 1.** to make institutional. **2.** to make into or treat as an institution. **3.** to put (a person) into an institution. **4.** to make (a person) dependent on an institution, such as a prison, mental hospital, etc., to the point where he or she cannot live successfully outside it. **–institutionalisation** /ɪnstəˌtʃuʃənəlaɪˈzeɪʃən/ *n.*

instruct /ɪnˈstrʌkt/ *v.t.* **1.** to direct or command; furnish with orders or directions: *the doctor instructed me to diet.* **2.** to furnish with knowledge, especially by a systematic method; teach; train; educate. **3.** to furnish with information; inform or apprise. **4.** *Law* **a.** to give instructions, as a client to a solicitor, or a solicitor to a barrister. **b.** (of a judge) to outline or explain the legal principles involved in a case, for the guidance of (the jury).

instruction /ɪnˈstrʌkʃən/ *n.* **1.** the act or practice of instructing or teaching; education. **2.** knowledge or information imparted. **3.** an item of such knowledge or information. **4.** the act of furnishing with authoritative directions. **5.** *Computers* a number or symbol which causes a computer to perform some specified action. **–instructional** *adj.*

instrument /ˈɪnstrəmənt/ *n.* **1.** a mechanical device; tool: *a doctor's instruments.* **2.** something made to produce musical sounds: *a stringed instrument.* **3.** a thing with or by which something is done; a means: *an instrument of government.* **4.** a formal legal document, as a contract, deed or will. **5.** one who is used by another. **6.** a device for measuring the present value of a quantity under observation. **7.** an electrical device which gives information about the state of some part of an aircraft, car, etc.

instrumental /ɪnstrəˈmɛntl/ *adj.* **1.** serving as an instrument or means. **2.** having to do with an instrument. **3.** performed on or written for a musical instrument or musical instruments: *instrumental music.* **4.** *Grammar* **a.** (in some inflected languages) denoting a case having as its chief function the indication of means or agency. **b.** denoting the affix or other element characteristic of this case, or a word containing such an element. **c.** similar to such a case form in function or meaning, as the Latin *instrumental ablative.*

instrumentalist /ɪnstrəˈmɛntələst/ *n.* someone who performs on a musical instrument.

instrumentation /ˌɪnstrəmənˈteɪʃən/ *n.* **1.** the arranging of music for instruments, especially for an orchestra; orchestration. **2.** the use of, or work done by, instruments. **3.** instrumental agency; instrumentality.

insubordinate /ɪnsəˈbɔdənət/ *adj.* not submitting to authority; disobedient: *insubordinate crew.* **–insubordinately** *adv.* **–insubordination** /ˌɪnsəbɔdəˈneɪʃən/ *n.*

insubstantial /ɪnsəbˈstænʃəl/ *adj.* **1.** not substantial; slight. **2.** without reality; unreal: *the insubstantial stuff of dreams.* **–insubstantiality** /ˌɪnsəbstænʃiˈæləti/ *n.*

insufferable /ɪnˈsʌfərəbəl, -frəbəl/ *adj.* not to be endured; intolerable; unbearable: *insufferable insolence.* **–insufferableness** *n.* **–insufferably** *adv.*

insufficient /ɪnsəˈfɪʃənt/ *adj.* **1.** not sufficient; lacking in what is necessary or required: *an insufficient answer.* **2.** deficient in force, quality, or amount; inadequate: *insufficient protection.* **–insufficiency** *n.* **–insufficiently** *adv.*

insular /ˈɪnsjulə, ˈɪnʃulə/ *adj.* **1.** of or related to an island or islands. **2.** narrow-minded. **–insularity** /ɪnsjuˈlærəti/ *n.* **–insularism** *n.* **–insularly** *adv.*

insulate /ˈɪnʃuleɪt/ *v.t.* **-lated, -lating. 1.** to cover or surround (an electric wire, etc.) with non-conducting material. **2.** *Physics, etc.* to separate by the interposition of a non-conductor, in order to prevent or reduce the transfer of electricity, heat, or sound. **3.** to place in an isolated situation or condition; segregate. **4.** to install an insulating material in the roof of (a house), to retain warmth in winter and keep out heat in summer.

insulin /ˈɪnʃələn, -sjələn, -sələn/ *n. Physiology* a hormone produced in the pancreas and secreted in response to high blood glucose levels; it allows the transport of glucose across cell membranes. A deficiency of insulin results in inability to utilise glucose and produces diabetes.

insult /ɪnˈsʌlt/ *v.,* /ˈɪnsʌlt/ *n.* **–***v.t.* **1.** to treat insolently or with contemptuous rudeness; affront. *–n.* **2.** an insolent or contemptuously rude action or speech; affront. **3.** something having the effect of an affront. *–phr.* **4. add insult to injury,** to compound a grievance. **–insulter** *n.* **–insulting** *adj.* **–insultingly** *adv.*

insuperable /ɪnˈsupərəbəl, -prəbəl, -ˈsju-/ *adj.* incapable of being passed over, overcome, or surmounted: *an insuperable barrier.* **–insuperability** /ɪnˌsupərəˈbɪləti/, **insuperableness** *n.* **–insuperably** *adv.*

insupportable /ɪnsəˈpɔtəbəl/ *adj.* not endurable; insufferable. **–insupportableness** *n.* **–insupportably** *adv.*

insurance /ɪnˈʃɔrəns, -ˈʃʊə-/ *n.* **1.** the act, system, or business of insuring property, life, the person,

insure etc., against loss or harm arising in specified contingencies, as fire, accident, death, disablement, or the like, in consideration of a payment proportionate to the risk involved. **2.** the contract thus made, set forth in a written or printed agreement (policy). **3.** the amount for which anything is insured. **4.** the premium paid for insuring a thing. **5.** *Colloquial* an alternative to fall back on if one's main objective is lost: *she already has a boyfriend, so this bloke is just insurance.* **6.** *Colloquial* protection money. –*adj.* **7.** relating to a company, agent, etc., dealing with insurance. –*phr.* **8. buy insurance**, to protect oneself against a possible future setback.

insure /ɪn'ʃɔ, -'ʃʊə/ *v.* **-sured, -suring.** –*v.t.* **1.** to guarantee against risk of loss or harm. **2.** to secure indemnity to or on, in case of loss, damage, or death. **3.** to issue or procure an insurance policy on. –*v.i.* **4.** to issue or procure an insurance policy. –**insurable** *adj.* –**insurability** /ɪn,ʃɔrə'bɪləti/ *n.*

insured /ɪn'ʃɔd, ɪn'ʃʊəd/ *n.* a person covered by an insurance policy.

insurer /ɪn'ʃɔrə, -'ʃʊə-/ *n.* **1.** one who or that which contracts to indemnify against losses, etc., such as an insurance company. **2.** a person who seeks some sort of protection by taking out insurance.

insurgent /ɪn'sɜdʒənt/ *n.* **1.** someone who rises in forcible opposition to lawful authority; someone who engages in armed resistance to a government or to the execution of laws. –*adj.* **2.** rising in revolt; rebellious. –**insurgence, insurgency** *n.*

insurmountable /ɪnsə'maʊntəbəl/ *adj.* incapable of being surmounted, passed over, or overcome: *an insurmountable obstacle.* –**insurmountably** *adv.*

insurrection /ɪnsə'rɛkʃən/ *n.* the act of rising in arms or open resistance against civil or established authority. –**insurrectional** *adj.* –**insurrectionally** *adv.* –**insurrectionary** *adj.*, *n.* –**insurrectionism** *n.* –**insurrectionist** *n.*

intact /ɪn'tækt/ *adj.* remaining uninjured, unaltered, sound, or whole; unimpaired. –**intactness** *n.*

intake /'ɪnteɪk/ *n.* **1.** a point at which a fluid is taken into a channel, pipe, etc. **2.** the act of taking in. **3.** (the quantity of) that which is taken in.

intangible /ɪn'tændʒəbəl/ *adj.* **1.** incapable of being perceived by the sense of touch, as incorporeal or immaterial things. **2.** not definite or clear to the mind: *intangible arguments.* **3.** (of an asset) existing only in connection with something else, as the goodwill of a business. –*n.* **4.** something intangible. –**intangibility** /ɪn,tændʒə'bɪləti/, **intangibleness** *n.* –**intangibly** *adv.*

integer /'ɪntədʒə/ *n.* **1.** Also, **positive integer.** any of the numbers 1, 2, 3, etc. **2.** any of the numbers 0, 1, -1, 2, -2, etc. **3.** a whole number as distinguished from a fraction, or a mixed number.

integral /'ɪntəgrəl/ *adj.* **1.** belonging as a part of the whole: *the integral parts of the human body.* **2.** necessary to the completeness of the whole. **3.** made up of parts which together form a whole. **4.** *Mathematics* relating to or being an integer (a whole number); not fractional. –*n.* **5.** an integral whole. **6.** *Mathematics* the result of the operation inverse to differentiation; an expression from which a given function, equation, or system of equations is derived by differentiation. –**integrality** /ɪntə'græləti/ *n.* –**integrally** *adv.*

integrate /'ɪntəgreɪt/ *v.t.* **-grated, -grating.** **1.** to bring together (parts) into a whole. **2.** to make up or complete as a whole, as parts do. **3.** to show the total amount or value of. **4.** *Mathematics* to find the integral of. –**integrative, integrable** /'ɪntəgrəbəl/ *adj.* –**integrator** *n.*

integrated circuit *n. Electronics* an array of interconnected circuit elements formed on a single piece of silicon (**monolithic integrated circuit**) or several of them (**hybrid integrated circuit**). Also, **IC**.

integrity /ɪn'tɛgrəti/ *n.* **1.** soundness of moral principle and character; uprightness; honesty. **2.** the state of being whole, entire, or undiminished: *to preserve the integrity of the empire.* **3.** sound, unimpaired, or perfect condition: *the integrity of the text.*

integument /ɪn'tɛgjumənt/ *n.* **1.** a skin, shell, rind, or the like. **2.** a covering.

intellect /'ɪntəlɛkt/ *n.* **1.** the power or faculty of the mind by which one knows, understands, or reasons, as distinguished from that by which one feels and that by which one wills; the understanding. **2.** understanding or mental capacity, especially of a high order. **3.** a particular mind or intelligence, especially of a high order. **4.** the person possessing it. **5.** minds collectively, as of a number of persons, or the persons themselves.

intellectual /ɪntə'lɛktʃuəl/ *adj.* **1.** of interest to the mind: *intellectual books.* **2.** of or relating to the mind: *intellectual powers.* **3.** directed towards things that need to use the mind: *intellectual tastes.* **4.** showing mental ability, especially to a high degree: *an intellectual writer.* –*n.* **5.** an intellectual person. –**intellectuality** /ɪntə,lɛktʃu'æləti/, **intellectualness** *n.* –**intellectually** *adv.*

intellectually disabled *adj.* having learning and developmental deficiencies as a result of impaired or faulty development of the brain.

intelligence /ɪn'tɛlədʒəns/ *n.* **1.** the ability to understand, learn, and to control behaviour in any new event. **2.** good mental ability. **3.** (*often cap.*) an intelligent being, especially not in bodily form. **4.** knowledge of an event, circumstance, etc., received or given; news; information. **5.** the gathering or giving of information, especially in military affairs. **6.** a group of people working to obtain such information; secret service. **7.** the ability which a computerised machine obtains from programs built into it to recognise certain conditions and perform varying tasks without the need of an operator. –**intelligent** *adj.* –**intelligential** /ɪn,tɛlə'dʒɛnʃəl/ *adj.*

intelligence quotient *n.* a ratio of mental age to chronological age. A child with a mental age of 12 years and an actual age of 10 years has an intelligence quotient, or IQ, of 1.2 (usually expressed as 120).

intelligentsia /ɪn,tɛlə'dʒɛntsiə/ *pl. n.* a class or group of persons having or claiming special enlightenment in views or principles; the intellectuals.

intelligible /ɪn'tɛlədʒəbəl/ *adj.* capable of being understood; comprehensible. –**intelligibleness, intelligibility** /ɪn,tɛlədʒə'bɪləti/ *n.* –**intelligibly** *adv.*

intemperate /ɪn'tɛmpərət, -prət/ *adj.* **1.** given to or characterised by immoderate indulgence in intoxicating drink. **2.** immoderate as regards indulgence of appetite or passion. **3.** not temperate; unrestrained or unbridled. **4.** extreme in temperature, as climate, etc. –**intemperately** *adv.* –**intemperateness** *n.*

intend /ɪn'tɛnd/ *v.t.* **1.** to have in mind as something to be done or brought about: *he intends to enlist.* **2.** to design or mean for a particular purpose, use, recipient, etc.: *a book intended for reference.* **3.** to design to express or indicate. –*v.i.* **4.** to have a purpose or design: *he may intend otherwise.* –**intender** *n.*

intended /ɪn'tɛndəd/ *adj.* **1.** purposed or designed: *to produce the intended effect.* **2.** prospective: *one's intended wife.* –*n.* **3.** an intended husband or wife.

intense /ɪn'tɛns/ *adj.* **1.** existing or happening in a high degree: *intense heat.* **2.** strong, eager, as sensations, or emotions: *intense joy.* **3.** of an extreme kind; very great, etc.: *an intense wind.* **4.** *Photography* **a.** strong: *intense light.* **b.** → **dense** (def. 4). **5.** strenuous; earnest, as activity, thought, etc.: *an intense game.* **6.** having or showing great strength of feeling, as a person, the face, language, etc. –**intensely** *adv.* –**intenseness** *n.*

intensifier /ɪn'tɛnsəfaɪə/ *n. Grammar* a linguistic element or word which increases the semantic effect of a word or phrase but has itself minimal semantic content, as *very.*

intensify /ɪn'tɛnsəfaɪ/ *v.* **-fied, -fying**. *–v.t.* **1.** to make intense or more intense. *–v.i.* **2.** to become intense or more intense. –**intensification** /ɪntɛnsəfə'keɪʃən/ *n.* –**intensifier** *n.*

intensity /ɪn'tɛnsəti/ *n.* **-ties**. **1.** the quality or condition of being intense. **2.** great energy, strength, etc., as of activity, thought, or feeling. **3.** high degree, as of cold. **4.** the degree or extent to which something is intense, as a voice tone, or a colour range. **5.** *Photography* **a.** strength, as of light. **b.** → **density** (def. 4). **6.** *Physics* **a.** the strength of an electric current in amperes. **b.** the strength of an electrical or magnetic field. **c.** the size or strength of force, per unit of area, volume, etc.

intensive /ɪn'tɛnsɪv/ *adj.* **1.** of, relating to, or marked by intensity: *intensive fire from machine guns.* **2.** with a lot of attention or work: *intensive care of a seriously ill person.* **3.** *Economics* of methods aimed to increase effectiveness, as, in agriculture, the use of fertilisers, etc., to improve the quality and quantity of crops (opposed to *extensive*). **4.** *Grammar* showing increased force. For example: *certainly, completely* are intensive adverbs. *–n.* **5.** something that intensifies. **6.** *Grammar* → **intensifier**. –**intensively** *adv.* –**intensiveness** *n.*

intensive care *n.* medical therapy for the critically ill, usually given under hospital supervision and for a short period of time.

intent[1] /ɪn'tɛnt/ *n.* **1.** an intending or purposing, as to commit some act: *criminal intent.* **2.** that which is intended; purpose; aim; design; intention: *my intent was to buy.* **3.** *Law* the state of someone's mind which directs their actions towards a specific object. *–phr.* **4. to all intents and purposes, a.** for all practical purposes; practically. **b.** for all the ends and purposes in view.

intent[2] /ɪn'tɛnt/ *adj.* **1.** firmly or steadfastly fixed or directed (upon something): *an intent gaze.* **2.** having the gaze or thoughts earnestly fixed on something: *intent on one's job.* **3.** bent, as on some purpose: *intent on revenge.* **4.** earnest: *an intent person.* –**intently** *adv.* –**intentness** *n.*

intention /ɪn'tɛnʃən/ *n.* **1.** the act of determining mentally upon some action or result; a purpose or design. **2.** the end or object intended. **3.** (*plural*) *Colloquial* purposes with respect to a proposal of marriage. **4.** the act or fact of intending or purposing. **5.** *Logic* the mental act of initially directing attention to something. **6.** *Medicine* a manner or process of healing, as in the healing of a lesion or fracture without granulation (**healing by first intention**) or the healing of a wound by granulation after suppuration (**healing by second intention**). **7.** meaning.

inter /ɪn'tɜ/ *v.t.* **-terred, -terring.** to deposit (a dead body, etc.) in a grave or tomb; bury, especially with ceremonies. –**interment** *n.*

inter- a prefix meaning 'between', 'among', 'mutually', 'reciprocally', 'together', as in *intercellular, intercity, intermarry, interweave.*

interact /ɪntər'ækt/ *v.i.* to act on each other.

interactive /ɪntər'æktɪv/ *adj.* **1.** having to do with things or persons which act on each other. **2.** *Computers* (of systems, etc.) immediately responsive to commands, data, etc., as opposed to systems arranged for batch processing. –**interactively** *adv.*

inter alia /ɪntər 'eɪliə/ *adv.* among other things.

intercede /ɪntə'sid/ *v.i.* **-ceded, -ceding**. to interpose on behalf of one in difficulty or trouble, as by pleading or petition: *to intercede with the governor for a condemned man.* –**interceder** *n.*

intercept /ɪntə'sɛpt/ *v.*, /'ɪntəsɛpt/ *n.* *–v.t.* **1.** to take or seize on the way from one place to another: *to intercept a letter.* **2.** to stop the natural course of (light, water, etc.). **3.** to take possession of (a ball, etc.) passed or thrown to an opponent. **4.** to prevent or cut off the operation or effect of: *to intercept the view.* **5.** *Chiefly Mathematics* to mark off or include, as between two points or lines. *–n.* **6.** an act of intercepting. **7.** the taking possession of the ball from one's opposition. **8.** *Mathematics* an intercepted part of a line. –**interceptive** *adj.* –**interceptor** *n.*

interception /ɪntə'sɛʃən/ *n.* **1.** the act of interceding. **2.** an interposing or pleading on behalf of one in difficulty or trouble. **3.** *Ecclesiastical* an interposing or pleading with God on behalf of another or others, as that of Christ or that of the saints on behalf of human beings. –**intercessional, intercessory** *adj.* –**intercessor** *n.*

interchange /ɪntə'tʃeɪndʒ/ *v.* **-changed, -changing**, /'ɪntətʃeɪndʒ/ *n.* *–v.t.* **1.** to put each of (two things) in the place of the other; transpose. **2.** to give and receive (things) one to another; exchange: *they interchanged gifts.* **3.** to cause to follow one after the other: *to interchange cares with pleasures.* *–v.i.* **4.** to happen by turns; alternate. **5.** to change places, as two persons or things. *–n.* **6.** the act of interchanging. **7.** a changing of places, as between two persons or things. –**interchangeable** *adj.* –**interchangeability** /ˌɪntətʃeɪndʒə'bɪləti/ *n.* –**interchanger** *n.*

intercom /'ɪntəkɒm/ *n. Colloquial* → **intercommunication system**.

intercommunication system *n.* an internal or closed audio system, as within an office complex, a school, a ship, etc.

intercontinental /ˌɪntəkɒntə'nɛntl/ *adj.* between continents.

intercourse /'ɪntəkɔs/ *n.* **1.** dealings or communication between individuals. **2.** interchange of thoughts, feelings, etc. **3.** sexual intercourse.

interdependent /ɪntədə'pɛndənt/ *adj.* mutually dependent; dependent on each other. –**interdependence, interdependency** *n.* –**interdependently** *adv.*

interdict /'ɪntədɪkt, -daɪt/ *n.*, /ɪntə'dɪkt, -'daɪt/ *v. –n.* **1.** *Civil Law* any prohibitory act or decree of a court or an administrative officer. *–v.t.* **2.** to forbid; prohibit. –**interdictory** *adj.* –**interdiction** *n.*

interest /'ɪntrəst, -tərəst/ *n.* **1.** the feeling of one whose attention or curiosity is particularly engaged by something: *to have great interest in a subject.* **2.** a particular feeling of this kind: *a woman of varied intellectual interests.* **3.** the power of exciting such feeling; interesting quality: *questions of great interest.* **4.** concernment, importance, or moment: *a matter of primary interest.* **5.** a business, cause, or the like, in which a number of persons are interested. **6.** a share in the ownership of property, in a commercial or financial undertaking, or the like. **7.** any right of ownership in property, commercial undertakings, etc. **8.** a number or group of persons, or a party, having a common interest: *the banking interest.* **9.** something in which one has an interest, as of ownership, advantage, attention, etc. **10.** the rela-

interested   414   **intermediate**

tion of being affected by something in respect of advantage or detriment: *an arbitrator having no interest in the outcome*. **11.** benefit or advantage: *to have one's own interest in mind*. **12.** regard for one's own advantage or profit; self-interest: *rival interests*. **13.** *Commerce* **a.** payment, or a sum paid, for the use of money borrowed (the principal), or for the forbearance of a debt. **b.** the rate per cent per unit of time represented by such payment. *–v.t.* **14.** to engage or excite the attention or curiosity of: *a story which interested him greatly*. **15.** to concern (a person, etc.) in something; involve: *every citizen is interested in this law*. **16.** to cause to take a personal concern or share; induce to participate: *to interest a person in an enterprise*. *–phr.* **17. in the interest** (or **interests**) **of**, on the side of what is advantageous to; on behalf of: *in the interest of good government*.

interested /'ɪntrəstəd/ *adj.* **1.** having an interest in something; concerned: *those interested should apply in person*. **2.** participating; having an interest or share; having money involved: *one interested in the funds*. **3.** having the attention or curiosity engaged: *an interested spectator*. **4.** characterised by a feeling of interest. **5.** influenced by personal or selfish motives: *an interested witness*. **–interestedly** *adv.* **–interestedness** *n.*

interface /'ɪntəfeɪs/ *n.,* /ɪntə'feɪs/ *v.* **-faced, -facing.** *–n.* **1.** a surface regarded as the common boundary to two bodies or spaces. **2.** a point or area at which any two systems act on each other. *–v.t.* **3.** to cause (two systems) to act on each other. **4.** to place an interfacing into.

interfere /ɪntə'fɪə/ *v.i.* **-fered, -fering. 1.** to clash; come into collision; be in opposition: *the claims of two nations may interfere*. **2.** to come into opposition, as one thing with another, especially with the effect of hampering action or procedure: *these interruptions interfere with the work*. **3.** to interpose or intervene for a particular purpose. **4.** to take a part in the affairs of others; meddle: *to interfere in others' disputes*. **5.** (of things) to strike against each other, or one against another, so as to hamper or hinder action; come into physical collision. **6.** to strike one foot or leg against the opposite foot or leg in going, as a horse. **7.** *Physics* to cause interference. *–phr.* **8. interfere with,** to molest sexually. **–interferer** *n.* **–interferingly** *adv.*

interference /ɪntə'fɪərəns/ *n.* **1.** the act or fact of interfering. **2.** *Physics* the action of waves (as of light, sound, etc.), when meeting, by which they reinforce or cancel each other. **3.** *Radio* **a.** the jumbling of radio signals by receiving signals other than the desired ones. **b.** the signals which produce the incoherence. **–interferential** /ɪntəfə'rɛnʃəl/ *adj.*

interferon /ɪntə'fɪərɒn/ *n.* *Physiology* a protein produced by animal cells in response to virus infection, that inhibits replication of virus particles.

interim /'ɪntərəm/ *n.* **1.** an intervening time; the meantime: *in the interim*. **2.** a temporary or provisional arrangement. *–adj.* **3.** belonging to or connected with an intervening period of time: *an interim dividend*. **4.** temporary; provisional: *an interim order*.

interior /ɪn'tɪəriə/ *adj.* **1.** being within; internal: *the interior parts of a house*. **2.** existing inside and at a distance from the coast or border; inland: *the interior parts of a country*. **3.** inside a country, etc.; domestic: *the interior trade*. **4.** inner, private, or secret: *an interior meeting*. **5.** mental or spiritual. **6.** *Geometry* (of an angle) inner, as an angle formed between two parallel lines when cut by a third line, or an angle formed by two adjacent sides of a closed polygon. *–n.* **7.** the internal part; the inside. **8.** *Art* **a.** the inside part of a building, considered as a whole from the point of view of artistic design, etc., or a single room or apartment so considered. **b.** a painting of the inside of a building, room, etc. **9.** the inland parts of a country, etc. **10.** the domestic affairs of a country as separate from its foreign affairs: *the Department of the Interior*. **11.** the inner nature of anything. **–interiority** /ɪn,tɪəri'ɒrəti/ *n.* **–interiorly** *adv.*

interject /ɪntə'dʒɛkt/ *v.t.* **1.** to throw in abruptly between other things. **2.** to interpolate; interpose: *to interject a careless remark*. **3.** to interrupt a conversation or speech; heckle. **–interjector** *n.* **–interjectory** *adj.*

interjection /ɪntə'dʒɛkʃən/ *n.* **1.** the act of throwing between; an interjecting. **2.** the utterance of ejaculations expressive of emotion; an ejaculation or exclamation. **3.** something, such as a remark, interjected. **4.** *Grammar* **a.** (in many languages) a form class, or 'part of speech', comprising words which constitute utterances or clauses in themselves, without grammatical connection. **b.** a grammatically independent word expressing pain, feeling, etc., such as *ouch!, never!* **c.** a similar word or phrase which is grammatically independent and used to express or stimulate a reaction to or from an interlocutor, such as *yes, goodness me, your health*. **–interjectional** *adj.* **–interjectionally** *adv.*

interlace /ɪntə'leɪs/ *v.* **-laced, -lacing.** *–v.i.* **1.** to cross one another as if woven together; intertwine: *interlacing branches*. *–v.t.* **2.** to place (threads, branches, etc.) so as to intercross one another. **3.** to connect; blend. **4.** to scatter through; intermingle. **–interlacement** *n.*

interlock /ɪntə'lɒk/ *v.,* /'ɪntəlɒk/ *n.* *–v.i.* **1.** to connect with each other: *the pieces of a jigsaw interlock*. **2.** to fit into each other, as parts of machinery. *–v.t.* **3.** to lock one with another. **4.** to fit the parts of (something) together so that all must move together. *–n.* **5.** *Textiles* a smooth knitted fabric, especially one made of cotton thread. **–interlocker** *n.*

interlocutor /ɪntə'lɒkjətə/ *n.* **1.** someone who takes part in a conversation or dialogue. **2.** someone who enters into conversation with another. **–interlocutress** /ɪntə'lɒkjətrəs/, **interlocutrix** /ɪntə'lɒkjətrɪks/ *fem. n.* **–interlocution** *n.* **–interlocutory** *adj.*

interlope /'ɪntəloup/ *v.i.* **-loped, -loping.** to intrude into some region or field of trade without a proper licence. **–interloper** *n.*

interlude /'ɪntəlud/ *n.* **1.** an intervening episode, period, space, etc. **2.** an intermediate performance or entertainment, as between the acts of a play. **3.** an instrumental passage or a piece of music rendered between the parts of a song, church service, drama, etc. **4.** a period of inactivity; lull.

intermarry /ɪntə'mæri/ *v.i.* **-ried, -rying. 1.** to become connected by marriage, as two families, tribes, castes, or races. **2.** to marry within the limits of the family or of near relationship. **3.** to marry, one with another. **–intermarriage** *n.*

intermediary /ɪntə'midiəri, -dʒəri/ *adj., n.* **-aries.** *–adj.* **1.** being between; intermediate. **2.** acting between persons, parties, etc.; serving as an intermediate agent or agency: *an intermediary power*. *–n.* **3.** an intermediate agent or agency; a go-between. **4.** a medium or means. **5.** an intermediate form or stage.

intermediate[1] /ɪntə'midiət, -dʒət/ *adj.* being, situated, or acting between two points, stages, things, persons, etc.: *the intermediate links*. **–intermediately** *adv.* **–intermediateness, intermediacy** *n.*

intermediate[2] /ɪntə'midieɪt/ *v.i.* **-ated, -ating.** to

interminable /ɪn'tɜmənəbəl/ *adj.* **1.** that cannot be terminated; unending: *interminable talk.* **2.** endless; having no limits: *interminable sufferings.* –**interminably** *adv.*

intermission /ɪntə'mɪʃən/ *n.* **1.** an interval, especially in the cinema. **2.** the act of intermitting. **3.** the state of being intermitted. –**intermissive** *adj.*

intermit /ɪntə'mɪt/ *v.* **-mitted, -mitting.** –*v.t.* **1.** to discontinue temporarily; suspend. –*v.i.* **2.** to stop or pause at intervals, or be intermittent. **3.** to cease, stop, or break off operations for a time. –**intermittingly** *adv.*

intermittent /ɪntə'mɪtənt/ *adj.* **1.** that intermits, or ceases for a time: *an intermittent process.* **2.** alternately ceasing and beginning again: *an intermittent fever.* **3.** (of streams, lakes, or springs) recurrent; showing water only part of the time. –**intermittence, intermittency** *n.* –**intermittently** *adv.*

intern[1] /ɪn'tɜn/ *v.*, /'ɪntɜn/ *n.* –*v.t.* **1.** to oblige to reside within prescribed limits under prohibition to leave them, as prisoners of war or enemy aliens, or as combatant troops who take refuge in a neutral country. **2.** to hold within a country until the termination of a war, as a vessel of a belligerent which has put into a neutral port and remained beyond a limited period allowed. –*n.* **3.** *Chiefly US* an internee. –**internment** *n.*

intern[2] /'ɪntɜn/ *n.* Also, **interne.** a resident member of the medical staff of a hospital, usually a recent graduate of a university still in partial training. –**internship** *n.*

internal /ɪn'tɜnəl/ *adj.* **1.** relating to or existing on the inside of something; interior: *internal organs.* **2.** to be taken inwardly: *internal medicines.* **3.** existing or found within the limits of something. **4.** relating to or happening within a country; domestic: *internal affairs.* **5.** of the mind or soul; mental or spiritual; subjective. –**internality** /ɪntɜ'næləti/ *n.* –**internally** *adv.*

internal-combustion engine *n.* an engine of one or more working cylinders in which the process of combustion takes place within the cylinder.

internalise = **internalize** /ɪn'tɜnəlaɪz/ *v.t.* **-lised, -lising.** **1.** to suppress (an emotion). **2.** to establish (information, values, attitudes) within oneself.

international /ɪntə'næʃnəl/ *adj.* **1.** between or among nations: *an international armament race.* **2.** having to do with different nations or their citizens: *a matter of international concern.* **3.** having to do with the relations between nations: *international law.* –*n.* **4.** a sporting fixture between two countries: *rugby international.* **5.** someone chosen to represent their country in international sporting events. –**internationality** /ɪntəˌnæʃə'næləti/ *n.* –**internationally** *adv.*

International Date Line *n.* → **date line** (def. 2).

International Phonetic Alphabet *n.* an alphabet designed to provide a consistent and universally understood system of letters and other symbols for writing the speech sounds of all languages. *Abbrev.*: IPA

International System of Units *n.* an internationally recognised system of metric units, now adopted as the basis of Australia's metric system, in which the seven base units are the metre, kilogram, second, ampere, kelvin, mole and candela. *Abbrev.*: SI See **metric system**. Also, **Système International d'Unités.**

internecine /ɪntə'nisaɪn/ *adj.* **1.** mutually destructive. **2.** characterised by great slaughter.

internee /ˌɪntɜ'ni/ *n.* someone interned as a prisoner of war, or as a citizen of a hostile country in time of war.

Internet /'ɪntənɛt/ *n.* **1.** the, Also, **the Net.** the communications system created by the interconnecting networks of computers around the world. –*adj.* **2.** of or relating to the Internet.

Internet relay chat *n. Computers* an online discussion forum available through the Internet, in which multiple users can communicate in real-time by means of typing text. Compare **newsgroup.** Also, **IRC.**

interpellation /ɪnˌtɜpə'leɪʃən, ɪntɜpə'leɪʃən/ *n.* a procedure in some legislative bodies of asking a government official to explain an act or policy, usually leading in parliamentary government to a vote of confidence.

interpersonal /ɪntə'pɜsənəl/ *adj.* having to do with relations between persons. –**interpersonally** *adv.*

interplay /'ɪntəpleɪ/ *n.*, /ɪntə'pleɪ/ *v.* –*n.* **1.** reciprocal play, action, or influence: *the interplay of plot and character.* –*v.i.* **2.** to exert influence on each other.

interpolate /ɪn'tɜpəleɪt/ *v.* **-lated, -lating.** –*v.t.* **1.** to alter (a text, etc.) by the insertion of new matter, especially deceptively or without authorisation. **2.** to insert (new or spurious matter) thus. **3.** to introduce (something additional or extraneous) between other things or parts; interject; interpose; intercalate. **4.** *Mathematics* to insert or find intermediate terms in (a sequence). –*v.i.* **5.** to make interpolations. –**interpolator** *n.* –**interpolative** /ɪn'tɜpəleɪtɪv/ *adj.*

interpose /ɪntə'poʊz/ *v.* **-posed, -posing.** –*v.t.* **1.** to place between; cause to intervene: *to interpose oneself between two fighters.* **2.** to put (something which blocks) between, or in the way. **3.** to put in (a remark, etc.) in the midst of a conversation, etc. –*v.i.* **4.** to come between other things. **5.** to step in between opposing parties; mediate. **6.** to make a remark by way of interruption. –**interposition** /ɪntəpə'zɪʃən/, **interposal** *n.* –**interposer** *n.* –**interposingly** *adv.*

interpret /ɪn'tɜprət/ *v.t.* **1.** to give the meaning of; explain: *to interpret dreams.* **2.** to understand in a particular way; construe: *to interpret an action as being friendly.* **3.** to bring out the meaning of (a dramatic work, music, etc.) by performance. **4.** to translate. –*v.i.* **5.** to translate what is said in a foreign language. **6.** to give an explanation. –**interpretable** *adj.* –**interpretability** /ɪnˌtɜprətə'bɪləti/ *n.* –**interpretation** *n.* –**interpreter** *n.* –**interpretive** *adj.*

interracial /ɪntə'reɪʃəl/ *adj.* **1.** existing between races, or members of different races. **2.** of or for persons of different races: *interracial camps for children.*

interregnum /ɪntə'rɛgnəm/ *n.* **-nums** or **-na** /-nə/. **1.** an interval of time between the close of a sovereign's reign and the accession of his or her normal or legitimate successor. **2.** any period during which a state has no ruler or only a temporary executive. **3.** any pause or interruption in continuity. –**interregnal** *adj.*

interrogate /ɪn'tɛrəgeɪt/ *v.* **-gated, -gating.** –*v.t.* **1.** to ask a question or a series of questions of (a person), especially closely or formally. **2.** to examine by questions; question: *they were interrogated by the police.* –*v.i.* **3.** to ask questions. **4.** *Electricity* to send a signal to a transponder. –**interrogatingly** *adv.* –**interrogation** /ɪnˌtɛrə'geɪʃən/ *n.* –**interrogator** *n.*

interrogative /ɪntə'rɒgətɪv/ *adj.* **1.** relating to or conveying a question. **2.** *Grammar* (of an element or construction) forming or constituting a question: *an interrogative pronoun, an interrogative sentence.* –*n.* **3.** *Grammar* an interrogative word, element, or construction, as *'who?'* and *'what?'*

interrogatively adv.
interrogatory /ɪntəˈrɒgətri/ adj., n. **-tories**. –adj. 1. interrogative; questioning. –n. 2. *Law* a formal or written question. –**interrogatorily** adv.
interrupt /ɪntəˈrʌpt/ v., /ˈɪntərʌpt/ n. –v.t. 1. to make a break in (an otherwise continuous course, process, condition, etc.). 2. to break off or cause to cease, as in the midst or course: *he interrupted his work to answer the phone*. 3. to stop (a person) in the midst of doing or saying something. –v.i. 4. to cause a break; interrupt action or speech: *Please don't interrupt*. –n. 5. *Computers* a command causing the computer to change from one program, usually the background, to another, usually to perform a short exercise, after which it returns to where it left off. –**interruption** n. –**interruptive** adj.
intersect /ɪntəˈsɛkt/ v.t. 1. to cut or divide by passing through or lying across: *one road intersects another*. –v.i. 2. to cross, as lines. 3. *Geometry* to have one or more points in common: *intersecting lines*.
intersection /ɪntəˈsɛkʃən, ˈɪntəsɛkʃən/ n. 1. the act, fact, or place of intersecting. 2. a place where two or more roads meet. –**intersectional** adj.
intersperse /ɪntəˈspɜs/ v.t. **-spersed, -spersing**. 1. to scatter here and there among other things: *to intersperse flowers among shrubs*. 2. to diversify with something scattered or introduced here and there: *his speech was interspersed with long and boring quotations from the poets*. –**interspersion** /ɪntəˈspɜʒən/ n.
interstate /ˈɪntəsteɪt/ adj., /ɪntəˈsteɪt/ adv. –adj. 1. between or jointly involving states: *interstate trade*. –adv. *Australian* 2. temporarily in a state (def. 9) of which one is not a resident: *he's interstate, travelling interstate*. 3. from another state: *he gets his raw materials interstate*. Compare **intrastate**. –**interstater** n.
interstice /ɪnˈtɜstəs/ n. **interstices** /ɪnˈtɜstəsiz/. 1. an intervening space. 2. a small or narrow space between things or parts; small chink, crevice, or opening. –**interstitial** /ɪntəˈstɪʃəl/ adj.
intertwine /ɪntəˈtwaɪn/ v. **-twined, -twining**. –v.i. 1. to twine together. –v.t. 2. to interweave with one another. –**intertwinement** n. –**intertwiningly** adv.
interval /ˈɪntəvəl/ n. 1. an intervening period of time: *an interval of fifty years*. 2. a period of cessation; a pause: *intervals between attacks*. 3. a period during which action temporarily ceases; a break, as between acts of a play in a theatre. 4. a space intervening between things, points, limits, qualities, etc.: *an interval of three metres between columns*. 5. *Music* the difference in pitch between two notes as, **a. harmonic interval**, an interval between two notes sounded simultaneously. **b. melodic interval**, an interval between two notes sounded successively. –*phr*. 6. **at intervals**, at particular times or places with gaps in between.
intervene /ɪntəˈvin/ v.i. **-vened, -vening**. 1. to come between in action; intercede: *to intervene in a dispute*. 2. to come or be between, as in place, time, or a series. 3. (of things) to happen without plan so as to change a result: *war intervened in my studies*. –**intervener** n. –**intervenient** adj. –**intervention** n.
interview /ˈɪntəvju/ n. 1. a meeting of persons face to face, especially for formal conference in business, etc., or for radio and television entertainment, etc. 2. the conversation of a writer or reporter with a person or persons from whom material for a news or feature story or other writing is sought. 3. the report of such conversation. –v.t. 4. to have an interview with: *to interview the president*. –**interviewer** n.
interweave /ɪntəˈwiv/ v. **-wove** or **-weaved,**

-woven, -wove or **-weaved, -weaving**. –v.t. 1. to weave together, one with another, as threads, strands, branches, roots, etc. 2. to intermingle or combine as if by weaving: *to interweave truth with fiction*. –v.i. 3. to become woven together, interlaced, or intermingled. –**interweaver** n.
intestate /ɪnˈtɛsteɪt, -tət/ adj. *Law* 1. (of a person) dying without having made a will. 2. (of things) not disposed of by will; not legally devised or bequeathed. –n. 3. someone who dies intestate. –**intestacy** n.
intestine /ɪnˈtɛstən/ n. 1. (*often plural*) the lower part of the alimentary canal, extending from the pylorus to the anus. 2. a definite portion of this part. The **small intestine** comprises the duodenum, jejunum, and ileum; the **large intestine** comprises the caecum, colon, and rectum. –adj. 3. internal; domestic; civil: *intestine strife*. –**intestinal** /ɪnˈtɛstənəl, ɪntɛsˈtaɪnəl/ adj.
intimate¹ /ˈɪntəmət/ adj. 1. associated in close personal relations: *an intimate friend*. 2. involving personally close association: *an intimate group*. 3. private; closely personal: *one's intimate affairs*. 4. having sexual relations. 5. aimed at establishing a feeling of friendliness (as in a restaurant, etc). 6. detailed; deep: *an intimate knowledge of a subject*. 7. close union: *an intimate mixture*. 8. inmost; deep within. 9. relating to the inmost nature; intrinsic: *the intimate structure of an organism*. –n. 10. an intimate friend. –**intimacy** n. –**intimately** adv. –**intimateness** n.
intimate² /ˈɪntəmeɪt/ v.t. **-mated, -mating**. 1. to make known indirectly; hint; suggest. 2. to make known, especially formally; announce. –**intimation** /ɪntəˈmeɪʃən/ n.
intimidate /ɪnˈtɪmədeɪt/ v.t. **-dated, -dating**. 1. to make timid, or inspire with fear; overawe; cow. 2. to force into or deter from some action by inducing fear: *to intimidate a voter*. –**intimidation** /ɪnˌtɪməˈdeɪʃən/ n. –**intimidator** n.
into /ˈɪntu/ *before consonants* /ˈɪntə/ *prep*. 1. in to; in and to (expressing motion or direction towards the inner part of a place or thing, and hence entrance or inclusion within limits, or change to new circumstances, relations, condition, form, etc.). 2. *Mathematics* being the divisor of: *2 into 10 equals 5*. 3. *Colloquial* devoted to the use or practice of; having an enthusiasm for: *I am into health foods*.
intolerable /ɪnˈtɒlrəbəl/ adj. not tolerable; unendurable; insufferable: *intolerable agony*. –**intolerability** /ɪnˌtɒlrəˈbɪləti/, **intolerableness** n. –**intolerably** adv.
intolerant /ɪnˈtɒlərənt/ adj. 1. not tolerating contrary opinions, especially in religious matters; bigoted: *an intolerant zealot*. –*phr*. 2. **intolerant of,** unable or indisposed to tolerate or endure: *intolerant of excesses*. –**intolerance** n. –**intolerantly** adv.
intonation /ɪntəˈneɪʃən/ n. 1. *Phonetics* the pattern or melody of pitch changes revealed in connected speech; especially the pitch pattern of a sentence, which distinguishes kinds of sentences and speakers of different nationalities. 2. the manner of producing musical notes, specifically the relation in pitch of notes to their key or harmony.
intone /ɪnˈtoʊn/ v. **-toned, -toning**. –v.t. 1. to utter with a particular tone. 2. to give tone or variety of tone to; vocalise. 3. to utter in a singing voice (the first notes of a section in a liturgical service). –v.i. 4. to speak or recite in a singing voice, especially in monotone. –**intoner** n.
intoxicate /ɪnˈtɒksəkeɪt/ v. **-cated, -cating**. –v.t. 1. to affect temporarily with loss of control over the physical and mental powers, by means of alcoholic liquor, a drug, or other substance. 2. to excite mentally beyond self-control or reason.

intoxicated

–*v.i.* **3.** to cause or produce intoxication: *an intoxicating liquor.* –**intoxicant** *adj., n.* –**intoxicatingly** *adv.* –**intoxication** *n.* –**intoxicative** *adj.*

intoxicated /ɪnˈtɒksəkeɪtəd/ *adj.* **1.** drunk. **2.** excited mentally beyond reason or self-control.

intra- a prefix meaning 'within', freely used as an English formative, especially in scientific terms, sometimes in opposition to *extra-*.

intractable /ɪnˈtræktəbəl/ *adj.* **1.** not docile; stubborn: *an intractable disposition.* **2.** (of things) hard to deal with; unmanageable. –**intractability** /ɪnˌtræktəˈbɪləti/, **intractableness** *n.* –**intractably** *adv.*

intransigent /ɪnˈtrænsədʒənt/ *adj.* **1.** uncompromising, especially in politics; irreconcilable. –*n.* **2.** someone who is irreconcilable, especially in politics. –**intransigence, intransigency** *n.* –**intransigently** *adv.*

intransitive /ɪnˈtrænsətɪv/ *adj.* **1.** having the quality of an intransitive verb. –*n.* **2.** an intransitive verb. –**intransitively** *adv.*

intransitive verb *n.* **1.** a verb that is never accompanied by a direct object, as *come, sit, lie,* etc. **2.** a verb occurring without a direct object, as *drinks* in the sentence *he drinks only when thirsty.* Compare **transitive verb**.

intrastate /ˈɪntrəsteɪt/ *adj.* within a state: *intrastate commerce.*

intra-uterine device /ɪntrə-ˈjutərain dəˈvaɪs/ *n.* a contraceptive device, usually made of metal, inserted into the uterus. *Abbrev.:* IUD

intravenous /ɪntrəˈvinəs/ *adj.* **1.** within a vein or the veins. **2.** having to do with an injection into a vein. –**intravenously** *adv.*

intrepid /ɪnˈtrɛpəd/ *adj.* fearless; dauntless: *intrepid courage.* –**intrepidity** /ɪntrəˈpɪdəti/ *n.* –**intrepidly** *adv.*

intricate /ˈɪntrəkət/ *adj.* **1.** perplexingly entangled or involved: *a maze of intricate paths.* **2.** confusingly complex; complicated; hard to understand: *an intricate machine.* –**intricacy, intricateness** *n.* –**intricately** *adv.*

intrigue /ɪnˈtrig/ *v.* **-trigued, -triguing** /ɪnˈtrig, ˈɪntrɪg/ *n.* –*v.t.* **1.** to excite the curiosity or interest of by puzzling, novel, or otherwise arresting qualities. **2.** to take the fancy of: *her hat intrigued me.* **3.** to puzzle: *I am intrigued by this event.* –*v.i.* **4.** to use underhand machinations; plot craftily. **5.** to carry on a clandestine or illicit love affair. –*n.* **6.** the use of underhand machinations to accomplish designs. **7.** a plot or crafty dealing: *political intrigues.* **8.** a clandestine or illicit love affair. **9.** the series of complications forming the plot of a play. –*phr.* **10. intrigue into,** to beguile into by appeal to the curiosity, interest, or fancy. –**intriguer, intrigant, intriguant** *n.* –**intrigante, intriguante** /ɪntrəˈgænt, -ˈgɒnt/ *fem.* *n.* –**intriguingly** *adv.*

intrinsic /ɪnˈtrɪnzɪk, -sɪk/ *adj.* **1.** belonging to a thing by its very nature: *intrinsic merit.* **2.** *Anatomy* (of certain muscles, nerves, etc.) belonging to or lying within a given part. Also, **intrinsical**. –**intrinsically** *adv.*

intro- a prefix meaning 'inwardly', 'within', occasionally used as an English formative. Compare **intra-**.

introduce /ɪntrəˈdjus/ *v.t.* **-duced, -ducing**. **1.** to bring into notice, knowledge, use, vogue, etc.: *to introduce a fashion.* **2.** to bring forward for consideration, as a proposed bill in parliament, etc. **3.** to bring forward with preliminary or preparatory matter: *to introduce a subject with a long preface.* **4.** to lead, bring, or put into a place, position, surroundings, relations, etc.: *to introduce a figure into a design.* **5.** to bring (a person) into the acquaintance of another: *he introduced his sister to us.* **6.** to present formally, as to a person, an audience, or society. –*phr.* **7. introduce someone to,** to bring a person to the knowledge or experience of: *to introduce a person to chess.* –**introducer** *n.* –**introductory** /ɪntrəˈdʌktri, -təri/, **introductive** /ɪntrəˈdʌktɪv/ *adj.* –**introducible** *adj.*

introduction /ɪntrəˈdʌkʃən/ *n.* **1.** the act of introducing. **2.** a formal presentation of one person to another or others. **3.** something introduced. **4.** a preliminary part, as of a book, musical composition, or the like, leading up to the main part. **5.** an elementary treatise: *an introduction to botany.*

introspection /ɪntrəˈspɛkʃən/ *n.* observation or examination of one's own mental states or processes.

introvert /ˈɪntrəvɜt/ *n.*, /ɪntrəˈvɜt/ *v.* –*n.* **1.** *Psychology* someone characterised by introversion; a person concerned chiefly with his or her own thoughts. Compare **extrovert** (def. 1). –*v.t.* **2.** to turn inwards. **3.** to direct (the mind, etc.) inwards or upon the self. –**introversion** *n.*

intrude /ɪnˈtrud/ *v.* **-truded, -truding**. –*v.t.* **1.** to thrust or bring in without reason, permission, or welcome. –*v.i.* **2.** to thrust oneself in; come uninvited: *to intrude on someone's privacy.* –**intruder** *n.* –**intrudingly** *adv.* –**intrusion** /ɪnˈtruʒən/ *n.* –**intrusive** /ɪnˈtrusɪv, -zɪv/ *adj.*

intuition /ɪntʃuˈɪʃən/ *n.* **1.** direct perception of truths, facts, etc., independently of any reasoning process. **2.** a truth or fact thus perceived. **3.** the ability to perceive in this way. –**intuitional** *adj.* –**intuitionally** *adv.*

Inuit /ˈɪnjuət/ *n.* **Inuit** or **Inuits**. **1.** the indigenous people of Greenland, northern Canada, Alaska, and north-eastern Siberia; Eskimo. **2.** Also, **Inuk**. a member of this people. **3.** the language of this people. Also, **Innuit**.

inundate /ˈɪnʌndeɪt/ *v.t.* **-dated, -dating**. **1.** to overspread with a flood; overflow; flood; deluge. **2.** to overspread as with or in a flood; overwhelm. –**inundation** /ɪnʌnˈdeɪʃən/ *n.* –**inundator** *n.*

inure /əˈnjuə, ɪn-/ *v.i.* inured, inuring. **1.** to come into use; take or have effect. –*phr.* **2. inure to,** to toughen or harden (someone) to by exercise; accustom to; habituate to: *to inure a person to danger.* Also, **enure**. –**inurement** *n.*

invade /ɪnˈveɪd/ *v.* **-vaded, -vading**. –*v.t.* **1.** to enter as or like an enemy: *Caesar invaded Britain; locusts invaded the fields.* **2.** to enter or penetrate: *the poison invaded his system; cooking smells invaded the bedroom.* **3.** to intrude upon; violate: *to invade privacy; to invade rights.* –*v.i.* **4.** to make an invasion. –**invader** *n.*

invalid[1] /ˈɪnvəlɪd, -lɪd/ *n.* **1.** a weak or sick person. **2.** a member of the armed forces disabled for active service. –*adj.* **3.** weak or sick: *his invalid sister.* **4.** of or for invalids: *invalid food.* –*v.t.* **5.** to affect with disease; make an invalid: *invalided for life.* **6.** to class, or remove from active service, as an invalid. –**invalidism** *n.*

invalid[2] /ɪnˈvæləd/ *adj.* **1.** not valid; of no force, weight, or cogency; weak: *invalid arguments.* **2.** without legal force, or void, as a contract. –**invalidity** /ɪnvəˈlɪdəti/ *n.* –**invalidly** *adv.*

invalidate /ɪnˈvælədeɪt/ *v.t.* **-dated, -dating**. **1.** to render invalid. **2.** to deprive of legal force or efficacy. –**invalidation** /ɪnˌvæləˈdeɪʃən/ *n.* –**invalidator** *n.*

invaluable /ɪnˈvæljəbəl/ *adj.* that cannot be valued or appraised; of inestimable value. –**invaluableness** *n.* –**invaluably** *adv.*

invariable /ɪnˈvɛəriəbəl/ *adj.* **1.** not variable or not capable of being varied; not changing or not capable of being changed; always the same. –*n.* **2.** an invariable quantity; a constant.

invasion

–invariability /ɪnˌveərɪə'bɪlətɪ/, **invariableness** n.
–invariably adv.
invasion /ɪn'veɪʒən/ n. **1.** the act of invading or entering as an enemy. **2.** the entrance or advent of anything troublesome or harmful, as disease. **3.** entrance as if to take possession or overrun. **4.** infringement by intrusion: *invasion of privacy*.
invective /ɪn'vektɪv/ n. **1.** vehement denunciation; an utterance of violent censure or reproach. **2.** a railing accusation; vituperation. –*adj.* **3.** censoriously abusive; vituperative; denunciatory. **–invectively** adv. **–invectiveness** n.
inveigh /ɪn'veɪ/ v.i. to attack vehemently in words; rail: *to inveigh against democracy*. **–inveigher** n.
inveigle /ɪn'veɪgəl/ v.t. **-gled, -gling. 1.** to draw (*into*, sometimes *from, away*, etc.) by beguiling or artful inducements: *to inveigle a person into playing bridge*. **2.** to allure, win, or seduce by beguiling. **–inveiglement** n. **–inveigler** n.
invent /ɪn'vent/ v.t. **1.** to originate as a product of one's own contrivance: *to invent a machine*. **2.** to produce or create with the imagination: *to invent a story*. **3.** to make up or fabricate as something merely fictitious or false: *to invent excuses*. –*v.i.* **4.** to devise something new, as by ingenuity. **–inventible** adj.
invention /ɪn'venʃən/ n. **1.** the act of inventing or creating. **2.** anything invented or devised. **3.** (the use of) imaginative or creative power in literature or art. **4.** the power or faculty of inventing, devising, or originating. **5.** something made up falsely; fabrication. **6.** *Music* a short piece, contrapuntal in nature, generally based on one subject.
inventive /ɪn'ventɪv/ adj. **1.** apt at inventing, devising, or contriving. **2.** having the function of inventing. **3.** relating to, involving, or showing invention. **–inventively** adv. **–inventiveness** n.
inventory /'ɪnvəntrɪ, ɪn'ventərɪ/ n. **-tories,** v. **-toried, -torying.** –n. **1.** a detailed list of articles, goods, etc., kept by merchants, etc. **2.** (the items in) a complete listing of work, materials, goods, etc., in a business. **3.** the value of a stock of goods. –*v.t.* **4.** to make an inventory of; enter in an inventory. **–inventorial** /ɪnvən'tɔːrɪəl/ adj. **–inventorially** /ɪnvən'tɔːrɪəlɪ/ adv.
inverse /ɪn'vɜːs, 'ɪnvɜːs/ adj. **1.** reversed in position, direction, or tendency: *inverse order*. **2.** opposite to in nature or effect, as a mathematical relation or operation: *subtraction is the inverse operation to addition*. **3.** inverted, or turned upside down. –*n.* **4.** an inverted state or condition. **5.** something that is inverse; the direct opposite. **–inversely** adv.
invert /ɪn'vɜːt/ v.t. **1.** to turn upside down, inside out, or inwards. **2.** to reverse in position, direction, or order. **3.** to turn or change to the opposite or contrary, as in nature, bearing, or effect: *to invert a process*. **–inversion** n. **–invertible** adj. **–inverter** n.
invertebrate /ɪn'vɜːtəbrət, -breɪt/ adj. **1.** *Zoology* not vertebrate; without a backbone. **2.** having to do with animals without backbones. –*n.* **3.** an invertebrate animal. **4.** someone who lacks strength of character. **–invertebracy** /ɪn'vɜːtəbrəsɪ/, **invertebrateness** n.
inverted comma n. See **quotation mark**.
invest /ɪn'vest/ v.t. **1.** to put (money) to use, by purchase or expenditure, in something offering profitable returns, especially interest or income. **2.** to spend: *to invest large sums in books*. **3.** to clothe. **4.** to cover or adorn as an article of attire does. **5.** to cover or surround as if with a garment, or like a garment: *spring invests the trees with leaves*. **6.** to surround (a place) with military forces or works so as to prevent approach or escape; besiege. **7.** to endue or endow: *to invest a friend with every virtue*. **8.** to install in an office

invite

or position; furnish with power, authority, rank, etc. –*v.i.* **9.** to invest money; make an investment. –*phr.* **10. invest in,** *Colloquial* to buy; spend money on. **–investor** n.
investigate /ɪn'vestəgeɪt/ v. **-gated, -gating.** –*v.t.* **1.** to search or inquire into; search or examine into the particulars of; examine in detail. **2.** to examine in order to obtain the true facts: *to investigate a murder*. –*v.i.* **3.** to make inquiry, examination, or investigation. **–investigator** n. **–investigable** /ɪn'vestəgəbəl/ adj. **–investigative, investigatory** /ɪn'vestəgətərɪ/ adj.
investiture /ɪn'vestɪtʃə/ n. **1.** the act of investing (def. 8). **2.** the ceremony in which a person is invested with an office or rank, usually by the putting on of the relevant insignia: *an investiture at Government House*. **3.** the state of being invested, as with a garment, quality, etc.
investment /ɪn'vestmənt/ n. **1.** the investing of money in order to make a profit. **2.** a particular example or way of investing: *their investments are all in gold*. **3.** something in which money is invested, as housing, minerals, etc. **4.** the spending of anything for some purpose: *the investment of time in that program is huge*. **5.** the act of investing or the state of being invested, as with a garment or quality. **6.** *Biology* any covering or outer layer.
inveterate /ɪn'vetərət/ adj. **1.** confirmed in a habit, practice, feeling, or the like: *an inveterate gambler*. **2.** firmly established by long continuance, as a disease or sore, a habit or practice (often bad), or a feeling (often hostile); chronic. **–inveteracy, inveterateness** n. **–inveterately** adv.
invidious /ɪn'vɪdɪəs/ adj. **1.** such as to bring odium, unpopularity, or envious dislike: *an invidious honour*. **2.** calculated to excite ill will or resentment or give offence: *invidious remarks*. **3.** offensively or unfairly discriminating: *invidious comparisons*. **–invidiously** adv. **–invidiousness** n.
invigorate /ɪn'vɪgəreɪt/ v.t. **-rated, -rating.** to give vigour to; fill with life and energy: *to invigorate the body*. **–invigoratingly** adv. **–invigoration** /ɪnˌvɪgə'reɪʃən/ n. **–invigorative** /ɪn'vɪgərətɪv/ adj. **–invigoratively** adv. **–invigorator** n.
invincible /ɪn'vɪnsəbəl/ adj. **1.** that cannot be conquered or vanquished: *an invincible force*. **2.** insuperable; insurmountable: *invincible difficulties*. **–invincibility** /ɪnˌvɪnsə'bɪlətɪ/, **invincibleness** n. **–invincibly** adv.
inviolable /ɪn'vaɪələbəl/ adj. **1.** that must not be violated; that is to be kept free from violence or violation of any kind, or treated as if sacred: *an inviolable sanctuary*. **2.** that cannot be violated, subjected to violence, or injured. **–inviolability** /ɪnˌvaɪələ'bɪlətɪ/, **inviolableness** n. **–inviolably** adv.
inviolate /ɪn'vaɪələt, -leɪt/ adj. **1.** free from violation, injury, desecration, or outrage. **2.** undisturbed. **3.** unbroken. **4.** not infringed. **–inviolacy** /ɪn'vaɪələsɪ/, **inviolateness** n. **–inviolately** adv.
invisible /ɪn'vɪzəbəl/ adj. **1.** not visible; not perceptible by the eye: *invisible agents of the Devil*. **2.** withdrawn from or out of sight. **3.** not perceptible or discernible by the mind: *invisible differences*. **4.** not ordinarily found in financial statements: *goodwill is an invisible asset*. **5.** concealed from public knowledge. –*n.* **6.** an invisible thing or being. **7.** an invisible export or import. –*phr.* **8. the invisible, a.** the unseen or spiritual world. **b.** (*cap.*) God. **–invisibility** /ɪnˌvɪzə'bɪlətɪ/, **invisibleness** n. **–invisibly** adv.
invite /ɪn'vaɪt/ v.t. **-vited, -viting. 1.** to ask in a kindly, courteous, or complimentary way, to come or go to some place, gathering, entertainment, etc., or to do something: *to invite friends to*

inviting

dinner. **2.** to request politely or formally: *to invite donations.* **3.** to act so as to bring on or render probable: *to invite danger.* **4.** to give occasion for. **5.** to attract, allure, or tempt. –**invitation** *n.* –**inviter** *n.* –**invitee** *n.* –**invitatory** /ɪnˈvaɪtətri/ *adj.*

inviting /ɪnˈvaɪtɪŋ/ *adj.* that invites; especially attractive, alluring, or tempting: *an inviting offer.* –**invitingly** *adv.* –**invitingness** *n.*

in vitro /ɪn ˈviːtroʊ/ *adv.* in an artificial environment, as a test tube. –**in-vitro** *adj.*

in-vitro fertilisation = in-vitro fertilization *n.* the fertilisation of an egg, especially a human ovum, by a sperm in a test tube, the resulting embryo to be implanted in a uterus. *Abbrev.*: IVF

invocation /ɪnvəˈkeɪʃən/ *n.* the act of invoking; calling upon a deity, etc., for aid, protection, inspiration, etc. –**invocatory** *adj.*

invoice /ˈɪnvɔɪs/ *n.*, *v.* **-voiced, -voicing.** –*n.* **1.** a written list of merchandise, with prices, delivered or sent to a buyer. **2.** an itemised bill containing the prices which comprise the total charge. –*v.t.* **3.** to present an invoice to (a customer, or the like). **4.** to make an invoice of. **5.** to enter in an invoice.

invoke /ɪnˈvoʊk/ *v.t.* **-voked, -voking. 1.** to call for with earnest desire; make supplication or prayer for: *to invoke God's mercy.* **2.** to call on (a divine being, etc.), as in prayer. **3.** to appeal to, as for confirmation. **4.** to call forth (a spirit) by incantation; conjure. –**invoker** *n.*

involuntary /ɪnˈvɒləntri/ *adj.* **1.** not voluntary; acting, or done or made without one's own volition, or otherwise than by one's own will or choice: *an involuntary listener.* **2.** unintentional. **3.** *Physiology* acting independently of, or done without, conscious control: *involuntary muscles.* –**involuntarily** *adv.* –**involuntariness** *n.*

involute /ˈɪnvəluːt/ *adj.* **1.** involved or intricate. **2.** *Botany, Zoology* tightly wound as a leaf edge or shell. –**involutedly** *adv.*

involution /ɪnvəˈluːʃən/ *n.* **1.** *Botany, etc.* a rolling up or folding in on itself. **2.** *Biology* retrograde development; degeneration. **3.** *Physiology* bodily changes involving a lessening of activity, especially of the sex organs, occurring in late middle age. –**involutional** *adj.*

involve /ɪnˈvɒlv/ *v.t.* **-volved, -volving. 1.** to include as a necessary circumstance, condition, or consequence; imply; entail. **2.** to affect, as something within the scope of operation. **3.** to include, contain, or comprehend within itself or its scope. **4.** to bring into an intricate or complicated form or condition. **5.** to cause to be inextricably associated or concerned, as in something embarrassing or unfavourable. **6.** to implicate, as in guilt or crime, or in any matter or affair. **7.** to evoke great or excessive interest in: *the play really involved us.* **8.** to roll, wrap, or shroud, as in something that surrounds. **9.** *Archaic* to envelop or engulf, as the surrounding thing does. **10.** *Archaic* to roll up on itself; wind spirally, coil, or wreathe. –*phr.* **11.** *(usually in the passive)* **involve in** (or **with**), to cause to have a concern in or an association with: *they were involved in several shaky businesses.* –**involvement** *n.* –**involver** *n.*

involved /ɪnˈvɒlvd/ *adj.* **1.** complicated; difficult to follow: *his statistical procedures were very involved.* **2.** sincerely concerned: *she is a caring and involved social worker.* **3.** *(often placed after its noun)* implicated (in a crime): *one of the soldiers involved shot himself.* –*phr.* **4. involved with**, having close personal, especially sexual, relations: *she had been involved with Harry years before.*

invulnerable /ɪnˈvʌlnrəbəl/ *adj.* **1.** incapable of being wounded, hurt, or damaged. **2.** proof against attack: *invulnerable arguments.* –**invulnerability** /ɪnˌvʌlnrəˈbɪləti/, **invulnerableness** *n.* –**invulnerably** *adv.*

inward /ˈɪnwəd/ *adj.* **1.** going or directed towards the inside or interior: *an inward glance.* **2.** situated within; inner; interior; internal: *an inward room.* **3.** essential; intrinsic; inherent: *the inward nature of a thing.* **4.** mental, or spiritual: *inward peace.* –*adv.* **5.** inwards. –*n.* **6.** an inward or internal part; the inside.

inwardly /ˈɪnwədli/ *adv.* **1.** towards or within the inside or inner part. **2.** within one's thoughts or feelings; privately: *but inwardly he was pleased.* **3.** not aloud or openly: *inwardly she was laughing wildly.*

inwards /ˈɪnwədz/ *adv.* **1.** towards the inside or interior, as of a place, a space, or a body. **2.** into the mind or soul. **3.** in the mind or soul, or mentally or spiritually; inwardly. Also, **inward.**

in-your-face /ɪn-jə-ˈfeɪs/ *adj. Colloquial* confronting. Also, **in your face.**

iod- variant of **iodo-**, usually before vowels, as in *iodic.*

iodine /ˈaɪədin, ˈaɪədaɪn/ *n.* a non-metallic element occurring, at ordinary temperatures, as a greyish black crystalline solid, which sublimes to a dense violet vapour when heated. *Symbol*: I; *relative atomic mass*: 126.9044; *at. no.*: 53; *density*: (solid) 4.93 at 20°C. See **halogen.** Also, **iodin** /ˈaɪədən/.

iodo- a word element meaning 'iodine', as in *iodometry.* Also, **iod-.**

ion /ˈaɪən/ *n. Chemistry* **1.** an electrically charged atom, group, or molecule, formed by the loss or gain of one or more electrons, or by the dissolving of an electrolyte in a solvent of high dielectric constant. **Positive ions**, created by electron loss, are called *cations* and are attracted to the cathode in electrolysis. **Negative ions**, created by electron gain, are called *anions* and are attracted to the anode. The valency of an ion is equal to the number of electrons lost or gained and is indicated by a plus sign for cations and minus for anions, thus: Na⁺, Cl⁻, Ca²⁺, S⁼. **2.** one of the electrically charged particles formed in a gas by the action of an electric discharge, etc. –**ionic** /aɪˈɒnɪk/ *adj.*

-ion a suffix of nouns denoting action or process, state or condition, or sometimes things or persons, as in *allusion, communion, flexion, fusion, legion, opinion, suspicion, union.* Compare **-cion, -xion.** Also, **-tion, -ation.**

ionise = ionize /ˈaɪənaɪz/ *v.* **-nised, -nising.** –*v.t.* **1.** to separate or change into ions. **2.** to produce ions in. –*v.i.* **3.** to become changed into ions, as by dissolving. –**ionisation** /aɪənaɪˈzeɪʃən/ *n.* –**ioniser** *n.*

ionosphere /aɪˈɒnəsfɪə/ *n.* the succession of ionised layers that constitute the outer regions of the earth's atmosphere beyond the stratosphere, considered as beginning with the Heaviside layer at about 100 kilometres and extending upwards several hundred kilometres.

iota /aɪˈoʊtə/ *n.* **1.** the ninth letter (I, ι, = English I, i) of the Greek alphabet. **2.** a very small quantity; a tittle; a jot.

IOU /aɪ oʊ ˈjuː/ *n.* a written acknowledgment of a debt, containing the expression IOU (I owe you).

-ious a termination consisting of the suffix **-ous** with a preceding original or euphonic vowel **i.** Compare **-eous.**

ipso facto *adv.* by the fact itself; by that very fact: *it is condemned ipso facto.*

IQ /aɪ ˈkjuː/ *n.* intelligence quotient.

ir-¹ variant of **in-²**, before *r*, as in *irradiate.*

ir-² variant of **in-³**, before *r*, as in *irreducible.*

irascible /ɪˈræsəbəl/ *adj.* **1.** easily provoked to

irate 420 **irreproachable**

anger: *an irascible old man.* **2.** characterised by, excited by, or arising from anger: *an irascible nature.* **–irascibility** /ɪˌræsəˈbɪləti/, **irascibleness** *n.* **–irascibly** *adv.*

irate /aɪˈreɪt/ *adj.* angry; enraged: *the irate colonel.* **–irately** *adv.*

ire /ˈaɪə/ *n.* anger; wrath. **–ireless** *adj.*

iridescent /ɪrəˈdɛsənt/ *adj.* displaying colours like those of the rainbow. **–iridescently** *adv.*

iridology /ɪrəˈdɒlədʒi/ *n.* the examination of the iris to detect evidence of pathological changes in the body. **–iridologist** *n.*

iris /ˈaɪrəs/ *n.* **irises** or **irides** /ˈaɪrədiːz/. **1.** *Anatomy* the round coloured part of the eye surrounding the opening or pupil. **2.** a type of perennial plant with handsome flowers and sword-shaped leaves; fleur-de-lis.

irk /ɜːk/ *v.t.* to weary, annoy, or trouble: *it irked him to wait.*

iron /ˈaɪən/ *n.* **1.** *Chemistry* a ductile, malleable, silver-white metallic element, scarcely known in a pure condition, but abundantly used in its crude or impure forms containing carbon for making tools, implements, machinery, etc. *Symbol:* Fe (L *ferrum*); *relative atomic mass:* 55.847; *at. no.:* 26; *density:* 7.86 at 20 °C. **2.** something hard, strong, rigid, unyielding, or the like: *hearts of iron.* **3.** an instrument, utensil, weapon, etc., made of iron. **4.** an iron or steel implement used heated for smoothing or pressing cloth, etc. **5.** any golf club with a metal head, the face of which is sloped to achieve particular effects of drive or loft in a stroke: *a driving iron.* **6.** a branding iron. **7.** (*plural*) **a.** an iron shackle or fetter: *body irons; leg irons.* **b.** iron supports to correct leg malformations, etc. **8.** → **stirrup** (def. 1). **–***adj.* **9.** made of iron. **10.** made of corrugated iron: *iron roofs.* **11.** resembling iron in colour, firmness, etc.: *iron grey; an iron will.* **12.** stern, harsh, or cruel. **13.** not to be broken. **14.** capable of great endurance; extremely robust or hardy. **15.** firmly binding or clasping. **–***v.t.* **16.** to smooth or press with a heated iron, as clothes, etc. **17.** to furnish, mount, or arm with iron. **–***v.i.* **18.** to press clothes, etc., with a heated iron. **–***phr.* **19. iron out, a.** to press (a garment, etc.) **b.** to smooth and remove (problems and difficulties, etc.). **c.** to flatten; knock down: *he threatened to iron him out.* **20. strike while the iron is hot,** to take immediate action while the opportunity is still available. **–ironless** *adj.* **–iron-like** *adj.* **–ironer** *n.*

Iron Age *n.* **1.** *Archaeology* the time following the Stone and Bronze Ages, when early humans lived and made tools of iron. **2.** (*l.c.*) See **age** (def. 11).

ironbark /ˈaɪənbɑːk/ *n.* any of a group of species of *Eucalyptus*, with a characteristic dark deeply fissured bark, as *E. paniculata,* **grey ironbark**.

iron gum *n.* any of several species of *Eucalyptus* which have particularly strong wood.

iron hand *n.* severe control; strictness.

ironic /aɪˈrɒnɪk/ *adj.* **1.** characterised by or containing irony: *an ironic compliment.* **2.** using or addicted to irony: *an ironic speaker.* Also, **ironical** /aɪˈrɒnɪkəl/. **–ironically** *adv.* **–ironicalness** *n.*

iron lung *n.* a chamber in which alternate pulsations of high and low pressure can be used to force normal lung movements, used especially in some cases of poliomyelitis.

iron man *n.* **1.** a man of exceptional physical strength. **2.** a champion in iron-man competitions.

ironwood /ˈaɪənwʊd/ *n.* any of various trees with hard heavy wood.

irony /ˈaɪrəni/ *n.* **-nies. 1.** a figure of speech or literary device in which the literal meaning is the opposite of that intended, especially, in the Greek sense, when the locution understates the effect intended, used in ridicule or merely playfully. **2.** an ironical utterance or expression. **3.** simulated ignorance in discussion (**Socratic irony**). **4.** the quality or effect, or implication of a speech or situation in a play or the like understood by the audience but not grasped by the characters of the piece (**dramatic irony**). **5.** an outcome of events contrary to what was, or might have been, expected. **6.** an ironical quality. **–ironist** *n.*

irradiate /ɪˈreɪdieɪt/ *v.t.* **-ated, -ating. 1.** to cure or treat by exposure to radiation, as of ultraviolet light. **2.** to expose to radiation. **–irradiative** /ɪˈreɪdiətɪv/ *adj.* **–irradiation** *n.* **–irradiator** *n.*

irrational /ɪˈræʃənəl/ *adj.* **1.** without the faculty of, or not endowed with, reason: *irrational animals.* **2.** without, or deprived of, sound judgment. **3.** not in accordance with reason; utterly illogical: *irrational fear.* **4.** *Mathematics* **a.** (of a number) not expressible as a ratio of two integers. **b.** (of a function) not expressible as a ratio of two polynomials. **–***n.* **5.** an irrational number or quantity. **–irrationally** *adv.* **–irrationalness, irrationality** /ɪˌræʃəˈnæləti/ *n.*

irreconcilable /ɪˈrɛkənsaɪləbəl/ *adj.* **1.** that cannot be harmonised or adjusted; incompatible: *two irreconcilable statements.* **2.** that cannot be brought to acquiescence or content; implacably opposed: *irreconcilable enemies.* **–***n.* **3.** a person or thing that is irreconcilable. **4.** someone who remains opposed to agreement or compromise. **–irreconcilability** /ɪˌrɛkənsaɪləˈbɪləti/, **irreconcilableness** *n.* **–irreconcilably** *adv.*

irredeemable /ɪrəˈdiːməbəl/ *adj.* **1.** not redeemable; incapable of being bought back or paid off. **2.** not convertible into specie, as paper money. **3.** beyond redemption; irreclaimable. **4.** irremediable, irreparable, or hopeless. **–irredeemableness** *n.* **–irredeemably** *adv.*

irrefutable /ɪˈrɛfjətəbəl, ɪrəˈfjuːtəbəl/ *adj.* not refutable; incontrovertible: *irrefutable logic.* **–irrefutability** /ɪrəfjuːtəˈbɪləti/ *n.* **–irrefutably** *adv.*

irregular /ɪˈrɛɡjələ/ *adj.* **1.** without symmetry, even shape, formal arrangement, etc.: *an irregular pattern.* **2.** not characterised by any fixed principle, method, or rate: *irregular intervals.* **3.** not according to rule, or to the accepted principle, method, course, order, etc. **4.** not conformed or conforming to rules of justice or morality, as conduct, transactions, mode of life, etc., or persons. **5.** *Grammar* not conforming to the most prevalent pattern of formation, inflection, construction, etc.: *the verbs 'keep' and 'see' are irregular in their inflection.* **–irregularity** /ɪˌrɛɡjəˈlærəti/ *n.* **–irregularly** *adv.*

irrelevant /ɪˈrɛləvənt/ *adj.* not relevant; not applicable or pertinent: *irrelevant remarks.* **–irrelevantly** *adv.* **–irrelevance, irrelevancy** *n.*

irreligious /ɪrəˈlɪdʒəs/ *adj.* **1.** not religious; impious; ungodly. **2.** showing disregard for or hostility to religion. **–irreligiously** *adv.* **–irreligiousness** *n.*

irreparable /ɪˈrɛpərəbəl, ɪˈrɛprəbəl, ɪrəˈpɛərəbəl/ *adj.* not reparable; incapable of being rectified, remedied, or made good: *an irreparable loss.* **–irreparability** /ɪˌrɛpərəˈbɪləti, -rɛprə-/, **irreparableness** *n.* **–irreparably** *adv.*

irreplaceable /ɪrəˈpleɪsəbəl/ *adj.* that cannot be replaced: *an irreplaceable souvenir.*

irrepressible /ɪrəˈprɛsəbəl/ *adj.* not repressible. **–irrepressibility** /ɪˌrəprɛsəˈbɪləti/, **irrepressibleness** *n.* **–irrepressibly** *adv.*

irreproachable /ɪrəˈproʊtʃəbəl/ *adj.* not reproachable; free from blame. **–irreproachability**

irresistible   421   isomer

/ˌɪrəproutʃə'bɪləti/, **irreproachableness** *n.* **–irreproachably** *adv.*

irresistible /ɪrə'zɪstəbəl/ *adj.* not resistible; that cannot be resisted or withstood; tempting: *an irresistible impulse.* **–irresistibility** /ˌɪrəzɪstə'bɪləti/, **irresistibleness** *n.* **–irresistibly** *adv.*

irresolute /ɪ'rezəlut/ *adj.* not resolute; doubtful or undecided; infirm of purpose; vacillating. **–irresolutely** *adv.* **–irresoluteness** *n.*

irrespective /ɪrə'spektɪv/ *phr.* **irrespective of**, without regard to; independent of: *irrespective of all rights.* **–irrespectively** *adv.*

irresponsible /ɪrə'spɒnsəbəl/ *adj.* **1.** not responsible; not answerable or accountable: *an irresponsible ruler.* **2.** not capable of responsibility; done without a sense of responsibility: *mentally irresponsible.* **–***n.* **3.** an irresponsible person. **–irresponsibility** /ˌɪrəspɒnsə'bɪləti/, **irresponsibleness** *n.* **–irresponsibly** *adv.*

irretrievable /ɪrə'trivəbəl/ *adj.* not retrievable; irrecoverable; irreparable. **–irretrievability** /ˌɪrətrivə'bɪləti/, **irretrievableness** *n.* **–irretrievably** *adv.*

irreverence /ɪ'revrəns, ɪ'revərəns/ *n.* **1.** the quality of being irreverent; lack of reverence or respect. **2.** the condition of not being reverenced: *to be held in irreverence.*

irreverent /ɪ'revrənt, ɪ'revərənt/ *adj.* not reverent; manifesting or characterised by irreverence; deficient in veneration or respect: *an irreverent reply.* **–irreverently** *adv.*

irreversible /ɪrə'vɜsəbəl/ *adj.* not reversible; that cannot be reversed. **–irreversibility** /ˌɪrəvɜsə'bɪləti/, **irreversibleness** *n.* **–irreversibly** *adv.*

irrevocable /ɪ'revəkəbəl/ *adj.* not to be revoked or recalled; that cannot be repealed or annulled: *an irrevocable decree.* **–irrevocability** /ɪˌrevəkə'bɪləti/, **irrevocableness** *n.* **–irrevocably** *adv.*

irrigate /'ɪrəgeɪt/ *v.t.* **-gated, -gating. 1.** to supply (land) with water and thereby promote vegetation by means of canals, especially artificially made, passing through it. **2.** *Medicine* to supply (a wound, etc.) with a constant flow of some liquid. **–irrigable** *adj.* **–irrigative** *adj.* **–irrigator** *n.*

irritable /'ɪrətəbəl/ *adj.* **1.** easily irritated; readily excited to impatience or anger. **2.** *Pathology* susceptible to physical irritation; liable to shrink, become inflamed, etc., when stimulated: *an irritable wound.* **–irritability** *n.* **–irritableness** *n.* **–irritably** *adv.*

irritant /'ɪrətənt/ *adj.* **1.** irritating. **–***n.* **2.** anything that irritates. **3.** *Pathology, Medicine* something, such as a poison or a therapeutic agent, producing irritation. **–irritancy** *n.*

irritate /'ɪrəteɪt/ *v.t.* **-tated, -tating. 1.** to excite to impatience or anger. **2.** *Physiology, Biology* to excite (a living system) to some characteristic action or function. **3.** *Pathology* to bring (a bodily part, etc.) to an abnormally excited or sensitive condition. **–irritating** *adj.* **–irritator** *n.* **–irritation** /ɪrə'teɪʃən/ *n.*

irrupt /ɪ'rʌpt/ *v.i.* to burst or intrude suddenly.

is /ɪz/ *weak forms* /z, s/ *v.* 3rd person singular present indicative of **be**.

is- variant of **iso-**, before some vowels, as in *isallobar.*

-isation = -ization a noun suffix, combination of **-ise**[1] **= -ize** with **-ation**.

ISDN /aɪ ɛs di 'ɛn/ *n.* a fully-integrated digital communications network which can transmit voice, data, text, and image.

-ise[1] **= -ize** a suffix of verbs having the following senses: **1.** intransitively, of following some line of action, practice, policy, etc., as in *apologise=apologize, economise=economize, theorise=theorize*, or of becoming (as indicated), as *crystallise=crystallize* and *oxidise=oxidize* (intr.). **2.** transitively, of acting towards or upon, treating, or affecting in a particular way, as in *baptise = baptize, colonise = colonize*, or of making or rendering (as indicated), as in *civilise = civilize, legalise=legalize*. Compare **-ism, -ist**.

-ise[2] a noun suffix indicating quality, condition, or function, as in *merchandise, franchise*.

-ish[1] **1.** a suffix used to form adjectives from nouns, with the sense of: **a.** 'belonging to' (a people, country, etc.), as in *British, Danish, English, Spanish*. **b.** 'after the manner of', 'having the characteristics of', 'like', as in *babyish, girlish, mulish* (such words being now often depreciatory). **c.** 'addicted to', 'inclined or tending to', as in *bookish, freakish*. **2.** a suffix used to form adjectives from other adjectives, with the sense of 'somewhat', 'rather', as in *oldish, reddish, sweetish.*

-ish[2] a suffix forming simple verbs.

Islam /'ɪzlæm, -lam/ *n.* **1.** the religion of the Muslims, based on the teachings of Mohammed as set down in the Koran, the main principle being complete worship of an only god, Allah. **2.** all Muslim believers, their civilisation, and their lands. **–Islamic** *adj.* **–Islamism** *n.* **–Islamite** *n.*

island /'aɪlənd/ *n.* **1.** an area of land completely surrounded by water, and not large enough to be called a continent. **2.** something like an island in that it is alone, or isolated or cut off: *traffic island.* **–island-like** *adj.*

islander /'aɪləndə/ *n.* **1.** a native or inhabitant of an island. **2.** (*cap.*) a native or inhabitant of the Pacific Islands. **3.** (*cap.*) a native or inhabitant (or one of their descendants) of the Torres Strait Islands. **4.** (*cap.*) a native or inhabitant of the Bass Strait Islands.

isle /aɪl/ *n.* a small island: *the Scilly Isles.*

ism /'ɪzəm/ *n.* a distinctive doctrine, theory, system, or practice: *this is the age of isms.*

-ism a suffix of nouns denoting action or practice, state or condition, principles, doctrines, a usage or characteristic, etc., as in *baptism, barbarism, criticism, Darwinism, plagiarism, realism, Australianism.*

isn't /'ɪzənt/ *v.* contraction of *is not.*

iso- 1. a prefix meaning 'equal'. **2.** *Chemistry* a prefix added to the name of a compound to denote an isomer of that compound. Also, **is-**.

isobar /'aɪsəba/ *n.* **1.** *Meteorology, etc.* a line drawn on a weather map, etc., connecting all points having the same barometric pressure (reduced to sea level), measured in millibars, at a specified time or over a certain period. **2.** Also, **isobare** /'aɪsəbɛə/. *Physics, Chemistry* one of two or more atoms of different atomic number, but having the same atomic weight. **–isobaric** *adj.*

isoclinal /aɪsoʊ'klaɪnəl/ *adj.* **1.** having to do with a line on the earth's surface connecting points of equal dip or inclination of the earth's magnetic field. **2.** *Geology* having to do with a fold of strata which is an isocline. **–***n.* **3.** an isoclinal line. Also, **isoclinic** /aɪsoʊ'klɪnɪk/.

isolate /'aɪsəleɪt/ *v.t.* **-lated, -lating. 1.** to set or place apart; detach or separate so as to be alone. **2.** *Medicine* to keep (an infected person) from contact with non-infected ones. **3.** *Chemistry* to obtain (a substance) in an uncombined or pure state. **4.** *Electricity* to insulate. **5.** to track down; discover: *they isolated the fault.* **–isolator** *n.* **–isolative** *adj.* **–isolable** /'aɪsələbəl/ *adj.*

isolationism /aɪsə'leɪʃənɪzəm/ *n.* the policy of seeking political or national isolation.

isomer /'aɪsəmə/ *n.* **1.** *Chemistry* a compound which is isomeric with one or more other compounds. **2.** *Physics* a nuclide which is isomeric with one or more other nuclides.

isomeric /aɪsoʊˈmɛrɪk/ *adj.* **1.** *Chemistry* (of compounds) composed of the same kinds and numbers of atoms which differ from each other in the arrangement of the atoms and, therefore, in one or more properties. **2.** *Physics* (of nuclides) having the same atomic number and mass but a different energy state. –**isomerism** /aɪˈsɒmərɪzəm/ *n.*

isometric /aɪsəˈmɛtrɪk/ *adj.* Also, **isometrical. 1.** relating to or having equality of measure. **2.** (of a projection, drawing, etc., representing a solid object) having three mutually perpendicular axes represented as being equally inclined to the plane of projection, all lines being drawn to scale. –*n.* **3.** (*plural*) a system of physical exercises in which muscles are pitted against each other or against a fixed object. –**isometrically** *adv.*

isomorphic /aɪsəˈmɔrfɪk/ *adj. Biology* being of the same or of like form; different in ancestry, but alike in appearance.

isosceles /aɪˈsɒsəliz/ *adj.* (of a triangle) having two sides equal.

isotherm /ˈaɪsəθɜm/ *n.* **1.** *Meteorology* a line connecting points on the earth's surface having the same (mean) temperature. **2.** *Physics, Chemistry* an isothermal line. –**isothermal** *adj.*

isotherm /ˈaɪsəθɜm/ *n.* **1.** *Meteorology* a line connecting points on the earth's surface having the same (mean) temperature. **2.** *Physics, Chemistry* an isothermal line.

isothermal /aɪsəˈθɜməl/ *adj.* **1.** *Physics, Chemistry* having to do with equality of temperature. **2.** *Meteorology* having to do with an isotherm. –*n.* **3.** *Meteorology* → **isotherm.** –**isothermally** *adv.*

isothermal line *n. Physics, Chemistry* a line or graph showing relations of variables under conditions of uniform temperature.

isotope /ˈaɪsətoʊp/ *n. Chemistry* any of two or more forms of a chemical element, having the same number of protons in the nucleus and, hence, the same atomic number, but having different numbers of neutrons in the nucleus and, hence, different atomic weights. –**isotopic** /aɪsəˈtɒpɪk/ *adj.* –**isotopy** /aɪˈsɒtəpi/ *n.*

issue /ˈɪʃu, ˈɪʃju, ˈɪsju/ *n., v.* **issued, issuing.** –*n.* **1.** the act of sending, or promulgation; delivery; emission. **2.** that which is issued. **3.** a quantity issued at one time: *the latest issue of a periodical.* **4.** *Bibliography* the printing of copies of a work from the original setting of type, but with some slight changes in the preliminary or appended matter. **5.** a point in question or dispute, as between contending parties in an action at law. **6.** a point or matter the decision of which is of special or public importance: *the political issues.* **7.** a point the decision of which determines a matter: *the real issue.* **8.** a point at which a matter is ready for decision: *to bring a case to an issue.* **9.** something proceeding from any source, as a product, effect, result, or consequence. **10.** the ultimate result, event, or outcome of a proceeding, affair, etc.: *the issue of a contest.* **11.** a distribution of food (rations), clothing, equipment, or ammunition to a number of officers or service personnel, or to a military unit. **12.** offspring or progeny: *to die without issue.* **13.** a going, coming, passing, or flowing out: *free issue and entry.* **14.** a place or means of egress; an outlet or vent. **15.** that which comes out, as an outflowing stream. **16.** *Pathology* **a.** a discharge of blood, pus, or the like. **b.** an incision, ulcer, or the like emitting such a discharge. **17.** *Chiefly Law* the yield or profit from land or other property. –*v.t.* **18.** to put out; deliver for use, sale, etc.; put into circulation. **19.** to print (a publication) for sale or distribution. **20.** to distribute (food, clothing, etc.) to one or more officers or service personnel or to a military unit. **21.** to send out; discharge; emit. –*v.i.* **22.** to be sent or put forth authoritatively or publicly, as a writ, money, etc. **23.** to come or proceed from any source. **24.** to arise as a result or consequence; result. **25.** to be the outcome. –*phr.* **26. at issue, a.** in controversy: *a point at issue.* **b.** in disagreement. **c.** (sometimes fol. by *with*) inconsistent; inharmonious. **27. issue forth,** to go, pass, or flow out; come forth; emerge: *to issue forth to battle.* **28. issue in,** to end in; terminate in. **29. the (whole) issue,** everything; the lot. **30. join issue, a.** to join in controversy. **b.** to submit an issue jointly for legal decision. **31. take issue with,** to disagree with. –**issueless** *adj.* –**issuer** *n.*

-ist a suffix of nouns, often accompanying verbs ending in *-ise* or nouns ending in *-ism,* denoting someone who does, practises, or is concerned with something, or holds certain principles, doctrines, etc., as in *apologist, dramatist, machinist, plagiarist, realist, socialist, theorist.*

isthmus /ˈɪsməs/ *n.* **-muses. 1.** a narrow strip of land, bordered on both sides by water, connecting two larger bodies of land. **2.** *Anatomy, etc.* a connecting part, organ, or passage, especially when narrow or joining structures or cavities larger than itself.

-istic a suffix of adjectives (and in the plural of nouns from adjectives) formed from nouns in *-ist,* and having reference to such nouns, or to associated nouns in *-ism,* as in *deistic, euphuistic, puristic,* etc. In nouns it has usually a plural form, as in *linguistics.*

-istical See **-istic, -al**[1].

-istics See **-istic, -ics.**

it /ɪt/ *weak form* /ət/ *pron.* third person, singular, neuter, subjective and objective the pronoun which corresponds to *he* and *she,* used: **1.** as a substitute for a neuter noun or a noun representing something possessing sex when sex is not particularised or considered: *the baby laughs when it is tickled.* **2.** to refer to some matter expressed or understood, or some thing or notion not definitely conceived: *how goes it?* **3.** to refer to the subject of inquiry or attention, whether impersonal or personal, in sentences asking or stating what or who this is: *who is it?; it is I.* **4.** as the grammatical subject of a clause of which the logical subject is a phrase or clause following: *it is hard to believe that.* **5.** in impersonal constructions: *it is snowing.* **6.** as the grammatical object after certain verbs, as *to foot it,* (to go on foot). –*n.* **7.** *Colloquial* sex appeal. –*phr.* **8. with it, a.** in accordance with current trends and fashions; fashionable. **b.** well-informed and quick-witted.

IT /aɪ ˈti/ *n.* → **information technology.**

italic /ɪˈtælɪk, aɪ-/ *adj.* **1.** designating or relating to a style of printing types in which the letters usually slope to the right (thus, *italic*), patterned upon a compact manuscript hand, and used for emphasis, etc. –*n.* **2.** (*often plural*) italic type.

itch /ɪtʃ/ *v.i.* **1.** to have or feel a peculiar irritation of the skin which causes a desire to scratch the part affected. **2.** to have a desire to do or to get something: *itch after fame.* –*n.* **3.** the sensation of itching. **4.** an uneasy or restless desire or longing: *an itch for authorship.* –*phr.* **5. an itching palm,** a grasping disposition; greed. **6. the itch,** a contagious disease caused by the itch mite which burrows into the skin; scabies.

-ite[1] a suffix of nouns meaning especially **1.** people connected with a place, tribe, leader, belief, system, etc., as in *Israelite, labourite.* **2.** minerals and fossils, as in *ammonite, anthracite.* **3.** explosives, as in *cordite, dynamite.* **4.** chemical compounds, especially salts of acids whose names end in *-ous,* as in *phosphite, sulfite.* **5.** commercial products, as in *vulcanite*.

-ite² a suffix forming adjectives and nouns from adjectives, and some verbs, as in *composite, opposite, requisite, erudite*, etc.

item /'aɪtəm/ *n.* **1.** a separate article or particular: *fifty items on the list.* **2.** a separate piece of information or news, as in a newspaper. –*v.t.* **3.** to set down or enter as an item, or by or in items.

itemise = itemize /'aɪtəmaɪz/ *v.t.* **-mised, -mising.** to state by items; give the particulars of: *to itemise an account.* –**itemisation** /aɪtəmaɪˈzeɪʃən/ *n.* –**itemiser** *n.*

iterate /'ɪtəreɪt/ *v.t.* **-rated, -rating. 1.** to utter again or repeatedly. **2.** to do (something) over again or repeatedly.

itinerant /aɪˈtɪnərənt/ *adj.* **1. a.** journeying; travelling from place to place. **b.** moving on a circuit, as a preacher, judge, or pedlar. –*n.* **2.** someone who travels from place to place, especially for duty or business. –**itinerantly** *adv.* –**itinerancy** *n.*

itinerary /aɪˈtɪnəri/ *n.* **-ries. 1.** a line of travel; a route. **2.** an account of a journey; a record of travel. **3.** a book describing a route or routes of travel, with information for travellers. **4.** a plan of travel.

-ition a noun suffix, as in *expedition, extradition*, etc., being *-tion* with a preceding original or formative vowel, or, in other words, **-ite¹** + **-ion.**

-itious an adjective suffix occurring in adjectives associated with nouns in *-ition*, as *expeditious*, etc.

-itis a noun suffix used in pathological terms denoting inflammation of some part or organ, as in *bronchitis, gastritis, neuritis*.

-itive a suffix of adjectives and nouns of adjectival origin, as in *definitive, fugitive*.

it'll /'ɪtl/ *v.* contraction of *it will* or *shall*.

its /ɪts/ *det.* **1.** the possessive form of **it**: *its height is twenty metres; its bark is worse than its bite.* –*pron. (possessive)* **2.** the possessive form of **it**, used predicatively or absolutely: *the voice was its; its was the contribution that mattered.*

it's /ɪts/ contraction of *it is*.

itself /ɪtˈsɛlf/ *pron.* **1.** the reflexive form of *it*: *a thermostatically controlled electric heater switches itself off.* **2.** an emphatic form of *it* used: **a.** as object: *the earth gathers its fruits to itself.* **b.** in apposition to a subject or object: *the moon itself is dead.* **3.** in its normal or usual state: *the dog is itself again.*

-ity a suffix forming abstract nouns of condition, characteristics, etc., as in *jollity, civility, Latinity*.

IUD /aɪ ju 'di/ *n.* → **intra-uterine device**.

-ium a suffix representing Latin neuter suffix, used especially to form names of metallic elements.

IV¹ /aɪ 'vi/ *adj.* → **in vitro**.

IV² /aɪ 'vi/ *adj.* → **intravenous**.

IV drug user *n.* an intravenous drug user. Also, **IVDU**.

-ive a suffix of adjectives (and nouns of adjectival origin) expressing tendency, disposition, function, connection, etc., as in *active, corrective, destructive, detective, passive, sportive*. Compare **-ative**.

I've /aɪv/ *v.* contraction of *I have*.

ivory /'aɪvəri, 'aɪvri/ *n.* **-ries**, *adj.* –*n.* **1.** the hard white substance, a variety of dentine, composing the main part of the tusks of the elephant, walrus, etc. **2.** a tusk, as of an elephant. **3.** *Colloquial* a tooth, or the teeth. **4.** an article made of ivory, as a carving or a billiard ball. **5.** *(plural) Colloquial* **a.** the keys of a piano, accordion, etc. **b.** dice. **6.** creamy white. –*adj.* **7.** consisting or made of ivory. **8.** of the colour ivory. –*phr.* **9. tickle the ivories,** *Colloquial* to play the piano. –**ivory-like** *adj.*

ivory tower *n.* **1.** a place withdrawn from the world and worldly acts and attitudes. **2.** an attitude of aloofness from or contempt for worldly matters or behaviour.

ivy /'aɪvi/ *n.* **ivies. 1.** a climbing vine, *Hedera helix*, with smooth, shiny, evergreen leaves, yellowish inconspicuous flowers, and black berries, widely grown as an ornamental. **2.** any of various other climbing or trailing plants, such as *Parthenocissus tricuspidata* (**Japanese ivy**), *Glechoma hederacea* (**ground ivy**), etc. –**ivy-like** *adj.*

-ize → **-ise¹**.

J j

J, j /dʒeɪ/ *n.* **J's, Js, j's** *or* **js.** a consonant, the 10th letter of the English alphabet.

jab /dʒæb/ *v.* **jabbed, jabbing,** *n. –v.i.* **1.** to thrust smartly or sharply, as with the end or point of something. *–v.t.* **2.** to poke (something) smartly or sharply. *–n.* **3.** a poke with the end or point of something; a smart or sharp thrust. **4.** *Colloquial* an injection with a hypodermic needle.

jabber /'dʒæbə/ *v.i.* **1.** to speak rapidly, indistinctly, imperfectly, or nonsensically; chatter. *–v.t.* **2.** to utter (words) in a confused, indistinct fashion. *–n.* **3.** rapid or nonsensical talk or utterance; gibberish. **–jabberer** *n.* **–jabberingly** *adv.*

jabiru /dʒæbə'ru/ *n.* **1.** Australia's only stork, *Xenorhynchus asiaticus*, white with glossy greenblack head, neck, tail, and a black band across upper and lower wing surfaces, found along the north and east coast. **2.** a similar bird, *Jabiru mycteria*, inhabiting the warmer parts of America.

jacaranda /dʒækə'rændə/ *n.* **1.** any of the tall tropical American trees constituting the genus *Jacaranda*, especially *J. mimosifolia* cultivated in many warm countries for its lavender-blue flowers. **2.** their fragrant ornamental wood. **3.** any of various related or similar trees.

jack /dʒæk/ *n.* **1.** a man or fellow. **2.** (*cap.* or *l.c.*) a sailor. **3.** any of various mechanical contrivances or devices, such as a contrivance for raising heavy weights short distances. **4.** a device for turning a spit, etc. **5.** any of the four knaves in playing cards. **6. a.** a knucklebone or plastic imitation, a set of which is used in a children's game where they are thrown into the air and caught on the back of the hand. **b.** (*plural*) the game itself. **7.** a small bowl used as a mark for the players to aim at, in the game of bowls. **8.** a small union or ensign used by a ship or vessel as a signal, etc., and flown from the jackstaff as an indication of nationality. *–v.t.* **9.** Also, **jack up.** to lift or move with or as with a jack, or contrivance for raising. *–phr.* **10. every man jack** or **every manjack,** *Colloquial* everyone without exception. **11. I'm all right Jack,** (an expression of selfish complacency on the part of the speaker). **12. jack of,** *Australian Colloquial* fed up with. **13. jack up,** *Colloquial* **a.** to raise (prices, wages, etc.) **b.** *Australian* ‡ (of a man) to have sexual intercourse with. **c.** *Australian* to be obstinate in refusal; resist. **d.** *Australian* to inject drugs intravenously. **e.** *NZ* to arrange; prepare: *to jack up a meal; to jack up a party.* **f.** *NZ* to fix up; renovate.

jackal /'dʒækəl/ *n.* **1.** any of several species of wild dog of the genus *Canis*, especially *Canis aureus*, of Asia and Africa, which hunt in packs at night and which were formerly supposed to hunt prey for the lion. **2.** someone who does drudgery for another, or who serves the purpose of another.

jackaroo = **jackeroo** /dʒækə'ru/ *n.* **1.** a young man gaining practical experience on a sheep or cattle station, in order to acquire skills needed to become an owner, overseer, manager, etc. Compare **jillaroo** = **jilleroo.** *–v.i.* **2.** to work as a trainee in such a capacity: *he's jackarooing in Queensland this year.*

jackass /'dʒækæs/ *n.* **1.** a male donkey. **2.** a very stupid or foolish person.

jackboot /'dʒækbut/ *n.* a large leather boot reaching up to and sometimes over the knee, originally one serving as armour, now frequently associated with the exercise of force or oppression.

jacket /'dʒækət/ *n.* **1.** a short coat, in various forms, worn by both men and women. **2.** Also, **dust jacket.** a removable (usually paper) cover for protecting the binding of a book; dustcover. **3.** the skin of a potato. **4.** the outer covering of a boiler, pipe, tank, etc. **5.** the natural coat of certain animals. **–jacketed** *adj.* **–jacketless** *adj.* **–jacketlike** *adj.*

jackhammer /'dʒækhæmə/ *n.* a hand-held hammer-drill operated by compressed air; used for drilling rocks.

jack-in-the-box /'dʒæk-ɪn-ðə-bɒks/ *n.* **1.** a toy consisting of a figure, enclosed in a box, which springs out when the lid is unfastened. **2.** a seashore tree, *Hernandia peltata*, widely spread from Asia to northern Australia and the western Pacific. Also, **jack-in-a-box.**

jackknife /'dʒæknaɪf/ *n.* **-knives,** *v.* **-knifed, -knifing.** *–n.* **1.** a large knife with a blade that folds into the handle. **2.** Also, **jackknife dive.** a dive in the process of which the body bends so that the hands briefly touch or nearly touch the toes; pike dive. *–v.i.* **3.** to bend or fold up, like a jackknife. **4.** (of a horse) to buck bringing all four feet to a point. **5.** (of a semi-trailer) to go out of control in such a way that the trailer swings round towards the driver's cab.

jack-of-all-trades /ˌdʒæk-əv-'ɔl-treɪdz/ *n.* someone who can turn their hand to anything but who has no one special skill.

jackpot /'dʒækpɒt/ *n.* **1.** *Poker* a pool that accumulates until a player opens the betting with a pair of jacks or better. **2.** the chief prize to be won on a gambling machine, as a poker machine, or in a lottery, a game or contest such as bingo, a quiz, etc. *–v.i.* **3.** to accumulate by the amount of the previous unclaimed prize. *–phr.* **4. hit the jackpot, a.** to win chief prize on a gambling machine. **b.** to achieve great success; be very lucky.

jacksy /'dʒæksi/ *n. NZ Colloquial* the posterior; the buttocks.

Jacky Winter /dʒæki 'wɪntə/ *n.* a small greybrown flycatcher, *Microeca leucophaea*, found in many parts of Australia and New Guinea.

jacuzzi /dʒə'kuzi/ *n.* a type of spa (def. 2), usually not attached to a larger pool.

jade[1] /dʒeɪd/ *n.* **1.** either of two minerals, jadeite or nephrite, sometimes green, highly esteemed as an ornamental stone for carvings, jewellery, etc. **2.** Also, **jade green.** green; varying from bluish green to yellowish green. **–jadelike** *adj.*

jade[2] /dʒeɪd/ *n., v.* **jaded, jading.** *–n.* **1.** a horse, especially one of inferior breed, or worn out, or vicious. **2.** (*derogatory*) a woman. *–v.t.* **3.** to make exhausted by working hard; to weary or fatigue; tire. *–v.i.* **4.** to become exhausted by working hard. **–jadish** *adj.* **–jadishly** *adv.* **–jadishness** *n.*

jaded /'dʒeɪdəd/ *adj.* **1.** worn out. **2.** sated: *a jaded appetite.* **–jadedly** *adv.* **–jadedness** *n.*

jaffle /'dʒæfəl/ *n. Australian* a sealed toasted sandwich with a savoury or sweet filling, cooked in a buttered jaffle iron.

jag¹ /dʒæg/ *n., v.* **jagged, jagging.** *–n.* **1.** a sharp projection on an edge or surface. *–v.t.* **2.** to cut or slash, especially in points or pendants along the edge; form notches, teeth, or ragged points in.

jag² /dʒæg/ *n.* **1.** a drinking bout. **2.** any sustained single activity, often carried to excess: *an eating jag, a fishing jag.*

jagged /'dʒægəd/ *adj.* having notches, teeth, or ragged edges. **–jaggedly** *adv.* **–jaggedness** *n.*

jaguar /'dʒægjuə/ *n.* a large, ferocious, spotted feline, *Panthera onca*, of tropical America.

jail /dʒeɪl/ *n.* **1.** a prison. *–v.t.* **2.** to take into or hold in custody; imprison. Also, **gaol.**

jake /dʒeɪk/ *adj. Australian, NZ Colloquial* all right: *she'll be jake.* Also, **jakerloo.**

jalopy /dʒə'lɒpi/ *n.* **-pies.** *Colloquial* an old, decrepit, or unpretentious car.

jam¹ /dʒæm/ *v.* **jammed, jamming.** *n. –v.t.* **1.** to press or squeeze tightly between bodies or surfaces, so that motion or extrication is made difficult or impossible. **2.** to bruise or crush by squeezing. **3.** to press, push, or thrust violently, as into a confined space or against some object. **4.** to fill or block up by crowding: *crowds jam the doors.* **5.** to cause to become wedged, caught, or displaced, so that it cannot work, as a machine, part, etc. **6.** *Radio* **a.** to interfere with (signals, etc.) by sending out others of approximately the same frequency. **b.** (of signals, etc.) to interfere with (other signals, etc.). *–v.i.* **7.** to become wedged or fixed; stick fast. **8.** to press or push violently, as into a confined space or against one another. **9.** (of a machine, etc.) to become unworkable as through the wedging or displacement of a part. *–n.* **10.** the act of jamming. **11.** the state of being jammed. **12.** a mass of vehicles, people, or objects jammed together: *a traffic jam.* **13.** *Colloquial* a difficult or awkward situation; a fix. *–phr.* **14. jam on,** to apply (brakes) forcibly.

jam² /dʒæm/ *n.* a preserve of whole fruit, slightly crushed, boiled with sugar. **–jam-like** *adj.* **–jammy** *adj.*

jam³ /dʒæm/ *n. Music* **1.** Also, **jam session.** a meeting of musicians for the spontaneous and improvisatory performance of music, especially jazz, usually for their own enjoyment. *–v.i.* **2.** to take part in a jam.

jamb /dʒæm/ *n.* the side of an opening; a vertical piece forming the side of a doorway, window, or the like. Also, **jambe.**

jambalaya /dʒʌmbə'laɪə/ *n.* a spiced dish of prawns, ham, rice, tomato, onions, etc., originally from the French Creoles of the American south.

jamboree /dʒæmbə'ri/ *n.* **1.** a large gathering or rally of Scouts, usually national or international. **2.** *Colloquial* a carousal; any noisy merrymaking.

jangle /'dʒæŋgəl/ *v.* **-gled, -gling,** *n. –v.i.* **1.** to sound harshly or discordantly: *a jangling noise.* *–v.t.* **2.** to cause to sound harshly or discordantly. **3.** to cause to become upset or irritated. *–n.* **4.** a harsh or discordant sound. **5.** an altercation; quarrel. **–jangler** *n.*

janitor /'dʒænətə/ *n.* **1.** a caretaker. **2.** a doorkeeper or porter. **–janitorial** /dʒænə'tɔriəl/ *adj.* **–janitress** /'dʒænətrəs/ *fem. n.*

January /'dʒænjuəri/ *n.* **Januaries.** the first month of the year, containing 31 days.

jape /dʒeɪp/ *n.* a joke; jest; gibe. **–japer** *n.*

japonica /dʒə'pɒnɪkə/ *n.* any of several garden shrubs with white, pink, or red flowers belonging to the genus *Chaenomeles,* such as *C. speciosa* and *C. japonica.*

jar¹ /dʒɑ/ *n.* **1.** a broad-mouthed earthen or glass vessel, commonly cylindrical in form. **2.** *Colloquial* a glass of beer.

jar² /dʒɑ/ *v.* **jarred, jarring,** *n. –v.i.* **1.** to produce a harsh, grating sound; sound discordantly. **2.** to have a harshly unpleasant effect upon the nerves, feelings, etc. **3.** to vibrate audibly; rattle. **4.** to vibrate or shake (without reference to sound). **5.** to be at variance; conflict; clash. *–v.t.* **6.** to cause to sound harshly or discordantly. **7.** to cause to rattle or shake. *–n.* **8.** a harsh, grating sound. **9.** a discordant sound or combination of sounds. **10.** a vibrating movement, as from concussion. **11.** a harshly unpleasant effect upon the mind or feelings due to physical or other shock. **12.** a quarrel; conflict, as of opinions, etc. *–phr.* **13. jar on,** to have a harshly unpleasant effect on (the feelings, nerves, etc.).

jargon /'dʒɑgən/ *n.* **1.** the language peculiar to a trade, profession, or other group: *medical jargon.* **2.** pretentious language abounding in uncommon or unfamiliar words. **3.** unintelligible or meaningless talk or writing; gibberish.

jarrah /'dʒærə/ *n.* a large tree of western Australia, *Eucalyptus marginata,* with durable dark red timber.

jasmine /'dʒæzmən/ *n.* **1.** any of the shrubs or climbing plants of the genus *Jasminum,* often cultivated for their fragrant flowers. **2.** any of various plants of other genera as Carolina jasmine. Also, **jessamine.**

jasper /'dʒæspə/ *n.* a compact, opaque, often highly coloured variety of quartz commonly used in decorative carvings.

jaundice /'dʒɔndəs/ *n., v.* **-diced, -dicing.** *–n.* **1.** *Pathology* a morbid bodily condition due to the presence of increased amounts of bile pigments in the blood, characterised by yellowness of the skin, the whites of the eyes, etc., by lassitude, and by loss of appetite. **2.** a state of feeling in which views are coloured or judgment is distorted by envy or jealousy. *–v.t.* **3.** to affect with jaundice. **4.** to distort or prejudice, as with pessimism, jealousy, resentment, etc.

jaunt /dʒɔnt/ *v.i.* **1.** to make a short journey, especially for pleasure. *–n.* **2.** such a journey.

jaunty /'dʒɔnti/ *adj.* **-tier, -tiest. 1.** easy and sprightly in manner or bearing. **2.** smartly trim or effective, as clothing. **–jauntily** *adv.* **–jauntiness** *n.*

javelin /'dʒævələn/ *n.* **1.** a spear to be thrown by hand. **2.** *Sport* a metal or wooden shaft, with a metal point, thrown for distance. *–v.t.* **3.** to strike or pierce with or as with a javelin.

jaw /dʒɔ/ *n.* **1.** one of the two bones or structures (upper and lower) which form the framework of the mouth. **2.** *Dentistry* either of these containing all its teeth and covered by the soft tissues. **3.** anything likened to these: *the jaws of death; jaws of a valley.* **4.** one of two or more parts of a machine, etc., which crush or hold something: *the jaws of a vice.* **5.** *Colloquial* continual talk, especially of moralising nature. *–v.t.* **6.** *Colloquial* to talk disapprovingly to; admonish. **–jawless** *adj.*

jay /dʒeɪ/ *n.* **1.** any of a number of Australian birds such as certain currawongs, cuckoo-shrikes, or the white-winged chough. **2.** any of several crested or uncrested birds of the corvine subfamily Garrulinae, all of them robust, noisy, and mischievous, such as the **common jay,** *Garrulus glandarius,* of Europe, and the **blue jay,** *Cyanocitta cristata,* of America. **3.** a simple-minded or gullible person; a simpleton.

jaywalk /'dʒeɪwɔk/ *v.i. Colloquial* to cross a street otherwise than by a pedestrian crossing or in a heedless manner, as against traffic lights. **–jaywalker** *n.* **–jaywalking** *n.*

jazz /dʒæz/ *n.* **1.** a type of popular music in the Afro-American tradition, which sprang up in and around New Orleans and is marked by frequent improvisation and syncopated rhythms. **2.** a piece of such music. **3.** dancing or a dance performed to such music, as with violent bodily motions and gestures. **4.** *Colloquial* liveliness; noisiness; spirit. **5.** *Colloquial* pretentious or insincere talk. *–adj.* **6.** of the nature of or relating to jazz. *–v.t.* **7.** to play (music) in the manner of jazz. *–v.i.* **8.** to dance to jazz music. **9.** to play or perform jazz music. **10.** *Colloquial* to act or proceed with great energy or liveliness. *–phr.* **11. all that jazz**, *Colloquial* and all that sort of thing; et cetera. **12. jazz up**, *Colloquial* to put vigour or liveliness into.

jazzy /ˈdʒæzi/ *adj.* **-zier, -ziest. 1.** *Colloquial* relating to or suggestive of jazz music; wildly active or lively. **2.** having very bright or glaring colours; vividly patterned.

J-curve /ˈdʒeɪ-kɜv/ *n. Economics* a curve representing the theoretical effects of currency devaluation on a country's balance of trade, namely an initial fall followed by a continuing improvement.

jealous /ˈdʒɛləs/ *adj.* **1.** (sometimes fol. by *of*) feeling resentment against a successful rival or at success, advantages, etc. **2.** characterised by or proceeding from suspicious fears or envious resentment: *jealous intrigues.* **3.** inclined to or troubled by suspicions or fears of rivalry, as in love or aims: *a jealous husband.* **4.** solicitous or vigilant in maintaining or guarding something. **–jealousy, jealousness** *n.* **–jealously** *adv.*

jeep /dʒip/ *n.* a small (usually ¼ tonne capacity) military motor vehicle.

jeer /dʒɪə/ *v.i.* **1.** to speak or shout derisively; gibe or scoff rudely. *–v.t.* **2.** to treat with derision; make a mock of. *–n.* **3.** a jeering utterance; a derisive or rude gibe. *–phr.* **4. jeer at**, to deride or mock. **–jeerer** *n.* **–jeeringly** *adv.*

Jehovah /dʒəˈhoʊvə/ *n.* **1.** a name of God in the Old Testament **2.** (in modern Christian use) God.

jejune /dʒəˈdʒun/ *adj.* **1.** deficient in nourishing or substantial qualities. **2.** unsatisfying to the mind; dull; boring. **–jejunely** *adv.* **–jejuneness, jejunity** /dʒəˈdʒunəti/ *n.*

jelly /ˈdʒɛli/ *n.* **-lies,** *v.* **-lied, -lying.** *–n.* **1.** a food preparation of a soft, elastic consistency due to the presence of gelatine, pectin, etc., as fruit juice boiled down with sugar. **2.** *US* jam, especially a thin jam. **3.** anything of the consistency of jelly. **4.** *Colloquial* → **gelignite.** *–v.t.* **5.** to bring to the consistency of jelly. *–v.i.* **6.** to come to the consistency of jelly. *–phr.* **7. turn to jelly**, *Colloquial* to become weak with fear. **–jelly-like** *adj.*

jellyfish /ˈdʒɛlifɪʃ/ *n.* **-fishes,** (*especially collectively*) **-fish**. any of various marine coelenterates of a soft, gelatinous structure, especially one with an umbrella-like body and long, trailing tentacles; a medusa.

jemmy /ˈdʒɛmi/ *n.* **-mies.** a short crowbar. Also, *US*, **jimmy.**

jeopardise = jeopardize /ˈdʒɛpədaɪz/ *v.t.* **-dised, -dising.** to put in jeopardy; risk.

jeopardy /ˈdʒɛpədi/ *n.* **1.** hazard or risk of loss or harm. **2.** peril or danger: *for a moment his life was in jeopardy.*

jerboa /dʒɜˈboʊə/ *n.* **1.** a small carnivorous marsupial *Antechinomys laniger*, which inhabits the central desert of Australia and resembles the jerboa (def. 2), although it does not hop. **2.** any of various mouselike rodents of the family Dipodidae of North Africa and Asia, with long hind legs used for jumping, and a long tail.

jerk¹ /dʒɜk/ *n.* **1.** a quick, sharp thrust, pull, throw, or the like; a sudden start. **2.** *Physiology* a sudden movement of an organ or a part. **3.** *Weightlifting* a lift in which the barbell is raised first to the shoulders, then jerked above the head with the arms held straight. **4.** *Colloquial* a stupid or naive person. *–v.t.* **5.** to give a sudden thrust, pull, or twist to; move or throw with a quick, suddenly arrested motion. *–phr.* **6. jerk off**, *Colloquial* ‡ (of a man) to masturbate. **7. jerk out**, to utter in a broken, spasmodic way. **8. jerk someone around**, *Colloquial* to waste someone's time with folly or stupidity.

jerk² /dʒɜk/ *v.t.* **1.** to preserve meat, especially beef (**jerked beef**) by cutting in strips and curing by drying in the sun. *–n.* **2.** jerked meat, especially beef.

jerry-build /ˈdʒɛri-bɪld/ *v.t.* **-built, -building.** to build cheaply, shoddily, and flimsily. **–jerry-built** *adj.* **–jerry-builder** *n.*

jerry can /ˈdʒɛri kæn/ *n.* a flat can for transporting fluids, especially motor fuel, and containing between 20 and 23 litres.

jersey /ˈdʒɜzi/ *n.* **1.** a close-fitting, usually woollen, outer garment for the upper part of the body; jumper. **2.** a similar garment worn by members of a sporting team as a uniform. **3.** Also, **jersey cloth**, a machine-knitted fabric of wool, silk, or artificial fibre, used for making garments, etc. **4.** (originally) a close-fitting, heavy woollen garment as worn by seamen.

Jerusalem artichoke /ˌ- ˈatətʃoʊk/ *n.* **1.** a species of sunflower, *Helianthus tuberosus*, having edible tuberous underground stems or rootstocks. **2.** the tuber itself.

jest /dʒɛst/ *n.* **1.** a witticism, joke, or pleasantry. **2.** a piece of raillery or banter. **3.** sport or fun: *to speak half in jest, half in earnest.* **4.** the object of laughter, sport, or mockery; a laughing-stock. *–v.i.* **5.** to speak in a playful, humorous, or facetious way; joke.

jester /ˈdʒɛstə/ *n.* **1.** someone who is given to witticisms, jokes, and pranks. **2.** a professional fool or clown, kept by a prince or noble, especially during the Middle Ages.

jet¹ /dʒɛt/ *n., v.* **jetted, jetting.** *–n.* **1.** a stream of liquid or gas flowing from a small opening, such as a spout. **2.** the opening used: *a gas jet.* **3.** → **jet plane.** *–v.i.* **4.** to rush out in a stream; spout. **5.** to travel by jet plane.

jet² /dʒɛt/ *n.* **1.** a compact black coal, able to take a high polish, used for making beads, jewellery, buttons, etc. **2.** a deep, glossy black.

jet engine *n.* any engine in which a jet, especially of gaseous combustion products, provides the propulsive force.

jet lag *n.* bodily discomfort caused by the disturbance of normal patterns of eating and sleeping, as on a long journey by plane.

jet plane *n.* an aeroplane operated by jet propulsion.

jet propulsion *n.* a method of producing a propelling force upon an air or water craft through the reaction of a high-velocity jet, usually of heated gases, discharged towards the rear. Also, **reaction propulsion.** **–jet-propelled** *adj.*

jetsam /ˈdʒɛtsəm/ *n.* goods thrown overboard to lighten a vessel in distress, which sink or are washed ashore. See **flotsam.**

jet ski *n.* a small powered vehicle that skims the water like a motorised water ski, with the driver standing, kneeling, or sitting on the ski and steering by means of handles similar to motorbike handles.

jettison /ˈdʒɛtəsən, -zən/ *n.* **1.** the act of casting cargo, etc., overboard to lighten a vessel or aircraft. **2.** → **jetsam.** *–v.t.* **3.** to throw (cargo, etc.) overboard, especially to lighten a vessel or aircraft in distress. **4.** to throw off, as an obstacle or burden.

jetty /ˈdʒɛti/ *n.* **-ties. 1.** a wharf or landing pier. **2.** the piles or wooden structure protecting a pier.

Jew | jobbery

Jew /dʒu/ *n.* **1.** one of the Hebrew or Jewish people; a Hebrew; an Israelite. **2.** someone whose religion is Judaism. **3.** *Colloquial (derogatory)* a usurer; miser; someone who drives a hard bargain.

jewel /'dʒuəl/ *n., v.* **-elled** *or Chiefly US* **-eled**, **-elling** *or Chiefly US* **-eling**. *–n.* **1.** a cut and polished precious stone; gem. **2.** an article for personal ornament, usually set with precious stones. **3.** a thing or person of great worth. **4.** a precious stone used as a bearing in a watch or delicate instrument. *–v.t.* **5.** to set or ornament with jewels. **–jewel-like** *adj.*

jewellery /'dʒuəlri/ *n.* jewels; articles made of gold, silver, precious stones, etc., for personal adornment. Also, *Chiefly US,* **jewelry.**

jib[1] /dʒɪb/ *n. Nautical* a triangular sail (or either of two triangular sails, **inner jib** (and) **outer jib**) set in front of the forward (or single) mast.

jib[2] /dʒɪb/ *v.i., v.t.* **jibbed, jibbing.** *Nautical* → **jibe**[1].

jib[3] /dʒɪb/ *v.* **jibbed, jibbing.** *–v.i.* **1.** to move restively sideways or backwards instead of forwards, as an animal in harness; baulk. **2.** to hold back or baulk at doing something. *–n.* **3.** an animal that jibs. *–phr.* **4. jib at,** be reluctant to; show unwillingness to. **–jibber** *n.*

jibe[1] /dʒaɪb/ *v.* **jibed, jibing,** *n. Nautical –v.i.* **1.** to shift from one side to the other when running before the wind, as a fore-and-aft sail or its boom. **2.** to alter the course so that the sail shifts in this manner. *–v.t.* **3.** to cause (a sail, etc.) to jibe. *–n.* **4.** the act of jibing. Also, **gybe.**

jibe[2] /dʒaɪb/ *v.t., v.i.* **jibed, jibing,** *n.* → **gibe.** **–jiber** *n.*

jiffy /'dʒɪfi/ *n.* **-fies.** *Colloquial* a very short time: *to do something in a jiffy.* Also, **jiff.**

jig[1] /dʒɪg/ *n., v.* **jigged, jigging.** *–n.* **1.** a device for holding the work in a machine tool, especially one for accurately guiding a drill or group of drills so as to ensure uniformity in successive pieces machined. **2.** an apparatus for separating ore from gangue, etc., by shaking in or treating with water. *–v.t.* **3.** to treat, cut, or produce by using any of the mechanical contrivances called jigs. *–v.i.* **4.** to use a jig (mechanical contrivance).

jig[2] /dʒɪg/ *n., v.* **jigged, jigging.** *–n.* **1.** a rapid, lively, springy, irregular dance for one or more persons, usually in triple time. **2.** a piece of music for, or in the time of, such a dance. *–v.t.* **3.** to dance (a jig or any lively dance). **4.** to move with a jerky or bobbing motion; jerk up and down or to and fro. *–v.i.* **5.** to dance or play a jig. **6.** to move with a quick, jerky motion; hop; bob. *–phr.* **7. the jig is up,** the game is up; there is no further chance. **–jiglike** *adj.*

jig[3] /dʒɪg/ *v.i.* **jigged, jigging.** *Australian Colloquial* **1.** to play truant. *–phr.* **2. jig it,** to play truant. **3. jig school,** to play truant from school.

jigger[1] /'dʒɪgə/ *n.* **1.** *Nautical* the lowest square sail on a fourth mast. **2.** any of various mechanical devices, many of which have a jerky or jolting motion. **3.** a name for any mechanical device, the correct name of which one does not know. **4. a.** a measure for alcohol used in cocktails. **b.** a small measure of whisky.

jigger[2] /'dʒɪgə/ *v.t.* to break or destroy.

jiggle /'dʒɪgəl/ *v.* **-gled, -gling,** *n. –v.i.* **1.** to move up and down or to and fro with short, quick jerks. *–v.t.* **2.** to cause to jiggle. *–n.* **3.** a jiggling movement.

jigsaw /'dʒɪgsɔ/ *n.* **1.** a narrow saw mounted vertically in a frame, used for cutting curves, etc. **2.** a jigsaw puzzle.

jigsaw puzzle *n.* small, irregularly shaped pieces of wood or cardboard, which, when correctly fitted together, form a picture.

jillaroo = **jilleroo** /dʒɪlə'ru/ *n.* a young woman working on a sheep or cattle station to gain practical experience in the skills needed to become an owner, overseer, manager, etc. Compare **jackaroo** = **jackeroo.**

jilt /dʒɪlt/ *v.t.* **1.** to cast off (a lover or sweetheart) after encouragement or engagement. *–n.* **2.** a woman who jilts a lover. **–jilter** *n.*

Jimmy Woodser /'dʒɪmi 'wʊdzə/ *n. Colloquial* **1.** one who drinks alone in a bar. **2.** an alcoholic drink consumed alone.

jingle /'dʒɪŋgəl/ *v.* **-gled, -gling,** *n. –v.i.* **1.** to make clinking or tinkling sounds, as coins, keys, etc. **2.** to move with such sounds. **3.** to sound in a manner like this, as verse or any pattern of words: *a jingling ballad.* *–v.t.* **4.** to cause to jingle. *–n.* **5.** a ringing or tinkling sound, as of small bells. **6.** a musical pattern of like sounds, as in rhyme; jingling verse. **7.** a simple, bright rhyme often set to music, used especially for advertising. **–jinglingly** *adv.* **–jingly** *adj.*

jingoism /'dʒɪŋgoʊɪzəm/ *n.* fervent and excessive patriotism. **–jingoist** *n.,* *adj.* **–jingoistic** /dʒɪŋgoʊ'ɪstɪk/ *adj.* **–jingoistically** /dʒɪŋgoʊ-'ɪstɪkli/ *adv.*

jinn /dʒɪn/ *pl. n., singular* **jinnee** *or Islamic Mythology* **1.** a class of spirits lower than the angels, capable of appearing in human and animal forms, and influencing humankind for good and evil. **2.** (*construed as singular with plural* **jinns**) a spirit of this class. Also, **djinn.**

jinx /dʒɪŋks/ *Colloquial –n.* **1.** a person, thing, or influence supposed to bring bad luck. *–v.t.* **2.** to bring bad luck to someone; hex.

jive /dʒaɪv/ *n., v.* **jived, jiving.** *–n.* **1.** jargon used by jazz musicians. **2.** a dance performed to beat music. *–v.i.* **3.** to dance to beat music.

job[1] /dʒɒb/ *n., v.* **jobbed, jobbing,** *adj. –n.* **1.** a piece of work; an individual piece of work done in the routine of one's occupation or trade. **2.** a piece of work of defined character undertaken for a fixed price. **3.** the unit or material being worked upon. **4.** the product or result. **5.** anything one has to do. **6.** a post of employment. **7.** *Colloquial* an affair, matter, occurrence, or state of affairs: *to make the best of a bad job.* **8.** *Colloquial* a difficult task. **9.** *Colloquial* a theft or robbery, or any criminal deed. *–v.i.* **10.** to work at jobs, or odd pieces of work; do piecework. **11.** to do business as a jobber (def. 2). **12.** to turn public business, etc., improperly to private gain. *–v.t.* **13.** to buy in large quantities and sell to dealers in small lots. **14.** Also, **job out.** to let out (work) in separate portions, as among different contractors or labourers. *–adj.* **15.** of or for a particular job or transaction. **16.** bought or sold together; lumped together: *job lot.* *–phr.* **17. a good job,** *Colloquial* a lucky state of affairs. **18. get on with the job,** to pursue a specific task with vigour and determination. **19. give up as a bad job,** to abandon as unprofitable (an undertaking already begun). **20. jobs for the boys,** *Colloquial* appointments of friends or supporters to office made by those in power. **21. just the job,** *Colloquial* exactly what is required. **22. make a good job of,** to complete satisfactorily. **23. on the job,** *Colloquial* **a.** busy; hard at work. **b.** engaged in sexual intercourse. **24. the devil's own job,** an extremely difficult or frustrating experience. **–jobless** *adj.* **–joblessness** *n.*

job[2] /dʒɒb/ *v.t.* **jobbed, jobbing.** *Australian Colloquial* jab; hit; punch: *shut up or I'll job you.*

jobber /'dʒɒbə/ *n.* **1.** a wholesale merchant, especially one selling to retailers. **2.** a dealer in stock exchange securities. Compare **broker. 3.** a pieceworker. **4.** someone who practises jobbery.

jobbery /'dʒɒbəri/ *n.* the practice of making

job lot improper private gains from public or official business.

job lot *n.* **1.** any large lot of goods handled by a jobber. **2.** a miscellaneous quantity of goods.

job share *n.* an arrangement whereby one job is shared between two or more employees.

job-share /'dʒɒb-ʃɛə/ *v.i.* **-shared, -sharing.** (of an employee) to participate in a job share. **–job-sharing** *n.*

jockey /'dʒɒki/ *n.* **-eys,** *v.* **-eyed, -eying.** –*n.* **1.** one who professionally rides horses in races. **2.** one who acts as an assistant to a driver as in a taxi, delivery vehicle, truck, etc. –*v.t.* **3.** to ride (a horse) as a jockey. **4.** to bring, put, etc., by skilful manoeuvring. –*v.i.* **5.** to act trickily; seek an advantage by trickery. –*phr.* **6. jockey for,** to try for by skilful manoeuvring. **7. jockey for position,** to attempt to gain an advantageous position (in a race, contest, etc.). **–jockeyship** *n.*

jockstrap /'dʒɒkstræp/ *n. Colloquial* a support for the genitals; usually of elastic cotton webbing, and worn by male athletes, dancers, etc.

jocose /dʒə'koʊs/ *adj.* given to or characterised by joking; jesting; humorous; playful. **–jocosely** *adv.* **–jocosity** /dʒə'kɒsɪti/, **jocoseness** *n.*

jocular /'dʒɒkjələ/ *adj.* given to, characterised by, intended for, or suited to joking or jesting; waggish; facetious. **–jocularity** /dʒɒkjə'lærəti/ *n.* **–jocularly** *adv.*

jocund /'dʒɒkənd/ *adj.* cheerful; merry; gay; blithe; glad. **–jocundity** /dʒə'kʌndəti/ *n.* **–jocundly** *adv.*

jodhpurs /'dʒɒdpəz/ *pl. n.* riding breeches reaching to the ankle, and fitting closely from the knee down, worn also in sports, etc.

Joe Blow /dʒoʊ 'bloʊ/ *n. Colloquial* the man in the street; the average citizen. Also, **Joe Bloggs.**

joey /'dʒoʊi/ *n.* **-eys.** *Australian* **1.** any young animal, especially a kangaroo. **2.** *Colloquial* a young child. **3.** (*sometimes cap.*) → **Joey Scout**.

Joey Scout *n.* (*sometimes l.c.*) (in Australia) a member of the youngest division (ages 6–7) of the Scout Association.

jog /dʒɒg/ *v.* **jogged, jogging,** *n.* –*v.t.* **1.** to move or shake with a push or jerk. **2.** to give a slight push to, as to arouse the attention; nudge. **3.** to stir up by hint or reminder: *to jog a person's memory.* –*v.i.* **4.** to move with a jolt or jerk. **5.** to run at a jogtrot. **6.** to go or travel with a jolting pace or motion. –*n.* **7.** a shake; a slight push; a nudge. **8.** a slow, steady walk, trot, etc. **9.** the act of jogging. –*phr.* **10. jog along,** to proceed in a steady or humdrum fashion. **–jogger** *n.*

joggle /'dʒɒgəl/ *v.* **-gled, -gling,** *n.* –*v.t.* **1.** to shake slightly; move to and fro as by repeated jerks. **2.** to join or fasten by a joggle or joggles. –*v.i.* **3.** to move irregularly; have a jogging or jolting motion; shake. –*n.* **4.** the act of joggling. **5.** a slight shake; a jolt. **6.** a moving with jolts or jerks. **7.** a projection on one of two joining surfaces, or a notch on the other, to prevent slipping.

john¹ /dʒɒn/ *n. Australian, NZ Colloquial* → **John Hop.**

john² /dʒɒn/ *n. Colloquial* a toilet.

John Dory *n.* **1.** a thin, deep-bodied, highly esteemed food fish of Australian waters, *Zeus australis.* **2.** a similar fish, *Zeus faber,* found elsewhere.

John Hop *n. Australian, NZ Colloquial* a police officer.

johnnycake /'dʒɒnɪkeɪk/ *n.* a small flat damper of wheatmeal or flour about as big as the palm of the hand, cooked on both sides often on top of the embers of a campfire or in a camp oven.

join /dʒɔɪn/ *v.t.* **1.** to bring or put together, in contact or connection. **2.** to come into contact, connection, or union with: *the brook joins the river.* **3.** to bring together in relation, purpose, action, coexistence, etc.: *to join forces.* **4.** to become a member of (a society, party, etc.); enlist in (one of the armed forces). **5.** to come into the company of: *I'll join you later.* **6.** to unite in marriage. **7.** to meet or engage in (battle, conflict, etc.). **8.** to adjoin: *his land joins mine.* **9.** *Geometry* to draw a curve or straight line between. **10.** (of animals) to mate. –*v.i.* **11.** to come into or be in contact or connection, or form a junction. **12.** to be contiguous or close; lie or come together; form a junction. –*n.* **13.** joining. **14.** a place or line of joining; a seam. –*phr.* **15. join in,** to take part with others. **16. join up, a.** to enlist in one of the armed forces. **b.** to meet; come together: *I joined up with the stragglers; let's join up later for diner.* **c.** to bring or put together, in contact or connection. **17. join with,** to become united, associated, or combined with; associate or ally oneself to. **–joinable** *adj.*

joiner /'dʒɔɪnə/ *n.* a craftsman who works in wood already cut and shaped; a worker in wood who constructs the fittings of a house, furniture, etc.

joint /dʒɔɪnt/ *n.* **1.** the place or part in which two things, or parts of one thing, are joined or united, either rigidly or so as to admit of motion; an articulation. **2.** (in an animal body) **a.** the movable place or part where two bones or two segments join. **b.** the hingelike or other arrangement of such a part. **3.** *Biology* **a.** a portion, especially of an animal or plant body, connected with another portion by an articulation, node, or the like. **b.** a portion between two articulations, nodes, or the like. **4.** *Botany* the part of a stem from which a branch or a leaf grows; a node. **5.** one of the portions into which a carcase is divided by a butcher, especially one ready for cooking. **6.** *Colloquial* the house, unit, office, etc., regarded as in some sense one's own: *come round to my joint.* **7.** *Colloquial* a disreputable bar, restaurant, or nightclub; a dive. **8.** *Colloquial* a marijuana cigarette. –*adj.* **9.** shared by or common to two or more. **10.** sharing or acting in common. **11.** joined or associated, as in relation, interest, or action: *joint owners.* **12.** held, done, etc., by two or more in conjunction or in common: *a joint effort.* **13.** *Law* joined together in obligation or ownership. **14.** *Parliamentary Procedure* of or relating to both branches of a bicameral legislature. **15.** (of a diplomatic action) in which two or more governments are formally united. –*v.t.* **16.** to unite by a joint or joints. **17.** to form or provide with a joint or joints. **18.** to divide at a joint, or separate into pieces. **19.** to fill up (the joints of stone, interstices in brickwork, etc.) with mortar. –*phr.* **20. out of joint, a.** dislocated. **b.** out of order; in a bad state.

jointly /'dʒɔɪntli/ *adv.* together; in common.

joint sitting *n.* both the houses of parliament sitting together, as the House of Representatives and the Senate in Federal Parliament, to resolve a deadlock after a double dissolution.

joint-stock company *n.* a company whose ownership is divided into transferable shares, the object usually being the division of profits among the members in proportion to the shares held by each.

joint venture *n.* a business enterprise for which two or more parties join forces (not necessarily in partnership or by the formation of a company). **–joint venturer** *n.*

joist /dʒɔɪst/ *n.* **1.** any of the parallel lengths of timber, steel, etc., used for supporting floors, ceilings, etc. –*v.t.* **2.** to furnish with or fix on joists. **–joistless** *adj.*

jojoba /hə'hoʊbə/ *n.* an evergreen shrub, *Simmondsia chinensis,* or *S. californica,* native to

Mexico and south-western US, having edible seeds containing a liquid wax with many uses, as in high temperature and pressure lubrication, manufacture of cosmetics, soaps, plastics, etc.

joke /dʒoʊk/ *n., v.* **joked, joking.** –*n.* **1.** something said or done to excite laughter or amusement; a playful or mischievous trick or remark. **2.** an amusing or ridiculous circumstance. **3.** an object of joking or jesting; a thing or person laughed at rather than taken seriously. **4.** a matter for joking about; trifling matter: *the loss was no joke.* **5.** *Colloquial* something extremely bad, pathetic, etc.: *their defensive play is a joke.* –*v.i.* **6.** to speak or act in a playful or merry way. **7.** to say something in mere sport, rather than in earnest. –*phr.* **8. the joke is on ...,** *Colloquial* (said of a person who has become the object of laughter or ridicule, usually after a reversal of fortune). –**jokeless** *adj.* –**jokingly** *adv.*

joker /'dʒoʊkə/ *n.* **1.** one who jokes. **2.** an extra playing card in a pack, used in some games, often counting as the highest card or to represent a card of any denomination or suit the holder wishes. **3.** *Australian, NZ Colloquial* a fellow; bloke: *a funny sort of joker.* **4.** *Colloquial* a hidden clause in any paper, document, etc., which largely changes its apparent nature. –*phr.* **5. the joker in the pack,** a person whose behaviour is unpredictable.

jollity /'dʒɒləti/ *n.* **-ties. 1.** jolly state, mood, or proceedings. **2.** (*plural*) jolly festivities.

jolly /'dʒɒli/ *adj.* **-lier, -liest,** *v.* **-lied, -lying,** *adv.* –*adj.* **1.** in good spirits; cheerful: *in a moment he was as jolly as ever.* **2.** cheerfully festive or convivial. **3.** *Colloquial* amusing; pleasant. **4.** joyous, glad. –*v.t.* **5.** (sometimes fol. by *into*) to humour; cajole; flatter. –*adv.* **6.** *Colloquial* extremely; very: *jolly well.* –*phr.* **7. get one's jollies,** *Colloquial* to derive pleasure or gratification: *is that how you get your jollies?* **8. jolly someone along,** to attempt to maintain the good spirits of someone by cheerful talk and encouragement. –**jollily** *adv.* –**jolliness** *n.*

jolt /dʒoʊlt/ *v.t.* **1.** to jar or shake as by a sudden rough thrust. –*v.i.* **2.** to proceed in an irregular or bumpy manner. –*n.* **3.** a jolting shock or movement. –**jolter** *n.* –**jolty** *adj.*

jonah /'dʒoʊnə/ *n.* a person regarded as bringing bad luck.

jonquil /'dʒɒŋkwɪl/ *n.* **1.** a species of narcissus, *Narcissus jonquilla,* with long, narrow rushlike leaves and fragrant yellow or white flowers. **2.** any of certain species of *Narcissus* other than *N. jonquilla* which have a number of small flowers in the inflorescence and strap-shaped leaves.

jostle /'dʒɒsəl/ *v.* **-tled, -tling,** –*v.t.* **1.** to strike or push roughly or rudely against; elbow roughly; hustle. **2.** to drive or force by or as by pushing or shoving. –*v.i.* **3.** to collide with, or strike others as in passing or in a crowd; push or elbow one's way rudely. **4.** to strive as with collisions, rough pushing, etc., for room, place, or any advantage. –*n.* **5.** a collision, shock, or push. –**jostlement** *n.* –**jostler** *n.*

jot /dʒɒt/ *n.* **1.** the least part of something; a little bit: *I don't care a jot.* –*phr.* **2. jot down,** to write or mark down briefly.

jotter /'dʒɒtə/ *n.* a small notebook.

joule /dʒul/ *n.* the derived SI unit of work or energy, defined as the work done when the point of application of a force of one newton is displaced through a distance of one metre in the direction of the force. *Symbol*: J

journal /'dʒɜnəl/ *n.* **1.** a daily record, as of experiences, or thoughts; diary. **2.** a record of the daily business of a public or governing body. **3.** a newspaper. **4.** any magazine, especially one published by a learned society. **5.** *Bookkeeping* **a.** a daybook. **b.** (in double entry) a book in which all transactions are entered (from the daybook). **6.** *Mechanics* the part of a shaft or axle in actual contact with a bearing.

journalese /dʒɜnə'liz/ *n.* a style of writing said to be common in journalism, characterised by superficiality and the use of clichés.

journalism /'dʒɜnəlɪzəm/ *n.* **1.** the occupation of writing for, editing, and producing newspapers and other periodicals, and television and radio shows. **2.** such productions viewed collectively. –**journalist** *n.* –**journalistic** /dʒɜnə'lɪstɪk/ *adj.*

journey /'dʒɜni/ *n.* **-neys,** *v.* **-neyed, -neying.** –*n.* **1.** a course of travel from one place to another, especially by land. **2.** a distance travelled, or suitable for travelling, in a specified time: *a day's journey.* –*v.i.* **3.** to make a journey; travel. –**journeyer** *n.*

joust /dʒaʊst/ *n.* **1.** a combat in which two armoured knights or men-at-arms on horseback opposed each other with lances. **2.** a public struggle or dispute between individuals. –*v.i.* **3.** to contend in a joust or tournament. **4.** to contend publicly over some issue. –**jouster** *n.*

Jove /dʒoʊv/ *phr.* **by Jove,** (a cry of surprise, an exclamation, etc.)

jovial /'dʒoʊviəl/ *adj.* endowed with or characterised by a hearty, joyous humour or a spirit of good fellowship. –**jovially** *adv.* –**joviality** /dʒoʊvi'æləti/, **jovialness** *n.*

jowl¹ /dʒaʊl/ *n.* **1.** a jaw, especially the lower jaw. **2.** the cheek.

jowl² /dʒaʊl/ *n.* a fold of flesh hanging from the jaw, as of a fat person.

joy /dʒɔɪ/ *n.* **1.** an emotion of keen or lively pleasure arising from present or expected good; exultant satisfaction; great gladness; delight. **2.** a source or cause of gladness or delight: *a thing of beauty is a joy forever.* **3.** a state of happiness or felicity. **4.** the manifestation of glad feeling; outward rejoicing; festive gaiety. –*phr.* **5. not to have any joy,** (sometimes fol. by *of*) to be unsuccessful. –**joyless** *adj.*

joy-ride /'dʒɔɪ-raɪd/ *n., v.* **-rode, -riding.** *Colloquial* –*n.* **1.** a ride, as in a motor car, boat, etc., undertaken for pleasure. **2.** such a ride in a car, especially stolen, involving reckless driving. **3.** a junket (def. 3). –*v.i.* **4.** to take such a ride. –**joy-rider** *n.* –**joy-riding** *n., adj.*

joystick /'dʒɔɪstɪk/ *n.* **1.** the control stick of an aeroplane. **2.** a lever used to control the movement of the cursor and other images in computer games, or the arrangement of graphics on a computer screen.

jube /dʒub/ *n.* a fruit flavoured, chewy lolly made of gelatine or gum arabic, sugar, and flavourings. Also, **jujube.**

jubilant /'dʒubələnt/ *adj.* **1.** jubilating; rejoicing; exultant. **2.** expressing or exciting joy; manifesting exultation or gladness. –**jubilance, jubilancy** *n.* –**jubilantly** *adv.*

jubilate /'dʒubəleɪt/ *v.i.* **-lated, -lating. 1.** to manifest or feel great joy; rejoice; exult. **2.** to celebrate a jubilee or joyful occasion. –**jubilation** /dʒubə'leɪʃən/ *n.* –**jubilatory** /dʒubələɪtəri/ *adj.*

jubilee /'dʒubə'li/ *n.* **1.** the celebration of any of certain anniversaries, such as the 25th (**silver jubilee**), 50th (**golden jubilee**), or 60th or 75th (**diamond jubilee**). **2.** the completion of the 50th year of any continuous course or period, as of existence or activity, or its celebration. **3.** any season or occasion of rejoicing or festivity. **4.** rejoicing or jubilation.

Judaism /'dʒudeɪˌɪzəm/ *n.* the religion of the Jews, deriving its authority from the precepts of the Old

Testament and the teaching of the rabbis as expounded in the Talmud. It is founded on belief in the one and only God, who is transcendent, the creator of all things, and the source of all righteousness, and in the duty of all Jews to bear witness to this belief.

judder /ˈdʒʌdə/ *v.i.* **1.** to vibrate; shake. —*n.* **2.** a shaking; vibration.

judge /dʒʌdʒ/ *n., v.* **judged, judging.** —*n.* **1.** a public officer having the power to hear and decide cases in a court of law. **2.** a person appointed to decide in any competition or contest. **3.** someone having the knowledge to pass judgment: *a judge of horses.* —*v.t.* **4.** to try (a person or a case) as a judge does. **5.** to form a judgment or opinion of or upon. **6.** to decide lawfully or authoritatively. —*v.i.* **7.** to act as a judge. **8.** to form an opinion. —**judger** *n.* —**judgeless** *adj.* —**judgelike** *adj.* —**judgeship** *n.*

judgment = **judgement** /ˈdʒʌdʒmənt/ *n.* **1.** the act of judging. **2.** *Law* **a.** the judicial decision of a cause in court. **b.** the obligation, especially a debt, arising from a judicial decision. **c.** the certificate embodying such a decision. **3.** ability to judge justly or wisely, especially in matters affecting action; good sense; discretion. **4.** the forming of an opinion, estimate, notion, or conclusion, as from circumstances presented to the mind. **5.** the opinion formed. **6.** a misfortune regarded as inflicted by divine sentence, as for sin. **7.** (*often cap.*) the final trial of all human beings, both the living and the dead, at the end of the world (often, **Last Judgment**).

judicature /ˈdʒudəkətʃə/ *n.* **1.** the administration of justice, as by judges or courts. **2.** the office, function, or authority of a judge. **3.** the extent of jurisdiction of a judge or court. **4.** a body of judges. **5.** the power of administering justice by legal trial and determination.

judicial /dʒuˈdɪʃəl/ *adj.* **1.** relating to judgment in courts of justice or to the carrying out of justice: *a judicial inquiry.* **2.** relating to courts of law or to judges: *judicial functions.* **3.** likely to make or give judgments; critical. **4.** relating to judgment in a fight or contest. —**judicially** *adv.*

judiciary /dʒuˈdɪʃəri/ *adj., n.* **-aries.** —*adj.* **1.** relating to judgment in courts of justice, or to courts or judges; judicial. —*n.* **2.** the judicial arm of government. **3.** the system of courts of justice in a country. **4.** the judges collectively.

judicious /dʒuˈdɪʃəs/ *adj.* **1.** using or showing judgment as to action or practical expediency; discreet, prudent, or politic. **2.** having, exercising, or showing good judgment; wise, sensible, or well-advised: *a judicious selection.* —**judiciously** *adv.* —**judiciousness** *n.*

judo /ˈdʒudoʊ/ *n.* a style of self-defence derived from jujitsu, using less violent methods and emphasising the sporting element.

jug /dʒʌg/ *n.* **1.** a vessel in various forms for holding liquids, commonly having a handle, often a spout or lip, and sometimes a lid. **2.** the contents of any such vessel. **3.** *Colloquial* prison or jail. **4.** *Colloquial* the music of a jug band.

jug band *n.* a band playing a light offshoot of jazz characterised by zany out-of-time singing and home-made instruments such as washing boards, jugs, and other kitchen ware.

juggernaut /ˈdʒʌgənɔt/ *n.* **1.** anything requiring blind devotion or extreme sacrifice. **2.** any large, relentless, destructive force. **3.** *Brit.* a large truck used in long-distance road haulage.

juggle /ˈdʒʌgəl/ *v.* **-gled, -gling,** *n.* —*v.t.* **1.** to keep (several objects, such as balls, plates, knives) in continuous motion in the air at the same time by tossing and catching. **2.** to manipulate or alter by artifice or trickery: *to juggle accounts.* —*v.i.* **3.** to perform feats of manual or bodily dexterity, such as tossing up and keeping in continuous motion a number of balls, plates, knives, etc. **4.** to use artifice or trickery. —*n.* **5.** the act of juggling; a trick; a deception.

jugular /ˈdʒʌgjulə/ *adj.* **1.** *Anatomy* **a.** of or relating to the throat or neck. **b.** denoting or relating to any of certain large veins of the neck, especially one (**external jugular vein**) collecting blood from the superficial parts of the head, or one (**internal jugular vein**) receiving blood from within the skull. —*n.* **2.** *Anatomy* a jugular vein. —*phr.* **3. go for the jugular,** *Colloquial* to take ruthless action in order to secure a desired result.

juice /dʒus/ *n.* **1.** the liquid part of a plant or animal substance. **2.** any natural fluid coming from an animal body. **3.** liquid, as from a fruit. **4.** strength; essence. **5.** *Colloquial* **a.** electric power. **b.** petrol, oil, etc., used to run an engine. **6.** *Colloquial* any alcoholic drink. —**juiceless** *adj.*

juicy /ˈdʒusi/ *adj.* **-cier, -ciest. 1.** full of juice; succulent. **2.** interesting; vivacious; colourful; spicy. —**juicily** *adv.* —**juiciness** *n.*

jujitsu /dʒuˈdʒɪtsu/ *n.* a Japanese method of defending oneself without weapons in personal encounter, which employs the strength and weight of the opponent to overcome him or her. Also, **jiujitsu, jiujutsu, jujutsu.**

jukebox /ˈdʒukbɒks/ *n.* a coin-operated machine which plays a selected musical item or items.

July /dʒəˈlaɪ/ *n.* **Julies.** the seventh month of the year, containing 31 days.

jumble /ˈdʒʌmbəl/ *v.* **-bled, -bling,** *n.* —*v.t.* **1.** to mix in a confused mass; put or throw together without order. **2.** to muddle or confuse mentally. —*v.i.* **3.** to meet or come together confusedly; be mixed up. —*n.* **4.** a confused mixture; a medley. **5.** a state of confusion or disorder. —**jumbler** *n.*

jumbo /ˈdʒʌmboʊ/ *n.* **-bos,** *adj.* *Colloquial* —*n.* **1.** an elephant. **2.** any very large intercontinental jet plane, especially the Boeing 747. **3.** anything bigger than usual. —*adj.* **4.** very large: *a jumbo sale.*

jumbuck /ˈdʒʌmbʌk/ *n.* *Australian, NZ Colloquial* a sheep.

jump /dʒʌmp/ *v.i.* **1.** to spring clear of the ground or other support by a sudden muscular effort; propel oneself forwards, backwards, upwards, or downwards; leap. **2.** to move or go quickly: *she jumped into a taxi.* **3.** to rise suddenly or abruptly: *he jumped from his chair.* **4.** to move suddenly or abruptly, as from surprise or shock; start: *the sudden noise made him jump.* **5.** to rise suddenly in amount, price, etc. **6.** to pass abruptly, ignoring intervening stages: *to jump to a conclusion.* **7.** to change suddenly: *the traffic lights jumped from green to red.* **8.** to move or change suddenly, haphazardly, or aimlessly: *she kept jumping from one thing to another without being able to concentrate.* **9.** *Colloquial* (of a wound, etc.) to hurt; throb. **10.** (of a computer) to leave the sequence of instructions in a program and start obeying a different sequence elsewhere in the program. —*v.t.* **11.** to leap or spring over: *to jump a stream.* **12.** to cause to jump or leap. **13.** to skip or pass over; bypass. **14.** to abscond from or evade by absconding. **15. a.** to seize or occupy (a mining claim, etc.) on the ground of some flaw in the holder's title. **b.** to encroach on the rights of (another). **16.** (of a train) to spring off or leave (the track). **17.** *Colloquial* to attack suddenly without warning. **18.** *Colloquial* ‡ to have sex with. —*n.* **19.** the act of jumping; a leap. **20.** a space or obstacle or apparatus cleared in a leap. **21.** a descent by parachute from an aeroplane. **22.** a sudden rise in amount, price, etc. **23.** a sudden upward or other movement of an inanimate object. **24.** an

abrupt transition from one point or thing to another, with omission of what intervenes. **25.** *Colloquial* a head start in time or space; advantageous beginning. **26.** *Sport* any of several athletic games which feature a leap or jump. **27.** *Film* a break in the continuity of action due to a failure to match action between a long shot and a closer shot of the same scene. **28.** a sudden start, as from nervous excitement. **29.** (*plural*) a physical condition characterised by such starts; restlessness; anxiety. **30.** *Colloquial* ‡ an act of sexual intercourse. *–phr.*
31. for (or **on**) **the** (**high**) **jump**(**s**), up for trial.
32. get the jump on, to take by surprise; get an advantage over.
33. go jump (**in the lake**), (an expression of annoyance or dismissal).
34. jump at, to accept eagerly; seize: *he jumped at the chance of a new job.*
35. jump bail, to abscond when at liberty following the payment of bail money.
36. jump down someone's throat, to speak suddenly and sharply to someone.
37. jump on (or **upon**), to scold; rebuke; reprimand.
38. jump out of one's skin, to be frightened suddenly.
39. jump to it, *Colloquial* to move quickly; hurry.
40. jump the gun, *Colloquial* to start prematurely; obtain an unfair advantage.
41. jump the lights, (of a motor vehicle or driver) to take off at a set of traffic lights before they have turned green.
42. jump the queue, to overtake a queue; obtain something out of one's proper turn.
43. jump up and down, *Colloquial* **a.** to show anxiety or impatience by constant movement. **b.** (sometimes fol. by *about*) to make a fuss: *you won't get any results unless you jump up and down about it.*
44. one jump ahead, in a position of advantage.
45. take a (**running**) **jump at yourself**, *Colloquial* **a.** (an impolite dismissal indicating the speaker's wish to end the conversation). **b.** (an impolite instruction to someone to reconsider their attitude or performance).

jumper¹ /ˈdʒʌmpə/ *n.* **1.** a person or animal that jumps. **2.** a boring tool or device worked with a jumping motion. **3.** Also, **jumper lead**. *Electricity* a short length of conductor used to make a connection, usually temporary, between terminals, around a break in a circuit, or around an instrument.

jumper² /ˈdʒʌmpə/ *n.* **1.** an outer garment, usually of wool, for the upper part of the body; pullover; sweater; jersey; guernsey. **2.** *Originally US* a pinafore frock.

jumper leads *pl. n.* a pair of heavy jumpers used in starting a motor vehicle with a flat battery, by connecting this battery to a charged one. Also, **jump leads**.

jumpsuit /ˈdʒʌmpsut/ *n.* **1.** a close-fitting outer garment covering all of the body and the legs. **2.** a one-piece loose outer garment for a small child, combining a sleeved top and short or long trousers; all-in-one.

jumpy /ˈdʒʌmpi/ *adj.* **jumpier, jumpiest. 1.** characterised by or inclined to sudden, involuntary starts, especially from nervousness, fear, excitement, etc. **2.** causing to jump or start. *–jumpiness n.*

junction /ˈdʒʌŋkʃən/ *n.* **1.** the act of joining; combination. **2.** the state of being joined; union. **3.** a place or station where railway lines meet or cross. **4.** a place of joining or meeting.

juncture /ˈdʒʌŋktʃə/ *n.* **1.** a point of time, especially one made critical or important by a concurrence of circumstances. **2.** the line or point at which two bodies are joined; a joint or articulation; a seam.

June /dʒun/ *n.* the sixth month of the year, containing 30 days.

jungle /ˈdʒʌŋgəl/ *n.* **1.** wild land overgrown with dense, rank vegetation, often nearly impenetrable, as in tropical countries. **2.** a tract of such land. **3.** a tropical rainforest with thick, impenetrable undergrowth. **4.** anything confusing, perplexing, or in disorder. **5.** any place or situation characterised by a struggle for survival, ruthless competition, etc. *–jungly adj.*

jungle juice *n. Colloquial* **1.** a rough alcoholic drink especially made by Europeans in the tropics as a substitute for commercially produced beverages. **2.** any drink considered to be as rough.

junior /ˈdʒunjə/ *adj.* **1.** younger, often shortened to *Jr* or *Jun* after a family name. **2.** of something made for young people: *a junior textbook.* **3.** of lower rank or standing. *–n.* **4.** a person who is younger than another. **5.** any child, especially a male. **6.** someone who is of more recent entrance into, or of lower standing in, an office, class, etc. **7.** *Law* a barrister who has not been appointed a Queen's Counsel.

juniper /ˈdʒunəpə/ *n.* any of the coniferous evergreen shrubs or trees constituting the genus *Juniperus*, especially *J. communis*, whose cones form purple berries used in making gin and in medicine as a diuretic, or *J. virginiana*, a North American species.

junk¹ /dʒʌŋk/ *n.* **1.** any old or discarded material, as metal, paper, rags, etc. **2.** *Colloquial* anything that is regarded as worthless or mere trash. *–v.t.* **3.** *Colloquial* to cast aside as junk, discard as no longer of use.

junk² /dʒʌŋk/ *n.* a kind of seagoing ship used in Chinese and other waters, having square sails spread by battens, a high stern, and usually a flat bottom.

junk bond *n. Finance* a high-yield security, especially one issued to finance a takeover, and often involving high risk.

junket /ˈdʒʌŋkət/ *n.* **1.** a sweet custard-like food of flavoured milk curded with rennet. **2.** a feast or merrymaking; a picnic; a pleasure excursion. **3.** a trip, as by a legislative committee, official body, or individual politician at public expense and ostensibly to obtain information. *–v.i.* **4.** to feast; picnic; go on a junket or pleasure excursion. **5.** to go on a junket (def. 3). *–junketer n.*

junkie /ˈdʒʌŋki/ *n. Colloquial* a drug addict. Also, **junky**.

junk mail *n.* unsolicited mail, usually advertisements or prospectuses.

junta /ˈdʒʌntə/ *n.* a small ruling group in a country, either self- or self-chosen, especially one which has come to power after a revolution.

juridical /dʒuˈrɪdɪkəl/ *adj.* **1.** having to do with the administration of justice. **2.** having to do with law or jurisprudence; legal. *–juridically adv.*

jurisdiction /ˌdʒurəsˈdɪkʃən/ *n.* **1.** the right, power, or authority to administer justice by hearing and determining controversies. **2.** power; authority; control. **3.** the extent or range of judicial or other authority. **4.** the territory over which authority is exercised. *–jurisdictional adj. –jurisdictionally adv.*

jurisprudence /dʒurəsˈprudns/ *n.* **1.** the science or philosophy of law. **2.** a body or system of laws. **3.** a department of law: *medical jurisprudence.* **4.** *Civil Law* decisions of courts of appeal or other higher tribunals. *–jurisprudential* /ˌdʒurəspruˈdɛnʃəl/ *adj.*

jurist /'dʒurəst, 'dʒuə-/ *n.* **1.** someone who professes the science of law. **2.** someone versed in the law. **3.** someone who writes on the subject of law.

juror /'dʒuərə, 'dʒurə/ *n.* **1.** one of a body of persons sworn to deliver a verdict in a case submitted to them; a member of any jury. **2.** one of the panel from which a jury is selected.

jury[1] /'dʒuəri, 'dʒuri/ *n.* **juries. 1.** a body of persons sworn to render a verdict or true answer on a question or questions officially submitted to them. **2.** such a body selected according to law and sworn to inquire into or determine the facts concerning a cause or an accusation submitted to them and to render a verdict. **3.** a body of persons chosen to adjudge prizes, etc., as in a competition. **–juryless** *adj.*

jury[2] /'dʒuəri, 'dʒuri/ *adj. Nautical* makeshift, temporary, as for an emergency.

just /dʒʌst/ *adj.* **1.** actuated by truth, justice, and lack of bias: *to be just in one's dealings.* **2.** in accordance with true principles; equitable; even-handed: *a just award.* **3.** based on right; rightful; lawful: *a just claim.* **4.** agreeable to truth or fact; true; correct: *a just statement.* **5.** given or awarded rightly, or deserved, as a sentence, punishment, reward, etc. **6.** in accordance with standards, or requirements; proper, or right: *just proportions.* **7.** (especially in biblical use) righteous. **8.** actual, real, or genuine. –*adv.* **9.** within a brief preceding time, or but a moment before: *they have just gone.* **10.** exactly or precisely: *that is just the point.* **11.** by a narrow margin; barely: *it just missed the mark.* **12.** only or merely: *he is just an ordinary man.* **13.** *Colloquial* actually; truly; positively: *the weather is just glorious.* –*phr.* **14. just so, a.** carefully and exactly in place. **b.** (an expression of affirmation or agreement). **–justly** *adv.* **–justness** *n.*

justice /'dʒʌstəs/ *n.* **1.** the quality of being just; righteousness, equitableness, or moral rightness: *to uphold the justice of a cause.* **2.** rightfulness or lawfulness, as of a claim or title; justness of ground or reason: *to complain with justice.* **3.** the moral principle determining just conduct. **4.** conformity to this principle as manifested in conduct; just conduct, dealing, or treatment. **5.** the requital of desert as by punishment or reward. **6.** the maintenance or administration of law, as by judicial or other proceedings: *a court of justice.* **7.** judgment of persons or causes by judicial process: *to administer justice in a community.* **8.** a judicial officer; a judge or magistrate. **9.** (*cap.*) the title of the judges in the superior state courts and in the federal courts of Australia. –*phr.* **10. do justice to, a.** to render or concede what is due to (a person or thing, merits, intentions, etc.); treat or judge fairly. **b.** to exhibit (oneself) in a just light, as in doing something. **c.** to show just appreciation of (something) by action.

justify /'dʒʌstəfaɪ/ *v.t.* **-fied, -fying. 1.** to show (an act, claim, statement, etc.) to be just, right, or warranted: *the end justifies the means.* **2.** to declare guiltless; absolve; acquit. **3.** *Printing* to adjust exactly; make (lines) of the proper length by spacing. **–justifiable** *adj.* **–justifiably** *adv.* **–justifier** *n.*

just-in-time /dʒʌst-ɪn-'taɪm/ *adj.* having to do with a system of manufacturing in which materials are supplied within a short time of being needed in the manufacturing process, rather than being stored in advance.

jut /dʒʌt/ *v.* **jutted, jutting,** *n.* –*v.i.* **1.** Also, **jut out.** to extend beyond the main body or line; project; protrude. –*n.* **2.** something that juts out; a projection or protruding point.

jute /dʒut/ *n.* **1.** a strong fibre used for making fabrics, cordage, etc., obtained from two East Indian plants of the family Tiliaceae, *Corchorus capsularis* and *C. olitorius.* **2.** the coarse fabric woven from jute fibres; gunny. **–jutelike** *adj.*

juvenile /'dʒuvənaɪl/ *adj.* **1.** of, relating to, or suitable for young people: *juvenile behaviour; juvenile books; a juvenile court.* **2.** young. **3.** like the behaviour or thoughts of a young person; frivolous. –*n.* **4.** a young person; a youth. **–juvenilely** *adv.* **–juvenileness** *n.* **–juvenility** *n.*

juxta- a word element meaning 'near', 'close to', 'beside'.

juxtapose /dʒʌkstə'pouz, 'dʒʌkstəpouz/ *v.t.* **-posed, -posing.** to place in close proximity or side by side. **–juxtaposition** /dʒʌkstəpə'zɪʃən/ *n.*

K k

K, k /keɪ/ *n. K's, Ks, k's or ks.* a consonant, the 11th letter of the English alphabet.

K /keɪ/ *n.* **1.** *Computers* kilobytes: *how many K of memory have you?* **2.** a thousand (dollars, etc.): *we got the house for 180 K.*

kadaitja man /kəˈdaɪtʃə mæn/ *n.* (among tribal Aborigines) the man empowered to avenge a grievance held by a tribal member, by pointing the bone at the wrongdoer. Also, **kadaicha man**, **kurdaitcha man**.

kaftan /ˈkæftæn/ *n.* → **caftan**.

kafuffle /kəˈfʌfəl, -ˈfʊfəl/ *n. Colloquial* → **kerfuffle**.

kahikatea /kaɪkəˈtiə/ *n.* a tall gymnospermous tree with evergreen, brownish green foliage, *Podocarpus dacrydioides*, native to New Zealand, where it provides a valuable source of timber; white pine.

kahikatoa /kaɪkəˈtoʊə/ *n.* a New Zealand tea-tree, *Leptospermum scoparium*; manuka.

kai /kaɪ/ *n. Australian, NZ* food; a meal.

kainga /ˈkaɪŋə/ *n.* a Maori village.

kaka /ˈkakɑ/ *n.* a New Zealand parrot, *Nestor meridionalis*, chiefly greenish or olive brown in colour.

kaka beak *n.* an evergreen shrub, *Clianthus puniceus*, with pinnate leaves and clusters of bright red, pointed flowers, native to New Zealand, but extensively cultivated; parrot's beak; glory pea.

kakapo /ˈkakəpoʊ/ *n.* a large, almost flightless, and now rare, nocturnal parrot, *Strigops habroptilus*, of New Zealand.

kale /keɪl/ *n.* a kind of cabbage, *Brassica oleracea*, var. *acephala*, with wrinkled leaves; does not form a head.

kaleidoscope /kəˈlaɪdəskoʊp/ *n.* **1.** an optical instrument in which pieces of coloured glass, etc., in a rotating tube are shown by reflection in continually changing symmetrical forms. **2.** any highly-coloured, rapidly changing pattern: *the kaleidoscope of fashion*. **3.** a pattern of things or events which is complex and constantly changing: *Australian politics is a kaleidoscope*.

kamahi /ˈkamahi/ *n.* a New Zealand forest tree, *Weinmannia racemosa*.

kamikaze /kæməˈkazi/ *adj. Colloquial* (*often humorous*) dangerous; suicidal: *his kamikaze driving*.

Kanaka /kəˈnækə/ *n.* **1.** a Pacific islander, formerly one brought to Australia as a labourer. **2.** a native Hawaiian.

kangaroo /kæŋgəˈru/ *n.* **1.** any of the largest members of the family Macropodidae, herbivorous marsupials of the Australian region, with powerful hind legs developed for leaping, a sturdy tail serving as a support and balance, a small head, and very short forelimbs. –*v.i.* **2.** *Colloquial* (of a car) to move forward in a jerky manner. **3.** *Colloquial* to squat over a toilet seat, while avoiding contact with it. –*phr.* **4. have kangaroos (loose) in the top paddock**, *Australian Colloquial* to be crazy.

kangaroo bar *n.* a heavy metal bar in front of the radiator of a motor vehicle which protects the vehicle if it strikes kangaroos or stock. Also, **roo bar**.

kangaroo court *n. Chiefly Brit., US Colloquial* an unauthorised or irregular court conducted with disregard for or perversion of legal procedure, such as a mock court by prisoners in a jail, or by trade unionists in judging workers who do not follow union decisions.

kangaroo grass *n.* **1.** a tall grass, *Themeda australis*, widespread in forest and grassland in Australia and providing useful fodder. **2.** any of several other similar Australian grasses.

kangaroo-paw /kæŋgəˈru-pɔ/ *n.* any of several plants of the western Australian genus *Anigozanthos*, having an inflorescence bearing a resemblance to the paw of a kangaroo, especially *A. manglesii*, red and green kangaroo-paw, the floral emblem of Western Australia.

kangaroo rat *n.* any of various small jumping rodents of the family Heteromyidae, of Mexico and the western United States, such as those of the genus *Dipodomys*.

kanooka /kəˈnukə/ *n.* a tree of moist coastal forests of eastern Australia, *Tristaniopsis laurina*; watergum.

kanuka /kəˈnukə/ *n.* a New Zealand tea-tree, *Leptospermum ericoides*; manuka.

kaolin /ˈkeɪələn/ *n.* **1.** a rock composed essentially of clay minerals of the kaolinite group. **2.** a fine white clay used in the manufacture of porcelain and used medically as an absorbent; china clay.

kapai /ˈkæpaɪ/ *interj. NZ Colloquial* **1.** (an exclamation of pleasure, approval, etc.). –*adj.* **2.** good, agreeable.

kapok /ˈkeɪpɒk/ *n.* **1.** the silky down surrounding the seeds of several trees in the family Bombacaceae, such as *Ceiba pentandra* of the East Indies, Africa, and tropical America, which is used for stuffing pillows, etc., and for sound insulation. **2.** a tree bearing this or similar down.

kaput /kæˈpʊt, kə-/ *adj. Colloquial* **1.** smashed; ruined. **2.** broken, not working.

karaka /kəˈrækə/ *n.* a small evergreen coastal tree of New Zealand, *Corynocarpus laevigata*, family Anacardiaceae, having very poisonous seeds and bright orange fruits. Also, **karaka-berry**.

karamu /ˈkarəmu/ *n.* any of the New Zealand shrubs of the genus *Coprosma*, especially *C. robusta*.

karaoke /kæriˈoʊki/ *n.* **1.** the entertainment of singing to a karaoke machine: *that restaurant offers karaoke*. –*adj.* **2.** (of bars, restaurants, etc.) equipped with a karaoke machine.

karate /kəˈrati/ *n.* a method of defensive fighting in which hands, elbows, feet, and knees are the only weapons used.

karma /ˈkamə/ *n.* **1.** *Hinduism, Buddhism, etc.* the cosmic operation of retributive justice, according to which a person's status in life is determined by their own deeds in a previous incarnation. **2.** fate; destiny. **3.** *Colloquial* the quality, mood, or atmosphere of a person or place. –**karmic** *adj*.

karo /ˈkaroʊ/ *n.* **karos.** an evergreen shrub or small tree of New Zealand, *Pittosporum crassifolium*, family Pittosporaceae, having red flowers and hairy fruit and leaves.

karyo- a word element meaning 'nucleus of a cell'.

kata- variant of **cata-**. Also, **kat-**, **kath-**.

katipo /'kætɪpoʊ/ n. a venomous New Zealand spider, *Latrodectus katipo*, closely related to the Australian red-back spider.

kauri /'kaʊri/ n. **-ris. 1.** a tall coniferous tree, *Agathis australis*, of New Zealand, yielding a valuable timber and a resin. **2.** any of various other trees of the genus *Agathis*, such as Queensland kauri, *A. robusta*.

kava /'kavə/ n. **1.** a Polynesian shrub, *Piper methysticum*, of the pepper family. Its root has aromatic and pungent qualities. **2.** an intoxicating beverage made from the roots of the kava.

kayak /'kaɪæk/ n. **1.** an Inuit hunting craft with a skin cover on a light framework, made watertight by flexible closure round the waist of the occupant. **2.** any of various light canoes in imitation of this.

kazoo /kə'zu/ n. a short plastic or metal tube with a membrane-covered side hole, into which a person sings or hums.

kea /'kiə/ n. a large, greenish New Zealand parrot, *Nestor notabilis*.

kebab /kə'bæb/ n. → **shish kebab**.

keel /kil/ n. **1.** a longitudinal timber, or combination of timbers, iron plates, or the like, extending along the middle of the bottom of a vessel from stem to stem and supporting the whole frame. **2.** a ship. **3.** a part corresponding to a ship's keel in some other structure, as in an aircraft fuselage. **4.** *Botany, Zoology* a longitudinal ridge, as on a leaf or bone; a carina. –v.t. **5.** to upset (a boat) so as to bring the wrong side or part uppermost. –*phr.* **6. keel over, a.** (of a boat) to turn or roll on the keel. **b.** *Colloquial* to collapse suddenly. **7. on an even keel**, in a steady or balanced state or manner.

keen¹ /kin/ adj. **1.** sharp, or so shaped as to cut or pierce substances readily: *a keen blade*. **2.** sharp, piercing, or biting: *a keen wind, keen satire*. **3.** characterised by strength and distinctness of perception, as the ear or hearing, the eye, sight, etc. **4.** having or showing great mental penetration or acumen: *keen reasoning*. **5.** animated by or showing competitiveness: *keen prices*. **6.** intense, as feeling, desire, etc. **7.** (sometimes fol. by *about, for*, etc., or an infinitive) ardent; eager. –*phr.* **8. keen as mustard**, *Colloquial* extremely enthusiastic. **9. keen on**, having a fondness or devotion for. –**keenly** adv. –**keenness** n.

keen² /kin/ n. **1.** a wailing lament for the dead. –v.i. **2.** to wail in lamentation for the dead. –**keener** n.

keep /kip/ v. **kept, keeping,** n. –v.t. **1.** to maintain in one's action or conduct: *to keep watch, step, or silence*. **2.** to cause to continue in some place, position, state, course, or action specified: *to keep a light burning*. **3.** to maintain in condition or order, as by care and labour. **4.** to hold in custody or under guard, as a prisoner; detain; prevent from coming or going. **5.** to have habitually in stock or for sale. **6.** to maintain in one's service or for one's use or enjoyment. **7.** to associate with: *to keep bad company*. **8.** to have the charge or custody of. **9.** to withhold from the knowledge of others: *to keep a secret*. **10.** to withhold from use; reserve. **11.** to restrain: *to keep someone from escaping*. **12.** to maintain by writing, as entries, etc.: *to keep a diary*. **13.** to record (business transactions, etc.) regularly: *to keep records*. **14.** to observe; pay obedient regard to (a law, rule, promise, etc.). **15.** to conform to; follow; fulfil: *to keep one's word*. **16.** to observe (a season, festival, etc.) with formalities or rites: *to keep Christmas*. **17.** to maintain or carry on, as an establishment, business, etc.; manage: *to keep house*. **18.** to guard, protect. **19.** to maintain or support (a person, etc.). **20.** to take care of; tend: *to keep sheep*. **21.** to maintain in active existence, or hold, as an assembly, court, fair, etc. **22.** to maintain one's position in or on. **23.** to continue to hold or have: *to keep a thing in mind*. **24.** to save, hold, or retain in possession. –v.i. **25.** to remain or stay in a place: *to keep indoors*. **26.** to continue unimpaired or without spoiling: *the milk will keep on ice*. **27.** to remain; stay (*away, back, off, out*, etc.): *to keep off the grass*. **28.** to restrain oneself: *to try to keep from smiling*. **29.** to admit of being reserved for a future occasion, often in a context of threat: *I won't deal with him now. He'll keep*. –v. (*copular*) **30.** to remain, or continue to be as specified: *to keep cool*. –n. **31.** subsistence; board and lodging: *to work for one's keep*. **32.** the innermost and strongest structure or central tower of a medieval castle. –*phr.*
33. for keeps, *Colloquial* **a.** for keeping as one's own permanently: *to play for keeps*. **b.** permanently; altogether.
34. keep at, a. to persist in. **b.** to badger, hector, or bully.
35. keep back, a. to withhold. **b.** to restrain; hold in check. **c.** to stay away; not advance.
36. keep down, a. to restrain; prevent from rising. **b.** to retain or continue in, as a job. **c.** to consume (food) without regurgitating it.
37. keep in, a. to retract: *he kept his stomach in*. **b.** to remain indoors. **c.** to provide with: *they kept me in clothes*. **d.** to detain (a child) after school.
38. keep in with, *Colloquial* to keep oneself in favour with.
39. keep on, to persist.
40. keep time, a. to record time, as a watch or clock does. **b.** to beat, mark, or observe the rhythmic accents of music, etc. **c.** to perform rhythmic movements in unison.
41. keep to, a. to adhere to (an agreement, plan, facts, etc.). **b.** to confine oneself to: *to keep to one's bed*.
42. keep to oneself, to hold aloof from the society of others.
43. keep track of or **keep tabs on**, to keep account of.
44. keep under, a. to dominate. **b.** to maintain in an anaesthetised state.
45. keep up, a. to maintain an equal rate of speed, activity, or progress, as with another. **b.** to bear up; continue without breaking down, as under strain. **c.** to continue with: *keep up the good work*
46. keep up with the Joneses, to compete with one's neighbours in the accumulation of material possessions, especially as status symbols.
47. keep wicket, *Cricket* to act as wicket-keeper.

keeper /'kipə/ n. **1.** someone who keeps, guards, or watches. **2.** the person in charge of something valuable, as an attendant in a museum, zoo, etc. **3.** something that keeps, or serves to guard, hold in place, retain, etc. –**keeperless** adj. –**keepership** n.

keeping /'kipɪŋ/ n. **1.** just conformity in things or elements associated together: *his deeds are not in keeping with his words*. **2.** observance, custody, or care. **3.** maintenance or keep. **4.** holding, reserving, or retaining. **5.** *Machinery* any of various devices for holding something in position.

keepsake /'kipseɪk/ n. anything kept, or given to be kept, for the sake of the giver, as a token of remembrance, friendship, etc.

keg /kɛg/ n. **1.** (in the imperial system) a barrel or container, usually holding 9 gallons (40.9 litres) or 18 gallons (81.8 litres). **2.** a barrel of beer.

kelp /kɛlp/ n. **1.** any of the large brown seaweeds, such as *Macrocystis* or *Sarcophycus*. **2.** the ash of such seaweeds.

kelpie /'kɛlpi/ *n.* one of a breed of Australian sheepdogs developed from imported Scottish collies, having a smooth coat of variable colour and pricked ears.

kelvin /'kɛlvən/ *n.* the base SI unit of thermodynamic temperature, equal to the fraction 1/273.16 of the temperature of the triple point of water; as a unit of temperature interval, one kelvin is equivalent to one degree Celsius. See **Celsius**. *Symbol:* K

Kelvin scale *n.* a scale of temperature (**Kelvin temperature**), based on thermodynamic principles, in which zero is equivalent to -273.15°C or -459.67°F.

ken /kɛn/ *n.* 1. range of sight or vision. 2. knowledge or cognisance; mental perception.

kennel /'kɛnəl/ *n., v.* -**nelled** or *Chiefly US* -**neled**, -**nelling** or *Chiefly US* -**neling**. —*n.* 1. a house for a dog or dogs. 2. (*usually plural, construed as singular*) an establishment where dogs are bred or boarded. 3. a wretched abode. —*v.t.* 4. to put into or keep in a kennel. —*v.i.* 5. to take shelter or lodge in a kennel.

kentia palm /'kɛntiə pam/ *n.* a palm, *Howea forsteriana*(syn. *Gronophyllum forsteriana*), native to Lord Howe Island but widely cultivated as an ornamental.

kept /kɛpt/ *v.* past tense and past participle of **keep**.

keratin /'kɛrətən/ *n.* a widespread animal protein found in horn, feathers, hair, hoofs.

kerb /kɜb/ *n.* 1. a line of joined stones, concrete, or the like at the edge of a street, wall, etc. 2. the fender of a hearth. 3. the framework round the top of a well. —*v.t.* 4. to furnish with, or protect by a kerb. Also, *Chiefly US*, **curb**.

kerchief /'kɜtʃəf, kə'tʃif/ *n.* 1. a cloth worn as a head covering, especially by women. 2. a cloth worn or carried on the person.

kerfuffle /kə'fʌfəl, -'fʊfəl/ *n. Colloquial* commotion; rumpus. Also, **kerfoofle, kafuffle, kafoofle**.

kernel /'kɜnəl/ *n.* 1. the softer, usually edible, part contained in the shell of a nut or the stone of a fruit. 2. the body of a seed within its husk or integuments. 3. a grain, as of wheat. 4. the central part of anything; the nucleus; the core. —**kernelless** *adj.*

kero /'kɛroʊ/ *n. Australian, NZ Colloquial* → **kerosene**.

kerosene = kerosine /kɛrə'sin, 'kɛrəsin/ *n.* a mixture of liquid hydrocarbons, obtained in the distillation of petroleum, with boiling points in the range 150°-300°C, used for lamps, engines, heaters.

kerosene grass *n.* any of various short-lived native perennials of the genus *Aristida*, especially bunched kerosene grass, *A. contorta*, having coarse, wiry stems, three awns, and sparse leaf growth; plentiful on sandy soils in low rainfall areas of Australia.

kestrel /'kɛstrəl/ *n.* 1. → **nankeen kestrel**. 2. a common small falcon, *Falco tinnunculus*, of northern parts of the Eastern Hemisphere, notable for hovering in the air with its head to the wind.

ketch /kɛtʃ/ *n. Nautical* a fore-and-aft rigged vessel with a large mainmast and a smaller mast aft, but forward of the rudder post.

ketchup /'kɛtʃəp/ *n.* any of several sauces or condiments for meat, fish, etc.: *tomato ketchup; mushroom ketchup*. Also, *Chiefly US*, **catsup**.

ketone /'kitoʊn/ *n. Chemistry* any of a class of organic compounds, having the general formula, RCOR', containing the carbonyl group, C=O, attached to two organic groups, as acetone, CH_3COCH_3. —**ketonic** /kə'tɒnɪk/ *adj.*

kettle /'kɛtl/ *n.* 1. a portable container with a cover, a spout, and a handle, in which to boil water for making tea and other uses; teakettle. 2. any of various containers for cooking foods, melting glue, etc. —*phr.* 3. **kettle of fish, a.** a mess, muddle, or awkward state of affairs (often preceded ironically by *pretty, fine,* etc.). **b.** any situation or state of affairs: *this is a different kettle of fish altogether.*

kettledrum /'kɛtldrʌm/ *n.* a drum consisting of a hollow hemisphere of brass or copper with a skin stretched over it, which can be accurately tuned. —**kettledrummer** *n.*

kevlar /'kɛvla/ *n.* an extruded synthetic fibre which is extremely strong and resistant to high temperatures.

key /ki/ *n.* **keys,** *adj., v.* **keyed, keying.** —*n.* 1. an instrument for fastening or opening a lock by moving its bolt. 2. a means of attaining, understanding, solving, etc.: *the key to a problem*. 3. a book or the like containing the solutions or translations of material given elsewhere as exercises. 4. the system or pattern used to decode a cryptogram, etc. 5. a systematic explanation of abbreviations, symbols, etc., used in a dictionary, map, etc. 6. something that secures or controls entrance to a place. 7. a pin, bolt, wedge, or other piece inserted in a hole or space to lock or hold parts of a mechanism or structure together; a cotter. 8. *Carpentry, etc.* a small piece of wood, etc., set across the grain to prevent warping. 9. a contrivance for grasping and turning a bolt, nut, etc., as for winding a clockwork mechanism, for turning a valve or stopcock. 10. one of a set of levers or parts pressed in operating a keyboard, typewriter, etc. 11. *Music* **a.** the part of the lever mechanism of a piano, organ, or woodwind instrument, which a finger operates. **b.** the keynote or tonic of a scale. **c.** the relationship perceived between all notes in a given unit of music to a single note or a keynote; tonality. **d.** the principal tonality of a composition: *symphony in the key of C minor.* 12. tone or pitch, as of voice: *to speak in a high key.* 13. strain, or characteristic style, as of expression or thought. 14. degree of intensity, as of feeling or action. 15. *Electricity* **a.** a device for opening and closing electrical contacts. **b.** a hand-operated switching device ordinarily formed of concealed spring contacts with an exposed handle or push-button, capable of switching one or more parts of a circuit. 16. *Botany, Zoology* a systematic tabular classification of the significant characteristics of the members of a group of organisms to facilitate identification and comparison. 17. *Masonry* a keystone. 18. *Building Trades* any grooving or roughness on a surface to improve bond. 19. the average of the tone and colour values of a painting, being high if the tones are kept near white and the colours pale and bright, and low if the tones are kept near black and the colours dark and dull. —*adj.* 20. chief; major; fundamental; indispensable: *the key industries of a nation.* 21. (in advertising, journalism, etc.) identifying: *a key line, a key number.* —*v.t.* 22. to adjust (one's speech, actions, etc.) as if to a particular key, in order to come into harmony with external factors, as the level of understanding of one's hearers. 23. Also, **key in**, to enter (data) into a computer by means of a keyboard. 24. *Music* to regulate the key or pitch of. 25. to fasten, secure, or adjust with a key, wedge, or the like, as parts of a mechanism. 26. to provide with a key or keys. 27. to give (an advertisement) a letter or number to enable replies to it to be identified. 28. to lock with, or as with, a key. 29. *Masonry* to provide (an arch, etc.) with a keystone. 30. *Building Trades* **a.** to prepare (a surface) by grooving, roughening, etc., to receive

keyboard 436 **kidney**

paint. **b.** to cause (paint, etc.) to adhere to a surface. *–phr.* **31. key up**, to bring to a particular degree of intensity of feeling, excitement, energy, etc.

keyboard /'kibɔd/ *n.* **1.** the row or set of keys on a piano, typewriter, computer, etc. **2.** any of two or more sets of keys, as on large organs, or harpsichords. *–v.t.* **3.** to enter (data) by means of a keyboard. *–v.i.* **4.** to use a keyboard machine, especially a computer. **–keyboarder** *n.*

keyhole surgery /'kihoʊl sɜdʒəri/ *n.* surgery performed using very small incisions and fibre optics to provide direct vision.

keynote /'kinoʊt/ *n.* **1.** *Music* the note on which a key (system of notes) is founded; the tonic. **2.** the main interest or determining principle of a conference, political campaign, advertising campaign etc. *–adj.* **3.** being or relating to the main interest or determining principle: *keynote address, keynote speaker.*

keypad /'kipæd/ *n.* a panel containing a set of keys for entering data or commands into an electronic machine, system, etc.

key signature *n. Music* (in notation) the group of sharps or flats placed after the clef to indicate the tonality of the music following.

keystone /'kistoʊn/ *n.* **1.** the wedge-shaped piece at the summit of an arch, regarded as holding the other pieces in place. **2.** something on which associated things depend.

keystroke /'kistroʊk/ *n.* an instance of pressing down a key on a typewriter or computer keyboard.

khaki /'ka'ki, 'kaki/ *n.* **-kis**, *adj. –n.* **1. a.** a dull yellowish brown colour. **b.** a dull green with a yellowish or brownish tinge. **2.** stout twilled cotton uniform cloth of this colour, worn especially by soldiers. **3.** a similar fabric of wool. *–adj.* **4.** of the colour of khaki. **5.** made of khaki.

kia-ora /kɪə-'ɔrə/ *interj. NZ* (an expression of greeting or good wishes).

kibbutz /kɪ'bʊts/ *n.* **kibbutzim** /kɪ'bʊtsɪm, kɪbʊt'sim/ (in Israel) a communal agricultural settlement.

kick /kɪk/ *v.t.* **1.** to strike with the foot. **2.** to drive, force, make, etc., by or as by kicks. **3.** to strike in recoiling. **4.** *Football* to score (a goal) by a kick. *–v.i.* **5.** to strike out with the foot. **6.** to have the habit of thus striking out, as a horse. **7.** *Colloquial* to resist, object, or complain. **8.** to recoil, as a firearm when fired. **9.** Also, **kick up.** to rise sharply, as a ball after bouncing. *–n.* **10.** the act of kicking; a blow or thrust with the foot. **11.** *Football* **a.** the act of kicking a football. **b.** the kicked ball: *his first kick hit the cross-bar.* **c.** the distance covered by a kicked ball: *a long kick for goal.* **12.** power or disposition to kick. **13.** the right of or a turn at kicking. **14.** a recoil, as of a gun. **15.** *Colloquial* an objection or complaint. **16.** *Colloquial* any thrill or excitement that gives pleasure; any act, sensation, etc., that gives satisfaction: *Mozart really gives her a kick.* **17.** *Colloquial* an interest or line of behaviour, often temporary, which dominates the attention of the person following it: *he's on a health kick.* **18.** *Colloquial* a stimulating or intoxicating quality in alcoholic drink. **19.** *Colloquial* vigour, energy, or vim. *–phr.* **20. a kick in the arse**, *Colloquial* **a.** a setback. **b.** retribution. **21. a kick in the pants**, *Colloquial* a sharp reprimand. **22. a kick in the teeth**, *Colloquial* a grave setback. **23. for kicks**, *Colloquial* for the sake of gaining some excitement or entertainment. **24. kick about** (or **around**), *Colloquial* **a.** to maltreat: *the way they kick that dog about is disgusting.* **b.** to discuss or consider at length or in some detail (an idea, proposal, or the like). **25. kick against the pricks**, to indulge in futile struggles against the harsh realities of life. **26. kick arse** (or **butt**), *Originally US Colloquial* **a.** to assert authority by being violent and aggressive towards people. **b.** to defeat opponents soundly. **27. kick back**, *Colloquial* to relax. **28. kick in**, **a.** *Colloquial* to contribute, as to a collection for a presentation. **b.** Also, **kick out**. *Australian Rules* to kick the ball back into play after a behind has been scored. **29. kick off**, **a.** *Rugby Football, Soccer* to kick the ball from the half-way line at the start of the game and of the second half, and after each score has been made. **b.** *Colloquial* to start, commence. **c.** *Surfing* to get off a wave by kicking the surfboard out of the wave. **d.** *US Colloquial* to die. **30. kick on**, *Australian Colloquial* **a.** to carry on or continue, especially with just adequate resources: *we'll kick on until the fresh supplies get here.* **b.** to continue a party or other festivity: *we kicked on until the early hours.* **31. kick oneself**, to reproach oneself. **32. kick out**, *Colloquial* to dismiss; get rid of. **33. kick someone's butt in**, *Colloquial* to castigate someone severely. **34. kick someone's head** (or **teeth**) **in**, *Colloquial* to assault someone violently. **35. kick someone upstairs**, **a.** to promote someone to a position which has status but no real power. **b.** to remove someone, especially a potential rival, by appointing them to a higher position elsewhere. **36. kick the bucket**, *Colloquial* to die. **37. kick the habit**, *Colloquial* **a.** to give up cigarettes, alcohol, etc., to which one has become addicted. **b.** to forgo any pleasure. **38. kick the tin**, *Australian Colloquial* to give money; contribute. **39. kick up**, *Colloquial* to stir up; to cause (disturbance, trouble, noise, etc.): *to kick up a fuss.* **40. kick up one's heels**, to enjoy oneself in an exuberant manner. **–kickable** *adj.* **–kicker** *n.*

kickback /'kɪkbæk/ *n. Colloquial* **1.** a response, usually vigorous. **2.** any sum paid for favours received or hoped for.

kickboxing /'kɪkbɒksɪŋ/ *n.* a form of boxing popular in Asian countries, in which the opponent can be kicked with the bare feet. **–kickboxer** *n.*

kick-off /'kɪk-ɒf/ *n.* **1.** the act of kicking off. **2.** *Colloquial* the beginning or initial stage of something.

kid[1] /kɪd/ *n., v.* **kidded, kidding**, *adj. –n.* **1.** a young goat. **2.** leather made from the skin of a young goat. **3.** *Colloquial* a child or young person. *–v.i.* **4.** (of a goat) to give birth to young. *–adj.* **5.** *Colloquial* young; younger: *my kid brother.*

kid[2] /kɪd/ *v.* **kidded, kidding**. *Colloquial –v.t.* **1.** to tease; banter; jest with. **2.** to humbug or fool. *–v.i.* **3.** to speak or act deceptively, in jest; jest. *–phr.* **4. ... has got to** (or **must**) (or **has to**) **be kidding**, (an exclamation of incredulity, disbelief, etc.). **5. I kid you not**, (an assertion that one is speaking the truth). **–kidder** *n.*

kidnap /'kɪdnæp/ *v.t.* **-napped** or *Chiefly US* **-naped**, **-napping** or *Chiefly US* **-naping**. to steal or abduct (a child or other person); carry off (a person) against their will by unlawful force or by fraud, often with a demand for ransom. **–kidnapper** *n.*

kidney /'kɪdni/ *n.* **-neys. 1.** either of a pair of

kidney bean bean-shaped glandular organs, in humans and other animals about 10 cm in length, in the back part of the abdominal cavity, which get rid of waste from the blood. **2.** the meat of an animal's kidney used as a food. **–kidney-like** *adj.*

kidney bean *n.* **1.** → **French bean**. **2.** the dried, somewhat kidney-shaped seed of the French bean, especially if dark in colour.

kiekie /'kiki/ *n.* a forest climber of New Zealand, *Freycinetia banksii*, with fleshy edible flower bracts. Also, **gigi, giegie**.

kikuyu /kaɪ'kuju/ *n.* a perennial grass, *Pennisetum clandestinum*, suitable to a wide variety of soil types and producing a thick growth of runners; widely used as a lawn grass.

kill /kɪl/ *v.t.* **1.** to deprive (any living creature or thing) of life in any manner; cause the death of; slay. **2.** to destroy; to do away with; extinguish: *kill hope*. **3.** to destroy or neutralise the active qualities of. **4.** to spoil the effect of. **5.** to pass (the time) idly while waiting for something to come, happen, or the like: *he killed time waiting for the bus to come*. **6.** to overcome completely or with irresistible effect. **7.** to cancel (a word, paragraph, item, etc.). **8.** to defeat or veto (a legislative bill, etc.). **9.** *Electricity* to render (a circuit) dead. **10.** *Tennis* to hit (a ball) with such force that its return is impossible. **11.** *Colloquial* to put a stop to; terminate: *to kill a project*. *–v.i.* **12.** to inflict or cause death. **13.** to commit murder. **14.** to have an irresistible effect: *dressed to kill*. *–n.* **15.** the act of killing (game, etc.). **16.** an animal or animals killed. *–phr.* **17. kill off**, to destroy completely and often indiscriminately. **18. kill two birds with one stone**, to achieve two (or more) objectives by one action. **–killer** *n.*

killing /'kɪlɪŋ/ *n.* **1.** the act of a person or thing that kills. **2.** *Colloquial* a stroke of extraordinary success, as in a successful speculation in stocks. *–adj.* **3.** that kills. **4.** exhausting. **5.** *Colloquial* irresistibly funny. **–killingly** *adv.*

killjoy /'kɪldʒɔɪ/ *n.* a person or thing that spoils the joy or enjoyment of others.

kiln /kɪln/ *n.* **1.** a furnace or oven for burning, baking, or drying something, especially one for calcining limestone or one for baking bricks. *–v.t.* **2.** to burn, bake, or treat in a kiln.

kilo /'kilou/ *n. Colloquial* → **kilogram**.

kilo- a prefix denoting 10^3 of a given unit, as in *kilogram*. Symbol: k

kilogram /'kɪləɡræm/ *n.* **1.** a unit of mass equal to 1000 grams. **2.** *Physics* the SI unit of mass, based on the international prototype kept at Sèvres, France. Symbol: kg

kilohertz /'kɪləhɜts/ *n.* a unit of frequency equal to 1000 hertz; commonly used to express radio-frequency. Symbol: kHz

kilojoule /'kɪlədʒul/ *n.* one thousand joules; the unit used to express the fuel or energy value of food; the quantity of a food capable of producing such a unit of energy. Symbol: kJ

kilometre /'kɪləmitə, kə'lɒmətə/ *n.* a unit of length, the common measure of distances equal to 1000 metres. Symbol: km Also, *US*, **kilometer**. **–kilometric** /kɪlə'mɛtrɪk/, **kilometrical** /kɪlə'mɛtrɪkəl/ *adj.*

kilopascal /'kɪləpæskəl/ *n.* a unit of pressure equal to 1000 pascals, used to express the amount of pressure in tyres, pumps, etc. Symbol: kPa

kilowatt /'kɪləwɒt/ *n.* one thousand watts. Symbol: kW

kilt /kɪlt/ *n.* any short, pleated skirt, especially one worn by men in the Scottish Highlands. **–kiltlike** *adj.*

kilter /'kɪltə/ *phr.* **out of kilter**, not functioning properly; not in good working order.

kimono /'kɪmənoʊ, kə'moʊnoʊ/ *n.* **-nos**. **1.** a wide-sleeved robe characteristic of Japanese costume. **2.** a woman's loose dressing-gown.

kin /kɪn/ *n.* **1.** one's relatives collectively, or kinsfolk. **2.** family relationship or kinship. **3.** a group of persons descended from a common ancestor, or constituting a family, clan, tribe, or race. *–adj.* **4.** of kin; related; akin. **5.** of the same kind or nature; having affinity. *–phr.* **6. of kin**, of the same family; related; akin. **–kinless** *adj.*

-kin a diminutive suffix, attached to nouns to signify a little object of the kind mentioned: *lambkin, catkin*.

kina¹ /'kinə/ *n.* a green-coloured sea urchin, *Evichinus chloroticus*, commonly eaten in New Zealand.

kina² /'kinə/ *n.* the unit of currency in Papua New Guinea.

kind¹ /kaɪnd/ *adj.* **1.** of a good or benevolent nature or disposition, as a person. **2.** having, showing, or proceeding from benevolence: *kind words*. **3.** cordial; well-meant: *kind regards*. **4.** (sometimes fol. by *to*) indulgent, considerate, or helpful: *to be kind to animals*.

kind² /kaɪnd/ *n.* **1.** a class or group of individuals of the same nature or character, especially a natural group of animals or plants. **2.** nature or character as determining likeness or difference between things: *things differing in degree rather than in kind*. **3.** a person or thing as being of a particular character or class: *he is a strange kind of hero*. **4.** a more or less adequate or inadequate example, or a sort, of something: *the vines formed a kind of roof*. *–phr.* **5. in kind**, **a.** in something of the same kind; in the same way: *to retaliate in kind*. **b.** in goods or natural produce, instead of money. **6. kind of**, *Colloquial* after a fashion; to some extent; somewhat; rather: *the room was kind of dark*.

kindergarten /'kɪndəɡatn/ *n.* **1.** a school for furthering the mental, social, and physical development of young children, usually children under the age of five, by means of games, occupations, etc., that make use of their natural tendency to express themselves in action. **2.** any child-care centre. **3.** the first grade in the infants' school in some Australian states.

kindle /'kɪndəl/ *v.* **-dled, -dling**. *–v.t.* **1.** to set (a fire, flame, etc.) burning or blazing. **2.** to set fire to, or ignite (fuel or any combustible matter). **3.** to excite; stir up or set going; animate, rouse, or inflame. **4.** to light up, illuminate, or make bright. *–v.i.* **5.** (of fuel, a fire or flame) to begin to burn. **6.** to become excited, inflamed; become ardent. **7.** to become lit up, bright, or glowing, as the sky at dawn or the eyes with enthusiasm. **–kindler** *n.*

kindling /'kɪndlɪŋ/ *n.* material for starting a fire.

kindly /'kaɪndli/ *adj.* **-lier, -liest**, *adv. –adj.* **1.** having, showing, or coming from a kind nature or spirit; kind-hearted; good-natured; sympathetic. **2.** pleasant; genial; benign. **3.** favourable, as soil for crops. *–adv.* **4.** in a kind manner. **5.** heartily; cordially: *we thank you kindly*. **6.** with liking; favourably: *to take kindly to an idea*. **7.** obligingly; please: *kindly go away*.

kindred /'kɪndrəd/ *n.* **1.** a body of people related to one another, or a family, tribe, or race. **2.** one's relatives as a group; kinsfolk; kin. *–adj.* **3.** associated by origin, nature, qualities, etc.: *kindred languages*. **4.** related by birth or descent, or having kinship: *kindred tribes*.

kinetic /kə'nɛtɪk, kaɪ-/ *adj.* **1.** relating to motion. **2.** caused by motion.

kinetic energy *n. Physics* the energy which a body possesses by virtue of its motion; the energy which any system possesses by virtue of the motion of its components.

kinetics /kə'nɛtɪks, kaɪ-/ *n.* the branch of mechanics that deals with the action of forces in producing or changing the motion of masses.

king /kɪŋ/ *n.* **1.** a man who has chief authority over a country and people, usually for life and by hereditary right; monarch; sovereign. **2.** (*cap.*) a title of God or Christ: *King of Heaven.* **3.** a person or thing outstanding in its class: *the lion is the king of beasts.* **4.** a playing card bearing the formalised picture of a king. **5.** the chief piece in a game of chess, moving one square at a time in any direction. **6.** a man who has grown wealthy and powerful from a specified industry: *a cattle king.* –*adj.* **7.** especially large: *king size; king prawn.* –**kingship** *n.* –**kinglike** *adj.*

kingdom /'kɪŋdəm/ *n.* **1.** a state or government having a king or queen as its head. **2.** anything conceived as constituting a realm or sphere of independent action or control: *the kingdom of thought.* **3.** a realm or province of nature, especially one of the three great divisions of natural objects: *the animal, vegetable, and mineral kingdoms.* **4.** the spiritual sovereignty of God or Christ.

kingfisher /'kɪŋfɪʃə/ *n.* any of numerous fish- or insect-eating birds of the cosmopolitan family Alcedinidae, all of which are stout-billed and small-footed, and many of which are crested or brilliantly coloured.

kingpin /'kɪŋpɪn/ *n.* **1.** the pin by which a stub axle is articulated to an axle beam or steering head in a car; a swivel pin. **2.** *Bowling* **a.** the pin in the centre when the pins are in place. **b.** the pin at the front apex. **3.** *Colloquial* the principal person or element in a company or system, etc.

king prawn *n.* a large, edible prawn of eastern Australian waters, *Penaeus plebejus*, brownish in colour with a blue tail; red when cooked.

kink /kɪŋk/ *n.* **1.** a twist, as in a thread, rope, or hair, caused by its doubling or bending upon itself. **2.** a mental twist; an odd idea; a whim. **3.** a turning away from normal, especially normal sexual, behaviour. –*v.i.* **4.** to form a twist or twists, as a rope. –*v.t.* **5.** to cause to form a twist or twists, as a rope.

kinship /'kɪnʃɪp/ *n.* **1.** the state or fact of being of kin; family relationship. **2.** relationship by nature, qualities, etc.; affinity.

kiosk /'kiɒsk/ *n.* **1.** a small, light structure for the sale of newspapers, cigarettes, etc. **2.** a building, or part of a building, for the sale of light refreshments as at a hospital, railway station, park, etc. **3.** a kind of open pavilion or summerhouse common in Turkey and Iran.

kip[1] /kɪp/ *Colloquial* –*n.* **1.** a short sleep or nap. –*phr.* **2. kip down**, to go to bed; sleep.

kip[2] /kɪp/ *n.* a small thin piece of wood used for spinning coins in two-up.

kipper /'kɪpə/ *n.* **1.** a kippered fish, especially a herring. –*v.t.* **2.** to cure (herring, salmon, etc.) by cleaning, salting, etc., and drying in the air or in smoke.

kirk /kɜk/ *n. Scot* a church.

kismet /'kɪzmət, 'kɪs-/ *n.* fate; destiny.

kiss /kɪs/ *v.t.* **1.** to touch or press with the lips, while compressing and then separating them, in token of greeting, affection, etc. **2.** to touch gently or lightly. **3.** to put, bring, take, etc., by, or as if by, kissing: *kiss your dreams goodbye.* –*v.i.* **4.** to kiss someone, something, or each other. –*n.* **5.** the act of kissing. **6.** a slight touch or contact. –*phr.* **7. kiss the dust**, **a.** to be killed. **b.** to be humiliated. –**kissable** *adj.*

kit[1] /kɪt/ *n.*, *v.* **kitted**, **kitting**. –*n.* **1.** a set or collection of tools, supplies, etc., for a specific purpose: *a first-aid kit.* **2.** a set or collection of parts to be assembled: *a model aircraft kit.* **3.** a case containing tools, parts, etc., or the case with its contents. **4.** *Chiefly Military* a set of clothing or personal equipment for a specific purpose: *the soldiers were issued with a complete kit.* –*v.t.* **5.** *Military* to provide with kit. –*phr.* **6. the whole kit and caboodle**, *Colloquial* **a.** the whole thing; an item with all its parts. **b.** the whole group.

kit[2] /kɪt/ *n.* NZ a woven flax basket.

kitchen /'kɪtʃən/ *n.* **1.** a room or place equipped for or appropriated to cooking. –*phr.* **2. the rounds of the kitchen**, *Australian Colloquial* a severe scolding.

kitchen bench *n.* a flat surface in a kitchen, usually above built-in cupboards, designed for the preparation of food.

kitchen tea *n. Australian*, NZ a party for a bride-to-be to which the guests, usually other women, bring a present for her future home.

kite /kaɪt/ *n.* **1.** a light frame covered with some thin material, to be flown in the wind at the end of a long string. **2.** Also, **kitehawk.** any of various medium-sized hawks of the family Accipitridae with long wings and tail as the black kite, *Milvus migrans*, of Eurasia, Africa, and northern Australia. **3.** a person who preys on others; a sharper. **4.** *Colloquial* a cheque, especially one forged or stolen. –*phr.* **5. fly a kite**, *Colloquial* **a.** to pass off a forged cheque. **b.** to test public opinion by spreading rumours, etc. **c.** to give an idea a public airing.

kith /kɪθ/ *phr.* **kith and kin**, friends and relatives.

kitsch /kɪtʃ/ *n.* **1.** showy, pretentious art, etc., considered to be in bad taste. –*adj.* **2.** of or relating to kitsch. –**kitschy** *adj.*

kitten /'kɪtn/ *n.* **1.** a young cat. **2.** the young of any of various species of small mammal, as the rabbit. **3.** a playful or skittish girl. –*phr.* **4. have kittens**, *Colloquial* to be extremely anxious or alarmed. –**kittenish** *adj.* –**kitten-like** *adj.*

kitty[1] /'kɪti/ *n.* **-ties. 1.** a kitten. **2.** (a pet name for a cat).

kitty[2] /'kɪti/ *n.* **-ties. 1.** a jointly held fund or collection, usually of small amounts of money; savings; accumulation. **2.** a pool into which each player in a card game places a certain sum of money as a stake. **3.** *Bowls* the jack.

kitty litter *n.* a granular, absorbent, and deodorised preparation designed for cat excreta.

kiwi /'kiwi/ *n.* **1.** any of several flightless birds of New Zealand, constituting the genus *Apteryx*, having vestigial wings, stout legs, and a long slender bill. **2.** (*cap.*) *Colloquial* a New Zealander. –*adj.* **3.** (*cap.*) having to do with New Zealand.

kiwifruit /'kiwifrut/ *n.* **1.** a (vine bearing) round, hairy fruit about 7 cm long with a gooseberry-like flavour; Chinese gooseberry. **2.** the fruit. Also, **Kiwi fruit.**

klaxon /'klæksən/ *n.* a type of warning hooter with a strident tone, originally used in motor vehicles.

kleptomania /klɛptə'meɪniə/ *n. Psychology* an irresistible desire to steal, without regard to personal needs. Also, **cleptomania**.

kludge /klʌdʒ/ *n.* a computer system or program which is improvised in a clumsy and inelegant fashion but which nevertheless succeeds in performing the required task.

klutz /klʌts/ *n. Colloquial* a clumsy, awkward person; an idiot.

knack /næk/ *n.* a faculty or power of doing something with ease as from special skill; aptitude.

knacker /'nækə/ *n.* **1.** someone who buys old or useless horses for slaughter. **2.** someone who buys old houses, ships, etc., to break them up for scrap. –**knackery** *n.*

knackered /'nækəd/ *adj. Colloquial* exhausted;

knapsack /'næpsæk/ *n.* a backpack, originally one of leather or canvas.

knave /neɪv/ *n.* **1.** an unprincipled or dishonest fellow. **2.** *Cards* a playing card bearing the formalised picture of a prince, in most games counting as next below the queen in its suit; jack. **3.** *Archaic* a male servant or man of humble position. –**knavery** *n.* –**knavish** *adj.*

knead /nid/ *v.t.* **1.** to work (dough, etc.) into a uniform mixture by pressing, folding, and stretching. **2.** to manipulate by similar movements, as the body in massage. **3.** to make by kneading. **4.** to make kneading motions with. –**kneader** *n.*

knee /ni/ *n., v.* **kneed**, **kneeing.** –*n.* **1.** the joint or region in humans between the thigh and the lower part of the leg. **2.** the joint or region of other vertebrates homologous or analogous to the human knee, as in the leg of a bird, the hind limb of a horse, etc. **3.** a joint or region likened to this but not homologous with it, as the tarsal joint of a bird, or the carpal joint in the forelimb of a horse, cow, etc. **4.** the part of a garment covering the knee. **5.** something resembling a knee joint, especially when bent, as a fabricated support or brace with a leg running at an angle to the main member. –*v.t.* **6.** to strike or touch with the knee. –*phr.* **7. bring someone to their knees,** to compel someone to submit.

kneecap /'nikæp/ *n.* **1.** *Anatomy* the patella, the flat, movable bone at the front of the knee. **2.** a protective covering, usually knitted, for the knee.

kneel /nil/ *v.* **knelt** *or* **kneeled, kneeling**, *n.* –*v.i.* **1.** to fall or rest on the knees or a knee. –*n.* **2.** the action or position of kneeling. –*phr.* **3. kneel on,** *Colloquial* to oppress; force into submission. –**kneeler** *n.*

knell /nɛl/ *n.* **1.** the sound made by a bell rung slowly for a death or a funeral. **2.** any sound announcing the death of a person or the extinction, failure, etc., of something. **3.** any mournful sound.

knelt /nɛlt/ *v.* past tense and past participle of **kneel**.

knew /nju/ *v.* past tense of **know**.

knickerbockers /'nɪkəbɒkəz/ *pl. n.* **1.** loosely fitting short breeches gathered in at the knee. **2.** a similar garment worn as decorative underpants.

knickers /'nɪkəz/ *pl. n.* **1.** → **panties.** **2.** → **knickerbockers.** Also, **knicks.**

knick-knack /'nɪk-næk/ *n.* **1.** a pleasing trifle; trinket. **2.** a bit of bric-a-brac. Also, **nick-nack.**

knife /naɪf/ *n.* **knives**, /naɪvz/ *v.* **knifed, knifing.** –*n.* **1.** a cutting instrument consisting essentially of a thin blade (usually of steel and with a sharp edge) attached to a handle. **2.** a knifelike weapon, a dagger; a short sword. **3.** any blade for cutting, as in a tool or machine. –*v.t.* **4.** to cut, stab, etc., with a knife. **5.** to endeavour to defeat in a secret or underhand way. –*phr.* **6. a knife in the back,** a surreptitious act of betrayal. **7. have one's knife into,** to bear a grudge against; desire to hurt. **8. knife someone in the back,** to betray someone, especially to destroy their reputation or career in their absence. **9. night of the long knives,** a time of savage attack or retribution. **10. put the knife into,** to destroy the reputation of (someone) maliciously. **11. under the knife,** *Colloquial* undergoing surgery. **12. war to the knife,** war without mercy. –**knifeless** *adj.* –**knifelike** *adj.*

knight /naɪt/ *n.* **1.** (in medieval Europe) **a.** (originally) a mounted soldier serving under a feudal superior. **b.** (later) a man, usually of noble birth, who, after an apprenticeship as page and squire, was raised to honourable military rank and bound to chivalrous conduct. **2.** a man upon whom a certain dignity, and with it the honorific *Sir*, is conferred by a sovereign for life, because of personal merit or for services rendered to the country. **3.** *Chess* a piece shaped like a horse's head, which moves two squares horizontally and then one square vertically, or two squares vertically and one horizontally. –*v.t.* **4.** to dub or create (a person) a knight. –*phr.* **5. knight in shining armour,** a man thought to be the embodiment of knightly virtue. –**knightly** *adj.*

knit /nɪt/ *v.* **knitted** *or* **knit, knitting.** –*v.t.* **1.** to make (a garment, etc.) by crossing together loops of yarn either by hand using long straight needles or by machine. **2.** to join (parts, members, etc.) closely and firmly together. **3.** to contract into folds or wrinkles: *to knit your brow.* –*v.i.* **4.** to perform the action of knitting (def. 1), especially by hand: *can you knit?* **5.** to grow or become closely and firmly joined together, as broken bones do. –**knitter** *n.*

knitting /'nɪtɪŋ/ *n.* **1.** the act of a person or thing that knits. **2.** the act of forming a fabric by looping a continuous yarn. **3.** knitted work.

knives /naɪvz/ *n.* plural of **knife**.

knob /nɒb/ *n.* **1.** a projecting part, usually rounded, forming the handle of a door, drawer, or the like. **2.** a rounded lump or protuberance on the surface or at the end of something, such as a knot on a tree trunk, a pimple on the skin, etc. **3.** *Architecture* an ornamental boss, as of carved work. **4.** a rounded hill or mountain, especially an isolated one. –*phr.* **5. with knobs on,** (a rejoinder expressing strong affirmation). –**knobbed** *adj.* –**knoblike** *adj.*

knobby /'nɒbi/ *adj.* **-bier, -biest. 1.** abounding in knobs. **2.** knoblike. –**knobbiness** *n.*

knock /nɒk/ *v.i.* **1.** to strike a sounding blow with the fist, knuckles, or anything hard, especially on a door, window, or the like, as in seeking admittance, calling attention, giving a signal, etc. **2.** (of an internal-combustion engine) to make a metallic noise as a result of faulty combustion. –*v.t.* **3.** to give a sounding or forcible blow to; hit; strike; beat. **4.** to drive, force, or render by a blow or blows: *to knock a man senseless.* **5.** to strike (a thing) against something else. **6.** *Colloquial* to criticise; find fault with. –*n.* **7.** the act or sound of knocking. **8.** a rap, as at a door. **9.** a blow or thump. **10.** the noise resulting from faulty combustion or from incorrect functioning of some part of an internal-combustion engine. **11.** *Cricket* an innings. **12.** *Colloquial* adverse criticism. –*phr.*

13. knock about (or **around**), **a.** to wander in an aimless way; lead an irregular existence. **b.** to treat roughly; maltreat.

14. knock around with, *Colloquial* to keep company with.

15. knock back, *Colloquial* **a.** to consume, especially rapidly: *he knocked back two cans of beer.* **b.** *Australian, NZ* to refuse. **c.** to set back; impede. **d.** to cost (someone): *how much did that knock you back?*

16. knock down, a. to strike to the ground with a blow. **b.** *NZ* to fell (a tree). **c.** (in auctions) to signify the sale of (the thing bid for) by a blow with a hammer or mallet; assign as sold to the highest bidder. **d.** to reduce the price of. **e.** to take apart (a motor vehicle, machine, etc.) to facilitate handling. **f.** *Australian, NZ* to spend freely: *to knock down one's cheque.* **g.** *NZ* to swallow (a drink).

17. knock endwise (or **endways**), to lay flat with a blow.

18. knock into, to collide with.

19. knock into a cocked hat, *Colloquial* to defeat; get the better of.

20. knock it off, *Colloquial* stop it (usually used in the imperative) to put an end to an argument, fight, criticism, etc.).
21. knock off, *Colloquial* **a.** to cease (an activity, especially work): *they knocked off shearing for the day*. **b.** to cease an activity, especially work: *I knock off at five*. **c.** to deduct. **d.** to steal. **e.** to compose (an article, poem, or the like) hurriedly. **f.** to defeat, put out of a competition. **g.** to kill. **h.** ‡ (of a man) to have sexual intercourse with. **i.** to eat up; consume. **j.** (of police) to arrest (a person) or raid (a place).
22. knock on, *Rugby Football* to knock (the ball) forwards in catching it (an infringement of the rules).
23. knock oneself out, to exhaust oneself by excessive mental or physical work.
24. knock on the head, to put an end to.
25. knock out, a. to defeat (an opponent) in a boxing match by striking them down with a blow after which they do not rise within a prescribed time. **b.** to render senseless. **c.** to destroy; damage severely. **d.** *Australian, NZ* to earn. **e.** to overwhelm; impress greatly: *her act knocked me out*.
26. knock someone's eye out, to cause someone to feel great admiration.
27. knock the bottom out of, to refute (an argument); render invalid.
28. knock (the) spots off, *Colloquial* **a.** to defeat; get the better of. **b.** to be vastly superior to.
29. knock together, to assemble (something) hastily; put together roughly.
30. knock up, a. to arouse; awaken. **b.** to construct (something) hastily or roughly. **c.** *Sport* to score (runs, tries, etc.). **d.** *Chiefly Brit Tennis, Squash* to have a hit-up. **e.** to exhaust; wear out. **f.** to become exhausted. **g.** *Colloquial* to make pregnant.
31. take a knock, to suffer a reverse, especially a financial one.

knock-back /'nɒk-bæk/ *n. Australian, NZ Colloquial* a refusal; rejection.

knocker /'nɒkə/ *n.* **1.** one who or that which knocks. **2.** a hinged knob, bar, etc., on a door, for use in knocking. **3.** *Colloquial* a persistently hostile critic or carping detractor. **4.** (*plural*) *Colloquial* breasts. –*phr.* **5. on the knocker**, *Australian, NZ Colloquial* at the right time, punctually: *he was there on the knocker*.

knock-knee /'nɒk-ni/ *n.* **1.** inward curvature of the legs, causing the knees to knock together in walking. **2.** (*plural*) such knees. –**knock-kneed** *adj.*

knockout /'nɒkaʊt/ *n.* **1.** the act of knocking out. **2.** a knockout blow. **3.** *Colloquial* a person or thing of overpowering success or attractiveness. –*adj.* **4.** that knocks out.

knoll /nɒl/ *n.* a small, rounded hill or eminence; a hillock.

knot /nɒt/ *n., v.* **knotted knotting**. –*n.* **1.** an interlacement of a cord, rope, or the like, drawn tight into a lump or knob, as for fastening two cords, etc., together or to something else. **2.** a piece of ribbon or similar material tied or folded upon itself and used or worn as an ornament. **3.** a cluster of persons or things. **4.** *Botany* a protuberance in the tissue of a plant; an excrescence on a stem, branch, or root; a node or joint in a stem, especially when of swollen form. **5.** *Zoology* a hard lump in an animal body such as a swelling or the like in a muscle, gland, etc. **6.** the hard, cross-grained mass of wood at the place where a branch joins the trunk of a tree. **7.** a part of this mass showing in a piece of timber, etc. **8.** a unit of speed, used in marine and aerial navigation, and in meteorology, of one international nautical mile per hour or 0.514 444 44 m/s (approx. 1.85 km/h). –*v.t.* **9.** to tie in a knot or knots; form a knot or knots in. **10.** to secure by a knot. **11.** to form protuberances, bosses, or knobs in; make knotty. –*v.i.* **12.** to become tied or tangled in a knot or knots. **13.** to form knots or joints. –*phr.* **14. at a rate of knots**, very fast. –**knotted** *adj.* –**knotless** *adj.*

know /noʊ/ *v.* **knew, known, knowing**. –*v.t.* **1.** to perceive or understand as fact or truth, or apprehend with clearness and certainty. **2.** to have fixed in the mind or memory: *to know a poem by heart*. **3.** to be cognisant or aware of; to be acquainted with (a thing, place, person etc.), as by sight, experience, or report. **4.** to be able to distinguish, as one from another. –*v.i.* **5.** to have knowledge, or clear and certain perception, as of fact or truth. **6.** to be cognisant or aware, as of some fact, circumstances, or occurrence; have information, as about something. –*phr.* **7. in the know**, having inside knowledge. **8. know chalk from cheese**, to be able to note differences. **9. know how to**, to be able from experience or attainment to (do something). **10. know which side one's bread is buttered**, to know where the advantage lies. **11. not to know from Adam**, not to know or recognise (someone). –**knowable** *adj.* –**knower** *n.*

know-all /'noʊ-ɔl/ *n. Colloquial* someone who claims to know everything, or everything about a particular subject.

knowledge /'nɒlɪdʒ/ *n.* **1.** familiarity with facts, truths, or principles, as gained from study, examination, research, experience or report. **2.** the body of truths or facts built up by humankind in the course of time. **3.** the fact or state of knowing. **4.** something that is known, or may be known. **5.** the sum of what is known. **6.** *Law or Archaic* sexual intercourse: *carnal knowledge*. –*phr.* **7. to one's knowledge, a.** according to what one knows for certain. **b.** (with a negative) so far as one knows: *I never saw him, to my knowledge*.

knowledgeable /'nɒlədʒəbəl/ *adj.* possessing knowledge or understanding; intelligent.

known /noʊn, 'noʊən/ *v.* past participle of **know**.

knuckle /'nʌkəl/ *n., v.* **-led, -ling.** –*n.* **1.** a joint of a finger, especially one of the joints at the roots of the fingers. **2.** the rounded prominence of such a joint when the finger is bent. **3.** a joint of meat, consisting of the parts about the carpal or tarsal joint of a quadruped. **4.** an angle between two members or surfaces of a vessel. **5.** a cylindrical projecting part on a hinge, through which an axis or pin passes; the joint of a hinge. **6.** (*plural*) → **jack** (def. 6b). –*v.t.* **7.** to assault, with fists or knuckle-dusters. **8.** to press or touch with the knuckles: *to knuckle one's brow in respect*. –*phr.* **9. go the knuckle**, *Colloquial* to fight; punch. **10. knuckle down, a.** to hold the knuckles close to the ground in playing marbles. **b.** to apply oneself vigorously or earnestly, as to a task. **11. knuckle under**, to yield or submit. **12. near (or close to) the knuckle**, (of a remark, joke, etc.) near the limit of what is permitted or acceptable.

knurl /nɜl/ *n.* **1.** a small ridge or the like, especially one of a series, as on the edge of a thumbscrew to assist in obtaining a firm grip. –*v.t.* **2.** to make knurls or ridges on. –**knurled** *adj.*

koala /koʊ'alə/ *n.* a tailless, grey, furry, arboreal marsupial, *Phascolarctos cinereus*, of Australia, about 75 cm long. Also, **koala bear**.

koel /'koʊəl/ *n.* a migratory cuckoo, *Eudynamys scolopacea*, of northern and eastern Australian coastal areas and islands to the north, glossy blue-black (male) with a conspicuously long tail and a distinctive 'cooee' call.

kohekohe /'koʊi,koʊi/ *n.* a tree of New Zealand

koi

coastal and lowland forests, *Dysoxylum spectabile*, with tough freely-splitting wood.

koi /kɔɪ/ *n.* any of various colourful cultivated forms of the common carp, *Cyprinus carpio*, as developed in Japan and other parts of eastern temperate Asia.

kokako /'koʊˌkakoʊ/ *n.* a dark grey, long-tailed bird of New Zealand, *Callaeas cinerea*, with brightly coloured wattles; wattled crow.

komodo dragon /kəˌmoʊdoʊ 'drægən/ *n.* a giant monitor, *Varanus komodoensis*, of the island of Komodo in Indonesia; up to 3.5m long.

konini /kə'nini, 'koʊnini/ *n.* the dark purple berry of the New Zealand forest tree *Fuchsia excorticata*.

kon-tiki /kɒn-'tɪki/ *n.* NZ a small raft used to float fishing lines offshore.

kook /kʊk/ *n. Colloquial* a strange or eccentric person. **–kooky** *adj.*

kookaburra /'kʊkəbʌrə/ *n.* either of two Australian kingfishers renowned for their harsh voices and call resembling human laughter: **1.** Also, **laughing kookaburra**. the large, dark brown and white **common kookaburra**, *Dacelo gigas*, native to eastern Australia and introduced into western Australia and Tasmania; giant kingfisher; laughing jackass. **2.** a slightly smaller bird with a paler head, the **blue-winged kookaburra**, *D. leachii*, of tropical northern Australia and New Guinea; barking jackass; howling jackass.

Koori /'kʊri/ *n.* **1.** an Aborigine of southern NSW and Victoria. **2.** any Aborigine. **–adj. 3.** of or relating to a Koori. Also, **Koorie**.

Koran /kɒ'ran, kə-/ *n.* the sacred scripture of Islam, believed by orthodox Muslims to contain revelations made in Arabic by Allah directly to Mohammed. Also, **Qur'an**. **–Koranic** /kɔ'rænɪk/ *adj.*

korero /kə'riroʊ/ *NZ –n.* **1.** a discussion; talk. **–v.i. 2.** to discuss a matter.

koromiko /kɒrə'mikoʊ/ *n.* a flowering shrub of New Zealand, *Hebe salicifolia*.

koru /'kɒru/ *n.* a spiral design occurring frequently in Maori carving and tattooing, leading to a loop motif like the top of an uncurling fern frond.

kosher /'koʊʃə, 'kɒʃə/ *adj.* **1.** fit, lawful, or ritually permitted, according to the Jewish law; used of food and vessels for food ritually proper for use, especially of meat slaughtered in accordance with the law of Moses. **2.** (of shops, houses, etc.) selling or using food prepared according to the Jewish law. **3.** *Colloquial* genuine or proper. Also, **kasher**.

kotuku /'koʊtʊku/ *n.* the New Zealand white heron, *Egretta alba*.

kotukutuku /koʊ'tʊkuˌtuku/ *n.* a forest tree of New Zealand, *Fuchsia excorticata*, which bears dark purple fruit called konini.

kowhai /'koʊwaɪ, 'koʊfaɪ/ *n.* a tree of New Zealand, *Sophora microphylla*, noted for its golden, bell-shaped flowers.

kowtow /kaʊ'taʊ/ *v.i.* **1.** to knock the forehead on the ground while kneeling, as an act of reverence, worship, apology, etc. **2.** to act in an obsequious manner; show servile deference. **–n. 3.** the act of kowtowing. Also, **kotow**. **–kowtower** *n.*

kudos /'kjudɒs/ *n.* glory; renown.

kultarr /'kʊltə/ *n.* → **jerboa** (def. 1).

kumara /'kumərə/ *n.* a sweet potato with a yellow to dark orange flesh, widely grown in New Zealand. Also, **kumera**.

kumquat /'kʌmkwɒt/ *n.* → **cumquat**.

kung-fu /kʊŋ-'fu, kʌŋ-'fu/ *n.* an ancient Chinese martial art with fluid hand and leg movements used for self-defence and resembling karate.

kuri /'kʊri/ *n.* **1.** one of an extinct breed of New Zealand dogs. **2.** NZ a mongrel. Also, **goori**, **goorie**.

kurrajong /'kʌrədʒɒŋ/ *n.* **1.** a tree, *Brachychiton populneus*, widespread in eastern Australia where it is valued as fodder. **2.** any of a number of species, mostly in the families Sterculiaceae and Malvaceae, as *Hibiscus heterophyllus*, **green kurrajong**. Also, **currajong**.

kybosh /'kaɪbɒʃ/ *phr.* **put the kybosh on**, *Colloquial* to put a stop to.

kylie /'kaɪli/ *n.* a boomerang having one side flat and the other convex.

Ll

L, l /ɛl/ *n.* **L's, Ls, l's** *or* **ls.** **1.** a consonant, the 12th letter of the English alphabet. **2.** the Roman numeral for 50. See **Roman numerals**.

lab /læb/ *n. Colloquial* a laboratory.

lab coat *n.* a protective, calf-length coat of strong material, usually white, worn by workers in laboratories.

label /'leɪbəl/ *n., v.* **-belled** *or Chiefly US* **-beled**, **-belling** *or Chiefly US* **-beling**. *–n.* **1.** a slip of paper or other material for affixing to something to indicate its nature, ownership, destination, etc. **2.** a short word or phrase of description for a person, group, movement, etc. **3.** *Colloquial* the trade name, especially of a gramophone record company. *–v.t.* **4.** to affix a label to; mark with a label. **5.** to designate or describe by or on a label: *the bottle was labelled poison*. **–labeller** *n.*

labium /'leɪbiəm/ *n., plural* **-bia** /-biə/. **1.** a lip or lip-like part. **2.** *Anatomy* **a.** either lip, upper or under, of the mouth, respectively called **labium superiore** and **labium inferiore**. **b.** one of the four 'lips' guarding the orifice of the vulva, including the two outer cutaneous folds (**labia majora**) and the two inner membranous folds (**labia minora**).

laboratory /lə'bɒrətri/ *n.* **-ries**, *adj. –n.* **1.** a building or part of a building fitted with apparatus for conducting scientific investigations, experiments, tests, etc., or for manufacturing chemicals, medicines, etc. **2.** any place where or in which similar processes are carried on by natural forces. *–adj.* **3.** serving a function in a laboratory. **4.** relating to techniques of work in a laboratory. **–laboratorial** /ləbɒrə'tɔːriəl/ *adj.*

laborious /lə'bɔːriəs/ *adj.* **1.** requiring much labour, exertion, or perseverance: *a laborious undertaking*. **2.** given to or diligent in labour. **–laboriously** *adv.* **–laboriousness** *n.*

labour = labor /'leɪbə/ *n.* **1.** physical work done usually for money. **2.** those employed in such work considered as a class, especially as organised in trade unions and political parties. **3.** work, especially of a hard or tiring kind. **4.** a work or job done or to be done: *the 12 labours of Hercules*. **5.** the pains and efforts of childbirth. *–v.i.* **6.** to perform labour; use one's powers of body or mind; work; toil. **7.** to be burdened or troubled: *you are labouring under a misunderstanding*. **8.** (of a ship) to roll or pitch (**pitch¹** def. 12) heavily. *–v.t.* **9.** to work hard and long at; elaborate: *don't labour the point*. **–labouringly = laboringly** *adv.*

laboured = labored /'leɪbəd/ *adj.* **1.** laboriously formed; made or done with laborious pains or care. **2.** not easy or natural.

labourer = laborer /'leɪbərə/ *n.* **1.** someone engaged in work which requires physical effort rather than skill or training: *a farm labourer*. **2.** someone who labours.

labour-intensive = labor-intensive /'leɪbər-ɪn,tɛnsɪv/ *adj.* having to do with an industry which, while not needing a very large capital investment in plant, etc., requires a comparatively large labour force (opposed to *capital-intensive*).

labrador /'læbrədɒ/ *n.* one of a breed of dogs with black or golden coats, originating in Newfoundland, Canada.

labyrinth /'læbərɪnθ/ *n.* **1.** a confusing and complicated network of passages in which it is difficult to find one's way or to reach the exit; maze. **2.** a complicated or twisting arrangement, of streets, ideas, etc. **–labyrinthine** *adj.*

lace /leɪs/ *n., v.* **laced, lacing**. *–n.* **1.** a netlike ornamental fabric made of threads by hand or machine. **2.** a cord or string for holding or drawing together, as when passed through holes in opposite edges: *shoelaces*. *–v.t.* **3.** to fasten, draw together, or compress by means of a lace. **4.** to pass (a cord, etc.) as a lace, as through holes. **5.** to intermix, as coffee with spirits.

lace monitor *n.* a large, common, tree-climbing goanna, *Varanus varius*, black with bands of yellow spots, widely distributed throughout mainland Australia.

lacerate /'læsəreɪt/ *v.t.* **-rated, -rating**. **1.** to tear roughly; mangle: *to lacerate the flesh*. **2.** to hurt: *to lacerate a person's feelings*. **–lacerated** *adj.* **–laceration** *n.* **–lacerable** *adj.* **–lacerative** *adj.*

lachrymose /'lækrəmoʊs/ *adj.* **1.** given to shedding tears; tearful. **2.** suggestive of or tending to cause tears; mournful. **–lachrymosely** *adv.*

lack /læk/ *n.* **1.** deficiency or absence of something requisite, desirable, or customary: *lack of money or skill*. **2.** something lacking or wanting: *skilled labour was the chief lack*. *–v.t.* **3.** to be deficient in, destitute of, or without: *to lack strength*. **4.** to fall short by the amount of: *the vote lacks three to be a majority*. *–v.i.* **5.** to be absent, as something requisite or desirable.

lackadaisical /lækə'deɪzɪkəl/ *adj.* **1.** careless and indifferent. **2.** lacking life and spirit; listless. **–lackadaisically** *adv.* **–lackadaisicalness** *n.*

lackey /'læki/ *n.* **-eys**. **1.** a footman or liveried manservant. **2.** a servile follower.

lacklustre /'læklʌstə, læk'lʌstə/ *adj.* lacking lustre or brightness; dull. Also, *US*, **lackluster**.

laconic /lə'kɒnɪk/ *adj.* using few words; expressing much in few words; concise. Also, **laconical**. **–laconism** *n.* **–laconically** *adv.*

lacquer /'lækə/ *n.* **1.** a protective coating consisting of a resin and/or a cellulose ester dissolved in a volatile solvent, sometimes with pigment added. **2.** any of various resinous varnishes, especially a natural varnish obtained from a Japanese tree, *Rhus verniciflua*, used to produce a highly polished, lustrous surface on wood, etc. **3.** hair spray. **–lacquerer** *n.*

lacrosse /lə'krɒs/ *n.* a ball game of North American Indian origin played by two teams of ten players each, who strive to send a ball through a goal by means of long-handled racquets.

lact- a word element meaning 'milk'. Also, **lacto-**.

lactate /læk'teɪt/ *v.i.* **-tated, -tating**. (of mammals) to produce milk. **–lactation** *n.*

lactic /'læktɪk/ *adj.* relating to or obtained from milk.

lacto- variant of **lact-**, before consonants.

lactose /'læktoʊz, -oʊs/ *n.* a crystalline disaccharide, $C_{12}H_{22}O_{11}$, present in milk, used as a food and in medicine.

lacuna /lə'kjunə, -'ku-/ *n.* **-nae** /-ni/ *or* **-nas**. **1.** a pit or cavity; an interstitial or intercellular space as in plant or animal tissue. **2.** a gap or hiatus, as in a manuscript.

lad /læd/ *n.* **1.** a boy or youth. **2.** *Colloquial* a devil-may-care, dashing man; a libertine.

ladder /'lædə/ *n.* **1.** a structure of wood, metal, or rope, with two sidepieces joined by bars, allowing a person to climb up or down. **2.** a line in a stocking, etc., where stitches have come undone. **3.** a means of rising, as to greatness: *ladder of success.* **4.** a ranking in order: *low on the social ladder.* **5.** *Sport* a listing of teams in order of their present placing in a long-running competition: *this week Gordon heads the ladder.* –*v.t.* **6.** to cause a ladder in (a stocking). –*v.i.* **7.** (of a stocking) to develop a ladder.

lade /leɪd/ *v.t.* **laded, laden** or **laded, lading. 1.** to put (something) on or in as a burden, load, or cargo; load. **2.** to load oppressively; burden: *laden with responsibilities.* **3.** to fill abundantly: *trees laden with fruit.* **4.** to lift or throw in or out, as a fluid, with a ladle or other utensil.

ladle /'leɪdl/ *n., v.* **-dled, -dling.** –*n.* **1.** a long-handled utensil with a dish-shaped or cup-shaped bowl for dipping or conveying liquids. **2.** *Metallurgy* a bucket-like container for transferring molten metal. –*v.t.* **3.** to dip or convey with or as with a ladle. –**ladleful** *n.* –**ladler** *n.*

lady /'leɪdi/ *n.* **-dies,** *adj.* –*n.* **1.** a woman of good family or social position, or of good breeding, refinement, etc. (correlative of *gentleman*). **2.** (a polite term for any woman): *the ladies should go to the left.* **3.** (*cap.*) **a.** a less formal substitute, often used conversationally, for the specific title and rank of a countess, marchioness, viscountess or baroness, which title she may hold in her own right, by marriage, or by courtesy. **b.** the title, prefixed to the given name of daughters of a duke, marquess, or earl. **c.** the courtesy title of the wife of a knight or a baronet. **d.** a prefix to a title of honour or respect: *Lady Mayoress.* **4.** a woman: *a prominent lady.* **5.** a wife. **6.** a woman who has proprietary rights or authority, as over a manor (correlative of *lord*). **7.** (*cap.*) the Virgin Mary. **8.** a woman who is the object of chivalrous devotion. –*adj.* **9.** (*usually cap.*) **a.** a prefix to the names of allegorical personages: *Lady Luck.* **b.** a prefix to the name of a goddess. **10.** being a woman: *a lady reporter.* –*phr.* **11. the lady of the house,** the principal woman in a household (opposed to *the man of the house*).

ladybird /'leɪdibɜd/ *n.* a beetle of the family Coccinellidae, of graceful form and delicate colouration. The larvae feed upon plant lice and small insects. Also, **lady beetle;** *US,* **ladybug.**

lady-in-waiting /ˌleɪdi-ɪn-'weɪtɪŋ/ *n.* **ladies-in-waiting.** a lady who is in attendance upon a queen or princess.

lag¹ /læg/ *v.* **lagged, lagging,** *n.* –*v.i.* **1.** to decrease, wane, or flag: *his interest in the project is lagging.* –*n.* **2.** *Mechanics* the amount of retardation of some movement. –*phr.* **3. lag behind,** to fall behind; hang back. –**lagger** *n.*

lag² /læg/ *v.* **lagged, lagging,** *n. Colloquial* –*v.t.* **1.** to send to prison. **2.** to arrest. **3.** to report the misdemeanours of (someone). –*n.* **4.** a convict, especially a habitual criminal: *an old lag.* **5.** a term of penal servitude.

lag³ /læg/ *n., v.* **lagged, lagging.** –*n.* **1.** one of the staves or strips which form the periphery of a wooden drum, the casing of a boiler, etc. –*v.t.* **2.** to cover, as pipes, to prevent heat loss.

lager /'lagə/ *n.* a German type of beer brewed by the bottom-fermentation method and stored for up to several months. Also, **lager beer.**

laggard /'lægəd/ *adj.* **1.** lagging; backward; slow. –*n.* **2.** someone who lags; lingerer. –**laggardly** *adv.* –**laggardness** *n.*

lagoon /lə'gun/ *n.* any small, pondlike body of water, especially one communicating with a larger body of water, as the expanse of water inside a coral atoll. Also, **lagune.** –**lagoonal** *adj.*

laid /leɪd/ *v.* past tense and past participle of **lay¹.**

laid-back /'leɪd-bæk/ *adj.* relaxed; nonchalant; at ease. Also, **laidback.**

lain /leɪn/ *v.* past participle of **lie².**

lair¹ /lɛə/ *n.* **1.** the den or resting place of a wild beast. **2.** a place in which to lie or rest; a bed.

lair² /lɛə/ *n. Australian, NZ Colloquial* a flashily dressed young man of brash and vulgar behaviour. –**lairy** *adj.*

laird /lɛəd/ *n.* (in Scotland) a landed proprietor. –**lairdship** *n.*

laissez faire /ˌleɪseɪ 'fɛə/ *n.* **1.** the theory or system of government that upholds the autonomous character of the economic order, believing that government should intervene as little as possible in the direction of economic affairs. **2.** the doctrine of non-interference, especially in the conduct of others. Also, **laisser faire.** –**laissez-faire, laisser-faire** *adj.*

laity /'leɪəti/ *n.* **1.** layperson, as distinguished from a member of the clergy. **2.** the people outside a particular profession, as distinguished from those belonging to it.

lake¹ /leɪk/ *n.* **1.** a body of water (fresh or salt) of considerable size, surrounded by land. **2.** some similar body of water or other liquid.

lake² /leɪk/ *n.* **1.** any of various pigments prepared from animal, vegetable, or coal-tar colouring matters by union (chemical or other) with metallic compounds. **2.** a red pigment prepared from lac or cochineal by combination with a metallic compound.

lama /'lamə/ *n.* a priest or monk of the form of Buddhism prevailing in Tibet, Mongolia, etc.

lamb /læm/ *n.* **1.** a young sheep. **2.** the meat of a young sheep with no permanent teeth, about 12 months old. **3.** one who is young, gentle, meek, innocent, etc. **4.** one who is easily cheated, especially an inexperienced speculator. –*v.i.* **5.** to give birth to a lamb. –*phr.* **6. lamb down, a.** to tend (ewes) at lambing time. **b.** *Australian Colloquial* to spend (money) in a reckless or lavish fashion. **c.** *Australian, NZ Colloquial* to induce (someone) to spend in a reckless fashion. **d.** *Colloquial* to swindle; cheat; fleece.

lambaste /læm'beɪst/ *v.t.* **-basted, -basting. 1.** to beat severely. **2.** to scold; berate. Also, **lambast** /læm'bæst/.

lambent /'læmbənt/ *adj.* **1.** running or moving lightly over a surface: *lambent tongues of flame.* **2.** playing lightly and brilliantly over a subject: *lambent wit.* **3.** softly bright: *a steady, lambent light.* –**lambency** *n.* –**lambently** *adv.*

lame /leɪm/ *adj.* **1.** crippled or physically disabled, as a person or animal, especially in the foot or leg so as to limp or walk with difficulty. **2.** defective in quality or quantity; insufficient: *a lame excuse.* –**lamely** *adv.* –**lameness** *n.*

lamé /'lameɪ/ *n.* an ornamental fabric in which metallic threads are woven with silk, wool, artificial fibres, or cotton.

lament /lə'mɛnt/ *v.t.* **1.** to feel or express sorrow or regret for; mourn for or over: *to lament someone's absence;* *to lament one's folly.* –*v.i.* **2.** (sometimes fol. by *over*) to feel, show, or express grief, sorrow, or sad regret. –*n.* **3.** an expression of grief or sorrow. **4.** a formal expression of sorrow or mourning, especially in verse or song; an elegy or dirge. –**lamentable** *adj.* –**lamentation** *n.* –**lamenter** *n.*

lamina /'læmənə/ *n.* **-nae** /-ni/ or **-nas. 1.** a thin plate, scale, or layer. **2.** a layer or coat lying over another, applied to the plates of minerals, bones,

laminate /ˈlæməneɪt/ v.t. **-nated, -nating. 1.** to separate or split into thin layers. **2.** to form (metal) into a lamina, as by beating or rolling. **3.** to construct by placing layer upon layer. **4.** to cover or overlay with laminae.

lamington /ˈlæmɪŋtən/ n. an Australian cake confection made by covering a cube of sponge cake in chocolate icing and shredded coconut.

lamp /læmp/ n. **1.** any of various devices for using an illuminant, as gas or electricity, or for heating, as by burning alcohol. **2.** a vessel for containing an inflammable liquid, as oil, which is burnt at a wick as a means of illumination. **3.** any source as of intellectual or spiritual light.

lampoon /læmˈpun/ n. a malicious or virulent satire upon a person, institution, government, etc., in either prose or verse. *–v.t.* **2.** to assail in a lampoon. **–lampooner, lampoonist** n. **–lampoonery** n.

lamprey /ˈlæmpri/ n. **-reys.** any of the eel-like jawless fishes of the class Agnatha. Some species are parasitic, attaching themselves to fishes and rasping a hole in the flesh with their horny teeth so that they can suck the blood of the host.

LAN /læn/ local area network.

lance /læns, lans/ n., v. **lanced, lancing.** *–n.* **1.** a long, shafted weapon with a metal head, used by mounted soldiers in charging. **2.** an implement resembling the weapon, as a spear for killing a harpooned whale. **3.** a lancet. *–v.t.* **4.** to open with, or as if with, a lancet: *to lance an abscess.* **5.** to pierce with a lance.

lancet /ˈlænsət, ˈlans-/ n. a small surgical instrument, usually sharp-pointed and two-edged, for opening abscesses, etc.

lancewood /ˈlænswʊd, ˈlans-/ n. **1.** the tough, elastic wood of any of various trees, as *Harpullia pendula* and *Albizia basaltica.* **2.** NZ a tree, *Pseudopanax crassifolium,* an immature form of which has distinctive lanceolate leaves.

land /lænd/ n. **1.** the solid substance of the earth's surface. **2.** the exposed part of the earth's surface, as distinguished from the submerged part: *to travel by land.* **3.** ground, especially with reference to quality, character, or use: *forest land.* **4.** *Law* an area of ground together with any trees, crops or permanently attached buildings and including the air above and the soil beneath. **5.** *Economics* natural resources as a factor of production. **6.** a part of the earth's surface marked off by natural or political boundaries or the like; a region or country. **7.** a realm or domain. **8.** *Chiefly US Colloquial (euphemistic)* Lord: *land's sake; my land.* *–v.t.* **9.** to bring to or put on land or shore: *to land passengers or goods from a vessel.* **10.** to bring into, or cause to arrive in, any place, position, or condition. **11.** *Colloquial* to secure; make certain of; gain or obtain: *to land a job.* **12.** *Angling* to bring (a fish) to land, or into a boat, etc., as with a hook or a net. *–v.i.* **13.** to come to land or shore: *the boat lands at Devonport.* **14.** to go or come ashore from a ship or boat. **15.** to alight upon the ground as from an aeroplane, a train, or after a jump or the like. **16.** to come to rest or arrive in any place, position, or condition. **17.** to hit or strike and come to rest on the surface of something: *the plane landed in water.* *–phr.* **18. be on the land,** to own, manage, or work on a farm, etc. **19. land on one's feet, a.** to have good luck. **b.** to emerge successfully from an adverse situation. **20. land someone with,** to give someone (an unwanted or difficult task): *the principal landed him with the job of reorganisation.* **21. make land,** to reach the land after a sea voyage. **22. see how the land lies,** to investigate a situation, circumstances, etc. **23. the land,** agricultural areas as opposed to urban.

landfall /ˈlændfɔl/ n. **1.** an approach to or sighting of land. **2.** the land sighted or reached.

landfill /ˈlændfɪl/ n. **1.** material as garbage, building refuse, etc., deposited under layers of earth to raise the level of the site. **2.** the area covered in this fashion.

landform /ˈlændfɔm/ n. any of the numerous features which make up the surface of the earth, as plain, plateau, canyon.

landing /ˈlændɪŋ/ n. **1. a.** the act of arriving on land as by a plane or jumper. Compare **take-off. b.** the act of arriving on shore as by a sea traveller. **2.** a place where persons or goods are landed, as from a ship. **3.** *Architecture* **a.** the floor at the head or foot of a flight of stairs. **b.** a platform between flights of stairs.

landlady /ˈlændleɪdi/ n. **-ladies. 1.** a woman who owns and leases land, buildings, etc. **2.** a woman who owns or runs an inn, lodging house, or boarding house.

landlocked /ˈlændlɒkt/ adj. shut in more or less completely by land.

landlord /ˈlændlɔd/ n. **1.** someone who owns and leases land, buildings, etc., to another. **2.** the master of an inn, lodging house, etc. **3.** a landowner.

landlubber /ˈlændlʌbə/ n. *Nautical* a landsman or raw seaman. **–landlubberly** adj.

landmark /ˈlændmak/ n. **1.** a conspicuous object on land that serves as a guide, as to vessels at sea. **2.** a prominent or distinguishing feature, part, event, etc.: *the Eureka rebellion was a landmark in Australian history.* **3.** something used to mark the boundary of land. *–adj.* **4.** having to do with a decision, alteration to a law, etc., with important and long-lasting consequences.

landmine /ˈlændmaɪn/ n. a device containing an explosive charge, placed in the ground and detonated by pressure, as that of someone stepping on it or driving over it.

land mullet n. the largest Australian skink, of genus *Egernia,* having shiny, dark brown, or black scales; found in the coastal border region of Queensland and New South Wales.

land rights pl. n. the rights of the original inhabitants of a country to possess land.

Landsborough grass /ˈlændzbərə gras/ n. a small variety of Flinders grass, *Iseilema membranaceum,* widespread in Australia.

landscape /ˈlændskeɪp/ n., v. **-scaped, -scaping.** *–n.* **1.** a view or prospect of rural scenery, such as is comprehended within the scope or range of vision from a single point of view. **2.** a piece of such scenery. **3.** a picture representing natural inland or coastal scenery. *–v.i.* **4.** to do landscape gardening as a profession.

landslide /ˈlændslaɪd/ n. **1.** the sliding down of a mass of soil, detritus, or rock on a steep slope. **2.** the mass itself. **3.** an election in which a particular candidate or party receives an overwhelming mass or majority of votes. **4.** any overwhelming victory.

land tax n. a tax on land, the unimproved value of which exceeds a specified sum.

lane /leɪn/ n. **1.** a narrow way or passage between fences, walls, or houses. **2.** a strip of road marked out for a single line of vehicles. **3.** a fixed course followed by ocean-going ships, or by aircraft. **4.** (in racing) each of the spaces between the marked lines which indicate the courses of the competitors. **5.** the narrow alley on which the ball is bowled in tenpin bowling.

language /ˈlæŋgwɪdʒ, ˈlæŋwɪdʒ/ n. **1.** communication by voice in the distinctively human manner, using arbitrary auditory symbols in conventional ways with conventional meanings. **2.** any set or system of such symbols as used in a more or less uniform fashion by a number of people, who are thus enabled to communicate intelligibly with one another. **3.** the non-linguistic means of communication of animals: *the language of birds.* **4.** any basis of communication and understanding: *the language of flowers; corporal punishment is the only language children understand.* **5.** linguistics. **6.** strong language: *no language please.* **7.** the speech or phraseology peculiar to a class, profession, etc. **8.** form or manner of expression: *in his own language.* **9.** speech or expression of a particular character: *flowery language.* **10.** diction or style of writing. *–phr.* **11. speak someone's language,** to be in sympathy with someone; have the same mode of thinking; share the same jargon. **12. speak a different language,** to be out of sympathy or accord, especially as a result of different background, education, etc. **13. speak the same language,** to be in sympathy or accord, especially as a result of shared background, education, etc.

languid /'læŋgwəd/ *adj.* **1.** drooping or flagging from weakness or fatigue; faint. **2.** lacking in spirit or interest; indifferent. **3.** lacking in vigour or activity; slack; dull: *a languid market.* **4.** slow and graceful in movement; luxuriating or voluptuous in idleness. **–languidly** *adv.* **–languidness** *n.*

languish /'læŋgwɪʃ/ *v.i.* **1.** to become or be weak or feeble; droop or fade. **2.** to lose activity and vigour. **3.** to pine or suffer under any unfavourable conditions: *to languish ten years in a dungeon.* **4.** to pine with desire or longing for. **5.** to assume an expression of tender, sentimental melancholy. **–languishment** *n.* **–languisher** *n.*

languor /'læŋgə/ *n.* **1.** physical weakness or faintness. **2.** lack of energy; indolence. **3.** emotional softness or tenderness. **4.** lack of spirit. **5.** soothing or oppressive stillness.

lank /læŋk/ *adj.* **1.** meagrely slim; lean; gaunt: *a tall, lank man.* **2.** (of plants, etc.) unduly long and slender. **3.** (of hair) straight and limp; not resilient or wiry. **–lankly** *adv.* **–lankness** *n.*

lanky /'læŋki/ *adj.* **-kier, -kiest.** somewhat lank; ungracefully tall and thin; rangy. **–lankily** *adv.* **–lankiness** *n.*

lanolin /'lænəlɪn/ *n.* a fatty substance, extracted from wool, used in ointments. Also, **lanoline** /'lænəlɪn/.

lantana /læn'tanə/ *n.* any plant of the mostly tropical genus *Lantana*, including species much cultivated for their aromatic yellow or orange flowers, as *L. camara*, which has become a troublesome weed in tropical and subtropical regions.

lantern /'læntən/ *n.* **1.** a transparent or translucent case for enclosing a light and protecting it from the wind, rain, etc. **2.** the chamber at the top of a lighthouse, surrounding the light.

lanyard /'lænjəd/ *n.* **1.** *Nautical* a short rope or cord for securing or holding something, especially a rope rove through deadeyes to secure and tighten rigging. **2.** a woven coloured cord worn around the shoulder of military (or some other) uniforms. Colours denote the regiment, corps, etc. Also, **laniard**.

lap[1] /læp/ *n.* **1.** the part of the clothing that lies on the front portion of the body from the waist to the knees when one sits. **2.** this portion of the body, especially as the place in or on which something is held or a child is nursed, cherished, etc. **3.** that in which anything rests or reposes, or is nurtured or fostered. **4.** an area of control or responsibility: *the task was dropped in my lap.* **5.** a laplike or hollow place, as a hollow among hills. **6.** the front part of a skirt, especially as held up to contain something. **7.** a loose border or fold. **8.** a part of a garment which projects or extends over another. *–phr.* **9. in the lap of luxury,** in affluent circumstances. **10. in the lap of the gods,** unpredictable; controlled by chance.

lap[2] /læp/ *v.* **lapped, lapping,** *n.* *–v.t.* **1.** to lay (something) partly over something underneath. **2.** to lie partly over (something underneath); overlap. **3.** to get a lap or more ahead of (a competitor) in racing. **4.** to cut or polish (a gem, etc.) with a lap (def. 9). *–v.i.* **5.** to fold or wind round something. **6.** to lie upon and reach beyond a thing. *–n.* **7.** the act of lapping or of overlapping. **8.** a single round or circuit of the course in racing. **9.** a rotating wheel with a polishing powder on its surface, used for gems, cutlery, etc. See **lapidary**. **–lapper** *n.*

lap[3] /læp/ *v.* **lapped, lapping,** *n.* *–v.t.* **1.** (of water) to wash against or beat upon (something) with a lapping sound. **2.** Also, **lap up.** to take up (liquid) with the tongue; lick up. *–v.i.* **3.** (of water) to wash with a sound as of licking up a liquid. **4.** to take up liquid with the tongue; lick up a liquid. *–n.* **5.** the act of lapping liquid. **6.** the lapping of water against something. **7.** the sound of this. *–phr.* **8. lap up,** to receive and accept avidly. **–lapper** *n.*

lapel /lə'pɛl/ *n.* part of a garment folded back on the breast, especially a continuation of a coat collar. **–lapelled** *adj.*

lapidary /'læpədəri/ *n.* **-ries,** *adj.* *–n.* **1.** someone who cuts, polishes, and engraves stones, especially precious stones. **2.** an expert on gems. *–adj.* **3.** relating to the cutting or engraving of stones.

lapis lazuli /læpəs 'læzjəli, -laɪ/ *n.* **1.** a deep blue stone containing sodium, aluminium, calcium, sulfur, and silicon, and consisting of a mixture of several minerals, used chiefly for ornamental purposes. **2.** sky blue; azure.

lapse /læps/ *n., v.* **lapsed, lapsing.** *–n.* **1.** a slip or small mistake: *a lapse of memory.* **2.** a failure through some fault or bad management: *a lapse of justice.* **3.** a passing away, especially of time: *a lapse of three years.* **4.** a slipping or sinking, often into a lower degree or moral condition: *a lapse into drunkenness.* **5.** a falling into disuse. *–v.i.* **6.** to pass slowly, silently, or by degrees. **7.** *Law* (of an estate, right, etc.) to fall away, or pass on (to someone else) owing to certain conditions not being met. **8.** to fall or sink to a lower grade or condition. **9.** to fall into disuse. **10.** to make a slip or error. **11.** (of time) to pass away. **–lapsable** *adj.* **–lapser** *n.*

laptop /'læptɒp/ *adj.* **1.** (of a computer) portable and small enough to be operated while held on one's knees. **2.** having to do with laptop computers or computing: *laptop displays are becoming much clearer.* *–n.* **3.** a laptop computer. See **desktop**.

larapinta /lærə'pɪntə/ *n.* a dunnart, *Sminthopsis macrura*, of Australian central areas, having a long tail and a prominent facial stripe.

larceny /'lasəni/ *n.* **-nies.** *Law* the wrongful taking and carrying away of the personal goods of another with intent to deprive him or her of them permanently. **–larcenous** *adj.*

lard /lad/ *n.* **1.** rendered pig fat, especially the internal fat of the abdomen. *–v.t.* **2.** to intersperse with something for improvement or ornamentation. **–lardaceous** *adj.* **–lardlike** *adj.* **–lardy** *adj.*

larder /'ladə/ *n.* a room or place where food is kept; a pantry.

large /ladʒ/ *adj.* **larger, largest,** *adv.* *–adj.* **1.** being of more than common size, amount, or number. **2.** of great scope or range; extensive or broad: *large powers.* **3.** on a great scale: *a large producer.* **4.** grand or pompous. *–adv.* **5.** *Naut.* before the wind; with the wind free or on the quarter, or in such a direction that all sails will draw. *-phr.* **6. at large**, **a.** at liberty; free from restraint or confinement: *the murderer is at large*. **b.** at length; to a considerable length: *to discourse at large on a subject*. **c.** as a whole; in general: *the country at large*. **7. in (the) large**, on a large scale: *viewed in the large*. **–largish** *adj.* **–largeness** *n.*

largely /'ladʒli/ *adv.* **1.** to a great extent; in great part. **2.** in great quantity; much.

lark¹ /lak/ *n.* any of numerous singing birds, mostly of the Old World, of the family Alaudidae, characterised by an unusually long, straight hind claw, especially the skylark, *Alauda arvensis*.

lark² /lak/ *n. Colloquial* a merry or hilarious adventure; prank. Also, **skylark**. **–larker** *n.* **–larksome** *adj.*

larrikin /'lærəkən/ *n. Australian, NZ Colloquial* **1.** a lout, a hoodlum. **2.** a mischievous young person. **–larrikinism** *n.* **–larrikinish** *adj.*

larva /'lavə/ *n.* **larvae** /'lavi/ *or* **larvas**. **1.** *Entomology* the young of any insect which undergoes metamorphosis. **2.** any animal in an analogous immature form. **3.** the young of any invertebrate animal.

laryngitis /lærən'dʒaɪtəs/ *n. Pathology* inflammation of the larynx. **–laryngitic** /lærən'dʒɪtɪk/ *adj.*

laryngo- a combining form of **larynx**. Also (*before vowels*), **laryng-**.

larynx /'lærɪŋks/ *n.* **larynges** /lə'rɪndʒiz/ *or* **larynxes**. *Anatomy, Zoology* the cavity at the upper end of the trachea or windpipe containing the vocal cords.

lasagne = lasagna /lə'sanjə, lə'zanjə/ *n.* **1.** a form of pasta cut into flat sheets. **2.** any of several dishes made with this, especially with minced meat, tomato, and cheese.

lascivious /lə'sɪviəs/ *adj.* **1.** inclined to lust; wanton or lewd. **2.** inciting to lust or wantonness. **–lasciviously** *adv.* **–lasciviousness** *n.*

laser /'leɪzə/ *n.* a device for producing a coherent, monochromatic, high-intensity beam of radiation of a frequency within, or near to, the range of visible light; an optical maser.

laser disc *n.* a grooveless disc on which digitally-encoded data, as music, text, or pictures, is stored as tiny pits in the surface, and is read or played by a laser beam which scans the surface of the disc. Also, **laser disk**.

laser printer *n.* a high-speed sophisticated printer that uses a laser to form dot-matrix patterns on paper which are then covered with fused metallic particles by an electronic process, a page at a time.

lash¹ /læʃ/ *n.* **1.** the flexible part of a whip; the piece of cord or the like forming the extremity of a whip. **2.** a swift stroke or blow, with a whip, etc., as a punishment: *sentenced to fifty lashes*. **3.** a sharp stroke given to the feelings, etc., as of censure or satire. **4.** a swift dashing or sweeping movement; a switch: *a lash of an animal's tail*. **5.** a violent beating or impact, as of waves, rain, etc., against something. **6.** an eyelash. **7.** *Colloquial* **a.** ‡ an act of sexual intercourse. **b.** anything which thrills or pleases. *-v.t.* **8.** to strike or beat, now usually with a whip or something slender and flexible. **9.** to beat violently or sharply against. **10.** to drive by strokes of a whip or the like. **11.** to dash, fling, or switch suddenly and swiftly. **12.** to assail severely with words, as by censure or satire. *-v.i.* **13.** to move suddenly and swiftly; rush, dash, or flash. *-phr.* **14. have a lash at**, *Colloquial* to attempt. **15. lash out**, **a.** (sometimes fol. by *at*) to strike out vigorously, as with a weapon, whip, or the like. **b.** (sometimes fol. by *at*) to burst into violent action or speech. **c.** to spend money freely. **–lasher** *n.*

lash² /læʃ/ *v.t.* to bind or fasten with a rope, cord, or the like. **–lasher** *n.*

lashing¹ /'læʃɪŋ/ *n.* **1.** a whipping. **2.** a severe scolding. **3.** (*plural*) *Colloquial* (sometimes fol. by *of*) large quantities; plenty.

lashing² /'læʃɪŋ/ *n.* **1.** a binding or fastening with a rope or the like. **2.** the rope or the like used.

lass /læs/ *n.* **1.** a girl or young woman. **2.** any woman. **3.** a female sweetheart.

lassitude /'læsətjud/ *n.* weariness of body or mind from strain, oppressive climate, etc.; languor.

lasso /læ'su/ *n.* **-sos** *or* **-soes**. a long rope or line of hide or other material, with a running noose at one end, used for catching horses, cattle, etc. **–lassoer** *n.*

last¹ /last/ *adj.* **1.** occurring or coming latest, or after all others, as in time, order, or place: *the last three lines on the page*. **2.** latest; next before the present; most recent: *last week*. **3.** being the only remaining: *one's last penny*. **4.** final: *in his last hours*. **5.** conclusive: *the last word in an argument*. **6.** utmost; extreme. **7.** coming after all others in importance, suitability, or likelihood. *-adv.* **8.** after all others. **9.** on the most recent occasion. **10.** in the end; finally; in conclusion. *-n.* **11.** that which is last. **12.** *Colloquial* the final mention or appearance: *to see the last of that woman*. **13.** the end or conclusion. *-phr.* **14. at (long) last**, after much has intervened. **15. breathe one's last**, to die. **16. on one's last legs**, on the verge of collapse.

last² /last/ *v.i.* **1.** to go on, or continue in progress, existence or life; endure: *so long as the world lasts*. **2.** to continue unexpended or unexhausted; be enough (*for*): *while our money lasts*. **3.** to continue in force, vigour, effectiveness, etc.: *to last in a race*. **–laster** *n.*

last³ /last/ *n.* **1.** a model of the human foot, of wood or other material, on which boots or shoes are shaped, as in the making, or repaired. *-v.t.* **2.** to shape on or fit to a last form. **–laster** *n.*

last-ditch /'last-dɪtʃ/ *adj.* **1.** made in or as a final and desperate effort. **2.** fought with desperate and uncompromising spirit.

last post *n.* **1.** a signal on a bugle giving notice to retire for the night. **2.** a similar bugle call sounded at military funerals.

last sacraments *pl. n.* the sacraments of penance, the Eucharist and extreme unction, when administered to a dying person. Also, **last rites**.

latch /lætʃ/ *n.* **1.** a device for holding a door, gate, or the like closed, consisting basically of a bar falling or sliding into a catch, groove, hole, etc. *-v.t.* **2.** to close or fasten with a latch. *-v.i.* **3.** to fasten tightly so that the latch is in position. *-phr.* **4. latch on to**, *Colloquial* **a.** to fasten or attach (oneself) to. **b.** to understand; comprehend.

late /leɪt/ *adj.* **1.** occurring, coming, or being after the usual or proper time: *late frosts*. **2.** continued until after the usual time or hour; protracted: *a late session*. **3.** far advanced in time: *a late hour*. **4.** immediately preceding that which now exists: *his late residence*. **5.** recently deceased: *the late president*. **6.** occurring at an advanced stage in life: *a late marriage*. **7.** belonging to an advanced period or stage in the history or development of something: *Late Latin*. *-adv.* **8.** after the usual or proper time, or after delay: *to come late*. **9.** until after the usual time or hour; until a late hour at night: *to work late*. **10.** at or to an advanced time, period, or stage. **11.** recently but no longer. *-phr.* **12. of late**, lately. **–latish** *adj.* **–lateness** *n.*

lately /'leɪtli/ *adv.* of late; recently; not long since.

latent /'leɪtnt/ *adj.* **1.** hidden; concealed; present, but not visible or apparent: *latent ability*. **2.** *Pathology* (of an infectious agent) remaining in a

lateral 447 **laurel**

resting or hidden phase; dormant. **3.** *Psychology* below the surface, but potentially able to achieve expression. **4.** *Botany* (of buds which are not externally manifest) dormant or undeveloped. **–latency** *n.* **–latently** *adv.*

lateral /'lætərəl, 'lætrəl/ *adj.* having to do with the side; situated at, proceeding from, or directed to a side: *a lateral view*. **–laterally** *adv.*

lateral thinking *n.* a way of thinking which seeks the solution to a problem by making associations with other apparently unrelated areas, rather than by pursuing one logical train of thought.

laterite /'lætərait/ *n.* a reddish ferruginous soil formed in tropical regions by the decomposition of the underlying rock.

latex /'leiteks/ *n.* **latices** /'lætəsiz/ *or* **latexes** /'leiteksəz/. **1.** *Botany* a milky liquid in certain plants, as milkweeds, poppies, the plants yielding indiarubber, etc., which coagulates on exposure to the air. **2.** any emulsion of particles of synthetic rubber or plastic in water.

lath /laθ/ *n.* **laths** /laðzlaθs/. *–n.* a thin, narrow strip of wood used with others like it to form a groundwork for supporting the slates or other covering of a roof or the plastering of a wall or ceiling, to construct latticework, and for other purposes. **–lathing, lathwork** *n.* **–lathlike** *adj.*

lathe /leið/ *n.* a machine for use in working metal, wood, etc., which holds the material and rotates it about a horizontal axis so that it can be shaped with a hand-held tool.

lather /'læðə/ *n.* **1.** foam or froth made from soap moistened with water, as by a brush for shaving. **2.** foam or froth formed in profuse sweating, as of a horse. **–lathery** *adj.* **–latherer** *n.*

latitude /'lætətjud/ *n.* **1.** *Geography* **a.** the angular distance north or south from the equator of a point on the earth's surface, measured on the meridian of the point. **b.** a place or region as marked by this distance. **2.** freedom from narrow restrictions; permitted freedom of action, opinion, etc. **3.** *Photography* the range of exposures over which proportional representation of subject brightness is obtained.

latrine /lə'trin/ *n.* a toilet, especially in a camp, barracks, factory, or the like.

latter /'lætə/ *adj.* **1.** being the second mentioned of two (opposed to *former*): *I prefer the latter proposition to the former.* **2.** more advanced in time; later: *in these latter days of human progress.* **3.** nearer, or comparatively near, to the end or close: *the latter years of one's life.* *–phr.* **4. the latter,** the item or person (out of two) last mentioned.

latter-day /'lætə-dei/ *adj.* of a latter or more advanced day or period, or modern: *latter-day problems.*

lattice /'lætəs/ *n.* **1.** a structure of crossed wooden or metal strips with open spaces between, used as a screen, etc. **2.** a window, gate, or the like, so constructed. **–latticework** *n.*

laud /lɔd/ *v.t. Literary* to praise; extol. **–laudable** *adj.* **–laudatory, laudative** *adj.* **–laudation** *n.* **–lauder** *n.*

laudanum /'lɔdnəm/ *n.* **1.** tincture of opium. **2.** (formerly) any preparation in which opium was the chief ingredient.

laugh /laf/ *v.i.* **1.** to express mirth, amusement, derision, etc., by an explosive, inarticulate sound of the voice, facial expressions, etc. **2.** to experience the emotion so expressed. **3.** to utter a cry or sound resembling the laughing of human beings, as some animals do. *–v.t.* **4.** to utter with laughter. **5.** to drive, put, bring, etc., by or with laughter: *he was laughed off the stage.* *–n.* **6.** the act or sound of laughing, or laughter. **7.** the cry of an animal, as a hyena, or the call of a bird, as a kookaburra, that resembles human laughter. **8.** an expression of mirth, derision, etc. **9.** (*often ironic*) a cause for laughter: *that's a laugh.* *–phr.* **10. don't make me laugh,** (an exclamation indicating disbelief).
11. have a good laugh, (sometimes fol. by *about*) to experience amusement.
12. have the (last) laugh, to prove ultimately successful; win after an earlier defeat.
13. laugh about (or **over**), to consider with amusement.
14. laugh at, a. to make fun of; deride; ridicule.
b. to be sympathetically amused by: *she laughed at his fear of air travel.*
15. laugh fit to kill, to laugh extremely heartily.
16. laugh in (or **up**) **one's sleeve,** to laugh inwardly at something.
17. laugh like a drain, *Colloquial* to laugh loudly.
18. laugh off (or **away**), to dismiss (a situation, criticism, or the like) by treating lightly or with ridicule.
19. laugh on the other (or **wrong**) **side of one's face** (or **mouth**), to evince disappointment, chagrin, displeasure, etc.
20. laugh out of court, to dismiss by means of ridicule. **–laugher** *n.*

laughable /'lafəbəl/ *adj.* such as to excite laughter; funny; amusing; ludicrous. **–laughableness** *n.* **–laughably** *adv.*

laughing-stock /'lafɪŋ-stɒk/ *n.* a butt for laughter; an object of ridicule.

laugh lines *pl. n.* wrinkles, especially around the eyes and mouth, caused by habitual laughter and indicating a fundamentally sunny disposition.

laughter /'laftə/ *n.* **1.** the action or sound of laughing. **2.** an experiencing of the emotion expressed by laughing: *inward laughter.* **3.** an expression or appearance of merriment or amusement.

launch[1] /lɔntʃ/ *n.* **1.** a heavy open or half-decked boat. **2.** the largest boat carried by a warship.

launch[2] /lɔntʃ/ *v.t.* **1.** to set (a boat, newly built ship) afloat; lower or slide into the water. **2.** to set going: *to launch a scheme; to launch a book.* **3.** to send forth; throw or hurl: *to launch a spear; to launch a plane from an aircraft carrier.* *–v.i.* **4.** to burst out or plunge boldly (into action, speech, etc.). **5.** to start out or forth; push out or put forth on the water. *–n.* **6.** the act of launching a boat, glider, etc. **–launcher** *n.*

launching pad *n.* a base from which a rocket is launched. Also, **launch pad**.

launder /'lɔndə/ *v.t.* **1.** to wash and iron (clothes, etc.). **2.** *Colloquial* to transfer (funds of suspect or illegal origin) usually to a foreign country, and then later to recover them from sources which give them the appearance of being legitimate. *–v.i.* **3.** to do or wash laundry. *–n.* **4.** (in ore dressing) a passage carrying products of intermediate grade, and residue, which are in water suspension. **–launderer** *n.* **–laundress** *fem. n.*

laundry /'lɔndri/ *n.* **-dries. 1.** articles of clothing, etc., to be washed. **2.** the room in a house set aside for the washing of clothes. **3.** the act of laundering.

laurel /'lɒrəl/ *n., v.* **-relled, -relling.** *–n.* **1.** a small evergreen tree, *Laurus nobilis*, of Europe (the **true laurel**), having aromatic leaves used in cookery; sweet bay. **2.** any tree of the same genus (*Laurus*). **3.** Also, **mountain laurel**. any of various trees or shrubs similar to the true laurel belonging to the genus *Kalmia*. **4.** the foliage of the true laurel as an emblem of victory or distinction. **5.** a branch or wreath of it. **6.** (*usually plural*) honour won, as by achievement. *–v.t.* **7.** to adorn or wreathe with laurel. **8.** to honour with

laurel wreath marks of distinction. –*phr.* **9. look to one's laurels**, to be aware of the possibility of being excelled by one's rivals. **10. rest on one's laurels**, to be content with present achievements.

laurel wreath *n.* a wreath made from the foliage of the laurel or bay tree, seen as an emblem of distinction.

lava /'lɑvə/ *n.* **1.** the molten or fluid rock (magma), which issues from a volcanic vent. **2.** the igneous rock formed when this solidifies and loses its volatile constituents, occurring in many varieties differing greatly in structure and constitution.

lavash /lə'vɑʃ/ *n.* a type of Armenian flatbread, sometimes unleavened.

lavatory /'lævətri/ *n.* **-ries**. **1.** a room fitted with a toilet, and often with other bathroom fittings and furniture. **2.** a water closet or urinal; a toilet.

lavender /'lævəndə/ *n.* **1.** a plant of the genus *Lavandula*, especially *L. officinalis*, a small Old World shrub with spikes of fragrant pale purple flowers, yielding an oil (**oil of lavender**) used in medicine and perfumery. **2.** the dried flowers or other parts of this plant placed among linen, etc., for scent or as a preservative. –*adj.* **3.** pale bluish-purple.

lavish /'lævɪʃ/ *adj.* **1.** (sometimes fol. by *of* or *in*) using or bestowing in great abundance or without stint: *lavish of time; lavish in his praise.* **2.** expended, bestowed, or occurring in profusion: *lavish gifts; lavish spending.* –*v.t.* **3.** to expend or bestow in great abundance or without stint: *to lavish favours on a person.* –**lavisher** *n.* –**lavishness** *n.* –**lavishly** *adv.*

law /lɔ/ *n.* **1.** the principles and regulations emanating from a government and applicable to a people, whether in the form of legislation or of custom and policies recognised and enforced by judicial decision. **2.** any written or positive rule of conduct, or collection of rules, prescribed under the authority of the state or nation, whether by the people in its constitution, as the **organic law**, or by the legislature in its **statute law**, or by the treaty-making power, or by municipalities in their ordinances or **by-laws**. **3.** the controlling influence of such rules; the condition of society brought about by their observance: *to maintain law and order.* **4.** the institutions and persons collectively responsible for the administration of the legal rules, or an agent that helps maintain the rules. **5.** a system or collection of such rules. **6.** the department of knowledge concerned with these rules; jurisprudence: *to study law.* **7.** the body of rules and legal principles concerned with a particular subject or derived from a particular source: *commercial law; the law of torts.* **8.** an act of the supreme legislative body of a state or nation, as distinguished from the constitution. **9.** the principles applied in the courts of common law, as distinguished from equity. **10.** the profession which deals with law and legal procedure: *to practise law.* **11.** legal action; litigation. **12.** any rule or principle of proper conduct or collection of such rules. **13.** (in philosophical and scientific use) **a.** a statement of a relation or sequence of phenomena invariable under the same conditions. **b.** a mathematical rule. –*phr.* **14. be a law unto oneself**, to do what one wishes, without regard for established rules and modes of behaviour. **15. lay down the law**, to tell people authoritatively what to do, or state one's opinions authoritatively. **16. take the law into one's own hands**, to seek justice by one's own means, disregarding usual judicial procedures. **17. the Law**, the Mosaic Law (often in contrast to *the Gospel*). **18. the long arm of the law**, **a.** the power of law-enforcing bodies to catch criminals, even after many years have elapsed. **b.** *Colloquial* the police; a police officer.

lawful /'lɔfəl/ *adj.* **1.** allowed or permitted by law; not contrary to law. **2.** legally qualified or entitled: *lawful king.* –**lawfully** *adv.* –**lawfulness** *n.*

lawn¹ /lɔn/ *n.* a stretch of grass-covered land, especially one closely mowed, as near a house, etc. –**lawny** *adj.*

lawn² /lɔn/ *n.* a thin or sheer linen or cotton fabric, either plain or printed. –**lawny** *adj.*

lawn bowls *n.* a game in which the players roll biased or weighted balls along a green in an effort to bring them as near as possible to a stationary ball called the jack.

lawsuit /'lɔsut/ *n.* a suit at law; a prosecution of a claim in a law court.

lawyer /'lɔɪjə/ *n.* someone whose profession is to conduct suits in court or to give legal advice and aid.

lax /læks/ *adj.* **1.** lacking in strictness or severity; careless or negligent: *lax morals.* **2.** not rigidly exact or precise; vague: *lax ideas on a subject.* **3.** loose or slack; not tense, rigid, or firm: *a lax cord.* **4.** open or not retentive, as the bowels. –**laxly** *adv.* –**laxity, laxness** *n.*

laxative /'læksətɪv/ *Medicine* –*adj.* **1.** mildly purgative. –*n.* **2.** a laxative medicine or agent.

lay¹ /leɪ/ *v.* **laid**, **laying**, *n.* –*v.t.* **1.** to put or place in a position of rest or recumbency: *to lay a book on a desk.* **2.** to bring, throw, or beat down, as from an erect position: *to lay a person low.* **3.** to cause to subside: *to lay the dust.* **4.** to allay, appease, or suppress. **5.** to smooth down or make even: *to lay the nap of cloth.* **6.** to bring forth and deposit (an egg or eggs). **7.** to deposit as a wager; stake; bet: *I'll lay you ten to one.* **8.** to place, set, or cause to be in a particular situation, state, or condition: *to lay hands on a thing.* **9.** to place before a person, or bring to a person's notice or consideration: *he laid his case before the commission.* **10.** to put to; place in contiguity; apply: *to lay a hand on a child.* **11.** to set (a trap, etc.). **12.** to place or locate (a scene): *the second act is laid in France.* **13.** to present, bring forward, or prefer, as a claim, charge, etc. **14.** to impute, attribute, or ascribe. **15.** to impose as a burden, duty, penalty, or the like: *to lay an embargo on shipments of oil.* **16.** to bring down (a stick, etc.), as on a person, in inflicting punishment. **17.** to dispose or place in proper position or in an orderly fashion: *to lay bricks.* **18.** to set (a table). **19.** to form by twisting strands together, as a rope. **20.** to place on or over a surface, as paint; cover or spread with something else. **21.** to devise or arrange, as a plan. **22.** *Colloquial* ‡ to have sexual intercourse with. –*v.i.* **23.** to lay eggs. **24.** to wager or bet. **25.** *Nautical* to take a specified position. –*n.* **26.** the way or position in which a thing is laid or lies. **27.** a share of the profits or the catch of a whaling or fishing voyage, distributed to officers and crew. **28.** *Colloquial* ‡ **a.** a person considered as a sex object: *a good lay; an easy lay.* **b.** the sexual act. –*phr.*

29. lay aboard, *Nautical* (of a boat) to come alongside a ship.

30. lay about, to deal or aim blows at.

31. lay an egg, *Colloquial* **a.** to drop a bomb. **b.** to defecate. **c.** to be a failure, as in the theatre.

32. lay bare, to expose.

33. lay down, **a.** to put (something) down on the ground; to relinquish. **b.** to record (speech, a track of music, etc.) on a tape or disc.

34. lay down one's arms, to surrender.

35. lay hands on, **a.** to assault. **b.** to attempt to heal by placing one's hands on, so as to impart spiritual strength. **c.** to locate and obtain.

36. lay hold of (or **on**), to grasp; seize; catch.

37. lay in, a. to build up a store of (provisions, etc.). **b.** *Nautical* to move along a yard, towards the mast.
38. lay in (there), *Colloquial* to maintain a course of action despite opposition, setbacks, etc.
39. lay into, *Colloquial* **a.** to attack physically or verbally. **b.** to apply oneself vigorously to.
40. lay it on, *Colloquial* **a.** to exaggerate. **b.** to chastise severely.
41. lay off, a. to put aside. **b.** to dismiss, especially temporarily, as an employee. **c.** to mark or plot off. **d.** *Colloquial* to desist. **e.** *Colloquial* to cease to annoy (someone). **f.** *Horseracing* (of a bookmaker) to make a bet with another bookmaker to cover projected losses on a race. **g.** to protect a bet or speculation by taking some offsetting risk.
42. lay on, to provide or supply.
43. lay oneself open, to expose oneself (to adverse criticism or the like).
44. lay one's hands on, to obtain; find: *I just can't lay my hands on it at the moment.*
45. lay out, a. to extend at length. **b.** to spread out to the sight, air, etc.; spread out in order. **c.** to stretch out and prepare (a body) for burial. **d.** *Colloquial* to expend (money) for a particular purpose. **e.** to exert (oneself) for some purpose, effect, etc. **f.** to plot or plan out. **g.** *Nautical* to move along a yard, away from the mast. **h.** to strike down, especially to knock unconscious.
46. lay siege to, to besiege.
47. lay someone low, *Colloquial* to make someone ill; weaken someone: *the flu laid him low for three weeks.*
48. lay to, *Nautical* **a.** to check the motion of (a ship). **b.** to put (a ship, etc.) in a dock or other place of safety.
49. lay up, a. to put away, as for future use; store up. **b.** to cause to remain in bed or indoors through illness or injury.
50. lay waste to, to devastate.
lay² /leɪ/ *v.* past tense of **lie²**.
lay³ /leɪ/ *adj.* **1.** belonging to, relating to, or performed by the people or laity, as distinguished from the clergy: *a lay sermon.* **2.** not belonging to, connected with, or proceeding from a profession, especially the law or medicine.
lay⁴ /leɪ/ *n.* a short narrative or other poem, especially one to be sung.
lay-by /'leɪ-baɪ/ *n.* **1.** *Australian, NZ* **a.** the reservation of an article by payment of a cash deposit. **b.** an item so reserved or so purchased. **2.** *Brit.* a part of a road or railway where vehicles may draw up out of the stream of traffic. –*v.t.* **3.** *Australian, NZ* to put (something) on lay-by.
layer /'leɪə/ *n.* **1.** a thickness of some material laid on or spread over a surface; a stratum. **2.** *Horticulture* a shoot or twig placed partly under the ground while still attached to the living stock, for the purpose of propagation.
layette /leɪ'ɛt/ *n.* a complete outfit of clothing, toilet articles, etc., for a newborn child.
layman /'leɪmən/ *n.* **-men. 1.** a male layperson. **2.** someone who is not a member of a particular profession: *to the layman, computer jargon is unintelligible.*
layout /'leɪaʊt/ *n.* **1.** a laying or spreading out. **2.** an arrangement or plan. **3.** the plan or sketch of a page, magazine, book, advertisement, or the like, indicating the arrangement of materials.
layperson /'leɪpɜsən/ *n.* **1.** one of the laity; someone who is not a member of the clergy. **2.** someone who is not a member of a particular profession. Also, **lay person.**
laze /leɪz/ *v.i.* **lazed, lazing.** to be lazy; idle or lounge lazily.

lazy /'leɪzi/ *adj.* **-zier, -ziest. 1.** disinclined to exertion or work; idle. **2.** slow-moving; sluggish: *a lazy stream.* **–lazily** *adv.* **–laziness** *n.*
LCD /ɛl si 'di/ *n.* **1.** a method of displaying data continuously (on watches, computers, calculators, etc.) by means of a liquid-crystal film, sealed between glass plates, which changes its optical properties when a voltage is applied. –*adj.* **2.** having to do with watches, calculators, electronic games, etc., which display readings by means of LCD. Also, **lcd.**
leach /litʃ/ *v.t.* **1.** to cause (water, etc.) to percolate through something. **2.** to remove soluble constituents from (ashes, soil, etc.) by percolation.
lead¹ /lid/ *v.* **led, leading.** –*v.t.* **1.** to take or conduct on the way; go before or with to show the way. **2.** to conduct by holding and guiding: *to lead a horse by a rope.* **3.** to guide in direction, course, action, opinion, etc.; to influence or induce: *too easily led.* **4.** to conduct or bring (water, wire, etc.) in a particular course. **5.** (of a road, passage, etc.) to serve to bring (a person, etc.) to a place through a region, etc. **6.** to take or bring: *the prisoners were led in.* **7.** to be at the head of, command, or direct (an army, organisation, etc.). **8.** to go at the head of or in advance of (a procession, list, body, etc.); to be first in or go before. **9.** to have the directing or principal part in (a movement, proceedings, etc.). **10.** to begin or open, as a dance, discussion, etc. **11.** to act as leader of (an orchestra, etc.). **12.** to go through or pass (life, etc.): *to lead a dreary existence.* **13.** *Cards* to begin a round, etc., with (a card or suit specified). –*v.i.* **14.** to act as a guide; show the way. **15.** to be led, or submit to being led, as an animal. **16.** to afford passage to a place, etc., as a road, stairway, or the like. **17.** to go first; be in advance. **18.** to take the directing or principal part. **19.** *Boxing* to take the offensive by striking at an opponent. –*n.* **20.** the first or foremost place; position in advance of others. **21.** the extent of advance. **22.** something that leads. **23.** the animals at the front of a moving mob. **24.** a thong or line for holding a dog or other animal in check. **25.** a guiding indication; clue. **26.** precedence. **27.** *Theatre* **a.** the principal part in a play. **b.** the person who plays it. **28.** *Journalism* a short summary serving as an introduction to a news story or article. **29.** *Electricity* a single conductor, often flexible and insulated, used in connections between pieces of electrical apparatus. **30.** *Boxing* the act of taking the offensive by striking at an opponent. **31.** a track or route, especially one followed by travelling stock. **32.** *Mining* **a.** → **lode.** **b.** an auriferous deposit in an old river-bed. –*adj.* **33.** solo or dominating as in a musical structure: *lead singer, lead guitar, lead break.* –*phr.*
34. in the lead, ahead of others; in advance of others.
35. lead nowhere, to be an unprofitable and unproductive activity, course of action, etc.
36. lead off, a. to take the initiative. **b.** *Cards* to make the first play.
37. lead someone a chase (or **dance**), to cause someone unnecessary difficulty or trouble.
38. lead someone by the nose, to enforce one's will on someone, especially unpleasantly.
39. lead someone on, to induce or encourage someone to a detrimental or undesirable course of action.
40. lead the way, to go in advance of others, especially as a guide.
41. lead to (or **towards**), to afford a passage to (a place, etc.), as a road, stairway, or the like.
42. lead up to, to prepare gradually for.
43. on the lead, at the head of travelling stock.

44. take the lead, to move out in front of others, either to show the way or to win a race.

lead² /lɛd/ *n.* **1.** *Chemistry* a heavy, comparatively soft, malleable bluish-grey metal, sometimes found native, but usually combined as sulfide, in galena. *Symbol*: Pb; *relative atomic mass*: 207.19; *at. no.*: 82; *density*: 11.34 at 20°C. **2.** something made of this metal or one of its alloys. **3.** a plumb-bob or mass of lead suspended by a line, as for taking soundings. **4.** bullets; shot. **5.** black lead or graphite. **6.** a small stick of this as used in pencils. **7.** Also, **leading**. *Printing* a thin strip of type metal or brass, less than type high, for increasing the space between lines of type. **8.** frames of lead in which panes are fixed, as in windows of stained glass. **9.** (*plural*) sheets or strips of lead used for covering roofs. –*v.t.* **10.** to cover, line, weight, treat, or impregnate with lead or one of its compounds. **11.** *Printing* to insert leads between the lines of. **12.** to fix (window glass) in position with leads. –*adj.* **13.** containing or made of lead. –*phr.* **14. fill someone full of lead**, *Colloquial* to shoot someone numerous times with a gun. **15. go down like a lead balloon**, *Colloquial* to fail dismally; fail to elicit the desired response. **16. have a lead foot**, *Colloquial* to be given to driving too fast. **17. heave the lead**, *Nautical* to take a sounding with a lead. **18. lead in one's pencil**, *Colloquial* (of a male) sexual vigour; virility. **19. swing the lead**, *Colloquial* to be idle when there is work to be done.

Leadbeater's cockatoo /ˌlɛdbitəz kɒkəˈtu/ *n.* → **Major Mitchell**.

leaden /ˈlɛdn/ *adj.* **1.** consisting or made of lead. **2.** very heavy and hard to move: *leaden eyes; leaden limbs.* **3.** oppressive; burdensome: *leaden fear.* **4.** slow; sluggish: *leaden pace.* **5.** dull, spiritless, or gloomy: *leaden thoughts.* **6.** dull grey: *leaden skies.* –**leadenly** *adv.* –**leadenness** *n.*

leader /ˈlidə/ *n.* **1.** someone or something that leads. **2.** *Music* **a.** the main violinist, cornetplayer, or singer in an orchestra, band, or chorus, to whom solos are usually given. **b.** → **concertmaster**. **3.** → **editorial**. –**leaderless** *adj.*

leading /ˈlidɪŋ/ *adj.* **1.** directing; guiding. **2.** chief; principal; most important; foremost.

leading light *n. Colloquial* a person outstanding in a particular sphere.

leading question *n.* a question so worded as to suggest the proper or desired answer.

leadlight /ˈlɛdlaɪt/ *n.* **1.** a decorative assembly in which pieces of coloured or patterned glass are framed in lead to create a picture or an abstract design. –*adj.* **2.** having to do with a door, window, etc., which features a leadlight.

leaf /lif/ *n., pl.* **leaves**, /livz/ *v.* –*n.* **1.** one of the expanded, usually green, organs borne by the stem of a plant. **2.** any similar or corresponding lateral outgrowth of a stem. **3.** *Bibliography* a unit generally comprising two printed pages of a book, one on each side, but also applied to blank or illustrated pages. **4.** a thin sheet of metal, etc. **5.** a lamina or layer. **6.** a sliding, hinged, or detachable flat part, as of a door, tabletop, etc. –*v.i.* **7.** to put forth leaves. –*phr.* **8. in leaf**, covered with foliage or leaves. **9. leaf through**, to turn the pages of quickly. **10. take a leaf out of someone's book**, to follow someone's example. **11. turn over a new leaf**, to begin a new and better course of conduct or action. –**leaf-like** *adj.*

leaflet /ˈliflət/ *n.* **1.** one of the separate blades or divisions of a compound leaf. **2.** a small leaf-like part or structure. **3.** a small or young leaf. **4.** a small flat or folded sheet of printed matter, as for distribution. –*v.i.* **5.** to distribute leaflets, especially as part of a campaign.

leaf spring *n.* a long, narrow, multiple spring composed of several layers of spring metal bracketed together.

league¹ /lig/ *n., v.* **leagued**, **leaguing**. –*n.* **1.** a covenant or compact made between persons, parties, states, etc., for the maintenance or promotion of common interests or for mutual assistance or service. **2.** the aggregation of persons, parties, states, etc., associated in such a covenant; a confederacy. **3.** category or class: *they are not in the same league.* **4.** a society or association, especially one with a national or state-wide structure and local branches. **5.** an association of sporting clubs which arranges matches between teams of approximately similar standard. **6.** (*cap.*) → **Rugby League**. –*v.t.* **7.** to unite in a league; combine. –*v.i.* **8.** to join in a league. –*adj.* **9.** of or belonging to a league. **10.** of or relating to Rugby League. –*phr.* **11. in league**, (sometimes fol. by *with*) united by or having a compact or agreement; allied.

league² /lig/ *n.* a former unit of distance, varying at different periods and in different countries, usually estimated roughly at 3 miles or 5 kilometres.

leak /lik/ *n.* **1.** an unintended hole, crack, or the like by which liquid, gas, etc., enters or escapes. **2.** any avenue or means of unintended entrance or escape, or the entrance or escape itself. **3.** *Electricity* a point where current escapes from a conductor, as because of poor insulation. **4.** the act of leaking. **5.** an accidental or apparently accidental disclosure of information, etc. **6.** *Colloquial* an act of passing water; urination. –*v.i.* **7.** to let a liquid, gas, etc. enter or escape, as through an unintended hole, crack, permeable material, or the like: *the roof is leaking.* **8.** to pass in or out in this manner, as water, etc.: *gas leaking from a pipe.* **9.** *Colloquial* to pass water; urinate. –*v.t.* **10.** to let (fluid, etc.) leak in or out. **11.** to disclose (information, especially of a confidential nature), especially to the media. –*phr.* **12. leak out**, to transpire or become known undesignedly. –**leakage** *n.* –**leaky** *adj.*

lean¹ /lin/ *v.* **leant** *or* **leaned**, **leaning**. *n.* –*v.i.* **1.** to incline or bend from a vertical position or in a particular direction. **2.** to incline in feeling, opinion, action, etc.: *to lean towards socialism.* **3.** to rest against or on something for support. **4.** to depend or rely: *to lean on empty promises.* –*v.t.* **5.** to incline or bend: *he leant his head forward.* **6.** to cause to lean or rest (*against, on, upon,* etc.): *lean your arm against the railing.* –*n.* **7.** the act of leaning; inclination. –*phr.* **8. lean on**, to intimidate; apply pressure to.

lean² /lin/ *adj.* **1.** (of persons or animals) scant of flesh; thin; not plump or fat: *lean cattle.* **2.** (of meat) containing little or no fat. **3.** lacking in richness, fullness, quantity, etc.: *a lean diet, lean years.* **4.** deficient in a particular ingredient, as clay which is not very plastic, or one which contains little valuable material. –**leanly** *adv.* –**leanness** *n.*

lean-to /ˈlin-tu/ *n.* **-tos**. a shelter made of wood, galvanised iron, etc., propped against a building, wall, etc.

leap /lip/ *v.* **leapt** *or* **leaped**, **leaping**, *n.* –*v.i.* **1.** to spring through the air from one point or position to another: *to leap over a ditch.* **2.** to move quickly and lightly: *to leap aside.* **3.** to pass, come, rise, etc., as if with a bound: *to leap to a conclusion.* –*v.t.* **4.** to jump over: *to leap a wall.* **5.** to pass over as if by a leap. **6.** to cause to leap. –*n.* **7.** a spring, jump, or bound; a light springing movement. **8.** the space cleared in a leap. **9.** a place leapt, or to be leapt, over or from. **10.** an abrupt transition, especially a rise. **11.** *Music* a melodic interval greater than a second. –*phr.* **12.**

leapfrog 'leap forward', a sudden progressive development. **13. by leaps and bounds**, very rapidly. **14. leap in the dark**, an action taken without knowledge of the possible outcomes. **–leaper** n.

leapfrog /'lipfrɒg/ n., v. **-frogged, -frogging.** –n. **1.** a game in which one player leaps over another who is in a stooping posture. –v.t. **2.** Military to advance (two military units) by engaging one with the enemy while moving the other forward.

leap year n. a year containing 366 days, or one day (29 February) more than the ordinary year, to offset the difference in length between the ordinary year and the astronomical year (being, in practice, every year whose number is exactly divisible by 4, as 1948, except centenary years not exactly divisible by 400, as 1900).

learn /lɜn/ v. **learnt** or **learned** /lɜnd/ or **learning.** –v.t. **1.** to acquire knowledge of or skill in by study, instruction, or experience: *to learn French.* **2.** to memorise. **3.** to become informed of or acquainted with; ascertain: *to learn the truth.* **4.** to acquire (a habit or the like). –v.i. **5.** to acquire knowledge or skill: *to learn rapidly.*

learned /'lɜnəd/ adj. **1.** having much knowledge gained by study; scholarly: *a group of learned men.* **2.** of or showing learning. **3.** (applied as a term of courtesy to a member of the legal profession): *my learned friend.* **–learnedly** adv. **–learnedness** n.

learning /'lɜnɪŋ/ n. **1.** knowledge acquired by systematic study in any field or fields of scholarly application. **2.** Psychology the modification of behaviour through interaction with the environment.

learning curve n. a process of learning in which there is a lot to learn at first and progress is initially slow, but gradually the learning process becomes easier as more knowledge about the subject is retained.

lease /lis/ n., v. **leased, leasing.** –n. **1.** an instrument conveying property to another for a definite period, or at will, usually in consideration of rent or other periodical compensation. **2.** the period of time for which it is made. **3.** land which has been leased, as for goldmining, farming, etc. –v.t. **4.** to grant the temporary possession or use of (lands, tenements, vehicles, etc.) to another, usually for compensation at a fixed rate; let. **5.** to take or to hold by a lease, as a flat, house, etc. –phr. **6. a new lease of life**, a renewed zest for life. **–leaser** n.

leasehold /'lishoʊld/ n. **1.** a land interest acquired under a lease. –adj. **2.** held by lease. **3.** having to do with land owned by the Crown and which is leased out, usually for a specified time period.

leash /liʃ/ n. a lead for a dog.

least /list/ det. **1.** little beyond all others in size, amount, degree, etc.: *the dog had least energy.* –adj. **2.** smallest; slightest: *the least distance to come.* **3.** Archaic lowest in consideration or dignity. –pron. **4.** that which is least; the least amount, quantity, degree, etc. –adv. **5.** to the least extent, amount, or degree. –phr. **6. at least, a.** at the least or lowest estimate. **b.** at any rate; in any case. **7. in the least**, in the smallest degree.

leather /'lɛðə/ n. **1.** the skin of animals prepared for use by tanning or a similar process. **2.** some article or appliance made of this material. –v.t. **3.** to cover or furnish with leather. **4.** Colloquial to beat with a leather strap.

leatherjacket /'lɛðədʒækət/ n. any of numerous species of fish, especially of the family Aleuteridae, having a roughened skin which can be removed in one piece like a jacket, and a prominent, erectable dorsal spine.

leave¹ /liv/ v. **left, leaving.** –v.t. **1.** to go away from, depart from, or quit, as a place, a person, or a thing. **2.** to let stay or be as specified: *to leave a door unlocked.* **3.** to let (a person, etc.) remain in a position to do something without interference: *leave him alone.* **4.** to let (a thing) remain for action or decision. **5.** to allow to remain in the same place, condition, etc. **6.** to let remain, or have remaining behind, after going, disappearing, ceasing, etc.: *the wound left a scar.* **7.** to have remaining after death: *he leaves a widow.* **8.** to give in charge; give for use after one's death or departure. **9.** to have as a remainder after subtraction: *2 from 4 leaves 2.* –v.i. **10.** to go away, depart, or set out: *we leave for Tasmania tomorrow.* –phr. **11. leave be**, to cease to remonstrate; to allow a situation to take its own course. **12. leave for dead**, to outclass or outstrip in a competition. **13. leave it at that**, to go no further; do or say nothing more. **14. leave off, a.** not to put on (an item of clothing): *he left off his hat.* **b.** to exclude from: *they left her name off the list.* **c.** to cease doing (something): *leave off crying now.* **d.** to desist from, stop, or abandon. **15. leave out**, to omit or exclude. **16. leave someone be**, to cease interfering or taking an active interest in someone's affairs. **17. leave someone cold**, to make little or no impression on someone. **18. leave someone to it**, to leave someone alone to get on with something. **–leaver** n.

leave² /liv/ n. **1.** permission to do something. **2.** permission to be absent, as from duty: *to be on leave.* **3.** the time this permission lasts: *30 days' leave.* **4.** a farewell: *to take leave of someone.*

leaven /'lɛvən/ n. **1.** a mass of fermenting dough reserved for producing fermentation in a new batch of dough. **2.** any substance which produces fermentation. **3.** an agency which works in a thing to produce a gradual change or modification. **–leavening** n.

leaves /livz/ n. plural of **leaf.**

lecher /'lɛtʃə/ n. a man immoderately given to sexual indulgence; a lewd man. **–lechery** n. **–lecherous** adj.

lecithin /'lɛsəθən/ n. phosphatidyl choline, an ester important in membranes.

lectern /'lɛktən/ n. a reading desk, especially that in a church from which the lessons are read.

lecture /'lɛktʃə/ n., v. **-tured, -turing.** –n. **1.** a discourse read or delivered before an audience, especially for instruction or to set forth some subject: *a lecture on Picasso.* **2.** a speech of warning or reproof as to conduct; a long, tedious reprimand. –v.i. **3.** to give a lecture. –v.t. **4.** to deliver a lecture to or before; instruct by lectures. **–lecturer** n. **–lectureship** n.

led /lɛd/ v. past tense and past participle of **lead¹.**

LED /lɛd/ n. light-emitting diode.

ledge /lɛdʒ/ n. **1.** any relatively narrow, horizontal projecting part, or any part affording a horizontal shelf-like surface. **2.** a more or less flat shelf of rock protruding from a cliff or slope. **3.** a reef, ridge, or line of rocks in the sea or other water bodies. **–ledged** adj.

ledger /'lɛdʒə/ n. **1.** Bookkeeping an account book of final entry, containing all the accounts. **2.** a horizontal timber fastened to the vertical uprights of a scaffold, to support the putlogs. **3.** a flat slab of stone laid over a grave or tomb.

lee¹ /li/ n. **1.** → **shelter** (def. 2). **2.** the side or part that is sheltered or turned away from the wind. **3.** Chiefly Nautical the quarter or region towards which the wind blows.

lee² /li/ n. (*usually plural*) that which settles from a liquid, especially from wine; sediment; dregs.

leech /litʃ/ n. **1.** any of the bloodsucking or carnivorous, usually aquatic, worms constituting the class Hirudinea, certain freshwater species of which were formerly much used by physicians for blood-letting and now occasionally used in eye surgery and the like for reducing bruising. **2.** an instrument used for drawing blood. **3.** someone who clings to another with a view to gain. **–leechlike** *adj.*

leek /liːk/ *n.* **1.** a plant of the lily family, *Allium porrum*, allied to the onion but having a cylindrical bulb, and used in cookery. **2.** the national emblem of Wales.

leer /lɪə/ *n.* **1.** a side glance, especially of sly or insulting suggestion or significance. *–v.i.* **2.** to look with a leer. **–leeringly** *adv.*

leery /'lɪəri/ *adj. Colloquial* **1.** doubtful; suspicious. **2.** knowing; sly.

leeward /'liːwəd/ *Nautical* /'luəd/ *adj.* relating to, situated in, or moving towards the quarter towards which the wind blows (opposed to *windward*).

leeway /'liːweɪ/ *n. Aeronautics* **1.** the amount an aeroplane is blown off its normal course by crosswinds. **2.** *Nautical* the distance a ship is forced sideways from its course by the wind. **3.** *Colloquial* extra space, time, money, etc.

left¹ /lɛft/ *adj.* **1.** belonging or relating to the side of a person or thing which is turned towards the west when facing north (opposed to *right*). **2.** belonging or relating to the political left. *–n.* **3.** the left side, or what is on the left side. **4.** (in continental Europe) that part of a legislative assembly which sits on the left side of the chamber as viewed by the president, a position customarily assigned to representatives holding socialist or radical views. **5.** (*often cap.*) a party or group holding such views. **6.** a punch with the left hand, as in boxing. *–phr.* **7. have two left feet**, *Colloquial* to be clumsy.

left² /lɛft/ *v.* past tense and past participle of **leave¹**.

left-handed /'lɛft-hændəd/ *adj.* **1.** using the left hand more than the right. **2.** for use by or performed by the left hand. **3.** insincere or ambiguous: *a left-handed compliment.* **4.** awkward; clumsy. **–left-handedly** *adv.* **–left-handedness** *n.*

leftist /'lɛftəst/ *n.* a member of a socialist or radical party or a person sympathising with their views.

leftover /'lɛftoʊvə/ *n.* **1.** something left over or remaining. **2.** a remnant of food, as from a meal.

left wing *n.* **1.** members of a socialist, progressive, or radical political party or section of a party, generally those favouring extensive political reform. **2.** *Sport* the part of the field of play which forms the left flank of the area being attacked by either team. **3.** *Sport* a player positioned on the left flank, as the outside left in soccer, the left or the wing three-quarters in Rugby football, etc. **–left-wing** *adj.* **–left-winger** *n.*

leg /lɛɡ/ *n., adj., v.* **legged**, **legging**. *–n.* **1.** one of the members or limbs which support and move the human or animal body. **2.** this part of an animal, especially lamb or veal, used as meat to roast, bake, etc. **3.** that part of the limb between the knee and the ankle. **4.** something resembling or suggesting a leg in use, position, or appearance. **5.** that part of a garment, such as a stocking, trousers, or the like, which covers the leg. **6.** one of the supports of a piece of furniture. **7.** one of the sides of a pair of dividers or compasses. **8.** one of the sides of a triangle other than the base or hypotenuse. **9.** a timber, bar, etc., serving to prop or shore up a structure. **10.** one of the distinct portions of any course: *the last leg of a trip.* **11.** *Nautical* **a.** one of the series of straight runs which make up the zigzag course of a sailing ship. **b.** one straight or nearly straight part of a multiple-sided course in a sailing race. **12.** *Sport* **a.** one of a number of parts of a contest, each of which must be completed in order to determine the winner. **b.** a stage or given distance in a relay race. **13.** *Cricket* the leg side. *–adj.* **14.** *Cricket* of or relating to the leg side: *leg slip; leg stump.* *–phr.*
15. a leg up, **a.** assistance in climbing or mounting. **b.** any assistance.
16. break a leg, *Colloquial* **a.** (an expression of good luck to someone about to go on stage). **b.** (*usually negative*) to hurry excessively: *well, don't break a leg getting there.*
17. get a leg in, *Colloquial* to make a start.
18. get one's leg over, *Colloquial* ‡ to have sexual intercourse.
19. get one's leg over someone, *Colloquial* ‡ to have sexual intercourse with someone.
20. leg it, *Colloquial* to walk or run.
21. not have a leg to stand on, not to have any good justification for one's beliefs, actions, etc.
22. pull someone's leg, to tease or make fun of someone.
23. pull the other leg, (an exclamation of ironic disbelief).
24. shake a leg, *Colloquial* to hurry up.
25. show a leg, *Colloquial* **a.** to make an appearance. **b.** to get out of bed. **–legless** *adj.*

legacy /'lɛɡəsi/ *n.* **-cies**. **1.** *Law* a gift of property or money made by will; a bequest. **2.** anything handed down by an ancestor, etc. **3.** a result: *this is a legacy of the war in Vietnam.*

legal /'liːɡəl/ *adj.* **1.** appointed, established, or authorised by law; deriving authority from law. **2.** having to do with law: connected with the law or its administration: *the legal profession.* **–legally** *adv.* **–legality** /lə'ɡæləti, li-/ *n.*

legalise = legalize /'liːɡəlaɪz/ *v.t.* **-lised**, **-lising**. to make legal; authorise; sanction. **–legalisation** /liːɡəlaɪ'zeɪʃən/ *n.*

legal tender *n.* currency which may be lawfully tendered or offered in payment of money debts and which may not be refused by creditors.

legate /'lɛɡət/ *n.* **1.** an ecclesiastic delegated by the pope as his representative. **2.** *Roman History* an assistant to a general or to a consul or magistrate, in the government of any army or a province; a commander of a legion. **3.** → **envoy**. **–legateship** *n.* **–legatine** *adj.*

legatee /lɛɡə'tiː/ *n. Law* one to whom a legacy is bequeathed.

legation /lə'ɡeɪʃən/ *n.* (formerly) a diplomatic mission of lesser rank than an embassy. **–legationary** *adj.*

legato /lə'ɡɑːtoʊ/ *Music* *–adv.* **1.** in a smooth, even style, without breaks between the successive notes. *–adj.* **2.** performed legato. Compare **staccato**.

leg before wicket *n.* (in cricket) the act of stopping with the leg, or some other part of the body, a pitched ball which would otherwise have hit the wicket, for which the person batting may be declared out. *Abbrev.:* l.b.w.

legend /'lɛdʒənd/ *n.* **1.** a story handed down by tradition from earlier times and popularly accepted as being based on historical fact. **2.** something written on a coin, coat of arms, or under a picture, etc. **3.** notes that explain a table, map, drawing, etc. **4.** a famous or admirable person about whom legend-like stories are told. **5.** *Colloquial* a person who is well-regarded, especially for excellence in a particular field or activity: *mate, you're a legend!* **–legendary** *adj.*

legerdemain /lɛdʒədə'meɪn/ *n.* **1.** sleight of hand. **2.** trickery; deception.

legging /'lɛɡɪŋ/ *n.* (*usually plural*) an extra outer covering for the leg, usually extending from the ankle to the knee, but sometimes higher.

legible /'lɛdʒəbəl/ *adj.* **1.** that may be read or

legion /'lidʒən/ n. **1.** an infantry brigade in the army of ancient Rome, numbering from 3000 to 6000 men, and usually combined with from 300 to 700 cavalry. **2.** one of certain military bodies of modern times, as the Foreign Legion. **3.** any large body of armed men. **4.** any great host or multitude, whether of persons or of things. –**legionary** adj., n.

leg-iron /'lɛg-aɪən/ n. a fetter for the ankle, as to secure or restrain a convict.

legislate /'lɛdʒəsleɪt/ v.i. -**lated**, -**lating**. to exercise the function of legislation; make or enact laws. –**legislative** adj.

legislation /lɛdʒəs'leɪʃən/ n. **1.** the act of making or enacting laws. **2.** a law or a body of laws enacted. –**legislatorial** /lɛdʒəslə'tɔriəl/ adj.

Legislative Assembly n. the lower chamber of certain bicameral parliaments.

Legislative Council n. the upper chamber of certain bicameral parliaments.

legislature /'lɛdʒəsleɪtʃə, -lətʃə/ n. the arm of government whose function is to make, amend and repeal laws, as a parliament.

legitimate /lə'dʒɪtəmət/ adj., /lə'dʒɪtəmeɪt/ v. -**mated**, -**mating**. –adj. **1.** in accordance with the law, or any established rules. **2.** in accordance with the laws of reasoning; logical: *a legitimate conclusion*. **3.** reasonable; justifiable: *a legitimate demand*. **4.** born of parents legally married. **5.** ruling by the principle of hereditary right: *a legitimate sovereign*. **6.** Theatre relating to plays or acting with a serious and literary purpose. –v.t. **7.** to make or declare lawful. **8.** to show or declare to be just or proper. –n. **9.** (formerly) a convict. –**legitimately** adv. –**legitimateness** n. –**legitimation** /lədʒɪtə'meɪʃən/ n.

legless /'lɛgləs/ adj. Colloquial drunk.

leg side n. (in cricket) that half of the field which is behind the person batting as they stand ready to receive the bowling (opposed to *off side*).

legume /'lɛgjum/ n. **1.** any plant of the family Leguminosae (including the Papilionaceae, Caesalpiniaceae and, Mimosaceae), especially those used for feed, food, or soil-improving crop. **2.** the pod, fruit, or seed vessel of such a plant, which is usually dehiscent by both sutures, thus dividing into two parts or valves. **3.** any table vegetable of the family Leguminosae. –**leguminous** /lə'gjumənəs/ adj.

leisure /'lɛʒə/ n. **1.** the condition of having one's time free from the demands of work or duty; ease: *enjoying a life of leisure*. **2.** free or unoccupied time. –adj. **3.** free or unoccupied: *leisure hours*. **4.** having leisure. –phr. **5. at leisure**, **a.** with free or unrestricted time. **b.** without haste. **6. at one's leisure**, when one has leisure. **7. lady of leisure**, a woman who has no regular paid employment.

leisurely /'lɛʒəli/ adj. showing or suggesting ample leisure; unhurried: *a leisurely manner*. –**leisureliness** n.

leitmotiv /'laɪtmoʊˌtif/ n. (in a music drama or literary work) a theme associated throughout the work with a particular person, situation, or idea. Also, **leitmotif**.

lemming /'lɛmɪŋ/ n. any of various small, mouselike rodents of the genera *Lemmus*, *Myopus*, and *Dicrostonyx*, of far northern regions, as *L. lemmus*, of Norway, Sweden, and elsewhere, noted for its mass migrations in periods of population increase.

lemon /'lɛmən/ n. **1.** (a tree bearing) a yellowish acid citrus fruit. **2.** a clear, light yellow colour. **3.** Colloquial something disappointing or unpleasant. –adj. **4.** made or flavoured with lemons. **5.** of a lemon colour.

lemonade /lɛmə'neɪd/ n. **1.** a lemon-flavoured carbonated soft drink. **2.** lemon squash.

lemur /'limə/ n. any of various small, arboreal, chiefly nocturnal mammals, especially of the genus *Lemur*, allied to the monkeys, usually having a foxlike face and woolly fur, and found chiefly in Madagascar.

lend /lɛnd/ v. **lent**, **lending**. –v.t. **1.** to give the temporary use of (money, etc.) for a consideration. **2.** to grant the use of (something) with the understanding that it (or its equivalent in kind) shall be returned. **3.** to furnish or impart: *distance lends enchantment to the view*. **4.** to give or contribute obligingly or helpfully: *to lend one's aid to a cause*. **5.** to adapt (oneself or itself) to something. –v.i. **6.** to make a loan or loans. –n. **7.** (*in non-standard use*) a loan: *give me a lend of your pen*. –phr. **8. have a lend of someone**, Colloquial to tease someone. **9. lend a hand**, to assist. **10. lend an ear**, Archaic to listen. –**lender** n.

length /lɛŋθ/ n. **1.** the linear magnitude of anything as measured from end to end: *the length of a river*. **2.** extent from beginning to end of a series, enumeration, account, book, etc. **3.** extent in time; duration: *the length of a battle*. **4.** a distance determined by the length of something specified: *to hold a thing at arm's length*. **5.** a piece or portion of a certain or a known length: *a length of rope*. **6.** a stretch or extent of something, especially a long stretch. **7.** the extent, or an extent, of going, proceeding, etc. **8.** the quality or fact of being long rather than short: *a journey remarkable for its length*. **9.** the measure from end to end of a horse, boat, etc., as a unit of distance in racing: *a horse wins by two lengths*. **10.** Prosody, Phonetics the length (long or short) of a vowel or syllable. –phr. **11. at length**, **a.** to or in the full extent. **b.** after a time; in the end. **12. go to any length(s)**, to do whatever is necessary, no matter how difficult, dangerous, etc., to achieve something. **13. slip someone a length**, Colloquial ‡ (of a man) to have sexual intercourse with someone. –**lengthen** v. –**lengthily** adv. –**lengthy** adj.

lenient /'liniənt/ adj. mild, clement, or merciful, as in treatment, spirit, or tendency; gentle. –**leniently** adv. –**leniency** n.

lens /lɛnz/ n. **lenses**. **1.** Optics a piece of transparent substance, usually glass, having two (or two main) opposite surfaces, either both curved or one curved and one plane, used for changing the convergence of light rays, as in magnifying, or in correcting errors of vision. **2.** Optics a combination of such pieces. **3.** some analogous device, as for affecting soundwaves, electromagnetic radiation, or streams of electrons. **4.** Anatomy a part of the eye, a crystalline lens.

lent /lɛnt/ v. past tense and past participle of **lend**.

lentil /'lɛntəl/ n. **1.** an annual plant, *Lens culinaris*, having flattened, biconvex seeds which constitute a food similar to peas and beans. **2.** the seed.

leonine /'liənaɪn/ adj. **1.** having to do with the lion. **2.** lionlike.

leopard /'lɛpəd/ n. **1.** a large, ferocious, spotted Asiatic or African carnivore, *Panthera pardus*, of the cat family, usually tawny, with black markings; the Old World panther. **2.** any of various related animals, as the jaguar (**American leopard**), the cheetah (**hunting leopard**), and the ounce (**snow leopard**). **3.** Heraldry a lion pictured as walking with its head turned towards the spectator, one front paw usually raised. –**leopardess** fem. n.

leotard /'liətad/ *n.* a close-fitting one-piece garment, worn by acrobats, dancers, etc.

leper /'lepə/ *n.* **1.** a person affected with leprosy. **2.** a person ostracised by society

leprechaun /'leprəkɔn/ *n.* **1.** (in Irish folklore) a little sprite, or goblin. **2.** *Colloquial* an Irishman.

leprosy /'leprəsi/ *n.* a mildly infectious disease due to a micro-organism, *Bacillus leprae*, and variously characterised by ulcerations, tubercular nodules, spots of pigmentary excess or deficit, loss of fingers and toes, anaesthesia in certain nerve regions, etc.; Hansen's disease. **–leprous** *adj.*

lesbian /'lezbiən/ *n.* a female homosexual.

lesion /'liʒən/ *n.* an injury; a hurt; a wound.

less /les/ *adv.* **1.** to a smaller extent, amount, or degree: *less exact.* **–***det.* **2.** smaller in size, amount, degree, etc.; not so large, great, or much: *less speed.* **3.** fewer in number: *less clouds in the sky.* **–***pron.* **4.** a smaller amount or quantity: *she ate less than me.* **–***prep.* **5.** minus; without: *a year less two days.* **–***phr.* **6. no less a ... than**, not lower in consideration, dignity, or importance than: *no less a person than the manager.*

-less a suffix of adjectives meaning 'without', as in *childless*, *peerless*. In adjectives derived from verbs, it indicates failure or inability to perform or be performed, as in *resistless*, *countless*.

lessee /le'si/ *n. Law* one to whom a lease is granted. **–lessee-ship** *n.*

lessen /'lesən/ *v.i.* to become less.

lesser /'lesə/ *adj.* **1.** less; smaller, as in size, amount, importance, etc.: *a lesser evil.* **2.** being the smaller or less important of two.

lesson /'lesən/ *n.* **1.** something to be learned or studied. **2.** a length of time during which a pupil or class studies one subject. **3.** something from which one learns or should learn, as an instructive or warning example: *this experience was a lesson to me.* **4.** a reproof or punishment intended to teach one better ways. **5.** a portion of Scripture or other sacred writing read, or appointed to be read, at divine service.

lessor /le'sɔ, 'lesɔ/ *n. Law* someone who grants a lease.

lest /lest/ *conj.* **1.** for fear that; that ... not; so that ... not. **2.** (after words expressing fear, danger, etc.) that: *there was danger lest the plan become known.*

let[1] /let/ *v.* **let**, **letting**, *n.* **–***v.t.* **1.** to allow or permit. **2.** to allow to pass, go, or come. **3.** to cause or allow to escape. **4.** Also, **let out**. to grant the occupancy or use of (land, buildings, rooms, space, etc., or moveable property) for rent or hire. **5.** to contract for performance: *to let work to a carpenter.* **6.** to cause or make: *to let one know.* **7.** (as an auxiliary used to propose or order): *let me see.* **–***v.i.* **8.** to be rented or leased. **–***n.* **9.** a lease. **–***phr.*
10. let down, a. to lower. **b.** to disappoint or disillusion.
11. let fly, a. to throw. **b.** to express one's anger without restraint.
12. let go, a. to release one's hold. **b.** *Colloquial* to break wind; fart. **c.** *Colloquial* to express one's anger without restraint. **d.** *Colloquial* to cease to make claims which are no longer appropriate on people with whom one has had a close relationship.
13. let go of, to release one's hold on.
14. let in, to give access to.
15. let in for, to oblige (someone) to do (something) without their prior consent or knowledge.
16. let it be, to allow a situation to take its own course.
17. let loose, to free from restraint.
18. let off, a. to excuse; to exempt from (something arduous, as a punishment, or the like). **b.** to explode (a firework, or other explosive device). **c.** *Colloquial* to fart.
19. let off steam, to express one's anger and frustration, often by indirect and harmless means.
20. let on, *Colloquial* **a.** to divulge information, especially indiscreetly. **b.** to pretend: *he let on that he was a detective.*
21. let oneself go, to neglect oneself.
22. let one's hair down, to abandon oneself to pleasure.
23. let out, a. to release from, as from confinement. **b.** to divulge. **c.** to make (a garment, etc.) larger. **d.** to emit: *he let out a laugh.* **e.** to free from imputation of guilt: *that lets him out.*
24. let rip, to perform with great enthusiasm and energy.
25. let slide, to cease gradually to attend to, especially something which should be routine or habitual: *to let your piano practice slide.*
26. let slip (or **drop**) (or **fall**), to divulge unintentionally.
27. let someone alone (or **be**), to cease to remonstrate with or harass someone.
28. let someone in on something, to share secret information with someone about something.
29. let up, *Colloquial* to slacken or stop.

let[2] /let/ *n.* **1.** *Tennis, etc.* an interference with the course of the ball (of some kind specified in the rules) on account of which the stroke or point must be played over again. **2.** *Squash* a bodily movement of one player which impedes that of the other player as he or she attempts to play the ball, as a result of which the point must be replayed.

-let a diminutive suffix, used often for little objects, as in *frontlet*, *bracelet*, *kinglet*.

let-down /'let-daʊn/ *n.* a disappointment. Also, **letdown**.

lethal /'liθəl/ *adj.* of, relating to, or such as to cause death; deadly.

lethargy /'leθədʒi/ *n.* **-gies. 1.** a state of drowsy dullness or suspension of the faculties and energies; apathetic or sluggish inactivity. **2.** *Pathology* a morbid state or a disorder characterised by overpowering drowsiness or sleep. **–lethargic** /lə'θadʒɪk/, **lethargical** /lə'θadʒɪkəl/ *adj.* **–lethargically** /lə'θadʒɪkli/ *adv.*

letter /'letə/ *n.* **1.** a communication in writing or printing addressed to a person or a number of persons. **2.** one of the marks or signs conventionally used in writing and printing to represent speech sounds; an alphabetic character. **3.** a printing type bearing such a mark or character. **4.** actual terms or wording, as distinct from general meaning or intent. **–***v.t.* **5.** to mark or write with letters. **–***phr.* **6. to the letter, a.** with close adherence to the actual wording or the literal meaning. **b.** to the fullest extent. **–letterer** *n.*

letterbox /'letəbɔks/ *n.* **1.** a receptacle with a slot for posting mail. **2.** a box or other shaped receptacle for incoming mail at the front gate of a house or on the inside of the front door. **–***v.i.* **3.** to distribute pamphlets, etc., through suburban letterboxes: *I'm letterboxing the northern suburbs this election.*

lettered /'letəd/ *adj.* **1.** educated or learned. **2.** relating to or characterised by polite learning or literary culture. **3.** marked with or as with letters.

letterhead /'letəhed/ *n.* a printed heading on writing paper, especially one giving the name and address of a business concern, an institution, etc.

letter of credit *n. Finance* **1.** an order issued by a banker, allowing a person named to draw money to a specified amount from correspondents of the issuer. **2.** an instrument issued by a banker, authorising a person named to make drafts upon the issuer up to an amount specified.

letterpress /'lɛtəprɛs/ *n.* a method of relief printing in which the type or illustrations to be printed stand above the areas of the printing forme which are not to be printed.

lettuce /'lɛtəs/ *n.* a biennial plant, *Lactuca sativa*, with large leaves which are much used for salad.

leuco- a word element meaning 'white'. Also (*before vowels*), **leuc-**.

leukaemia = leukemia /lu'kimiə/ *n. Pathology* a disease, often fatal, characterised by excessive production of white blood cells, which are usually found in greatly increased numbers in the blood. Also, **leuc(a)emia**.

levee[1] /'lɛvi/ *n.* **1.** a raised riverside built up naturally by the river by deposition of silt during flooding. **2.** a man-made embankment for preventing the overflowing of a river.

levee[2] /'lɛvi, 'lɛveɪ/ *n.* **1.** *History* a reception of visitors held on rising from bed, as formerly by a royal or other personage. **2.** a reception held at any time of day.

level /'lɛvəl/ *adj., n., v.* **-elled** or *Chiefly US* **-eled**, **-elling** or *Chiefly US* **-eling**, *adv. –adj.* **1.** having no part higher than another; having an even surface. **2.** being in a plane parallel to the plane of the horizon; horizontal. **3.** on an equality, as one thing with another, or two or more things with one another. **4.** even, equable, or uniform. **5.** mentally well-balanced: *a level head. –n.* **6.** a device used for determining, or adjusting something to, a horizontal surface. **7.** such a device consisting of a glass tube containing alcohol or ether with a movable bubble which when in the centre indicates horizontalness. **8.** a surveying instrument combining such a device with a mounted telescope. **9.** a measuring of differences in elevation with such an instrument. **10.** an imaginary line or surface everywhere perpendicular to the plumbline. **11.** the horizontal line or plane in which anything is situated, with regard to its elevation. **12.** level position or condition. **13.** a level tract of land, or an extent of country approximately horizontal and unbroken by irregularities. **14.** a level or flat surface. **15.** one of various positions with respect to height; a height: *the water rose to a level of ten metres.* **16.** *Mining* a depth at which tunnelling for gold, opal, etc., might take place. **17.** a position or plane, high or low: *acting on the level of amateurs. –v.t.* **18.** to make (a surface) level or even: *to level ground before building.* **19.** to raise or lower to a particular level, or position. **20.** to bring (something) to the level of the ground: *the city was levelled by one atomic bomb.* **21.** to knock down, as a person. **22.** to bring (two or more things) to an equality of status, condition, etc. **23.** to make even or uniform, as colouring. **24.** to aim or point at a mark, as a weapon, criticism, etc. **25.** to turn (looks, etc.) in a particular direction. *–v.i.* **26.** Also, **level out**, to arrive at a common level; stabilise: *food prices levelled last quarter.* **27.** *Aeronautics* to fly at a constant height. *–adv.* **28.** in a level, direct, or even way or line. *–phr.* **29. find one's level**, to find the most suitable place for oneself, especially with respect to the people around: *she found her level among the older students.* **30. level with**, to be frank or honest with: *let me level with you.* **31. one's level best**, *Colloquial* one's very best; one's utmost. **32. on the level**, sincere; honest. **–leveller** *n.* **–levelly** *adv.* **–levelness** *n.*

level crossing *n.* a place where a road and railway intersect at the same level.

lever /'livə/ *n.* **1.** a bar or rigid piece acted upon at different points by two forces, as a voluntarily applied force (the *power*) and a resisting force (the *weight*), which generally tend to rotate it in opposite directions about a fixed axis or support (the *fulcrum*). **2.** any of various mechanical devices operating on this principle, as a crowbar. **–lever-like** *adj.*

leverage /'livərɪdʒ, 'lɛvərɪdʒ/; *for def. 4*, /'lɛvərɪdʒ/ *n.* **1.** the action of a lever. **2.** the mechanical advantage or power gained by using a lever. **3.** power of action; means of influence. **4.** *Finance* the proportion of loan capital to share capital used in financing a company or a specific venture.

leveret /'lɛvərət/ *n.* a young hare.

leviathan /lə'vaɪəθən/ *n.* **1.** a sea-monster mentioned in the Old Testament **2.** any huge marine animal, as the whale. **3.** anything, especially a ship, of huge size.

levitate /'lɛvəteɪt/ *v.* **-tated, -tating.** *–v.i.* **1.** to rise or float in the air, especially through some allegedly supernatural power that overcomes gravity. *–v.t.* **2.** to cause to rise or float in the air. **–levitator** *n.* **–levitation** /lɛvə'teɪʃən/ *n.*

levity /'lɛvəti/ *n.* **-ties. 1.** lightness of mind, character, or behaviour; lack of proper seriousness or earnestness: *she accused him of levity in his discussion of the divorce law.* **2.** lightness in weight.

levy /'lɛvi/ *n.* **-ies,** *v.* **-ied, -ying.** *–n.* **1.** a raising or collecting, as of money or troops, by authority or force. **2.** something that is raised, as a tax assessment or a body of troops. *–v.t.* **3.** to impose (a tax): *to levy a duty on imported wines.* **4.** to start, or make (war, etc.). **–levier** *n.* **–leviable** *adj.*

lewd /lud, ljud/ *adj.* **1.** inclined to, characterised by, or inciting to lust or lechery. **2.** obscene or indecent, as language, songs, etc. **–lewdly** *adv.* **–lewdness** *n.*

lexicography /lɛksə'kɒgrəfi/ *n.* the writing or compiling of dictionaries. **–lexicographic** /lɛksəkə'græfɪk/, **lexicographical** /lɛksəkə'græfɪkəl/ *adj.* **–lexicographically** /lɛksəkə'græfɪkli/ *adv.*

lexicon /'lɛksəkən/ *n.* **1.** a wordbook or dictionary, especially of Greek, Latin, or Hebrew. **2.** the list or vocabulary of words belonging to a particular subject, field, or class. **3.** the total stock of words in a given language. **–lexical** *adj.*

liability /laɪə'bɪləti/ *n.* **-ties. 1.** an obligation, especially for payment; debt or pecuniary obligations (opposed to *asset*). **2.** something disadvantageous.

liable /'laɪəbəl/ *adj.* **1.** subject, exposed, or open to something possible or likely, especially something undesirable. **2.** under legal obligation; responsible or answerable. **–liableness** *n.*

liaise /li'eɪz/ *v.i.* **-aised, -aising.** (sometimes fol. by *with*) to maintain contact and act in concert.

liaison /li'eɪzən/ *n.* **1.** *Military, etc.* the contact maintained between units, in order to ensure concerted action. **2.** a similar connection or relation maintained between non-military units, bodies, etc. **3.** an illicit sexual relationship. **4.** *Phonetics* (*especially in French*) the articulation of a normally silent final consonant in a word as the initial sound of a following word that begins with a vowel or a silent *h*.

liana /li'anə/ *n.* a climbing plant or vine. Also, **liane** /li'an/.

liar /'laɪə/ *n.* **1.** one who lies, or tells lies. *–phr.* **2. make a liar of**, *Colloquial* to prove wrong.

libel /'laɪbəl/ *n., v.* **-belled** or *Chiefly US* **-beled**, **-belling** or *Chiefly US* **-beling.** *–n.* **1.** *Law* **a.** defamation by written or printed words, pictures, or in any form other than by spoken words or gestures. **b.** the crime of publishing it. **2.** anything

liberal

defamatory, or that maliciously or damagingly misrepresents. –*v.t.* **3.** to publish a malicious libel against. –**libellous** *adj.* –**libeller** *n.*

liberal /'lɪbrəl, 'lɪbərəl/ *adj.* **1.** favourable to progress or reform, as in religious or political affairs. **2.** favourable to or in accord with the policy of leaving the individual as unrestricted as possible in the opportunities for self-expression or self-fulfilment. **3.** of representational forms of government rather than aristocracies and monarchies. **4.** free from prejudice or bigotry; tolerant. **5.** giving freely or in ample measure: *a liberal donor.* **6.** given freely or abundantly: *a liberal donation.* **7.** not strict or rigorous: *a liberal interpretation of a rule.* –*n.* **8.** a person of liberal principles or views, especially in religion or politics. –*phr.* **9. small-l liberal**, a person with conservative tendencies, but who takes pride in having an independent, progressive point of view. –**liberalism** *n.* –**liberally** *adv.* –**liberalness, liberality** *n.*

liberate /'lɪbəreɪt/ *v.t.* -**rated**, -**rating**. **1.** to set free, as a prisoner, occupied territory, etc.; release. **2.** to disengage; set free from combination, as a gas. **3.** to free from convention or from a repressive social order. –**liberation** /lɪbə'reɪʃən/ *n.* –**liberator** *n.*

libertine /'lɪbətin/ *n.* **1.** someone free from restraint or control, especially in moral or sexual matters; a dissolute or licentious person. **2.** a freethinker in religious matters.

liberty /'lɪbəti/ *n.* -**ties**. –*n.* **1.** freedom from arbitrary or despotic government. **2.** freedom from external or foreign rule; independence. **3.** freedom from control, interference, obligation, restriction, hampering conditions, etc.; power or right of doing, thinking, speaking, etc., according to choice. **4.** freedom from captivity, confinement, or physical restraint: *the prisoner soon regained his liberty.* **5.** leave granted to a sailor, especially in the navy, to go ashore. **6.** the freedom of, or right of frequenting or using a place, etc. **7.** unwarranted or impertinent freedom in action or speech, or a form or instance of it: *to take liberties.* –*phr.* **8. at liberty, a.** free from bondage, captivity, confinement, or restraint. **b.** unoccupied or disengaged. **c.** free, permitted, or privileged to do or be as specified.

libidinous /lə'bɪdənəs/ *adj.* full of lust; lustful; lewd. –**libidinously** *adv.* –**libidinousness** *n.*

libido /lə'bidoʊ/ *n.* **1.** *Psychology* all of the instinctive energies and desires which are derived from the id. **2.** the innate actuating or impelling force in living beings; the vital impulse or urge. **3.** the sexual instinct. –**libidinal** /lə'bɪdənəl/ *adj.*

Libra /'lɪbrə, 'librə/ *n.* **1.** the seventh sign of the zodiac, which the sun enters about 23 September; the Scales or the Balance. **2.** a person born under the sign of Libra, and (according to tradition) exhibiting the typical Libra personality traits in some degree. –*adj.* **3.** having to do with Libra. **4.** having to do with such a person or personality trait.

library /'laɪbri, -brəri/ *n.* -**ries**. **1.** a room or building containing books and other material for reading, study, or reference. **2.** such a place from which the public may borrow books, etc. **3.** a collection of books, etc. **4.** a collection of films, records, music, etc. –**librarian** *n.*

libretto /lə'brɛtoʊ/ *n.* -**tos** or -**ti** /-ti/. the text or words of an opera or other extended musical composition.

lice /laɪs/ *n.* plural of **louse**.

licence /'laɪsəns/ *n.* **1.** formal permission to do something, as to carry on some business, sell alcoholic drinks, etc. **2.** such permission in written form; a certificate or permit. **3.** freedom from strict rules of action, speech, writing style, etc.:

lie

poetic licence. **4.** uncontrolled freedom of behaviour.

license /'laɪsəns/ *v.t.* -**censed**, -**censing**. to grant authoritative permission or licence to; authorise. –**licensor, licenser** *n.* –**licensee** *n.* –**licensing** *n.*

licensed /'laɪsənst/ *adj.* (of a club, restaurant, etc.) authorised to sell alcoholic beverages for consumption on the premises.

licentious /laɪ'sɛnʃəs/ *adj.* **1.** sensually unbridled; libertine; lewd. **2.** unrestrained by law or morality; lawless; immoral. **3.** going beyond customary or proper bounds or limits. –**licentiously** *adv.* –**licentiousness** *n.*

lichen /'laɪkən/ *n.* **1.** any of the group Lichenes, of the Thallophyta, compound plants (fungi in symbiotic union with algae) having a vegetative body (thallus) growing in greenish, grey, yellow, brown, or blackish crustlike patches or bushlike forms on rocks, trees, etc. **2.** *Pathology* any of various eruptive skin diseases. –**lichen-like** *adj.* –**lichenous** *adj.*

licit /'lɪsət/ *adj.* permitted; lawful. –**licitly** *adv.*

lick /lɪk/ *v.t.* **1.** (sometimes fol. by *off, from,* etc.) to pass the tongue over the surface of. **2.** to affect by strokes of the tongue: *to lick the plate clean.* **3.** to pass or play lightly over, as flames do. **4.** *Colloquial* to overcome in a fight, etc.; defeat. **5.** *Colloquial* to outdo; surpass. –*n.* **6.** a stroke of the tongue over something. **7.** a small quantity. **8. a.** a place to which wild animals resort to lick salt occurring naturally there. **b.** an artificial food or salt block for livestock. **9.** *Jazz* a short instrumental decoration usually about one bar long which is played between the phrases of a song or melodic line: *he played hot licks on the trumpet.* **10.** *Colloquial* speed: *it all happened at a tremendous lick.* –*phr.* **11. a lick and a promise, a.** a hasty tidy-up or wash. **b.** a perfunctory, or superficial attempt at doing something. **12. lick into shape**, to bring to a state of completion or perfection; make efficient. **13. lick one's chops** (or **lips**), to anticipate greedily. **14. lick one's wounds**, to retire and recover after a defeat. **15. lick someone's boots**, to act in a subservient manner to someone; fawn upon someone. **16. lick the dust, a.** to be killed or wounded. **b.** to grovel; humble oneself abjectly. –**licker** *n.*

licorice = **liquorice** /'lɪkərɪʃ, 'lɪkrɪʃ, -rəs/ *n.* **1.** a leguminous plant, *Glycyrrhiza glabra*, of Europe and Asia. **2.** the sweet-tasting dried root of this plant, or an extract made from it, used in medicine, confectionery, etc. **3.** any of various related or similar plants, such as *G. acanthocarpa*.

lid /lɪd/ *n.* **1.** a movable piece, whether separate or hinged, for closing the opening of a vessel, box, etc.; a movable cover. **2.** an eyelid. **3.** *Australian Colloquial* a hat. –*phr.* **4. lift the lid on**, to reveal or expose, especially corruption or secret dealings. **5. put the lid on, a.** to clamp down on or put an end to: *to put the lid on prostitution.* **b.** to remove as a possibility: *that puts the lid on our holiday.* –**lidded** *adj.*

lie[1] /laɪ/ *n., v.* **lied, lying**. –*n.* **1.** a false statement made with intent to deceive; an intentional untruth; a falsehood. **2.** something intended or serving to convey a false impression. –*v.i.* **3.** to speak falsely or utter untruth knowingly, as with intent to deceive. **4.** to express what is false, or convey a false impression. –*v.t.* **5.** to bring to a specific state or condition by lying: *to lie oneself out of a difficulty.* –*phr.* **6. give the lie to, a.** to charge with lying; contradict flatly. **b.** to imply or show to be false; belie.

lie[2] /laɪ/ *v.* **lay, lain, lying**, *n.* –*v.i.* **1.** to be in a recumbent or prostrate position, as on a bed or the ground; recline. **2.** (sometimes fol. by *down*)

to assume such a position: *to lie down on the ground*. **3.** to be buried (in a particular spot). **4.** to rest in a horizontal position; be stretched out or extended: *a book lying on the table*. **5.** to be or remain in a position or state of inactivity, subjection, restraint, concealment, etc.: *to lie in ambush*. **6.** to be found, occur, or be (where specified): *the fault lies here*. **7.** to be placed or situated: *land lying along the coast*. **8.** to be in or have a specified direction: *the trail from here lies to the west*. *–n.* **9.** manner of lying; the relative position or direction in which something lies: *lie of the land*. **10.** the place where a bird, beast, or fish is accustomed to lie or lurk. **11.** *Golf* the ground position of the golf ball. *–phr.*
12. as far as in me lies, to the best of my ability.
13. let sleeping dogs lie, to avoid any disturbance, or a controversial topic or action.
14. lie down under, to accept (abuse, etc.) without protest.
15. lie in, **a.** to be confined in childbed. **b.** to stay late in bed. **c.** to consist or be grounded in: *the real remedy lies in education*.
16. lie in state, (of a corpse) to be honourably displayed, as in a church, etc.
17. lie low, to be in hiding.
18. lie off, (of a ship) to stand some distance away from the shore.
19. lie on (or **upon**), **a.** to rest, press, or weigh on: *these things lie upon my mind*. **b.** to depend on.
20. lie over, to be postponed or deferred.
21. lie to, *Nautical* (of a ship) to lie comparatively stationary, usually with the head as near the wind as possible.
22. lie up, **a.** to stay in bed. **b.** (of a ship) to go into dock.
23. lie with, **a.** to be the function or responsibility of: *it lies with you to resolve the problem*. **b.** to have sexual intercourse with.

lied /lid/ *n.* **lieder** /'lidə/. a song, lyric, or ballad, especially one characteristic of the German Romantic period.

liege /lidʒ, liʒ/ *n.* **1.** a lord entitled to allegiance and service. **2.** a vassal or subject, as of a ruler.

lien /'liən/ *n. Law* the right to hold property or to have it sold or applied for payment of a claim.

lieu /lu, lju/ *n.* **1.** place; stead. *–phr.* **2. in lieu of**, instead of.

lieutenant /lef'tenənt/ *Chiefly US* /lu'tenənt/ *n.* **1.** *Military* a commissioned officer ranking below a captain and above a second lieutenant. **2.** *Navy* a commissioned officer ranking below a lieutenant commander and above a sub-lieutenant. **3.** the rank of either of these. **4.** someone who holds an office, civil or military, in subordination to a superior, for whom he or she acts.

life /laɪf/ *n.* **lives.** *–n.* **1.** the condition which distinguishes animals and plants from inorganic objects and dead organisms. The distinguishing manifestations of life are: growth through metabolism, reproduction, and the power of adaptation to environment through changes originating internally. **2.** (*collectively*) the distinguishing phenomena of plants and animals, arising out of the energy relationships with protoplasm. **3.** the animate existence, or the term of animate existence, of an individual: *to risk one's life*. **4.** a corresponding state, existence, or principle of existence conceived as belonging to the soul: *eternal life*. **5.** a state or condition of existence as a human being: *life is not a bed of roses*. **6.** a period of existence from birth to death: *in later life she became more placid*. **7. a.** the term of existence, activity, or effectiveness of something inanimate, as a machine or a lease. **b.** Also, **lifetime.** *Physics* the average period between the appearance and disappearance of a particle. **8.** a living being: *several lives were lost*. **9.** living things collectively, whether animals or plants: *insect life*. **10.** a course or mode of existence: *married life*. **11.** a biography: *a life of Menzies*. **12.** animation, liveliness: *a speech full of life*. **13.** that which makes or keeps alive; the vivifying or quickening principle. **14.** existence in the world of affairs, society, etc. **15.** one who or that which enlivens: *the life of the party*. **16.** effervescence or sparkle, as of wines. **17.** pungency or strong, sharp flavour, as of substances when fresh or in good condition. **18.** *Cricket* the quality in the pitch which causes the ball to rise abruptly or unevenly after leaving the ground. **19.** the living form or model as the subject in art. **20. a.** a prison sentence covering the rest of the convicted person's natural life. **b.** the maximum possible term of imprisonment that can be awarded by the laws of a state. *–phr.*
21. (a matter of) life and death, a critical situation.
22. as large as life, *Colloquial* actually; in person.
23. come to life, **a.** to recover consciousness. **b.** to display liveliness or vigour. **c.** to appear lifelike; be convincing or realistic.
24. for dear life, urgently; desperately.
25. for the life of one, with one's greatest effort: *for the life of me I can't understand her*.
26. from the life, (of a drawing, painting, etc.) drawn from a living model.
27. get a life, *Colloquial* (an exclamation of derision at another person's outlook on life as expressed in some mean or petty behaviour).
28. go for one's life, *Colloquial* to do something with one's utmost vigour.
29. have the time of one's life, to enjoy oneself enormously.
30. life of Riley, a life of ease and luxury: *after I won the pools it was just a life of Riley*.
31. life sucks (and then you die) or **life's a bitch (and then you die)**, *Colloquial* (a catchphrase expressing the notion that life is full of difficulty and ultimately pointless).
32. not on your life, *Colloquial* absolutely not.
33. such is life, (an exclamation indicating resignation or tolerance).
34. take one's life in one's hands, to risk death.
35. take one's own life, to commit suicide.
36. take someone's life, to kill someone.
37. that's life, (an exclamation indicating resignation or tolerance).
38. to the life, being an exact imitation or copy.

life assurance *n.* → **life insurance**.

lifebelt /'laɪfbɛlt/ *n.* a belt of buoyant material to keep a person afloat in the water.

lifeboat /'laɪfboʊt/ *n.* a boat, provisioned and equipped for abandoning ship.

lifebuoy /'laɪfbɔɪ/ *n.* a buoyant device (in various forms) for throwing, as from a vessel, to persons in the water, to enable them to keep afloat until rescued.

lifeguard /'laɪfɡad/ *n.* **1.** someone employed at a place where people swim to rescue and give first aid to those in distress. **2.** *Brit* one of a bodyguard of soldiers.

life insurance *n.* insurance providing payment of a specific sum of money to a named beneficiary upon the death of the assured, or to the assured or to a named beneficiary should the assured reach a specified age. Also, **life assurance.**

life jacket *n.* an inflatable or buoyant sleeveless jacket for keeping a person afloat in water. Also, **life vest.**

lifeline /'laɪflaɪn/ *n.* **1.** a line or rope for saving life,

lifesaver

e.g. one attached to a lifeboat. **2.** a route over which supplies can be sent to an area otherwise cut off. **3.** anything supplying emergency help, communication, counselling, etc.

lifesaver /'laɪfseɪvə/ *n.* **1.** *Australian* one of a group of volunteers who patrol surfing beaches, etc., making sure that bathers swim in designated safe areas, and who are trained in rescue and resuscitation methods. **2.** any person who restores another to good spirits with comfort, help, etc. **3.** anything restorative or beneficially rectifying: *that bank loan was a real lifesaver.*

life sciences *pl. n.* the sciences which are concerned with living things, such as biology, botany, and physiology.

life skill *n.* a skill which enables one to deal effectively with the practical day-to-day requirements of adult life.

lifestyle /'laɪfstaɪl/ *n.* a mode of life chosen by a person or group.

lifetime /'laɪftaɪm/ *n.* **1.** the time that one's life continues; one's term of life: *peace within our lifetime.* **2.** → **life** (def. 7b). *–adj.* **3.** lasting a lifetime.

lift /lɪft/ *v.t.* **1.** to move or bring (something) upwards from the ground or other support to some higher position; hoist. **2.** to raise or direct upwards: *to lift the hand; to lift the eyes.* **3.** to raise in rank, condition, estimation, etc.; elevate or exalt. **4.** to make louder: *to lift the voice.* **5.** to bring to an end: *to lift a ban.* **6.** *Colloquial* **a.** to copy; plagiarise. **b.** to steal. *–v.i.* **7.** to go up; give to upward pressure: *the lid won't lift.* **8.** (of clouds, fog, etc.) to rise and gradually disappear. *–n.* **9.** the act of lifting, raising, or rising: *the lift of a hand.* **10.** the distance anything is raised. **11.** a lifting or raising force. **12.** a moving platform or cage for bringing goods, people, etc., from one level to another in a building. **13.** any device or apparatus for lifting. **14.** a free ride in a vehicle. **15.** a raising of spirits or feelings; encouragement. **16.** an upward force of air acting on an aeroplane wing, etc. **–lifter** *n.*

lift-off /'lɪft-ɒf/ *n.* **1.** Also, **blast-off.** the start of a rocket's flight from its launching pad. *–adj.* **2.** removable by lifting: *a lift-off lid.*

ligament /'lɪgəmənt/ *n.* **ligaments** or **ligamenta** /lɪgə'mɛntə/. **1.** *Anatomy* a band of tissue, usually white and fibrous, serving to connect bones, hold organs in place, etc. **2.** a connecting tie; bond. **–ligamentous** /lɪgə'mɛntəs/, **ligamentary** /lɪgə'mɛntəri/ *adj.*

ligature /'lɪgətʃə/ *n.* **1.** the act of binding or tying up. **2.** anything that serves for binding or tying up, as a band, bandage, or cord. **3.** a tie or bond. **4.** *Printing, Writing* a stroke or bar connecting two letters. **5.** *Music* **a.** a slur. **b.** a group of notes connected by a slur.

light¹ /laɪt/ *n., adj., v.* **lit** or **lighted**, **lighting**. *–n.* **1.** that which makes things visible, or affords illumination: *all colours depend on light.* **2.** *Physics* **a.** Also, **luminous energy, radiant energy.** electromagnetic radiation to which the organs of sight react, ranging in wavelength from about 4×10^{-7} to 7.4×10^{-7} metres and travelling at a speed defined to be 299 792 458 metres per second. **b.** the sensation produced by it on the organs of sight. **c.** a similar form of radiant energy which does not affect the retina, as ultraviolet or infrared rays. **3.** an illuminating agent or source, as the sun, a lamp, or a beacon. **4.** the light, radiance, or illumination from a particular source: *the light of a candle.* **5.** the illumination from the sun, or daylight. **6.** daybreak or dawn. **7.** daytime. **8.** measure or supply of light; illumination: *the wall cuts off our light.* **9.** a particular light or illumination in which an object seen takes on a certain

458

light

appearance: *viewing the portrait in various lights.* **10.** the aspect in which a thing appears or is regarded: *this shows up in a favourable light.* **11.** a gleam or sparkle, as in the eyes. **12.** a means of igniting, as a spark, flame, match, or the like: *could you give me a light?* **13.** a window, or a pane or compartment of a window. **14.** mental or spiritual illumination or enlightenment: *to throw light on a mystery.* **15.** (*plural*) information, ideas, or mental capacities possessed: *to act according to one's lights.* **16.** a person who is an illuminating or shining example; a luminary. **17.** a light-house. **18.** a traffic light. *–adj.* **19.** having light or illumination, rather than dark: *the lightest room in the entire house.* **20.** pale, whitish, or not deep or dark in colour: *a light red. –v.t.* **21.** to set burning (a candle, lamp, pipe for smoking, etc.); kindle (a fire); ignite (fuel, a match, etc.). **22.** to give light to; illuminate; to furnish with light or illumination. **23.** to conduct with a light: *a candle to light you to bed. –v.i.* **24.** to take fire or become kindled. *–phr.*

25. bring to light, to discover; reveal.

26. come to light, to be discovered; become known.

27. in a bad light, under unfavourable circumstances.

28. in a good light, under favourable circumstances.

29. in the light of, taking into account; considering.

30. light up, **a.** to make bright as with light or colour: *a huge room lit up with candles.* **b.** to cause (the face, etc.) to brighten or become animated: *a smile lit up her face.* **c.** to become bright as with light or colour: *the sky lights up at sunset.* **d.** to brighten with animation or joy, as the face, eyes, etc. **e.** to apply a flame to a cigarette, cigar, pipe, etc., in order to smoke it.

31. out like a light, unconscious, especially after being struck, or receiving an anaesthetic.

32. see the light, **a.** to come into existence. **b.** to be made public, or published, as a book. **c.** to accept or understand an idea; realise the truth of something. **d.** to be converted, especially to Christianity.

33. shed (or **throw**) **light on,** to make clear; explain.

34. stand in someone's light, *Colloquial* (*especially in the negative*) to actively prevent someone from doing what they want to do.

35. the lights are on but nobody's home, *Colloquial* (a catchphrase implying that someone is failing to comprehend).

light² /laɪt/ *adj.* **1.** of little weight; not heavy: *a light load.* **2.** of little weight in proportion to bulk; of low specific gravity: *a light metal.* **3.** of less than the usual or average weight: *light clothing.* **4.** of small amount, force, intensity, etc.: *a light rain; light sleep.* **5.** gentle; delicate; exerting only slight pressure. **6.** easy to endure, deal with, or perform: *light duties.* **7.** not profound, serious, or heavy: *light reading.* **8.** of little moment or importance; trivial: *the loss was no light matter.* **9.** easily digested. **10.** not heavy or strong, as wine, etc. **11.** having less of a normal standard ingredient: *light beer.* **12.** spongy or well leavened, as bread. **13.** porous or friable, as soil. **14.** slender or delicate in form or appearance: *a light, graceful figure.* **15.** airy or buoyant in movement: *light as air.* **16.** nimble or agile: *light on one's feet.* **17.** free from any burden of sorrow or care: *a light heart.* **18.** cheerful; gay: *a light laugh.* **19.** characterised by lack of proper seriousness; frivolous. **20.** wanton; immoral. **21.** easily swayed or changing; volatile: *to be light of love.* **22.** dizzy; slightly delirious: *his head is light.* **23.** *Military* lightly armed or equipped: *light infantry.* **24.** adapted by small weight or slight build for small loads or swift movement: *light vessels.* **25.** *Phonetics* **a.** having a less than normally strong pronunciation, as of a vowel or syllable. **b.** (of *l* sounds) resembling a front vowel in quality: *French l is lighter than English l.* –*adv.* **26.** lightly. **27.** *Colloquial* with little or no luggage: *to travel light.* **28.** with little or no cargo: *a ship sailing light.* –*phr.* **29. light on,** *Colloquial* **a.** *Australian* in short supply; scarce: *money was light on then.* **b.** (sometimes fol. by *for*) poorly supplied: *we're light on for flour.* **30. make light of,** to treat as of little importance.

light³ /laɪt/ *v.i.* **lighted** *or* **lit, lighting.** –*v.i.* **1.** to get down or descend, as from a horse or a vehicle. **2.** to come to rest, as on a spot or thing; land. **3.** to fall, as a stroke, weapon, vengeance, choice, etc., on a place or person. –*phr.* **4. light on** (or **upon**), to come on by chance; happen on; hit on: *to light on a clue.* **5. light out,** *Colloquial* to depart hastily.

light-emitting diode *n.* a semiconductor diode that emits light when a current flows through it. *Abbrev.:* LED

lighten¹ /'laɪtn/ *v.i.* **1.** to become lighter or less dark; brighten. **2.** to shine, gleam, or be bright. **3.** to flash like lightning. **4.** (of the face, eyes, etc.) to brighten or light up. –*v.t.* **5.** to illuminate. **6.** to brighten (the eyes, features, etc.). **7.** to make lighter; make less dark. –**lightener** *n.*

lighten² /'laɪtn/ *v.t.* **1.** to make lighter; lessen the weight of (a load, etc.); reduce the load of (a ship, etc.). **2.** to make less burdensome; mitigate: *to lighten taxes.* **3.** to cheer or gladden. –*v.i.* **4.** to become less burdensome, oppressive, etc. –*phr.* **5. lighten up,** *Colloquial* to become more cheerful or lively.

lighter¹ /'laɪtə/ *n.* a mechanical device for lighting cigarettes, cigars, etc.

lighter² /'laɪtə/ *n.* a vessel, commonly a flat-bottomed unpowered barge, used in lightening or unloading and also in loading ships, or in transporting goods for short distances.

lighthouse /'laɪthaʊs/ *n.* a tower or other structure displaying a light or lights for the guidance of vessels at sea.

light meter *n. Photography* an instrument which measures the light intensity and indicates the proper exposure for a given scene. Also, **exposure meter.**

lightning /'laɪtnɪŋ/ *n.* a flashing of light, or a sudden illumination of the sky, caused by the discharge of atmospheric electricity.

lightning strike *n.* a stoppage of work by employees with little or no warning to employers.

light-pen /'laɪt-pɛn/ *n.* a light sensitive device, made to look like a pen, which by moving the position of a point of light on a display screen, can interact with a computer.

lightweight /'laɪtweɪt/ *adj.* **1.** light in weight. **2.** unimportant, not serious; trivial. –*n.* **3.** one of less than average weight. **4.** *Colloquial* a person of little mental force or of slight influence or importance. **5.** a boxer who weighs between 57 and 60 kg (in amateur ranks), or between 58.967 and 61.235 kg (in professional ranks).

light-year /'laɪt-jɪə/ *n. Astronomy* the distance traversed by light in one year (9.460 55 × 10¹⁵ metres), used as a unit in measuring stellar distances. *Symbol:* l.y.

ligneous /'lɪgniəs/ *adj.* having to do with or resembling wood; woody.

lignite /'lɪgnaɪt/ *n.* an imperfectly formed coal, usually dark brown, and often having a distinct woody texture; brown coal; wood coal. –**lignitic** /lɪg'nɪtɪk/ *adj.*

ligno- a word element meaning 'wood'.

lignum /'lɪgnəm/ *n.* a tall, almost leafless shrub, *Muehlenbeckia cunninghamii,* common on low lying ground in the interior of Australia.

like¹ /laɪk/ *prep., adj. Archaic* **liker, likest,** *adv., conj., n.* –*prep.* **1.** similarly to; in a manner characteristic of: *they lived like kings.* **2.** typical or characteristic of: *an act of kindness just like him.* **3.** bearing resemblance to: *he is like his father.* **4.** for example; as; such as: *the basic necessities of life, like food and drink.* **5.** indicating a probability of: *it looks like being a fine day; that seems like a good idea.* **6.** desirous of; disposed to (after *feel*): *I feel like a double whisky.* **7.** introducing an intensive, sometimes facetious, comparison: *like hell; like anything.* –*adj. Archaic* **8.** of the same form, appearance, kind, character, amount, etc.: *a like instance.* **9.** corresponding or agreeing in general or in some noticeable respect; similar; analogous: *drawing, painting, and like arts.* **10.** bearing resemblance. **11.** likely. –*adv. Colloquial* **12.** (used after a clause to weaken the force of a direct statement) so to speak; as it were: *it was a bit tough, like; they've gone bad like.* **13.** (used frequently interspersed throughout speech with the same meaning, but sometimes also with little semantic force, and sometimes as a mere filler): *there was like this big guy, like really big, and he like said to me like 'G'day'.* –*conj. Colloquial* **14.** just as, or as: *she did it like she wanted.* **15.** as if: *he acted like he was afraid.* –*n.* **16.** a like person or thing, or like persons or things; a counterpart, match, or equal: *no one has seen her like in a long time.* –*phr.* **17. like enough,** likely: *he is like enough to go.* **18. the like,** something of a similar nature: *oranges, lemons, and the like.* **19. the likes of,** anyone who bears a resemblance to: *we will not see the likes of her again.*

like² /laɪk/ *v.* **liked, liking,** *n.* –*v.t.* **1.** to take pleasure in; find agreeable to one's taste. **2.** to regard with favour, or have a kindly or friendly feeling for (a person, etc.). –*v.i.* **3.** to feel inclined, or wish: *come whenever you like.* –*n.* **4.** (*usually plural*) a favourable feeling; preference: *likes and dislikes.* –**likeable = likable** *adj.* –**liking** *n.*

-like a suffix of adjectives, use of **like¹**, as in *childlike, lifelike, horselike,* sometimes hyphenated.

likely /'laɪkli/ *adj.* -**lier,** -**liest,** *adv.* –*adj.* **1.** probably or apparently going or destined (to do, be, etc.): *likely to happen.* **2.** seeming like truth, fact, or certainty, or reasonably to be believed or expected; probable: *a likely story.* **3.** apparently suitable: *a likely spot to build on.* **4.** promising: *a fine likely boy.* –*adv.* **5.** probably. –**likelihood** *n.*

liken /'laɪkən/ *v.t.* to represent as like; compare.

likeness /'laɪknəs/ *n.* **1.** a representation, picture, or image, especially a portrait. **2.** the semblance or appearance of something: *to assume the likeness of a swan.* **3.** the state or fact of being like.

likewise /'laɪkwaɪz/ *adv.* **1.** moreover; also; too. **2.** in like manner.

lilac /'laɪlək/ *n.* **1.** any of the shrubs constituting the genus *Syringa,* as *S. vulgaris,* the common garden lilac, with large clusters of fragrant purple or white flowers. **2.** pale reddish purple. **3.** the scent of lilac, especially in perfumes, etc. –*adj.* **4.** having the colour lilac.

Lilliputian /lɪlə'pjuʃən/ *adj.* **1.** tiny; diminutive. **2.** narrow-minded; petty. –*n.* **3.** a tiny being. **4.** a person of narrow outlook; a petty-minded person.

lilly pilly /'lɪli pɪli/ *n.* a tree, *Acmena smithii,* with purplish white fruits, common along streams and in rainforests of eastern Australia. Also, **lilli pilli.**

lilt /lɪlt/ *n.* **1.** rhythmic swing or cadence. **2.** a lilting song or tune. –*v.i.* **3.** to sing or play in a light, tripping, or rhythmic manner. –*v.t.* **4.** to sing or play (a tune) in a light, tripping, or rhythmic manner.

lily /'lɪlɪ/ *n.* **-ies**, *adj.* –*n.* **1.** a plant with a scaly bulb and showy, funnel-shaped or bell-shaped flowers of various colours. **2.** → **fleur-de-lis**. –*adj.* **3.** delicate, fair or white as a lily. **4.** pure; unspoiled.

lily-livered /'lɪlɪ-lɪvəd/ *adj.* weak; cowardly.

lily-of-the-valley /lɪlɪ-əv-ðə-'vælɪ/ *n.* **lilies-of-the-valley**. a stemless herb, *Convallaria majalis*, with a raceme of drooping, bell-shaped, fragrant white flowers.

lima bean /laɪmə 'bin/ *n.* **1.** a kind of bean, including several varieties of *Phaseolus lunatus*, with a broad, flat, edible seed. **2.** the seed, much used for food.

limb /lɪm/ *n.* **1.** a part or member of an animal body distinct from the head and trunk, as a leg, arm, or wing. **2.** a large or main branch of a tree. **3.** a projecting part or member: *the four limbs of a cross*. **4.** a person or thing regarded as a part, member, branch, offshoot, or scion of something. –*phr.* **5. out on a limb**, in a dangerous or exposed position. –**limbed** /lɪmd/ *adj.* –**limbless** *adj.*

limber /'lɪmbə/ *adj.* **1.** bending readily; flexible; pliant. **2.** characterised by ease in bending the body; supple; lithe. –*v.t.* **3.** to make limber. –*phr.* **4. limber up**, to make oneself limber. –**limberly** *adv.* –**limberness** *n.*

limbo /'lɪmboʊ/ *n.* **-bos**. **1.** (*often cap.*) *Roman Catholic Church* (formerly) a supposed region on the border of hell or heaven, the abode after death of unbaptised infants (**limbo of infants**), or one serving as the temporary abode of the righteous who died before the coming of Christ (**limbo of the fathers** or **limbo of the patriarchs**). **2.** a place to which persons or things are regarded as being relegated when cast aside, forgotten, past, or out of date. **3.** prison, jail, or confinement.

lime¹ /laɪm/ *n.*, *v.* **limed**, **liming**. –*n.* **1. a.** the oxide of calcium, CaO, a white caustic solid (**quicklime** or **unslaked lime**) prepared by calcining limestone, etc., used in making mortar and cement. When treated with water it produces calcium hydroxide, Ca(OH)₂, or **slaked lime**. **2.** any calcium compounds for improving crops on lime-deficient soils. –*v.t.* **3.** to treat (soil, etc.) with lime or compounds of calcium. **4.** to catch with, or as with, birdlime. –**limy** *adj.*

lime² /laɪm/ *n.* **1.** the small, greenish yellow, acid fruit of a tropical tree, *Citrus aurantifolia*, allied to the lemon. **2.** the tree itself.

lime³ /laɪm/ *n.* → **linden**.

limelight /'laɪmlaɪt/ *n.* **1.** a strong light, made by heating a cylinder of lime in a flame of mixed gases, formerly thrown upon the stage to illuminate particular persons or objects. **2.** the glare of public interest or notoriety. –*phr.* **3. steal the limelight**, to make oneself the centre of attention.

limerick /'lɪmərɪk/ *n.* a type of humorous verse of five lines, in which the first and second lines rhyme with the fifth line, and the shorter third line rhymes with the shorter fourth.

limestone /'laɪmstoʊn/ *n.* a rock consisting wholly or chiefly of calcium carbonate, originating principally from the calcareous remains of organisms, and when heated yielding quicklime.

limit /'lɪmət/ *n.* **1.** the end or furthest point of something: *the limit of vision*. **2.** a boundary or bound, as of a country, district, etc. **3.** *Mathematics* **a.** (of a function at a point) a number such that the value of the function can be made arbitrarily close to this number by restricting its argument to be sufficiently near the point. **b.** (of a sequence to infinity) a number such that the elements of the sequence eventually approach it in value. –*v.t.* **4.** keep within fixed limits (fol. by *to*): *to limit answers to 25 words*. **5.** to confine or keep within limits: *to limit expenditures*. –*phr.* **6. the** (**dizzy**) **limit**, someone or something that annoys beyond endurance. –**limitable** *adj.* –**limitative** *adj.* –**limitary** *adj.* –**limiter** *n.*

limitation /lɪmə'teɪʃən/ *n.* **1.** something that limits; a limit or bound; a limited condition or circumstance; restriction. **2.** a limiting condition: *one should know one's limitations*. **3.** act of limiting. **4.** state of being limited.

limited /'lɪmətəd/ *adj.* **1.** confined within limits; restricted, circumscribed, or narrow: *a limited space*. **2.** restricted with reference to governing powers by limitations prescribed in a constitution: *a limited monarchy*. **3.** restricted as to amount of liability. **4.** *Australian* (of a train) restricted as to places at which it stops, class of tickets available, number of passengers, etc. –*n.* **5.** *Australian*, *NZ* a limited train: *the Brisbane Limited*. –**limitedly** *adv.* –**limitedness** *n.*

limited company *n. Law* a company which can issue subscription and which may be listed on the stock exchange; there is a minimum number of shareholders but no maximum; on liquidation the liability of the shareholders for the company's debts is limited to any amounts unpaid on their shares. Also, **limited-liability company**.

limited liability *n.* the liability, either by law or contract, only to a limited amount for debts of a trading company or limited partnership.

limousine /'lɪməzin, lɪmə'zin/ *n.* any large, luxurious car, especially a chauffeur-driven one, often with a glass division between the passengers and the driver.

limp¹ /lɪmp/ *v.i.* **1.** to walk with a laboured, jerky movement, as when lame; progress with great difficulty. **2.** to proceed in a lame or faltering manner: *his verse limps*. –*n.* **3.** a lame movement or gait. –**limper** *n.*

limp² /lɪmp/ *adj.* **1.** lacking stiffness or firmness, as of substance, fibre, structure, or bodily frame: *a limp body*. **2.** tired; lacking vitality. **3.** without proper firmness, force, energy, etc., as of character. –**limply** *adv.* –**limpness** *n.*

limpet /'lɪmpət/ *n.* **1.** *Zoology* any of various marine gastropod molluscs with a low conical shell open beneath, found adhering to rocks, used for bait and sometimes for food. **2.** someone who is reluctant to give up a position or office.

limpid /'lɪmpəd/ *adj.* **1.** clear, transparent, or pellucid, as water, crystal, air, etc. **2.** free from obscurity; lucid: *a limpid style*. –**limpidity** /lɪm'pɪdətɪ/, **limpidness** *n.* –**limpidly** *adv.*

linchpin /'lɪntʃpɪn/ *n.* **1.** a pin inserted through the end of an axle to keep the wheel on. **2.** the key point of a plan, argument, etc. **3.** a key person or event, as in a play, etc. Also, **lynchpin**.

linden /'lɪndən/ *n.* any of the trees of the genus *Tilia*, which have yellowish or cream-coloured flowers and more or less heart-shaped leaves, as *T. europaea*, a common European species, and *T. americana*, a large American species often cultivated as a shade tree.

line¹ /laɪn/ *n.*, *v.* **lined**, **lining**. –*n.* **1.** a mark or stroke long in proportion to its breadth, made with a pen, pencil, tool, etc., on a surface. **2.** something resembling a traced line, as a band of colour, a seam, a furrow, etc.: *lines of stratification in rock*. **3.** a furrow or wrinkle on the face, etc. **4.** something arranged along a line, especially a straight line; a row or series: *a line of trees*. **5.** a row of people standing side by side or one behind another. **6.** a row of written or printed letters, words, etc.: *a page of thirty lines*. **7.** a verse of poetry. **8.** (*plural*) the spoken words of a drama, etc., or of an actor's part: *the hero forgot* his lines. **9.** a ploy; deceit: *he gave me the old line about working late.* **10.** an opening conversational gambit employed to attract someone in whom one is romantically or sexually interested. **11.** a short written message: *a line from a friend.* **12.** an indication of demarcation; boundary; limit: *to draw a line between right and wrong.* **13.** a course of action, procedure, thought, etc.: *the Communist Party line.* **14.** a course of direction; route: *the line of march.* **15.** *Australian, NZ Colloquial* a bush road. **16.** a continuous series of persons or animals in chronological succession, especially in family descent: *a line of great kings.* **17.** (*plural*) outline or contour: *a ship of fine lines.* **18.** (*plural*) plan of construction, action, or procedure: *two books written on the same lines.* **19.** a department of activity; a kind of occupation or business: *what line is your father in?* **20. a.** any transport company or system. **b.** a system of public conveyances, as buses, steamers, etc., plying regularly between places. **21.** a strip of railway track, a railway, or a railway system. **22.** *Electricity* a wire circuit connecting two or more pieces of electrical apparatus. **23.** *TV* one scanning line. **24.** *Fine Arts* a mark from a crayon, pencil, brush, etc., in a work of graphic art, which defines the limits of the forms employed and is used either independently or in combination with modelling by means of shading. **25.** *Mathematics* a continuous extent of length, straight or curved, without breadth or thickness; the trace of a moving point. **26.** a supply of commercial goods of the same general class. **27.** *Music* one of the straight, horizontal, parallel strokes of the stave, or one above or below it. **28.** *Music* **a.** one of the parts, usually melodic, of a composition for many instruments or voices: *the vocal line; the violin line.* **b.** the line of music which is fundamental to the harmonies being played, often played in jazz or rock bands by the bass guitar. **29.** *Military* **a.** a defensive position: *the Brisbane line.* **b.** a series of fortifications: *the Maginot line.* **30.** the line of arrangement of an army or of the ships of a fleet as drawn up ready for battle: *line of battle.* **31.** a body or formation of troops or ships drawn up abreast. **32.** a thread, string, or the like. **33.** → **clothes line.** **34.** a strong cord or slender rope. **35.** a cord, wire, or the like used for measuring or as a guide. **36.** *Nautical* a length of rope for any purpose. **37.** a pipe or hose: *a steam line.* **38.** a length of cord, nylon, silk, or the like, bearing a hook or hooks, used in fishing. **39.** a wire or cable used for communications, as in a telephone system or a computer network. **40.** a telephonic channel to a particular party: *I'm sorry, sir, that line is busy.* **41.** telephonic access to external channels from an internal system: *press 0 to get a line.* **42.** *Sport* a mark indicating the boundaries or divisions of a field or court. **43.** (*plural*) a school punishment, usually consisting of writing out a phrase or sentence a specified number of times. **44.** a former unit of length equivalent to $1/12$ inch. **45.** *Colloquial* a measure of cocaine laid out for inhalation. –*v.t.* **46.** to draw or represent with a line or lines; delineate. **47.** to mark with a line or lines: *to line paper for writing.* **48.** to cover with lines or wrinkles: *a face lined with worry.* **49.** to arrange a line along. **50.** to form a line along: *people lined the streets.* –*phr.* **51. bring into line**, to cause or persuade to agree or conform. **52. come** (or **fall**) **into line**, to agree; conform. **53. do a line**, *Colloquial* to inhale a measure of cocaine. **54. do a line for**, *Colloquial* to flirt with. **55. do a line with**, *Colloquial* to enter into an amorous relationship with. **56. draw the line**, (sometimes fol. by *at*) to impose a limit; refuse to do something. **57. get a line on**, to obtain information about. **58. get one's lines crossed**, to misunderstand. **59. hard lines**, *Colloquial* bad luck. **60. in line**, **a.** (of three or more objects) arranged in a straight line; in alignment. **b.** in conformity or agreement. **c.** well-placed; with a good chance: *in line for promotion.* **61. in the line of duty**, as a part of one's responsibilities or obligations. **62. lay it on the line**, to state the case openly and honestly. **63. line of least resistance**, the course of action requiring the minimum of effort or presenting the fewest difficulties. **64. line up**, **a.** to take a position in a line; range or queue. **b.** to bring into a line, or into line with others. **c.** to get hold of; make available: *we must line up a speaker for the conference.* **65. out of line**, not in accord with standard practice, agreement, etc.; deviant. **66. pay on the line**, to pay promptly. **67. put on the line**, to expose to risk, usually to prove a point, endorse a principle, etc: *in making this claim, she put her job on the line.* **68. read between the lines**, to find in something spoken or written more meaning than the words appear to express. **69. shoot a line**, *Colloquial* to boast. **70. stand in line**, to queue. **71. the line**, the equator. **72. toe the line**, to conform; obey. –**liny**, **liney** *adj.*

line² /laɪn/ *v.t.* **lined, lining. 1.** to cover or fit on the inner side with something: *to line drawers with paper.* **2.** to provide with a layer of material applied to the inner side: *to line a coat with silk.* **3.** to cover: *walls lined with bookcases.* **4.** to furnish or fill: *to line one's pockets with money.* **5.** to reinforce (the back of a book) with glued fabric, paper, vellum, etc. –**linage, lineage** *n.*

lineage /'lɪnɪdʒ/ *n.* **1.** lineal descent from an ancestor; ancestry or extraction. **2.** the line of descendants of a particular ancestor; family; race.

lineal /'lɪniəl/ *adj.* **1.** being in the direct line, as a descendant, ancestor, etc., or descent, etc. **2.** of or transmitted by lineal descent. **3.** linear. –**lineally** *adv.*

linear /'lɪniə/ *adj.* **1.** stretched in a line: *a linear series.* **2.** relating to length, measurement in one dimension only: *linear measure.* **3.** of or relating to a line or lines: *linear perspective.* **4.** of or relating to a work of art with strong outlines and edges of forms, or marked by having lines (rather than masses or areas): *a linear painting; a linear design.* **5.** looking like a line; narrow: *linear nebulae; a linear leaf.* **6.** *Mathematics* of a line that can be shown on a graph and described by such an equation as $x + y = 3$. –**linearly** *adv.* –**linearity** /lɪniˈærəti/ *n.*

linedance /'laɪndæns, 'laɪndɑns/ *n.* a form of synchronised dance, performed to country music, which consists of a repeated sequence of choreographed steps performed by a group of dancers facing the same direction in a line. –**linedancing** *n.* –**linedancer** *n.*

linen /'lɪnən/ *n.* **1.** fabric woven from flax yarns. **2.** household articles, as sheets, tablecloths, etc., made of linen or some substitute, as cotton. **3.** *Obsolete* shirts and underwear, made of linen or a substitute. –*adj.* **4.** made of linen. –*phr.* **5. wash one's dirty linen in public**, to discuss disagreeable personal affairs in public.

liner /'laɪnə/ *n.* **1.** one of a commercial line of steamships or aeroplanes. **2.** a cosmetic used to

linesman /ˈlaɪnzmən/ *n.* **-men. 1.** *Sport* an official on the sidelines who assists the referee or umpire in determining whether the ball is still in play. **2.** someone who erects or repairs telephone, electric power, or other overhead wires. **3.** *Australian* the member of a surf-lifesaving team who handles the surf-line. Also, **lineman**.

line-up /ˈlaɪn-ʌp/ *n.* **1.** a particular order or disposition of persons or things as lined up or drawn up for action, inspection, participation, as in a sporting team, a music band, etc. **2.** the persons or things themselves: *two suspects were included in the police line-up.* **3.** an organisation of people, companies, etc., for some common purpose. **4.** a sequence of programs or events: *tonight's TV line-up is a knockout.* **5.** *Surfing* the point where the waves are consistently starting to break.

ling /lɪŋ/ *n.* **lings**, (*especially collectively*) **ling. 1.** a common fish, *Lotella calaria*, belonging to the family Gadidae, reddish-brown in colour with a small barbel on the chin, found around the southern coast of Australia. **2.** the New Zealand fish *Genypterus blacodes*; hokarari. **3.** an elongated marine gadoid food fish, *Molva molva*, of Greenland and northern Europe. **4.** any of certain other fishes, as the burbot.

-ling[1] suffix found in some nouns, often pejorative, denoting one concerned with (*hireling, underling*); also diminutive (*princeling, duckling*).

-ling[2] an adverbial suffix expressing direction, position, state, etc., as in *darkling, sideling*.

linger /ˈlɪŋɡə/ *v.i.* **1.** to stay on in a place longer than is usual or expected, as if not wanting to leave it. **2.** to stay with something, as if interested or enjoying it: *he lingered over his book; to linger over a cup of coffee.* **3.** to be slow in action; delay; dawdle. **–lingerer** *n.*

lingerie /ˈlɒnʒəreɪ/ *n.* underwear or other garments of cotton, silk, nylon, lace, etc., worn by women.

lingo /ˈlɪŋɡoʊ/ *n.* **-goes**. *Colloquial* **1.** language. **2.** peculiar or unintelligible language. **3.** language or terminology peculiar to a particular field, group, etc.; jargon.

lingua franca /ˌlɪŋɡwə ˈfræŋkə/ *n.* any language widely used as a medium among speakers who have different primary languages.

lingual /ˈlɪŋɡwəl/ *adj.* **1.** having to do with the tongue or some tongue-like part. **2.** having to do with languages. **–lingually** *adv.*

linguist /ˈlɪŋɡwəst/ *n.* **1.** someone who is skilled in foreign languages; polyglot. **2.** someone who specialises in linguistics.

linguistics /lɪŋˈɡwɪstɪks/ *n.* the science of language, including among its fields phonetics, phonemics, morphology, and syntax.

liniment /ˈlɪnəmənt/ *n.* a liquid preparation, usually oily, for rubbing on or applying to the skin, as for sprains, bruises, etc.

lining /ˈlaɪnɪŋ/ *n.* **1.** that with which something is lined; a layer of material on the inner side of something. **2.** *Bookbinding* the material used to strengthen the back of a book after the sheets have been folded, backed, and sewn.

link /lɪŋk/ *n.* **1.** one of the rings or separate pieces of which a chain is composed. **2.** anything serving to connect one part or thing with another; a bond or tie. **3.** *Computers* a hypertext connection between two documents. **4.** one of a number of sausages in a chain. **5.** one of the 100 wire rods forming the divisions of a surveyor's chain of 66 ft (20.12 m). **6.** the set or effective length of one of these rods used as a measuring unit in the imperial system, equal to $\frac{1}{100}$ of a chain, 7.92 in. or 0.201 168 m. **7.** *Machinery* a rigid movable piece or rod connected with other parts by means of pivots or the like, for the purpose of transmitting motion. *–v.t.* **8.** to join by or as by a link or links. *–v.i.* **9.** to join; unite. *–phr.* **10. link up**, (sometimes fol. by *with*) to make contact; communicate. **–linkage** *n.*

links /lɪŋks/ *pl. n.* → **golf course**.

linocut /ˈlaɪnoʊkʌt/ *n.* **1.** a design cut in relief on a block of linoleum. **2.** a print made from such a cut.

linoleum /ləˈnoʊliəm, laɪ-/ *n.* a floor covering formed by coating hessian or canvas with linseed oil, powdered cork, and rosin, and adding pigments of the desired colour. Also, **lino** /ˈlaɪnoʊ/.

linotype /ˈlaɪnətaɪp/ *n.* **1.** *Printing* a keyboard-operated composing machine which casts solid lines of type. **2.** printing produced by such a machine.

linseed /ˈlɪnsid/ *n.* the seed of flax.

lint /lɪnt/ *n.* **1.** a soft material for dressing wounds, etc., procured by scraping or otherwise treating linen cloth. **2.** bits of thread or fluff. **–linty** *adj.*

lintel /ˈlɪntl/ *n.* a horizontal supporting member above an opening such as a window or a door.

lion /ˈlaɪən/ *n.* **1.** a large, greyish tan cat, *Panthera leo*, native to Africa and southern Asia, the male of which usually has a mane. **2.** a person of great strength, courage, etc. **3.** a person of note or celebrity who is much sought after. *–phr.* **4. the lion's share**, the largest portion of anything.

lioness /ˈlaɪənɛs/ *n.* a female lion.

lionise = lionize /ˈlaɪənaɪz/ *v.t.* **-nised, -nising.** to treat (a person) as a celebrity. **–lionisation** /ˌlaɪənaɪˈzeɪʃən/ *n.*

lip /lɪp/ *n.* **1.** either of the two fleshy parts or folds forming the margins of the mouth and performing an important function in speech. **2.** (*plural*) these parts as organs of speech. **3.** *Colloquial* impudent talk. **4.** a liplike part or structure. **5.** *Botany* either of the two parts (**upper lip** and **lower lip**) into which the corolla or calyx of certain plants (especially the mint family) is divided. **6.** *Zoology* **a.** → **labium**. **b.** the outer or the inner margin of the aperture of a gastropod's shell. **7.** any edge or rim. **8.** a projecting edge, as of a jug. **9.** the crest of a wave which is starting to break, but is not yet curling. **10.** the edge of an opening or cavity, as of a canyon or wound. *–adj.* **11.** of or relating to the lips or a lip. **12.** relating to, characterised by, or made with the lips. *–phr.* **13. bite one's lip**, **a.** to show vexation. **b.** to stifle one's feelings, especially anger or irritability. **14. button the lip**, to be silent. **15. curl one's lip**, to show scorn. **16. give someone lip**, to talk to someone, especially a superior, in a cheeky or insolent manner. **17. hang on the lips of**, to listen to very attentively or eagerly. **18. keep a stiff upper lip**, to face misfortune bravely, especially without outward show of perturbation. **19. smack one's lips**, to show enjoyment or anticipation of something enjoyable, especially food.

lip- variant of **lipo-**, before vowels, as in *lipectomy*.

lipid /ˈlɪpɪd, ˈlaɪ-/ *n.* any of a group of organic compounds which make up the fats and other esters which have analogous solubility properties. They have a greasy feel and are insoluble in water, but soluble in alcohols, ethers, and other fat solvents.

lipo- in chemistry a word element meaning 'fat', as in *lipochrome*. Also, **lip-**.

liposuction /ˈlaɪpoʊsʌkʃən/ *n.* the removal of unwanted subcutaneous fatty deposits from the body by means of vacuum suction.

lip-read /ˈlɪp-rid/ *v.* **-read** /-rɛd/ *or* **-reading.** *–v.t.* **1.** to understand (spoken words) by watching the movement of a speaker's lips. *–v.i.* **2.** to read lips.

lip-service /ˈlɪp-sɜvəs/ *n.* service with words only;

lipstick /ˈlɪpstɪk/ n. a stick or elongated piece of cosmetic preparation for colouring the lips.

liquefied petroleum gas n. a mixture of hydrocarbon gases, mainly propane and butane liquefied and stored under pressure for use as a fuel gas; bottled gas. *Abbrev.*: LPG, LP gas.

liquefy = liquify /ˈlɪkwəfaɪ/ v. **-fied, -fying.** –v.t. **1.** to make liquid. –v.i. **2.** to become liquid. –**liquefiable** adj. –**liquefier** n.

liqueur /ləˈkjuə, ləˈkɜ/ n. any of a class of alcoholic liquors, usually strong, sweet, and highly flavoured, as chartreuse, curacao, etc.

liquid /ˈlɪkwəd/ adj. **1.** composed of molecules which move freely among themselves but do not tend to separate like those of gases; neither gaseous nor solid. **2.** of or relating to liquids: *liquid measure*. **3.** such as to flow like water; fluid. **4.** clear, transparent, or bright: *liquid eyes*. **5.** sounding smoothly or agreeably: *liquid tones*. **6.** *Phonetics* identified with or being either *r* or *l*. **7.** in cash or readily convertible into cash: *liquid assets*. –n. **8.** a liquid substance. **9.** *Phonetics* either *r* or *l*. –phr. **10. go liquid,** to realise assets for cash. –**liquidly** adv. –**liquidness** n.

liquid assets pl. n. **1.** the part of a trading bank's assets which consist of its notes and coins, its cash with the Reserve Bank of Australia, and its Commonwealth Treasury bills. **2.** the cash and readily realisable assets of a company.

liquidate /ˈlɪkwədeɪt/ v. **-dated, -dating.** –v.t. **1.** to get rid of (a debt, etc.); settle or pay: *to liquidate a claim*. **2.** to change into cash. **3.** to get rid of, especially by killing or other violent means. **4.** to break up or do away with; abolish. –v.i. **5.** (of a company) to pay off debts or accounts and finish up; wind up; go into liquidation. –**liquidation** n.

liquidator /ˈlɪkwədeɪtə/ n. a person appointed to carry out the winding up of a company.

liquidity /ləˈkwɪdəti/ n. **1.** liquid state or quality. **2.** the state of having assets either in cash or readily convertible into cash.

liquid ratio n. the ratio of a company's liquid assets to its current liabilities. Also, **liquidity ratio**.

liquor /ˈlɪkə/ n. **1.** spirits (as brandy or whisky) as distinguished from fermented beverages (as wine or beer). **2.** a solution of a substance, especially a concentrated one used in an industrial process.

liquorice /ˈlɪkərɪʃ, ˈlɪkrɪʃ, -rəs/ n. → **licorice**.

lira /ˈlɪərə/ n. **lire** /ˈlɪəreɪ/ or **liras**. **1.** the monetary unit of Italy. **2.** a Turkish unit of currency.

lisp /lɪsp/ n. **1.** a speech defect consisting in pronouncing *s* and *z* like or nearly like the *th* sounds of *thin* and *this*, respectively. **2.** the act, habit, or sound of lisping. –v.t. **3.** to pronounce with a lisp. –v.i. **4.** to speak with a lisp. –**lisper** n. –**lispingly** adv.

lissom /ˈlɪsəm/ adj. **1.** lithe, especially of body; limber or supple. **2.** agile or active. Also, *Chiefly US*, **lissome.** –**lissomness** n.

list¹ /lɪst/ n. **1.** a record consisting of a series of names, words, or the like; a number of names of persons or things set down one after another. –v.t. **2.** to set down together in a list; to make a list of. **3.** to enter in a list with others. **4.** to register (a security) on a stock exchange so that it may be traded there. –**listing** n.

list² /lɪst/ v.i. (of a ship) to careen; incline to one side: *the ship listed to starboard*.

listen /ˈlɪsən/ v.i. **1.** to give attention with the ear; attend closely for the purpose of hearing; give ear. **2.** to give heed; yield to advice. –phr. **3. listen for,** to wait attentively to hear. **4. listen in, a.** to eavesdrop. **b.** to listen to a radio program. **5. listen up,** *Originally US* to pay attention: *now listen up everybody*. –**listener** n.

listless /ˈlɪstləs/ adj. **1.** feeling no inclination towards or interest in anything. **2.** characterised by or indicating such feeling: *a listless mood*. –**listlessly** adv. –**listlessness** n.

lit /lɪt/ v. **1.** past tense and past participle of **light¹** and **light³.** –phr. **2. lit up, a.** illuminated. **b.** *Colloquial* intoxicated.

litany /ˈlɪtəni/ n. **-nies. 1.** a ceremonial or liturgical form of prayer consisting of a series of invocations or supplications with responses which are the same for a number in succession. **2.** a prolonged recitation; monotonous account.

-lite a word element used in names of minerals, or fossils: *chrysolite, aerolite*. Compare **-lith**.

literacy /ˈlɪtərəsi/ n. **1.** the ability to read and write. **2.** the ability to use a language effectively: *her literacy in French was growing*.

literal /ˈlɪtrəl, ˈlɪtərəl/ adj. **1.** following the exact words of the original: *a literal translation*. **2.** (of people) tending to understand words too strictly or unimaginatively; matter-of-fact; prosaic: *a literal mind*. **3.** being the natural, basic, or strict meaning of a word; not figurative or metaphorical. **4.** true to fact; not exaggerated: *a literal statement of conditions*. **5.** of or relating to the letters of the alphabet: *a literal mistake*. –**literalness** n.

literary /ˈlɪtərəri, ˈlɪtrəri/ adj. **1.** relating to or of the nature of books and writings, especially those classed as literature: *literary history*. **2.** versed in or acquainted with literature. **3.** engaged in writing books, etc., or in literature as a profession: *a literary man*. **4.** pedantic; excessively affected in displaying learning. –**literarily** adv. –**literariness** n.

literate /ˈlɪtərət/ adj. **1.** able to read and write. **2.** having an education; educated. **3.** literary. –n. **4.** someone who can read and write. **5.** a learned person.

literature /ˈlɪtrətʃə, ˈlɪtərətʃə/ n. **1.** writings in which expression and form, together with ideas of lasting and universal interest, are important features, as poetry, drama, history, biography, essays, etc. **2.** all the writings of a particular language, period, people, etc.: *the literature of Australia; Russian medieval literature*. **3.** writings dealing with a particular subject: *the literature on sailing ships*. **4.** the profession of a writer or author. **5.** *Colloquial* printed matter of any kind, as circulars or advertising matter.

lith- a combining form meaning 'stone'. Also, **litho-**.

-lith a noun termination meaning 'stone', as in *acrolith, megalith, nephrolith, palaeolith*, sometimes occurring in words, as *batholith, laccolith*, that are variants of forms in *-lite*. Compare **-lite**.

lithe /laɪð/ adj. bending readily; pliant; limber; supple. Also, **lithesome** /ˈlaɪðsəm/. –**lithely** adv. –**litheness** n.

-lithic an adjective suffix identical with **lithic**, used especially in archaeology, as, *palaeolithic*.

litho- variant of **lith-**, before consonants, as in *lithography*.

lithography /lɪˈθɒgrəfi/ n. the art or process of printing a picture, writing, or the like, from a flat surface of aluminium, zinc, or stone, with some greasy or oily substance. –**lithographer** n. –**lithographic** /lɪθəˈgræfɪk/, **lithographical** /lɪθəˈgræfɪkəl/ adj. –**lithographically** /lɪθəˈgræfɪkli/ adv.

litigant /ˈlɪtəgənt/ n. **1.** someone engaged in a lawsuit. –adj. **2.** litigating; engaged in a lawsuit.

litigate /ˈlɪtəgeɪt/ v. **-gated, -gating.** –v.t. **1.** to make the subject of a lawsuit; to contest at law. **2.** to dispute (a point), etc). –v.i. **3.** to carry on a

litmus / lively

lawsuit. —**litigation** /lɪtəˈgeɪʃən/ n. —**litigator** n. —**litigable** adj.

litmus /ˈlɪtməs/ n. a blue colouring matter obtained from certain lichens, especially *Roccella tinctoria*. In alkaline solution litmus turns blue, in acid solution red; hence it is widely used as an indicator, especially in the form of strips of paper impregnated with a solution of the colouring matter (**litmus paper**).

litmus test n. **1.** a test of acidity or alkalinity using litmus paper. **2.** a decisive test of a person's loyalty, character, determination, etc.

litre /ˈliːtə/ n. a unit of capacity in the metric system, formerly equal to the volume of one kilogram of water at its maximum density or approx. equal to $1.00028 \times 10^{-3} m^3$, now exactly equal to $10^{-3} m^3$. It is commonly used to express volumes of liquids. Symbol: L, l. Also, *US*, **liter**.

-litre a word element meaning litres; having to do with a litre, as in *centilitre*. Also, *US*, **-liter**.

litter /ˈlɪtə/ n. **1.** things scattered about; scattered rubbish. **2.** a condition of disorder or untidiness. **3.** a number of young brought forth at one birth. **4.** a framework of canvas stretched between two parallel bars, for the transportation of the sick and the wounded. **5.** a vehicle carried by people or animals, consisting of a bed or couch, often covered and curtained, suspended between shafts. **6.** *Agriculture* **a.** a bed or stratum of various materials, especially a deep layer of straw and dung in an animal shed. **b.** straw, hay, etc., used as a protection for plants. **7.** the rubbish of dead leaves and twigs scattered upon the floor of the forest. **8.** → **kitty litter**. –v.t. **9.** to strew (a place) with scattered objects. **10.** to scatter (objects) in disorder. **11.** to give birth to (young), said chiefly of animals. **12.** to supply (an animal) with litter for a bed. **13.** to use (straw, hay, etc.) for litter. **14.** to cover (a floor, etc.) with litter, or straw, hay, etc. –v.i. **15.** to give birth to a litter. –phr. **16. litter up**, to be strewn about (a place) in disorder.

litterbug /ˈlɪtəbʌg/ n. someone who drops rubbish, especially in public places.

little /ˈlɪtl/ adj. **1.** small in size; not big or large: *a little child*. **2.** small in extent or duration; short; brief: *a little while*. **3.** small in number: *a little army*. **4.** being such on a small scale: *little farmers*. **5.** small in force; weak: *a little voice*. **6.** small in consideration, dignity, consequence, etc.: *little discomforts*. **7.** mean, narrow, or illiberal: *a little mind*. **8.** endearingly small or considered as such: *bless your little heart!* **9.** held dear through familiarity: *I understand his little ways*. –det. **10.** small in amount or degree; not much: *little hope*. –pron. **11.** a small amount: *she ate very little; I remember little of what he told me*. –adv. **12.** not at all (before a verb): *he little knows what awaits him*. **13.** in only a small amount or degree; not much: *a zeal little tempered by humanity*. **14.** rarely; infrequently: *I see my mother very little*. –phr. **15. a little**, **a.** a small amount: *give me a little more; there is still a little left; would you like a little soup?* **b.** sufficient to have an effect; appreciable: *we're having a little trouble*. **c.** in a small degree; somewhat: *I feel a little better now*. **d.** a short distance: *move back a little, please*. **e.** a short time: *why don't you stay a little?* **16. little by little**, by degrees; gradually. **17. make little of**, **a.** to belittle; disparage. **b.** to understand only partially; grasp inadequately: *I can make little of your writing*. **18. not a little**, a very great deal; considerable. –**littleness** n.

little penguin n. → **fairy penguin**.

little tern n. the smallest Australian tern, *Sterna albifrons*, grey, with white underparts, black-tipped flight feathers, black crown, and white on the forehead extending in thin lines over the eyes, found on the north and east coasts of Australia, and also in North America, Africa, Europe, central Asia, and Japan.

liturgy /ˈlɪtədʒi/ n. **-gies**. **1.** a form of public worship; a ritual. **2.** a collection of formularies for public worship. **3.** a particular arrangement of services. **4.** a particular form or type of the Eucharistic service. **5.** the service of the Eucharist, especially in the Eastern Church –**liturgist** n.

live¹ /lɪv/ v. **lived** /lɪvd/ or **living**. –v.i. **1.** to have life, as an animal or plant; be alive; be capable of vital functions. **2.** to continue to live; remain alive: *to live long*. **3.** to continue in existence, operation, memory, etc.; last: *looks which lived in my memory*. **4.** to escape destruction or remain afloat, as at sea. **5.** to maintain life; rely for maintenance: *to live on one's income*. **6.** to dwell or reside: *to live in a cottage*. **7.** to pass life (as specified): *they lived happily ever after*. **8.** to direct or regulate one's life: *to live by the golden rule*. **9.** to experience or enjoy life to the full. –v.t. **10.** to pass (life): *to live a life of ease*. **11.** to carry out or exhibit in one's life. –phr.
12. live and learn, to acquire new knowledge; learn through experience.
13. live and let live, to be tolerant.
14. live apart, (especially of a husband and wife) to live separately after the rupture of a close relationship.
15. live dangerously, to take risks; live with little regard to one's personal safety.
16. live down, to live so as to cause (something) to lose force or be forgotten: *to live down a mistake; he'll never live it down*.
17. live high, to live at a high standard; live luxuriously.
18. live in, to reside at the place of one's work or study.
19. live it up, *Colloquial* to live wildly and exuberantly; go on a spree.
20. live off, to subsist from: *live off the land*.
21. live on (or **upon**), to feed or subsist on: *to live on rice*.
22. live on borrowed time, (of someone close to death) to live a period of time longer than might be expected.
23. live out, to reside away from the place of one's work or study.
24. live together, *Colloquial* to dwell together as lovers; cohabit.
25. live up to, to accord with or maintain (expectations or standards).
26. live with, *Colloquial* to dwell together with, as a husband or wife or lover; to cohabit with.
27. live with oneself, to come to terms with one's conscience; to retain one's self-respect.

live² /laɪv/ adj. **1.** living or alive: *live animals*. **2.** full of energy, activity or brilliance. **3.** *Colloquial* of interest at the moment: *a live issue*. **4.** still burning: *live coals*. **5.** flowing freely: *live water*. **6.** loaded or unexploded: *live cartridge*. **7.** charged with electricity: *live wire*. **8.** (of a radio or television program) broadcast or televised at the moment it is being presented at the studio. **9.** relating to an actual public performance in a theatre, etc., opposed to a filmed or recorded performance. –adv. **10.** (of a radio or television program) not taped; broadcast at the time of its happening: *this race is brought to you live from the Olympic swimming pool*. –phr. **11. live weight**, the weight of an animal while living.

livelihood /ˈlaɪvlihud/ n. means of maintaining life; maintenance: *to gain a livelihood*.

lively /ˈlaɪvli/ adj. **-lier**, **-liest**. **1.** energetic; vigorous; animated: *a lively discussion*. **2.** spirited; vivacious; gay: *a lively tune*. **3.** eventful or excit-

liven ing: *a lively time.* **4.** vivid or keen: *a lively colour; a lively imagination.* –**livelily** *adv.* –**liveliness** *n.*

liven /'laɪvən/ *phr.* **liven up, 1.** to put life into; rouse; cheer. **2.** to become more lively; brighten. –**livener** *n.*

liver /'lɪvə/ *n.* **1.** (in humans) a large, reddish brown glandular organ (divided by fissures into five lobes) in the upper right-hand side of the abdominal cavity, secreting bile and performing various metabolic functions, and formerly supposed to be the seat of love, desire, courage, etc. **2.** an organ in other animals similar to the human liver, often used as food. **3.** a disordered state of the liver. **4.** a reddish brown colour. –*adj.* **5.** of the colour of liver.

liver fluke *n.* a ribbon-like platyhelminth parasitic worm, *Fasciola hepatica*, which lives in the bile ducts of sheep.

liverish /'lɪvərɪʃ/ *adj.* **1.** having one's liver out of order. **2.** disagreeable as to disposition. Also, **livery**.

liver spot *n.* a brownish patch on the skin, usually of an elderly person.

liverwurst /'lɪvəwɜst/ *n.* a sausage made with a large percentage of liver. Also, **liver sausage**.

livery /'lɪvəri/ *n.* **-ries. 1.** a distinctive dress, badge, or device provided for retainers, as of a feudal lord. **2.** a kind of uniform worn by servants, now only menservants, of a person or household. **3.** a distinctive dress worn by an official, a member of a company or guild, etc.

livery stable *n.* a stable where horses and vehicles are cared for or let out for hire.

lives /laɪvz/ *n.* plural of **life**.

livestock /'laɪvstɒk/ *n.* the horses, cattle, sheep, and other useful animals kept or bred on a farm or ranch.

liveware /'laɪvwɛə/ *n.* the personnel involved with the use of a computer, as programmers, key punch operators, etc. See **software**, **hardware**.

livewire /'laɪvwaɪə/ *n.* an energetic, alert person.

livid /'lɪvəd/ *adj.* **1.** having a discoloured bluish appearance due to a bruise, to congestion of blood vessels, etc., as the flesh, face, hands, or nails. **2.** dull blue; dark greyish blue. **3.** angry; enraged. –**lividly** *adv.* –**lividness**, **lividity** /lɪ'vɪdəti/ *n.*

living /'lɪvɪŋ/ *adj.* **1.** that lives; alive, or not dead. **2.** in actual existence or use: *living languages.* **3.** active; strong: *a living faith.* **4.** burning or glowing, as a coal. **5.** flowing freely, as water. **6.** (of rock or stone, etc.) in its natural state and place; native, as part of the earth's crust. **7.** lifelike, as a picture. **8.** of or relating to living beings: *within living memory.* **9.** relating to or sufficient for living: *living conditions.* **10.** absolute; entire (used as an intensifier): *to scare the living daylights out of someone.* –*n.* **11.** the act or condition of one who or that which lives: *living is very expensive these days.* **12.** manner or course of life: *holy living.* **13.** means of maintaining life; livelihood: *to earn one's living.* **14.** an ecclesiastical benefice. –*phr.* **15. for a living**, as a livelihood. **16. good living**, a style of life which is typified by a high standard of material goods. **17. the living**, those alive at any one given time. –**livingly** *adv.* –**livingness** *n.*

living will *n. Law* an instruction to all those who may assume responsibilities on behalf of a dying person, as doctors, family members, etc., not to use extraordinary measures such as life support systems to prolong their life.

lizard /'lɪzəd/ *n.* **1.** any reptile of the order Lacertilia, including also larger forms, the monitors, geckos, chameleons, and various limbless forms. **2.** leather made from the skin of any of various lizards, used for making shoes, etc. **3.** *Colloquial* an idler or lounger in places of social enjoyment, public resort, etc., especially one who associates with women; a lounge lizard. **4.** *Australian, NZ* a sheep musterer; a property employee who maintains boundary fences.

'll a shortening of *will* or *shall*.

llama /'lamə/ *n.* **1.** a woolly-haired South American ruminant of the genus *Lama* (or *Auchenia*), probably a domesticated variety of the guanaco, used as a beast of burden. **2.** the fine, soft fleece of the llama, combined with the wool for coating.

lo /loʊ/ *interj.* look! see! behold!

load /loʊd/ *n.* **1.** that which is laid on or placed in anything for conveyance. **2.** the quantity that can be or usually is carried, as in a cart; this quantity taken as a unit of measure or weight. **3.** anything upborne or sustained: *the load of fruit on a tree.* **4.** something that weighs down or oppresses like a burden. **5.** the amount of work required of a person, machine, organisation, etc. **6.** the charge of a firearm. **7.** (*plural*) *Colloquial* a great quantity or number: *loads of people.* **8.** the weight supported by a structure or part. **9.** *Electricity* the power delivered by a generator, motor, power station, or transformer. **10.** *Electricity, Physics* the resistance or impedance connected to a network containing a source or sources of electromotive force. **11.** *Mechanics* the external resistance overcome by an engine, dynamo, or the like, under a given condition, measured by the power required. **12.** *Colloquial* an infection of venereal disease, usually gonorrhoea. **13.** *Colloquial* a sufficient quantity of liquor drunk to intoxicate. –*v.t.* **14.** to put a load on or in: *to load a cart.* **15.** to supply abundantly or excessively with something: *to load a person with gifts.* **16.** to weigh down, burden, or oppress. **17.** to give bias to, especially by fraudulent means. **18.** to make (dice) heavier on one side than on the others by fraudulent means so as to cause them to fall with a particular face upwards. **19.** *Insurance* to increase (a net premium, etc.). See **loading** (def. 5). **20.** to take on as a load: *a vessel loading coal.* **21.** to charge (a firearm, camera, etc.). –*v.i.* **22.** to put on or take on a load. **23.** to load a firearm, camera, etc. **24.** to become loaded. **25.** to enter a means of conveyance: *the football fans loaded into special buses.* –*phr.* **26. get a load of**, *Colloquial* **a.** to look at; observe. **b.** to listen to; to hear. **27. load the dice**, to cause a situation to be especially favourable or unfavourable, often unfairly. **28. shoot one's load**, *Colloquial* ‡ to cause a male to ejaculate (def. 3). **29. take a load off one's feet**, *Colloquial* to sit down. –**loader** *n.*

loaded /'loʊdəd/ *adj.* **1.** carrying a load: *a loaded ship.* **2.** charged: *a loaded gun.* **3.** (of a question, statement, etc.) unfair; weighted so as to produce a prejudicial effect. **4.** (of dice) dishonestly weighted. **5.** *Colloquial* very rich. **6.** *Colloquial* drunk or under drugs.

loading /'loʊdɪŋ/ *n.* **1.** that with which something is loaded; a load; a burden; a charge. **2.** an extra rate paid to employees in recognition of some particular aspect of their employment, as shift work. **3.** *Electricity* the process of adding inductances to a telephone circuit, radio aerial, etc. **4.** *Aviation* the ratio of the gross weight of an aeroplane to engine power (**power loading**), wing span (**span loading**), or wing area (**wing loading**). **5.** *Insurance* an addition to the normal premium on the policy of a person whose life expectancy is considered to be less than the mortality tables would indicate.

loaf[1] /loʊf/ *n.* **loaves** /loʊvz/. **1.** a portion of bread or cake baked in a mass of definite form. **2.** a shaped or moulded mass of food, as of sugar,

chopped meat, etc.: *a veal loaf.*
loaf² /loʊf/ *v.i.* **1.** to lounge or saunter lazily and idly. **2.** to idle away time. *–n.* **3.** an idle or relaxing time; rest. **4.** an easy job; sinecure. *–phr.* **5. loaf away**, to idle away: *to loaf one's life away.*
loaf³ /loʊf/ *n. Colloquial* **1.** head; intelligence; brains. *–phr.* **2. use one's loaf**, to think; apply one's intelligence.
loafers /ˈloʊfəz/ *pl. n.* casual shoes.
loam /loʊm/ *n.* **1.** a loose soil composed of clay and sand, especially a kind containing organic matter and of great fertility. **2.** a mixture of clay, sand, straw, etc., used in making moulds for founding, and in plastering walls, stopping holes, etc. *–v.t.* **3.** to cover or stop with loam. **4.** *Mining* to sort through (a section or container of dirt) and separate out opal, gold, etc. *–v.i.* **5.** to search for a mineral, usually gold, by washing loam from the base of a hill to isolate the required mineral. **–loamy** *adj.*
loan /loʊn/ *n.* **1.** the act of lending; a grant of the use of something temporarily: *the loan of a book.* **2.** something lent or furnished on condition of being returned, especially a sum of money lent at interest. *–v.t.* **3.** to make a loan of; lend. **4.** to lend (money) at interest. *–v.i.* **5.** to make a loan or loans. **–loaner** *n.*
loath /loʊθ/ *adj.* **1.** reluctant, averse, or unwilling. *–phr.* **2. nothing loath**, very willingly. Also, **loth**.
loathe /loʊð/ *v.t.* **loathed, loathing.** to feel hatred, disgust, or intense aversion for. **–loather** *n.*
loathsome /ˈloʊðsəm/ *adj.* such as to excite loathing; hateful; disgusting. **–loathsomely** *adv.* **–loathsomeness** *n.*
loaves /loʊvz/ *n.* plural of **loaf¹**.
lob /lɒb/ *n., v.* **lobbed, lobbing.** *–n.* **1.** *Tennis* a ball hit high into the opponent's court. *–v.t.* **2.** *Tennis* to send (a ball) high into the air. **3.** to throw in a careless or untidy fashion. *–v.i.* **4.** *Tennis* to lob a ball. *–phr.* **5. lob in**, *Colloquial* to arrive without warning.
lobby /ˈlɒbi/ *n.* **-bies**, *v.* **-bied, -bying.** *–n.* **1.** a passage-way, or entrance hall, as in a public building, often serving as a waiting room. **2.** a group of people who attempt to get popular and political support for some particular cause, originally those who often visited rooms or entrance halls of parliaments. **3.** a particular interest, cause, etc., supported by a group of people. *–v.i.* **4.** to often visit the entrance hall of a legislative chamber to influence the members. **5.** to request the votes of members of a law-making body. *–v.t.* **6.** to influence (law-makers), or urge or obtain the passage of (a bill), by trying to enlist political support. **–lobbyism** *n.* **–lobbyist** *n.*
lobe /loʊb/ *n.* **1.** a roundish projection or division, as of an organ, a leaf, etc. **2.** *Anatomy* the soft pendulous lower part of the external ear.
lobotomy /ləˈbɒtəmi/ *n. Surgery* the cutting into or across a lobe of the brain, usually of the cerebrum, to alter brain function, especially in the treatment of mental disorders. Also, **leucotomy**.
lobster /ˈlɒbstə/ *n.* **1.** Also, **spiny lobster**. any of various large, edible, marine, stalk-eyed, decapod crustaceans of the family Palinuridae, having a long tail, spiny carapace, and elongated, whip-like antennae, found in Australia and New Zealand waters and widely distributed elsewhere; crayfish. **2.** any of various crustaceans of the family Homaridae of the northern Atlantic, somewhat similar in appearance but having the first pair of legs modified into large, pincer-tipped claws.
local /ˈloʊkəl/ *adj.* **1.** relating to or marked by place, or position in space. **2.** typical of, or limited to, a particular place or places: *a local custom.* **3.** belonging to or made in a particular country rather than overseas: *local wine.* **4.** relating to a town or a small area rather than the whole state or country. **5.** relating to or affecting particular part or parts, as of a system or object: *a local disease.* **6.** (of anaesthesia or an anaesthetic) acting on only a section of the body, without causing loss of consciousness. *–n.* **7.** a local train, bus, etc. **8.** a suburban newspaper. **9.** the closest or preferred hotel in the neighbourhood of one's home or place of work. **10.** an inhabitant of a particular place. **11.** a local anaesthetic. See def. 5. **–locally** *adv.*
local anaesthetic = local anesthetic *n.* a drug, usually injected, which anaesthetises only part of the body.
local area network *n.* a computer networking system which links computers within a limited geographical area to a central computer by means of land lines. Also, **LAN**.
locale /loʊˈkɑl/ *n.* a place or locality, especially with reference to events or circumstances connected with it.
local government *n.* **1.** the administration of the affairs of some specified area smaller than that of a State such as a shire, municipality, town, etc., by officers elected by the residents and ratepayers of that area. **2.** the decision-making officers in such a group: *the local governments could not agree.*
localise = localize /ˈloʊkəlaɪz/ *v.t.* **-lised, -lising.** to make local; fix in, or assign or restrict to, a particular place or locality. **–localisable** *adj.* **–localisation** /loʊkəlaɪˈzeɪʃən/ *n.*
locality /loʊˈkæləti/ *n.* **-ties**. **1.** a place, spot, or district, with or without reference to things or persons in it. **2.** the place in which a thing is or occurs. **3.** state or condition of being local or having place.
locate /loʊˈkeɪt/ *v.* **-cated, -cating.** *–v.t.* **1.** to discover the place or location of: *to locate a leak in a pipe.* **2.** to set, fix, or establish in a place, situation, or locality; place; settle: *they located their headquarters in Brisbane.* **3.** to refer (something), as by opinion or statement, to a particular place: *this study locates the garden of Eden in Babylonia.*
location /loʊˈkeɪʃən/ *n.* **1.** a house or place of business: *a good location for a doctor.* **2.** a place or position: *a house in a fine location.* **3.** a piece of land in a particular place and with limits: *a mining location.* **4.** *Film* a place, outside the studio, providing suitable surroundings for photographing plays, events, etc. **5.** the act of settling in a certain position or place.
loch /lɒk/ *n. Scot* **1.** a lake. **2.** Also, **sea loch**. an arm of the sea, especially when partially land-locked.
loci /ˈlɒki, ˈloʊki/ *n.* plural of **locus**.
lock¹ /lɒk/ *n.* **1.** a device for securing a door, gate, lid, drawer, or the like in position when closed, consisting of a bolt or system of bolts propelled and withdrawn by a mechanism operated by a key, dial, etc. **2. a.** a device to keep a wheel from rotating. **b.** steering lock. **3.** a contrivance for fastening or securing something. **4.** the mechanism in a firearm by means of which it can be kept from operating. **5.** an enclosed portion of a canal, river, etc., with gates at each end, for raising or lowering vessels from one level to another. **6.** any of various grapples or holds in wrestling, especially any hold in which an arm or leg of one wrestler is held about the body of the opponent. **7.** the radius of turning in the steering mechanism of a vehicle. *–v.t.* **8. a.** to fasten or secure (a door, building, etc.) by the operation of a lock. **b.** → **latch** (def. 2). **9.** to make fast or immovable by or as by a lock: *to lock a wheel.* **10.** Also, **lock**

lock   467   **logging**

up. to fasten or fix firmly, as by engaging parts. **11.** to join or unite firmly by interlinking or intertwining: *to lock arms.* *–v.i.* **12.** to become locked: *this door locks with a key.* **13.** to become fastened, fixed, or interlocked. *–phr.* **14. lock into,** to involve in a system or situation from which it is not possible to withdraw **15. lock out,** to exclude by or as by a lock. **16. lock, stock, and barrel,** altogether; completely. **17. lock up** (or **in**) (or **away**), **a.** to shut in a place fastened by a lock or locks, as for security or restraining: *they locked the dog up for the night.* **b.** *Printing* to make (type, etc.) immovable in a chase by securing the quoins. **18. lock up the land,** *Australian History* to make the land unavailable to all but very few people (by giving out only large parcels of it by grant or to squatters).

lock² /lɒk/ *n.* **1.** a tress or portion of hair. **2.** (*plural*) the hair of the head.

locker /'lɒkə/ *n.* a chest, drawer, compartment, closet, or the like, that may be locked.

locket /'lɒkət/ *n.* a small case for a miniature portrait, a lock of hair, or other keepsake, usually worn on a chain hung round the neck.

lockjaw /'lɒkdʒɔ/ *n. Pathology* tetanus in which the jaws become firmly locked together.

locksmith /'lɒksmɪθ/ *n.* someone who makes or mends locks.

lockup /'lɒkʌp/ *n.* **1.** a jail, especially a local jail to which offenders are taken before their first court hearing. **2.** the act of locking up. **3.** a garage or other storage space, usually rented, capable of being locked up. *–adj.* **4.** (of a room, garage, etc.) able to be locked up.

locomotion /loʊkə'moʊʃən/ *n.* the act or power of moving from place to place.

locomotive /loʊkə'moʊtɪv/ *n.* **1.** an engine which drives itself forward, running on a railway track, designed to pull railway carriages or trucks. **2.** any vehicle able to drive itself from place to place. *–adj.* **3.** moving or travelling by means of its own machinery or powers. **4.** having to do with movement from place to place.

locum /'loʊkəm/ *n.* a temporary substitute for a doctor, lawyer, etc. Also, **locum tenens** /loʊkəm 'tɛnənz/.

locus /'lɒkəs, 'loʊkəs/ *n.* **loci** /'lɒki'loʊki/. **1.** a place; a locality. **2.** *Mathematics* a curve or other figure considered as generated by a point, line, or surface, which moves or is placed according to a definite law. **3.** *Genetics* the chromosomal position of a gene as determined by its linear order relative to the other genes on that chromosome.

locust /'loʊkəst/ *n.* **1.** any of the grasshoppers with short antennae which constitute the family Acrididae, including the notorious migratory species, such as *Locusta migratoria* of the Old World, which swarm in immense numbers and strip the vegetation from large areas. **2.** *Colloquial* **cicada**. **3.** any of various trees, as the carob and the honey-locust.

locution /lə'kjuʃən/ *n.* **1.** a particular form of expression; a phrase or expression. **2.** style of speech or verbal expression; phraseology.

lode /loʊd/ *n.* **1.** a veinlike deposit, usually metalliferous. **2.** any body of ore set off from adjacent rock formations.

lodge /lɒdʒ/ *n., v.* **lodged, lodging.** *–n.* **1.** a small, slight, or rough shelter or place to live, made of branches, poles, skins, earth, rough boards, etc.; cabin or hut. **2.** a building used for temporary, usually holiday, housing: *fishing lodge; ski lodge*. **3.** a small house as in a park or on an estate, lived in by a caretaker, gardener, etc. **4.** the meeting place of a branch of a secret society. **5.** a cave or shelter of an animal or animals, especially of beavers. *–v.i.* **6.** to have a shelter or quarters, especially temporarily, as in a place or house. **7.** to be fixed or implanted, or be caught in a place or position. *–v.t.* **8.** to provide with a shelter or rooms, especially temporarily. **9.** to provide with a room or rooms in one's house for payment, or have as a lodger. **10.** to put (something) in a certain place for safety, storage or keeping. **11.** to put or send into a particular place: *to lodge a stake firmly in the ground*. **12.** to lay (information, a complaint, etc.) before a court, etc. **–lodger** *n.*

lodging /'lɒdʒɪŋ/ *n.* **1.** accommodation in a house, especially in rooms for hire: *to furnish board and lodging*. **2.** a place of abode, especially a temporary one. **3.** (*plural*) a room or rooms hired for residence in another's house.

loft /lɒft/ *n.* **1.** the space between the underside of a roof and the ceiling of a room beneath it. **2.** a gallery or upper level in a church, hall, etc., designed for a special purpose: *a choir loft*. **3.** *Golf* **a.** the slope of the face of a club backwards from the vertical, tending to drive the ball upwards. **b.** a lofting stroke. *–v.t.* **4.** *Golf, Cricket, etc.* to hit (a ball) into the air or over an obstacle. **5.** to clear (an obstacle) thus.

lofty /'lɒfti/ *adj.* **-tier, -tiest,** *n.* *–adj.* **1.** extending high in the air; of imposing height: *lofty mountains*. **2.** exalted in rank, dignity, or character. **3.** elevated in style or sentiment, as writings, etc. **4.** haughty; proud. *–n.* **5.** *Colloquial* (a term of address for a tall person.) **–loftily** *adv.* **–loftiness** *n.*

log /lɒg/ *n., v.* **logged, logging.** *–n.* **1.** an unhewn portion or length of the trunk or a large limb of a felled tree. **2.** something inert or heavy. **3. a.** the official record which a ship's master is obliged by law to keep, of particulars of a ship's voyage, as weather, crew, cargo, etc. **b.** the record which the engine-room and bridge officers keep of the particulars of each watch. **4.** Also, **flight log**. a listing of navigational, meteorological, and other significant data concerning an air journey. **5.** any similar record of a journey. **6.** the register of the operation of a machine. **7.** *Australian* a submission or listing: *the trade union's log of claims*. **8.** Also, **log of wood**. *Colloquial* a fool; a lazy person. *–v.t.* **9.** to cut (trees) into logs. **10.** to cut down trees of (an area, forest, etc.) for timber. **11.** to obtain (timber) by the felling of trees. **12. a.** to enter in a ship's log. **b.** to record in a ship's log a punishment given to (a sailor). **13.** to record in an aeroplane's log (the number of hours spent in the air). **14.** *Australian* (of a trade union) to submit a set of claims to (an employer): *all publishers were logged whether or not they employed unionists*. *–v.i.* **15.** to cut down trees and get out logs from the forest for timber. *–phr.* **16. log in** (or **on**), *Computers* to begin a session on a computer, usually gaining access with a username and password. **17. log off** (or **out**), to end a session on a computer. **18. log on,** to record the commencement of work, etc., especially of computing. **19. log up,** to complete (a certain amount of work, distance travelled, etc.).

loganberry /'loʊgənbəri, -bri/ *n.* **-ries. 1.** the large, dark red, acid fruit of the plant *Rubus loganobaccus*, with long prostrate canes. **2.** the plant itself.

logarithm /'lɒgərɪðəm/ *n. Mathematics* the exponent of that power to which a fixed number (called the *base*) must be raised in order to produce a given number (called the *antilogarithm*): *3 is the logarithm of 8 to the base 2*.

logger /'lɒgə/ *n.* the person who cuts trees into suitable lengths after the trees have been felled.

loggerhead /'lɒgəhɛd/ *phr.* **at loggerheads,** engaged in dispute.

logging /'lɒgɪŋ/ *n.* the process, work, or business

of cutting down trees and getting out logs from the forest for timber.

logic /'lɒdʒɪk/ *n.* **1.** the science which investigates the principles governing correct or reliable inference. **2.** reasoning or argumentation, or an instance of it. **3.** the system or principles of reasoning applicable to any branch of knowledge or study. **4.** reasons or sound sense, as in utterances or actions. **5.** convincing force: *the irresistible logic of facts.* –**logical** *adj.* –**logically** *adv.* –**logician** /lə'dʒɪʃən/ *n.*

login /'lɒgɪn/ *n. Computers* **1.** the act of beginning a computer session, usually gaining access by inputting a username and password. **2.** the prompt or button on a computer screen which is used to activate the process of logging in. Also, **log-in**, **logon**.

logistics /lə'dʒɪstɪks/ *n.* **1.** the branch of military science that deals with transportation and supply, and the movement of bodies of troops. **2.** the management of the practical details of any enterprise.

logo /'lougou/ *n.* **-gos**. a trademark or symbol designed to identify a company, organisation, etc. Also, **logotype**.

logo- a word element denoting speech.

logon /'lɒgɒn/ *n. Computers* → **login**. Also, **log-on**.

logotype /'lɒgoutaɪp/ *n.* **1.** a single printing type bearing two or more distinct (not combined) letters, or a syllable or word. Compare **ligature**. **2.** → **logo**. –**logotypy** *n.*

logout /'lɒgaʊt/ *n. Computers* **1.** the act of ending a computer session, usually by implementing a command. **2.** the prompt or button on a computer screen which is used to activate the command to log out. Also, **log-out**.

-logy **1.** a combining form naming sciences or bodies of knowledge, as in *palaeontology, theology*. **2.** a termination of many nouns referring to writing, collections, as in *trilogy, martyrology*.

loin /lɔɪn/ *n.* **1.** (*usually plural*) the part or parts of the body of humans or quadruped animals on either side of the vertebral column, between the false ribs and hipbone. **2.** a standard cut of lamb, veal, or pork from the upper flank including the lower eight ribs. **3.** *Bible and Poetic* the part of the body which should be clothed and girded, or which is regarded as the seat of physical strength and generative power. –*phr.* **4. gird up one's loins**, to make ready or prepare oneself for action of some kind.

loincloth /'lɔɪnklɒθ/ *n.* a piece of cloth worn around the loins or hips.

loiter /'lɔɪtə/ *v.i.* **1.** to linger idly or aimlessly in or about a place. **2.** to move or go in a slow or lagging manner: *to loiter along.* **3.** to waste time or dawdle over work, etc. –**loiterer** *n.* –**loiteringly** *adv.*

loll /lɒl/ *v.i.* **1.** to recline or lean in a relaxed or indolent manner; lounge: *to loll on a sofa*. **2.** to hang loosely or droopingly. –**loller** *n.*

lollipop /'lɒlipɒp/ *n.* **1.** a kind of boiled sweet or toffee, often a piece on the end of a stick. **2.** an item in a series more trivial and more superficially enjoyable than the others (of music, films etc.).

lollop /'lɒləp/ *v.i.* to move with bounding, ungainly leaps.

lolly /'lɒli/ *n.* **1.** *Australian, NZ* any sweet, especially a boiled one. **2.** *Brit* a flavoured frozen confection on a stick. **3.** *Cricket* an easy catch. **4.** *Colloquial* the head. **5.** *Colloquial* money. –*phr.* **6. do one's lolly**, *Colloquial* to lose one's temper.

lone /loʊn/ *adj.* **1.** being alone; unaccompanied; solitary: *a lone traveller*. **2.** standing apart, or isolated, as a house.

lonely /'loʊnli/ *adj.* **-lier, -liest**. **1.** lone; solitary; without company. **2.** destitute of sympathetic or friendly companionship or relationships: *a lonely exile*. **3.** remote from people or from places of human activity: *a lonely road*. **4.** standing apart; isolated: *a lonely tower*. **5.** affected with, characterised by, or causing a depressing feeling of being alone; lonesome: *a lonely heart*. –**lonelily** *adv.* –**loneliness** *n.*

lonesome /'loʊnsəm/ *adj.* **1.** lonely in feeling; depressed by solitude or by a sense of being alone: *to feel lonesome*. **2.** attended with or causing such a state of feeling: *a lonesome journey*. **3.** depressingly lonely in situation: *a lonesome road*. –**lonesomely** *adv.* –**lonesomeness** *n.*

long[1] /lɒŋ/ *adj.* **longer** /'lɒŋgə/, **longest** /'lɒŋgəst/ *adv.* –*adj.* **1.** having considerable or great extent from end to end; not short: *a long distance*. **2.** having considerable or great extent in duration: *a long visit*. **3.** having many items; of more than average number: *a long list*. **4.** having considerable or great extension from beginning to end, as a series, enumeration, account, book, etc.; not brief. **5.** having a specified extension in space, duration, etc.: *ten metres long*. **6.** continuing too long: *a long speech*. **7.** beyond the normal extension in space, duration, quantity, etc.: *a long match*. **8.** extending to a great distance in space or time: *a long memory*. **9.** not likely: *a long chance*. **10.** (of drinks) of considerable or great quantity; thirst-quenching rather than intoxicating, as a diluted alcoholic drink. **11.** relatively much extended: *a long reach*. **12.** *Phonetics* **a.** lasting a relatively long time: *'feed' has a longer vowel than 'feet' or 'fit'*. **b.** belonging to a class of sounds considered as usually longer in duration than another class. **13.** *Commerce* **a.** owning some commodity or stock. **b.** depending for profit on a rise in prices. **14.** *Gambling* **a.** of an exceptionally large difference in proportional amounts on an event: *long odds*. **b.** of or relating to the larger number in the odds in betting. **15.** *Cricket* in the field, near the boundary; deep. –*adv.* **16.** for or through a great extent of space or, especially, time: *a reform long advocated*. **17.** for or throughout a specified extent, especially of time: *how long did she stay?* **18.** (in elliptical expressions) gone, occupying, delaying, etc., a long or a specified time: *don't be long*. **19.** (for emphasis, after nouns denoting a period of time) throughout the whole length: *all summer long*. **20.** at a point of time far distant from the time indicated: *long before*. –*phr.* **21. before long**, in the near future; soon. **22. in the long run**, after a long course of experience; in the final result. **23. long in the tooth**, *Colloquial* elderly. **24. so** (or **as**) **long as**, provided that. **25. so long**, *Colloquial* goodbye. **26. the long and the short of**, the kernel of; substance of; gist of. –**longish** *adj.*

long[2] /lɒŋ/ *v.i.* **1.** to have a prolonged or unceasing desire, as for something not immediately (if ever) attainable. **2.** to have an earnest or strong desire. –**longing** *n.*

longevity /lɒn'dʒɛvəti/ *n.* **1.** length or duration of life. **2.** long life; great duration of life.

longhand /'lɒŋhænd/ *n.* writing of the ordinary kind, in which the words are written out in full (distinguished from *shorthand*).

longitude /'lɒŋgətjud, 'lɒŋə,tjud/ *n.* **1.** *Geography* angular distance east or west on the earth's surface, measured along the equator by the angle contained between the meridian of a particular place and some prime meridian, as that of Greenwich, or by the corresponding difference in time. **2.** *Astronomy* **a.** the arc of the ecliptic measured eastwards from the vernal equinox to the foot of the great circle passing through the poles of the

longitudinal / loom

ecliptic and the point on the celestial sphere in question (**celestial longitude**). **b.** the arc of the galactic circle measured from its intersection with the celestial equator (**galactic longitude**).

longitudinal /lɒŋgəˈtjudənəl/ *adj.* **1.** having to do with longitude or length: *longitudinal distance.* **2.** *Zoology* having to do with the long axis of the body, or the direction from front to back, or head to tail. **3.** extending in the direction of the length of a thing; running lengthways. –**longitudinally** *adv.*

long john *n.* *NZ Colloquial* an oblong loaf of bread.

long jump *n.* **1.** a jump in which athletes aim to cover the greatest distance from a given mark. **2.** the athletic contest for the longest such jump.

long-necked tortoise *n.* the common water tortoise, *Chelodina longicollis*, of eastern and southern Australia which, like all Australian tortoises, retracts its head to one side of the body and possesses clawed and webbed feet. Also, **snake-necked tortoise**.

long service leave *n.* (in Australia) an extended period of leave from employment, earned through long service.

long shot *n.* **1.** an attempt which has little hope of success, but which if successful may offer great rewards. **2.** a photograph or a film or television shot taken from some distance.

long-sighted /ˈlɒŋ-saɪtəd/ *adj.* **1.** far-sighted; hypermetropic. **2.** having great foresight; foreseeing remote results. Compare **far-sighted**. –**long-sightedness** *n.*

longstanding /ˈlɒŋstændɪŋ/ *adj.* existing or occurring for a long time: *a longstanding feud.*

long-suffering /ˈlɒŋ-sʌfərɪŋ/ *adj.* **1.** enduring injury or provocation long and patiently. –*n.* **2.** long and patient endurance of injury or provocation.

longwinded /ˈlɒŋwɪndəd/ *adj.* **1.** tediously wordy in speech or writing. **2.** writing or talking tediously and continuously. **3.** able to breathe deeply. –**longwindedly** *adv.* –**longwindedness** *n.*

loo¹ /lu/ *n.* a game of cards in which forfeits are paid into a pool.

loo² /lu/ *n. Colloquial* a toilet.

loofah /ˈlufə/ *n.* **1.** a tropical, annual, climbing herb, *Luffa cylindrica.* **2.** the fibrous network of its fruit, used as a bath sponge.

look /lʊk/ *v.i.* **1.** to fix the eyes upon something or in some direction in order to see. **2.** to glance or gaze, in a manner specified: *to look questioningly at a person.* **3.** to use the sight in seeking, searching, examining, watching, etc.: *to look through the papers.* **4.** to tend, as in bearing or significance: *conditions look towards war.* **5.** to direct the mental regard or attention: *to look at the facts.* **6.** to have an outlook or afford a view: *the window looks upon the street.* **7.** to face or front: *the house looks east.* –*v.* (*copular*) **8.** to appear or seem (as specified) to the eye: *to look pale.* **9.** to seem to the mind: *the case looks promising.* –*v.t.* **10.** to express or suggest by looks: *she looked compassion.* **11.** to direct a look towards: *she looked him full in the face.* **12.** to have the aspect or appearance appropriate to: *look one's age; look an idiot.* –*n.* **13.** the act of looking. **14.** a visual search or examination. **15.** way of looking or appearing to the eye or mind; aspect: *the look of an honest man.* **16.** (*plural*) general aspect; appearance: *to like the looks of a place; good looks.* –*phr.*
17. for the look of the thing, for the sake of appearances.
18. have a good look (around), *Colloquial* to inspect inquisitively.

19. it looks like it, it seems likely.
20. look after, **a.** to follow with the eye, as a person or thing moving away. **b.** to seek, as something desired. **c.** to take care of: *to look after a child.*
21. look alive, (an expression used to urge haste).
22. look at, *Colloquial* **a.** to expect to pay: *you'd be looking at $500 000 for a house in that area.* **b.** to experience or face: *Australia might be looking at a score of about 300 this time tomorrow.*
23. look daggers at, to scowl at; to express anger with by a look.
24. look down on, to have contempt for; regard with disdain.
25. look down one's nose, to have an air of barely concealed contempt.
26. look for, **a.** to seek, as a person or thing. **b.** to anticipate; expect.
27. look forward to, to anticipate with pleasure.
28. look here, (an exclamation used to attract attention, for emphasis, or the like).
29. look in, **a.** to take a look into a place. **b.** to come in for a brief visit.
30. look into, to investigate; examine.
31. look like, to seem likely to; appear probable that.
32. look lively (or **sharp**), to make haste; be alert.
33. look on, to be a mere spectator.
34. look on the bright side, to consider something with optimism.
35. look on the worst side, to consider something with pessimism.
36. look out, **a.** to look forth, as from a window or a place of observation. **b.** to be on guard.
37. look out for, **a.** to take watchful care of or about: *to look out for oneself.* **b.** to be vigilant in the expectation of finding: *I'm looking out for a good winter coat.*
38. look over, to view, inspect, or examine.
39. look someone up, to visit or make contact with someone.
40. look something out, to retrieve something.
41. look to, **a.** to direct the glance or gaze to. **b.** to give attention to. **c.** to direct the expectations or hopes to, as for something desired. **d.** to look forward expectantly to.
42. look the part, to have an appearance, especially in dressing, appropriate to some special function or situation: *in his uniform he looked the part.*
43. look up, **a.** to direct the eyes upwards. **b.** *Colloquial* to rise in amount or value; improve: *things are looking up.* **c.** to try to find; seek: *to look a name up in a directory.* **d.** to make contact with (a person): *look me up when you come to town.*
44. look up to, to regard with admiration, or esteem.
45. not know which way to look, to feel embarrassed.

looking glass *n.* **1.** a mirror made of glass with a metallic or amalgam backing. **2.** such glass as a material.

lookout /ˈlʊkaʊt/ *n.* **1.** a watch kept for something that may come or happen. **2.** a person or group placed or employed to keep such a watch. **3.** a station or place from which a watch is kept. **4.** a view; prospect; outlook. **5.** a place on a high point, especially a mountain, from which one can admire the view. **6.** *Colloquial* the proper object of one's watchful care or concern: *that's his lookout.*

loom¹ /lum/ *n.* **1.** a machine or apparatus for weaving yarn or thread into a fabric. **2.** the art or the process of weaving. **3.** the part of an oar between the blade and the handle.

loom² /lum/ *v.i.* **1.** to appear indistinctly, or come into view in indistinct and enlarged form. **2.** to rise before the vision with an appearance of great or portentous size. –*n.* **3.** a looming appearance, as of something seen indistinctly at a distance or through a fog.

loon¹ /lun/ *n.* **1.** → **great crested grebe**. **2.** any of several large, short-tailed web-footed, fish-eating diving birds of the Northern Hemisphere, constituting the genus *Gavia*.

loon² /lun/ *n.* a simple-minded or stupid person.

loony /'luni/ *adj.* **loonier, looniest**, *n.* **loonies** *or Colloquial* –*adj.* **1.** a lunatic; crazy. **2.** extremely or senselessly foolish. –*n.* **3.** a lunatic. Also, **looney, luny**. –**looniness** *n.*

loop /lup/ *n.* **1.** a folding or doubling of a part of a cord, lace, ribbon, etc., upon itself, so as to leave an opening between the parts. **2.** anything shaped more or less like a loop, as a line drawn on paper, a part of a letter, a part of a path, a line of movement, etc. **3.** a curved piece or a ring of metal, wood, etc., used for the putting in of something, or as a handle, or otherwise. **4.** *Aeronautics* an exercise carried out in such a manner that the aeroplane performs a closed curve in a vertical plane. **5.** *Medicine* an intra-uterine contraceptive device, formerly made in metal, now in plastic. **6.** *Electricity* a closed electric or magnetic circuit. –*v.t.* **7.** to form into a loop or loops. **8.** to make a loop or loops in. **9.** to enfold or encircle in or with something arranged in a loop. **10.** to fasten by forming into a loop, or by means of something formed into a loop. **11.** to fly (an aeroplane) in a loop or series of loops. –*v.i.* **12.** to make or form a loop or loops. –*phr.* **13. loop the loop**, *Aeronautics* to perform a loop (def. 4).

loophole /'luphoʊl/ *n.* **1.** a small or narrow opening, as in a wall, for looking through, or for admitting light and air, or particularly, in a fortification, for the discharge of missiles against an enemy outside. **2.** an opening or aperture. **3.** an outlet, or means of escape or evasion.

loose /lus/ *adj.* **looser, loosest**, *adv.*, *v.* **loosed, loosing**. –*adj.* **1.** free from bonds, fetters, or restraint: *to get one's hand loose*. **2.** free or released from fastening or attachment: *a loose end*. **3.** uncombined, as a chemical element. **4.** not bound together, as papers or flowers. **5.** not put in a package or other container: *loose mushrooms*. **6.** unemployed or unappropriated: *loose funds*. **7.** wanting in retentiveness or power of restraint: *a loose tongue*. **8.** lax, as the bowels. **9.** free from moral restraint, or lax in principle or conduct. **10.** wanton or unchaste: *a loose woman*. **11.** not firm or rigid: *a loose tooth; a loose rein*. **12.** not fitting closely, as garments. **13.** not close or compact in structure or arrangement; having spaces between the parts, or open: *a loose weave*. **14.** (of earth, soil, etc.) not cohering: *loose sand*. **15.** not strict, exact, or precise: *loose thinking*. **16.** free from restraining conditions or factors: *the Commonwealth of Nations is a loose association of sovereign states*. –*adv.* **17.** in a loose manner; loosely. **18.** so as to become free from restraint, independent, etc.: *he cut loose from his family*. –*v.t.* **19.** to let loose, or free from bonds or restraint. **20.** to release, as from constraint, obligation, penalty, etc. **21.** *Chiefly Nautical* to set free from fastening or attachment: *loose a boat from its moorings*. **22.** to unfasten, undo, or untie, as a bond, fetter, or knot. **23.** to shoot, or let fly. **24.** to make less tight; slacken or relax. **25.** to render less firmly fixed, or loosen. –*phr.* **26. on the loose, a.** free from restraint **b.** on a spree. –**loosely** *adv.* –**looseness** *n.*

loosen /'lusən/ *v.t.* **1.** to make loose or looser. –*v.i.* **2.** to become loose or looser. –**loosener** *n.*

loot /lut/ *n.* **1.** anything dishonestly and cruelly taken for oneself: *a burglar's loot; loot taken in war*. **2.** *Colloquial* money. –*v.t.* **3.** to plunder or rob (a city, house, etc.), especially in war. –*v.i.* **4.** to take loot; plunder. –**looter** *n.*

lop /lɒp/ *v.* **lopped, lopping**, *n.* –*v.t.* **1.** to cut off (branches, twigs, etc.) from a tree or other plant. **2.** to cut off (the head, limbs, etc.) from a person. –*v.i.* **3.** to remove parts by or as by cutting. –*n.* **4.** parts or a part lopped off. **5.** the smaller branches and twigs of trees. –**lopper** *n.*

lope /loʊp/ *v.* **loped, loping**, *n.* –*v.i.* **1.** to move or run with bounding steps, as a quadruped, or with a long, easy stride, as a person. **2.** to canter leisurely with a rather long, easy stride, as a horse. –*n.* **3.** the act or the gait of loping. **4.** a long, easy stride. –**loper** *n.*

lopsided /'lɒpsaɪdəd/ *adj.* **1.** lopping or inclining to one side. **2.** heavier, larger, or more developed on one side than on the other; asymmetrical. –**lopsidedly** *adv.* –**lopsidedness** *n.*

loquacious /lə'kweɪʃəs/ *adj.* **1.** talking or disposed to talk much or freely; talkative. **2.** characterised by or showing a disposition to talk much: *a loquacious mood*. –**loquacity** /lə'kwæsəti/, **loquaciousness** *n.* –**loquaciously** *adv.*

loquat /'loʊkwɒt, -kwɒt/ *n.* **1.** a small, evergreen tree, *Eriobotrya japonica*, native to China and Japan, but cultivated elsewhere for ornament and for its yellow plumlike fruit. **2.** the fruit.

lord /lɔd/ *n.* **1.** one who has dominion over others; a master, chief, or ruler. **2.** one who exercises authority from property rights; an owner or possessor of land, houses, etc. **3.** a feudal superior; the proprietor of a manor. **4.** a man who dominates in a particular sphere or profession: *lords of the bush; the lords of finance*. **5.** a titled nobleman, or peer. –*interj.* **6.** (*often cap.*) (as an exclamation of surprise, etc.). –*phr.* **7. drunk as a lord,** *Colloquial* extremely drunk. **8. lord and master,** (*humorous*) husband. **9. lord it over someone,** to behave in a high-handed and dictatorial fashion towards someone. **10. lords of creation,** (*ironic*) men. **11. the lord of the manor,** *Colloquial* (*humorous*) the principal male of a household. –**lordly** *adj.*

lore /lɔ/ *n.* **1.** the body of knowledge, especially of a traditional, anecdotal, or popular nature, on a particular subject: *the lore of herbs*. **2.** learning, knowledge, or erudition.

lorgnette /lɔ'njɛt/ *n.* a pair of eyeglasses mounted on a long handle.

lorikeet /'lɒrəkit, lɒrə'kit/ *n.* any of various small, brightly-coloured, arboreal parrots found mainly in Australasia, especially of the genera *Trichoglossus* and *Glossopsitta*, having brush-like tongues specialised for feeding on nectar.

lorry /'lɒri/ *n.* **1.** *Chiefly Brit.* → **truck¹** (def. 2). **2.** a kind of large dray, usually horse-drawn.

lory /'lɔri/ *n.* **-ries**. any of various lorikeets and parrots of the Malay Archipelago, Australasia, etc.

lose /luz/ *v.* **lost, losing**. –*v.t.* **1.** to come to be without, by some chance, and not know the whereabouts of: *to lose a ring*. **2.** to suffer the loss or deprivation of: *to lose one's life*. **3.** to be bereaved of by death: *to lose a child*. **4.** to fail to keep, preserve, or maintain control of: *to lose one's balance*. **5.** to cease to have: *to lose all fear*. **6.** (*now chiefly in the passive*) to bring to destruction or ruin: *ship and crew were lost*. **7.** to have slip from sight, hearing, attention, etc.: *to lose a face in a crowd*. **8.** to become separated from and ignorant of (the way, etc.). **9.** to leave far behind in a pursuit, race, etc. **10.** to use to no purpose, or waste: *to lose time in waiting*. **11.** to fail to

have, get, catch, etc.; miss: *to lose an opportunity.* **12.** to fail to win (a prize, stake, etc.). **13.** to be defeated in (a game, lawsuit, battle, etc.). **14.** to cause the loss of: *the delay lost the battle for them.* **15.** (*usually used reflexively or in the passive*) to absorb or engross in something to the exclusion of knowledge or consciousness of all else: *to be lost in thought.* –*v.i.* **16.** to suffer loss: *to lose on a contract.* **17.** to lose ground, fall behind, or fail to hold one's own, as in a race or other contest. **18.** to fail to win, as in a contest; be defeated. –*phr.*
19. lose face, to lose prestige or dignity by having an error or foolish action made public.
20. lose it, *Colloquial* **a.** to no longer have that quality which made one specially able or talented. **b.** to lose control of one's temper. **c.** to lose control of a vehicle.
21. lose one's head, to behave irrationally or out of character.
22. lose one's heart to, to form a deep emotional attachment to.
23. lose one's marbles, *Colloquial* to go insane.
24. lose one's nerve, to become afraid to do something.
25. lose out, *Colloquial* (sometimes fol. by *to*) to be defeated or bettered: *I lost out to my rival.*
26. lose out on, *Colloquial* to fail to achieve (a goal, etc.): *I lost out on that deal.*
27. lose sleep over, to worry about excessively.
28. lose the plot, *Colloquial* (of a person) to no longer understand fully what is going on in a certain situation, job, etc., and thus fail to act effectively.
29. lose to, **a.** to be defeated by. **b.** to be deprived of (a person) by: *she lost her husband to cancer; they lost their son to the army.* –**losing** *adj.*, *n.*

loss /lɒs/ *n.* **1.** detriment or disadvantage from failure to keep, have, or get: *to bear the loss of a robbery.* **2.** that which is lost. **3.** amount or number lost. **4.** a being deprived of or coming to be without something that one has had: *loss of friends.* **5.** a bereavement. **6.** the accidental or inadvertent losing of something dropped, misplaced, or of unknown whereabouts: *to discover the loss of a document.* **7.** a losing by defeat, or failure to win: *the loss of a bet.* **8.** a failure resulting in a waste of time, resources, etc.: *that meeting was a complete loss.* **9.** failure to preserve or maintain: *loss of speed.* **10.** destruction or ruin: *the loss of properties by bushfires.* **11.** *Commerce* failure to recover the costs of a transaction or the like, in the form of benefits derived. **12.** *Military* **a.** the losing of soldiers by death, capture, etc. **b.** (*often plural*) the number of soldiers so lost. **13.** *Insurance* **a.** occurrence of a risk covered by a contract of insurance so as to result in insurer liability. **b.** that which causes such a loss. **c.** an example of such a loss. –*phr.* **14. a dead loss**, **a.** a complete failure. **b.** an utterly useless person or thing. **15. at a loss**, in a state of bewilderment or uncertainty. **16. at a loss for**, completely lacking: *to be at a loss for words.*

lost /lɒst/ *v.* **1.** past tense and past participle of **lose**. –*adj.* **2.** no longer possessed or retained: *lost friends.* **3.** no longer to be found: *lost articles.* **4.** having gone astray or lost the way; bewildered as to place, direction, etc. **5.** not used to good purpose, as opportunities, time, labour, etc.; wasted. **6.** that one has failed to win: *a lost prize.* **7.** attended with defeat: *a lost battle.* **8.** destroyed or ruined: *lost ships.* –*phr.* **9. get lost**, (*especially used in the imperative*) *Colloquial* to go away. **10. lost to**, **a.** no longer belonging to. **b.** no longer possible or open to: *the opportunity was lost to him.* **c.** insensible to: *to be lost to all sense of duty.*

lost time allowance *n.* an allowance paid to casual employees to compensate them for time lost in finding new employment.

lot /lɒt/ *n.* **1.** one of a set of objects drawn from a receptacle, etc., to decide a question or choice by chance. **2.** the casting or drawing of such objects as a method of deciding something: *to choose a person by lot.* **3.** the decision or choice so made. **4.** allotted share or portion. **5.** the portion in life assigned by fate or providence, or one's fate, fortune, or destiny. **6.** a distinct portion or piece of land; plot: *a parking lot.* **7.** *Chiefly US* a piece of land forming a part of a district, city, or other community. **8.** *Film* the site used for film-making, as the studios, locations, etc. **9.** a distinct portion or parcel of anything, as of merchandise. **10.** a number of things or persons collectively: *this lot to go.* **11.** *Colloquial* a person of a specified quality, usually negative: *a bad lot*; *a mean lot*. –*phr.* **12. a fat lot of** …, (*ironic*) a great deal of …. **13. a lot**, **a.** to a considerable degree; much: *that is a lot better.* **b.** a great many or a great deal: *a lot of books.* **14. the lot**, **a.** the entire amount or quantity. **b.** all the available ingredients: *a hamburger with the lot.* **15. throw in one's lot with**, to give one's entire support to.

LOTE /loʊt/ *n.* a language other than English; languages other than English.

lotion /ˈloʊʃən/ *n.* a liquid containing oils or medicines, to be applied externally to the skin for soothing, healing, or cleansing.

lottery /ˈlɒtəri, ˈlɒtri/ *n.* -**ries**. **1.** a scheme or arrangement for raising money, as for some public, charitable, or private purpose, by the sale of a large number of tickets, certain among which, as determined by chance after the sale, entitle the holders to prizes. **2.** any scheme for the distribution of prizes by chance. **3.** any affair of chance.

lotus /ˈloʊtəs/ *n.* **1.** a plant, commonly identified with a species of jujube or of elm tree, referred to in Greek legend as yielding a fruit which induced a state of dreamy and contented forgetfulness in those who ate it. **2.** any species of *Nelumbo*, including the sacred lotus of India which is similar to the waterlily. **3.** any of various waterlilies of the genus *Nymphaea*, including *N. lotus* of Egypt.

loud /laʊd/ *adj.* **1.** striking strongly upon the organs of hearing, as sound, noise, the voice, etc.; strongly audible. **2.** making, giving out, or speaking with strong and easily heard sounds: *loud knocking.* **3.** full of sound or noise. **4.** noisy or crying out loudly. **5.** definite or firm: *to be loud in praising someone.* **6.** (of colours, clothes, etc.) offensively or overly showy; garish. **7.** (of manners, people, etc.) very coarse; vulgar. –**loudly** *adv.* –**loudness** *n.* –**loudish** *adj.*

loudhailer /laʊdˈheɪlə/ *n.* a megaphone with a built-in amplifier.

loudspeaker /laʊdˈspikə, ˈlaʊdspikə/ *n.* any of various devices by which speech, music, etc., can be made audible throughout a room, hall, or the like.

lounge /laʊndʒ/ *v.* **lounged, lounging**, *n.* –*v.i.* **1.** to pass time lazily and with nothing to do. **2.** to lie back lazily; loll. **3.** to move or go (*about, along, off, etc.*) in an unhurried, lazy manner: *lounge about in the sun.* –*n.* **4.** Also, **lounge room**. *Australian* a room in a private house for relaxation and entertainment. **5.** a large room in a hotel, etc., used by guests for relaxation purposes. **6.** Also, **lounge bar**. in a hotel, a bar providing tables and chairs where, in some areas, a man may drink only if accompanied by a woman. Compare **public bar**, **saloon** (def. 2). **7.** (in a cinema) the most comfortable seats which also cost the most. **8.** *Australian* →

lour couch¹ (def. 1). **–lounger** *n.*

lour /laʊə/ *v.i.* **1.** to be dark and threatening, as the sky or the weather. **2.** to frown, scowl, or look sullen. *–n.* **3.** a dark, threatening appearance, as of the sky, weather, etc. **4.** a frown or scowl. Also, *Chiefly US,* **lower.**

louse /laʊs/ *n.* **lice** /laɪs/ *or* **louses** *for def. 3 v.* **loused, lousing.** *–n.* **1.** any of the small, wingless, blood-sucking insects of the order Phthiraptera, including several species associated with humans. **2.** any of various other insects parasitic on animals or plants, as those of the order Mallophaga, or the homopterous family Aphididae. **3.** *Colloquial* a despicable person. *–v.t.* **4.** *Goldmining* to pick through (waste matter, as a dump of mining rubble) in search of something of value: *they loused the broken stones.* *–phr.* **5. louse up,** *Colloquial* to spoil.

lousy /ˈlaʊzi/ *adj.* **lousier, lousiest. 1.** infested with lice. **2.** *Colloquial* mean or hateful. **3.** *Colloquial* of little value; trifling: *a lousy $2.* **4.** *Colloquial* unwell. **–lousily** *adv.* **–lousiness** *n.*

lout /laʊt/ *n.* **1.** *Colloquial* a rough, uncouth and sometimes violent young man. **2.** an awkward, stupid person; a boor. **–loutish** *adj.* **–loutishly** *adv.* **–loutishness** *n.*

louvre /ˈluvə/ *n.* **1.** a turret or lantern on the roof of a medieval building, to supply ventilation or light. **2.** an arrangement of louvre-boards, glass slats or the like closing a window or other opening, or a single louvre-board. **3.** one of a number of slitlike openings in the bonnet or body of a motor vehicle for the escape of heated air from within. Also, **louver.**

lovable = loveable /ˈlʌvəbəl/ *adj.* of such a nature as to attract love. **–lovability** /lʌvəˈbɪləti/, **lovableness** *n.* **–lovably** *adv.*

love /lʌv/ *n., v.* **loved, loving.** *–n.* **1.** a strong or passionate affection for another person. **2.** sexual passion or desire, or its gratification. **3.** an object of love or affection; a sweetheart. **4.** a feeling of warm personal attachment or deep affection, as for a friend (or between friends), parent, child, etc. **5.** strong predilection or liking for anything: *love of books.* **6.** *Tennis, etc.* nothing; no score. *–v.t.* **7.** to have love or affection for. **8.** to have a strong or passionate affection for another person. **9.** to have a strong liking for; take great pleasure in: *to love music.* *–v.i.* **10.** to have love or affection, especially to be or fall in love with another person. *–phr.* **11. be in love,** (sometimes fol. by *with*) to feel deep affection or passion. **12. fall in love,** (sometimes fol. by *with*) to be overcome with affectionate and passionate feelings. **13. for love, a.** out of affection. **b.** for nothing; without compensation. **14. for love or money,** *Colloquial* for any inducement: *I wouldn't do it, not for love or money.* **15. for the love of,** for the sake of. **16. love at first sight,** an overwhelming experience of falling in love with someone or something not previously encountered. **17. make love,** (sometimes fol. by *to* or *with*), **a.** to have sex. **b.** *Obsolescent* to pay amorous attentions; court.

lovebird /ˈlʌvbɜd/ *n.* **1.** any of various small parrots, especially of the genera *Agapornis,* of Africa, and *Psittacula,* of South America, remarkable for the fact that the members of each pair keep close together when perching. **2.** *Colloquial* → **budgerigar.** **3.** *(plural) Colloquial* a couple who attract attention by their overt loving behaviour: *what lovebirds they were!*

lovegrass /ˈlʌvgrɑs/ *n.* any of various grasses of the genus *Eragrostis,* many of the perennial native Australian species having hairy leaves and sometimes a woolly covering on the roots as protection against dry conditions; found in inland areas of Australia. Also, **love grass.**

lovelorn /ˈlʌvlɔn/ *adj.* forsaken by one's love; forlorn or pining from love. **–lovelornness** *n.*

lovely /ˈlʌvli/ *adj.* **-lier, -liest. 1.** charmingly or exquisitely beautiful: *a lovely flower.* **2.** having a beauty that appeals to the heart as well as to the eye, as a person, a face, etc. **3.** *Colloquial* delightful, or highly pleasing: *to have a lovely time.* **4.** of a great moral or spiritual beauty: *lovely character.* **–loveliness** *n.*

lover /ˈlʌvə/ *n.* **1.** someone who loves another. **2.** a sexual partner, especially one distinguished by attentiveness or sexual powers: *he's quite a lover.* **3.** *(plural)* a couple in love with each other or having a love affair. **4.** someone who has a strong predilection or liking for something: *a lover of music.*

low¹ /loʊ/ *adj.* **1.** being or happening not far above the ground, floor, or base: *a low shelf.* **2.** (of a heavenly body) not far above the horizon. **3.** lying or being below the general level: *low ground.* **4.** relating to areas near the sea level or seas as opposed to highland or inland areas. **5.** (of a bow) deep. **6.** (of a garment) cut so as to leave neck and shoulders exposed. **7.** not high or tall: *low walls.* **8.** rising only slightly from a surface. **9.** (of a river, etc.) of less than average height or depth. **10.** reduced to the least height, depth, or the like: *low tide.* **11.** lacking in strength; feeble; weak. **12.** small in amount, degree, force, etc.: *a low number.* **13.** indicated by a small number: *a low latitude* (one near the equator). **14.** having no great amount, value, or excellence: *a low opinion of something.* **15.** unhappy: *low spirits.* **16.** of lesser rank or quality: *low birth.* **17.** (of thought or expression) lacking in worth. **18.** hidden; unnoticeable: *lie low.* **19.** mean or nasty: *a low trick.* **20.** coarse or rude: *low company.* **21.** *Biology* having a relatively simple structure. **22.** *Music* (of sounds) produced by relatively slow vibrations, and therefore low in pitch. **23.** not loud: *a low whisper.* **24.** (of a vowel) with the tongue held fairly low in the mouth. *–adv.* **25.** in or to a low position, point, degree, etc. **26.** near the ground, floor, or base; not aloft. **27.** at or to a low pitch. **28.** in a low tone; softly; quietly. *–n.* **29.** that which is low; a low level. **30.** *Weather.* a pressure system with relatively low pressure at the centre. **31.** a point of least value, amount, etc.; nadir: *prices reached an all-time low.* **–lowness** *n.*

low² /loʊ/ *v.i.* **1.** to utter the sound characteristic of cattle; moo. *–v.t.* **2.** to utter by or as by lowing. *–n.* **3.** the act or sound of lowing.

lowboy /ˈloʊbɔɪ/ *n.* a piece of furniture for holding clothes, similar to a wardrobe, but not so tall.

lowbrow /ˈloʊbraʊ/ *n. Colloquial* **1.** a person of low intellectual calibre or culture. **2.** relating or proper to lowbrows.

low-down /ˈloʊ-daʊn/ *adj.* low; dishonourable; mean.

lowdown /ˈloʊdaʊn/ *n. Colloquial* the actual unadorned facts or truth on some subject.

lower /ˈloʊə/ *adj.* **1.** comparative of **low¹. 2.** *(often cap.) Geology* indicating an earlier division of a period, system, etc.: *the lower Palaeozoic.* *–v.t.* **3.** to reduce in amount, price, degree, force, etc. **4.** to make (the voice, etc.) less loud. **5.** to bring down in rank or estimation; humble; degrade. **6.** to let down or make lower. **7.** *Music* to make lower in pitch; flatten. *–v.i.* **8.** to become lower or less. **9.** to descend; sink.

lower case *n. Printing* the lower half of a pair of cases which contains the small letters of the alphabet. *Abbrev.:* l.c.

lower-case /ˈloʊə-keɪs/ *adj., v.* **-cased, -casing.** *–adj.* **1.** (of a letter) small; minuscule (as opposed to *capital*). **2.** *Printing* relating to or belonging in the lower case. *–v.t.* **3.** to print or write with a lower-case letter or letters.

lower house *n.* in a bicameral parliament, the lower legislative body, usually more numerous and more directly representative of the electorate than the upper house. Also, **lower chamber**.

lowering /'lauərɪŋ/ *adj.* **1.** dark and threatening, as the sky, clouds, weather, etc. **2.** frowning or sullen, as the face, gaze, etc. **–loweringly** *adv.*

lowest common denominator *n.* **1.** *Mathematics* → **common denominator**. **2.** the least worthy of the goals, values, opinions, etc., which are held in common by a group of people. **3.** the group of people who hold the least worthy of goals, values, opinions, etc., in a society.

low frequency *n.* a radio frequency in the range 30 to 300 kilohertz. **–low-frequency** *adj.*

low-joule /lou-'dʒul/ *adj.* having to do with food or beverages which, being low in kilojoules, are suitable for dieters.

low-key /'lou-ki/ *adj.* **1.** underplayed; restrained. **2.** (of a person) not given to emotional display; quiet; unobtrusive.

lowland /'louland/ *n.* **1.** land low with respect to neighbouring country. *–adj.* **2.** of, relating to, or characteristic of lowland or lowlands.

low-level language *n. Computers* a language used for writing programs which is closer to machine language than human language. See **high-level language**.

lowly /'louli/ *adj.* **-lier, -liest,** *adv. –adj.* **1.** humble in station, condition, or nature: *a lowly cottage.* **2.** low in growth or position. **3.** humble in spirit; meek. *–adv.* **4.** in a low position, manner, or degree. **5.** in a lowly manner; humbly. **–lowliness** *n.*

low profile *n.* a low-keyed, uncommitted policy or reticent style of behaviour. **–low-profile** *adj.*

low relief *n.* → **bas-relief**.

loyal /'lɔɪəl/ *adj.* **1.** faithful to one's allegiance, as to the sovereign, government, or state: *a loyal subject*. **2.** faithful to one's oath, engagements or, obligations: *to be loyal to a vow.* **3.** faithful to any leader, party, or cause, or to any person or thing conceived as imposing obligations: *a loyal friend*. **–loyally** *adv.* **–loyalty** *n.* **–loyalist** *n.*

lozenge /'lɒzəndʒ/ *n.* **1.** a small flavoured cake or confection of sugar, often medicated, originally diamond-shaped. **2.** *Geometry* → **diamond**.

LPG /ɛl pi 'dʒi/ *n.* liquefied petroleum gas, a mixture of hydrocarbon gases, mainly propane and butane, liquefied and stored under pressure for use as a fuel gas; bottled gas.

L-plate /'ɛl-pleɪt/ *n.* the usually small square placard, on which appears the letter L, which is displayed on a vehicle being driven by someone who is learning to drive.

LSD /ɛl ɛs 'di/ *n.* lysergic acid diethylamide, a crystalline solid, $C_{15}H_{15}N_2CON$ $(C_2H_5)_2$, which produces temporary hallucinations and a schizophrenia-like psychotic state.

lubber /'lʌbə/ *n.* **1.** a big, clumsy, stupid person. **2.** (among sailors) an awkward or unskilled seaman; landlubber.

lubra /'lubrə/ *n. Australian* (*derogatory*) an Aboriginal woman.

lubricate /'lubrəkeɪt/ *v.t.* **-cated, -cating**. **1.** to apply some oily, greasy, or other substance to, in order to diminish friction; oil or grease, as parts of a mechanism. **2.** to make slippery or smooth. **–lubricant** /'lubrəkənt/ *n.* **–lubrication** /lubrə'keɪʃən/ *n.* **–lubricative** *adj.*

lucerne /'lusən/ *n.* **1.** a forage plant of the family Papilionaceae with bluish purple flowers, *Medicago sativa;* alfalfa. **2.** any of various other fodder legumes, as Townsville lucerne, *Stylosanthes sundaica,* and tree lucerne, *Chamaecytisus prolifer.*

lucid /'lusəd/ *adj.* **1.** shining or bright. **2.** clear or transparent. **3.** easily understood: *a lucid explanation*. **4.** characterised by clear perception or understanding; rational or sane: *a lucid interval*. **–lucidity** /lu'sɪdəti/, **lucidness** *n.* **–lucidly** *adv.*

luck /lʌk/ *n.* **1.** that which happens to a person, either good or bad, as if by chance, in the course of events: *to have good luck.* **2.** good fortune; advantage or success considered as the result of chance: *to wish someone luck.* *–phr.*

3. bad (or **tough**) **luck**, (*sometimes ironic*) (an exclamation of sympathy to someone in misfortune).
4. be in luck, to experience good fortune.
5. be out of luck, to experience a frustration of one's wishes, expectations, or needs.
6. down on one's luck, in poor or unfortunate circumstances.
7. good luck, (an exclamation conveying the good wishes of the speaker).
8. half your luck, *Australian Colloquial* (an expression indicating envy at someone else's good luck).
9. here's luck, (an expression of goodwill, especially as a toast).
10. just one's luck, typical of one's luck, regarded as invariably bad.
11. luck out, *Colloquial* **a.** to run out of luck; experience misfortune. **b.** to come into luck; experience good fortune.
12. no such luck, (*usually ironic*) unfortunately not.
13. one's luck is in, one is experiencing a continued run of good fortune.
14. push one's luck, **a.** to try for some gain over and above what one has already achieved in the hope one's luck will hold good. **b.** to take a risk by doing something that is proscribed or considered improper, too difficult, etc.
15. the devil's own luck or **the luck of the devil**, unusually good fortune.
16. the luck of the draw, the outcome of chance.
17. try one's luck, to make an attempt in the hope that success or good fortune will be the outcome.

lucky /'lʌki/ *adj.* **-ier, -iest**. **1.** having or attended with good luck; fortunate. **2.** happening fortunately: *a lucky accident*. **3.** bringing or presaging good luck, or supposed to do so: *a lucky penny*. **–luckiness** *n.* **–luckily** *adv.*

lucrative /'lukrətɪv/ *adj.* profitable; remunerative: *a lucrative business*. **–lucratively** *adv.* **–lucrativeness** *n.*

lucre /'lukə/ *n.* gain or money as the object of sordid desire: *filthy lucre.*

ludicrous /'ludəkrəs/ *adj.* such as to cause laughter or derision; ridiculous; amusingly absurd: *a ludicrous incident*. **–ludicrously** *adv.* **–ludicrousness** *n.*

lug¹ /lʌg/ *v.* **lugged, lugging**. *–v.t.* **1.** to pull along or carry with force or effort. *–v.i.* **2.** to pull; tug.

lug² /lʌg/ *n.* **1.** *Colloquial* an ear. **2.** one of the earflaps of a cap. **3.** a projecting piece by which anything is held or supported.

luge /luʒ/ *n.* a type of toboggan ridden while lying on one's back.

luggage /'lʌgɪdʒ/ *n.* trunks, suitcases, etc., used in travelling; baggage.

lugger /'lʌgə/ *n. Nautical* a vessel with lugsails; a small sailing vessel, frequently two masted, often associated with island trading, pearl or trepang fishing, etc.

lugubrious /lə'gubriəs/ *adj.* mournful; doleful; dismal: *lugubrious tones*. **–lugubriously** *adv.* **–lugubriousness** *n.*

lukewarm

lukewarm /'lukwɒm/ *adj.* **1.** moderately warm; tepid. **2.** having or showing little ardour or zeal; indifferent: *lukewarm applause*. **–lukewarmly** *adv.* **–lukewarmness** *n.*

lull /lʌl/ *v.t.* **1.** to put to sleep or rest by singing, rocking, etc. **2.** to calm or quiet. **3.** to lead into a false sense of security. *–v.i.* **4.** to become lulled, quieted, or stilled. *–n.* **5.** a short time of quiet or stillness: *a lull in a storm*.

lullaby /'lʌləbaɪ/ *n.* **-bies**, *v.* **-bied, -bying**. *–n.* **1.** the utterance 'lullaby' or a song containing it; a cradlesong. **2.** any lulling song. *–v.t.* **3.** to lull with or as with a lullaby.

lumbago /lʌmˈbeɪgoʊ/ *n. Pathology* myalgia in the lumbar region; rheumatic pain in the muscles of the small of the back.

lumbar /'lʌmbə/ *adj.* **1.** having to do with the loin or loins. *–n.* **2.** a lumbar vertebra, artery, or the like.

lumber[1] /'lʌmbə/ *n.* **1.** timber sawn or split into planks, boards, etc. **2.** miscellaneous useless articles that are stored away. *–v.i.* **3.** to cut timber and prepare it for market. *–v.t.* **4.** to heap together in disorder. **5.** to fill up or obstruct with miscellaneous useless articles; encumber. **6.** *Colloquial* to foist off on or leave with, as with something or someone unwelcome or unpleasant. **7.** *Colloquial* to arrest (def. 1). **–lumberer** *n.*

lumber[2] /'lʌmbə/ *v.i.* to move clumsily or heavily, especially from great or ponderous bulk.

lumberjack /'lʌmbədʒæk/ *n. Chiefly Canada and US* someone who fells and removes trees.

lumen /'lumən/ *n.* **-mens** or **-mina** /-mənə/. **1.** *Optics* the derived SI unit of luminous flux; the light emitted in a unit solid angle of one steradian by a point source having a uniform intensity of one candela. *Symbol:* lm **2.** *Anatomy* the canal, duct, or cavity of a tubular organ. **3.** *Botany* (of a cell) the cavity which the cell walls enclose.

luminary /'lumənəri, -mənri/ *n.* **-ries**. **1.** a celestial body, as the sun or moon. **2.** a body or thing that gives light. **3.** someone who enlightens humanity or makes some subject clear. **4.** a famous person; celebrity.

luminescence /lumə'nɛsəns/ *n. Physics* an emission of light not due directly to incandescence and occurring at a temperature below that of incandescent bodies; a term including phosphorescence, fluorescence, etc. **–luminescent** *adj.*

luminous /'lumənəs/ *adj.* **1.** radiating or reflecting light; shining. **2.** lighted up or illuminated; well lighted. **3.** brilliant intellectually; enlightening, as a writer or his or her writings. **4.** clear; readily intelligible. **–luminously** *adv.* **–luminousness** *n.* **–luminosity** /lumə'nɒsəti/ *n.*

lump[1] /lʌmp/ *n.* **1.** a piece or mass of solid matter without regular shape, or of no particular shape. **2.** a protuberance or swelling: *a lump on the head*. **3.** an aggregation, collection, or mass: *in the lump*. **4.** *Colloquial* a stupid, clumsy person. *–adj.* **5.** in the form of a lump or lumps: *lump sugar*. **6.** including a number of items taken together or in the lump: *a lump sum*. *–v.t.* **7.** to unite into one aggregation, collection, or mass. **8.** to deal with in the lump or mass. *–v.i.* **9.** to form or raise a lump or lumps. **10.** to move heavily. *–phr.* **11. have a lump in the throat**, *Colloquial* to feel very emotional.

lump[2] /lʌmp/ *v.t. Colloquial* **1.** to endure or put up with (a disagreeable necessity): *if you don't like it, you can lump it*. **2.** to carry (usually something heavy or cumbersome).

lunacy /'lunəsi/ *n.* **-cies**. **1.** intermittent insanity. **2.** any form of insanity (usually except idiocy). **3.** extreme foolishness or an instance of it: *her decision to resign was sheer lunacy*. **4.** *Law* unsoundness of mind sufficient to incapacitate one for civil transactions.

lunar /'lunə/ *adj.* **1.** having to do with the moon: *the lunar orbit*. **2.** measured by the moon's revolutions: *a lunar month*. **3.** resembling the moon; round or crescent-shaped.

lunatic /'lunətɪk/ *n.* **1.** an insane person. *–adj.* **2.** insane or mad; crazy. **3.** indicating lunacy; characteristic of a lunatic. **4.** designated for or used by the insane: *a lunatic asylum*. Also (*for defs 2 and 3*), **lunatical** /lu'nætɪkəl/. **–lunatically** *adv.*

lunch /lʌntʃ/ *n.* **1.** a meal taken at midday or shortly after; luncheon. **2.** a snack or light meal taken at any time of day. *–v.i.* **3.** to eat lunch.

luncheon /'lʌntʃən/ *n.* → **lunch**.

lung /lʌŋ/ *n.* **1.** either of the two saclike respiratory organs in the thorax of humans and the higher vertebrates. **2.** an analogous organ in certain invertebrates, as arachnids, terrestrial gastropods, etc.

lunge /lʌndʒ/ *n., v.* **lunged, lunging**. *–n.* **1.** a thrust, as in fencing. **2.** any sudden forward movement; plunge. *–v.i.* **3.** to make a lunge or thrust; move with a lunge. *–v.t.* **4.** to thrust; cause to move with a lunge.

lungfish /'lʌŋfɪʃ/ *n.* **-fishes**, (*especially collectively*) **-fish**. any of several elongated tropical freshwater fishes of the order Dipnoi, that breathe by means of modified lung-like structures as well as gills.

luni- a word element meaning 'moon'.

lupine /'lupaɪn/ *adj.* having to do with or resembling the wolf.

lurch[1] /lɜtʃ/ *n.* **1.** sudden leaning or roll to one side, as of a ship or a staggering person. **2.** a sudden swaying or staggering movement. *–v.i.* **3.** to make a lurch; move with lurches; stagger: *the wounded man lurched across the room at his assailant*.

lurch[2] /lɜtʃ/ *n.* **1.** a position of one discomfited or in a helpless plight: *to leave someone in the lurch*. **2.** a situation at the close of various games in which the loser scores nothing or is far behind his or her opponent.

lure /'luə, 'ljuə/ *n., v.* **lured, luring**. *–n.* **1.** anything that attracts. **2.** a device used to attract fish. *–v.t.* **3.** to attract; entice; allure. **–lurer** *n.*

lurex /'luɹɛks, 'luə-/ *n.* **1.** a yarn incorporating metallic thread. **2.** the fabric made from this yarn.

lurid /'luərəd/ *adj.* **1.** lit up or shining with an unnatural or wild (especially red or fiery) glare: *a lurid sky*. **2.** glaringly vivid or sensational: *lurid tales*. **3.** terrible in fiery intensity, fierce passion, or wild unrestraint: *lurid crimes*. **4.** wan, pallid, or ghastly in hue. **–luridly** *adv.* **–luridness** *n.*

lurk /lɜk/ *v.i.* **1.** to lie in concealment, as in ambush; remain in or about a place secretly or furtively. **2.** to go furtively; slink; steal. **3.** to exist unperceived or unsuspected. *–n. Colloquial* **4.** a place of resort; hide-out. **5.** *Australian, NZ* a convenient, often unethical, method of performing a task, earning a living, etc. **–lurky** *adj.*

luscious /'lʌʃəs/ *adj.* **1.** highly pleasing to the taste or smell: *luscious peaches*. **2.** sweet to the senses or the mind. **3.** very luxurious; extremely attractive. **4.** sweet to excess; cloying. **–lusciously** *adv.* **–lusciousness** *n.*

lush[1] /lʌʃ/ *adj.* **1.** tender and juicy, as plants or vegetation; succulent; luxuriant. **2.** characterised by luxuriant vegetation. **3.** *Colloquial* characterised by luxury and comfort. **4.** sexually attractive. **–lushly** *adv.* **–lushness** *n.*

lush[2] /lʌʃ/ *n. Colloquial* someone who takes alcoholic drinks, especially regularly.

lust /lʌst/ *n.* **1.** (sometimes fol. by *for* or *of*) passionate or overmastering desire: *a lust for power*. **2.** sexual desire or appetite. *–phr.* **3. lust after**, to want (someone) sexually. **4. lust for** (or **after**), to have strong or inordinate desire for.

lustre /ˈlʌstə/ *n.* **1.** the condition or quality of shining by reflecting light: *the lustre of satin.* **2.** radiant brightness; radiance. **3.** radiance of beauty, excellence, glory, etc.: *achievements that add lustre to her name.* **4.** the shiny, metallic surface of some pottery or porcelain. **5.** *Mineralogy* the nature of the surface of a mineral with respect to its reflecting qualities. This is one of the properties by which minerals are defined.

lusty /ˈlʌsti/ *adj.* **-tier, -tiest. 1.** full of or characterised by healthy vigour. **2.** hearty, as a meal or the like. **–lustily** *adv.* **–lustiness** *n.*

lute /lut/ *n.* a stringed musical instrument formerly much used, having a long, fretted neck and a hollow, typically pear-shaped body with a vaulted back.

lux /lʌks/ *n.* **lux.** *Optics* the derived SI unit of illumination, defined as an illumination of one lumen per square metre. *Symbol:* lx

luxuriant /lʌgˈʒuriənt/ *adj.* **1.** abundant or exuberant in growth, as vegetation. **2.** producing abundantly, as soil. **3.** richly abundant, profuse, or superabundant. **4.** florid, as imagery or ornamentation. **–luxuriance** *n.* **–luxuriantly** *adv.*

luxuriate /lʌgˈʒurieɪt/ *v.t.* **-ated, -ating. 1.** to indulge in luxury; revel; enjoy oneself without stint. **2.** to take great delight. **–luxuriation** /lʌgˌʒuriˈeɪʃən/ *n.*

luxury /ˈlʌkʃəri/ *n.* **-ries,** *adj.* *–n.* **1.** anything conducive to sumptuous living, usually a delicacy, elegance, or refinement of living rather than a necessity. **2.** any form or means of enjoyment. **3.** free indulgence in sumptuous living, costly food, clothing, comforts, etc. **4.** the means of luxurious enjoyment or sumptuous living. *–adj.* **5.** relating or conducive to luxury. **–luxurious** *adj.*

-ly 1. the normal adverbial suffix, added to almost any descriptive adjective, as in *gladly, gradually.* **2.** the adverbial suffix applied to units of time, meaning 'per', as in *hourly.* **3.** adjective suffix meaning 'like', as in *saintly, manly.*

lychee /ˈlaɪtʃi/ *n.* **1.** the fruit of a Chinese tree, *Litchi chinensis,* consisting of a thin brittle shell, enclosing a sweet jelly-like pulp and a single seed. **2.** the tree. Also, **lichee, lichi, litchi.**

lycra /ˈlaɪkrə/ *n.* a synthetic knitted fabric with great elasticity.

lye /laɪ/ *n.* any solution resulting from leaching, percolation, or the like.

lying¹ /ˈlaɪɪŋ/ *n.* **1.** the telling of lies; untruthfulness. *–adj.* **2.** that lies; untruthful; false.

lying² /ˈlaɪɪŋ/ *v.* present participle of **lie.**

Lyme disease /ˈlaɪm dəzɪz/ *n.* a disease caused by a bacterium, *Borrelia burgdorferi,* transmitted by the bites of various ticks; early symptoms include a skin rash, painful joints, fever, fatigue, and meningitis, with late infection causing intermittent or chronic arthritis.

lymph /lɪmf/ *n.* *Physiology* a clear, yellowish, slightly alkaline fluid derived from the tissues of the body and conveyed to the bloodstream by the lymphatic vessels. **–lymphatic, lymphoid** *adj.*

lymph- a combining form of **lymph,** as in *lymphoid.*

lymphoma /lɪmˈfoʊmə/ *n.* a form of cancer involving the lymph glands. **–lymphomatoid** *adj.*

lynch /lɪntʃ/ *v.t.* to put (a person) to death (by hanging, burning, or otherwise) by some concerted action without authority or process of law, for some offence known or imputed. **–lyncher** *n.* **–lynching** *n.*

lynx /lɪŋks/ *n.* **lynxes,** (*especially collectively*) **lynx.** any of various wildcats of the genus *Lynx,* having long limbs and short tail, and usually with tufted ears, such as *L. rufus,* the **bay lynx,** a common North American species, and *L. canadensis,* a large, densely furred species of Canada and the northern US. **–lynxlike** *adj.*

lyo- a word element meaning 'dispersion', 'solution', 'dissolved', as in *lyophilic.*

lyre /ˈlaɪə/ *n.* a musical instrument of ancient Greece, consisting of a soundbox, with two curving arms carrying a crossbar (yoke) from which strings are stretched to the body, used to accompany the voice in singing and recitation.

lyrebird /ˈlaɪəbɜd/ *n.* either of two ground-dwelling birds of south-east Australia, the superb lyrebird, *Menura novaehollandiae,* and the Albert lyrebird, *M. alberti,* noted for their fine loud voices, powers of mimicry and the spectacular displays of the males during which they spread their long, lyre-shaped tails.

lyric /ˈlɪrɪk/ *adj.* **1.** (of poetry) having the form and musical quality of a song. **2.** relating to or writing such poetry: *a lyric poet.* **3.** of or enjoying a heart-felt expression of feeling. **4.** relating to or using singing. **5.** (of a voice) light in volume and tone. *–n.* **6.** a lyric poem. **7.** (*often plural*) the words of a song. Also (*for defs 1–5*), **lyrical.** **–lyrically** *adv.* **–lyricalness** *n.*

lyricist /ˈlɪrəsəst/ *n.* **1.** a lyric poet. **2.** someone who writes the words for songs.

lyric theatre *n.* an often large theatre capable of staging lavish performances involving voices and musical instruments, especially grand opera, musicals, etc.

-lyse a word element making verbs of processes represented by nouns in *-lysis,* as in *catalyse.* Also, *Chiefly US,* **-lyze.**

lysergic acid /laɪˌsɜdʒɪk ˈæsəd/ *n.* **1.** a crystalline tetracyclic acid which can be produced from ergot. **2.** *Colloquial* → **LSD.**

-lysis a word element, especially in scientific terminology, meaning 'breaking down', 'decomposition', as in *analysis, electrolysis.*

lyso- a word element meaning 'decomposition'. Also, **lys-.**

-lyte a word element denoting something subjected to a certain process (indicated by a noun ending in *-lysis*), as in *electrolyte.*

-lytic a termination of adjectives corresponding to nouns in *-lysis,* as in *analytic* (*analysis*), *paralytic* (*paralysis*).

M m

M, m /ɛm/ *n.* **M's, Ms, m's** *or* **ms.** a consonant, the 13th letter of the English alphabet.

ma'am /mæm, mam/ *if unstressed* /məm/ *n.* **1.** madam. **2.** the term of address for a female royal person.

macabre /məˈkab, məˈkabə, -brə/ *adj.* **1.** gruesome; horrible; grim; ghastly. **2.** of or suggestive of the allegorical dance of death.

macadam /məˈkædəm/ *n.* **1.** a macadamised road or pavement. **2.** the broken stone used in making such a road.

macadamia /mækəˈdeɪmiə/ *n.* **1.** any tree of the genus *Macadamia*, of eastern Australia and South-East Asia, which bears edible though hard-shelled nuts and is grown commercially. **2.** Also, **macadamia nut.** the nut of this tree.

macadamise = macadamize /məˈkædəmaɪz/ *v.t.* **-mised, -mising.** to construct (a road) by laying and rolling successive layers of broken stone. –**macadamisation** /məˌkædəmaɪˈzeɪʃən/ *n.*

macaroni /mækəˈroʊni/ *n.* **-nis** *or* **-nies.** a kind of pasta of Italian origin, prepared from wheat flour, in the form of dried, hollow tubes, to be cooked for food. Also, **maccaroni.**

macaroon /mækəˈrun/ *n.* a sweet cake or biscuit made of eggwhites, sugar, little or no flour, and frequently almond paste, coconut, etc.

macaw /məˈkɔ/ *n.* any of various large, long-tailed parrots, chiefly of the genus *Ara*, of tropical and subtropical America, noted for their brilliant plumage and harsh voice.

mace¹ /meɪs/ *n.* **1.** (formerly) a clublike weapon of war, often with a flanged or spiked metal head. **2.** a staff borne before or by certain officials as a symbol of office. **3.** the bearer of such a staff.

mace² /meɪs/ *n.* a spice ground from the layer between a nutmeg shell and its outer husk, resembling nutmeg in flavour.

macerate /ˈmæsəreɪt/ *v.* **-rated, -rating.** –*v.t.* **1.** to soften, or separate the parts of (a substance) by steeping in a liquid, with or without heat. **2.** to soften or break up (food) by action of a solvent. **3.** to cause to grow thin. –*v.i.* **4.** to undergo maceration. **5.** to become thin; waste away. –**macerater = macerator** *n.* –**maceration** /mæsəˈreɪʃən/ *n.*

mach /mæk/ *n.* the ratio of the speed of an object to the speed of sound in the medium, usually air; mach 1 in air is about 380 metres per second at sea level.

machete /məˈʃɛti/ *n.* a large, heavy knife used especially in Latin-American countries as both a tool and a weapon.

machinate /ˈmæʃəneɪt, ˈmækəneɪt/ *v.* **-nated, -nating.** to contrive or devise, especially artfully or with evil purpose. –**machination** *n.* –**machinator** *n.*

machine /məˈʃin/ *n., v.* **-chined, -chining.** –*n.* **1.** an apparatus consisting of interrelated parts with separate functions, which is used in the performance of some kind of work: *a sewing machine*. **2.** a mechanical apparatus or contrivance; a mechanism. **3.** something operated by a mechanical apparatus, as a motor vehicle, a bicycle, or a plane. **4.** *Mechanics* a device which transmits and modifies force or motion. **5.** any complex agency or operating system: *the machine of government*. **6.** the body of persons conducting and controlling the activities of a political party or other organisation. –*v.t.* **7.** to make, prepare, or finish with a machine. –*phr.* **8. the machine,** *NZ* → **totalisator.**

machine-gun /məˈʃɪn-gʌn/ *adj., v.* **-gunned, -gunning.** –*adj.* **1.** of or relating to a machine gun. –*v.t.* **2.** to shoot at, using a machine gun.

machine language *n. Computers* a low-level and therefore complex binary code which is a precise set of operating instructions for a computer, as opposed to a more symbolic, generalised code. Also, **machine code.**

machinery /məˈʃinəri/ *n.* **-ries.** **1.** machines or mechanical apparatus. **2.** the parts of a machine, collectively: *the machinery of a watch*. **3.** contrivances for producing stage effects. **4.** personages, incidents, etc., introduced into a literary composition, as in developing a story or plot. **5.** any system by which action is maintained: *the machinery of government*.

machismo /məˈtʃɪzmoʊ, məˈkɪzmoʊ/ *n.* flamboyant virility; masculine display emphasising strength.

macho /ˈmætʃoʊ, ˈmækoʊ/ *n.* **1.** a man who displays machismo. –*adj.* **2.** showily virile.

-machy a combining form meaning combat, as in *logomachy*.

mackerel /ˈmækərəl/ *n.* **1.** a common iridescent greenish fish with irregular darker markings on the back, *Scomber australasicus*, widely distributed in Australian and New Zealand waters and in various parts of the Pacific. **2.** an abundant food fish of the North Atlantic, *Scomber scombrus*, with wavy cross markings on the back and streamlined for swift swimming.

mackintosh /ˈmækɪntɒʃ/ *n.* **1.** a raincoat made of cloth rendered waterproof by indiarubber. **2.** such cloth. **3.** any raincoat. Also, **macintosh.**

macramé /məˈkrami/ *n.* a kind of lace or ornamental work made by knotting thread or cord in patterns.

macro¹ /ˈmækroʊ/ *adj.* having to do with macro-economics.

macro² /ˈmækroʊ/ *n.* a single-word computer command which sets in train a number of other commands.

macro- a prefix meaning 'long', 'large', 'great', 'excessive', used especially in scientific terminology, contrasting with *micro-*, as in *macrocosm, macropod*. Also (*before vowels*), **macr-.**

macrobiotic /ˌmækroʊbaɪˈɒtɪk/ *adj.* **1.** having to do with the prolongation of life; tending to prolong life. **2.** having to do with a largely vegetarian dietary system formulated as part of Zen Buddhism and intended to prolong life.

macrocosm /ˈmækrəkɒzəm/ *n.* the great world, or universe (opposed to *microcosm*). –**macrocosmic** /mækrəˈkɒzmɪk/ *adj.*

macro-economics /ˌmækroʊ-ɛkəˈnɒmɪks, -ikə-/ *n.* (*construed as singular*) study of the economic system as a whole. Compare **micro-economics.**

macroscopic /mækrəˈskɒpɪk/ *adj.* **1.** visible to the naked eye (opposed to *microscopic*). **2.** comprehensive; concerned with large units or issues.

mad /mæd/ *adj.* **madder, maddest.** *–adj.* **1.** disordered in intellect; insane. **2.** *Colloquial* angry. **3.** (of wind, etc.) furious in violence. **4.** (of animals) **a.** abnormally furious: *a mad bull*. **b.** affected with rabies; rabid: *a mad dog*. **5.** wildly excited; frantic: *mad haste*. **6.** senselessly foolish or imprudent: *a mad scheme*. **7.** wildly merry or boisterous: *to have a mad time*. **8.** *Colloquial* wild with eagerness or desire; infatuated: *to be mad about someone*. **9.** *Colloquial* extremely good; excellent: *she's got a mad outfit*. *–adv.* **10.** *Colloquial* extremely: *mad keen to go*. *–phr.* **11. like mad**, *Colloquial* with great haste, impetuosity, or enthusiasm. **12. mad as a (cut) snake**, *Colloquial* insane; eccentric. **13. mad as a meat axe**, *Colloquial* **a.** very angry. **b.** insane; eccentric. –**madden** *v*. –**madly** *adv*. –**madness** *n*.

madam /'mædəm/ *n.* **madams** /'mædəmz/ or **mesdames** /mei'dæm -'dam/. **1.** (a polite term of address used originally to a woman of rank or authority, but now used to any woman). **2.** the woman in charge of a brothel.

madcap /'mædkæp/ *adj.* **1.** wildly impulsive; lively: *a madcap girl*. *–n.* **2.** a madcap person, especially a girl.

mad cow disease *n.* a fatal virus disease of cattle which attacks the nervous system, and which can cross-infect humans; bovine spongiform encephalopathy.

made /meid/ *v.* **1.** past tense and past participle of **make**. *–adj.* **2.** produced by making, preparing, etc. **3.** artificially produced. **4.** assured of success or fortune: *a made man*. *–phr.* **5. have (got) it made**, to be assured of success. **6. made for**, extremely well suited to: *they were made for each other*.

madeira /mə'dıərə/ *n.* **1.** a rich, strong, white wine resembling sherry. **2.** (in unofficial use) any similar wine made elsewhere.

madhouse /'mædhaus/ *n.* **1.** an asylum for the insane. **2.** a place of commotion and confusion.

madrigal /'mædrɪgəl/ *n.* a part-song without instrumental accompaniment, usually for five or six voices, and making abundant use of contrapuntal imitation.

maelstrom /'meilstrəm/ *n.* **1.** any great or violent whirlpool. **2.** a restless confusion of affairs, influence, etc.

maestro /'maistrou/ *n.* **-tros** *or* **-tri** /-tri/. **1.** an eminent musical composer, teacher, or conductor. **2.** (*cap.*) a title of respect for addressing such a person.

Mafia /'mafiə, 'mæfiə/ *n.* **1.** a 19th-century Sicilian secret society acting in a popular spirit of hostility to legal restraint and to the law, often manifesting itself in criminal acts. **2.** a criminal secret society of Sicilians or other Italians, at home or in foreign countries. **3.** (*l.c.*) any group seen as resembling the Mafia, by having a close-knit organisation, in-group feelings, etc. Also, **Maffia**.

mag /mæg/ *v.i.* **magged, magging**. *Australian, NZ Colloquial* to chatter; to talk rapidly and to little purpose. –**magger** *n*.

magazine /mægə'zin/ *n.* **1.** a paper-covered publication containing various stories, articles, advertisements, etc., appearing at regular intervals. **2.** a program on radio or television, usually documentary, on a variety of subjects. **3.** a place for keeping explosives in a fort or warship. **4.** a military storehouse. **5.** *Guns.* a container for cartridges, which is attached to some types of automatic weapons and replaced when empty. **6.** *Photography* a light-proof enclosure containing film. *–adj.* **7.** of or relating to a magazine.

magenta /mə'dʒɛntə/ *n.* **1.** reddish purple. **2.** the red subtractive primary colour used in four-colour printing.

maggot /'mægət/ *n.* **1.** the legless larva of a fly, as of the housefly. **2.** a fly larva living in decaying matter. **3.** an odd fancy; whim. –**maggoty** *adj*.

magic /'mædʒɪk/ *n.* **1.** (the exercise of) the art of producing effects or controlling events by supernatural powers or by command of occult forces in nature. **2.** the effects produced. **3.** a magical act. **4.** any extraordinary influence or attraction: *the magic in a great name*. **5.** a theatrical performance of tricks; legerdemain; conjuring. *–adj.* Also, **magical**. **6.** done by magic: *magic spells*. **7.** mysteriously attractive: *magic beauty*. **8.** of, relating to, or due to magic: *magic rites*. –**magically** *adv*.

magician /mə'dʒɪʃən/ *n.* **1.** someone skilled in magic arts. **2.** a juggler; conjurer.

magic realism *n.* a genre of literature that deals in an accepting way with aspects of life usually represented as outside reality.

magisterial /mædʒəs'tıərıəl/ *adj.* **1.** of, relating to, or befitting a master; authoritative: *a magisterial pronouncement*. **2.** imperious; domineering. **3.** of or befitting a magistrate or a magistrate's office. **4.** of the rank of a magistrate. –**magisterially** *adv*.

magistrate /'mædʒəstreit, -trət/ *n.* **1.** a person charged with executive functions. **2.** a justice of the peace, paid or unpaid, who officiates in a magistrate's court.

magma /'mægmə/ *n.* **-mata** /-mətə/ or **magmas**. **1.** any crude mixture of finely divided mineral or organic matters. **2.** *Geology* molten material under conditions of intense heat and great pressure occurring beneath the solid crust of the earth, and from which igneous rocks are formed. **3.** *Chemistry, Pharmacology* a paste composed of solid and liquid matter. –**magmatic** /mæg'mætɪk/ *adj*.

magnanimous /mæg'nænəməs/ *adj.* **1.** generous in forgiving an insult or injury; free from petty resentfulness or vindictiveness. **2.** high-minded; noble. **3.** proceeding from or revealing nobility of mind, etc. –**magnanimously** *adv*. –**magnanimousness**, **magnanimity** /mægnə'nɪməti/ *n*.

magnate /'mægneit, 'mægnət/ *n.* **1.** a great or dominant person in some field of business: *a property magnate*. **2.** a person of eminence or distinction.

magnesia /mæg'niʃə, -'niʒə, -'niziə/ *n.* magnesium oxide, MgO, a white tasteless substance used in medicine as an antacid and laxative. –**magnesian**, **magnesic** *adj*.

magnesium /mæg'niziəm/ *n.* a light, ductile, silver-white metallic element which burns with a dazzling white light, used in lightweight alloys. *Symbol*: Mg; *relative atomic mass*: 24.312; *at. no.*: 12; *density*: 1.74 at 20°C.

magnet /'mægnət/ *n.* **1.** a body (as a piece of iron or steel) which possesses the property of attracting certain substances, especially iron; any piece of metal with ferromagnetic properties. **2.** a thing or person that attracts, as by some inherent power or charm. –**magnetic** *adj*.

magnetic field *n.* *Physics* a condition of space in the vicinity of a magnet or electric current which manifests itself as a force on magnetic objects within that space.

magnetic north *n.* the direction in which the needle of a compass points, differing in most places from true north.

magnetic pole *n.* **1.** a pole of a magnet. **2.** either of the two points on the earth's surface where the dipping needle of a compass stands vertical, one in the Arctic, the other in the Antarctic.

magnetic storm *n.* a sudden disturbance in the earth's magnetic field associated with sunspot activity.

magnetic stripe reader *n.* a computerised

device which interprets the information recorded on a stripe of magnetised material on a card such as a credit card.

magnetic tape *n. Electronics* a plastic tape coated with a ferromagnetic powder, especially iron oxide, used to record sound in a tape recorder, and video signals in a video recorder, to retain digital information in computing, and machine instructions in industrial and other control systems.

magnetise = magnetize /'mægnətaɪz/ *v.t.* **-tised, -tising. 1.** to communicate magnetic properties to. **2.** to exert an attracting or compelling influence upon. **–magnetiser** *n.* **–magnetisation = magnetization** *n.*

magnetism /'mægnətɪzəm/ *n.* **1.** the characteristic properties possessed by magnets; the molecular properties common to magnets. **2.** the agency producing magnetic phenomena. **3.** the science dealing with magnetic phenomena. **4.** magnetic or attractive power or charm.

magneto /mæg'nitoʊ/ *n.* **-tos.** a small electric generator, the poles of which are permanent magnets, as a hand-operated generator for telephone signalling, or the generator producing sparks in an internal-combustion engine.

magneto- a combining form of **magnet** or **magnetic**.

magni- 1. a word element meaning 'large', 'great', as in *magnify*. **2.** *Zoology* a word element denoting length.

magnification /mægnəfə'keɪʃən/ *n.* **1.** the act of magnifying. **2.** the state of being magnified. **3.** the power to magnify. **4.** a magnified copy or reproduction. **5.** (of an optical instrument) the ratio of the linear dimensions of the final image to that of the object.

magnificent /mæg'nɪfəsənt/ *adj.* **1.** making a splendid appearance or show: *a magnificent cathedral*. **2.** extraordinarily fine; superb: *a magnificent opportunity*. **3.** noble; sublime: *a magnificent poem*. **–magnificence** *n.* **–magnificently** *adv.*

magnify /'mægnəfaɪ/ *v.* **-fied, -fying.** *–v.t.* **1.** to increase the apparent size of, as a lens does. **2.** to make greater in size; enlarge. **3.** to cause to seem greater or more important. *–v.i.* **4.** to increase or be able to increase the apparent size of an object, as a lens does. **–magnifier** *n.*

magnitude /'mægnətʃud/ *n.* **1.** size; extent: *to determine the magnitude of an angle*. **2.** great amount, importance, etc.: *affairs of magnitude*. **3.** moral greatness: *magnitude of mind*. **4.** *Astronomy* the brightness of a star expressed according to an arbitrary numerical system (the brightest degree being the first magnitude). Stars brighter than the sixth magnitude are visible to the unaided eye.

magnolia /mæg'noʊliə/ *n.* **1.** a large tree, *Magnolia grandiflora*, with large, spectacular, scented, creamy flowers. **2.** a small tree, *Magnolia × soulangiana*, much cultivated in gardens because of its pink to dark red flowers. **3.** any plant of the genus *Magnolia*, comprising shrubs and trees, usually with fragrant flowers and an aromatic bark, much cultivated for ornament.

magnum /'mægnəm/ *n.* **-nums**, *adj. –n.* **1.** a bottle for wine or spirits, holding about 2 normal bottles, or 1.5 litres. *–adj.* **2.** (of firearms) having a larger bore than is standard for its calibre: *a .44 magnum pistol*.

magpie /'mægpaɪ/ *n.* **1.** Also, **Australian magpie**. a common black and white bird of the species *Gymnorhina tibicen* with a solid body, strong legs and a large pointed bill, found throughout Australia and in New Guinea. **2.** any of various currawongs (def. 1). **3.** any of various superficially similar but unrelated birds of the genus *Pica* and other genera of the family Corvidae as the **black-billed magpie**, *P. pica*, of Europe and North America. **4.** a chattering person. **5.** *Colloquial* someone who collects useless objects; bowerbird.

magpie lark *n.* a handsome and common Australian black and white bird, *Grallina cyanoleuca*, which builds its mud nest high in a tree.

mag wheel *n. Colloquial* a magnesium alloy wheel used for its lightness on some motor cars.

maharaja /mahə'radʒə/ *n.* the title of certain great ruling princes in India. Also, **maharajah**.

maharani /mahə'rani/ *n.* **1.** the wife of a maharaja. **2.** a female sovereign in her own right. Also, **maharanee**.

maharishi /mahə'rɪʃi/ *n.* a Hindu teacher; a mystic.

mahatma /mə'hatmə, -'hætmə/ *n.* **1.** an adept in Brahmanism. **2.** a wise and holy leader, esteemed for great saintliness. **–mahatmaism** *n.*

mah-jong /'ma-dʒɒŋ/ *n.* a game of Chinese origin, usually for four persons, with 136 (or sometimes 144) domino-like pieces or tiles (marked in suits), counters, and dice.

mahogany /mə'hɒgəni/ *n.* **-nies. 1.** any of certain tropical American trees, especially *Swietenia mahagoni* and *S. macrophylla*, yielding a hard, reddish brown wood highly esteemed for making fine furniture, etc. **2.** any of various related or similar trees, as species of the genus *Dysoxylum*, and *Eucalyptus robusta*, swamp mahogany, or their timber. **3.** a reddish brown colour.

maid /meɪd/ *n.* **1.** a girl; young unmarried woman. **2.** a spinster (usu. in the expression *old maid*). **3.** a woman employed for various light domestic duties in houses, hotels, etc.; housemaid.

maiden /'meɪdn/ *n.* **1.** a maid; girl; young unmarried woman; virgin. *–adj.* **2.** of, relating to, or befitting a girl or unmarried woman. **3.** unmarried: *a maiden lady*. **4.** made, tried, appearing, etc., for the first time: *maiden voyage*.

maidenhead /'meɪdnhɛd/ *n.* **1.** maidenhood; virginity. **2.** → **hymen**.

maiden name *n.* a woman's surname before marriage.

maiden over *n.* (in cricket) an over in which no runs are made.

mail¹ /meɪl/ *n.* **1.** letters, packages, etc., arriving or sent by post. **2.** the system of transmission of letters, etc., by post. **3.** a train or boat by which postal matter is carried. *–adj.* **4.** having to do with mail: *a mail bag*. *–v.t.* **5.** to send by mail; place in a post office or post-box for transmission.

mail² /meɪl/ *n.* flexible armour of interlinked rings, the ends riveted, butted, or soldered.

mail order *n.* the system of conducting a business by receiving orders and payment by mail for goods supplied to the buyers.

maim /meɪm/ *v.t.* **1.** to deprive of the use of some bodily member; mutilate; cripple. **2.** to impair; make essentially defective. **–maimer** *n.*

mai mai /'maɪ maɪ/ *n. NZ* a place of shelter or concealment made of interlaced branches, etc., especially used by duck shooters. Also, **maimai, maemae, mimi**.

main /meɪn/ *adj.* **1.** chief; principal; leading: *the main office*. **2.** sheer; utmost, as strength, force, etc.: *by main force*. **3.** of or relating to a broad expanse: *main sea*. **4.** *Grammar* See **main clause**. *–n.* **5.** a principal pipe or duct in a system used to distribute water, gas, etc. **6.** the principal wire or cable used to distribute electricity. **7.** strength; force; violent effort: *with might and main*. **8.** the chief or principal part or point. **9.** *Poetic* the open ocean; high sea. **10.** → **mainland**. *–phr.* **11. in the main**, for the most part.

main clause *n. Grammar* (in a complex sentence) the clause which may stand syntactically as a sentence by itself. For example, in *I was out when he came in*, the main clause is *I was out*.

mainframe computer /ˌmeɪnfreɪm kəmˈpjuːtə/ *n.* a large, powerful, general-purpose computer with a large storage capacity.

mainland /ˈmeɪnlænd, -lənd/ *n.* the principal land mass as distinguished from nearby islands. –**mainlander** *n.*

mainline /ˈmeɪnlaɪn/ *v.i.* -**lined**, -**lining**. *Colloquial* to inject a narcotic drug directly into the vein.

mainstay /ˈmeɪnsteɪ/ *n.* **1.** *Nautical* the stay which secures the mainmast forward. **2.** a chief support.

mainstream /ˈmeɪnstriːm/ *n.* **1.** the dominant trend; chief tendency: *she was in the mainstream of fashion.* –*adj.* **2.** having to do with the mainstream. **3.** having to do with jazz which lies between traditional and modern in its stage of development.

maintain /meɪnˈteɪn, mən-/ *v.t.* **1.** to keep in existence; keep up; preserve: *to maintain good relations with NZ; to maintain life in the Antarctic.* **2.** to keep in good condition, operation, etc.: *to maintain order; to maintain roads.* **3.** to keep; hold on to; retain: *to maintain the lead in a race.* **4.** to keep or hold against attack: *to maintain one's ground.* **5.** to hold; declare; assert: *I maintain that it is right.* **6.** to provide with a living: *he maintained his parents in their old age.* –**maintainable** *adj.* –**maintainer** *n.*

maintenance /ˈmeɪntənəns/ *n.* **1.** the act of maintaining. **2.** the state of being maintained. **3.** means of provision for maintaining; means of subsistence. **4.** *Law* the money paid either in a lump sum or by way of periodical payments for the support of the other spouse or infant children, usually after divorce.

maire /ˈmaɪri/ *n.* any New Zealand forest tree belonging to the olive genus, *Gymnelaea*.

maize /meɪz/ *n.* **1.** a widely cultivated cereal plant, *Zea mays*, occurring in many varieties, bearing grain in large ears or spikes; Indian corn. **2.** a pale yellow colour.

majesty /ˈmædʒəsti/ *n.* -**ties**. **1.** regal, lofty, or stately dignity; imposing character; grandeur. **2.** supreme greatness or authority; sovereignty. **3.** a royal personage, or royal personages collectively. **4.** (*usually cap.*) a title used when speaking of or to a sovereign (preceded by *his, her, your*, etc.). –**majestic** /məˈdʒɛstɪk/ *adj.*

major /ˈmeɪdʒə/ *n.* **1.** *Military* a commissioned officer ranking below a lieutenant colonel and above a captain. **2.** one of superior rank in a specified class. **3.** a person of full legal age. **4.** *Music* a major interval, chord, scale, etc. **5.** a subject or field of study chosen by a student to represent their principal interest and upon which they concentrate a large share of their efforts. –*adj.* **6.** greater, as in size, amount, extent, importance, rank, etc.: *the major part of the town.* **7.** of or relating to the majority. **8.** of full legal age. **9.** very important or significant: *a major problem.* **10.** *Logic* broader or more extensive: **a. major term**, of a syllogism is the term that enters into the predicate of the conclusion. **b. major premise**, is that premise of a syllogism which contains the major term. **11.** *Music* **a.** (of an interval) being between the tonic and the second, third, sixth, and seventh degrees of a major scale: *the major third, sixth, etc.* **b.** (of a chord) having a major third between the root and the note next above it. –*phr.* **12. major in**, to pursue as a major or principal subject or course of study.

majority /məˈdʒɒrəti/ *n.* -**ties**. **1.** the greater part or number: *the majority of students.* **2.** the number of votes, seats, etc., by which a candidate or government wins an election: *a majority of 200 votes.* **3.** the party with the majority (def. 2). **4.** a state or time of being of full legal age: *to reach one's majority.*

Major Mitchell /ˈmeɪdʒə ˈmɪtʃəl/ *n.* a cockatoo, *Cacatua leadbeateri*, with white wings, pink underparts, neck and face, and white crown suffused with salmon pink and forward-curving scarlet crest, found throughout the arid and semi-arid regions of Australia; Leadbeater's cockatoo.

majuscule /ˈmædʒəskjul/ *adj.* large, as letters (whether capital or uncial).

make /meɪk/ *v.* **made, making**, *n.* –*v.t.* **1.** to bring into existence by shaping material, combining parts, etc.: *to make a dress.* **2.** to produce by any action or causative agency: *to make trouble.* **3.** to cause to be or become; render: *to make an old man young.* **4.** to constitute; appoint: *to make someone a judge.* **5.** to put into proper condition for use: *to make a bed.* **6.** to bring into a certain form or condition: *to make bookcases out of orange boxes.* **7.** to cause, induce, or compel (to do something): *to make a horse go.* **8.** to give rise to; occasion. **9.** to produce, earn, or win for oneself: *to make a fortune.* **10.** to draw up, as a legal document. **11.** to do; effect: *to make a bargain.* **12.** to fix; establish; enact: *to make laws.* **13.** to become by development; prove to be: *he will make a good lawyer.* **14.** to form in the mind, as a judgment, estimate, or plan. **15.** to judge or infer as to the truth, nature, meaning, etc.: *what do you make of it?* **16.** to estimate; reckon: *to make the distance ten metres.* **17.** (of material or parts) to compose; form: *two and two make four.* **18.** to bring to; bring up the total to: *to make a kilo.* **19.** to serve for or as: *to make good reading.* **20.** to be sufficient to constitute; be essential to. **21.** to assure the success, fortune, or mature character of. **22.** to put forth; deliver: *to make a speech.* **23.** *US* to accomplish by travelling, etc.: *to make one hundred kilometres an hour.* **24.** to arrive at or reach: *to make a port.* **25.** to arrive in time for: *to make the first show.* **26.** to achieve a position on or inclusion in (a list of honours, place of honour, or the like). **27.** *Colloquial* to seduce or have sexual intercourse with. **28.** *Colloquial* to secure a place on, as a team. **29.** *Sport, Games* to earn as a score. **30.** to close (an electric circuit). –*v.i.* **31.** to cause oneself, or something understood, to be as specified: *to make sure.* **32.** to show oneself in action or behaviour: *to make merry.* **33.** to direct or pursue the course; go: *to make for home.* –*n.* **34.** style or manner of being made; form; build. **35.** production with reference to the maker: *our own make.* **36.** disposition; character; nature. **37.** the act or process of making. **38.** quantity made; output. –*phr.*

39. make a face, to grimace.

40. make as if (or **as though**), to act as if; pretend.

41. make at, to attack or lunge towards: *he made at me with a knife.*

42. make away with, **a.** to get rid of. **b.** to kill or destroy. **c.** to steal or abduct.

43. make believe, to pretend.

44. make do, (sometimes fol. by *with*) to operate or carry on using minimal or improvised resources.

45. make eyes, (sometimes fol. by *at*) to flirt.

46. make for, **a.** to travel towards or attempt to reach. **b.** to help to promote or maintain: *to make for better international relations.*

47. make good, **a.** to achieve (a goal). **b.** to become a success.

48. make heavy weather, *Nautical* to roll and pitch in heavy seas.

49. make heavy weather of, to have difficulty

with; progress laboriously with: *to make heavy weather of a simple calculation.*
50. make it, a. to achieve one's object. **b.** to arrive successfully.
51. make it with, *Colloquial* to have sexual intercourse with.
52. make like, *Colloquial* **a.** to imitate: *to make like a monkey.* **b.** to pretend: *make like you're happy.*
53. make love to (or **with**), **a.** to have sexual intercourse with. **b.** *Obsolete* to court; woo.
54. make off, to run away.
55. make off with, to steal.
56. make out, a. to write out (a bill, a cheque, etc.). **b.** to prove; establish. **c.** to discern; decipher. **d.** to present as; impute to be: *he made me out a liar.* **e.** *Colloquial* to manage; cope successfully. **f.** *Colloquial* to have sexual intercourse: *I made out last night.* **g.** *Colloquial* to kiss, pet, and fondle sexually: *making out at the movies.*
57. make over, a. to make anew; alter: *to make over a dress.* **b.** to hand over into the possession or charge of another. **c.** to transfer the title of (property); convey.
58. make public, to reveal to the public.
59. make time, a. to move quickly, especially in an attempt to recover lost time. **b.** to find time for something in spite of a busy schedule. **c.** *Chiefly US* to flirt: *make time with the hostess.*
60. make up, a. (of parts) to constitute; form. **b.** to put together; construct; compile. **c.** to concoct; invent. **d.** to compensate for; make good. **e.** to complete. **f.** to prepare; put in order. **g.** to bring to a definite conclusion, as one's mind. **h.** to settle amicably, as differences. **i.** Also, **make it up.** to become reconciled after a quarrel. **j.** *Printing* to arrange set type, etc., into columns or pages. **k.** to apply cosmetics to, as the face. **l.** to prepare for a part, as on the stage, by appropriate dress, cosmetics, etc. **m.** to adjust or balance, as accounts; to prepare, as statements. **n.** *Education* to repeat (a course or examination in which one has failed) or to take (an examination from which one has been absent). **o.** to give or work in lieu for; compensate for (time or work lost, etc.).
61. make up to, a. *Colloquial* to try to be on friendly terms with; fawn on. **b.** to make advances or pay court to.
62. on the make, *Colloquial* **a.** intent on gain or one's own advantage. **b.** looking for a sexual partner.

makeshift /'meɪkʃɪft/ *n.* **1.** a temporary expedient; substitute. –*adj.* **2.** serving as a makeshift.

make-up /'meɪk-ʌp/ *n.* **1.** (the putting on of) cosmetics. **2.** the costume, face-paint, wigs, etc., worn on the stage. **3.** the manner of being made up or put together; composition. **4.** bodily or mental constitution: *his emotional make-up.* **5.** *Printing* the arrangement of type, pictures, etc., into columns or pages.

makomako /'makəmakoʊ/ *n.* a small tree, *Aristotelia serrata,* of the family Elaeocarpaceae, growing in forest clearings in New Zealand.

mal- a prefix having attributive relation to the second element, meaning 'bad', 'wrongful', 'ill', as in *maladjustment, malpractice.*

Malabar rat /mæləba 'ræt/ *n.* → **bandicoot** (def. 2).

malachite /'mæləkaɪt/ *n.* a green mineral basic copper carbonate, $Cu_2CO_3(OH)_2$, an ore of copper, also used for making ornamental articles.

maladjustment /mælə'dʒʌstmənt/ *n.* **1.** a faulty adjustment. **2.** *Psychology* a failure to function successfully with regard to personal relationships and environment, often a symptom of mental disturbance. –**maladjusted** *adj.*

malady /'mælədi/ *n.* **-dies. 1.** any bodily disorder or disease, especially one that is chronic or deep-seated. **2.** any form of disorder: *social maladies.*

malaise /mæ'leɪz/ *n.* a condition of indefinite bodily weakness or discomfort, often marking the onset of a disease.

malapropism /'mæləprɒp,ɪzəm/ *n.* **1.** the act or habit of ridiculously misusing words. **2.** a word so misused.

malaria /mə'lɛəriə/ *n. Pathology* **1.** any of a group of diseases, usually intermittent or remittent, and characterised by attacks of chills, fever, and sweating; caused by a species of parasitic protozoans which are transferred to the human blood by mosquitoes. **2.** unwholesome or poisonous air. –**malarial, malarian, malarious** *adj.*

malcontent /'mælkəntɛnt/ *adj.* **1.** discontented; dissatisfied. **2.** dissatisfied with the existing administration; inclined to rebellion. –*n.* **3.** a malcontent person.

male /meɪl/ *adj.* **1.** (of people, animals and plants) belonging to the sex which sends sperm to the female egg in the creation of new life. **2.** relating to or typical of this sex; masculine. **3.** composed of males: *a male choir.* –*n.* **4.** a man or boy. **5.** any animal of the male sex. **6.** *Botany* a plant which has stamens.

male chauvinist *n.* **1.** a man who discriminates against women by applying to them stereotyped ideas of incompetence, inferiority, passivity, etc. **2.** a chauvinist for the male sex. –*adj.* **3.** having the characteristics of a male chauvinist. –*phr.* **4. male chauvinist pig,** an extreme male chauvinist. –**male chauvinism** *n.*

malediction /mælə'dɪkʃən/ *n.* **1.** a curse; the utterance of a curse. **2.** slander. –**maledictory** /mælə'dɪktri, -təri/ *adj.*

malefactor /'mæləfæktə/ *n.* **1.** an offender against the law; a criminal. **2.** someone who does evil. –**malefaction** *n.* –**malefactress** /'mæləfæktrəs/ *fem. n.*

malevolent /mə'lɛvələnt/ *adj.* **1.** wishing evil to another or others; showing ill will: *his failure made him malevolent towards others.* **2.** *Astrology* evil or malign in influence. –**malevolence** *n.* –**malevolently** *adv.*

malformation /mælfɔ'meɪʃən, -fə-/ *n.* faulty or anomalous formation or structure, especially in a living body. –**malformed** /mæl'fɔmd/ *adj.*

malfunction /mæl'fʌŋkʃən/ *v.i.* **1.** to fail to function properly. –*n.* **2.** failure to function properly.

malice /'mæləs/ *n.* **1.** desire to inflict injury or suffering on another. **2.** *Law* evil intent on the part of someone who commits a wrongful act injurious to others, technically called *malitia praecogitata,* or *malice prepense* or *aforethought.* –**malicious** *adj.*

malign /mə'laɪn/ *v.t.* **1.** to speak ill of; slander. –*adj.* **2.** evil in effect; pernicious; baleful. **3.** having or showing an evil disposition; malevolent. –**maligner** *n.* –**malignity** /mə'lɪgnəti/ *n.* –**malignly** *adv.*

malignant /mə'lɪgnənt/ *adj.* **1.** disposed to cause suffering or distress; malicious. **2.** very dangerous; harmful in influence or effect. **3.** *Pathology* deadly; tending to produce death, as a disease, tumour, etc. –**malignance, malignancy** *n.* –**malignantly** *adv.*

malinger /mə'lɪŋə/ *v.i.* to feign sickness or injury, especially in order to avoid duty, work, etc. –**malingerer** *n.*

mall /mɔl, mæl/ *n.* **1.** a shaded walk, usually public. **2.** a shopping complex.

mallard /'mælad/ *n.* **-lards,** (*especially collectively*) **-lard. 1.** a common, almost cosmopolitan, wild duck, *Anas platyrhynchos,* from which the

malleable /ˈmæliəbəl/ *adj.* **1.** capable of being extended or shaped by hammering or by pressure with rollers. **2.** adaptable or tractable. –**malleability** /ˌmæliəˈbilɪti/, **malleableness** *n.*

mallee /ˈmæli/ *n.* **1.** any of various Australian species of *Eucalyptus* having a number of almost unbranched stems arising from a large underground lignotuber, as *E. dumosa*. –*phr.* **2. fit as a mallee bull**, *Australian Colloquial* extremely fit. **3. strong as a mallee bull**, *Australian Colloquial* very strong. **4. the mallee**, Also, **the Mallee**. *Australian* **a.** any of various semi-arid areas in New South Wales, South Australia, Western Australia, and especially Victoria, where the predominant species is a mallee. **b.** any remote, isolated, or unsettled area.

mallee fowl *n.* a greyish-brown, spotted, Australian bird, *Leipoa ocellata*, found in dry inland scrub areas. Also, **mallee bird, mallee hen**.

mallet¹ /ˈmælət/ *n.* **1.** a hammer-like tool with a head commonly of wood but occasionally of rawhide, plastic, etc., used for driving any tool with a wooden handle, as a chisel. **2.** the wooden implement used to strike the balls in croquet. **3.** the stick used to drive the ball in polo.

mallet² /ˈmælət/ *n.* **1.** any of several species of the genus *Eucalyptus* in western Australia, especially *E. occidentalis*. **2.** the wood of these trees.

malnutrition /ˌmælnjuˈtrɪʃən/ *n.* imperfect nutrition; lack of proper nutrition resulting from deficiencies in the diet or the process of assimilation.

malpractice /mælˈpræktəs/ *n.* **1.** improper professional action, as treatment by a physician, from reprehensible ignorance or neglect or with criminal intent. **2.** any improper conduct. –**malpractitioner** /ˌmælprækˈtɪʃənə/ *n.*

malt /mɔlt, mɒlt/ *n.* **1.** germinated grain (usually barley), used in brewing and distilling. **2.** a liquor produced from malt by fermentation, as beer or ale. **3.** malt extract. –*v.t.* **4.** to turn (grain) into malt. –*v.i.* **5.** to produce malt from grain.

maltreat /mælˈtrit/ *v.t.* to treat badly; handle roughly or cruelly; abuse. –**maltreatment** *n.*

mama /məˈma/ *n.* mother; mamma.

mamilla /mæˈmɪlə/ *n.* **-millae** /-ˈmɪli/. **1.** the nipple of the mamma or breast. **2.** any nipple-like process or protuberance. Also, *Chiefly US*, **mammilla**. –**mamillary** /ˈmæməˌləri/ *adj.* –**mamillate** /ˈmæməleɪt, -lət/ *adj.*

mamma¹ /ˈmʌmə, məˈma/ *n.* (*with children*) mother.

mamma² /ˈmæmə/ *n.* **mammae** /ˈmæmi/. the organ, characteristic of mammals, which in the female secretes milk; a breast or udder.

mammal /ˈmæməl/ *n.* a member of the Mammalia, a class of vertebrates whose young feed upon milk from the mother's breast. Most species (except cetaceans) are more or less hairy, all have a diaphragm, and all (except the monotremes) are viviparous. –**mammal-like** *adj.* –**mammalian** *adj.*, *n.*

mammary /ˈmæməri/ *adj.* having to do with the mamma or breast; mamma-like.

mammon /ˈmæmən/ *n.* **1.** *New Testament* riches or material wealth. **2.** (*cap.*) a personification of riches as an evil spirit or deity. –**mammonish** *adj.*

mammoth /ˈmæməθ/ *n.* **1.** a large, extinct species of elephant, *Mammuthus primigenius*, the **northern woolly mammoth**, which resembled the present Indian elephant but had a hairy coat and long, curved tusks. –*adj.* **2.** huge; gigantic: *a mammoth enterprise*.

man /mæn/ *n.* **men**, *v.* **manned, manning**. –*n.* **1.** the human creature or being as representative of its kind, and distinguished from other beings, animals, or things; the human race; humankind. **2.** *Anthropology* the human species (genus *Homo*, family Hominidae, class Mammalia) at the highest level of animal development, mainly characterised by exceptional mentality. **3.** a male human being (as distinguished from *woman*). **4.** an adult male person (as distinguished from *boy*). **5.** a husband: *man and wife*. **6.** *Colloquial* a male lover, partner in a marriage or de facto relationship: *her man came also*. **7.** a male follower, subordinate, or employee: *officers and men of the army*. **8. a.** a man involved in servicing or supplying some specified item: *laundry man; ice-man*. **b.** a figure made, or said to be made, of some substance: *snow man; straw man; iron man*. **9.** one having traditionally manly qualities or virtues. **10.** one's representative in a specified place, country, etc. **11.** a male servant; a valet. **12.** (a word of condescending address to a man): *my good man*. **13.** *Originally US Colloquial* (a term of address to a man). **14.** one of the pieces used in playing certain games, as chess or draughts. –*interj.* **15.** *Colloquial* (an exclamation indicating astonishment, pleasure, displeasure, etc.): *man! you should have been there*. –*v.t.* **16.** to furnish with personnel, as for service or defence. **17.** to take one's place at for service, as a gun, post, etc. **18.** to make manly; brace. –*phr.* **19. make a man (out) of someone**, to bring out in someone qualities of courage, perseverance, etc., thought to distinguish a man from a boy. **20. man and boy**, (of a male) from childhood. **21. the man**, *Colloquial* a male employer; male boss. **22. the man of the house**, the principal male of a household (as opposed to *the lady of the house*). **23. the men in white coats**, *Colloquial* (*humorous*) the putative employees of a mental institution who collect insane people for incarceration. **24. to a man**, all; to the last man. –**manly** *adj.*

manacle /ˈmænəkəl/ *n.*, *v.* **-cled, -cling**. –*n.* (*usually plural*) **1.** a shackle for the hand; handcuff. **2.** a restraint. –*v.t.* **3.** to handcuff; shackle. **4.** to hamper; restrain.

manage /ˈmænɪdʒ/ *v.* **-aged, -aging**. –*v.t.* **1.** to bring about; succeed in accomplishing: *He managed to see the governor*. **2.** to take charge or care of: *to manage a business*. **3.** to handle or control: *to manage a horse; to manage a child*. **4.** to be able to use properly: *can you manage that knife?* –*v.i.* **5.** to be able to make do: *can you manage on $50 a week?* –**manageable** *adj.* –**manageably** *adv.* –**manageability** /ˌmænɪdʒəˈbɪləti/ *n.*

management /ˈmænɪdʒmənt/ *n.* **1.** the act or manner of managing; handling, direction, or control. **2.** skill in managing; executive ability. **3.** the person or persons managing an institution, business, etc.: *this shop is under new management*. **4.** executives collectively: *conflicts between labour and management*.

management buy-out *n.* the purchase of a company by its own company managers. Also, **management buy out, MBO**.

management information system *n.* *Computers* a software package which is designed to provide information for decision-making, usually intended for senior management.

manager /ˈmænədʒə/ *n.* **1.** someone charged with the management, or direction of an institution, a business or the like. **2.** someone who manages resources and expenditures, as of a household. **3.** someone in charge of the business affairs of an entertainer or group of entertainers. **4.** someone in charge of the performance and training of a sporting individual or team. –**managerial** *adj.* –**managership** *n.*

manageress /mænədʒə'rɛs, 'mænədʒərəs/ n. a female manager.

manchester /'mæntʃəstə/ n. sheets, towels, etc., as sold in shops.

-mancy a word element meaning 'divination', as in *necromancy*.

mandala /mæn'dɑlə/ n. a mystic symbol of the universe, in the form of a circle enclosing a square; used chiefly by Hindus and Buddhists as an aid to meditation.

mandarin /'mændərən, mændə'rɪn/ n. 1. (formerly) a member of any of the nine ranks of public officials in the Chinese Empire. 2. an official or bureaucrat, especially one who is in or makes himself or herself in a high or inaccessible position. 3. (*cap.*) standard Chinese. 4. (*cap.*) the language of north China, especially of Beijing. 5. Also, **mandarine** /mændə'rin, mændə'rɪn/. **a.** a small, roundish citrus fruit of which the tangerine is one variety, native to south-western Asia, of a characteristic sweet and spicy flavour. **b.** the tree producing it, *Citrus reticulata*, and related species.

mandate /'mændeɪt/ n., v. **-dated, -dating.** –n. 1. (formerly) a commission given by the League of Nations to administer a territory. 2. a mandated territory. 3. a command; order. 4. *Politics* an instruction or permission from the electorate for a certain policy: *the Government has no mandate for higher taxes.* –v.t. 5. to give (a territory, etc.) to the charge of a particular nation under a mandate. –**mandator** n.

mandatory /'mændətri, -təri/ adj. 1. relating to, of the nature of, or containing a mandate. 2. obligatory. 3. *Law* permitting no option. 4. having received a mandate, as a nation.

mandible /'mændəbəl/ n. 1. the bone of the lower jaw. 2. (in birds) **a.** the lower part of the beak; the lower jaw. **b.** (*plural*) the upper and lower parts of the beak; the jaws. 3. (in arthropods) one of the first pair of mouth-part appendages. –**mandibular** /mæn'dɪbjələ/ adj. –**mandibulate** /mæn'dɪbjələt, -leɪt/ adj.

mandolin /mændə'lɪn/ n. a musical instrument with a pear-shaped wooden body (smaller than that of the lute) and a fretted neck, usually having metal strings plucked with a plectrum. Also, **mandoline.** –**mandolinist** n.

mandrax /'mændræks/ n. a sedative tablet, containing methaqualone and diphenhydramine hydrochloride.

mane /meɪn/ n. 1. the long hair growing on the back of or around the neck and neighbouring parts of some animals, as the horse, lion, etc. 2. a long, bushy, often untended head of hair. –**maned** adj.

manga /'mæŋgə/ n. the Japanese form of comic book, which has a wide variety of subject areas, catering for both children and adults.

manga movie n. a Japanese animated movie, made in the style of the Japanese comic books.

manganese /mæŋgə'niz/ n. a hard, brittle, greyish white metallic element used as an alloying agent with steel and other metals to give them toughness. *Symbol*: Mn; *relative atomic mass*: 54.938; *at. no.*: 25; *density*: 7.2 at 20°C.

mange /meɪndʒ/ n. *Veterinary Science* any of various skin diseases due to parasitic mites affecting animals and sometimes humans, characterised by loss of hair and scabby eruptions. –**mangy** adj.

manger /'meɪndʒə/ n. a box or trough, as in a stable, from which horses or cattle eat.

mangle¹ /'mæŋgəl/ v.t. **-gled, -gling.** 1. to cut, slash, or crush so as to disfigure: *a corpse mangled in battle.* 2. to mar; spoil: *to mangle a text by poor typesetting.* –**mangler** n.

mangle² /'mæŋgəl/ n., v. **-gled, -gling.** –n. 1. a machine for smoothing, or pressing water, etc., out of cloth, household linen, etc., by means of rollers. –v.t. 2. to smooth with a mangle. –*phr.* 3. **put through the mangle,** *Colloquial* exhausted, especially emotionally.

mango /'mæŋgoʊ/ n. **-goes** or **-gos.** 1. the ovoid fruit of a tropical tree, *Mangifera indica*, which is eaten ripe, or preserved or pickled. 2. the tree itself.

mangrove /'mæŋgroʊv, 'mæn-/ n. a type of tree found in subtropical and tropical countries on salt or brackish, especially estuarine, mudflats, and characterised by a strongly developed system of aerial roots, as in species of the genera *Avicennia* and *Rhizophora*.

manhandle /'mænhændl/ v.t. **-dled, -dling.** 1. to handle roughly. 2. to move by human effort, without mechanical appliances.

manhole /'mænhoʊl/ n. a hole, usually with a cover, through which a person may enter a sewer, drain, steam boiler, etc.

man-hour /'mæn-aʊə/ n. an hour of work by one person, used as an industrial time unit.

mania /'meɪniə/ n. 1. great excitement or enthusiasm; craze. 2. *Psychology* a form of insanity characterised by great excitement, with or without delusions, and in its acute stage by great violence.

-mania a combining form of **mania** (as in *megalomania*), extended to mean exaggerated desire or love for, as *balletomania*.

maniac /'meɪniæk/ n. 1. a raving lunatic; a madman. –adj. 2. raving with madness; mad. –**maniacal** /mə'naɪəkəl/ adj.

manic /'mænɪk/ adj. 1. relating to mania. 2. *Colloquial* relating to manic-depression.

manic-depressive /mænɪk-də'prɛsɪv/ adj. 1. having a mental disorder marked by alternating manifestations of excitation and depression. –n. 2. someone who is suffering from this disorder. –**manic-depression** n.

manicure /'mænəkjʊə/ n., v. **-cured, -curing.** –n. 1. professional care of the hands and fingernails. 2. a manicurist. –v.t. 3. to care for (the hands and fingernails). 4. to trim neatly. 5. to take any roughness or offensiveness out of.

manifest /'mænəfəst, -fɛst/ adj. 1. plain; apparent; obvious; evident: *a manifest error; dislike was manifest on his face.* –v.t. 2. to show plainly: *his dislike manifested itself in rudeness.* –n. 3. a list of cargo carried by land, sea or air. 4. → **manifesto.** –**manifestable** adj. –**manifestative** adj. –**manifestly** adv. –**manifestness** n.

manifestation /mænəfɛs'teɪʃən/ n. 1. the act of manifesting. 2. the state of being manifested. 3. a means of manifesting; indication. 4. a public demonstration, as for political effect. 5. *Spiritualism* a materialisation.

manifesto /mænə'fɛstoʊ/ n. **-tos** or **-toes.** a public declaration, as of a sovereign or government, or of any person or body of persons taking important action, making known intentions, objects, motives, etc.; a proclamation.

manifold /'mænəfoʊld/ adj. 1. of many and various kinds: *manifold duties.* 2. in many or various ways. –n. 3. something having many different parts or features. 4. a copy; facsimile. 5. a pipe or chamber with several inlets or outlets. 6. very fine typing paper. –v.t. 7. to make copies of, as with carbon paper. –**manifoldly** adv. –**manifoldness** n.

manikin /'mænəkɪn, -ɪkən/ n. 1. a little man; a dwarf; pygmy. 2. → **mannequin.** 3. a model of the human body for teaching anatomy, demonstrating surgical operations, etc.

manila paper n. strong light brown paper,

derived originally from Manila hemp, but now also from wood pulp substitutes.

manipulate /mə'nɪpjəleɪt/ *v.t.* **-lated, -lating. 1.** to handle, manage, or use, especially with skill, in some process of treatment or performance. **2.** to manage or influence by artful skill, or deviousness: *to manipulate people; to manipulate prices.* **3.** to adapt or change (accounts, figures, etc.) to suit one's purpose or advantage. –**manipulative, manipulatory** *adj.* –**manipulator** *n.*

mankind /mæn'kaɪnd/ *for def. 1*, /'mænkaɪnd/ *for def. 2 n.* **1.** the human race; human beings collectively. **2.** men, as distinguished from women: *mankind and womankind.*

manna /'mænə/ *n.* **1.** *Bible* the food miraculously supplied to the children of Israel in the wilderness. **2.** an exudate of insects living on many Australian eucalypts, especially *Eucalyptus viminalis*, once forming an important part of Aboriginal diet for limited periods. **3.** an exudate obtained by making an incision into the bark of the flowering ash, *Fraxinus ornus*, of southern Europe, and used as a mild laxative. *–phr.* **4. manna from heaven,** a welcome surprise.

mannequin /'mænəkən, -kwɒn/ *n.* Also, **manikin**. a model of the human figure made of wood, wax, etc., used by tailors, dress designers, etc., for displaying or fitting clothes. **2.** → **model** (def. 5).

manner /'mænə/ *n.* **1.** way of doing, being done, or happening; mode of action, occurrence, etc. **2.** characteristic or customary way of doing: *houses built in the Mexican manner.* **3.** (*plural*) the prevailing customs, modes of living, etc., of a people, class, period, etc. **4.** a person's outward bearing; way of addressing and treating others. **5.** (*plural*) ways of behaving, especially with reference to polite standards: *bad manners.* **6.** (*plural*) good or polite ways of behaving: *have you no manners?* **7.** outward bearing; way of behaving towards others: *the police officer had rather an awkward manner.* **8.** air of distinction: *he had quite a manner.* **9.** kind; sort: *all manner of things.* **10.** characteristic style in art, literature, or the like: *verses in the manner of Spenser. –phr.* **11. by all manner of means,** by all means; certainly. **12. in a manner,** after a fashion; so to speak; somewhat. **13. in a manner of speaking,** in a way; so to speak. **14. to the manner born, a.** accustomed or destined by birth (to a high position, etc.). **b.** naturally fitted for a position, duty, etc. –**mannerly** *adj.* –**mannerliness** *n.*

mannered /'mænəd/ *adj.* **1.** having (specified) manners: *ill-mannered.* **2.** having mannerisms; affected.

mannerism /'mænərɪzəm/ *n.* **1.** marked or excessive adherence to an unusual manner, especially in literary work. **2.** a habitual peculiarity of manner. **3.** (*usually cap.*) a style of late 16th century European art, mainly current in Italy. –**mannerist** *n.* –**manneristic** /mænə'rɪstɪk/ *adj.*

manning scale *n.* a schedule prescribing the number of operatives which an employer is required to employ on a particular machine or process.

manoeuvre /mə'nuvə/ *n., v.* **-vred, -vring.** *–n.* **1.** the planned and regulated movement of soldiers, warships, etc. **2.** (*plural*) a series of tactical military exercises. **3.** a clever or skilful move: *by that manoeuvre we have stopped them competing with us. –v.t.* **4.** to move (soldiers, etc.) in a tactical manner. **5.** to manipulate or move with skill: *to manoeuvre a car out of a tight parking spot. –v.i.* **6.** to perform a manoeuvre or manoeuvres. **7.** to scheme; intrigue. –**manoeuvrable** *adj.* –**manoeuvrability** /mə,nuvrə'bɪləti/ *n.* –**manoeuvrer** *n.*

manor /'mænə/ *n.* **1.** a landed estate or territorial unit, originally of the nature of a feudal lordship, consisting of a lord's demesne and of lands within which he has the right to exercise certain privileges and exact certain fees, etc. **2.** the mansion of a lord with the land relating to it. –**manorial** /mə'nɔrɪəl/ *adj.*

manpower /'mænpaʊə/ *n.* **1.** the power supplied by the physical exertions of a person or people. **2.** a unit of power assumed to be equal to the rate at which a man can do mechanical work, commonly taken as $1/10$ horsepower. **3.** rate of work in terms of this unit. **4.** power in terms of people available or required: *the manpower of an army.*

manse /mæns/ *n.* **1.** the house and land occupied by a minister or parson, usually of nonconformist churches, as Uniting, Presbyterian, etc. **2.** (originally) the dwelling of a land-holder, with the land attached.

mansion /'mænʃən/ *n.* **1.** an imposing or stately residence. **2.** (*plural*) *Brit* a block of flats.

manslaughter /'mænslɔtə/ *n.* **1.** the killing of a human being by another human being; homicide. **2.** *Law* the killing of a human being unlawfully but without malice aforethought. See **malice** (def. 2). –**manslaughterer** *n.*

mantelpiece /'mæntlpis/ *n.* the more or less ornamental structure above and around a fireplace, usually having a shelf or projecting ledge. Also, **mantlepiece.**

mantelshelf /'mæntlʃɛlf/ *n.* **-shelves. 1.** the projecting part of a mantelpiece. **2.** *Mountaineering* a small ledge on the rock wall.

mantilla /mæn'tɪlə/ *n.* **1.** a silk or lace headscarf arranged over a high comb and falling over the back and shoulders, worn in Spain, Mexico, etc. **2.** a short mantle or light cape.

mantis /'mæntəs/ *n.* **-tises** *or* **-tes** /-tiz/. any of the carnivorous orthopterous insects constituting the order Mantodea, which have a long prothorax and which are remarkable for their manner of holding the forelegs doubled up as if in prayer. Also, **praying mantis.**

mantle /'mæntl/ *n., v.* **-tled, -tling.** *–n.* **1.** Also, **mantua**. a loose, sleeveless cloak. **2.** something that covers, envelops, or conceals. **3.** *Zoology* a single or paired outgrowth of the body wall that lines the inner surface of the valves of the shell in molluscs and brachiopods. **4.** → **gas mantle. 5.** *Ornithology* the back, scapular, and inner wing feathers taken together, especially when these are all of the same colour. **6.** *Geology* a layer of the earth between crust and core, consisting of solid rock. **7.** → **mantelpiece.** *–v.t.* **8.** to cover with or as with a mantle; envelop; conceal. *–v.i.* **9.** to spread like a mantle, as a blush over the face. **10.** to flush; blush. **11.** (of a liquid) to be or become covered with a coating; foam. *–phr.* **12. assume the mantle,** to take on the leading role in an endeavour.

mantra /'mæntrə/ *n.* a word, phrase or verse intoned, often repetitively, as a sacred formula in Hinduism and Mahayana Buddhism. Also, **mantram.** –**mantric** *adj.*

manual /'mænjuəl/ *adj.* **1.** of or done by the hand: *manual work.* **2.** using human energy, power, etc.: *a manual drill. –n.* **3.** a book giving information or instructions; handbook. **4.** *Music* a keyboard of an organ played with the hands. **5.** a car whose gears are changed by hand. –**manually** *adv.*

manufacture /mænjə'fæktʃə, 'mænjəfæktʃə/ *n., v.* **-tured, -turing.** *–n.* **1.** the making of goods by hand or machinery, especially on a large scale. **2.** the making of anything. *–v.t.* **3.** to make or produce by hand or machinery, especially on a large scale. **4.** to make up; concoct: *to manufacture arguments.* **5.** to produce in a mechanical way.

–**manufacturing** *n*. –**manufacturer** *n*.

manuka /mə'nukə, 'mænəkə/ *n*. either of the New Zealand tea-trees, kahikatoa and kanuka, both valuable honey plants.

manure /mə'njuə/ *n., v.* **-nured, -nuring.** –*n.* **1.** any natural or artificial substance for fertilising the soil. **2.** excrement, especially of animals used as fertiliser. –*v.t.* **3.** to treat (land) with fertilising matter; apply manure to. –**manurer** *n*. –**manurey** *adj*.

manuscript /'mænjəskrɪpt/ *n*. **1.** a book, document, letter, musical score, etc., written by hand. **2.** an author's copy of a work, written by hand or typewriter, which is used as the basis for typesetting. **3.** writing, as distinguished from print. –*adj*. **4.** written by hand or typed (not printed). –**manuscriptal** *adj*.

many /'mɛni/ *det*. **1.** constituting or forming a large number: *many people*. **2.** relatively numerous: *six may be too many; as many as seven; how many cups?* –*pron.* **3.** a great or considerable number: *many of the chairs; some were bought, but many remain; many were disappointed by her performance.* –*phr.* **4. a good** (or **great**) **many**, a large number. **5. many a** (or **an**), being one of a large number of (specified items): *many a day.* **6. the many,** the majority: *for the good of the many*.

Maori /'mauri/ *n*. **-ris** or **-ri,** *adj*. –*n*. **1.** a member of the brown-skinned Polynesian people of NZ. **2.** a Polynesian language, the language of the Maoris. –*adj*. **3.** of or relating to the Maoris or their language.

Maori basket *n*. → **kit²**.

Maori hen *n*. → **weka**.

Maori oven *n*. → **hangi**.

Maori rat *n*. the rat, *Rattus exulans*, introduced by the Maoris to New Zealand; kiore.

Maoritanga /maʊrɪtʌŋə/ *n*. the qualities inherent in being a Maori, relating to heritage, culture, etc.

map /mæp/ *n., v.* **mapped, mapping.** –*n.* **1.** a representation, on a flat surface, of a part or the whole of the earth's surface, the heavens, or a heavenly body. **2.** a maplike representation of anything. –*v.t.* **3.** to represent or delineate in or as in a map. –*phr.* **4. map out,** to sketch or plan. **5. off the map,** out of existence, into oblivion: *whole cities were wiped off the map*. **6. put on the map,** to make widely known; make famous.

maple /'meɪpəl/ *n*. any tree of the genus *Acer*, of the north temperate zone, species of which are valued for shade and ornament, for their wood, or for their sap, from which a syrup (**maple syrup**) and a sugar (**maple sugar**) are obtained.

mapou /'mapoʊ/ *n*. *Australasia* a small New Zealand tree, *Myrsine australis*, with aromatic leaves. Also, **matipo**.

mar /ma/ *v.t.* **marred, marring. 1.** to damage; impair; ruin. **2.** to disfigure; deface.

maraca /mə'rækə/ *n*. a gourd filled with pebbles, seeds, etc., and used as a percussion instrument in Latin-American bands.

marathon /'mærəθɒn, -θən/ *n*. **1.** any long-distance race. **2.** a foot race of 26 miles and 385 yards, or 42 195 metres. **3.** any long contest with endurance as the primary factor: *a dance marathon*.

maraud /mə'rɔd/ *v.i.* **1.** to rove in quest of plunder; make a raid for booty. –*v.t.* **2.** to raid for plunder. –**marauder** *n*. –**marauding** *adj*.

marble /'mabəl/ *n., adj., v.* **-bled, -bling.** –*n.* **1.** limestone in a more or less crystalline state and capable of taking a polish, occurring in a wide range of colours and variegations, and much used in sculpture and architecture. **2.** a variety of this stone. **3.** a piece of this stone. **4.** a work of art carved in marble. **5.** a marbled appearance or pattern; marbling. **6.** something resembling marble in hardness, coldness, smoothness, etc. **7.** *Games* a little ball of stone, baked clay, glass, etc., used in the game of marbles. **8.** (*plural construed as singular*) the game in which marbles (def. 7) are rolled or thrown at each other in accordance with various rules. –*adj.* **9.** consisting of marble. **10.** like marble, as being hard, cold, unfeeling, etc. **11.** of variegated or mottled colour. –*v.t.* **12.** to colour or stain like a variegated marble. –*phr.* **13. lose one's marbles,** *Colloquial* to act irrationally; go mad. **14. make one's marble good,** *Australian Colloquial* (sometimes fol. by *with*) to ingratiate oneself. **15. pass in one's marble,** *Australian Colloquial* to die. –**marbly** *adj*.

march¹ /matʃ/ *v.i.* **1.** to walk with regular and measured tread, as soldiers; advance in step in an organised body. **2.** to walk in a stately or deliberate manner. **3.** to proceed; advance. –*v.t.* **4.** to cause to march. –*n.* **5.** the act or course of marching. **6.** the distance traversed in a single course of marching. **7.** advance; forward movement: *the march of progress.* **8.** a piece of music with a rhythm suited to accompany marching. –*phr.* **9. steal a march,** (sometimes fol. by *on* or *upon*) to gain an advantage secretly or slyly.

march² /matʃ/ *n*. **1.** a tract of land along a border of a country; frontier. –*phr.* **2. march on** (or **upon**), to touch at the border; border.

March /matʃ/ *n*. the third month of the year, containing 31 days.

marching orders *pl. n.* **1.** *Military* directions to soldiers to proceed in order to take position for battle, etc.: *the brigade received its marching orders shortly after the general's visit.* **2.** *Colloquial* orders to leave; dismissal (from a job, etc.).

marchioness /maʃə'nɛs/ *n.* **1.** the wife or widow of a marquess. **2.** a woman holding in her own right the rank equal to that of a marquess.

mare¹ /mɛə/ *n*. a female horse, fully grown and past its fourth birthday.

mare² /'mareɪ/ *n*. **maria** /'mariə/. any of several large, dark plains on the moon or the planet Mars.

margarine /madʒə'rin, mag-, 'madʒərən/ *n*. a butter-like product made from refined vegetable or animal oils or various mixtures of both, and emulsifiers, colouring matter, etc.

margin /'madʒən/ *n*. **1.** an edge; border. **2.** the space beside the writing on a page. **3.** a limit, or a condition, etc., beyond which something ceases to exist or be possible: *the margin of understanding.* **4.** an amount allowed beyond what is actually necessary: *a margin of error.* **5.** *Finance* an amount of money (security), left with a broker to provide against loss in business dealings. **6.** *Commerce* the difference between the cost of a product and the amount for which it is sold. **7.** *Economics* the point at which the return barely covers the cost of production, and below which production is unprofitable. **8.** that part of a wage, added to the basic wage, offered because of the employee's particular skills. **9.** an allowance made as a safety precaution: *a margin of safety*.

marginal /'madʒənəl/ *adj*. **1.** relating to a margin. **2.** situated on the edge or border. **3.** written in the margin of a page: *a marginal note*. **4.** barely enough; slight. **5.** *Economics* **a.** supplying goods at a rate just covering the cost of production. **b.** of or relating to goods produced and marketed at margin: *marginal profits*. **6.** of or relating to an electoral division in which the outcome of voting is likely to result in victory only by a small amount. **7.** of or relating to the rate at which the margin (def. 8) is paid. –**marginally** *adv*.

marigold /'mærɪgoʊld/ *n*. **1.** any of the various chiefly golden-flowered plants especially of the genus *Tagetes*, as *T. erecta*, with strong-scented foliage. **2.** any of various other plants, especially of the genus *Calendula*, as *C. officinalis*, a common garden plant of some use in dyeing and medicine.

marijuana = marihuana /mærə'wanə/ *n.* **1.** the Indian hemp, *Cannabis sativa*. **2.** its dried leaves and flowers, used in cigarettes and food as a narcotic and intoxicant.

marina /mə'rinə/ *n.* a facility offering docking and other services for small craft.

marinade /mærə'neɪd/ *n.*, /'mærəneɪd/ *v.* **-naded, -nading.** *–n.* **1.** a liquid, especially wine or vinegar with oil and seasonings, in which meat, fish, vegetables, etc., may be steeped before cooking. *–v.t.* **2.** → **marinate**.

marinate /'mærəneɪt/ *v.t.* **-nated, -nating. 1.** to let stand in a liquid before cooking or serving in order to impart flavour; marinade. **2.** to apply French dressing to (a salad). **–marination** /mærə'neɪʃən/ *n.*

marine /mə'rin/ *adj.* **1.** of or relating to the sea; existing in or produced by the sea. **2.** relating to navigation or shipping; nautical; naval; maritime. **3.** serving on shipboard, as soldiers. **4.** of or belonging to the marines. **5.** adapted for use at sea: *a marine barometer*. *–n.* **6.** seagoing vessels collectively, especially with reference to nationality or class; shipping in general. **7.** one of a class of naval troops serving both on shipboard and on land. *–phr.* **8. dead marine**, *Colloquial* an empty and discarded beer, wine, or spirits bottle. **9. tell it (or that) to the marines**, (an expression of disbelief, especially at an unlikely story).

mariner /'mærənə/ *n.* a seaman; sailor.

marionette /mærɪə'nɛt/ *n.* a puppet moved by strings attached to its jointed limbs.

marital /'mærətəl/ *adj.* **1.** having to do with marriage. **2.** having to do with a husband. **–maritally** *adv.*

marital rape *n.* the rape of a woman by her husband.

maritime /'mærətaɪm/ *adj.* **1.** having to do with shipping, navigation at sea, etc.: *maritime law.* **2.** having to do with the sea. **3.** living near the sea.

marjoram /'madʒərəm/ *n.* any plant of the mint family belonging to the genera *Origanum* or *Majorana*, used in cookery.

mark¹ /mak/ *n.* **1.** a visible trace or impression upon anything, as a line, cut, dent, stain, bruise, etc. **2.** a badge, brand, or other visible sign assumed or imposed. **3.** a symbol used in writing or printing: *a punctuation mark*. **4.** a sign, usually a cross, made by an illiterate person by way of signature. **5.** an affixed or impressed device, symbol, inscription, etc., serving to give information, identify, indicate origin or ownership, attest to character or comparative merit, or the like. **6.** a sign, token, or indication. **7.** a symbol used in rating conduct, proficiency, attainment, etc., as of pupils in a school. **8.** something serving as an indication of position, as a bookmark. **9.** a recognised or required standard: *to be below the mark.* **10.** repute; note; importance, or distinction: *a student of mark*. **11.** a distinctive trait. **12.** (*usually cap.*) a designation for a model of a weapon, an item of military equipment, a motor vehicle, or the like, generally used together with a numeral: *the Mark-4 weapon-carrier*. **13.** an object aimed at, as a target. **14.** *Colloquial* a person who is chosen to be the object of a swindle: *she was following her mark*. **15.** an object of derision, scorn, hostile schemes, etc. **16.** *Athletics* the starting point allotted to a contestant. **17.** *Australian Rules* **a.** the action of catching the ball on the full, after it has travelled not less than nine metres directly from the kick of another player without it having been touched while in transit from kick to catch. **b.** the place on the field where the mark was made, or where an infringement resulting in a free kick took place, and from or behind which the player must then kick. **c.** the field umpire's decision that the catch has been fairly taken. **d.** a player skilled in taking marks (def. 17a). *–v.t.* **18.** to be a distinguishing feature of: *a day marked by rain.* **19.** to put a mark or marks on. **20.** to attach or affix to (something) figures or signs indicating price, quality, brand name, etc. **21.** to judge and record the quality or correctness of (exam papers, etc.). **22.** to castrate (a lamb, calf, etc.); usually associated with other procedures such as docking, ear-marking, drenching, etc. **23.** to indicate or designate by or as by marks. **24.** to give heed or attention to: *mark my words.* **25.** to notice or observe. **26.** *Sport* to observe and keep close to (an opponent) with the intention of obtaining advantage. *–v.i.* **27.** to take notice; give attention; consider. *–phr.*

28. be quick off the mark, a. (of a competitor in a race) to start promptly. **b.** to be prompt in recognising and acting upon the possibilities of a situation.

29. be slow off the mark, a. (of a competitor in a race) to start slowly. **b.** to be sluggish or slow to start something.

30. easy mark, an object or target which can be easily achieved or exploited.

31. give full (or top) marks, (sometimes fol. by *to*) to approve warmly.

32. give someone a bad mark, to disapprove of someone.

33. give someone a good mark, to approve of someone.

34. leave one's mark, to effect lasting changes.

35. make one's mark, to become famous or successful.

36. mark down, to reduce the price of.

37. mark off, to separate, as by a line or boundary.

38. mark out, a. to trace or form by or as by marks. **b.** to single out; destine.

39. mark time, a. to suspend advance or progress temporarily as while awaiting development. **b.** *Military* to move the feet alternately as in marching, but without advancing.

40. mark up, a. to mark with notations or symbols. **b.** to increase the price of.

41. mark you, (used to foreground the adjacent sentence weakly): *mark you, it'll be over by Christmas*.

42. on your mark(s), (addressed to competitors at the beginning of a race) take your places!

43. overshoot the mark, to err by overestimating the requirements of a situation.

44. overstep the mark, a. (of a competitor in a race) to break the rules by placing a foot over or beyond the mark before the start of the race. **b.** to transgress the accepted standards of behaviour.

45. up to the mark, of the required standard.

46. wide of the mark, inaccurate; irrelevant.

mark² /mak/ *n.* **1.** a former silver coin of Germany, until 1924 the monetary unit. **2.** → **deutschmark**.

marked /makt/ *adj.* **1.** strikingly noticeable; conspicuous: *with marked success.* **2.** *Linguistics* (of a phonetic or syntactic unit) abnormal; more complex or more unexpected than an opposed unit. **3.** watched as an object for suspicion or vengeance: *a marked man.* **4.** having a mark or marks. **–markedly** /'makədli/ *adv.* **–markedness** *n.*

marker /'makə/ *n.* **1.** something used as a mark or indication, as a bookmark, etc. **2.** someone who records a score, as in a game, etc. **3.** a counter used in card-playing.

market /'makət/ *n.* **1.** a meeting of people for selling and buying. **2.** the assemblage of people at such a meeting. **3.** an open space or a covered building where such meetings are held, especially for the sale of food, etc. **4.** a store for the sale of food. **5.** trade or traffic, especially as regards a particular commodity. **6.** a body of persons carrying on extensive transactions in a specified commodity: *the cotton market.* **7.** the field of trade or business: *the best shoes on the market.* **8.** demand for a commodity: *an unprecedented market for leather.* **9.** a region where anything is or may be sold: *the foreign market.* **10.** current price or value: *a rising market.* –*v.i.* **11.** to deal (buy or sell) in a market. –*v.t.* **12.** to carry or send to market for disposal. **13.** to dispose of in a market; sell. –*phr.* **14. at the market**, at the best obtainable price in the open market. **15. go to market**, *Australian, NZ Colloquial* to become angry, excited, or unmanageable. **16. in the market for**, ready to buy; seeking to buy. **17. on the market**, for sale; available. **18. play the market**, to speculate on the stock exchange. –**marketeer** *n.*

marketable /'makətəbəl/ *adj.* **1.** readily saleable. **2.** having to do with selling or buying. –**marketability** /makətə'bɪləti/, **marketableness** *n.*

market economy *n.* an economic structure in which the allocation of resources is achieved by the interdependent decisions of persons supplying and demanding those resources rather than by the decisions of a centralised planning agency such as a bureaucracy.

market garden *n.* a garden or smallholding where vegetables and fruit are grown for sale. –**market gardener** *n.* –**market gardening** *n.*

marketing /'makətɪŋ/ *n.* **1.** the total process whereby goods are put on to the market. **2.** the act of buying or selling in a market.

market research *n.* the gathering of information by a firm about the preferences, purchasing powers, etc., of consumers, especially as a preliminary to putting a product on the market.

marksman /'maksmən/ *n.* -**men**. **1.** someone skilled in shooting at a mark; someone who shoots well. **2.** *Law* someone unable to write who signs with a mark, usually X. –**marksmanship** *n.* –**markswoman** *fem. n.*

markup language /'makʌp læŋgwɪdʒ/ *n. Computers* a computer language in which various elements of a document, database, etc., are marked with tags, providing a flexible means of arranging and retrieving data. See **HTML**, **SGML**.

marl /mal/ *n.* **1.** a soil or earthy deposit consisting of clay and calcium carbonate, used especially as a fertiliser. **2.** compact, impure limestones. **3.** *Poetic* earth. –*v.t.* **4.** to fertilise with marl. –**marlaceous** /ma'leɪʃəs/, **marly** *adj.*

marlin /'malən/ *n.* any of various species of large, powerful, game fishes having the upper jaw elongated into a rounded spear, as the **striped marlin**, *Makaira audax*, which is found seasonally in coastal waters of eastern Australia.

marmalade /'maməleɪd/ *n.* a jelly-like preserve with fruit (usually citrus) suspended in small pieces.

marmoreal /ma'mɔriəl/ *adj.* of or like marble. Also, **marmorean**.

marmot /'mamət/ *n.* any of the bushy-tailed, thickset rodents constituting the genus *Marmota*, as the common woodchuck. **2.** any of certain related animals, as the prairie dogs.

maroon[1] /mə'ruːn, mə'rʌn/ *n.* **1.** dark brownish red. **2.** a firework exploding with a loud report, especially one used as a warning or distress signal.

maroon[2] /mə'rʌn/ *v.t.* **1.** to put ashore and leave on a desolate island or coast by way of punishment, as was done by buccaneers, etc. **2.** to isolate as if on a desolate island.

marquee /ma'ki/ *n.* a large tent or tentlike shelter, sometimes with open sides, especially one for temporary use providing refreshment, entertainment, etc.

marquess /'makwəs/ *n.* a nobleman ranking next below a duke and above an earl or count. Also, **marquis**.

marquise /ma'kiz/ *n.* **1.** the wife or widow of a marquess. **2.** a woman holding in her own right the rank equal to that of a marquess. **3.** a common diamond shape, pointed oval, usually with normal brilliant facets. **4.** a rooflike shelter or canopy, as of glass, projecting above the outer door of a building and over a pavement or terrace. **5.** → **marquee**.

marriage /'mærɪdʒ/ *n.* **1.** the legal union of a man with a woman for life; state or condition of being married; the legal relation of spouses to each other; wedlock. **2.** the religious or legal ceremony that sanctions or formalises the decision of a man and woman to live as husband and wife. **3.** any intimate union. **4.** *Economics* the offsetting of a buying order and a selling order in a broker's office, both orders having been placed by the broker's clients.

marriage celebrant *n.* someone who performs a marriage, especially in a civil marriage service.

married /'mærid/ *adj.* **1.** united in wedlock; wedded. **2.** relating to marriage or married persons.

marron[1] /'mærən/ *n.* a chestnut; especially as used in cookery, or candied or preserved in syrup.

marron[2] /'mærən/ *n.* a large freshwater crayfish of western Australia, *Cherax tenuimanus*.

marrow /'mæroʊ/ *n.* **1.** a soft, fatty vascular tissue in the interior cavities of bones. **2.** the inmost or essential part. **3.** strength or vitality. **4.** rich and nutritious food. **5.** the elongated fruit of a cultivated variety of *Cucurbita pepo*, widely used as a cooked vegetable; vegetable marrow.

marrowbone /'mæroʊboʊn/ *n.* **1.** a bone containing edible marrow. **2.** (*plural*) (*humorous*) the knees. **3.** (*plural*) → **crossbones**.

marry /'mæri/ *v.* -**ried**, -**rying**. –*v.t.* **1.** to take in marriage. **2.** to unite as husband and wife. **3.** to give in marriage. **4.** to unite closely. –*v.i.* **5.** to take a husband or wife; wed. –**marrier** *n.*

marsala /mə'salə, ma-/ *n.* **1.** a sweet, dark, fortified wine. **2.** (in unofficial use) any similar sweet wine made elsewhere.

marsh /maʃ/ *n.* a tract of low, wet land; a swamp.

marshal /'maʃəl/ *n., v.* -**shalled** or *Chiefly US* -**shaled**, -**shalling** or *Chiefly US* -**shaling**. –*n.* **1.** an officer of the highest rank in the armed forces. See Appendix. **2.** the title of various officials having certain police duties. **3.** a high officer of a royal household. **4.** a person who arranges or runs ceremonies, races, etc. –*v.t.* **5.** to arrange in proper order. **6.** to organise for battle, etc. **7.** to lead. –**marshalcy**, **marshalship** *n.* –**marshaller** *n.*

marshmallow /'maʃmæloʊ, -mɛl-/ *n.* a confection with an elastic, spongy texture, sometimes tinted pink or other colours, usually containing gelatine, sugar, and flavouring.

marsupial /ma'supiəl, -'sjup-/ *adj.* **1.** having to do with a marsupium. **2.** having to do with the marsupials. –*n.* **3.** any of the Marsupialia, the order which includes all of the viviparous but non-placental mammals such as kangaroos, wombats, possums and related animals, found chiefly in the Australian region and in South and Central America. The female of most species has a marsupium.

marsupial mouse *n.* any of various small Australian carnivorous marsupials superficially resembling mice or small rats.

marsupium /ma'sjupiəm, -sjup-/ *n.* **-pia** /-piə/. **1.** the pouch or fold of skin on the abdomen of a female marsupial which contains the mammary glands and serves as a receptacle for the developing young. **2.** a structure in certain other animals for enclosing eggs or young.

mart /mat/ *n.* **1.** market; trading centre. **2.** a shop.

marten /'matɪn/ *n.* **-tens**, (*especially collectively*) **-ten**. any of various slender, fur-bearing carnivores of the genus *Martes*, as the American **pine marten**, *M. americana*, of the northern US and Canada.

martial /'maʃəl/ *adj.* **1.** inclined or disposed to war; warlike; brave. **2.** relating to or appropriate for war: *martial music.* **3.** characteristic of or befitting a warrior: *a martial stride.* **–martially** *adv.* **–martialness** *n.*

martial arts *pl. n.* the several methods of unarmed self-defence originating in China, Korea, and Japan, as judo, kung-fu, etc.

martial law *n.* the law imposed upon an area by military forces when civil authority has broken down.

martin /'matɪn/ *n.* any of various small, insectivorous birds, resembling and related to the swallows, which breed in colonies, as the **tree martin**, *Petrochelidon nigricans*, and the **fairy martin**, *Petrochelidon ariel*, widely distributed in Australia, or the common European **house martin**, *Chelidon urbica*.

martinet /matə'nɛt/ *n.* a rigid disciplinarian, especially a military one. **–martinetish** *adj.* **–martinetism** *n.*

martini /ma'tini/ *n.* a cocktail of gin and vermouth.

martyr /'matə/ *n.* **1.** someone who is put to death or endures great suffering on behalf of any belief, principle, or cause. **2.** someone undergoing severe or constant suffering. *–v.t.* **3.** to put to death as a martyr. **4.** to make a martyr of. **5.** to torment or torture.

marvel /'mavəl/ *n., v.* **-velled** or *Chiefly US* **-veled, -velling** or *Chiefly US* **-veling.** *–n.* **1.** a wonderful thing; a wonder or prodigy; something that arouses wonder or admiration. *–v.t.* **2.** to wonder at (usually followed by a clause as object). **3.** to wonder or be curious about (usually followed by a clause as object). *–v.i.* **4.** to be affected with wonder, as at something surprising or extraordinary.

marvellous /'mavələs/ *adj.* **1.** such as to excite wonder; surprising, extraordinary. **2.** excellent; superb. **3.** improbable or incredible (often used absolutely in the phrase **the marvellous**). **–marvellously** *adv.* **–marvellousness** *n.*

Marxism /'maksɪzəm/ *n.* the system of thought developed by Karl Marx, together with Friedrich Engels, especially the doctrine that the state throughout history has been a device for the exploitation of the masses by a dominant class, that class struggle has been the main agency of historical change, and that the capitalist state will inevitably be superseded by a socialist order and a classless society.

marzipan /'mazəpæn/ *n.* a confection made of almonds reduced to a paste with sugar, etc., and moulded into various forms, usually diminutive fruits and vegetables.

mascara /mæs'karə/ *n.* a substance used as a cosmetic to colour the eyelashes.

mascot /'mæskɒt/ *n.* a person, animal, or thing supposed to bring good luck.

masculine /'mæskjələn/ *adj.* **1.** having manlike qualities; manly: *a masculine voice.* **2.** relating to or characteristic of a man: *masculine clothes.* **3.** *Grammar* of or relating to the gender to which males, and things classified by convention as masculine, belong. **4.** (of rhyming words) having the final syllable stressed as in *defend, pretend.* **5.** (of a woman) mannish. *–n.* **6.** *Grammar* the masculine gender. **7.** a noun or another element marking that gender. **–masculinely** *adv.* **–masculinity** /mæskjə'lɪnəti/, **masculineness** *n.*

mash /mæʃ/ *n.* **1.** a soft mass. **2.** a soft condition. **3.** a mixture of boiled grain, bran, etc., fed warm to horses and cattle. *–v.t.* **4.** to crush. **5.** to reduce to a soft mass, as by heating or pressure. **6.** to mix (crushed malt, etc.) with hot water.

mask /mask/ *n.* **1.** a covering for the face, especially one worn to change the appearance. **2.** anything that hides or alters; disguise; pretence. **3.** a likeness of a face, as one moulded in plaster after death. **4.** a likeness of a face or head, often ugly, used as an ornament. **5.** a covering of wire, gauze, tinted glass, cloth, etc., to protect the face, as from dust, smoke, glare, etc. **6.** → **gasmask.** **7.** any of various devices, used by skin-divers to protect the face. *–v.t.* **8.** to hide; disguise. **9.** to cover with a mask. *–v.i.* **10.** to put on a mask; disguise oneself.

masking tape *n.* an adhesive tape used for defining edges and protecting surfaces not to be painted.

masochism /'mæsəkɪzəm/ *n.* **1.** the condition in which sexual gratification depends on suffering. **2.** a condition in which one compulsively seeks, and sometimes derives pleasure from, suffering, as humiliation, pain, etc. **–masochist** *n.* **–masochistic** /mæsə'kɪstɪk/ *adj.*

mason /'meɪsən/ *n.* **1.** someone who builds or works with stone. **2.** (*often cap.*) → **Freemason.**

masonic /mə'sɒnɪk/ *adj.* (*often cap.*) relating to or characteristic of Freemasons or Freemasonry.

masonite /'meɪsənaɪt/ *n.* a kind of wood-fibre material, pressed in sheets and used for partitions, insulation, etc.

masonry /'meɪsənri/ *n.* **-ries. 1.** the art or occupation of a mason. **2.** work constructed by a mason.

masquerade /mæskə'reɪd, mas-/ *n., v.* **-raded, -rading.** *–n.* **1.** a gathering of persons wearing masks and often fantastic costumes, for dancing, etc. **2.** a false outward show; disguise. *–v.i.* **3.** to go about with a false character. **4.** to change oneself, as with a mask. **5.** to take part in a masquerade. **–masquerader** *n.*

mass¹ /mæs/ *n.* **1.** a body of coherent matter, usually of indefinite shape and often of considerable size: *a mass of dough.* **2.** an aggregation of incoherent particles, parts, or objects regarded as forming one body: *a mass of sand.* **3.** a considerable assemblage, number, or quantity: *a mass of errors; a mass of troops.* **4.** an expanse, as of colour, light, or shade in a painting. **5.** the main body, bulk, or greater part of anything: *the great mass of Australian products.* **6.** bulk, size, or massiveness. **7.** *Physics* that property of a body, commonly but inadequately defined as the measure of the quantity of matter in it, to which its inertia is ascribed, and expressed as the weight of the body divided by the acceleration due to gravity. *–adj.* **8.** relating to or involving a large number of people: *a mass exodus; mass hysteria.* **9.** large-scale or wide-reaching: *mass destruction.* *–v.i.* **10.** to come together in or form a mass or masses: *the clouds are massing in the west.* *–v.t.* **11.** to gather into or dispose in a mass or masses; assemble: *the houses are massed in blocks; to mass troops.* *–phr.* **12. in the mass,** in the main; as a whole. **13. the masses,** the great body of the common people; the working classes or lower

mass² **/mæs/ *n.* **1. the celebration of the Eucharist. **2.** a musical setting of certain parts of this service (now chiefly as celebrated in the Roman Catholic Church), as the Kyrie eleison, Gloria, Credo, Sanctus, Benedictus and Agnus Dei. Also, **Mass**.

massacre /'mæsəkə/ *n., v.* **-cred, -cring.** *—n.* **1.** the unnecessary, indiscriminate slaughter of human beings. *—v.t.* **2.** to kill indiscriminately or in a massacre. **—massacrer** *n.*

massage /'mæsɑʒ, 'mæsɑdʒ/ *n., v.* **-saged, -saging.** *—n.* **1.** the act or art of treating the body by rubbing, kneading, or the like, to stimulate circulation, increase suppleness, etc. *—v.t.* **2.** to treat by massage. **—massager, massagist** *n.* **—massageuse** /mæsɑ'ʒɜz/ *fem. n.*

masseur /mæ'sɜ/ *n.* a man who practises massage. **—masseuse** /mæ'sɜz/ *fem. n.*

massif /'mæsif/ *n. Physical Geography* a compact portion of a mountain range, containing one or more summits.

massive /'mæsɪv/ *adj.* **1.** consisting of or forming a large mass. **2.** large, in size or amount. **3.** solid; substantial; great. **4.** *Mineralogy* without outward crystal form. **5.** *Geology* → **homogeneous**. **—massively** *adv.* **—massiveness** *n.*

mass media *n.* the means of communication, as radio, television, newspapers, magazines, etc., that reach large numbers of people. Also, **the media**.

mass-produce /mæs-prə'djus/ *v.t.* **-duced, -ducing.** to manufacture in large quantities by standardised mechanical processes.

mast /mast/ *n.* **1.** a tall spar rising more or less vertically from the keel or deck of a vessel, which supports the yards, sails, etc. **2.** any upright pole, as a support for an aerial, etc. **—mastlike** *adj.*

mast- variant of **masto-**, before vowels, as in *mastectomy*.

mastectomy /mæs'tɛktəmi/ *n.* **-mies.** *Surgery* the operation of removing the breast or mamma.

master /'mastə/ *n.* **1.** one who has the power of controlling, using, or disposing of something: *a master of several languages.* **2.** an employer of workers or servants. **3.** Also, **master mariner.** the commander of a merchant vessel. **4.** the male head of a household. **5.** an owner of a slave, horse, dog, etc. **6.** a presiding officer. **7.** a male teacher, tutor, or schoolmaster. **8. a.** a person whose teachings one accepts or follows. **b.** (*cap.*) Christ. **9.** a victor. **10.** a tradesperson qualified to carry on their trade independently and to teach apprentices. **11.** a person eminently skilled in something, as an occupation, art, or science. **12.** a bridge or chess player who has won or been placed high in a certain number of officially recognised tournaments. **13.** *Law* a legally qualified officer of a Supreme Court, empowered to perform auxiliary judicial duties. **14.** *Education* one who has been awarded a master's degree. **15.** a boy or young man (used chiefly as a term of address). **16.** the head of a college at certain universities. **17.** the head teacher in a particular subject department in a secondary school: *the history master.* **18.** an original matrix, especially the first pressing of a gramophone record. **19.** *Music* **a.** an original recording from which copies, remixes etc. are made. **b.** the final mix of a multi-track recording. *—adj.* **20.** being master, or exercising mastery. **21.** chief or principal: *the master bedroom.* **22.** directing or controlling. **23.** dominating or predominant. **24.** being a master carrying on his trade independently, rather than a workman employed by another. **25.** being a master of some occupation, art, etc.; eminently skilled. **26.** characteristic of a master; showing mastery. *—v.t.* **27.** to conquer or subdue; reduce to subjection. **28.** to rule or direct as master. **29.** to make oneself master of;

to become an adept in. *—phr.* **30. be master in one's own house,** to manage one's own affairs without interference. **31. be one's own master,** to be completely free and independent. **32. master and servant,** *Law* the relationship which exists when the master or employer has the right to direct the servant or employee what to do, and to control how it is done; a master is liable for a tort committed by the servant in the course of his or her employment. **—masterdom, mastery** *n.* **—masterful** *adj.* **—masterless** *adj.* **—masterly** *adj.*

master key *n.* a key that will open a number of locks whose proper keys are not interchangeable. Also, **pass key**.

mastermind /'mastəmaɪnd/ *v.t.* **1.** to plan and direct activities skilfully: *the revolt was masterminded by two colonels. —n.* **2.** someone who originates or is mainly responsible for the carrying out of a particular project, scheme, etc.

master of ceremonies *n.* someone who directs the entertainment at a party, dinner, etc. Also, **emcee, MC**.

masterpiece /'mastəpis/ *n.* **1.** one's most excellent production, as in an art: *the masterpiece of a painter.* **2.** any production of masterly skill. **3.** a consummate example of skill or excellence of any kind.

masterstroke /'mastəstroʊk/ *n.* a masterly action or achievement.

masthead /'masthɛd/ *n.* **1.** *Nautical* the top or head of the mast of a ship or vessel; usually the top of the highest mast in one vertical line. **2.** a statement printed at the top of the front page in all issues of a newspaper, magazine, etc., giving the name, owner, staff, etc.

mastic /'mæstɪk/ *n.* **1.** an aromatic, astringent resin obtained from a small evergreen tree, *Pistacia lentiscus,* native to the Mediterranean region, used in making varnish. **2.** *Building Trades* **a.** any of various preparations used for sealing joints, window frames, etc. **b.** a pasty form of cement used for filling holes in masonry or plastered walls.

masticate /'mæstəkeɪt/ *v.i.* **-cated, -cating.** **1.** to chew. **2.** to reduce to a pulp by crushing or kneading, as rubber. **—mastication** /mæstə'keɪʃən/ *n.* **—masticator** *n.*

mastiff /'mæstɪf/ *n.* one of a breed of large, powerful, short-haired dogs having an apricot, fawn, or brindled coat.

mastitis /mæs'taɪtəs/ *n. Pathology* inflammation of the breast.

masto- a word element meaning 'breast' or 'mastoid'. Also, **mast-**.

masturbation /mæstə'beɪʃən/ *n.* sexual stimulation not involving intercourse; sexual self-gratification; onanism. **—masturbate** *v.*

mat¹ /mæt/ *n., v.* **matted, matting.** *—n.* **1.** a piece of fabric made of plaited or woven rushes, straw, hemp, or other fibre, used to cover a floor, to wipe the shoes on, etc. **2.** a small piece of material, often ornamental, set under a dish of food, a lamp, vase, etc. **3.** a thick covering, as of padded canvas, laid on a floor on which wrestlers contend. **4.** *NZ* a Maori cloak. **5.** a thickly growing or thick and tangled mass, as of hair or weeds. *—v.t.* **6.** to cover with or as with mats or matting. **7.** to form into a mat, as by interweaving. *—v.i.* **8.** to become entangled; from tangled masses. *—phr.* **9. put on the mat,** to reprimand.

mat² /mæt/ *n., v.* **matted, matting.** *—n.* **1.** a piece of cardboard or other material placed round a photograph, painting, etc., to serve as a frame or border. *—v.t.* **2.** to provide (a picture) with a mat.

matador /'mætədɔ/ *n.* the bullfighter who has the

matagouri /mætə'guri/ *n.* a thorny bush or small tree of New Zealand, *Discaria toumatou*, forming thickets on wastelands; Irishman; wild Irishman. Also, **tumatakuru**, **matagory**, **matagowry**.

matai /'mætaɪ/ *n.* a coniferous, evergreen tree of New Zealand, *Podocarpus spicatus*, with a bluish bark and small, narrow leaves, reaching a height of 20–25 metres; black pine.

match[1] /mætʃ/ *n.* **1.** a short, slender piece of wood or other material tipped with a chemical substance which produces fire when rubbed on a rough or chemically prepared surface. **2.** a wick, cord, or the like, prepared to burn at an even rate, used to fire cannon, etc.

match[2] /mætʃ/ *n.* **1.** a person or thing that equals or looks like another in some way. **2.** a person or thing that is an exact copy of another; pair. **3.** someone able to handle another as an equal. **4.** a contest; game. **5.** a person suitable as a partner in marriage. **6.** a marriage arrangement. *–v.t.* **7.** to equal, or be equal to. **8.** to be the match of. **9.** to make similar to; adapt. **10.** to fit together. **11.** to produce an equal to: *I will match your offer.* **12.** to place in opposition. **13.** to provide with a competitor of equal power. **14.** to prove a match for. **15.** to unite in marriage. *–v.i.* **16.** to be equal. **17.** to be similar in size, shape, etc. **–matchable** *adj.* **–matchless** *adj.* **–matcher** *n.*

match point *n. Sport* the final point needed to win a contest.

mate[1] /meɪt/ *n.*, *v.* **mated**, **mating**. *–n.* **1.** one joined with another in any pair. **2.** a counterpart. **3.** husband or wife. **4.** one of a pair of mated animals. **5. a.** a habitual associate; comrade; friend; intimate: *they've been good mates from way back.* **b.** *Australian, NZ* (a form of address): *how are you going, mate?* **6.** an officer of a merchant vessel who ranks below the captain or master (called **first mate**, **second mate**, etc., when there are more than one on a ship). **7.** an assistant to a tradesperson. *–v.t.* **8.** to join as a mate or as mates. **9.** to match or marry. **10.** to pair, as animals. **11.** to join suitably, as two things. **12.** to treat as comparable, as one thing with another. *–v.i.* **13.** (of animals) to copulate. *–phr.* **14. be mates with**, to be good friends with. **15. mates rates**, *Australian, NZ Colloquial* specially cheap rates for friends.

mate[2] /meɪt/ *n.*, *v.t.* **mated**, **mating**. → **checkmate**.

material /mə'tɪəriəl/ *n.* **1.** the substance or substances of which a thing is made or composed. **2.** any constituent element of a thing. **3.** anything serving as crude or raw matter for working upon or developing. **4.** a person demonstrating potential in a particular skill or occupation: *he's good foreman material.* **5.** information, ideas, or the like on which a report, thesis, etc., is based. **6.** a textile fabric. **7.** *(plural)* articles of any kind requisite for making or doing something: *writing materials. –adj.* **8.** formed or consisting of matter; physical; corporeal: *the material world.* **9.** relating to, concerned with, or involving matter: *material force.* **10.** concerned or occupied unduly with corporeal things or interests. **11.** relating to the physical rather than the spiritual or intellectual aspect of things: *material civilisation.* **12.** of substantial import or much consequence. **13.** *Law* (of evidence, etc.) likely to influence the determination of a cause. *–phr.* **14. material to**, pertinent or essential to. **–materially** *adv.* **–materialness** *n.*

materialise = **materialize** /mə'tɪəriəlaɪz/ *v.* **-lised**, **-lising**. *–v.t.* **1.** to give material form to. **2.** to take on material qualities. *–v.i.* **3.** to assume bodily form. **4.** to appear. **–materialiser** *n.* **–materialisation** /mətɪəriəlaɪ'zeɪʃən/ *n.*

materialism /mə'tɪəriəlɪzəm/ *n.* **1.** the philosophical theory which regards matter and its motions as constituting the universe, and all phenomena, including those of mind, as due to material agencies. **2.** *Ethics* the doctrine that the self-interest of the individual is or ought to be the first law of life. **3.** devotion to material rather than spiritual objects, needs, and considerations.

materialist /mə'tɪəriəlɒst/ *n.* **1.** an adherent of philosophical materialism. **2.** someone absorbed in material interests; someone who takes a material view of life. **–materialistic** /mətɪəriə'lɪstɪk/ *adj.* **–materialistically** /mətɪəriə'lɪstɪkli/ *adv.*

matériel /mə'tɪəriəl/ *n.* **1.** the aggregate of things used or needed in any business, undertaking, or operation (distinguished from *personnel*). **2.** *Military* arms, ammunition, and equipment in general.

maternal /mə'tɜnəl/ *adj.* **1.** having to do with, befitting, having the qualities of, or being a mother. **2.** derived from a mother. **3.** related through a mother: *his maternal aunt.* **–maternally** *adv.*

maternity /mə'tɜnəti/ *n.* **1.** the state of being a mother; motherhood. **2.** motherliness. *–adj.* **3.** belonging to or characteristic of motherhood or of the period of pregnancy.

mateship /'meɪtʃɪp/ *n.* **1.** the quality or state of being a mate. **2.** a code of conduct among men stressing equality and fellowship.

matey /'meɪti/ *adj. Colloquial* comradely; friendly.

mathematics /mæθə'mætɪks/ *n.* the science that deals with the measurement, properties, and relations of quantities, including arithmetic, geometry, algebra, etc. **–mathematical** *adj.*

maths /mæθs/ *n.* → **mathematics**.

matilda /mə'tɪldə/ *n. Australian, NZ Colloquial* a swag.

matinee /'mætəneɪ/ *n.* an entertainment, as a dramatic or musical performance, film, etc., held in the daytime, usually in the afternoon. Also, **matinée**.

matipo /'matipoʊ/ *n.* **1.** Also, **black matipo**. an evergreen tree, *Pittosporum tenuifolium* of New Zealand. **2.** Also, **red matipo**. → **mapou**.

matri- a word element meaning 'mother'.

matriarch /'meɪtriak, 'mæt-/ *n.* **1.** a woman holding a position of leadership in a family or tribe. **2.** a woman who dominates any group or field of activity. **–matriarchal**, **matriarchic** *adj.* **–matriarchy** *n.*

matrices /'meɪtrəsiz/ *n.* plural form of **matrix**.

matriculate /mə'trɪkjəleɪt/ *v.* **-lated**, **-lating**, /mə'trɪkjələt/ *n.* *–v.i.* **1.** to be admitted to membership, especially of a university or similar institution as a college of advanced education. **2.** to pass matriculation (def. 2). *–v.t.* **3.** to enrol or admit. *–n.* **4.** someone who has matriculated. **–matriculator**, **matriculant** *n.*

matriculation /mətrɪkjə'leɪʃən/ *n.* **1.** the process of being formally enrolled in or admitted to certain universities, or similar tertiary education institutions. **2.** a secondary-school examination in which a required level must be reached before qualification for admission to a tertiary education institution.

matrilineal /mætrə'lɪniəl/ *adj.* of, relating to, or founded on the recognition of kinship and descent through the female line. Also, **matrilinear**. **–matriline** *n.*

matrimony /'mætrəməni/ *n.* **-nies**. the rite, ceremony, or sacrament of marriage.

matrix /'meɪtrɪks/ *n.* **matrices** /'meɪtrəsiz/ *or* **matrixes**. **1.** that which gives origin or form to a thing. **2.** *Biology* the intercellular substance of a tissue. **3.** the rock in which a crystallised mineral is embedded. **4.** *Printing* a mould for casting. **5.** a positive or negative copy of an original disc recording, used in reproducing other copies. **6.** in a punching machine, a perforated block upon which the object to be punched is rested. **7.** *Mathematics, Computers* a rectangular array of numbers. **8.** *Computers* a rectangular array of logical elements acting as a selection system. **9.** *Geology* the material of smaller grainsize in a sedimentary rock containing material of two separate grainsizes.

matron /'meɪtrən/ *n.* **1.** a married woman, especially one of ripe years and staid character or established position. **2.** a woman in charge of the sick bay, as in a school or workplace, on board a ship, etc. **3.** (not in official use) a woman in charge of nursing, etc., in a hospital. **4.** a brood mare. **–matronal** *adj.* **–matronly** *adj.* **–matronage** *n.*

matt /mæt/ *adj.* **1.** lustreless and dull in surface. **–***n.* **2.** a dull or dead surface, without lustre, produced on metals, etc.; a roughened or frosted surface. **3.** a tool, as a punch, for producing such a surface. **–***v.t.* **4.** to finish with a matt surface. Also, **mat**; *US,* **matte**.

matted[1] /'mætəd/ *adj.* **1.** covered with a dense growth or a tangled mass. **2.** covered with mats or matting. **3.** formed into a mat; entangled in a thick mass. **4.** formed of mats, or of woven material.

matted[2] /'mætəd/ *adj.* having a dull finish.

matter /'mætə/ *n.* **1.** the substance or substances of which physical objects consist or are composed. **2.** physical or corporeal substance in general (whether solid, liquid, or gaseous), especially as distinguished from incorporeal substance (as spirit or mind), or from qualities, actions, etc. **3.** whatever occupies space. **4.** a particular kind of substance: *colouring matter.* **5.** some substance excreted by a living body, especially pus. **6.** the material or substance of a discourse, book, etc., often as distinguished from the form. **7.** things written or printed: *printed matter.* **8.** a thing, affair, or business: *a matter of life and death.* **9.** an amount or extent reckoned approximately: *a matter of ten kilometres.* **10.** something of consequence: *it is no matter.* **11.** importance or significance: *what matter?* **12.** *Printing* **a.** material for work; copy. **b.** type set up. **–***v.i.* **13.** to be of importance; signify: *it matters little.* **–***phr.* **14. as a matter of fact**, actually; in reality. **15. don't matter**, *Colloquial (humorous)* (an exclamation indicating amused resignation). **16. for that matter**, as far as that is concerned. **17. matter of course**, the logical and inevitable outcome of a sequence of events. **18. the matter**, the trouble or difficulty: *there is nothing the matter.*

matter-of-fact /mætər-əv-'fækt/ *adj.* adhering to actual facts; not imaginative; prosaic; commonplace.

matting /'mætɪŋ/ *n.* a coarse fabric of rushes, grass, straw, hemp, or the like, used for covering floors, wrapping, etc.

mattock /'mætək/ *n.* an instrument for loosening the soil in digging, shaped like a pickaxe, but having one end broad instead of pointed.

mattress /'mætrəs/ *n.* **1.** a case filled with soft material, as straw, cotton, etc., often reinforced with springs, and usually quilted or fastened together at intervals, used as or on a bed. **2.** a mat woven of brush, poles, or similar material used to prevent erosion of the surface of dikes, jetties, embankments, dams, etc.

matuku /mə'tuku/ *n.* a brown bittern, of New Zealand, *Botaurus poiciloptilus.*

mature /mə'tjuə/ *adj., v.* **-tured, -turing.** **–***adj.* **1.** complete in natural growth or development. **2.** ripe, as fruit. **3.** relating to full mental and emotional development; sensible and reasonable. **4.** *Commerce* having reached the limit of its time, i.e. become due or payable. **–***v.t.* **5.** to make mature; especially, to ripen. **6.** to bring to full development. **–***v.i.* **7.** to become mature; especially, to ripen. **8.** to come to full development. **–maturely** *adv.* **–matureness** *n.* **–maturation** /mætʃə'reɪʃən, -tʃu-/ *n.*

maturity /mə'tjurəti/ *n.* **1.** the state of being mature; ripeness. **2.** full development; perfected condition. **3.** *Physiology* the period following attainment of full development of bodily structure and reproductive faculty. **4.** *Commerce* **a.** the state of being due. **b.** the time when a note or bill of exchange becomes due.

maudlin /'mɔdlən/ *adj.* **1.** tearfully or weakly emotional or sentimental. **2.** tearfully or emotionally silly from drink. **–maudlinly** *adv.* **–maudlinness** *n.*

maul /mɔl/ *n.* **1.** a heavy hammer as for driving piles. **2.** *Rugby Union* a loose scrum around the ball carrier. **–***v.t.* **3.** to handle roughly; to injure by rough treatment. **4.** (of animals) to attack savagely and tear the flesh of. **5.** to criticise severely: *the critics mauled the play.* **–mauler** *n.*

mausoleum /mɔsə'liəm, mɔz-/ *n.* **-leums** *or* **-lea** /-'liə/. **1.** a stately and magnificent tomb. **2.** *Colloquial* a large unwelcoming building. **–mausolean** *adj.*

mauve /mouv/ *n.* **1.** pale bluish purple. **2.** a purple dye obtained from aniline, the first of the coal-tar dyes (discovered in 1856). **–***adj.* **3.** of the colour of mauve: *a mauve dress.*

maverick /'mævərɪk/ *n.* **1.** *US* (in cattle-raising regions) **a.** an animal found without an owner's brand. **b.** a calf separated from its dam. **2.** a dissenter; loner.

maw /mɔ/ *n.* the mouth, throat, or gullet as concerned in devouring (now chiefly of animals or in figurative use).

mawkish /'mɔkɪʃ/ *adj.* **1.** sickly or slightly nauseating. **2.** characterised by sickly sentimentality. **–mawkishly** *adv.* **–mawkishness** *n.*

maxi /'mæksi/ *n.* a full-length dress, coat, or skirt for day wear.

maxi- a prefix applied to nouns meaning 'large' as in *maxibike, maxiskirt, maxiyacht.*

maxilla /mæk'sɪlə/ *n.* **maxillae** /mæk'sɪli/. *Anatomy* a jaw or jawbone, especially the upper.

maxim /'mæksəm/ *n.* **1.** an expression, especially an aphoristic or sententious one, of a general truth, especially as to conduct. **2.** a principle of conduct.

maxima /'mæksəmə/ *n.* a plural form of **maximum**.

maximise = maximize /'mæksəmaɪz/ *v.t.* **-mised, -mising.** to increase to the greatest possible amount or degree. **–maximisation** /mæksəmaɪ'zeɪʃən/ *n.* **–maximiser** *n.*

maximum /'mæksəməm/ *n.* **-mums** *or* **-ma**, /-mə/ *adj.* **–***n.* **1.** the greatest quantity or amount possible, assignable, allowable, etc.; the highest amount, value or degree, attained or recorded (opposed to *minimum*). **2.** *Mathematics* a value of a function at a certain point which is not exceeded in the immediate vicinity of that point. **–***adj.* **3.** that is a maximum; greatest possible; highest. **4.** relating to a maximum or maximums. **–maximal** *adj.*

may[1] /meɪ/ *v. modal)* **1.** (expressing uncertainty): *this may be the case; he may be angry when he finds out; as many as 300 people may have been killed; we leave on Friday, come what may.* **2.** to have permission to: *may we come in?; you may*

may

go now **3.** to be possible: *this may be achieved in various ways.* **4.** (used to concede a point): *she may be the boss, but she's not always right; be that as it may, he's not entirely in the wrong; that's as may be, but we have to look to the future.* **5.** (indicating an intention): *she's working all hours so that her children may have a better life.* **6.** (expressing a hope): *my all your dreams come true* –*phr.* **7. may as well** ..., (used to make a suggestion in the absence of a better alternative): *he won't turn up now – we may as well go home.*

may² /meɪ/ *n.* **1.** → **hawthorn. 2.** any of several, usually white-flowered, species of the genus *Spiraea.*

maybe /ˈmeɪbi, meɪˈbi/ *adv.* perhaps.

Mayday /ˈmeɪdeɪ/ *n.* (according to international radio regulations) the radio telephonic distress signal used by ships or aircraft.

mayhem /ˈmeɪhɛm/ *n.* **1.** any tumult, fracas, or fight. **2.** *Law* the crime of violently inflicting a bodily injury rendering someone less able to defend themselves or to annoy their adversary (now often extended by statute to include any wilful mutilation of another's body). Also, **maihem**.

mayonnaise /meɪəˈneɪz/ *n.* a thick dressing of egg yolks, vinegar or lemon juice, seasonings, and oil, used for salads or vegetables.

mayor /mɛə/ *n.* the principal officer of a municipality; the chief magistrate of a city or borough. –**mayorship, mayoralty** *n.*

mayoress /ˈmɛərɛs, -rəs, mɛəˈrɛs/ *n.* **1.** the wife of the man who is mayor. **2.** a woman appointed to assist a male mayor as hostess at official functions. **3.** a woman mayor.

maze /meɪz/ *n.* **1.** a confusing network of intercommunicating paths or passages; a labyrinth. **2.** a state of bewilderment or confusion. –**mazement** *n.* –**mazelike** *adj.*

MBO /ɛm bi ˈoʊ/ *n.* → **management buy-out.**

me /mi/ *pron. (personal)* **1.** the objective case of **I. 2.** (used in place of *I*, as in the phrases *it's me* or, in non-standard use, *you and me'll go*).

mead /mid/ *n.* an alcoholic liquor made by fermenting honey and water.

meadow /ˈmɛdoʊ/ *n.* **1.** *Chiefly Brit.* a piece of grassland, whether used for raising of hay or for pasture. **2.** *US* a low, level tract of uncultivated ground, as along a river, producing coarse grass. –**meadowy** *adj.*

meagre /ˈmigə/ *adj.* **1.** deficient in quantity or quality, or without fullness or richness. **2.** having little flesh, lean, or thin. Also, *US*, **meager**. –**meagrely** *adv.* –**meagreness** *n.*

meal¹ /mil/ *n.* **1.** one of the regular repasts of the day, as breakfast, lunch, or dinner. **2.** the food eaten or served for a repast.

meal² /mil/ *n.* **1.** the edible part of any grain (now usually excluding wheat) or pulse ground to a (coarse) powder and not sifted. **2.** any ground or powdery substance, as of nuts or seeds, resembling this.

meal ticket *n.* **1.** a ticket entitling the holder to a meal. **2.** *Colloquial* any means or source of financial support, as a pimp's prostitute, a spouse, a university degree, etc.

mealy-mouthed /ˈmili-maʊðd/ *adj.* **1.** avoiding the use of plain terms, as from timidity, excessive delicacy, or hypocrisy. **2.** using soft words.

mean¹ /min/ *v.* **meant, meaning.** –*v.t.* **1.** to have in the mind as in intention or purpose (often with an infinitive as object): *I mean to talk to him.* **2.** to intend for a particular purpose, destination, etc.: *they were meant for each other.* **3.** to intend to express or indicate: *by 'liberal' I mean* ... **4.**

measure

(of words, things, etc.) to have as the signification; signify. –*v.i.* **5.** to be minded or disposed; have intentions: *he means well.*

mean² /min/ *adj.* **1.** poor in grade, quality or character: *he is no mean performer.* **2.** low in station, rank, etc. **3.** of little importance. **4.** unimpressive; shabby: *a mean abode.* **5.** small-minded; ignoble: *mean motives.* **6.** unwilling to give; miserly: *he is mean about money.* **7.** *Colloquial* small; ashamed: *I feel mean not having helped.* **8.** *Colloquial* troublesome; vicious, as a horse. **9.** (of someone in a competitive activity) skilful; accomplished: *he's a mean bowler.* **10.** *Colloquial* powerful: *a big, mean motor.*

mean³ /min/ *n.* **1.** something intermediate; something that is midway between two extremes. **2.** *Mathematics* **a.** a quantity having a value intermediate between the values of other quantities; an average, especially the arithmetic mean. **b.** either the second or third term in a proportion of four terms. –*adj.* **3.** occupying a middle position or an intermediate place. **4.** intermediate in kind, quality, degree, time, etc.

meander /miˈændə/ *v.i.* **1.** to proceed by a winding course. **2.** to wander aimlessly. –*n.* **3.** (*usually plural*) a turning or winding; a winding; a winding path or course. **4.** a circuitous movement or journey. **5.** an intricate variety of fret or fretwork. –**meanderingly** *adv.*

meaning /ˈminɪŋ/ *n.* **1.** that which is intended to be, or actually is, expressed or indicated; signification; import. –*adj.* **2.** intending: *he is very well-meaning.* **3.** expressive or significant: *a meaning look.* –**meaningful** *adj.* –**meaningless** *adj.* –**meaningly** *adv.*

means /minz/ *pl. n.* **1.** (*often construed as sing.*) an agency, instrumentality, method, etc., used to attain an end: *a means of communication.* **2.** disposable resources, especially pecuniary resources: *to live beyond one's means.* **3.** considerable pecuniary resources: *a man of means.* –*phr.* **4. by all means, a.** at any cost; without fail. **b.** (in emphasis) certainly: *go, by all means.* **5. by any means**, in any way; at all. **6. by means of**, employing the method of; by the use of. **7. by no means**, in no way; not at all; certainly not: *a practice by no means to be recommended.*

means test *n.* an evaluation of the income and resources of a person, or of those upon whom he or she is dependent, in order to determine eligibility for part or all of a pension, grant, allowance, etc. Also, **means-test.** –**means-testable** *adj.*

mean time *n.* the time at a given place on earth based on a day of 24 hours; the interval between successive local noons on which local time is based varies and so an average day of 24 hours is used, giving mean time. Also, **mean solar time.**

meantime /ˈmintaɪm/ *n.* **1.** the intervening time: *in the meantime.* –*adv.* **2.** meanwhile.

meanwhile /ˈminwaɪl, minˈwaɪl/ *adv.* in the intervening time; during the interval; at the same time.

measles /ˈmizəlz/ *singular n.* (*sometimes construed as plural*) **1.** an acute infectious disease occurring mostly in children, characterised by catarrhal and febrile symptoms and an eruption of small red spots; rubeola: *a case of (the) measles; measles has (have) broken out at school.* **2.** any of certain other eruptive diseases, as rubella (**German measles**). **3.** a disease in swine and other animals caused by the larvae of certain tapeworms of the genus *Taenia.*

measly /ˈmizli/ *adj.* **-lier, -liest.** *Colloquial* wretchedly poor or unsatisfactory; very small.

measure /ˈmɛʒə/ *n., v.* **-ured, -uring.** –*n.* **1.** the act or process of ascertaining the extent, dimensions, quantity, etc., of something, especially by

measure

comparison with a standard. **2.** size, dimensions, quantity, etc., as thus ascertained. **3.** an instrument, as a graduated rod or a vessel of standard capacity, for measuring. **4.** a unit or standard of measurement. **5.** a definite or known quantity measured out. **6.** a system of measurement. **7.** *Printing* the width of a page or column, usually measured in ems or picas. **8.** any standard of comparison, estimation, or judgment. **9.** a quantity, degree, or proportion. **10.** a limit, or an extent or degree not to be exceeded: *to know no measure*. **11.** reasonable bounds or limits: *beyond measure*. **12.** a legislative bill or enactment. **13.** an action or procedure intended as a means to an end: *to take measures to avert suspicion*. **14.** a short rhythmical movement or arrangement, as in poetry or music. **15.** a particular kind of music arrangement. **16.** a metrical unit. **17.** *Poetic* an air or melody. **18.** *US Music* → **bar**[1] (def. 9). **19.** (*plural*) *Geology* beds; strata. –*v.t.* **20.** to ascertain the extent, dimensions, quantity, capacity, etc., of, especially by comparison with a standard. **21.** to estimate the relative amount, value, etc., of, by comparison with some standard. **22.** to judge of or appraise by comparison with something else. **23.** to serve as the measure of. **24.** to adjust or proportion. **25.** to bring into comparison or competition. **26.** to travel over or traverse. –*v.i.* **27.** to take measurements. **28.** to admit of measurement. **29.** to be of a specified measure. –*phr.* **30. for good measure**, as an extra and probably unnecessary act, precaution, etc.: *he padlocked the door for good measure*. **31. get someone's measure** or **get the measure of someone**, to achieve equality with someone, especially a competitor. **32. measure one's length**, to fall flat on one's face. **33. measure out** (or **off**), to mark or lay off or out, or deal out, with reference to measure. **34. measure up**, (sometimes fol. by *to*) to be adequate. –**measurer** *n*. –**measurable** *adj*. –**measurably** *adv*. –**measurability** /mɛʒərəˈbɪləti/ *n*.

measurement /ˈmɛʒəmənt/ *n*. **1.** the act of measuring. **2.** an ascertained dimension. **3.** a system of measuring or of measures. **4.** *Surveying* the estimation by a quantity surveyor, civil engineer, or the like, of the work to be done and billed, and later the measuring on the site of the work done and to be paid for.

meat /mit/ *n*. **1.** the flesh of animals as used for food. **2.** food in general: *meat and drink*. **3.** the edible part of anything, as a fruit, nut, etc. **4.** the main substance of something, as an argument. **5.** *Colloquial* ‡ male or female genitalia. –*phr.* **6. strong meat**, books, films, etc., which would shock anyone with a nervous or squeamish disposition, as those depicting violence. **7. the meat in the sandwich**, *Australian Colloquial* the person innocently involved in a conflict of interests. –**meatless** *adj*.

Mecca /ˈmɛkə/ *n*. **1.** a place regarded as a centre of interest or activity and visited by many people. **2.** (*also l.c.*) any situation in which people consider they would be happy.

mechanic /məˈkænɪk/ *n*. someone who repairs machinery. a skilled worker with tools or machines.

mechanical /məˈkænɪkəl/ *adj*. **1.** having to do with machinery or tools. **2.** of the nature of or produced by such means. **3.** acting or performed without originality, spirit, etc.; automatic. **4.** belonging or relating to the subject matter of mechanics. **5.** reducing the spiritual to the material; materialistic. **6.** relating to material objects or physical conditions: *prevented by mechanical difficulties*. –**mechanically** *adv*. –**mechanicalness** *n*.

medicate

mechanics /məˈkænɪks/ *n*. **1.** the branch of physical science that deals (both theoretically and practically) with machinery or mechanical appliances. **2.** the science that deals with the action of forces on bodies and with motion, and comprising kinematics, statics, and dynamics. **3.** (*construed as plural*) the mechanical or technical part or aspect. **4.** (*construed as plural*) methods of operation, procedures, and the like.

mechanise = mechanize /ˈmɛkənaɪz/ *v.t.* **-nised, -nising. 1.** to make mechanical. **2.** to operate or perform by or as if by machinery. **3.** to introduce machinery into (an industry, etc.). **4.** *Military* to equip with tanks and other armoured motor vehicles. –**mechanisation** /mɛkənaɪˈzeɪʃən/ *n*.

mechanism /ˈmɛkənɪzəm/ *n*. **1.** a piece of machinery. **2.** the machinery, or other physical means, by which something is performed. **3.** the structure, or arrangement of parts of a machine or of anything similar. **4.** such parts collectively. **5.** *Philosophy, Biology* a natural process seen as being machine-like.

medal /ˈmɛdl/ *n., v.* **-alled** or *Chiefly US* **-aled, -alling** or *Chiefly US* **-aling.** –*n*. **1.** a flat piece of metal, usually in the shape of a disc, star, cross, or the like, bearing an inscription, device, etc., issued to commemorate a person, action, or event, or given to serve as a reward for bravery, merit, or the like. –*v.t.* **2.** to decorate or honour with a medal. –**medallic** *adj*.

medallion /məˈdæljən/ *n*. **1.** a large medal. **2.** *Architecture* **a.** a tablet, usually rounded, often bearing objects represented in relief. **b.** a member in a decorative design resembling a panel.

meddle /ˈmɛdl/ *v.i.* **-dled, -dling.** to concern or busy oneself with or in something without warrant or necessity; interfere. –**meddler** *n*. –**meddlesome** *adj*.

media[1] /ˈmidiə/ *n*. **1.** a plural of medium. **2.** → **mass media**.

media[2] /ˈmidiə/ *n*. **-diae** /-dii/. **1.** (in various scientific uses) something medial. **2.** *Anatomy* the middle layer of an artery or lymphatic vessel.

medial /ˈmidiəl/ *adj*. **1.** situated in or relating to the middle; median; intermediate. **2.** relating to a mean or average; average. **3.** ordinary. **4.** within a word or syllable; neither initial nor final. –**medially** *adv*.

median /ˈmidiən/ *adj*. **1.** having to do with a plane dividing something into two equal parts, especially one dividing an animal into right and left halves. **2.** situated in or relating to the middle; medial. –*n*. **3.** the middle number in a given sequence of numbers: *4 is the median of 1, 3, 4, 8, 9*. **4.** a line through a vertex of a triangle bisecting the opposite side. –**medianly** *adv*.

median strip *n*. a dividing area, often raised or landscaped, between opposing traffic lanes on a highway.

mediate /ˈmidieɪt/ *v.* **-ated, -ating.** –*v.t.* **1.** to bring about (an agreement, peace, etc.) by acting between disagreeing parties. **2.** to settle (disagreements, etc.) in this way. –*v.i.* **3.** to act between disagreeing parties to bring about an agreement, etc. –**mediately** *adv*. –**mediation** /midiˈeɪʃən/ *n*. –**mediatory, mediative** *adj*.

medical /ˈmɛdɪkəl/ *adj*. **1.** having to do with the science or practice of medicine. **2.** curative; medicinal; therapeutic: *medical properties*. –*n*. **3.** a medical examination. –**medically** *adv*.

medical certificate *n*. a certificate made out by a doctor testifying to the state of a person's health.

medicament /məˈdɪkəmənt/ *n*. a curative or healing substance. –**medicamental** /mədɪkəˈmɛntəl/, **medicamentary** /mədɪkəˈmɛntəri/ *adj*.

medicate /ˈmɛdəkeɪt/ *v.t.* **-cated, -cating. 1.** to

medication /mɛdəˈkeɪʃən/ *n.* **1.** the use or application of medicine. **2.** a medicament; a medicinal agent.

medicine /ˈmɛdəsən, ˈmɛdsən/ *n., v.* **-cined, -cining.** *–n.* **1.** any substance or substances used in treating disease; a medicament; a remedy. **2.** the art or science of restoring or preserving health or due physical condition, as by means of drugs, surgical operations or appliances, manipulations, etc. (often divided into medicine proper, surgery, and obstetrics). **3.** the art or science of treating disease with drugs or curative substances (distinguished from *surgery* and *obstetrics*). **4.** the medical profession. **5.** any object or practice regarded by primitive peoples as of magical efficacy. **6.** any unpleasant treatment or experience, especially one that is difficult to accept. *–v.t.* **7.** to administer medicine to. *–phr.* **8. a taste** (or **dose**) **of one's own medicine,** any unpleasant treatment meted out to one who usually punishes, bullies, etc. **–medicinal, medicative** *adj.*

medieval = mediaeval /mɛdiˈivəl/ *adj.* having to do with the Middle Ages: *medieval architecture.* **–medievalism** *n.* **–medievalist** *n.* **–medievally** *adv.*

medifraud /ˈmɛdifrɒd/ *n.* the obtaining of monies from a national health service, usually by doctors, on the basis of fraudulent claims.

mediocre /midiˈoʊkə, ˈmidioʊkə/ *adj.* of middling quality; of only moderate excellence; neither good nor bad; indifferent; ordinary: *a person of mediocre abilities.* **–mediocrity** /midiˈɒkrəti, mɛdi-/ *n.*

meditate /ˈmɛdəteɪt/ *v.* **-tated, -tating.** *–v.t.* **1.** to consider in the mind as something to be done or effected; to intend or purpose. *–v.i.* **2.** to engage in thought or contemplation; reflect. **–meditation** /mɛdəˈteɪʃən/ *n.* **–meditator** *n.* **–meditative** *adj.*

medium /ˈmidiəm/ *n.* **-dia** /-diə/ or **-diums,** *adj.* *–n.* **1.** a middle state or condition; mean. **2.** something in between in nature or degree; something intermediate. **3.** a substance, such as air, etc., through which a force acts or an effect is produced. **4.** the natural surroundings of an organism. **5.** any surrounding things, conditions, or influences; environment. **6.** a means; agent: *newspapers are used as an advertising medium.* **7.** *Biology* a substance in which specimens are shown or preserved. **8.** *Bacteriology* a substance in or upon which micro-organisms are grown for study. **9.** *Painting* the material or method used by an artist. **10.** a person serving or thought to serve as a means of communication between living people and the spirits of the dead. *–adj.* **11.** middling in degree, quality, etc.: *a man of medium size.*

medley /ˈmɛdli/ *n.* **-leys,** *adj.* *–n.* **1.** a mixture, especially of heterogeneous elements; a jumble. **2.** a piece of music combining airs or passages from various sources. **3.** *Swimming* a race in which a competitor swims butterfly stroke, backstroke and freestyle in that order. *–adj.* **4.** mixed; mingled; motley.

medulla /məˈdʌlə/ *n.* **-dullae** /-ˈdʌli/. **1.** *Anatomy* **a.** the marrow of bones. **b.** the soft marrow-like centre of an organ, such as the kidney, suprarenal, etc. **c.** the medulla oblongata. **2.** *Botany* the pith of plants.

meek /mik/ *adj.* humbly patient or submissive, as under provocation from others. **–meekly** *adv.* **–meekness** *n.*

meet /mit/ *v.* **met, meeting,** *n.* *–v.t.* **1.** to come into contact, junction, or connection with. **2.** to come before or to (the eye, gaze, ear, etc.). **3.** to come upon or encounter; come face to face with or into the presence of. **4.** to go to the place of arrival of, as to welcome, speak with, accompany, etc.: *to meet one's guests at the door.* **5.** to come into the company of (a person, etc.) in intercourse, dealings, conference, etc. **6.** to come into personal acquaintance with, as by formal presentation: *to meet the governor.* **7.** to face, eye, etc., directly or without avoidance. **8.** to encounter in opposition or conflict. **9.** to oppose: *to meet charges with countercharges.* **10.** to cope or deal effectively with (an objection, difficulty, etc.). **11.** to satisfy (needs, obligations, demands, etc.): *to meet a cheque.* **12.** to come into conformity with (wishes, expectations, views, etc.). **13.** to encounter in experience: *to meet hostility.* *–v.i.* **14.** to come together, face to face, or into company: *we met in the street.* **15.** to assemble, as for action or conference as a committee, a legislature, a society, etc. **16.** to become personally acquainted. **17.** to come into contact or form a junction, as lines, planes, areas, etc. **18.** to be conjoined or united. **19.** to concur or agree. **20.** to come together in opposition or conflict, as adversaries, hostile forces, etc. *–n.* **21.** a meeting, especially for a sporting event. *–a swim meet; a track meet.* *–phr.* **22. meet halfway,** to reach an agreed compromise. **23. meet up with,** to have an encounter with, especially by chance. **24. meet with, a.** to have a meeting with. **b.** to experience or receive (praise, blame, etc.).

meeting /ˈmitɪŋ/ *n.* **1.** a coming face to face. **2.** a coming together; assembly. **3.** a series of races or other sporting events. **4.** an assembly for religious worship. **5.** a coming into or being in connection; junction or union.

meeting house *n.* **1.** a house or building for religious worship. **2.** a house of worship of Quakers. **3.** the central community building on a Maori marae.

mega /ˈmɛgə/ *adj. Colloquial* **1.** excellent; great. **2.** big; large; extreme. *–adv.* **3.** (an intensifier): *she seemed mega unhappy.*

mega- **1.** a prefix denoting 10^6 of a given unit, as in *megawatt*. Symbol: M **2.** *Physical Geography* a prefix meaning 'great', 'huge', as in *megalith*. **3.** *Colloquial* a prefix meaning 'extremely', used as a combining form with adjectives, as in *megatrendy*.

megabyte /ˈmɛgəbaɪt/ *n.* a unit of measurement of computer memory size equal to 2^{20} or 1 048 576 bytes. Also, **meg.**

megahertz /ˈmɛgəhɜts/ *n.* a unit of radiofrequency equal to 1×10^6 hertz. *Symbol:* MHz; *Abbrev.:* meg

megalith /ˈmɛgəlɪθ/ *n.* a stone of great size, especially in ancient constructive work or in primitive monumental remains (as menhirs, dolmens, cromlechs, etc.). **–megalithic** /mɛgəˈlɪθɪk/ *adj.*

megalo- a word element denoting bigness or exaggeration.

megalomania /mɛgələˈmeɪniə/ *n.* **1.** a form of mental alienation marked by delusions of greatness, wealth, etc. **2.** a mania for big or great things.

megaphone /ˈmɛgəfoʊn/ *n.* a device for magnifying sound, or for directing it in increased volume, as a large funnel-shaped instrument used in addressing a large audience out of doors or in calling to a distance. **–megaphonic** /mɛgəˈfɒnɪk/ *adj.*

megapode /ˈmɛgəpoʊd/ *n.* any of the Megapodiidae, birds of large-footed gallinaceous birds, of the East Indies, Australasia, and Polynesia, which construct a mound of earth or vegetation either for use in display, as the superb lyrebird, or as an incubator for their eggs, as the brush turkey, the lowan, and the jungle fowl; mound bird; mound builder.

megaton /ˈmɛgətʌn/ n. 1. one million tons. 2. an explosive force equal to that of one million tons of TNT.

meiosis /maɪˈoʊsəs/ n. Biology the maturation process of gametes, consisting of chromosome conjugation and two cell divisions, in the course of which the diploid chromosome number becomes reduced to the haploid. –**meiotic** adj.

melaleuca /mɛləˈlukə/ n. any tree or shrub of the predominantly Australian genus *Melaleuca*, family Myrtaceae, many of which are found on river banks or in swamps; paperbark; tea-tree.

melancholia /mɛlənˈkouliə/ n. mental disease characterised by great depression of spirits and gloomy forebodings.

melancholy /ˈmɛlənkɒli/ n. **-cholies**, adj. –n. 1. a gloomy state of mind, especially when habitual or prolonged; depression. 2. sober thoughtfulness; pensiveness. –adj. 3. affected with, characterised by, or showing melancholy: *a melancholy mood*. 4. attended with or inducing melancholy or sadness: *a melancholy occasion*. –**melancholic** /mɛlənˈkɒlɪk/ adj.

melange /meɪˈlɒnʒ/ n. a mixture; medley. Also, **mélange**.

melanin /ˈmɛlənən/ n. the dark pigment in the body of humans and certain other animals, $C_{17}H_{98}O_{33}N_{14}S$, as that occurring in the hair, epidermis, etc., of coloured races, or one produced in certain diseases.

melano- a word element meaning 'black'.

melanoma /mɛləˈnoumə/ n. Pathology a malignant tumour derived from pigment-containing cells especially in skin.

Melba toast /ˈmɛlbə ˈtoust/ n. very thinly sliced bread, baked in the oven until crisp; fairy bread.

meld[1] /mɛld/ v.t. Cards to announce and display (a counting combination of cards in the hand) for a score.

meld[2] /mɛld/ v.t. 1. to cause to merge or blend. –v.i. 2. to blend or combine.

melee /ˈmɛleɪ, -ˈli/ n. 1. a confused general hand-to-hand fight. 2. any noisy or confused situation.

mellifluous /məˈlɪfluəs/ adj. sweetly or smoothly flowing: *mellifluous tones*. –**mellifluously** adv. –**mellifluousness** n.

mellow /ˈmɛlou/ adj. 1. soft and sweet from ripeness, as fruit. 2. fully developed in flavour, as wines. 3. softened, made kindly or genial by age or experience: *a mellow old man*. 4. soft and rich, as sound, tones, colour, light, etc. 5. soft or moist, as soil. –v.t. 6. to make mellow. –v.i. 7. to become mellow. –**mellowly** adv. –**mellowness** n.

melodic /məˈlɒdɪk/ adj. 1. melodious. 2. relating to melody as distinguished from harmony and rhythm. –**melodically** adv.

melodrama /ˈmɛlədramə/ n. 1. a play which does not observe the dramatic laws of cause and effect and which intensifies sentiment and exaggerates passion. 2. *Colloquial* angry or emotional display in a non-theatrical setting: *there was much melodrama in the locker room after the champion's defeat*. –**melodramatise** /mɛləˈdræmətaɪz/ v. –**melodramatist** /mɛləˈdræmətəst/ n.

melody /ˈmɛlədi/ n. **-dies**. 1. musical sounds in agreeable succession or arrangement. 2. *Music* the succession of single notes in musical compositions, as distinguished from harmony and rhythm. –**melodious** adj. –**melodist** n.

melon /ˈmɛlən/ n. the fruit of any of various members of the family Cucurbitaceae, as the paddy melon, *Cucumis myriocarpus*.

melt /mɛlt/ v. **melted**, **melted** or **molten**, **melting**, n. –v.i. 1. to become liquefied by heat, as ice, snow, butter, metal, etc. 2. (not in scientific use) to become liquid; dissolve. 3. to pass, dwindle, or fade gradually. 4. to become softened in feeling by pity, sympathy, love, or the like. –v.t. 5. to reduce to a liquid state by heat; fuse. 6. to soften in feeling, as a person, the heart, etc. –n. 7. the act or process of melting. 8. the state of being melted. 9. something that is melted. 10. a quantity melted at one time. –phr. 11. **melt away**, **a.** to pass or fade away. **b.** to cause something to pass or fade away. 12. **melt into**, to pass, change, or blend gradually into. –**melter** n. –**meltage** n.

melting point n. *Physics* the equilibrium temperature of the solid and liquid phases of a substance in the presence of a specified gas at a specified pressure (usually air at a pressure of 101.325 kilopascals).

melting pot n. 1. a pot in which metals or other substances are melted or fused. 2. any situation in which a mixture of diverse elements or ideas occurs, as a multi-racial community.

member /ˈmɛmbə/ n. 1. each of the persons composing a society, party, community, or other body. 2. each of the persons included in the membership of a legislative body, as parliament. 3. a part or organ of an animal body; a limb, as a leg, arm, or wing. 4. a constituent part of any structural or composite whole, as a subordinate architectural feature of a building or the like. 5. *Mathematics* either side of an algebraic equation.

membrane /ˈmɛmbreɪn/ n. 1. a thin, pliable sheet or layer of animal or vegetable tissue, serving to line an organ, connect parts, etc. 2. *Chemistry* a thin sheet of material, natural or synthetic, which allows substances in solution to pass through it. 3. a piece of parchment. 4. any thin connecting layer. –**membranous** adj.

memento /məˈmɛntou/ n. **-tos** or **-toes**. 1. something that serves as a reminder of what is past or gone. 2. anything serving as a reminder or warning. Also, **momento**.

memo /ˈmɛmou, ˈmi-/ n. **memos**. → **memorandum**.

memorabilia /mɛmərəˈbɪliə/ pl. n. **-rabile** /-ˈræbəli/. 1. matters or events worthy to be remembered. 2. things saved or collected as souvenirs.

memorable /ˈmɛmrəbəl, -ərəbəl/ adj. 1. worthy of being remembered; notable: *a memorable speech*. 2. easy to be remembered. –**memorability** /mɛmərəˈbɪləti/, **memorableness** n. –**memorably** adv.

memorandum /mɛməˈrændəm/ n. **-dums** or **-da** /-də/. 1. a note made of something to be remembered. 2. a short record or written statement of something. 3. a note, as one sent from one member of a firm to another, regarding business matters. 4. a written statement which includes the main terms of a shipment of unsold goods and allows their return within a particular time.

memorial /məˈmɔriəl/ n. 1. something designed to preserve the memory of a person, event, etc., as a monument, a periodic observance, etc. 2. a written statement of facts presented to a sovereign, a legislative body, etc., as the basis of, or expressed in the form of, a petition or remonstrance. –adj. 3. preserving the memory of a person or thing; commemorative: *memorial services*. 4. having to do with the memory. –**memorially** adv.

memorise = **memorize** /ˈmɛməraɪz/ v.t. **-rised**, **-rising**. to commit to memory, or learn by heart: *he finally memorised the poem*. –**memorisable** adj. –**memorisation** /mɛməraɪˈzeɪʃən/ n. –**memoriser** n.

memory /ˈmɛməri/ n. **-ries**. –n. 1. the mental capacity or faculty of retaining and reviving impressions, or of recalling or recognising previous experiences. 2. this faculty as possessed by

memory bank

a particular individual: *to have a good memory*. **3.** the act or fact of retaining mental impressions; remembrance; recollection: *to draw from memory*. **4.** the length of time over which recollection extends: *a time within the memory of living men*. **5.** a mental impression retained; a recollection: *one's earliest memories*. **6.** the reputation of a person or thing, especially after death. **7.** the state or fact of being remembered. **8.** a person or thing remembered. **9.** commemorative remembrance; commemoration: *a monument in memory of Captain Cook*. **10.** *Computers* the part of a digital computer in which data and instructions are held until they are required. –*phr.* **11. a trip down memory lane**, an experience that calls to mind the past; a nostalgic occasion.

memory bank *n. Computers* the primary storage inside the main part of a computer to which fast random access is available.

men /mɛn/ *n.* plural of **man**.

menace /'mɛnəs/ *n., v.* **-aced, -acing.** –*n.* **1.** something that threatens to cause evil, harm, injury, etc.; a threat. **2.** *Colloquial* nuisance. –*v.t.* **3.** to utter or direct a threat against; threaten. **4.** to serve as a probable cause of evil, etc., to. –**menacer** *n.* –**menacingly** *adv.*

ménage à trois /meɪˌnaʒ a 'trwa/ *n.* a household of three people, at least one of whom is having a sexual relationship with the other two.

menagerie /məˈnædʒəri/ *n.* **1.** a collection of wild or strange animals, especially for exhibition. **2.** a place where they are kept or exhibited.

menarche /'mɛnak/ *n. Physiology* the onset of menstruation in a young woman. Compare **menopause**.

mend /mɛnd/ *v.t.* **1.** to make whole or sound by repairing, as something broken, worn, or otherwise damaged; repair: *to mend clothes*; *to mend a road*. **2.** to remove or correct defects or errors in. **3.** to remove or correct (a defect, etc.). **4.** to set right; make better; improve: *to mend matters*. –*v.i.* **5.** to progress towards recovery, as a sick person. **6.** (of conditions) to improve. –*n.* **7.** the act of mending; repair or improvement. **8.** a mended place. –*phr.* **9. on the mend, a.** recovering from sickness. **b.** improving in state of affairs. –**mendable** *adj.* –**mender** *n.*

mendacious /mɛnˈdeɪʃəs/ *adj.* **1.** false or untrue: *a mendacious report*. **2.** lying or untruthful. –**mendaciously** *adv.* –**mendacity** /mɛnˈdæsəti/, **mendaciousness** *n.*

mendicant /'mɛndəkənt/ *adj.* **1.** begging, practising begging, or living on alms. **2.** relating to or characteristic of a beggar. –*n.* **3.** someone who lives by begging; a beggar. **4.** a mendicant friar. –**mendicancy** *n.* –**mendicity** *n.*

menhir /'mɛnhɪə/ *n.* an upright monumental stone, standing either alone or with others, as in a cromlech, found in various parts of Europe, also in Africa and Asia.

menial /'miniəl/ *adj.* **1.** relating or proper to domestic servants. **2.** servile. –*n.* **3.** a domestic servant. **4.** a servile person. –**menially** *adv.*

meninges /məˈnɪndʒiz/ *pl. n.* **meninx** /'mɪnɪŋks/. *Anatomy* the three membranes (dura mater, arachnoid, and pia mater) investing the brain and spinal cord. –**meningeal** *adj.*

meningitis /mɛnənˈdʒaɪtəs/ *n. Pathology* inflammation of the meninges, especially of the pia mater and arachnoid. –**meningitic** /mɛnənˈdʒɪtɪk/ *adj.*

meniscus /məˈnɪskəs/ *n.* **-nisci** /-'nɪsaɪ/. **1.** a crescent or crescent-shaped body. **2.** *Optics* a lens with a crescent-shaped section. **3.** *Physics* the convex or concave upper surface of a column of liquid, the curvature of which is caused by capillarity. **4.** *Anatomy* a disc of cartilage between the articulating ends of the bones in a joint. –**meniscoid** *adj.*

meno- a word element meaning 'month'.

menopause /'mɛnəpɔz/ *n. Physiology* **1.** the final cessation of menstruation, occurring usually between the ages of 45 and 55. **2.** the period of irregular menstrual cycles prior to the final cessation of menstruation; climacteric. –**menopausal** *adj.*

menses /'mɛnsiz/ *pl. n. Physiology* the (approximately) monthly discharge of blood and mucosal tissue from the uterus.

menstruate /'mɛnstrueɪt/ *v.i.* **-ated, -ating.** to discharge the menses. –**menstruous** *adj.*

mensuration /mɛnʃəˈreɪʃən/ *n.* **1.** the branch of mathematics that deals with the determination of length, area, and volume. **2.** the act, art, or process of measuring. –**mensural** /'mɛnsərəl/ *adj.* –**mensurative** /'mɛnʃərətɪv/ *adj.*

-ment a suffix of nouns, often concrete, denoting an action or state resulting (*abridgment*, *refreshment*), a product (*fragment*), or means (*ornament*).

mental¹ /'mɛntl/ *adj.* **1.** having to do with the mind. **2.** performed by or existing in the mind: *mental arithmetic*. **3.** having to do with the intellect; intellectual. **4.** denoting a disorder of the mind. **5.** having to do with the care of those with disordered minds: *mental hospital*, *mental nurse*. **6.** *Colloquial* foolish or mad. –*phr.* **7. chuck** (or **throw**) **a mental**, *Colloquial* **a.** to throw a tantrum. **b.** to pretend to be mentally ill for a particular purpose, as insurance fraud, etc. –**mentally** *adv.*

mental² /'mɛntl/ *adj.* having to do with the chin.

mentality /mɛnˈtæləti/ *n.* **-ties. 1.** mental capacity or endowment; intellectuality; mind: *she was of average mentality*. **2.** outlook; frame of mind: *of a vulgar mentality*.

menthol /'mɛnθɒl/ *n.* a colourless, crystalline alcohol, $C_{10}H_{20}O$, present in peppermint oil, used in perfume, cigarettes, and confectionery, and for colds and nasal disorders because of its cooling effect on mucous membranes. –**mentholated** *adj.*

mention /'mɛnʃən/ *v.t.* **1.** to refer briefly to; refer to by name incidentally; name, specify, or speak of. **2.** to cite as for some meritorious act. –*n.* **3.** a speaking of or mentioning; a reference, direct or incidental. **4.** recognition, as for a meritorious act or achievement. –*phr.* **5. not to mention**, to say nothing of; in addition to. –**mentionable** *adj.* –**mentioner** *n.*

mentor /'mɛntɔ/ *n.* **1.** a wise and trusted counsellor. **2.** (especially in an organisation) a person who is considered to have sufficient experience or expertise to be able to assist others less experienced.

menu /'mɛnju, 'mɪnju/ *n.* **1.** a list of the dishes served at a meal; a bill of fare. **2.** the dishes served. **3.** *Computers* a range of optional procedures presented to an operator by a computer.

mercantile /'mɜkəntaɪl/ *adj.* **1.** having to do with merchants or trade; commercial. **2.** engaged in trade or commerce.

mercenary /'mɜsənri, -sənəri/ *adj., n.* **-naries.** –*adj.* **1.** working or acting merely for gain. **2.** hired (now only of soldiers serving in a foreign army). –*n.* **3.** a professional soldier serving in a foreign army. **4.** any hireling. –**mercenarily** *adv.* –**mercenariness** *n.*

mercer /'mɜsə/ *n.* a dealer in textile fabrics, especially silks, etc.

merchandise /'mɜtʃəndaɪs/ *n.,* /'mɜtʃəndaɪz/ *v.* **-dised, -dising.** –*n.* **1.** goods; commodities; especially manufactured goods. **2.** the stock of a store. –*v.i.* **3.** to trade. –*v.t.* **4.** to trade in; buy and sell. –**merchandiser** *n.*

merchandising /'mɜtʃəndaɪzɪŋ/ *n.* the promotion, and planning of the sales of a product, by using all available techniques of display, advertising and marketing.

merchant /'mɜtʃənt/ *n.* **1.** someone who buys and sells commodities for profit; a wholesaler. **2.** *Colloquial* a person noted or notorious for the aspect of their behaviour specified: *a panic merchant; a standover merchant.* –*adj.* **3.** relating to trade or commerce: *a merchant ship.* **4.** relating to the merchant navy.

merchant bank *n.* a private banking firm engaged chiefly in accepting and endorsing bills of exchange, underwriting new issues of securities, and advising on corporate strategy. –**merchant banker** *n.* –**merchant banking** *n.*

merchant navy *n.* the vessels of a nation engaged in commerce.

mercurial /mɜ'kjuriəl/ *adj.* **1.** relating to, consisting of or containing, or caused by the metal mercury. **2.** sprightly; volatile. **3.** flighty; fickle; changeable. –*n.* **4.** a preparation of mercury used as a drug. –**mercurially** *adv.* –**mercurialness** *n.*

mercury /'mɜkjəri/ *n.* **-ries. 1.** *Chemistry* a heavy, silver-white, liquid metallic element; quicksilver. Symbol: Hg (for *hydrargyrum*); *at. no.*: 80; *relative atomic mass*: 200.59. **2.** a messenger, or carrier of news (sometimes used as name of a newspaper, etc.). –**mercuric** *adj.*

mercy /'mɜsi/ *n.* **-cies.** –*n.* **1.** compassionate or kindly forbearance shown towards an offender, an enemy, or other person in one's power; compassion, pity, or benevolence. **2.** disposition to be merciful: *an adversary wholly without mercy.* **3.** discretionary power as to clemency or severity, pardon or punishment, or the like: *be at the mercy of a conqueror.* –*phr.* **4. at the mercy of,** defenceless against; unprotected from. –**merciful** *adj.* –**mercilessly** *adv.*

mere[1] /mɪə/ *adj.* **merest.** being nothing more nor better than what is specified; pure and simple.

mere[2] /mɪə/ *n.* a lake; a pond.

mere[3] /'mɛri/ *n.* a Maori club for hand-to-hand fighting.

merely /'mɪəli/ *adv.* only as specified, and nothing more; simply: *merely as a matter of form.*

meretricious /mɛrə'trɪʃəs/ *adj.* **1.** alluring by a show of false attractions; showily attractive; tawdry. **2.** insincere. –**meretriciously** *adv.* –**meretriciousness** *n.*

merge /mɜdʒ/ *v.* **merged, merging.** –*v.t.* **1.** to unite or combine. –*v.i.* **2.** to lose identity by absorption. –*phr.* **3. merge into,** to become swallowed up or absorbed by. **4. merge something in** (or **into**), to cause something to be swallowed up or absorbed in; to sink the identity of something by combination with. –**mergence** /'mɜdʒəns/ *n.*

merger /'mɜdʒə/ *n.* **1.** a statutory combination of two or more companies by the transfer of the properties to one surviving company. **2.** any combination of two or more business enterprises into a single enterprise. **3.** the act of merging.

meridian /mə'rɪdiən/ *n.* **1.** *Geography* **a.** a great circle of the earth passing through the poles and any given point on the earth's surface and cutting the equator at right angles. **b.** the half of such a circle included between the poles. **2.** an imaginary line on the earth's surface which coincides with the horizontal component of the earth's magnetic field. **3.** the point or period of greatest development, power, etc.; zenith.

meringue /mə'ræŋ/ *n.* **1.** a mixture of sugar and beaten eggwhites formed into small cakes and baked, or spread over pastry, etc. **2.** a dish, cake, or shell made with it.

merino /mə'rinou/ *n.* **-nos,** *adj.* –*n.* **1.** (*cap.*) one of a variety of sheep, originating in Spain, valued for its fine wool. **2.** wool from such sheep. **3.** a knitted fabric made of wool or wool and cotton. –*adj.* **4.** made of merino wool, yarn, or cloth. –*phr.* **5. pure Merino,** *Australian History* **a.** a free settler, especially one who opposed the social advancement of the emancipists. **b.** a member of an old and established Australian family of free, not convict, descent.

merit /'mɛrət/ *n.* **1.** excellence; worth. **2.** something that deserves reward or praise; a commendable quality, act, etc.: *the merits of a book; the merits of a performance.* **3.** (*plural*) the basic right and wrong of a matter: *the merits of a case.* **4.** something that is deserved, whether good or bad. **5.** (*sometimes plural*) the state or fact of deserving: *to treat a person according to his merits.* –*v.t.* **6.** to be worthy of; deserve.

meritocracy /mɛrə'tɒkrəsi/ *n.* **1.** persons collectively who have reached positions of authority by reason of real or supposed merit (contrasted with *aristocracy,* etc.). **2.** government or administration by such persons. –**meritocratic** *adj.*

meritorious /mɛrə'tɔriəs/ *adj.* deserving of reward or commendation; possessing merit. –**meritoriously** *adv.* –**meritoriousness** *n.*

mermaid /'mɜmeɪd/ *n.* an imaginary female marine creature typically having the head and trunk of a woman and the tail of a fish.

merry /'mɛri/ *adj.* **-rier, -riest.** –*adj.* **1.** full of cheer or gaiety; festive; joyous in disposition or spirit. **2.** laughingly cheerful; mirthful; hilarious. **3.** *Archaic* pleasant or delightful: *merry England.* **4.** *Colloquial* slightly intoxicated. –*phr.* **5. make merry,** to be gay or festive. –**merrily** *adv.* –**merriness, merriment** *n.*

merry-go-round /'mɛri-gou-,raʊnd/ *n.* **1.** a revolving machine, as a circular platform fitted with wooden horses, etc., on which persons, especially children, ride for amusement. **2.** any whirl or rapid round of events, social activities, etc.

mesa /'meɪsə/ *n.* a land form having a relatively flat top and bounded wholly or in part with steep rock walls, common in arid and semi-arid parts of the south-western US but also occurring in areas of inland Australia.

mescal /mɛs'kæl/ *n.* **1.** either of two species of cactus, *Lophophora williamsii* or *L. lewinii,* of the southern US and northern Mexico, whose buttonlike tops (**mescal buttons**) are dried and used as a stimulant, especially by the American Indians. **2.** an intoxicating spirit distilled from the fermented juice of certain species of agave. **3.** any agave yielding this spirit.

mescaline /'mɛskəlin, -lən/ *n.* a white water-soluble crystalline powder, $C_{11}H_{17}NO_3$, obtained from mescal buttons, used to produce hallucinations. Also, **mescalin.**

mesh /mɛʃ/ *n.* **1.** one of the open spaces of network of a net. **2.** (*plural*) the threads that bound such spaces. **3.** (*plural*) means of catching or holding fast: *caught in the meshes of the law.* **4.** a network or net. **5.** a knitted, woven, or knotted fabric, with open spaces between the threads. **6.** light woven or welded interlocking links or wires, as used for reinforcement, for sieves, etc. **7.** *Machinery* **a.** the engagement of gear teeth. **b. in mesh,** with gears engaged. –*v.t.* **8.** to catch or entangle in or as in the meshes of a net; enmesh. **9.** to form with meshes, as a net. **10.** to cause to coordinate or interlock. **11.** *Machinery* to engage, as gear teeth. –*v.i.* **12.** to become enmeshed. **13.** to interlock or coordinate. **14.** *Machinery* to become or be engaged, as the teeth of one wheel with those of another. –*adj.* **15.** in the form of a mesh: *mesh stockings.*

mesmerise = mesmerize /'mɛzməraɪz/ *v.t.* **-rised, -rising. 1.** to hypnotise. **2.** to fascinate; dominate; spellbind. **–mesmerisation** /mɛzməraɪ'zeɪʃən/ *n.* **–mesmeriser** *n.*

mesne /miːn/ *adj. Law* intermediate or intervening.

meso- a word element meaning 'middle', used in combination, chiefly in scientific terms. Also, **mes-**.

Mesolithic /mɛsoʊ'lɪθɪk, miːz-/ *adj.* (*sometimes l.c.*) of, relating to, or characteristic of a period between the Palaeolithic and Neolithic periods of the Stone Age.

meson /'miːzɒn/ *n. Physics* any of a group of elementary particles, all of which have rest masses between that of the electron and the proton. Also, **mesotron**.

Mesozoic /mɛsə'zoʊɪk, miːz-/ *Geology* *–adj.* **1.** relating to the geological era of rocks between the Palaeozoic and Cainozoic; era of reptiles. *–n.* **2.** the era of rocks including the Triassic, Jurassic, and Cretaceous periods or systems.

mess /mɛs/ *n.* **1.** a dirty or untidy condition: *the room was in a mess.* **2.** a state of embarrassing confusion: *his affairs are in a mess.* **3.** an unpleasant or difficult situation: *to get into a mess.* **4.** a dirty or untidy mass, litter, or jumble: *a mess of papers.* **5.** excrement, especially of an animal. **6.** a place where service personnel, etc., eat together. **7.** a place used by officers and senior NCOs for eating, recreation, and entertaining. **8.** *Navy* the living quarters of the crew. **9.** a group regularly taking meals together. **10.** a sloppy or unappetising preparation of food. **11.** a dish or quantity of soft or liquid food. **12.** *Colloquial* a person whose life is confused or without coherent purpose, often due to psychological difficulties. *–v.t.* **13.** Also, **mess up**. to make dirty or untidy: *mess up a room.* **14.** to make a mess of, or muddle (affairs, etc.). *–v.i.* **15.** to eat in company, especially as a member of a mess. **16.** to make a dirty or untidy mess. *–phr.* **17. mess around** (or **about**), *Colloquial* **a.** to busy oneself in a untidy or confused way. **b.** to waste time. **c.** to play the fool. **18. mess around with**, to associate with, especially for immoral or illegal purposes. **19. mess in**, *Colloquial* to meddle officiously in: *to mess in politics.* **20. mess someone around** (or **about**), *Colloquial* to cause inconvenience to someone. **21. mess with**, *Colloquial* to associate with; have dealings with: *don't mess with him, he's trouble.* **–messy** *adj.*

message /'mɛsɪdʒ/ *n.* **1.** a communication, as of information, advice, direction, or the like, transmitted through a messenger or other agency. **2.** an inspired communication of a prophet. **3.** the moral or meaning intended to be conveyed by a book, film, play, or the like. **4.** *Australian, NZ* an errand or mission, as shopping. *–phr.* **5. do** (or **go**) **a message**, *Australian, NZ* to run an errand for someone: *I have to do a message for the teacher.* **6. do the messages**, *Australian, NZ Colloquial* to perform errands, especially to do the shopping. **7. get the message**, *Colloquial* to understand.

messenger /'mɛsəndʒə/ *n.* **1.** someone who bears a message or goes on an errand, especially as a matter of duty or business. **2.** someone employed to convey official dispatches or to go on other official or special errands: *a bank messenger.* **3.** anything that conveys a message.

messenger RNA *n. Physiology* the RNA containing the information to form specific proteins by the process of protein synthesis.

Messiah /mə'saɪə/ *n.* **1.** the title applied to an expected deliverer of the Jewish people, and hence to Jesus (see John 4:25, 26). **2.** any expected deliverer. **–Messiahship** *n.* **–Messianic** /mɛsi'ænɪk/ *adj.*

messmate /'mɛsmeɪt/ *n.* **1.** a fellow member of a mess. **2.** any of a number of Australian trees of the genus *Eucalyptus*, especially *E. obliqua*, a tall forest tree of south-eastern Australia.

met /mɛt/ *v.* past tense and past participle of **meet**.

meta- 1. a prefix meaning 'among', 'together with', 'after', 'behind', 'along with', as in *metacarpus, metalanguage*. **2.** *Chemistry* **a.** a prefix meaning 'containing least water', used of acids and salts, as in *metaphosphoric acid*, HPO₃. **b.** a prefix indicating the presence of a benzene ring with two substituents in the 1,3 positions.

metabolism /mə'tæbəlɪzəm/ *n. Physiology* the sum of the processes or chemical changes in an organism or a single cell by which food is built up (*anabolism*) into living protoplasm and by which protoplasm is broken down (*catabolism*) into simpler compounds with the exchange of energy. **–metabolic** /mɛtə'bɒlɪk/ *adj.* **–metabolise = metabolize** *v.*

metal /'mɛtl/ *n., v.* **-alled** or *Chiefly US* **-aled, -alling** or *Chiefly US* **-aling**. *–n.* **1.** any of a group of elements, e.g. gold, silver, copper, tin, etc., which are shiny in appearance, malleable, ductile, generally electropositive, and are good conductors of electricity. **2.** a mixture composed wholly or partly of these substances; alloy. **3.** See **mettle. 4.** Also, **road metal**. broken stone used for stability and drainage on railway tracks or for surfacing roads or mixing with cement to make concrete; blue metal. *–v.t.* **5.** to supply or cover with metal. **–metallic** /mə'tælɪk/ *adj.* **–metallically** /mə'tælɪkli/ *adv.*

metalanguage /'mɛtəlæŋgwɪdʒ/ *n.* a language or code used to discuss a given object language or some aspect of it, as the syntax.

metallurgy /'mɛtələdʒi, mə'tælədʒi/ *n.* **1.** the science of metals and their structures and properties. **2.** the art or science of separating metals from their ores, compounding alloys, or working metals. **–metallurgic** /mɛtə'lɜdʒɪk/, **metallurgical** /mɛtə'lɜdʒɪkəl/ *adj.* **–metallurgically** /mɛtə'lɜdʒɪkli/ *adv.* **–metallurgist** /mə'tælədʒəst, 'mɛtələdʒəst/ *n.*

metalwork /'mɛtlwɜk/ *n.* **1.** the art or craft of working with metal. **2.** objects produced by metalwork. **–metalworking** *n.* **–metalworker** *n.*

metamorphosis /mɛtə'mɔfəsəs/ *n.* **-phoses** /-fəsiz/. **1.** a change of form, structure, substance or character; transformation. **2.** the form resulting from any such change. **3.** a change of form during the growth of an animal by which it is adapted to a special environment or way of living usually different from that of the stage before: *the metamorphosis of tadpoles into frogs.* **–metamorphic** *adj.*

metaphor /'mɛtəfə, -fɔ/ *n.* **1.** a figure of speech in which a term or phrase is applied to something to which it is not literally applicable, in order to suggest a resemblance, as *A mighty fortress is our God*. *–phr.* **2. mixed metaphor**, a figurative expression in which two or more metaphors are employed, producing an incongruous assemblage of ideas, as *the king put the ship of state on its feet*. **–metaphorical** /mɛtə'fɒrɪkəl/, **metaphoric** /mɛtə'fɒrɪk/ *adj.* **–metaphorically** /mɛtə'fɒrɪkli/ *adv.*

metaphysical /mɛtə'fɪzɪkəl/ *adj.* **1.** *Philosophy* **a.** concerned with abstract thought or subjects, as existence, causality, truth, etc. **b.** concerned with first principles and ultimate grounds, as being, time, substance. **2.** highly abstract or abstruse. **3.** having to do with that school of early 17th century English poets of whom John Donne was the chief, whose characteristic style is highly intellectual, philosophical, and crowded with ingenious

metaphysics

conceits and turns of wit. –**metaphysically** *adv.*

metaphysics /mɛtəˈfɪzɪks/ *n.* **1.** the branch of philosophy that deals with first principles, including the sciences of being (*ontology*) and of the origin and structure of the universe (*cosmology*). It is always intimately connected with a theory of knowledge (*epistemology*). **2.** philosophy, especially in its more abstruse branches. –**metaphysician** /mɛtəfəˈzɪʃən/ *n.* –**metaphysicist** /mɛtəˈfɪzəsəst/ *n.*

mete /mit/ *phr.* **mete out,** to distribute or apportion by measure; allot: *to rely on the judiciary to mete out fit punishment.* –**metage** *n.*

meteor /ˈmitiə, -ɔ/ *n.* **1.** a transient fiery streak in the sky produced by a meteoroid passing through the earth's atmosphere; a bolide or shooting star. **2.** any meteoroid or meteorite. **3.** a brief, dazzling success, as of a person or object.

meteoric /mitiˈɒrɪk/ *adj.* **1.** relating to or like a meteor. **2.** consisting of meteors: *a meteoric shower.* **3.** flashing like a meteor; transiently brilliant: *a meteoric career.* **4.** swift or rapid. –**meteorically** *adv.*

meteorite /ˈmitiəraɪt/ *n.* **1.** a mass of stone or metal that has reached the earth from outer space; a fallen meteoroid. **2.** a meteor or a meteoroid. –**meteoritic** /mitiəˈrɪtɪk/ *adj.*

meteoroid /ˈmitiərɔɪd/ *n.* any of the small bodies, often remnants of comets, travelling through space, which, when encountering the earth's atmosphere, are heated to luminosity, thus becoming meteors.

meteorology /mitiəˈrɒlədʒi/ *n.* the science dealing with the atmosphere and its phenomena, especially as relating to weather. –**meteorological** /mitiərəˈlɒdʒɪkəl/ *adj.* –**meteorologist** *n.*

meter /ˈmitə/ *n.* **1.** an instrument that measures, especially one that automatically measures and records the quantity of gas, water, electricity, or the like, passing through it or actuating it. –*v.t.* **2.** to measure by means of a meter.

-meter[1] a word element used in names of instruments for measuring quantity, extent, degree, etc., as in *altimeter, barometer.*

-meter[2] (in words taken from Greek or Latin) a word element denoting a certain poetic measure or rhythmic pattern, depending on the number of feet constituting the verse, as in *pentameter, trimeter.*

methadone /ˈmɛθədoʊn/ *n.* a powerful analgesic drug used for the treatment of drug withdrawal symptoms.

methane /ˈmiθeɪn/ *n.* a colourless, odourless, flammable gas, CH_4, the main constituent of marsh gas and the firedamp of coal mines, and obtained commercially from natural gas; the first member of the methane or paraffin series of hydrocarbons.

methanol /ˈmɛθənɒl/ *n.* → **methyl alcohol**.

methinks /miˈθɪŋks/ *v.(impersonal)* **methought**. *Archaic* it seems to me.

metho /ˈmɛθoʊ/ *n. Colloquial* **1.** methylated spirits. **2.** someone addicted to drinking methylated spirits.

method /ˈmɛθəd/ *n.* **1.** a mode of procedure, especially an orderly or systematic mode: *a method of instruction.* **2.** a way of doing something, especially in accordance with a definite plan. **3.** order or system in doing anything: *to work with method.* **4.** orderly or systematic arrangement. –*phr.* **5. method in one's madness,** reason or sense underlying one's apparent stupidity.

methodical /məˈθɒdɪkəl/ *adj.* performed, disposed, or acting in a systematic way; systematic; orderly: *a methodical man.* Also, **methodic**. –**methodically** *adv.* –**methodicalness** *n.*

methodology /mɛθəˈdɒlədʒi/ *n.* **-gies**. **1.** the branch of logic that deals with the logical principles underlying the organisation of the various special sciences, and the conduct of scientific inquiry. **2.** *Education* the branch of pedagogics that deals with analysis and evaluation of subject matter and methods of teaching.

methyl /ˈmɛθəl/ *n.* a univalent hydrocarbon radical, CH_3, derived from methane.

methyl alcohol *n.* Also, **methanol**. a colourless, flammable, poisonous liquid, CH_3OH, of the alcohol class, formerly obtained by the distillation of wood, but now produced synthetically from carbon monoxide and hydrogen, used as a fuel, solvent, etc.; wood alcohol.

methylated spirits /mɛθəleɪtəd ˈspɪrəts/ *n.* ethyl alcohol denatured with 5-10 per cent of methyl alcohol to prevent its use as a beverage; sometimes also contains pyridine and methyl violet dye although the industrial spirit is normally free of these additives.

methylene /ˈmɛθəlin/ *n.* a bivalent hydrocarbon radical, CH_2, derived from methane.

meticulous /məˈtɪkjələs/ *adj.* solicitous about minute details; minutely or finically careful: *he was meticulous about his personal appearance.* –**meticulousness** *n.* –**meticulously** *adv.*

metier /ˈmetieɪ/ *n.* **1.** trade; profession; line of work or activity. **2.** a skill, activity, etc. in which a person is especially proficient: *his metier was the solacing of rich widows.* Also, **métier**.

metonymy /məˈtɒnəmi/ *n. Rhetoric* the use of the name of one thing for that of another to which it has some logical relation, as 'sceptre' for 'sovereignty' or 'the bottle' for 'strong drink'. –**metonymical** /mɛtəˈnɪmɪkəl/ *adj.*

metre[1] /ˈmitə/ *n.* the base SI unit of measurement of length equal to the distance travelled by electromagnetic radiation through a vacuum in 1/299 792 458 second, and approximately equivalent to 1.094 yards. Until 1983, it was defined as the distance equal to 1 650 763.73 wavelengths in vacuum of the (orange-red) radiation corresponding to the transition between the levels $2p_{10}$ and $5d_5$ of the krypton-86 atom; originally intended to be one ten millionth of the distance from the north pole to the equator measured on a meridian and in 1889 defined as the distance between lines on a standard bar, kept at the International Bureau of Weights and Measures in Sèvres, France. *Symbol:* m Also, *US,* **meter**.

metre[2] /ˈmitə/ *n.* a poetic measure; arrangement of words in regularly measured or patterned or rhythmic lines or verses. Also, *US,* **meter**.

-metre a word element meaning metres; of or relating to a metre, as in *kilometre*.

metric[1] /ˈmɛtrɪk/ *adj.* relating to the metre or to the system of measures and weights originally based upon it.

metric[2] /ˈmɛtrɪk/ *adj.* → **metrical**.

metrical /ˈmɛtrɪkəl/ *adj.* **1.** relating to metre or poetic measure. **2.** composed in metre or verse. **3.** relating to measurement. Also, **metric**. –**metrically** *adv.*

metricate /ˈmɛtrəkeɪt/ *v.t.* **-cated, -cating**. to convert to metric units.

metrication /mɛtrəˈkeɪʃən/ *n.* the process of conversion from British or imperial units to the metric system.

metric system *n.* a decimal system of measurement, first adopted in France in 1795, and adopted internationally by the Metric Convention in 1875. The modern metric system, known as the International System of Units (SI), was adopted in 1960. It comprises seven *base units,* the metre (m), kilogram (kg), second (s), ampere (A), kelvin (K), mole (mol), and candela (cd), two *supplementary units*, the radian (rad) and the steradian (sr), and *derived units*, formed by combining base and supplementary units according to the algebraic relations linking the corresponding physical quantities. Special names have been given to some derived units; thus the unit of power, defined as a joule per second, is called a *watt* (W).

metric ton *n.* → **tonne**.

metronome /'mɛtrənoʊm/ *n.* a mechanical contrivance for marking time, as for music. –**metronomic** /mɛtrə'nɒmɪk/ *adj.*

metropolis /mə'trɒpələs/ *n.* **-lises** /-ləsiz/. **1.** the chief city (not necessarily the capital) of a country, state, or region. **2.** a central or principal point, as of some activity. **3.** the chief see of an ecclesiastical province.

metropolitan /mɛtrə'pɒlətən/ *adj.* of, relating to, or characteristic of a metropolis or chief city, or of the people who live in it.

-metry a word element denoting the process of measuring, abstract for *-meter*, as in *anthropometry, chronometry*.

mettle /'mɛtl/ *n.* **1.** the characteristic disposition or temper: *to try a person's mettle*. **2.** spirit; courage. –*phr.* **3. on one's mettle,** incited to do one's best.

mew /mju/ *n.* **1.** the sound a cat makes. –*v.i.* **2.** to make this sound.

mews /mjuz/ *n.* (*usually construed as singular*) **1.** a set of stables or garages, usually with living accommodation attached, around a yard, court, or alley. **2.** a street, yard, or court lined by buildings originally used as stables and servants' quarters.

Mexican stand-off /mɛksɪkən 'stænd-ɒf/ *n. Colloquial* a situation in which two opponents threaten each other loudly but neither makes any attempt to resolve the conflict.

Mexican wave *n.* a wave-like motion among spectators at a sporting event, rock concert, etc., achieved by having sections of the crowd stand up and sit down in their seats in sequence.

mezzanine /'mɛzənin, mɛzə'nin/ *n.* a low storey between two other storeys of greater height, especially when the low storey and the one beneath it form part of one composition; entresol.

mezzosoprano /mɛtsoʊsə'pranoʊ/ *n.* **-nos** *or* **-ni** /-ni/. *Music* a voice or voice part intermediate in compass between soprano and contralto.

mia-mia /'maɪə-maɪə, 'miə-miə/ *n.* a temporary bush shelter used by Aborigines; gunyah; humpy.

miaow /mi'aʊ, mjaʊ/ *n.* **1.** the sound a cat makes. –*v.i.* **2.** to make such a sound. Also, **meow, miaou, miau** /mi'aʊl/.

mica /'maɪkə/ *n.* any member of a group of minerals, hydrous disilicates of aluminium with other bases, chiefly potassium, magnesium, iron, and lithium, that separate readily (by cleavage) into thin, tough, often transparent, and usually elastic laminae. –**micaceous** /maɪ'keɪʃəs/ *adj.*

mice /maɪs/ *n.* plural of **mouse**.

Mick /mɪk/ *n. Colloquial* **1.** a Roman Catholic (especially of Irish extraction). **2.** an Irishman.

mickey finn /mɪki 'fɪn/ *n. Colloquial* a drink, usually alcoholic, which has been surreptitiously laced so as to cause to fall asleep, to discomfort, or in some way to incapacitate the person who drinks it. Also, **Mickey Finn, mickey**.

mickey mouse *adj. Colloquial* **1.** having to do with something that is less in seriousness or value than its name would suggest: *a mickey mouse course of literature*. **2.** (of cross-bred dairy and beef cattle) part Friesian with white faces and mainly black bodies.

micky /'mɪki/ *phr.* **take the micky,** *Colloquial* (sometimes fol. by *out of*) to tease by mild ridicule.

micra /'maɪkrə/ *n.* a plural of **micron**.

MICR encoding *n.* a machine-reading system by which ferrous-impregnated ink characters encoded on documents, as cheques, are read by a magnetically-sensitive device.

micro- **1.** a prefix meaning **a.** 'very small', as in *micro-organism, microcosm*. **b.** 'enlarging' or 'amplifying', as in *microphone, microscope, microbarograph*. **2.** a prefix denoting 10^{-6} of a given unit, as in *microvolt*. Symbol: μ Also (*before vowels*), **micr-**.

microbe /'maɪkroʊb/ *n.* a micro-organism, usually one of vegetable nature; a germ. –**microbial** /maɪ'kroʊbiəl/, **microbic** /maɪ'kroʊbɪk/ *adj.*

microbiology /maɪkroʊbaɪ'ɒlədʒi/ *n.* the science concerned with the occurrence, activities, and utilisation of the extremely small, microscopic and submicroscopic organisms. –**microbiological** /maɪkroʊbaɪə'lɒdʒɪkəl/ *adj.* –**microbiologist** *n.*

microcomputer /'maɪkroʊkəm,pjutə/ *n.* a small computer which has its central processor functions contained on a single printed circuit board.

microcopy /'maɪkroʊ,kɒpi/ *n.* **-pies** a greatly reduced photographic copy of a book, page, etc., usually read by enlargement on a ground-glass screen.

microcosm /'maɪkrəkɒzəm/ *n.* **1.** a little world (opposed to *macrocosm*). **2.** anything regarded as a world in miniature. **3.** a human being viewed as an epitome of the universe. –**microcosmic** /maɪkrə'kɒzmɪk/, **microcosmical** /maɪkrə'kɒzmɪkəl/ *adj.*

microdot /'maɪkroʊ,dɒt/ *n.* **1.** a microphotograph reduced to the size of a printed or typed dot. **2.** *Colloquial* LSD in tablet form.

micro-economics /maɪkroʊ-ɛkə'nɒmɪks/ *n.* (*construed as singular*) study of the economic system in terms of its different sectors. Compare **macroeconomics**.

microfiche /'maɪkroʊfiʃ/ *n.* a microfilmed transparency about the size and shape of a filing card which may have on it many pages of print.

microfilm /'maɪkroʊfɪlm/ *n.* **1.** a narrow film, especially of motion-picture stock, on which microcopies are made. **2.** a film reproduction of a large or bulky publication, as a file of newspapers, used to conserve space or to copy material which is difficult to obtain. –*v.t.* **3.** to record on microfilm.

micrometer /maɪ'krɒmətə/ *n.* any of various devices for measuring minute distances, angles, etc., as in connection with a telescope or microscope. **2.** a U-shaped gauge for measuring thicknesses or short lengths in which the gap between the measuring faces is adjusted by a finely threaded screw, the end of which forms one face; a micrometer gauge. –**micrometry** *n.*

micron /'maɪkrɒn/ *n.* **-cra** /-krə/ *or* **-crons.** the millionth part of a metre; micrometre. Symbol: μ

micro-organism /maɪkroʊ-'ɔgənɪzəm/ *n.* a microscopic (animal or vegetable) organism.

microphone /'maɪkrəfoʊn/ *n.* an instrument which is capable of transforming the air-pressure waves of sound into changes in electric currents or voltages. Qualifying adjectives, as *capacitor, crystal, velocity,* etc., describe the method of developing the electric quantity. –**microphonic** /maɪkrə'fɒnɪk/ *adj.*

microprocessor /maɪkroʊ'proʊsɛsə/ *n.* a small stand-alone computer, often dedicated to specific functions, as directing a quality-control inspection in a factory or regulating a domestic procedure such as the keeping of a record of engagements, etc.

microscope /'maɪkrəskoʊp/ *n.* an optical instrument having a magnifying lens or a combination of lenses for inspecting objects too small to be

microscopic

seen, or to be seen distinctly and in detail, by the naked eye. **–microscopy** /maɪˈkrɒskəpi/ n. **–microscopist** /maɪˈkrɒskəpəst/ n.

microscopic /maɪkrəˈskɒpɪk/ adj. **1.** so small as to be invisible or indistinct without the use of the microscope. **2.** very small; tiny. **3.** having to do with the microscope or its use. **4.** performing the work of a microscope. **5.** suggestive of the use of the microscope: *microscopic exactness*. **–microscopically** adv.

microwave /ˈmaɪkrəweɪv/ n. **1.** an electromagnetic wave of extremely high frequency, approximately comprising the wavelength range from 50 cm to 1 mm. **2.** → **microwave oven**. –v.t. **3.** to cook (food) by using a microwave oven.

microwave oven n. an oven which cooks with unusual rapidity, by passing microwaves through food and generating heat inside it.

mid¹ /mɪd/ adj. **1.** central; at or near the middle point: *in the mid nineties of the last century*. **2.** *Phonetics* having a tongue position intermediate between high and low: *beet*, *bet*, and *bat* have high, mid, and low vowels respectively.

mid² /mɪd/ prep. → **amid**. Also, **'mid**.

mid- a combining form of 'middle'.

midair /mɪdˈɛə/ n. **1.** any elevated position above the ground. –adj. **2.** occurring or existing in midair. –adv. **3.** in a state of suspension.

midday /ˈmɪdeɪ/ n. **1.** the middle of the day; noon. –adj. **2.** having to do with the middle part of the day.

middle /ˈmɪdl/ adj. **1.** being the same distance from both ends: *the middle point of a line*. **2.** being neither of any two opposites, but between them; halfway; intermediate; medium: *middle size*; *middle distance*. **3.** (*cap*.) (in various studies, e.g. history of a language, geology, history) being of the period of time that comes between other periods that are called Old and New, Upper and Lower, etc.: *Middle English*; *Middle Kingdom*. –n. **4.** the point, part, etc., which is the same distance from both ends of something. **5.** the waist, or middle part of the human body. –phr. **6. middle of the road**, not too much one way or the other; mediocre.

middle-aged /ˈmɪdl-eɪdʒd/ adj. **1.** intermediate in age between youth and old age; commonly, from about 45 to about 60 years old. **2.** characteristic of or suitable for middle-aged people.

Middle Ages pl. n. the time in European history between classical antiquity and the Italian Renaissance (from the late 5th century to about AD 1350); sometimes restricted to the later part of this period (after 1100); sometimes extended to 1450 or 1500.

middle class n. a social class intermediate between the upper and lower classes as a fluid socioeconomic grouping comprising especially business and professional people and public servants of middle income, who do not have an upper-class or establishment background. **–middle-class** adj.

middleman /ˈmɪdlmæn/ n. **-men**. **1.** a trader who makes a profit by buying from producers and selling to retailers or consumers. **2.** someone who acts as an intermediary between others. Also, **middle man**.

middle-of-the-road /mɪdl-əv-ðə-ˈroʊd/ adj. **1.** between extremes; moderate. **2.** middlebrow; noncommittal. **3.** Also, **MOR**. having to do with light or sentimental music, written to appeal to a wide audience. **–middle-of-the-roader** n.

middleweight /ˈmɪdlweɪt/ n. **1.** a boxer weighing between 71 and 75 kg (in the amateur ranks) or between 69.853 and 72.574 kg (in the professional ranks). **2.** a professional wrestler weighing between 76.204 and 78.925 kg.

might

middling /ˈmɪdlɪŋ/ adj. **1.** medium in size, quality, grade, rank, etc.; moderately large, good, etc. **2.** *Colloquial* in fairly good health. **3.** *Colloquial* mediocre; second-rate. –n. **4.** (*plural*) any of various products or commodities of intermediate quality, grade, etc., as the coarser particles of ground wheat mingled with bran. **–middlingly** adv.

middy /ˈmɪdi/ n. **-dies**. **1.** *Australian* a medium size glass, primarily used for serving beer; pot. **2.** *Colloquial* → **midshipman**.

midge /mɪdʒ/ n. **1.** any of various small dipterous insects especially the non-biting Chironomidae, or the biting midges of the family Ceratopogonidae. See **gnat**. **2.** *Colloquial* a small or diminutive person.

midget /ˈmɪdʒət/ n. **1.** a very small person. **2.** something very small of its kind.

midi /ˈmɪdi/ adj. **1.** (of a dress, skirt, or coat) with a hemline just below the knee. –n. **2.** such a dress, skirt, or coat.

midnight /ˈmɪdnaɪt/ n. **1.** the middle of the night; 12 o'clock at night. –adj. **2.** of or relating to midnight. **3.** resembling midnight, as in darkness. –phr. **4. burn the midnight oil**, to study or work far into the night. **–midnightly** adj., adv.

midnight sun n. the sun visible at midnight in midsummer in arctic and antarctic regions.

midriff /ˈmɪdrɪf/ n. **1.** the diaphragm (in the human body). **2.** the middle part of the body, between the chest and the waist. –adj. **3.** of a dress, blouse, etc., which exposes this part of the body.

midshipman /ˈmɪdʃɪpmən/ n. **-men**. a probationary rank held by naval cadets before qualifying as officers.

midst /mɪdst/ n. **1.** the position of anything surrounded by other things or parts, or occurring in the middle of a period of time, course of action, etc. **2.** the middle point, part, or stage. –phr. **3. in our (your, their) midst**, in the midst of us (you, them).

midstream /mɪdˈstrim/ n., adv.; /ˈmɪdstrim/ adj. –n. **1.** the middle of the stream. –adv. **2.** in the middle of the stream: *we canoed midstream*. –adj. **3.** of or relating to the middle of the stream. –phr. **4. change horses in midstream**, to change from one policy or procedure to another at a critical point. **5. in midstream**, *Colloquial* in the middle; at a critical point.

midway /mɪdˈweɪ/ adv., /ˈmɪdweɪ/ adj. –adv. **1.** to the middle of the way or distance; halfway. –adj. **2.** in the middle.

midwife /ˈmɪdwaɪf/ n. **-wives** /ˈmɪdwaɪvz/. a nurse who assists women in childbirth. **–midwifery** n.

mien /min/ n. air, bearing, or aspect, as showing character, feeling, etc.: *a man of noble mien*.

miffed /mɪft/ adj. *Colloquial* annoyed; displeased.

might¹ /maɪt/ v. modal) **1.** (expressing strong uncertainty): *I suppose he might be angry when he finds out*. **2.** (referring to an event or situation contrary to fact): *we might all have been killed*. **3.** (used in tentative suggestions): *we might have a meal afterwards*; *you might check the tyre pressure*. **4.** (used in very polite requests): *might I borrow your pen for a moment?* **5.** (expressing reproach): *you might share the chocolates*; *he might have warned me*. **6.** past tense of **may¹**: *they agreed we might go*; *he died so that we might live*. –phr. **7. might as well** ..., **a.** (used to make a suggestion in the absence of a better alternative): *he won't turn up now – we might as well go home*. **b.** (used to emphasise the unsatisfactory nature of a situation): *she won't listen – I might as well talk to a brick wall*.

might² /maɪt/ n. **1.** power to do or accomplish;

migraine /ˈmaɪɡreɪn, ˈmiːɡreɪn/ *n. Pathology* a paroxysmal headache often confined to one side of the head and usually associated with nausea; hemicrania.

migrate /maɪˈɡreɪt/ *v.i.* **-grated, -grating. 1.** to go from one country, region, or place of abode to settle in another. **2.** to pass periodically from one region to another, as certain birds, fishes, and other animals. **–migrant** *n.*, *adj.* **–migration** *n.* **–migrator** *n.* **–migratory** *adj.*

mikado /məˈkɑːdoʊ/ *n.* **-dos.** (*often cap.*) (formerly) a title of the emperor of Japan.

mike /maɪk/ *n. Colloquial* → **microphone**.

mil /mɪl/ *n.* **1.** a millilitre (0.001 of a litre), or cubic centimetre. **2.** a unit of length equal to 0.001 of an inch, used in measuring the diameter of wires.

milch /mɪltʃ/ *adj.* (of a cow, goat, or other animal) producing milk; kept for milk-production.

mild /maɪld/ *adj.* **1.** gentle in feeling or behaviour towards others. **2.** (of manners, speech, etc.) showing such gentleness. **3.** (of air, weather, etc.) not cold, severe, or extreme. **4.** not sharp, pungent, or strong: *a mild flavour.* **5.** gentle or moderate in degree, character or intensity: *mild regret; mild pain.* **–mildly** *adv.* **–mildness** *n.*

mildew /ˈmɪldjuː/ *n.* **1.** a plant disease usually characterised by a whitish coating or a discolouration on the surface, caused by any of various parasitic fungi. **2.** any of these fungi. **3.** similar coating or discolouration, due to fungi, on cotton and linen fabrics, paper, leather, etc., when exposed to moisture. *–v.t.* **4.** to affect with mildew. *–v.i.* **5.** to become affected with mildew. **–mildewy** *adj.*

mile /maɪl/ *n.* **1.** a unit of measurement of length in the imperial system, equal to 5280 feet (1609.34 m). **2. nautical** (or **international nautical**) (or **sea**) **mile**, a unit of measurement of length used in marine or aeronautical navigation, equal to 1852 m. The Admiralty nautical mile, used until recently, is 6080 feet (approx 1853.2 m). **3.** any of various other lengths ascribed to the mile in different periods and in different countries. **4.** (*often plural*) a large distance or quantity.

mileage /ˈmaɪlɪdʒ/ *n.* **1.** the total length or distance expressed in miles. **2.** an aggregate number of miles or kilometres. **3.** an allowance for travelling expenses, at a specified rate per mile or kilometre. **4.** a ratio based on distance and fuel consumption used to indicate the fuel efficiency of a motor vehicle, expressed as miles per gallon or litres per kilometre. *–phr.* **5. get (good) mileage out of, a.** to get good use from (a vehicle) in terms of the ratio of miles (or kilometres) travelled to fuel consumption. **b.** to get good use out of (something) in terms of durability: *I got good mileage out of my old fridge.* **c.** to use advantageously as specified: *to get political mileage out of local scandal.*

milestone /ˈmaɪlstoʊn/ *n.* **1.** a stone set up to mark the distance to or from a town, as along a highway or other line of travel. **2.** a birthday or some event regarded as marking a significant point in one's life or career.

milfoil /ˈmɪlfɔɪl/ *n.* a herbaceous plant, *Achillea millefolium*, with finely divided leaves and small white to red flowers, sometimes used in medicine as a tonic and astringent; yarrow.

milieu /ˈmiːljɜː/ *n.* **milieus** or **milieux**. medium or environment.

militant /ˈmɪlətənt/ *adj.* **1.** combative; aggressive: *a militant reformer.* **2.** engaged in warfare; warring. *–n.* **3.** one engaged in warfare or strife. **4.** a militant person. **–militancy** *n.* **–militantly** *adv.*

militarism /ˈmɪlətərɪzəm/ *n.* **1.** military spirit or policy. **2.** the principle of keeping a large military establishment. **3.** the tendency to regard military efficiency as the supreme ideal of the state, and to subordinate all other interests to those of the military.

military /ˈmɪlətri, -təri/ *adj.* **1.** of or relating to the armed forces. *–n.* **2.** soldiers generally; the armed forces: *the military.* **–militarily** *adv.* **–militarist** *adj.*

militate /ˈmɪləteɪt/ *v.i.* **-tated, -tating.** to operate (*against* or *in favour of*); have effect or influence: *every fact militated against his argument.* **–militation** /mɪləˈteɪʃən/ *n.*

militia /məˈlɪʃə/ *n.* **1.** a body of men enrolled for military service, called out periodically for drill and exercise but for actual service only in emergencies. **2.** a body of citizen soldiers as distinguished from professional soldiers.

milk /mɪlk/ *n.* **1.** an opaque white or bluish white liquid secreted by the mammary glands of female mammals, serving for the nourishment of their young, and, in the case of the cow and some other animals, used by humans for food or as a source of dairy products. **2.** any liquid resembling this, as the liquid within a coconut, the juice or sap (latex) of certain plants, or various pharmaceutical preparations. *–v.t.* **3.** to press or draw milk by hand or machine from the udder of (a cow or other animal). **4.** to draw venom from (a spider, snake, etc.). **5.** to extract (the sap) from certain plants. **6.** to extract (something) as if by milking; draw: *to milk applause from an audience.* **7.** to extract something from, as if by milking; siphon. **8.** to drain strength, information, wealth, etc., from; exploit. *–v.i.* **9.** to yield milk, as a cow. **10.** to milk a cow or other animal. *–phr.* **11. cry over spilt milk**, to lament something which cannot be changed. **12. milk someone dry**, *Colloquial* to take from someone all their money, ideas, etc., for one's own benefit. **13. milk the till**, *Colloquial* to steal money from a cash register. **–milky** *adj.*

milk bar *n.* a shop, often with an open front, where milk drinks, ice-cream, sandwiches, etc., are sold.

milkmaid /ˈmɪlkmeɪd/ *n.* **1.** a woman who milks cows or is employed in a dairy. **2.** (*plural*) either of two species of the genus *Burchardia*, family Liliaceae, native to Australia.

milk of magnesia *n.* a liquid suspension of magnesium hydroxide, $Mg(OH)_2$, used medicinally as an antacid or laxative.

milkshake /ˈmɪlkʃeɪk/ *n.* a frothy drink made of milk, flavouring, and sometimes ice-cream, shaken together. Also, **milk shake**.

milksop /ˈmɪlksɒp/ *n.* **1.** a dish of bread, etc., soaked in milk, as given to children and invalids. **2.** an effeminate man or youth. **–milksopism** *n.*

milk tooth *n.* one of the temporary teeth of a mammal which are replaced by the permanent teeth. Also, **baby tooth**.

mill /mɪl/ *n.* **1.** a building or establishment fitted with machinery, in which any of various mechanical operations or forms of manufacture is carried on, especially the spinning or weaving of cotton or wool. **2.** a mechanical appliance or a building or establishment equipped with appliances for grinding corn into flour. **3.** a machine for grinding, crushing, pulverising, or extracting liquid from, any solid substance: *a coffee mill; a cider mill.* **4.** any institution or machine that churns out mass produced goods: *college is a diploma mill.* *–v.t.* **5.** to grind, work, treat, or shape in or with a mill. **6.** to finish the edge of (a coin, etc.) with a series of fine notches or transverse grooves. *–v.i.* **7.** Also, **mill about**. to move confusedly in a

millennium /məˈlɛniəm/ *n.* **-niums** *or* **-nia** /-niə/. **1.** a period of a thousand years. **2.** a thousandth anniversary. **3.** the period of 'a thousand years' (a phrase variously interpreted) during which Christ is to reign on earth, according to the prophetic statement in Rev. 20:1-7. **4.** a period of general righteousness and happiness, especially in the indefinite future. **–millennial** *adj.*

millennium bug *n. Computers* the inability of computer systems to recognise the abbreviation of the year 2000 as the final two digits '00', in accordance with the convention that the year is reduced to the last two numbers adopted in the 1960s because of the small amount of data storage space available at that time. Also, **millennium problem, Y2K problem**.

miller /ˈmɪlə/ *n.* **1.** someone who keeps or operates a mill, especially a corn mill. **2.** a milling machine.

millet /ˈmɪlət/ *n.* **1.** a cereal grass, *Setaria italica*, extensively cultivated in Asia and in southern Europe for its small seed or grain (used as a food for humans and fowls), but in the US grown chiefly for fodder. **2.** any of various related or similar grasses, especially those cultivated as grain plants or forage plants, as durra, and pearl millet. **3.** the grain of any of these grasses.

milli- a prefix denoting 10^{-3} of a given unit, as in *milligram. Symbol*: m

millibar /ˈmɪlibɑ/ *n.* a widely used unit of atmospheric pressure, equal to 0.001 bar or 100 pascals.

milligram /ˈmɪləɡræm/ *n.* a unit of mass equal to 0.001 gram. *Symbol*: mg

millilitre /ˈmɪləlitə/ *n.* a unit of capacity equal to 0.001 litre. *Symbol*: ml Also, *US*, **milliliter**.

millimetre /ˈmɪləmitə/ *n.* a unit of length equal to 0.001 metre. *Symbol*: mm Also, *US*, **millimeter**.

milliner /ˈmɪlənə/ *n.* someone who makes or sells hats for women.

million /ˈmɪljən/ *n.* **1.** a cardinal number, one thousand times one thousand, or 10^6. **2.** the amount of a thousand thousand units of money, as pounds, dollars, or francs. **3.** a very great number. *–det.* **4.** amounting to one million in numbers. *–phr.* **5. gone a million,** *Australian, NZ* ruined; lost; done for. **6. one in a million,** someone or something of great rarity or worth. **–millionth** *adj.*

millionaire /mɪljəˈnɛə/ *n.* **1.** a person worth a million or millions, as of pounds, dollars, or francs. **2.** a very rich person. **–millionairess** *fem. n.*

millipede /ˈmɪləpid/ *n.* any of the many arthropods belonging to the class Diplopoda. These are slow-moving, mostly herbivorous, myriapods having a cylindrical body of numerous segments, most of which bear two pairs of legs. Also, **millepede**.

millpond /ˈmɪlpɒnd/ *n.* **1.** a pond for supplying water to drive a millwheel. **2.** an area of very calm water.

millstone /ˈmɪlstoʊn/ *n.* **1.** either of a pair of circular stones between which grain or other substance is ground, as in a mill. **2.** something that grinds or crushes. *–phr.* **3. a millstone around someone's neck,** a heavy burden on someone.

mime /maɪm/ *n., v.* **mimed, miming.** *–n.* **1.** the art or technique of expressing emotion, character, action, etc., by mute gestures and bodily movements. **2.** a play or entertainment in which the performers express themselves by such gestures and movements. **3.** a comedian or clown, especially one who entertains by mute gesture, facial expression, bodily movement, etc. *–v.t.* **4.** → **mimic.** *–v.i.* **5.** to play a part by mimicry, especially without words. **–mimer** *n.* **–mimetic** *adj.*

mimeograph /ˈmɪmiəɡræf, -ɡrɑf/ *n.* **1.** a stencil device for duplicating letters, drawings, etc. *–v.t.* **2.** to make copies of, using a mimeograph.

mimic /ˈmɪmɪk/ *v.* **-icked, -icking,** *n.* *–v.t.* **1.** to imitate or copy in action, speech, etc., often playfully or derisively. **2.** to imitate unintelligently or servilely; ape. **3.** (of things) to be an imitation of; simulate. *–n.* **4.** someone apt at imitating or mimicking the characteristic voice or gesture of others. **5.** an imitator or imitation.

mimicry /ˈmɪmɪkri/ *n.* **-cries. 1.** the act, practice, or art of mimicking. **2.** *Zoology* the close external resemblance, as if from imitation or simulation, of an animal to some different animal or to surrounding objects, especially as serving for protection or concealment. **3.** an instance, performance, or result of mimicking.

minaret /mɪnəˈrɛt, ˈmɪnərɛt/ *n.* a lofty, often slender, tower or turret attached to a Muslim mosque, surrounded by or furnished with one or more balconies, from which the muezzin calls the people to prayer.

mince /mɪns/ *v.* **minced, mincing,** *n.* *–v.t.* **1.** to cut or chop into very small pieces. **2.** to divide (land, a subject, etc.) into small parts. **3.** to soften (one's words, etc.) to a milder form. *–v.i.* **4.** to speak, walk, or move with a show of daintiness. *–n.* **5.** minced meat.

mincemeat /ˈmɪnsmit/ *n.* **1.** a mixture composed of minced apples, suet (and sometimes meat), candied peel, etc., with raisins, currants, etc., for filling a pie (mince pie). **2.** minced meat. **3.** anything cut up very small. *–phr.* **4. make mincemeat of,** *Colloquial* **a.** to defeat utterly, as in sport, or in verbal or physical assault: *the Tigers made mincemeat of the opposition.* **b.** to damage or reduce to ruin: *she made mincemeat of his suggestions.*

mind /maɪnd/ *n.* **1.** that which thinks, feels, and wills, exercises perception, judgment, reflection, etc., as in a human or other conscious being: *the processes of the mind.* **2.** *Psychology* the psyche; the totality of conscious and unconscious activities of the organism. **3.** the intellect or understanding, as distinguished from the faculties of feeling and willing; the intelligence. **4.** a particular instance of the intellect or intelligence, as in a person. **5.** a person considered with reference to intellectual power: *the greatest minds of the time.* **6.** intellectual power or ability. **7.** reason, sanity, or sound mental condition: *to lose one's mind.* **8.** way of thinking and feeling, disposition, or temper: *many men, many minds.* **9.** opinion or sentiments: *to read someone's mind.* **10.** inclination or desire. **11.** purpose, intention, or will. **12.** psychic or spiritual being, as opposed to matter. **13.** a conscious or intelligent agency or being: *the doctrine of a mind pervading the universe.* **14.** remembrance or recollection: *to keep in mind.* *–v.t.* **15.** to pay attention to, heed, or obey (a person, advice, instructions, etc.). **16.** to apply oneself or attend to: *to mind one's own business.* **17.** to look after; take care of; tend: *to mind the baby.* **18.** to be careful, cautious, or wary concerning: *mind what you say.* **19.** to care about or feel concern at. **20.** *(in negative and interrogative expressions)* to feel disturbed or inconvenienced by; object to: *do you mind my smoking?* **21.** to regard as concerning oneself or as mattering: *never mind what she does.* **22.** to be careful about (something): *mind the step.* *–v.i.* **23.** *(chiefly in the imperative)* to take notice, observe, or understand: *mind you look after him.* **24.** to be careful or wary. **25.** *(often in negative and interrogative expressions)* to care, feel concern, or object: *come in - he won't mind.* **26.** to regard a thing as

concerning oneself or as mattering: *never mind about them.* –*phr.*
27. a piece of one's mind, a. an uncomplimentary opinion. **b.** a reprimand or browbeating.
28. have a good (or **great**) **mind to,** to firmly intend to.
29. have a mind of one's own, to be unswayed by other people's opinions.
30. have (half) a mind to, to be almost decided to.
31. in two minds, unable to choose between two courses of action or opinions.
32. make up one's mind, to come to a decision.
33. mind you, (used to foreground the adjacent sentence weakly): *mind you, she won't agree.*
34. of one mind, in accord.
35. out of one's mind, demented; delirious.
36. presence of mind, alacrity in controlled reaction when faced with danger or difficulty.
37. put in mind, (sometimes fol. by *of*) to cause to remember; remind.
38. to one's mind, in one's opinion or judgment.
mind-boggling /'maɪnd-bɒglɪŋ/ *adj.* overwhelming; stupendous.
minded /'maɪndəd/ *adj.* **1.** (*usu. used in combination*) having a certain kind of mind: *strongminded.* **2.** inclined or disposed.
mindful /'maɪndfəl/ *adj.* (sometimes fol. by *of*) attentive; careful. –**mindfully** *adv.* –**mindfulness** *n.*
mine[1] /maɪn/ *pron. (possessive)* **1.** the possessive form of I, used predicatively or absolutely: *it was mine; mine was the first offer; a book of mine.* –*det.* **2.** *Archaic* my (used before a noun beginning with a vowel or *h*, or after a noun): *mine eyes; gentleman mine.*
mine[2] /maɪn/ *n., v.* **mined, mining.** –*n.* **1.** an excavation made in the earth to remove ores, precious stones, coal, etc. **2.** a deposit of such minerals, either under the ground or at its surface. **3.** a store of anything: *this book is a mine of information.* **4.** an underground passage dug to reach under an enemy's position, usually for placing explosives. **5.** a device containing a large charge of explosive in a watertight casing placed in the sea for the purpose of blowing up an enemy vessel. **6.** → **landmine.** –*v.i.* **7.** to dig in the earth for the purpose of removing ores, coal, etc. **8.** to remove ores, etc., from mines. **9.** to dig or lay mines, as in military operations. –*v.t.* **10.** to dig in (earth, etc.) to obtain ores, coal, etc. **11.** to remove (ores, coal, etc.) from a mine. **12.** to make underground passages in or under; burrow. **13.** to dig or lay military mines under.
minefield /'maɪnfild/ *n.* **1.** an area on land or water throughout which mines have been laid. **2.** any situation with hidden dangers.
miner[1] /'maɪnə/ *n.* **1.** someone who works in a mine, especially a coalmine. **2.** *Stock Exchange* a mining company, or the shares in that company.
miner[2] /'maɪnə/ *n.* any bird of the genus *Manorina,* of the honeyeater family Meliphagidae, with a yellow beak and yellow or yellow-brown legs, which lives in colonies, as the noisy miner or bellbird.
mineral /'mɪnərəl, 'mɪnrəl/ *n.* **1.** a substance obtained by mining; ore. **2.** any of a class of substances occurring in nature, usually inorganic substances of definite chemical composition and definite crystal structure and also natural products of organic origin, as coal, etc. **3.** a substance neither animal nor vegetable. –*adj.* **4.** of the nature of or containing minerals. **5.** neither animal nor vegetable; inorganic: *the mineral kingdom.*
mineralogy /mɪnəˈrælədʒi, -'rɒl-/ *n.* the science of minerals. –**mineralogical** /mɪnərəˈlɒdʒɪkəl/ *adj.*
–**mineralogically** /mɪnərəˈlɒdʒəkli/ *adv.*
–**mineralogist** *n.*
mineral water *n.* **1.** water containing dissolved mineral salts or gases. **2.** carbonated water.
minestrone /mɪnəˈstroʊni/ *n.* a soup containing vegetables, herbs, pasta, etc., in chicken or meat stock.
mingle /'mɪŋgəl/ *v.* **-gled, -gling.** –*v.i.* **1.** to become mixed or united. **2.** to take part with others; participate. –*v.t.* **3.** to mix or combine; blend. **4.** to unite or join: *joy mingled with pain.* –**mingler** *n.*
mingy /'mɪndʒi/ *adj. Colloquial* mean and stingy.
mini /'mɪni/ *n.* **1.** something small in size or dimension, as a skirt or motor vehicle. –*adj.* **2.** small; miniature.
mini- a word element meaning 'small' or 'miniature', as in *miniskirt.*
miniature /'mɪnətʃə/ *n.* **1.** a representation or image of anything on a very small scale. **2.** greatly reduced or abridged form. **3.** a very small painting, especially a portrait, on ivory, vellum, or the like. **4.** an illumination, as in manuscripts. –*adj.* **5.** on a very small scale; reduced.
mini-budget /'mɪni-bʌdʒət/ *n.* a budget which seeks to implement government fiscal policies decided upon after the normal budget session.
minibus /'mɪnibʌs/ *n.* a motor vehicle for carrying between five and ten passengers.
minim /'mɪnəm/ *n.* **1.** the smallest unit of liquid measure in the imperial system, equal to 59.193 880 × 10^{-6} litres. **2.** *Music* a note, equal in time value to one half of a semibreve. **3.** something very small or insignificant.
minimalism /'mɪnəməlɪzəm/ *n.* any reductive approach which favours simplicity. –**minimalist** *adj., n.*
minimise = minimize /'mɪnəmaɪz/ *v.t.* **-mised, -mising. 1.** to reduce to the smallest possible amount or degree. **2.** to represent at the lowest possible estimate; to belittle. –**minimisation** /mɪnəmaɪˈzeɪʃən/ *n.* –**minimiser** *n.*
minimum /'mɪnəməm/ *n.* **-mums** or **-ma,** /-mə/ *adj.* –*n.* **1.** the least quantity or amount possible, allowable, etc. **2.** the lowest amount, value, or degree reached or recorded (opposed to *maximum*). **3.** *Mathematics* the value of a function at a certain point which is less than or equal to the value at nearby points. –*adj.* **4.** that is a minimum. **5.** least possible. **6.** lowest.
minimum wage *n.* the lowest wage legally payable to any adult employee.
mining /'maɪnɪŋ/ *n.* **1.** the action, process, or industry of extracting ores, etc., from mines. **2.** the action of laying explosive mines.
minion /'mɪnjən/ *n.* a subordinate or employee, usually seen as favoured or servile.
minister /'mɪnəstə/ *n.* **1.** someone authorised to conduct religious worship, especially of the Protestant churches. **2.** (*often cap.*) a person appointed by the sovereign or leader of a government to be head of an administrative department: *the minister of Education.* **3.** a diplomatic representative sent by one government to another. **4.** a person acting as the agent or instrument of another. –*v.i.* **5.** to give service, care, or aid.
ministry /'mɪnəstri/ *n.* **-ries. 1.** the service, work, or profession of a minister of religion. **2.** the body of ministers of religion; the clergy. **3.** the service, work, department, or headquarters of a minister of state. **4.** ministers of state taken as a group. **5.** the act of ministering; ministration; service.
mink /mɪŋk/ *n.* **minks,** (*especially collectively*) **mink. 1.** a semi-aquatic weasel-like animal of the genus *Mustela,* especially the North American *M. vison.* **2.** the valuable fur of this animal, brownish

with lustrous outside hairs and thick, soft undercoat.

min min /'mɪn mɪn/ *n.* a will-o'-the-wisp, allegedly seen in outback areas of Australia.

minnow /'mɪnoʊ/ *n.* **-nows**, (*especially collectively*) **-now**. **1.** a small European cyprinoid fish, *Phoxinus phoxinus*. **2.** any of various other small silvery fishes. **3.** an unimportant, insignificant person or thing.

minor /'maɪnə/ *adj.* **1.** lesser, as in size, extent, or importance, or being the lesser of two: *a minor share*; *minor faults*. **2.** under legal age. **3.** of or relating to the minority. **4.** *Logic* less broad or extensive: **a. minor term,** (in a syllogism) the term that is the subject of the conclusion. **b. minor premise,** the premise that contains the minor term. **5.** *Music* **a.** (of an interval) smaller by a semitone than the corresponding major interval. **b.** (of a chord) having a minor third between the root and the note next above it. *–n.* **6.** a person under the age of 18, and lacking the full legal capacity of an adult. **7.** one of inferior rank or importance in a specified class. **8.** *Music* a minor interval, chord, scale, etc. **9.** *US* **a.** a subject or a course of study pursued by a student, especially a candidate for a degree, subordinately or supplementarily to a major or principal subject or course. **b.** a subject for which less credit than a major is granted in university or occasionally in high school. **10.** Also, **minor score.** *Australian Rules* a behind. *–phr.* **11. minor in,** *US* to pursue as a minor or subordinate subject or course of study.

minority /maɪ'nɒrəti, mə-/ *n.* **-ties**, *adj.* *–n.* **1.** the smaller part or number; a number forming less than half the whole. **2.** a smaller party or group opposed to a majority, as in voting or other action. **3.** a group having in common ethnic, religious, or other ties different from those of the majority of the inhabitants of a country. **4.** the state or period of being a minor or under legal age. *–adj.* **5.** having to do with a minority.

minstrel /'mɪnstrəl/ *n.* **1.** one of a class of medieval musicians who sang or recited to the accompaniment of instruments. **2.** *Poetic* any musician, singer, or poet. **3.** one of a troupe of comedians, usually white men made up as Negroes, presenting songs, jokes, etc. **-minstrelsy** *n.*

mint¹ /mɪnt/ *n.* **1.** any plant of the genus *Mentha*, comprising aromatic herbs with opposite leaves and small verticillate flowers, as spearmint, peppermint, and horsemint. **2.** a soft or hard confection flavoured with peppermint or other similar flavouring. *–adj.* **3.** flavoured with or containing mint: *mint sauce*.

mint² /mɪnt/ *n.* **1.** a place where money is made by public authority. **2.** a great amount, especially of money. *–adj.* **3.** in new condition as when first issued: *in mint condition*. *–v.t.* **4.** to coin (money). **5.** to make as if by coining: *to mint words*. **-minter** *n.* **-mintage** *n.*

minuet /mɪnju'ɛt/ *n.* **1.** a slow stately dance of French origin. **2.** a piece of music for such a dance or in its rhythm.

minus /'maɪnəs/ *prep.* **1.** decreased by: *10 minus 6*. **2.** lacking or without: *a party minus a leader*. *–adj.* **3.** involving or indicating subtraction: *the minus sign.* **4.** negative: *a minus quantity*. *–n.* **5.** the minus sign (-). **6.** a minus quantity.

minuscule /'mɪnəskjul/ *adj.* **1.** small, as letters not capital or uncial. **2.** written in such letters (opposed to *majuscule*). **3.** Also, **miniscule**. very small; tiny. *–n.* **4.** a minuscule letter. **5.** a small cursive script developed in the 7th century from the uncial, which it afterwards superseded. **-minuscular** /mə'nʌskjulə/ *adj.*

minute¹ /'mɪnət/ *n.*, *v.* **-uted**, **-uting**, *adj.* *–n.* **1.** the sixtieth part of an hour; sixty seconds. **2.** an indefinitely short space of time: *wait a minute*. **3.** a point of time, an instant, or moment: *come here this minute!* **4.** a rough draft, as of a document. **5.** a written summary, note, or memorandum. **6.** (*plural*) the official record of the proceedings at a meeting of a society, board, committee, council, or other body. **7.** *Geometry, etc.* the sixtieth part of a degree, or sixty seconds, equivalent to 290.888 21 × 10⁻⁶ radians, often represented by the sign ('), as 12°10' (twelve degrees and ten minutes). *–v.t.* **8.** to make a draft of (a document, etc.). **9.** to record (something) in a memorandum; note down. **10.** to enter in the minutes of a society or other body. *–adj.* **11.** prepared in a very short time: *minute steak*. *–phr.* **12. up to the minute,** very modern; latest; most up to date.

minute² /maɪ'njut/ *adj.* **-nuter**, **-nutest**. **1.** extremely small, as in size, amount, extent, or degree: *minute differences*. **2.** of very small scope or individual importance: *minute particulars of a case*. **3.** attentive to or concerned with even very small details or particulars: *a minute observer or report*. **-minuteness** *n.*

minutely /maɪ'njutli/ *adv.* in a minute manner, form, or degree; in minute detail.

minutia /maɪ'njuʃə, -tiə/ *n.* **-tiae** /-ʃii, -tii/ (*usually plural*) a small or trivial detail; a trifling circumstance or matter.

minx /mɪŋks/ *n.* a pert, impudent, or flirtatious girl.

MIPS /mɪps/ *n.* *Computers* a measure of processing speed, being one million instructions per second.

miracle /'mɪrəkəl/ *n.* **1.** an effect in the physical world which surpasses all known human or natural powers and is therefore ascribed to supernatural agency. **2.** a wonderful thing; a marvel. **3.** a wonderful or surpassing example of some quality. **4.** Also, **miracle play.** a medieval dramatic form dealing with religious subjects such as biblical stories or saints' lives, usually presented in a series or cycle by the craft guilds. **-miraculous** *adj.*

mirage /mə'raʒ/ *n.* **1.** an optical illusion, due to atmospheric conditions, by which reflected images of distant objects are seen, often inverted. **2.** something illusory or unreal.

mire /'maɪə/ *n.*, *v.* **mired**, **miring**. *–n.* **1.** a piece of wet, swampy ground. **2.** deep mud. *–v.t.* **3.** to cause to stick fast in mire. **4.** to soil with mire. **–miry** *adj.*

miro /'mɪroʊ/ *n.* a coniferous timber tree, *Podocarpus ferrugineus*, native to New Zealand.

mirror /'mɪrə/ *n.* **1.** a reflecting surface, originally polished metal, now usually glass with a metallic or amalgam backing; a looking glass. **2.** such a surface set into an ornamental frame, especially one with a handle. **3.** any reflecting surface, as that of calm water. **4.** *Optics* a surface (plane, concave, or convex) for reflecting rays of light; a speculum. **5.** something that gives a faithful reflection or true picture of something else. *–v.t.* **6.** to reflect in or as in a mirror, or as a mirror does. *–phr.* **7. done with mirrors,** *Colloquial* done by sleight of hand or subterfuge.

mirror glass *n.* → **reflective glass**.

mirror tile *n.* a mirror which has the shape and size of a wall tile and has an adhesive backing.

mirth /mɜθ/ *n.* **1.** rejoicing; joyous gaiety; festive jollity. **2.** humorous amusement, as at something ludicrous, or laughter excited by it. **-mirthful** *adj.* **-mirthless** *adj.*

mis- a prefix applied to various parts of speech, meaning 'ill', 'mistaken', 'wrong', or simply negating, as in *mistrial*, *misprint*, *mistrust*.

misadventure /mɪsəd'vɛntʃə/ *n.* **1.** a piece of ill fortune; a mishap. **2.** ill fortune. **3.** *Law* an acci-

misanthropy dent, as where a person doing a lawful act, without any intention of hurt, kills another.

misanthropy /mə'zænθrəpi/ *n.* hatred, dislike, or distrust of humankind.

misapprehension /mɪsæprə'hɛnʃən/ *n.* misunderstanding.

misappropriate /mɪsə'proʊprieɪt/ *v.t.* **-ated, -ating. 1.** to put to a wrong use. **2.** to apply wrongfully or dishonestly to one's own use, as funds entrusted to one. **-misappropriation** /mɪsə,proʊpri'eɪʃən/ *n.*

miscarriage /mɪs'kærɪdʒ, 'mɪskærɪdʒ/ *n.* **1.** failure to attain the right or desired result: *a miscarriage of justice.* **2.** premature expulsion of a foetus from the uterus, especially before it is viable.

miscarry /mɪs'kæri/ *v.i.* **-ried, -rying. 1.** to fail to attain the right end; be unsuccessful. **2.** to go astray or be lost in transit, as a letter. **3.** to have a miscarriage.

miscegenation /mɪ'sɛdʒəneɪʃən, mɪsɛdʒə'neɪʃən/ *n.* **1.** mixture of races by sexual union. **2.** interbreeding between different races. **-miscegenetic** /mɪsɛdʒə'nɛtɪk/ *adj.*

miscellaneous /mɪsə'leɪniəs/ *adj.* **1.** consisting of members or elements of different kinds: *miscellaneous volumes.* **2.** of mixed character. **3.** having various qualities or aspects; dealing with various subjects. **-miscellaneously** *adv.* **-miscellaneousness** *n.*

miscellany /mə'sɛləni/ *n.* **-nies. 1.** a miscellaneous collection of literary compositions or pieces by several authors, dealing with various topics, assembled in a volume or book. **2.** (*often plural*) a miscellaneous collection of articles or entries, as in a book.

mischance /mɪs'tʃæns, -'tʃɑns/ *n.* ill luck; a mishap or misfortune.

mischief /'mɪstʃəf/ *n.* **1.** conduct such as to tease or cause playfully petty annoyance. **2.** a tendency or disposition to tease or vex. **3.** harm or trouble, especially as due to an agent or cause. **4.** an injury caused by a person or other agent, or an evil due to some cause. **5.** a cause or source of harm, evil, or annoyance.

mischievous /'mɪstʃəvəs/ *adj.* **1.** fond of mischief, as children. **2.** roguishly or archly teasing, as speeches, glances, etc. **3.** maliciously or playfully annoying, as persons, actions, etc. **4.** harmful or injurious. **-mischievously** *adv.* **-mischievousness** *n.*

misconceive /mɪskən'siv/ *v.* **-ceived, -ceiving.** *-v.t.* **1.** to conceive wrongly; misunderstand. *-v.i.* **2.** to misunderstand something or someone. **-misconception** *n.* **-misconceiver** *n.*

misconduct /mɪs'kɒndʌkt/ *n.,* /mɪskən'dʌkt/ *-n.* **1.** improper conduct; wrong behaviour. **2.** unlawful conduct by an official in regard to his or her office, or by a person in the administration of justice, such as a lawyer, witness, or juror. *-phr.* **3. misconduct oneself,** to misbehave.

misconstrue /mɪskən'stru/ *v.t.* **-strued, -struing.** to construe wrongly; take in a wrong sense; misinterpret; misunderstand.

miscreant /'mɪskriənt/ *adj.* **1.** depraved, villainous, or base. *-n.* **2.** a vile wretch; villain.

misdeed /mɪs'did/ *n.* a bad deed; a wicked action.

misdemeanour = misdemeanor /mɪsdə'minə/ *n.* **1.** misbehaviour; a misdeed. **2.** *Law* (in common law) a less serious crime. Compare **felony**.

miser /'maɪzə/ *n.* **1.** someone who lives in wretched circumstances in order to save and hoard money. **2.** a niggardly, avaricious person. **-miserly** *adj.* **-miserliness** *n.*

miserable /'mɪzrəbəl, -zərəbəl/ *adj.* **1.** totally unhappy, uneasy, or uncomfortable. **2.** completely poor; needy. **3.** of completely unattractive character or quality; contemptible. **4.** causing unhappiness: *a miserable existence.* **5.** worthy of pity; deplorable: *a miserable failure.* **-miserableness** *n.* **-miserably** *adv.*

misère /mə'zɛə/ *n. Cards* **1.** a hand which contains no winning card. **2.** a bid made by a player who has such a hand, declaring that he will take no tricks.

misery /'mɪzəri/ *n.* **-ries.** *-n.* **1.** great distress of mind; extreme unhappiness. **2.** a cause or source of wretchedness. **3.** distress caused by privation or poverty. **4.** wretchedness of condition or circumstances. *-phr.* **5. put out of misery, a.** to relieve (someone) of a distressful circumstance. **b.** to kill or render unconscious (a person or animal) so as to end bodily suffering.

misfire /mɪs'faɪə/ *v.* **-fired, -firing,** /'mɪsfaɪə/ *n.* *-v.i.* **1.** (of a gun or projectile, etc.) to fail to fire or explode. **2.** (of an internal combustion engine) to fail to fire; to fire at the wrong time. **3.** to fail to have a desired effect; be unsuccessful. *-n.* **4.** (of a gun or projectile, etc.) a failure to explode or fire, or to explode or fire properly.

misfit /mɪs'fɪt/ *v.* **-fitted, -fitting,** /'mɪsfɪt/ *n.* *-v.i.* **1.** to fit badly. *-n.* **2.** a bad fit, as an ill-fitting garment, etc. **3. a.** a badly adjusted person. **b.** someone who feels ill at ease or out of place in a given environment, as a family, a school, a job, or society as a whole.

misfortune /mɪs'fɔtʃən/ *n.* **1.** ill or adverse fortune; ill luck. **2.** an instance of this; a mischance or mishap.

misgiving /mɪs'gɪvɪŋ/ *n.* a feeling of doubt, distrust, or apprehension.

mishap /'mɪshæp/ *n.* an unfortunate accident.

mishmash /'mɪʃmæʃ/ *n.* a hotchpotch; jumble.

mislay /mɪs'leɪ/ *v.t.* **-laid, -laying. 1.** to put in a place afterwards forgotten. **2.** to lay or place wrongly; misplace. **-mislayer** *n.*

mislead /mɪs'lid/ *v.t.* **-led, -leading. 1.** to lead or guide wrongly; lead astray. **2.** to lead into error of conduct, thought, or judgment. **-misleader** *n.* **-misleading** *adj.* **-misleadingly** *adv.*

misnomer /mɪs'noʊmə/ *n.* **1.** a misapplied name or designation. **2.** an error in naming a person or thing.

miso- a word element referring to hate.

misogyny /mə'sɒdʒəni/ *n.* hatred of women. **-misogynist** *n.* **-misogynous** *adj.*

misprint /'mɪsprɪnt/ *n.,* /mɪs'prɪnt/ *v.* *-n.* **1.** a mistake in printing. *-v.t.* **2.** to print incorrectly.

misrepresent /mɪsrɛprə'zɛnt/ *v.t.* to represent incorrectly, improperly, or falsely. **-misrepresentation** /mɪs,rɛprəzɛn'teɪʃən/ *n.* **-misrepresenter** *n.* **-misrepresentative** *adj.*

miss¹ /mɪs/ *v.t.* **1.** to fail to hit, light upon, meet, catch, receive, obtain, attain, accomplish, see, hear, etc.: *to miss a train.* **2.** to fail to perform, attend to, be present at, etc.: *to miss an appointment.* **3.** to perceive the absence or loss of, often with regret. **4.** to escape or avoid: *he just missed being caught.* **5.** to fail to perceive or understand: *to miss the point of a remark.* *-v.i.* **6.** to fail to hit, light upon, receive, or attain something. **7.** to fail of effect or success; be unsuccessful. **8.** *Colloquial* (of an internal combustion engine) to fail to fire in one or more cylinders. **9.** *Colloquial* to fail to menstruate at the usual time. *-n.* **10.** a failure to hit, meet, obtain, or accomplish something. **11.** *Colloquial* an omission or neglect, usually deliberate by; *give it a miss.* *-phr.* **12. miss out,** (sometimes fol. by *on*) to fail to be present, as at a function, or to fail to receive something desired. **13. miss the boat** (or **bus**), *Colloquial* to be too late; fail to grasp an opportunity. **14. not** (or **never**) **miss a trick,** *Colloquial* never to fail to exploit an opportunity, press an advantage, etc.

miss[2] /mɪs/ *n.* **misses**. **1.** (*cap.*) the conventional title of respect for an unmarried woman, prefixed to the name. **2.** (without the name) a term of address to a woman, married or unmarried, especially one in a position of authority, as a teacher. **3.** a young unmarried woman; a girl. **4.** the title of respect often retained (with maiden names or assumed names) by married women in public life, as actresses, writers, etc.

missal /ˈmɪsəl/ *n. Roman, Catholic, Church* a book containing the prayers and responses etc. needed for the celebration of mass for a whole year.

misshapen /mɪsˈʃeɪpən/ *adj.* badly shaped; deformed. —**misshapenly** *adv.* —**misshapenness** *n.*

missile /ˈmɪsaɪl/ *n.* **1.** an object or weapon that can be thrown, hurled, or shot, such as a stone, a lance, an arrow, or a bullet. **2.** a ballistic or guided missile. —*adj.* **3.** capable of being thrown, hurled, or shot, as from the hand, a gun, etc: *a missile weapon*. **4.** that discharges missiles.

missing /ˈmɪsɪŋ/ *adj.* lacking; absent; not found.

mission /ˈmɪʃən/ *n.* **1.** a body of people sent to a foreign country to carry out discussions, establish relations, etc. **2.** the business of an agent, envoy, etc. **3.** *Military* an operation on land, sea, or in the air, carried out against an enemy. **4.** a body of persons sent into or living in a foreign land for religious work among the people. **5.** missionary duty or work. **6.** a duty someone sets for him or herself.

missionary /ˈmɪʃənri/ *n.* -**ries**, *adj.* —*n.* **1.** a person sent to work for the propagation of their religious faith in a heathen land or a newly settled district. **2.** someone sent on a mission. —*adj.* **3.** having to do with religious missions.

mission statement *n.* a formal statement of the goals of an organisation.

missive /ˈmɪsɪv/ *n.* **1.** a written message; a letter. —*adj.* **2.** sent, especially from an official source.

mist /mɪst/ *n.* **1.** a cloud-like collection of water vapour hanging in the atmosphere at or near the earth's surface. **2.** *Meteorology* (by international agreement) a very thin fog in which the horizontal visibility is greater than one kilometre. **3.** something which looks like or blurs vision like a mist. **4.** a hazy appearance before the eyes, as due to tears, etc. **5.** a suspension of a liquid in a gas. —*v.t.* **6.** to make misty. —*v.i.* **7.** to become misty. —**misty** *adj.*

mistake /məˈsteɪk/ *n., v.* **-took**, **-taken**, **-taking**. —*n.* **1.** an error in action, opinion or judgment. **2.** something understood wrongly. —*v.t.* **3.** to take or regard as something or somebody else: *it is possible to mistake margarine for butter.* **4.** to understand wrongly; misunderstand; misjudge. —*v.i.* **5.** to be in error. —**mistakable** *adj.*

mister /ˈmɪstə/ *n.* **1.** (*cap.*) the conventional title of respect for a man, prefixed to the name and to certain official designations (usu. written *Mr*). **2.** *Colloquial* (in address, without the name) sir. **3.** *Military* the official title used in addressing a junior officer.

mistletoe /ˈmɪsəltoʊ/ *n.* any of various plants of the family Loranthaceae which grow parasitically on other plants, especially *Viscum album* of Europe, much used in Christmas decorations.

mistletoe bird *n.* a small bird, *Dicaeum hirundinaceum*, which builds a nest of plant down and spider web in treetops, and is common in most parts of mainland Australia.

mistress /ˈmɪstrəs/ *n.* **1.** a woman who has authority or control as over a house, servants, etc. **2.** a female owner, as of horse, dog, etc. **3.** *Australian* a female head teacher in a particular subject department in a secondary school. **4.** a woman who has a continuing sexual relationship with one man outside marriage. **5.** *Archaic or Poetic* a sweetheart. **6.** *Archaic* a term of address for a woman. See **Mrs**, **miss**[2].

mistrial /mɪsˈtraɪəl/ *n. Law* a trial terminated without conclusion on the merits because of some error.

mistrust /mɪsˈtrʌst/ *n.* **1.** lack of trust or confidence; distrust. —*v.t.* **2.** to regard with mistrust; distrust. —*v.i.* **3.** to be distrustful. —**mistruster** *n.* —**mistrustful** *adj.* —**mistrustingly** *adv.*

misunderstand /ˌmɪsʌndəˈstænd, mɪsˌʌn-/ *v.* **-stood**, **-standing**. —*v.t.* **1.** to misinterpret the words or actions of (a person). —*v.i.* **2.** to understand wrongly.

misunderstanding /ˌmɪsʌndəˈstændɪŋ, mɪsˌʌn-/ *n.* **1.** disagreement or dissension. **2.** failure to understand; mistake as to meaning.

misuse /mɪsˈjus/ *n.,* /mɪsˈjuz/ *v.* **-used**, **-using**. —*n.* **1.** wrong or improper use; misapplication. —*v.t.* **2.** to ill-use; maltreat.

mite[1] /maɪt/ *n.* any of various small arachnids (order Acari) with a saclike body, many being parasitic on plants and animals, others living in cheese, flour, unrefined sugar, etc.

mite[2] /maɪt/ *n.* **1.** a small contribution, but all that one can afford (in allusion to Mark 12:41-44): *to contribute one's mite.* **2.** a very small thing or person. —*adv.* **3.** to a limited extent; somewhat (preceded by *a*): *a mite stupid*.

mitigate /ˈmɪtəgeɪt/ *v.* **-gated**, **-gating**. —*v.t.* **1.** to lessen in force or intensity (wrath, grief, harshness, pain, etc.). **2.** to moderate the severity of (anything distressing). —*v.i.* **3.** to become milder; moderate in severity. —**mitigative**, **mitigatory** /ˈmɪtəgeɪtəri/ *adj.* —**mitigator** *n.*

mitosis /məˈtoʊsəs, maɪ-/ *n. Biology* the usual (indirect) method of cell division, characterised typically by the resolving of the chromatin of the nucleus into a thread-like form, which separates into segments or chromosomes, each of which separates longitudinally into two parts, one part of each chromosome being retained in each of two new cells resulting from the original cell. —**mitotic** *adj.* —**mitotically** *adv.*

mitre /ˈmaɪtə/ *n., v.* **-tred**, **-tring**. —*n.* **1.** the ceremonial headdress of a bishop symbolising his apostolic authority. **2.** the office or rank of bishop; bishopric. **3.** the ceremonial cap of the ancient Jewish high priest. **4.** the abutting surface or bevel on either of the pieces joined in a mitre joint. —*v.t.* **5.** to make a mitre joint in; cut to a mitre. Also, *US*, **miter**.

mitt /mɪt/ *n.* **1.** a kind of glove extending only to, or slightly over, the fingers, especially as worn by women. **2.** *Baseball* a kind of glove having the side next to the palm of the hand protected by a large, thick mitten-like pad. **3.** a mitten. **4.** *Colloquial* a hand.

mitten /ˈmɪtn/ *n.* a kind of hand-covering enclosing the four fingers together and the thumb separately. —**mitten-like** *adj.*

mix /mɪks/ *v.t.* **1.** to put together (substances or things, or one substance or thing with another) in one mass or assemblage with more or less thorough diffusion of the constituent elements among one another. **2.** Also, **mix up**. to put together indiscriminately or confusedly. **3.** to combine, unite, or join: *to mix business and pleasure.* **4.** to put in as an added element or ingredient: *to mix a little baking powder into the flour.* **5.** to form by combining ingredients: *to mix a cake; to mix mortar.* **6.** to crossbreed. **7.** to put together (the separate tracks of a recording). —*v.i.* **8.** to become mixed: *oil and water will not mix.* **9.** to associate, as in company. —*n.* **10.** a mixing, or a mixed condition; a mixture. **11.** a commercially prepared blend of ingredients to which it is only necessary to add liquid and stir, before baking, cooking, serving, etc. **12.** a recording made by combining tracks separately recorded in a mixer. *–phr.* **13. mix and match**, to interchange items of clothing with others to create new and pleasing combinations. **14. mix it**, *Colloquial* (sometimes fol. by *with*) to fight vigorously, as with the fists. **15. mix one's drinks**, to drink a range of alcoholic liquors indiscriminately, usually resulting in a hangover. **16. mix up**, to confuse completely. **17. mix up in**, to involve in. **18. mix with**, to associate socially with.

mixed /mɪkst/ *adj.* **1.** composed of different constituents or elements. **2.** composed of male and female together: *a mixed school, mixed doubles.* **3.** of different kinds combined: *mixed sweets.* **4.** comprising persons of different sexes, or of different classes, status, character, opinions, race, etc.: *mixed company.* *–phr.* **5. mixed up**, *Colloquial* mentally confused.

mixed marriage *n.* a marriage between persons of different religions or races.

mixed metaphor *n.* See **metaphor** (def. 2).

mixer /ˈmɪksə/ *n.* **1.** a device or part that mixes. **2.** a kitchen utensil or electrical appliance used for beating. **3.** an electrical system, as in a broadcasting studio, providing for the mixing, etc., of sounds from various sources, as from studio microphones, discs, tapes, etc. **4.** *Radio, TV* a technician who controls the sound mixer in a studio. **5.** *Colloquial* a person, with reference to their sociability: *a good mixer.*

mixture /ˈmɪkstʃə/ *n.* **1.** the product of mixing. **2.** any combination of differing elements, kinds, qualities, etc. **3.** *Chemistry, Physics* two or more substances not chemically united, and which are mixed in no fixed proportion to each other. **4.** the state of being mixed.

mix-up /ˈmɪks-ʌp/ *n.* **1.** a confused state of things; a muddle; a tangle. **2.** *Colloquial* a fight.

mnemonic /nəˈmɒnɪk/ *adj.* **1.** assisting, or intended to assist, the memory. **2.** relating to mnemonics or to memory. *–n.* **3.** a verse or the like intended to assist the memory.

mo[1] /moʊ/ *n. Colloquial* **1.** a moment. *–phr.* **2. half a mo**, just a moment.

mo[2] /moʊ/ *n. Colloquial Australian, NZ* a moustache.

moa /ˈmoʊə/ *n.* any of various extinct, flightless birds of New Zealand, constituting the family Dinornithidae, allied to the apteryx but resembling an ostrich.

moan /moʊn/ *n.* **1.** a long, low, sound made from or as if from physical or mental suffering. **2.** any similar sound: *the moan of the wind.* **3.** *Archaic and now Colloquial* complaint. *–v.i.* **4.** to utter moans, as of pain or grief. **5.** (of the wind, sea, trees, etc.) to make any sound suggestive of such moans. **6.** to state in complaint. *–v.t.* **7.** to lament or bemoan: *to moan one's fate.* **–moaner** *n.* **–moaningly** *adv.*

moat /moʊt/ *n.* **1.** a deep, wide trench surrounding a fortified place, as a town or a castle, usually filled with water. *–v.t.* **2.** to surround with, or as with, a moat.

mob /mɒb/ *n., adj., v.* **mobbed, mobbing**. *–n.* **1. a.** a large number, especially of people: *there was a mob of people in the streets to see the procession.* **b.** a group of people, as friends, not necessarily large: *we'll invite the mob over for Saturday night.* **2.** *Australian, NZ* a collection of animals: *a mob of sheep.* **3.** a disorderly, riotous or destructive group of people: *the mob packed the presidential palace.* **4.** the common mass of people; the populace or multitude. **5.** (in Australia) a group or unit of Joey Scouts in the Scout Association. *–adj.* **6.** of, relating to, characteristic of, or suitable for a mob: *mob violence; mob oratory.* *–v.t.* **7.** to crowd around tumultuously. **8.** to surround and attack with riotous violence. **9.** to muster (stock animals). *–phr.* **10. a big mob**, *Australian* **a.** a large number. **b.** a great amount. **11. mobs of**, *Australian Colloquial* lots of. **–mobber** *n.* **–mobbish** *adj.*

mobile /ˈmoʊbaɪl/ *adj.* **1.** moving readily; movable. **2.** (of facial expression) changing easily. **3.** (of the mind) responding quickly; versatile. *–n.* **4.** an arrangement of differently balanced movable parts (of metal, wood, etc.), usually hanging. **–mobility** *n.*

mobile phone *n.* a portable cellular telephone.

mobilise = mobilize /ˈmoʊbəlaɪz/ *v.* **-lised, -lising**. *–v.t.* **1.** to put (armed forces) into readiness for active service. **2.** to marshal, as for a task: *to mobilise one's energies.* **3.** to put into motion, circulation, or use: *mobilise the wealth of a country.* *–v.i.* **4.** to be assembled, organised, etc., for war. **–mobilisation** /moʊbəlaɪˈzeɪʃən/ *n.*

moccasin /ˈmɒkəsən/ *n.* a shoe made entirely of soft leather, as deerskin, worn originally by the American Indians.

mocha /ˈmɒkə/ *n.* **1.** a choice variety of coffee, originally coming from Mocha, a seaport in south-west Yemen, a republic in Arabia. **2.** a flavouring obtained from coffee infusion or combined chocolate and coffee infusion. **3.** a glove leather, finer and thinner than doeskin, the best grades of which are made from Arabian goatskins. **4.** a dark chocolate colour. Also, **mokha**.

mock /mɒk/ *v.t.* **1.** to assail or treat with ridicule or derision. **2.** to ridicule by mimicry of action or speech; mimic derisively. **3.** to mimic, imitate, or counterfeit. **4.** to defy; set at naught. **5.** to deceive, delude, or disappoint. *–v.i.* **6.** (sometimes fol. by *at*) to use ridicule or derision; scoff; jeer. *–n.* **7.** imitation. *–adj.* **8.** being an imitation or having merely the semblance of something: *a mock battle.* *–phr.* **9. mock up**, to build or construct, especially quickly, as a mock-up. **10. put the mock(s) on**, *Australian Colloquial* to bring bad luck to; jinx. **–mocker** *n.* **–mockingly** *adv.*

mocker /ˈmɒkə/ *phr.* **1. have the mocker(s) on**, to be fated not to succeed; be jinxed: *that project has got the mockers on it.* **2. put the mocker(s) on**, to bring bad luck to; jinx.

mockery /ˈmɒkəri/ *-ries*. **1.** an action or speech that unkindly laughs at something of a serious nature. **2.** a subject or occasion of unkind laughter at something. **3.** a copy, especially of a ridiculous or unsatisfactory kind. **4.** something pretended that aims to belittle or show no respect; mocking pretence. **5.** something absurdly or offensively inadequate or unfitting.

mockingbird /ˈmɒkɪŋbɜd/ *n.* **1.** in Australia, the small, elusive, rufous scrub bird, *Atrichornis rufescens*, noted for its ability as a mimic. **2.** elsewhere, any of several grey, black, and white songbirds of the genus *Mimus*, remarkable for their imitative powers, especially the celebrated mocker, *M. polyglottos*, of the southern US and Mexico.

mock-up /ˈmɒk-ʌp/ *n.* **1.** a model, built to scale, of a machine, apparatus, or weapon, used in testing, teaching, etc. **2.** a model of a finished book or magazine with the essential detail only sketched in.

mod /mɒd/ *Colloquial* *–adj.* **1.** modern. *–n.* **2.** a young person of the early 1960s, especially in Britain, who was neatly dressed, had ungreased hair, and who usually rode a motor scooter in preference to a motor bike. Compare **rocker** (def. 5).

mod cons /mɒd 'kɒnz/ *pl. n. Colloquial* modern conveniences.

mode¹ /moʊd/ *n.* **1.** a method; way. **2.** the general manner of existence or action of anything. **3.** *Music* the arrangement of the diatonic tones of an octave. **4.** *Geology* the actual mineral composition of a rock, given in percentages by weight.

mode² /moʊd/ *n.* **1.** customary or conventional usage in manners, dress, etc., especially as observed by persons of fashion. **2.** a prevailing style or fashion.

model /'mɒdl/ *n., adj., v.* -**elled** or *Chiefly US* -**eled, -elling** or *Chiefly US* -**eling.** –*n.* **1.** a standard or example for copying or comparison. **2.** a representation, usually on a small scale: *a model of an aircraft.* **3.** an image in clay, wax, etc. **4.** a person, who poses for a painter, photographer, etc. **5.** someone employed to wear and show new clothes to customers; mannequin. **6.** a form or style. –*adj.* **7.** serving as a model. **8.** worthy to serve as a model; exemplary. –*v.t.* **9.** to form or plan according to a model. **10.** to make a model of. **11.** to form in clay, wax, etc. **12.** to show, especially by wearing. –*v.i.* **13.** to make models. **14.** to produce designs in clay, wax, etc. **15.** to be employed as a model. –**modeller** *n.*

modem /'moʊdəm/ *n. Telecommunications* an electronic device that facilitates the linking of one computer to another via the telephone system by changing the binary information in the computer into electrical signals which can travel along the telephone lines, then changing it back again into binary information at the receiving end.

moderate /'mɒdrət, -ərət/ *adj., n.*; /'mɒdəreɪt/ *v.* -**rated, -rating.** –*adj.* **1.** keeping within proper bounds; not extreme: *a moderate request.* **2.** of medium quantity, power, etc.: *a moderate income.* **3.** fair; mediocre: *moderate ability.* –*n.* **4.** someone who is moderate in opinion or action. –*v.t.* **5.** to make less extreme, severe, etc. **6.** to hold the place of authority, as at a public meeting; preside over. –*v.i.* **7.** to become less extreme, severe, etc. **8.** to act as moderator. –**moderately** *adv.* –**moderateness** *n.*

moderation /mɒdə'reɪʃən/ *n.* **1.** the quality of being moderate; restraint; avoidance of extremes; temperance. **2.** the act of moderating. –*phr.* **3. in moderation,** without excess; moderately.

moderator /'mɒdəreɪtə/ *n.* **1.** a presiding officer, as over a public forum, a legislative body, or an ecclesiastical body in the Presbyterian and Uniting Churches. **2.** *Physics* a substance, such as graphite or heavy water, which slows down neutrons from the high energies at which they are released in fission to speeds suitable for further fission. **3.** → **chairperson.** –**moderatorship** *n.*

modern /'mɒdn/ *adj.* **1.** of or relating to present and recent time. **2.** characteristic of present and recent time. **3.** of or relating to various styles of jazz, since the 1940s. –*n.* **4.** a person of modern times. **5.** someone whose views and tastes are modern. –**modernise = modernize** *v.* –**modernly** *adv.*

modest /'mɒdəst/ *adj.* **1.** having or showing a moderate or humble estimate of one's merits, importance, etc.; free from vanity, egotism, boastfulness, or great pretensions. **2.** free from ostentation or showy extravagance: *a modest house.* **3.** moderate. **4.** having or showing regard for the decencies of behaviour, speech, dress, etc.; decent. –**modestly** *adv.* –**modesty** *n.*

modicum /'mɒdəkəm/ *n.* a moderate or small quantity.

modification /mɒdəfə'keɪʃən/ *n.* **1.** the act of partly changing something. **2.** the state of being partly changed. **3.** a variety. **4.** *Biology* a change in a living organism gained from its own activity or environment and not passed to its descendants. **5.** a limitation; qualification.

modifier /'mɒdəfaɪə/ *n. Grammar* a word, phrase, or sentence element which limits or qualifies the sense of another word, phrase, or element in the same construction: *adjectives are modifiers.*

modify /'mɒdəfaɪ/ *v.* -**fied, -fying.** –*v.t.* **1.** to change somewhat the form or qualities of; alter somewhat. **2.** to be the modifier or attribute of. **3.** to change (a vowel) by umlaut. **4.** to reduce in degree; moderate; qualify. –*v.i.* **5.** to change; to become changed. –**modifiable** *adj.* –**modificatory** *adj.*

modular /'mɒdʒələ/ *adj.* **1.** having to do with module or modulus. **2.** composed of standardised units or sections for easy construction or flexible arrangement: *a modular home, modular furniture.*

modulate /'mɒdʒəleɪt/ *v.t.* -**lated, -lating.** **1.** to tone down; to regulate or adjust to a certain measure. **2.** to change (the voice) fittingly in speech. **3.** *Music* **a.** to tune to a certain pitch or key. **b.** to change the volume of (tone). **4.** *Radio* to cause the amplitude, frequency, etc., of (the carrier wave) to change in accordance with the soundwaves or other signals. –**modulative** *adj.* –**modulation** *n.*

module /'mɒdʒul/ *n.* **1.** a standard or unit for measuring. **2.** a structural part used as a basic unit for do-it-yourself furniture. **3.** a self-contained unit within a course of study. **4.** *Architecture* the size of some part, taken as a unit of measure. **5.** *Electronics* a small, standard unit which can be used in the making of a piece of equipment. **6.** *Astronautics* a section of a space vehicle able to function as a separate unit: *command module.*

mogul /'moʊgəl/ *n.* an important person.

mohair /'moʊheə/ *n.* **1.** the coat or fleece of an Angora goat. **2.** a fabric made of yarn from this fleece, in a plain weave for draperies and in a pile weave for upholstery.

moiety /'mɔɪəti/ *n.* -**ties.** **1.** a half. **2.** *Anthropology* one of two units into which a tribe is divided on the basis of unilateral descent.

moiré /'mwareɪ/ *n.* a watered fabric, as of silk or wool.

moist /mɔɪst/ *adj.* **1.** moderately or slightly wet; damp; humid. **2.** (of the eyes) tearful. **3.** accompanied by or connected with liquid or moisture. –**moistly** *adv.* –**moistness** *n.*

moisture /'mɔɪstʃə/ *n.* water or other liquid rendering anything moist.

moki /'moʊki/ *n.* a traditional New Zealand raft constructed from dry flax or reeds. Also, **mokihi.**

moko /'moʊkoʊ/ *n.* a Maori facial or body tattoo.

molar¹ /'moʊlə/ *n.* **1.** a tooth adapted for grinding with a broad biting surface as in human dentition, which has twelve molar teeth, three in each quadrant. –*adj.* **2.** adapted for grinding, as teeth, especially those in humans, with a broad biting surface, situated behind the bicuspids. **3.** relating to such teeth.

molar² /'moʊlə/ *adj.* **1.** *Physics* having to do with a body of matter as a whole (contrasted with *molecular* and *atomic*). **2.** *Chemistry* having to do with a solution containing one mole of solute per litre of solution.

molasses /mə'læsəz/ *n.* the thick brown bitter uncrystallised syrup drained from raw sugar.

mold¹ /moʊld/ *n., v.t. US* → **mould¹**.

mold² /moʊld/ *n. US* → **mould²**.

mole¹ /moʊl/ *n.* **1.** a small congenital spot or blemish on the human skin, usually of a dark colour and slightly elevated, and often hairy. **2.** a pigmented naevus.

mole² /moʊl/ *n.* **1.** any of various small insectivorous mammals, of Europe, Asia, and North America, especially of the family Talpidae, living chiefly underground, and having velvety fur, very small eyes, and strong, fossorial forefeet. **2.** someone who establishes themself in the bureaucracy of the enemy so that they can act as a spy when required.

mole³ /moʊl/ *n.* **1.** a massive structure, especially of stone, set up in the water, as for a breakwater or a pier. **2.** an anchorage or harbour protected by such a structure.

mole⁴ /moʊl/ *n. Physics* the SI base unit of measurement of amount of substance equal to the amount of substance of a system which contains as many elementary entities as there are atoms in 0.012 kg of carbon-12. *Symbol:* mol

molecular weight *n.* the average weight of a molecule of an element or compound measured in units based on one twelfth of the weight of an atom of carbon-12; the sum of the atomic weights of all the atoms in a molecule.

molecule /ˈmɒləkjuːl/ *n.* **1.** *Chemistry, Physics* **a.** the smallest physical unit of an element or compound, consisting of one or more like atoms in the first case, and two or more different atoms in the second case. **b.** a quantity of a substance, the weight of which, measured in any chosen unit, is numerically equal to the molecular weight; gram molecule. **2.** any very small particle. –**molecular** *adj.*

molest /məˈlɛst/ *v.t.* **1.** to assault sexually. **2.** to interfere with annoyingly or injuriously. –**molestation** /mɒləsˈteɪʃən/ *n.* –**molester** *n.*

moll /mɒl/ *n. Colloquial* **1.** the girlfriend or mistress of a gangster, thief, etc. **2.** the girlfriend of a surfie, bikie, etc. **3.** a prostitute.

mollify /ˈmɒləfaɪ/ *v.t.* **-fied, -fying. 1.** to soften in feeling or temper, as a person, the heart or mind, etc. **2.** to mitigate or appease, as rage. –**mollification** /mɒləfəˈkeɪʃən/ *n.* –**mollifier** *n.* –**mollifyingly** *adv.* –**mollifiable** *adj.*

mollusc /ˈmɒləsk/ *n.* any invertebrate of the phylum Mollusca, characterised by a calcareous shell (sometimes lacking) of one, two, or more pieces that wholly or partly encloses the soft unsegmented body and including the chitons, snails, bivalves, squids, octopuses, etc. Also, *US,* **mollusk.** –**molluscan** /məˈlʌskən/ *adj., n.* –**mollusc-like** *adj.*

mollycoddle /ˈmɒlɪkɒdl/ *v.t.* **-dled, -dling.** to coddle; pamper. –**mollycoddler** *n.*

mollydooker /ˈmɒlɪdʊkə/ *n. Australian Colloquial* a left-handed person. Also, **mollydook.**

moloch /ˈmoʊlɒk/ *n.* **1.** (*cap.*) Also, **Molech.** anything seen as demanding terrible sacrifice: *the moloch of war.* **2.** → **thorny devil.**

Molotov cocktail /mɒlətɒv ˈkɒkteɪl/ *n.* an incendiary bomb consisting of a bottle filled with an flammable liquid, usually petrol, and a saturated wick which is ignited before the bottle is thrown.

molten /ˈmoʊltən/ *v.* **1.** a past participle of **melt.** –*adj.* **2.** liquefied by heat; in a state of fusion. **3.** produced by melting and casting: *a molten image.*

moment /ˈmoʊmənt/ *n.* **1.** an indefinitely short space of time; an instant: *wait a moment.* **2.** the present or other particular instant: *I cannot recall his name at the moment.* **3.** a definite stage, as in a course of events. **4.** importance or consequence: *of great moment.* **5.** *Physics* (of a physical quantity about an axis) the product of the quantity and its perpendicular distance from an axis: *moment of inertia, electric dipole moment, etc.*

momentarily /ˈmoʊməntrəli/ *Chiefly US* /moʊmənˈtɛrəli/ *adv.* **1.** for a moment: *to hesitate momentarily.* **2.** *US* in a moment; very shortly: *I'll be with you momentarily.*

momentary /ˈmoʊməntri/ *adj.* **1.** lasting but a moment; very brief: *a momentary glimpse.* **2.** occurring at any moment: *to live in fear of momentary exposure.* **3.** constant; occurring at every moment. –**momentariness** *n.*

momentous /moʊˈmɛntəs, mə-/ *adj.* of great importance or consequence; fraught with serious or far-reaching consequences, as events, decisions, etc. –**momentously** *adv.* –**momentousness** *n.*

momentum /məˈmɛntəm/ *n.* **-ta** /-tə/. **1.** *Physics* the quantity of motion of a moving body, equal to the product of its mass and velocity; linear momentum. **2.** impetus, as of a moving body.

mon- variant of **mono-,** before vowels.

monarch /ˈmɒnək, -ak/ *n.* **1.** a hereditary sovereign with more or less limited powers, as a king, queen, emperor, etc. **2.** a sole and absolute ruler of a state. **3.** a person or thing that holds a dominating or pre-eminent position. **4.** a large migratory reddish brown butterfly, *Danaus plexippus,* having black and white markings, whose larva feeds on milkweed; wanderer.

monarchy /ˈmɒnəki/ *n.* **-chies.** –*n.* **1.** a government or state in which the supreme power is actually or nominally lodged in a monarch (known as an **absolute monarchy** or **despotic monarchy** when the monarch's authority is not limited by laws or a constitution, and as a **limited monarchy** or **constitutional monarchy** when the monarch's authority is so limited). **2.** supreme power or sovereignty wielded by a single person.

monastery /ˈmɒnəstri, -təri/ *n.* **-teries.** a house or place of residence occupied by a community of persons, especially monks, living in seclusion from the world under religious vows. –**monasterial** /mɒnəsˈtɪəriəl/ *adj.*

monastic /məˈnæstɪk/ *adj.* Also, **monastical. 1.** having to do with monasteries: *monastic architecture.* **2.** having to do with monks, or other persons living in seclusion from the world under religious vows: *monastic vows of poverty, chastity, and obedience.* –**monastically** *adv.* –**monasticism** *n.*

Monday /ˈmʌndeɪ, -di/ *n.* the second day of the week, following Sunday.

monetarism /ˈmʌnətərɪzəm/ *n. Economics* an economic theory which holds that a nation's economy is governed by changes in the money supply. –**monetarist** *adj., n.*

monetary /ˈmʌnətri, -təri/ *adj.* having to do with money, or pecuniary matters: *monetary consideration.* –**monetarily** *adv.*

money /ˈmʌni/ *n.* **-neys** or **-nies.** –*n.* **1.** gold, silver, or other metal in pieces of convenient form stamped by public authority and issued as a medium of exchange and measure of value. **2.** current coin. **3.** coin or certificate (as banknotes, etc.) generally accepted in payment of debts and current transactions. **4.** any article or substance similarly used. **5.** a particular form or denomination of currency. **6.** an amount or sum of money. **7.** wealth viewed in terms of money: *a family with plenty of money.* **8.** (*plural*) *Law, Archaic* pecuniary sums. –*phr.* **9. for one's money,** as far as one's own choice or preference is concerned; in one's own opinion. **10. in the money,** *Colloquial* rich. **11. make money,** to become rich. **12. money for jam** (or **old rope**), *Colloquial* money which is obtained by very little effort. **13. money's worth,** full value; greatest possible advantage. **14. put money into,** to invest in. **15. put one's money where one's mouth is,** to give financial support to a cause, project, etc. which one has openly expressed belief in.

moneyed /ˈmʌnid/ *adj.* **1.** having money; wealthy. **2.** consisting of or representing money: *moneyed interests.*

money-grubber /ˈmʌni-ɡrʌbə/ *n. Colloquial* an

money market

avaricious person; one devoted entirely to the making of money. **-money-grubbing** *adj.*

money market *n. Finance* a market in which large amounts of money (usually more than $50 000) are borrowed and lent for short periods of time (usually less than a month).

money matters *pl. n.* financial aspects of one's life, business, etc.

money order *n.* an order for the payment of money, as one issued by one post office and payable at another, usually for a sum larger than ten dollars, and requiring proof of ownership before being cashed. Compare **postal note**.

money-spinner /'mʌni-spɪnə/ *n. Colloquial* a business enterprise or property which is very profitable.

monger /'mʌŋgə/ *n. (usually in compounds)* **1.** a dealer in some commodity: *a fishmonger*. **2.** someone who busies himself or herself with something in a sordid or petty way: *a scandalmonger*. **-mongering** *n.*, *adj.*

Mongoloid /'mɒŋgəlɔɪd/ *adj.* **1.** relating to the race of people marked by yellowish skin, slanting eyes and straight black hair, including the Mongols, Chinese, Japanese, Thais, Burmese, etc. Compare **Negroid**, **Caucasian**. **2.** *(often l.c.) Pathology* of, relating to, or characteristic of Down syndrome. *–n.* **3.** *(often l.c.) Pathology* someone with Down syndrome. **4.** someone belonging to the Mongoloid race.

mongoose /'mɒŋgus/ *n.* **-gooses**. a slender ferret-like carnivore, typified by *Herpestes edwardsii*, of India, of the same genus as the common ichneumon, used for destroying rats, etc., and noted for its ability to kill certain venomous snakes.

mongrel /'mʌŋgrəl/ *n.* **1.** any plant or animal (especially a dog) resulting from the crossing of different breeds or varieties. **2.** any cross between different things. *–adj.* **3.** of or like a mongrel. **4.** of little value. **-mongrelism, mongrelness** *n.* **-mongrelly** *adv.*

monilia /mə'nɪliə/ *n.* a yeast-like fungus, *Candida albicans*, which occasionally causes a condition of infection, mainly in the mouth and vagina.

monition /mə'nɪʃən/ *n.* **1.** admonition; warning; caution. **2.** an official or legal notice.

monitor /'mɒnətə/ *n.* **1.** someone who keeps order, especially in school. **2.** (in schools) a pupil responsible for a particular task, as putting fresh chalk at the blackboard each morning. **3.** something that serves to remind or give warning. **4. a.** a device used to check or record the operation of a machine or system. **b.** *TV* a screen used to check the quality of the signal being sent. **c.** *Computers* a VDU. **5.** a large lizard found in Africa, South-East Asia and Australia, and supposed to warn of the presence of crocodiles. *–v.t.* **6.** to check, look at, or record the operation of (a machine, etc.), without interfering with the operation. **7.** to keep careful watch over. **-monitorship** *n.* **-monitory** *adj.*

monk /mʌŋk/ *n.* a man who has withdrawn from the world from religious motives, either as an eremite or, especially, as a member of an order of coenobites living under vows of poverty, chastity, and obedience, according to a rule.

monkey /'mʌŋki/ *n.* **-keys**, *v.* **-keyed, -keying**. *–n.* **1.** any member of the mammalian order Primates, including the guenons, macaques, langurs, capuchins, etc., but excluding humans, the anthropoid apes, and the lemurs. **2.** a person likened to such an animal, as a mischievous child, a mimic, etc. **3.** the fur of certain species of long-haired monkeys. **4.** any of various mechanical devices, as the ram of a pile-driving apparatus, or of a wool press. *–phr.* **5. make a monkey of**, to make a

510

monopolise

fool of. **6. monkey (about) with**, *Colloquial* to play or trifle idly with; fool about with. **7. monkey tricks** (or **business**), **a.** trickery; underhand dealing. **b.** mischief.

monkey wrench *n.* a wrench with one fixed and one adjustable jaw, for turning nuts of different sizes, etc.

mono- a word element: **1.** meaning 'alone', 'single', 'one'. **2.** denoting a monomolecular thickness, as in *monofil, monolayer*, etc. **3.** adapted in chemistry to apply to compounds containing one atom of a particular element. Also, **mon-**.

monochromatic /mɒnəkrou'mætɪk/ *adj.* of, producing, or relating to one colour or one wavelength. **-monochromatically** *adv.*

monochrome /'mɒnəkroum/ *n.* **1.** a painting or drawing in different shades of a single colour. **2.** the state or condition of being painted, decorated, etc., in shades of a single colour. **3.** a black and white photograph. **-monochromic** /mɒnə'kroumɪk/, **monochromical** /mɒnə'kroumɪkəl/ *adj.* **-monochromist** *n.*

monocle /'mɒnəkəl/ *n.* an eyeglass for one eye. **-monocled** *adj.*

monody /'mɒnədi/ *n.* **-dies**. **1.** a poem in which one person laments another's death. **2.** *Music* a style of composition in which one part or melody predominates; homophony, as distinguished from polyphony. **-monodist** *n.* **-monodic** *adj.*

monogamy /mə'nɒgəmi/ *n.* **1.** marriage of one woman with one man. **2.** *Zoology* the habit of having only one mate. **3.** the practice of marrying only once during life. **-monogamist** *n.* **-monogamous** *adj.*

monogram /'mɒnəgræm/ *n.* a character consisting of two or more letters combined or interlaced, commonly one's initials, often printed on stationery, embroidered on clothing, handkerchiefs, etc. **-monogrammatic** /mɒnəgrə'mætɪk/ *adj.*

monograph /'mɒnəgræf, -graf/ *n.* **1.** a treatise on a particular subject. **2.** *Botany, Zoology* an account of a single thing or class of things, as of a species of animals or plants. **-monographer** *n.* **-monographic** /mɒnə'græfɪk/ *adj.* **-monographically** /mɒnə'græfɪkli/ *adv.*

monolith /'mɒnəlɪθ/ *n.* **1.** a single block or piece of stone of considerable size, whether in the natural state, as Uluru, or fabricated, as in architecture or sculpture. **2.** an obelisk, column, statue, etc., formed of a single block of stone. **3.** something resembling a large block of stone, especially in having a massive, uniform, or unyielding quality or character. **-monolithic** *adj.*

monologue /'mɒnəlɒg/ *n.* **1.** a prolonged talk or discourse by a single speaker. **2.** any composition, as a poem, in which a single person speaks alone. **3.** a form of dramatic entertainment by a single speaker. **-monologic** /mɒnə'lɒdʒɪk/, **monological** /mɒnə'lɒdʒɪkəl/ *adj.* **-monologist** /'mɒnəlɒgəst, mə'nɒləgəst/ *n.*

monomania /mɒnou'meɪniə/ *n.* **1.** insanity in which the patient is irrational on one subject only. **2.** an exaggerated zeal for, or interest in, some one thing; a craze. **-monomaniac** /mɒnou'meɪniæk/ *n.* **-monomaniacal** /mɒnoumə'naɪəkəl/ *adj.*

monophonic /mɒnə'fɒnɪk/ *adj.* **1.** having to do with monophony. **2.** having to do with a system of sound reproduction through only one loudspeaker. Compare **stereophonic**.

monoplane /'mɒnəpleɪn/ *n.* an aeroplane with only one pair of wings.

monopolise = monopolize /mə'nɒpəlaɪz/ *v.t.* **-lised, -lising**. **1.** *Economics* to acquire, have, or exercise a monopoly of (a market, commodity, etc.). **2.** to obtain exclusive possession of; keep

monopoly

entirely to oneself: *she tried to monopolise his time*. **–monopolisation** /mɒnəpəlaɪˈzeɪʃən/ *n*. **–monopoliser** *n*.

monopoly /məˈnɒpəli/ *n*. **-lies**. **1**. the total control of an article or service in a particular market. **2**. the exclusive right to carry on such a trade or service, given by a government, etc. **3**. the total ownership or control of something. **4**. an article, service, etc., over which there is total control. **5**. a company or the like having such control.

monorail /ˈmɒnoʊreɪl/ *n*. a railway with coaches running on a single (usually overhead) rail.

monosaccharide /mɒnoʊˈsækəraɪd, -rəd/ *n*. *Chemistry* a simple sugar, such as glucose, fructose, arabinose, and ribose, occurring in nature or obtained by the hydrolysis of glucosides or polysaccharides.

monosodium glutamate /mɒnəˌsoʊdiəm ˈɡlutəmeɪt/ *n*. a sodium salt of glutamic acid used in cookery to enhance the natural flavour of a dish; ajinomoto; taste powder; Chinese salt. *Abbrev*.: MSG

monosyllabic /mɒnəsəˈlæbɪk/ *adj*. **1**. having only one syllable, as the word *no*. **2**. having a vocabulary composed exclusively of monosyllables; uncommunicative. **–monosyllabically** *adv*.

monosyllable /ˈmɒnəsɪləbəl/ *n*. a word of one syllable, as *yes* and *no*.

monotheism /ˈmɒnoʊθiˌɪzəm, mɒnoʊˈθiːɪzəm/ *n*. the doctrine or belief that there is only one god. **–monotheist** *n*., *adj*. **–monotheistic** /ˌmɒnoʊθiˈɪstɪk/ *adj*. **–monotheistically** /ˌmɒnoʊθiˈɪstɪkli/ *adv*.

monotone /ˈmɒnətoʊn/ *n*. **1**. a vocal utterance, or series of speech sounds, in a single unvaried tone. **2**. a single tone without harmony or variation in pitch. **3**. recitation or singing of words in such a tone. **4**. sameness of style, as in composition or writing.

monotonous /məˈnɒtənəs/ *adj*. **1**. unvarying in any respect, lacking in variety, or tiresomely uniform. **2**. characterising a sound continuing on one note. **3**. having very little inflection; limited to a narrow pitch range. **–monotonously** *adv*. **–monotonousness** *n*.

monotony /məˈnɒtəni/ *n*. **1**. lack of variety, or wearisome uniformity, as in occupation, scenery, etc. **2**. the continuance of an unvarying sound; monotone. **3**. sameness of tone or pitch, as in utterance.

monotreme /ˈmɒnətriːm/ *n*. any of the Monotremata, an order of mammals restricted to the Australian region and comprising only the platypus and the echidnas, oviparous mammals in which the genital, urinary, and digestive organs have a common opening.

monseigneur /mõseɪˈnjɜ/ *n*. **messeigneurs** /meɪsɛnˈjɜ/. a French title of honour given to princes, bishops, and other persons of eminence.

monsoon /mɒnˈsun/ *n*. **1**. the summer rainy season, from December to February in the southern hemisphere, especially northern Australia, and from April to October in the northern hemisphere, especially India. **2**. the wind that brings these rains. **3**. a wind system that reverses with the seasons. **–monsoonal** *adj*.

monster /ˈmɒnstə/ *n*. **1**. an imaginary animal of part animal and part human form, such as a centaur, griffin, etc. **2**. an animal or a plant of abnormal form or structure. **3**. a person who excites horror. **4**. any animal or thing of huge size. *–adj*. **5**. huge; monstrous.

monstrosity /mɒnˈstrɒsəti/ *n*. **-ties**. something monstrous.

monstrous /ˈmɒnstrəs/ *adj*. **1**. huge; extremely great: *a monstrous sum*. **2**. frightful or hideous; extremely ugly. **3**. revolting; outrageous; shocking:

moon

a monstrous proposal. **4**. deviating greatly from the natural or normal form or type. **5**. having the nature or appearance of a legendary monster. **–monstrously** *adv*. **–monstrousness** *n*.

montage /mɒnˈtɑʒ/ *n*. **1**. the art or method of arranging in one composition pictorial elements borrowed from several sources so that the elements are both distinct and blended into a whole, through techniques such as superimposition. **2**. *Film, TV* a technique of film editing in which several shots are juxtaposed or partially superimposed to form a single image.

month /mʌnθ/ *n*. **1**. approximately one twelfth of a tropical or solar year (**solar month**). **2**. any of the twelve parts (January, February, etc.) into which the calendar year is divided (**calendar month**). **3**. the time from any day of one calendar month to the corresponding day of the next. *–phr*. **4**. **a month of Sundays**, *Colloquial* a very long time. **5**. **that time of the month**, *Colloquial* the menstrual period.

monument /ˈmɒnjəmənt/ *n*. **1**. something erected in memory of a person, event, etc., as a pillar, statue, or the like. **2**. any building, megalith, etc., surviving from a past age, and regarded as of historical or archaeological importance. **3**. any work, writing, or the like by a person, regarded as a memorial of them after their death. **4**. any enduring evidence or notable example of something.

monumental /mɒnjəˈmɛntl/ *adj*. **1**. resembling a monument; massive or imposing. **2**. (of a work of art) **a**. of great physical size. **b**. elevated in idea. **c**. noble in conception and execution. **d**. of lasting significance. **3**. historically prominent: *a monumental event*. **–monumentally** *adv*.

-mony a noun suffix indicating result or condition, as in *parsimony*; but sometimes having the same function as **-ment**.

MOO /mu/ *n*. *Computers* a game on the Internet, similar to a MUD, but in which the users are able to modify the conditions under which the game is being played.

mooch /mutʃ/ *Colloquial –v.i*. **1**. to skulk or sneak. **2**. to hang or loiter about. **3**. to slouch or saunter along. *–v.t*. **4**. to get without paying or at another's expense; cadge. Also, **mouch**. **–moocher** *n*.

mood[1] /mud/ *n*. **1**. frame of mind, or state of feeling, as at a particular time. **2**. (*plural*) fits of uncertainty, gloominess, or sullenness.

mood[2] /mud/ *n*. *Grammar* (in many languages) a set of categories of verb inflection, whose selection depends either on the syntactic relation of the verb to other verbs in the sentence, or on a difference in the speaker's attitude towards the action expressed by the verb (e.g., certainty *v*. uncertainty, question *v*. statement, wish *v*. command, emphasis *v*. hesitancy).

moody /ˈmudi/ *adj*. **-dier**, **-diest**. **1**. given to gloomy or sullen moods; ill-humoured. **2**. proceeding from or showing such a mood: *a moody silence*. **3**. exhibiting sharply varied moods; temperamental. **–moodily** *adv*. **–moodiness** *n*.

moolah /ˈmulə/ *n*. *Colloquial* money. Also, **moola**.

moon /mun/ *n*. **1**. (*often cap*.) the body which revolves around the earth monthly at a mean distance of 384 403 km, accompanying the earth in its annual revolution about the sun. It is 3 476 km in diameter, and its mass is 0.0123 that of the earth. **2**. this heavenly body during a particular lunar month, or during a certain period of time, or at a certain point of time, regarded as a distinct object or entity. **a**. **new moon**, the moon when in conjunction with the sun and hence invisible, or the phase so represented, or the moon soon afterwards when visible as a slender crescent. **b**. **half-moon**, the moon when half its disc is illuminated, occurring when at either quadrature, or quarter. **c. full moon**, the moon when the whole of its disc is illuminated, occurring when in opposition to the sun, or the phase so represented. **d. old moon**, the waning moon. **e. waxing moon**, the moon at any time before it is full, so called because its illuminated area is increasing. **f. waning moon**, the moon at any time after it has been full, so called because its illuminated area is decreasing. **3.** any planetary satellite. *–v.i.* **4.** *Colloquial* to expose one's buttocks, especially as a gesture of derision or defiance. *–phr.* **5. moon about**, *Colloquial* to wander about or gaze idly, dreamily, or listlessly. **6. once in a blue moon**, seldom; very rarely. **7. over the moon**, *Colloquial* highly delighted.

moonlight /'munlaɪt/ *n.* **1.** the light of the moon. *–adj.* **2.** relating to moonlight. **3.** lit by moonlight. **4.** happening by moonlight. *–v.i. Colloquial* **5.** to work at a second job, often at night.

moonshine /'munʃaɪn/ *n.* **1.** the light of the moon. **2.** empty or foolish talk, ideas, etc.; nonsense. **3.** *Colloquial* smuggled or illicitly distilled liquor.

moonstone /'munstoʊn/ *n.* a white translucent variety of felspar with a bluish pearly lustre, used as a gem.

moor¹ /mɔ/ *n.* **1.** a tract of open, peaty, waste land, often overgrown with heath, common in high latitudes and altitudes where drainage is poor; a heath. **2.** a tract of land preserved for shooting game.

moor² /mɔ/ *v.t.* **1.** to secure (a ship, etc.) in a particular place, as by cables and anchors (especially two or more) or by lines. **2.** to secure, or fix firmly.

moorhen /'mɔhen/ *n.* → **dusky moorhen**.

moose /mus/ *n.* **moose.** a large animal, *Alces americanus*, of the deer family, inhabiting Canada and the northern US, the male of which has enormous palmate antlers, long legs, and a large head.

moot /mut/ *adj.* **1.** subject to argument or discussion; debatable; doubtful: *a moot point*. *–v.t.* **2.** to bring forward (any point, subject, project, etc.) for discussion. *–n.* **3.** an early English assembly of the people, exercising political, administrative, and judicial powers. **4.** an argument or discussion, especially of a hypothetical legal case. **–mooter** *n.*

moot court *n.* a mock court for the conduct of hypothetical legal cases, as for practice for students of law.

mop /mɒp/ *n.*, *v.* **mopped, mopping.** *–n.* **1.** a bundle of coarse yarn, a piece of cloth, or the like, fastened at the end of a stick or handle, used for washing floors, dishes, etc. **2.** a thick mass, as of hair. *–v.t.* **3.** to rub, wipe, clean, or remove with a mop. **4.** to wipe: *to mop the face with a handkerchief*. *–phr.* **5. mop up**, **a.** to clean up. **b.** *Military* to clear (ground, trenches, towns, etc.) of scattered or remaining enemy combatants, after attacking forces have gone beyond the place. **c.** to clear away remaining danger points of a disastrous incident, as fire, earthquake, etc., after the main threat has been faced.

mope /moʊp/ *v.i.* **moped, moping.** to be sunk in listless apathy or dull dejection. **–moper** *n.* **–mopey, mopish** *adj.* **–mopingly, mopishly** *adv.*

moped /'moʊpɛd/ *n.* a light, low-powered motorcycle equipped with pedals for starting and assisting the motor.

mopoke /'moʊpoʊk/ *n.* an owl of the genus *Ninox* found in Australia and New Zealand and having a call which resembles the word 'mopoke'.

moraine /mɔ'reɪn/ *n.* a ridge, mound, or irregular mass of boulders, gravel, sand and clay, transported in or on a glacier. **–morainal, morainic** *adj.*

moral /'mɒrəl/ *adj.* **1.** relating to or concerned with right conduct or the distinction between right or wrong: *moral considerations*. **2.** able to act according to the rules of right conduct. **3.** sexually virtuous; chaste. **4.** of, relating to, or producing an effect upon the mind, feelings, or on results generally: *moral support*. **5.** having definite possibilities: *a moral certainty*. *–n.* **6.** the moral teaching or practical lesson contained in a fable, tale, etc. **7.** *Colloquial* a certainty: *it's a moral to win*. **8.** (*plural*) principles or habits with respect to right or wrong conduct; ethics. **9.** (*plural*) behaviour or habits in sexual matters.

morale /mə'ral/ *n.* moral or mental condition with respect to cheerfulness, confidence, zeal, etc.: *the morale of troops*.

moralise = **moralize** /'mɒrəlaɪz/ *v.* **-lised, -lising.** *–v.i.* **1.** to make moral reflections. *–v.t.* **2.** to improve the morals of. **–moralisation** /mɒrəlaɪ'zeɪʃən/ *n.* **–moraliser** *n.* **–moralisingly** *adv.*

morality /mə'ræləti/ *n.* **-ties. 1.** in accordance with the rules of right conduct. **2.** sexual virtue; chastity. **3.** moral quality or character. **4.** a system of morals; ethics. **5.** moral teaching.

morality play *n.* a form of allegorical drama in vogue from the 14th to the 16th centuries, using personifications of virtues and vices.

morass /mə'ræs/ *n.* a tract of low, soft, wet ground; marsh.

moratorium /mɒrə'tɔriəm/ *n.* **-toria** /-'tɔriə/ or **-toriums. 1.** a legal authorisation to delay payment of money due, as in an emergency. **2.** a respite; a temporary cessation of activity, for the purpose of deferring a decision on a particular course of action in politics.

moray /'mɔreɪ/ *n.* **-rays.** any of numerous eels of the family Muraenidae, often found lurking amongst rocks and weeds, as the **long-tailed eel**, *Evenchelys macrurus* of northern Australia, or *Muraena helena*, common in the Mediterranean and valued as a food fish.

morbid /'mɔbəd/ *adj.* **1.** suggesting an unhealthy mental state; unwholesomely gloomy, sensitive, extreme, etc. **2.** affected by, proceeding from, or characteristic of disease. **3.** relating to diseased parts: *morbid anatomy*. **–morbidly** *adv.* **–morbidness** *n.*

mordant /'mɔdənt/ *adj.* **1.** caustic or sarcastic, as wit, a speaker, etc. *–n.* **2.** a substance used in dyeing to fix the colouring matter, especially a metallic compound, as an oxide or hydroxide, which combines with the organic dye and forms an insoluble coloured compound or lake in the fibre. **3.** an acid or other corrosive substance used in etching to eat out the lines, etc. **–mordancy** *n.* **–mordantly** *adv.*

mordent /'mɔdnt/ *n. Music* a melodic embellishment consisting of a rapid alternation of a principal note with a supplementary note a semitone below it, called *single* or *short* when the supplementary note occurs only once, and *double* or *long* when this occurs twice or oftener.

more /mɔ/ *det.* **1.** in greater quantity, amount, measure, degree, or number: *more money*. **2.** additional or further: *do not lose any more time*. *–pron.* **3.** an additional quantity, amount, or number: *would you like more?* **4.** a greater quantity, amount, or degree: *she ate more than me*. **5.** something of greater importance: *she refused, and what is more, very rudely*. **6.** (construed as *plural*) a greater number of a class specified, or the greater number of persons: *she believed him, but more were sceptical*. *–adv.* **7.** in or to a greater extent or degree: *more rapid*. **8.** in addition; fur-

more-ish /ˈmɔr-ɪʃ/ *adj.* having to do with something of which one would like more; tempting; delicious: *that cake is very more-ish.*

moreover /mɔrˈouvə/ *adv.* beyond what has been said; further; besides.

mores /ˈmɔreɪz/ *pl. n.* customs or conventions accepted without question and embodying the fundamental moral views of a group.

Moreton Bay fig *n.* a massive shady tree, *Ficus macrophylla,* native to the east coast of Australia which bears small, purplish, non-edible fruit.

morganatic /mɔgəˈnætɪk/ *adj.* having to do with a form of marriage in which a man of high rank takes to wife a woman of lower station with the stipulation that neither she nor the issue (if any) shall have any claim to his rank or property. **–morganatically** *adv.*

morgue /mɔg/ *n.* **1.** a place in which the bodies of persons found dead are exposed for identification. **2.** *Journalism Colloquial* the reference library of clippings, mats, books, etc., kept by a newspaper, etc.

moribund /ˈmɒrəbʌnd/ *adj.* **1.** in a dying state. **2.** on the verge of extinction or termination. **–moribundity** /mɒrəˈbʌndəti/ *n.* **–moribundly** *adv.*

Mormon /ˈmɔmən/ *n.* **1.** a member of a religious body founded in the US in 1830 by Joseph Smith and calling itself 'The Church of Jesus Christ of Latter-day Saints'. **2. The Book of,** a sacred book of the Mormon Church, supposed to be an abridgment by a prophet (**Mormon**) of a record of certain ancient peoples in America, written on golden plates and discovered and translated (1827–30) by Joseph Smith. *–adj.* **3.** of or relating to the Mormons or their religious system. **–Mormonism** *n.*

mornay /ˈmɔneɪ/ *adj.* covered with a thick white sauce which has grated cheese added to it.

morning /ˈmɔnɪŋ/ *n.* **1.** the beginning of day; the dawn. **2.** the first part or period of the day, extending from dawn, or from midnight, to noon. **3.** the first or early period of anything. *–adj.* **4.** of or relating to morning: *the morning hours.* **5.** occurring, appearing, coming, used, etc., in the morning: *the morning sun. –phr.* **6. morning, noon, and night,** continuously; with monotonous persistence: *that baby cries morning, noon, and night.*

morning dress *n.* formal dress used in daytime, as at weddings, etc., consisting for men typically of morning coat, light grey striped trousers, a light-coloured top-hat, etc.

morning sickness *n.* nausea occurring often in the early part of the day, as a characteristic symptom in the first months of pregnancy.

morning star *n.* a bright planet, seen in the east before sunrise.

morocco /məˈrɒkoʊ/ *n.* **1.** a fine leather made from goatskins tanned with sumach, originally in Morocco. **2.** any leather made in imitation of this. Also, **morocco leather.**

moron /ˈmɔrɒn/ *n.* **1.** a person of arrested intelligence whose mentality is judged incapable of developing beyond that of a normal child of 8 to 12 years of age. **2.** *Colloquial* a stupid person. **–moronic** /məˈrɒnɪk/ *adj.* **–moronism, moronity** /məˈrɒnəti/ *n.*

morose /məˈroʊs/ *adj.* gloomily or sullenly ill-humoured as a person, mood, etc. **–morosely** *adv.* **–moroseness** *n.*

morph /mɔf/ *v.i.* to alter shape by morphing.

morph- variant of **morpho-** before vowels.

-morph a word element meaning 'form', 'shape', 'structure', as in *isomorph.*

morpheme /ˈmɔfim/ *n. Linguistics* any of the minimum meaningful elements in a language, not further divisible into smaller meaningful elements, usually occurring in various contexts with relatively constant meaning: either a word, as *girl, world,* or part of a word, as *-ish* or *-ly* in *girlish* and *worldly.* **–morphemic** /mɔˈfimɪk/ *adj.*

-morphic a word element used as adjective termination corresponding to **-morph,** as in *anthropomorphic.*

morphine /ˈmɔfin/ *n.* a bitter crystalline alkaloid, $C_{17}H_{19}NO_3.H_2O$, the most important narcotic principle of opium, used in medicine (usually in the form of a sulfate or other salt) to dull pain, induce sleep, etc. Also, **morphia** /ˈmɔfiə/.

morphing /ˈmɔfɪŋ/ *n. Film, TV, Computers* the manipulation of digitised images using a computer, producing a sequence whereby one image changes into another.

morpho- initial word element corresponding to **-morph.**

morphology /mɔˈfɒlədʒi/ *n.* **1.** the study of form, structure, and the like. **2.** the branch of biology that deals with the form and structure of animals and plants, without regard to functions. **3.** *Grammar* the patterns of word formation in a particular language, including inflection, derivation, and composition. **4.** *Geography* the study of the physical form of lands, regions, or towns. **–morphologic** /mɔfəˈlɒdʒɪk/, **morphological** /mɔfəˈlɒdʒɪkəl/ *adj.* **–morphologically** /mɔfəˈlɒdʒɪkli/ *adv.* **–morphologist** *n.*

-morphous a word element used as adjective termination corresponding to **-morph,** as in *amorphous.*

morrell /məˈrɛl/ *n.* a tall tree, *Eucalyptus longicornis,* with pointed buds, found in southwestern Australia.

morrow /ˈmɒroʊ/ *n.* the day next after this or after some other particular day or night.

morse code /mɔs ˈkoʊd/ *n.* a system of dots, dashes, and spaces, or the corresponding sounds or the like, used in telegraphy and signalling to represent the letters of the alphabet, numerals, etc. Also, **morse alphabet.**

morsel /ˈmɔsəl/ *n.* **1.** a bite, mouthful, or small portion of food or the like. **2.** a small piece, quantity, or amount of anything; a scrap; a bit.

mortal /ˈmɔtl/ *adj.* **1.** subject to death: *we are all mortal.* **2.** human: *this mortal life.* **3.** belonging to this world. **4.** relating to death: *mortal throes.* **5.** (of a sin) serious enough to cause spiritual death (opposed to *venial*). **6.** causing death; fatal: *a mortal wound.* **7.** to the death: *mortal combat.* **8.** deadly: *mortal enemy.* **9.** dreadful: *in mortal fear.* **10.** *Colloquial* very great; extreme: *in a mortal hurry.* **11.** *Colloquial* possible: *of no mortal use. –n.* **12.** a human being. **–mortally** *adv.*

mortality /mɔˈtæləti/ *n.* **-ties. 1.** the condition of being mortal or subject to death; mortal character, nature, or existence. **2.** mortal beings collectively; humanity. **3.** relative frequency of death, or death rate, as in a district or community. **4.** death or destruction on a large scale, as from war, plague, famine, etc.

mortality table *n.* an actuarial table compiled by an insurance company from statistics on the life spans of an arbitrarily selected population group or of former policy- holders.

mortar[1] /ˈmɔtə/ *n.* **1.** a vessel of hard material, having a bowl-shaped cavity, in which drugs, etc., are reduced to powder with a pestle. **2.** any of various mechanical appliances in which substances are pounded or ground. **3.** a cannon very

mortar short in proportion to its bore, for throwing shells at high angles. **4.** some similar contrivance, as for throwing pyrotechnic bombs or a lifeline.

mortar² /'mɔtə/ *n.* a material which binds bricks, stones, etc., into a compact mass.

mortarboard /'mɔtəbɔd/ *n.* **1.** a board, commonly square, used by masons to hold mortar. **2.** a kind of cap with a close-fitting crown surmounted by a stiff, flat, cloth-covered, square piece, worn by university students, graduates, teachers, etc.

mortgage /'mɔgɪdʒ/ *n., v.* **-gaged, -gaging.** *–n.* **1.** *Law* a security by way of conveyance or assignment of property securing the payment of a debt or the performance of an obligation where the property is redeemable upon payment or performance. *–v.t.* **2.** to convey or place (property, especially houses or land) under a mortgage.

mortgagee /mɔgə'dʒi/ *n. Law* one to whom property is mortgaged.

mortgagor = mortgager /'mɔgədʒə, mɔgə'dʒɔ/ *n.* someone who mortgages property.

mortice = mortise /'mɔtəs/ *n., v.* **-ticed, -ticing.** *–n.* **1.** a rectangular cavity of considerable depth in one piece of wood, etc., for receiving a corresponding projection (tenon) on another piece, so as to form a joint (**mortice and tenon joint**). **2.** *Printing* the portion cut away from a letterpress printing plate for the insertion of type or another plate. *–v.t.* **3.** to fasten by, or as by, a mortice.

mortify /'mɔtəfaɪ/ *v.* **-fied, -fying.** *–v.t.* **1.** to humiliate in feeling, as by a severe wound to the pride or self-complacency. **2.** to bring (the body, passions, etc.) into subjection by abstinence, ascetic discipline, or rigorous austerities. **3.** *Pathology* to affect with gangrene or necrosis. **–mortification** *n.* **–mortifier** *n.* **–mortifyingly** *adv.*

mortuary /'mɔtʃəri/ *n.* **-ries,** *adj.* *–n.* **1.** a place for the temporary reception of the dead. *–adj.* **2.** relating to or connected with death or the burial of the dead.

morwong /'mɔwɒŋ/ *n.* any of a number of species of marine food fishes of the family Cheilodactylidae, especially *Nemadactylus douglasii*, of southern Australian and New Zealand waters; black perch.

mosaic /moʊ'zeɪɪk, mə'zeɪɪk/ *n.* **1.** a picture or decoration made of small pieces of stone, glass, etc., of different colours, inlaid to form a design. **2.** the process of producing it. **3.** something resembling a mosaic in composition. **4.** *Aerial Surveying* an assembly of aerial photographs taken vertically and matched in such a way as to show a continuous photographic representation of an area (**mosaic map**). **5.** *Plant Pathology* a symptom of various virus diseases, a patchy variation of colour. **6.** *Genetics* an organism, usually animal, composed of a mixture of genetically distinct tissues; chimera. *–adj.* **7.** relating to or resembling a mosaic or mosaic work. **8.** composed of diverse elements combined. **–mosaicist** /moʊ'zeɪəsəst/ *n.*

mosh /mɒʃ/ *v.i.* to move as one of a crush of spectators jostling each other to the music of a live band or act. **–moshing** *n.*

mosh pit *n.* the area in front of the stage on which a band is performing where the audience moshes.

mosque /mɒsk/ *n.* a Muslim temple or place of worship.

mosquito /məs'kitoʊ/ *n.* **-toes** *or* **-tos.** any of various dipterous insects of the family Culicidae (genera *Culex, Anopheles*, etc.), the females of which have a long proboscis, by means of which they puncture the skin of animals (including humans) and draw blood, some species transmitting certain diseases, as malaria and yellow fever.

moss /mɒs/ *n.* any of the cryptogamic plants which belong to the class Musci, of the bryophytes, comprising small leafy-stemmed plants growing in tufts, sods, or mats on moist ground, tree trunks, rocks, etc. **–mosslike** *adj.*

most /moʊst/ *det.* **1.** in the greatest quantity, amount, degree, or number: *the most votes.* **2.** in the majority of instances: *most exercises are good.* *–adj.* (*superlative of* **more**) **3.** greatest, as in size or range: *the most part.* *–pron.* **4.** the greatest quantity, amount, or degree: *Jane did the most to help.* **5.** the greatest part: *most of the work is finished.* **6.** (*treated as plural*) the majority of persons: *most of us agreed.* *–adv.* **7.** in or to the greatest range or degree (in this sense much used before adjectives and adverbs): *most rapid.*

-most a suffixal use of *most* found in a series of superlatives, as in *utmost, foremost.*

mostly /'moʊstli/ *adv.* **1.** for the most part; in the main: *the work is mostly done.* **2.** chiefly.

mote /moʊt/ *n.* a particle or speck, especially of dust.

motel /moʊ'tɛl/ *n.* **1.** a roadside hotel which provides accommodation for travellers in self-contained, serviced units, with parking for their vehicles. **2.** *NZ* such a unit.

motet /moʊ'tɛt/ *n.* a vocal composition in polyphonic style, on a biblical or similar prose text, intended for use in a church service.

moth /mɒθ/ *n.* **moths.** any of a very large group of lepidopterous insects, generally distinguished from the butterflies by not having their antennae clubbed and by their (mainly) nocturnal or crepuscular habits.

mothball /'mɒθbɔl/ *n.* **1.** a small ball of naphthalene or (sometimes) camphor, stored with clothes, etc., to repel moths. *–v.t.* **2.** to put out of use; place in reserve. *–phr.* **3. in mothballs, a.** no longer in use; in reserve. **b.** out of commission, as a ship.

mother /'mʌðə/ *n.* **1.** a female parent. **2.** (*often cap.*) one's own mother. **3.** *Colloquial* a mother-in-law, step-mother, or adoptive mother. **4.** a familiar term for an old woman. **5.** the head of a female religious community. **6.** a woman looked upon as a mother, or exercising control like that of a mother. **7.** the qualities characteristic of a mother: *the mother in her prompted her to comfort the lost child.* *–adj.* **8.** that is a mother: *a mother bird.* **9.** relating to or characteristic of a mother: *mother love.* **10.** coming from one's mother: *her mother tongue is Italian.* **11.** having a relation like that of a mother: *a mother church.* *–v.t.* **12.** to be the mother of. **13.** to take as one's own. **14.** to care for as a mother does. **–motherly** *adj.* **–motherless** *adj.* **–motherliness** *n.*

motherboard /'mʌðəbɔd/ *n. Computers* a printed circuit board plugged into the back of a computer into which other boards (**daughter boards**) can be slotted so that the computer can operate an optional range of peripherals. Also, **mother board.**

motherhood /'mʌðəhʊd/ *n.* **1.** the state of being a mother; maternity. **2.** mothers collectively. **3.** the qualities or spirit of a mother.

mother-in-law /'mʌðər-ən-lɔ/ *n.* **mothers-in-law.** the mother of one's husband or wife.

motherland /'mʌðəlænd/ *n.* **1.** one's native country. **2.** the land of one's ancestors.

mother-of-pearl /mʌðər-əv-'pɜl/ *n.* a hard, iridescent substance which forms the inner layer of certain shells, as that of the pearl oyster; nacre.

mother tongue *n.* **1.** the language first learned by a person; native language. **2.** a parent language.

motif /moʊ'tif, 'moʊtəf/ *n.* **1.** a recurring subject or theme for development or treatment, as in art,

motion /'mouʃən/ *n.* **1.** the process of moving, or changing place or position. **2.** a movement. **3.** power of movement, as of a living body. **4.** the action or manner of moving the body in walking, etc.; gait. **5.** a bodily movement or change of posture; a gesture. **6.** a proposal formally made to a deliberative assembly: *to make a motion to adjourn.* **7.** *Law* an application made to a court or judge for an order, ruling, or the like. **8.** a suggestion or proposal. **9.** *Machinery* **a.** a piece of mechanism with a particular action or function. **b.** the action of such mechanism. **10.** → **stool** (def. 3). –*v.t.* **11.** to direct by a significant motion or gesture, as with the hand: *to motion a person to a seat.* –*v.i.* **12.** to make a significant motion; gesture, as with the hand for the purpose of directing: *to motion to a person.* –*phr.* **13. in motion**, in active operation; moving.

motion picture *n.* → **film** (def. 4b).

motivate /'moutəveɪt/ *v.t.* **-vated, -vating.** to provide with a motive or motives. –**motivation** *n.*

motivated /'moutəveɪtəd/ *adj.* ambitious; determined; energetic: *the prime minister is a highly motivated person.*

motive /'moutɪv/ *n., adj.* –*n.* **1.** something that prompts a person to act in a certain way or that determines volition; an incentive. **2.** the goal or object of one's actions: *his motive was revenge.* **3.** (in art, literature, and music) a motif. –*adj.* **4.** causing, or tending to cause, motion.

motley /'mɒtli/ *adj., n.* **-leys.** –*adj.* **1.** exhibiting great diversity of elements; heterogeneous: *a motley crowd.* **2.** being of different colours combined; particoloured. –*n.* **3.** the motley or particoloured garment of the medieval professional fool or jester: *to wear the motley.* **4.** a heterogeneous assemblage.

motocross /'moutəkrɒs/ *n.* a short distance motorcycle race of at least two laps on a circuit presenting a variety of surfaces and terrain.

motor /'moutə/ *n.* **1.** a fairly small and powerful engine, especially an internal-combustion engine in a car, boat, etc. **2.** (now rare) a self-powered vehicle, as a car. **3.** someone or something that imparts motion, especially a contrivance (as a steam engine) which receives and modifies energy from some natural source in order to utilise it in driving machinery, etc. –*adj.* **4.** causing or imparting motion: *motor energy.* **5.** relating to, used for or operated by a motor: *motor oil; motor cycle.* **6.** *Physiology* to do with movement: *the fall has damaged some of her motor nerves.* –*v.i.* **7.** (now rare) to travel by car; drive.

motorcade /'moutəkeɪd/ *n.* a procession or parade of motor cars. Also, *US*, **autocade.**

motor car *n.* a vehicle, especially one for passengers, carrying its own power-generating and propelling mechanism, usually an internal-combustion engine, for travel on ordinary roads.

motorcycle /'moutəsaɪkəl/ *n.* a motor vehicle resembling a bicycle, for one or two riders, sometimes with a sidecar attached. –**motorcyclist** *n.*

motorist /'moutərəst/ *n.* **1.** someone who drives a car. **2.** the user of a privately owned car.

motor scooter *n.* a low-built motorcycle having small wheels, footboards, and an enclosed engine. Also, **scooter.**

motor vehicle *n.* a road vehicle driven by a motor, usually an internal-combustion engine, as a car, motorcycle, or the like.

motorway /'moutəweɪ/ *n. Chiefly NZ, Brit.* an expressway; freeway.

mottled /'mɒtld/ *adj.* spotted or blotched in colouring.

motto /'mɒtoʊ/ *n.* **-tos** *or* **-toes. 1.** a maxim adopted as expressing one's guiding principle. **2.** a sentence, phrase, or word attached to or inscribed on anything as appropriate to it.

mould¹ /moʊld/ *n.* **1.** a hollow form used to shape melted or soft material: *pottery is sometimes made in a mould.* **2.** a frame, etc., on which something is made. **3.** a shape or form: *made in his father's mould.* –*v.t.* **4.** to work into a required shape or form; shape: *to mould a figure in clay; to mould someone's character.* **5.** *Foundry* to form a mould of or from, in order to make a casting. Also, *US*, **mold.** –**mouldable** *adj.*

mould² /moʊld/ *n.* a growth of minute fungi forming on vegetable or animal matter, commonly as a downy or furry coating, and associated with decay. Also, *US*, **mold.**

moulder /'moʊldə/ *v.i.* to turn to dust by natural decay; crumble; waste away. Also, *US*, **molder.**

moulding /'moʊldɪŋ/ **1.** *Architecture, etc.* **a.** a decorative variety of contour or outline given to cornices, jambs, strips of woodwork, etc. **b.** a shaped member introduced into a structure to afford such variety or decoration. **2.** shaped material in the form of a strip, used for supporting pictures, covering electric wires, etc. Also, *US*, **molding.**

moult = molt /moʊlt/ *v.i.* (of birds, insects, reptiles, etc.) to cast or shed the feathers, skin, or the like, to be succeeded by a new growth. –**moulter** *n.*

mound /maʊnd/ *n.* **1.** an elevation formed of earth or sand, debris, etc., overlying ruins, a grave, etc. **2.** a tumulus or other raised work of earth dating from a prehistoric or long-past period. **3.** a natural elevation of earth; a hillock or knoll. **4.** an artificial elevation of earth, as for a defence work, a dam or barrier, or any other purpose; an embankment. **5.** a heap or raised mass: *a mound of hay.*

mount¹ /maʊnt/ *v.t.* **1.** to go up; ascend: *to mount the stairs.* **2.** to get up on (a platform, a horse, etc.) **3.** (*usually passive*) to set on horseback: *they were mounted on two handsome bays.* **4.** to raise or put (guns, etc.) into position for use. **5.** (of a fort or ship) to have (guns) in position for use. **6.** to go or put on (guard), as a sentry. **7.** (of a male animal) to climb up on (a female) for copulation. **8.** to fix on or in a setting: *to mount a photograph; to mount a jewel.* **9.** to put on (a play, exhibition, etc.). **10.** to prepare (a dead animal or skeleton) as a specimen. **11. a.** to prepare (a slide) for a microscope. **b.** to prepare (a specimen, etc.) by placing it on a slide. –*v.i.* **12.** to rise or go to a higher position, etc.; ascend. **13.** to rise in amount (often fol. by *up*): *costs are steadily mounting.* **14.** to get up on a platform, horse, etc. –*n.* **15.** a horse for riding. **16.** a backing or setting: *the print looks fine with a grey mount.* **17.** *Microscopy* a prepared slide. –**mounter** *n.*

mount² /maʊnt/ *n.* a mountain or hill (now chiefly poetic, except in proper names, as *Mount Wellington*).

mountain /'maʊntən/ *n.* **1.** a natural elevation of the earth's surface rising more or less abruptly to a summit, and attaining an altitude greater than that of a hill. **2.** something resembling this, as in size: *a mountain of ice.* **3.** a huge amount. –*adj.* **4.** of mountains: *mountain air.* **5.** living, growing, or found on mountains: *mountain people, mountain plants.* –*phr.* **6. make a mountain out of a molehill**, to make something insignificant into a major obstacle or difficulty.

mountain beauty *n.* a tall shrub, *Hovea rosmarinifolia*, with purple pea-shaped flowers, found in south-eastern Australia.

mountain daisy *n.* a montane and sub-alpine daisy of the genus *Celmisia*, as *C. coriacea* of New Zealand.

mountain devil *n.* **1.** → **thorny devil**. **2.** a woody shrub, *Lambertia formosa*, of sandstone areas of New South Wales. **3.** a small doll-like figure with a body usually of wool wound around pipe cleaners and a head formed from the woody fruit of *Lambertia formosa* which fancifully resembles the head of the Devil.

mountaineer /maʊntə'nɪə/ *n.* **1.** a climber of mountains. **2.** an inhabitant of a mountainous district. *–v.i.* **3.** to climb mountains. **–mountaineering** *n.*

mountainous /'maʊntənəs/ *adj.* **1.** abounding in mountains. **2.** of the nature of a mountain. **3.** resembling a mountain or mountains; large and high; huge: *mountainous waves*. **–mountainously** *adv.*

Mount Cook lily *n.* a large white buttercup, *Ranunculus lyallii*, native to South Island alpine districts of New Zealand.

mountebank /'maʊntəbæŋk/ *n.* **1.** someone who sells quack medicines from a platform in public places, appealing to the audience by tricks, storytelling, etc. **2.** any charlatan or quack. **–mountebankery** /maʊntə'bæŋkəri/ *n.*

mourn /mɔn/ *v.i.* **1.** to feel or express sorrow or grief. **2.** to grieve or express grief for the dead; lament. *–v.t.* **3.** to feel or express sorrow (over something lost or gone): *to mourn the loss of freedom*. **4.** to grieve or lament over (the dead).

mournful /'mɔnfəl/ *adj.* **1.** full of, expressing, or showing sorrow or grief, as persons, the tone, etc.; sorrowful; sad. **2.** expressing, or used in, mourning for the dead. **3.** causing, or attended with, sorrow or mourning: *a mournful occasion*. **4.** gloomy, sombre or dreary, as in appearance or character: *mournful shadows*. **–mournfully** *adv.* **–mournfulness** *n.*

mourning /'mɔnɪŋ/ *n.* **1.** the act of one who mourns; sorrowing or lamentation. **2.** the conventional manifestation of sorrow for a person's death, especially by the wearing of black, the hanging of flags at half-mast, etc. **3.** the outward tokens of such sorrow, as black garments, etc. *–adj.* **4.** of, relating to, or used in mourning. *–phr.* **5. in mourning**, recently bereaved, especially if showing the traditional outward tokens of grief. **–mourningly** *adv.*

mouse /maʊs/ *n.* **mice** /maɪs/ *also, for def. 3* **mouses** /'maʊsəz/; /maʊz/ *v.* **moused**, **mousing**. *–n.* **1.** a small rodent that lives in the bush or infests houses. **2.** *Colloquial* someone who is very quiet and shy, especially a girl or woman. **3.** a small hand-held device attached to a computer for controlling the cursor, the movement of the mouse across the desk paralleling the movement of the cursor to items on a menu, commands being located by the cursor and activated by pressing a button on the mouse. *–v.i.* **4.** to hunt for or catch mice.

mousepad /'maʊspæd/ *n. Computers* a pad over which a mouse is moved, providing more traction than a smooth surface.

moussaka /mʊ'sakə/ *n.* a Balkan and Middle Eastern dish based on minced lamb, tomatoes, and eggplant, layered, topped with a thick white sauce and baked.

mousse /mus/ *n.* any of various preparations of whipped cream, beaten eggs, gelatine, etc., flavoured (sweet or savoury) and usually chilled.

moustache /mə'staʃ/ *n.* **1.** the hair growing on the upper lip, or on either half of the upper lip, of men. **2.** such hair when allowed to grow without shaving, and usually trimmed to a particular shape. **3.** hair or bristles growing near the mouth of an animal. Also, *US*, **mustache**.

mousy /'maʊsi/ *adj.* **-sier**, **-siest**. **1.** resembling or suggesting a mouse, as in colour, smell, etc. **2.** drab and colourless. **3.** quiet as a mouse. **4.** infested with mice. Also, **mousey**.

mouth /maʊθ/ *n.* **mouths** /maʊðz, maʊθs/ *v.* *–n.* **1.** the opening through which an animal takes in food, or the cavity containing or the parts including the masticating apparatus. **2.** the masticating and tasting apparatus. **3.** a person or other animal as requiring food. **4.** the oral opening or cavity considered as the source of vocal utterance. **5.** a grimace made with the lips. **6.** an opening leading out of or into any cavity or hollow place or thing: *the mouth of a cave*. **7.** a part of a river or the like where its waters are discharged into some other body of water: *the mouth of the Nile*. **8.** the opening between the jaws of a vice or the like. **9.** *Colloquial* someone who talks volubly and at great length. *–v.t.* **10.** to utter in a sonorous, oratorical, or pompous manner, or with unnecessarily noticeable use of the mouth or lips. **11.** to examine the teeth of (a sheep) to determine its age. **12.** to form (words) with the lips, uttering no sound. *–v.i.* **13.** to speak or declaim sonorously and oratorically, or with mouthing of the words. **14.** to grimace with the lips. *–phr.* **15. by word of mouth**, orally, as opposed to in writing. **16. down in the mouth**, depressed; unhappy. **17. give mouth to**, to utter; speak: *to give mouth to one's thoughts*. **18. keep one's mouth shut**, *Colloquial* **a.** to refrain from talking: *you can keep your mouth shut!* **b.** to keep information secret: *he knows how to keep his mouth shut*. **19. mouth off**, *Colloquial* to release pent-up emotions of anger or frustration by speaking wildly or abusively. **20. put one's money where one's mouth is**, to give financial support to a cause, project, etc. which one has openly expressed belief in. **21. shut one's big mouth**, *Colloquial* to cease disclosing information. **22. shut one's mouth**, *Colloquial* to be quiet.

mouthful /'maʊθfʊl/ *n.* **-fuls**. **1.** as much as a mouth can hold. **2.** as much as is taken into the mouth at one time. **3.** a small quantity. **4.** *Colloquial* something easy or difficult to say: *his name is quite a mouthful*.

mouth organ *n.* → **harmonica** (def. 1).

mouthpiece /'maʊθpis/ *n.* **1.** a part of a musical instrument, telephone, etc., held in or to the mouth. **2.** a part of a horse's bridle held in the mouth. **3.** *Sport* a guard for the teeth. **4.** someone or something that speaks for or represents another; spokesperson.

mouth-to-mouth /maʊθ-tə-'maʊθ/ *adj.* denoting a method of artificial respiration in which air is breathed rhythmically into the mouth of the patient.

move /muv/ *v.* **moved**, **moving**. *–v.i.* **1.** to change place or position; pass from one place or situation to another. **2.** to change one's abode; go from one place of residence to another. **3.** to advance, progress, or make progress. **4.** to have a regular motion, as an implement or a machine; turn; revolve. **5.** *Commerce* to be disposed of by sale, as goods in stock. **6.** *Colloquial* to start off, or depart: *it's time to be moving*. **7.** (of the bowels) to operate. **8.** to be active in a particular sphere: *to move in society*. **9.** to take action, or act, as in an affair. **10.** to make a formal request, application, or proposal: *to move for a new trial*. *–v.t.* **11.** to change the place or position of; take from one place, posture, or situation to another. **12.** to set or keep in motion; stir or shake. **13.** to prompt, actuate, or impel to some action: *what moved you to do this?* **14.** to cause (the bowels) to act or operate. **15.** to affect with tender or compassionate emotion; touch. **16.** to propose formally, as to a court or judge, or for consideration by a deliberative assembly. **17.** to submit a formal request or proposal to (a ruler, a court, etc.). –*n.* **18.** the act of moving; movement. **19.** a change of abode or residence. **20.** an action towards an end; a step. **21.** *Games, etc.* the right or turn to move. –*phr.* **22. get a move on**, *Colloquial* hurry up. **23. move heaven and earth**, to do one's utmost. **24. move in**, to take up residence in a new home. **25. move out**, to leave a home. **26. move someone to ...**, to arouse in someone (the feeling specified): *to move him to pity.* **27. move with the times**, to alter one's own attitudes or ideas in conjunction with changes in society. **28. on the move**, moving. –**movable** = **moveable** *adj.* –**mover** *n.*

movement /'muvmənt/ *n.* **1.** the act, process or result of moving. **2.** a particular manner of moving: *the graceful movements of a dancer.* **3.** (*chiefly plural*) (a set of) actions or activities: *can you trace your movements of the past week?* **4.** *Military* a change of position of soldiers or ships. **5.** the rapid progress of events; momentum. **6.** the movement of events in a story, play, etc. **7.** the suggestion of action in a painting, etc. **8.** a group or a number of groups of people working for a particular cause or purpose: *the conservation movement.* **9.** the course or tendency of affairs in a particular field; trend: *the movement towards shorter working hours.* **10.** an emptying (of the bowels). **11.** the mechanism of a clock. **12.** *Music* **a.** the main division or section of a sonata, symphony, etc. **b.** time; tempo; motion; rhythm.

mover and shaker *n. Colloquial* an important and influential person.

movie /'muvi/ *n.* **1.** → **film** (def. 4b). –*phr.* **2. the movies**, → **film** (def. 4c).

moving /'muvɪŋ/ *adj.* **1.** that moves. **2.** causing or producing motion. **3.** actuating, instigating, or impelling: *the moving cause of a dispute.* **4.** that excites the feelings or affects with emotion, especially touching or pathetic. –**movingly** *adv.*

mow /moʊ/ *v.* **mowed**, **mown** or **mowed**, **mowing**. –*v.t.* **1.** to cut down (grass, grain, etc.) with a scythe or a machine. **2.** to cut grass, grain, etc., from. –*v.i.* **3.** to cut down grass, grain, etc. –*phr.* **4. mow down**, to cut down, destroy, or kill indiscriminately or in great numbers, as soldiers in battle. –**mower** *n.*

mozzarella /mɒtsə'rɛlə/ *n.* a soft, white, ripened cheese, with a plastic curd, giving it a smooth, close texture.

mozzie /'mɒzi/ *n. Colloquial* a mosquito.

Mr /'mɪstə/ *n.* **Messrs.** /'mɛsəz/. mister; a title prefixed to a man's name or position: *Mr Lawson, Mr Prime Minister.*

Mrs /'mɪsəz/ *n.* a title prefixed to the name of a married woman: *Mrs Jones.*

Ms /məz/ *n.* **Mses.** a title prefixed to the name of a woman, used to avoid reference to marital status: *Ms Smith.*

much /mʌtʃ/ *det.* **1.** in great quantity, amount, measure, or degree: *much work.* **2.** a great quantity or amount; a great deal: *much of this is true.* –*n.* **3.** a great, important, or notable thing or matter: *the house is not much to look at.* –*adv.* **4.** to a great extent or degree; greatly; far: *much pleased; much better; much too fast.* **5.** nearly, approximately, or about: *this is much the same as the others.* –*phr.* **6. as much**, the same; precisely that. **7. make much of**, **a.** to treat, represent, or consider as of great importance: *the prosecution made much of this discrepancy.* **b.** to treat (a person) with great, flattering, or fond consideration. **8. much of a muchness**, (of two or more objects, concepts, etc.) very similar; having little to choose between them. **9. not go much on**, *Colloquial* to be unenthusiastic about.

mucilage /'mjusəlɪdʒ/ *n.* **1.** any of various preparations of gum, glue, or the like, for causing adhesion. **2.** any of various gummy secretions or gelatinous substances present in plants.

muck /mʌk/ *n.* **1.** farmyard dung, decaying vegetable matter, etc., in a moist state; manure. **2.** a highly organic soil, less than fifty per cent combustible, often used as manure. **3.** filth; dirt. **4.** *Colloquial* something of no value; trash. **5.** *Civil Engineering, Mining, etc.* earth, rock, or other useless matter to be removed in order to get out the mineral or other substances sought. –*v.t.* **6.** to manure. **7.** to make dirty; soil. **8.** *Colloquial* to spoil; make a mess of. –*phr.* **9. make a muck of**, *Colloquial* to spoil; impair; disrupt. **10. muck about** (or **around**), *Colloquial* to idle; potter; fool about. **11. muck in**, *Colloquial* **a.** to share, especially living accommodation. **b.** to join in. **12. muck out**, to remove muck from: *to muck out the stables.* **13. muck up**, *Colloquial* **a.** to spoil. **b.** *Australian* to misbehave.

muckrake /'mʌkreɪk/ *v.i.* **-raked**, **-raking**. *Colloquial* to expose, especially in print, political or other corruption, real or alleged. –**muckraker** *n.* –**muckraking** *n.*

muck-up /'mʌk-ʌp/ *n. Colloquial* fiasco; muddle.

mucous /'mjukəs/ *adj. Physiology* **1.** being or having to do with mucus: *a mucous discharge.* **2.** containing or secreting mucus: *a mucous membrane.* –**mucosity** /mju'kɒsəti/ *n.*

mucous membrane *n. Anatomy* the thin membrane or skin that lines the body cavities and produces mucus.

mucus /'mjukəs/ *n.* a viscid secretion of the mucous membranes.

mud /mʌd/ *n.* **1.** wet, soft earth or earthy matter, as on the ground after rain, at the bottom of a pond, or among the discharges from a volcano; mire. –*phr.* **2. one's name is mud**, *Colloquial* one is in disgrace. **3. throw** (or **sling**) **mud at**, *Colloquial* to speak ill of; abuse; vilify.

MUD /mʌd/ *n. Computers* a game on the Internet in which a user assumes an identity and interacts with other users.

mud crab *n.* a large edible crab, *Scylla serrata*, of the mangrove regions of New South Wales and Queensland.

muddle /'mʌdl/ *v.* **-dled**, **-dling**, *n.* –*v.t.* **1.** to mix up or jumble together in a confused or bungling way. **2.** to render confused mentally, or unable to think clearly. **3.** to render confused or stupid with drink, or as drink does. **4.** to make muddy or turbid, as water. **5.** *US* to mix or stir. –*n.* **6.** a muddled condition; a confused mental state. **7.** a confused, disordered, or embarrassing state of affairs, or a mess. –*phr.* **8. muddle through**, to come to a satisfactory conclusion without planned direction.

muddy /'mʌdi/ *adj.* **-dier**, **-diest**, *v.* **-died**, **-dying**. –*adj.* **1.** covered with mud. **2.** (of water) containing mud; turbid. **3.** (of colour) not clear or pure. **4.** (of the complexion) dull. **5.** not clear in mind. **6.** (of thought, expression, literary style, etc.) obscure or vague. –*v.t.* **7.** to make muddy. **8.** to make turbid. **9.** to make confused or obscure. –*v.i.* **10.** to become muddy or turbid. –**muddily** *adv.* –**muddiness** *n.*

mudflat /'mʌdflæt/ *n.* an area of muddy ground covered by water at high tide.

mudguard /'mʌdgad/ *n.* a guard or shield shaped to fit over the wheels of a motor vehicle or a bicycle to prevent splashing of water, mud, etc.

mudlark /'mʌdlak/ *n.* **1.** → **magpie lark**. **2.** Also, **mudrunner**. *Horseracing* a horse that performs very well on wet tracks.

mudskipper /'mʌdskɪpə/ *n.* any of several tropical marine fishes mainly of the family Periopthalmidae with bulging eyes, air-breathing gills, and stiffened pectoral fins which enable them to skip over mudflats and climb over rocks and mangrove roots.

mud-slinging /'mʌd-slɪŋɪŋ/ *n.* the act of discrediting an opponent, especially one in public office, by hurling abusive accusations at them –**mud-slinger** *n.*

muesli /'mjuzli/ *n.* a breakfast cereal of various mixed products such as oats, wheatgerm, chopped fruit and nuts, etc.

muff /mʌf/ *n.* 1. a kind of thick tubular case covered with fur or other material, in which the hands are placed for warmth. 2. *Colloquial* any failure. –*v.t.* 3. *Sports* to fail to play (a stroke) successfully, to catch (a ball) properly, etc. –*v.i.* 4. *Colloquial* to bungle.

muffin /'mʌfən/ *n.* a thick, flat yeast cake, made from a soft, risen dough, baked without browning, served cut open, grilled, with butter.

muffle /'mʌfəl/ *v.* **-fled, -fling,** *n.* –*v.t.* 1. Also, **muffle up.** to wrap or envelop in a cloak, shawl, scarf, or the like disposed about the person, especially about the face and neck. 2. to wrap with something to deaden or prevent sound: *to muffle drums.* 3. to deaden (sound) by wrappings or other means. –*v.i.* 4. to muffle oneself (*up*) as in garments or other wrappings. –*n.* 5. something that muffles. 6. muffled sound. 7. an oven or arched chamber in a furnace or kiln, used for heating substances without direct contact with the fire: *muffle furnace.* 8. the thick, bare part of the upper lip and nose of ruminants and rodents. –*phr.* 9. **muffle oneself up,** to wrap oneself up as in garments or other wrappings.

muffler /'mʌflə/ *n.* 1. a heavy neck scarf used for warmth. 2. any device that reduces noise, especially that on the exhaust of an internal combustion engine.

mufti /'mʌfti/ *n.* **-tis.** 1. civilian dress as opposed to military or other uniform, or as worn by someone who usually wears a uniform. 2. a Muslim legal adviser consulted in applying the religious law.

mug /mʌg/ *n., v.* **mugged, mugging,** *adj.* –*n.* 1. a drinking cup, usually cylindrical and commonly with a handle. 2. the quantity it holds. 3. *Colloquial* the face. 4. *Colloquial* a fool; someone who is easily duped. –*v.t.* 5. *Colloquial* to assault by hitting in the face. 6. *Colloquial* to assault and rob. –*adj.* 7. *Australian Colloquial* stupid: *a mug copper; a mug alec.* –*phr.* 8. **mug up,** *Colloquial* (sometimes fol. by *on*) to study hard. –**mugger** *n.*

muggy /'mʌgi/ *adj.* **-gier, -giest.** (of the atmosphere, weather, etc.) damp and close; humid and oppressive. –**mugginess** *n.*

mug shot *n.* a photograph, usually of the head only, taken for police records.

mulatto /mju'lætoʊ, mə-/ *n.* **-tos** or **-toes,** *adj.* –*n.* 1. the offspring of parents of whom one is white and the other a Negro. –*adj.* 2. having a light brown colour (similar to the skin of a mulatto).

mulberry /'mʌlbəri, -bri/ *n.* **-ries.** –*n.* 1. the edible, berry-like collective fruit of any tree of the genus *Morus.* 2. a tree of this genus, as *M. rubra* (**red mulberry** or **American mulberry**), with dark purple fruit, *M. nigra* (**black mulberry**), with dark-coloured fruit, and *M. alba* (**white mulberry**), with fruit nearly white and with leaves especially valued as food for silkworms. 3. a dull, dark, reddish purple colour.

mulch /mʌltʃ/ *n.* 1. straw, leaves, loose earth, etc., spread on the ground or produced by tillage to protect the roots of newly planted trees, crops, etc. –*v.t.* 2. to cover with mulch.

mule¹ /mjul/ *n.* 1. the sterile offspring of a male donkey and a mare, used especially as a beast of burden because of its patience, sure-footedness, and hardiness. 2. any hybrid between the donkey and the horse. 3. *Colloquial* a stupid or stubborn person. 4. an infertile hybrid of any genetic cross. 5. a machine which spins cotton, etc., into yarn and winds it on spindles.

mule² /mjul/ *n.* a kind of slipper which leaves the heel exposed.

mulga /'mʌlgə/ *n.* 1. any of several species of *Acacia,* especially *A. aneura,* found in drier parts of Australia. 2. the wood of the tree. 3. Also, **mulga country.** *Australian* **a.** remote districts where mulga is the predominant vegetation. **b.** remote country: *in from the mulga.* –*phr.* 4. **up (in) the mulga,** *Australian* in the bush.

mulga grass *n.* any of a number of species of small, native, Australian drought-resistant grasses, of the species *Neurachne,* found typically in mulga country.

mulish /'mjulɪʃ/ *adj.* like a mule; characteristic of a mule; stubborn, obstinate, or intractable. –**mulishly** *adv.* –**mulishness** *n.*

mull¹ /mʌl/ *v.t.* 1. to study or ruminate (*over*), especially in an ineffective way; ponder upon. 2. to make a mess or failure of.

mull² /mʌl/ *v.t.* to heat, sweeten, and spice for drinking, as ale, wine, etc.: *mulled cider.*

mullah /'mʌlə, 'mʊlə/ *n.* (in Muslim countries) a title of respect for someone who is learned in, teaches, or expounds the sacred law. Also, **mulla.**

mullet /'mʌlət/ *n.* **-lets,** (*especially collectively*) **-let.** any fish of the family Mugilidae, which includes various marine and freshwater species with a nearly cylindrical body and generally greyish-silver colouration, as the sea mullet, *Mugil cephalus,* widely distributed in Australian waters.

mulligatawny /mʌləgə'tɔni/ *n.* a soup of East Indian origin, flavoured with curry.

mullion /'mʌliən, 'mʌljən/ *n.* 1. a vertical member, as of stone or wood, between the lights of a window, the panels in wainscoting, or the like. –*v.t.* 2. to furnish with, or to form into divisions by the use of, mullions.

mullock /'mʌlək/ *n. Australian, NZ* 1. mining refuse; muck. 2. anything valueless. –*v.i.* 3. *Colloquial* to work in a slipshod way. –*phr.* 4. **poke mullock at,** to ridicule; make fun of.

mullygrubber /'mʌligrʌbə/ *n. Cricket, etc.* a ball delivered in such a manner that on contact with the ground it does not bounce. Also, **grubber.**

multi- a word element meaning 'many'.

multicoloured = multicolored /'mʌltikʌləd/ *adj.* of many colours.

multicultural /mʌlti'kʌltʃərəl/ *adj.* having to do with a society which embraces a number of minority cultures.

multifarious /mʌltə'fɛəriəs/ *adj.* 1. having many different parts, elements, forms, etc. 2. of many kinds, or numerous and varied; manifold (modifying a plural noun): *multifarious activities.* –**multifariously** *adv.* –**multifariousness** *n.*

multigrade /'mʌltigreɪd/ *adj.* (of a motor oil) having a stable viscosity level over a wide range of temperatures.

multilateral /mʌlti'lætərəl, -'lætrəl/ *adj.* 1. having many sides; many-sided. 2. *Government* having to do with an agreement or other instrument in which three or more nations participate; multipartite. –**multilaterally** *adv.*

multilingual /mʌlti'lɪŋgwəl/ *adj.* 1. able to speak one's native language and at least two others with approximately equal facility. 2. expressed or con-

multimedia /mʌlti'midiə/ *adj.* **1.** having to do with several types of media: *we will have a multimedia advertising campaign*. **2.** *(often humorous)* having to do with a personality who is or claims to be well-known through several types of media: *Edna Everage, a multimedia megastar*. **3.** combining text, sound, and video: *a multimedia encyclopedia on CD*.

multimeter /'mʌltimitə/ *n.* a meter for measuring voltages, currents, and resistances.

multinational /mʌlti'næʃənəl/ *adj.* **1.** of, relating to, or spreading across many nations: *a multinational operation*. –*n.* **2.** a multinational company or corporation.

multipartite /mʌlti'pataɪt/ *adj.* **1.** divided into many parts; having many divisions. **2.** *Government* → **multilateral** (def. 2).

multiple /'mʌltəpəl/ *adj.* **1.** consisting of, having, or involving many individuals, parts, elements, relations, etc.; manifold. **2.** *Electricity* denoting two or more circuits connected in parallel. **3.** *Botany* (of a fruit) collective. –*n.* **4.** *Mathematics* a number which contains another number some number of times without a remainder: *12 is a multiple of 3*. **5.** *Electricity* **a.** a group of terminals arranged to make a circuit or group of circuits accessible at a number of points at any one of which connection can be made. **b. in multiple**, in parallel. See **parallel** (def. 8). **6.** a work of art produced by any of the printing processes, in any quantity and replaceable at any time whose value lies in the fact that it reaches a vast audience.

multiple-choice /'mʌltəpəl-tʃɔɪs/ *adj.* **1.** offering a number of choices. **2.** composed of multiple-choice questions: *a multiple-choice exam*.

multiple sclerosis *n.* *Pathology* a disease of the nervous system, usually progressive, characterised by remissions and exacerbations, and caused by plaques of demyelisation of the white matter of the nervous system. *Abbrev.*: MS Also, **disseminated sclerosis**.

multiplication /ˌmʌltəplə'keɪʃən/ *n.* **1.** the act or process of multiplying. **2.** the state of being multiplied. **3.** *Arithmetic* the process of finding the number (the product) resulting from the addition of a given number (the multiplicand) taken as many times as there are units in another given number (the multiplier). *Symbol*: × **4.** *Mathematics* any generalisation of this operation applicable to numbers other than integers, such as fractions, irrationals, vectors, etc. **5.** *Physics* the process by which additional neutrons are produced by a chain reaction in a nuclear reactor. –**multiplicational** *adj.* –**multiplicative** *adj.*

multiplicity /mʌltə'plɪsəti/ *n.* **-ties**. **1.** a multitude or great number. **2.** the state of being multiplex or manifold; manifold variety.

multiplier /'mʌltəplaɪə/ *n.* **1.** *Mathematics* the number by which another is to be multiplied. **2.** *Physics* a device for intensifying some phenomenon. **3.** *Finance* an indicator of the relative sizes of a given initial increase in investment and the total ultimate increase in income.

multiply /'mʌltəplaɪ/ *v.* **-plied, -plying**. –*v.t.* **1.** to make many; increase the number, quantity, etc., of. **2.** *Mathematics* to find the product of by multiplication. –*v.i.* **3.** to grow in number, quantity, etc.; increase. **4.** *Mathematics* to perform the process of multiplication. **5.** to increase in number by natural generation. –**multipliable** *adj.*

multiracial /mʌlti'reɪʃəl/ *adj.* having to do with more than one race or extraction.

multistorey /mʌlti'stɔri/ *adj.* (of a building) having a considerable number of storeys. Also, *Chiefly US*, **multistory**.

multi-tasking /'mʌlti-taskɪŋ/ *n.* *Computers* **1.** the execution by a computer of a number of different tasks simultaneously, as data processing, printing, etc. –*adj.* **2.** having to do with computer software which facilitates multi-tasking. **3.** (of a computer) performing more than one task at a time.

multitude /'mʌltətjud/ *n.* **1.** a great number; host: *a multitude of friends*. **2.** a great number of persons gathered together; a crowd or throng. **3.** the state or character of being many. –*phr.* **4. the multitude**, the common people.

multivitamin /mʌlti'vaɪtəmən/ *adj.* **1.** containing a number of different vitamins. –*n.* **2.** such a pill.

mum[1] /mʌm/ *adj.* **1.** silent; not saying a word: *to keep mum*. –*interj.* **2.** say nothing! be silent! –*n.* **3.** silence: *mum's the word*.

mum[2] /mʌm/ *n.* *Colloquial* **1.** mother. **2.** (a familiar form of address for a mother).

mumble /'mʌmbəl/ *v.* **-bled, -bling**, *n.* –*v.i.* **1.** to speak indistinctly or unintelligibly, as with partly closed lips; mutter low, indistinct words. **2.** to chew ineffectively, as from loss of teeth: *to mumble on a crust*. –*v.t.* **3.** to utter indistinctly, as with partly closed lips. **4.** to chew, or try to eat, with difficulty, as from loss of teeth. –*n.* **5.** a low, indistinct utterance or sound. –**mumbler** *n.* –**mumblingly** *adv.*

mumbo jumbo /ˌmʌmbou 'dʒʌmbou/ *n.* **1.** meaningless incantation or ritual. **2.** an object of superstitious awe or reverence. **3.** unintelligible speech or writing, often intended to be impressive; gibberish.

mummify /'mʌməfaɪ/ *v.* **-fied, -fying**. –*v.t.* **1.** to make (a dead body) into a mummy, as by embalming and drying. **2.** to make like a mummy. –*v.i.* **3.** to dry or shrivel up. –**mummification** /mʌməfə'keɪʃən/ *n.*

mummy[1] /'mʌmi/ *n.* **-mies**. **1.** the dead body of a human being or animal preserved by the ancient Egyptian (or some similar) method of embalming. **2.** a dead body dried and preserved by the agencies of nature. **3.** a withered or shrunken living being.

mummy[2] /'mʌmi/ *n.* *Colloquial* **1.** mother. **2.** (a familiar form of address for a mother).

mumps /mʌmps/ *n.* *Pathology* (*construed as singular*) a specific infectious viral disease characterised by inflammatory swelling of the parotid and (usually) other salivary glands, and sometimes by inflammation of the testicles, ovaries, etc.: *a case of (the) mumps*.

munch /mʌntʃ/ *v.t.* **1.** to chew with steady or vigorous working of the jaws, and often audibly. –*v.i.* **2.** to chew steadily or vigorously, and often audibly. –**muncher** *n.*

munchies /'mʌntʃiz/ *pl. n.* *Colloquial* **1.** anything to eat, especially snacks between meals. –*phr.* **2. have the munchies**, to experience a craving for food, especially as resulting from smoking marijuana.

mundane /'mʌndeɪn, mʌn'deɪn/ *adj.* **1.** having to do with the world, universe, or earth, especially as opposed to heaven; worldly; earthly: *mundane affairs*. **2.** ordinary; pedestrian; boring. –**mundanely** *adv.* –**mundaneness** *n.*

mung bean /'mʌŋ bin/ *n.* a bushy annual herb, *Phaseolus aureus*, family Papilionaceae, probably originally from India, cultivated there as a food crop, and elsewhere in eastern Asia as the chief source of bean sprouts; green gram.

municipal /mju'nɪsəpəl, mjunə'sɪpəl/ *adj.* having to do with a municipality, its government, facilities, etc: *municipal library; municipal elections*. –**municipally** *adv.*

municipality /mjunəsə'pæləti/ *n.* **-ties**. **1.** an area

munificent /mjuˈnɪfəsənt/ *adj.* **1.** extremely liberal in giving or bestowing; very generous. **2.** (of a gift, or the like) characterised by great generosity. **–munificence** *n.* **–munificently** *adv.*

munition /mjuˈnɪʃən/ *n.* **1.** (*usually plural*) materials used in war, especially weapons and ammunition. **2.** material or equipment for carrying on any undertaking. *–v.t.* **3.** to provide with munitions.

mural /ˈmjurəl/ *adj.* **1.** having to do with a wall; resembling a wall. **2.** executed on or affixed to a wall (of a decoration, or the like). *–n.* **3.** a mural painting.

murder /ˈmɜdə/ *n.* **1.** *Law* the unlawful killing of a human being by an act done with intention to kill or to inflict grievous bodily harm, or with reckless indifference to human life. **2.** *Colloquial* an uncommonly laborious or difficult task: *gardening in the heat is murder.* *–v.t.* **3.** *Law* to kill by an act constituting murder. **4.** to kill or slaughter inhumanly or barbarously. **5.** to spoil or mar by bad execution, representation, pronunciation, etc. **6.** *Colloquial* to consume (food or drink) with gusto: *I could murder a sandwich now.* *–v.i.* **7.** to commit murder. *–phr.* **8. get away with murder**, to behave outrageously, illegally, etc., with impunity. **9. like blue murder**, to a remarkable degree or extent: *I hate dairying like blue murder.* **10. scream** (or **yell**) (or **cry**) **blue murder**, *Colloquial* to make a commotion; complain vociferously. **–murderer** *n.* **–murderess** *fem. n.*

murex /ˈmjurɛks/ *n.* **murices** /ˈmjurəsiz/ *or* **murexes**. **1.** any of the marine gastropods, common in tropical seas, constituting the genus *Murex* or the family Muricidae, certain species of which yielded the celebrated purple dye of the ancients. **2.** purplish red.

murk /mɜk/ *n.* darkness.

murky /ˈmɜki/ *adj.* **-kier, -kiest. 1.** intensely dark, gloomy, and cheerless. **2.** obscure or thick with mist, haze, or the like, as the air, etc. **–murkily** *adv.* **–murkiness** *n.*

murmur /ˈmɜmə/ *n.* **1.** any low, continuous sound, as of a creek, the wind, trees, voices, etc. **2.** a mumbled or private complaint, one not made openly. **3.** *Medicine* an abnormal sound from the heart. *–v.i.* **4.** to make a low or continuous sound. **5.** to speak softly or unclearly: *he murmured to himself all the time they were speaking.* **6.** to complain in private, not openly. *–v.t.* **7.** to say softly or unclearly: *he murmured the words into her ear.* **–murmurer** *n.* **–murmuring** *adj., n.* **–murmuringly** *adv.*

Murray cod /ˌmʌri ˈkɒd/ *n.* a large Australian freshwater fish, *Maccullochella peelii*, principally of the Murray-Darling river system, related to the marine gropers of genus *Polyprion*.

muscat /ˈmʌskət/ *n.* **1.** (*cap.*) a grape variety with pronounced pleasant sweet aroma and flavour, much used for making wine. **2.** the vine bearing this grape. **3.** a sweet wine made from this grape.

muscatel /ˌmʌskəˈtɛl/ *n.* **1.** the muscat grape, especially in the dried form as a raisin. **2.** → **muscat** (def. 3).

muscle /ˈmʌsəl/ *n., v.* **-cled, -cling.** *–n.* **1.** a discrete bundle or sheet of contractile fibres having the function of producing movement in the animal body. **2.** the tissue of such an organ. **3.** muscular strength; brawn. **4.** political or financial strength, especially when exercised in a ruthless fashion. *–v.i.* **5.** *Colloquial* to make or shove one's way by sheer brawn or force. *–phr.* **6. muscle in**, *Colloquial* (sometimes fol. by *on*) to force one's way in, especially by violent means, trickery, or in the face of hostility, in order to obtain a share of something. **–muscly** *adj.*

musclebound /ˈmʌsəlbaʊnd/ *adj.* having muscles enlarged and inelastic, as from excessive exercise.

muscular /ˈmʌskjələ/ *adj.* **1.** having to do with muscle or the muscles. **2.** dependent on or affected by the muscles. **3.** having well-developed muscles; brawny. **–muscularity** /ˌmʌskjəˈlærəti/ *n.* **–muscularly** *adv.*

muscular dystrophy /ˌmʌskjələ ˈdɪstrəfi/ *n.* *Pathology* a disease of unknown origin which produces a progressive muscular deterioration and wasting, robbing the muscles of all vitality until the patient is completely helpless.

musculature /ˈmʌskjələtʃə/ *n.* the muscular system of the body or of its parts.

muse[1] /mjuz/ *v.* **mused, musing.** *–v.i.* **1.** to reflect or meditate in silence, as on some subject, often as in a reverie. **2.** to gaze meditatively or wonderingly. *–v.t.* **3.** to meditate on. **–muser** *n.*

muse[2] /mjuz/ *n.* a poet's inspiration. Also, **Muse**.

museum /mjuˈziəm/ *n.* a building or place for the keeping, exhibition, and study of objects of scientific, artistic, and historical interest.

mush[1] /mʌʃ/ *n.* **1.** meal, especially corn meal, boiled in water or milk until it forms a thick, soft mass. **2.** any thick, soft mass. **3.** anything unpleasantly lacking in firmness, force, dignity, etc. **4.** *Colloquial* weak or maudlin sentiment or sentimental language. **–mushy** *adj.*

mush[2] /mʌʃ/ *v.t.* **1.** to go or travel on foot, especially over the snow with a dog team. *–interj.* **2.** (an order to start or speed up a dog team). *–n.* **3.** a journey on foot, especially over the snow with a dog team. **–musher** *n.*

mushroom /ˈmʌʃrum/ *n.* **1.** any of various fleshy fungi including the toadstools, puffballs, coral fungi, morels, etc. **2.** any of certain edible species belonging to the family Agaricaceae, usually of umbrella shape. Compare **toadstool**. **3.** the common field mushroom, *Agaricus campestris*, or related forms grown for the market. **4.** anything of similar shape or correspondingly rapid growth. **5.** *Colloquial* a person who is deliberately kept ignorant and misinformed. *–adj.* **6.** of, relating to, or made of mushrooms. **7.** resembling or suggesting a mushroom in shape. **8.** of rapid growth and, often, brief duration: *mushroom fame*. *–v.i.* **9.** to gather mushrooms. **10.** to have or assume the shape of a mushroom. **11.** to spread or grow quickly, as mushrooms.

music /ˈmjuzɪk/ *n.* **1.** an art of organising sound in significant forms to express ideas and emotions through the elements of rhythm, melody, harmony, and colour. **2.** the tones or sounds employed, occurring in single line (melody) or multiple lines (harmony). **3.** musical work or compositions for singing or playing. **4.** the written or printed score of a musical composition. **5.** such scores collectively. **6.** any sweet, pleasing, or harmonious sounds or sound: *the music of the waves*. *–phr.* **7. face the music**, to face the consequences, usually unpleasant, of one's actions; accept responsibility for what one has done.

musical /ˈmjuzɪkəl/ *adj.* **1.** having to do with music: *a musical instrument; a musical composition*. **2.** resembling music; melodious; harmonious. **3.** fond of or skilled in music: *I'm not very musical*. **4.** set to or accompanied by music: *a musical melodrama*. *–n.* **5.** a play or film, often of a light romantic variety, in which songs, choruses, dances, etc., in a popular musical idiom,

music hall *n.* a theatre or hall for variety entertainment.

musician /mju'zɪʃən/ *n.* **1.** someone who makes music a profession, especially as a performer on an instrument. **2.** someone skilled in playing a musical instrument. –**musicianship** *n.*

musicology /mjuzə'kɒlədʒi/ *n.* the scholarly or scientific study of music, as in historical research, musical theory, ethnic music, the physical nature of sound, etc. –**musicological** /mjuzəkə'lɒdʒɪkəl/ *adj.* –**musicologist** *n.*

musing /'mjuzɪŋ/ *adj.* **1.** absorbed in thought; meditative. –*n.* **2.** contemplation. –**musingly** *adv.*

musk /mʌsk/ *n.* **1.** a substance secreted in a glandular sac under the skin of the abdomen of the male musk deer, having a strong smell, and used in perfumery. **2.** a synthetic imitation of the substance. **3.** a similar secretion of other animals, as the civet, muskrat, otter, etc. **4.** the smell, or some similar smell. **5.** *Botany* any of several plants, having a musky fragrance.

musk deer *n.* a small, hornless animal of the deer kind, *Moschus moschiferus*, of central Asia, the male of which secretes musk and has large canine teeth.

musket /'mʌskət/ *n.* a hand-gun for infantry soldiers, introduced in the 16th century, the predecessor of the modern rifle.

musketeer /mʌskə'tɪə/ *n.* a soldier armed with a musket.

Muslim /'muzləm, 'mʌz-/ *adj., n.* **-lims** *or* **-lim**. –*adj.* **1.** having to do with the religion, law, or civilisation of Islam. –*n.* **2.** an adherent of Islam. Also, **Moslem**.

muslin /'mʌzlən/ *n.* a cotton fabric made in various degrees of fineness, and often printed, woven, or embroidered in patterns; especially, a cotton fabric of plain weave, used for curtains and other purposes.

mussel /'mʌsəl/ *n.* any bivalve mollusc, especially an edible marine bivalve of the family Mytilidae and a freshwater bivalve of the family Unionidae.

must¹ /mʌst, mʌs/ *weak forms* /məst, məs/ *v. modal* **1.** (indicating obligation or necessity): *all residents must pay taxes; we must make a big effort; I must get my hair cut; we must do lunch sometime.* **2.** (indicating inevitability): *we must all die.* **3.** (expressing a conclusion): *the letter must be in that box; that must be him at the door; you must have been very proud.* **4.** (expressing an insistence on doing something objectionable): *must you contradict me?; he must always have the last word.* –*n.* **5.** *Colloquial* something viewed as necessary or vital: *champagne is a must on this occasion.*

must² /mʌst/ *n.* new wine; the unfermented juice as pressed from the grape or other fruit.

must³ /mʌst/ *n.* mould; mustiness.

mustang /'mʌstæŋ/ *n.* the small, wild or half-wild horse of the American plains, descended from Spanish stock.

mustard /'mʌstəd/ *n.* **1.** a pungent powder or paste prepared from the seed of the mustard plant, much used as a food seasoning or condiment, and medicinally in plasters, poultices, etc. **2.** any of various species of *Brassica* and allied genera, as *B. juncea*, **Indian mustard**, and *Sisymbrium officinale*, **hedge mustard**. –*phr.* **3. keen as mustard**, extremely keen or eager.

mustard gas *n.* a chemical-warfare agent, (ClCH₂CH₂)₂S, stored in liquid form, producing burns, blindness, and death, introduced by the Germans in World War I.

muster /'mʌstə/ *v.t.* **1.** to assemble (troops, a ship's crew, etc.), as for battle, display, inspection, orders, discharge, etc. **2.** to round up (livestock) for shearing, branding, etc. –*v.i.* **3.** to assemble for inspection, service, etc., as troops or forces. **4.** to come together, collect, or gather. –*n.* **5.** an assembling of troops for inspection or other purposes. **6.** an assemblage or collection. **7.** the act of mustering. –*phr.* **8. muster up**, to gather or summon: *he mustered up all his courage*. **9. pass muster**, to measure up to specified standards. –**musterer** *n.* –**mustering** *n.*

musty /'mʌsti/ *adj.* **-tier, -tiest**. **1.** having a smell or flavour suggestive of mould, as old buildings, long-closed rooms, food, etc. **2.** made stale by time, or antiquated: *musty laws*. **3.** dull; apathetic. –**mustily** *adv.* –**mustiness** *n.*

mutant /'mjutnt/ *adj.* **1.** undergoing mutation; resulting from mutation. –*n.* **2.** *Biology* a new type of organism produced as the result of mutation.

mutate /mju'teɪt/ *v.* **-tated, -tating**. –*v.t.* **1.** to change; alter. –*v.i.* **2.** to change; undergo mutation. –**mutative** /'mjutətɪv, mju'teɪtɪv/ *adj.*

mutation /mju'teɪʃən/ *n.* **1.** the act or process of changing. **2.** a change or alteration, as in form, qualities, or nature. **3.** *Biology* **a.** a sudden departure from the parent type, as when an individual differs from its parents in one or more heritable characteristics, caused by a change in a gene or a chromosome. **b.** an individual, species, or the like, resulting from such a departure. **4.** *Phonetics* → **umlaut**. –**mutational** *adj.*

mute /mjut/ *adj., n., v.* **muted, muting**. –*adj.* **1.** silent; refraining from speech or utterance. **2.** not emitting or having sound of any kind. **3.** incapable of speech; dumb. **4.** *Grammar* (of letters) silent; not pronounced. –*n.* **5.** someone unable to utter words. **6.** a mechanical device of various shapes and materials for muffling the tone of a musical instrument. –*v.t.* **7.** to deaden or muffle the sound of (a musical instrument, etc.). **8.** to reduce, as in volume; soften. –**mutely** *adv.* –**muteness** *n.*

mutilate /'mjutəleɪt/ *v.t.* **-lated, -lating**. **1.** to deprive (a person or animal, the body, etc.) of a limb or other important part or parts. **2.** → **castrate**. **3.** to injure, disfigure, or make imperfect by removing or irreparably damaging parts. –**mutilation** /mjutə'leɪʃən/ *n.* –**mutilative** *adj.* –**mutilator** *n.*

mutiny /'mjutəni/ *n.* **-nies**, *v.* **-nied, -nying**. –*n.* **1.** revolt, or a revolt or rebellion, against constituted authority, especially by soldiers or sailors against their officers. –*v.i.* **2.** to commit the offence of mutiny; revolt against constituted authority. –**mutineer** *n.*

mutt /mʌt/ *n. Colloquial* **1.** a dog, especially a mongrel. **2.** a simpleton; a stupid person.

mutter /'mʌtə/ *v.i.* **1.** to utter words indistinctly or in a low tone, often in talking to oneself or in making obscure complaints, threats, etc.; murmur; grumble. **2.** to make a low, rumbling sound. –*v.t.* **3.** to utter indistinctly or in a low tone. –*n.* **4.** the act or utterance of someone who mutters. –**mutterer** *n.* –**mutteringly** *adv.*

mutton /'mʌtn/ *n.* **1.** the flesh of sheep, used as food. **2.** the flesh of the well-grown or more mature sheep, as distinguished from lamb, and hogget. –**muttony** *adj.*

mutton-bird /'mʌtn-bɜd/ *n.* any of various species of petrel, including the short-tailed shearwater, *Puffinus tenuirostris*, which inhabits the Pacific Ocean, and in summer nests in parts of southern Australia and New Zealand.

mutton-chops /'mʌtn-tʃɒps, mʌtn-'tʃɒps/ *pl. n.* side-whiskers narrow at the top, and broad and trimmed short at the bottom, the chin being shaved both in front and beneath.

mutual /ˈmjutʃuəl/ *adj.* **1.** possessed, experienced, performed, etc., by each of two or more with respect to the other or others; reciprocal: *mutual aid.* **2.** having the same relation each towards the other or others: *mutual foes.* **3.** having to do with each of two or more; common: *mutual acquaintance.* –**mutually** *adv.* –**mutuality** /mjutʃuˈæləti/ *n.*

mutual fund *n. Finance* an investment trust which pools the money of a large number of investors and invests on their behalf.

mutual insurance *n.* insurance in which those insured become members of a company who reciprocally engage, by payment of certain amounts into a common fund, to indemnify one another against loss.

muzak /ˈmjuzæk/ *n.* recorded background music played, usually continuously, in places of work, hotels, restaurants, etc., designed to increase efficiency or create a feeling of wellbeing.

muzzle /ˈmʌzəl/ *n., v.* **-zled, -zling.** –*n.* **1.** the mouth, or end for discharge, of the barrel of a gun, pistol, etc. **2.** the projecting part of the head of an animal, including jaws, mouth, and nose. **3.** a device, usually an arrangement of straps or wires, placed over an animal's mouth to prevent the animal from biting, eating, etc. –*v.t.* **4.** to put a muzzle on (an animal or its mouth) so as to prevent biting, eating, etc. **5.** to restrain (by physical, legal, or procedural means) from speech or the expression of opinion; gag. –**muzzler** *n.*

my /maɪ/ *weak forms* /mi, mə/ *det.* **1.** the possessive form of I: *my house; my family.* –*interj.* **2.** (an exclamation of surprise): *oh my!*

my- a word element meaning 'muscle'. Also, **myo-**.

myall[1] /ˈmaɪɒl/ *n.* **1.** any of several wattle trees. **2.** the hard fine-grained wood of such a tree used for carving.

myall[2] /ˈmaɪɒl/ *Australian* –*n.* **1.** an Aborigine living in a traditional tribal way, outside European civilisation. **2.** anything wild or uncivilised. –*adj.* **3.** wild or uncivilised.

myc- a word element meaning 'fungus'. Also, **myco-**.

mycelium /maɪˈsiliəm/ *n.* **-lia** /-liə/. *Botany* the vegetative part or thallus of the fungi, when composed of one or more filamentous elements, or hyphae. –**myceloid** /ˈmaɪsəlɔɪd/ *adj.*

-mycetes a word element meaning 'fungus', as in *myxomycetes.*

myco- variant of **myc-**, before consonants.

myelin /ˈmaɪələn/ *n. Anatomy* a soft, white, fatty substance encasing the axis cylinder of certain nerve fibres. Also, **myeline** /ˈmaɪəlɪn/.

mylar /ˈmaɪlɑ/ *n.* a strong thin polyester film used in photography, recording tapes, and insulation.

myna = mynah /ˈmaɪnə/ *n.* **1.** Also, **Indian myna**. the semi-domesticated bird *Acridotheres tristis*, a noisy, chocolate-brown scavenger with a black head, and yellow beak and legs, introduced from Asia and now common around large cities and cane-growing areas in eastern Australia. **2.** any of various Asian birds of the starling family (Sturnidae), especially those of the genera *Acridotheres* and *Eulabes*, some of which are well-known cagebirds and can learn to talk.

myo- variant of **my-**, before consonants.

myocardial infarct /ˌmaɪoʊkadiəl ˈɪnfakt/ *n.* → **heart attack** (def. 2). Also, **myocardial infarction.**

myocardiograph /maɪoʊˈkadiəgræf/ *n. Medicine* an apparatus which records the movements of the heart muscle.

myopia /maɪˈoʊpiə/ *n.* **1.** a condition of the eye in which parallel rays are focused in front of the retina, so that only near objects are seen clearly; near-sightedness (opposed to *hypermetropia*). **2.** a disinclination to acknowledge the existence of something. –**myopic** /maɪˈɒpɪk/ *adj.*

myriad /ˈmɪriəd/ *n.* **1.** an indefinitely great number. –*det.* **2.** ten thousand. –*adj.* **3.** of an indefinitely great number; innumerable.

myrrh /mɜ/ *n.* an aromatic resinous exudation from certain plants of the genus *Commiphora*, especially *C. myrrha*, a spiny shrub, used for incense, perfume, etc.

myrtle /ˈmɜtl/ *n.* any plant of the genus *Myrtus*, especially *M. communis*, a shrub of southern Europe with evergreen leaves, fragrant white flowers, and aromatic berries, used as an emblem of love and held sacred to Venus.

myself /maɪˈsɛlf, məˈsɛlf/ *pron.* **1.** the reflexive form of I: *I cut myself.* **2.** an emphatic form of *me* or *I*, used: **a.** as object: *I used it for myself.* **b.** in apposition to a subject or object: *I did it myself.* **3.** my proper or normal self; my usual state of mind (used after, *be, become*, or *come to*): *I am myself again.*

mystery /ˈmɪstri, -təri/ *n.* **-ries. 1.** anything that is kept secret or remains unexplained or unknown; puzzle: *the mysteries of nature; it's a mystery how I came to lose that money.* **2.** anything that makes people curious: *the mystery of the scream in the night.* **3.** the condition or character of being unexplained; obscurity: *conversations wrapped in mystery.* **4.** the truth unknowable except by divine revelation: *the mystery of the Trinity.* **5.** (*plural*) ancient religions which admitted people by secret ceremonies whose meaning was known only to those specially introduced to them. **6.** (*plural*) secret ceremonies. –**mysterious** *adj.*

mystic /ˈmɪstɪk/ *adj.* Also, **mystical. 1.** spiritually meaningful or symbolic, as the dove used to symbolise the Holy Ghost. **2.** of or relating to mysteries (defs 5 and 6): *mystic rites.* **3.** occult: *a mystic formula.* **4.** of or relating to mystics (def. 5). –*n.* **5.** someone who reaches, or tries to reach, a state of union with God and a knowledge of spiritual truths through prayer and contemplation.

mysticism /ˈmɪstəsɪzəm/ *n.* **1.** the beliefs, ideas, or mode of thought of mystics. **2.** the doctrine of an immediate spiritual intuition of truths believed to transcend ordinary understanding, or of a direct, intimate union of the soul with the Divinity through contemplation and love.

mystify /ˈmɪstəfaɪ/ *v.t.* **-fied, -fying. 1.** to impose upon (a person) by playing upon their credulity; bewilder purposely. **2.** to involve (a subject, etc.) in mystery or obscurity. –**mystification** /ˌmɪstəfəˈkeɪʃən/ *n.*

mystique /mɪsˈtik/ *n.* **1.** an air of mystery or mystical power surrounding a particular person, object, pursuit, belief, etc. **2.** an incommunicable or esoteric quality; a secret known only to the devotees of a cult, etc.

myth /mɪθ/ *n.* **1.** a traditional story, usually concerning some superhuman being or some alleged person or event, and which attempts to explain natural phenomena; especially a traditional story about deities or demigods and the creation of the world and its inhabitants. **2.** stories or matter of this kind: *in the realm of myth.* **3.** any invented story. **4.** an imaginary or fictitious thing or person.

mytho- a word element meaning 'myth.'

mythology /məˈθɒlədʒi/ *n.* **-gies. 1.** a body of myths, as that of a particular people, or that relating to a particular person: *Greek mythology.* **2.** myths collectively. **3.** the science of myths. –**mythological** /mɪθəˈlɒdʒɪkəl/ *adj.* –**mythologist** *n.*

myxomatosis /ˌmɪksəməˈtoʊsəs/ *n.* a highly infectious viral disease of rabbits, deliberately introduced into Australia and some other countries to reduce the rabbit population.

N n

N, n /ɛn/ *n.* **N's, Ns, n's** *or* **ns. 1.** the 14th letter of the English alphabet. **2.** *Mathematics* an indefinite constant whole number, especially the degree of a quantic or an equation, or the order of a curve.

nab /næb/ *v.t.* **nabbed, nabbing.** *Colloquial* **1.** to catch or seize, especially suddenly. **2.** to capture or arrest.

nacre /'neɪkə/ *n.* → **mother-of-pearl.**

nadir /'neɪdɪə/ *n.* **1.** the point of the celestial sphere vertically beneath any place or observer and diametrically opposite to the zenith. **2.** the lowest point, as of adversity.

nag¹ /næg/ *v.* **nagged, nagging.** *–v.t.* **1.** to torment by persistent fault-finding, complaints, or importunities. *–v.i.* **2.** (sometimes fol. by *at*) to keep up an irritating or wearisome fault-finding, complaining, or the like. **3.** to cause continual pain, discomfort, or depression, as a headache, feeling of guilt, etc. **–nagger** *n.* **–naggingly** *adv.*

nag² /næg/ *n.* **1.** a small horse, or pony, especially for riding. **2.** *Colloquial* a horse. **3.** an old or inferior horse.

nail /neɪl/ *n.* **1.** a slender piece of metal, usually with one end pointed and the other enlarged, for driving into or through wood, etc., as to hold separate pieces together. **2.** a thin, horny plate, consisting of modified epidermis, growing on the upper side of the end of a finger or toe. *–v.t.* **3.** to fasten with a nail or nails: *to nail the cover on a box.* **4.** to stud with or as with nails driven in. **5.** to make fast or keep firmly in one place or position: *fear nailed him to the spot.* **6.** *Colloquial* to secure by prompt action; catch or seize. **7.** *Colloquial* to catch (a person) in some difficulty, a lie, etc. **8.** *Colloquial* to detect and expose (a lie, etc.). **9.** *Colloquial* (of a man) to copulate with. *–phr.* **10. hard as nails,** (of a person) stern; tough. **11. hit the nail on the head,** to say or do exactly the right thing. **12. nail up,** to shut within something by driving nails: *to nail goods up in a box.* **13. on the nail,** *Colloquial* on the spot, or at once. **–nailer** *n.*

naive /naɪ'iv, na-/ *adj.* having or showing natural simplicity of nature; unsophisticated; ingenuous. Also, **naïve. –naivety** *n.* **–naively** *adv.*

naked /'neɪkəd/ *adj.* **1.** without clothing or covering; nude: *a naked person.* **2.** bare of any covering, vegetation, leaves, etc.: *naked fields; naked trees.* **3.** without the usual covering: *a naked sword; a naked wall.* **4.** (of the eye, sight, etc.) without the help of glasses, microscope or other instrument. **5.** simple; unadorned: *the naked truth; a naked outline of facts.* **6.** open to view: *a naked vein of ore.* **7.** *Botany* (of seeds) not enclosed in an ovary. **8.** *Zoology* having no covering of hair, feathers, shell, etc. **–nakedly** *adv.* **–nakedness** *n.*

name /neɪm/ *n., v.* **named, naming.** *–n.* **1.** a word or a combination of words by which a person, place, or thing, a body or class, or any object of thought, is designated or known. **2.** mere designation as distinguished from fact: *king in name only.* **3.** an appellation, title, or epithet, applied descriptively, in honour, abuse, etc.: *to call him bad names.* **4.** a reputation of a particular kind given by common report: *a bad name.* **5.** a distinguished, famous, or great reputation; fame: *to seek a name for oneself.* **6.** a widely known or famous person. **7.** a personal or family name as exercising influence or bringing distinction. **8.** the verbal or other symbolic representation of a thing, event, property, relation, or concept. A **proper name** represents some particular thing or event. A **common name** (e.g. 'man') is the name of anything which satisfies certain indicated conditions. *–v.t.* **9.** to give a name to: *name a baby.* **10.** to call by a specified name: *to name a child Regina.* **11.** to specify or mention by name: *three persons were named in the report.* **12.** to designate for some duty or office; nominate or appoint: *I have named you for the position.* **13.** to specify: *to name a price.* **14.** to tell the name of: *name the capital of France.* **15.** (in sittings of Parliament) to cite (a member) for contempt. *–phr.* **16. in the name of, a.** with appeal to: *in the name of mercy, stop screaming!* **b.** by the authority of: *open, in the name of the law!* **c.** on behalf of: *to vote in the name of others.* **d.** under the name of: *money deposited in the name of my son.* **e.** under the designation of; in the character of: *murder in the name of mercy.* **17. the name of the game,** *Colloquial* the central issue or the essential part of an operation, business, etc. **18. to one's name,** belonging to one: *not a cent to my name.* **–nameable = namable** *adj.* **–namer** *n.*

nameless /'neɪmləs/ *adj.* **1.** unknown to fame; obscure. **2.** having no name. **3.** left unnamed: *a certain person who shall be nameless.* **4.** anonymous: *a nameless writer.* **5.** that cannot be specified or described: *a nameless charm.* **6.** too shocking or vile to be specified. **–namelessly** *adv.* **–namelessness** *n.*

namely /'neɪmli/ *adv.* that is to say; to wit: *two cities, namely, Sydney and Melbourne.*

namesake /'neɪmseɪk/ *n.* **1.** one having the same name as another. **2.** one named after another.

nana /'nanə/ *n.* *Colloquial* **1.** a banana. **2.** an idiot; fool. *–phr.* **3. do one's nana,** to lose one's temper. **4. off one's nana,** mentally unhinged, especially temporarily.

nankeen kestrel /'næŋkɪn 'kɛstrəl/ *n.* a small falcon, *Falco cenchroides,* reddish brown above and white below, found in Australia and New Guinea; the most common of the smaller Australian raptorial birds; windhover; sparrowhawk.

nanny /'næni/ *n.* **-nies. 1.** a nurse for children. **2.** a grandmother. **3.** → **nanny-goat.**

nanny-goat /'næni-goʊt/ *n.* a female goat.

nano- 1. a prefix denoting 10^{-9} of a given unit, as in *nanometre.* Symbol: **n 2.** a prefix indicating very small size, as *nanoplankton.*

nanotechnology /'nænoʊˌtɛknɒlədʒi/ *n.* technology which relates to the manufacture of microscopic objects.

nap¹ /næp/ *n., v.* **-ped, -ping.** *–v.i.* **1.** to have a short sleep; doze. *–n.* **2.** a short sleep; a doze. *–phr.* **3. catch someone napping,** to discover someone unprepared or off guard.

nap² /næp/ *n., v.* **napped, napping.** *–n.* **1.** the short fuzzy ends of fibres on the surface of cloth. **2.** any downy coating, as on plants. *–v.t.* **3.** to raise a nap on. **–napless** *adj.*

napalm /'neɪpam, 'næpəm/ *n.* an aluminium soap,

in the form of a granular powder, which is a mixture of fatty acids; mixed with petrol it forms a sticky gel, stable from -40°C to 100°C, used in flame throwers and fire bombs.

nape /neɪp/ *n.* the back (of the neck).

napery /ˈneɪpəri/ *n.* **1.** table linen; tablecloths, napkins, etc. **2.** linen for household use.

naphthalene /ˈnæfθəliːn/ *n.* a white crystalline hydrocarbon, $C_{10}H_8$, usually prepared from coal tar, used in making dyes, as a moth repellent, etc. Also, **naphthaline**, **naphthalin** /ˈnæfθələn/.

napkin /ˈnæpkən/ *n.* **1.** → **serviette**. **2.** a square or oblong piece of linen, cotton cloth, or paper as for **a.** a towel. **b.** a baby's nappy.

nappy /ˈnæpi/ *n.* **-pies**. a piece of muslin, cotton, or some disposable material, fastened round a baby to absorb and contain its excrement.

narcissism /ˈnɑːsəsɪzəm/ *n.* **1.** extreme admiration for oneself or one's own attributes; egoism; self-love. **2.** *Psychology* sexual excitement through admiration of oneself. Also, **narcism** /ˈnɑːsɪzəm/. –**narcissist** *n.* –**narcissistic** /nɑːsəˈsɪstɪk/ *adj.*

narcissus /nɑːˈsɪsəs/ *n.* **-cissuses** or **-cissi** /-ˈsɪsaɪ/. any plant of the genus *Narcissus*, which comprises bulbous plants bearing showy flowers with a cup-shaped corona, as the narcissus, *N. poeticus*, and the wild daffodil, *N. pseudonarcissus*.

narcosis /nɑːˈkoʊsəs/ *n.* **1.** a state of sleep or drowsiness. **2.** a temporary state of stupor or unconsciousness, especially produced by a drug.

narcotic /nɑːˈkɒtɪk/ *adj.* **1.** having the power to produce narcosis, as a drug. **2.** relating to or of the nature of narcosis. **3.** relating to narcotics or their use. **4.** for the use or treatment of narcotic addicts. –*n.* **5.** any of a class of substances that blunt the senses, relieving pain, etc., and inducing sleep, and in large quantities producing complete insensibility, often used habitually to satisfy morbid appetite.

nark /nɑːk/ *n.* **1.** *Colloquial* an informer; a spy, especially for the police. **2.** a scolding, complaining person; someone who is always interfering and spoiling the pleasure of others. –*v.t.* **3.** to nag; irritate; annoy. –*v.i.* **4.** to act as an informer. –**narky** *adj.*

narrate /nəˈreɪt/ *v.* **-rated**, **-rating**. –*v.t.* **1.** to give an account of or tell the story of (events, experiences, etc.). –*v.i.* **2.** to relate or recount events, etc., in speech or writing. –**narratable** *adj.* –**narration** /nəˈreɪʃən/ *n.* –**narrative** *adj.* –**narrator** *n.*

narrow /ˈnærəʊ/ *adj.* **1.** not broad or wide: *a narrow room*. **2.** limited in size, range, or amount: *narrow circumstances*; *narrow resources*. **3.** lacking breadth of view or sympathy: *a narrow person*; *a narrow mind*. **4.** only just succeeding: *a narrow escape*. **5.** careful; minute: *a narrow search*. –*v.t.* **6.** to make narrower in width, range, outlook, etc. –*v.i.* **7.** to become narrower in width, range, outlook, etc. –*n.* **8.** a narrow part, place or thing. **9.** (*plural*) the narrow part of a strait, river, ocean current, etc. –**narrowly** *adv.* –**narrowness** *n.*

narrow-minded /ˈnærəʊ-maɪndəd/ *adj.* having or showing a prejudiced mind, as persons, opinions, etc. –**narrow-mindedly** *adv.* –**narrow-mindedness** *n.*

nasal /ˈneɪzəl/ *adj.* **1.** having to do with the nose. **2.** *Phonetics* with the voice issuing through the nose, either partly (as in French nasal vowels) or entirely (as in *m*, *n*, or the *ng* of *song*). –*n.* **3.** *Phonetics* a nasal speech sound. –**nasality** /neɪˈzælətɪ/ *n.* –**nasally** *adv.*

nascent /ˈnæsənt/ *adj.* **1.** beginning to exist or develop: *the nascent republic*. **2.** *Chemistry* (of an element) being in the nascent state, in which it is set free from a combination in which it has previously existed. –**nascence**, **nascency** *n.*

nashi /ˈnæʃi/ *n.* a type of Asian pear from the nashi tree, *Pyrus pyrifolia*, with green-yellow skin, either partially or completely russet, and distinguished from the European pear by its oblate shape.

nasturtium /nəˈstɜːʃəm/ *n.* any of the garden plants constituting the genus *Tropaeolum*, much cultivated for their showy flowers of yellow, red, and other colours, and for their fruit, which is picked and used like capers.

nasty /ˈnɑːsti/ *adj.* **-tier**, **-tiest**. **1.** unpleasant; disgusting: *a nasty mess*; *nasty weather*. **2.** offensive: *a nasty taste*; *a nasty smell*; *a nasty habit*. **3.** spiteful; vicious: *a nasty dog*; *a nasty mind*. **4.** painful; dangerous: *a nasty cut*. –**nastily** *adv.* –**nastiness** *n.*

-nasty a suffix indicating irregularity of cellular growth because of some pressure.

natal /ˈneɪtl/ *adj.* **1.** having to do with birth. **2.** presiding over or affecting someone at birth: *natal influences*.

natant /ˈneɪtənt/ *adj.* **1.** swimming; floating. **2.** *Botany* floating on water, as the leaf of an aquatic plant.

nation /ˈneɪʃən/ *n.* **1.** an aggregation of persons of the same ethnic family, speaking the same language or cognate languages. **2.** a body of people associated with a particular territory who are sufficiently conscious of their unity to seek or to possess a government peculiarly their own. –**national** *adj.* –**nationhood** *n.* –**nationless** *adj.*

nationalise = **nationalize** /ˈnæʃnəlaɪz/ *v.t.* **-lised**, **-lising**. **1.** to bring under the control or ownership of a government as industries, land, etc. **2.** to make nationwide. **3.** → **naturalise** (def. 1). **4.** to make into a nation. –**nationalisation** /næʃnəlaɪˈzeɪʃən/ *n.* –**nationaliser** *n.*

nationalism /ˈnæʃnəlɪzəm/ *n.* **1.** national spirit or aspirations. **2.** devotion to the interests of one's own nation. **3.** desire for national advancement or independence. **4.** the policy of asserting the interests of a nation, viewed as separate from the interests of other nations or the common interests of all nations. –**nationalist** *n.* –**nationalistic** *adj.*

nationality /næʃəˈnælətɪ, næʃˈnæl-/ *n.* **-ties**. **1.** the condition of being a member of a particular nation: *this form requires you to state your nationality*. **2.** the condition of belonging to a particular nation, or to one or more of its members: *the nationality of a ship*. **3.** a nation or people. **4.** national quality or character.

national park *n.* a flora and fauna reserve open to the general public.

national service *n.* (in many countries) compulsory service in the armed forces for a period of varying duration.

native /ˈneɪtɪv/ *adj.* **1.** belonging to the place or surroundings in which one was born or a thing came into being: *his native land*. **2.** belonging to a person or thing by birth or nature; inborn (often fol. by *to*). **3.** born, growing or produced in a particular place; indigenous (often fol. by *to*): *native people*; *native plants*; *native pottery*. **4.** of, relating to, or characteristic of natives: *native customs*; *native government*. **5.** belonging or relating to someone by reason of birthplace or nationality: *her native language*; *native rights*. **6.** remaining in a natural state; unadorned: *native beauty*. **7.** found in nature rather than artificial, as a mineral substance. –*n.* **8.** a person originally living in a place or country, especially as distinguished from strangers, foreigners, colonisers, etc.: *the natives of Chile*. **9.** someone born in a particular place or country: *a native of*

Muswellbrook. **10.** an animal or plant native to a particular area. **–natively** *adv.* **–nativeness** *n.*

Native American *n.* → **American Indian.**

native cat *n.* any of several cat-sized, predatory marsupials of the genus *Dasyurus*, having slender, white-spotted bodies and very pointed snouts; marsupial cat.

native title *n.* in Australia, the right to land or water held by indigenous people who have maintained their connection to the land or water and whose possession under their traditional law or customs is recognised by Australian law.

nativity /nəˈtɪvəti/ *n.* **1.** birth. **2.** (*cap.*) the birth of Christ. **3.** (*cap.*) the church celebration of the birth of Christ; Christmas.

natter /ˈnætə/ *v.i. Colloquial* **1.** to chatter; gossip. –*n.* **2.** a chat; idle talk.

natty /ˈnæti/ *adj.* **-tier, -tiest.** neatly smart in dress or appearance; spruce; trim: *a natty white uniform.* **–nattily** *adv.* **–nattiness** *n.*

natural /ˈnætʃərəl, ˈnætʃrəl/ *adj.* **1.** existing in, formed or established by nature; not artificial: *a natural bridge; natural resources.* **2.** of or relating to nature: *natural science.* **3.** in a state of nature; uncultivated or wild. **4.** of, relating to, or based on nature; inborn; innate: *natural ability; a manner natural to an aristocrat.* **5.** free from pretence or affectation: *a natural manner.* **6.** in accordance with the nature of things; normal: *it was natural that he should hit back; a natural outcome.* **7.** based upon the inborn moral feeling of mankind: *natural justice.* **8.** in accordance with the ordinary course of nature; not unusual, exceptional or irregular: *a natural death.* **9.** by birth only, and not legally recognised; illegitimate: *a natural child.* **10.** true to nature; life-like. **11.** being such by nature; born such: *a natural fool.* **12.** *Mathematics* of or relating to a sine, tangent, etc., which is expressed as the actual value, not the logarithm. *–n.* **13.** *Colloquial* a thing or person that is by nature satisfactory or successful. **14.** *Music* **a.** a white key on the piano, etc. **b.** the sign ♮ placed before a note, stopping the effect of a previous sharp or flat. **–naturally** *adv.* **–naturalness** *n.*

natural gas *n.* combustible gas formed naturally in the earth, as in regions yielding petroleum, and consisting typically of methane with certain amounts of hydrogen and other gases, used as a fuel, etc.

naturalise = **naturalize** /ˈnætʃrəlaɪz/ *v.* **-lised, -lising.** –*v.t.* **1.** to give (a foreign person) the rights and privileges of citizenship. **2.** to introduce (animals or plants) into an area and cause to grow or live as if native. **3.** to introduce (foreign practices, words, etc.) into a country or into general use: *to naturalise a French phrase.* **4.** to accustom to a place or to new surroundings. –*v.i.* **5.** to become naturalised, or as if native. **–naturalisation** /nætʃrəlaɪˈzeɪʃən/ *n.*

naturalist /ˈnætʃrələst/ *n.* **1.** someone versed in or devoted to natural history, especially a zoologist or botanist. **2.** an adherent of naturalism.

natural selection *n. Biology* the elimination of the unfit and the survival of the fit in the struggle for existence, resulting in the adaptation of a species to a specific environment.

nature /ˈneɪtʃə/ *n.* **1.** the particular combination of qualities belonging to a person or thing by birth or constitution; native or inherent character: *the nature of atomic energy.* **2.** the instincts or inherent tendencies directing conduct: *a child of good nature.* **3.** character, kind, or sort: *a book of the same nature.* **4.** the material world, especially as surrounding humankind and existing independently of their activities. **5.** the universe, with all its phenomena. **6.** the sum total of the forces at work throughout the universe. **7.** reality, as distinguished from any effect of art: *true to nature.* **8.** the physical being. **9.** a primitive, wild condition; an uncultivated state. –*phr.* **10. by nature,** as a result of inherent qualities. **11. call of nature,** *Colloquial* the need to urinate or defecate. **12. of** (or **in**) **the nature of,** having the qualities of.

naught /nɔt/ *n.* **1.** *Archaic or Poetic* nothing. **2.** destruction, ruin, or complete failure: *to bring to naught; to come to naught.* **3.** *Chiefly US* → **nought.** –*phr.* **4. set at naught,** to regard or treat as of no importance. Also, **nought.**

naughty /ˈnɔti/ *adj.* **-tier, -tiest.** –*adj.* **1.** disobedient; mischievous (especially in speaking to or about children): *a naughty child.* **2.** improper, obscene: *a naughty word.* **–naughtily** *adv.* **–naughtiness** *n.*

nausea /ˈnɔsiə, -ziə/ *n.* **1.** sickness at the stomach; a sensation of impending vomiting. **2.** extreme disgust. **–nauseate** *v.*

nautical /ˈnɔtəkəl/ *adj.* having to do with sailors, ships, or navigation: *nautical terms.* **–nautically** *adv.*

nautical mile *n.* a unit of measurement of length, used in marine and aeronautical navigation, equal to 1852 m, originally defined as one minute of latitude. Formerly, **international nautical mile.**

naval /ˈneɪvəl/ *adj.* **1.** having to do with ships, now only ships of war: *a naval battle.* **2.** having to do with a navy: *naval affairs.*

nave /neɪv/ *n.* the main body, or middle part, lengthwise, of a church, flanked by the aisles and extending typically from the entrance to the apse or chancel.

navel /ˈneɪvəl/ *n.* **1.** a pit or depression in the middle of the surface of the belly; the umbilicus. **2.** the central point or middle of any thing or place. **–navel-like** *adj.*

navel orange *n.* a kind of orange having at the apex a navel-like formation containing a small secondary fruit.

navigate /ˈnævəgeɪt/ *v.* **-gated, -gating.** –*v.t.* **1.** to traverse (the sea, a river, etc.) in a vessel, or (the air) in an aircraft. **2.** to direct or manage (a ship, aircraft, etc.) on its course. –*v.i.* **3.** to direct or manage a ship, aircraft, etc., on its course. **4.** to travel by using a ship or boat, as over the water; sail.

navvy /ˈnævi/ *n.* **-vies.** a labourer employed in making roads, railways, canals, etc.

navy /ˈneɪvi/ *n.* **-vies. 1.** the whole body of warships and auxiliaries belonging to a country or ruler. **2.** such a body of warships together with their officers and crew, equipment, yards, etc. **3.** Also, **navy blue.** a dark blue, as of a naval uniform.

nay /neɪ/ *adv.* **1.** no (used in dissent, denial, or refusal). **2.** also; and not only so but: *many good, nay, noble qualities.* –*n.* **3.** a denial or refusal. **4.** a negative vote or voter.

Nazi /ˈnatsi/ *n.* **-zis. 1.** a member of the National Socialist German Workers' party, which was founded in 1919 and which in 1933, under Adolf Hitler, obtained political control of Germany; it consequently established a dictatorship on the principles of control over all cultural, economic, and political activities of the people, belief in the supremacy of Hitler as Führer, anti-Semitism, and the establishment of Germany as a dominant world power. **2.** (*often l.c.*) someone who supports the fascist ideas characteristic of this party, especially racist nationalism. **–Nazism** *n.*

NCO /ɛn si ˈoʊ/ *n.* a noncommissioned officer.

neap /nip/ *adj.* designating those tides, midway between spring tides, which attain the least height.

near /nɪə/ *adv.* **1.** close: *near by.* **2.** nigh; at, within, or to a short distance: *to stand near.* **3.** close at hand in time: *New Year's Day is near.* **4.** close in relation; closely with respect to connection, similarity, etc. **5.** all but; almost: *a period of near thirty years.* **6.** *Nautical* close to the wind. –*adj.* **7.** being close by; not distant: *the near meadows.* **8.** less distant: *the near side.* **9.** close in time: *the near future.* **10.** closely related or connected: *our nearest relation.* **11.** narrow: *a near escape.* **12.** parsimonious or niggardly: *a near man.* **13. a.** being on the left side of an animal such as a horse: *the near hind leg.* **b.** (in a team of animals) being on the left: *the near bullock.* **c.** (in driving) being on the left of a vehicle in a country where traffic drives on the left. –*prep.* **14.** at, within, or to a short distance, or no great distance, from: *regions near the equator.* **15.** close upon in time: *near the beginning of the year.* **16.** close upon (a condition, etc.): *a task near completion.* **17.** close to in similarity, resemblance, etc.: *near beer.* **18.** close to (doing something): *this act came near spoiling his chances.* –*v.t.* **19.** to come or draw near (to); approach. –*phr.* **20. near at hand**, close by. **21. near enough**, (of a task, piece of work, etc., just completed) adequately but not perfectly done. **22. near enough is good enough**, (used ironically in criticism of Australian work habits) it is sufficient to perform to a minimum standard. –**nearness** *n.*

nearby /'nɪəbaɪ/ *adj.*, /nɪə'baɪ/ *adv.* –*adj.* **1.** close at hand; not far off; adjacent; neighbouring: *a nearby village.* –*adv.* **2.** close at hand; not far off.

nearly /'nɪəli/ *adv.* **1.** all but; almost: *nearly dead with cold.* **2.** with close approximation. **3.** with close agreement or resemblance: *a case nearly approaching this one.* **4.** with close kinship, interest, or connection; intimately. **5.** with parsimony.

nearside /'nɪəsaɪd/ *adj.* **1.** having to do with the side of vehicle nearer to the footpath, i.e. the left-hand side in a country where traffic drives on the left. Compare **offside** (def. 2). –*n.* **2.** the side of a vehicle nearer to the footpath, i.e. the left-hand side in a country where traffic drives on the left. Compare **offside** (def. 5).

near-sighted /'nɪə-saɪtəd/ *adj.* seeing distinctly at a short distance only; myopic. –**nearsightedly** *adv.* –**nearsightedness** *n.*

neat /nit/ *adj.* **1.** in a pleasingly orderly condition; tidy: *a neat room.* **2.** tidy in appearance, habits, etc.: *a neat person.* **3.** of a simple, pleasing appearance: *a neat cottage.* **4.** clever in character or performance: *a neat plan.* **5.** (of alcoholic drinks) without any other drink added; undiluted. –**neatly** *adv.* –**neatness** *n.*

neb /nɛb/ *n.* **1.** a bill or beak, as of a bird. **2.** the nose, especially of an animal. **3.** the tip or pointed end of anything. **4.** the nib of a pen.

nebula /'nɛbjələ/ *n.*, **-las** or **-lae** /-li/. **1.** *Astronomy* **a.** an irregular, luminous, or dark patch in the sky consisting of interstellar gases and dust. **b.** a small regular disc resembling (under low magnification) a planet, consisting of a gaseous envelope enclosing a central star; a planetary nebula. **c.** (formerly) any cloud-like luminous patch in the sky, such as a galaxy, cluster, etc. **2.** *Pathology* **a.** a faint opacity in the cornea. **b.** cloudiness in the urine. –**nebular** *adj.*

nebulous /'nɛbjələs/ *adj.* **1.** hazy, vague, indistinct, or confused: *a nebulous recollection.* **2.** cloudy or cloudlike. **3.** of or characteristic of a nebula. –**nebulously** *adv.* –**nebulousness** *n.*

necessary /'nɛsəseri, 'nɛsəsri/ *adj.*, *n.* **-ries.** –*adj.* **1.** unable to be done without or dispensed with: *regular meals are necessary for health; buy only the necessary things.* **2.** that must happen or exist; inevitable: *war was a necessary result of the arms race.* –*n.* **3.** (*usually plural*) something necessary. –**necessarily** *adv.* –**necessitous** *adj.* –**necessity** *n.*

necessitate /nə'sɛsəteɪt/ *v.t.* **-tated, -tating. 1.** to make necessary: *the breakdown of the motor necessitated a halt.* **2.** to compel, oblige, or force: *the rise in prices necessitated greater thrift.* –**necessitation** /nəsɛsə'teɪʃən/ *n.* –**necessitative** *adj.*

neck /nɛk/ *n.* **1.** that part of the body of some animals which is between the head and the trunk and connects these parts. **2. a.** a standard cut of meat, especially lamb, from this area, used mainly for chops, stews, etc. **b. best neck**, the section between the upper cervical vertebrae. **3.** the part of a garment covering the neck or extending about it. **4.** the length of the neck of a horse or other animal as a measure in racing. **5.** the slender part of a bottle, retort, or any similar object. **6.** that part of a golf club head by which this joins the shaft. **7.** any narrow, connecting, or projecting part suggesting the neck of an animal. **8.** the longer slender part of a violin or the like, extending from the body to the head. **9.** (*usually plural*) skirtings of wool which are removed from the neck of a fleece in the process of wool rolling. **10.** *Architecture* the lowest part of the capital of a column, above the astragal at the head of the shaft. **11.** a narrow strip of land, as an isthmus or a cape. –*v.i.* **12.** *Colloquial* to kiss, cuddle, and pet. –*phr.* **13. get it in the neck**, *Colloquial* to be reprimanded or punished severely. **14. get (or go) under someone's neck**, *Australian* to beat someone by outwitting or anticipating them by finding a vulnerable part. **15. neck and crop**, entirely; completely. **16. neck and neck**, just even. **17. neck of the woods**, *Colloquial* a specific area, particular place: *we don't often see you in this neck of the woods.* **18. stick one's neck out**, to act, express an opinion, etc., so as to expose oneself to criticism, hostility, danger, etc. **19. win by a neck**, *Horseracing, etc.* to be first by a head and neck.

neckerchief /'nɛkətʃif/ *n.* a cloth worn round the neck by women or men.

necklace /'nɛkləs/ *n.*, *v.* **-laced, -lacing.** –*n.* **1.** Also, **necklet.** an ornament of precious stones, beads, or the like, worn especially by women round the neck. **2.** (in South Africa) a car tyre used to necklace someone. –*v.t.* **3.** (in South Africa) to put (a person) to death by means of a burning car tyre around the neck.

necromancy /'nɛkrə,mænsi/ *n.* **1.** magic in general; enchantment; conjuration; the black art. **2.** the pretended art of divination through communication with the dead. –**necromancer** *n.* –**necromantic** /nɛkrə'mæntɪk/ *adj.*

necrophilia /nɛkrə'fɪliə/ *n.* morbid attraction to corpses. Also, **necrophilism** /nə'krɒfəlɪzəm/. –**necrophiliac** *n.* –**necrophilic** *adj.*

necrosis /nə'krousəs/ *n.* *Pathology* death of a circumscribed piece of tissue or of an organ. –**necrotic** /nə'krɒtɪk/ *adj.*

nectar /'nɛktə/ *n.* **1.** *Botany* the saccharine secretion of a plant which attracts the insects or birds that pollinate the flower, collected by bees in whose body it is elaborated into honey. **2.** any delicious drink.

nectarine /'nɛktərən, nɛktə'rin/ *n.* a form of the common peach, having a skin destitute of down.

nee /neɪ/ *adj.* born (placed after the name of a married woman to introduce her maiden name): *Mrs Smith nee Brown.* Also, **née** /neɪ/.

need /nid/ *n.* **1.** something necessary or wanted; requirement: *to meet the needs of the occasion.* **2.** an urgent want of something necessary: *he has no need of your kindness; the need for leadership.*

3. a necessity arising from a particular situation: *There is no need to worry.* **4.** a situation or time of difficulty or want: *a friend in need.* –*v.t.* **5.** to have need of; require: *to need money.* **6.** to be under a necessity (fol. by infinitive, sometimes without *to*): *he need not go; she needs to see her friend.* –*v.i.* **7.** to be in need or want. –**needer** *n.*

needle /'nidl/ *n., v.* **-dled, -dling.** –*n.* **1.** a small, thin, pointed instrument, now usually of steel, with a hole for thread, used in sewing. **2.** a thin, rod-like instrument for use in knitting, or one hooked at the end for use in crocheting, etc. **3.** *Medicine* **a.** a thin, pointed, steel instrument used in sewing tissues, etc., during surgical operations. **b.** a hypodermic needle. **4.** any of various objects suggesting a needle in shape, such as a sharp-pointed mass of rock. **5.** the magnetic pointer in a compass which indicates the direction of north. **6.** a pointed instrument used in engraving, etc. **7.** *Botany* a needle-shaped leaf of a pine tree, etc. **8.** *Zoology* a thin, sharp spike. –*v.t.* **9.** to sew or pierce with a needle. **10.** to urge to action by making sharp remarks; goad. **11.** to make fun of (someone); tease. –**needle-like** *adj.*

needlepoint /'nidlpɔint/ *n.* embroidery on canvas worked to cover the area completely with even stitches to resemble tapestry.

needlepoint lace *n.* a kind of lace in which a needle works out the design upon parchment or paper.

needless /'nidləs/ *adj.* not needed or wanted; unnecessary: *a needless waste of food.* –**needlessly** *adv.* –**needlessness** *n.*

needle-stick injury *n.* an accidental penetrating injury caused by a hypodermic needle which has already been used by another person and hence contaminated with blood.

needlework /'nidlwɜk/ *n.* the process or the product of working with a needle as in sewing or embroidery.

needy /'nidi/ *adj.* **-dier, -diest.** in, or characterised by, need or want; very poor: *a needy family.* –**neediness** *n.*

ne'er-do-well /'nɛə-du-wɛl/ *n.* **1.** a worthless person. –*adj.* **2.** worthless; good-for-nothing.

nefarious /nə'fɛəriəs/ *adj.* extremely wicked; iniquitous: *nefarious practices.* –**nefariously** *adv.* –**nefariousness** *n.*

negate /nə'geɪt/ *v.t.* **-gated, -gating.** to deny; nullify. –**negation** *n.* –**negatory** *adj.*

negative /'nɛgətɪv/ *adj., n., v.* **-tived, -tiving.** –*adj.* **1.** expressing or containing a refusal or denial: *a negative statement; a negative answer.* **2.** marked by the absence of positive qualities: *a negative character.* **3.** *Mathematics, Physics* **a.** involving or indicating subtraction; minus. **b.** opposite to positive. **4.** *Medicine* failing to show a positive result in a test for a particular disease caused by bacteria or viruses. **5.** *Photography* indicating an image in which the relation of light and shade are reversed. **6.** *Electricity* relating to the kind of electricity developed on resin, etc., when rubbed with flannel, or that present at the pole from which electrons leave at an electric generator or battery; having an excess of electrons. **7.** relating to the south-seeking pole of a magnet. **8. a.** *Chemistry* (of a radical) having more electrons than the neutral atom or molecule and so being negatively charged. **b.** *Chemistry* → **electronegative.** –*n.* **9.** a negative statement, word, opinion, etc. **10.** the side of a question which opposes the positive side. **11.** *Mathematics* a negative quantity or symbol. **12.** *Photography* a negative image on film, plate, etc., used chiefly for printing positive pictures. **13.** *Electricity* the negative plate or element in a voltaic cell. –*v.t.* **14.** to negate. **15.** to disprove. **16.** to refuse consent to; veto. –**negatively** *adv.* –**negativeness, negativity** *n.*

negative gearing *n. Finance* a financial situation where an investor borrows against an investment or portfolio of investments, and the loan interest payments exceed the investor's income from the investment, resulting in a negative cash flow and thus taxation benefits.

negative ion generator *n.* a device which releases negative ions into the air, thought to alleviate a wide range of ailments such as asthma, hay fever, headaches, etc., to reduce pollution as from dust or cigarette smoke, and to promote a feeling of wellbeing.

neglect /nə'glɛkt/ *v.t.* **1.** to pay no attention to; disregard: *he neglected her entreaties.* **2.** to fail to care for or treat properly: *they neglected their children.* **3.** to fail to (do something) through carelessness, etc.: *he neglected to count the money.* –*n.* **4.** the act or fact of neglecting. **5.** the fact or state of being neglected. –**neglecter** *n.* –**neglectful** *adj.*

negligee /'nɛgləʒeɪ/ *n.* **1.** a woman's dressing-gown, especially a very flimsy one, of nylon, or the like. **2.** easy, informal attire. Also, **négligé**.

negligent /'nɛglədʒənt/ *adj.* guilty of or characterised by neglect, as of duty: *negligent officials.* –**negligence** *n.* –**negligently** *adv.*

negligible /'nɛglədʒəbəl/ *adj.* that may be neglected or disregarded; very little. –**negligibility** /nɛglədʒə'bɪləti/, **negligibleness** *n.* –**negligibly** *adv.*

negotiate /nə'goʊʃieɪt/ *v.* **-ated, -ating.** –*v.i.* **1.** to deal with another or others in the preparation of some kind of agreement, such as an international treaty or business arrangement. –*v.t.* **2.** to arrange for or bring about by talking and settlement of terms: *to negotiate a loan.* **3.** to clear or pass through or around: *the car negotiated the twisting mountain road.* **4.** to transfer (a bill of exchange, etc.) by endorsement or delivery. **5.** to sell or transfer: *to negotiate securities.* –**negotiable** *adj.* –**negotiator** *n.* –**negotiant** *n.*

Negro /'nigroʊ/ *n.* **-groes**, *adj.* –*n.* **1.** a member of the Negro race. **2.** a person having some Negro ancestry. –*adj.* **3.** of, denoting, or relating to the so-called black race of Africa and its descendants elsewhere, characterised by a brown-black complexion, dark eyes, and crisp or woolly hair. Also, **negro.** –**Negress** /'nigrəs/ *fem. n.*

Negroid /'nigrɔɪd/ *adj.* **1.** resembling, or akin to, the Negro race and presumably allied to it in origin. –*n.* **2.** a person of a Negroid race. Compare **Caucasian, Mongoloid.**

neigh /neɪ/ *n.* **1.** the sound a horse makes; a whinny. –*v.i.* **2.** to make such a sound; to whinny.

neighbour = neighbor /'neɪbə/ *n.* **1.** someone who lives near another. **2.** a person or thing that is near another. **3.** a fellow being subject to the obligations of humanity. –*v.t.* **4.** to live or be situated near to; adjoin; border on. –*v.i.* **5.** to live or be situated nearby.

neighbourhood = neighborhood /'neɪbəhʊd/ *n.* **1.** the region near or about some place or thing; the vicinity. **2.** a district or locality, often with reference to its character or inhabitants: *a fashionable neighbourhood.* **3.** a number of persons living near one another or in a particular locality: *the whole neighbourhood was there.* –*phr.* **4. in the neighbourhood of,** nearly; about.

neinei /'neɪneɪ/ *n.* a New Zealand shrub with long, tapering leaves, *Dracophyllum latifolium.*

neither /'naɪðə, 'niðə/ *det.* **1.** not either; not the one or the other: *neither statement is true.* –*pron.* **2.** not either; not the one or the other: *neither of the statements is true.* –*conj.* **3.** not either (a disjunctive connective preceding a series of two

nematode

or more alternative words, etc., connected by the correlative *nor*): *neither you nor I nor anybody else knows the answer.* **4.** nor yet: *ye shall not eat of it, neither shall ye touch it.*

nematode /'nɛmətoʊd/ *n.* any of the Nematoda, the roundworms, a group variously considered a phylum or class. They are elongated smooth worms of cylindroid shape, parasitic or free-living, as ascarids, trichinae, vinegar eels, etc.

nemesis /'nɛməsəs/ *n.* **nemeses** /'nɛməsis/. an agent of retribution or punishment.

neo- a word element meaning 'new', 'recent', used in combination, as in *Neo-Darwinism* (a new or modified form of Darwinism), *Neo-Gothic* (Gothic after a new or modern style), *Neo-Hebraic* (pertaining to Hebrew of the modern period).

neologism /ni'ɒlədʒɪzəm/ *n.* **1.** a new word or phrase. **2.** the introduction or use of new words, or new senses of words. **3.** a new doctrine. –**neologist** *n.* –**neologistic** /ni,ɒlə'dʒɪstɪk/, **neologistical** /ni,ɒlə'dʒɪstɪkəl/ *adj.*

neon /'niɒn/ *n.* a chemically inert gaseous element occurring in small amounts in the earth's atmosphere, and chiefly used in orange-red tubular electrical discharge lamps. Symbol: Ne; *relative atomic mass:* 20.183; *at. no.:* 10; *weight of one litre of the gas at 0°C and at 760 mm pressure:* 0.9002 *gr.*

neonate /'niouneɪt/ *n.* a newborn child. –**neonatal** *adj.*

neophyte /'nioʊfaɪt/ *n.* **1.** a converted heathen, heretic, etc. **2.** a newly ordained Roman Catholic priest. **3.** a novice belonging to a religious order. **4.** a beginner. –**neophytic** /nioʊfɪtɪk/ *adj.*

nephew /'nɛfju, 'nɛvju/ *n.* **1.** a son of one's brother or sister. **2.** a son of one's husband's or wife's brother or sister.

nepho- a word element meaning 'cloud'.

nephr- variant of **nephro-**, before vowels.

nephritis /nə'fraɪtəs/ *n. Pathology* inflammation of the kidneys. –**nephritic** /nə'frɪtɪk/ *adj.*

nephro- a word element referring to the kidneys. Also, **nephr-**.

nepotism /'nɛpətɪzəm/ *n.* patronage bestowed in consideration of family relationship and not of merit. –**nepotic** /nə'pɒtɪk/ *adj.* –**nepotist** *n.*

nerve /nɜv/ *n., v.* **nerved, nerving.** –*n.* **1.** *Anatomy* one or more bundles of fibres, forming part of a system which conveys impulses of sensation, motion, etc., between the brain or spinal cord and other parts of the body. **2.** *Dentistry* **a.** the nerve tissue in the pulp of a tooth. **b.** (popularly but incorrectly) the pulp tissue of a tooth. **3.** strength, vigour, or energy. **4.** firmness or courage in trying circumstances: *a position requiring nerve.* **5.** (*plural*) nervousness: *a fit of nerves.* **6.** *Colloquial* impertinent assurance. –*v.t.* **7.** to give strength, vigour, or courage to. –*phr.* **8. get on someone's nerves,** to irritate someone.

nerve cell *n.* **1.** any of the cells constituting the cellular element of nervous tissue. **2.** one of the essential cells of a nerve centre. Also, **neurone**.

nerve centre *n.* **1.** *Anatomy, Physiology* a group of nerve cells closely connected with one another and acting together in the performance of some function. **2.** (of a large company, movement, or organisation) the centre from which plans, policies, and movements are directed.

nerve-racking /'nɜv-rækɪŋ/ *adj.* extremely trying.

nervous /'nɜvəs/ *adj.* **1.** of or relating to the nerves: *central nervous system.* **2.** very excited or uneasy, especially while waiting for something to happen; not confident; frightened. –**nervously** *adv.* –**nervousness** *n.*

nervous breakdown *n.* any of various psychiatric illnesses, especially those attended by nervous debility and exhaustion and undefined physical complaints.

nervous system *n.* **1.** the system of nerves and nerve centres in an animal. **2.** a particular part of this system: **a.** the **central nervous system** or **cerebrospinal nervous system**, the brain and spinal cord. **b.** the **peripheral nervous system**, the system of nerves and ganglia derived from the central system, comprising the cranial nerves, the spinal nerves, the various sense organs, etc. **c.** the **autonomic nervous system**, the system of nerves and ganglia which supply the walls of the vascular system and the various viscera and glands, controlling the larger involuntary functions. **d.** the **sympathetic nervous system**, the part of the autonomic nervous system which initiates changes in the body at times of emotion and stress.

nervy /'nɜvi/ *adj.* **-vier, -viest. 1.** nervous. **2.** excitable; irritable. **3.** requiring nerve. **4.** having or showing courage; audacious; bold. **5.** strong or vigorous.

-ness a suffix used to form, from adjectives and participles, nouns denoting quality or state (also often, by extension, something exemplifying a quality or state), as in *darkness, goodness, kindness, obligingness, preparedness.*

nest /nɛst/ *n.* **1.** a structure made or a place used by a bird for hatching its eggs and bringing up its young. **2.** a place used by insects, fishes, turtles, rabbits, etc., for putting their eggs or young in. **3.** a number of birds or animals living in such a place. **4.** a comfortable place to live or to go to sometimes; a snug retreat. **5.** a group of things of the same type or form but of different sizes, that fit within each other: *a nest of tables, trays, etc.* **6.** a place where something bad goes on: *a robbers' nest.* –*v.t.* **7.** to settle or place in a nest. –*v.i.* **8.** to build or have a nest: *the swallows nested under the eaves.* **9.** to search for nests: *to go nesting.*

nest egg *n.* **1.** an egg (usually artificial) left in a nest to induce a hen to continue laying eggs there. **2.** money saved as the basis of a fund or for emergencies.

nestle /'nɛsəl/ *v.* **-tled, -tling.** –*v.i.* **1.** to lie close and snug, like a bird in a nest; snuggle or cuddle. **2.** to lie in a sheltered or pleasant situation. –*v.t.* **3.** to settle or ensconce snugly. **4.** to put or press confidingly or affectionately. –**nestler** *n.*

net[1] /nɛt/ *n., v.* **netted, netting,** *adj.* –*n.* **1.** a lacelike fabric with a uniform mesh made by knotting or weaving threads together; netting. **2.** such a fabric made from fine threads for people to wear, or to keep off mosquitoes, flies, etc. **3.** such a fabric made from strong cord or rope with bigger spaces, for catching fish, birds, or other animals. **4.** anything used to catch or snare. **5.** → **network. 6.** a piece of netting used in various sports, especially tennis, netball, soccer, etc. –*v.t.* **7.** to cover, screen, or enclose with a net or netting. **8.** to catch or snare with, or as with, a net: *to net fish.* –*adj.* **9.** made in the form of or like a net. –**netlike** *adj.*

net[2] /nɛt/ *adj., n., v.* **netted, netting.** –*adj.* **1.** exclusive of deductions, as for charges, expenses, loss, discount, etc.: *net earnings.* **2.** sold at net prices. **3.** ultimate; final; after all calculations have been made, or all additions and subtractions have had their effect: *the net result of the weather changes was a flow of air into the region.* –*n.* **4.** net income, profits, or the like. –*v.t.* **5.** to gain or produce as clear profit. Also, **nett**.

Net /nɛt/ *n.* **the,** → **Internet** (def. 1).

netball /'nɛtbɔl/ *n.* a game similar to basketball played, usually by women, by two teams of seven players.

nether /'nɛðə/ *adj.* **1.** lying, or conceived as lying, beneath the earth's surface; infernal: *the nether world*. **2.** lower or under: *his nether lip*.

netiquette /'nɛtɪkɛt/ *n. Computers* the code of good manners which has evolved for users of the Internet.

netsurfing /'nɛtsɜfɪŋ/ *n. Colloquial* exploring the Internet.

nett /nɛt/ *adj., n., v.t.* → **net²**.

nettle /'nɛtl/ *n., v.* **-tled, -tling**. –*n.* **1.** any plant of the genus *Urtica*, comprising widely distributed herbs armed with stinging hairs. **2.** any of various allied or similar plants, as Gympie nettle. –*v.t.* **3.** to irritate, irk, provoke, or vex. –*phr.* **4. grasp the nettle**, *Colloquial* to approach an unpleasant task with courage and resolution.

network /'nɛtwɜk/ *n.* **1.** any netlike combination of lines, passages, filaments, etc.: *railway network*. **2.** netting or net. **3.** a group of connected radio or television stations, sometimes commonly owned, and from which the same programs may be broadcast. **4.** *Computers* a system of connecting computer systems or peripheral devices, each one remote from the others.

neur- variant of **neuro-**, before vowels.

neural /'njurəl/ *adj.* having to do with a nerve or the nervous system. –**neurally** *adv.*

neuralgia /nju'rældʒə/ *n. Anatomy* sharp and paroxysmal pain along the course of a nerve. –**neuralgic** *adj.*

neural network *n. Computers* a software simulation of the interconnecting links of the brain, used in artificial intelligence systems and research.

neuro- a word element meaning 'tendon', 'nerve'. Also, **neur-**.

neurology /nju'rɒlədʒi/ *n.* the science of the nerves or the nervous system, especially the diseases thereof. –**neurological** /njurə'lɒdʒɪkəl/ *adj.* –**neurologist** *n.*

neurone /'njuroun/ *n.* → **nerve cell**. Also, **neuron** /'njurɒnɪk/ *adj.*

neurosis /nju'rousəs/ *n.* **-roses** /-'rousiz/. *Psychology* an emotional disorder in which feelings of anxiety, obsessional thoughts, compulsive acts, and physical complaints without objective evidence of disease, in various patterns, dominate the personality. –**neurotic** *adj.*

neuter /'njutə/ *adj.* **1.** *Grammar* of or relating to the gender which is neither masculine nor feminine, referring to objects and abstractions, of no sex, and to animals of unknown sex. **2.** sexless, apparently sexless, or of indeterminate sex, as a hermaphrodite or castrated person. **3.** *Zoology* of the workers among bees and ants having imperfectly developed sexual organs. **4.** *Botany* having neither stamens nor pistils; asexual. –*n.* **5.** *Grammar* the neuter gender. **6.** an animal or person made sterile by castration. **7.** a neuter insect. –*v.t.* **8.** to castrate.

neutral /'njutrəl/ *adj.* **1.** (of a person or state) not taking part in a quarrel or war between others. **2.** of no particular kind, colour, characteristics, etc.; indefinite. **3.** grey; without hue; achromatic. **4.** *Linguistics* relating to the vowel schwa (/ə/). **5.** *Biology* neuter. **6.** *Chemistry* **a.** neither acid nor alkaline; having a pH of 7: *a neutral solution*. **b.** of or relating to an atom, molecule, group, etc., which is neither positively or negatively charged (as opposed to an ion). **7.** *Electricity* neither positive nor negative; not electrified; not magnetised. –*n.* **8.** a person or a state that remains neutral in a war or quarrel. **9.** a citizen of a neutral nation. **10.** *Mechanics* the position of the gears in a vehicle where they are not engaged. –**neutrality** *n.* –**neutrally** *adv.*

neutralise = **neutralize** /'njutrəlaɪz/ *v.t.* **-lised, -lising. 1.** to make neutral. **2.** to make ineffective; counteract. **3.** to declare a country neutral; invest with neutrality. **4.** *Chemistry* to make chemically neutral, as by adding acid to alkali. –**neutralisation** /njutrəlaɪ'zeɪʃən/ *n.* –**neutraliser** *n.*

neutron /'njutrɒn/ *n. Physics* an elementary particle which is a constituent of all atomic nuclei except normal hydrogen. It has zero electric charge and approximately the same mass as the proton.

neutron bomb *n.* a nuclear weapon which releases a shower of neutrons but relatively little blast, thus killing people but causing relatively little damage to property. Also, **clean bomb**.

never /'nɛvə/ *adv.* **1.** not ever; at no time. **2.** not at all; absolutely not; not even. **3.** to no extent or degree.

never-never /'nɛvə-nɛvə/ *Colloquial* –*n.* **the, 1.** (*sometimes cap.*) sparsely inhabited desert country; a remote and isolated region, especially that of inland Australia. **2.** *Originally Brit* the hire-purchase system: *on the never-never*. –*adj.* **3.** imaginary: *never-never land*.

nevertheless /nɛvəðə'lɛs/ *adv.* nonetheless; notwithstanding; however.

new /nju/ *adj.* **1.** of recent origin or production, or having only lately come or been brought into being: *a new book*. **2.** of a kind now existing or appearing for the first time; novel. **3.** having only lately or only now come into knowledge: *a new chemical element*. **4.** recently arrived: *New Australians*. **5.** having only lately come to a position, status, etc.: *a new minister*. **6.** coming or occurring afresh; further; additional: *new gains*. **7.** fresh or unused: *a new sheet*. **8.** different and better, physically or morally: *the operation made a new man of him*. **9.** other than the former or the old: *a new era*. **10.** being the later or latest of two or more things of the same kind: *the New Testament*. **11.** (of a language) in its latest known period, especially as a living language at the present time: *New Latin*. –*adv.* **12.** recently or lately. **13.** freshly; anew or afresh. **14.** something new. **15.** *Colloquial* → **new beer**. –*phr.* **16. new to, a.** unfamiliar or strange to: *ideas new to us*. **b.** unaccustomed to: *people new to such work*. –**newness** *n.*

New Age *n.* a social revolution which replaces traditional attitudes and mores with a new approach based on a loose mysticism, especially in health and medicine and attitudes to the environment. –**New Ager** *n.*

new beer *n.* beer brewed by the bottom fermentation method, usually light in colour.

new chum *n. Australian, NZ* a novice; one inexperienced in some field: *a new chum on the job*.

newcomer /'njukʌmə/ *n.* someone who has newly come; a new arrival.

newfangled /'njufæŋgəld/ *adj.* **1.** of a novel kind and uncertain worth: *newfangled ideas*. **2.** fond of novelty.

news /njuz/ *pl. n.* (*construed as sing.*) **1.** a report of any recent event, situation, etc. **2.** the report of events published in a newspaper, journal, radio, television, or any other medium. **3.** information, events, etc., considered as suitable for reporting: *it's very interesting, but it's not news*. **4.** information not previously known: *that's news to me*. –*phr.* **5. bad news**, *Colloquial* someone or something from whom or which nothing good is to be expected.

news agency *n.* an organisation which collects news and supplies it to newspapers, television and radio stations, etc. –**newsagent** *n.*

newsagency /'njuzeɪdʒənsi/ *n.* **1.** the franchise to

newsgroup /'njuzgrup/ *n. Computers* an online discussion forum for a particular topic, in which users can write and post messages, and read messages posted by others.

newspaper /'njuzpeɪpə/ *n.* **1.** a printed publication issued at regular intervals, usually daily or weekly, and commonly containing news, comment, features, and advertisements. **2.** the organisation publishing a newspaper. **3.** a single copy or issue of a newspaper. [*preceded by text:* sell newspapers. **2.** a shop which sells principally newspapers, magazines, stationery, and books.]

newsprint /'njuzprɪnt/ *n.* paper used or made to print newspapers on.

newsreel /'njuzril/ *n.* a short film presenting current news events.

newt /njut/ *n.* any of various small, semi-aquatic salamanders of the genus *Triturus* and related genera, of Europe, North America, and northern Asia.

newton /'njutn/ *n.* the derived SI unit of force; the force required to give an acceleration of one metre per second per second to a mass of one kilogram. *Symbol:* N

Newton's laws /'njutnz lɔz/ *pl. n.* three laws of motion which form the basis of classical dynamics: **1.** all bodies continue in a state of rest or uniform linear motion unless they are acted upon by external forces to change that state. **2.** the rate of change of momentum of a body is proportional to the force applied to it. **3.** to every action there is an equal and opposite reaction.

new wave *n.* **1.** a movement or trend to break with traditional concepts in art, literature, politics, etc. **2.** a form of rock music of the 1970s in the style of punk rock, but characterised by greater imaginativeness and performance skills.

New Zealand lilac *n.* an attractive New Zealand shrub, *Hebe hulkeana*, with lilac-like flowers.

New Zealand spinach *n.* a prostrate succulent plant, *Tetragonia tetragonioides*, common on sea shores in Australia and New Zealand.

next /nɛkst/ *det.* **1.** immediately following in time, order, importance, etc.: *the next day.* **2.** nearest in place or position: *the next room.* **3.** nearest in relationship or kinship. –*adv.* **4.** in the nearest place, time, importance, etc. **5.** on the first subsequent occasion: *when next we meet.*

next of kin *n.* **1.** a person's nearest relative or relatives. **2.** *Law* the nearest relative(s), to whom the personal property passes upon the death of an intestate.

nexus /'nɛksəs/ *n.* **nexus. 1.** a tie or link; a means of connection. **2.** a connected series. **3.** *Parliamentary Procedure* a constitutional condition which requires (as nearly as practicable) the ratio of two House of Representative members to one Senate member, in order to safeguard the numerical strength and constitutional power of the Senate.

ngaio /'naɪoʊ/ *n.* a small coastal tree or shrub of New Zealand, *Myoporum laetum*, with narrow leaves and small white flowers marked with purple spots.

nib /nɪb/ *n., v.* **nibbed, nibbing.** –*n.* **1.** the point of a pen, especially a small, tapering metallic device having a split tip for drawing up ink and for writing. **2.** a point of anything. **3.** any pointed extremity. **4.** (*plural*) crushed cocoa beans. –*v.i.* **5.** to furnish with a nib or point.

nibble /'nɪbəl/ *v.* **-bled, -bling.** *n.* –*v.i.* **1.** to bite off small bits. **2.** to eat or feed by biting off small pieces. –*v.t.* **3.** to bite off small bits of (a thing). **4.** to eat by biting off small pieces. **5.** to bite (*off*, etc.) in small pieces. –*n.* **6.** a small morsel or bit: *each nibble was eaten with the air of an epicure.* **7.** the act or an instance of nibbling. **8. a.** *Angling* the slight pull on a fishing line which indicates that a fish is attempting to take the bait. **b.** *Colloquial* a slight expression of interest in a proposal. –*phr.* **9. nibble at, a.** to bite slightly or gently. **b.** to evince interest in without actually accepting. –**nibbler** *n.*

nice /naɪs/ *adj.* **nicer, nicest. 1.** pleasing; agreeable; delightful: *a nice visit.* **2.** amiably pleasant; kind: *they are always nice to strangers.* **3.** characterised by or requiring great accuracy, precision, skill, or delicacy: *nice workmanship.* **4.** requiring or showing tact or care; delicate. **5.** showing minute differences; minutely accurate, as instruments. **6.** minute, fine, or subtle, as a distinction. **7.** having or showing delicate and accurate perception: *a nice sense of colour.* **8.** refined as to manners, language, etc. **9.** suitable or proper: *not a nice song.* **10.** carefully neat as to dress, habits, etc. **11.** dainty or delicious, as food. –*phr.* **12. nice one,** *Colloquial* (an exclamation indicating approval, admiration, etc.). **13. no more Mr Nice Guy,** *Colloquial* no more acting nicely, being kind, generous, etc. –**nicely** *adv.* –**niceness** *n.*

nicety /'naɪsəti/ *n.* **-ties. 1.** a delicate or fine point. **2.** a fine distinction; subtlety. **3.** (*often plural*) a refinement or elegance, as of manners or living. –*phr.* **4. to a nicety,** in great detail; with precision.

niche /nɪtʃ/ *n., v.* **niched, niching.** –*n.* **1.** an ornamental recess in a wall, etc., usually round in section and arched, as for a statue or other decorative object. **2.** a place or position suitable or appropriate for a person or thing. **3.** *Ecology* the position or function of an organism in a community of plants and animals. **4.** → **niche market**. –*v.t.* **5.** to place in a niche.

niche market /nɪʃ 'makət/ *n.* a section of a market (def. 5), usually small, which can be highly profitable if the product supplied is specially designed to meet targeted needs.

nick¹ /nɪk/ *n.* **1.** a notch, groove, or the like, cut into or existing in a thing. **2.** a hollow place produced in an edge or surface, as of a dish, by breaking. **3.** *Cricket* → **snick** (def. 5). –*v.t.* **4.** to make a nick or nicks in; notch. **5.** to record by means of a notch or notches. **6.** to cut through or into. **7.** *Cricket* → **snick** (def. 3). –*phr.* **8. in good nick,** in good condition. **9. in the nick (of time),** at the vital or last possible moment.

nick² /nɪk/ *phr.* **in the nick,** *Colloquial* in the nude; naked.

nick³ /nɪk/ *Colloquial* –*v.t.* **1.** to steal. **2.** to capture or arrest. **3.** to trick, cheat, or defraud. –*v.i.* **4.** *Australian* to go quickly (*down, across, over*, etc.): *I'll just nick across the street; nick into the butchers'.* –*n.* **5.** *Colloquial* prison. –*phr.* **6. get nicked,** (an exclamation of contempt, dismissal, etc.). **7. nick off,** *Australian* to leave, especially surreptitiously. **8. nick out,** *Australian, NZ* to go out, especially for a short time and without drawing attention to one's absence.

nickel /'nɪkəl/ *n., v.* **-elled** *or Chiefly US* **-eled, -elling** *or Chiefly US* **-eling.** –*n.* **1.** *Chemistry* a hard, silvery white, ductile and malleable metallic element, allied to iron and cobalt, not readily oxidised, and used in electroplating, in making alloys, etc. *Symbol:* Ni; *relative atomic mass:* 58.71; *at. no.:* 28; *density:* 8.9 at 20°C. **2.** *US* a coin composed of or containing nickel, now a five-cent piece. –*v.t.* **3.** to cover or coat with nickel.

nickname /'nɪkneɪm/ *n., v.* **-named, -naming.** –*n.* **1.** a name added to or substituted for the proper name of a person, place, etc., as in ridicule or familiarity. **2.** a familiar form of a proper name, as *Jim* for *James*. –*v.t.* **3.** to give a nickname to, or call by a specified nickname. **4.** to call by an incorrect or improper name.

nicotine /ˈnɪkəˌtin, ˈnɪkətɪn/ *n.* a poisonous alkaloid, $C_{10}H_{14}N_2$, the active principle of tobacco, obtained as a colourless or nearly colourless, oily, acrid liquid. Also, **nicotin** /ˈnɪkətən/.

niece /nis/ *n.* **1.** a daughter of one's brother or sister. **2.** a daughter of one's husband's or wife's brother or sister.

nifty /ˈnɪfti/ *adj.* **-tier, -tiest.** *Colloquial* smart; stylish; fine: *a nifty little car*.

niggard /ˈnɪɡəd/ *n.* **1.** an excessively parsimonious or stingy person. –*adj.* **2.** niggardly. –**niggardly** *adj., adv.*

nigger /ˈnɪɡə/ *n.* (*derogatory*) **1.** a Negro. **2.** a member of any dark-skinned race.

niggle /ˈnɪɡəl/ *v.* **-gled, -gling.** –*v.i.* **1.** to trifle; work ineffectively. **2.** to make constant petty criticisms. –*v.t.* **3.** to irritate; annoy. –**niggler** *n.*

nigh /naɪ/ *adv., adj.* **nigher, nighest** *or* **next.** –*adv.* **1.** near in space, time, or relation. –*adj.* **2.** being near; not distant; near in relationship. **3.** short or direct.

night /naɪt/ *n.* **1.** the interval of darkness between sunset and sunrise. **2.** nightfall. **3.** the darkness of night; the dark. **4.** a state or time of obscurity, ignorance, misfortune, etc.

nightcap /ˈnaɪtkæp/ *n.* **1.** (formerly) a cap for the head, worn in bed. **2.** *Colloquial* an alcoholic or other drink, especially a hot one, taken before going to bed.

nightclub /ˈnaɪtklʌb/ *n.* a place of entertainment, open until late, offering food, drink, cabaret, dancing, etc.

nightfall /ˈnaɪtfɔl/ *n.* the coming of night.

nightgown /ˈnaɪtɡaʊn/ *n.* a nightdress or nightshirt.

nighthawk /ˈnaɪthɔk/ *n.* **1.** a nightjar, *Eurostopodus mystacalis*, of coastal eastern Australia. **2.** any of various nocturnal birds, especially in Australia the tawny frogmouth.

nightingale /ˈnaɪtɪŋɡeɪl/ *n.* a small migratory bird of the thrush family, especially the common nightingale, *Luscinia megarhyncha*, of Europe, noted for the melodious song of the male given chiefly at night during the breeding season.

nightjar /ˈnaɪtdʒa/ *n.* any of various nocturnal insect-eating birds of the widely distributed family Caprimulgidae, as the spotted nightjar, *Eurostopodus guttatus*, found throughout Australia.

nightly /ˈnaɪtli/ *adj.* **1.** coming, occurring, appearing, or active at night: *nightly revels.* **2.** coming or occurring each night. **3.** of, relating to, or characteristic of night. –*adv.* **4.** at or by night. **5.** on every night: *for one week only, performances will be given nightly*.

nightmare /ˈnaɪtmɛə/ *n.* **1.** a condition during sleep, or a dream, marked by a feeling of suffocation or distress, with acute fear, anxiety, or other painful emotion. **2.** a condition, thought, or experience suggestive of a nightmare in sleep. **3.** a monster or evil spirit formerly supposed to oppress persons during sleep. –**nightmarish** *adj.*

nightshade /ˈnaɪtʃeɪd/ *n.* **1.** any of various plants of the genus *Solanum*, as black nightshade. **2.** any of various other plants, as deadly nightshade.

nihilism /ˈnaɪəˌlɪzəm, ˈni-/ *n.* **1.** total disbelief in religion or moral principles and obligations, or in established laws and institutions. **2.** *Philosophy* **a.** a belief that there is no objective basis of truth. **b.** an extreme form of scepticism, denying all real existence. **c.** nothingness or non-existence. **3.** terrorism or revolutionary activity. –**nihilist** *n.* –**nihilistic** /naɪəˈlɪstɪk, ni-/ *adj.*

nikau /ˈnikaʊ/ *n.* the only palm native to New Zealand, *Rhopalostylus sapida*.

nil /nɪl/ *n.* nothing.

nimble /ˈnɪmbəl/ *adj.* **-bler, -blest. 1.** quick and light in movement; moving with ease; agile; rapid: *nimble feet*. **2.** quick in apprehending, devising, etc.: *nimble wits*. **3.** cleverly contrived. –**nimbleness** *n.* –**nimbly** *adv.*

nimbus /ˈnɪmbəs/ *n.* **-buses** *or* **-bi** /-baɪ/. **1.** a bright cloud anciently conceived of as surrounding a deity of the classical mythology when appearing on earth. **2.** a cloud or atmosphere of some kind surrounding a person or thing. **3.** *Art* a disc or otherwise shaped figure representing a radiance around the head of a divine or sacred personage, a medieval sovereign, etc.; a halo.

nimby /ˈnɪmbi/ *n.* **-bies.** someone who selfishly protests against having necessary developments such as new prisons, hospitals, airports, military installations, homes for the disabled, etc., in the vicinity of their home, although they would support such developments if they were located elsewhere. Also, **Nimby.**

nincompoop /ˈnɪŋkəmpup/ *n.* a fool or simpleton.

nine /naɪn/ *n.* **1.** a cardinal number, eight plus one. **2.** a symbol for this number, as 9 or IX. **3.** a set of nine persons or things. **4.** a playing card, etc., with nine pips. –*det.* **5.** amounting to nine in number: *nine apples*. –*pron.* **6.** nine people or things: *sleeps nine; give me nine.* –*phr.* **7. dressed (up) to the nines,** *Colloquial* smartly dressed or overdressed. –**ninth** *adj.*

nineteen /naɪnˈtin, ˈnaɪntin/ *n.* **1.** a cardinal number, ten plus nine. **2.** a symbol for this number, as 19 or XIX. **3.** *det.* **3.** amounting to nineteen in number. –*pron.* **4.** nineteen people or things. –*phr.* **5. talk nineteen to the dozen,** to talk very quickly or excitedly. –**nineteenth** *adj., n.*

ninety /ˈnaɪnti/ *n.* **-ties,** *det., pron.* –*n.* **1.** a cardinal number, ten times nine. **2.** a symbol for this number, as 90 or XC. **3.** (*plural*) the numbers from 90 to 99 of a series, especially with reference to the years of a person's age, or the years of a century, especially the nineteenth. –*det.* **4.** amounting to ninety in number. –*pron.* **5.** ninety people or things. –**ninetieth** *adj., n.*

ninny /ˈnɪni/ *n.* **-nies.** a fool; a simpleton.

nip[1] /nɪp/ *v.* **nipped, nipping,** *n.* –*v.t.* **1.** to compress sharply between two surfaces or points; pinch or bite. **2.** to check in growth or development: *to nip a plot in the bud*. **3.** to affect sharply and painfully or injuriously, as cold does. **4.** *Colloquial* to snatch or take (*away, up,* etc.) suddenly or quickly. **5.** *Colloquial* to steal. –*v.i.* **6.** *Colloquial* to move or go (*away, off, up,* etc.) suddenly or quickly, or slip. –*n.* **7.** the act of nipping; a pinch. **8.** a biting quality, as in cold or frosty air. **9.** biting taste or tang, as in cheese. **10.** a small bit or quantity of anything. –*phr.* **11. nip off,** to take off by pinching, biting, or snipping.

nip[2] /nɪp/ *n., v.* **nipped, nipping.** –*n.* **1.** a small drink; a sip. **2.** a small measure of spirits. –*v.t.* **3.** to drink (spirits, etc.) in small sips. –*v.i.* **4.** to take a nip or nips, especially repeatedly.

nipple /ˈnɪpəl/ *n.* **1.** a protuberance of the mamma or breast where, in the female, the milk ducts discharge; a teat. **2.** something resembling it, such as the mouthpiece of a nursing bottle. **3.** a short piece of pipe with threads on each end, used for joining valves, etc. **4.** *Machinery* a small drilled bush containing a one-way valve through which a lubricant can be supplied to a bearing, especially by a grease gun.

nippy /ˈnɪpi/ *adj.* **-pier, -piest. 1.** apt to nip; sharp; biting. **2.** biting, as the cold. **3.** *Colloquial* nimble; active.

nirvana 532 node

nirvana /nɜ'vanə, nɪə-/ *n.* **1.** (*often cap.*) (in Buddhism) **a.** the extinguishing of the restlessness and heat of one's emotions. **b.** the passionless peace of imperturbability, attained through the annihilation of disturbing desires. **2.** freedom from pain, worry, and the external world.

nisi /'naɪsaɪ/ *conj.* **1.** unless. *–adj.* **2.** *Law* (of a court order, decree, etc.) conditional; not coming into effect unless a person or persons fail to show cause against it within a certain time (opposed to *absolute*).

nit /nɪt/ *n.* **1.** the egg of a parasitic insect attached to a hair, or fibre of clothing; particularly the egg of a louse. **2.** the insect while young. **3.** *Colloquial* a foolish or stupid person.

nitpick /'nɪtpɪk/ *v.i.* to be unduly critical, concerned with insignificant details. *–nitpicker n.* *–nitpicking n., adj.*

nitr- variant of **nitro-**, before vowels.

nitrate /'naɪ,treɪt/ *n., v.* **-trated, -trating**. *–n.* **1.** *Chemistry* a salt or ester of nitric acid, or any compound containing the -NO₃radical. **2.** fertiliser consisting of potassium nitrate or sodium nitrate. *–v.t.* **3.** to treat with nitric acid or a nitrate. **4.** to convert into a nitrate.

nitric /'naɪtrɪk/ *adj.* **1.** *Chemistry* containing nitrogen, usually in the pentavalent state. **2.** having to do with nitre.

nitric acid *n.* a corrosive liquid, HNO₃, with powerful oxidising properties.

nitro- **1.** a word element indicating the group NO₂. **2.** a misnomer for the nitrate group (NO₃), as in *nitrocellulose*. Also, **nitr-**.

nitrogen /'naɪtrədʒən/ *n.* a colourless, odourless, gaseous element which forms about four-fifths of the volume of the atmosphere and is present (combined) in animal and vegetable tissues, chiefly in proteins. It is used in compounds, as fertiliser, in explosives, and in dyes. *Symbol:* N; *relative atomic mass:* 14.0067; *at. no:* 7. *–nitrogenous* /naɪ'trɒdsənəs/ *adj.*

nitrogen cycle *n.* the continuous circulation of nitrogen and nitrogen compounds in nature between the atmosphere, the soil, and the various organisms to which nitrogen is essential.

nitroglycerine /naɪtroʊ'glɪsərɪn/ *n.* a colourless, highly explosive oil, C₃H₅(ONO₂)₃, a principal constituent of dynamites and certain propellent and rocket powders; a nitration product of glycerine. Also, **nitroglycerin** /naɪtroʊ'glɪsərən/.

nitrous /'naɪtrəs/ *adj.* **1.** having to do with compounds obtained from nitre, usually containing less oxygen than the corresponding nitric compounds. **2.** *Chemistry* containing nitrogen, usually trivalent.

nitty-gritty /'nɪti-,grɪti/ *n. Colloquial* the hard core of a matter: *let's get down to the nitty-gritty.*

nitwit /'nɪtwɪt/ *n.* a slow-witted or foolish person.

nix /nɪks/ *Colloquial* *–n.* **1.** nothing. *–adv.* **2.** no.

no¹ /noʊ/ *interj., adv., n.* **noes**. *–interj.* **1.** a word used: **a.** to express denial, disagreement, or refusal, as in reply (opposed to *yes*). **b.** to add force to an earlier negative, or to change or limit an earlier statement: *we will not give in, no, never!*; *I have seen her twice, no, three times.* *–adv.* **2.** not in any degree; not at all (used with a comparative): *he is no better.* **3.** not: *whether or no.* *–n.* **4.** an act of speaking of the word 'no'. **5.** a disagreement or refusal. **6.** a negative vote or voter.

no² /noʊ/ *det.* **1.** not any: *no money.* **2.** not at all; very far from being; not at all a: *he is no genius.*

nob¹ /nɒb/ *n.* **1.** *Colloquial* the head. **2.** (in cribbage) the knave of the same suit as the card turned up, counting one to the holder. **3.** a double-headed coin.

nob² /nɒb/ *n. Colloquial* a member of a social elite.

no-ball /noʊ-'bɔl/ *Cricket* *–n.* **1.** a ball bowled in a way disallowed by the rules and automatically giving the side batting a score of one run, counted as a sundry. *–interj.* **2.** (a call by the umpire as the bowler bowls indicating that he or she has infringed the rules). *–v.t.* **3.** to deliver a no-ball to (the person batting).

nobble /'nɒbəl/ *v.t.* **-bled, -bling**. *Colloquial* **1.** to disable (a horse), as by drugging it. **2.** to win (a person, etc.) over by underhand means. **3.** to swindle. **4.** to catch or seize. *–phr.* **5. nobble someone with**, to give someone (a task, etc., which they may be unwilling to perform): *the principal nobbled him with the task of reorganisation.*

nobby /'nɒbi/ *adj.* **-bier, -biest**. *Colloquial* **1.** smart; elegant. **2.** first-rate.

noble /'noʊbəl/ *adj.* **nobler, noblest**, *n.* *–adj.* **1.** noted by birth, rank, or title. **2.** belonging to or making up a class (the nobility) possessing a social or political importance passed down from parents to children, in a country or state. **3.** of a high moral character: *a noble thought.* **4.** of an admirably high quality; superior. **5.** forceful in appearance; stately: *a noble monument.* **6.** *Chemistry* inert; chemically inactive. **7.** (of some metals, as gold and platinum) not able to be corroded in air or water, and very valuable and scarce. *–n.* **8.** a person of noble birth or rank; nobleman. *–nobility n.* *–nobleness n.* *–nobly adv.*

nobleman /'noʊbəlmən/ *n.* **-men**. a man of noble birth or rank; a noble. *–noblewoman fem. n.*

nobody /'noʊbədi, -bədi/ *pron., n.* **-bodies**. *–pron.* **1.** no person. *–n.* **2.** a person of no importance, especially socially. *–phr.* **3. like nobody's business**, energetically; intensively: *to work like nobody's business.*

no-claim bonus *n.* a reduction in premium payments for insurance offered to policy holders who have made no claim on the insurance company for a specified length of time.

nocti- a word element meaning 'night'. Also (*before a vowel*), **noct-**.

nocturnal /nɒk'tɜnəl/ *adj.* **1.** having to do with the night. **2.** done, occurring, or coming by night. **3.** *Zoology* active by night, as many animals. **4.** *Botany* opening by night and closing by day, as certain flowers. *–nocturnally* /nɒk'tɜnəli/ *adv.*

nocturnal emission *n.* an involuntary ejaculation of semen during sleep. See **wet dream**.

nocturne /'nɒktɜn/ *n.* **1.** *Music* a piece appropriate to the night or evening. **2.** *Music* an instrumental composition of a dreamy or pensive character. **3.** *Painting* a night scene.

nod /nɒd/ *v.* **nodded, nodding**, *n.* *–v.i.* **1.** to make a slight, quick inclination of the head, as in assent, greeting, command, etc. **2.** to let the head fall forwards with a sudden, involuntary movement when sleepy. **3.** to grow careless, inattentive, or dull. **4.** (of trees, flowers, plumes, etc.) to droop, bend, or incline with a swaying motion. *–v.t.* **5.** to incline (the head) in a short, quick movement, as of assent, greeting, etc. **6.** to express or signify by such a movement of the head: *to nod assent.* *–n.* **7.** a short, quick inclination of the head, as in assent, greeting, command, or drowsiness. **8.** a bending or swaying movement of anything. **9.** a nap. *–phr.* **10. get the nod**, *Colloquial* **a.** to gain approval or permission. **b.** to get unofficial assurance of a job, position, etc. **11. give the nod to**, *Colloquial* **a.** to permit. **b.** to make a signal to. **12. nod off**, *Colloquial* to go to sleep. **13. on the nod**, *Colloquial* on credit. *–nodder n.*

node /noʊd/ *n.* **1.** a knot, protuberance, or knob. **2.** a complication; difficulty. **3.** a centring point of component parts. **4.** *Botany* **a.** a joint in a stem.

nodule b. a part of a stem which normally bears a leaf. **5.** *Geometry* a point on a curve or surface, at which there can be more than one tangent line or plane. **6.** *Physics* a point, line, or region in a vibrating medium at which there is comparatively no variation of the disturbance which is being transmitted through the medium. **7.** *Astronomy* either of the two points at which the orbit of a heavenly body cuts the plane of the ecliptic, equator, or other properly defined plane (that passed as the body goes to the north being called the **ascending node**, and that passed as it goes to the south being called the **descending node**). **8.** *Pathology* a circumscribed swelling. **9.** *Grammar* the labelled intersection of two or more branches in a tree diagram. **10.** *Computers* an end point of a branch or junction of two or more branches in a network (def. 4). –**nodose** *adj.*

nodule /'nɒdʒul/ *n.* **1.** a small node, knot, or knob. **2.** a small rounded mass or lump. **3.** *Botany* → **tubercle**. –**nodular** *adj.*

Noel /noʊ'ɛl/ *n.* **1.** Christmas. **2.** (*l.c.*) a Christmas song or carol.

no-fault /noʊ-'fɔlt/ *adj.* having to do with legislation, insurance, etc., which does not depend on the assignation of guilt or blame to any of the parties involved.

no-frills /noʊ-frɪlz/ *adj.* **1.** stripped of additional luxuries or merchandising which impose unnecessary extra cost: *no-frills airline service.* **2.** frugal; parsimonious: *a no-frills budget.* **3.** simple; straightforward: *a no-frills win against the Blues.* Also, **no frills**.

noggin /'nɒgən/ *n.* **1.** a small cup or mug. **2.** a small measure of spirits. **3.** *Colloquial* the head. **4.** → **nogging**.

nogging /'nɒgɪŋ/ *n.* **1.** the brick filling to a wooden-framed partition. **2.** the horizontal short timbers in stud positions, used to stiffen the vertical members of a framed partition. Also, **noggin**.

no-hoper /noʊ-'hoʊpə/ *n. Colloquial* **1.** someone who displays marked incompetence: *he is a real no-hoper at tennis.* **2.** a social misfit. **3.** an unpromising animal, as a second-rate racehorse, greyhound, etc.

noise /nɔɪz/ *n., v.* **noised**, **noising**. –*n.* **1.** sound, especially of a loud, harsh, or confused kind: *deafening noises.* **2.** a sound of any kind. **3.** loud shouting, outcry, or clamour. **4.** *Physics* a superposition of signals of random frequencies which have no harmony and contain no information. **5.** *Electronics* interference which degrades the useful information in a signal. –*v.t.* **6.** to spread the report or rumour of. **7.** to spread (a report, rumour, etc.). –*phr.* **8. big noise**, *Colloquial* an important person. **9. noise off**, to talk much or publicly. –**noisy** *adj.*

noisome /'nɔɪsəm/ *adj.* **1.** offensive or disgusting, often as to smell. **2.** harmful, injurious, or noxious. –**noisomely** *adv.* –**noisomeness** *n.*

noisy miner *n.* a miner of eastern Australia, *Manorina melanocephela*, marked by its brown wings with grey-white plumage and noted for its raucous cries.

nomad /'noʊmæd/ *n.* **1.** one of a race or tribe without fixed abode, but moving about from place to place according to the state of the pasturage or food supply. **2.** any wanderer. –*adj.* **3.** of, relating to, or characteristic of nomads. –**nomadism** *n.* –**nomadic** *adj.*

no-man's-land /noʊ-mænz-lænd/ *n.* **1.** an area not possessed by any power, e.g. the area between opposing armies. **2.** any place which is to be avoided as dangerous. **3.** a condition or period of insecurity resulting from the loss or disturbance of culture or identity.

nom de plume /'nɒm də plum/ *n.* → **pen-name**.

nomenclature /nə'mɛnklətʃə, 'noʊmənkleɪtʃə/ *n.* **1.** a set or system of names or terms, as those used in a particular science or art by an individual or community, etc. **2.** the names or terms forming a set or system. –**nomenclative, nomenclatorial** /nəmɛnklə'tɔriəl/, **nomenclatural** *adj.*

nominal /'nɒmənəl/ *adj.* **1.** being such in name only; so-called: *nominal peace.* **2.** (of a price, consideration, etc.) named as a mere matter of form, being trifling in comparison with the actual value. **3.** of, relating to, or consisting in a name or names. **4.** *Grammar* **a.** of, relating to, or producing a noun or nouns. **b.** used as or like a noun. **5.** assigned to a person by name: *nominal shares of stock.*

nominal wages *pl. n. Economics* wages measured in terms of money and not by their ability to command goods and services. Compare **real wages**.

nominate /'nɒmənɛɪt/ *v.* **-nated**, **-nating**, /'nɒmənət/ *adj.* –*v.t.* **1.** to propose as a proper person for appointment or election to an office. **2.** to appoint for a duty or office. **3.** to enter (a horse, etc.) in a race. –*v.i.* **4.** to stand as a candidate: *I'll nominate for preselection if there's a chance of winning.* –*adj.* **5.** having a particular name. –**nomination** /nɒmə'neɪʃən/ *n.* –**nominator** *n.*

nominative /'nɒmənətɪv, 'nɒmnə-/ *adj.* **1.** *Grammar* **a.** denoting a case which by its form, position, or function indicates that it serves as the subject of a finite verb, as in 'we enjoyed the meal and the men washed up', where *we* and *men* are in the nominative case. **b.** similar to such a case form in function or meaning. **2.** nominated; appointed by nomination. –*n.* **3.** *Grammar* the nominative case, a word in that case, or a form or construction of similar function or meaning.

nominee /nɒmə'ni/ *n.* **1.** someone nominated, as to fill an office or stand for election. **2.** someone appointed by another to act as his or her agent.

-nomy a final word element meaning 'distribution', 'arrangement', 'management', or having reference to laws or government, as in *astronomy*, *economy*, *taxonomy*.

non- a prefix indicating: **1.** exclusion from a specified class or group: *non-Jew, non-passerine.* **2.** objective negation or opposition: *non-porous, non-recurrent.* **3.** spuriousness or failure to fulfil a claim: *non-event, non-hero.* **4.** the absence of activity or achievement in the area named: *non-arrival, non-publication.*

nonagenarian /nɒnədʒə'nɛəriən, noʊ-/ *adj.* **1.** of the age of 90 years, or between 90 and 100 years old. –*n.* **2.** a nonagenarian person.

nonagon /'nɒnəgɒn/ *-gən/ *n.* a polygon having nine angles and nine sides; enneagon. –**nonagonal** /nɒn'ægənəl/ *adj.*

nonce /nɒns/ *n.* **1.** the one or particular occasion or purpose. –*phr.* **2. for the nonce**, for this one occasion only; for the time being.

nonchalant /'nɒnʃələnt/ *adj.* coolly unconcerned, indifferent, or unexcited; casual. –**nonchalance** *n.* –**nonchalantly** *adv.*

non-combatant /nɒn-'kɒmbətənt/ *n.* **1.** someone who is not a combatant; a civilian in time of war. **2.** someone connected with a military or naval force in some capacity other than that of a fighter, as a surgeon, a chaplain, etc. –*adj.* **3.** not involving combat: *pacifists were ordered to undertake non-combatant duties in the armed forces.*

non-committal /nɒn-kə'mɪtl/ *adj.* not committing oneself, or not involving committal, to a particular view, course, or the like: *a non-committal answer.*

nonconformist /nɒnkən'fɔməst/ *n.*,

/'nɒnkənfɔməst/ adj. –n. 1. someone who refuses to conform, especially to an established Church 2. someone who does not conform to accepted social standards of behaviour, etc. –adj. 3. having to do with a nonconformist, or to nonconformists as a group: *nonconformist beliefs.* –**nonconforming** adj. –**nonconformity** n.

nonda /'nɒndə/ n. a tree, *Parinari nonda*, with a yellow edible fruit which is astringent to taste, found in Queensland and the Northern Territory.

nondescript /'nɒndəskrɪpt/ adj. 1. of no recognised, definite, or particular type or kind: *a nondescript garment.* –n. 2. a person or a thing of no particular type or kind.

none /nʌn/ pron. 1. no one; not one: *there is none to help; I waited for an answer, but none came.* 2. not any, as of something indicated: *there is none left.* 3. no part; nothing: *that is none of your business.* 4. (*construed as plural*) no, or not any, persons or things: *none were suitable.* –adv. 5. to no extent; in no way; not at all: *the supply is none too great.*

nonentity /nɒn'ɛntəti/ n. -**entities.** 1. a person or thing of no importance. 2. something which does not exist, or exists only in imagination. 3. non-existence.

nonetheless /nʌnðə'lɛs/ adv. however; nevertheless. Also, **none the less**.

non-fiction /nɒn-'fɪkʃən/ n. 1. a class of writing comprising works dealing with facts and events, rather than imaginative narration: *we publish only non-fiction.* –adj. 2. Also, **non-fictional.** having to do with writing of this class.

nonflammable /nɒn'flæməbəl/ adj. not easily set alight; slow-burning; not flammable.

nong /nɒŋ/ n. *Australian, NZ Colloquial* a fool; an idiot.

nonplus /nɒn'plʌs/ v. **-plussed** or *Chiefly US* -**plused**, -**plussing** or *Chiefly US* -**plusing**, n. –v.t. 1. to bring to a nonplus; puzzle completely. –n. 2. a state of utter perplexity.

non-productive /'nɒn-prədʌktɪv/ adj. 1. not producing goods directly, as employees in charge of personnel, inspectors, etc. 2. unproductive. –**non-productively** adv. –**non-productiveness**, **non-productivity** /,nɒn-prɒdʌk'tɪvəti/ n.

non-proliferation /,nɒn-prəlɪfə'reɪʃən/ n. 1. the attempt to prevent countries which do not possess nuclear weapons from acquiring them. –adj. 2. having to do with non-proliferation: *the non-proliferation treaty.*

nonsense /'nɒnsəns/ n. 1. something that makes no sense or is lacking in sense. 2. words without sense or conveying absurd ideas. 3. senseless or absurd action; foolish conduct, notions, etc.: *to stand no nonsense from a person.* 4. absurdity: *the nonsense of an idea.* 5. stuff, trash, or anything useless. –**nonsensical** /nɒn'sɛnsɪkəl/ adj. –**nonsensically** /nɒn'sɛnsɪkli/ adv. –**nonsensicalness** /nɒn'sɛnsɪkəlnəs/, **nonsensicality** /,nɒnsɛnsɪ'kæləti/ n.

non sequitur /nɒn 'sɛkwɪtə/ n. an inference or a conclusion which does not follow from the premises.

non-U /nɒn-'ju/ adj. *Colloquial* not appropriate to or characteristic of the upper class.

noodle /'nudl/ n. 1. a type of pasta, cut into long, narrow, flat strips and served in soups or, with a sauce, as a main dish.

nook /nʊk/ n. 1. a corner, as in a room. 2. any secluded or obscure corner. 3. any small recess. 4. a remote spot.

noon /nun/ n. 1. midday. 2. twelve o'clock in the daytime. 3. the highest, brightest, or finest point or part.

no-one /'noʊ-wʌn/ pron. nobody. Also, **no one**.

noose /nus/ n., v. **noosed, noosing.** –n. 1. a loop with a running knot, as in a snare, lasso, hangman's halter, etc., which tightens as the rope is pulled. 2. a tie or bond; a snare. –v.t. 3. to secure by or as by a noose. 4. to make a noose with or in (a rope, etc.).

nor /nɔ/ conj. a negative conjunction used: **a.** as the correlative to a preceding *neither: he could neither read nor write.* **b.** to continue the force of a negative, such as *not, no, never,* etc., occurring in a preceding clause: *he left and I never saw him again, nor did I regret it.* **c.** after an affirmative clause, or as a continuative, in the sense of *and … not: they are happy; nor need we mourn.*

nor¹ /nɔ/ *Chiefly Nautical* –n., adj., adv. north.

norm /nɔm/ n. 1. a standard, model, or pattern. 2. a mean or average. 3. *Education* **a.** a designated standard of average performance of people of a given age, background, etc. **b.** a standard of average performance by a person. –**normative** adj.

normal /'nɔməl/ adj. 1. keeping to the standard or the common type; regular, usual, natural, or not abnormal: *the normal procedure.* 2. serving to fix a standard. 3. **a.** just about average in respect to intelligence, personality, emotional balance, etc. **b.** without any mental irregularities; sane. 4. *Mathematics* (of a line, etc.) being at right angles; perpendicular. 5. *Chemistry* **a.** (of a solution) containing one equivalent weight of the chemical in question in one litre of solution. **b.** relating to an aliphatic hydrocarbon having a straight unbranched carbon chain, each carbon atom of which is joined to no more than two other carbon atoms. See **n-. c.** relating to a normal element. 6. *Biology, Medicine,* etc. **a.** free from any infection. **b.** happening naturally. –n. 7. the standard or type. 8. the normal form or state; the average or mean. 9. *Mathematics* a perpendicular line or plane, especially one perpendicular to a tangent line of a curve, or a tangent plane of a surface, at the point of contact. –**normally** adv.

normal curve n. *Mathematics* a bell-shaped curve giving the distribution of probability associated with the different values of a variable.

normal distribution n. *Statistics* a form of statistical distribution in which the highest frequency is at the mean score, or in which the mean, median and mode are equal. Also, **Gaussian distribution**.

north /nɔθ/ n. 1. a cardinal point of the compass to the right of a person facing the setting sun or the west. 2. the direction in which this point lies. 3. → **magnetic north**. 4. (*l.c. or cap.*) an area or territory situated in this direction: *we came from the north.* –adj. 5. lying towards or situated in the north. 6. directed or proceeding towards the north. 7. coming from the north, as a wind. 8. (*also cap.*) designating the northern part of a region, nation, country, etc.: *North Atlantic.* –adv. 9. towards or in the north: *she was travelling north.* 10. from the north. Also (*especially Naut*), **nor'**. –**northerly** adj., adv.

north-east /nɔθ-'ist/ n. the point or direction midway between north and east. Also, *especially Nautical,* **nor'-east**. –**north-easterner** n.

northern /'nɔðən/ adj. 1. lying towards or situated in the north. 2. directed or proceeding northwards. 3. coming from the north, as a wind. 4. (*cap.*) having to do with the North. 5. *Astronomy* north of the celestial equator or of the zodiac: *a northern constellation.*

Northern Hemisphere n. the half of the earth between the North Pole and the equator.

North Pole n. that end of the earth's axis of rotation marking the northernmost point on the earth.

north-west /nɔθ-'wɛst/ n. the point or direction midway between north and west. Also, *especially*

Nautical, **nor'-west**.

nos- variant of **noso-**, before vowels.

nose /nouz/ *n., v.* **nosed**, **nosing**. –*n.* **1.** the part of the face or head which contains the nostrils, affording passage for air in respiration, etc. **2.** this part as the organ of smell: *the aroma of coffee greeted his nose*. **3.** the sense of smell: *a dog with a good nose*. **4.** a faculty of perceiving or detecting; ability to search out or locate: *a nose for news; a good nose for bargains*. **5.** the quality of prying or interfering: *keep your nose out of it*. **6.** something regarded as resembling the nose of a person or animal, as a spout or nozzle. **7.** the prow of a ship. **8.** the forward end of an aircraft. **9.** a projecting part of anything. **10.** (of wines) → **bouquet** (def. 2). **11.** the length of the nose of a horse or other animal as a measure in racing. –*v.t.* **12.** to perceive by or as by the nose or the sense of smell. **13.** to bring the nose close to, as in smelling or examining; sniff. **14.** to move or push forward. **15.** to touch or rub with the nose; nuzzle. –*v.i.* **16.** to move (*in, out, forward*, etc.), usually slowly or gently. **17.** to meddle or pry. –*phr.*
18. by a nose, *Colloquial* by a very narrow margin.
19. cut off one's nose to spite one's face, to damage one's own interests by a spiteful or vengeful action.
20. follow one's nose, to find one's own way, as by instinct.
21. get up someone's nose, *Colloquial* to irritate or annoy someone.
22. keep one's nose clean, to follow rules and regulations meticulously so as to avoid any blame.
23. keep one's nose to the grindstone, to force oneself to work without respite.
24. lead by the nose, to exercise complete control over.
25. look down one's nose at, to despise; disdain.
26. nose after (or **for**), to seek as if by smelling or scent.
27. nose into, to pry into or be inquisitive about.
28. on the nose, *Australian, NZ Colloquial* **a.** smelly; objectionable; decayed; stinking (especially of rotten organic matter, as food). **b.** unpleasant; distasteful.
29. pay through the nose, to pay an excessive amount.
30. pick one's nose, to remove congealed mucus from the nose with one's finger.
31. put someone's nose out of joint, to cause someone to feel upset.
32. turn one's nose up, to be contemptuous or ungrateful.
33. under someone's nose, in an obvious place.
34. under the nose of, within observation of: *under the nose of the police*.

nosedive /'nouzdaɪv/ *n., v.* **-dived**, **-diving**. –*n.* **1.** a plunge of an aeroplane with the fore part of the craft vertically downwards. **2.** any sudden drop. –*v.i.* **3.** to execute a nosedive.

nosegay /'nouzgeɪ/ *n.* a bunch of flowers, or herbs; a bouquet; a posy.

nosh /nɒʃ/ *Colloquial* –*v.i.* **1.** to eat; have a snack or a meal. –*n.* **2.** anything eaten, especially a snack.

noso- a word element meaning 'disease'. Also, **nos-**.

nostalgia /nɒs'tældʒə/ *n.* a longing and desire for home, family and friends, or the past. –**nostalgic** *adj.* –**nostalgically** *adv.*

nostril /'nɒstrəl/ *n.* one of the external openings of the nose.

nostrum /'nɒstrəm/ *n.* **1.** a patent medicine. **2.** a quack medicine. **3.** a medicine made by the person who recommends it. **4.** a pet scheme or device for effecting something.

nosy = nosey /'nouzi/ *adj.* **-sier**, **-siest**. *Colloquial* prying; inquisitive. –**nosily** *adv.* –**nosiness** *n.*

not /nɒt/ *adv.* (a word expressing negation, denial, refusal, or prohibition): *not far; you must not do that*.

nota bene /noutə 'bɛni, 'beɪneɪ/ note well.

notable /'noutəbəl/ *adj.* **1.** worthy of note or notice; noteworthy: *a notable success*. **2.** prominent, important, or distinguished, as persons. –*n.* **3.** a notable person; a prominent or important person. –**notableness** *n.* –**notably** *adv.*

notary public /noutəri 'pʌblɪk/ *n.* **notaries public**. *Law* an official, usually a solicitor, authorised to certify contracts, acknowledge deeds, take affidavits, protest bills of exchange, take depositions, etc.

notation /nou'teɪʃən/ *n.* **1.** a system of graphic symbols for a specialised use, other than ordinary writing: *musical notation*. **2.** the process of noting or setting down by means of a special system of signs or symbols. **3.** the act of noting, marking, or setting down in writing. **4.** a note, jotting, or record. –**notational** *adj.*

notch /nɒtʃ/ *n.* **1.** a more or less angular cut, indentation, or hollow in a narrow object or surface or an edge. **2.** a cut or nick made in a stick or other object for record, as in keeping a score. **3.** *Colloquial* a step or degree. –*v.t.* **4.** to cut or make a notch or notches in. **5.** to make notches in by way of record. **6.** to record by a notch or notches. –*phr.* **7. notch up**, to score, as in a game: *he notched up three more deals before Saturday*.

note /nout/ *n., v.* **noted**, **noting**. –*n.* **1.** a short record of something set down to help the memory. **2.** (*plural*) a record of a speech, lecture, etc., or of one's own thoughts on something. **3.** an explanation, opinion, or mention of other sources, added by an editor or author to a passage in a book. **4.** a short written or printed statement giving particulars or information. **5.** a short informal letter. **6.** a formal diplomatic or official message or information in writing. **7.** a paper recognising money owed and promising payment; promissory note. **8.** high rank; distinction: *a man of note*. **9.** importance; consequence: *no other thing of note this year*. **10.** notice; heed: *take careful note of this rule*. **11.** a characteristic feature. **12.** a sound (of musical quality) produced by a singer, instrument, bird, etc. **13.** *Music* a sign or character used to represent a sound, where its position shows its pitch, and its form shows its length. **14.** a signal, hint, suggestion, etc.: *a note of warning; a note of unhappiness in her voice*. –*v.t.* **15.** to mark down, usually in writing. **16.** to make particular mention of in a writing. **17.** to give attention or heed to. **18.** to take notice of; perceive. –**noter** *n.*

notebook /'noutbuk/ *n.* **1.** a book of or for notes. **2.** *Computers* a small, lightweight, portable computer.

noted /'noutəd/ *adj.* **1.** celebrated; famous. **2.** specially observed or noticed. –**notedly** *adv.* –**notedness** *n.*

noteworthy /'noutwɜði/ *adj.* worthy of note or notice; notable. –**noteworthily** *adv.* –**noteworthiness** *n.*

nothing /'nʌθɪŋ/ *n.* **1.** no thing; not anything; naught: *say nothing*. **2.** that which is non-existent. **3.** something of no importance or significance. **4.** a trivial action, matter, circumstance, thing, or remark. **5.** a person of no importance. –*adv.* **6.** in no respect or degree; not at all: *it was nothing like what we expected*. –*phr.*

7. come to nothing, to fail to reach fruition. **8. for nothing**, free of charge. **9. in nothing flat**, *Colloquial* in no time at all; very quickly. **10. make nothing of**, **a.** to be unable to understand. **b.** to cope easily with; treat lightly. **11. next to nothing**, very little. **12. nothing doing**, *Colloquial* definitely no or not. **13. nothing for it**, no other course of action is open. **14. nothing of**, no part, share, or trace of: *the place shows nothing of its former magnificence*. **15. nothing to write home about**, not worthy of special mention; ordinary. **16. there's nothing in it**, *Colloquial* it's unprofitable. **17. there's nothing to it**, *Colloquial* it's very simple; it's easily done.

notice /'noʊtəs/ *n., v.* **-ticed, -ticing.** *–n.* **1.** information or intelligence: *to give notice of a thing*. **2.** an intimation or warning. **3.** a note, placard, or the like conveying information or warning. **4.** a notification of the termination, at a specified time, of an agreement, as for renting or employment, given by one of the parties to the agreement. **5.** observation, perception, attention, or heed: *worthy of notice*. **6.** interested or favourable attention. **7.** a single observation or perception. **8.** a brief written mention or account, as of a newly published book; a review. *–v.t.* **9.** to pay attention to or take notice of. **10.** to perceive: *did you notice her hat?* **11.** to treat with attention, politeness, or favour. **12.** to acknowledge acquaintance with. **13.** to mention or refer to; point out, as to a person. **14.** *Chiefly US* to give notice to; serve with a notice. *–phr.* **15. give notice of**, to make known that (some procedure, event, etc.) is impending. **–noticeable** *adj.* **–noticer** *n.*

noticeboard /'noʊtəsbɔd/ *n.* a board, located centrally in a school, office, etc., designed for the display of notices and other information of general interest.

notify /'noʊtəfaɪ/ *v.t.* **-fied, -fying. 1.** to give notice to, or inform, of something. **2.** to make known; give information of: *the sale was notified in the newspapers.* **–notifiable** *adj.* **–notifier** *n.* **–notification** /,noʊtəfə'keɪʃən/ *n.*

notion /'noʊʃən/ *n.* **1.** a more or less general, vague or imperfect conception or idea of something: *notions of beauty*. **2.** an opinion, view, or belief. **3.** conception or idea. **4.** a fanciful or foolish idea; whim. **5.** (*plural*) small wares, especially pins, needles, thread, tapes, etc.; haberdashery.

notional /'noʊʃənəl/ *adj.* **1.** relating to or expressing a notion or idea. **2.** of the nature of a notion. **3.** abstract or speculative, as reflective thought. **4.** ideal or imaginary; not real. **5.** *Grammar* **a.** relating to the meaning expressed by a linguistic form. **b.** having full lexical meaning, in contrast to relational. **–notionally** *adv.*

not negotiable *adj. Finance* (of a cheque) having been crossed, indicating that the person to whom it is given has no better title to it than the person had from whom he received it; popularly and inaccurately held to mean that the cheque can be paid only into the account, the name of which appears on the cheque.

notorious /nə'tɔriəs/ *adj.* **1.** widely but unfavourably known: *a notorious gambler*. **2.** publicly or generally known: *notorious crimes*. **–notoriety** *n.* **–notoriously** *adv.* **–notoriousness** *n.*

notornis /noʊ'tɔnəs/ *n.* any of the rare flightless birds constituting the genus *Notornis*, chiefly of New Zealand.

notwithstanding /,nɒtwɪθ'stændɪŋ/ *prep.* **1.** without being withstood or prevented by; in spite of. *–adv.* **2.** nevertheless; yet (used after the statement it modifies). *–conj.* **3.** in spite of the fact that; although.

nougat /'nugɑ/ *n.* a hard, pastelike sweet, usually white or pink, containing almonds or other nuts.

nought /nɔt/ *n.* a cipher (0); zero.

noun /naʊn/ *Grammar –n.* **1.** (in most languages) one of the major form classes, or 'parts of speech', comprising words denoting person, places, things, and such other words as show similar grammatical behaviour, as English *friend, city, desk, whiteness, virtue*. **2.** any such word. *–adj.* **3.** Also, **nounal**. having to do with a noun.

nourish /'nʌrɪʃ/ *v.t.* **1.** to sustain with food or nutriment; supply with what is necessary for maintaining life. **2.** to foster or promote. **–nourishment** *n.* **–nourishable** *adj.* **–nourisher** *n.* **–nourishingly** *adv.*

nous /naʊs/ *n. Colloquial* commonsense.

nouvelle cuisine /,nuvɛl kwə'zin/ *n.* a style of French cooking which emphasises simplicity, dispensing with rich flour-thickened sauces in favour of reduced stocks and relying on the quality and freshness of the food, and the imaginativeness of the presentation.

nova /'noʊvə/ *n.* **-vas** *or* **-vae** /-vi/. *Astronomy* a star which suddenly emits an outburst of light, sometimes seen by the naked eye as a new star.

novel¹ /'nɒvəl/ *n.* a fictitious prose narrative of considerable length, usually having a plot that is developed by the actions, thoughts, speech, etc., of the characters. **–novelist** *n.* **–novelistic** *adj.*

novel² /'nɒvəl/ *adj.* of a new kind, or different from anything seen or known before: *a novel idea*. **–novelly** *adv.*

novella /nɒ'vɛlə/ *n.* **-vellas** *or* **-velle** /-vɛli/. **1.** a tale or short story of the type of those contained in the *Decameron* of Boccaccio, etc. **2.** a short novel, more complex than a short story.

novelty /'nɒvəlti/ *n.* **-ties**, *adj.* *–n.* **1.** novel character, newness, or strangeness. **2.** a novel thing, experience, or proceeding. **3.** a new or novel article of trade; a variety of goods differing from the staple kinds. **4.** a decorative and usually worthless trinket. *–adj.* **5.** having to do with a novel game, article, etc: *a novelty toy*.

November /noʊ'vɛmbə, nə-/ *n.* the eleventh month of the year, containing 30 days.

novice /'nɒvəs/ *n.* **1.** someone who is new to the circumstances, work, etc., in which he or she is placed; a tyro: *a novice in politics*. **2.** someone who has been received into a religious order or congregation for a period of probation before taking vows. **3.** a recent convert to Christianity. **4.** *Sport* a player who has not qualified for junior or senior status, as a rower who has never been a member of a winning crew at an open regatta.

novitiate /noʊ'vɪʃiət, -ieɪt/ *n.* **1.** the state or period of being a novice of a religious order or congregation. **2.** the quarters occupied by religious novices during probation. **3.** the state or period of being a beginner in anything. Also, **noviciate**.

now /naʊ/ *adv.* **1.** at the present time or moment: *he is here now*. **2.** (more emphatically) immediately or at once: *now or never*. **3.** at this time or juncture in some period under consideration or in some course of proceedings described: *the case now passes to the jury*. **4.** at the time or moment only just past: *I saw her just now in the street*. **5.** in these present times; nowadays. **6.** in the present or existing circumstances; as matters stand. **7.** (often used as a preliminary word before some statement, question, or the like): *now, what does she mean?* **8.** (to strengthen a command, entreaty, or the like): *come, now, stop that! –conj.* **9.** now that; since, or seeing that. *–n.* **10.** the present time or moment: *the here and now. –adj.* **11.** *Colloquial* fashionable: *a very now dress. –phr.* **12. now and again** or **now and then,** occasionally. **13. now that,** inasmuch as. **14. now, now,** (an expression used to reprove or placate someone.)

nowadays /'naʊədeɪz/ *adv.* **1.** at the present day; in these times. *–n.* **2.** the present.

nowhere /'noʊwɛə/ *adv.* **1.** in, at, or to no place; not anywhere. *–n.* **2.** a state of apparent non-existence; a place unknown: *he disappeared into nowhere. –phr.* **3. get** (or **go**) **nowhere,** to achieve nothing.

noxious /'nɒkʃəs/ *adj.* **1.** harmful or injurious to health or physical wellbeing: *noxious vapours.* **2.** morally harmful; pernicious. **3.** (of an animal, insect, plant, etc.) declared harmful by Australian statute law for compulsory eradication. **–noxiously** *adv.* **–noxiousness** *n.*

nozzle /'nɒzəl/ *n.* **1.** a projecting spout, terminal discharging pipe, or the like, as of a hose or rocket. **2.** the socket of a candlestick. **3.** the spout of a teapot. **4.** *Colloquial* the nose.

-n't a combining form of *not,* as in *didn't, won't, can't.*

nth /ɛnθ/ *adj.* **1.** denoting the last in a series of infinitely decreasing or increasing values, amounts, etc. *–phr.* **2. the nth degree** (or **power**), **a.** a high (sometimes, any) degree or power. **b.** the utmost extent.

nuance /'njuns, nju'ans/ *n.* a shade of colour, expression, meaning, feeling, etc.

nub /nʌb/ *n.* **1.** a knob or protuberance. **2.** a lump or small piece. **3.** *Colloquial* the point or gist of anything.

nubile /'njubaɪl/ *adj.* **1.** (of a girl or young woman) marriageable, especially as to age or physical development. **2.** (of a girl or young woman) sexually attractive. **–nubility** /nju'bɪləti/ *n.*

nuclear /'njukliə/ *adj.* **1.** of, relating to, or forming a nucleus. **2.** relating to, involving, or powered by atomic energy: *nuclear war, nuclear submarine.* **3.** armed with nuclear weapons: *a nuclear power.*

nuclear bomb *n.* → **atomic bomb.**

nuclear energy *n.* → **atomic energy.**

nuclear family *n.* **1.** the family as a unit of social organisation, comprising only parents and children, where the children are the responsibility of the parents alone. **2.** the stereotype of this unit, typically seen as husband, wife, and two children.

nuclear fission *n.* the breakdown of an atomic nucleus of an element of relatively high atomic number into two or more nuclei of lower atomic number, with conversion of part of its mass into energy.

nuclear-free zone *n.* an area, as a local government area, which is declared to be free of nuclear material, and, in particular, through which the transport of nuclear hazardous goods is prohibited.

nuclear fusion *n.* the coming together of two atomic nuclei to form a single nucleus with a consequent release of energy.

nuclear medicine *n.* a branch of medicine in which mildly radioactive isotopes are introduced into the body and subsequently tracked, largely for diagnostic purposes but also as a form of treatment. Also, **nuclear tracing.**

nuclear power *n.* → **atomic power.**

nuclear reaction *n.* any reaction which involves a change in the structure or energy state of the nuclei of the interacting atoms.

nuclear reactor *n.* any device in which a self-sustaining chain reaction is maintained and controlled for the production of nuclear energy, fissile material, or radioactive isotopes.

nuclear winter *n.* a period of freezing temperatures and widespread famine, lasting several months, predicted to follow a nuclear war as a result of the blocking of sunlight by fallout.

nuclei /'njukliaɪ/ *n.* plural of **nucleus.**

nucleonics /njukli'ɒnɪks/ *n.* the techniques of applying nuclear science to industry and to biology, physics, chemistry, and other sciences.

nucleus /'njukliəs/ *n.* **-clei** /-kliaɪ/ *or* **-cleuses.** **1.** a central part or thing about which other parts or things are grouped. **2.** anything making up a central part, foundation, or beginning. **3.** *Biology* a mass (usually rounded) of protoplasm, encased in a delicate membrane, present inside nearly all living cells and forming a necessary element in their growth, metabolism and reproduction. **4.** *Anatomy* a mass of grey matter in the brain and spinal cord in which incoming nerve fibres form connections with outgoing fibres. **5.** *Physics* the central core of an atom, made of protons and neutrons, with a net positive charge equal to the number of protons.

nude /njud/ *adj.* **1.** naked or unclothed, as a person, the body, etc. **2.** without the usual coverings, furnishings, etc.; bare. **3.** *Law* unsupported; made without a consideration: *a nude pact. –n.* **4.** a nude figure as represented in art. *–phr.* **5. the nude, a.** the condition of being naked. **b.** the naked human figure. **–nudely** *adv.* **–nudeness** *n.* **–nudity** *n.*

nudge /nʌdʒ/ *v.* **nudged, nudging,** *n. –v.t.* **1.** to push slightly or jog, especially with the elbow, as in calling attention or giving a hint or with sly meaning. *–n.* **2.** a slight push or jog. *–phr.* **3. give it a nudge,** *Australian* **a.** to indulge in alcohol, drugs, etc., to excess: *gave it a bit of a nudge last night, did you?* **b.** to make an attempt, have a try at something. **4. give someone** (or **something**) **a nudge,** to impart impetus to someone or something. **5. nudge the bottle** or **give the bottle a nudge,** *Australian* to drink alcoholic liquor to excess.

nudism /'njudɪzəm/ *n.* the practice of going nude as a means of healthful living; naturism. **–nudist** *n.*

nugget /'nʌgət/ *n.* **1.** a lump of something. **2.** a lump of native gold. **3.** *NZ* a lump of kauri gum. **4.** *Australian, NZ Colloquial* a short muscular young man or animal.

nuisance /'njusəns/ *n.* **1.** a highly obnoxious or annoying thing or person. **2.** *Law* something offensive or annoying to individuals or to the community, to the prejudice of their legal rights.

nuke /njuk/ *n., v.* **nuked, nuking.** *Chiefly US Colloquial –n.* **1.** a nuclear device. *–v.t.* **2.** to destroy utterly by, or as if by, a nuclear weapon.

null /nʌl/ *adj.* **1.** of no effect, consequence, or significance. **2.** being none, lacking, or non-existent. **3.** zero. *–phr.* **4. null and void,** having no legal force or effect.

nulla-nulla /'nʌlə-nʌlə/ *n.* an Aboriginal club or heavy weapon. Also, **nulla.**

nulli- a word element meaning 'none'.

nullify /'nʌləfaɪ/ *v.t.* **-fied, -fying.** **1.** to make ineffective, futile, or of no consequence. **2.** to render or declare legally void or inoperative: *to nullify a contract.* **–nullifier** *n.* **–nullification** /nʌləfə'keɪʃən/ *n.*

numb /nʌm/ *adj.* **1.** deprived of or deficient in the power of sensation and movement: *fingers numb with cold.* **2.** of the nature of numbness: *a numb sensation. –v.t.* **3.** to make numb. **–numbly** *adv.* **–numbness** *n.*

numbat /'nʌmbæt/ *n.* a small, slender, reddish-

number 538 **nut**

brown, diurnal marsupial, *Myrmecobius fasciatus*, with a long, bushy tail, a pointed snout, and conspicuous white stripes across the back, found in certain areas of south-western Australia.

number /'nʌmbə/ *n.* **1.** the sum, total, count, or aggregate of a collection of units or any generalisation of this concept. **2.** → **integer**. **3.** → **numeral**. **4.** (*plural*) → **arithmetic**. **5.** the particular numeral assigned to anything in order to fix its place in a series: *a house number*. **6.** a telephone number. **7.** a word or symbol, or a combination of words or symbols, used in counting or to denote a total. **8.** one of a series of things distinguished by numerals. **9.** a single part of a book published in parts. **10.** a single issue of a periodical. **11.** a single part of a program made up of a number of parts. **12.** the full count of a collection or company. **13.** a collection or company. **14.** a quantity (large or small) of individuals. **15.** a certain collection, company, or quantity not precisely reckoned, but usually considerable or large. **16.** (*plural*) considerable collections or quantities. **17.** (*plural*) numerical strength or superiority, as in a political party, organisation, etc. **18.** quantity as composed of units. **19.** *Grammar* (in many languages) a category of the inflection of nouns, verbs, and related word classes, usually expressing the number of persons or objects referred to, comprising as subcategories the *singular* and *plural* and in some languages one or two intermediate subcategories (the *dual*, referring to two, and the *trial*, referring to three). **20.** *Colloquial* an individual person, especially an attractive woman: *that blonde number who lives out of town*. **21.** *Colloquial* a theatrical piece; a routine. **22.** *Colloquial* a song. **23.** *Colloquial* anything viewed as part of presentation designed to impress, as a special outfit, a special dish, an amateur performance of some kind: *to wear the little black number; do the pesto number; put on the poetry number*. –*v.t.* **24.** to ascertain the number of. **25.** to mark with or distinguish by a number or numbers. **26.** to count over one by one. **27.** to mention one by one; enumerate. **28.** to fix the number of, limit in number, or make few in number. **29.** to reckon or include in a number. **30.** to have or comprise in number. **31.** to amount to in number: *a crew numbering fifty men*. –*v.i.* **32.** *Poetic* to make enumeration; count. **33.** to be numbered or included. –*phr.* **34. do a number, a.** to perform a theatrical piece or routine. **b.** *Colloquial* to behave in some way to gain a particular end: *when I told her she did a number about going to the boss*. **35. have someone's number,** to have the measure of someone. **36. one's number is up,** *Colloquial* **a.** one is in serious trouble. **b.** one is due to die. **37. the numbers are up, a.** *Horseracing* the winners' numbers have been posted. **b.** *Colloquial* the result is known: *we won't know how we did till the numbers are up*. **38. without number,** of which the number is unknown or too great to be counted: *stars without number*. –**numberer** *n.*

numberless /'nʌmbələs/ *adj.* **1.** innumerable; countless; myriad. **2.** without a number or numbers.

numberplate /'nʌmbəpleɪt/ *n.* an identifying plate, carried by motor vehicles, bearing a registration number. Also, **registration plate**.

numbskull /'nʌmskʌl/ *n. Colloquial* a dull-witted person; a dunce; a dolt. Also, **numskull**.

numeral /'njuːmərəl/ *n.* **1.** a word or words expressing a number: *cardinal numerals*. **2.** a letter or figure, or a group of letters or figures, denoting a number: *the Roman numerals*. –*adj.* **3.** having to do with number; consisting of numbers. **4.** expressing or denoting number.

numerate /'njuːmareɪt/ *v.* **-rated, -rating,** /'njuːmərət/ *adj.* –*v.t.* **1.** to number; count; enumerate. **2.** to read (an expression in numbers). –*adj.* **3.** having some knowledge of or versed in mathematics. –**numeracy** /'njuːmərəsi/ *n.*

numerator /'njuːmareɪtə/ *n. Mathematics* the term (usually written above the line) of a fraction which shows how many parts of a unit are taken.

numerical /njuː'mɛrɪkəl/ *adj.* **1.** having to do with number; of the nature of number. **2.** denoting number or a number: *numerical symbols*. **3.** bearing, or designated by, a number. **4.** expressed by a number or figure, or by figures, and not by a letter or letters. **5.** *Mathematics* denoting value or magnitude irrespective of sign: *the numerical value of -10 is greater than that of -5*. Also, **numeric**. –**numerically** *adv.*

numerology /njuːmə'rɒlədʒi/ *n.* the study of numbers (as one's birth year, etc.), supposedly to determine their influence on one's life and future. –**numerological** /njuːmərə'lɒdʒɪkəl/ *adj.*

numerous /'njuːmərəs/ *adj.* **1.** very many; forming a great number. **2.** consisting of or comprising a great number of units or individuals. –**numerously** *adv.* –**numerousness** *n.*

numismatics /njuːməz'mætɪks/ *n.* the science of coins and medals. –**numismatist** /njuː'mɪzmətəst/ *n.* –**numismatic** *adj.*

nun /nʌn/ *n.* **1.** a woman devoted to a religious life under vows. **2.** a woman living in a convent under solemn vows of poverty, chastity, and obedience.

nunnery /'nʌnəri/ *n.* **-ries.** a religious house for nuns; a convent.

nuptial /'nʌpʃəl/ *adj.* **1.** having to do with marriage or the marriage ceremony: *the nuptial day*. –*n.* **2.** (*usually plural*) marriage; wedding.

nurse /nɜːs/ *n., v.* **nursed, nursing.** –*n.* **1.** a person (woman or man) who has the care of the sick or infirm. **2.** a woman who has the general care of a child or children. **3.** a woman employed to breastfeed a young child; wet nurse. –*v.t.* **4.** to tend in sickness or infirmity. **5.** to seek to cure (a cold, etc.) by taking care of oneself. **6.** to look after carefully so as to aid growth, development, etc.; foster; cherish (a feeling, etc.). **7.** to treat or handle with care in order to further one's own interests. **8.** to bring up, train, or care for. **9.** to hold or handle, especially fondly or tenderly. **10.** to hold while travelling: *you can nurse this box*. **11.** to breastfeed (a young child). **12.** to feed and tend when a child is very young. –*v.i.* **13.** to act as nurse; tend the sick or infirm. **14.** to breastfeed a child. **15.** (of a child) to take the breast. –**nurser** *n.*

nursemaid /'nɜːsmeɪd/ *n.* a maidservant employed to take care of children. Also, **nurserymaid**.

nursery /'nɜːsri/ *n.* **-ries.** **1.** a room or place set apart for young children. **2.** any place in which something is bred, nourished, or fostered. **3.** any situation, condition, circumstance, practice, etc., serving to foster something. **4.** *Horticulture* a place where young trees or other plants are raised for transplanting or for sale.

nursery rhyme *n.* a short, simple poem or song for children.

nursing home *n.* a nursing residence equipped for the care of patients who have chronic or terminal diseases, or who are handicapped in some way.

nurture /'nɜːtʃə/ *v.* **-tured, -turing,** *n.* –*v.t.* **1.** to feed, nourish, or support during the stages of growth, as children or young; rear. **2.** to bring up; train; educate. –*n.* **3.** upbringing or training. **4.** education; breeding. **5.** nourishment or food. –**nurturer** *n.* –**nurturance** *n.*

nut /nʌt/ *n., v.* **nutted, nutting.** –*n.* **1.** a dry fruit

nutmeg consisting of an edible kernel or meat enclosed in a woody or leathery shell. **2.** the kernel itself. **3.** *Botany* a hard, indehiscent, one-seeded fruit, as the chestnut or the acorn. **4.** any of various devices or parts supposed in some way to resemble a nut. **5.** a small lump of coal. **6.** *NZ* a small lump of kauri resin. **7.** *Colloquial* the head. **8.** *Colloquial* an enthusiast. **9.** *Colloquial* a foolish or eccentric person. **10.** *Colloquial* an insane person. **11.** a perforated block (usually of metal) with an internal thread or female screw, used to screw on the end of a bolt, etc. **12.** *Colloquial* a testicle. *–phr.* **13. do one's nut**, *Colloquial* to be very angry, anxious, or upset. **14. do one's nuts over**, *Colloquial* to become infatuated with. **15. hard nut to crack**, **a.** a difficult question, undertaking, or problem. **b.** a person who is difficult to convince, understand, or know. **16. nut out**, *Colloquial* to think out; solve (a problem, a plan of action, etc.). **17. off one's nut**, *Colloquial* **a.** mad; insane. **b.** crazy; foolish. **–nutlike** *adj.*

nutmeg /'nʌtmɛg/ *n.* the hard, aromatic seed of the fruit of an East Indian tree, *Myristica fragrans*, used as a spice.

nutrient /'njutriənt/ *adj.* **1.** containing or conveying nutriment, as solutions or vessels of the body. **2.** nourishing; affording nutriment. *–n.* **3.** a nutrient substance.

nutriment /'njutrəmənt/ *n.* **1.** any matter that, taken into a living organism, serves to sustain it in its existence, promoting growth, replacing loss, and providing energy. **2.** something that nourishes; nourishment; food.

nutrition /nju'trɪʃən/ *n.* **1.** the act or process of nourishing or of being nourished. **2.** food; nutriment. **3.** the process by which the food material taken into an organism is converted into living tissue, etc. **–nutritional**, **nutritive** *adj.* **–nutritionally** *adv.* **–nutritionist** *n.*

nutritious /nju'trɪʃəs/ *adj.* nourishing, especially in a high degree. **–nutritiously** *adv.* **–nutritiousness** *n.*

nuts /nʌts/ *Colloquial –interj.* **1.** (an expression of defiance, disgust, etc.). *–adj.* **2.** crazy; insane. *–phr.* **3. nuts about** (or **on**) (or **over**), overwhelmingly attracted to.

nutshell /'nʌtʃɛl/ *n.* **1.** the shell of a nut. *–phr.* **2. in a nutshell**, in very brief form; in a few words: *just tell me the story in a nutshell.*

nutty /'nʌti/ *adj.* **-tier**, **-tiest**. *–adj.* **1.** nutlike, especially in taste. **2.** *Colloquial* silly or stupid; crazy. *–phr.* **3. nutty as a fruitcake**, *Colloquial* completely mad. **4. nutty over** (or **about**), *Colloquial* overwhelmingly attracted to. **–nuttiness** *n.*

nuzzle /'nʌzəl/ *v.* **-zled**, **-zling**. *–v.i.* **1.** to push the nose forward (fol. by *against, in, up,* etc.): *the pup nuzzled up close to the sick child.* **2.** to cuddle up with someone. *–v.t.* **3.** to touch or rub with the nose. **4.** to push the nose against or into: *the pup nuzzled me.*

nylon /'naɪlɒn/ *n.* **1.** a synthetic polyamide capable of extrusion when molten into fibres, sheets, etc., of extreme toughness, strength, and elasticity, used for yarn (as for hosiery), for bristles (as for brushes), etc. It is a thermoplastic product, made by interaction of a dicarboxylic acid with a diamine. **2.** (*plural*) stockings made of nylon.

nymph /nɪmf/ *n.* **1.** one of a numerous class of inferior divinities of mythology, conceived as beautiful maidens inhabiting the sea, rivers, woods, trees, mountains, meadows, etc., and frequently mentioned as attending a superior deity. **2.** a beautiful or graceful young woman. **3.** *Entomology* **a.** Also, **nympha**. the young of an insect without metamorphosis. **b.** → **pupa**. **–nymphal**, **nymphean** *adj.*

nymphomania /nɪmfə'meɪniə/ *n.* uncontrollable sexual desire in women. **–nymphomaniac** *n.*, *adj.*

O o

O, o n. **O's, Os, Os, o's** or **os**. 1. a vowel, the 15th letter of the English alphabet. 2. something resembling the letter O in shape. 3. the Arabic cipher; zero; nought (0). 4. a mere nothing.

o' /ə/ prep. 1. an abbreviated form of of, now chiefly dialectal or colloquial, except in *o'clock*, *will-o'-the-wisp*, etc. 2. an abbreviated form of *on*.

-o- an ending for the first element of many compounds, originally found in the combining forms of many Greek words, but often used in English as a connective irrespective of etymology, as in *Franco-Italian*, *speedometer*, etc.

-o a suffix used: 1. in colloquial abbreviations, as *arvo*, afternoon; *combo*, combination; *commo*, communist; *compo*, compensation; *demo*, demonstration; *kero*, kerosene; *metho*, methylated spirits. 2. to refer to a person **a.** in a particular occupation, as *bottle-o*, bottle collector; *garbo*, garbage collector; *journo*, journalist; *milko*, milk vendor; *scripto*, scriptwriter. **b.** of particular habits, as *weirdo*, one whose behaviour borders on perversion or eccentricity; *wino*, a wine addict. 3. in colloquial responses showing compliance or agreement, as *goodo*, *righto*.

oaf /ouf/ n. 1. a simpleton or blockhead. 2. a lout. **–oafish** adj. **–oafishly** adv. **–oafishness** n.

oak /ouk/ n. 1. any tree or shrub of the large genus *Quercus*, of the family Fagaceae, including many forest trees with hard, durable wood, bearing the acorn as fruit. 2. the wood of an oak tree. **–oaken** adj.

oar /ɔ/ n. 1. an instrument for propelling a boat, sometimes used also for steering, consisting of a long shaft of wood with a blade at one end. 2. something resembling this or used for a similar purpose. *–phr.* 3. **put one's oar in**, to interfere; meddle. 4. **rest on one's oars**, to relax; take things easily. **–oarless** adj. **–oarlike** adj.

oasis /ouˈeɪsɪs/ n. **oases** /ouˈeɪsiz/. 1. a fertile place in a desert region where ground water brought to the surface or surface water from other areas provides for humid vegetation. 2. any place that provides a welcome relief from discomfort or distress.

oat /out/ n. 1. (*usually plural*) a cereal grass, *Avena sativa*, cultivated for its edible seed, which is used in making oatmeal and as a food for horses, etc. 2. (*plural*) the seeds. 3. any species of the same genus, as *A. fatua*, the common **wild oat**. *–phr.* 4. **feel one's oats**, **a.** to feel exuberant or lively. **b.** to be aware of and use one's importance and power. 5. **sow one's wild oats**, to indulge in the excesses or follies of youth, especially in sexual promiscuity.

oatcake /ˈoutkeɪk/ n. a cake, usually thin and brittle, made of oatmeal.

oatgrass /ˈoutgras/ n. 1. any of certain native Australian oat-like grasses, as *Themeda avenacea*. 2. any wild species of oat.

oath /ouθ/ n. **oaths** /ouðz/. 1. a solemn appeal to God, or to some revered person or thing, in attestation of the truth of a statement or the binding character of a promise: *to testify upon oath*. 2. a statement or promise strengthened by such an appeal. 3. a formally affirmed statement or promise accepted as an equivalent. 4. the form of words in which such a statement or promise is made: *the Hippocratic oath*. 5. an irreverent or blasphemous use of the name of God or anything sacred. 6. any profane expression; a curse. *–phr.* 7. **bloody oath**, *Australian*, *NZ* (an emphatic expression of agreement). 8. **my** (**bloody**) **oath**, *Australian*, *NZ* (an emphatic expression of agreement). 9. **on** (or **under**) **oath**, *Law* having sworn to tell the truth.

oatmeal /ˈoutmil/ n. meal made from oats and used in porridge, oatcakes, etc.

ob- a prefix meaning 'towards', 'to', 'on', 'over', 'against', originally occurring in loan words from Latin, but now used also, with the sense of 'reversely' or 'inversely', to form Neo-Latin and English scientific terms. Also, **o-**, **oc-**, **of-**, **op-**.

obdurate /ˈɒbdʒərət/ adj. 1. hardened against persuasions or tender feelings; hard-hearted. 2. hardened against moral influence; persistently impenitent: *an obdurate sinner*. **–obduracy** /ˈɒbdʒərəsi/, **obdurateness** n. **–obdurately** adv.

obedient /əˈbidiənt/ adj. obeying, or willing to obey; submissive to authority or constraint. **–obedience** n. **–obediently** adv.

obeisance /ouˈbeɪsəns/ n. 1. a movement of the body expressing deep respect or deferential courtesy, as before a superior; a bow or curtsy. 2. deference or homage. **–obeisant** adj.

obelisk /ˈɒbəlɒsk/ n. 1. a tapering, four-sided shaft of stone, usually monolithic and having a pyramidal apex, of which notable examples are seen among the monuments of ancient Egypt. 2. something resembling such a shaft. 3. *Printing* the dagger (†), used especially as a reference mark. **–obeliscal** /ɒbəˈlɪskəl/ adj.

obese /ouˈbis/ adj. excessively fat, as a person or animal, the body, etc.; corpulent. **–obesely** adv. **–obeseness**, **obesity** /ouˈbisəti/ n.

obey /ouˈbeɪ/ v.t. 1. to comply with or fulfil the commands or instructions of: *obey your parents*. 2. to comply with or fulfil (a command, etc.). 3. (of things) to respond conformably in action to: *a ship obeys her helm*. 4. to submit or conform in action to (some guiding principle, impulse, etc.). *–v.i.* 5. to be obedient. **–obeyer** n.

obfuscate /ˈɒbfəskeɪt/ v.t. **-cated**, **-cating**. 1. to confuse or stupefy. 2. to darken or obscure. **–obfuscation** /ɒbfəsˈkeɪʃən/ n.

obituary /əˈbɪtʃəri/ n. **-aries**, adj. *–n.* 1. a notice of the death of a person, often with a brief biographical sketch, as in a newspaper. *–adj.* 2. relating to or recording a death: *an obituary notice*.

object /ˈɒbdʒɛkt/ n., /əbˈdʒɛkt/ v. *–n.* 1. something that may be perceived by the senses, especially by sight or touch; a visible or tangible thing. 2. a thing or person to which attention or action is directed: *an object of study*. 3. anything that may be presented to the mind: *objects of thought*. 4. a thing with reference to the impression it makes on the mind: *an object of curiosity*. 5. the end towards which effort is directed: *the object of our visit*. 6. a person treated in terms of meeting a specific need in others: *a love object*; *sex object*. 7. a person or thing which arouses feelings of pity, disgust, etc. 8. *Grammar* (in English and many other languages) the noun or its substitute which represents the goal of an action (in English either

objection *direct* or *indirect*) or the ending point of a relation (in English expressed by a preposition). **9.** *Metaphysics* that towards which a cognitive act is directed; the non-ego. –*v.i.* **10.** to offer a reason or argument in opposition. **11.** to express or feel disapproval; be averse. –*v.t.* **12.** to bring as a charge; attribute as a fault. –*phr.* **13. no object,** *Colloquial* not an obstacle or hindrance: *money is no object.* –**objector** *n.* –**objectless** *adj.*

objection /əb'dʒɛkʃən/ *n.* **1.** something adduced or said in disagreement or disapproval; an adverse reason. **2.** the act of objecting. **3.** a ground or cause of objecting. **4.** a feeling of disapproval or dislike. –**objectionable** *adj.*

objective /əb'dʒɛktɪv/ *n.* **1.** something aimed at; a goal. –*adj.* **2.** belonging to the object of thought rather than to the thinking subject (opposed to *subjective*). **3.** free from personal feelings or bias; unbiased. **4.** (of a person, book, etc.) intent upon or dealing with things outside the mind rather than thoughts or feelings. –**objectively** *adv.* –**objectiveness** *n.* –**objectivity** *n.*

object-oriented /ɒbdʒɛkt-'ɒrɪəntəd/ *adj.* *Computers* of or relating to programming which uses discrete units (objects) comprising defined groupings of data and procedures.

objet d'art /ɒbʒeɪ 'da/ *n.* **objets d'art** /ɒbʒeɪ 'da/. an article of artistic worth.

oblate /'ɒbleɪt/ *adj.* flattened at the poles, as a spheroid generated by the revolution of an ellipse about its shorter axis (opposed to *prolate*). –**oblately** *adv.*

oblation /oʊ'bleɪʃən, ɒ-/ *n.* **1.** the offering to God of the elements of bread and wine in the Eucharist. **2.** any offering for religious or charitable uses. –**oblatory** /'ɒblətəri, ɒb'leɪtəri/ *adj.*

obligation /ɒblə'geɪʃən/ *n.* **1.** a binding requirement to act in a particular way; duty. **2.** the binding power or force of a promise, law, duty, agreement, etc. **3.** *Law* a legal relationship between two people in which one person's right is the other person's duty. **4.** a debt, especially a debt of gratitude owed for a benefit, favour, etc. –**obligatory** *adj.*

oblige /ə'blaɪdʒ/ *v.* **obliged, obliging.** –*v.t.* **1.** to require or constrain, as by law, command, conscience, or necessity. **2.** to bind (a person, etc.) morally or legally, as by a promise, contract, or the like. **3.** to make (an action, course, etc.) incumbent or obligatory. **4.** to place under a debt of gratitude for some benefit, favour, or service. –*v.i.* **5.** to do something as a favour: *he'll do anything to oblige.* –*phr.* **6. oblige with,** to favour or accommodate with: *he obliged us with a song.* –**obliger** *n.*

obliging /ə'blaɪdʒɪŋ/ *adj.* disposed to do favours or services, as a person: *the clerk was most obliging.* –**obligingly** *adv.* –**obligingness** *n.*

oblique /ə'blik/ *adj.* **1.** neither parallel nor at 90° to a given line or surface; slanting; sloping. **2.** not straight or direct. **3.** *Grammar* indicating any case of a noun except nominative and vocative, or except these two and accusative. –**obliquely** *adv.* –**obliqueness** *n.*

obliterate /ə'blɪtəreɪt/ *v.t.* **-rated, -rating. 1.** to remove all traces of; do away with; destroy. **2.** to blot out or render undecipherable (writing, marks, etc.); cancel; efface. –**obliteration** /əblɪtə'reɪʃən/ *n.* –**obliterative** /ə'blɪtərətɪv/ *adj.*

oblivion /ə'blɪviən/ *n.* **1.** the state of being forgotten, as by the world. **2.** the forgetting, or forgetfulness, of something: *five minutes of oblivion.* **3.** *Law* disregard or overlooking: *oblivion of political offences.*

oblivious /ə'blɪviəs/ *adj.* **1.** forgetful; without remembrance: *oblivion of my former failure.* **2.** inducing forgetfulness. –*phr.* **3. oblivious of** (or **to**), unmindful of; unconscious of. –**obliviously** *adv.* –**obliviousness** *n.*

oblong /'ɒblɒŋ/ *adj.* **1.** elongated, usually from the square or circular form. **2.** in the form of a rectangle of greater length than breadth.

obloquy /'ɒbləkwi/ *n.* **-quies. 1.** the discredit or disgrace resulting from public blame or revilement. **2.** censure, blame, or abusive language aimed at a person, etc., especially by numbers of persons or by the public generally.

obnoxious /əb'nɒkʃəs, ɒb-/ *adj.* objectionable; offensive; odious: *obnoxious remarks.* –**obnoxiously** *adv.* –**obnoxiousness** *n.*

oboe /'oʊboʊ/ *n.* a woodwind instrument in the form of a slender conical tube, in which the tone is produced by a double reed.

obscene /əb'sin, ɒb-/ *adj.* **1.** offensive to modesty or decency; indecent; inciting to lust or sexual depravity; lewd: *obscene pictures.* **2.** abominable; disgusting; repulsive. –**obscenely** *adv.* –**obsceneness** *n.*

obscure /əb'skjuə, -'skjuə/ *adj.* **-scurer, -scurest,** *v.* **-scured, -scuring.** –*adj.* **1.** (of meaning) not clear or plain; uncertain. **2.** little seen or noticed: *the obscure beginnings of a great movement.* **3.** not readily or easily seen. **4.** dark, as from lack of light; murky; dim. –*v.t.* **5.** to make obscure, dark, dim, etc. –**obscurely** *adv.* –**obscureness** *n.* –**obscuration** /ɒbskju'reɪʃən/ *n.*

obsequious /əb'sikwiəs, ɒb-/ *adj.* servilely compliant or deferential: *obsequious servants.* –**obsequiously** *adv.* –**obsequiousness** *n.*

observance /əb'zɜvəns/ *n.* **1.** the action of conforming to, obeying, or following: *observance of laws.* **2.** a procedure, ceremony, or rite, as for a particular occasion: *patriotic observances.* **3.** a rule or custom to be observed. **4.** observation.

observant /əb'zɜvənt/ *adj.* **1.** observing or regarding attentively; watchful. **2.** quick to notice or perceive; alert. **3.** careful in the observing of a law, custom, or the like. –**observantly** *adv.*

observatory /əb'zɜvətri/ *n.* **-ries. 1.** a place or building designed for making observations of astronomical, meteorological, or other natural phenomena, usually equipped with a powerful telescope. **2.** a place or structure affording an extensive view.

observe /əb'zɜv/ *v.* **-served, -serving.** –*v.t.* **1.** to see, perceive, or notice. **2.** to regard with attention, so as to see or learn something. **3.** to make or take an observation of; to watch, view, or note for some scientific, official, or other special purpose: *to observe an eclipse.* **4.** to remark; comment. **5.** to keep or maintain in one's action, conduct, etc.: *you must observe the formalities.* **6.** to obey; comply with; conform to: *to observe a law.* **7.** to show regard for in some appropriate procedure, ceremonies, etc.: *to observe a holiday.* **8.** to perform duly, or solemnise (ceremonies, rites, etc.). –*v.i.* **9.** to notice. **10.** to act as an observer. –*phr.* **11. observe on** (or **upon**), to remark or comment on. –**observation** *n.* –**observingly** *adv.*

obsess /əb'sɛs, ɒb-/ *v.t.* to beset, trouble, or dominate the thoughts, feelings, etc.; haunt: *obsessed by a fear of cancer.* –**obsession** *n.* –**obsessive** *adj.*

obsidian /ɒb'sɪdiən/ *n.* a volcanic glass, usually of a dark colour and with a conchoidal fracture.

obsolescent /ɒbsə'lɛsənt/ *adj.* becoming obsolete; passing out of use, as a word. –**obsolescence** *n.* –**obsolescently** *adv.*

obsolete /'ɒbsəlit/ *adj.* fallen into disuse, or no longer in use: *an obsolete word.* –**obsoletely** *adv.* –**obsoleteness** *n.*

obstacle /'ɒbstəkəl/ n. something that stands in the way or obstructs progress.

obstetrics /ɒb'stɛtrɪks, əb-/ n. the branch of medicine concerned with caring for and treating women in, before, and after childbirth; midwifery.

obstinate /'ɒbstənət/ adj. **1.** firmly and often perversely adhering to one's purpose, opinion, etc.; not yielding to argument, persuasion, or entreaty. **2.** inflexibly persisted in or carried out: *obstinate resistance*. **3.** not easily controlled: *the obstinate growth of weeds*. **4.** not yielding readily to treatment, as a disease. –**obstinately** adv. –**obstinateness** n.

obstreperous /əb'strɛpərəs, ɒb-/ adj. resisting control in a noisy manner; unruly. –**obstreperously** adv. –**obstreperousness** n.

obstruct /əb'strʌkt/ v.t. **1.** to block or close up, or make difficult of passage, with obstacles, as a way, road, channel, or the like. **2.** to interrupt, make difficult, or oppose the passage, progress, course, etc., of. **3.** to come in the way of or shut out (a view, etc.). –**obstructer = obstructor** n. –**obstructive** adj. –**obstructively** adv. –**obstructiveness** n.

obstruction /əb'strʌkʃən/ n. **1.** something that obstructs; an obstacle or hindrance: *obstructions to navigation*. **2.** the act of obstructing. **3.** the retarding of business before a legislative group by parliamentary devices, or an attempt at such a retarding. **4.** the state of being obstructed. **5.** *Football, Hockey, etc.* a foul or infringement whereby a player interposes his or her body between an opponent and the ball so as to form an obstacle. –**obstructionist** n. –**obstructionism** n.

obtain /əb'teɪn/ v.t. **1.** to come into possession of; get or acquire; procure, as by effort or request: *he obtained a knowledge of Greek*. –v.i. **2.** to be prevalent, customary, or in vogue; hold good or be valid: *the morals that obtained in Rome*. –**obtainable** adj. –**obtainer** n. –**obtainment** n.

obtrude /əb'trud/ v. **-truded, -truding.** –v.t. **1.** to thrust forward or upon a person, especially without warrant or invitation: *to obtrude one's opinions upon others*. **2.** to thrust forth; push out. –v.i. **3.** to thrust oneself or itself forward, especially unduly; intrude. –**obtruder** n. –**obtrusion** n.

obtrusive /əb'trusɪv, -zɪv/ adj. **1.** having or showing a disposition to obtrude. **2.** showy; undesirably obvious. –**obtrusively** adv. –**obtrusiveness** n.

obtuse /əb'tjus, ɒb-/ adj. **1.** blunt in form; not sharp or acute. **2.** (of a leaf, petal, etc.) rounded at the extremity. **3.** not sensitive or observant; stupid; dull in perception, feeling, or intellect. **4.** indistinctly felt or perceived, as pain, sound, etc. –**obtusely** adv. –**obtuseness** n.

obverse /'ɒbvɜs/ n. **1.** the side of a coin, medal, etc., which bears the head or principal design (opposed to *reverse*). **2.** the front or principal face of anything. **3.** a counterpart. –adj. **4.** corresponding to something else as a counterpart. **5.** having the base narrower than the top, as a leaf. –**obversely** /ɒb'vɜsli/ adv.

obviate /'ɒbvieɪt/ v.t. **-ated, -ating.** to meet and dispose of or prevent (difficulties, objections, etc.) by effective measures: *to obviate the necessity of beginning again*. –**obviation** /ɒbvi'eɪʃən/ n.

obvious /'ɒbviəs/ adj. clearly perceptible or evident; easily recognised or understood; open to view or knowledge: *an obvious advantage*. –**obviously** adv. –**obviousness** n.

oc- variant of **ob-** (by assimilation) before *c*, as in *Occident*.

occasion /ə'keɪʒən/ n. **1.** a particular time, especially as marked by certain circumstances or occurrences: *on several occasions*. **2.** a special or important time, event, ceremony, function, etc. **3.** a convenient or favourable juncture or time; opportunity. **4.** the ground, reason, immediate or incidental cause of some action or result. –v.t. **5.** to give occasion or cause for; bring about. –phr. **6. on occasion,** now and then; occasionally. **7. rise to the occasion,** to show oneself equal to a task.

occasional /ə'keɪʒənəl/ adj. **1.** occurring or appearing from time to time, not at regular intervals: *an occasional visitor*. **2.** intended for use whenever needed: *an occasional table*. **3.** relating to, arising out of, or intended for a special occasion, ceremony, etc.: *occasional verses; occasional decrees*.

Occident /'ɒksədənt/ n. **1.** countries in Europe and America (contrasted with the *Orient*). **2.** the Western Hemisphere. –**occidental** /ɒksə'dɛntl/ adj.

occiput /'ɒksɪpʊt/ n. *Anatomy* **occipita** /ɒk'sɪpətə/. the back part of the head or skull.

occlude /ə'klud/ v.t. **-cluded, -cluding.** **1.** to close, shut, or stop up (a passage, etc.). **2.** *Chemistry* (of certain metals and other solids) to absorb and retain gases or liquids, in minute pores. –**occludent** adj.

occult /'ɒkʌlt, ə'kʌlt/ adj. **1.** beyond the bounds of ordinary knowledge; mysterious. **2.** not disclosed; secret; communicated only to the initiated. **3.** (in early science) **a.** not apparent on mere inspection but discoverable by experimentation. **b.** of a nature not understood, as physical qualities. –n. **4.** the supernatural. –**occultism** n. –**occultist** n. –**occulter** n.

occupant /'ɒkjəpənt/ n. **1.** someone who occupies. **2.** a tenant of a house, estate, office, etc. –**occupancy** n.

occupation /ɒkjə'peɪʃən/ n. **1.** someone's usual employment, business, etc. **2.** possession, as of a place. **3.** the act of occupying. **4.** the condition of being occupied. **5.** a period during which a country is under foreign military control.

occupational therapy n. a method of therapy which uses self-care, work and play activities to increase development and independent function, and to prevent disability. –**occupational therapist** n.

occupy /'ɒkjəpaɪ/ v.t. **-pied, -pying.** **1.** to take up (space, time, etc.). **2.** to engage or employ (the mind, attention, etc., or a person). **3.** to take possession of (a place), as by invasion. **4.** to hold (a position, office, etc.). **5.** to be resident or established in (a place) as its tenant; to tenant.

occur /ə'kɜ/ v.i. **-curred, -curring.** **1.** to come to pass, take place, or happen. **2.** to be met with or found; present itself; appear. –phr. **3. occur to,** to suggest itself in thought to: *an idea occurred to me*. –**occurrence** n.

ocean /'oʊʃən/ n. **1.** the vast body of salt water which covers almost three quarters of the earth's surface. **2.** any of the geographical divisions of this body (commonly given as five: the Atlantic, Pacific, Indian, Arctic, and Antarctic oceans). **3.** a vast expanse or quantity: *an ocean of grass*. –**ocean-like** adj.

oceanography /oʊʃən'ɒgrəfi/ n. the branch of physical geography that deals with the ocean. –**oceanographer** n. –**oceanographic** /oʊʃənə'græfɪk/, **oceanographical** /oʊʃənə'græfɪkəl/ adj. –**oceanographically** /oʊʃənə'græfɪkli/ adv.

ocelot /'ɒsəlɒt/ n. a spotted, leopard-like feline, *Felis pardalis*, ranging from the central southern US to central South America.

ochre /'oʊkə/ n. **1.** any of a class of natural earths, mixtures of hydrated oxide of iron with various earthy materials, ranging in colour from pale yellow to orange and red, and used as pigments. **2.** the colour of this, ranging from pale yellow to an orange or reddish yellow. **–ochreous** /'oʊkrɪəs, 'oʊkərəs/, **ochrous** /'oʊkrəs/, **ochry** /'oʊkəri, 'oʊkri/ *adj.*

-ock a noun suffix used to make descriptive names, as in *ruddock* (lit., the red one); diminutives, as in *hillock*; etc.

ocker /'ɒkə/ *n. Colloquial* **1.** the archetypal uncultivated Australian working man. **2.** a boorish, uncouth, chauvinistic Australian. **3.** an Australian male displaying qualities considered to be typically Australian, as good humour, helpfulness, and resourcefulness. *–adj.* **4.** having to do with an ocker. **5.** distinctively Australian: *an ocker sense of humour.* **–ockerish** *adj.* **–ockerism** *n.*

o'clock /ə'klɒk/ *adv.* of or by the clock (used in specifying or inquiring the hour of the day): *it is now one o'clock.*

OCR /oʊ si 'a, 'oʊkə/ *n. Computers* a system of machine reading by a light-sensitive electrical cell of standard character sets encoded on documents such as gas bills, etc.

oct- variant of **octa-** or **octo-**, before a vowel.

octa- a word element meaning 'eight'. Also, **oct-**, **octo-**.

octagon /'ɒktəgɒn, -gən/ *n.* a polygon having eight angles and eight sides.

octane /'ɒkteɪn/ *n.* any of eighteen isomeric saturated hydrocarbons, C_8H_{18}, some of which are obtained in the distillation and cracking of petroleum.

octave /'ɒktɪv/ *n.* **1.** *Music* **a.** a note on the eighth degree from a given note (counted as the first). **b.** the interval between such notes. **2.** a series or group of eight. **3.** *Prosody* a group or a stanza of eight lines, as the first eight lines of a sonnet. **4.** the eighth of a series. **–octaval** /ɒk'teɪvəl, 'ɒktəvəl/ *adj.*

octavo /ɒk'tɑvoʊ, -'teɪv-/ *n.* a book size determined by printing on sheets folded to form eight leaves or sixteen pages. *Abbrev.:* 8vo *or* 8° Also, **eightvo**.

octet /ɒk'tɛt/ *n.* **1.** a company of eight singers or players. **2.** a musical composition for eight voices or instruments. **3.** *Prosody* a group of eight lines of verse, especially the first eight lines (octave) of a sonnet. **4.** *Chemistry* a stable group of eight electrons which form a shell surrounding an atomic nucleus. **5.** any group of eight. Also, **octette**.

octo- variant of **octa-**.

October /ɒk'toʊbə/ *n.* the tenth month of the year, containing 31 days.

octogenarian /ˌɒktoʊdʒə'nɛəriən/ *adj.* of the age of 80 years, or between 80 and 90 years old.

octopus /'ɒktəpəs, -pʊs/ *n.* **-puses** *or* **-pi** /-paɪ/. any animal of the genus *Octopus*, comprising octopods with a soft, oval body and eight sucker-bearing arms, and living mostly on the sea bottom.

octopus strap *n.* a stretchable rope with hooks on either end used for securing goods to roof-racks, etc. Also, **ockie strap**.

ocular /'ɒkjələ/ *adj.* **1.** having to do with the eye: *ocular movements.* *–n.* **2.** the eyepiece of an optical instrument. **–ocularly** *adv.*

oculist /'ɒkjələst/ *n.* a doctor of medicine skilled in the examination and treatment of the eye; an ophthalmologist.

OD /oʊ 'di/ *n., v.* **OD'd**, **OD'ing**. *Colloquial* *–n.* **1.** an overdose, especially of an injected addictive drug, as heroin. *–v.i.* **2.** (sometimes fol. by *on*) to give oneself an overdose. **3.** (*humorous*) (sometimes fol. by *on*) to consume to excess; have a surfeit: *I OD'd on ice-cream.*

odd /ɒd/ *adj.* **1.** differing in character from what is ordinary or usual: *an odd choice.* **2.** singular or peculiar in a freakish or eccentric way, as persons or their manners, etc. **3.** fantastic or bizarre, as things. **4.** (of a number) leaving a remainder of one when divided by two (opposed to *even*). **5.** additional to a whole mentioned in round numbers; being a surplus over a definite quantity; more or less: *she owed him fifty-odd dollars.* **6.** additional to what is taken into account: *ten dollars and a few odd cents.* **7.** being part of a pair, set, or series of which the rest is lacking: *an odd glove.* **8.** (of a pair) not matching: *he was wearing odd shoes.* **9.** remaining after a division into pairs, or into equal numbers or parts. **10.** left over after the rest have been consumed, used up, etc. **11.** occasional or casual: *odd jobs.* **12.** not forming part of any particular group, set, or class: *odd bits of information.* *–phr.* **13. odd one out**, **a.** one left over when the rest have been arranged in pairs, or in convenient groups. **b.** one differing from the other member of a group in some respect. **–oddly** *adv.* **–oddness** *n.* **–oddish** *adj.*

oddball /'ɒdbɔl/ *n. Colloquial* someone who is unusual or peculiar; an eccentric.

oddity /'ɒdəti/ *n.* **-ties**. **1.** the quality of being odd; singularity or strangeness. **2.** an odd characteristic or peculiarity. **3.** an odd person or thing.

oddment /'ɒdmənt/ *n.* an odd article, bit, remnant, or the like.

odds /ɒdz/ *n.* (*usually construed as plural*) **1.** the ratio of the money to be paid to a better if successful, to the money invested by that better: *the bookmaker could only give me odds of three to two.* **2. a.** the likelihood of a certain event happening: *the odds are she'll marry young.* **b.** such a likelihood expressed as a ratio: *the odds on his becoming manager are ten thousand to one against.* **3.** the greater chance of success that one team or contender is judged to have over another: *the odds were with the contender; the champion was fighting against odds.* *–phr.* **4. at odds**, (of two or more people) in disagreement; at variance. **5. long odds**, odds (def. 1) in which the ratio is large, as a hundred to one. **6. make no odds**, not to matter; be of no importance. **7. over the odds**, too much; more than can be tolerated: *their behaviour was quite over the odds.* **8. short odds**, odds (def. 1) in which the ratio is small, as five to four. **9. what's the odds?**, *Colloquial* what difference does it make?

odds-on /'ɒdz-ɒn/ *adj.* (of a chance) better than even; that is more likely to win, succeed, etc.

ode /oʊd/ *n.* **1.** a lyric poem typically of elaborate or irregular metrical form and expressive of exalted or enthusiastic emotion. **2.** (originally) a poem intended to be sung. **–odic** *adj.*

-ode[1] a suffix of nouns denoting something having some resemblance to what is indicated by the preceding part of the word, as in *phyllode.*

-ode[2] a noun suffix meaning 'way', as in *anode, electrode.*

odious /'oʊdiəs/ *adj.* **1.** deserving of or exciting hatred; hateful or detestable. **2.** highly offensive; disgusting. **–odiously** *adv.* **–odiousness** *n.*

odium /'oʊdiəm/ *n.* the reproach, discredit, or opprobrium attaching to something hated or odious.

odometer /ɒ'dɒmətə, oʊ-/ *n.* an instrument for measuring distance passed over, as by a motor vehicle. **–odometry** *n.*

odonto- a word element meaning 'tooth'. Also, **odont-**.

odour = odor /'oʊdə/ *n.* **1.** the property of a substance which affects the sense of smell: *rank odours.* **2.** an agreeable scent; fragrance. **3.** a bad smell. **4.** a savour or quality characteristic or suggestive of something. **5.** repute or estimation: *in bad odour.* **–odourless** *adj.* **–odourous** *n.*

odyssey /'ɒdəsi/ *n.* any long series of wanderings.

oedema

–**odyssean** adj.
oedema = edema /əˈdiːmə/ n. **-mata** /-mətə/. Pathology effusion of serous fluid into the interstices of cells in tissue spaces or into body cavities. –**oedematous** /əˈdɛmətəs/, **oedematose** /əˈdɛmətoʊs/ adj.
Oedipus complex /ˈidəpəs ˌkɒmplɛks/ n. **1.** (in psychoanalysis) the unresolved desire of a child for sexual gratification through the parent of the opposite sex. This involves, first, identification with and, later, hatred for the parent of the same sex, who is considered by the child as a rival. **2.** sexual desire of the son for the mother. Compare **Electra complex**.
o'er /ɔ/ prep., adv. Poetic over.
oesophagus = esophagus /əˈsɒfəgəs/ n. **-gi** /-gaɪ/. Anatomy a tube connecting the mouth or pharynx with the stomach in invertebrate and vertebrate animals; gullet. –**oesophageal** /əsɒfəˈdʒiəl/ adj.
oestrogen = estrogen /ˈistrədʒən, ˈɛs-/ n. Physiology any of a group of female sex hormones secreted by the ovaries and responsible for secondary female characteristics. –**oestrogenic** /istrəˈdʒɛnɪk, ɛs-/ adj.
oestrous cycle /ˈistrəs saɪkəl/ n. a recurrent series of physiological changes in sexual and other organs in female mammals, extending from one rutting period to the next. Also, **estrus cycle**.
oestrus /ˈistrəs, ˈɛs-/ n. Physiology **1.** Also, **oestrum** /ˈistrəm, ˈɛs-/, **estrus**. a period of the oestrous cycle, usually lasting 1-2 days, during which ovulation occurs, and the animal can copulate; heat. **2.** passion or passionate impulse. **3.** a stimulus.
of /ɒv/ weak form /əv/ prep. a particle indicating: **1.** distance or direction from, separation, deprivation, riddance, etc.: within a metre of. **2.** origin or source: of good family; the plays of Shakespeare. **3.** concerning: and what of Marie-Louise? **4.** cause, occasion, or reason: he will die of hunger. **5.** material, substance, or contents: a packet of sugar; a suit of wool. **6.** a relation of identity: the city of Sydney. **7.** belonging or possession, connection, or association: the queen of England; the property of all. **8.** inclusion in a number, class, or whole: one of us. **9.** objective relation: the ringing of bells. **10.** reference or respect: talk of peace. **11.** qualities: a man of tact. **12.** time: of an evening. **13.** attaching of a quality to: it was good of you to come. **14.** Chiefly Archaic the person by whom something is done: beloved of all.
of- variant of **ob-**, (by assimilation) before f, as in offend.
off /ɒf/ adv. **1.** away from a position occupied, or from contact, connection, or attachment: take off one's hat; the handle has come off. **2.** to or at a distance from, or away from, a place: to run off. **3.** away or out of association or relation: to cast off. **4.** deviating, especially from what is normal or regular. **5.** as a deduction: 10 per cent off on all cash purchases. **6.** away; distant (in future time): summer is only a week off. **7.** out of operation or effective existence; disconnected. **8.** so as to interrupt continuity or cause discontinuance: to break off negotiations. **9.** away from employment or service: we have four days off at Easter. **10.** so as to exhaust, finish, or complete; completely: to kill off vermin. **11.** forthwith or immediately: right off. **12.** with prompt or ready performance: to dash off a letter. **13.** to fulfilment, or into execution or effect: the contest came off on the day fixed. **14.** so as to cause or undergo reduction or diminution: to wear off. **15.** on one's way or journey, as from a place: to see a friend off on a journey. **16.** Nautical away from the land, a ship, the wind, etc. –prep. **17.** away from; so as

544

offence

no longer to be or rest on: to fall off a horse. **18.** deviating from (something normal or usual): off one's balance. **19.** not up to the usual standard of: off his game. **20.** from by subtraction or deduction: 25 per cent off the marked price. **21.** away or disengaged from (duty, work, etc.). **22.** Colloquial refraining from (some food, activity, etc.): to be off gambling. **23.** distant from: a waterhole a fair way off the track. **24.** leading out of: an alley off the main street. **25.** Colloquial from (indicating source): I bought it off him. **26.** from (indicating material): to make a meal off fish. **27.** Nautical to seaward of. –adj. **28.** wide of the truth or fact; in error: you are off on that point. **29.** no longer in effect or operation: the agreement is off. **30.** (of time) on which work is suspended: pastime for one's off hours. **31.** not so good or satisfactory as usual: an off year for apples; off day. **32.** off-colour; unwell. **33.** below the normal or expected standard; inferior. **34.** in bad taste; deviating from normal or accepted behaviour. **35.** (of food) tainted. **36.** of less than the ordinary activity, liveliness, or lively interest: an off season in the woollen trade. **37.** (with reference to animals or vehicles) right (opposed to near). **38.** Nautical farther from the shore. **39.** Cricket relating to the off side. **40.** (of items in a menu) not available. **41.** Theatre off stage: I sacked my dresser as soon as I was off. **42.** as to condition, circumstances, supplies, etc.: better off. –n. **43.** the state or fact of being off. **44.** Cricket the off side. –interj. **45.** (an exclamation urging someone to distance themselves or go away). –phr. **46. be off**, to depart; leave. **47. off and on**, **a.** Also, **on and off**. intermittently: to work off and on. **b.** Nautical on alternate tacks. **48. off like a bucket of prawns (in the midday sun)**, Australian Colloquial extremely rotten, stinking. **49. off the air**, Colloquial crazy; insane. **50. off the wall**, Colloquial eccentric in an amusing way; irrational. **51. off with ...**, (an exclamation calling for the removal of something specified): off with his head!

offal /ˈɒfəl/ n. **1.** the internal organs of animals used for food, including brains, heart, kidney, liver, tripe, etc. **2.** the parts of a meat carcass discarded after slaughter, excluding the skin. **3.** anything worthless or discarded; rubbish.

off-beat /ˈɒf-biːt/ adj. **1.** unusual; unconventional. –n. **2.** Music the unaccented or less strongly accented beat of a bar.

off-chance /ˈɒf-tʃæns, -tʃɑːns/ n. **1.** a remote chance or possibility. –phr. **2. do something on the off-chance**, to embark on a course of action casually setting aside the odds against its completion.

off-colour = off-color /ˈɒf-kʌlə/, (especially in predicative use) /ˈɒfˈkʌlə/ adj. **1.** defective in colour, as a gem. **2.** Also, **off**. Colloquial unwell. **3.** of doubtful propriety or taste: an off-colour story.

offcourse /ˈɒfkɔːs/ adj. having to do with something that takes place away from a racecourse, usually betting.

off-cut /ˈɒf-kʌt/ n. **1.** something that is cut off, as from paper which has been reduced to a particular size. **2.** (plural) small lengths of timber or other material, left over after special orders have been prepared in a hardware store, etc. –adj. **3.** not being of the usual or standard sizes.

offence /əˈfɛns/ n. **1.** a transgression; a wrong; a sin. **2.** any crime. **3.** a crime which is not indictable, but is punishable summarily (**summary offence**). **4.** something that offends. **5.** the act of offending or displeasing. **6.** the feeling of resentful displeasure caused: to give offence. **7.** the act of attacking; attack or assault: weapons of offence. **8.**

the persons, side, etc., attacking. Also, *US*, **offense**.

offend /ə'fɛnd/ *v.t.* **1.** to irritate in mind or feelings; cause displeasure in. **2.** to affect (the sense, taste, etc.) disagreeably. *–v.i.* **3.** to err in conduct; commit a sin, crime, or fault.

offensive /ə'fɛnsɪv/ *adj.* **1.** causing offence or displeasure; irritating; highly annoying. **2.** disagreeable to the sense: *an offensive odour.* **3.** unacceptable to one's sense of what is right or proper; insulting. **4.** (of a word) **a.** used purposely in order to insult the hearer. **b.** not acceptable in polite conversation. **5.** relating to offence or attack: *offensive movements.* *–n.* **6.** a position or attitude of offence or attack: *The army took the offensive.* **7.** a military attack or any similar action: *the big Soviet offensive.* **–offensively** *adv.* **–offensiveness** *n.*

offer /'ɒfə/ *v.t.* **1.** to present for acceptance or consideration. **2.** to show intention or willingness (to do something). **3.** to present solemnly as an act of worship, as to God, etc. **4.** to attempt to do or make: *they will offer battle; do not offer resistance.* **5.** to present for sale. **6.** to bid as a price: *he will offer $50 for the radio.* *–v.i.* **7.** to present itself; occur: *whenever an occasion offered.* *–n.* **8.** an act of offering or what is offered. **9.** a proposal of marriage. **10.** a proposal to give or accept something as a price for something else; a bid: *an offer of $180,000 for a house.* **–offerer**, **offeror** *n.*

offering /'ɒfərɪŋ/ *n.* **1.** something offered in worship or devotion, as to God, a deity, etc.; an oblation; a sacrifice. **2.** a contribution given to or through the Church for a particular purpose, as at a service. **3.** anything offered; gift. **4.** the act of someone who offers.

offertory /'ɒfətəri, -tri/ *n.* **-ries. 1.** *Roman Catholic Church* the oblation of the unconsecrated elements made by the celebrant in a Eucharistic service. **2.** *Ecclesiastical* **a.** the verses, anthem, or music said, sung, or played while the offerings of the people are received at a religious service. **b.** the part of a service at which offerings are made. **c.** the offerings themselves.

offhand /ɒf'hænd/ *adv.*, /'ɒfhænd/ *adj.* *–adv.* **1.** without previous thought or preparation; extempore: *to decide offhand.* *–adj.* Also, **offhanded**. **2.** cavalier, curt, or brusque. **3.** informal or casual. Also, **off-hand**.

office /'ɒfəs/ *n.* **1.** a room or place for the carrying-out of business, etc. **2.** a place in which the clerical work of a business is done. **3.** a place where tickets, etc., are sold, information given, etc. **4.** a building or a set of rooms given to the business of a government organisation: *the post office.* **5.** a position of duty, trust, or authority, especially in the government or in some company, society, etc. **6.** a duty of a person or agency: *the office of adviser.* **7.** something (good, or occasionally, bad) done for another: *it was through your good offices that I got the job.* **8.** *Chiefly Brit* a department of government: *the Foreign Office.*

officer /'ɒfəsə/ *n.* **1.** someone who holds a position of rank or authority in an army, navy, air force, or any similar organisation, especially one who holds a commission in the armed services. **2.** a police officer or constable. **3.** the master or captain of a merchant vessel or pleasure vessel, or any of his or her chief assistants. **4.** a person appointed or elected to some position of responsibility and authority in the public service, or in some corporation, society, or the like.

official /ə'fɪʃəl/ *n.* **1.** someone who holds an office or is charged with some form of official duty. *–adj.* **2.** having to do with an office or position of duty, trust, or authority: *official powers.* **3.** authorised or issued authoritatively: *an official report.* **4.** appointed or authorised to act in a special capacity: *an official representative.* **5.** formal or ceremonious: *an official dinner.* **–officially** *adv.*

officialese /əfɪʃə'liz/ *n.* a style of language found in official documents and characterised by pretentiousness, pedantry, obscurity, and the use of jargon.

officiate /ə'fɪʃieɪt/ *v.i.* **-ated, -ating. 1.** to perform the duties of any office or position. **2.** to perform the office of a priest or minister, as at divine worship. **–officiation** /əfɪʃi'eɪʃən/ *n.* **–officiator** *n.*

officious /ə'fɪʃəs/ *adj.* **1.** forward in tendering or obtruding one's services upon others. **2.** marked by or proceeding from such forwardness: *officious interference.* **–officiously** *adv.* **–officiousness** *n.*

offing /'ɒfɪŋ/ *n.* **1.** the more distant part of the sea as seen from the shore, beyond the anchoring ground. **2.** position at a distance from the shore. *–phr.* **3. in the offing, a.** not very distant. **b.** close enough to be seen. **c.** ready or likely to happen, appear, etc.

off-limits /'ɒf-lɪmɪts/ *adj.* out of bounds.

off-load /ɒf-'loʊd/ *v.t.* **1.** to unload (goods, etc.). **2.** to get rid of.

off-peak /'ɒf-pik/ *adj.* **1.** having to do with a period of time of less activity than at peak hour: *off-peak train services.* **2.** (of a hot-water or other electrical system) set to operate only during an off-peak period, normally during the night.

off-putting /ɒf-'pʊtɪŋ/ *adj. Colloquial* disconcerting; discouraging.

off-season /'ɒf-sizən/ *adj.* having to do with a time of year other than the usual or most popular for a specific activity; out of season.

offset /'ɒfsɛt, -'sɛt/ *v.* **-set, -setting,** /'ɒfsɛt/ *n., adj.* *–v.t.* **1.** to balance as by something else; counterbalance: *the gains offset the losses.* *–n.* **2.** something that offsets or compensates. **3.** any offshoot; branch. **4.** *Printing* an impression from an inked design, etc., on a lithographic stone or metal plate, made on another surface, and then transferred to paper. *–adj.* **5.** of, or relating to an offset.

offshoot /'ɒfʃut/ *n.* **1.** a shoot from a main stem, as of a plant; a lateral shoot. **2.** a branch, or a descendant or scion, of a family or race. **3.** anything conceived as springing or proceeding from a main stock: *an offshoot of a mountain range, a railway, etc.*

offshore /ɒf'ʃɔ/ *adv.*, /'ɒfʃɔ, ɒf'ʃɔ/ *adj.* *–adv.* **1.** off or away from the shore. **2.** at a distance from the shore. *–adj.* **3.** moving or tending away from the shore: *an offshore wind.*

off side *n.* (in cricket) that half of the field towards which the feet of the person batting point as he or she stands ready to receive the bowling (opposed to *leg side*). Also, **off**.

offside /ɒf'saɪd, 'ɒfsaɪd/ *adj.* **1.** *Soccer, Rugby Football, Hockey,* etc. illegally between the ball and the opposing team's goal line, or beyond a prescribed line or area, when the ball or puck is in play. **2.** having to do with the side of a vehicle nearer to the oncoming traffic, i.e. the right-hand side in a country where traffic drives on the left. Compare **nearside** (def. 1). **3.** *Australian, NZ Colloquial* opposed; uncooperative: *I don't want him offside.* **4.** *Cricket* having to do with the off side: *an offside shot.* *–n.* **5.** the side of a vehicle nearer to the oncoming traffic, i.e. the right-hand side in a country where traffic drives on the left. Compare **nearside** (def. 2). *–v.i.* **6.** *Australian, NZ Colloquial* to act as an offsider: *I need you to offside.* *–phr.* **7. be** (or **get**) **offside with**, *Australian, NZ Colloquial* to be (or become) out

offsider /ˈɒfˈsaɪdə/ *n. Australian, NZ* a partner; friend; assistant: *the cook's offsider.*

offspring /ˈɒfsprɪŋ/ *n.* **1.** children or young of a particular parent or progenitor. **2.** a descendant. **3.** the product, result, or effect of something: *the offspring of delirium.*

off-the-record /ˈɒf-ðə-rɛkəd/ *adj.* unofficial; not intended for public quotation: *an off-the-record discussion with the prime minister.* Also (*especially in predicative use*), **off the record.**

off-white /ˈɒf-ˈwaɪt/ *n.* a white colour with a slight touch of grey in it.

often /ˈɒfən, ˈɒftən/ *adv.* **1.** many times; frequently. **2.** in many cases.

ogle /ˈoʊɡəl/ *v.t.* **ogled, ogling. 1.** to eye with amorous, flirtatious, ingratiating, or impertinently familiar glances. **2.** to eye; look at. —**ogler** *n.*

ogre /ˈoʊɡə/ *n.* **1.** a monster, commonly represented as a hideous giant, of fairy tales and popular legends, supposed to live on human flesh. **2.** a person likened to such a monster. —**ogreish** /ˈoʊɡərɪʃ/, **ogrish** /ˈoʊɡrɪʃ/ *adj.* —**ogress** /ˈoʊɡrəs/ *fem. n.*

oh /oʊ/ *interj., n.* **oh's** *or* **ohs,** *v.* —*interj.* **1.** (an exclamation expressing surprise, pain, disapprobation, etc., or for attracting attention). —*n.* **2.** the exclamation 'oh'. —*v.i.* **3.** to utter or exclaim 'oh'.

ohm /oʊm/ *n.* the derived SI unit of resistance; the resistance of a conductor in which one volt produces a current of one ampere. *Symbol:* Ω *or* O —**ohmic** /ˈoʊmɪk/ *adj.*

-oid a suffix used to form adjectives meaning 'like' or 'resembling', and nouns meaning 'something resembling' what is indicated by the preceding part of the word (and often implying an incomplete or imperfect resemblance), as in *alkaloid, anthropoid, cardioid, cuboid, lithoid, ovoid, planetoid.*

-oidea a suffix used in naming zoological classes or entomological superfamilies.

oil /ɔɪl/ *n.* **1.** any of a large class of hydrocarbons or esters typically unctuous, viscous, combustible, liquid at ordinary temperatures, and soluble in ether and other organic solvents, but not in water, which are used for anointing, perfuming, lubricating, illuminating, heating, etc. **2.** → **petroleum** (def. 1). **3.** some substance of oily consistency. **4.** *Painting* **a.** an oil colour. **b.** an oil painting. —*v.t.* **5.** to smear, lubricate, or supply with oil. —*adj.* **6.** using oil, especially as a fuel. —*phr.* **7. burn the midnight oil,** to stay up late at night to study, work, etc. **8. pour oil on troubled waters,** to reconcile people who might otherwise have had a clash of interests, points of view, etc. **9. the good** (or **straight**) (or **dinkum**) **oil,** *Australian, NZ* correct (and usually profitable) information, often to be used in confidence; the drum. **10. the oil,** *NZ Colloquial* an excellent person or thing. —**oily** *adj.*

oil colour = **oil color** *n.* a colour or paint made by grinding a pigment in oil, usually linseed oil. Also, **oil paint.**

oilskin /ˈɔɪlskɪn/ *n.* a cotton fabric made waterproof by treatment with oil and used for fishermen's clothing and rain wear.

ointment /ˈɔɪntmənt/ *n.* a soft, unctuous preparation, often medicated, for application to the skin; an unguent.

okay /oʊˈkeɪ/ *Colloquial* —*adj.* **1.** all right; correct. —*adv.* **2.** well; effectively; correctly; acceptably. —*v.t.* **3.** to put an 'okay' on (a proposal, etc.); endorse; approve; accept. —*n.* **4.** an approval, agreement or acceptance. —*interj.* **5.** (an exclamation of approval, agreement, delight, etc.). Also, **ok, OK.**

okra /ˈɒkrə, ˈoʊk-/ *n.* **1.** a tall plant of the mallow family, *Abelmoschus esculentus,* cultivated for its edible mucilaginous pods, used in soups, etc. **2.** soup or stew, usually containing chicken, thickened with okra pods.

-ol¹ a noun suffix used in the names of chemical derivatives, pharmaceutical compounds. commercial products, etc., representing 'alcohol' or 'phenol', as in *glycerol, naphthol, phenol.*

-ol² variant of **-ole.**

old /oʊld/ *adj.* **older, oldest, elder, eldest,** *n.* —*adj.* **1.** far advanced in years or life **2.** of or relating to a long life. **3.** having the appearance or characteristics of advanced age: *prematurely old.* **4.** having reached a given age: *a man thirty years old.* **5.** having existed for a long time, or made long ago: *old wine.* **6.** long known or in use: *the same old excuse.* **7.** former, past, or ancient, as time, days, etc.: *old kingdom.* **8.** no longer modern or recent: *he exchanged his old car for a new one.* **9.** having been so formerly: *the old boys of a school.* **10.** worn; decayed; dilapidated. **11.** (*cap.*) (in the history of a language) of or belonging to the earliest stage of development: *Old English.* **12.** of long experience: *an old hand at the game.* **13.** *Colloquial* (showing friendly feeling): *good old Henry.* **n. 14.** an old or former time. **15.** old people collectively: *the old.* **16.** *Colloquial* → **old beer. 17.** (used in combination) a person or animal of a given age or agegroup: *a class of five-year-olds.* —**oldness** *n.* —**oldish** *adj.*

old beer *n.* beer brewed by the top fermentation method, usually dark in colour.

old boy *n.* **1.** a former pupil of a specific school. **2.** (a familiar or affectionate term of address to a man, or sometimes to a male animal).

olden /ˈoʊldən/ *adj.* of old; ancient: *olden days.*

olde-worlde /ˌoʊldi-ˈwɜːldi/ *adj.* excessively quaint or old-fashioned.

old-fashioned /ˈoʊld-fæʃənd/ *adj.* **1.** of an old fashion or a style or type formerly in vogue. **2.** favoured by or prevalent in former times: *old-fashioned ideas.* **3.** (of persons) having the ways, ideas, or tastes of a former period; out of fashion.

old girl *n.* **1.** a former pupil of a specific school. **2.** (a familiar or affectionate term of address to a woman, or sometimes to a female animal).

old guard *n.* **1.** the ultra-conservative members of any group, country, etc. **2.** the members of a previous generation, or the supporters of a previous order, who survive to see their way of life or their cause go into decline.

old hand *n.* **1.** someone experienced in some activity. **2.** an ex-prisoner.

old hat *adj.* old-fashioned; out-of-date; outmoded.

old maid *n.* **1.** an elderly or confirmed spinster. **2.** *Colloquial* a person with the alleged characteristics of an old maid, such as primness, prudery, fastidiousness, etc. **3.** a game of cards in which the players draw from one another's hands to match pairs. —**old-maidish** *adj.*

old man *n.* **1.** *Colloquial* a father, usually one's own. **2.** *Colloquial* a husband, usually one's own. **3.** *Colloquial* (an affectionate term of address, usually from one adult male to another). —*phr.* **4. the old man,** *Colloquial* one in a position of authority, as an employer.

old-man /ˈoʊld-mæn/ *adj. Australian, NZ* strikingly large or remarkable of its kind: *old-man flood.* Also, **old man.**

old school *n.* **1.** advocates or supporters of long-established, especially conservative policies and practices. **2.** one's former school.

old school tie *n.* **1.** a specific tie worn by former members of a school. **2.** the network of influences and associations formed among former students of independent schools.

old-timer /ould-'taɪmə/ *n. Colloquial* **1.** someone whose residence, membership, or experience dates from a long time ago. **2.** an old person.

old wives' tale *n.* an erroneous idea, superstitious belief, etc., such as is traditionally ascribed to old women.

Old World *n.* **the, 1.** that part of the world that was known before the European discovery of the Americas, comprising Europe, Asia, Africa, and sometimes including Australia. **2.** the Eastern Hemisphere.

-ole a noun suffix meaning 'oil'.

oleaginous /ouli'ædʒənəs/ *adj.* **1.** having the nature or qualities of oil. **2.** containing oil. **3.** producing oil. **4.** oily or unctuous. –**oleaginousness** *n.*

oleander /ouli'ændə, pli-/ *n.* any plant of the genus *Nerium*, especially *N. oleander,* a poisonous evergreen shrub with handsome rose-coloured or white flowers, or *N. odorum,* a species from India with fragrant flowers.

olearia /pli'ɛəriə/ *n.* any shrub or tree of the large genus *Olearia*, of Australia, New Guinea and New Zealand, with numerous, daisy-like, usually white flowers; daisy bush.

oleo- a word element meaning 'oil'.

oligarchy /'ɒləgaki/ *n.* **-chies.** a form of government in which the power is vested in a few, or in a dominant class or clique. –**oligarchic** /ɒlə'gakɪk/, **oligarchical** /ɒlə'gakɪkəl/ *adj.*

oligo- a word element meaning 'few', 'little'. Also (*before a vowel*), **olig-**.

Oligocene /ɒ'lɪgousin/ *adj., n. Geology* (relating to) a division of the Tertiary that follows the Eocene and comes before the Miocene.

oligopoly /ɒlə'gɒpəli/ *n. Economics* a market situation in which a product is supplied by a relatively small number of firms whose actions and policies are constrained by the expected reactions of each other.

olive /'ɒləv, -lɪv/ *n.* **1.** a fruit-bearing evergreen tree, of Mediterranean and other warm regions. **2.** a small, oval fruit, valuable for eating and as a source of oil. **3.** the olive, or a branch of olive, seen as a symbol of peace. **4.** a shade of brownish or yellowish green. –*adj.* **5.** of, relating to, or made of olives. **6.** of the colour olive.

olive branch *n.* **1.** a branch of the olive tree (an emblem of peace). **2.** anything offered in token of peace.

olivine /ɒlə'vin, 'ɒləvin/ *n.* a very common mineral, magnesium iron silicate, $(Mg, Fe)_2SiO_2$, occurring commonly in olive green to grey-green masses as an important constituent of basic igneous rocks; rarely, in one variety, transparent and used as a gem.

Olympian /ə'lɪmpiən/ *adj.* **1.** having to do with the gods of ancient Greece, who lived on Mt Olympus. **2.** grand; imposing; superior. –*n.* **3.** someone who has competed in the Olympic games.

-oma a suffix of nouns denoting a morbid condition of growth (tumour), as in *carcinoma, glaucoma, sarcoma.*

ombudsman /'ɒmbədzmən/ *n.* an official appointed by parliament, or some other legislative body, as a city council, to investigate complaints by citizens against the government or its agencies.

omega /'oumǝgə, ou'migə, -'meɪ-/ *n.* **1.** the last letter (Ω, ω = English long O, o) of the Greek alphabet. **2.** the last of any series; the end.

omelette = omelet /'ɒmlət/ *n.* a dish consisting of eggs beaten and fried, often served folded round other ingredients, as mushrooms.

omen /'oumən/ *n.* **1.** anything perceived or happening that is regarded as portending good or evil or giving some indication as to the future; a prophetic sign. **2.** a prognostic. **3.** prophetic significance; presage: *a bird of ill omen.* –*v.t.* **4.** to be an omen of; portend.

ominous /'ɒmənəs/ *adj.* **1.** portending evil; inauspicious; threatening: *a dull, ominous rumble.* **2.** having the significance of an omen. –**ominously** *adv.* –**ominousness** *n.*

omit /ou'mɪt, ə-/ *v.t.* **omitted, omitting. 1.** to leave out: *to omit passages of a text.* **2.** to forbear or fail to do, make, use, send, etc.: *to omit a greeting.* –**omission** *n.*

omni- a word element meaning 'all', used in combination as in *omniactive* (all-active, active everywhere), *omnibenevolent, omnicompetent, omnicredulous, omniprevalent,* and various other words.

omnibus /'ɒmnɪbəs, -bʌs/ *n.* **-buses. 1.** → **bus** (def. 1). **2.** a volume of reprinted works by a single author or related in interest or nature.

omnipotent /ɒm'nɪpətənt/ *adj.* **1.** almighty, or infinite in power, as God or a deity. **2.** having unlimited or very great authority. –**omnipotently** *adv.* –**omnipotence** *n.*

omnipresent /ɒmnə'prɛzənt/ *adj.* present everywhere at the same time: *the omnipresent God.* –**omnipresence** *n.*

omniscient /ɒm'nɪsiənt, ɒm'nɪʃənt/ *adj.* **1.** knowing all things, or having infinite knowledge. –*n.* **2.** an omniscient being. –**omnisciently** *adv.* –**omniscience** *n.*

omnivorous /ɒm'nɪvərəs/ *adj.* **1.** eating all kinds of foods indiscriminately. **2.** eating both animal and plant foods. **3.** taking in everything, as with the mind. –**omnivore** *n.* –**omnivorously** *adv.* –**omnivorousness** *n.*

on /ɒn/ *prep.* a particle expressing: **1.** position above and in contact with a supporting surface: *on the table.* **2.** contact with any surface: *the picture on the wall; the shoes on my feet.* **3.** immediate proximity: *a house on the coast; to border on absurdity.* **4.** situation, place, location, etc.: *a scar on the face.* **5.** support, suspension, dependence, reliance, or means of conveyance: *on foot; on wheels.* **6.** state, condition, course, process, etc.: *on the way; on strike.* **7.** ground or basis: *on good authority; a story based on fact.* **8.** risk or liability: *on pain of death.* **9.** time or occasion: *on Sunday.* **10.** position with relation to something else: *on the left; on the other side.* **11.** direction or end of motion: *to march on the capital.* **12.** encounter: *to happen on a person.* **13.** object or end of action, thought, desire, etc.: *to gaze on a scene.* **14.** membership or association: *on the staff of a newspaper; to serve on a jury.* **15.** agency or means: *to speak on the telephone; we saw it on television.* **16.** manner: *on the cheap; on the sly.* **17.** subject, reference, or respect: *views on public matters.* **18.** relation of someone to an event which affects them, especially where they are morally responsible: *I don't want him to die on me; the apples went bad on me.* **19.** liability for expense: *drinks are on the house.* **20.** *Australian* engagement in the mining of a specified resource: *on the tin.* **21.** *Colloquial* indulgence to excess: *he's on the bottle, on the turps.* **22.** direction of attention or emotion: *don't go crook on me.* –*adv.* **23.** on oneself or itself: *to put one's coat on.* **24.** fast to a thing, as for support: *to hold on.* **25.** towards a place, point, or object: *to look on.* **26.** forwards, onwards or along, as in any course or process: *further on.* **27.** with continuous procedure: *to work on.* **28.** into or in active operation or performance: *to turn the gas on.* –*adj.* **29.** operating or in use: *the heating is on; the handbrake is on.* **30.** taking place; occurring: *sport is*

on tomorrow. **31.** *Cricket* → **leg side**. **32.** (of items in a menu) available. **33.** *Theatre* on stage: *you'll be on in five minutes.* –*n.* **34.** *Cricket* the on side. –*phr.*
35. be on, *Colloquial* **a.** to be willing or in agreement. **b.** to have placed a bet. **c.** to be habitually taking (a drug): *on heroin.* **d.** to be currently under the effects of (a drug): *he was on eccy that night.*
36. be on about, *Colloquial* **a.** to be primarily concerned with: *what is this article on about?* **b.** to be complaining about: *he's always on about the way he's treated.*
37. be on at, *Colloquial* to nag.
38. be on for young and old, *Australian Colloquial* (with impersonal *it* as subject) to be a situation in which there is general licence, especially fighting and brawling.
39. be on to a good thing, **a.** to have hit upon a successful, especially money-making, scheme, project, etc. **b.** to be optimistic of having sexual intercourse.
40. be on with, *Australian Colloquial* to be involved in a relationship with.
41. get on to, *Colloquial* **a.** to follow up (a matter). **b.** to consult (a person); contact.
42. go on (and on) about, to complain repeatedly or incessantly about
43. go on at, *Colloquial* to berate; scold.
44. have oneself on, *Australian Colloquial* to think oneself better, more skilled, or more important than one really is.
45. have someone on, *Colloquial* **a.** to tease or deceive someone. **b.** to accept a fight or competition with someone: *I'll have you on anytime.*
46. not on, *Colloquial* not a possibility; not allowable: *to buy a car now is just not on.*
47. on and off, intermittently.
48. on and on, at great length; without interruption.
49. on to, *Colloquial* in a state of awareness about; knowing or realising the true meaning, nature, etc., of: *the police are already on to your little game.*
50. you're on, *Colloquial* (an exclamation indicating agreement to a request, offer, suggestion, etc.).

onanism /'ounənizəm/ *n.* **1.** (in sexual intercourse) withdrawal before occurrence of the male orgasm. **2.** → **masturbation**. **–onanist** *n.* **–onanistic** /ounə'nistik/ *adj.*

once /wʌns/ *adv.* **1.** at one time in the past; formerly: *a once powerful nation.* **2.** a single time: *once a day.* **3.** even a single time; at any time; ever: *if the facts once become known.* **4.** by a single degree: *a cousin once removed.* –*conj.* **5.** if or when at any time; if ever. **6.** whenever. –*n.* **7.** a single occasion: *once is enough.* –*phr.* **8. all at once**, **a.** suddenly. **b.** immediately. **9. at once**, **a.** immediately. **b.** at the same time: *don't both speak at once.* **10. once and for all**, finally and decisively. **11. once in a while**, occasionally. **12. once upon a time**, long ago (a favourite beginning of a children's story, etc.).

once-over /'wʌns-ouvə/ *n. Colloquial* **1.** a quick or superficial examination, inspection, treatment, etc., especially of a person viewed as a sexual object. **2.** a beating-up; act of physical violence.

oncoming /'ɒnkʌmɪŋ/ *adj.* approaching.

oncourse /'ɒnkɔs/ *adj.* having to do with facilities or activities on a racecourse: *oncourse betting.*

one /wʌn/ *det.* **1.** being a single unit or individual, rather than two or more; a single: *one apple.* **2.** being a person, thing, or individual instance of a number of kind indicated: *one member of the party.* **3.** some (day, etc., in the future): *you will meet her one day.* **4.** single through union, agreement, or harmony: *all were of one mind.* **5.** a certain (often used in naming a person otherwise unknown or undescribed): *one Jane Smith was chosen.* **6.** a particular (day, night, time, etc., in the past): *one evening last week.* **7.** being a unique or specially remarkable person or thing: *the one man we can rely on.* –*n.* **8.** the first and lowest whole number, or a symbol, as 1, or I, representing it; unity. **9.** a unit; a single person or thing: *to come one at a time.* **10.** an unusual person; character: *he's a one.* –*pron.* **11.** a single person or thing: *serves one; I'll eat one now and one later.* **12.** a person or thing of number or kind indicated or understood: *one of the poets.* **13.** (*in certain pronominal combinations*) a person unless definitely specified otherwise: *every one.* **14.** (*with a defining clause or other qualifying words*) a person, or a personified being or agency: *the evil one.* **15.** a person indefinitely; anyone: *as good as one would desire.* **16.** a person of the speaker's kind: *to press one's own claims.* **17.** (to avoid repetition) a person or thing of the kind just mentioned: *the portraits are fine ones.* –*phr.* **18. all one**, (*used predicatively*) all the same, as in character, meaning, consequence, etc.: *it's all one to me.* **19. at one**, (sometimes fol. by *with*) in a state of unity, agreement, or accord: *hearts at one.* **20. be one of a kind**, to be unique; be exceptional. **21. be one with**, to be of a single kind, nature or character: *to be one with the rebels* **22. get** (or **guess**) (or **have**) **it in one**, *Colloquial* to hit on the correct answer, etc., at one's first attempt. **23. have one for the road** (or **bitumen**), *Colloquial* to have one or more alcoholic drinks before departing, ostensibly to sustain one through a journey. **24. one and all**, everybody. **25. one by one**, singly and in succession. **26. one to one** or **one on one**, (of two people) just between or involving each other: *to talk one to one.* **27. the one day of the year**, *Australian* Anzac Day.

-one a noun suffix used in the names of chemical derivatives, especially ketones.

one-eyed /'wʌn-aɪd/, (*especially in predicative use*) /wʌn-'aɪd/ *adj.* **1.** having only one eye. **2.** having a strong bias in favour of someone or something: *he's one-eyed about his local football team.*

one-off /'wʌn-ɒf/ *adj.* individual, unique: *an architect-designed, one-off house.* **–one-off** *n.*

onerous /'ounərəs/ *adj.* burdensome, oppressive, or troublesome: *onerous duties.* **–onerously** *adv.* **–onerousness** *n.*

oneself /wʌn'sɛlf/ *pron.* **1.** a person's self (often used for emphasis or reflexively): *one hurts oneself by such methods.* **2.** one's proper or normal self; one's normal state of mind (used after *be*, *become*, or *come to*).

one-time /'wʌn-taɪm/ *adj.* having been (as specified) at one time; former; quondam: *his one-time partner.*

one-upmanship /wʌn-'ʌpmənʃɪp/ *n.* the art or practice of achieving or demonstrating superiority over others by the acquisition of privileges, status symbols, etc.

ongoing /'ɒngouɪŋ/ *adj.* progressing or evolving; continuous.

onion /'ʌnjən/ *n.* **1.** a widely cultivated plant of the lily family *Allium cepa*, having an edible succulent bulb of pungent taste and smell. **2.** the bulb. **3.** any of the certain plants similar to the onion, as *A. fistulosum* (**Welsh onion**). **4.** *Colloquial* head. –*phr.* **5. know one's onions**, *Colloquial* to know one's job thoroughly; be experienced.

on-lending /'ɒn-lɛndɪŋ/ *n. Finance* the act of lending out, at a slightly higher rate of interest, money

which has just been borrowed.
online /'ɒnlaɪn/ *Computers* –*adj.* **1.** of or relating to a computer-controlled device which is directly linked to a computer (opposed to *stand-alone*). **2.** having direct access to a computer database: *an online branch of the bank.* **3.** (of information, etc.) able to be accessed directly by connection to a computer database, the Internet, etc.: *the newspapers are online.* –*adv.* **4.** while interactively connected to a computer database: *to browse the data online.* Also, **on-line.**

onlooker /'ɒnlʊkə/ *n.* a spectator.

only /'oʊnli/ *adv.* **1.** without others or anything further; alone; solely: *only she remained.* **2.** no more than; merely; but; just: *if you would only consent.* **3.** singly; as the only one: *the only begotten Son of God.* **4.** as recently as: *he was here only a moment ago.* **5.** exclusively: *I work here only.* –*adj.* **6.** being the single one or the relatively few of the kind, or sole: *an only son.* **7.** single in superiority or distinction. –*conj.* **8.** but (introducing a single restriction, restraining circumstance, or the like): *I would have gone, only you objected.* –*phr.* **9. only too,** very; extremely: *she was only too pleased to come.*

onomatopoeia /ˌɒnəmætə'piə/ *n.* the formation of a name or word by imitating sound associated with the thing designated, as in *mopoke* and *whippoorwill* which probably originated in onomatopoeia. –**onomatopoeic, onomatopoetic** /ˌɒnəmætəpoʊ'ɛtɪk/ *adj.* –**onomatopoetically** /ˌɒnəmætəpoʊ'ɛtɪkli/ *adv.*

onset /'ɒnsɛt/ *n.* **1.** an assault or attack: *a violent onset.* **2.** a beginning or start.

onshore /'ɒnʃɔ, ɒn'ʃɔ/ *adj.*, /ɒn'ʃɔ/ *adv.* –*adj.* **1.** towards or located on the shore. –*adv.* **2.** towards the shore.

onside /ɒn'saɪd/ *adj.* **1.** not offside. **2.** *Australian, NZ* in agreement, acting favourably: *I'll be right now the boss is onside.*

onslaught /'ɒnslɔt/ *n.* an onset, assault, or attack, especially a vigorous or furious one.

onto /'ɒntu/ *prep.* **1.** (*used especially after verbs of movement*) to a place or position on; upon; on: *to get onto a box.* **2.** aware of (especially something improper or secret): *the police are onto that scheme.* **3.** in communication with: *she's onto the police now.*

ontogeny /ɒn'tɒdʒəni/ *n. Biology* the development of an individual organism (as contrasted with *phylogeny*). Also, **ontogenesis** /ɒntoʊ'dʒɛnəsəs/. –**ontogenetic** /ˌɒntoʊdʒə'nɛtɪk/ *adj.* –**ontogenist** *n.*

onus /'oʊnəs/ *n.* a burden; a responsibility.

onward /'ɒnwəd/ *adj.* directed or moving onwards or forwards.

onwards /'ɒnwədz/ *adv.* **1.** towards a point ahead or in front; forwards, as in space or time. **2.** at a position or point in advance.

onyx /'ɒnɪks/ *n.* **1.** a quartz consisting of straight layers or bands which differ in colour, used for ornament. **2.** *Anatomy* a nail of a finger or toe.

oo- a word element meaning 'egg'.

oocyte /'oʊəsaɪt/ *n. Biology* a female germ cell in the maturation stage. Also, **ovocyte**.

oodles /'udlz/ *pl. n. Colloquial* a large quantity: *oodles of money.*

oomph /ʊmf/ *n. Colloquial* **1.** vitality; energy. **2.** sex appeal. –**oomphy** *adj.*

oondoroo /undə'ru/ *n.* an Australian native evergreen shrub, *Solanum simile*, with purple star-shaped flowers.

oops /ʊps, ups/ *interj.* (an exclamation of surprise or shock, as on bumping someone or dropping something). Compare **whoops**.

ooze[1] /uz/ *v.* **oozed, oozing,** *n.* –*v.i.* **1.** (of moisture, air, etc.) to pass slowly, as through small openings. **2.** (of a substance) to give out moisture, etc. **3.** (of information, charm, etc.) to pass (*out*, etc.) slowly or unnoticeably. –*v.t.* **4.** to give out (moisture, charm, etc.). –*n.* **5.** something that oozes.

ooze[2] /uz/ *n.* **1.** a calcareous mud (chiefly the shells of small organisms) covering parts of the ocean bottom. **2.** soft mud, or slime. **3.** a marsh or bog.

op- variant of **ob-**, (by assimilation) before *p*, as in *oppose*.

opal /'oʊpəl/ *n.* a mineral, an amorphous form of silica, (SiO_2 with some water of hydration), not as hard or as heavy as quartz, found in many varieties and colours (often a milky white), certain of which are iridescent and valued as gems. –**opaline** *adj.*

opaque /oʊ'peɪk/ *adj.* **1.** not allowing light to pass through. **2.** not able to give off radiation, sound, heat, etc. **3.** not shining or bright. **4.** hard to understand, as an argument or reason. **5.** unintelligent. –**opacity** *n.* –**opaquely** *adv.* –**opaqueness** *n.*

open /'oʊpən/ *adj.* **1.** not shut, as a door, gate, etc. **2.** not closed, covered, or shut up, as a house, box, drawer, etc. **3.** not enclosed as by barriers, as a space. **4.** that may be entered, used, shared, competed for, etc., by all: *an open session; open competition.* **5.** relating to land in which there are only scattered trees with grass or very light vegetation between them, usually suitable for grazing or cultivation: *open country; open brigalow.* **6.** (of shops, etc.) ready to do business; ready to admit members of the public. **7.** (of a court hearing, etc.) able to be attended by members of the public or the press. **8.** (sometimes fol. by *to*) accessible or available: *the only course still open.* **9.** unfilled, as a position. **10.** not engaged, as time. **11.** without prohibition as to hunting or fishing: *open season.* **12.** *US Colloquial* without legal restrictions, or not enforcing legal restrictions, as to saloons, gambling places, etc.: *an open town.* **13.** undecided, as a question. **14.** liable or subject: *open to question.* **15.** having no cover, roof, etc.: *an open boat.* **16.** not covered or protected; exposed or bare: *to lay open internal parts with a knife.* **17.** unobstructed, as a passage, stretch of water, view, etc.: *the river mouth lay open before them.* **18.** free from ice: *open water in arctic regions.* **19.** exposed to general view or knowledge; existing, carried on, etc., without concealment: *open disregard of rules.* **20.** acting publicly or without concealment, as a person. **21.** unreserved, candid, or frank, as persons or their speech, aspect, etc.: *an open face.* **22.** having openings or apertures: *open ranks.* **23.** perforated or porous: *an open texture.* **24.** expanded, extended, or spread out: *an open newspaper.* **25.** generous, liberal, or bounteous: *to give with an open hand.* **26.** (of a cheque) uncrossed. **27.** *Music* **a.** (of an organ pipe) not closed at the far end. **b.** (of a string) not stopped by a finger. **c.** (of a note) produced by such a pipe or string or, on a wind instrument, without the aid of a slide, key, etc. **28.** not constipated, as the bowels. **29.** *Phonetics* **a.** pronounced with a relatively large opening above the tongue: *'cot' has a more open vowel than 'caught'.* **b.** (of a syllable) ending with its vowel. **30.** *Football* of or relating to fast play in which the ball travels rapidly and over some distance from player to player. **31.** of or relating to certain jails as prison farms, etc., which have fewer restrictions and fences than conventional jails. –*v.t.* **32.** to move (a door, gate, etc.) from a shut or closed position so as to admit of passage. **33.** Also, **open up.** to make (a house, box, drawer, etc.) open. **34.** to render (any enclosed space)

open

open to passage or access. **35.** to give access to; make accessible or available, as for use. **36.** to clear of obstructions, as a passage, etc. **37.** to make (bodily passages) clear. **38.** to uncover, lay bare, or expose to view. **39.** to render accessible to knowledge, enlightenment, sympathy, etc. **40.** to expand, extend, or spread out: *to open a map.* **41.** to make less compact, less close together, or the like: *to open ranks.* **42.** to establish for the entrance or use of the public, customers, etc.: *to open an office.* **43.** to set in action, begin, start, or commence: *to open a campaign.* **44.** to cut or break into. **45.** to make an incision or opening in. **46.** to make or produce (an opening) by cutting or breaking, or by pushing aside or removing obstructions: *to open a way through a crowd.* **47.** *Law* to make the first statement of (a case) to the court or jury. –*v.i.* **48.** to become open, as a door, building, box, enclosure, etc. **49.** to afford access or have an outlet (*into, onto, towards, down to,* etc.). **50.** (of a building, shop, etc.) to open its doors to the public. **51.** to begin a session or term, as a school. **52.** to begin a season or tour, as a theatrical company. **53.** to come apart or asunder, or burst open, so as to admit of passage or display the interior. **54.** to come into view, or become more visible or plain, as on nearer approach. **55.** to become receptive to knowledge, sympathy, etc., as the mind. **56.** to disclose or reveal one's knowledge, thoughts, feelings, etc. **57.** to spread out or expand, as the hand or a fan. **58.** to open a book, etc.: *open at page 32.* **59.** to become less compact, less close together, or the like: *the ranks opened.* **60.** to begin, start, or commence; start operations. **61.** *Law* to make the first statement of a case to the court or jury. **62.** *Cards* to make the first bet, bid, lead, etc. –*n.* **63.** an open or clear space. **64.** the open air. **65.** the open water, as of the sea. **66.** the situation of one who does not use or seek concealment. **67.** an open competition. –*phr.* **68. open to**, accessible to (appeals, ideas, offers, etc.): *to be open to conviction.* **69. open up, a.** (especially of a government, explorer, etc.) to make available or accessible (land previously unsettled). **b.** to settle and develop (such land): *cattle owners first opened up the region.* **c.** (of guns) to begin firing. **70. the open, a.** unenclosed or unobstructed country. **b.** a situation in which hitherto restricted knowledge is extended to all parties. –**openly** *adv.* –**openness** *n.*

open-and-shut /'oʊpən-ən-ʃʌt/ *adj.* obvious; easily decided: *an open-and-shut case of fraud.*

open cut *n. Mining* a shallow open pit allowing excavation of near surface rock layers. –**open-cut** *adj.*

open day *n.* a day on which certain institutions, as schools, are open to members of the public and special activities, exhibitions, etc., are arranged for their entertainment.

open door *n.* **1.** the policy of admitting all nations to a country upon equal terms, especially for trade. **2.** free admission or access; admission to all upon equal terms.

open-ended /'oʊpən-ɛndəd/ *adj.* organised or arranged so as to allow for various contingencies; without fixed limits.

opening /'oʊpnɪŋ, 'oʊpənɪŋ/ *n.* **1.** a making or becoming open. **2.** a space or place, not in use. **3.** a gap; hole. **4.** the act of beginning. **5.** the first part of anything. **6.** a vacancy. **7.** an opportunity. **8.** an official beginning. **9.** the first performance of a theatrical production, etc.

open letter *n.* a letter made public by radio, newspaper, or such, but written as though to a specific person.

open-minded /'oʊpən-maɪndəd/ *adj.* having or showing a mind open to new arguments or ideas;

operator

unprejudiced. –**open-mindedly** *adv.* –**open-mindedness** *n.*

open-mouthed /oʊpən-'maʊðd/ *adj.* **1.** having the mouth open. **2.** gaping with surprise or astonishment. **3.** greedy, ravenous, or rapacious. **4.** clamouring at the sight of game or prey, as hounds. **5.** vociferous or clamorous. **6.** having a wide mouth, as a vessel.

open order *n.* **1.** a military formation of troops on a ceremonial parade in which the rear rank steps back if in two ranks, or the ranks open if in three ranks, to allow more space for the inspecting officer, etc., to pass. **2.** a prescribed distance between ships in convoy or vehicles proceeding under orders.

open-plan /'oʊpən-plæn/ *adj.* (of the interior space of a dwelling, office, etc.) not having walls between areas designed for different uses; having few fixed partitions.

open slather *n. Australian, NZ Colloquial* a situation in which there are no restraints, often becoming chaotic or rowdy; free-for-all.

opera /'ɒprə, 'ɒpərə/ *n.* **1.** an extended dramatic composition in which music is an essential and predominant factor, consisting of recitatives, arias, choruses, etc., with orchestral accompaniment, scenery, acting, and sometimes dancing; a musical drama. **2.** the branch of musical and dramatic art represented by such compositions. **3.** the score or the words of a musical drama. **4.** → **Chinese opera.**

operable /'ɒpərəbəl, 'ɒprə-/ *adj.* **1.** that can be put into practice. **2.** *Medicine* admitting of a surgical operation.

operate /'ɒpəreɪt/ *v.* **-rated, -rating** –*v.i.* **1.** to work or run, as a machine does. **2.** to work or use a machine, apparatus, etc. **3.** to use force or influence (often fol. by *on* or *upon*). **4.** to perform some process of work or treatment. **5.** *Surgery* to perform an operation on a patient with instruments, so as to remedy deformity, injury, or disease. **6.** *Military, Navy* to give orders and carry out military acts, opposed to staff work. **7.** to carry on buying and selling in shares, etc. –*v.t.* **8.** to manage (a machine, etc.) at work: *to operate a switchboard.* **9.** to keep (a machine, factory, etc.) working. **10.** to bring about, as by action. –**operatable** *adj.*

operation /ɒpə'reɪʃən/ *n.* **1.** the act, process, or manner of operating. **2.** the condition of being in use or working order: *a rule no longer in operation.* **3.** the power of operating. **4.** a course of productive or industrial activity: *building operations.* **5.** a particular course or process: *mental operations.* **6.** a business transaction, especially one on a large scale: *operations in oil.* **7.** *Surgery* a procedure of operating on the body of a patient. **8.** *Mathematics* a process such as addition. **9.** a military campaign.

operational /ɒpə'reɪʃənəl/ *adj.* **1.** having to do with an operation or operations. **2.** ready for use; in working order. **3.** *Military* having to do with military operations.

operations research *n.* the analysis, usually involving mathematical treatment, of a process, problem, or operation to determine its purpose and effectiveness and to gain maximum efficacy. Also, **operational research.**

operative /'ɒpərətɪv, 'ɒprə-/ *n.* **1.** a worker, especially someone skilled in productive or industrial work; artisan. –*adj.* **2.** operating, or exerting force or influence. **3.** having force, or being in operation: *laws operative in a community.* **4.** serving the purpose; effective. **5.** concerned with, or relating to work. –**operatively** *adv.* –**operativeness** *n.*

operator /'ɒpəreɪtə/ *n.* **1.** a worker; someone

operetta

employed or skilled in operating a machine, apparatus, or the like: *a wireless operator; a telephone operator*. **2.** someone who conducts some working or industrial establishment, enterprise, or system: *the operators of a mine*. **3.** *Finance* someone who deals in shares, currency, etc., especially speculatively or on a large scale. **4.** *Colloquial* someone who successfully manipulates people or situations: *he's a smooth operator*.

operetta /ɒpəˈrɛtə/ *n.* a short opera, commonly of a light character.

ophthalmic /ɒfˈθælmɪk/ *adj.* having to do with the eye; ocular.

ophthalmo- a word element meaning 'eye'.

ophthalmology /ɒfθælˈmɒlədʒi/ *n.* the science dealing with the anatomy, functions, and diseases of the eye. **–ophthalmologist** *n.* **–ophthalmological** /ɒfˌθælməˈlɒdʒɪkəl/ *adj.*

-opia a word element of nouns denoting a condition of sight or of the visual organs, as in *amblyopia, diplopia, emmetropia, hemeralopia, myopia*.

opiate /ˈoʊpiət, -eɪt/ *n.* **1.** a medicine containing opium, and having the ability to produce sleep; narcotic. **2.** anything that causes dullness or inaction, or that calms the feelings. *–adj.* **3.** mixed with opium. **4.** producing sleep; soporific.

opine /oʊˈpaɪn/ *v.* **opined, opining.** *–v.t.* **1.** to think; deem; hold or express as one's opinion. *–v.i.* **2.** to hold or express an opinion.

opinion /əˈpɪnjən/ *n.* **1.** a judgment or belief not held firmly enough to produce certainty. **2.** a personal view: *public opinion*. **3.** *Law* formal non-binding advice on the legal position of some matter, as given by counsel or by a court.

opinionated /əˈpɪnjəneɪtəd/ *adj.* obstinate or conceited with regard to one's opinions; conceitedly dogmatic. **–opinionatedness** *n.*

opinion poll *n.* → **gallup poll**.

opium /ˈoʊpiəm/ *n.* the inspissated juice of the opium poppy, containing morphine and other alkaloids, a stimulant narcotic (in sufficient quantities a powerful narcotic poison) of great value in medicine to relieve pain, induce sleep, etc.

opossum /əˈpɒsəm/ *n.* **1.** *NZ* the brush-tailed possum, *Trichosurus vulpecula*, introduced from Australia. **2. a.** a prehensile-tailed marsupial, *Didelphis virginiana*, about the size of a large cat, common in the southern US, which feigns death when caught. **b.** any of many neotropical genera of the same family.

opponent /əˈpoʊnənt/ *n.* **1.** someone who is on the opposite side in a contest, controversy or the like; an adversary. *–adj.* **2.** being opposite, as in position. **3.** opposing; adverse. **4.** *Anatomy* bringing parts into opposition, as the muscles which set the thumb and little finger against each other. **–opponency** *n.*

opportune /ˈɒpətjun/ *adj.* **1.** appropriate or favourable: *an opportune moment*. **2.** occurring or coming at an appropriate time; timely: *an opportune warning*. **–opportunely** *adv.* **–opportuneness** *n.*

opportunism /ɒpəˈtjunɪzəm, ˈɒpətʃunɪzəm/ *n.* **1.** the policy or practice, in politics or otherwise, of adapting actions, etc., to expediency or circumstances (often with implication of sacrifice of principle). **2.** an action or proceeding resulting from this policy. **–opportunist** *n., adj.* **–opportunistic** /ɒpətʃuˈnɪstɪk/ *adj.*

opportunity /ɒpəˈtjunəti/ *n., pl.* **-ties.** an appropriate or favourable time or occasion: *an opportunity to make good; an opportunity for gaining a place; an opportunity of testing a discovery*.

opportunity shop *n. Australian, NZ* a shop run by a church, charity, etc., for the sale of second-hand goods, especially clothes. Also, **op shop**.

option

oppose /əˈpoʊz/ *v.* **-posed, -posing.** *–v.t.* **1.** to act in opposition to; resist; combat. **2.** to stand in the way of; hinder. **3.** to use or to take as being opposite: *words opposed in meaning*. *–v.i.* **4.** to be or act in opposition. **–opposer** *n.* **–opposable** *adj.*

opposite /ˈɒpəsət/ *adj.* **1.** placed or lying against or facing something else: *They were seated at opposite ends of a room; opposite to our house*. **2.** completely different, as in nature, qualities, result, etc. *–n.* **3.** someone or something that is opposite or contrary: *my opinion is the opposite to his*. **4.** → **antonym**. *–prep.* **5.** facing: *she sat opposite me*. **6.** in a position creating a unity with some other position: *she played opposite a famous actor*. *–adv.* **7.** on opposite sides. **–oppositely** *adv.* **–oppositeness** *n.*

opposition /ɒpəˈzɪʃən/ *n.* **1.** the action of opposing. **2.** opposing feelings; antagonism. **3.** an opposing group or body. **4.** (*usually cap.*) the major political party or coalition of parties opposed to the party in power. **5.** the condition or position of being placed opposite. **6.** *Astronomy* the situation of two heavenly bodies when they differ by 180°.

oppress /əˈprɛs/ *v.t.* **1.** to lie heavily upon (the mind, a person, etc.), as care, sorrow, or any disturbing thought does. **2.** to burden with cruel or unjust impositions or restraints; to subject to a burdensome or harsh exercise of authority or power. **3.** to weigh down, as sleep or weariness does. **4.** to put down, subdue, or suppress. **–oppressive** *adj.* **–oppressor** *n.*

opprobrium /əˈproʊbriəm/ *n.* **1.** the disgrace or the reproach incurred by conduct considered shameful; infamy. **2.** a cause or object of such reproach.

-opsis a word element indicating apparent likeness, as in *coreopsis*.

opt /ɒpt/ *v.i.* **1.** to make a choice; choose. *–phr.* **2. opt out, a.** (sometimes fol. by *of*) to decide not to participate. **b.** *Colloquial* to decide to take no part in the accepted social institutions and conventions.

optic /ˈɒptɪk/ *adj.* **1.** relating to or connected with the eye as the organ of sight, or sight as a function of the brain. **2.** optical. *–n.* **3.** (*usually plural*) the eye. **–optical** *adj.*

optical scanner *n. Computers* a photoelectric cell that scans printed data and converts it into the electric impulses fed into a computer or data-processing machine.

optician /ɒpˈtɪʃən/ *n.* **1.** someone who makes glasses for remedying defects of vision, in accordance with the prescriptions of oculists. **2.** a maker or seller of optical glasses and instruments.

optimism /ˈɒptəmɪzəm/ *n.* **1.** disposition to hope for the best; tendency to look on the bright side of things. **2.** the belief that good ultimately predominates over evil in the world. **3.** the doctrine that the existing world is the best of all possible worlds. **4.** the belief that goodness pervades reality. **–optimist** *n.* **–optimistic** /ɒptəˈmɪstɪk/ *adj.*

optimum /ˈɒptəməm/ *n., pl.* **-ma** /-mə/ *or* **-mums.** *–n.* **1.** the best or most favourable point, degree, amount, etc., for the purpose, as of temperature, light, moisture, etc., for the growth or reproduction of an organism. *–adj.* **2.** best or most favourable: *optimum conditions*.

option /ˈɒpʃən/ *n.* **1.** power or liberty of choosing; right of freedom of choice. **2.** something which may be or is chosen; choice. **3.** the act of choosing. **4.** *Law* a privilege acquired, as by the payment of a premium or consideration, of demanding, within a specified time, the carrying out of a transaction upon stipulated terms; the right, conferred by an agreement, to buy (or to decline to buy) a property within a certain time.

5. *Australian Rules* the privilege of a second kick given to a player who has scored a behind, in a case of a breach of the rules by an opponent while the ball is in flight.

optometry /ɒpˈtɒmətri/ *n.* the practice or art of testing the eyes by means of suitable instruments or appliances, for defects of vision, in order to supply suitable glasses.

opulent /ˈɒpjələnt/ *adj.* **1.** wealthy, rich, or affluent, as persons or places. **2.** richly supplied; abundant or plentiful: *opulent sunshine*. **–opulently** *adv.*

opus /ˈoʊpəs/ *n.* **opera** /ˈɒpərə/. **1.** a work or composition. **2.** a musical composition. **3.** one of the compositions of a composer as numbered according to order of publication. *Abbrev.*: op.

or[1] /ɔ/ *conj.* a particle used: **1.** to connect words, phrases, or clauses representing alternatives: *to be or not to be*. **2.** to connect alternative terms: *the Hawaiian or Sandwich islands*. **3.** often in correlation: *either ... or; or ... or; whether ... or*.

or[2] /ɔ/ *n. Heraldry* the tincture gold or yellow.

-or[1] **1.** a suffix of nouns denoting a state or condition, a quality or property, etc., as in *error, terror*. **2.** an alternative of **-our**, as in *color, odor*, etc.

-or[2] a suffix of nouns denoting one who or that which does something, or has some particular function or office, as in *actor, confessor, creditor, distributor, elevator, emperor, governor, juror, refractor, tailor, traitor*. This suffix occurs chiefly in nouns originally Latin, or formed from Latin stems. In some cases it is used as an alternative or a substitute for **-er**[1], especially in legal terms (often correlative with forms in **-ee**) or with some other differentiation of use, as in *assignor, grantor, lessor, sailor, survivor, vendor*.

oracle /ˈɒrəkəl/ *n.* **1.** (especially in ancient Greece) a saying, often hard to understand, given by a priest or priestess as the response of a god to a question. **2.** the source of such a reply: *the oracle of Apollo at Delphi*. **3.** a divine communication or revelation. **4.** the holy of holies in the Jewish temple. See I Kings, 6:16, 19–23. **5.** any person or thing serving as a means for contact with godlike forces. **6.** any statement made or received as being unquestionably correct. **7.** a person who makes such statements.

oral /ˈɔrəl/ *adj.* **1.** spoken. **2.** employing speech, as teachers or methods of teaching. **3.** of or relating to the mouth. **4.** done or taken by the mouth: *an oral dose of medicine*. **5.** *Zoology* relating to that surface of polyps and sea animals which contains the mouth and tentacles. **6.** *Phonetics* spoken with none of the voice sounding through the nose; *b* and *v* are oral consonants, and the normal English vowels are oral. **–***n.* **7.** an oral examination. **–orally** *adv.*

orange /ˈɒrɪndʒ/ *n.* **1.** a globose reddish yellow edible citrus fruit of which there are two principal kinds, the bitter and sweet, the latter comprising the most important of the citrus fruits. **2.** any of the white-flowered evergreen rutaceous trees yielding it, as *Citrus aurantium* (**bitter orange, Seville orange**, or **sour orange**) and *C. sinensis* (**sweet orange**), cultivated in warm countries. **3.** any of several other citrus trees, as *Poncirus trifoliata* (see **trifoliate orange**), a hardy Chinese species grown for hedges in the US. **4.** any of certain trees of other genera, as *Maclura pomifera* (see **Osage orange**), or the fruit. **5.** a colour between yellow and red in the spectrum; reddish yellow. **–***adj.* **6.** of or relating to the orange. **7.** made with or prepared from oranges or having the flavour of orange. **8.** reddish yellow. **–orangey** *adj.*

orange pekoe /ɒrɪndʒ ˈpikoʊ/ *n.* a superior black tea composed of only the smallest top leaves and grown in India and Sri Lanka.

orange stick *n.* a small stick with one pointed and one rounded end, used in manicure.

orang-outang /əˈræŋ-ətæŋ/ *n.* a large, long-armed anthropoid ape, *Pongo pygmaeus*, of arboreal habits, found in Borneo and Sumatra. Also, **orang, orang-utan** /əˈræŋ-ətæn/.

oration /ɒˈreɪʃən/ *n.* a formal speech, especially one delivered on a special occasion, as on an anniversary, at a funeral, or at academic exercises. **–orate** *v.*

orator /ˈɒrətə/ *n.* someone who delivers an oration; a public speaker, especially one of great eloquence. **–oratress** /ˈɒrətrəs/, **oratrix** /ˈɒrətrɪks/ *fem. n.*

oratorio /ɒrəˈtɔriou/ *n.* **-rios**. an extended musical composition, with a text more or less dramatic in character and usually based upon a religious theme, for solo voices, chorus, and orchestra, and performed without action, costume, or scenery.

oratory /ˈɒrətri/ *n.* **1.** the exercise of eloquence; eloquent speaking. **2.** the art of an orator; the art of public speaking. **–oratorical** /ɒrəˈtɒrɪkəl/ *adj.*

orb /ɔb/ *n.* **1.** *Chiefly Poetic* any of the heavenly bodies: *the orb of day* (the sun). **2.** a sphere or globe. **3.** *Chiefly Poetic* the eyeball or eye. **4.** a globe bearing a cross; the mound, or emblem of sovereignty, especially as part of the regalia of England. **5.** *Astrology* the space within which the influence of a planet, etc., is supposed to act.

orbit /ˈɔbət/ *n.* **1.** the curved path followed by a planet, satellite, etc., about a body, as the earth or sun. **2.** a person's scope of activity. **3.** *Anatomy* the eye socket. **4.** *Zoology* the part surrounding the eye of a bird or insect. **5.** an orb or sphere. **6.** *Chemistry* the path of an electron around the nucleus of an atom. **–***v.t.* **7.** to move or travel in an orbital path. **–***v.i.* **8.** to describe an orbit. **–orbital** *adj.*

orchard /ˈɔtʃəd/ *n.* **1.** a piece of ground, usually enclosed, devoted to the cultivation of fruit trees. **2.** a collection of such trees. **–orchardist** *n.*

orchestra /ˈɔkəstrə/ *n.* **1.** any group of performers on various musical instruments chosen in accordance with the requirements of the music to be played, as a string orchestra, a gamelan orchestra, etc. **2.** such a group with instruments from the four main families (string, woodwind, brass, and percussion) for the playing of concert music, as symphonies, operas, and other compositions in the tradition of Western music. **–orchestral** /ɔˈkɛstrəl/ *adj.*

orchestrate /ˈɔkəstreɪt/ *v.t.* **-trated, -trating**. **1.** to compose or arrange (music) for performance by an orchestra. **2.** to put together cohesively: *to orchestrate a policy*. **–orchestration** /ɔkəsˈtreɪʃən/ *n.*

orchid /ˈɔkəd/ *n.* **1.** any plant of the family Orchidaceae, comprising terrestrial and epiphytic perennial herbs of temperate and tropical regions, with flowers which are usually beautiful and often singular in form. **2.** purple, varying from bluish to reddish.

ordain /ɔˈdeɪn/ *v.t.* **1.** *Ecclesiastical* to invest with ministerial or sacerdotal functions; confer holy orders upon. **2.** to appoint authoritatively; decree; enact. **3.** (of God, fate, etc.) to destine or predestine. **–ordainer** *n.* **–ordainment** *n.*

ordeal /ɔˈdil, ˈɔdil/ *n.* **1.** any severe test or trial; a trying experience. **2.** a primitive form of trial to determine guilt or innocence, as by the effect of fire, poison, or water upon the accused, the result being regarded as a divine or preternatural judgment.

order /ˈɔdə/ *n.* **1.** an authoritative direction, injunction, command, or mandate. **2.** *Law* a command of a court or judge. **3.** *Military* a command or notice issued by a military commander to subordinate troops. **4.** the disposition of things following one after another, as in space, time, etc.; succession or sequence. **5.** a condition in which everything is in its proper place with reference to other things and to its purpose; methodical or harmonious arrangement. **6.** *Military* different dress, equipment, etc., for some special purpose or occasion: *full marching order*. **7.** proper or satisfactory condition: *my watch is out of order*. **8.** state or condition generally: *affairs are in good order*. **9.** *Grammar* **a.** the arrangement of the elements of a construction in a particular sequence, as the placing of *John* before and of *George* after the verb *saw* in the sentence *John saw George*. **b.** the feature of construction resulting from such an arrangement, as in the sentences *John saw George* and *George saw John* which differ only in order. **10.** any class, kind, or sort, as of persons or things, distinguished from others by nature or character: *talents of a high order*. **11.** the usual major subdivision of a class or subclass, commonly comprising a plurality of families, as the Hymenoptera (ants, bees, etc.). **12.** a rank, grade, or class of persons in the community. **13.** a body of persons of the same profession, occupation, or pursuits: *the clerical order*. **14.** a body or society of persons living by common consent under the same religious, moral, or social regulations. **15.** any of the degrees or grades of the clerical office (the number of which varies in different Churches, the Roman Catholic Church, for example, having the **major orders** of bishop, priest, deacon, formerly also subdeacon, and the **minor orders** of acolyte and lector, formerly also exorcist and ostiary, while the Anglican Church recognises only the three grades of bishop, priest, and deacon). **16.** any of the nine grades of angels in medieval angelology. See **angel** (def. 1). **17.** a monastic society or fraternity: *the Franciscan order*. **18.** (*usually plural*) the rank or status of an ordained Christian minister. **19.** (*usually plural*) the rite or sacrament of ordination. **20.** a modern organisation or society more or less resembling the knightly orders: *fraternal orders*. **21.** conformity to law or established authority; absence of revolt, disturbance, turbulence, unruliness, etc. **22.** customary mode of procedure, or established usage. **23.** the customary or prescribed mode of proceeding in debates or the like, or in the conduct of deliberative or legislative bodies, public meetings, etc. **24.** conformity to this. **25.** the natural, moral, or spiritual constitution of the world; the prevailing course of things; the established system or regime: *the old order changeth*. **26.** a direction or commission to make, provide or furnish something: *shoes made to order*. **27.** a quantity of goods purchased. **28.** a written direction to pay money or deliver goods. **29.** *Architecture* **a.** a series of columns with their entablature arranged in given proportions. **b.** any one of the typical variations of such an arrangement distinguished by proportion, capital types, etc., including the Doric, Ionic, Corinthian of the classical Greeks, adapted by the Romans, the Tuscan created by the Romans, and the Composite dating from the Renaissance. **30.** *Mathematics* **a.** degree, as in algebra. **b.** (of a derivative) the number of times a function has been differentiated. **c.** (of a differential equation) the order of the highest derivative in the equation. *–v.t.* **31.** to give an order, direction, or command to. **32.** to direct or command to go or come (as specified): *to order a person out of one's house*. **33.** to give an order for. **34.** to prescribe: *a doctor orders a medicine for a patient*. **35.** to direct to be made, supplied, or furnished: *we ordered two steaks*. **36.** to regulate, conduct, or manage. **37.** to arrange methodically or suitably. **38.** to ordain, as God or fate does. *–v.i.* **39.** to issue orders: *to order rather than obey*. **40.** to order food, etc. *–phr.* **41. a tall order**, *Colloquial* a difficult task or requirement. **42. call to order**, to establish or re-establish order at (a meeting). **43. in order**, **a.** in a proper state; correctly arranged; in a state of readiness; functioning correctly. **b.** appropriate; suitable. **c.** correct according to parliamentary procedure. **44. in order that**, to the end that. **45. in order to**, as a means to. **46. in short order**, speedily; promptly. **47. of the order of**, about; approximately. **48. on order**, ordered but not yet received. **49. order about**, to keep giving orders to; act in a domineering fashion towards. **50. out of order**, **a.** not functioning properly; broken. **b.** not in accordance with recognised parliamentary rules. **51. the lower orders**, those whose rank or status in society is not high. **–orderer** *n.*

orderly /'ɔdəli/ *adj., n.* **-lies**. *–adj.* **1.** arranged in an approved order, or tidy manner. **2.** systematic; disciplined: *an orderly mind*. **3.** willing to obey rules or laws: *an orderly citizen*. *–n.* **4.** someone, especially a soldier or hospital employee, who performs general duties. **–orderliness** *n.*

ordinal /'ɔdənəl/ *adj.* **1.** relating to an order, as of animals or plants. *–n.* **2.** an ordinal number or numeral.

ordinal number *n.* any of the numbers *first, second, third, etc.*, which indicate the order in which things occur in a given set, and not the total number of things in the set (the latter is indicated by the cardinal numbers, *one, two, three,* etc.).

ordinance /'ɔdənəns/ *n.* **1.** an authoritative rule or law; a decree or command. **2.** a public injunction or regulation. **3.** *Ecclesiastical* **a.** an established rite or ceremony. **b.** a sacrament. **c.** the communion.

ordinary /'ɔdənəri, 'ɔdənri/ *adj., n.* **-ries**. *–adj.* **1.** such as is commonly met with; of the usual kind. **2.** not above, but rather below, the average level of quality; somewhat inferior. **3.** customary; normal: *for all ordinary purposes*. *–n.* **4.** the ordinary condition, degree, run, or the like: *out of the ordinary*. **5.** something regular, customary, or usual. **–ordinarily** *adv.* **–ordinariness** *n.*

ordinary share *n.* *Finance* one of the series of shares into which the capital of a company is divided, which rank for dividends after preference shares and before deferred shares, if any such are in issue.

ordination /ɔdə'neɪʃən/ *n.* **1.** *Ecclesiastical* the act or ceremony of ordaining. **2.** the fact of being ordained. **3.** a decreeing. **4.** the act of arranging. **5.** the resulting state.

ordnance /'ɔdnəns/ *n.* **1.** cannon or artillery. **2.** military weapons of all kinds with their equipment, ammunition, etc.

ordure /'ɔdʒuə/ *n.* filth; dung; excrement.

ore /ɔ/ *n.* **1.** a metal-bearing mineral or rock, or a native metal, especially when valuable enough to be mined. **2.** a mineral or natural product serving as a source of some non-metallic substance, such as sulfur.

oregano /prə'ganou/ *n.* a plant of the mint family of the genus *Origanum*, related to but spicier than marjoram, and used in cookery.

organ /'ɔgən/ *n.* **1.** a musical instrument (**pipe organ**) consisting of one or more sets of pipes sounded by means of compressed air, played by

organdie 554 **orotund**

means of keys arranged in one or more keyboards; in its full modern development, the largest and most complicated of musical instruments. 2. a musical instrument (**electronic organ** or **electric organ**) resembling a pipe organ but sounded electrically. 3. a reed organ or harmonium. 4. a barrel organ or hand organ. 5. (in an animal or a plant) a part or member, as the heart, having some specific function. 6. an instrument or means, as of performance. 7. a means or medium of communicating thoughts, opinions, etc., as a newspaper serving as the mouthpiece of a political party.

organdie /'ɔgəndi/ *n.* **-dies**. a fine, thin stiff cotton fabric usually having a durable crisp finish, and either white, dyed, or printed; used for dresses, curtains, etc. Also, *US*, **organdy**.

organic /ɔ'gænɪk/ *adj.* 1. relating to a class of chemical compounds consisting of all compounds of carbon except for its oxides, sulfides, and metal carbonates. 2. typical of, relating to or coming from living organisms: *organic remains found in rocks; organic fertiliser.* 3. relating to the organ(s) of an animal or plant. 4. marked by the systematic arrangement of parts; organised. 5. of or relating to the constitution or structure of a thing. 6. relating to the cultivation of fruit and vegetables without using chemical fertilisers or pesticides. **–organically** *adv.*

organise = **organize** /'ɔgənaɪz/ *v.* **-nised, -nising**. –*v.t.* 1. to form into a group especially for united action: *to organise a party; to organise a club.* 2. to bring together in an orderly way: *to organise facts.* 3. to arrange: *I have organised a holiday for us.* 4. to build a trade union among: *to organise workers.* –*v.i.* 5. to combine in an organised company, party, etc.: *workers organised into trade unions in the 19th century.* **–organisable = organizable** *adj.*

organism /'ɔgənɪzəm/ *n.* 1. an individual composed of mutually dependent parts constituted for subserving vital processes. 2. any form of animal or plant life: *microscopic organisms.* 3. any organised body or system analogous to a living being. 4. *Philosophy* any structure the parts of which function not only in terms of one another, but also in terms of the whole.

organist /'ɔgənəst/ *n.* someone who plays an organ.

organo- word element meaning 'organ' or 'organic'.

organza /ɔ'gænzə/ *n.* a fabric made from a mixture of silk or nylon with cotton, similar to organdie but less fine.

orgasm /'ɔgæzəm/ *n.* 1. *Physiology* a complex series of responses of the genital organs and skin at the culmination of a sexual act. 2. immoderate excitement. –*v.i.* 3. *Colloquial* to experience an orgasm. **–orgasmic, orgastic** /ɔ'gæstɪk/ *adj.*

orgy /'ɔdʒi/ *n.* **-gies**. 1. wild, drunken, or licentious festivities or revelry. 2. any proceedings marked by unbridled indulgence of passions: *an orgy of killing.* **–orgiastic** /ɔdʒi'æstɪk/ *adj.*

orient /'ɔriənt, 'ɒ-/ *n., adj.*; /'ɔriɛnt, 'ɒ-/ *v.* –*n.* 1. **the Orient**, the East; the countries to the east (and south-east) of the Mediterranean especially the countries of eastern Asia. –*adj.* 2. *Poetic* eastern or oriental. –*v.t.* 3. → **orientate**. –*v.i.* 4. → **orientate**.

oriental /ɔri'ɛntl, ɒri-/ *adj.* 1. (*sometimes cap.*) of, relating to, or characteristic of the Orient or East. –*n.* 2. (*usually cap.*) a native or inhabitant of the Orient, especially one belonging to an indigenous race.

orientate /'ɔriənteɪt, 'ɒri-/ *v.* **-tated, -tating**. –*v.t.* 1. to place so as to face the east, especially to build (a church) with the chief altar to the east and the chief entrance to the west. 2. to place in any definite position with reference to the points of the compass or other points: *to orientate a building north and south.* 3. to adjust with relation to, or bring into due relation to, surroundings, circumstances, facts, etc.: *to orientate one's ideas to new conditions.* 4. *Surveying* to turn a map or plane table sheet so that the north direction on the map is parallel to the north direction on the ground. –*v.i.* 5. to turn towards the east or in specified direction. **–orientation** *n.*

orienteering /ɔriən'tɪərɪŋ/ *n.* a sport in which competitors race on foot, skis, bicycle, etc., over a course consisting of a number of checkpoints which must be located with the aid of maps, compasses, etc.

orifice /'ɒrəfəs/ *n.* a mouth or aperture, as of a tube or pipe; a mouthlike opening or hole; a vent.

origami /ɒrə'gami/ *n.* 1. the art of folding paper into shapes of flowers, birds, etc. 2. an object made this way.

origin /'ɒrədʒən/ *n.* 1. a starting point, source or beginning: *the origin of a stream; the origin of a plan.* 2. birth; parentage; extraction: *Scottish origin.* 3. *Mathematics* the point of intersection of two or more axes in a system of Cartesian or polar coordinates; the point from which a measurement is taken.

original /ə'rɪdʒənəl/ *adj.* 1. first; earliest: *the original binding of the book is very old.* 2. new; fresh; novel: *an original way of advertising.* 3. doing or done by oneself independently; not derived from another: *original thinking; original research.* 4. being that from which a copy, translation, etc., is made: *the original letter is in the National Library.* –*n.* 5. the primary form or type. 6. an original work, writing, etc., as opposed to a copy. 7. something represented by a picture, description, etc. 8. someone who thinks or acts for himself or herself. 9. someone who behaves in unusual or odd ways; eccentric. **–originally** *adv.*

originate /ə'rɪdʒəneɪt/ *v.* **-nated, -nating**. –*v.i.* 1. to take its origin or rise; arise; spring. –*v.t.* 2. to give origin or rise to; initiate; invent. **–origination** /ərɪdʒə'neɪʃən/ *n.* **–originator** *n.*

oriole /'ɔrioʊl/ *n.* any bird of the Old World passerine family Oriolidae, mostly bright yellow with black on the head, wings, and tail.

orlon /'ɔlɒn/ *n.* a synthetic acrylic textile fibre of light weight and good crease resistance.

ornament /'ɔnəmənt/ *n.*, /'ɔnəmɛnt/ *v.* –*n.* 1. something added for beauty rather than to be useful: *architectural ornaments.* 2. an object meant to be beautiful rather than useful: *china ornaments.* 3. a person who adds importance, honour, etc., to surroundings, society, etc.: *an ornament to his profession.* 4. outward show: *the white chairs outside their house are just for ornament.* 5. *Music* a note or group of notes not part of the melody, as a trill. –*v.t.* 6. to furnish with ornaments. 7. to be an ornament to.

ornate /ɔ'neɪt/ *adj.* elaborately adorned; sumptuously or showily splendid or fine. **–ornately** *adv.* **–ornateness** *n.*

ornitho- a word element meaning 'bird'. Also, **ornith-**.

ornithology /ɔnə'θɒlədʒi/ *n.* the branch of zoology that deals with birds. **–ornithological** /ɔnəθə'lɒdʒɪkəl/ *adj.* **–ornithologist** *n.*

ornithorhynchus /ɔnəθə'rɪŋkəs/ *n.* → **platypus**.

oro- a word element meaning 'mountain', as in *orography*.

orotund /'ɒroʊtʌnd/ *adj.* 1. (of the voice or utterance) characterised by strength, fullness, richness, and clearness. 2. (of a style of utterance) pompous or bombastic.

orphan /'ɔfən/ n. **1.** a child bereaved by death of both parents, or, less commonly, of one parent. —*adj.* **2.** of or for orphans: *an orphan institution*. **3.** bereaved of parents. —*v.t.* **4.** to bereave of parents or a parent. —**orphanhood** n.

orphanage /'ɔfənɪdʒ/ n. **1.** an institution for orphans. **2.** the state of being an orphan.

ortho- **1.** a word element meaning 'straight', 'upright', 'right', 'correct', used in combination. **2.** *Chemistry* **a.** a prefix indicating that acid of a series which contains most water. Compare **meta-**, **pyro-**. **b.** a prefix applied to a salt of one of these acids: if the acid ends in *-ic*, the corresponding salt ends in *-ate*, as *orthoboric acid* (H_3BO_3) and *potassium orthoborate* (K_3BO_3); if the acid ends in *-ous*, the corresponding salt ends in *-ite*, as *orthoantimonous acid* (H_3SbO_3) and *potassium orthoantimonite* (K_3SbO_3). **c.** a prefix indicating the presence of a benzene ring with two substituents in the 1, 2 positions.

orthoclase /'ɔθouklæs, 'ɔθəkleɪz/ n. a very common mineral of the felspar group, potassium aluminium silicate, $KAlSi_3O_8$, occurring as an important constituent in many igneous rocks; used in the manufacture of porcelain.

orthodontics /ɔθə'dɒntɪks/ n. the branch of dentistry that is concerned with the correction of irregularities of the teeth or jaw. Also, **orthodontia**. —**orthodontic** *adj.* —**orthodontist** n.

orthodox /'ɔθədɒks/ *adj.* **1.** sound or correct in opinion or doctrine, especially theological or religious doctrine. **2.** (*cap.*) of, relating to, or designating the Eastern Church. **3.** (*cap.*) of, relating to, or designating Orthodox Jews or Orthodox Judaism. **4.** approved; conventional. —**orthodoxy** n. —**orthodoxly** *adv.*

Orthodox Church n. the Christian Church of the countries which formerly comprised the Eastern Roman Empire, and of countries evangelised from it, as Russia; the Church or group of local and national oriental Churches in communion or doctrinal agreement with the Greek patriarchal see of Constantinople.

orthography /ɔ'θɒgrəfi/ n. *-phies*. **1.** the art of writing words with the proper letters, according to accepted usage; correct spelling. **2.** the branch of grammar that deals with letters and spelling. **3.** manner of spelling. **4.** an orthogonal projection, or an elevation drawn by means of it. —**orthographer**, **orthographist** n. —**orthographic** /ɔθə'græfɪk/ *adj.*

orthopaedics = **orthopedics** /ɔθə'pidɪks/ n. the correction or cure of deformities and diseases of the spine, bones, joints, muscles, or other parts of the skeletal system. Also, **orthop(a)edy**. —**orthopaedic** *adj.* —**orthopaedist** n.

orthoptics /ɔ'θɒptɪks/ n. the study and treatment of abnormalities of eye muscle function and the ability to use the eyes together. —**orthoptic** *adj.* —**orthoptist** n.

-ory[1] a suffix of adjectives meaning 'having the function or effect of', as in *compulsory, contributory, declaratory, illusory*.

-ory[2] a suffix of nouns denoting especially a place or an instrument or thing for some purpose, as in *directory, dormitory, purgatory*.

os /ɒs/ n. **ossa** /'ɒsə/. *Anatomy* a bone.

oscillate /'ɒsəleɪt/ *v.i.* *-lated, -lating*. **1.** to swing or move to and fro, as a pendulum does; vibrate. **2.** to fluctuate between states, opinions, purposes, etc. **3.** to have, produce, or generate oscillations. —**oscillatory** *adj.*

oscillation /ɒsə'leɪʃən/ n. **1.** the act or fact of oscillating. **2.** a single swing, or movement in one direction, of an oscillating body, etc. **3.** fluctuation between states, opinions, etc. **4.** *Physics* a repetitive to and fro motion of an object; a repetitive fluctuation in amplitude of an electrical signal or electric or magnetic field.

osculate /'ɒskjəleɪt/ v. *-lated, -lating*. **1.** to kiss (someone). **2.** to bring or come into close contact or union. —**osculation** /ɒskjə'leɪʃn/ n. —**osculatory** /'ɒskjələtri, -leɪtəri/ *adj.*

-ose[1] an adjective suffix meaning 'full of', 'abounding in', 'given to', 'like', as in *frondose, globose, jocose, otiose, verbose*.

-ose[2] a noun termination used to form chemical terms, especially names of sugars and other carbohydrates, as *amylose, fructose, hexose, lactose*, and (rarely) of protein derivatives, as *proteose*.

osier /'ouʒə/ n. **1.** any of various willows, as *Salix viminalis* (the common **basket osier**) and *Salix purpurea* (**red osier**), with tough flexible twigs or branches which are used for wickerwork. **2.** a twig from such a willow.

-osis -oses a noun suffix denoting action, process, state, condition, etc., as in *metamorphosis*, and in many pathological terms, as *tuberculosis*.

-osity a noun suffix equivalent to **-ose**[1] (or **-ous**) plus **-ity**.

osmium /'ɒzmiəm/ n. a hard, heavy, metallic element used for electric-light filaments, etc., having the greatest density of any known material, and forming octavalent compounds, such as OsO_4, OsF_8. Symbol: Os; *relative atomic mass*: 190.2; *at. no.*: 76; *density*: 22.48 at 20°C.

osmosis /ɒz'mousəs/ n. **1.** *Physics* the tendency of a fluid to pass through a semipermeable membrane into a solution where its concentration is lower, thus equalising the conditions on either side of the membrane. **2.** *Biology* the diffusion of fluids through membranes or porous partitions. **3.** a process of interchange or absorption suggestive of osmotic action. —**osmotic** /ɒz'mɒtɪk/ *adj.* —**osmotically** /ɒz'mɒtɪkli/ *adv.*

osprey /'ɒspri, 'ɒspreɪ/ n. *-reys*. **1.** a large hawk, *Pandion haliaetus*, which feeds on fish. **2.** a kind of feather used to trim hats.

ossify /'ɒsəfaɪ/ v. *-fied, -fying*. —*v.t.* **1.** to convert into, or harden like, bone. **2.** to render (attitudes, opinions, etc.) rigid or inflexible. —*v.i.* **3.** to become bone or hard like bone. **4.** to become rigid or inflexible in attitudes, opinions, etc.

ostensible /ɒs'tɛnsəbəl/ *adj.* given out or outwardly appearing as such; professed; pretended. —**ostensibly** *adv.*

ostentation /ɒstɛn'teɪʃən/ n. pretentious show; display intended to impress others. Also, **ostentatiousness**. —**ostentatious** *adj.*

osteo- a word element meaning 'bone'. Also (*before vowels*), **oste-**.

osteoarthritis /ˌɒstiouɑ'θraɪtəs/ n. *Pathology* a degenerative type of chronic arthritis.

osteopathy /ɒsti'ɒpəθi/ n. *Medicine* a theory of disease and a method of treatment resting upon the supposition that most diseases are due to deformation of some part of the body and can be cured by some kind of manipulation. —**osteopath** /ɒstiə'pæθ/ n. —**osteopathic** /ɒstiə'pæθɪk/ *adj.*

osteoporosis /ˌɒstioupə'rousəs/ n. *Pathology* a condition in which bones become thin and brittle, common in old people, especially women past the menopause.

ostler /'ɒslə/ n. someone who takes care of horses, especially at an inn.

ostracise = **ostracize** /'ɒstrəsaɪz/ *v.t.* *-cised, -cising*. **1.** to banish (someone) from their native country; expatriate. **2.** to exclude by general consent from society, privileges, etc. —**ostracism** /'ɒstrəsɪzəm/ n. —**ostracisable** *adj.* —**ostraciser** n.

ostrich /'ɒstrɪtʃ/ n. a large two-toed, swift-footed, flightless bird, *Struthio camelus*, the largest of existing birds, native to Africa and Arabia, now extensively reared for the plumage. –**ostrich-like** *adj.*

ot- variant of **oto-**, before vowels.

other /'ʌðə/ *det.* **1.** additional or further: *he and one other person.* **2.** different or distinct from the one or ones mentioned or implied: *in some other city.* **3.** being the remaining one of two or more: *the other hand.* **4.** (with plural nouns) being the remaining ones of a number: *the other men.* –*pron.* **5.** the other one: *each praises the other.* **6.** another person or thing. **7.** some person or thing else: *some day or other.* –*adj.* **8.** unlike most of the same type; unusual: *she was quite other.* –*phr.* **9. every other**, every alternate: *a meeting every other week.* **10. one's other half**, *Colloquial* one's spouse. **11. other than**, different from in nature or kind: *I would not have him other than he is.* **12. the other day** (**night, etc.**), a day (night, etc.) or two ago. **13. the other half**, *Colloquial* either of the two classes into which society is divided, the rich or the poor (but especially the poor): *to see how the other half lives.* **14. the other side**, *Spiritualism* the place where the spirits of dead people reside. –**otherness** *n.*

otherwise /'ʌðəwaɪz/ *adv.* **1.** under other circumstances. **2.** in another manner; differently. **3.** in other respects: *an otherwise happy life.* –*adj.* **4.** other or different; of another nature or kind. –*conj.* **5.** or else: *you'd better do it, otherwise I'll tell.*

otic /'outɪk, 'ɒtɪk/ *adj.* having to do with the ear; auricular.

-otic an adjectival form for nouns ending in *-osis*, as *hypnotic* from *hypnosis*, *neurotic* from *neurosis*.

oto- a word element meaning 'ear'.

otter /'ɒtə/ *n.* **-ters**, (*especially collectively*) **-ter.** any of the various aquatic, furred, carnivorous, musteline mammals of the genus *Lutra*, and allied genera, with webbed feet adapted for swimming, and a long tail slightly flattened horizontally to act as a rudder, as *L. vulgaris*, of Europe, and *L. canadensis*, of the US and Canada, and the seaotter.

ottoman /'ɒtəmən/ *n.* **-mans. 1.** a low cushioned seat like a sofa without back or arms. **2.** a low chest with a padded top. **3.** a cushioned footstool. **4.** a corded silk or rayon fabric with large cotton cord for filling.

ouch /aʊtʃ/ *interj.* (an exclamation expressing sudden pain).

ought[1] /ɔt/ *v.* (*quasimodal*) **1.** to be bound in duty or moral obligation: *every citizen ought to help.* **2.** to be required on any ground, as of justice, propriety, expediency, fitness, or the like: *he ought to be punished; you ought to add more milk.* **3.** to be likely: *this glue ought to hold it.*

ought[2] /ɔt/ *n.* → **aught.**

ouija /'widʒə, -dʒi/ *n.* a device consisting of a small board on legs, which rests on a larger board marked with words, letters of the alphabet, etc., used during seances. Also, **ouija board.**

ounce[1] /aʊns/ *n.* **1.** a unit of mass in the imperial system, equal to $1/16$ lb. avoirdupois or $28.349\ 523\ 125 \times 10^{-3}$ kg. **2. troy ounce** or **apothecaries ounce**, a unit of mass in the imperial system equal to 480 grains, or $31.103\ 476\ 8 \times 10^{-3}$ kg. **3.** → **fluid ounce. 4.** a small quantity or portion.

ounce[2] /aʊns/ *n.* a long-haired leopard-like feline, *Panthera uncia*, inhabiting the mountain ranges of central Asia; snow leopard.

our /'aʊə/ *det.* the possessive form of **we**: *we took our time.* Compare **ours.**

-our = **-or** a suffix of nouns denoting state or condition, a quality or property, etc., as in *ardour,* *colour, honour, labour.*

ours /'aʊz/ *pron.* (*possessive*) the possessive form of **we**, used predicatively or absolutely: *those books are ours; ours was the first attempt; a friend of ours.*

ourself /aʊə'sɛlf/ *pron.* a form corresponding to *ourselves*, of a single person, especially (like *we* for *I*) in the regal or formal style.

ourselves /aʊə'sɛlvz/ *pron.* **1.** the reflexive form of **we**: *we hurt ourselves.* **2.** an emphatic form of *us* or *we* used: **a.** as object: *we used it for ourselves.* **b.** in apposition to a subject or object: *we did it ourselves.*

-ous 1. an adjective suffix meaning 'full of', 'abounding in', 'given to', 'characterised by', 'having', 'of the nature of', 'like', etc., as in *glorious, joyous, mucous, nervous, sonorous, wondrous.* **2.** *Chemistry* a suffix used to imply the lower of two possible valencies compared to the corresponding suffix *-ic*, as *stannous chloride*, $SnCl_2$, and *stannic chloride*, $SnCl_4$. Also, **-eous, -ious.**

oust /aʊst/ *v.t.* **1.** to expel from a place or position occupied. **2.** *Law* to eject; dispossess.

out /aʊt/ *adv.* **1.** forth from, away from, or not in a place, position, state, etc.: *out of order.* **2.** away from one's home, office, etc. **3.** into the open: *to go out for a walk.* **4.** to exhaustion, extinction, or conclusion; to the end; so as to finish or exhaust or be exhausted; so as to bring to naught or render useless: *to pump out a well.* **5.** to or at an end or conclusion: *to fight it out.* **6.** no longer or not burning or furnishing light; extinguished: *the lamp went out.* **7.** not in vogue or fashion: *that style has gone out.* **8.** released from jail. **9.** into or in society: *a young woman who came out last season.* **10.** not in present or personal possession or use; let for hire, or placed at interest: *let out for a year.* **11.** on strike: *the miners are coming out.* **12.** so as to project or extend: *to stretch out.* **13.** into or in existence, activity, or outward manifestation: *fever broke out.* **14.** from a state of composure, satisfaction, or harmony: *to feel put out.* **15.** in or into a state of confusion, vexation, dispute, variance, or unfriendliness: *to fall out about trifles.* **16.** from a number, stock, or store: *to pick out.* **17.** aloud or loudly: *to call out.* **18.** with completeness or effectiveness: *to fit out.* **19.** thoroughly; completely; entirely. **20.** so as to make illegible or indecipherable: *to paint out; ink out.* **21.** away from a main centre, especially from Britain with regard to Australia or New Zealand: *they had only been out for two weeks.* –*adj.* **22.** torn or worn into holes, as clothing: *his trousers were out at the knees.* **23.** incorrect or inaccurate: *to be out in one's calculations.* **24.** at a pecuniary loss: *to be out by ten dollars.* **25.** unconscious; senseless: *the boxer was out for about five minutes.* **26.** finished; ended: *before the month is out.* **27.** *Tennis, etc.* beyond the boundary lines: *the umpire declared the ball out.* **28.** *Cricket, etc.* (of a person batting) removed from play by being bowled, l.b.w., stumped, caught, or run out, etc. **29.** in public notice or knowledge: *the news is out.* **30.** in bloom: *the wattle is out.* **31.** (of a homosexual) known publicly to be such. **32.** external; exterior; outer. **33.** outlying. –*prep.* **34.** forth from: *throw it out the window.* –*interj.* **35.** (an exclamation of dismissal) –*n.* **36.** a means of escaping from a place, punishment, retribution, responsibility, etc. –*v.i.* **37.** to become known: *murder will out.* –*v.t.* **38.** to put out; expel; discharge. **39.** to expose someone, especially a public figure, as homosexual. –*phr.*

40. be out to, to intend to: *he's out to ruin me.*

41. get out of here, *Colloquial* (an expression of disbelief).

42. go all out, to extend oneself; pursue an

out   557   **outlet**

interest, goal, etc., with the utmost energy. **43. ins and outs**, all the detail related to something, in particular the workings of a machine or device. **44. out and away**, in a pre-eminent degree; by far. **45. be out of here**, *Colloquial* to be leaving: *I'm out of here, see you tomorrow.* **46. out here, a.** in Australia or New Zealand. **b.** in a town or place thought of as being remote from the main centre. **47. out of, a.** from (a source, ground or cause, material, etc.): *made out of scraps.* **b.** so as to deprive or be deprived: *to cheat someone out of money.* **c.** having used the last of; lacking: *to be out of sugar.* **48. out of it**, *Colloquial* **a.** incapacitated as a result of taking drugs or alcohol. **b.** in a dreamy or vague state of mind, as if under the influence of drugs or alcohol. **c.** neglected; rejected: *he's feeling a bit out of it.* **49. out there**, in a town or place thought of as being remote from both a main centre and the speaker: *how can you stand it out there?* **50. out to it**, *Australian, NZ Colloquial* **a.** unconscious. **b.** asleep. **51. out west**, in or to the remote regions west of the eastern seaboard of Australia; outback. **52. out with, a.** to make known; tell; utter: *when will he out with the truth?* **b.** to take out; produce from hiding.

out- prefixal use of **out**, *adverb, preposition*, or *adjective*, occurring in various senses in compounds, as in *outcast, outcome, outside*, and serving also to form many transitive verbs denoting a going beyond, surpassing, or outdoing in the particular action indicated, as in *outbid, outdo, outgeneral, outlast, outstay, outrate*, and many other words in which the meaning is readily perceived, the more important of these being entered below.

out-and-out /'aʊt-ən-aʊt/ *adj.* thoroughly; thorough; complete; unqualified.

outback /'aʊtbæk/ *n.* **1.** (*sometimes cap.*) remote, sparsely inhabited back country, especially in Australia. *-adj.* **2.** having to do with the back country. *-adv.* **3.** in or to the back country: *to live outback.*

outbreak /'aʊtbreɪk/ *n.* **1.** a breaking out; an outburst. **2.** a sudden and active manifestation. **3.** a public disturbance; a riot; an insurrection.

outbuilding /'aʊtbɪldɪŋ/ *n.* a detached building subordinate to a main building.

outburst /'aʊtbɜst/ *n.* **1.** a bursting forth. **2.** a sudden and violent outpouring: *an outburst of tears.*

outcast /'aʊtkast/ *n.* **1.** someone who is cast out, as from home or society. **2.** a vagabond; homeless wanderer. *-adj.* **3.** cast out, as from one's home or society. **4.** relating to or characteristic of an outcast: *outcast misery.* **5.** rejected or discarded.

outclass /aʊt'klas/ *v.t.* to surpass in class or quality; be distinctly ahead of (a competitor, etc.).

outcome /'aʊtkʌm/ *n.* that which results from something; the consequence or issue.

outcrop /'aʊtkrɒp/ *n.*, /aʊt'krɒp/ *v.* **-cropped, -cropping.** *-n.* **1.** a cropping out, as of a stratum or vein at the surface of the earth. **2.** the emerging part. **3.** something that occurs unexpectedly, suddenly, or violently: *an outcrop of labour unrest.* *-v.i.* **4.** to crop out, as strata.

outcry /'aʊtkraɪ/ *n.* **-cries. 1.** a crying out. **2.** a cry of distress, indignation, or the like. **3.** loud clamour. **4.** widespread protest or indignation.

outdated /'aʊtdeɪtəd/ *adj.* made out of date by the passage of time; old-fashioned.

outdistance /aʊt'dɪstəns/ *v.t.* **-tanced, -tancing.** to distance completely; leave far behind; outstrip.

outdo /aʊt'du/ *v.t.* **-did, -done, -doing.** to surpass in doing or performance; surpass.

outdoor /'aʊtdɔ/ *adj.* occurring or used out of doors.

outdoors /aʊt'dɔz/ *adv.* **1.** out of doors; in the open air. *-n.* **2.** the world outside houses; open air. *-phr.* **3. the great outdoors**, the natural environment, especially wilderness areas. **-outdoorsy** *adj.*

outer /'aʊtə/ *adj.* **1.** farther out; external; of or relating to the outside. *-n.* **2.** that part of a sportsground which is without shelter. **3.** *Archery, etc.* **a.** the outermost ring or part of a target. **b.** a shot which strikes this part. **c.** the score value of this part. *-phr.* **4. on the outer**, *Australian Colloquial* excluded from the group; mildly ostracised.

outfield /'aʊtfild/ *n.* **1.** *Cricket* the part of the field farthest from the person batting. **2.** the outlying land of a farm, especially beyond the enclosed land. **3.** an outlying region.

outfit /'aʊtfɪt/ *n., v.* **-fitted, -fitting.** *-n.* **1.** the equipment for some activity: *a skier's outfit; an explorer's outfit.* **2.** a set of articles for any purpose: *a model aircraft outfit.* **3.** a set of clothes, especially women's, worn together. **4. a.** a group of people working together: *military outfit.* **b.** *Colloquial* a shop or business with its equipment. *-v.t.* **5.** to provide with an outfit; fit out; equip. **-outfitter** *n.*

outflank /aʊt'flæŋk/ *v.t.* **1.** to go or extend beyond the flank of (an opposing army, etc.); outmanoeuvre by a flanking movement. **2.** to get the better of (a rival, opponent, etc.).

outflow /'aʊtfloʊ/ *n.* **1.** the act of flowing out. **2.** something that flows out. **3.** any outward movement.

outfox /aʊt'fɒks/ *v.t.* to outmanoeuvre.

outgoing /'aʊtgoʊɪŋ/ *adj.* **1.** going out; departing: *outgoing trains.* **2.** interested in and responsive to others: *an outgoing personality.* *-n.* **3.** (*usually plural*) an amount of money expended; outlay; expenses. **4.** a going out. **5.** something that goes out; an effluence.

outgrow /aʊt'groʊ/ *v.* **-grew, -grown, -growing.** *-v.t.* **1.** to grow too large for. **2.** to leave behind or lose in the changes incident to development or the passage of time: *to outgrow a bad reputation.* **3.** to surpass in growing. *-v.i.* **4.** to grow out; protrude.

outgrowth /'aʊtgroʊθ/ *n.* **1.** a natural development, product, or result. **2.** an additional, supplementary result. **3.** a growing out or forth. **4.** something that grows out; an offshoot; an excrescence.

outhouse /'aʊthaʊs/ *n.* **1.** an outbuilding. **2.** an outside toilet.

outing /'aʊtɪŋ/ *n.* **1.** an excursion or pleasure trip. **2.** the part of the sea out from the shore.

outlandish /aʊt'lændɪʃ/ *adj.* **1.** freakishly or grotesquely strange or odd, as appearance, dress, objects, ideas, practices, etc.; bizarre; barbarous. **2.** foreign-looking. **3.** out-of-the-way, as places. **-outlandishly** *adv.* **-outlandishness** *n.*

outlast /aʊt'last/ *v.t.* to last longer than.

outlaw /'aʊtlɔ/ *n.* **1.** a criminal, especially formerly, one who is cut off from the protection of the law. **2.** a wild or untameable animal. *-v.t.* **3.** to cut off from the protection of the law. **4.** to forbid with the strong agreement of society.

outlay /'aʊtleɪ/ *n.,* /aʊt'leɪ/ *v.* **-laid, -laying.** *-n.* **1.** an expending; an expenditure, as of money. **2.** an amount expended. *-v.t.* **3.** to expend, as money.

outlet /'aʊtlɛt, -lət/ *n.* **1.** an opening or passage by which anything is let out; a vent or exit. **2.** *Electricity* **a.** a point on a wiring system from which current is taken to supply electrical devices. **b.**

outlet box, the metal box or receptacle designed to facilitate connections to a wiring system. **3.** *Commerce* **a.** a market for goods. **b.** (of a wholesaler or manufacturer) a shop, merchant, or agency selling one's goods: *he has many good outlets*. **4.** a means of expression; an occasion for releasing energies, etc. **5.** discharge.

outline /'aʊtlaɪn/ *n., v.* **-lined, -lining.** *-n.* **1.** a line, drawn or imagined, which traces round the shape of an object; the contour. **2.** a drawing with such lines only. **3.** a general account giving only the main points. **4.** (*plural*) the main points or necessary parts of a subject. *-v.t.* **5.** to draw the outline of, or draw in outline. **6.** to give the main points of (a subject, etc.).

outlive /aʊt'lɪv/ *v.t.* **-lived, -living. 1.** to live longer than; survive (a person, etc.). **2.** to outlast; live or last through: *the ship outlived the storm*.

outlook /'aʊtlʊk/ *n.* **1.** the view from a place; prospect. **2.** a mental point of view. **3.** what is likely for the future: *political outlook*.

outlying /'aʊtlaɪɪŋ/ *adj.* **1.** lying at a distance from the centre or the main body; remote; out-of-the-way. **2.** lying outside the boundary or limit.

out-of-date /'aʊt-əv-deɪt/ *adj.* **1.** (of a previous style or fashion) obsolete. **2.** (of a ticket, etc.) no longer valid. Also (*especially in predicative use*), **out of date**.

out-of-pocket /'aʊt-əv-pɒkət/ *adj.* having to do with what has been paid out in cash or outlay incurred: *out-of-pocket expenses*. Also (*especially in predicative use*), **out of pocket**.

out-of-the-way /'aʊt-əv-ðə-weɪ/ *adj.* **1.** remote from much-travelled ways or frequented or populous regions; secluded. **2.** unusual. **3.** improper. Also (*especially in predicative use*), **out of the way**.

outpatient /'aʊtpeɪʃənt/ *n.* a patient receiving treatment at a hospital but not being an inmate.

outpost /'aʊtpoʊst/ *n.* **1.** a station at a distance from the main body of an army to protect it from surprise attack. **2.** any remote settlement: *an outpost of civilisation*.

output /'aʊtpʊt/ *n., v.* **-put, -putting.** *-n.* **1.** the act of turning out; production. **2.** the quantity or amount produced, as in a given time. **3.** the product or yield, as of a mine. **4.** *Computers* information obtained from a computer on the completion of a calculation. *-v.t.* **5.** *Computers* to give out (results).

outrage /'aʊtreɪdʒ/ *n., v.* **-raged, -raging.** *-n.* **1.** a very wrong act that goes beyond all accepted limits of behaviour, especially one of great cruelty or violence. **2.** a feeling of very strong anger. *-v.t.* **3.** to subject to great violence or humiliation. **4.** to affect with a sense of offended right or decency; shock. **5.** to rape (a woman).

outré /'utreɪ/ *adj.* passing the bounds of what is usual and considered proper.

outrigger /'aʊtrɪgə/ *n.* **1.** a framework extended outboard from the side of a boat, especially, as in South Pacific canoes, supporting a float which gives stability. **2.** a bracket extending outwards from the side of a racing shell, to support a rowlock. **3.** the shell itself. **4.** a spar rigged out from a ship's rail or the like, as for extending a sail. **5.** *Building Trades* a beam projecting from a building and wedged against a ceiling inside the building, used for supporting certain kinds of scaffolding.

outright /'aʊtraɪt/ *adj.* **1.** complete or total: *an outright loss*. **2.** downright or unqualified: *an outright refusal*. *-adv.* **3.** completely; entirely. **4.** without restraint, reserve, or concealment; openly. **5.** at once.

outset /'aʊtsɛt/ *n.* the beginning or start.

outside /aʊtsaɪd/ *n., adj.*; /aʊt'saɪd/ *adv., prep.* *-n.* **1.** the outer side, surface, or part; the exterior. **2.** the external aspect or appearance. **3.** something merely external. **4.** the space without or beyond an enclosure, boundary, etc. **5.** seaward, beyond the point where the waves break. **6.** *Colloquial* the world outside prison. *-adj.* **7.** being, acting, done, or originating beyond an enclosure, boundary, etc.: *outside noises*. **8.** situated on or relating to the outside; exterior; external. **9.** *Australian* situated at or relating to areas remote from civilisation. **10.** not belonging to or connected with an institution, society, etc.: *outside influences*. **11.** extremely unlikely or remote: *an outside chance*. *-adv.* **12.** on or to the outside, exterior, or space without. **13.** *Fishing* away from enclosed waters and the shore line. *-prep.* **14.** on or towards the outside of. *-phr.* **15. at the outside,** at the utmost limit: *not more than ten at the outside*. **16. outside of,** with the exception of. **17. the outside,** *Australian History* the remote areas far from centres of civilisation.

outsider /aʊt'saɪdə/ *n.* **1.** one not within an enclosure, boundary, etc. **2.** one not belonging to a particular group, set, party, etc. **3.** one unconnected or unacquainted with the matter in question. **4.** a racehorse, etc., not included among the favourites.

outsize /'aʊtsaɪz/ *n.* **1.** an uncommon or irregular size. **2.** a garment of such a size, especially when larger. *-adj.* **3.** Also, **outsized.** unusually or abnormally large; larger than average: *a display of outsize dresses*.

outskirts /'aʊtskɜts/ *pl. n.* outer or bordering parts or districts, as of a city.

outsmart /aʊt'smat/ *v.t.* to prove too clever for; outwit.

outsource /'aʊtsɔs/ *v.t.* to contract (work) outside the company rather than employ more in-house staff. **-outsourcing** *n.*

outspoken /'aʊtspoʊkən/ *adj.* **1.** uttered or expressed with frankness or lack of reserve: *outspoken criticism*. **2.** free or unreserved in speech: *outspoken people*. **-outspokenly** *adv.* **-outspokenness** *n.*

outstanding /aʊt'stændɪŋ/ *adj.* **1.** prominent; conspicuous; striking. **2.** that continues in existence; that remains unsettled, unpaid, etc. **3.** standing out; projecting; detached. **4.** that resists or opposes.

out-station /'aʊt-steɪʃən/ *n.* **1.** a stock-handling depot with accommodation away from the main homestead. **2.** any remote post: *a diplomatic out-station; a military out-station*.

outstretch /aʊt'strɛtʃ/ *v.t.* **1.** to stretch forth; extend. **2.** to stretch beyond (a limit, etc.). **3.** to stretch out; expand.

outstrip /aʊt'strɪp/ *v.t.* **-stripped, -stripping. 1.** to outdo; surpass; excel. **2.** to outdo or pass in running.

out-tray /'aʊt-treɪ/ *n.* a tray or other receptacle for out-going letters, files, job assignments, etc. which have received attention.

outward /'aʊtwəd/ *adj.* **1.** of or relating to what is seen or apparent, as opposed to the underlying nature; superficial: *only her outward looks were calm; the outward man*. **2.** relating to the outside; outer. **3.** directed towards the outside: *outward gaze*. *-adv.* **4.** Also, **outwards.** towards the outside; out. **5.** away from port: *outward bound*.

outwardly /'aʊtwədli/ *adv.* **1.** as regards appearance or outward manifestation. **2.** towards the outside. **3.** on the outside or outer surface.

outwards /'aʊtwədz/ *adv.* towards the outside; out. Also, **outward**.

outweigh /aʊt'weɪ/ *v.t.* **1.** to exceed in value,

outwit /aʊtˈwɪt/ *v.t.* **-witted, -witting.** to get the better of by superior ingenuity or cleverness.

ouzo /ˈuzoʊ/ *n.* an aniseed-flavoured liqueur of Greece.

ova /ˈoʊvə/ *n.* plural of **ovum**.

oval /ˈoʊvəl/ *adj.* **1.** having the general form, shape, or outline of an egg; egg-shaped. **2.** ellipsoidal or elliptical. *–n.* **3.** any of various oval things. **4.** a body or a plane figure oval in shape or outline. **5.** *Australian* a flat area (sometimes elliptical) on which sporting activities can take place. **–ovally** *adv.* **–ovalness** *n.*

ovary /ˈoʊvəri/ *n.* **-ries. 1.** *Anatomy, Zoology* the female gonad or reproductive gland, in which the ova, or eggs, develop and the hormones that regulate female secondary sex characteristics are produced. **2.** *Botany* the enlarged lower part of the carpel in angiospermous flowers enclosing the ovules.

ovate /ˈoʊveɪt/ *adj.* **1.** egg-shaped. **2.** *Botany* **a.** having a figure like the longitudinal section of an egg. **b.** having such a figure with the broader end at the base, as a leaf.

ovation /oʊˈveɪʃən/ *n.* an enthusiastic public reception of a person; enthusiastic applause.

oven /ˈʌvən/ *n.* a chamber or receptacle for baking or heating, or for drying with the aid of heat.

over /ˈoʊvə/ *prep.* **1.** above in place or position; higher up than: *the roof over one's head.* **2.** above and to the other side of: *to leap over a wall.* **3.** above in authority, power, etc.; so as to govern, control, or conquer. **4.** on or upon, so as to rest on or cover. **5.** on or on top of: *to hit someone over the head.* **6.** here and there on or in: *at various places over the country.* **7.** through all parts of; all through: *to look over some papers.* **8.** to and fro on or in: *to travel all over Australia.* **9.** from side to side of; to the other side of: *to go over a bridge.* **10.** on the other side of: *lands over the sea.* **11.** reaching higher than, so as to submerge. **12.** in excess of, or more than: *over a kilometre.* **13.** above in degree, etc. **14.** in preference to. **15.** throughout the extent or length of: *over a great distance.* **16.** until after the end of: *to adjourn over the holidays.* **17.** throughout the duration of: *over a long term of years.* **18.** in reference to, concerning, or about: *to quarrel over a matter.* **19.** while engaged on or concerned with: *to fall asleep over one's work.* **20.** by the agency of: *she told me over the phone; we heard the news over the radio.* **21.** recovered from: *he's over the measles now.* *–adv.* **22.** over the top or upper surface, or edge of something. **23.** so as to cover the surface, or affect the whole surface: *to paint a thing over.* **24.** through a region, area, etc.: *to travel all over.* **25.** at some distance, as in a direction indicated: *over by the hill.* **26.** from side to side, or to the other side: *to sail over.* **27.** across any intervening space: *when are you coming over to see us?* **28.** from beginning to end, or all through: *to read a thing over.* **29.** from one person, party, etc., to another: *to make property over to others.* **30.** on the other side, as of a sea, a river, or any space: *over in Fiji.* **31.** so as to bring the upper end or side down or under: *to knock a thing over.* **32.** *US* once more; again: *to do a thing over.* **33.** in repetition: *twenty times over.* **34.** in excess or addition: *to pay the full sum and something over.* **35.** remaining beyond a certain amount: *five goes into seven once, with two over.* **36.** throughout or beyond a period of time: *to stay over till Monday.* *–adj.* **37.** upper; higher up. **38.** higher in authority, station, etc. **39.** serving, or intended, as an outer covering. **40.** in excess or addition; surplus; extra. **41.** too great; excessive. **42.** at an end; done; past: *when the war was over.* *–n.* **43.** an amount in excess or addition; an extra. **44.** *Cricket* **a.** the number of balls (six in most countries) delivered between successive changes of bowlers. **b.** the part of the game played between such changes. *–phr.* **45. all over, a.** everywhere. **b.** thoroughly; entirely. **c.** done with; finished. **d.** *Colloquial* characteristically or typically: *that's him all over.* **46. all over with**, done with; finished. **47. be all over**, *Colloquial* to show great affection towards; be excessively attentive to: *she was all over him as soon as he entered the room.* **48. over again**, once more; with repetition. **49. over against, a.** opposite to; in front of. **b.** contrasted with or distinguished from: *to set truth over against falsehood.* **50. over and above**, in addition to; besides. **51. over and over** or **over and again**, repeatedly. **52. over the fence**, *Australian, NZ Colloquial* unreasonable; unfair. **53. over there**, *Australian* (especially during WWI) in Europe, that is, on the other side of the world. **54. over the top**, *Colloquial* excessive or extreme.

over- prefixal use of **over**, *preposition, adverb*, or *adjective*, occurring in various senses in compounds, as in *overboard, overcoat, overhang, overlap, overlord, overrun, overthrow*, and especially used, with the sense of 'over the limit', 'to excess', 'too much', 'too', to form verbs, adjectives, adverbs, and nouns, such as *overact, overcapitalise, overcrowd, overfull, overmuch, oversupply, overweight*, and many others, mostly self-explanatory. A hyphen, commonly absent from old or well-established formations, is often used in new coinages, or in any words whose compound parts it may be desirable to set off distinctly.

overall /ˈoʊvərɔl/ *adj., n.*; /oʊvərˈɔl/ *adv. –adj.* **1.** from one extreme limit of a thing to another: *the overall length of a bridge.* **2.** covering or including everything: *an overall estimate.* *–n.* **3. a.** a coverall. **b.** (*plural*) loose trousers of strong material, usually with a bib and shoulder straps. *–adv.* **4.** covering or including everything; altogether: *the position viewed overall.*

overarm /ˈoʊvəram/ *adj.* **1.** performed with the arm being raised above the shoulder, as bowling. **2.** having to do with a style of swimming similar to the Australian crawl. *–adv.* **3.** in an overarm manner.

overawe /oʊvərˈɔ/ *v.t.* **-awed, -awing.** to restrain or subdue by inspiring awe; intimidate.

overbalance /oʊvəˈbæləns/ *v.* **-anced, -ancing,** *n.* *–v.t.* **1.** to outweigh. **2.** to cause (someone or something) to lose balance or to fall or turn over. *–v.i.* **3.** to lose one's balance. *–n.* **4.** an overbalancing weight or amount. **5.** something that more than balances.

overbearing /oʊvəˈbɛərɪŋ/ *adj.* domineering; dictatorial; haughtily or rudely arrogant. **–overbearingly** *adv.*

overboard /ˈoʊvəbɔd/ *adv.* **1.** over the side of a ship or boat, especially into or in the water: *to fall overboard.* *–phr.* **2. go overboard**, to be unrestrained or excessively enthusiastic.

overcapitalise = overcapitalize /oʊvəˈkæpətəlaɪz/ *v.t. Finance* **-lised, -lising. 1.** to fix the nominal capital (total amount of securities) of a company in excess of the limits set by law or by sound financial policy. **2.** to overestimate the capital value (of a business property or enterprise). **3.** to provide an excessive amount of capital (for a business enterprise). **–overcapitalisation** /ˌoʊvəˌkæpətəlaɪˈzeɪʃən/ *n.*

overcast /ˈoʊvəkast/ *adj.* **1.** (of the sky) overspread with clouds. **2.** dark; gloomy.

overcharge /oʊvəˈtʃadʒ/ *v.* **-charged, -charging,**

overcoat /'ouvətʃoudʒ/ n. –v.t. **1.** to charge (someone) too high a price. –v.i. **2.** to charge too much for something. –n. **3.** a charge which is more than a fair price.

overcoat /'ouvəkout/ n. **1.** a coat worn over the ordinary clothing, as in cold weather; greatcoat; topcoat. **2.** an additional coat of paint applied for protection.

overcome /ouvə'kʌm/ v. **-came, -come, -coming.** –v.t. **1.** to get the better of in a struggle; conquer; defeat. **2.** to win against (opposition, difficulties, etc.) or not give in to (temptation, etc.). **3.** (of liquor, drugs, emotion, etc.) to make (a person) weak, helpless, or unconscious; overpower. –v.i. **4.** to gain the victory; conquer.

overdo /ouvə'du/ v.t. **-did, -done, -doing.** –v.t. **1.** to do to excess: *to overdo exercise.* **2.** to carry to excess or beyond the proper limit. **3.** to overact (a part); exaggerate. **4.** to cook too much; overcook. –*phr.* **5. overdo it,** to overtax one's strength; fatigue oneself; exhaust oneself. **–overdone** /ouvə'dʌn/ adj.

overdose /ouvə'dous/ n., /ouvə'dous/ v. **-dosed, -dosing.** –n. **1.** an excessive dose. –v.t. **2.** to dose to excess. –v.i. **3.** to take an overdose of a drug.

overdraft /'ouvədraft/ n. **1.** *Finance* a draft in excess of one's credit balance, or the amount of the excess. **2.** an excess draft or demand made on anything.

overdraw /ouvə'drɔ/ v.t. **-drew, -drawn, -drawing. 1.** *Finance* to draw upon (an account, allowance, etc.) in excess of the balance standing to one's credit or at one's disposal. **2.** to draw too far; strain, as a bow, by drawing. **3.** to exaggerate in drawing, depicting, or describing.

overdress /ouvə'drɛs/ v.i. **1.** to dress oneself to excess or with too much display. –v.t. **2.** to dress (someone) excessively or too elaborately. –n. **3.** a dress worn over another dress.

overdrive /ouvə'draɪv/ v. **-drove, -driven, -driving,** /'ouvədraɪv/ n. –v.t. **1.** to overwork; push or carry to excess. **2.** to drive too hard. –n. **3.** *Machinery* a device containing gearing that provides an extra-high ratio for motor cars when continuous high speed and low fuel consumption are required.

overdue /'ouvədju/ adj. past due, as a belated train or a bill not paid by the assigned date; late; long awaited.

overestimate /ouvər'ɛstəmeɪt/ v. **-mated, -mating,** /ouvər'ɛstəmət/ n. –v.t. **1.** to estimate at too high a value, amount, ratio, or the like. –n. **2.** an estimate that is too high. **–overestimation** /,ouvərɛstə'meɪʃən/ n.

overflow /ouvə'flou/ v. **-flowed, -flown, -flowing,** /'ouvəflou/ n. –v.i. **1.** (of a river, water in a glass, etc.) to flow or run over (banks, etc.). **2.** to pass from one place to another because the first is too full: *the crowd overflowed into the street.* **3.** to be filled or supplied plentifully (fol. by *with*): *a heart overflowing with gratitude.* –v.t. **4.** to flow over; flood; inundate. **5.** to flow over or beyond (the brim, banks, borders, etc.). –n. **6.** an overflowing or flooding: *the yearly overflow of the Nile.* **7.** something that flows or runs over: *to carry off the overflow from a fountain.* **8.** an outlet for overflowing liquid. **9.** an area of land covered by water in time of floods. **10.** too much of anything; excess.

overgrow /ouvə'grou/ v. **-grew, -grown, -growing.** –v.t. **1.** to grow over; cover with a growth of something. **2.** to outdo in growing; choke or supplant by a more exuberant growth. **3.** to grow beyond, grow too large for, or outgrow. –v.i. **4.** to grow to excess; grow too large. **–overgrowth** n. **–overgrown** adj.

overhand /'ouvəhænd/ adj. Also, **overhanded. 1.** done or delivered overhand. –adv. **2.** with the hand over the object. **3.** with the hand raised above the shoulder. **4.** *Sewing* with close, shallow stitches over two selvages. –v.t. **5.** to sew overhand.

overhang /ouvə'hæŋ/ v. **-hung, -hanging,** /'ouvəhæŋ/ n. –v.t. **1.** to hang over: *a tree overhung the cliff.* **2.** to be spread over: *a dark sky overhangs the earth.* **3.** to threaten: *the sadness which overhung him.* –v.i. **4.** to hang over; project or jut out over something below. –n. **5.** an overhanging; projection: *an overhang of two metres.*

overhaul /ouvə'hɔl/ v., /'ouvəhɔl/ n. –v.t. **1.** to investigate or examine thoroughly, as for repair. **2.** to make necessary repairs to; restore to proper condition. **3.** to gain upon or overtake. **4.** *Nautical* to slacken (a rope) by hauling in the opposite direction to that in which it was drawn taut. –n. **5.** a thorough examination.

overhead /ouvə'hɛd/ adv., /'ouvəhɛd/ adj., n. –adv. **1.** over one's head; aloft; up in the air or sky, especially near the zenith: *overhead was a cloud.* –adj. **2.** situated, operating, or passing overhead, aloft, or above. **3.** applicable to one and all; general; average. –n. **4.** (*plural*) the general cost of running a business. **5.** (*plural*) the general cost which cannot be assigned to particular products or orders.

overhear /ouvə'hɪə/ v.t. **-heard, -hearing.** to hear (speech, etc., or a speaker) without the speaker's intention or knowledge. **–overhearer** n.

overjoyed /ouvə'dʒɔɪd/ adj. overcome with joy; made exceedingly joyful.

overkill /'ouvəkɪl/ n. **1.** the capacity of a nation to destroy, by nuclear weapons, more of an enemy that would be necessary for a military victory. **2.** an instance of such destruction. **3.** the use of more resources or energy than is necessary to achieve one's aim. **4.** the pursuit of a policy or campaign, as the vilification of a political opponent, to unnecessary lengths.

overland /'ouvəlænd/ adv. **1.** over or across the land. **2.** by land. –adj. **3.** proceeding, performed, or carried on overland: *the overland route.* –v.t. **4.** to drive (stock) overland for long distances. –v.i. **5.** to go on a journey overland, especially one driving stock.

overlander /'ouvəlændə/ n. a drover bringing stock overland, especially through remote areas, as from the Northern Territory to Adelaide.

overlap /ouvə'læp/ v. **-lapped, -lapping,** /'ouvəlæp/ n. –v.t. **1.** to stretch over and cover a part of (something else): *branches are overlapping the house.* **2.** to coincide in part with; correspond partly with: *your job overlaps (with) mine.* –n. **3.** an overlapping. **4.** the amount of overlapping: *an overlap of two centimetres.* **5.** an overlapping part or place.

overleaf /ouvə'lif/ adv. on the other side of the page or sheet: *continued overleaf.*

overlook /ouvə'luk/ v.t. **1.** to fail to notice: *to overlook a misspelt word.* **2.** to disregard; ignore: *I will overlook your lateness this time.* **3.** to look over, as from a higher position: *to overlook the crowd.* **4.** to give a view down over: *a hill overlooking the sea.*

overly /'ouvəli/ adv. overmuch; excessively; too: *a voyage not overly dangerous.*

overnight /ouvə'naɪt/ adv., /'ouvənaɪt/ adj., n. –adv. **1.** during the night: *to stay overnight.* **2.** *Australian* on the evening before: *preparations were made overnight.* **3.** suddenly; very quickly: *new towns sprang up overnight.* –adj. **4.** done, happening, or continuing during the night: *an overnight stop.* **5.** staying for one night: *overnight guests.* **6.** designed to be used one night or very few nights: *overnight bag.* **7.** happening suddenly or rapidly: *an overnight success.* —*n.* **8.** an overnight stopover during a plane journey, etc.

overpass /'ouvəpas/ *n.*, /ouvə'pas/ *v.* **-passed** *or* **-past, -passing.** —*n.* **1.** a bridge designed to take traffic on one road over an intersecting road. —*v.t.* **2.** to pass over or traverse (a region, space, etc.). **3.** to get over (obstacles, etc.). **4.** to go beyond, exceed, or surpass.

overplay /ouvə'pleɪ/ *v.t.* **1.** to play (a part, etc.) in an exaggerated manner; overemphasise. **2.** to defeat in playing. —*v.i.* **3.** to exaggerate one's part; overact, etc. —*phr.* **4. overplay one's hand**, to overestimate one's chance of success.

overpower /ouvə'pauə/ *v.t.* **1.** to overcome or overwhelm in feeling, or affect or impress excessively. **2.** to overcome, master, or subdue by superior force: *to overpower a maniac.* **3.** to overmaster the bodily powers or mental faculties of: *overpowered with wine.* **4.** to furnish or equip with excessive power.

overproof /'ouvəpruf/ *adj.* containing a greater proportion of alcohol than proof spirit does.

overreach /ouvə'ritʃ/ *v.t.* to defeat (oneself) by doing too much or being too clever.

overriding /'ouvəraɪdɪŋ/ *adj.* prevailing over all other considerations.

overrule /ouvə'rul/ *v.t.* **-ruled, -ruling. 1.** to rule against or disallow the arguments of (a person). **2.** to rule or decide against (a plea, argument, etc.); disallow. **3.** to prevail over so as to change the purpose or action. **4.** to exercise rule or influence over.

overrun /ouvə'rʌn/ *v.* **-ran, -run, -running**, /'ouvərʌn/ *n.* —*v.t.* **1.** to spread over quickly and occupy (a country): *in 1940 German armies overran the Low Countries.* **2.** to take possession of (an enemy position, etc.). **3.** (of vermin, etc.) to swarm over in great numbers. **4.** (of weeds, etc.) to spread or grow rapidly over. —*v.i.* **5.** to extend beyond the proper or desired limit. —*n.* **6.** an amount overrunning or carried over; excess.

overseas /ouvə'siz/ *adv.*, /'ouvəsiz/ *adj.*, *n.* —*adv.* **1.** over, across, or beyond the sea; abroad. —*adj.* **2.** having to do with passage over the sea: *overseas travel.* **3.** situated beyond the sea: *overseas lands.* **4.** having to do with countries beyond the sea; foreign: *overseas military service.* —*n.* **5.** (*construed as singular*) countries or territories overseas.

oversee /ouvə'si/ *v.t.* **-saw, -seen, -seeing. 1.** to direct (work or workers); supervise; manage. **2.** to see or observe without being seen. —**overseer** *n.*

overshadow /ouvə'ʃædoʊ/ *v.t.* **1.** to diminish the importance of, or render insignificant in comparison. **2.** to tower over so as to cast a shadow over. **3.** to cast a shadow over. **4.** to make dark or gloomy. **5.** to shelter or protect.

overshoot /ouvə'ʃut/ *v.* **-shot, -shooting. 1.** to shoot or go beyond (a point, limit, etc.): *to overshoot the mark.* **2.** (of an aircraft) to go further than the stopping point when landing. **3.** to go further in anything than is intended or proper, or to go too far.

oversight /'ouvəsaɪt/ *n.* **1.** failure to notice or take into account. **2.** an omission or mistake due to inadvertence. **3.** supervision; watchful care.

overstate /ouvə'steɪt/ *v.t.* **-stated, -stating.** to state too strongly; exaggerate in statement: *to overstate one's case.* —**overstatement** *n.*

overstock /ouvə'stɒk/ *v.*, /'ouvəstɒk/ *n.* —*v.t.* **1.** to stock to excess. **2.** to stock with cattle in excess of the capacity of the land to provide feed. —*n.* **3.** a stock in excess of need.

oversubscribed /'ouvəsəbskraɪbd/ *adj.* (of share issues) having applications to buy exceeding the number of shares available.

overt /'ouvət/ *adj.* open to view or knowledge; not concealed or secret: *overt hostility.*

overtake /ouvə'teɪk/ *v.* **-took, -taken, -taking.** —*v.t.* **1.** to catch up with in travelling or in pursuit. **2.** to come up with or pass in any course of action. **3.** to come upon suddenly or unexpectedly (said especially of night, storm, death, etc.). **4.** to pass (another vehicle). —*v.i.* **5.** to pass another vehicle.

over-the-top /ouvə-ðə-'tɒp/ *adj.* extreme; unconstrained; breaking through conventions: *her over-the-top ideas lost her the job.*

overthrow /ouvə'θroʊ/ *v.* **-threw, -thrown, -throwing**, /'ouvəθroʊ/ *n.* —*v.t.* **1.** to put down from a position of power; depose; overcome, defeat, or vanquish. **2.** to put an end to by force: *to overthrow the government.* **3.** to throw (something) too far: *to overthrow the ball so it goes past the line.* —*n.* **4.** an act of overthrowing: *the overthrow of the government.* **5. Cricket a.** a ball returned by a fielder which is not caught at the wicket. **b.** a run scored as a result of this.

overtime /'ouvətaɪm/ *n.*, *adv.*, *adj.*; /ouvə'taɪm/ *v.* **-timed, -timing.** —*n.* **1.** time during which one works before or after regularly scheduled working hours; extra time. **2.** pay for such time. —*adv.* **3.** during extra time: *to work overtime.* —*adj.* **4.** having to do with overtime: *overtime pay.* —*v.t.* **5.** to give too much time to, as in photographic exposure.

overtone /'ouvətoʊn/ *n.* **1.** *Acoustics, Music* any frequency emitted by an acoustical instrument that is higher in frequency than the fundamental. **2.** (*usually plural*) additional meaning or implication.

overture /'ouvətʃuə/ *n.*, *v.* **-tured, -turing.** —*n.* **1.** an opening of negotiations, or a formal proposal or offer. **2.** *Music* **a.** an orchestral composition forming the prelude or introduction to an opera, oratorio, etc. **b.** an independent piece of similar character. **3.** an introductory part, as of a poem. —*v.t.* **4.** to submit as an overture or proposal. **5.** to make an overture or proposal to.

overturn /ouvə'tɜn/ *v.* —*v.t.* **1.** to put an end to by force; overthrow. **2.** to turn over on its side, face, or back; upset. **3.** to turn (a decision, judgment, etc.) the other way; reverse: *the ruling was overturned in the High Court.* —*v.i.* **4.** to turn over; be upset; capsize.

overview /'ouvəvju/ *n.* a comprehensive survey.

overweening /'ouvəwinɪŋ/ *adj.* **1.** conceited, arrogant, self-opinionated: *an overweening person.* **2.** exaggerated, excessive: *overweening pride.* —**overweeningly** *adv.*

overweight /'ouvəweɪt/ *n.*, *adj.*; /ouvə'weɪt/ *v.* —*n.* **1.** extra weight; excess of weight. —*adj.* **2.** weighing more than normally or necessarily required. —*v.t.* **3.** to overburden, overload.

overwhelm /ouvə'wɛlm/ *v.t.* **1.** to come, rest, or weigh upon overpoweringly; crush. **2.** to overcome completely in mind or feeling. **3.** to vanquish, defeat, especially by force of numbers. **4.** to load, heap, treat, or address with an overpowering or excessive amount of anything. **5.** to cover or bury beneath a mass of something, as a flood, or the like, or cover as a mass or flood does. —**overwhelmingly** *adv.*

overwork /ouvə'wɜk/ *v.* **-worked** *or* **-wrought, -working**, /'ouvəwɜk/ *n.* —*v.t.* **1.** (*often used before a verb*) to cause to work too hard or too long; weary or exhaust with work: *she has overworked herself this term.* **2.** (*usually as past participle*) to use too much: *the word 'literally' is overworked and is losing its meaning.* —*v.i.* **3.** to work too hard; work to excess. —*n.* **4.** work that is beyond one's strength or ability.

overwrought /'ouvərɔt/ *adj.* **1.** wearied or exhausted by overwork. **2.** worked up or excited excessively. **3.** extremely worried; having highly strained nerves. **4.** overworked; elaborated to excess.

ovi-[1] a word element meaning 'egg', as in *oviferous*.

ovine /'ouvaɪn/ *adj.* having to do with or resembling sheep.

oviparous /ou'vɪpərəs/ *adj.* producing ova or eggs which are matured or hatched after being expelled from the body, as birds, most reptiles and fishes, etc. –**oviparity** /ouvə'pærəti/ *n.* –**oviparously** *adv.*

ovoid /'ouvɔɪd/ *adj.* **1.** egg-shaped; having the solid form of an egg. **2.** → **ovate** (def. 2). –*n.* **3.** an ovoid body.

ovulate /'ɒvjəleɪt/ *v.i.* **-lated, -lating**. *Physiology* to shed eggs from an ovary or ovarian follicle. –**ovulation** /ɒvjə'leɪʃən/ *n.*

ovum /'ouvəm/ *n.* **ova** /'ouvə/. *Biology* **1.** an egg, in a broad biological sense. **2.** the female reproductive cell or gamete of plants. **3.** the female reproductive cell of animals, which (usually only after fertilisation) is capable of developing into a new individual.

owe /ou/ *v.* **owed, owing.** –*v.t.* **1.** (sometimes fol. by *to*) to be indebted or beholden for. **2.** to be under obligation to pay or repay, or to render: *to owe interest on a mortgage.* **3.** (to be in debt to: *to owe someone for their generosity.* **4.** to have or cherish (a certain feeling) towards a person: *to owe someone a grudge.* –*v.i.* **5.** to be in debt.

owing /'ouɪŋ/ *adj.* **1.** that owes. **2.** owed or due: *to pay what is owing.* –*phr.* **3. owing to, a.** on account of; because of. **b.** attributable to.

owl /aul/ *n.* **1.** any of numerous birds of prey of the order Strigiformes, chiefly nocturnal, with a broad head and with large eyes which are usually surrounded by discs of modified feathers and directed forwards. They feed on mice, small birds and reptiles, etc. **2.** a person of nocturnal habits. **3.** a person of owl-like solemnity or appearance. **4.** a wise person, especially one whose knowledge is derived from book learning. –**owl-like** *adj.*

own /oun/ *adj.* **1.** belonging or relating to oneself or itself (usually used after a possessive to emphasise the idea of ownership, interest, or relation conveyed by the possessive): *his own money.* –*pron.* **2.** (absolutely, with a possessive preceding) own property, relatives, etc.: *to be amongst one's own.* –*v.t.* **3.** to have or hold as one's own; possess. **4.** to acknowledge or admit: *to own a fault.* **5.** to acknowledge as one's own. –*v.i.* **6.** to admit: *to own to being uncertain.* –*phr.* **7. be one's own master,** to be independent. **8. come into one's own, a.** to receive an inheritance. **b.** to be in a situation where particular skills or attributes are evident. **9. get one's own back,** to have revenge. **10. of one's own,** belonging to oneself. **11. on one's own,** (sometimes fol. by *to*) **a.** on one's own account, responsibility, resources, etc. **b.** by oneself; alone. **12. own up,** (sometimes fol. by *to*) to acknowledge one's guilt.

ox /ɒks/ *n.* **oxen**. **1.** the adult castrated male of the genus *Bos*, used as a draught animal and for food. **2.** any member of the bovine family. –**oxlike** *adj.*

oxalis /ɒk'sɑlɒs/ *n.* any plant belonging to one of the numerous species of the genus *Oxalis*, as yellow wood sorrel and yellow-flowered oxalis.

oxen /'ɒksən/ *n.* plural of **ox**.

oxide /'ɒksaɪd/ *n. Chemistry* a compound, usually containing two elements only, one of which is oxygen, as *mercuric oxide*.

oxidise = oxidize /'ɒksədaɪz/ *v.* **-dised, -dising.** –*v.t.* **1.** to change (an element) into its oxide; to combine with oxygen. **2.** to cover with a coating of oxide, or rust. **3.** to take away hydrogen from (a substance). **4.** to increase the valency of (an element) by removing electrons. **5.** (of a wine) to combine with oxygen, damaging colour, smell and taste. –*v.i.* **6.** to become oxidised. –**oxidisable** *adj.* –**oxidisation** /ɒksədaɪ'zeɪʃən/ *n.* –**oxidiser** *n.*

oxyacetylene /ɒksiə'sɛtələn/ *adj.* having to do with a mixture of oxygen and acetylene.

oxygen /'ɒksədʒən/ *n.* a colourless, odourless gaseous element, constituting about one fifth of the volume of the atmosphere and present in a combined state throughout nature. It is the supporter of combustion in air and is vital for aerobic respiration. *weight of 1 litre at 0°C and 760 mm pressure*: 1.4290 grams; *Symbol*: O; *relative atomic mass*: 15.9994; *at. no.*: 8.

oxylobium /ɒksə'loubiəm/ *n.* any shrub of the endemic Australian genus *Oxylobium*, family Papilionaceae, several western Australian species of which are poisonous to stock.

oxymoron /ɒksi'mɔrɒn/ *n.* **-morons** *or* **-mora** /-'mɔrə/. *Rhetoric* a figure of speech by which a locution produces an effect by a seeming self-contradiction, as in *cruel kindness* or *to make haste slowly*.

oxywelding /ɒksi'wɛldɪŋ/ *n.* welding in which oxygen is mixed with another gas, as acetylene or LPG.

oyez /ou'jɛs, ou'jɛz/ *interj.* hear! attend! (a cry uttered, usually thrice, by a public or court crier to command silence and attention before a proclamation, etc., is made). Also, **oyes**.

oyster /'ɔɪstə/ *n.* **1.** any of various edible marine bivalve molluscs, family Ostreidae, with irregularly shaped shell, found on the bottom or adhering to rocks, etc., in shallow water, some species being extensively cultivated for the market. **2.** the oyster-shaped bit of dark meat in the front hollow of the side bone of a fowl. **3.** *Colloquial* a close-mouthed person. **4.** something from which one may extract or derive advantage. –*v.i.* **5.** to dredge for or otherwise take oysters.

oystercatcher /'ɔɪstəkætʃə/ *n.* any of several long-billed, maritime wading birds constituting the genus *Haematopus*, with a plumage chiefly of black and white, as the **pied oystercatcher**, *H. ostralegus*, of Eurasia, southern Africa and Australasia.

Oz /ɒz/ *Colloquial* –*adj.* **1.** Australian. –*n.* **2.** Australia. Also, **oz**.

ozone /'ouzoun/ *n.* **1.** *Chemistry* a form of oxygen, O_3, having three atoms to the molecule, with a peculiar smell suggesting that of weak chlorine, which is produced when an electric spark is passed through air, and in several other ways. It is found in the atmosphere in minute quantities, especially after a thunderstorm, and is a powerful oxidising agent, used for bleaching, sterilising water, etc. **2.** *Colloquial* clear, invigorating, fresh air. –**ozonic** /ou'zɒnɪk/ *adj.*

ozone hole *n.* a loss in the concentration of ozone in some part of the ozone layer

ozone layer *n.* a rather restricted region in the outer portion of the stratosphere at an elevation of about 30 kilometres, where much of the atmospheric ozone (O_3) is concentrated. Also, **ozonosphere.**

P p

P, p /piː/ *n.* **P's, Ps, p's** *or* **ps. 1.** a consonant, the 16th letter of the English alphabet. *–phr.* **2. mind one's p's and q's,** to heed one's behaviour. **3. Ps** or **P's,** *Australian Colloquial* the P plates issued by the motor registry with a provisional driver's licence.

pa[1] /paː/ *n. Colloquial* papa; father.

pa[2] /paː/ *n.* a Maori stockaded village.

pace /peɪs/ *n., v.* **paced, pacing.** *–n.* **1.** rate of stepping, or of movement in general: *a pace of ten kilometres an hour.* **2.** rate or style of doing anything: *they live at a tremendous pace.* **3.** the distance covered in a step: *stand six paces inside the gates.* **4.** manner of stepping; gait. **5.** a gait of a horse, etc., in which the feet on the same side are lifted and put down together. **6.** a raised step or platform. *–v.t.* **7.** to set the pace for, as in racing: *this horse always paces the favourite.* **8.** to traverse with paces or steps: *he paced the floor.* **9.** to measure by paces. **10.** to train to a certain pace; exercise in pacing: *to pace a horse.* **11.** (of a horse) to perform as a pacer. *–v.i.* **12.** to walk (*up and down, about* etc.), especially in a state of nervous excitement: *the anxious job applicant paced about the foyer.* **13.** to take slow, regular steps. **14.** (of horses) to go at a pace (def. 5), especially in racing; amble. *–phr.* **15. put someone through their paces,** to cause someone to perform or show ability.

pacemaker /'peɪsmeɪkə/ *n.* **1.** someone who sets the pace, as in racing. **2.** a person or group which is followed or imitated on account of its success. **3.** *Medicine* an instrument implanted beneath the skin to control the rate of the heartbeat. **–pacemaking** *n.*

pacer /'peɪsə/ *n.* **1.** a pacemaker. **2.** a horse that paces, or whose natural gait is a pace.

pachyderm /'pækɪdɜm/ *n.* any of the thick-skinned non-ruminant ungulates, as the elephant, hippopotamus, and rhinoceros. **–pachydermatous** /pækɪ'dɜmətəs/, **pachydermous** /pækɪ'dɜməs/ *adj.*

pacific /pə'sɪfɪk/ *adj.* **1.** tending to make peace; conciliatory: *pacific propositions.* **2.** peaceable; not warlike: *a pacific disposition.* **3.** peaceful; at peace: *pacific state of things.* **–pacifically** *adv.*

pacifism /'pæsəfɪzəm/ *n.* **1.** opposition to war or violence of any kind. **2.** the principle or policy of establishing and maintaining universal peace. **–pacifist** *n.*

pacify /'pæsəfaɪ/ *v.t.* **-fied, -fying. 1.** to bring into a state of peace; quiet; calm: *pacify an angry man.* **2.** to appease: *pacify one's appetite.* **–pacifiable** /pæsə'faɪəbəl/ *adj.* **–pacifier** *n.*

pack[1] /pæk/ *n.* **1.** a quantity of anything wrapped or tied up; a parcel; a packet. **2.** a wrapped or otherwise contained load carried on the back by a person or by an animal. **3.** a backpack, especially as used by a soldier. **4.** the method, design, materials, etc., used in making a pack or parcel: *a vacuum pack.* **5.** a set or gang (of people): *a pack of thieves.* **6.** a group or unit of Cub Scouts in the Scout Association. **7.** *Rugby Football* **a.** the forwards of a team collectively, especially acting together in rushing the ball forward or as a scrum. **b.** the forwards of two opposing teams in a scrum. **8.** a company of certain animals of the same kind: *a pack of wolves.* **9.** *Hunting* a number of hounds used regularly for hunting together. **10.** a group of things, usually abstract: *a pack of lies.* **11.** a complete set, as of playing cards, usually 52 in number. **12.** a considerable area of pack-ice. **13.** *Medicine* **a.** a wrapping of the body in wet or dry cloths for therapeutic purposes. **b.** the cloths so used. **14.** *Medicine* material inserted into a wound or orifice, usually to control bleeding. **15.** a paste or the like consisting of cosmetic materials applied to the skin, especially of the face, to improve the complexion. *–v.t.* **16.** to make into a pack or bundle. **17.** to make into a group or compact mass, as animals, ice, etc. **18.** to fill with anything compactly arranged: *pack a trunk.* **19.** to press or crowd together within; cram. **20.** to put or arrange in suitable form for the market: *pack fruit.* **21.** to make airtight, steamproof, or watertight by stuffing: *pack the piston of a steam engine.* **22.** to cover or envelop with something pressed closely around. **23.** to carry, especially as a load. **24.** to put a load upon (a horse, etc.). **25.** *Colloquial* to be capable of (forceful blows): *he packs a mighty punch.* *–v.i.* **26.** Also, **pack up.** to pack goods, etc., in compact form, as for transportation or storage. **27.** to admit of being compactly stowed: *articles that pack well.* **28.** to crowd together, as persons, etc. **29.** to become compacted. *–adj.* **30.** transporting, or used in transporting, a pack: *pack camel; pack animals.* **31.** made up of pack animals. **32.** in the manner of a pack of wild animals: *pack rape.* *–phr.* **33. go to the pack,** *Australian* **a.** to degenerate; collapse. **b.** to give up; admit defeat. **34. pack away,** to stow (belongings, goods, etc.), away. **35. pack death** (or **it**) (or **shit**), *Australian Colloquial* to be afraid. **36. pack down,** *Rugby Football* to form a scrum. **37. pack it in, a.** to cease or desist. **b.** (of a machine) to break down. **38. pack off,** to send off summarily: *the kids were packed off to school.* **39. pack the** (**whole**) **game in,** to give up or abandon totally some project, enterprise, activity, etc.

pack[2] /pæk/ *v.t.* to collect, arrange, or manipulate (cards, persons, facts, etc.) so as to serve one's own purposes: *pack a jury.*

package /'pækɪdʒ/ *n., v.* **-aged, -aging.** *–n.* **1.** a parcel; bundle. **2.** something in which articles are packed, as a box, crate, etc. **3.** the act of packing goods, etc. **4.** a group of things considered as a single unit. *–v.t.* **5.** to put into wrappings or a container. **6.** to combine as a single unit.

packet /'pækət/ *n.* **1.** a small pack or package. **2.** a definite quantity or measure of something wrapped and retailed: *a packet of biscuits.* **3.** a ship, especially one that carries mail, passengers, and goods regularly on a fixed route. **4.** *Colloquial* a large sum of money. **5.** *Colloquial* a heavy or forceful blow, injury, setback, or the like: *he's caught a packet.*

pack-ice /'pæk-aɪs/ *n.* an area in polar seas of large blocks of ice driven together over a long period by winds, currents, etc.

packing /'pækɪŋ/ *n.* **1.** material around goods in the boxes etc. in which they are sold which protects them from shock and damage in transit. **2.** any material used for packing or making water-

pact /pækt/ n. an agreement; a compact.
pad¹ /pæd/ n., v. **padded, padding**. –n. 1. a cushion-like mass of some soft material, for comfort, protection, or stuffing. 2. a guard for the leg, containing padding and stiffeners, as worn by the people batting and wicket-keeper in cricket, the goalkeeper in hockey, etc. 3. Also, **writing pad**. a number of sheets of paper held together at the edge to form a tablet. 4. a soft ink-soaked block of absorbent material for inking a rubber stamp. 5. one of the cushion-like protuberances on the underside of the feet of dogs, foxes, and some other animals. 6. the large floating leaf of the waterlily. 7. **a.** Aerospace → **launching pad**. **b.** Aeronautics a smallish area set aside for helicopter use. 8. Colloquial a dwelling, especially a single room. 9. Colloquial a bed. –v.t. 10. to furnish, protect, fill out, or stuff with a pad or padding. 11. Also, **pad out**. to expand (writing or speech) with unnecessary words or matter. –phr. 12. **pad up**, to put on padding in preparation for a sporting position requiring such protection, as the wicket-keeper in cricket or the goalkeeper in hockey. –**padder** n.
pad² /pæd/ n., v. **padded, padding**. –n. 1. a dull sound, as of footsteps on the ground. 2. a path worn by animals, as by cattle through paddocks. –v.t. 3. to travel along on foot. –v.i. 4. to travel on foot. 5. to go with the dull sound of footsteps. –**padder** n.
paddle¹ /'pædl/ n., v. **-dled, -dling**. –n. 1. a short oar held in the hands (not resting in the rowlock) and used especially for propelling canoes. 2. one of the broad boards on the circumference of a paddlewheel; float. 3. a paddlewheel. 4. one of the similar projecting blades by means of which a waterwheel is turned. 5. an adjustable shutter that lets waters into or out of a lock, reservoir, or the like. 6. a flipper or limb of a penguin, turtle, whale, etc. 7. any of various implements used for beating, stirring, mixing, etc. 8. the act of paddling. –v.i. 9. to propel a canoe or the like by using a paddle. 10. to row lightly or gently with oars. 11. to move by means of paddlewheels, as a steamer. –v.t. 12. to propel (a canoe, etc.) with a paddle. 13. to stir. 14. US Colloquial to beat with or as with a paddle; spank. 15. to convey by paddling, as in a canoe. –phr. 16. **paddle one's own canoe**, to act independently. –**paddler** n.
paddle² /'pædl/ v.i. **-dled, -dling**. 1. to dabble or play in or as in shallow water. 2. to toy with the fingers. –**paddler** n.
paddle-steamer /'pædl-stɪmə/ n. a steam vessel propelled by paddlewheels. Also, **paddleboat**.
paddlewheel /'pædlwil/ n. a wheel with floats or paddles on its circumference, for propelling a vessel over the water.
paddock /'pædək/ n. 1. Australian, NZ a large fenced area of land, usually used for grazing stock. 2. Brit a small field, especially for pasture, near a stable or house. 3. Also, **saddling paddock**. Horseracing the area in which horses are saddled before a race and to which the winners are brought back for the presentation of prizes. 4. Motor Racing the area near the pits, in which cars are prepared for a race. 5. Colloquial a football field. –v.t. 6. to enclose (animals) in a paddock.
paddy¹ /'pædi/ n. **-dies**. 1. rice. 2. rice in the husk, uncut or gathered. 3. a paddy field.
paddy² /'pædi/ n. **-dies**. Colloquial an intense anger; a rage.
paddy wagon n. a police van for transporting prisoners; black maria.
paddywhack /'pædiwæk/ n. Colloquial 1. Also, **paddy**. a rage. 2. a spanking.
padlock /'pædlɒk/ n. 1. a portable or detachable lock having a pivoted or sliding hasp which passes through a staple, ring, or the like and is then made fast. –v.t. 2. to fasten with or as with a padlock.
padre /'padreɪ/ n. 1. father (used especially with reference to a priest). 2. a military or naval chaplain.
paed- a word element meaning 'child'. Also, **paedi-**, **paedo-**; Chiefly US, **ped-**.
paediatrics = pediatrics /pidi'ætrɪks/ n. the study and treatment of the diseases of children. –**paediatric** adj. –**paediatrician** /pidiə'trɪʃən/ n.
pagan /'peɪgən/ n. 1. one of a people or group believing in some religion other than Christianity (used with regard to the ancient Romans, Greeks, etc., and sometimes the Jews). 2. someone who is not a Christian, a Jew, or a Muslim. 3. an irreligious person; heathen. –adj. 4. of, relating to, or typical of pagans. –**paganism** n. –**paganish** adj.
page¹ /peɪdʒ/ n. 1. one side of a leaf of a book, manuscript, letter, or the like. 2. the entire leaf of a book, etc.: write on both sides of the page. 3. any event or period regarded as an episode in history: a glorious page in history.
page² /peɪdʒ/ n., v. **paged, paging**. –n. 1. a boy servant or attendant. 2. a young man in attendance on a person of rank. 3. a young male attendant, usually in uniform, in a hotel, etc.; pageboy. –v.t. 4. to try to find (a person) by calling out their name, or using a public-address system or a pager, as in a hotel, hospital, business office, etc. –**pager** n.
pageant /'pædʒənt/ n. 1. an elaborate public spectacle, whether processional or at some fitting spot, illustrative of the history of a place, institution, or other subject. 2. a splendid or stately procession; a showy display. 3. a specious show. –**pageantry** n.
pageboy /'peɪdʒbɔɪ/ n. 1. Brit. → **bellboy**. 2. a small boy who acts as an attendant at weddings or social occasions. 3. a woman's hairstyle in which the hair falls straight and is rolled under at the bottom.
pagoda /pə'goʊdə/ n. (in India, Burma, China, etc.) a temple or sacred building, usually more or less pyramidal or forming a tower of many storeys. –**pagoda-like** adj.
paid /peɪd/ v. past tense and past participle of **pay¹**.
pail /peɪl/ n. a container of wood, metal, etc., nearly or quite cylindrical, with a semicircular handle, for holding liquids, etc.; a bucket. –**pailful** /'peɪlfʊl/ n.
pain /peɪn/ n. 1. bodily or mental suffering or distress. 2. a distressing sensation in a particular part of the body. 3. (plural) laborious or careful efforts; assiduous care: great pains have been taken. 4. (plural) the suffering of childbirth. 5. Also, **pain in the neck, pain in the arse**. Colloquial an irritating, tedious, or unpleasant person or thing. –v.t. 6. to inflict pain on; hurt; distress. –v.i. 7. to cause pain or suffering. –phr. 8. **be at pains to**, to be extremely careful to. 9. **on pain of**, liable to the penalty of. –**painful** adj.
painstaking /'peɪnzteɪkɪŋ/ adj. assiduously careful: painstaking work. –**painstakingly** adv.
paint /peɪnt/ n. 1. a substance composed of solid colouring matter intimately mixed with a liquid vehicle or medium, and applied as a coating. 2. the dried surface pigment. 3. the solid colouring matter alone; a pigment. 4. application of colour. 5. Colloquial colour, as rouge, used on the face. –v.t. 6. to represent (an object, etc.) in colours or pigment. 7. to execute (a picture, design, etc.) in colours or pigment. 8. to depict as if by painting; describe vividly in words. 9. to describe

or represent: *he's not as bad as he's painted.* **10.** to coat, cover, or decorate (something) with colour or pigment. **11.** to colour as if by painting; adorn or variegate. **12.** to apply like paint, as a liquid medicine, etc. *–v.i.* **13.** to coat or cover anything with paint. **14.** to practise painting. *–phr.* **15. paint the town red,** *Colloquial* to have a spree; celebrate. **–painting** *n.*

painter¹ /'peɪntə/ *n.* **1.** an artist who paints pictures. **2.** someone whose occupation is coating surfaces with paint.

painter² /'peɪntə/ *n.* a rope, usually at the bow, for fastening a boat to a ship, stake, etc.

pair /pɛə/ *n.* **pairs** or **pair,** *v. –n.* **1.** two things of a kind, matched for use together: *a pair of gloves.* **2.** a combination of two parts joined together: *a pair of scissors.* **3.** a married or engaged couple. **4.** two people, animals, etc., regarded as having a common characteristic: *a pair of fools.* **5.** two mated animals. **6.** a span or team. **7.** *Parliamentary Procedure* **a.** two members on opposite sides in a deliberative body who for convenience (as to permit absence) arrange together to forgo voting on a given occasion. **b.** the arrangement thus made. **8.** *Cards* **a.** two cards of the same denomination, without regard to suit or colour. **b.** (*plural*) two players who are matched together against different contestants. **9.** *Rowing* a racing shell having two rowers, with one oar each. **10.** *Mechanics* two parts or pieces so connected that they mutually constrain relative motion (**kinematic pair**). **11.** *Cricket* **a.** a failure by the person batting to score in either innings of a match. **b. king pair,** the dismissal of the person batting by the first ball bowled to them in each innings of a match. **12.** *Mining* a party of miners (usually six) working together; a gang. *–v.t.* **13.** to arrange in pairs. **14.** to join in a pair; mate; couple. **15.** to cause to mate. *–v.i.* **16.** Also, **pair off.** to separate into pairs. **17.** to form a pair or pairs. **18.** *Parliamentary Procedure* to form a pair to forgo voting. *–phr.* **19. cancel pairs,** *Parliamentary Procedure* to suspend pairing, ensuring that votes are counted strictly according to the actual number of members present.

paisley /'peɪzli/ *n.* **-leys,** *adj. –n.* **1.** a soft fabric made from wool and woven with a colourful and minutely detailed pattern. **2.** any pattern similar to that woven on paisley. *–adj.* **3.** made of paisley: *a paisley shawl.*

pakeha /'pakəha, 'pakiha/ *NZ –n.* **1.** a European; white person. *–adj.* **2.** being or relating to a white person.

pal /pæl/ *n., v.* **palled, palling.** *Colloquial –n.* **1.** a comrade; a chum. **2.** an accomplice. *–v.i.* **3.** to associate as pals. *–phr.* **4. be a pal,** to make an appeal to someone for friendly assistance. **5. pal up with,** to become acquainted or friendly with. **–pally** *adj.*

palace /'pæləs/ *n.* **1.** the official residence of a sovereign, a bishop, or some other exalted personage. **2.** a stately mansion or building. **3.** a large place for exhibitions or entertainment.

palaeo- a prefix meaning 'old', 'ancient'. Also, **palae-;** *Chiefly US,* **pale-.**

palaeontology = paleontology /ˌpæliɒn'tɒlədʒi, ˌpeɪ-/ *n.* the science of the forms of life existing in former geological periods, as represented by fossil animals and plants. **–palaeontologist** *n.* **–palaeontologic** /ˌpæliɒntə'lɒdʒɪk, ˌpeɪ-/ *adj.*

palatable /'pælətəbəl/ *adj.* **1.** agreeable to the palate or taste; savoury. **2.** agreeable to the mind or feelings. **–palatability** /ˌpælətə'bɪləti/, **palatableness** *n.* **–palatably** *adv.*

palate /'pælət/ *n.* **1.** the roof of the mouth, consisting of bone (**hard palate**) in front and of a fleshy structure (**soft palate**) at the back. **2.** this part of the mouth considered (popularly but erroneously) as the organ of taste. **3.** the sense of taste. **4.** mental taste or liking. **–palatal** *adj.*

palatial /pə'leɪʃəl/ *adj.* relating to, of the nature of, or befitting a palace: *palatial homes.* **–palatially** *adv.*

palaver /pə'lɑvə/ *n.* **1.** *Now Rare* long talks between travellers or traders and native peoples; parley. **2.** idle, useless or foolish talk. **3.** any unnecessarily long business; bother: *the palaver of writing out new instructions.* *–v.i.* **4.** to talk for a long time to little purpose.

pale¹ /peɪl/ *adj.* **paler, palest,** *v.* **paled, paling.** *–adj.* **1.** of a whitish appearance; without much colour: *a pale face.* **2.** of a low degree of colour: *pale yellow.* **3.** lacking in brightness; dim: *the pale moon.* **4.** faint; feeble: *a pale attempt.* *–v.i.* **5.** to become pale. **6.** to seem less in importance, strength, etc. (fol. by *before, beside,* etc.): *her happiness paled beside that of her friend.* **–palely** *adv.* **–paleness** *n.*

pale² /peɪl/ *n.* **1.** a stake or picket, as of a fence. **2.** any enclosing or confining barrier. **3.** limits or bounds. **4.** the area enclosed by a paling; any enclosed area. **5.** a district or region within fixed bounds. **6.** *Heraldry* a broad vertical stripe in the middle of an escutcheon and one third its width. *–v.t.* **7.** to enclose with pales; fence. **8.** to encircle. *–phr.* **9. beyond the pale,** socially or morally unacceptable.

palette /'pælət/ *n.* **1.** a thin, usually oval or oblong, board or tablet with a thumb hole at one end, used by painters to lay and mix colours on. **2.** the range of colours used by a particular artist.

palindrome /'pælɪndroʊm/ *n.* a word, verse, etc., reading the same backwards as forwards, as *madam, I'm Adam.* **–palindromic** *adj.*

paling /'peɪlɪŋ/ *n.* **1.** a pale, as in a fence. **2.** pales collectively. *–adj.* **3.** made from palings: *paling hut.*

palisade /ˌpælə'seɪd/ *n.* **1.** a fence of pales or stakes set firmly in the ground, as for enclosure or defence. **2.** one of such pales or stakes.

pall¹ /pɔl/ *n.* **1.** a cloth, often of velvet, for spreading over a coffin, bier, or tomb. **2.** something that covers, shrouds, or overspreads, especially with darkness or gloom.

pall² /pɔl/ *v.i.* **1.** to become insipid, distasteful, or wearisome. *–v.t.* **2.** to satiate or cloy. *–phr.* **3. pall on** (or **upon**), to have a wearying effect on.

palladium /pə'leɪdiəm/ *n.* **-dia** /-diə/. anything believed to afford effectual protection or safety.

pallbearer /'pɔlbɛərə/ *n.* one of those who carry or attend the coffin at a funeral.

pallet¹ /'pælət/ *n.* **1.** a bed or mattress of straw. **2.** a small or poor bed.

pallet² /'pælət/ *n.* **1.** an implement consisting of a flat blade with a handle, used for shaping by potters, etc. **2.** *Horology* a lever with three projections, two of which intermittently lock and receive impulses from the escape wheel, and one which transmits these impulses to the balance. **3.** a lip or projection on a pawl, that engages with the teeth of a ratchet wheel. **4.** a movable platform on which goods are placed for storage or transportation, especially one designed to be lifted by a forklift truck. **5.** a painter's palette.

palliate /'pælieɪt/ *v.t.* **-ated, -ating. 1.** to cause (an offence, etc.) to appear less grave or heinous; extenuate; excuse. **2.** to mitigate or alleviate: *to palliate a disease.* **–palliation** /ˌpæli'eɪʃən/ *n.* **–palliator** *n.* **–palliative** *adj.*

palliative care *n. Medicine* the total care of patients whose disease is not responsive to curative treatment, including attention to the needs of their family, etc.

pallid /'pæləd/ *adj.* pale; deficient in colour; wan.

pallid cuckoo

–**pallidly** adv. –**palliness** n. –**pallor** n.
pallid cuckoo n. a medium-sized greyish-brown Australian cuckoo, *Cuculus pallidus*, having a distinctive penetrating call resembling a rising chromatic scale; brain-fever bird.
palm¹ /paːm/ n. **1.** that part of the inner surface of the hand which extends from the wrist to the bases of the fingers. **2.** the corresponding part of the forefoot of an animal. **3.** the part of a glove covering the palm. **4.** a linear measure based on either the breadth of the hand (7 to 10 cm) or its length from wrist to fingertips (18 to 25 cm). –v.t. **5.** to conceal in the palm, as in cheating at cards or dice or in juggling. **6.** to touch or stroke with the palm or hand. **7.** *Australian Rules* at a ball-up or throw-in, to hit (the ball) with an open hand. –phr. **8. cross** (or **grease**) (or **oil**) **someone's palm**, to bribe someone. **9. palm off**, (sometimes fol. by *on* or *upon*) to impose (something) fraudulently: *he tried to palm off the broken watch on me*. –**palmar** adj.
palm² /paːm/ n. **1.** any of the plants constituting the large and important family Palmae, the majority of which are tall, unbranched trees surmounted by a crown of large pinnate or palmately cleft (fan-shaped) leaves. **2.** any of various other trees or shrubs which resemble the palm. **3.** a leaf or branch of a palm tree, especially as formerly borne as an emblem of victory or as used on festal occasions. **4.** a representation of such a leaf or branch, as on a decoration of honour. **5.** the victor's reward of honour. **6.** victory; triumph. –phr. **7. take the palm**, *Colloquial* to outdo or cheat someone. –**palmlike** adj.
palmistry /ˈpɑːmɪstri/ n. the art or practice of telling fortunes and interpreting character by the lines and configurations of the palm of the hand. –**palmist** /ˈpɑːmɪst/ n.
palomino /pæləˈmiːnoʊ/ n. -**nos**. a tan or cream-coloured horse with a white mane and tail. Also, **palamino**.
palpable /ˈpælpəbəl/ adj. **1.** readily or plainly seen, heard, perceived, etc.; obvious: *a palpable lie*. **2.** that can be touched or felt; tangible. –**palpability** /pælpəˈbɪləti/ n. –**palpably** adv.
palpate /ˈpælpeɪt/ v.t. -**pated**, -**pating**. to examine by the sense of touch, especially in medicine. –**palpation** /pælˈpeɪʃən/ n.
palpitate /ˈpælpəteɪt/ v.i. -**tated**, -**tating**. **1.** to pulsate with unnatural rapidity, as the heart, from exertion, emotion, disease, etc. **2.** to quiver or tremble. –**palpitant** adj. –**palpitation** /pælpəˈteɪʃən/ n.
palsy /ˈpɒlzi/ n. -**sies**, v. -**sied**, -**sying**. –n. **1.** paralysis. –v.t. **2.** to paralyse. –**palsied** adj.
paltry /ˈpɒltri/ adj. -**trier**, -**triest**. **1.** trifling; petty: *a paltry sum*. **2.** trashy or worthless: *paltry rags*. **3.** mean or contemptible: *a paltry coward*. –**paltrily** adv. –**paltriness** n.
pamper /ˈpæmpə/ v.t. **1.** to indulge (a person, etc.) to the full or to excess: *to pamper a child, one's appetite, etc.* **2.** to indulge with rich food, comforts, etc. –**pamperer** n.
pamphlet /ˈpæmflət/ n. **1.** a short treatise or essay, generally controversial, on some subject of temporary interest: *a political pamphlet*. **2.** a complete publication generally less than 80 pages, stitched or stapled and usually enclosed in paper covers. **3.** → **brochure**.
pan¹ /pæn/ n., v. **panned**, **panning**. –n. **1.** a dish commonly of metal, usually broad, shallow and open, used for culinary and other domestic purposes: *a frying pan*; *bed pan*. **2.** any pot or saucepan. **3.** any dishlike receptacle or part, as the scales of a balance. **4.** any of various open or closed vessels used in industrial or mechanical processes. **5.** a vessel, usually of cast iron, in which the ores of silver are ground and amalgamated. **6.** a vessel in which gold or other heavy, valuable metals are separated from gravel, etc., by agitation with water. **7.** a depression in the ground, as a natural one containing water, mud, or mineral salts, or an artificial one for evaporating salt water to make salt. Compare **saltpan**. **8.** → **hardpan**. **9.** (in old guns) the depressed part of the lock which holds the priming. –v.t. **10.** to wash (auriferous gravel, sand, etc.) in a pan, to separate the gold or other heavy valuable metal. **11.** to separate by such washing. **12.** *US* to cook (oysters, etc.) in a pan. **13.** *Colloquial* to criticise or speak disparagingly about. –v.i. **14.** to wash gravel, etc., in a pan, seeking for gold. **15.** to yield gold, as gravel washed in a pan. –phr. **16. pan out**, *Colloquial* to result; turn out.

pan² /pæn/ v. **panned**, **panning**. *Film*, *TV*, etc. –v.i. **1.** (of a camera) to move continuously while shooting in order to record on film a panorama, or to keep a moving person or object in view. –v.t. **2.** to operate (a camera) in such a manner.
panacea /pænəˈsiːə/ n. a remedy for all diseases; cure-all. –**panacean** adj.
panache /pəˈnæʃ, -ˈnɑːʃ/ n. **1.** a grand or flamboyant manner; swagger; verve. **2.** an ornamental plume or tuft of feathers, especially one worn on a helmet or on a cap.
Panama hat /ˌpænəmə ˈhæt/ n. (*sometimes l.c.*) a fine plaited hat made of the young leaves of a palmlike plant, *Carludovica palmata*, of Central and South America.
pancake /ˈpænkeɪk/ n., v. -**caked**, -**caking**. –n. **1.** a thin flat cake made from a batter of eggs, flour, sugar, and milk, cooked in a frying pan. **2.** make-up compressed into stick form for easy application. –v.i. **3.** (of an aeroplane) to drop flat to the ground after levelling off a few feet above it.
pancreas /ˈpæŋkriəs/ n. *Anatomy* a gland situated near the stomach, secreting an important digestive fluid (**pancreatic juice**), discharged into the intestine by one or more ducts. –**pancreatic** /pæŋkriˈætɪk/ adj.
panda /ˈpændə/ n. either of two mammals closely related to the bear and largely herbivorous in diet: **1.** the cat-sized **lesser panda**, *Ailurus fulgens*, of the Himalayas, which has reddish brown fur. **2.** the bearlike **giant panda**, *Ailuropoda melanoleuca*, of central China, which is boldly marked in black and white.
pandanus /pænˈdænəs, -ˈdeɪnəs/ n. any plant of the genus *Pandanus*, comprising tropical and sub-tropical trees and shrubs, especially of the islands of the Malay Archipelago and the Indian and Pacific oceans, having a palmlike or branched stem, long, narrow, rigid, spirally arranged leaves and often aerial prop roots; screw-pine.
pandemic /pænˈdɛmɪk/ adj. **1.** (of a disease) prevalent throughout an entire country or continent, or the whole world. **2.** general; universal. –n. **3.** a pandemic disease.
pandemonium /pændəˈmoʊniəm/ n. **1.** (*often cap.*) the abode of all the demons. **2.** hell. **3.** a place of riotous uproar or lawless confusion. **4.** wild lawlessness or uproar. –**pandemoniac**, **pandemonic** /pændəˈmɒnɪk/ adj.
pander /ˈpændə/ n. **1.** a go-between in intrigues of love. **2.** a procurer; pimp. **3.** someone who ministers to the weaknesses or baser passions of others. –v.t. **4.** to act as a pander for. –v.i. **5.** to act as a pander; cater basely. –phr. **6. pander to**, to indulge.
Pandora's box /pænˌdɔrəz ˈbɒks/ n. **1.** *Greek Legend* a box or jar containing all human ills, given by Zeus to Pandora, who was forbidden to open it, but did so, out of curiosity, thus releasing its contents. **2.** any source of extensive troubles,

especially one expected at first to yield blessings.

pane /peɪn/ *n.* **1.** one of the divisions of a window, etc., consisting of a single plate of glass in a frame. **2.** a panel, as of a wainscot, ceiling, door, etc.

panegyric /pænə'dʒɪrɪk/ *n.* an oration, discourse, or writing in praise of a person or thing; a eulogy. –**panegyrical** *adj.* –**panegyrically** *adv.*

panel /'pænəl/ *n., v.* **-elled** *or Chiefly US* **-eled**, **-elling** *or Chiefly US* **-eling** –*n.* **1.** a division of a ceiling, door, etc., or of any surface sunk below or raised above the general level, or enclosed by a frame. **2.** a thin, flat piece of wood, etc. **3.** a broad piece of the same or another material set in or on a woman's dress, etc., for ornament. **4.** *Electricity* a division of a switchboard containing a set of related cords, jacks, relays, etc. **5.** the section of a machine on which controls, dials, etc., are fixed: *the instrument panel of a car.* **6.** *Law* a list of people called for service in a jury. **7.** any list or group of people, as one gathered to answer questions, discuss matters, judge a competition, etc. –*v.t.* **8.** to arrange in, or provide or ornament with, a panel or panels. –**panellist** *n.*

panel beater *n.* someone who beats sheet metal into required shapes as for the bodywork of motor vehicles, etc.

pang /pæŋ/ *n.* **1.** a sudden feeling of mental distress. **2.** a sudden, brief, sharp pain, or a spasm or severe twinge of pain: *the pangs of hunger.*

panic¹ /'pænɪk/ *n., adj., v.* **-icked, -icking.** –*n.* **1.** a sudden demoralising terror, with or without clear cause, often as affecting a group of persons or animals. **2.** an instance, outbreak, or period of such fear. –*adj.* **3.** (of fear, terror, etc.) suddenly destroying the self-control and impelling to some frantic action. **4.** of the nature of, due to, or showing panic: *panic haste.* –*v.t.* **5.** to affect with panic. –*v.i.* **6.** to be stricken with panic. –*phr.* **7. be at panic stations**, to be in a situation requiring extreme measures; be chaotic. –**panicky** *adj.* –**panic-stricken** /'pænɪk-strɪkən/, **panic-struck** /'pænɪk-strʌk/ *adj.*

panic² /'pænɪk/ *n.* any grass of the genus *Panicum*, many species of which bear edible grain as native millet or giant panic. Also, **panic grass**.

pannier /'pæniə/ *n.* **1.** a basket, especially one of considerable size, for carrying provisions, etc. **2.** a basket for carrying on a person's back, or one of a pair to be slung across the back of a beast of burden. **3.** one of a pair of bags, containers, etc., attached to either side of the rear wheel of a motorcycle, used as carriers.

pannikin /'pænəkən/ *n.* **1.** a small pan or metal cup. –*adj.* **2.** being someone who acts as though their status and importance are large, when in reality they are not, as *pannikin boss, pannikin snob*, etc.

panoply /'pænəpli/ *n.* **-lies. 1.** a complete suit of armour. **2.** a complete covering or array of something. –**panoplied** /'pænəplid/ *adj.*

panorama /pænə'ramə/ *n.* **1.** an unobstructed view or prospect over a wide area. **2.** an extended pictorial representation of a landscape or other scene, often exhibited a part at a time and made to pass continuously before the spectators. **3.** a continuously passing or changing scene. **4.** a comprehensive survey, as of a subject. –**panoramic** /pænə'ræmɪk/ *adj.* –**panoramically** /pænə'ræmɪkli/ *adv.*

panpipe /'pænpaɪp/ *n.* a primitive wind instrument consisting of a series of pipes of graduated length, the notes being produced by blowing across the upper ends. Also, **Pan's pipes**.

pansy /'pænzi/ *n.* **1.** any of several plants of herbaceous plants of the genus *Viola*. **2.** *Colloquial* **a.** an effeminate man. **b.** a male homosexual.

pant /pænt/ *v.i.* **1.** to breathe hard and quickly because of effort, emotion, etc. **2.** to give out steam, etc., in loud puffs. **3.** to desire greatly: *he panted for revenge.* **4.** to move up and down violently or rapidly; throb: *his chest was panting.* –*v.t.* **5.** to speak (words) breathlessly. –*n.* **6.** a short, quick, difficult effort of breathing; a gasp. **7.** an up and down movement of the chest, etc; throb. –**pantingly** *adv.*

pantaloons /pæntə'lunz/ *pl. n.* (formerly) a man's closely fitting garment for the hips and legs, varying in form at different periods; trousers.

pantechnicon /pæn'tɛknɪkən/ *n.* **1.** a furniture van. **2.** a storage warehouse, especially for furniture.

pantheism /'pænθiɪzəm/ *n.* **1.** the doctrine that God is the transcendent reality of which the material universe and human beings are only manifestations, thereby denying God's personality, and identifying God with nature. Compare **theism**, **deism**. **2.** any religious belief or philosophical doctrine which identifies the universe with God. –**pantheist** *n.* –**pantheistic** /pænθi'ɪstɪk/, **pantheistical** /pænθi'ɪstɪkəl/ *adj.* –**pantheistically** /pænθi'ɪstɪkli/ *adv.*

pantheon /pæn'θiən/ *n.* **1.** a public building containing tombs or memorials of the illustrious dead of a nation. **2.** a temple dedicated to all the gods. **3.** the gods of a particular mythology considered collectively.

panther /'pænθə/ *n.* **-thers**, (*especially collectively*) **-ther.** the leopard, *Panthera pardus*, especially in its black form. –**pantheress** *fem. n.*

panties /'pæntiz/ *pl. n.* underpants as worn by women and girls.

pantihose /'pæntihoʊz/ *n.* women's tights, usually made out of fine-mesh material, as for stockings. Also, **pantyhose**.

pantomime /'pæntəmaɪm/ *n., v.* **-mimed, -miming.** –*n.* **1.** a form of theatrical entertainment common during the Christmas season, originally including a harlequinade, but now based loosely on one of several fairytales, and including stock character types. **2.** → **mime** (def. 2). **3.** significant gesture without speech. –*v.t.* **4.** to represent or express by pantomime. –*v.i.* **5.** to express oneself by pantomime. –**pantomimic** /pæntə'mɪmɪk/ *adj.*

pantry /'pæntri/ *n.* **-ries.** a room or cupboard in which bread and other provisions, or silverware, dishes, are kept.

pants /pænts/ *pl. n.* **1.** trousers. **2.** women's underpants.

pantyhose /'pæntihoʊz/ *n.* sheer tights. Also, **pantihose**.

panzer /'pænzə/ *adj.* **1.** armoured: *a panzer division.* –*n.* **2.** a tank (def. 5).

pap¹ /pæp/ *n.* **1.** soft food for infants or invalids, as bread soaked in water or milk. **2.** books, ideas, talk, etc., considered as having no intellectual or permanent value; rubbish; tripe.

pap² /pæp/ *n.* **1.** a teat or nipple. **2.** something resembling a teat or nipple.

papa /pə'pa/ *n.* → **father**.

papacy /'peɪpəsi/ *n.* **-cies. 1.** the office, dignity, or jurisdiction of the pope. **2.** the system of ecclesiastical government in which the pope is recognised as the supreme head. **3.** the succession or line of the popes.

papal /'peɪpəl/ *adj.* having to do with the pope, the papacy, or the Roman Catholic Church.

Papanicolaou smear /pæpə'nɪkəlaʊ smɪə/ *n.* → **Pap smear**.

papaya /pə'paɪə/ *n.* → **pawpaw** (def. 1).

paper /'peɪpə/ *n.* **1.** a substance made from rags, straw, wood, or other fibrous material, usually in

paperback

thin sheets, for writing or printing on, wrapping things in, etc. **2.** something resembling this substance, as papyrus. **3.** a piece, sheet, or leaf of paper, especially one bearing writing. **4.** a written or printed document or instrument. **5.** → **wallpaper**. **6.** negotiable notes, bills, etc., collectively: *commercial paper*. **7.** (*plural*) documents establishing identity, status, etc. **8.** (*plural*) the documents required to be carried by a ship for the manifestation of its ownership, nationality, destination, etc.; ship's papers. **9.** a set of questions for an examination, or an individual set of written answers to them. **10.** an essay, article, or dissertation on a particular topic. **11.** a newspaper or journal. *–v.t.* **12.** to decorate (a wall, room, etc.) with wallpaper. **13.** to line with paper: *to paper a shelf. –adj.* **14.** made or consisting of paper: *a paper bag.* **15.** paper-like; thin; flimsy; frail. **16.** relating to, or carried on by means of, letters, articles, books, etc.: *a paper war.* **17.** written or printed on paper. **18.** existing on paper only and not in reality: *paper profits. –phr.* **19. on paper, a.** confirmed in writing. **b.** in the planning or design stage. **c.** in theory rather than practice: *it seems all right on paper, but will it work?* **20. paper over,** to try to hide (the faults, inadequacies, etc., of something). **–papery, paper-like** *adj.*

paperback /'peɪpəbæk/ *n.* **1.** a book bound in a flexible paper cover, usually cheaper than a hardback of comparable length. *–adj.* **2.** having to do with such books or the publishing of such books.

paperbark /'peɪpəbak/ *n.* **1.** a form of bark, consisting of numerous thin layers of corky material, some parts of which peel off irregularly. **2.** a tree bearing such bark, especially the broad-leaved tea-trees of the genus *Melaleuca*.

paperclip /'peɪpəklɪp/ *n.* a piece of wire bent into a clip designed to hold together papers, etc.

paperweight /'peɪpəweɪt/ *n.* a small, heavy object laid on papers to keep them from being scattered.

papier-mâché /ˌpeɪpə-'mæʃeɪ/ *n.* a substance made of pulped paper or paper pulp mixed with glue and other materials, or of layers of paper glued and pressed together, moulded when moist to form various articles, and becoming hard and strong when dry.

papilla /pə'pɪlə/ *n.* **-pillae** /-'pɪli/. **1.** any small nipple-like process or projection. **2.** one of certain small protuberances concerned with the senses of touch, taste, and smell: *the papillae of the tongue.* **3.** a small vascular process at the root of a hair. **4.** a pimple. **–papillary** *adj.* **–papillose** /'pæpəlous/ *adj.*

papist /'peɪpəst/ *n.* **1.** an adherent of relating to, or characteristic of papists or papism. **2.** (*usually derogatory*) a member of the Roman Catholic Church *–adj.* **3.** papistical. **–papism, papistry** *n.* **–papistical** /pə'pɪstɪkəl/ *adj.*

papoose /pə'pus/ *n.* **1.** a North American Indian baby or young child. **2.** *Colloquial* any baby. Also, **pappoose.**

paprika /'pæprɪkə, pə'prikə/ *n.* **1.** the dried fruit of a cultivated form of *Capsicum frutescens*, ground as a condiment, much less pungent than ordinary red pepper. **2.** → **capsicum.**

Pap smear *n. Medicine* a medical test in which a smear of a bodily secretion, especially from the cervix or vagina, is used to detect cancer in an early stage or to evaluate hormonal condition; cervical smear.

papyrus /pə'paɪrəs/ *n.* **-pyri** /-'paɪraɪ/. **1.** a tall aquatic plant, *Cyperus papyrus*, of the sedge family, of the Nile valley, Egypt, and elsewhere. **2.** a material for writing on, prepared from thin strips of the pith of this plant laid together, soaked, pressed, and dried, used by the ancient Egyptians, Greeks, and Romans. **3.** an ancient document or manuscript written on this material.

par /pa/ *n.* **1.** an equality in value or standing; a level of equality: *the gains and the losses are on a par.* **2.** an average or normal amount, degree, quality, condition, or the like: *above par, below par, on a par with.* **3.** *Commerce* the state of the shares of any business, undertaking, loan, etc., when they may be purchased at the original price (called **issue par**) or at their face value (called **nominal par**). Such shares or bonds are said to be at par. **4.** *Golf* the number of strokes allowed to a hole or course as representing a target standard. *–phr.* **5. par for the course,** *Colloquial* likely to happen; usual; expected.

para-¹ 1. a prefix meaning 'beside', 'near', 'beyond', 'aside', 'amiss', and sometimes implying alteration or modification, occurring originally in words from the Greek, but used also as a modern formative, chiefly in scientific words. **2.** a prefix meaning ancillary: *paramedical, paralegal.* **3.** *Chemistry* a prefix indicating the presence of a benzene ring with substituents in the 1,4 positions. Also (*before vowels*), **par-**.

para-² a prefix of a few words meaning 'guard against', as in *parachute*.

para-³ a prefix meaning 'parachute', as in *paratroops*.

parable /'pærəbəl/ *n.* **1.** a short allegorical story, designed to convey some truth or moral lesson. **2.** a discourse or saying conveying the intended meaning by a comparison or under the likeness of something comparable or analogous.

parabola /pə'ræbələ/ *n. Geometry* a plane curve formed by the intersection of a right circular cone with a plane parallel to a generator of the cone.

paracetamol /pærə'sɪtəmɒl/ *n. Pharmacy* an analgesic, fever-reducing drug.

parachute /'pærəʃut/ *n., v.* **-chuted, -chuting.** *–n.* **1.** an apparatus used in descending safely through the air, especially from an aircraft, being umbrella-like in form and rendered effective by the resistance of the air, which expands it during the descent and then reduces the velocity of its motion. *–v.i.* **2.** to descend by or as by parachute. **–parachutist** *n.*

paraclete /'pærəklit/ *n.* **1.** one called in to aid; an advocate or intercessor. **2.** (*cap.*) the Holy Spirit, or Comforter.

parade /pə'reɪd/ *n., v.* **-raded, -rading.** *–n.* **1.** a show, display: *to make a parade of one's emotions.* **2.** a gathering of troops, Scouts, etc., for inspection or display. **3.** a body of people marching in the street to celebrate some public event; procession: *a parade of bands and floats.* **4.** a walk for pleasure or display; promenade. *–v.t.* **5.** to show something off: *to parade opinions.* **6.** to show by making someone or something walk or move along: *to parade cattle.* *–v.i.* **7.** to march or go with display. **8.** to walk in a public place to show oneself.

paradigm /'pærədaɪm/ *n.* **1.** *Grammar* **a.** the set of all forms containing a particular element, especially the set of all inflected forms of a single root, stem, or theme. For example: *boy, boys, boy's, boys'* constitutes the paradigm of the noun *boy.* **b.** a display in fixed arrangement of such a set. **2.** a pattern; an example. **3.** a set of concepts, stock illustrations, etc., shared by a community of scholars or scientists. **–paradigmatic** /pærədɪg'mætɪk/, **paradigmatical** /pærədɪg'mætɪkəl/ *adj.* **–paradigmatically** /pærədɪg'mætɪkli/ *adv.*

paradise /'pærədaɪs/ *n.* **1.** heaven, as the final abode of the righteous. **2.** (according to some) an intermediate place for the departed souls of the righteous awaiting resurrection. **3.** a place of extreme beauty or delight. **4.** supreme felicity. See

bird of paradise.

paradise duck *n.* a large brightly coloured duck, *Casarca variegata*, native to New Zealand; putangitangi.

paradox /'pærədɒks/ *n.* **1.** a statement or proposition seemingly self-contradictory or absurd, and yet explicable as expressing a truth. **2.** a self-contradictory and false proposition. **3.** any person or thing exhibiting apparent contradictions. **–paradoxical** /pærə'dɒksɪkəl/ *adj.* **–paradoxically** /pærə'dɒksɪkli/ *adv.* **–paradoxicalness** /pærə'dɒksɪkəlnəs/ *n.*

paraffin /'pærəfən/ *n.* **1.** *Chemistry* any hydrocarbon of the alkane series having general formula C_nH_{2N+2} **2.** → **paraffin oil** (def. 1).

paraffin oil *n.* **1.** Also, **liquid paraffin**. a thick colourless mixture of hydrocarbons obtained from petroleum used as a laxative. **2.** any oil containing hydrocarbons obtained from the distillation of petroleum; mineral oil.

paraffin wax *n.* a white translucent solid with a melting point in the range 50°-60°C, consisting of the higher members of the paraffin series; used for candles, waxed papers, polishes, etc.

paragon /'pærəgən/ *n.* **1.** a model or pattern of excellence, or of a particular excellence. **2.** an unusually large round pearl. **3.** a perfect diamond weighing 100 carats or more.

paragraph /'pærəgræf, -graf/ *n.* **1.** a part of written or printed matter dealing with a particular subject or point, beginning on a new line. **2.** a small part or article in a newspaper. –*v.t.* **3.** to divide into paragraphs. **–paragrapher**, **paragraphist** *n.* **–paragraphic** /pærə'græfɪk/, **paragraphical** /pærə'græfɪkəl/ *adj.*

parakeelia /pærə'kiljə/ *n.* any of several species of succulent herbs of the genus *Calandrinia* of inland Australia, with large rose-purple flowers. Also, **parakeelya**.

parakeet /'pærəkit/ *n.* any of the numerous small, slender parrots, usually with a long, pointed, graduated tail, as the budgerigar, *Melopsittacus undulatus*. Also, **paraquet, paroquet, parrakeet, parroket, parroquet**.

parallax /'pærəlæks/ *n. Optics* the apparent displacement of an observed object due to a change or difference in position of the observer. **–parallactic** /pærə'læktɪk/ *adj.* **–parallactically** /pærə'læktɪkli/ *adv.*

parallel /'pærəlɛl/ *adj., n., v.* **-leled** *or* **-lelled**, **-leling** *or* **-lelling**. –*adj.* **1.** having the same direction, course, or tendency; corresponding; similar; analogous: *parallel forces*. **2.** *Geometry* **a.** (of straight lines) lying in the same plane but never meeting however far extended. **b.** (of planes) having common perpendiculars. **c.** (of a single line, plane, etc.) equidistant from another or others, at all corresponding points (fol. by *to* or *with*). **3.** *Music* (of two voice parts) going along so that the interval between them remains the same. **4.** *Computers, etc.* meaning or relating to a system in which several activities are carried on at the same time. –*n.* **5.** anything parallel. **6.** *Geography* a circle on the earth's surface formed by the intersection of a plane parallel to the plane of the equator, bearing east and west and shown in degrees of latitude north or south of the equator along the arc of any meridian. **7.** something the same; correspondence; analogy: *his musical ability is without parallel*. **8.** *Electricity* a connection of two or more circuits in which all ends having the same instantaneous polarity are electrically connected together and all ends having the opposite polarity are similarly connected. The element circuits are said to be **in parallel** (opposed to *in series*). –*v.t.* **9.** to make parallel in any way.

parallelogram /pærə'lɛləgræm/ *n. Geometry* a quadrilateral the opposite sides of which are parallel.

parallel processing *n. Computers* the handling of large computational problems by means of a number of computer processors which work simultaneously, thus reducing overall processing time.

parallel processor *n. Computers* a computer which is capable of parallel processing.

paralyse /'pærəlaɪz/ *v.t.* **-lysed, -lysing**. **1.** to affect with paralysis. **2.** to bring to a condition of helpless inactivity. Also, *Chiefly US*, **paralyze**. **–paralysation** /pærəlaɪ'zeɪʃən/ *n.* **–paralyser** *n.*

paralysis /pə'ræləsəs/ *n.* **-lyses** /-ləsiz/. **1.** *Pathology* **a.** loss of power of a voluntary muscular contraction. **b.** a disease characterised by this; palsy. **2.** a more or less complete crippling, as of powers or activities: *a paralysis of trade*.

paralytic /pærə'lɪtɪk/ *n.* **1.** someone affected with general paralysis. –*adj.* **2.** affected with or subject to paralysis. **3.** relating to or of the nature of paralysis. **4.** *Colloquial* completely intoxicated with alcoholic drink; very drunk.

paramedical /pærə'mɛdɪkəl/ *adj.* related to the medical profession in a supplementary capacity, as an ambulance officer, etc.

parameter /pə'ræmətə/ *n.* **1.** any constituent variable quality: *the parameters of voice quality include breathiness and degree of nasality*. **2.** *Mathematics* a variable entering into the mathematical form of any distribution such that the possible values of the variable correspond to different distributions. **3.** *Mathematics* a variable which may be kept constant while the effect of other variables is investigated. **–parametric** /pærə'mɛtrɪk/ *adj.*

paramount /'pærəmaʊnt/ *adj.* **1.** above others in rank or authority; superior in power or jurisdiction. **2.** chief in importance; supreme; pre-eminent. **–paramountcy** *n.*

paramour /'pærəmɔ/ *n.* **1.** an illicit lover, especially of a married person. **2.** any lover. **3.** a beloved one.

paranoia /pærə'nɔɪə/ *n.* a psychotic disorder characterised by systematised delusions, usually persecutory or grandiose in nature, outside of which personality functioning tends to be intact. **–paranoiac** *adj.* **–paranoid** *adj.*

parapet /'pærəpət/ *n.* **1.** *Fortifications* a defensive wall or elevation, as of earth or stone, in a fortification. **2.** any protective wall or barrier at the edge of a balcony, roof, bridge, or the like. **–parapeted** *adj.*

paraphernalia /pærəfə'neɪliə/ *pl. n.* **1.** personal belongings. **2.** *Law* the personal articles, apart from dower, reserved by law to a married woman. **3.** (*sometimes construed as singular*) equipment; apparatus. **4.** (*sometimes construed as singular*) any collection of miscellaneous articles.

paraphrase /'pærəfreɪz/ *n., v.* **-phrased, -phrasing**. –*n.* **1.** a restatement of the sense of a text or passage, as for clearness; a free rendering or translation, as of a passage. –*v.t.* **2.** to restate; render in a paraphrase. –*v.i.* **3.** to make a paraphrase. **–paraphrasable** *adj.* **–paraphraser** *n.* **–paraphrastic** /pærə'fræstɪk/ *adj.*

paraplegia /pærə'plidʒə/ *n.* paralysis of the lower part of the body. **–paraplegic** *n., adj.*

parasite /'pærəsaɪt/ *n.* **1.** an animal or plant which lives on or in an organism of another species (the host), from the body of which it obtains nutriment. **2.** someone who lives on others or another without making any useful and fitting return, especially one who lives on the hospitality of others.

parasol /'pærəsɒl/ *n.* a woman's small or light sun

umbrella; a sunshade.

parataxis /ˈpærəˈtæksəs/ *n. Grammar* the placing together of sentences, clauses, or phrases without a conjunctive word, as *hurry up, it is getting late; I came, I saw, I conquered.* –**paratactic, paratactical** *adj.* –**paratactically** *adv.*

paratrooper /ˈpærətrupə/ *n.* a soldier who reaches battle, especially behind enemy lines, by landing from a plane by parachute.

parboil /ˈpabɔɪl/ *v.t.* to boil partially, or for a short time; precook.

parcel /ˈpasəl/ *n., v.* –**celled** or *Chiefly US* –**celed, -celling** or *Chiefly US* -**celing.** –*n.* **1.** a quantity of something wrapped or packaged together, a package or bundle. **2.** a quantity of something, as of a commodity for sale; a lot. **3.** any group or assemblage of persons or things. **4.** a separable, separate, or distinct part or portion or section, as of land. **5.** a part or portion of anything. –*v.t.* **6.** to make into a parcel, or put up in parcels, as goods. –*phr.* **7. parcel out** (or **up**), to divide into or distribute in parcels or portions.

parch /patʃ/ *v.t.* **1.** to make dry, especially to excess, or dry up, as heat, the sun, or a hot wind does. **2.** *Cookery* to brown in a dry heat. –*v.i.* **3.** to become parched; undergo drying by heat.

parchment /ˈpatʃmənt/ *n.* **1.** the skin of sheep, goats, etc., prepared for use as a writing material, etc. **2.** a manuscript or document on such material. **3.** a paper resembling this material.

pardalote /ˈpadəloʊt/ *n.* any of several species of the genus *Pardalotus*, small finch-like birds conspicuously marked with brown or white diamonds, as the diamond bird.

pardon /ˈpadn/ *n.* **1.** forgiveness or favourable attitude: *I beg your pardon.* **2.** *Law* **a.** a giving of pardon for a crime. **b.** the document or warrant by which such pardon is declared. –*v.t.* **3.** to withhold the penalty for (an offence): *He will pardon your crimes.* **4.** to excuse (an action or person); to make courteous allowance for: *Pardon me, madam.* –*interj.* **5.** (a conventional form of apology.) **6.** (an asking for something to be repeated.): *pardon, what did you say?* –**pardonable** *adj.* –**pardonably** *adv.*

pare /pɛə/ *v.t.* pared, paring. **1.** to cut off the outer coating, layer, or part of: *to pare apples.* –*phr.* **2. pare down**, to reduce or remove by, or as if by, cutting; diminish little by little: *to pare down one's expenses* **3. pare off** (or **away**), to remove (an outer coating, layer, or part) by cutting.

parenchyma /pəˈrɛŋkɪmə/ *n.* **1.** *Botany* the fundamental (soft) cellular tissue of plants, as in the softer parts of leaves, the pulp of fruits, the pith of stems, etc. **2.** *Anatomy, Zoology* the proper tissue of an animal organ as distinguished from its connective or supporting tissue. **3.** *Zoology* a kind of jelly-like connective tissue in some lower animals. **4.** *Pathology* the functional tissue of a morbid growth. –**parenchymatous** /pærɛŋˈkɪmətəs/ *adj.*

parent /ˈpɛərənt/ *n.* **1.** a father or a mother. **2.** an author or source. **3.** a protector or guardian. **4.** any organism that produces or generates another. –**parental** *adj.* –**parenthood** *n.* –**parentless** *adj.* –**parent-like** *adj.*

parenthesis /pəˈrɛnθəsəs/ *n.* -**ses** /-siz/. **1.** the upright brackets ( ) collectively, or either of them separately, used to mark off an interjected explanatory or qualifying remark, indicate groupings in mathematics, etc. **2.** *Grammar* a qualifying or explanatory word (as an appositive), phrase, clause (as a descriptive clause), sentence, or other sequence of forms which interrupts the syntactic construction without otherwise affecting it, having often a characteristic intonation, and shown in writing by commas, parentheses, or dashes. For example: *William Smith - you know him well - will be here soon.* **3.** an interval; interlude. –**parenthetic** /pærənˈθɛtɪk/, **parenthetical** /pærənˈθɛtɪkəl/ *adj.*

parfait /paˈfeɪ/ *n.* a dessert, served in a tall glass, made from layers of ice-cream, fruit, jelly, syrup, nuts, etc.

pariah /pəˈraɪə/ *n.* any person or animal generally despised; an outcast.

parietal /pəˈraɪətl/ *adj.* **1.** *Anatomy* **a.** having to do with the side of the skull, or with any wall or wall-like structure. **b.** having to do with the parietal bones. **2.** *Biology* having to do with parietes or structural walls. **3.** *Botany* having to do with a wall, usually applied to ovules when they proceed from or are borne on the walls or sides of the ovary.

parish /ˈpærɪʃ/ *n.* **1.** an ecclesiastical district having its own church and member of the clergy. **2.** a local church with its field of activity. **3.** the people of a parish. –**parishioner** *n.*

parity /ˈpærəti/ *n.* **1.** equality in amount, status, or character. **2.** similarity; correspondence; analogy.

parity-pricing /pærəti-ˈpraɪsɪŋ/ *n. Commerce* the policy of basing the local price of a commodity on an agreed international price where such exists.

park /pak/ *n.* **1.** an area of land within a town, often with sporting and other facilities set aside for public use: *Hyde Park.* **2.** an area of land set apart by a city or a nation, to be kept in its natural state for the benefit of the public: *Kosciuszko National Park.* **3.** an enclosed area of land for wild animals: *a lion park.* –*v.t.* **4.** to put or leave (a car, etc.) for a time in a particular place, as at the side of the road. **5.** to assemble (artillery, etc.) in compact arrangement. –*v.i.* **6.** to park a car, bicycle, etc. –**parklike** *adj.*

parka /ˈpakə/ *n.* **1.** a strong waterproof jacket with a hood, originally for use in polar regions, now commonly used for any outdoor activity; anorak. **2.** a fur coat, cut like a shirt, worn in north-eastern Asia and Alaska.

Parkinson's disease /ˈpakənsənz dəziz/ *n. Pathology* a form of paralysis marked by uncontrollable shaking, stiff muscles and weak movement. Also, **Parkinsonism.**

parlance /ˈpaləns/ *n.* way of speaking, or language; idiom; vocabulary: *legal parlance.*

parley /ˈpali/ *n.* -**leys. 1.** a discussion; a conference. **2.** an informal conference between enemies under truce, to discuss terms, conditions of surrender, etc.

parliament /ˈpaləmənt/ *n.* **1.** (*usually cap.*) an assembly of elected representatives, often comprising an upper and lower house, which forms the legislature of a nation or constituent state. **2.** a meeting or assembly for conference on public or national affairs.

parliamentarian /paləmənˈtɛərɪən/ *n.* **1.** a Member of Parliament. **2.** someone skilled in parliamentary procedure or debate. **3.** someone who supports a parliamentary system.

parliamentary privilege *n.* the sum of the special rights enjoyed by each house of parliament collectively and by the members of each house individually, necessary for the discharge of the functions of parliament without hindrance and without fear of prosecution.

parlour = parlor /ˈpalə/ *n.* **1.** a room for the reception and entertainment of visitors; a living room. **2.** a semi-private room in a hotel, club, or the like for relaxation, conversation, etc.; a lounge. **3.** a room in a monastery or a nunnery where conversation is allowed and where visitors are received.

parlous /ˈpaləs/ *adj.* **1.** perilous; dangerous. –*adv.* **2.** very. –**parlously** *adv.*

parmesan /ˈpaməzən/ *n.* a hard, dry pale yellow cheese, with a granular texture, and a range of flavours depending on maturity, often used grated.

parochial /pəˈroukiəl/ *adj.* **1.** having to do with a parish or parishes. **2.** confined to or interested only in one's own parish, or some particular narrow district or field. –**parochially** *adv.*

parody /ˈpærədi/ *n.* -**dies**, *v.* -**died**, -**dying**. –*n.* **1.** a humorous or satirical imitation of a serious piece of literature or writing. **2.** a poor imitation; a travesty. –*v.t.* **3.** to imitate (a composition, author, etc.) in such a way as to ridicule. **4.** to imitate poorly. –**parodist** *n.*

parole /pəˈroul/ *n., v.* -**roled**, -**roling**. –*n.* **1. a.** the liberation of a person from prison, conditional upon good behaviour, prior to the end of the maximum sentence imposed upon that person. **b.** the temporary release of a prisoner. **2.** a word of honour given or pledged. –*v.t.* **3.** to put on parole.

-parous an adjective termination meaning 'bringing forth','bearing', 'producing', as in *oviparous, viviparous.*

paroxysm /ˈpærəksɪzəm/ *n.* **1.** any sudden, violent outburst; a fit of violent action or emotion: *paroxysms of rage.* **2.** *Pathology* a severe attack, or increase in violence of a disease, usually recurring periodically. –**paroxysmal** /pærəkˈsɪzməl/, **paroxysmic** /pærəkˈsɪzmɪk/ *adj.*

parquet /ˈpakeɪ, ˈpaki/ *n., v.* -**queted** /-keɪd, -kɪd/ *or* -**queting** /-keɪɪŋ, -kiɪŋ/ –*n.* **1.** flooring composed of short pieces of wood inlaid so as to form a pattern. –*v.t.* **2.** to construct (a flooring, etc.) of parquetry. **3.** to furnish with a floor, etc., of parquetry. –**parquetry** *n.*

parrot /ˈpærət/ *n.* **1.** any of numerous hook-billed, fleshy-tongued, often gaily coloured birds which constitute the order Psittaciformes, as the cockatoo, lory, macaw, parakeet, etc., especially those of the subfamily Psittacinae, valued as cagebirds because they can be taught to talk. **2.** someone who unintelligently repeats the words or imitates the actions of another. –*v.t.* **3.** to repeat or imitate like a parrot.

parry /ˈpæri/ *v.* -**ried**, -**rying**, *n.* -**ries**. –*v.t.* **1.** to ward off (a thrust, stroke, weapon, etc.), as in fencing. **2.** to turn aside, evade, or avoid. –*v.i.* **3.** to parry a thrust, etc. –*n.* **4.** an act or mode of parrying as in fencing. **5.** a defensive movement in fencing.

parse /paz/ *v.t.* **parsed**, **parsing**. *Linguistics* to describe (a word or series of words) grammatically, telling the part of speech, inflectional form, syntactic relations, etc. –**parser** *n.*

parsimony /ˈpasəməni/ *n.* extreme or excessive economy or frugality; niggardliness. –**parsimonious** /pasəˈmouniəs/ *adj.*

parsley /ˈpasli/ *n.* **1.** a garden herb, *Petroselinum crispum*, with aromatic leaves which are much used to garnish or season food. **2.** any of certain allied or similar plants.

parsnip /ˈpasnɪp/ *n.* **1.** a plant, *Pastinaca sativa*, cultivated varieties of which have a large, whitish, edible root. **2.** the root.

parson /ˈpasən/ *n.* **1.** a clergyman or minister. **2.** the holder or incumbent of a parochial benefice.

parsonage /ˈpasənɪdʒ/ *n.* the residence of a parson or clergyman, as provided by the parish or church.

part /pat/ *n.* **1.** a portion or division of a whole, separate in reality, or in thought only; a piece, fragment, fraction, or section; a constituent. **2.** an essential or integral attribute or quality. **3. a.** a section or major division of a work of literature. **b.** a volume. **4.** a portion, member, or organ of an animal body. **5.** each of a number of more or less equal portions composing a whole: *a third part.* **6.** *Mathematics* an aliquot part or exact divisor. **7.** an allotted portion; a share. **8.** (*usually plural*) a region, quarter, or district: *foreign parts.* **9.** one of the sides to a contest, question, agreement, etc. **10.** an extra piece for replacing worn out parts of a tool, machine, etc. **11.** *Music* **a.** a voice either vocal or instrumental. **b.** the written or printed matter extracted from the score which a single performer or section uses in the performance of concerted music: *a horn part.* **12.** participation, interest, or concern in something. **13.** one's share in some action; a duty, function, or office: *Mary didn't do her part.* **14.** a character sustained in a play or in real life; a role. **15.** the words or lines assigned to an actor. **16.** (*usually plural*) a personal or mental quality or endowment: *a man of parts.* **17.** (*plural*) the genitals. **18.** a part of speech. **19.** a parting in the hair. –*v.t.* **20.** to divide (a thing) into parts; break; cleave; divide. **21.** to comb (the hair) away from a dividing line. **22.** to dissolve (a connection, etc.) by separation of the parts, persons, or things involved: *she parted company with her sisters.* **23.** to divide into shares; distribute in parts; apportion. **24.** to put or keep asunder (two or more parts, persons, etc., or one part, person, etc., from another); draw or hold apart; disunite; separate. –*v.i.* **25.** to be or become divided into parts; break or cleave: *the frigate parted amidships.* **26.** to go or come apart or asunder, or separate, as two or more things. **27.** to go apart from each other or one another, as persons: *we'll part no more.* **28.** *Nautical* to break or rend, as a cable. **29.** to depart. **30.** to die. –*adj.* **31.** in part; partial. **32. a.** descending in part from a specified racial or ethnic group: *her mother was part Maori.* **b.** (of an animal) descending in part from a specified kind or breed: *the dog was part rottweiler.* –*adv.* **33.** in part; partly. –*phr.*
34. for my (his, her, etc.) part, so far as concerns me (him, her, etc.).
35. for the most part, with regard to the greatest part; mostly.
36. in good part, with favour; without offence.
37. in part, in some measure or degree; to some extent.
38. part and parcel, an essential part.
39. part from, to be or become separated from.
40. part up, *Australian Colloquial* (sometimes fol. by *with*) to hand over; pay out.
41. part with, a. to give up; relinquish: *I parted with my gold.* **b.** to depart from.
42. play a part, a. to act deceitfully; dissemble or dissimulate. **b.** to be instrumental.
43. take part, to participate.
44. take someone's part, to support or defend someone. –**partible** *adj.* –**partly** *adv.*

partake /paˈteɪk/ *v.* -**took**, -**taken**, -**taking**. –*v.i.* **1.** (sometimes fol. by *in*) to take or have a part or share in common with others; participate. –*phr.* **2. partake of, a.** to receive, take, or have a share in. **b.** to have something of the nature or character of: *feelings partaking of both joy and regret.* –**partaker** *n.*

partheno- a word element meaning 'virgin', 'without fertilisation', as in *parthenogenesis.*

parthenogenesis /paθənouˈdʒɛnəsəs/ *n. Biology* a type of reproduction characterised by the development of an egg without fertilisation. –**parthenogenetic** /ˌpaθənoudʒəˈnɛtɪk/ *adj.* –**parthenogenetically** /ˌpaθənoudʒəˈnɛtɪkli/ *adv.*

partial /ˈpaʃəl/ *adj.* **1.** relating to or affecting a part. **2.** being such in part only; not total or general; incomplete: *partial blindness.* **3.** being a part; component or constituent. **4.** biased or prejudiced in favour of a person, group, side, etc., as in a controversy. –**partially** *adv.*

participate /paˈtɪsəpeɪt/ *v.i.* **-pated, -pating.** (sometimes fol. by *in*) to take or have a part or share, as with others; share: *to participate in profits.* –**participant** *n., adj.* –**participator** *n.* –**participation** /paˌtɪsəˈpeɪʃən/ *n.*

participle /ˈpatəsɪpəl/ *n. Grammar* (in many languages) an adjective form derived from verbs, which ascribes to a noun participation in the action or state of the verb, in English without specifying person or number of the subject. For example: *burning* in *a burning candle* or *devoted* in *his devoted friend.*

particle /ˈpatɪkəl/ *n.* **1.** a minute portion, piece, or amount; a very small bit: *a particle of dust.* **2.** *Physics* an elementary particle. **3.** a clause or article, as of a document. **4.** *Roman Catholic Church* **a.** a small piece of the Host. **b.** the small Host given to each lay communicant. **5.** *Grammar* **a.** (in some languages) one of the major form classes, or parts of speech, consisting of words which are neither nouns nor verbs, or of all uninflected words, or the like. **b.** such a word. **c.** a small word of functional or relational use, such as an article, preposition, or conjunction, whether of a separate form class or not.

particular /pəˈtɪkjələ/ *adj.* **1.** relating to some one person, thing, group, class, occasion, etc., rather than to others or all; special, not general: *one's particular interests.* **2.** being a definite one, individual, or single, or considered separately: *each particular item.* **3.** distinguished or different from others or from the ordinary; noteworthy; marked; unusual. **4.** exceptional or especial: *to take particular pains.* **5.** being such in an exceptional degree: *a particular friend of mine.* **6.** dealing with or giving details, as an account, description, etc., of a person; detailed; minute; circumstantial. **7.** attentive to or exacting about details or small points: *to be particular about one's food.* **8.** *Philosophy* partaking of the nature of an unspecified individual as opposed to the universal and to the singular. –*n.* **9.** an individual or distinct part, as an item of a list or enumeration. **10.** a point, detail, or circumstance: *a report complete in every particular.* **11.** (*plural*) details of a person's identity, such as name, age, address, especially when listed. **12.** *Logic* an unspecified member of a class. –*phr.* **13. in particular,** particularly; especially: *one book in particular.* –**particularly** *adv.*

partisan /ˈpatəzən, patəˈzæn/ *n.* **1.** an adherent or supporter of a person, party, or cause. **2.** *Military* a member of a party of light or irregular troops, especially as forming the indigenous armed resistance to an invader or conqueror; a guerilla. –*adj.* **3.** relating to or carried on by military partisans. **4.** excessively dedicated to a cause or party. Also, **partizan.** –**partisanship** *n.*

partition /paˈtɪʃən/ *n.* **1.** division (of one thing) into shares. **2.** separation of two or more things. **3.** something that separates, e.g. a wall or barrier. **4.** the date or period of the division of a country or state into two or more new countries, or states: *before partition.* –*v.t.* **5.** to divide into parts. **6.** to divide or separate by a partition. –**partitioner** *n.* –**partitionist** *n.* –**partitionment** *n.*

partner /ˈpatnə/ *n.* **1.** a person who shares or takes part in something; an associate. **2.** *Law* someone who starts or joins a business with other people, usually sharing its risks and profits. **3.** See **silent partner. 4.** a husband or a wife. **5.** someone's companion in a dance. –*v.t.* **6.** to associate as a partner or partners. **7.** to be, or act as, the partner of. –**partnerless** *adj.*

part of speech *n. Grammar* any of the mutually exclusive major form classes of a language, which taken together include the entire vocabulary. For example, in Latin, a word is either a *noun, verb, pronoun, adjective, adverb, preposition, conjunction,* or *interjection.*

partridge /ˈpatrɪdʒ/ *n.* **-tridges,** (*especially collectively*) **-tridge.** any of various gallinaceous game birds of the subfamily Perdicinae, especially the **common partridge,** *Perdix perdix,* of Europe.

part-time /ˈpat-taɪm, pat-ˈtaɪm/ *adj.,* /pat-ˈtaɪm/ *adv.* –*adj.* **1.** of, relating to, or occupying less than all normal working hours. **2.** not being one's chief occupation. –*adv.* **3.** during less than all normal working hours. –**part-timer** *n.*

parturition /patʃəˈrɪʃən/ *n.* the act of bringing forth young; childbirth.

party /ˈpati/ *n.* **-ties,** *adj., v.* **-tied, -tying.** –*n.* **1.** a group gathered together for some purpose, as for amusement or entertainment. **2.** a social gathering or entertainment, as of invited guests at a private house or elsewhere: *to give a party.* **3.** a detachment of troops assigned to perform some particular service. **4.** (*often cap.*) a number or body of persons ranged on one side, or united in purpose or opinion, in opposition to others, as in politics, etc.: *the Australian Labor Party.* **5.** the system or practice of taking sides on public questions or the like. **6.** attachment or devotion to a side or faction; partisanship. **7.** a person immediately concerned in some transaction or legal proceeding. **8.** *Mining* a group of men performing geophysical work of a specific project, ordinarily using a single method. **9.** one who participates in some action or affair. **10.** the person under consideration. **11.** a person in general. –*adj.* **12.** of or relating to a party or faction; partisan: *a party issue.* **13.** of or for a social gathering: *a party dress.* **14.** given to partying: *a party girl.* –*v.i.* **15.** to take part in festivities at or as at a party. –*phr.* **16. come to the party,** *Australian, NZ* to assist, especially with money; fall in with someone's plans. **17. party on,** to continue a party.

party line *n.* **1.** a telephone line shared by two or more subscribers. **2.** the bounding line between adjoining premises. **3.** the authoritatively announced policies and practices of a group, usually followed without exception: *the Communist party line.*

party plan *n.* a method of direct selling in which representatives display products for sale at a party organised for this purpose. –**party-plan** *adj.*

parvenu /ˈpavənu, -nju/ *n.* **1.** someone who has risen above their class or to a position above their qualifications; an upstart. –*adj.* **2.** being or characteristic of a parvenu.

pascal /ˈpæskəl, pæsˈkal/ *n.* the derived SI unit of pressure, equal to 1 newton per square metre. *Symbol:* Pa

paschal /ˈpæskəl/ *adj.* **1.** relating to the Passover. **2.** relating to Easter.

paspalum /pæsˈpeɪləm/ *n.* any grass of the genus *Paspalum* but especially *P. dilatatum,* native to southern America but now one of the most widespread grasses in the higher-rainfall areas of Australia.

pass /pas/ *v.t.* **1.** to go by or move past (something). **2.** to go by without acting upon or noticing; leave unmentioned. **3.** to omit payment of (a dividend, etc.). **4.** to go or get through (a channel, barrier, etc.). **5.** to go across or over (a stream, threshold, etc.); cross. **6.** to undergo successfully (an examination, etc.). **7.** to undergo or get through (an obstacle, experience, ordeal, etc.). **8.** to permit to complete successfully. **9.** to go

pass / passive

beyond (a point, degree, stage, etc.); transcend; exceed; surpass. **10.** to cause to go or move onwards: *to pass a rope through a hole.* **11.** *US* to cause to go by or move past: *to pass troops in review.* **12.** to exist through; live during; spend: *to pass one's days.* **13.** to cause to go about or circulate; give currency to. **14.** to cause to be accepted or received. **15.** to convey, transfer, or transmit; deliver. **16.** to pronounce; utter: *to pass remarks.* **17.** to pledge, as one's word. **18.** to cause or allow to go through something, as through a test, etc. **19.** to discharge or void, as excrement. **20.** to sanction or approve: *to pass a bill.* **21.** to obtain the approval or sanction of (a legislative body, etc.), as a bill. **22.** to express or pronounce, as an opinion or judgment. **23.** *Football, Hockey, etc.* to transmit (the ball, etc.) to another player. **24.** to overtake. *-v.i.* **25.** to go or move onwards; proceed; make one's, or its, way. **26.** to go away or depart. **27.** to elapse, as time. **28.** to come to an end, as a thing in time. **29.** to go on or take place; happen; occur: *to learn what has passed.* **30.** to go by or move past, as a procession. **31.** to go about or circulate; be current. **32.** (sometimes fol. by *for* or *as*) to be accepted or received: *material that passed for silk.* **33.** to be transferred or conveyed. **34.** to be interchanged, as between two persons: *sharp words passed between them.* **35.** to undergo transition or conversion: *to pass from a solid to a liquid state.* **36.** to go or get through something, such as a barrier, test, examination, etc., especially without honours. **37.** to go unheeded, uncensured, or unchallenged: *but let that pass.* **38.** to be voided, as excrement. **39.** to be ratified or enacted, as a bill or law. **40.** to make a pass, as in football. **41.** *Cards* **a.** to forgo one's opportunity to bid, play, etc. **b.** to throw up one's hand. *-n.* **42.** a narrow route across a relatively low notch or depression in a mountain barrier separating the headwaters of approaching valleys from either side. **43.** a way affording passage, as through an obstructed region. **44.** *US* a navigable channel, as at the mouth or delta of a river. **45.** a permission or licence to pass, go, come, or enter. **46.** *Military* **a.** a written document granting the right to cross lines, or to enter or leave a military or naval reservation or other area or building. **b.** written authority given to a soldier to leave a station or duty for a few hours or days. **47.** *Australian History* written authority for a convict to travel on errands. **48. a.** a free ticket. **b.** a pre-paid or free ticket which allows one to travel on public transport without paying on each occasion of travel: *a bus pass.* **49.** an examination score which is classified as passing, especially one which does not gain honours. **50.** the transference of a ball, etc., from one player to another, as in football. **51.** a thrust or lunge, as in fencing. **52.** *Cards* an act of not bidding or raising another bid. **53.** *Magic* **a.** a passing of the hand over, along, or in front of anything. **b.** the transference or changing of objects by or as by sleight of hand; a manipulation, as of a juggler; a trick. **54.** a stage in procedure or experience; a particular stage or state of affairs: *things have come to a pretty pass.* **55.** the act of passing. *-phr.*
56. bring to pass, to cause to happen.
57. come to pass, to occur.
58. make a pass, (sometimes fol. by *at*) to make an amorous overture or gesture.
59. pass away, **a.** to cease to be. **b.** to die.
60. pass in, (*usually passive*) to leave unsold at an auction, the reserve price not being reached: *many bales of wool were passed in.*
61. pass off, **a.** to put into circulation, or dispose of, especially deceptively: *to pass off a counterfeit $50 note.* **b.** to cause to be accepted or received in a false character: *he passed himself off as my servant.* **c.** to produce in the style or format associated with another manufacturer's product so as to gain commercial advantage: *to pass a dictionary off as a Macquarie.* **d.** to end gradually; to cease. **e.** to take place; occur: *the introduction passed off without incident.*
62. pass on, **a.** to die. **b.** to move to another place. **c.** to proceed to another topic. **d.** to convey to someone: *she passed on the good news.*
63. pass out, **a.** to distribute. **b.** *Colloquial* to faint. **c.** to complete the course, as at a military academy.
64. pass over, **a.** to disregard. **b.** to omit to notice.
65. pass the buck, to avoid responsibility by passing it to another.
66. pass up, *Colloquial* to refuse; reject.

passable /'pɑːsəbəl/ *adj.* **1.** that may be passed. **2.** that may be proceeded through or over, or traversed, penetrated, crossed, etc., as a road, forest, or stream. **3.** tolerable, fair, or moderate: *a passable knowledge of history.* **4.** that may be circulated, or has valid currency, as a coin. **5.** that may be ratified, or enacted. **-passableness** *n.*

passage /'pæsɪdʒ/ *n.* **1.** a part of a writing or speech; a paragraph, verse, etc.: *a passage of Scripture.* **2.** *Music* **a.** a scale- or arpeggio-like series of notes introduced as an ornament; a run, roulade, or flourish. **b.** a phrase or other division of a piece. **3.** the act of passing: *the passage of time; the passage of events.* **4.** permission to pass: *to refuse passage through a territory.* **5.** a means of passing; a way, route, avenue, channel, corridor, etc. **6.** movement from one place or state to another; transit: *a rough passage.* *-v.i.* **7.** to make a passage; cross; pass; voyage.

passbook /'pɑːsbʊk/ *n.* **1.** a bankbook. **2.** a customer's book in which a merchant or trader makes entries of goods sold on credit. **3.** a record of payments made to a building society.

passé /pɑ'seɪ/ *adj.* **1.** antiquated, or out-of-date. **2.** passed. **3.** past the prime; aged.

passenger /'pæsəndʒə/ *n.* someone who travels by some form of conveyance: *the passengers of a ship.*

passerine /'pæsəraɪn/ *adj.* **1.** belonging or relating to the Passeriformes, an order of birds, typically insessorial (perching), embracing more than half of all birds, and including the finches, thrushes, warblers, swallows, crows, larks, etc. *-n.* **2.** any bird of the order Passeriformes.

passion /'pæʃən/ *n.* **1.** any strong feeling or emotion, such as hope, fear, joy, grief, anger, love, desire, etc. **2.** strong, emotional, sexual love. **3.** a person who is the object of such a feeling: *she was his passion.* **4.** a strong or extravagant fondness, enthusiasm, or desire for anything: *a passion for music.* **5.** (*often cap.*) the sufferings of Christ from the Last Supper to his death on the Cross. **-passionate** *adj.*

passionflower /'pæʃənflaʊə/ *n.* any plant of the genus *Passiflora*, or related genera, which comprise climbing vines or shrubs, mainly American, bearing showy flowers and a pulpy berry or fruit which in some species is edible, especially the passionfruit.

passionfruit /'pæʃənfrut/ *n.* **1.** Also, **passionfruit vine**. a passionflower, *Passiflora edulis*. **2.** the fruit of this plant.

passive /'pæsɪv, -səv/ *adj.* **1.** not acting, or not attended with or manifested in open or positive action: *passive resistance.* **2.** inactive, quiescent, or inert. **3.** suffering action, acted upon, or being the object of action (opposed to *active*). **4.** receiving or characterised by the reception of impressions from without. **5.** produced by or due to external agency. **6.** suffering, receiving, or submitting without resistance. **7.** characterised by or involving doing this: *passive obedience*. **8.** *Grammar* denoting a voice of verb inflection in which the subject is represented as being acted on (opposed to *active*). For example, in the sentence *He was hit, was hit* is in the passive voice. **9.** *Electronics* (of an electronic component, or a complete circuit) unable to amplify or switch a signal, as a resistor or capacitor (opposed to an active circuit component, as a transistor or valve). **10.** *Chemistry* inactive, especially under conditions in which chemical activity is to be expected. **11.** (of a metal) having a protective oxide film on the surface rendering it impervious to attack. **12.** (of a communications satellite) only able to reflect signals, and not retransmit them. **13.** *Medicine* relating to certain unhealthy but insufficiently virulent conditions; inactive (opposed to *active* or *spontaneous*). –*n.* **14.** *Grammar* **a.** the passive voice. **b.** a form or construction therein. –**passively** *adv.* –**passiveness**, **passivity** /pæs'ɪvɪtɪ/ *n.*

passive smoker *n.* a non-smoker who inhales the smoke produced by cigarette, cigar or pipe smokers. –**passive smoking** *n.*

passive smoking *n.* the inhaling by a non-smoker of the smoke produced by cigarette, cigar and pipe smokers. –**passive smoker** *n.*

Passover /'pɑːsoʊvə/ *n.* an annual feast of the Jews, instituted to commemorate the passing over or sparing of the Hebrews in Egypt when God smote the firstborn of the Egyptians, but used in the general sense of the Feast of Unleavened Bread in commemoration of the deliverance from Egypt.

passport /'pɑːspɔːt/ *n.* **1.** an official document granting permission to the person specified to visit foreign countries, and authenticating the holder's identity, citizenship, and right to protection while abroad. **2.** an authorisation to pass or go anywhere. **3.** a document issued to a ship, especially to neutral merchant vessels in time of war, granting or requesting permission to proceed without molestation in certain waters. **4.** anything that gives admission or acceptance.

password /'pɑːswɜːd/ *n.* a secret word or expression used to obtain access to a restricted area or to a computer system, etc.

past /pɑːst/ *v. Rare* **1.** past participle and occasional past tense of **pass**. –*adj.* **2.** gone by in time: *past feelings*. **3.** belonging to, or having existed or occurred in time before this: *past ages*. **4.** gone by just before the present time; just passed: *the past year*. –*n.* **5.** the time gone by: *far back in the past*. **6.** the events of that time: *to forget the past*. **7.** a past history, life, career, etc.: *a glorious past*. **8.** a past career which is kept concealed: *a woman with a past*. **9.** → **past tense**. –*adv.* **10.** so as to pass by or beyond; by: *the troops marched past*. –*prep.* **11.** beyond in time; after: *past noon*. **12.** beyond in position; farther on than: *the house past the church*. **13.** beyond the reach, scope, influence, or power of: *past belief*.

pasta /'pæstə, 'pɑːs-/ *n.* any of the several preparations made from a dough or paste of wheat flour, salt, water, and sometimes egg, such as spaghetti, macaroni, tagliatelle, etc.

paste /peɪst/ *n., v.* **pasted**, **pasting**. –*n.* **1.** a mixture of flour and water, used for sticking paper. **2.** any material or preparation in a soft mass: *a toothpaste*. **3.** dough, especially when prepared with shortening, for making pastry. **4.** a sweet confection-like dough: *almond paste*. **5.** food reduced to a smooth, soft mass, for spreading on bread or for seasoning. **6.** a mixture of clay, water, etc., for making earthenware, porcelain, etc. **7.** a brilliant, heavy glass, used for making artificial gems. –*v.t.* **8.** to fasten or stick with paste. **9.** *Colloquial* to beat or scold someone.

pastel /'pæstl/ *n.* **1.** a soft, subdued shade of colour. **2.** (a crayon made with) a kind of dried paste, made of pigments ground with chalk and mixed with gum water. **3.** the art of drawing with such crayons. **4.** a drawing so made. –*adj.* **5.** having a soft, subdued shade. **6.** drawn with pastels. –**pastellist** *n.*

pasteurise = **pasteurize** /'pɑːstʃəraɪz/ *v.t.* **-rised**, **-rising**. **1.** to expose (milk, etc.) to a high temperature, usually about 60°C, in order to destroy certain micro-organisms and prevent or arrest fermentation. **2.** to subject to pasteurism in order to prevent certain diseases, especially bovine tuberculosis. –**pasteurisation** /pɑːstʃəraɪ'zeɪʃən/ *n.*

pastiche /pæs'tiːʃ/ *n.* **1.** any work of art, literature, or music consisting of motifs borrowed from one or more masters or works of art. **2.** the mixing within one artistic production of styles, colours, etc., especially in imitation of established styles.

pastie /'pæsti, 'pɑːsti/ *n., plural* **pasties**. a type of pie in which a circular piece of pastry is folded around a filling of vegetables, meat, etc. and baked. Also, **pasty**, **Cornish pastie**.

pastille /pæs'tiːl, 'pæstl/ *n.* **1.** a flavoured or a medicated lozenge. **2.** a roll or cone of paste containing aromatic substances, burned as a disinfectant, etc. Also, **pastil** /'pæstl/.

pastime /'pɑːstaɪm/ *n.* something that serves to make time pass agreeably; amusement, or sport: *to play cards for a pastime*.

pastor /'pɑːstə/ *n.* **1.** a minister or member of clergy with reference to his or her congregation. **2.** someone having spiritual care of a number of persons. –**pastorship** *n.*

pastoral /'pɑːstərəl, -trəl/ *adj.* **1.** of or relating to the raising of stock, especially sheep or cattle, on rural properties. **2.** (of land) used for pasture. **3.** having the simplicity or charm of such country: *pastoral scenery*. **4.** (of a work of art, music, literature) describing the life of shepherds or of the country. –**pastoralism** *n.* –**pastorally** *adv.*

pastoralist /'pɑːstərəlɪst/ *n. Australian, NZ* someone who owns land used for raising stock, especially sheep or cattle.

pastry /'peɪstri/ *n.* **-tries**. **1.** food made of paste or dough, as the crust of pies, etc. **2.** articles of food of which such paste forms an essential part, as pies, tarts, etc.

past tense *n.* a verb form which refers to events that have already happened.

pasture /'pɑːstʃə/ *n., v.* **-tured**, **-turing**. –*n.* **1.** ground covered with grass, etc., used or suitable for the grazing of cattle, etc.; grassland. –*v.t.* **2.** to feed (cattle, etc.) by putting them to graze on pasture. –*v.i.* **3.** (of cattle, etc.) to graze upon pasture. –**pasturable** *adj.*

pasty¹ /'peɪsti/ *adj., n.* **pasties**. –*adj.* **1.** of or like paste in consistency, colour, etc. –*n.* **2.** a small piece of material, usually decorated, worn on the nipples by strip-tease dancers.

pasty² /'pæsti, 'pɑːsti/ *n.* **pasties**. → **pastie**.

pat¹ /pæt/ *v.* **patted**, **patting**, *n.* –*v.t.* **1.** to strike lightly with something flat, as an implement, the palm of the hand, or the foot. **2.** to stroke gently with the palm or fingers as an expression of affection, approbation, etc. **3.** to flatten or smooth into a desired shape, as butter. –*v.i.* **4.** to strike lightly or gently. **5.** to walk or run with lightly sounding footsteps. –*n.* **6.** a light stroke or blow with something flat. **7.** the sound of a light stroke, or of light footsteps. **8.** a small mass of something, as butter, shaped by patting or other manipulation. **9.** → **cow pat**. –*phr.* **10. a pat on the back**, *Colloquial* a gesture or word of encouragement or congratulation. **11. pat someone on the back**, *Colloquial* to congratulate or encourage someone with praise.

pat² /pæt/ *adj.* **1.** exactly to the point or purpose. **2.** apt; opportune; ready. **3.** fluently glib; readily facile. –*adv.* **4.** exactly or perfectly. **5.** aptly; opportunely. –*phr.* **6. off pat**, **a.** exactly or perfectly. **b.** unhesitatingly or without deliberation. **7. sit** (or **stand**) **pat**, *Australian Colloquial* to stick to one's decision, policy, etc. –**patness** *n*. –**patter** *n.*

pat³ /pæt/ *phr.* **on one's pat**, *Colloquial* alone. Also, **Pat**.

patch /pætʃ/ *n.* **1.** a piece of material used to mend a hole or break, or strengthen a weak place: *a patch on a sail.* **2.** a piece of material used to cover or protect a wound, an injured part, etc.: *a patch over the eye.* **3.** any of the pieces of cloth sewn together to form patchwork. **4.** a small piece or scrap of anything. **5. a.** a small piece or tract of land, road, etc. **b.** *Goldmining Colloquial* a small claim, usually one which produces gold. **6.** an area of responsibility: *not on my patch!* **7.** a distinctive mark, an emblem, as on a soldier's uniform to identify his or her unit; flash. **8.** a period of time. **9.** *Computers* a correction (usually temporary) made by the user to a computer program supplied by a software publisher, allowing the program to be customised for special uses. **10.** Also, **skin patch**. *Medicine* an adhesive dressing which slowly dispenses medicine or other needed chemicals which are absorbed through the skin of the body. –*v.t.* **11.** to mend or strengthen with or as with a patch or patches. **12.** to make by joining patches or pieces together: *to patch a quilt.* –*phr.* **13. hit a bad patch**, to suffer a series of misfortunes, especially financial. **14. not a patch on**, *Colloquial* not comparable to; not nearly as good as. **15. patch in**, to join, especially to join (an electronic circuit) to an existing set of circuits, usually on a temporary basis. **16. patch up**, **a.** to repair or restore, especially in a hasty or makeshift way. **b.** to settle; smooth over: *they patched up their quarrel.* **17. purple patch**, *Colloquial* a period of good fortune. –**patcher** *n.*

patchwork /'pætʃwɜːk/ *n.* **1.** work made of pieces of cloth or leather of various colours or shapes sewn together, used especially for covering quilts, cushions, etc. **2.** something made up of various pieces or parts put together: *a patchwork of verses.*

patchy /'pætʃi/ *adj.* **-ier, -iest. 1.** marked by patches. **2.** occurring in, forming, or like patches. **3.** of unequal quality; irregular; not uniform. –**patchily** *adv.* –**patchiness** *n.*

pate /peɪt/ *n.* **1.** the head. **2.** the crown or top of the head.

pâté /'pæteɪ, 'pɑ-/ *n.* **1.** a paste or spread made of finely minced liver, meat, fish, etc. **2.** a small pastie, filled with forcemeat, mixed with dices or strips of the main ingredient.

patella /pə'tɛlə/ *n.* **-las** or **-lae** /-li/. **1.** *Anatomy* the kneecap. **2.** *Botany, Zoology, etc.* a panlike or cuplike formation. **3.** *Archaeology* a small pan or shallow vessel. –**patellar** *adj.*

patent /'peɪtnt/ *n.* **1.** a government grant to an inventor, giving the right to make, use and sell an invention without competition. **2.** an invention, process, etc., which has been patented. –*adj.* **3.** (of a product, invention, etc.) specially protected by a patent: *a patent door.* **4.** open to view or knowledge; manifest; evident; plain. **5.** lying open, or not shut in. **6.** *Chiefly Botany* expanded or spreading. –*v.t.* **7.** to take out a patent on; obtain the exclusive rights to (an invention) by a patent. –**patentable** *adj.* –**patentability** /ˌpeɪtntə'bɪləti/, pæt-/ *n.* –**patently** *adv.* –**patentor** *n.*

patent leather *n.* **1.** leather lacquered to produce a hard, glossy, smooth finish. **2.** any imitation of this. –**patent-leather** *adj.*

paternal /pə'tɜːnəl/ *adj.* **1.** characteristic of or befitting a father; fatherly. **2.** having to do with a father. **3.** related on the father's side. **4.** derived or inherited from a father. –**paternally** *adv.*

paternalism /pə'tɜːnəlɪzəm/ *n.* the principle or practice, on the part of a government or of any body or person in authority, of managing or regulating the affairs of a country or community, or of individuals, in the manner of a father dealing with his children. –**paternalistic** /pətɜːnə'lɪstɪk/ *adj.* –**paternalistically** /pətɜːnə'lɪstɪkli/ *adv.*

paternity /pə'tɜːnəti/ *n.* **1.** derivation from a father. **2.** the state of being a father; fatherhood. **3.** origin or authorship.

path /pɑːθ/ *n.* **1.** a way beaten or trodden by the feet of humans or animals. **2.** a walk in a garden or through grounds. **3.** a route, course, or track in which something moves. **4.** a course of action, conduct, or procedure.

-path a suffix used to form nouns denoting: **1.** a person suffering from the specified disorder, as in *neuropath.* **2.** a person who treats disorders by a particular or alternative method, as in *naturopath, osteopath.*

pathetic /pə'θɛtɪk/ *adj.* **1.** exciting pity or sympathetic sadness; full of pathos. **2.** affecting or moving the feelings. **3.** relating or due to the feelings. **4.** *Colloquial* miserably inadequate: *her vegetables made a pathetic showing at the annual produce fair.* **5.** *Colloquial* inviting scorn or pity because of patent shortcomings, pettiness, greed, rudeness, etc. –**pathetically** *adv.*

-pathic a word element forming adjectives from nouns ending in *-pathy*, as *psychopathic.*

patho- a word element meaning 'suffering', 'disease', 'feeling'.

pathogen /'pæθədʒən/ *n.* a pathogenic or disease-producing organism. Also, **pathogene** /'pæθədʒiːn/. –**pathogenic** /pæθə'dʒɛnɪk/ *adj.*

pathology /pə'θɒlədʒi/ *n.* **-gies. 1.** the science that deals with the origin, nature, and course of diseases. **2.** the conditions and processes of a disease, especially changes in bodily tissues or organs occurring as a manifestation of the disease. **3.** Also, **clinical pathology**. the study of diseased body organs, tissues, or cells, using laboratory tests. **4.** any abnormal state: *social pathology.* –**pathological** *adj.* –**pathologist** *n.*

pathos /'peɪθɒs/ *n.* the quality or power, as in speech, music, etc., of evoking a feeling of pity or sympathetic sadness; touching or pathetic character or effect.

-pathy a noun element meaning 'suffering', 'feeling', as in *anthropopathy, antipathy, sympathy*, and often, especially in words of modern formation, 'morbid affection', 'disease', as in *neuropathy, psychopathy*, and hence used also in names of systems or methods of treating disease, as in *homoeopathy, osteopathy.*

patience /'peɪʃəns/ *n.* **1.** calm and uncomplaining endurance, as under pain, provocation, etc. **2.** calmness in waiting: *have patience a little longer.* **3.** quiet perseverance: *to labour with patience.* **4.** a card game, usually played by one person alone.

patient /'peɪʃənt/ *n.* **1.** someone who is under medical or surgical treatment. **2.** a person or thing that undergoes action (opposed to *agent*). –*adj.* **3.** quietly persevering or diligent: *patient workers.* **4.** enduring pain, trouble, affliction, hardship, etc., with fortitude, calmness, or quiet submission. **5.** quietly enduring strain, annoyance, etc.: *patient* *in a traffic jam.* **6.** enduring delay with calmness or equanimity, or marked by such endurance: *be patient.* –*phr.* **7. patient of, a.** having or showing the capacity for. **b.** susceptible to. –**patiently** *adv.*

patina /'pætənə, pə'tinə/ *n.* **1.** a film or encrustation, usually green, caused by oxidisation on the surface of old bronze, and esteemed as ornamental. **2.** a similar film or colouring on some other substance. **3.** a surface calcification of implements, usually indicating great age.

patio /'pætioʊ, 'peɪʃioʊ/ *n.* **-tios**. **1.** a court, as of a house, especially an inner court open to the sky. **2.** an area, usually paved, adjoining a house, used for outdoor living.

patois /'pætwa/ *n.* **patois** /'pætwaz/. any peasant or provincial form of speech.

patri- a word element meaning 'father'.

patriarch /'peɪtriak, 'pæt-/ *n.* **1.** any of the earlier biblical personages regarded as the fathers of the human race, comprising those from Adam to the birth of Abraham. **2.** one of the three great progenitors of the Israelites, Abraham, Isaac, or Jacob. **3.** one of the sons of Jacob (the **twelve patriarchs**), from whom the tribes of Israel were descended. **4.** (in the early church) a bishop of high rank, especially one with jurisdiction over metropolitans. **5.** *Greek Orthodox Church* the bishop of the ancient sees of Alexandria, Antioch, Constantinople, and Jerusalem, and in recent years of Russia, Romania, and Serbia. **6.** a bishop of the highest rank or authority in any of the various non-Orthodox churches in the East. **7.** *Roman Catholic Church* **a.** the pope (**Patriarch of Rome**). **b.** a bishop of the highest rank next after the pope. **8.** one of the elders or leading older members of a community. **9.** a venerable old man. **10.** the male head of a family or tribal line. **11.** a person regarded as the father or founder of an order, class, etc. **12.** *Colloquial* an authoritarian man. –**patriarchal** /peɪtri'akəl, pæt-/ *adj.* –**patriarchally** *adv.*

patriarchy /'peɪtriaki, 'pæt-/ *n.* **-archies**. **1.** a form of social organisation in which the father is head of the family, and in which descent is reckoned in the male line, the children belonging to the father's clan. **2.** a community organised and run upon such a system.

patrician /pə'trɪʃən/ *n.* **1.** a member of the original senatorial aristocracy in ancient Rome. **2.** (under the later Roman and Byzantine Empires) a title or dignity conferred by the emperor. **3.** any noble or aristocrat. –*adj.* **4.** of or belonging to the patrician families of ancient Rome. **5.** befitting an aristocrat: *patrician aloofness.* –**patricianly** *adv.*

patricide /'pætrəsaɪd/ *n.* **1.** someone who kills his or her father. **2.** the act of killing one's father. –**patricidal** /pætrə'saɪdl/ *adj.*

patrilineal /pætrə'lɪniəl/ *adj.* having to do with associations by descent or title traced through the male line.

patrimony /'pætrəməni/ *n.* **-nies**. **1.** an estate inherited from one's father or ancestors. **2.** a heritage. **3.** the estate or endowment of a church, religious house, etc. –**patrimonial** /pætrə'moʊniəl/ *adj.*

patriot /'peɪtriət, 'pæt-/ *n.* someone who loves their country, zealously supporting and defending it and its interests. –**patriotism** *n.* –**patriotic** /peɪtri'ɒtɪk, pæt-/ *adj.*

patrol /pə'troʊl/ *v.* **-trolled, -trolling**. *n.* –*v.i.* **1.** to walk or travel regularly around or through a place to counter any trouble and maintain security. –*v.t.* **2.** to guard or protect (an area, building, etc.) by traversing it. –*n.* **3.** a person or a body of people who patrol. **4.** the act of patrolling. –**patroller** *n.*

patron /'peɪtrən/ *n.* **1.** someone who supports a shop, hotel, etc., by spending money there. **2.** a protector or supporter of a person, cause, institution, art, or enterprise: *the club's patron.* **3.** *Roman History* someone who protected and helped another (the client) in return for certain benefits, often the ex-master of a freed slave. –**patronage** *n.* –**patronal** *adj.* –**patroness** /'peɪtrənəs/ *fem. n.*

patronise = patronize /'pætrənaɪz/ *v.t.* **-nised, -nising**. **1.** to favour (a shop, restaurant, etc.) with one's patronage; to trade with. **2.** to treat in a condescending way. **3.** to act as patron towards; support. –**patroniser** *n.* –**patronisingly** *adv.*

patron saint *n.* a saint regarded as the special guardian of a person, trade, place, etc.

patter[1] /'pætə/ *v.i.* **1.** to strike or move with a succession of slight tapping sounds. –*v.t.* **2.** to cause to patter. **3.** to spatter with something. –*n.* **4.** a pattering sound: *the heavy patter of the rain.* **5.** the act of pattering.

patter[2] /'pætə/ *n.* **1.** the slick and fast speech used by a salesperson, a magician performing tricks, or comedian or other entertainer. **2.** rapid speech; mere chatter; gabble. **3.** the jargon of any class, group, etc.; cant. –*v.i.* **4.** to talk fast, especially with little regard to content; chatter. –**patterer** *n.*

pattern /'pætn/ *n.* **1.** a decorative design, as for china, wallpaper, textile fabrics, etc. **2.** such a design carried out on something. **3.** a style of marking of natural or chance origin: *patterns of frost on the window.* **4.** style or type in general. **5.** anything fashioned or designed to serve as a model or guide for something to be made: *a paper pattern for a dress.* **6.** an example or instance. **7.** a sample or specimen. **8.** the distribution of shot in a target at which a shotgun or the like is fired. –*v.t.* **9.** to make after a pattern; model. **10.** to cover or mark with a pattern. –*phr.* **11. pattern by** (or **after**), to model one's conduct, etc., on. **12. pattern oneself on,** to use as a model; imitate.

patty /'pæti/ *n.* **-ties**. a small pie; a pastie: *oyster patties.* **2.** a savoury mixture formed into a ball or shape and cooked on a griddle or deep-fried.

paua /'paʊə/ *n.* a univalve mollusc of the abalone family, *Haliotis iris*, of New Zealand, having edible flesh and an iridescent shell used in ornaments and jewellery.

paucity /'pɔsəti/ *n.* smallness of quantity; fewness; scantiness: *paucity of material.*

paunch /pɔntʃ/ *n.* **1.** the belly or abdomen. **2.** a large, prominent belly. –**paunchy** *adj.*

pauper /'pɔpə/ *n.* **1.** a very poor person. **2.** someone without means, who is supported by a community. –**pauperism** *n.*

pause /pɔz/ *n., v.* **paused, pausing**. –*n.* **1.** a temporary stop or rest, especially in speech or action. **2.** a cessation proceeding from doubt or uncertainty. **3.** delay; hesitation; suspense. **4.** a break or rest in speaking or reading as depending on sense, grammatical relations, metrical divisions, etc., or in writing or printing as marked by punctuation. **5.** *Prosody* → **caesura**. **6.** *Music* a symbol, ⌒ or ⌣, placed under or over a note or rest to indicate that it is to be prolonged. –*v.i.* **7.** to make a pause; stop; wait; hesitate. –*phr.* **8. give pause**, to cause to hesitate. –**pausal** *adj.* –**pauser** *n.* –**pausingly** *adv.*

pav /pæv/ *n. Australian, NZ Colloquial* → **pavlova**.

pave /peɪv/ *v.t.* **paved, paving**. **1.** to cover or lay (a road, walk, etc.) with stones, bricks, tiles, wood, concrete, etc., so as to make a firm, level surface. **2.** to prepare (the way) for. **3.** to mark (a text) with a translation or other helpful notes. –**paver** *n.*

pavement /'peɪvmənt/ *n.* **1.** a walk or footway, especially a paved one, at the side of a street or

pavilion

road. **2.** a surface, ground covering, or floor made by paving. **3.** a material used for paving.

pavilion /pəˈvɪljən/ *n.* **1.** a light, open structure for shelter, pleasure, etc., in a park. **2.** a projecting part at the front or side of a building. **3.** a large tent on posts.

pavlova /pævˈloʊvə/ *n.* a dessert made of a large soft-centred meringue, usually roughly circular and having an indented top filled with whipped cream and often topped with fruit, especially passionfruit.

paw /pɔ/ *n.* **1.** the foot of an animal with nails or claws. **2.** the foot of any animal. **3.** *Colloquial (humorous)* the human hand. –*v.t.* **4.** to strike or scrape with the paws or feet. **5.** *Colloquial* to handle clumsily, rudely, or too familiarly. –*v.i.* **6.** to strike or scrape the ground, etc., with the paws or feet. **7.** *Colloquial* to use the hands clumsily, rudely, or too familiarly on something.

pawl /pɔl/ *n.* a pivoted bar adapted to engage with the teeth of a ratchet wheel or the like so as to prevent movement or to impart motion.

pawn[1] /pɔn/ *v.t.* **1.** to deposit as security, as for money borrowed: *to pawn a watch.* **2.** to pledge or stake: *I pawn my honour.* –*n.* **3.** state of being deposited or held as security: *jewels in pawn.* **4.** any thing or person serving as security. **5.** the act of pawning. –**pawner** *n.*

pawn[2] /pɔn/ *n.* **1.** *Chess* one of the 16 pieces of lowest value, usually moving one square straight ahead, but capturing diagonally. **2.** an unimportant person used as the tool of another.

pawnbroker /ˈpɔnbroʊkə/ *n.* someone who lends money at interest on pledged personal property. –**pawnbroking** *n.*

pawpaw /ˈpɔpɔ/ *n.* **1.** Also, **papaya**. the large yellow melon-like fruit of the shrub or small tree, *Carica papaya*, of the family Caricaceae, originally from tropical America and much prized for its palatable fruits containing a digestive principle. **2.** *US* the small fleshy fruit of the temperate North American bush or small tree, *Asimina triloba*. Also, **papaw, paw-paw**.

pay /peɪ/ *v.* **paid** or *Obsolete except for def.* **28 payed, paying,** *n., adj.* –*v.t.* **1.** to discharge (a debt, obligation, etc.), as by giving or doing something. **2.** to give (money, etc.) as in discharge of debt or obligation. **3.** to satisfy the claims of (a person, etc.) as by giving money due. **4.** to defray (cost or expense). **5.** to give compensation for. **6.** to yield a recompense or return to; be profitable to: *it pays me to be honest.* **7.** to yield as a return: *the stock pays 4 per cent.* **8.** to requite, as for good, harm, offence, etc. **9.** to give or render (attention, regard, court, compliments, etc.) as if due or fitting. **10.** to admit the truth of; acknowledge that one has been outwitted, especially in repartee or argument: *I'll pay that.* **11.** to make (a call, visit, etc.). –*v.i.* **12.** to give money, etc., due: *to pay for goods.* **13.** to discharge debt. **14.** to yield a return or profit; be advantageous or worthwhile: *his mining patch had just begun to pay.* **15.** to give compensation, as for damage or loss sustained. **16.** to suffer, or be punished, as for something; make amends. –*n.* **17.** payment, as of wages. **18.** wages, salary, or stipend. **19.** paid employ: *in the pay of the enemy.* –*adj.* **20.** (of earth, etc.) containing a sufficient quantity of metal or other value to be profitably worked by the miner. **21.** having a mechanism for payment when used: *a pay telephone.* –*phr.* **22. give someone a pay,** to castigate or rebuke someone. **23. pay dividends,** *Colloquial* to result in benefits. **24. pay its way,** (of an investment) to yield a profit. **25. pay off, a.** to retaliate upon or punish. **b.** to discharge (a debt) in full. **c.** to discharge from one's employ and pay any wages, etc., due. **d.** *Colloquial* to bribe. **e.** to yield a profitable return. **26. pay one's way, a.** to take responsibility for one's expenses. **b.** to meet one's obligations. **27. pay out, a.** to disburse; hand out (money). **b.** to retaliate upon for an injury or affront; punish in revenge. **c.** *Colloquial* to protest volubly. **28. pay out** (or **away**), *Nautical, etc.* to let out (a rope, etc.) as by slackening. **29. pay out on,** *Colloquial* to criticise; speak disparagingly about. **30. pay up, a.** to pay upon demand, especially as when threatened. **b.** to pay fully or promptly. **31. put paid to,** put an end to; prevent. –**payment** *n.*

pay-as-you-earn tax *n.* a system of collection of income tax by deductions made by the employer from the employee's wage before he or she receives it. Also, **PAYE tax**.

payload /ˈpeɪloʊd/ *n.* **1.** the income-producing part of a cargo. **2.** the load which a vehicle is designed to transport. **3.** *Military* the warhead, its container, and activating devices in a missile. **4.** *Astronautics* the load carried in a rocket or satellite to obtain the results for which the vehicle has been launched.

payment in lieu *n.* payment to an employee as an alternative to their taking leave entitlements.

payola /peɪˈoʊlə/ *n.* *Originally US* a bribe, especially for the promotion of a commercial product through the abuse of one's position or influence.

payout /ˈpeɪaʊt/ *n.* *Colloquial* **1.** a disbursement of money. **2.** a reward, especially for effort on someone else's behalf; gain.

PB /ˈpi bi/ *n.* → **personal best**.

PC /ˈpi ˈsi/ *n.* personal computer.

pea /pi/ *n.* **1.** the round, highly nutritious seed of *Pisum sativum*, a hardy plant in wide circulation. **2.** the plant bearing such seeds. **3.** any of various related or similar plants, or their seed, as the chickpea. **4.** something small as a pea. –**pealike** *adj.*

peace /pis/ *n.* **1.** freedom from war or hostilities. **2.** an agreement between contending parties to abstain from further hostilities. **3.** freedom from strife or dissension. **4.** freedom from mental disturbance: *peace of mind.* **5.** ease of mind or conscience. **6.** a state of being tranquil or serene. **7.** a state conducive, due to, or characterised by tranquillity or calm. **8.** quiet; stillness; silence. –*phr.* **9. hold one's peace,** to remain quiet; to keep silent. **10. keep the peace,** to refrain from creating a disturbance. **11. make one's peace,** (sometimes fol. by *with*) to effect reconciliation for oneself. **12. make peace,** to arrange for a stop to hostilities; to end war. –**peacable** *adj.* –**peaceful** *adj.*

peach /pitʃ/ *n.* **1.** (a tree bearing) round, juicy fruit enclosing a single stone, of many varieties, and widely cultivated in temperate climates. **2.** the colour of a peach, a light pinkish yellow. **3.** *Colloquial* a person or thing especially admired or liked. –*adj.* **4.** of the colour peach. **5.** flavoured or cooked with peaches. –**peachlike** *adj.*

peacock /ˈpikɒk/ *n.* **-cocks**, (*especially collectively*) **-cock**. –*n.* **1.** the male of the **peafowl**, a pheasant native to India but now widely domesticated, known for the spectacular eye-like patterning of its richly coloured tail feathers. **2.** a vain person. –*v.i.* **3.** to walk proudly like a peacock; make a boastful display. –**peacockish, peacocky** *adj.*

peafowl /ˈpifaʊl/ *n.* any of the gallinaceous birds constituting the genus *Pavo*; a peacock or peahen.

peak[1] /pik/ *n.* **1.** the pointed top of a mountain. **2.** a mountain with a pointed summit. **3.** the pointed top of anything. **4.** the highest point: *the peak of his career.* **5.** the maximum point or degree of anything. **6.** *Electricity, Mechanics, etc.* **a.** the maximum value of a quantity during a specified time: *a voltage peak.* **b.** the maximum power consumed or produced by a unit or group of units in a stated period of time. **7.** a projecting point: *the peak of a man's beard.* **8.** → **widow's peak. 9.** a projecting front piece, or visor, of a cap. **10.** *Nautical* **a.** a part of a ship's hold, as the **after peak** and **forepeak. b.** the upper after-corner of a sail that is extended by a gaff. *–adj.* **11.** of highest quality: *in peak condition. –v.t.* **12.** *Nautical* to raise the after-end of (a yard, gaff, etc.) to or towards an angle above the horizontal. *–v.i.* **13.** to project in a peak. **14.** to reach a highest point.

peak² /piːk/ *v.i.* to become weak, thin, and sickly. **–peaky** *adj.* **–peakily** *adv.* **–peakiness** *n.*

peak hour *n.* the period at which city traffic is at its densest. Also, **peak period, rush hour. –peak-hour** *adj.*

peal /piːl/ *n.* **1.** a loud, long, drawn-out sound of bells. **2.** any other loud, prolonged sound: *peal of cannon; a peal of thunder.* **3.** a set of bells tuned to one another. *–v.i.* **4.** to sound forth in a peal; resound: *to peal with laughter.*

peanut /'piːnʌt/ *n.* **1.** Also, **groundnut.** the fruit (pod) or the edible seed of a leguminous plant native to Brazil, the pod of which is forced underground in growing, where it ripens. **2.** (*plural*) *Colloquial* any small amount, especially of money. *–adj.* **3.** of or relating to the peanut or peanuts. **4.** made with or from peanuts.

peanut butter *n.* a smooth paste made from finely ground roasted peanuts, used as a spread, etc. Also, **peanut paste, peanut spread.**

pear /pɛə/ *n.* **1.** the edible fruit, typically rounded but elongated and growing smaller towards the stem, of a tree, *Pyrus communis,* familiar in cultivation. **2.** the tree itself.

pearl /pɜːl/ *n.* **1.** a hard, smooth, usually white, shiny, round mass found in oysters and other molluscs, grown as a protective coating around a piece of grit, etc., inside the shell. **2.** an artificial substance that looks like a pearl. **3.** nacre, or mother-of-pearl. **4.** something precious or special; the finest example of anything. **5.** a very pale colour grey, almost white. *–v.i.* **6.** to look for pearls. *–adj.* **7.** of the colour or lustre of pearl; nacreous. **8.** relating to, or made with pearls or mother-of-pearl.

peasant /'pɛzənt/ *n.* **1.** one of a class of persons, of inferior social rank, living in the country and engaged usually in agricultural labour. **2.** a rustic or country person. **3.** *Colloquial* an unsophisticated person; one unable to appreciate that which is cultured and tasteful; a boor. *–adj.* **4.** of or characteristic of peasants, their crafts, traditions, etc. **–peasantry** *n.*

peat /piːt/ *n.* **1.** a highly organic soil (more than fifty per cent combustible) of partially decomposed vegetable matter, in marshy or damp regions, drained and cultivated, cut out and dried for use as fuel. **2.** such vegetable matter as a substance or fuel. **–peaty** *adj.*

pebble /'pɛbəl/ *n.,* v. **-bled, -bling.** *–n.* **1.** a small, rounded stone, especially one worn by the action of water. **2.** pebbled leather, or its granulated surface. **3.** a transparent, colourless rock crystal used for the lenses of spectacles. *–v.t.* **4.** to prepare (leather, etc.) so as to have a granulated surface. **5.** to pelt with or as with pebbles. **–pebbly** *adj.*

pecan /'piːkæn, pɪ'kæn/ *n.* **1.** a hickory tree, *Carya illinoinensis,* indigenous to the lower Mississippi valley, southern US, and grown for its oval, smooth-shelled nut with a sweet, oily, edible kernel. **2.** the nut of this tree.

peccadillo /pɛkə'dɪloʊ/ *n.* **-loes** *or* **-los.** a petty sin or offence; a trifling fault.

peck¹ /pɛk/ *n.* **1.** a dry measure in the imperial system, equal to 8 quarts or $9.092\,18 \times 10^{-3}\,m^3$; the fourth part of a bushel. **2.** a container for measuring this quantity. **3.** a considerable quantity: *a peck of trouble.*

peck² /pɛk/ *v.t.* **1.** to strike or indent with the beak, as a bird does, or with some pointed instrument, especially with quick, repeated movements. **2.** to make (a hole, etc.) by such strokes. **3.** to take (food, etc.) bit by bit, with or as with the beak. **4.** to kiss in a hasty dabbing manner. *–v.i.* **5.** to make strokes with the beak or a pointed instrument. **6.** to pick or nibble at food. *–n.* **7.** a pecking stroke. **8.** a hole or mark made by or as by pecking. **9.** a hasty kiss. *–phr.* **10. peck at,** to carp at or nag.

pecking order *n.* **1.** the natural hierarchy observable in a flock of poultry or in any gregarious species of birds. **2.** any order of precedence. Also, **peck order.**

peckish /'pɛkɪʃ/ *adj. Colloquial* mildly hungry; desiring a snack or light repast.

pectin /'pɛktən/ *n.* any of the acidic polysaccharides which occur in ripe fruits, especially in apples, currants, etc., and which dissolve in boiling water, forming a jelly upon subsequent evaporation. **–pectic** *adj.*

pectoral /'pɛktərəl/ *adj.* **1.** having to do with the breast or chest; thoracic. **2.** worn on the breast or chest: *the pectoral cross of a bishop.* **3.** proceeding from the heart or inner consciousness. *–n.* **4.** something worn on the breast for ornament, protection, etc., as a breastplate. **5.** a pectoral fin.

peculate /'pɛkjəlɛɪt/ *v.* **-lated, -lating.** *Law* *–v.t.* **1.** to embezzle (public money); appropriate dishonestly (money or goods entrusted to one's care). *–v.i.* **2.** to engage in embezzling. **–peculation** /pɛkjə'leɪʃən/ *n.* **–peculator** *n.*

peculiar /pə'kjuːliə, -ljə/ *adj.* **1.** strange, odd, or queer: *a peculiar old man.* **2.** uncommon; unusual: *a peculiar hobby.* **3.** distinguished in nature or character from others. **4.** belonging exclusively to a person or thing. *–phr.* **5. peculiar to,** belonging characteristically to: *an expression peculiar to Australians.* **–peculiarity** *n.* **–peculiarly** *adv.*

pecuniary /pə'kjuːniəri, -nɛri/ *adj.* **1.** consisting of or given or exacted in money: *pecuniary penalties.* **2.** having to do with money: *pecuniary affairs.* **3.** (of an offence, etc.) entailing a money penalty. **–pecuniarily** *adv.*

-ped a word element meaning 'foot', serving to form adjectives and nouns, as *aliped, biped, quadruped.* Compare **-pod.**

pedagogue /'pɛdəgɒg/ *n.* **1.** a teacher of children; a schoolteacher. **2.** someone who is pedantic, dogmatic, and formal.

pedal /'pɛdl/ *n.,* v. **-alled** *or Chiefly US* **-aled, -alling** *or Chiefly US* **-aling.** *–n.* **1.** a lever worked by the foot, in various musical instruments, as the organ, piano, and harp, and having various functions. **2.** a keyboard attached to the organ, harpsichord, etc., operated by the feet. **3.** a lever-like part worked by the foot, in various mechanisms, such as the sewing machine, bicycle, car, etc.; a treadle. *–v.t.* **4.** to work or use the pedals of, as in playing an organ or propelling a bicycle. *–v.i.* **5.** to operate the pedals. *–adj.* **6.** having to do with a pedal or pedals. **7.** consisting of pedals: *a pedal keyboard.* *–phr.* **8. put the pedal to the metal,** *Orig US Colloquial* to accelerate in a motor vehicle.

pedant /'pɛdənt/ *n.* someone who makes an excessive or tedious show of learning or learned precision; someone who possesses mere book-learning without practical wisdom.

peddle

–pedantry *n.* **–pedantic** /pə'dæntɪk/, **pedantical** /pə'dæntɪkəl/ *adj.* **–pedantically** /pə'dæntɪkli/ *adv.*

peddle /'pɛdl/ *v.* **-dled, -dling.** *–v.t.* **1.** to carry about for sale at retail; hawk. **2.** to deal out in small quantities. *–v.i.* **3.** to travel about retailing small wares. **4.** to occupy oneself with trifles; trifle.

peddler /'pɛdlə/ *n.* **1.** one who trades in drugs or others illicit or socially undesirable goods. **2.** → **pedlar** (def. 1).

-pede a word element meaning 'foot', as in *centipede*.

pederasty = paederasty /'pɛdəræsti/ *n.* homosexual relations, especially those between a male adult and a boy. **–pederast** *n.* **–pederastic** /pɛdə'ræstɪk/ *adj.* **–pederastically** /pɛdə'ræstɪkli/ *adv.*

pedestal /'pɛdəstl/ *n.* **1.** an architectural support for a column, statue, vase, or the like. **2.** a supporting structure or piece; a base. **3.** one of two supports of a knee-hole desk, consisting of a boxlike frame containing drawers. *–phr.* **4. set on a pedestal**, to idealise: *he set her on a pedestal until he discovered her true nature.*

pedestrian /pə'dɛstrɪən/ *n.* **1.** someone who goes or travels on foot; a walker. *–adj.* **2.** going or performed on foot; walking. **3.** relating to walking. **4.** commonplace; prosaic; dull.

pedicel /'pɛdəsɛl/ *n.* **1.** *Botany* a small stalk. **2.** *Zoology, Anatomy* a small stalk or stalk-like part; a peduncle.

pedicure /'pɛdəkjuə/ *n.* **1.** professional care or treatment of the feet. **2.** someone who makes a business of caring for the feet; a chiropodist.

pedigree /'pɛdəgri/ *n.* **1.** an ancestral line, or line of descent, especially as recorded; lineage. **2.** a genealogical table: *a family pedigree.* **3.** derivation, as from a source: *the pedigree of a word.*

pediment /'pɛdəmənt/ *n. Architecture* **1.** a low triangular gable crowned with a projecting cornice, in the Greek, Roman, or Renaissance style, especially over a portico or porch or at the ends of a gable-roofed building. **2.** any member of similar outline and position, as over an opening. **–pedimental** /pɛdə'mɛntl/ *adj.*

pedlar /'pɛdlə/ *n.* **1.** (formerly) one who travelled from place to place selling clothing and other domestic articles. **2.** → **peddler** (def. 1). Also, **pedler**; *US*, **peddler**.

peduncle /pə'dʌŋkəl/ *n.* **1.** *Botany* **a.** a flower stalk, supporting either a cluster or a solitary flower. **b.** the stalk bearing the fructification in fungi, etc. **2.** *Zoology* a stalk or stem; a stalklike part or structure. **3.** *Anatomy* a stalklike part composed of white matter connecting various regions of the brain. **–peduncled, peduncular** /pə'dʌŋkjələ/, **pedunculate** /pə'dʌŋkjələt, -leɪt/ *adj.*

pee /pi/ *v.* **peed, peeing.** *n. Colloquial –v.i.* **1.** to urinate. *–n.* **2.** an act of urination.

peek /pik/ *v.i.* **1.** to peep; peer. *–n.* **2.** a peeking look; a peep.

peel /pil/ *v.t.* **1.** to strip the skin, rind, bark, etc., from. **2.** to strip off (skin, etc.) *–v.i.* **3.** (of skin, etc.) to come off. *–n.* **4.** the skin or rind of a fruit, etc. *–phr.* **5. keep one's eyes peeled**, *Colloquial* to keep a close watch.

peen /pin/ *n.* **1.** the sharp, spherical, or otherwise modified end of the head of a hammer, opposite to the face. *–v.t.* **2.** to treat by striking regularly all over with the peen of a hammer.

peep¹ /pip/ *v.i.* **1.** to look through a small opening, or from a hiding place. **2.** to look slyly, pryingly, or furtively. **3.** to come partially into view; begin to appear: *the sun is peeping over the horizon.* *–n.* **4.** a peeping look or glance.

pellucid

peep² /pip/ *n.* **1.** a peeping cry or sound. *–v.i.* **2.** to utter the shrill little cry of a young bird, a mouse, etc.; cheep; squeak. **3.** to speak in a thin, weak voice.

peer¹ /pɪə/ *n.* **1.** a person of the same civil rank or standing; an equal before the law. **2.** someone who ranks with another in respect to endowments or other qualifications; an equal in any respect. **3.** a nobleman.

peer² /pɪə/ *v.i.* **1.** to look narrowly, as in the effort to discern closely. **2.** to peep out or appear slightly.

peerage /'pɪərɪdʒ/ *n.* **1.** the rank or dignity of a peer. **2.** the body of peers of a country or state. **3.** a book giving a list of peers, with their genealogy, etc.

peer group *n.* **1.** a group of people of about the same age. **2.** a group of people of the same social background, occupation, or class.

peevish /'pivɪʃ/ *adj.* cross, querulous, or fretful, as from vexation or discontent. **–peevishly** *adv.* **–peevishness** *n.*

peg /pɛg/ *n., v.* **pegged, pegging.** *–n.* **1.** a pin of wood or other material driven or fitted into something, as to fasten parts together, to hang things on, to make fast a rope or string on, to stop a hole, or to mark some point. **2.** *Colloquial* a leg, sometimes one of wood. **3.** an occasion; reason: *a peg to hang a grievance on.* **4.** a pin of wood or metal to which one end of a string of a musical instrument is fastened, and which may be turned in its socket to adjust the string's tension. **5.** a clothes peg. *–v.t.* **6.** to drive or insert a peg into. **7.** to fasten with or as with pegs. **8.** to maintain (prices, wages, etc.) at a set level by laws or by manipulation. **9.** to strike or pierce with or as with a peg. *–phr.* **10. off the peg**, (of a garment) available for immediate use; ready-made. **11. peg away**, (sometimes fol. by *at*) to work persistently, or keep on energetically. **12. peg out, a.** to die. **b.** to fix on a line, rail, etc., by means of pegs: *to peg out the washing.* **c.** to mark out, as a block of land, gold claim, etc. **13. square peg in a round hole**, *Colloquial* a misfit. **14. take down a peg**, to humble.

peignoir /'peɪnwa/ *n.* **1.** a dressing-gown. **2.** a negligee.

pejorative /pə'dʒɒrətɪv/ *adj.* **1.** deprecatory. **2.** having a disparaging force, as certain derivative word forms. *–n.* **3.** a pejorative form or word, as *poetaster*. **–pejoratively** *adv.*

pelican /'pɛlɪkən/ *n.* any of various large, web-footed birds of the family Pelecanidæ, having a large fish-catching bill with distensible pouch beneath, into which the young stick their heads when feeding.

pellagra /pə'leɪgrə, pə'lægrə/ *n. Pathology* a chronic, non-contagious disease caused by nicotinic acid deficiency, characterised by skin changes, nervous dysfunction, and diarrhoea. **–pellagrous** *adj.*

pellet /'pɛlət/ *n.* **1.** a small rounded piece, especially of food or medicine. **2.** one of the small non-explosive bullets fired from a shotgun.

pellicle /'pɛlɪkəl/ *n.* a thin skin or membrane; a film; a scum. **–pellicular** /pə'lɪkjələ/ *adj.*

pell-mell /pɛl-'mɛl/ *adv.* **1.** in an indiscriminate medley; in a confused mass or crowd. **2.** in disorderly, headlong haste. *–adj.* **3.** indiscriminate; disorderly; tumultuous. *–n.* **4.** an indiscriminate medley. **5.** violent and confused disorder. Also, **pellmell.**

pellucid /pə'lusɪd/ *adj.* **1.** allowing the passage of light; translucent. **2.** clear or limpid, as water. **3.** clear in meaning. **–pellucidity** /pɛlə'sɪdəti/, **pel-**

pelmet /ˈpɛlmət/ *n.* a short ornamental drapery or board, placed across the top of a window in order to hide the curtain rail.

pelt¹ /pɛlt/ *v.t.* **1.** to assail with repeated blows or with missiles; beat or rush against. **2.** to throw (missiles). **3.** to drive, put, etc., by blows or missiles. –*v.i.* **4.** to strike blows; beat with force or violence. **5.** (of rain) to fall very heavily. **6.** to hurry. –*n.* **7.** the act of pelting. **8.** a vigorous stroke. **9.** a blow with something thrown. –*phr.* **10. full pelt**, with the utmost energy or speed. **–pelter** *n.*

pelt² /pɛlt/ *n.* the skin of an animal with or without the hair.

pelvis /ˈpɛlvəs/ *n.* **-vises** or **-ves** /-viz/. *Anatomy* **1.** the basin-like cavity in the lower part of the trunk of many vertebrates, formed in humans by the innominate bones, sacrum, etc. **2.** the bones forming this cavity. **3.** the cavity of the kidney which receives the urine before it is passed into the ureter.

pen¹ /pɛn/ *n., v.* **penned, penning.** –*n.* **1.** any instrument for writing with ink, e.g. a biro, nib, fountain pen or quill. **2.** the pen as a symbol of writing or authorship: *the pen is mightier than the sword.* –*v.t.* **3.** to write with a pen.

pen² /pɛn/ *n., v.* **penned, penning.** –*n.* **1.** an enclosure for domestic animals or livestock. **2.** animals so enclosed. **3.** any place of confinement or safe-keeping. –*v.t.* **4.** to confine in or as in a pen.

pen³ /pɛn/ *n. Colloquial* prison.

penal /ˈpinəl/ *adj.* having to do with punishment, as for offences or crimes.

penal colony *n.* (formerly) a colony founded to receive convicts and established in part through convict labour.

penalise = penalize /ˈpinəlaɪz/ *v.t.* **-lised, -lising. 1.** to subject to a penalty, as a person. **2.** to declare penal, or punishable by law, as an action. **3.** to lay under a disadvantage. **–penalisation** /pinəlaɪˈzeɪʃən/ *n.*

penalty /ˈpɛnəlti/ *n.* **-ties. 1.** a punishment for breaking a law or rule. **2.** a loss or forfeiture which someone incurs by not fulfilling an obligation. **3.** the consequence of a wrongful or foolish action. **4.** *Sport* **a.** a free shot, kick, etc., allowed to one team or player, because the other has broken a rule. **b.** *Golf* a stroke added to a player's score after a ball lands out of bounds, in water, etc.

penalty rate *n.* (in Australia) a rate of pay determined by an award, higher than the usual rate, in compensation for working outside the normal spread of hours.

penance /ˈpɛnəns/ *n.* **1.** punishment undergone in token of penitence for sin. **2.** a penitential discipline imposed by church authority. **3.** *Roman Catholic Church* a sacrament ministered in consideration of a confession of sin with contrition and the purpose of amendment, followed by the forgiveness of sin.

pence /pɛns/ *n.* plural of **penny**, used especially when value is indicated: *he gave me twenty-one pence change out of a pound, all in pennies.*

penchant /ˈpɛnʃənt/ *n.* a strong inclination; a taste or liking for something.

pencil /ˈpɛnsəl/ *n., v.* **-cilled** or *Chiefly US* **-ciled, -cilling** or *Chiefly US* **-ciling.** –*n.* **1.** a thin, pointed tube of wood, etc., with a core of graphite, chalk, etc., used for drawing or writing. **2.** a slender, pointed piece of some marking substance. –*v.t.* **3.** to use a pencil on.

pendant /ˈpɛndənt/ *n.* **1.** a hanging ornament, such as on a necklace or earring. **2.** a chandelier. –*adj.* **3.** hanging. **4.** overhanging. Also, **pendent**.

pendent /ˈpɛndənt/ *adj.* Also, **pendant. 1.** hanging or suspended. **2.** overhanging; jutting or leaning over. **3.** impending. **4.** pending or undecided. –*n.* **5.** → **pendant. –pendency** *n.* **–pendently** *adv.*

pending /ˈpɛndɪŋ/ *prep.* **1.** while awaiting; until: *pending his return.* **2.** in the period before the decision or conclusion of; during: *pending the negotiations.* –*adj.* **3.** remaining undecided; awaiting decision. **4.** hanging; impending.

pendulous /ˈpɛndʒələs/ *adj.* **1.** hanging. **2.** swinging freely. **3.** vacillating. **–pendulously** *adv.* **–pendulousness** *n.*

pendulum /ˈpɛndʒələm/ *n.* **1.** a body so suspended from a fixed point as to move to and fro by the action of gravity and acquired kinetic energy. **2.** a swinging device used for controlling the movement of clockwork.

pene- a prefix meaning almost, as *peneplain, peninsula.* Also (*before a vowel*), **pen-**.

penetrate /ˈpɛnətreɪt/ *v.* **-trated, -trating.** –*v.t.* **1.** to go into or through with a sharp instrument. **2.** to enter the interior of. **3.** to enter and spread through; permeate. **4.** to affect deeply. **5.** to understand. –*v.i.* **6.** to enter, reach, or pass through, as if by piercing. **–penetrable** /ˈpɛnətrəbəl/ *adj.* **–penetrative** /ˈpɛnətrətɪv/ *adj.*

penfriend /ˈpɛnfrɛnd/ *n.* a person, especially one in another country, with whom a correspondence is maintained through regular exchange of letters. Also, **pen-friend, pen friend, penpal**.

penguin /ˈpɛŋgwən, ˈpɛŋgwɪn/ *n.* **1.** any of various flightless aquatic birds of the family Spheniscidae of the Southern Hemisphere, with webbed feet, and wings reduced to flippers, as the little penguin and the Adélie penguin. **2.** *Aeronautics* an aeroplane which merely rolls along the ground, enabling a beginner to learn certain manipulations safely.

penicillin /pɛnəˈsɪlən/ *n.* **1.** a powerful anti-bacterial substance produced by moulds of the genus *Penicillium.* **2.** any of a group of anti-bacterial substances made synthetically from penicillin.

peninsula /pəˈnɪnʃələ/ *n.* a piece of land almost surrounded by water, especially one connected with the mainland by only a narrow neck or isthmus. **–peninsular** *adj.* **–peninsularity** /pənɪnʃəˈlærəti/ *n.*

penis /ˈpinəs/ *n.* **-nises** /-nəsəz/ or **-nes** /-niz/. the male organ of copulation and urination.

penitent /ˈpɛnətənt/ *adj.* **1.** repentant; contrite; sorry for sin or fault and disposed to atonement and amendment. –*n.* **2.** a penitent person. **3.** *Roman Catholic Church* someone who confesses their sin and submits to a penance. **–penitence** *n.* **–penitently** *adv.*

penitentiary /pɛnəˈtɛnʃəri/ *n.* **-ries,** *adj.* –*n.* **1.** a place for imprisonment and punishment taking the form of correction and training designed to change behaviour. –*adj.* **2.** of or relating to punishment as a sign of being sorry for wrongdoing; penitential.

penknife /ˈpɛnnaɪf/ *n.* **-knives** /-naɪvz/. a small pocket-knife.

pen-name /ˈpɛn-neɪm/ *n.* a name assumed to write under; an author's pseudonym; nom de plume.

pennant /ˈpɛnənt/ *n.* **1.** Also, **pendant, pennon.** a long triangular flag, widest next to the mast, and going almost to a point, borne on naval or other vessels or used in signalling, etc. **2.** any flag serving as an emblem, as of success in an athletic contest.

penniless /ˈpɛnələs/ *adj.* without a penny; destitute of money.

penny /ˈpɛni/ *n.* **pennies,** (*especially collectively*) **pence.** –*n.* **1.** (formerly) a bronze or copper coin equal to one twelfth of a shilling or $1/240$ of a pound. *Abbrev.*: d **2.** (formerly) a similar coin of

Britain. **3.** a similar coin of certain other countries. **4.** a bronze coin of the United Kingdom equal to a 100th part of a pound; new penny. *Abbrev.:* p **5.** a bronze coin of Canada, the 100th part of a dollar. **6.** a bronze coin of the US, the 100th part of a dollar; cent. **7.** an unspecified, usually minimal sum of money: *I haven't got a penny.* –*adj.* **8.** of the price or value of a penny. –*phr.* **9. a bad penny**, a bad or undesirable person or thing. **10. a pretty penny**, a considerable amount of money. **11. spend a penny**, to go to the toilet. **12. the penny drops**, the explanation or remark is understood. **13. turn an honest penny**, to earn an honest living; earn money honestly.

penny-farthing /ˈpɛni-ˈfaðɪŋ/ *n.* a high bicycle of an early type with one large wheel in front and one small wheel behind.

penpal /ˈpɛnpæl/ *n.* → **penfriend**. Also, **pen-pal**, **pen pal**.

pension¹ /ˈpɛnʃən/ *n.* **1.** a fixed periodical payment made in consideration of past services, injury or loss sustained, merit, poverty, etc. **2.** an allowance or annuity. –*v.t.* **3.** to grant a pension to. –*phr.* **4. pension off**, to cause to retire on a pension. –**pensionable** *adj.*

pension² /pɒ̃ˈsjɔ̃, ˈpɛnsiɒn/ *n.* in Europe **1.** a boarding house, small hotel, or school. **2.** room and board.

pensive /ˈpɛnsɪv/ *adj.* **1.** deeply, seriously, or sadly thoughtful. **2.** expressing thoughtfulness or sadness. –**pensively** *adv.* –**pensiveness** *n.*

pent /pɛnt/ *adj.* **1.** shut in. **2.** confined.

pent- a word element meaning 'five'. Also (*before consonants*), **penta-**.

pentagon /ˈpɛntəgɒn, -gən/ *n.* a closed plane figure having five angles and five sides. –**pentagonal** *adj.*

pentagram /ˈpɛntəgræm/ *n.* **1.** a five-pointed, star-shaped figure made by extending the sides of a regular pentagon until they meet (a symbolical figure used by the Pythagoreans and later philosophers). **2.** a magical or talismanic symbol. **3.** a suit in the tarot pack, in later card packs stylised to diamonds. Also, **pentacle**, **pentangle**.

pentameter /pɛnˈtæmətə/ *n. Prosody* a line of poetry consisting of five feet.

pentathlon /pɛnˈtæθlən/ *n.* an athletic contest comprising five different exercises or events, and won by the contestant having the highest total score. –**pentathlete** *n.*

penthouse /ˈpɛnthaʊs/ *n.* **-houses** /-haʊzəz/. **1.** a separate flat on a roof. **2.** a structure on a roof, for housing lift machinery, etc. **3.** any roof-like shelter or overhanging part.

penultimate /pəˈnʌltəmət/ *adj.* next to the last.

penumbra /pəˈnʌmbrə/ *n.* **-brae** /-bri/ *or* **-bras**. **1.** *Optics* the partial or imperfect shadow outside the complete shadow (umbra) of an opaque body, as a planet, where the light from the source of illumination is only partly cut off. **2.** *Astronomy* the greyish marginal portion of a sunspot. –**penumbral** *adj.*

penury /ˈpɛnjəri/ *n.* **1.** extreme poverty; destitution. **2.** dearth or insufficiency. –**penurious** /pəˈnjʊəriəs/ *adj.*

penwiper plant /ˈpɛnwaɪpə plænt/ *n.* a small, fleshy, cruciferous herb, *Notothlaspi rosulatum*, endemic in New Zealand, found on screes at high altitudes.

peony /ˈpiəni/ *n.* **-nies**. any plant of the genus *Paeonia*, which comprises perennial herbs and a few shrubs with large showy flowers, familiar in gardens.

people /ˈpipəl/ *n.* **-ple** *or* **-ples** *for def. 1; v.* **pled**, **-pling**. –*pl. n.* **1. a.** the whole body of persons constituting a community, tribe, race, or nation. **b. peoples**, two or more such bodies: *the peoples of Africa*. **2.** the persons of any particular group, company, or number: *the people of a parish*. **3.** persons in relation to a ruler, leader, etc.: *the king and his people*. **4.** one's family or relatives: *to visit one's people*. **5.** the members of any group or number to which one belongs. **6.** the body of enfranchised citizens of a state: *representatives chosen by the people*. **7.** the commonalty or populace: *a priest of the people*. **8.** persons indefinitely, whether men or women: *people may say what they please*. **9.** human beings as distinguished from animals. –*v.t.* **10.** to furnish with people; populate. **11.** to stock with animals, inanimate objects, etc. –*phr.* **12. go to the people**, to hold an election. –**peopler** *n.*

pep /pɛp/ *Colloquial* –*n.* **1.** spirit or animation; vigour; energy. –*phr.* **2. pep up**, to give spirit or vigour to.

pepper /ˈpɛpə/ *n.* **1.** a pungent condiment obtained from various plants of the genus *Piper*, especially from the dried berries, either whole or ground, of *P. nigrum*, a tropical climbing shrub. **2.** any plant of the genus *Piper*, such as the rainforest vine, *P. novaehollandiae*, which has small berries resembling those of *P. nigrum*. **3.** cayenne (**red pepper**), prepared from species of *Capsicum*. **4.** any species of *Capsicum*, or its fruit (green or red, hot or sweet), as the capsicum or common pepper of the garden. **5.** (*plural*) fast skipping. –*v.t.* **6.** to season with or as with pepper. **7.** to sprinkle as with pepper; dot; stud. **8.** to sprinkle like pepper. **9.** to pelt with shot or missiles

peppercorn /ˈpɛpəkɔn/ *n.* **1.** the berry of the pepper plant, *Piper nigrum*, often dried and used in pickling. **2.** anything very small, insignificant, or trifling.

peppermint /ˈpɛpəmɪnt/ *n.* **1.** a herb, *Mentha piperita*, cultivated for its aromatic pungent oil. **2.** any of a group of species of *Eucalyptus* with pungent oils and characteristic bark. **3.** a lozenge or confection flavoured with peppermint.

peppertree /ˈpɛpəˌtri/ *n.* **1.** any of several evergreen trees, members of the genus *Schinus*, mostly native of South America and cultivated in subtropical regions as ornamentals because of their evergreen foliage and bright red fruits. **2.** an aromatic shrub or tree of New Zealand *Macropiper excelsum*; kawakawa. **3.** any of certain erect aromatic shrubs of the endemic New Zealand genus *Pseudowintera*; horopito.

pep talk *n.* a vigorous talk to a person or group calculated to arouse support for a cause, increase determination to succeed, etc.

peptic /ˈpɛptɪk/ *adj.* **1.** relating to or concerned in digestion; digestive. **2.** promoting digestion. **3.** of pepsin. **4.** associated with the action of digestive substances: *peptic ulcer*. –*n.* **5.** a substance promoting digestion.

peptic ulcer *n. Pathology* an ulcer of the mucous membrane of the stomach or duodenum, caused by the digestive action of gastric juices.

per /pɜ/ *weak form* /pə/ *prep.* through; by; for each: *per annum* (by the year), *per diem* (by the day), *per yard* (for each yard), etc.

per- **1.** a prefix meaning 'through', 'thoroughly', 'utterly', 'very', as in *pervert*, *pervade*, *perfect*. **2.** *Chemistry* a prefix applied: **a.** to inorganic acids to indicate they possess excess of the designated element, as *perboric* (HBO_3 or $H_2B_4O_8$), *percarbonic* ($H_2C_2O_5$), *permanganic* ($HMnO_4$), and *persulfuric* ($H_2S_2O_5$) *acids*. **b.** to salts of these acids (the name ending in *-ate*), as *potassium perborate* ($K_2B_2O_8$), *potassium permanganate* ($KMnO_4$), and *potassium persulfate* ($K_2S_2O_5$).

perambulate /pəˈræmbjəleɪt/ *v.* **-lated**, **-lating**.

perambulator

—v.t. **1.** to walk through, about, or over; travel through; traverse. **2.** to traverse and examine or inspect. —v.i. **3.** to walk or travel about; stroll. —**perambulation** /pəræmbjə'leɪʃən/ n. —**perambulatory** /pə'ræmbjələɪtəri/ adj.

perambulator /pə'ræmbjəleɪtə/ n. → **pram**.

per annum /pər 'ænəm/ adv. by the year; yearly.

per capita /pə 'kæpətə/ adv. by the individual person, used as a proportional statistic.

perceive /pə'siv/ v.t. **-ceived, -ceiving. 1.** to gain knowledge of through one of the senses; discover by seeing, hearing, etc. **2.** to apprehend with the mind; understand. —**perceiver** n. —**perceivable** adj.

per cent adv. **1.** by the hundred; for or in every hundred (used in expressing proportions, rates of interest, etc.): *to get 3 per cent interest*. —n. **2.** a proportion; a percentage. **3.** a stock which bears a specified rate of interest. *Symbol:* % Also, **percent**.

percentage /pə'sɛntɪdʒ/ n. **1.** a rate or proportion per hundred. **2.** an allowance, duty, commission, or rate of interest on a hundred. **3.** a proportion in general. **4.** *Colloquial* gain; advantage.

percentile /pə'sɛntaɪl/ n. *Statistics* one of the values of a variable which divides the distribution of the variable into 100 groups having equal frequencies. Thus, there are 100 percentiles: *the first, second, etc., percentile*.

perceptible /pə'sɛptəbəl/ adj. capable of being perceived; cognisable; appreciable: *quite a perceptible time*. —**perceptibility** /pəsɛptə'bɪləti/, **perceptibleness** n. —**perceptibly** adv.

perception /pə'sɛpʃən/ n. **1.** the action or faculty of perceiving; cognition; a taking cognisance, as of a sensible object. **2.** an immediate or intuitive recognition, as of a moral or aesthetic quality. **3.** the result or product of perceiving, as distinguished from the act of perceiving; a percept. **4.** *Psychology* a single unified meaning obtained from sensory processes while a stimulus is present. —**perceptional** adj. —**perceptive** adj.

perch[1] /pɜtʃ/ n. **1.** a pole or rod usually fixed between two supports to serve as a roost for birds. **2.** any thing or place serving for a bird, or for anything else, to alight or rest upon. **3.** a position or station high above the ground. **4.** a measurement in the imperial system of length equal to 5.0292 m. —v.i. **5.** (of a bird) to land or rest upon a perch. **6.** to settle or rest in some high position, as if on a perch. —v.t. **7.** to set or place (something) on, or as if on, a perch: *I perched the vase on the highest shelf*.

perch[2] /pɜtʃ/ n. **perches,** (*especially collectively*) **perch. 1.** any of a number of species of Australian food and sport fishes, mainly freshwater but some marine, belonging to several different families, as the **golden perch**, *Plectroplites ambiguus* (Serranidae) and the **spangled perch**, *Madigania unicolor* (Theraponidae). **2.** a spiny freshwater fish of the genus *Perca* as the European *P. fluviatilis*, or the closely related *P. flavescens* of the US. **3.** any of various other similar fishes either freshwater or marine.

perchance /pə'tʃæns, -'tʃans/ adv. *Archaic* **1.** maybe; possibly. **2.** by chance.

percipient /pə'sɪpiənt/ adj. **1.** perceiving. **2.** having perception. —n. **3.** someone who perceives something. —**percipience, percipiency** n.

percolate /'pɜkəleɪt/ v. **-lated, -lating.** —v.t. **1.** to cause (a liquid) to pass through something porous (with tiny openings); filter. **2.** (of a liquid) to filter through; permeate. **3.** to make (coffee) in a percolator. —v.i. **4.** to pass through a porous substance; filter; ooze. **5.** to become known gradually: *the news percolated through to our office*. —**percolation** /pɜkə'leɪʃən/ n.

perfume

percolator /'pɜkəleɪtə/ n. a kind of coffeepot in which boiling water is forced up a hollow stem, filters through ground coffee, and returns to the pot below.

percussion /pə'kʌʃən/ n. **1.** the striking of one body against another with some force; impact. **2.** the striking of musical instruments to produce notes. **3.** a sharp light blow, especially one for setting off a cap formerly used to discharge firearms. **4.** *Music* the group of instruments in an orchestra which are played by striking. —**percussionist** n. —**percussive** adj.

perdition /pɜ'dɪʃən/ n. **1.** a condition of final spiritual ruin or damnation. **2.** the future state of the wicked. **3.** hell. **4.** utter destruction or ruin.

peregrine falcon /pɛrəgrən 'fælkən/ n. a falcon, *Falco peregrinus*, much used in falconry.

peremptory /pə'rɛmptri, -təri/ adj. **1.** leaving no opportunity for denial or refusal; imperative: *a peremptory command*. **2.** imperious or dictatorial. **3.** *Law* that precludes or does not admit of debate, question, etc.: *a peremptory edict*. —**peremptorily** adv. —**peremptoriness** n.

perennial /pə'rɛniəl/ adj. **1.** lasting for a long time; enduring. **2.** *Botany* having a life cycle lasting more than two years. **3.** (of a stream, etc.) lasting or continuing throughout the year. **4.** everlasting; continuing; recurrent; perpetual. —n. **5.** a perennial plant. **6.** something continuing or recurrent. —**perennially** adv.

perfect /'pɜfəkt/ adj., n.; /pɜ'fɛkt/ v. —adj. **1.** having all the necessary parts, characteristics, etc.; complete. **2.** without blemish or defect; faultless: *perfect skin; perfect beauty*. **3.** completely suited for a particular purpose or occasion. **4.** completely matching a type; exact: *a perfect circle*. **5.** correct in every detail: *a perfect copy*. **6.** pure or unmixed: *perfect yellow*. **7.** complete; unqualified; absolute: *a perfect mastery; a perfect stranger*. **8.** *Music* relating to the consonances produced by unison, octave, fifth and fourth intervals. —n. **9.** *Grammar* → **perfect tense**. —v.t. **10.** to bring to completion; complete, or finish. **11.** to make perfect or faultless; bring to perfection. **12.** to bring nearer to perfection; improve. —**perfecter** n. —**perfection** n.

perfectionist /pə'fɛkʃənəst/ n. **1.** someone who adheres to some doctrine concerning perfection. **2.** someone who demands nothing less than perfection in any sphere of activity, behaviour, etc. —adj. **3.** of, relating to, or characterised by perfection or perfectionism.

perfect tense n. *Grammar* the tense marking an action or state which is completed.

perfidy /'pɜfədi/ n. **-dies.** a deliberate breach of faith or trust; faithlessness; treachery. —**perfidious** /pɜ'fɪdiəs/ adj.

perforate /'pɜfəreɪt/ v. **-rated, rating.** —v.t. **1.** to make a hole or holes through by boring, punching, or other process. **2.** to pierce through or to the interior of; penetrate. —v.i. **3.** to make its way through or into something; penetrate. —**perforative** /'pɜfərətɪv/ adj. —**perforator** n.

perforce /pə'fɔs/ adv. of necessity.

perform /pə'fɔm/ v.t. **1.** to carry out; execute; do: *to perform miracles*. **2.** to go through in proper form: *to perform a ceremony*. **3.** to fulfil: *he performed his duty*. **4.** to act (a play, a part, etc.), as on the stage. **5.** to play or sing (music), especially before an audience. —v.i. **6.** to fulfil a command, promise, or undertaking. **7.** to carry out or do something. **8.** to act in a play. **9.** to perform music. **10.** to display anger. —**performable** adj. —**performance** n. —**performer** n.

perfume /'pɜfjum/ n., /pə'fjum/ v. **-fumed, -fuming.** —n. **1.** a substance, extract, or preparation for diffusing or imparting a fragrant or agree-

perfunctory

able smell. **2.** the scent, odour, or volatile particles emitted by substances that have an agreeable smell. –*v.t.* **3.** (of substances, flowers, etc.) to impart fragrance to. **4.** to impregnate with a sweet odour; scent.

perfunctory /pə'fʌŋktəri/ *adj.* performed merely as an uninteresting or routine duty; mechanical; indifferent, careless, or superficial: *perfunctory courtesy.* –**perfunctorily** *adv.* –**perfunctoriness** *n.*

pergola /pə'goulə, 'pɜgələ/ *n.* **1.** an arbour formed of horizontal trelliswork supported on columns or posts, over which vines or other plants are trained. **2.** an architectural construction resembling such an arbour.

perhaps /pə'hæps, præps/ *adv.* maybe; possibly.

peri- a prefix meaning 'around', 'about', 'beyond', or having an intensive force, occurring in words from the Greek, and used also as a modern formative, especially in scientific terms.

perigee /'pɛrədʒi/ *n.* **1.** *Astronomy* the point in an orbit round the earth that is nearest to the earth (opposed to *apogee*). **2.** *Astronautics* the point at which a satellite orbit is the least distance from the centre of the gravitational field of the controlling body or bodies. –**perigeal** /pɛrə'dʒiəl/, **perigean** /pɛrə'dʒiən/ *adj.*

peril /'pɛrəl/ *n.* exposure to injury, loss, or destruction; risk; jeopardy; danger.

perimeter /pə'rɪmətə/ *n.* **1.** the circumference, border, or outer boundary of a two-dimensional figure. **2.** the length of such a boundary. **3.** *Ophthalmology* an instrument for determining the extent and defects of the visual field. **4.** *Colloquial* any boundary. –**perimetric** /pɛri'mɛtrɪk/, **perimetrical** /pɛri'mɛtrɪkəl/ *adj.* –**perimetrically** /pɛri'mɛtrɪkli/ *adv.* –**perimetry** *n.*

period /'pɪəriəd/ *n.* **1.** a part of time, history, life, etc., characterised by certain events or conditions. **2.** any stated division or part of time. **3.** *Education* a particular length of time in a school timetable set aside for a single subject. **4.** *Geology* the main division of a geological era, represented in the earth's crust by systems of rocks laid down during it. It is divided into epochs. **5.** *Physics* the time of one complete cycle of a motion. **6.** *Astronomy* the time in which a planet or satellite revolves about its controlling body. **7.** *Chemistry* the group of elements forming a horizontal row in the periodic table. **8.** the point of completion or end of a round of time or course of action. **9.** menstruation. **10.** → **full stop. 11.** a complete sentence, especially one worked out with great care. –*adj.* **12.** relating to, marking, characteristic of, copying, or representing (the fashions of) a particular period of history: *period costumes.*

periodic /pɪəri'ɒdɪk/ *adj.* **1.** marked by periods or rounds that come back again and again. **2.** happening or appearing at regular intervals. **3.** ceasing and then beginning again, etc. **4.** *Physics* recurring after equal intervals of time. **5.** of or relating to a period, especially of the revolution of a heavenly body. –**periodically** *adv.* –**periodicity** /pɪəriə'dɪsəti/ *n.*

periodical /pɪəri'ɒdɪkəl/ *n.* **1.** a magazine, journal, etc., issued at regularly recurring intervals. –*adj.* **2.** issued at regularly recurring intervals. **3.** → **periodic.**

periodic table *n. Chemistry* a table in which the chemical elements are arranged in rows and columns so that elements with similar chemical properties lie in the same column.

peripatetic /ˌpɛripə'tɛtɪk/ *adj.* **1.** walking or travelling about; itinerant. –*n.* **2.** someone who walks or travels about.

peripheral /pə'rɪfərəl/ *adj.* **1.** relating to, situated in, or constituting the periphery. **2.** of minor importance; not essential; superficial. –*n.* **3.** Also, **peripheral device.** a device attached to a computer which transfers information into or out of the computer. –**peripherally** *adv.*

periphery /pə'rɪfəri/ *n.* **-ries. 1.** the external boundary of any surface or area. **2.** the external surface, or outside, of a body.

periphrastic /pɛri'fræstɪk/ *adj.* **1.** circumlocutory; roundabout. **2.** *Grammar* **a.** denoting a construction of two or more words with a class meaning which in other languages or in other forms of the same language is expressed by inflectional modification of a single word. For example: *the son of Mr Smith* is periphrastic; *Mr Smith's son* is inflectional. **b.** denoting a class meaning expressed by a construction of two or more words. –**periphrastically** *adv.*

periscope /'pɛrəskoup/ *n.* an optical instrument consisting essentially of a tube with an arrangement of prisms or mirrors by which a view at the surface of water, the top of a parapet, etc., may be seen from below or behind.

perish /'pɛrɪʃ/ *v.i.* **1.** to suffer death, or lose life, through violence, privation, etc.: *to perish in battle.* **2.** to pass away; decay and disappear. **3.** to rot: *rubber perishes.* **4.** to suffer destruction: *whole cities perish in an earthquake.* **5.** to suffer spiritual death. –*v.t.* **6.** *Australian Colloquial* to kill: *it would perish the crows.* –*n.* **7.** *Australian Colloquial* a time of suffering as from unemployment, cold, or especially thirst. –*phr.* **8. do a perish,** *Australian Colloquial* **a.** to die, especially of thirst. **b.** (*sometimes humorous*) to suffer from deprivation, cold, etc.: *hurry up with the door, we're doing a perish out here.*

perishable /'pɛrɪʃəbəl/ *adj.* **1.** liable to perish; subject to decay or destruction. –*n.* **2.** (*usually plural*) a perishable thing, as food. –**perishableness, perishability** /ˌpɛrɪʃə'bɪləti/ *n.*

peristaltic /pɛrə'stæltɪk/ *adj. Physiology* having to do with the alternate waves of constriction and dilation of a tubular muscle system or cylindrical structure, as the wavelike circular contractions of the alimentary canal.

peritoneum /pɛrətə'niəm/ *n.* **-nea** /-'niə/. *Anatomy* the serous membrane lining the abdominal cavity and investing its viscera. Also, **peritonaeum.** –**peritoneal** *adj.*

peritonitis /pɛrətə'naɪtəs/ *n. Pathology* inflammation of the peritoneum.

periwinkle[1] /'pɛriwɪŋkəl/ *n.* **1.** any of various marine gastropods or sea snails, especially *Littorina littorea,* used for food. **2.** the shell of any of various other small univalves.

periwinkle[2] /'pɛriwɪŋkəl/ *n.* any plant of the genus *Vinca,* or the related genus *Catharanthus,* as the **blue periwinkle,** *V. major,* or the **pink periwinkle,** *C. roseus.*

perjure /'pɜdʒə/ *v.t.* **-jured, -juring.** to render (oneself) guilty of swearing falsely, or of wilfully making a false statement under oath or solemn affirmation. –**perjurer** *n.* –**perjured** *adj.* –**perjury** *n.*

perk[1] /pɜk/ *v.i.* **1.** to carry oneself, lift the head, or act in a jaunty manner. –*phr.* **2. perk oneself up,** to brighten up; become more cheerful. **3. perk up, a.** to become lively or vigorous, as after depression or sickness. **b.** to raise smartly or briskly. –**perky** *adj.*

perk[2] /pɜk/ *v.i., v.t. Colloquial* → **percolate.**

perk[3] /pɜk/ *n.* any fringe benefit, bonus, or other income, in cash or in kind, that an employee receives in addition to his or her normal salary. Also, **perquisite.**

perm /pɜm/ *n.* **1.** → **permanent wave.** –*v.t.* **2.** to give (the hair) a permanent wave.

permafrost /ˈpɜːməfrɒst/ n. ground that is permanently frozen, as in arctic regions.

permanent /ˈpɜːmənənt/ adj. lasting or intended to last indefinitely; remaining unchanged; not temporary; enduring; abiding. **–permanently** adv.

permanent wave n. a wave set into the hair by a special technique and remaining for a number of months.

permeable /ˈpɜːmiəbəl/ adj. capable of being permeated. **–permeability** /ˌpɜːmiəˈbɪləti/ n.

permeate /ˈpɜːmieɪt/ v. **-ated**, **-ating**. –v.t. **1.** to pass through the substance or mass of. **2.** to penetrate through the pores, interstices, etc., of. **3.** to be diffused through; pervade; saturate. –v.i. **4.** to penetrate; become diffused. **–permeation** /ˌpɜːmiˈeɪʃən/ n. **–permeative** adj.

permission /pəˈmɪʃən/ n. **1.** the act of permitting; formal or express allowance or consent. **2.** liberty or licence granted to do something. **–permissible** adj.

permissive /pəˈmɪsɪv/ adj. **1.** granting permission. **2.** permitted or allowed; optional. **3.** tolerant. **4.** sexually and morally tolerant: *we are living in a permissive society.* **–permissively** adv. **–permissiveness** n.

permit /ˈpɜːmɪt/ v. **-mitted**, **-mitting**, /ˈpɜːmɪt/. –v.t. **1.** to allow (a person, etc.) to do something: *permit me to explain.* **2.** to let (something) be done or occur: *the law permits the sale of such drugs.* **3.** to tolerate; agree to. **4.** to afford opportunity for, or admit of: *vents permitting the escape of gases.* –v.i. **5.** to grant permission; allow liberty to do something. **6.** to afford opportunity or possibility: *write when time permits.* –n. **7.** a written order granting leave to do something. **8.** an authoritative or official certificate of permission; a licence. **9.** permission. *–phr.* **10. permit of**, to allow or admit: *she would permit of no delay.* **–permitter** n.

permutation /ˌpɜːmjəˈteɪʃən/ n. **1.** *Mathematics* **a.** the act of changing the order of elements arranged in a particular order (as, *abc* into *acb*, *bac*, etc.), or of arranging a number of elements in groups made up of equal numbers of the elements in different orders (as, *a* and *b* in *ab* and *ba*). **b.** any of the resulting arrangements or groups. **2.** the act of permuting; alteration.

pernicious /pəˈnɪʃəs/ adj. **1.** ruinous; highly hurtful: *pernicious teachings.* **2.** deadly; fatal. **3.** evil or wicked. **–perniciously** adv. **–perniciousness** n.

pernickety /pəˈnɪkəti/ adj. *Colloquial* **1.** fastidious; fussy. **2.** requiring painstaking care.

peroxide /pəˈrɒksaɪd/ n., adj., v. **-ided**, **-iding**. –n. **1.** *Chemistry* **a.** an oxide derived from hydrogen peroxide which contains the -O-O- group; generally that oxide of an element or radical which contains an unusually large amount of oxygen. **b.** hydrogen peroxide, H_2O_2. –adj. **2.** (of a person) having hair bleached with peroxide (def. 1b). –v.t. **3.** to use peroxide (def. 1b) on (the hair) as a bleach.

perpendicular /ˌpɜːpənˈdɪkjələ/ adj. **1.** upright; vertical. **2.** *Geometry* meeting a given line or surface at right angles. **3.** (*cap.*) *Architecture* marking or relating to a style of architecture, the last stage of English Gothic, marked by the vertical lines of its tracery. –n. **4.** a line or plane at right angles to another line. **5.** an instrument for showing the upright line from any point. **6.** an upright position. **–perpendicularity** /ˌpɜːpəndɪkjəˈlærəti/ n. **–perpendicularly** adv.

perpetrate /ˈpɜːpətreɪt/ v.t. **-trated**, **-trating**. to perform, execute, or commit (a crime, deception, etc.). **–perpetration** /ˌpɜːpəˈtreɪʃən/ n. **–perpetrator** n.

perpetual /pəˈpɛtʃuəl/ adj. **1.** continuing or enduring forever or indefinitely: *perpetual snows.* **2.** continuing or continued without intermission or interruption: *a perpetual stream of visitors.* **3.** *Horticulture* blooming more or less continuously throughout the season or the year. –n. **4.** a hybrid rose that is perpetual. **–perpetuality** /pəpɛtʃuˈæləti/ n. **–perpetually** adv.

perpetuate /pəˈpɛtʃueɪt/ v.t. **-ated**, **-ating**. to make perpetual; preserve from oblivion. **–perpetuation** /pəˌpɛtʃuˈeɪʃən/, **perpetuance** n. **–perpetuator** n. **–perpetuity** n.

perplex /pəˈplɛks/ v.t. **1.** to cause to be puzzled over what is not understood or certain; bewilder; confuse mentally. **2.** to make complicated or confused, as a matter, question, etc. **3.** to hamper with complications, confusion, or uncertainty. **–perplexity** n. **–perplexed** adj. **–perplexing** adj. **–perplexingly** adv.

perquisite /ˈpɜːkwəzət/ n. **1.** an incidental emolument, fee, or profit over and above fixed income, salary, or wages. **2.** Also, **perk. a.** anything customarily supposed to be allowed or left to an employee or servant as an incidental advantage of the position held. **b.** → **perk**³. **3.** something regarded as due by right.

per se /pɜ ˈseɪ/ adv. by or in itself; intrinsically.

persecute /ˈpɜːsəkjut/ v.t. **-cuted**, **-cuting**. **1.** to pursue with harassing or oppressive treatment; harass persistently. **2.** to oppress with injury or punishment for adherence to principles or religious faith. **3.** to annoy by persistent attentions, importunities, or the like. **–persecution** /pɜːsəˈkjuʃən/ n. **–persecutive**, **persecutory** /pɜːsəˈkjutəri/ adj. **–persecutor** n.

persevere /pɜːsəˈvɪə/ v.i. **-vered**, **-vering**. to persist in anything undertaken; maintain a purpose in spite of difficulty or obstacles; continue steadfastly. **–perseverance** n.

persimmon /pəˈsɪmən, pəˈsɪmən/ n. **1.** any of various trees of the genus *Diospyros*, especially *D. virginiana* of North America, with astringent plumlike fruit becoming sweet and edible when thoroughly ripe, and *D. kaki* of Japan and China, with soft, rich red or orange fruits. **2.** the fruit.

persist /pəˈsɪst/ v.i. **1.** to continue steadily or firmly in some state, purpose, course of action, or the like, especially in spite of opposition, remonstrance, etc. **2.** to last or endure. **3.** to be insistent in a statement or question. **–persistent** adj.

person /ˈpɜːsən/ n. **1.** a human being, whether man, woman, or child: *the only person in sight.* **2.** a human being as distinguished from an animal or a thing. **3.** the actual self or individual personality of a human being: *to assume a duty in one's own person.* **4.** the living body of a human being, often including the clothes worn. **5.** the body in its external aspect. **6.** a character, part, or role, in a play, story, or in real life, etc. **7.** an individual of distinction or importance. **8.** *Colloquial* one not entitled to social recognition or respect: *that person!* **9.** *Law* any human being or artificial body of people, having rights and duties before the law. **10.** *Grammar* **a.** (in some languages) a category of verb inflection and of pronoun classification, distinguishing between the speaker (**first person**), the one addressed (**second person**), and anyone or anything else (**third person**), as *I* and *we* (first person), *you* (second person), and *he*, *she*, *it* and *they* (third person). **b.** any of these three (or more) divisions. **11.** *Theology* any of the three hypostases or modes of being in the Trinity (Father, Son, and Holy Ghost). –*phr.* **12. in person**, with one's own bodily presence: *to apply in person.*

-person a noun suffix used to avoid the specification or implication of sex, as in *chairman, sales-*

persona /pɜ'soʊnə/ n. -nae /-niː/. **1.** a person. **2.** (in the psychology of CG Jung) the outer or public personality, which is presented to the world and does not represent the inner personality of the individual.

personable /'pɜːsənəbəl/ adj. of pleasing personal appearance and manner; comely; presentable.

personage /'pɜːsənɪdʒ/ n. **1.** a person of distinction or importance. **2.** any person. **3.** a character in a play, story, etc.

personal /'pɜːsənəl/ adj. **1.** of or relating to a particular person; individual; private: *a personal matter*. **2.** relating to, directed to, or aimed at a particular person: *a personal favour*. **3.** referring or directed to a particular person in a disparaging or offensive sense or manner: *personal remarks*. **4.** done, affected, held, etc., in person: *a personal conference*; *personal service*. **5.** of the nature of an individual rational being: *a personal God*. **6.** relating to the person, body, or bodily aspect: *personal cleanliness*. **7.** *Grammar* **a.** denoting grammatical person. For example, in Latin *portō* 'I carry', *portās* 'you carry', *portat* 'he, she, or it carries', *-ō*, *-ās* and *-at* are personal endings. **b.** denoting a class of pronouns classified as referring to the speaker, the one addressed, and anyone or anything else. **8.** *Law* denoting or relating to estate or property consisting of moveable chattels, money, securities, and choses in action (distinguished from *real*). –*n.* **9.** *US* **a.** a short news paragraph in a newspaper, concerning a particular person or particular persons. **b.** a short notice in a newspaper, often addressed to a particular individual. –*phr.* **10. be personal**, to make disparaging remarks about a person rather than directing oneself to an argument. **11. get personal**, to touch on intimate or private matters. **–personally** *adv.*

personal best n. **1.** *Sport* (in timed or measured events) an athlete's best performance. **2.** one's greatest achievement in any field of activity. Also, **PB**.

personal computer n. a microcomputer designed for individual use, as in the office, at home, etc., for such applications as word processing, accounting, etc. Also, **PC**.

personal identification number n. → **PIN number**.

personalise = **personalize** /'pɜːsənəlaɪz/ v.t. **-lised**, **-lising**. **1.** to make personal. **2.** to mark in some way so as to identify as the property of a particular person. **3.** to adapt to the needs of a particular person. **4.** to direct to a particular individual: *she did not personalise her attack*.

personality /pɜːsə'næləti/ n. **-ties**. **1.** a clearly marked or notable personal character: *a man with personality*. **2.** a person as a being formed of a grouping together of qualities. **3.** *Psychology* (an organised pattern of) all the mental, emotional, social, etc., characteristics of a particular person. **4.** the quality of being a person; existence as a self-conscious being; personal identity. **5.** a well-known or outstanding person; celebrity.

personal pronoun n. *Grammar* any of the pronouns which indicate grammatical person (*I*, *we*, *thou*, *you*, *he*, *she*, *it*, *they*).

personification /pəsɒnəfə'keɪʃən/ n. **1.** the attribution of personal nature or character to inanimate objects or abstract notions, especially as a rhetorical figure. **2.** the representation of a thing or abstraction in the form of a person, as in art. **3.** the person or thing embodying a quality or the like; an embodiment. **4.** an imaginary person or creature conceived or figured to represent a thing or abstraction. **5.** the act of personifying.

personify /pə'sɒnəfaɪ/ v.t. **-fied**, **-fying**. **1.** to attribute personal nature or character to (an inanimate object or an abstraction), as in speech or writing. **2.** to represent (a thing or abstraction) in the form of a person, as in art. **3.** to embody (a quality, idea, etc.) in a real person or a concrete thing. **4.** to be an embodiment of; typify. **–personifier** n.

personnel /pɜːsə'nɛl/ n. **1.** the body of persons employed in any work, undertaking, or service (in military use, distinguished from *matériel*). –*adj.* **2.** of or relating to personnel.

perspective /pə'spɛktɪv/ n. **1.** the art of depicting on a flat surface, various objects, architecture, landscape, etc., in such a way as to express dimensions and spatial relations. **2.** the relation of parts to one another and to the whole, in a mental view or prospect. **3.** a visible scene, especially one extending to a distance; a vista. **4.** the appearance of objects with reference to relative position, distance, etc. **5.** a mental view or prospect. –*adj.* **6.** of or relating to the art of perspective, or represented according to its laws. –*phr.* **7. in perspective**, **a.** according to the laws of perspective. **b.** in true proportion. **–perspectively** *adv.*

perspex /'pɜːspɛks/ n. an optically clear thermoplastic resin, polymethyl methacrylate, used as a substitute for glass in certain applications.

perspicacious /pɜːspə'keɪʃəs/ adj. having keen mental perception; discerning. **–perspicacity**, **perspicuity** n. **–perspicaciously** *adv.*

perspicuous /pə'spɪkjuəs/ adj. **1.** clear to the understanding. **2.** clear in expression or statement; lucid. **3.** = **perspicacious**. **–perspicuously** *adv.* **–perspicuousness** n.

perspire /pə'spaɪə/ v. *Physiology* **-spired**, **-spiring**. –*v.i.* **1.** to excrete watery fluid through the pores; sweat. –*v.t.* **2.** to emit through pores; exude. **–perspiration** n. **–perspiratory** /pə'spaɪrətri/ adj.

persuade /pə'sweɪd/ v.t. **-suaded**, **-suading**. **1.** to prevail on (a person, etc.), by advice, urging, reasons, inducements, etc., to do something: *we could not persuade him to wait*. **2.** to induce to believe; convince. **–persuadable** adj. **–persuader** n. **–persuasion** n.

pert /pɜːt/ adj. **1.** bold; forward; impertinent; impudent; saucy. **2.** lively; sprightly; in good health. **–pertly** *adv.* **–pertness** n.

pertain /pə'teɪn/ v.i. **1.** to have reference or relation; relate: *documents pertaining to the case*. **2.** to belong or be connected as a part, adjunct, possession, attribute, etc. **3.** to belong properly or fittingly; be appropriate.

pertinacious /pɜːtə'neɪʃəs/ adj. **1.** holding tenaciously to a purpose, course of action, or opinion. **2.** extremely persistent: *pertinacious efforts*. **–pertinaciousness**, **pertinacity** /pɜːtə'næsəti/ n. **–pertinaciously** *adv.*

pertinent /'pɜːtənənt/ adj. relating to the matter in hand; relevant; apposite: *pertinent details*. **–pertinence**, **pertinency** n. **–pertinently** *adv.*

perturb /pə'tɜːb/ v.t. **1.** to disturb or disquiet greatly in mind; agitate. **2.** to disturb greatly; throw into disorder; derange. **–perturbation** /pɜːtə'beɪʃən/ n. **–perturbable** adj.

peruse /pə'ruːz/ v.t. **-rused**, **-rusing**. **1.** to read through, as with thoroughness or care. **2.** to read. **–perusable** adj. **–peruser** n.

perv /pɜːv/ *Colloquial* –*n.* **1.** a sexual pervert. **2.** an attractive person; one who is worth perving at. –*adj.* **3.** pornographic: *perv photos*; *a perv magazine* –*v.i.* **4.** (sometimes fol. by *on* or *at*) to look lustfully. **5.** to loiter in the hope of being able to observe objects of one's lust. –*phr.* **6. have a perv**, to look at something lustfully. Also, **perve**.

pervade /pə'veɪd/ v.t. **-vaded**, **-vading**. **1.** to extend its presence, activities, influence, etc.,

perverse throughout: *spring pervaded the air.* **2.** to go, pass, or spread through. **–pervader** *n.* **–pervasion** *n.* **–pervasive** /pə'veɪsɪv, -zɪv/ *adj.* **–pervasively** *adv.* **–pervasiveness** *n.*

perverse /pə'vɜs/ *adj.* **1.** wilfully determined or disposed to go counter to what is expected or desired; contrary. **2.** characterised by or proceeding from such a determination: *a perverse mood.* **3.** wayward; cantankerous. **4.** persistent or obstinate in what is wrong. **5.** turned away from what is right, good, or proper; wicked. **–perversity, perverseness** *n.* **–perversely** *adv.* **–perversive** *adj.*

perversion /pə'vɜʒən/ *n.* **1.** the act of perverting. **2.** the state of being perverted. **3.** a perverted form of something. **4.** *Psychology* unnatural or abnormal condition of the sexual instincts (**sexual perversion**). **5.** *Pathology* change to what is unnatural or abnormal: *a perversion of function, taste, etc.*

pervert /pə'vɜt/ *v.*, /'pɜvɜt/ *n.* *–v.t.* **1.** to turn or lead away from the right course, either in moral or mental matters, judgments, etc. **2.** to bring over to a religious belief regarded as false or wrong. **3.** to turn to an improper use. **4.** to change or twist out of shape; distort. **5.** to bring to a less excellent state; vitiate or debase. **6.** to affect with a perversion. *–n.* **7.** *Psychology, Pathology* someone affected with perversion. **8.** someone who has been perverted. **–perverter** *n.* **–pervertible** *adj.*

perverted /pə'vɜtəd/ *adj.* **1.** *Pathology* changed to or being of an unnatural or abnormal kind: *a perverted appetite.* **2.** turned from what is right; wicked; misguided; misapplied; distorted. **3.** affected with or due to perversion. **–pervertedly** *adv.*

pervious /'pɜvɪəs/ *adj.* **1.** admitting of passage or entrance; permeable: *pervious soil.* **2.** accessible to reason, feeling, etc. **–perviousness** *n.*

peseta /pə'seɪtə, -'seɪ-/ *n.* the monetary unit of Spain. *Abbrev.:* pta

peso /'peɪsoʊ/ *n.* **1.** the basic monetary unit of Mexico, Cuba, and the Philippines. **2.** any of various monetary units or coins of Spanish America. *Abbrev.:* p

pessary /'pɛsəri/ *n.* **-ries.** *Medicine* **1.** an instrument worn in the vagina to remedy uterine displacement. **2.** a vaginal suppository.

pessimism /'pɛsəmɪzəm, 'pɛz-/ *n.* **1.** disposition to take the gloomiest possible view. **2.** the doctrine that the existing world is the worst of all possible worlds, or that all things naturally tend to evil. **3.** the belief that the evil and pain in the world are not compensated for by the good and happiness.

pest /pɛst/ *n.* **1.** a noxious, destructive, or troublesome thing or person; nuisance. **2.** a deadly epidemic disease; a pestilence. **3.** a disease produced by the plague bacillus. **4.** an organism harmful to agriculture.

pester /'pɛstə/ *v.t.* to harass with petty annoyances, vexing importunities, or the like; torment.

pesticide /'pɛstəsaɪd/ *n.* a chemical substance for destroying pests, such as mosquitoes, flies, etc.

pestilence /'pɛstələns/ *n.* **1.** a deadly epidemic disease. **2.** something that produces or tends to produce epidemic disease. **3.** → **bubonic plague**. **–pestilential** /pɛstə'lɛnʃəl/ *adj.*

pestilent /'pɛstələnt/ *adj.* **1.** (of a disease) infectious. **2.** destructive to life; deadly; poisonous. **3.** hurtful to peace, morals, etc. **4.** troublesome or annoying. **5.** dangerous or harmful. **–pestilential** *adj.* **–pestilently** *adv.*

pestle /'pɛsəl/ *n.*, *v.* **-tled, -tling.** *–n.* **1.** an instrument for breaking up and grinding substances in a mortar. **2.** any of various appliances for pounding, stamping, etc. *–v.t.* **3.** to pound or triturate with or as with a pestle. *–v.i.* **4.** to work with a pestle.

pet¹ /pɛt/ *n.*, *adj.*, *v.* **petted, petting.** *–n.* **1.** any animal living with humans that is cared for with warmth and liking. **2.** a person treated as especially dear; a favourite. **3.** a thing treated as particularly dear. *–adj.* **4.** treated as a pet, as an animal. **5.** treated as especially dear, and favoured as a child or other person. **6.** favourite: *a pet theory.* **7.** most important; principal: *pet aversion.* **8.** showing affection: *a pet name.* *–v.t.* **9.** to treat as a pet; fondle; indulge. **10.** to pat or stroke fondly, or kiss, hold or touch someone.

pet² /pɛt/ *n.*, *v.* **petted, petting.** *–n.* **1.** a fit of peevishness: *to be in a pet.* *–v.i.* **2.** to be peevish; sulk.

PET /pi i 'ti, pɛt/ **1.** positron emission tomography. **2.** polyethylene terephthalate. See **PET bottle**.

petal /'pɛtl/ *n.* one of the members of a corolla, usually leaf-like and sometimes brightly coloured. **–petalled** *adj.* **–petaliferous** /pɛtə'lɪfərəs/ *adj.* **–petaline, petaloid, petalous** *adj.*

PET bottle /pi i 'ti bɒtl, pɛt/ *n.* a soft-drink bottle made of plastic which can be recycled for other uses.

peter /'pitə/ *phr.* **peter out**, to diminish gradually and then disappear or cease.

pethidine /'pɛθədin, -dən/ *n.* an analgesic similar to morphine, administered especially in childbirth.

petiole /'pɛtioʊl/ *n.* **1.** *Botany* the stalk by which a leaf is attached to the stem; a leafstalk. **2.** *Zoology* a stalk or peduncle, as that connecting the abdomen and thorax in wasps, etc. **–petiolar, petiolate** *adj.*

petite /pə'tit/ *adj.* (of women) little; of small size; tiny.

petition /pə'tɪʃən/ *n.* **1.** a formally drawn-up request addressed to a person or a body of people in power, desiring some favour, right, mercy, or other benefit. **2.** a request made for something desired, especially a respectful or humble request, usually to someone or those in power: *a petition for aid.* **3.** something that is sought by request, etc. **4.** *Law* an application for an order of a court or for some action relating to the law. **5.** a prayer, usually to God; supplication. *–v.t.* **6.** to beg, usually for something desired; supplicate; entreat. **7.** to address a formal petition to (a ruler, a law-making body, etc.). **8.** to ask by petition for (something) (fol. by *that*). *–v.i.* **9.** to present a petition. **10.** to address a formal petition. **–petitioner** *n.* **–petitionary** /pə'tɪʃənəri/ *adj.*

petrel /'pɛtrəl/ *n.* any of numerous seabirds of the family Procellariidae, as the mutton-bird.

petrify /'pɛtrəfaɪ/ *v.* **-fied, -fying.** *–v.t.* **1.** to convert into stone or a stony substance. **2.** to make rigid, stiffen, or benumb; deaden; make inert. **3.** to stupefy or paralyse with astonishment, horror, fear, or other strong emotion. *–v.i.* **4.** to become petrified. **–petrifaction** /pɛtrə'fækʃən/ *n.*

petro- a word element meaning 'stone' or 'rock'.

petrol /'pɛtrəl/ *n.* a mixture of volatile liquid hydrocarbons, as hexane, heptane, and octane, used as a solvent and extensively as a fuel in internal-combustion engines; gasoline.

petroleum /pə'troʊliəm/ *n.* **1.** an oily, usually dark-coloured liquid (a form of bitumen or mixture of various hydrocarbons), occurring naturally in various parts of the world, and commonly obtained by boring. It is used (in its natural state or after certain treatment) as a fuel, or separated by distillation into petrol, naphtha, benzine, lubricating oil, paraffin oil, paraffin wax, etc. **2.** → **petrol**.

petroleum jelly *n.* a soft or semi-solid unctuous substance obtained from petroleum, used as a

petticoat /ˈpɛtikoʊt/ *n.* **1.** a skirt, especially an underskirt, worn by women and girls; a slip. **2.** *Colloquial* a woman or girl. *–adj.* **3.** female or feminine.

pettifog /ˈpɛtifɒg/ *v.i.* **-fogged, -fogging. 1.** to quibble over petty details. **2.** to practise chicanery of any sort. **–pettifogger** *n.* **–pettifoggery** *n.*

petty /ˈpɛti/ *adj.* **-tier, -tiest. 1.** of small importance; trifling; trivial: *petty grievances*. **2.** of lesser or secondary importance, merit, etc. **3.** having or showing narrow ideas, interests, etc.: *petty minds*. **4.** mean or ungenerous in small or trifling things: *a petty revenge*. **–pettily** *adv.* **–pettiness** *n.*

petty cash *n.* a small cash fund set aside to meet incidental expenses, as for office supplies.

petulant /ˈpɛtjələnt/ *adj.* moved to or showing sudden, impatient irritation, especially over some trifling annoyance: *a petulant toss of the head*. **–petulance** *n.*

petunia /pəˈtjunjə/ *n.* **1.** any of the herbs constituting the genus *Petunia*, native to tropical America but cultivated elsewhere, bearing funnel-shaped flowers of various colours. **2.** a deep reddish purple.

pew /pju/ *n.* **1.** (in a church) one of an assemblage of fixed benchlike seats (with backs), accessible by aisles, for the use of the congregation. **2.** an enclosed seat in a church, or an enclosure with seats, appropriated to the use of a family or other worshippers. **3.** *Colloquial* any chair; any place to sit down: *take a pew*.

pewter /ˈpjutə/ *n.* **1.** any of various alloys in which tin is the chief constituent, originally one of tin and lead. **2.** a vessel or utensil made of such an alloy. **3.** such utensils collectively. *–adj.* **4.** consisting or made of pewter: *a pewter mug*.

pH /pi ˈeɪtʃ/ *n. Chemistry* a measure of acidity or alkalinity, as of soil, water, etc., on a scale, running from 1 (extreme acidity) to 14 (extreme alkalinity), numerically equal to the negative logarithm of the concentration of the hydrogen ion in gram atoms per litre.

-phage a word element meaning 'eating', 'devouring', used in biology to refer to phagocytes, as in *bacteriophage*.

phago- a word element corresponding to **-phage**.

-phagous a word element used as an adjective termination meaning 'eating', 'feeding on', 'devouring', as in *creophagous, hylophagous, rhizophagous*.

-phagy a word element used as a noun termination meaning 'eating', 'devouring', especially as a practice or habit, as in *coprophagy, anthropophagy*.

phalanger /fəˈlændʒə/ *n.* any of numerous arboreal marsupials constituting the family Phalangeridae, of the Australian region, especially those of the genus *Phalanger* (or *Cuscus*), as *P. maculatus* (**spotted cuscus**). The group also includes the brush-tailed possums of the genus *Trichosurus*.

phalanx /ˈfælæŋks/ *n.* **phalanxes** /ˈfælæŋksəz/ *or* **phalanges** /fəˈlændʒiz/. **1.** (in ancient Greece) a body of heavily armed foot soldiers in close formation with shields joined and long spears overlapping. **2.** a closely grouped body of people, animals, or things. **3.** a number of people, etc., united for a common purpose.

phallus /ˈfæləs/ *n.* **phalluses** *or* **phalli** /ˈfælaɪ/. **1.** an image of the erect male reproductive organ, symbolising in certain religious systems the generative power in nature. **2.** *Anatomy* the penis, clitoris, or the sexually undifferentiated embryonic organ out of which each develops. **–phallic** *adj.* **–phallicism** /ˈfæləsɪzəm/ *n.*

-phane a word element indicating apparent similarity to some particular substance.

phantasmagoria /fænˌtæzməˈgɒriə/ *n.* **1.** a shifting series of phantasms, illusions, or deceptive appearances, as in a dream or as created by the imagination. **2.** a changing scene made up of many elements. **3.** an exhibition of optical illusions produced by a magic lantern or the like, as one in which figures increase or diminish in size, dissolve, pass into each other, etc. **–phantasmagorial, phantasmagoric** /fæntæzməˈgɒrɪk/, **phantasmagorical** /fæntæzməˈgɒrɪkəl/ *adj.*

phantom /ˈfæntəm/ *n.* **1.** an image appearing in a dream or formed in the mind. **2.** an apparition or spectre. **3.** a thing or person that is little more than an appearance or show. **4.** an appearance without material substance. *–adj.* **5.** of the nature of a phantom; unreal; illusive; spectral.

-phany a noun termination meaning 'appearance','manifestation', as of deity or a supernatural being, as in *angelophany, Christophany, epiphany, satanophany*.

Pharaoh /ˈfɛəroʊ/ *n.* any of the ancient Egyptian kings. **–Pharaonic** /fɛəˈrɒnɪk/ *adj.*

pharmaceutical /faməˈsjutɪkəl/ *adj.* relating to pharmacy. Also, **pharmaceutic**. **–pharmaceutically** *adv.*

pharmaceutics /faməˈsjutɪks/ *n.* → **pharmacy** (def. 1).

pharmacology /faməˈkɒlədʒi/ *n.* the science of drugs, their preparation, uses, and effects. **–pharmacological** /faməkəˈlɒdʒɪkəl/ *adj.* **–pharmacologist** *n.*

pharmacy /ˈfaməsi/ *n.* **-cies. 1.** the art or practice of preparing and dispensing drugs and medicines. **2.** the occupation of a chemist or pharmacist. **3.** a dispensary; chemist's shop. **–pharmacist** *n.*

pharyngitis /færənˈdʒaɪtəs/ *n. Pathology* inflammation of the mucous membrane of the pharynx.

pharyngo- a word element meaning 'pharynx'.

pharynx /ˈfærɪŋks/ *n.* **pharynges** /fəˈrɪndʒiz/ *or* **pharynxes**. *Anatomy* the tube or cavity, with its surrounding membrane and muscles, which connects the mouth with the oesophagus. **–pharyngeal** /færənˈdʒiəl, fəˈrɪndʒiəl/ *adj.*

phase /feɪz/ *n., v.* **phased, phasing.** *–n.* **1.** any of the appearances or aspects in which a thing of varying modes or conditions manifests itself to the eye or mind. **2.** a stage of change or development. **3.** *Astronomy* **a.** the particular appearance presented by a planet, etc., at a given time. **b.** one of the recurring appearances or states of the moon or a planet in respect to the form, or the absence, of its illuminated disc: *the phases of the moon*. **4.** *Biology* an aspect of or stage in meiosis or mitosis. **5.** *Zoology* any of the stages of development of certain animals which take on a different colour according to the breeding condition. **6.** *Chemistry, Physics* a mechanically separate, homogeneous part of a heterogeneous system: *the solid, liquid, and gaseous phases of a substance*. **7.** *Physics, Electronics* a particular stage or point of advancement in a cycle; the fractional part of the period through which the time has advanced, measured from some arbitrary origin. *–v.t.* **8.** to plan or order (services, materials, etc.) to be available when required. **9.** to introduce (into a system or the like) in stages. **10.** to adjust or synchronise (with another element in a system). *–phr.* **11. in phase**, (of two similar waveforms) having reached corresponding points in the wave motion at the same time. **12. out of phase**, (of two similar waveforms) not in phase. **13. phase in**, to introduce gradually into a system, or the like. **14. phase out**, to withdraw gradually from a system.

-phasia a word element referring to disordered speech, as in *aphasia*. Also, **-phasy**.

pheasant /ˈfɛzənt/ *n.* **pheasants**, (*especially collectively*) **pheasant**. any of various large, long-tailed, gallinaceous birds of the genus *Phasianus* and allied genera, originally native to Asia, especially the **ring-necked pheasant**, *P. colchicus*.

phen- a word element used in chemical terms to indicate derivation from benzene, sometimes used with particular reference to phenol. Also (*before consonants*), **pheno-**.

phenomenal /fəˈnɒmənəl/ *adj.* **1.** extraordinary or prodigious: *phenomenal speed*. **2.** having to do with a phenomenon or phenomena. **3.** of the nature of a phenomenon; cognisable by the senses. **–phenomenally** *adv.*

phenomenon /fəˈnɒmənən/ *n.* **-na** /-nə/. **1.** a fact, occurrence, or circumstance observed or observable: *a natural phenomenon*. **2.** something that impresses the observer as extraordinary; a remarkable thing or person. **3.** a particular happening or effect.

phew /fju/ *interj.* (an exclamation of disgust, impatience, exhaustion, surprise, relief, etc.).

phial /ˈfaɪəl/ *n.*, *v.* **-alled**, **-alling**. *–n.* **1.** a small vessel as of glass, for liquids. *–v.t.* **2.** to put into or keep in a phial.

phil- a word element meaning 'loving', as in *philanthropy*. Also, **philo-**.

-phil variant of **-phile**.

philander /fəˈlændə/ *v.i.* (of a man) to make love, especially without serious intentions; carry on a flirtation. **–philanderer** *n.*

philanthropy /fəˈlænθrəpi/ *n.* **-pies**. **1.** love of humankind, especially as manifested in deeds of practical beneficence. **2.** a philanthropic action, work, institution, or the like. **–philanthropist** *n.*

philately /fəˈlætəli/ *n.* the collecting and study of postage stamps, impressed stamps, stamped envelopes, postmarks, postcards, covers and similar material. **–philatelist** *n.* **–philatelic** /fɪləˈtɛlɪk/, **philatelical** /fɪləˈtɛlɪkəl/ *adj.* **–philatelically** /fɪləˈtɛlɪkli/ *adv.*

-phile a word element meaning 'loving', 'friendly', or 'lover', 'friend', serving to form adjectives and nouns, as *Anglophile*, *bibliophile*. Also, **-phil**.

philharmonic /fɪlhaˈmɒnɪk, ˈfɪləmɒnɪk/ *adj.* fond of music; music-loving, used especially in the name of certain musical societies (**Philharmonic Societies**) and hence applied to their concerts (**philharmonic concerts**).

-philia a word element used as a noun termination meaning 'fondness', 'craving' or 'affinity for'.

philistine /ˈfɪləstaɪn/ (*sometimes cap.*) *n.* **1.** someone looked down on as lacking in and indifferent to culture, aesthetic refinement, etc., or contentedly commonplace in ideas and tastes. *–adj.* **2.** lacking in culture; commonplace. **–philistinism** *n.*

philo- variant of **phil-**, before consonants, as in *philosopher*.

philology /fəˈlɒlədʒi/ *n.* **1.** the study of written records, the establishment of their authenticity and their original form, and the determination of their meaning. **2.** linguistics. **–philologist**, **philologer** *n.* **–philologic** /fɪləˈlɒdʒɪk/ *adj.*

philosophical /fɪləˈsɒfɪkəl/ *adj.* **1.** having to do with philosophy: *philosophical studies*. **2.** versed in or occupied with philosophy, as persons. **3.** proper to or befitting a philosopher. **4.** rationally or sensibly calm in trying circumstances: *a philosophical acceptance of necessity*. **–philosophically** *adv.*

philosophy /fəˈlɒsəfi/ *n.* **-phies**. **1.** the study or science of the truths or principles underlying all knowledge and being, including natural, moral and metaphysical philosophy. **2.** any system of philosophical principles: *the philosophy of Spinoza*. **3.** the study or science of the principles of a particular branch or subject of knowledge: *the philosophy of history*. **4.** a system of principles for guidance in practical affairs. **–philosopher** *n.* **–philosophism** *n.*

-philous a word element used as an adjective termination meaning 'loving', as in *anthophilous*, *dendrophilous*, *heliophilous*.

philtre /ˈfɪltə/ *n.*, *v.* **-tred**, **-tring**. *–n.* **1.** a potion, drug, or the like, supposed to induce love. **2.** a magic potion for any purpose. *–v.t.* **3.** to charm with a philtre. Also, *Chiefly US*, **philter**.

phlebo- a word element meaning 'vein', as in *phlebotomy*. Also (*before a vowel*), **phleb-**.

phlegm /flɛm/ *n. Physiology* the thick mucus secreted in the respiratory passages and discharged by coughing, etc., especially that occurring in the lungs and throat passages during a cold, etc. **–phlegmy** *adj.*

phlegmatic /flɛɡˈmætɪk/ *adj.* **1.** not easily excited to action or feeling; sluggish or apathetic. **2.** cool or self-possessed. **3.** of the nature of or abounding in phlegm. Also, **phlegmatical**. **–phlegmatically** *adv.*

phloem /ˈflouəm/ *n. Botany* that part of the cell tissue which carries food within the plant.

-phobe a word element used as a noun termination meaning 'someone who fears or dreads', and often implying aversion or hatred, as in *Anglophobe*, *Russophobe*.

phobia /ˈfoubiə/ *n.* any obsessing or morbid fear or dread. **–phobic** *adj.*

-phobia a word element used as a noun termination meaning 'fear' or 'dread', often morbid, or with implication of aversion or hatred, as in *agoraphobia*, *Anglophobia*, *hydrophobia*, *monophobia*.

phoenix /ˈfinɪks/ *n.* **1.** Also, **Phoenix**. a mythical bird of great beauty, the only one of its kind, fabled to live 500 or 600 years in the Arabian wilderness, to burn itself on a funeral pile, and to rise from its ashes in the freshness of youth and live through another cycle of years (often an emblem of immortality). **2.** a person or thing that is restored after death or destruction. **3.** a person or thing of peerless beauty or excellence; a paragon. Also, *Chiefly US*, **phenix**.

phon- a word element meaning 'voice', 'sound'. Also, **phono-**.

phone¹ /foun/ *n.*, *v.t.*, *v.i.* **phoned**, **phoning**. *Colloquial* → **telephone**.

phone² /foun/ *n.* an individual speech sound. **–phonal** *adj.*

-phone a word element meaning 'sound', especially used in names of instruments, as in *xylophone*, *megaphone*, *telephone*.

phoneme /ˈfounim/ *n. Linguistics* the smallest distinctive group or class of phones in a language. The phonemes of a language contrast with one another; e.g., in English, *pip* differs from *nip*, *pin*, *tip*, *pit*, *bib*, etc., and *rumple* from *rumble*, by contrast of a phoneme (p) with other phonemes. In writing, the same symbol can be used for all the phones belonging to one phoneme without causing confusion between words, for example, the (r) consonant phoneme includes the voiceless fricative *r* phone of *tree*, the voiced *r* phone of *red*, etc. **–phonemic** *adj.*

phonetic /fəˈnɛtɪk/ *adj.* **1.** having to do with speech sounds and their production. **2.** agreeing with or corresponding to pronunciation: *phonetic transcription*. **–phonetically** *adv.*

phonetics /fəˈnɛtɪks/ *n.* **1.** the science of speech sounds and their production. **2.** the phonetic

phoney system, or the body of phonetic facts, of a particular language. –**phonetician** /fouːnəˈtɪʃən/ n.

phoney = phony /ˈfouni/ adj. **-nier, -niest,** n. **-nies** or **-neys.** Colloquial –adj. **1.** not genuine; spurious, counterfeit, or bogus; fraudulent. –n. **2.** a counterfeit or fake. **3.** a faker.

phono- variant of **phon-**, before consonants, as in phonogram.

phonology /fəˈnɒlədʒi/ n. Linguistics **1.** phonetics or phonemics, or both together. **2.** the phonetic and phonemic system, or the body of phonetic and phonemic facts, of a language. –**phonologic** /founəˈlɒdʒɪk/, **phonological** /founəˈlɒdʒɪkəl/ adj. –**phonologically** /founəˈlɒdʒɪkli/ adv.

-phony a word element used in abstract nouns related to **-phone**, as in telephony.

-phore a word element used as a noun termination meaning 'bearer', 'thing or part bearing (something)', as in anthophore, gonophore, ommatophore.

-phorous a word element used as an adjective termination meaning 'bearing', 'having', as in anthrophorous.

phosph- variant of **phospho-**, before vowels, as in phosphate.

phosphate /ˈfɒsfeɪt/ n. **1.** Chemistry (loosely) a salt or ester of phosphoric acid. **2.** Agriculture a fertiliser containing compounds of phosphorus.

phospho- a word element representing **phosphorus**, as in phosphoprotein. Also, **phosph-**.

phosphoresce /fɒsfəˈrɛs/ v.i. **-resced, -rescing.** to be luminous without sensible heat, as phosphorus.

phosphorescence /fɒsfəˈrɛsəns/ n. Physics **1.** the property of being luminous at temperatures below incandescence, as from slow oxidation, in the case of phosphorus, or after exposure to light or other radiation. **2.** any radiation emitted by a substance after the removal of the exciting agent.

phosphorus /ˈfɒsfərəs/ n. **-ri** /-raɪ/. –n. **1.** Chemistry a solid non-metallic element existing in three main allotropic forms; white or yellow (poisonous, flammable, exhibits phosphorescence at room temperature); red (less reactive and less poisonous); black (electrically conducting, insoluble in most solvents); Symbol: P; relative atomic mass: 30.9738; at. no.: 15; density: (white) 1.82, (red) 2.20, (black) 2.25-2.69. The element is used in forming smokescreens; its compounds are used in matches and in phosphate fertilisers. It is a necessary constituent in plant and animal life, in bones, nerves, and embryos. **2.** Rare any phosphorescent substance.

photo /ˈfoutou/ n. **photos.** a photograph.

photo- **1.** a combining form meaning 'light' as in photosynthesis, photoelectron. **2.** a word element meaning 'photograph' or 'photographic' as in photocopy.

photocopy /ˈfoutoʊkɒpi/ n. **-copies,** v. **-copied, -copying.** –n. **1.** a photographic reproduction of written or printed material. –v.t. **2.** to make a photocopy of.

photoelectric cell /ˌfoutouəˌlɛktrɪk ˈsɛl/ n. a device used for the detection of light. Its operation depends on the emission of electrons by various substances after exposure to light or other electromagnetic radiation.

photo finish n. a close race in which the decision is made from a photograph of the contestants as they cross the finishing line.

photogenic /ˌfoutəˈdʒɛnɪk, -ˈdʒinɪk/ adj. **1. a.** (of a person) suitable for being photographed for artistic purposes, etc. **b.** having features that make one attractive in photographs. **2.** Biology producing or emitting light as certain bacteria; luminiferous; phosphorescent. –**photogenically** adv.

photograph /ˈfoutəgræf, -graf/ n. **1.** a picture produced by photography. –v.t. **2.** to take a photograph of. –v.i. **3.** to practise photography. –**photographic** adj.

photography /fəˈtɒgrəfi/ n. the process or art of producing images of objects on sensitised surfaces by the chemical action of light or of other forms of radiant energy, as X-rays, gamma rays, cosmic rays, etc. –**photographer** /fəˈtɒgrəfə/ n.

photon /ˈfoutɒn/ n. Physics a quantum of light energy, the energy being proportional to the frequency of the radiation.

photo realism n. a style of painting which achieves a degree of realistic representation which is suggestive of a photograph. –**photorealist** adj., n.

photostat /ˈfoutəstæt/ n., v. **-statted, -statting,** adj. –n. **1.** a special camera for making facsimile copies of maps, drawings, pages of books or manuscripts, etc., which photographs directly as a positive on sensitised paper. **2.** a copy or photograph made with such a camera. –v.t. **3.** to make a photostatic copy or copies of. –adj. **4.** Also, **photostatic.** having to do with such a camera or copy.

photosynthesis /foutouˈsɪnθəsəs/ n. Biology the synthesis of complex organic materials by plants from carbon dioxide, water, and inorganic salts using sunlight as the source of energy and with the aid of a catalyst such as chlorophyll; commonly used in the more restricted sense of the synthesis of carbohydrates. –**photosynthetic** /ˌfoutousɪnˈθɛtɪk/ adj.

photovoltaic /ˌfoutouvɒlˈteɪɪk/ adj. Electricity providing a source of electric current under the influence of light or similar radiation.

phrase /freɪz/ n., v. **phrased, phrasing.** –n. **1.** Grammar **a.** group of two or more words arranged in a grammatical construction. **b.** such a group without a finite verb and acting as a unit within a clause. **2.** a way of speaking. **3.** an expression, sometimes having special interest or importance. **4.** a short remark. **5.** Music a group of notes forming a recognisable pattern. –v.t. **6.** to express or word in a particular way. –**phrasal** adj.

phraseology /freɪziˈɒlədʒi/ n. manner or style of verbal expression; characteristic language: the phraseology of lawyers. –**phraseological** /freɪziəˈlɒdʒɪkəl/ adj.

phrenetic /frəˈnɛtɪk/ adj. **1.** delirious; insane; frantic; frenzied. **2.** filled with extreme emotion, especially in religious matters. –n. **3.** a phrenetic individual. Also, **frenetic.** –**phrenetically** adv.

phrenology /frəˈnɒlədʒi/ n. the theory that one's mental powers are indicated by the shape of the skull. –**phrenologic** /frɛnəˈlɒdʒɪk/, **phrenological** /frɛnəˈlɒdʒɪkəl/ adj. –**phrenologist** n.

-phyll a word element used as a noun termination meaning 'leaf', as in chlorophyll, cladophyll, lithophyll. Also, **-phyl.**

phyllo- a word element meaning 'leaf'. Also (before vowels), **phyll-.**

-phyllous a word element used as an adjective termination meaning 'having leaves', 'leaved', or implying some connection with a leaf, as in diphyllous, epiphyllous, monophyllous, polyphyllous.

phylo- a word element meaning 'tribe'.

phylogeny /faɪˈlɒdʒəni/ n. **-nies.** Biology the development or evolution of a kind or type of animal or plant; racial history. Compare **ontogeny.** Also, **phylogenesis** /faɪloʊˈdʒɛnəsəs/. –**phylogenetic** /ˌfaɪloʊdʒəˈnɛtɪk/, **phylogenic** /faɪloʊˈdʒɛnɪk/ adj. –**phylogenetically** /ˌfaɪloʊdʒəˈnɛtɪkli/ adv.

phylum /'faɪləm/ *n.* **-la** /-lə/. **1.** *Biology* a primary division of the animal or vegetable kingdom, as the arthropods, the molluscs, the spermatophytes. **2.** (in the classification of languages) a group of linguistic stocks or families having no known congeners outside the group.

-phyre a word element used to form names of porphyritic rocks, as in *granophyre*.

physic /'fɪzɪk/ *n.*, *v.* **-icked**, **-icking**. –*n.* **1.** a medicine that purges; a cathartic. **2.** any medicine; a drug or medicament. –*v.t.* **3.** to treat with physic or medicine. **4.** to treat with or to act upon as a cathartic; purge. **5.** to work upon as a medicine does; relieve or cure.

physical /'fɪzɪkəl, 'fɪzɪkəl/ *adj.* **1.** having to do with the body; bodily: *physical exercise*. **2.** having to do with material nature; material. **3.** having to do with the properties of matter and energy other than those that are chemical or peculiar to living matter; relating to physics. **4.** having to do with the properties of matter and energy other than those peculiar to living matter; relating to physical science. –**physically** *adv.*

physical education *n.* instruction given in exercises, gymnastics, sports, etc., for the development and health of the body. *Abbrev.*: PE Also, **physical training**.

physician /fə'zɪʃən/ *n.* **1.** someone legally qualified to practise medicine. **2.** someone engaged in general medical practice as distinguished from one specialising in surgery. **3.** someone who is skilled in the art of healing.

physics /'fɪzɪks/ *n.* the science dealing with natural laws and processes, and the states and properties of matter and energy, other than those restricted to living matter and to chemical changes. –**physicist** *n.*

physio- a word element representing 'physical', 'physics'.

physiognomy /fɪzi'ɒnəmi/ *n.* **-mies**. **1.** the face or countenance, especially as considered as an index to the character. **2.** the art of determining character or personal characteristics from the features of the face or the form of the body. **3.** the general or characteristic appearance of anything. –**physiognomic** /fɪziə'nɒmɪk/, **physiognomical** /fɪziə'nɒmɪkəl/ *adj.* –**physiognomically** /fɪziə'nɒmɪkli/ *adv.* –**physiognomist** *n.*

physiology /fɪzi'ɒlədʒi/ *n.* the science dealing with the functioning of living organisms or their parts. –**physiologist** *n.* –**physiological** /fɪziə'lɒdʒɪkəl/ *adj.*

physiotherapy /ˌfɪziou'θɛrəpi/ *n.* the treatment of disease or bodily weaknesses or defects by physical remedies, such as massage, gymnastics, etc. Also, **physio**. –**physiotherapist** *n.*

physique /fə'zik/ *n.* **1.** human bodily structure or type: *a good muscular physique*. **2.** the structure or type of a given geographic region.

-phyte a word element used as a noun termination meaning 'a growth', 'plant', as in *epiphyte, halophyte, lithophyte, osteophyte*.

phyto- a word element meaning 'plant'. Also (*before vowels*), **phyt-**.

pi /paɪ/ *n.* **pis**. **1.** the sixteenth letter (Π, π, = English P, p) of the Greek alphabet. **2.** *Mathematics* **a.** the letter π, used as the symbol for the ratio (3.141 592 +) of the circumference of a circle to its diameter. **b.** the ratio itself.

piano¹ /pi'ænou/ *n.* **1.** a musical instrument in which hammers, operated from a keyboard, strike upon metal strings. **2. grand piano**, a piano with a harp-shaped body supported horizontally, called **concert grand piano** in the largest size, and **baby grand** in the smallest. **3. upright piano**, a piano with a rectangular body placed vertically. **4. square piano**, a piano with a rectangular body supported horizontally. –**pianist** /'pɪənəst/ *n.* –**pianistic** /piə'nɪstɪk/ *adj.*

piano² /pi'anou/ *adv. Music* softly (opposed to *forte*). *Abbrev.*: p

piano accordion *n.* an accordion having a piano-like keyboard for the right hand.

pianoforte /piænou'fɔteɪ, pianou-/ *n.* → **piano**¹.

pianola /piə'noulə/ *n.* → **player piano**.

piazza /pi'ætsə, -a-/ *n.* **-zas**. **1.** an open square or public place in a city or town. **2.** an arcade or covered walk or gallery, as around a public square or in front of a building.

pica¹ /'paɪkə/ *n. Printing* **1.** a type (12 point) of a size between small pica and English. **2.** the depth of this type size (4.217 517 6 mm) as a unit of linear measurement for type, etc.

pica² /'paɪkə/ *n.* an abnormal appetite or craving for unnatural food, as chalk, clay, etc., common in chlorosis, pregnancy, etc.

picador /'pɪkədɔ/ *n.* a person who open a bullfight by irritating and enraging the bull by pricking it with lances, without disabling it.

picaresque /pɪkə'rɛsk/ *adj. Literature* having to do with rogues; applied to a type of episodic fiction, of Spanish origin, with a rogue or rogues for hero(es).

piccaninny /'pɪkənɪni/ *n.* **-nies**. **1.** a Negro or coloured child. **2.** an Aboriginal child. **3.** a small child. Also, **pickaninny**.

piccolo /'pɪkəlou/ *n.* **-los**. a small flute, sounding an octave higher than the ordinary flute.

pick¹ /pɪk/ *v.t.* **1.** to choose or select carefully. **2.** to choose (one's way or steps), as over rough ground or through a crowd. **3.** to seek and find occasion for: *to pick a quarrel*. **4.** to seek or find (flaws) in a spirit of fault-finding. **5.** to steal the contents of (a person's pocket, purse, etc.). **6.** to open (a lock) with a pointed instrument, a wire, or the like, as for robbery. **7.** to pierce, indent, dig into, or break up (something) with a pointed instrument. **8.** to form (a hole, etc.) by such action. **9.** to use a pointed instrument, the fingers, the teeth, the beak, etc., on (a thing), in order to remove something. **10.** to clear (a thing) of something by such action: *to pick one's teeth*. **11.** to detach or remove with the fingers, the beak, or the like. **12.** to pluck or gather: *to pick flowers*; *pick fruit*. **13.** to separate, pull apart, or pull to pieces (fibres, etc.). **14.** *Music* **a.** to pluck (the strings of an instrument). **b.** to play (a stringed instrument) by plucking. **15.** *Mining* to select good ore out of a heap. –*v.i.* **16.** to strike with or use a pointed instrument or the like on something. **17.** to eat with dainty bites. **18.** to choose; make careful or fastidious selection. –*n.* **19.** choice or selection. **20.** that which is selected. **21.** the choicest or most desirable part, example, or examples. **22.** the right of selection. **23.** an act of picking. **24.** the quantity of a crop picked at a particular time. **25.** (*plural*) *Mining* steel cutting points used on a coal cutter chain. **26.** → **plectrum**. **27.** *Colloquial* a hypodermic needle used for taking drugs. –*phr.* **28. pick and choose**, to choose with great care, especially fussily. **29. pick at**, *Colloquial* **a.** to find fault with, in a petty way. **b.** to eat very little of: *the child picked at her food*. **30. pick holes in**, *Colloquial* to criticise; find fault with. **31. pick off**, to single out and deal with individually, as by shooting. **32. pick on**, *Colloquial* **a.** to annoy; tease; criticise or blame. **b.** to choose (a person) indiscriminately, especially for an unpleasant task. **33. pick out**, **a.** to choose. **b.** to distinguish (something) from surrounding or accompanying things. **c.** to make out (sense or meaning). **d.** to extract by picking. **34. pick to pieces**, *Colloquial* to criticise, especially in petty detail. **35. pick up, a.** to take up: *to pick up a stone*. **b.** to pluck up, recover, or regain (health, courage, etc.). **c.** to learn by occasional opportunity or without special teaching. **d.** to get casually. **e.** to become acquainted with informally or casually. **f.** to take (a person or thing) into a car, ship, etc., or along with one. **g.** to come upon within the range of reception, observation, etc.: *to pick up New Zealand on one's radio*. **h.** *Colloquial* to make oneself responsible for (a debt, expense, etc.): *you have to pay the first $100 and the insurance company will pick up the rest*. **i.** *Colloquial* to acquire (a partner) for a sexual encounter. **j.** *Colloquial* to arrest. **k.** to remove fleeces from the shearing floor. **l.** to increase in speed; accelerate. **m.** *Colloquial* to improve **36. pick up the pieces**, *Colloquial* to assume responsibility for rectifying a difficult situation: *when she left the children it was her husband who picked up the pieces*.

pick² /pɪk/ *n.* **1.** a hand tool consisting of an iron bar, usually curved, tapering to a point at one or both ends, mounted on a wooden handle, and used for loosening and breaking up soil, rock, etc. **2.** any pointed or other tool or instrument for picking. **3.** *Colloquial* → **anchor**.

pickaxe /'pɪkæks/ *n., v.* **-axed, -axing.** *-n.* **1.** a pick, especially a mattock. *-v.t.* **2.** to cut or clear away with a pickaxe. *-v.i.* **3.** to use a pickaxe. Also, *US*, **pickax**.

picket /'pɪkət/ *n.* **1.** a pointed post, stake, pale, or peg, as for driving into the ground in making a stockade, for placing vertically to form the main part of a fence (**picket fence**), for driving into the ground to fasten something to, etc. **2.** a person or a body of persons stationed by a trade union or the like in front of a place of work and attempting to dissuade or prevent workers from entering the building during a strike. **3.** *Military* a small detached body of troops, posted out from a force to warn against an enemy's approach. *-v.t.* **4.** to enclose, fence, or make secure with pickets. **5.** to fasten or tether to a picket. **6.** to place pickets at, as during a strike. **7.** *Military* to guard, as a camp, by or as pickets. *-v.i.* **8.** to stand or march by a place of employment as a picket. **-picketer** *n.*

pickle /'pɪkəl/ *n., v.* **-led, -ling.** *-n.* **1.** (*often plural*) vegetables, as cucumbers, onions, cauliflowers, etc., preserved in vinegar, brine, etc., and eaten as a relish. **2.** anything preserved in a pickling liquid. **3.** a liquid or marinade prepared with salt or vinegar for the preservation of fish, meat, vegetables, etc., or for the hardening of wood, leather, etc. **4.** a pickled article of food, especially cucumber. **5.** *Colloquial* a predicament. **6.** a mischievous child. *-v.t.* **7.** to preserve or steep in pickle. **8.** to clean or treat (objects) in a chemical pickle. *-phr.* **9. have a rod in pickle,** have a punishment ready.

pickpocket /'pɪkpɒkət/ *n.* someone who steals from the pockets, handbags, etc., of people in public places.

picnic /'pɪknɪk/ *n., v.* **-nicked, -nicking.** *-n.* **1.** an outing or excursion, typically one in which those taking part carry food with them and share a meal in the open air. **2.** the meal eaten on such an outing. **3.** *Colloquial* an enjoyable experience or time. **4.** *Colloquial* an easy undertaking. *-v.i.* **5.** to hold, or take part in, a picnic. *-phr.* **6. be no picnic,** to be difficult or unpleasant: *looking after three children is no picnic*. **-picnicker** *n.*

pictorial /pɪk'tɔriəl/ *adj.* **1.** having to do with a picture or pictures: *pictorial writing*. **2.** illustrated by or containing pictures: *a pictorial history*. **3.** having to do with a painter or maker of pictures. **4.** suggestive of, or representing as if by, a picture; graphic. *-n.* **5.** a periodical in which pictures are the leading feature. **-pictorially** *adv.*

picture /'pɪktʃə/ *n., v.* **-tured, -turing.** *-n.* **1.** a representation, upon a surface, usually flat, as a painting, drawing or photograph, etc. **2.** any visible image, however produced: *the pictures in the fire; the pictures made by reflections in a pool of water*. **3.** a mental image: *a picture of what would happen*. **4.** a verbal description intended to be or taken as informative: *Gibbon's picture of ancient Rome*. **5.** a tableau, as in theatrical representation. **6.** a very beautiful object, especially a person: *she looks a picture in her new dress*. **7.** → **film** (def. 4b). **8.** the image or counterpart (of someone else). **9.** an object or person possessing a quality in such a high degree as to seem to embody that quality: *she is a picture of health*. **10.** a situation or set of circumstances: *the employment picture*. **11.** Also, **clinical picture**. *Pathology* the overall view of a case. *-v.t.* **12.** to form a mental image of: *he couldn't picture himself doing such a thing*. **13.** to describe, verbally and, usually, plausibly. *-phr.* **14. get** (or **be in**) **the picture,** to understand the situation. **15. put in the picture,** make fully cognisant of; inform about. **16. the pictures,** a showing of a film in a cinema.

picturesque /pɪktʃə'rɛsk/ *adj.* **1.** visually charming or quaint, as resembling or suitable for a picture. **2.** (of written or spoken language) strikingly vivid or graphic. **3.** having pleasing or interesting qualities; strikingly effective in appearance. **-picturesquely** *adv.* **-picturesqueness** *n.*

piddle /'pɪdl/ *v.i.* **-dled, -dling,** *n. Colloquial* *-v.i.* **1.** to urinate. *-n.* **2.** the passing or discharging of urine. **3.** urine.

pidgin /'pɪdʒən/ *n.* a language used for communication between groups having different first languages, usually European traders or colonisers and native peoples, and which typically has features deriving from those languages. Also, **pigeon**.

pie /paɪ/ *n.* **1.** a baked dish consisting of a sweet (fruit, etc.) or savoury (meat, fish, etc.) filling, enclosed in or covered by pastry, or sometimes other topping as mashed potatoes. **2.** a group of bidders at an auction who secretly agree not to bid against each other. **3.** Also, **pie-heap**. (in a freezing works) a mass of sheepskin, flesh, etc., from which wool is plucked. *-phr.* **4. have a finger in every pie,** to have an interest in or play a part in many affairs. **5. pie in the sky,** the illusory prospect of future benefits. **-pielike** *adj.*

piebald /'paɪbɔld/ *adj.* **1.** having patches of black and white or of other colours; particoloured. **2.** (of a horse) white with black patches. *-n.* **3.** a piebald animal, especially a horse.

piece /pis/ *n., v.* **pieced, piecing.** *-n.* **1.** a limited portion or quantity, of something: *a piece of land*. **2.** a quantity of some substance or material forming a mass or body. **3.** one of the more or less definite parts or portions into which something may be divided: *a piece of chocolate*. **4.** one of the parts, fragments, or shreds into which something may be divided or broken: *to tear a letter into pieces*. **5.** one of the parts which, when assembled, form a combined whole: *the pieces of a machine*. **6.** an individual article of a set or collection: *a dinner service of 36 pieces*. **7.** a single item, as counted: *shirts: three pieces*. **8.** (*plural*) inferior wool from the skirtings but not containing necks, bellies, stains, or locks. **9.** any of the counters, discs, blocks, or the like, of wood, ivory, or other material, used in any of a number of board games, as draughts, backgammon, or chess. **10.** *Chess* **a.** a superior chessman, as distinguished from a pawn. **b.** (in popular usage) any chessman. **11.** a particular length, as of certain goods pre-

piece

pared for sale: *cloth sold by the piece.* **12.** an amount of work forming a single job: *to work by the piece.* **13.** a specimen of work, especially of artistic production, as a picture or statue. **14.** a literary composition, in prose or verse, usually short. **15.** a play; drama. **16.** a situation or episode: *the villain of the piece.* **17.** a passage of verse, music, or the like, prepared for recitation or performance on a particular occasion. **18.** a musical composition, usually a short one. **19.** an individual musical instrument in an ensemble: *a three-piece band.* **20.** an individual thing of a particular class or kind: *a piece of furniture.* **21.** an example, instance, or specimen of something: *a fine piece of workmanship.* **22.** ‡ a woman: *she's a nice little piece.* **23. a.** *Military* an item of ordnance. **b.** a firearm: *a fowling piece.* **c.** *Prison Colloquial* a concealable firearm. **24.** a coin: *a threepenny piece.* **25.** *US* a distance, especially a short one. *-v.t.* **26.** to fit together, as pieces or parts. *-phr.*
27. a piece of cake, *Colloquial* an easily achieved enterprise or undertaking.
28. a piece of one's mind, outspoken criticism or reproach.
29. go to pieces, to lose emotional or physical control of oneself.
30. of a piece, of the same kind; consistent.
31. piece of work, a. an example or instance of workmanship; something produced. **b.** a person, considered as an example of a specified quality: *a nasty piece of work.*
32. piece out, to complete, enlarge, or extend by making additions.
33. piece something into (or **onto**), to add something as a piece or part: *to piece new palings into a fence.*
34. piece together, a. to mend (something broken); reassemble. **b.** to make up or form into a whole by or as if by joining pieces: *to piece together a picture of the situation.*
35. piece up, to patch; mend (a garment, etc.) by applying a piece or pieces.
36. say one's piece, to express an opinion; speak one's mind.
37. take a piece out of, to reprimand severely.
pièce de résistance /piˌɛs də rəˈzɪstəns/ *n.* **1.** the principal dish of a meal. **2.** the principal event, incident, article, etc., of a series.
piecemeal /ˈpismil/ *adv.* **1.** piece by piece; gradually. **2.** into pieces or fragments. *-adj.* **3.** done piece by piece; fragmentary.
piecework /ˈpiswɜk/ *n.* work done and paid for by the piece. **-pieceworker** *n.*
pied /paɪd/ *adj.* **1.** having patches of two or more colours, as various birds and other animals. **2.** wearing particoloured clothes.
pie-eyed /ˈpaɪ-aɪd/ *adj. Colloquial* drunk.
pier /pɪə/ *n.* **1.** a structure built out into the water as a landing place for ships or as a pleasure ground; breakwater; jetty. **2.** one of the supports of a span of a bridge.
pierce /pɪəs/ *v.t.* **pierced, piercing. 1.** to go or run into or through (something); puncture; penetrate: *the needle pierced his fingers; the beam of light pierced the darkness.* **2.** to make a hole or opening in; perforate: *to pierce ears.* **3.** (of the eye or mind) to see into or through. **4.** to affect sharply with some sensation or emotion, as of cold, pain, grief, etc. **5.** to sound sharply through (the air, etc.). **-piercer** *n.* **-piercingly** *adv.*
piety /ˈpaɪəti/ *n.* **-ties. 1.** reverence for God, or regard for religious obligations. **2.** the quality or fact of being pious. **3.** dutiful respect or regard for parents or others. **4.** a pious act, remark, belief, or the like.

pigment

piezoelectricity /paɪˌizoʊəlɛkˈtrɪsəti/ *n. Physics* electricity produced by pressure, as in a crystal subjected to compression along a certain axis. **-piezoelectric** /paɪˌizoʊəˈlɛktrɪk/ *adj.* **-piezoelectrically** /paɪˌizoʊəˈlɛktrɪkli/ *adv.*
piffle /ˈpɪfəl/ *n., v.* **-fled, -fling.** *Colloquial* *-n.* **1.** nonsense; idle talk. *-v.i.* **2.** to talk nonsense. **-piffler** *n.*
pig /pɪg/ *n., v.* **pigged, pigging.** *-n.* **1.** an omnivorous non-ruminant mammal of the family Suidae, suborder Artiodactyla and order Ungulata; a sow, hog, or boar; a swine. Compare **hog** (def. 1). **2.** a young swine, of either sex, bred for slaughter. **3.** the flesh of swine; pork. **4.** *Colloquial* a person or animal of piggish character or habit. **5.** *Colloquial* (*derogatory*) a police officer. **6.** *Metallurgy* **a.** an oblong mass of metal that has been run while still molten into a mould of sand or the like, especially such a mass of iron from a blast furnace; an ingot. **b.** one of the moulds for such masses of metal. **c.** metal in the form of such masses. **7.** an object that is placed in a pipeline and is propelled through by liquid or gas pressure from behind to clean it out or check its internal working. *-phr.* **8. a pig in a poke,** something purchased without inspection. **9. home on the pig's back,** *Australian, NZ Colloquial* successful by an easy margin. **10. in a pig's eye** (or **bum**), *Australian, NZ Colloquial* (an exclamation of contemptuous disbelief). **11. make a pig of oneself** or **pig oneself,** to over-indulge oneself, as by eating too much. **12. pig it,** *Colloquial* to live, lie, etc., as if in a pigsty; live in squalor. **13. pig out,** *Colloquial* (sometimes fol. by *on*) to eat a great deal, especially of very appetising food. **14. pigs** or **pig's arse** or **pig's bum,** *Australian Colloquial* (an exclamation of contempt, derision, denial, etc.). **15. pigs to you,** *Australian Colloquial* (an exclamation of contemptuous rebuttal).
pigeon /ˈpɪdʒən/ *n.* **1.** any bird of the family Columbidae, having a compact body and short legs, of which there are several species distributed throughout the world; especially the larger varieties with square or rounded tails. Compare **dove** (def. 1). **2.** any domesticated member of this family, as bred for racing, exhibiting, etc. **3.** *Colloquial* responsibility; concern: *that's his pigeon.*
pigeon grass *n.* any species of the common grass genus *Setaria* found in nearly all temperate countries.
pigeonhole /ˈpɪdʒənhoʊl/ *n., v.* **-holed, -holing.** *-n.* **1.** one of a set of small compartments in a desk, cupboard, etc., used for papers, etc. *-v.t.* **2.** to put away for future use or notice. **3.** to give a definite place to in some orderly system. **4.** to put aside and do nothing about.
pigeon-toed /ˈpɪdʒən-toʊd/ *adj.* having the toes or feet turned inwards.
piggyback /ˈpɪgibæk/ *adv.* **1.** sitting on the back or shoulders of another: *to ride piggyback.* *-n.* **2.** a piggyback ride. **3.** a method of transportation in which truck trailers are carried on trains, or cars on specially designed trucks. *-v.t.* **4.** to attach or join (something extra) to a basic piece of equipment, system, etc.
piggy bank /ˈpɪgi bæŋk/ *n.* a moneybox shaped like a pig, usually made of china, in which a child might keep savings; any small money-box.
pig-headed /ˈpɪg-hɛdəd/ *adj.* stupidly obstinate.
pig-iron /ˈpɪg-aɪən/ *n.* **1.** iron produced in a blast furnace, poured into special moulds in preparation for making wrought iron, cast iron, or steel. **2.** iron in the unrefined state, before conversion into steel, alloys, etc.
piglet /ˈpɪglət/ *n.* a little pig.
pigment /ˈpɪgmənt/ *n.* **1.** a colouring matter or substance. **2.** a dry substance, usually pulverised,

pigsty /'pɪgstaɪ/ *n*. **-sties**. **1.** a sty or pen for pigs. **2.** any dirty, messy, or untidy place: *this room is a veritable pigsty*.

pigtail /'pɪgteɪl/ *n*. **1.** a braid of hair hanging down the back of the head. **2.** tobacco in a thin twisted roll.

pike¹ /paɪk/ *n*. **pikes**, (*especially collectively*) **pike**. **1.** → **sea pike**. **2.** any of various large, slender, fierce, voracious freshwater fishes of the Northern Hemisphere, of the genus *Esox*, having a long snout, especially the **northern pike**, *E. lucius*. **–pikelike** *adj*.

pike² /paɪk/ *n*. (formerly) an infantry weapon with a long shaft and comparatively small metal head.

pike³ /paɪk/ *n*. **1.** a sharp point; a spike. **2.** the pointed end of anything, as of an arrow or a spear.

pikelet /'paɪklət/ *n*. a small thick, sweet pancake, cooked on a flat heated surface, as a frypan or griddle; drop scone.

piker /'paɪkə/ *n. Colloquial* **1.** someone who opts out of an arrangement or challenge or does not do their fair share. **2.** someone who, from diffidence or lack of courage, does anything in a contemptibly small or cheap way.

pilaster /pə'læstə/ *n*. a square or rectangular pillar, with capital and base, engaged in a wall from which it projects.

pilchard /'pɪltʃəd/ *n*. **1.** a small abundant fish, *Sardinops neopilchardus*, occurring in shoals around the southern half of the Australian coast. **2.** any of numerous similar fishes found elsewhere.

pilchers /'pɪltʃəz/ *pl. n. Australian, NZ* flannel or plastic pants or a plastic wrapper worn by an infant over a nappy.

pile¹ /paɪl/ *n*., *v.* **piled**, **piling**. **–***n*. **1.** an assemblage of things laid or lying one upon another in a more or less orderly fashion: *a pile of boxes*. **2.** a heap of wood on which a dead body, a living person, or a sacrifice is burnt. **3.** a lofty or large building or mass of buildings. **4.** *Colloquial* a large accumulation of money. **5.** *Metallurgy* a bundle of pieces of iron ready to be welded and drawn out into bars; faggot. **6.** *Physics* a latticework of uranium and various moderating substances used to produce plutonium in the original harnessing of atomic energy, essentially a means of controlling the nuclear chain reaction; atomic pile; nuclear reactor. **7.** *Military* arms arranged systematically. **–***v.t.* **8.** to cover or load, with a pile or piles. **–***v.i.* **9.** *Colloquial* to move (*in, into, out, off, down*, etc.) in a body and more or less confusedly. **10.** to gather or rise in a pile or piles, as snow, etc. **–***phr.* **11. pile on**, to keep on accumulating in a pile; heap up. **12. pile up**, **a.** to lay or dispose in or as in a pile. **b.** to accumulate: *to pile up debts*. **c.** to mount up or accumulate, as money, debts, evidence, etc. **d.** *Colloquial* (of a vehicle, driver, etc.) to crash.

pile² /paɪl/ *n*. **1.** a heavy timber, stake or pole, sometimes pointed at the lower end, driven vertically into the ground or the bed of a river, etc., to support a superstructure or form part of a wall. **2.** any steel or concrete member similarly used. **3.** *Archery* the tip of an arrow.

pile³ /paɪl/ *n*. **1.** hair, especially soft, fine hair or down. **2.** wool, especially of a carpet or fur. **3.** a raised surface on cloth, composed of upright cut or looped yarns, as velvet, Turkish towelling, etc. **4.** one of the strands in such a surface. **–pileous** *adj*.

pile⁴ /paɪl/ *n*. (*usually plural*) → **haemorrhoid**.

pile-up /'paɪl-ʌp/ *n. Colloquial* **1.** a crash or collision, usually involving more than one vehicle. **2.** an accumulation; backlog.

pilfer /'pɪlfə/ *v.t.* **1.** to steal (a small amount or object). **–***v.i.* **2.** to practise petty theft. **–pilferer** *n*. **–pilferage** *n*.

pilgrim /'pɪlgrəm/ *n*. someone who journeys, especially a long distance, to some sacred place as an act of devotion.

pilgrimage /'pɪlgrəmɪdʒ/ *n*. **1.** a journey, especially a long one, made to some sacred place, as an act of devotion. **2.** any long journey.

pill /pɪl/ *n*. **1.** a small globular or rounded mass of medicinal substance, to be swallowed whole; tablet. **2.** something unpleasant that has to be accepted or endured: *a bitter pill to swallow*. **3.** *Colloquial* a disagreeable, insipid person. **4.** *Textiles* a small ball of fibre formed by friction. **–***v.i.* **5.** (of woollen, and other fabrics, especially knitted) to form into small balls of fibres because of rubbing. **–***phr.* **6. sugar the pill**, to make bearable some unpleasant experience. **7. the pill**, *Colloquial* oral contraceptive.

pillage /'pɪlɪdʒ/ *v.* **-laged**, **-laging**, *n.* **–***v.t.* **1.** to strip of money or goods by open violence, as in war; plunder. **2.** to take as booty. **–***v.i.* **3.** to rob with open violence; take booty. **–***n.* **4.** the act of plundering, especially in war. **5.** booty or spoil. **–pillager** *n*.

pillar /'pɪlə/ *n*. **1.** an upright shaft or structure, of stone, brick, or other material, relatively slender in proportion to its height, and of any shape in section, used as a support, or standing alone, as for a monument. **2.** an upright supporting part. **3.** a person who is a chief support of a state, institution, etc.: *a pillar of society*. **–***phr.* **4. from pillar to post**, **a.** from one predicament or difficulty to another. **b.** aimlessly from place to place.

pillbox /'pɪlbɒks/ *n*. **1.** a box, usually shallow and often round, for holding pills. **2.** a small cylindrical hat of similar shape. **3.** a small, low structure of reinforced concrete, enclosing machine guns, and used as a minor fortress in warfare.

pillion /'pɪljən/ *n*. **1.** a pad or cushion attached behind a saddle, especially as a seat for a woman. **2.** an extra saddle behind the driver's seat on a motorcycle. **–***adj.* **3.** riding on a pillion: *a pillion passenger*. **–***adv.* **4.** on a pillion: *to ride pillion*.

pillory /'pɪləri/ *n.*, **-ries**, *v.* **-ried**, **-rying**. **–***n.* **1.** a wooden framework erected on a post, with holes for securing the head and hands, used to expose an offender to public derision. **–***v.t.* **2.** to set in the pillory. **3.** to expose to public ridicule or abuse.

pillow /'pɪloʊ/ *n*. **1.** a bag filled with feathers, plastic foam, or other soft material, used as a support for the head during sleep. **2.** anything used to support the head; a headrest. **–***v.t.* **3.** to rest on or as on a pillow: *he pillowed his head on his arm*. **–pillow-like** *adj*.

pilot /'paɪlət/ *n*. **1.** a person who guides or steers ships into or out of a harbour or through difficult waters. **2.** *Aeronautics* the person who controls an aeroplane. **3.** a guide or leader. **–***v.t.* **4.** to guide or steer. **5.** to guide or lead, as through unknown places, difficult affairs, etc. **6.** to act as pilot on, in or over. **–***adj.* **7.** experimental: *a pilot study*; *a pilot film*. **8.** of or relating to pilots. **9.** acting as a guide. **–pilotage** *n*.

pilot bird *n*. a mottled reddish-brown, finch-like bird, *Pycnoptilus floccosus*, with a melodious call, found in damp forest areas of south-eastern Australia, often accompanying ('piloting') the lyrebird.

pilsener /'pɪlsənə/ *n*. a light pale lager. Also, **pilsner**.

pimento /pə'mɛntoʊ/ *n*. **-tos**. **1.** the dried fruits of the tree *Pimenta dioica*; allspice. **2.** the tropical American tree yielding this.

pimp /pɪmp/ *n*. **1.** someone who solicits for a prostitute, or brothel; a procurer. **2.** a contemptible person. **3.** an informer; a tale-bearer. –*v.i.* **4.** to procure; pander. **5.** to inform; tell tales.

pimple /'pɪmpəl/ *n*. a small, usually inflammatory swelling or elevation of the skin; a papule or pustule.

pin /pɪn/ *n., v.* **pinned**, **pinning**. –*n*. **1.** a small, slender, sometimes tapered or pointed piece of wood, metal, etc., used to fasten, or hold things together, to hang things upon, to stop up holes, or to convey or check motion; a bolt; peg. **2.** a short, slender piece of wire with a point at one end and a head at the other, for fastening things together, as cloth or paper. **3.** any of various forms of fastening or ornament consisting essentially or in part of a pointed penetrating bar: *a safety pin*. **4.** a badge or brooch having a pointed bar or pin attached, by which it is fastened to the clothing. **5.** a linchpin, serving to keep a wheel on its axle. **6.** the part of the stem of a key which enters the lock. **7.** a peg, nail, or stud marking the centre of a target. **8.** one of the bottle-shaped pieces of wood knocked down in ninepins, tenpins, etc. **9.** *Golf* the flagpole which identifies a hole. **10.** *Music* a peg. **11.** *Nautical* any of various pegs, fixing devices and axles, as a belaying pin. **12.** *Carpentry* → **dovetail**. **13.** a very small amount; a trifle. –*v.t.* **14.** to fasten or attach with a pin or pins, or as if with a pin. **15.** to hold fast in a spot or position: *the debris pinned him down*. **16.** to transfix with a pin or the like. **17.** Also, **underpin**. *Building Trades* to support (masonry, etc.), as by wedges driven in over a beam. –*phr.* **18. pin down**, to bind or hold to a course of action, a promise, etc.

PIN /pɪn/ *n*. → **PIN number**.

pinafore /'pɪnəfɔ/ *n*. **1.** an apron, usually one large enough to cover most of the dress, especially a child's. **2.** a loose dress worn over clothing to protect it during housework, etc. **3.** a dress, sleeveless with low neck, worn with a jumper particularly in winter. Also, **pinny**.

pinball /'pɪnbɔl/ *n*. a game played on a sloping board in which a ball, driven by a spring, hits pins or bumpers which electrically record the score.

pince-nez /'pæns-neɪ, 'pɪns-neɪ/ *n*. a pair of spectacles kept in place by a spring which pinches the nose.

pincers /'pɪnsəz/ *n*. (*plural or sing.*) a gripping tool consisting of two pivoted limbs forming a pair of jaws and a pair of handles (often called a **pair of pincers**). **2.** *Zoology* a grasping organ or pair of organs resembling this.

pinch /pɪntʃ/ *v.t.* **1.** to compress between the finger and thumb, the jaws of an instrument, or any two opposed surfaces. **2.** to compress, constrict, or squeeze painfully, as a tight shoe does. **3.** to cramp within narrow bounds or quarters. **4.** to render (the face, etc.) unnaturally thin and drawn, as pain or distress does. **5.** to nip (plants) injuriously, as frost does. **6.** *Colloquial* to steal. **7.** *Colloquial* to arrest. –*v.i.* **8.** to exert a sharp or painful compressing force. **9.** to cause sharp discomfort or distress: *when hunger pinches*. **10.** *Mining* (of a vein of ore, etc.) to become narrower or smaller, or to give out altogether. –*n*. **11.** the act of pinching; nip; squeeze. **12.** as much of anything as can be taken up between the finger and thumb: *a pinch of salt*. **13.** a very small quantity of anything. **14.** sharp or painful stress, as of hunger, need, or any trying circumstances. **15.** a situation or time of special stress; an emergency: *any help is useful in a pinch*. **16.** *Collo-*
quial an arrest. **17.** *Colloquial* a theft. –*phr.* **18. at a pinch**, in an emergency, crisis, etc.; if necessary. **19. pinch off** (or **out**) (or **back**), *Horticulture* to snip off (part of a shoot, bud, etc.) to improve the shape, quality, etc., of a plant. **20. with a pinch of salt**, with extreme scepticism.

pincushion /'pɪnkʊʃən/ *n*. a small cushion in which pins are stuck, in readiness for use.

pine¹ /paɪn/ *n*. **1.** any member of the genus *Pinus*, comprising evergreen coniferous trees varying greatly in size, with long needle-shaped leaves, including many species of economic importance for their timber and as a source of turpentine, tar, pitch, etc. **2.** *Colloquial* → **pineapple**. –**pinelike** *adj*.

pine² /paɪn/ *v.i.* **pined**, **pining**. **1.** to languish, droop, or waste away. –*phr.* **2. pine away**, to fail gradually in health or vitality from grief, regret, or longing. **3. pine for**, to suffer with longing for; long painfully for.

pineapple /'paɪnæpəl/ *n*. **1.** the edible juicy fruit (somewhat resembling a pine cone) of a tropical plant, *Ananas comosus*, being a large collective fruit developed from a spike or head of flowers, and surmounted by a crown of leaves. **2.** the plant itself, native to tropical South America and now widely cultivated throughout the tropics, having a short stem and rigid, spiny-margined, recurved leaves. **3.** *Military Colloquial* a bomb or hand grenade especially of the fragmentation type, resembling a pineapple in appearance. **4.** an opal cluster. –*phr.* **5. rough end of the pineapple**, *Australian Colloquial* a raw deal; the worst part of a bargain.

ping /pɪŋ/ *v.i.* **1.** to produce a sharp, ringing, high-pitched sound like that of a bullet striking an object, or of a small bell. **2.** *Motor Vehicles* → **knock** (def. 2). –*n*. **3.** a pinging sound.

pingao /'pɪŋaʊ/ *n*. a New Zealand sand or seashore plant, *Desmoschoenus spiralis*.

ping-pong /'pɪŋ-pɒŋ/ *n*. → **table tennis**.

pinion¹ /'pɪnjən/ *n*. *Machinery* **1.** a small cogwheel engaging with a larger cogwheel or with a rack. **2.** a shaft or spindle with teeth which engage with a cogwheel.

pinion² /'pɪnjən/ *n*. **1.** the long end joint of a bird's wing carrying the primary feathers. **2.** a bird's wing. **3.** a feather. –*v.t.* **4.** to cut off the pinion of (a wing) or bind (the wings), as in order to stop a bird flying. **5.** to restrain (a person) by tying the arms or hands.

pink¹ /pɪŋk/ *n*. **1.** a light tint of crimson; pale reddish purple. **2.** any plant of the genus *Dianthus*, as *D. plumarius* (the common **garden pink**), *D. sinensis* (**China pink**), or *D. caryophyllus* (**clove pink** or carnation). **3.** the flower of such a plant; a carnation. **4.** (*often cap.*) a person with moderately left-wing or radical political opinions. –*adj*. **5.** of the colour pink. **6.** pink in the face; flushed: *she turned pink with excitement*. **7.** having moderately left-wing or radical political opinions. –*v.t.* **8.** *Agriculture* to shear (a sheep) so closely that its skin is exposed.

pink² /pɪŋk/ *v.t.* **1.** to pierce with a rapier or the like; stab. **2.** to finish at the edge with a scalloped, notched, or other ornamental pattern. **3.** to punch (cloth, leather, etc.) with small holes or figures for ornament.

pinking shears *pl. n*. shears with notched blades, used for giving a scalloped or notched edge to fabrics to prevent them fraying.

pinnacle /'pɪnəkəl/ *n*. **1.** a tall thin mountain top or rock formation. **2.** the highest point of anything: *the pinnacle of fame*. **3.** *Architecture* an upright pointed part on top of a building, usually conical in shape; turret; spire.

pinnate /'pɪneɪt, -ət/ *adj*. **1.** resembling a feather.

2. having parts arranged on each side of a common axis. **3.** *Botany* (of a leaf) having leaflets or primary divisions arranged on each side of a common petiole or rachis. Also, **pinnated**. –**pinnately** *adv.*

PIN number *n.* a sequence of numbers and/or letters used as part of an identification procedure in electronic banking, as with an automatic teller. Also, **PIN, Pin number**.

pinpoint /ˈpɪnpɔɪnt/ *n.* **1.** the point of a pin. **2.** a trifle. –*v.t.* **3.** to locate or describe exactly as on the ground or on a map. –*adj.* **4.** exact, precise.

pins and needles *pl. n.* a tingling sensation in the limbs, as that which accompanies the return of feeling after numbness; a form of paraesthesia.

pinstripe /ˈpɪnstraɪp/ *n. Textiles* **1.** a very narrow stripe. **2.** any material having a regular pattern of such stripes.

pint /paɪnt/ *n.* a liquid measure of capacity in the imperial system equal to ⅛ gallon, or 0.568 261 litres or, in the US, to 0.104 085 gallon, or 0.473 176 litres.

pintuck /ˈpɪntʌk/ *n.* a fine tuck used especially as a decorative feature on a garment.

pin-up /ˈpɪn-ʌp/ *n. Colloquial* **1.** a picture, typically pinned to the wall by a personally unknown admirer, of an attractive personality especially a film star, or a nude or nearly nude person. **2.** the person depicted.

pioneer /paɪəˈnɪə/ *n.* **1.** someone who first enters or settles a region. **2.** someone who is the first in any field of activity: *pioneers in cancer research*. **3.** *Ecology* a plant or animal which successfully invades and becomes established in a bare area. **4.** (*cap.*) a series of unmanned US spacecraft with lunar, solar, interplanetary and planetary missions. –*v.i.* **5.** to act as a pioneer: *last century they were pioneering in Central Australia*. –*v.t.* **6.** to be a pioneer in: *to pioneer the western plains*; *to pioneer the development of a new process*.

piopio /ˈpiou,piou/ *n.* the native thrush of New Zealand, *Turnagra capensis*.

pious /ˈpaɪəs/ *adj.* **1.** having or showing religious devotion or dutiful respect. **2.** showing pretended or mistaken religious feeling; hypocritical; sanctimonious. **3.** belonging to religion; sacred not secular: *pious literature*. **4.** heartfelt; earnest. –**piously** *adv.* –**piousness** *n.*

pip[1] /pɪp/ *n.* **1.** one of the spots on dice, playing cards, or dominoes. **2.** each of the small segments into which the surface of a pineapple is divided. **3.** *Military Colloquial* a badge of rank worn on the shoulders of certain commissioned officers.

pip[2] /pɪp/ *v.* **pipped, pipping.** –*n.* **the, 1.** a contagious disease of birds, especially poultry, characterised by the secretion of a thick mucus in the mouth and throat. **2.** (*humorous*) any minor ailment in a person. –*v.t.* **3.** to annoy. –*phr.* **4. get (**or **have) the pip,** *Colloquial* to be out of sorts, irritable: *she's had the pip for days*. **5. give someone the pip,** *Colloquial* to annoy or irritate someone, especially without intention: *his stupidity gives me the pip*.

pip[3] /pɪp/ *n.* a small seed, especially of a fleshy fruit, as an apple or orange.

pip[4] /pɪp/ *v.* **pipped, pipping.** –*v.i.* **1.** to peep or chirp. –*v.t.* **2.** (of a young bird) to crack or chip a hole through (the shell).

pip[5] /pɪp/ *v.t.* **pipped, pipping.** *Colloquial* **1.** to beat in a race, etc., especially by a small margin: *the favourite was pipped at the post*. **2.** to hit with a missile, as by shooting.

pipe[1] /paɪp/ *n., v.* **piped, piping.** –*n.* **1.** a hollow cylinder of metal, wood, or other material, for the conveyance of water, gas, steam, etc., or for some other purpose; a tube. **2.** any of various tubular or cylindrical objects, parts, or formations. **3.** a naturally occurring cylindrical cavity in a tree. **4.** a tube of wood, clay, hard rubber, or other material, with a small bowl at one end, used for smoking tobacco, opium, etc. **5.** *Australian History* a paper critical of some public figure, rolled into a tube and left in a public place. **6.** *Music* **a.** one of the wooden or metal tubes from which the sounds of an organ are produced. **b.** (*usually plural*) → **bagpipes. c.** (*usually plural*) a set of flutes, as panpipes. **7.** *Nautical* **a.** a boatswain's whistle. **b.** the sounding of it as a call. **8.** the note or call of a bird, etc. **9.** (*plural*) *Colloquial* the respiratory passages. **10.** *Mining* **a.** a cylindrical vein or body of ore. **b.** one of the vertical cylindrical masses of bluish rock, of eruption origin, found in southern Africa, in which diamonds are found embedded. –*v.i.* **11.** to play on a pipe. **12.** *Nautical* to announce orders, etc., by a boatswain's pipe or other signal. **13.** to speak shrilly. **14.** to make or utter a shrill sound like that of a pipe. **15.** *Mining* to carve forming a cylindrical cavity. –*v.t.* **16.** to convey by means of pipes. **17.** to supply with pipes. **18.** to summon, order, etc., by sounding the boatswain's pipe or whistle: *all hands were piped on deck*. **19.** to bring, lead, etc., by playing on a pipe. **20.** to utter in a shrill tone. **21.** to trim or finish (a garment, etc.) with piping. **22.** to shape (cream, mashed potatoes, icing, etc.) by forcing through an icing bag and nozzle. –*phr.* **23. pipe down,** *Colloquial* to become or keep quiet. **24. pipe up,** *Colloquial* **a.** to begin to talk, especially unexpectedly. **b.** to make oneself heard. **c.** to speak up, as to assert oneself. –**pipelike** *adj.*

pipe[2] /paɪp/ *n.* **1.** a large cask, of varying capacity, for wine, etc. **2.** such a cask as a measure of capacity for wine, etc., equal to 4 barrels, and containing 126 wine gallons (105 imperial gallons or 477 litres). **3.** such a cask with its contents.

pipedream /ˈpaɪpdrim/ *n.* a futile hope, far-fetched fancy, or fantastic story.

pipeline /ˈpaɪplaɪn/ *n.* **1.** a pipe or several pipes together forming a conduit for the transportation of petroleum, petroleum products, natural gas, etc. **2.** a channel of information, usually confidential, direct, or privileged. –*phr.* **3. in the pipeline,** on the way; in preparation.

pipette /pɪˈpet/ *n.* a slender graduated tube for measuring and transferring liquids from one vessel to another. Also, **pipet**.

pipi /ˈpipi/ *n.* any of several edible, smooth-shelled, burrowing, bivalve molluscs.

piping /ˈpaɪpɪŋ/ *n.* **1.** pipes collectively. **2.** material formed into a pipe or pipes. **3.** the act of one who or that which pipes. **4.** the sound of pipes. **5.** shrill sound. **6.** the music of pipes. **7.** a cordlike ornamentation made of icing, used on cakes, pastry, etc. **8.** a tubular band of material, sometimes containing a cord, for trimming garments, etc., as along edges and seams. –*adj.* **9.** playing on a musical pipe. **10.** that pipes. **11.** emitting a shrill sound: *a piping voice*. –*phr.* **12. piping hot, a.** very hot. **b.** freshly arrived; brand-new.

pipit /ˈpɪpət/ *n.* any of various small passerine birds of the family Motacillidae, especially the genus *Anthus*, bearing a superficial resemblance to the larks, as the Australian pipit.

pipsqueak /ˈpɪpskwik/ *n. Colloquial* a small or insignificant person or thing.

piquant /ˈpikənt/ *adj.* **1.** agreeably pungent or sharp in taste or flavour; biting; tart. **2.** agreeably stimulating, interesting, or attractive. **3.** of a smart or racy character: *piquant wit*. –**piquancy** *n.* –**piquantly** *adv.*

pique /pik/ *v.* **piqued, piquing,** *n.* –*v.t.* **1.** (*often in the passive*) to annoy by hurting one's pride or vanity: *to be piqued at a refusal*. **2.** to excite

piranha or affect with interest, curiosity, etc. –*n*. **3.** anger, resentment, or ill feeling over some slight offence or from hurt pride.

piranha /pəˈranə/ *n*. any small (hand-sized) South American fish of the subfamily Serraosalminae, noted for voracious habits, and despite their small size, dangerous even to humans and large animals.

pirate /ˈpaɪrət/ *n*., *v*. **-rated**, **-rating**. –*n*. **1.** someone who robs or does illegal violence at sea. **2.** a pirate ship. **3.** someone who takes and uses the work or idea of someone else without permission. **4.** Also, **pirate radio**. a radio station broadcasting on an unauthorised wavelength, and often operating outside territorial waters or in a foreign country to avoid payment of copyright fees, etc. –*v.t*. **5.** to take and use (someone else's work or idea) without permission. –*v.i*. **6.** to commit or practise piracy. –**piratical** /pɪˈrætɪkəl/ *adj*. –**piratically** *adv*.

pirouette /pɪruˈɛt/ *n*., *v*. **-etted**, **-etting**. –*n*. **1.** a whirling about on one foot or on the points of the toes, as in dancing. –*v.i*. **2.** to perform a pirouette, whirl as on the toes.

piscatorial /pɪskəˈtɔriəl/ *adj*. having to do with fishing or fishery. Also, **piscatory** /ˈpɪskətəri, -tri/.

Pisces /ˈpaɪsiz/ *n*. **1.** the twelfth sign of the zodiac, which the sun enters about 19 February; the Fishes. **2.** a person born under the sign of Pisces, and (according to tradition) exhibiting the typical Pisces personality traits in some degree. –*adj*. **3.** having to do with Pisces. **4.** having to do with such a person or personality trait.

pisci- a word element meaning 'fish'.

piscine /ˈpɪsɪn/ *adj*. having to do with fish.

piss /pɪs/ ‡ *Colloquial* –*v.i*. **1.** to urinate. **2.** to rain heavily: *it was pissing down*. –*n*. **3.** urine. **4.** an act of passing water; urination. **5.** beer. –*adv*. **6.** (an intensifier): *piss awful; piss easy*. –*phr*.
7. all piss and wind, **a.** loquacious but insincere: *he's all piss and wind*. **b.** of little substance: *her speech was all piss and wind*.
8. on the piss, on a drinking spree.
9. piss about (or **around**), to mess about.
10. piss (all) over, to beat or confound utterly.
11. piss in someone's pocket, *Australian, NZ* to behave obsequiously towards someone.
12. piss into the wind, to embark on a futile course of action.
13. piss it in, to do something with ease.
14. piss off, (*used imperatively in dismissal*) go away.
15. piss on, **a.** to drink considerable quantities of liquor, especially beer. **b.** to beat convincingly.
16. piss someone off, **a.** to send someone away. **b.** to annoy someone intensely.
17. take the piss, (sometimes fol. by *out of*) to poke fun.

pissed /pɪst/ ‡ *Colloquial* –*adj*. **1.** drunk. –*phr*. **2. pissed as a newt**, extremely drunk. **3. pissed off**, disgruntled; fed up; thoroughly discontent.

pisspot /ˈpɪspɒt/ ‡ *n*. *Colloquial* a drunkard. Also, **pisshead**.

piss-up /ˈpɪs-ʌp/ ‡ *n*. *Colloquial* an occasion on which a large quantity of alcohol is consumed by a group of people, as at a party, etc.

piss-weak /ˈpɪs-wik/ ‡ *adj*. **1.** inadequate; disappointing; not up to standard. **2.** of weak character; cowardly; irresolute. Also, **piss-poor**.

pistachio /pɪsˈtaʃioʊ/ *n*. **-chios**. **1.** the edible greenish kernel of the fruit of a small tree, *Pistacia vera*, of southern Europe and Asia Minor. **2.** the tree itself. **3.** pistachio nut flavour. **4.** light yellowish green. Also, **pistache** /pɪsˈtæʃ/.

pistil /ˈpɪstl/ *n*. *Botany* the ovule-bearing or seed-bearing organ of a flower.

pistol /ˈpɪstl/ *n*., *v*. **-tolled** or *Chiefly US* **-toled**,

pitch

-tolling or *Chiefly US* **-toling**. –*n*. **1.** a short firearm intended to be held and fired with one hand. –*v.t*. **2.** to shoot with a pistol.

piston /ˈpɪstən/ *n*. **1.** a movable disc or cylinder fitting closely within a tube or hollow cylinder, and capable of being driven alternately forwards and backwards in the tube by pressure, as in an internal-combustion engine. **2.** *Music* a pumplike valve used to change the pitch in a cornet or the like.

pit¹ /pɪt/ *n*., *v*. **pitted**, **pitting**. –*n*. **1.** a hole or cavity in the ground. **2.** a covered or concealed excavation in the ground to serve as a trap; pitfall. **3.** *Mining* **a.** an excavation made in digging for some mineral deposit. **b.** the shaft of a coalmine. **c.** the mine itself. **4.** a sunken area in the floor of a garage used for the inspection of vehicles from below. **5.** a hole in the ground used for any of various purposes, as disposal of waste, burning charcoal, making silage, etc. **6.** a hollow or indentation in a surface. **7.** a natural hollow or depression in the body: *the pit of the stomach*. **8.** a small depressed scar such as one of those left on the skin after smallpox. **9.** an enclosure for combats, as of dogs or cocks. **10.** that part of the floor of an exchange devoted to a special kind of business: *the grain pit*. **11.** (in a theatre) **a.** the ground floor of the auditorium. **b.** the part of the ground floor behind the stalls. **c.** the persons occupying this section. **12.** *Athletics* an area, typically slightly sunken and filled with sand, which softens the fall of a long jumper, high jumper, etc. **13.** any of the stalls beside the motor-racing track in which competing cars undergo running repairs, are refuelled, etc., during a race. **14.** *Botany* a thin place in a cell wall affording communication with another cell. –*v.t*. **15.** to mark with pits or depressions. –*v.i*. **16.** to become marked with pits or depressions. **17.** *Pathology* to retain for a time the mark of pressure by the finger, etc., as the skin. –*phr*. **18. pit against**, to set in active opposition, as one against another. **19. the pit**, **a.** the abode of evil spirits and lost souls; hell, or a part of it. **b.** *Surfing Colloquial* the hollow tube of a breaking wave. **20. the pits**, *Colloquial* the most unpleasant or most obnoxious place, circumstance, condition, etc.

pit² /pɪt/ *n*., *v*. **pitted**, **pitting**. –*n*. **1.** the stone of a fruit, as of a cherry, peach, or plum. –*v.t*. **2.** to take out the stone from (a fruit, etc.).

pitch¹ /pɪtʃ/ *v.t*. **1.** to set up or erect (a tent, camp, etc.). **2.** to put, set, or plant in a fixed or definite place or position (as cricket stumps, etc.). **3.** to set or aim at a certain point, degree, level, etc.: *he pitched his hopes too high*. **4.** *Music* to set at a particular pitch, or determine the key or keynote of (a tune, etc.). **5.** to throw, fling or toss. **6.** *Baseball* to deliver (the ball) to the batter. **7.** *Golf* to hit (the ball) so that it rises steeply and rolls little on landing. **8.** *Cards* **a.** to lead (a card of a particular suit), thereby fixing that suit as trumps. **b.** to determine (trumps) thus. **9.** *Building Trades* to dress, work, or place (masonry, etc.). **10.** *Architecture* to build a roof with a certain slope or steepness: *to pitch a roof steeply*. –*v.i*. **11.** to plunge or fall forward or headlong. **12.** to lurch. **13.** to throw, fling, or toss. **14.** to slope downwards; dip. **15.** to plunge with alternate fall and rise of bow and stern, as a ship, aeroplane, etc. (opposed to *roll*). **16.** *Aeronautics* to change the angle which the longitudinal axis makes relative to the horizontal. **17.** to fix a tent or temporary habitation; encamp. **18.** *Golf* to hit the ball so that it rises steeply and does not roll much on landing. **19.** *Baseball* **a.** to deliver the ball to the batter. **b.** to fill the position of pitcher. –*n*. **20.** relative point, position, or degree. **21.** *Acoustics, Music* the apparent predominant frequency of a sound from an acoustical source, musical instrument, etc. **22.** a particular tonal standard with which given notes may be compared in respect to their relative level. **23.** the act or manner of pitching. **24.** a throw or toss. **25.** the pitching movement, or the plunge forward of a ship, aeroplane or the like. **26.** inclination or slope. **27.** degree of inclination or slope; angle. **28.** a sloping part or place. **29. a.** *Sport* the whole area of play, usually of grass, of cricket, football, hockey, etc. **b.** *Cricket* the area between the wickets. **30.** a spot where a person or thing is placed or stationed especially the established location of a stall in a street market or of a street pedlar, singer, etc. **31.** a sales talk. **32.** specific plan of action; way of approaching a problem. **33.** *Geology, Mining* **a.** the angle that a line in the plane makes with a horizontal line in that plane. **b.** in ore deposits, the angle between the axis of the ore shoot and the strike of the vein. **34.** *Mining* **a.** the defined section of a lode assigned to a tributer. **b.** working place in a slope. **35.** *Architecture* the slope or steepness of a roof. **36.** *Machinery* **a.** the distance between corresponding surfaces of adjacent teeth of a gearwheel or the like. **b.** the distance between two things in a regular series, as between threads of a screw, rivets, etc. –*phr.* **37. pitch a line,** to attempt to impress by boastful and sometimes untruthful speech, often as a means of persuading someone to engage in sexual activity. **38. pitch a tale** (or **yarn, etc.**), to tell a story, especially one that is exaggerated or untrue. **39. pitch in,** *Colloquial* **a.** to contribute or join in. **b.** to begin vigorously. **40. pitch into, a.** to attack verbally or physically. **b.** to begin to do or work on. **41. pitch on** (or **upon**), to fix or decide on, often casually or without particular consideration. **42. queer someone's pitch,** *Colloquial* to upset someone's plans.

pitch² /pɪtʃ/ *n.* **1.** any of various dark-coloured tenacious or viscous substances used for covering the seams of vessels after caulking, for making pavements, etc., as the residuum left after the distillation of coal tar (coal-tar pitch), or a product derived similarly from wood tar (wood pitch). **2.** any of certain bitumens, as *mineral pitch* (asphaltum). **3.** any of various resins. **4.** the sap or crude turpentine which exudes from the bark of pines. –*v.t.* **5.** to smear or cover with pitch. –**pitchlike** *adj.* –**pitchy** *adj.*

pitch-black /ˈpɪtʃ-blæk/ *adj.* very black or dark.

pitchblende /ˈpɪtʃblɛnd/ *n.* an impure uraninite, occurring in black pitchlike masses; the principal ore of uranium and radium.

pitcher¹ /ˈpɪtʃə/ *n.* **1.** a container, usually with a handle and spout or lip, for holding and pouring liquids. –*phr.* **2. little pitchers have big ears,** *Colloquial* (an expression used to indicate that children are listening to adult conversation). –**pitcher-like** *adj.*

pitcher² /ˈpɪtʃə/ *n. Baseball* the player who delivers or throws the ball to the batter.

pitcher plant *n.* any of various, often insectivorous, plants with leaves modified into a pitcher-like receptacle, as in some species of *Nepenthes* and *Cephalotus*.

pitchfork /ˈpɪtʃfɔk/ *n.* **1.** a fork for lifting and pitching hay, etc. –*v.t.* **2.** to pitch or throw with or as with a pitchfork.

piteous /ˈpɪtiəs/ *adj.* such as to excite or deserve pity, or appealing strongly for pity; pathetic. –**piteously** *adv.* –**piteousness** *n.*

pitfall /ˈpɪtfɔl/ *n.* **1.** a concealed pit prepared as a trap for animals or humans to fall into. **2.** any trap or danger for the unwary.

pith /pɪθ/ *n.* **1.** the soft, spongy lining of the rind of oranges and other citrus fruits. **2.** *Botany* the central cylinder of parenchymatous tissue in the stems of dicotyledonous plants. **3.** any of various similar inner parts of substances, as the centre of a log, a feather, etc. **4.** the important part; essence. –*v.t.* **5.** to destroy the spinal cord or brain of.

pith helmet *n.* a sunhat, usually domed with a sloping brim, made of pith, and formerly much worn by Europeans in tropical countries; topee.

pithy /ˈpɪθi/ *adj.* **-ier, -iest. 1.** full of vigour, substance, or meaning; terse; forcible: *a pithy criticism.* **2.** of, like, or abounding in pith. –**pithily** *adv.* –**pithiness** *n.*

pitiable /ˈpɪtiəbəl/ *adj.* **1.** deserving to be pitied; such as justly to excite pity; lamentable; deplorable. **2.** such as to excite a contemptuous pity; miserable; contemptible. –**pitiableness** *n.* –**pitiably** *adv.*

pitiful /ˈpɪtəfəl/ *adj.* **1.** such as to excite or deserve pity: *a pitiful fate.* **2.** such as to excite contempt by smallness, poor quality, etc.: *pitiful attempts.* **3.** full of pity or compassion; compassionate. –**pitifully** *adv.* –**pitifulness** *n.*

pitta /ˈpɪtə/ *n.* any of several species of small, brightly coloured, ground-dwelling birds of the genus *Pitta* of northern and eastern Australia.

pittance /ˈpɪtns/ *n.* **1.** a small allowance or sum for living expenses. **2.** a scanty income or remuneration. **3.** any small portion or amount.

pittosporum /pəˈtɒspərəm/ *n.* any tree or shrub of the large genus *Pittosporum* of Asia, Africa, and Australasia, as the sweet-scented *P. undulatum* of eastern Australia which has white bell-shaped flowers and orange fruit.

Pitt Street farmer *n.* one who owns a country property, often for tax loss purposes, but who lives and works in Sydney. Compare **Collins Street cocky, Queen Street bushie**.

pituitary /pəˈtjuətri, -təri/ *n.* **-taries.** *Anatomy* → **pituitary gland**.

pituitary gland *n. Anatomy* a small, oval, endocrine gland attached to the base of the brain and situated in a depression of the sphenoid bone, which secretes several hormones, and was formerly supposed to secrete mucus. Also, **pituitary body**.

pity /ˈpɪti/ *n.* **pities,** *v.* **pitied, pitying.** –*n.* **1.** sympathetic or kindly sorrow excited by the suffering or misfortune of another, often leading one to give relief or aid or to show mercy: *to weep from pity, to take pity on a person.* **2.** a cause or reason for pity, sorrow, or regret: *what a pity you could not go!* –*v.t.* **3.** to feel pity or compassion for; be sorry for; commiserate. –**pityingly** *adv.* –**pitiless** *adj.*

pivot /ˈpɪvət/ *n.* **1.** a pin or shaft on the end of which something rests and turns. **2.** a thing or person on which something turns or depends. **3.** *Rugby Union* a half-back. –*v.i.* **4.** to turn on or as on a pivot. –*v.t.* **5.** to join by, or provide with, a pivot.

pixel /ˈpɪksəl/ *n. Computers* the smallest element of a graphic image which can be produced in a VDU.

pixie /ˈpɪksi/ *n.* **1.** a fairy or sprite. –*phr.* **2. away** (or **off**) **with the pixies,** *Australian Colloquial* no longer in tune with reality. Also, **pixy**.

pizazz /pəˈzæz/ *n.* Originally *US* panache; zest; verve. Also, **pizzazz**.

pizza /ˈpitsə, ˈpɪtsə/ *n.* an Italian dish made from yeast dough covered with tomato, grated cheese, anchovies, olives, etc.

pizzicato /pɪtsəˈkatoʊ/ *adj. Music* **1.** played by plucking the strings with the finger instead of using the bow, as on a violin. –*n.* **2.** a note or passage so played.

placard /'plækəd/ *n.* **1.** a written or printed notice to be posted in a public place; a poster. *–v.t.* **2.** to post placards on or in. **3.** to give notice of by means of placards. **4.** to post as a placard. **–placarder** *n.*

placate /plə'keɪt/ *v.t.* **-cated, -cating.** to appease; pacify. **–placation** *n.* **–placable** /'plækəbəl/ *adj.* **–placability** /,plækə'bɪlətɪ/ *n.*

place /pleɪs/ *n., v.* **placed, placing.** *–n.* **1.** a particular portion of space, of definite or indefinite extent. **2.** space in general (chiefly in connection with *time*). **3.** the portion of space occupied by anything. **4.** a space or spot, set apart or used for a particular purpose: *a place of worship.* **5.** any part or spot in a body or surface: *a decayed place in a tooth.* **6.** a particular passage in a book or writing. **7.** a space or seat for a person, as in a theatre, train, etc. **8.** the space or position customarily or previously occupied by a person or thing. **9.** position, situation, or circumstances: *if I were in your place.* **10.** a proper or appropriate location or position: *try to keep everything in its place.* **11.** a short street, a court, etc.: *Martin Place.* **12.** a job, post, or office. **13.** a function or duty. **14.** position or standing in the social scale, or in any order of merit, estimation, etc. **15.** official employment or position. **16.** a region. **17.** an open space, or square, in a city or town. **18.** an area, especially one designated as an entity and identifiable by name, used for habitation, as a city, town, or village. **19.** a building. **20.** a part of a building. **21. a.** a residence, dwelling, or house. **b.** a property (def. 3) comprising land, buildings, residence, etc. **22.** stead or lieu: *use water in place of milk.* **23.** a step or point in order of proceeding: *in the first place.* **24.** a fitting opportunity: *a wedding is not the place for long speeches.* **25.** a reasonable ground or occasion: *neither the time nor the place.* **26.** *Arithmetic* **a.** the position of a figure in a series, as in decimal notation. **b.** (*plural*) the figures of the series. **27.** *Sport* **a.** a position among the leading competitors, usually the first three, at the finish of a race. **b.** the position of the second or third (opposed to *win*). *–v.t.* **28.** to put in a particular place; set. **29.** to put in an appropriate position or order. **30.** to put into a suitable or desirable place for some purpose, as money for investment, an order or contract, etc. **31.** to fix (confidence, esteem, etc.) in a person or thing. **32.** to appoint (a person) to a post or office. **33.** to find a place, situation, etc., for (a person). **34.** to determine or indicate the place of. **35.** to assign a certain position or rank to. **36.** to direct or aim with precision. **37.** to assign a position to (a horse, etc.) among the leading competitors, usually the first three, at the finish of a race, competition, etc. **38.** to put or set in a particular place, position, situation, or relation. **39.** to identify by connecting with the proper place, circumstances, etc.: *to be unable to place a person.* **40.** to sing or speak with consciousness of the bodily point of emphasis of resonance of each note or register. *–v.i.* **41.** *Racing* to finish among the three placegetters, usually second; to be placed. *–phr.* **42. give place to, a.** to make room for. **b.** to be superseded by. **43. go places,** *Colloquial* to be successful in one's career. **44. in place,** (of a program, policy, enterprise, etc.) operating or functional. **45. know one's place,** to recognise one's (low) social rank and behave accordingly. **46. out of place, a.** not in the proper position. **b.** inappropriate; unsuitable. **47. pride of place,** the highest or most important position. **48. put someone in their place,** to humble an arrogant person. **49. take one's place,** to sit down, or take up a position, as of right. **50. take place,** to happen. **51. take the place of,** to be a substitute for; oust. **–placer** *n.*

placebo /plə'siboʊ/ *n.* **-bos** *or* **-boes. 1.** *Medicine* a medicine which performs no physiological function but may benefit the patient psychologically. **2.** *Roman Catholic Church* the vespers of the office for the dead, so called from the initial word of the first antiphon, taken from Psalm 114:9 of the Vulgate.

placenta /plə'sɛntə/ *n.* **-tas** *or* **-tae** /-ti/. **1.** *Zoology, Anatomy* the organ formed in the lining of the mammalian uterus by the union of the uterine mucous membrane with the membranes of the foetus to provide for the nourishment of the foetus and the elimination of its waste products. **2.** *Botany* **a.** the part of the ovary of flowering plants which bears the ovules. **b.** (in ferns, etc.) the tissue giving rise to sporangia. **–placental, placentate** *adj.*

placid /'plæsəd/ *adj.* pleasantly calm or peaceful; unruffled; tranquil; serene. **–placidity** /plə'sɪdətɪ/, **placidness** *n.* **–placidly** *adv.*

placket /'plækət/ *n.* an opening at the top of a skirt, or in a dress or blouse, to facilitate putting it on and taking it off.

plagiarise = plagiarize /'pleɪdʒəraɪz/ *v.* **-rised, -rising.** *–v.t.* **1.** to appropriate by plagiarism. **2.** to appropriate ideas, passages, etc., from by plagiarism. *–v.i.* **3.** to commit plagiarism. **–plagiariser** *n.*

plagiarism /'pleɪdʒərɪzəm/ *n.* **1.** the appropriation or imitation of another's ideas and manner of expressing them, as in art, literature, etc., to be passed off as one's own. **2.** something appropriated and passed off as one's own in this manner. **–plagiarist** *n.* **–plagiaristic** /,pleɪdʒə'rɪstɪk/ *adj.*

plagioclase /'pleɪdʒioʊ,kleɪz, -,kleɪs/ *n.* any of the felspar minerals varying in composition from $NaAlSi_3O_8$ to $CaAl_2Si_2O_8$, important constituents of many igneous rocks.

plague /pleɪg/ *n., v.* **plagued, plaguing.** *–n.* **1.** an epidemic disease of high mortality; a pestilence. **2.** an infectious, epidemic disease, occurring in several forms (**bubonic plague, pneumonic plague** and **septicaemic plague**), known in history as the **Black Death** of the 14th century, the **Great Plague of London** in 1664–65, and the **Oriental Plague** in the 1890s. **3.** an acute infestation of insects, rodents, etc: *a plague of mice.* **4.** an affliction, calamity, or evil, especially one regarded as a visitation from God: *the ten plagues.* **5.** any cause of trouble or vexation. *–v.t.* **6.** to trouble or torment in any manner **7.** to annoy, bother, or pester. **8.** to smite with a plague. **9.** to infect with a plague. **10.** to afflict with any evil. **–plaguer** *n.*

plaid /plæd/ *n.* **1.** any fabric woven of different coloured yarns in a cross-barred pattern. **2.** a pattern of this kind. **3.** a long, rectangular piece of cloth, usually with such a pattern, worn about the shoulders by Scottish Highlanders. *–adj.* **4.** having the pattern of a plaid.

plain /pleɪn/ *adj.* **1.** clear to the eye or ear. **2.** clear to the mind; evident, obvious. **3.** easily understood: *plain talk.* **4.** total; downright: *plain silliness.* **5.** direct; candid. **6.** without special rank, importance, etc.: *plain people.* **7.** not beautiful. **8.** ordinary; simple; unadorned. **9.** (of paper) unruled. **10.** (of food) not rich, or difficult to prepare. **11.** flat; level: *plain country.* **12.** (of knitting) made of plain stitches. *–adv.* **13.** simply; absolutely. **14.** clearly; intelligibly. *–n.* **15.** a large, flat area of land. **16.** the simplest stitch in knitting. **–plainly** *adv.* **–plainness** *n.*

plain-clothes /'pleɪn-kloʊðz/ *adj.* wearing civilian clothes rather than a uniform, as a detective.

plainsong /'pleɪnsɒŋ/ *n.* the unisonal liturgical

plains wanderer

music used in the Christian Church from the earliest times; Gregorian chant. Also, **plainchant**.

plains wanderer *n*. a small, shy, brownish bird, *Pedionomus torquatus*, which prefers to run rather than fly, once common but now infrequently seen in open plains and grasslands of eastern Australia; turkey quail.

plaint /pleɪnt/ *n*. **1.** → **complaint**. **2.** *Law* a statement of grievance made to a court for the purpose of asking redress.

plaintiff /'pleɪntəf/ *n*. *Law* someone who brings an action in a civil case.

plaintive /'pleɪntɪv/ *adj*. expressing sorrow or melancholy discontent; mournful: *plaintive music*. –**plaintively** *adv*. –**plaintiveness** *n*.

plait /plæt/ *n*. **1.** a braid, as of hair or straw. **2.** a pleat or fold, as of cloth. –*v.t.* **3.** to braid (hair, etc.). **4.** to make (a mat, etc.) by braiding. **5.** to pleat (cloth, etc.).

plan /plæn/ *n., v.* **planned, planning**. –*n.* **1.** a scheme or set of ideas for acting. **2.** a design or pattern of arrangement. **3.** a drawing made to scale to represent the top view or a horizontal cut of a building or machine, town, etc. –*v.t.* **4.** to form or arrange a plan for (any work or action). **5.** to draw or make a plan of (a building, etc.). –*v.i.* **6.** to make plans.

planar /'pleɪnə, 'pleɪnɑ/ *adj*. **1.** of or relating to a plane (**plane**¹ defs 1 and 2). **2.** lying in one plane; flat. –**planarity** *n*.

Planck's constant /'plæŋks kɒnstənt/ *n*. *Physics* a universal constant (approx. 6.626×10^{-34} joule seconds) expressing the proportion of the energy of any form of wavelike radiation to its frequency. *Symbol*: h

plane¹ /pleɪn/ *n*. **1.** a flat or level surface. **2.** *Mathematics* a surface such that the straight line joining any two separate points in it lies completely within it. **3.** a level of character, existence, development, etc.: *a high moral plane*. **4.** an aeroplane or hydroplane. –*adj.* **5.** flat or level, as a surface. **6.** of plane figures: *plane geometry*. –**planeness** *n*.

plane² /pleɪn/ *n., v.* **planed, planing**. –*n.* **1.** a tool with an adjustable blade for paring, truing, smoothing, or finishing the surface of wood, etc. **2.** a tool resembling a trowel for smoothing the surface of the clay in a brick mould. –*v.t.* **3.** to smooth or dress with or as with a plane or a planer. –*v.i.* **4.** to work with a plane. **5.** to function as a plane. –*phr.* **6. plane away** (or **off**), to remove by or as by means of a plane.

planet /'plænət/ *n*. **1.** *Astronomy* **a.** a solid body revolving around the sun, or a similar body revolving around a star other than the sun; planets are only visible by reflected light. **b.** (originally) a celestial body moving in the sky, as distinguished from a fixed star, formerly applied also to the sun and moon. **2.** *Astrology* a heavenly body regarded as exerting influence on people and events. –**planetary** *adj*.

plangent /'plændʒənt/ *adj*. **1.** beating or dashing, as waves. **2.** resounding loudly. –**plangency** *n*.

planigale /'plænəgeɪl/ *n*. any of the flat-skulled dasyurids of the genus *Planigale*, which includes the smallest known marsupials.

plank /plæŋk/ *n*. **1.** a long, flat piece of timber thicker than a board. **2.** timber in such pieces. **3.** something to stand on or to cling to for support. **4.** a principle forming part of a political platform. –*v.t.* **5.** to lay, cover, or furnish with planks. **6.** *US* to cook (and usually to serve) meat or fish on a special wooden board of well-seasoned hardwood, of long or oval shape. –*phr.* **7. plank down**, *Australian Colloquial* **a.** to lay or put down. **b.** to pay out. **8. walk the plank**, to be compelled, as by pirates, to walk to one's death by stepping off a plank extending from a ship's side over the water.

plankton /'plæŋktən/ *n*. the small animal and plant organisms that float or drift in the water, especially at or near the surface. –**planktonic** /plæŋk'tɒnɪk/ *adj*.

plant /plænt, plant/ *n*. **1.** any member of the vegetable group of living organisms. **2.** a herb or other small vegetable growth, in contrast to a tree or a shrub. **3.** a seedling. **4.** the machinery, tools, etc., and often the buildings, needed to carry on any industrial business. **5.** *Colloquial* **a.** something or someone used to trap (criminals, etc.). **b.** a spy. –*v.t.* **6.** to put (seeds, trees, etc.) in the ground for growth. **7.** to fix (ideas, feelings, etc.) in someone's mind. **8.** to put or set firmly in place. **9.** *Colloquial* to deliver (a blow, etc.). **10.** to locate; situate. **11.** *Colloquial* to hide (stolen goods). **12.** to place (evidence) so that its discovery will make an innocent person appear guilty.

plantain /'plænteɪn/ *n*. **1.** a tropical herbaceous plant, *Musa paradisiaca*. **2.** its fruit, very similar to the banana, usually requiring cooking.

plantar /'plæntə/ *adj*. having to do with the sole of the foot.

plantation /plæn'teɪʃən/ *n*. **1.** a farm or estate, especially in a tropical or subtropical country, on which cotton, tobacco, coffee, sugar, or the like is cultivated, usually by resident labourers. **2.** a group of planted trees or plants.

plaque /plak, plæk/ *n*. **1.** a plate or tablet of metal, porcelain, etc., as on a wall or set in a piece of furniture, for ornamentation or, if inscribed, commemoration. **2.** a platelike brooch or ornament, especially one worn as the badge of an honorary order. **3.** *Anatomy, Zoology* a small flat, rounded formation or area, as a deposit of fibrous matter in the wall of a blood vessel, or localised patch of skin disease. **4.** *Dentistry* a film on teeth harbouring bacteria.

-plasia a word element meaning 'biological cellular growth', as in *hypoplasia*. Also, **-plasy**.

-plasm a word element used as a noun termination meaning 'something formed or moulded' in biological and other scientific terms, as in *bioplasm, metaplasm, neoplasm, protoplasm*.

plasma /'plæzmə/ *n*. **1.** *Physiology* the liquid part of blood or lymph, as distinguished from the corpuscles. **2.** *Biology* → **protoplasm**. **3.** → **whey**. **4.** a green, faintly translucent chalcedony. **5.** *Physics* a highly ionised gas which, because it contains an approximately equal number of positive ions and electrons, is electrically neutral and highly conducting. Also, **plasm** /'plæzəm/. –**plasmatic** /plæz'mætɪk/, **plasmic** *adj*.

-plast a word element used as a noun termination, meaning 'formed', 'moulded', especially in biological and botanical terms, as in *bioplast, chloroplast, mesoplast, protoplast*.

plaster /'plastə/ *n*. **1.** a pasty composition, as of lime, sand, water, and often hair, used for covering walls, ceilings, etc., where it hardens in drying. **2.** gypsum powdered but not calcined. **3.** calcined gypsum (**plaster of Paris**), a white powdery material which swells when mixed with water and sets rapidly, used for making casts, moulds, etc. **4.** a solid or semisolid preparation for spreading upon cloth or the like and applying to the body for some remedial or other purpose. **5.** → **sticking plaster**. –*v.t.* **6.** to cover (walls, etc.) with plaster. **7.** to treat with gypsum or plaster of Paris. **8.** to lay flat like a layer of plaster. **9.** to daub or fill with plaster or something similar. **10.** to apply a plaster to (the body, etc.). **11.** to overspread with anything, especially thickly or to excess: *a wall plastered with posters*. **12.** *Colloquial* to hit hard and often. **13.** *Colloquial* to bomb heavily. –**plasterer** *n*. –**plastering** *n*. –**plastery** *adj*.

plastic

plastic /'plæstɪk/ *adj.* **1.** concerned with or relating to moulding or modelling: *plastic arts.* **2.** able to be moulded or to receive form: *plastic substances.* **3.** Also, **anaplastic**. *Surgery* concerned with or relating to the fixing or changing of badly formed, injured, or lost parts: *plastic surgery.* **4.** able to be moulded; pliable: *the plastic mind of youth.* **5.** made of or containing plastic: *a plastic bag.* –*n.* **6.** any of a group of chemically-produced or natural materials which may be shaped when soft and then hardened, such as resins, polymers, etc. –**plasticity** /plæs'tɪsəti/ *n.* –**plastically** *adv.*

-plastic a word element forming adjectives related to **-plast**, as in *protoplastic*.

plasticine /'plæstəsin/ *n.* a plastic modelling compound, in various colours.

plastic money *n. Colloquial* credit cards collectively. Also, **plastic**.

plastic surgery *n.* surgery which attempts to remodel malformed or damaged parts of the body.

-plasty a word element used as a noun termination meaning 'formation', occurring in the names of processes of plastic surgery, as *autoplasty, cranioplasty, dermatoplasty, neoplasty, rhinoplasty,* and occasionally in other words, as *galvanoplasty*.

-plasy variant of **-plasia**.

plate /pleɪt/ *n., v.* **plated, plating.** –*n.* **1.** a shallow, usually circular dish, now usually of earthenware or porcelain, from which food is eaten. **2.** a service of food for one person at the table. **3.** an entire course: *a cold plate.* **4.** *Australian, NZ* a plate of sandwiches, cakes, etc., prepared and brought to a party or similar social occasion. **5.** domestic dishes, utensils, etc., of gold or silver. **6.** a dish, as of metal or wood, used for collecting offerings in a church, etc. **7.** a thin, flat sheet or piece of metal or other material, especially of uniform thickness. **8.** metal in such sheets. **9.** a flat, polished piece of metal on which something may be or is engraved. **10.** *Printing* a sheet of metal for printing from, formed by stereotyping or electrotyping a page of type, or metal or plastic formed by moulding, etching, or photographic development. **11.** a printed impression from such a piece, or from some similar piece, as a woodcut. **12.** a full-page inserted illustration forming part of a book. **13.** *Dentistry* a piece of metal, vulcanite, or plastic substance, with artificial teeth or a wire attached. **14.** → **plate glass**. **15.** *Photography* a sensitised sheet of glass, metal, film, etc., on which to take a photograph or make a reproduction by photography. **16.** *Anatomy, Zoology, etc.* a platelike part, structure, or organ. **17.** *Geology* one of a number of major areas of the earth's crust, the boundaries of which are generally ocean ridges or deep trenches; each plate is capable of moving as a rigid unit. **18.** a gold or silver cup or the like, or guaranteed prize money, awarded as a prize in horseracing, etc. –*v.t.* **19.** to coat (metal) with a thin film of gold, silver, nickel, etc., by mechanical or chemical means. **20.** to cover or overlay with metal plates for protection, etc. **21.** *Printing* to make a stereotype or electrotype plate from (type). –*phr.* **22. on a plate,** (of something offered) capable of being taken without effort. **23. on one's plate,** waiting to be dealt with; pending. –**platelike** *adj.*

plateau /'plætoʊ/ *n.* **-eaus** or **-eaux**, /'plætoʊz/ *v.* –*n.* **1.** a tabular surface of high elevation, often of considerable extent. **2.** *Psychology* a period of little or no progress in an individual's learning, marked by temporary constancy in speed, number of errors committed, etc., and indicated by a flat stretch on a graph. **3.** any period of minimal growth or decline. –*v.i.* **4.** (of prices, costs, etc.) to reach a plateau (def. 3).

play

plateau indexation *n.* a form of indexation in which wages below a certain value are increased on a proportional basis, and wages above that value by a fixed amount.

plate glass /pleɪt 'glas/ *n.* a soda-lime-silica glass formed by rolling the hot glass into a plate which is subsequently ground and polished; used in large windows, mirrors, etc.

platelet /'pleɪtlət/ *n. Physiology* a microscopic disc occurring in profusion in the blood, and acting as an important aid in coagulation.

platform /'plætfɔm/ *n.* **1.** raised flooring, as in a hall, for use by public speakers, performers, etc. **2.** a raised area alongside the tracks of a railway station. **3.** the open entrance area at the end of a bus, etc. **4.** a flat elevated piece of ground. **5.** the body of principles which a political party uses to appeal to the public. **6.** a thick sole on a shoe.

plating /'pleɪtɪŋ/ *n.* **1.** a thin coating of gold, silver, etc. **2.** an external layer of metal plates.

platinum /'plætənəm/ *n.* **1.** *Chemistry* a heavy, greyish white, highly malleable and ductile metallic element, resistant to most chemicals, practically unoxidisable save in the presence of bases, and fusible only at extremely high temperatures, used especially for making chemical and scientific apparatus, as a catalyst in the oxidation of ammonia to nitric acid, and in jewellery. Symbol: Pt; *relative atomic mass*: 195.09; *at. no.*: 78; *density*: 21.5 at 20°C. **2.** a light metallic grey with very slight bluish tinge when compared with silver. –**platinic** /plə'tɪnɪk/ *adj.*

platitude /'plætətjud/ *n.* a flat, dull, or trite remark, especially one uttered as if it were fresh and profound. –**platitudinous** /plætə'tjudənəs/ *adj.*

platoon /plə'tun/ *n.* **1.** a military sub-unit consisting of two or more sections, being part of a company. **2.** a company or group of persons.

platter /'plætə/ *n.* **1.** a large, shallow dish, commonly oval, for holding or serving meat, etc. **2.** *Music Colloquial* a record (def. 17). –*phr.* **3. on a platter,** (of something offered) capable of being taken without effort.

platyhelminth /plæti'hɛlmɪnθ/ *n.* a member of the Platyhelminthes, the phylum of flatworms, having bilateral symmetry and a soft, solid, usually flattened body, including the planarians, flukes, tapeworms, and others.

platypus /'plætəpəs/ *n.* **-puses**. an amphibious, egg-laying monotreme, *Ornithorhynchus anatinus*, of mainland Australia and Tasmania, 45-60 cm in total length, having webbed feet and a muzzle like the bill of a duck; duckbill.

plaudit /'plɔdət/ *n. (usually plural)* **1.** a demonstration or round of applause, as for some approved or admired performance. **2.** any enthusiastic expression of approval.

plausible /'plɔzəbəl/ *adj.* **1.** having an appearance of truth or reason; seemingly worthy of approval or acceptance: *a plausible story*. **2.** fair-spoken and apparently worthy of confidence: *a plausible adventurer*. –**plausibility** /plɔzə'bɪləti/, **plausibleness** *n.* –**plausibly** *adv.*

play /pleɪ/ *n.* **1.** a dramatic composition or piece; a drama. **2.** a dramatic performance, as on the stage. **3.** exercise or action by way of amusement or recreation. **4.** fun, jest, or trifling, as opposed to earnest: *he said it merely in play*. **5.** the playing, or carrying on, of a game. **6.** manner or style of playing. **7.** the state, as of a ball, of being played with or in use in the active playing of a game: *in play; out of play*. **8.** action, activity, or operation: *the play of fancy*. **9.** brisk movement or action: *a fountain with a leaping play of water*. **10.** elusive change, as of light or colours. **11.** a space in which a thing, as a piece of mechanism, can move. **12.** freedom of movement, as within a

space, as of a part of a mechanism. **13.** freedom for action, or scope for activity: *full play of the mind.* **14.** an act or performance in playing: *a stupid play in a game of football.* **15.** turn to play: *it is your play.* –*v.t.* **16.** to act the part of (a character) in a dramatic performance: *to play Lady Macbeth.* **17.** to perform (a drama, etc.) on or as on the stage. **18.** to sustain the part or character of in real life: *to play the innocent.* **19.** to give performances in, as a theatrical company does: *to play the larger cities.* **20.** to engage in (a game, pastime, etc.). **21.** to contend against in a game. **22.** to employ (a player, etc.) in a game. **23.** to move or throw (an object) in a game: *he played the card reluctantly.* **24.** to use as if in playing a game, as for one's own advantage: *play off one person against another.* **25.** to stake or wager, as in playing. **26.** to lay a wager or wagers on (something). **27.** to represent or imitate in sport: *to play school.* **28.** to perform on (a musical instrument). **29.** to perform (music) on an instrument. **30.** to do, perform, bring about, or execute: *to play tricks.* **31.** to cause to move or change lightly or quickly: *play coloured lights on a fountain.* **32.** to operate, or cause to operate, especially continuously or with repeated action: *to play a hose on a fire.* **33.** to allow (a hooked fish) to exhaust itself by pulling on the line. –*v.i.* **34.** to exercise or employ oneself in diversion, amusement, or recreation. **35.** to do something only in sport, which is not to be taken seriously. **36.** to take part or engage in a game. **37.** to take part in a game for stakes; gamble. **38.** to act, or conduct oneself, in a specified way: *to play fair.* **39.** to act on or as on the stage; perform. **40.** to perform on a musical instrument. **41.** (of the instrument or the music) to sound in performance. **42.** to move freely, as within a space, as a part of a mechanism. **43.** to move about lightly or quickly. **44.** to present the effect of such motion, as light or the changing colours of an iridescent substance. **45.** to operate continuously or with repeated action, often on something: *the noise played on his nerves.* **46.** to function during play: *the wicket played well at first.* –*phr.* **47. play around**, *Colloquial* **a.** to be sexually unfaithful to one's partner. **b.** to be sexually promiscuous. **c.** to engage in sexual play or sexual intercourse.
48. play at, to take part in (a game, hobby, etc.), often without serious attention.
49. play back, to reproduce (sound, music, vision, etc.) which has just been recorded.
50. play ball, to cooperate.
51. play cat and mouse, **a.** to delay the inevitable defeat of an opponent so as to enjoy observing their struggles and discomfiture. **b.** (in racing) to speed up and slow down as a tactic to gain an advantage over the rest of the field.
52. play down, to minimise the importance of.
53. play for time, to gain time for one's own purposes by prolonging something unduly.
54. play into the hands of, to act in such a way as to give an advantage to.
55. play it by ear, to handle a situation as it arises and without a set plan.
56. play it close to the chest, to act without confiding in others involved.
57. play it cool, *Colloquial* to act cautiously.
58. play off, to play an extra game or round in order to settle (a tie).
59. play on, **a.** *Sport* to continue play. **b.** *Cricket* to hit the ball onto one's own wicket and thus be dismissed. **c.** *Cricket* (of a team) to play a second innings immediately after a bad first innings. **d.** *Australian Rules* to kick, handball, or run with the ball, without either waiting for the umpire's decision or going back to take a free kick.
60. play on (or **upon**), to work on (the feelings, weaknesses, etc., of another) for one's own purposes: *to play on someone's emotions.*
61. play out, **a.** (in a game when no result appears possible or one side is convincingly ahead) to play throughout without attempting to score: *to play out time.* **b.** to bring to an end; use up.
62. play silly buggers, *Colloquial* to act the fool.
63. play the ball, *Rugby League* to restart the play after being tackled by tapping the ball back with one's foot to the dummy half.
64. play the field, **a.** to have as many flirtations as possible. **b.** to keep oneself open to advantage from a number of sources.
65. play the fool, to behave in a foolish or frivolous manner.
66. play the game, *Colloquial* **a.** to play in accordance with the rules. **b.** to perform one's part.
67. play through, *Golf* (of a group of players) to catch up to the group of players in front and with their permission pass them and play ahead.
68. play up, **a.** to behave naughtily or annoyingly. **b.** *Colloquial* to philander. **c.** (of a machine) to malfunction intermittently. **d.** (of a part of the body) to malfunction or cause pain, especially as a result of chronic disease or permanent disability.
69. play up to, to attempt to get into the favour of.
70. play with, to amuse oneself or toy with; trifle with.
71. play with oneself, to masturbate.

playback /'pleɪbæk/ *n.* **1.** the reproduction of sound, music, vision, etc., which has just been recorded. –*adj.* **2.** having to do with a device used in reproducing such a recording: *a hi-fi playback system.*

playboy /'pleɪbɔɪ/ *n.* a wealthy, carefree man who spends most of his time at parties, nightclubs, etc.

player piano *n.* a piano played by machinery controlled by two pedals which, when operated by the performer, pump a pneumatic mechanism that turns a paper roll provided with perforations which cause air pressure to move the piano keys in a predetermined order and combination; pianola.

playful /'pleɪfəl/ *adj.* **1.** full of play; sportive; frolicsome. **2.** pleasantly humorous: *a playful remark.* –**playfully** *adv.* –**playfulness** *n.*

playhouse /'pleɪhaʊs/ *n.* **1.** a theatre. **2.** a cubbyhouse.

playing card *n.* **1.** one of the conventional set of 52 cards, in 4 suits (diamonds, hearts, spades, and clubs), used in playing various games of chance and skill. **2.** one of any set or pack of cards used in playing games.

play-off /'pleɪ-ɒf/ *n.* the playing off of a tie, as in games or sports.

plaything /'pleɪθɪŋ/ *n.* **1.** a thing to play with; a toy. **2.** a person used without consideration for the gratification of another.

playwright /'pleɪraɪt/ *n.* a writer of plays; a dramatist.

plaza /'plazə/ *n.* a public square or open space in a city or town.

plea /pli/ *n.* **1.** an appeal or entreaty: *a plea for mercy.* **2.** that which is alleged, urged, or pleaded in defence or justification. **3.** an excuse; a pretext. **4.** *Law* **a.** an allegation made by, or on behalf of, a party to a legal suit, in support of his or her claim or defence. **b.** (in courts of equity) a plea which admits the truth of the declaration, but alleges special or new matter in avoidance. **c.** a suit or action at law: *to hold pleas (to try actions* *at law*).

plead /pliːd/ *v.* **pleaded** *or* **plead** /plɛd/ *or* **pleading.** *–v.i.* **1.** to beg; make an appeal. **2.** to use arguments for or against something. **3.** *Law* to make any plea in an action at law. *–v.t.* **4.** to claim in defence or excuse: *to plead ignorance*. **5.** *Law* to present (a cause, etc.) by argument before a court. **–pleadable** *adj.* **–pleader** *n.*

pleasant /'plɛzənt/ *adj.* **1.** pleasing, agreeable, or affording enjoyment; pleasurable: *pleasant news*. **2.** (of persons, manners, disposition, etc.) agreeable socially. **3.** (of weather, etc.) fair. **4.** jocular or facetious. **–pleasantly** *adv.* **–pleasantness** *n.*

pleasantry /'plɛzəntri/ *n.* **-tries. 1.** good-humoured raillery; pleasant humour in conversation. **2.** a humorous or jesting remark or action. **3.** a conventional, polite remark: *they exchanged pleasantries*.

please /pliːz/ *v.* **pleased, pleasing.** *–v.t.* **1.** to act to the pleasure or satisfaction of: *to please the public*. **2.** to be the pleasure or will of; seem good to: *may it please God*. *–v.i.* **3.** to be agreeable; give pleasure or satisfaction. **4.** to find something agreeable; like, wish or choose: *go where you please*. *–interj.* **5.** (as a polite addition to requests, etc.) if you are willing: *please come here*. *–phr.* **6. if you please, a.** if you like; if it be your pleasure. **b.** (an expression indicating surprise or disapproval): *in his pocket, if you please, was the letter*.

pleasurable /'plɛʒərəbəl/ *adj.* such as to give pleasure; agreeable; pleasant. **–pleasurableness** *n.* **–pleasurably** *adv.*

pleasure /'plɛʒə/ *n., v.* **-ured, -uring.** *–n.* **1.** a condition or feeling of being pleased. **2.** worldly or silly enjoyment: *the pursuit of pleasure*. **3.** satisfaction to the senses. **4.** a cause of enjoyment. **5.** one's desire or choice: *what is your pleasure?* *–v.t.* **6.** to give pleasure to; gratify.

pleat /pliːt/ *n.* **1.** a fold, usually of definite even width, made by doubling cloth or the like upon itself, and pressing, stitching, or otherwise fastening in place. *–v.t.* **2.** to fold or arrange in pleats.

pleb /plɛb/ *n.* **1.** one of the common people. **2.** *Colloquial* a commonplace or vulgar person. *–adj.* **3.** *Colloquial* vulgar, commonplace.

plebeian /plə'biːən/ *adj.* **1.** belonging or relating to the ancient Roman plebs. **2.** belonging or relating to the common people. **3.** common, commonplace, or vulgar. *–n.* **4.** a member of the Roman plebs. **5.** a plebeian person. **–plebeianism** *n.*

plebiscite /'plɛbəsaɪt, -sət/ *n.* **1.** a direct vote of the qualified electors of a state in regard to some important public question. **2.** the vote by which the people of a political unit determine autonomy or affiliation with another country.

plectrum /'plɛktrəm/ *n.* **-trums** *or* **-tra** /-trə/. a small piece of wood, metal, ivory, etc., for plucking strings of a lyre, mandolin, guitar, etc.

pledge /plɛdʒ/ *n., v.* **pledged, pledging.** *–n.* **1.** a solemn promise; vow. **2.** a piece of personal property given as a security for the payment of a debt. **3.** the condition of being given or held as security: *to put a thing in pledge*. **4.** anything given or seen as a security of something. **5.** a statement of support shown by drinking a person's health; toast. *–v.t.* **6.** to bind by or as if by a pledge. **7.** to promise solemnly to give, maintain, etc. **8.** to give or leave as a pledge; pawn. **9.** to vow, as one's honour, etc. **10.** to give a pledge for. **11.** to drink a pledge to. **–pledger** *n.*

-plegia a word element used as a noun termination in pathological terms denoting forms of paralysis, as in *paraplegia*.

Pleistocene /'plaɪstoʊsiːn/ *adj., n. Geology* (relating to) the earlier division of the Quaternary period, following the Pliocene and before the Recent; ice age.

plenary /'pliːnəri/ *adj.* **1.** full; complete; entire; absolute; unqualified. **2.** attended by all qualified members, as a council; fully constituted. **3.** (of a conference session) scheduled without parallel sessions, and so likely to be attended by most of those registered as participants, usually to hear a prominent invited speaker. **–plenarily** *adv.*

plenipotentiary /ˌplɛnəpə'tɛnʃəri/ *n.* **-ries**, *adj.* *–n.* **1.** a person, especially a diplomatic agent, invested with full power or authority to transact business. *–adj.* **2.** invested with full power or authority, as a diplomatic agent. **3.** absolute or full, as power.

plenitude /'plɛnətjuːd/ *n.* fullness in quantity, measure, or degree; abundance.

plenteous /'plɛntiəs/ *adj.* **1.** plentiful; copious; abundant: *a plenteous supply of corn*. **2.** yielding abundantly. **–plenteously** *adv.* **–plenteousness** *n.*

plentiful /'plɛntəfəl/ *adj.* existing in great plenty; abundant. **–plentifully** *adv.* **–plentifulness** *n.*

plenty /'plɛnti/ *n.* **-ties**, *adj., adv.* *–n.* **1.** a full or abundant supply: *there is plenty of time*. **2.** abundance: *resources in plenty*. **3.** a time of abundance. *–adj.* **4.** *Chiefly Colloquial* (usu. in the predicate) existing in ample quantity or number: *this is plenty*. *–adv.* **5.** *Colloquial* fully: *plenty good enough*.

plethora /'plɛθərə/ *n.* overfullness; superabundance.

pleur- a word element meaning 'side', 'pleura', or sometimes 'rib'. Also (*before consonants*), **pleuro-**.

pleura /'plʊərə/ *n. Anatomy* **pleurae** /'plʊəriː/. a delicate serous membrane investing each lung in mammals and folded back as a lining of the corresponding side of the thorax. **–pleural** *adj.*

pleurisy /'plʊərəsi/ *n. Pathology* inflammation of the pleura, with or without a liquid effusion. **–pleuritic** /plʊ'rɪtɪk/ *adj.*

plexus /'plɛksəs/ *n.* **plexuses** *or* **plexus**. a network, as of nerves or blood vessels. **–plexal** *adj.*

pliable /'plaɪəbəl/ *adj.* **1.** easily bent; flexible; supple. **2.** easily influenced; yielding; adaptable. **–pliability** /plaɪə'bɪləti/, **pliableness** *n.* **–pliably** *adv.*

pliant /'plaɪənt/ *adj.* **1.** bending readily; flexible; supple. **2.** easily inclined or influenced; yielding; compliant. **–pliancy, pliantness** *n.* **–pliantly** *adv.*

pliers /'plaɪəz/ *pl. n.* small pincers with long jaws, for bending wire, holding small objects, etc.

plight¹ /plaɪt/ *n.* condition, state, or situation (usually bad).

plight² /plaɪt/ *v.t.* to give in pledge; pledge (one's honour, etc.). **–plighter** *n.*

Plimsoll line /'plɪmsəl laɪn/ *n.* a line or mark required to be placed on the hull of all British merchant vessels, showing the depth to which they may be submerged through loading. Also, **Plimsoll mark**.

plinth /plɪnθ/ *n. Architecture* **1.** the lower square part of the base of a column. **2.** a square base or a lower block, as of a pedestal. **3.** a course of stones, as at the base of a wall, forming a continuous plinthlike projection. **–plinthlike** *adj.*

Pliocene /'plaɪoʊsiːn/ *adj., n. Geology* (relating to) the latest principal division of the Tertiary period, coming after the Miocene, and before the Pleistocene. Also, **Pleiocene**.

plod /plɒd/ *v.* **plodded, plodding**, *n.* *–v.i.* **1.** to walk heavily; trudge; move laboriously. **2.** to work with dull perseverance; drudge. *–n.* **3.** a sound of or as of a heavy tread. **4.** *Colloquial* a police officer. **–plodder** *n.* **–ploddingly** *adv.*

plonk¹ /plɒŋk/ *v.t.* **1.** Also, **plonk down.** to place

plonk or drop heavily or suddenly. –v.i. **2.** Also, **plonk down**. to drop heavily or suddenly. –n. **3.** the act or sound of plonking. –adv. **4.** with a plonking sound.

plonk² /plɒŋk/ n. Colloquial any alcoholic liquor, especially cheap wine.

plop /plɒp/ v. **plopped**, **plopping**, n., adv. –v.i. **1.** to make a sound like that of a flat object striking water without a splash. **2.** to fall plump with such a sound. –n. **3.** a plopping sound or fall. **4.** the act of plopping. –adv. **5.** with a plop.

plot¹ /plɒt/ n., v. **plotted**, **plotting**. –n. **1.** a secret plan or scheme to act for some purpose, usually unlawful or evil. **2.** the plan, scheme, or main story of a play, novel, poem, etc. –v.t. **3.** to plan secretly (something harmful or evil). **4.** to mark on a plan or map, as a ship's course, etc. **5.** to make a plan or map of, as an area of land, a building, etc. **6.** to determine and mark (points or a curve), as on graph paper. –v.i. **7.** to form secret plots; conspire. –**plotter** n.

plot² /plɒt/ n., v. **plotted**, **plotting**. –n. **1.** a small piece or area of ground: *a garden plot*. –v.t. **2.** to divide (land) into plots.

plough /plaʊ/ n. **1.** an agricultural implement for cutting and turning over the soil. **2.** any of various implements resembling this, as a plane for cutting grooves or a device for snow clearance. –v.t. **3.** to make furrows in or turn up (the soil) with a plough. **4.** to make (a furrow, etc.) with a plough. **5.** to furrow, remove, etc., or make (a furrow, groove, etc.) with or as with a plough. **6.** Nautical **a.** to cleave the surface of (the water). **b.** to make (a way) or follow (a course) thus. –v.i. **7.** to till the soil with a plough; work with a plough. –*phr.* **8. plough back**, to reinvest (profits of a business) in that business. **9. plough into**, to attack energetically; throw oneself into. **10. plough through**, **a.** to move through in the manner of a plough. **b.** to work at slowly and with perseverance. **c.** to move through (water) by cleaving the surface. **11. the Plough**, a group of seven stars in the constellation of the Great Bear. Also, *Chiefly US*, **plow**. –**plougher** n.

plover /'plʌvə/ n. any of various small to medium-sized limicoline birds of the family Charadriidae, with a short, straight bill characteristically thickened at the end, and frequenting shores and wet grasslands.

ploy /plɔɪ/ n. a manoeuvre or stratagem, as in conversation, to gain the advantage.

pluck /plʌk/ v.t. **1.** to pull off or out from the place of growth, as fruit, flowers, feathers, etc. **2.** to give a pull at. **3.** to pull with sudden force or with a jerk. **4.** (sometimes fol. by *away*, *off*, *out*, etc.) to pull by force. **5.** to pull off the feathers, hair, etc., from. **6.** Colloquial to rob, plunder, or fleece. **7.** to sound (the strings of a musical instrument) by pulling at them with the fingers or a plectrum. –n. **8.** the act of plucking; a pull, tug, or jerk. **9.** courage or resolution in the face of difficulties. –*phr.* **10. pluck at**, **a.** to pull sharply; tug at. **b.** to snatch at. **11. pluck up**, **a.** to pull up; uproot; eradicate. **b.** to rouse (courage, spirit, etc.). –**plucker** n.

plucky /'plʌki/ adj. **-ier**, **-iest**. having or showing pluck or courage; brave. –**pluckily** adv. –**pluckiness** n.

plug /plʌg/ n., v. **plugged**, **plugging**. –n. **1.** a piece of rubber or plastic for stopping the flow of water from a basin, bath (def. 3), or sink (def. 29). **2.** a piece of wood or other material used to stop up a hole or aperture, to fill a gap, or to act as a wedge. **3.** *Electricity* **a.** a tapering piece of conducting material designed to be inserted between contact surfaces and so establish connection between elements of an electric current connected to the respective surfaces. **b.** a device, usually with three prongs, which by insertion in a socket establishes contact between an electrical appliance and a power supply. **4.** → **spark plug**. **5.** a cake or piece of pressed tobacco. **6.** Colloquial the favourable mention of a product or the like on radio, television, etc.; an advertisement, especially unsolicited. –v.t. **7.** to stop or fill with or as with a plug. **8.** to insert or drive a plug into: *to plug a wall for the hanging of a picture*. **9.** to secure by a plug. **10.** to insert (something) as a plug. **11.** Colloquial to mention (a publication, product or the like) favourably and, often, repetitively as in a lecture, radio show, etc. **12.** Colloquial to shoot. –*phr.* **13. plug away**, Colloquial to work steadily or doggedly. **14. plug in**, to connect (an electrical device) with an outlet. **15. plug on**, Colloquial to work steadily or doggedly. –**plugger** n.

plum /plʌm/ n. **1.** the drupaceous fruit of any of various trees of the rosaceous genus *Prunus*, closely related to the cherry but with an oblong stone. **2.** a tree bearing such fruit. **3.** a raisin as in a cake or pudding. **4.** a deep purple varying from bluish to reddish. **5.** a good or choice thing, as one of the best parts of anything, a fine situation or appointment, etc. –adj. **6.** Colloquial good; choice; excellent. –**plumlike** adj.

plumage /'plumɪdʒ/ n. **1.** the entire feathery covering of a bird. **2.** feathers collectively.

plumb /plʌm/ n. **1.** a small mass of lead or heavy material, used for various purposes. **2.** the position of a plumbline when freely suspended; the perpendicular. –adj. **3.** true according to a plumbline; perpendicular. **4.** Colloquial downright or absolute. –adv. **5.** in a perpendicular or vertical direction. **6.** exactly, precisely, or directly. **7.** Colloquial completely or absolutely. –v.t. **8.** to test or adjust by a plumbline. **9.** to make vertical. **10.** to sound (the ocean, etc.) with, or as with, a plumbline. **11.** to measure (depth) by sounding. **12.** to sound the depths of, or penetrate to the bottom of. –v.i. **13.** Colloquial to work as a plumber. –*phr.* **14. out of plumb**, **a.** not perpendicular. **b.** not functioning properly. Also (*for defs 3–7*), **plum**.

plumbago /plʌm'beɪgoʊ/ n. a genus of annual or perennial plants from warm regions, with blue, white, or pink flowers, including the frequently cultivated southern African climbing shrub *P. capensis*.

plumber /'plʌmə/ n. **1.** someone who installs and repairs piping, fixtures, appliances, and appurtenances in connection with the water supply, drainage systems, etc., both in and out of buildings. **2.** a worker in lead or similar metals.

plumbing /'plʌmɪŋ/ n. **1.** the system of pipes and other apparatus for conveying water, liquid wastes, etc., as in a building. **2.** the work or trade of a plumber. **3.** the act of someone who plumbs, as in ascertaining depth.

plumbline /'plʌmlaɪn/ n. a string to one end of which is attached a metal bob, used to determine perpendicularity, find the depth of water, etc.

plume /plum/ n., v. **plumed**, **pluming**. –n. **1.** a feather. **2.** any plumose part or formation. **3.** a stream of smoke or vapour issuing from a stack and blown by the wind. **4.** a feather, a tuft of feathers, or some substitute, worn as an ornament on the hat, helmet, etc. **5.** an ornament; a token of honour or distinction. –v.t. **6.** to furnish, cover, or adorn with plumes or feathers. **7.** (of a bird) to preen (itself or its feathers). –*phr.* **8. plume oneself**, (sometimes fol. by *on* or *upon*) to display or feel satisfaction with or pride in oneself. –**plumelike** adj. –**plumy** adj.

plummet /'plʌmət/ n. **1.** Also, **plumb-bob**. a piece

plump

of lead or some other weight attached to a line, used for determining perpendicularity, for sounding, etc.; the bob of a plumbline. **2.** *Angling* an apparatus consisting of a weight attached to a line, used to determine the depth of water. **3.** something that weighs down or depresses. –*v.i.* **4.** to plunge.

plump¹ /plʌmp/ *adj.* **1.** well filled out or rounded in form; somewhat fleshy or fat; chubby. –*phr.* **2. plump up** (or **out**), **a.** to become plump. **b.** to make plump: *to plump the cushion up.* **–plumply** *adv.* **–plumpness** *n.*

plump² /plʌmp/ *v.i.* **1.** to fall heavily or suddenly and directly; drop, sink, or come abruptly, or with direct impact. –*v.t.* **2.** to drop or throw heavily or suddenly. –*n.* **3.** a heavy or sudden fall. –*adv.* **4.** with a heavy or sudden fall or drop. **5.** straight. **6.** with direct impact. –*adj.* **7.** direct; downright; blunt. –*phr.* **8. plump for**, to vote exclusively for or choose (one out of a number): *to plump for oil rather than gas heating.*

plunder /'plʌndə/ *v.t.* **1.** to rob by open force, as in war. –*v.i.* **2.** to take plunder. –*n.* **3.** the act of plundering; pillage. **4.** that which is taken in plundering; loot. **–plunderer** *n.* **–plunderage** *n.*

plunge /plʌndʒ/ *v.* **plunged**, **plunging**, *n.* –*v.t.* **1.** to cast or thrust forcibly or suddenly into a liquid, a penetrable substance, a place, etc.; immerse; submerge: *to plunge a dagger into someone's heart.* **2.** to bring into some condition, situation, etc.: *to plunge a country into war.* **3.** to immerse mentally, as in thought. –*v.i.* **4.** to cast oneself, or fall as if cast, into water, a deep place, etc. **5.** *Swimming* to dive headfirst into the water. **6.** to rush or dash with headlong haste: *to plunge through a doorway.* **7.** *Colloquial* to bet or speculate recklessly. **8.** to throw oneself impetuously or abruptly into some condition, situation, matter, etc.: *to plunge into war.* **9.** to descend abruptly or precipitously, as a cliff, a road, etc. **10.** to pitch violently forward, especially with the head downwards, as a horse, ship, etc. –*n.* **11.** the act of plunging. **12.** a leap or dive into water or the like. **13.** a headlong or impetuous rush or dash. **14.** a sudden, violent pitching movement. **15.** *US* a place for plunging or diving, as a swimming pool. –*phr.* **16. take the plunge**, to resolve to do something (usually unpleasant) and to act straightaway.

plunger /'plʌndʒə/ *n.* **1.** *Machinery* a device or a part of a machine which acts with a plunging or thrusting motion; a piston; a ram. **2.** a diver. **3.** *Colloquial* a reckless punter or speculator.

plunk /plʌŋk/ *v.t.* **1.** to pluck (a stringed instrument); twang. –*n.*, *adv.* **2.** → **plonk¹**.

pluperfect /plu'pɜːfəkt/ *Grammar* –*adj.* **1.** perfect with respect to a temporal point of reference in the past. Compare **perfect**, **imperfect**. **2.** designating a tense with such meaning. –*n.* **3.** the pluperfect tense. **4.** a form therein.

plural /'plʊrəl/ *adj.* **1.** consisting of, containing, or relating to more than one. **2.** relating to or involving a number of people or things. –*n.* **3.** *Grammar* the plural number.

plurality /plʊ'ræləti/ *n.* **-ties**. **1.** the condition or fact of being plural. **2.** more than half of the whole; the majority. **3.** a number greater than unity or one.

pluri- a word element meaning 'several', 'many'.

plus /plʌs/ *prep.* **1.** more by the addition of: *ten plus two.* –*adj.* **2.** involving or showing addition. **3.** positive: *a plus quantity.* **4.** *Colloquial* with something in addition: *he has energy plus.* **5.** *Botany* indicating one of the two strains in fungi which must unite in the sexual process. –*n.* **6.** the plus sign (+). **7.** something additional.

plush /plʌʃ/ *n.* **1.** a fabric of silk, cotton, wool, etc.,

pocket

having a longer pile than that of velvet. –*adj.* **2.** Also, **plushy**. (of a room, furnishings, or the like) luxurious and costly.

plutocracy /plu'tɒkrəsi/ *n.* **-cies**. the rule or power of wealth or of the wealthy. **–plutocrat** /'plutəkræt/ *n.* **–plutocratic** /plutə'krætɪk/ *adj.*

plutonium /plu'toʊniəm/ *n.* *Chemistry* a radioactive element, capable of self-maintained explosive fission, formed by deuteron bombardment of neptunium, which is a fissionable isotope of major importance *Symbol:* Pu; *at. no.*: 94.

pluvial /'pluviəl/ *adj.* **1.** having to do with rain; rainy. **2.** *Geology* due to rain.

ply¹ /plaɪ/ *v.* **plied**, **plying**. –*v.t.* **1.** to use: *to ply the needle.* **2.** to carry on; practise: *to ply a trade.* **3.** to supply continuously: *to ply a person with drink.* **4.** to cross (a river, etc.), especially regularly. –*v.i.* **5.** to travel regularly over a fixed course. **6.** to perform work busily: *to ply with the oars.* **7.** to direct the course, on water or otherwise. **8.** *Nautical* to make way windward by tacking.

ply² /plaɪ/ *n.* **plies**, *v.* **plied**, **plying**. –*n.* **1.** a fold; a thickness. **2.** a strand of yarn: *single ply.* **3.** bent, bias, or inclination. –*v.t.* **4.** to bend, fold, or mould.

plywood /'plaɪwʊd/ *n.* a material consisting of an odd number of thin sheets or strips of wood glued together with the grains (usually) at right angles, used in building and cabinetwork.

PMS /pi ɛm 'ɛs/ premenstrual syndrome.

PMT /pi ɛm 'ti/ premenstrual tension.

pneumatic /nju'mætɪk/ *adj.* **1.** of or relating to air, or gases in general. **2.** operated by air, or by pressure of air. **–pneumatically** *adv.*

pneumo- a word element referring to the lungs or to respiration.

pneumonia /nju'moʊnjə/ *n.* **1.** inflammation of the lungs. **2.** an acute affection of the lungs, **croupous pneumonia** or **lobar pneumonia**, regarded as due to the pneumococcus.

poach¹ /poʊtʃ/ *v.i.* to take game or fish illegally from another's land.

poach² /poʊtʃ/ *v.t.* to simmer in liquid in a shallow pan.

pock /pɒk/ *n.* **1.** a pustule on the body in an eruptive disease, as smallpox. **2.** a mark or spot left by or resembling such a pustule.

pocket /'pɒkət/ *n.* **1.** a small bag inserted in a garment, for carrying a purse or other small articles. **2.** a bag or pouch. **3.** money, means, or financial resources. **4.** any pouchlike receptacle, hollow, or cavity. **5.** a small isolated area: *a pocket of resistance.* **6.** *Mining* **a.** a small body of ore. **b.** an enlargement of a lode or vein. **c.** an irregular cavity containing ore. **d.** a small ore body or mass of ore, frequently isolated. **7.** a cavity in the earth, especially one containing gold or other ore. **8.** *Mining* **a.** a bin for ore or rock storage. **b.** a raise or small stope fitted with chute gates. **9.** a small bag or net at the corner or side of a billiard table. **10.** *Racing* a position in which a contestant is hemmed in by others. **11.** *Australian Rules* a position to the side of the goals: *the back pocket.* –*adj.* **12.** suitable for carrying in the pocket: *a pocket edition of a novel.* **13.** small enough to go in the pocket; diminutive. –*v.t.* **14.** to put into one's pocket. **15.** to take possession of as one's own, often dishonestly. **16.** to submit to or endure without protest or open resentment. **17.** to conceal or suppress: *to pocket one's anger.* **18.** to enclose or confine as in a pocket. **19.** to drive (a ball) into a pocket, as in billiards. **20.** *US* (of the president or a legislative executive) to retain (a bill) without action on it and thus prevent it from becoming a law. **21.** to hem in (a contestant) so

pocket money

as to impede progress, as in racing. –*phr.* **22. in each other's pockets**, *Colloquial* (of two people) constantly together. **23. in one's pocket**, under one's control. **24. in pocket**, having money or a profit, especially after some transaction. **25. line one's pockets**, to gain, especially financially, at the expense of others. **26. out of pocket**, **a.** having made a loss, especially after some transaction. **b.** having incurred personal expenditure while working for a company, employer, etc. **27. pocket one's pride** or **put one's pride in one's pocket**, to accept humiliation for the sake of attaining some goal.

pocket money *n.* a small weekly allowance of money, as given to a child by his or her parents.

pod[1] /pɒd/ *n.*, *v.* **podded**, **podding**. –*n.* **1.** a more or less elongated, two-valved seed vessel, as that of the pea or bean. **2.** a dehiscent fruit or pericarp with several seeds. **3.** *Aeronautics* a streamlined structure suspended under the wing of an aircraft for housing a jet engine, cargo, missiles, or other weapons. **4.** a protective housing for a nuclear reactor. –*v.i.* **5.** to produce pods. **6.** to swell out like a pod. –*v.t.* **7.** to remove the shell from.

pod[2] /pɒd/ *n.* a small herd or school, especially of seals or whales.

-pod a word element meaning 'footed', as in *cephalopod*. Compare **-poda**.

-poda plural of **-pod**, as in *Cephalopoda*.

poddy /'pɒdi/ *n.* **1.** Also, **poddy-calf**. a handfed calf. –*adj.* **2.** (of a small animal, especially a lamb or calf) requiring to be handfed.

podiatry /pɒ'daɪətri/ *n.* the investigation and treatment of foot disorders. –**podiatrist** *n.*

podium /'poʊdiəm/ *n.* **-diums** or **-dia** /-diə/. **1.** a small platform for the conductor of an orchestra, for a public speaker, etc. **2.** *Architecture* **a.** a continuous projecting base of a building forming the front of the basement of the foundation behind it. **b.** a raised platform surrounding the arena of an ancient amphitheatre. **3.** *Zoology*, *Anatomy* a foot.

-podous a word element used as an adjective termination, corresponding to **-pod**.

podsol /'pɒdsɒl/ *n.* a forest soil, notably acidic, infertile and difficult to cultivate, found over vast areas in northern North America and Eurasia and common in eastern Australia. Also, **podzol**. –**podsolic** /pɒd'sɒlɪk/ *adj.*

poem /'poʊəm/ *n.* **1.** a composition in verse, especially one characterised by artistic construction and imaginative or elevated thought: *a lyric poem*. **2.** a composition which, though not in verse, is characterised by beauty of language or thought: *a prose poem*. **3.** something having qualities suggestive of or likened to those of poetry.

poesy /'poʊəzi/ *n. Poetic* poetry in general.

poet /'poʊət/ *n.* **1.** someone who composes poetry. **2.** someone having the gift of poetic thought, imagination, and creation, together with eloquence of expression. –**poetess** *n.*

poetaster /poʊə'tæstə/ *n.* an inferior poet; a writer of indifferent verse.

poetic /poʊ'ɛtɪk/ *adj.* **1.** possessing the qualities or the charm of poetry: *poetic descriptions of nature*. **2.** having to do with a poet or poets. **3.** endowed with the faculty or feeling of a poet, as a person. **4.** affording a subject for poetry. Also, **poetical**. –**poetically** *adv.*

poetic licence *n.* licence or liberty taken by a poet in deviating from rule, conventional form, logic, or fact, in order to produce a desired effect.

poet laureate /poʊət 'lɒriət/ *n.* **poets laureate**. (in Britain) an officer of the royal household, of whom no special duty is required, but who formerly was expected to write odes, etc., in celebration of court and national events.

point

poetry /'poʊətri/ *n.* **1.** the art of rhythmical composition, written or spoken, for exciting pleasure by beautiful, imaginative, or elevated thoughts. **2.** literary work in metrical form; verse. **3.** something suggestive of or likened to poetry.

po-faced /'poʊ-feɪst/ *adj. Colloquial* expressionless.

pogrom /'pɒgrəm/ *n.* an organised massacre, especially of Jews.

pohutukawa /poʊˌhutə'kawə/ *n.* a small New Zealand tree, *Metrosideros excelsa*, having brilliant red flowers in summer; Christmas tree.

poi /pɔɪ/ *n.* a small light ball on a string, used by Maori women in ceremonial dances as the **poi dance**.

poignant /'pɔɪnjənt, 'pɔɪnənt/ *adj.* **1.** keenly distressing to the mental or physical feelings: *poignant regret, poignant suffering*. **2.** keen or strong in mental appeal: *a subject of poignant interest*. –**poignancy** *n.* –**poignantly** *adv.*

poinciana /pɔɪnsi'anə, -'ænə/ *n.* **1.** a plant of the genus *Poinciana*, of the warmer parts of the world, comprising trees or shrubs with showy orange or scarlet flowers. **2.** a closely related tree, *Delonix regia*, native to Madagascar but now widely cultivated, remarkable for its showy scarlet flowers.

poinsettia /pɔɪn'sɛtiə/ *n.* a perennial, *Euphorbia* (*Poinsettia*) *pulcherrima*, native to Mexico and Central America, with variously lobed leaves and brilliant, usually scarlet, bracts.

point /pɔɪnt/ *n.* **1.** a sharp or tapering end, as of a dagger. **2.** projecting part of anything. **3.** something having a sharp or tapering end. **4.** a pointed tool or instrument, as an etching needle. **5.** (*plural*) *Shearing* the parts of a sheep's fleece which become its edges when shorn in one piece: *stained points should be cut off*. **6.** a mark of punctuation. **7.** → **full stop**. **8.** a decimal point, etc. **9.** a diacritical mark indicating a modification of a sound. **10.** one of the embossed dots used in certain systems of writing and printing for the blind. **11.** something that has position but not extension, as the intersection of two lines. **12.** a place of which the position alone is considered; a spot. **13.** any definite position, as in a scale, course, etc.: *the boiling point*. **14. a.** each of the 32 positions indicating direction marked at the circumference of the card of a compass. **b.** the interval of 11°15′ between any two adjacent positions. **15.** a tapering extremity of land, as a cape. **16.** a degree or stage: *frankness to the point of insult*. **17.** a particular instant of time. **18.** critical position in a course of affairs. **19.** a decisive state of circumstances. **20.** the important or essential thing: *the point of the matter*. **21.** the salient feature of a story, epigram, joke, etc. **22.** a particular aim, end, or purpose: *he carried his point*. **23.** (*plural*) hints or suggestions: *points on getting a job*. **24.** a single or separate article or item, as in an extended whole; a detail or particular. **25.** an individual part or element of something: *noble points in her character*. **26.** the coloured markings of a Siamese cat. **27.** a distinguishing mark or quality, especially one of an animal, used as a standard in stockbreeding, etc. **28.** → **blocked shoe**. **29.** a single unit, as in counting, measuring rations allowed, etc. **30.** a unit of count in the score of a game. **31.** *Cricket* **a.** the position of the fielder who stands a short distance in front and to the offside of the person batting. **b.** the player in this position. **32.** *Australian Rules* → **behind** (def. 12). **33.** *Hunting* the position taken by a pointer or setter when it finds game. **34.** *Electricity* **a.** either of a pair of contacts tipped with tungsten or platinum that makes or breaks current flow in a distributor in a car. **b.** → **power point**. **35.** *Commerce* a unit of price quotation in share transactions on the stock exchange: *copper advanced two points yesterday*. **36.** *Military* **a.** the stroke in bayonet drill or battle. **b.** a patrol or reconnaissance unit that goes ahead of the advance party of an advance guard, or follows the rear party of the rearguard. **c.** a target which requires the accurate placement of bombs or fire. **37.** *Printing* a unit of measurement equal to 0.351 × 10^{-3}m, or $1/72$ inch. **38.** a unit of measurement of rainfall in the imperial system, equal to $1/100$ of an inch or 0.254 × 10^{-3}m. **39.** a weight of measurement for precious stones, equal to one hundredth of a carat. **40.** (*usually plural*) *Railways* a device for shifting moving trains, etc., from one track to another, commonly consisting of a pair of movable rails. **41.** the act of pointing. –*v.t.* **42.** to direct (the finger, a weapon, the attention, etc.) at, to, or upon something. **43. a.** to mark with one or more points, dots, or the like. **b.** to mark (psalms) with signs indicating how they are to be chanted. **44.** *Hunting* (of a pointer or setter) to indicate (game) by standing rigid, with the muzzle usually directed towards it. **45.** to fill the joints of (brickwork, etc.) with mortar or cement, smoothed with the point of the trowel. –*v.i.* **46.** to indicate position or direction, or direct attention, with or as with the finger. **47.** to direct the mind or thought in some direction: *everything points to his guilt*. **48.** to have a tendency, as towards something. **49.** to have a specified direction. **50.** to face in a particular direction, as a building. **51.** *Hunting* (of a pointer or setter) to point game. –*phr.* **52. at** (or **on**) (or **upon**) **the point of**, close to; on the verge of. **53. give points to**, to acknowledge the value of; praise. **54. in point**, pertinent; relevant: *the case in point*. **55. in point of**, as regards: *in point of fact*. **56. make a point of**, to consider as important; insist upon; do expressly. **57. off the point**, not relevant. **58. on points**, (of a ballerina wearing blocked shoes) dancing on the toes. **59. point out**, **a.** to indicate the presence or position of, as with the finger. **b.** to direct attention to. **60. point up**, to highlight. **61. stretch a point**, to go beyond the usual limits. **62. to the point**, pertinent; relevant. **63. up to a point**, not completely. –**pointless** *adj.*

point-blank /pɔɪnt-'blæŋk/ *adj.* **1.** aimed or fired straight at the mark at close range; direct. **2.** straightforward, plain, or explicit. –*adv.* **3.** with a direct aim at close range; directly; straight. **4.** bluntly.

pointed /'pɔɪntəd/ *adj.* **1.** having a point or points: *a pointed arch*. **2.** sharp or piercing: *pointed wit*. **3.** having point or force: *pointed comment*. **4.** directed; aimed. **5.** marked; emphasised. –**pointedly** *adv.* –**pointedness** *n.*

pointer /'pɔɪntə/ *n.* **1.** a long, tapering stick used by teachers, lecturers, etc., in pointing things out on a map, blackboard, or the like. **2.** the hand on a watch, machine, or instrument. **3.** one of a breed of short-haired hunting dogs trained to point game. **4.** a hint or suggestion; piece of advice.

poise /pɔɪz/ *n., v.* **poised**, **poising**. –*n.* **1.** a state of balance, as from equality or equal spreading of weight. **2.** self-possession, confidence and grace of manner. –*v.t.* **3.** to balance evenly. **4.** to hold supported or raised in readiness: *to poise a spear*. –*v.i.* **5.** to be balanced.

poised /pɔɪzd/ *adj.* **1.** self-possessed; self-assured; confident; dignified. **2.** in a state of balance or equilibrium. **3.** wavering. **4.** hovering; suspended.

poison /'pɔɪzən/ *n.* **1.** any substance which causes death or illness. **2.** anything harmful to character, happiness, well-being, etc.: *her remarks spread poison*. –*v.t.* **3.** to give poison to. **4.** to influence as poison does: *jealousy poisoned her thoughts*. **5.** to put poison into or upon: *to poison food*. –*adj.* **6.** poisonous; causing poisoning: *a poison dart*.

poison-pen /pɔɪzən-'pɛn/ *adj.* having to do with a letter, note, etc., usually anonymous, and sent with malicious intent.

poke¹ /poʊk/ *v.* **poked**, **poking**, *n.* –*v.t.* **1.** to thrust against or into (something) with the finger or arm, a stick, etc.; prod: *to poke a person in the ribs*. **2.** to make (a hole, one's way, etc.) by or as by thrusting. **3.** to thrust or push: *she poked her head through the door*. **4.** to force or drive (*away*, *in*, *out*, etc.) by or as by thrusting or pushing. **5.** to thrust obtrusively. **6.** *Colloquial* ‡ (of a man) to have sexual intercourse with. –*v.i.* **7.** to make a thrusting or pushing movement with the finger, a stick, etc. **8.** to thrust oneself obtrusively. –*n.* **9.** a thrust or push. **10.** *Colloquial* a blow with the fist. **11.** *Colloquial* ‡ the act of sexual intercourse. –*phr.* **12. more than one can poke a stick at**, *Colloquial* a lot of; many; much. **13. poke about** (or **around**), to pry; search curiously. **14. poke fun at**, *Colloquial* to ridicule, laugh at: *she poked fun at his tie*. **15. poke one's nose into**, to interfere in; pry into; show too much curiosity about. **16. poke out**, to extend or project; protrude. **17. take a poke at**, *Colloquial* to aim a blow at.

poke² /poʊk/ *n.* **1.** *Obsolete* a bag or sack. **2.** *Archaic* a pocket. –*phr.* **3. buy a pig in a poke**, to buy something without inspecting it beforehand.

poker¹ /'poʊkə/ *n.* a metal rod for poking or stirring a fire.

poker² /'poʊkə/ *n.* a card game played by two or more persons, in which the players bet on the value of their hands, the winner taking the pool.

poker machine *n.* a coin-operated gambling machine, with images such as playing cards, pictures of fruit, etc., on a set of (usually three or four) wheels which are set in motion by pressing a button or pulling a lever, the score depending on the combination of symbols visible when the wheels come to rest. Also, **fruit machine**, **slot machine**.

poky /'poʊki/ *adj.* **-kier**, **-kiest**. **1.** (of a person) pottering; concerned with petty matters. **2.** (of a place) small and cramped.

polar /'poʊlə/ *adj.* **1.** having to do with a pole, as of the earth, a magnet, an electric cell, etc. **2.** opposite in character or action. **3.** *Chemistry* existing as ions; ionised, as the crystals of sodium chloride. **4.** central. **5.** analogous to the Pole Star as a guide; guiding.

polar bear *n.* a large white bear, *Thalarctos maritimus*, of the arctic regions.

polar circles *pl. n.* the Arctic and Antarctic circles.

polarisation = polarization /poʊlərai'zeɪʃən/ *n.* **1.** *Optics* a state, or the production of a state, in which rays of light, or similar radiation, exhibit different properties in different directions, as when they are passed through a crystal of tourmaline, which transmits rays in which the vibrations are confined to a single plane. **2.** *Electricity* the process by which gases produced during electrolysis are deposited on the electrodes of a cell. **3.** *Chemistry* the separation of a molecule into positive and negative ions. **4.** the production or

polarise

acquisition of polarity.
polarise = **polarize** /'pəʊləraɪz/ v. **-rised, -rising.** –v.t. **1.** to cause polarisation in. **2.** to give polarity to. –v.i. **3.** to become polarised. –**polarisable** adj. –**polariser** n.
polarity /pəʊ'lærəti/ n. **1.** Physics **a.** the possession of an axis with reference to which certain physical properties are determined; the possession of two poles. **b.** the power or tendency of a magnetised bar, etc., to orientate itself along the lines of force. **c.** positive or negative polar condition. **2.** the possession or exhibition of two opposite or contrasted principles or tendencies.
polaroid /'pəʊlərɔɪd/ n. a material which polarises light and allows only light polarised in a particular direction to pass.
polaroid camera n. a type of camera which takes instant, self-developing pictures.
pole[1] /pəʊl/ n., v. **poled, poling.** –n. **1.** a long, rounded, usually slender piece of wood, metal, etc. **2.** the long tapering piece of wood extending from the front axle of a vehicle, between the animals drawing it. **3.** Nautical a light spar. **4.** a unit of length in the imperial system equal to 16½ ft or 5.0292 m; a rod. **5.** a square rod, 30¼ sq. yds or 25.29 m [2]. **6.** the lane of a race track nearest the inner boundary. **7.** → **ski pole** (def. 1). –v.t. **8.** to push, strike, propel, etc., with a pole. –v.i. **9.** to propel a boat, etc., with a pole. –phr. **10. pitch pole,** Nautical to turn over end on end. **11. pole on,** Australian, NZ Colloquial to impose on by loafing or cadging. **12. under bare poles,** Nautical (of a sailing ship) having all sails furled. **13. up the pole,** Colloquial **a.** in a predicament. **b.** slightly mad. **c.** completely wrong.
pole[2] /pəʊl/ n. **1.** each of the extremities of the axis of the earth or of any more or less spherical body. **2.** each of the two points in which the extended axis of the earth cuts the celestial sphere, about which the stars seem to revolve (**celestial pole**). **3.** Physics each of the two regions or parts of a magnet, electric battery, etc., at which certain opposite forces are manifested or appear to be concentrated. **4.** one of two completely opposed or contrasted principles, tendencies, etc. –phr. **5. poles apart,** having completely opposite or widely divergent views, interests, etc.
poleaxe /'pəʊlæks/ n., v. **-axed, -axing.** –n. **1.** an axe, usually with a hammer opposite the cutting edge, used in felling or stunning animals. –v.t. **2.** to fell with a poleaxe. Also, US, **poleax.**
polecat /'pəʊlkæt/ n. **1.** a European mammal, Mustela putorius, of the weasel family, having blackish brown fur, and giving off an offensive smell. **2.** any of various North American skunks.
polemic /pə'lɛmɪk/ n. **1.** a controversial argument; argumentation against some opinion, doctrine, etc. **2.** someone who argues in opposition to another; a controversialist. –adj. **3.** Also, **polemical.** having to do with disputation or controversy; controversial. –**polemically** adv. –**polemics** n.
police /pə'lis/ n., v. **-liced, -licing.** –n. (construed as plural) **1. the,** an organised civil force for maintaining order, preventing and detecting crime, and enforcing the laws. **2.** the members of such a force: after the explosion police were everywhere. **3.** a body of people employed privately to keep order, enforce regulations, etc.: on his estates he had his own police. –v.t. **4.** to regulate, control, or keep in order by police. **5.** to oversee, checking correct adherence to regulations: council officers will police the new building code.
police state n. a country in which the police, especially the secret police, are used to detect and suppress any form of opposition to the government in power.

policy[1] /'pɒləsi/ n. **-cies. 1.** a definite course of action adopted as expedient or from other considerations: a business policy. **2.** a course or line of action adopted and pursued by a government, ruler, political party, or the like: the foreign policy of a country. **3.** prudence, practical wisdom, or expediency.
policy[2] /'pɒləsi/ n. **-cies.** a document embodying a contract of insurance.
polio /'pəʊliəʊ/ n. → **poliomyelitis.**
poliomyelitis /ˌpəʊliəʊmaɪə'laɪtəs/ n. Pathology an acute viral disease, most common in infants but often attacking older children and even adults, characterised by inflammation of the nerve cells, mainly of the anterior horns of the spinal cord, and resulting in motor paralysis, followed by muscular atrophy, and often by permanent deformities; infantile paralysis.
-polis a word element meaning 'city', as in metropolis (lit., 'the mother city').
polish /'pɒlɪʃ/ v.t. **1.** to make smooth and glossy, especially by friction: to polish metal. **2.** to render finished, refined, or elegant: his speech needs polishing. –v.i. **3.** to become smooth and glossy; take on a polish. –n. **4.** a substance used to give smoothness or gloss: shoe polish. **5.** the act of polishing. **6.** the state of being polished. **7.** smoothness and gloss of surface. **8.** superior or elegant finish imparted; refinement; elegance: the polish of literary style. –phr. **9. polish off, a.** to finish, or dispose of quickly: to polish off an opponent. **b.** Colloquial to kill; eliminate. **10. polish up,** Colloquial to improve. –**polisher** n.
polite /pə'laɪt/ adj. **1.** showing good manners towards others, as in behaviour, speech, etc.; courteous; civil: a polite reply. **2.** refined or cultured: polite society. –**politely** adv. –**politeness** n.
politic /'pɒlətɪk/ adj. **1.** sagacious; prudent. **2.** shrewd; artful. –**politicly** adv.
political /pə'lɪtɪkəl/ adj. **1.** relating to or dealing with the science or art of politics: political writers. **2.** relating to or connected with a political party, or its principles, aims, activities, etc.: a political campaign. **3.** exercising or seeking power in the governmental or public affairs of a state, municipality, or the like: a political party. **4.** of or relating to the state or its government: political measures. **5.** affecting or involving the state of government: a political offence. **6.** engaged in or connected with civil administration: political office. **7.** having a definite policy or system of government: a political community. **8.** Colloquial interested in politics: Sheila is not political. –phr. **9. political animal,** a person, often a politician, whose whole life involves the interpersonal strategies and operational tactics commonly believed to be essential for political success. –**politically** adv.
political correctness n. conformity to current beliefs about correctness in language and behaviour with regard to policies on sexism, racism, ageism, etc.
politically correct adj. of, relating to or demonstrating political correctness.
politics /'pɒlətɪks/ n. (treated as singular or plural) **1.** the science or art of government. **2.** political affairs, activities, or methods. **3.** political principles or opinions. **4.** the methods used to gain power or advancement within any organisation. –**politician** n.
polity /'pɒləti/ n. **-ties. 1.** a particular form or system of government (civil, ecclesiastical, or other). **2.** the condition of being constituted as a state or other organised community or body. **3.** government or administrative regulation. **4.** a state or other organised community or body.
polka /'pɒlkə/ n., v. **-kaed, -kaing.** –n. **1.** a lively

polka dot round dance of Bohemian origin, with music in duple time. **2.** a piece of music for such a dance or in its rhythm. –*v.i.* **3.** to dance the polka.

polka dot *n.* **1.** a dot or round spot (printed, woven, or embroidered) repeated to form a pattern on a textile fabric. **2.** a pattern of, or a fabric with such dots.

poll /poʊl/ *n.* **1.** the registering of votes, as at an election. **2.** the voting at an election. **3.** the number of votes cast. **4.** an enumeration or a list of individuals, as for purposes of taxing or voting. **5.** (*usually plural*) the place where votes are taken. **6.** an analysis of public opinion on a subject, usually by selective sampling. **7.** the head, especially the part of it on which the hair grows. –*v.t.* **8.** to receive at the polls, as votes. **9.** to enrol in a list or register, as for purposes of taxing or voting. **10.** to take or register the votes of, as persons. **11.** to deposit or cast at the polls, as a vote. **12.** to cut off or cut short the hair, etc., of (a person, etc.); crop; clip; shear. **13.** to cut off the top of (a tree, etc.); pollard. **14.** to cut off or cut short the horns of (cattle). –*v.i.* **15.** to vote at the polls; give one's vote. –*adj.* **16.** (of cattle) bred to have no horns. –*phr.* **17. go to the polls**, **a.** to call an election, especially as a means of resolving a political issue. **b.** to vote at an election. –**pollable** *adj.*

pollard /'pɒləd/ *n.* **1.** a tree cut back nearly to the trunk, so as to produce a dense mass of branches. **2.** an animal, as a stag, ox, or sheep, without horns. **3.** a by-product of the process of the milling of wheat, used especially for feeding domestic fowls. –*v.t.* **4.** to convert into a pollard.

pollen /'pɒlən/ *n. Botany* **1.** the fertilising element of flowering plants, consisting of fine, powdery, yellowish grains or spores, sometimes in masses. –*v.t.* **2.** to pollinate. –**polliniferous** /pɒlə'nɪfərəs/ *adj.*

pollen count *n.* a measure of pollen in the air published as a guide to sufferers from hay fever.

pollinate /'pɒləneɪt/ *v.t.* **-nated, -nating.** to convey pollen for fertilisation to; shed pollen on. –**pollination** /pɒlə'neɪʃən/ *n.*

polling booth /'poʊlɪŋ buð/ *n.* **1.** a small cubicle with a writing bench provided for a voter at elections, especially to ensure privacy. **2.** a place, often a school, town hall, etc., where voters go to record their votes in an election. Also, **booth**.

pollute /pə'lut/ *v.t.* **-luted, -luting. 1.** to make foul or unclean; dirty. **2.** to make morally unclean; defile. **3.** to render ceremonially impure; desecrate. –**pollutant** *n.* –**polluter** *n.* –**pollution** *n.*

polo /'poʊloʊ/ *n.* **1.** a game resembling hockey, played on horseback with long-handled mallets and a wooden ball. **2.** some game more or less resembling this, as water polo. –**poloist** *n.*

poltergeist /'pɒltəgaɪst/ *n.* a ghost or spirit which manifests its presence by noises, knockings, movement of physical objects, etc.

poltroon /pɒl'trun/ *n.* a wretched coward; a craven.

poly- a word element or prefix, meaning 'much', 'many', first occurring in words from the Greek (as *polyandrous*), but now used freely as a general formative, especially in scientific or technical words. Compare **mono-**.

polyandry /pɒli'ændri/ *n.* the practice or the condition of having more than one husband at one time.

polyester /'pɒliɛstə/ *n.* a synthetic polymer in which the structural units are linked by ester groups, formed by condensing carboxylic acids with alcohols.

polygamy /pə'lɪgəmi/ *n.* the practice or condition of having many or several spouses, especially wives, at one time.

polyglot /'pɒliglɒt/ *adj.* **1.** (of a person) knowing many or several languages. **2.** (of a book) written in several languages. –*n.* **3.** a polyglot person. **4.** a book, especially a Bible, containing the same text in several languages.

polygon /'pɒligən, -gən/ *n. Geometry* a figure, especially a closed plane figure, having many (more than four) angles and sides. –**polygonal** /pə'lɪgənəl/ *adj.* –**polygonally** /pə'lɪgənəli/ *adv.*

polygyny /pə'lɪdʒəni/ *n.* **1.** the practice or the condition of having more than one wife at one time. **2.** the habit or condition of mating with more than one female.

polyhedron /pɒli'hidrən/ *n.* **-drons** or **-dra** /-drə/. *Geometry* a solid figure having many faces.

polymer /'pɒləmə/ *n. Chemistry* **1.** a compound of high molecular weight derived either by the combination of many smaller molecules or by the condensation of many smaller molecules eliminating water, alcohol, etc. **2.** any of two or more polymeric compounds. **3.** a product of polymerisation.

polyp /'pɒlɪp/ *n.* **1.** *Zoology* **a.** a sedentary type of animal form characterised by a more or less fixed base, columnar body, and free end with mouth and tentacles, especially as applied to coelenterates. **b.** an individual zooid of a compound or colonial organism. **2.** *Pathology* a projecting growth from a mucous surface, as of the nose, being either a tumour or a hypertrophy of the mucous membrane.

polysemy /pə'lɪsəmi/ *n. Linguistics* the acquisition and retention of many meanings by one word, as in the case of the word *tank* which referred to a receptacle for liquids and then additionally to a military vehicle. –**polysemous** *adj.*

polystyrene /pɒli'staɪrin/ *n.* a clear, plastic polymer of styrene, easily coloured and moulded, and used as an insulating material.

polysyllabic /ˌpɒlisə'læbɪk/ *adj.* **1.** consisting of many, or more than three, syllables, as a word. **2.** characterised by such words, as language, etc. Also, **polysyllabical.**

polytheism /'pɒliθi,ɪzəm/ *n.* the doctrine of, or belief in, many gods or more gods than one. –**polytheist** *n.* –**polytheistic** /ˌpɒliθi'ɪstɪk/ *adj.*

polythene /'pɒləθin/ *n.* a plastic polymer of ethylene used for containers, electrical insulation, packaging, etc. Also, **polyethylene**.

polyunsaturated /ˌpɒliʌn'sætʃəreɪtəd/ *adj.* **1.** *Chemistry* of or relating to a fat or oil based on fatty acids which have two or more double bonds per molecule. **2.** of or relating to food based on polyunsaturated oil or fat, as safflower oil, etc., or margarine.

polyurethane /pɒli'jurəθeɪn/ *n.* a polymer of urethane used in making rigid foam products for insulation, decoration, etc.

polyvinyl chloride /pɒli,vaɪnəl 'klɔraɪd/ *n.* a colourless thermoplastic resin, produced by the polymerisation of vinyl chloride, with good resistance to water, acids, and alkalis, used in a wide variety of manufactured products, including rainwear, garden hoses, gramophone records, and floor tiles. *Abbrev.*: PVC

pomander /pə'mændə/ *n.* **1.** a mixture of aromatic substances, often in the form of a ball, formerly carried on the person for perfume or as a guard against infection. **2.** the container in which it is carried.

pomegranate /'pɒməgrænət/ *n.* **1.** a several-chambered, many-seeded, globose fruit of medium size, with a tough rind (usually red) and surmounted by a crown of calyx lobes, the edible portion consisting of pleasantly acid flesh developed from the outer seed coat. **2.** the shrub or small tree,

Punica granatum, which yields it, native to south-western Asia but widely cultivated in warm regions.
pommel /'pʌməl, 'pɒməl/ *n., v.* **-melled** or *Chiefly US* **-meled, -melling** or *Chiefly US* **-meling.** *-n.* Also, **pummel. 1.** a terminating knob, as on the top of a tower, hilt of a sword, etc. **2.** the protuberant part at the front and top of a saddle. *-v.t.* **3.** → **pummel**.
pommy /'pɒmi/ *n.* **-mies,** *adj. Australian, NZ Colloquial -n.* **1.** a British person. *-adj.* **2.** British. Also, **pom**.
pomp /pɒmp/ *n.* **1.** stately or splendid display; splendour; magnificence. **2.** ostentatious or vain display, especially of dignity or importance.
pompom /'pɒmpɒm/ *n.* **1.** an ornamental tuft or ball of feathers, wool, or the like, used in millinery, etc. **2.** a tuft of wool or the like worn on a shako, a sailor's cap, etc. **3.** *Horticulture* a form of small, globe-shaped flower head that characterises a class or type of various flowering plants, especially chrysanthemums and dahlias. Also, **pompon**.
pompous /'pɒmpəs/ *adj.* **1.** characterised by an ostentatious parade of dignity or importance: *a pompous bow.* **2.** (of language, style, etc.) ostentatiously lofty. **-pompously** *adv.* **-pomposity** /pɒm'pɒsəti/, **pompousness** *n.*
ponce /pɒns/ *n., v.* **ponced, poncing.** *Colloquial -n.* **1.** → **pimp.** *-v.i.* **2.** to act as a pimp. *-phr.* **3. all ponced up,** effeminately overdressed; dandified. **4. ponce about,** to flounce; behave in a foolishly effeminate fashion. **-poncy** *adj.*
poncho /'pɒntʃoʊ/ *n.* **-chos.** a blanket-like cloak with a hole in the centre for the head.
pond /pɒnd/ *n.* a body of water smaller than a lake, often one artificially formed.
ponder /'pɒndə/ *v.i.* **1.** to consider deeply; meditate. *-v.t.* **2.** to weigh carefully in the mind, or consider carefully.
ponderable /'pɒndərəbəl/ *adj.* capable of being weighed; having appreciable weight. **-ponderability** /pɒndərə'bɪləti/ *n.*
ponderous /'pɒndərəs, -drəs/ *adj.* **1.** of great weight; heavy; massive: *a ponderous mass of iron.* **2.** without graceful lightness or ease; dull: *a ponderous dissertation.* **-ponderously** *adv.* **-ponderousness, ponderosity** /pɒndə'rɒsəti/ *n.*
pondweed /'pɒndwid/ *n.* any of the aquatic plants constituting the genus *Potamogeton,* most of which grow in ponds and quiet streams.
pong /pɒŋ/ *Colloquial -n.* **1.** a stink; unpleasant smell. *-v.i.* **2.** to stink.
ponga /'pɒŋə/ *n.* a tall tree fern with large, leathery bipinnate or tripinnate leaves, *Cyathea dealbata,* native to New Zealand.
pontiff /'pɒntɪf/ *n.* **1.** a high or chief priest. **2.** *Ecclesiastical* **a.** a bishop. **b.** the bishop of Rome (the pope).
pontificate /pɒn'tɪfəkət/ *n.*, /pɒn'tɪfəkeɪt/ *v.* **-cated, -cating.** *-n.* **1.** the office, or term of office, of a pontiff. *-v.i.* **2.** to speak in a pompous manner. **3.** to serve as a pontiff or bishop, especially in a Pontifical Mass. **-pontifical** *adj.*
pontoon[1] /pɒn'tun/ *n.* **1.** a boat, or some other floating structure, used as one of the supports for a temporary bridge over a river. **2.** a floating construction serving as a temporary dock or a floating bridge. **3.** a watertight box or cylinder used in raising a submerged vessel, etc. **4.** a seaplane float. Also, **ponton** /'pɒntən/.
pontoon[2] /pɒn'tun/ *n.* a gambling game, the object of which is to obtain from the dealer cards whose total values add up to, or nearly add up to, 21, but do not exceed it.
pony /'poʊni/ *n.* **-nies. 1.** a horse of a small type, usually not more than 13 or 14 hands high. **2.** a small glass for beer or spirits.
ponytail /'poʊniteɪl/ *n.* a hairstyle in which the hair is drawn back tightly and tied at the back of the head and then hangs loose.
poo /pu/ *Colloquial -n.* **1.** Also, **pooh.** faeces *-v.i.* **2.** to defecate. *-v.t.* **3.** to soil with excrement: *the baby has pooed his pants.* *-interj.* **4.** → **pooh** (defs 1 and 2). *-phr.* **5. do a poo,** to defecate. **6. in the poo,** (sometimes fol. by *with*) in trouble or bad favour.
pooch /putʃ/ *n. Colloquial* a dog.
poodle /'pudl/ *n.* one of a breed of intelligent pet dogs, of several varieties, with thick curly hair often trimmed in an elaborate manner.
poofter /'puftə/ *n. Colloquial (sometimes derogatory)* a male homosexual. Also, **poof**.
pooh /pu/ *interj.* **1.** (an exclamation of disdain or contempt). **2.** (an exclamation indicating revulsion, especially from an unpleasant smell). *-n.* **3.** → **poo**.
pool[1] /pul/ *n.* **1.** a small body of standing water; pond. **2.** a puddle. **3.** any small collection of liquid on a surface: *a pool of blood.* **4.** a still, deep place in a stream. **5.** a swimming pool.
pool[2] /pul/ *n.* **1.** an association of competitors who agree to control the production, market, and price of a commodity for mutual benefit, although they appear to be rivals. **2.** *Chiefly US Finance* a combination of persons to manipulate one or more securities. **3.** a combination of interests, funds, etc., for common advantage. **4.** the combined interests or funds. **5.** a facility or service that is shared by a number of people: *a typing pool.* **6.** the persons or parties involved. **7.** the stakes in certain games. **8.** Also, **pocket billiards.** any of various games played on a billiard table in which the object is to drive all the balls into the pockets with the cue ball. **9.** the total amount staked by a combination of betters, as on a race, to be awarded to the successful better or betters. **10.** the combination of such betters. *-v.t.* **11.** to put (interests, money, etc.) into a pool, or common stock or fund, as for a financial venture, according to agreement. **12.** to form a pool of. **13.** to make a common interest of. *-v.i.* **14.** to enter into or form a pool. *-phr.* **15. dirty pool,** *Colloquial* dishonest, unethical, or improper practices.
poop[1] /pup/ *n.* **1.** the enclosed space in the aftermost part of a ship, above the main deck. *-v.t.* **2.** (of a wave) to break over the stern of (a ship).
poop[2] /pup/ *v.t. Colloquial* to tire or exhaust.
poop[3] /pup/ *n. Colloquial* excrement.
pooper-scooper /'pupə-skupə/ *n.* a small shovel designed for owners of pets, to facilitate the removal of faeces deposited by their pet on public paths and roadways.
poor /pɔ/ *adj.* **1.** having little or nothing in the way of wealth, goods, or means of subsistence. **2.** (of a country, institution, etc.) meagrely supplied or endowed with resources or funds. **3.** (of the circumstances, life, home, dress, etc.) characterised by or showing poverty. **4.** *(often postposed)* deficient or lacking in something specified: *a region poor in mineral deposits.* **5.** faulty or inferior, as in construction. **6.** deficient in desirable ingredients, qualities, or the like: *poor soil.* **7.** lean or emaciated, as cattle. **8.** of an inferior, inadequate, or unsatisfactory kind; not good: *poor health.* **9.** deficient in aptitude or ability: *a poor cook.* **10.** deficient in moral excellence; cowardly, abject, or mean. **11.** scanty, meagre, or paltry in amount or number: *a poor pittance.* **12.** humble: *deign to visit our poor house.* **13.** unfortunate or hapless (much used to express pity): *the poor mother was in despair.* *-phr.* **14. the poor,** poor persons

collectively. **15. poor man's** ..., considered a cheaper or lower quality alternative: *poor man's champagne*. **–poorness** *n*.

poorly /'pɔli/ *adv*. **1.** in a poor manner or way. *–adj*. **2.** in poor health; somewhat ill.

pop¹ /pɒp/ *v*. **popped, popping**, *n.*, *adv*. *–v.i*. **1.** to make a short, quick, explosive sound or report: *the cork popped*. **2.** to burst open with such a sound, as chestnuts or corn in roasting. **3.** to come or go (*in, into, out*, etc.) quickly, suddenly or unexpectedly. *–v.t*. **4.** to cause to make a sudden, explosive sound. **5.** to cause to burst open with such a sound, as a blister, balloon, champagne bottle, etc. **6.** to put or thrust quickly, suddenly or unexpectedly. **7.** *Colloquial* to fire (a gun, etc.). **8.** Also, **pop off**. *Colloquial* to shoot (a target). **9.** *Colloquial* to pawn. *–n*. **10.** a short, quick, explosive sound. **11.** a popping. **12.** *Colloquial* a shot with a firearm. **13.** *Colloquial* an attempt: *to have a pop at something*. **14.** an effervescent beverage, especially a non-alcoholic one. *–adv*. **15.** with a pop or explosive sound. **16.** quickly, suddenly, or unexpectedly. *–phr*. **17. a pop**, *Colloquial* each: *they cost five dollars a pop*. **18. pop off**, *Colloquial* **a.** to depart, especially abruptly. **b.** to die, especially suddenly. **19. pop the question**, *Colloquial* to propose marriage. **20. pop up**, *Colloquial* to appear suddenly: *he disappeared for a while and then three years later popped up in Hong Kong*.

pop² /pɒp/ *Colloquial* *–adj*. **1.** popular. **2.** having to do with a type of tune or song having great but ephemeral popularity, especially among the young, and usually characterised by an insistent rhythmic beat. **3.** having to do with a singer or player of such music. *–n*. **4.** a pop tune or song.

pop³ /pɒp/ *n*. *Colloquial* father, or grandfather.

pop art *n*. modern art, including painting, sculpture, serigraphy, and collage, which rejects any distinction between good and bad taste, and which draws images and materials from popular culture and industry, especially mass production.

popcorn /'pɒpkɔn/ *n*. any of several varieties of maize whose kernels burst open and puff out when subjected to dry heat.

pope /poup/ *n*. **1.** (*often cap.*) the bishop of Rome as head of the Roman Catholic Church **2.** someone considered as having or assuming a similar position or authority.

poplar /'pɒplə/ *n*. **1.** any of various rapidly growing trees constituting the genus *Populus*, yielding a useful, light, soft wood, as *P. nivra* var. *italica* (**Lombardy poplar**), a tall tree of striking columnar or spire-shaped outline due to the fastigiate habit of its branches. **2.** the wood itself. **3.** the wood of any such tree.

poplin /'pɒplən/ *n*. a strong, finely ribbed, mercerised cotton material, used for dresses, blouses, children's wear, etc.

poppet /'pɒpət/ *n*. **1.** Also, **poppet valve**. a valve which in opening is lifted bodily from its seat instead of being hinged at one side. **2.** *Nautical* a piece of shaped wood fitted to close up the slot cut in a boat's gunwale and top strake for shipping an oar. **3.** a term of endearment for a girl or child.

poppy /'pɒpi/ *n*. **-pies**. any plant of the family Papaveraceae, especially species of the genus *Papaver*, comprising herbs with showy flowers of various colours, as *P. somniferum*, the source of opium.

poppycock /'pɒpikɒk/ *n*. *Colloquial* nonsense; bosh.

populace /'pɒpjələs/ *n*. the common people of a community, as distinguished from the higher classes.

popular /'pɒpjələ/ *adj*. **1.** regarded with favour or approval by associates, acquaintances, the general public, etc.: *a popular preacher*. **2.** of, relating to, or representing the people, or the common people: *popular discontent*. **3.** adapted to the ordinary intelligence or taste: *popular lectures on science*. **4.** suited to the means of ordinary people: *popular prices*. **–populist** *adj.*, *n*.

population /pɒpjə'leɪʃən/ *n*. **1.** (the total number of) people living in a country, town, or any area. **2.** the number of people belonging to a particular race or class in a place. **3.** *Statistics* the sum total of a defined group of events, objects, etc. **–populate** *v*.

populous /'pɒpjələs/ *adj*. full of people or inhabitants, as a region; well populated.

pop-up menu *n*. *Computers* a computer menu which comes up on the screen to provide the user with a list of options, even while a program is still running. Compare **pull-down menu**.

porcelain /'pɔsələn, 'pɒslən/ *n*. **1.** a vitreous, more or less translucent, ceramic material; china. **2.** a vessel or object made of this material.

porch /pɔtʃ/ *n*. an exterior appendage to a building, forming a covered approach or vestibule to a doorway.

porcine /'pɔsaɪn/ *adj*. **1.** having to do with or resembling swine. **2.** swinish, hoggish, or piggish.

porcupine /'pɔkjəpaɪn/ *n*. any of various rodents covered with stout, erectile spines or quills, as the **crested porcupine**, *Hystrix cristata*, of southern Europe and northern Africa, with long spines, and the common porcupine of North America, *Erethizon dorsatum*, with short spines or quills partially concealed by the fur.

porcupine grass *n*. any species of the genus *Triodia*, comprising spiny-leaved, tussock-forming grasses of inland Australia, and the western US.

pore¹ /pɔ/ *phr*. **1. pore on** (or **over**), to gaze earnestly or steadily at. **2. pore over**, to read or study with steady attention or application. **3. pore over** (or **on**) (or **upon**), to meditate on or ponder intently.

pore² /pɔ/ *n*. **1.** a minute opening or orifice, as in the skin or a leaf, for perspiration, absorption, etc. **2.** a minute interstice in a rock, etc. **–poriferous** /pɔ'rɪfərəs/ *adj*.

pork /pɔk/ *n*. the flesh of pigs used as food. **–pork-like** *adj*.

pork barrel *n*. *Originally US Colloquial* a government appropriation, bill, or policy which supplies funds for local improvements designed to ingratiate legislators with their constituents. **–pork-barrelling** *n*.

pornography /pɔ'nɒgrəfi/ *n*. obscene literature, art, or photography, designed to excite sexual desire. **–pornographic** /pɔnə'græfɪk/ *adj*.

poroporo /'pɒrou,pɒrou/ *n*. any of various New Zealand shrubs or small trees of the genus *Solanum*, some species of which have berries which are used as a drug base; bull-a-bull.

porous /'pɔrəs/ *adj*. **1.** full of pores. **2.** permeable by water, air, or the like. **–porosity** /pɔ'rɒsəti/, **porousness** *n*.

porphyry /'pɔfəri/ *n*. **-ries**. **1.** any igneous rock containing conspicuous phenocrysts in a fine-grained or aphanitic groundmass. **2.** a very hard rock, quarried in ancient Egypt, having a dark, purplish red groundmass containing small crystals of felspar. **–porphyritic** /pɔfə'rɪtɪk/ *adj*.

porpoise /'pɔpəs/ *n.*, **-poises**, (*especially collectively*) **-poise**. **1.** any of several small, gregarious cetaceans of the genus *Phocoena*, usually blackish above and paler underneath, and with a blunt, rounded snout, esp. the common porpoise, *P. phocoena*, of the North Atlantic and the Pacific.

2. → **dolphin** (def. 1).
porridge /'pɒrɪdʒ/ *n.* a breakfast dish, originating in Scotland, consisting of oatmeal or the like with water or milk.
port¹ /pɔt/ *n.* **1.** a town or place where ships load or unload. **2.** a place along the coast where ships may take refuge from storms. **3.** *Law* any place where persons and merchandise are allowed to pass (by water, land, or air) into and out of a country and where customs officers are stationed to inspect or appraise imported goods; port of entry.
port² /pɔt/ *n.* the left-hand side of a ship or aircraft facing forward (opposed to *starboard*); larboard.
port³ /pɔt/ *n.* **1.** any of a class of very sweet, fortified wines, mostly dark red, made in Portugal. **2.** (in unofficial use) a similar wine made elsewhere.
port⁴ /pɔt/ *n.* **1.** *Nautical* a porthole. **2.** a steel door in the side of a ship for loading and discharging cargo and baggage. **3.** *Machinery* an aperture in the surface of a cylinder, for the passage of steam, air, water, etc. **4.** *Electricity* a point in a circuit where an external connection is made. **5.** the curved mouthpiece of certain bits.
port⁵ /pɔt/ *v.t.* **1.** *Military* to carry (a rifle, etc.) with both hands, in a slanting direction across the front of the body with the barrel or like part near the left shoulder. **2.** to carry (something). *–n.* **3.** *Military* the position of a rifle or other weapon when ported. **4.** manner of bearing oneself; carriage or bearing.
port⁶ /pɔt/ *n. Australian* a portmanteau; suitcase.
portable /'pɔtəbəl/ *adj.* **1.** capable of being transported or conveyed. **2.** easily carried or conveyed by hand. **3.** (of benefits, superannuation, etc.) capable of being transferred with a change in job, especially from one department of the public service to another. *–n.* **4.** something that is portable. **–portability** /pɔtə'bɪləti/ *n.*
portal /'pɔtl/ *n.* a door, gate, or entrance, especially one of imposing appearance, as in a palace.
portcullis /pɔt'kʌləs/ *n.* a strong grating, as of iron, made to slide in vertical grooves at the sides of a gateway of a fortified place, and let down to prevent passage.
portend /pɔ'tɛnd/ *v.t.* to indicate beforehand, or presage, as an omen does.
portent /'pɔtɛnt/ *n.* **1.** an indication or omen of something about to happen, especially something momentous. **2.** ominous significance: *an occurrence of dire portent.* **3.** a prodigy or marvel.
porter¹ /'pɔtə/ *n.* someone employed to carry burdens or luggage, as at a railway station, hotel, etc.
porter² /'pɔtə/ *n.* someone who has charge of a door or gate; a doorkeeper; a janitor.
porter³ /'pɔtə/ *n.* a heavy, dark brown beer made with malt browned by drying at a high temperature.
portfolio /pɔt'fouliou/ *n.* **-lios. 1.** a portable case for loose papers, prints, etc. **2.** such a case for carrying documents of a state department. **3.** *Government* **a.** the office or post of a minister of state or member of a cabinet. **b.** the public service department or departments for which a minister is responsible. **4.** an itemised account or list of financial assets, as securities, shares, discount paper, etc., of an investment organisation, bank, or other investor.
porthole /'pɔthoul/ *n. Nautical* an aperture in the side of a ship, for admitting light and air.
portico /'pɔtəkou/ *n.* **-coes** or **-cos.** *Architecture* a structure consisting of a roof supported by columns or piers, forming the entrance to a temple, church, house, etc.
portion /'pɔʃən/ *n.* **1.** a part of any whole, whether actually separated from it or not: *a portion of the manuscript is illegible.* **2.** the part of a whole allotted to or belonging to a person or group; a share. **3.** a quantity of food served for one person. **4.** the part of an estate that goes to an heir or next of kin. **5.** the money, goods, or estate which a woman brings to her husband at marriage; a dowry. **6.** that which is allotted to a person by God or fate. *–v.t.* **7.** to furnish with a portion, inheritance, or dowry. **8.** to provide with a lot or fate. *–phr.* **9. portion out,** to divide into or distribute in portions or shares; parcel out. **–portionless** *adj.*
portly /'pɔtli/ *adj.* **-lier, -liest. 1.** large in person; stout; corpulent. **2.** stately, dignified, or imposing. **–portliness** *n.*
portmanteau /pɔt'mæntou/ *n.* **portmanteaus** or **portmanteaux.** a case or bag to carry clothing, etc., while travelling, especially a leather case which opens into two halves. Also, **port.**
portrait /'pɔtrət, 'pɔtreɪt/ *n.* **1.** a likeness of a person, especially of the face, usually made from life. **2.** a verbal picture, usually of a person. **–portraitist** *n.*
portray /pɔ'treɪ/ *v.t.* **1.** to represent by a drawing, painting, carving, or the like. **2.** to represent dramatically, as on the stage. **3.** to depict in words; describe graphically. **–portrayable** *adj.* **–portrayer** *n.* **–portrayal** *n.*
Portuguese man-of-war /pɔtʃə,giz mæn-əv-'wɔ/ *n.* **1.** *Brit., US* → **bluebottle** (def. 1). **2.** → **jellyfish.**
pose /pouz/ *v.* **posed, posing.** *n. –v.i.* **1.** to act as a particular character, usually with a view to the impression made on others. **2.** to pretend to be something or someone. **3.** (in modelling) to hold a position or attitude. *–v.t.* **4.** to place in a suitable position or attitude for a picture, etc.: *the photographer will pose the group.* **5.** to state or put forward for consideration: *the refugees pose a hard problem. –n.* **6.** a position held by the body. **7.** a position taken in thought or conduct. **8.** a pretence of being some character or having some quality or feeling which is completely false: *his generosity is a pose.* **–poser** *n.*
poser /'pouzə/ *n.* → **poseur.**
poseur /pou'zɜ/ *n.* someone who affects a particular pose (def. 8) to impress others.
posh /pɒʃ/ *Colloquial –adj.* **1.** elegant; luxurious; smart; first-class. *–phr.* **2. posh up,** to make smart or elegant. **–poshly** *adv.* **–poshness** *n.*
posit /'pɒzət/ *v.t.* **1.** to place, put, or set. **2.** to lay down or assume as a fact or principle; affirm; postulate.
position /pə'zɪʃən/ *n.* **1.** a place; location. **2.** proper place: *out of position.* **3.** condition, especially in some particular state; situation: *he is in an awkward position.* **4.** rank or standing. **5.** high standing in society. **6.** a post of employment: *a position in a bank.* **7.** the manner of being placed or arranged. **8.** a way of viewing a matter; stand: *our position on this question.* *–v.t.* **9.** to put in a particular position; place. **10.** to determine the position of; locate. **–positional** *adj.*
positive /'pɒzətɪv/ *adj.* **1.** actually laid down or expressed: *a positive declaration.* **2.** admitting of no question: *positive proof.* **3.** stated; express; emphatic. **4.** (of a person) sure in opinion or statement. **5.** overconfident. **6.** without relation to or comparison with other things; absolute (opposed to *relative* and *comparative*). **7.** *Colloquial* downright; out-and-out. **8.** possessing an actual force, being, existence, etc. **9.** *Philosophy* based on matters of experience: *positive philosophy.* **10.** practical; not theoretical. **11.** marked by hopefulness: *a positive attitude.* **12.** consisting in or marked by the presence of definite or marked qualities (opposed to *negative*): *light is positive,*

darkness negative. **13.** proceeding in a direction assumed as that of increase, progress, or onward motion. **14.** *Electricity* relating to the kind of electricity developed on glass when rubbed with silk, or the kind of electricity present at that pole where electrons enter, or return to. **15.** *Chemistry* (of a radical) having fewer electrons than the neutral atom or molecule and so being positively charged. **16.** *Chemistry* → **electropositive**. **17.** *Photography* (of a print from a negative) showing the lights and shades as seen in the original. **18.** *Grammar* relating to the first degree of the comparison of adjectives and adverbs, as English *smooth* in contrast to *smoother* and *smoothest*. **19.** *Mathematics* indicating a quantity greater than zero. **20.** *Biology* moving towards the point of excitation: *a positive tropism.* **21.** (of blood, affected tissue, etc.) showing the presence of an organism which causes a disease. –*n.* **22.** something positive, as a quality, characteristic, quantity, etc. **23.** a positive quantity or symbol. **24.** *Photography* a positive picture. **25.** *Grammar* (a form in) the positive degree. –**positively** *adv.* –**positiveness** *n.* –**positivism** *n.*

positive discrimination *n.* discrimination which works actively to favour a previously disadvantaged group in society, or to further the interests of one group of people as opposed to another.

positron /ˈpɒzɪtrɒn/ *n. Physics* an elementary particle with positive charge and mass equal to that of the electron; the antiparticle corresponding to the electron.

posse /ˈpɒsi/ *n. Chiefly US* → **posse comitatus**.

posse comitatus /ˌpɒsi kɒməˈtɑːtəs/ *n. Law* **1.** the body of men that a sheriff is empowered to call to assist in preserving the peace, making arrests, and serving writs. **2.** a body of men so called into service.

possess /pəˈzɛs/ *v.t.* **1.** to have belonging to oneself. **2.** to have, as a quality or the like: *to possess courage.* **3.** to keep control over (oneself, one's mind, etc.). **4.** (of a spirit, feeling or idea) to take over and control (a person). **5.** (of a man) to have sexual relations with. **6.** *Archaic* to seize or take. –**possessor** *n.* –**possessorship** *n.*

possessed /pəˈzɛst/ *adj.* **1.** (sometimes fol. by *by* or *with*) moved by a strong feeling, madness, or some supernatural agency; frenzied: *possessed by rage.* **2.** self-possessed; calm; poised. –*phr.* **3. possessed of**, having; possessing: *possessed of beauty; possessed of the facts.*

possession /pəˈzɛʃən/ *n.* **1.** the act of possessing or being possessed. **2.** ownership. **3.** *Law* actual holding or occupancy, either with or without rights of ownership. **4.** a thing possessed. **5.** (*plural*) property or wealth. **6.** control over oneself, one's mind, etc. **7.** control by a feeling, idea, etc.

possessive /pəˈzɛsɪv/ *adj.* **1.** having to do with possession or ownership. **2.** exerting or seeking to exert excessive influence on the affections, behaviour, etc., of others: *a possessive wife.* **3.** *Grammar* **a.** indicating possession, ownership, origin, etc. **b.** denoting a case that indicates possession, ownership, origin, etc. –*n. Grammar* **4.** the possessive case. **5.** a form in the possessive. –**possessively** *adv.* –**possessiveness** *n.*

possible /ˈpɒsəbəl/ *adj.* **1.** that may or can be, exist, happen, be done, be used, etc.: *no possible cure.* **2.** that may be true or a fact, or may perhaps be the case, as something concerning which one has no knowledge to the contrary: *it is possible that he went.* –**possibility** *n.* –**possibly** *adv.*

possie /ˈpɒzi/ *n. Australian, NZ Colloquial* a place; position.

possum /ˈpɒsəm/ *n.* **1.** Also, **opossum.** any of many herbivorous, largely arboreal, Australian marsupials of the superfamily Phalangeroidea, especially of the genera *Trichosurus*, *Pseudochirus* and *Petaurus*, ranging in size from the mouse-like **pygmy possum** to the cat-sized **brush-tailed possum**, having both pairs of limbs well-developed for climbing and grasping, and a long, often prehensile, tail. **2.** *Australian* (a more or less affectionate term for a person): *come along, possums; what a cheeky possum.* **3.** *Colloquial* → **opossum**. –*v.i.* **4.** to go hunting possums: *possuming in the moonlight.* –*phr.* **5. like a possum up a gum tree**, *Australian Colloquial* happy; content to be in an unassailable position: *you'll be like a possum up a gum tree when the money arrives.* **6. play possum**, *Colloquial* to dissemble; feign illness or death. **7. stir the possum**, *Australian* to instigate a debate on a controversial topic, especially in the public arena.

post¹ /poʊst/ *n.* **1.** a strong piece of timber, metal, or the like, set upright as a support, etc. **2.** *Horseracing* a pole on a racecourse marking the starting or finishing points for races. –*v.t.* **3.** to fix (a notice, etc.) to a post, wall, etc. **4.** to bring to public attention with a notice: *we must post a reward.* **5.** to enter the name of in a published list.

post² /poʊst/ *n.* **1.** a position of duty, employment, or trust to which one is assigned or appointed: *a diplomatic post.* **2.** the station, or round of a soldier, sentry, or other person on duty. **3.** a military station with permanent buildings. **4.** *Military* either of two bugle calls (**first post** and **last post**) giving notice of the hour for retiring, as for the night. –*v.t.* **5.** to station at a post or place as a sentry or for some other purpose. **6.** *Military* to transfer away to another unit or command.

post³ /poʊst/ *n.* **1.** a single delivery of letters, packages, etc. **2.** the letters, packages, etc., themselves; mail. **3.** an established service for the carrying of letters, etc., especially under government authority. **4.** → **post office**. –*v.t.* **5.** to place (a letter, etc.) in a post-box, post office, etc., for sending. **6.** *Bookkeeping* **a.** to transfer (an entry or item) to the ledger. **b.** to make all the necessary entries in (the ledger, etc.). **7.** to supply with up-to-date information; inform: *please keep me posted about any developments.* **8.** *Computers* to send (a message) electronically to a mailing list or newsgroup on the Internet. –**postal** *adj.*

post⁴ /poʊst/ *n.* an examination held after the main examination for those who were absent from the first one or whose result in the first needs confirmation by a second.

post- a prefix meaning 'behind', 'after', occurring originally in words from the Latin, but now freely used as an English formative: *post-Elizabethan, postfix, postgraduate.* Compare **ante-**, **pre-**.

postage /ˈpoʊstɪdʒ/ *n.* the charge for the conveyance of a letter or other matter sent by post, usually prepaid by means of a stamp or stamps.

postal note /ˈpoʊstl noʊt/ *n.* an order for the payment of a small amount of money, bought from and generally cashed at a post office. Compare **money order**. Also, **postal order**.

post-box /ˈpoʊst-bɒks/ *n.* a letterbox (def. 1), especially one on a public thoroughfare.

postcard /ˈpoʊstkɑd/ *n.* a card of standard size, often having a photograph, picture, etc., on one side, on which a message may be written and sent by post.

postcode /ˈpoʊstkoʊd/ *n.* a group of numbers or letters added as part of the address and intended to facilitate the delivery of mail.

postdate /poʊstˈdeɪt/ *v.t.* **-dated, -dating. 1.** to date (a document, cheque, invoice, etc.) with a date later than the current date. **2.** to follow in time.

poster /ˈpoʊstə/ *n.* **1.** a large placard or bill, often incorporating photographs or illustrations, and posted for advertisement or publicity or for decorative purposes. **2.** Also, **newsposter**. a sheet of paper advertising the headlines of the day, used for display by vendors of newspapers. **3.** → **billposter**.

poste restante /poʊst rɒsˈtɒnt/ *n.* a department in a post office where letters may be kept until they are called for.

posterior /pɒsˈtɪəriə/ *adj.* **1.** situated behind; hinder (opposed to *anterior*). **2.** (sometimes fol. by *to*) coming after in time; later; subsequent. **3.** *Zoology* having to do with the caudal end of the body. **4.** *Anatomy* having to do with the dorsal side of humans. *–n.* **5.** the hinder parts of the body; the buttocks. **–posteriorly** *adv.* **–posteriority** *n.*

posterity /pɒˈstɛrəti/ *n.* succeeding generations collectively.

postern /ˈpɒstən/ *n.* a back door or gate.

postgraduate /poʊstˈgrædʒuət/ *n.* **1.** someone studying at a university for a higher degree. *–adj.* **2.** having to do with courses of study offered for a higher degree. Also, **post-graduate**.

posthaste /poʊstˈheɪst/ *adv.* with all possible speed or promptness: *to come posthaste.*

posthumous /ˈpɒstʃəməs/ *adj.* **1.** (of books, music, medals, etc.) published or awarded after a person's death. **2.** born after the death of the father. **3.** arising, existing, or continuing after one's death. **–posthumously** *adv.*

posting /ˈpoʊstɪŋ/ *n.* the transfer of service personnel away to another unit or command.

postman /ˈpoʊstmən/ *n.* **-men.** a postal employee who sorts and delivers letters and parcels, or collects letters from post-boxes.

postmark /ˈpoʊstmak/ *n.* **1.** an official mark stamped on letters or other mail, to cancel the postage stamp, indicate the place and date of sending or of receipt, etc. *–v.t.* **2.** to stamp with a postmark.

postmodern /poʊstˈmɒdn/ *adj.* having to do with postmodernism. Also, **post-modern**.

postmodernism /poʊstˈmɒdənɪzəm/ *n.* any of a number of trends in art or literature which developed in the 1970s as a reaction to the idea of modernism with its emphasis on individual expression, progressing through a sequence of styles. Also, **Postmodernism, post-modernism**. **–postmodernist** *adj., n.*

post-mortem /poʊstˈmɔtəm/ *adj.*, /poʊstˈmɔtəm/ *n. –adj.* **1.** subsequent to death, as an examination of the body. *–n.* **2.** a post-mortem examination. **3.** an examination of the causes of failure of a plan, project, or the like. **4.** an evaluation of a party, concert, holiday, etc., after the event.

post-obit /poʊstˈoʊbət, -ˈɒbət/ *adj.* effective after a particular person's death.

post office *n.* **1.** a department of government responsible for a country's postal and telecommunications services. **2.** a local office of this department for receiving, distributing, and transmitting mail, selling postage stamps, providing telecommunications services, etc. **–post-office** *adj.*

postpone /poʊstˈpoʊn, poʊsˈpoʊn/ *v.* **-poned, -poning.** *–v.t.* **1.** to put off to a later time; defer: *he postponed his departure an hour.* **2.** to place after in order of importance or estimation; subordinate: *to postpone private ambitions to the public welfare.* **–postponable** *adj.* **–postponement** *n.* **–postponer** *n.*

postscript /ˈpoʊstskrɪpt/ *n.* **1.** a paragraph, sentence, etc., added to a letter which has already been concluded and signed by the writer. *Abbrev.:* PS **2.** any supplementary part.

postulant /ˈpɒstʃələnt/ *n.* **1.** someone who asks or applies for something. **2.** a candidate, especially for admission into a religious order. **–postulancy** *n.*

postulate /ˈpɒstʃəleɪt/ *v.* **-lated, -lating,** /ˈpɒstʃələt/ *n. –v.t.* **1.** to ask, demand, or claim. **2.** to claim or take for granted the existence or truth of, especially as a basis for reasoning. **3.** *Geometry* to take as an axiom. *–n.* **4.** something taken to be the case, without proof as a basis for reasoning, or as self-evident. **–postulation** *n.*

posture /ˈpɒstʃə/ *n., v.* **-tured, -turing.** *–n.* **1.** the position of the body and limbs as a whole: *a sitting posture.* **2.** an unnatural attitude or position of the body. **3.** mental or spiritual attitude. **4.** a position, condition, or state, especially of affairs. *–v.t.* **5.** to place in a particular posture or attitude. *–v.i.* **6.** to take on a particular posture, often for a special effect or for show. **–postural** *adj.* **–posturer** *n.*

posy /ˈpoʊzi/ *n.* **-sies.** a nosegay or bouquet.

pot /pɒt/ *n., v.* **potted, potting.** *–n.* **1.** an earthen, metallic, or other container, usually round and deep, used for domestic or other purposes. **2.** such a vessel with its contents. **3.** a potful of liquor. **4.** a wicker vessel for trapping fish or crustaceans. **5.** *Colloquial* a large sum of money. **6.** the aggregate of bets at stake at one time, as in card games, especially poker. **7.** → **pot shot**. **8.** a medium sized beer glass; middy. **9.** *Colloquial* → **potbelly**. **10.** a chamber-pot; potty. **11.** *Colloquial* a trophy or prize in a contest, especially a silver cup. **12.** (*plural*) *Colloquial* a large quantity. **13.** *Colloquial* → **marijuana**. *–v.t.* **14.** to put into a pot. **15.** to preserve (food) in a pot. **16.** to cook in a pot. **17.** to plant in a pot of soil. **18.** *Hunting* **a.** to shoot (game birds) on the ground or water, or (game animals) at rest, instead of in flight or running. **b.** to shoot for food, not for sport. **19.** *Colloquial* to capture, secure, or win. **20.** *Billiards* to pocket. *–v.i.* **21.** to make pots, as a potter does. *–phr.* **22. go to pot**, to deteriorate.

potable /ˈpoʊtəbəl/ *adj.* **1.** fit or suitable for drinking. *–n.* **2.** (*usually plural*) anything drinkable.

potash /ˈpɒtæʃ/ *n.* **1.** potassium carbonate, especially the crude impure form obtained from wood ashes. **2.** the oxide of potassium, K_2O. **3.** potassium: *carbonate of potash.*

potassium /pəˈtæsiəm/ *n.* a silvery white metallic element, which oxidises rapidly in the air, and whose compounds are used as fertiliser and in special hard glasses. *Symbol:* K; *relative atomic mass:* 39.102; *at. no.:* 19; *density:* 0.86 at 20°C. **–potassic** *adj.*

potassium nitrate *n.* a crystalline compound, KNO_3, used in gunpowder, fertilisers, preservatives, etc., and produced by nitrification in soil; saltpetre.

potato /pəˈteɪtoʊ/ *n.* **-toes. 1.** the edible tuber (**white potato** or **Irish potato**) of a cultivated plant, *Solanum tuberosum.* **2.** the plant itself. **3.** → **sweet potato**.

potbelly /ˈpɒtbɛli/ *n.* **-lies.** a distended or protuberant belly. **–potbellied** *adj.*

potch /pɒtʃ/ *n.* an opal which may have colour, but lacks the fine play of colour which distinguishes gem-quality opal; it is commonly the matrix stone in which precious opal is found.

potent /ˈpoʊtnt/ *adj.* **1.** powerful; mighty. **2.** (of reasons, etc.) forceful. **3.** (of a drug) producing powerful physical or chemical effects. **4.** possessed of great power or authority. **5.** exercising great influence on a person. **6.** having sexual power. **–potently** *adv.* **–potency, potence, potentness** *n.*

potentate /ˈpoʊtnteɪt/ *n.* someone who possesses great power; a sovereign, monarch, or ruler.

potential /pə'tɛnʃəl/ *adj.* **1.** possible as opposed to actual. **2.** able to be or become; latent. *–n.* **3.** *Physics* → **potential energy**. **4.** possibility. **5.** Also, **electric potential**. a measure of the potential energy at a point of an electric charge relative to its potential energy at some other reference point, such as the earth (which is seen to have zero potential). **–potentially** *adv.* **–potentiality** /pətɛnʃi'æləti/ *n.*

potential energy *n. Physics* energy which is due to position rather than motion, as a coiled spring or a raised weight (opposed to *kinetic energy*).

pothole /'pɒthoʊl/ *n.* **1.** a deep hole; a pit. **2.** a more or less cylindrical hole formed in rock by the grinding action of the detrital material in eddying water. **3.** Also, **sinkhole**. a hole formed in soluble rock by the action of water, serving to conduct water to an underground passage. **4.** a hole in the surface of a road.

potion /'poʊʃən/ *n.* a drink or draught, especially one of a medicinal, poisonous, or magical kind.

potluck /pɒt'lʌk/ *n. Colloquial* **1.** whatever food happens to be at hand without special preparation or buying. **2.** a random or haphazard choice.

potoroo /pɒtə'ruː/ *n.* any of several species of small macropods of the genus *Potorous*, having pointed heads and living in dense grass and low, thick scrub in various parts of Australia.

potpourri /pɒt'pʊəri, poʊpə'riː/ *n.* **-ris**. **1.** a mixture of dried petals of roses or other flowers with spices, etc., kept in a jar for the fragrance. **2.** a collection of miscellaneous literary extracts. **3.** any mixture of unrelated things.

pot shot *n.* **1.** a shot fired at game merely for food, with little regard to skill or the rules of sport. **2.** a shot at an animal or person within easy range, as from ambush. **3.** a random or aimless shot.

potter¹ /'pɒtə/ *n.* someone who makes earthen pots or other vessels.

potter² /'pɒtə/ *v.i.* **1.** to busy or occupy oneself in an ineffective manner. **2.** to move or go (*about, along*, etc.) with ineffective action or little energy or purpose. **3.** to move or go slowly or aimlessly; loiter. *–n.* **4.** pottering or ineffective action; dawdling. Also, *US*, **putter**. **–potterer** *n.* **–potteringly** *adv.*

pottery /'pɒtəri/ *n.* **-ries**. **1.** ware fashioned from clay or other earthy material and hardened by heat. **2.** a place where earthen pots or vessels are made. **3.** the art or business of a potter; ceramics.

potty¹ /'pɒti/ *adj. Colloquial* foolish; crazy.

potty² /'pɒti/ *n.* **-ties**. *Colloquial* a chamber-pot, especially one for a child. Also, **pottie**.

pouch /paʊtʃ/ *n.* **1.** a bag, sack, or similar container, especially one for small articles. **2.** a small moneybag. **3.** something shaped or looking like a bag or pocket. **4.** *Zoology* a bag-like or pocket-like part, as the one beneath the bill of a pelican, or (especially) the one in which the young of marsupials are carried. *–v.t.* **5.** to put into or enclose in a pouch, bag, or pocket; pocket. *–v.i.* **6.** to form a pouch or a cavity like a pouch. **–pouchy** *adj.*

pouf /puf, pʊf/ *n.* a large firm cushion, often cylindrical, strong and high enough to serve as a seat or leg rest.

poultice /'poʊltəs/ *n., v.* **-ticed**, **-ticing**. *–n.* **1.** a soft, moist mass of bread, meal, linseed, etc., applied as a medicament to the body. *–v.t.* **2.** to apply a poultice to.

poultry /'poʊltri/ *n.* domestic fowls collectively, as chickens, turkeys, guineafowls, ducks, and geese.

pounce /paʊns/ *v.* **pounced**, **pouncing**, *n.* *–v.i.* **1.** to swoop down suddenly and lay hold, as a bird does on its prey. **2.** to spring, dash, or come suddenly. *–n.* **3.** the claw or talon of a bird of prey. **4.** a sudden swoop, as on prey.

pound¹ /paʊnd/ *v.t.* **1.** to strike repeatedly and with great force, as with an instrument, the fist, heavy missiles, etc. **2.** to force (a way) by battering. **3.** to crush by beating, as with an instrument; pulverise. *–v.i.* **4.** to strike heavy blows repeatedly: *to pound on a door*. **5.** to beat or throb violently, as the heart. **6.** to give forth a sound of or as of thumps: *the drums pounded loudly*. **7.** to walk or go with heavy steps; move along with force or vigour. *–n.* **8.** the act of pounding. **9.** a heavy or forcible blow. **10.** a thump. *–phr.* **11. pound out**, to produce (sound) by striking or thumping, or with an effect of thumping: *to pound out a tune on a piano*.

pound² /paʊnd/ *n.* **pounds**, (*collectively*) **pound**. *–n.* **1.** a unit of mass, varying in different periods and different countries. **2.** either of two units in imperial measure, the **pound avoirdupois** (of 7000 grains, divided into 16 ounces, and equal to 0.453 592 37 kg) used for ordinary commodities, or the **pound troy** (of 5760 grains, divided into 12 ounces, equal to 0.373 241 721 6 kg) used for gold, silver, etc., and also serving as the basis of apothecaries' weight. **3.** a British unit of currency (**pound sterling**) of the value of 100 new pence. **4.** a former unit of currency in Australia of the value of 240 pence. **5.** the monetary unit of various countries. **6.** a note or coin of any of these denominations.

pound³ /paʊnd/ *n.* **1.** an enclosure maintained by public authorities for confining stray or homeless animals. **2.** an enclosure for sheltering, keeping, confining, or trapping animals. **3.** a place of confinement or imprisonment. *–v.t.* **4.** to shut up in or as in pound; impound; imprison.

pour /pɔ/ *v.t.* **1.** to send (a fluid, or anything in loose particles) flowing or falling, as from a container or into, over, or on something. **2.** to emit or discharge, especially continuously or without number. *–v.i.* **3.** to issue, move, or proceed in great quantity or number. **4.** to flow forth or along. **5.** to rain heavily. *–n.* **6. a.** the act or process of pouring molten metal, concrete, etc., into a mould. **b.** the amount poured. **7.** an abundant or continuous flow or stream. **8.** a heavy fall of rain; downpour. *–phr.* **9. pour on**, *Colloquial* to overdo or supply in excess: *pour on the sob stuff*. **10. pour out** (or **forth**), to send forth (words, etc.) as in a stream or flood. **–pourer** *n.* **–pouringly** *adv.*

pout /paʊt/ *v.i.* **1.** to thrust out the lips, especially in displeasure or sullenness. **2.** to look sullen. *–v.t.* **3.** to say with a pout. *–n.* **4.** a thrusting out of the lips, as in pouting.

pouter /'paʊtə/ *n.* **1.** someone who pouts. **2.** one of a breed of long-legged domestic pigeons characterised by the habit of puffing out the crop.

poverty /'pɒvəti/ *n.* **1.** the condition of being poor with respect to money, goods, or means of subsistence. **2.** deficiency or lack of something specified: *poverty of ideas*. **3.** deficiency of desirable ingredients, qualities, etc.: *poverty of soil*. **4.** scantiness; scanty amount.

poverty trap *n.* a state of poverty from which it is difficult to escape because any attempt to improve one's circumstances by seeking employment leaves one worse off than one was when totally dependent on social security.

POW /pi oʊ 'dʌbəlju/ prisoner of war.

powder /'paʊdə/ *n.* **1.** any solid substance in the state of fine, loose particles, as produced by crushing, grinding, or disintegration; dust. **2.** a preparation in this form for some special purpose, as gunpowder, a medicinal powder, a cosmetic or toilet powder, etc. *–v.t.* **3.** to reduce to powder; pulverise. **4.** to sprinkle or cover with powder. **5.** to apply powder to (the face, skin, etc.) as a cosmetic. **6.** to sprinkle or strew as with powder. **7.** to ornament with small objects scattered over a surface. *–v.i.* **8.** to use powder as a cosmetic. **9.** to become pulverised. *–phr.* **10. take a powder**, *Colloquial* to depart; disappear. **–powderer** *n*. **–powdery** *adj*.

powder puff *n*. a soft, feathery ball or pad, as of down, for applying powder to the skin.

power /'paʊə/ *n*. **1.** ability to do or act; capability of doing or effecting something. **2.** (*usually plural*) a particular faculty of body or mind. **3.** political or national strength: *the balance of power in Europe*. **4.** great or marked ability to do or act; strength; might; force. **5.** the possession of control or command over others; dominion; authority; ascendancy or influence. **6.** political ascendancy or control in the government of a country, etc.: *the party in power*. **7.** legal ability, capacity, or authority. **8.** delegated authority; authority vested in a person or persons in a particular capacity. **9.** a written statement, or document, conferring legal authority. **10.** one who or that which possesses or exercises authority or influence. **11.** a state or nation having international authority or influence: *the great powers of the world*. **12.** a military or naval force. **13.** (*often plural*) a deity or divinity. **14.** *Theology* a member of the sixth order of angels. See **angel** (def. 1). **15.** *Colloquial* a large number or amount. **16.** *Physics, Electricity* the time rate of transferring or transforming energy; work done, or energy transferred, per unit of time. **17.** mechanical energy as distinguished from hand labour. **18.** a particular form of mechanical energy. **19.** *Mathematics* the product obtained by multiplying a quantity by itself one or more times: *4 is the second, 8 the third, power of 2*. **20.** *Optics* the magnifying capacity of a microscope, telescope, etc., expressed as ratio of diameter of image to object. *–v.t.* **21.** to supply with electricity or other means of power. **22.** (of an engine, etc.) to provide the force or motive power to operate (a machine). *–v.i.* **23.** to move with a surge of power: *to power past an opponent*. *–adj.* **24.** associated with a managerial or executive style: *power dressing*; *power lunch*. *–phr.* **25. power one's way**, *Colloquial* to draw on reserves of strength and energy to gain a victory. **26. the powers that be**, those in authority. **–powerful** *adj*.

power point *n*. a socket, connected to a power supply, usually made of plastic and set in a wall, into which the plug of an electrical appliance may be inserted.

power station *n*. an industrial building in which electricity is generated.

power steering *n*. a steering mechanism in a motor vehicle that provides mechanical or hydraulic aid in turning the wheels.

power walking *n*. a purposeful fast-paced walking, intended as exercise to improve fitness.

powwow /'paʊwaʊ/ *n*. **1.** (among North American Indians) a ceremony, especially one accompanied by magic, feasting, and dancing, performed for the cure of disease, success in a hunt, etc. **2.** a council or conference of or with Indians. **3.** *Colloquial* any conference or meeting.

pox /pɒks/ *n*. **1.** a disease characterised by multiple skin pustules, as smallpox. **2.** Also, **great (French) pox**. → **syphilis**. **3.** *Colloquial* any venereal disease.

P-plate /'pi-pleɪt/ *n*. (in Australia) one of a pair of identification plates which by law must be displayed (at the front and rear) on any motor vehicle driven by a driver with a provisional licence.

PPS /pi pi 'ɛs/ a second postscript. [L *post postscriptum*]

practicable /'præktɪkəbəl/ *adj*. **1.** capable of being put into practice, done, or effected, especially with the available means or with reason or prudence; feasible. **2.** capable of being used or traversed, or admitting of passage: *a practicable road*. **–practicability** /ˌpræktɪkə'bɪləti/, **practicableness** *n*. **–practicably** *adv*.

practical /'præktɪkəl/ *adj*. **1.** relating to practice or action: *practical mathematics*. **2.** consisting of, using, or resulting from practice or action: *a practical application of a rule*. **3.** relating to the ordinary business, or work of the world: *practical affairs*. **4.** adapted for actual use: *a practical method*. **5.** doing or experienced in actual practice or work: *a practical politician*. **6.** interested in or fitted for actual work: *a practical man*. **7.** mindful of the results, usefulness, possibilities, etc., of a certain action or method; sensible. **8.** matter-of-fact; prosaic. **9.** being so in effect; virtual: *a practical certainty*. **10.** of or relating to a practical (def. 11). *–n.* **11.** that part of a course of study which is meant to develop practical skills or to show the practical basis of a theory: *a Chemistry practical*. **–practicality** /ˌpræktə'kæləti/, **practicalness** *n*.

practical joke *n*. a trick played upon a person, often involving some physical action. **–practical joker** *n*.

practically /'præktɪkli/ *adv*. **1.** in effect; virtually. **2.** in a practical manner. **3.** from a practical point of view. **4.** nearly; almost.

practice /'præktəs/ *n*. **1.** habitual or customary performance: *normal business practice*. **2.** a habit or custom. **3.** repeated performance or systematic exercise for the purpose of acquiring skill or proficiency: *practice makes perfect*. **4.** skill gained by experience or exercise. **5.** the action or process of performing or doing something (opposed to *theory* or *speculation*). **6.** the exercise of a profession or occupation, especially law or medicine. **7.** the business of a professional person: *a doctor with a large practice*. **8.** *Law* the established method of conducting legal proceedings. *–v.t., v.i.* **9.** *US* → **practise**. *–adj.* **10.** of or relating to an attempt which is undertaken merely to develop skill, refresh one's memory, etc: *a practice shot*. *–phr.* **11. make a practice of**, to do something habitually or usually. **12. sharp practice**, deceitful or dishonest dealing or procedure; trickery.

practician /præk'tɪʃən/ *n*. someone who works at a profession or occupation; practitioner.

practicum /'præktɪkəm/ *n*. that part of a course of study which is designed to develop practical skills or to demonstrate the practical foundation of a theory. Also, **practical**; *Colloquial*, **prac**.

practise /'præktəs/ *v*. **-tised, -tising**. *–v.t.* **1.** to carry out, follow, observe or use or do habitually or usually. **2.** to exercise or work in as a profession, art, or occupation: *to practise law*. **3.** to perform or do repeatedly in order to acquire skill or proficiency. *–v.i.* **4.** to act habitually; do something habitually or as a practice. **5.** to work in a profession, especially law or medicine. **6.** to do something in order to improve one's skill: *to practise shooting*. **–practiser** *n*.

practitioner /præk'tɪʃənə/ *n*. **1.** someone engaged in the practice of a profession or the like: *a medical practitioner*. **2.** someone who practises something specified.

prae- variant of **pre-**.

pragmatic /præg'mætɪk/ *adj*. **1.** treating historical phenomena with special reference to their causes, antecedent conditions, and results. **2.** concerned with practical consequences or values. **3.** *Philosophy* of or relating to pragmatism. **–pragmatically** *adv*. **–pragmatism** *n*.

prairie /'prɛəri/ *n*. **1.** an extensive or slightly undulating treeless tract of land, characterised by highly fertile soil and originally grassland, which occurs in the interior of continents in temperate latitudes, as that of the upper Mississippi valley, US, and in Canada. **2.** a meadow.

praise /preɪz/ n., v. **praised, praising.** –n. **1.** the act of expressing approval or admiration; commendation; laudation. **2.** the offering of grateful homage in words or song, as an act of worship. **3.** state of being approved or admired. –v.t. **4.** to express approval or admiration of; commend; extol. **5.** to offer grateful homage to (God or a deity), as in words or song. –phr. **6. sing someone's praises** or **sing the praises of someone**, to be highly complimentary to someone. –**praiser** n.

pram /præm/ n. a small, four-wheeled vehicle used for carrying a baby, pushed from behind.

prance /præns, prans/ v. **pranced, prancing,** n. –v.i. **1.** to spring, or move from the hind legs, as a horse. **2.** to move or go in a happy manner; swagger. **3.** to leap or dance. –n. **4.** the act of prancing. –**prancer** n. –**prancingly** adv.

prandial /'prændɪəl/ adj. having to do with a meal, especially dinner. –**prandially** adv.

prang /præŋ/ Colloquial –v.t. **1.** to crash-land (an aircraft); damage; destroy. **2.** to crash (a car or the like). –v.i. **3.** to have a crash. –n. **4.** a crash, especially a minor one, in a motor vehicle or the like.

prank /præŋk/ n. **1.** a trick of a playful nature. **2.** a trick of a malicious nature. –**prankster** n. –**prankish** adj. –**prankery** n.

prat /præt/ n. Colloquial **1.** the buttocks. **2.** Originally British an incompetent or foolish person. –phr. **3. prat oneself in,** Australian to butt in: I don't want to prat myself in where I'm not wanted.

prate /preɪt/ v. **prated, prating,** n. –v.i. **1.** to talk too much; talk foolishly or pointlessly; chatter; babble. –v.t. **2.** to utter in empty or foolish talk. –n. **3.** the act of prating. **4.** empty or foolish talk. –**prater** n. –**pratingly** adv.

prattle /'prætl/ v. **-tled, -tling,** n. –v.i. **1.** to talk or chatter in a simple-minded or foolish way; babble. –v.t. **2.** to utter by chattering or babbling. –n. **3.** the act of prattling. **4.** chatter; babble. **5.** a babbling sound. –**prattler** n. –**prattlingly** adv.

prawn /prɔn/ n. **1.** any of various shrimplike decapod crustaceans of the genera Palaemon, Penaeus, etc. (suborder Macrura), certain of which are used as food. **2.** Colloquial a weak, spiritless, insignificant person: he's a bit of a prawn. –v.i. **3.** to catch prawns, as for food. –phr. **4. come the raw prawn,** Australian, NZ Colloquial (sometimes fol. by with) to try to put over a deception. –**prawner** n.

pray /preɪ/ v.t. **1.** to strongly urge (a person, etc.): tell me, I pray you. **2.** to make a sincere request to (God, etc.). **3.** to offer (a prayer). –v.i. **4.** to make a strong plea as to a person. **5.** to make a sincere request to God, etc. **6.** to enter into spiritual union with God through prayer.

prayer /prɛə/ n. **1.** a sincere and earnest petition to God, etc. **2.** the act or practice of praying to God, etc., as in thanks, praise or request. **3.** a form of words used in praying. **4.** something that is prayed for.

praying mantis n. → **mantis.**

pre- a prefix applied freely to mean 'prior to', 'in advance of' (prewar), also 'early', 'beforehand', 'before', 'in front of' (preoral, prefrontal), and in many figurative meanings, often attached to stems not used alone (prevent, preclude, preference, precedent).

preach /pritʃ/ v.t. **1.** to advocate or inculcate (religious or moral truth, right conduct, etc.) in speech or writing. **2.** to proclaim or make known by sermon (the gospel, good tidings, etc.). –v.i. **3.** to deliver a sermon. **4.** to give earnest advice, as on religious subjects. **5.** to do this in an obtrusive or tedious way. –**preacher** n.

preamble /pri'æmbəl/ n. **1.** an introductory statement; a preface; an introduction. **2.** Law the introductory part of a statute, deed, or the like, stating the reasons and intent of what follows. **3.** a preliminary or introductory fact or circumstance.

Pre-Cambrian /ˌpri-'kæmbriən/ adj., n. (relating to) a geological period, age, or systems of rocks older than the Cambrian, characterised by almost complete lack of fossils.

precarious /prə'kɛəriəs/ adj. **1.** dependent on circumstances beyond one's control; uncertain; unstable; insecure: a precarious livelihood. **2.** dependent on the will or pleasure of another; liable to be withdrawn or lost at the will of another: precarious tenure. **3.** exposed to or involving danger; dangerous; perilous; risky: a precarious life. **4.** having insufficient, little, or no foundation: a precarious assumption. –**precariously** adv. –**precariousness** n.

precaution /prə'kɔʃən/ n. **1.** a measure taken beforehand to ward off possible evil or secure good results. **2.** caution used beforehand; prudent foresight. –**precautionary** adj. –**precautious** adj.

precede /pri'sid/ v. **-ceded, -ceding.** –v.t. **1.** to go before, as in place, order, rank, importance, or time. **2.** to introduce by something preliminary; preface. –v.i. **3.** to go or come before.

precedence /'prɛsədəns, pri'sidəns/ n. **1.** the act or fact of preceding. **2.** priority in order, rank, importance, etc. **3.** priority in time. **4.** the right to precede others in ceremonies or social formalities. **5.** the order to be observed ceremonially by persons of different ranks. Also, **precedency** /'prɛsədənsi, pri'sidənsi/.

precedent /'prɛsədənt, 'prɛ-/ n. **1.** a preceding instance or case which may serve as an example for or a justification in subsequent cases. **2.** Law a legal decision or form of proceeding serving as an authoritative rule or pattern in future similar or analogous cases.

precentor /prə'sɛntə/ n. **1.** someone who leads a church choir or congregation in singing. **2.** the member of a cathedral chapter in charge of the music. –**precentorial** /ˌprisɛn'tɔriəl/ adj. –**precentorship** n.

precept /'prisɛpt/ n. **1.** a commandment or direction given as a rule of action or conduct. **2.** an injunction as to moral conduct; a maxim. **3.** a rule, as for the performance of some technical operation. **4.** Law a writ or warrant.

precession /pri'sɛʃən/ n. **1.** the act or fact of preceding; precedence. **2.** Astronomy **a.** the precession of the equinoxes. **b.** the related motion of the earth's axis of rotation. **3.** the motion of a rotating body which, as a result of an applied couple whose axis is perpendicular to the axis of rotation, also involves rotation about a third mutually perpendicular axis. –**precessional** adj.

precinct /'prisɪŋkt/ n. **1.** a place or space of definite limits. **2.** (often plural) an enclosing boundary or limit. **3.** (plural) the areas immediately about any place; environs: the precincts of a town.

precious /'prɛʃəs/ adj. **1.** of great price or value; valuable; costly: precious metals. **2.** of great moral or spiritual worth. **3.** dear; beloved. **4.** too delicate, refined, or nice. –n. **5.** precious one; darling. –adv. **6.** Colloquial extremely; very. –**preciously** adv. –**preciousness** n.

precipice /'prɛsəpəs/ n. **1.** a cliff with a vertical,

precipitant /prə'sɪpətənt/ *adj.* **1.** falling headlong. **2.** rushing headlong, rapidly, or hastily onwards. **3.** hasty; rash. **4.** unduly sudden or abrupt. –*n.* **5.** *Chemistry* anything that causes precipitation. **–precipitantly** *adv.* **–precipitancy, precipitance** *n.*

precipitate /prə'sɪpəteɪt/ *v.* **-tated, -tating,** /prə'sɪpətət/ *adj., n. –v.t.* **1.** to bring about quickly or suddenly: *to precipitate an argument.* **2.** *Chemistry* to separate out (a dissolved substance) in solid form from a solution, as by means of a reagent. **3.** *Physics, Weather* to change (moisture) from vapour into rain, dew, etc. **4.** to cast down headlong. *–v.i.* **5.** to separate from a solution as a precipitate. **6.** *Physics, Weather* to be condensed as rain, dew, etc. *–adj.* **7.** headlong. **8.** moving with great haste. **9.** very sudden; abrupt. **10.** overhasty; rash. *–n.* **11.** *Chemistry* a substance precipitated from a solution. **12.** *Physics, Weather* moisture condensed in the form of rain, dew, etc. **–precipitately** *adv.* **–precipitateness** *n.* **–precipitative** *adj.* **–precipitator** *n.*

precipitation /prəsɪpə'teɪʃən/ *n.* **1.** the act or fact of precipitating. **2.** a casting down or falling headlong. **3.** sudden haste. **4.** unwise speed. **5.** *Chemistry, Physics* the precipitating of a substance from a solution. **6.** *Weather* **a.** falling products of condensation as rain, snow, hail. **b.** the amount of such within a given period.

precipitous /prə'sɪpətəs/ *adj.* **1.** of the nature of a precipice, or characterised by precipices: *a precipitous wall of rock.* **2.** extremely or impassably steep. **3.** precipitate. **–precipitously** *adv.* **–precipitousness** *n.*

precis /'preɪsiː/ *n.* **-cis,** /-siː/ *v. –n.* **1.** an abstract or summary. *–v.t.* **2.** to make a precis of. Also, **précis.**

precise /prə'saɪs/ *adj.* **1.** exact; definite. **2.** being just that, and neither more nor less: *the precise amount.* **3.** being just that, and not some other: *the precise date.* **4.** clear, distinct, as the voice. **5.** exact in measuring, recording, etc., as an instrument. **6.** very particular; puritanical. **–precisely** *adv.* **–preciseness** *n.* **–precision** *n.*

preclude /prɪ'kluːd/ *v.t.* **-cluded, -cluding. 1.** to shut out or exclude; prevent the presence, existence, or occurrence of; make impossible. **2.** to shut out, debar, or prevent (a person, etc.) from something. **–preclusion** /prɪ'kluːʒən/ *n.* **–preclusive** /prɪ'kluːsɪv/ *adj.* **–preclusively** *adv.*

precocious /prə'koʊʃəs/ *adj.* **1.** forward in development, especially mental development, as a child. **2.** prematurely developed, as the mind, faculties, etc. **3.** relating to or showing premature development. **4.** *Botany* flowering, fruiting, or ripening early, as plants or fruit. **–precociously** *adv.* **–precociousness, precocity** /prə'kɒsəti/ *n.*

precognition /ˌpriːkɒg'nɪʃən/ *n.* foreknowledge; knowledge of future events, especially through extrasensory means. **–precognitive** /priː'kɒgnətɪv/ *adj.*

preconceive /priːkən'siːv/ *v.t.* **-ceived, -ceiving.** to conceive beforehand; form an idea of in advance.

preconception /priːkən'sɛpʃən/ *n.* **1.** a conception or opinion formed beforehand. **2.** bias; predilection.

precursor /ˌpriː'kɜːsə/ *n.* **1.** a person or thing that precedes another; a predecessor. **2.** a person or thing that indicates the approach of another or something else. **3.** *Biochemistry* a metabolite which can be converted into another metabolite by one or more enzymic reactions. **–precursory, precursive** *adj.*

predate /ˌpriː'deɪt/ *v.t.* **-dated, -dating. 1.** to date before the actual time: *he predated the cheque by three days.* **2.** to precede in date.

predator /'prɛdətə/ *n.* a predatory person, organism, or thing.

predatory /'prɛdətəri, -tri/ *adj.* **1.** of, relating to, or characterised by plundering, pillaging, or robbery. **2.** *Zoology* habitually preying upon other animals. **–predatorily** *adv.* **–predatoriness** *n.*

predecessor /'priːdəsɛsə/ *n.* **1.** someone who precedes another in an office, position, etc. **2.** anything succeeded or replaced by something else. **3.** an ancestor or forefather.

predestine /priː'dɛstɪn/ *v.t.* **-tined, -tining.** to destine beforehand; foreordain; predetermine: *he seemed almost predestined for the ministry.*

predetermine /priːdə'tɜːmən/ *v.t.* **-mined, -mining. 1.** to determine or decide beforehand. **2.** to ordain beforehand; predestine. **3.** to direct or impel beforehand to something. **–predetermination** /priːdəˌtɜːmə'neɪʃən/ *n.* **–predeterminative** *adj.* **–predeterminer** *adj.*

predicament /prə'dɪkəmənt/ *n.* **1.** an unpleasant, trying, or dangerous situation. **2.** a particular state, condition, or situation. **3.** *Logic* one of the classes or categories of logical predications. **–predicamental** /prədɪkə'mɛntl/ *adj.*

predicate /'prɛdɪkeɪt/ *v.* **-cated, -cating,** /'prɛdɪkət/ *n. –v.t.* **1.** to declare; proclaim. *–v.i.* **2.** to make a declaration. *–n.* **3.** *Grammar* (in many languages) the active verb in a sentence or clause together with all the words it governs and those which modify it, as *is here* in *Jack is here*. **4.** *Logic* something that is said of the subject in a proposition. **–predication** /prɛdə'keɪʃən/ *n.* **–predicative** /prə'dɪkətɪv/ *adj.* **–predicatively** /prə'dɪkətɪvli/ *adv.*

predict /prə'dɪkt/ *v.t.* **1.** to foretell; prophesy. *–v.i.* **2.** to foretell the future. **–predictable** *adj.* **–predictability** *n.* **–predictably** *adv.*

predilection /priːdə'lɛkʃən/ *n.* a predisposition of the mind in favour of something; a partiality; preference.

predispose /priːdəs'poʊz/ *v.* **-posed, -posing.** *–v.t.* **1.** to give a previous inclination or tendency to. **2.** to render subject, susceptible, or liable: *poor health predisposed them to infection.* **3.** to dispose beforehand. *–v.i.* **4.** to give or furnish a tendency or inclination. **–predisposition** /ˌpriːdɪspə'zɪʃən/ *n.*

predominate /prə'dɒmɪneɪt/ *v.* **-nated, -nating.** *–v.i.* **1.** to be the stronger or leading element; preponderate; prevail. **2.** (sometimes fol. by *over*) to have or exert controlling power. **3.** to surpass others in authority or influence. **4.** to be more noticeable or imposing than something else. *–v.t.* **5.** to dominate or prevail over. **–predominance, predomination** /prəˌdɒmə'neɪʃən/ *n.* **–predominant** *adj.* **–predominantly, predominatingly** *adv.* **–predominator** *n.*

pre-eminent /priː'ɛmənənt/ *adj.* eminent before or above others; superior to or surpassing others; distinguished beyond others. **–pre-eminently** *adv.*

pre-empt /priː'ɛmpt/ *v.t.* **1.** to occupy (land) in order to establish a prior right to buy. **2.** to acquire or appropriate beforehand. **3.** to anticipate. *–v.i.* **4.** *Bridge* to make a pre-emptive bid. **–pre-emptory, pre-emptive** *adj.* **–pre-emptor** *n.* **–pre-emption** *n.*

preen /priːn/ *v.t.* **1.** to trim or dress with the beak, as a bird does its feathers. **2.** to prepare, dress, or array (oneself) carefully in making one's toilet. **3.** to pride (oneself) on an achievement, etc. **–preener** *n.*

prefabricate /priː'fæbrɪkeɪt/ *v.t.* **-cated, -cating. 1.** to fabricate or construct beforehand. **2.** to manufacture (houses, etc.) in standardised parts

preface or sections ready for rapid assembly and erection. –**prefabricated** adj. –**prefabrication** /ˌprɪˌfæbrəˈkeɪʃən/ n.

preface /ˈprɛfəs/ n., v. -**aced**, -**acing**. –n. **1.** a statement placed at the front of a book, explaining its purpose, etc. **2.** an introductory part, as of a speech. –v.t. **3.** to introduce by a preface. **4.** to serve as a preface to. –**prefatory** adj.

prefect /ˈpriːfɛkt/ n. **1.** a person appointed to any of various positions of command, authority, or superintendence, as a chief magistrate in ancient Rome, or the chief administrative official of a department of France and Italy. **2.** (in many schools) one of a body of senior pupils with authority for maintaining order and discipline. **3.** the dean in a Jesuit school or college.

prefer /prəˈfɜː/ v.t. -**ferred**, -**ferring**. **1.** to set or hold before or above other persons or things in estimation; like better; choose rather: *to prefer Dickens to Thackeray.* **2.** *Law* to give priority, as to one creditor over another. **3.** to put forward or present (a statement, suit, charge, etc.) for consideration or sanction. **4.** to put forward or advance, as in rank or office. –**preferrer** n.

preference /ˈprɛfərəns, ˈprɛfrəns/ n. **1.** the act or fact of preferring. **2.** something that is preferred. **3.** a practical advantage given to one over others. **4.** a right or claim before anyone else, as to payment of dividends, etc.

preferential voting /ˌprɛfəˈrɛnʃəl ˈvoʊtɪŋ/ n. a system of voting which enables the voter to indicate his or her order of preference for candidates in the ballot. If no candidate achieves an absolute majority, the candidate with fewest first preferences is eliminated and the second preferences on the relevant ballot papers are distributed and so on until one candidate has an absolute majority. Compare **first-past-the-post, proportional representation**.

prefix /ˈpriːfɪks/ n., /priˈfɪks, ˈpriːfɪks/ v. –n. **1.** *Grammar* an affix which is put before a word, stem, or word element to add to or qualify its meaning. **2.** something prefixed, as a title before a person's name. –v.t. **3.** to fix or put before or in front. **4.** *Grammar* to add as a prefix. –**prefixal** /ˈpriːfɪksəl, priˈfɪksəl/ adj. –**prefixally** adv.

pregnant /ˈprɛɡnənt/ adj. **1.** being with child or young, as a woman or female mammal; having a foetus in the womb. **2.** full of meaning; highly significant: *a pregnant utterance.* **3.** full of possibilities, involving important issues or results, or momentous. **4.** teeming with ideas or imagination: *a pregnant wit.* –phr. **5. pregnant with,** fraught, filled, or abounding with: *words pregnant with meaning.* **6. pregnant in,** fertile or rich in: *a mind pregnant in ideas.* –**pregnancy** n. –**pregnantly** adv.

prehensile /priˈhɛnsaɪl/ adj. **1.** adapted for seizing, grasping, or laying hold of anything. **2.** fitted for grasping by folding or wrapping round an object. –**prehensility** /ˌprihɛnˈsɪləti/ n.

prehistory /ˌpriˈhɪstəri/ n. **1.** the history of humanity in the period before recorded events, known mainly through archaeological research; an account or study of prehistoric humans. **2.** a history of events leading up to a particular incident, situation, etc.

prejudge /ˌpriˈdʒʌdʒ/ v.t. -**judged**, -**judging**. **1.** to judge beforehand. **2.** to pass judgment on prematurely or in advance of due investigation. –**prejudger** n. –**prejudgment** n.

prejudice /ˈprɛdʒədəs/ n., v. -**diced**, -**dicing**. –n. **1.** an unfavourable opinion or feeling formed beforehand or without knowledge, thought, or reason. **2.** any preconceived opinion or feeling, favourable or unfavourable. **3.** disadvantage resulting from some judgment or action of another. **4.** resulting injury or detriment. –v.t. **5.** to affect with a prejudice, favourable or unfavourable: *these facts prejudiced us in his favour.* **6.** to affect disadvantageously or detrimentally. –phr. **7. without prejudice,** *Law* without dismissing, damaging, or otherwise affecting a legal interest or demand. –**prejudicial** /ˌprɛdʒəˈdɪʃəl/ adj. –**prejudicially** /ˌprɛdʒəˈdɪʃəli/ adv.

prelate /ˈprɛlət/ n. an ecclesiastic of a high order, as an archbishop, bishop, etc.; a church dignitary. –**prelature, prelateship** n. –**prelatic** /prəˈlætɪk/ adj.

preliminary /prəˈlɪmənəri/ adj., n. -**naries**. –adj. **1.** preceding and leading up to the main matter or business; introductory; preparatory. –n. **2.** something preliminary; introductory or preparatory step, measure, sporting contest, or the like. –**preliminarily** adv.

prelude /ˈprɛljuːd/ n., v. -**uded**, -**uding**. –n. **1.** a preliminary to an action, event, condition, etc. **2.** *Music* **a.** a rather short, independent instrumental composition. **b.** a piece which comes before a more important movement. –v.t. **3.** to serve as a prelude to. **4.** to introduce by a prelude. –**preluder** n.

premarital /ˌpriˈmærətl/ adj. before marriage.

premature /ˈprɛmətʃə, prɛməˈtjuə/ adj. **1.** coming into existence or occurring too soon. **2.** mature or ripe before the proper time. **3.** overhasty, as in action. –**prematurely** adv. –**prematureness, prematurity** n.

premeditate /priˈmɛdəteɪt/ v.t. -**tated**, -**tating**. to meditate, consider, or plan beforehand. –**premeditatedly** adv. –**premeditation** n. –**premeditative** adj. –**premeditator** n.

premenstrual tension /priˌmɛnstruəl ˈtɛnʃən/ n. the symptoms of tension, irritableness, etc., associated with premenstrual syndrome. Also, **PMT**.

premier /ˈprɛmiə/ n. **1.** the leader of a state government. **2.** (*plural*) *Australian* (in sport) the team which wins the season's competition. –adj. **3.** chief; leading. **4.** winning: *the premier team.*

premiere /ˈprɛmiɛə/ n., v. **premiered, premiering**. –n. **1.** a first public performance of a play, etc. **2.** the leading woman, as in a drama. –v.t. **3.** to present to the public for the first time. –v.i. **4.** to have the first public showing of a film, play, etc.

premise /ˈprɛməs/ n. **1.** (*plural*) a house or building with the grounds, etc., belonging to it. **2.** Also, **premiss.** a proposition (or one of several) from which a conclusion is drawn. **3.** a basis for reasoned argument.

premium /ˈpriːmiəm/ n. **1.** a prize to be won in a competition. **2.** a bonus, gift, or sum additional to price, wages, interest, or the like. **3.** a bonus, prize, or the like, offered as an inducement to buy a product. **4.** the amount paid or agreed to be paid, in one sum or periodically, as the consideration for a contract of insurance. **5.** *Economics* the excess value of one form of money over another of the same nominal value. **6.** a sum above the nominal or par value of a thing. **7.** *Stock Exchange* the amount that a buyer is prepared to pay for the right to subscribe for a new or rights issue of stocks or shares in a company. **8.** a fee paid for instruction in a trade or profession. –adj. **9.** highly regarded, special. **10.** of highest quality; best. –phr. **11. at a premium, a.** in high esteem; in demand. **b.** at a high price.

prenatal /ˌpriˈneɪtl/ adj. → **antenatal**. –**prenatally** adv.

preoccupied /priˈɒkjəpaɪd/ adj. **1.** completely engrossed in thought; absorbed. **2.** occupied previously. **3.** *Biology* already used as a name for some species, genus, etc., and not available as a designation for any other.

preoccupy /priˈɒkjəpaɪ/ v.t. **-pied, -pying. 1.** to absorb or engross to the exclusion of other things. **2.** to occupy or take possession of beforehand or before others. **–preoccupant, preoccupier** n. **–preoccupation** n.

preparation /prɛpəˈreɪʃən/ n. **1.** an action, measure, or arrangement by which a person prepares for something. **2.** homework. **3.** the act or fact of preparing. **4.** something made ready, manufactured, or formed.

preparatory school n. an independent school, often boarding, for pupils under about 13 years of age, before entering a public school (def. 2).

prepare /prəˈpɛə/ v. **-pared, -paring.** –v.t. **1.** to make ready, or put in due condition, for something. **2.** to get ready for eating, as a meal, by due assembling, dressing, or cooking. **3.** to manufacture, compound, or compose. **4.** Music to lead up to (a discord, an embellishment, etc.) by some preliminary note or notes. –v.i. **5.** to put things or oneself in readiness; get ready: *to prepare for war*. **–preparedly** /prɪˈpɛərədli, -ˈpɛədli/ adv. **–preparer** n. **–preparedness** n. **–preparative** /prəˈpærətɪv/ adj. **–preparatory** /prəˈpærətri/ adj.

preponderant /prəˈpɒndərənt, pri-, -drənt/ adj. superior in weight, force, influence, number, etc.; preponderating; predominant. **–preponderantly** adv. **–preponderance** n.

preponderate /prəˈpɒndəreɪt, pri-/ v.i. **-rated, -rating. 1.** to exceed something else in weight; be the heavier. **2.** to incline downwards or descend, as one scale or end of a balance, because of greater weight; be weighed down. **3.** to be superior in power, force, influence, number, amount, etc.; predominate. **–preponderating** adj. **–preponderatingly** adv. **–preponderation** /prəˌpɒndəˈreɪʃən/ n.

preposition /prɛpəˈzɪʃən/ n. Grammar **1.** (in some languages) one of the major parts of speech, comprising words placed before nouns to indicate their relation to other words or their function in the sentence. **2.** any such word, as *by, to, in, from*. **3.** any word or construction of similar function or meaning, as *on top of* (= *on*). **–prepositional** adj. **–prepositionally** adv.

prepossessing /pripəˈzɛsɪŋ/ adj. that prepossesses, especially favourably. **–prepossessingly** adv.

preposterous /prəˈpɒstərəs/ adj. directly contrary to nature, reason, or common sense; absurd, senseless, or utterly foolish. **–preposterously** adv. **–preposterousness** n.

prepuce /ˈpripjus/ n. Anatomy the fold of skin which covers the head of the penis or clitoris; foreskin. **–preputial** /prɪˈpjuʃəl/ adj.

prequel /ˈprikwəl/ n. a play, film, or literary work in which the narrative begins at a point which precedes events described in an existing work.

prerequisite /priˈrɛkwəzət/ adj. **1.** required beforehand; requisite as an antecedent condition. –n. **2.** something prerequisite: *a knowledge of French was the only prerequisite for admission to the course*.

prerogative /prəˈrɒɡətɪv/ n. **1.** an exclusive right or privilege attaching to an office or position. **2.** royal prerogative. **3.** a prior, peculiar, or exclusive right or privilege. –adj. **4.** having or exercising a prerogative. **5.** relating to, characteristic of, or existing by virtue of a prerogative.

presage /ˈprɛsɪdʒ/ n., /ˈprɛsɪdʒ, prəˈseɪdʒ/ v. **-saged, -saging.** –n. **1.** a feeling of something about to happen; presentiment. **2.** something that foreshadows a future event; omen. **3.** a forecast; prediction. –v.t. **4.** to have a feeling that something is about to happen. **5.** to forecast or make a forecast. **–presager** n.

presbyterian /prɛzbəˈtɪəriən, prɛspə-/ adj. **1.** having to do with the principle of ecclesiastical government by an elected body of lay elders. **2.** (*cap*.) having to do with various churches having this form of government and holding more or less modified forms of Calvinism. –n. **3.** (*cap*.) a member of or adherent of a Presbyterian church. **–Presbyterianism** n.

presbytery /ˈprɛzbətri, ˈprɛspə-/ n. **-ries. 1.** a body of presbyters or elders. **2.** (in Presbyterian churches) a judicatory consisting of all the ministers (teaching elders) and representative lay or ruling elders from the congregations within a district. **3.** the churches under the jurisdiction of a presbytery. **4.** the part of a church, east of the choir, in which the high altar is situated. **5.** (now only in Roman Catholic use) a clergyman's or priest's house. **–presbyterial** /prɛzbəˈtɪəriəl/ adj.

preschool /ˈpriskul/ adj. **1.** having to do with the period prior to compulsory school age. –n. **2.** → **kindergarten. –preschooler** n.

prescience /ˈprɛsiəns/ n. knowledge of things before they exist or happen; foreknowledge; foresight. **–prescient** adj. **–presciently** adv.

prescribe /prəˈskraɪb/ v. **-scribed, -scribing.** –v.t. **1.** to lay down, in writing or otherwise, as a rule or a course to be followed; appoint, ordain, or enjoin. **2.** Medicine to designate or order for use, as a remedy or treatment. –v.i. **3.** to lay down rules, direct, or dictate. **4.** Medicine to designate remedies or treatment to be used. **5.** Law to claim a right or title by virtue of long use and enjoyment (especially with *for* or *to*). **–prescriber** n.

prescription /prəˈskrɪpʃən/ n. **1.** Medicine **a.** Also, **script, scrip.** a direction (usually written) by the doctor to the pharmacist for the preparation and use of a medicine or remedy. **b.** the medicine prescribed. **2.** the act of prescribing. **3.** something that is prescribed. **4.** Law **a.** a long or immemorial use of some right with respect to a thing so as to give a right to continue such use. **b.** the process of acquiring rights by uninterrupted assertion of the right over a long period of time.

prescriptive /prəˈskrɪptɪv/ adj. **1.** that prescribes; giving directions or injunctions. **2.** Law depending on or arising from effective prescription, as a right or title. **–prescriptively** adv.

preselection /ˈprisəlɛkʃən/ n. Politics the process within a political party of choosing candidates to stand for election.

presence /ˈprɛzəns/ n. **1.** the condition or fact of being present. **2.** attendance or company. **3.** close vicinity: *in the presence of friends*. **4.** personal appearance or style, especially of a grand, important kind: *a man of fine presence*. **5.** a divine or spiritual being.

present¹ /ˈprɛzənt/ adj. **1.** being, existing, or happening at this time; now. **2.** for the time being: *clothes for present use*. **3.** being in attendance (opposed to *absent*): *to be present at a wedding*. **4.** being in a given place. **5.** existing in a place, thing, combination, etc. –n. **6.** the present time. **7.** Grammar → **present tense**.

present² /prəˈzɛnt/ v., /ˈprɛzənt/ n. –v.t. **1.** to furnish or endow with a gift or the like, especially by formal act: *to present someone with a gold watch*. **2.** to bring, offer, or give, often in a formal or ceremonious way: *to present a message, one's card, etc.* **3.** afford or furnish (an opportunity, possibility, etc.). **4.** to hand or send in, as a bill or a cheque for payment. **5.** to bring (a person, etc.) before, or into the presence of another, especially a superior. **6.** to introduce (a person) to another. **7.** to bring before or introduce to the public: *to present a new play*. **8.** to come to show (oneself) before a person, in or at a place, etc. **9.** to show or exhibit. **10.** to bring before the mind;

presentable

offer for consideration. **11.** to set forth in words: *to present arguments*. **12.** to represent, impersonate, or act, as on the stage. **13.** to direct, point, or turn to something or in a particular way. **14.** to level or aim (a weapon, especially a firearm). *–n.* **15.** a thing presented as a gift; a gift: *Christmas presents*. *–phr.* **16. present with**, (of a medical, dental, or veterinary patient) to exhibit or complain of (a disability, illness, symptom, etc.). **–presenter** *n.*

presentable /prə'zɛntəbəl/ *adj.* **1.** that may be presented. **2.** suitable as in appearance, dress, manners, etc., for being introduced into society or company. **3.** of sufficiently good appearance, or fit to be seen. **–presentability** /prə,zɛntə'bɪləti/, **presentableness** *n.* **–presentably** *adv.*

presentation /prɛzən'teɪʃən/ *n.* **1.** the act or fact of presenting. **2.** exhibition or representation, as of a play. **3.** offering or delivering, as of a gift. **4.** a gift. **–presentational** *adj.*

presentiment /prə'zɛntəmənt/ *n.* a feeling or impression of something about to happen, especially something evil; a foreboding. **–presentimental** /prəzɛntə'mɛntl/ *adj.*

presently /'prɛzəntli/ *adv.* **1.** in a little while or soon. **2.** at this time, currently.

presentment /pri'zɛntmənt/ *n.* **1.** the act of presenting; presentation. **2.** a representation, picture, or likeness. **3.** *Commerce* the presenting of a bill, note, or the like, as for acceptance or payment. **4.** *Law* the written statement of an offence by a jury, of their own knowledge or observation, when no indictment has been laid before them.

present tense *n. Grammar* a tense which indicates that the action or state is happening or exists at the moment of speaking.

preservative /prə'zɜvətɪv/ *n.* **1.** something that preserves or tends to preserve. **2.** a chemical substance used to preserve foods, etc., from decomposition or fermentation. **3.** a medicine that preserves health or prevents disease. *–adj.* **4.** tending to preserve.

preserve /prə'zɜv/ *v.* **-served, -serving,** *n. –v.t.* **1.** to keep alive or in existence. **2.** to keep safe; save. **3.** to keep up; maintain. **4.** to keep possession of; retain. **5.** to prepare (food, etc.) so as to prevent decay. **6.** to prepare (fruit, etc.) by cooking with sugar. *–v.i.* **7.** to preserve fruit, etc. *–n.* **8.** something that preserves. **9.** something that is preserved. **10.** (*usually plural*) fruit, etc., cooked with sugar. **–preservable** *adj.* **–preservation** /prɛzə'veɪʃən/ *n.* **–preserver** *n.*

preside /prə'zaɪd/ *v.i.* **-sided, -siding. 1.** to occupy the place of authority or control, as in an assembly; act as chairman or president. **2.** to exercise superintendence or control. **–presider** *n.*

president /'prɛzədənt/ *n.* **1.** (*often cap.*) the highest official in a republic. **2.** an officer appointed or elected to preside over an organised body of persons, as a council, society, etc. **3.** the chief officer of a college or university, or the chairperson of a company, etc. **4.** someone who presides over a meeting, conference, or the like.

press¹ /prɛs/ *v.t.* **1.** to act upon with weight or force. **2.** to move by weight or force in a certain direction or into a certain position. **3.** to compress or squeeze, as to alter in shape or size. **4.** to weigh heavily upon; subject to pressure. **5.** *Shearing* to compress (wool) in a wool press so as to create bales: *he was sewing up the pressed wool*. **6.** to make flat by subjecting to weight: *she pressed the flowers between the pages of a book*. **7.** to hold closely, as in an embrace; clasp. **8.** to iron (clothes, etc.). **9.** to extract juice, etc., from by pressure. **10.** to squeeze out or express, as juice. **11.** to beset or harass. **12.** to oppress or trouble; to put to straits, as by lack of something: *they were pressed for time*. **13.** to urge or impel, as to a particular course; constrain or compel. **14.** to urge onwards; hurry; hasten. **15.** to urge (a person, etc.), importune, beseech, or entreat. **16.** to insist on: *to press the payment of a debt; to press one's theories*. **17.** to plead with insistence: *to press a claim*. *–v.i.* **18.** to exert weight, force, or pressure. **19.** to bear heavily, as upon the mind. **20.** to compel haste: *time presses*. **21.** to demand immediate attention. **22.** to use urgent entreaty: *to press for an answer*. **23.** to push forward with force, eagerness, or haste. **24.** to crowd or throng. *–n.* **25.** printed publications collectively, especially newspapers and periodicals. **26. a.** Also, **printed press**. the body or class of persons engaged in writing for or editing newspapers or periodicals. **b.** the news media generally, including the electronic media. **27.** comment in the newspapers, etc., on some matter of current public interest, either approving (**good press**) or disapproving (**bad press**). **28.** *Printing* a machine used for printing, as a **flat-bed cylinder press**, one in which a flat bed holding the printing forme moves against a revolving cylinder which carries the paper, or a **rotary press**, one in which the types or plates to be printed are fastened upon a rotating cylinder and are impressed on a continuous roll of paper. **29.** an establishment for printing books, etc. **30.** the process or art of printing. **31.** any of various instruments or machines for exerting pressure, as a wool press. **32.** the act of pressing; pressure. **33.** a pressing or pushing forward. **34.** a pressing together in a crowd, or a crowding or thronging. **35.** a crowd, throng, or multitude. **36.** pressure or urgency, as of affairs or business. **37.** an upright case, or piece of furniture, for holding clothes, books, etc. **38.** a framework secured by screws for holding tennis racquets, and the like, when not in use. **39.** *Weightlifting* a lift where the barbell is raised first to the shoulders, then slowly and smoothly above the head with the arms held straight. *–phr.* **40. go to press**, to begin to be printed. **41. press the flesh**, *Colloquial* to shake hands with someone, especially as part of a political campaign calculated to attract good publicity. **–presser** *n.*

press² /prɛs/ *v.t.* **1.** to force into service, especially naval or military service; to impress. **2.** to make use of in a manner different from that intended or desired. *–n.* **3.** impressment into service, especially naval or military service.

press conference *n.* an interview of a famous person, public official, etc., with the press, often to make an important announcement or to answer questions.

press gallery *n.* **1.** a gallery or area reserved for the press, especially in the legislative chamber of a house of parliament. **2.** the group or corps of reporters eligible to enter such a gallery: *the Canberra press gallery*.

pressing /'prɛsɪŋ/ *adj.* **1.** urgent; demanding immediate attention: *a pressing need*. *–n.* **2. a.** a run of gramophone records produced at one time. **b.** → **record** (def. 17). **–pressingly** *adv.*

press release *n.* an item of news prepared for and distributed to the press.

press-stud /'prɛs-stʌd/ *n.* a fastener, used especially on clothing, in which two parts are pressed together.

pressure /'prɛʃə/ *n.* **1.** the application of force upon a body by another body in contact with it; compression. **2.** *Physics* the force per unit area exerted at a given point. The SI unit of pressure is the pascal. **3.** the act or fact of pressing. **4.** annoyance; harassment. **5.** a condition of trouble or worry. **6.** a driving force or influence. **7.** urgency, as of business.

pressure group *n.* a group, in politics, business, etc., which attempts to protect or advance its own interests.

pressure pack *n.* a container from which a liquid is dispersed as a gas or under pressure of a gas; aerosol.

pressure point *n. Medicine* any of the points in the body at which pressure applied with the fingers, a tourniquet, etc., will control bleeding from an artery at a point further away from the heart.

pressurise = pressurize /'prɛʃəraɪz/ *v.t.* **-rised, -rising. 1.** to maintain normal air pressure in the cockpit or cabin of an aeroplane designed to fly at high altitudes). **2.** to compress (a gas or liquid) to a pressure greater than normal. **–pressurisation** /prɛʃəraɪˈzeɪʃən/ *n.*

prestige /prɛsˈtiʒ/ *n.* **1.** reputation or influence arising from success, achievement, rank, or other circumstances. **2.** distinction or reputation attaching to a person or thing and dominating the mind of others or of the public. **–adj. 3.** characteristic of someone who has attained success, wealth, etc. **–prestigious** /prɛsˈtɪdʒəs/ *adj.*

prestress /ˌpriːˈstrɛs/ *v.t.* to induce an initial stress, as in concrete, to cancel out stresses resulting from applied loads. **–prestressed** *adj.*

presume /prəˈzjuːm/ *v.* **-sumed, -suming. –v.t. 1.** to take for granted; assume: *I presume you're tired.* **2.** *Law* to suppose as true in the absence of proof to the contrary. **–v.i. 3.** to take something for granted; suppose. **4.** to act or proceed with inexcusable boldness. **–presumable** *adj.* **–presumably** *adv.* **–presumedly** *adv.* **–presumer** *n.* **–presumption** *n.*

presumptuous /prəˈzʌmptʃuəs/ *adj.* **1.** full of, characterised by, or showing presumption or readiness to presume in conduct or thought. **2.** unwarrantedly or impertinently bold; forward. **–presumptuously** *adv.* **–presumptuousness** *n.*

presuppose /priːsəˈpoʊz/ *v.t.* **-posed, -posing. 1.** to suppose or assume beforehand; to take for granted in advance. **2.** (of a thing) to require or imply as an antecedent condition: *an effect presupposes a cause.* **–presupposition** /ˌpriːsʌpəˈzɪʃən/ *n.*

pretence /prəˈtɛns/ *n.* **1.** pretending or feigning; make-believe: *my sleepiness was all pretence.* **2.** a false show of something: *a pretence of friendship.* **3.** a piece of make-believe. **4.** the act of pretending or alleging, now especially falsely. **5.** an alleged or pretended reason or excuse, or a pretext. **6.** insincere or false profession. **7.** the putting forth of a claim. **8.** the claim itself. **9.** pretentiousness. **–phr. 10. pretence to,** claim to: *destitute of any pretence to wit.* Also, *US,* **pretense.**

pretend /prəˈtɛnd/ *v.t.* **1.** to put forward a false appearance; feign: *to pretend illness.* **2.** to venture or attempt falsely (to do something). **3.** to allege or profess, especially insincerely or falsely. **–v.i. 4.** to make believe. **–phr. 5. pretend to, a.** to lay claim to. **b.** to make pretensions to. **c.** to aspire to, as a suitor or candidate.

pretender /prəˈtɛndə/ *n.* **1.** someone who pretends; someone who makes false professions. **2.** an aspirant or candidate. **3.** a claimant to a throne.

pretension /prəˈtɛnʃən/ *n.* **1.** a laying claim to something. **2.** (*often plural*) a claim made, especially indirectly or by implication, or right to some quality, merit, or the like: *pretensions to superior judgment.* **3.** pretentiousness. **4.** the act of pretending or alleging.

pretentious /prəˈtɛnʃəs/ *adj.* **1.** full of pretension. **2.** characterised by assumption of dignity or importance. **3.** making an exaggerated outward show; ostentatious. **–pretentiously** *adv.* **–pretentiousness** *n.*

preter- a prefix meaning 'beyond', 'more than'.

preterite /'prɛtərət, 'prɛtrət/ *adj. Grammar* designating a tense usually denoting an action or state which was completed in the past. For example, in the sentence *John hit Jack*, *hit* could be said to be in the preterite tense, though in English grammar such verbs are more commonly said to be in the past tense.

pretext /'priːtɛkst/ *n.* **1.** something that is put forward to conceal a true purpose or object; an ostensible reason. **2.** an excuse; a pretence.

pretty /'prɪti/ *adj.* **-tier, -tiest,** *adv., v.* **-tied, -tying. –adj. 1.** fair or attractive to the eye in a feminine or childish way: *a pretty face.* **2.** (of things, places, etc.) pleasing to the eye, especially without grandeur. **3.** pleasing to the ear: *a pretty tune.* **4.** pleasing to the mind or aesthetic taste: *some pretty little story.* **5.** (*ironic*) dreadful: *a pretty mess.* **6.** *Colloquial* considerable; fairly great. **–n. 7.** (*usually plural*) a pretty thing, as a trinket or ornament. **8.** a pretty one (used especially in address). **–adv. 9.** moderately: *her work was pretty good.* **10.** quite; very: *the wind blew pretty hard.* **–v.t. 11.** Also, **pretty up.** to make pretty: *they prettied up the room with some flowers.* **–phr. 12. a pretty penny,** a considerable sum of money. **13. be sitting pretty,** *Colloquial* to be in a satisfactory and unchallenged position. **–prettily** *adv.* **–prettiness** *n.* **–prettyish** *adj.*

pretzel /'prɛtzəl/ *n.* a crisp, dry biscuit, usually in the form of a knot or stick, salted on the outside.

prevail /prəˈveɪl/ *v.i.* **1.** to be widespread or current; to exist everywhere or generally: *dead silence prevailed.* **2.** to appear or occur as the more important or frequent feature or element; predominate: *green tints prevail in the picture.* **3.** to be or prove superior in strength, power, or influence. **4.** to operate effectually; to be efficacious. **–phr. 5. prevail on** (or **upon**) (or **with**), to use persuasion or inducement successfully on. **–prevailing** *adj.*

prevalent /'prɛvələnt/ *adj.* widespread; of wide extent or occurrence; in general use or acceptance. **–prevalence** *n.* **–prevalently** *adv.*

prevaricate /prəˈværəkeɪt/ *v.i.* **-cated, -cating.** to act or speak evasively; equivocate; quibble. **–prevarication** /prəværəˈkeɪʃən/ *n.* **–prevaricator** *n.* **–prevaricating** *adj.* **–prevaricatingly** *adv.*

prevent /prəˈvɛnt/ *v.t.* **1.** to keep from occurring; hinder. **2.** to hinder (a person, etc.), as from doing something: *there is nothing to prevent us from going.* **–v.i. 3.** to interpose a hindrance: *he will come if nothing prevents.* **–preventable, preventible** *adj.* **–preventer** *n.* **–prevention** *n.*

preventive /prəˈvɛntɪv/ *adj.* **1.** *Medicine* warding off disease. **2.** serving to prevent or hinder. Also, **preventative** /prəˈvɛntətɪv/. **–preventively** *adv.* **–preventiveness** *n.*

preview /'priːvjuː/ *n.* **1.** a previous view; a view in advance, as of a film. **–v.t. 2.** to view beforehand or in advance.

previous /'priːviəs/ *adj.* **1.** coming or occurring before something else; prior. **2.** *Colloquial* done, occurring, etc., before the proper time; premature. **–previously** *adv.* **–previousness** *n.*

prey /preɪ/ *n.* **1.** an animal hunted or seized for food, especially by a flesh-eating animal. **2.** a person or thing that falls victim to an enemy, disease, etc. **3.** the action or habit of preying: *bird of prey.* **–v.i. 4.** to seek for and seize prey, as an animal does. **5.** to profit by acting harmfully towards a victim (fol. by *on*). **6.** to have a harmful or destructive influence. **–preyer** *n.*

price /praɪs/ *n., v.* **priced, pricing. –n. 1.** the sum or amount of money or its equivalent for which anything is bought, sold, or offered for sale. **2.** a sum offered for the capture of a person alive or dead: *a price on a man's head.* **3.** the sum of money, or other consideration, for which a person's support, consent, etc., may be obtained: *he has his price.* **4.** that which must be given, done, or undergone in order to obtain a thing: *to gain a victory at a heavy price.* **5.** betting odds. –*v.t.* **6.** to fix the price of. **7.** *Colloquial* to ask the price of. –*phr.* **8. at any price**, at any cost, no matter how great. **9. at a price**, at a somewhat high price. **10. beyond** (or **without**) **price**, of incalculable value; priceless. **11. what price...**, *Colloquial* **a.** what is the chance of (something specified). **b.** what do you think of (something specified).

price index *n.* an indicator used to show the general level of prices.

priceless /'praɪsləs/ *adj.* **1.** having a value beyond all price; invaluable: *she was a priceless help to him.* **2.** *Colloquial* delightfully amusing; absurd.

pricey /'praɪsi/ *adj. Colloquial* expensive.

prick /prɪk/ *n.* **1.** a puncture made by a needle, thorn, or the like. **2.** the act of pricking: *the prick of a needle.* **3.** the state or sensation of being pricked. **4.** *Archaic* a goad for oxen. **5.** *Colloquial* ‡ **a.** the penis. **b.** an unpleasant or despicable person. –*v.t.* **6.** to pierce with a sharp point; puncture. **7.** to affect with sharp pain, as from piercing. **8.** to cause sharp mental pain to; sting, as with remorse or sorrow: *his conscience pricked him suddenly.* **9.** to cause to stand erect or point upwards: *the dog pricked up its ears.* –*v.i.* **10.** to perform the action of piercing or puncturing something. **11.** to have a sensation of being pricked. **12.** Also, **prick up.** to rise erect or point upwards, as the ears of an animal. –*phr.* **13. kick against the pricks**, to make futile and painful attempts to resist unalterable circumstances. **14. prick out**, to transplant (seedlings, etc.) from their original beds to larger boxes. **15. prick up one's ears**, to listen, especially at something unexpected or of particular interest. –**prickingly** *adv.*

prickle /'prɪkəl/ *n., v.* **-led, -ling.** –*n.* **1.** a sharp point. **2.** a small, pointed outgrowth from the bark of a plant; thorn. –*v.t.* **3.** to prick. **4.** to cause a pricking feeling in. –*v.i.* **5.** to tingle as if pricked. –**prickly** *adj.*

prickly /'prɪkli/ *adj.* **-lier, -liest. 1.** full of or armed with prickles. **2.** full of troublesome points. **3.** prickling; smarting. **4.** sensitive; easily angered.

prickly pear *n.* **1.** the pear-shaped or ovoid, often prickly, and sometimes edible fruit of any of certain species of cactus (genus *Opuntia*). **2.** any of a number of species of *Opuntia*, as *O. stricta*, native to Mexico, which has become a noxious weed in Australia.

prickly poppy *n.* **1.** a tropical American herb, *Argemone mexicana*, having spiny leaves and yellow flowers, now naturalised in other warm parts of the world and believed to have medicinal properties. **2.** a native poppy of Australia, *Papaver aculeatum.*

pride /praɪd/ *n.* **1.** high or inordinate opinion of one's own dignity, importance, merit, or superiority, whether as cherished in the mind or as displayed in bearing, conduct, etc. **2.** the state or feeling of being proud. **3.** becoming or dignified sense of what is due to oneself or one's position or character; self-respect; self-esteem. **4.** pleasure or satisfaction taken in something done by or belonging to oneself or conceived as reflecting credit upon oneself: *civic pride.* **5.** the best or most admired part of anything. **6.** the most flourishing state or period: *in the pride of manhood.* **7.** a company of lions. –*phr.* **8. pride of place**, the most conspicuous position. **9. pride oneself on** (or **upon**), to feel pride about, often with a sense of complacency: *she prides herself on her sense of humour.* –**prideful** *adj.* –**pridefully** *adv.*

priest /prist/ *n.* **1.** someone whose office is to perform religious rites, and especially to make sacrificial offerings. **2.** (in Christian use) **a.** someone ordained to the sacerdotal or pastoral office; a person of the clergy; a minister. **b.** (in hierarchal churches) a person of the clergy of the order next below that of bishop, authorised to carry out the Christian ministry. **c.** *Roman Catholic Church* a member of one of the three major orders in the hierarchy, the others being bishop and deacon. **3.** a minister of any religion. –**priesthood** *n.* –**priestly** *adj.* –**priestliness** *n.*

prig /prɪg/ *n.* someone who is precise to an extreme in attention to principle or duty, especially in a self-righteous way.

prim /prɪm/ *adj.* **primmer, primmest.** affectedly precise or proper, as persons, behaviour, etc.; stiffly neat. –**primly** *adv.* –**primness** *n.*

primacy /'praɪməsi/ *n.* **-cies. 1.** the state of being first in order, rank, importance, etc. **2.** *Ecclesiastical* the office, rank, or dignity of a primate. **3.** *Roman Catholic Church* the jurisdiction of the pope as supreme bishop.

prima donna /primə 'dɒnə, prɪmə/ *n.* **prima donnas. 1.** a first or principal female singer of an operatic company. **2.** *Colloquial* a temperamental, petulant person.

prima facie /praɪmə 'feɪʃi/ *adv.* at first appearance; at first view, before investigation.

prima-facie evidence *n. Law* evidence sufficient to establish a fact, or to raise a presumption of fact, unless rebutted.

primal /'praɪməl/ *adj.* **1.** first; original; primeval. **2.** of first importance; fundamental.

primary /'praɪməri, 'praɪmri/ *adj., n.* **-ries.** –*adj.* **1.** first or highest in rank or importance; chief; principal. **2.** first in order in any series, order, etc. **3.** making up, or belonging to, the first stage in any process. **4.** original; not derived; basic. **5.** immediate or direct; not involving intermediate agency. **6.** relating to any of the set of flight feathers found on the end part of a bird's wing. **7.** *Electricity* of or relating to the inducing circuit, coil, or current in an induction coil, etc. **8.** *Chemistry* involving, or obtained by replacement of one radical. –*n.* **9.** the first in order, rank, or importance. **10.** *US* a meeting of the voters of a political party in an election district for choosing candidates for office, etc. **11.** one of any set of primary colours. See **primary colour. 12.** a primary feather. –**primarily** *adv.*

primary colour = primary color *n.* a colour belonging to a group of colours which is regarded as generating all colours. **Additive colo(u)rs** are red, green, and blue since light of these wavelengths, properly selected and mixed, can produce any hue, even white. In mixing dyes and pigments the colours act subtractively; the **subtractive primary colo(u)rs** are loosely named as red, yellow, and blue.

primary industry *n.* any industry such as dairy farming, forestry, mining, etc., which is involved in the growing, producing, extracting, etc., of natural resources.

primary producer *n.* **1.** someone who works in a primary industry as a farmer, fishes, etc. **2.** a business or industry devoted to primary production.

primary school *n.* a school for full-time elementary instruction of children from the age of six to about eleven years.

primate /'praɪmət/ *for def. 1*, /'praɪmeɪt/ *for def. 2 n.* **1.** *Ecclesiastical* an archbishop or bishop ranking first among the bishops of a province, country, etc. **2.** *Zoology* any mammal of the order Primates, that includes humans, the apes, the

prime monkeys, the lemurs, and characterised by an opposable thumb, forming a hand, and acute binocular vision. –**primateship** n. –**primatial** /praɪˈmeɪʃəl/ adj.

prime /praɪm/ adj., n., v. **primed, priming.** –adj. **1.** first in importance, excellence, or value: *prime time; prime beef.* **2.** first or highest in rank or authority; principal: *the prime minister.* **3.** first in time; earliest; primitive. **4.** original; fundamental: *prime mover.* **5.** *Mathematics* **a.** of a number which has itself and unity as its only factors. **b.** having no common divisor except unity: *2 is prime to 9.* –n. **6.** the period or condition of greatest vigour: *prime of youth; prime of life.* **7.** *Mathematics* → **prime number.** **8.** *Music* (in a scale) the tonic or keynote. –v.t. **9.** to put gunpowder into (an old-fashioned gun). **10.** to lay a train of gunpowder to (a charge, mine, etc.). **11.** to pour water into (a pump) to prepare it for working. **12.** to cover (a surface) with a preparatory coat of paint, etc. **13.** to supply or prepare with information, words, etc., for use. –**primeness** n.

prime minister n. (*often cap.*) the first or principal minister of certain governments; the chief of the cabinet or ministry. –**prime ministry** n. –**prime ministership** n.

prime mover n. **1.** *Mechanics* the initial agent which puts a machine in motion, as wind, electricity, etc. **2.** *Australian* a powerful motor vehicle designed to draw a trailer, as in a semitrailer. **3.** someone who is the prime organiser or creative force in an enterprise.

prime number n. *Mathematics* a positive integer not exactly divisible by any integer except itself and unity: *5 is a prime number.*

primer[1] /ˈpraɪmə, ˈprɪmə/ n. **1.** an elementary book for teaching children to read. **2.** any small book of elementary principles: *a primer of phonetics.*

primer[2] /ˈpraɪmə/ n. **1.** a cap, cylinder, etc., containing a compound which may be exploded by percussion or other means, used for firing a charge of powder. **2.** the first complete coat of paint applied to an unpainted surface. **3.** any preliminary coating or preparation applied before a final surface finish.

primeval /praɪˈmivəl/ adj. having to do with the first age or ages, especially of the world: *primeval forms of life.* Also, **primaeval.** –**primevally** adv.

primitive /ˈprɪmətɪv/ adj. **1.** being the first or earliest of the kind or in existence: *primitive forms of life.* **2.** typical of early ages or of an early state of human development: *primitive art; primitive peoples.* **3.** uncivilised; simple; crude. **4.** *Biology* rudimentary; primordial. –n. **5.** a member of a primitive race or tribe. **6.** (a painting by) an artist who paints in a simple or naive style. –**primitively** adv. –**primitiveness** n.

primogeniture /praɪmoʊˈdʒɛnətʃə/ n. **1.** the state or fact of being the firstborn among the children of the same parents. **2.** *Law* the principle of inheritance or succession by the firstborn, specifically the eldest son.

primordial /praɪˈmɔdiəl/ adj. **1.** constituting a beginning; giving origin to something derived or developed; original; elementary. **2.** *Biology* primitive; initial; first. **3.** relating to or existing at or from the very beginning: *primordial matter.* –**primordially** adv.

primrose /ˈprɪmroʊz/ n. **1.** any plant of the genus *Primula* (family Primulaceae), comprising perennial herbs with variously coloured flowers, as *P. vulgaris*, a common yellow-flowered European species. **2.** pale yellow. –adj. **3.** relating to the primrose. **4.** pleasant; being that of ease and pleasure: *the primrose path.* **5.** of a pale yellow.

prince /prɪns/ n. **1.** a son or near relative of a king or queen. **2.** a ruler of a small state, lower in rank than a king. **3.** someone or something that is important, or the best, in any class, group, etc.: *a merchant prince; a prince among poets.* –**princedom** n.

princedom /ˈprɪnsdəm/ n. **1.** the position, rank, or dignity of a prince. **2.** a state ruled by a prince. **3.** → **principality** (def. 4).

princess /ˈprɪnsɛs/ n. **1.** a daughter or near relative of a king or queen. **2.** the wife of a prince.

principal /ˈprɪnsəpəl/ adj. **1.** first or highest in rank, importance, value, etc.; chief; foremost. –n. **2.** the head of a school or college. **3.** someone who takes a leading part in a ballet, action, etc. **4.** something of chief importance. **5.** *Law* **a.** a person authorising another (an agent) to represent him or her. **b.** a person directly responsible for a crime. See **accessory** (def. 3). **6.** someone who has a debt to pay back (opposed to an *endorser*). **7.** *Commerce* a sum of money on which interest is paid or profit gained. –**principally** adv. –**principalship** n.

principality /prɪnsəˈpæləti/ n. **-ties. 1.** a state ruled by a prince, usually a relatively small state or a state that falls within a larger state such as an empire. **2.** the position or authority of a prince or chief ruler; sovereignty; supreme power. **3.** the rule of a prince of a small or subordinate state. **4.** *Theology* a member of the seventh order of angels. See **angel** (def. 1).

principle /ˈprɪnsəpəl/ n. **1.** an accepted or professed rule of action or conduct: *a man of good principles.* **2.** a fundamental, primary, or general truth, on which other truths depend: *the principles of government.* **3.** a fundamental doctrine or tenet; a distinctive ruling opinion: *the principles of the Stoics.* **4.** (*plural*) right rules of conduct. **5.** guiding sense of the requirements and obligations of right conduct: *a man of principle.* **6.** fixed rule or adopted method as to action. **7.** a rule or law exemplified in natural phenomena, in the construction or operation of a machine, the working of a system, or the like: *the principle of capillary attraction.* **8.** the method of formation, operation, or procedure exhibited in a given case: *a community organised on the principle of one great family.* **9.** a determining characteristic of something; essential quality of character. **10.** an originating or actuating agency or force. **11.** an actuating agency in the mind or character, as an instinct, faculty, or natural tendency. **12.** *Chemistry* a constituent of a substance, especially one giving to it some distinctive quality or effect. –*phr.* **13. in principle, a.** according to the rule generally followed. **b.** as an expression of general intentions or beliefs, without consideration of real-life complications: *a decision taken in principle.* **14. on principle, a.** according to fixed rule, method, or practice. **b.** according to one's personal rule for right conduct; as a matter of moral principle.

print /prɪnt/ v.t. **1.** to produce (a text, a picture, etc.) by applying inked types, plates, blocks, or the like, with direct pressure to paper or other material. **2.** to cause (a manuscript, etc.) to be reproduced in print. **3.** to write in letters like those commonly used in print. **4.** to indent or mark (a surface, etc.) by pressing something into or on it. **5.** to produce or fix (an indentation, mark, etc.) as by pressure. **6.** to impress on the mind, memory, etc. **7.** to apply (a thing) with pressure so as to leave an indentation, mark, etc. **8.** *Photography* to produce a positive picture from (a negative) by the transmission of light. **9.** Also, **print out.** *Computers* to produce (a result, data, etc.) in a legible form on paper. –v.i. **10.** to take impressions from type, etc., as in a press. **11.** to produce books, etc., by means of a press. **12.** to give an impression on paper, etc., as types, plates, etc. **13.** to write in characters such as are used in print. **14.** to follow the craft of a printer. **15.** Also, **print out**. *Computers* to produce results in a legible form on paper. –*n.* **16.** the state of being printed. **17.** printed lettering, especially with reference to character, style, or size. **18.** printed matter. **19.** a printed publication, as a newspaper. **20.** newsprint. **21.** a picture, design, or the like, printed from an engraved or otherwise prepared block, plate, etc. **22.** an indentation, mark, etc., made by the pressure of one body or thing on another. **23.** something with which an impression is made; a stamp or die. **24.** a design, usually in colour, pressed on woven cotton with engraved rollers. **25.** the cloth so treated. **26.** *Photography* a picture made from a negative. –*adj.* **27.** made of printed material, especially cotton. –*phr.* **28. in print**, **a.** in printed form; published. **b.** (of a book, etc.) still available for purchase from the publisher. **29. out of print**, (of a book, etc.) no longer available for purchase from the publisher; sold out by the publisher. –**printable** *adj.* –**printery** *n.*

printer /'prɪntə/ *n.* **1.** a person or firm engaged in the printing industry. **2.** *Computers* a machine that prints on paper information sent by means of electrical or mechanical signals.

print-out /'prɪnt-aʊt/ *n.* results, data, or the like printed by a computer in legible form.

prion¹ /'praɪɒn/ *n.* any of various seabirds of the genus *Pachyptila*, pale blue above and pure white underneath, with a slightly wedge-shaped tail, which feed by collecting planktonic organisms, especially crustaceans and squid, from the surface of the sea, and which migrate to Australia.

prion² /'praɪɒn/ *n. Pathology* an infectious particle which is composed solely of protein and which is like a virus but contains no genetic material.

prior¹ /'praɪə/ *adj.* **1.** preceding in time, or in order; earlier or former; anterior or antecedent: *a prior agreement.* –*phr.* **2. prior to**, **a.** earlier than: *prior to that time.* **b.** before: *he did it prior to going to bed.*

prior² /'praɪə/ *n. Ecclesiastical* **1.** an officer in a monastic order or religious house, sometimes next in rank below an abbot. **2.** the superior of certain monastic orders and houses. –**priorate** *n.* –**priorship** *n.* –**priory** *n.*

priority /praɪ'ɒrəti/ *n.* -**ties**. **1.** the state of being earlier in time, or of preceding something else. **2.** precedence in order, rank, etc. **3.** the having of certain rights before another. **4.** *Computers* the position in rank of an interrupt system in gaining the attention of the computer when there is more than one interrupt system.

priority-paid /praɪˌɒrəti-'peɪd/ *adj. Australian* of or relating to mail, the delivery of which is guaranteed within a specified time.

prise = prize /praɪz/ *v.* **prised**, **prising**, *n.* –*v.t.* **1.** to raise, move, or force with or as with a lever. –*n.* **2.** leverage. Also, *Chiefly US*, **pry**.

prism /'prɪzəm/ *n.* **1.** *Optics* a transparent body (especially one with triangular bases) used for decomposing light into its spectrum or for reflecting light beams. **2.** *Geometry* a solid whose bases or ends are any congruent and parallel polygons, and whose sides are parallelograms. **3.** *Crystallography* **a.** a form consisting of faces which are parallel to the vertical axis and intersect the horizontal axes. **b.** a dome (**horizontal prism**). –**prismatic** /prɪz'mætɪk/ *adj.*

prison /'prɪzən/ *n.* **1.** a public building for the confinement or safe custody of criminals and others committed by law. **2.** a place of confinement or involuntary restraint. **3.** imprisonment.

prisoner /'prɪzənə, 'prɪznə/ *n.* **1.** someone who is confined in prison or kept in custody, especially as the result of legal process. **2.** a person or thing that is deprived of liberty or kept in restraint.

prisoner of war *n.* someone captured by an enemy in war. *Abbrev.*: POW

prison officer *n.* an official having charge of prisoners in a jail; warder.

prissy /'prɪsi/ *adj.* -**sier**, -**siest**. *Colloquial* precise; prim; affectedly nice.

pristine /'prɪstin/ *adj.* **1.** having to do with the earliest period or state; original; primitive. **2.** having its original purity.

privacy /'praɪvəsi, 'prɪvəsi/ *n.* -**cies**. **1.** the state of being private; retirement or seclusion. **2.** secrecy.

private /'praɪvət/ *adj.* **1.** belonging to some particular person or persons; belonging to oneself; being one's own: *private property.* **2.** relating to or affecting a particular person or a small group of persons; individual; personal: *for your private satisfaction.* **3.** confined to or intended only for the person or persons immediately concerned; confidential: *a private communication.* **4.** not holding public office employment, as a person. **5.** not of an official or public character. **6.** (of a school) non-government. **7.** (of a company) having the right to transfer its shares restricted, the number of its members limited to 50, and prohibited from using public subscription for its shares or debentures. **8.** removed from or out of public view of knowledge; secret. **9.** not open or accessible to people in general: *a private road.* **10.** without the presence of others; alone; secluded. **11.** (of a member of parliament) not holding a government post. **12.** of lowest military rank. –*n.* **13.** a soldier of the lowest military rank. **14.** *US* a soldier of one of the three lowest ranks (**private 1**, **private 2**, **private first class**). –*phr.* **15. in private**, in secret; not publicly; alone –**privately** *adv.* –**privateness** *n.*

private bill *n. Government* a parliamentary bill for the particular interest or benefit of some person or body of persons.

private enterprise *n. Economics* **1.** business or commercial activities independent of state ownership or control. **2.** the principle of free enterprise or laissez-faire capitalism.

private eye *n. Colloquial* a private investigator.

private investigator *n.* a detective working under private contract, as opposed to one employed by a public police force.

private means *pl. n.* an income which does not depend on a salary or the like. Also, **independent means**.

private practice *n.* **1.** medical practice involving care for the health of private patients, for which charges are made to the individual. **2.** self-employment.

private school *n.* a school which is privately financed and managed, and is outside the state system of education.

private sector *n. Economics* **1.** the sector of an economy which is owned and operated by individuals and privately-owned companies (opposed to the *public sector*). **2.** the companies and individuals operating within this sector.

privation /praɪ'veɪʃən/ *n.* **1.** lack of the usual comforts or necessaries of life, or an instance of this: *to lead a life of privation.* **2.** a depriving. **3.** the state of being deprived.

privatise = privatize /'praɪvətaɪz/ *v.t.* -**tised**, -**tising**. *Originally Brit.* to change the status of (land, industries, etc.) from that of state to private ownership. –**privatisation** *n.*

privative /'prɪvətɪv/ *adj.* **1.** having the quality of depriving. **2.** consisting in or characterised by the taking away of something, or the loss or lack of something properly present. **3.** *Grammar* indicating negation or absence. –n. **4.** *Grammar* a privative element, as *a-* in *asymmetric* (without symmetry). **–privatively** *adv.*

privet /'prɪvət/ *n.* one of two shrubs, *Ligustrum sinese* or *L. lucidum*, with evergreen leaves and small, heavily perfumed, white flowers, now considered noxious.

privilege /'prɪvəlɪdʒ/ *n., v.* **-leged, -leging.** –n. **1.** a right or immunity enjoyed by a person or persons beyond the common advantages of others. **2.** a special right or immunity granted to persons in authority or office; a prerogative. **3.** a prerogative, advantage, or opportunity enjoyed by someone in a favoured position (as distinguished from a right). **4.** a grant to an individual, a company, etc., of a special right or immunity, sometimes in derogation of the common right. **5.** the principle or condition of enjoying special rights or immunities. **6.** any of the more sacred and vital rights common to all citizens under a modern constitution. –*v.t.* **7.** to grant a privilege to. **8.** to authorise or to license (something otherwise forbidden). –*phr.* **9. privilege from**, to free or exempt from.

privy /'prɪvi/ *adj., n.* **privies.** –*adj.* **1.** (sometimes fol. by *to*) participating in the knowledge of something private or secret: *many persons were privy to the plot.* **2.** belonging or relating to some particular person or persons, now especially with reference to a sovereign. –*n.* **3.** an outbuilding housing a toilet. **4.** *Law* someone participating directly in a legal transaction, or claiming through or under such a one. **–privity** *n.*

prize[1] /praɪz/ *n.* **1.** a reward of victory in a race, competition, etc. **2.** that which is won in a lottery, raffle, etc. **3.** anything that someone tries hard to win, or anything greatly valued. –*adj.* **4.** having gained a prize; prize-winning. **5.** worthy of a prize; very valuable: *a prize bull.* **6.** remarkable: *a prize fool.* **7.** given or awarded as a prize: *a prize tour of NZ.*

prize[2] /praɪz/ *v.t.* **prized, prizing. 1.** to value or esteem highly. **2.** to estimate the worth or value of.

pro[1] /proʊ/ *adv., n.* **pros.** –*adv.* **1.** in favour of a proposition, opinion, etc. (opposed to *con*). –*n.* **2.** an argument, consideration, vote, etc., for something.

pro[2] /proʊ/ *n.* **pros,** *adj. Colloquial* –*n.* **1.** a professional. –*adj.* **2.** professional.

pro[3] /proʊ/ *n.* **pros.** *Colloquial* → **prostitute.**

pro- 1. a prefix indicating favour for some party, system, idea, etc., usually without identity with the group, as *pro-British, pro-communist, pro-slavery*, having *anti-* as its opposite. **2.** a prefix of priority in space or time having especially a meaning of advancing or projecting forwards or outwards, having also extended figurative meanings, including substitution, and attached widely to stems not used as words, as *provision, prologue, proceed, produce, protract, procathedral, proconsul.*

proactive /proʊ'æktɪv/ *adj.* taking the initiative in directing the course of events, rather than waiting until things happen and then reacting.

probability /prɒbə'bɪləti/ *n.* **-ties.** –*n.* **1.** the quality or fact of being probable. **2.** a likelihood or chance of something: *there is a probability of his coming.* **3.** a probable event, circumstance, etc.: *to regard a thing as a probability.* **4.** *Statistics* the relative frequency of the occurrence of an event as measured by the ratio of the number of cases or alternatives favourable to the event to the total number of cases or alternatives. –*phr.* **5. in all probability**, with likelihood; very probably.

probable /'prɒbəbəl/ *adj.* **1.** likely to occur or prove true. **2.** having more evidence for than against, or evidence which inclines the mind to belief but leaves some room for doubt. **3.** affording ground for belief: *probable evidence.* **–probably** *adv.*

probate /'proʊbeɪt/ *n.* **1.** *Law* the official proving of a will as authentic or valid. –*adj.* **2.** having to do with probate or a court of probate.

probation /prə'beɪʃən/ *n.* **1.** the act of testing. **2.** the testing or trial of a person's conduct, character, qualifications, or the like. **3.** the state or period of such testing or trial. **4.** *Law* **a.** a method of dealing with offenders, especially young persons guilty of minor crimes or first offences, by allowing them to go at large conditionally under supervision, as that of a person (**probation officer**) appointed for such duty. **b.** the state of having been conditionally released. **5.** a trial period in which a person can redeem failures, misconduct, etc. **–probational, probationary** *adj.* **–probationer** *n.*

probe /proʊb/ *v.* **probed, probing,** *n.* –*v.t.* **1.** to search into or examine thoroughly; question closely. **2.** to examine or explore as with a probe. –*v.i.* **3.** to penetrate or examine with or as with a probe. –*n.* **4.** the act of probing. **5.** a thin surgical instrument for exploring the depth or direction of a wound, sinus, etc. **6.** *Aeronautics* a spacecraft able to explore, examine and test conditions in space and radio back the results. **–prober** *n.*

probity /'proʊbəti/ *n.* integrity; uprightness; honesty.

problem /'prɒbləm/ *n.* **1.** any question or matter involving doubt, uncertainty, or difficulty. **2.** a question proposed for solution or discussion. –*adj.* **3.** difficult to train or guide; unruly: *a problem child.* **–problematic** *adj.*

proboscis /prə'bɒskəs, prə'bɒʊsəs/ *n.* **-boscises** /-'bɒskəsəz, -'bɒʊsəsəz/ *or* **-boscides** /-'bɒskədiz, -'bɒsədiz/ **1.** an elephant's trunk. **2.** any long flexible snout, as of the tapir. **3.** *Entomology* **a.** an elongate but not rigid feeding organ of certain insects formed of the mouthparts, as in the Lepidoptera and Diptera. **b.** any elongate or snoutlike feeding organ. **4.** (*humorous*) the human nose.

procedure /prə'sidʒə/ *n.* **1.** the act or manner of proceeding in any action or process; conduct. **2.** a particular course or mode of action. **3.** mode of conducting legal, parliamentary, or other business, especially litigation and judicial proceedings. **–procedural** *adj.*

proceed /prə'sid/ *v.,* /'proʊsid/ *n.* –*v.i.* **1.** to move or go forwards or onwards, especially after stopping. **2.** to go on with or carry on any action or process. **3.** to go on (to do something). **4.** to be carried on, as an action, process, etc. **5.** to go or come forth; issue. **6.** to arise, originate, or result. –*n.* **7.** (*usually plural*) the sum derived from a sale or other transaction. –*phr.* **8. proceed against**, *Law* to take legal action against.

proceeding /prə'sidɪŋ/ *n.* **1.** a particular action or course of action. **2.** action, course of action, or conduct. **3.** (*plural*) records of the doings of a society. **4.** *Law* **a.** the instituting or carrying on of an action at law. **b.** a legal step or measure: *to institute proceedings against a person.*

process /'proʊsɛs/ *n.* **1.** a systematic series of actions directed to some end: *the process of making butter.* **2.** a continuous action, operation, or series of changes taking place in a definite manner: *the process of decay.* **3.** *Law* **a.** the summons, mandate, or writ by which a defendant or thing is brought before court for litigation. **b.** the total of such summoning writs. **c.** the whole course of the proceedings in an action at law. **4.** *Biology* a natural outgrowth, projection, or appendage: *a process of a bone.* **5.** a prominence or protuberance. **6.** the action of going forward or on. **7.** the condition of being carried on. **8.** course or lapse, as of time. –*v.t.* **9.** to treat or prepare by some particular process, as in manufacturing. **10.** to convert (an agricultural commodity) into marketable form by some special process. **11.** *Computers* to manipulate (data) in order to abstract the required information. –*phr.* **12. in (the) process of**, during the course of; in the middle of.

procession /prə'sɛʃən/ *n.* **1.** an orderly line or group of people, cars, etc., moving along in a formal or ceremonious way, especially in religious or civic ceremonies. **2.** the act of coming forth from a source. –**processional** *adj., n.*

process worker *n.* a person engaged on a production line in a manufacturing process who is not required to make adjustments to machinery or to exercise skills of fitting or adjustment.

proclaim /prə'kleɪm/ *v.t.* **1.** to announce or declare publicly or in a tiresome way: *to proclaim one's opinions.* **2.** to announce or declare, publicly and officially: *to proclaim war; The Governor-General proclaimed the law.* **3.** (of things) to show or make known: *his speech proclaimed his ignorance.* –**proclaimer** *n.* –**proclamation** *n.*

proclivity /prə'klɪvəti/ *n.* **-ties.** natural or habitual inclination or tendency; propensity; predisposition: *a proclivity to fault-finding.*

procrastinate /proʊ'kræstəneɪt/ *v.* **-nated, -nating.** –*v.i.* **1.** to defer action; delay: *to procrastinate until an opportunity is lost.* –*v.t.* **2.** to put off till another day or time; defer; delay. –**procrastination** /prəkræstə'neɪʃən/ *n.* –**procrastinator** *n.*

procreate /'proʊkrieɪt/ *v.* **-ated, -ating.** –*v.t.* **1.** to beget or generate (offspring). **2.** to produce; bring into being. –*v.i.* **3.** to beget young; reproduce. –**procreant, procreative** *adj.* –**procreation** /proʊkri'eɪʃən/ *n.* –**procreator** *n.*

proctor /'prɒktə/ *n.* (in certain universities) an official charged with various duties, especially with the maintenance of discipline among undergraduates. –**proctorial** /prɒk'tɔriəl/ *adj.* –**proctorship** *n.*

procure /prə'kjʊə/ *v.* **-cured, -curing.** –*v.t.* **1.** to obtain or get by care, effort, or the use of special means: *to procure evidence.* **2.** to effect; cause; bring about, especially by unscrupulous or indirect means: *to procure a person's death.* **3.** to obtain for the gratification of lust or purposes of prostitution. –*v.i.* **4.** to act as a procurer or pimp. –**procurable** *adj.* –**procurement** *n.*

prod /prɒd/ *v.* **prodded, prodding,** *n.* –*v.t.* **1.** to poke or jab with something pointed: *to prod an animal with a stick.* **2.** to seek to rouse or incite as if by poking: *to prod his memory.* –*n.* **3.** the act of prodding; a poke or jab. **4.** any of various pointed instruments, as a goad. –**prodder** *n.*

prodigal /'prɒdɪgəl/ *adj.* **1.** wastefully or recklessly extravagant: *prodigal expenditure.* **2.** lavishly abundant; profuse. –*n.* **3.** someone who spends, or has spent, their money or substance with wasteful extravagance; a spendthrift. –*phr.* **4. prodigal of,** giving or yielding profusely; lavish with: *prodigal of smiles.* –**prodigality** /prɒdə'gælətɪ/ *n.* –**prodigally** *adv.*

prodigious /prə'dɪdʒəs/ *adj.* **1.** extraordinary in size, amount, extent, degree, force, etc.: *a prodigious noise.* **2.** wonderful or marvellous: *a prodigious feat.* **3.** abnormal; monstrous. –**prodigiously** *adv.* –**prodigiousness** *n.*

prodigy /'prɒdədʒi/ *n.* **-gies. 1.** a person, especially a child, endowed with extraordinary gifts or powers: *a musical prodigy.* **2.** something wonderful or marvellous; a wonder.

produce /prə'djus/ *v.* **-duced, -ducing,** /'prɒdjus/ *n.* –*v.t.* **1.** to bring into existence; give rise to; cause: *to produce steam.* **2.** to make by mental or physical work: *to produce a book*; *to produce a sculpture.* **3.** *Economics* to make (something that can be bought or sold). **4.** to bring forth; bear; give birth to. **5.** to yield; provide, furnish, or supply: *a mine producing silver.* **6.** to bring forward; present: *when everyone had arrived, he produced his plan.* **7.** to bring (a play, film, etc.) before the public. **8.** *Geometry* to extend or prolong (a line). –*v.i.* **9.** to bring forth or yield offspring, products, etc. **10.** *Economics* to create value; bring crops, goods, etc., into a state in which they will fetch a price. –*n.* **11.** something that is produced; yield; product. **12.** farm or natural products as a whole: *to take produce to market.* –**producer** *n.* –**producible** *adj.*

product /'prɒdʌkt/ *n.* **1.** a thing produced by any action or operation, or by labour; an effect or result. **2.** something produced; a thing produced by nature or by a natural process. **3.** *Chemistry* a substance obtained from another substance through chemical change. **4.** *Mathematics* the result obtained by multiplying two or more quantities together.

production /prə'dʌkʃən/ *n.* **1.** the act of producing; creation; manufacture. **2.** something that is produced; product. **3.** *Economics* the creation of value; producing of articles able to be bought and sold. **4.** the total amount produced: *production from our farm is good this year.* **5.** the act of showing: *the production of the letter just at that moment created a sensation.* **6.** the staging of a play.

productive /prə'dʌktɪv/ *adj.* **1.** having the power of producing; generative; creative. **2.** producing readily or abundantly; fertile; prolific. **3.** *Economics* producing or tending to produce goods and services having exchangeable value. –**productively** *adv.* –**productiveness** *n.* –**productivity** *n.*

profane /prə'feɪn/ *adj., v.* **-faned, -faning.** –*adj.* **1.** marked by lack of respect for God or sacred things; irreligious, especially speaking or spoken in open or implied contempt for sacred things. **2.** not sacred, or not given to sacred purposes; worldly; secular: *profane history.* **3.** common; vulgar; socially shocking: *profane language.* –*v.t.* **4.** to misuse (anything that should be held in respect); defile; debase. **5.** to treat (anything holy) without respect. –**profanation** /prɒfə'neɪʃən/ *n.* –**profanatory** /prə'fænətri/ *adj.* –**profanely** *adv.* –**profaneness** *n.* –**profaner** *n.*

profess /prə'fɛs/ *v.t.* **1.** to declare (a feeling, etc.), often insincerely; pretend to: *he professed great sorrow.* **2.** to declare openly; avow: *he professed his satisfaction; to profess faith in God.* **3.** to declare oneself skilled or expert in. **4.** to receive or admit into a religious order.

profession /prə'fɛʃən/ *n.* **1.** a vocation requiring knowledge of some department of learning or science, especially one of the three vocations of theology, law, and medicine (formerly known specifically as **the professions** or **the learned professions**): *a lawyer by profession.* **2.** any vocation, occupation, etc. **3.** the body of persons engaged in an occupation or calling: *to be respected by the medical profession.* **4.** the act of professing; avowal; a declaration, whether true or false: *professions of love.* **5.** a religion or faith professed.

professional /prə'fɛʃnəl, -ʃənəl/ *adj.* **1.** following an occupation to earn a living or make money by it: *a professional actor.* **2.** relating or suitable to, or engaged in a profession: *professional studies*; *a professional manner.* **3.** expert; competent: *the teachers at that school are very professional.* **4.**

making a business of something not properly to be regarded as a business: *a professional politician.* **5.** done to earn a living or to make money: *professional football.* –*n.* **6.** someone belonging to one of the learned or skilled professions. **7.** someone who earns a living by a skill, sport, etc. (opposed to *amateur*). **8.** an expert in a game or sport, hired by a sports club to teach members. –**professionally** *adv.* –**professionalism** *n.*

professor /prə'fɛsə/ *n.* **1.** a teacher of the highest rank, usually holding a chair in a particular branch of learning, in a university or college. **2.** a teacher. **3.** an instructor in some popular art, as singing, etc. **4.** someone who professes their sentiments, beliefs, etc. –**professorial** /profə'sɔriəl/ *adj.* –**professorially** *adv.* –**professorate** /profə'sɔriət/ *n.* –**professorship** *n.*

proffer /'prɒfə/ *v.t.* **1.** to put before a person for acceptance; offer. **2.** the act of proffering. **3.** an offer.

proficient /prə'fɪʃənt/ *adj.* **1.** well advanced or expert in any art, science, or subject; skilled. **2.** an expert. –**proficiency** *n.* –**proficiently** *adv.*

profile /'proʊfaɪl/ *n.*, *v.* **-filed**, **-filing**. –*n.* **1.** the outline or contour of the human face, especially as seen from the side. **2.** a drawing, painting, etc., of the side view of the head. **3.** the outline of something seen against a background. **4.** *Architecture, Engineering* a drawing of a section, especially a vertical section, through something. **5.** a vivid and concise sketch of the biography and personality of an individual. **6.** a public identity, as specialising in a particular field or having particular skills, acquired by a business or a group of business organisations, usually as a result of an advertising campaign. –*v.t.* **7.** to draw a profile of. **8.** to shape as to profile. –*phr.* **9. keep** (or **maintain**) **a high profile**, *Colloquial* to act so as to be conspicuous; maintain a prominent level of activity. **10. keep** (or **maintain**) **a low profile**, *Colloquial* to act so as to be inconspicuous; maintain an unobtrusive level of activity.

profit /'prɒfət/ *n.* **1.** (*often plural*) pecuniary gain resulting from the employment of capital in any transaction: **a. gross profit**, gross receipts less the immediate costs of production. **b. net profit**, amount remaining after deducting all costs from gross receipts. **c.** the ratio of such pecuniary profit to the amount of capital invested. **2.** (*often plural*) returns, proceeds, or revenue, as from property or investments. **3.** *Economics* the surplus left to the producer or employer after deducting wages, rent, cost of raw materials, etc. **4.** (*usually plural*) such additional benefits as interest on capital, insurance, etc. **5.** advantage; benefit; gain. –*v.i.* **6.** to gain advantage or benefit. **7.** to make profit. **8.** to be of advantage or benefit. **9.** to take advantage. –*v.t.* **10.** to be of advantage or profit to. –**profitable** *adj.* –**profitless** *adj.*

profiteer /prɒfə'tɪə/ *n.* **1.** someone who seeks or exacts exorbitant profits, as by taking advantage of public necessity. –*v.i.* **2.** to act as a profiteer. –**profiteering** *n.*

profligate /'prɒfləgət/ *adj.* **1.** utterly and shamelessly immoral; thoroughly dissolute. **2.** recklessly prodigal or extravagant. –*n.* **3.** a profligate person. –**profligacy**, **profligateness** *n.* –**profligately** *adv.*

pro forma /proʊ 'fɔmə/ *adv.* according to form; as a matter of form. –**pro-forma** *adj.*

profound /prə'faʊnd/ *adj.* **1.** deep. **2.** having or showing great knowledge or deep understanding: *a profound thinker; a profound mind.* **3.** intense: *profound sleep.* **4.** going beyond the surface; not superficial or obvious: *profound insight.* **5.** of deep meaning; serious or abstruse: *a profound book.* –*n.* **6.** something that is profound: *a mind directed towards the profound.* –**profoundly** *adv.* –**profoundness** *n.*

profuse /prə'fjus/ *adj.* **1.** made or done freely and abundantly: *profuse apologies.* **2.** abundant; in great amount. –*phr.* **3. profuse in**, generous to the point of extravagance in the giving of. –**profusely** *adv.* –**profuseness** *n.* –**profusion** /prə'fjuʒən/ *n.*

progenitor /prə'dʒɛnətə/ *n.* **1.** a direct ancestor; forebear. **2.** an originator, as of an artistic movement.

progeny /'prɒdʒəni/ *n.* **-nies**. offspring; issue; descendants.

progesterone /prə'dʒɛstəroʊn/ *n. Physiology* a hormone of the corpus luteum of the ovary, which prepares the uterus for the fertilised ovum and helps to maintain pregnancy.

prognosis /prɒg'noʊsəs/ *n.* **-noses** /-'noʊsiz/. **1.** a forecasting of the probable course and termination of a disease. **2.** a particular forecast made. –**prognostic** *adj.*

prognosticate /prɒg'nɒstəkeɪt/ *v.* **-cated**, **-cating**. –*v.t.* **1.** to forecast or predict (something future) from present indications or signs; to prophesy. –*v.i.* **2.** to make a forecast; to prophesy. –**prognostication** /prɒg,nɒstə'keɪʃən/ *n.* –**prognosticative** *adj.* –**prognosticator** *n.*

program /'proʊgræm/ *n.*, *v.* **-grammed**, **-gramming**. –*n.* **1.** a plan to be followed: *a program of study.* **2.** a list of things to be done; agenda: *a program for the day.* **3.** a list of pieces, performers, etc., in a concert or play. **4.** the contents of an entertainment: *there's a good program tonight.* **5.** *Radio, TV* a particular item or production. **6.** *Computers* a set of instructions in a computer language which will cause a computer to perform a desired operation. –*v.t.* **7.** *Computers* to organise and arrange (data, etc.) relating to a problem so that it can be solved by a computer. –*v.i.* **8.** to plan a program: *if you program carefully you'll find you have time for everything.* Also, **programme**. –**programmable**, **programable** *adj.* –**programmer** *n.*

progress /'proʊgrɛs/ *n.*, /prə'grɛs/ *v.* –*n.* **1.** a proceeding to a further or higher stage, or through such stages successively: *the progress of a scholar in his studies.* **2.** advancement in general. **3.** growth or development; continuous improvement. **4.** *Sociology* the development of an individual or group in a direction considered as beneficial and to a degree greater than that yet attained. **5.** *Biology* increasing differentiation and perfection in the course of ontogeny or phylogeny. **6.** forward or onward movement. **7.** course of action, of events, of time, etc. –*v.i.* **8.** to advance. **9.** to go forwards or onwards. –*phr.* **10. in progress**, taking place; under way; happening. **11. make progress**, to achieve some gains; advance.

progression /prə'grɛʃən/ *n.* **1.** the act of progressing; forward or onward movement. **2.** a passing successively from one member of a series to the next; succession; sequence. **3.** *Mathematics* a sequence of numbers in which there is a constant relation between each number and its successor. Compare **arithmetical progression**, **geometric progression**. **4.** *Music* the manner in which notes or chords follow one another. –**progressional** *adj.*

progressive /prə'grɛsɪv/ *adj.* **1.** favouring or making change, improvement, or reform: *a progressive politician; a progressive school.* **2.** going forwards or onwards; proceeding step by step: *progressive improvement in maths; a progressive disease.* –*n.* **3.** someone who favours (especially political) progress or reform. –**progressively** *adv.* –**progressiveness** *n.*

prohibit /prə'hɪbət/ *v.t.* **1.** to forbid (an action, a thing) by authority: *smoking is prohibited.* **2.** to prevent; to hinder. **–prohibition** *n.*

prohibitive /prəˈhɪbətɪv/ *adj.* **1.** that prohibits or forbids something. **2.** serving to prevent the use, purchase, etc., of something: *the prohibitive price of meat.* Also, **prohibitory**. **–prohibitively** *adv.*

project /ˈproʊdʒɛkt, ˈprɒ-/ *n.*, /prəˈdʒɛkt/ *v.* –*n.* **1.** something that is thought of or planned; plan; scheme; undertaking. **2.** a special piece of work, usually research, done by schoolchildren. –*v.t.* **3.** to throw. **4.** to set forth (a plan, future action); present. **5.** to make known (an idea, impression, etc.); communicate; convey. **6.** to throw upon a surface or into space: *to project a film; to project the voice.* **7.** to see (something in the mind) as real: *the child projected the monster from his imagination.* **8.** to cause to jut out or protrude: *to project the lips.* **9.** to transform the points of (one figure) into those of another by any correspondence between points. –*v.i.* **10.** to jut out; protrude. **11.** to communicate or send an idea or impression. **–projection** *n.*

projectile /prəˈdʒɛktaɪl/ *n.* **1.** *Military* an object fired from a gun with an explosive propelling charge, such as a bullet, shell, or grenade. **2.** an object set in motion by an exterior force which then continues to move by virtue of its own inertia. –*adj.* **3.** impelling or driving forwards, as a force. **4.** caused by impulse, as motion. **5.** capable of being impelled forwards, as a missile.

projector /prəˈdʒɛktə/ *n.* **1.** an apparatus for throwing an image on a screen, as of a slide; a film projector, etc. **2.** a device for projecting a beam of light.

prolapse /ˈproʊlæps/ *n.*, /prəˈlæps/ *v.* **-lapsed, -lapsing.** –*n.* **1.** Also, **prolapsus**. *Pathology* a falling down of an organ or part, as the uterus, from its normal position. –*v.i.* **2.** *Chiefly Pathology* to fall or slip down or out of place.

prolate /ˈproʊleɪt/ *adj.* elongated along the polar diameter, as a spheroid generated by the revolution of an ellipse about its longer axis (opposed to *oblate*).

proletariat /ˌproʊləˈtɛəriət/ *n.* **1.** the class in society that owns no large property, but has to work to live. **2.** the working class, or wage-earners in general. **–proletarian** *adj.*

proliferate /prəˈlɪfəreɪt/ *v.* **-rated, -rating.** –*v.i.* **1.** to grow or produce by multiplication of parts, as in budding or cell division. –*v.t.* **2.** to cause to proliferate. **–proliferation** /prəˌlɪfəˈreɪʃən/ *n.*

prolific /prəˈlɪfɪk/ *adj.* **1.** producing offspring, young, fruit, etc., especially abundantly; fruitful. **2.** abundantly productive of or fruitful in something specified. **–prolificacy, prolificness** *n.* **–prolifically** *adv.*

prolix /ˈproʊlɪks/ *adj.* **1.** extended to great, unnecessary, or tedious length; long and wordy. **2.** speaking or writing at great or tedious length. **–prolixity** /prəˈlɪksəti/, **prolixness** *n.* **–prolixly** *adv.*

prologue /ˈproʊlɒɡ/ *n.*, *v.* **-logued, -loguing.** –*n.* **1.** an introductory speech, often in verse, calling attention to the theme of a play. **2.** a preliminary discourse; a preface or introductory part of a discourse, poem, or novel. **3.** any introductory proceeding, event, etc. –*v.t.* **4.** to introduce with, or as with, a prologue.

prolong /prəˈlɒŋ/ *v.t.* **1.** to lengthen out in time; to extend the duration of; to cause to continue longer: *to prolong one's life.* **2.** to make longer in spatial extent: *to prolong a line.* **–prolongation** /ˌproʊlɒŋˈɡeɪʃən/, **prolongment** *n.* **–prolonger** *n.*

promenade /ˌprɒməˈnɑːd/ *n.*, *v.* **-naded, -nading.** –*n.* **1.** an unhurried walk, especially in a public place, for pleasure or show. **2.** an area suitable for such walking, especially one along a seafront; esplanade. –*v.i.* **3.** to take a promenade. –*v.t.* **4.** to take or lead on or as on a promenade; parade. **–promenader** *n.*

prominent /ˈprɒmənənt/ *adj.* **1.** standing out so as to be easily seen; conspicuous; very noticeable: *a prominent feature.* **2.** important; leading; well-known: *a prominent citizen.* **–prominence** *n.* **–prominently** *adv.*

promiscuous /prəˈmɪskjuəs/ *adj.* **1.** characterised by or involving indiscriminate mingling or association, especially indulging in sexual intercourse with a number of partners. **2.** consisting of parts, elements, or individuals of different kinds brought together without order. **3.** indiscriminate; without discrimination. **–promiscuity** /ˌprɒməsˈkjuəti/, **promiscuousness** *n.* **–promiscuously** *adv.*

promise /ˈprɒməs/ *n.*, *v.* **-ised, -ising.** –*n.* **1.** an express assurance on which expectation is to be based. **2.** something that has the effect of an express assurance; indication of what may be expected. **3.** indication of future excellence or achievement: *a writer that shows promise.* **4.** something that is promised. –*v.t.* **5.** to engage or undertake by promise (with an infinitive or clause): *to promise not to interfere.* **6.** to make a promise of: *to promise help.* **7.** to afford ground for expecting. **8.** to engage to join in marriage. **9.** to assure (used in emphatic declarations). –*v.i.* **10.** to make a promise. –*phr.* **11. promise well** (or **fair**), to afford ground for expectation of success. **–promiser;** *Law,* **promisor** /ˈprɒməˈsɔː/ *n.*

promising /ˈprɒməsɪŋ/ *adj.* giving promise; likely to turn out well: *a promising young man.* **–promisingly** *adv.*

promissory note /ˈprɒməsəri noʊt/ *n. Finance* a written promise to pay a specified sum of money to a person designated or to his or her order, or to the bearer, at a time fixed or on demand.

promontory /ˈprɒməntri/ *n.* **-ries. 1.** a high point of land or rock projecting into the sea or other water beyond the line of coast; a headland. **2.** *Anatomy* a prominent or protuberant part.

promote /prəˈmoʊt/ *v.t.* **-moted, -moting. 1.** to advance in rank, dignity, position, etc. **2.** to further the growth, development, progress, etc., of; encourage. **3.** to help to found; originate; organise; launch (a financial undertaking, publicity campaign, etc.). **–promoter** *n.* **–promotion** *n.* **–promotive** *adj.*

prompt /prɒmpt/ *adj.* **1.** done, performed, delivered, etc., at once or without delay: *a prompt reply.* **2.** ready in action; quick to act as occasion demands. **3.** ready and willing. –*v.t.* **4.** to move or incite to action. **5.** to suggest or induce (action, etc.); inspire or occasion. **6.** to assist (a person speaking) by suggesting something to be said. **7.** *Theatre* to supply (an actor or reciter) with a missed cue or a forgotten line. –*v.i.* **8.** *Theatre* to supply offstage cues and effects. –*n.* **9.** *Commerce* **a.** a limit of time given for payment for merchandise purchased, the limit being stated on a note of reminder called a **prompt note**. **b.** the contract setting the time limit. **10.** the act of prompting. **11.** something that prompts. **12.** *Theatre* one who prompts (def. 8). **13.** *Computers* a message from a computer, appearing as words or symbols on the screen, which indicate to the user that the computer is ready for further instructions. **–promptly** *adv.* **–promptness, promptitude** *n.*

promulgate /ˈprɒməlɡeɪt/ *v.t.* **-gated, -gating. 1.** to make known by open declaration; to publish; to proclaim formally or put into operation (a law or rule of court or decree). **2.** to set forth or teach publicly (a creed, doctrine, etc.). **–promulgation** /ˌprɒməlˈɡeɪʃən/ *n.* **–promulgator** *n.*

prone /proʊn/ *adj.* **1.** having a natural inclination or tendency to something; disposed; liable: *to be* *prone to anger.* **2.** having the front or ventral part downwards; lying face downwards. **3.** lying flat; prostrate. –**pronely** *adv.* –**proneness** *n.*

prong /proŋ/ *n.* **1.** one of the pointed divisions or tines of a fork. **2.** any pointed projecting part, as of an antler. –*v.t.* **3.** to pierce or stab with a prong.

pronoun /'proʊnaʊn/ *n.* **1.** *Grammar* (in many languages) one of the major parts of speech, comprising words used as substitutes for nouns. **2.** any such word, as *I*, *you*, *he*, *this*, *who*, *what*.

pronounce /prə'naʊns/ *v.* **-nounced**, **-nouncing**. –*v.t.* **1.** to enunciate or articulate (words, etc.). **2.** to utter or sound in a particular manner in speaking. **3.** to declare (a person or thing) to be as specified. **4.** to utter or deliver formally or solemnly. **5.** to announce authoritatively or officially. –*v.i.* **6.** to pronounce words, etc. –*phr.* **7. pronounce on**, **a.** to make a statement or assertion, especially an authoritative statement, with regard to. **b.** to give an opinion on or decision about. –**pronouncement** *n.* –**pronounceable** *adj.* –**pronouncer** *n.*

pronounced /prə'naʊnst/ *adj.* **1.** strongly marked. **2.** clearly indicated. **3.** decided; definite: *to have very pronounced views*. –**pronouncedly** /prə'naʊnsədli/ *adv.*

pronunciation /prənʌnsi'eɪʃən/ *n.* the act or result of producing the sounds of speech including articulation, vowel and consonant formation, accent, inflection, and intonation, often with reference to the correctness or acceptability of the speech sounds. –**pronunciational** *adj.*

proof /pruf/ *n.* **1.** something that shows that a thing is either true or false. **2.** a test; a trial: *to put a thing to the proof*. **3.** the effect of evidence in making the mind certain: *it was proof enough for her that he hadn't done it*. **4.** the condition of having been tested and approved. **5.** the relative strength of alcoholic liquors. **6.** *Photography* a trial print from a negative. **7.** *Printing* a trial impression of composed type, taken to correct errors and make changes. –*adj.* **8.** strong enough to resist attack, danger, etc.: *proof against fire; proof against fear*. **9.** of standard strength, as alcoholic liquor. –*v.t.* **10.** to treat or coat (a material) in order to make it resistant to wear or damage.

-proof a suffix meaning 'insulated from', 'impervious to', 'not affected by', etc., as in *waterproof*.

proofread /'prufrid/ *v.t., v.i.* **-read**, **-reading**. to read (printers' proofs, etc.) in order to detect and mark errors to be corrected. –**proofreader** *n.* –**proofreading** *n.*

prop¹ /prop/ *v.* **propped**, **propping**. *n.* –*v.t.* **1.** to support, or prevent from falling, with something that holds (a thing) up (often fol. by *up*): *to prop a roof*; *they propped her up with cushions*. **2.** to rest (a thing) against a support: *he propped the ladder against the wall*. **3.** to support or keep going: *to prop up a failing business*. –*v.i.* **4.** (of horses) to stop suddenly with all four legs stiff, jolting the rider. –*n.* **5.** a stick, pole, beam, or other support. **6.** a person or thing serving as a support. **7.** (*plural*) *Colloquial* the legs. **8.** Also, **prop-forward**. *Rugby Football* either of the two forwards outermost in the front row of the scrum. **9.** a sudden stop.

prop² /prop/ *n.* → **property** (def. 8).

prop³ /prop/ *n. Colloquial* → **propeller**.

propaganda /propə'gændə/ *n.* **1.** the systematic propagation of a given doctrine. **2.** the particular doctrines or principles propagated by an organisation or movement. **3.** dissemination of ideas, information, or rumour for the purpose of injuring or helping an institution, a cause, or a person. **4.** doctrines, arguments, facts spread by deliberate effort through any medium to further one's cause or to damage an opposing cause. **5.** a public action or display aimed at furthering or hindering a cause. –**propagandist** *n.*

propagate /'propəgeɪt/ *v.* **-gated**, **-gating**. –*v.t.* **1.** to breed (plants, animals); cause to reproduce. **2.** (of a plant, animal) to breed; reproduce. **3.** to carry (characteristics, qualities) through offspring. **4.** to spread (ideas, etc.); disseminate. **5.** to carry, send, or help move through space or a medium: *to propagate sound*. –*v.i.* **6.** to breed. –**propagation** /propə'geɪʃən/ *n.* –**propagative** *adj.* –**propagator** *n.*

propane /'proʊpeɪn/ *n.* a gaseous hydrocarbon, C_3H_8, of the methane series, found in petroleum.

propel /prə'pɛl/ *v.t.* **-pelled**, **-pelling**. **1.** to drive, or cause to move, forwards: *a boat propelled by oars*. **2.** to impel or urge onwards.

propellant /prə'pɛlənt/ *n.* **1.** a propelling agent. **2.** *Military* the charges of explosive used in a gun to fire the projectile. **3.** *Aeronautics* one or more substances used in rocket motors for the chemical generation of gas at the controlled rates required to provide thrust. **4.** the compressed gas used in an aerosol container to expel the liquid product through a fine jet, in the form of a spray.

propellent /prə'pɛlənt/ *adj.* **1.** propelling; driving forward. –*n.* **2.** a propelling agent.

propeller /prə'pɛlə/ *n.* a device having a revolving hub with radiating blades, for propelling a ship, aircraft, etc.

propensity /prə'pɛnsəti/ *n.* **-ties**. natural or habitual inclination or tendency: *a propensity to find fault*.

proper /'propə/ *adj.* **1.** suited to the purpose or circumstances; fit; suitable: *the proper time to plant*. **2.** doing or agreeing with what is thought to be good manners; correct; decorous. **3.** belonging or relating particularly to a person or thing: *noise is proper to small children*. **4.** real; genuine: *give me some proper facts this time and I'll believe you*. **5.** in the strict sense of the word (now usually following the noun): *shellfish do not belong to the fishes proper*. **6.** normal or regular: *that is not the proper way to do it*. **7.** *Colloquial* complete; thorough: *a proper thrashing*. **8.** *Rare* excellent; fine: *you're a proper friend!* **9.** *Archaic* belonging to oneself or itself; own. –**properly** *adv.*

proper noun *n. Grammar* a noun that is not usually preceded by an article or other limiting modifier, in meaning applicable only to a single person or thing, or to several persons or things which constitute a unique class only by virtue of having the same name: *Whitlam*, *Perth* in contrast to *man*, *city*. See **common noun**.

property /'propəti/ *n.* **-ties**. **1.** something that one owns; the possession(s) of a particular owner. **2.** goods, lands, etc., owned: *a man of property*. **3.** a piece of land or building owned: *property near the beach*. **4.** ownership: *the idea of private property*. **5.** Also, **country property**. *Australian*, *NZ* a farm, station, orchard, etc. **6.** something used by or belonging to a person, a group of people, or the public: *the secret became common property*. **7.** a power or quality that something has naturally; an attribute: *the properties of oxygen*. **8.** Also, **prop**. *Theatre* a piece of furniture or decoration in a stage setting; any object handled or used by an actor in performance.

property trust *n. Law* a unit trust in which property (mainly real estate) is purchased by investors whose interest in the trust property and any income or capital gain therefrom is proportionate to the number of units held.

prophecy /'profəsi/ *n.* **-cies**. **1.** foretelling or prediction (originally by divine inspiration) of what is to come. **2.** divinely inspired utterance or revelation.

prophesy /ˈprɒfəsaɪ/ v. **-sied**, **-sying**. –v.t. **1.** to foretell or predict: *to prophesy a storm*. **2.** to declare or foretell by or as by divine inspiration. –v.i. **3.** to make predictions. –**prophesier** n.

prophet /ˈprɒfət/ n. **1.** someone who speaks as the mouthpiece of God. **2.** someone regarded as, or claiming to be, a great teacher or leader. **3.** someone who foretells the future or future events: *a weather prophet*. –*phr.* **4. the Prophet**, Mohammed, the founder of Islam. **5. the Prophets**, the books which form the second of the three Jewish divisions of the Old Testament. –**prophetess** *fem. n.* –**prophetic** *adj.*

prophylactic /prɒfəˈlæktɪk/ adj. **1.** defending or protecting from disease, as a drug. **2.** preventive; preservative; protective. –n. **3.** a contraceptive, especially a condom. –**prophylaxis** n.

propinquity /prəˈpɪŋkwəti/ n. **1.** nearness in place; proximity. **2.** nearness of relation; kinship. **3.** affinity of nature; similarity. **4.** nearness in time.

propitiate /prəˈpɪʃieɪt/ v.t. **-ated**, **-ating**. to make favourably inclined; appease; conciliate. –**propitiation** /prəpɪʃiˈeɪʃən/ n. –**propitiable** adj. –**propitiative**, **propitiatory** adj. –**propitiator** n.

propitious /prəˈpɪʃəs/ adj. **1.** presenting favourable conditions; favourable: *propitious weather*. **2.** indicative of favour: *propitious omens*. **3.** favourably inclined; disposed to bestow favours or forgive. –**propitiously** adv. –**propitiousness** n.

proponent /prəˈpoʊnənt/ n. **1.** someone who puts forward a proposition or proposal. **2.** someone who supports a cause or doctrine.

proportion /prəˈpɔʃən/ n. **1.** comparative relation between things as to size, quantity, number, etc.; ratio: *a house tall in proportion to its width*. **2.** proper relation between things or parts; balance: *you must see things in proportion*. **3.** (*plural*) dimensions: *a rock of gigantic proportions*. **4.** a part in relation to the whole: *a large proportion of the total*. **5.** *Mathematics* the relation of four quantities such that the first divided by the second is equal to the third divided by the fourth; equality of ratios. –v.t. **6.** to put (the parts of) something into proper relationship: *to proportion a building*. –**proportional** adj. –**proportionate** adj., v.t. –**proportioner** n.

proportional representation n. *Government* a system of electing representatives to a legislative assembly in which there are a number of members representing any one electorate. The number of successful candidates from each party is directly proportional to the percentage of the total vote won by the party. Compare **first-past-the-post**, **preferential voting**.

proposal /prəˈpoʊzəl/ n. **1.** the act of proposing for acceptance, adoption, or performance. **2.** a plan or scheme proposed. **3.** an offer, especially of marriage.

propose /prəˈpoʊz/ v. **-posed**, **-posing**. –v.t. **1.** to put forward (a matter, subject, case, etc.) for consideration, acceptance, or action: *to propose a new method; to propose a toast*. **2.** to put forward or suggest as something to be done: *he proposed that a messenger be sent*. **3.** to present (a person) for some position, office, membership, etc. **4.** to propound (a question, riddle, etc.). –v.i. **5.** to make a proposal, especially of marriage. –**proposer** n.

proposition /prɒpəˈzɪʃən/ n. **1.** the act of proposing, or a proposal of, something to be considered, accepted, or done. **2.** a plan or subject put forward for action or discussion. **3.** an offer of terms for a business deal. **4.** a thing or person considered as something to be dealt with or faced: *a tough proposition*. **5.** *Philosophy* a statement in which something (a predicate) is affirmed or denied. **6.** a suggestion for sexual intercourse. –v.t. **7.** to propose a plan, deal, etc., to. **8.** to suggest sexual intercourse to. –**propositional** adj. –**propositionally** adv.

propound /prəˈpaʊnd/ v.t. to put forward for consideration, acceptance, or adoption. –**propounder** n.

proprietary /prəˈpraɪətri/ adj. –adj. **1.** belonging to a proprietor or proprietors. **2.** being a proprietor or proprietors; holding property: *the proprietary class*. **3.** relating to property or ownership: *proprietary rights*. **4.** belonging or controlled as property. **5.** manufactured and sold only by the owner of the patent, formula, brand name, or trademark associated with the product: *proprietary medicine*.

proprietary limited company n. (in Australia) a company with a limit of fifty shareholders, which cannot issue shares for public subscription and which is not listed on the stock exchange; shareholders enjoy limited liability, on liquidation. Also, **proprietary company**.

proprietor /prəˈpraɪətə/ n. **1.** the owner of a business establishment, a hotel, newspaper, etc. **2.** someone who has the exclusive right or title to something; an owner, as of property. –**proprietorship** n.

propriety /prəˈpraɪəti/ n. **-ties**. –n. **1.** conformity to established standards of behaviour or manners. **2.** appropriateness to the purpose or circumstances; suitability. **3.** rightness or justness. –*phr.* **4. the proprieties**, the conventional standards or requirements of proper behaviour.

propulsion /prəˈpʌlʃən/ n. the act of propelling or driving forward or onward. –**propulsive** adj.

pro rata /proʊ ˈrɑtə/ adv., /ˈproʊ rɑtə/ adj. –adv. **1.** in proportion; according to a certain rate. –adj. **2.** proportionate.

prorogue /prəˈroʊg/ v.t. **-rogued**, **-roguing**. *Parliamentary Procedure* to discontinue meetings of (parliament or similar legislative body) until the next session.

prosaic /proʊˈzeɪɪk, prə-/ adj. **1.** commonplace or dull; matter-of-fact or unimaginative: *a prosaic mind*. **2.** having the character or spirit of prose as opposed to poetry, as verse or writing. Also, **prosaical**. –**prosaically** adv. –**prosaicness** n. –**prosaism** /ˈproʊzeɪˌɪzəm/ n.

proscenium /prəˈsiniəm/ n. **-nia** /-niə/. **1.** (in the modern theatre) the decorative arch or opening between the stage and the auditorium. **2.** (in the ancient theatre) the stage. Also, **proscenium arch**.

proscribe /proʊˈskraɪb/ v.t. **-scribed**, **-scribing**. **1.** to denounce or condemn (a thing) as dangerous; to prohibit. **2.** to banish or exile. **3.** to announce the name of (a person) as condemned to death and subject to confiscation of property. –**proscriber** n. –**proscription** n.

prose /proʊz/ n. **1.** the ordinary form of spoken or written language, without metrical structure (as distinguished from poetry or verse). **2.** matter-of-fact, commonplace, or dull expression, quality, discourse, etc.

prosecute /ˈprɒsəkjut/ v. **-cuted**, **-cuting**. –v.t. **1.** *Law* **a.** to institute legal proceedings against (a person, etc.). **b.** to seek to enforce or obtain by legal process. **c.** to conduct criminal proceedings in court against. **2.** to follow up or go on with something undertaken or begun: *to prosecute an inquiry*. **3.** to carry on or practice. –**prosecution** n. –**prosecutor** n.

proselyte /ˈprɒsəlaɪt/ n. someone who has come over or changed from one opinion, religious belief, sect, or the like to another; a convert.

prosody /ˈprɒsədi, ˈprɒz-/ n. **1.** the science or study

prospect

of poetic metres and versification. **2.** a particular or distinctive system of metrics and versification: *Milton's prosody*.

prospect /'prɒspɛkt/ *n.* **1.** (*usually plural*) an apparent probability of advancement, success, profit, etc. **2.** (*usually plural*) the outlook for the future. **3.** something in view as a source of profit. **4.** a prospective customer, as in business. **5.** a mental looking forward, or contemplation of something future or expected. **6.** a view or scene presented to the eye, especially of scenery. **7.** outlook or view over a region or in a particular direction. **8.** a mental view or survey, as of a subject or situation. **9.** *Mining* **a.** an apparent indication of metal, etc. **b.** a spot giving such indications. **c.** excavation or workings in search of ore. **10.** *Sport* a new recruit to a club; a young player of whom much is expected. –*v.t.* **11.** to search or explore (a region), as for gold. **12.** to work (a mine or claim) experimentally in order to test its value. –*v.i.* **13.** to search or explore a region for gold or the like. –*phr.* **14. in prospect,** in view; under consideration.

prospective /prə'spɛktɪv/ *adj.* **1.** of or in the future. **2.** potential; likely; expected. **–prospectively** *adv.*

prospector /'prɒspɛktə/ *n.* someone who prospects for gold and other minerals.

prospectus /prə'spɛktəs/ *n.* **-tuses. 1.** a circular or advertisement inviting applications from the public to subscribe for securities of a corporation or proposed corporation. **2.** a statement which describes or advertises a forthcoming literary work, a new enterprise, or the like. **3.** a pamphlet issued by a school or other institution giving details about itself.

prosper /'prɒspə/ *v.i.* **1.** to be prosperous or successful; to thrive. –*v.t.* **2.** to make prosperous or successful.

prosperous /'prɒspərəs, -prəs/ *adj.* **1.** having or characterised by continued good fortune; flourishing; successful: *a prosperous business*. **2.** well-to-do or well-off: *a prosperous family*. **–prosperously** *adv.* **–prosperousness** *n.*

prostate gland /'prɒsteɪt glænd/ *n. Anatomy* the composite gland which surrounds the urethra of males at the base of the bladder.

prosthesis /prɒs'θisəs, prəs-/ *n.* **-theses** /-'θisiz/. *Medicine* an artificial part to supply a defect of the body, such as an artificial limb. **–prosthetic** *adj.*

prostitute /'prɒstətjut/ *n., v.* **-tuted, -tuting.** –*n.* **1.** a person, especially a woman, who engages in sexual intercourse for money as a livelihood. **2.** someone who debases themselves or allows their talents to be used in an unworthy way, usually for financial gain. –*v.t.* **3.** to submit to sexual intercourse for money as a livelihood. **4.** to put to any base or unworthy use. **–prostitution** *n.* **–prostitutor** *n.*

prostrate /prɒs'treɪt/ *v.* **-trated, -trating,** /'prɒstreɪt/ *adj.* –*v.t.* **1.** to throw (oneself) down in humility, worship, etc. **2.** to throw (something or someone) down level with the ground. **3.** to overcome, or make helpless or physically weak. –*adj.* **4.** lying flat or at full length on the ground, often as sign of humility, worship, etc. **5.** overcome, helpless, or physically weak: *prostrate from grief; prostrate from the heat.* **6.** *Botany* (of a plant or stem) lying flat on the ground.

protagonist /proʊ'tægənəst/ *n.* **1.** the leading character in a play, novel, etc. **2.** any leading character or personage in a movement, cause, etc. **3.** a champion, or supporter of a movement, cause, idea, etc.; advocate; spokesperson.

protea /'proʊtiə/ *n.* any of the shrubs or trees of the southern African genus *Protea*, which exhibits a wide variety of forms, as the giant protea, *Protea cynaroides*, which has large showy flowers.

protean /prə'tiən, 'proʊtiən/ *adj.* readily assuming different forms or characters; exceedingly variable.

protect /prə'tɛkt/ *v.t.* **1.** to defend or guard from attack, invasion, annoyance, insult, etc.; cover or shield from injury or danger. **2.** *Economics* to guard (a country's industry) from foreign competition by imposing import duties. **–protection** *n.* **–protective** *adj.* **–protector** *n.*

protector /prə'tɛktə/ *n.* **1.** a person or thing that protects; a defender; a guardian. **2.** *History* someone in charge of a kingdom during the sovereign's minority, incapacity, or absence. **3.** *Cricket, etc.* a lightweight padded shield worn to protect the genitals. **–protectoral** *adj.* **–protectorship** *n.*

protectorate /prə'tɛktərət, -trət/ *n.* **1.** the relation of a strong state towards a weaker state or territory which it protects and partly controls. **2.** a state or territory so protected. **3.** the office or position, or the term of office, of a protector. **4.** the government of a protector.

protégé /'proʊtəʒeɪ/ *n.* someone who is under the protection or friendly patronage of another. **–protégée** *fem. n.*

protein /'proʊtin/ *n. Biochemistry* any of the polymers formed from amino acids, which are found in all cells and which include enzymes, plasma proteins, and structural proteins such as collagen. Also, **proteid** /'proʊtiɪd/.

Proterozoic /ˌproʊtəroʊ'zoʊɪk, -rə-/ *adj., n.* (of or relating to) the era or rocks between Archaeozoic and Palaeozoic, thought to be marked by relative prominence of sedimentary rocks in a few of which fossils of early primitive organisms are found. Also, **Proterzoic.**

protest /'proʊtɛst/ *n.,* /prə'tɛst, proʊ-/ *v.* –*n.* **1.** a formal expression or declaration of objection or disapproval, often in opposition to something which one is powerless to prevent or avoid. **2.** a demonstration or meeting of people protesting against something. **3.** *Sport* a formal expression of objection or complaint placed with an official. **4.** *Commerce* the written declaration of a notary public that a bill of exchange has been dishonoured. **5.** *Law* **a.** (upon one's payment of a sum of money) a formal statement disputing the legality of the demand. **b.** a written and attested declaration made by the master of a ship stating the circumstances in which some injury has happened to the ship or cargo, or other circumstances involving the liability of the officers, crew, etc. –*v.i.* **6.** (sometimes fol. by *against* or *at*) to give expression to one's objection or disapproval; remonstrate: *he protested against nuclear testing*; *she protested at the treatment she received.* **7.** to make solemn declaration. –*v.t.* **8.** *Originally US* to make a protest or remonstrance against **9.** to say in protest or remonstrance: *'That's not fair,' he protested.* **10.** to declare solemnly or formally; affirm; assert: *she protested her innocence.* **11.** to make a formal declaration of the non-acceptance or non-payment of (a bill of exchange or note). –*phr.* **12. under protest,** having registered opposition or dissent: *to submit under protest.* **–protester** *n.* **–protestingly** *adv.*

Protestant /'prɒtəstənt/ *n.* **1.** a member of any of those Christian groups which separated from the Church of Rome at the Reformation, or of any group descended from them. **2.** (*l.c.*) someone who protests. –*adj.* **3.** relating to Protestants or their religion. **–Protestantism** *n.*

protestation /ˌprɒtəs'teɪʃən, proʊ-/ *n.* **1.** the act of protesting or affirming. **2.** a solemn declaration or affirmation. **3.** the formal expression of objection or disapproval; protest.

proto- a word element meaning: **1.** first, earliest form of, as *prototype*. **2.** (*usually cap.*) *Linguistics* the reconstructed earliest form of a language: *Proto-Germanic*.

protocol /'proutəkɒl/ *n.* **1.** the customs and regulations dealing with the ceremonies and etiquette of the diplomatic corps and others at a court or capital. **2.** an original draft, minute, or record from which a document, especially a treaty, is prepared. **3.** a supplementary international agreement. **4.** an agreement between states. **5.** *Computers* a set of rules governing the format in which messages are sent from one computer to another, as in a network.

proton /'prouton/ *n. Physics* an elementary particle present in every atomic nucleus, the number of protons being different for each element, which has an electric charge equal in magnitude to that of the electron but of opposite sign and a mass of 1.7×10^{-27} kg; hydrogen ion.

protoplasm /'proutəplæzəm/ *n. Biology* a complex substance (typically colourless and semifluid) regarded as the physical basis of life, having the power of spontaneous motion, reproduction, etc.; the living matter of all vegetable and animal cells and tissues. **–protoplasmic** /proutə'plæzmɪk/ *adj.*

prototype /'proutətaɪp/ *n.* **1.** the original or model after which anything is formed. **2.** *Biology* an archetype; a primitive form regarded as the basis of a group. **–prototypal** /'proutətaɪpəl/, **prototypic** /proutə'tɪpɪk/ *adj.*

protozoan /proutə'zouən/ *n.* **1.** a member of the phylum Protozoa, comprising animals consisting of one cell or of a colony of like or similar cells. *–adj.* **2.** Also, **protozoic**. of or relating to any of the Protozoa.

protract /prə'trækt/ *v.t.* **1.** to draw out or lengthen in time; extend the duration of; prolong. **2.** *Anatomy, etc.* to extend or protrude. **3.** *Surveying, etc.* to plot; to draw by means of a scale and protractor. **–protraction** *n.* **–protractive** *adj.*

protractor /prə'træktə/ *n.* a flat semicircular instrument, graduated around the circular edge, used to measure or mark off angles.

protrude /prə'trud/ *v.i.* **-truded, -truding.** to project. **–protrusion** *n.* **–protrusive, protrudent** *adj.* **–protrusible** /prə'truzəbəl/ *adj.*

protuberant /prə'tjubərənt, -brənt/ *adj.* bulging out beyond the surrounding surface. **–protuberance** *n.* **–protuberantly** *adv.*

proud /praud/ *v.* **1.** feeling pleasure or satisfaction over something conceived as highly honourable or creditable to oneself: *proud of her achievements; proud to be Australian; proud that we reached the final.* **2.** having or cherishing, or proceeding from or showing, a high, especially an inordinately high, opinion of one's own dignity, importance, or superiority. **3.** having or showing self-respect or self-esteem. **4.** highly gratifying to the feelings or self-esteem. **5.** highly honourable or creditable: *a proud achievement.* **6.** (of things) stately, majestic, or magnificent: *proud cities.* **7.** of lofty dignity or distinction: *a proud name; proud nobles.* **8.** projecting beyond the surrounding elements or objects: *to stand proud.* *–phr.* **9. do someone proud, a.** to be a source of credit to someone. **b.** to entertain someone generously or lavishly. **–proudly** *adv.*

prove /pruv/ *v.* **proved, proved** or **proven, proving.** *–v.t.* **1.** to establish as true or genuine by evidence, argument, etc.: *to prove a theory; prove the worth of an object.* **2.** *Law* to establish the validity of (a will, etc.). **3.** to put to the test; try out. **4.** to show (oneself) to have the character, ability, etc., expected of one. **5.** to determine the characteristics of by scientific tests: *to prove ore.* **6.** *Cookery* to cause (dough) to rise before baking, by placing it in a warm place. *–v.i.* **7.** to turn out: *the report proved to be false.* **–provable** *adj.* **–prover** *n.*

provenance /'prɒvənəns/ *n.* the place of origin, as of a work of art, etc.

provender /'prɒvəndə/ *n.* **1.** dry food for livestock, as hay; fodder. **2.** food or provisions.

proverb /'prɒvɜb/ *n.* **1.** a short, popular saying, that has been in use for a long time, expressing some familiar truth, as *A stitch in time saves nine.* **2.** a wise saying; precept. **3.** (*cap.*) (*plural*) *Bible* one of the books of the Old Testament, made up of sayings of wise men of Israel, including Solomon.

proverbial /prə'vɜbiəl/ *adj.* **1.** relating to or characteristic of a proverb: *proverbial brevity.* **2.** having become an object of common mention or reference: *clean and fresh as the proverbial daisy.* **–proverbially** *adv.*

provide /prə'vaɪd/ *v.* **-vided, -viding.** *–v.t.* **1.** to furnish or supply. **2.** to afford or yield. **3.** *Law* to arrange for or stipulate beforehand, as by a provision or proviso. *–phr.* **4. provide for, a.** to make arrangements for supplying means of support, money, etc., to. **b.** to supply means of support, etc., to. **c.** to cover; be applicable to: *clause 7 provides for such an event.* **–provider** *n.*

provided /prə'vaɪdəd/ *conj.* it being stipulated or understood (that); on the condition or supposition (that): *to consent, provided (that) all the others agree.*

providence /'prɒvədəns/ *n.* **1.** the foreseeing care and guardianship of God over his creatures. **2.** (*cap.*) God. **3.** provident or prudent management of resources; economy.

provident /'prɒvədənt/ *adj.* **1.** having or showing foresight; careful in providing for the future. **2.** characterised by or proceeding from foresight: *provident care.* **3.** economical or frugal. *–phr.* **4. provident of,** mindful in making provision for. **–providential** /prɒvə'dɛnʃəl/ *adj.* **–providently** *adv.*

providing /prə'vaɪdɪŋ/ *conj.* provided.

province /'prɒvəns/ *n.* **1.** an administrative division or unit of a country: *the provinces of Spain.* **2.** *Australian History* (before Federation) a designated region of Australia: *the province of Australia Felix; the British province of South Australia.* **3.** a country, territory, district, or region. **4.** a department or branch of learning or activity: *the province of mathematics.* **5.** the sphere or field of action of a person, etc.; one's office, function, or business. *–phr.* **6. the provinces,** the parts of a country outside the capital or the largest cities.

provincial /prə'vɪnʃəl/ *adj.* **1.** having to do with some particular province or provinces; local: *provincial customs.* **2.** having to do with the provinces: *the provincial press.* **3.** having or showing the manners characteristic of inhabitants of a province or the provinces; countrified; rustic; unsophisticated; narrow or illiberal. *–n.* **4.** someone who lives in or comes from the provinces. **5.** *Ecclesiastical* a member of a religious order presiding over the order in a given district or province. **–provinciality** *n.* **–provincialism** *n.* **–provincially** *adv.*

provision /prə'vɪʒən/ *n.* **1.** a clause in a document, a law, etc., providing for a particular matter; stipulation; proviso. **2.** the providing or supplying of something, such as food or other necessities. **3.** an arrangement or preparation made beforehand. **4.** something provided. **5.** (*plural*) supplies of food. *–v.t.* **6.** to supply with provisions. **–provisioner** *n.*

provisional /prə'vɪʒənəl/ *adj.* serving until permanently replaced; temporary; conditional: *a provi-*

provisional tax *sional agreement.* Also, **provisionary**.

provisional tax *n.* (in Australia) tax paid in advance on income to be earned in the next financial year from sources other than salary and wages.

proviso /prə'vaɪzoʊ/ *n.* **-sos** *or* **-soes**. a stipulation or condition.

provoke /prə'voʊk/ *v.t.* **-voked, -voking. 1.** to anger, enrage, exasperate, or vex. **2.** to stir up, arouse, or call forth. **3.** to incite or stimulate (a person, etc.) to action. **4.** to give rise to, induce, or bring about. **–provocation** *n.* **–provocative** *adj.* **–provoker** *n.* **–provoking** *adj.* **–provokingly** *adv.*

provost /'prɒvəst/ *n.* a person appointed to superintend or preside. **–provostship** *n.*

prow /praʊ/ *n.* the forepart of a ship or boat above the waterline; the bow.

prowess /'praʊes, praʊ'es/ *n.* **1.** valour; bravery. **2.** outstanding ability: *prowess at shooting*.

prowl /praʊl/ *v.i.* to rove or go about stealthily in search of prey, plunder, etc. **–prowler** *n.*

proximate /'prɒksəmət/ *adj.* **1.** next; nearest. **2.** fairly accurate; approximate. **–proximately** *adv.*

proximity /prɒk'sɪməti/ *n.* nearness in place, time, or relation.

proximo /'prɒksəmoʊ/ *adv.* in or of the next or coming month: *on the 1st proximo.* *Abbrev.*: prox. Compare **ultimo**.

proxy /'prɒksi/ *n.* **-xies.** the agency of a person deputed to act for another.

prude /prud/ *n.* someone who affects extreme modesty or propriety. **–prudery** *n.* **–prudish** *adj.*

prudence /'prudns/ *n.* **1.** cautious practical wisdom; good judgment; discretion. **2.** regard for one's own interests. **3.** provident care in management; economy or frugality. **–prudential** /pru'dɛnʃəl/ *adj.*

prudent /'prudnt/ *adj.* **1.** wise, judicious, or wisely cautious in practical affairs, as a person; sagacious or judicious; discreet or circumspect. **2.** careful of one's own interests; provident, or careful in providing for the future. **–prudently** *adv.*

prune[1] /prun/ *n.* **1.** the purplish black dried fruit of any of several varieties of plum tree, used for eating, cooked or uncooked. **2.** such a fruit, whether dried or not. **3.** a variety of plum tree bearing such fruit.

prune[2] /prun/ *v.t.* **pruned, pruning. 1.** to cut or lop superfluous or undesired twigs, branches, or roots from; to trim. **2.** to remove (superfluities, etc.). **–pruner** *n.*

prurient /'pruriənt/ *adj.* **1.** inclined to or characterised by lascivious thought. **2.** morbidly uneasy, as desire or longing. **3.** itching. **4.** *Botany* causing itching. **–prurience, pruriency** *n.* **–pruriently** *adv.*

pry[1] /praɪ/ *v.i.* **pried, prying. 1.** to look closely or curiously, peer, or peep. **2.** to search or inquire curiously or inquisitively into something: *to pry into the affairs of others*.

pry[2] /praɪ/ *v.t.* **pried, prying,** *n.* **pries.** *Chiefly US* → **prise**.

PS /pi 'ɛs/ postscript.

psalm /sam/ *n.* **1.** a sacred song or hymn. **2.** a poem of similar character. **3.** (*cap.*) *Bible* any of the 150 songs, hymns, and prayers which together form a book of the Old Testament (**Book of Psalms**). **–psalmist** *n.*

Psalter /'sɔltə/ *n.* (*sometimes l.c.*) a book containing psalms for liturgical or devotional use.

psephology /sə'fɒlədʒi/ *n.* the study of elections by analysing their results, trends, etc. **–psephological** /sɛfə'lɒdʒɪkəl/ *adj.* **–psephologically** /sɛfə'lɒdʒɪkli/ *adv.* **–psephologist** *n.*

pseudo- a word element meaning 'false', 'pretended', freely used as a formative; in scientific use, denoting close or deceptive resemblance to the following element, used sometimes in chemical names of isomers. Also (*before vowels*), **pseud-**.

pseudonym /'sjudənɪm/ *n.* an assumed name adopted by an author to conceal his or her identity; pen-name. **–pseudonymous** /sju'dɒnəməs/ *adj.* **–pseudonymity** /sjudə'nɪməti/ *n.*

psoriasis /sə'raɪəsəs/ *n.* *Pathology* a common chronic skin disease characterised by scaly patches. **–psoriatic** /sɒri'ætɪk/ *adj.*

psyche /'saɪki/ *n.* the human soul, spirit, or mind.

psyched /saɪkt/ *adj.* *Colloquial* fully enthused and excited. Also, **psyched up**.

psychedelic /saɪkə'dɛlɪk/ *adj.* **1.** having to do with a mental state of enlarged consciousness, involving a sense of aesthetic joy and increased perception transcending verbal concepts. **2.** having to do with any of a group of drugs inducing such a state, especially LSD. **3.** *Colloquial* intensely pleasurable or fashionable. **4.** *Colloquial* having bright colours and imaginative patterns, as materials. **5.** having to do with music which is played very loud and accompanied by a lightshow.

psychiatry /sə'kaɪətri, saɪ-/ *n.* the practice or the science of treating mental diseases. **–psychiatric** /saɪki'ætrɪk/, **psychiatrical** /saɪki'ætrɪkəl/ *adj.* **–psychiatrically** /saɪki'ætrɪkli/ *adv.* **–psychiatrist** *n.*

psychic /'saɪkɪk/ *adj.* Also, **psychical. 1.** of or relating to the human soul or mind; mental (opposed to *physical*). **2.** *Psychology* having extra-sensory mental powers, such as clairvoyance, telepathy. **3.** done by, proceeding from or relating to non-physical forces. *–n.* **4.** a psychic person. **–psychically** *adv.*

psycho- a word element representing 'psyche' (as in *psychology* and *psychoanalysis*). Also, **psych-**.

psychoanalyse /saɪkoʊ'ænəlaɪz/ *v.t.* **-lysed -lysing.** to investigate or treat by psychoanalysis. Also, *US*, **psychoanalyze**. **–psychoanalyser** *n.*

psychoanalysis /,saɪkoʊə'næləsəs/ *n.* **1.** a systematic structure of theories concerning the relation of conscious and unconscious psychological processes. **2.** a technical procedure for investigating unconscious mental processes, and for treating neuroses. **–psychoanalyse** *n.* **–psychoanalyst** /saɪkoʊ'ænəlɒst/ *n.* **–psychoanalytic** /,saɪkoʊænə'lɪtɪk/, **psychoanalytical** /,saɪkoʊænə'lɪtɪkəl/ *adj.* **–psychoanalytically** /,saɪkoʊænə'lɪtɪkli/ *adv.*

psychological /saɪkə'lɒdʒɪkəl/ *adj.* **1.** having to do with psychology. **2.** having to do with the mind or to mental phenomena, especially as the subject matter of psychology. **–psychologically** *adv.*

psychology /saɪ'kɒlədʒi/ *n.* **-gies. 1.** the science of mind, or of mental states and processes; the science of human nature. **2.** the science of human and animal behaviour. **3.** the mental states and processes of a person or of a number of persons, especially as determining action: *the psychology of the fighter pilot*.

psychopathic /saɪkə'pæθɪk/ *adj.* denoting a personality outwardly normal but characterised by a diminished sense of social responsibility, inability to establish deep human relationships, and sometimes, abnormal or dangerous acts. **–psychopath** *n.*

psychopathy /saɪ'kɒpəθi/ *n.* **1.** mental disease or disorder. **2.** a psychopathic personality.

psychosis /saɪ'koʊsəs/ *n.* **-choses** /-'koʊsiz/. *Psychology* any major, severe form of mental affection or disease. **–psychotic** *adj., n.*

psychosomatic /,saɪkoʊsə'mætɪk/ *adj.* denoting a physical disorder which is caused by or notably

influenced by the emotional state of the patient.
psychotherapy /ˌsaɪkoʊˈθɛrəpi/ *n.* the science or art of curing psychological abnormalities and disorders by psychological techniques. **–psychotherapist** *n.*

pterodactyl /ˌtɛrəˈdæktl/ *n.* any member of the Pterosauria, an order of extinct (Jurassic to Cretaceous) flying reptiles, having the outside digit of the forelimb greatly elongated and supporting a wing membrane.

ptomaine /ˈtəʊmeɪn/ *n. Biochemistry* any of a class of basic nitrogenous substances, some of them very poisonous, produced during putrefaction of animal or plant proteins. Also, **ptomain**.

pub /pʌb/ *n. Colloquial* a hotel.

puberty /ˈpjubəti/ *n.* sexual maturity; the earliest age at which a person is capable of procreating offspring.

pubes /ˈpjubiz/ *n.* **-bes** /-biz/. **1.** *Anatomy* the lower part of the abdomen, especially the region between the right and left iliac regions. **2.** the hair appearing on the lower part of the abdomen at puberty.

pubescent /pjuˈbɛsənt/ *adj.* **1.** arriving or arrived at puberty. **2.** *Botany, Zoology* covered with down or fine short hair. **–pubescence** *n.*

pubic /ˈpjubɪk/ *adj.* relating to the pubes or pubis.

public /ˈpʌblɪk/ *adj.* **1.** of, relating to, or affecting the people as a whole or the community, state, or nation: *public affairs*. **2.** done, made, acting, etc., for the people or community as a whole: *a public prosecutor*. **3.** open to all the people: *a public meeting*. **4.** relating to or engaged in the affairs or service of the community or nation: *a public official*. **5.** maintained at the public expense, under public control, and open to the public generally: *a public library*. **6.** open to the view or knowledge of all; existing, done, etc., in public: *the fact became public*. **7.** having relations with or being known to the public generally: *a public character*. –*n.* **8.** Also, **the general public**. the people constituting a community, state, or nation. **9.** a particular section of the people: *the novel-reading public*. **10.** public view or access: *in public*. –*phr.* **11. go public**, **a.** (of a proprietary limited company) to sell part or all of its capital to the public at large. **b.** (of a company) to seek listing on the stock exchange. **c.** *Colloquial* to allow something to be generally known.

publican /ˈpʌblɪkən/ *n.* the owner or manager of a hotel.

publication /ˌpʌbləˈkeɪʃən/ *n.* **1.** the publishing of a book, periodical, map, piece of music, engraving, or the like. **2.** the act of publishing. **3.** the state or fact of being published. **4.** something that is published, as a book or the like.

public bar *n.* (in a hotel) the bar which is least comfortably furnished and where drinks are cheaper than at other bars. Compare **lounge** (def. 6), **saloon** (def. 2).

public company *n.* → **limited company**.

public domain software *n.* computer software which may be freely used and copied.

public housing *n.* housing owned by the government and made available to low-income earners, usually at a low rent.

publicise = publicize /ˈpʌbləsaɪz/ *v.t.* **-cised, -cising**. to give publicity to; bring to public notice; advertise: *they publicised the meeting as best they could*. **–publicist** *n.*

publicity /pʌbˈlɪsəti/ *n.* **1.** the measures, process, or business of securing public notice. **2.** advertising matter, as leaflets, films, etc., intended to attract public notice.

public relations *n.* the practice of promoting goodwill among the public for a company, government body, individual, or the like; the practice of working to present a favourable image.

public school *n.* **1.** → **state school**. **2.** one of a small grouping of prestigious secondary schools in Australia, mainly private. **3.** *Brit.* a private school of the type on which Australian private schools were modelled.

public sector *n. Economics* **1.** the sector of an economy which is owned and operated by government and government authorities (opposed to the *private sector*). **2.** the organisations operating within this sector.

public service *n.* the structure of departments and personnel responsible for the administration of government policy and legislation. **–public servant** *n.*

public-spirited /ˌpʌblɪk-ˈspɪrətəd/ *adj.* having or showing an unselfish desire for the public good: *a public-spirited citizen*.

public utility *n.* an organisation performing an essential public service, as supplying gas, electricity, or transport, and operated or regulated either by a company, the state, or local government.

publish /ˈpʌblɪʃ/ *v.t.* **1.** to issue (a book, magazine, etc.) in printed copies for sale, etc., to the public. **2.** to issue to the public the works of (an author). **3.** to announce publicly; make generally known. –*v.i.* **4.** to have one's writing published: *does he publish?* **–publishable** *adj.*

puce /pjus/ *adj.* **1.** of a dark or purplish brown. –*n.* **2.** dark or purplish brown.

puck[1] /pʌk/ *n.* a malicious or mischievous demon or spirit; a goblin.

puck[2] /pʌk/ *n.* a flat rubber disc used in place of a ball in ice hockey.

pucker /ˈpʌkə/ *v.i.* **1.** to gather into wrinkles or irregular folds. –*v.t.* **2.** to draw into wrinkles or irregular folds. –*n.* **3.** a puckered part, as of cloth tightly or crookedly sewn.

pudding /ˈpʊdɪŋ/ *n.* **1.** a sweet or savoury dish made in many forms and of various ingredients, as flour (or rice, tapioca, or the like), milk, and eggs, with fruit, meat, or other ingredients. **2.** a course in a meal following the main or meat course; dessert; sweet. **3.** a skin filled with seasoned minced meat, oatmeal, blood, etc., and cooked; a kind of sausage. **4.** anything resembling a pudding (def. 1), as in texture, etc.

puddle /ˈpʌdl/ *n., v.* **-dled, -dling**. –*n.* **1.** a small pool of water, especially dirty water, as in a road after rain. **2.** a small pool of any liquid. **3.** clay, or a similar material, which has been mixed with water and tempered, used as a watertight canal lining, etc. –*v.t.* **4.** to mark or fill with puddles. **5.** *Mining* to work together water and earth rich in clay so as to separate out any gold, opal, etc.

puerile /ˈpjuəraɪl, ˈpjʊəraɪl/ *adj.* **1.** having to do with a child or boy. **2.** childishly foolish, irrational, or trivial: *a piece of puerile writing*. **–puerility** /pjuˈrɪləti/ *n.* **–puerilely** *adv.*

puerperal /pjuˈɜpərəl/ *adj. Medicine* **1.** having to do with a woman in childbirth. **2.** relating to or consequent on childbirth.

puff /pʌf/ *n.* **1.** a short, quick blast, as of wind or breath. **2.** an abrupt emission of air, vapour, etc. **3.** a single inhalation and exhalation, as of a cigarette. **4.** the sound of an abrupt emission of air, etc. **5.** a small quantity of vapour, smoke, etc., emitted at one blast. **6.** an inflated or distended part of a thing; a swelling; a protuberance. **7.** a commendation, especially an exaggerated one, of a book, an actor's performance, etc. **8.** inflated or exaggerated praise, especially as uttered or written from interested motives. **9.** → **powder puff**. **10.** a form of light pastry with a filling of cream, jam, or the like. –*v.i.* **11.** to blow with short, quick

puffed

blasts, as the wind. **12.** to be emitted in a puff. **13.** to emit a puff or puffs; to breathe quick and hard, as after violent exertion. **14.** to go with puffing or panting. **15.** to emit puffs or whiffs of vapour or smoke. **16.** to move with such puffs. **17.** to take puffs at a cigar, etc. *–v.t.* **18.** to send forth (air, vapour, etc.) in short quick blasts. **19.** to drive or impel by puffing, or with a short quick blast. **20.** to smoke (a cigar, etc.). **21.** to inflate or distend, especially with air. **22.** to inflate with pride, etc. **23.** to praise in exaggerated language. **24.** to advertise with exaggerated commendation. *–phr.* **25. out of puff**, *Colloquial* out of breath. **26. puff out**, to extinguish with a puff; blow out: *to puff out a light*. **27. puff up**, to become inflated or distended.

puffed /pʌft/ *adj.* **1.** distended or inflated. **2.** *Colloquial* out of breath.

puffin /'pʌfən/ *n.* any of various seabirds (genera *Fratercula* and *Lunda*) of the auk family, with a curious bill, as *F. arctica*, the common species, which abounds on the coasts of the northern Atlantic, nesting in holes in the ground.

puff pastry a rich, flaky pastry used for pies, tarts, etc.; rough puff pastry; flaky pastry. Also, *US*, **puff paste**.

puffy /'pʌfi/ *adj.* **puffier**, **puffiest**. **1.** gusty. **2.** short-winded. **3.** inflated or distended. **4.** fat. **5.** conceited. **6.** bombastic. **–puffiness** *n.*

pug[1] /pʌg/ *n.* one of a breed of dogs having a short, smooth coat of silver, fawn, or black, a deeply wrinkled face, and a tightly curled tail. Also, **pugdog**.

pug[2] /pʌg/ *v.t.* **pugged**, **pugging**. **1.** to knead (clay, etc.) with water to make it plastic, as in brick-making. **2.** to stop or fill in with clay or the like. **3.** to pack or cover with mortar, etc., to deaden sound. **–puggy** *adj.*

pugilist /'pjudʒələst/ *n.* someone who fights with the fists; a boxer, usually a professional. **–pugilistic** /pjudʒə'lɪstɪk/ *adj.* **–pugilistically** /pjudʒə'lɪstɪkli/ *adv.*

pugnacious /pʌg'neɪʃəs/ *adj.* given to fighting; quarrelsome; aggressive. **–pugnaciously** *adv.* **–pugnacity** /pʌg'næsəti/, **pugnaciousness** *n.*

pukatea /pukə'tiə/ *n.* an aromatic timber tree, *Laurelia novae-zelandiae*, found in lowland and gully forests of New Zealand.

puke /pjuk/ *v.i., v.t.* **puked**, **puking**. *n. Colloquial* → vomit.

pukeko /'pukəkoʊ/ *n.* the New Zealand swamphen, *Porphyrio melanotus*. Also, **pukako** /'pukækə/.

pulchritude /'pʌlkrətjud, 'pʊl-/ *n.* beauty; comeliness.

pull /pʊl/ *v.t.* **1.** to draw or haul towards oneself or itself, in a particular direction, or into a particular position: *to pull a sledge up a hill*. **2.** to draw or tug at with force: *to pull a person's hair*. **3.** to draw, rend, or tear (apart, to pieces, etc.). **4.** to draw or pluck away from a place of growth, attachment, etc.: *to pull a tooth*. **5.** (in timber-getting) to haul (a tree) out by the roots. **6.** *Colloquial* to draw out for use, as a knife or a pistol. **7.** *Colloquial* to put or carry through (something attempted): *I wouldn't pull a stunt like that!* **8.** to cause to form, as a grimace: *to pull a face*. **9.** *Golf* to play (the ball) with a curve to the left (or, if a left-handed player, to the right). **10.** *Printing* to take (an impression or proof) from type, etc. **11.** to propel by rowing, as a boat. **12.** to strain; as a ligament. **13.** *Boxing* to deliver (a punch) without full force; check or restrain. **14.** *Cricket* to hit (a ball pitched on the wicket or on the off side) to the on side, usually off the back foot. **15.** *Colloquial* to attract (someone) with the aim of having sexual intercourse. **16.** *Colloquial* to attract (an audience): *the band pulls a good crowd at the pub*. *–v.i.* **17.** (sometimes fol. by *at*) to exert a drawing, tugging, or hauling force. **18.** to inhale through a pipe, cigarette, etc. **19.** to become or come as specified, by pulling: *a rope pulls apart*. **20.** to row. **21.** to proceed by rowing. **22.** *Cricket, Golf* to pull the ball. *–n.* **23.** the act of pulling or drawing. **24.** force used in pulling; pulling power. **25.** a drawing of a liquid into the mouth: *he took a long pull at his glass of beer*. **26.** an inhalation of smoke, as from a pipe or cigarette. **27.** a part or thing to be pulled, as a handle or the like. **28.** an instrument or device for pulling something. **29.** a stroke of an oar. **30.** a pulling of the ball in cricket or golf. **31.** *Colloquial* influence, as with persons able to grant favours **32.** *Colloquial* the ability to attract or draw audiences, followers, etc.: *an actor with box office pull*. **33.** *Colloquial* ‡ an act of sexual intercourse. **34.** *Colloquial* ‡ an act of male masturbation. *–phr.*

35. pull a beer, *Colloquial* to pour a beer by tapping a barrel.

36. pull a fast one (or **a swiftie**), *Colloquial* to practise a deception.

37. pull ahead, **a.** to move towards the front. **b.** to begin to win in a race or other contest.

38. pull apart, **a.** to rend in pieces. **b.** to analyse critically in detail.

39. pull dirt, (in opal mining) to haul the material excavated by a miner to the surface.

40. pull down, **a.** to lower; draw downwards: *to pull down the blinds*. **b.** to demolish. **c.** to reduce or make lower: *to pull down prices in a sale*.

41. pull in, **a.** (of a vehicle, driver, etc.) to move to the side of the road in order to stop. **b.** to arrive at a destination, stopping place, etc.: *the train pulled in to Central*. **c.** *Colloquial* to arrest (a person). **d.** to earn (a wage or salary).

42. pull off, *Colloquial* to succeed in achieving or performing.

43. pull oneself off, *Colloquial* ‡ (of a male) to masturbate.

44. pull oneself together, to recover one's self-control.

45. pull one's finger out, *Colloquial* to attack a job, task, etc., with energy after a period of inertia or laziness.

46. pull one's head in, *Australian Colloquial* to withdraw; to mind one's own business.

47. pull one's punches, **a.** *Boxing* to deliberately deliver punches without full force. **b.** to act with more show than effect, as by failing to follow through an initial move.

48. pull one's weight, to make a full and fair contribution to a task or undertaking, as in rowing or any other activity.

49. pull out, **a.** to leave; depart: *a train pulling out of a station*. **b.** (of a vehicle, driver, etc.) to move out of a lane or stream of traffic, as in preparing to overtake. **c.** *Colloquial* to withdraw, as from an agreement or enterprise. **d.** (of an aircraft) to return to level flight after a dive.

50. pull out all (the) stops, *Colloquial* to make every effort.

51. pull over, **a.** (of a vehicle, driver, etc.) to move towards the side of the road, or in some other direction as specified. **b.** to cause (a vehicle or driver) to stop at the side of the road: *the cops pulled me over for a breath test*.

52. pull rank (or **the braid**), to invoke the privileges or powers of seniority.

53. pull round, *Colloquial* to recover, as from an illness, period of adversity, or the like.

54. pull someone's leg, *Colloquial* to tease someone.

55. pull strings, *Colloquial* to seek the advance-

pull-down menu

ment of oneself or another by using social contacts and other means not directly connected with ability or suitability.
56. pull the plug on, to prevent (someone) from continuing their present activities, as by making some damning revelation, issuing an order, etc.
57. pull the rug from under someone's feet, *Colloquial* to place someone in a position of disadvantage.
58. pull the wool over someone's eyes, *Colloquial* to deceive or hoodwink someone.
59. pull through, *Colloquial* **a.** to recover, as from an illness, a period of adversity, or the like. **b.** to make one's way through, as by a pull or effort.
60. pull together, **a.** to cooperate, as in a team. **b.** to assemble from various sources.
61. pull to pieces, **a.** to rend in pieces; destroy completely. **b.** to analyse critically in detail.
62. pull up, **a.** to stop. **b.** to cause to stop. **c.** to correct or rebuke. **d.** to improve; bring to a higher or required standard. **e.** to uproot or pull out of the ground. **f.** *Colloquial* to gain ground, as a horse in a race. –**puller** *n*.

pull-down menu *n.* *Computers* a computer menu which is instantly accessible and which leaves the screen exactly as it was once an option has been chosen.

pullet /'pʊlət/ *n.* a young hen, less than one year old.

pulley /'pʊli/ *n.* **-leys**. *Mechanics* **1.** a wheel with a grooved rim for carrying a line, turning in a frame or block and serving to change the direction of or transmit power, as in pulling at one end of the line to raise a weight at the other end. **2.** a combination of such wheels in a block, or of such wheels or blocks in a tackle, to increase the power applied. **3.** a wheel driven by or driving a belt or the like, in the transmission of power.

pullover /'pʊloʊvə/ *n.* → **jumper**².

pulmonary /'pʌlmənri, 'pʊl-/ *adj.* **1.** having to do with the lungs. **2.** of the nature of a lung; lunglike. **3.** affecting the lungs. **4.** having lungs or lunglike organs.

pulp /pʌlp/ *n.* **1.** the soft, juicy part of a fruit. **2.** the pith of the stem of a plant. **3.** the soft or fleshy part of an animal body. **4.** any soft, moist mass, such as that into which linen, wood, etc., are made in the production of paper. **5.** anything worthless, as a magazine containing sensational and lurid stories, articles, etc.; trash. –*v.t.* **6.** to reduce to pulp. –*v.i.* **7.** to become reduced to pulp.

pulpit /'pʊlpət/ *n.* a platform or raised structure in a church, from which the priest, minister, etc. delivers a sermon, etc.

pulsate /pʌl'seɪt/ *v.i.* **-sated, -sating**. **1.** to expand and contract rhythmically, as the heart; beat; throb. **2.** to vibrate; quiver. –**pulsation** *n.* –**pulsatile, pulsatory** *adj.* –**pulsator** *n.*

pulse¹ /pʌls/ *n., v.* **pulsed, pulsing**. –*n.* **1.** the regular beating in the arteries caused by the contractions of the heart, especially as felt in an artery at the wrist. **2.** a single beat or throb of the arteries or heart. **3.** any regular stroke, beat, or vibration. **4.** the underlying force of life, feeling, etc.: *the pulse of a nation*. **5.** a brief increase in the size of an electric current, voltage, etc. –*v.i.* **6.** to beat, throb or vibrate.

pulse² /pʌls/ *n.* the edible seeds of certain leguminous plants, as peas, beans, lentils, etc.

pulverise = pulverize /'pʌlvəraɪz/ *v.* **-rised, -rising**. –*v.t.* **1.** to reduce to dust or powder, as by pounding, grinding, etc. **2.** to demolish. **3.** *Colloquial* to defeat overwhelmingly, as a fighter. –*v.i.* **4.** to become reduced to dust. –**pulverisable**

punch

adj. –**pulverisation** /pʌlvəraɪ'zeɪʃən/ *n.* –**pulveriser** *n.*

puma /'pjumə/ *n.* a large tawny feline, *Felis concolor*, of North and South America; cougar; mountain lion.

pumice /'pʌmɪs/ *n.* a porous or spongy form of volcanic glass, used, especially when powdered, as an abrasive, etc. Also, **pumice stone**. –**pumiceous** /pju'mɪʃəs/ *adj.*

pummel /'pʌməl/ *v.t.* **-melled** or *Chiefly US* **-meled, -melling** or *Chiefly US* **-meling**. to beat or thrash with rapid blows, as with the fists or, originally, a pommel. Also, *Chiefly US*, **pommel**.

pump¹ /pʌmp/ *n.* **1.** an apparatus or machine for raising, driving, exhausting, or compressing fluids, as by means of a piston, plunger, or rotating vanes. –*v.t.* **2.** to raise, drive, etc., with a pump. **3.** to operate by action like that on a pump handle. **4.** to supply with air, as an organ, by means of a pumplike device. **5.** to drive, force, etc., as if from a pump: *they pumped ten bullets into him*. **6.** to seek to elicit information from, as by artful questioning. **7.** to elicit (information) by questioning. **8.** to shake (someone's hand) vigorously. –*v.i.* **9.** to work a pump; raise or move water, etc., with a pump. **10.** to operate as a pump does. **11.** to gush out in spurts, as if driven by a pump: *blood pumping from a wound*. **12.** to move up and down like a pump-handle. **13.** to exert oneself in a manner likened to pumping. **14.** Also, **pump out**, **a.** (of dance music) to be at such a volume that the bass beat can be felt physically. **b.** (of a venue at which such music is played) to be playing music of this kind. –*phr.* **15. pump iron**, *Colloquial* to exercise with weights in order to build muscles. **16. pump out**, to free from water, etc., by means of a pump. **17. pump up**, to inflate by pumping: *to pump up a tyre*. –**pumpable** *adj.* –**pumper** *n.*

pump² /pʌmp/ *n.* **1.** a low, light, black, patent-leather shoe worn by men for ballroom dancing, with formal dress, etc. **2.** a low, slipper-like shoe worn by women, as for dancing.

pumpernickel /'pʌmpənɪkəl/ *n.* a coarse, slightly sour bread made with wholemeal rye.

pumpkin /'pʌmpkən/ *n.* **1.** the large edible fruit of species of coarse plant, especially *Cucurbita maxima* in Europe and Australia, and *C. pepo* and its varieties in the US. **2.** the plants.

pun /pʌn/ *n., v.* **punned, punning**. –*n.* **1.** the humorous use of a word in such a manner as to bring out different meanings or applications, or of words alike or nearly alike in sound but different in meaning; a play on words. –*v.i.* **2.** to make puns.

punch¹ /pʌntʃ/ *n.* **1.** a thrusting blow, especially with the fist. **2.** *Colloquial* a vigorous, telling effect or force. **3.** *Australian Rules* → **handpass** (def. 1). –*v.t.* **4.** to give a sharp thrust or blow to, especially with the fist. **5.** *NZ* to strip pelts from (carcasses) in freezing works. **6.** to drive (cattle). –*v.i.* **7.** to deliver blows: *he punches cleanly*. **8.** *Australian Rules* → **handpass** (def. 2). –*phr.* **9. pack a punch**, **a.** to be capable of delivering vigorous blows. **b.** to have an extreme effect upon someone: *these cocktails certainly pack a punch*. **10. punch one through**, *Colloquial* ‡ (of a man) to have sexual intercourse with. **11. punch the bundy**, *Colloquial* to operate a time clock. –**puncher** *n.*

punch² /pʌntʃ/ *n.* a tool or apparatus for piercing, or perforating tickets, leather, etc., or stamping materials, impressing a design, forcing nails beneath a surface, driving bolts out of holes, etc.

punch³ /pʌntʃ/ *n.* **1.** a beverage consisting of wine or spirits mixed with water, fruit juice, etc., and flavoured with sugar, lemon, spices, etc. **2.** a

punch-drunk /'pʌntʃ-drʌŋk/ *adj.* **1.** having cerebral concussion so that one's movements resemble those of a drunken person, a condition sometimes found in boxers. **2.** *Colloquial* dull-witted; stupid or dazed.

punch-up /'pʌntʃ-ʌp/ *n. Colloquial* a fight.

punctilious /pʌŋk'tɪlɪəs/ *adj.* attentive to punctilios; strict or exact in the observance of forms in conduct or actions. **–punctiliously** *adv.* **–punctiliousness** *n.*

punctual /'pʌŋktʃuəl/ *adj.* **1.** strictly observant of an appointed or regular time; not late. **2.** prompt, as an action; made at an appointed or regular time: *punctual payment*. **3.** having to do with a point: *punctual coordinates* (the coordinates of a point). **–punctually** *adv.* **–punctualness, punctuality** /pʌŋktʃu'æləti/ *n.*

punctuate /'pʌŋktʃueɪt/ *v.t.* **-ated, -ating. 1.** to mark or divide with punctuation marks, as a sentence, etc., in order to make the meaning clear. **2.** to interrupt at intervals, as a speech by cheers. **3.** to give point or emphasis to. **–punctuator** *n.*

punctuation /pʌŋktʃu'eɪʃən/ *n.* the practice, art, or system of inserting marks or points in writing or printing in order to make the meaning clear; the punctuating of written or printed matter with commas, semicolons, colons, full stops, etc. **(punctuation marks)**.

puncture /'pʌŋktʃə/ *n., v.* **-tured, -turing.** *–n.* **1.** the act of pricking or perforating as with a pointed instrument or object. **2.** a mark or hole so made. *–v.t.* **3.** to prick, pierce, or perforate: *to puncture the skin with a pin*. **–puncturable** *adj.*

pundit /'pʌndət/ *n. Colloquial* someone who sets up as an expert.

pungent /'pʌndʒənt/ *adj.* **1.** sharply affecting the organs of taste or smell, as if by a penetrating power; biting; acrid. **2.** acutely distressing to the feelings or mind; poignant. **3.** caustic, biting, or sharply expressive, as speech, etc. **4.** mentally stimulating or appealing. **5.** *Biology* piercing or sharp-pointed. **–pungency** *n.* **–pungently** *adv.*

punish /'pʌnɪʃ/ *v.t.* **1.** to subject to a penalty, or to pain, loss, confinement, death, etc., for some offence, transgression, or fault: *to punish a criminal*. **2.** to inflict a penalty for (an offence, fault, etc.): *to punish theft*. **3.** to handle severely or roughly, as in a fight. **4.** to put to painful exertion, as a horse in racing. **5.** *Colloquial* to make a heavy inroad on (a supply, etc.). **–punishable** *adj.* **–punisher** *n.* **–punishment** *n.*

punitive /'pjunətɪv/ *adj.* serving for, concerned with, or inflicting punishment: *punitive laws*. Also, **punitory** /'pjunətəri, -tri/.

punk /pʌŋk/ *Colloquial* *–n.* **1.** *Chiefly US* something or someone worthless, degraded, or bad. **2.** a follower of punk rock and an associated style of dress and behaviour. **3.** → **punk rock**. **4.** a petty criminal. *–adj.* **5.** having to do with punk rock or punk fashions.

punk rock /pʌŋk 'rɒk/ *n.* a type of rock music usually with a fast, energetic beat reminiscent of early rock, which is associated with rebelliousness, great aggressiveness, violence, and sexuality.

punnet /'pʌnət/ *n.* **1.** a small, shallow container, as for strawberries. **2.** a shallow rectangular pot used for growing seedlings.

punt¹ /pʌnt/ *n.* **1.** *Football* a kick given to a dropped ball before it touches the ground. **2.** *Soccer* a light, rising shot. *–v.t.* **3.** *Football* to kick (a dropped ball) before it touches the ground. **4.** *Soccer* to kick the ball so that it rises. *–phr.* **5. have a punt at,** to make an attempt at. **–punter** *n.*

punt² /pʌnt/ *n.* **1.** a shallow, flat-bottomed, square-ended boat, usually propelled by thrusting with a pole against the bottom of the river, etc. **2.** a ferry for carrying vehicles across rivers, etc. *–v.t.* **3.** to propel (a punt or other boat) by thrusting with a pole against the bottom. **–punter** *n.*

punt³ /pʌnt/ *v.i.* **1.** to lay a stake against the bank, as in some card games. **2.** to gamble; wager; lay bets. *–n.* **3.** a wager; bet: *to take a punt*. **–punter** *n.*

puny /'pjuni/ *adj.* **-nier, -niest. 1.** of less than normal size and strength; weakly. **2.** petty; insignificant. **–punily** *adv.* **–puniness** *n.*

pup /pʌp/ *n., v.* **pupped, pupping.** *–n.* **1.** a young dog, under one year; a puppy. **2.** a young seal. **3.** a conceited or empty-headed boy or young man. *–v.i.* **4.** to bring forth pups. *–phr.* **5. be only a pup,** to be in the early stages: *the night's only a pup*. **6. be sold a pup,** *Colloquial* to be the victim of some deception.

pupa /'pjupə/ *n.* **pupae** /'pjupi/ or **pupas.** *Entomology* an insect in the non-feeding, usually immobile, transformation stage between the larva and the imago. **–pupal** *adj.*

pupil¹ /'pjupəl/ *n.* **1.** someone who is under an instructor or teacher; a student. **2.** *Civil Law* a person under a specified age (in Roman law, under puberty), orphaned or emancipated, and under the care of a guardian. **–pupillary** *adj.*

pupil² /'pjupəl/ *n. Anatomy* the expanding and contracting opening in the iris of the eye, through which light passes to the retina.

puppet /'pʌpət/ *n.* **1.** a doll. **2.** *Theatre.* an artificial figure of a person, animal, or object, usually in miniature and capable of articulated movement, controlled by a puppeteer. **3.** a person or group whose actions are prompted and controlled by another or others. *–adj.* **4.** having to do with puppets: *a puppet theatre*. **5.** controlled by external forces: *a puppet government*. **–puppeteer** *n.* **–puppetry** *n.*

puppy /'pʌpi/ *n.* **-pies. 1.** a young dog. **2.** the young of certain other animals, as the shark. **3.** a presuming, conceited, or empty-headed young man.

purchase /'pɜtʃəs/ *v.* **-chased, -chasing,** *n.* *–v.t.* **1.** to get by the payment of money; buy. **2.** to win over by a bribe. **3.** to haul, draw, or raise, especially by the aid of a mechanical power. *–n.* **4.** a buying. **5.** something which is purchased or bought. **6.** an effective hold or position for applying leverage. **–purchaser** *n.*

purdah /'pɜdə/ *n.* (in Muslim and Hindu communities) a screen hiding women from the sight of men or strangers.

pure /'pjuə, pjuə/ *adj.* **purer, purest. 1.** free from outside matter, or from mixture with anything of a different, inferior, or spoiling kind: *pure gold; pure colour*. **2.** (of literary style) straightforward; unaffected. **3.** abstract or theoretical (opposed to *applied*): *pure science*. **4.** clear and true: *a pure voice*. **5.** absolute; utter; sheer: *pure ignorance*. **6.** being that and nothing else; mere: *a pure accident*. **7.** clean; spotless; unsullied: *pure hands; a pure complexion*. **8.** inexperienced or uninterested in sexual matters; virginal. **9.** *Biology* homozygous. **–pureness** *n.*

puree /'pjureɪ/ *n.* a cooked and sieved vegetable or fruit used for soups or other foods. Also, **purée.**

purgative /'pɜgətɪv/ *adj.* **1.** purging; cleansing; specifically, causing evacuation of the bowels. *–n.* **2.** a purgative medicine or agent. **–purgatively** *adv.*

purgatory /'pɜgətri/ *n.* **-ries,** *adj.* *–n.* **1.** (*also cap.*) (in the belief of Roman Catholics and others) a condition or place in which the souls of those dying penitent are purified from venial sins, or undergo the temporal punishment which, after the

purge

guilt of mortal sin has been remitted, still remains to be endured by the sinner. **2.** any condition, situation, or place of temporary suffering, expiation, or the like. –*adj.* **3.** serving to purge, cleanse, or purify; expiatory.

purge /pɜdʒ/ *v.* **purged, purging.** *n.* –*v.t.* **1.** to cleanse; rid of whatever is impure or undesirable; purify. **2.** to clear (a person, etc.) of imputed guilt. **3.** to clear away or wipe out legally (an offence, accusation, etc.) by atonement or other suitable action. **4.** Also, **purge away, purge out**. to remove by cleansing or purifying. **5.** to clear or empty (the bowels, etc.) by causing evacuation. –*n.* **6.** the elimination from political activity, as by killing, of political opponents and others. **7.** the period when such an elimination takes place: *he disappeared in Stalin's great purge of 1936-38.* –*phr.* **8. purge from**, to expel from: *to purge undesirables from a group.* **9. purge of**, to rid or clear of: *to purge a party of undesirable members.* –**purgation** /pɜˈgeɪʃən/ *n.* –**purger** *n.*

purify /ˈpjʊərəfaɪ/ *v.* **-fied, -fying.** –*v.t.* **1.** to make pure; free from extraneous matter, or from anything that debases, pollutes, or contaminates: *to purify metals.* **2.** to free from foreign or objectionable elements: *to purify a language.* **3.** to free from whatever is evil or base. **4.** to make ceremonially clean. –*v.i.* **5.** to become pure. –*phr.* **6. purify of** (or **from**), to clear or purge of. –**purification** /pjʊərəfəˈkeɪʃən/ *n.* –**purificatory** /pjʊərəfəˈkeɪtəri/ *adj.* –**purifier** *n.*

puriri /pʊˈriri/ *n.* a New Zealand forest tree, *Vitex lucens*, with white trunk, glossy green leaves, dull red flowers and crimson berries, often cultivated as an ornamental and yielding hard, durable timber.

purism /ˈpjʊərɪzəm/ *n.* scrupulous or excessive observance of or insistence on purity in language, style, etc. –**purist** *n.* –**puristic** /pjʊˈrɪstɪk/ *adj.*

puritan /ˈpjʊərətən/ *n.* **1.** someone who tries to be very pure or strict in moral and religious matters. **2.** (*cap.*) one of a class of Protestants who arose in the 16th century within the Church of England, demanding further reforms in doctrine and worship, and greater strictness in religious discipline, and during part of the 17th century constituting a powerful political party. –*adj.* **3.** relating to puritans. –**puritanical** *adj.* –**puritanism** *n.*

purity /ˈpjʊərəti/ *n.* the condition or quality of being pure.

purl¹ /pɜl/ *v.i.* **1.** to flow with curling or rippling motions, as a shallow stream does over stones. **2.** to flow with a murmuring sound. –*n.* **3.** the action or sound of purling.

purl² /pɜl/ *v.i.* **1.** to knit with inversion of the stitch. **2.** to finish with loops or a looped edging. –*v.t.* **3.** to knit (a garment, etc.) with inversion of the stitch. **4.** to finish off (a piece of knitting) with loops or a looped edging. –*n.* **5.** a stitch used in hand knitting.

purloin /pɜˈlɔɪn/ *v.t.* **1.** to take dishonestly or steal. –*v.i.* **2.** to commit theft. –**purloiner** *n.*

purple /ˈpɜpəl/ *n., adj., v.* **-pled, -pling.** –*n.* **1.** any colour having both red and blue, especially a dark shade of such a colour. **2.** cloth or clothing of this hue, especially as formerly worn by persons of imperial, royal, or other high rank: *born to the purple.* –*adj.* **3.** of the colour of purple. **4.** imperial or regal. **5.** brilliant or gorgeous. **6.** full of elaborate literary devices and pretentious effects: *a purple passage.* –*v.t.* **7.** to make purple. –*v.i.* **8.** to become purple.

purport /pɜˈpɔt, ˈpɜpɔt/ *v.*, /ˈpɜpɔt, -pət/ *n.* –*v.t.* **1.** to profess or claim: *a document purporting to be official.* **2.** to convey to the mind as the meaning or thing intended; express; imply. –*n.* **3.** tenor, import, or meaning. **4.** purpose or object.

purpose /ˈpɜpəs/ *n., v.* **-posed, -posing.** –*n.* **1.** the object for which anything exists or is done, made, used, etc. **2.** an intended or desired result; end or aim. **3.** intention or determination. **4.** that which one puts before oneself as something to be done or accomplished. **5.** the subject in hand; the point at issue: *to the purpose.* **6.** practical result, effect, or advantage: *to good purpose.* –*v.t.* **7.** to put before oneself as something to be done or accomplished; propose. **8.** to determine on the performance of; design; intend. –*phr.* **9. on purpose, a.** by design; intentionally. **b.** with the particular purpose specified. –**purposeless** *adj.* –**purposelessly** *adv.* –**purposelessness** *n.*

purr /pɜ/ *v.i.* **1.** to utter a low, continuous murmuring sound expressive of satisfaction, as a cat does. **2.** (of things) to make a sound suggestive of the purring of a cat. –*v.t.* **3.** to express by, or as if by, purring. –*n.* **4.** the act of purring. **5.** the sound of purring.

purse /pɜs/ *n., v.* **pursed, pursing.** –*n.* **1.** a small bag, pouch, or case for carrying money. **2.** a purse with its contents: *hand over your purse.* **3.** money, resources, or wealth: *the public purse.* **4.** any baglike receptacle. –*v.t.* **5.** to contract into folds or wrinkles; pucker: *to purse the lips.*

purser /ˈpɜsə/ *n.* an officer, especially on board a ship, charged with keeping accounts, etc.

purslane /ˈpɜslən/ *n.* **1.** a widely distributed, yellow-flowered species of portulaca, *Portulaca oleracea*, used as a salad plant and potherb; pigweed. **2.** any other plant of the genus *Portulaca*.

pursuance /pəˈsjuəns/ *n.* the following or carrying out of some plan, course, injunction, or the like.

pursuant /pəˈsjuənt/ *adj.* **1.** pursuing. –*phr.* **2. pursuant to, a.** proceeding conformably with. **b.** according to: *to act pursuant to an agreement.* **c.** in a manner conformable to.

pursue /pəˈsju/ *v.* **-sued, -suing.** –*v.t.* **1.** to follow in order to catch; chase. **2.** to follow close upon; go with; attend: *bad luck pursued him.* **3.** to carry on: *to pursue a course of action; to pursue an idea; to pursue pleasure.* –*v.i.* **4.** to follow in pursuit. **5.** to continue. –**pursuable** *adj.* –**pursuer** *n.*

pursuit /pəˈsjut/ *n.* **1.** the act of pursuing: *in pursuit of the fox.* **2.** the effort to secure; quest: *the pursuit of happiness.* **3.** any occupation, pastime, or the like, regularly or customarily pursued: *literary pursuits.*

purulent /ˈpjʊərələnt/ *adj.* **1.** full of, containing, forming, or discharging pus; suppurating: *a purulent sore.* **2.** attended with suppuration: *purulent appendicitis.* **3.** of the nature of or like pus: *purulent matter.* –**purulence, purulency** *n.* –**purulently** *adv.*

purvey /pəˈveɪ/ *v.t.* to provide, furnish, or supply (especially food or provisions). –**purveyor** *n.*

purview /ˈpɜvju/ *n.* **1.** range of operation, activity, concern, etc. **2.** range of vision; view. **3.** *Law* that which is provided or enacted in a statute, as distinguished from the preamble. **4.** the full scope or compass of a statute or law, or of any document, statement, book, subject, etc.

pus /pʌs/ *n. Pathology* a yellow-white, more or less viscid substance produced by suppuration and found in abscesses, sores, etc., consisting of a liquid plasma in which leucocytes, etc., are suspended. –**puslike** *adj.*

push /pʊʃ/ *v.t.* **1.** to exert force upon or against (a thing) in order to move it away. **2.** to move (*away, off,* etc.) by exerting force thus; shove; thrust; drive. **3.** to press or urge (a person, etc.) to some action or course. **4.** to press (an action, etc.) with energy and insistence. **5.** to carry (an action or thing) further, to a conclusion or extreme, too far, etc. **6.** to press the adoption, use, sale, etc., of. **7.**

pushbike /'pʊʃbaɪk/ *n.* a bicycle.

pusher /'pʊʃə/ *n.* **1.** a small child's table implement for pushing food on to a spoon. **2.** *Australian* → **stroller** (def. 3). **3.** an aggressively ambitious person. **4.** a pedlar of narcotics or drugs.

pushover /'pʊʃoʊvə/ *n.* **1.** *Colloquial* anything done easily. **2.** *Colloquial* an easily defeated person or team. **3.** *Canoeing* a paddle stroke used to move the canoe sideways, away from the paddle.

pushy /'pʊʃi/ *adj.* aggressive; presuming.

pusillanimous /pjusə'lænəməs/ *adj.* **1.** lacking strength of mind or courage; faint-hearted; cowardly. **2.** proceeding from or indicating a cowardly spirit. –**pusillanimity** *n.* –**pusillanimously** *adv.*

puss[1] /pʊs/ *n.* **1.** a cat. **2.** a hare. **3.** *Colloquial* a girl or woman.

puss[2] /pʊs/ *n. Colloquial* **1.** the face. **2.** the mouth.

pussy /'pʊsi/ *n.* **pussies.** a cat.

pussyfoot /'pʊsifʊt/ *v.i.* **1.** to go with a soft, stealthy tread like that of a cat. **2.** to act cautiously or timidly, as if afraid to commit oneself on a point at issue.

pustule /'pʌstjul/ *n.* **1.** *Pathology* a small elevation of the skin containing pus. **2.** any pimple-like or blister-like swelling or elevation.

put /pʊt/ *v.* **put, putting,** *n.* –*v.t.* **1.** to move or place (anything) so as to get it into or out of some place or position: *to put money in one's purse.* **2.** to bring into some relation, state, etc.: *put everything in order.* **3.** to place in the charge or power of a person, etc.: *to put oneself under a doctor's care.* **4.** to subject to the endurance or suffering of something: *to put a person to death.* **5.** to set to a duty, task, action, etc.: *to put someone to work.* **6.** to force or drive to some course or action: *to put an army to flight.* **7.** to render or translate, as into another language. **8.** to assign or attribute: *to put a certain construction upon an action.* **9.** to set at a particular place, point, amount, etc., in a scale of estimation: *he puts the distance at ten metres.* **10.** to wager; bet. **11.** to express or state: *to put a thing in writing.* **12.** to apply, as to a use or purpose. **13.** to set, give, or make: *to put an end to a practice.* **14.** to propose or submit for answer, consideration, deliberation, etc.: *to put a question.* **15.** to impose, as a burden, charge, or the like: *to put a tax on an article.* **16.** to invest: *to put $1000 into Commonwealth Bonds.* **17.** to throw or cast, especially with a forward motion of the hand when raised close to the shoulder: *to put the shot.* –*v.i.* **18.** to go, move, or proceed: *to put to sea.* **19.** *US Colloquial* to make off: *to put for home.* –*n.* **20.** a throw or cast, especially one made with a forward motion of the hand when raised close to the shoulder. **21.** *Finance* the privilege of delivering a certain amount of stock, at a specified price, within a specified time to the maker of the contract. –*phr.*

22. put about, a. to propagate; disseminate (a rumour, etc.). **b.** to inconvenience; upset. **c.** *Nautical* to change direction, as on a course.

23. put across, a. to communicate; cause to be understood; explain effectively. **b.** to perform (a song, monologue, etc.) effectively so as to involve and win the approval of members of the audience.

24. put aside (or **away**) (or **by**), to save or store up.

25. put away, a. *Colloquial* to consume (food or drink) voraciously. **b.** *Colloquial* to send (someone) to jail. **c.** *Colloquial* to institutionalise for reasons of mental illness: *he should be put away.* **d.** to destroy (an animal), usually mercifully, as for reasons of sickness, old age, etc.

26. put down, a. to record in writing. **b.** to repress or suppress. **c.** to humiliate or rebuke. **d.** to pay as a lump sum, especially the down payment on an article to be bought by hire-purchase. **e.** to land (an aircraft): *to put the plane down in a paddock.* **f.** to land in an aircraft: *to put down in Sydney.* **g.** to destroy (an animal), usually mercifully, as for reasons of old age, disease, etc.

27. put down to, to ascribe or attribute to: *she put her success down to hard work.*

28. put forth, a. to bring out or bear: *a plant puts forth new shoots.* **b.** to set out: *to put forth from the shore.*

29. put forward, a. to suggest or propose. **b.** to nominate.

30. put in, a. *Nautical* to enter a port or harbour, especially in turning aside from the regular course for shelter, repairs, provisions, etc. **b.** to interpose; say as an intervention. **c.** to devote, as time, work, etc.: *I have put in a great deal of work on this project.* **d.** *Australian Colloquial* to betray, report (someone) as for a misdemeanour. **e.** *Australian Colloquial* to nominate (someone absent) for an unpleasant task.

31. put in for, to apply or seek permission for: *I've put in for a day's leave next week.*

32. put in place, to set up or install (a policy, program, enterprise, etc.).

33. put in the boot, *Colloquial* **a.** to attack savagely by kicking. **b.** to attack without restraint. **c.** to take unfair advantage.

34. put in the fangs (or **hooks**) (or **nips**) (or **screws**), *Colloquial* to ask for the loan of something, especially money.

35. put it across someone, *Colloquial* to deceive or outwit someone.

36. put it on someone, *Colloquial* **a.** to bring influence to bear on someone in order to gain something. **b.** to confront someone directly on an issue. **c.** to have someone else blamed for one's own misdemeanour.

37. put off, a. to postpone. **b.** to bid or cause to wait until later. **c.** to get rid of (a person, demand, etc.) by delay or evasive shifts. **d.** to lay aside. **e.** to set down, as from a bus. **f.** to disconcert or distract: *be quiet, you're putting me off.* **g.** to distract from: *the noise is putting me off my work.*

h. to disgust: *the smell of garlic always puts me off.* **i.** to cause to dislike: *the smell puts me off curry.* **j.** *Nautical* to start out, as on a voyage. **38. put on, a.** to assume: *to put on airs.* **b.** to assume insincerely or falsely: *his sorrow is only put on.* **c.** to don; dress in (clothing). **d.** to impose on or take advantage of. **e.** to tease (someone) by leading them to believe something incorrect: *oh, you're just putting me on!* **f.** to produce; stage. **g.** to cause to speak on the telephone: *she asked them to put on the manager.*
39. put on an act, to make a show of anger, aggrievedness, etc., in order to impress someone.
40. put one over, *Colloquial* (sometimes fol. by *on*) to deceive, outwit, or defraud someone.
41. put out, a. to extinguish (fire, etc.). **b.** to confuse or embarrass. **c.** to distract, disturb, or interrupt. **d.** to subject to inconvenience. **e.** to annoy, irritate, or vex. **f.** *Cricket* to dismiss (the person batting). **g.** *Baseball* to retire (a player). **h.** *Nautical* to go out to sea. **i.** *Colloquial* to agree to have sex.
42. put over, a. to convey in speech, manner, etc.; communicate. **b.** *US Colloquial* to postpone. **c.** *US* to accomplish.
43. put paid to, to destroy finally: *bankruptcy put paid to her hopes of becoming a millionaire.*
44. put right, to restore (a circumstance or set of circumstances) for the loss of which one feels responsible.
45. put someone right, to correct someone who is mistaken in their knowledge or beliefs.
46. put someone up to, to persuade someone to do.
47. put something on (or **onto**) **someone,** to lay the blame for something on someone.
48. put the acid on, *Colloquial* to put pressure on (someone) for a favour, especially a loan.
49. put the boot in, a. *Colloquial* to attack savagely by kicking. **b.** to attack or harass without restraint. **c.** to take unfair advantage.
50. put the hard word on, *Colloquial* to ask favours of, especially in a sexual context.
51. put through, a. to connect by telephone: *I'll put you through now.* **b.** to arrange (a sale, business deal, etc.) successfully: *the new contract was put through in March.* **c.** to shear (sheep): *the men said 10 000 had been put through.*
52. put up, a. to erect. **b.** to preserve (jam, etc.). **c.** to arrange (hair) in some style so that it does not hang down. **d.** to provide (money, etc.). **e.** *Colloquial* to buy (a drink) on credit: *put up a whisky for me, please.* **f.** to give lodging to (someone). **g.** (sometimes fol. by *at*) to lodge. **h.** to show: *they put up fierce resistance.* **i.** to nominate (someone) as a candidate. **j.** to stand as a candidate. **k.** *Archaic* to sheathe one's sword; stop fighting.
53. put upon, to impose on or take advantage of.
54. put up or shut up, *Colloquial* to be prepared to support what one says or else remain silent.
55. put up the shutters, to fail in business.
56. put up with, to endure; tolerate; bear.
putative /'pjutətɪv/ *adj.* commonly regarded as such; reputed; supposed. –**putatively** *adv.*
putonghua /putɒŋ'hwɑ/ *n.* a variety of Chinese based mostly on northern dialects, especially Mandarin, now the standard spoken language of the People's Republic of China. Also, **p'ut'unghua**.
putrefy /'pjutrəfaɪ/ *v.* **-fied, -fying.** –*v.t.* **1.** to render putrid; cause to rot or decay with an offensive smell. –*v.i.* **2.** to become putrid; rot. **3.** to become gangrenous. –**putrefaction** /pjutrə'fækʃən/ *n.*

putrid /'pjutrəd/ *adj.* **1.** in a state of foul decay or decomposition, as animal or vegetable matter; rotten. **2.** attended with or relating to putrefaction. **3.** having the smell of decaying flesh. **4.** thoroughly corrupt, depraved, or bad. **5.** offensively or disgustingly objectionable or bad. –**putridity** /pju'trɪdəti/, **putridness** *n.* –**putridly** *adv.*
putt /pʌt/ *Golf* –*v.t.* **1.** to strike (the ball) gently and carefully so as to make it roll along the putting green into the hole. –*n.* **2.** a stroke made in putting.
putter[1] /'pʌtə/ *n. Golf* **1.** someone who putts. **2.** a club with a relatively short, stiff shaft and a wooden or iron head, used in putting.
putter[2] /'pʊtə/ *n.* an athlete who puts the shot; shot-putter.
putty /'pʌti/ *n.* **-ties,** *v.* **-tied, -tying.** –*n.* **1.** a kind of cement, of doughlike consistency, made of whiting and linseed oil and used for securing panes of glass, stopping up holes in woodwork, etc. **2.** any of various more or less similar preparations, prepared from other ingredients and used for the same or other purposes. **3.** a substance consisting of linseed oil and various other materials (as ferric oxide and red and white lead), employed in sealing the joints of tubes, pipes, etc. **4.** *Plastering, etc.* a very fine cement made of lime only. **5.** any person or thing easily moulded, influenced, etc. **6.** light brownish or yellowish grey. –*adj.* **7.** of a yellowish or light brownish grey colour. –*v.t.* **8.** to secure, cover, etc., with putty. –*phr.* **9. up to putty,** *Australian* worthless.
put-upon /'pʊt-əpɒn/ *adj.* much subject to impositions; ill-used.
puzzle /'pʌzəl/ *n.*, *v.* **-zled, -zling.** –*n.* **1.** a toy or other contrivance designed to amuse by presenting difficulties to be solved by ingenuity or patient effort. **2.** something puzzling; a puzzling matter or person. **3.** puzzled or perplexed condition. –*v.t.* **4.** to cause to be at a loss; bewilder; confuse. **5.** to perplex or confound, as the understanding. **6.** to exercise (oneself, one's brain, etc.) over some problem or matter. –*v.i.* **7.** to be in perplexity. **8.** to ponder or study over some perplexing problem or matter. –*phr.* **9. puzzle out,** to solve (a problem) or resolve (a difficulty) by careful study and reflection: *to puzzle out the meaning of a sentence.*
PVC /pi vi 'si/ *n.* polyvinyl chloride.
pycno- a word element meaning 'dense', 'close', 'thick', as in *pycnometer.* Also, **pykno-**; (*before vowels*) **pych-**.
pygmy = pigmy /'pɪgmi/ *n.* **-mies. 1.** a small or dwarfish person. **2.** anything very small of its kind. **3.** one of a people from equatorial Africa, mostly under 1.5 m in height. –*adj.* **4.** relating to small or dwarfish people. **5.** of very small size, capacity, power, etc.
pyjamas /pə'dʒaməz/ *n.* (*construed as plural*) **1.** nightclothes consisting of loose trousers and jacket. **2.** loose trousers, usually of silk or cotton, worn by both sexes in oriental countries. Also, *US*, **pajamas.** –**pyjama** *adj.*
pylon /'paɪlɒn/ *n.* **1.** a steel tower or mast carrying high-tension, telephonic or other cables and lines. **2.** a relatively tall structure at either side of a gate, bridge, or avenue, marking an entrance or approach. **3.** an architectural form of a projecting nature which flanks an entrance. **4.** a marking post or tower for guiding pilots, frequently used in races. **5.** *Aeronautics* a structure supporting an engine or fuel tank.
pyo- a word element meaning 'pus'.
pyramid /'pɪrəmɪd/ *n.* **1.** *Architecture* a massive structure built of stone, with square (or polygonal) base, and sloping sides meeting at an apex,

pyramiding such as those built by the ancient Egyptians as royal tombs or by the Mayas as platforms for their sanctuaries. **2.** anything of such form. **3.** a number of things heaped up or arranged in this form. **4.** *Geometry* a solid having the shape of a pyramid. **5.** *Economics* a multi-company structure in which one company controls two or more companies, each of which may itself control a number of companies, and so on. –**pyramidal, pyramid-like** *adj.*

pyramiding /'pırəmıdıŋ/ *n. Commerce* a method by which corporate managers gain control over a large number of other companies for a relatively small outlay by buying a 51 per cent share in one company, which then buys a 51 per cent share in another and so on.

pyre /'paıə/ *n.* **1.** a pile or heap of wood or other combustible material. **2.** such a pile for burning a dead body.

pyrethrum /paı'riθrəm/ *n.* **1.** a name given by horticulturalists to certain species of the genus *Chrysanthemum*, especially *C. coccineum* and its many cultivated varieties. **2.** an insecticide prepared from the dried heads of *C. coccineum*.

pyrex /'paıreks/ *n.* a heat-resistant glassware for baking, frying, etc.

pyrite /'paıraıt/ *n.* a very common brass-yellow mineral, iron disulfide (FeS_2), with a metallic lustre, burnt to sulfur dioxide in the manufacture of sulfuric acid; fool's gold. Also, **pyrites, iron pyrites.** –**pyritic** /paı'rıtık/, **pyritical** /paı'rıtıkəl/ *adj.*

pyrites /paı'raıtiz/ *n.* **1.** pyrite (sometimes called **iron pyrites**). **2.** any of various other sulfides, as of copper, tin, etc.

pyro- a word element used: **1.** *Chemistry* **a.** before the name of an inorganic acid, indicating that its water content is intermediate between that of the corresponding ortho- (more water) and meta- (least water) acids: *pyroantimonic*, $H_4Sb_2O_7$, *pyroarsenic*, $H_4As_2O_7$, and *pyrosulfuric*, $H_2S_2O_7$, acids. **b.** applied to salts of these acids. If the acid ends in *-ic*, the corresponding salt ends in *-ate*, as *pyroboric acid*, $H_2B_4O_7$ and *potassium pyroborate*, $K_2B_4O_7$. If the acid ends in *-ous*, the corresponding salt ends in *-ite*: *pyrophosphorous acid*, $H_4P_2O_5$, *potassium pyrophosphite*, $K_4P_2O_5$. **2.** *Geology* in the names of minerals, rocks, etc., indicating a quality produced by the action of fire. **3.** to mean 'of, relating to, or concerned with fire'. Also (*before vowels*), **pyr-**.

pyrogenic /paırou'dʒɛnık/ *adj.* **1.** producing heat or fever. **2.** produced by fire, as igneous rocks.

pyromania /paırə'meınıə/ *n.* a mania for setting things on fire. –**pyromaniac** *n.* –**pyromaniacal** /,paıroumə'naıəkəl/ *adj.*

pyrotechnics /paırou'tɛknıks/ *n.* **1.** the art of making fireworks. **2.** the making and use of fireworks for display, military purposes, etc. **3.** a brilliant or sensational display, as of rhetoric, etc. Also (*for defs 1 and 2*), **pyrotechny** /'paıroutɛkni/.

pyroxene /'paırɒksin/ *n.* a very common group of minerals of many varieties, silicates of magnesium, iron, calcium, and other elements, occurring as important constituents of many kinds of rocks, chiefly igneous. –**pyroxenic** /paırɒk'sɛnık/ *adj.*

Pyrrhic victory /pırık 'vıktəri/ *n.* a victory gained at too great a cost.

pyrrhotite /'pırətaıt/ *n.* a common mineral, iron sulfide (nearly FeS), occurring in crystalline and massive forms, of a bronze colour and metallic lustre, and generally slightly magnetic. Also, **pyrrhotine** /'pırətaın/.

python /'paıθən/ *n.* any of various non-venomous snakes, generally large and with vestiges of hind limbs, which kill by constriction.

Q q

Q, q /kjuː/ *n.* **Q's, Qs, q's** *or* **qs.** a consonant, the 17th letter of the English alphabet.

qua /kweɪ, kwɑː/ *adv.* as; as being; in the character or capacity of.

quack[1] /kwæk/ *v.i.* **1.** to utter the cry of a duck, or a sound resembling it. *–n.* **2.** the cry of a duck, or some similar sound.

quack[2] /kwæk/ *n.* **1.** an ignorant or deceitful person who pretends to have medical or other skill; charlatan. *–adj.* **2.** relating to a quack: *a quack doctor; quack methods.* **–quackery** *n.*

quad[1] /kwɒd/ *n. Colloquial* a quadrangle, originally of a college.

quad[2] /kwɒd/ *n. Colloquial* → **quadruplet**.

quadr- variant of **quadri-**, before vowels, as in *quadrangle*.

quadrangle /ˈkwɒdræŋgəl/ *n.* **1.** *Geometry* a plane figure having four angles and four sides, as a square. **2.** a quadrangular space or court wholly or nearly surrounded by a building or buildings, as in a college, etc. **3.** the building or buildings around such a space or court. **–quadrangular** /kwɒdˈræŋɡjələ/ *adj.*

quadrant /ˈkwɒdrənt/ *n.* **1.** the quarter of a circle; an arc of 90°. **2.** the area included between such an arc and two radii drawn one to each extremity. **3.** something shaped like a quarter of a circle, as a part of a machine. **4.** *Geometry* one of the four parts into which a plane is divided by two perpendicular lines. **5.** an instrument, usually containing a graduated arc of 90°, used in astronomy, navigation, etc., for measuring altitudes. **–quadrantal** /kwɒdˈræntl/ *adj.*

quadraphonic /kwɒdrəˈfɒnɪk/ *adj.* having to so with four-channel sound reproduction. Compare **stereophonic**. Also, **quadrasonic**.

quadrate /ˈkwɒdrət/ *adj.* **1.** square; rectangular. *–n.* **2.** a square, or something square or rectangular. **3.** *Zoology* one of a pair of bones in the skulls of many lower vertebrates, to which the lower jaw is articulated.

quadratic /kwɒdˈrætɪk/ *adj.* **1.** square. **2.** *Algebra* involving the square and no higher power of the unknown quantity; the second degree: *a quadratic equation.* *–n.* **3.** *Algebra* a quadratic polynomial or equation.

quadrature /ˈkwɒdrətʃə/ *n.* **1.** the act of squaring. **2.** *Mathematics* the act or process of finding a square equal in area to a given surface, especially a surface bounded by a curve. **3.** *Astronomy* **a.** the situation of two heavenly bodies when their longitudes differ by 90°. **b.** either of the two points in the orbit of a body, as the moon, midway between the syzygies. **c.** (of the moon) one of the points or moments at which a half-moon is visible. **4.** *Electronics* the relationship between two waves which are out of phase by 90°.

quadri- a word element meaning 'four'. Also (*before vowels*), **quadr-**.

quadrilateral /kwɒdrəˈlætrəl, -ˈlætərəl/ *adj.* **1.** having four sides. *–n.* **2.** *Geometry* a plane figure having four sides and four angles. **3.** something of this form. **4.** the space enclosed between and defended by four fortresses.

quadrille /kwəˈdrɪl/ *n.* **1.** a square dance for four couples, consisting of five parts or movements, each complete in itself. **2.** the music for such a dance.

quadriplegia /kwɒdrəˈplidʒə/ *n.* a condition in which the arms and legs are paralysed. **–quadriplegic** *n.*, *adj.*

quadrisonic /kwɒdrəˈsɒnɪk/ *adj.* → **quadraphonic**.

quadruped /ˈkwɒdrəpɛd/ *adj.* **1.** four-footed. *–n.* **2.** an animal, especially a mammal, having four feet. **–quadrupedal** /kwɒˈdrupədəl, ˈkwɒdrəpɪdəl/ *adj.*

quadruple /kwɒˈdrupəl, ˈkwɒdrəpəl/ *det.*, *adj.*, *n.*, *v.* **-pled, -pling.** *–det.* **1.** fourfold; consisting of four parts: *a quadruple alliance.* *–adj.* **2.** four times as great. *–n.* **3.** a number, amount, etc., four times as great as another. *–v.t.* **4.** to make four times as great. *–v.i.* **5.** to become four times as great.

quadruplet /kwɒˈdruplət/ *n.* **1.** any group or combination of four. **2.** (*plural*) four children born at one birth. **3.** one of four such children. **4.** *Music* a group of four notes of equal value, as four crotchets, which are to be played in the time of three notes of the same value, i.e. three crotchets.

quadruple time *n. Music* **1.** a measure consisting of four beats or pulses with accent on the first and third. **2.** the rhythm created by use of this measure.

quaff /kwɒf/ *v.i.* **1.** to drink a beverage, especially an alcoholic one in large draughts, as with hearty enjoyment. *–v.t.* **2.** to drink (a beverage, etc.), copiously and heartily. *–n.* **3.** a quaffing. **–quaffer** *n.*

quagmire /ˈkwɒɡmaɪə, ˈkwæɡ-/ *n.* **1.** a piece of miry or boggy ground whose surface yields under the tread; a bog. **2.** a situation from which extrication is difficult.

quail[1] /kweɪl/ *n.* **quails**, (*especially collectively*) **quail.** *–n.* **1.** in Australia, **a.** any of several small ground-dwelling birds of the family Phasianidae, heavy-bodied with small heads, short legs and rounded wings, as the **stubble quail**, *Coturnix pectoralis*. **b.** → **bustard quail**. **c.** → **plains wanderer**. **2.** elsewhere, **a.** a small migratory Old World gallinaceous game bird, *Coturnix coturnix*. **b.** any of several other birds of the genus *Coturnix* and allied genera.

quail[2] /kweɪl/ *v.i.* to lose heart or courage in difficulty or danger; shrink with fear.

quaint /kweɪnt/ *adj.* **1.** strange or odd in an interesting, pleasing, or amusing way: *the quaint streets of an old English village.* **2.** oddly picturesque; having an old-fashioned attractiveness or charm: *a quaint old house.* **–quaintly** *adv.* **–quaintness** *n.*

quake /kweɪk/ *v.* **quaked, quaking**, *n.* *–v.i.* **1.** (of persons) to shake from cold, weakness, fear, anger, or the like. **2.** (of things) to shake or tremble, as from shock, internal convulsion, or instability. *–n.* **3.** an earthquake. **4.** a trembling or tremulous agitation. **–quaky** *adj.*

qualification /kwɒləfəˈkeɪʃən/ *n.* **1.** a quality, accomplishment, etc., which fits for some function, office, etc. **2.** a required circumstance or condition for acquiring or exercising a right, holding an office, or the like. **3.** the act of qualifying.

qualify 4. the state of being qualified. 5. modification, limitation, or restriction; an instance of this: *to assert a thing without any qualification.*

qualify /'kwɒlɪfaɪ/ v. **-fied, -fying.** –v.t. 1. to fit with the proper or necessary qualities, skills, etc.; make competent. 2. to attribute some quality or qualities to; characterise, call, or name. 3. to modify in some way; limit; make less strong or positive: *to qualify a statement.* 4. *Grammar* to modify or describe: *an adjective qualifies a noun.* –v.i. 5. to make or show oneself fit or competent for something: *to qualify for a job.* 6. to obtain authority, licence, power, etc., by fulfilling the necessary conditions.

qualitative /'kwɒlə,teɪtɪv, 'kwɒlətətɪv/ *adj.* relating to or concerned with quality or qualities. **–qualitatively** *adv.*

quality /'kwɒlətɪ/ *n.* **-ties,** *adj.* –n. 1. a distinguishing feature; a characteristic, property, or attribute. 2. degree of excellence, fineness, etc., or grade of excellence: *food of poor quality; silk of the finest quality.* 3. high grade; superiority; excellence: *goods of quality.* 4. good or high social position, education, etc.: *a man of quality.* –*adj.* 5. of fine quality: *quality wine.*

qualm /kwam/ *n.* 1. an uneasy feeling or a pang of conscience as to conduct. 2. a sudden misgiving, or feeling of apprehensive uneasiness. 3. a sudden sensation of faintness or illness, especially of nausea.

quandary /'kwɒndrɪ/ *n.* **-ries.** a state of embarrassing perplexity or uncertainty, especially as to what to do; a dilemma.

quandong /'kwɒndɒŋ/ *n.* 1. a tree, *Santalum acuminatum,* of Australia, yielding an edible drupaceous fruit whose seed (**quandong nut**) has an edible kernel. 2. the fruit, or the seed or nut.

quantify /'kwɒntəfaɪ/ *v.t.* **-fied, -fying.** 1. to determine the quantity of; measure. 2. *Logic* to make explicit the quantity of. **–quantifiable** *adj.* **–quantification** /kwɒntəfə'keɪʃən/ *n.*

quantitative /'kwɒntə,teɪtɪv, 'kwɒntətətɪv/ *adj.* having to do with the describing or measuring of quantity. **–quantitatively** *adv.* **–quantitativeness** *n.*

quantity /'kwɒntətɪ/ *n.* **-ties.** 1. a particular, indefinite, or considerable amount of anything: *a small quantity of water.* 2. amount or measure: *to mix the ingredients in the right quantities.* 3. considerable or great amount: *to extract ore in quantity.* 4. *Logic* the character of a proposition as either universal, or particular, or (with Kant) singular.

quantum /'kwɒntəm/ *n.* **-ta.** 1. quantity or amount. 2. *Physics* one of the discrete quantities of energy or momentum of an atomic system which are characteristic of the quantum theory.

quantum mechanics *n. Physics* the dynamics of atomic and subatomic systems based on the earlier quantum theory and wave mechanics. Also, **quantum theory.**

quarantine /'kwɒrəntin/ *n., v.* **-tined, -tining.** –n. 1. strict isolation to prevent the spread of disease. 2. a period, originally forty days, of isolation required of ships, people, etc., when suspected of bringing some infectious disease to a port or place. 3. a system of measures carried out by a public authority at ports, etc., for preventing the spread of disease. 4. a place or station at which such measures are carried out, or where ships, people, etc., are kept in isolation. –v.t. 5. to put in or subject to quarantine.

quark[1] /kwak/ *n.* (used in cables, etc.) a question mark.

quark[2] /kwak/ *n. Physics* one of three hypothetical particles with three corresponding antiparticles which have been postulated as the basis of all other particles in the universe.

quarrel /'kwɒrəl/ *n., v.* **-relled** *or Chiefly US* **-reled, -relling** *or Chiefly US* **-reling.** –n. 1. an angry dispute or altercation; a disagreement marked by a break in friendly relations. 2. a cause of complaint or hostile feeling against a person, etc. –v.i. 3. to disagree angrily, squabble, or fall out. 4. to dispute angrily; wrangle. 5. to raise a complaint, or find fault. **–quarrelsome** *adj.* **–quarreller** *n.*

quarry[1] /'kwɒrɪ/ *n.* **-ries,** *v.* **-ried, -rying.** –n. 1. an excavation or pit, usually open to the air, from which building stone, slate, or the like is obtained by cutting, blasting, etc. –v.t. 2. to obtain (stone, etc.) from, or as from, a quarry. 3. to make a quarry in.

quarry[2] /'kwɒrɪ/ *n.* **-ries.** 1. an animal or bird hunted or pursued. 2. game, especially game hunted with hounds or hawks. 3. any object of pursuit or attack.

quart /kwɔt/ *n.* 1. a liquid measure of capacity in the imperial system, equal to a quarter of a gallon, or 1.136 522 5 litres. 2. a vessel or measure holding a quart.

quarter /'kwɔtə/ *n.* 1. one of the four equal or equivalent parts into which anything is or may be divided: *a quarter of an apple.* 2. *Colloquial* one of the segments into which a citrus fruit, as an orange or a mandarin, naturally divides. 3. *US and Canadian* one fourth of a dollar (25 cents). 4. a silver coin of this value. 5. one fourth of an hour (15 minutes). 6. the moment marking this period. 7. one fourth of a year. 8. *Sport* any one of the four periods that make up certain games, such as Australian Rules, etc. 9. a unit of weight in the imperial system, the fourth part of a hundredweight, or approx. 12.7 kg. 10. a measure in the imperial system of capacity of grain, etc., equal to 8 bushels, or approx. 0.3 m³. 11. the region of any of the four principal points of the compass or divisions of the horizon. 12. such a point or division. 13. any point or direction of the compass. 14. a region, district, or place. 15. a particular district of a city or town, especially one appropriated to or occupied by a particular class or group of people. 16. (*usually plural*) **a.** a place of stay; lodgings; residence. **b.** *Military* the buildings, houses, barracks, or rooms occupied by military personnel or their families. 17. a part or member of a community, government, etc., which is not specified: *information from a high quarter.* 18. mercy or indulgence, especially as shown by sparing the life and accepting the surrender of a defeated enemy. 19. one of the four parts, each including a leg, of the body or carcass of a quadruped. 20. *Football* the space between the quarter-line and the back-line: *the ball was in Manly's quarter.* –*det.* 21. being one of the four equal (or approximately equal) parts into which anything is or may be divided. 22. being equal to only about one fourth of the full measure. –v.t. 23. to divide into four equal or equivalent parts. 24. to cut the body of (a person) into quarters, especially in executing for treason or the like. 25. *Machinery* to make holes in, fix, etc., a quarter of a circle apart. 26. to provide with lodgings in a particular place. 27. to impose (soldiers) on persons, etc., to be lodged and fed. 28. to assign to a particular position for living purposes, action, etc., as on a ship. 29. to traverse (the ground) from left to right and right to left while advancing, as dogs in search of game. –v.i. 30. to take up or be in quarters; lodge. 31. to range to and fro, as dogs in search of game. –*phr.* 32. **give no quarter,** to show no mercy.

quarterdeck /'kwɔtədɛk/ *n.* the afterdeck of a naval vessel used for official and ceremonial occasions.

quarter horse *n.* a small horse with well developed hind quarters and chest, bred for speed over short distances, originally a quarter of a mile, and used for roping and cutting out cattle.

quarterly /'kwɔtəli/ *adj., n.* **-lies***, adv. –adj.* **1.** occurring, done, etc., at the end of every quarter of a year. **2.** relating to or consisting of a quarter. *–n.* **3.** a periodical issued every three months. *–adv.* **4.** by quarters; once in a quarter of a year.

quartermaster /'kwɔtəmastə/ *n.* **1.** *Military* a regimental officer in charge of quarters, rations, clothing, equipment, and transport. **2.** *Navy* a petty officer having charge of signals, navigating apparatus, etc. *Abbrev.*: QM

quartet /kwɔ'tɛt/ *n.* **1.** any group of four persons or things. **2.** a group of four singers or players. **3.** a musical composition for four voices or instruments. Also, **quartette**.

quartile /'kwɔtaɪl/ *adj.* **1.** *Astrology* having to do with the aspect of two heavenly bodies when their longitudes differ by 90°. *–n.* **2.** *Astrology* a quartile aspect. **3.** *Statistics* (in a frequency distribution) one of the values of a variable which divides the distribution of the variable into four groups having equal frequencies.

quarto /'kwɔtoʊ/ *n.* **-tos**. a volume printed from sheets folded twice to form four leaves or eight pages; *Abbrev.*: 4to or 4°.

quartz /kwɔts/ *n.* **1.** one of the commonest minerals, silicon dioxide, SiO_2, having many varieties which differ in colour, lustre, etc., occurring in crystals (rock crystal, amethyst, citrine, etc.) or massive (agate, bloodstone, chalcedony, jasper, etc.), an important constituent of many rocks. It is piezoelectric and is cut into wafers used to control the frequencies of radio transmitters. *–adj.* **2.** → **quartz-crystal**.

quartz crystal *n.* a piece of piezoelectric quartz ground so as to vibrate at a particular frequency.

quartz-crystal /'kwɔts-krɪstəl/ *adj.* (of a watch, clock, etc.) having the function of the hairspring of a traditional clock performed by a quartz crystal, which gives great accuracy. Also, **quartz**.

quartzite /'kwɔtsaɪt/ *n.* a granular rock consisting essentially of quartz in interlocking grains.

quasar /'kweɪsa/ *n. Astronomy* one of many extragalactic, very massive sources of high-energy, radio-frequency, electromagnetic radiation of unknown constitution or structure.

quash¹ /kwɒʃ/ *v.t.* to put down or suppress completely; subdue.

quash² /kwɒʃ/ *v.t.* to make void, annul, or set aside (a law, indictment, decision, etc.).

quasi /'kwazi, 'kweɪzaɪ/ *adj.* **1.** resembling; as it were. *–adv.* **2.** seemingly, but not actually.

quasi- a prefix form of 'quasi', *adjective* and *adverb*, as in *quasi-official, quasi-deify*.

quaternary /kwɒ'tɜnəri/ *adj., n.* **-ries**. *–adj.* **1.** consisting of four. **2.** arranged in fours. *–n.* **3.** a group of four. **4.** the number four.

quaver /'kweɪvə/ *v.i.* **1.** to shake or tremble (now said usually of the voice). **2.** to sound, speak, or sing in a shaking manner. *–v.t.* **3.** to express, say, or sing with a trembling voice. *–n.* **4.** a quavering shake or tone, especially in the voice. **5.** *Music* a note equal in length to half a crotchet. **–quavery** *adj.*

quay /ki/ *n.* an artificial landing place, as of masonry built along navigable water, for vessels unloading or loading cargo, etc.

queasy /'kwizi/ *adj.* **-sier, -siest**. **1.** inclined to nausea, as the stomach, a person, etc. **2.** tending to cause nausea, as articles of food. **3.** uneasy or uncomfortable, as feelings, the conscience, etc. **4.** squeamish; excessively fastidious. **–queasily** *adv.* **–queasiness** *n.*

queen /kwin/ *n.* **1.** a female sovereign or monarch; a woman who holds by life tenure (and usually by hereditary right) the position of official ruler, sometimes titular only, of a country. **2.** the wife or consort of a king. **3.** a woman, or something personified as a woman, that is chief or pre-eminent in any respect: *a beauty queen*. **4.** a playing card bearing the formalised picture of a queen, in most games counting as next below the king in its suit. **5.** *Chess* the most powerful piece, moving any distance in any straight or diagonal line. **6.** a fertile female of ants, bees, wasps, or termites. **7.** *Colloquial* a male homosexual. **8.** *Colloquial* an effeminate man. *–adj.* **9.** (of a bed, mattress, etc.) slightly smaller than king-size. *–phr.* **10. queen it**, to behave in an overbearing or pretentious manner. **11. queen it up** or **queen around**, *Colloquial* to adopt effeminate dress or manner.

Queensberry rules /'kwinzbəri rulz, -bri/ *pl. n.* a set of rules followed in modern boxing.

Queen's Counsel *n.* a senior barrister who has received a commission to act as adviser to the Crown as a form of recognition of his or her eminence. Also, **QC**: (*when the reigning monarch is a man*) **King's Counsel**.

Queen Street bushie *n.* (in Queensland) someone who owns a country property, often for tax loss purposes, but who lives and works in Brisbane. Compare **Collins Street cocky**, **Pitt Street farmer**.

queer /'kwɪə/ *adj.* **1.** strange from the normal point of view; singular or odd: *a queer idea*. **2.** *Colloquial* of questionable character; suspicious; shady. **3.** unwell; not normal: *I feel queer*. **4.** *Colloquial* mentally unbalanced. **5.** *Colloquial* (*derogatory*) homosexual. *–v.t.* **6.** *Colloquial* to spoil; jeopardise; ruin. *–n.* **7.** *Colloquial* a male homosexual. **–queerly** *adv.* **–queerness** *n.*

quell /kwɛl/ *v.t.* **1.** to suppress (disorder, mutiny, etc.); put an end to; extinguish. **2.** to vanquish; subdue. **3.** to quiet or allay (feelings, etc.). **–queller** *n.*

quench /kwɛntʃ/ *v.t.* **1.** to slake, as thirst; allay; satisfy. **2.** to put out or extinguish (fire, flames, etc.). **3.** to cool suddenly, as by plunging into water, as steel in tempering it. **4.** to suppress; stifle; subdue; overcome. **–quenchless** *adj.* **–quenchable** *adj.* **–quencher** *n.*

querulous /'kwɛrələs/ *adj.* **1.** full of complaints; complaining. **2.** characterised by, or uttered in, complaint; peevish: *a querulous tone*. **–querulously** *adv.* **–querulousness** *n.*

query /'kwɪəri/ *n.* **-ries***, v.* **-ried, -rying**. *–n.* **1.** a question; an inquiry. **2.** doubt; uncertainty. **3.** *Printing* a question or interrogation mark (?), especially as added on a manuscript, proofs or the like, with reference to some point in the text. *–v.t.* **4.** to ask or inquire about. **5.** to ask questions of. **–querist** *n.*

quest /kwɛst/ *n.* **1.** a search or pursuit made in order to find or obtain something: *a quest for gold*. *–phr.* **2. quest for** (or **after**), to search for; seek. **–quester** *n.*

question /'kwɛstʃən/ *n.* **1.** a sentence in an interrogative form, addressed to someone in order to elicit information. **2.** a problem for discussion or under discussion; a matter for investigation. **3.** a subject of dispute or controversy. **4.** a proposal to be debated or voted on, as in a meeting or a deliberative assembly. **5.** *Law* **a.** a controversy which is submitted to a judicial tribunal or administrative agency for decision. **b.** the interrogation by which information is secured. **6.** the act of asking or inquiring; interrogation; query. **7.** inquiry into or discussion of some problem or doubtful matter. *–v.t.* **8.** to ask a question or

questionable

questions of; interrogate. **9.** to ask or inquire. **10.** to make a question of; doubt. **11.** to challenge; dispute. *-v.i.* **12.** to ask a question or questions. *-phr.* **13. a question of ...**, a matter or point of (something) which raises uncertainty or difficulty: *to be a question of time*. **14. beyond question**, beyond dispute; indisputably. **15. call in** (or **into**) **question**, **a.** to dispute; challenge. **b.** to cast doubt upon. **16. in question, a.** under consideration. **b.** in dispute. **17. out of the question**, not to be considered; impossible. **-questioner** *n.*

questionable /'kwɛstʃənəbəl/ *adj.* **1.** of doubtful propriety, honesty, morality, respectability, etc. **2.** open to question or dispute; doubtful or uncertain: *whether this is true is questionable.* **3.** open to question as being such: *a questionable privilege.*

question mark *n.* a mark indicating a question as, in English, the mark (?) placed after the question; interrogation mark.

questionnaire /kwɛstʃən'ɛə, kɛs-/ *n.* a list of questions, usually printed on a form as for statistical purposes, or to obtain opinions on some subject.

queue /kju/ *n., v.* **queued, queuing** *or* **queueing**. *-n.* **1.** a file or line of people, vehicles, etc., waiting in turn to obtain something, enter a place, proceed along a road, etc. **2.** a braid of hair worn hanging down behind. *-v.i.* **3.** Also, **queue up**. to form in a line while waiting; line up. **-queuer** *n.*

quibble /'kwɪbəl/ *n., v.* **-bled, -bling.** *-n.* **1.** a use of ambiguous, prevaricating, or irrelevant language or arguments to evade a point at issue. **2.** the use of such arguments. **3.** trivial, petty, or carping criticism. *-v.i.* **4.** to use a quibble or quibbles; evade the point or the truth by a quibble. **-quibbler** *n.*

quiche /kiʃ/ *n.* a savoury custard tart, a speciality of Alsace and Lorraine, regions in north-eastern France.

quick /kwɪk/ *adj.* **1.** done, proceeding, or occurring with promptness or rapidity, as an action, process, etc.; prompt; immediate: *a quick answer.* **2.** that is over or completed within a short space of time. **3.** moving with speed. **4.** swift or rapid, as motion. **5.** hasty; impatient: *a quick temper.* **6.** lively or keen, as feelings. **7.** prompt in action; acting with swiftness or rapidity. **8.** prompt or swift (to do something): *quick to respond.* **9.** prompt to perceive: *a quick eye.* **10.** prompt to understand, learn, etc.; of ready intelligence. **11.** consisting of living plants: *a quick hedge.* **12.** brisk, as fire, flames, heat, etc. **13.** *Mining* containing ore, or productive, as veins. **14.** *Archaic* living, as persons, animals, plants, etc. *-n.* **15.** living persons: *the quick and the dead.* **16.** living plants (especially hawthorn) as set to form a hedge. **17.** the tender sensitive flesh of the living body, especially that under the nails: *nails bitten down to the quick.* **18.** the vital or most important part. *-adv.* **19.** quickly. *-phr.* **20. cut to the quick**, to hurt deeply. **21. quick sticks**, (an exclamation exhorting others to act more quickly): *come along children, quick sticks!* **-quicken** *v.* **-quickly** *adv.* **-quickness** *n.*

quicksand /'kwɪksænd/ *n.* an area of soft or loose wet sand of considerable depth, as on a coast or inland, yielding under weight and hence apt to engulf persons, animals, etc., coming upon it.

quicksilver /'kwɪksɪlvə/ *n.* **1.** the metallic element mercury. *-adj.* **2.** mercurial; changing rapidly.

quickstep /'kwɪkstɛp/ *n.* **1.** (formerly) a lively step used in marching. **2.** music adapted to such a march, or in a brisk march rhythm. **3.** a rapid ballroom dance step.

quick-tempered /'kwɪk-tɛmpəd/ *adj.* easily moved

quinella

to anger.

quick-witted /'kwɪk-wɪtəd/ *adj.* having a nimble, alert mind. **-quick-wittedly** *adv.* **-quick-wittedness** *n.*

quid[1] /kwɪd/ *n.* a portion of something, especially tobacco, for holding in the mouth and chewing.

quid[2] /kwɪd/ *n.* **quid** *or* **quids**. *-n. Colloquial* **1.** (formerly) a pound in money, especially £1 as a pound note. **2.** (*plural*) money, especially a large amount: *I'll bet that cost quids and quids.* *-phr.* **3. a quick quid**, money earned with little effort, often by dishonest means. **4. earn** (or **make**) **a quid**, to earn some money. **5. have a quid** (or **two**), to be wealthy. **6. not for quids**, never; for no inducement at all. **7. not get the full quid**, not to obtain the full value for one's money. **8. not the full quid**, mentally retarded; dull-witted. **9. turn an honest quid**, to earn money by honest means.

quid pro quo /kwɪd proʊ 'kwoʊ/ *n.* **1.** one thing in return for another. **2.** *Law* compensation, consideration.

quiescent /kwi'ɛsənt/ *adj.* being at rest, quiet, or still; inactive or motionless. **-quiescently** *adv.* **-quiescence, quiescency** *n.*

quiet /'kwaɪət/ *n.* **1.** freedom from disturbance or tumult; tranquillity; rest; repose: *to live in quiet.* **2.** peace; peaceful condition of affairs. *-adj.* **3.** making no disturbance or trouble; not turbulent; peaceable. **4.** free from disturbance or tumult; tranquil; peaceful: *a quiet life.* **5.** free from disturbing emotions, etc.; mentally peaceful. **6.** being at rest. **7.** refraining or free from activity, especially busy or vigorous activity: *a quiet evening at home.* **8.** motionless or still; moving gently: *quiet waters.* **9.** making no noise or sound, especially no disturbing sound: *quiet neighbours.* **10.** free, or comparatively free, from noise: *a quiet street.* **11.** silent: *be quiet!* **12.** restrained in speech, manner, etc.; saying little. **13.** said, expressed, done, etc., in a restrained or unobtrusive way. **14.** of an inconspicuous kind; not showy; subdued. **15.** *Commerce* commercially inactive. *-v.t.* **16.** to make quiet. **17.** to make tranquil or peaceful; pacify. **18.** to calm mentally, as a person. **19.** to allay, as tumult, doubt, fear, etc. **20.** to silence. *-v.i.* **21.** to become quiet. *-phr.* **22. on the quiet**, *Colloquial* secretly. **-quieten** *v.* **-quieter** *n.* **-quietly** *adv.* **-quietness** *n.* **-quietude** *n.*

quill /kwɪl/ *n.* **1.** one of the large feathers of the wing or tail of a bird. **2.** the hard, tubelike part of a feather of a bird, nearest the body, extending to the superior umbilicus. **3.** a feather, as of a goose, formed into a pen for writing. **4.** one of the hollow spines on a porcupine or hedgehog. **5.** a device for plucking the strings of a musical instrument (as of a harpsichord), made from the quill of a feather. **6.** a roll of bark, as of cinnamon, as formed in drying. **7.** a reed or other hollow stem on which yarn is wound. **8.** *Machinery* any object that resembles the quill of a bird, as a **quill bit** for boring in wood or a **quill shaft**. *-v.t.* **9.** *Textiles* to form work into the shape of a quill.

quilt /kwɪlt/ *n.* **1.** a cover for a bed, made by stitching together, usually in patterns or lines, two thicknesses of fabric filled with wool, down, etc. *-v.t.* **2.** to stitch together (two pieces of cloth with a soft filling), usually in an ornamental pattern. **-quilted** *adj.* **-quilter** *n.*

quin /kwɪn/ *n. Colloquial* one of five children born at one birth.

quince /kwɪns/ *n.* **1.** the hard, yellowish, acid fruit of a small, hardy tree, *Cydonia oblonga.* **2.** the tree itself.

quinella /kwə'nɛlə/ *n. Australian, NZ* **1.** a form of betting where bets are laid on the first and second placegetters in any order in the one race. *-phr.* **2.**

forecast quinella, a form of betting in which first and second placegetters must be nominated in correct order.

quinine /'kwɪnin, kwə'nin/ n. **1.** a bitter colourless alkaloid, $C_{20}H_{24}N_2O_2.3H_2O$, having needle-like crystals, which is used in medicine as a stimulant and to treat malaria, and which was originally derived from the bark of species of the genus *Cinchona*. **2.** a salt of this alkaloid, especially the sulfate.

quinque- a word element meaning 'five'.

quintal /'kwɪntl/ n. a unit of mass equal to 100 kg. *Symbol*: q

quintessence /kwɪn'tɛsəns/ n. **1.** the pure and concentrated essence of a substance. **2.** the most perfect embodiment of something. –**quintessential** /kwɪntə'sɛnʃəl/ adj.

quintet /kwɪn'tɛt/ n. **1.** any set or group of five persons or things. **2.** a set of five singers or players. **3.** a musical composition for five voices or instruments. Also, **quintette**.

quintuple /'kwɪntəpəl, kwɪn'tjupəl/ det., adj., n., v. **-pled, -pling.** –det. **1.** fivefold; consisting of five parts. –adj. **2.** five times as great. –n. **3.** a number, amount, etc., five times as great as another. –v.t. **4.** to make five times as great. –v.i. **5.** to become five times as great.

quintuplet /kwɪn'tʌplət/ n. **1.** any group or combination of five. **2.** one of five children born at one birth. **3.** *Music* a group of five notes of equal length in a beat of different tempo.

quip /kwɪp/ n., v. **quipped, quipping.** –n. **1.** a sharp, sarcastic remark; a cutting jest. **2.** a clever or witty saying. **3.** a quibble. **4.** an odd or fantastic action or thing. –v.i. **5.** to utter quips.

quire /'kwaɪə/ n. **1.** a set of 24 uniform sheets of paper. **2.** *Bookbinding* the section of leaves or pages in proper sequence after the printed sheet or sheets have been folded; a gathering.

quirk /kwɜk/ n. **1.** a trick or peculiarity. **2.** a sudden twist, turn, or curve. –**quirky** adj.

quisling /'kwɪzlɪŋ/ n. someone who betrays their own country by helping an occupying enemy force; a fifth columnist.

quit /kwɪt/ v. **quitted** *or* **quit, quitting.** –v.t. **1.** to stop, cease, or discontinue. **2.** to depart from; leave. **3.** to give up; let go; relinquish. **4.** to let go one's hold of (something grasped). –v.i. **5.** to cease from doing something; stop. **6.** to depart or leave. **7.** to give up one's job or position; resign. –*phr.* **8. quit of**, released from (obligation, penalty, etc.); free, clear, or rid of.

quite /kwaɪt/ adv. **1.** completely, wholly, or entirely: *quite the reverse*. **2.** actually, really, or truly: *quite a sudden change*. **3.** *Colloquial* to a considerable extent or degree: *quite pretty*. –*interj.* **4.** (an expression of agreement, etc.).

quitrent /'kwɪtrɛnt/ n. *Law* rent paid by a freeholder or copyholder in lieu of services which might otherwise have been required of him or her. Also, **quit-rent**.

quits /kwɪts/ adj. **1.** on equal terms by repayment or retaliation. –*phr.* **2. bet double or quits**, to make a bet, usually to cover a preceding lost bet, so that if the bet is lost, the better forfeits twice the stake, but if it is won, the previous debt is discharged. **3. call it quits**, **a.** to abandon an activity, especially temporarily. **b.** to give up a quarrel, rivalry, etc.; agree to end a dispute, competition, etc.

quiver[1] /'kwɪvə/ v.i. **1.** to shake with a slight but rapid motion; vibrate tremulously; tremble. –n. **2.** the act or state of quivering; a tremble; a tremor. –**quivery** adj.

quiver[2] /'kwɪvə/ n. **1.** a case for holding arrows. **2.** the contents of such a case. –*phr.* **3. a full quiver**, *Colloquial* a large family.

quixotic /kwɪk'sɒtɪk/ adj. extravagantly chivalrous or romantic; visionary; impracticable.

quiz /kwɪz/ v. **quizzed, quizzing**, n. **quizzes.** –v.t. **1.** to question closely. **2.** to examine or test (a student or class) informally by questions. –n. **3.** a general knowledge test, especially as an entertainment on radio, television, etc. **4.** a questioning. **5.** an informal examination or test of a student or class. –**quizzer** n.

quizzical /'kwɪzɪkəl/ adj. **1.** odd, queer, or comical. **2.** quizzing, ridiculing, or chaffing: *a quizzical smile*. –**quizzically** adv.

quoin /kɔɪn/ n. **1.** an external solid angle of a wall or the like. **2.** one of the stones forming it; a cornerstone. **3.** a wedge-shaped piece of wood, stone, or other material used for any of various purposes. –v.t. **4.** to provide with quoins, as a corner of a wall. **5.** to secure or raise with a quoin or wedge.

quoit /kɔɪt/ n. **1.** Also, **deck quoit**. a flattish ring of iron or some other material thrown in play to encircle a peg stuck in the ground or to come as close to it as possible. **2.** (*plural construed as singular*) the game so played.

quoll /kwɒl/ n. **1.** any of several cat-sized, predatory marsupials of the genus *Dasyurus*, having slender, white-spotted bodies and very pointed snouts. **2.** Also, **eastern quoll**. a carnivorous marsupial, *Dasyurus viverrinus*, from eastern Australia, having a spotted body but without spots on the tail.

quorum /'kwɔrəm/ n. **1.** the number of members of a body required to be present to transact business legally. **2.** a particularly chosen group.

quota /'kwoʊtə/ n. **1.** the proportional part or share of a total which is due from, or is due or belongs to, a particular district, area, person, etc. **2.** a proportional part or share of a fixed total amount or quantity. **3.** the number of persons of a particular group allowed to immigrate to a country, join an institution, etc. **4.** the maximum amount of a commodity which one is allowed to produce in an orderly marketing system.

quotation /kwoʊ'teɪʃən/ n. **1.** something that is quoted; a passage quoted from a book, speech, etc. **2.** the act or practice of quoting. **3.** *Commerce* **a.** the statement of the current or market price of a commodity or security. **b.** the price so stated. **4.** the statement of the current odds being offered in betting.

quotation mark n. one of the marks used to indicate the beginning and end of a quotation, in English usually consisting of an inverted comma (') at the beginning and an apostrophe (') at the end, or, for a quotation within a quotation, of double marks of this kind: *'He said, "I will go"'.* Double marks are still sometimes used instead of single, the latter then being used for a quotation within a quotation.

quote /kwoʊt/ v. **quoted, quoting**, n. –v.t. **1.** to repeat (a passage, etc.) from a book, speech, etc. **2.** to repeat words from (a book, author, etc.). **3.** to bring forward or refer to. **4.** *Commerce* to state (a price). –v.i. **5.** to make a quotation or quotations, as from a book or author. –n. **6.** a quotation. **7.** → **quotation mark**. –**quotable** adj. –**quoter** n.

quotient /'kwoʊʃənt/ n. *Mathematics* the result of division; the number of times one quantity is contained in another.

R r

R, r /a/ *n.* **R's, Rs, r's** *or* **rs**. the 18th letter of the English alphabet. See **three R's**.

rabbi /'ræbaɪ/ *n.* **-bis**. 1. the principal religious official of a synagogue, equivalent to the Christian minister of religion; the spiritual leader of a Jewish community. 2. a Jewish scholar; an expounder of the Jewish law.

rabbit[1] /'ræbət/ *n., v.* **-bited, -biting**. *–n.* 1. a small, long-eared, burrowing mammal of the hare family but smaller than the hare. 2. *Cricket* a team member with poor batting skills. Compare **ferret** (def. 2). *–v.i.* 3. to hunt rabbits.

rabbit[2] /'ræbət/ *v.* **-bited, -biting**. *–v.i. Colloquial* to talk nonsense, usually at length (fol. by *on*).

rabbit calicivirus /'ræbət kə,lɪsɪvaɪrəs/ *n.* a highly infectious calicivirus of the genus *Calicivirus* that is believed to be specific to rabbits, causing death in infected animals within 30 to 40 hours. Also, **rabbit haemorrhagic disease virus**.

rabble /'ræbəl/ *n.* 1. a disorderly crowd; a mob. 2. (*derogatory*) the lowest class of people (preceded by *the*).

rabblerouser /'ræbəlraʊzə/ *n.* a troublemaker.

rabid /'ræbəd/ *adj.* 1. irrationally extreme in opinion or practice: *a rabid isolationist*. 2. furious or raging; violently intense: *rabid hunger*. 3. affected with or relating to rabies; mad. **–rabidity** /rə'bɪdəti/, **rabidness** *n.* **–rabidly** *adv.*

rabies /'reɪbiz/ *n. Pathology* a fatal, infectious disease of the brain which occurs in all warm-blooded animals including humans, and is due to a specific virus which occurs in saliva and is transmitted to new victims by the bite of an afflicted animal, generally the dog; hydrophobia.

raccoon /rə'kun/ *n.* any of several small nocturnal carnivores of the genus *Procyon*, especially the North American *P. lotor*, arboreal in habit, and having a sharp snout and a bushy ringed tail.

race[1] /reɪs/ *n., v.* **raced, racing**. *–n.* 1. a contest of speed, as in running, riding, driving, sailing, etc. 2. (*plural*) a series of races, especially horseraces or greyhound races run at a set time over a regular course. 3. any contest or competition: *an armaments race*; *the race for the presidency*. 4. **a.** a strong or rapid current of water, as in the sea or a river. **b.** the channel or bed of such a current, or of any stream. 5. an artificial channel, leading water to or from a place where its energy is utilised. 6. the current of water in such a channel. 7. **a.** a narrow passageway for livestock, as one leading to a sheep dip. **b.** any similar passageway, as through a cafeteria: *a food race*. 8. *Machinery* a channel, groove, or the like, for a sliding or rolling part, as for ball-bearings. *–v.i.* 9. to engage in a contest of speed; run a race. 10. to run horses in races; engage in or practise horseracing. 11. to run, move, or go swiftly. 12. (of an engine, wheel, etc.) to run with undue or uncontrolled speed when the load is diminished without corresponding reduction of fuel, power, etc. *–v.t.* 13. to run a race with; try to beat in a contest of speed. 14. to cause to run in a race or races. 15. to cause to run, move, or go swiftly: *to race a motor*. *–phr.* 16. **not in the race**, having no chance at all. 17. **race off with**, *Australian Colloquial* **a.** to steal. **b.** to leave a place, party, etc., with (a person) for sexual intercourse. **c.** to elope with. 18. **race someone off**, *Australian Colloquial* to seduce someone.

race[2] /reɪs/ *n.* 1. a group of people or a population connected by common descent, blood, or heredity. 2. a subdivision of a human stock (def. 10) with a combination of hereditary physical characteristics different from those of another race. 3. a group of tribes or peoples with the same language and culture. 4. *Zoology* variety; subspecies. *–phr.* 5. **the human race**, humankind; the human family.

racecourse /'reɪskɔs/ *n.* a piece of ground on which horse races are held for public entertainment.

racehorse /'reɪshɔs/ *n.* a horse bred or kept for racing.

raceme /rə'sim, 'reɪsim/ *n. Botany* 1. a simple indeterminate inflorescence in which the flowers are borne on short pedicels lying along a common axis, as in the lily-of-the-valley. 2. a compound inflorescence in which the short pedicels with single flowers of the simple raceme are replaced by racemes (**compound raceme**). **–racemose** *adj.* **–racemiferous** /ræsə'mɪfərəs/ *adj.*

rachis /'reɪkɪs/ *n.* **rachises** /'reɪkəsiz/ *or* **rachides** /'rækədiz, 'reɪkə-/ 1. *Botany* **a.** the axis of an inflorescence when somewhat elongated, as in a raceme. **b.** (in a pinnately compound leaf or frond) the prolongation of the petiole along which the leaflets are disposed. **c.** any of various axial structures. 2. *Zoology* the shaft of a feather, especially that part, anterior to the superior umbilicus, bearing the web, as distinguished from the quill. 3. *Anatomy* the spinal column. Also, **rhachis**.

racial /'reɪʃəl/ *adj.* 1. relating to or characteristic of race or extraction, or a race or races. 2. relating to the relations between people of different races. **–racially** *adv.*

racism /'reɪsɪzəm/ *n.* 1. the belief that human races have distinctive characteristics which determine their respective cultures, usually involving the idea that one's own race is superior and has the right to rule or dominate others. 2. offensive or aggressive behaviour to members of another race stemming from such a belief. 3. a policy or system of government and society based upon it. Also, **racialism**. **–racist** *n., adj.*

rack[1] /ræk/ *n.* 1. a framework of bars, wires, or pegs on which articles are arranged or deposited (used especially in composition): *a shoe rack*; *a wine rack*. 2. a spreading framework, fixed or movable, for carrying hay, straw, or the like in large loads, especially for fodder. 3. *Printing* an upright framework with side cleats or other supports for the storing of cases or galleys of type, etc. 4. *Machinery* **a.** a bar with teeth on one of its sides, adapted to engage with the teeth of a pinion or the like, as for converting circular into rectilinear motion or vice versa. **b.** a similar bar with notches over which the projections of such devices as pawls operate. 5. an apparatus or instrument formerly in use for torturing persons by stretching the body. 6. a cause or state of intense suffering of body or mind. *–v.t.* 7. to torture; distress acutely; torment. 8. to strain in mental effort: *to rack one's brains*. 9. to strain by physical force or violence; shake violently. 10. to strain beyond what is normal or usual. **11.** to stretch the joints of (a person) in torture by means of a rack. **12.** to furnish with, or put on or in a rack. **13.** *Building Trades* to leave (a wall) with unfinished ends for later additions. *–phr.* **14. on the rack, a.** in great pain, distress, or anxiety. **b.** under the strain of great effort. **15. rack up**, to score, as in a game: *she had racked up many a conquest.*

rack² /ræk/ *n.* **1.** wreck; destruction. *–phr.* **2. rack and ruin**, disrepair or collapse, especially owing to neglect; dilapidation.

rack³ /ræk/ *n.* **1.** the gait of a horse in which the legs move in lateral pairs but not quite simultaneously. *–v.i.* **2.** (of a horse) to go with a gait, similar to a pace, in which the legs move in lateral pairs but not quite simultaneously.

rack⁴ /ræk/ *n.* flying, broken clouds; a mass of clouds driven by the wind.

rack-and-pinion /ræk-ən-'pɪnjən/ *n.* a system for the conversion of rotary to linear motion and vice versa, consisting of a pinion and a mated rack (**rack¹** def. 4).

racket¹ /'rækət/ *n.* **1.** a loud noise, especially of a disturbing or confusing kind; din; uproar; clamour or noisy fuss. **2.** social excitement, gaiety, or dissipation. **3.** *Colloquial* an organised illegal activity such as the extortion of money by threat or violence from legitimate businessmen: *the protection racket.* **4.** *Colloquial* a dishonest scheme, trick, etc. **5.** *Colloquial* one's legitimate business or occupation: *he's in the advertising racket.* *–rackety adj.*

racket² /'rækət/ *n.* → **racquet.**

raconteur /rækɒn'tɜ/ *n.* a person skilled in relating stories and anecdotes.

racquet = racket /'rækət/ *n.* **1.** a light bat having a network of cord, catgut, or nylon, stretched in a more or less elliptical frame, used in tennis, etc. **2.** (*plural construed as singular*) a game of ball, played in a walled court, in which such bats are used. **3.** a snowshoe made in the manner of a tennis racquet.

racy /'reɪsi/ *adj.* **-cier, -ciest. 1.** vigorous; lively; spirited. **2.** sprightly; piquant; pungent: *a racy style.* **3.** suggestive; risqué: *a racy story.* *–racily adv. –raciness n.*

radar /'reɪda/ *n.* a device to determine the presence and location of an object by measuring the time for the echo of a radio wave to return from it, and the direction from which it returns.

radar detector *n.* an illegal device which detects the presence of a police radar trap.

radar trap *n.* a place beside a road where police have set up radar equipment to detect speeding motorists.

radial /'reɪdɪəl/ *adj.* **1.** arranged like rays or radii. **2.** having spokes, bars, lines, etc., arranged like radii, as a machine. **3.** *Zoology* relating to structures that radiate from a central point, as the arms of a starfish. **4.** of, like, or relating to a radius or a ray. *–n.* **5.** → **radial-ply tyre**. *–radially adv.*

radial-ply tyre *n.* a pneumatic tyre with flexible walls achieved by having the casing cords running radially and with additional plies strengthening the tread only.

radian /'reɪdɪən/ *n.* the supplementary SI unit of measurement of plane angle, being the plane angle between two radii of a circle which cut off on the circumference an arc equal to the length of the radius. *Symbol*: rad

radiant /'reɪdɪənt/ *adj.* **1.** emitting rays of light; shining; bright: *the radiant sun, radiant colours.* **2.** bright with joy, hope, etc.: *radiant smiles.* **3.** *Physics* emitted in rays, or by radiation. *–radiance, radiancy n. –radiantly adv.*

radiata pine /,reɪdɪətə 'paɪn/ *n.* a valuable softwood timber tree, *Pinus radiata*, native to California but widely cultivated in Australia and New Zealand.

radiate /'reɪdɪeɪt/ *v.* **-ated, -ating**, /'reɪdɪət/ *adj.* *–v.i.* **1.** to spread or move like rays or radii from a centre. **2.** to emit rays, as of light or heat; irradiate. **3.** to issue or proceed in rays. *–v.t.* **4.** (of persons) to exhibit abundantly (good humour, benevolence, etc.). *–adj.* **5.** represented with rays proceeding from it, as a head on a coin, in art, etc. *–radiative adj.*

radiation /reɪdɪ'eɪʃən/ *n.* **1.** *Physics* the emission and propagation of particles or waves such as by a radioactive substance, a source of electromagnetic waves, or a source of sound waves. **2.** the act or process of radiating. **3.** something that is radiated; a ray or rays. **4.** radial arrangement of parts.

radiator /'reɪdɪeɪtə/ *n.* **1.** a device for heating a room in which a cylindrical rod, heated red-hot electrically, radiates heat directly and sometimes via a reflector placed behind it. **2.** any of various heating devices, as a series or coil of pipes through which steam or hot water passes. **3.** a device constructed from thin-walled tubes and metal fins, used for cooling circulating water, as in the cooling system of a car engine, etc. **4.** *Radio* a type of aerial.

radical /'rædɪkəl/ *adj.* **1.** going to the root or origin; fundamental: *a radical change.* **2.** favouring extreme political, social or other reforms. **3.** forming the basis or foundation. **4.** existing as though a permanent part of the character of a thing or person: *radical defects of character.* **5.** *Mathematics* relating to or forming a root. **6.** *Grammar* of or relating to a root (**root¹** def. 12). *–n.* **7.** someone who holds or follows principles which are far from the ordinary, especially left-wing political principles; an extremist. **8.** Also, **free radical**. *Chemistry* a group (def. 3a) with at least one unpaired electron. **9.** *Grammar* → **root¹** (def. 12). *–radically adv. –radicalness n.*

radicchio /ræ'dɪtʃɪoʊ/ *n.* an Italian variety of chicory, having a compact head of reddish, white-streaked leaves which, along with the roots, may be cooked or eaten raw in a salad.

radicle /'rædɪkəl/ *n.* **1.** *Botany* **a.** the lower part of the axis of an embryo; the primary root. **b.** *Botany* a rudimentary root; a radicel or rootlet. **2.** *Anatomy* a small rootlike part, as the beginning of a nerve fibre.

radii /'reɪdɪaɪ, -diː/ *n.* plural of **radius**.

radio /'reɪdɪoʊ/ *n.* **-dios,** *v.* **-dioed, -dioing.** *–n.* **1.** the sending of electrical signals through the air by electromagnetic waves to a receiving set; wireless telegraphy or telephony: *speeches broadcast by radio.* **2.** an apparatus for receiving radio broadcasts; wireless. **3.** a message sent by radio. *–v.t.* **4.** to transmit (a message, etc.) by radio. **5.** to send a message to (a person) by radio. *–v.i.* **6.** to transmit a message, etc., by radio.

radio- a word element meaning: **1.** radio. **2.** radial. **3.** radium, radioactive, or radiant energy.

radioactive /,reɪdɪoʊ'æktɪv/ *adj.* possessing, relating to, or caused by radioactivity.

radioactivity /,reɪdɪoʊæk'tɪvəti/ *n. Physics* the property of spontaneous disintegration possessed by certain elements due to changes in their atomic nuclei. The disintegration is accompanied by the emission of alpha, beta, or gamma radiation.

radiocarbon dating /reɪdɪoʊ,kabən 'deɪtɪŋ/ *n.* the determination of the age of objects of plant or animal origin by means of their content of radioactive carbon. Also, **carbon dating**.

radiogram /'reɪdɪoʊ,græm/ *n.* **1.** a combined radio and gramophone. **2.** a message transmitted by radiotelegraphy.

radiography

radiography /reɪdɪˈɒgrəfɪ/ *n.* the production of images or pictures produced by the action of X-rays, or other rays, (as from radioactive substances) on a photographic plate, especially as used in medicine; X-ray photography. –**radiographer** *n.* –**radiographic** /ˌreɪdɪoʊˈgræfɪk/ *adj.*

radiology /reɪdɪˈɒlədʒɪ/ *n.* **1.** the science dealing with X-rays or rays from radioactive substances, especially for medical uses. **2.** the examining or photographing of organs, etc., with such rays. –**radiologist** *n.*

radio station *n.* **1.** a combination of devices for radio transmitting and/or receiving. **2.** a complete installation for radio broadcasting, including transmitting apparatus, broadcasting studios, etc. **3.** an organisation engaged in broadcasting, on a fixed frequency or frequencies, programs of news, entertainment, propaganda, etc.

radiotelephone /ˌreɪdɪoʊˈtɛləfoʊn/ *n.* a telephone in which the signal is transmitted by radiotelephony; wireless telephone. –**radiotelephonic** /ˌreɪdɪoʊˌtɛləˈfɒnɪk/ *adj.*

radio telescope *n.* a large parabolic reflector, used to gather radio signals emitted by celestial bodies or spacecraft and focus them for reception by a receiver.

radiotherapy /ˌreɪdɪoʊˈθɛrəpɪ/ *n. Medicine* treatment of disease by means of X-rays or of radioactive substances.

radish /ˈrædɪʃ/ *n.* **1.** the crisp, pungent, edible root of a plant, *Raphanus sativus*. **2.** the plant.

radium /ˈreɪdɪəm/ *n.* a naturally occurring radioactive metallic element with chemical properties resembling those of barium. *Symbol*: Ra; *relative atomic mass of most stable isotope*: 226; *at. no.*: 88.

radius /ˈreɪdɪəs/ *n.* **-dii** /-dɪaɪ/ *or* **-diuses**. **1.** a straight line going from the centre of a circle or sphere to the circumference or surface. **2.** the length of such a line. **3.** any radial or radiating part. **4.** a circular area round some point: *every house within a radius of 50 kilometres*. **5.** *Anatomy* one of the two bones of the forearm on the thumb side. **6.** *Zoology* a corresponding bone in the forelimb of other vertebrates.

Rafferty's rules /ˈræfətɪz rulz/ *pl. n. Australian, NZ* no rules at all, as of a contest or organisation run in a slipshod fashion. Also, **Rafferty rules**.

raffia /ˈræfɪə/ *n.* **1.** a species of palm, *Raphia farinifera*, of Madagascar, bearing long, plumelike, pinnate leaves, the leafstalks of which yield an important fibre. **2.** the fibre, much used for tying plants, cut flowers, small parcels, etc., and for making matting, baskets, hats, and the like.

raffish /ˈræfɪʃ/ *adj.* **1.** disreputable, rakish. **2.** vulgar, tawdry. –**raffishly** *adv.* –**raffishness** *n.*

raffle /ˈræfəl/ *n., v.* **-fled**, **-fling**. –*n.* **1.** a lottery in which the prizes are usually goods rather than money. –*v.t.* **2.** Also, **raffle off**. to dispose of by a raffle: *to raffle off a watch*. –**raffler** *n.*

raft /rɑft/ *n.* **1.** a more or less rigid floating platform made of buoyant materials, assembled for ease of transport or for the conveyance of people, their possessions, etc. **2.** a slab of reinforced concrete extending entirely under a building used to spread the weight of the building over the whole area, especially on yielding soils.

rafter /ˈrɑftə/ *n.* one of the sloping timbers or members sustaining the outer covering of a roof.

rafting /ˈrɑftɪŋ/ *n.* the sport of travelling along rivers by raft.

rag¹ /ræg/ *n.* **1.** a comparatively worthless fragment of cloth, especially one resulting from tearing or wear. **2.** (*plural*) ragged or tattered clothing. **3.** a shred, scrap, or fragmentary bit of anything. **4.** *Colloquial* an article of cloth, paper, etc., such as a handkerchief, a theatre curtain, or a piece of paper money. **5.** *Colloquial* a newspaper or magazine, especially one considered as being of little value. **6.** *Colloquial* a song or a piece of instrumental music in ragtime. –*phr.* **7. chew the rag**, **a.** to argue or grumble. **b.** to brood or grieve. **c.** to gossip or chat. **8. from rags to riches**, from poverty to wealth. **9. glad rags**, *Colloquial* fine clothes. **10. on the rags**, *Colloquial* menstruating.

rag² /ræg/ *v.* **ragged**, **ragging**, *n. Colloquial* –*v.t.* **1.** to scold. **2.** to tease; torment. –*n.* **3.** any disorderly or high-spirited conduct, especially by a group of young people.

ragamuffin /ˈrægəmʌfən/ *n.* **1.** a ragged, disreputable person; a tatterdemalion. **2.** a ragged child.

rage /reɪdʒ/ *n., v.* **raged**, **raging**. –*n.* **1.** violent anger: *to fall into a rage*. **2.** violence or intensity: *rage of wind*; *rage of thirst*. **3.** *Colloquial* an exciting or entertaining event: *that party was a rage*. –*v.i.* **4.** to act or speak with fury; show or feel violent anger. **5.** to move or happen with great violence: *the sea raged against the beach*; *the battle raged ten days*. **6.** *Colloquial* to set about enjoying oneself: *let's go raging*. –*phr.* **7. all the rage**, fashionable: *long hair for men used to be all the rage*.

ragged /ˈrægəd/ *adj.* **1.** wearing old and torn clothes. **2.** torn or worn to rags; tattered: *ragged clothing*. **3.** uneven; jagged: *ragged stones*. **4.** wild or uncared for: *a ragged garden*. **5.** rough or faulty: *a ragged piece of work*. **6.** rough or harsh: *a ragged voice*. –**raggedly** *adv.* –**raggedness** *n.*

raglan /ˈræglən/ *n.* **1.** a loose overcoat the sleeves of which are cut so as to continue up to the collar. –*adj.* **2.** (of a coat or sleeve) tailored in such a manner.

ragout /ˈræguː/ *n.* a highly seasoned stew of poultry or meat and vegetables, usually flavoured with mushrooms, tomatoes, port wine, etc. Also, **ragoust**, **ragu**.

ragtime /ˈrægtaɪm/ *n. Music* rhythm marked by frequent syncopation, such as is common in early African American piano music.

rag trade *n. Colloquial* the business of clothes manufacturing.

raid /reɪd/ *n.* **1.** a sudden onset or attack, as upon something to be seized or suppressed: *a police raid on a gambling house*. **2.** *Military* a sudden attack on the enemy, especially by air or by a small force. –*v.t.* **3.** to make a raid on. –**raider** *n.*

rail¹ /reɪl/ *n.* **1.** a bar of wood or metal fixed more or less horizontally for any of various purposes, as for a support, barrier, fence, railing, etc. **2.** (*plural*) a fence; a railing, especially at a racecourse. **3.** one of a pair of steel bars that provide a guide and running surface for the wheels of trains, railway carriages, etc. **4.** the railway, as a means of transportation: *to travel by rail*. **5.** (*plural*) *Stock Exchange* stocks, shares, etc., of railways. **6.** *Nautical* the upper part of the bulwarks of a ship. **7.** the edge of a surfboard. **8.** a horizontal timber or piece in a framework or in panelling. –*v.t.* **9.** to furnish with a rail or rails. –*v.i.* **10.** (of horses, dogs, etc.) to run close to the rails. –*phr.* **11. off the rails**, in an abnormal condition; insane; out of control. **12. on the rails**, *Colloquial* **a.** *Horseracing* running on the inside of the field, against the inner railings. **b.** functioning in a normal manner. **13. rail in** (or **off**), to enclose with a fence, rail, or rails.

rail² /reɪl/ *v.i.* **1.** (sometimes fol. by *at* or *against*) to utter bitter complaint or vehement denunciation: *to rail at fate*. –*v.t.* **2.** to bring, force, etc., by railing. –**railer** *n.*

rail³ /reɪl/ *n.* any of numerous wading birds consti-

railing

tuting the subfamily Rallinae (family Rallidae), characterised by short wings, a narrow body, strong legs, long toes, and a harsh cry, and abounding in marshes in most parts of the world, as the **water rail**, *Rallus pectoralis*.

railing /'reɪlɪŋ/ *n.* **1.** (*often plural*) a barrier made of rails, rails and supports, etc. **2.** rails collectively.

raillery /'reɪləri/ *n.* **-ries.** good-humoured ridicule; banter.

railroad /'reɪlroʊd/ *n.* **1.** *US* a railway. *–v.t. Colloquial* **2.** to send or push forward with great or undue speed: *to railroad a bill through parliament.* **3.** to coerce, especially by unfair means: *he was railroaded out of office.*

railway /'reɪlweɪ/ *n.* **1.** a permanent road or way, laid or provided with rails of steel, iron, etc., commonly in one or more pairs of continuous lines forming a track or tracks, on which vehicles run for the transporting of passengers, goods, and mail. **2.** such a road together with its rolling stock, buildings, etc.; the entire railway plant, including fixed and movable property. **3.** the company of persons owning or operating it. **4.** any line or lines of rails forming a track for flanged-wheel equipment.

raiment /'reɪmənt/ *n. Archaic* clothing; apparel; attire.

rain /reɪn/ *n.* **1.** water in drops falling from the sky to the earth, being condensed from the aqueous vapour in the atmosphere. **2.** a rainfall, rainstorm, or shower. **3.** (*plural*) the seasonal rainfalls, or the rainy or wet season, in some regions, as India. **4.** a large quantity of anything falling thickly: *a rain of blows.* *–v.i.* **5.** (of rain) to fall: *it rained all night.* **6.** to fall like rain: *tears rained from his eyes.* **7.** to send down or let fall rain (said of God, the sky, the clouds, etc.). *–v.t.* **8.** to send down, scatter, or sprinkle (rain, etc.). **9.** to offer, bestow, or give abundantly: *to rain blows upon a person.* *–phr.* **10. rain cats and dogs**, to rain heavily. **11. right as rain**, perfectly all right. *–rainy adj.*

rainbird /'reɪnbɜːd/ *n.* any of various birds whose call is thought to presage rain.

rainbow /'reɪnboʊ/ *n.* **1.** a bow or arc of prismatic colours appearing in the sky opposite the sun, due to the refraction and reflection of the sun's rays in drops of rain. **2.** a similar bow of colours, especially one appearing in the spray of cataracts, etc. **3.** any array of many bright colours. **4.** the spectrum. *–adj.* **5.** multicoloured.

raincoat /'reɪnkoʊt/ *n.* a waterproof coat, worn as a protection from rain.

rainfall /'reɪnfɔːl/ *n.* **1.** a fall or shower of rain. **2.** *Meteorology* the amount of water falling as rain, snow, etc., within a given time and area, ordinarily expressed as a hypothetical depth of coverage: *a rainfall of 1210 mm a year.*

rainforest /'reɪnfɒrəst/ *n.* dense forest found in tropical and temperate areas with high humidity and heavy rainfall occurring throughout the year.

raise /reɪz/ *v.* **raised, raising,** *n.* *–v.t.* **1.** to move to a higher position;lift up; elevate: *to raise one's hand.* **2.** to set upright; lift up. **3.** to cause to rise or stand up. **4.** to build; erect: *to raise a monument.* **5.** *US* to set up the framework of (a house, etc.). **6.** to cause to project; bring into relief. **7.** to cause to be or appear: *to raise a tempest.* **8.** to cultivate, produce, breed (crops, plants, animals, etc.). **9.** to bring up; rear (children, etc.). **10.** to give rise to; bring up or about (a question, issue, etc.); put forward (an objection, etc.). **11.** *Law* to institute (a lawsuit, etc.). **12.** to restore to life: *to raise the dead.* **13.** to stir up: *to raise a rebellion.* **14.** to give vigour to; animate (the mind, spirits, hopes). **15.** to advance in rank, dignity, etc.: *to raise someone to chief justice.* **16.** to gather together; collect: *to raise an army; raise funds.* **17.** to increase in height or thickness. **18.** to cause (dough, etc.) to rise and become light, as by the addition of yeast. **19.** to increase in degree, intensity, pitch, or force. **20.** to utter (a cry, etc.) especially in a loud voice. **21.** to make (the voice) louder. **22.** to express, as in protest, agreement, or the like. **23.** to increase in amount, as rent, prices, wages, etc. **24.** to increase the price of (a commodity, stock, etc.). **25.** *Poker, etc.* to bet more than (another player, or previous bet). Compare **see**¹ (def. 20). **26.** *Military* to end (a siege or blockade), by withdrawing or repelling the besieging forces. **27.** to remove (a prohibition, etc.). **28.** *Mathematics* to multiply (a number) by itself for a stated number of times: *100 is 10 raised to the power of 2.* **29.** *Colloquial* to establish communication with, as by two-way radio: *we tried in vain to raise headquarters.* *–n.* **30.** a rise (in wages). **31.** the amount of such an increase. **32.** a raising, lifting, etc. *–phr.* **33. raise an eyebrow, a.** to express slightly shocked surprise. **b.** to cause a surprise: *it won't raise an eyebrow.* **34. raise Cain** (or **hell**), to create a disturbance, nuisance, or trouble. **35. raise the roof,** *Colloquial* to cause a great noise, excitement, etc. *–raiseable adj.* *–raiser n.*

raisin /'reɪzən/ *n.* **1.** a grape of any of various sweet varieties dried in the sun or artificially. **2.** dark bluish purple.

raison d'être /reɪzɒn 'dɛtrə/ *n.* reason or justification for being or existence.

rake¹ /reɪk/ *n.*, *v.* **raked, raking.** *–n.* **1.** a long-handled tool with teeth or tines for gathering together hay or the like, breaking and smoothing the surface of ground, etc. **2.** a similar implement used in agriculture, especially one drawn by a tractor. **3.** any of various implements having a similar form or function, as a croupier's implement for gathering in money on a gaming table. **4.** a long, forcible sweep or onset. **5.** *Colloquial* a comb. *–v.t.* **6.** to gather together, draw, or remove with a rake: *to rake dead leaves from a lawn.* **7.** to clear, smooth, or prepare with a rake: *to rake a garden bed.* **8.** to clear (a fire, etc.) by stirring with a poker or the like. **9.** to search thoroughly through. **10.** to scrape; scratch; graze. **11.** to traverse with gunfire, the length of (a place, ship, a body of troops, etc.). **12.** to sweep with the eyes. *–v.i.* **13.** to use a rake. **14.** to search as with a rake. **15.** to scrape or graze (*against, over, along,* etc.). *–phr.* **16. rake in,** to gather or collect abundantly: *to rake in the money.* **17. rake up, a.** to collect, especially with difficulty. **b.** to reveal, as to discredit someone: *to rake up an old scandal.*

rake² /reɪk/ *n.* a profligate or dissolute man, especially one in fashionable society; a roué.

rake³ /reɪk/ *v.* **raked, raking,** *n.* *–v.i.* **1.** to incline from the vertical (as a mast, funnel, stem, or keel of a vessel) or from the horizontal (as a stage). *–n.* **2.** inclination or slope away from the perpendicular or the horizontal, as of a ships mast, funnel, stem, or keel. **3.** *Machinery* the angle between the cutting face of a tool and a plane perpendicular to the surface of the work at the cutting point.

rally¹ /'ræli/ *v.* **-lied, -lying,** *n.* **-lies.** *–v.t.* **1.** to bring together or into order again: *to rally an army.* **2.** to draw or call (people) together for common action. **3.** to recover; revive: *he rallied his spirits* *–v.i.* **4.** to come together for common action. **5.** to come together or into order again. **6.** to recover a little or get fresh strength: *the stock market rallied today.* *–n.* **7.** recovery from disorder or illness. **8.** a public meeting for common action: *a nuclear disarmament rally.* **9.** *Tennis, etc.* a long exchange of strokes. **10.** a car competition concerned with skill rather than speed.

rally² /'ræli/ *v.t.* **-lied, -lying.** to ridicule (someone) good-humouredly; banter.

ram /ræm/ *n., v.* **rammed, ramming.** *-n.* **1.** an uncastrated male sheep. **2.** any of various devices for battering, crushing, driving, or forcing something: *battering ram. –v.t.* **3.** to drive or force by heavy blows. **4.** to strike with great force; dash violently against. **5.** to cram; stuff.

RAM /ræm/ *n. Computers* a computer memory which is so structured that each item can be accessed equally quickly.

ramarama /'ramərəmə/ *n.* a shrub or small tree, *Lophomyrtus bullata*, found in lowland forests of New Zealand.

ramble /'ræmbəl/ *v.* **-bled, -bling,** *n. –v.i.* **1.** to wander about in a leisurely manner, without definite aim or direction; walk for pleasure. **2.** to have an aimless or meandering course, as a stream or path. **3.** to grow or extend in an unsystematic fashion, as a plant or building. **4.** to talk or write discursively, without sequence of ideas, or incoherently. *–n.* **5.** a walk without a definite route, taken for pleasure.

ramification /ræməfə'keɪʃən/ *n.* **1.** the act, process, or manner of ramifying. **2.** a branch: *the ramifications of a nerve.* **3.** a division or subdivision springing or derived from a main stem or source: *to pursue a subject in all its ramifications.* **4.** *Botany* **a.** a structure formed of branches. **b.** a configuration of branching parts. **5.** one of a number of results or consequences, especially one which complicates an issue.

ramp /ræmp/ *n.* **1.** a sloping surface connecting two different levels. **2.** a short sloping track, road, etc. **3.** a short concave slope or bend, as one connecting the higher and lower parts of a bannister at a landing or of the top of a wall. **4.** any extensive sloping walk or passageway. **5.** a swindle, especially one depending on a rise in prices. **6.** → **cattle grid.** *–v.i.* **7.** to rise or stand on the hind legs, as a quadruped, especially a lion (often one represented in heraldry or sculpture). **8.** to rear as if to spring. **9.** to leap or dash (*about, around*, etc.) with fury. **10.** to act violently; rage; storm. *–phr.* **11. ramp up,** to increase the scope or level of activity of (a business, etc.).

rampage /'ræmpeɪdʒ/ *n.,* /ræm'peɪdʒ/ *v.* **-paged, -paging.** *–n.* **1.** violent or furious behaviour. **2.** an instance of this: *to go on the rampage.* *–v.i.* **3.** to rush, move, or act furiously or violently. **–rampageous** *adj.*

rampant /'ræmpənt/ *adj.* **1.** violent in action, spirit, opinion, etc.; raging; furious. **2.** in full sway; unchecked: *the rampant growth of anarchy.* **3.** luxuriant, as a plant. **4.** lustful. **5.** standing on the hind legs; ramping. **–rampancy** *n.* **–rampantly** *adv.*

rampart /'ræmpat/ *n. Fortifications* a broad elevation or mound of earth raised as a fortification around a place, and usually having a stone or earth parapet built upon it.

ram-raid /'ræm-reɪd/ *v.t.* **1.** to gain access to (a property, as a shop, service station, etc.) by driving into the front window so as to effect a robbery. *–n.* **2.** a robbery involving such means of gaining access.

ramrod /'ræmrɒd/ *n.* **1.** a rod for ramming down the charge of a muzzle-loading firearm. **2.** a cleaning rod for the barrel of a rifle, etc. **3.** any person or thing considered as exemplifying or exercising stiffness or unyielding rigidity.

ramshackle /'ræmʃækəl/ *adj.* loosely made or held together; rickety; shaky: *a ramshackle house.*

ran /ræn/ *v.* past tense of **run.**

ranch /rænʃ/ *n.* **1.** a farm for cattle, horses, or the like, generally having extensive grazing land. **2.** the establishment, staff, buildings, etc., of such. **3.** *Colloquial* (*humorous*) one's own home or workplace: *OK, I'll mind the ranch.* *–v.i.* **4.** to own, manage, or work on, a ranch.

rancid /'rænsəd/ *adj.* **1.** having a rank, unpleasant, stale smell or taste: *rancid butter.* **2.** rank in this manner: *a rancid smell.* **–rancidity, rancidness** *n.*

rancour = rancor /'ræŋkə/ *n.* bitter, rankling resentment or ill will; hatred; malice. **–rancorous** *adj.*

rand /rænd/ *n.* **rand.** the monetary unit of the Republic of South Africa.

R & B rhythm and blues.

random /'rændəm/ *adj.* **1.** going, made, occurring, etc., without definite aim, purpose, or reason. **2.** not according to a pattern or method. **3.** *Building Trades* (of slates, blocks, paving stones, etc.) irregular in size or arrangement. *–phr.* **4. at random,** in a haphazard way; without definite aim, purpose, or method. **–randomly** *adv.*

random-access memory *n.* → **RAM.**

random breath test *n.* a breath test to detect the presence of alcohol, applied to randomly-selected motorists. *Abbrev.:* RBT

randy /'rændi/ *adj. Colloquial* **1.** lecherous. **2.** sexually aroused.

rang /ræŋ/ *v.* past tense of **ring².**

rangatira /rʌŋə'tɪərə, ræŋ-/ *n.* **1.** a Maori noble leader. **2.** *NZ Colloquial* a chief, boss, or superior of any kind.

range /reɪndʒ/ *n., v.* **ranged, ranging.** *–n.* **1.** limits within which there can be differences or variation: *range of prices.* **2.** limits within which something can be or work; scope: *within range of vision; an oboe has a different range from a flute.* **3.** the distance to which a bullet, rocket, etc., can travel. **4.** distance away: *at a range of 20 metres.* **5.** an area for shooting practice. **6.** the distance which a plane, ship, etc., can travel without refuelling. **7.** *Statistics* the difference between the smallest and largest varieties in a statistical distribution. **8.** a set or series: *we have a new range of goods in our shops.* **9.** *Chiefly US* a wide open area of land. **10.** an area over which something is found, or occurs: *the range of a plant.* **11.** a chain of mountains. **12.** a cooking stove. *–v.t.* **13.** to set in order, especially in a row or line; arrange. **14.** to place in a particular class; classify. **15.** to pass over or through (an area) in all directions: *the search party ranged the hills.* *–v.i.* **16.** to vary within certain limits: *prices ranging from $5 to $10.* **17.** to run or go in a certain direction; extend: *a boundary ranging east and west.* **18.** to wander; rove; roam: *the talk ranged over many subjects; to range through the bush.* **19.** to be found over an area: *a plant which ranges from Qld to NSW.*

rangefinder /'reɪndʒfaɪndə/ *n.* any of various instruments for determining the range or distance of an object, as in order that a gun may be accurately sighted when firing at it, or to focus a camera.

ranger /'reɪndʒə/ *n.* **1.** a wanderer. **2.** a person employed to look after a nature reserve, park, etc. **3.** (*sometimes cap.*) a member of the senior division of the Guides.

rangy /'reɪndʒi/ *adj.* **-gier, -giest. 1.** slender and long-limbed, as animals or persons. **2.** given to or fitted for ranging or moving about, as animals. **3.** having a mountain range; mountainous.

rank¹ /ræŋk/ *n.* **1.** a number of persons forming a separate class in the social scale or in any graded body: *people of every rank and station.* **2.** position or standing in the social scale or in any graded body: *the rank of colonel.* **3.** high position or station in the social or some similar scale: *pride* *of rank.* **4.** a class in any scale of comparison. **5.** relative position or standing: *a writer of the highest rank.* **6.** a row, line, or series of things or persons. **7.** *(plural)* the lines or body of an army or other force or organisation. **8.** the general body of any party, society, or organisation apart from the officers or leaders. **9.** a line of persons, especially soldiers, standing abreast (distinguished from *file*). **10.** *(plural)* the members of an army, etc., other than and distinguished from commissioned officers; other ranks: *to rise from the ranks*. **11.** *Chess* one of the horizontal lines of squares on a chessboard. *-v.t.* **12.** to arrange in a rank or row, or in ranks, as things or persons. **13.** to dispose in suitable order; arrange; classify. **14.** to assign to a particular position, station, class, etc. *-v.i.* **15.** to form a rank or ranks. **16.** to stand in rank. **17.** to take up or occupy a place in a particular rank, class, etc. **18.** *US* to be the senior in rank: *the major ranks here.* *-phr.* **19. pull rank**, (sometimes fol. by *on*) to resort to use of a position of authority, especially military authority, to compel some action or behaviour.

rank² /ræŋk/ *adj.* **1.** growing too tall or coarse: *rank grass.* **2.** smelling or tasting strongly and offensively: *a rank cigar.* **3.** utter; unmistakable: *a rank outsider; rank treachery.* **4.** very coarse or indecent. *-rankly adv.* *-rankness n.*

rank and file *n.* the body of an army, or any other organisation or group, apart from officers or leaders.

rankle /'ræŋkəl/ *v.i.* **-kled, -kling.** (of unpleasant feelings, experiences, etc.) to produce or continue to produce within the mind keen irritation or bitter resentment; fester; be painful.

ransack /'rænsæk/ *v.t.* **1.** to search thoroughly or vigorously through (a house, receptacle, etc.). **2.** to search (a place, etc.) for plunder; pillage. *-ransacker n.*

ransom /'rænsəm/ *n.* **1.** the redemption of a prisoner, slave, kidnapped person, captured goods, etc., for a price. **2.** the sum or price paid or demanded. **3.** a means of delivering or rescuing, especially in religious use, from sin and its consequences. *-v.t.* **4.** to redeem from captivity, bondage, detention, etc., by paying a price demanded. **5.** to release or restore on receipt of a ransom. **6.** to deliver or redeem from sin and its consequences. *-phr.* **7. hold to ransom, a.** to confine (a person or thing) until redeemed at a price. **b.** to attempt to compel (someone) to accede to one's demands. **8. king's ransom**, any very large sum of money or valuables. *-ransomer n.*

rant /rænt/ *v.i.* **1.** to speak or declaim extravagantly or violently; talk in a wild or vehement way. *-v.t.* **2.** to utter or declaim in a ranting manner. *-n.* **3.** ranting, extravagant, or violent declamation. **4.** a ranting utterance. *-ranter n.* *-ranting adj.*

ranunculus /rə'nʌŋkjələs/ *n.* **-luses** or **-li** /-laɪ/. any plant of the large and widely distributed genus *Ranunculus*, comprising herbs with leaves mostly divided, and flowers, commonly yellow, with five petals; crowfoot; buttercup.

rap¹ /ræp/ *v.* **rapped, rapping**, *n.* *-v.t.* **1.** to strike, especially with a quick, smart, or light blow, as to attract attention, communicate in code, etc. **2.** *Colloquial* to accelerate (a motor vehicle). *-v.i.* **3.** to knock smartly or lightly, especially so as to make a noise: *to rap on a door.* *-n.* **4.** a quick, smart, or light blow. **5.** the sound so produced. **6.** *Colloquial* punishment or blame, especially of someone who accepts punishment for a crime they did not commit: *to take the rap.* **7.** *Colloquial* a criminal charge: *a housebreaking rap.* **8.** *Australian Colloquial* praise; recommendation: *she gave the movie a good rap.* **9.** (in spiritualism) a sound as of knocking, ascribed to the agency of disembodied spirits. *-phr.* **10. give it a rap**, *Colloquial* to accelerate a motor vehicle and travel at full speed for a short period. **11. rap out, a.** to utter sharply or vigorously: *to rap out an oath*. **b.** to announce by raps (used especially of communications ascribed to spirits). **12. rap someone over** (or **on**) **the knuckles**, *Colloquial* to reprimand someone sharply. **13. rap up**, *Australian Colloquial* to praise extravagantly; extol. *-rapper n.*

rap² /ræp/ *n. Colloquial* the least bit: *not to care a rap.*

rapacious /rə'peɪʃəs/ *adj.* **1.** given to seizing for plunder or the satisfaction of greed. **2.** inordinately greedy; predatory; extortionate: *a rapacious disposition.* **3.** (of animals) subsisting by the capture of living prey; predacious. *-rapaciously adv.* *-rapacity* /rə'pæsəti/, *rapaciousness n.*

rape¹ /reɪp/ *n., v.* **raped, raping.** *-n.* **1.** the crime of having sexual intercourse with a woman against her will. **2.** the act of having sexual intercourse with anyone against his or her will. **3.** any assault or act of aggression: *the rape of land.* *-v.t.* **4.** to commit the crime or act of rape on. *-rapist n.*

rape² /reɪp/ *n.* a variable herb, *Brassica napus*, widely cultivated as a fodder plant and for the seeds, which yield rapeseed oil.

rapid /'ræpəd/ *adj.* **1.** occurring with speed; coming about within a short time: *rapid growth.* **2.** moving or acting with great speed; swift: *a rapid worker.* **3.** characterised by speed, as motion. *-n.* **4.** (*usually plural*) a part of a river where the current runs very swiftly, as over a steep slope in the bed. *-rapidity n.* *-rapidly adv.*

rapier /'reɪpɪə/ *n.* **1.** a sword, with elaborate hilt, and long, slender, pointed blade, used only for thrusting. **2.** (originally) a long, narrow, two-edged sword, used chiefly for thrusting.

rapine /'ræpɪn/ *n.* the violent seizure and carrying off of property of others; plunder.

rapping /'ræpɪŋ/ *n.* the improvisation of patter to the accompaniment of a rhythmic beat.

rapport /ræ'pɔ/ *n.* relation; connection, especially harmonious or sympathetic relation.

rapt¹ /ræpt/ *adj.* **1.** deeply engrossed or absorbed: *rapt in thought.* **2.** transported with emotion; enraptured: *rapt with joy.* **3.** showing or proceeding from rapture: *a rapt smile.*

rapt² /ræpt/ *adj.* → **wrapped** (def. 1).

raptorial /ræp'tɔrɪəl/ *adj.* preying upon other animals; predatory.

rapture /'ræptʃə/ *n.* **1.** ecstatic joy or delight; joyful ecstasy. **2.** (*often plural*) an utterance or expression of ecstatic delight. **3.** the carrying of a person to another place or sphere of existence. *-phr.* **4. in raptures**, delighted; full of enthusiasm. **5. the Rapture**, (in American fundamentalist doctrine) a future event when earthly existence ends and when the saved ascend from the earth to meet Jesus Christ. *-rapturous adj.*

rare¹ /rɛə/ *adj.* **rarer, rarest. 1.** coming or occurring far apart in space or time; unusual; uncommon: *rare occasions, a rare smile, a rare disease.* **2.** few in number. **3.** thinly distributed over an area, or few and widely separated: *rare lighthouses.* **4.** having the component parts not closely compacted; of low density or pressure: *rare mountain air.* **5.** remarkable or unusual, especially in excellence or greatness: *rare tact, a rare find; sympathetic to a rare degree.* *-rarely adv.* *-rareness n.*

rare² /rɛə/ *adj.* **rarer, rarest.** (of meat) not thoroughly cooked; underdone.

rarefy /'rɛərəfaɪ/ *v.* **-fied, -fying.** *-v.t.* **1.** to make rare, more rare, or less dense. **2.** to make less

rare gas 653 **ratio**

gross; refine. *–v.i.* **3.** to become rare or less dense; become thinned. **–rarefaction** *n.*

rare gas *n. Chemistry* any of the gases, helium, neon, argon, krypton, xenon, or radon; chemically inactive, although some compounds have been reported. Also, **inert gas**, **noble gas**.

raring /'rεərɪŋ/ *adj.* ready; eager: *he was raring to go.*

rarity /'rεərəti/ *n.* **-ties. 1.** something rare, unusual, or uncommon. **2.** something esteemed or interesting being rare, uncommon, or curious. **3.** rare state or quality. **4.** rare occurrence; infrequency. **5.** unusual excellence.

rascal /'raskəl/ *n.* **1.** a base, dishonest person. **2.** (mildly or affectionately reproving) any child or young animal: *you little rascal.* **3.** (in Papua New Guinea, especially Port Moresby) a member of a gang given to violent, criminal activities. **–rascality** *n.*

rash¹ /ræʃ/ *adj.* **1.** acting too hastily or without due consideration. **2.** characterised by or showing too great haste or lack of consideration: *rash promises.* **–rashly** *adv.* **–rashness** *n.*

rash² /ræʃ/ *n.* **1.** an eruption or efflorescence on the skin. **2.** a proliferation: *a rash of complaints.*

rasher /'ræʃə/ *n.* a thin slice of bacon.

rasp /rasp, ræsp/ *v.t.* **1.** to scrape with a rough tool; abrade: *to rasp wood with a file.* **2.** to scrape or rub roughly: *the cat's tongue rasped my hand.* **3.** to grate upon or irritate (the nerves, feelings, etc.). **4.** to say with a grating sound. *–v.i.* **5.** to scrape or grate: *to rasp away at wood; rasp away at emotions.* **6.** to make a grating sound: *the door hinges rasped as he came in; 'No!' he rasped.* *–n.* **7.** the act of rasping or a rasping sound. **8.** a coarse file, with separate pointlike teeth. **–raspy** *adj.*

raspberry¹ /'razbəri, -bri/ *n.* **-ries. 1.** the fruit of several shrubs of the rosaceous genus *Rubus,* consisting of small juicy drupelets, red, black, or pale yellow, forming a detachable cap around a convex receptacle, being thus distinguished from the blackberry. **2.** one of these plants, as the **red raspberry,** *R. idaeus,* of Europe. **3.** dark reddish purple.

raspberry² /'razbəri, -bri/ *n.* **-ries,** *v.* **-ried, -rying.** *Colloquial –n.* **1.** a sound expressing derision or contempt made with the tongue and lips. *–v.i.* **2.** to make such a sound.

rat /ræt/ *n., v.* **ratted, ratting.** *–n.* **1.** any of certain long-tailed rodents of the genus *Rattus* and allied genera (family Muridae), resembling but larger than the mouse, as the **brown rat,** *R. norvegicus.* **2.** any rodent of the same family, or any of various similar animals. **3.** *Colloquial* someone who abandons friends or associates, especially in time of trouble. **4.** *Colloquial* a person considered as wretched or despicable. *–interj.* **5.** (*plural*) *Colloquial* (an exclamation of annoyance, incredulity, denial, or disappointment). *–v.i.* **6.** to hunt or catch rats. **7.** *Colloquial* to work as a scab (def. 3). *–v.t.* **8.** *Australian Colloquial* **8.** to steal from; loot: *he was caught ratting the tin.* **9.** *Mining* **a.** to pilfer (opal, gold, etc.) from a miner's hiding place. **b.** to enter (someone's mine) and take out opal rock, gold, etc. *–phr.* **10. like a rat up a drainpipe,** *Colloquial* with great speed or enthusiasm. **11. not to give a rat's (arse),** *Colloquial* not to care at all. **12. rat on,** *Colloquial* **a.** to desert (one's party or associates), especially in time of trouble: *a man who would rat on his friends.* **b.** to inform on; betray. **c.** to go back on (a statement, agreement, etc.). **13. rat through,** *Colloquial* to sort through in a careless or hasty manner. **14. smell a rat,** *Colloquial* to be suspicious.

rata /'ratə/ *n.* any large usually red-flowered New Zealand tree or vine of the genus *Metrosideros.*

ratatouille /rætə'tui/ *n.* a type of vegetable casserole or stew.

ratbag /'rætbæg/ *n. Colloquial* **1.** a rascal; rogue. **2.** *Australian, NZ* someone of eccentric or nonconforming ideas or behaviour. **–ratbaggery** *n.* **–ratbaggy** *adj.*

ratchet /'rætʃət/ *n.* **1.** a toothed bar with which a pawl engages. **2.** the pawl used with such a device. **3.** a mechanism consisting of such a bar or wheel with the pawl. **4.** a ratchet wheel.

rate /reɪt/ *n., v.* **rated, rating.** *–n.* **1.** a certain quantity or amount of one thing considered in relation to a unit of another thing and used as a standard or measure: *at the rate of 60 kilometres an hour.* **2.** a fixed charge per unit of quantity: *a rate of 10 cents in the dollar.* **3.** the amount of a charge or payment with reference to some basis of calculation: *the rate of interest.* **4.** price: *to cut rates.* **5.** degree of speed, of travelling, working, etc.: *to work at a rapid rate.* **6.** degree or relative amount of action or procedure: *the rate of increase.* **7.** relative condition or quality; grade, class, or sort. **8.** assigned position in any of a series of graded classes; rating. **9.** (*usually plural*) a tax on property, imposed by a local authority and used for the maintenance and supply of services, as garbage, sewerage, etc.: *municipal rates; water rates. –v.t.* **10.** to estimate the value or worth of; appraise. **11.** to esteem, consider, or account: *he was rated one of the rich men of the city.* **12.** to fix at a certain rate, as of charge or payment. **13.** to value for purposes of taxation, etc. **14.** to make subject to the payment of a certain rate or tax. **15.** to deserve. **16.** *Chiefly Nautical* to place in a certain class, etc., as a ship or a sailor; give a certain rating to. **17.** *US* to arrange for the conveyance of (goods) at a certain rate. *–v.i.* **18.** to have value, standing, etc. **19.** to have position in a certain class. *–phr.* **20. at any rate, a.** under any circumstances; in any case; at all events. **b.** at least. **21. at a (or the) rate of knots,** *Colloquial* very fast. **22. at this rate,** if the present circumstances continue.

rather /'raðə/ *adv.* **1.** somewhat; quite; to a certain extent: *rather good.* **2.** (with verbs) in some degree: *I rather thought you'd like it.* **3.** more properly; with better reason: *the opposite is rather to be supposed.* **4.** sooner or more willingly: *to die rather than yield; I would rather go today.* **5.** in preference (fol. by *than*): *I would like the blue wool rather than the yellow.* **6.** instead of (fol. by *than*): *he is a hindrance rather than a help.* **7.** on the contrary: *that useless cat won't hunt. Rather, he just watches the mice. –interj.* **8.** *Chiefly Brit* Yes, certainly: *a it worth going to? rather!* *–phr.* **9. would** (or **had**) **rather,** would prefer: *I had rather you didn't go; I would rather not do it.*

ratify /'rætəfaɪ/ *v.t.* **-fied, -fying. 1.** to confirm by expressing consent, approval, or formal sanction. **2.** to confirm (something done or arranged by an agent or by representatives) by such action. **–ratification** *n.* **–ratifier** *n.*

rating /'reɪtɪŋ/ *n.* **1.** classification according to grade or rank. **2.** *Nautical* **a.** assigned position in a particular class or grade, or relative standing, as of a ship or a seaman. **b.** *Navy* a sailor who has no commissioned rank. **3.** a person's or firm's credit standing. **4.** an amount fixed as a municipal rate; the act of assessing this. **5.** a measure of success, as of a television program, based on an assessment of audience size.

ratio /'reɪʃiou/ *n.* **-tios.** *Mathematics* **1.** the relation between two similar magnitudes in respect to the number of times the first contains the second: *the ratio of 5 to 2, which may be written 5:2, or*

⅝. **2.** proportional relation; rate; quotient of two numbers.

ration /'ræʃən/ *n*. **1.** a fixed allowance of provisions or food: *rations of coal and coffee*. **2.** (*usually plural*) a fixed allowance of food, clothing, etc., supplied to a soldier, sailor, shearer, etc. *–v.t.* **3.** to apportion as distribute as rations or by some method of allowance. **4.** to put on, or restrict to, rations. **5.** to supply with rations, as of food: *to ration an army*. **–rationing** *n*.

rational /'ræʃnəl, 'ræʃənəl/ *adj*. **1.** reasonable; sensible: *a rational decision*. **2.** in possession of one's reason; sane: *the patient appeared perfectly rational*. **3.** having the power of reason: *humans are rational animals*. **4.** of or based on reason: *the rational faculty; a rational explanation*. **5.** *Mathematics* expressible as the quotient of two integers. **–rationality** *n*. **–rationally** *adv*.

rationale /ræʃə'nal/ *n*. **1.** a statement of reasons. **2.** a reasoned exposition of principles. **3.** the fundamental reasons serving to account for something.

rationalise = **rationalize** /'ræʃnəlaɪz/ *v*. **-lised, -lising**. *–v.t.* **1.** *Psychology* to invent a rational, acceptable explanation for (behaviour which has its origin in the unconscious); to justify unconscious behaviour. **2.** to make economical or efficient; organise. **3.** to make rational or in agreement with reason. **4.** *Mathematics* to remove radicals from (part of an expression), without altering its value. **5.** to reorganise (a business, etc.) to make it more efficient and economical. *–v.i.* **6.** to use reason; think in a rational way. **7.** to reorganise a business, etc. **8.** to justify one's behaviour by apparently sensible explanations, to deceive oneself or others. **–rationalisation** /ræʃnəlaɪ'zeɪʃən/ *n*. **–rationaliser** *n*.

rationalism /'ræʃnəlɪzəm/ *n*. **1.** the principle or habit of accepting reason as the supreme authority in matters of opinion, beliefs, or conduct. **2.** *Philosophy* **a.** the theory that reason is in itself a source of knowledge independently of the senses (distinguished from *empiricism*). **b.** the theory that even sense experience is possible only because of a rational element supplied by reason (distinguished from *sensationalism*). **3.** *Theology* the doctrine that revelation and scriptural tradition are to be accepted only so far as, in principle, they conform with reason. **–rationalistic** /ræʃnə'lɪstɪk/, **rationalistical** /ræʃnə'lɪstɪkəl/ *adj*. **–rationalistically** /ræʃnə'lɪstɪkli/ *adv*.

rat-race /'ræt-reɪs/ *n*. **1.** the struggle for success, especially in career, fiercely competitive and often unscrupulous. **2.** the frantic pace of city life.

ratshit /'ræt,ʃɪt/ ‡ *adj. Australia Colloquial* **1.** useless; broken. **2.** depressed or unwell. **3.** no good: *that exam was ratshit*. Also, **RS**.

rattan /rə'tæn/ *n*. **1.** any of various climbing palms of the genus *Calamus*, or allied genera. **2.** the tough stems of such palms, used for wickerwork, canes, etc. **3.** a stick or switch of this material. *–adj.* **4.** made of or from rattan

rattle /'rætl/ *v*. **-tled, -tling**, *n*. *–v.i.* **1.** to make a series of short sharp sounds: *the windows rattled in their frames*. **2.** to be filled with such sounds: *the hall was rattling with excitement*. **3.** to move or go, especially quickly, with such sounds: *the old car rattled off up the street*. **4.** to talk quickly; chatter. *–v.t.* **5.** to cause to rattle: *he rattled the doorknob violently*. **6.** to say or perform in a quick or meaningless way: *to rattle off a speech*. **7.** *Colloquial* to confuse (a person); disconcert. *–n.* **8.** a series of short, sharp sounds, from hard things knocking against each other. **9.** something designed to make such sounds, as a child's toy or the wooden clacker used by football fans. **10.** a rattling sound in the throat of a dying person. **–rattly** *adj*.

rattlesnake /'rætlsneɪk/ *n*. any of various venomous American snakes of the genera *Crotalus* and *Sistrurus*, having several loosely articulated horny pieces or rings at the end of the tail, which produce a rattling or whirring sound when shaken.

ratty /'ræti/ *adj*. **-tier, -tiest**. **1.** full of rats. **2.** of or characteristic of a rat. **3.** wretched; shabby. **4.** *Colloquial* annoyed; irritable.

raucous /'rɔkəs/ *adj*. hoarse; harsh-sounding, as a voice. **–raucously** *adv*. **–raucousness, raucity** /'rɔsəti/ *n*.

raunchy /'rɔntʃi/ *adj*. **1.** (usually of a man) randy. **2.** stimulating sexual desire; bawdy. **3.** coarse; earthy; lusty.

raupo /'raupou/ *n*. the giant bulrush, *Typha orientalis*, of New Zealand; cooper's flag.

ravage /'rævɪdʒ/ *n*., *v*. **-aged, -aging**. *–n.* **1.** devastating or destructive action. **2.** havoc; ruinous damage: *the ravages of war*. *–v.t.* **3.** to work havoc upon; damage or mar by ravages: *a face ravaged by grief*. *–v.i.* **4.** to work havoc; do ruinous damage. **–ravager** *n*.

rave /reɪv/ *v*. **raved, raving**, *n*., *adj*. *–v.i.* **1.** to talk wildly, as in sickness. **2.** (of wind, water, storms, etc.) to make a wild or furious sound; rage. **3.** *Colloquial* to talk or write excitedly. *–n.* **4.** the act of raving. **5.** overdone praise. **6.** Also, **rave party**. an entertainment event, generally lasting throughout the night, at which patrons dance to loud dance music in a large empty space (typically a warehouse or an outdoor clearing), and commonly consume amphetamines. *–adj.* **7.** praising eagerly: *a rave review*. **–raver** *n*.

ravel /'rævəl/ *v*. **-elled** or *Chiefly US* **-eled, -elling** or *Chiefly US* **-eling**, *n*. *–v.t.* **1.** to tangle or entangle. **2.** to involve; confuse; perplex. *–v.i.* **3.** to become disjoined thread by thread or fibre by fibre; fray. **4.** to become tangled. **5.** to become confused or perplexed. **6.** *Civil Engineering* (of a road surface) to lose aggregate because of wear. *–n.* **7.** a tangle or complication. *–phr.* **8. ravel out**, **a.** to disengage the threads or fibres of (a woven or knitted fabric, a rope, etc.). **b.** to make plain or clear. **–raveller** *n*.

raven /'reɪvən/ *n*. **1.** either of two large, glossy black, omnivorous and somewhat predacious birds with loud harsh calls, the **Australian raven**, *Corvus coronoides*, or the **little raven**, *C. mellori*. **2.** any of a number of similar birds of the family Corvidae found elsewhere, especially *C. corax*, often considered a bird of ill-omen. *–adj.* **3.** lustrous black: *raven locks*.

ravenous /'rævənəs/ *adj*. **1.** extremely hungry. **2.** extremely rapacious. **3.** voracious or gluttonous. **4.** given to seizing prey in order to devour, as animals. **–ravenously** *adv*. **–ravenousness** *n*.

ravine /rə'vin/ *n*. a long, deep, narrow valley, especially one worn by water.

ravioli /rævi'ouli/ *pl. n*. small pieces of pasta, cut square or otherwise, enclosing forcemeat (and often spinach), cooked, and served in a tomato sauce.

ravish /'rævɪʃ/ *v.t.* **1.** to fill with strong emotion, especially joy. **2.** to seize and carry off by force. **3.** to carry off (a woman) by force. **4.** to rape (a woman). **–ravishment** *n*. **–ravisher** *n*.

ravishing /'rævəʃɪŋ/ *adj*. entrancing; enchanting. **–ravishingly** *adv*.

raw /rɔ/ *adj*. **1.** uncooked, as articles of food. **2.** (of foods, textiles, etc.) not having undergone processes of preparing, dressing, finishing, refining, or manufacture. **3.** untreated: *raw sewage*. **4.** (of numerical data) exactly as counted, before scaling, adjustment, etc. **5.** unnaturally or painfully exposed, as flesh, etc., by removal of the skin or natural integument. **6.** painfully open, as a sore, wound, etc. **7.** painfully exposed or sensitive: *raw nerves*. **8.** crude in quality or character; not tempered or refined by art or taste: *raw talent; raw energy*. **9.** ignorant, inexperienced, or untrained: *a raw recruit*. **10.** brutally or grossly frank: *a raw portrayal of human passions*. **11.** *Colloquial* harsh or unfair: *a raw deal*. **12.** disagreeably damp and chilly, as the weather, air, etc. **13.** not diluted, as spirits. –*phr.* **14. the raw, a.** a crude, uncultured state: *the play portrayed life in the raw*. **b.** a state of nakedness; nudity: *she sunbakes in the raw*. **c.** a particularly sensitive place, point, topic, or the like: *her remark touched him on the raw*.

rawlplug /ˈrɔːlplʌg/ *n.* a small drilled plug inserted into a hole in a wall as a fixing for a nail or screw.

ray[1] /reɪ/ *n.* **1.** a narrow beam of light. **2.** a slight showing of anything: *a ray of hope*. **3.** *Physics* **a.** any of the lines or streams in which light or particles appear to flow, often from a luminous object. **b.** the straight line perpendicular to the wavefront of radiant energy. **4.** *Mathematics* one of a system of straight lines coming from a point. **5.** any of a system of parts radially arranged. **6.** *Zoology* **a.** one of the branches or arms of a starfish or other radiate animal. **b.** one of the jointed supports of the soft fins of fishes. **7.** *Astronomy* one of the many long bright streaks radiating from the large craters of the moon.

ray[2] /reɪ/ *n.* a fish, related to the sharks with flat (depressed) body fitted for life on the sea bottom, distinguished by having the gill openings on the lower surface.

rayon /ˈreɪɒn/ *n.* **1.** any textile fibres made from cellulose by passing an appropriate solution of it through spinnerets to form filaments which are used in yarns for making cloth; artificial silk. **2.** fabric made with the product.

raze /reɪz/ *v.t.* **razed, razing.** to tear down, demolish, or level to the ground. Also, **rase**. –**razer** *n.*

razoo /raˈzuː/ *n. Australian, NZ Colloquial* **1.** a gambling chip. –*phr.* **2. not have a brass razoo,** to have no money at all. **3. not worth a brass razoo,** not worth anything. Also, **rahzoo**.

razor /ˈreɪzə/ *n.* **1.** a sharp-edged instrument used especially for shaving hair from the skin. **2.** an electrically powered device, as one having rotating or reciprocating blades behind a foil, used for the same purpose. –*v.t.* **3.** to apply a razor to. **4.** to shave.

razorback /ˈreɪzəbæk/ *n.* **1.** a sharp ridge. **2.** a bullock, or cow, etc., in poor condition. **3.** a wild pig with long legs, sharp snout, and lean body.

razz /ræz/ *Colloquial* –*v.t.* **1.** to deride; make fun of; chiack. –*n.* **2.** severe criticism; derision.

RDI /aː diː ˈaɪ/ recommended dietary intake.

re /riː, reɪ/ *prep.* in the case of; with reference to.

re- a prefix indicating repetition, as in *reprint, rebirth*.

reach /riːtʃ/ *v.t.* **1.** to get to, or get as far as, in moving, going, travelling, etc.: *the boat reached the shore*. **2.** to come to or arrive at in some course of progress, action, etc.: *his letter reached me*. **3.** to succeed in touching or seizing with an outstretched hand, a pole, etc.: *to reach a book on a high shelf*. **4.** to stretch or hold out; extend. **5.** to stretch or extend so as to touch or meet: *the bookcase reaches the ceiling*. **6.** to establish communication with. **7.** to amount to, as in the sum or total: *the cost will reach millions*. **8.** to penetrate to (a point, etc.). **9.** to succeed in striking or hitting, as with a weapon or missile. **10.** to succeed in influencing, impressing, interesting, convincing, etc. –*v.i.* **11.** to make a stretch, as with the hand or arm. **12.** to become outstretched, as the hand or arm. **13.** to make a movement or effort as if to touch or seize something: *to reach for a weapon*. **14.** to extend in operation or effect: *power that reaches throughout the land*. **15.** to stretch in space; extend in direction, length, distance, etc.: *a coat reaching to the knee*. **16.** to extend or continue in time. **17.** to penetrate. **18.** *Nautical* to sail with the wind from somewhere near abeam, i.e., neither ahead nor dead astern. –*n.* **19.** the act of reaching: *to make a reach for a weapon*. **20.** the extent or distance of reaching: *within reach of his voice*. **21.** range of effective action, power, or capacity. **22.** the capacity of a media outlet to display advertising, measured usually in terms of readership or viewer or listener ratings. **23.** the length of the arm from the armpit to the finger tips. **24.** a continuous stretch or extent of something: *a reach of woodland*. **25.** a portion of a river between bends. –*phr.* **26. reach someone down something,** *Colloquial* to fetch something for someone from a high location: *reach me down that book on the top shelf*. **27. reach to, a.** to get or come to (a specified place, person, condition, etc.). **b.** to amount to: *sums reaching to a considerable total*. –**reacher** *n.*

react /riˈækt/ *v.i.* **1.** to act in return on an agent or influence; act reciprocally upon each other, as two things. **2.** to act in a reverse direction or manner. **3.** to act in opposition, as against some force. **4.** to respond to a stimulus in a particular manner. –**reactant** *n.*

reaction /riˈækʃən/ *n.* **1.** a movement, tendency or action in an opposite direction. **2.** an action in response to a stimulus, influence, or some other event. **3.** a political tendency or movement back to former policies and against change: *conservatism is often a reaction to socialism or radicalism*. **4.** *Chemistry* the chemical action of substances upon each other; chemical change. **5.** → **nuclear reaction**. **6.** *Physics* See **Newton's laws**. –**reactive** *adj.*

reactionary /riˈækʃənəri, -ʃənri/ *adj., n.* **-aries**. –*adj.* **1.** of, relating to, marked by, or favouring reaction, as in politics. –*n.* **2.** someone who favours or inclines to reaction (def. 3). Also, **reactionist**.

reaction propulsion *n.* → **jet propulsion**.

reactor /riˈæktə/ *n.* **1.** *Chemistry* a substance undergoing a reaction. **2.** *Electricity* a device, the primary purpose of which is to introduce reactance into a circuit. **3.** *Physics* → **nuclear reactor**.

read[1] /riːd/ *v.* **read** /rɛd/ *or* **reading,** /ˈriːdɪŋ/ *n.* –*v.t.* **1.** to observe, and apprehend the meaning of (something written, printed, etc.): *to read a book*. **2.** to utter aloud; render in speech (something written, printed, etc.). **3.** to have such knowledge of (a language) as to be able to understand things written in it: *to read French*. **4.** to apprehend the meaning of (signs, characters, etc.) otherwise than with the eyes, as by means of the fingers. **5.** to make out the significance of, by scrutiny or observation: *to read the sky*. **6.** to foresee, foretell, or predict: *to read a person's fortune*. **7.** to make out the character, etc., of (a person, etc.), by the interpretation of outward signs. **8.** to understand or take (something read or observed) in a particular way. **9.** to introduce (something not expressed or directly indicated) into what is read or considered. **10.** to adopt or give as a reading in a particular passage: *for 'one thousand' another version reads 'ten thousand'*. **11.** to register or indicate, as a thermometer or other instrument. **12.** to study, as by perusing books: *to read law*. **13.** to learn by, or as if by, perusal: *to read a person's thoughts*. **14.** to bring, put, etc., by reading: *to read oneself to sleep*. **15.** to give someone (a lecture or lesson) by way of admonition or rebuke. **16.** to discover or explain the meaning of (a riddle, a dream, etc.). **17.** (of a computer) to copy (information) from a secondary device, such as a magnetic tape or disc, into its primary storage area. –*v.i.* **18.** to read or peruse writing, printing, etc., or papers, books, etc. **19.** to utter aloud, or render in speech, written or printed words that one is perusing: *to read to a person*. **20.** to give a public reading or recital. **21.** to inspect and apprehend the meaning of written or other signs or characters. **22.** to occupy oneself seriously with reading or study, especially in a specific course of study: *to read for holy orders*. **23.** to obtain knowledge or learn of something by reading. **24.** to admit of being read, especially properly or well. **25.** to have a certain wording. **26.** to admit of being read or interpreted (as stated): *a rule that reads two different ways*. **27.** (of a computer) to take in information. –*n.* **28.** the act or process of reading: *to just lie in bed and have a read*. –*phr.* **29. a good read**, a book, magazine, etc., that is enjoyable to read. **30. read between the lines**, to perceive the truth of a situation, regardless of its appearances. **31. read oneself in**, *Church of England* to take possession of a benefice by publicly reading the Thirty-nine Articles. **32. you wouldn't read about it**, *Australian, NZ* (an exclamation of astonishment, sometimes ironic). –**readable** *adj.*

read[2] /rɛd/ *adj.* having knowledge gained by reading: *a widely read person*.

reader /'ridə/ *n.* **1.** someone who reads. **2.** a book of instruction and practice in reading. **3.** someone employed to read and report on manuscripts, etc., sent in for publication. **4.** someone who reads or recites before an audience. **5.** a university teacher ranking next below a professor. **6.** a proofreader. –**readiness** *n.*

reading /'ridɪŋ/ *n.* **1.** the action or practice of someone who reads. **2.** ability to read: *good reading comes with practice*. **3.** the way a part in a play, etc., is performed by a particular person. **4.** knowledge through books: *a man of wide reading*. **5.** matter read or for reading: *a novel that makes good reading; today's reading is from St John*. **6.** a particular understanding of something: *what is your reading of the situation?* **7.** a figure given by an instrument, as a thermometer. **8.** *Parliamentary Procedure* the formal presentation of a bill. –*adj.* **9.** relating to, or used for, reading: *reading skill; reading glasses*. **10.** given to reading: *the reading public*.

readout /'ridaʊt/ *n.* → **digital display**.

read-write /rid-'raɪt/ *adj.* having to do with a computer, etc., which reads and then restores memory data.

ready /'rɛdi/ *adj.* **readier**, **readiest**, *v.* **readied**, **readying**, *n.* –*adj.* **1.** completely prepared or in the right condition for immediate action or use: *soldiers ready for battle; dinner is ready; are you ready to go out?* **2.** willing: *ready to forgive*. **3.** quick: *he's very ready to understand; a ready answer; a ready wit*. **4.** eager to; apt: *too ready to criticise others*. **5.** likely at any moment (to do something): *a tree ready to fall*. **6.** immediately available for use: *ready money*. –*v.t.* **7.** to prepare. –*n.* **8.** the condition or position of being ready: *to bring a rifle to the ready*.

reagent /ri'eɪdʒənt/ *n. Chemistry* a substance which, on account of the reactions it causes, is used in chemical analysis.

real /ril/ *adj.* **1.** true (rather than merely ostensible, nominal, or apparent): *the real reason for an act*. **2.** existing or occurring as fact; actual (rather than imaginary, ideal, or fictitious): *a story taken from real life*. **3.** being an actual thing, with objective existence (rather than merely imaginary). **4.** being actually such (rather than merely so called): *a real victory*. **5.** genuine; not counterfeit, artificial, or imitation: *a real antique, a real diamond, real silk*. **6.** unfeigned or sincere: *real sympathy*. **7.** *Philosophy* **a.** existent or relating to the existent as opposed to the non-existent. **b.** actual as opposed to possible or potential. **c.** independent of experience as opposed to phenomenal or apparent. **8.** *Law* denoting immoveable property of a freehold type, as lands and tenements excluding leaseholds (opposed to *personal*). **9.** *Optics* (of an image) formed by the actual convergence of rays, as the image produced in a camera (opposed to *virtual*). **10.** *Mathematics* having to do with a real number. –*adv.* **11.** *Colloquial* very. –*phr.* **12. for real**, *Colloquial* **a.** actual; definite: *that overseas trip is for real*. **b.** in earnest: *she's trying for real now*. **c.** genuine; sincere: *she's for real when she says she loves you*. **13. get real**, *Colloquial* (an interjection to desist from unrealistic or impractical notions). **14. the real**, **a.** that which is real or actually exists. **b.** reality in general. **15. the real McCoy** (or **thing**), the genuine article. –**realness** *n.*

real estate *n.* tangible and immovable property such as land and houses, buildings or any such structures on the land, and any rights attached to the ownership of the land, such as mineral rights (but excluding leasehold interests). Also, **real property**.

real estate agent *n.* someone who acts as an intermediary between the buyer and the vendor of real estate; real estate broker.

realise = realize /'rɪəlaɪz/ *v.* **-lised**, **-lising**. –*v.t.* **1.** to come to understand clearly: *he realised for the first time that he was alone*. **2.** (often in passive) to make real, or give reality to (a hope, fear, plan, etc.): *his worst fears were realised when the business collapsed*. **3.** to turn into cash: *to realise assets*. –**realisable** *adj.* –**realiser** *n.*

realism /'rɪəlɪzəm/ *n.* **1.** the tendency to face facts and deal with things as they really are, rather than as they exist in some ideal world. **2.** the taking of a practical view in human problems rather than one based on principles of right and wrong. **3.** the treatment of subjects in literature or art with faithfulness to nature or to real life (opposed to *idealism*): *Hogarth is a master of realism*.

reality /ri'ælətɪ/ *n.* **-ties**. –*n.* **1.** the state or fact of being real. **2.** a real thing or fact. **3.** *Philosophy* **a.** that which exists independently of ideas concerning it. **b.** that which exists independently of all other things; an ultimate thing which produces derivatives. –*phr.* **4. in reality**, really; actually; in fact or truth.

really /'rɪəli/ *adv.* **1.** in reality; actually: *to see things as they really are*. **2.** genuinely or truly: *a really honest man*. **3.** indeed: *really, this is too much*.

realm /rɛlm/ *n.* **1.** a royal domain; kingdom: *the realm of England*. **2.** the region, sphere, or domain within which anything rules or prevails: *the realm of dreams*. **3.** the special province or field of something: *the realm of physics*. –*phr.* **4. beyond the realm(s) of possibility**, utterly impossible. **5. within the realm(s) of possibility**, possible, especially remotely possible.

real number *n. Mathematics* **1.** one of the set of numbers which include all rational and irrational numbers. **2.** → **decimal number**.

real-time /'ril-taɪm/ *adj.*, /ril-'taɪm/ *n.* –*adj.* **1.** having to do with an analytical or computing device which processes information and outputs results at the same rate at which the original information is presented. –*n.* **2.** a method using real-time processing: *this machine processes in real-time*.

realtor /'riəltə, -tɔ/ *n. Chiefly US* → **real estate agent**.

realty /'riəlti/ *n.* → **real estate**.

real wages *pl. n. Economics* the wages paid for work done, expressed in terms of buying power (opposed to *money wages*, the actual amount of money paid out for work done).

ream /rim/ *n.* **1.** Also, **printer's ream**. a standard quantity among paper dealers meaning 20 quires or 500 sheets (formerly 480 sheets). **2.** (*plural*) *Colloquial* a large quantity: *to write reams and reams of poetry*.

reap /rip/ *v.t.* **1.** to cut (grain, etc.) with a sickle or other implement or a machine, as in harvest. **2.** to gather or take (a crop, harvest, etc.). **3.** to get as a return, recompense, or result: *to reap large profits*. –*v.i.* **4.** to reap grain, etc.

reaper /'ripə/ *n.* **1.** a machine for cutting standing grain; a reaping machine. **2.** one who reaps. –*phr.* **3. the grim reaper**, Death personified.

rear[1] /rɪə/ *n.* **1.** the back of anything, as opposed to the front. **2.** the space or position behind anything. **3.** the behind; buttocks. **4.** the hindmost portion of an army, fleet, etc. –*adj.* **5.** situated at or relating to the rear: *the rear door*. –*phr.* **6. bring up the rear, a.** to be the hindmost in a group or string of walkers, riders, etc. **b.** to be the last in a field of contestants, etc.

rear[2] /rɪə/ *v.t.* **1.** to care for and support until fully grown: *to rear a child*. **2.** to raise by building; erect. **3.** to lift, raise, or hold up; elevate. –*v.i.* **4.** to rise on the hind legs, as a horse. **5.** (of persons) to start up in angry excitement, etc. (commonly followed by *up*).

reason /'rizən/ *n.* **1.** a ground or cause, as for a belief, action, fact, event, etc.: *the reason for declaring war*. **2.** a statement in justification or explanation of belief or action. **3.** the mental powers concerned with drawing conclusions or inferences. **4.** sound judgment or good sense. **5.** normal or sound powers of mind; sanity. **6.** *Logic* a premise of an argument. **7.** *Philosophy* intellect as opposed to sensibility. –*v.i.* **8.** to think or argue in a logical manner. –*phr.* **9. by reason of,** on account of; because of. **10. in** (or **within**) **reason,** in accordance with reason; to the extent justifiable or proper. **11. it stands to reason,** it is obvious or logical. **12. reason out,** to think out (a problem, etc.) logically. **13. reason that ...,** to conclude or infer as stated. **14. reason with,** to urge reasons on which should determine belief or action. –**reasoner** *n.*

reasonable /'rizənəbəl/ *adj.* **1.** endowed with reason. **2.** agreeable to reason or sound judgment: *a reasonable choice*. **3.** not exceeding the limit prescribed by reason; not excessive: *reasonable terms*. **4.** moderate, or moderate in price: *the coat was reasonable but not cheap*. –**reasonableness, reasonability** /rizənə'bɪləti/ *n.* –**reasonably** *adv.*

reassure /riə'ʃɔ/ *v.t.* **-sured, -suring. 1.** to restore (a person, etc.) to assurance or confidence: *his remarks reassured me*. **2.** to assure again. –**reassurance** *n.* –**reassurer** *n.* –**reassuring** *adj.* –**reassuringly** *adv.*

rebate[1] /'ribeɪt/ *n., v.* **-bated, -bating.** –*n.* **1.** a return of part of an original amount paid for some service or merchandise; repayment, as of a part of charges. –*v.t.* **2.** to allow as a discount. **3.** to deduct (a certain amount), as from a total.

rebate[2] /'ribeɪt/ *n., v.* **-bated, -bating.** –*n.* **1.** a cut, groove, or recess made on the edge or surface of a board or the like, as to receive the end or edge of another board or the like similarly shaped. –*v.t.* **2.** to cut or form a rebate in (a board, etc).

rebel /'rɛbəl/ *n., adj.*; /rə'bɛl/ *v.* **-belled, -belling.** –*n.* **1.** someone who resists, or rises in arms against, the established government. **2.** someone or something that resists any authority or control. –*adj.* **3.** fighting authority; rebellious. **4.** of or relating to rebels. –*v.i.* **5.** to rise in arms or active resistance against the government. **6.** to resist any authority. –**rebeldom** *n.*

rebellion /rə'bɛljən/ *n.* **1.** open, organised, and armed resistance to one's government or ruler. **2.** resistance against or defiance of any authority or control. **3.** rejection of traditional or established customs, culture, etc. **4.** the act of rebelling. –**rebellious** *adj.*

reboot /ri'but/ *v.t. Computers* to take (a computer which is already switched on) through the procedure which loads the operating system.

rebound /rə'baʊnd/ *v.*, /'ribaʊnd, rə'baʊnd/ *n.* –*v.i.* **1.** to bound or spring back from force of impact. –*v.t.* **2.** to cause to bound back; cast back. –*n.* **3.** the act of rebounding; recoil. –*phr.* **4. on the rebound, a.** in the act of bouncing back. **b.** during a period of reaction, as after being rejected: *she married him on the rebound after an unhappy love affair*.

rebuff /rə'bʌf/ *n.* **1.** a blunt or abrupt check, as to someone making advances. **2.** a peremptory refusal of a request, offer, etc.; a snub. **3.** a check to action or progress. –*v.t.* **4.** to give a rebuff to; check; repel; refuse; drive away.

rebuke /rə'bjuk/ *v.* **-buked, -buking.** –*v.t.* **1.** to reprove or reprimand. –*n.* **2.** a reproof; a reprimand. –**rebukeable** *adj.* –**rebuker** *n.*

rebus /'ribəs/ *n.* an enigmatical representation of a word or phrase by pictures, symbols, etc., suggesting the word elements or words: *two gates and a head is a rebus for Gateshead*.

rebut /rə'bʌt/ *v.t.* **-butted, -butting. 1.** to refute by evidence or argument. **2.** to oppose by contrary proof. –**rebuttable** *adj.*

recalcitrant /rə'kælsətrənt/ *adj.* **1.** resisting authority or control; not obedient or compliant; refractory. –*n.* **2.** a recalcitrant person. –**recalcitrance, recalcitrancy** *n.*

recall /rə'kɔl/ *v.*, /'rikɔl/ *n.* –*v.t.* **1.** to remember. **2.** to bring back in thought or attention. **3.** to take back or withdraw. **4.** to remove (a public official) from office. –*n.* **5.** the act of recalling. **6.** memory; recollection. –**recallable** *adj.*

recant /rə'kænt/ *v.t.* **1.** to withdraw or disavow (a statement, etc.), especially formally; retract. –*v.i.* **2.** to disavow an opinion, etc., especially formally. –**recantation** /rikæn'teɪʃən/ *n.* –**recanter** *n.*

recapitulate /rikə'pɪtʃəleɪt/ *v.* **-lated, -lating.** –*v.t.* **1.** to review by way of an orderly summary, as at the end of a speech or discourse. –*v.i.* **2.** to sum up statements or matters. –**recapitulation** *n.*

recede /rə'sid/ *v.i.* **-ceded, -ceding. 1.** to go or move back, to or towards a more distant point. **2.** to become more distant. **3.** to slope backwards: *a receding chin*. **4.** to draw back or withdraw from a position taken in a matter, or from an undertaking, promise, etc.

receipt /rə'sit/ *n.* **1.** a written acknowledgment of having received money, goods, etc. **2.** (*plural*) the amount or quantity received. **3.** the act or result of receiving. –*v.t.* **4.** to acknowledge in writing the payment of (a bill).

receive /rə'siv/ *v.* **-ceived, -ceiving.** –*v.t.* **1.** to take into one's hand or one's possession (something offered or delivered). **2.** to have (something) granted, etc.: *to receive an honorary degree*. **3.** to get or learn: *to receive news*. **4.** to take into the mind. **5.** to experience: *to receive attention*. **6.** to suffer or undergo: *to receive a broken arm*. **7.** to be at home to (visitors). **8.** to admit (a person) to a place. **9.** to admit to a condition, membership, etc.: *to receive someone into the Church* **10.** to accept as authoritative, true, or approved: *a principle universally received*. –*v.i.* **11.** to receive something. **12.** *Radio* to convert incoming electromagnetic waves into the original signal, as soundwaves or light on a television screen.

receiver /rəˈsivə/ *n*. **1.** someone or something that receives. **2. a.** a device which receives electrical signals, waves, etc., and changes them to sounds or pictures, as a radio or television receiving set. **b.** the part of a telephone held to the ear. **3.** *Law* a person appointed, usually by a court, to take charge of a business or property of others, pending a law suit. **4.** *Commerce* someone appointed to receive money due. **5.** someone who knowingly receives stolen goods. **6.** a device for receiving or holding something. **7.** *Tennis* the player who receives the ball from the server. **–receivership** *n*.

recent /ˈrisənt/ *adj*. **1.** of late occurrence, appearance, or origin; lately happening, done, made, etc.: *recent events*. **2.** not long past, as a period. **3.** belonging to such a period; not remote or primitive. **–recency, recentness** *n*. **–recently** *adv*.

receptacle /rəˈsɛptəkəl/ *n*. **1.** something that serves to receive or hold anything; a repository; a container. **2.** *Botany* the modified or expanded portion of an axis, which bears the organs of a single flower or the florets of a flower head.

reception /rəˈsɛpʃən/ *n*. **1.** the act or result of receiving. **2.** an occasion when people are formally received. **3.** an office, desk, etc., where callers are received. **4.** *Radio* the quality gained in receiving under given conditions.

receptionist /rəˈsɛpʃənəst/ *n*. someone employed to receive and direct callers, as in an office or hotel.

receptive /rəˈsɛptɪv/ *adj*. **1.** having the quality of receiving, taking in, or admitting. **2.** able or quick to receive ideas, etc.: *a receptive mind*. **3.** having, or characterised by, a disposition to receive a suggestion, offer, or the like with favour: *a receptive person*. **4.** having to do with reception or receptors. **–receptively** *adv*. **–receptivity** /risɛpˈtɪvəti/, **receptiveness** *n*.

receptor /rəˈsɛptə/ *n*. *Physiology* one of or a group of the end organs of sensory or afferent neurons, specialised to be sensitive to stimulating agents.

recess /rəˈsɛs, ˈrisɛs/ *n*., /rəˈsɛs/ *v*. –*n*. **1.** a part or space that is set back, as an alcove in a room. **2.** (*usually plural*) a quiet, hidden inner area or part. **3.** a stopping for a time, from work, or some activity. –*v.t*. **4.** to place or set in a recess. **5.** to form as or like a recess.

recession /rəˈsɛʃən/ *n*. **1.** the act of receding or withdrawing. **2.** a receding part of a wall, etc. **3.** *Ecclesiastical* a procession at the end of a church service. **4.** a decline in business. **5.** *Economics* a period of adverse economic circumstances, usually less severe than a depression. **–recessionary** *adj*.

recessional /rəˈsɛʃənəl/ *adj*. **1.** *Ecclesiastical* having to do with a recession of the clergy and choir after a church service. **2.** having to do with a recess, as of a legislative body. –*n*. **3.** *Ecclesiastical* a recessional hymn, or music for it.

recessive /rəˈsɛsɪv/ *adj*. **1.** tending to recede; receding. **2.** *Biology* relating to or exhibiting a recessive, as opposed to a dominant. **3.** *Phonetics* (of accent) showing a tendency to recede from the end towards the beginning of a word. –*n*. *Biology* **4.** a hereditary character resulting from a gene which possesses less biochemical activity than another termed the dominant, and hence is suppressed more or less completely by it when in a heterozygous condition. **5.** an individual exhibiting such character. **–recessively** *adv*. **–recessiveness** *n*.

recherché /rəˈʃɛəʃeɪ/ *adj*. **1.** sought out with care. **2.** rare or choice. **3.** of studied refinement or elegance.

recidivism /rəˈsɪdəvɪzəm/ *n*. repeated or habitual relapse into crime. **–recidivist** *n*., *adj*. **–recidivistic** /rəsɪdəˈvɪstɪk/, **recidivous** *adj*.

recipe /ˈrɛsəpi/ *n*. **1.** any formula, especially one for preparing a dish in cookery. **2.** a method to attain a desired end.

recipient /rəˈsɪpiənt/ *n*. **1.** a person or thing that receives something. –*adj*. **2.** receiving or capable of receiving.

reciprocal /rəˈsɪprəkəl/ *adj*. **1.** given, felt, etc., by each towards each; mutual: *reciprocal love*. **2.** given, performed, felt, etc., in return: *reciprocal aid*. –*n*. **3.** something that is reciprocal to something else; a counterpart. **4.** *Mathematics* the number by which a given quantity is multiplied to produce one. **–reciprocality** /rəsɪprəˈkælət i/ *n*. **–reciprocally** *adv*. **–reciprocity** *n*.

reciprocate /rəˈsɪprəkeɪt/ *v*. -cated, -cating. –*v.t*. **1.** to give, feel, etc., in return. **2.** to give and receive reciprocally; interchange: *to reciprocate favours*. **3.** to cause to move alternately backwards and forwards. –*v.i*. **4.** to make return, as for something given. **5.** to make an interchange. **6.** to move alternately backwards and forwards. **–reciprocative** *adj*. **–reciprocator** *n*. **–reciprocation** *n*.

recital /rəˈsaɪtl/ *n*. **1.** a musical or other entertainment given usually by a single performer, or consisting of selections from a single composer. **2.** the act of reciting. **3.** a detailed statement. **4.** an account, narrative, or description. **–recitalist** *n*.

recitative /rəˈsaɪtətɪv, ˌrɛsəˈteɪtɪv/ *adj*. having to do with recital, as of facts.

recite /rəˈsaɪt/ *v*. -cited, -citing. –*v.t*. **1.** to repeat the words of, as from memory, especially in a formal manner: *to recite a lesson*. **2.** to repeat (a piece of poetry or prose) before an audience, as for entertainment. **3.** to give an account of: *to recite one's adventures*. **4.** to enumerate. –*v.i*. **5.** to recite or repeat something from memory. **–recitation** *n*. **–reciter** *n*.

reckless /ˈrɛkləs/ *adj*. **1.** utterly careless of the consequences of action; without caution: *a reckless driver*. **2.** characterised by or proceeding from such carelessness: *reckless extravagance*. –*phr*. **3.** **reckless of**, careless of the consequences to: *reckless of life and limb*. **–recklessly** *adv*. **–recklessness** *n*.

reckon /ˈrɛkən/ *v.t*. **1.** to count, compute, or calculate as to number or amount. **2.** to esteem or consider (as stated): *to be reckoned a wit*. **3.** *Colloquial* to think or suppose. –*v.i*. **4.** to count; make a computation or calculation. **5.** to think; suppose. –*phr*. **6.** **reckon on**, to count, depend, or rely on, as in expectation. **7.** **reckon up**, (sometimes fol. by *with*) to settle accounts, as with a person. **8.** **reckon with**, to deal with, as with something to be taken into account or entering into a case. **9.** **reckon without**, to fail to take into account.

re-claim /ri-ˈkleɪm/ *v.t*. to claim or demand the return or restoration of (something, someone).

reclaim /rəˈkleɪm/ *v.t*. **1.** to bring (wild, waste, or marshy land) into a condition for cultivation or other use. **2.** to recover (substances) in a pure or usable form from refuse matter, articles, etc. **3.** to bring back to more socially, morally, or religiously acceptable courses, living, principles, ideas, etc. –*n*. **4.** reclamation: *beyond reclaim*. **–reclaimable** *adj*. **–reclaimant, reclaimer** *n*.

recline /rəˈklaɪn, ri-/ *v*. -clined, -clining. –*v.i*. **1.** to lean or lie back; rest in a recumbent position. –*v.t*. **2.** to cause to lean back on something; place in a recumbent position. **–reclinable** *adj*. **–recliner** *n*. **–reclination** /ˌrɛkləˈneɪʃən/ *n*.

recluse /rə'klus/ *n.* **1.** someone who lives in seclusion or apart from society, often for religious meditation. **2.** a religious voluntarily immured or remaining for life within a cell; incluse. –*adj.* **3.** shut off or apart from the world, or living in seclusion, often for religious reasons. **4.** characterised by seclusion. –**reclusion** *n.* –**reclusive** *adj.*

recognise = **recognize** /'rɛkəgnaɪz/ *v.t.* **-nised, -nising. 1.** to know again: *I scarcely recognised him.* **2.** to identify from knowledge of appearance or character. **3.** to understand as existing or true; realise: *to be the first to recognise a fact.* **4.** to admit formally as existing: *one government recognises another.* **5.** to admit or treat as correct: *to recognise a claim.* **6.** to show acquaintance with (a person, etc.) as by a salute. **7.** to show approval of (kindness, merit, etc.) as by some reward. –**recognisable** *adj.* –**recognisably** *adv.* –**recognition** *n.*

recoil /rə'kɔɪl/ *v.*, /rə'kɔɪl, 'rikɔɪl/ *n.* –*v.i.* **1.** to draw back, as in fear or horror. **2.** to spring or fly back, as a result of force of impact or of a discharge, as a gun. **3.** to spring or come back; react (fol. by *on* or *upon*). –*n.* **4.** the act of recoiling.

recollect /rɛkə'lɛkt/ *v.t.* **1.** to recall to mind, or recover knowledge of by an act or effort of memory; remember. **2.** to concentrate or absorb (the mind, etc.), as in preparation for mystical contemplation. –*v.i.* **3.** to have a recollection; remember. –**recollection** *n.* –**recollective** *adj.* –**recollectively** *adv.*

recombinant DNA /rɪˌkɒmbənənt ˌdi ɛn 'eɪ/ an artificially produced form of DNA achieved by joining fragments of DNA molecules obtained from different organisms.

recommend /rɛkə'mɛnd/ *v.t.* **1.** to commend by favourable representations; present as worthy of confidence, acceptance, use, etc.: *to recommend a book.* **2.** to represent or urge as advisable or expedient: *to recommend caution.* **3.** to advise (a person, etc., to do something): *to recommend one to wait.* **4.** to make acceptable or pleasing: *a plan that has very little to recommend it.* –**recommendable** *adj.* –**recommendatory** *adj.* –**recommender** *n.*

recompense /'rɛkəmpɛns/ *v.* **-pensed, -pensing,** *n.* –*v.t.* **1.** to repay or reward, for service, aid, etc. **2.** to make a return or repayment for. –*n.* **3.** a repayment made, as for loss, injury, etc. **4.** reward; remuneration.

reconcile /'rɛkənsaɪl/ *v.t.* **-ciled, -ciling. 1.** to bring into agreement or harmony; make compatible or consistent: *to reconcile differing statements.* **2.** to win over to friendliness: *to reconcile a hostile person.* **3.** to compose or settle (a quarrel, difference, etc.). –*phr.* **4. reconcile to,** to render no longer opposed to; bring to acquiescence in: *to reconcile someone to their fate.* –**reconcilable** *adj.* –**reconcilement** *n.* –**reconciliation** *n.* –**reconciliatory** *adj.* –**reconciler** *n.*

recondite /rə'kɒndaɪt, 'rɛkəndaɪt/ *adj.* **1.** dealing with abstruse or profound matters: *a recondite treatise.* **2.** removed from ordinary knowledge or understanding; abstruse; profound: *recondite principles.* **3.** little known; obscure. –**reconditely** *adv.* –**reconditeness** *n.*

recondition /rikən'dɪʃən/ *v.t.* to restore to a good or satisfactory condition; repair; overhaul.

reconnaissance /rə'kɒnəsəns/ *n.* **1.** the act of reconnoitring. **2.** *Military* a search made for useful military information in the field, especially by examining the ground. **3.** *Civil Engineering* a preliminary examination of a region as to its general natural features, before a more exact survey for triangulation, etc.

reconnoitre /rɛkə'nɔɪtə/ *v.* **-tred, -tring,** *n.* –*v.t.* **1.** to inspect, observe, or survey (the enemy, the enemy's strength or position, a region, etc.) in order to gain information for military purposes. **2.** to examine or survey (a region, etc.) for engineering, geological, or other purposes. –*v.i.* **3.** to make a reconnaissance. –*n.* **4.** the act of reconnoitring; a reconnaissance. Also, *US,* **reconnoiter.** –**reconnoitrer** *n.*

reconsider /rikən'sɪdə/ *v.t.* **1.** to consider again. **2.** to consider again with a view to a change of decision or action: *to reconsider a refusal.* –*v.i.* **3.** to reconsider a matter. –**reconsideration** /ˌrikənsɪdə'reɪʃən/ *n.*

reconstruct /rikən'strʌkt/ *v.t.* **1.** to construct again; rebuild. **2.** to re-create or re-enact past events or another place: *to reconstruct a crime, the scene of a crime.* **3.** *Linguistics* to suggest hypothetical forms for (a language, or parts of a language, for which no documentary evidence survives) by comparison of related languages or forms for which such evidence is available. –**reconstruction** *n.*

record /rə'kɔd/ *v.*, /'rɛkɔd/ *n., adj.* –*v.t.* **1.** to set down in writing or the like, as for the purpose of preserving evidence. **2.** to cause to be set down or registered: *to record one's vote.* **3.** to indicate or state: *they recorded a protest by sitting down in the streets.* **4.** to serve to relate to or to tell of, as a written statement. **5.** to set down or register in some permanent form, as instruments. **6.** to set down, register, or fix by characteristic marks, incisions, magnetism, etc., for the purpose of reproduction by a gramophone or tape recorder. **7.** to play or read for the purposes of making a recording: *the orchestra recorded a symphony.* –*v.i.* **8.** to record something. –*n.* **9.** the act of recording. **10.** the state or fact of being recorded, as in writing. **11.** an account in writing or the like preserving the memory or knowledge of facts or events. **12.** information or knowledge preserved in writing or the like. **13.** *Computers* a self-contained grouping of data. **14.** a report, list, or aggregate of actions or achievements, as in the case of a person, an organisation, a horse, a ship, etc.: *to have a good record.* **15.** any thing or person serving as a memorial. **16.** the tracing, marking, or the like made by recording instrument. **17.** a disc or, formerly, a cylinder, or other device having characteristic markings for reproducing sound, especially for use with a record-player or a gramophone; gramophone record. **18.** the highest or farthest recorded degree attained; the best rate, amount, etc., attained, as in some form of sport: *to break the record in the high jump.* **19.** an official writing intended to be preserved. **20.** *Law* **a.** the commitment to writing, as authentic evidence, of something having legal importance, especially as evidence of the proceedings or verdict of a court. **b.** evidence preserved in this manner. **c.** an authentic or official written report of proceedings of a court of justice. –*adj.* **21.** making or affording a record. **22.** notable in the degree of attainment; surpassing all others: *a record year for sales.* –*phr.* **23. off the record,** unofficially; without intending to be quoted. **24. on record,** recorded in a publicly available document: *he is on record as having said that he would launch a war against China.*

recorder /rə'kɔdə/ *n.* **1.** someone who records, especially as an official duty. **2.** a recording or registering apparatus or device. **3.** → **tape recorder. 4.** a soft-toned flute with a plug in the mouthpiece, played in vertical position. –**recordership** *n.*

recording /rə'kɔdɪŋ/ *n.* **1.** the act or practice of making a record. **2.** *Electronics* a record of music, speech, or the like made on magnetic tape or similar medium for purposes of reproduction; a record or tape.

record-player /'rɛkɔd-pleɪə/ n. a machine that reproduces sound from a record; gramophone; phonograph.

re-count /ˌri-'kaʊnt/ v., /'ri-kaʊnt/ n. –v.t. **1.** to count again. –n. **2.** a second or additional count, as of votes in an election.

recount /rə'kaʊnt/ v.t. **1.** to relate or narrate; tell in detail; give the facts or particulars of. **2.** to narrate in order. **3.** to tell one by one; enumerate.

recoup /rə'kup/ v., /'rikup/ n. –v.t. **1.** to get an equivalent for; compensate for. **2.** to regain or recover. **3.** to pay back; indemnify. –n. **4.** the act of recouping. –**recoupment** n.

recourse /rə'kɔs/ n. **1.** resort or application to a person or thing for help or protection, as when in difficulty: *to have recourse to someone*. **2.** a person or thing resorted to for help or protection. **3.** *Commerce* the right to resort to a person for pecuniary compensation. An endorsement **without recourse** is one by which a payee or holder of a negotiable instrument, by writing 'without recourse' with his or her name, merely transfers the instrument without assuming any liability upon it.

recover /rə'kʌvə/ v.t. **1.** to get again, or regain (something lost or taken away). **2.** to make up for or make good (loss, damage, etc., to oneself). **3.** to regain the strength, balance, etc., of (oneself). **4.** *Law* **a.** to get by judgment in a court of law: *to recover damages for a wrong*. **b.** to gain title to through legal process: *to recover land*. **5.** to regain from a bad state, practice, etc. –v.i. **6.** to regain health after sickness, etc. (often fol. by *from*): *to recover from an accident*. **7.** to regain a former (and better) state or condition. **8.** to regain one's self-control, balance, etc. –**recoverable** adj. –**recoverer** n. –**recovery** n.

recreant /'rɛkriənt/ adj. **1.** cowardly or craven. **2.** unfaithful, disloyal, or false. –n. **3.** a coward or craven. **4.** an apostate; a traitor. –**recreance**, **recreancy** n. –**recreantly** adv.

recreation /rɛkri'eɪʃən/ n. **1.** refreshment by means of some pastime, agreeable exercise, or the like. **2.** a pastime, diversion, exercise, or other resource affording relaxation and enjoyment. **3.** the act of recreating. **4.** the state of being recreated. –adj. **5.** having to do with an area, room, etc., set aside for recreation. –**recreational** adj.

recriminate /rə'krɪməneɪt/ v. -nated, -nating. –v.i. **1.** to bring a counterchange against an accuser. –v.t. **2.** to accuse in return. –**recrimination** /rəkrɪmə'neɪʃən/ n. –**recriminative, recriminatory** adj. –**recriminator** n.

recruit /rə'krut/ n. **1.** *Military* a newly enlisted member of the armed forces. See Appendix. **2.** a newly created member of any body or class. –v.t. **3.** to enlist (someone) for service in the armed forces. –v.i. **4.** to enlist someone for service in the armed forces. –**recruitable** adj. –**recruiter** n. –**recruitment** n.

rectangle /'rɛktæŋɡəl/ n. *Geometry* a parallelogram with all its angles right angles.

recti- a word element meaning 'straight', 'right'. Also (*before vowels*), **rect-**.

rectify /'rɛktəfaɪ/ v.t. -fied, -fying. **1.** to make, put, or set right; remedy; correct. **2.** to put right by adjustment or calculation, as an instrument or a course at sea. **3.** *Chemistry* to purify (especially a spirit or liquor) by repeated distillation. **4.** *Electricity* to change (an alternating current) into a direct current. **5.** *Mathematics* to determine the length of (a curve). –**rectifiable** adj. –**rectification** /rɛktəfə'keɪʃən/ n.

rectilinear /rɛktə'lɪniə/ adj. **1.** forming a straight line. **2.** formed by straight lines. **3.** characterised by straight lines. **4.** moving in a straight line. Also, **rectilineal**. –**rectilinearly** adv.

rectitude /'rɛktətjud/ n. **1.** rightness of principle or practice: *the rectitude of one's motives*. **2.** correctness: *rectitude of judgment*.

rector /'rɛktə/ n. **1.** *Roman Catholic Church* an ecclesiastic in charge of a college, religious house, or congregation. **2.** *Anglican Church* a person of the clergy who has the charge of a parish. **3.** the permanent head in certain universities, colleges, and schools. –**rectorate** n. –**rectorial** /rɛk'tɔriəl/ adj.

rectory /'rɛktəri/ n. **-ries.** a rector's house; parsonage.

rectum /'rɛktəm/ n. **-ta** /-tə/. *Anatomy* the comparatively straight terminal section of the intestine, ending in the anus.

recumbent /rə'kʌmbənt/ adj. **1.** lying down; reclining; leaning. **2.** inactive; idle. **3.** *Zoology, Botany* denoting a part that leans or reposes upon anything. –n. **4.** a recumbent person, animal, plant, etc. –**recumbency** n. –**recumbently** adv.

recuperate /rə'kupəreɪt/ v. -rated, -rating. –v.i. **1.** to recover from sickness or exhaustion; regain health or strength. **2.** to recover from pecuniary loss. –v.t. **3.** to restore to health, vigour, etc. –**recuperation** /rəkupə'reɪʃən/ n.

recur /ri'kɜ, rə-/ v.i. **-curred, -curring. 1.** to occur again, as an event, experience, etc. **2.** to return to the mind: *recurring ideas*. **3.** to come up again for consideration, as a question. **4.** to return in action, thought, etc.: *to recur to a subject*. **5.** *Mathematics* to repeat a fixed set of one or more digits in a decimal. –**recurrence** n. –**recurrent** adj.

recurring decimal n. *Mathematics* a rational number containing a set of indefinitely recurring digits after the decimal point.

recursive /rə'kɜsɪv/ adj. **1.** having to do with recursion. **2.** permitting or relating to an operation that may be repeated indefinitely, as a rule in generative grammar.

recusant /'rɛkjəzənt/ adj. **1.** refusing to submit, comply, etc. **2.** obstinate in refusal. –**recusancy** n.

recycle /ri'saɪkəl/ v.t. **-cycled, -cycling.** to treat (waste, empty bottles, old tins, etc.) so that new products can be manufactured from them. –**recyclable** adj.

red /rɛd/ adj. **redder, reddest,** n. –adj. **1.** of a spectral hue beyond orange in the spectrum. **2.** distinguished by being red, wearing red, having red clothing, etc. **3.** (*often cap.*) ultraradical politically, especially communist. –n. **4.** any of the hues adjacent to orange in the spectrum, such as scarlet, vermilion, cherry. **5.** something red. **6.** red wine, as opposed to white (def. 29). **7.** (*often cap.*) an ultraradical in politics, especially a communist. –phr. **8. paint the town red,** *Colloquial* to celebrate, especially wildly and extravagantly. **9. see red,** *Colloquial* to become angry or infuriated. **10. the red, a.** red ink as used in bookkeeping and accounting practice for recording losses and deficits in financial statements. **b.** loss or deficit: *in the red; out of the red*. –**redden** v. –**reddish** adj.

-red a noun suffix denoting condition, as in *hatred, kindred*.

red-back /'rɛd-bæk/ n. a small, highly venomous, Australian spider, *Latrodectus hasseltii*, glossy dark brown to black, usually with a red or orange streak on the body.

redbill /'rɛdbɪl/ n. any of various birds having a red bill, as the swamphen and the sooty oystercatcher.

red-blooded /'rɛd-blʌdəd/ adj. vigorous; virile. –**red-bloodedness** n.

redbreast /ˈrɛdbrɛst/ n. the European robin, *Erithacus rubecula*, so called from the colour of the breast feathers.

red carpet n. 1. a red strip of carpet laid for important persons to walk on when entering or leaving a building, etc. 2. highly favoured or deferential treatment.

red cedar n. 1. a tree, *Toona australis*, native to New Guinea and eastern Australia, with easily worked red timber valued for cabinet work. 2. any of several coniferous trees, especially a juniper, *Juniperus virginiana*, with a fragrant reddish wood used for making pencils, etc., and an arbor vitae, the Western red cedar, *Thuja plicata*, both of North America. 3. the wood of these trees.

redeem /rəˈdiːm/ v.t. 1. to buy or pay off: *to redeem a debt*. 2. to recover (something pledged or mortgaged) by payment, etc.: *to redeem a pawned watch*. 3. to convert (bonds, etc.) into cash. 4. to carry out (a pledge, promise, etc.). 5. to make up for: *he redeemed his lie by later telling the truth*. 6. to cause to be saved from dishonour: *He redeemed himself; a redeeming feature*. 7. to obtain the release of, as from captivity, by paying a ransom. –**redeemable** adj. –**redeemer** n. –**redemption** n.

redeploy /riːdəˈplɔɪ/ v.t. 1. to rearrange, reorganise, or transfer (a person, department, military unit, or the like), in order to promote greater efficiency. –v.i. 2. to carry out a reorganisation or rearrangement. –**redeployment** n.

redevelop /riːdəˈvɛləp/ v.t. 1. to develop (something) again. 2. *Photography* to intensify or tone by a second developing process. –v.i. 3. to develop again. –**redeveloper** n. –**redevelopment** n.

red goshawk n. a large hawk, *Erythrotriorchis radiatus*, brown tinged with cream with cream head, throat, and red-brown underparts, found throughout northern and eastern Australia, and feeding on other birds and small ground animals.

red-handed /rɛdˈhændəd/ adj. (*placed after the noun*) in the very act of a crime or other deed: *catch a thief red-handed*.

red herring n. 1. something to divert attention; a false clue. 2. a smoked herring.

red lead n. a heavy, earthy substance, Pb_3O_4, orange to red in colour, used as a paint pigment and in the manufacture of glass and glazes; minium.

red-letter day n. 1. a day marked by red letters in the Church calendar, on which judges wear red robes. 2. a memorable or especially happy occasion: *a red-letter day for someone*.

red light n. 1. a red lamp, used as a signal to mean 'stop'. 2. an order to stop. 3. a warning signal. 4. the symbol of a brothel.

red-light camera n. a camera positioned at an intersection with traffic lights to photograph the numberplate of any motor vehicle that goes through a red light.

redolent /ˈrɛdələnt/ adj. 1. having a pleasant smell; fragrant. –*phr.* 2. **redolent of**, a. smelling of. b. suggestive or reminiscent of: *stories redolent of mystery*. –**redolence** n. –**redolently** adv.

redouble /riːˈdʌbəl/ v. **-led, -ling.** –v.t. 1. to double or increase greatly: *to redouble one's efforts*. 2. to repeat: *to redouble an attack*. –v.i. 3. to be doubled.

redoubtable /rəˈdaʊtəbəl/ adj. 1. that is to be feared; formidable. 2. commanding respect. –**redoubtableness** n. –**redoubtably** adv.

redound /rəˈdaʊnd/ v.i. 1. to have an effect or result, as to the advantage, disadvantage, credit, or discredit of a person or thing. 2. to come back or recoil, as upon a person.

red-pencil /rɛdˈpɛnsəl/ v.t. **-cilled** or *Chiefly US* **-ciled, -cilling** or *Chiefly US* **-ciling.** to correct or edit manuscript or typescript with or as with a red pencil.

red pepper n. 1. the condiment cayenne. 2. any of the hot peppers, *Capsicum frutescens* and botanical varieties, the yellow or red pods of which are used for flavouring, sauces, etc.

redress /rəˈdrɛs/ n. 1. the setting right of what is wrong. 2. relief from wrong or injury. –v.t. 3. to set right or correct (wrongs, injuries, etc.). 4. to adjust evenly again, as a balance. –**redresser**, **redressor** n.

red shift n. *Astronomy* a shift of spectral lines toward the red end of the visible spectrum in the light emitted by a receding celestial body; thought to be a consequence of the Doppler effect. Compare **blue shift**.

red tape n. 1. tape of a reddish colour, much used for tying up official papers. 2. excessive attention to formality and routine. 3. official procedures –**red-tape** adj.

reduce /rəˈdjuːs/ v. **-duced, -ducing.** –v.t. 1. to bring down to a smaller size, amount, number, etc. 2. to lower in degree, strength, etc.: *to reduce speed*. 3. to bring down to a lower rank, standing, etc. 4. to lower in price. 5. to bring to a certain state, condition, etc.: *to reduce glass to powder*. 6. to bring under control; subdue. 7. *Photography* to treat so as to make less dense, as a negative. 8. *Chemistry* a. to remove oxygen from. b. to add hydrogen to. c. to lower the valency of the positively-charged element by the addition of electrons. 9. *Chemistry, Metallurgy* to bring into the metallic state by removing non-metallic constituents; smelt. 10. *Biology* to cause (a cell) to undergo meiotic (cell) division. –v.i. 11. to become reduced. –**reducer** n. –**reducible** adj. –**reducibility** /rəˌdjuːsəˈbɪləti/ n. –**reducibly** adv.

reduction /rəˈdʌkʃən/ n. 1. the act or result of reducing. 2. the amount by which something is reduced. 3. a copy on a smaller scale. 4. → **meiosis**. 5. *Chemistry* the opposite of oxidation. –**reductional** adj. –**reductive** adj.

redundant /rəˈdʌndənt/ adj. 1. being in excess; exceeding what is usual or natural: *a redundant part*. 2. characterised by or using too many words to express ideas: *a redundant style*. 3. denoting or relating to an employee who is or becomes superfluous to the needs of the employer. 4. having some unusual or extra part or feature. 5. characterised by superabundance or superfluity. –**redundancy**, **redundance** n. –**redundantly** adv.

red wine n. a wine made from red or dark-coloured grapes, having a predominantly red colour derived from the grape skins being left in contact with the juice for a short time. Compare **white wine**.

redwood /ˈrɛdwʊd/ n. 1. a coniferous tree, *Sequoia sempervirens*, of the south-western US, especially California, remarkable for its height. 2. its valuable brownish red timber.

reed /riːd/ n. 1. the straight stalk of any of various tall grasses, especially of the genera *Phragmites* and *Arundo*, growing in marshy places. 2. any of the plants themselves. 3. *Music* a. a pastoral or rustic musical pipe made from a reed or from the hollow stalk of some other plant. b. a small flexible piece of cane or metal which, attached to the mouths of some wind instruments (**reed instruments**), is set into vibration by a stream of air and, in turn, sets into vibration the air column enclosed in the tube of the instrument. c. any instrument with such a device, as the oboe, clarinet, etc. 4. *Architecture, Carpentry, etc.* a small convex moulding. 5. (in a loom) the series of parallel strips of wires which force the weft up to the web and separate the threads of the warp. –*phr.* **6. a broken reed**, one who is too weak to be relied upon.

reed organ *n.* a musical keyboard instrument resembling the pipe organ but having the notes produced by small metal reeds.

reedwarbler /'ri:dwɔːblə/ *n.* **1.** a small warbler of the family Sylviidae, *Acrocephalus stentoreus*, inhabiting freshwater reedy areas throughout Australia, New Guinea, and islands to the north. **2.** a small old world warbler, *A. scirpaceus*, inhabiting marshy places.

reef¹ /riːf/ *n.* **1.** a narrow ridge of rocks or sand, often of coral debris, at or near the surface of water. **2.** *Mining* a lode or vein.

reef² /riːf/ *n.* **1.** a part of a sail which is rolled and tied down to reduce the area exposed to the wind. –*v.t.* **2.** *Nautical* to shorten (sail) by tying in one or more reefs.

reef³ /riːf/ *phr. Australian Colloquial* **1. reef off**, to steal. **2. reef out**, to remove, usually by force.

reefer¹ /'riːfə/ *n.* **1.** *Nautical* someone who reefs. **2.** Also, **reefer jacket**. a short coat or jacket of thick cloth.

reefer² /'riːfə/ *n. Colloquial* a marijuana cigarette.

reef knot *n.* a kind of double knot, which does not slip, often used by sailors.

reek /riːk/ *n.* **1.** a strong, unpleasant smell. **2.** steam; vapour. –*v.i.* **3.** to smell strongly and unpleasantly: *that pipe reeks; he reeks of garlic.* **4.** to be strongly and unpleasantly suggestive of: *that letter reeks of insincerity.* **5.** to give off steam, smoke, etc. –*v.t.* **6.** to treat with smoke. **7.** to give off (smoke, fumes, etc.). –**reeker** *n.* –**reeky** *adj.*

reel¹ /riːl/ *n.* **1.** a cylinder, frame, or other device, turning on an axis, on which to wind something. **2.** a rotatory device attached to a fishing rod at the butt, for winding up or letting out the line. **3.** a small cylinder of wood or other material, now typically expanded at each end and having a hole lengthwise through the centre, on which thread is wound. **4.** a quantity of something wound on a reel. **5. a.** the spool, usually metal, on which film is wound. **b.** a roll of celluloid bearing a series of photographs to be exhibited with a film projector. **c.** the standard length of cinema film for projection (about 300 metres). **6.** a rotatory spool of line used by surf-lifesavers. –*v.t.* **7.** to wind on a reel, as thread, yarn, etc. **8.** to draw with a reel, or by winding: *to reel in a fish.* –*phr.* **9. reel off**, to say, write, or produce in an easy, continuous way. –**reeler** *n.*

reel² /riːl/ *v.i.* **1.** to sway or rock from a blow, dizziness, etc.; stagger. **2.** to fall back. **3.** to turn round and round; whirl; spin.

reel³ /riːl/ *n.* **1.** a lively dance popular in Scotland. **2.** music for this.

reel-to-reel /riːl-tə-'riːl/ *n.* **1.** a tape recorder which uses reels of tape rather than cassettes or cartridges. –*adj.* **2.** having to do with such a system of recording.

re-entry /riː-'ɛntri/ *n.* **-ries. 1.** the act of re-entering. **2.** *Aeronautics* the return of a spacecraft, rocket, etc., into the earth's atmosphere. **3.** a surfing action in which the surfer heads up into, and comes over with, the breaking part of the wave.

reeve¹ /riːv/ *n.* **1.** *History* an administrative officer of a town or district. **2.** *History* someone of high rank representing the crown. **3.** a bailiff, steward, or overseer.

reeve² /riːv/ *v.t.* **reeved** *or* **rove, reeving. 1.** to pass (a rope, etc.) through a hole, ring, or the like. **2.** to fasten by placing through or around something. **3.** to pass a rope through (a block, etc.).

refectory /rə'fɛktri/ *n.* **-ries.** a dining hall in a religious house, a university, or other institution.

refer /rə'fɜː/ *v.* **-ferred, -ferring.** –*v.t.* **1.** to direct the attention or thoughts of. **2.** to direct for information or for anything needed. **3.** to hand over for information, consideration, etc. –*v.i.* **4.** to direct attention. **5.** to direct anyone for information, especially about one's character, abilities, etc.: *to refer to a former employer.* **6.** to have relation; apply: *this decision refers back to a 1927 court case.* **7.** to turn, as for aid or information: *to refer to one's notes.* **8.** to direct a remark or mention. –**referable** *adj.* –**referral** *n.* –**referrer** *n.*

referee /rɛfə'riː/ *n., v.* **-reed, -reeing.** –*n.* **1.** a person to whom something is directed, especially for decision or settlement; arbitrator; umpire. **2.** → **reference** (def. 8). –*v.t.* **3.** to preside over as referee; act as referee in. –*v.i.* **4.** to act as referee.

reference /'rɛfrəns/ *n.* **1.** the act or fact of referring. **2.** direction of the attention: *marks of reference.* **3.** a directing of attention; allusion. **4.** a direction in a book or writing to some book, passage, etc.: *to look up a reference.* **5.** a note indicating this. **6.** direction or a direction to some source of information. **7.** use or recourse for purposes of information: *a library for public reference.* **8.** a person to whom one refers for testimony as to one's character, abilities, etc. **9.** a written testimonial as to character, abilities, etc. **10.** relation, regard, or respect: *all persons, without reference to age.* –*phr.* **11. terms of reference**, the scope allowed to an investigating body. **12. with reference to**, concerning; with regard to.

referendum /rɛfə'rɛndəm/ *n.* **-dums** *or* **-da** /-də/. **1.** the principle or procedure of referring or submitting measures proposed or passed by a legislative body to the vote of the electorate for approval or rejection. **2.** an instance of this procedure.

referent /'rɛfərənt/ *n.* **1.** *Rhetoric, Semantics.* **a.** the object to which a term of discourse refers. **b.** the object of thought, alternatively as viewed by the thinker or by a supposedly all-knowing mind. **2.** *Logic* any related term from which the relation proceeds. For example, in 'John loves Mary', *John* is the referent.

refine /rə'faɪn/ *v.* **-fined, -fining.** –*v.t.* **1.** to bring to a fine or a pure state; free from impurities: *to refine metal, sugar, petroleum, etc.* **2.** to purify from what is coarse, vulgar, or debasing;make elegant or cultured. **3.** to bring by purifying, as to a finer state or form. **4.** to make more fine, nice, subtle, or minutely precise. –*v.i.* **5.** to become pure. **6.** to become more fine, elegant, or polished. –*phr.* **7. refine on** (or **upon**), to improve on by superior fineness, excellence, etc. –**refiner** *n.*

refined /rə'faɪnd/ *adj.* **1.** imbued with or showing nice feeling, taste, etc.: *refined people.* **2.** freed or free from coarseness, vulgarity, etc.: *refined taste.* **3.** freed from impurities: *refined sugar.* **4.** subtle: *refined distinctions.* **5.** minutely precise; exact.

refinery /rə'faɪnəri/ *n.* **-ries.** an establishment for refining something, as metal, sugar, petroleum, etc.

reflect /rə'flɛkt/ *v.t.* **1.** to throw back (light, heat, sound, etc.). **2.** to give back or show an image of; mirror. **3.** to reproduce; show: *followers reflecting the views of the leader.* **4.** to serve to cast or bring (honour, credit, etc.). –*v.i.* **5.** to be turned back, as light. **6.** to cast back light, heat, etc. **7.** to give back or show an image. **8.** to tend to bring disfavour or blame. **9.** to think; ponder; meditate. –**reflective** *adj.*

reflective glass *n.* a highly-reflective coated glass used in buildings, which allows people inside the

reflector building to see out, but which gives a mirror effect to people looking in; mirror glass.

reflector /rɪˈflektə/ n. 1. a body, surface, or device that reflects light, heat, sound, or the like. 2. a reflecting telescope. 3. *Physics* a layer of material surrounding the core of a nuclear reactor which reflects back into the core some of the neutrons which would otherwise escape. 4. a piece of red glass or metal attached to the rear of a cycle or motor vehicle, or used to mark the edge of a road near road hazards.

reflex /ˈrifleks/ adj. 1. of or relating to an involuntary muscular or other bodily response. 2. happening in reaction; responsive. 3. cast back; reflected, as light, etc. 4. bent or turned back. –n. 5. *Psychology* an immediate, often unconscious response to a stimulus, as blinking, perspiring, etc. 6. a reflection or image of an object. 7. a copy; adaptation. **–reflexion** n.

reflex angle n. *Geometry* an angle greater than 180° but less than 360°.

reflexive /rɪˈfleksɪv/ adj. *Grammar* 1. (of a verb) having identical subject and object, as *shave* in *he shaved himself*. 2. (of a pronoun) indicating identity of object with subject, as *himself* in the example above. –n. 3. a reflexive verb or pronoun, as *himself* in *he deceived himself*. **–reflexively** adv. **–reflexiveness, reflexivity** /rɪflekˈsɪvəti/ n.

reform /rɪˈfɔm/ n. 1. improvement or correction of what is wrong, evil, etc. 2. an instance of this. 3. improvement of behaviour, etc. –v.t. 4. to bring back to a former and better state. 5. to cause (a person) to give up wrong or evil ways of life. 6. to put an end to (disorders, etc.). –v.i. 7. to give up evil behaviour, etc. **–reformable** adj. **–reformative** adj. **–reformer** n.

reformation /refəˈmeɪʃən/ n. 1. the act of reforming. 2. the state of being reformed. 3. (*cap.*) the religious movement in the 16th century which had for its object the reform of the Roman Catholic Church, and which led to the establishment of the Protestant Churches. **–reformational** adj.

reformatory /rɪˈfɔmətri/ adj., n. **-ries**. –adj. 1. serving or designed to reform: *reformatory schools*. –n. 2. Also, **reform school**. a penal institution for the reformation of young offenders.

refract /rɪˈfrækt/ v.t. 1. *Physics* to subject to refraction. 2. *Optics* to determine the refractive condition of (an eye, a lens). **–refractor** n.

refraction /rɪˈfrækʃən/ n. 1. *Physics* the change of direction of a ray of light, heat, or the like, in passing obliquely from one medium into another in which its speed is different. 2. *Optics* **a.** the ability of the eye to refract light which enters it so as to form an image on the retina. **b.** the determining of the refractive condition of the eye. **–refractional** adj. **–refractive** adj.

refractory /rɪˈfræktəri/ adj., n. **-ries**. –adj. 1. stubborn; unmanageable: *a refractory child*. 2. resisting ordinary methods of treatment. 3. difficult to fuse, reduce, or work, as an ore or metal. –n. 4. a material having the ability to retain its physical shape and chemical identity when subjected to high temperatures. 5. (*plural*) bricks of various shapes used in lining furnaces. **–refractorily** adv. **–refractoriness** n.

refrain¹ /rɪˈfreɪn/ v.i. (sometimes fol. by *from*) to forbear; keep oneself back. **–refrainer** n.

refrain² /rɪˈfreɪn/ n. 1. a phrase or verse recurring at intervals in a song or poem, especially at the end of each stanza; chorus. 2. a musical setting for the refrain of a poem.

refrangible /rɪˈfrændʒəbəl/ adj. capable of being refracted, as rays of light. **–refrangibleness, refrangibility** /rəfrændʒəˈbɪləti/ n.

refresh /rɪˈfreʃ/ v.t. 1. (*often reflexive*) to make fresh and strong again, as by rest, food, etc. 2. to stimulate (the memory). 3. to make fresh again. 4. to take refreshment, especially food or drink. –v.i. 5. to become fresh or strong again; revive. **–refreshing** adj.

refreshment /rɪˈfreʃmənt/ n. 1. something that refreshes, especially food or drink. 2. (*plural*) articles or portions of food or drink, especially for a light meal. 3. the act of refreshing. 4. the state of being refreshed.

refrigerate /rɪˈfrɪdʒəreɪt/ v.t. **-rated, -rating**. 1. to make or keep cold or cool. 2. to freeze (food, etc.) for preservation. **–refrigeration** n. **–refrigerative, refrigeratory** adj.

refrigerator /rɪˈfrɪdʒəreɪtə/ n. 1. a box, room, or cabinet in which food, drink, etc., are kept cool, as by means of ice or mechanical refrigeration. 2. the element of a refrigerating system consisting of the space or medium to be cooled.

refuel /riˈfjuəl/ v. **-elled** or *Chiefly US* **-eled**, **-elling** or *Chiefly US* **-eling**. –v.t. 1. to supply again with fuel: *to refuel an aeroplane*. –v.i. 2. to take on a fresh supply of fuel: *they refuelled at Perth and flew on*.

refuge /ˈrefjudʒ/ n. 1. shelter or protection from danger, trouble, etc.: *to take refuge from a storm*. 2. a place of shelter, protection, or safety. 3. anything to which one has recourse for aid, relief, or escape. 4. a platform in the centre of a street for the use of pedestrians in crossing.

refugee /refjuˈdʒi/ n. someone who flees for refuge or safety, especially to a foreign country, as in time of political upheaval, war, etc.

refund /rɪˈfʌnd/ v., /ˈrifʌnd/ n. –v.t. 1. to give back or restore (especially money); repay. 2. to make repayment to; reimburse. –v.i. 3. to make repayment. –n. 4. a repayment.

refurbish /riˈfɜbɪʃ/ v.t. to renovate; polish up again; brighten.

refusal /rɪˈfjuzəl/ n. 1. the act of refusing. 2. priority in refusing or taking something; option.

refuse¹ /rɪˈfjuz/ v. **-fused, -fusing**. –v.t. 1. to decline to accept (something offered). 2. to decline to give. 3. to express a determination not (to do something). –v.i. 4. to decline acceptance. **–refuser** n.

refuse² /ˈrefjus/ n. 1. that which is discarded as worthless or useless; rubbish. –adj. 2. rejected as worthless; discarded: *refuse matter*.

refute /rɪˈfjut/ v.t. **-futed, -futing**. 1. to prove to be false or erroneous, as an opinion, charge, etc. 2. to prove (a person) to be in error. **–refutation, refutal** n. **–refutable** /ˈrefjətəbəl, rəˈfjutəbəl/ adj. **–refutably** /ˈrefjətəbli/ adv. **–refuter** n.

regal /ˈrigəl/ adj. 1. having to do with a king or queen; royal: *the regal power*. 2. befitting or resembling a king or queen. 3. stately; splendid. 4. tall, dignified, and elegant. **–regally** adv. **–regality** n.

regale /rɪˈgeɪl/ v. **-galed, -galing**. –v.t. 1. to entertain agreeably; delight. 2. to entertain with choice food or drink. –v.i. 3. to feast. **–regalement** n.

regalia /rɪˈgeɪliə/ pl. n. 1. the rights and privileges of a king or queen. 2. the ensigns or emblems of royalty, as the crown, sceptre, etc. 3. the decorations or insignia of any office or order.

regard /rɪˈgad/ v.t. 1. to look upon or think of with a particular feeling: *to regard a person with favour*. 2. to have or show respect or concern for. 3. to think highly of. 4. to take into account; consider. 5. to look at; observe. 6. to relate to; concern. –n. 7. reference; relation: *to err in regard to facts*. 8. a point or particular: *quite satisfactory in this regard*. 9. thought; attention; concern. 10. look; gaze. 11. respect; deference: *due regard to authority*. 12. kindly feeling; liking. 13. (*plural*) sentiments of esteem or affection: *give them my*

regarding 664 **regular**

regards. –phr. **14. as regards**, in relation to. **15. with regard to**, concerning.

regarding /rəˈgɑːdɪŋ/ *prep.* with regard to; respecting; concerning: *he knew nothing regarding the lost watch.*

regardless /rəˈgɑːdləs/ *adj.* **1.** without regard to expense, danger, etc. *–adv.* **2.** anyway: *to carry on regardless. –phr.* **3. regardless of, a.** paying no attention to: *regardless of interruption she continued.* **b.** without consideration of: *this applies regardless of status.* **–regardlessly** *adv.* **–regardlessness** *n.*

regatta /rəˈgætə/ *n.* **1.** a boat race, as of rowing boats, yachts, or other vessels. **2.** an organised series of such races.

regenerate /rəˈdʒɛnəreɪt/ *v.* **-rated, -rating,** /rəˈdʒɛnərət/ *adj. –v.t.* **1.** to bring about a change for the better in a person's character. **2.** to make over, especially in a better form or condition. **3.** to bring into existence again. *–v.i.* **4.** to come into existence or be formed again. **5.** to become as though a new and better person. *–adj.* **6.** remade in a better form. **7.** changed for a better character. **–regeneracy** *n.* **–regenerator** *n.*

regent /ˈriːdʒənt/ *n.* **1.** someone who exercises the ruling power in a kingdom during the minority, absence, or disability of the sovereign. **2.** a ruler or governor. *–adj.* **3.** acting as regent of a country. **–regency** *adj., n.* **–regentship** *n.*

regent honeyeater *n.* one of the larger and most strikingly marked of the Australian honeyeaters *Zanthomiza phrygia.*

reggae /ˈrɛgeɪ/ *n.* music of the Rastafarian cult of Jamaica which, in the 1970s, developed into a highly stylised and influential pop music idiom with international appeal.

regicide /ˈrɛdʒəsaɪd/ *n.* **1.** someone who kills a king; someone responsible for the death of a king. **2.** the killing of a king. **–regicidal** /rɛdʒəˈsaɪdl/ *adj.*

regime /reɪˈʒiːm/ *n.* **1.** a mode or system of rule or government. **2.** a ruling or prevailing system. **3.** → **regimen. 4.** the seasonal pattern of a climate. Also, **régime.**

regimen /ˈrɛdʒəmən/ *n.* **1.** *Medicine* a regulated course of diet, exercise, or manner of living, intended to preserve or restore health or to attain some result. **2.** rule or government. **3.** a particular form or system of government. **4.** a prevailing system.

regiment /ˈrɛdʒəmənt/ *n.,* /ˈrɛdʒəmɛnt/ *v. –n.* **1.** *Military* a unit of ground forces, commanded by a lieutenant colonel, consisting of two or more battalions, a headquarters unit, and certain supporting units. *–v.t.* **2.** to form into a regiment or regiments. **3.** to assign to a regiment or group. **4.** to form into an organised body or group; organise or systematise. **5.** to group together and treat in a uniform manner; subject to strict discipline. **–regimentation** /rɛdʒəmɛnˈteɪʃən/ *n.* **–regimental** *adj.*

region /ˈriːdʒən/ *n.* **1.** any more or less continuous part of a surface or space. **2.** a part of the earth's surface (land or sea) of considerable and usually indefinite extent: *tropical regions.* **3.** one of the divisions into which a territory or country, as Italy, is divided for governing, etc. **–regional** *adj.*

register /ˈrɛdʒəstə/ *n.* **1.** a book in which records of acts, happenings, names are made. **2.** any list of such recordings. **3.** a recording in such a book or list. **4.** a mechanical device by which certain information is automatically recorded, as a cash register. **5.** *Music* **a.** the range of a voice or an instrument. **b.** (in an organ) a stop. **6.** *Printing, etc.* exact correspondence, as of lines, columns, etc., especially on the two sides of a leaf. *–v.t.* **7.** to enter or have entered formally in a register. **8.** to have a car, etc., which has been judged safe for the road and on which the necessary tax has been paid, entered in the register of motor vehicles kept by a public authority. **9.** to record or have recorded the posting of (a letter, parcel, etc.) at the post office on payment of a special fee. **10.** (of a scale, etc.) to indicate or show. **11.** to show (surprise, joy, anger, etc.), usually by facial expression or by actions. *–v.i.* **12.** to enter one's name in an electoral or other register; enrol. **13.** (of surprise, joy, etc.) to be obvious or to show. **–registerer** *n.* **–registrable** *adj.* **–registration** *n.*

registered /ˈrɛdʒəstəd/ *adj.* **1.** recorded, as in a register or book; enrolled. **2.** *Commerce* officially listing the owner's name with the issuing company and suitably inscribing the certificate, as with bonds to evidence title. **3.** officially or legally certified by a government officer or board: *a registered patent.* **4.** (of cattle, horses, dogs, etc.) having pedigrees verified and filed by authorised associations of breeders.

registered nurse *n.* one who has completed a certified nursing course and is registered with a registration board.

register tonnage /ˈrɛdʒəstə tʌnɪdʒ/ *n. Nautical* a measure of volume of earning space on a ship, consisting of the gross tonnage less the volume of the master's cabin, crew accommodation, wheelhouse, galley, etc., measured in gross tons.

registrar /ˈrɛdʒəstrɑː/ *n.* **1.** someone who keeps a record; an official recorder. **2.** the chief administrative official in a university. **3.** *Medicine* a doctor in a hospital next below a consultant, who is training to be a specialist. **4.** *Law* an official in a court, subordinate to a judge, who deals with interlocutory matters, but who may also hear certain cases.

registry /ˈrɛdʒəstri/ *n.* **-ries. 1.** the act of registering; registration. **2.** a place where a register is kept; an office of registration.

registry office *n.* an office where births, marriages, and deaths are recorded, and civil marriages take place.

regnant /ˈrɛgnənt/ *adj.* **1.** reigning; ruling: *a queen regnant.* **2.** exercising sway or influence; predominant. **3.** prevalent; widespread. **–regnancy** *n.*

regress /riˈgrɛs/ *v.,* /ˈriːgrɛs/ *n. –v.i.* **1.** to move in a backward direction; go back. *–n.* **2.** the act of going back; return. **3.** backward movement or course; retrogression. **–regression** *n.* **–regressive** *adj.*

regret /rəˈgrɛt/ *v.* **-gretted, -gretting,** *n. –v.t.* **1.** to feel sorry about (anything disappointing, unpleasant, etc.). **2.** to think of with a sense of loss: *they regret their vanished youth. –n.* **3.** a sense of loss, disappointment, dissatisfaction, etc. **4.** a feeling of being sorry for some fault, act, etc., of one's own. **5.** (*plural*) feelings of sorrow over what is lost, gone, done, etc. **6.** (*plural or singular*) a polite and formal expression of regretful feelings. **–regrettable** *adj.* **–regrettably** *adv.* **–regretter** *n.*

regular /ˈrɛgjələ/ *adj.* **1.** usual; normal; customary: *put it in its regular place.* **2.** conforming in form or arrangement; symmetrical: *regular teeth.* **3.** even; steady: *regular breathing.* **4.** happening at fixed times; periodic: *regular meals.* **5.** following a rule or procedure: *be regular in your diet.* **6.** observing fixed times or habits: *a regular customer.* **7.** orderly; well-ordered: *a regular life.* **8.** properly fitted for an occupation. **9.** *Colloquial* complete; thorough: *a regular thief.* **10.** *Grammar* following the most usual pattern of formation, construction, etc. **11.** *Geometry* having all its angles and sides equal: *a regular polygon.* **12.** *Military* indicating or belonging to the permanently organised or standing army of a state. –*n.* **13.** a soldier in a regular army. **14.** *Colloquial* a regular customer, player, guest, etc. **–regularly** *adv.* **–regularity** /rɛgjə'lærəti/ *n.*

regulate /'rɛgjəleɪt/ *v.t.* **-lated, -lating. 1.** to control or direct by rule, principle, method, etc. **2.** to adjust to some standard or requirement, as amount, degree, etc.: *to regulate the temperature.* **3.** to adjust so as to ensure accuracy of operation: *to regulate a watch.* **4.** to put in good order: *to regulate the digestion.* **–regulative, regulatory** *adj.* **–regulator** *n.*

regulation /rɛgjə'leɪʃən/ *n.* **1.** a rule or order, as for conduct, prescribed by authority; a governing direction or law. **2.** the act of regulating. **3.** the state of being regulated. –*adj.* **4.** according to or prescribed by regulation: *regulation shoes had to be worn.*

regurgitate /rə'gɜdʒəteɪt/ *v.* **-tated, -tating.** –*v.i.* **1.** to surge or rush back, as liquids, gases, undigested food, etc. –*v.t.* **2.** to cause to surge or rush back. **–regurgitant** *n.,* *adj.*

rehabilitate /rihə'bɪləteɪt/ *v.t.* **-tated, -tating. 1.** to restore to a good condition, especially in a medical sense, of persons; regenerate, or alter to an improved form. **2.** to educate for resumption of normal activities, as a person handicapped by accident or disease. **3.** to re-establish in good repute or accepted respectability, as a person or the character, name, etc., after disrepute. **4.** to restore formally to a former capacity or standing, or to rank, rights, or privileges lost or forfeited. **–rehabilitation** *n.*

rehash /ri'hæʃ/ *v.,* /'rihæʃ/ *n.* –*v.t.* **1.** to work up (old material) in a new form. –*n.* **2.** the act of rehashing. **3.** something rehashed.

rehearse /rə'hɜs/ *v.* **-hearsed, -hearsing.** –*v.t.* **1.** to perform (a play, part, piece of music, etc.) in private by way of practice, before a public performance. **2.** to drill or train (a person, etc.) by rehearsal, as for some performance or part. **3.** to relate the facts or particulars of; enumerate. –*v.i.* **4.** to rehearse a play, part, etc. **–rehearsal** *n.* **–rehearser** *n.*

reign /reɪn/ *n.* **1.** the period or term of ruling, as of a king or queen. **2.** royal rule or sway. **3.** controlling power or influence: *the reign of law.* –*v.i.* **4.** to possess or exercise sovereign power or authority. **5.** to have first place; predominate: *disorder reigned in the stricken country.*

reiki /'reɪki/ *n.* the treatment of illness, injury, stress, etc., by the putative release of unpolarised energy through the hands of a trained practitioner.

reimburse /riɪm'bɜs/ *v.t.* **-bursed, -bursing. 1.** to make repayment to for expense or loss incurred. **2.** to pay back; refund; repay. **–reimbursement** *n.*

rein /reɪn/ *n.* **1.** a long, narrow strap or thong, fastened to the bridle or bit, by which a rider or driver restrains and guides a horse or other animal. **2.** any of certain other straps or thongs forming part of a harness, as a bearing rein. **3.** any means of curbing, controlling, or directing; a check; restraint. **4.** (*plural*) the controlling influence and power. –*v.t.* **5.** to furnish with a rein or reins, as a horse. **6.** to curb; restrain; control. –*phr.* **7. give free rein,** (sometimes foll. by *to*) to give complete licence or free scope. **8. rein in,** to restrict or restrain. **9. rein in** (or **back**), **a.** to check or guide (a horse, etc.) by pulling at the reins. **b.** to restrain a horse or pull it up.

reincarnation /ˌriɪnkɑ'neɪʃən/ *n.* **1.** the belief that the soul, upon death of the body, moves to another body or form. **2.** rebirth of the soul in a new body. **3.** a new incarnation or embodiment, as of a person. **–reincarnationist** *n.*

reindeer /'reɪndɪə/ *n.* **-deer,** (*occasionally*) **-deers.** any of various species of large deer of the genus *Rangifer* with branched antlers in both males and females, found in northern or arctic regions, and often domesticated. See **caribou.**

reinforce /riɪn'fɔs/ *v.t.* **-forced, -forcing. 1.** to strengthen with some added piece, support, or material: *to reinforce a wall.* **2.** to strengthen with additional troops or ships for military or naval purposes: *to reinforce a garrison.* **3.** to strengthen; make more forcible or effective: *to reinforce efforts.* **4.** to augment; increase: *to reinforce a supply.*

reinforcement /riɪn'fɔsmənt/ *n.* **1.** something that reinforces or strengthens. **2.** (*often plural*) an additional supply of people, ships, etc., for a military or naval force. **3.** *Psychology* anything which increases the possibility of a particular response being made to a situation.

reinstate /riɪn'steɪt/ *v.t.* **-stated, -stating.** to put back or establish again, as in a former position or state. **–reinstatement** *n.*

reissue /ri'ɪʃu, ri'ɪsju/ *v.t.* **1.** to issue again, especially in a different form, at a different price, etc. –*n.* **2.** something that is reissued.

reiterate /ri'ɪtəreɪt/ *v.t.* **-rated, -rating.** to repeat; say or do again or repeatedly. **–reiteration** /riˌɪtə'reɪʃən/ *n.* **–reiterative** *adj.* **–reiterant** *adj.*

reject /rə'dʒɛkt/ *v.,* /'ridʒɛkt/ *n.* –*v.t.* **1.** to refuse to accept, recognise, grant, etc.: *to reject a person; to reject a demand; to reject an offer.* **2.** to throw away or refuse as useless or unsatisfactory. –*n.* **3.** something rejected, such as an imperfect article. **–rejecter** *n.*

rejoice /rə'dʒɔɪs/ *v.* **-joiced, -joicing.** –*v.i.* **1.** to be glad; take delight (*in*). –*v.t.* **2.** to make joyful; gladden. **–rejoicer** *n.*

rejoin[1] /rə'dʒɔɪn/ *v.t.* **1.** to come again into the company of: *to rejoin a party after a brief absence.* **2.** to join together again; reunite. –*v.i.* **3.** to become joined together again.

rejoin[2] /rə'dʒɔɪn/ *v.t.* **1.** to say in answer. –*v.i.* **2.** to answer. **3.** *Law* to answer the plaintiff's replication.

rejoinder /rə'dʒɔɪndə/ *n.* **1.** an answer to a reply; response. **2.** *Law* the defendant's answer to the plaintiff's replication. Compare **replication.**

rejuvenate /rə'dʒuvəneɪt/ *v.t.* **-nated, -nating. 1.** to make young again; restore to youthful vigour, appearance, etc. **2.** *Physical Geography* to renew the activity, erosive power, etc., of (a stream) by the uplifting of the region it drains, or by removal of a barrier in the bed of the stream. **–rejuvenation** /rədʒuvə'neɪʃən/ *n.* **–rejuvenator** *n.*

-rel a noun suffix having a diminutive or pejorative force, as in *wastrel.* Also, **-erel.**

relapse /rə'læps/ *v.* **-lapsed, -lapsing,** *n.* –*v.i.* **1.** to fall or slip back into a former state, practice, etc.: *to relapse into silence.* **2.** to fall back into illness after convalescence or apparent recovery. **3.** to fall back into wrongdoing or error; backslide. –*n.* **4.** the act of relapsing. **5.** a return of a disease or illness after partial recovery. **–relapser** *n.*

relate /rə'leɪt/ *v.* **-lated, -lating.** –*v.t.* **1.** to tell. **2.** to bring into or establish association, connection, or relation. –*v.i.* **3.** to have reference (*to*). **4.** to have some relation (*to*). **–relater** *n.*

related /rə'leɪtəd/ *adj.* **1.** associated; connected. **2.** allied by nature, origin, kinship, marriage, etc. **3.** narrated. **4.** (in diatonic music) of notes belonging to keys which have several notes in common.

relation /rə'leɪʃən/ *n.* **1.** a connection; particular way of being related: *the relation between cause and effect.* **2.** (*plural*) the various connections between peoples, countries, etc.: *commercial rela-*

tions; foreign relations. **3.** the kind of connection between one person and another or others: *the relation between husband and wife.* **4.** a relative (def. 1). **5.** reference; regard: *to plan with relation to the future.* **6.** the act of relating or telling; narration: *his relation of the story.* **7.** something which is related or told; narrative. –**relational** *adj.*

relational database *n.* a computer database in which the data is so arranged that it can be accessed at several different points or by combining a number of different criteria for searching, thus allowing for greater flexibility in retrieving and manipulating the data.

relationship /rəˈleɪʃənʃɪp/ *n.* **1.** connection; a particular connection. **2.** connection by blood or marriage. **3.** an emotional connection between people, sometimes involving sexual relations.

relative /ˈrɛlətɪv/ *n.* **1.** someone who is connected with another or others by blood or marriage. **2.** something having, or standing in, some relation to something else; especially, in scientific usage (as opposed to *absolute*). **3.** *Grammar* a relative pronoun. –*adj.* **4.** considered in relation to something else; comparative: *the relative merits of a republic and a monarchy.* **5.** existing only by relation to something else; not absolute or independent. **6.** having relation or connection: *relative phenomena.* **7.** (of a term, name, etc.) depending for significance upon something else: *better is a relative term.* **8.** *Grammar* **a.** designating words which introduce subordinate clauses and refer to some element of the principal clause (the antecedent), as *who* in 'he's the man who saw you'. **b.** (of a clause) introduced by such a word. –*phr.* **9. relative to, a.** having reference or regard to: *numbers will rise relative to other factors.* **b.** relevant or pertinent to: *matters not relative to your case.* **c.** correspondent; proportionate: *value is relative to demand.* –**relatively** *adv.* –**relativeness** *n.*

relative atomic mass *n. Physics* the average mass of the atoms of an element in its naturally occurring state, relative to the mass of an atom of the carbon-12 isotope taken as exactly 12. Compare **atomic mass.** Also, **atomic weight.**

relative frequency *n. Statistics* the number of items of a certain type divided by the number of all the items considered.

relative pronoun *n. Grammar* a pronoun with a relative function. See **relative** (def. 8a).

relativity /rɛləˈtɪvəti/ *n.* **1.** the state or fact of being relative. **2. a. special theory of relativity,** the theory formed by Albert Einstein of how the observed motion of objects changes from one frame of reference to another moving at constant velocity relative to it, based on the hypothesis that the observed velocity of light remains the same in all such frames of reference. **b. general theory of relativity,** Einstein's geometrical theory of gravitation based on the principle of equivalence. **3.** (*plural*) the relative differences in wages between groups of workers.

relax /rəˈlæks/ *v.t.* **1.** to make less tense, rigid, or firm: *to relax the muscles.* **2.** to make less strict or severe: *to relax discipline.* –*v.i.* **3.** to become less tense, rigid, or firm. **4.** to become less strict or severe. **5.** to stop mental or bodily effort, etc.; take relaxation. –**relaxation** *n.* –**relaxer** *n.*

relay /ˈriːleɪ/ *n.*, /rəˈleɪ, ˈriːleɪ/ *v.* –*n.* **1.** a set of people or animals relieving others or taking turns; a shift: *to work in relays.* **2.** Also, **relay race.** race between two or more teams, each member running, swimming, etc., one of the lengths of the distance. **3.** *Electricity* **a.** a device by means of which a change of current or voltage in one circuit can be made to produce a change in the electrical condition of another circuit. **b.** a device that is able, by a variation in the conditions of one electric circuit, to effect the operation of other devices in the same or another electric circuit. –*v.t.* **4.** to carry forward by or as by relays: *to relay a message.*

release /rəˈliːs/ *v.* **-leased, -leasing,** *n.* –*v.t.* **1.** to free from imprisonment, responsibility, pain, etc.; set free. **2.** to allow to be made public: *to release a news story.* **3.** *Law* give up or relinquish (a right, claim, etc.). –*n.* **4.** the act of releasing. **5.** an instrument for releasing. **6.** a statement, news story, etc., released to the public. **7.** *Mechanics* a device for starting or stopping a machine, especially by removing some restrictive apparatus.

relegate /ˈrɛləɡeɪt/ *v.t.* **-gated, -gating. 1.** to send or consign to some obscure position, place, or condition. **2.** to consign or commit (a matter, task, etc.), as to a person. **3.** to assign or refer (something) to a particular class or kind. **4.** to send into exile; banish. **5.** *Sport* to transfer (the lowest scoring team) to a lower division, as a team in a football league. –**relegation** /rɛləˈɡeɪʃən/ *n.*

relent /rəˈlɛnt/ *v.i.* to soften in feeling, temper, or determination; become more mild, compassionate, or forgiving.

relentless /rəˈlɛntləs/ *adj.* that does not relent; unrelenting: *a relentless enemy.* –**relentlessly** *adv.* –**relentlessness** *n.*

relevant /ˈrɛləvənt/ *adj.* bearing upon or connected with the matter in hand; to the purpose; pertinent: *a relevant remark.* –**relevance, relevancy** *n.* –**relevantly** *adv.*

reliable /rəˈlaɪəbəl/ *adj.* that may be relied on; trustworthy: *reliable sources of information.* –**reliability** /rəlaɪəˈbɪləti/, **reliableness** *n.* –**reliably** *adv.*

reliant /rəˈlaɪənt/ *adj.* **1.** having or showing dependence or trust. **2.** confident; trustful. –**reliance** *n.*

relic /ˈrɛlɪk/ *n.* **1.** an object surviving from the past and having interest because of this: *historical relics.* **2.** a surviving trace of something: *a custom which is a relic of paganism.* **3.** (*plural*) remaining parts or fragments. **4.** *Roman Catholic Church, etc.* a part of the body of, or other things related to, a saint or holy person, kept as worthy of reverence.

relict /ˈrɛlɪkt/ *n.* **1.** *Ecology* a plant or animal species living in an environment which has changed from that which is typical for it. **2.** a survivor. **3.** (*plural*) remains; remnants; residue.

relief /rəˈliːf/ *n.* **1.** (sometimes fol. by *from*) deliverance, alleviation, or ease through the removal of pain, distress, oppression, etc. **2.** a means of relieving, or a thing that relieves pain, distress, anxiety, etc. **3.** help or assistance given, as to those in poverty or need. **4.** something affording a pleasing change, as from monotony. **5.** release from a post of duty, as by the coming of a substitute or replacement. **6.** the person or persons thus bringing release. **7.** the deliverance of a besieged town, etc., from an attacking force. **8.** prominence, distinctness, or vividness due to contrast. **9.** the projection of a figure or part from the ground or plane on which it is formed, in sculpture or similar work. **10.** a piece or work in such projection: *high relief.* **11.** an apparent projection of parts in a painting, drawing, etc., giving the appearance of the third dimension. **12.** *Physical Geography* the departure of the land surface in any area from that of a level surface. **13.** *Engraving* any printing process by which the printing ink is transferred to paper, etc., from areas that are higher than the rest of the block, as letterpress printing. **14.** a receipt of some state or charitable financial assistance. –*phr.* **15. on relief,** in the situation of being a relief worker.

relief map *n.* a map showing the relief of an area, usually by generalised contour lines.

relieve /rə'liːv/ *v.t.* **-lieved, -lieving. 1.** to ease or alleviate (pain, distress, anxiety, need, etc.). **2.** to free from anxiety, fear, pain, etc. **3.** to deliver from poverty, need, etc. **4.** to bring efficient aid to (a besieged town, etc.). **5.** to ease (a person) of any burden, wrong, or oppression, as by legal means. **6.** to make less tedious, unpleasant, or monotonous; break or vary the sameness of. **7.** to bring into relief or prominence; heighten the effect of. **8.** to release (one on duty) by coming as or providing a substitute. –*phr.* **9. relieve oneself,** to empty the bowels or bladder. –**relievable** *adj.* –**reliever** *n.*

religion /rə'lɪdʒən/ *n.* **1.** the quest for the values of the ideal life, involving three phases, the ideal, the practices for attaining the values of the ideal, and the theology or world view relating the quest to the environing universe. **2.** a particular system in which the quest for the ideal life has been embodied: *the Christian religion.* **3.** recognition on the part of human beings of a controlling superhuman power entitled to obedience, reverence, and worship. **4.** the feeling or the spiritual attitude of those recognising such a controlling power. **5.** a point or matter of conscience, especially when zealously or obsessively observed: *to make a religion of doing something.*

religious /rə'lɪdʒəs/ *adj.* **1.** of or relating to religion. **2.** believing in religion; pious; devout. **3.** very conscientious: *to do something with religious care.* –*n.* **4.** a member of a religious order, etc.; monk, friar, or nun. –**religiously** *adv.* –**religiousness** *n.*

relinquish /rə'lɪŋkwɪʃ/ *v.t.* **1.** to renounce or surrender (a possession, right, etc.). **2.** to give up; put aside or desist from: *to relinquish a plan.* **3.** to let go: *to relinquish one's hold.* –**relinquisher** *n.* –**relinquishment** *n.*

relish /'relɪʃ/ *n.* **1.** liking for or enjoyment of something, especially something eaten. **2.** something tasty added to a meal, such as a sauce. **3.** a pleasing taste or flavour. –*v.t.* **4.** to take pleasure in; enjoy. **5.** to like the taste or flavour of. –**relishable** *adj.*

relive /ˌri'lɪv/ *v.t.* **-lived, -living.** to repeat former experiences or rehearse the memory of them.

reluctant /rə'lʌktənt/ *adj.* unwilling; disinclined. –**reluctance** *n.* –**reluctantly** *adv.*

rely /rə'laɪ/ *v.i.* **-lied, -lying.** –*phr.* **rely on (or upon),** to depend confidently on; put trust in.

remain /rə'meɪn/ *v.i.* **1.** to continue in the same condition or place: *to remain at peace; to remain at home.* **2.** to be left after the removal, departure, loss, etc., of others or other parts. **3.** to be left to be done, told, etc. –*n.* (*always plural*) **4.** that which remains or is left: *the remains of a meal; the remains of past glory.* **5.** what remains of a person after death; dead body.

remainder /rə'meɪndə/ *n.* **1.** that which remains or is left: *the remainder of the day.* **2.** *Mathematics* the quantity that remains after subtraction or division. **3.** a copy of a book remaining in the publisher's stock when the sale has almost finished, usually sold at a reduced price.

remand /rə'mænd, -'mand/ *v.t.* **1.** to send back, remit, or consign again. **2.** *Law* (of a court or magistrate) to send back (a prisoner or accused person) into custody, as to await further proceedings. –*n.* **3.** the act of remanding. **4.** the state of being remanded. **5.** a person remanded.

remark /rə'mak/ *v.t.* **1.** to say casually, as in making a comment. **2.** to note; perceive. –*n.* **3.** the act of remarking; notice. **4.** comment: *to let a thing pass without remark.* **5.** a casual or brief expression of thought or opinion. –*phr.* **6. remark on (or upon),** to make a remark or observation about.

remarkable /rə'makəbəl/ *adj.* **1.** notably or conspicuously unusual, or extraordinary: *a remarkable change.* **2.** worthy of remark or notice. –**remarkableness** *n.* –**remarkably** *adv.*

remedial /rə'midiəl/ *adj.* **1.** affording remedy; tending to remedy something. **2.** having to do with the treatment of physical defects with exercises, etc., rather than by medical or surgical means. **3.** (of teaching) designed to meet the needs of retarded, backward, or maladjusted children. –**remedially** *adv.*

remedy /'remədi/ *n.* **-dies,** *v.* **-died, -dying.** –*n.* **1.** something that cures or relieves a disease or bodily disorder. **2.** something that corrects or removes an evil of any kind. **3.** *Law* the legal means by which a wrong is redressed; legal redress. –*v.t.* **4.** to cure or heal. **5.** to put right: *to remedy a matter.* **6.** to correct or remove: *to remedy an evil.* –**remediable** /rə'midiəbəl/ *adj.* –**remedyless** *adj.*

remember /rə'membə/ *v.t.* **1.** to bring back to the mind by an act of memory. **2.** to keep in the memory. **3.** to have (something) come into the mind again. **4.** to keep (a person) in mind as deserving a gift, reward, tip, etc. **5.** to mention to another as sending greetings: *remember me to your mother.* –*v.i.* **6.** to possess or use the faculty or ability of memory. –**remembrance** *n.* –**rememberer** *n.*

remind /rə'maɪnd/ *v.t.* **1.** to cause (someone) to remember. –*phr.* **2. remind someone of, a.** to make someone think of. **b.** to resemble in someone's estimation. –**reminder** *n.*

reminisce /remə'nɪs/ *v.i.* **-nisced, -niscing.** to indulge in reminiscence; recall past experiences.

reminiscence /remə'nɪsəns/ *n.* **1.** the act or process of remembering one's past. **2.** a mental impression retained and revived. **3.** (*often plural*) a recollection narrated or told. **4.** something that recalls or suggests something else. –**reminiscent** *adj.*

remiss /rə'mɪs/ *adj.* **1.** not diligent, careful, or prompt in duty, business, etc. **2.** characterised by negligence or carelessness. **3.** lacking force or energy; languid; sluggish. –**remissness** *n.*

remission /rə'mɪʃən/ *n.* **1.** the act of remitting. **2.** forgiveness of sins, offences, etc.; pardon. **3.** a lessening or abatement, as of labour, the symptoms of a disease, etc. Also, **remittal.**

remit /rə'mɪt/ *v.* **-mitted, -mitting.** –*v.t.* **1.** to send (money, etc.) to a person or place. **2.** to decide not to enforce (a punishment, etc.) or demand (a payment of a debt, etc.). **3.** to pardon or forgive (a sin, offence, etc.). **4.** to lessen; abate: *to remit watchfulness.* –*v.i.* **5.** to send money, etc., as payment. **6.** to become less; abate: *her fever has remitted.* –**remittable** *adj.* –**remittent** *adj.*

remittance /rə'mɪtns/ *n.* **1.** the remitting of money, etc., to a recipient at a distance. **2.** money or its equivalent sent from one place to another.

remix /'rimɪks/ *n.* **1.** *Music* a recorded version of a piece of music containing a mix of the original recording tracks which is different from that used for the earlier published version. –*v.t.* **2.** to mix again. **3.** *Music* to produce as a remix.

remnant /'remnənt/ *n.* **1.** a part, quantity, or number (usually small) remaining. **2.** a fragment or scrap, especially an odd piece of cloth, lace, etc., unsold or unused. **3.** a trace; vestige: *remnants of former greatness.* –*adj.* **4.** remaining.

remonstrate /'remənstreɪt/ *v.* **-strated, -strating.** –*v.t.* **1.** to say in remonstrance; protest. –*phr.* **2. remonstrate with,** to present reasons in complaint to; plead with in protest. –**remonstrance** *n.* –**remonstration** /remən'streɪʃən/ *n.* –**remonstrative** /rə'mɒnstrətɪv/ *adj.* –**remonstrator** *n.*

remorse /rə'mɔs/ *n.* deep and painful regret for wrong-doing; compunction. **–remorseful** *adj.* **–remorseless** *adj.*

remote /rə'moʊt/ *adj.* **-moter**, **-motest**. **1.** far away; far distant in space or time: *a remote village; the remote past.* **2.** distant in relationship or connection: *a remote ancestor.* **3.** far removed; alien: *remote from common experience.* **4.** slight: *I do not have the remotest idea of what to do.* **5.** distant in feeling; aloof: *she seemed very remote at their first meeting.* **–remotely** *adv.* **–remoteness** *n.*

remote control *n.* the control of a system by means of electrical, radio, or mechanical signals from a point outside the system.

remote sensing *n.* the identification of data, usually about features of the earth or other bodies in space, from a satellite, aeroplane, etc. **–remote-sensing** *adj.*

removalist /rə'muvələst/ *n. Australia* a person or firm engaged in moving household and office furniture, etc.

remove /rə'muv/ *v.* **-moved**, **-moving**, *n.* *–v.t.* **1.** to move from a place or position; take away; take off: *please remove that book from the table; he removed his tie.* **2.** to displace from a position or office. **3.** to do away with; put an end to: *to remove guilt.* *–v.i.* **4.** to move from one place to another, especially to another home. –*n.* **5.** the distance by which one person, place, or thing is separated from another. **–removal** *n.* **–remover** *n.*

removed /rə'muvd/ *adj.* **1.** remote; separate; not connected with; distinct from. **2.** distant, used in expressing degrees of relationship: *a first cousin twice removed is a cousin's grandchild.*

remunerate /rə'mjunəreɪt/ *v.t.* **-rated**, **-rating**. **1.** to pay, recompense, or reward for work, trouble, etc. **2.** to yield a recompense for (work, services, etc.). **–remuneration** *n.* **–remunerative** *adj.*

renaissance /rə'neɪsəns, rə'næsəns/ *n.* **1.** a new birth; a revival. **2.** (*cap.*) the activity, spirit, or time of the great revival of art, letters, and learning in Europe during the 14th, 15th, and 16th centuries, marking the transition from the medieval to the modern world. –*adj.* **3.** (*cap.*) having to do with the style of building and decoration succeeding the medieval, originating in Italy in the early 15th century and based upon clarity and mathematical relationship of plan and design, and using to this end the forms and ornaments of classical Roman art. Also, **renascence**.

renal /'rinəl/ *adj.* having to do with the kidneys or the surrounding regions.

rend /rɛnd/ *v.t.* **rent**, **rending**. **1.** to tear apart with force or violence. **2.** to pull or tear violently (fol. by *away*, *off*, *up*, etc.).

render /'rɛndə/ *v.t.* **1.** to make or cause (a person or thing) to be or become as specified: *to render someone helpless.* **2.** to do; perform: *to render a service.* **3.** to furnish: *to render aid.* **4.** to present for consideration, approval, payment, action, etc., as an account. **5.** to pay as due (a tax, tribute, etc.). **6.** to deliver officially, as judgment. **7.** to reproduce in another language; translate. **8.** to represent; depict, as in painting. **9.** to bring out the meaning of by performance or execution, or interpret, as a part in a drama, a piece of music, a subject in representational art, etc. **10.** to give in return or requital. **11.** to give up; surrender. **12.** to cover (brickwork, stone, etc.) with a first coat of plaster. **13.** to extract (fat, etc.) from meat trimmings by melting. –*n.* **14.** the mixture of sand, cement, etc. used to render (def. 12). *–phr.* **15. render back**, to give back; restore. **–renderable** *adj.* **–renderment** *n.*

rendezvous /'rɒndeɪvu, rɒndeɪ'vu/ *n.* **-vous**, /-vuz/; *v.* **-voused** /-vud/ *or* **-vousing** /-vuɪŋ/. –*n.* **1.** an appointment or engagement made between two or more persons to meet at a fixed place and time. **2.** a place for meeting or assembling, especially of troops, ships, or spacecraft. *–v.i.* **3.** to assemble at a place previously appointed.

rendition /rɛn'dɪʃən/ *n.* **1.** the act of rendering. **2.** translation. **3.** interpretation, as of a role or a piece of music.

renegade /'rɛnəgeɪd/ *n.* **1.** someone who deserts a party or cause for another. **2.** an apostate from a religious faith. –*adj.* **3.** of or like a renegade; traitorous. *–v.i.* **4.** to turn renegade.

renege /rə'nɛg, -'nɪg/ *v.i.* **-neged**, **-neging**. **1.** *Cards* to revoke. **2.** *Colloquial* to go back on one's word. Also, **renegue**. **–reneger** *n.*

renew /rə'nju/ *v.t.* **1.** to begin or take up again: *to renew a friendship; to renew a lease.* **2.** to restore or replenish: *to renew a stock of goods.* **3.** to make, say, or do again: *she renewed her demands.* **–renewal** *n.* **–renewable** *adj.*

renewable energy *n.* energy which is naturally occurring and which is theoretically inexhaustible, such as energy from the sun or the wind, and which by definition excludes energy derived from fossil fuels or nuclear fuels.

rennet /'rɛnət/ *n.* **1.** the lining membrane of the fourth stomach of a calf, or of the stomach of certain other young animals. **2.** *Biochemistry* the substance from the stomach of the calf which contains rennin. **3.** a preparation or extract of the rennet membrane, used to curdle milk, as in making cheese, junket, etc.

renounce /rə'naʊns/ *v.* **-nounced**, **-nouncing**. *–v.t.* **1.** to give up or put aside voluntarily. **2.** to give up by formal declaration: *to renounce a claim.* **3.** to repudiate; disown. *–v.i.* **4.** *Cards* to play a card of a different suit from that led. **–renouncement** *n.*

renovate /'rɛnəveɪt/ *v.t.* **-vated**, **-vating**. **1.** to make new or as if new again; restore to good condition; repair. **2.** to reinvigorate; refresh; revive. **–renovation** /rɛnə'veɪʃən/ *n.* **–renovator** *n.*

renown /rə'naʊn/ *n.* widespread and high repute; fame. **–renowned** *adj.*

rent¹ /rɛnt/ *n.* **1.** a payment made regularly for the use of land or building, or other property. **2.** the return gained from any business in excess of production costs. *–v.t.* **3.** to allow the possession and use of (property) in return for regular payments. *–v.i.* **4.** to be let for rent: *this flat rents for $100 a week.* **–rentable** *adj.*

rent² /rɛnt/ *n.* **1.** an opening made by rending or tearing; slit; fissure. **2.** a breach of relations or union. –*v.* **3.** past tense and past participle of **rend**.

rental /'rɛntl/ *n.* **1.** an amount received or paid as rent. **2.** an income arising from rents received. –*adj.* **3.** relating to rent. **4.** available for rent: *rental accommodation.*

renunciation /rənansi'eɪʃən/ *n.* **1.** the formal abandoning of a right, title, etc. **2.** a voluntary giving up, especially as a sacrifice. **–renunciative** /rə'nansɪətɪv/, **renunciatory** /rə'nansɪətri/ *adj.*

rep /rɛp/ *n. Colloquial* **1.** a travelling salesman or saleswoman. **2.** someone who is selected to represent their area in sport: *a hockey rep.* **3.** a union representative.

repair¹ /rə'pɛə/ *v.t.* **1.** to restore to a good or sound condition after decay or damage; mend. **2.** to put right; remedy: *to repair damage.* –*n.* **3.** the act, process, or work of repairing: *the repair of a building.* **4.** a part that has been repaired or an addition made in repairing: *the repairs to the table were badly done.* **5.** condition in relation to need for repairing: *in good repair; in bad repair.* –**repairable** *adj.* –**repairer** *n.*

repair² /rəˈpeə/ *v.i.* **1.** to betake oneself or go, as to a place: *he soon repaired in person to Auckland.* **2.** to go frequently or customarily. –*n.* **3.** the act of repairing or going: *to make repair to Auckland.*

reparable /ˈrepərəbəl, rəˈpeərəbəl/ *adj.* capable of being repaired or remedied. Also, **repairable** /rəˈpeərəbəl/. –**reparably** *adv.*

reparation /repəˈreɪʃən/ *n.* **1.** the making of amends for wrong or injury done: *a wrong which admits of no reparation.* **2.** (*usually plural*) compensation in money, material, labour, etc., paid by a defeated nation (as by Germany and its allies after World War I) for damage to civilian population and property during war. **3.** restoration to good condition.

repartee /rɛpaˈti/ *n.* **1.** a ready and witty reply. **2.** speech or talk characterised by quickness and wittiness of reply. **3.** skill in making witty replies.

repast /rəˈpast/ *n.* **1.** a quantity of food taken at or provided for one occasion of eating: *to eat a light repast.* **2.** a taking of food; a meal: *the evening repast.*

repatriate /riˈpætrieɪt/ *v.t.* **-ated, -ating,** /riˈpætriət/ *n.* –*v.t.* **1.** to bring or send back (a person) to his or her own country, especially (prisoners of war, refugees, etc.) to the land of citizenship. –*n.* **2.** someone who has been repatriated.

repatriation /ˌripætriˈeɪʃən/ *n.* **1.** the act of returning to one's native land. **2.** *Australian* assistance given to ex-service personnel returning to a civilian life, in the form of pensions, medical care, allowances for dependants, etc.

repay /riˈpeɪ/ *v.* **-paid, -paying.** –*v.t.* **1.** to pay back or refund (money, etc.). **2.** to make return for: *repaid with thanks.* **3.** to make return to in any way: *feel repaid for sacrifices made.* **4.** to return: *repay a visit.* –*v.i.* **5.** to make repayment or return. –**repayable** *adj.* –**repayment** *n.*

repeal /riˈpil/ *v.t.* **1.** to revoke or withdraw formally or officially: *to repeal a grant.* **2.** to revoke or annul (a law, tax, duty, etc.) by express legislative enactment; abrogate. –*n.* **3.** the act of repealing; revocation; abrogation. –**repealable** *adj.* –**repealer** *n.*

repeat /rəˈpit/ *v.t.* **1.** to say again (something already spoken by oneself or another): *please repeat that sentence.* **2.** to do, make, perform, etc., again: *to repeat an action; to repeat a passage of music.* –*v.i.* **3.** to do or say something again. **4.** (of food eaten) to be tasted again when the eater belches: *the onions are repeating on me.* **5.** (of a firearm) to fire several times without reloading. –*n.* **6.** the act of repeating. **7.** something repeated. **8.** an order for goods the same as a previous order. **9.** a radio or television program that has been broadcast at least once before. –**repeatable** *adj.*

repeater /rəˈpitə/ *n.* **1.** a repeating firearm. **2.** *Electricity* an amplifier used in telephone circuits to make good losses of power. **3.** → **recurring decimal.**

repel /rəˈpɛl/ *v.* **-pelled, -pelling.** –*v.t.* **1.** to drive or force back (an attack, attacker, etc.). **2.** to keep off or out; fail to mix with: *water and oil repel each other.* **3.** to turn away; refuse to have to do with; reject: *to repel temptation.* **4.** to cause feelings of distaste or disgust: *her dirty appearance repels me.* –*v.i.* **5.** to act with a force that drives or keeps away something. **6.** to cause distaste or disgust. –**repellence, repellency** *n.* –**repellent** *adj.*, *n.* –**repeller** *n.*

repent /rəˈpɛnt/ *v.i.* **1.** (sometimes fol. by *of*) to feel self-reproach, compunction, or contrition for past conduct; change one's mind with regard to past action in consequence of dissatisfaction with it or its results. –*v.t.* **2.** to remember or regard with self-reproach or contrition: *to repent one's injustice to another.* **3.** to feel sorry for; regret: *to repent one's words.* –*phr.* **4. repent of,** to feel such sorrow for (sin or fault) as to be disposed to change one's life for the better; be penitent for. –**repenter** *n.*

repercussion /ripəˈkʌʃən/ *n.* **1.** an after-effect, often an indirect result, of some event or action: *the repercussions of the wool marketing plan were very widely felt.* **2.** the state of being driven back by a resisting body. **3.** a rebounding or recoil of something after impact. **4.** reverberation; echo. **5.** *Music* (in a fugue) the point after the development of an episode at which the subject and answer appear again. –**repercussive** *adj.*

repertoire /ˈrepətwa/ *n.* **1.** the list of dramas, operas, parts, pieces, etc., which a company, actor, singer, or the like, is prepared to perform. **2.** all the works of a particular kind considered collectively.

repertory /ˈrepətri/ *n.* **-ries. 1.** → **repertoire. 2.** a type of theatrical company, usually based on a particular theatre, which prepares several plays, operas, or the like, and produces them alternately or in succession, for a limited run only. **3.** a store or stock of things available. **4.** → **storehouse.**

répétiteur /rəpetəˈtɜ/ *n.* someone who rehearses and prompts opera singers.

repetition /repəˈtɪʃən/ *n.* **1.** the act of repeating; repeated action, performance, production, or presentation. **2.** repeated utterance; reiteration. **3.** something made by or resulting from repeating. **4.** a reproduction, copy, or replica. **5.** *Civil Law* an action for recovery of a payment or delivery made by error or upon failure to fulfil a condition. –**repetitive** *adj.*

repetition strain injury *n.* → **RSI.** Also, **repetitive strain injury.**

repine /rəˈpaɪn/ *v.i.* **-pined, -pining.** to be fretfully discontented; fret; complain.

replace /rəˈpleɪs/ *v.t.* **-placed, -placing. 1.** to fill or take the place of; substitute for (a person or thing): *electricity has replaced gas as a means of illumination.* **2.** to provide a substitute or equivalent in the place of: *to replace a broken vase or dish.* **3.** to restore; return; make good: *to replace a sum of money borrowed.* **4.** to restore to a former or the proper place: *the stolen paintings were replaced in the museum.* –**replaceable** *adj.* –**replacement** *n.* –**replacer** *n.*

replay /ˈripleɪ/ *n.*, /ˌriˈpleɪ/ *v.* –*n.* **1.** (in sport) a match, contest etc. which is played again because of some difficulty or disagreement. **2.** (in television coverage of sport by the electronic media) the playing again of some highlight of a game, often immediately after it has happened. **3.** → **playback.** –*v.t.* **4.** to repeat (a sporting event, match, etc. or a sequence from it) on radio or television.

replenish /rəˈplɛnɪʃ/ *v.t.* **1.** to bring back to a state of fullness or completeness, as by supplying what is lacking: *to replenish a stock of goods.* **2.** to supply (a fire, stove, etc.) with fresh fuel. **3.** to fill again or anew. –**replenisher** *n.* –**replenishment** *n.*

replete /rəˈplit/ *adj.* **1.** stuffed or gorged with food and drink. –*phr.* **2. replete with,** abundantly supplied or provided with. –**repletion, repleteness** *n.*

replica /ˈrɛplɪkə/ *n.* **1.** a copy or reproduction of a work of art by the maker of the original. **2.** any copy or reproduction.

replication /rɛpləˈkeɪʃən/ *n.* **1.** a reply. **2.** *Law* the reply of the plaintiff or complainant to the defendant's plea or answer. **3.** *Biochemistry* the process whereby new DNA is synthesised, by the exact copying of DNA already present within the cell. **4.** reverberation; echo. **5.** a reproduction, copy, or duplication.

reply /rəˈplaɪ/ v. **-plied, -plying,** n. **-plies.** –v.i. **1.** to make answer in words or writing; respond. **2.** to respond by some action, performance, etc.: *to reply to the enemy's fire.* –v.t. **3.** to return as an answer: *he replied that nothing would make him accept.* –n. **4.** an answer or response. **–replier** n.

répondez s'il vous plaît /rəˈpɒndeɪ sɪl vu ˌpleɪ/ please reply. *Abbrev*.: RSVP

report /rəˈpɔt/ n. **1.** an account brought back or presented, especially containing information that is the result of investigation. **2.** an account of a speech, meeting, etc., especially as taken down for publication. **3.** a written account of a school pupil's academic progress, behaviour, attendance, etc., sent home to his or her parents. **4.** a story or information generally known; rumour: *the surf here is very dangerous according to report.* **5.** a loud explosive noise, especially from a gun. –v.t. **6.** to carry and repeat as an answer or message. **7.** to tell what has been learned by examination or investigation. **8.** to give a formal account or statement of. **9.** to lay a charge against (a person): *to be reported to the police.* **10.** to present (oneself) to a person in authority. **11.** to take down (a speech, etc.) in writing, as for publication in a newspaper, etc. –v.i. **12.** to make a report. **13.** to act as a reporter for a newspaper, etc. **14.** to present or give an account of oneself to someone in authority: *to report to the boss; report sick.* **15.** to present oneself at an appointed place, etc. **–reportable** adj.

reporter /rəˈpɔtə/ n. **1.** someone who reports. **2.** someone employed to gather and report news for a newspaper, news agency, or broadcasting organisation. **3.** someone who prepares official reports, as of legal or legislative proceedings.

repose[1] /rəˈpoʊz/ n., v. **-posed, -posing.** –n. **1.** a condition of peaceful resting. **2.** calmness of behaviour, appearance, etc. –v.i. **3.** to lie at rest; be peaceful. **4.** to lie or rest: *to repose on a park bench.* –v.t. **5.** (*often used reflexively*) to lay to rest: *I will repose myself here.* **–reposeful** adj.

repose[2] /rəˈpoʊz/ v.t. **-posed, -posing.** to put (confidence, trust, etc.) in a person or thing.

repository /rəˈpɒzɪtri/ n. **-ries. 1.** a receptacle or place where things are deposited, stored, or offered for sale, as a warehouse. **2.** a place in which a dead body is deposited. **3.** a person to whom something is entrusted or confided.

repossess /ripəˈzɛs/ v.t. **1.** to possess again; regain possession of. **2.** to put again in possession of something. **–repossession** /ripəˈzɛʃən/ n.

reprehensible /rɛprəˈhɛnsəbəl/ adj. deserving to be reprehended; blameworthy: *reprehensible conduct.* **–reprehensibility** /ˌrɛprəhɛnsəˈbɪlətɪ/, **reprehensibleness** n. **–reprehensibly** adv.

represent /rɛprəˈzɛnt/ v.t. **1.** (of a word, symbol, etc.) to serve to express, show, stand for, or mark; symbolise: *C represents common time in music.* **2.** to express or show by some term, character, symbol, etc.: *to represent musical sounds by notes.* **3.** to stand, act or speak in the place of, as a substitute, proxy, or agent: *to represent his government in a foreign country.* **4.** to act for (a constituency, etc.) by elected right in parliament or government. **5.** (of a picture, image, etc.) to present the likeness or outward appearance of; portray; depict. **6.** to present in words; set forth; describe; state: *the novel represents life in 19th century England.* **7.** to describe as having a particular character (fol. by *as, to be,* etc.): *Superman is represented as a man of steel.* **8.** to be an example or type of; exemplify. **9.** to be the equivalent of; correspond to. **–representable** adj.

representative /rɛprəˈzɛntətɪv/ adj. **1.** serving to represent; representing. **2.** typical; exemplifying a class: *a representative selection of Australian verse.* **3.** representing a constituency or community or the people generally, in the making and passing of laws or in government: *a representative assembly.* **4.** marked by, founded on, or relating to representation of the people in government: *representative government.* –n. **5.** someone or something that represents another or others, especially an agent, travelling salesman or elected member of parliament. **6.** an example; specimen; type. **–representatively** adv. **–representativeness** n.

repress /rəˈprɛs/ v.t. **1.** to keep under control, check, or suppress (desires, feelings, action, tears, etc.). **2.** to put down or quell (sedition, disorder, etc.). **3.** to reduce (persons) to subjection. **4.** *Psychology* to reject from consciousness, as thoughts, feelings, memories, or impulses not acceptable to the ego. **–repression** n. **–repressive** adj. **–repressed** adj. **–represser** n. **–repressible** adj.

reprieve /rəˈpriv/ v. **-prieved, -prieving,** n. –v.t. **1.** to respite (a person) from impending punishment, especially to grant a delay of the execution of (a condemned person). **2.** to relieve temporarily from any evil. –n. **3.** respite from impending punishment, especially from execution of a sentence of death. **4.** a warrant authorising this. **5.** any respite or temporary relief.

reprimand /ˈrɛprəmand, -mænd/ n. **1.** a severe reproof, especially a formal one by a person in authority. –v.t. **2.** to reprove severely, especially in a formal way.

reprint /riˈprɪnt/ v., /ˈrɪprɪnt/ n. –v.t. **1.** to print again; print a new impression of. –n. **2.** a reproduction in print of matter already printed. **3.** a new impression, without alteration, of any printed work. **4.** *Philately* an impression from the original plate after issue of the stamps has ceased and their use for postage voided. **–reprinter** n.

reprisal /rəˈpraɪzəl/ n. **1.** the infliction of similar or greater injury on the enemy in warfare, in retaliation for some injury, as by the punishment or execution of prisoners of war. **2.** an instance of this. **3.** the act or practice of using force, short of war, against another nation, to secure redress of a grievance. **4.** retaliation, or an act of retaliation. **5.** (originally) the forcible seizing of property or subjects in retaliation.

reprise /rəˈpraɪz/ for def. 1, /rəˈpriz/ for def. 2 n. **1.** (*usually plural*) *Law* an annual deduction, duty, or payment out of an estate, as an annuity or the like. **2.** *Music* a return to the first theme or subject.

reproach /rəˈproʊtʃ/ v.t. **1.** to find fault with (a person, etc.); blame; censure. **2.** *Archaic* to be a cause of blame or discredit to. –n. **3.** blame or censure conveyed by reproaching: *a term of reproach.* **4.** an expression of upbraiding, censure, or reproof. **5.** disgrace, discredit, or blame incurred: *to bring reproach on one's family.* **6.** a cause or occasion of disgrace or discredit. –*phr.* **7. reproach someone with something,** to attempt to make someone feel ashamed about something. **–reproachful** adj. **–reproachable** adj. **–reproachableness** n. **–reproachably** adv. **–reproacher** n.

reprobate /ˈrɛprəbeɪt/ n., adj., v. **-bated, -bating.** –n. **1.** an unprincipled, immoral or wicked person. –adj. **2.** bad; morally depraved; unprincipled. –v.t. **3.** to disapprove of; condemn; censure.

reproduce /riprəˈdjus/ v. **-duced, -ducing.** –v.t. **1.** to make a copy, representation, or strong likeness of. **2.** to produce again or anew by natural

reproduction process: *to reproduce a broken claw.* **3.** to produce young or offspring. **4.** to produce again or anew in any manner. –*v.i.* **5.** to reproduce its kind, as an animal or plant; propagate. **6.** to turn out (well, etc.) when copied. –**reproducible** *adj.*

reproduction /riprə'dʌkʃən/ *n.* **1.** the act or process of reproducing. **2.** the state of being reproduced. **3.** something that is made by reproducing; a copy or duplicate, especially of a picture or the like made by photoengraving or some similar process. **4.** the natural process among animals and plants by which new individuals are generated and the species perpetuated.

reproof /rə'pruːf/ *n.* **1.** the act of reproving, censuring, or rebuking. **2.** an expression of censure or rebuke.

reprove /rə'pruːv/ *v.* -**proved**, -**proving**. –*v.t.* **1.** to address words of disapproval to (a person, etc.); rebuke; blame. **2.** to express disapproval of (actions, words, etc.). –*v.i.* **3.** to speak in reproof; administer a reproof. –**reprover** *n.* –**reprovingly** *adv.*

reptile /'rɛptaɪl/ *n.* **1.** any of the Reptilia, a class of cold-blooded vertebrates, including the lizards, snakes, turtles, alligators, and rhynchocephalians, together with various extinct types. **2.** any of various creeping or crawling animals, as the lizards, snakes, etc. **3.** a grovelling, mean, or despicable person. –*adj.* **4.** creeping or crawling. **5.** grovelling, mean, or malignant. –**reptilian** *adj.*

republic /rə'pʌblɪk/ *n.* **1.** a state in which the supreme power rests in the body of citizens entitled to vote and is exercised by representatives chosen directly or indirectly by them. **2.** any body of persons, etc., viewed as a commonwealth. **3.** a state, especially a democratic state, in which the head of the government is an elected or nominated president, not a hereditary monarch.

repudiate /rə'pjuːdieɪt/ *v.t.* -**ated**, -**ating**. **1.** to reject as having no authority or binding force, as a claim, etc. **2.** to cast off or disown: *to repudiate a son.* **3.** to reject with disapproval or condemnation, as a doctrine, etc. **4.** to reject with denial, as a charge, etc. **5.** to refuse to acknowledge and pay, as a debt (said specifically of a state, municipality, etc.). –**repudiable** *adj.* –**repudiative** *adj.* –**repudiator** *n.*

repugnant /rə'pʌɡnənt/ *adj.* **1.** distasteful or objectionable. **2.** making opposition; objecting; averse. **3.** opposed or contrary, as in nature or character. –**repugnance** *n.* –**repugnantly** *adv.*

repulse /rə'pʌls/ *v.* -**pulsed**, -**pulsing**. –*v.t.* **1.** to drive back, or repel, as an assailant, etc. **2.** to repel with denial, discourtesy, or the like; refuse or reject. –*n.* **3.** the act of repelling. **4.** the state of being repelled, as in hostile encounter. **5.** refusal or rejection. –**repulser** *n.*

repulsion /rə'pʌlʃən/ *n.* **1.** the act of repelling or driving back. **2.** the state of being repelled. **3.** the feeling of being repelled; distaste, repugnance, or aversion. **4.** *Physics* a situation in which bodies are repelled from each other.

repulsive /rə'pʌlsɪv/ *adj.* **1.** causing repugnance or aversion. **2.** tending to repel by denial, discourtesy, or the like. **3.** *Physics* of the nature of or characterised by physical repulsion; tending to repel or drive back. –**repulsively** *adv.* –**repulsiveness** *n.*

reputable /'rɛpjətəbəl/ *adj.* held in good repute; honourable; respectable; estimable. –**reputability** /rɛpjətə'brlɪti/ *n.* –**reputably** *adv.*

reputation /rɛpjə'teɪʃən/ *n.* **1.** the estimation in which a person or thing is held, especially by the community or the public generally; repute: *a man of good reputation.* **2.** favourable repute; good name: *to ruin one's reputation by misconduct.* **3.** a favourable and publicly recognised name or standing for merit, achievement, etc.: *to build up a reputation.* **4.** the estimation or name of being, having, having done, etc., something specified.

repute /rə'pjuːt/ *n., v.* -**puted**, -**puting**. –*n.* **1.** estimation in the view of others; reputation: *persons of good repute.* **2.** favourable reputation; good name; credit or note. –*v.t.* **3.** (commonly in the *passive*) to consider or esteem (a person or thing) to be as specified; account or regard: *he was reputed to be a millionaire.*

reputed /rə'pjuːtəd/ *adj.* accounted or supposed to be such: *the reputed author of a book.* –**reputedly** *adv.*

request /rə'kwɛst/ *n.* **1.** the act of asking for something to be given or done, especially as a favour or kindness; solicitation or petition. **2.** something that is asked for: *to obtain one's request.* **3.** the condition of being asked for; demand: *to be in great request as an after-dinner speaker.* –*v.t.* **4.** to ask for (something), especially politely or formally. **5.** to ask or beg (used with a clause or an infinitive): *to request that he leave; to request to be excused.* **6.** to ask, or beg (a person, etc.), to do something: *he requested me to go.*

requiem /'rɛkwiəm/ *n.* (*often cap.*) **1.** *Roman Catholic Church* **a.** the mass celebrated for the repose of the souls of the dead. **b.** a celebration of this mass (**requiem mass**). **c.** a musical setting of this mass. **2. a.** any musical service, hymn, or dirge composed for the repose of the soul of, or in memory of, a dead person. **b.** any writing so titled, such as a poem, which has the same purpose or sombre tone.

requiescat /rɛkwi'ɛskæt/ *n.* a wish or prayer for the repose of the dead.

require /rə'kwaɪə/ *v.* -**quired**, -**quiring**. –*v.t.* **1.** to have need of; need: *he requires medical care.* **2.** to call on from a position of power; order or enjoin (a person, etc.) to do something: *to require an agent to account for money spent.* **3.** to place under a sense of duty or necessity. –*v.i.* **4.** to make a demand; impose an obligation or need: *to do as the law requires.* –**requirement** *n.*

requisite /'rɛkwəzət/ *adj.* **1.** required by the nature of things or by circumstances; indispensable: *he has the requisite qualifications.* –*n.* **2.** something requisite; a necessary thing. –**requisitely** *adv.* –**requisiteness** *n.*

requisition /rɛkwə'zɪʃən/ *n.* **1.** the act of demanding, or the demand made. **2.** the demanding formally or from a position of power that something be done, given, etc. **3.** the form on which such a demand is written. –*v.t.* **4.** to demand or to take for official use; press into service, especially for military purposes, public needs, etc.: *to requisition supplies.*

requite /rə'kwaɪt/ *v.t.* -**quited**, -**quiting**. **1.** to make repayment or return for (service, benefits, etc.). **2.** to make retaliation for (a wrong, injury, etc.). **3.** to make return to (a person) for service, etc. **4.** to make retaliation on (a person) for a wrong, etc. **5.** to give or do in return. –**requitable** *adj.* –**requital** *n.* –**requitement** *n.* –**requiter** *n.*

rescind /rə'sɪnd/ *v.t.* **1.** to abrogate; annul, revoke; repeal. **2.** to invalidate (an act, measure, etc.) by a later action or a higher authority. –**rescission** *n.* –**rescindable** *adj.* –**rescinder** *n.*

rescue /'rɛskjuː/ *v.* -**cued**, -**cuing**, *n.* –*v.t.* **1.** to free or deliver from confinement, violence, danger, or evil. **2.** *Law* to liberate or take by forcible or illegal means from lawful custody. –*n.* **3.** the act of rescuing. –**rescuer** *n.*

research /rə'sɜːtʃ, 'risɜːtʃ/ *n.* **1.** diligent and systematic inquiry or investigation into a subject in order to discover facts or principles: *research in nuclear physics.* –*v.i.* **2.** to make researches; investigate carefully. –*v.t.* **3.** to investigate carefully: *to re-*

resemble / **resolute**

search a subject exhaustively. –*adj.* **4.** having to do with research. –**researcher** *n.*

resemble /rə'zembəl/ *v.t.* **-bled, -bling.** to be like or similar to. –**resembler** *n.*

resent /rə'zɛnt/ *v.t.* to feel or show displeasure or indignation at, from a sense of injury or insult.

reservation /rɛzə'veɪʃən/ *n.* **1.** a keeping back, withholding, or setting apart. **2.** the making of some exception or qualification. **3.** a tract of public land set apart for a special purpose, as (in the US) for the use of a Native American tribe. **4.** the allotting or the securing of accommodation at a hotel, on a train or boat, etc., as for a traveller: *to write for reservations.*

reserve /rə'zɜːv/ *v.* **-served, -serving,** *n., adj.* –*v.t.* **1.** to keep back or save for future use, arrangement, treatment, etc. **2.** to set aside or book in advance, especially a place to stay, theatre seats, etc. **3.** to set apart for a particular use, purpose, service, etc.: *ground reserved for a garden.* **4.** *Law* to delay handing down (a judgment or decision), especially to give time for better consideration of the matters involved. –*n.* **5.** something reserved, usually for some purpose or in case of accident, etc.; a store or stock. **6.** *Sport* **a.** a player kept in readiness to take the place of a team member who may drop out through being hurt, etc. **b.** (*plural*) a club's second team. **7.** a piece of public land set apart for recreation, etc., as a public reserve, or for a special purpose, as a nature reserve. **8.** a piece of public land to be lived on and used by the aboriginal people of a country, allowing them to keep their traditional lifestyle. **9.** a limitation, reservation, exception, or qualification. **10.** the act of reserving. **11.** the condition of being reserved, especially for future use or for some purpose or person: *money in reserve.* **12.** *Military* **a.** a part of a military force held in readiness to support the attack or defence made by the rest of the force. **b.** the part of a country's fighting force not in active service, but used as a further means of defence in case of necessity. **13.** the quality or habit of avoiding close friendships and familiarity; self-restraint in action or speech; reticence. **14.** → **reserve price.** –*adj.* **15.** kept in reserve; forming a reserve: *a reserve fund; a reserve supply.*

reserve bank *n.* the national banking organisation of a country which administers the monetary policy of a government, receives revenue, pays government expenditure, and issues money, both paper and coin, as legal tender.

reserved /rə'zɜːvd/ *adj.* **1.** kept in reserve; set apart for a particular use or purpose. **2.** kept by special arrangement for some person or persons: *a reserved seat.* **3.** self-restrained in action or speech; disposed to keep one's feelings, thoughts, or affairs to oneself. **4.** characterised by reserve, as the disposition, manner, etc. **5.** denoting an occupation of national importance which carries exemption from service in the armed forces in times of conscription. –**reservedly** /rə'zɜːvədli/ *adv.* –**reservedness** *n.*

reserve price *n.* the lowest price at which a person is willing that their property shall be sold at auction. Also, **reserve.**

reservoir /'rɛzəvwa, 'rɛzəvɔ/ *n.* **1.** a natural or artificial place where water is collected and stored for use, especially water for supplying a community, irrigating land, furnishing power, etc. **2.** a receptacle or chamber for holding a liquid or fluid, as oil or gas. **3.** *Biology* a cavity or part which holds some fluid or secretion. **4.** a place where anything is collected or accumulated in great amount. **5.** a great supply, store, or reserve of something.

reshuffle /,ri'ʃʌfəl/ *v.* **-fled, -fling,** *n.* –*v.t.* **1.** to shuffle again. **2.** to make a new allocation of jobs, especially within a government or cabinet. –*n.* **3.** a rearrangement or reorganisation; a shake-up.

reside /rə'zaɪd/ *v.i.* **-sided, -siding. 1.** to dwell permanently or for a considerable time; have one's abode for a time: *he resided in Box Hill.* –*Phr.* **2. reside in, a.** (of things, qualities, etc.) to abide, lie, or be present habitually in; exist or be inherent in. **b.** to rest or be vested in, as powers, rights, etc. –**resident** *n.* –**residential** *adj.*

residence /'rɛzədəns/ *n.* **1.** the place, especially the house, in which one resides; dwelling place; dwelling. **2.** a large house. **3.** the act or fact of residing. **4.** the time during which one resides in a place.

residency /'rɛzədənsi/ *n.* **-cies. 1.** → **residence. 2.** the dwelling place of officials or diplomats representing the heads of state of foreign countries.

residue /'rɛzədʒu/ *n.* **1.** that which remains after a part is taken, disposed of, or gone; remainder; rest. **2.** *Chemistry* **a.** a quantity of matter remaining after evaporation, combustion, or some other process; a residuum. **b.** an atom or group of atoms considered as a radical or part of a molecule. **c.** that part remaining as a solid on a filter paper after a liquid passes through in the filtration procedure. **3.** *Law* that which remains of a testator's or intestate's estate when all his or her liabilities have been discharged. –**residual** *adj.*

resign /rə'zaɪn/ *v.i.* **1.** to give up an office or position (often fol. by *from*). **2.** to give in to; yield; submit. –*v.t.* **3.** to give up (an office, position, right, claim, etc.) formally; relinquish. **4.** to yield (oneself, one's mind, etc.) without resistance. **5.** to hand or sign over; surrender, as to the care or control of another: *to resign a child to foster-parents.* –**resignation** *n.*

resigned /rə'zaɪnd/ *adj.* **1.** submissive or acquiescent. **2.** characterised by or indicative of resignation. –**resignedly** /rə'zaɪnədli/ *adv.* –**resignedness** /rə'zaɪnədnəs/ *n.*

resilient /rə'zɪliənt, -'zɪljənt/ *adj.* **1.** springing back; rebounding. **2.** returning to the original form or position after being bent, compressed, or stretched. **3.** readily recovering, as from sickness, depression, or the like; buoyant; cheerful. –**resilience, resiliency** *n.* –**resiliently** *adv.*

resin /'rɛzən/ *n.* **1.** any of a class of non-volatile, solid or semisolid organic substances (copal, mastic, etc.) obtained directly from certain plants as exudations, and used in medicine and in the making of varnishes. **2.** substances made synthetically by polymerisation and used in the making of plastics. **3.** (not in scientific usage) a substance of this type obtained from certain pines; rosin. –*v.t.* **4.** to treat or rub with resin. –**resin-like, resiny, resinous, resinoid** *adj.*

resist /rə'zɪst/ *v.t.* **1.** to withstand, strive against, or oppose: *to resist infection.* **2.** to withstand the action or effect of: *gold resists corrosion.* **3.** to refrain or abstain from: *to resist a smile.* –*v.i.* **4.** to make a stand or make efforts in opposition; act in opposition; offer resistance. –*n.* **5.** a substance applied to a surface to enable it to resist corrosion or the like. –**resistant** *adj., n.* –**resister** *n.*

resistance /rə'zɪstəns/ *n.* **1.** the act or power of resisting, opposing, or withstanding. **2.** *Electricity* **a.** that property of a device which opposes the flow of an electric current. **b.** a measure of the ability of a device to oppose the flow of an electric current. **3.** (*often cap.*) a secret organisation in an enemy-occupied country working to keep fighting unofficially after a formal surrender, especially that in France during World War II.

resistor /rə'zɪstə/ *n. Electricity* a device, the primary purpose of which is to introduce resistance into an electric circuit.

resolute /'rɛzəlut/ *adj.* **1.** firmly resolved or deter-

resolution

mined; set in purpose or opinion. **2.** characterised by firmness and determination, as the temper, spirit, actions, etc. –**resolutely** *adv.* –**resoluteness** *n.*

resolution /rɛzə'luʃən/ *n.* **1.** a formal determination, or expression of opinion, of a meeting or other body of people brought together to make decisions, etc. **2.** firmness of purpose or determination. **3.** the act of settling on or determining, as to action, etc. **4.** the mental state or quality of being determined or firm; firmness of purpose. **5.** the act or process of determining or separating into the basic or elementary parts; reduction to a simpler form; conversion. **6.** the resulting condition. **7.** a solution or explanation, especially of a problem, a doubtful point, etc. **8.** *Music* the progression of harmony from a dissonance (unfinished and harsh chord) to a consonance (sweet-sounding chord), especially the tonic chord, or sometimes to a less violent dissonance. **9.** (in a novel, drama, etc.) the concluding part, where any problems are resolved and harmony is restored.

resolve /rə'zɒlv/ *v.* **-solved, -solving,** *n.* –*v.t.* **1.** to fix or settle on by deliberate choice and will; determine (to do something). **2.** *Physics* (of forces, velocities, etc.) to divide into components. **3.** to settle, determine, or state formally in a vote or resolution, as of a deliberative assembly. **4.** to deal with (a question, a matter of uncertainty, etc.) conclusively; explain; solve (a problem). **5.** to clear away or dispel (doubts, etc.), as by explanation. **6.** *Chemistry* to separate (a racemic mixture) into its optically active components. **7.** *Music* to cause (a voice part or the harmony as a whole) to progress from a dissonance to a consonance. **8.** *Optics* to separate and make visible the individual parts of (an image); to distinguish between. **9.** *Medicine* to cause (swellings, inflammation, etc.) to disappear without suppuration. –*v.i.* **10.** to break up or disintegrate. **11.** *Music* to progress from a dissonance to a consonance. –*n.* **12.** a resolution or determination made, as to follow some course of action. **13.** determination; firmness of purpose. –*phr.* **14. resolve into** (or **to**), **a.** to reduce or convert to by or as by breaking up or disintegration. **b.** to be reduced or changed into by breaking up or otherwise. **15. resolve itself,** to change or alter: *the grey shape resolved itself into the figure of a man.* **16. resolve on** (or **upon**), to come to a determination about; make up one's mind about. –**resolvable** *adj.* –**resolver** *n.*

resonance /'rɛzənəns/ *n.* **1.** the condition or quality of being resonant. **2.** the amplification of the voice by the bones of the head and upper chest, and by the air cavities of the pharynx, mouth, and nasal passages. **3.** *Physics* (in a mechanical or electrical system) the increase of the amplitude vibrations as the frequency of an external periodic stimulus approaches the natural frequency of the system. **4.** *Chemistry* the condition shown by a molecule when the arrangement of its valency electrons is between two or more arrangements having nearly the same energy, as in a benzene ring.

resonant /'rɛzənənt/ *adj.* **1.** resounding or re-echoing, as sounds, places, etc. **2.** deep and full of resonance: *a resonant voice.* **3.** relating to resonance. **4.** having the property of increasing the intensity of sound by sympathetic vibration. –**resonantly** *adv.*

resonate /'rɛzəneɪt/ *v.i.* **-nated, -nating. 1.** to resound. **2.** to act as a resonator; exhibit resonance. **3.** *Electronics* to reinforce oscillations because the natural frequency of the device is the same as the frequency of the source. **4.** to amplify

respirator

vocal sound by the sympathetic vibration of air in certain cavities and bony structures. –*v.t.* **5.** to cause to resound. –**resonation** /rɛzə'neɪʃən/ *n.* –**resonator** *n.*

resort /rə'zɔt/ *v.i.* **1.** to have recourse for use, service, or help: *to resort to war.* **2.** to go, especially frequently or customarily: *a beach to which many people resort.* –*n.* **3.** a place frequented, especially by the public generally: *a summer resort.* **4.** a habitual or general going, as to a place or person. **5.** a resorting to some person or thing for aid, service, etc.; recourse: *to have resort to force.* **6.** a person or thing resorted to for aid, service, etc. –*phr.* **7. last resort,** the expedient to which one turns when all others have failed.

resound /rə'zaʊnd/ *v.i.* **1.** to re-echo or ring with sound. **2.** to make an echoing sound, or sound loudly. **3.** to be echoed, or ring. –*v.t.* **4.** to re-echo (a sound). **5.** to make known loudly (praises, etc.); proclaim. –**resoundingly** *adv.*

resource /rə'zɔs, rə'sɔs/ *n.* **1.** a source of supply, support, or aid. **2.** (*plural*) the collective wealth of a country, or its means of producing wealth. **3.** (*often plural*) money, or any property which can be changed into money; assets. **4.** the means at hand afforded by the mind or personal abilities. **5.** any action or measure which one may turn to in an emergency; expedient. **6.** the ability to deal with a situation or difficulty.

resourceful /rə'zɔsfəl, rə'sɔsfəl/ *adj.* full of resource; ingenious; skilful in overcoming difficulties. –**resourcefully** *adv.* –**resourcefulness** *n.*

respect /rə'spɛkt/ *n.* **1.** a particular, detail, or point (in phrases preceded by *in*): *to be defective in some respect.* **2.** relation or direction of the attention to (preceded by *in* or *with*): *inquiries with respect to a route.* **3.** high and respectful regard felt or shown; esteem; deference. **4.** the condition of being highly regarded or honoured. **5.** (*plural*) respectful or friendly words of praise, as paid when making a call on a person: *to pay one's respects.* **6.** consideration or regard, as to something that might influence a choice. –*v.t.* **7.** to hold in high regard or honour: *to respect one's elders.* **8.** to show high regard, or consideration for: *to respect someone's wishes.* **9.** to treat with consideration; refrain from interfering with: *to respect a person's privacy.* –**respectful** *adj.* –**respecter** *n.*

respectable /rə'spɛktəbəl/ *adj.* **1.** worthy of respect or high regard; estimable; worthy: *a respectable citizen.* **2.** of good social standing, name, etc.: *a respectable neighbourhood.* **3.** having socially accepted standards of moral behaviour; virtuous: *a respectable girl.* **4.** of a presentable appearance; decently clothed. **5.** of a passable standard; fairly good; fair: *a respectable performance.* –**respectability, respectableness** *n.* –**respectably** *adv.*

respective /rə'spɛktɪv/ *adj.* relating individually or severally to each of a number of persons, things, etc.; particular: *the respective merits of the candidates.*

respectively /rə'spɛktɪvli/ *adv.* with respect to each of a number in the stated or corresponding order: *Janet and Lara were awarded an A and a B respectively.*

respiration /rɛspə'reɪʃən/ *n. Biology* **1.** the act of respiring; inhalation and exhalation of air; breathing. **2.** (in living organisms) the process by which oxygen and carbohydrates are assimilated into the system and the oxidation products (carbon dioxide and water) are given off. –**respiratory** *adj.*

respirator /'rɛspəreɪtə/ *n.* **1.** a device worn over the mouth, or nose and mouth, to prevent the inhalation of noxious substances, etc., as a gasmask. **2.** an apparatus to induce artificial respiration.

respire /rəˈspaɪə/ v. -spired, -spiring. -v.i. 1. to inhale and exhale air for the purpose of maintaining life; breathe. 2. to breathe freely again, after anxiety, trouble, exertion, etc. -v.t. 3. to breathe; inhale and exhale.

respite /ˈrɛspət, ˈrɛspaɪt/ n., v. -pited, -piting. -n. 1. a delay or cessation for a time, especially of anything distressing or trying; an interval of relief: *to toil without respite.* 2. temporary suspension of the execution of a person condemned to death; a reprieve. -v.t. 3. to relieve temporarily, especially from anything distressing or trying; give an interval of relief from. 4. to grant delay in the carrying out of (a punishment, obligation, etc.).

resplendent /rəˈsplɛndənt/ adj. shining brilliantly; gleaming; splendid: *resplendent in white uniforms.* **–resplendence, resplendency** n. **–resplendently** adv.

respond /rəˈspɒnd/ v.i. 1. to answer; give a reply in words: *to respond briefly to a question.* 2. to make a return by some action as if in answer: *to respond generously to a charitable appeal.* 3. *Biology* to exhibit some action or effect as if in answer; react: *nerves respond to a stimulus.*

respondent /rəˈspɒndənt/ n. 1. *Law* (in some civil proceedings) a defendant. 2. someone who responds or makes reply.

response /rəˈspɒns/ n. 1. answer or reply, whether in words, in some action, etc. 2. *Biology* any behaviour of a living organism which results from stimulation. 3. *Electricity* the ratio of the output level to the input level of an electrical device or transmission line, at a given frequency. 4. *Ecclesiastical* a verse, sentence, phrase, or word said or sung by the choir or congregation in reply to the officiant during public worship.

responsibility /rəspɒnsəˈbɪləti/ n. -ties. -n. 1. the state or fact of being responsible. 2. an instance of being responsible. 3. a particular burden of obligation upon one who is responsible: *to feel the responsibilities of one's position.* 4. something for which one is responsible: *a child is responsibility to its parents.* -phr. 5. **on one's own responsibility,** on one's own initiative or authority.

responsible /rəˈspɒnsəbəl/ adj. 1. involving accountability or responsibility: *a responsible position.* 2. having a capacity for moral decisions and therefore accountable; capable of rational thought or action. 3. able to discharge obligations or pay debts. 4. reliable in business or other dealings; showing reliability. -phr. 5. **responsible for,** chargeable with being the author, cause, or occasion of. 6. **responsible to,** answerable or accountable to, as for something within one's power, control, or management. **–responsibleness** n. **–responsibly** adv.

responsive /rəˈspɒnsɪv/ adj. 1. making answer or reply, especially responding readily to influences, appeals, efforts, etc. 2. *Biology* acting in response, as to some stimulus. **–responsively** adv. **–responsiveness** n.

rest¹ /rɛst/ n. 1. the refreshing quiet or repose of sleep: *a good night's rest.* 2. refreshing ease or inactivity after exertion or labour: *to allow an hour for rest.* 3. relief or freedom, especially from anything that wearies, troubles, or disturbs. 4. mental or spiritual calm; tranquillity: *to set one's mind at rest.* 5. the repose of death: *to lay the dead to rest.* 6. cessation or absence of motion: *to bring a machine to rest.* 7. a pause or interval. 8. *Music* **a.** an interval of silence between notes. **b.** a mark or sign indicating this. 9. *Prosody* a short pause in reading; a caesura. 10. an establishment for providing shelter or lodging for some class of persons. 11. a piece or thing for something to rest on: *an elbow rest.* 12. a support, or supporting device. 13. *Billiards* → **bridge¹** (def. 7). -v.i. 14. to refresh oneself, as by sleeping, lying down, or relaxing. 15. to relieve weariness by cessation of exertion or labour. 16. to be at ease; have tranquillity or peace. 17. to repose in death. 18. to be quiet or still. 19. to cease from motion, come to rest, or stop. 20. to become or remain inactive. 21. to remain without further action or notice: *to let a matter rest.* 22. to lie, sit, lean, or be set (*in, on, against,* etc.): *his arm rested on the table.* 23. *Agriculture* to lie fallow or unworked: *to let land rest.* 24. to be found or be (where specified): *the blame rests with them.* 25. to be fixed or directed on something, as the gaze, eyes, etc. 26. *Law* to terminate voluntarily the introduction of evidence in a case. 27. *Theatre Colloquial* to be unemployed, as an actor. -v.t. 28. to give rest to; refresh with rest: *to rest oneself.* 29. to lay or place for rest, ease, or support: *to rest one's back against a tree.* 30. to direct (the eyes, etc.): *to rest one's eyes on someone.* 31. to base, or let depend, as on some ground of reliance. 32. to bring to rest; halt; stop. 33. *Law* to terminate voluntarily the introduction of evidence on: *to rest one's case.* -phr. 34. **at rest, a.** dead. **b.** quiescent, inactive, or motionless, as something formerly in motion. **c.** tranquil; unworried. **d.** in a state of rest, as asleep. 35. **rest in** (or **with**), to be a responsibility for (someone), as something to be done: *it rests with you to complete the job.* 36. **rest on** (or **upon**), **a.** to be imposed as a burden or responsibility on. **b.** to rely on. **c.** to be based or founded on. **d.** to be present on; dwell on: *the moonlight rests upon the floor.* 37. **rest on one's laurels,** to allow one's reputation to rely on past achievements, and make no further effort. 38. **rest on one's oars,** a. *Rowing* to stop rowing. **b.** to suspend any activity for a time.

rest² /rɛst/ n. 1. that which is left or remains; the remainder: *the rest of the money is his.* 2. the others; those who are left; everyone else: *all the rest are going.* -v.i. 3. to continue to be; remain (as specified): *rest assured.*

restaurant /ˈrɛstərɒnt/ n. an establishment where meals are served to customers.

restaurateur /rɛstərəˈtɜ/ n. the keeper of a restaurant.

restful /ˈrɛstfəl/ adj. 1. full of, or giving, rest. 2. being at rest; quiet; tranquil; peaceful. **–restfully** adv. **–restfulness** n.

restitution /rɛstəˈtjuʃən/ n. 1. reparation made by giving an equivalent or compensation for loss, damage, or injury caused; indemnification. 2. the restoration of property or rights previously taken away, conveyed, or surrendered. 3. restoration to the former or original state or position. 4. *Physics* the return of an elastic material to its original form when released from strain.

restive /ˈrɛstɪv/ adj. 1. restless; uneasy; impatient of control, restraint, or delay, as persons. 2. → **refractory.** 3. refusing to go forward, as a horse. **–restively** adv. **–restiveness** n.

restless /ˈrɛstləs/ adj. 1. characterised by or showing inability to remain at rest: *a restless mood.* 2. unquiet or uneasy, as a person, the mind, heart, etc. 3. never at rest, motionless, or still; never ceasing. 4. without rest; without restful sleep: *a restless night.* 5. characterised by unceasing activity; averse to quiet or inaction, as persons. **–restlessly** adv. **–restlessness** n.

restore /rəˈstɔ/ v.t. -stored, -storing. 1. to bring back into existence, use, etc.; re-establish: *to restore order.* 2. to bring back to a former, original, or normal condition, as a building, statue, or painting. 3. to bring back to a condition of health, soundness, or life. 4. to put back to a former place, or to a former position, rank, etc. 5. to give back (anything taken away or lost). **6.** to reproduce, rebuild, or represent (an ancient building, extinct animal, etc.). **—restoration** *n.* **—restorative** *adj.* **—restorer** *n.*

restrain /rəˈstreɪn/ *v.t.* **1.** to hold back from action; keep in check or under control; keep down; repress. **2.** to deprive of liberty, as a person. *—phr.* **3. restrain oneself,** to curb one's initial impulses, desires, etc. **—restrainable** *adj.* **—restrainedly** *adv.*

restraining order *n. Law* an injunction made by a court, as one to prevent one spouse from visiting the other during divorce proceedings.

restraint /rəˈstreɪnt/ *n.* **1.** restraining action or influence: *freedom from restraint.* **2.** a means of restraining. **3.** the act of restraining, controlling, or checking. **4.** the condition or fact of being restrained; deprivation of liberty; confinement. **5.** a holding back of feelings.

restrict /rəˈstrɪkt/ *v.t.* to confine or keep within limits, as of space, action, choice, quantity, etc. **—restricted** *adj.* **—restriction** *n.* **—restrictive** *adj.*

restrictive practice *n.* **1.** a practice on the part of the members of an association such as a trade union, tending to limit the freedom of choice of their coworkers or employers. **2.** → **restrictive trade practice**.

restrictive trade practice *n.* an agreement between trading companies which is contrary to the public interest, as resale price maintenance, exclusive dealing, price discrimination, etc.

result /rəˈzʌlt/ *n.* **1.** that which results; the outcome, consequence, or effect. **2.** *Mathematics* a quantity, value, etc., obtained by calculation. *—v.i.* **3.** to spring, arise, or proceed as a consequence from actions, circumstances, premises, etc.; be the outcome. **4.** to terminate or end in a specified manner or thing. **5.** *Law* → **revert** (def. 4). **—resultant** *adj.*

resume /rəˈzjum/ *v.* **-sumed, -suming.** *—v.t.* **1.** to take up or go on with again after interruption: *to resume a journey.* **2.** to go back to: *to resume one's seat.* **3.** to take, or take on, again: *she resumed her maiden name.* *—v.i.* **4.** to go on or continue after interruption. **5.** to begin again. **—resumption** /rəˈzʌmpʃən/ *n.* **—resumable** *adj.* **—resumer** *n.*

résumé /ˈrɛzjʊmeɪ/ *n.* **1.** a summing up; a summary. **2.** *Originally US* → **curriculum vitae**. Also, **resumé**.

resurge /rɪˈsɜdʒ/ *v.i.* **-surged, -surging.** to rise again, as from the dead. **—resurgence** *n.* **—resurgent** *adj.*

resurrect /rɛzəˈrɛkt/ *v.t.* **1.** to raise from the dead; bring to life again. **2.** to bring back into use, practice, etc.: *to resurrect an ancient custom.* *—v.i.* **3.** to rise from the dead. **—resurrection** *n.*

resuscitate /rəˈsʌsəteɪt/ *v.* **-tated, -tating.** *—v.t.* **1.** to revive (someone), especially from apparent death or unconsciousness. *—v.i.* **2.** to return to life or consciousness; become revived. **—resuscitable** *adj.* **—resuscitation** /rəsʌsəˈteɪʃən/ *n.* **—resuscitative** *adj.* **—resuscitator** *n.*

retail /ˈriteɪl/ *for defs 1-4 and 6*, /rɪˈteɪl/ *for def. 5 n.* **1.** the sale of goods directly to the people who use them, usually in small quantities (opposed to *wholesale*). *—adj.* **2.** relating to, having to do with, or taking part in, sale at retail: *the retail price.* *—adv.* **3.** at a retail price or in a retail quantity; at retail. *—v.t.* **4.** to sell directly to the user. **5.** to relate or repeat in detail to others: *to retail scandal.* *—v.i.* **6.** to be sold at retail: *it retails at a dollar.* **—retailer** *n.*

retain /rəˈteɪn/ *v.t.* **1.** to keep possession of. **2.** to continue to use, practise, etc.: *to retain an old custom.* **3.** to keep in mind; remember. **4.** to hold in place or position. **5.** to engage, especially by the payment of a preliminary fee, as a lawyer. **—retainable** *adj.* **—retainment** *n.*

retainer¹ /rəˈteɪnə/ *n.* **1.** *History* someone attached to a noble household or owing it service. **2.** any servant, especially a personal or family servant of long standing. **3.** *Machinery* the groove or frame in which roller-bearings operate.

retainer² /rəˈteɪnə/ *n.* **1.** the act of retaining in one's service. **2.** the fact of being so retained. **3.** a fee paid to secure services, as of a barrister. **4.** a reduced rent paid during absence for a flat or lodging as an indication of future requirement.

retaliate /rəˈtælieɪt/ *v.* **-ated, -ating.** *—v.i.* **1.** to return like for like, especially evil for evil or requital (especially for an injury); take reprisals: *to retaliate for an injury.* *—v.t.* **2.** to make return for or requite (now usually wrong, injury, etc.) **—retaliation** *n.*

retard /rəˈtad/ *v.t.* **1.** to make slow; delay the progress of (an action, process, etc.); hinder or impede. **2.** to delay or limit (a person's intellectual or emotional development). *—n.* **3.** retardation; delay. **—retardant** *n., adj.* **—retardation** *n.* **—retarder** *n.*

retarded /rəˈtadəd/ *adj.* slow in mental development, especially having an IQ of 70–85; backward.

retch /rɛtʃ/ *v.i.* **1.** to make efforts to vomit. *—n.* **2.** the act or an instance of retching.

retention /rəˈtɛnʃən/ *n.* **1.** the act of retaining. **2.** the state of being retained. **3.** power to retain; capacity for retaining. **4.** the act or power of remembering things; memory.

retentive /rəˈtɛntɪv/ *adj.* **1.** tending or serving to retain something. **2.** having power or capacity to retain. **3.** having power or ability to remember; having a good memory. **—retentiveness, retentivity** /ritɛnˈtɪvəti/ *n.*

reticent /ˈrɛtəsənt/ *adj.* disposed to be silent; not inclined to speak freely; reserved. **—reticence** *n.* **—reticently** *adv.*

reticulate /rəˈtɪkjələt/ *adj.*, /rəˈtɪkjəleɪt/ *v.* **-lated, -lating.** *—adj.* **1.** netted; covered with a network. **2.** like a network or net. *—v.t.* **3.** to form into a network. *—v.i.* **4.** to form a network. **—reticulation** *n.*

retina /ˈrɛtənə/ *n.* **-nas** or **-nae** /-ni/. *Anatomy* the innermost coat of the posterior part of the eyeball, consisting of a layer of light-sensitive cells connecting with the optic nerve by way of a record layer of nerve cells, and serving to receive the image. **—retinal** *adj.*

retinue /ˈrɛtənju/ *n.* a body of retainers in attendance upon an important personage; a suite.

retire /rəˈtaɪə/ *v.* **-tired, -tiring.** *—v.i.* **1.** to go away from others, as to a place of shelter. **2.** to go to bed. **3.** to withdraw from office, business, or active life: *I will retire at the age of 60.* **4.** *Sport* to leave the field, ring, etc., before completion of the contest, usually because of injury. *—v.t.* **5.** to remove from active service or the usual field of activity. **—retirement** *n.*

retiring /rəˈtaɪərɪŋ/ *adj.* **1.** that retires. **2.** withdrawing from contact with others; reserved; shy.

retort /rəˈtɔt/ *v.t.* **1.** to reply in retaliation; make a retort or retorts, often quickly and sharply; reply in kind to. **2.** to return (an accusation, epithet, etc.) upon the person uttering it. *—n.* **3.** a severe, incisive, or witty reply, especially one that counters a first speaker's statement, argument, etc.

retrace /rəˈtreɪs/ *v.t.* **-traced, -tracing.** **1.** to trace back; go back over: *to retrace one's steps.* **2.** to go back over with the memory. **3.** to go over again with the sight or attention. **—retraceable** *adj.*

retract¹ /rəˈtrækt/ *v.t.* to draw back or in. **—retractor** *n.*

retract² /rəˈtrækt/ *v.t.* **1.** to withdraw (a statement,

retractile

opinion, etc.) as unjustified. **2.** to withdraw or revoke (a decree, promise, etc.). –**retractable** *adj.* –**retractation** /ˌriːtrækˈteɪʃən/ *n.* –**retractor** *n.*

retractile /rəˈtræktaɪl/ *adj.* capable of being drawn back or in, as the head of a tortoise; exhibiting the power of retraction. –**retractility** /ˌriːtrækˈtɪləti/ *n.*

retread /ˌriːˈtrɛd/ *v.* **-treaded, -treading,** /ˈriːtrɛd/ *n.* –*v.t.* **1.** to recondition (a worn motor-vehicle tyre) by moulding a fresh tread on to it and vulcanising by subjecting to heat and pressure. –*n.* **2.** a retreaded tyre.

retreat /rəˈtriːt/ *n.* **1.** the forced or planned withdrawal of an armed force before an enemy, or the withdrawing of a ship or fleet from action. **2.** the act of withdrawing, especially into safety or privacy; retirement; seclusion. **3.** a place of shelter, seclusion, or privacy. **4.** a withdrawal, or a period of withdrawal, for religious exercises and prayer. –*v.i.* **5.** to make a retreat.

retrench /rəˈtrɛntʃ/ *v.t.* **1.** to cut down, reduce, or diminish; curtail (expenses). **2.** to sack or dismiss, as part of an effort to economise. –*v.i.* **3.** to economise; reduce expenses: *they retrenched by cutting down staff.* –**retrenchment** *n.*

retribution /ˌrɛtrəˈbjuːʃən/ *n.* **1.** requital according to merits or deserts, especially for evil. **2.** something given or inflicted in such requital. **3.** *Theology* the distribution of rewards and punishments in a future life. –**retributive** *adj.*

retrieve /rəˈtriːv/ *v.* **-trieved, -trieving,** *n.* –*v.t.* **1.** to recover or regain. **2.** to bring back to a former and better condition; restore: *to retrieve one's fortunes.* **3.** to make good; repair (a loss, error, etc.). **4.** to find and bring back. **5.** to save. –*n.* **6.** the act of retrieving; recovery. –**retrievable** *adj.*

retriever /rəˈtriːvə/ *n.* any of several breeds of dog for retrieving game, as the golden retriever.

retro /ˈrɛtroʊ/ *adj.* of or relating to a style of fashion or music which remixes aspects of previous styles of fashion or music.

retro- 1. a prefix meaning 'backwards' in space or time, as *retrogression, retrospect.* **2.** a prefix indicating a style of fashion, music, etc., which looks back to a previous style: *retro-rock.*

retroactive /ˌrɛtroʊˈæktɪv/ *adj.* operative with respect to past occurrences, as a statute; retrospective. –**retroactively** *adv.* –**retroactivity** /ˌrɛtroʊækˈtɪvəti/ *n.*

retroflex /ˈrɛtrəflɛks/ *adj.* bent backwards. –**retroflexion** *n.*

retrograde /ˈrɛtrəgreɪd/ *adj.* **1.** moving backwards; having a backward motion or direction; retiring or retreating. **2.** returning to an earlier and inferior state: *a retrograde step.* **3.** inverse or reversed, as order. **4.** *Chiefly Biology* exhibiting degeneration or deterioration. **5.** *Astronomy* denoting an apparent or actual motion in a direction opposite to the order of the signs of the zodiac, or from east to west.

retrogress /ˌrɛtrəˈgrɛs/ *v.i.* **1.** to go backwards into a worse or earlier condition. **2.** to move backwards.

retrospect /ˈrɛtrəspɛkt/ *n.* **1.** contemplation of the past; a survey of past time, events, etc. –*phr.* **2. in retrospect,** looking backwards in time. **3. retrospect to,** to refer back to. –**retrospection** *n.*

retrospective /ˌrɛtrəˈspɛktɪv/ *adj.* **1.** directed to the past; contemplative of past events, etc. **2.** looking or directed backwards. **3.** retroactive, as a statute. –*n.* **4.** an exhibition of an entire phase or representative examples of an artist's lifework. –**retrospectively** *adv.*

retrospectivity /ˌrɛtroʊspɛkˈtɪvəti/ *n.* **1.** the quality of being retrospective. **2.** (in union or other agreements) the dating of the effectiveness of the agreement to a time prior to the date of the discussion concerning the agreement.

retroussé /rəˈtruːseɪ/ *adj.* (especially of the nose) turned up.

retroversion /ˌrɛtrəˈvɜːʒən/ *n.* **1.** a looking or turning back. **2.** the resulting state or condition. **3.** *Pathology* a tilting or turning backwards of an organ or part: *retroversion of the uterus.*

retrovirus /ˈrɛtroʊvaɪrəs/ *n.* any of a family of single-stranded RNA viruses, *Retroviridae,* including the AIDS virus and a number of oncogene-carrying viruses suspected of inducing cancer.

return /rəˈtɜːn/ *v.i.* **1.** to go or come back, as to a former place, position, state, etc. **2.** to revert to a former owner. **3.** to revert or recur in thought or discourse. **4.** to make reply; retort. –*v.t.* **5.** to put, bring, take, give, or send back: *return a book to its shelf.* **6.** to send or give back in reciprocation, recompense, or requital: *return shot for shot.* **7.** to reciprocate, repay, or requite (something sent, given, done, etc.) with something similar: *return the enemy's fire.* **8.** to answer; retort. **9.** *Law* to render (a verdict, etc.). **10.** to yield (a profit, revenue, etc.), as in return for labour, expenditure, or investment. **11.** to report or announce officially. **12.** to elect, as to a legislative body. **13.** to turn back or in the reverse direction. **14.** *Chiefly Architecture* to turn away from, or at an angle to, the previous line of direction. –*n.* **15.** the act or fact of returning; a going or coming back; a bringing, sending, or giving back. **16.** a recurrence: *many happy returns of the day.* **17.** reciprocation, repayment, or requital: *profits in return for outlay.* **18.** response or reply. **19.** one who or that which is returned. **20.** a ticket which is returned to a theatre box office by the original purchaser for resale. **21.** the gain realised on an exchange of goods. **22.** (*often plural*) . a yield or profit, as from labour, land, business, investment, etc. **23.** a report, especially a formal or official report: *tax returns; election returns.* **24.** the report or statement of financial condition. **25.** a return ticket. **26.** *Architecture* **a.** the continuation of a moulding, projection, etc., in a different direction. **b.** a side or part which falls away from the front of any straight work. **27.** *Sport* **a.** the process of returning a ball. **b.** the ball which is returned. **28.** *Economics* yield per unit as compared to the cost per unit involved in a specific industrial process. –*adj.* **29.** of or relating to return or returning: *a return trip.* **30.** sent, given, or done in return: *a return shot.* **31.** done or occurring again: *a return engagement of the opera.* **32.** (of a game) played so that the loser of a previous game played between the same two players or teams has a second chance to win. **33.** denoting a person or thing which is returned or returning to a place: *return cargo.* **34.** changing in direction; doubling or returning on itself: *return bend in the road.* –*phr.* **35. by return,** by the next post.

returning officer *n.* an official responsible for the organisation of an election, the accuracy of the count, the reading of the results, etc.

return key *n.* *Computers* the key sometimes labelled with the word 'return' or with the word 'enter' or with an arrow, which when pressed activates a command keyed in on a keyboard.

return ticket *n.* a ticket entitling the holder to travel to a destination and, within a specified period, to return to the point of departure.

reunion /riˈjuːnjən/ *n.* **1.** the act of uniting again. **2.** the state of being united again. **3.** a gathering of relatives, friends, or associates after separation: *a family reunion.*

rev /rɛv/ *n., v.* **revved, revving.** –*n.* **1.** a revolution (in an engine or the like). –v.t. **2.** to change, especially to increase the speed of (in a specified way): *to rev a motor up.*

revalue /ri'vælju/ *v.t.* **-ued, -uing. 1.** to value again, especially to raise the legal value of (a currency). **2.** to reassess; review. See **devalue**. **–revaluation** /rivælju'eɪʃən/ *n.*

revamp /ri'væmp/ *v.t.* to vamp afresh; renovate.

reveal /rə'vil/ *v.t.* **1.** to make known; disclose; divulge: *to reveal a secret.* **2.** to lay open to view; display; exhibit. **–revealable** *adj.* **–revealer** *n.*

reveille /rə'væli/ *n.* a signal, as of a drum or bugle, sounded at a prescribed hour, to waken soldiers or sailors for the day's duties.

revel /'rɛvəl/ *v.* **-elled** or *Chiefly US* **-eled, -elling** or *Chiefly US* **-eling,** *n.* –v.i. **1.** to make merry; indulge in boisterous festivities. –n. **2.** (often plural) an occasion of merrymaking or noisy festivity with dancing, etc. –phr. **3. revel in,** to take great pleasure or delight in. **–reveller** *n.* **–revelry** *n.*

revelation /rɛvə'leɪʃən/ *n.* **1.** the act of revealing; disclosure. **2.** something revealed, especially causing astonishment. **3.** (*cap.*) Also, **Revelations, Revelation of St John the Divine.** the last book in the New Testament; the Apocalypse.

revenge /rə'vɛndʒ/ *n., v.* **-venged, -venging.** –n. **1.** the act of revenging; retaliation for injuries or wrongs; vengeance. **2.** the desire to revenge; vindictiveness. **3.** an opportunity of retaliation or satisfaction. –v.t. **4.** to take vengeance or exact expiation on behalf of (a person, etc.) or for (a wrong, etc.) especially in a resentful or vindictive spirit. **–revenger** *n.* **–revengeful** *adj.*

revenue /'rɛvənju/ *n.* **1.** the income of a government from taxation, excise duties, customs, or other sources, appropriated to the payment of the public expenses. **2.** (*plural*) the collective items or amounts of income of a person, a state, etc. **3.** the return or yield from any kind of property; income.

reverberate /rə'vɜbəreɪt/ *v.i.* **-rated, -rating. 1.** to re-echo or resound. **2.** *Physics* to be reflected many times, as soundwaves from the walls, etc., of a confined space. **3.** to rebound or recoil. **4.** to be deflected, as flame in a reverberatory furnace. **–reverberation** /rəvɜbə'reɪʃən/ *n.* **–reverberant, reverberative** *adj.* **–reverberator** *n.*

revere /rə'vɪə/ *v.t.* **-vered, -vering.** to regard with respect tinged with awe; venerate.

reverence /'rɛvərəns, 'rɛvrəns/ *n., v.* **-renced, -rencing.** –n. **1.** a feeling or attitude of deep respect combined with a sense of wonder at someone's greatness and goodness; veneration. **2.** a gesture showing this feeling; an obeisance, bow, or curtsy. –v.t. **3.** to regard or treat with reverence; venerate. **–reverent** *adj.*

reverend /'rɛvrənd, 'rɛvərənd/ *adj.* **1.** (*often cap.*) an epithet of respect applied to, or prefixed to the name of, a member of the clergy. **2.** worthy to be revered; entitled to reverence. **3.** relating to or characteristic of the clergy. –n. **4.** *Colloquial* a member of the clergy.

reverie /'rɛvəri/ *n.* **1.** a state of dreamy meditation or fanciful musing: *lost in reverie.* **2.** *Music* an instrumental composition of a vague and dreamy character. Also, **revery.**

revers /rə'vɪə/ *n.* **-vers** /-'vɪəz/. a part of a garment turned back to show the lining or facing, as a lapel.

reverse /rə'vɜs/ *adj., n., v.* **-versed, -versing.** –adj. **1.** opposite or contrary in position, direction, order, or character: *an impression reverse to what was intended.* **2.** acting in a manner opposite or contrary to that which is usual, as an appliance or apparatus. **3.** of or relating to the back or rear: *iron this fabric on the reverse side.* **4.** producing a rearward motion: *reverse gear.* **5.** *Motor Vehicles* of or relating to reverse (gear ratio). **6.** *Printing* of or relating to type matter which appears white on a solid or screened background. –n. **7.** the opposite or contrary of something. **8.** the back or rear of anything. **9.** *Coining* that side of a coin, medal, etc., which does not bear the principal design (opposed to *obverse*). **10.** an adverse change of fortune; a misfortune, check, or defeat: *to meet with an unexpected reverse.* **11.** *Motor Vehicles* a transmission gear ratio driving a car backwards. **12.** *Machinery* a reversing mechanism, etc. **13.** *Printing* type matter produced in reverse printing. –v.t. **14.** to turn in an opposite position; transpose. **15.** to turn inside out or upside down. **16.** to turn in the opposite direction; send on the opposite course. **17.** to turn in the opposite order: *to reverse the usual order.* **18.** to alter to the opposite in character or tendency, or change completely. **19.** to revoke or annul (a decree, judgment, etc.). **20.** *Law* to overrule (a judgment) on appeal. **21.** *Machinery* to cause to revolve or act in an opposite or contrary direction or manner. **22.** to drive (a motor vehicle) backwards: *he reversed the car into a parking space.* –v.i. **23.** to turn or move in the opposite or contrary direction, as in dancing. **24.** (of an engine) to reverse the action of the mechanism. **25.** to drive a vehicle backwards: *he reversed into the garage.* –phr. **26. reverse arms,** *Military* to carry out a drill manoeuvre in which the rifle is turned muzzle downwards. **27. reverse charges,** to make a telephone call for which the receiver pays. **28. reverse out,** *Printing* to produce in reverse printing. **29. reverse stick,** *Hockey* to strike the ball with the face of the stick on the left side of the body if a right-handed player, and on the right side of the body if a left-handed player. **–reversal** *n.* **–reversely** *adv.* **–reverser** *n.*

revert /rə'vɜt/ *v.i.* **1.** to return to a former habit, practice, belief, condition, etc. **2.** to go back in thought or discourse, as to a subject. **3.** *Biology* to return to an earlier or primitive type. **4.** *Law* to go back or return to the former owner or his or her heirs. **–revertible** *adj.*

review /rə'vju/ *n.* **1.** a report in a newspaper or magazine of a book, concert, art exhibition, play, etc.; critique. **2.** a magazine, journal, etc., containing articles on current events or affairs, books, art, etc.: *a literary review.* **3.** a looking again; a second view of something. **4.** inspection, or examination by looking, especially a formal inspection of any military or naval force. **5.** a general report or account of something. –v.t. **6.** to look over again. **7.** to inspect, especially formally or officially. **8.** to discuss (a book, etc.) in a critical review. **9.** *Law* to re-examine judicially. –v.i. **10.** to write reviews; review books, etc.: *to review for a journal.* **–reviewable** *adj.* **–reviewer** *n.*

revile /rə'vaɪl/ *v.t.* **-viled, -viling.** to assail with contemptuous or opprobrious language; address, or speak of, abusively. **–revilement** *n.* **–reviler** *n.* **–revilingly** *adv.*

revise /rə'vaɪz/ *v.t.* **-vised, -vising. 1.** to amend or alter: *to revise one's opinion.* **2.** to alter after one or more drafts or editions: *to revise a manuscript, proof, or book.* **3.** to go over (a subject, book, etc.) again or study in order to fix it in the memory, as before an examination. **–revision** /rə'vɪʒən/ *n.*, **revisal** *n.* **–reviser** *n.*

revival /rə'vaɪvəl/ *n.* **1.** restoration to life, consciousness, vigour, strength, etc. **2.** restoration to use, acceptance, or currency: *the revival of old customs.* **3.** something produced anew, as a new version of an old play or recorded song. **4.** an awakening, in a church or a community, of interest in and care for matters relating to personal religion. **5.** a service or a series of services for the purpose of effecting a religious awakening: *to hold a revival, a revival meeting.*

revive /rəˈvaɪv/ *v.* **-vived, -viving.** *–v.t.* **1.** to set going or in activity again: *to revive old feuds.* **2.** to bring back into notice or use: *to revive a subject of discussion.* **3.** to restore to life, energy or consciousness. *–v.i.* **4.** to return to life, consciousness, vigour. **5.** to return to notice or use. **–reviver** *n.*

revocable /ˈrɛvəkəbəl/ *adj.* that may be revoked. Also, **revokable** /rəˈvoʊkəbəl/. **–revocability** /ˌrɛvəkəˈbɪlətɪ/ *n.* **–revocably** *adv.*

revoke /rəˈvoʊk/ *v.* **-voked, -voking.** *–v.t.* **1.** to take back or withdraw; annul, cancel, or reverse; rescind or repeal: *to revoke a decree.* *–v.i.* **2.** *Cards* to fail to follow suit when one can and should do so; renege. **–revoker** *n.*

revolt /rəˈvoʊlt/ *v.i.* **1.** to break away from or rise against constituted authority, as by open rebellion; cast off allegiance or subjection to those in authority; rebel; mutiny. *–v.t.* **2.** to affect with disgust or abhorrence. *–n.* **3.** the act of revolting; an insurrection or rebellion. **4.** the state of those revolting: *to be in revolt.* *–phr.* **5. revolt against,** to rebel in feeling against. **6. revolt at,** to feel disgust or horror at. **7. revolt from,** to turn away from in mental rebellion, utter disgust, or abhorrence. **–revolter** *n.*

revolting /rəˈvoʊltɪŋ/ *adj.* **1.** rebellious. **2.** disgusting; repulsive. **–revoltingly** *adv.*

revolution /ˌrɛvəˈluʃən/ *n.* **1.** the complete overthrow of an established government or political system. **2.** a complete or marked change in something. **3.** *Mechanics* **a.** a turning round or rotating on an axis, especially in a motor car engine. **b.** a single cycle in such a course. **4.** *Astronomy* **a.** (of a heavenly body) the action or fact of going round in an orbit: *the earth's revolution around the sun.* **b.** a single course of such movement.

revolutionary /ˌrɛvəˈluʃənəri, -ʃənri/ *adj.*, *n.* **-ries.** *–adj.* **1.** relating to, characterised by, or of the nature of a revolution, or complete or marked change. **2.** subversive to established procedure, principles, etc. **3.** revolving. *–n.* **4.** someone who advocates or takes part in a revolution; revolutionist.

revolutionise = revolutionize /ˌrɛvəˈluʃənaɪz/ *v.t.* **-nised, -nising. 1.** to bring about a revolution in; effect a radical change in. **2.** to subject to a political revolution.

revolve /rəˈvɒlv/ *v.* **-volved, -volving.** *–v.i.* **1.** to turn round or rotate on an axis. **2.** to move in an orbit. **3.** to go in a cycle: *the seasons revolve.* **4.** to turn over in the mind. *–v.t.* **5.** to cause to turn round on an axis. **6.** to cause to move in a curving course around a central point. **7.** to think about; consider. **–revolvable** *adj.*

revolver /rəˈvɒlvə/ *n.* a pistol having a revolving chambered cylinder for holding a number of cartridges which may be discharged in succession without reloading.

revue /rəˈvju/ *n.* **1.** a form of theatrical entertainment in which recent events, popular fads, etc., are parodied. **2.** any group of skits, dances, and songs.

revulsion /rəˈvʌlʃən/ *n.* **1.** a sudden and violent change of feeling or reaction in sentiment. **2.** a violent dislike or aversion for something. **3.** *Medicine* the diminution of morbid action in one part of the body by irritation in another. **4.** the act of drawing something back or away. **5.** the fact of being so drawn.

reward /rəˈwɔd/ *n.* **1.** something given or received in return or recompense for service, merit, hardship, etc. **2.** a sum of money offered for the detection or capture of a criminal, the recovery of lost or stolen property, etc. *–v.t.* **3.** to recompense or requite (a person, etc.) for service, merit, achievement, etc. **–rewarder** *n.*

rewarding /rəˈwɔdɪŋ/ *adj.* giving satisfaction that the effort made was worth while: *looking after handicapped children is very rewarding.*

rewarewa /ˌriwəˈriwə, ˌreɪwəˈreɪwə/ *n.* → **honeysuckle** (def. 4).

-rhagia a word element meaning 'bursting forth'. Also, **-rhage, -rhagy, -rrhagia, -rrhage, -rrhagy**.

rhapsody /ˈræpsədi/ *n.* **-dies. 1.** an exalted or exaggerated expression of feeling or enthusiasm. **2.** an unusually intense or irregular poem or piece of prose. **3.** *Music* an instrumental composition irregular in form and suggestive of improvisation: *Liszt's Hungarian Rhapsodies.* **–rhapsodical** /ræpˈsɒdɪkəl/, **rhapsodic** /ræpˈsɒdɪk/ *adj.*

rheo- a word element meaning 'something flowing', 'a stream', 'current'.

rheostat /ˈriəstæt/ *n.* a variable electrical resistor. **–rheostatic** /riəˈstætɪk/ *adj.*

Rhesus factor /ˈrisəs fæktə/ *n.* → **Rh factor**.

rhetoric /ˈrɛtərɪk/ *n.* **1.** the art or science of all specially literary uses of language in prose or verse, including the figures of speech. **2.** the art of prose in general as opposed to verse. **3.** (in prose or verse) the use of exaggeration or display, in an unfavourable sense. **4.** (originally) the art of oratory. **5.** (in classical oratory) the art of influencing the thought of one's hearers. **–rhetorical** *adj.*

rhetorical question *n.* a question designed to produce an effect and not to draw an answer.

rheumatic fever *n.* *Pathology* a disease usually afflicting children and marked by fever, inflammation of the joints, generalised muscle pains, and frequently associated with pathological changes in the heart and the different serous membranes.

rheumatism /ˈrumətɪzəm/ *n.* **1.** *Pathology* a disease commonly affecting the joints and accompanied by constitutional disturbances, now usually thought to be due to a micro-organism. **2.** (in a growing child) rheumatic fever. **3.** any of various ailments of the joints or muscles, as certain chronic disabilities of the joints (**chronic rheumatism**) and certain painful affections of the muscles (**muscular rheumatism**). **–rheumatic** /ruˈmætɪk/ *adj.*

rheumatoid arthritis /ˈrumətɔɪd aθˈraɪtəs/ *n.* *Pathology* a chronic disease marked by inflammation of the joints, frequently accompanied by marked deformities, and ordinarily associated with manifestations of a general or systemic affliction.

Rh factor *n.* an agglutinogen often present in human blood. Blood containing this factor (**Rh positive**) may cause haemolytic reactions, especially during pregnancy or after repeated transfusions with blood lacking it (**Rh negative**). In infants it may cause haemolytic anaemias. Also, **Rhesus factor**.

rhinestone /ˈraɪnstoʊn/ *n.* an artificial gem made of paste.

rhino /ˈraɪnoʊ/ *n.* **rhinos.** *Colloquial* a rhinoceros.

rhino- a word element meaning 'nose'. Also, **rhin-**.

rhinoceros /raɪˈnɒsərəs, raɪˈnɒsrəs/ *n.* **-ceroses,** (*especially collectively*) **-ceros.** any of various large, ungainly, thick-skinned, perissodactyl mammals, found in Asia and Africa, family Rhinocerotidae, with one or two upright horns on the snout. **–rhinocerotic** /ˌraɪnoʊsəˈrɒtɪk/ *adj.*

rhinoplasty /ˈraɪnoʊˌplæstɪ/ *n.* plastic surgery of the nose. **–rhinoplastic** /ˌraɪnoʊˈplæstɪk/ *adj.*

rhizo- a word element meaning 'root'.

rhizome /ˈraɪzoʊm/ *n. Botany* a rootlike subterranean stem, commonly horizontal in position, which usually produces roots below and sends up shoots progressively from the upper surface. –**rhizomatous** /raɪˈzɒmətəs, -ˈzoʊmə-/ *adj.*

rhodo- a word element meaning 'rose'. Also, **rhod-**.

rhododendron /ˌroʊdəˈdɛndrən/ *n.* any plant of the genus *Rhododendron*, comprising evergreen and deciduous shrubs and trees with handsome pink, purple, or white flowers, and oval or oblong leaves, as *R. ponticum*, much cultivated for ornament.

-rhoea a word element meaning 'flow', 'discharge', as in *gonorrhoea*. Also, **-rrhoea**; *Chiefly US*, **-rhea**.

rhomboid /ˈrɒmbɔɪd/ *n. Geometry* **1.** an oblique-angled parallelogram with only the opposite sides equal. –*adj.* **2.** Also, **rhomboidal** /rɒmˈbɔɪdl/. having a form like, or approaching that of, a rhombus; shaped like a rhomboid.

rhombus /ˈrɒmbəs/ *n.* **-buses** or **-bi** /-baɪ/. *Geometry* an oblique-angled equilateral parallelogram.

rhubarb /ˈrubab/ *n.* **1.** a garden plant with edible leafstalks, or a related plant with a medicinal rhizome. **2.** the edible fleshy leafstalks of any of the garden species, used in making desserts.

rhyme /raɪm/ *n., v.* **rhymed, rhyming.** –*n.* **1.** agreement in the terminal sounds of lines of verse, or of words. **2.** a word agreeing with another in terminal sound. **3.** verse or poetry having correspondence in the terminal sounds of the line. **4.** a poem or piece of verse having such correspondence. –*v.t.* **5.** to use (a word) as a rhyme to another word; use (words) as rhymes. –*v.i.* **6.** to make rhyme or verse; versify. **7.** to use rhyme in writing verse. **8.** to form a rhyme, as one word or line with another. **9.** to be composed in metrical form with rhymes, as verse. –*phr.* **10. rhyme or reason**, logic; explanation; meaning: *there was no rhyme or reason for that behaviour.* –**rhymer** *n.*

rhythm /ˈrɪðəm/ *n.* **1.** movement in a (regular) pattern of time, especially with beat, accent, etc. **2. a.** a pattern of regular or irregular pulses caused in music or speech by the occurrence of strong and weak beats. **b.** a particular form of this: *duple rhythm, triple rhythm.* **3.** *Art* the proper relation of parts to each other and to an artistic whole. **4.** a pattern of regularity in changing elements or conditions: *the rhythm of the seasons.* –**rhythmical** *adj.* –**rhythmist** *n.*

rhythm method *n.* a method of avoiding conception by confining sexual intercourse to the infertile phases of the menstrual cycle.

rib¹ /rɪb/ *n., v.* **ribbed, ribbing.** –*n.* **1.** one of a series of long, slender, curved bones, occurring in pairs, partly enclosing the chest cavity, and fitting into the vertebrae. **2.** something like a rib in form, position, or use, as a supporting or strengthening part. **3.** the primary vein of a leaf. **4.** *Knitting, Sewing, etc.* a raised pattern or ridge. –*v.t.* **5.** to strengthen or enclose with ribs. **6.** to mark with rib-like ridges or markings. –**ribbed** *adj.*

rib² /rɪb/ *v.t.* **ribbed, ribbing.** *Colloquial* to tease; ridicule; make fun of.

ribald /ˈrɪbəld, ˈraɪ-/ *adj.* offensive or scurrilous in speech, language, etc.; coarsely mocking or abusive; wantonly irreverent. –**ribaldry** *n.*

ribbon /ˈrɪbən/ *n.* **1.** a woven strip or band of fine material, used for ornament, tying hair, etc. **2.** anything like a ribbon. **3.** a band of material soaked with ink that the keys of a typewriter hit to make a mark. **4.** a badge of an order of knighthood or other distinction: *the red ribbon of the French Legion of Honour.* –**ribbon-like** *adj.*

ribbon gum *n.* a tall tree, *Eucalyptus viminalis*, of eastern Australia with white smooth bark tending to hang in ribbons as it is shed, and from which manna is collected.

riboflavin /ˌraɪboʊˈfleɪvən/ *n.* vitamin B₂, one of the vitamins in the vitamin B complex found in green vegetables, fish, milk, etc. Also, **riboflavine** /ˌraɪboʊˈfleɪvɪn/.

ribonucleic acid /ˌraɪboʊnjuˈkliːɪk ˈæsəd/ *n.* → **RNA**.

rice /raɪs/ *n.* **1.** the starchy seeds or grain of a species of grass, *Oryza sativa*, cultivated in warm climates and constituting an important food. **2.** the plant itself.

rice paper *n.* **1.** a thin, edible paper made from the straw of rice. **2.** a Chinese paper consisting of the pith of certain plants cut and pressed into thin sheets.

rich /rɪtʃ/ *adj.* **1.** having wealth or great possessions; abundantly supplied with resources, means, or funds: *a rich woman; a rich nation.* **2.** abounding in natural resources: *a rich territory.* **3.** of great value or worth; valuable: *a rich harvest.* **4.** costly; expensively elegant or fine, as dress, jewels, etc. **5.** sumptuous, as a feast. **6.** of valuable materials or elaborate workmanship, as buildings, furniture, etc. **7.** abounding in desirable elements or qualities. **8.** (of food) containing good, nutritious, or choice ingredients, as butter, cream, sugar, etc. **9.** (of wine, gravy, etc.) strong and full flavoured. **10.** (of colour) deep, strong, or vivid. **11.** (of sound, the voice, etc.) full and mellow in tone. **12.** (of smell) strongly scented. **13.** producing or yielding abundantly: *a rich soil.* **14.** abundant, plentiful, or ample: *a rich supply.* **15.** *Colloquial* highly amusing. **16.** *Colloquial* ridiculous, absurd, or preposterous. –*phr.* **17. rich in**, having (valuable resources) in abundance: *a tract rich in minerals.* **18. rich in** (or **with**), abounding in: *a country rich in traditions.* **19. the rich**, rich people collectively. –**richly** *adv.* –**richness** *n.*

riches /ˈrɪtʃəz/ *pl. n.* abundant and valuable possessions; wealth.

Richter scale /ˈrɪktə skeɪl/ *n.* an open ended logarithmic scale used to express the magnitude or total energy of a seismic disturbance (as an earthquake). In this scale an increase of 1 indicates a thirty-fold increase in energy.

rick¹ /rɪk/ *n.* a stack of hay, straw, or the like, especially one thatched or covered for protection.

rick² /rɪk/ *v.t.* to sprain or strain as one's neck, back, etc.

ricker /ˈrɪkə/ *n. NZ* a kauri sapling. Also, **rika**.

rickets /ˈrɪkəts/ *n.* **1.** *Pathology* a disease of childhood, characterised by softening of the bones as a result of malnutrition (ordinarily lack of vitamin D), or insufficient ingestion of calcium, or both, and often resulting in deformities. **2.** *Veterinary Science* an insidious and incurable disease of cattle caused by eating certain poisonous plants prevalent in Queensland cattle country.

rickety /ˈrɪkəti/ *adj.* **1.** liable to fall or collapse; shaky: *a rickety chair.* **2.** feeble in the joints; tottering; infirm. **3.** irregular, as motion or action. **4.** affected with or suffering from rickets. **5.** relating to or of the nature of rickets.

rickshaw /ˈrɪkʃɔ/ *n.* a small two-wheeled hooded vehicle drawn by one or more men, used in Asia; jinrikisha. Also, **ricksha**.

ricochet /ˈrɪkəʃeɪ/ *n., v.* **-cheted, -cheting.** –*n.* **1.** the motion of an object or projectile which rebounds one or more times from the surface or surfaces it strikes. –*v.i.* **2.** to move in this way, as a projectile.

ricotta /rəˈkɒtə/ *n.* a soft cottage cheese with a fresh bland flavour, made from the whey obtained in the manufacture of other cheeses.

rid /rɪd/ v. **rid** or **ridded**, **ridding**. *–phr.* **1. be rid of**, to be free from (something objectionable): *anything to be rid of the pain*. **2. get rid of**, **a.** to get free or relieved of. **b.** to get (a thing or person) off one's hands. **c.** to do away with. **3. rid of**, **a.** to clear, disencumber, or free of (something objectionable). **b.** to disembarrass or relieve of: *ridding the mind of doubt*. **–ridder** *n.*

riddance /'rɪdns/ n. **1.** a clearing away or out, as of anything undesirable. **2.** a relieving or deliverance from something. *–phr.* **3. good riddance**, (sometimes fol. by *to*) (an exclamation of relief of being rid of someone or something).

ridden /'rɪdn/ v. **1.** past participle of **ride**. *–adj.* **2.** (as second element in a compound adjective) afflicted by: *disease-ridden, hag-ridden*.

riddle¹ /'rɪdl/ n. **1.** a question or statement so framed as to exercise one's ingenuity in answering it or discovering its meaning; conundrum. **2.** a puzzling question, problem, or matter. **3.** a puzzling thing or person. **4.** any enigmatic or dark saying or speech.

riddle² /'rɪdl/ v. **-dled, -dling**, n. *–v.t.* **1.** to pierce with many holes suggesting those of a sieve. **2.** to sift through a riddle, as gravel. **3.** to fill with (especially something undesirable). *–n.* **4.** a coarse sieve, as one for sifting sand in the foundry.

ride /raɪd/ v. **rode, ridden, riding**, n. *–v.i.* **1.** to sit on and manage a horse or other animal in motion; be carried on the back of an animal. **2.** to be carried on something as if on horseback. **3.** to be borne along on or in a vehicle or any kind of conveyance. **4.** to move along in any way; be carried or supported: *distress riding among the people*. **5.** to move or float on the water. **6.** to lie at anchor, as a ship. **7.** to appear to float in space, as a heavenly body. **8.** to turn or rest on something. **9.** to extend or project over something, as the edge of one thing over the edge of another thing. *–v.t.* **10.** to sit on and manage (a horse or other animal, or a bicycle or the like) so as to be carried along: *the vessel rode the waves well*. **11.** to sit or be mounted on (something) as if on horseback; be carried or borne along on. **12.** to rest on, especially by overlapping. **13.** to ride over, along, or through (a road, boundary, region, etc.) so as to make an inspection, repairs etc.: *his job was to ride the fences*. **14.** to execute by riding: *to ride a race*. **15.** to keep (a vessel) at anchor or moored. *–n.* **16.** a journey or excursion on a horse, etc., or on or in a vehicle. **17.** a way, road, etc., made especially for riding. *–phr.* **18. ride down**, **a.** to trample under a horse's hooves. **b.** to pursue and catch up with. **19. ride for a fall**, **a.** to ride a horse recklessly. **b.** to act in a way which will inevitably bring disaster. **20. ride out**, **a.** to sustain (a gale, etc.) without damage, as while riding at anchor. **b.** to sustain or endure successfully. **21. ride up**, to work or move up from the proper position, as a piece of clothing, etc. **22. take for a ride**, *Colloquial* **a.** to kidnap and murder. **b.** to deceive and wilfully mislead. *–rideable = ridable adj.*

rider /'raɪdə/ n. **1.** someone who rides a horse or other animal, or a bicycle or the like. **2.** any of various objects or devices straddling, mounted on, or attached to something else. **3.** an addition or amendment to a document, etc.

ridge /rɪdʒ/ n., v. **ridged, ridging**. *–n.* **1.** a long, narrow, high part of land, or a chain of hills or mountains. **2.** a long and narrow high part or crest of something, as of an animal's back, a wave, etc. **3.** any raised narrow strip, as on cloth, etc. **4.** the horizontal line in which the tops of the rafters of a roof meet. **5.** *Weather.* a band of relatively high pressure usually joining two anticyclones. **6.** the earth thrown up by a plough between furrows. **7.** a strip of arable land, usually between furrows. *–v.t.* **8.** to provide with or form into a ridge or ridges. **9.** to mark with ridges. *–v.i.* **10.** to form ridges. *–ridgy adj.*

ridicule /'rɪdəkjul/ n., v. **-culed, -culing**. *–n.* **1.** words or actions intended to excite contemptuous laughter at a person or thing; derision. *–v.t.* **2.** to deride; make fun of. *–ridiculer n.*

ridiculous /rə'dɪkjələs/ adj. **1.** such as to excite ridicule or derision; absurd, preposterous, or laughable. *–n.* **2.** that which is ridiculous (preceded by *the*). *–ridiculously adv. –ridiculousness n.*

riding¹ /'raɪdɪŋ/ n. **1.** the act of being carried on the back of a horse or other animal. *–adj.* **2.** relating to or used in riding: *riding lessons; riding hat*.

riding² /'raɪdɪŋ/ n. (usually cap.) an area division within a shire.

Riesling /'rizlɪŋ, 'rislɪŋ/ n. **1.** a wine grape of Alsace, the Rhine region, and elsewhere. **2.** (often *l.c.*) the wine made from this.

rife /raɪf/ adj. **1.** of common or frequent occurrence; prevalent; in widespread existence, activity, or use. **2.** current in speech or report. **3.** abundant, plentiful, or numerous. *–phr.* **4. rife with**, abounding in.

riff /rɪf/ n. (in jazz and rock music) a short repeated melodic phrase, usually for guitar or piano, which is intended to give a strong rhythmic impetus.

riffle /'rɪfəl/ n., v. **-fled, -fling**. *–n.* **1.** *Mining* the lining at the bottom of a sluice or the like, made of blocks or slats of wood, or of stones, arranged in such a manner that grooves or openings are left between them for catching and collecting particles of gold. **2.** the method of riffling cards. *–v.t.* **3.** to flutter and shift, as pages. **4.** to shuffle (cards) by dividing the pack in two, raising the corners slightly, and allowing them to fall alternately together.

riffraff /'rɪfræf/ n. **1.** the worthless or disreputable element of society; the rabble: *the riffraff of the city*. **2.** worthless or low persons.

rifle¹ /'raɪfəl/ n. **1.** a shoulder firearm with spiral grooves cut in the inner surface of the gun barrel to give the bullet a rotatory motion and thus render its flight more accurate. **2.** one of the grooves. **3.** a cannon with such grooves. **4.** (*plural*) certain military units or bodies equipped with rifles.

rifle² /'raɪfəl/ v.t. **-fled, -fling**. **1.** to ransack and rob (a place, receptacle, etc.). **2.** to search and rob (a person). **3.** to plunder or strip bare of. **4.** to steal or take away. *–rifler n.*

riflebird /'raɪfəlbɜd/ n. any bird of paradise of the family Paradisaeidae, of the genera *Ptiloris* and *Craspedophora*, of Australia and New Guinea.

rift /rɪft/ n. **1.** an opening made by riving or splitting; a fissure; a cleft; a chink. **2.** a break in the friendly relations between two people, countries, etc.

rift valley n. a portion of the earth's crust, bounded on at least two sides by faults, that has been moved downwards in relation to the adjacent portions; graben.

rig /rɪg/ v. **rigged, rigging**, n. *–v.t.* **1.** *Chiefly Nautical* to put in proper order for working or use. **2.** *Aeronautics* to obtain the correct relative positions of the different components of (an aircraft). **3.** Also, **rig up**. to prepare or put together, especially as a makeshift. **4.** to manipulate fraudulently: *to rig an election*. *–n.* **5.** the arrangement of the masts, spars, sails, etc., on a boat or ship. **6.** apparatus for some purpose; equipment; outfit. **7.** *Colloquial* a vehicle with a horse or horses, as

rigging for driving. **8.** the equipment used in drilling an oil or gas well. **9.** Also, **rig-out**. *Colloquial* costume or dress, especially when odd or conspicuous. **10.** → **semitrailer**. *–phr.* **11. rig out** (or **up**), **a.** to furnish or provide with equipment, etc.; fit out. **b.** *Colloquial* to fit or deck with clothes, etc.: *rigged out like a field marshal in full regalia.* **–rigged** *adj.*

rigging /'rɪgɪŋ/ *n.* **1.** the ropes, chains, etc., used to support and work the masts, yards, sails, etc., on a ship. **2.** *Aeronautical* a system of wires used to obtain the correct angles of incidence and dihedral, or the relative positions, of different components in an aircraft. **3.** tackle in general.

right /raɪt/ *adj.* **1.** in accordance with what is just or good: *right conduct.* **2.** in conformity with fact, reason, or some standard or principle; correct: *the right solution.* **3.** correct in judgment, opinion, or action. **4.** sound or normal, as the mind, etc.; sane, as persons. **5.** in good health or spirits, as persons: *he is all right again.* **6.** *Colloquial* in a satisfactory state; having what is needed: *do you need anything or are you right?* **7.** principal, front, or upper: *the right side of the cloth.* **8.** most convenient, desirable, or favourable. **9.** fitting or appropriate: *to say the right thing.* **10.** genuine; legitimate: *the right owner.* **11.** belonging or relating to the side of a person or thing which is turned towards the east when the face is towards the north (opposed to *left*). **12.** belonging or relating to the political right. **13.** straight: *a right line.* **14.** formed by, or with reference to, a line or a plane extending to another line or a surface by the shortest course: *a right angle.* **15.** *Geometry* having the axis perpendicular to the base: *a right cone.* **16.** *Colloquial* (an intensifier): *he's a right idiot.* *–n.* **17.** a just claim or title, whether legal, prescriptive, or moral. **18.** that which is due to anyone by just claim. **19.** *Finance* **a.** the privilege, usually pre-emptive, which accrues to the owners of the stock of a company to subscribe for additional stock or shares at an advantageous price. **b.** (*often plural*) a privilege of subscribing for a stock or bond. **20.** that which is ethically good and proper and in conformity with the moral law. **21.** that which accords with fact, reason, or propriety. **22.** the right or proper way of thinking: *to be in the right.* **23.** the right side or what is on the right side: *to turn to the right.* **24.** a punch with the right hand, as in boxing. *–adv.* **25.** in a straight line; straight; directly (*to*, *into*, *through*, etc.): *right to the bottom.* **26.** quite or completely: *his hat was knocked right off.* **27.** immediately: *right after dinner.* **28.** exactly, precisely, or just: *right here.* **29.** uprightly or righteously. **30.** correctly or accurately: *to guess right.* **31.** properly or fittingly: *to behave right*; *it serves you right.* **32.** advantageously, favourably, or well: *to turn out right.* **33.** into a satisfactory state or proper order: *to put things right.* **34.** towards the right hand; to the right. **35.** very (used in certain titles): *the right reverend.* **36.** *Colloquial* very; really; extraordinarily: *he's right stupid.* *–v.t.* **37.** to bring or restore to an upright or the proper position. **38.** to set in order or put right. **39.** to redress (wrong, etc.). *–v.i.* **40.** to resume an upright or the proper position. *–interj.* **41.** (an exclamation indicating assent, agreement, etc.) *–phr.*

42. by rights, in all fairness; rightfully.
43. dead to rights, *Prison Colloquial* → **red-handed**.
44. make it (all) right with, *Colloquial* **a.** to mollify: *I'll make it all right with Mum.* **b.** to persuade, or especially, bribe: *he made it right with the nightwatchman before the job.*
45. right around, **a.** all the way around: *right around the country.* **b.** immediately round: *right around the corner.*
46. right around to, all the way to.
47. right as rain, *Colloquial* safe, okay, in good health.
48. right for, adequately supplied with: *are we right for bread?*
49. right on, (an expression of approval, confirmation, etc.).
50. she'll be right, Also, **she's right**. *Australian*, *NZ Colloquial* (an expression of confidence that everything is in order).
51. the right, (*often cap.*) **a.** that part of a legislative assembly in continental Europe which sits on the right of the president, a position customarily assigned to the conservatives. **b.** a body of persons, political party, etc., holding conservative views.
52. too right, *Australian*, *NZ Colloquial* (an emphatic expression of agreement).
53. to rights, into proper condition: *to set a room to rights.* **–rightness** *n.*

right angle *n.* *Geometry* **1.** an angle formed at the interception of two perpendicular lines, and equal to half a straight angle, or approx. 1.57 radians; an angle of 90°. *–phr.* **2. at right angles to**, perpendicular to.

right-angled triangle *n.* *Geometry* a triangle in which one of the angles is a right angle. Also, **right triangle**.

righteous /'raɪtʃəs/ *adj.* **1.** characterised by uprightness or morality: *a righteous act.* **2.** morally right or justifiable: *righteous indignation.* **3.** in accordance with right; upright or virtuous: *a righteous and godly man.* *–n.* **4.** righteous people collectively (preceded by *the*). **–righteously** *adv.* **–righteousness** *n.*

rightful /'raɪtfəl/ *adj.* **1.** having a right, or just claim, as to some possession or position: *the rightful owner.* **2.** belonging by right, or just claim: *one's rightful property.* **3.** equitable or just, as actions, etc.: *a rightful cause.* **–rightfully** *adv.* **–rightfulness** *n.*

right-handed /raɪt-'hændəd/ *adj.* **1.** having the right hand or arm more serviceable than the left; preferring to use the right hand. **2.** adapted to or performed by the right hand. **3.** situated on the side of the right hand. **4.** moving or rotating from left to right, or in the same direction as the hands of a clock. **5.** (of a rope) having the strands forming a spiral to the right. **6. right-handed helix** or **right-handed spiral**, one that is turned in this way and runs upwards from left to right when viewed from the side with the axis vertical, as the thread of a right-handed screw.

right of way *n.* **1.** the legal or customary right of a person, motor car or vessel to go on ahead of another in particular circumstances. **2.** a path or route which may lawfully be used, especially over another's land.

right wing *n.* **1.** the members of a conservative or reactionary political party or section of a party, generally those opposing extensive political reform. **2.** such a group, party, or a group of such parties. **3.** *Sport* the part of the field of play which forms the right flank of the area being attacked by either team. **4.** *Sport* a player positioned on the right flank, as the outside right in soccer, the right of the wing-three-quarters in rugby football, etc. **–right-wing** *adj.* **–right-winger** *n.*

rigid /'rɪdʒəd/ *adj.* **1.** stiff or unyielding; not pliant or flexible; hard. **2.** firmly fixed, set, or not moving. **3.** rigorously strict. **–rigidity** /rə'dʒɪdəti/, **rigidness** *n.* **–rigidly** *adv.*

rigmarole /'rɪgməroʊl/ *n.* **1.** a succession of confused or foolish statements; incoherent or ram-

rigor mortis /ˈrɪgə ˈmɔtəs/ *n.* the stiffening of the body after death.

rigour = rigor /ˈrɪgə/ *n.* **1.** strictness. **2.** severity of life; hardship. **3.** severity of the weather or climate: *the rigours of winter.* –**rigorous** *adj.*

rile /raɪl/ *v.t.* **riled**, **riling**. *Colloquial* to irritate or vex.

rill /rɪl/ *n.* a small rivulet or brook.

rim /rɪm/ *n.* **1.** the outer edge, border, or margin, especially of a circular object. **2.** any edge or margin, often a raised one. **3.** the circular part of a wheel, farthest from the axle.

rime /raɪm/ *n.* a rough, white icy covering deposited on trees, etc., somewhat resembling white frost, but formed only from fog or vapour-bearing air. –**rimy** *adj.*

rimu /ˈrimu/ *n.* a tall conifer, *Dacrydium cupressinum*, of New Zealand, having awl-shaped leaves; red pine.

rind /raɪnd/ *n.* a thick and firm coat or covering, as of animals, fruits, pulses, cheeses, etc.

ring[1] /rɪŋ/ *n., v.* **ringed**, **ringing**. –*n.* **1.** a circular band of metal or other material, especially one of gold or other precious metals, often set with gems, for wearing on the finger as an ornament, a token of betrothal or marriage, etc. **2.** anything having the form of a circular band. **3.** a mob of restless cattle moving confusedly in a circle: *all cattlemen fear a ring.* **4.** a circular line or mark. **5.** a circular course: *to dance in a ring.* **6.** the outside edge of a circular body, as a wheel. **7.** a single turn in a spiral or helix or in a spiral course. **8.** *Geometry* the area or space between two concentric circles. **9.** one of the concentric layers of wood produced yearly in the trunks of exogenous trees. **10.** a circle of bark cut from around a tree. **11.** a number of persons or things placed in a circle. **12. a.** an enclosed circular or other area, as one in which some sport or exhibition takes place: *the ring of a circus.* **b.** the area in which a two-up game takes place. **13.** an enclosure in which boxing and wrestling matches take place (usually a square area marked off by stakes and ropes). **14.** the sport of boxing. **15.** a space devoted to betting at a racecourse, not necessarily circular in shape: *betting ring; ledger ring; paddock ring.* **16.** competition; contest: *to toss one's hat in the ring.* **17.** a group of persons cooperating for selfish or illegal purposes, as to control a business, monopolise a particular market, etc. **18.** *Chemistry* a number of atoms linked in a cyclic form. **19.** *Colloquial* the anus. –*v.t.* **20.** to surround with a ring; encircle. **21. a.** to form into a ring. **b.** to cause (a mob of cattle) to form into a circling herd. **22.** to put a ring in the nose of (an animal). **23.** to hem in (animals, especially cattle) by riding or circling about them. **24.** *Agriculture* to remove (wool from around the prepuce of rams and wethers) to prevent fouling. **25.** to ringbark. **26.** (in ring toss games) to hurl a ring over (a stake or peg). –*v.i.* **27.** to form a ring or rings. **28.** to move in a ring or a constantly curving course. **29.** (of a mob of cattle) to form into a circling herd. **30.** to work with cattle: *when we were ringing we were up before dawn each day.* –*phr.* **31. ring the board** (or **shed**), *Australian, NZ* to shear more sheep than anyone else in the shearing shed. **32. run rings round**, *Colloquial* to be markedly superior to; easily surpass. –**ringlike** *adj.*

ring[2] /rɪŋ/ *v.* **rang** *or* **rung**, **ringing**, *n.* –*v.i.* **1.** to give forth a clear, resonant sound when set in sudden vibration by a blow or otherwise, as a bell, glass, etc. **2.** to seem (true, false, etc.) in the effect produced on the mind: *his words ring true.* **3.** to cause a bell or bells to sound, especially as a summons: *ring for a messenger.* **4.** to sound loudly; be loud or resonant; resound. **5.** to be filled with sound; re-echo with sound, as a place. **6.** (of the ears) to have the sensation of a continued humming sound. **7.** to telephone. –*v.t.* **8.** to cause to ring, as a bell, etc. **9.** to produce (sound) by or as if by ringing. **10.** to announce, usher in or out, summon, signal, etc., by or as by the sound of a bell. **11.** to telephone. –*n.* **12.** a ringing sound, as of a bell, etc.: *the ring of sleighbells.* **13.** a resonant sound or note: *there was a ring in his voice.* **14.** any loud sound; sound continued, repeated, or reverberated. **15.** a telephone call: *give me a ring tomorrow.* **16.** an act of ringing a bell. **17.** a characteristic sound, as of a coin. **18.** a characteristic or inherent quality: *his words had the ring of truth.* –*phr.*
19. ring a bell, to arouse a memory; sound familiar.
20. ring down the curtain, to give a direction to lower a theatre curtain, as at the end of a performance.
21. ring down the curtain on, to bring to an end.
22. ring for, to summon by ringing a bell.
23. ring in, **a.** to announce the arrival of by ringing bells. **b.** *Australian* to insert or substitute dishonestly (one racehorse, greyhound, etc.) for another in a race, or (a double-headed coin) for a normal one in two-up. **c.** to ring up headquarters or one's central office.
24. ring off, to end a telephone conversation.
25. ring out, **a.** to make a loud, resounding noise. **b.** to announce the departure of by ringing.
26. ring the changes, to vary the manner of performing an action; repeat in varying order.
27. ring the tin, *Australian* to summon workers to a meeting to consider a dispute by ringing a tin.
28. ring the tin on, *Australian* to refuse to cooperate or communicate with (a foreman, supervisor, etc.).
29. ring true, to appear to be true, sincere, genuine, etc.
30. ring up, **a.** to telephone. **b.** to record (the cost of an item) on a cash register.
31. ring up the curtain, to give a direction to raise a theatre curtain, as at the beginning of a performance.
32. ring up the curtain on, to begin; inaugurate.

ringbark /ˈrɪŋbak/ *v.t.* to cut away the bark in a ring around a tree trunk or branch, in order to kill the tree or the affected part. Also, **bark**. –**ringbarked** *adj.*

ringer[1] /ˈrɪŋə/ *n.* **1.** a quoit or horseshoe so thrown as to encircle a peg. **2.** *Australian* a station hand, especially a stock worker or drover.

ringer[2] /ˈrɪŋə/ *n. Colloquial* **1.** an athlete, horse, etc., entered in a competition under false representations as to identity or ability. **2.** Also, **dead ringer**, **dead ring**. a person or thing that closely resembles another: *he was a dead ringer for the local policeman.*

ringer[3] /ˈrɪŋə/ *n. Australian, NZ* **1.** the fastest shearer of a group. **2.** any person of outstanding competence.

ringgit /ˈrɪŋgət/ *n.* the monetary unit of Malaysia.

ring-in /ˈrɪŋ-ɪn/ *n. Australian, NZ Colloquial* **1.** a person or thing that does not belong in a group or set. **2.** a person or thing substituted for another at the last moment, as a horse fraudulently substituted for another in a race.

ringleader /ˈrɪŋlidə/ *n.* someone who leads others in opposition to authority, law, etc.

ringlet /ˈrɪŋlət/ *n.* **1.** a small ring or circle. **2.** a

ringmaster /'rɪŋmɑːstə/ n. the person in charge of the performances in the ring of a circus.

ringside /'rɪŋsaɪd/ n. 1. the space immediately surrounding an arena, as the first row of seats round a boxing or wrestling ring. 2. any place providing a close view.

ringworm /'rɪŋwɜːm/ n. *Pathology* any of certain contagious skin diseases due to fungi and characterised by the formation of ring-shaped eruptive patches.

rink /rɪŋk/ n. 1. a sheet of ice for skating, often one artificially prepared and under cover. 2. a smooth floor for roller-skating. 3. an area of ice marked off for the game of curling. 4. a section of a bowling green where a match can be played. 5. a set of players on one side in bowling or curling.

rinse /rɪns/ v. rinsed, rinsing, n. –v.t. 1. to wash lightly, as by pouring water into or over or by dipping in water. 2. to put through clean water, as a final stage in cleansing. 3. to remove (impurities, etc.) thus. –n. 4. an act or instance of rinsing. 5. any liquid preparation used for impermanently tinting the hair. –**rinser** n.

riot /'raɪət/ n. 1. any disturbance of the peace by an assembly of persons. 2. *Law* a disturbance of the peace by at least three persons (or, in NZ, at least six) carrying out a common purpose in a violent manner so as to cause alarm and so as to discourage any opposition. 3. violent or wild disorder or confusion. 4. an unbridled outbreak, as of emotions, passions, etc. 5. a brilliant display: *a riot of colour*. 6. *Colloquial* one who or that which causes great amusement, enthusiasm, etc. –adj. 7. of, relating to, or dealing with riots: *riot squad*; *riot shields*. –v.i. 8. to take part in a riot or disorderly public outbreak. 9. to indulge unrestrainedly; run riot. –phr. 10. **run riot, a.** to act without control or restraint; disregard all limits. **b.** to grow luxuriantly or wildly. –**rioter** n. –**riotous** adj.

rip¹ /rɪp/ v. ripped, ripping, n. –v.t. 1. to cut or tear apart in a rough or vigorous manner; slash; slit. 2. to cut or tear away in a rough or vigorous manner. 3. to saw (wood) in the direction of the grain. 4. Also, **rip up**. to scarify or scratch (the soil) without turning it over. –v.i. 5. to become torn apart or split open. 6. *Colloquial* to move along with violence or great speed. –n. 7. a rent made by ripping; a tear. –phr. 8. **let it** (or **her**) **rip**, to allow an engine, etc., to go as fast as possible by ceasing to check or control its speed. 9. **let rip**, **a.** to give free rein to anger, passion, etc. **b.** to utter oaths; swear. 10. **rip into**, *Colloquial* **a.** to begin rapidly, eagerly: *let's rip into the housework*. **b.** to scold; abuse: *she ripped into me for losing her book*. 11. **rip off**, **a.** to tear off violently. **b.** *Colloquial* to overcharge; swindle. 12. **rip out**, **a.** to remove forcibly or violently; wrench. **b.** to utter angrily; shout.

rip² /rɪp/ n. 1. a disturbance in the sea caused by opposing currents or by a fast current passing over an uneven bottom. 2. a fast current, especially one at a beach which can take swimmers out to sea. 3. → **rip-tide**.

rip³ /rɪp/ n. *Colloquial* a dissolute or worthless person.

RIP /ɑːr aɪ 'piː/ may he or she (or they) rest in peace.

ripcord /'rɪpkɔːd/ n. a cord or ring which opens a parachute during a descent.

ripe /raɪp/ adj. **riper, ripest.** –adj. 1. ready for reaping or gathering, as grain, fruits, etc.; complete in natural growth or development, as when arrived at the stage most fit for eating or use. 2. resembling ripe fruit, as in ruddiness and fullness. 3. fully grown or developed, as animals when ready to be killed and used for food. 4. advanced to the point of being in the best condition for use, as cheese, beer, etc. 5. malodorous: *a ripe old pipe*. 6. arrived at the highest or a high point of development or excellence; mature. 7. of mature judgment or knowledge. 8. characterised by full development of body or mind: *of ripe years*. 9. ready for action, execution, etc. 10. fully prepared or ready to do or undergo something, or for some action, purpose, or end. 11. ready for some operation or process: *a ripe abscess*. 12. (of time) fully or sufficiently advanced. 13. *Colloquial* drunk 14. *Colloquial* obscene or relating to obscenity. –phr. 15. **a ripe old age**, old age, seen as the completion of human life and development. –**ripely** adv. –**ripeness** n.

ripen /'raɪpən/ v.i. 1. to become ripe. 2. to come to maturity, the proper condition, etc.; mature. –v.t. 3. to make ripe. 4. to bring to maturity, the proper condition, etc. –**ripener** n.

rip-off /'rɪp-ɒf/ n. an excessive charge or exorbitant price; swindle.

riposte /rɪ'pɒst/ n. 1. *Fencing* a quick thrust given after parrying a lunge. 2. a quick, sharp return in speech or action. Also, **ripost**.

ripper /'rɪpə/ n. 1. an excavating device, usually on the back of a bulldozer, used for breaking up rock. 2. *Colloquial* a killer who violently murders and mutilates women. 3. *Colloquial* a person or thing that excites extreme admiration. –adj. 4. *Colloquial* absolutely excellent: *a ripper movie*. –interj. 5. *Colloquial* (an exclamation expressing approval).

ripping /'rɪpɪŋ/ adj. 1. that rips. 2. *Colloquial* excellent, splendid, or fine.

ripple /'rɪpəl/ v. -**pled**, -**pling**, n. –v.i. 1. to have or form small waves on the surface. 2. (of sound) to go on or proceed with an effect like that of water flowing in ripples. –v.t. 3. to form small waves on. –n. 4. a small wave, as on water. 5. any similar movement or appearance. 6. a sound like water flowing in ripples: *a ripple of laughter*. –**ripplingly** adv.

rip-tide /'rɪp-taɪd/ n. a fast-flowing tide such as might be associated with the formation of a rip. Also, **rip-current**.

risc /rɪsk/ n. *Computers* 1. a computer for which the instruction set, that is, the complete set of operating commands, has been reduced to the minimum by removing rarely used commands, thus facilitating faster processing. –adj. 2. having to do with such a computer. Also, **RISC**.

rise /raɪz/ v. **rose, risen, rising**. –v.i. 1. to get up from a lying, sitting, or kneeling posture; assume a standing position. 2. to get up from bed: *to rise early*. 3. to become erect and stiff, as the hair. 4. to get up after falling or being thrown down. 5. to become active in opposition or resistance; revolt or rebel. 6. to be built up, erected, or constructed. 7. to spring up or grow, as plants. 8. to become prominent on a surface, as a blister. 9. to come into existence; appear. 10. to come into action, as a wind, storm, etc. 11. to occur: *a quarrel rose between them*. 12. to originate, issue, or be derived; to have its spring or source. 13. to move from a lower to a higher position; move upwards; ascend: *a bird rises in the air*. 14. to come above the horizon, as a heavenly body. 15. to extend directly upwards: *the tower rises to the height of 20 metres*. 16. to have an upward slant or curve: *the path rises as it approaches the house*. 17. *Angling* (of a fish) to come to the surface of the water to take bait, etc. 18. to attain higher rank, importance, etc. 19. to advance to a higher level of action, thought, feeling, expression, etc. 20. to prove oneself equal to a demand, emergency, etc.: *to rise to the occasion*. 21. to become animated or cheerful, as the spirits. 22.

to become stirred or roused: *to feel one's temper rising.* **23.** to increase in height, as water: *the river sometimes rose 10 metres in eight hours.* **24.** to swell or puff up, as dough from the action of yeast. **25.** to increase in amount, as prices, etc. **26.** to increase in price or value, as commodities. **27.** to increase in degree, intensity, or force, as colour, fever, etc. **28.** to become louder or of higher pitch, as the voice. **29.** to adjourn, or close a session, as a deliberative body or court. **30.** to return from the dead. *–n.* **31.** the act of rising; upward movement or ascent. **32.** appearance above the horizon, as of the sun or moon. **33.** elevation or advance in rank, position, fortune, etc.: *the rise and fall of ancient Rome.* **34.** an increase in height, as of water. **35.** the amount of such increase. **36.** an increase in amount, as of prices. **37.** an increase in price or value, as of commodities. **38.** an increase in amount, as of wages, salary, etc. **39.** the amount of such an increase. **40.** an increase in degree of intensity, as of temperature. **41.** an increase in loudness or in pitch, as of the voice. **42.** the vertical height of any of various things as a stair step, a flight of steps, a roof, an arch, the crown of a road, etc. **43.** origin, source, or beginning: *the rise of a stream in a mountain.* **44.** a coming into existence or notice. **45.** extension upwards. **46.** the amount of this. **47.** upward slope, as of ground or a road. **48.** a piece of rising or high ground. **49.** *Angling* the movement of a fish to the surface of the water to take a bait. *–phr.* **50. get** (or **take**) **a rise out of,** to provoke to anger, annoyance, etc., by banter, mockery, deception, etc. **51. give rise to,** to cause, produce.

rising /'raɪzɪŋ/ *adj.* **1.** that rises; advancing, ascending, or mounting. **2.** growing, or advancing to adult years: *the rising generation.* *–n.* **3.** an uprising; revolt.

risk /rɪsk/ *n.* **1.** exposure to the chance of injury or loss; a hazard or dangerous chance: *to run risks.* **2.** *Insurance* **a.** the hazard or chance of loss. **b.** the degree of probability of such loss. **c.** the amount which the insurance company may lose. **d.** a person or thing with reference to the risk involved in insuring them. **e.** the type of loss, as life, fire, theft, etc., against which insurance policies are drawn. *–v.t.* **3.** to expose to the chance of injury or loss, or hazard: *to risk one's life to save another.* **4.** to take or run the risk of: *to risk a fall in climbing.* **5.** to venture upon despite the hazards: *to risk a battle.* *–phr.* **6. at risk,** in a state or situation in which injury, loss, the onset of disease, etc., is likely; vulnerable: *homeless children are at risk.* **7. no risk,** (an exclamation of reassurance or approval). *–risky adj.*

risqué /'rɪskeɪ, rɪs'keɪ/ *adj.* daringly close to indelicacy or impropriety: *a risqué story.*

rissole /'rɪsoʊl/ *n.* a small fried ball, roll, or cake of minced meat or fish mixed with breadcrumbs, egg, etc., formerly enclosed in a thin envelope of pastry before frying.

ritardando /rɪtɑ'dændoʊ/ *adv. Music* gradually more slowly.

rite /raɪt/ *n.* **1.** a formal or ceremonial act or procedure prescribed or customary in religious or other solemn use: *rites of baptism, sacrificial rites.* **2.** any customary observance or practice.

ritual /'rɪtʃuəl/ *n.* **1.** an established or set procedure, code, form, system, etc., for a religious or other rite. **2.** the following of set forms in public worship. **3.** a ritual service: *the ritual of the dead.* **4.** any solemn or customary action, code of behaviour, etc., determining social conduct. *–ritually adv.*

rival /'raɪvəl/ *n., adj., v.* **-valled** or *Chiefly US* **-valed, -valling** or *Chiefly US* **-valing.** *–n.* **1.** someone who is in pursuit of the same object as another, or strives to equal or outdo another; a competitor. **2.** a person or thing that is in a position to dispute pre- eminence or superiority with another: *a theatre without a rival.* *–adj.* **3.** being a rival; competing or standing in rivalry: *rival suitors; rival business houses.* *–v.t.* **4.** to compete with in rivalry; strive to equal or outdo.

rive /raɪv/ *v.* **rived, rived** *or* **riven, riving.** *–v.t.* **1.** to tear or rend apart. **2.** to strike asunder; split; cleave. **3.** to rend, harrow, or distress (the heart, etc.).

river /'rɪvə/ *n.* **1.** a considerable natural stream of water flowing in a definite course or channel or series of diverging and converging channels. **2.** a similar stream of something other than water. **3.** any abundant stream or copious flow: *rivers of lava, blood, etc.* *–phr.* **4. sell down the river,** *Colloquial* to betray; deceive.

rivet /'rɪvət/ *n., v.* **-eted, -eting.** *–n.* **1.** a metal pin or bolt for passing through holes in two or more plates or pieces to hold them together. *–v.t.* **2.** to fasten with a rivet or rivets. **3.** to fasten or fix firmly: *fear riveted me to the spot.* **4.** to hold (the eye, attention, etc.) firmly. *–riveter n.*

rivulet /'rɪvjələt/ *n.* a small stream; a streamlet; a brook.

RNA /ɑr ɛn 'eɪ/ *n. Biochemistry* any of a group of nucleic acids found in all living cells and some viruses, the main function of which is the translation of the genetic code in protein synthesis; ribonucleic acid.

roach¹ /roʊtʃ/ *n.* **roaches,** (*especially collectively*) **roach.** a European freshwater fish, *Rutilus rutilus,* of the carp family, introduced into Tasmania.

roach² /roʊtʃ/ *n.* **1.** *Australian, NZ* → **cockroach.** **2.** *Colloquial* the butt of a cigarette or joint.

road /roʊd/ *n.* **1.** a way, usually open to the public for the passage of vehicles, persons, and animals. **2.** any street so called. **3.** the track on which vehicles, etc., pass, as opposed to the pavement. **4. a.** *US* → **railway. b.** *Railways* one of the tracks of a railway: *the train took the wrong road.* **5.** a way or course: *the road to peace.* **6.** (*often plural*) a protected place near the shore where ships may ride at anchor. *–phr.* **7. hit the road,** *Colloquial* to begin a journey. **8. one for the road,** *Colloquial* a final alcoholic drink consumed before setting out on a journey, returning home from a hotel, etc. **9. on the road, a.** travelling, especially as a salesperson or drover. **b.** on tour, as a theatrical company. **c.** (formerly of convicts) employed in road building. **10. take the road for,** to set out for. **11. take to the road, a.** to begin a journey. **b.** to become a tramp.

roadhog /'roʊdhɒg/ *n.* a motorist who drives without consideration for other road users.

roadhouse /'roʊdhaʊs/ *n.* an inn, hotel, restaurant, etc., on a main road, especially in a country district.

road hump *n.* a raised transverse section of road which assists in controlling the speed at which vehicles can safely and comfortably travel. Also, **speed bump, speed hump, hump.**

roadie /'roʊdi/ *n. Colloquial* a person associated with a pop group who arranges road transportation, sets up equipment, etc. Also, **road manager.**

road movie *n.* a film in which a journey along a road is a principal component, along which the plot is driven and the characters developed.

road rage *n.* uncontrollable violent behaviour by a motorist, usually directed towards another motorist, resulting from the tensions and frustrations of driving.

roadrunner /'roʊdrʌnə/ *n.* a terrestrial cuckoo of

road toll

the south western US, *Geococcyx californianus*.
road toll *n.* the tally of traffic accident deaths.
road train *n.* Australian a group of articulated motor vehicles, used for transportation, especially of cattle, and consisting of a prime mover and one or more trailers.
roadway /'roudweɪ/ *n.* **1.** a way used as a road; a road. **2.** the part of a road used by vehicles, etc.
roadworthy /'roudwɜðɪ/ *adj.* (of a vehicle) fit for use on the roads. **–roadworthiness** *n.*
roam /roum/ *v.i.* **1.** to walk, go, or travel about without fixed purpose or direction; ramble; wander; rove. *–v.t.* **2.** to wander over or through: *to roam the bush.* **–roamer** *n.*
roan /roun/ *adj.* **1.** (chiefly of horses) of a sorrel, chestnut, or bay colour sprinkled with grey or white. *–n.* **2.** a soft, flexible sheepskin leather, used in bookbinding, often made in imitation of morocco.
roar /rɔ/ *v.i.* **1.** to utter a loud, deep sound, especially of excitement, distress, or anger. **2.** to laugh loudly or boisterously. **3.** to make a loud noise in breathing, as a horse. **4.** to make a loud noise or din, as thunder, cannon, waves, wind, etc. **5.** to function or move with a roar, as a vehicle: *the sports car roared away.* *–v.t.* **6.** to utter or express in a roar. **7.** to bring, put, make, etc. by roaring: *to roar oneself hoarse.* *–n.* **8.** the sound of roaring; a loud, deep sound, as of a person or persons, or of a lion or other large animal. **9.** a loud outburst of laughter. **10.** a loud noise, as of thunder, waves, etc.: *the roar of the surf.* *–phr.* **11. roar up**, *Colloquial* to scold or abuse (someone) angrily. **–roarer** *n.*
roaring forties *pl. n.* **1.** *(construed as sing.)* the area of ocean between 40°S and 50°S in which strong winds blow. **2.** (loosely) the strong westerly winds of the ocean between 40°S and 50°S, especially useful to sailing ships.
roast /roust/ *v.t.* **1.** to bake (meat or other food) by dry heat, as in an oven. **2.** to prepare by exposure to heat, as coffee. **3.** to heat (any material) more or less violently. **4.** *Colloquial* to criticise, scold or make fun of severely. *–v.i.* **5.** to undergo the process of becoming roasted. *–n.* **6.** a piece of roasted meat. *–adj.* **7.** roasted: *roast beef.*
rob /rɒb/ *v.* **robbed, robbing.** *–v.t.* **1.** to deprive of something by unlawful force or threat of violence; steal from. **2.** to deprive of something legally belonging or due. **3.** to plunder or rifle (a house, etc.). **4.** to deprive of something unjustly or injuriously: *the shock robbed him of speech.* *–v.i.* **5.** to commit or practise robbery. *–phr.* **6. rob Peter to pay Paul**, to benefit one person or thing at the expense of another. **–robber** *n.* **–robbery** *n.*
robe[1] /roub/ *n.* a long, loose or flowing gown or outer garment worn by men or women, especially for formal occasions; an official vestment, as of a judge.
robe[2] /roub/ *n.* → **wardrobe**.
robin /'rɒbən/ *n.* **1.** any of various small Australian birds of the family Muscicapidae resembling European robins but more brightly and variously coloured. **2.** any of several small Old World birds having a red or reddish breast, especially *Erithacus rubecula*, of Europe. **3.** a large American thrush, *Turdus migratorius*, with a chestnut-red breast and abdomen.
robot /'roubɒt/ *n.* **1.** a mechanical self-controlling apparatus designed to carry out a specific task, normally performed by a human. **2.** someone who behaves in a mechanical way; automaton. **–robotism** *n.* **–robotistic** /roubə'tɪstɪk/ *adj.*
robust /'roubʌst, rə'bʌst/ *adj.* **1.** strong and

rocket

healthy, hardy, or vigorous. **2.** strongly or stoutly built: *his robust frame.* **3.** suited to or requiring bodily strength or endurance. **4.** rough, rude, or boisterous. **–robustly** *adv.* **–robustness** *n.* **–robustious** *adj.*
roc /rɒk/ *n.* (in Arabian mythology) a bird of enormous size and strength.
rock[1] /rɒk/ *n.* **1.** *Geology* **a.** mineral matter of various composition, consolidated or unconsolidated, assembled in masses or considerable quantities in nature, as by the action of heat (**igneous rock**), or of water, air, or ice (**sedimentary rock**), or by the structural alteration of either of these two types by natural agencies of pressure and heat (**metamorphic rock**). **b.** a particular kind of such matter. **2.** a large mass of stone forming an eminence, cliff, or the like. **3.** stone in the mass. **4.** a stone of any size. **5.** a hard sweet made in various flavours, as peppermint, usually long and cylindrical in shape. **6.** *Colloquial* a jewel, especially a diamond. *–phr.* **7. get one's rocks off**, *Colloquial* to have an orgasm. **8. have rocks in one's head**, *Colloquial* to be very stupid. **9. on the rocks**, **a.** on rocks, as a shipwrecked vessel. **b.** *Colloquial* into or in a state of disaster or ruin. **c.** (of spirits) neat with ice cubes: *scotch on the rocks.* **–rocklike** *adj.*
rock[2] /rɒk/ *v.i.* **1.** to move or sway to and fro or from side to side. **2.** to be moved or swayed powerfully with emotion, etc. **3.** to dance to rock-and-roll music. *–v.t.* **4.** to move or sway to and fro or from side to side, especially gently and soothingly. **5.** to lull in security, hope, etc. **6.** to move or sway powerfully with emotion, etc. **7.** to shake or disturb violently. **8.** *Mining* to pan with a cradle: *to rock gravel for gold.* **9.** *Colloquial* to upset the equanimity of (someone) with a cutting remark, witty come-back, etc. *–n.* **10.** → **rock music**. **11.** → **rock-and-roll**. *–adj.* **12.** of or relating to rock music. *–phr.* **13. rock along**, *Colloquial* to go; visit: *just rock along to the movies on Saturday.* **14. rock the boat**, *Colloquial* to (make difficulties; raise awkward questions) threaten the status quo.
rock'n'roll /rɒkən'roul/ *n.* → **rock-and-roll**.
rock-and-roll /rɒk-ən-'roul/ *n.* **1.** a form of pop music of the 1950s which has a twelve bar blues form, and a heavily accented rhythm. **2.** a dance performed to this music, usually with vigorous, exaggerated movements. Also, **rock, rock'n'roll, rock-'n'-roll**.
rock bottom *n.* the lowest level, especially of fortune: *to touch rock bottom.* **–rock-bottom** *adj.*
rocker /'rɒkə/ *n.* **1.** one of the curved pieces on which a cradle or a rocking chair rocks. **2.** a rocking chair. **3.** any of various devices that operate with a rocking motion. **4.** *Mining* → **cradle** (def. 4). **5.** *Colloquial* a young person of the early 1960s, characterised by rough, unruly behaviour, who usually wore leather clothing, had greased-back hair, and rode a motorcycle. Compare **mod** (def. 2). *–phr.* **6. off one's rocker**, *Colloquial* crazy; mad; demented: *you must be off your rocker to suggest such a thing.*
rockery /'rɒkərɪ/ *n.* **-ries**. a garden, or part of a garden, featuring rocks and plants which favour a rocky soil and are suited to dry, sunny conditions.
rocket[1] /'rɒkət/ *n.* **1.** *Aeronautics* a structure propelled by a rocket engine, used for pyrotechnic effect, signalling, carrying a lifeline, propelling a warhead, launching spacecraft, etc. **2.** a type of firework which shoots into the air and explodes forming coloured stars of light. **3.** *Colloquial* a severe reprimand; reproof. *–v.i.* **4.** to move like a rocket. **5.** (of game birds) to fly straight up rapidly when flushed. **6.** to increase rapidly as prices,

rents, or the like. –*phr.* **7. go like a rocket**, *Colloquial* **a.** to move fast. **b.** (of a machine) to function well. **8. put a rocket under**, *Colloquial* to stir (someone) to action.
Usage: For inflected forms, see note at **benefit**.
rocket² /'rɒkət/ *n.* **1.** a Mediterranean cruciferous plant, *Eruca sativa*, with yellowish-white flowers and leaves used as a salad. **2.** any of numerous plants of the family Cruciferae, especially those belonging to the genera *Barbarea* and *Sisymbrium*, now commonly used in green salads.
rocking chair *n.* a chair mounted on rockers, or on springs, so as to permit a rocking back and forth.
rocking horse *n.* a toy horse, as of wood, mounted on rockers, on which children play.
rock lily *n.* a widely cultivated epiphytic or rock orchid, *Dendrobium speciosum*, of eastern Australia, with numerous many-flowered racemes. Also, **rock orchid**.
rockmelon /'rɒkmɛlən/ *n. Australian, NZ* **1.** the edible fruit of the melon *Cucumis melo* var. *cantalupensis*, having a hard, usually ribbed and netted rind, and orange-coloured flesh; cantaloupe. **2.** any of several similar melons.
rock music *n.* contemporary music which is derived basically from the blues, but which has incorporated aspects of country and western, jazz, gospel music, and bluegrass.
rock orchid *n.* → **rock lily**.
rock-salt /'rɒk-sɒlt/ *n.* a common salt (sodium chloride), occurring in extensive, irregular beds in rocklike masses.
rocky /'rɒki/ *adj.* **rockier, rockiest. 1.** full of or abounding in rocks. **2.** consisting of rock. **3.** rocklike. **4.** firm as a rock. **5.** (of the heart, etc.) hard or unfeeling. –**rockiness** *n.*
rococo /rə'koʊkoʊ/ *n.* **1.** a style of art, architecture, and decoration of the 18th century, popular especially in France, evolved from baroque types and distinguished by its ornate use of scrolls and curves. –*adj.* **2.** in the rococo style. **3.** tastelessly or clumsily florid.
rod /rɒd/ *n.* **1.** a stick or the like, of wood, metal, or other material. **2.** a pole used in fishing. **3.** a measure in the imperial system, of 5½ yards or 16½ feet, equal to 5.0292 m. **4.** a staff carried to stand for office, authority, power, etc. **5.** any micro-organism which is shaped like a rod. **6.** *Anatomy* one of the rodlike cells in the retina of the eye which responds to dim light. –**rodlike** *adj.*
rode /roʊd/ *v.* past tense of **ride**.
rodent /'roʊdnt/ *n.* **1.** a member of the Rodentia, the order of gnawing or nibbling mammals, that includes the mice, squirrels, beavers, etc. –*adj.* **2.** of or relating to a rodent.
rodent ulcer *n.* an advanced form of basal cell carcinoma. Also, **rodent cancer**.
rodeo /roʊ'deɪoʊ, 'roʊdioʊ/ *n.* -**deos.** an exhibition of the skills of cowboys, riding horses, steers, etc., for public entertainment.
roe /roʊ/ *n.* **1.** the mass of eggs, or spawn, within the ovarian membrane of the female fish (**hard roe**). **2.** the milt or sperm of the male fish (**soft roe**).
roentgen /'rɜntgən/ *n.* a non-SI unit of measurement of exposure to ionising radiation equal to 0.258×10^{-3} coulombs per kilogram. *Symbol:* R
roger /'rɒdʒə/ *interj.* **1.** message received and understood (used in signalling and telecommunications). **2.** (an expression of agreement, comprehension, etc.).
rogue /roʊg/ *n.* **1.** a dishonest person. **2.** a person who carries out playful tricks; rascal; scamp. **3.** an animal of fierce character which travels alone. –**roguish** *adj.*

roister /'rɔɪstə/ *v.i.* to act in a swaggering, boisterous, or uproarious manner. –**roisterer** *n.* –**roisterous** *adj.*
role /roʊl/ *n.* **1.** the part or character which an actor presents in a play. **2.** proper or customary function: *the teacher's role in society.* Also, **rôle**.
role-sharing /'roʊl-ʃɛərɪŋ/ *n.* the sharing of the tasks and responsibilities usually assigned to a particular gender role between people of opposite gender.
roll /roʊl/ *v.i.* **1.** to move along a surface by turning over and over, as a ball or a wheel. **2.** to move or be moved on wheels, as a vehicle or its occupants. **3.** to move onwards or advance in a stream or with an undulating motion, as water, waves, or smoke. **4.** to extend in undulations, as land. **5.** to continue with or have a deep, prolonged sound, as thunder, etc. **6.** to turn over, or over and over, as a person or animal lying down. **7.** *Colloquial* to luxuriate or abound (in wealth, etc.). **8.** to turn round in different directions, as the eyes in their sockets. **9.** to sway or rock from side to side, as a ship (opposed to *pitch*). **10.** to sail with a rolling motion. **11.** to walk with a rolling or swaying gait. **12.** (of a rocket or guided missile) to rotate about its longitudinal axis in flight. **13.** to admit of being rolled up, as a material. **14.** to spread out as under a roller. **15.** to cast dice. –*v.t.* **16.** to cause to move along a surface by turning over and over, as a cask, a ball, or a hoop. **17.** to move along on wheels or rollers; to convey in a wheeled vehicle. **18.** to drive, impel, or cause to flow onwards with a sweeping motion. **19.** to utter or give forth with a full, flowing, continuous sound. **20.** to trill: *to roll one's r's.* **21.** to cause to turn over, or over and over. **22.** to cause to turn round in different directions, as the eyes. **23.** to cause to sway or rock from side to side, as a ship. **24.** to wrap round an axis, round upon itself, or into a roll, ball, or the like. **25.** to make by forming a roll: *to roll a cigarette.* **26.** to wrap, enfold, or envelop, as in some covering. **27.** Also, **roll out**. to operate upon so as to spread out, level, compact, or the like, as with a roller, rolling pin, etc. **28.** Also, **roll down**. to flatten (scrub) using a roller. **29.** to beat (a drum) with rapid, continuous strokes. **30.** to cast (dice). **31.** *Colloquial* to rob (a person), often with violence. **32.** *Colloquial* to defeat; overcome. **33.** *Colloquial* to upset the equanimity of (someone) with a cutting remark, witty come-back, etc. –*n.* **34.** anything rolled up in cylindrical form. **35.** a piece of parchment, paper, or the like, as for writing, etc., which is or may be rolled up; a scroll. **36.** a list, register, or catalogue. **37.** a list containing the names of the persons belonging to any company, class, society, etc. **38.** a number of papers or the like rolled up together. **39.** a quantity of cloth, wallpaper, or the like, rolled up in cylindrical form (often forming a definite measure). **40.** a cylindrical or rounded mass of something: *rolls of fat.* **41.** some article of cylindrical or rounded form, as a moulding. **42.** a cylindrical piece upon which something is rolled along to facilitate moving. **43.** a cylinder upon which something is rolled up, as plastic food wrap, etc. **44.** a roller with which something is spread out, levelled, crushed, compacted, or the like. **45.** thin sponge spread with jam, cream, or the like and rolled up. **46.** a small cake of bread, originally and still often rolled or doubled on itself before baking. **47.** pastry spread with apple, jam, etc., and doubled on itself before baking. **48.** food which is rolled up. **49.** meat rolled up and cooked. **50.** the act or an instance of rolling. **51.** undulation of surface: *the roll of a prairie.* **52.** sonorous or rhythmical flow of words. **53.** a deep, prolonged sound, as of thunder, etc.: *the deep roll of*

a breaking wave. **54.** the trill of certain birds. **55.** the continuous sound of a drum rapidly beaten. **56.** a rolling motion, as of a ship. **57.** a rolling or swaying gait. **58.** *Aeronautics* a single complete rotation of an aeroplane around the axis of the fuselage with little loss of altitude or change of direction. **59.** the rotation of a rocket or guided missile or the like about its longitudinal axis. **60.** *Athletics* a style used by competitors in the high jump and pole vault where the body is rolled over the bar in a near horizontal position. **61.** a single throw of dice. **62.** *Colloquial* a wad of paper currency. **63.** *Colloquial* ‡ an act of sexual intercourse. *–phr.* **64. be on a roll**, *Colloquial* to be experiencing a run of good fortune or success. **65. roll along**, *Colloquial* to arrive: *just roll along whenever you like.* **66. roll in**, **a.** *Colloquial* to arrive. **b.** to retire to bed. **67. roll on** (or **away**), to move on or pass, as time. **68. roll out**, to spread out from being rolled up; unroll. **69. roll over**, **a.** *Australian Colloquial* (of a politician) to resign gracefully. **b.** *Australian Colloquial* (of a witness in a court case who was previously hostile) to decide to provide evidence helpful to the interrogator. **c.** *Australian Colloquial* (of an offender) to confess to wrongdoing in a way that implicates others in order to gain more favourable treatment. **d.** to invest (a lump sum received on termination of employment) in an approved deposit fund. **70. roll round**, to move round as in a cycle, as seasons. **71. roll up**, **a.** to form into a roll, or curl up upon itself. **b.** *Colloquial* to arrive. **c.** *Colloquial* to gather round. **72. roll up one's sleeves**, to prepare for hard work. **–rollable** *adj.*

rolled gold *n.* metal covered with a thin coating of gold.

roller /'roʊlə/ *n.* **1.** a cylinder, wheel, or the like, upon which something is rolled along. **2.** a cylinder around which something is rolled: *a hair roller.* **3.** a cylindrical body for rolling over something to be spread out, levelled, crushed, linked, etc. **4.** any of various other revolving cylindrical bodies, as the barrel of a musical box. **5.** a long, swelling wave advancing steadily.

rollerblade /'roʊləbleɪd/ *n.* one of a pair of rollerskates designed in imitation of an ice-skating shoe with a single row of rollers instead of a skate. Also, **in-line skate**. **–rollerblading** *n.*

rollerskate /'roʊləskeɪt/ *n., v.* **skated**, **skating**. *–n.* **1.** a form of skate running on small wheels or rollers, for use on a smooth floor, footpath, etc. *–v.i.* **2.** to move on rollerskates.

rollick /'rɒlɪk/ *v.i.* to move or act in a careless, frolicsome manner; behave in a free, hearty, gay, or jovial way.

rollicking /'rɒlɪkɪŋ/ *adj.* swaggering and jolly: *a pair of rollicking drunken sailors.* Also, **rollicksome** /'rɒlɪksəm/.

rolling stock *n.* the wheeled vehicles of a railway, including engines and carriages.

rolling strike *n.* industrial action by employees against their employer in which groups of employees go on strike consecutively.

rollmop /'roʊlmɒp/ *n.* a marinated fillet of herring wrapped around a gherkin, pickled cucumber, or onion, and served as an hors d'oeuvre.

rollover /'roʊloʊvə/ *adj. Australian* having to do with the investment of a superannuation payout with a government-approved institution that allows the deferral of lump sum tax. Also, **rollover**.

roly-poly /ˌroʊli-'poʊli/ *adj., n.* **-lies**. *–adj.* **1.** plump and podgy, as a person, a young animal, etc. *–n.* **2.** a roly-poly person or thing. **3.** a strip of suet-crust pastry spread with jam, fruit, or the like, or sometimes with a savoury mixture, rolled up, wrapped in greaseproof paper, and steamed or boiled as a pudding. **4.** any of several bushy plants, as *Salsola kali*, which break loose and roll in the wind.

ROM /rɒm/ *n. Computers* a computer storage device which holds data that can be read, but not altered, by program instructions.

Roman /'roʊmən/ *adj.* **1.** of or relating to Rome, ancient or modern, or those living there. **2.** (*usually l.c.*) indicating or relating to the upright style of printing types most commonly used in modern books, etc. **3.** indicating or relating to Roman numerals. *–n.* **4.** someone born or living in ancient or modern Rome.

roman à clef /roʊˌmɒn ɑ 'kleɪ/ *n.* a novel in which actual persons and events are disguised as fiction.

Roman Catholic Church *n.* → **Catholic Church** (def. 2). Also, **Church of Rome**.

romance[1] /rə'mæns, 'roʊmæns/ *n.*, /rə'mæns/ *v.* **-manced**, **-mancing**, *adj. –n.* **1.** a tale depicting heroic or marvellous achievements, colourful events or scenes, chivalrous devotion, unusual, even supernatural, experiences, or other matters of a kind to appeal to the imagination. **2.** the world, life, or conditions depicted in such tales. **3.** a made-up story; fanciful or extravagant invention or exaggeration. **4.** romantic spirit or sentiment. **5.** romantic character or quality. **6.** a romantic affair or experience; a love affair. **7.** a novel or film in which romantic love, usually leading to happiness, is a prevailing element. *–v.i.* **8.** to invent or relate romances; indulge in fanciful or extravagant stories. **9.** to think or talk romantically. *–adj.* **10.** (*cap.*) relating to the Romance languages. **–romancer** *n.*

romance[2] /rə'mæns/ *n. Music* a short, simple melody, vocal or instrumental, of tender character.

Roman numerals *pl. n.* the numerals in the ancient Roman system of notation, still used for certain limited purposes. The common basic symbols are I (=1), V (=5), X (=10), L (=50), C (=100), D (=500), and M (=1000). Integers are written according to these two rules: if a letter is immediately followed by one of equal or lesser value, the two values are added, thus, XX equals 20, XV equals 15, VI equals 6; if a letter is immediately followed by one of greater value, however, the first is subtracted from the second, thus IV equals 4, XL equals 40, CM equals 900.

romantic /rə'mæntɪk/ *adj.* **1.** of, relating to, or of the nature of romance: *a romantic adventure.* **2.** suited to romance rather than to real or practical life; fanciful; unpractical; quixotic: *romantic ideas.* **3.** showing or expressing love, strong affection, etc. **4.** (*sometimes cap.*) of or relating to a style of literature, art, and music of the late 18th and 19th centuries, characterised by freedom of treatment, a viewing of form as less important than matter, imagination, experimentation with form, etc. **5.** imaginary or made-up. *–n.* **6.** a romantic person. **–romantically** *adv.*

romanticise = **romanticize** /rə'mæntəsaɪz/ *v.* **-cised**, **-cising**. *–v.t.* **1.** to make romantic; invest with a romantic character: *she romanticised her work as an actor. –v.i.* **2.** to have romantic ideas; indulge in romance.

Romany /'rɒməni/ *n.* **-nies**, *adj. –n.* **1.** a gipsy. **2.** the language of the gipsies. *–adj.* **3.** relating to the gipsies, their language, or customs. Also, **Romani**.

romp /rɒmp/ *v.i.* **1.** to play or frolic in a lively or boisterous manner. **2.** to run or go rapidly and without effort, as in racing. *–n.* **3.** a romping frolic. **4.** a swift, effortless pace. *–phr.* **5. romp home** (or **in**), to win easily.

rompers /'rɒmpəz/ *pl. n.* a one-piece loose outer garment for a baby combining a sleeveless top and short or long trousers; crawlers. Also, **romper suit**.

rondo /'rondou/ *n.* **-dos**. *Music* a musical work or movement, often the last movement of a sonata, having one principal subject which is stated at least three times in the same key and to which return is made after the introduction of each subordinate theme.

roo /ru/ *n. Australian Colloquial* a kangaroo.

roo bar *n.* → **kangaroo bar**.

rood /rud/ *n.* **1.** a crucifix, especially a large one at the entrance to the choir or chancel of a medieval church, often supported on a special beam or rood screen. **2.** a unit of length in the imperial system varying locally from 5½ to 8 yards. **3.** a unit of land measure in the imperial system, equal to 40 square rods or ¼ acre (approx. 1011.714 m²). *Symbol:* rd

roof /ruf/ *n.* **roofs** /rufs, ruvz/ *v.* **-n. 1.** the external upper covering of a house or other building. **2.** a house. **3.** the highest part or summit. **4.** something which in form or position resembles the roof of a house, as the top of a car, the upper part of the mouth etc. *-v.t.* **5.** to provide or cover with a roof. *-phr.* **6. go through the roof**, *Colloquial* **a.** to become angry; lose one's temper. **b.** (of a business, sales, etc.) to become suddenly successful; to increase. **7. hit the roof**, *Colloquial* to become very angry; lose one's temper. **8. raise the roof**, **a.** to create a loud noise. **b.** to make loud protests or complaints. **9. under one's roof**, in one's family circle; in one's home. **10. without a roof**, without shelter of any kind.

rook¹ /ruk/ *n.* **1.** a black European crow, *Corvus frugilegus*, of a gregarious disposition and given to nesting in colonies in trees about buildings. **2.** a sharper, as at cards or dice; a swindler. *-v.t.* **3.** to cheat; fleece; swindle.

rook² /ruk/ *n.* a chess piece having the power to move any unobstructed distance in a straight line forwards, backwards, or sideways; castle.

rookery /'rukəri/ *n.* **-ries. 1.** a colony of rooks. **2.** a place where rooks congregate to breed. **3.** a breeding place or colony of other birds or animals, as penguins, seals, etc. **4.** any instance of cheating, sharp practice, exorbitant prices, etc.

rookie /'ruki/ *n. Colloquial* a raw recruit, originally in the army, and hence in any service, sporting team, etc. Also, **rooky**.

room /rum/ *n.* **1.** a portion of space within a building or other structure, separated by walls or partitions from other parts: *a dining room.* **2.** (*plural*) lodgings or quarters, as in a house or building. **3.** the persons present in a room: *the whole room laughed.* **4.** space, or extent of space, occupied by or available for something: *the desk takes up too much room.* **5.** opportunity or scope for or to do something: *room for improvement.* *-v.i.* **6.** to occupy a room or rooms; to share a room; lodge. *-phr.* **7. no room to swing a cat**, *Colloquial* a confined, cramped, or cluttered place. **8. room in**, (of a mother in a maternity hospital) to sleep in the same room as her baby. **9. room to move**, scope to manoeuvre; options or choices. **10. the smallest room**, *Colloquial* a toilet or bathroom.

rooming-in /rumɪŋ-'ɪn/ *n.* a hospital practice in which a newborn baby sleeps in the same room as its mother at night, instead of being transferred to a nursery.

roomy /'rumi/ *adj.* **-mier, -miest**. affording ample room; spacious; large. **–roomily** *adv.* **–roominess** *n.*

roost /rust/ *n.* **1.** a perch upon which domestic fowls rest at night. **2.** a house or place for fowls or birds to roost in. **3.** a place for sitting, resting, or staying. *-v.i.* **4.** to sit or rest on a roost, perch, etc. **5.** to settle or stay, especially for the night. *-phr.* **6. come home to roost**, to come back upon the originator; recoil. **7. rule the roost**, to be in charge; dominate.

rooster /'rustə/ *n.* the male of the domestic fowl; cock.

root¹ /rut/ *n.* **1.** a part of the body of a plant which, typically, develops from the radicle, and grows downwards into the soil, fixing the plant and absorbing nutriment and moisture. **2.** a similar organ developed from some other part of the plant, as one of those by which ivy clings to its support. **3.** any underground part of a plant, as a rhizome. **4.** the embedded or basal portion of a hair, tooth, nail, etc. **5.** the fundamental or essential part: *the root of a matter.* **6.** the source or origin of a thing: *love of money is the root of all evil.* **7.** the base or point of origin of something. **8.** a person or family as the source of offspring or descendants. **9.** an offshoot or scion. **10.** (*plural*) **a.** a person's real home and environment: *though I've lived in the city for ten years my roots are still in the country.* **b.** those elements, as personal relationships, a liking for the area, customs, etc., which make a place one's true home: *he lived in Darwin for five years but never established any roots there.* **11.** *Mathematics* **a.** a quantity which, when multiplied by itself a certain number of times, produces a given quantity: *2 is the square root of 4, the cube root of 8, and the fourth root of 16.* **b.** a quantity which, when substituted for the unknown quantity in an algebraic equation, satisfies the equation. **12.** *Linguistics* **a.** a morpheme which underlies an inflectional paradigm or is used itself as a word or element of a compound. Thus, *dance* is the root of *dancer, dancing*. In German, *seh* is the root of *gesehen*. **b.** such a morpheme as posited for a parent language, such as proto Indo-European, on the basis of comparison of extant forms in daughter languages. **13.** *Music* **a.** the fundamental note of a chord or of a series of harmonies. **b.** the lowest note of a chord when arranged as a series of thirds; the fundamental. **14.** *Machinery* that part of a screw thread which connects adjacent flanks at the bottom of the groove. **15.** *Australian, NZ Colloquial* ‡ an act of sexual intercourse. **16.** *Australian, NZ Colloquial* ‡ a sexual partner (especially in contexts where performance, willingness, etc., is evaluated): *a good root; an easy root.* *-v.i.* **17.** to send out roots and begin to grow. **18.** to become fixed or established. **19.** (of a horse, etc.) to pigroot. **20.** *Australian, NZ Colloquial* ‡ to engage in sexual intercourse. *-v.t.* **21.** to fix by, or as if by, roots. **22.** to implant or establish deeply. **23.** *Australian, NZ Colloquial* ‡ (usually of a man) to have sexual intercourse with. **24.** *Australian, NZ Colloquial* ‡ to frustrate. **25.** *Australian, NZ Colloquial* ‡ to break; ruin: *I told you not to do that – you've rooted it now.* *-phr.* **26. root and branch**, entirely; completely: *we destroyed them root and branch.* **27. root out**, to extirpate; exterminate. Compare **root²** (def. 3). **28. root up**, **a.** to pull up by the roots. **b.** to eradicate; remove utterly. Compare **root²** (defs 3 and 4). **29. take** (or **strike**) **root**, **a.** to send out roots and begin to grow. **b.** to become fixed or established. **30. wouldn't it root you**, *Australian Colloquial* ‡ (an exclamation of exasperation). **–rootless** *adj.* **–rootage** *n.* **–rooty** *adj.*

root² /rut/ *v.i.* **1.** to turn up the soil with the snout, as swine. *-phr.* **2. root around**, to poke, pry, or search, as if to find something. **3. root out** (or **up**), to unearth; bring to light. Compare **root¹** (defs 27 and 28). **4. root up**, to turn over with the snout. Compare **root¹** (def. 28). **–rooter** *n.*

root³ /rut/ *phr.* **root for**, *US Colloquial* to give encouragement to, or applaud (a contestant, etc.). **–rooter** *n.*

rooted /'rutəd/ *adj. Australian, NZ Colloquial,* ‡ **1.** exhausted. **2.** frustrated; thwarted. **3.** broken; ruined.

rootstock /'rutstɒk/ *n.* **1.** *Horticulture* a root used as a stock in plant propagation. **2.** *Botany* the basal persistent part of the stems of erect herbaceous perennials from which new roots and aerial shoots arise in the next growing season. **3.** a source from which offshoots have originated; ancestral form.

rope /roʊp/ *n., v.* **roped, roping.** *–n.* **1.** a strong, thick line or cord, commonly one composed of twisted or braided strands of hemp, flax, or the like, or of wire or other material. **2.** (*plural*) the cords used to enclose a boxing ring or other space. **3.** a quantity of material or a number of things twisted or strung together in the form of a thick cord: *a rope of beads*. **4.** *US* → **lasso. 5.** a stringy, viscid, or glutinous formation in a liquid. **6.** (*plural*) methods; procedure; operations of a business, etc.: *learn the ropes*. *–v.t.* **7.** to tie, bind, or fasten with a rope. **8.** to enclose or mark off with a rope. **9.** to catch with a lasso. *–phr.* **10. give someone enough rope to hang themself,** *Colloquial* to allow someone the freedom to prove their unworthiness or incompetence. **11. know the ropes,** to understand the details or methods of any business or the like. **12. on the ropes,** **a.** *Boxing* driven against the ropes by one's opponent. **b.** *Colloquial* in a hopeless position; near to failure. **13. rope in,** *Colloquial* to draw, entice, or inveigle into something. **14. the end of one's rope,** *Colloquial* the limit of one's possibilities, patience or resources. **15. show someone the ropes,** to familiarise someone with the arrangements and routines of a place.

ropeable = ropable /'roʊpəbəl/ *adj.* **1.** (of animals) wild; intractable. **2.** *Australian, NZ Colloquial* angry; bad-tempered.

roquefort /'roʊkfət/ *n.* a semi-soft ripened cheese, with a strong flavour, veined with mould.

Rorschach test /'rɔʃak tɛst/ *n. Psychology* a test devised for the analysis of personality, calling for responses to ink blots and drawings.

rort /rɔt/ *Colloquial –n.* **1.** *Australian, NZ* an incident or series of incidents involving reprehensible or suspect behaviour, especially by officials or politicians. **2.** *Australian* a wild party. **3.** *NZ* ‡ an act of sexual intercourse. *–v.t.* **4.** *Australian, NZ* to take wrongful advantage of; abuse: *to rort the system*. **5.** *NZ* ‡ to have sexual intercourse with. **–rorty** *adj.*

rosary /'roʊzəri/ *n.* **-ries. 1.** *Roman Catholic Church* **a.** a series of prayers consisting (in the usual form) of fifteen decades of Ave Marias, with associated prayers and meditations. **b.** a string of beads used for counting these prayers in reciting them. **2.** (among other religious bodies) a string of beads similarly used in praying. **3.** a rose garden; a bed of roses.

rose¹ /roʊz/ *n.* **1.** any of the wild or cultivated, usually prickly-stemmed, showy-flowered shrubs constituting the genus *Rosa*, having in the wild state a corolla of five roundish petals. **2.** any of various related or similar plants. **3.** the flower of any such shrubs, usually of a red, pink, white, or yellow colour, and often fragrant. **4.** an ornament shaped like or suggesting a rose; a rosette of ribbon or the like. **5.** the traditional reddish colour of the rose, varying from a purplish red through different shades to a pale pink. **6.** a pinkish red colour in the cheek. **7.** a rose window. **8.** an ornamental plate or socket which surrounds a doorknob on the face of a door, an electric or gas light fitting, on a ceiling, etc. **9.** the compass card of the mariners' compass as printed on charts. **10.** a form of cut gem formerly much used with a triangularly faceted top and flat underside: *a rose diamond*. **11.** a perforated cap or plate at the end of a water pipe or the spout of a watering-can, etc., to break a flow of water into a spray. *–adj.* **12.** of the colour rose. *–phr.* **13. bed of roses,** a situation of luxurious ease; an easy and highly agreeable position. **14. under the rose,** secretly; privately. **–roselike** *adj.*

rose² /roʊz/ *v.* past tense of **rise**.

rosé /roʊ'zeɪ/ *n.* a light wine of a translucent pale red colour.

rosehip /'roʊzhɪp/ *n.* → **hip²**.

rosella¹ /roʊ'zɛlə/ *n.* **1.** Also, **rosella bush.** an annual shrub, *Hibiscus sabdariffa*, with large lobed leaves and yellow hibiscus-like flowers producing a fruit comprised of a green seed surrounded by dark red fleshy leaves. **2.** the fruit, picked when young and used to make jam.

rosella² /roʊ'zɛlə/ *n.* any of a number of brilliantly coloured parrots of the genus *Platycercus*, as the eastern rosella, *P. eximius*, a common bird of eastern Australia.

rosemary /'roʊzməri/ *n.* **-ries.** an evergreen shrub, *Rosmarinus officinalis*, native to the Mediterranean region, used as a herb in cookery and yielding a fragrant essential oil. It is a traditional symbol of remembrance.

rosette /roʊ'zɛt/ *n.* **1.** any arrangement, part, object, or formation more or less resembling a rose. **2.** a rose-shaped arrangement of ribbon or other material, used as an ornament or badge.

rosewood /'roʊzwʊd/ *n.* **1.** any of various reddish cabinet woods (sometimes with a roselike odour) yielded by trees such as *Dysoxylum fraserianum* of Australia and tropical species of the genus *Dalbergia* of India and Brazil. **2.** a tree yielding such wood.

rosin /'rɒzən/ *n.* **1.** the hard, brittle resin left after distilling off the oil of turpentine from the crude oleoresin of the pine, used in making varnish, for rubbing on violin bows, etc. **2.** (not in scientific usage) resin.

roster /'rɒstə/ *n.* **1.** a list of persons or groups with their turns or periods of duty. **2.** any list, roll, or register. *–v.t.* **3.** to put on a roster; to list.

rostrum /'rɒstrəm/ *n.* **-trums** *or* **-tra** /-trə/. **1.** any platform, stage, or the like, for public speaking. **2.** a platform for musicians or their conductor, or the like.

rosy /'roʊzi/ *adj.* **rosier, rosiest. 1.** pink or pinkish red; roseate. **2.** (of persons, the cheeks, lips, etc.) having a fresh, healthy redness. **3.** bright or promising: *a rosy future*. **4.** cheerful or optimistic: *rosy anticipations*. **5.** made of consisting of roses. **–rosily** *adv.* **–rosiness** *n.*

rot /rɒt/ *v.* **rotted, rotting,** *n., interj.* *–v.i.* **1.** to undergo decomposition; decay. **2.** to become morally corrupt or offensive. *–v.t.* **3.** to cause to rot. *–n.* **4.** the process of rotting. **5.** the state of being rotten; decay; putrefaction. **6.** rotting or rotten matter. **7.** any of various diseases characterised by decomposition. **8.** any of various plant diseases or forms of decay produced by fungi or bacteria. **9.** *Colloquial* nonsense. *–interj.* **10.** (an exclamation of dissent, distaste, or disgust). *–phr.* **11. rot away** (or **off**), to fall or become weak due to decay. **12. where the rot sets in,** the point at which deterioration really begins.

rotary /'roʊtəri/ *adj.* **1.** turning round as on an axis, as an object. **2.** taking place round an axis, as motion. **3.** having a part or parts that rotate, as a machine. **4.** having to do with a rotary engine. **5.** *Agriculture* (of various implements) having rotating blades, scrapers, or the like: *rotary hoe*.

rotary hoe *n.* *Agriculture* an implement with wheels with many finger-like extensions, pulled over the ground for early crop cultivation and destruction of weeds.

rotate /rouˈteɪt/ *v.* **-tated, -tating.** *–v.t.* **1.** to cause to turn round like a wheel on its axis. **2.** to cause to go through a round of changes; cause to pass or follow in a fixed routine of succession: *to rotate crops.* *–v.i.* **3.** to turn round as on an axis. **4.** to proceed in a fixed routine of succession. **–rotatable** *adj.* **–rotation** *n.* **–rotative** *adj.* **–rotatory** *adj.*

rote /rout/ *phr.* **by rote,** in a mechanical way without thought of the meaning.

rotisserie /rouˈtɪsəri/ *n.* **1.** Also, **roasting spit.** a spit, driven by clockwork mechanism or electricity, on which meat, poultry, and game can be cooked. **2.** a restaurant, cafe, etc., where such a spit is used.

rotor /ˈroutə/ *n.* **1.** *Electricity* the rotating member of a machine (opposed to *stator*). **2.** *Aeronautics* a system of rotating aerofoils, usually horizontal, as those of a helicopter. **3.** *Machinery* the rotating assembly of blades in a turbine.

rotten /ˈrɒtn/ *adj.* **1.** in a condition of decomposition or decay; putrid; tainted, foul, or ill-smelling. **2.** dishonest or offensive morally, politically, or otherwise. **3.** *Colloquial* pitifully bad, unsatisfactory, or unpleasant: *to feel rotten; rotten work.* **4.** disgusting; vile; worthless: *a rotten little snob.* **5.** (of soil, rocks, etc.) soft, yielding, or easily broken up as the result of decomposition. **6.** *Colloquial* extremely drunk. **–rottenly** *adv.* **–rottenness** *n.*

rotten egg gas *n.* *Chemistry Colloquial* → **hydrogen sulfide.**

rotund /rouˈtʌnd/ *adj.* **1.** rounded; plump. **2.** full-toned or sonorous: *rotund speeches.* **–rotundity, rotundness** *n.* **–rotundly** *adv.*

rotunda /rəˈtʌndə/ *n.* **1.** a round building, especially one with a dome. **2.** a large and high circular hall or room in a building, especially one surmounted by a dome. **3.** a circular bandstand, especially one with a dome.

rouble /ˈrubəl/ *n.* the monetary unit of Russia and some other members of the former Soviet Union. Also, **ruble.**

rouge /ruʒ/ *n., v.* **rouged, rouging.** *–n.* **1.** any of various red cosmetics for colouring the cheeks or lips. **2.** a reddish powder, chiefly ferric oxide, used for polishing metal, etc. *–v.t.* **3.** to colour with rouge. *–v.i.* **4.** to use rouge.

rough /rʌf/ *adj.* **1.** uneven from projections, irregularities, or breaks of surface; not smooth: *rough boards; a rough road.* **2.** (of ground) wild; broken; covered with scrub, boulders, etc. **3.** shaggy: *a dog with a rough coat.* **4.** acting with or characterised by violence. **5.** violently disturbed or agitated, as the sea, water, etc. **6.** violently irregular, as motion. **7.** stormy or tempestuous, as wind, weather, etc. **8.** sharp or harsh: *a rough temper.* **9.** unmannerly or rude. **10.** disorderly or riotous. **11.** *Colloquial* severe, hard, or unpleasant: *to have a rough time of it.* **12.** harsh to the ear, grating, or jarring, as sounds. **13.** harsh to the taste; sharp, or astringent, as wines: *rough cider.* **14.** coarse, as food, cloth, materials, etc. **15. a.** (of people or their behaviour) lacking culture or refinement: *rough as bags.* **b.** (of sheep) difficult to manage while being shorn. **16.** without refinements, luxuries, or ordinary comforts or conveniences. **17.** requiring exertion or strength rather than intelligence or skill, as work. **18.** unpolished, as language, verse, style, etc.; not elaborated, perfected, or corrected: *a rough draft.* **19.** made or done without any attempt at exactness, completeness, or thoroughness: *a rough guess.* **20.** crude, unwrought, undressed, or unprepared: *a rough diamond; rough rice.* *–n.* **21.** that which is rough, rough ground. **22.** any piece of work, especially a work of art, in an unfinished or preliminary condition. **23.** *Golf* any part of the course bordering the fairway on which the grass, weeds, etc., are not trimmed. **24.** the rough, hard, or unpleasant side or part of anything: *the rough and tumble of life.* **25.** *Colloquial* a rough person; rowdy. *–adv.* **26.** in a rough manner; roughly. *–v.t.* **27.** to make rough; roughen. *–phr.* **28. a bit rough,** *Colloquial* unfair, unreasonable. **29. a rough trot,** *Australian* a period of one's life which is marked by difficulty, ill fortune, or hardship. **30. cut up rough,** to behave angrily or violently; be upset. **31. in the rough,** in a rough, crude, unwrought, or unfinished state. **32. live rough,** to live out of doors, as in the bush with primitive shelter and few conveniences: *there was a man living rough in the next valley.* **33. rough in** (or **out**), to cut, shape, or sketch roughly: *to rough out a plan; to rough in the outlines of a face.* **34. rough it,** *Colloquial* to live without the usually expected comforts or conveniences: *I was roughing it in the army at that time.* **35. rough on, a.** severe towards. **b.** unfortunate for (someone). **36. rough someone up,** to treat someone roughly or harshly. **37. rough up** (or **out**), to subject to some rough preliminary process of working or preparation. **38. take the rough with the smooth,** to accept bad fortune with as good grace as good fortune, in the knowledge that equal amounts of both are likely to occur.

roughage /ˈrʌfɪdʒ/ *n.* **1.** rough or coarse material. **2.** the coarser kinds or parts of fodder or food, of less nutritive value, especially those which assist digestion, as distinguished from those affording more concentrated nutriment.

roughcast /ˈrʌfkast/ *n., adj., v.* **-cast, -casting.** *–n.* **1.** a coarse plaster mixed with gravel, shells, or the like, for outside surfaces, usually thrown against the wall. *–adj.* **2.** made of or covered with roughcast; crudely formed. *–v.t.* **3.** to make, shape, or prepare in a rough form: *to roughcast a story.* **–roughcaster** *n.*

rough-house /ˈrʌf-haʊs/ *n., v.* **-housed, -housing.** *Colloquial –n.* **1.** noisy, disorderly behaviour or play; rowdy conduct; a brawl. *–v.i.* **2.** to engage or take part in a rough-house.

roughly /ˈrʌfli/ *adv.* **1.** in a crude, harsh or violent manner. **2.** inexactly; without precision. **3.** approximately; about.

roughshod /ˈrʌfʃɒd/ *adj.* **1.** shod with horseshoes having projecting nails or points. *–phr.* **2. ride roughshod over,** to override harshly or domineeringly; treat without consideration.

rouleau /ˈruloʊ/ *n.* **-leaux** or **-leaus** /-loʊz/. **1.** a cylindrical pile or roll of something. **2.** a number of coins put up in cylindrical form in a paper wrapping.

roulette /ruˈlɛt/ *n., v.* **-letted, -letting.** *–n.* **1.** a game of chance played at a table, in which an unlimited number of players bet on which of the compartments of a revolving disc or wheel will be the resting place of a ball circling it in the opposite direction. **2.** the wheel or disc used in this game. **3.** a small wheel, especially one with sharp teeth, mounted in a handle, for making lines of marks, dots, or perforations: *engravers' roulettes; a roulette for perforating sheets of postage stamps.* *–v.t.* **4.** to mark, impress, or perforate with a roulette.

round /raʊnd/ *adj.* **1.** circular, as a disc. **2.** ring-shaped, as a hoop. **3.** curved like part of a circle, as an outline. **4.** having a circular cross-section, as a cylinder. **5.** spherical or globular, as a ball. **6.** rounded more or less like a part of a sphere. **7.** free from angularity; curved, as parts of the body. **8.** executed with or involving circular motion: *a round dance.* **9.** completed by passing through a course which finally returns to the place of starting: *a round trip.* **10.** full, complete, or entire: *a round dozen.* **11.** forming, or expressed by, an integer or whole number (with no fraction). **12.** expressed in tens, hundreds, thousands, or the like: *in round numbers.* **13.** portrayed in depth, rather than in stylised or stereotyped fashion as a literary character. **14.** full and sonorous, as sound. **15.** candid or outspoken. –*n.* **16.** something round; a circle, ring, curve, etc.; a circular, ring-shaped, or curved object; a rounded form. **17.** a completed course of time, a series of events, operations, etc. **18.** any complete course, series, or succession. **19.** (*sometimes plural*) a circuit of any place, series of places, etc., covered in a customary or predetermined way: *the postman on his rounds.* **20.** a series (of visits, etc.). **21.** a completed course or spell of activity, commonly one of a series, in some game, sport, competition, or the like. **22.** a recurring period or time, succession of events, duties, etc.: *the daily round.* **23.** a single outburst, as of applause, cheers, etc. **24.** a single discharge of shot by each of a number of guns, rifles, etc., or by a single piece. **25.** a charge of ammunition for a single shot. **26.** a distribution of drink, etc., to all the members of a company. **27.** movement in a circle or about an axis. **28.** a form of sculpture in which figures are executed apart from any background (contrasted with *relief*). **29.** a standard cut of beef from the lower part of the butt, used for roasting or as steaks. **30. a.** (of bread) a slice. **b.** a sandwich. **31.** one of a series of periods (separated by rests) making up a boxing or wrestling match, etc. **32.** *Music* **a.** a part-song in which the several voices follow one another at equal intervals of time, and at the same pitch as the octave. **b.** (*plural*) the order followed in ringing a peal of bells in diatonic sequence from the highest to the lowest. **33.** *Golf* a complete circuit of a prearranged series of holes, usually the whole course of eighteen holes. **34.** *Cards* a single turn of play by each player. –*adv.* **35.** in a circle, ring, or the like, or so as to surround something. **36.** on all sides, or about, whether circularly or otherwise. **37.** in all directions from a centre. **38.** *Chiefly US* in the region about a place: *the country round.* **39.** in circumference: *a tree 40 centimetres round.* **40.** in a circular or rounded course: *to fly round and round.* **41.** through a round, circuit, or series, as of places or persons: *to show a person round.* **42.** through a round, or recurring period, of time, especially to the present or to a particular point: *when the time rolls round.* **43.** throughout, or from beginning to end of, a recurring period of time: *all the year round.* **44.** by a circuitous or roundabout course. **45.** to a place or point as by a circuit or circuitous course: *to get round into the navigable channel.* **46.** *Chiefly US* in circulation, action, etc.; about. **47.** with a rotating course or movement: *the wheels went round.* **48.** with change to another or opposite direction, course, opinion, etc.: *to sit still without looking round.* –*prep.* **49.** so as to encircle, surround, or envelop: *to tie paper round a parcel.* **50.** on the circuit, border, or outer part of it. **51.** around; about. **52.** in or from all or various directions from: *to look round one.* **53.** in the vicinity of: *the country round Geelong.* **54.** in a round, circuit, or course through. **55.** to all or various parts of: *to wander round the country.* **56.** throughout (a period of time): *a resort visited all round the year.* **57.** here and there in: *people standing round a room.* **58.** so as to make a turn or partial circuit about or to the other side of: *to sail round a cape.* **59.** reached by making a turn or partial circuit about (something): *the church round the corner.* **60.** so as to revolve or rotate about (a centre or axis): *the earth's motion round its axis.* –*v.t.* **61.** to make round. **62.** to free from angularity or flatness; fill out symmetrically; make plump. **63.** to frame or form neatly, as a sentence, etc. **64.** to make a turn or partial circuit about, as to get to the other side of: *to round a cape.* **65.** to cause to move in a circle or turn round. **66.** *Phonetics* to pronounce with the lips forming an approximately oval opening: *'boot' has a rounded vowel.* **67.** Also, **round off. a.** to increase or decrease (a number which has fractions or decimal points) to the nearest whole number: *to round 94.89 up to 95; to round 94.30 down to 94.* **b.** (in currency transactions) to increase or decrease (an amount) to the nearest amount for which there is a coin or note. –*v.i.* **68.** to become round. **69.** to become free from angularity; become plump. **70.** to make a turn or partial circuit about something. **71.** to turn round as on an axis: *to round on one's heels.* –*phr.* **72. go the rounds, a.** (of people) to make a series of visits. **b.** (of gossip, information, etc.) to become generally known. **73. in the round**, (of a play, concert, etc.) with the audience seated all around the stage. **74. round off, a.** to bring to completeness or perfection; finish. **b.** to increase or decrease (a number which has fractions or decimal points) to the nearest whole number. **c.** (in currency transactions) to increase or decrease (an amount) to the nearest amount for which there is a coin or note. **75. round on** (or **upon**), to attack, usually verbally, with sudden and often unexpected vigour. **76. round out**, add more detail to; give finishing touches to. **77. round the bend** (or **twist**), *Colloquial* insane. **78. round up**, to collect (cattle, people, etc.) in a particular place or for a particular purpose. –**roundish** *adj.* –**roundness** *n.*

roundabout /'raʊndəbaʊt/ *n.* **1.** → **merry-go-round.** **2.** a road junction at which the flow of traffic is facilitated by moving in one direction only round a circular arrangement. –*adj.* **3.** circuitous or indirect, as a road, journey, method, statement, person, etc.

roundelay /'raʊndəleɪ/ *n.* a song in which a phrase, line, or the like is continually repeated.

rounders /'raʊndəz/ *n.* (*construed as singular*) a game played with bat and ball, in which points are scored by running between bases, as in baseball.

roundly /'raʊndli/ *adv.* **1.** in a round manner. **2.** vigorously or briskly; thoroughly. **3.** outspokenly, severely, or unsparingly.

round robin *n.* **1.** a petition, remonstrance, or other letter or paper, having the signatures arranged in circular form, so as to conceal the order of signing. **2.** a notice or memorandum addressed to a number of persons, each of whom note it and send it to the next on the list of addressees. **3.** a competition in which each player or team plays against all other participants. Compare **knockout**.

roundsman /'raʊndzmən/ *n.* **-men. 1.** someone who makes rounds, calling on customers to make deliveries, as of milk, bread, etc., or to take orders. **2.** a newspaper reporter covering a specific area: *police roundsman; industrial roundsman.*

round table *n.* a number of persons assembled for conference or discussion of some subject, and considered as meeting on equal terms.

round-up /'raʊnd-ʌp/ *n.* **1.** the driving together of cattle, etc., for inspection, branding, or the like. **2.** any similar driving or bringing together, as of people, facts, etc.

roundworm /'raʊndwɜm/ *n.* any nematode, especially *Ascaris lumbricoides*, infesting the human intestine, or other ascarids in other animals.

rouse[1] /raʊz/ *v.* **roused, rousing**, *n.* –*v.t.* **1.** to bring out of a state of sleep, unconsciousness, inactivity, fancied security, apathy, depression, etc. **2.** to stir to strong indignation or anger. **3.** to cause (game) to start from a covert or lair. –*v.i.* **4.** to come out of a state of sleep, unconsciousness, inaction, apathy, depression, etc. –*n.* **5.** a rousing. **6.** *US* → **reveille**. –*phr.* **7. rouse away**, *Nautical* to pull heavily on a rope. –**rouser** *n.*

rouse[2] /raʊs/ *phr.* **roused, rousing. rouse on** (or **at**), *Australian, NZ* to scold; upbraid.

rouseabout /'raʊsəbaʊt/ *n. Australian, NZ* a general hand on a station, in a hotel, etc; blue-tongue.

rout[1] /raʊt/ *n.* **1.** a defeat attended with disorderly flight; dispersal of a defeated force in complete disorder: *to put an army to rout*. **2.** a defeated and dispersing army. **3.** a tumultuous or disorderly crowd of persons. **4.** a clamour or fuss. –*v.t.* **5.** to disperse in defeat and disorderly flight: *to rout an army*. **6.** to defeat utterly.

rout[2] /raʊt/ *v.i.* **1.** to poke, search, or rummage. –*v.t.* **2.** to turn over or dig up with the snout, as swine. **3.** to force or drive out. **4.** to hollow out or furrow, as with a scoop, gouge, or machine. –*phr.* **5. rout someone out**, to force or drive someone out: *to rout the children out of bed*. **6. rout something out**, to bring or get something in poking about, searching, etc.

route /rut/ *Chiefly US* /raʊt/ *n.*, *v.* **routed, routeing** or **routing**. –*n.* **1.** a way or road taken or planned for passage or travel. **2.** a customary or regular line of passage or travel. **3.** *Medicine* the area of the body through which a curative is introduced: *the digestive route*. –*v.t.* **4.** to fix the route of. **5.** to send or forward by a particular route.

routine /ru'tin/ *n.* **1.** a regular course of action or conduct: *the routine of an office*. **2.** regular, unvarying, or mechanical way of doing something. **3.** rehearsed, habitual, persuasive talk: *a salesman's routine*. –*adj.* **4.** of the nature of, going by, or keeping to routine: *routine duties*.

roux /ru/ *n.* **roux** /ruz/. a mixture of fat and flour which forms the foundation of most sauces.

rove[1] /roʊv/ *v.* **roved, roving.** –*v.i.* **1.** to wander about without definite destination; move hither and thither at random, especially over a wide area. **2.** to wander, as the eyes, mind, etc. –*v.t.* **3.** to wander over or through; traverse: *to rove the woods*.

rove[2] /roʊv/ *v.* a past tense and past participle of **reeve**[2].

rover /'roʊvə/ *n.* **1.** someone who roves; a wanderer. **2.** *Australian Rules* a player, usually small, who specialises in ground play, especially taking and clearing the ball after ruck duels. **3.** (*usually cap.*) a member of the most senior division (ages 18-25) of the Scout Association.

row[1] /roʊ/ *n.* **1.** a number of persons or things arranged in a line, especially a straight line. **2.** a line of adjacent seats facing the same way, as in a theatre. **3.** a street, especially a narrow one, formed by two continuous lines of buildings.

row[2] /roʊ/ *v.i.* **1.** to use oars, etc., for moving a boat. –*v.t.* **2.** to move (a boat, etc.) as by the use of oars. **3.** to carry in a boat, etc., using oars. **4.** to row against in a race: *we row Easts next week*. –*n.* **5.** an act of rowing. **6.** a trip in a rowing boat: *to go for a row*. –**rower** *n.*

row[3] /raʊ/ *n.* **1.** a noisy dispute or quarrel; commotion. **2.** *Colloquial* noise or clamour.

rowdy /'raʊdi/ *adj.* **-dier, -diest**, *n.* **-dies.** –*adj.* **1.** noisy and disorderly. –*n.* **2.** a rough, disorderly person. –**rowdily** *adv.* –**rowdiness** *n.* –**rowdyism** *n.* –**rowdyish** *adj.*

rowel /'raʊəl/ *n.* a small wheel with radiating points, forming the extremity of a rider's spur.

rowlock /'rɒlək/ *n.* a device on or attached by a rigger to a boat's gunwale in or on which the oar rests and swings. Also, *Chiefly US*, **oarlock**.

royal /'rɔɪəl/ *adj.* **1.** of or relating to a king or queen, or their family. **2.** established or existing under the support of a king or queen: *a royal society*. **3.** beyond the usual in size, quality, etc. –*n.* **4.** a traditional size of paper in imperial systems. **5.** *Colloquial* a member of a royal family (especially British). –**royally** *adv.*

Royal Commission *n.* (in Australia and the United Kingdom)a person or persons, usually judicial, appointed by the government to inquire into and report on some aspect of public affairs.

royalist /'rɔɪələst/ *n.* **1.** a supporter or adherent of a monarch or a royal government, especially in times of rebellion or civil war. –*adj.* **2.** having to do with royalists. –**royalism** *n.* –**royalistic** /rɔɪə'lɪstɪk/ *adj.*

royal jelly *n.* a substance, secreted from the pharyngeal glands of worker honeybees, and fed to very young larvae and to those selected as queens.

royalty /'rɔɪəlti/ *n.* **-ties. 1.** royal people as a group. **2.** royal rank or power; sovereignty. **3.** character proper to a king or queen; nobility. **4.** a payment received by an author, composer, etc., usually a percentage of the sales of their work. **5.** (a payment made for) royal right, as over minerals, given by a sovereign to a person or company.

-rrhagia variant of **-rhagia**. Also, **-rrhage**, **-rrhagy**.

RSI /ar ɛs 'aɪ/ *n. Pathology* an injury resulting in inflammation of the tendon sheath of a muscle, caused by the excessive repetition of a movement over a period of time; repetition strain injury.

RSVP /ar ɛs vi 'pi/ please reply.

rub /rʌb/ *v.* **rubbed, rubbing**, *n.* –*v.t.* **1.** to subject (an object) to pressure and friction, especially in order to clean, smooth, polish, etc. **2.** to move, spread, or apply (something) with pressure and friction over something else. **3.** to chafe or abrade. –*v.i.* **4.** to exert pressure and friction on something. **5.** to move with pressure along the surface of something. –*n.* **6.** the act of rubbing. **7.** a difficulty; source of doubt or difficulty: *there's the rub*. –*phr.*

8. rub along, to proceed, continue in a course, or keep going, with a little effort or difficulty.

9. rub down, **a.** to rub (the surface of something) as to smooth, reduce, clean, etc. **b.** to massage, dry, or clean (an animal, athlete, etc.) by rubbing, as with a towel after exercise, etc.

10. rub in (or **into**), to force in by rubbing.

11. rub it in, to remind someone repeatedly of their mistakes, failures, or shortcomings.

12. rub noses, *NZ* to touch noses in the Maori welcoming act of hongi.

13. rub off, **a.** to remove or erase by rubbing: *to rub off rust*. **b.** to admit of being rubbed off: *that stain will rub off*.

14. rub off on, to be transferred to, especially as a result of repeated close contact: *his vulgarity rubbed off on her*.

15. rub of the green, *Golf* an accidental influence on the ball which may or may not be in the player's favour.

16. rub out, **a.** to erase. **b.** *Colloquial* to kill. **c.** *Colloquial* to disqualify (a sporting competitor):

the jockey was rubbed out for a week.
17. rub shoulders (or **elbows**), to come into social contact.
18. rub together, to move (things) with pressure and friction over each other.
19. rub up, to polish or smooth.
20. rub up on, to refresh or revive one's memory about.
21. rub (up) the right way, to please.
22. rub (up) the wrong way, to annoy.

rubber[1] /'rʌbə/ *n.* **1.** an elastic material, derived from the juice of species of the genera *Hevea* and *Ficus* (**natural rubber**). **2.** any of a class of elastomers made from polymers or copolymers of simple molecules with properties resembling those of natural rubber (**synthetic rubber**). **3.** a piece of rubber used for erasing pencil marks, etc. **4.** an instrument, tool, etc., used for rubbing something. **5.** a coarse file. **6.** one who rubs, as in order to smooth or polish something. **7.** a cloth, pad, or the like, used for polishing, buffing, etc. **8.** (*plural*) *US* rubber or rubberised waterproof clothes or shoes, as wellington boots or a mackintosh. **9.** *Originally US Colloquial* → **condom**. **10.** *Colloquial* → **thong** (def. 3). –*phr.* **11. burn rubber**, *Colloquial* to drive a motor vehicle extremely fast.

rubber[2] /'rʌbə/ *n.* **1.** *Bridge, Whist, etc.* a set of games, usually three or five, a majority of which decides the overall winner. **2.** a series of games on this pattern in various other sports, as cricket, bowls, croquet, etc.

rubberneck /'rʌbənɛk/ *n. Colloquial* **1.** an extremely or excessively curious person. **2.** a tourist.

rubber plant *n.* a plant, *Ficus elastica*, with oblong, shining, leathery leaves, growing native as a tall tree in India, the Malay Archipelago, etc., and much cultivated as an ornamental house plant.

rubber stamp *n.* **1.** a device of rubber for printing dates, etc., by hand. **2.** *Colloquial* someone who gives approval without consideration, or without demur. –**rubber-stamp** *v.*

rubbidy = **rubbity** /'rʌbədi/ *n. Australian, NZ Colloquial* a pub. Also, **rubbidy-dub**.

rubbish /'rʌbɪʃ/ *n.* **1.** waste or refuse material; debris; litter. **2.** worthless stuff; trash. **3.** nonsense. –*v.t.* **4.** to speak of scornfully; criticise; denigrate. –**rubbishy** *adj.*

rubble /'rʌbəl/ *n.* **1.** rough fragments of broken stone, formed by geological action, in quarrying, etc., and sometimes used in masonry. **2.** rough fragments of brick, concrete, or any other building material, especially when re-used for building or foundation. **3.** masonry built of rough fragments of broken stone. **4.** any solid substance, as ice, in irregularly broken pieces. –**rubbly** *adj.*

rubella /ru'bɛlə/ *n. Pathology* a contagious disease, usually mild, accompanied by fever, often some sore throat, and a rash resembling that of scarlet fever, teratogenic in the first trimester of pregnancy; German measles.

rubicund /'rubəkənd/ *adj.* **1.** red or reddish. **2.** of a high colour, as from good living. –**rubicundity** /rubə'kʌndəti/ *n.*

rubric /'rubrɪk/ *n.* **1.** a title, heading, direction, or the like, in a manuscript, book, etc., written or printed in red or otherwise distinguished from the rest of the text. **2.** the title or a heading of a statute, etc. (originally written in red). **3.** a direction for the conduct of divine service or the administration of the sacraments, inserted in liturgical books. **4.** the instructions to the candidate printed at the top of an examination paper. **5.** anything important or worthy of note.

ruby /'rubi/ *n.* **-bies.** –*n.* **1.** a red variety of corundum, highly prized as a gem (**true ruby** or **oriental ruby**). **2.** a piece of this stone. **3.** any of various similar stones, as the spinel ruby, balas ruby, etc. **4.** deep red; carmine. –*adj.* **5.** ruby-coloured: *ruby lips.* **6.** made from or containing a ruby.

ruck /rʌk/ *n.* **1.** the great mass of unimportant people or things. **2.** a crowd; throng. **3.** *Australian Rules* a group of three players, a rover and two followers (ruckmen), who do not have fixed positions but follow the play with the purpose of winning possession of the ball. **4.** *Rugby Football* a group of players struggling for the ball in no set pattern of play; scrimmage. –*v.i.* **5.** to play as a member of a ruck. **6.** to form a ruck (def. 4).

rucksack /'rʌksæk/ *n.* a kind of knapsack carried by hikers, etc.

ruction /'rʌkʃən/ *n. Colloquial* a disturbance, quarrel, or row.

rudder /'rʌdə/ *n.* **1.** a board or plate of wood or metal hinged vertically at the stern of a boat or ship as a means of steering. **2.** a device like a ship's rudder for steering an aeroplane, etc., hinged vertically (for right-and-left steering).

ruddy /'rʌdi/ *adj.* **-dier, -diest**, *adv.* –*adj.* **1.** of or having a fresh, healthy red colour. **2.** reddish. –*adv.* **3.** *Colloquial* extremely: *I've a ruddy good mind to hit him.* –**ruddiness** *n.*

rude /rud/ *adj.* **ruder, rudest. 1.** impolite: *a rude reply.* **2.** without learning, or good taste. **3.** rough; harsh. **4.** roughly built, or formed: *a rude house.* –**rudely** *adv.* –**rudeness** *n.*

rue[1] /ru/ *v.* **rued, ruing.** –*v.t.* **1.** to feel sorrow over; repent of; regret bitterly. **2.** to wish (that something might never have been done, taken place, etc.): *to rue the day one was born.* –*v.i.* **3.** to feel sorrow; be repentant. **4.** to feel regret. –**rueful** *adj.*

rue[2] /ru/ *n.* any of the strongly scented plants constituting the genus *Ruta*, especially *R. graveolens*, a yellow-flowered herb with decompound leaves formerly much used in medicine.

ruff /rʌf/ *n.* **1.** a neckpiece or collar of lace, lawn, etc., gathered or drawn into deep, full, regular folds, much worn in the 16th century by both men and women. **2.** something resembling such a piece in form or position. **3.** *Zoology* a collar, or set of lengthened or specially marked hairs or feathers, on the neck of an animal. –**ruffed** *adj.*

ruffian /'rʌfiən/ *n.* **1.** a violent, lawless man; a rough brute. –*adj.* **2.** Also, **ruffianly**. relating to or characteristic of a ruffian; lawless; brutal. –**ruffianism** *n.*

ruffle[1] /'rʌfəl/ *v.* **-fled, -fling**, *n.* –*v.t.* **1.** to destroy the smoothness or evenness of: *the wind ruffled the sand.* **2.** to erect (the feathers), as in anger, as a bird. **3.** to annoy, disturb, discompose, or irritate. **4.** to turn over (the pages of a book) rapidly. **5.** to pass (cards) through the fingers rapidly. **6.** to draw up (cloth, lace, etc.) into a ruffle by gathering along one edge. –*v.i.* **7.** to be or become ruffled. –*n.* **8.** a break in the smoothness or evenness of some surface. **9.** a strip of cloth, lace, etc., drawn up by gathering along one edge, and used as a trimming on dress, etc. **10.** some object resembling this, as the ruff of a bird. **11.** a disturbing experience; an annoyance or vexation. **12.** a disturbed state of the mind; perturbation.

ruffle[2] /'rʌfəl/ *n.*, *v.* **-fled, -fling.** –*n.* **1.** a low, continuous beating of a drum, less loud than a roll. –*v.t.* **2.** to beat (a drum) in this manner.

rufous /'rufəs/ *adj.* reddish; tinged with red; brownish red.

rug /rʌg/ *n.*, *v.* **rugged, rugging.** –*n.* **1.** a small, often thick, carpet, used as a floor covering or a

Rugby football

hanging, and made of woven or tufted wool, cotton, or the like, fur, etc. **2.** a thick, warm blanket used as a coverlet, etc., or wrap, to keep travellers warm. **3.** *US Colloquial* → **toupee**. *–phr.* **4. cut a rug,** *Chiefly US, Colloquial* to dance, especially with verve, as to jazz. **5. rug (oneself) up,** to make or keep oneself warm by wrapping oneself up in thick clothing or covering, as coats, scarves, socks, rugs, etc.

Rugby football /ˌrʌgbi ˈfʊtbɒl/ *n.* **1.** → **Rugby Union. 2.** → **Rugby League**.

Rugby League *n.* **1.** one of the two forms of Rugby football, played by teams of thirteen players each, differing from Rugby Union in certain details of the rules and, historically, in permitting professionalism. **2.** the organisation that regulates conditions of the game. Also, **League, rugby league**.

Rugby Union *n.* one of the two forms of Rugby football, played by teams of fifteen players each, differing from Rugby League in certain details of the rules, formerly restricted to amateurs. Also, **Union, rugby union**.

rugged /ˈrʌgəd/ *adj.* **1.** roughly broken; rocky; hilly: *rugged ground.* **2.** roughly irregular, heavy, or hard in outline or form. **3.** rough, harsh, or severe. **4.** uncultivated, but strong: *rugged individualism.* **5.** *Colloquial* unpleasant; unfair. *–***ruggedly** *adv.* *–***ruggedness** *n.*

ruin /ˈruən/ *n.* **1.** (*plural*) the remains of a fallen building, town, etc. **2.** a ruined building, town, etc. **3.** a fallen or decayed state: *a building falls to ruin.* **4.** the total loss of wealth, social position, etc. **5.** (something that causes) downfall, destruction, or decay: *gambling will be his ruin.* **6.** a person as the wreck of his or her former self. *–v.t.* **7.** to reduce (someone or something) to ruin; destroy. *–***ruinable** *adj.* *–***ruined** *adj.* *–***ruiner** *n.*

rule /rul/ *n., v.* **ruled, ruling.** *–n.* **1.** a principle or regulation governing conduct, action, procedure, arrangement, etc. **2.** the code of regulations observed by a religious order or congregation. **3.** that which customarily or normally occurs or holds good: *the rule rather than the exception.* **4.** control, government, or dominion. **5.** tenure or conduct of reign or office. **6.** a prescribed mathematical method for performing a calculation or solving a problem. **7.** → **ruler** (def. 2). **8.** *Printing* **a.** a thin, type-high strip of metal, usually brass, for printing a line or lines. **b.** (in photocomposition) a black tape in various widths and designs. **c.** a printed line. **9.** *Law* **a.** a formal order or direction made by a court and limited in application to the case for which it is given (**special rule**). **b.** an order or regulation governing the procedure of a court (**general rule**). **c.** a proposition of law. *–v.t.* **10.** to control or direct; exercise dominating power or influence over. **11.** to exercise authority or dominion over; govern. **12.** to decide or determine judicially or authoritatively; decree. **13.** to mark with lines, especially parallel straight lines, with the aid of a ruler or the like. **14.** to mark out or form (a line) by this method. *–v.i.* **15.** to exercise dominating power or influence. **16.** to exercise authority, dominion, or sovereignty. **17.** to make a formal decision or ruling, as on a point at law. **18.** to prevail or be current, as prices. **19.** *Colloquial* to be the best; be in command: *the Blues rule! –phr.* **20. as a rule,** usually. **21. bend the rules,** *Colloquial* to make an exception to the rules. **22. rule off,** to mark the end of (something written) by ruling a line beneath. **23. rule out,** to exclude, refuse to admit, declare (something) out of the question.

rule of thumb *n.* **1.** a rule based on experience or practice rather than on scientific knowledge. **2.** a rough, practical method of procedure.

run

ruler /ˈrulə/ *n.* **1.** someone who rules or governs; a sovereign. **2.** a strip of wood, metal, or other material with a graduated straight edge, used in drawing lines, measuring, etc. *–***rulership** *n.*

rum[1] /rʌm/ *n.* an alcoholic spirit distilled from molasses or some other sugarcane product.

rum[2] /rʌm/ *adj. Colloquial* **1.** odd, strange, or queer. *–phr.* **2. rum go,** harsh or unfair treatment.

rumba /ˈrʌmbə/ *n.* a dance, Cuban in origin and complex in rhythm (in 8 time).

rumble /ˈrʌmbəl/ *v.* **-bled, -bling,** *n.* *–v.i.* **1.** to make a deep, heavy, continuous, echoing sound, as thunder, etc. **2.** to move or travel with such a sound: *the train rumbled on.* *–n.* **3.** a rumbling sound, as of thunder or a heavy vehicle. **4.** a rear part of a carriage containing a seat. **5.** *Colloquial* a fight. *–***rumbly** *adj.*

rumbustious /rʌmˈbʌstʃəs/ *adj.* boisterous, noisy.

ruminant /ˈrumənənt/ *n.* **1.** any animal of the suborder or division Ruminantia, which comprises the various 'cloven-hoofed' and cud-chewing quadrupeds, as cattle, bison, buffalo, sheep, goats, chamois, deer, antelopes, giraffes, camels, etc. *–adj.* **2.** ruminating; chewing the cud. **3.** given to or characterised by meditation; meditative.

ruminate /ˈrumənet/ *v.i.* **-nated, -nating. 1.** to chew the cud, as a ruminant. **2.** to meditate or muse; ponder. *–***ruminatingly** *adv.* *–***rumination** /ruməˈneɪʃən/ *n.* *–***ruminative** /ˈrumənətɪv/ *adj.* *–***ruminator** *n.*

rummage /ˈrʌmɪdʒ/ *v.* **-maged, -maging,** *n.* *–v.t.* **1.** to search thoroughly or actively through (a place, receptacle, etc.), especially by moving about, turning over, or looking through contents. *–v.i.* **2.** to search actively, as in a place or receptacle, or among contents, etc. *–n.* **3.** miscellaneous articles; odds and ends. **4.** a rummaging search. *–phr.* **5. rummage around,** to make a search, usually with accompanying noise and confusion. **6. rummage out,** to find by searching. *–***rummager** *n.*

rummy /ˈrʌmi/ *n.* a card game in which the object is to match cards into sets and sequences.

rumour = rumor /ˈrumə/ *n.* **1.** a story or statement in general circulation without confirmation or certainty as to facts. **2.** unconfirmed gossip. *–v.t.* **3.** to circulate, report, or assert by a rumour.

rump /rʌmp/ *n.* **1.** the hinder part of the body of an animal. **2.** a cut of beef from this part of the animal, behind the loin and above the round. **3.** the buttocks. **4.** any remnant; the last and unimportant or inferior part; fag end.

rumple /ˈrʌmpəl/ *v.* **-pled, -pling,** *n.* *–v.t.* **1.** to draw or crush into wrinkles; crumple: *a rumpled sheet.* **2.** Also, **rumple up,** to ruffle; tousle. *–v.i.* **3.** to become wrinkled or crumpled. *–n.* **4.** a wrinkle or irregular fold; crease.

rumpus /ˈrʌmpəs/ *n. Colloquial* **1.** disturbing noise; uproar. **2.** a noisy or violent disturbance or commotion.

run /rʌn/ *v.* **ran, run, running,** *n.* *–v.i.* **1.** to move quickly on foot, so as to go more rapidly than in walking (in bipedal locomotion, so that for an instant in each step neither foot is on the ground). **2.** to do this for exercise, as a sport, etc. **3.** to hurry; go quickly. **4.** to move swiftly by rolling on wheels or in various other ways: *the train ran along the track.* **5.** to make a quick succession of movements, as with the fingers: *the pianist ran up the scale.* **6.** to move easily or swiftly, as a vehicle, on wheels, a vessel, etc. **7.** to make off quickly, take to flight. **8.** to make a short, quick, or casual journey (*up, over, round,* etc.), as for a visit, etc. **9.** *Racing* **a.** to take part in a race. **b.** to finish a race in a certain (numerical) position: *he ran second.* **10.** to stand as a candidate for election: *he is running for president.* **11.** to

run   695   **run**

migrate, as fish: *to run in huge shoals.* **12.** (of fish) to pass upstream or inshore from deep water to spawn. **13.** to sail or be driven (ashore, into a channel, etc.), as a vessel or those on board. **14.** *Nautical* to sail before the wind. **15.** to ply between places, as a vessel. **16.** to traverse a route, as a public conveyance: *the buses run every hour.* **17.** to have recourse to, as for consolation: *he's always running to his mother.* **18.** to move, revolve, slide, etc., especially easily, freely, or smoothly: *a rope runs in a pulley.* **19.** to flow, as a liquid or a body of liquid, or as sand, grain, or the like. **20.** to flow along, especially strongly, as a stream, the sea, etc.: *with a strong tide running.* **21.** to melt and flow, as solder, varnish, etc. **22.** to spread or diffuse when exposed to moisture, as dyestuffs: *the colours in this fabric run.* **23.** to flow, stream, or be wet with a liquid. **24.** to discharge or give passage to a liquid. **25.** to creep, trail, or climb, as vines, etc. **26.** to pass quickly: *a thought ran across his mind.* **27.** to continue in or return to the mind persistently: *a tune running through one's head.* **28.** to recur or be inherent: *madness runs in the family.* **29.** to come undone, as stitches or a fabric; ladder. **30.** to be in operation or continue operating, as a machine. **31.** *Commerce* **a.** to accumulate, or become payable in due course, as interest on a debt. **b.** to make many withdrawals in rapid succession. **32.** *Law* **a.** to have legal force or effect, as a writ. **b.** to continue to operate. **33.** to pass or go by, as time. **34.** to continue to be performed, as a play, over a period. **35.** to be disseminated, spread rapidly, as news. **36.** to spread or pass quickly from point to point: *a shout ran through the crowd.* **37.** to be in a certain form or expression: *so the story runs.* **38.** to extend or stretch. **39.** (of stock) to graze: *a holding where three thousand sheep could run.* –*v.* (*copular*) **40.** to have or attain a specified quality, character, form, etc.: *the water ran cold.* **41.** to be or tend to be of a specified size or number: *the costs ran high.* **42.** to exist or occur within a specified range of variation: *your seat numbering runs from 43 to 48.* **43.** to pass into a certain state or condition; become: *to run wild.* –*v.t.* **44.** to cause (an animal, etc.) to move quickly on foot. **45.** to cause (a vehicle, etc.) to move: *I'll just run the car into the garage.* **46.** to traverse (a distance or course) in running: *he ran a kilometre.* **47.** to perform by or as by running: *to run a race; run an errand.* **48.** to enter (a horse, etc.) in a race. **49.** to run along: *to run the streets.* **50.** to run or get past or through: *to run a blockade.* **51.** to bring into a certain state by running: *to run oneself out of breath.* **52.** to pursue or hunt (game, etc.), especially those on pasture. **53.** to drive (livestock), especially to pasture. **54.** to keep (livestock), as on pasture. **55.** to cause to move, especially quickly or cursorily: *to run one's fingers through one's hair; to run one's eyes over a letter.* **56.** to cause to ply between places, as a vessel, conveyance, or system of transport: *to run a train service between two cities.* **57.** to convey or transport, as in a vessel or vehicle. **58.** to keep operating or in service, as a machine. **59.** to possess and use, as a car. **60.** to expose oneself to or be exposed to (a risk, etc.). **61.** to sew, especially with quick, even stitches in a line. **62.** (in some games, as billiards) to complete a series of successful strokes, shots, etc. **63.** to bring, lead, or force into some state, action, etc.: *to run oneself into debt.* **64.** to cause (a liquid) to flow. **65.** to give forth or flow with (a liquid). **66.** to pour forth or discharge. **67.** to cause (a bath, etc.) to contain water; fill. **68.** to cause to move easily, freely, or smoothly: *to run a sail up the mast.* **69.** to drive, force, or thrust. **70.** to extend or build, as in a particular direction: *to run a road through the forest.* **71.** to draw or trace, as a line. **72.** to conduct, administer, or manage, as a business, an experiment, or the like. **73.** (of a newspaper) to publish (a story). **74.** *US* to put up (a candidate) for election. **75.** to melt, fuse, or smelt, as ore. **76.** → **smuggle**. –*n.* **77.** an act, instance, or spell of running: *to go for a run.* **78.** a running pace. **79.** an act or instance of escaping, running away, etc. **80.** an act or spell of moving rapidly, as in a boat or vehicle. **81.** the distance covered. **82.** a period or act of travelling, especially a scheduled journey: *an uneventful run to Paris.* **83.** a quick, short trip. **84.** a spell of driving in a car, riding a horse, etc. **85.** a spell or period of causing something, as a machine, to run or continue operating. **86.** the amount of something produced in any uninterrupted period of operation. **87.** a continuous course of performances, as of a play. **88.** *Shearing* an uninterrupted period of shearing: *he had shorn over 5000 lambs in one eight-hour run.* **89.** a line or place in knitted or sewn work where a series of stitches have slipped or come undone; a ladder. **90.** the direction of something fixed: *the run of the grain of a piece of timber.* **91.** *Mining* a direction of secondary or minor cleavage grain; rift. **92.** onward movement, progression, course, etc. **93.** the particular course or tendency of something: *in the normal run of events; the general run of the voting.* **94.** freedom to range over, go through, or use: *the run of the house.* **95.** any rapid or easy course or progress. **96.** a continuous course of some condition of affairs, etc.: *a run of bad luck.* **97.** a continuous extent of something, as a vein of ore. **98.** *Mining* a ribbonlike, irregular ore body, lying nearly flat and following the stratification. **99.** a continuous series of something. **100.** a set of things in regular order, as a sequence of cards. **101.** any continued or extensive demand, call, or the like. **102.** a spell of being in demand or favour with the public. **103.** a series of sudden and urgent demands for payment, as on a bank. **104.** a spell of causing some liquid to flow. **105.** a flow or rush of water, etc. **106.** a small stream; brook; rivulet. **107.** a kind or class, as of goods. **108.** the ordinary or average kind: *that's the run of them.* **109.** that in or on which something runs or may run. **110.** an enclosure within which domestic animals may range about. **111.** a way, track, or the like, along which something runs or moves. **112.** a course for a particular purpose or activity, as an inclined course for skiing. **113.** the area and habitual route covered by a vendor who delivers goods to houses, etc.: *milk run; paper run.* **114.** a large area of grazing land; a rural property: *a grazing run; a sheep run.* **115.** *Military* the movement in a straight line up to the point of the launching of a bomb, torpedo, or the like, by an aeroplane, submarine, etc. **116.** *Aeronautics* the period during which an aeroplane moves along the ground or water under its own power preceding take-off and following touchdown. **117.** a trough or pipe through which water, etc., runs. **118.** the movement of a number of fish upstream or inshore from deep water. **119.** large numbers of fish in motion, especially inshore from deep water or upstream for spawning. **120.** a number of animals moving together. **121.** *Music* a rapid succession of notes; a roulade. **122.** *Cricket* **a.** the score unit, made by the successful running of both people batting from one popping crease to the other. **b.** a performance of such a running. **123.** *Baseball* **a.** the score unit, made by successfully running round all the bases and reaching the home plate. **b.** a successful performance of this. –*adj.* **124.** melted or liquefied. **125.** poured in a melted state; run into a cast in a mould. –*phr.*

126. at a run, (of some action) performed while running, or by means of running; without stopping.
127. cut and run, to take to flight.
128. give someone a run for their money, to offer someone strenuous and exacting opposition.
129. in the long run, ultimately.
130. in the short run, ignoring possible future developments; considering only immediate effects, etc.
131. on the run, escaped or hiding from pursuit, especially by the police.
132. run a book, *Colloquial* to accept bets.
133. run about, to roam without restraint: *children running about in the park*.
134. run across, to meet or find unexpectedly.
135. run after, to seek to attract.
136. run around, to behave promiscuously.
137. run (around) with, to keep company with.
138. run a temperature, to be feverish.
139. run at the mouth, to dribble.
140. run away, **a.** to take flight. **b.** to depart: *run away, I'm busy*; *he ran away to sea*.
141. run away with, **a.** to elope with. **b.** to steal. **c.** to win easily: *he ran away with the election*. **d.** to use up (money, etc.) quickly. **e.** to get out of the control of, as a horse, a vehicle, one's emotions or ideas, etc. **f.** *Colloquial* to accept (an idea), especially erroneously or with insufficient justification: *don't run away with the idea that you can go on behaving so badly*.
142. run close, to press severely, as a competitor.
143. run down, **a.** to slow up before stopping, as a clock or other mechanism. **b.** to knock down and injure, as a vehicle or driver; run over. **c.** *Nautical* to collide with and cause to sink, as a smaller vessel. **d.** to denigrate; make adverse criticism of. **e.** to reduce, as stocks. **f.** to find, especially after extensive searching. **g.** to pass quickly over or review: *to run down a list of possibilities*.
144. run hard, to press severely, as a competitor.
145. run in, **a.** to cause (new machinery, especially a motor vehicle) to run at reduced load and speed for an initial period, so that stiffness, etc., is reduced gradually and the machine becomes ready for full operation without damage. **b.** to muster (cattle). **c.** *Printing* to add (new text matter) without indentation. **d.** *Aeronautics* to approach a landing. **e.** *Colloquial* to arrest.
146. run into, **a.** to encounter unexpectedly. **b.** to collide with. **c.** to amount to: *an income running into five figures*.
147. run into the ground, to use until worn out: *he ran his old car into the ground before he bought a new one*.
148. run off, **a.** to depart or retreat quickly. **b.** to produce by a reproduction process, as printing, photocopying, etc. **c.** to write or otherwise create quickly. **d.** to elope. **e.** to determine the result of (a tied contest, etc.) by a run-off.
149. run off at the mouth, to talk indiscreetly or wildly.
150. run off with, to steal.
151. run on, **a.** to have as a topic: *the conversation ran on politics*. **b.** to continue, as talking, at length and without interruption. **c.** (of handwritten lettering) to be linked up. **d.** *Printing* to print as continuous unindented text.
152. run out, **a.** to depart, as from a room, quickly. **b.** to be completely used up: *the food has run out*; *time is running out*. **c.** *Cricket* to put (the person batting) out by hitting the wicket with the bat while neither the person batting nor the bat is touching the ground within the popping crease. **d.** *Nautical* to pass or pay out (a rope). **e.** *Showjumping* (of a horse) to refuse by running outside the jump. **f.** *US* to drive out; expel.
153. run out on, to desert; abandon.
154. run over, **a.** to knock down and injure, as a vehicle or driver. **b.** to exceed (a time-limit or the like). **c.** to review, rehearse, or recapitulate. **d.** to overflow or leak, as a vessel.
155. run rings (a)round someone, to perform with far greater success than another.
156. run short, to become scarce or nearly used up.
157. runs on the board, *Colloquial* successes; achievements.
158. run the track of, to follow the track of (a person or animal) in pursuit: *to run the wild horses' track*.
159. run through, **a.** to rehearse or review. **b.** to exhaust or use up (money, etc.). **c.** to pass a sword or the like through (somebody).
160. run to, **a.** to be sufficient for: *the money doesn't run to caviar*. **b.** to include: *his books don't run to descriptions*. **c.** to become as specified: *to run to fat*.
161. run up, **a.** to climb quickly: *a sailor ran up the mast*. **b.** to hoist (a sail, flag, etc.). **c.** to amass or incur, as a bill. **d.** to make, especially quickly, as something sewn.
162. run up against, **a.** to meet unexpectedly. **b.** to be impeded by.
163. run upon, **a.** to have as a topic, as thoughts or a conversation. **b.** (of a ship) to go aground upon.
164. run with, *Law* to go along with or accompany: *the easement runs with the land*.
165. the runs, *Colloquial* diarrhoea.

runabout /'rʌnəbaʊt/ *n.* **1.** a small car used to make short trips, usually around the city and suburbs. **2.** a small boat, usually with an outboard motor, used mainly for short trips and recreational purposes.

run-around /'rʌn-əraʊnd/ *n.* **1.** *Colloquial* equivocation; evasion. **2.** *Printing* an arrangement of type using a column width narrower than the body of the text, as around an illustration. –*phr*. **3. give someone the run-around**, *Colloquial* to fob someone off with evasions and subterfuges. Also, **runround**.

run-down /rʌn-'daʊn/ *adj.*, /'rʌn-daʊn/ *n.* –*adj.* **1.** in a poor or deteriorated state of health; depressed, sick, or tired. **2.** fallen into disrepair. **3.** (of a spring-operated watch or clock) not running because not wound. –*n.* **4.** a cursory review or summary of points of information: *this brief run-down of past events will bring you up to date*.

rune /run/ *n.* **1.** any of the characters of an alphabet used by the ancient Germanic-speaking peoples, especially the Scandinavians. **2.** something written or inscribed in such characters.

rung¹ /rʌŋ/ *v.* past participle of **ring²**.

rung² /rʌŋ/ *n.* **1.** one of the rounded crosspieces forming the steps of a ladder. **2.** a rounded or shaped piece fixed horizontally, for strengthening purposes, as between the legs of a chair. **3.** a stout stick, rod, or bar, especially one of rounded section, forming a piece in something framed or constructed: *the rungs of a wheel*. **4.** a stage in a progress or ascent: *the next rung of the ladder to success*.

run-in /'rʌn-ɪn/ *n. Colloquial* a disagreement; argument; quarrel.

runnel /'rʌnəl/ *n.* **1.** a small stream or brook, or a rivulet. **2.** a small channel, as for water.

runner /'rʌnə/ *n.* **1.** a competitor in a race. **2.** a messenger. **3.** something in or on which something else moves, as the strips of wood that guide a drawer, etc. **4.** either of the long pieces of wood or metal on which a sledge, etc., slides. **5.** the blade of a skate. **6.** a long, narrow rug, used in a hall or staircase. **7.** a long, narrow strip of linen, lace, etc., for placing across a table. **8.** *Botany* a slender stem lying flat on the ground, which sends out roots, thus producing new plants. **9.** → **sandshoe**.

runner-up /ˈrʌnər-ˌʌp/ *n.* **runners-up**. the competitor, player, or team finishing in second place.

running /ˈrʌnɪŋ/ *n.* **1.** the action of proceeding on foot at a rapid pace: *I took up running to get some exercise.* **2.** competition, as in a race: *to be out of the running.* **3.** smuggling: *gun-running.* **4.** managing or directing: *the running of a business.* –*adj.* **5.** that runs; moving or passing rapidly. **6.** moving or proceeding easily or smoothly. **7.** slipping or sliding easily, as a knot or a noose. **8.** operating, as a machine. **9.** cursive, as handwriting. **10.** flowing, as a stream. **11.** liquid or fluid. **12.** going or carried on continuously; sustained: *a running commentary.* **13.** extending or repeated continuously, as a pattern. **14.** following in succession (placed after the noun): *for three nights running.* **15.** performed with, by means of, or during a run: *a running jump.* **16.** discharging matter, especially fluid, as a sore. **17.** having to do with the activity of running: *running shoes; running program* –*phr.* **18. in the running**, having a chance of success. **19. make the running**, to set the pace, as of a competition. **20. running battle**, a battle between pursuer and pursued. **21. running fire**, **a.** sustained discharge of firearms. **b.** sustained criticism.

running stitch *n.* a small, even stitch made by passing the thread up and down through the cloth at small intervals; used for seams, gathering, quilting, etc.

runny /ˈrʌni/ *adj.* **1.** (of matter) fluid or tending to flow. **2.** tending to flow with or discharge liquid: *a runny nose.*

run-off /ˈrʌn-ɒf/ *n.* **1.** a deciding final contest held after a principal one. **2.** something which runs off, as rain which flows off from the land in streams. **3.** *NZ* pasture not adjacent to the farm and used only intermittently for grazing stock.

run-of-the-mill /ˈrʌn-əv-ðə-mɪl/ *adj.* ordinary; mediocre; commonplace.

runout campaign /ˈrʌnaʊt kæmˌpeɪn/ *n. Commerce* a vigorous program to sell cars of previous models before the release of the latest model.

runt /rʌnt/ *n.* **1.** an undersized, stunted animal, person, or thing, especially one that is small as compared with others of its kind. **2.** the smallest in a litter, as of pigs. **3.** a term of opprobrium for a person.

runway /ˈrʌnweɪ/ *n.* **1.** a way along which something runs. **2.** a paved or cleared strip on which aeroplanes land and take off; airstrip. **3.** the beaten track of deer or other animals.

rupee /ruˈpi/ *n.* **1.** the monetary unit of India. **2.** any of various similar units, as the currencies of Pakistan, Sri Lanka and Mauritius.

rupiah /ˈrupiə/ *n.* the monetary unit of Indonesia.

rupture /ˈrʌptʃə/ *n.*, *v.* **-tured**, **-turing**. –*n.* **1.** the act or result of breaking or bursting. **2.** a loss of friendly or peaceful relations. **3.** *Medicine* → **hernia**. –*v.t.* **4.** to break or burst (a blood vessel, etc.). **5.** to cause a loss of (good relations, etc.). –*v.i.* **6.** to suffer a break or rupture. –**rupturable** *adj.*

rural /ˈrʊrəl/ *adj.* **1.** of, relating to, or characteristic of the country (as distinguished from towns or cities), country life, or country people; rustic. **2.** living in the country. **3.** having to do with agriculture: *rural economy.* –**ruralism** *n.* –**ruralist** *n.* –**rurally** *adv.*

ruru /ˈruru/ *n. NZ* → **mopoke**.

ruse /ruz/ *n.* a trick, stratagem, or artifice.

rush[1] /rʌʃ/ *v.i.* **1.** to move or go with speed, impetuosity, or violence. –*v.t.* **2.** to send or drive with speed or violence. **3.** to carry or convey with haste: *to rush an injured person to the hospital.* **4.** to perform, complete, or organise (some process or activity) with special haste. **5.** to send, push, force, etc., with unusual speed or undue haste: *to rush a bill through Parliament.* **6.** to attack with a rush. **7.** to overcome or take (a person, force, place, etc.). **8.** to put pressure on someone. **9.** *Rugby Football* (of a pack of forwards, etc.) to move (the ball) rapidly forwards by short kicks. –*n.* **10.** the act of rushing; a rapid, impetuous, or headlong onward movement. **11.** a hostile attack. **12. a.** a sudden concerted movement, especially of cattle, as in a particular direction; stampede. **b.** an eager rushing of numbers of persons to some region to be occupied or exploited, especially to a new goldfield. **13.** a sudden coming or access: *a rush of blood to his face.* **14.** hurried activity; busy haste: *the rush of city life.* **15.** a hurried state, as from pressure of affairs: *to be in a rush.* **16.** press of work, business, traffic, etc., requiring extraordinary effort or haste. **17.** a period of intense activity: *the Christmas rush.* **18.** *Rugby Football* the act by a pack of forwards, etc., of moving the ball rapidly forward by short kicks. **19.** (*plural*) *Film* the first prints made after shooting a scene or scenes. –*adj.* **20.** requiring or performed with haste: *a rush order.* **21.** characterised by rush or press of work, traffic, etc. –*phr.* **22. a rush on** ..., a great demand for (a commodity): *there was a rush on gold.* **23. a (sudden) rush (of blood) to the head**, *Colloquial* a sudden, often ill-considered enthusiasm, rage, etc. –**rusher** *n.*

rush[2] /rʌʃ/ *n.* **1.** any plant of the genus *Juncus* (family Juncaceae), which comprises grasslike herbs with pithy or hollow stems, found in wet or marshy places. **2.** any of various similar plants of other families as, bog rush, or spike rush. **3.** a stem of such a plant, used for making chair bottoms, mats, baskets, etc. –**rushy** *adj.* –**rushlike** *adj.*

rusk /rʌsk/ *n.* **1.** a type of sweetened tea biscuit. **2.** a piece of bread or cake crisped in the oven. **3.** a similar commercially made product, given especially to babies when teething, and invalids.

russet /ˈrʌsət/ *n.* **1.** reddish brown; light brown; yellowish brown. **2.** a winter apple with a rough brownish skin. –*adj.* **3.** reddish brown; light brown; yellowish brown.

Russian roulette /ˌrʌʃən ruˈlɛt/ *n.* a macabre game of chance, as formerly played by Russian army officers, in which each player in turn spins the cylinder of a revolver containing only one bullet, points it at his or her head, and pulls the trigger.

rust /rʌst/ *n.* **1.** the red or orange coating which forms on the surface of iron when exposed to air and water, consisting chiefly of ferric hydroxide and ferric oxide. **2.** any film or coating on metal due to oxidation, etc. **3.** a stain like iron rust. **4.** *Botany* any of the various plant diseases caused by fungi, in which the leaves and stems become spotted and turn a red to brown colour. **5.** a rust colour. –*v.i.* **6.** to grow or become rusty. –*v.t.* **7.** to affect with or as if with rust. –**rustable** *adj.*

rustic /ˈrʌstɪk/ *adj.* **1.** of, relating to, or living in the country as distinguished from the city; rural. **2.** simple; unsophisticated. **3.** rude; uncouth. **4.** made of rough timber, as garden seats, etc. **5.** *Masonry* having the surface rough or irregular, or the joints deeply sunk. –*n.* **6.** a country person, especially of simple tastes. –**rustically** *adv.* –**rusticity** /rʌsˈtɪsəti/ *n.*

rustle /ˈrʌsəl/ *v.* **-tled**, **-tling**, *n.* –*v.i.* **1.** to make a succession of slight, soft sounds, as of parts rubbing gently one on another, as leaves, silks, papers, etc. **2.** to cause such sounds by moving or stirring something. *–v.t.* **3.** to move or stir so as to cause a rustling sound. **4.** to steal (cattle, etc.). *–n.* **5.** the sound made by anything that rustles. *–phr.* **6. rustle up**, *Colloquial* to provide, especially with accompanying energetic action: *rustle up breakfast.* **–rustlingly** *adv.*

rusty /ˈrʌsti/ *adj.* **-tier**, **-tiest**. **1.** covered or affected with rust. **2.** consisting of or produced by rust. **3.** of the colour of rust. **4.** faded or shabby. **5.** faulty through disuse or neglect: *my Latin is rusty.* **–rustily** *adv.* **–rustiness** *n.*

rut[1] /rʌt/ *n., v.* **rutted**, **rutting**. *–n.* **1.** a furrow or track in the ground, especially one made by the passage of a vehicle or vehicles. **2.** any furrow, groove, etc. **3.** a fixed or established way of life; a dull routine: *to get into a rut.* *–v.t.* **4.** to make a rut or ruts in; furrow. **–rutty** *adj.*

rut[2] /rʌt/ *n., v.* **rutted**, **rutting**. *–n.* **1.** the periodically recurring sexual excitement of the deer, goat, sheep, etc. *–v.i.* **2.** to be in the condition of rut.

ruthless /ˈruθləs/ *adj.* without pity or compassion; pitiless; merciless. **–ruthlessly** *adv.* **–ruthlessness** *n.*

rutile /ˈrutaɪl/ *n.* a common mineral, titanium dioxide, TiO_2, having a brilliant metallic-adamantine lustre and usually of a reddish brown colour. It occurs usually in crystals and is used to coat welding rods.

-ry a suffix of abstract nouns of condition, practice (*heraldry, husbandry, dentistry*), and of collectives (*peasantry, Jewry*).

rye /raɪ/ *n.* **1.** a widely cultivated cereal grass, *Secale cereale*, with one-nerved glumes (differing from wheat which is many-nerved) and two- or three-flowered spikelets. **2.** the seeds or grain of this plant, used for making wholemeal flour, for livestock feed, and for a type of whisky. **3.** an American whisky distilled from a mash containing 51 per cent or more rye grain.

S s

S, s /ɛs/ *n.* **S's, Ss, s's** *or* **ss**. **1.** a consonant, the 19th letter of the English alphabet. **2.** something resembling the letter S in shape.

's[1] an ending which marks the possessive singular of nouns, as in *man's*.

's[2] an ending which marks the possessive plural of nouns, as in *men's*.

's[3] colloquial reduction of: **1.** is: *he's here.* **2.** has: *he's just gone.* **3.** does: *what's he do now?* **4.** us: *let's go.*

-s[1] an ending which marks the third person singular present indicative active of verbs, as in *hits*.

-s[2] **1.** an ending which marks the regular plural of nouns, as in *dogs*. **2.** a quasi-plural ending occurring in nouns for which there is no proper singular, as *trousers, shorts, scissors.* **3.** a plural ending used to indicate a subject of study, area of activity, etc.: *physics; draughts.*

Sabbath /'sæbəθ/ *n.* **1.** the seventh day of the week (Saturday) as the day of rest and religious observance among the Jews and certain Christian sects. **2.** the first day of the week (Sunday), similarly observed by most Christians in commemoration of the resurrection of Christ. **3.** (*l.c.*) Also, **sabbat**. a secret nocturnal meeting of witches.

sabbatical /sə'bætɪkəl/ *adj.* **1.** having to do with the Sabbath. **2.** bringing a period of rest. **3.** having to do with a sabbatical. *–n.* **4.** Also, **sabbatical leave**. (in certain universities, etc.) a year, term, or other period, of freedom from teaching granted to a teacher, as for study or travel. **–sabbatically** *adv.*

sable /'seɪbəl/ *n.* **1.** a weasel-like mammal of cold areas, valued for its dark brown fur. **2.** a marten. **3.** the fur of the sable. **4.** *Heraldry* the colour black. *–adj.* **5.** made of the hair of the sable. **6.** *Poetic* black; very dark.

sabotage /'sæbətɑʒ/ *n., v.* **-taged, -taging**. *–n.* **1.** malicious injury to work, tools, machinery, etc., or any underhand interference with production or business, by enemy agents during wartime, by employees during a trade dispute, etc. **2.** any malicious attack on or undermining of a cause. *–v.t.* **3.** to injure or attack by sabotage. **–saboteur** /sæbə'tɜ/ *n.*

sabre /'seɪbə/ *n., v.* **-bred, -bring**. *–n.* **1.** a heavy one-edged sword, usually slightly curved, used especially by cavalry. **2.** a soldier armed with such a sword. **3.** a light sword for fencing and duelling, with a tapering flexible blade and a semicircular guard. *–v.t.* **4.** to strike, wound, or kill with a sabre. Also, *US*, **saber**. **–sabre-like** *adj.*

sac /sæk/ *n. Biology* a baglike structure in an animal or plant, as one containing fluid. **–saclike** *adj.*

saccharide /'sækəraɪd/ *n.* any sugar or other carbohydrate, especially a simple sugar.

saccharin /'sækərən, -krən/ *n.* a crystalline compound, $C_6H_4SO_2CONH$, obtained from toluene. It is about 400 times as sweet as cane sugar and is used as a sweetening agent in cases of diabetes and obesity. Also, **saccharine**.

saccharine /'sækərən, -krən/ *adj.* **1.** of a sugary sweetness: *a saccharine smile*. **2.** relating to, of the nature of, or containing sugar. *–n.* **3.** → **saccharin**. **–saccharinity** /sækə'rɪnəti/ *n.*

sachet /'sæfeɪ/ *n.* **1.** a small sealed bag used for packaging a variety of goods, as foodstuffs, cosmetics, etc. **2.** a small bag, case, pad, etc., containing perfumed powder or the like for placing among articles of clothing. **3.** the powder.

sack[1] /sæk/ *n.* **1.** a large bag of stout woven material, as for grain, potatoes, coal, etc. **2.** the amount which a sack will hold, a varying unit of measure. **3.** a woman's loose-fitting, unbelted dress. **4.** Also, **sacque**. a loose-fitting coat or jacket, especially for women and children. **5.** *Colloquial* a bed. *–v.t.* **6.** to put into a sack or sacks. **7.** *Colloquial* to dismiss or discharge, as from employment. *–phr.* **8. hit the sack**, *Colloquial* to go to bed. **9. the sack**, *Colloquial* dismissal or discharge, as from employment.

sack[2] /sæk/ *v.t.* **1.** to pillage or loot after capture; plunder: *to sack a city.* *–n.* **2.** the plundering of a captured place; pillage: *the sack of Troy.* **–sacker** *n.*

sacrament /'sækrəmənt/ *n.* **1.** *Ecclesiastical* a visible sign divinely instituted to confer grace or Divine Life on those who worthily receive it as baptism, confirmation, etc. **2.** (*often cap.*) the Eucharist, or Lord's Supper. **3.** the consecrated elements of the Eucharist, especially the bread (the **Blessed Sacrament**). **4.** something regarded as possessing a sacred character or a mysterious significance. **5.** a sign, token, or symbol. **6.** an oath; solemn pledge.

sacred /'seɪkrəd/ *adj.* **1.** set aside or dedicated to a god or to some religious purpose; consecrated. **2.** worthy of religious respect; holy. **3.** relating to or connected with religion (opposed to *profane* and *secular*): *sacred music.* **4.** respectfully dedicated to some person or object: *a monument sacred to her memory.* **5.** regarded with deep respect: *the sacred memory of a dead hero.* **6.** not to be broken, damaged, violated, etc.: *sacred promises.* **–sacredly** *adv.* **–sacredness** *n.*

sacred kingfisher *n.* a small, greenish-blue migratory kingfisher, *Halcyon sanctus*, widely distributed in wooded areas throughout Australia, New Zealand and islands to the north.

sacred site *n.* **1.** (in Australia) a site that is sacred to Aborigines or is otherwise of significance according to Aboriginal tradition. **2.** a site or institution that has particular religious, cultural or historical significance: *Lourdes is a sacred site to many Catholics.* **3.** (*usually ironic*) a site or institution of significance to a particular group of people: *the Melbourne Cricket Ground is a sacred site to cricketers.*

sacrifice /'sækrəfaɪs/ *n., v.* **-ficed, -ficing**. *–n.* **1.** the offering of life or some material possession, etc., to a god. **2.** the giving up or destroying of something prized for the sake of something considered as having a higher claim. **3.** something sacrificed. **4.** a loss suffered in selling something below its value. **5.** *Theology* Christ's offering of his death to God for the sins of humankind. *–v.t.* **6.** to make a sacrifice of. *–v.i.* **7.** to offer or make a sacrifice. **–sacrificer** *n.* **–sacrificial** /sækrə'fɪʃəl/ *adj.*

sacrilege /'sækrəlɪdʒ/ *n.* **1.** the violation or profanation of anything sacred or held sacred. **2.** an instance of this. **3.** the stealing of anything con-

sacristy /ˈsækrəsti/ *n.* **-ties.** *Ecclesiastical* an apartment in or a building connected with a church or a religious house, in which the sacred vessels, vestments, etc., are kept.

sacro- a word element: **1.** meaning 'holy'. **2.** referring to the sacrum.

sacrosanct /ˈsækrəsæŋkt/ *adj.* especially or superlatively sacred or inviolable. –**sacrosanctity** /ˌsækrəˈsæŋktəti/ *n.*

sacrum /ˈseɪkrəm/ *n.* **-cra** /-krə/. *Anatomy* a bone resulting from the ankylosis of two or more vertebrae between the lumbar and the coccygeal regions, in humans composed (usually) of five fused vertebrae and forming the posterior wall of the pelvis.

sad /sæd/ *adj.* **sadder, saddest. 1.** sorrowful; mournful: *to feel sad.* **2.** expressing or showing sorrow: *sad looks.* **3.** causing sorrow: *a sad disappointment.* **4.** shocking; deplorable: *a sad state of affairs.* –**sadly** *adv.* –**sadness** *n.*

sadden /ˈsædn/ *v.t.* **1.** to make sad. –*v.i.* **2.** to become sad.

saddle /ˈsædl/ *n., v.* **-dled, -dling.** –*n.* **1.** a seat for a rider on the back of a horse or other animal. **2.** a similar seat on a bicycle, machine, etc. **3.** a part of a harness laid across the back of an animal and girded under the belly. **4.** that part of an animal's back on which the saddle is placed. **5.** (of mutton, venison, etc.) a cut including part of the backbone and both loins. **6.** (of poultry) the posterior part of the back. **7.** the saddle of an animal prepared for food. **8.** a ridge connecting two higher elevations. **9.** *Nautical* a hollowed-out piece of wood which provides a resting place for the end of a spar. **10.** the clitellum of an earthworm. –*v.t.* **11.** to put a saddle upon (a horse, etc.). **12.** to load or charge, as with a burden. **13.** to impose as a burden or responsibility. –*v.i.* **14.** Also, **saddle up.** to put a saddle on a horse. –*phr.* **15. in the saddle,** in a position of authority; in control. **16. saddle up, a.** to put a saddle on (a horse), usually as a preparation for immediate work or departure. **b.** to make such preparations for riding. **c.** *Colloquial* (*humorous*) to prepare oneself for work, etc.: *I'll go and saddle up for dinner.*

saddler /ˈsædlə/ *n.* someone who makes or deals in saddlery. –**saddlery** *n.*

sadism /ˈsædɪzəm, ˈseɪ-/ *n.* **1.** sexual gratification gained through causing physical pain and humiliation. **2.** any morbid enjoyment in inflicting mental or physical pain. –**sadist** *n.* –**sadistic** /səˈdɪstɪk/ *adj.* –**sadistically** /səˈdɪstɪkli/ *adv.*

sadomasochism /ˌseɪdoʊˈmæsəkɪzəm, ˌsædoʊ-/ *n.* a disturbed condition of the mind marked by the presence of sadistic and masochistic tendencies. –**sadomasochist** *n.*

safari /səˈfɑri/ *n.* **-ris. 1.** a journey; an expedition, especially for hunting. **2.** the persons, animals, etc., forming such an expedition.

safe /seɪf/ *adj.* **safer, safest,** *n.* –*adj.* **1.** secure from liability to harm, injury, danger, or risk: *a safe place.* **2.** free from hurt, injury, danger, or risk: *to arrive safe and sound.* **3.** involving no risk of mishap, error, etc.: *a safe estimate.* **4.** dependable or trustworthy: *a safe guide.* **5.** cautious in avoiding danger: *a safe player.* **6.** placed beyond the power of doing harm; in secure custody: *a criminal safe in jail.* –*n.* **7.** a steel or iron box or repository for money, jewels, papers, etc. **8.** any receptacle or structure for the storage or preservation of articles: *a meat safe.* –*phr.* **9. be on the safe side,** *Colloquial* to take every precaution. **10. make safe,** *Military* to change (a weapon) from a state of readiness to a safe condition. **11. play (it) safe,** to act cautiously. –**safely** *adv.* –**safeness** *n.*

safe-conduct /seɪf-ˈkɒndʌkt/ *n.* **1.** a document securing a safe passage through a region, especially in time of war. **2.** this privilege. **3.** a conducting in safety.

safe-deposit /seɪf-dəpɒzət/ *n.* **1.** a building containing safes, strongrooms, etc., where valuables may be stored. –*adj.* **2.** providing safekeeping for valuables: *a safe-deposit vault or box.*

safeguard /ˈseɪfgad/ *n.* **1.** something serving as a protection or defence, or ensuring safety. **2.** a permit for safe passage. **3.** a guard or convoy. **4.** a mechanical device for ensuring safety. –*v.t.* **5.** to guard; protect; secure.

safe sex *n.* any sexual practices in which precautions are taken to prevent the transmission of sexually transmitted diseases, especially AIDS.

safety /ˈseɪfti/ *n.* **-ties. 1.** the state of being safe; freedom from injury or danger. **2.** the quality of insuring against hurt, injury, danger, or risk.

safety pin *n.* a pin bent back on itself to form a spring, with a guard to cover the point. **2.** a locking device on grenades, mines, etc., to keep them safe until required for use.

safflower /ˈsæflaʊə/ *n.* **1.** a thistlelike herb, *Carthamus tinctorius*, native to the Old World, bearing large orange-red flower heads, and cultivated for seed-oil. **2.** its dried florets, used medicinally or as a dyestuff.

saffron /ˈsæfrən/ *n.* **1.** a crocus, *Crocus sativus*, with handsome purple flowers. **2.** an orange-coloured product consisting of its dried stigmas, used to colour confectionery, for flavouring, etc., in rolls and buns and in rice dishes. **3.** Also, **saffron yellow.** yellow-orange.

sag /sæg/ *v.* **sagged, sagging,** *n.* –*v.i.* **1.** to sink or bend downwards by weight or pressure, especially in the middle. **2.** to droop; hang loosely: *his shoulders sagged; his trousers sagged.* **3.** to drop or become less: *prices sagged.* –*n.* **4.** the act, degree or place of sagging: *the sag in that pipeline needs repairing.* **5.** a drop in prices.

saga /ˈsɑgə/ *n.* **1.** a medieval Icelandic or Norse prose narrative of achievements and events in the history of a personage, family, etc. **2.** a form of novel, characteristically French (**roman-fleuve**) but also written in English, in which the members or generations of a family or social group are chronicled in a long and leisurely narrative. **3.** any narrative or legend of heroic exploits.

sagacious /səˈgeɪʃəs/ *adj.* having acute mental discernment and keen practical sense; shrewd: *a sagacious author.* –**sagaciously** *adv.* –**sagicity, sagaciousness** *n.*

sage¹ /seɪdʒ/ *n. adj.* **sager, sagest.** –*n.* **1.** a profoundly wise person; someone famed for wisdom. –*adj.* **2.** wise, judicious, or prudent: *sage conduct.* –**sagely** *adv.* –**sageness** *n.*

sage² /seɪdʒ/ *n.* a perennial plant, *Salvia officinalis*, whose greenish grey leaves are used for seasoning in cookery.

Sagittarius /ˌsædʒəˈtɛəriəs/ *n.* **1.** the ninth sign of the zodiac, which the sun enters about 22 November; the Archer. **2.** a person born under the sign of Sagittarius, and (according to tradition) exhibiting the typical Sagittarius personality traits in some degree. –*adj.* **3.** having to do with Sagittarius. **4.** having to do with such a person or personality trait.

sago /ˈseɪgoʊ/ *n.* **1.** a starchy foodstuff derived from the soft interior of the trunk of various palms and cycads, used in making puddings, and other dishes. **2.** any of various plants from which this foodstuff may be obtained.

sahib /sɑb, ˈsɑ-ɪb/ *n.* (in India) a term of respect which follows a man's name.

said /sɛd/ *v.* **1.** past tense and past participle of

say. –*adj.* **2.** named or mentioned before: *the said witness; the said sum.*

sail /seɪl/ *n.* **1.** an expanse of canvas or similar material spread to the wind to make a vessel move through the water. **2.** some similar piece or apparatus, as the part of an arm of a windmill which catches the wind. **3.** a voyage or excursion, especially in a sailing vessel. **4.** a sailing vessel or ship, or sailing vessels collectively: *the fleet numbered thirty sail.* **5.** sails for a vessel or vessels, collectively. –*v.i.* **6.** to travel in a vessel conveyed by the action of wind, steam, etc. **7.** to move along or be conveyed by wind, steam, etc.: *steamships sailing to Fremantle.* **8.** to manage a boat, especially for sport. **9.** to begin a journey by water: *sailing at dawn.* **10.** to move along in a manner suggestive of a sailing vessel: *clouds sailing overhead.* **11.** to travel through the air, as a balloon. **12.** to move along with dignity: *to sail into a room.* –*v.t.* **13.** to sail upon, over, or through: *to sail the seven seas.* **14.** to navigate (a ship, etc.). **15.** to cause to sail (a toy boat or the like). –*phr.* **16. make sail,** *Nautical* **a.** to set the sail or sails of a boat, or increase the amount of sail already set. **b.** to set out on a voyage. **17. sail in,** *Colloquial* to go boldly into action. **18. sail through,** to complete (a task, test, etc.) easily and successfully: *she sails through all her exams.* **19. set sail,** to start a voyage. **20. under sail,** with sails set. –**sailable** *adj.* –**sailless** *adj.*

sailboard /'seɪlbɔd/ *n.* **1.** a lightweight, polyurethane surfboard, equipped with a mast and sail, on which the rider stands to manoeuvre the sail. –*v.i.* **2.** to ride on a sailboard. –**sailboarder** *n.* –**sailboarding** *n.*

sailor /'seɪlə/ *n.* **1.** someone whose occupation is sailing or navigation; a mariner; a seafarer. **2.** marines below the rank of officer. **3.** a person, with reference to susceptibility to seasickness: *a bad sailor.* **4.** a sailor-hat.

sailplane /'seɪlpleɪn/ *n., v.* **-planing, -planed.** –*n.* **1.** a glider designed especially for sustained flight using ascending air currents. –*v.i.* **2.** to soar in a sailplane.

saint /seɪnt/ *n.* **1.** one of certain persons of exceptional holiness of life formally recognised by the Christian Church as having attained an exalted position in heaven and as being entitled to veneration on earth; a canonised person. **2.** (in certain religious bodies) a designation applied by the members to themselves. **3.** a person of great holiness. **4.** a sanctimonious person.

St Andrew's Cross spider *n.* a large reddish-coloured spider, *Argyope aetherea*, with white and yellow transverse bands on the abdomen, which constructs a white silken cross in the centre of its snare, along the arms of which it arranges its legs in pairs.

St Vitus dance /sənt 'vaɪtəs dæns/ *n.* → **chorea** (def. 2). Also, **St Vitus's dance.**

saith /seθ/ *v. Archaic or Poetic* third person singular present of **say.**

sake[1] /seɪk/ *n.* **1.** cause, account, or interest: *for my sake.* **2.** purpose or end: *for the sake of appearances.*

sake[2] /'saki/ *n.* a Japanese fermented alcoholic drink made from rice.

sal /sæl/ *n. Chiefly Pharmacy* salt.

salaam /sə'lam/ *n.* **1.** (in the Orient) a salutation meaning 'peace'. **2.** a very low bow or obeisance, especially with the palm of the right hand placed on the forehead. –*v.i.* **3.** to salute someone with a salaam.

salacious /sə'leɪʃəs/ *adj.* **1.** lustful or lecherous. **2.** (of writings, etc.) obscene; titillating. –**salaciously** *adv.* –**salaciousness, salacity** /sə'læsəti/ *n.*

salad /'sæləd/ *n.* **1.** a dish of uncooked vegetables, typically served with a savoury dressing. **2.** any of various raw or cooked foods served cold, usually cut up and mixed with a dressing: *fruit salad; potato salad.* **3.** any of various herbs used for such a dish or commonly eaten raw. –*adj.* **4.** having to do with a salad.

salad days *pl. n.* days of youthful inexperience.

salamander /'sæləmændə/ *n.* **1.** any of various tailed amphibians, most of which have an aquatic larval stage but are terrestrial as adults, such as *Salamandra salamandra*, the **European salamander** or **fire salamander** of central and southern Europe. **2.** a mythical lizard or other reptile, or a being supposed to be able to live in fire. **3.** any person or thing able to survive great heat. **4. a.** any of various portable stoves or burners. **b.** a small portable stove used on building sites to keep materials dry. –**salamandrine** /sælə'mændrən/ *adj.*

salami /sə'lami/ *n.* a kind of sausage, originally Italian, often flavoured with garlic.

salary /'sæləri/ *n.* **-ries.** a fixed periodical payment, usually monthly, paid to a person for regular work or services, especially work other than that of a manual, mechanical, or menial kind. –**salaried** *adj.*

sale /seɪl/ *n.* **1.** the act of selling. **2.** the quantity sold. **3.** opportunity to sell; demand: *slow sale.* **4.** a special disposal of goods, as at reduced prices. **5.** transfer of property for money or credit. –*phr.* **6. for** (or **on**) **sale,** offered to be sold; offered to purchasers. **7. have** (or **make**) **a sale,** *NZ Colloquial* to vomit.

sales tax *n.* a tax imposed on the seller of goods in respect of goods sold, but generally passed on to the ultimate consumer in the retail price.

salient /'seɪliənt/ *adj.* **1.** prominent or conspicuous: *salient features.* **2.** projecting or pointing outwards, as an angle. **3.** leaping or jumping. –*n.* **4.** *Fortifications* a salient angle or part, as the central outward projecting angle of a bastion or an outward projection in a battle line. –**saliently** *adv.* –**salience, saliency** *n.*

saline /'seɪlaɪn, -lɪn/ *adj.* **1.** salty or saltlike; containing or tasting like common table salt: *a saline solution.* **2.** having to do with a chemical salt, of sodium, potassium, magnesium, etc., as used as a cathartic. –*n.* **3.** a saline health drink or medicine. –**salinity** /sə'lɪnəti/ *n.*

saliva /sə'laɪvə/ *n. Physiology* a fluid consisting of the secretions produced by glands which discharge into the mouth, containing ptyalin in humans and certain other animals; spittle. –**salivary** *adj.*

salivate /'sæləveɪt/ *v.* **-vated, -vating.** –*v.i. Physiology* to produce saliva. –**salivation** /sælə'veɪʃən/ *n.*

sallow[1] /'sæloʊ/ *adj.* **1.** of a yellowish, sickly hue or complexion: *sallow cheeks.* –*v.t.* **2.** to make sallow. –**sallowish** *adj.* –**sallowness** *n.*

sallow[2] /'sæloʊ/ *n.* any of several tall shrubby willows with elliptical or ovate leaves, as the common sallow, *Salix cinerea*, of Europe, temperate western Asia, and northern Africa.

sally /'sæli/ *n.* **-lies,** *v.* **-lied, -lying.** –*n.* **1.** a sortie of troops from a besieged place upon an enemy. **2.** a sudden rushing forth or activity. **3.** an excursion or expedition. **4.** an outburst or flight of passion, fancy, etc.: *sally of anger.* **5.** a sprightly or brilliant utterance or remark. –*v.i.* **6.** to make a sally, as a body of troops from a besieged place. **7.** to set out briskly or energetically. –*phr.* **8. sally forth,** to set out briskly or energetically. **9. sally up,** *NZ* to berate; scold.

salmon /'sæmən/ *n.* **-mons,** (*especially collectively*) **-mon,** *adj.* –*n.* **1.** a marine and freshwater

salmonella

food fish, introduced into Australia, *Salmo salar* (family Salmonidae), with pink flesh, common in the northern Atlantic Ocean near the mouths of large rivers, which it ascends to spawn. **2.** any of several important food fishes of the North Pacific salmonoid genus *Oncorhynchus*. **3.** Also, **salmon pink**. light yellowish-pink. *–adj.* **4.** Also, **salmon pink**. of the colour salmon.

salmonella /sælmə'nɛlə/ *n.* **-nellae** /-'nɛli/. any of several anaerobic bacteria (genus *Salmonella*), pathogenic for humans and warm-blooded animals.

salon /'sælɒn/ *n.* **1.** a drawing room or reception room in a large house. **2.** an assembly of guests in such a room, especially such an assembly consisting of leaders in fashion, art, politics, etc. (common during the 17th and 18th centuries). **3.** a hall or place used for the exhibition of works of art. **4.** a fashionable business establishment or shop: *beauty salon, hairdressing salon.*

saloon /sə'lun/ *n.* **1.** a room or place for general use for a specific purpose: *a dining saloon on a ship.* **2.** Also, **saloon bar**. in a hotel, a bar with better appointments and higher prices than those in the public bar. Compare **lounge** (def. 6), **public bar**.

salsa /'sælsə/ *n.* **1.** a type of lively popular dance music originating in Latin America and blending Cuban rhythms with elements of jazz, rock, and soul music. **2.** a hot Mexican sauce based on tomatoes and chilli.

salt /sɒlt, sɔlt/ *n.* **1.** a crystalline compound, sodium chloride, NaCl, occurring as a mineral, a constituent of sea water, etc., and used for seasoning food, as a preservative, etc. **2.** *Chemistry* a compound which upon dissociation yields cations (positively charged), and anions (negatively charged). **3.** (*plural*) any of various salts used as purgatives: *Epsom salts*. **4.** that which gives liveliness, piquancy, or pungency to anything. **5.** wit; pungency. **6.** *Colloquial* a sailor, especially an experienced one: *old salt*. *–v.t.* **7.** to season with salt. **8.** to cure, preserve, or treat with salt. **9.** *Chemistry* **a.** to treat with common salt or with any chemical salt. **b. salt out**, to add common salt to (a solution) in order to separate a dissolved substance. **10.** to introduce rich ore or other valuable matter, information, etc., to create a false impression of value: *to salt a mine, a sample, etc.* *–adj.* **11.** containing salt; having the taste of salt: *a salt solution*. **12.** saltwater: *a salt lagoon*. **13.** cured or preserved with salt: *salt cod*. **14.** overflowed with or growing in salt water: *salt marsh*. *–phr.* **15. below the salt**, of an inferior status. **16. go through like a dose** (or **packet**) **of salts**, *Colloquial* **a.** to have the same effect as a purgative. **b.** to make a brief visit causing great disturbance. **17. rub salt into the wound**, to make things worse; add insult to injury. **18. salt away** (or **down**), to preserve by adding quantities of salt. **b.** *Colloquial* to lay or store away in reserve: *to salt a lot of money away*. **19. salt of the earth**, the best kind of people. **20. take with a grain of salt**, to believe with reservations. **21. worth one's salt**, capable; efficient; deserving one's pay. *–salty adj.* *–saltlike adj.*

saltbush /'sɒltbʊʃ/ *n.* any of various droughtresistant plants of the family Chenopodiaceae, especially the Australian and New Zealand genus *Rhagodia* and the widespread genus *Atriplex*, used as grazing plants in arid, saline, and alkaline parts of Australia, North America, and southern Africa. *–phr.* **2. the saltbush**, regions where saltbush is the predominant vegetation.

saltcellar /'sɒltsɛlə/ *n.* **1.** a shaker or vessel for salt. **2.** *Colloquial* either of the hollows above the collarbone of thin people.

salt-lick /'sɒlt-lɪk/ *n.* **1.** a place to which wild animals resort to lick salt occurring naturally there. **2.** *Agriculture* rock salt or compressed salt in blocks with or without minerals and other additives placed in the paddock for animals grazing there.

saltpan /'sɒltpæn/ *n.* a small basin flooded by salt deposits, the remains of an evaporated salt lake which may have entirely disappeared.

saltpetre /sɒlt pitə/ *n.* → **potassium nitrate**. Also, *US*, **saltpeter**.

salubrious /sə'lubriəs/ *adj.* **1.** (especially of air, climate, etc.) favourable to health; promoting health. **2.** (of a locality) attractive and prosperous: *they live in one of the more salubrious suburbs.* *–salubriously adv.* *–salubriousness, salubrity* /sə'lubrəti/ *n.*

salutary /'sæljətri/ *adj.* **1.** conducive to health; healthful. **2.** promoting or conducive to some beneficial purpose; wholesome. *–salutarily adv.* *–salutariness n.*

salutation /sæljə'teɪʃən/ *n.* **1.** the act of saluting. **2.** something uttered, written, or done by way of saluting. **3.** the opening of a letter or of a speech as 'Dear Sir', 'Ladies and Gentlemen'. *–salutatory adj.*

salute /sə'lut/ *v.* **-luted, -luting**, *n.* *–v.t.* **1.** to greet with words or movements of goodwill, respect, etc. **2.** *Military, Navy* to pay respect to or honour by some formal act, as raising the right hand to the side of the head, presenting arms, firing cannon, dipping colours, etc. *–v.i.* **3.** *Military, Navy* to give a salute. *–n.* **4.** the act of saluting; salutation; greeting. **5.** → **Australian salute**. *–saluter n.*

salvage /'sælvɪdʒ/ *n.*, *v.* **-vaged, -vaging**. *–n.* **1.** the act of saving property, such as a ship or aircraft or their cargo, from some peril. **2.** the saving of anything from loss or danger. **3.** property or a thing so saved. *–v.t.* **4.** to save from shipwreck, fire, etc. **5.** to recover or save: *to salvage his self-respect.* *–salvager n.*

salvation /sæl'veɪʃən/ *n.* **1.** the act of saving or delivering. **2.** the state of being saved or delivered. **3.** a source, cause, or means of deliverance: *to be the salvation of a friend*. **4.** *Theology* deliverance from the power and penalty of sin; redemption.

salve /sav, sælv/ *n.*, *v.* **salved, salving**. *–n.* **1.** a healing ointment to be applied to wounds and sores for relief or healing. **2.** anything that soothes or mollifies. *–v.t.* **3.** to soothe as if with salve: *to salve one's conscience*.

salver /'sælvə/ *n.* a tray.

salvo /'sælvoʊ/ *n.* **-vos** or **-voes**. **1.** a discharge of artillery or other firearms, in regular succession, often intended as a salute. **2.** the more or less simultaneous discharge of numerous guns, as from an artillery battery or a naval vessel. **3.** a round of cheers, applause, etc.

sal volatile /sæl və'lætəli/ *n.* **1.** → **ammonium carbonate**. **2.** an aromatic alcoholic solution of this salt used as a restorative for fainting, dizziness, etc., by inhalation.

samba /'sæmbə/ *n.* a ballroom dance of Brazilian (ultimately African) origin.

same /seɪm/ *det.* **1.** identical with what is about to be or has just been mentioned: *the very same person*. **2.** being one or identical, though having different names, aspects, etc.: *these are one and the same thing*. **3.** agreeing in kind, amount, etc.; corresponding: *two boxes of the same dimensions*. **4.** unchanged in character, condition, etc. *–pron.* **5.** the same person or thing. *–phr.* **6. all the same, a.** notwithstanding; nevertheless. **b.** immaterial; unimportant. **7. just the same, a.** in the same manner. **b.** nevertheless. **8. same here!**, (an exclamation indicating that the speaker agrees

samovar

with the last statement or feeling expressed). **9. the same**, played with the same manner (used adverbially): *she played it the same each time*. **–sameness** *n.*

samovar /'sæməvə/ *n.* a metal urn, commonly of copper, used in Russia and elsewhere for heating the water for making tea.

sampan /'sæmpæn/ *n.* any of various small boats of China, etc., as one propelled by a single scull over the stern, and provided with a roofing of mats.

sample /'sæmpəl/ *n., adj., v.* **-pled, -pling.** –*n.* **1.** a small part of anything or one of a number, intended to show the quality, style, etc., of the whole; a specimen. –*adj.* **2.** serving as a specimen: *a sample copy.* –*v.t.* **3.** to take a sample or samples of; test or judge by a sample.

sampler /'sæmplə/ *n.* **1.** someone who samples something. **2.** a piece of cloth embroidered with various devices, serving to show a beginner's skill in needlework.

samurai /'sæmjərai/ *n.* **-rai.** (in feudal Japan) a member of the military class.

sanatorium /sænə'tɔriəm/ *n.* **-toriums** *or* **-toria** /-'tɔriə/. **1.** an establishment for the treatment of invalids, convalescents, etc., especially in a favourable climate: *a tuberculosis sanatorium*. **2.** a health resort. **3.** the part of a boarding school set apart for the treatment or isolation of sick pupils. Also, **sanitarium.**

sanctify /'sæŋktəfai/ *v.t.* **-fied, -fying. 1.** to make holy; set apart as sacred; consecrate. **2.** to purify or free from sin: *sanctify your hearts.* **3.** to impart religious sanction to; render legitimate or binding: *to sanctify a vow.* **–sanctification** /sæŋktəfə'keɪʃən/ *n.* **–sanctifier** *n.* **–sanctifiable** *adj.*

sanctimonious /sæŋktə'moʊniəs/ *adj.* making a show of holiness; affecting sanctity. **–sanctimoniously** *adv.* **–sanctimoniousness, sanctimony** /'sæŋktəməni/ *n.*

sanction /'sæŋkʃən/ *n.* **1.** acceptance or approval; authorisation; ratification: *the plans now have the sanction of the Council.* **2.** powerful feelings or agreement among people about what is right or wrong: *social sanctions against crime.* **3.** *International Law* action by one or more countries towards another designed to force it to keep certain laws: *trade sanctions.* –*v.t.* **4.** to approve or authorise; ratify: *we will sanction its use.*

sanctity /'sæŋktəti/ *n.* **-ties. 1.** holiness, saintliness, or godliness. **2.** sacred or hallowed character: *inviolable sanctity of the temple.*

sanctuary /'sæŋktʃəri, 'sæŋkt'ʃuəri/ *n.* **-ries. 1.** a sacred or holy place. **2.** the part of a church around the altar; chancel. **3. a.** (formerly) a church or other holy place where people running away from the law or from oppression were safe from arrest; asylum. **b.** the protection given by this. **4.** a place protected by law where plants and animals are left in peace; reserve.

sanctum /'sæŋktəm/ *n.* **-tums** *or* **-ta** /-tə/. **1.** a sacred or holy place. **2.** an especially private place or retreat: *the inner sanctum.*

sand /sænd/ *n.* **1.** coarse or fine grains from rocks that have been broken up or worn away. **2.** (*usually plural*) a region made up mainly of sand. **3.** a dull reddish yellow colour. –*v.t.* **4.** to smooth or polish with sand or sandpaper. **5.** to sprinkle, fill or mix with, or as with, sand. **–sandy** *adj.*

sandal /'sændl/ *n.* **1.** a kind of shoe, consisting of a sole of leather or other material fastened to the foot by thongs or straps. **2.** any of various kinds of low shoes or slippers. **–sandalled** *adj.*

sandalwood /'sændlwʊd/ *n.* the fragrant heartwood of any of certain Asiatic and Australian trees of the genus *Santalum* (family Santalaceae), used for ornamental carving and burnt as incense.

sandbar /'sændba/ *n.* a bar of sand formed in a river or sea by the action of tides or currents.

sandblast /'sændblast/ *n.* **1.** a blast of air or steam laden with sand, used to clean, grind, cut, or decorate hard surfaces, as of glass, stone, or metal. **2.** the apparatus used to apply such a blast. –*v.t.* **3.** to clean, smooth, etc., with a sandblast. **–sandblasting** *n.*

sandpaper /'sændpeɪpə/ *n.* **1.** strong paper coated with a layer of sand or the like, used for smoothing or polishing. –*v.t.* **2.** to smooth or polish with or as with sandpaper.

sandpiper /'sændpaɪpə/ *n.* any of a number of shorebirds of the family Scolopacidae that breed in the Northern Hemisphere and are seen in Australia as non-breeding migrants, as the **sharp-tailed sandpiper**, *Calidris acuminata*, common in Australasia.

sandshoe /'sænʃu, 'sændʃu/ *n. Australian, NZ* a rubber-soled canvas shoe, laced to fit the foot, worn especially for gymnastics, sports, etc.

sandsoap /'sændsoʊp/ *n.* a soap with mildly abrasive power used especially to remove stubborn stains.

sandstone /'sændstoʊn/ *n.* a rock formed by the consolidation of sand, the grains being held together by a cement of silica, lime, gypsum, or iron salts.

sand wedge /'sænd wɛdʒ/ *n.* a golf club used for playing a ball which has landed in a bunker. Also, **wedge.**

sandwich /'sænwɪtʃ, -wɪdʒ/ *n.* **1.** two slices of bread (or toast), plain or buttered, with a layer of meat, fish, cheese, or the like between. **2.** something formed by a similar combination. –*v.t.* **3.** to insert or hem in between two other things. –*phr.* **4. the meat in the sandwich**, *Australian Colloquial* the person innocently involved in a conflict of interests.

sandy blight *n.* → **trachoma.**

sane /seɪn/ *adj.* **saner, sanest. 1.** free from mental derangement: *a sane person.* **2.** having or showing reason, sound judgment, or good sense: *a sane approach to the problem.* **–sanely** *adv.* **–saneness** *n.* **–sanity** *n.*

sang /sæŋ/ *v.* past tense of **sing.**

sangfroid /sɒŋ'frwa/ *n.* coolness of mind; calmness; composure.

sanguine /'sæŋgwən/ *adj.* **1.** naturally cheerful and hopeful: *a sanguine temperament.* **2.** hopeful or confident: *sanguine expectations.* **3.** ruddy: *a sanguine complexion.* **–sanguinely** *adv.* **–sanguineness** *n.* **–sanguineous** *adj.*

sanitarium /sænə'tɛəriəm/ *n.* **-tariums** *or* **-taria** /-'tɛəriə/. → **sanatorium.**

sanitary /'sænətri/ *adj.* **1.** having to do with health or the conditions affecting health, especially with reference to cleanliness, precautions against disease, etc. **2.** favourable to health; free from dirt, germs, etc. **–sanitarily** *adv.* **–sanitariness** *n.*

sanitary napkin *n.* a soft, absorbent, disposable pad worn during menstruation to absorb the discharge from the uterus. Also, **sanitary pad.**

sanitation /sænə'teɪʃən/ *n.* **1.** the study and practical application of sanitary measures. **2.** a drainage system.

sanitise = sanitize /'sænətaɪz/ *v.t.* **-tised, -tising. 1.** to make sanitary: *sanitised for your convenience.* **2.** to make more acceptable by removing offensive aspects: *the editors will sanitise the article.* **–sanitiser** *n.*

sank /sæŋk/ *v.* past tense of **sink.**

Santa Claus /'sæntə klɔz/ *n.* the patron saint of children, dispenser of gifts on Christmas Eve; Father Christmas; Saint Nicholas.

sap¹ /sæp/ *n.* **1.** the juice or vital circulating fluid, especially of a woody plant. **2.** *Colloquial* a fool or weak person.

sap² /sæp/ *n., v.* **sapped, sapping.** *-n.* **1.** *Fortifications* a deep narrow trench constructed to approach a besieged place or an enemy's position. *-v.t.* **2.** *Fortifications* to approach (a besieged place, etc.) with deep narrow trenches. **3.** to undermine; weaken or destroy insidiously.

sapient /'seɪpɪənt/ *adj. (often ironic)* wise or sage. **-sapience, sapiency** *n.* **-sapiently** *adv.* **-sapiential** *adj.*

sapling /'sæplɪŋ/ *n.* **1.** a young tree. **2.** a young person.

sapphire /'sæfaɪə/ *n.* **1.** a variety of corundum, especially a transparent blue kind valued as a gem. **2.** a gem of this kind. **3.** the colour of the gem, a deep blue. *-adj.* **4.** resembling sapphire; deep blue: *a sapphire sky*.

sapro- a word element meaning 'rotten', or 'saprophytic', as in *saprolite*. Also *(before vowels)*, **sapr-**.

saraband /'særəbænd/ *n.* **1.** a popular and vigorous Spanish castanet dance. **2.** a slow, stately Spanish dance in triple rhythm derived from this. **3.** a piece of music for, or in the rhythm of, this dance, usually forming one of the movements in the classical suite, following the courante.

sarc- a word element meaning 'flesh', as in *sarcous*. Also *(before consonants)*, **sarco-**.

sarcasm /'sakæzəm/ *n.* **1.** harsh or bitter derision or irony. **2.** an ironical taunt or gibe; a sneering or cutting remark. **-sarcastic** /sa'kæstɪk/ *adj.* **-sarcastically** *adv.*

sarcoma /sa'koʊmə/ *n.* **-mata** /-mətə/. *Pathology* any of various malignant tumours originating in the connective tissue, attacking especially the bones. **-sarcomatoid, sarcomatous** *adj.*

sarcophagus /sa'kɒfəgəs/ *n.* **-gi** /-gaɪ/ *or* **-guses**. a stone coffin, especially one bearing sculpture or inscriptions, etc., often displayed as a monument.

sardine /sa'din/ *n.* **-dines**, *(especially collectively)* **-dine** **1.** the young of the common pilchard, often preserved in oil and canned for food. **2.** any of various allied or similar fishes used in this way, especially the **California sardine**, *Sardinops caeruleus*.

sardonic /sa'dɒnɪk/ *adj.* bitterly ironical; sarcastic; sneering: *a sardonic grin*. **-sardonically** *adv.*

sari /'sari/ *n.* **-ris**. a long piece of cotton or silk, the principal outer garment of Hindu women, worn round the body with one end over the head or shoulder.

sarking /'sakɪŋ/ *n. Building Trades* **1.** a layer of boarding, sometimes used to cover the rafters of a house under the tiles. **2.** sheet material laid under tiles, shingles, or slates for reflective insulation or additional waterproofing.

sarong /sə'rɒŋ/ *n.* **1.** the principal garment for both sexes in the Malay Archipelago, etc., consisting of a piece of cloth enveloping the lower part of the body like a skirt. **2.** a kind of cloth for such garments.

sarsaparilla /saspə'rɪlə/ *n.* **1.** any of various climbing or trailing plants of the genus *Smilax*, having a root which has been much used in medicine as an alterant. **2.** a soft drink flavoured with the root. **3.** any similar species as **false sarsaparilla**, *Hardenbergia violacea*.

sartorial /sa'tɔriəl/ *adj.* **1.** having to do with clothes or dress, generally men's: *sartorial splendour*. **2.** *Anatomy* having to do with the sartorius.

sash¹ /sæʃ/ *n.* a long band or scarf of silk, etc., worn over one shoulder or round the waist.

sash² /sæʃ/ *n.* a movable framework in which panes of glass are set, as in a window or the like.

sashay /'sæʃeɪ/ *v.i. Colloquial* to strut, move exaggerately.

sassafras /'sæsəfræs/ *n.* **1.** an American tree, *Sassafras albidum*. **2.** the aromatic bark of its root, used medicinally and especially for flavouring beverages, confectionery, etc. **3.** any of several Australian trees with fragrant bark.

sassy /'sæsi/ *adj.* **-sier, -siest**. *Colloquial* saucy.

sat /sæt/ *v.* past tense and past participle of **sit**.

Satan /'seɪtn/ *n.* (in many beliefs) the chief evil spirit; the great adversary of humanity; devil.

satanic /sə'tænɪk/ *adj.* **1.** of Satan. **2.** characteristic of or befitting Satan; extremely wicked; diabolical. Also, **satanical**. **-satanically** *adv.*

satay /'sateɪ/ *n.* a dish consisting of cubes of spiced meat grilled on a skewer and served with a hot peanut or soya-based sauce.

satchel /'sætʃəl/ *n.* a bag, made of leather, canvas, or the like, usually with a shoulder-strap, used for carrying schoolbooks.

sate /seɪt/ *v.t.* **sated, sating**. **1.** to satisfy (any appetite or desire) to the full. **2.** to surfeit; glut.

satellite /'sætəlaɪt/ *n., v.* **-lited, -liting**. *-n.* **1.** a small body which moves around a planet; moon. **2.** someone or something which depends on, or is dominated by, another. **3.** Also, **artificial satellite**. an object, usually containing recording and transmitting instruments, for launching into orbit round the earth or another planet, for purposes of communication, research, etc. *-v.t.* **4.** to send (pictures, messages, etc.) by satellite.

satin /'sætn/ *n.* **1.** a very smooth, glossy fabric made in a warp-face weave, usually rayon or silk. *-adj.* **2.** of or like satin; smooth; glossy. **-satin-like** *adj.*

satire /'sætaɪə/ *n.* **1.** the use of irony, sarcasm, ridicule, etc., in exposing, denouncing, or deriding vice, folly, etc. **2.** a literary composition, in verse or prose, in which vices, abuses, follies, etc., are held up to scorn, derision, or ridicule. **3.** the species of literature constituted by such composition. **-satirical** /sə'tɪrɪkəl/, **satiric** /sə'tɪrɪk/ *adj.*

satirise = satirize /'sætəraɪz/ *v.* **-rised, -rising**. *-v.t.* **1.** to make the object of satire. *-v.i.* **2.** to write or perform a satire or satires. **-satiriser, satirist** *n.*

satisfaction /sætəs'fækʃən/ *n.* **1.** the act of satisfying or condition of being satisfied. **2.** the cause of being satisfied. **3.** the making good of a wrong; reparation. **4.** payment as for a debt or the fulfilling of obligations.

satisfactory /sætəs'fæktəri, -tri/ *adj.* affording satisfaction; fulfilling all demands or requirements: *a satisfactory answer*. **-satisfactorily** *adv.* **-satisfactoriness** *n.*

satisfy /'sætəsfaɪ/ *v.* **-fied, -fying**. *-v.t.* **1.** to fulfil the desires, expectations or needs of (a person, etc.); gratify; content. **2.** to fulfil (a desire, expectation, need, etc.): *to satisfy hunger*. **3.** to convince; assure: *he satisfied himself that all had gone well*. **4.** to pay back (a debt, etc.). *-v.i.* **5.** to give satisfaction. **-satisfier** *n.* **-satisfyingly** *adv.*

saturate /'sætʃəreɪt/ *v.t.* **-rated, -rating**. **1.** to cause (a substance) to unite with the greatest combination, or the like. **2.** to charge to the utmost, as with magnetism. **3.** to soak, impregnate, or imbue thoroughly or completely. **4.** *Military* **a.** to bomb or shell (an enemy position) so thoroughly that the enemy defences are powerless. **b.** to send so many planes over (a target area) that the enemy electronic tracking equipment is neutralised. **5.** to supply (a market) so fully as to exceed demand. **-saturable** /'sætʃərəbəl/ *adj.* **-saturability** /sætʃərə'bɪləti/ *n.* **-saturation** *n.*

Saturday /'sætədeɪ, -di/ *n.* the seventh day of the week, following Friday.

saturnalia /ˌsætəˈneɪljə/ *pl. n.* any period of unrestrained revelry. –**saturnalian** *adj.*

saturnine /ˈsætənaɪn/ *adj.* having or showing a sluggish, gloomy temperament; gloomy; taciturn. –**saturninely** *adv.*

satyr /ˈsætə, ˈseɪtə/ *n.* **1.** *Classical Mythology* one of a class of woodland deities attendant on the god of wine, Bacchus, represented as part human and part goat, and noted for riot and lasciviousness. **2.** a lascivious man. **3.** any of the rather sombre butterflies that constitute the family Satyridae. –**satyric** /səˈtɪrɪk/ *adj.*

sauce /sɔs/ *n., v.* **sauced, saucing**. –*n.* **1.** a cooked thick liquid put on, or eaten with, food to make it taste better: *chocolate sauce; chilli sauce.* **2.** something that adds sharpness or interest. **3.** *Colloquial* cheekiness; impertinence; impudence. –*v.t.* **4.** to prepare with sauce; season: *she sauced the dish with chilli.* **5.** to give sharpness or interest to. **6.** *Colloquial* to speak cheekily to.

saucepan /ˈsɔspən/ *n.* a metal container of moderate depth, usually having a long handle and a lid, for boiling, stewing, etc.

saucer /ˈsɔsə/ *n.* **1.** a small, round, shallow dish to hold a cup. **2.** any similar dish, plate, or the like. **3.** any saucer-shaped thing: *a flying saucer.*

saucy /ˈsɔsi/ *adj.* **-cier, -ciest. 1.** impertinent; insolent: *a saucy remark, or child.* **2.** piquantly pert; smart: *a saucy hat.* –**saucily** *adv.* –**sauciness** *n.*

sauerkraut /ˈsaʊəkraʊt/ *n.* cabbage cut fine, salted, and allowed to ferment until sour.

sauna /ˈsɔnə/ *n.* **1.** a type of steam bath, originally Finnish, in which the bather sits in a steam-filled room or cabinet and is cleansed through the process of perspiration, usually following this treatment with immersion in cold water and sometimes a light beating with birch twigs. **2.** a room or device for taking such a bath.

saunter /ˈsɔntə/ *v.i.* **1.** to walk with a leisurely gait; stroll. –*n.* **2.** a leisurely walk or ramble; a stroll. **3.** a leisurely gait. –**saunterer** *n.*

-saur a word element meaning 'lizard'.

saurian /ˈsɔriən/ *adj.* **1.** belonging or relating to the Sauria, a group of reptiles originally including the lizards, crocodiles, etc., but now technically restricted to the lizards and their allies. **2.** lizardlike. –*n.* **3.** a saurian animal, as a dinosaur or lizard.

sauro- a word element meaning 'lizard'.

-saurus Latinised variant of **-saur**.

sausage /ˈsɒsɪdʒ/ *n.* **1.** minced pork, beef, or other meats (often combined), with various added ingredients and seasonings, and packed into a special skin which was formerly prepared from the entrails of pigs or oxen, but is now often made from a synthetic product. **2.** *Colloquial* the penis. **3.** Also, **silly sausage**. *Colloquial (used affectionately, especially to children)* a silly person. –*phr.* **4. not a sausage**, *Colloquial* absolutely nothing. **5. sink** (or **hide**) **the sausage**, *Colloquial (humorous)* to engage in sexual intercourse.

sauté /ˈsoʊteɪ/ *adj., v.* **-téed, -téing.** –*adj.* **1.** cooked or browned in a pan containing a little fat. –*v.t.* **2.** to cook in a small amount of fat; pan fry.

sauterne /soʊˈtɜn, sə-/ *n.* **1.** a rich sweet white table wine, especially one produced near Bordeaux, France. **2.** (in unofficial use) any similar white wine made elsewhere. Also, **sauternes**.

savage /ˈsævɪdʒ/ *adj., n., v.* **savaged, savaging**. –*adj.* **1.** wild; rugged: *savage wilderness.* **2.** uncivilised; barbarous: *savage tribes.* **3.** fierce or cruel; untamed: *savage beasts.* **4.** furiously angry. –*n.* **5.** an uncivilised human being. **6.** a fierce or cruel person. **7.** a rude person. –*v.t.* **8.** to attack violently; maul. –**savagely** *adv.* –**savageness**, **savagery** *n.*

savanna /səˈvænə/ *n.* grassland region with scattered trees, grading into either open plain or woodland, usually in subtropical or tropical regions. Also, **savannah**.

savant /ˈsævənt/ *n.* a person of learning.

save[1] /seɪv/ *v.* **saved, saving**, *n.* –*v.t.* **1.** to rescue from danger, harm, or loss: *to save someone from drowning; to save the game.* **2.** to keep safe; safeguard: *God save the Queen.* **3.** (in soccer, etc.) to prevent (a goal) being scored by stopping the ball from entering the net. **4.** to avoid the spending, using up, or waste of: *to save money; to save electricity.* **5.** to put aside for future use (often fol. by *up*): *I have saved (up) $1000.* **6.** *Computers* to store (a file) in memory. **7.** to treat carefully in order to preserve: *to save her eyes, she doesn't sew much.* **8.** to prevent or make unnecessary; obviate: *a stitch in time saves nine.* **9.** *Theology* to deliver from sin: *to save humanity from hell.* –*v.i.* **10.** to put aside money (often fol. by *up*): *to save up for a new car.* **11.** *Theology* to deliver from sin: *Jesus saves.* –*n.* **12.** the act of saving, especially in sports. –**savable** *adj.* –**saver** *n.*

save[2] /seɪv/ *prep.* **1.** except; but. –*conj.* **2.** except; but.

saveloy /ˈsævəlɔɪ/ *n.* **1.** → **frankfurt**. **2.** a highly seasoned, smoked sausage, usually of pork.

saving /ˈseɪvɪŋ/ *adj.* **1.** that saves; rescuing; preserving. **2.** making acceptable in spite of other bad qualities; redeeming: *he's a coward, but he has a saving sense of humour.* **3.** making an exception: *a saving clause.* –*n.* **4.** a lessening of expense: *a saving of 10 per cent.* **5.** something that is saved. **6.** *(plural)* sums of money saved and put aside. –*prep.* **7.** except: *everyone came, saving Mark.* **8.** with all due respect to or for: *saving your presence.* –*conj.* **9.** save; except; but. –**savingly** *adv.*

savings account *n.* *Banking* an account with a savings bank or permanent building society on which a rate of interest is paid and money can be withdrawn at short notice.

savings bank *n.* a bank which mainly accepts deposits from individual customers and lends money for housing. Compare **trading bank**.

saviour = savior /ˈseɪvjə/ *n.* **1.** someone who saves, rescues, or delivers: *the saviour of the country.* **2.** *(cap.)* a title of God, especially of Christ.

savoir faire /ˌsævwɑ ˈfɛə, ˌsʌv-/ *n.* knowledge of what to do in any situation; tact.

savory[1] /ˈseɪvəri/ *n.* **-ries.** any of the aromatic plants constituting the genus *Satureja*, especially *S. hortensis* (**summer savory**), a European herb used in cookery, or *S. montana* (**winter savory**).

savory[2] /ˈseɪvəri/ *adj., n.* → **savoury**.

savour = savor /ˈseɪvə/ *n.* **1.** the quality in a substance which affects the sense of taste or of smell. **2.** a particular taste or smell. **3.** distinctive quality or property. **4.** power to excite or interest. –*v.i.* **5.** to have savour, taste, or smell. –*v.t.* **6.** to give a savour to; season; flavour. **7.** to perceive by taste or smell, especially with relish. **8.** to give oneself to the enjoyment of. –*phr.* **9. savour of**, to exhibit the peculiar characteristics of; smack of. –**savourer** *n.* –**savourless** *adj.*

savoury = savory /ˈseɪvəri/ *adj., n.* **-ries.** –*adj.* **1.** having savour; agreeable in taste or smell: *a savoury smell.* **2.** piquant, pungent, or salty to the taste; not sweet. –*n.* **3.** an unsweet, usually salty, bite-sized morsel such as a smoked oyster, slice of egg topped with an anchovy, etc. on a small biscuit or crouton; canapé. –**savoriness** *n.*

savvy¹ /'sævi/ v. **-vied, -vying.** *Colloquial* –v.t. **1.** to know or understand (something). –v.i. **2.** to know; understand: *do you savvy?*

savvy² /'sævi/ n., adj. **-vier, -viest.** –n. **1.** understanding; intelligence; commonsense. –adj. **2.** well-informed or experienced.

saw¹ /sɔ/ n., v. **sawed, sawn** *or* **sawed, sawing.** –n. **1.** a tool for cutting, typically a thin blade of metal with a series of sharp teeth. **2.** any similar tool, as a circular saw. –v.t. **3.** to cut or shape with a saw: *to saw logs.* **4.** to make movements as if using a saw: *to saw the air with one's hands.* –v.i. **5.** to use a saw: *he is out the back sawing.* **6.** to make sawing movements or sounds like a saw: *to saw away at a violin.* **7.** to cut as a saw does. **–sawer** n.

saw² /sɔ/ v. past tense of **see**¹.

saw³ /sɔ/ n. a sententious saying; maxim; proverb: *he could muster an old saw for almost every occasion.*

sax¹ /sæks/ n. an axelike tool for cutting roofing slate.

sax² /sæks/ n. *Colloquial* a saxophone.

saxophone /'sæksəfoʊn/ n. a musical wind instrument consisting of a conical metal tube (usually brass) with keys and a clarinet mouthpiece. **–saxophonist** /sæk'sɒfənəst/ n.

say /seɪ/ v. **said, saying,** n. –v.t. **1.** to utter or pronounce; speak. **2.** to express in words; state; declare. **3.** to state as an opinion, or with assurance. **4.** to recite or repeat: *to say one's prayers.* **5.** to assume as a hypothesis or an estimate: *to learn in, say, ten lessons.* **6.** to report or allege; maintain: *people say he will resign.* –v.i. **7.** to speak; declare; express an opinion. –n. **8.** what a person says or has to say. **9.** *Colloquial* the right or opportunity to say, speak or decide. **10.** turn to say something: *it is now my say.* –phr. **11. have the last say,** to have the final authority: *the treasurer has the last say on a budget of this size.* **12. I say,** (an exclamation to attract attention or to express surprise, protest, joy, etc.). **13. that is to say,** in other words; otherwise. **–sayer** n.

saying /'seɪɪŋ/ n. **1.** something said, especially a proverb or apophthegm. –phr. **2. go without saying,** to be completely self-evident.

scab /skæb/ n., v. **scabbed, scabbing.** –n. **1.** a crust which forms over a sore during healing. **2.** *Veterinary Science* a mangy disease in animals, especially sheep; scabies. **3.** someone who goes on working during a strike, takes a striker's place or refuses to join a union; blackleg. **4.** *Colloquial* a despicable person, especially one who is disloyal. –v.i. **5.** to become covered with a scab. **6.** to act or work as a scab. **–scabby** adj. **–scablike** adj.

scabbard /'skæbəd/ n. a sheath or cover for the blade of a sword, dagger, or the like.

scabies /'skeɪbiz, -biːz/ n. *Veterinary Science, Pathology* any of several infectious skin diseases occurring in sheep and cattle, and in humans, caused by parasitic mites; itch. **–scabietic** /ˌskeɪbi'ɛtɪk/ adj.

scaffold /'skæfəld, -oʊld/ n. **1.** a temporary structure for holding workers and materials during the erection, repair, cleaning, or decoration of a building. **2.** an elevated platform on which a criminal is executed. **3.** any raised framework or platform. –v.t. **4.** to furnish with a scaffold or scaffolding. **–scaffolder** n.

scaffolding /'skæfəldɪŋ/ n. **1.** a scaffold or system of scaffolds. **2.** materials for scaffolds.

scald /skɔld/ v.t. **1.** to burn or hurt with, or as with, hot liquid or steam. **2.** to put quickly into boiling water: *to scald vegetables.* **3.** to heat to just below boiling point: *to scald milk.* –v.i. **4.** to be or become scalded. –n. **5.** a burn caused by hot liquid or steam. **–scalding** adj.

scale¹ /skeɪl/ n., v. **scaled, scaling.** –n. **1.** one of the thin, flat, horny or hard plates that form the covering of certain animals, such as fishes. **2.** any thin platelike piece or flake that peels off from a surface. **3.** an encrustation caused in various ways: *the inside of the kettle is covered with scale.* –v.t. **4.** to remove the scales from: *to scale fish.* **5.** to remove in scales or thin layers: *to scale off paint.* –v.i. **6.** to come off in scales: *the burnt skin scaled off.* **7.** to become coated with scale, as the inside of a boiler. **–scalelike** adj. **–scaly** adj.

scale² /skeɪl/ n. **1.** the pan, or either of the pans or dishes, of a balance. **2.** (*usually plural*) a balance, or any of various other more or less complicated devices for weighing. –phr. **3. tip (or turn) the scales,** to determine the outcome of something that has been in doubt. **4. tip the scale(s) at,** to weigh.

scale³ /skeɪl/ n., v. **scaled, scaling.** –n. **1.** a succession or progression of steps or degrees; a graduated series. **2.** a point on such a scale. **3.** a series of marks laid down at determinate distances, as along a line, for purposes of measurement or computation: *the scale of a thermometer.* **4.** a graduated line, as on a map, representing proportionate size. **5.** a graduated table of prices, wages, etc. **6.** an instrument with graduated spaces, for measuring, etc. **7.** the proportion which the representation of an object bears to the object: *a model on a scale of one centimetre to a metre.* **8.** the ratio of distances (or, less commonly, of areas) on a map to the corresponding values on the earth. **9.** a certain relative or proportionate size or extent: *a residence on a yet more magnificent scale.* **10.** a standard of measurement or estimation. **11.** *Arithmetic* a system of numerical notation: *the decimal scale.* **12.** *Music* a succession of notes ascending or descending according to fixed intervals, especially such a series beginning on a particular note: *the major scale of C.* **13.** *Music* the compass or range of a voice or an instrument. –v.t. **14.** to climb by, or as by, a ladder; climb up or over. **15.** to make according to scale. –v.i. **16.** to climb; ascend; mount. **17.** to progress in a graduated series. –phr. **18. scale down,** to decrease, especially according to a fixed proportion. **19. scale up,** to increase, especially according to a fixed proportion.

scallop /'skɒləp/ n. **1.** a type of mollusc having two fluted shell valves that can be opened and shut in order to swim. **2.** the large muscle of certain kinds of such molluscs, valued as a food. **3.** one of a series of curves along the edge of pastry, a garment, cloth, etc. –v.t. **4.** to finish (an edge) with scallops. **–scalloper** n.

scallywag /'skæliwæg/ n. a scamp; rascal (often used indulgently of children). Also, **scalawag, scallawag.**

scalp /skælp/ n. **1.** the skin of the upper part of the head, usually including the associated structures just beneath the skin. **2.** part of this skin with its hair, taken from a slain enemy as a victory prize by certain North American Indians. –v.t. **3.** to cut or tear the scalp from. **4.** *Colloquial* to buy (tickets) and resell them unofficially at a higher rate. **–scalper** n.

scalpel /'skælpəl/ n. a small, light, usually straight knife used in surgical and anatomical operations and dissections.

scamp /skæmp/ n. **1.** a worthless person; rascal. **2.** a mischievous child. –v.t. **3.** to perform (work, etc.) in a hasty or careless manner. **–scampish** adj.

scamper /'skæmpə/ v.i. **1.** to run or go hastily or quickly. –n. **2.** a scampering; a quick run.

scan

scan /skæn/ v. **scanned, scanning,** n. -v.t. **1.** to examine closely; scrutinise. **2.** to look through quickly: *to scan a page.* **3.** to analyse the metrical structure of (verse). **4.** *TV.* to go over (a surface) with a beam of light or electrons in order to reproduce or transmit a picture. **5.** *Radar* to go over (an area) with a beam from a radar transmitter. **6.** *Medicine* to examine (an area, organ, or system of the body) using a moving detector or moving beam of radiation to produce an image of that body part, sometimes after an injection of a radioactive substance which has the ability to enhance the image of a particular tissue. -v.i. **7.** (of verse) to be in accordance with the rules of metre. -n. **8.** the act of scanning. -**scannable** adj. -**scanner** n.

scandal /'skændl/ n. **1.** a disgraceful action, happening, etc.: *it was a scandal that the murderer was set free.* **2.** displeasure or offence caused by such an action. **3.** talk or gossip that does harm to someone's reputation. **4.** *Colloquial* gossip in general. **5.** a person whose behaviour brings disgrace or offence.

scandalise = scandalize /'skændəlaɪz/ v.t. **-lised, -lising.** to shock or horrify by something considered immoral or improper. -**scandaliser** n.

scanner /'skænə/ n. **1.** *Medicine* a machine used to scan (def. 6) an area, organ, or system of the body. **2.** *Computers* → **optical scanner. 3.** → **bar code reader.**

scansion /'skænʃən/ n. the metrical analysis of verse. The usual marks for scansion are ˘ or × for a short or unaccented syllable, ¯ or ′ for a long or accented syllable, ^ for a rest, | for a foot division, and ‖ for a caesura or pause.

scant /skænt/ adj. **1.** barely sufficient in amount or quantity; not abundant; inadequate: *to do scant justice.* **2.** limited; not large: *a scant amount.* **3.** barely amounting to as much as indicated: *a scant two hours.* -phr. **4. scant of,** having an inadequate or limited supply of: *scant of breath.* -**scantly** adv. -**scantness** n.

scanty /'skænti/ adj. **scantier, scantiest. 1.** scant in amount, quantity, etc.; barely sufficient. **2.** meagre; not adequate. **3.** lacking amplitude in extent or compass. -**scantily** adv. -**scantiness** n.

-scape a suffix indicating a view or expanse of the particular location indicated: *streetscape, desertscape, sandscape, cityscape.*

scapegoat /'skeɪpgoʊt/ n. someone who is made to bear the blame for others or to suffer in their place.

scapula /'skæpjələ/ n. **-lae** /-li/. **1.** *Anatomy* either of two flat, triangular bones, each forming the back part of a shoulder; a shoulderblade. **2.** *Zoology* a dorsal bone of the pectoral arch. -**scapular** adj.

scar¹ /ska/ n., v. **scarred, scarring.** -n. **1.** the mark left by a healed wound, sore, or burn. **2.** any blemish remaining as a trace or result: *scars upon one's good name.* **3.** *Botany* a mark indicating a former point of attachment, as where a leaf has fallen from a stem. -v.t. **4.** to mark with a scar. -v.i. **5.** to heal with a resulting scar.

scar² /ska/ n. **1.** a precipitous rocky place; a cliff. **2.** a low or submerged rock in the sea.

scarab /'skærəb/ n. **1.** any scarabaeid beetle, especially *Scarabaeus sacer,* regarded as sacred by the ancient Egyptians. **2.** a representation or image of a beetle, much used among the ancient Egyptians as a symbol, seal, amulet, or the like. **3.** a gem (as of emerald, green felspar, etc.) cut in the form of a beetle.

scarce /skɛəs/ adj. **scarcer, scarcest,** adv. -adj. **1.** insufficient for the need or demand; not abundant: *commodities scarce in wartime.* **2.** seldom met with; rare: *a scarce book.* -adv. **3.** *Obsolete* scarcely. -phr. **4. make oneself scarce,** *Colloquial* to make off; keep out of the way. -**scarceness** n.

scarcely /'skɛəsli/ adv. **1.** barely; hardly; not quite. **2.** (*usually ironic*) definitely not. **3.** no sooner.

scare /skɛə/ v. **scared, scaring,** n. -v.t. **1.** to strike with sudden fear or terror. -v.i. **2.** to become frightened: *that horse scares easily.* -n. **3.** a sudden fright or alarm, especially with little or no ground. **4.** a time or state of widespread fear, worry, etc. -phr. **5. scare away** (or **off**), to drive off; frighten away. **6. scare up,** *Colloquial* to obtain or find: *to scare up support for a project.* -**scared** adj. -**scarer** n. -**scaringly** adv.

scarecrow /'skɛəkroʊ/ n. **1.** an object, usually a figure of a man in old clothes, set up to frighten crows, etc., away from crops. **2.** a person having a ragged, untidy appearance. **3.** a very thin person. **4.** anything frightening but not really dangerous.

scarf¹ /skaf/ n. **scarfs** or **scarves** /skavz/. a long, broad strip of silk, wool, lace, etc., worn around the neck, shoulders, or head for ornament or warmth.

scarf² /skaf/ n. **scarfs,** v. -n. **1.** either of the tapered or specially cut ends of the pieces forming a scarf-joint. **2.** a notch; groove. -v.t. **3.** to join by a scarf or overlapping joint. **4.** to form a scarf, chamfer, or the like on, for a scarf-joint. **5.** to cut a vee notch in (a tree) to direct its falling. -**scarfer** n.

scarify /'skærəfaɪ, 'skɛər-/ v.t. **-fied, -fying. 1.** to make scratches or superficial incisions in (the skin, a wound, etc.), as in surgery. **2.** to lacerate by severe criticism. **3.** to loosen (the soil) with a type of cultivator. **4.** to hasten the sprouting of (hard-covered seeds) by making incisions in the seedcoats. -**scarifier** n.

scarlet /'skalət/ n. **1.** a bright red colour inclining towards orange. **2.** cloth or garments of this colour. -adj. **3.** of the colour scarlet.

scarlet fever n. *Pathology* a contagious febrile disease, now chiefly of children, caused by streptococci and characterised by a scarlet eruption.

scarp /skap/ n. **1.** a steep face on the side of a hill. **2.** *Fortifications* the side of a ditch next to a rampart; an escarp. -v.t. **3.** to form or cut into a scarp.

scarper /'skapə/ v.i. *Colloquial* to run away; depart suddenly, especially leaving behind debts or other commitments.

scat¹ /skæt/ v.i. **scatted, scatting.** *Colloquial* (*usually in the imperative*) to go off hastily.

scat² /skæt/ n., v. **scatted, scatting.** -n. **1.** (in jazz) an improvised form of singing where the vocalist sings nonsense syllables to the tune. **2.** an instrumental equivalent or imitation of this. **3.** an act or instance of doing this. -v.i. **4.** to sing scat.

scathing /'skeɪðɪŋ/ adj. intended to hurt the feelings; scornful; contemptuous, as a remark. -**scathingly** adv.

scato- a word element indicating faeces or excrement, as in *scatology.*

scatology /skæ'tɒlədʒi/ n. **1.** *Medicine* diagnosis by means of the faeces. **2.** *Palaeontology* the science of fossil excrement. **3.** Also, **coprology.** the study of, or preoccupation with, images of physical filth (excrement) in literature. -**scatologic** /skætə'lɒdʒɪk/, **scatological** /skætə'lɒdʒɪkəl/ adj.

scatter /'skætə/ v.t. **1.** to throw loosely about. **2.** to separate and drive off in various directions; disperse. -v.i. **3.** to separate and go in different directions; disperse. -n. **4.** the act of scattering. **5.** something which is scattered. -**scatterer** n.

scavenge

–scatteringly *adv.*

scavenge /ˈskævəndʒ/ *v.* **-enged, -enging.** *–v.t.* **1.** to search for and take (anything useable) from rubbish or material that is no longer being used. *–v.i.* **2.** to search amongst rubbish or disused material for anything useable, such as food, clothing, etc.

scavenger /ˈskævəndʒə/ *n.* **1.** a person or animal that scavenges, as any of various animals feeding on dead organic matter. **2.** a street cleaner.

scenario /səˈnariou, səˈnɛəriou/ *n.* **-rios.** *–n.* **1.** an outline of the plot of a dramatic work, giving particulars as to the scenes, characters, situations, etc. **2.** the outline or script of a film, giving the action in the order in which it takes place, the description of scenes and characters, the printed matter to be shown on the screen, etc. **3.** the outline of a general situation; a plan to be followed or observed. *–phr.* **4. best-case scenario,** the best possible outcome. **5. worst-case scenario,** the worst possible outcome.

scene /sin/ *n.* **1.** the place where any action occurs. **2.** any view or picture. **3.** an incident or situation in real life. **4.** an exhibition or outbreak of excited or violent feeling before others. **5.** a division of a play or of an act of a play, now commonly representing what passes between certain of the actors in one place. **6.** the place in which the action of a play or part of a play is supposed to occur. **7.** → **scenery** (def. 2). **8.** an episode, situation, or the like, as described in writing. **9.** the setting of a story or the like. **10.** the stage, especially of an ancient Greek or Roman theatre. **11.** any sphere or domain, especially that of contemporary culture: *the pop scene.* **12.** *Colloquial* an area or sphere of interest or involvement: *politics is her scene.* **13.** *Colloquial* a social environment: *I had to leave that scene.* *–phr.* **14. a bad scene,** *Colloquial* a situation which has a negative effect. **15. a good scene,** *Colloquial* a situation which has a positive effect. **16. behind the scenes, a.** out of sight of the audience; offstage. **b.** secretly; privately. **17. on the scene, a.** present: *the first person on the scene was a police officer.* **b.** in fashion. **18. the scene, a.** the contemporary fashionable world. **b.** *Colloquial* the world of homosexuals, where their sexual preference is openly displayed, as in gay bars, etc.

scenery /ˈsinəri/ *n.* **-ries. 1.** the general appearance of a place; the aggregate of features that give character to a landscape. **2.** *Theatre* hangings, draperies, structures, etc., on the stage to represent some place or furnish decorative background.

scenic /ˈsinɪk/ *adj.* **1.** having to do with natural scenery; having fine scenery. **2.** having to do with the stage or with stage scenery; dramatic; theatrical. **3.** representing a scene, action, or the like, as painting or sculpture. **–scenically** *adv.*

scent /sɛnt/ *n.* **1.** a particular smell, especially when agreeable. **2.** a smell left in passing, by means of which an animal or person may be tracked. **3.** → **perfume. 4.** the sense of smell. *–v.t.* **5.** to become aware of or recognise by the sense of smell. **6.** to become aware of or discover in any way: *to scent trouble.* **7.** to put perfume on or into. **–scentless** *adj.*

sceptic /ˈskɛptɪk/ *n.* **1.** someone who questions the validity or authenticity of something purporting to be knowledge. **2.** someone who mistrusts and who maintains a doubting pessimistic attitude towards people, plans, ideas, etc. **3.** someone who doubts the truth of the Christian religion or of important elements of it. *–adj.* **4.** relating to sceptics or scepticism; sceptical. Also, *US,* **skeptic. –sceptical** *adj.* **–scepticism** *n.*

sceptre /ˈsɛptə/ *n.* **1.** a rod or wand borne in the hand as an emblem of regal or imperial power.

scholar

2. royal or imperial power or authority; sovereignty. *–v.t.* **2.** to give a sceptre to; invest with authority. Also, *US,* **scepter. –sceptred** *adj.*

schedule /ˈʃɛdʒul/ *Chiefly US* /ˈskɛdʒul/ *n., v.* **-uled, -uling.** *–n.* **1.** a plan for a particular project setting out the order of operations, time given for each part, etc. **2.** a list of things needed to be dealt with or undertaken: *he has a full schedule tomorrow.* **3.** a written or printed statement of details, often attached to another document. *–v.t.* **4.** to make a schedule of; enter in a schedule. **5.** to plan for a certain date: *to schedule publication for June.* **–schedular** *adj.*

scheelite /ˈʃilaɪt/ *n.* calcium tungstate, CaWO₄, an important ore of tungsten usually occurring in crystals.

schema /ˈskimə/ *n.* **-mata** /-mətə/. **1.** a diagram, plan, or scheme. **2.** *Philosophy* (in Kantianism) a transcendental product of imagination in accordance with a rule whereby a category of the understanding is made applicable to the manifold of sense. It mediates between the universality of the pure concept (which is opaque to sense) and the particularity of sense (which is opaque to the understanding).

schematic /skɪˈmætɪk/ *adj.* **1.** relating to or of the nature of a schema, diagram, or scheme; diagrammatic. *–n.* **2.** a schematic drawing or diagram. **–schematically** *adv.*

scheme /skim/ *n., v.* **schemed, scheming.** *–n.* **1.** a plan or design; program of action; project. **2.** a secret plan; plot; intrigue. **3.** any system of connected things, parts, beliefs, etc., or the manner of its arrangement: *a colour scheme.* *–v.t.* **4.** to devise as a scheme; plan; plot. *–v.i.* **5.** to lay schemes; devise plans; plot. **–schemer** *n.*

scheming /ˈskimɪŋ/ *adj.* given to forming plans, especially underhand ones; crafty.

scherzo /ˈskɛətsoʊ, ˈskɛət-/ *n.* **-zos** *or* **-zi** /-si/. *Music* (in music) a movement or passage of lively, playful character, especially as the second or third division of a sonata or a symphony.

schism /ˈskɪzəm, ˈʃɪzəm, ˈsɪzəm/ *n.* **1.** division or disunion, especially into mutually opposed parties. **2.** the parties so formed. **3.** *Ecclesiastical* **a.** a formal division within, or separation from, a church or religious body over some doctrinal difference. **b.** a sect or body formed by such a division. **c.** the offence of causing or seeking to cause such a division.

schist /ʃɪst/ *n.* *Geology* any of a class of crystalline rocks whose constituent minerals have a more or less parallel or foliated arrangement, due mostly to metamorphic action.

schizo /ˈskɪtsoʊ/ *n.* *Colloquial* **1.** a schizophrenic. **2.** a person having an unpredictable character. *–adj.* **3.** schizophrenic. **4.** unpredictable in behaviour; liable to sudden changes in disposition.

schizo- a word element referring to cleavage. Also (*before vowels*), **schiz-**.

schizoid /ˈskɪtsɔɪd/ *adj.* **1.** related to, predisposed to, or afflicted with schizophrenia. *–n.* **2.** someone who is afflicted with schizophrenia.

schizophrenia /skɪtsəˈfriniə/ *n.* *Psychology* any of various psychotic disorders characterised by breakdown of integrated personality functioning, withdrawal from reality, emotional blunting and distortion, and disturbances in thought and behaviour. **–schizophrenic** *adj., n.*

schmalz /ʃmɒlts, ʃmælts/ *n.* *Colloquial* excessive sentimentality, especially in the arts. Also, **schmaltz. –schmalzy** *adj.*

schnapps /ʃnæps/ *n.* a type of gin often flavoured with caraway or cumin. Also, **schnaps.**

scholar /ˈskɒlə/ *n.* **1.** a learned or erudite person. **2.** a student; pupil. **3.** a student who, because of

merit, etc., is granted money or other aid to pursue his or her studies.
scholarship /'skɒləʃɪp/ *n.* **1.** learning; knowledge acquired by study; the academic attainments of a scholar. **2.** the position of a student who, because of merit, etc., is granted money or other aid to pursue his or her studies. **3.** the sum of money or other aid granted to a scholar. **4.** a foundation to provide financial assistance to students.
scholastic /skə'læstɪk/ *adj.* **1.** Also, **scholastical**. of or relating to schools, students, or education: *scholastic attainments.* **2.** of or relating to scholasticism. –*n.* **3.** (*sometimes cap.*) a supporter of scholasticism. –**scholastically** *adv.*
school[1] /skul/ *n.* **1.** a place or establishment where instruction is given, especially one for children. **2.** the body of students or pupils attending a school. **3.** a regular course of meetings of a teacher or teachers and students for instruction: *a school held during the summer months.* **4.** a session of such a course: *no school today.* **5.** a building, room, etc., in a university, set apart for the use of one of the faculties or for some particular purpose. **6.** a department or faculty in a university or similar educational institution. **7.** a group of departments or faculties in a university or similar institution associated through a common disciplinary or interdisciplinary interest, or through a common purpose. **8.** a body of scholars, artists, writers, etc., who have been taught by the same master, or who are united by a similarity of method, style, principles, etc.: *the Platonic school of philosophy.* **9.** any body of persons who agree. **10.** *Colloquial* a group of people settled (either on one occasion or habitually) into a session of drinking or gambling: *a two-up school.* –*adj.* **11.** of or connected with a school or schools. –*v.t.* **12.** to educate in or as in a school; teach; train. –*phr.* **13. of the old school**, old-fashioned; high-principled. **14. school of thought**, **a.** a group of people all holding the same opinion or point of view. **b.** a point of view held by such a group.
school[2] /skul/ *n.* **1.** a large number of fish, porpoises, whales, or the like, feeding or migrating together. –*v.i.* **2.** to form into, or go in, a school, as fish.
schoolyard /'skuljad/ *n.* the playground of a school.
schooner /'skunə/ *n.* **1.** a sailing vessel with two or more masts and fore-and-aft rig. **2.** *Australian, NZ* a large glass, usually a beer glass.
sciatic /saɪ'ætɪk/ *adj.* **1.** of the ischium or back of the hip: *sciatic nerve.* **2.** affecting the hip or the sciatic nerves.
sciatica /saɪ'ætɪkə/ *n. Pathology* **1.** pain and tenderness at some points of the sciatic nerve; sciatic neuralgia. **2.** any painful disorder extending from the hip down the back of the thigh and surrounding area.
science /'saɪəns/ *n.* **1. a.** the systematic study of humans and their environment based on the deductions and inferences which can be made, from reproducible observations and measurements of events and parameters within the universe. **b.** the knowledge so obtained. **2.** systematised knowledge in general. **3.** a particular branch of knowledge. **4.** skill; proficiency.
science fiction *n.* a form of fiction which draws imaginatively on scientific knowledge and speculation in its plot, setting, theme, etc.
scientific /saɪən'tɪfɪk/ *adj.* **1.** having to do with science or the sciences: *scientific studies.* **2.** occupied or concerned with science: *scientific men.* **3.** regulated by or conforming to the principles of exact science: *a scientific method.* **4.** systematic or accurate. –**scientifically** *adv.*
scientist /'saɪəntɪst/ *n.* someone versed in or devoted to science, especially physical or natural science.
sci-fi /saɪ-'faɪ/ *n.*, /'saɪ-faɪ/ *adj. Colloquial* –*n.* **1.** science fiction. –*adj.* **2.** science-fiction.
scilicet /'sɪləsɛt, 'saɪl-/ *adv.* to wit; that is to say; namely.
scimitar /'sɪmətə/ *n.* a curved, single-edged sword of oriental origin. Also, **scimiter**, **simitar**.
scintillate /'sɪntəleɪt/ *v.i.* -**lated**, -**lating**. **1.** to give out sparks; flash. **2.** to twinkle, as the stars do. **3.** to be bright and amusing in conversation.
scion /'saɪən/ *n.* **1.** a descendant. **2.** *Horticulture* a shoot or twig, especially one cut for grafting or planting; a cutting.
scissors /'sɪzəz/ *pl. n.* a cutting instrument consisting of two blades (with handles) so joined together that their edges work against each other (often called *a pair of scissors*).
sclero- a word element meaning 'hard'. Also (*before vowels*), **scler-**.
sclerophyll /'sklɛrəfɪl, 'sklɪə-/ *n. Botany* **1.** any of various plants, typically found in low rainfall areas, having tough leaves which help to reduce water loss. –*adj.* **2.** having to do with such plants.
sclerosis /sklə'rousəs/ *n.* -**roses** /-'rousiz/. **1.** *Pathology* a hardening or induration of a tissue or part; increase of connective tissue or the like at the expense of more active tissue. **2.** *Botany* a hardening of a tissue or cell wall by thickening or lignification. –**sclerosal** *adj.*
scoff[1] /skɒf/ *n.* **1.** an expression of mockery, derision, or derisive scorn; a jeer. **2.** an object of mockery or derision. –*v.i.* **3.** (sometimes fol. by *at*) to speak derisively; mock; jeer. –**scoffer** *n.* –**scoffingly** *adv.*
scoff[2] /skɒf/ *Colloquial* –*v.t.* **1.** Also, **scoff down**. to eat (food) greedily and quickly: *scoffing a sandwich and a cup of tea.* –*n.* **2.** food.
scold /skoʊld/ *v.t.* **1.** to find fault with; chide. –*v.i.* **2.** to find fault; reprove. **3.** to use abusive language. –*n.* **4.** a person, who is habitually abusive. –**scolder** *n.* –**scolding** *adj.*, *n.* –**scoldingly** *adv.*
scone /skɒn/ *n.* **1.** a light plain cake, quickly made, containing very little fat, either baked in a very hot oven or cooked on a hot plate or griddle (**drop scone**), usually eaten split open and spread with butter, etc. **2.** *Australian, NZ Colloquial* the head. –*v.t.* **3.** *Australian, NZ Colloquial* to strike a person, especially on the head. –*phr.* **4. do one's scone**, *Australian, NZ Colloquial* to lose one's temper. **5. off one's scone**, *Australian, NZ Colloquial* mad; insane.
scoop /skup/ *n.* **1.** a ladle or ladle-like utensil, especially a small, deep shovel with a short handle, for taking up flour, sugar, etc. **2.** the bucket of a dredge, steam shovel, etc. **3.** *Surgery* a spoonlike apparatus used to remove substances or foreign objects. **4.** a place scooped out; a hollow. **5.** the act of scooping; a movement as of scooping. **6.** the quantity taken up. **7.** a big haul, as of money. **8.** *Journalism* an item of news, etc., published or broadcast in advance of, or to the exclusion of, rival newspapers, broadcasting organisations, etc. –*v.t.* **9.** to take up or out with, or as with, a scoop. **10.** to empty with a scoop. **11.** to form a hollow or hollows in. **12.** to form with or as with a scoop. **13.** *Journalism Colloquial* to get the better of (a rival newspaper, broadcasting organisation, etc.) by publishing or broadcasting an item of news, etc., first. **14.** *Hockey* to hit under (the ball) so that it rises into the air. –*v.i.* **15.** to remove or gather something with, or as with, a scoop. –*phr.* **16. scoop the pool**, to win all the prizes on offer. **17. scoop**

up, to gather together or appropriate with the arms or hands: *he scooped up the jewels and put them into his pocket*. **–scooper** *n*.

scoot /skut/ *Colloquial* –*v.i.* **1.** to dart; go swiftly or hastily. **2.** → **scram**. –*v.t.* **3.** to send or impel at high speed. –*n*. **4.** a swift, darting movement or course.

scooter /'skutə/ *n*. **1.** a child's vehicle with two wheels, one in front of the other, and a tread between them, and sometimes with an additional back wheel ensuring stability, steered by a handlebar and propelled by pushing against the ground with one foot. **2.** → **motor scooter**. –*v.i.* **3.** to go, or travel in or on a scooter.

scope /skoup/ *n*. **1.** the extent or range of view, outlook, use, operation, effectiveness, etc.: *an investigation of wide scope; he gave his imagination full scope*. **2.** extent in space; area. **3.** a short form of *microscope, telescope*, etc.

-scope a word element referring to instruments for viewing, as in *telescope*.

-scopy a word element for forming abstract action nouns related to *-scope*, as in *telescopy*.

scorbutic /skɔ'bjutɪk/ *adj.* relating to, of the nature of, or affected with scurvy. Also, **scorbutical**.

scorch /skɔtʃ/ *v.t.* **1.** to change the colour, taste, etc., of by burning slightly. **2.** to dry up with heat. **3.** to criticise severely. –*v.i.* **4.** to be or become scorched. –*n*. **5.** a slight burn.

scorcher /'skɔtʃə/ *n*. **1.** *Colloquial* a very hot day. **2.** anything caustic or severe.

score /skɔ/ *n., v.* **scored, scoring**. –*n*. **1.** the record of points made by the competitors in a game or match. **2.** the aggregate of points made by a side or individual. **3.** the scoring of a point or points. **4.** *Education* the performance of an individual, or sometimes of a group, in an examination or test, expressed by a letter, number, or other symbol. **5.** a notch or scratch; a stroke or line. **6.** a notch or mark for keeping an account or record. **7.** a reckoning or account so kept. **8.** any account showing indebtedness. **9.** a group or set of twenty: *three score years and ten*. **10.** (*plural*) a great many. **11.** account, reason, or ground: *to complain on the score of low pay*. **12.** a successful move, remark, etc. **13.** *Music* **a.** a written or printed piece of music with all the vocal and instrumental parts arranged on staves, one under the other. **b.** the background music to a film, play, etc. **14.** *Colloquial* latest news or state of progress: *what's the score on the Rogers file?* –*v.t.* **15.** to gain for addition to one's score in a game. **16.** to make a score of. **17.** to be worth (as points): *four aces score one hundred*. **18.** *Education* to evaluate the responses a person has made on (a test or an examination). **19.** *Music* **a.** to orchestrate. **b.** to write out in score. **c.** to compose the music for (a film, play, etc.). **20.** *Cookery* to cut with shallow slashes, as meat. **21.** to make notches, cuts, or lines in or on. **22.** Also, **score up**. to record by notches, marks, etc.; to reckon. **23.** to gain or win: *a comedy scoring a great success*. **24.** *US* to censure severely: *newspapers scored him severely for the announcement*. **25.** *Colloquial* to be successful in obtaining (a commodity, especially drugs): *we scored a deal of dope*. –*v.i.* **26.** to make notches, cuts, lines, etc. **27.** to make a point or points in a game or contest. **28.** to keep score, as of a game. **29.** to achieve an advantage or a success. **30.** *Colloquial* to be successful in obtaining a commodity, especially drugs. **31.** *Colloquial* to be successful in securing a partner for sexual intercourse. –*phr*. **32. know the score**, to be aware of what is required. **33. pay off** (or **settle**) **a score**, **a.** to avenge a wrong. **b.** to fulfil an obligation. **34. score off someone**, to gain an advantage over someone.

–scorer *n*.

scoria /'skɔriə/ *n*. **scoriae** /'skɔrii/. **1.** *Metallurgy* the refuse, dross, or slag left after smelting or melting metals. **2.** *Geology* a clinker-like cellular lava. **–scoriaceous** /skɔri'eɪʃəs/ *adj.*

scorn /skɔn/ *n*. **1.** open lack of respect; contempt; disdain. –*v.t.* **2.** to treat or regard with scorn. **3.** to reject or refuse with scorn. **–scorner** *n*.

Scorpio /'skɔpiou/ *n*. **1.** the eighth sign of the zodiac, which the sun enters about 23 October; the Scorpion. **2.** a person born under the sign of Scorpio, and (according to tradition) exhibiting the typical Scorpio personality traits in some degree. –*adj.* **3.** having to do with Scorpio. **4.** having to do with such a person or personality trait.

scorpion /'skɔpiən/ *n*. **1.** any of numerous arachnids belonging to the order Scorpiones (Scorpionida) from the warmer parts of the world, having a long narrow abdomen terminating in a venomous sting. **2.** an insect which stings or which superficially resembles a true scorpion. **3.** (*cap.*) the zodiacal constellation or sign Scorpio.

scotch /skɒtʃ/ *v.t.* **1.** to injure so as to make harmless. **2.** to put an end to: *her mother soon scotched her plans for going out*.

scot-free /skɒt-'fri/ *adj.* free from penalty or payment; unhurt: *to get off scot-free*.

scoundrel /'skaundrəl/ *n*. an unprincipled, dishonourable person; villain.

scour[1] /'skaʊə/ *v.t.* **1.** to clean or polish by hard rubbing: *to scour pots and pans*. **2.** to clear out (a channel, drain, etc.). **3.** to clear or remove what is dirty or undesirable. –*v.i.* **4.** to rub a surface in order to clean or polish it. **5.** to remove dirt, etc. –*n*. **6.** the act of scouring. **7.** the place scoured.

scour[2] /'skaʊə/ *v.i.* **1.** to move rapidly or energetically. **2.** to range about, as in search of something. –*v.t.* **3.** to run or pass quickly over or along. **4.** to range over, as in search.

scourge /skɜdʒ/ *n., v.* **scourged, scourging**. –*n*. **1.** a whip or lash, especially for the infliction of punishment or torture. **2.** any means of punishment. **3.** a cause of affliction or calamity. –*v.t.* **4.** to whip with a scourge; lash. **5.** to punish or chastise severely; afflict; torment. **–scourger** *n*.

scout /skaʊt/ *n*. **1.** a soldier, ship, plane, or the like, used in reconnoitring. **2.** a person sent out to obtain information. **3.** a talent scout. **4.** the act of scouting. **5.** *Colloquial* a fellow: *a good scout*. –*v.i.* **6.** to act as a scout; reconnoitre. –*phr*. **7. scout out**, *Colloquial* to seek; search for: *try and scout out an entertainer for Saturday night*. **–scouting** *n*.

Scout /skaʊt/ *n*. (*sometimes l.c.*) **1.** a member of a worldwide youth movement, originating in the Boy Scout movement founded in England in 1907 by Sir Robert Baden-Powell; members participate in organised activities which have the aim of promoting physical, personal, and spiritual development, with emphasis on qualities such as selfreliance and citizenship. **2.** a member of the central division (ages 11–14) of the Scout Association of Australia. See **Joey Scout, Cub Scout, Venturer, rover**.

scowl /skaʊl/ *v.i.* **1.** to draw down or contract the brows in a sullen or angry manner. **2.** to have a gloomy or threatening look. –*n*. **3.** a scowling expression, look, or aspect. **–scowler** *n*. **–scowlingly** *adv.*

scrabble /'skræbəl/ *v*. **-bled, -bling**, *n*. –*v.i.* **1.** to scratch or scrape, with the claws, hands, etc. **2.** to scribble. **3.** to struggle to gain possession of something. –*n*. **4.** a scramble.

scrag /skræg/ *n., v.* **scragged, scragging**. –*n*. **1.** a lean person or animal. **2.** the lean end of a neck of mutton, etc. **3.** *Colloquial* the neck of a human being. *–v.t.* **4.** *Colloquial* to wring the neck of; hang; garrotte.

scraggly /ˈskrægli/ *adj.* **-glier, -gliest.** irregular; ragged; straggling.

scraggy /ˈskrægi/ *adj.* **-gier, -giest. 1.** lean or thin. **2.** meagre: *a scraggy meal.* **3.** irregular; jagged. **–scraggily** *adv.* **–scragginess** *n.*

scram /skræm/ *v.i.* **scrammed, scramming.** *Colloquial* to get out quickly; go away.

scramble /ˈskræmbəl/ *v.* **-bled, -bling.** *n. –v.i.* **1.** to make one's way hurriedly by use of the hands and feet: *to scramble over rough ground.* **2.** to struggle with others for possession of something. **3.** *Military, Navy, etc.* (of the crew of an aircraft, submarine, etc., or the craft itself) to prepare for immediate action. *–v.t.* **4.** to collect in a hurried or disorderly manner (fol. by *up*, etc.). **5.** to mix together confusedly. **6.** to cook (eggs) by mixing whites and yolks with butter, milk, etc. **7.** *Electricity* to send (a radio signal) in a confused form, so that it can be made intelligible only by a special receiver, and not by a normal instrument. *–n.* **8.** a climb or progression over rough, irregular ground, etc. **9.** a form of motorcycle race over very rough, uneven ground. **10.** a disorderly struggle for possession. **–scrambler** *n.*

scrap[1] /skræp/ *n., adj., v.* **scrapped, scrapping.** *–n.* **1.** a small piece; fragment: *scraps of paper; scraps of poetry.* **2.** (*plural*) bits of food, such as those left over after a meal. **3.** → **scrap metal. 4.** anything put aside as useless, unwanted or worn-out. *–adj.* **5.** consisting of scraps: *scrap heap.* **6.** thrown away or left over. *–v.t.* **7.** to make into scrap; break up. **8.** to put aside as useless or worthless. **–scrappy** *adj.*

scrap[2] /skræp/ *n., v.* **scrapped, scrapping.** *Colloquial –n.* **1.** a fight or quarrel. *–v.i.* **2.** to fight or quarrel.

scrapbook /ˈskræpbʊk/ *n.* a blank book in which photographs, newspaper cuttings, etc., are pasted.

scrape /skreɪp/ *v.* **scraped, scraping.** *n. –v.t.* **1.** to deprive of or free from an outer layer, adhering matter, etc., by drawing or rubbing something, especially a sharp or rough instrument, over the surface. **2.** to remove (an outer layer, adhering matter, etc.) in this way. **3.** to scratch; produce as by scratching. **4.** to rub harshly on or across (something). **5.** to draw or rub (a thing) roughly across something. **6.** ‡ (of a man) to have intercourse with (a woman). *–v.i.* **7.** to scrape something. **8.** to rub against something gratingly. **9.** to produce a grating and unmusical tone from a string instrument. **10.** to draw back the foot in making a bow. **11.** to practise laborious economy or saving. *–n.* **12.** the act of scraping. **13.** a drawing back of the foot in making a bow. **14.** a scraping sound. **15.** a scraped place. **16.** *Medicine Colloquial* curettage of the uterus. **17.** an embarrassing situation. **18.** a fight; struggle; scrap. **19.** *Colloquial* an act of sexual intercourse. *–phr.* **20. scrape an acquaintance with somebody,** to force one's attentions upon somebody in order to get acquainted with them. **21. scrape through, a.** to manage to get through (an examination, etc.) with difficulty or barely succeeding: *I just scraped through the driving test.* **b.** to manage to get by with difficulty; succeed by a narrow margin: *it was difficult having no money, but somehow we managed to scrape through.* **22. scrape up** (or **together**), to collect by or as by scraping, or laboriously, or with difficulty.

scrap metal *n.* pieces of old metal that can be reworked, especially iron.

scratch /skrætʃ/ *v.t.* **1.** to break or mark slightly by rubbing, scraping, or tearing with something sharp or rough. **2.** to dig, scrape, or to tear (*out, off*, etc.) with the claws, the nails, etc. **3.** to rub or scrape lightly with the fingernails, etc., as to relieve itching. **4.** to rub gratingly, as a match, on something. **5.** to erase or strike out (writing, a name, etc.). **6.** to withdraw (a horse, etc.) from the list of entries in a race or competition. **7.** to write or draw by scraping or cutting into a surface. **8.** *Mining* to engage in surface mining of (an area). *–v.i.* **9.** to use the nails, claws, etc., for tearing, digging, etc. **10.** to relieve itching by rubbing with the nails, etc. **11.** to make a slight grating noise, as a pen. **12.** to manage with difficulty: *to scratch along on very little money.* **13.** to withdraw from a contest. *–n.* **14.** a mark produced by scratching, such as one on the skin. **15.** a rough mark of a pen, etc.; a scrawl. **16.** an act of scratching. **17.** the starting place, starting time, or status of a competitor in a handicap who has no allowance and no penalty. *–adj.* **18.** starting from scratch, or without allowance or penalty, as a competitor. **19.** *Golf* able to play the course in par figures: *a scratch player.* **20.** *Colloquial* done by or dependent on chance: *a scratch shot.* **21.** *Colloquial* gathered hastily and indiscriminately: *a scratch crew; a scratch meal. –phr.* **22. come up to scratch,** to meet a required standard. **23. from scratch,** from the beginning or from nothing. **24. not be able to scratch oneself,** *Colloquial* to be physically helpless. **25. scratch a living,** to make a poor living. **26. up to scratch, a.** conforming to a certain standard; satisfactory. **b.** *Boxing* (of a boxer) arriving at the fight by an agreed time. **–scratcher** *n.*

scratch ticket *n.* **1.** a type of instant lottery ticket from which the purchaser scratches off a film which conceals a number of pictures, symbols, etc., the winning ticket being one which has the winning set. **2.** a tram, train, or bus ticket from which the purchaser scratches away a coating to reveal the month, day, and (for some tickets) the hour, prior to boarding, thus making the ticket valid. Also, **scratchie.**

scrawl /skrɔl/ *v.i.* **1.** to write or draw in a sprawling awkward manner. *–v.t.* **2.** to execute (writing, drawing, etc.) in a sprawling awkward manner: *she scrawled her name. –n.* **3.** something scrawled, as a letter or a note. **4.** awkward or careless handwriting: *his scrawl is difficult to read.* **–scrawler** *n.* **–scrawly** *adj.*

scrawny /ˈskrɔni/ *adj.* **-nier, -niest.** lean; thin; scraggy: *a long scrawny neck.* **–scrawniness** *n.*

scream /skrim/ *v.i.* **1.** to utter a loud, sharp, piercing cry. **2.** to emit a shrill, piercing sound, as a whistle, etc. **3.** to laugh immoderately. **4.** to make something known by violent, startling words. **5.** to be startlingly conspicuous, used especially of colours. **6.** to protest volubly, especially to those in authority. *–v.t.* **7.** to utter with a scream or screams. **8.** to make by screaming: *to scream oneself hoarse. –n.* **9.** a loud, sharp, piercing cry. **10.** a shrill, piercing sound. **11.** *Colloquial* someone or something that is very funny. *–phr.* **12. scream blue murder,** to complain vociferously. **13. scream for,** to want desperately, be in great need of. **–screamingly** *adv.*

screamer /ˈskrimə/ *n.* a newspaper poster incorporating blatant but not necessarily accurate headlines.

scree /skri/ *n.* a steep mass of detritus on the side of a mountain.

screech /skritʃ/ *v.i.* **1.** to utter a harsh, shrill cry. *–v.t.* **2.** to utter with a screech. *–n.* **3.** a harsh, shrill cry. **–screecher** *n.* **–screechy** *adj.*

screech owl *n.* any owl with a harsh cry, especially the barn owl, *Tyto alba.*

screed /skrid/ *n.* **1.** a long speech or piece of writing; harangue. **2.** *Plastering* a strip of plaster or wood of the proper thickness, applied to a wall as a guide or gauge for the rest of the work.

screen /skrin/ *n.* **1.** a covered frame or the like, movable or fixed, serving as a shelter, partition, etc. **2.** an ornamental partition of wood, stone, etc., as in a church. **3.** something affording a surface for displaying films, slides, etc. **4.** films collectively. **5.** (in a television set, VDU, etc.) the end of a cathode-ray tube on which the visible image is formed. **6.** → **sightscreen**. **7.** anything that shelters, protects, or conceals: *a screen of secrecy.* **8.** *Military* a body of troops sent out to cover the movement of an army. **9.** *Navy* a protective formation of small vessels, as destroyers. **10.** *Physics* a shield designed to prevent interference between various effects: *electric screens.* –*v.t.* **11.** to shelter, protect, or conceal with, or as with, a screen. **12.** to project (pictures, etc.) on a screen. **13.** to check the loyalty, character, ability, etc., of (applicants, employees, or the like). –*v.i.* **14.** to be projected, or suitable for projection, on a screen. –*phr.* **15. screen off,** to conceal or shut off behind a screen. –**screenable** *adj.* –**screener** *n.*

screenplay /'skrinpleɪ/ *n.* the script of a film, including details of camera positions and movement, action, dialogue, lighting, etc.

screen-print /skrin-'prɪnt/ *n., v.t.* → **silk-screen**.

screen saver *n. Computers* a program which is activated when the mouse or keyboard has not been used for a specified length of time, replacing the screen's contents with either a blank screen or an animated graphic, designed to save power and to entertain.

screw /skru/ *n.* **1.** a metal device having a slotted head and a tapering body with a helical ridge usually driven into wood with the aid of a screwdriver to assemble and secure parts of a building construction, furniture, etc. **2.** a mechanical device consisting of a cylinder or cone having a helical ridge winding round it (**external screw** or **male screw**). **3.** a corresponding part into which such a device fits when turned, consisting of a cylindrical socket in whose wall is cut a helical groove (**internal screw** or **female screw**). **4.** → **propeller**. **5.** a little tobacco, salt, etc., in a twisted paper. **6.** a twisting movement; a turn of a screw. **7.** *Colloquial* wages. **8.** *Colloquial* a prison warder. **9.** *Colloquial* ‡ an act of sexual intercourse. **10.** *Colloquial* a hard bargainer; a miser. –*v.t.* **11.** to force, press, hold fast, stretch tight, etc., by or as by means of a screw. **12.** to operate or adjust by a screw, as a press. **13.** to attach with a screw or screws: *to screw a bracket to a wall.* **14.** to work (a screw, etc.) by turning. **15.** to twist; contort; distort. **16.** *Colloquial* to extract or extort. **17.** *Colloquial* ‡ to have sexual intercourse with. **18.** *Colloquial* to treat unfairly or cause distress to (someone). **19.** *Colloquial* to ruin or wreck: *you've screwed it this time.* **20.** *Colloquial* to swindle or cheat: *to screw someone for ten bucks.* –*v.i.* **21.** to turn as or like a screw. **22.** to turn with a twisting motion. **23.** *Colloquial* ‡ to have sexual intercourse. –*phr.* **24. have a screw at,** *Colloquial* to take a look at. **25. have a screw loose,** *Colloquial* to be slightly eccentric; have crazy ideas. **26. put the screw(s) on,** *Colloquial* to apply pressure to; intimidate. **27. screw around,** *Colloquial* ‡ to be sexually promiscuous. **28. screw around on,** *Colloquial* ‡ to be unfaithful to. **29. screw down,** *Colloquial* to put compulsion on; force (a seller) to lower a price. **30. screw on** (or **off**) (or **together**), to be adapted for being connected or taken apart by means of a screw or screws **31. screw up, a.** to crumple: *screw up a piece of paper.* **b.** to force: *screw up one's courage.* **c.** *Colloquial* to make a mess of; impair; frustrate. **d.** *Colloquial* to cause (someone) to become mentally and emotionally disturbed. **e.** *Colloquial* to make a mistake.

screwdriver /'skrudraɪvə/ *n.* a tool fitting into the slotted head of a screw for driving in or withdrawing it by turning.

screwy /'skrui/ *adj.* **-ier, -iest.** *Colloquial* **1.** eccentric; crazy. **2.** strange; peculiar.

scribble[1] /'skrɪbəl/ *v.* **-bled, -bling.** *n.* –*v.t.* **1.** to write hastily or carelessly: *to scribble a letter.* –*v.i.* **2.** to write literary matter in a hasty, careless way. **3.** to make meaningless marks. –*n.* **4.** a hasty or careless piece of writing or drawing. –*phr.* **5. scribble over,** to cover with meaningless writing or marks.

scribble[2] /'skrɪbəl/ *v.t.* **-bled, -bling.** (of wool, cotton, etc.) to card; pass through a scribbler.

scribbly gum /'skrɪbli gʌm/ *n.* any species of the genus *Eucalyptus* with smooth bark marked by insects in a way that resembles scribbling, especially *E. haemastoma* of the Port Jackson district of New South Wales.

scribe[1] /skraɪb/ *n.* **1.** a penman or copyist, as one who, formerly, made copies of manuscripts, etc. **2.** any of various officials of ancient or former times who performed clerical duties. **3.** *Jewish History* one of a class of teachers who interpreted the Jewish law to the people.

scribe[2] /skraɪb/ *v.* **scribed, scribing,** *n.* –*v.t.* **1.** to mark or score (wood, etc.) with a pointed instrument. –*n.* **2.** a pointed instrument for so marking (wood, etc.).

scrim /skrɪm/ *n.* **1.** a cotton or linen fabric of open weave, used for curtains, etc. **2.** such a fabric, used for cleaning, polishing, etc. **3.** a piece of such fabric, used as a drop to give the effect of opacity, hazy translucency, etc., in theatrical use, or in camouflage.

scrimmage /'skrɪmɪdʒ/ *n., v.* **-maged, -maging.** –*n.* **1.** a rough or vigorous struggle. **2.** *Australian Rules, Rugby Football, Soccer* the action of a number of players struggling for the ball in no set pattern of play. **3.** *Rugby Football* → **scrum**. –*v.i.* **4.** to engage in a scrimmage. **5.** to search rapidly and in a disorderly fashion as through a drawer. Also, **scrummage.** –**scrimmager** *n.*

scrimp /skrɪmp/ *v.t.* to be sparing of or in; stint.

scrip /skrɪp/ *n.* **1.** a writing, especially a receipt or certificate. **2.** a scrap of paper. **3.** *Finance* shares or stock issued to existing shareholders in a scrip issue. **4.** *Finance* a certificate that part of the issue price of a debenture, bond, or share has been paid, and setting out the amounts and dates when further sums are due. **5.** → **prescription** (def. 1a).

script /skrɪpt/ *n.* **1.** handwriting; handwritten letters or lettering; the characters used in handwriting. **2.** the working text, manuscript, or the like, of a play, film, television program, etc., or the contents of such a document. **3.** a manuscript or document. **4.** *Australian, NZ* → **prescription** (def. 1a).

scrofula /'skrɒfjələ/ *n. Pathology* a constitutional disorder of a tuberculous nature, characterised chiefly by swelling and degeneration of the lymphatic glands, especially of the neck, and by inflammation of the joints, etc.

scroll /skroʊl/ *n.* **1.** a roll of parchment or paper, especially one with writing on it. **2.** something, especially an ornament, resembling a partly unrolled sheet of paper or having a spiral or coiled form. **3.** the ornamental carving, resembling this, at the head of a violin or similar instrument. **4.** a piece of writing; a list or schedule. –*v.t.* **5.** *Computers* to move (text) up, down, left or right on a computer screen in order to view text which is outside the limits of the screen.

scrooge /skrudʒ/ *n.* a miserly, ill-tempered person.

scrotum /'skroutəm/ *n.* **-ta** /-tə/. *Anatomy* the pouch of skin that contains the testicles and their coverings. **–scrotal** *adj.*

scrounge /skraundʒ/ *v.t.* **scrounged, scrounging.** *Colloquial* to obtain by borrowing or pilfering. **–scrounger** *n.*

scrub¹ /skrʌb/ *v.* **scrubbed, scrubbing,** *n.* –*v.t.* **1.** to rub hard with a brush, cloth, etc., or against a rough surface, in washing. **2.** to cleanse (a gas). **3.** *Colloquial* to cancel; get rid of. –*v.i.* **4.** to cleanse things by hard rubbing. –*n.* **5.** the act of scrubbing. –*phr.* **6. scrub up,** to wash with vigour, especially as surgeons before an operation. **7. scrub up well,** *Colloquial* to look surprisingly well-dressed and presentable when washed and changed into more formal clothes: *you scrub up well!*

scrub² /skrʌb/ *v.* **scrubbed, scrubbing.** –*n.* **1.** low trees or shrubs, collectively. **2.** a large area covered with scrub, as the Australian bush, or American sagebrush. **3.** tall, thick rainforest in eastern Australia. –*v.i.* **4.** to remove the scrub from (a paddock, etc.). –*adj.* **5.** of or relating to or typical of scrub: *scrub timber.* –*phr.* **6. the scrub,** *Australian, NZ Colloquial* country areas in general, as opposed to the city. **–scrubby** *adj.*

scrubber /'skrʌbə/ *n.* **1.** an apparatus for purifying gases. **2.** *Brit. Colloquial* a promiscuous or mercenary girl; a girl of loose morals.

scrub fowl *n.* a chestnut-brown mound-building bird, with a prominent crest, *Megapodius freycinet*, of coastal forested areas of northern Australia, many parts of Asia, and the Pacific islands.

scrub turkey *n.* → **brush turkey**.

scruff /skrʌf/ *n.* the nape or back of the neck.

scruffy /'skrʌfi/ *adj. Colloquial* unkempt or dirty; shabby.

scrum /skrʌm/ *n., v.* **scrummed, scrumming.** *Rugby Football* –*n.* **1.** a method of restarting play after a rule infringement, in which the opposing forwards pack together and push in formation, heads down, in an attempt to gain ground, while the ball is thrown in and the hookers attempt to kick it back to their team-mates. It may be called for by the referee (**set scrum**), or it may form spontaneously (**loose scrum**). **2.** the formation. –*v.i.* **3.** Also, **scrum down.** to form a scrum. **4.** to play as a member of a scrum.

scrummage /'skrʌmɪdʒ/ *n., v.t., v.i.* **-maged, -maging. 1.** → **scrum. 2.** → **scrimmage.** **–scrummager** *n.*

scrumptious /'skrʌmpʃəs/ *adj. Colloquial* deliciously tasty; superlatively fine or nice; splendid: *to have a scrumptious time.*

scruple /'skrupəl/ *n., v.* **-pled, -pling.** –*n.* **1.** hesitation or reluctance from conscientious or other restraining reasons. –*v.i.* **2.** to have scruples.

scrupulous /'skrupjələs/ *adj.* **1.** having scruples; having or showing a strict regard for what is right. **2.** punctiliously or minutely careful, precise, or exact. **–scrupulosity** /skrupjə'lɒsəti/, **scrupulousness** *n.* **–scrupulously** *adv.*

scrutineer /skrutə'nɪə/ *n.* **1.** someone who is authorised, especially by a candidate at an election, to inspect the counting of votes by electoral officers. **2.** an official in a race, contest, etc., who checks that the rules are observed. –*v.i.* **3.** to act as a scrutineer.

scrutinise = **scrutinize** /'skrutənaɪz/ *v.t.* **-nised, -nising.** to examine closely or critically. **–scrutiniser** *n.* **–scrutinisingly** *adv.*

scrutiny /'skrutəni/ *n.* **-nies. 1.** searching examination or investigation; minute inquiry. **2.** a searching look.

scuba /'skubə/ *n.* a portable breathing device for free-swimming divers, consisting of a mouthpiece joined by hoses to one or two tanks of compressed air which are strapped on the back.

scud /skʌd/ *v.* **scudded, scudding,** *n.* –*v.i.* **1.** to run or move quickly or hurriedly. **2.** *Nautical* to run before a gale with little or no sail set. –*n.* **3.** clouds, spray, or the like, driven by the wind; a driving shower; a gust of wind. **4.** low drifting clouds appearing beneath a cloud from which precipitation is falling.

scuff /skʌf/ *v.t.* **1.** to scrape with the feet. **2.** to mar by scraping or hard use, as shoes, furniture, etc. –*n.* **3.** the act or sound of scuffing. **4.** a type of slipper or sandal without a back.

scuffle /'skʌfəl/ *v.* **-fled, -fling,** *n.* –*v.i.* **1.** to struggle or fight in a scrambling, confused manner. –*n.* **2.** a confused struggle or fight. **3.** a shuffling: *a scuffle of feet.*

scull /skʌl/ *n.* **1. a.** an oar worked from side to side over the stern of a boat as a means of propulsion. **b.** one of a pair of oars operated, one on each side, by one person. **2.** a boat propelled by a scull or sculls, especially a light racing boat propelled by one rower with a pair of oars. –*v.t.* **3.** to propel or convey by means of a scull or sculls. –*v.i.* **4.** to propel a boat with a scull or sculls. **5.** to swim while floating on the front or the back, with the arms close to the body, using only a wrist movement. **–sculler** *n.*

scullery /'skʌləri/ *n.* **-ries.** a small room where the rough, dirty work of a kitchen is done.

sculpture /'skʌlptʃə/ *n., v.* **-tured, -turing.** –*n.* **1.** the fine art of forming figures or designs in relief, in intaglio, or in the round by cutting marble, wood, granite, etc., by fashioning plastic materials, by modelling in clay, or by making moulds for casting in bronze or other metal. **2.** such work collectively. **3.** a piece of such work. –*v.t.* **4.** to carve, make, or execute by sculpture, as a figure, design, etc.; represent in sculpture. **–sculpt** *v.* **–sculptor** *n.* **–sculptural** *adj.* **–sculpturally** *adv.*

scum /skʌm/ *n.* **1.** a film of foul or extraneous matter on a liquid. **2.** low, worthless persons: *scum of the earth.* **–scummy** *adj.*

scumbag /'skʌmbæg/ *n. Colloquial* a contemptible or despicable person.

scunge /skʌndʒ/ *n. Australian, NZ Colloquial* **1.** an unkempt, slovenly person. **2.** dirt, mess, slime, etc. **3.** messy, untidy objects: *I'll clear the scunge off this desk.* **–scungy** *adj.*

scupper /'skʌpə/ *n.* **1.** *Nautical* an opening in the side of a ship at or just below the level of the deck, to allow water to run off. –*v.t.* **2.** to sink (a ship) deliberately.

scurf /skɜf/ *n.* **1.** the scales or small shreds of epidermis that are continually exfoliated from the skin; dandruff. **2.** any scaly matter or encrustation on a surface. **–scurfy** *adj.*

scurrilous /'skʌrələs/ *adj.* **1.** grossly or indecently abusive: *a scurrilous attack.* **2.** characterised by or using low buffoonery; coarsely jocular or derisive: *a scurrilous jest.* **–scurrilously** *adv.* **–scurrilousness** *n.*

scurry /'skʌri/ *v.* **-ried, -rying,** *n.* **-ries.** –*v.i.* **1.** to go or move quickly or in haste. –*n.* **2.** a scurrying rush: *we heard the scurry of little feet down the stairs.*

scurvy /'skɜvi/ *n., adj.* **-vier, -viest.** –*n.* **1.** *Pathology* a disease marked by swollen and bleeding gums, livid spots on the skin, prostration, etc., due to a diet lacking in vitamin C. –*adj.* **2.** low, mean, or contemptible: *a scurvy trick.* **–scurvily** *adv.* **–scurviness** *n.*

scuttle¹ /'skʌtl/ *n.* **1.** a coalscuttle; a coal hod. **2.** a

scuttle large basket.

scuttle² /'skʌtl/ v. **-tled, -tling.** n. -v.i. **1.** to run (*off, away*, etc.) with quick, hasty steps; hurry. -n. **2.** an act of scuttling.

scuttle³ /'skʌtl/ n., v. **-tled, -tling.** -n. **1.** a small rectangular opening in a ship's deck, with a movable lid or cover. **2.** a similar opening in a ship's side. **3.** the part of a motor vehicle between the bonnet and the body. -v.t. **4.** to sink (a vessel) by cutting a hole below the waterline or opening the sea-cocks.

scuttlebutt /'skʌtlbʌt/ n. **1.** *Nautical* a cask having a hole cut in it for the introduction of a cup or dipper, and used to hold drinking water. **2.** *Colloquial* rumour; gossip.

scythe /saɪð/ n., v. **scythed, scything.** -n. **1.** an agricultural implement consisting of a long, curved blade fastened at an angle to a handle, for mowing grass, etc., by hand. -v.t. **2.** to cut or mow with a scythe. -v.i. **3.** to use a scythe.

sea /si/ n. **1.** the salt waters that cover the greater part of the earth's surface. **2.** a division of these waters, of considerable extent, more or less definitely marked off by land boundaries: *the Tasman Sea.* **3.** a large lake or landlocked body of water. **4.** the turbulence of the ocean or other body of water as caused by the wind; the waves. **5.** a large, heavy wave or swell: *heavy seas rocked the boat.* **6.** one of various more or less clearly defined areas on the surface of the moon, formerly thought to be areas of water. **7.** a widely extended, copious, or overwhelming quantity: *a sea of faces; a sea of troubles.* -adj. **8.** of, relating to, or adapted for the sea. -phr. **9. at sea, a.** out on the ocean. **b.** in a state of perplexity. **10. by sea,** on a ship. **11. follow the sea,** to follow a nautical career. **12. go to sea, a.** to set out upon a voyage. **b.** to take up a nautical career. **13. half seas over,** drunk. **14. put to sea,** to set out from port. **15. the high seas,** the sea away from land, especially outside territorial waters.

sea anemone n. any of the common marine animals of the phylum Coelenterata, class Anthozoa, of sedentary habits, having a columnar body topped by a disc bearing one or more circles of tentacles.

seaboard /'sibɔd/ n. **1.** the line where land and sea meet; the seashore. **2.** a region of a country adjoining the coast. -adj. **3.** bordering on or adjoining the sea.

sea-breeze /'si-briz/ n. a thermally produced wind blowing during the day from the cool ocean surface on to the adjoining warm land.

sea-dog /'si-dɒg/ n. a sailor, especially one of long experience.

sea eagle n. any of various eagles of the genus *Haliaetus* which feed on fish, as the **white-breasted sea eagle** of Australia and certain areas of Asia.

seafood /'sifud/ n. any saltwater fish or shellfish which is used for food.

seafront /'sifrʌnt/ n. **1.** the side or end of land and buildings bordering on the sea. **2.** a road or promenade at a seaside town, running along the edge of the sea.

seagoing /'sigoʊɪŋ/ adj. designed or fit for going to sea, as a vessel.

seagrass /'sigræs/ n. any of various marine plants of the genus *Zostera*, family Najadaceae, of temperate seas, having long strap-like leaves.

seagull /'sigʌl/ n. **1.** a gull, especially any of the marine species. **2.** *NZ Colloquial* a casual wharf labourer who is not a member of a trade union.

sea hawk n. → **skua**.

seahorse /'sihɔs/ n. **1.** any of a number of small fishes of the pipefish family, chiefly of the genus

seaplane

Hippocampus, with a prehensile tail and a beaked head that is turned at right angles to the body. **2.** a fabled marine animal with the foreparts of a horse and the hinder parts of a fish.

seal¹ /sil/ n. **1.** a device impressed on a piece of wax or the like, or an impression, wafer, etc., affixed to a document as evidence of authenticity or attestation. **2.** a stamp engraved with such a device. **3.** an impression made with such a stamp. **4.** *Law* a mark or symbol attached to a legal document and imparting a formal quality to it, originally defined as wax with an impression. **5.** a piece of wax or similar substance, affixed to a document, an envelope, a door, etc., which cannot be opened without breaking this. **6.** anything that effectively closes a thing. **7.** something for keeping a thing close or secret. **8.** a decorative stamp: *a Christmas seal.* **9.** a mark or the like serving as visible evidence of something. **10.** *Plumbing* **a.** a small amount of water left standing in a trap to prevent the escape of foul air from below. **b.** the depth of the water between the dip and the overflow of a trap **11.** a road surface of hard material, as tar, bitumen, etc.: *the tar seal.* -v.t. **12.** to affix a seal to an authorisation, confirmation, etc. **13.** to approve, authorise, or confirm: *to seal an agreement.* **14.** to impress a seal upon as an evidence of legal or standard exactness, measure, quality, etc. **15.** to fasten with a seal. **16.** to close by any form of fastening that must be broken before access can be had. **17.** to fasten or close as if by a seal. **18.** to decide irrevocably: *to seal someone's fate.* **19.** to surface (a road) with tar, bitumen, etc. -phr. **20. set one's seal on** (or **to**), to approve or endorse. **21. under seal,** (of a document) bearing a seal (def. 4). -**sealable** adj.

seal² /sil/ n. **seals,** (*especially collectively for def. 1*) **seal,** v. -r. **1.** any of the marine carnivores of the suborder Pinnipedia, including the eared or fur seals, as the sea lion and fur seal of commerce, and the earless or hair seals, of which the **harbour seal,** *Phoca vitulina,* is best known. **2.** the skin of the seal. **3.** leather made from it. **4.** the fur of the fur seal; sealskin. -v.i. **5.** to hunt or take seals.

sea legs pl. n. *Colloquial* **1.** the ability to walk with steadiness or ease on a rolling ship. **2.** the ability to resist seasickness.

sea level n. the horizontal plane or level corresponding to the surface of the sea when halfway between mean high and low water.

sea lion n. **1.** the Australian white-naped hair seal, *Neophoca cinerea.* **2.** any of various eared seals of large size, as *Eumetopias jubata* of the northern Pacific, and *Zalophus californianus* of the Pacific coast of North America.

seam /sim/ n. **1.** the line formed by sewing together pieces of cloth, leather, etc. **2.** any line between two edges; crack or fissure; groove. **3.** *Geology* a comparatively thin layer or stratum; a bed, as of coal. -v.t. **4.** to join with a seam; sew the seams of. **5.** to mark with wrinkles, scars, etc.; furrow. -v.i. **6.** to become cracked, scarred, or furrowed. -**seamer** n. -**seamless** adj.

seamstress /'simstrəs/ n. a woman whose occupation is sewing. Also, **sempstress**.

seamy /'simi/ adj. **-mier, -miest. 1.** not pleasing or favourable; bad; sordid: *the seamy side of life.* **2.** having or showing seams; of the nature of a seam. -**seaminess** n.

seance /'seɪɒns/ n. a meeting of people seeking to communicate with spirits of the dead with the help of a medium (def. 10). Also, **séance**.

sea pike n. → **barracuda**.

seaplane /'sipleɪn/ n. an aeroplane that can land on water, provided with floats instead of landing wheels.

sear[1] /sɪə/ *v.t.* **1.** to burn or char the surface of. **2.** to mark with a branding iron. **3.** to burn or scorch injuriously or painfully. **4.** to harden, or make callous or unfeeling. **5.** to dry up or wither. –*v.i.* **6.** to become dry or withered, as vegetation.

sear[2] /sɪə/ *n.* a pivoted piece in the firing mechanism of small arms which holds the hammer at full cock or half-cock.

search /sɜtʃ/ *v.t.* **1.** to go or look through carefully in seeking to find something. **2.** to examine (someone) for concealed objects by going through their pockets or the like. **3.** to scrutinise or question: *to search one's feelings, search someone's face.* **4.** to probe (a wound, etc.). –*v.i.* **5.** to seek; make examination or investigation. –*n.* **6.** the act of searching; careful examination or investigation. **7.** the search of a neutral vessel, or the examining of its papers, cargo, etc., as at sea, by officers of a belligerent state, in order to verify its nationality and ascertain whether it carries contraband, etc. **8.** *Law* examination by a purchaser of records and registers at the Land Titles Office to find encumbrances affecting title to property. –*phr.* **9. search me,** *Colloquial* I don't know. **10. search out,** to bring or find out by a search: *to search out all the facts.* –**searchable** *adj.* –**searcher** *n.*

search engine *n. Computers* a software program which enables a user to find items on a database.

search warrant *n. Law* a court order authorising the searching of a house, etc., as for stolen goods.

Sea Scout *n.* (*sometimes l.c.*) a Scout receiving training in skills related to the sea, boats, etc.

seashell /'siːʃel/ *n.* the shell of any marine mollusc.

seashore /'siːʃɔː/ *n.* **1.** land along the sea or ocean. **2.** *Law* the ground between the ordinary highwater and low-water marks.

seasickness /'siːsɪknəs/ *n.* nausea or other physical derangement caused by the motion of a vessel at sea.

sea snake *n.* any of the venomous marine snakes with a fin-like tail, constituting the family Hydrophiidae of tropical seas.

season /'siːzən/ *n.* **1.** one of the four periods of the year (spring, summer, autumn, and winter), astronomically beginning each at an equinox or solstice, but geographically at different dates in different climates. **2.** a period of the year characterised by particular conditions of weather, temperature, etc. **3.** the period of the year when something is best or available: *the avocado season.* **4.** a period of the year marked by certain conditions, festivities, activities, etc.: *the cricket season, a dull season in trade.* **5.** any period of time. **6.** a suitable, proper, fitting, or right time. **7.** *Agriculture* the oestrus period in female stock; time for mating. **8.** → **season ticket.** –*v.t.* **9.** to heighten or improve the flavour of (food) by adding condiments, spices, herbs, or the like. **10.** to give relish or a certain character to: *conversation seasoned with wit.* **11.** to mature, ripen, or condition by exposure to suitable conditions or treatment. **12.** to dry and harden (timber) by due process. **13.** to accustom or harden: *troops seasoned by battle.* **14.** to moderate, alleviate, or temper: *to season one's admiration.* –*v.i.* **15.** to become seasoned, matured, hardened, or the like. –*phr.* **16. in good season,** sufficiently early. **17. in season, a.** in the time or state for use, eating, hunting, etc. **b.** at the right time; opportunely. **c.** (of female animals) at a stage of sexual receptivity in the oestrous cycle; in heat. **18. out of season, a.** not in the time or state for use, eating, hunting, etc. **b.** not at the right time. –**seasoner** *n.*

seasonable /'siːzənəbəl/ *adj.* **1.** suitable to the season: *seasonable weather.* **2.** timely; opportune. –**seasonableness** *n.* –**seasonably** *adv.*

seasonal /'siːzənəl/ *adj.* relating to or dependent on the seasons of the year or some particular season; periodical: *seasonal work.* –**seasonally** *adv.*

seasoning /'siːzənɪŋ/ *n.* **1.** something that seasons, especially salt, spices, herbs, or other condiments. **2.** → **stuffing** (def. 3).

season ticket *n.* a ticket valid any number of times for a specified period, usually at a reduced rate.

seat /siːt/ *n.* **1.** something for sitting on, as a chair or bench; the place on or in which one sits. **2.** the part of a chair or the like on which one sits. **3.** the part of the body on which one sits; the buttocks. **4.** the part of the garment covering it. **5.** manner of sitting, as on horseback. **6.** that on which the base of anything rests. **7.** the base itself. **8.** *Carpentry* any surface of intended contact, as the prepared bearing of a beam. **9.** a place in which something prevails or is established: *a seat of learning.* **10.** an established place or centre, as of government. **11.** a place for a spectator in a theatre or the like. **12.** right of admittance to such a place, especially as indicated by ticket. **13.** a right to sit as a member in a legislative or similar body as the House of Representatives. **14.** a right to the privileges of membership in a stock exchange or the like. **15.** a parliamentary constituency. **16.** a directorship of a limited company. –*v.t.* **17.** to place on a seat or seats; cause to sit down. **18.** to find seats for; accommodate with seats: *a hall that seats a thousand persons.* **19.** to fix firmly or accurately in a particular place. –*phr.* **20. take a seat,** to sit down. –**seater** *n.*

seatbelt /'siːtbɛlt/ *n.* a belt attached to the frame of a motor vehicle, plane, etc. for securing a driver, pilot, or passenger against sudden turns, stops, collision, etc. Compare **child restraint.** Also, **safety belt.**

sea urchin *n.* any echinoderm of the class Echinoidea, comprising marine animals having a more or less globular or discoid form, and a spine-bearing shell composed of many calcareous plates.

sea wasp *n.* any of certain box jellyfishes that have a highly venomous sting, as *Chironex fleckeri* of tropical Australian waters.

seaweed /'siːwid/ *n.* any plant or plants growing in the ocean, especially marine algae.

seaworthy /'siːwɜːði/ *adj.* (of a ship) adequately and safely constructed and equipped to sail at sea. –**seaworthiness** *n.*

sebaceous /səˈbeɪʃəs/ *adj.* **1.** being, resembling, or having to do with tallow or fat; fatty; greasy. **2.** secreting a fatty substance.

sec[1] /sɛk/ *adj.* (of champagne) dry.

sec[2] /sɛk/ *n. Colloquial* a second: *wait just a sec, please.*

secant /'siːkənt/ *Mathematics* –*n.* **1.** *Geometry* a straight line which cuts a circle or other curve. **2.** *Mathematics* the ratio of the hypotenuse to the base in a right-angled triangle; the reciprocal of the cosine of an angle. –*adj.* **3.** cutting or intersecting, as one line or surface in relation to another.

secateurs /'sɛkətəz, sɛkəˈtɜːz/ *pl. n.* a scissor-like cutting instrument for pruning shrubs, etc., typically having a pair of crossed, short, curved blades, and a spring for returning them to the open position; pruning shears.

secede /səˈsiːd/ *v.i.* **-ceded, -ceding.** to withdraw formally from an alliance or association, as from a political or religious organisation. –**seceder** *n.*

sech /sɛʃ/ *n.* hyperbolic secant. See **hyperbolic functions.**

seclude /səˈkluːd/ *v.t.* **-cluded, -cluding.** to shut off or keep apart; place in or withdraw into solitude. **-secluded** adj. **-seclusion** n.

second¹ /'sɛkənd/ adj. **1.** next after the first in order, place, time, rank, value, quality, etc.; the ordinal of two; 2nd. **2.** alternate: *every second Monday.* **3.** *Music* the lower of two parts for the same instrument or voice: *second alto.* **4.** additional; further: *to get a second chance.* –n. **5.** someone or something that comes next to or after the first, in order, quality, rank, etc.: *King Charles the second.* **6.** *Music* **a.** the interval between two successive notes. **b.** → **alto**. **7.** a helper or assistant, especially to a boxer, duellist, etc. –v.t. **8.** to support; assist. **9.** to express support of (a motion, etc.) as a necessary step before further discussion of the motion or voting on it. –adv. **10.** in the second place, group, etc. **-seconder** n. **-secondly** adv.

second² /'sɛkənd/ n. **1.** a sixtieth part of a minute of time; the basic SI unit of time, now defined as the duration of 9 192 631 770 periods of the radiation corresponding to the transition between the two hyperfine levels of the ground state of the caesium-133 atom. **2.** *Geometry, etc.* the sixtieth part of a minute of a degree equivalent to $4.848\ 136\ 8 \times 10^{-6}$ radians (often represented by the sign "; thus, 12°10′30″ means 12 degrees, 10 minutes, and 30 seconds). **3.** a moment or instant.

second³ /sə'kɒnd/ v.t. to transfer (a military officer or other) temporarily to another post, organisation, or responsibility. **-secondment** n.

secondary /'sɛkəndri/ adj., n. **-aries.** –adj. **1.** next after the first in order, place, time, importance, etc. **2.** belonging or relating to a second order, division, stage, period, rank, etc. **3.** of or taken from something else; derived; not primary or original: *he used too many secondary sources in his essay.* **4.** of or relating to the processing of primary products: *a secondary industry.* **5.** of minor or lesser importance; subordinate; auxiliary. **6.** *Chemistry* **a.** involving, or obtained from replacement of, two atoms or radicals. **b.** containing a carbon atom united to two other carbon atoms in a chain or ring molecule. **7.** *Electricity* relating to the induced circuit, coil, or current in an induction coil, etc. **8.** *Geology* relating to a rock or mineral derived from another, by decay, alteration, etc. **9.** *Birds.* relating to any of a set of flight feathers on the second segment of a bird's wing. –n. **10.** someone or something that is secondary. **-secondarily** adv.

secondary colour = **secondary color** n. a colour produced by mixing two or more primary colours, as orange, green, or violet.

secondary school n. a school providing post-primary education; a high school.

secondary wage n. → **margin** (def. 8).

second cousin n. See **cousin**.

second-hand /'sɛkənd-hænd, ˌsɛkənd-'hænd/ adj., /ˌsɛkənd-'hænd/ adv. –adj. **1.** obtained from another; not original: *second-hand knowledge.* **2.** previously used or owned: *second-hand clothes.* **3.** dealing in previously used goods: *a second-hand bookseller.* –adv. **4.** after having been owned by another person: *to buy goods second-hand.*

second nature n. habit, tendency, etc., so long practised that it is inalterably fixed in one's character: *correcting the English of others is second nature to him.*

second person n. the class of a pronoun or verb in which the person addressed is the subject. See **person** (def. 10).

second sight n. a supposed faculty of seeing distant objects and future events; clairvoyance.

second wind n. **1.** the restoration of more comfortable breathing and the reduction of muscular strain in an ongoing energetic activity, after one has got over the initial stresses. –phr. **2. get one's second wind**, to experience a revival of interest, enthusiasm, etc., in a task in hand.

secret /'sikrət/ adj. **1.** done, made, or conducted without the knowledge of others: *secret negotiations.* **2.** kept from the knowledge of any but the initiated: *a secret sign.* **3.** designed to escape observation or knowledge: *a secret drawer.* **4.** retired or secluded, as a place. **5.** beyond ordinary human understanding. –n. **6.** something secret, hidden, or concealed. **7.** a mystery: *the secrets of nature.* **8.** the reason or explanation, not immediately or generally apparent: *the secret of his success.* **9.** a method or art known only to the initiated or the few: *the secret of happiness.* –phr. **10. in secret**, secretly. **-secrecy** n. **-secretly** adv.

secret agent n. a spy.

secretariat /ˌsɛkrə'tɛəriət/ n. the officials or office entrusted with maintaining records and performing secretarial duties, especially for an international organisation.

secretary /'sɛkrətri, 'sɛkrətəri/ n. **-ries.** someone who conducts correspondence, keeps records, etc., for an individual or an organisation. **-secretarial** /ˌsɛkrə'tɛəriəl/ adj. **-secretaryship** n.

secretary-general /ˌsɛkrətri-'dʒɛnrəl/ n. **secretaries-general**, the head of a secretariat.

secrete /sə'krit/ v.t. **-creted, -creting. 1.** *Physiology* to separate off, prepare, or elaborate from the blood, as in the physiological process of secretion. **2.** to hide or conceal; keep secret. **-secretor** n.

secretion /sə'kriʃən/ n. *Physiology* **1.** the process of an animal body, executed in the glands, by which various substances, as bile, milk, etc., are separated and elaborated from the blood. **2.** the product secreted. **-secretory** /sə'kritəri/ adj. **-secretionary** /sə'kriʃənəri/ adj.

secretive /'sikrətɪv/ adj. having or showing a disposition to secrecy; reticent: *he seemed secretive about his new job.* **-secretively** adv. **-secretiveness** n.

secret service n. **1.** a department of government concerned with national security, particularly with espionage and counterespionage. **2.** official service of a secret nature; espionage.

sect /sɛkt/ n. **1.** a body of persons adhering to a particular religious faith; a religious denomination. **2.** a group regarded as deviating from the general religious tradition or as heretical.

-sect a word element meaning 'cut', as in *intersect*.

section /'sɛkʃən/ n. **1.** a part cut off or separated. **2.** one of a number of parts that go together to make a whole: *sections of a fishing rod; a section in a book.* **3.** the act of cutting; separation by cutting. **4.** a thin slice of a tissue, mineral, etc., especially for examination under a microscope. **5.** the representation of an object as it would appear if cut by a plane, showing the structure inside; cross-section. **6.** *Military* a small unit, which may consist of two or more squads. **7.** *Surgery* a type of operation in which it is necessary to cut open the skin, etc., especially a caesarean section. **8.** a division of a bus route, etc., with a fixed fare. **9.** *NZ* an area of land, frequently suburban, as for building a house, etc. **10.** Also, **section mark**. a mark (§) used to mark a section of a book, chapter, etc.; or as a mark of reference to a footnote, etc. –v.t. **11.** to cut or divide into sections.

sector /'sɛktə/ n. **1.** *Geometry* a plane figure bounded by two radii and the included arc of a circle, ellipse, or the like. **2.** a mathematical instrument consisting of two flat rulers hinged together at one end and bearing various scales. **3.** *Military* one of the sections of a forward fighting area divided for military operations, etc. **4.** any field

secular or division of a field of activity. –**sectoral** adj.

secular /'sɛkjələ/ adj. **1.** of or relating to the world, or to things not religious, holy, or spiritual; temporal; worldly. **2.** (of literature, music, etc.) not relating to or connected with religion. **3.** (of education, etc.) dealing with non-religious subjects, or, especially, excluding religious instruction. **4.** happening or celebrated once in an age or century: *the secular games of Rome.* **5.** going on from age to age; continuing through long ages. –*n.* **6.** → **layman. 7.** one of the clergy not belonging to a religious order. –**secularly** adv.

secularism /'sɛkjələrɪzəm/ n. secular spirit or tendencies, especially a system of political or social philosophy which rejects all forms of religious faith and worship. –**secularist** n. –**secularistic** /sɛkjələ'rɪstɪk/ adj.

secure /sə'kjuə/ adj., v. **-cured, -curing.** –*adj.* **1.** free from or not open to danger; safe. **2.** not likely to fall, give in, become displaced, etc. **3.** affording safety, usually of a place. **4.** in safe keeping. **5.** free from care; without anxiety. **6.** sure; certain: *to be secure of victory.* –*v.t.* **7.** to get hold or possession of; obtain. **8.** to make secure from danger or harm; make safe. **9.** to make secure or certain; ensure. **10.** to make firm or fast. **11.** to confine or close in. **12.** to make not able to be entered, or nearly so, as a military position. **13.** to make someone to whom money is owed certain of payment by the pledge or mortgaging of property. –*v.i.* **14.** to be safe; get security: *to secure against danger.* –**securely** adv. –**secureness** n. –**securer** n.

security /sə'kjuərəti/ n. **-ties. 1.** freedom from danger, risk, etc.; safety. **2.** freedom from care, worry, or doubt; confidence. **3.** something that secures or makes safe; protection; defence. **4.** protection from or measures taken against the giving away of state secrets, theft, infiltration, damage, etc. **5.** an assurance; guarantee. **6.** *Law* something given or left as surety for the fulfilment of a promise, the payment of a debt, etc. **7.** (*usually plural*) stocks and shares, etc.

sedan /sə'dæn/ n. a four-door passenger car seating four to six people. Also, **saloon car**.

sedate /sə'deɪt/ adj., v. *Medicine* **-dated, -dating.** –*adj.* **1.** calm, quiet, or composed; sober; undisturbed by passion or excitement. –*v.t.* **2.** to calm or put to sleep by means of sedatives. –**sedately** adv. –**sedateness** n. –**sedation** n.

sedative /'sɛdətɪv/ adj. **1.** tending to calm or soothe. **2.** *Medicine* allaying irritability or excitement; assuaging pain; lowering functional activity. –*n.* **3.** a sedative agent or remedy.

sedentary /'sɛdəntri/ adj. **1.** characterised by or requiring a sitting posture: *a sedentary occupation.* **2.** accustomed to sit much or take little exercise. **3.** *Chiefly Zoology* **a.** abiding in one place; not migratory. **b.** denoting animals that seldom move about or are permanently attached to a stationary object. –**sedentarily** adv. –**sedentariness** n.

sediment /'sɛdəmənt/ n. **1.** matter which settles to the bottom of a liquid; lees; dregs. **2.** *Geology* mineral or organic matter deposited by water, air, or ice. –**sedimentation** /sɛdəmən'teɪʃən/ n.

sedition /sə'dɪʃən/ n. incitement of discontent or rebellion against the government; action or language promoting such discontent or rebellion. –**seditious** adj.

seduce /sə'djus/ v.t. **-duced, -ducing. 1.** to induce to have sexual intercourse. **2.** to lead astray; entice away from duty or rectitude; corrupt. **3.** to win over; entice. –**seducer** n. –**seducible** adj. –**seduction** /sə'dʌkʃən/ n. –**seductive** adj.

sedulous /'sɛdʒələs/ adj. **1.** diligent in application or attention; persevering. **2.** persistently or carefully maintained: *sedulous flattery.* –**sedulously** adv. –**sedulity** /sə'djuləti/, **sedulousness** n.

see¹ /si/ v. **saw, seen, seeing.** –*v.t.* **1.** to observe, be aware of, or perceive, with the eyes. **2.** to look at; make an effort to observe in this way. **3.** to imagine, remember, or retain a mental picture of: *I see the house as it used to be.* **4.** to perceive or be aware of with any or all of the senses: *I hate to see food being wasted like that.* **5.** to have experience or knowledge of: *to see life; to see a bit of variety.* **6.** to view, or visit or attend as a spectator: *have you seen the old part of town?* **7.** to discern with the intelligence; perceive mentally; understand: *do you see where you went wrong?* **8.** to be willing that; to allow: *I'll see you dead first; I can't see an animal suffer.* **9.** to recognise; appreciate: *I don't see the use of that.* **10.** to interpret; regard; consider: *I see the problem quite differently.* **11.** to accept as reasonable or likely; be able to conceive or believe without difficulty: *I just don't see him as prime minister.* **12.** to predict; foresee. **13.** to ascertain, find out, or learn, as by enquiry: *see who is knocking.* **14.** to meet socially; visit. **15.** to visit formally; consult: *to see a doctor.* **16.** to receive as a visitor or the like: *the Minister will see you now.* **17.** to spend time in the company of, especially romantically. **18.** to accompany or escort: *may I see you home?* **19.** to ensure: *see that the work is done.* **20.** *Poker, etc.* to match (a bet) or match the bet of (another better) by making an equal bet. Compare **raise** (def. 25). –*v.i.* **21.** to have or use the power of sight. **22.** to understand; discern. **23.** to inquire or find out. **24.** to deliberate; consider; think. –*phr.* **25. see about,** to deal with or attend to. **26. see here,** (an expression used to attract attention, for emphasis, or the like). **27. see in,** to greet; celebrate: *see in the new year.* **28. see into,** to investigate: *the manager must see into the circumstances of the dismissal of these workers.* **29. see off, a.** to attend the departure of, especially as a courtesy; send off. **b.** to turn away, especially forcibly; cause to leave. **30. see out, a.** to see off. **b.** to continue in (an undertaking) until it is finished. **c.** to live until the end of (a period) or outlive (a person). **31. see over,** to inspect. **32. see things,** to hallucinate. **33. see through, a.** to penetrate or detect: *to see through a disguise; to see through an imposture.* **b.** to remain until the completion of; work to ensure the successful outcome of: *to see a project through.* **c.** to help or support in the achievement or completion of: *her family saw her through university.* **34. see to,** to give attention or care to: *go and see to it now.*

see² /si/ n. *Ecclesiastical* the seat, centre of authority, office, or jurisdiction of a bishop.

seed /sid/ n. **seeds, seed,** v. –*n.* **1.** the propagative part of a plant, especially as preserved for growing a new crop, including ovules, tubers, bulbs, etc. **2.** such parts collectively. **3.** *Botany* a structure containing an embryo plant and food reserves, formed from an ovule after it has been fertilised. **4.** any small, seedlike part or fruit, as a grain of wheat. **5.** (*usually plural*) the germ or beginning of anything: *the seeds of discord.* **6.** offspring; progeny. **7.** semen or sperm. **8.** a player who has been seeded: *Jones is number three seed this year.* –*v.t.* **9.** to sow (land) with seed. **10.** to sow or scatter (seed). **11.** *Chemistry* to add a small crystal to (a super-saturated solution, or a supercooled liquid), in order to initiate crystallisation. **12.** to sow or scatter (clouds) with crystals or particles of silver iodide, solid carbon dioxide, etc., to induce precipitation. **13.** to remove the seeds from (fruit). **14.** (especially in tennis) **a.** to modify (the ordinary drawing of lots for position in a tournament) by distributing certain outstanding players so that they will not meet in the early rounds of play. **b.** to assign a particular ranking to (a player) for this purpose –*v.i.* **15.** to sow seed. **16.** to produce or shed seed. –*phr.* **17. go** (or **run**) **to seed, a.** to pass to the stage of yielding seed. **b.** to approach the end of vigour, usefulness, prosperity, etc. –**seedless** *adj.* –**seedlike** *adj.* –**seeder** *n.*

seed capital *n.* money invested in the early stages of an enterprise or project in the expectation of returns in the medium or longer term.

seedling /'sidlɪŋ/ *n.* a young plant developed from the embryo after germination of a seed.

seedy /'sidi/ *adj.* **-dier, -diest. 1.** abounding in seed. **2.** rather disreputable or shabby. **3.** *Colloquial* out of sorts physically. –**seedily** *adv.* –**seediness** *n.*

seek /sik/ *v.* **sought, seeking.** –*v.t.* **1.** to try to find: *to seek a solution.* **2.** to try to get: *to seek fame.* **3.** to try: *to seek to convince a person.* –*v.i.* **4.** to make search or inquiry. –*phr.* **5. be sought after,** to be desired or in demand: *he is much sought after as an entertainer.* –**seeker** *n.*

seem /sim/ *v.* (*cop*) **1.** to appear to be: *he seemed angry.* –*v.i.* **2.** to appear (to be, feel, do, etc.): *she seemed to enjoy the experience.* **3.** to appear to oneself (to be, do, etc.): *I seem to hear someone calling.* **4.** to appear to exist: *there seems no need to go now.* **5.** to appear to be true or the case: *it seems likely to rain.* –**seemer** *n.*

seemly /'simli/ *adj.* **-lier, -liest. 1.** fitting or becoming with respect to propriety or good taste; decent; decorous. **2.** of pleasing appearance; handsome. –**seemliness** *n.*

seep /sip/ *v.i.* **1.** to pass gradually, as liquid, through a porous substance; ooze. **2.** to enter or infiltrate gradually, as ideas.

seer /sɪə/ *n.* **1.** someone who foretells future events; a prophet. **2.** a magician, clairvoyant, or other person claiming to have occult powers; a palmist, crystal-gazer, or the like.

seersucker /'sɪəsʌkə/ *n.* a fabric, usually striped cotton with alternate stripes crinkled in the weaving.

seesaw /'si,sɔ/ *n.* **1.** a plank or beam balanced at the middle so that its ends may rise and fall alternately. **2.** a children's game in which participants ride up and down on the ends of such a plank. **3.** an up-and-down or a back-and-forth movement or procedure. –*v.i.* **4.** to move in the manner of a seesaw. **5.** to undergo a reversal or repeated reversals.

seethe /sið/ *v.i.* **seethed, seething. 1.** to surge or foam, as a boiling liquid. **2.** to be in a state of physical or mental agitation; to be excited, discontented, or agitated. –**seethingly** *adv.*

segment /'sɛgmənt/ *n.*, /sɛg'mɛnt/ *v.* –*n.* **1.** one of the parts into which anything naturally separates or is naturally divided; a division or section. **2.** *Geometry* **a.** a part cut off from a figure (especially a circular or a spherical one) by a line or a plane, as a part of a circular area contained by an arc and its chord, or by two parallel lines or planes. **b.** a finite section of a straight line or curve. **3.** *Zoology* any of the rings that compose the body of an arthropod, or other animal with a comparable structure, or one of the sections of a limb between the joints. –*v.t.* **4.** to separate or divide into segments. –*v.i.* **5.** to become separated or divided into segments. –**segmentary** /'sɛgməntəri, -tri/, **segmental** /sɛg'mɛntl/ *adj.* –**segmentation** /sɛgmən'teɪʃən/ *n.*

segregate /'sɛgrəgeɪt/ *v.* **-gated, -gating,** /'sɛgrəgət/ *adj.* –*v.t.* **1.** to separate from the others; isolate. **2.** to impose a policy of segregation on (a particular racial, religious, or other group). **3.** to impose a policy of segregation on (a place, community, or state). –*v.i.* **4.** to separate or go apart. **5.** *Biology* (of allelomorphic characters) to separate according to Mendel's laws. –*adj.* **6.** set apart. –**segregation** *n.* –**segregative** *adj.* –**segregator** *n.*

seismic /'saɪzmɪk/ *adj.* relating to, of the nature of, or caused by an earthquake. Also, **seismal, seismical.**

seismo- a word element meaning 'seismic', as in *seismology.*

seismograph /'saɪzməgræf, -graf/ *n.* an instrument for measuring and recording vibrations within the earth as earthquakes. –**seismographic** /saɪzmə'græfɪk/ *adj.*

seismology /saɪz'mɒlədʒi/ *n.* the science or study of earthquakes and their phenomena. –**seismologic** /saɪzmə'lɒdʒɪk/, **seismological** /saɪzmə'lɒdʒɪkəl/ *adj.* –**seismologically,** /saɪzmə'lɒdʒɪkli/ *adv.* –**seismologist** *n.*

seize /siz/ *v.* **seized, seizing.** –*v.t.* **1.** to lay hold of suddenly or forcibly; grasp: *to seize a weapon.* **2.** to grasp with the mind: *to seize an idea.* **3.** to take possession of by force or at will: *to seize enemy ships.* **4.** to take possession or control of as if by suddenly laying hold: *panic seized the crowd.* **5.** to take possession of by legal authority; confiscate: *to seize smuggled goods.* **6.** to take advantage of promptly: *to seize an opportunity.* –*phr.* **7. seize up,** to become jammed or stuck solid, as an engine through excessive heat. –**seizer; *Law,* seizor** /'sizə, -zɔ/ *n.*

seizure /'siʒə/ *n.* **1.** the act of seizing. **2.** a taking possession, legally or by force. **3.** a sudden attack, as of disease.

seldom /'sɛldəm/ *adv.* rarely; infrequently; not often.

select /sə'lɛkt/ *v.t.* **1.** to choose in preference to another or others; pick out. –*adj.* **2.** selected; chosen in preference to others. **3.** choice; of special value or excellence. **4.** carefully or fastidiously chosen; exclusive: *a select party.* –**selective** *adj.* –**selectness** *n.* –**selector** *n.*

selection /sə'lɛkʃən/ *n.* the act of selecting or the fact of being selected; choice: *his selection for the team pleased him.* **2.** the thing or things selected: *take your selection to the counter.* **3.** a range of goods, etc., to choose from: *a wide selection of hats.* **4.** *Australian, NZ History* a block of land acquired under the system of free selection. **5.** *Australian* a farm (usually small). **6.** *Biology* the singling out of certain forms of animal and vegetable life for reproduction and continuing the species, either by natural causes (**natural selection**) which result in the survival of the fittest, or by human action (**artificial selection**) as in breeding animals and in growing fruits, vegetables, etc.

seleno- 1. a word element meaning 'moon', as in *selenology.* **2.** *Chemistry* a combining form of *selenium.*

self /sɛlf/ *n.* **selves,** *pron.* **selves.** –*n.* **1.** a person or thing referred to with respect to individuality; one's own person: *one's own self.* **2.** one's nature, character, etc.: *one's better self.* **3.** personal interest; selfishness. –*pron.* **4.** myself, himself, etc.: *to make a cheque payable to self.*

self- prefixal use of *self,* appearing in various parts of speech, expressing principally reflexive action, e.g., subject identical with direct object, as in *self-control, self-government, self-help;*with indirect-object or adverbial-type relations, as in *self-conscious, self-centred, self-evident.*

self-assurance /sɛlf-ə'ʃɔrəns/ *n.* self-confidence. –**self-assured** *adj.*

self-centred /sɛlf-'sɛntəd/ *adj.* **1.** engrossed in

self; selfish. **2.** centred in oneself or itself. **3.** being itself fixed as a centre.

self-confidence /sɛlf-'kɒnfədəns/ *n.* confidence in one's own judgment, ability, power, etc., sometimes to an excessive degree. –**self-confident** *adj.* –**self-confidently** *adj.*

self-conscious /sɛlf-'kɒnʃəs/ *adj.* **1.** excessively conscious of oneself as an object of observation to others. **2.** conscious of oneself or one's own thoughts, etc. –**self-consciously** *adv.* –**self-consciousness** *n.*

self-contained /'sɛlf-kənteɪnd/ *adj.* **1.** containing in oneself or itself all that is necessary; independent. **2.** (of a flat or house) having its own kitchen, bathroom, and lavatory; not necessitating sharing. **3.** reserved or uncommunicative. **4.** self-possessed; calm.

self-control /sɛlf-kən'troʊl/ *n.* control of oneself or one's actions, feelings, etc.

self-defence /sɛlf-də'fɛns/ *n.* **1.** the act of defending one's own person, reputation, etc. **2.** *Law* the use of reasonable force against an attacker, constituting a defence in criminal law and tort. –**self-defensive** *adj.*

self-determination /sɛlf-də,tɜmə'neɪʃən/ *n.* **1.** determination by oneself or itself, without outside influence. **2.** the determining by a people or nationality of the form of government it shall have, without reference to the wishes of any other nation. –**self-determined** /sɛlf-də'tɜmənd/ *adj.* –**self-determining** /sɛlf-də'tɜmənɪŋ/ *adj.*, *n.*

self-esteem /sɛlf-əs'tim/ *n.* favourable opinion of oneself.

self-evident /sɛlf-'ɛvədənt/ *adj.* evident in itself without proof; axiomatic. –**self-evidence** *n.* –**self-evidently** *adv.*

self-government /sɛlf-'gʌvənmənt/ *n.* **1.** government of a state, community, or other body or persons by its members jointly; democratic government. **2.** political independence of a country, people, region, etc. **3.** the condition of being self-governed. **4.** self-control. –**self-governed**, **self-governing** *adj.*

self-important /sɛlf-ɪm'pɔtnt/ *adj.* having or showing an exaggerated opinion of one's own importance; conceited or pompous. –**self-importance** *n.* –**self-importantly** *adv.*

self-interest /sɛlf-'ɪntrəst/ *n.* **1.** regard for one's own interest or advantage, especially with disregard of others. **2.** personal interest or advantage. –**self-interested** *adj.*

selfish /'sɛlfɪʃ/ *adj.* **1.** devoted to or caring only for oneself, one's welfare, interests, etc. **2.** characterised by caring only for oneself: *selfish motives.* –**selfishly** *adv.* –**selfishness** *n.*

selfless /'sɛlfləs/ *adj.* unselfish.

self-made /'sɛlf-meɪd/ *adj.* **1.** having succeeded in life, unaided by inheritance, class background, or other people: *a self-made man.* **2.** made by oneself.

self-opinionated /sɛlf-ə'pɪnjəneɪtəd/ *adj.* **1.** conceited. **2.** obstinate in one's own opinion.

self-possessed /sɛlf-pə'zɛst/ *adj.* having or showing control of one's feelings, behaviour, etc. –**self-possession** *n.*

self-raising flour *n.* wheat flour with baking powder already added. Also, *US*, **self-rising flour**.

self-respect /sɛlf-rə'spɛkt/ *n.* proper esteem or regard for the dignity of one's character. –**self-respecting** *adj.*

self-righteous /sɛlf-'raɪtʃəs/ *adj.* righteous in one's own esteem; pharisaic. –**self-righteously** *adv.* –**self-righteousness** *n.*

self-sacrifice /sɛlf-'sækrəfaɪs/ *n.* sacrifice of one's interests, desires, etc., as for duty or the good of another. –**self-sacrificing** *adj.*

selfsame /'sɛlfseɪm/ *adj.* (the) very same; identical. –**selfsameness** /sɛlf'seɪmnəs/ *n.*

self-satisfaction /,sɛlf-sætəs'fækʃən/ *n.* satisfaction with oneself, one's achievements, etc.; smugness. –**self-satisfied** *adj.*

self-seeking /sɛlf-'sikɪŋ/ *n.* **1.** the seeking of one's own interest or selfish ends. –*adj.* **2.** given to or characterised by self-seeking; selfish. –**self-seeker** *n.*

self-service /sɛlf-'sɜvəs/ *adj.* (of a service station, restaurant, shop, etc.) operating on the principle that the customers perform part or all of the service themselves. Also, **self-serve**.

self-starter /sɛlf-'statə/ *n.* **1.** a device which starts an internal combustion engine, other than a crank or an auxiliary turning engine. **2.** someone who acts on personal initiative and does not require external motivation as an encouragement to work.

self-sufficient /sɛlf-sə'fɪʃənt/ *adj.* **1.** able to supply one's own needs. **2.** having undue confidence in one's own resources, powers, etc. Also, **self-sufficing** /sɛlf-sə'faɪsɪŋ/. –**self-sufficiency** *n.*

sell /sɛl/ *v.* **sold**, **selling**, *n.* –*v.t.* **1.** to give up or make over for a consideration; dispose of to a purchaser for a price. **2.** to deal in; keep for sale. **3.** to act as a dealer in or seller of: *he sells insurance.* **4.** to facilitate or induce the sale of: *the package sells the product.* **5.** to induce or attempt to induce purchasers for: *he used to be a good actor, but now he is selling soap on television.* **6.** to cause to be accepted: *to sell an idea to the public.* **7.** *Colloquial* to cheat or hoax. –*v.i.* **8.** to sell something; engage in selling. **9.** to be on sale; find purchasers. **10.** to win acceptance, approval, or adoption. –*n.* **11.** *Colloquial* an act of selling or salesmanship. Compare **hard sell**, **soft sell**. **12.** *Colloquial* a hoax or deception. **13.** *Colloquial* a disappointment. –*phr.* **14. be sold on**, *Colloquial* to be very enthusiastic about. **15. sell dearly**, to part with after great and protracted resistance: *to sell one's life dearly.* **16. sell down the river**, *Colloquial* to betray. **17. sell off**, to sell at reduced prices, or with some other inducement for quick sale. **18. sell like hot cakes**, to sell quickly, especially in large quantities. **19. sell one's body**, *Colloquial* to become a prostitute. **20. sell out**, **a.** to dispose of (goods or a particular product) entirely by selling; have none left of. **b.** *Colloquial* to betray. **21. sell up**, **a.** to liquidate by selling the assets of. **b.** to sell a business.

selvage = **selvedge** /'sɛlvɪdʒ/ *n.* **1.** the edge of woven fabric finished to prevent fraying, often in a narrow tape effect, different from the body of the fabric. **2.** any similar strip or part of surplus material, as at the side of wallpaper. **3.** *Meat Industry* the fatty edge on a cut of meat.

selves /sɛlvz/ *n.* plural of **self**.

semantic /sə'mæntɪk/ *adj.* relating to signification or meaning.

semantics /sə'mæntɪks/ *n.* **1.** *Linguistics* the systematic study of the meanings of words and changes thereof. **2.** *Logic* the branch of modern logic that deals with the relations between signs and what they denote or signify.

semaphore /'sɛməfɔ/ *n.*, *v.* **-phored**, **-phoring**. –*n.* **1.** an apparatus for conveying information by means of signals. **2.** a system of signalling by hand, in which a flag is held in each hand at arm's length in various positions. –*v.t.* **3.** to signal by semaphore. –*v.i.* **4.** to use semaphore. –**semaphoric** /sɛmə'fɒrɪk/ *adj.*

semblance /'sɛmbləns/ *n.* **1.** an outward aspect or appearance. **2.** an assumed or unreal appearance; a mere show. **3.** a likeness, image, or copy.

semen /'simən/ *n.* the impregnating fluid produced by male reproductive organs; seed; sperm.

semester /sə'mɛstə/ *n.* (in educational institutions) one of two (or sometimes in the US, three) divisions of the academic year. See **term**. –**semestral** *adj.*

semi /'sɛmi/ *n. Colloquial* **1.** a semidetached house. **2.** semitrailer. **3.** *Sport* a semifinal.

semi- a prefix modifying the latter element of the word, meaning 'half' in its precise and less precise meanings, as in *semicircle, semiannual, semidetached, semiaquatic.*

semibreve /'sɛmibriv/ *n. Music* a note having half the length of a breve, being the longest note in common use.

semicolon /sɛmi'koulən, 'sɛmikoulən/ *n.* a mark of punctuation (;) used to indicate a more distinct separation between parts of a sentence than that indicated by a comma.

semiconductor /,sɛmikən'dʌktə/ *n.* **1.** *Physics* a substance whose electrical conductivity at normal temperatures is intermediate between that of a metal and an insulator, and whose conductivity increases with a rise in temperature over a certain range, as germanium and silicon. **2.** *Electronics* a device, as a transistor, which is based on the electronic properties of such substances.

semidetached /,sɛmidə'tætʃt/ *adj.* partly detached (used especially of a pair of houses joined by a common wall but detached from other buildings).

seminal /'sɛmənəl/ *adj.* **1.** having to do with semen. **2.** *Botany* having to do with seeds. **3.** highly original and influential. **4.** having possibilities of development. **5.** rudimentary; embryonic. –**seminally** *adv.*

seminar /'sɛmənɑ/ *n.* **1.** a small group of students, as in a university, engaged in advanced study and original research under a professor or the like. **2.** a meeting organised to discuss a specific topic: *a public seminar on uranium mining.*

seminary /'sɛmənri/ *n.*, **-ries. 1.** *Roman Catholic Church* a college for the education of men for the priesthood or ministry. **2.** a school, especially one of higher level. –**seminarian** /sɛmə'nɛəriən/ *n.*

semiprecious /sɛmi'prɛʃəs/ *adj.* (of a gem) having value, but not classified as precious, as the amethyst, garnet, etc.

semiquaver /'sɛmikweɪvə/ *n. Music* a note equivalent to one-sixteenth of a semibreve; half a quaver.

semitone /'sɛmitoun/ *n. Music* the smallest interval in the chromatic scale of Western music. Also, *US,* **half-tone.**

semitrailer /sɛmi'treɪlə/ *n. Australian* an articulated goods vehicle consisting of a prime mover and a detachable trailer, supported at the front by the prime mover and at the back by its own wheels; rig.

semivowel /'sɛmivauəl/ *n. Phonetics* a speech sound of vowel quality used as a consonant, such as *w* in *wet* and *y* in *yet.*

semolina /sɛmə'linə/ *n.* the large, hard parts of wheat grains retained in the bolting machine after the fine flour has passed through it, which are used for making puddings, etc.

sempstress /'sɛmpstrəs, 'sɛmstrəs/ *n.* → **seamstress.**

senate /'sɛnət/ *n.* **1.** an assembly or council of citizens having the highest deliberative functions in the government; a legislative assembly of a state or nation. **2.** (*cap.*) the upper and smaller house of the Australian parliament consisting of 64 senators, ten from each of the six states, two from the Northern Territory and two from the Australian Capital Territory. **3.** a similar body in certain other countries. **4.** the supreme council of state in ancient Rome, whose membership and functions varied at different periods. **5.** a governing, advisory, or disciplinary body, as in certain universities. –**senator** *n.*

send /sɛnd/ *v.t.* **sent, sending. 1.** to cause to go; direct or order to go: *to send a messenger.* **2.** to cause to be conveyed or transmitted to a destination: *to send a letter.* **3.** to compel, order, or force to go: *to send someone away.* **4.** to impel, or throw: *he sent down a fast ball.* **5.** to cause to become: *to send somebody mad.* **6.** *Electricity* **a.** to transmit. **b.** to transmit (an electromagnetic wave, etc.) in the form of pulses. **7.** *Colloquial* to excite or inspire (as a jazz musician, listener, or other person). –*phr.*

8. send ahead, to dispatch in advance.

9. send away, to dismiss.

10. send away for, to write away to have delivered: *to send away for tickets.*

11. send for, to summon: *to send for a doctor.*

12. send forth (or **out**), to give off, as light, smell, or sound.

13. send in, to submit, as an application, request, competition entry, etc.

14. send off, a. to cause to depart. **b.** to be present to express good wishes at the departure of (someone).

15. send on, to dispatch some time after the owner has left, as mail, luggage, etc.

16. send packing, *Colloquial* to dismiss; send away.

17. send someone about their business, to send someone away, especially forcibly.

18. send up, *Colloquial* **a.** to mock or ridicule; satirise. **b.** to imprison.

19. send up the river, *Originally US Colloquial* to send to prison.

senile /'sɛnaɪl, 'sinaɪl/ *adj.* **1.** of, relating to, or characteristic of old age. **2.** mentally or physically infirm due to old age. –**senility** /sə'nɪləti/ *n.*

senior /'sinjə/ *adj.* **1.** older or elder (often used after the name of the older of two persons bearing the same name). *Abbrev.:* Sr or Sen **2.** of higher rank or standing, especially by virtue of longer service. –*n.* **3.** someone who is older than another. **4.** a member of the senior class in a university, college, or school. –**seniority** *n.*

senna /'sɛnə/ *n.* **1.** a cathartic drug consisting of the dried leaflets of various plants of the genus *Cassia,* as **Alexandrian senna** from *C. acutifolia,* or **Arabian senna** from *C. angustifolia.* **2.** any plant yielding this drug. **3.** any of various similar plants as *C. odorata,* **Australian senna** and *Sutherlandia frutescens,* **bladder senna.**

sensation /sɛn'seɪʃən/ *n.* **1.** the working of the senses. **2.** a mental condition produced through an organ of sense or a physical feeling: *a sensation of fear; a sensation of cold.* **3.** *Physiology* the ability to pick up stimuli. **4.** a mental feeling, especially of excitement. **5.** a state of excited feeling among people, caused by some event, etc. **6.** a cause of such feeling or interest. –**sensational** *adj.*

sensationalism /sɛn'seɪʃənəlɪzəm/ *n.* **1.** matter, language, or style producing or designed to produce startling or thrilling impressions, or to excite and please vulgar taste. **2.** the exploitation of cheap emotional excitement by popular newspapers, novels, etc. **3.** the tendency of a writer, artist, etc., to be obsessed with a desire to thrill. **4.** *Philosophy* the doctrine that sensation is the sole origin of knowledge. –**sensationalist** *n.*

sense /sɛns/ *n., v.* **sensed, sensing.** –*n.* **1.** each of the special faculties connected with bodily organs by which human beings and other animals

sense

perceive external objects and their own bodily changes (commonly reckoned as sight, hearing, smell, taste, and touch). **2.** these faculties collectively. **3.** their operation or function; sensation. **4.** a feeling or perception produced through the organs of touch, taste, etc., or resulting from a particular condition of some part of the body: *to have a sense of cold.* **5.** a faculty or function of the mind analogous to sensation: *the moral sense.* **6.** any special capacity for perception, estimation, appreciation, etc.: *a sense of humour.* **7.** (*usually plural*) clear or sound mental faculties; sanity. **8.** any more or less vague perception or impression: *a sense of security.* **9.** a mental discernment, realisation, or recognition: *a just sense of the worth of a thing.* **10.** the recognition of something as incumbent or fitting: *a sense of duty.* **11.** sound practical intelligence; common sense: *he has no sense.* **12.** what is sensible or reasonable: *to talk sense.* **13.** the meaning, or one of the meanings, of a word, statement, or a passage. **14.** the approximate, or the general overall meaning of a speech, book, essay, etc. –*v.t.* **15.** to perceive by or as by the senses; become aware of. **16.** to perceive without certainty; be aware of dimly, vaguely or without positive sensory confirmation. **17.** to comprehend or understand, especially instinctively rather than by rational means. –*phr.* **18. in a sense,** according to one interpretation; in a way; in one but not every way. **19. make sense,** to be intelligible or acceptable. **20. make sense of,** to understand. **–senseless** *adj.*

sensibility /sɛnsə'bɪləti/ *n.* **-ties. 1.** the ability to feel; responsiveness to sensory stimuli. **2.** sharpness of emotion and fine feeling.

sensible /'sɛnsəbəl/ *adj.* **1.** having, using, or showing good sense or sound judgment. **2.** appreciable; considerable: *a sensible reduction.* **3.** capable of being perceived by the senses: *the sensible universe.* **4.** capable of feeling or perceiving, as organs or parts of the body. **5.** perceptible to the mind. **–sensibleness** *n.* **–sensibly** *adv.*

sensitise = sensitize /'sɛnsətaɪz/ *v.t.* **-tised, -tising. 1.** to render sensitive. **2.** *Photography* to render (a plate, film, etc.) sensitive to light or other forms of radiant energy. **–sensitisation** /sɛnsətaɪ'zeɪʃən/ *n.* **–sensitiser** *n.*

sensitive /'sɛnsətɪv/ *adj.* **1.** having sensation. **2.** easily influenced or affected. **3.** having sharp mental or emotional sensibility. **4.** arousing strong feelings or reaction: *a sensitive issue.* **5.** (of a body part, etc.) having a low threshold of feeling. **6.** highly affected by certain agents, as photographic plates, films, or paper are to light. **7.** *Radio* easily affected by outside influences, especially by radio waves. **–sensitively** *adv.* **–sensitiveness** *n.* **–sensitivity** /sɛnsə'tɪvəti/ *n.*

sensor /'sɛnsə/ *n.* **1.** an electronic device in a spacesuit or the like which detects a change in some function of the wearer, especially a physiological change, and converts it into a signal for measuring, recording, or for the taking of some action. **2.** any similar device which detects a variable quantity and converts it into a signal.

sensory /'sɛnsəri/ *adj.* **1.** relating to sensation: *sensory deprivation.* **2.** *Physiology* denoting a structure that conveys an impulse which results or tends to result in sensation, as a nerve.

sensual /'sɛnʃuəl/ *adj.* **1.** excessively inclined to the gratification of the senses; voluptuous. **2.** having to do with the gratification of the senses or the indulgence of appetite. **3.** having to do with the senses or physical sensation. **4.** having to do with the doctrine of sensationalism. **–sensually** *adv.*

sensuous /'sɛnʃuəs/ *adj.* **1.** having to do with the senses. **2.** perceived by or affecting the senses: *the sensuous qualities of music.* **3.** readily affected through the senses: *a sensuous temperament.* **–sensuously** *adv.* **–sensuousness** *n.*

sent /sɛnt/ *v.* past tense and past participle of **send**.

sentence /'sɛntəns/ *n., v.* **-tenced, -tencing.** –*n.* **1.** *Grammar* a linguistic form (a word or a sequence of words arranged in a grammatical construction) which is not part of any larger construction, typically expressing an independent statement, inquiry, command, or the like, as, *Fire!* or *Summer is here* or *Who's there?* **2.** *Law* **a.** an authoritative decision; a judicial judgment or decree, especially the judicial determination of the punishment to be inflicted on a convicted criminal. **b.** the punishment itself. –*v.t.* **3.** to pronounce sentence upon; condemn to punishment. **–sentencer** *n.*

sententious /sɛn'tɛnʃəs/ *adj.* **1.** abounding in pithy sayings or maxims: *sententious style.* **2.** affectedly judicial in utterance; moralising; self-righteous. **–sententiously** *adv.* **–sententiousness** *n.*

sentient /'sɛntiənt, 'sɛnʃənt/ *adj.* **1.** that feels; having the power of perception by the senses. **2.** characterised by sensation. **–sentiently** *adv.*

sentiment /'sɛntəmənt/ *n.* **1.** a mental attitude to something; opinion. **2.** a mental feeling; emotion: *a sentiment of pity.* **3.** refined or tender emotion. **4.** a showing of feeling or sensibility in literature, art, or music.

sentimental /sɛntə'mɛntl/ *adj.* **1.** expressive of or appealing to sentiment or the tender emotions: *a sentimental song.* **2.** relating to or dependent on sentiment: *sentimental reasons.* **3.** weakly emotional; mawkishly susceptible or tender: *a sentimental schoolgirl.* **4.** characterised by or showing sentiment or refined feeling. **–sentimentalist** *n.* **–sentimentalism** *n.* **–sentimentally** *adv.*

sentimental value *n.* the value which something often of little or no monetary value has because of its ability to arouse sentiments.

sentinel /'sɛntənəl/ *n.* someone who watches, or stands as if watching.

sentry /'sɛntri/ *n.* **-ries. 1.** a soldier stationed at a place to keep guard and prevent the passage of unauthorised persons, watch for fires, etc.; a sentinel. **2.** a member of a guard or watch.

sepal /'sipəl/ *n. Botany* any of the individual leaves or parts of the calyx of a flower.

separate /'sɛpəreɪt/ *v.* **-rated, -rating,** /'sɛprət/ *adj.* –*v.t.* **1.** to keep apart or divide, as by an intervening barrier, space, etc. **2.** to put apart; part: *to separate persons fighting.* **3.** to disconnect; disunite: *to separate Church and state.* **4.** to remove from personal association, as a married person. **5.** to part or divide (an assemblage, mass, compound, etc.) into individuals, components, or elements. **6.** Also, **separate out**, to take by such parting or dividing: *separate metal from ore.* –*v.i.* **7.** to draw or come apart; become disconnected or disengaged. **8.** to become parted from a mass or compound, as crystals. **9.** (of a married couple) to stop living together but without becoming divorced. –*adj.* **10.** separated, disconnected, or disjoined. **11.** unconnected or distinct: *two separate questions.* **12.** being or standing apart; cut off from access: *separate houses.* **13.** existing or maintained independently: *separate organisations.* **14.** individual or particular: *each separate item.* –*phr.* **15. separate from,** to part company with; withdraw from personal association with. **–separately** *adv.* **–separateness** *n.* **–separation** /sɛpə'reɪʃən/ *n.*

separatist /'sɛprətəst, 'sɛpərə-/ *n.* **1.** an advocate of separation, especially ecclesiastical or political separation. **2.** (formerly) someone who advocated the separation from England of the administrative and judicial functions of the colonies in Australia, and their independence of each other. –**separatism** *n.*

sepia /'sipiə/ *n.* **1.** a brown colouring matter obtained from the ink-like substance produced by various cuttlefish, and used in drawing. **2.** a drawing made with sepia. **3.** a dark brown. **4.** *Photography* a photograph in sepia colours. –*adj.* **5.** of a brown like that of sepia ink.

sepsis /'sɛpsəs/ *n. Pathology* local or generalised bacterial invasion of the body, especially by pyogenic organisms: *dental sepsis, wound sepsis.*

sept- a prefix meaning 'seven', as in *septet.*

September /sɛp'tɛmbə/ *n.* the ninth month of the year, containing 30 days.

septennial /sɛp'tɛniəl/ *adj.* **1.** occurring every seven years. **2.** of or for seven years. –**septennially** *adv.*

septet /sɛp'tɛt/ *n.* **1.** any group of seven persons or things. **2.** a company of seven singers or players. **3.** a musical composition for seven voices or instruments. Also, **septette.**

septic[1] /'sɛptɪk/ *adj.* **1.** infective, usually with a pus-forming microbe. **2.** having to do with sepsis; infected. –**septicity** /sɛp'tɪsəti/ *n.*

septic[2] /'sɛptɪk/ *n. Colloquial* a Yank.

septicaemia = **septicemia** /sɛptə'simiə/ *n. Pathology* the invasion and persistence of pathogenic bacteria in the bloodstream. –**septicaemic** *adj.*

septic tank *n.* a tank in which solid organic sewage is decomposed and purified by anaerobic bacteria.

septum /'sɛptəm/ *n.* **septa** /'sɛptə/. **1.** *Biology* a dividing wall, membrane, or the like in a plant or animal structure; a dissepiment. **2.** an osmotic membrane.

sepulchre /'sɛpəlkə/ *n., v.* **-chred, -chring.** –*n.* **1.** a tomb, grave, or burial place. **2.** *Ecclesiastical* a structure or a recess in some churches of the Middle Ages in which the sacred elements, the cross, etc., were deposited with due ceremonies on Good Friday to be taken out at Easter, in commemoration of Christ's entombment and resurrection (often called **Easter sepulchre**). –*v.t.* **3.** to place in a sepulchre; bury. Also, *US*, **sepulcher.** –**sepulchral** *adj.*

sequel /'sikwəl/ *n.* **1.** a literary work, film, etc., complete in itself, but continuing a preceding work. **2.** an event or circumstance following something; subsequent course of affairs. **3.** a result, consequence, or inference.

sequence /'sikwəns/ *n.* **1.** the following of one thing after another; succession. **2.** the order of following one after the other: *a list of books in alphabetical sequence.* **3.** a continuous or connected series: *a poetic sequence.* **4.** something that follows; result; consequence. **5.** *Music* a pattern of notes or chords repeated at different pitches. **6.** *Film* a part of a story set in the same place and time, and without breaks of any kind. **7.** *Mathematics* a finite or countable set of numbers, arranged in order. **8.** *Cards* a set of three or more cards following one another in order of value.

sequester /sə'kwɛstə, si-/ *v.t.* **1.** to remove or withdraw into solitude or retirement; seclude. **2.** to remove or separate. **3.** Also, **sequestrate.** *Law* to remove (property) temporarily from the possession of the owner; seize and hold, as the property and income of a debtor, until legal claims are satisfied. –**sequestrator** /'sɛkwəstreɪtə, 'si-/ *n.* –**sequestration** /sɛkwəs'treɪʃən/ *n.*

sequestered /sə'kwɛstəd, si-/ *adj.* secluded or out-of-the-way: *a sequestered village.*

sequin /'sikwən/ *n.* a small shining disc or spangle used to ornament a dress, etc. –**sequined = squinned** *adj.*

seraph /'sɛrəf/ *n.* **-aphs** *or* **-aphim** /-əfɪm/. **1.** *Bible* one of the celestial beings hovering above God's throne in Isaiah's vision. Isa. 6. **2.** *Theology* a member of the highest order of angels, often represented as a child's head with wings above, below, and on each side. See **angel** (def. 1). –**seraphic** /sə'ræfɪk/ *adj.*

sere[1] /sɪə/ *adj.* dry; withered.

sere[2] /sɪə/ *n.* the series of stages in an ecological succession.

serenade /sɛrə'neɪd/ *n., v.* **-naded, -nading.** –*n.* **1.** a complimentary performance of vocal or instrumental music in the open air at night, as by a lover under the window of his lady. **2.** a piece of music suitable for such performance. –*v.t.* **3.** to entertain with a serenade. –**serenader** *n.*

serendipity /sɛrən'dɪpəti/ *n.* the faculty of making desirable but unsought-for discoveries.

serene /sə'rin/ *adj.* **1.** calm; peaceful; tranquil: *serene sea, a serene old age.* **2.** clear; fair: *serene weather.* **3.** (*often cap.*) an epithet used in titles of princes, etc.: *his Serene Highness.* –**serenely** *adv.* –**sereneness** *n.*

serf /sɜf/ *n.* a person in a condition of servitude, required to render services to his or her lord, and commonly attached to the lord's land and transferred with it from one owner to another. –**serfdom** /'sɜfdəm/, **serfhood** *n.*

serge /sɜdʒ/ *n.* **1.** a twilled worsted or woollen fabric used especially for clothing. **2.** cotton, rayon, or silk in a twill weave.

sergeant /'sadʒənt/ *n.* **1.** a non-commissioned officer in the army and air force of rank above that of corporal. **2.** a police officer ranking between constable and inspector. –**sergeancy** /'sadʒənsi/, **sergeantship** *n.*

serial /'sɪəriəl/ *n.* **1.** anything published, broadcast, etc., in many instalments at regular intervals, as a story appearing in successive issues of a magazine. –*adj.* **2.** published in instalments or successive parts: *a serial story.* **3.** of, relating to, or arranged in an ordered sequence. –**serially** *adv.*

serial killer *n.* someone who murders a number of people over a period of time, following a similar pattern of behaviour in each case.

serial number *n.* an individual number given to a particular person, article, etc., for identification.

series /'sɪəriz/ *n., pl.* **-ries,** *adj.* –*n.* **1.** a number of things, events, etc., ranged or occurring in spatial, temporal, or other succession; a sequence. **2.** a set of radio or television programs which comprise a number of episodes but involve the same basic characters. **3.** a set, as of coins, stamps, etc. **4.** a set of volumes, as of a periodical, or as issued in like form with similarity of subject or purpose. **5.** *Mathematics* the formal summation of the elements of a sequence. **6.** *Music* an arrangement of twelve notes in a particular order taken as the basis of a composition. **7.** *Geology* a division of a system of rocks, marked by sedimentary deposits formed during a geological epoch. **8.** *Electricity* an arrangement of conductors or cells such that the same current flows through each. The components are said to be **in series** (opposed to *in parallel*). –*adj.* **9.** *Electricity* consisting of, or having, components in series.

serious /'sɪəriəs/ *adj.* **1.** of solemn manner or character; thoughtful. **2.** being sincere; earnest. **3.** demanding serious thought or action: *serious reading; serious music.* **4.** important; weighty: *a serious matter.* **5.** giving cause for concern; critical: *a serious illness.* –**seriously** *adv.* –**seriousness** *n.*

sermon /'sɜmən/ *n.* **1.** a discourse for the purpose

of religious instruction or exhortation, especially one based on a text of Scripture and delivered from a pulpit. **2.** any similar serious discourse or exhortation. **3.** a long, tedious speech. –**sermonic** /sɜˈmɒnɪk/ *adj.*

sero- a word element representing **serum**, as in *serology*.

serpent /ˈsɜpənt/ *n.* **1.** a snake. **2.** a wily, treacherous, or malicious person.

serpentine¹ /ˈsɜpəntaɪn/ *adj.* **1.** having to do with a serpent. **2.** moving in a winding course or having a winding form; tortuous; winding. **3.** having the qualities of a serpent; subtle, artful, or cunning.

serpentine² /ˈsɜpəntaɪn/ *n.* a common mineral, hydrous magnesium silicate, $H_4Mg_3Si_2O_9$, usually oily green and sometimes spotted, occurring in many varieties, and used for architectural and decorative purposes.

serrated /səˈreɪtəd/ *adj.* serrate; having a notched or grooved edge.

serum /ˈsɪərəm/ *n.* **sera** /ˈsɪərə/ *or* **serums**. **1.** *Physiology* the clear, pale yellow liquid which separates from the clot in the coagulation of blood; blood serum. **2.** *Medicine* a fluid of this kind obtained from the blood of an animal which has been rendered immune to some disease by inoculation, used as an antitoxic or therapeutic agent. **3.** any watery animal fluid. **4.** (of milk) **a.** the portion left after butterfat, casein, and albumin have been removed. **b.** the portion left after the manufacture of cheese. –**serous** *adj.*

servant /ˈsɜvənt/ *n.* **1.** someone employed in domestic duties. **2.** someone in the service of another.

serve /sɜv/ *v.* **served, serving**, *n.* –*v.i.* **1.** to act as a servant. **2.** to wait at table; hand food to guests. **3.** to render assistance; help. **4.** to go through a term of service; do duty as a soldier, sailor, councillor, juror, etc. **5.** to have definite use; be of use. **6.** to answer the purpose: *that will serve to explain my actions.* **7.** to be favourable, suitable, or convenient, as weather, time, etc. **8.** *Tennis, etc.* to put the ball in play. –*v.t.* **9.** to be in the service of; work for. **10.** to render service to; help. **11.** to go through (a term of service, imprisonment, etc.). **12.** to render active service to (a ruler, commander, etc.). **13.** to render obedience or homage to (God, a sovereign, etc.). **14.** to perform the duties of (an office, etc.): *to serve his mayoralty.* **15.** to be useful or of service to. **16.** to answer the requirements of; suffice. **17.** to contribute to; promote. **18.** to wait upon; set food before. **19.** to set (food) on a table. **20.** to act as a host or hostess in presenting (someone) with food or drink: *may I serve you with some savouries?* **21.** to act as a host or hostess in offering (food or drink) to someone: *we served cocktails to our guests.* **22.** to provide with a regular or continuous supply of something. **23.** to treat in a specified manner: *her car served her well.* **24.** (of a male animal) to mate with. **25.** *Tennis, etc.* to put (the ball) in play. **26.** *Law* **a.** to make legal delivery of (a process or writ). **b.** to present (a person) with a writ. –*n.* **27.** the act, manner, or right of serving, as in tennis. **28.** a portion of food; a serving. **29.** *Australian Colloquial* a strong rebuke; a tongue lashing: *she gave him a real serve when he came home drunk.* –*phr.* **30. serve out**, to distribute. **31. serve someone right**, to be someone's merited desserts, especially for a damaging treatment of another. –**server** *n.*

servery /ˈsɜvəri/ *n.* a room or an area near the kitchen in which food is set out on plates.

service /ˈsɜvəs/ *n., adj., v.* **-viced, -vicing.** –*n.* **1.** an act of helpful activity. **2.** the supplying or supplier of any articles, commodities, activities, etc., required or demanded. **3.** the providing or a provider of some facility required by the public, as communication or transport. **4.** the organised system of apparatus, appliances, employees, etc., for supplying some facility required by the public. **5.** the supplying or a supplier of water, gas, or the like to the public. **6.** the performance of duties as a servant; occupation or employment as a servant. **7.** employment in any duties or work for another, a government, etc. **8.** a department of public employment, or the body of public servants in it: *the diplomatic service.* **9.** the duty or work of public servants. **10.** the serving of a sovereign, state, or government in some official capacity. **11.** *Military* **a.** (*plural*) the armed forces: *in the services.* **b.** period or duration of active service. **c.** a branch of the armed forces, as the army or navy. **12.** the act of servicing a piece of machinery, especially a motor vehicle. **13.** public religious worship according to prescribed form and order: *divine service.* **14.** a ritual or form prescribed for public worship or for some particular occasion: *the marriage service.* **15.** a set of dishes, utensils, etc., for a particular use: *a dinner service.* **16.** *Law* the serving of a process or writ upon a person. **17.** *Tennis, etc.* **a.** the act or manner of putting the ball in play. **b.** the ball as put in play. **18.** the insemination of a female animal by the male. –*adj.* **19.** of, relating to, or used by, servants, tradespeople, etc.: *service stairs.* **20.** of or relating to the armed forces. –*v.t.* **21.** to make fit for service; restore to condition for service: *to service a car.* **22.** (of a male animal) to inseminate (a female animal). **23.** to meet interest and other payments on, as a government debt: *to service a debt.* **24.** to meet the needs of (a group of people or organisation) by providing a particular service: *the road safety officer services all the schools in this area.* –*phr.* **25. at someone's service**, ready to help someone; at someone's disposal: *my chauffeur will be at your service during your stay here.* **26. be of service**, to be helpful or useful: *if I can be of service to you please call me.*

serviceable /ˈsɜvəsəbəl/ *adj.* **1.** being of service; useful. **2.** capable of doing good service. **3.** wearing well; durable: *serviceable cloth.* –**serviceability** /sɜvəsəˈbɪləti/, **serviceableness** *n.* –**serviceably** *adv.*

service lift *n.* a goods lift.

service station *n.* commercial premises selling petrol, oil, etc., for motor vehicles, and sometimes offering mechanical repairs. Also, **gas station, petrol station**.

serviette /sɜviˈɛt/ *n.* a rectangular piece of linen, cotton, or paper, used at table to wipe the lips and hands and to protect the clothes; napkin; dinner napkin; table napkin.

servile /ˈsɜvaɪl/ *adj.* **1.** obsequious: *servile flatterers.* **2.** having to do with slaves; proper to or customary for slaves; characteristic of a slave; abject: *servile obedience.* **3.** slavishly exact; without originality. –**servilely** *adv.* –**servility** /sɜˈvɪləti/, **servileness** *n.*

serving /ˈsɜvɪŋ/ *n.* **1.** a portion of food or drink; a helping. –*adj.* **2.** used for dishing out and distributing food at the table: *serving spoon.* **3.** being still in office: *a serving vice-president.*

servitude /ˈsɜvətjud/ *n.* **1.** slavery; bondage: *political or intellectual servitude.* **2.** compulsory service or labour as a punishment for criminals: *penal servitude.* **3.** *Law* a right possessed by one person with respect to some other person's property, and consisting either of a right to use such property, or of power to prevent certain uses of the other property.

sesame /ˈsɛsəmi/ *n.* **1.** a tropical herbaceous plant,

Sesamum indicum, whose small oval seeds are edible and yield an oil. **2.** the seeds themselves.

sesqui- 1. a word element meaning 'one and a half', as in *sesquicentennial*. **2.** a prefix applied to compounds where the ratio of radicals is 2 : 3, as in *iron sesquichloride* (Fe_2Cl_3).

sessile /'sɛsaɪl/ *adj. Biology* **1.** attached by the base, or without any distinct projecting support, as a leaf issuing directly from the stem. **2.** permanently attached.

session /'sɛʃən/ *n.* **1.** the sitting together of a court, council, legislature, or the like, for conference or the transaction of business: *Parliament is now in session*. **2.** a single continuous sitting, or period of sitting, of persons so assembled. **3.** a single continuous course or period of lessons, study, etc., in the work of a day at school: *two afternoon sessions a week*. **4.** a portion of the year into which instruction is organised at a college or other educational institution. **5.** a period of time during which a person or group of persons performs an activity: *a dancing session, a cards session*. **–sessional** *adj.*

sestet /sɛs'tɛt/ *n.* → **sextet** (def. 2).

set /sɛt/ *v.* **set**, **setting**, *n., adj. –v.t.* **1.** to put in a particular place or position: *to set a vase on a table*. **2.** to put into some condition or relation: *to set a house on fire*. **3.** to apply: *to set fire to a house*. **4.** to cause to begin: *to set someone thinking*. **5.** to put (a price or value) upon something. **6.** to fix the value of at a certain amount or rate. **7.** to post, station, or appoint for the purpose of performing some duty: *to set a watch over a camp*. **8.** to incite or urge to attack: *to set the dogs on an intruder*. **9.** to fix, appoint, or ordain: *to set a limit*. **10.** to place or prescribe in an estimation: *to set an early date*. **11.** to present or fix for others to follow: *to set an example*. **12.** to prescribe or assign, as a task. **13.** to prescribe for study for examination: *the examiners have set 'King Lear' this year*. **14.** to compile and prescribe (an examination, etc.). **15.** to put in the proper position, order, or condition for use; adjust or arrange. **16.** to cover with a cloth or cloths and arrange cutlery, crockery, etc., on; lay: *to set the table*. **17.** to adjust according to a standard: *to set a clock*. **18.** to fix or mount (a gem, etc.) in gold or the like; place in a frame or setting. **19.** to adorn with; or as with, precious stones. **20.** to fix at a given point or calibration: *to set a micrometer*. **21.** to put into a fixed, rigid, or settled state, as the muscles, the countenance, or the mind. **22.** to cause (something, as mortar) to become firm or hard. **23.** *US* to prove (dough). **24.** to change into a curd. **25.** to cause (hair, etc.) to assume a desired shape, style, or form, as by inserting clips, rollers, etc., when it is wet. **26.** to cause to take a particular direction. **27.** *Surgery* to put (a broken or dislocated bone) back in position. **28.** (of a hunting dog) to indicate the position of (game) by standing stiffly and pointing with the muzzle. **29.** to pitch, as a tune. **30.** *Music* **a.** to fit, as words to music. **b.** to arrange for musical performance. **c.** to arrange (music) for certain voices or instruments. **31.** to furnish (a stage) with the scenery and properties for an act or scene. **32.** to spread (a sail) so as to catch the wind. **33.** *Printing* **a.** to arrange (type) in the order required for printing. **b.** to put together types corresponding to (copy): *to set an article*. *–v.i.* **34.** to pass below the horizon; sink: *the sun sets every evening*. **35.** to decline; wane. **36.** to assume a fixed or rigid state, as the countenance, the muscles, etc. **37.** to become firm (as jelly) or solid (as mortar). **38.** to become a curd, as junket. **39.** (of hair) to assume a desired shape, style, form, etc., by the insertion of clips, rollers, etc., when it is wet. **40.** (of a hunting dog) to indicate the position of game. **41.** to have a certain direction or course, as a wind, current, etc. **42.** *Dancing* to face in a certain direction while moving backwards and forwards or in opposite directions, especially in country-dancing and square-dancing: *set to your partners*. *–n.* **43.** the act or state of setting. **44.** a number of things customarily used together or forming a complete assortment, outfit, or collection: *a set of dishes*. **45.** a series of volumes by one author, about one subject, or the like. **46.** a number or group of persons associating or classed together: *the smart set*. **47.** the fit or hang of an article of clothing: *the set of his coat*. **48.** fixed direction or bent, as of the mind, etc. **49.** bearing or carriage: *the set of one's shoulder*. **50.** the indication by a hunting dog of the position of game. **51.** the assumption of a fixed, rigid or hard state, as by mortar, etc. **52.** a radio or television receiving apparatus. **53.** *Tennis* a group of games, considered as a unit in a match. **54.** *Surfing* **a.** the succession of waves, progressing from small ones to large ones to form one group, usually of about seven. **b.** a large wave, suitable for surfing. **55.** a construction representing a place in which action takes place in a film, television production, or the like. **56.** a number of pieces of stage scenery arranged together. **57.** *Horticulture* a young plant, or a slip, tuber, or the like, suitable for setting out or planting. **58.** *Mathematics* any collection of numbers or objects which have some common property. **59.** *Weightlifting* a specified number of repetitions of a particular exercise: *do three sets of bench presses, fifteen reps*. *–adj.* **60.** fixed beforehand: *a set time*. **61.** prescribed beforehand: *set rules*. **62.** deliberately composed; customary: *set phrases*. **63.** fixed; rigid: *a set smile*. **64.** resolved or determined; habitually or stubbornly fixed: *to be set in one's opinions*. **65.** ready; prepared; organised: *all set to go*. **66.** formed, built, or made (as specified): *stockily set*. *–phr.*

67. a set against (or **on**), *Australian, NZ Colloquial* a grudge against; a feeling of ill-will towards.

68. have someone set, *Australian, NZ Colloquial* to single out someone for dislike, attack, or destruction: *she had him set*.

69. set about, **a.** to begin; start. **b.** to attack. **c.** to begin to fight: *he set about him with a club*.

70. set against, to cause to be hostile or antagonistic to.

71. set aside, **a.** to put to one side. **b.** to discard from use. **c.** to dismiss from the mind. **d.** to annul or quash: *to set aside a verdict*.

72. set back, **a.** to hinder; stop; delay. **b.** *Colloquial* to cost: *it set him back $10*.

73. set down, **a.** to put down in writing or print. **b.** to consider: *to set someone down as a fool*. **c.** to rebuke or snub. **d.** to ascribe or attribute. **e.** to allow (passengers) to alight from a bus, etc.

74. set eyes on, to see.

75. set forth, **a.** to give an account of; expound. **b.** to start.

76. set in, **a.** to begin: *darkness set in*. **b.** (of wind, tide, or the like) to blow or flow towards the shore.

77. set off, **a.** to explode. **b.** to cause to explode. **c.** to begin; start, as on a journey. **d.** to intensify or improve by contrast. **e.** *Banking* to hold a credit balance on (one account) against a debit balance on another account held by the same person, company, etc.

78. set on, **a.** to attack: *three men suddenly set on him*. **b.** to urge or persuade: *to set someone on to cause trouble*. **c.** *Colloquial* having a fixed intention of: *she was set on going to England*.

79. set out, a. to arrange. **b.** to state or explain methodically. **c.** to start, as on a journey. **d.** to have an intention or goal: *to set out to become prime minister*.
80. set sail, to start a voyage.
81. set someone up, *Colloquial* to arrange a situation in which a person appears in a bad light or is incriminated falsely.
82. set store by, to consider worthy or important: *she sets no store by what he says*.
83. set the ball rolling, *Colloquial* to begin a project, etc.
84. set the world on fire, to achieve fame or notable success.
85. set to, a. to apply oneself; start, as to work. **b.** to start to fight.
86. set up, a. to erect. **b.** to start (a business, etc.). **c.** (sometimes fol. by *with*) to provide what is needed: *his parents set him up with books for university*. **d.** to raise (a cry, etc.).
87. set up as, to claim expertise as: *to set up as an organiser*.
88. set upon, to attack, especially suddenly.

seti- a word element meaning 'bristle'.

set square *n.* a flat piece of wood, plastic, or the like, in the shape of a right-angled triangle, used in mechanical drawing.

settee /sɛ'ti, sə'ti/ *n.* a seat for two or more persons with a back, sometimes with arms, and usually upholstered.

setter /'sɛtə/ *n.* one of a breed of long-haired hunting dogs which originally had the habit of crouching when game was scented, but which are now trained to stand stiffly and point the muzzle towards the scented game, the breed being made up of three distinct groups: Irish setters, English setters, and Gordon setters.

setting /'sɛtɪŋ/ *n.* **1.** the surroundings or environment of anything. **2.** that in which something, as a jewel, is set or mounted. **3.** a group of all the combined articles, as of cutlery, china, etc., required for setting a table, or a single place at a table. **4.** the period or locale in which the action of a play, film, etc., takes place. **5.** *Music* a piece of music composed for certain words.

settle¹ /'sɛtl/ *v.* -**tled**, -**tling**. –*v.t.* **1.** to appoint or fix definitely; agree upon (a time, price, conditions, etc.). **2.** to place in a desired position or in order. **3.** to pay (a bill, account due, or the like). **4.** to close (an account) by payment. **5. a.** to furnish (a place) with inhabitants or settlers: *the north side of the river was soon settled.* **b.** to provide with a place to live: *he settled two of his sons across the river.* **6.** to establish in a way of life, a business, etc. **7.** to bring to rest; quiet (the nerves, stomach, etc.). **8.** *Colloquial* to cause to cease from opposition or annoyance. **9.** to make stable; place on a permanent basis. **10.** to cause (a liquid) to deposit dregs. **11.** to cause (dregs, etc.) to sink. **12.** to cause to sink down gradually; make firm or compact. **13.** to close up; dispose of finally: *to settle an estate*. **14.** *Law* **a.** to secure (property, title, etc.) on or to a person by formal or legal process. **b.** to terminate (legal proceedings) by mutual consent of the parties. –*v.i.* **15.** Also, **settle up**. to make a financial arrangement; pay. **16.** to take up residence in a new country or place. **17.** to come to rest, as from flight: *a bird settled on a bough*. **18.** to come to rest in a particular place: *a cold settles in one's head.* **19.** to sink down gradually; subside. **20.** to become clear, by the sinking of particles, as a liquid. **21.** to sink to the bottom, as sediment. **22.** to become firm or compact, as the ground. **23.** *Law* (of the parties in a dispute) to come to a compromise before or during the course of a hearing: *to settle out of court*. –*phr.* **24. settle down, a.** to come to a rest; become calm or composed. **b.** to apply oneself to serious work. **c.** to set oneself to a regular way of life, especially upon marrying. **25. settle in**, to move into a new home, job, relationship, environment, etc., and adapt oneself to the new circumstances or surroundings. **26. settle on** (or **upon**), to decide on; arrange: *to settle on a plan of action*. **27. settle with, a.** to pay one's debts to. **b.** to come to an agreement with.

settle² /'sɛtl/ *n.* a long seat or bench, usually wooden and with arms and high back.

settlement /'sɛtlmənt/ *n.* **1.** the act or result of settling. **2.** arrangement; adjustment. **3.** a colony. **4.** a small village, especially in an area with few people.

settler /'sɛtlə/ *n.* **1.** someone who settles in a new country, especially one who is freeborn and who takes up portions of the land for agriculture. **2.** *Law* someone who disposes of property by creating a succession of interests in it.

set-up /'sɛt-ʌp/ *n.* **1.** organisation; arrangement; general state of affairs. **2.** *Colloquial* a contest or undertaking which presents no real challenge or problems, as a fixed boxing match. **3.** *Colloquial* a trap; ambush.

seven /'sɛvən/ *n.* **1.** a cardinal number, six plus one (6 + 1). **2.** the symbol for this number, as 7 or VII. –*det.* **3.** amounting to seven in number: *seven apples*. –*pron.* **4.** seven people or things: *seven came to the party.* –**seventh** *adj.*

seventeen /sɛvən'tin/ *n.* **1.** a cardinal number, ten plus seven. **2.** a symbol for this number, as 17 or XVII. –*det.* **3.** amounting to seventeen in number. –*pron.* **4.** seventeen people or things.

seventy /'sɛvənti/ *n.* -**ties**, *det.*, *pron.* –*n.* **1.** a cardinal number, ten times seven. **2.** a symbol for this number, as 70 or LXX. **3.** (*plural*) the numbers from 70 to 79 of a series, especially with reference to the years of a person's age, or the years of a century, especially the twentieth. –*det.* **4.** amounting to seventy in number. –*pron.* **5.** seventy people or things. –**seventieth** /'sɛvəntiəθ/ *adj.*, *n.*

sever /'sɛvə/ *v.t.* **1.** to put apart; separate. **2.** to divide into parts, especially forcibly; cut; cleave. **3.** to break off or dissolve (ties, relations, etc.). –**severance** *n.*

several /'sɛvrəl/ *det.* **1.** being more than two or three, but not many. –*adj.* **2.** respective; individual: *they went their several ways*. **3.** separate; different: *three several occasions*. –*pron.* **4.** several persons or things; a few; some. –**severalty** *n.*

severance pay *n.* money paid by a firm to employees or directors in compensation for loss of employment.

severe /sə'vɪə/ *adj.* -**verer**, -**verest**. **1.** harsh; extreme: *severe punishment*. **2.** unsmiling; stern: *a severe face*. **3.** serious; grave: *a severe illness*. **4.** simple; plain: *she wears severe clothes*. **5.** hard to endure, perform, achieve, etc.: *a severe test*. **6.** extremely strict, accurate, or methodical: *he lives by severe standards*. –**severely** *adv.* –**severeness** *n.*

sew /soʊ/ *v.* **sewed**, **sewn** or **sewed**, **sewing**. –*v.t.* **1.** to join or attach by a thread or the like, as with a needle. **2.** to make, repair, etc., (a garment) by such means. –*v.i.* **3.** to work with a needle and thread, or with a sewing machine. –*phr.* **4. sew up, a.** to close (a hole, wound, etc.) by means of stitches. **b.** to complete or conclude successfully or satisfactorily.

sewage /'suɪdʒ/ *n.* the waste matter which passes through sewers.

sewer /'suə/ *n.* an artificial conduit, usually underground, for carrying off waste water and refuse, as from a town or city.

sewerage /'suərɪdʒ/ *n*. **1.** the removal of waste water and refuse by means of sewers. **2.** a system of sewers. **3.** the pipes and fittings conveying sewage.

sex /sɛks/ *n*. **1.** the character of being either male or female: *persons of both sexes*. **2.** the sum of the anatomical and physiological differences with reference to which the male and the female are distinguished, or the phenomena depending on these differences. **3.** the instinct or attraction drawing one sex towards another, or its manifestation in life and conduct. **4.** men collectively or women collectively: *the fair sex*. **5.** *Colloquial* sexual intercourse. **6.** sexually stimulating or suggestive behaviour: *there is too much sex on TV*. –*v.t.* **7.** to ascertain the sex of. –*phr.* **8. have sex**, *Colloquial* to have sexual intercourse.

sex- a word element meaning 'six', as in *sexcentenary*.

sexism /'sɛksɪzəm/ *n*. the upholding or propagation of sexist attitudes.

sexist /'sɛksəst/ *adj*. **1.** of an attitude which stereotypes a person according to gender, or sexual preference, rather than judging on individual merits. **2.** having to do with sexual exploitation or discrimination, especially in advertising, language, job opportunities, etc. –*n*. **3.** someone who displays sexist attitudes.

sextant /'sɛkstənt/ *n*. an astronomical instrument used in measuring angular distances, especially the altitudes of sun, moon, and stars at sea in determining latitude and longitude.

sextet /sɛks'tɛt/ *n*. **1.** any group or set of six. **2.** Also, **sestet. a.** a company of six singers or players. **b.** a musical composition for six voices or instruments. Also, **sextette**.

sex therapy *n*. the treatment, especially by counselling, of psychological problems relating to sexual relationships. –**sex therapist** *n*.

sexton /'sɛkstən/ *n*. a church officer and guardian who is charged with taking care of the church, its contents, and the graveyard, ringing the bell, gravedigging, etc.

sexual /'sɛkʃuəl/ *adj*. **1.** having to do with sex. **2.** occurring between or involving the two sexes. **3.** having sex or sexual organs, or reproducing by processes involving both sexes, as animals or plants. **4.** having a strong sex drive or having the ability to arouse strong sexual interest. –**sexually** *adv*.

sexual harassment *n*. persistent unwelcome sexual advances, especially when made by superiors in the workplace and when employment status is dependent upon compliance.

sexual intercourse *n*. **1.** sexual contact involving the genitals of at least one of the individuals. **2.** sexual union between a male and a female by the vagina, usually resulting in ejaculation by the male; coitus; copulation.

sexuality /sɛkʃu'ælətɪ/ *n*. **1.** sexual character; possession of sex. **2.** the recognition or emphasising of sexual matters.

sexual politics *n*. the relationships between men and women influenced by their relative positions of power in society and the manipulation of that power.

sex worker *n*. someone who earns a livelihood from giving sexual gratification to clients; prostitute.

sexy /'sɛksi/ *adj*. **-ier, -iest. 1.** having or involving a predominant or intense concern with sex: *a sexy novel*. **2.** sexually interesting or exciting; having sex appeal. **3.** *Colloquial* (of a project, design, product, etc.) exciting; daring; trendy. –**sexily** *adv*. –**sexiness** *n*.

sforzando /sfɔt'sændoʊ/ *adv*. *Music* with force (used to indicate that a note or chord is to be rendered with special emphasis). *Abbrev*.: sf., sfz. Also, **sforzato**.

SGML /ɛs dʒi ɛm 'ɛl/ *n*. a computer markup language, designed as a multi-platform standard, in which various elements of a document, database, etc., are given tags, providing flexible structure and data retrieval.

shabby /'ʃæbi/ *adj*. **-bier, -biest. 1.** having the appearance impaired by wear, use, etc.: *shabby clothes*. **2.** making a poor appearance. **3.** meanly ungenerous or unfair; contemptible, as persons, actions, etc. –**shabbily** *adv*. –**shabbiness** *n*.

shack /ʃæk/ *n*. **1.** a very small, usually roughly built and poorly appointed house; cabin; hut. **2.** *Australian* a holiday house. –*phr.* **3. shack up**, (sometimes fol. by *with*) **a.** to live at a place; reside: *you can come and shack up with us till your house is ready*. **b.** to live in sexual intimacy with another.

shackle /'ʃækəl/ *n., v.* **-led, -ling**. –*n*. **1.** a ring or fastening of iron or the like for securing the wrist, ankle, etc.; a fetter. **2.** a hobble or fetter for a horse or other animal. **3.** any of various fastening or coupling devices, as the curved bar of a padlock which passes through the staple. **4.** anything that serves to prevent freedom of procedure, thought, etc. –*v.t.* **5.** to put a shackle or shackles on; confine or restrain. –**shackler** *n*.

shade /ʃeɪd/ *n., v.* **shaded, shading**. –*n*. **1.** the comparative darkness caused by the interception of rays of light. **2.** an area of comparative darkness; a shady place. **3.** comparative obscurity. **4.** a spectre or ghost. **5.** a lampshade. **6.** anything used for protection against excessive light, heat, etc. **7.** (*plural*) *Colloquial* → **sunglasses**. **8.** a shadow. **9.** degree of darkening of a colour by adding black or by decreasing the illumination. **10.** comparative darkness as represented pictorially; the dark part, or a dark part, of a picture. **11.** a slight variation, amount, or degree: *there is not a shade of difference between them*. –*v.t.* **12.** to produce shade in or on. **13.** to obscure, dim, or darken. **14.** to screen or hide from view. **15.** to protect (something) from light, heat, etc., as by a screen; to cover or screen (a light, candle, etc.). **16.** to introduce degrees of darkness into (a drawing or painting) for effects of light and shade or different colours. **17.** to render the values of light and dark in (a painting or drawing). **18.** to change by imperceptible degrees into something else. –*v.i.* **19.** to pass or change by slight graduations, as one colour or one thing into another. –*adj.* **20.** providing shade: *a shade tree*. –*phr.* **21. cast** (or **put**) **in the shade**, to render insignificant by comparison; surpass. –**shadeless** *adj*.

shadow /'ʃædoʊ/ *n*. **1.** a dark figure cast on the ground, etc., by a body blocking a light source. **2.** shade or slight darkness. **3.** a slight suggestion: *not a shadow of a doubt*. **4.** a ghost: *pursued by shadows*. **5.** a faint resemblance: *he is a shadow of his former self*. **6.** a reflected image. **7.** the dark part of a picture. **8.** a constant or powerful threat, influence, etc.: *under the shadow of the atomic bomb*. **9.** a constant companion. **10.** someone who keeps close watch upon another, as a spy, etc. –*v.t.* **11.** to shade. **12.** to cast a gloom over **13.** to protect from light, heat, etc. **14.** to follow (a person) about secretly, in order to keep watch over their movements. –**shadower** *n*. –**shadowless** *adj*.

shadow cabinet *n*. *Government* the group of members of the chief opposition party who speak on behalf of the party on major issues.

shady /'ʃeɪdi/ *adj*. **-dier, -diest. 1.** abounding in shade; shaded: *shady paths*. **2.** shadowy; indistinct; spectral. **3.** *Colloquial* uncertain; question-

shaft

able; of dubious character or reputation. **–shadily** *adv.* **–shadiness** *n.*

shaft /ʃaft/ *n.* **1.** a long pole or rod forming the body of some weapons, as a spear, arrow, etc. **2.** something directed as in sharp attack: *shafts of criticism.* **3.** a ray; beam: *a shaft of sunlight.* **4.** the handle of a hammer, axe, golf club, etc. **5.** a revolving bar serving to transmit motion, as from an engine to various machines. **6.** the body of a column between the base and the top. **7.** either of the parallel bars between which an animal drawing a vehicle is placed. **8.** any well-like passage or vertical or sloping enclosed space, as in a building: *a lift shaft; mine shaft.* **9.** *Botany* the trunk of a tree. **10.** *Zoology* the main stem of a feather. *–v.t.* **11.** *Colloquial* ‡ (of a male) to have sexual intercourse with. **12.** *Colloquial* to cheat, betray or defraud; treat unfairly.

shag¹ /ʃæg/ *n.* **1.** rough, matted hair, wool, or the like. **2.** a cloth with a nap, at times one of silk but commonly a heavy or rough woollen fabric. **3.** a coarse tobacco cut into fine shreds.

shag² /ʃæg/ *n.* **1.** → **cormorant** (def. 1). **2.** → **darter. 3. like a shag on a rock**, *Australian, NZ Colloquial* alone; deserted; forlorn.

shag³ /ʃæg/ *v.* **shagged, shagging**, *n. Colloquial* *–v.t.* **1.** ‡ to have sexual intercourse with. *–n.* **2.** ‡ an act or instance of sexual intercourse, especially group sexual activity. *–phr.* **3. shag out**, to tire; exhaust. **–shagger** *n.*

shaggy /'ʃægi/ *adj.* **-gier, -giest. 1.** covered with or having long, rough hair. **2.** unkempt. **3.** rough and matted; forming a bushy mass, as the hair, mane, etc. **4.** having a rough nap, as cloth. **–shaggily** *adv.* **–shagginess** *n.*

shag pile *n.* carpet pile which is long and thick.

shah /ʃɑ/ *n.* a king (especially used as a title of the former rulers of Iran).

shake /ʃeɪk/ *v.* **shook, shaken, shaking**, *n. –v.i.* **1.** to move or sway with short, quick, irregular vibratory movements. **2.** to tremble with emotion, cold, etc. **3.** to clasp a person's hand in greeting, agreement, etc. *–v.t.* **4.** to move to and fro with short, quick, forcible movements. **5.** to brandish or flourish. **6.** to bring, throw, force, rouse, etc., by or as by some vigorous movement to and fro; cause to quiver or tremble: *leaves shaken by the breeze.* **7.** to cause to totter or waver: *to shake the very foundations of society.* **8.** to agitate or disturb profoundly in feeling. **9.** to unsettle; weaken: *to shake one's faith.* **10.** to mix (dice) before they are cast. *–n.* **11.** the act of shaking. **12.** tremulous motion. **13.** a tremor. **14.** *Colloquial* an earthquake. **15.** a drink made by shaking ingredients together: *a milk shake.* **16.** (*plural*) *Colloquial* a state of trembling, especially that induced by alcoholism, drugs, or nervous disorder. **17.** a dance in which the body is shaken violently in time to music. **18.** *Colloquial* a moment, a short time: *just a shake. –phr.* **19. a brace of shakes**, a very short time; an instant. **20. in two shakes (of a dog's tail)**, *Colloquial* in a very short time. **21. no great shakes**, *Colloquial* of no particular importance; unimpressive. **22. shake down, a.** to settle in or retire to a bed, especially a makeshift or temporary one. **b.** to settle comfortably in or adapt oneself to new surroundings, etc. **c.** to bring down. **d.** to cause to settle. **e.** to condition: *to shake down a vessel by a first voyage.* **f.** *Colloquial* to extort money from. **g.** *Colloquial* to search (someone); frisk. **23. shake hands**, to clasp hands in greeting, congratulation, agreement, etc. **24. shake off**, *Colloquial* **a.** to get rid of; free oneself from. **b.** to get away from; elude. **25. shake one's head**, to turn the head from side to side to indicate reluctance, disapproval, disbelief, etc. **26. shake the dust from one's feet**, to make one's departure, especially with a determination not to return. **27. shake up, a.** to shake in order to mix, loosen, etc. **b.** to upset. **c.** to disturb or agitate mentally or physically. **–shaky** *adj.*

shale /ʃeɪl/ *n.* a rock of fissile or laminated structure formed by the consolidation of clay or argillaceous material.

shall /ʃæl/ *weak form* /ʃəl/ *v. modal* **1.** (indicating future likelihood): *all this shall be yours.* **2.** (expressing intention or expectation, in the first person): *I shall take a taxi; without treatment I shall die; what shall we do?* **3.** (expressing resolve, in the second and third person): *you shall do as I say; the owner shall notify the tenant of any proposed inspection.* **4.** (used in suggestions): *shall we dance?; shall I open the window?*

shallot /ʃə'lɒt/ *n.* a plant of the lily family, *Allium ascalonicum*, whose bulb forms smaller bulbs which are used for flavouring in cookery and as a vegetable.

shallow /'ʃæloʊ/ *adj.* **1.** of little depth; not deep: *shallow water, a shallow dish. –n.* **2.** (*usually plural*) a shallow part of a body of water; a shoal. **–shallowly** *adv.* **–shallowness** *n.*

sham /ʃæm/ *n., adj., v.* **shammed, shamming.** *–n.* **1.** something that is not what it purports to be; a spurious imitation. *–adj.* **2.** pretended; counterfeit: *sham attacks. –v.t.* **3.** to assume the appearance of: *to sham illness.*

shamble /'ʃæmbəl/ *v.i.* **-bled, -bling.** to walk or go awkwardly; shuffle.

shambles /'ʃæmbəlz/ *pl. n.* (*often construed as singular*) any place or thing in confusion or disorder.

shame /ʃeɪm/ *n., v.* **shamed, shaming.** *–n.* **1.** the painful feeling arising from the consciousness of something dishonourable, improper, ridiculous, etc., done by oneself or another. **2.** susceptibility to this feeling: *to be without shame.* **3.** disgrace; ignominy. **4.** a fact or circumstances bringing disgrace or regret. **5.** an unfortunate situation or state of affairs: *it's a shame you had to wait in the rain. –v.t.* **6.** to cause to feel shame; make ashamed. **7.** to drive, force, etc., through shame. **8.** to cover with ignominy or reproach; disgrace. *–phr.* **9. for shame**, *Archaic* (an expression of disapproval or reproach). **10. put to shame, a.** to disgrace. **b.** to outdo or surpass. **–shameful** *adj.* **–shameless** *adj.*

shampoo /ʃæm'pu/ *v.* **-pooed, -pooing**, *n. –v.t.* **1.** to wash (the head or hair), especially with a cleaning preparation. **2.** to clean (upholstery, carpets, etc.), with a special preparation. *–n.* **3.** a preparation used for shampooing. **–shampooer** *n.*

shamrock /'ʃæmrɒk/ *n.* a plant with trifoliate leaflets believed to have been used by St Patrick to symbolise the Trinity, especially wood sorrel, *Oxalis acetosella*, white clover, *Trifolium repens*, or lesser yellow trefoil, *T. dubium*.

shandy /'ʃændi/ *n.* a mixed drink of beer with ginger beer or lemonade.

shanghai¹ /'ʃæŋhaɪ, ʃæŋ'haɪ/ *v.t.* **-haied, -haiing. 1.** *Nautical* (formerly) to obtain (a man) for the crew of a ship by unscrupulous means, as by force, drugs, or fraud. **2.** *Colloquial* to involve (someone) in an activity, usually against their wishes. **3.** *Colloquial* to steal.

shanghai² /'ʃæŋhaɪ/ *n. Australian, NZ* a child's catapult; sling.

shank /ʃæŋk/ *n.* **1.** that part of the leg in humans between the knee and the ankle. **2.** a part in certain animals corresponding or analogous to the human shank. **3.** the whole leg. **4.** a cut of meat from the top part of the front (**fore shank**) or back (**hind shank**) leg. **5.** that portion of an instrument, tool, etc., connecting the acting part with the handle or any like part. **6.** the long, straight, middle part of an anchor. **7.** *Printing* the body of a type, between the shoulder and the foot. *–v.i.* **8.** (of a leaf, flower, fruit, etc.) to decay as a result of disease.

shan't /ʃant/ *v.* contraction of *shall not.*

shantung /ʃænˈtʌŋ/ *n.* **1.** a silk fabric, a heavy variety of pongee made of rough, spun wild silk. **2.** a fabric imitating this made of rayon or cotton.

shanty¹ /ˈʃænti/ *n.* **-ties.** a roughly built hut, cabin, or house.

shanty² /ˈʃænti/ *n.* **-ties.** a sailors' song, especially one sung in rhythm to work. Also, **chanty, chantey.**

shape /ʃeɪp/ *n., v.* **shaped, shaping.** *–n.* **1.** the quality of a thing depending on its outline or external surface. **2.** the form of a particular thing, person, or being. **3.** something seen indistinctly, as in outline or silhouette. **4.** an imaginary form; phantom. **5.** an assumed appearance; guise. **6.** a particular or definite form or nature: *the shape of things to come.* **7.** proper form; orderly arrangement. **8.** condition: *affairs in bad shape.* **9.** something used to give form, as a mould or a pattern. *–v.t.* **10.** to give definite form, shape, or character to; fashion or form. *–v.i.* **11.** Also, **shape up,** to develop; take place in a specified manner; assume a definite form or character. *–phr.* **12. shape up,** to stand ready to fight. **13. shape up or ship out,** to perform as required or leave. **14. take shape,** to assume a definite or concrete form. **–shaper** *n.*

shapely /ˈʃeɪpli/ *adj.* **-lier, -liest.** having a pleasing shape; well-formed. **–shapeliness** *n.*

shard /ʃad/ *n.* **1.** a fragment, especially of broken earthenware. **2.** *Zoology* **a.** a scale. **b.** a shell, as of an egg or snail. Also, **sherd.**

share /ʃɛə/ *n., v.* **shared, sharing.** *–n.* **1.** the portion or part allotted or belonging to, or contributed or owed by, an individual or group. **2.** *Commerce* one of the equal fractional parts into which the capital stock of a limited company is divided. *–v.t.* **3.** to use, participate in, enjoy, etc., jointly. *–v.i.* **4.** (sometimes fol. by *in*) to have a share or part; take part. **–sharer** *n.*

sharebroker /ˈʃɛəbroʊkə/ *n.* → **stockbroker.**

shareholder /ˈʃɛəhoʊldə/ *n. Commerce* someone who holds or owns a share or shares, as in a company.

shareware /ˈʃɛəwɛə/ *n. Computers* computer software which is made available free on trial and for which a small fee is paid optionally after the trial period.

shark¹ /ʃak/ *n.* any of a group of elongate elasmobranch (mostly marine) fishes, certain species of which are large and ferocious, and destructive to other fishes and sometimes dangerous to humans. **–sharklike** *adj.*

shark² /ʃak/ *n.* **1.** someone who preys greedily on others, as by swindling, usury, etc. *–v.i. Ball Games* **2.** to take more than one's share of play from team-mates.

sharp /ʃap/ *adj.* **1.** having a thin cutting edge or a fine point. **2.** ending in an edge or point. **3.** sudden; abrupt: *a sharp rise in the road; a sharp bend.* **4.** (of a person's features) composed of hard, angular lines. **5.** clearly outlined; distinct: *a sharp picture on TV.* **6.** marked; noticeable: *a sharp distinction.* **7.** strong or biting in taste. **8.** piercing or shrill in sound. **9.** very cold: *a sharp wind.* **10.** very painful; distressing. **11.** angry; harsh: *sharp words.* **12.** alert; vigilant: *a sharp watch.* **13.** mentally quick and alert: *a sharp mind.* **14.** wise; shrewd; astute. **15.** cunning to the point of dishonesty: *sharp practice.* **16.** *Music* **a.** above an intended pitch; too high. **b.** (of a note) raised a semitone in pitch: *F sharp.* *–adv.* **17.** precisely: *at one o'clock sharp.* **18.** watchfully; alertly: *look sharp!* **19.** quickly; briskly. **20.** *Music* above the true pitch. *–n.* **21.** *Music* **a.** a note one semitone above a given note. **b.** (in notation) the symbol (#) showing this. **22.** an implement, utensil, tool, etc., with a sharp point, as a hypodermic needle. **–sharpen** *v.* **–sharply** *adv.* **–sharpness** *n.*

sharper /ˈʃapə/ *n.* a shrewd swindler.

shashlik /ˈʃæʃlɪk/ *n.* → **shish kebab.**

shat /ʃæt/ ‡ *v.* past tense and past participle of **shit.**

shatter /ˈʃætə/ *v.t.* **1.** to break in pieces, as by a blow. **2.** to damage, as by breaking or crushing: *ships shattered by storms.* **3.** to impair; weaken; destroy (health, nerves, etc.). *–v.i.* **4.** to break suddenly into fragments.

shave /ʃeɪv/ *v.* **shaved, shaved** or **shaven, shaving,** *n.* *–v.i.* **1.** to remove hair with a razor. *–v.t.* **2.** to remove hair from (the face, legs, etc.) by cutting it close to the skin. **3.** to cut off (hair, especially the beard) close to the skin (often fol. by *off* or *away*): *he shaved his beard off.* **4.** to take thin slices from, especially in order to smooth: *to shave wood.* **5.** to come very near to; graze: *to shave a corner.* *–n.* **6.** the act or process of shaving. **7.** a narrow miss or escape: *a close shave.*

shaving /ˈʃeɪvɪŋ/ *n.* (*often plural*) a very thin piece or slice, especially of wood.

shawl /ʃɔl/ *n.* a piece of material, worn as a covering for the shoulders, head, etc., chiefly by women, in place of coat or hat, sometimes as a decoration.

she /ʃi/ *pron.* **her,** *n.* **shes,** *adj.* *–pron.* (*personal*) *third person, singular, fem., subjective* **1.** the female being in question or last mentioned. **2.** used (instead of *it*) of things to which female gender is attributed, as a ship. **3.** used (instead of *it*) in phrases: *she'll be right; she's apples.* *–n.* **4.** a woman or any female person or animal (correlative to *he*). *–adj.* **5.** female or feminine, especially of animals: *she-goat.*

sheaf /ʃif/ *n.* **sheaves. 1.** one of the bundles in which cereal plants, as wheat, rye, etc., are bound after reaping. **2.** any bundle, cluster, or collection: *a sheaf of papers.*

shear /ʃɪə/ *v.* **sheared, shore, sheared** or **shore, shearing.** *–v.t.* **1.** to remove by or as by cutting with a sharp instrument: *to shear wool from sheep.* **2.** to cut the hair, fleece, wool, etc., from. *–v.i.* **3.** *Physics* to become fractured by a shear or shears. *–n.* **4.** (*plural*) scissors of large size. **5.** (*plural*) any of various other cutting implements or machines resembling or suggesting scissors. **6.** a shearing of sheep (used in stating the age of sheep): *a sheep of one shear (one year old).* **7.** a quantity of wool, grass, etc., cut off at one shearing. **8.** any machine using an adaptation of the shearing principle, especially to cut metal sheets. **9.** *Physics* type of stress applied to an object tending to cause fracture along one of its planes. *–phr.* **10. off (the) shears,** (of sheep) recently shorn. **11. shear of,** to strip or deprive of: *the assembly was shorn of its legislative powers.*

shearer /ˈʃɪərə/ *n.* **1.** someone who shears sheep. **2.** someone who uses shears on metal, textiles, leather, or other materials.

shearwater /ˈʃɪəwɔtə/ *n.* any of various long-winged seabirds, especially of the genus *Puffinus,* allied to the petrels, appearing, when flying low, to cleave the water with their wings.

sheath /ʃiθ/ *n.* **sheaths** /ʃiðz, ʃiθs/ *–n.* **1.** a covering for the blade of a sword, dagger, etc. **2.** any similar covering. **3.** *Biology* a closely enveloping

sheathe

part or structure, as in an animal or plant. **4.** *Electricity* the covering of a cable. **5.** → **condom**. **6.** a close-fitting dress which follows the shape of the body.

sheathe /ʃið/ *v.t.* **sheathed, sheathing. 1.** to put (a sword, etc.) into a sheath. **2.** to plunge (a sword, etc.) in something as if in a sheath. **3.** to enclose in or as in a casing or covering. **4.** to cover or provide with a protective layer or sheathing: *to sheathe a roof with copper.* –**sheather** *n.*

sheave /ʃiv/ *v.t.* **sheaved, sheaving.** to gather, collect, or bind into a sheaf or sheaves.

sheaves /ʃivz/ *n.* **1.** plural of **sheaf. 2.** plural of **sheave.**

shebang /ʃəˈbæŋ/ *n. Colloquial* thing; affair; business.

shed[1] /ʃed/ *n.*, *v.* **shedded, shedding.** –*n.* **1.** a simple or rough structure built for shelter, storage, etc. **2.** a large, strongly built structure, often open at the sides or end. **3.** → **outhouse.** –*v.t.* **4.** to place or keep (animals) under cover.

shed[2] /ʃed/ *v.* **shed, shedding.** –*v.t.* **1.** to pour forth (water, etc.) as a fountain. **2.** to emit and let fall (tears). **3.** to cast; give or send forth (light, sound, fragrance, etc.). **4.** to throw off readily: *cloth that sheds water.* **5.** to cast off or let fall by natural process (leaves, hair, feathers, skin, shell, etc.). –*v.i.* **6.** to fall off, as leaves, etc.; drop out, as seed, grain, etc. **7.** to cast off hair, feathers, skin, or other covering or parts by natural process. –*phr.* **8. shed blood, a.** to cause blood to flow. **b.** to kill by violence.

sheen /ʃin/ *n.* lustre; brightness; radiance. –**sheeny** *adj.*

sheep /ʃip/ *n.* **sheep. 1.** any of the ruminant mammals constituting the genus *Ovis* (family Bovidae), closely allied to the goats, especially *O. aries*, which has many domesticated varieties or breeds, valuable for their flesh, fleece, etc. **2.** a meek, timid, or stupid person. –*phr.* **3. on the sheep's back**, (of a country, especially Australia) dependent on sales of wool for national income. **4. separate the sheep from the goats**, to distinguish the good, worthy, or superior people or things from the rest. –**sheeplike** *adj.*

sheep dip *n.* **1.** a lotion or wash applied to the fleece or skin of sheep to kill vermin. **2.** a deep trough containing such a liquid through which sheep are driven.

sheepish /ˈʃipɪʃ/ *adj.* **1.** awkwardly bashful or embarrassed. **2.** like sheep, as in meekness, timidity, etc. –**sheepishly** *adv.* –**sheepishness** *n.*

sheepshank /ˈʃipʃæŋk/ *n.* a kind of knot, hitch, or bend made on a rope to shorten it temporarily.

sheep strike *n.* an infestation of the flesh of a living sheep by the maggots of a blowfly, especially the green blowfly. Also, **blowfly strike, fly strike.**

sheer[1] /ʃɪə/ *adj.* **1.** transparently thin; diaphanous, as fabrics, etc. **2.** unmixed with anything else. **3.** unqualified; utter: *a sheer waste of time.* **4.** extending down or up very steeply: *a sheer descent of rock.* –**sheerly** *adv.* –**sheerness** *n.*

sheer[2] /ʃɪə/ *v.i.* **1.** to deviate from a course, as a ship; swerve. –*n.* **2.** the upward longitudinal curve of a ship's deck or bulwarks. **3.** the position in which a ship at anchor is placed to keep it clear of the anchor.

sheet[1] /ʃit/ *n.* **1.** a large rectangular piece of linen, cotton, or other material, used as an article of bedding, commonly one of a pair spread immediately above and below the sleeper. **2.** a broad, thin mass, layer, or covering. **3.** a broad, relatively thin, piece of iron, glass, etc. **4.** an oblong or square piece of paper or parchment, especially one on which to write or print. **5.** a newspaper.

sheet[2] /ʃit/ *n. Nautical* **1.** a rope or chain fastened: **a.** to a lower after corner of a sail, or to the boom of a fore-and-aft sail, to control its trim. **b.** to both lower corners of a square sail to extend them to the yardarms below. **2.** (*plural*) the spaces beyond the thwarts in the forward or the after end of an open boat. –*v.t.* **3.** *Nautical* to trim, extend, or secure by means of a sheet or sheets. –*phr.* **4. sheet home, a.** *Nautical* to extend (sails) to the utmost by hauling on the sheets. **b.** to attach (blame, responsibility, etc.). **5. three sheets in** (or **to**) **the wind**, *Colloquial* intoxicated.

sheet anchor *n.* **1.** a large anchor used only in cases of emergency. **2.** a final reliance or resource.

sheikh = sheik /ʃik, ʃeɪk/ *n.* (in Arab and other Muslim use) chief or head; the headman of a village or tribe.

sheila /ˈʃilə/ *n. Australian, NZ Colloquial* **1.** a girl or woman: *a beaut sheila.* **2.** a girlfriend.

shekel /ˈʃɛkəl/ *n.* the monetary unit of Israel.

shelf /ʃɛlf/ *n.* **shelves**, *v.* –*n.* **1.** a thin slab of wood or other material fixed horizontally to a wall, or in a frame, for supporting objects. **2.** the contents of such a shelf. **3.** a shelf-like surface or projection; a ledge. **4.** a sandbank or submerged extent of rock in the sea or a river. **5.** *Mining, etc.* bedrock, as under alluvial deposits. **6.** *Australian, NZ Colloquial* an informer. –*v.t.* **7.** *Australian, NZ Colloquial* to inform on (someone). –*phr.* **8. off the shelf**, available as a commercial product; not custom-made. **9. on the shelf**, *Colloquial* (of a woman) unattached or unmarried, and without prospects of marriage. –**shelf-like** *adj.*

shell /ʃɛl/ *n.* **1.** a hard outer covering of an animal, as the hard case of a mollusc, or either half of the case of a bivalve mollusc. **2.** the exterior surface of an egg. **3.** a more or less hard outer covering of a seed, fruit, or the like, as the hard outside portion of a nut, the pod of peas, etc. **4.** an enclosing case or cover suggesting a shell. **5.** a hollow projectile for a cannon, etc., filled with an explosive charge arranged to explode during flight or upon impact or after penetration. **6.** a metallic cartridge used in small arms and small artillery pieces. **7.** a cartridge-like pyrotechnic device which explodes in the air. **8.** *Physics* a class of electron orbits in an atom, all of which have the same energy. **9.** *Rowing* a light racing boat having a very thin, carvel-built hull. **10.** the walls, external structure, etc., of an unfinished building, ship, etc., or of one whose interior has been destroyed: *after the fire only the shell of the factory remained.* –*v.t.* **11.** to take out of the shell, pod, etc. **12.** to remove the shell of. **13.** to separate (maize, etc.) from the ear or cob. **14.** to throw shells or explosive projectiles into, upon, or among; bombard. –*v.i.* **15.** to fall or come out of the shell, husk, etc. **16.** to come away or fall off, as a shell or outer coat. –*phr.* **17. come out of one's shell**, to emerge from a state of shyness or reserve. **18. shell out**, *Colloquial* to hand over; pay up. –**shell-like** *adj.*

shellac /ʃəˈlæk/ *n.* lac which has been purified and formed into thin plates, used for making varnish, polish, and sealing wax, and in electrical insulation. –**shellacker** *n.*

shellfish /ˈʃɛlfɪʃ/ *n.* **-fishes**, (*especially collectively*) **-fish.** an aquatic animal (not a fish in the ordinary sense) having a shell, especially molluscs such as oysters, mussels, etc., and (sometimes) crustaceans such as lobsters, prawns, etc.

shelter /ˈʃɛltə/ *n.* **1.** something which affords protection or refuge, as from bad weather, bombing, etc.; a place of refuge or safety. **2.** protection: *the rocks gave us shelter from the wind.* **3.** an institution for the care of destitute or delinquent children. –v.t. **4.** to be a shelter for; afford shelter to. –v.i. **5.** to take shelter; find a refuge. **–shelterer** n. **–shelterless** adj.

shelve[1] /ʃɛlv/ v.t. **shelved**, **shelving**. **1.** to place on a shelf or shelves. **2.** to lay or put aside from consideration: *to shelve the question.* **3.** to remove from active service; cease to use; dismiss. **4.** to furnish with shelves. **5.** *Australian, NZ* to betray (someone who has committed a misdemeanour) to the authorities.

shelve[2] /ʃɛlv/ v.i. **shelved**, **shelving**. to slope gradually.

shemozzle /ʃəˈmɒzl/ n. *Colloquial* **1.** a confused state of affairs; muddle. **2.** an uproar; row.

she-oak /ˈʃiːoʊk/ n. any casuarina which has slender, grooved, green branches bearing whorls of scale leaves, and hard durable wood.

shepherd /ˈʃɛpəd/ n. **1.** a person who looks after sheep. **2.** a person who looks after a group of people: *the priest is the shepherd of his flock.* –v.t. **3.** to care for or guard as a shepherd. **4.** to move (a person or people) along: *the police shepherded the crowd away from the accident.* **–shepherdess** /ˈʃɛpədɛs/ fem. n.

sherbet /ˈʃɜːbət/ n. **1.** a powdered confection eaten dry or used to make effervescent drinks. **2.** Also, **sorbet**. a frozen fruit-flavoured mixture, made with egg whites, gelatine, etc.

sheriff /ˈʃɛrəf/ n. **1.** *Law* an officer of the Supreme Court with duties relating to service and execution of processes, summoning of juries, etc. **2.** *Brit.* the chief officer of the Crown in a county, appointed annually. **3.** *US* the law enforcement officer of a county or other civil subdivision of a state.

sherry /ˈʃɛri/ n. **-ries. 1.** a fortified and blended wine of southern Spain. **2.** (in unofficial use) any similar fortified wine made elsewhere.

Shetland pony /ˈʃɛtlənd ˈpoʊni/ n. a pony of a small, sturdy, rough-coated breed.

shiatsu /ʃiˈætsuː/ n. → **acupressure**.

shibboleth /ˈʃɪbəlɛθ/ n. **1.** a peculiarity of pronunciation, or a habit, mode of dress, etc., which distinguishes a particular class or set of persons. **2.** a test word or pet phrase of a party, sect, etc.

shicer /ˈʃaɪsə/ n. *Colloquial* **1.** *Australian, NZ* an unproductive gold mine. **2.** *Australian* a swindler; shyster.

shied /ʃaɪd/ v. past tense and past participle of **shy**.

shield /ʃiːld/ n. **1.** a flat piece of metal, leather, or wood, carried to protect the body in battle. **2.** something shaped like or used as a shield. **3.** *Physics* a screen used to prevent the escape of radiation especially from a reactor. **4.** *Zoology* a protective plate, etc., on the body of an animal. **5.** *Geology* a large, exposed mass of pre-Cambrian rocks forming a stable part of the earth's crust. –v.t. **6.** to protect with or as with a shield. –v.i. **7.** to act or serve as a shield. **–shielder** n. **–shieldlike** adj.

shift /ʃɪft/ v.i. **1.** to move from one place, position, etc., to another. **2.** to manage to get along or succeed. **3.** to get along by indirect methods; employ shifts or evasions. **4.** to change gear in driving a motor vehicle. **5.** *Linguistics* to undergo a systematic phonetic change. **6.** to travel at great speed: *the car was really shifting.* –v.t. **7.** to put by and replace by another or others; change. **8.** to transfer from one place, position, person, etc., to another: *to shift the blame on someone else.* –n. **9.** a shifting from one place, position, person, etc., to another; a transfer. **10.** the portion of the day scheduled as a day's work when a factory, etc., operates continuously during the 24 hours, or works both day and night: *night shift.* **11.** a group of workers so employed. **12.** *Mining* a fault, or the dislocation of a seam or stratum. **13.** *Linguistics* a change, or system of parallel changes, which seriously affects the phonetic or phonemic structure of the language, as the change in English vowels from Middle English to Modern English. **14.** an expedient; ingenious device. **15.** an evasion, artifice, or trick. **16. a.** a woman's loose-fitting dress. **b.** *Archaic* a woman's chemise or undergarment. **17.** *Motor Vehicles* → **gearstick**. –phr. **18. make shift, a.** to manage to get along or succeed. **b.** to manage with effort or difficulty. **c.** to do one's best. **19. shift for oneself**, to be independent; manage on one's own, especially in one's domestic arrangements. **20. shift house**, *Australian, NZ* to move to a new place of residence. **–shifter** n.

shiftless /ˈʃɪftləs/ adj. lacking in resource or ambition; inefficient; lazy. **–shiftlessly** adv. **–shiftlessness** n.

shiftwork /ˈʃɪftwɜːk/ n. **1.** a system of work which is regularly carried out at hours outside the normal spread of hours in addition to work within the spread, so that work performed by one employee or group of employees during a shift (usually of eight hours) is continued by another employee or group for the following shift, etc. **2.** an arrangement of an employee's working hours under which, over a period of time, the employee works on different shifts. **–shiftworker** n. **–shiftworking** n.

shifty /ˈʃɪfti/ adj. **-tier**, **-tiest**. **1.** given to or full of evasions; deceitful; furtive. **2.** resourceful; fertile in expedients. **–shiftily** adv. **–shiftiness** n.

shilling /ˈʃɪlɪŋ/ n. **1.** a cupronickel or silver coin in the imperial system equal to $1/20$ of a pound. *Abbrev.:* s., sh. **2.** any similar coin or banknote of certain other countries. –adj. **3.** of the price or value of a shilling. –phr. **4. cut someone off with (or without) a shilling**, to cut an heir out of one's will.

shillyshally /ˈʃɪliˌʃæli/ v.i. **-lied**, **-lying**. to be irresolute; vacillate.

shimmer /ˈʃɪmə/ v.i. **1.** to shine with a subdued, tremulous light; gleam faintly. –n. **2.** a subdued, tremulous light or gleam. **–shimmery** adj.

shimmy /ˈʃɪmi/ n. **-mies**, v. **-mied**, **-mying**. –n. **1.** a US ragtime dance, marked by shaking of the hips or shoulders. **2.** excessive wobbling in the front wheels of a motor vehicle. **3.** *Colloquial* → **chemise**. –v.i. **4.** to vibrate; shake.

shin /ʃɪn/ n., v. **shinned**, **shinning**. –n. **1.** the front part of the leg from the knee to the ankle. **2.** the lower part of the foreleg in cattle; the metacarpal bone. **3.** the shinbone or tibia, especially its sharp edge or front portion. **4.** a cut of beef, usually used for stewing. –v.i. **5.** to climb by holding fast with the hands or arms and legs and drawing oneself up. –v.t. **6.** to climb by shinning: *she shinned the downpipe.*

shindig /ˈʃɪndɪɡ/ n. *Colloquial* **1.** a dance, party, or other festivity, especially a noisy one. **2.** a disturbance; quarrel; row.

shine /ʃaɪn/ v. **shone** or, especially for def. 8 **shined**, **shining**, n. –v.i. **1.** to give forth, or glow with, light; shed or cast light. **2.** to be bright with reflected light; glisten; sparkle. **3.** to be unusually bright, as the eyes or face. **4.** to appear with brightness or clearness, as feelings. **5.** to excel; be conspicuous: *to shine at sports.* –v.t. **6.** to cause to shine. **7.** to direct the light of (a lamp, etc.): *shine the torch over here.* **8.** to put a gloss or polish on (shoes, etc.). –n. **9.** radiance; light. **10.** lustre; polish. **11.** sunshine; fair weather: *come rain or shine.* **12.** a polish given to shoes. **13.** a giving of such a polish. –phr. **14. take a shine to**, *Colloquial* to develop a liking or fancy for (someone). **15. take the shine out of, a.** to remove or spoil the lustre or brilliance of. **b.** to surpass; excel; get the better of; humiliate.

shiner /'ʃaɪnə/ *n. Colloquial* a black eye.

shingle[1] /'ʃɪŋgəl/ *n.* **1.** a thin piece of wood, slate, etc., usually oblong and with one end thicker than the other, used in overlapping rows to cover the roofs and sides of houses. **2.** a woman's close-cropped haircut. **3.** *Colloquial* a small signboard, especially that of a professional person. –*v.t.* **4.** to cut (hair) close to the head. –*phr.* **5. be a shingle short**, *Australian, NZ* to be eccentric; be mentally disturbed. –**shingler** *n.*

shingle[2] /'ʃɪŋgəl/ *n.* **1.** small, water-worn stones or pebbles such as lie in loose banks or layers on the seashore. **2.** an extent of small, loose stones or pebbles.

shingles /'ʃɪŋgəlz/ *n. Pathology* (*singular or plural*) a cutaneous disease characterised by vesicles which sometimes form a girdle around the body; herpes zoster.

shining /'ʃaɪnɪŋ/ *adj.* **1.** radiant; gleaming; bright. **2.** resplendent; brilliant: *shining talents.* **3.** conspicuously fine: *a shining example.* –**shiningly** *adv.*

Shinto /'ʃɪntoʊ/ *n.* the indigenous religion of Japan, primarily a system of nature and ancestor worship. Also, **Shintoism**. –**Shintoist** *n., adj.*

ship /ʃɪp/ *n., v.* **shipped, shipping**. –*n.* **1.** any vessel intended or used for navigating the water, especially one of large size and not propelled by oars, paddles, or the like. –*v.t.* **2.** to put or take on board a ship or the like, for transportation; to send or transport by ship, rail, etc. **3.** *Nautical* to take in (water) over the side, as a vessel does when waves break over it. **4.** to fix (oars, etc.) in a ship or boat in the proper place for use. **5.** *Colloquial* to send away or get rid of. –*v.i.* **6.** to go on board a ship; embark. –*phr.* **7. ship out**, to go away or leave, especially quitting one's employment: *shape up or ship out.* **8. take ship**, to embark. **9. when one's ship comes in** (or **home**), when one has become prosperous or acquired a fortune.

-ship a suffix of nouns denoting condition, character, office, skill, etc., as in *kingship, friendship, statesmanship*.

shipment /'ʃɪpmənt/ *n.* **1.** the act of shipping goods, etc.; the delivery of goods, etc., for transporting. **2.** something that is shipped.

shipping /'ʃɪpɪŋ/ *n.* **1.** the act of someone who ships goods, etc. **2.** the action or business of sending or transporting goods, etc., by ship, rail, etc. **3.** ships collectively, or their aggregate tonnage.

shipping agent *n.* the representative of a shipowner, who transacts business on his or her behalf.

shipshape /'ʃɪpʃeɪp/ *adj.* in good order; well arranged; neat; tidy.

shiralee /ʃɪrə'li, 'ʃɪrə,li/ *n. Australian* **1.** a burden or bundle. **2.** → **swag** (def. 1).

shire /'ʃaɪə/ *n.* (in Australia) an area of land delineated for the purposes of local government, usually larger than that designated as a town, municipality, or borough and, at least originally, more sparsely populated.

shirk /ʃɜk/ *v.t.* to evade (work, duty, etc.).

shirr /ʃɜ/ *v.t.* **1.** to draw up or gather (cloth) on parallel threads. **2.** to bake (food, usually eggs) in a small shallow container or ramekin dish.

shirt /ʃɜt/ *n.* **1.** a garment for the upper part of the body, usually with buttons down the front, a collar, and short sleeves, or long sleeves with cuffs. **2.** *US* an undershirt; vest; singlet. –*phr.* **3. in one's shirt sleeves**, not wearing a jacket. **4. keep one's shirt on**, *Colloquial* to refrain from losing one's temper or becoming impatient. **5. lose one's shirt**, *Colloquial* to lose everything. **6. put one's shirt on**, *Colloquial* to bet heavily or all one has on (a horse, etc.).

shirty /'ʃɜti/ *adj. Colloquial* bad-tempered; annoyed.

shish kebab /'ʃɪʃ kəbæb/ *n.* a dish consisting of cubes of meat, marinated, and grilled on a skewer, often with onion, tomato, green pepper, etc. Also, **kebab**.

shit /ʃɪt/ ‡ *v.* **shitted, shat** *or* **shit, shitted, shitting**, *n., interj. Colloquial* –*v.i.* **1.** to defecate. –*v.t.* **2.** to pass with faeces: *to shit blood.* **3.** to anger or disgust. –*n.* **4.** faeces; dung; excrement. **5.** the act of defecating. **6.** a contemptible or despicable person. **7.** → **bullshit** (def. 2). **8.** events or experiences which occasion deep dissatisfaction or disgust: *I don't have to take this shit from her.* **9.** marijuana or hashish. –*interj.* **10.** (an exclamation expressing anger, disgust, disappointment, disbelief, etc.). –*phr.* **11. dump shit on**, to denigrate; criticise. **12. get the shits**, (sometimes fol. by *by* with) to become exasperated or angry. **13. give someone the shits**, to arouse dislike, resentment, annoyance in someone. **14. have one's shit together**, to be in complete control of one's life, emotions, etc. **15. have shit for brains**, to be extremely stupid. **16. have shit on the** (or **one's**) **liver**, to be ill-tempered. **17. have the shits, a.** to have diarrhoea. **b.** to feel fed up or weary. **c.** to feel annoyed; to be in a bad mood. **18. have the shits with someone**, to feel fed up or angry with someone. **19. holy shit**, (an exclamation of surprise). **20. in the shit**, in trouble. **21. not worth a pinch of shit**, completely worthless. **22. piece of shit**, a despicable person. **23. push shit uphill**, to attempt the impossible. **24. put shit on**, to denigrate; criticise. **25. scare** (or **frighten**) **(the) shit out of someone**, to give someone an intense fright. **26. shit a brick**, (an exclamation of astonishment, wonder, dismay, etc.). **27. shit happens**, (a catchphrase expressing an acknowledgment that in life unpleasant and unfair things happen). **28. shit it in**, *Australian* to win easily. **29. shit oneself, a.** to soil oneself with excrement. **b.** to be terrified. **30. sure as shit**, absolutely sure; positive. **31. the shit hits the fan**, the trouble begins. **32. tough** (or **stiff**) **shit**, (an exclamation indicating a lack of sympathy for another's misfortune). **33. up shit creek (without a paddle)**, in trouble; in difficulties. **34. up to shit**, worthless; useless.

shithouse /'ʃɪthaʊs/ ‡ *Colloquial* –*n.* **1.** a toilet. –*adj.* **2.** *Australian* foul; wretchedly bad.

shitty /'ʃɪti/ ‡ *adj. Colloquial* **1.** annoyed; bad tempered. **2.** unpleasant; disagreeable; of low quality.

Shiva /'ʃɪvə/ *n.* one of the three chief divinities, the third member of the Hindu trinity, known also as 'the Destroyer'. Also, **Siva**. –**Shivaism** *n.* –**Shivaist** *n.* –**Shivaistic** /ʃɪvə'ɪstɪk, ʃɪv-/ *adj.*

shiver[1] /'ʃɪvə/ *v.i.* **1.** to shake or tremble with cold, fear, excitement, etc. **2.** (of a sail) to shake when too close to the wind. –*n.* **3.** a tremulous motion; a tremble or quiver. –*phr.* **4. cold shivers**, a sensation of fear, anxiety, or distaste. **5. the shiv-

shiver

ers, a fit or attack of shivering. –**shivery** *adj.*

shiver² /'ʃɪvə/ *v.t.* **1.** to break or split into fragments. –*v.i.* **2.** to become broken or split into fragments.

shoal¹ /ʃoʊl/ *n.* **1.** a place where a body of water is shallow. **2.** a sandbank or sandbar in the bed of a body of water, especially one which shows at low water. –*v.t.* **3.** *Nautical* to proceed from a greater to a lesser depth of (water).

shoal² /ʃoʊl/ *n.* **1.** a group of fish crowded fairly close together. **2.** any large number of persons or things.

shock¹ /ʃɒk/ *n.* **1.** a sudden and violent upset or fright. **2.** *Medicine* a sudden collapse of the nervous mechanism caused by physical injury or strong emotional upset: *to be in shock.* **3.** a sudden collision. **4.** the physiological effect produced by the passage of an electric current through the body. –*v.t.* **5.** to strike with intense surprise, horror, disgust, etc. **6.** to give an electric shock to. –*v.i.* **7.** to come into violent contact; collide. –**shockable** *adj.* –**shocking** *adj.*

shock² /ʃɒk/ *n.* a thick, bushy mass, as of hair.

shod /ʃɒd/ *v.* past tense and past participle of **shoe**.

shoddy /'ʃɒdi/ *n.* -**dies**, *adj.* -**dier**, -**diest**. –*n.* **1.** a fibrous material obtained by shredding woollen rags or waste. –*adj.* **2.** pretending to a superiority not possessed; sham. **3.** of poor quality or badly made: *shoddy workmanship, shoddy goods.* –**shoddily** *adv.* –**shoddiness** *n.*

shoe /ʃu/ *n., v.* **shod**, **shoeing**. –*n.* **1.** an external covering, usually of leather, for the human foot, consisting of a more or less stiff or heavy sole and a lighter upper part. **2.** *US* → **boot**¹ (def. 1). **3.** a horseshoe, or a similar plate for the hoof of some other animal. **4.** a ferrule or the like, as of iron, for protecting the end of a staff, pole, etc. **5.** the part of a brake mechanism fitting into the drum and expanded outwardly to apply the friction lining to the drum rim for stopping or slowing a car, etc. **6.** the outer casing of a pneumatic tyre. **7.** a drag or skid for a wheel of a vehicle. **8.** a part having a larger area than the end of an object on which it fits, serving to disperse or apply its thrust. **9.** the sliding contact by which an electric locomotive takes its current from the conductor rail. –*v.t.* **10.** to provide or fit with a shoe or shoes. **11.** to protect or arm at the point, edge, or face with a ferrule, metal plate, or the like. –*phr.* **12. in someone's shoes**, in the position or situation of another: *I shouldn't like to be in his shoes.* **13. know where the shoe pinches**, to know the cause or real meaning of trouble, misfortune, sorrow, etc., especially from personal experience.

shoehorn /'ʃuhɔn/ *n.* a shaped piece of horn, metal, or the like, inserted in a shoe at the heel to make it slip on more easily.

shoelace /'ʃuleɪs/ *n.* a string or lace for fastening a shoe.

shoestring /'ʃustrɪŋ/ *n.* **1.** → **shoelace**. –*phr.* **2. on a shoestring**, with a very small amount of money.

shone /ʃɒn/ *v.* past tense and past participle of **shine**.

shonky /'ʃɒŋki/ *adj. Australian, NZ Colloquial* **1.** of dubious integrity or honesty. **2.** mechanically unreliable. Also, **shonkie, shonkey**.

shoo /ʃu/ *interj., v.* **shooed**, **shooing**. –*interj.* **1.** (an exclamation used to scare or drive away poultry, birds, etc.). –*v.t.* **2.** to drive away by calling 'shoo'.

shook /ʃʊk/ *v.* **1.** past tense of **shake**. –*phr.* **2. shook on**, *Australian, NZ Colloquial* **a.** in love with or infatuated by (a person). **b.** disposed

shop

favourably towards (a thing or course of action).

shoot /ʃut/ *v.* **shot** /ʃɒt/ *or* **shooting**, *n.* –*v.t.* **1.** to hit, wound, or kill with a missile discharged from a weapon. **2.** to execute or put to death with a bullet. **3.** to send forth (arrows, bullets, etc.) from a bow, firearm, or the like. **4.** to discharge (a weapon): *to shoot a gun.* **5.** to send forth like an arrow or bullet: *to shoot questions at someone.* **6.** to fling; throw; propel; direct. **7.** to send swiftly along. **8.** to pass rapidly along with: *to shoot a rapid; to shoot a wave.* **9.** to emit (rays, etc.) swiftly. **10.** to variegate by threads, streaks, etc., of another colour. **11.** *Football, Hockey, etc.* to kick or drive (the ball, etc.) as at the goal. **12.** to accomplish by kicking or driving the ball, etc.: *to shoot a goal.* **13.** to propel (a marble or the like) from the thumb and forefinger. **14.** *Dice* to toss (the dice). **15.** *Photography* to photograph or film. **16.** to put forth (buds, branches, etc.), as a plant. **17.** to slide (a bolt, etc.) into or out of its fastening. **18.** *Colloquial* to inject intravenously (any form of drug). –*v.i.* **19.** to send forth missiles, from a bow, firearm, or the like. **20.** to send forth missiles, or be discharged, as a firearm. **21.** to move, start to move, or pass suddenly or swiftly (*ahead, away, into, off, etc.*). **22.** to come forth from the ground, as a stem, etc. **23.** to put forth buds or shoots, as a plant; germinate. **24.** *Photography* to photograph or film. **25.** *Film, TV* to engage in a session of filming. **26.** to propel a ball, etc., in a particular direction or way, as in games. **27.** (of pain) to move quickly through a part of the body: *pain shot through his arm.* **28.** to kill game with a gun for sport. **29.** *Colloquial* to begin, especially to begin to talk. –*n.* **30.** an act of shooting with a bow, firearm, etc. **31.** an expedition for shooting game. **32.** a match or contest at shooting. **33.** a new or young growth which shoots off from some portion of a plant. **34.** a young branch, stem, twig, sprout, or the like. **35.** *Film, TV* a session of filming. **36.** → **chute**. –*interj.* **37.** *Chiefly US Colloquial* (euphemistic) shit. –*phr.*

38. shoot a line, *Colloquial* to boast.

39. shoot along, to move forward at great speed.

40. shoot down, **a.** to kill or cause to fall by hitting with a shot. **b.** to bring down (an aircraft) by gunfire. **c.** to defeat decisively (an argument or person putting forward an argument): *his plan was so obviously impossible, he was shot down in flames.*

41. shoot off, *Colloquial* to go away quickly.

42. shoot one's bolt, *Colloquial* **a.** to do one's utmost. **b.** ‡ to ejaculate prematurely.

43. shoot oneself in the foot, to harm one's own cause through incompetence, carelessness, etc.

44. shoot one's mouth off, *Colloquial* **a.** to talk indiscreetly, especially to reveal secrets, etc.; talk wildly or tactlessly. **b.** to exaggerate; boast.

45. shoot out, to extend; jut: *a cape shooting out into the sea.*

46. shoot the breeze, *Colloquial* to chat idly.

47. shoot the moon, *Colloquial* to abscond.

48. shoot through, *Australian, NZ Colloquial* **a.** to go away, usually absenting oneself improperly: *instead of going to the exam, she shot through.* **b.** to move away rapidly: *to shoot through like a Bondi tram.*

49. shoot up, **a.** *Colloquial* to cause damage, confusion, etc., to by reckless or haphazard shooting. **b.** *Colloquial* to take drugs intravenously. **c.** to grow, especially rapidly.

shooting star *n.* a falling star; a meteor.

shop /ʃɒp/ *n., v.* **shopped**, **shopping**. –*n.* **1.** a building where goods are sold retail. **2.** a place

shop floor for doing certain work; a workshop. *-v.i.* **3.** to visit shops for purchasing or examining goods. *-v.t.* **4.** to inform against, betray, to the police. *-phr.* **5. all over the shop**, *Colloquial* all over the place; in confusion. **6. set up shop**, to set oneself up in business. **7. shop around, a.** to visit a number of shops comparing quality and price before making a purchase. **b.** to make general and wide-ranging inquiries. **8. shut up shop**, to close a business either temporarily or permanently. **9. talk shop**, to discuss one's trade, profession, or business.

shop floor *n.* **1.** the part of a factory where the machines, etc., are situated. **2.** workers collectively, especially factory workers. **-shopfloor** *adj.*

shopfront /'ʃɒpfrʌnt/ *n.* **1.** the part of a shop which fronts the street. **2.** the part of an organisation which deals directly with the public.

shoplift /'ʃɒplɪft/ *v.t.* to steal (goods) from a shop while appearing to be a legitimate shopper. **-shoplifter** *n.*

shopping /'ʃɒpɪŋ/ *n.* **1.** the act of someone who shops. **2.** the articles bought.

shopping trolley *n.* a basket-shaped metal trolley used by customers for carrying purchases in supermarkets.

shop steward *n.* a trade-union official representing workers in a factory, workshop, etc.

shore[1] /ʃɔ/ *n.* **1.** land along the edge of a sea, lake, large river, etc. **2.** some particular country: *my native shore.* **3.** land: *marines serving on shore.* **4.** *Law* the space between the ordinary high-water mark and low-water mark. *-adj.* **5.** of, relating to, or situated on land.

shore[2] /ʃɔ/ *n.* **1.** a supporting post or beam and auxiliary members, especially one placed obliquely against the side of a building, a ship in dock, or the like; a prop; a strut. *-phr.* **2. shore up**, to support by, or as by, a shore or shores; prop up.

shorn /ʃɔn/ *v.* past participle of **shear**.

short /ʃɔt/ *adj.* **1.** having little length; not long. **2.** having little height; not tall; low. **3.** extending or reaching only a little way. **4.** brief; not extensive: *a short speech.* **5.** concise, as writing. **6.** rudely brief; curt; hurting: *short temper; she was short with him.* **7.** low in amount; scanty: *short rations.* **8.** not reaching a mark or the like, as a throw or a missile. **9.** below the standard in extent, quantity, duration, etc.: *short measure.* **10.** having a scanty or insufficient amount of (money, food, etc.): *we are short of bread.* **11.** breaking or crumbling readily, as pastry that contains a large proportion of butter or other shortening. **12.** *Commerce* **a.** not possessing at the time of sale commodities or stocks that one sells. **b.** denoting or relating to sales of commodities or stocks which the seller does not possess; depending for profit on a decline in prices. **13.** *Phonetics* **a.** lasting a relatively short time: *bit* has a shorter vowel than *bid* or *bead*. **b.** belonging to a class of sounds considered as usually shorter in duration than another class, such as the vowel of *hot* as compared to *bought*; conventionally, the vowels of *bat, bet, bit, hot, good,* and *but*. **14.** (of an alcoholic drink) small, usually with a comparatively high alcoholic content. **15.** *Cricket* of a ball which pitches well down the wicket from the person batting. *-adv.* **16.** abruptly or suddenly: *to stop short.* **17.** briefly; curtly. **18.** on the nearer side of an intended or particular point: *to fall short.* **19.** *Commerce* without possessing at the time of stocks, etc., sold: *to sell short.* **20.** *Cricket* pitching well down the wicket from the person batting. *-n.* **21.** something that is short. **22.** *Electricity* a short circuit. **23.** *Prosody* a short sound or syllable. **24.** *Film* **a.** (*usually plural*) Australian a short film made up of excerpts from a feature film soon to be released; trailer. **b.** any short film. *-v.i.* **25.** *Colloquial* to short-circuit. *-v.t.* **26.** *Colloquial* to short-circuit. *-phr.* **27. be caught short**, *Colloquial* **a.** to discover an inconvenient lack of something, as money. **b.** to have an urgent need to urinate or defecate when no toilet facilities are available. **28. cut short**, to end abruptly; curtail; interrupt. **29. for short**, by way of abbreviation. **30. in short**, in a few words; in brief; briefly. **31. make short work of**, to finish or dispose of quickly. **32. nothing short of**, nothing less than. **33. sell oneself short**, *Colloquial* **a.** to underestimate one's abilities or achievements. **b.** to behave in a fashion considered to be unworthy of one. **34. short for**, being a shorter form of: *'phone' is short for 'telephone'.* **35. short of, a.** less than; inferior to: *little short of the best.* **b.** without going to the length of: *to stop short of actual crime.* **36. short on**, deficient in: *short on sense.* **-shortness** *n.*

shortage /'ʃɔtɪdʒ/ *n.* **1.** deficiency in quantity. **2.** an amount deficient.

shortbread /'ʃɔtbrɛd/ *n.* a thick, crisp biscuit, rich in butter, often baked in one piece and cut into pieces when cool.

short-change /ʃɔt-'tʃeɪndʒ/ *v.t.* **-changed, -changing**. *Colloquial* **1.** to give less than proper change to. **2.** to cheat. **-short-changer** *n.*

short circuit *n. Electricity* an abnormal connection of relatively low resistance, whether made accidentally or intentionally, between two points of different potential in an electrical circuit.

shortcoming /'ʃɔtkʌmɪŋ/ *n.* a failure or defect in conduct, condition, etc.

short cut *n.* a shorter or quicker way.

shorten /'ʃɔtn/ *v.t.* **1.** to make shorter; curtail. **2.** to take in; reduce: *to shorten sail.* **3.** to make (pastry, etc.) short, as with butter or other fat. *-v.i.* **4.** to become shorter. **5.** (of odds) to decrease. **-shortener** *n.*

shortening /'ʃɔtnɪŋ/ *n.* butter, lard, or other fat, used to make pastry, etc., short.

shorthand /'ʃɔthænd/ *n.* **1.** a method of rapid handwriting using extremely simple strokes in place of letters, often with other abbreviating devices. *-adj.* **2.** using shorthand. **3.** written in shorthand.

shorthanded /ʃɔt'hændəd/ *adj.* not having the necessary number of workers, helpers, etc.

Shorthorn /'ʃɔthɔn/ *n.* one of a breed of dairy or beef cattle, with white, red, or roan markings, having short horns.

short list *n.* a list of especially favoured candidates for a position, promotion, etc., who have been selected from a larger group of applicants.

shortly /'ʃɔtli/ *adv.* **1.** in a short time; soon. **2.** briefly; concisely. **3.** curtly; abruptly.

shorts /ʃɔts/ *pl. n.* short trousers, not extending beyond the knee.

short-sighted /'ʃɔt-saɪtəd/ *adj.* **1.** unable to see far; near-sighted; myopic. **2.** lacking in foresight. **-short-sightedly** *adv.* **-short-sightedness** *n.*

short-staffed /ʃɔt-'stɑf/ *adj.* not having the usual number of personnel present, especially as a result of sickness, understaffing, etc.

short-tempered /ʃɔt-'tɛmpəd/ *adj.* having a hasty temper; inclined to become angry on little provocation.

short-term /'ʃɔt-tɜm/ *adj.* **1.** covering a comparatively short period of time. **2.** having a maturity within a comparatively short time: *a short-term loan.*

short-winded /ʃɔt-'wɪndəd/ *adj.* **1.** short of breath; liable to difficulty in breathing. **2.** brief; succinct. **3.** choppy; disconnected.

shot¹ /ʃɒt/ *n.* **shots** *or for def.* 5 **shot**. –*n.* **1.** the discharge or a discharge of a firearm, bow, etc. **2.** the range of the discharge, or the distance covered by the missile in its flight. **3.** an attempt to hit with a projectile discharged from a gun or the like. **4.** the act of shooting. **5.** a small ball or pellet of lead, of which a number are used for one charge of a shooter's gun. **6.** such pellets collectively: *a charge of shot*. **7.** a person who shoots: *he was a good shot*. **8.** a heavy metal ball which competitors cast as far as possible in shot-put. **9.** an aimed stroke, throw, or the like, as in games, etc. **10.** an attempt or try. **11.** a remark aimed at some person or thing. **12.** a guess at something. **13.** *Colloquial* an injection of a drug, vaccine, etc. **14.** *US* a small quantity of something, especially of liquor. **15.** *Photography*, *Film* **a.** the making of a photograph. **b.** a photograph. **c.** a length of cinefilm taken without stopping or cutting. **16.** *Mining*, *etc.* an explosive charge in place for detonation. –*phr.* **17. big shot**, *Colloquial* an important person. **18. call the shots**, *Colloquial* to be in command. **19. have a shot at**, *Colloquial* to make an attempt at. **20. have a shot at someone**, *Colloquial* to criticise or ridicule someone. **21. like a shot**, *Colloquial* instantly; very quickly. **22. one's best shot**, one's greatest effort. **23. shot in the arm**, *Colloquial* something that gives renewed confidence, vigour, etc. **24. shot in the dark**, a wild or random guess. **25. that's the shot**, *Australian* (an exclamation of approval). **26. the shot**, *Australian Colloquial* the best option: *SP betting's the shot.*

shot² /ʃɒt/ *v.* **1.** past tense and past participle of **shoot**. –*adj.* **2.** woven so as to present a play of colours, as silk. **3.** spread or streaked with colour. **4.** *Colloquial* rendered useless; irreparable: *the motor's shot*. **5.** *Colloquial* drunk: *it was plain he was half shot*. –*phr.* **6. be shot of**, *Colloquial* to be rid of. **7. get shot of**, *Colloquial* to get rid of.

shotgun /'ʃɒtgʌn/ *n.* **1.** a smoothbore gun for firing small shot to kill small game, though often used with buckshot to kill larger animals. –*adj.* **2.** of, relating to, or used in a shotgun.

shot-put /'ʃɒt-pʊt/ *n.* **1.** the athletic exercise of putting the shot. See **shot¹** (def. 8). **2.** one throw of the shot in this exercise.

should /ʃʊd/ *v.* **1.** past tense of **shall**. **2.** (specially used) **a.** to indicate obligation, duty, etc.: *you should not do that.* **b.** to make a more polite statement: *I should hardly say that.* **c.** to express uncertainty in conditional and hypothetical clauses: *if it should be true; He should come soon.*

shoulder /'ʃəʊldə/ *n.* **1.** either of two corresponding parts of the human body, situated at the top of the trunk and extending respectively from the right side and left side of the neck to the upper joint of the corresponding arm. **2.** (*plural*) these two parts together with the portion of the back joining them, forming a place where burdens are sometimes carried. **3.** a corresponding part in animals. **4.** the upper foreleg and adjoining parts of a sheep, etc. **5.** the joint connecting the arm or the foreleg with the trunk. **6.** a shoulder-like part or projection. **7.** a cut of meat including the upper joint of the foreleg. **8.** *Fortifications* the angle of a bastion between the face and the flank. **9.** *Printing* the flat surface on a type body extending beyond the base of the letter or character. **10.** that part of a garment which covers, or fits over the shoulder. **11.** either of two strips of land bordering a road, especially that part on which vehicles can be parked in an emergency. **12.** the unbroken, tapering part of the wave, away from the curl. –*v.t.* **13.** to push, as with the shoulder, especially roughly. **14.** to take onto or support with the shoulder: *he shouldered his swag and left.* **15.** to assume as a burden, or responsibility: *to shoulder the expense.* –*v.i.* **16.** to push with the shoulder. –*phr.* **17. have broad shoulders**, to be able to accept responsibility. **18. put one's shoulder to the wheel**, to work hard. **19. rub shoulders with**, to associate with; come into contact with. **20. shoulder arms**, *Military* to execute a movement in arms drill in which the rifle is brought into a vertical position, muzzle pointing upwards, on the right side of the body, and held by the right hand at the trigger guard. **21. shoulder to shoulder**, with united action and support. **22. straight from the shoulder**, without evasion. **23. the cold shoulder**, *Colloquial* a rebuff or rejection: *to get the cold shoulder*.

shoulderblade /'ʃəʊldə-bleɪd/ *n.* → **scapula**.

shout /ʃaʊt/ *v.i.* **1.** to call or cry out loudly and vigorously. **2.** to speak or laugh noisily or unrestrainedly. –*v.t.* **3.** to express by a shout or shouts. **4.** *Australian, NZ Colloquial* **a.** to stand (the company) a round of drinks. **b.** to pay for something for (another person); treat: *I'll shout you to the pictures; I'll shout you a new dress.* –*n.* **5.** a loud call or cry. **6.** a loud burst, as of laughter. **7.** *Australian, NZ Colloquial* the act of shouting, as by providing drinks. **8.** *Australian, NZ Colloquial* one's turn to shout (def. 4). –*phr.* **9. shout down**, to make it impossible to hear (someone) by shouting or talking loudly. –**shouter** *n.* –**shouting** *n.*

shove /ʃʌv/ *v.* **shoved**, **shoving**, *n.* –*v.t.* **1.** to move along by force from behind. **2.** to push roughly or rudely; jostle. –*v.i.* **3.** to push. –*n.* **4.** an act of shoving. –*phr.* **5. shove it**, *Colloquial* (an expression of dismissal, contempt, etc.). **6. shove off**, **a.** to push a boat off. **b.** *Colloquial* to leave; start. –**shover** *n.*

shovel /'ʃʌvəl/ *n.*, *v.* **-elled** or *Chiefly US* **-eled**, **-elling** or *Chiefly US* **-eling**. –*n.* **1.** a tool with a broad blade or scoop attached to a handle. **2.** a machine for shovelling, removing matter, etc. –*v.t.* **3.** to take up and throw or remove with a shovel. **4.** to push or put carelessly or quickly: *to shovel food into one's mouth.* **5.** to dig or clear with a shovel: *to shovel a path.* –*v.i.* **6.** to work with a shovel.

shoveler /'ʃʌvələ/ *n.* **1.** an Australian duck, *Anas rhynchotis*, with a broad, flat, olive-brown bill. **2.** a similar Northern Hemisphere bird, *Anas clypeata*; spoonbill. Also, **shoveller**.

show /ʃəʊ/ *v.* **showed**, **shown** or **showed**, **showing**, *n.*, *adj.* –*v.t.* **1.** to cause or allow to be seen; exhibit; display; present. **2.** to point out: *to show the way.* **3.** to guide; escort: *he showed me to my room.* **4.** to make clear; make known; explain. **5.** to prove; demonstrate. **6.** to indicate; register: *the thermometer showed ten degrees below zero.* **7.** to allege, as in a legal document; plead, as a reason or cause. **8.** to produce, as facts in an affidavit or at a hearing. **9.** to make evident by appearance, behaviour, etc.: *to show one's feelings.* **10.** to accord or grant (favour, etc.). –*v.i.* **11.** to be seen; be or become visible. **12.** to look or appear: *to show to advantage.* **13.** *Colloquial* to give an exhibition, display, or performance. **14.** *US, Brit* to finish in third place in a horse race, etc. **15.** to appear pregnant: *she started to show in the fifth month.* –*n.* **16.** a display: *a show of freedom.* **17.** ostentatious display. **18.** any kind of public exhibition. **19.** appearance: *to make a sorry show.* **20.** an unreal or deceptive appearance. **21.** an indication; trace. **22.** a non-commercial quantity of oil or gas encountered in drilling. **23.** (in pregnancy) a discharge of blood and mucosal tissue, indicating the onset of labour. **24.** *Colloquial* a theatrical performance or company.

25. *Australian, NZ Colloquial* a chance; opportunity: *a bloke can't get a fair show here.* **26.** a sight or spectacle. **27.** any undertaking, organisation, etc.; affair. **28.** a public collection of things on display; a competitive exhibition of farm produce, livestock, etc. **29.** *Mining* **a.** a small trace of precious mineral, as gold, opal, etc., taken as an indication of a greater deposit; colour: *a show of gold.* **b.** *Colloquial* a mine: *they worked a little show at Hill End.* **30.** *Colloquial* a party. *–adj.* **31.** of or relating to an animal bred or trained to be entered into a show (def. 28). *–phr.* **32. a show of hands**, a voting procedure in which hands are raised to show assent for or dissent from a proposition. **33. give the show away**, to reveal all the details of a plan, scheme, etc. **34. have no show**, *Australian, NZ Colloquial* to have no chance whatsoever. **35. run the show**, to control or manage a business, etc. **36. show off**, **a.** to exhibit for approval or admiration, or ostentatiously: *she was showing off her new dress.* **b.** to display one's abilities, cleverness, etc., with the object of gaining attention. **37. show up**, **a.** to stand out in a certain way; appear: *blue shows up well against that background.* **b.** to turn up; appear at a certain place. **c.** to expose (faults, etc.); reveal. **d.** to appear superior to (another); outdo. **38. steal the show**, to attract most attention; be the most popular person or item, in a theatrical performance, etc. **39. stop the show**, (in a theatrical performance, etc.) to be applauded so enthusiastically as to cause the performance to be temporarily interrupted. **–shower** *n.*

show business *n.* the entertainment industry, especially that part concerned with variety. Also, **show biz**.

showdown /'ʃoʊdaʊn/ *n.* **1.** the laying down of one's cards, face upwards, in a card game, especially poker. **2.** a confrontation of parties for the final settlement of a contested issue.

shower /'ʃaʊə/ *n.* **1.** a brief fall of rain, hail, sleet, or snow. **2.** a similar fall, as of sparks or bullets. **3.** a large supply or quantity: *a shower of questions.* **4.** → **shower tea**. **5. a.** an apparatus for spraying water for bathing, usually set overhead above a bath or in a shower recess. **b.** a washing of the body in the water sprayed from such an apparatus. **6.** *Physics* a group of high-energy particles which originate from one fast particle, from cosmic radiation, or from an accelerator. *–v.t.* **7.** to wet with a shower. **8.** to pour (something) down in a shower. **9.** to bestow liberally or lavishly. *–v.i.* **10.** to rain in a shower. **11.** (of a person) to take a shower (def. 5b). *–phr.* **12. (someone) didn't come down in the last shower**, *Australian, NZ Colloquial* (someone) is not naive or gullible. **–showery** *adj.*

shower tea *n. Australian* → **kitchen tea**.

show-off /'ʃoʊ-ɒf/ *n. Colloquial* someone given to pretentious display or exhibitionism.

showroom /'ʃoʊrum/ *n.* a room used for the display of goods or merchandise.

showy /'ʃoʊi/ *adj.* **showier**, **showiest**. **1.** making an imposing display: *showy flowers.* **2.** ostentatious; gaudy. **–showily** *adv.* **–showiness** *n.*

shrank /ʃræŋk/ *v.* past tense of **shrink**.

shrapnel /'ʃræpnəl/ *n.* **1. a.** a hollow projectile containing bullets or the like and a bursting charge, designed to explode before reaching its target, and to set free a shower of missiles. **b.** such projectiles collectively. **2.** shell fragments. **3.** *Colloquial* small change, especially silver.

shred /ʃrɛd/ *n., v.* **shredded** or **shred**, **shredding**. *–n.* **1.** a piece cut or torn off, especially in a narrow strip. **2.** a bit; scrap. *–v.t.* **3.** to cut or tear into small pieces, especially small strips; reduce to shreds. *–v.i.* **4.** to tear; be reduced to shreds.

shrew /ʃru/ *n.* **1.** any of various small, insectivorous mammals of the genus *Sorex* and allied genera, having a long, sharp snout and a mouselike form, as the **water shrew**, *Neomys fodiens*, of Europe and the British Isles. **2.** a woman of violent temper and speech; a termagant.

shrewd /ʃrud/ *adj.* astute or sharp in practical matters: *a shrewd politician.* **–shrewdly** *adv.* **–shrewdness** *n.*

shriek /ʃrik/ *n.* **1.** a loud, sharp, shrill cry or other sound: *a shriek of fright; a shriek of laughter; the shriek of a whistle.* *–v.i.* **2.** to utter a loud, sharp, shrill cry. **3.** to make loud, high-pitched sounds in laughing. **4.** (of a musical instrument, a whistle, the wind, etc.) to give forth a loud, shrill sound. *–v.t.* **5.** to cry in a shriek: *to shriek defiance.* **–shrieker** *n.*

shrift /ʃrɪft/ *phr.* **short shrift**, little consideration in dealing with someone or something; summary treatment.

shrike /ʃraɪk/ *n.* **1.** any of numerous predacious oscine birds of the European family Laniidae, with a strong hooked and toothed bill, which feed on insects and sometimes on small birds and other animals. **2.** any of various other birds resembling shrikes but belonging to different families, as the Australian butcherbird of the genus *Cracticus*.

shrill /ʃrɪl/ *adj.* **1.** high-pitched and piercing: *a shrill cry.* *–v.i.* **2.** to cry shrilly. *–v.t.* **3.** to express in a shrill cry. *–n.* **4.** a shrill sound. **–shrillness** *n.* **–shrilly** *adv.*

shrimp /ʃrɪmp/ *n.* **1.** any of various small, long-tailed, chiefly marine, decapod crustaceans of the genus *Crangon* and allied genera (suborder Macrura), as the European *C. vulgaris*, esteemed as a table delicacy. **2.** *Colloquial* a diminutive or insignificant person. *–v.i.* **3.** to catch or attempt to catch shrimps. **–shrimper** *n.*

shrine /ʃraɪn/ *n., v.* **shrined**, **shrining**. *–n.* **1.** a receptacle for sacred relics; a reliquary. **2.** a structure, often of a stately or sumptuous character, enclosing the remains or relics of a saint or other holy objects and forming an object of religious veneration and pilgrimage. **3.** any structure or place consecrated or devoted to some saint or deity, as an altar, chapel, church, or temple. **4.** any place or object hallowed by its history or associations. *–v.t.* **5.** to enshrine.

shrink /ʃrɪŋk/ *v.* **shrank** or **shrunk**, **shrunk** or **shrunken**, **shrinking**, *n.* *–v.i.* **1.** to draw back: *the frightened child shrank into a corner.* **2.** to become smaller with heat, cold, moisture, etc.; contract. **3.** to become less in extent or compass: *business is shrinking these days.* *–v.t.* **4.** to cause to shrink or contract. *–n.* **5.** a shrinking; shrinkage. **6.** a shrinking movement. **7.** Also, **head-shrinker**. *Colloquial* a psychiatrist. **–shrinkable** *adj.* **–shrinker** *n.* **–shrinkingly** *adv.*

shrivel /'ʃrɪvəl/ *v.* **-elled** or *Chiefly US* **-eled**, **-elling** or *Chiefly US* **-eling**. *–v.i.* **1.** to contract and wrinkle, as from great heat or cold. **2.** to wither; become impotent. *–v.t.* **3.** (of heat or cold) to make (something) contract and wrinkle. **4.** to make impotent.

shroud /ʃraʊd/ *n.* **1.** a cloth in which a corpse is wrapped for burial. **2.** something which covers or hides like a garment: *a shroud of rain.* **3.** (*usually plural*) *Nautical* one of a set of strong ropes running from a masthead to the side of a ship to help support the mast. **4.** *Mechanics* **a.** circular webs used to stiffen the sides of gear teeth. **b.** a strip used to strengthen turbine blades. *–v.t.* **5.** to wrap or clothe for burial. **6.** to cover; hide from view. **7.** to veil; wrap in darkness or mystery. **–shroudless** *adj.*

shrub /ʃrʌb/ *n.* a woody perennial plant smaller

shrubbery

than a tree, usually having permanent stems branching from or near the ground. **-shrublike** *adj.*

shrubbery /'ʃrʌbəri/ *n.* **-ries. 1.** shrubs collectively. **2.** a plantation or plot of shrubs.

shrug /ʃrʌg/ *v.* **shrugged, shrugging,** *n. –v.t.* **1.** to raise and lower (the shoulders), expressing indifference, disdain, etc. *–v.i.* **2.** to raise and lower the shoulders, expressing indifference, disdain, etc. *–n.* **3.** this movement. *–phr.* **4. shrug off,** to disregard; take no notice of: *to shrug off an insult.*

shudder /'ʃʌdə/ *v.i.* **1.** to tremble with a sudden convulsive movement, as from horror, fear, or cold. *–n.* **2.** a convulsive movement of the body, as from horror, fear, or cold. **-shudderingly** *adv.*

shuffle /'ʃʌfəl/ *v.* **-fled, -fling,** *n. –v.i.* **1.** to walk without lifting the feet or with clumsy steps and a shambling gait. **2.** to scrape the feet over the floor in dancing. **3.** to get (*into,* etc.) in a clumsy manner: *to shuffle into one's clothes.* **4.** to get (*into, out of,* etc.) in an underhand or evasive manner: *to shuffle out of responsibilities.* **5.** to mix cards in a pack so as to change their relative position. *–v.t.* **6.** to move (the feet, etc.) along the ground or floor without lifting them. **7.** to perform (a dance, etc.) with such movements. **8.** to move this way and that. **9.** to put, thrust, or bring (*in, out,* etc.) trickily, evasively, or haphazardly. **10.** to mix (cards in a pack) so as to change their relative position. **11.** to jumble together; mix in a disorderly heap. *–n.* **12.** a scraping movement; a dragging gait. **13.** an evasive trick; evasion. **14.** a shuffling of cards in a pack. **15.** right or turn to shuffle in card-playing. **16.** a dance in which the feet are shuffled along the floor. *–phr.* **17. shuffle off, a.** to thrust aside or get rid of the. **b.** to go off with a shuffling gait. **-shuffler** *n.*

shun /ʃʌn/ *v.t.* **shunned, shunning.** to keep away from (a place, person, etc.), from dislike, caution, etc.; take pains to avoid. **-shunner** *n.*

shunt /ʃʌnt/ *v.t.* **1.** to move or turn aside out of the way. **2.** *Trains.* to move from one line of rails to another or from the main track to a siding. *–v.i.* **3.** to move or turn aside or out of the way. *–n.* **4.** the act of shunting; a move. **5.** *Electricity* a conducting element bridged across (part of) a circuit, establishing a second current path. **6.** a railway siding. **-shunter** *n.*

shush /ʃʊʃ/ *interj.* **1.** hush (a command to be quiet or silent). *–v.t.* **2.** to make silent. *–v.i.* **3.** to become silent.

shut /ʃʌt/ *v.* **shut, shutting,** *adj. –v.t.* **1.** to put (a door, cover, etc.) in position to close or obstruct. **2.** Also, **shut up.** to close the doors of: *shut up the shop.* **3.** to close by folding or bringing the parts together: *shut your eyes; shut the book; shut the fan.* **4.** to confine; enclose: *to shut a bird into a cage.* **5.** to bar; exclude: *to shut a person from one's house.* **6.** to close down; cease normal operations: *they decided to shut the office during redecoration. –v.i.* **7.** to become shut or closed; close. *–adj.* **8.** closed; fastened up. *–phr.* **9. keep one's mouth shut, a.** to remain silent. **b.** to keep a secret. **10. shut away,** to hide or confine. **11. shut down, a.** to close by lowering, as a lid. **b.** to cover or envelop, as fog. **c.** to close down, especially for a time, as a factory. **d.** to stop (a machine, engine, etc.). **12. shut down on** (or **upon**), *Colloquial* to put a stop or check to. **13. shut in,** to imprison; confine; enclose. **14. shut off, a.** to stop the flow of (water, electricity, etc.). **b.** to keep separate; isolate. **15. shut one's eyes to,** to refuse to notice; ignore. **16. shut out,** to exclude; keep out. **17. shut up, a.** to imprison; confine; hide from view. **b.** *Colloquial* to stop talking; become silent. **c.** *Colloquial* to stop

(someone) from talking; silence.

shut-eye /'ʃʌt-aɪ/ *n. Colloquial* sleep.

shutter /'ʃʌtə/ *n.* **1.** a hinged or otherwise movable cover for a window. **2.** a movable cover, slide, etc., for an opening. **3.** *Photography* a mechanical device for opening and closing the aperture of a camera lens to expose a plate or film. *–v.t.* **4.** to close or provide with shutters.

shuttle /'ʃʌtl/ *n., v.* **-tled, -tling.** *–n.* **1.** a device in a loom for passing or shooting the weft thread through the shed from one side of the warp to the other. **2.** the sliding container that carries the lower thread in a sewing machine. **3.** Also, **shuttle service.** a transport service, usually running at frequent intervals directly between two points. *–v.i.* **4.** to move quickly to and fro like a shuttle. *–v.t.* **5.** to transport (something) via a shuttle.

shuttlecock /'ʃʌtlkɒk/ *n.* **1.** a piece of cork, or similar light material, with feathers stuck in one end, intended to be struck to and fro, as with a racquet in the game of badminton or with a battledore in the game of battledore, or with a wooden bat in the game of shuttlecock. **2.** the game of battledore. *–v.t.* **3.** to send, or bandy to and fro, like a shuttlecock. *–v.i.* **4.** to move to and fro like a shuttlecock.

shy¹ /ʃaɪ/ *adj.* **shyer** or **shier, shyest** or **shiest,** *v.* **shied, shying,** *n.* **shies.** *–adj.* **1.** bashful; retiring. **2.** easily frightened away; timid. **3.** suspicious; distrustful. **4.** reluctant; wary. **5.** short: *shy of funds.* *–v.i.* **6.** to start back or aside, as in fear, especially a horse. **7.** to draw back; recoil. *–n.* **8.** a sudden start aside, as in fear. *–phr.* **9. fight shy of,** to avoid; keep away from. **10. shy away,** (sometimes fol. by *from*) to recoil, especially in fear. **-shyer** *n.* **-shyly** *adv.* **-shyness** *n.*

shy² /ʃaɪ/ *v.* **shied, shying,** *n.* **shies.** *–v.t.* **1.** to throw with a sudden swift movement: *to shy a stone. –n.* **2.** a sudden swift throw.

shyster /'ʃaɪstə/ *n. Colloquial* **1.** someone who gets along by petty, sharp practices. **2.** a lawyer who uses unprofessional or questionable methods.

Siamese cat /saɪə,miz 'kæt/ *n.* one of a breed of slender, short-haired cats, originating in Siam, having blue eyes, a small head, and a fawn or grey colour with extremities of a darker shading. Also, **Siamese.**

Siamese twins *pl. n.* any twins who are born joined together in any manner.

sibilant /'sɪbələnt/ *adj.* **1.** hissing. **2.** *Phonetics* characterised by a hissing sound; denoting sounds like those spelt with *s* in *this, rose, pressure, pleasure.* **-sibilance, sibilancy** *n.* **-sibilantly** *adv.*

sibling /'sɪblɪŋ/ *n.* a brother or sister.

sibyl /'sɪbəl/ *n.* a prophetess or witch. **-sibylic** /sə'bɪlɪk/, **sibylline** /'sɪbəlaɪn, sə'bɪlaɪn/ *adj.*

sic¹ /sɪk/ *adv.* so; thus (often used parenthetically to show that something has been copied exactly from the original).

sic² /sɪk/ *v.t.* **sicked, sicking. 1.** to attack (especially of a dog). **2.** to incite to attack.

sick /sɪk/ *adj.* **1.** affected with nausea; inclined to vomit, or vomiting. **2.** affected with any disorder of health; ill, unwell, or ailing. **3.** of or attended with sickness. **4.** of or appropriate to sick persons: *on sick leave.* **5.** deeply affected with some feeling comparable to physical disorder, as sorrow, longing, repugnance, weariness, etc.: *sick at heart.* **6.** morbid; macabre: *sick humour, a sick joke.* **7.** *Colloquial* not in proper condition; impaired: *a sick engine.* **8.** *Agriculture* **a.** failing to sustain adequate harvests of some crop, usually specified: *a lucerne-sick soil.* **b.** containing harmful microorganisms: *a sick field.* **9.** *Colloquial* disgusted; chagrined. **10.** *Colloquial* excellent; terrific. *–n.*

sickie

11. vomit. *–phr.* **12. be sick (and tired) of** or **be sick to death of**, to feel fed up with; have had enough of: *he was sick of his employer's complaints about his work.* **13. sick as a dog**, *Colloquial* very sick. **14. sick in the head**, *Colloquial* mentally deranged. **15. sick up**, to vomit. **16. the sick**, sick people. *–sicken v.*

sickie /'sıki/ *n. Australian, NZ Colloquial* a day taken off work with pay, because of genuine or feigned illness.

sickle /'sıkəl/ *n.* an implement for cutting grain, grass, etc., consisting of a curved, hooklike blade mounted in a short handle.

sick leave *n.* leave of absence granted because of illness.

sicklebill /'sıkəlbıl/ *n.* any of various birds with a curved bill, especially the white ibis, *Threskiornis molucca*, of Australia.

sickly /'sıkli/ *adj.* **-lier, -liest. 1.** not strong; unhealthy; ailing. **2.** of, connected with, or resulting from ill health: *a sickly complexion.* **3.** (of food) too sweet; rich. **4.** weak or nauseating: *sickly sentimentality.* **5.** (of light, colour, etc.) faint or feeble. *–sickliness n.*

side /saɪd/ *n.* **1.** one of the surfaces or lines bounding a thing. **2.** either of the two surfaces of paper, cloth, etc. **3.** one of the two surfaces of an object other than the front, back, top, and bottom. **4.** either of the two lateral (right and left) parts of a thing. **5.** either lateral half of the body of a person or an animal, especially of the trunk. **6.** the space immediately beside someone or something: *the girl stood at his side.* **7.** an aspect; phase: *all sides of a question.* **8.** *Colloquial* the region of or near a specified town or natural feature: *I come from the Cowra side.* **9.** region, direction, or position with reference to a central line, space, or point: *the east side of a city.* **10.** a department or division, as of teaching in a school: *the science side; the arts side.* **11.** a slope, as of a hill. **12.** one of two or more parties concerned in a case, contest, etc. **13.** line of descent through either the father or the mother: *his maternal side.* **14.** *Colloquial* an affectedly superior manner; pretentious airs: *to put on side.* *–adj.* **15.** being at or on one side: *the side aisles of a theatre.* **16.** coming from one side: *side glance.* **17.** directed towards one side: *side blow.* **18.** subordinate: *a side issue.* *–phr.*
19. on side, likely to support another, as in an argument, application, etc.: *John thinks he has Diana on side.*
20. on the far side of, on the more remote side of (some event, place, etc., seen as a point of divide): *on the far side of the grave.*
21. on the side, a. separate from the main subject. **b.** *Colloquial* as a sideline; secretly.
22. on the ... side, tending towards the quality or condition specified: *this coffee is a little on the weak side.*
23. on this side of, on the nearer side of (some event, place, etc., seen as a point of divide): *on this side of sleep.*
24. put on one side, to leave for later consideration; shelve.
25. side against, to place oneself against (a side or party) to support or oppose an issue.
26. side by side, next to one another; together; in close proximity.
27. side with, to place oneself with (a side or party) to support or oppose an issue.
28. take sides, to support or show favour for one person or party in a dispute, contest, or the like.
29. this side of, before: *this side of Christmas.*

sideboard /'saɪdbɔd/ *n.* **1.** a piece of furniture, as in a dining room, often with shelves, drawers, etc., for holding articles of table service. **2.** (*plural*) → **sidelevers**.

sidecar /'saɪdka/ *n.* **1.** a small car attached on one side to a motorcycle and supported on the other by a wheel of its own: used for a passenger, parcels, etc. *–adv.* **2.** in a sidecar: *he rode sidecar.*

side effect *n.* any effect produced, as of a drug, other than those originally intended, especially an unpleasant or harmful effect.

sidekick /'saɪdkık/ *n. Colloquial* **1.** an assistant. **2.** a close friend.

sidelevers /'saɪdlivəz/ *pl. n.* short whiskers extending from the hairline to below the ears and worn with an unbearded chin. Also, **sideboards, sideburns**.

sidelong /'saɪdlɒŋ/ *adj.* **1.** directed to one side. *–adv.* **2.** towards the side; obliquely.

sidereal /saɪ'dɪəriəl/ *adj.* **1.** determined by the stars: *sidereal time.* **2.** having to do with the stars.

sidero- a word element meaning 'iron', 'steel', as in *siderolite.* Also (*before vowels*), **sider-**.

sideshow /'saɪdʃoʊ/ *n.* **1.** a minor show or exhibition in connection with a principal one as at a fair, circus, or the like. **2.** any subordinate event or matter.

sidestep /'saɪdstɛp/ *v.* **-stepped, -stepping.** *–v.i.* **1.** to step to one side, as in avoidance. **2.** to try to avoid making a decision, solving a problem, etc. *–v.t.* **3.** to avoid by or as if by stepping to one side: *I sidestepped the puddle.* *–sidestepper n.*

sidetrack /'saɪdtræk/ *v.t.* **1.** to distract from the main subject or course. *–v.i.* **2.** to move from the main subject or course. *–n.* **3.** an act of sidetracking; a diversion; distraction. **4.** a temporary road constructed as a detour for the use of traffic while work is being done on the main road.

sideways /'saɪdweɪz/ *adv.* **1.** with the side foremost. **2.** facing or inclining to the side. **3.** towards or from one side. *–adj.* **4.** moving from or towards one side. **5.** towards or from one side. Also, **sidewise** /'saɪdwaɪz/.

siding /'saɪdıŋ/ *n.* **1.** a short branch off a railway track, often connected at both ends to the main-line track, and used for shunting or for loading, unloading, and storing goods trucks. **2.** the timber, metal, or composite material forming the cladding of a framed building.

sidle /'saɪdl/ *v.* **-dled, -dling.** *n.* *–v.i.* **1.** to move sideways or obliquely. **2.** *NZ* to negotiate a steep slope by moving across it at an angle. **3.** to edge along furtively. *–n.* **4.** a sidling movement.

SIDS /sɪdz/ *n.* → **sudden infant death syndrome**.

siege /sidʒ/ *n.* **1.** the operation of reducing and capturing a fortified place by surrounding it, cutting off supplies, undermining, bringing guns to bear, bombing, and other offensive operations. **2.** any prolonged or persistent endeavour to overcome resistance. *–phr.* **3. lay siege to**, to besiege.

siemens /'simənz/ *n.* **-mens.** the SI unit of electrical conductance; the conductance of a conductor that has an electrical resistance of one ohm. *Symbol:* S

sierra /si'ɛrə, si'ɛərə/ *n.* a chain of hills or mountains the peaks of which suggest the teeth of a saw.

siesta /si'ɛstə/ *n.* a midday or afternoon rest or nap, especially as taken in Spain and other hot countries.

sieve /sɪv/ *n., v.* **sieved, sieving.** *–n.* **1.** an instrument, with a meshed or perforated bottom, used for separating coarse from fine parts of loose matter, for straining liquids, etc., especially one with a circular frame and fine meshes or perfo-

sift /sɪft/ *v.t.* **1.** to separate the coarse parts of (flour, ashes, etc.) with a sieve. **2.** to scatter by means of a sieve: *to sift sugar onto cake.* **3.** to separate by or as if by a sieve. **4.** to examine or question closely. –*v.i.* **5.** to use a sieve. **6.** to pass through a sieve. –**sifter** *n.*

rations. –*v.t.* **2.** to put or force through a sieve; sift. –*phr.* **3. have a head like a sieve**, *Colloquial* to be very forgetful.

sigh /saɪ/ *v.i.* **1.** to let out one's breath slowly and with a drawn-out sound, as from sorrow, tiredness, relief, etc. **2.** to yearn or long (usually followed by *for*). **3.** to make a sound like that of sighing: *the wind was sighing.* –*v.t.* **4.** to express with a sigh. –*n.* **5.** an act or sound of sighing. –**sigher** *n.*

sight /saɪt/ *n.* **1.** the power or faculty of seeing; vision. **2.** the act or fact of seeing. **3.** range of vision: *in sight of land.* **4.** a view; glimpse. **5.** mental view or regard. **6.** something seen or to be seen; spectacle: *the sights of the town.* **7.** *Colloquial* something that looks odd or unsightly: *he looks a sight in his new suit.* **8.** an observation taken with a surveying or other instrument. **9.** a device on or used with a surveying instrument, a firearm, etc., serving to guide the eye. –*v.t.* **10.** to get sight of: *to sight a ship.* **11.** to take a sight or observation of, especially with an instrument. **12.** to direct by a sight or sights, as a firearm. **13.** to provide with sights, or adjust the sights of, as a gun. –*v.i.* **14.** to take a sight, as in shooting. –*phr.* **15. a sight**, *Colloquial* a great deal. **16. at sight**, on presentation: *a bill of exchange payable at sight.* **17. catch sight of**, to glimpse; see, especially briefly or momentarily. **18. know by sight**, to recognise (somebody or something) seen previously. **19. lower one's sights**, to adopt a less lofty ambition. **20. not by a long sight**, on no account; definitely not. **21. on sight**, as soon as one sees a thing. **22. raise one's sights**, to adopt a more lofty ambition. **23. sight unseen**, **a.** without an examination of the goods before purchase. **b.** without an interview previous to employment.

sightscreen /'saɪtskrin/ *n. Cricket* a screen set on the boundary behind the wicket, as an aid to the person batting in sighting the ball. Also, **sightboard**.

sightseeing /'saɪtsiɪŋ/ *n.* the act of seeing objects or places of interest. –**sightseer** *n.*

sign /saɪn/ *n.* **1.** a token; indication. **2.** a conventional mark, figure, or symbol used technically instead of the word or words which it represents, as an abbreviation. **3.** *Music* a signature. **4.** *Mathematics* the plus or minus sign. **5.** a motion or gesture intended to express or convey an idea. **6.** an inscribed board, space, etc., serving for information, advertisement, warning, etc., on a building, along a street, or the like. **7.** an omen; portent. **8.** *Astrology* any of the twelve divisions of the zodiac, each denoted by the name of a constellation or its symbol, and each (because of the precession of the equinoxes) now containing the constellation west of the one from which it took its name. –*v.t.* **9.** to affix a signature to. **10.** to write as a signature: *to sign one's name.* **11.** to engage by written agreement: *to sign a new player.* **12.** to communicate by a sign. –*v.i.* **13.** to write one's signature, as a token of agreement, obligation, receipt, etc. **14.** to make a sign or signal. **15.** to use sign language to communicate with deaf people. –*phr.* **16. sign away**, to dispose of by affixing one's signature to a document. **17. sign off**, **a.** to cease broadcasting a radio or television program, as at the end of the day. **b.** to withdraw from some responsibility, project, etc. **c.** to terminate a work session on a computer. **18. sign off on**, to indicate one's agreement with (a statement, plan, budget, etc.) by one's signature on a document. **19. sign on**, **a.** to employ; hire. **b.** to commit oneself to employment, as by signing a contract. **c.** to commence a work session on a computer. **20. sign up**, **a.** to enlist, as for the armed services. **b.** to commit (someone) to a contract by having them sign it.

signal /'sɪgnəl/ *n., adj., v.* **-nalled** or *Chiefly US* **-naled, -nalling** or *Chiefly US* **-naling**. –*n.* **1.** a gesture, act, light, etc., serving to warn, direct, command, etc. **2.** anything seen as the occasion for action: *her success was the signal for a party.* **3.** a token; indication. **4.** *Radio, etc.* **a.** the impulses, waves, sounds, etc., sent or received. **b.** the wave which controls and varies the carrier wave. –*adj.* **5.** serving as a sign: *a signal flag.* **6.** remarkable or notable: *a signal failure.* –*v.t.* **7.** to make a signal to. **8.** to make known by a signal. –*v.i.* **9.** to exchange information by a signal or signals. –**signaller** *n.*

signature /'sɪgnətʃə/ *n.* **1.** a person's name, or a mark representing it, written by himself or herself. **2.** the act of signing a document. **3.** *Music* a sign or set of signs at the beginning of a stave to indicate the key or the time of a piece. –**signatory** *n.*

signet /'sɪgnət/ *n.* **1.** a small seal, as in a finger ring. **2.** a small official seal. **3.** an impression made by or as if by a signet. –*v.t.* **4.** to stamp or mark with a signet.

significant /sɪg'nɪfəkənt/ *adj.* **1.** important; of consequence. **2.** expressing a meaning; indicative. **3.** having a special or covert meaning; suggestive. –**significance** *n.* –**significantly** *adv.*

signify /'sɪgnəfaɪ/ *v.* **-fied, -fying**. –*v.t.* **1.** to make known by signs, speech, or action. **2.** to be a sign of; mean; portend. –*v.i.* **3.** to be of importance or consequence. –**signifier** *n.* –**signification** /sɪgnəfə'keɪʃən/ *n.*

silage /'saɪlɪdʒ/ *n.* green fodder preserved in a silo, silage pit, or mound.

silence /'saɪləns/ *n., v.* **-lenced, -lencing**, *interj.* –*n.* **1.** the absence of any sound or noise; stillness. **2.** the condition or fact of being silent; muteness. **3.** lack of mention: *to pass over a matter in silence.* **4.** secrecy. –*v.t.* **5.** to put or bring to silence; still. **6.** to put to rest (doubts, etc.); quieten. –*interj.* **7.** be silent! –**silent** *adj.*

silent partner *n. Commerce* a partner taking no active or public part in the conduct of a business.

silhouette /sɪlu'ɛt, sɪlə'wɛt/ *n., v.* **-etted, -etting**. –*n.* **1.** an outline drawing, uniformly filled in with black, like a shadow. **2.** a dark image outlined against a lighter background. –*v.t.* **3.** to show in, or as in, a silhouette.

silic- a word element meaning 'flint', 'silica', 'silicon', as in *silicide*. Also, **silici-, silico-**.

silica /'sɪlɪkə/ *n.* silicon dioxide, SiO$_2$, appearing as quartz, sand, flint, and agate. –**siliceous** *adj.*

silicate /'sɪlɪkət, -keɪt/ *n.* any salt derived from silica.

silicon /'sɪlɪkən/ *n.* a non-metallic element, having amorphous and crystalline forms, occurring in the combined state in minerals and rocks and constituting more than one fourth of the earth's crust; used in steel-making, etc.; widely used as a semiconductor in solid-state electronics. *Symbol:* Si; *relative atomic mass:* 28.086; *at. no.:* 14; *density:* 2.33 at 20°C.

silicosis /sɪlə'koʊsəs/ *n. Pathology* a disease of the lungs due to inhaling siliceous particles, as by stonecutters.

silk /sɪlk/ *n.* **1.** the fine, soft, lustrous fibre obtained from the cocoon of the silkworm. **2.** thread made of this fibre. **3.** cloth made of this fibre. **4.** a garment of this cloth. **5.** the gown of such material, worn distinctively by a Queen's or King's Counsel at the bar. **6.** any fibre or filamentous matter resembling silk. **7.** the hair-like styles on an ear of maize. **8.** *Colloquial* a Queen's or King's Counsel. *–adj.* **9.** made of silk. **10.** resembling silk; silky. **11.** of or relating to silk. *–v.i.* **12.** *US* (of corn) to be in the course of forming silk. *–phr.* **13. take silk**, to become a Queen's or King's Counsel. **–silken** *adj.* **–silky** *adj.*

silk-screen /'sɪlk-skrin/ *n.* **1.** a process of printing from stencils, which may be photographically made or cut by hand, through a fine mesh of silk, metal, or other material. *–v.t.* **2.** to print using this process.

silkworm /'sɪlkwɜm/ *n.* the caterpillar of any moth of the families Bombycidae and Saturniidae, which spins a fine, soft filament (silk) to form a cocoon, in which it is enclosed while in the pupal stage, especially the **Chinese silkworm**, *Bombyx mori*.

sill /sɪl/ *n.* **1.** a horizontal timber, block, or the like, serving as a foundation of a wall, house, etc. **2.** the horizontal piece or member beneath a window, door, or other opening. **3.** *Geology* a tabular body of intrusive igneous rock, ordinarily between beds of sedimentary rocks or matter ejected by a volcano.

silly /'sɪli/ *adj.* **-lier, -liest,** *n.* **-lies.** *–adj.* **1.** lacking good sense; foolish; stupid. **2.** absurd or ridiculous. **3.** *Colloquial* stunned. **4.** *Cricket* (of a fielding position) close in to the wicket of the person batting: *silly mid-off.* *–n.* **5.** *Colloquial* a silly person. **–sillily** *adv.* **–silliness** *n.*

silo /'saɪloʊ/ *n.* **-los.** *–n.* **1.** a towerlike structure, proofed against weather and vermin, for storing grain. **2.** a similar structure in which fermenting green fodder is preserved for future use as silage. **3.** an underground launching site for a ballistic missile.

silt /sɪlt/ *n.* **1.** earthy matter, fine sand, or the like, carried by moving or running water and deposited as a sediment. *–v.i.* **2.** to become filled or choked up with silt. **–silty** *adj.*

Silurian /saɪ'ljurɪən/ *adj.* **1.** relating to an early Palaeozoic geological period or system of rocks. *–n.* **2.** the Silurian period or system of rocks.

silver /'sɪlvə/ *n.* **1.** *Chemistry* a white ductile metallic element, used for making mirrors, coins, ornaments, table utensils, etc. *Symbol:* Ag (for Latin *argentum*); *at. no.:* 47; *relative atomic mass:* 107.87. **2.** coin made of silver or of a metal resembling silver; money. **3.** silverware; meal-table articles made of or plated with silver. **4.** something looking like this metal in colour, lustre, etc. **5.** a shiny whitish-grey colour. *–adj.* **6.** consisting or made of silver; plated with silver. **7.** of or relating to silver. **8.** (of coins) made of a metal or alloy resembling silver, as cupronickel. **9.** producing or yielding silver. **10.** having the colour silver, or tinted with silver: *a silver dress; silver blue.* **11.** clear and soft: *silver sounds.* **12.** persuasive; eloquent: *a silver tongue.* **13.** indicating the 25th event of a series, as a wedding anniversary. *–v.t.* **14.** to coat with silver or some silver-like substance. **15.** to give a silver colour to. *–v.i.* **16.** to become a silver colour. **–silverer** *n.* **–silver-like** *adj.*

silver beech *n.* a New Zealand forest tree, *Nothofagus menziesii*, with a silvery bark.

silver beet *n.* a form of beet, *Beta vulgaris cicla*, with large, firm, strongly veined, green leaves and a long fleshy stalk, and used as a vegetable; chard.

silver belly *n.* **1.** → **silver biddy. 2.** *NZ* a freshwater eel.

silver biddy *n.* any of various small, silvery fish of the family Gerreidae, found in tropical Australian coastal waters.

silver birch *n.* **1.** a widely-distributed Old World tree, *Betula pendula*, having a whitish papery bark. **2.** any other member of the genus *Betula* with a similar bark. **3.** *NZ* → **silver beech**.

silver-eye /'sɪlvər-aɪ/ *n.* any of various white-eyes predominantly of yellow or olive colouring, as the **grey-breasted silver-eye**, *Zosterops lateralis*, of eastern and south-eastern mainland Australia and Tasmania, and widespread in New Zealand from the 1850s, the **western silver-eye**, *Z. gouldi*, of south-western Australia, the **yellow silver-eye**, *Z. lutea*, of northern Australia, and the **pale silver-eye**, *Z. chloris*, of north-eastern Australia.

silver fern *n.* **1.** a handsome tree fern, *Cyathea dealbata*, of New Zealand characterised by the white undersurface of its fronds. **2.** a different New Zealand fern, *Paesia scaberula*, with a similar colouring.

silverfish /'sɪlvəfɪʃ/ *n.* **-fishes**, (*especially collectively*) **-fish. 1.** a white or silvery goldfish, *Carassius auratus.* **2.** any of various other silvery fishes. **3.** any of certain small, wingless, thysanuran insects (genus *Lepisma*) damaging to books, wallpaper, etc.

silver gull *n.* the common seagull of Australia, *Larus novaehollandiae*, having white plumage with a grey back, black-tipped flight feathers, and red eye-ring, bill, and legs.

silver pine *n.* a small New Zealand tree, *Dacrydium colensoi*, having timber specially useful for poles and railway sleepers.

silver plate *n.* **1.** a thin silver coating deposited on the surface of another metal, usually by electrolysis. **2.** silver-plated tableware. **–silver-plate** *v.*

silverside /'sɪlvəsaɪd/ *n.* a cut of beef from the outside portion of a full butt, below the aitchbone and above the leg, usually boiled or pickled.

silver wattle *n.* a small tree, *Acacia dealbata*, with somewhat silvery foliage, native to south-eastern Australia but planted elsewhere, as an ornamental.

simian /'sɪmɪən/ *adj.* **1.** having to do with an ape or monkey. **2.** characteristic of apes or monkeys. *–n.* **3.** an ape or monkey.

similar /'sɪmələ/ *adj.* **1.** having likeness or resemblance, especially in a general way. **2.** *Geometry* (of figures) having the same shape; having corresponding sides proportional and corresponding angles equal. **–similarly** *adv.*

simile /'sɪməli/ *n.* *Rhetoric* **1.** a figure of speech directly expressing a resemblance, in one or more points, of one thing to another, as *a man like an ox.* **2.** an instance of this figure, or a use of words exemplifying it.

similitude /sə'mɪlətjud/ *n.* **1.** likeness; resemblance. **2.** a person or thing that is the like, match, or counterpart of another. **3.** semblance; image. **4.** a likening or comparison; a parable or allegory.

simmer /'sɪmə/ *v.i.* **1.** (of food) to cook in a liquid just below the boiling point. **2.** to be in a state of subdued activity, excitement, etc. *–v.t.* **3.** to cook (food) in a liquid just below the boiling point. *–n.* **4.** the state or process of simmering. *–phr.* **5. simmer down**, *Colloquial* to become calm or calmer.

simper /'sɪmpə/ *v.i.* **1.** to smile in a silly, self-conscious way. *–v.t.* **2.** to say with a simper. *–n.* **3.** a silly, self-conscious smile. **–simperer** *n.* **–simperingly** *adv.*

simple /'sɪmpəl/ *adj.* **-pler, -plest. 1.** easy to understand, deal with, use, etc.: *a simple matter; simple tools.* **2.** not having complicated or unnecessary elements: *a simple style.* **3.** not having or offering the best in comfort and luxury. **4.** plain and open in behaviour; unaffected. **5.** lacking

simple interest

mental acuteness or sense. **6.** considered alone; mere; bare: *the simple truth or fact.* **7.** sincere; innocent. **8.** common or ordinary: *a simple soldier.* **9.** unlearned; ignorant. **10.** *Chemistry* **a.** made of one substance or element: *a simple substance.* **b.** not mixed. **11.** *Zoology* not compound. –**simpleness** *n.* –**simplicity** *n.*

simple interest *n. Finance* interest which is not compounded, that is, payable only on the principal amount of a debt.

simpleton /'sɪmpəltən/ *n.* a foolish, ignorant, or half-witted person; fool.

simplex /'sɪmplɛks/ *adj.* simple; consisting of or characterised by a single element, action, or the like: *a simplex circuit* (in which one telephone call and one telegraph message are transmitted simultaneously over a single pair of wires).

simplify /'sɪmpləfaɪ/ *v.t.* **-fied, -fying.** to make less complex or complicated; make plainer or easier. –**simplification** /sɪmpləfə'keɪʃən/ *n.* –**simplifier** *n.*

simplistic /sɪm'plɪstɪk/ *adj.* characterised by extreme simplification; oversimplified. –**simplistically** *adv.*

simply /'sɪmpli/ *adv.* **1.** in a simple manner. **2.** plainly; unaffectedly. **3.** not deceitfully or craftily. **4.** merely; only. **5.** unwisely; foolishly. **6.** absolutely: *simply irresistible.*

simulate /'sɪmjəleɪt/ *v.* **-lated, -lating.** –*v.t.* **1.** to make a pretence of. **2.** to assume or have the appearance of. **3.** *Mathematics* to set up an analogue of (a system) in order to study its properties. –**simulative** *adj.* –**simulatively** *adv.*

simulation /sɪmjə'leɪʃən/ *n.* **1.** a pretending; a feigning. **2.** assumption of a particular appearance or form. **3.** *Computers* **a.** the technique of establishing a routine for one computer to make it function as nearly as possible like another computer. **b.** the representation of physical systems, phenomena, etc., by computers. **4.** the practice of constructing a model of a machine in order to test behaviour.

simulator /'sɪmjəleɪtə/ *n.* a training or experimental device that simulates movement, flight, or some other condition.

simulcast /'sɪməlkast, 'saɪ-/ *n.* simultaneous broadcast of the same radio program by two separate radio stations or by a radio and a television station.

simultaneous /sɪməl'teɪniəs/ *adj.* existing, occurring, or operating at the same time: *simultaneous movements; simultaneous announcements.* –**simultaneously** *adv.* –**simultaneousness, simultaneity** /sɪməltə'nɪəti/ *n.*

sin[1] /sɪn/ *n., v.* **sinned, sinning.** –*n.* **1.** transgression of divine law. **2.** an act regarded as such transgression, or any violation, especially a wilful or deliberate one, of some religious or moral principle. **3.** any serious transgression or offence. –*v.i.* **4.** to do a sinful act. **5.** to offend against a principle, standard, etc. –*phr.* **6. sin against,** to take advantage of; abuse or offend.

sin[2] /saɪn/ *n. Mathematics* → **sine**[1].

since /sɪns/ *adv.* **1.** from then until now (often preceded by *ever*). **2.** between a particular past time and the present; subsequently: *he at first refused, but has since agreed.* **3.** ago; before now: *long since.* –*prep.* **4.** continuously from or counting from: *since noon.* **5.** between (a past time or event) and the present: *changes since the war.* –*conj.* **6.** in the period following the time when: *he has written once since he left.* **7.** continuously from or counting from the time when: *busy since he came.* **8.** because.

sincere /sɪn'sɪə, sən-/ *adj.* **-cerer, -cerest.** free from any element of deceit, dissimulation, duplicity, or hypocrisy. –**sincerely** *adv.* –**sincereness** *n.* –**sincerity** *n.*

sine[1] /saɪn/ *n. Mathematics* **1.** a trigonometric function defined for an acute angle in a right-angled triangle as the ratio of the side opposite the angle to the hypotenuse, and defined for angles of any size as the ordinate of a point P, a unit distance from the origin O and such that OP is inclined at the given angle to the x-axis. **2.** the function (of a real variable x) defined as the sine of an angle of radian measure x; any extension of this function. *Abbrev.:* sin

sine[2] /'saɪni, 'sɪneɪ/ *prep.* without.

sinecure /'sɪnəkjuə, 'saɪnəkjuə/ *n.* **1.** an office requiring little or no work, especially one yielding profitable returns. **2.** an ecclesiastical benefice without cure of souls. –**sinecurist** *n.*

sinew /'sɪnju/ *n.* **1.** a tendon. **2.** something that supplies strength. **3.** strength; vigour. –*v.t.* **4.** to furnish with sinews; strengthen as by sinews. –**sinewless** *adj.*

sing /sɪŋ/ *v.* **sang** *or* **sung, sung, singing,** *n.* –*v.i.* **1.** to utter words or sounds in succession with musical modulations of the voice. **2.** to execute a song or voice composition, as a professional singer. **3.** to produce melodious sounds, as certain birds, insects, etc. **4.** (of humpback whales) to produce a complex series of repeated vocal phases. **5.** to give out a continuous ringing, whistling, murmuring, or sounding musical quality, as a kettle coming to the boil, a brook, etc. **6.** to make a short ringing, whistling, or whizzing sound: *the bullet sang past his ear.* **7.** *Colloquial* to turn informer. –*v.t.* **8.** to utter with musical modulations of the voice, as a song. **9.** to escort or accompany with singing. **10.** to proclaim enthusiastically: *to sing a person's praises.* **11.** to bring, send, put, etc., with or by singing: *to sing a child to sleep.* **12.** to chant or intone. **13.** (in tribal Aboriginal culture) to direct a chant at (someone) with the intention of bringing about their death. –*n.* **14.** the act or performance of singing. **15.** a singing, ringing, or whistling sound, as of a bullet. –*phr.* **16. sing out, a.** *Colloquial* to call out in a loud voice; shout. **b.** to sing loudly: *ask the altos to sing out more.* –**singable** *adj.*

singe /sɪndʒ/ *v.* **singed, singeing,** *n.* –*v.t.* **1.** to burn slightly. **2.** to burn the ends of (hair, etc.). **3.** to subject to flame in order to remove hair, etc. –*n.* **4.** a slight burn. **5.** the act of singeing.

single /'sɪŋgəl/ *n.,* –*adj.* **1.** one only; separate; individual. **2.** having to do with one person, family, etc.: *a single room.* **3.** alone; solitary. **4.** without a spouse or de facto spouse. **5.** of one against one, as combat or fight. **6.** consisting of one part, element, or member. **7.** *Botany* having but one set of petals, as a flower. **8.** (of the eye) seeing rightly. –*n.* **9.** something single or separate; a single one. **10.** a ticket for a train, bus, etc., valid for a one-way journey only. **11.** *Music* a record, usually a 45, with a single title on each side. **12.** *Music* a song tile issued on such a record. **13.** *Colloquial* a person without a spouse or de facto spouse. **14.** *(plural) Tennis, etc.* a game or match played with one person on each side. **15.** *Cricket* a hit for which one run is scored. –*phr.* **16. single out,** to pick or choose out from others: *to single out a fact for special mention.*

single-breasted /'sɪŋgəl-brɛstəd/ *adj.* (of a coat, jacket, or the like) having a single row of buttons in the front for fastening. See **double-breasted**.

single-handed /sɪŋgəl-'hændəd/ *adj.* **1.** acting or working alone or unaided. **2.** having, using, or requiring the use of but one hand or one person. –*adv.* **3.** alone. –**single-handedly** *adv.*

single-minded /sɪŋgəl-'maɪndəd/ *adj.* **1.** having or showing undivided purpose. **2.** having or showing a sincere mind; steadfast. **–single-mindedly** *adv.* **–single-mindedness** *n.*

singlet /'sɪŋlət, 'sɪŋglət/ *n.* **1.** a short garment, with or without sleeves, usually worn next to the skin under a shirt, jumper, or dress. **2.** a similar garment worn to cover the torso by boxers, athletes, etc. **3.** *Chemistry* a chemical bond consisting of one shared electron.

singly /'sɪŋli/ *adv.* **1.** apart from others; separately. **2.** one at a time; as single units. **3.** single-handed.

singsong /'sɪŋsɒŋ/ *n.* **1.** an informal gathering at which the company sing; community singing. *–adj.* **2.** characterised by a regular rising and falling intonation. **3.** monotonous in rhythm.

singular /'sɪŋgjələ/ *adj.* **1.** out of the ordinary; remarkable: *singular success.* **2.** unusual or strange; odd; eccentric. **3.** being the only one of the kind; unique. **4.** *Grammar* indicating one person, thing, or collection, as English *man, thing, he, goes.* *–n.* **5.** *Grammar* the singular number, or a form of it. **–singularly** *adv.* **–singularness, singularity** /sɪŋgjə'lærəti/ *n.*

sinh /faɪn, saɪn'eɪtʃ/ *n.* hyperbolic sine. See **hyperbolic functions**.

sinister /'sɪnəstə/ *adj.* **1.** threatening or portending evil; ominous. **2.** bad; evil; base. **3.** unfortunate; disastrous; unfavourable. **4.** of or on the left side; left. **–sinisterly** *adv.* **–sinisterness** *n.* **–sinisterwise** *adv.*

sink /sɪŋk/ *v.* **sank** *or* **sunk, sunk** *or* **sunken, sinking,** *n.* *–v.i.* **1.** to descend gradually to a lower level, as water, flames, etc. **2.** to go down towards or below the horizon. **3.** to slope downwards, as ground. **4.** to go under or to the bottom; become submerged. **5.** to settle or fall gradually, as a heavy structure. **6.** to fall slowly from weakness, fatigue, etc. **7.** to pass gradually (into slumber, silence, oblivion, etc.). **8.** to pass or fall into some lower state, as of fortune, estimation, etc. **9.** to degenerate; decline. **10.** to fail in physical strength. **11.** to decrease in amount, extent, degree, etc., as value, prices, rates, etc. **12.** to become lower in tone or pitch, as sound. **13.** to fall in; become hollow, as the cheeks. **14.** to drop or fall (on to a seat, bed, etc.) through weariness or fatigue: *she put down her books and sank thankfully into the nearest armchair.* **15.** to sit or lie down in a slow, luxurious manner: *he sank back into the soft cushions and dreamed.* *–v.t.* **16.** to cause to fall or descend. **17.** to cause to sink or become submerged. **18.** to depress (a part, area, etc.), as by excavating. **19.** to put down or lay (a pipe, post, etc.), as into the ground. **20.** *Golf, Billiards, etc.* to cause (the ball) to run into a hole. **21.** to bring to a worse state; lower. **22.** to bring to ruin or perdition. **23.** to reduce in amount, extent, etc., as value or prices. **24.** to lower (the voice, etc.). **25.** to invest (money), now especially unprofitably. **26.** to lose (money) in an unfortunate investment, etc. **27.** to make (a hole, shaft, well, etc.) by excavating or boring downwards; hollow out (any cavity): *to sink a dam.* **28.** *Colloquial* to drink: *let's sink a middy.* *–n.* **29.** a basin with a water supply and outlet, installed especially in a kitchen, used for washing dishes, etc. **30.** a low-lying area where waters collect or where they disappear by sinking down into the ground or by evaporation. **31.** a place of vice or corruption. **32.** a drain or sewer. **33.** *Physics* any device, place, or part of a system in which energy is consumed or drained from the system. *–phr.* **34. sink in,** to enter or permeate the mind; become understood. **35. sink into,** to be or become deeply absorbed in (a mental state): *he sank into a state of deep depression.* **36. sink or swim,** with two extreme possible outcomes, either complete success or failure. **–sinkable** *adj.*

sinker /'sɪŋkə/ *n.* a weight of lead, etc., for sinking a fishing line, fishing net, or the like in the water.

sinking fund *n.* a fund created to liquidate a debt by degrees.

Sino- a word element meaning 'Chinese', as in *Sino-Tibetan, Sinology.*

sinuous /'sɪnjuəs/ *adj.* **1.** having many curves, bends, or turns; winding. **2.** indirect; devious. **–sinuousness** *n.* **–sinuously** *adv.*

sinus /'saɪnəs/ *n.* **-nuses. 1.** a curve; bend. **2.** a curving part or recess. **3.** *Anatomy* **a.** any of various cavities, recesses, or passages, as a hollow in a bone, or a reservoir or channel for venous blood. **b.** one of the hollow cavities in the skull connecting with the nasal cavities. **c.** an expanded area in a canal or tube. **4.** *Pathology* a narrow, elongated abscess with a small orifice; a narrow passage leading to an abscess or the like. **5.** *Botany* a small, rounded depression between two projecting lobes, as of a leaf.

sinusitis /saɪnə'saɪtəs/ *n. Pathology* inflammation of a sinus or sinuses.

-sion a suffix having the same function as **-tion**, as in *compulsion.*

sip /sɪp/ *v.* **sipped, sipping,** *n.* *–v.t.* **1.** to drink a little at a time. *–v.i.* **2.** to drink by sips. *–n.* **3.** an act of sipping. **4.** a small quantity taken by sipping. **–sipper** *n.*

siphon = **syphon** /'saɪfən/ *n.* **1.** a tube or conduit in the form of an inverted U through which liquid flows over the wall of a tank or reservoir to a lower elevation by atmospheric pressure. **2.** *Zoology* a projecting tubular part of some animals, through which water enters or leaves the body. *–v.t.* **3.** to convey or pass through a siphon. *–phr.* **4. siphon off,** to transfer (something) bit by bit. **–siphonal, siphonic** /saɪ'fɒnɪk/ *adj.*

sir /sɜ/ *n.* **1.** (a respectful term of address used to a man). **2.** (*cap.*) (the distinctive title of a knight or baronet): *Sir Joh Bjelke-Petersen.* **3.** (an ironic or humorous title of respect): *sir critic.*

sire /'saɪə/ *n., v.* **sired, siring.** *–n.* **1.** the male parent of an animal, especially a domesticated quadruped, as a horse. **2.** a respectful term of address, now used only to a sovereign. **3.** *Poetic* a father or forefather. *–v.t.* **4.** to beget.

siren /'saɪrən/ *n.* **1.** *Classical Mythology* one of several sea nymphs, part woman and part bird, supposed to lure mariners to destruction by their seductive singing. **2.** any alluring or seductive woman. **3.** an acoustic instrument for producing sounds, consisting essentially of a disc pierced with holes arranged equidistantly in a circle, rotated over a jet or stream of compressed air, steam, or the like, so that the stream is alternately interrupted and allowed to pass. **4.** a device of this kind used as a whistle, fog signal, warning sound on an ambulance, fire-engine, or the like, etc. *–adj.* **5.** of or like a siren.

sirloin /'sɜlɔɪn/ *n.* the portion of the loin of beef in front of the rump, used whole as a roast or cut into steaks.

sisal /'saɪsəl/ *n.* **1.** Also, **sisal hemp.** a fibre yielded by *Agave sisalana* of southern Mexico, used for making ropes, etc. **2.** a plant yielding such fibre.

sissy /'sɪsi/ *n.* **-sies.** *Colloquial* **1.** an effeminate man or boy. **2.** a timid or cowardly person. Also, **cissy.**

sister /'sɪstə/ *n.* **1.** a daughter of the same parents (**full sister** or **sister-german**). **2.** a daughter of only one of one's parents (**half-sister**). **3.** a female member of the same kinship group or nationality. **4.** a female associate in occupation or friendship. **5.** (a term of solidarity used to refer

sister-in-law to a female who shares a common political perspective and purpose, especially that which is feminist). **6.** a female member of a religious community, which observes the simple vows of poverty, chastity, and obedience: *a Sister of Charity*. **7.** → **registered nurse**. **8.** (a form of address, especially between black American women). *–adj.* **9.** made to the same design: *sister ships*. **10.** belonging to the same group, fleet, etc.: *Queensland lacked the enthusiasm of some of its sister states*.

sister-in-law /'sɪstər-ɪn-lɔ/ *n.* **sisters-in-law**. **1.** a husband's or wife's sister. **2.** a brother's wife. **3.** a husband's or wife's brother's wife.

sit /sɪt/ *v.* **sat, sitting**. *–v.i.* **1.** to rest on the lower part of the body; be seated. **2.** to be situated; dwell. **3.** to rest or lie. **4.** to place oneself in position for an artist, photographer, etc.: *to sit for a portrait*. **5.** to act as a model. **6.** to remain quiet or inactive. **7.** (of a bird) to perch or roost. **8.** to cover eggs to hatch them. **9.** to fit or be adjusted, as a garment. **10.** to occupy a seat in an official capacity, as a judge or bishop. **11.** to have a seat, be an elected representative, as in parliament. **12.** to be convened or in session, as an assembly. **13.** to act as a babysitter. **14.** to be a candidate for an examination; take an examination. *–v.t.* **15.** Also, **sit down**. to cause to sit; seat. **16.** to provide seating room for; seat: *a table which sits eight people*. *–phr.* **17. be sitting pretty**, Colloquial to be comfortably established; be at an advantage. **18. sit down**, to take a seat; be seated. **19. sit in for**, to take the place of temporarily: *he'll be out for an hour so I'll sit in for him*. **20. sit in on**, take part in as a spectator, observer, or visitor: *we were allowed to sit in on the debate*. **21. sit on** (or **upon**), **a.** to have a place on (a committee, etc.): *she has sat on several committees during the past few years*. **b.** Colloquial to check; rebuke; repress. **c.** to prevent (a document) from becoming public knowledge so as to avoid the action demanded by it: *the government is sitting on the report*. **22. sit out**, **a.** to stay till the end of: *though the film was boring we sat it out*. **b.** to take no part in; keep one's seat during (a dance, etc.): *she sat out the last few dances because she was tired*. **23. sit pat**, Colloquial to stick to one's decision, policy, etc. **24. sit tight**, to take no action; bide one's time: *I'll sit tight till I know what the decision is*. **25. sit up**, **a.** to raise oneself from a lying to a sitting position. **b.** to stay up later than usual; not go to bed. **c.** to sit upright or erect. **d.** to be startled; become interested or alert: *the speaker's next announcement made us sit up*.

sitar /'sɪta, 'sita/ *n.* a guitar-like instrument of India, having a long neck and usually three strings. Also, **sittar**. **–sitarist** *n.*

sit-down strike *n.* a strike during which workers refuse either to leave their place of employment or to work or to allow others to work until the strike is settled. Also, **sit-down**.

site /saɪt/ *n., v.* **sited, siting**. *–n.* **1.** the position of a town, building, etc., especially as to its environment. **2.** the area on which anything, as a building, is, has been, or is to be situated. **3.** → **web site**. *–v.t.* **4.** to locate; place; provide with a site: *they sited the school next to the oval*.

sito- a word element referring to food.

sitting duck *n.* **1.** any particularly easy mark to shoot at. **2.** Colloquial someone who is easily duped or defeated.

situate /'sɪtʃueɪt/ *v.t.* **-ated, -ating**. to give a site to; locate.

situated /'sɪtʃueɪtəd/ *adj.* **1.** located; placed. **2.** in certain circumstances: *well situated financially*.

situation /sɪtʃu'eɪʃən/ *n.* **1.** manner of being situated; a location or position with reference to environment. **2.** a place or locality. **3.** condition; case; plight. **4.** the state of affairs; combination of circumstances: *to meet the demands of the situation*. **5.** a position or post of employment. **–situational** *adj.*

SI unit *n.* a unit of the International System of Units (Système International d'Unités).

six /sɪks/ *n.* **1.** a cardinal number, five plus one. **2.** a symbol for this number, as 6 or VI. **3.** a set of this many persons or things. **4.** a playing card, die face, etc., with six pips. **5.** Cricket a hit scoring six runs, the ball clearing the boundary without touching the ground. *–det.* **6.** amounting to six in number: *six apples*. *–pron.* **7.** six people or things: *sleeps six; give me six*. *–phr.* **8. at sixes and sevens**, in disorder or confusion. **9. go for six**, **a.** to fall over heavily. **b.** to suffer a major setback. **10. hit for six**, to dispatch or destroy utterly. **–sixth** *adj.*

sixteen /sɪks'tin/ *n.* **1.** a cardinal number, ten plus six. **2.** a symbol for this number, as 16 or XVI. *–det.* **3.** amounting to sixteen in number. *–pron.* **4.** sixteen people or things. **–sixteenth** *adj.*

sixth sense *n.* a power of perception beyond the five senses; intuition.

sixty /'sɪksti/ *n.* **-ties**, *det., pron.* *–n.* **1.** a cardinal number, ten times six. **2.** a symbol for this number, as 60 or LX. **3.** (*plural*) the numbers from 60 to 69 of a series, especially with reference to the years of a person's age, or the years of a century. *–det.* **4.** amounting to sixty in number. *–pron.* **5.** sixty people or things. **–sixtieth** *adj.*

size¹ /saɪz/ *n., v.* **sized, sizing**. *–n.* **1.** the dimensions, proportions, or magnitude of anything: *the size of a city; the size of a problem*. **2.** considerable or great magnitude: *to seek size rather than quality*. **3.** one of a series of graduated measures for articles of manufacture or trade: *children's sizes of shoes*. **4.** Colloquial actual condition, circumstances, etc. *–v.t.* **5.** to separate or sort according to size. **6.** to make of a certain size. *–phr.* **7. size up**, **a.** to form an estimate of. **b.** to come up to a certain standard.

size² /saɪz/ *n., v.* **sized, sizing**. *–n.* **1.** any of various gelatinous or glutinous preparations made from glue, starch, etc., used for glazing or coating paper, cloth, etc. *–v.t.* **2.** to coat or treat with size.

sizeable = **sizable** /'saɪzəbəl/ *adj.* of considerable size; fairly large: *he inherited a sizeable fortune*. **–sizeableness** *n.* **–sizeably** *adv.*

sizzle /'sɪzəl/ *v.* **-zled, -zling**, *n.* *–v.i.* **1.** to make a hissing sound, as in frying or burning. **2.** Colloquial to be very hot. *–n.* **3.** a sizzling sound. **–sizzler** *n.*

skate¹ /skeɪt/ *n., v.* **skated, skating**. *–n.* **1.** a steel blade attached to the bottom of a shoe, enabling a person to glide on ice. **2.** a shoe with such a blade attached. **3.** → **rollerskate** (def. 1). **4.** Electricity the sliding contact which collects current in an electric traction system. *–v.i.* **5.** to glide over ice, the ground, etc., on skates. **6.** to glide or slide smoothly along. **7.** to ride a skateboard. *–phr.* **8. get one's skates on**, Colloquial to hurry. **9. skate round** (or **over**), to avoid, as in conversation. **10. skate on thin ice**, to place oneself in a delicate situation; touch on a contentious topic.

skate² /skeɪt/ *n.* **skates**, (*especially collectively*) **skate**. any of certain rays (genus *Raja*), usually having a pointed snout and spines down the back, but no serrated tail on the tail, as the common skate, *Raja australis* of Australian waters, or *Raja batis* of European coastal waters.

skateboard /'skeɪtbɔd/ *n.* a short plank on rollerskate wheels, ridden, usually standing up, as a recreation.

skedaddle /skəˈdædl/ v. **-dled, -dling,** n. Originally US Colloquial –v.i. **1.** to run away; disperse in flight. –n. **2.** a hasty flight. Also, **skidaddle**.

skein /skeɪn/ n. **1.** a length of thread or yarn wound in a coil. **2.** anything resembling this, as a coil of hair or the like. **3.** a flock of geese or similar birds in flight formation.

skeleton /ˈskɛlətən/ n. **1.** the bones of a human or other animal body considered together, or assembled or fitted together as a framework; the bony or cartilaginous framework of a vertebrate animal. **2.** Colloquial a very lean person or animal. **3.** a supporting framework, as of a leaf, building, or ship. **4.** mere lifeless, dry, or meagre remains. **5.** an outline, as of a literary work; basic essentials. –adj. **6.** of or relating to a skeleton. **7.** like a skeleton or mere framework. **8.** reduced to the essential minimum: *skeleton staff*. –phr. **9. skeleton in the cupboard,** some fact in the history or lives of a family which is kept secret as a cause of shame.

skeleton key n. a key with nearly the whole substance of the bit filed away, so that it may open various locks. Also, **pass key**.

skerrick /ˈskɛrɪk/ n. Australian, NZ a very small quantity; a scrap: *not a skerrick left*.

sketch /skɛtʃ/ n. **1.** a simply or hastily done drawing or painting, giving the important features without the details. **2.** a rough design, plan, or outline. **3.** a short and usually light literary work, as a story, essay or short play. –v.t. **4.** to make a sketch of. –v.i. **5.** to make a sketch or sketches. –**sketcher** n. –**sketchy** adj.

skew /skju/ v.i. **1.** to turn aside or twist. –v.t. **2.** to give a sloping direction to. **3.** to describe unfairly; distort. –adj. **4.** having a sloping direction or position; slanting. **5.** Geometry not lying in the same plane. –n. **6.** a twisting or sloping movement, direction, or position.

skewer /ˈskjuə/ n. **1.** a long pin of wood or metal for putting through meat to hold it together or in place while being cooked. **2.** any similar pin for some other purpose. –v.t. **3.** to fasten with, or as with, skewers.

ski /ski/ n. **skis,** v. **ski'd** or **skied, skiing.** –n. **1.** one of a pair of long, slender pieces of hard wood, metal, or plastic, one fastened to each shoe, used for travelling or gliding over snow, and often (especially as a sport) down slopes. **2.** a water-ski. –v.i. **3.** to travel on or use skis. **4.** to water-ski.

skid /skɪd/ n., v. **skidded, skidding.** –n. **1.** a plank, bar, log, or the like, especially one of a pair, on which something heavy may be slid or rolled along. **2.** US one of a number of such logs or planks forming a skidway. **3.** a runner on the underpart of some aeroplanes, enabling the machine to slide along the ground when alighting. **4.** an act of skidding: *the car went into a skid on the icy road*. –v.t. **5.** to place on or slide along a skid or skids. –v.i. **6.** to slide along without rotating, as a wheel to which a brake has been applied. **7.** to slip or slide sideways relative to direction of wheel rotation, as a car in turning a corner rapidly. **8.** to slide forward under its own momentum, as a car when the wheels have been braked. –phr. **9. on the skids,** deteriorating fast. **10. put the skids under,** to place (someone) in a precarious position; to ensure the downfall of (someone).

skid row n. **1.** a disreputable district inhabited by derelicts. –phr. **2. on skid row,** destitute.

skiff /skɪf/ n. any of various types of small boat, usually propelled by oars or sails.

skilful = **skillful** /ˈskɪlfəl/ adj. **1.** having or exercising skill. **2.** showing or involving skill: *a skilful display of fancy diving*. –**skilfully** adv. –**skilfulness** n.

skill /skɪl/ n. **1.** the ability that comes from knowledge, practice, aptitude, etc., to do something well. **2.** competent excellence in performance; expertness; dexterity.

skilled /skɪld/ adj. **1.** having skill; trained or experienced. **2.** showing, involving, or requiring skill, as work. **3.** having to do with workers performing a specific operation requiring apprenticeship or other special training or experience.

skillet /ˈskɪlət/ n. a small frying pan.

skillion /ˈskɪljən/ n. **1.** Also, **skillion room.** a lean-to or outhouse. **2.** a hill or bluff sloping in one direction, with a sheer fall on the other side.

skim /skɪm/ v. **skimmed, skimming,** n. –v.t. **1.** to take up or remove (floating matter) from a liquid with a spoon, ladle, etc.: *to skim cream*. **2.** to clear (liquid) thus: *to skim milk*. **3.** to move or glide lightly over or along the surface of (the ground, water, etc.). **4.** to cause (a thing) to fly over or near a surface, or in a smooth course: *to skim stones*. **5.** to go over in reading, treatment, etc., in a superficial manner. **6.** to cover (liquid, etc.) with a thin layer. –v.i. **7.** to pass or glide lightly along over or near a surface. **8.** to become covered with a thin layer. –n. **9.** the act of skimming. **10.** something that is skimmed off, as skimmed milk. –phr. **11. skim over,** to go, pass, glance, etc., over in a superficial way.

skim milk n. milk from which the cream has been removed. Also, **skimmed milk**.

skimp /skɪmp/ v.t. **1.** to do hastily or inattentively; scamp. **2.** to be sparing with; scrimp. –v.i. **3.** to be extremely thrifty. –phr. **4. skimp on,** to provide in meagre quantities

skimpy /ˈskɪmpi/ adj. **skimpier, skimpiest. 1.** lacking in size, fullness, etc.; scanty. **2.** too thrifty; stingy: *a skimpy housekeeper*. –**skimpily** adv. –**skimpiness** n.

skin /skɪn/ n., v. **skinned, skinning.** –n. **1.** the external covering or integument of an animal body, especially when soft and flexible. **2.** such an integument stripped from the body of an animal; pelt. **3.** any integumentary covering, outer coating, or surface layer, as an investing membrane, the rind or peel of fruit, or a film on liquid. **4.** a sheathing or casing forming the outside surface of a structure, as an exterior wall of a building, etc. **5.** Colloquial a condom. **6.** a container made of animal skin, used for holding liquids. **7.** one's resistance or sensitivity to criticism, censure, etc.: *a thick skin; a thin skin*. –v.t. **8.** to strip or deprive of skin; flay; peel. **9.** to strip off, as or like skin. **10.** Colloquial to strip of money or belongings; fleece, as in gambling. –v.i. **11.** US Colloquial to slip off hastily. –phr. **12. by the skin of one's teeth,** scarcely; just; barely. **13. get under someone's skin, a.** to irritate someone. **b.** to fascinate or attract someone. **14. jump out of one's skin,** to be very frightened, surprised, or the like. **15. save someone's skin,** to rescue someone from a dangerous or difficult situation.

skindiving /ˈskɪndaɪvɪŋ/ n. underwater swimming for which the diver is equipped with a lightweight mask, an aqualung or snorkel, and foot fins. –**skindiver** n.

skinflint /ˈskɪnflɪnt/ n. a mean, niggardly person.

skinhead /ˈskɪnhɛd/ n. Colloquial a member of any group of young men identified by close-cropped hair and sometimes indulging in aggressive activities.

skink /skɪŋk/ n. any of the harmless, generally smooth-scaled lizards constituting the family Scincidae, as the land mullet *Egernia major bungana* of eastern Australia, or as *Scincus scincus* of northern Africa, formerly much used for medicinal purposes.

skinny /ˈskɪni/ adj. **-nier, -niest. 1.** lean; emaciated. **2.** of or like skin. –**skinniness** n.

skinny-dip /'skɪni-dɪp/ v. **-dipped, -dipping.** n. Colloquial –v.i. **1.** to swim in the nude. –n. **2.** a nude swim. **–skinny-dipper** n.

skin patch n. → **patch** (def. 10).

skint /skɪnt/ adj. Colloquial completely without money; broke.

skip¹ /skɪp/ v. **skipped, skipping.** n. –v.i. **1.** to spring, jump, or leap lightly; gambol. **2.** to pass from one point, thing, subject, etc., to another, taking no notice of or leaving out what is in between. **3.** Colloquial to leave hastily; abscond. **4.** to use a skipping-rope. –v.t. **5.** to jump lightly over: *skip the puddle*. **6.** to miss out (one of a series). **7.** to pass over without reading, notice, mention, action, etc. **8.** to send (a missile) ricocheting along a surface. **9.** Colloquial to leave (a place) hastily. –n. **10.** a movement in which one foot jumps lightly and then the other.

skip² /skɪp/ n. **1.** a container designed to be attached to a crane or cable for transporting materials or refuse in building operations. **2.** a truck used in an underground railway system for transporting coal, minerals, etc.

ski pole /'ski-poʊl/ n. **1.** Also, **pole.** one of two slender poles, metal-tipped and having a disc near the lower end to prevent it from sinking into the snow, used by a skier for balance and to increase speed; stock. **2.** one of a set of poles set at prescribed distances to mark out a snow-covered track for skiers.

skipper¹ /'skɪpə/ n. **1.** the master or captain of a ship, especially of a small trading or fishing vessel. **2.** a captain or leader, as of a team. –v.t. **3.** to act as skipper of.

skipper² /'skɪpə/ n. **1.** any of various insects that hop or fly with jerky motions. **2.** any of the quick-flying lepidopterous insects constituting the family Hesperiidae, closely related to the true butterflies.

skirmish /'skɜmɪʃ/ n. **1.** Military a fight between small bodies of troops, especially advanced or outlying detachments of opposing armies. **2.** any brisk encounter. –v.i. **3.** to engage in a skirmish. **–skirmisher** n.

skirt /skɜt/ n. **1.** the lower part of a gown, coat, or the like, hanging from the waist. **2.** a separate garment (outer or under) worn by women and girls, extending from the waist downwards. **3.** some part resembling or suggesting the skirt of a garment. **4.** one of the flaps hanging from the sides of a saddle. **5.** a skirting board or bordering finish in building. **6.** (usually plural) the bordering, marginal, or outlying part of a place, group, etc. **7.** a cut of beef from the flank. –v.t. **8.** to lie on or along the border of. **9.** to border or edge with something. **10.** to pass along or around the border or edge of: *to skirt a town*. **11.** to remove skirtings from (fleeces). –v.i. **12.** to be, lie, live, etc., on or along the edge of something. **13.** to pass or go around the border of something. –phr. **14. bit** (or **piece**) **of skirt**, Colloquial a woman, considered as a sex object.

skirting /'skɜtɪŋ/ n. **1.** material for making skirts. **2.** a skirting board. **3.** (plural) the trimmings or inferior parts of fleece.

skirting board n. **1.** Also, **skirting.** a line of boarding protecting an interior wall next to the floor. **2.** Also, **skirting table.** the table on which a fleece is skirted.

skit /skɪt/ n. a slight parody, satire, or caricature, especially dramatic or literary.

skite /skaɪt/ v. **skited, skiting.** n. Australian, NZ Colloquial –v.i. **1.** to boast; brag. –n. **2.** a boast; brag. **3.** Also, **skiter.** a boaster; braggart. **–skiting** n.

skittish /'skɪtɪʃ/ adj. **1.** apt to start or shy. **2.** restlessly or excessively lively. **3.** fickle; uncertain. **4.** coy. **–skittishly** adv. **–skittishness** n.

skittle /'skɪtl/ n., v. **skittled, skittling.** –n. **1.** (plural) ninepins. –v.t. **2.** to knock over or send flying, in the manner of skittles.

skivvy¹ /'skɪvi/ n. Colloquial a female servant, especially one who does rough work. Also, **skivv**.

skivvy² /'skɪvi/ n. Australian, NZ a close-fitting garment with long sleeves and a turtle neck, similar to a jumper, but usually made of machine-knitted cotton.

skol /skɒl, skʌl/ interj., v. **skolled, skolling.** –interj. **1.** to your health. –v.t. Colloquial **2.** to consume (a drink) at one draught. Also, **skoal** /skoʊl/.

skua /'skjuə/ n. any of several strong-flying, predatory, gull-like seabirds of the family Stercorariidae, which pursue weaker birds in order to make them disgorge their prey.

skulduggery /skʌl'dʌgəri/ n. dishonourable proceedings; mean dishonesty or trickery. Also, **skullduggery**.

skulk /skʌlk/ v.i. **1.** to lie or keep in hiding, as for some evil or cowardly reason. **2.** to shirk duty; malinger. **3.** to move or go in a mean, stealthy manner; sneak; slink. **–skulker** n.

skull /skʌl/ n. **1.** the bony framework of the head, enclosing the brain and supporting the face; the skeleton of the head. **2.** Colloquial the head as the seat of intelligence or knowledge. **3.** a death's-head.

skunk /skʌŋk/ n. **1.** a small, striped, fur-bearing, bushy-tailed, North American mammal, *Mephitis mephitis*, of the weasel family, Mustelidae, which ejects a fetid fluid when attacked. **2.** Colloquial a thoroughly contemptible person.

sky /skaɪ/ n. **skies,** v. **skied** or **skyed, skying.** –n. **1.** (often plural) the region of the clouds or the upper air. **2.** (often plural) the heavens or firmament, appearing as a great arch or vault. **3.** climate. –v.t. **4.** Colloquial to raise aloft; strike (a ball) high into the air. **5.** Colloquial to hang (a picture, etc.) high on the wall of a gallery. –phr. **6. the sky's the limit,** Colloquial there is no limitation or obstacle. **7. to the skies,** highly; extravagantly. **–skylike** adj.

skydiving /'skaɪdaɪvɪŋ/ n. the sport of free-falling from an aeroplane for a great distance, controlling one's course by changes in body position, before releasing one's parachute. **–skydiver** n.

skylark¹ /'skaɪlak/ n. **1.** a European lark, *Alauda arvensis*, noted for its singing in flight. **2.** any of several native Australian birds of similar habit.

skylark² /'skaɪlak/ v.i. **1.** to frolic, sport, or play about, especially boisterously or in high spirits; play tricks. –v.t. **2.** to trick or play a trick on.

skylight /'skaɪlaɪt/ n. **1.** an opening in a roof or ceiling, fitted with glass, for admitting daylight. **2.** the frame set with glass fitted to such an opening.

skyrocket /'skaɪrɒkət/ n. **1.** a firework that ascends into the air and explodes at a height. –v.i. **2.** to move like a skyrocket. **3.** to rise suddenly or rapidly in amount, position, reputation, etc.

skyscraper /'skaɪskreɪpə/ n. a tall building of many storeys, especially one for office or commercial use.

slab /slæb/ n. **1.** a broad, flat, somewhat thick piece of stone, wood, or other solid material. **2.** a thick slice of anything: *a slab of bread*. **3.** a rough outside piece cut from a log, as in sawing it into boards. **4.** Colloquial a mortuary table. **5.** Colloquial a carton of 24 drink cans or small bottles.

slack¹ /slæk/ adj. **1.** not tense or taut; loose: *slack rope*. **2.** indolent; negligent; remiss. **3.** slow; sluggish. **4.** lacking in activity; dull; not brisk: *slack times for business*. **5.** sluggish, as the water, tide, or wind. **6.** promiscuous. –adv. **7.** in a slack manner; slackly. —*n.* **8.** a slack condition, interval, or part. **9.** part of a rope, sail, or the like, that hangs loose, without strain upon it. **10.** a decrease in activity, as in business, work, etc. **11.** a period of decreased activity. —*v.t.* **12.** to be remiss in respect to (some matter, duty, right, etc.); shirk; leave undone. **13.** to make or allow to become less active, vigorous, intense, etc.; relax or abate (efforts, labour, speed, etc.). **14.** to make loose, or less tense or taut, as a rope; loosen. **15.** to slake (lime). —*v.i.* **16.** to be remiss; shirk one's duty or part. **17.** to become less tense or taut, as a rope; to ease off. —**slacken** *v.* —**slacker** *n.* —**slackly** *adv.* —**slackness** *n.*

slack² /slæk/ *n.* the fine screenings of coal; small or refuse coal.

slacks /slæks/ *pl. n.* long trousers, worn by either men or women as informal wear.

slag¹ /slæg/ *n., v.* **slagged, slagging.** —*n.* **1.** the more or less completely fused and vitrified matter separated during the reduction of a metal from its ore. **2.** the scoria from a volcano. **3.** *Colloquial* a woman who is unattractive, dirty, or promiscuous. —*v.t.* **4.** to convert into slag. —*v.i.* **5.** to form slag; become a slaglike mass. —**slaggy** *adj.*

slag² /slæg/ *v.* **slagged, slagging.** *Colloquial* —*v.t.* **1.** Also, **slag down**, to criticise; denigrate. —*phr.* **2. slag off,** to speak disparagingly. **3. slag off at someone, a.** to talk disparagingly about someone. **b.** to speak disparagingly to someone.

slain /sleɪn/ *v.* past participle of **slay.**

slake /sleɪk/ *v.* **slaked, slaking.** —*v.t.* **1.** to allay (thirst, desire, wrath, etc.) by satisfying. **2.** to cool or refresh. **3.** to disintegrate or treat (lime) with water or moist air, causing it to change into calcium hydroxide (**slaked lime**). **4.** to make less active, vigorous, intense, etc.; refresh. —*v.i.* **5.** (of lime) to become slaked.

slalom /ˈsleɪləm, ˈslaləm/ *n.* **1.** a downhill skiing race over a winding course defined by artificial obstacles. **2.** a similar zigzag contest or exercise for canoes or cars.

slam¹ /slæm/ *v.* **slammed, slamming.** *n.* —*v.t.* **1.** to shut with force and noise. **2.** to hit, throw, etc., with violent and noisy force. **3.** *Colloquial* to criticise severely. —*v.i.* **4.** to shut so as to produce a loud noise. **5.** to hit or fall against something with force; crash. —*n.* **6.** a violent and noisy closing or hitting together. **7.** the noise made.

slam² /slæm/ *n. Cards* **1.** the winning of all the tricks in one deal, as at whist (in bridge, called **grand slam**), or of all but one (in bridge, called **little slam**). **2.** an old type of card game associated with ruff.

slam dancing *n.* a style of dancing to heavy metal or similar forms of rock music in which the dancers deliberately crash into each other. —**slam dancer** *n.* —**slamdance** *v.*

slam dunk *n. Originally US Basketball* a particularly forceful shot in which a player jumps up at the basket and thrusts the ball down through it with one or both hands.

slander /ˈslændə/ *n.* **1.** defamation; calumny. **2.** a malicious, false, and defamatory statement or report. **3.** *Law* defamation in a transient form, as speech. —*v.t.* **4.** to utter slander concerning; defame. —*v.i.* **5.** to utter or circulate slander. —**slanderer** *n.* —**slanderous** *adj.* —**slanderously** *adv.* —**slanderousness** *n.*

slang /slæŋ/ *n.* **1.** language differing from standard or written speech in vocabulary and construction, involving extensive metaphor, ellipsis, humorous usage, etc., less conservative and more informal than standard speech, and sometimes regarded as being in some way inferior. **2.** the jargon of a particular class, profession, etc.

slant /slænt, slant/ *v.i.* **1.** to slope. —*v.t.* **2.** to cause to slope. **3.** to present (a piece of writing, story, etc.) in such a way that it emphasises a particular point of view or attracts a particular class of people. —*n.* **4.** a slanting direction; slope: *the slant of a roof.* **5.** a slanting line, surface, etc. **6.** attitude or point of view, especially unusual or unfair; bias. —**slanting** *adj.* —**slantingly, slantly** *adv.*

slap /slæp/ *n., v.* **slapped, slapping,** *adv.* —*n.* **1.** a smart blow, especially with the open hand or with something flat. **2.** the sound of such a blow. **3.** a sarcastic or censuring hit or rebuke. —*v.t.* **4.** to strike smartly, especially with the open hand or with something flat. **5.** to bring (the hands, etc.) against with a smart blow. **6. a.** to put or apply vigorously, haphazardly, or in large quantities. **b.** to dash or cast forcibly. —*adv.* **7.** smartly; suddenly. **8.** *Colloquial* directly; straight. —*phr.* **9. a slap in the face,** a rebuke or insult. **10. a slap on the wrist,** a mild rebuke. **11. slap down, a.** to put down forcibly. **b.** to rebuke or suppress the enthusiasm of.

slapdash /ˈslæpdæʃ/ *adv.* **1.** in a hasty, haphazard manner. —*adj.* **2.** carelessly, hasty or offhand. —*n.* **3.** roughcast.

slaphappy /ˈslæphæpi/ *adj. Colloquial* **1.** cheerful. **2.** irresponsible; lackadaisical.

slapstick /ˈslæpstɪk/ *n.* broad comedy in which rough play and knockabout methods prevail.

slap-up /ˈslæp-ʌp/ *adj. Colloquial* first-rate; excellent.

slash /slæʃ/ *v.t.* **1.** to cut with a violent sweeping movement. **2.** to whip; lash. **3.** to reduce greatly; to slash prices. **4.** to make ornamental cuts in (a garment) to show an underlying material. —*v.i.* **5.** to make a sweeping, cutting stroke. —*n.* **6.** a sweeping stroke. **7.** a cut or wound made with such a stroke; gash.

slat /slæt/ *n., v.* **slatted, slatting.** —*n.* **1.** a long, thin, narrow strip of wood, metal, etc., used as a support for a bed, as one of the horizontal laths of a venetian blind, etc. **2.** *Aeronautics* an auxiliary aerofoil constituting the forward part of a slotted aerofoil. **3.** (*plural*) *Australian Colloquial* **a.** bottom; buttocks. **b.** ribs. —*v.t.* **4.** to furnish or make with slats.

slate¹ /sleɪt/ *n., v.* **slated, slating.** —*n.* **1.** a fine-grained rock formed by the compression of mudstone, that tends to split along parallel cleavage planes, usually at an angle to the planes of stratification. **2.** a thin piece or plate of this rock or a similar material, used especially for roofing, or (when framed) for writing on. **3.** a dull, dark bluish grey. **4.** a tentative list of candidates, officers, etc., for acceptance by a nominating convention or the like. —*v.t.* **5.** to cover with or as with slate. **6.** to write or set down for nomination or appointment; to appoint; schedule. —*phr.* **7. clean slate,** a good record. **8. put on the slate,** to record (a debt), as on a slate; give credit for.

slate² /sleɪt/ *v.t.* **slated, slating.** **1.** to censure or reprimand severely. **2.** *Colloquial* to criticise or review adversely.

slater /ˈsleɪtə/ *n.* any of various small, terrestrial isopods, chiefly of the genera *Oniscus* and *Porcellio,* having a flattened elliptical, segmented body often able to roll into a ball, commonly pale brown or greyish in colour and found under stones or logs; woodlouse.

slather /ˈslæðə/ *v.t.* **1.** to use in large quantities, to lavish. **2.** to spread thickly with or on. —*n.* **3.** a lot; a large quantity. —**slathering** *n.*

slattern /ˈslætən/ *n.* a slovenly, untidy woman or girl; a slut. —**slatternly** *adj.*

slaughter /ˈslɔtə/ *n.* **1.** the killing of cattle, sheep, etc., especially for food; butchering. **2.** the violent killing of a person. **3.** the killing by violence of great numbers of people. —*v.t.* **4.** to kill (animals), especially for food; butcher. **5.** to kill (a person) in a violent manner. **6.** to kill (people) in great numbers; massacre. **7.** *Colloquial* to defeat thoroughly. –**slaughterer** *n.* –**slaughterman** *n.*

slave /sleɪv/ *n., v.* **slaved, slaving.** –*n.* **1.** someone who is the property of another. **2.** someone who works without payment and is the prisoner of another. **3.** someone who is completely under the influence of another person, a habit, etc.: *she is a slave to her child; a slave to smoking.* **4.** someone who works very hard; a drudge. –*v.i.* **5.** to work like a slave; drudge. –**slavery** *n.*

slaver¹ /'sleɪvə/ *n.* **1.** a dealer in or an owner of slaves. **2.** a vessel engaged in the traffic in slaves.

slaver² /'slævə/ *v.i.* **1.** to let saliva run from the mouth; slobber. **2.** to fawn. **3.** to express great desire by or as by slavering. –*v.t.* **4.** to wet or smear with saliva. –*n.* **5.** saliva coming from the mouth.

slay /sleɪ/ *v.t.* **slew** or for def. 2 **slayed, slain, slaying. 1.** to kill by violence. **2.** *Colloquial* to amuse (someone) greatly: *that comedian really slays me.* –**slayer** *n.*

sleazebag /'slizbæg/ *n. Colloquial* an objectionable person, especially a male, who constantly attempts seduction in an offensive manner. Also, **sleaze-bag, sleazeball, sleazebucket.**

sleaze-pit /'sliz-pɪt/ *n. Colloquial* a place inhabited or frequented by sleazy people.

sleazy /'slizi/ *adj.* **-zier, -ziest.** *Colloquial* **1.** of dubious moral character. **2.** shabby, shoddy, untidy, or grubby. –**sleazily** *adv.* –**sleaziness** *n.*

sled /slɛd/ *n., v.* **sledded, sledding.** –*n.* **1.** a vehicle mounted on runners for conveying loads over snow, ice, rough ground, etc. **2.** a small vehicle of this kind used in tobogganing, etc.; a toboggan. –*v.i.* **3.** to ride or be carried on a sled. –*v.t.* **4.** to convey on a sled.

sledge¹ /slɛdʒ/ *n., v.* **sledged, sledging.** –*n.* **1.** any of various vehicles mounted on runners for travelling or conveying loads over snow, ice, rough ground, etc. **2.** a sled, especially a large one. **3.** → **toboggan.** –*v.t.* **4.** to convey by sledge. –*v.i.* **5.** to travel by sledge.

sledge² /slɛdʒ/ *n., v.* **sledged, sledging.** –*n.* **1.** a sledge-hammer. –*v.t.* **2.** to strike, beat with, or strike down with or as with a sledge-hammer. **3.** *Cricket* (of bowlers and fielders) to abuse and ridicule (the player batting) in order to break their concentration **4.** *Colloquial* to ridicule or criticise.

sledge-hammer /'slɛdʒ-hæmə/ *n.* **1.** a large heavy hammer, often held with both hands, as used by blacksmiths, etc.; sledge. –*adj.* **2.** like a sledge-hammer; powerful or ruthless. **3.** crude; heavy-handed. –*v.t.* **4.** to strike or fell with, or as with, a sledge-hammer.

sleek¹ /slik/ *adj.* **1.** smooth; glossy, as hair, an animal, etc. **2.** well-fed or well-groomed. **3.** smooth of manners, speech, etc. **4.** suave; insinuating. –**sleekly** *adv.* –**sleekness** *n.*

sleek² /slik/ *v.t.* to make sleek; smooth. –**sleeker** *n.*

sleep /slip/ *v.* **slept, sleeping,** *n.* –*v.i.* **1.** to take the repose or rest afforded by a suspension of the voluntary exercise of the bodily functions and the natural suspension, complete or partial, of consciousness. **2.** to be dormant, quiescent, or inactive, as faculties. **3.** to be unalert or inattentive. **4.** to lie in death. –*v.t.* **5.** to take rest in (sleep). **6.** to have beds or sleeping accommodation for: *a caravan that sleeps four.* –*n.* **7.** the state or period of a person, animal, or plant that sleeps. **8.** a period of sleeping: *a brief sleep.* **9.** dormancy or inactivity. **10.** the repose of death. **11.** the mucus congealed in the corner of the eyes which has been secreted while sleeping. –*phr.* **12. put to sleep,** (*euphemistic*) to kill (an animal) by giving a painless poison or lethal injection. **13. sleep around,** to be sexually promiscuous. **14. sleep away** (or **out**), to spend or pass (time, etc.) in sleep. **15. sleep in,** to sleep later than usual. **16. sleep like a top,** *Colloquial* to sleep very soundly. **17. sleep off,** to get rid of (a headache, hangover, etc.) by sleeping. **18. sleep on,** to postpone (a decision, etc.) overnight. **19. sleep out, a.** to sleep away from the place of one's work. **b.** to sleep in the open air. **20. sleep with,** to have sexual intercourse with. –**sleepy** *adj.*

sleeper /'slipə/ *n.* **1.** a wooden, concrete, or steel beam forming part of a railway track, serving as a support for the rails. **2.** a bed in a sleeping car on a train. **3.** a small ring, bar, etc., worn in the ear after piercing to prevent the hole from closing. **4.** *Colloquial* someone or something that unexpectedly gains success or fame.

sleeping partner *n.* **1.** → **silent partner. 2.** a person with whom one has regular sexual intercourse.

sleepwalking /'slipwɔkɪŋ/ *n.* the state or act of walking or performing other activities while asleep. –**sleepwalker** *n.*

sleet /slit/ *n.* **1.** snow or hail and rain falling together. –*v.i.* **2.** to fall as or like sleet. –**sleety** *adj.*

sleeve /sliv/ *n.* **1.** the part of a garment that covers the arm, varying in form and length but commonly tubular. **2.** *Machinery* a tubular piece, as of metal, fitting over a rod or the like. **3.** *Building Trades* a metal insert in a wall or floor to allow pipes, conduits, and ducts fitted within the sleeve to move independently of the structure. **4.** a cover or container for a gramophone record. –*phr.* **5. laugh up one's sleeve,** to be secretly or inwardly amused. **6. up one's sleeve,** secretly ready or at hand. **7. wear one's heart on one's sleeve,** to display one's emotions openly. –**sleeveless** *adj.*

sleigh /sleɪ/ *n.* **1.** a vehicle on runners, drawn by horses, dogs, etc., and used for transport on snow or ice. **2.** → **toboggan.** –*v.i.* **3.** to travel or ride in a sleigh. –**sleigher** *n.*

sleight /slaɪt/ *n.* skill; dexterity.

slender /'slɛndə/ *adj.* **1.** small in circumference in proportion to height or length: *slender column.* **2.** small in size, amount, extent, etc.: *a slender income.* **3.** having little value, force or justification: *slender prospects.* **4.** thin or weak, as sound. –**slenderly** *adv.* –**slenderness** *n.*

sleuth /sluθ/ *n.* **1.** *Colloquial* a detective. **2.** a bloodhound. –*v.t.* **3.** to track or trail as a detective does.

slew¹ /slu/ *v.* past tense of **slay.**

slew² /slu/ *v.t.* **1.** to turn or twist (something), especially upon its own axis or without moving it from its place. **2.** to cause to swing round. –*v.i.* **3.** to swerve awkwardly; swing round; twist. –*n.* **4.** a slewing movement. **5.** a position reached by slewing.

slice /slaɪs/ *n., v.* **sliced, slicing.** –*n.* **1.** a thin, broad, flat piece cut from something: *a slice of bread.* **2.** a part; portion. **3.** any of various implements with a thin, broad blade or part, as for turning food in a frying pan, for serving fish at table, for taking up printing ink, etc. **4.** any of several cakes or biscuits cooked or formed as a thin slab and cut into rectangular pieces. **5.** *Sport* a slicing stroke, kick, hit, etc. –*v.t.* **6.** to cut into slices; divide into parts. **7.** to cut through or cleave like a knife: *the ship sliced the sea.* **8.** to cut (*off, away, from,* etc.) as or like a slice. **9.** *Sport* **a.** (in cricket, golf, soccer, etc.) to hit or kick the ball with the striking surface oblique, deliberately or accidentally, so that it does not travel along the line of force of the stroke. **b.** (in rowing) to put the blade slantwise into the water instead of square to the surface, so that it goes too deep. −v.i. **10.** *Sport* to slice the ball. −*phr.* **11. a slice of the cake,** *Colloquial* a share in the profits. −**sliceable** *adj.* −**slicer** *n.*

slick[1] /slɪk/ *adj.* **1.** sleek; glossy. **2.** smooth of manners, speech, etc. **3.** sly; shrewdly adroit. **4.** ingenious; cleverly devised. **5.** slippery, as though covered with oil. −*n.* **6.** a patch or film of oil or the like, as on the sea. −**slickly** *adv.* −**slickness** *n.*

slick[2] /slɪk/ *v.t.* to make sleek or smooth.

slide /slaɪd/ *v.* **slid, slid** *or* **slidden, sliding,** *n.* −*v.i.* **1.** to move along in continuous contact with a smooth or slippery surface: *to slide down a snow-covered hill.* **2.** to slip, as one losing foothold or as a vehicle skidding. **3.** to glide or pass smoothly onwards. **4.** to slip (*in, out, away* , etc.) easily, quietly, or unobtrusively. **5.** to pass or fall gradually into a specified state, character, practice, etc. −*v.t.* **6.** to cause to slide, as over a surface or with a smooth, gliding motion. −*n.* **7.** the act of sliding. **8.** a smooth surface for sliding on. **9.** *Geology* **a.** a landslide or the like. **b.** the mass of matter sliding down. **10.** a single image for projection in a projector; transparency. **11.** a plate of glass or other material on which objects are placed for microscopic examination. **12.** Also, **hair slide.** a clip for holding a woman's hair in place. **13.** something that slides, as a part of a machine. **14.** *Music* **a.** an embellishment or grace-note consisting of an upward or downward series of three or more notes, the last of which is the principal note. **b.** (in instruments of the trumpet class, especially the trombone) a section of the tube, usually U-shaped, which can be pushed in or out to alter the length of the air column and thus the pitch of the notes. **c.** any of various devices with a smooth surface as a bottle neck, a blunt knife, a copper or glass tube, etc., used for producing a gliding from one pitch to another from the strings of a guitar, rather than the regular pitches measured by the frets. −*phr.* **15. slide in,** to slip (something) in easily or quietly. −**slider** *n.*

slide rule *n.* a device for rapid calculation, consisting essentially of a rule having a sliding piece moving along it, both marked with graduated logarithmic scales.

sliding scale *n.* **1.** a variable scale, especially of industrial costs, as wages, raw materials, etc., which may be adapted to demand. **2.** a wage scale varying with the selling price of goods produced, the cost of living, or profits.

slight /slaɪt/ *adj.* **1.** small in amount, degree, etc.: *a slight increase*; *a slight smell.* **2.** of little weight, or importance. **3.** slender; slim. **4.** lacking strength or solidity; frail; flimsy. −*v.t.* **5.** to treat as of slight importance; treat with indifference. −*n.* **6.** (an instance of) slighting treatment. −**slightly** *adv.* −**slightness** *n.*

slim /slɪm/ *adj.* **slimmer, slimmest,** *v.* **slimmed, slimming.** −*adj.* **1.** slender, as in girth or form; slight in build or structure. **2.** poor; insufficient; meagre: *a slim chance, a slim excuse.* −*v.i.* **3.** to make oneself slim, as by dieting, exercise, etc. −**slimly** *adv.* −**slimness** *n.*

slime /slaɪm/ *n.* **1.** thin, glutinous mud. **2.** any ropy or viscous liquid matter, especially of a foul or offensive kind. **3.** a viscous secretion of animal or vegetable origin. **4.** *Colloquial* servility; quality of being ingratiating.

slimline /'slɪmlaɪn/ *adj.* **1.** having a long, slender shape in structure, design, or appearance. **2.** trimmed down; thinned down; made smaller in size or bulk. Also, **slim-line.**

slimy /'slaɪmi/ *adj.* **slimier, slimiest,** *n.* −*adj.* **1.** of or like slime. **2.** abounding in or covered with slime. **3.** foul; vile. **4.** *Colloquial* servile; unpleasantly ingratiating. −*n.* **5.** a beachworm, *Australonuphis parateres*, found on the southern and eastern coast of Australia, commonly used for bait. Also, **slimey.** −**slimily** *adv.* −**sliminess** *n.*

sling[1] /slɪŋ/ *n., v.* **slung, slinging.** −*n.* **1.** an instrument for hurling stones, etc., by hand, consisting of a strap or piece for holding the missile, with two strings attached, the ends of which are held in the hand (or attached to a staff), the whole being whirled rapidly before discharging the missile. **2.** → **catapult** (def. 1). **3.** a bandage used to suspend an injured part of the body, as an arm or hand, by looping round the neck. **4.** a strap, band, or the like forming a loop by which something is suspended or carried, as a strap attached to a rifle and passed over the shoulder. **5.** *Nautical* **a.** a rope or chain supporting a yard. **b.** a rope, wire, or chain forming a loop, used for hoisting cargo, etc. **6.** *Colloquial* money given as a bribe; protection money. −*v.t.* **7.** to throw, cast, or hurl; fling, as from the hand. **8.** to place in or secure with a sling to raise or lower. **9.** to raise, lower, etc., by such means. **10.** to hang in a sling or so as to swing loosely: *to sling a rifle over one's shoulder.* **11.** *Colloquial* to give (money) as a bribe. **12.** *Colloquial* to give or pass along: *sling me the tomato sauce.* −*phr.* **13. sling it in,** *Colloquial* to abandon an occupation, situation, etc. **14. sling off,** *Australian, NZ Colloquial* (sometimes fol. by *at*) to speak disparagingly: *he slings off at his teachers.* **15. sling the hook,** *Colloquial* to pass on the responsibility for a task, etc. −**slinger** *n.*

sling[2] /slɪŋ/ *n.* an iced alcoholic drink, containing gin or the like, water, sugar, and lemon or lime juice.

slingshot /'slɪŋʃɒt/ *n.* **1.** → **catapult** (def. 1). **2.** → **sling**[1] (def. 1).

slink /slɪŋk/ *v.* **slunk, slinking,** *n.* −*v.i.* **1.** to go in a furtive, abject manner, as from fear, cowardice, or shame. **2.** to move stealthily, as to evade notice. −*v.t.* **3.** (of cows, etc.) to bring forth (young) prematurely. −*n.* **4.** a prematurely born calf or other animal. −**slinkingly** *adv.*

slip[1] /slɪp/ *v.* **slipped, slipping,** *n.* −*v.i.* **1.** to pass or go smoothly or easily; glide; slide: *water slips off a smooth surface.* **2.** to slide suddenly and involuntarily, as on a smooth surface; lose one's foothold. **3.** to move, slide, or start from a place, position, fastening, hold, etc. **4.** to get away, escape, or be lost: *to let an opportunity slip.* **5.** to go, come, get, etc., easily or quickly: *to slip into a dress.* **6.** to pass insensibly, as from the mind or by, etc., as time. **7.** to go quietly; steal. **8.** to move quickly and lightly. **9.** to pass superficially, carelessly, or without attention, as over a matter. **10.** *Colloquial* to become somewhat reduced in quantity or quality: *the market slipped today.* **11.** *Motor Vehicles* (of a clutch) to engage with difficulty as a result of wear. −*v.t.* **12.** to cause to slip, pass, etc., with a smooth, easy, or sliding motion: *to slip one's hand into a drawer.* **13.** to put or draw quickly or stealthily: *to slip a letter into a person's hand.* **14.** to let slip from fastenings, the hold, etc. **15.** to untie or undo (a knot). **16.** *Nautical* to let go entirely, as an anchor cable or an anchor. **17.** to escape (someone's memory, notice, knowledge, etc.). **18.** (of animals) to bring forth (offspring) prematurely. **19.** *Motor Vehicles* to operate (the clutch) gradually so that the drive to the wheels increases speed smoothly. −*n.* **20.** the act of slipping. **21.** a slipping of the feet, as on slippery ground. **22.** a mishap. **23.** a mistake, often inadvertent, as in speaking or writing: *a slip of the tongue.* **24.** an error in conduct; an indiscretion. **25.** something easily slipped on or off. **26.** a woman's sleeveless underdress. **27.** a pillowcase. **28.** → **slipway**. **29.** *NZ* → **landslide** (defs 1 and 2). **30.** *US* a space between two wharves or in a dock, for vessels to lie in. **31.** *Nautical* the difference between the theoretical speed at which a screw propeller or paddlewheel would move if it were working against a solid and the actual speed at which it advances through the water. **32.** *Mechanics* the difference between the actual volume of water or other liquid delivered by a pump during one complete stroke and the theoretical volume as determined by calculation of the displacement. **33.** *Electricity* the fraction by which the rotor speed of an induction motor is less than the speed of rotation of the stator field. **34.** *Cricket* **a.** the position of a fielder who stands behind and to the offside of the wicket-keeper. **b.** this fielder. **35.** *Geology* **a.** → **fault** (def. 5). **b.** a smooth joint or crack where the strata have moved upon each other. **c.** the relative displacement of formerly adjacent points on opposite sides of a fault, measured in the fault plane. **36.** a form of landslide caused by the downhill movement of a mass of soil when saturated. **37.** *Metallurgy* the deformation of a metallic crystal caused by one part gliding over another part along a plane (**slip plane**). **38.** (*plural*) *Theatre* **a.** the space on either side of the stage. **b.** corresponding parts of the auditorium. –*phr.* **39. be slipping**, to be losing one's acuteness, abilities, or the like. **40. give someone the slip**, to elude someone. **41. let slip**, to say or reveal unintentionally. **42. slip it to**, *Colloquial* ‡ (of a male) to have sexual intercourse with. **43. slip off**, to take off (a garment, etc.) easily or quickly. **44. slip on**, to put on (a garment, etc.) easily or quickly. **45. slip up**, to make a slip, mistake, or error.

slip² /slɪp/ *n.* **1.** *Horticulture* a piece suitable for propagation cut from a plant; a scion or cutting: *will this rose grow from a slip?* **2.** any long, narrow piece or strip, as of wood, paper, land, etc. **3.** a small paper form on which information is noted: *a withdrawal slip.* –*phr.* **4. slip of a ...**, Also, **slip of a thing**. a young person, especially one of slender form.

slip³ /slɪp/ *n.* potter's clay made semifluid with water, used for coating or decorating pottery.

slipped disc *n.* the displacement of a disc between two vertebrae, often responsible for pain in the back radiating down the back of the leg.

slipper /'slɪpə/ *n.* **1.** a light shoe into which the foot may be easily slipped for indoor wear. **2.** any similar shoe, as a woman's shoe for dancing. –*v.t.* **3.** to beat with a slipper. –**slippered** *adj.* –**slipper-like** *adj.*

slippery /'slɪpəri, 'slɪpri/ *adj.* -**perier**, -**periest**. **1.** tending to cause slipping or sliding, as ground, surfaces, things, etc. **2.** tending to slip from the hold or grasp or from position: *a slippery rope.* **3.** likely to slip away or escape. **4.** not to be depended on; fickle; shifty, tricky, or deceitful. –**slipperiness** *n.*

slippery dip *n. Australian* a construction bearing an inclined smooth slope for children to slide down for amusement; slide. Also, **slippery slide**.

slipshod /'slɪpʃɒd/ *adj.* **1.** untidy, or slovenly; careless or negligent. **2.** wearing slippers or loose shoes, especially ones down at the heel.

slip-stitch /'slɪp-stɪtʃ/ *n.* **1.** one of a series of stitches used for dress hems, etc., in which only a few threads of material are caught up from the outer material, and the stitches which hold it are invisible from the outside. **2.** a stitch slipped, or not worked, in knitting, crocheting, etc.

slipstream /'slɪpstrim/ *n.* **1.** *Aeronautics* the air current forced back by an aircraft propeller or jet at speeds greater than the surrounding air. **2.** any similar air current behind any moving object.

slip-up /'slɪp-ʌp/ *n. Colloquial* a mistake or blunder: *several minor slip-ups in spelling.*

slipway /'slɪpweɪ/ *n.* an inclined plane or ramp, especially one sloping to the water, serving as a landing place or a site on which vessels are built or repaired.

slit /slɪt/ *v.* **slit, slitting**, *n.* –*v.t.* **1.** to cut apart or open along a line; make a long cut, fissure, or opening in. **2.** to cut or rend into strips; split. –*n.* **3.** a straight, narrow cut, opening, or aperture. –**slitter** *n.*

slither /'slɪðə/ *v.i.* **1.** to slide down or along a surface, especially unsteadily or with more or less friction or noise. –*n.* **2.** a slithering movement; a slide.

sliver /'slɪvə/ *n.* **1.** a slender piece, as of wood, split, broken, or cut off, usually lengthwise or with the grain; splinter. **2.** a continuous strand or band of loose, untwisted wool, cotton, etc., ready for roving or slubbing. –*v.t.* **3.** to split or cut off, as a sliver; split or cut into slivers.

slob /slɒb/ *n. Colloquial* a stupid, clumsy, uncouth, or slovenly person.

slobber /'slɒbə/ *v.i.* **1.** to let saliva, etc., run from the mouth; slaver; dribble. **2.** to indulge in mawkish sentimentality. –*n.* **3.** saliva or liquid dribbling from the mouth; slaver. **4.** mawkishly sentimental speech or actions. –**slobberer** *n.* –**slobbery** *adj.*

slog /slɒg/ *v.* **slogged, slogging**, *n. Colloquial* –*v.t.* **1.** to hit hard. –*v.i.* **2.** to give heavy blows. **3.** to walk steadily and firmly; plod. **4.** to work hard. –*n.* **5.** a strong, rough blow. **6.** a period of hard work or walking. –**slogger** *n.*

slogan /'slougən/ *n.* **1.** a distinctive cry or phrase of any party, class, body, or person; a catchword. **2.** a war cry or gathering cry, as formerly used among the Scottish clans.

sloop /slup/ *n.* a single-masted sailing vessel carrying fore-and-aft sails consisting of a mainsail and headsail.

slop¹ /slɒp/ *v.* **slopped, slopping**, *n.* –*v.t.* **1.** to spill or splash (liquid). –*v.i.* **2.** Also, **slop about**. to spill or splash liquid. **3.** *Colloquial* (of persons, etc.) to be unduly effusive; gush. **4.** to walk or go through mud, slush, or water. –*n.* **5.** a quantity of liquid carelessly spilled or splashed about. **6.** (*often plural*) weak or unappetising liquid or semiliquid food. **7.** (*often plural*) the dirty water, liquid refuse, etc., of a household or the like. **8.** swill, or the refuse of the kitchen, etc., often used as food for pigs or the like. **9.** liquid mud. **10.** (*plural*) *Distilling.* the mash remaining after distilling. **11.** (*plural*) *Colloquial* beer. **12.** *Colloquial* a choppy sea. –*phr.* **13. slop over**, (of liquid) to run over in spilling.

slop² /slɒp/ *n.* (*often plural*) **1.** clothing, bedding, tobacco, etc., supplied or sold to sailors from the ship's stores. **2.** cheap ready-made clothing in general.

slope¹ /sloup/ *v.* **sloped, sloping**, *n.* –*v.i.* **1.** to take or have an inclined or slanting direction, especially downwards or upwards from the horizontal. **2.** to descend or ascend at a slant. –*v.t.* **3.** to direct at a slope or inclination; incline from the horizontal. **4.** to form with a slope or slant. –*n.* **5.** inclination or slant, especially downwards or upwards. **6.** deviation from the horizontal. **7.** an inclined surface. **8.** (*often plural*) an area of sloping ground. **9.** *Military* the position of standing with the rifle resting at a slope on the shoulder. **10.** Also, **slopehead**. *Colloquial* (*derogatory*) an Asian. –**sloper** *n.* –**sloping** *adj.* –**slopingly** *adv.* –**slopingness** *n.*

slope² /sloup/ *v.i.* **sloped, sloping**. *Colloquial* **1.** to move or go. –*phr.* **2. slope off**, to go away, especially furtively.

sloppy /'slɒpi/ *adj.* **-pier, -piest. 1.** muddy, slushy, or very wet, as ground, walking, weather, etc. **2.** splashed or soiled with liquid. **3.** of the nature of slops, as food; watery and unappetising. **4.** *Colloquial* weak, silly, or maudlin: *sloppy sentiment.* **5.** *Colloquial* loose, careless, or slovenly: *to use sloppy English.* **-sloppily** *adv.* **-sloppiness** *n.*

sloppy joe /slɒpi 'dʒoʊ/ *n.* a loose, thick sweater.

slosh /slɒʃ/ *n.* **1.** → **slush. 2.** *Colloquial* a heavy blow. *-v.i.* **3.** to splash in slush, mud, or water. *-v.t.* **4.** to pour or spread *(in, on, round,* etc.) (a liquid or similar). **-sloshy** *adj.*

sloshed /slɒʃt/ *adj. Colloquial* drunk.

slot /slɒt/ *n., v.* **slotted, slotting.** *-n.* **1.** a narrow, elongated depression or aperture, especially one to receive or admit something. **2.** a position within a system. *-v.t.* **3.** to provide with a slot or slots; make a slot in. *-v.i.* **4.** (sometimes fol. by *into*) to fit: *your talk can slot into the morning program.* *-phr.* **5. slot in, a.** to insert into a slot. **b.** to settle in; adapt. **-slotter** *n.*

sloth /sloʊθ/ *n.* **1.** habitual disinclination to exertion; indolence; laziness. **2.** *Zoology* either of two genera of sluggish arboreal edentates of the family Bradypodidae of tropical America: the **two-toed sloth,** *Chloepus,* having two toes on the front foot, and the **three-toed sloth,** *Bradypus,* having three toes on the front foot.

slothful /'sloʊθfəl/ *adj.* sluggardly; indolent; lazy. **-slothfully** *adv.* **-slothfulness** *n.*

slouch /slaʊtʃ/ *v.i.* **1.** to sit or stand in an awkward, drooping posture. **2.** to move or walk with loosely drooping body and careless gait. *-v.t.* **3.** to cause to droop or bend down, as the shoulders or a hat. *-n.* **4.** a drooping or bending forward of the head and shoulders; an awkward, drooping carriage of a person. **5.** an awkward, ungainly, or slovenly person. **-slouchy** *adj.* **-slouchily** *adv.* **-slouchiness** *n.*

slouch hat *n.* **1. a.** an army hat of soft felt, having a brim capable of being attached to the crown on one side to facilitate the carrying of rifles at the slope. **b.** such a hat regarded in Australia as a symbol of courage, past greatness, virtue, or national feeling. **2.** any soft hat, especially one with a broad, flexible brim.

slough[1] /slaʊ/ *n.* **1.** a piece of soft, muddy ground; a hole full of mire, as in a road; marsh; swamp. **2.** a condition of degradation, embarrassment, or helplessness. **-sloughy** *adj.*

slough[2] /slʌf/ *n.* **1.** the skin of a snake, especially the outer layers which is shed periodically. **2.** *Pathology* a mass or layer of dead tissue which separates from the surrounding or underlying tissue. *-v.i.* **3.** to be shed or cast off, as the slough of a snake. **4.** *Pathology* to separate from the sound flesh, as a slough. *-v.t.* **5.** to shed as or like a slough. *-phr.* **6. slough off,** to cast off. **-sloughy** *adj.*

sloven /'slʌvən/ *n.* **1.** someone who is habitually negligent of neatness or cleanliness in dress, appearance, etc. **2.** someone who works, or does anything, in a negligent, slipshod manner. **-slovenly** *adv.* **-slovenliness** *n.*

slow /sloʊ/ *adj.* **1.** taking or requiring a comparatively long time for moving, going, acting, occurring, etc.; not fast, rapid, or swift. **2.** leisurely; gradual, as change, growth, or function. **3.** sluggish in nature, disposition, or function. **4.** dull of perception or understanding, as a person, the mind, etc. **5.** burning or heating with little speed or intensity, as a fire or an oven. **6.** slack, as trade. **7.** showing a time earlier than the correct time, as a clock. **8.** passing heavily, or dragging, as time. **9.** not progressive; behind the times. **10.** *Photography* (of film) requiring a long exposure. **11.** *Sport* (of a pitch, track, court, etc., or its surface) tending to slow down movement, as of a ball. *-adv.* **12.** in a slow manner; slowly. *-v.t.* **13.** to make slow or slower. **14.** Also, **slow up.** to retard; reduce the speed of. *-v.i.* **15.** Also, **slow down.** to become slow or slower; slacken in speed. *-phr.* **16. slow to,** not prompt, readily disposed, or in haste to: *slow to anger; slow to take offence.* **-slowly** *adv.* **-slowness** *n.*

slowcoach /'sloʊkoʊtʃ/ *n. Colloquial* a slow or dull person.

slow-motion /'sloʊ-moʊʃən/ *adj.* having to do with films in which the images move more slowly than their originals, due to having been photographed at a greater number of frames per second than normal, or being projected more slowly than normal.

sludge /slʌdʒ/ *n.* **1.** mud, mire, or ooze; slush. **2.** a deposit of ooze at the bottom of bodies of water. **3.** any of various more or less mudlike deposits or mixtures. **4.** a later stage of sea freezing than frazil, in which the ice particles coagulate to form a thick, soupy surface layer having a matt appearance. **5.** sediment deposited during the treatment of sewage. **-sludgy** *adj.*

slug[1] /slʌɡ/ *n.* **1.** any of various slimy, elongated terrestrial gastropods related to the terrestrial snails, but having no shell or only a rudimentary one. **2.** a slow-moving animal, vehicle, or the like. **3.** any heavy piece of crude metal. **4.** a piece of lead or other metal for firing from a gun. **5.** a metal disc used as a coin, generally counterfeit.

slug[2] /slʌɡ/ *v.* **slugged, slugging,** *n.* *-v.t.* **1.** to hit hard, especially with the fist; slog. **2.** *Colloquial* to charge heavy payment: *he slugged you for this car.* *-n.* **3.** a heavy blow, especially with the fist. **4.** *Colloquial* a high price or tax.

sluggard /'slʌɡəd/ *n.* **1.** someone who is habitually inactive or slothful. *-adj.* **2.** sluggardly.

sluggish /'slʌɡɪʃ/ *adj.* **1.** indisposed to action or exertion, especially by nature; inactive, slow, or of little energy or vigour. **2.** not acting or working with full vigour, as bodily organs. **3.** slow, as motion. **-sluggishly** *adv.* **-sluggishness** *n.*

sluice /slus/ *n., v.* **sluiced, sluicing.** *-n.* **1.** a channel built for carrying water, fitted with a gate for controlling the flow. **2.** a body of water held back or controlled by a sluicegate. **3.** any device for controlling a flow from or into a container. **4.** any channel, especially one carrying off extra water; drain. **5.** *Mining* a long, sloping trough into which water is directed to separate gold from gravel or sand. *-v.t.* **6.** to let out (water, etc.) or draw off the contents of (a pond, etc.) by, or as if by, the opening of a sluice. **7.** to wash with running water. *-v.i.* **8.** to flow or pour through or as if through a sluice.

slum /slʌm/ *n., v.* **slummed, slumming.** *-n.* **1.** (*often plural*) an overpopulated, squalid part of a city, inhabited by the poorest people. **2.** a squalid street, place, dwelling, or the like. *-v.i.* **3.** to visit slums, especially from curiosity. *-v.t.* **4.** to go about (a job, etc.) in a way that will result in work of inferior quality, as by using cheap materials, etc. **-slummer** *n.* **-slummy** *adj.*

slumber /'slʌmbə/ *v.i.* **1.** to sleep, especially deeply. **2.** to be in a state of inactivity, negligence, quiescence, or calm. *-n.* **3.** (*often plural*) sleep, especially deep sleep. **4.** a state of inactivity, quiescence, etc. *-phr.* **5. slumber away,** to spend (time) in slumbering. **-slumberer** *n.* **-slumberous** *adj.*

slump /slʌmp/ *v.i.* **1.** to drop heavily and loosely: *she slumped into a chair.* **2.** to sink heavily: *his spirits slumped at the bad news.* **3.** to slow down markedly in progress, growth, etc.: *the share market slumped.* *-n.* **4.** an act of slumping. **5.** a

slur

marked slowing down in the growth of the economy, market, prices, etc.

slur /slɜ/ *v.* **slurred, slurring,** *n.* –*v.t.* **1.** to pronounce (a syllable, word, etc.) indistinctly, as in hurried or careless utterance. **2.** *Music* to sing in a single breath, or play without a break (two or more notes of different pitch). **3.** to calumniate, disparage, or deprecate. –*n.* **4.** a slurred utterance or sound. **5.** *Music* **a.** the combination of two or more notes of different pitch, sung to a single syllable or played without a break. **b.** a curved mark indicating this. **6.** a disparaging remark; a slight. **7.** a blot or stain, as upon reputation; discredit. –*phr.* **8. slur over,** to pass over lightly, or without due mention or consideration.

slurp /slɜp/ *v.t.* **1.** to eat or drink (something) with a lot of noise. –*v.i.* **2.** to eat or drink noisily. –*n.* **3.** the noise produced by eating in such a manner.

slush /slʌʃ/ *n.* **1.** snow in a partly melted state. **2.** liquid mud; watery mire. **3.** fat, grease, etc. discarded from the galley of a ship. **4.** *Colloquial* silly, sentimental, or weakly emotional writing, talk, etc. –*v.t.* **5.** to splash with slush.

slush fund *n.* **1.** money collected unofficially, sometimes by secret or deceitful means, by an individual or an organisation for a special purpose. **2.** a fund from the sale of slush, refuse fat, etc., aboard ship, spent for any small luxuries.

slut /slʌt/ *n.* **1.** a dirty, slovenly woman. **2.** an immoral woman. –**sluttish** *adj.*

sly /slaɪ/ *adj.* **slyer** or **slier, slyest** or **sliest.** –*adj.* **1.** cunning or wily, as persons or animals, or their actions, ways, etc. **2.** stealthy, insidious, or secret. **3.** playfully artful, mischievous, or roguish: *sly humour.* **4.** illegal: *sly gambling; sly watering.* –*phr.* **5. on the sly,** secretly. –**slyly** *adv.* –**slyness** *n.*

smack[1] /smæk/ *n.* **1.** a taste or flavour, especially a slight flavour distinctive or suggestive of something. **2.** a trace, touch, or suggestion of something. **3.** a taste, mouthful, or small quantity. –*phr.* **4. smack of,** to have a taste, flavour, trace, or suggestion of.

smack[2] /smæk/ *v.t.* **1.** to strike smartly, especially with the open hand or anything flat. **2.** to bring, put, throw, send, etc., with a sharp, resounding blow or a smart stroke. **3.** to separate (the lips) smartly so as to produce a sharp sound, often as a sign of relish, as in eating. –*v.i.* **4.** to smack together, as the lips. **5.** to come or strike smartly or forcibly, as against something. **6.** to make a sharp sound as of striking against something. –*n.* **7.** a smart, resounding blow, especially with something flat. **8.** a resounding or loud kiss. **9.** a smacking of the lips, as in relish. **10.** *Colloquial* heroin. –*adv.* **11.** *Colloquial* with a smack; suddenly and sharply. **12.** *Colloquial* directly; straight. –*phr.* **13. have a smack at,** *Colloquial* to attempt. **14. smack in the eye,** *Colloquial* **a.** a snub. **b.** a setback or disappointment.

smack[3] /smæk/ *n.* **1.** a sailing vessel, usually sloop-rigged, used especially in coasting and fishing. **2.** a fishing vessel with a well to keep fish alive.

small /smɔl/ *adj.* **1.** of limited size; of comparatively restricted dimensions; not big; little. **2.** slender, thin, or narrow. **3.** not large, as compared with other things of the same kind. **4.** not great in amount, degree, extent, duration, value, etc. **5.** not great numerically. **6.** of low numerical value; denoted by a low number. **7.** having only little land, capital, etc., or carrying on business on a limited scale: *a small investor.* **8.** of minor importance, moment, weight, or consequence. **9.** (of a letter) lower-case. **10.** humble, modest, or unpretentious. **11.** characterised by or indicative of littleness of mind or character; mean-spirited; ungenerous. **12.** ashamed or mortified: *to feel*

smell

small. **13.** of little strength or force. **14.** (of sound or the voice) gentle, soft, or low. **15.** (of a child) young. **16.** weak; diluted. –*adv.* **17.** in a small manner. **18.** into small pieces: *to slice small.* **19.** in low tones; softly. –*phr.* **20. small of the back,** the lower central part of the back.

small business *n.* **1.** a commercial enterprise conducted on a small scale. **2.** the people who operate small enterprises, considered collectively: *small business will resist the new tax.*

small fry *n.* **1.** small or young fish. **2.** young or unimportant persons or objects.

smallgoods /'smɔlgʊdz/ *pl. n. Australian, NZ* processed meats, as salami, frankfurts.

smallpox /'smɔlpɒks/ *n. Pathology* an acute, highly contagious, febrile disease characterised by a pustular eruption which often leaves permanent pits or scars.

smart /smat/ *v.i.* **1.** to be a cause of sharp, surface pain, as a wound, blow, etc. **2.** to feel a sharp pain, as in a wounded surface. **3.** to suffer from keen emotion, such as hurt, anger, etc. –*adj.* **4.** sharp or keen: *a smart slap on the arm.* **5.** sharply active or vigorous: *a smart walk.* **6.** intelligent; clever. **7.** cleverly ready or effective: *a smart reply.* **8.** effectively neat in appearance. **9.** stylish; fashionable. –*adv.* **10.** in a smart manner. –*n.* **11.** a feeling of smarting. –**smartly** *adv.* –**smartness** *n.*

smart alec /'smat ælɪk/ *n. Colloquial* someone who is ostentatious in the display of knowledge or skill, often despite basic ignorance or lack of ability. Also, **smart aleck.**

smart card *n.* a plastic card with an in-built memory chip which keeps a record of financial transactions made using the card.

smarten /'smatn/ *v.t.* **1.** to make more trim or spruce; improve in appearance. **2.** to make more brisk, as a pace. Also, **smarten up.**

smash /smæʃ/ *v.t.* **1.** to break to pieces with violence and often with a crashing sound; shatter. **2.** to defeat, ruin or destroy. **3.** *Tennis* to hit (the ball) hard and fast with an overhead stroke. –*v.i.* **4.** to break to pieces. **5.** to move with great violence; crash (fol. by *against, into, through,* etc.). –*n.* **6.** a smashing, or the sound of it. **7.** a violent and destructive collision. **8.** a process or condition of failure, ruin, or destruction, especially in financial affairs. **9.** Also, **smash-hit.** a play, film, etc., that is immediately very successful. **10.** *Tennis* a forceful overhead stroke. –**smasher** *n.*

smashed /smæʃt/ *adj. Colloquial* incapacitated as a result of taking drugs, alcohol, etc.

smashing /'smæʃɪŋ/ *adj. Colloquial* excellent or extremely good; first-rate.

smattering /'smætərɪŋ/ *n.* a slight or superficial knowledge of something. –**smatteringly** *adv.*

smear /smɪə/ *v.t.* **1.** to rub or spread with oil, grease, paint, dirt, etc. **2.** to spread (oil, grease, etc.) on or over something. **3.** to rub something over (a thing) so as to cause a blurred mark or smudge. **4.** to harm (someone's reputation); defame. –*n.* **5.** a mark or stain made by smearing. **6.** something smeared on a thing, as a glaze for pottery, or a substance put on a slide for microscopic examination. **7.** an act of defamation; slander.

smear test *n.* → Papanicolaou smear.

smell /smɛl/ *v.* **smelled** or **smelt, smelling,** *n.* –*v.t.* **1.** to perceive through the nose, by means of the olfactory nerves; inhale the odour of. **2.** to test by the sense of smell. **3.** to perceive, detect, or discover by shrewdness or sagacity. –*v.i.* **4.** to have the sense of smell. **5.** to give out an odour. **6.** to give out an offensive odour. **7.** to seem or

smelt be unpleasant or bad. *–v. (copular)* **8.** to give out an odour as specified: *to smell sweet.* *–n.* **9.** the faculty or sense of smelling. **10.** that quality of a thing which is or may be smelled; odour. **11.** a trace or suggestion. **12.** the act of smelling. *–phr.* **13. on the smell of an oily rag,** cheaply or parsimoniously: *they live on the smell of an oily rag.* **14. smell around** (or **about**), to search or investigate. **15. smell of, a.** to have the odour of. **b.** to have a trace or suggestion of. **16. smell out,** to search or find as if by smell.

smelt¹ /smelt/ *v.t.* **1.** to fuse or melt (ore) in order to separate the metal contained. **2.** to obtain or refine (metal) in this way.

smelt² /smelt/ *v.* past tense and past participle of **smell**.

smidgin /'smɪdʒən/ *n.* a very small quantity; a bit. Also, **smidgen, smidgeon**.

smilax /'smaɪlæks/ *n.* **1.** any plant of the genus *Smilax*, of the tropical and temperate zones, consisting mostly of vines with woody stems. **2.** a delicate, twining plant, *Asparagus asparagoides*, with glossy, bright green leaves, often used in floral decoration.

smile /smaɪl/ *v.* **smiled, smiling,** *n.* *–v.i.* **1.** to assume a facial expression, characterised especially by a widening of the mouth, indicative of pleasure, favour, kindliness, amusement, derision, scorn, etc. **2.** to have a pleasant or agreeable aspect, as natural scenes, objects, etc. *–v.t.* **3.** to assume or give (a smile). **4.** to express by a smile: *to smile approval.* *–n.* **5.** the act of smiling; a smiling expression of the face. **6.** favouring look or regard: *fortune's smile.* **7.** pleasant or agreeable look or aspect. *–phr.* **8. smile at, a.** to look at with such an expression, especially in a pleasant or kindly way. **b.** to look at in amusement. **9. smile on** (or **upon**), to look on with favour, or support. **–smiler** *n.* **–smilingly** *adv.*

smirch /smɜtʃ/ *v.t.* **1.** to discolour or soil with some substance, as soot, dust, dirt, etc., or as the substance does. **2.** to sully or tarnish, as with disgrace. *–n.* **3.** a dirty mark or smear. **4.** a stain or blot, as on reputation.

smirk /smɜk/ *v.i.* **1.** to smile in a condescending or knowing way. *–v.t.* **2.** to utter with a smirk. *–n.* **3.** the smile or the facial expression of someone who smirks. **–smirker** *n.* **–smirkingly** *adv.*

smite /smaɪt/ *v.* **smote** *or Obsolete* **smit, smitten** *or* **smit, smiting.** *–v.t.* **1.** to strike or hit hard, as with the hand, a stick or weapon, etc., or as the hand or a weapon does. **2.** to render by, or as by, a blow: *to smite a person dead.* **3.** to fall upon or attack with deadly or disastrous effect, as lightning, blight, pestilence, etc., do. **4.** to affect suddenly and strongly with a specified feeling: *smitten with terror.* **5.** to impress favourably; charm; enamour. **–smiter** *n.*

smith /smɪθ/ *n.* **1.** a worker in metal. **2.** → **blacksmith.** *–v.t.* **3.** to make by forging.

smithereens /smɪðəˈrinz/ *pl. n. Colloquial* small fragments.

smithy /'smɪθi, 'smɪði/ *n.* **-thies. 1.** the workshop of a smith, especially a blacksmith. **2.** a forge.

smitten /'smɪtn/ *v.* **1.** past participle of **smite**. *–adj.* **2.** struck, as with a hard blow. **3.** stricken with affliction, etc. **4.** *Colloquial* very much in love.

smock /smɒk/ *n.* **1.** any loose overgarment, especially one worn to protect the clothing while at work: *an artist's smock.* *–v.t.* **2.** to draw (a fabric) by needlework into a honeycomb pattern with diamond-shaped recesses.

smog /smɒg/ *n.* a mixture of smoke and fog. **–smoggy** *adj.*

smoke /smoʊk/ *n., v.* **smoked, smoking.** *–n.* **1.** the visible exhalation given off by a burning or smouldering substance, especially the grey, brown, or blackish mixture of gases and suspended carbon particles resulting from the combustion of wood, peat, coal, or other organic matter. **2.** something resembling this, as vapour or mist, flying particles, etc. **3.** something insubstantial, evanescent, or without result. **4.** an act or spell of smoking tobacco, or the like. **5.** that which is smoked, as a cigar or cigarette. **6.** *Physical Chemistry* a dispersion of solid particles in a gaseous medium. *–v.i.* **7.** to give off or emit smoke. **8.** to give out smoke offensively or improperly, as a stove. **9.** to send forth steam or vapour, dust, or the like. **10.** to draw into the mouth and puff out the smoke of tobacco or the like, as from a pipe, cigar, or cigarette. *–v.t.* **11.** to draw into the mouth and puff out (the smoke of tobacco, etc.). **12.** to use (a pipe, cigarette, etc.) in this process. **13.** to expose to smoke. **14.** → **fumigate. 15.** to colour or darken by smoke. **16.** to cure (meat, fish, etc.) by exposure to smoke. *–phr.* **17. go into smoke,** *Colloquial* to disappear, especially to go into hiding. **18. go** (or **end**) **up in smoke, a.** to be burnt up completely. **b.** to have no solid result; end or disappear without coming to anything. **19. smoke out, a.** to drive out by means of smoke, as an animal from its hole or a person from a hiding place. **b.** to force into public view or knowledge. **20. the big smoke,** *Colloquial* the city. **–smoker** *n.* **–smoky** *adj.*

smokescreen /'smoʊkskrin/ *n.* **1.** a mass of dense smoke produced to conceal an area, vessel, or plane from the enemy. **2.** any device or artifice used for concealment of the truth, as a mass of verbiage.

smoko /'smoʊkoʊ/ *n. Australian, NZ Colloquial* a rest from work; tea-break. Also, **smoke-o, smoke-oh.**

smooch /smutʃ/ *v.i. Colloquial* to kiss; cuddle; behave amorously.

smoodge /smudʒ/ *v.i. Colloquial* **1.** to kiss; caress. **2.** to flatter; curry favour. Also, **smooge.** **–smoodger** *n.* **–smoodging** *n.*

smooth /smuð/ *adj.* **1.** free from projections or irregularities of surface such as would be perceived in touching or stroking. **2.** free from hairs or a hairy growth. **3.** free from inequalities of surface, ridges or hollows, obstructions, etc. **4.** generally flat or unruffled, as a calm sea. **5.** of uniform consistency; free from lumps, as a batter, a sauce, etc. **6.** free from or proceeding without breaks, abrupt bends, etc. **7.** free from unevenness or roughness: *smooth driving.* **8.** easy and uniform, as an outline, motion, the working of a machine, etc. **9.** having projections worn away: *a tyre worn smooth.* **10.** free from hindrances or difficulties. **11.** undisturbed, tranquil, or equable, as the feelings, temper, etc. **12.** easy, flowing, elegant, or polished, as speech, a speaker, etc. **13.** pleasant, agreeable, or ingratiatingly polite, as manner, persons, etc.; bland or suave. **14.** free from harshness or sharpness of taste, as wine. **15.** not harsh to the ear, as sound. **16.** *Phonetics* without aspiration. **17.** *Tennis* having to do with the back of a racquet (from the texture of the strings on that side). *–adv.* **18.** in a smooth manner; smoothly. *–v.t.* **19.** Also, **smooth down.** to make smooth of surface, as by scraping, planing, pressing, stroking, etc. **20.** Also, **smooth away.** to remove (projections, etc.) in making something smooth. **21.** to tranquillise, calm, or soothe, as the feelings. *–n.* **22.** the act of smoothing. **23.** a smooth part or place. *–phr.* **24. smooth over,** to gloss over or palliate, as something unpleasant or wrong. **–smoother** *n.* **–smoothly**

smoothie *adv.* −**smoothness** *n.*

smoothie /'smuði/ *n.* 1. a man who attempts to ingratiate himself with a woman by assuming charming behaviour and manners. 2. someone who is suave or has polished manners, especially one who is possibly insincere or dishonest. 3. a drink made from fruit, honey, etc., blended with milk. Also, **smoothy**.

smorgasbord /'smɔgəzbɔd/ *n.* 1. a buffet meal of various hot and cold hors d'oeuvres, salads, meat dishes, etc. 2. a wide choice or variety.

smote /smout/ *v.* past tense of **smite**.

smother /'smʌðə/ *v.t.* 1. to stifle or suffocate, especially by smoke or by cutting off the air necessary for life. 2. to put out or deaden (fire, etc.) by covering so as to keep out air. 3. to cover closely or thickly (often fol. by *up, in*). 4. to surround with love, kindness, etc., to such an extent that it prevents personal development. 5. to repress, as feelings, impulses, etc.; stifle: *to smother laughter*. −*v.i.* 6. to be prevented from breathing freely. −*n.* 7. dense, stifling smoke. −**smothery** *adj.*

smoulder /'smouldə/ *v.i.* 1. to burn or smoke without flame. 2. to exist or continue in a suppressed state or without outward demonstration. 3. to display repressed feelings, especially of indignation: *his eyes smouldered*. −*n.* 4. dense smoke resulting from slow or suppressed combustion. 5. a smouldering fire. Also, *US*, **smolder**.

smudge /smʌdʒ/ *n., v.* **smudged, smudging**. −*n.* 1. a dirty mark or smear. 2. a blurred mass: *the house was a smudge on the horizon*. −*v.t.* 3. to mark with dirty streaks or smears. −*v.i.* 4. to be or become smudged.

smug /smʌg/ *adj.* **smugger, smuggest**. complacently proper, righteous, clever, etc.; self-satisfied. −**smugly** *adv.* −**smugness** *n.*

smuggle /'smʌgəl/ *v.* −**gled, -gling**. −*v.t.* 1. to import or export (goods) secretly, without payment of legal duty or in violation of law. 2. to bring, take, put, etc., surreptitiously: *she smuggled the gun into prison inside a cake*. −*v.i.* 3. to smuggle goods. −**smuggler** *n.*

smut /smʌt/ *n., v.* **smutted, smutting**. −*n.* 1. a tiny piece of soot; sooty matter. 2. a black or dirty mark; a smudge. 3. offensive talk or writing; obscenity. 4. a fungous disease of plants, especially cereals, in which the affected parts are converted into a black powdery mass of spores. 5. the fungus itself. −*v.i.* 6. to become affected with smut, as a plant.

snack /snæk/ *n.* 1. a small portion of food or drink; a light meal. 2. *Colloquial* anything easily done.

snaffle[1] /'snæfəl/ *n.* a slender, jointed bit used on a bridle.

snaffle[2] /'snæfəl/ *v.t.* **-fled, -fling**. *Colloquial* 1. to steal. 2. to take away quickly before anyone else: *early shoppers snaffled up the sales bargains*.

snag[1] /snæg/ *n., v.* **snagged, snagging**. −*n.* 1. a short, projecting stump, as of a branch broken or cut off. 2. any sharp or rough projection. 3. a tree or part of a tree held fast in the bottom of a river or other water which is a danger to navigation. 4. any obstacle or impediment: *to strike a snag in carrying out plans*. 5. a pulled thread in a stocking. −*v.t.* 6. to ladder (def. 6); catch upon, or damage by, a snag. 7. to obstruct or impede, as a snag does. −**snaglike** *adj.* −**snaggy** *adj.*

snag[2] /snæg/ *n.* *Australian, NZ Colloquial* a sausage.

snag[3] /snæg/ *n.* *Colloquial* a man who displays sensitivity in personal relationships. Also, **SNAG**.

snail /sneɪl/ *n.* 1. a mollusc of the class Gastropoda having a single, usually spirally coiled shell. 2. a slow or lazy person; a sluggard. −**snail-like** *adj.*

snail mail *n.* *Computers (humorous)* the ordinary post (as opposed to electronic mail).

snake /sneɪk/ *n., v.* **snaked, snaking**. −*n.* 1. a scaly, limbless, usually slender reptile, occurring in venomous and non-venomous forms, widely distributed in numerous genera and species and constituting the order (or suborder) Serpentes. 2. a treacherous person; an insidious enemy. 3. any of various flexible coil springs used for clearing drains, threading wires, etc., through tubes, or the like. −*v.i.* 4. to move, twist, or wind in the manner of a snake: *the path snakes through the field*. −*v.t.* 5. to follow (a course) in the shape of a snake: *he snaked his way through the jungle*. −*phr.* 6. **like a cut snake**, *Colloquial* in a frenzy of activity. 7. **lower than a snake's belly**, *Colloquial* unprincipled; despicable. 8. **mad (or silly) as a (cut) snake**, insane; eccentric. 9. **snake in the grass**, a deceitful or treacherous person; a hidden enemy. −**snakelike** *adj.*

snaky /'sneɪki/ *adj.* **snakier, snakiest**. 1. having to do with a snake or snakes. 2. snakelike; twisting, winding, or sinuous. 3. venomous; treacherous or insidious. 4. *Australian, NZ Colloquial* annoyed; angry or spiteful. Also, **snakey**.

snap /snæp/ *v.* **snapped, snapping**, *n., adj., adv.* −*v.i.* 1. to make a sudden, sharp sound; crackle. 2. to click, as a mechanism. 3. to move, strike, shut, catch, etc. with a sharp sound, as a lid. 4. to break suddenly, especially with a sharp, cracking sound, as something slender and brittle. 5. to act or move with quick, neat motions of the body: *to snap to attention*. 6. *Photography* to take snapshots. 7. to make a quick or sudden bite or snatch. 8. to utter a quick, sharp speech, reproof, retort, etc. 9. *Football* to make a hurried shot at goal. −*v.t.* 10. Also, **snap up**. to seize with, or as with, a quick bite or snatch. 11. to cause to make a sudden, sharp sound: *to snap one's fingers*. 12. to bring, strike, shut, open, operate, etc., with a sharp sound or movement: *to snap a lid down*. 13. Also, **snap out**. to utter or say in a quick, sharp manner. 14. to break suddenly, especially with a crackling sound. 15. *Photography* to take a snapshot of. 16. *Football* to kick (a goal or behind) under pressure. −*n.* 17. a sharp, crackling or clicking sound, or a movement or action causing such a sound: *a snap of the fingers*. 18. a catch or the like operating with such a sound. 19. a sudden breaking, as of something brittle or tense, or a sharp crackling sound caused by it. 20. a small, thin, brittle or crisp biscuit. 21. *Colloquial* briskness, vigour, or energy, as of persons or actions. 22. a quick or sudden bite or snatch, as at something. 23. a short spell, as of cold weather. 24. → **snapshot** (def. 1). 25. a simple card game in which cards are thrown in turn on to a pile. When a card of equal value to the preceding card is put down, the first player to call 'snap' wins the pile. 26. *Colloquial* an easy and profitable or agreeable position, piece of work, or the like. 27. *Football* a hurried shot at goal. −*adj.* 28. denoting devices closing by pressure on a spring catch, or articles using such devices. 29. made, done, taken, etc., suddenly or offhand: *a snap judgment*. −*adv.* 30. in a brisk, sudden manner. −*interj.* 31. (used in the game of snap to take cards from an opponent.) −*phr.* 32. **snap one's fingers at**, to disregard; scorn. 33. **snap out of it**, to recover quickly from a mood, as anger, unhappiness, etc. 34. **snap someone's head off**, to speak angrily and sharply to someone.

snapdragon /'snæpdrægən/ *n.* a plant of the genus Antirrhinum, especially *A. majus*, a plant long cultivated for its spikes of showy flowers, of various colours, with a corolla that is supposed to look like the mouth of a dragon.

snapper /'snæpə/ *n.* **1.** Also, **schnapper**. a marine food fish of the family Sparidae, *Chrysophrys auratus*, widely distributed in Australian and New Zealand coastal waters, and known as cockney bream when very young, then with increasing age as red bream, squire, and old man; wollomai. **2.** elsewhere, **a.** any of various large marine fishes of the family Lutjanidae of warm seas, as the **red snapper**, *Lutjanus blackfordii*, a food fish of the Gulf of Mexico. **b.** any of various other fishes, as the bluefish, *Pomatomus saltratix*. **3.** *Colloquial* (a form of address to a thin person).

snappy /'snæpi/ *adj.* **-pier, -piest. 1.** snappish, as a dog, a person, the speech, etc. **2.** quick or sudden in action or performance. **3.** *Colloquial* crisp, smart, lively, brisk, etc. *–phr.* **4. make it snappy,** *Colloquial* to hurry up. **–snappily** *adv.* **–snappiness** *n.*

snapshot /'snæpʃɒt/ *n.* **1.** a photograph taken quickly without any formal arrangement of the subject, mechanical adjustment of the camera, etc. **2.** a quick shot from a gun, taken without deliberate aim.

snare /snɛə/ *n., v.* **snared, snaring.** *–n.* **1.** a device, usually consisting of a noose, for capturing birds or small animals. **2.** anything serving to entrap, entangle, or catch unawares; a trap. **3.** *Surgery* a noose which removes tumours, etc., by the roots or the base. *–v.t.* **4.** to catch with a snare; entrap; entangle. **5.** to catch or involve by trickery or wile. **–snarer** *n.*

snarl¹ /snal/ *v.i.* **1.** to growl angrily or viciously, as a dog. **2.** to speak in a savagely sharp, angry, or quarrelsome manner. **3.** to utter or say with a snarl. *–n.* **4.** the act of snarling. **5.** a snarling sound or utterance. **–snarler** *n.* **–snarlingly** *adv.* **–snarly** *adj.*

snarl² /snal/ *n.* **1.** a tangle, as of thread or hair. **2.** a complicated or confused condition or matter, as a traffic snarl. *–v.t.* **3.** to bring into a tangled condition, as thread, hair, etc; tangle. **4.** to render complicated or confused.

snatch /snætʃ/ *v.i.* **1.** to make a sudden effort to seize something, as with the hand (usually followed by *at*). *–v.t.* **2.** to seize by a sudden or hasty grasp (often fol. by *up, from, out of, away,* etc.). **3.** to rescue or save by prompt action. *–n.* **4.** a sudden motion to seize something. **5.** a bit, scrap, or fragment of something: *snatches of conversation.* **6.** a brief spell of effort, activity, or any experience: *to work in snatches.* **–snatcher** *n.*

snazzy /'snæzi/ *adj.* **-zier, -ziest.** *Colloquial* very smart; strikingly fashionable; stylish.

sneak /snik/ *v.* **sneaked** or *Colloquial* **snuck, sneaking.** *–v.i.* **1.** to go (*about, along, in, off, out,* etc.) in a stealthy or furtive manner; slink; skulk. **2.** to act in a furtive, underhand, or mean way. **3.** to let out secrets, especially deceitfully; tell tales. **4.** *Colloquial* to go (*out, off, away,* etc.) quickly and quietly in departure. *–v.t.* **5.** to move, put, pass, etc., in a stealthy or furtive manner. **6.** *Colloquial* to take surreptitiously, or steal. *–n.* **7.** someone who sneaks; a sneaking, underhand, or contemptible person. **8.** a telltale. *–phr.* **9. sneak up,** (sometimes fol. by *on*) to approach furtively. **–sneaky** *adj.* **–sneakily** *adv.*

sneaker /'snikə/ *n.* a shoe with a rubber or other soft sole worn for sport or as part of informal fashion.

sneer /snɪə/ *v.i.* **1.** to smile or curl the lip in a manner that shows scorn, contempt, etc. **2.** to speak or write in a manner expressive of derision, scorn, or contempt. *–v.t.* **3.** to utter or say in a sneering manner. *–n.* **4.** an act of sneering. **–sneerer** *n.* **–sneering** *adj.* **–sneeringly** *adv.*

sneeze /sniz/ *v.* **sneezed, sneezing,** *n.* *–v.i.* **1.** to emit air or breath suddenly, forcibly, and audibly through the nose and mouth by involuntary, spasmodic action. *–n.* **2.** an act or sound of sneezing. *–phr.* **3. not to be sneezed at,** worth consideration. **4. sneeze at,** (*usually with a negative*) *Colloquial* to show contempt for, or treat with contempt. **–sneezer** *n.* **–sneezy** *adj.*

sneeze weed *n.* any species of *Centipeda*, of Asia, Australia, and New Zealand, herbs with a pungent aroma irritating to the mucous membranes.

snib /snɪb/ *n., v.* **snibbed, snibbing.** *–n.* **1.** a mechanism which is usually part of a lock and which can be operated from only one side of a door, holding the lock in position independently of the key. **2.** → **latch** (def. 1). *–v.t.* **3.** to hold (a lock) by means of a snib.

snick /snɪk/ *v.t.* **1.** to cut, snip, or nick. **2.** to strike sharply. **3.** *Cricket* to hit (the ball), especially accidentally, with the edge of the bat. *–n.* **4.** a small cut; a nick. **5.** *Cricket* a glancing blow given to the ball.

snicker /'snɪkə/ *v.i.* **1.** (of a horse) to make a low snorting neigh. **2.** → **snigger**.

snide /snaɪd/ *adj.* derogatory in a nasty, insinuating manner: *snide remarks about the Mayor.*

sniff /snɪf/ *v.i.* **1.** to draw air through the nose in short, audible inhalation. **2.** to clear the nose by so doing; sniffle, as with emotion. **3.** to smell by short inhalations. *–v.t.* **4.** to draw in or up through the nose by sniffing, as air, smells, liquid, powder, etc.; inhale. **5.** to perceive by, or as if by, smelling. *–n.* **6.** an act of sniffing; a single short, audible inhalation. **7.** the sound made. **8.** a scent or smell perceived. *–phr.* **9. sniff at,** to show disdain, contempt, etc., by a sniff. **–sniffer** *n.* **–sniffy** *adj.*

sniffer dog *n.* a dog trained to detect by smell the presence of hidden illegal drugs, explosives, etc.

sniffle /'snɪfəl/ *v.* **-fled, -fling,** *n.* *–v.i.* **1.** to sniff repeatedly, as from a cold in the head or in repressing tearful emotion. *–n.* **2.** an act or sound of sniffling. *–phr.* **3. the sniffles,** a cold, or other condition marked by sniffling.

snigger /'snɪgə/ *v.i.* to laugh in a half-suppressed, often indecorous or disrespectful, manner.

snip /snɪp/ *v.* **snipped, snipping,** *n.* *–v.t.* **1.** to cut with a small, quick stroke, or a number of such strokes, as with scissors, etc. *–v.i.* **2.** to cut with small, quick strokes. *–n.* **3.** a small cut, notch, slit, etc., made by snipping. **4.** the sound made by snipping. **5.** a small piece or amount snipped off.

snipe /snaɪp/ *n., v.* **sniped, sniping.** *–n.* **1.** any of several small shorebirds of the genus *Gallinago* having plump bodies, striped heads, and long, straight bills, frequenting swamps and wet grasslands in many parts of the world and some of which, as the **Japanese snipe**, *G. hardwickii*, are seen in Australia as non-breeding migrants. **2.** a bird of genus *Rostratula*, rather similar in appearance but having a down-curved tip to its bill, as the **painted snipe,** *Rostratula beghalensis* of Australia, Africa, and southern Asia. *–v.i.* **3.** to shoot or hunt snipe. **4.** to shoot at individual soldiers, etc., as opportunity offers from a concealed or long-range position. *–phr.* **5. snipe at,** to make critical or damaging comments about (someone) without entering into open conflict. **–snipelike** *adj.* **–sniper** *n.*

snippet /'snɪpət/ *n.* **1.** a small piece snipped off; a small bit, scrap, or fragment. **2.** *Colloquial* a small or insignificant person.

snitch¹ /snɪtʃ/ *v.t.* *Colloquial* to snatch or steal.

snitch² /snɪtʃ/ *Colloquial* *–v.i.* **1.** to turn informer. *–n.* **2.** Also, **snitcher**. an informer. **3.** *Australian, NZ* a feeling of ill-will: *she has a snitch against you.*

snivel /'snɪvəl/ *v.* **-elled** or *Chiefly US* **-eled,**

-elling or Chiefly US **-eling**, n. –v.i. **1.** to weep or cry with sniffing. **2.** to put on or pretend a tearful state; whine. **3.** to draw up mucus noisily through the nose. –n. **4.** a light sniff, as in weeping. **5.** mucus running from the nose. **–sniveller** n. **–snivelly** adj.

snob /snɒb/ n. **1.** someone who admires, imitates, or seeks association with those with social rank, wealth, etc., and is condescending or overbearing to others. **2.** someone who has, or assumes, knowledge of a subject or subjects, and scorns anyone without this. **–snobbish, snobby** adj. **–snobbery** n.

snooker /'snukə/ n. **1.** a game played on a billiard table with fifteen red balls and six balls of other colours, the object being to pocket them. –v.t. **2.** Colloquial to obstruct or hinder (someone), especially from reaching some object, aim, etc. –v.i. **3.** Australian, NZ Colloquial to hide.

snoop /snup/ Colloquial –v.i. **1.** to prowl or pry; go about in a sneaking, prying way; pry in a mean, sly manner. –n. **2.** an act or instance of snooping. **3.** someone who snoops. **–snooper** n. **–snoopy** adj.

snooty /'snuti/ adj. **snootier, snootiest.** Colloquial **1.** snobbish. **2.** haughty; supercilious.

snooze /snuz/ v. **snoozed, snoozing,** n. Colloquial –v.i. **1.** to sleep; slumber; doze; nap. –n. **2.** a rest; nap.

snore /snɔ/ v. **snored, snoring,** n. –v.i. **1.** to breathe during sleep with hoarse or harsh sounds. –n. **2.** an act of snoring, or the sound made. **–snorer** n.

snorkel /'snɔkəl/ n., v. **-kelled** or Chiefly US **-keled, -kelling** or Chiefly US **-keling.** –n. **1.** a device on a submarine consisting of two vertical tubes for the intake and exhaust of air for diesel engines and general ventilation. **2.** a tube enabling a person swimming face downwards in the water to breathe, consisting of a tube, one end of which is put in the mouth while the other projects above the surface. –v.i. **3.** to swim using such a device, usually in order to look at the seabed, fish, etc.

snort /snɔt/ v.i. **1.** to force the breath violently through the nostrils with a loud, harsh sound, as a horse, etc. **2.** to express contempt, indignation, etc., by such a sound. –v.t. **3.** to utter with a snort. –n. **4.** the act or sound of snorting.

snot /snɒt/ n. Colloquial mucus from the nose. **–snotty** adj.

snout /snaʊt/ n. **1.** the part of an animal's head projecting forward and containing the nose and jaws; the muzzle. **2.** Entomology a prolongation of the head bearing the feeding organs. **3.** anything that resembles or suggests an animal's snout in shape, function, etc. **4.** Colloquial a person's nose, especially when large or prominent.

snow /snoʊ/ n. **1.** the aqueous vapour of the atmosphere precipitated in partially frozen crystalline form and falling to the earth in white flakes. **2.** these flakes as forming a layer on the ground, etc. **3.** the fall of these flakes. **4.** Poetic the white colour of snow. **5.** frozen carbon dioxide. **6.** Colloquial cocaine or heroin. **7.** white spots on a television screen caused by a weak signal. –v.i. **8.** (of snow) to fall: it snowed last night. **9.** to descend like snow. –v.t. **10.** to let fall as or like snow. **11.** to overwhelm (someone) with facts and information in an attempt to distract someone from some aspect of the situation. –phr. **12. be snowed under,** to be overcome by something, as work. **13. it's snowing down south,** Colloquial (euphemistic) an expression pointing out that someone's underwear is showing). **14. snow in** (or **over**) (or **under**), to cover, obstruct, isolate, etc., with snow. **15. the snow,** Australian snowfields, usually developed for recreational use: are you going to the snow this year? **–snowlike** adj. **–snowy** adj.

snowberry /'snoʊbɛri/ n. **-ries.** any of several species of the genus Gaultheria of Tasmania and New Zealand which have white, red, or purple berries. Also, **waxberry.**

snow chains pl. n. chains placed around the driving wheels of a motor vehicle to give added traction in icy conditions, etc.

snow daisy n. any of a number of herbs of the Australasian, especially New Zealand, genus Celmisia.

snowdrop¹ /'snoʊdrɒp/ n. a low spring-blooming herb, Galanthus nivalis, bearing drooping white flowers.

snowdrop² /'snoʊdrɒp/ v.i. **-dropped, -dropping.** Colloquial to steal laundry from clothes lines. **–snowdropper** n.

snowgrass /'snoʊɡræs/ n. **1.** any of many species of the tussock grass Poa. **2.** NZ any of certain mountain grasses of the genus Danthonia which often form large tussocks at high altitudes.

snow gum n. any of several trees of the genus Eucalyptus found growing at high altitudes in Australia, especially E. pauciflora ssp. niphophila.

snub /snʌb/ v. **snubbed, snubbing,** n., adj. –v.t. **1.** to treat with disdain or contempt, especially by ignoring. **2.** to rebuke sharply. –n. **3.** an act of snubbing; rebuke or slight. –adj. **4.** (of the nose) short, and turned up at the tip. **–snubber** n.

snuff¹ /snʌf/ v.t. **1.** to draw in through the nose by inhaling. –v.i. **2.** to draw air, etc., into the nostrils by inhaling, as in order to smell something. –n. **3.** an act of snuffing; an inhalation; a sniff. **4.** a preparation of powdered tobacco, usually taken into the nostrils by inhalation.

snuff² /snʌf/ n. **1.** the charred or partly consumed portion of a candlewick or the like. –v.t. **2.** to cut off or remove the snuff of (a candle, etc.). **3.** Colloquial to kill. –phr. **4. snuff it,** Colloquial to die. **5. snuff out, a.** to extinguish. **b.** Colloquial to kill.

snuffle /'snʌfəl/ v. **-fled, -fling,** n. –v.i. **1.** to draw the breath or mucus through the nostrils in an audible or noisy manner. **2.** to sniff; snivel. –v.t. **3.** to utter in a snuffling or nasal tone. –n. **4.** an act of snuffling. –phr. **5. the snuffles,** Colloquial a condition of the nose, as from a cold, causing snuffling. **–snuffler** n.

snug /snʌɡ/ adj. **snugger, snuggest.** –adj. **1.** (of a place, etc.) comfortable or cosy. **2.** (of a ship, etc.) neat or compactly arranged, especially if limited in size. **3.** (of a garment) fitting closely, but comfortably. **4.** (of people, etc.) comfortably situated. –adv. **5.** in a snug manner. **–snugly** adv. **–snugness** n.

snuggle /'snʌɡəl/ v. **-gled, -gling,** n. –v.i. **1.** Also, **snuggle up, snuggle in,** to lie or press closely, as for warmth, comfort, or affection; nestle; cuddle. –v.t. **2.** to draw or press closely, as for warmth or comfort, or from affection. –n. **3.** a cuddle; embrace.

so /soʊ/ adv. **1.** in the way or manner indicated, described, or implied: do it so. **2.** as stated or reported: is that so? **3.** in the aforesaid state or condition: it is broken, and has long been so. **4.** to that extent; in that degree: do not walk so fast. **5.** (an intensifier) very or extremely: you are so kind. **6.** (an intensifier) very greatly: my head aches so! **7.** (used emphatically) indeed: I did so do it! –conj. **8.** with the intention that: I called my parents so they wouldn't worry. **9.** consequently; with the result that: he passed his exams so he felt elated. –pron. **10.** such as has been stated: and I say so too. –interj. **11.** (an interrogative expressing contempt, disdain, etc.); so what! –phr.

12. and so, a. (used to confirm or emphasise a previous statement): *I said I would come, and so I will.* **b.** likewise or correspondingly: *he is going, and so am I.* **c.** consequently or accordingly: *she is ill, and so cannot come.* **d.** thereupon or thereafter: *and so they were married.*
13. and so forth, a. continuing in the same way. **b.** et cetera.
14. and so on, et cetera.
15. just so, in perfect order; carefully arranged: *her room was just so.*
16. or so, about thus, or about that amount or number: *a day or so ago.*
17. quite so, (an expression of concurrence, agreement, etc.).
18. so ... as, to such a degree or extent: *so far as I know*; *not so tall as his brother.*
19. so as to, with the result or purpose of.
20. so called, a. called or designated thus. **b.** incorrectly called or styled thus.
21. so much, an unspecified amount.
22. so much for, there is no more to be said or done about: *so much for your childhood ideals.*
23. so that, a. with the effect or result that. **b.** in order that: *he wrote so that they might expect him.*
24. so to speak (or **say**), to use such manner of speaking.

soak /souk/ *v.i.* **1.** to lie in and become saturated or permeated with water or some other liquid. **2.** to pass (*in, through, out,* etc.), as a liquid, through pores or interstices. **3.** to be thoroughly wet. **4.** to become known slowly: *the facts soaked into his mind.* –*v.t.* **5.** to place and keep in liquid in order to saturate thoroughly; steep. **6.** to wet thoroughly, or drench. **7.** to permeate thoroughly, as liquid or moisture. –*n.* **8.** the act of soaking. **9.** the state of being soaked. **10.** the liquid in which anything is soaked. **11.** Also, **soak hole.** a shallow depression holding rainwater. **12.** *Colloquial* a heavy drinker. **13.** *Colloquial* a prolonged drinking bout. –*phr.* **14. soak it up,** *Colloquial* to drink alcoholic liquor in considerable quantities, especially without appearing to be affected by it. **15. soak out,** to draw out by or as by soaking. **16. soak up,** to take in or up by or as by absorption: *blotting paper soaks up ink.* –**soaker** *n.*

so-and-so /'sou-ən-sou/ *n.* **so-and-sos. 1.** someone or something not definitely named: *Mr So-and-so.* **2.** *Colloquial* a very unpleasant or unkind person: *he really is a so-and-so.*

soap /soup/ *n.* **1.** a substance used for washing and cleansing purposes, usually made by treating a fat with an alkali (as sodium or potassium hydroxide), and consisting chiefly of the sodium or potassium salts of the acids contained in the fat. **2.** *Chemistry* any metallic salt of a fatty acid or fatty acid mixture. **3.** → **soap opera.** –*v.t.* **4.** to rub, cover, or treat with soap. –*phr.* **5. not to know someone from a bar of soap,** *Australian, NZ Colloquial* not to know or be able to recognise someone. **6. soap someone up,** to flatter someone.

soapbox /'soupbɒks/ *n.* **1.** a box, usually wooden, in which soap has been packed, especially one used as a temporary platform by speakers addressing a street audience. **2.** any place, means, or the like, used by a person to make a speech, voice opinions, etc. **3.** → **billycart.**

soap opera *n. Colloquial* a radio or television play presented serially in short regular programs, dealing usually with domestic problems, especially in a highly emotional manner. Also, **soap.**

soapstone /'soupstoun/ *n.* a massive variety of talc with a soapy or greasy feel, used to make hearths, tabletops, carved ornaments, etc.; steatite.

soar /sɔ/ *v.i.* **1.** to fly upwards, as a bird. **2.** to fly at a great height, without visible wing movements, as a bird. **3.** *Aeronautics* to fly without engine power, especially in a glider. **4.** to rise to a height, as a mountain. **5.** to rise to a higher level, as hopes, spirits, etc. –*n.* **6.** the act of soaring. –**soarer** *n.*

sob /sɒb/ *v.* **sobbed, sobbing,** *n.* –*v.i.* **1.** to weep with a sound caused by sharp intakes of breath. **2.** to make a sound like this. –*v.t.* **3.** to utter with sobs. –*n.* **4.** the act or sound of sobbing. –**sobbingly** *adv.*

sober /'soubə/ *adj.* **1.** not intoxicated or drunk. **2.** habitually temperate, especially with alcoholic drink. **3.** quiet or sedate in demeanour, as persons. **4.** marked by seriousness, gravity, solemnity, etc., as demeanour, speech, etc. **5.** subdued in tone, as colour; not gay or showy, as clothes. **6.** free from excess, extravagance, or exaggeration: *sober facts.* **7.** showing self-control. **8.** sane or rational. –*v.i.* **9.** to become sober. –*v.t.* **10.** to make sober. –*phr.* **11. sober as a judge,** completely sober. **12. sober up, a.** to become sober: *to sober up before driving.* **b.** to make sober: *to sober someone up.* –**soberly** *adv.* –**soberness** *n.* –**sobriety** *n.*

soccer /'sɒkə/ *n.* a form of football in which there are eleven players in a team, the ball is spherical, and the use of the hands and arms is prohibited except to the goalkeeper; association football.

sociable /'souʃəbəl/ *adj.* **1.** inclined to associate with or be in the company of others. **2.** friendly or agreeable in company; companionable. **3.** characterised by or relating to companionship with others. –**sociableness** *n.* –**sociably** *adv.*

social /'souʃəl/ *adj.* **1.** relating to or marked by friendly companionship or relations: *a social club*; *a social gathering.* **2.** (of people, disposition, etc.) friendly or sociable. **3.** relating to fashionable society: *a social column.* **4.** (of people or animals) tending to live with others, rather than alone. **5.** of or relating to human society, especially as being divided into classes according to status: *social rank.* **6.** of or relating to the life of people in a community: *social problems.* –*n.* **7.** a social gathering or party. –**socially** *adv.* –**socialness** *n.*

socialise = socialize /'souʃəlaɪz/ *v.* **-lised, -lising.** –*v.t.* **1.** to make social; educate to conform to society. **2.** to make socialistic; establish or regulate according to the theories of socialism. **3.** *Education* to turn from an individual activity into one involving all or a group of pupils. –*v.i.* **4.** to go into society; frequent social functions. **5.** to be sociable and mix freely, as at a social gathering. –**socialisation** /souʃəlaɪˈzeɪʃən/ *n.*

socialism /'souʃəlɪzəm/ *n.* **1.** a theory or system of social organisation which advocates the vesting of the ownership and control of the means of production, capital, land, etc., in the community as a whole. **2.** procedure or practice in accordance with this theory. –**socialist** *n.*

socialite /'souʃəlaɪt/ *n.* a member of the social elite, or someone who aspires to be such.

social security *n.* the provision by the state for the economic and social welfare of the public by means of old-age pensions, sickness and unemployment benefits.

social service *n.* organised welfare efforts carried on under professional rules by trained personnel.

social studies *pl. n.* social sciences, as taught in schools.

social welfare *n.* a system of services set up by a state for the benefit of the community.

social work *n.* **1.** organised work directed towards the betterment of social conditions in the community, as by seeking to improve the condition of the poor, to promote the welfare of children, etc.

society

2. the study of the methods by which this can be effected. –**social worker** *n.*

society /səˈsaɪəti/ *n.* **-ties,** *adj.* –*n.* **1.** people regarded collectively: *human society.* **2.** people seen as members of a culturally related community: *Western society.* **3.** the structure and organisation of the above as divided into classes, etc.: *the lower classes of society.* **4.** an organisation of people associated together because of common interests, employment, etc. **5.** companionship or company: *she enjoyed his society.* **6.** the wealthy and their social relations, activities, etc. **7.** *Ecology* a group of organisms of the same species held together by mutual dependence, and showing division of labour. –*adj.* **8.** of or relating to society (def. 6): *a society party.*

socio- a word element representing 'social', 'sociological', as in *sociometry.*

sociology /soʊsiˈɒlədʒi/ *n.* the science or study of the origin, development, organisation, and functioning of human society; the science of the fundamental laws of social relations, institutions, etc. –**sociological** /soʊsiəˈlɒdʒɪkəl/ *adj.* –**sociologist** *n.*

sock¹ /sɒk/ *n.* **1.** a short stocking reaching about halfway to the knee, or only above the ankle. –*phr.* **2. bore the socks off,** *Colloquial* to bore exceedingly. **3. pull one's socks up,** *Colloquial* to make more effort. **4. put a sock in it,** *Colloquial* to be quiet. **5. sock away,** *Colloquial* **a.** to accumulate (a store of something), especially in secret. **b.** to consume large quantities of (something, especially alcohol).

sock² /sɒk/ *Colloquial* –*v.t.* **1.** to strike or hit hard. –*n.* **2.** a hard blow.

socket /ˈsɒkət/ *n.* **1.** a hollow part for holding some part or thing: *an eye socket.* **2.** one of a set of different-sized circular heads for use with a ratchet spanner. **3.** *Electricity* a device, usually on a wall, to plug electrical power leads into.

sockeye /ˈsɒkaɪ/ *n.* the red salmon, *Oncorhynchus nerka,* most highly valued of the Pacific salmons.

sod¹ /sɒd/ *n., v.* **sodded, sodding.** –*n.* **1.** a piece (usually square or oblong) cut or torn from the surface of grassland, containing the roots of grass, etc. **2.** the surface of the ground, especially when covered with grass; turf; sward. –*v.t.* **3.** to cover with sods.

sod² /sɒd/ *Colloquial* –*n.* **1.** a disagreeable person. –*phr.* **2. sod it,** (a strong exclamation of annoyance, disgust, etc.). **3. sod off,** (*used in the imperative as an offensive dismissal*) to go away.

soda /ˈsoʊdə/ *n.* **1.** sodium hydroxide, NaOH; caustic soda. **2.** oxide of sodium, Na₂O. **3.** sodium (in phrases): *carbonate of soda.* **4.** soda-water. **5.** a drink made with soda-water, and fruit or other syrups, ice-cream, etc.

soda-water /ˈsoʊdə-wɔtə/ *n.* an effervescent beverage consisting of water charged with carbon dioxide.

sodden /ˈsɒdn/ *adj.* **1.** soaked with liquid or moisture. **2.** heavy, doughy, or soggy, as food. **3.** having the appearance of having been soaked. **4.** bloated, as the face. **5.** expressionless, dull, or stupid. –**soddenly** *adv.* –**soddenness** *n.*

sodium /ˈsoʊdiəm/ *n.* a soft, silver-white metallic element which oxidises rapidly in moist air, occurring in nature only in the combined state. The metal is used in the synthesis of sodium peroxide, sodium cyanide, and lead tetraethyl. *Symbol:* Na (for *natrium*); *relative atomic mass:* 22.9898; *at. no.:* 11; *density:* 0.97 at 20°C.

sodium bicarbonate *n.* a white, crystalline compound, NaHCO₃, used in cookery, medicine, etc. Also, **sodium hydrogen carbonate.**

sodium chloride *n.* common salt, NaCl.

soft sell

sodomy /ˈsɒdəmi/ *n.* **1.** sexual intercourse using the anal orifice, especially of one man with another. **2.** → **bestiality** (def. 3). **3.** any sexual practice regarded as unnatural or perverted.

soever /soʊˈɛvə/ *adv.* at all; in any case; of any kind; in any way (used with generalising force after *who, what, when, where, how, any, all,* etc., sometimes separated by intervening words, often in composition): *choose what person soever you please.*

sofa /ˈsoʊfə/ *n.* a long upholstered seat, or couch, with a back, and two arms or raised ends.

sofa bed *n.* a couch or sofa with a foldaway mattress base, that allows for it to be turned into a bed.

soft /sɒft/ *adj.* **1.** yielding readily to touch or pressure; easily penetrated, divided, or altered in shape; not hard or stiff. **2.** relatively deficient in hardness, as metal. **3.** smooth and agreeable to the touch; not rough or coarse. **4.** low or subdued in sound; gentle and melodious. **5.** not harsh or unpleasant to the eye; not glaring, as light or colour. **6.** not hard or sharp, as outlines. **7.** gentle or mild, as wind, rain, etc.; genial or balmy. **8.** gentle, mild, lenient, or compassionate. **9.** smooth, soothing, or ingratiating, as words. **10.** not harsh or severe, as terms. **11.** yielding readily to the tender emotions, as persons; impressionable. **12.** sentimental, as language. **13.** not strong or robust; delicate; incapable of great endurance or exertion. **14.** *Colloquial* not hard, trying, or severe; involving little effort: *a soft job.* **15.** (of water) relatively free from mineral salts that interfere with the action of soap. **16.** *Physics* (of radiation) having a relatively long wavelength and low penetrating power. **17.** *Phonetics* **a.** (of consonants) lenis, especially lenis and voiced. **b.** (of *c* and *g*) pronounced as in *cent* and *gem.* **c.** (of consonants in Slavic languages) palatalised. **18.** (of drugs) nonaddictive, as marijuana and LSD. **19.** *Colloquial* easily influenced or swayed, as a person, the mind, etc.; easily imposed upon. **20.** *Colloquial* foolish; feeble; weak. –*n.* **21.** that which is soft or yielding; the soft part; softness. –*adv.* **22.** in a soft manner. –*phr.* **23. a soft touch,** *Colloquial* one who yields too easily to requests for money, etc. **24. be soft on someone,** *Colloquial* **a.** to be sentimentally inclined towards someone. **b.** to act towards someone in a less harsh manner than expected. **25. have a soft spot for,** to be fond of. **26. soft in the head,** *Colloquial* stupid; insane. –**soften** /ˈsɒfən/ *v.* –**softly** *adv.* –**softness** *n.*

softball /ˈsɒftbɔl/ *n.* a form of baseball played with a larger and softer ball, in which the pitcher delivers the ball underarm.

soft drink *n.* **1.** an aerated drink which is not alcoholic. **2.** any non-alcoholic drink.

soft goods *pl. n.* merchandise such as textiles, furnishings, etc.

softie /ˈsɒfti/ *n. Colloquial* **1.** a generous or soft-hearted person. **2.** someone who is easily duped. **3.** someone (especially a man) who is not as brave or hardy as others consider proper. Also, **softy.**

soft news *n. Radio, TV* news which is of an entertaining or light-hearted nature, often related to local events.

soft pedal *n.* a pedal, as on a piano, for lessening the volume.

soft-pedal /sɒft-ˈpɛdəl/ *v.* **-alled** or *Chiefly US* **-aled, -alling** or *Chiefly US* **-aling. 1.** to use the soft pedal. **2.** *Colloquial* to make concessions or be conciliatory, as in an argument. –*v.t.* **3.** to soften the sound of by means of the soft pedal. **4.** *Colloquial* to tone down; make less strong, uncompromising, noticeable, or the like.

soft sell *n.* a method of advertising or selling which is quietly persuasive, subtle, and indirect.

soft toy

See **hard sell**.

soft toy *n.* a toy animal such as a bear, dog, monster, etc., which is made from fabric stuffed with a soft filling.

software /'sɒftweə/ *n. Computers* the collection of programs which cause a computer to perform a desired operation or series of operations (opposed to *hardware*).

softwood /'sɒftwʊd/ *n.* **1.** *Botany* any of the generally coniferous, gymnospermous trees with sieve cells for the conduction of nutrient solutions, which include pine, spruce, etc., and some trees with much harder wood. **2.** (in popular use) timber which is light and easily cut.

soggy /'sɒgi/ *adj.* **-gier, -giest**. **1.** soaked; thoroughly wet. **2.** damp and heavy, as ill-baked bread. **3.** spiritless, dull, or stupid. –**soggily** *adv.* –**sogginess** *n.*

soignée /'swanjeɪ/ *adj.* **1.** carefully done. **2.** well groomed.

soil¹ /sɔɪl/ *n.* **1.** the portion of the earth's surface in which plants grow; a well-developed system of inorganic and organic material and of living organisms. **2.** a particular kind of earth: *sandy soil.* **3.** the ground as producing vegetation or cultivated for its crops: *fertile soil.* **4.** a country, land, or region: *on foreign soil.* **5.** the ground or earth.

soil² /sɔɪl/ *v.t.* **1.** to make dirty or stain, especially on the surface: *to soil one's clothes.* **2.** to tarnish or disgrace (someone or someone's reputation). –*v.i.* **3.** to become soiled. –*n.* **4.** a spot, mark or stain due to soiling. **5.** manure; sewage.

soiree /swa'reɪ, 'swareɪ/ *n.* an evening party or social gathering, often for a particular purpose: *a musical soiree.* Also, **soirée**.

sojourn /'soʊdʒɜn, 'sɒdʒɜn, 'sʌdʒ-, -ən/ *v.i.* **1.** to dwell for a time in a place; make a temporary stay. –*n.* **2.** a temporary stay. –**sojourner** *n.*

solace /'sɒləs/ *n., v.* **-aced, -acing**. **1.** comfort in sorrow or trouble; alleviation of distress or discomfort. **2.** something that gives comfort, consolation, or relief. –*v.t.* **3.** to comfort, console, or cheer (a person, oneself, the heart, etc.). **4.** to alleviate or relieve (sorrow, distress, etc.). –**solacement** *n.*

solanum /soʊ'leɪnəm/ *n.* any plant of the genus *Solanum*, which comprises herbs, shrubs, and small trees, including the nightshades, eggplant, common potato, etc. –**solanaceous** *adj.*

solar /'soʊlə/ *adj.* **1.** having to do with the sun: *solar phenomena.* **2.** determined by the sun: *solar hour.* **3.** proceeding from the sun, as light or heat. **4.** operating by the light or heat of the sun, as a mechanism. –**solarian** *adj.*

solar plexus *n.* **1.** *Anatomy* a network of nerves situated at the upper part of the abdomen, behind the stomach and in front of the aorta. **2.** *Colloquial* a point on the stomach wall, just below the sternum, where a blow will affect this nerve centre.

solar system *n.* the sun together with all the planets, comets, asteroids, etc., revolving around it.

sold /soʊld/ *v.* past tense and past participle of **sell**.

solder /'sɒldə/ *n.* **1.** any of various fusible alloys, some (**soft solders**) fusing readily, and others (**hard solders**) fusing only at red heat, applied in a melted state to metal surfaces, joints, etc., to unite them. **2.** anything that joins or unites. –*v.t.* **3.** to unite with solder or some other substance or device. **4.** to join closely and intimately. **5.** to mend; repair; patch up. –*v.i.* **6.** to unite things with solder. **7.** to become soldered or become united; grow together. –**solderer** *n.*

solicitor

soldier /'soʊldʒə/ *n.* **1.** one who serves in an army for pay; one engaged in military service. **2.** one of the rank and file in such service, sometimes including non-commissioned officers. **3.** *Zoology* (in certain ants and termites) one of a caste of individuals with powerful jaws or other devices for protecting the colony. **4.** *Colloquial* a strip or finger of bread or toast, especially for dipping into a soft-boiled egg. –*v.i.* **5.** to act or serve as a soldier. –*phr.* **6. soldier on**, to continue, persist. –**soldiership** *n.*

sole¹ /soʊl/ *adj.* **1.** being the only one or ones; only. **2.** being the only one of the kind; unique. **3.** belonging or relating to one individual or group to the exclusion of all others; exclusive: *the sole right to a thing.* **4.** functioning automatically or with independent power.

sole² /soʊl/ *n., v.t.* **soled, soling.** –*n.* **1.** the bottom or under surface of the foot. **2.** the corresponding under part of a shoe, boot, or the like, or this part exclusive of the heel. **3.** the bottom, under surface, or lower part of anything. –*v.t.* **4.** to furnish with a sole, as a shoe. –**soled** *adj.*

sole³ /soʊl/ *n.* **soles**, (*especially collectively*) **sole**. any flatfish of the families Soleidae and Cynoglossidae, with a hooklike snout.

solecism /'sɒləsɪzəm/ *n.* **1.** a use of language regarded as substandard or non-standard. **2.** a breach of good manners or etiquette. **3.** any error, impropriety, or inconsistency. –**solecistic** /sɒlə'sɪstɪk/ *adj.*

solemn /'sɒləm/ *adj.* **1.** (of a person, face, mood, tone, etc.) humourless. **2.** causing serious thoughts or a grave mood: *solemn music.* **3.** serious or earnest: *solemn assurances.* **4.** marked by formality. **5.** marked or observed with ritual, especially of a religious nature. –**solemnly** *adv.* –**solemness, solemnity** /sə'lɛmnəti/ *n.*

solemnise = **solemnize** /'sɒləmnaɪz/ *v.t.* **-nised, -nising. 1.** to observe or commemorate with rites or ceremonies. **2.** to hold or perform (ceremonies, etc.) in due manner. **3.** to perform the ceremony of (marriage). **4.** to go through with ceremony or formality. **5.** to render solemn, serious, or grave. –**solemnisation** /ˌsɒləmnaɪ'zeɪʃən/ *n.* –**solemniser** *n.*

solenoid /'sɒlənɔɪd/ *n. Electricity* an electrical conductor wound as a helix with a small pitch, or as two or more coaxial helices, a current passing through which establishes a magnetic field usually so as to activate a metal bar within the helix and so perform some mechanical task. –**solenoidal** /soʊlə'nɔɪdəl/ *adj.* –**solenoidally** /soʊlə'nɔɪdəli/ *adv.*

solfa /sɒl'fa/ *n., v.* **-faed, -faing.** *Music* –*n.* Also, **tonic solfa. 1.** the set of syllables *doh, ray, me, fah, soh, lah,* and *te*, used to represent the notes of the scale. **2.** the system of singing notes to these syllables. –*v.i.* **3.** to use the solfa syllables in singing, or to sing these syllables. –*v.t.* **4.** to sing to the solfa syllables, as a tune. Compare **solfège**. –**solfaist** *n.*

solfège /sɒl'fɛɪʒ, -'fɛʒ/ *n. Music* **1.** → **solmisation. 2.** a singing exercise of runs, scales, etc., sung on syllables as the solfa syllables. Compare **solfa**.

soli-¹ a word element meaning 'alone', 'solitary', as in *solifidian.*

soli-² a word element meaning 'sun'.

solicit /sə'lɪsət/ *v.t.* **1.** to seek seriously and respectfully: *to solicit funds.* **2.** (of a prostitute, etc.) to seek the custom of. **3.** to try to get (orders or trade) for business. –*v.i.* **4.** to solicit something or someone.

solicitor /sə'lɪsətə/ *n.* a member of the branch of the legal profession whose services consist of advising clients, representing them before the lower courts, and preparing cases for barristers to try in the higher courts.

solicitor-general /sǝlɪsǝtǝ-'dʒɛnrǝl/ n. **solicitors-general** or **solicitor-generals**. usually the second legal officer of the government whose principal functions are to appear on behalf of the government in litigation to which the government is a party and to offer such legal advice to the government as is requested by the attorney-general.

solicitous /sǝ'lɪsǝtǝs/ adj. **1.** anxious or concerned: *solicitous about a person's health*; *solicitous for our comfort*; *solicitous that she should be happy*. **2.** anxiously desirous: *solicitous of the esteem of others*. **3.** eager: *solicitous to please*. **4.** careful or particular. **–solicitously** adv. **–solicitousness**, **solicitude** /sǝ'lɪsǝtjud/ n.

solid /'sɒlǝd/ adj. **1.** (of a geometrical body or figure) having three dimensions (length, breadth, and thickness). **2.** of or relating to figures of three dimensions: *solid geometry*. **3.** having the inside completely filled up: *a solid ball*. **4.** without gaps or breaks; continuous: *a solid wall*. **5.** firm, hard, or compact in substance or appearance: *solid ground*; *solid cloud*. **6.** of matter that is not liquid or gaseous, whose particles stick closely together: *solid particles floating in a liquid*. **7.** relating to such matter: *ice is water in a solid state*. **8.** having substance; not flimsy: *solid buildings*; *solid furniture*. **9.** whole or entire: *one solid hour*. **10.** forming the whole; being the only substance or material: *solid gold*. **11.** sound or good: *solid reasons*; *solid arguments*. **12.** full of common sense: *she is such a solid person*. **13.** financially sound or strong. **14.** *Obsolete* cubic: *a solid foot contains 1728 solid inches*. **15.** thorough, vigorous, great, big, etc. (with emphatic force, often after *good*): *a good solid blow*. **16.** united in opinion, policy, etc.; unanimous. –n. **17.** a body or magnitude having three dimensions (length, breadth, and thickness). **18.** a solid substance or body. **19.** (*plural*) food that is not in liquid form: *milk solids*. **–solidify** v. **–solidity** /sǝ'lɪdǝti/ n. **–solidly** adv. **–solidness**

solidarity /sɒlǝ'dærǝti/ n. **-ties**. **1.** union or fellowship arising from common responsibilities and interests, such as between members of a group or between classes, peoples, etc. **2.** community of interests, feelings, purposes, etc.

solid-state /'sɒlǝd-steɪt/ adj. **1.** *Physics* having to do with the structure and properties of solids. **2.** *Electronics* having to do with electronic devices which are composed of components in the solid state as transistors, semiconductor diodes, integrated circuits, etc.

solidus /'sɒlǝdǝs/ n. **-di** /-daɪ/. **1.** a Roman gold coin introduced by Constantine. **2.** the shilling mark, a sloping line [/] representing the old long form of the letter s (abbreviation of solidus) generally used as a dividing line, as in dates, fractions, etc.; diagonal.

soliloquy /sǝ'lɪlǝkwi/ n. **-quies**. the act of talking when alone or as if alone; an utterance or discourse by someone who is talking to himself or herself or is regardless of any hearers present.

solitaire /'sɒlǝtɛǝ/ n. **1.** a game played by one person alone, as a game played with marbles or pegs on a board having hollows or holes. **2.** *US* → **patience** (def. 4). **3.** a precious stone, especially a diamond, set by itself, as in a ring.

solitary /'sɒlǝtri/ adj., n. **-ries**. –adj. **1.** quite alone; without companions; unattended. **2.** being the only one or ones: *a solitary exception*. **3.** (of a place) marked by solitude; unfrequented, secluded, or lonely. **4.** *Zoology* (of certain wasps) not social. –n. **5.** someone who lives alone. **–solitarily** adv. **–solitariness** n.

solitude /'sɒlǝtjud/ n. **1.** the state of being or living alone; seclusion. **2.** remoteness from habitations, as of a place; absence of human life or activity.

solmisation = **solmization** /sɒlmǝ'zeɪʃǝn/ n. *Music* the act, process, or system of using certain syllables, especially the solfa syllables, to represent the notes of the scale.

solo /'souloʊ/ n. **-los** or **-li** /-li/, adj., adv. –n. **1.** a musical composition performed by or intended for one singer or player, with or without accompaniment. **2.** any performance, as a dance, by one person. **3.** a flight in an aeroplane during which the aviator is unaccompanied by an instructor or other person. –adj. **4.** *Music* performing alone, as an instrument or its player. **5.** performed alone; not combined with other parts of equal importance; not concerted. **6.** alone; without a companion or partner: *a solo flight in an aeroplane*. –adv. **7.** alone: *he made his first flight solo*. –phr. **8. go solo**, **a.** to undertake an enterprise, activity, etc., alone. **b.** to leave a group and embark upon a solo career. **–soloist** n.

so long interj. *Colloquial* goodbye.

solstice /'sɒlstǝs/ n. **1.** *Astronomy* either of the two times in the year when the sun is at its greatest distance from the celestial equator, about June 21st and about December 22nd (called respectively, in the Southern Hemisphere, **winter solstice** and **summer solstice**). **2.** either of the two points in the ecliptic farthest from the equator. **3.** a farthest or culminating point; a turning point. **–solstitial** /sɒl'stɪʃǝl/ adj.

soluble /'sɒljǝbǝl/ adj. **1.** capable of being dissolved or liquefied. **2.** capable of being solved or explained. **–solubility** n. **–solubleness** n. **–solubly** adv.

solution /sǝ'luʃǝn/ n. **1.** the act of solving a problem, etc., or the state of being solved. **2.** a particular instance or method of solving; explanation or answer. **3.** *Mathematics* **a.** the act of determining the answer to a problem. **b.** the answer. **4.** the act by which a gas, liquid, or solid is spread out evenly in a gas, liquid, or solid without chemical change. **5.** the fact of being dissolved; dissolved state: *salt in solution*. **6.** a mixture of two or more substances when the molecules are perfectly mixed.

solve /sɒlv/ v.t. **solved**, **solving**. **1.** to clear up or explain; find the answer to. **2.** to work out the answer or solution to (a mathematical problem). **–solver** n.

solvent /'sɒlvǝnt/ adj. **1.** able to pay all just debts. **2.** having the power of dissolving; causing solution. –n. **3.** the component of a solution which dissolves the other component: *water is a solvent for sugar*. **4.** something that solves or explains.

somatic /soʊ'mætɪk/ adj. **1.** *Anatomy*, *Zoology* relating to the body of an animal, or more especially to its walls, as distinguished from the viscera, limbs, and head. **2.** *Biology* relating to the soma. **3.** of the body; bodily; physical.

sombre /'sɒmbǝ/ adj. **1.** gloomily dark, shadowy, or dimly lit. **2.** dark and dull, as colour, or as things in respect to colour. **3.** gloomy, depressing, or dismal. Also, *US*, **somber**. **–sombrely** adv. **–sombreness** n.

sombrero /sɒm'brɛǝroʊ/ n. **-ros**. a broad-brimmed hat, usually of felt, worn in Spain, Mexico, the south-western US, etc.

some /sʌm/ *weak form* /sǝm/ det. **1.** being one thing or person not named: *some poor fellow*. **2.** certain (with plural nouns): *some friends of mine*. **3.** of a certain unspecified number, amount, degree, etc.: *some variation*. **4.** unspecified but fairly large in number, amount, degree, etc.: *he was here for some weeks*. **5.** (used to show an approximate amount): *some four or five of us*; *some little value*.

-some 6. *Colloquial* great or important: *that was some storm!* –*pron.* **7.** certain people, instances, etc., not named: *some think he is dead.* **8.** an unstated number, amount, etc., as distinguished from the rest: *some of this is useful.*

-some[1] suffix found in some adjectives showing especially a tendency, as in *quarrelsome, burdensome.*

-some[2] collective suffix used with numerals, as in *twosome, threesome, foursome.*

-some[3] a word element meaning 'body', as in *chromosome.*

somebody /'sʌmbɒdi, 'sʌmbədi/ *pron., n.* **-bodies.** –*pron.* **1.** some person. –*n.* **2.** a person of some note or importance.

somehow /'sʌmhaʊ/ *adv.* **1.** in some way not specified, apparent, or known. –*phr.* **2. somehow or other,** in a way not as yet determined.

someone /'sʌmwʌn/ *pron., n.* somebody.

somersault /'sʌməsɔlt, -sɒlt/ *n.* **1.** an acrobatic movement of the body in which it describes a complete revolution, heels over head. **2.** a complete overturn or reversal, as of opinion. –*v.i.* **3.** to perform a somersault.

somewhat /'sʌmwɒt/ *adv.* **1.** in some measure or degree; to some extent. –*n.* **2.** some part, portion, amount, etc.

somewhere /'sʌmwɛə/ *adv.* **1.** in or at some place not specified, determined, or known. **2.** to some place not specified or known. **3.** at or to some point in amount, degree, etc., not precisely specified: *he is somewhere about 60.* **4.** at some point of time not precisely specified: *this happened somewhere between 3 o'clock and 5 o'clock.* –*n.* **5.** an unspecified or uncertain place.

somnambulism /sɒm'næmbjəlɪzəm/ *n.* the fact or habit of walking about, and often of performing various other acts, while asleep; sleepwalking. –**somnambulist** /sɒm'næmbjələst/ *n.* –**somnambulistic** /sɒm,næmbjə'lɪstɪk/ *adj.*

somnolent /'sɒmnələnt/ *adj.* sleepy; drowsy. tending to cause sleep. –**somnolence, somnolency** *n.* –**somnolently** *adv.*

son /sʌn/ *n.* **1.** a male child or person in relation to his parents. **2.** someone adopted legally as a son. **3.** a male descendant. **4.** someone related as if by ties of sonship. **5.** a male person looked upon as the product or result of particular agencies, forces, influences, etc.: *sons of liberty.* **6.** (a familiar term of address to a man or boy from an older person). –*phr.* **7. the Son,** the second person of the Trinity; Jesus, the Christ.

sonar /'soʊna/ *n.* **1.** any device or method of echo ranging or echolocation involving underwater sonics. **2.** an echo sounder. Also, **SONAR.**

sonata /sə'natə/ *n. Music* an extended instrumental composition usually in several (commonly three or four) movements in contrasted moods and keys, each movement being developed with a balanced form in mind.

sonatina /sɒnə'tinə/ *n.* **-tinas** or **-tine** /-tineɪ/. *Music* a short or simplified sonata.

song /sɒŋ/ *n.* **1.** a short metrical composition combining words and music; a ballad; a lyric. **2.** a piece adapted for singing or simulating a piece to be sung: *Mendelssohn's 'Songs without Words'.* **3.** the act or art of singing; vocal music. **4.** that which is sung. **5.** the musical or tuneful sounds produced by certain birds, insects, etc. **6.** the complex series of repeated vocal phrases made by a humpback whale. –*phr.* **7. for a song,** at a very low price. **8. make a song and dance about,** *Colloquial* to make a fuss about.

song lark *n.* either of two warblers of the genus *Cinclorhamphus,* found generally throughout Australia and noted for their song.

songline /'sɒŋlaɪn/ *n.* a path made by the ancestors in the Dreaming and recorded in the songs of the Aboriginal tribes living along its sometimes very great length; dreaming track.

sonic /'sɒnɪk/ *adj.* **1.** having to do with sound waves. **2.** having to do with a speed approximating that of the propagation of sound.

son-in-law /'sʌn-ɪn-lɔ, -ən-/ *n.* **sons-in-law.** the husband of one's daughter.

sonnet /'sɒnət/ *n. Prosody* a poem, properly expressive of a single complete thought, idea, or sentiment, of 14 lines (usually in 5-foot iambic metre) with rhymes arranged according to one of certain definite schemes. –**sonneteer** /sɒnə'tɪə/ *n.*

sonorous /'sɒnərəs/ *adj.* **1.** giving out, or capable of giving out, a sound, especially a deep resonant sound, as a thing or a place. **2.** loud, deep, or resonant, as a sound. **3.** rich and full in sound, as language, verse, etc. **4.** grandiloquent: *a sonorous address.* –**sonorously** *adv.* –**sonorousness** *n.*

-sonous a word element used in adjectives to refer to sounds, as in *unisonous.*

sook /sʊk/ *n. Australian, NZ* **1.** Also, **sookie.** a poddy calf. **2.** (usually of children) a timid, shy, cowardly person; a cry-baby. –**sooky** *adj.*

sool /sul/ *Australian, NZ* –*v.t.* **1.** to attack: *sool him!* –*phr.* **2. sool off,** to chase away. **3. sool on,** *Colloquial* **a.** to incite (a dog, etc.) to attack or chase an animal or person. **b.** to urge or incite (someone) to do something.

soon /sun/ *adv.* **1.** within a short period after this (or that) time, event, etc.: *we shall soon know.* **2.** before long; in the near future; at an early date. **3.** promptly or quickly. **4.** readily or willingly: *I would as soon walk as ride.*

soot /sʊt/ *n.* a black carbonaceous substance produced during the imperfect combustion of coal, wood, oil, etc., rising in fine particles and adhering to the sides of the chimney or pipe conveying the smoke.

soothe /suð/ *v.* **soothed, soothing.** –*v.t.* **1.** to tranquillise or calm, as a person, the feelings, etc.; relieve, comfort, or refresh. **2.** to mitigate, assuage, or allay, as pain, sorrow, doubt, etc. –*v.i.* **3.** to exert a soothing influence; bring tranquillity, calm, ease, or comfort. –**soother** *n.* –**soothing** *adj.* –**soothingly** *adv.*

soothsayer /'suθseɪə/ *n.* someone who professes to foretell events.

sooty shearwater /suti 'ʃɪəwɔtə/ *n.* a brown bird with pale wing linings, *Puffinus griseus,* breeding in south-eastern Australia, New Zealand and some Southern Hemisphere islands; king muttonbird.

sop /sɒp/ *n., v.* **sopped, sopping.** –*n.* **1.** piece of bread, etc., dipped in milk, soup, etc. **2.** anything thoroughly soaked. **3.** something given to pacify or quieten, or as a bribe. **4.** *Colloquial* a weak or cowardly person. –*v.t.* **5.** to dip or soak. **6.** to take or soak up (water, etc.) (usually followed by *up*): *The cloth will sop up the water.*

sophism /'sɒfɪzəm/ *n.* **1.** a specious but fallacious argument, used to display ingenuity in reasoning or to deceive someone. **2.** any false argument; a fallacy.

sophist /'sɒfəst/ *n.* **1.** someone who reasons adroitly and speciously rather than soundly. **2.** a person of learning. –**sophistic** /sə'fɪstɪk/, **sophistical** /sə'fɪstɪkəl/ *adj.* –**sophistry** *n.*

sophisticated /sə'fɪstəkeɪtəd/ *adj.* **1.** (of a person, the ideas, tastes, manners, etc.) altered by education, experience, etc., to be worldly-wise; changed from the natural character or simplicity; refined; artificial. **2.** of intellectual complexity; reflecting a high degree of skill, intelligence, etc.; subtle:

sophistication

sophisticated music. **3.** deceptive; misleading. **4.** (of machinery, etc.) complex; intricate. **–sophisticate** *v.*

sophistication /səfɪstə'keɪʃən/ *n.* **1.** sophisticated character, ideas, tastes, or ways as the result of education, worldly experience, etc. **2.** change from the natural character or simplicity, or the resulting condition. **3.** impairment or debasement, as of purity or genuineness. **4.** the use of sophistry; a sophism or quibble. **5.** advanced refinement or complexity: *solid-state technology has advanced electronics to a new level of sophistication.*

-sophy a word element referring to systems of thought, as in *theosophy.*

soporific /sɒpə'rɪfɪk/ *adj.* **1.** causing or tending to cause sleep. **2.** relating to or characterised by sleep or sleepiness; sleepy; drowsy. *–n.* **3.** something causing sleep, as a drug or medicine.

sopping /'sɒpɪŋ/ *adj.* soaked; drenched: *his coat was sopping after the storm.*

soppy /'sɒpi/ *adj.* **-pier, -piest. 1.** soaked, drenched, or very wet, as ground. **2.** rainy, as weather. **3.** *Colloquial* excessively sentimental; mawkish; silly. **–soppily** *adv.* **–soppiness** *n.*

soprano /sə'prænoʊ/ *n.* **-nos** or **-ni,** /-ni/ *adj. Music* *–n.* **1.** the uppermost part or voice. **2.** the highest singing voice in women and boys. **3.** a part for such a voice. **4.** a singer with such a voice. *–adj.* **5.** having to do with the soprano; having the compass of a soprano.

sorbet /'sɔbeɪ, 'sɔbət/ *n.* a light frozen dish made with fruit, egg whites, etc., and sometimes flavoured with liqueur or wine, served between the courses of a meal to clear the palate or as a dessert. Also, **sherbet.**

sorcery /'sɔsəri/ *n.* **-ries.** the art, practices, or spells of a sorcerer; magic, especially black magic in which supernatural powers are exercised through the aid of evil spirits; witchcraft. **–sorcerer** *n.* **–sorcerous** *adj.*

sordid /'sɔdəd/ *adj.* **1.** dirty or filthy; squalid. **2.** morally mean or ignoble: *sordid gains.* **3.** meanly selfish, self-seeking, or mercenary. **–sordidly** *adv.* **–sordidness** *n.*

sore /sɔ/ *adj.* **sorer, sorest,** *n. –adj.* **1.** physically painful or sensitive, as a wound, hurt, diseased part, etc. **2.** suffering bodily pain from wounds, bruises, etc., as a person. **3.** suffering mental pain; grieved, distressed, or sorrowful: *to be sore at heart.* **4.** causing great mental pain, distress, or sorrow: *a sore bereavement.* **5.** causing very great suffering, misery, hardship, etc.: *sore need.* **6.** *Colloquial* irritated, offended, or feeling aggrieved: *what are you sore about?* **7.** being an occasion of annoyance or irritation: *a sore subject.* *–n.* **8.** a sore spot or place on the body. *–phr.* **9. a sore point,** a matter about which a sense of grievance, disappointment, etc., is felt: *Martha's remarriage was a sore point with George.* **10. done up like a sore finger (or toe),** *Australian Colloquial* dressed up in one's best clothes. **11. stand (or stick) out like a sore finger (or toe) (or thumb),** *Colloquial* to catch the eye by virtue of a contrast with surrounding people or objects. **–sorely** *adv.* **–soreness** *n.*

sorghum /'sɔgəm/ *n.* a cereal grass, *Sorghum bicolor,* of many varieties.

sorrel¹ /'sɒrəl/ *n.* **1.** light reddish brown. **2.** a horse of this colour. *–adj.* **3.** having the colour sorrel.

sorrel² /'sɒrəl/ *n.* **1.** any of various plants of the genus *Rumex* and related genera, having succulent acid leaves often used in salads, sauces, etc. **2.** any of various similar plants.

sorrow /'sɒroʊ/ *n.* **1.** distress caused by loss, affliction, disappointment, etc.; grief, sadness, or regret. **2.** a cause or occasion of grief or regret. **3.** an affliction, misfortune, or trouble. *–v.i.* **4.** to feel sorrow; grieve. **–sorrower** *n.* **–sorrowful** *adj.*

sorry /'sɒri/ *adj.* **-rier, -riest. 1.** feeling regret, compunction, sympathy, pity, etc.: *to be sorry for a remark.* **2.** of a deplorable, pitiable, or miserable kind: *to come to a sorry end.* **3.** sorrowful, grieved, or sad. **4.** associated with sorrow; suggestive of grief or suffering; melancholy; dismal. **5.** wretched, poor, mean, or pitiful: *a sorry horse.* **–sorrily** *adv.* **–sorriness** *n.*

sort /sɔt/ *n.* **1.** a particular kind, species, variety, class, group, or description, as distinguished by the character or nature: *to discover a new sort of mineral.* **2.** character, quality, or nature. **3.** a more or less adequate or inadequate type or example of something: *he's some sort of friend.* **4.** manner, fashion, or way. **5.** (*usually plural*) *Printing* one of the kinds of characters of a font of type. **6.** *Colloquial* a person described in terms of attractiveness: *a drack sort.* *–v.t.* **7.** to arrange according to sort, kind, or class; separate into sorts; classify. **8.** *Agriculture* to prepare (wool) for processing by breaking up fleeces into bales of matching types according to quality, number, length, and colour. *–phr.* **9. a good sort,** *Colloquial* **a.** one who is likeable, trustworthy, reliable. **b.** a sexually attractive woman or man. **10. of sorts, a.** of a mediocre or poor kind. **b.** of one sort or another; of an indefinite kind. **11. out of sorts, a.** not in a normal condition of good health, spirits, or temper. **b.** *Printing* short of certain characters of a font of type. **12. sort of,** to a certain extent; in some way; as it were. **13. sort out, a.** to separate or take out from a miscellany. **b.** to deal with: *to sort the matter out.* **14. sort someone out, a.** to attend to someone's needs. **b.** to assert a point of view so as to override a conflicting view from someone else, sometimes with violence. **15. sort with,** to assign to (a particular class, group, or place). **–sortable** *adj.* **–sorter** *n.*

sortie /'sɔti/ *n., v.* **-tied, -tieing.** *–n.* **1.** a sally of troops from a besieged place to attack the besiegers. **2.** a body of troops making such a sally. **3.** the flying of a military aircraft on a mission, as a bombing raid. *–v.i.* **4.** to go out on a sortie.

SOS /ɛs oʊ 'ɛs/ *n.* **1.** the letters represented by the radio telegraphic signal used, as by ships in distress, to call for help. **2.** any call for help.

so-so /'soʊ-soʊ, soʊ-'soʊ/ *adj.* **1.** indifferent; neither very good nor very bad. *–adv.* **2.** in an indifferent or passable manner; indifferently; tolerably.

sot /sɒt/ *n.* **1.** a confirmed drunkard. **2.** someone befuddled by drink. **–sottish** *adj.*

sotto voce /sɒtoʊ 'voʊtʃeɪ/ *adv.* in a low tone intended not to be overheard.

soufflé /'sufleɪ/ *n.* **1.** a light baked dish made fluffy with beaten eggwhites combined with egg yolks, white sauce, and fish, cheese, or other ingredients. **2.** a similar sweet or savoury cold dish like a mousse. *–adj.* **3.** puffed-up; made light, as by beating and cooking.

sought /sɔt/ *v.* past tense and past participle of **seek.**

soul /soʊl/ *n.* **1.** the principle of life, feeling, thought, and action in humans, believed to be separate in existence from the body, and living after death; the spiritual part of humans as distinct from the physical. **2.** high-mindedness; noble warmth of feeling, spirit or courage, etc. **3.** a leader or inspirer of some movement, etc.; moving spirit: *he was the soul of the Resistance.* **4.** the spirit of a dead person. **5.** a human being; person: *she was a kindly soul.* **–soulful** *adj.*

sound¹ /saʊnd/ *n.* **1.** the sensation produced in the organs of hearing when certain vibrations (**soundwaves**) are caused in the surrounding air

sound — or other elastic medium, as by a vibrating body. **2.** the vibrations in the air, or vibrational energy, producing this sensation; longitudinal vibrations are propagated at about 335 metres per second. **3.** the particular auditory effect produced by a given cause: *the sound of music*. **4.** any auditory effect, or vibrational disturbance such as to be heard. **5.** a noise, vocal utterance, musical note, or the like. **6.** the recorded music, dialogue, background noise, etc., for a film or videotape (opposed to *vision*). **7.** *Phonetics* a segment of speech corresponding to a single articulation or to a combination of articulations constantly associated in the language; a phone. **8.** the quality of an event, letter, etc., as it affects a person: *this report has a bad sound*. *–v.i.* **9.** to make or emit a sound. **10.** to give forth a sound as a call or summons. **11.** to be heard, as a sound. *–v. (copular)* **12.** to convey a certain impression when heard or read: *to sound strange*. **13.** to emit sound as specified: *to sound loud*. **14.** to give the appearance of being: *his account sounds true*. *–v.t.* **15.** to cause (an instrument, etc.) to make or emit a sound. **16.** to give forth (a sound). **17.** to announce, order, or direct by a sound as of a trumpet: *to sound a retreat*. **18.** to utter audibly, pronounce, or express: *to sound each letter*. **19.** to examine by percussion or auscultation. *–adj.* **20.** of, relating to, or by the medium of radio broadcasting (as opposed to television broadcasting). *–phr.* **21. sound off**, *Colloquial* **a.** to speak or complain frankly. **b.** to speak angrily; lose one's temper. **c.** to boast; exaggerate. **d.** *US* to call one's name, sequence, number, etc. **–soundless** *adj.* **–soundlessly** *adv.* **–sounder** *n.*

sound² /saund/ *adj.* **1.** free from injury, damage, decay, defect, disease, etc.; in good condition; healthy; robust: *a sound heart*. **2.** financially strong, secure, or reliable: *a sound business*. **3.** reliable: *sound judgment*. **4.** without defect as to truth, justice, or reason: *sound advice*. **5.** of substantial or enduring character: *sound value*. **6.** without logical defect, as reasoning. **7.** without legal defect, as a title. **8.** free from moral defect or weakness; upright, honest, or good; honourable; loyal. **9.** unbroken and deep, as sleep. **10.** vigorous, hearty, or thorough, as a beating. *–adv.* **11.** in a sound manner. *–phr.* **12. sound as a bell**, in perfect health or condition. **–soundly** *adv.* **–soundness** *n.*

sound³ /saund/ *v.t.* **1.** to measure or try the depth of (water, a deep hole, etc.) by letting down a lead or plummet at the end of a line or by some equivalent means. **2.** to measure (depth) in such a manner, as at sea. **3.** to examine or test the bottom of water, etc.) with a lead that brings up adhering bits of matter. *–v.i.* **4.** to use the lead and line, (or some other device) for measuring depth, etc., as at sea. **5.** to go down or touch bottom, as a lead. **6.** to plunge downwards or dive, as a whale. *–n.* **7.** *Surgery* a long, solid, slender instrument for sounding or exploring body cavities or canals. *–phr.* **8. sound someone out**, (sometimes fol. by *on*) to seek to elicit the views or sentiments of someone by indirect inquiries, etc.

sound⁴ /saund/ *n.* **1.** a relatively narrow passage of water, not a stream, between larger bodies or between the mainland and an island: *Marlborough Sounds*. **2.** an inlet, arm, or recessed portion of the sea: *Milford Sound*. **3.** the air bladder of a fish.

sound barrier *n.* a point near the speed of sound at which an aircraft or projectile meets a sudden increase in air resistance and creates a shock wave; a sonic barrier. This point is viewed as a barrier separating subsonic from supersonic speed.

sound bite *n. Radio, TV* a small segment of an audio interview, selected for its newsworthiness or interest.

sound effect *n. (usually plural)* any sound other than speech or music forming part of a radio or television program or a film and used to create an effect, as the noise of a train, storm, gunfire, etc.

soundtrack /'saundtræk/ *n.* **1.** a strip at the side of a cinema film which carries the sound recording. **2.** such a recording, especially when transferred on to a gramophone record, cassette or CD.

soup /sup/ *n.* **1.** a liquid food made from meat, fish, or vegetables, with various added ingredients, by boiling or simmering. **2.** *Surfing, Colloquial* foaming water, caused by the breaking of a wave. *–phr.* **3. in the soup**, *Colloquial* in trouble. **4. soup up**, *Colloquial* to modify (the engine of a motor vehicle) in order to increase its power: *to soup up a motorbike*.

soupçon /'supsɒn/ *n.* **1.** a suspicion; a slight trace or flavour. **2.** a very small amount.

sour /'sauə/ *adj.* **1.** having an acid taste, such as that of vinegar, lemon juice, etc.; tart. **2.** fermented: *sour milk*. **3.** harsh in spirit or temper; austere; morose; embittered; peevish. **4.** *Agriculture* (of soil) having excessive acidity. *–v.t.* **5.** to make sour. *–v.i.* **6.** to become sour. **–sourish** *adj.* **–sourly** *adv.* **–sourness** *n.*

source /sɔs/ *n., v.* **sourced**, **sourcing**. *–n.* **1.** any thing or place from which something comes, arises, or is obtained; origin. **2.** a spring of water from the earth, etc., or the place of issue; a fountain; the beginning or place of origin of a stream or river. **3.** a book, statement, person, etc., supplying information. *–v.t.* **4.** to establish the source of or the authority for (a statement, document, etc.). **5.** to obtain (a product) from a particular producer.

souse /saus/ *v.* **soused**, **sousing**, *n. –v.t.* **1.** to plunge into water or other liquid. **2.** to soak with water, etc. *–v.i.* **3.** to plunge into water, etc.; fall with a splash. **4.** to become soaked with water, etc. *–n.* **5.** the act of sousing.

south /sauθ/ *n.* **1.** a cardinal point of the compass directly opposite to the north. **2.** the direction in which this point lies. *–adj.* **3.** lying towards or situated in the south. **4.** directed or proceeding towards the south. **5.** coming from the south, as a wind. **6.** *(also cap.)* designating the southern part of a region, nation, country, etc.: *South Pacific*. *–adv.* **7.** towards or in the south. **8.** from the south. *–phr.* **9. the south**, *(also cap.)* a quarter or territory situated in a southern direction. Also, *especially Nautical*, **sou'** /sau/.

south-east /sauθ-'ist/ *n.* **1.** the point or direction midway between south and east. **2.** a region in this direction. *–adj.* **3.** situated in, proceeding towards, or coming from the south-east. *–adv.* **4.** towards, in, or from the south-east. Also, *especially Nautical*, **sou'-east**. **–south-eastern** *adj.* **–south-easterner** *n.*

southerly /'sʌðəli/ *adj.* **1.** moving, directed, or situated towards the south. **2.** coming from the south, as a wind. *–adv.* **3.** towards the south. **4.** from the south. *–n.* **5.** a wind from the south. **–southerliness** *n.*

southerly buster *n.* a violent, cold southerly wind blowing on the south-eastern coast of Australia, causing a sudden drop in temperature and often accompanied by dust squalls.

southern /'sʌðən/ *adj.* **1.** lying towards or situated in the south. **2.** directed or proceeding southwards. **3.** coming from the south, as wind. **4.** *(cap.)* of or relating to the South.

Southern Hemisphere *n.* the half of the earth

southern lights *pl. n.* the aurora of the Southern Hemisphere.

South Pole *n.* that end of the earth's axis of rotation marking the southernmost point of the earth.

south-west /saʊθ-'wɛst/ *n.* **1.** the point or direction midway between south and west. **2.** a region in this direction. *–adj.* **3.** situated in, proceeding towards, or coming from the south-west. *–adv.* **4.** towards, in or from the south-west. Also, *Chiefly Nautical*, **sou'-west** /saʊ-'wɛst/. **–south-western** *adj.*

souvenir /suvə'nɪə/ *n.* **1.** something given or kept for remembrance; a memento. **2.** a memory. *–v.t.* **3.** *Colloquial* to pilfer.

sou'wester /saʊ'wɛstə/ *n.* a waterproof hat, usually of oilskin, having the brim very broad behind, worn especially by seamen.

sovereign /'sɒvrən/ *n.* **1.** a king or queen; monarch. **2.** someone who has the highest power or authority. **3.** a former British gold coin. *–adj.* **4.** having supreme rank, power, or authority. **5.** being above all others in character, importance, excellence, etc. **–sovereignly** *adv.*

soviet /'soʊvɪət, 'sɒv-/ *n.* **1.** (in Russia, before the 1917 revolution) a council of any kind, presumably elected by all. **2.** (in the Soviet Union, after the revolution) **a.** a local council, originally elected only by manual workers, with certain powers of local administration. **b.** a higher local council elected by a local council, part of a pyramid of soviets, culminating in the **Supreme Soviet**. **3.** any similar assembly connected with a socialist governmental system elsewhere. *–adj.* **4.** of a soviet.

sow[1] /soʊ/ *v.* **sowed**, **sown** *or* **sowed**, **sowing**. *–v.t.* **1.** to scatter (seed) over land, earth, etc., for growth; plant (seed, and hence a crop). **2.** to scatter seed over (land, earth, etc.) for the purpose of growth. **3.** to introduce for development; seek to propagate or extend; disseminate: *to sow distrust or dissension.* **4.** to strew or sprinkle with anything. *–v.i.* **5.** to sow seed, as for the production of a crop. **–sower** *n.*

sow[2] /saʊ/ *n.* **1.** an adult female pig. **2.** the adult female of various other animals. **3.** *Metallurgy* a mould of larger size than a pig. **4. a.** *Metallurgy* a channel which conducts the molten metal to the rows of moulds in the pig bed. **b.** a mass of metal solidified in such a channel or mould. **5.** *Metallurgy* an accretion that frequently forms in the hearth or crucible of a furnace and which consists mainly of iron.

soya bean /'sɔɪjə bin/ *n.* **1.** a bushy, leguminous plant, *Glycine max*, of south-east Asia. **2.** the seed of this plant which is used as food, livestock feed, etc., and which yields an oil used as a food and in the manufacture of soap, candles, etc. Also, **soy**, **soybean**.

soya sauce *n.* a salty dark brown sauce, made by fermenting soya beans in brine. Also, **soy sauce**.

sozzled /'sɒzəld/ *adj. Colloquial* drunk.

spa /spɑ/ *n.* **1.** a mineral spring, or a locality in which such springs exist. **2.** a spa bath or spa pool.

spa bath *n.* a bath equipped with submerged water jets which create water turbulence.

space /speɪs/ *n., v.* **spaced**, **spacing**. *–n.* **1.** the unlimited or indefinitely great general receptacle of things, commonly conceived as an expanse extending in all directions (or having three dimensions), in which, or occupying portions of which, all material objects are located. **2.** the portion or extent of this in a given instance; extent or room in three dimensions: *the space occupied by a body.* **3.** the part of the universe which lies outside the earth's atmosphere in which the density of matter is very low; outer space. **4.** extent or area; a particular extent of surface: *to fill in blank spaces in a document.* **5.** the area or position for a person to stand, sit, etc.: *save me a space in the queue.* **6.** linear distance; a particular distance: *trees set at equal spaces apart.* **7.** extent, or a particular extent, of time: *a space of two hours.* **8.** *Music* one of the degrees or intervals between the lines of the stave. *–v.t.* **9.** to fix the space or spaces of; divide into spaces. **10.** to set some distance apart. *–phr.* **11. space out**, **a.** to extend (a text, document, etc.) by inserting more space or spaces. **b.** to extend over a period of time: *to space out drinks over an evening.* **c.** to become relaxed and vague, by or as by the use of drugs.

space age *n.* the period in human history when exploration of and travel in space has been possible.

space-age /'speɪs-eɪdʒ/ *adj.* **1.** having to do with the space age, especially with its advanced technology. **2.** ultra-modern; highly sophisticated: *a car with space-age styling.*

space blanket *n.* a light plastic blanket coated with aluminium foil on one or both sides, designed to reflect body heat back toward the body.

spacecraft /'speɪskrɑft/ *n.* a vehicle capable of travelling in space.

spaced-out /speɪst-'aʊt/ *adj.* in a euphoric or dreamy state, under or as if under the influence of a hallucinogen. Also (*especially in predicative use*), **spaced out**.

space shuttle *n.* a re-usable rocket-propelled spacecraft designed to transport equipment and personnel between earth and a satellite.

space-time /speɪs-'taɪm/ *n.* **1.** a four-dimensional continuum in which the coordinates are the three spatial coordinates and time. The events and objects of any spatial and temporal region may be conceived as part of this continuum. *–adj.* **2.** having to do with any system with three spatial and one temporal coordinates. **3.** having to do with both space and time.

spacious /'speɪʃəs/ *adj.* **1.** containing much space, as a house, room, court, street, etc.; amply large. **2.** occupying much space; vast. **3.** of a great extent or area; broad; large; great. **4.** broad in scope, range, inclusiveness, etc. **–spaciously** *adv.* **–spaciousness** *n.*

spade[1] /speɪd/ *n., v.* **spaded**, **spading**. *–n.* **1.** a tool for digging, having an iron blade adapted for pressing into the ground with the foot, and a long handle commonly with a grip or crosspiece at the top. *–v.t.* **2.** to dig, cut, or remove with a spade. *–phr.* **3. call a spade a spade**, to call a thing by its real name; speak plainly or bluntly. **–spadeful** /'speɪdfʊl/ *n.*

spade[2] /speɪd/ *n.* **1.** a black figure shaped like an inverted heart with a short stem at the cusp opposite the point, used on playing cards. **2.** *Colloquial* (*derogatory*) someone of very dark skin, as a Negro, Aborigine, etc.

spadework /'speɪdwɜk/ *n.* preliminary or initial work, especially of a laborious or tedious nature.

spag /spæg/ *n. Colloquial* **1.** spaghetti. **2.** (*derogatory*) an Italian. **3.** (*derogatory*) the Italian language.

spaghetti /spə'gɛti/ *n.* a kind of pasta of Italian origin, made from wheat flour, in long, thin, solid strips or tubes, and cooked by boiling.

span /spæn/ *n., v.* **spanned**, **spanning**. *–n.* **1.** the distance between the tip of the thumb and the tip of the little finger when the hand is fully stretched out. **2.** a unit of length corresponding to this distance, commonly taken as 9 inches or 23 cm. **3.** the distance or space between two supports of a bridge, beam, or arch. **4.** the full stretch of anything: *the span of memory.* *–v.t.* **5.** to measure by the span of a hand. **6.** to extend over or across (a space, a river, etc.): *the bridge spans the river.*

spangle /ˈspæŋɡəl/ *n., v.* **-gled, -gling.** *–n.* **1.** a small, thin, often circular piece of glittering material, as metal, for decorating garments, etc. **2.** any small, bright drop, object, spot, or the like. *–v.t.* **3.** to decorate with spangles.

spaniel /ˈspænjəl/ *n.* a dog of any of various breeds of small or medium size, usually with a long, silky coat and drooping ears, used in hunting and as pets.

spank[1] /spæŋk/ *v.t.* **1.** to strike (a person, usually a child) with the open hand, a slipper, etc., especially on the buttocks, as in punishment. *–n.* **2.** a blow given in spanking; a smart or resounding slap.

spank[2] /spæŋk/ *v.i.* to move quickly, vigorously, or smartly.

spanking[1] /ˈspæŋkɪŋ/ *adj.* **1.** moving rapidly and smartly. **2.** quick and vigorous, as the pace. **3.** blowing briskly, as a breeze. **4.** *Colloquial* unusually fine, great, large, etc.

spanking[2] /ˈspæŋkɪŋ/ *n.* **1.** the act of someone who spanks. **2.** this act administered as a punishment.

spanner /ˈspænə/ *n.* **1.** a tool for catching upon or gripping and turning or twisting the head of a bolt, a nut, a pipe, or the like, commonly consisting of a bar of metal with fixed or adjustable jaws. *–phr.* **2. spanner in the works,** *Colloquial* any cause of confusion or impediment.

spa pool *n.* a small pool, sometimes part of a larger pool, in which heated water is agitated and aerated to massage the bather's muscles.

spar[1] /spa/ *n., v.* **sparred, sparring.** *–n.* **1.** *Nautical* a stout pole such as those used for masts, etc.; a mast, yard, boom, gaff, or the like. **2.** *Aeronautics* a principal lateral member of the framework of a wing of an aeroplane. *–v.t.* **3.** to provide or make with spars.

spar[2] /spa/ *v.* **sparred, sparring,** *n.* *–v.i.* **1.** *Boxing* to make the movements of attack and defence with the arms and fists. **2.** to argue vigorously but not very seriously. *–n.* **3.** a motion of sparring.

spar[3] /spa/ *n.* any of various more or less lustrous, transparent or translucent, easily cleavable crystalline minerals, as fluorspar.

spare /spɛə/ *v.* **spared, sparing,** *adj.* **sparer, sparest,** *n.* *–v.t.* **1.** to refrain from harming or destroying; leave uninjured; forbear to punish: *to spare a fallen adversary.* **2.** to deal gently or leniently with; show consideration for: *to spare a person's feelings.* **3.** to save from strain, discomfort, annoyance, or the like, or from a particular cause of it: *to spare oneself trouble.* **4.** to refrain from, forbear, omit, or withhold, as action or speech. **5.** to refrain from employing, as some instrument, means, aid, etc.: *to spare the rod.* **6.** to set aside for a particular purpose: *to spare land for a garden.* **7.** to part with or let go, as from a supply, especially without inconvenience or loss: *to spare a few cents.* **8.** to dispense with or do without. **9.** to use economically or frugally; refrain from using up or wasting. **10.** to have left over or unused: *we have room to spare.* *–adj.* **11.** kept in reserve, as for possible use: *a spare tyre.* **12.** being in excess of present need; free for other use: *spare time.* **13.** frugally restricted; meagre, as living, diet, etc. **14.** lean or thin, as a person. **15.** scanty or scant, as in amount, fullness, etc. *–n.* **16.** a spare thing, part, etc., as an extra tyre for emergency use. **17.** *Tenpin Bowling* **a.** the knocking down of all the pins in two consecutive bowls. **b.** the score made by bowling a spare. **18.** *Colloquial* → **spare part.** *–phr.* **19. go spare,** *Colloquial* to lose one's temper; become exasperated. *–sparely* *adv.* *–spareness* *n.* *–sparer* *n.*

spare part *n.* a part which replaces a faulty, worn, or broken part of a machine, especially a motor vehicle. Also, **spare**.

sparing /ˈspɛərɪŋ/ *adj.* **1.** that spares; lenient; merciful. **2. sparing of,** frugally restricted in: *sparing of his praises.* *–sparingly* *adv.* *–sparingness* *n.*

spark /spak/ *n.* **1.** an ignited or fiery particle such as is thrown off by burning wood, etc., or produced by one hard body striking against another. **2.** *Electricity* **a.** the light produced by a sudden discontinuous discharge of electricity through air or another dielectric. **b.** the discharge itself. **c.** any electric arc of relatively small energy content. **d.** such a spark in the spark plug of an internal-combustion engine. **e.** the arrangement of devices producing and governing this spark. **3.** a small amount or trace of something. **4.** a trace of life or vitality. *–v.i.* **5.** to emit or produce sparks. **6.** (of the ignition in an internal-combustion engine) to function correctly in forming the sparks. *–v.t.* **7.** *Colloquial* to kindle or stimulate (interest, activity, etc.). *–phr.* **8. spark off,** *Colloquial* to bring about; cause; precipitate.

sparkle /ˈspakəl/ *v.* **-kled, -kling,** *n.* *–v.i.* **1.** (of fire, light, etc.) to come out in or as if in little sparks. **2.** to shine with little gleams of light: *a diamond sparkles.* **3.** to have bubbles of air: *wine sparkling in the glass.* **4.** to be brilliant, lively, or vivacious: *his eyes sparkled.* *–n.* **5.** a little spark. **6.** sparkling appearance or shine: *the sparkle of a diamond.* **7.** brilliance; liveliness or vivacity: *the sparkle in your eyes.*

spark plug *n.* a device inserted in the cylinder of an internal-combustion engine, containing two terminals between which passes the electric spark for igniting the explosive gases. Also, **sparking plug**.

sparrow /ˈspærou/ *n.* a small, hardy, pugnacious weaverbird, *Passer domesticus,* of Europe, introduced into Australia, America, etc., as a destroyer of insects, but now commonly regarded as a pest; house sparrow.

sparrowhawk /ˈspærouhɔk/ *n.* **1.** a small, brownish, square-tailed hawk which preys on smaller birds, the **collared sparrowhawk,** *Accipiter cirocephalus,* of mainland Australia, Tasmania, and New Guinea. **2.** → **nankeen kestrel. 3.** a small European hawk, *Accipiter nisus,* which preys extensively on birds. **4.** an American falcon, *Falco sparverius,* which preys especially on grasshoppers and small mammals.

sparse /spas/ *adj.* **sparser, sparsest. 1.** thinly scattered or distributed: *a sparse population.* **2.** thin; not thick or dense: *sparse hair.* **3.** scanty; meagre. *–sparsely* *adv.* *–sparseness,* **sparsity** /ˈspasəti/ *n.*

Spartan /ˈspatn/ *adj.* **1.** rigorously simple, frugal, or austere; sternly disciplined; brave. *–n.* **2.** a person of Spartan characteristics. *–Spartanism* *n.*

spasm /ˈspæzəm/ *n.* **1.** *Pathology* a sudden, abnormal, involuntary muscular contraction; an affection consisting of a continued muscular contraction (**tonic spasm**), or of a series of alternating muscular contractions and relaxations (**clonic spasm**). **2.** any sudden, brief spell of great energy, activity, feeling, etc.

spasmodic /spæzˈmɒdɪk/ *adj.* **1.** having to do with a spasm; characterised by spasms. **2.** resembling a spasm or spasms; sudden and violent, but brief; intermittent: *spasmodic efforts.* **3.** given to or characterised by bursts of excitement. Also, **spasmodical.** *–spasmodically* *adv.*

spastic /ˈspæstɪk/ *adj.* **1.** relating to, of the nature of, or characterised by spasm, especially tonic spasm. **2.** *Colloquial* idiotic; clumsy. *–n.* **3.** a person exhibiting such spasms, especially one who has cerebral palsy. **4.** *Colloquial* **a.** a fool. **b.** a clumsy person. **–spastically** *adv.* **–spasticity** *n.*

spat[1] /spæt/ *n., v.* **spatted**, **spatting**. *–n.* **1.** a light blow; a slap; a smack. **2.** a petty quarrel. *–v.i.* **3.** to slap. **4.** to engage in a petty quarrel or dispute.

spat[2] /spæt/ *v.* past tense and past participle of **spit**.

spat[3] /spæt/ *n. (usually plural)* a short gaiter worn over the instep, usually fastened under the foot with a strap.

spate /speɪt/ *n.* **1.** a sudden, almost overwhelming, outpouring: *a spate of words.* **2.** a flood or inundation; a state of flood. **3.** a sudden heavy downpour of rain.

spatial /ˈspeɪʃəl/ *adj.* **1.** having to do with space. **2.** existing or occurring in space; having extension in space. **–spatiality** /speɪʃiˈæləti/ *n.* **–spatially** *adv.*

spatio- a word element meaning 'space'.

spatter /ˈspætə/ *v.t.* **1.** to scatter or splash in small particles or drops: *to spatter mud.* *–v.i.* **2.** to send out small particles or drops. *–n.* **3.** the act or sound of spattering: *the spatter of rain on a roof.* **4.** splash or spot of something spattered. **–spatteringly** *adv.*

spatula /ˈspætʃələ/ *n.* an implement with a broad, flat, flexible blade, used for blending foods, mixing drugs, spreading plasters and paints, etc. **–spatular** *adj.*

spawn /spɔn/ *n.* **1.** *Zoology* a mass of sex cells of fishes, amphibians, molluscs, crustaceans, etc., after being shed from the body. **2.** *(usually offensive)* a large number of children. *–v.i.* **3.** to shed eggs and sperm, especially into water. *–v.t.* **4.** to produce (spawn). **5.** to give birth to; give rise to. **6.** *(usually offensive)* to produce (children) in large numbers. **–spawner** *n.*

spay /speɪ/ *v.t.* to remove the ovaries of (a female animal).

SP bookmaker *n.* an unlicensed bookmaker operating off racetracks paying the starting price odds. Also, **SP bookie**. **–SP bookmaking** *n.*

speak /spik/ *v.* **spoke** or *Archaic* **spake**, **spoken**, **speaking**. *–v.i.* **1.** to utter words or articulate sounds with the ordinary (talking) voice. **2.** to make oral communication or mention: *to speak to a person of various matters.* **3.** to converse. **4.** to deliver an address, discourse, etc. **5.** to make a statement in written or printed words. **6.** to make communication or disclosure by any means; convey significance. **7.** to emit a sound, as a musical instrument; make a noise or report. **8.** (of hunting dogs) to give tongue; bay. *–v.t.* **9.** to utter orally and articulately: *to speak words of praise.* **10.** to express or make known with the voice: *to speak the truth.* **11.** to declare in writing or printing, or by any means of communication. **12.** to make known, indicate, or reveal. **13.** to use, or be able to use, in oral utterance, as a language: *to speak French.* *–phr.* **14. so to speak**, to use a certain way of speaking; as one might say. **15. speak for**, **a.** to recommend; intercede for; to act as spokesperson for. **b.** to reserve; bespeak: *this dress is already spoken for.* **16. speak for oneself**, to express only one's own views. **17. speak for yourself**, (an expression of disagreement). **18. speak out**, to express one's views openly and without reserve. **19. speak up**, to speak loudly and clearly. **20. speak well for**, to be favourable evidence for. **21. to speak of**, worth mentioning: *he has no money to speak of.* **–speakable** *adj.*

-speak a suffix denoting the peculiar jargon of a particular business, subculture, or other group, as in *adspeak, bureauspeak.*

speaker /ˈspikə/ *n.* **1.** someone who speaks formally before an audience; an orator. **2.** *(usually cap.)* the presiding officer of the lower house of a parliament, as in the House of Representatives. **3.** a loudspeaker. **–speakership** *n.*

spear[1] /spɪə/ *n.* **1.** a weapon for thrusting or throwing, being a long staff with a sharp head, of iron or steel. *–v.t.* **2.** to pierce with a spear. **–spearer** *n.*

spear[2] /spɪə/ *n.* **1.** a sprout or shoot of a plant; a blade of grass, grain, etc. *–v.i.* **2.** to sprout; shoot; send up or rise in a spear or spears.

spear grass *n.* **1.** a native, dry-weather resistant grass of the genus *Stipa* with narrow leaves, twisted awns, and seeds which are spear-shaped and can cause damage to stock, as plains grass. **2.** either of two native, perennial grasses of the genus *Heteropogon*, found in northern Australia, which can cause damage to livestock with their sharp-pointed seeds. **3.** → **wire grass**. **4.** a New Zealand perennial, umbelliferous plant, *Aciphylla squarrosa*, having a large basal rosette of stiff, narrow leaves about 60cm long and inflorescences up to 3 metres high.

spearhead /ˈspɪəhɛd/ *n.* **1.** the sharp-pointed head which forms the piercing end of a spear. **2.** any person or thing that leads an attack, undertaking, etc. *–v.t.* **3.** to act as a spearhead for.

spearmint /ˈspɪəmɪnt/ *n.* the common garden mint, *Mentha spicata*, an aromatic herb much used for flavouring.

spec /spɛk/ *Colloquial* *–n.* **1.** speculation. *–adj.* **2.** speculative. *–phr.* **3. on spec**, as a guess, risk, or gamble.

spec builder *n.* Australian, NZ someone who builds houses, etc., as a speculative enterprise, rather than under contract.

special /ˈspɛʃəl/ *adj., n., v.* **specialled**, **specialling**. *–adj.* **1.** of a distinct or particular character. **2.** being a particular one; particular, individual, or certain. **3.** relating or peculiar to a particular person, thing, instance, etc.: *the special features of a plan.* **4.** having a particular function, purpose, application, etc.: *a special messenger.* **5.** dealing with particulars, or specific, as a statement. **6.** distinguished or different from what is ordinary or usual: *a special occasion.* **7.** extraordinary; exceptional; exceptional in amount or degree; especial: *special importance.* **8.** especially beloved or favoured: *Myra was special to us.* *–n.* **9.** a special person or thing. **10.** a special train. **11.** an item sold at a special, usually bargain price. **12.** *Australian History* a convict receiving special indulgence because of ability or birth. **13.** a special edition of a newspaper. **14.** a special constable. *–v.t.* **15.** *Australian* (of a nurse) to care for (a patient) as a special responsibility, especially in a private home. *–v.i.* **16.** *Australian* (of a nurse) to special a patient. *–phr.* **17. on special**, *Colloquial* available at a bargain price. **–specially** *adv.*

specialise = **specialize** /ˈspɛʃəlaɪz/ *v.* **-lised**, **-lising**. *–v.i.* **1.** to concentrate on some special line of study, work, etc. **2.** *Biology* to develop characteristics for special purposes. *–v.t.* **3.** *Biology* to change (an organism or one of its organs) to fit it for a special function or environment. **–specialisation** /spɛʃəlaɪˈzeɪʃən/ *n.*

specialist /ˈspɛʃəlɪst/ *n.* **1.** someone who is devoted to one subject, or to one particular branch of a subject or pursuit. **2.** a medical practitioner with advanced qualifications in a particular field of medicine, usually acting as a consultant. **–specialistic** /spɛʃəˈlɪstɪk/ *adj.*

speciality /spɛʃiˈæləti/ *n.* **-ties.** **1.** a special or particular character. **2.** an article of unusual or superior design or quality. **3.** → **specialty**.

specialty /ˈspɛʃəlti/ *n.* **-ties.** *–n.* **1.** a special point or item; a particular detail. **2.** a special study, line

specie — speed

specie of work, or the like. **3.** an article particularly dealt in, manufactured, etc., or one to which the dealer or manufacturer professes to devote special care. **4.** *Law* a special agreement, contract, etc., expressed in an instrument under seal. **5.** → **speciality.** –*phr.* **6. specialty of the house**, a dish by which a restaurant claims to be distinguished from others.

specie /'spiːʃi/ *n.* **1.** coin; coined money. –*phr.* **2. in specie**, **a.** in kind. **b.** (of money) in actual coin.

species /'spiːsiːz, -ʃiz/ *n.* **species**, *adj.* –*n.* **1.** a group of individuals having some common characteristics or qualities; distinct sort or kind. **2.** *Biology* the basic category of biological classification, intended to designate a single kind of animal or plant, any variations existing among the individuals being regarded as not affecting the essential sameness which distinguishes them from all other organisms. **3.** *Logic* **a.** any group contained in a next larger group (the genus). **b.** the sum of those qualities of such a contained group that are common to all members of the group and are sufficient to identify it, i.e. to specify its members. –*adj.* **4.** *Botany* (of a plant) being a natural member of a species (opposed to *cultivar*): *a species grevillea.*

speciesism /'spiːsiːzɪzəm/ *n.* human discrimination against other animal species, especially in regard to the exploitation of certain animals for human benefit.

specific /spə'sɪfɪk/ *adj.* **1.** being particular or definite, describing one type: *specific mention.* **2.** *Zoology, Botany* of or relating to a species: *specific characters.* **3.** *Physics* indicating a physical quantity which has been divided by mass, i.e. quantity per unit mass, as *specific activity, specific charge, specific heat*, etc. –*n.* **4.** something particular; an item; detail. **–specifically** *adv.* **–specificity** /spɛsə'fɪsəti/ *n.*

specification /spɛsəfə'keɪʃən/ *n.* **1.** the act of specifying. **2.** a statement of particulars; a detailed description setting forth the dimensions, materials, etc., for a proposed building, engineering work, or the like. **3.** something specified, as in a bill of particulars; a specified particular, item, or article. **4.** the act of making specific. **5.** the state of having a specific character.

specific gravity *n.* *Physics* the ratio of the mass of a given volume of any substance to that of the same volume of some other substance taken as a standard, water being the standard for solids and liquids, and hydrogen or air for gases; relative density. *Abbrev.*: s.g.

specify /'spɛsəfaɪ/ *v.* **-fied, -fying.** –*v.t.* **1.** to mention or name specifically or definitely; state in detail. **2.** to give a specific character to. **3.** to name or state as a condition. –*v.i.* **4.** to make a specific mention or statement.

specimen /'spɛsəmən/ *n.* **1.** a part or an individual taken as exemplifying a whole mass or number; a typical animal, plant, mineral, part, etc. **2.** *Medicine* a sample of a substance to be examined or tested for a specific purpose. **3.** *Colloquial* a person as a specified kind, or in some respect a peculiar kind, of human being: *he's a poor specimen.*

specious /'spiːʃəs/ *adj.* **1.** apparently good or right but without real merit; superficially pleasing: *specious arguments.* **2.** pleasing to the eye, but deceptive. **–speciously** *adv.* **–speciousness** *n.*

speck /spɛk/ *n.* **1.** a small spot, often different in quality, colour, etc., from its background. **2.** a very little bit or particle. **3.** something appearing small by comparison or by distance. –*v.t.* **4.** to mark with, or as if with, a speck or specks.

speckle /'spɛkəl/ *n., v.* **-led, -ling.** –*n.* **1.** a small speck, spot, or mark, as on skin. **2.** speckled colouring or marking. –*v.t.* **3.** to mark with, or as with, speckles.

spectacle /'spɛktəkəl/ *n.* **1.** anything presented to the sight or view, especially something of a striking kind. **2.** a public show or display, especially on a large scale. **3.** (*plural*) a device to aid defective vision or to protect the eyes from light, dust, etc., consisting usually of two glass lenses set in a frame which rests on the nose and is held in place by pieces passing over or around the ears (often called **a pair of spectacles**). –*phr.* **4. make a spectacle of oneself**, to draw attention to oneself by unseemly behaviour.

spectacular /spɛk'tækjələ/ *adj.* **1.** relating to or of the nature of a spectacle; marked by or given to great display. **2.** dramatic; thrilling. –*n.* **3.** a lavishly produced film, television show, etc. **4.** any lavish entertainment or sporting display, etc. **–spectacularly** *adv.*

spectator /spɛk'teɪtə, 'spɛkteɪtə/ *n.* **1.** someone who looks on; an onlooker. **2.** someone who is present at and views a spectacle or the like.

spectra /'spɛktrə/ *n.* plural of **spectrum**.

spectre /'spɛktə/ *n.* **1.** a visible incorporeal spirit, especially one of a terrifying nature; ghost; phantom; apparition. **2.** some object or source of terror or dread. Also, *US*, **specter**. **–spectral** *adj.*

spectro- a word element representing **spectrum**.

spectroscope /'spɛktrəskoʊp/ *n.* an optical instrument for producing and examining the spectrum of the light or radiation from any source. **–spectroscopic** /spɛktrə'skɒpɪk/, **spectroscopical** /spɛktrə'skɒpɪkəl/ *adj.* **–spectroscopically** /spɛktrə'skɒpɪkli/ *adv.*

spectrum /'spɛktrəm/ *n.* **spectra**. **1.** *Optics* the band of colours (red, orange, yellow, green, blue, indigo, violet) produced when white light passes through a prism. **2.** *Physics* a continuous range of frequencies within which waves have some specified common characteristic (as in audio-frequency spectrum, radio-frequency spectrum, visible spectrum, etc.). **3.** a visual display, a photographic record, or a graph of the intensity of radiation as a function of wavelength, energy, or frequency, etc. **4.** a range of interrelated values, objects, opinions, etc.: *the spectrum of Australian English speech varieties.*

speculate /'spɛkjəleɪt/ *v.i.* **-lated, -lating. 1.** (sometimes fol. by *on* or *upon*) to engage in thought or reflection, or meditate. **2.** to indulge in conjectural thought. **3.** *Commerce* to buy and sell commodities, shares, etc., in the expectation of profit through a change in their market value; engage in any business transaction involving considerable risk, or the chance of large gains. **–speculation** *n.*

sped /spɛd/ *v.* past tense and past participle of **speed**.

speech /spitʃ/ *n.* **1.** the ability or power of speaking; oral communication; expression of human thought and emotion by speech sounds. **2.** something that is spoken; utterance, remark, or declaration. **3.** a series of remarks or statements in spoken language, made by a speaker before an audience. **4.** the form of speech typical of a particular people or area; language or dialect. **5.** manner of speaking, usually of a person.

speed /spid/ *n., v.* **sped** *or* **speeded, speeding**. –*n.* **1.** rapidity in moving, going, travelling, or any proceeding or performance; swiftness; celerity. **2.** *Physics* the ratio of the distance covered by a moving body to the time taken. **3.** *Motor Vehicles* a transmission gear-ratio. **4.** *Photography* a measure of the exposure required by an emulsion. **5.** *Archaic* success or prosperity. **6.** *Colloquial* amphetamines; pep pills. –*v.t.* **7.** to promote the

speedometer — success of (an affair, undertaking, etc.); further, forward, or expedite. **8.** to cause to move, go, or proceed, with speed. **9.** to expedite the going of: *to speed the parting guest.* –*v.i.* **10.** to move, go, pass, or proceed with speed or rapidity. **11.** to drive a vehicle at a rate exceeding the maximum permitted by law. –*phr.* **12. at full speed**, as fast as possible. **13. get** (or **pick**) **up speed**, to accelerate. **14. get up to speed**, to bring oneself up to date. **15. speed up**, **a.** to increase the rate or progress of: *to speed up industrial production.* **b.** to increase in rate or progress. –**speeder** *n.* –**speedster** *n.* –**speedy** *adj.*

speedometer /spɪ'dɒmətə/ *n.* a device attached to a motor vehicle or the like to indicate the rate of travel. Also, **speedo**.

speedway /'spidweɪ/ *n.* **1.** a racing track for motor vehicles, especially motorcycles. **2.** a road or course for fast driving, motoring, or the like, or on which more than ordinary speed is allowed.

speleology /spili'ɒlədʒi/ *n.* the exploration and study of caves. Also, **spelaeology**. –**speleological** /spiliə'lɒdʒɪkəl/ *adj.* –**speleologist** /spili-'ɒlədʒəst/ *n.*

spell¹ /spɛl/ *v.* spelt *or* spelled, spelling. –*v.t.* **1.** to name, write, or otherwise give (as by signals), in order, the letters of (a word, syllable, etc.). **2.** (of letters) to form (a word, syllable, etc.). **3.** Also, **spell out**. to read letter by letter or with difficulty. **4.** to signify; amount to: *this delay spells disaster for us.* –*v.i.* **5.** to name, write, or give the letters of words, etc. **6.** to express words by letters, especially correctly. –*phr.* **7. spell out**, **a.** to discern or find, as if by reading or study. **b.** to make absolutely clear and understandable.

spell² /spɛl/ *n.* **1.** a form of words supposed to possess magic power; a charm, incantation, or enchantment. **2.** any dominating or irresistible influence; fascination.

spell³ /spɛl/ *n.* **1.** a period of work or other activity: *to take a spell at the wheel.* **2.** a turn, bout, fit, or period of anything: *a spell of coughing.* **3.** *Colloquial* (a short) interval or space of time. **4.** a period of weather of a particular kind: *a hot spell.* **5.** an interval or period of rest. –*v.t.* **6.** to take the place of or relieve (a person, etc.) for a time while they rest.

spellbound /'spɛlbaʊnd/ *adj.* bound by, or as by, a spell; enchanted, entranced, or fascinated: *a spellbound audience.*

spellchecker /'spɛltʃɛkə/ *n.* a computer program which checks the spelling of words in a text file for mistakes and suggests correct spellings.

spelling /'spɛlɪŋ/ *n.* **1.** the manner in which words are spelt; orthography. **2.** a group of letters representing a word. **3.** the act of a speller. **4.** the ability to spell or degree of proficiency in spelling.

spelt /spɛlt/ *v.* a past tense and past participle of **spell¹**.

spencer /'spɛnsə/ *n.* **1.** a short coat or jacket, formerly worn by men. **2.** a jacket or bodice, formerly worn by women. **3.** *Australian, NZ* a kind of woman's vest, worn for extra warmth.

spend /spɛnd/ *v.* spent, spending. –*v.t.* **1.** to pay out (money, wealth, resources, etc.); expend; disburse. **2.** to use (labour, thought, words, time, etc.) on some object, in some business, etc. **3.** to pass (time) in a particular manner, place, etc. **4.** to use up; consume; exhaust: *the storm had spent its fury.* **5.** to give (one's blood, life, etc.) for some cause. –*v.i.* **6.** to spend money, etc. –**spendable** *adj.* –**spender** *n.*

spendthrift /'spɛndθrɪft/ *n.* **1.** someone who spends their possessions or money extravagantly or wastefully; a prodigal. –*adj.* **2.** wastefully extravagant; prodigal.

spent /spɛnt/ *v.* **1.** past tense and past participle of **spend**. –*adj.* **2.** used up, consumed, or exhausted.

sperm /spɜm/ *n.* **1.** → **semen**. **2.** a male reproductive cell; a spermatozoon.

sperm- a word element representing **sperm**. Also, **spermo-**.

-sperm a terminal combining form of **sperm**, as in *angiosperm*.

-spermal a word element used to form adjectives related to **sperm**.

spermatozoon /,spɜmətoʊ'zoʊɒn/ *n.* **-zoa** /-'zoʊə/. *Zoology* one of the minute, usually actively motile, gametes in semen, which serve to fertilise the ovum; a mature male reproductive cell. –**spermatozoal**, **spermatozoan**, **spermatozoic** *adj.*

sperm bank *n.* a storage place for sperm which are to be used for artificial insemination.

sperm whale *n.* a large, square-headed whale, *Physeter macrocephalus*, valuable for oil and spermaceti.

spew /spju/ *v.i.* **1.** to discharge the contents of the stomach through the mouth; vomit. –*v.t.* **2.** to eject from the stomach through the mouth; vomit. **3.** to thrust forth or discharge violently. –*n.* **4.** that which is spewed; vomit. –**spewer** *n.*

SPF /ɛs pi 'ɛf/ *n.* the effectiveness of a sunscreen preparation in protecting the skin from ultraviolet radiation, indicated on a scale, usually from 2 to 15. Compare **UPF**. Also, **sun protection factor**.

sphagnum /'sfægnəm/ *n.* any of the bog mosses constituting the genus *Sphagnum*, used by gardeners in potting and packing plants, and (formerly) in surgery for dressing wounds, etc.

sphalerite /'sfælərʌɪt, 'sfeɪlə-/ *n.* a very common mineral, zinc sulfide, ZnS, usually containing some iron and a little cadmium, occurring in yellow, brown, or black crystals or cleavable masses with resinous lustre, the principal ore of zinc and cadmium.

sphere /sfɪə/ *n.* **1.** a round body whose surface is at all points of equal distance from the centre. **2.** anything shaped like a sphere, as a tennis ball. **3.** a heavenly body; planet or star. **4.** *Ancient Astronomy* any of the transparent, spherical shells sharing a common centre, or 'heavens', in which the planets, fixed stars, etc., were supposed to be set. **5.** the place or environment within which a person or thing exists: *He was out of his sphere.* **6.** a particular level of society or walk of life. **7.** a field of something particular: *a sphere of influence.* –**spherelike** *adj.*

-sphere a word element representing **sphere**, as in *planisphere*; having a special use in the names of the layers of gases, etc., surrounding the earth and other celestial bodies, as in *ionosphere*.

spherical /'sfɛrɪkəl/ *adj.* **1.** having the form of a sphere; globular. **2.** formed in or on a sphere, as a figure. **3.** having to do with a sphere or spheres: *spherical trigonometry.* Also, **spheric**. –**sphericality** /sfɛrə'kælətɪ/ *n.* –**spherically** *adv.*

sphincter /'sfɪŋktə/ *n. Anatomy* a circular band of voluntary or involuntary muscle which encircles an orifice of the body or one of its hollow organs. –**sphincteral** *adj.*

spice /spaɪs/ *n., v.* spiced, spicing. –*n.* **1.** any of a class of strongly or sweetly smelling substances of vegetable origin, such as pepper, cinnamon, cloves, etc., used as seasoning or preservatives. **2.** something that gives interest; a piquant element or quality. –*v.t.* **3.** to prepare or season with a spice or spices. **4.** to give flavour or interest to by something added. –**spicy** *adj.*

spick-and-span /spɪk-ən-'spæn/ *adj.* **1.** neat and clean. **2.** perfectly new; fresh. Also, **spick and span**.

spider /'spaɪdə/ *n.* **1.** any of the eight-legged wingless, insect-like arachnids, most of which spin webs that serve as nests and as traps for prey. **2.** any vehicle, apparatus, tool, etc., looking like or suggesting a spider.

spider flower *n.* **1.** any of several species of the Australian genus *Grevillea* with inflorescences resembling spiders, as the **grey spider flower**, *G. buxifolia*. **2.** any of certain species of the genus *Cleome*, as *C. spinosa* which has pinkish flowers with long protruding stamens. **3.** any of certain species of the genus *Strophanthus*.

spiel /spil, ʃpil/ *Colloquial* –*n.* **1.** glib or plausible talk, especially for the purpose of persuasion, swindling, seduction, etc. **2.** a salesman's, conjurer's, or swindler's patter. –*v.i.* **3.** to talk plausibly; deliver a patter or sales talk. –*v.t.* **4.** to attempt to lure, persuade, or deceive (someone) by glib talk.

spiff /spɪf/ *n.* a form of incentive given to sales people, usually in the form of money or goods to an appropriate value.

spifflicate /'spɪflǝkeɪt/ *v.t.* **-cated, -cating.** *Colloquial* (*often humorous*) to destroy utterly; hurt, punish, or damage; destroy or kill. Also, **spifflicate**.

spigot /'spɪgǝt/ *n.* **1.** a small peg or plug for stopping the vent of a cask, etc. **2.** a small peg which stops the passage in the tap of a cask, etc. **3.** the end of a pipe which enters the enlarged end of another pipe to form a joint.

spike¹ /spaɪk/ *n., v.* **spiked, spiking.** –*n.* **1.** a large, strong nail or pin, especially made of iron. **2.** a stiff, sharp-pointed piece or part. **3. a.** a sharp metal projection on the bottom of a shoe, as that of a golf player, to prevent slipping. **b.** (*plural*) running shoes having spikes. –*v.t.* **4.** to fasten or make firm with a spike or spikes. **5.** to provide or set with a spike or spikes. **6.** to pierce with a spike. **7.** to make ineffective: *to spike a rumour*. **8.** *Colloquial* to add alcohol to (a drink). **9.** to increase the impact, interest or attractiveness of a speech, conversation, etc. –**spikelike** *adj.*

spike² /spaɪk/ *n.* **1.** an ear, as of wheat or other grain. **2.** *Botany* an inflorescence in which the flowers are sessile (or apparently so) along an elongated, unbranched axis.

spill¹ /spɪl/ *v.* **spilled** *or* **spilt, spilling,** *n.* –*v.t.* **1.** to cause or allow (liquid, or any matter in grains or loose pieces) to run or fall from a container, especially accidentally or wastefully. **2.** to shed (blood), especially in killing or wounding. **3.** to cause to fall from a horse, vehicle, etc. **4.** *Colloquial* to disclose, or tell (a secret, etc.). –*v.i.* **5.** (of a liquid, loose particles, etc.) to run or escape from a container. –*n.* **6.** Also, **spillage.** an act of spilling. **7.** Also, **spillage.** the quantity spilt. **8.** a throw or fall from a horse, vehicle, etc. **9.** *Australian Politics* the declaring vacant of a number of positions when one of them falls vacant.

spill² /spɪl/ *n.* **1.** a splinter. **2.** a slender piece of wood or twisted paper, for lighting candles, lamps, etc. **3.** a peg made of metal.

spillage /'spɪlɪdʒ/ *n.* **1.** an act of spilling. **2.** something that is spilled: *a great spillage of oil.*

spin /spɪn/ *v.* **spun** *or Archaic* **span, spun, spinning,** *n.* –*v.t.* **1.** to make (yarn) by drawing out, twisting, and winding fibres. **2.** to form (any material) into thread. **3.** (of spiders, silkworms, etc.) to produce (a thread, cobweb, gossamer, silk, etc.) by extruding from the body a long, slender filament of a natural viscous matter that hardens in the air. **4.** to cause to turn round rapidly, as on an axis; twirl; whirl: *to spin a coin on a table.* **5.** (in sheet metalwork) to shape into hollow, rounded form, during rotation on a lathe or wheel, by pressure with a suitable tool. **6.** to produce, fabricate, or evolve in a manner suggestive of spinning thread, as a story. **7. a.** *Cricket* (of a bowler) to cause (the ball) to revolve on its axis so that on bouncing it changes direction or speed. **b.** *Tennis, etc.* to hit (the ball) so that it behaves thus. **8.** *Two-up* to toss (the coins). –*v.i.* **9.** to turn round rapidly, as on an axis, the earth, a top, etc. **10.** to produce a thread from the body, as spiders, silkworms, etc. **11.** to move, go, run, ride, or travel rapidly. **12.** to be affected with a sensation of whirling, as the head. –*n.* **13.** the act of causing a spinning or whirling motion. **14.** a spinning motion given to a ball or the like when thrown or struck. **15.** *Aeronautics* a condition of stalled flight in which the aircraft is rotating about all its axes simultaneously. **16.** a rapid run, ride, drive, or the like, as for exercise or enjoyment. **17.** *Colloquial* a state of confusion or excitement. **18.** *Colloquial* experience or chance generally: *a rough spin; a fair spin.* **19.** *Physics* the angular momentum of a molecule, atom, or particle, when it has no velocity of translation. –*phr.* **20. spin a yarn, a.** to tell a tale. **b.** to tell a false or improbable story or version of an event. **21. spin out, a.** to draw out, protract, or prolong: *to spin out a story tediously.* **b.** to spend (time, one's life, etc.). **c.** to make last, as money; eke out. **d.** *Colloquial* to lose control of a vehicle with the result that the vehicle spins off the road. **e.** *Colloquial* to react with extreme apprehension; freak out. **f.** *Two-up* to cease to be the spinner. **22. spin someone out,** *Colloquial* to cause someone to feel extremely apprehensive.

spina bifida /spaɪnǝ 'bɪfǝdǝ/ *n. Pathology* a congenital defect in the development of the vertebral column giving rise to a hernial protrusion of the meninges.

spinach /'spɪnɪtʃ/ *n.* **1.** an annual herb, *Spinacia oleracea*, cultivated for its succulent leaves; English spinach. **2.** the leaves. **3.** → **silver beet.** **4.** any similar plant, as species of the genus *Tetragonia*; New Zealand spinach.

spindle /'spɪndl/ *n.* **1.** a rod, usually of wood, used to twist or wind the thread in spinning by hand, wheel or machine. **2.** any rod or pin suggestive of a spindle used in spinning, usually one which turns round or on which something turns; axle, axis, or shaft. **3.** either of the two shaft-like parts in a lathe which support the work to be turned, one (**live spindle**) turning and giving movement to the work, and the other (**dead spindle**) not turning. **4.** *Biology* fine threads of material arranged within the cell, during mitosis (a method of cell division), in a spindle-shaped manner. **5.** a short turned or circular ornament, such as in a stair rail. –*adj.* **6.** of or looking like spindles. –*v.i.* **7.** to grow tall and slender.

spindly /'spɪndli/ *adj.* **-dlier, -dliest.** long or tall and slender; attenuated; slender and fragile.

spin-dry /spɪn-'draɪ/ *v.t.* **-dried, -drying.** to dry (laundry) by spinning it in a tub so that the moisture is extracted by centrifugal force.

spine /spaɪn/ *n.* **1.** the vertebral or spinal column; backbone. **2.** any backbone-like part. **3.** a pointed process or projection, usually of a bone. **4.** a stiff, pointed process or part on an animal, such as a quill of a porcupine, or a sharp, bony ray in a fish's fin. **5.** a ridge, usually of ground, rock, etc. **6.** a sharp-pointed, hard or woody outgrowth on a plant; thorn. **7.** *Bookbinding* the part of a book's cover that holds the front and back together, and which usually shows title and author. –**spinal** *adj.* –**spined** *adj.* –**spinelike** *adj.* –**spinous** *adj.* –**spiny** *adj.*

spinechilling /'spaɪntʃɪlɪŋ/ *adj.* terrifying, especially of a book, film etc. –**spinechiller** *n.*

spineless /'spaɪnlǝs/ *adj.* without moral force, resolution, or courage; feeble. –**spinelessly** *adv.*

—**spinelessness** *n.*

spinet /ˈspɪnət/ *n.* **1.** a small keyboard instrument resembling the harpsichord, the main difference being that the strings run across the instrument more or less in the direction of the keyboard, not at right angles to it. **2.** an early small square piano.

spinifex /ˈspɪnəfɛks/ *n.* **1.** any of the spiny grasses of the genus *Spinifex*, chiefly of Australia, often useful for binding sand on the seashore. **2.** any species of the genus *Triodia*, spiny-leaved tussock-forming grasses of inland Australia.

spinnaker /ˈspɪnəkə/ *n.* a large triangular sail with a light boom (**spinnaker boom**), carried by yachts on the side opposite the mainsail when running before the wind, or with the wind abaft the beam.

spinner /ˈspɪnə/ *n.* **1.** one who or that which spins. **2.** *Cricket* **a.** a delivery in which the bowler imparts lateral spin to the ball, making it deviate upon pitching. **b.** a bowler specialising in such deliveries. **3.** *Two-up* the person who tosses the coins. –*phr.* **4. come in spinner**, **a.** *Two-up* (an expression indicating to the spinner that play has reached the point where the coins should now be tossed). **b.** *Australian Colloquial* (an expression used to inform someone that they have just been successfully duped).

spinneret /ˈspɪnərɛt/ *n.* **1.** an organ or part by means of which a spider, insect larva, or the like spins a silky thread for its web or cocoon. **2.** a finely perforated tube or plate through which a viscous liquid passes into the solidifying medium during the course of manufacture of artificial fibres.

spinning wheel *n.* a device for spinning wool, flax, etc., into yarn or thread consisting essentially of a single spindle driven by a large wheel operated by hand or foot.

spin-off /ˈspɪn-ɒf/ *n.* **1.** an object, product, or enterprise derived as an incidental or secondary development of a larger enterprise: *the non-stick frying pan is a commercially valuable spin-off of space research*. **2.** *Economics* the formation of a new company by an already existing company, with shareholders in the existing company entitled to subscribe for shares in the new company.

spinster /ˈspɪnstə/ *n.* **1.** a woman still unmarried beyond the usual age of marrying. **2.** *Chiefly Law* a woman who has never married. –**spinsterhood** *n.* –**spinsterish** *adj.*

spiny anteater *n.* → **echidna**.

spiracle /ˈspaɪrəkəl, ˈspɪrəkəl/ *n.* **1.** a breathing hole; an opening by which a confined space has communication with the outer air; an air hole. **2.** *Zoology* **a.** an aperture or orifice through which air or water passes in the act of respiration, as the blowhole of a cetacean. **b.** an opening in the head of sharks and rays through which water is drawn and passed over gills. **c.** one of the external orifices of a tracheal respiratory system, usually on the sides of the body. –**spiracular** /spəˈrækjələ/ *adj.* –**spiraculate** /spəˈrækjəlɒt/ *adj.*

spiral /ˈspaɪrəl/ *n., adj., v.* -**ralled** *or Chiefly US* -**raled**, -**ralling** *or Chiefly US* -**raling**. –*n.* **1.** a plane curve traced by a point which runs continuously round and round a fixed point or centre while constantly receding from or approaching it. **2.** a single circle or ring of a spiral or helical curve or object. **3.** a spiral or helical object, formation, or form. **4.** → **helix**. **5.** *Aeronautics* a manoeuvre in which an aeroplane descends in a helix of small pitch and large radius, with the angle of incidence within that of the normal flight range. **6.** *Economics* a reciprocal interaction of price and cost changes forming an overall economic change upwards (**inflationary spiral**) or downwards (**deflationary spiral**). –*adj.* **7.** resembling or arranged in a spiral or spirals. **8.** (of a curve) like a spiral. **9.** helical. –*v.i.* **10.** to take a spiral form or course. **11.** *Aeronautics* to move an aeroplane through a spiral course. –*v.t.* **12.** to cause to take a spiral form or course. –**spirally** *adv.*

spire¹ /spaɪə/ *n., v.* **spired**, **spiring**. –*n.* **1.** a tall, tapering structure, generally an elongated, upright cone or pyramid, erected on a tower, roof, etc. **2.** such a structure forming the upper part of the steeple, or the whole steeple. **3.** a tapering, pointed part of something; a tall, sharp-pointed summit, peak, or the like. **4.** the highest point or summit of something. **5.** a sprout or shoot of a plant; a blade or spear of grass, etc. –*v.i.* **6.** to shoot or rise into spirelike form; rise or extend to a height in the manner of a spire. –**spirelike** *adj.* –**spiry** *adj.*

spire² /spaɪə/ *n.* **1.** a coil or spiral. **2.** one of the series of convolutions of a coil or spiral. **3.** *Zoology* the upper, convoluted part of a spiral shell, above the aperture. –**spirelike** *adj.* –**spiry** *adj.*

spirit /ˈspɪrət/ *n.* **1.** the principle of conscious life, originally related to the breath; vital principle animating a person's life and actions. **2.** a vital, unseen part of a person: *present in spirit though absent in body*. **3.** the soul as separable from the body at death. **4.** any supernatural being. **5.** a life-giving principle: *a spirit of reform*. **6.** (*plural*) feelings with respect to mood: *in low spirits*; *in high spirits*. **7.** temper or nature: *meek in spirit*. **8.** mental or moral attitude; mood: *take my advice in the right spirit*. **9.** the main tendency or character of anything: *the spirit of the age*; *team spirit*. **10.** *Chemistry* **a.** a distilled aqueous solution of ethyl alcohol. **b.** a distilled liquid extract. **11.** (*often plural*) strong distilled alcoholic liquor. **12.** *Pharmaceutical* an alcohol solution of an essential or volatile principle. –*adj.* **13.** relating to something which works by burning alcoholic spirits: *a spirit lamp*. **14.** of or relating to spiritualist bodies or activities. –*v.t.* **15.** to carry (*away*, *off*, etc.) mysteriously or secretly.

spirited /ˈspɪrətəd/ *adj.* **1.** having a spirit, or having spirits, as specified: *low-spirited*. **2.** having or showing mettle, courage, vigour, liveliness, etc. –**spiritedly** *adv.* –**spiritedness** *n.*

spiritual /ˈspɪrətʃuəl, -tʃəl/ *adj.* **1.** of or consisting of the spirit or soul. **2.** standing in a relationship of the spirit; non-material: *a spiritual attitude*; *a spiritual father*. **3.** of or relating to the spirit as the centre of the moral or religious nature. **4.** of or relating to holy things; belonging to the church; religious; devotional; sacred. –*n.* **5.** a traditional religious song, especially of African Americans. –**spiritually** *adv.* –**spiritualness** *n.*

spiritualism /ˈspɪrətʃəlɪzəm/ *n.* **1.** a belief or doctrine that the spirits of the dead keep living after the mortal life, and communicate with the living, especially through a person (a medium) particularly open to their influence. **2.** the practices or phenomena associated with this belief. **3.** a belief that all or some reality is immaterial and therefore spiritual. **4.** *Metaphysics* any belief that claims the separate but related existence of God, human (or other thinking) beings, and physical nature. **5.** a spiritual quality or tendency. **6.** a firm belief in the spiritual side of things, usually in philosophy or religion. –**spiritualist** *n.* –**spiritualistic** /spɪrətʃəˈlɪstɪk/ *adj.*

spirituous /ˈspɪrətʃuəs/ *adj.* **1.** having to do with alcohol; alcoholic. **2.** (of liquors) distilled, as opposed to fermented. –**spirituousness** *n.*

spiro-¹ a word element referring to respiration, as in *spirograph*.

spiro-² a word element meaning 'coil', 'spiral', as in *spirochaete*.

spit¹ /spɪt/ *v.* **spat** *or* **spit**, **spitting**, *n.* –*v.i.* **1.** to

spit eject saliva from the mouth; expectorate. **2.** to do this at or on a person, etc., to express hatred, contempt, etc. **3.** to sputter. **4.** to fall in scattered drops or flakes, as rain or snow. **5.** to make a noise as of spitting. –*v.t.* **6.** to eject (saliva, etc.) from the mouth. **7.** to throw out or emit, especially violently. **8.** to utter vehemently. –*n.* **9.** saliva, especially when ejected. **10.** the act of spitting. **11.** a frothy or spitlike secretion exuded by various insects; spittle. **12.** a light fall of rain or snow. –*phr.* **13. dead spit**, *Colloquial* → **spitting image**. **14. spit blood**, *Colloquial* to feel and express extreme annoyance, anger, etc. **15. spit chips**, *Colloquial* to be very annoyed. **16. spit it out**, *Colloquial* speak up. **17. spit the dummy**, *Australian Colloquial* **a.** to give up or opt out of a contest or the like before there is reasonable cause to do so. **b.** to throw a tantrum. **18. the big spit**, *Colloquial* vomit. –**spitlike** *adj.* –**spitter** *n.*

spit² /spɪt/ *n.*, *v.* **spitted**, **spitting**. –*n.* **1.** a sharply pointed, slender rod or bar for thrusting into meat to be roasted at a fire or grilled. **2.** a narrow point of land projecting into the water and attached at one end to land; cape. See **bar¹** (def. 7). –*v.t.* **3.** to pierce, stab, or hold, as if with a spit; impale on something sharp.

spite /spaɪt/ *n.*, *v.* **spited**, **spiting**. –*n.* **1.** a keen, ill-natured desire to humiliate, annoy, or injure another; venomous ill will. **2.** a particular instance of such ill will; a grudge. –*v.t.* **3.** to wreak one's spite or malice on. **4.** to annoy or thwart, out of spite. –*phr.* **5. in spite of**, in disregard or defiance of; notwithstanding.

spitfire /'spɪtfaɪə/ *n.* **1.** a person of fiery temper, easily provoked to outbursts, especially a girl or woman. **2.** (*cap.*) a British single-engined fighter aircraft much used in World War II.

spitting image *n.* *Colloquial* a person or thing that is an exact likeness of another: *she is the spitting image of her sister.* Also, **dead spit**.

spittle /'spɪtl/ *n.* **1.** saliva; spit. **2.** the frothy protective secretion exuded by certain insects.

spittoon /spɪ'tun/ *n.* a bowl, etc., for spitting into.

splash /splæʃ/ *v.t.* **1.** to wet or soil by dashing masses or particles of water, mud, or the like; spatter. **2.** to fall upon (something) in scattered masses or particles, as a liquid does. **3.** to cause to appear spattered. **4.** to dash (water, etc.) about in scattered masses or particles. **5.** *Colloquial* to display or print very noticeably, as in a newspaper. –*v.i.* **6.** to dash a liquid or semiliquid substance about. **7.** to fall, move, or go with a splash or splashes. **8.** (of liquid) to dash or fall in scattered masses or particles. –*n.* **9.** the act of splashing. **10.** the sound of splashing. **11.** a quantity of some liquid or semiliquid substance splashed upon or in a thing. **12.** a spot caused by something splashed. **13.** a patch, as of colour or light. **14.** a striking show, or an ostentatious display; sensation or excitement. –*phr.* **15. make a splash**, to be noticed; make an impression on people. **16. splash out**, *Colloquial* to spend money freely.

splat /splæt/ *n.* **1.** a broad, flat piece of wood, as the central upright part of the back of a chair. **2.** a slapping sound as made with something wet.

splatter /'splætə/ *v.t.* **1.** to splash: *to splatter paint on a canvas.* –*v.i.* **2.** to splash: *the paint splattered everywhere.*

splay /spleɪ/ *v.t.* **1.** to spread out, expand, or extend. **2.** to make slanting; bevel. –*v.i.* **3.** to have a sloping or slanting direction. **4.** to spread or flare. –*n.* **5.** Also, **reveal**. *Architecture* a surface which makes a slanting or sloping angle with another. –*adj.* **6.** spread out; wide and flat; turned outwards. **7.** slanted or twisted to one side.

spleen /splin/ *n.* **1.** *Anatomy* a highly vascular, glandlike but ductless organ, situated in humans near the cardiac end of the stomach, in which the blood undergoes certain corpuscular changes. **2.** ill humour, peevish temper, or spite: *venting his spleen on his unfortunate wife.* **3.** *Archaic* melancholy. –**spleenish**, **spleeny** *adj.*

splendid /'splɛndɪd/ *adj.* **1.** gorgeous; magnificent; sumptuous. **2.** grand; superb, as beauty. **3.** glorious, as a name, reputation, victory, etc. **4.** strikingly admirable or fine: *splendid talents.* **5.** excellent, fine, or very good: *to have a splendid time.* –**splendidly** *adv.* –**splendidness** *n.*

splendour = splendor /'splɛndə/ *n.* **1.** brilliant or gorgeous appearance, colouring, etc.; magnificence, grandeur, or pomp, or display of it: *the splendour and pomp of his coronation.* **2.** brilliant distinction; glory: *the splendour of ancient Roman architecture.* **3.** great brightness; brilliant light or lustre. –**splendorous** *adj.*

splice /splaɪs/ *v.* **spliced**, **splicing**, *n.* –*v.t.* **1.** to join together or unite, such as two ropes or parts of a rope, by the interweaving of strands. **2.** to join or unite, such two pieces of timber, etc., by overlapping. –*n.* **3.** a joining of two ropes or parts of a rope by splicing. **4.** the union so effected. **5.** a joining or meeting of two pieces of timber, etc., by overlapping and fastening the ends. –**splicer** *n.*

splint /splɪnt/ *n.* **1.** a thin piece of wood or other rigid material used to immobilise a fractured or dislocated bone, or to maintain any part of the body in a fixed position. **2.** one of a number of thin strips of wood woven together to make a chair seat, basket, etc. –*v.t.* **3.** to secure, hold in position, or support by means of a splint or splints, as a fractured bone. **4.** to support as if with splints. –**splintlike** *adj.*

splinter /'splɪntə/ *n.* **1.** a rough piece of wood, bone, etc., usually fairly long, thin, and sharp, split or broken off from a main body. **2.** fragment or small piece of metal resulting from the explosion of a bomb or shell. –*v.t.* **3.** to split or break into splinters. **4.** to break off in splinters. –*v.i.* **5.** to be split or broken into splinters. **6.** to break off in splinters. –**splintery** *adj.*

split /splɪt/ *v.* **split**, **splitting**, *n.*, *adj.* –*v.t.* **1.** to rend or cleave lengthwise; separate or part from end to end or between layers, often forcibly or by cutting, as when splitting a log with an axe to make rails, slabs, shingles, etc. **2.** to separate off by rending or cleaving lengthwise: *to split a piece from a block.* **3.** to tear or break asunder; rend or burst. **4.** to divide into distinct parts or portions. **5.** to separate (a part) by such division. **6.** to divide (persons) into different groups, factions, parties, etc., as by discord. **7.** to share between two or more persons, etc.: *to split a bottle of wine.* **8.** to separate into parts by interposing something: *to split an infinitive.* **9.** *Chemistry* to divide (molecules or atoms) by cleavage into smaller parts. **10.** to make (a vote) less effective by offering more than one candidate with a similar policy: *Liberal intervention in the National Party seat split the anti-Labor vote and won Labor the seat.* –*v.i.* **11.** to break or part lengthwise, or suffer longitudinal division. **12.** to part, divide, or separate in any way. **13.** to break asunder; part by striking on a rock, by the violence of a storm, etc., as a ship. **14.** to become separated off by such a division as a piece or part from a whole. **15.** (of stock animals) to break away from the main group. **16.** to break up or separate through disagreement, etc. **17.** *Colloquial* to commit a betrayal by divulging information. **18.** *Colloquial* to leave hurriedly. –*n.* **19.** the act of splitting. **20.** a crack, rent, or fissure caused by splitting. **21.** a breach or rupture in a party, etc., or between persons. **22.** *Colloquial* something combining different elements, as a drink composed of half spirits, half soda water. **23.** *Colloquial* a dish made from sliced fruit (usually banana) and ice-cream, and covered with syrup and nuts. **24.** (*usually plural*) the feat of separating the legs while sinking to the floor, until they extend at right angles to the body, as in stage performances, as in ballet, gymnastics, etc. **25.** *Tenpin Bowling* the arrangement of the remaining pins after the first bowl so that a spare is practically impossible. **26.** *Colloquial* an act or arrangement of splitting, as of a sum of money. –*adj.* **27.** that has undergone splitting; parted lengthwise; cleft. **28.** divided. –*phr.* **29. split on**, *Colloquial* to betray, denounce, or divulge secrets concerning. **30. split one's sides**, to laugh heartily. **31. split the difference**, to reach a compromise by which each side concedes an equal amount. **32. split up**, *Colloquial* to part; leave each other; become separated. –**splitter** *n.*

split infinitive *n. Grammar* a simple infinitive with a word between the *to* and the verb, as *to readily understand.*

split-level /'splɪt-lɛvəl/ *adj.* **1.** having to do with a building having certain floors at other than main storey level, or a room with a floor at more than one level. –*n.* **2.** a house, etc., built like this.

splotch /splɒtʃ/ *n.* **1.** a large, irregular spot; blot; stain. –*v.t.* **2.** to mark with splotches. Also, **splodge** /splɒdʒ/. –**splotchy** *adj.*

splurge /splɜdʒ/ *n., v.* **splurged**, **splurging**. *Colloquial* –*n.* **1.** an ostentatious display, especially of wealth. –*v.t.* **2.** to spend (money) extravagantly. –*v.i.* **3.** to be extravagant: *we splurged and bought champagne*.

splutter /'splʌtə/ *v.i.* **1.** to talk hastily, confusedly or unintelligently, especially in excitement or embarrassment. **2.** to give out particles of something explosively, as something frying or a pen scattering ink: *the fat was spluttering in the pan.* **3.** to fly or fall in particles or drops; spatter, as a liquid. –*n.* **4.** spluttering speech or talk; dispute; noise or fuss. **5.** the sputtering or spattering of liquid, etc. –**splutterer** *n.*

spoil /spɔɪl/ *v.* **spoiled** *or* **spoilt**, **spoiling**, *n.* –*v.t.* **1.** to damage or impair (a thing) irreparably as to excellence, value, usefulness, etc.: *to spoil a sheet of paper*. **2.** to impair in character or disposition by unwise treatment, benefits, etc., especially by excessive indulgence. –*v.i.* **3.** to become spoiled, bad, or unfit for use, as food or other perishable substances; become tainted or putrid. –*n.* **4.** (*often plural*) booty, loot, or plunder taken in war or robbery. **5.** (*usually plural*) emoluments and advantages associated with a powerful or prestigious position: *the spoils of office.* **6.** treasures won or accumulated. **7.** waste materials, as those cast up in mining, excavating, quarrying, etc. –*phr.* **8. be spoiling for**, be eager for (a fight, action, etc.)

spoilsport /'spɔɪlspɔt/ *n.* someone who interferes with the pleasure of others.

spoilt /spɔɪlt/ *v.* **1.** a past tense and past participle of **spoil**. –*adj.* **2.** selfish; used to getting one's own way.

spoke[1] /spoʊk/ *v.* past tense of **speak**.

spoke[2] /spoʊk/ *n.* **1.** one of the bars, rods, or rungs radiating from the hub or nave of a wheel and supporting the rim or felloe. **2.** one of a number of pins or handles projecting from a cylinder or wheel, or joining hub and rim, especially on a steering wheel. –*phr.* **3. put a spoke in someone's wheel(s)**, to interfere with someone's plans.

spoken /'spoʊkən/ *v.* **1.** past participle of **speak**. –*adj.* **2.** uttered or expressed by speaking; oral. **3.** (*in compounds*) speaking, or using speech, as specified: *fair-spoken, plain-spoken*.

spokesperson /'spoʊkspɜsən/ *n.* **1.** someone who speaks for another or others. **2.** the principal advocate or practitioner (of a movement, organisation, etc.), considered as speaking on its behalf. **3.** a public speaker. –**spokesman** *masc. n.* –**spokeswoman** *fem. n.*

spondee /'spɒndi/ *n. Prosody* a metrical foot consisting of two long syllables or two heavy beats.

sponge /spʌndʒ/ *n., v.* **sponged**, **sponging**. –*n.* **1.** any of a group of aquatic (mostly marine) animals (phylum Porifera) which are characterised by a porous structure and (usually) a horny, siliceous, or calcareous skeleton or framework, and which, except in the larval state, are fixed, occurring in large, complex, often plant-like colonies. **2.** the light, yielding, porous, fibrous skeleton or framework of certain animals, or colonies of this group, from which the living matter has been removed, characterised by readily absorbing water, and becoming soft when wet while retaining toughness, used in bathing, in wiping or cleansing surfaces, in removing marks (as from a slate), and for other purposes. **3.** any of various other spongelike substances. **4.** one who or that which absorbs something freely, as a sponge does water. **5.** one who persistently lives at the expense of others; a parasite. **6.** *Cookery* **a.** dough raised with yeast, especially before kneading, as for bread. **b.** a light sweet pudding of spongy texture, made with gelatine, eggs, fruit juice or other flavouring material, etc. **c.** sponge cake. –*v.t.* **7.** to wipe or rub with a wet sponge, as in order to clean or moisten. **8.** *Colloquial* to get from another or at another's expense by indirect exactions, trading on generosity, etc.: *to sponge a dinner.* –*v.i.* **9.** to take in liquid by absorption. **10.** to gather sponges. **11.** *Colloquial* to live at the expense of others. –*phr.* **12. sponge off** (or **away**), to remove with a wet sponge. **13. sponge on**, *Colloquial* to live as a parasite of. **14. sponge out**, to wipe out or efface with or as with a sponge. **15. sponge up**, to take up or absorb with a sponge or the like: *to sponge up water.* –**spongelike** *adj.* –**spongy** *adj.* –**sponger** *n.*

sponsor /'spɒnsə/ *n.* **1.** someone who is responsible for a person or thing. **2.** someone who makes an engagement or promise on behalf of another; a surety. **3.** someone who answers for an infant at baptism, making the required professions and promises; a godfather or godmother. **4.** a person, firm, or other organisation that finances a radio or television program in return for advertisement of a commercial product, service, etc. **5.** *Parliamentary Procedure* a member of a legislative assembly responsible for the introduction of a particular bill (usually with reference only to private bills). –*v.t.* **6.** to act as sponsor for; promise, vouch, or answer for. –**sponsorial** /spɒn'sɔriəl/ *adj.* –**sponsorship** *n.*

spontaneous /spɒn'teɪniəs/ *adj.* **1.** proceeding from a natural personal impulse, without effort or premeditation; natural and unconstrained: *a spontaneous action or remark.* **2.** (of impulses, motion, activity, natural processes, etc.) arising from internal forces or causes, or independent of external agencies. **3.** growing naturally or without cultivation, as plants, fruits, etc. **4.** produced by natural process. –**spontaneously** *adv.* –**spontaneity** /spɒntə'niəti, -'neɪəti/, **spontaneousness** *n.*

spoof /spuf/ *Colloquial* –*n.* **1.** a humorous imitation of a serious piece of writing, performance, etc.; parody. –*v.t.* **2.** to imitate (a piece of writing, a style, a person, etc.) in a ridiculing manner;

spook 771 **spot**

parody. –*adj.* **3.** being a parodying imitation. –**spoofer** *n.*

spook /spuk/ *Colloquial* –*n.* **1.** a ghost; a spectre. **2.** an agent of an intelligence organisation; a spy. –*v.t.* **3.** to frighten.

spooked /spukt/ *adj.* frightened; on edge; nervous.

spool /spul/ *n.* **1.** any cylindrical piece or appliance on which something is wound. **2.** such a device for holding film, magnetic tape, or the like, which is stopped from slipping off by a disc on each side. **3.** a small cylindrical piece of wood or other material on which yarn is wound in spinning, for use in weaving; a bobbin. **4.** → **reel**¹ (def. 3). –*v.t.* **5.** to wind on a spool.

spoon /spun/ *n.* **1.** a utensil consisting of a bowl or concave part and a handle, for taking up or stirring liquid or other food, or other matter. **2.** any of various implements, objects, or parts resembling this. –*v.t.* **3.** to take up or transfer in or as in a spoon. **4.** *Sport* **a.** to push or shove (the ball) with a lifting motion instead of striking it soundly, as in croquet or golf. **b.** to hit (the ball) up in the air as in cricket. –*v.i.* **5.** *Sport* to spoon the ball. **6.** *Colloquial* to show affection, especially in an openly sentimental manner. –*phr.* **7. be born with a silver spoon in one's mouth**, to inherit social or financial advantages and privileges.

spoonbill /'spunbɪl/ *n.* any of several wading birds closely related to the ibis and having a long, flat bill with a spoon-like tip.

spoonerism /'spunərɪzəm/ *n.* a slip of the tongue whereby initial or other sounds of words are transposed, as in 'our queer old dean' for 'our dear old queen'.

spoor /spɔ/ *n.* **1.** a track or trail, especially that of a wild animal pursued as game. –*v.t.* **2.** to track by a spoor. –*v.i.* **3.** to follow a spoor. –**spoorer** *n.*

sporadic /spə'rædɪk/ *adj.* **1.** appearing or happening at intervals in time; occasional: *sporadic outbreaks.* **2.** appearing in scattered or isolated instances, as a disease. **3.** occurring singly, or widely apart, in locality: *sporadic genera of plants.* Also, **sporadical.** –**sporadically** *adv.* –**sporadicalness** *n.*

spore /spɔ/ *n.*, *v.* **spored**, **sporing**. –*n.* **1.** *Biology* a walled body that contains or produces one or more uninucleate organisms that develop into an adult individual, especially: **a.** a reproductive body (**asexual spore**) produced asexually and capable of growth into a new individual, such individual often, as in ferns, etc., being one (a gametophyte) unlike that which produced the spore. **b.** a walled reproductive body (**sexual spore**) produced sexually (by the union of two gametes). **2.** a germ, germ cell, seed, or the like. –*v.i.* **3.** to bear or produce spores.

sporo- a word element meaning 'seed'. Also, **spor-**.

sporran /'spɒrən/ *n.* (in Scottish Highland costume) a large pouch, commonly of fur, worn hanging from the belt over the front of the kilt.

sport /spɔt/ *n.* **1.** an activity pursued for exercise or pleasure, usually requiring some degree of physical prowess, as racing, baseball, tennis, golf, bowling, wrestling, boxing, etc. **2.** a particular form of pastime. **3.** (*plural*) a meeting for athletic competition. **4.** the pastime of hunting, shooting, or fishing with reference to the pleasure achieved: *we had good sport today.* **5.** diversion; recreation; pleasant pastime. **6.** playful trifling, jesting, or mirth: *to do or say a thing in sport.* **7.** derisive jesting; ridicule. **8.** an object of derision; a laughing-stock. **9.** something sported with or tossed about like a plaything: *to be the sport of circumstances.* **10.** *Australian, NZ Colloquial* (a term of address, usually between males): *g'day, sport.* **11.** *Colloquial* one who is interested in pursuits involving betting or gambling. **12.** *Biology* an animal or a plant, or a part of a plant, that shows an unusual or singular deviation from the normal or parent type; a mutation. –*v.i.* **13.** to amuse oneself with some pleasant pastime or recreation. **14.** to play, frolic, or gambol, as a child or an animal. **15.** to deal lightly; trifle. –*v.t.* **16.** to have or wear, especially ostentatiously, proudly, etc. **17.** *Colloquial* to display freely or with ostentation: *to sport a roll of money.* –*phr.* **18. a bad sport**, *Colloquial* **a.** a person who exhibits despised qualities in playing sport, such as cheating or the inability to lose graciously, etc. **b.** a person who is ill-natured and irritable. **19. a good sport**, *Colloquial* **a.** a person who exhibits esteemed qualities in playing sport, such as fairness or the ability to lose graciously, etc. **b.** a person who is good-natured and easygoing. **20. be a sport**, *Colloquial* **a.** to play fair. **b.** to accede to a request; be agreeable. –**sporter** *n.* –**sportful** *adj.* –**sportfully** *adv.* –**sportfulness** *n.*

sporting /'spɔtɪŋ/ *adj.* **1.** taking part in, given to, or interested in sport. **2.** concerned with or suitable for such sport: *a sporting glove.* **3.** sportsmanlike. **4.** willing to take a chance: *a sporting fellow.* **5.** even or fair: *a sporting chance.* –**sportingly** *adv.*

sportive /'spɔtɪv/ *adj.* **1.** playful or frolicsome; jesting, jocose, or merry. **2.** done in sport, rather than in earnest. **3.** relating to or of the nature of sport or sports. **4.** *Biology* mutative. –**sportively** *adv.* –**sportiveness** *n.*

sports /spɔts/ *adj.* **1.** of, relating to, or devoted to a sport or sports: *the sports department of a store.* **2.** concerned with sport: *the sports editor of a newspaper.* **3.** (of garments, etc.) suitable for use in open-air sports, or for outdoor or informal use.

sports car *n.* a high-powered car with rakish lines, usually a two-seater.

sportsman /'spɔtsmən/ *n.* -**men**. **1.** a man who engages in sport, usually with a degree of expertise. **2.** someone who exhibits sporting qualities. –**sportsmanlike, sportsmanly** *adj.* –**sportsmanship** *n.*

sportsperson /'spɔtspɜsən/ *n.* -**people**. a person who engages in sport, usually with a degree of expertise.

sportswoman /'spɔtswʊmən/ *n.* -**women**. a woman who engages in sport, usually with a degree of expertise.

sporty /'spɔti/ *adj.* **sportier, sportiest.** *Colloquial* **1.** flashy; vulgarly showy. **2.** stylish. **3.** like or befitting a sportsman. –**sportiness** *n.*

spot /spɒt/ *n.*, *v.* **spotted, spotting,** *adj.* –*n.* **1.** a mark made by foreign matter, as mud, blood, paint, ink, etc.; a stain, blot, or speck, as on a surface. **2.** a blemish of the skin, as a pimple. **3.** a relatively small, usually roundish, part of a surface differing from the rest in appearance or character. **4.** a place or locality: *a monument marks the spot.* **5.** a position or period of time in a program of entertainment assigned to a particular performer. **6.** a short period of advertising time on radio or television: *they booked ten twenty-second spots per week.* **7.** a spotlight. **8.** *Soccer* **a.** the centre spot. **b.** a penalty spot. **9.** *Colloquial* a small quantity of something: *a spot of tea.* **10.** *Colloquial* an alcoholic drink: *he stopped at the pub for a spot.* **11.** *Colloquial* a predicament: *he was in a bit of a spot when the crash came.* **12.** *US* an object bearing a specified device or numeral: *he gave the waiter a five-spot.* –*v.t.* **13.** to stain with spots. **14.** to sully; blemish. **15.** to mark or diversify with spots, as of colour. **16.** to see or perceive, especially suddenly, by chance, or when it is difficult to do so. **17.**

spot check

Colloquial to detect or recognise. –*v.i.* **18.** to make a spot; cause a stain. **19.** to become or tend to become spotted, as some fabrics when spattered with water. **20.** (of fires, especially bushfires) to occur in small isolated sections ahead of the main fire as a result of flying sparks, debris, etc: *fires were spotting 100 metres ahead of us.* –*adj.* **21.** *Commerce* made, paid, delivered, etc., at once: *a spot sale.* –*phr.* **22. change one's spots**, to alter one's fundamental character. **23. knock spots off**, *Colloquial* to outdo without difficulty or by a large margin. **24. on the spot**, **a.** instantly. **b.** at the place in question. **c.** without change of location. **d.** obliged to deal with a situation. **e.** in trouble, embarrassment, or danger. **25. soft spot**, a special sympathy or affection: *she has a soft spot for small animals.* **26. tight spot**, a serious predicament. **27. weak spot**, an aspect of a person's character which is liable to criticism or opposition. –**spotted** *adj.* –**spotty** *adj.*

spot check *n.* **1.** an inspection made without warning, as of motor vehicles, etc. **2.** a check made on a random sample, as of manufactured articles.

spotlight /'spɒtlaɪt/ *n.* **1.** *Theatre* a strong light with a narrow beam thrown upon a particular spot on the stage in order to render some object, person, or group especially conspicuous. **2.** the lamp producing such light. **3.** a similar lamp attached to a car, usually not able to be swivelled. **4.** conspicuous public attention. –*v.t.* **5.** to direct a spotlight at.

spot-on /spɒt-'ɒn/ *Colloquial* –*adj.* **1.** absolutely right or accurate; excellent. –*interj.* **2.** (an exclamation of approbation, etc.).

spot price *n.* (in commodities trading) the price agreed on for immediate delivery of the commodity.

spotted gum *n.* a tall tree with a spotted smooth bark, *Eucalyptus maculata*, which forms forests in coastal districts of eastern Australia.

spouse /spaʊs, spaʊz/ *n.* either member of a married pair in relation to the other; one's husband or wife.

spout /spaʊt/ *v.t.* **1.** to discharge or emit (a liquid, etc.) in a stream with some force. **2.** *Colloquial* to utter or declaim in an oratorical manner. –*v.i.* **3.** to discharge a liquid, etc., in a jet or continuous stream. **4.** to issue with force, as liquid through a narrow orifice. **5.** *Colloquial* to talk or speak at some length or in an oratorical manner. –*n.* **6.** a pipe or tube, or a tubular or liplike projection, by which a liquid is discharged or poured. **7.** a trough or chute for discharging or conveying grain, flour, etc. –*phr.* **8. up the spout**, *Colloquial* **a.** ruined; lost. **b.** pawned. –**spouter** *n.* –**spoutless** *adj.*

sprain /spreɪn/ *v.t.* **1.** to overstrain or wrench (the ankle, wrist, or other part of the body at a joint) so as to injure without fracture or dislocation. –*n.* **2.** a violent straining or wrenching of the parts around a joint, without dislocation. **3.** the condition of being sprained.

sprang /spræŋ/ *v.* past tense of **spring**.

sprat /spræt/ *n.* **1.** a small, herring-like marine fish, *Clupea sprattus*, of European waters. –*phr.* **2. a sprat to catch a mackerel**, something given in expectation of a larger return.

sprawl /sprɔl/ *v.i.* **1.** to be stretched out in ungraceful movements, as the limbs. **2.** to lie or sit with the limbs stretched out in a careless or ungraceful way. **3.** to fall in such a manner. **4.** to spread out in an untidy or irregular manner, as buildings, handwriting, etc. –*v.t.* **5.** to stretch out (the limbs) as in sprawling. –*n.* **6.** the act of sprawling. **7.** a scattered or irregular grouping of something. –**sprawler** *n.* –**sprawly** *adj.*

spray[1] /spreɪ/ *n.* **1.** water or other liquid broken up into small particles and blown or falling through the air: *the sea spray.* **2.** a jet of fine particles of liquid coming from an atomiser or other appliance. **3.** an appliance for sending out such a jet. **4.** a quantity of small objects, flying through the air: *a spray of bullets.* –*v.t.* **5.** to scatter in the form of fine particles. **6.** to apply as a spray: *to spray perfume on the wrist.* **7.** to direct a spray of particles, bullets, etc., upon. –*v.i.* **8.** to scatter spray. **9.** to come forth as spray. –**sprayer** *n.*

spray[2] /spreɪ/ *n.* **1.** a single slender shoot, twig, or branch with its leaves, flowers, or berries, growing or detached. **2.** an ornament, decorative figure, etc., with a similar form. **3.** a single flower or small bouquet of flowers designed to be pinned to one's clothes as an adornment.

spread /sprɛd/ *v.* **spread, spreading**, *n.* –*v.t.* **1.** Also, **spread out**. to draw or stretch out to the full width, as a cloth, a rolled or folded map, folded wings, etc. **2.** Also, **spread out**. to extend over a greater or a relatively great area, space, or period: *to spread out handwriting.* **3.** to force apart, as walls, rails, etc., under pressure. **4.** to flatten out: *to spread the end of a rivet by hammering.* **5.** to display the full extent of; set forth in full. **6.** to dispose or distribute in a sheet or layer: *to spread hay to dry.* **7.** to apply in a thin layer or coating. **8.** to extend or distribute over a region, place, etc. **9.** to set or prepare (a table, etc.), as for a meal. **10.** to send out in various directions, as light, sound, mist, etc. **11.** to shed or scatter abroad; diffuse or disseminate, as knowledge, news, disease, etc. **12.** *Phonetics* to form a long, narrow opening between (the lips), as for the vowel /i/ in *me.* **13.** *Colloquial* to exert (oneself) to an unusual extent to produce a good effect or fine impression. –*v.i.* **14.** to become stretched out or extended, as a flag in the wind; expand, as in growth. **15.** to extend over a greater or a considerable area or period. **16.** to be or lie outspread or fully extended or displayed, as a landscape or scene. **17.** to admit of being spread or applied in a thin layer, as a soft substance. **18.** to become extended or distributed over a region, as population, animals, plants, etc. **19.** to become diffused abroad, or disseminated, as light, influences, rumours, ideas, infection, etc. **20.** to be forced apart, as rails; go out of gauge. –*n.* **21.** expansion; extension; diffusion. **22.** the extent of spreading: *to measure the spread of branches.* **23.** the distribution of cards in a hand. **24.** capacity for spreading: *the spread of an elastic material.* **25.** widening of girth: *middle-age spread.* **26.** a stretch, expanse, or extent of something. **27.** *Chiefly US* a property; station; ranch. **28.** a cloth covering for a bed, table, or the like, especially a bedspread. **29.** *Colloquial* a meal set out, especially a feast. **30.** *Colloquial* a pretentious display made. **31.** any food preparation for spreading on bread, etc., as jam or peanut butter. **32.** *Aeronautics* the wingspan. **33.** *Stock Exchange* **a.** the difference between the highest and the lowest prices at which business has been done during one day. **b.** the difference between the prices quoted by a stockjobber for buying and selling. **34.** a pair of facing pages of a book, magazine, or the like, or any part of them. **35.** *Journalism* a balance in the coverage of a newspaper, in relation to news, entertainment, sports, pictures, etc. –*adj.* **36.** extended, especially fully. **37.** *Phonetics* (of the lips) forming a long, narrow opening, as for the vowel /i/ in *me.* –*phr.* **38. a good spread**, *Colloquial* a lot of publicity, especially in the various channels of the media.

spread-eagle /sprɛd-'igəl/ *adj.*, *v.* **-gled, -gling**.

spreadsheet

–*adj.* **1.** having or suggesting the form of a spread eagle. –*v.t.* **2.** to stretch out in the manner of a spread eagle. **3.** *Colloquial* to knock (a person) out. –*v.i.* **4.** *Colloquial* to form a shape or take a position resembling a spread eagle. Also, **spreadeagle**.

spreadsheet /'sprɛdʃit/ *Computers* –*n.* **1.** a program for organising large amounts of numerical data in tabular formats, allowing rapid calculations with changing variables. –*adj.* **2.** having to do with a spreadsheet.

spree /spri/ *n.* **1.** a lively frolic. **2.** a bout or spell of drinking to intoxication. **3.** a session or period of indulgence: *a spending spree.*

sprig /sprɪg/ *n., v.* **sprigged**, **sprigging**. –*n.* **1.** a shoot, twig, or small branch: *sprig of holly.* **2.** an ornament having this form. **3.** (*humorous*) a person, usually young, as a descendant or offshoot of a family. **4.** → **spike¹** (def. 3a). –*v.t.* **5.** to decorate (cloth, pottery, etc.) with a design of sprigs. –**spriggy** *adj.*

sprightly /'spraɪtli/ *adj.* **-lier**, **-liest**, *adv.* –*adj.* **1.** animated, vivacious, or gay; lively. –*adv.* **2.** in a sprightly manner. –**sprightliness** *n.*

spring /sprɪŋ/ *v.* **sprang** *or* **sprung**, **sprung**, **springing**, *n., adj.* –*v.i.* **1.** to rise or move suddenly and lightly as by some inherent power: *to spring into the air; a tiger about to spring.* **2.** to go or come suddenly as if with a leap: *blood springs to the face.* **3.** to fly back or away in escaping from a forced position, as by resilient or elastic force or from the action of a spring: *a trap springs.* **4.** to start or work out of place, as parts of a mechanism, structure etc. **5.** Also, **spring forth**, **spring out**, **spring up**. to issue suddenly, as water, blood, sparks, fire, etc. **6.** to arise by growth, as from a seed or germ, bulb, root, etc.; grow, as plants. **7.** to proceed or originate, as from a source or cause. **8.** to have one's birth, or be descended, as from a family, person, stock, etc. **9.** to rise or extend upwards, as a spire. **10.** to take an upward course or curve from a point of support, as an arch. **11.** to start or rise from cover, as partridges, pheasants, etc. **12.** to become bent or warped, as boards. **13.** to explode, as a mine. –*v.t.* **14.** to cause to spring. **15.** to cause to fly back, move, or act by elastic force, a spring, etc.: *to spring a lock.* **16.** to cause to start out of place or work loose. **17. a.** to undergo the splitting or cracking of: *the ship sprang a mast.* **b.** to cause or bring about the splitting or cracking of: *the last blow sprang the axe-handle.* **18.** to come to have by cracking, etc.: *to spring a leak.* **19.** to bend by force, or force (*in*) by bending, as a slat or bar. **20.** to explode (a mine). **21.** to bring out, disclose, produce, make, etc., suddenly: *to spring a surprise.* **22.** to equip or fit with springs. **23.** to leap over. **24.** to make a surprise attack on (someone). **25.** *Colloquial* to catch out; to come upon unexpectedly. **26.** *Colloquial* to cause or enable (someone) to escape from prison. **27.** to obtain the release of a prisoner on bail. –*n.* **28.** a leap, jump, or bound. **29.** a springing or starting from place. **30.** a flying back from a forced position. **31.** an elastic or springy movement. **32.** elasticity or springiness. **33.** a split or crack, as in a mast; a bend or warp, as in a board. **34.** an issue of water from the earth, flowing away as a small stream or standing as a pool or small lake, or the place of such an issue: *mineral springs.* **35.** a source of something; a beginning or cause of origin. **36.** the rise of an arch, or the point or line at which an arch springs from its support. **37.** the season of the year between winter and summer. **38.** the first and freshest period: *the spring of life.* **39.** an elastic contrivance or body, as a strip or wire of steel coiled spirally, which recovers its

spruce

shape after being compressed, bent, etc. **40.** any device or contrivance designed to impart resilience or elasticity. **41.** (of pork) belly. –*adj.* **42.** of, relating to, characteristic of, or suitable for the season of spring: *spring flowers.* **43.** sown in the spring, as a cereal forming a second crop. **44.** young: *spring chicken.* **45.** resting on or containing springs: *a spring bed; spring mattress.* –*phr.* **46. spring up**, to come into being; rise or arise: *new industries springing up.* –**springy** *adj.* –**springless** *adj.*

springboard /'sprɪŋbɔd/ *n.* **1.** a projecting semi-flexible board from which persons dive. **2.** a flexible board used as a take-off in vaulting, tumbling, etc., to increase the height of leaps. **3.** anything serving to assist departure, initiation of a project, or the like. **4.** the short plank on which the person wielding the axe stands when chopping a tree at a point above shoulder height; jiggerboard.

springbok /'sprɪŋbɒk/ *n.* **-boks**, (*especially collectively*) **-bok**. a gazelle, *Antidorcas marsupialis*, of southern Africa which has a habit of springing upwards in play or when alarmed. Also, **springbuck** /'sprɪŋbʌk/.

spring tide *n.* **1.** the large rise and fall of the tide at or soon after the new or the full moon. **2.** any great flood or swelling rush. Also, **king tide**.

sprinkle /'sprɪŋkəl/ *v.* **-kled**, **-kling**. –*v.t.* **1.** to scatter, as a liquid or a powder, in drops or particles. **2.** to give or place here and there: *his speech was sprinkled with jokes.* –*v.i.* **3.** to scatter a liquid, powder, etc., in drops or particles. **4.** to be sprinkled. **5.** to rain slightly. –*n.* **6.** an act or result of sprinkling. **7.** light rain. –**sprinkler** *n.* –**sprinkling** *n.*

sprint /sprɪnt/ *v.i.* **1.** to race at full speed, especially for a short distance, as in running, rowing, etc. –*v.t.* **2.** to cover by sprinting: *to sprint a hundred metres.* –*n.* **3.** a short race at full speed. **4.** a spell of running at full speed, as to the finish of a long race. **5.** a brief spell of great activity. –**sprinter** *n.*

sprite /spraɪt/ *n.* **1.** an elf, fairy, or goblin. **2.** an icon which moves around a screen in computer graphics.

spritzer /'sprɪtsə/ *n.* a drink consisting of white wine topped up with soda water.

spritzig /'sprɪtsɪg/ *adj.* (of wine) showing a slight degree of gassiness or prickle caused by secondary fermentation in the bottle.

sprocket /'sprɒkət/ *n.* **1.** *Machinery* one of a set of projections on the rim of a wheel which engage the links of a chain. **2.** *Building Trades* a wedge-shaped piece fitted to the bottom of a rafter to flatten the slope at the eaves.

sprout /spraʊt/ *v.i.* **1.** to begin to grow, especially quickly. **2.** (of a seed, plant, the earth, etc.) to put forth buds or shoots. –*v.t.* **3.** to cause to sprout. –*n.* **4.** the shoot of a plant. **5.** new growth from a germinating seed, or from a tuber, bud, etc., often used in salads. **6.** Also, **brussels sprout**. a vegetable with small edible heads or sprouts which look like miniature cabbage heads.

spruce¹ /sprus/ *n.* **1.** any member of the coniferous genus *Picea*, consisting of evergreen trees with short angular needle-shaped leaves attached singly around twigs, as *P. abies* (**Norway spruce**), *P. glauca* (**white spruce** or **Canadian spruce**), and *P. mariana* (**black spruce**). **2.** any of various allied trees, as the Douglas fir and the hemlock spruce. **3.** the wood of any such tree. –*adj.* **4.** made of or containing such trees or such wood.

spruce² /sprus/ *adj.* **sprucer**, **sprucest**. –*adj.* **1.** smart in dress or appearance; trim; neat; dapper. –*phr.* **2. spruce up**, **a.** to make spruce or smart. **b.** to make oneself spruce. –**sprucely** *adv.*

spruik /spruːk/ *v.i. Australian Colloquial* **1.** to harangue or address a meeting. **2.** to harangue prospective customers to entice them into a show, strip joint, etc. **–spruiker** *n.*

sprung /sprʌŋ/ *v.* past tense and past participle of **spring**.

sprung rhythm *n. Prosody* a system of prosody with the accent always on the first syllable of every foot followed by a varying number of unaccented syllables, all feet being given equal time length.

spry /sprʌɪ/ *adj.* **spryer** *or* **sprier**, **spryest** *or* **spriest**. active; nimble; brisk. **–spryly** *adv.* **–spryness** *n.*

spud /spʌd/ *n.* **1.** a spade-like instrument, used for digging up or cutting the roots of weeds. **2.** *Colloquial* a potato.

spume /spjuːm/ *n.*, *v.* **spumed**, **spuming**. *–n.* **1.** foam; froth; scum. *–v.i.* **2.** to foam; froth. *–v.t.* **3.** to send forth as or like foam or froth. **–spumous**, **spumy** *adj.*

spun /spʌn/ *v.* **1.** past tense and past participle of **spin**. *–adj.* **2.** formed by or as by spinning: *spun rayon*, *spun silk*.

spun glass *n.* → **fibreglass**.

spunk /spʌŋk/ *n. Colloquial* **1.** pluck; spirit; mettle. **2.** ‡ semen. **3.** a good-looking person. **–spunky** *adj.*

spur /spɜː/ *n.*, *v.* **spurred**, **spurring**. *–n.* **1.** a pointed device attached to a rider's boot heel, for goading a horse onwards, etc. **2.** anything that goads, impels, or urges to action or speed. **3.** something projecting, and resembling or suggesting a spur. **4.** a sharp piercing or cutting instrument fastened on the leg of a gamecock, for use in fighting. **5.** a stiff, usually sharp, horny process on the leg of various birds, especially the domestic cock. **6.** *Physical Geography* a ridge or line of elevation projecting from or subordinate to the main body of a mountain or mountain range. **7.** a structure built to protect a river bank from a fast current; a river groyne. **8.** *Architecture* **a.** a short wooden brace, usually temporary, for strengthening a post or some other part. **b.** any offset from a wall, etc., as a buttress. **9.** *Railways* a siding. *–v.t.* **10.** Also, **spur on**. to prick with, or as with, spurs or a spur, as in order to urge on. **11.** to furnish with spurs or a spur. *–v.i.* **12.** to prick one's horse with the spur; ride quickly. **13.** to proceed hurriedly; press forward. *–phr.* **14. on the spur of the moment**, suddenly; without premeditation. **15. win one's spurs**, to achieve one's first distinction or success. **–spurlike** *adj.* **–spurrer** *n.*

spurge laurel /spɜːdʒ 'lɒrəl/ *n.* an evergreen shrub, *Daphne laureola*, of southern and western Europe and western Asia, with fragrant green axillary flowers.

spurious /'spjuːriəs/ *adj.* **1.** not genuine or true; counterfeit; not from the reputed, pretended, or right source; not authentic. **2.** *Botany* bearing superficial resemblances but having morphological differences. **–spuriously** *adv.* **–spuriousness** *n.*

spurn /spɜːn/ *v.t.* to reject with disdain; treat with contempt; scorn; despise. **–spurner** *n.*

spurt /spɜːt/ *v.i.* **1.** to rush suddenly in a stream, as a liquid. **2.** to show marked activity or energy for a short period. *–v.t.* **3.** to throw out suddenly in a stream, as a liquid. *–n.* **4.** a forcible rush of water, etc.: *a spurt of water from the tap*. **5.** a sudden outburst, as of feeling: *a spurt of words*. **6.** a sudden, short increase of effort as in running, rowing, etc. Also, **spirt**.

sputnik /'spʌtnɪk, 'spʊtnɪk/ *n.* an artificial satellite, especially an early Soviet one.

sputter /'spʌtə/ *v.i.* **1.** to give off particles of anything in an explosive manner, as a candle does in burning. **2.** to spit particles of saliva, food, etc., from the mouth in a similar manner. **3.** to utter words or sounds in an explosive, meaningless manner. *–n.* **4.** the act, process, or sound of sputtering. **5.** explosive, meaningless sound. **–sputterer** *n.*

sputum /'spjuːtəm/ *n.* **-ta** /-tə/. **1.** spittle mixed with mucus, purulent matter, or the like. **2.** that which is expectorated; spittle.

spy /spaɪ/ *n.* **spies**, *v.* **spied**, **spying**. *–n.* **1.** someone who keeps secret watch on the actions of others. **2.** someone employed by a government to obtain secret information or intelligence, especially with reference to military or naval affairs of other countries. **3.** the act of spying; a careful view. *–v.i.* **4.** to act as a spy. *–v.t.* **5.** to catch sight of; descry; see. *–phr.* **6. spy on**, to make secret observations of. **7. spy out**, **a.** to make secret observations in (a place) with hostile intent. **b.** to find out by observation or scrutiny.

spyglass /'spaɪɡlɑːs/ *n.* a small telescope.

squabble /'skwɒbəl/ *v.* **-bled**, **-bling**, *n.* *–v.i.* **1.** to engage in a petty quarrel. *–n.* **2.** a petty quarrel. **–squabbler** *n.*

squad /skwɒd/ *n.* **1.** any small group of soldiers operating as a unit. **2.** any small group or party of persons engaged in a common enterprise, etc. **3.** a group of sportspeople, often selected for a tour, from whom teams for specific occasions are drawn.

squadron /'skwɒdrən/ *n.* **1.** a portion of a naval fleet, or a detachment of warships used on a particular service; a subdivision of a fleet. **2.** an armoured cavalry or cavalry unit consisting of two or more troops (companies), a headquarters, and certain supporting units. **3.** the basic administrative and tactical unit of an air force, smaller than a group and composed of two or more flights. **4.** a number of persons grouped or united together for some purpose; a group or body in general. *–v.t.* **5.** to form into a squadron or squadrons; marshal or array in or as in squadrons.

squalid /'skwɒləd/ *adj.* **1.** foul and repulsive, as from the want of care or cleanliness; dirty; filthy. **2.** wretched; miserable; degraded. **–squalidly** *adv.* **–squalidity** /skwɒ'lɪdəti/, **squalidness** *n.*

squall¹ /'skwɒl/ *n.* **1.** *Meteorology* a sudden strong wind which dies away rapidly after lasting only a few minutes, often associated with a temporary change of wind direction. **2.** *Colloquial* a disturbance or commotion. *–v.i.* **3.** to blow in a squall. **–squally** *adj.*

squall² /skwɒl/ *v.i.* **1.** to cry out loudly; scream violently. *–v.t.* **2.** to utter in a screaming tone. *–n.* **3.** the act or sound of squalling. **–squaller** *n.*

squalor /'skwɒlə/ *n.* filth and misery.

squamous cell carcinoma *n.* a malignant, epithelial tumour, metastatic in nature, primarily caused by excessive exposure to the sun. Compare **basal cell carcinoma**. Also, **SCC**.

squander /'skwɒndə/ *v.t.* **1.** Also, **squander away**. to spend (money, time, etc.) wastefully or wastefully. *–n.* **2.** extravagant or wasteful expenditure. **–squanderer** *n.*

square /skwɛə/ *n.*, *v.* **squared**, **squaring**, *adj.* **squarer**, **squarest**, *adv.* *–n.* **1.** *Geometry* a four-sided plane having all its sides equal and all its angles right angles. **2.** anything having this form or a form approximating to it. **3.** one of the rectangular or otherwise shaped divisions of a game board, as a chess or draughts board. **4.** an open area in a city or town, as at the intersection of streets, often planted with grass, trees, etc. **5.** an L-shaped or T-shaped instrument for determining

square or testing right angles, and for other purposes. **6.** *Mathematics* the second power of a number or quantity: *the square of 4 is 4 × 4, or 16.* **7.** *Australian Building Trades* a former unit of surface measurement equalling 100 square feet. **8.** *Colloquial* one who is conservative in manner, dress or behaviour. –*v.t.* **9.** to reduce to square, rectangular, or cubic form. **10.** to mark out in squares or rectangles. **11.** to test for deviation from a right angle, straight line, or plane surface. **12.** *Mathematics* **a.** to multiply (a number or quantity) by itself. **b.** to describe or find a square which is equivalent to: *to square a circle.* **13.** to bring to the form of a right angle or right angles; set at right angles to something else. **14.** to make the score of (a contest, etc.) even. **15.** to set (the shoulders, arms, etc.) so as to present an approximately rectangular outline. **16.** Also, **square off.** to make straight, level, or even. **17.** to adjust harmoniously or satisfactorily; balance; settle: *to square a debt.* **18.** *Colloquial* to bribe. –*adj.* **19.** of the form of a right angle; having some part or parts rectangular: *a square corner.* **20.** having four sides and four right angles; cubical or approximately so; rectangular and of three dimensions: *a square box.* **21.** at right angles, or perpendicular: *one line square to another.* **22.** designating a unit representing an area in the form of a square: *a square metre.* **23.** relating to such units, or to surface measurement: *square measure.* **24.** of a specified length on each side of a square: *an area 2 metres square.* **25.** having a square section, or one that is merely rectangular: *a square file.* **26.** having a solid, sturdy form with rectilinear and angular outlines. **27.** straight, level, or even, as a surface or surfaces. **28.** leaving no balance of debt on either side; having all accounts settled: *to make accounts square.* **29.** just, fair, or honest. **30.** straightforward, direct, or unequivocal. **31.** *Colloquial* substantial or satisfying: *a square meal.* **32.** conservative in manners, dress, or behaviour. –*adv.* **33.** so as to be square; in square or rectangular form. **34.** at right angles. **35.** *Colloquial* solidly or directly: *to hit a nail square on the head.* **36.** *Colloquial* fairly, honestly or uprightly. –*phr.* **37. break square**, to have one's credits or profits equal one's debits or losses. **38. on the square**, **a.** fair; fairly. **b.** abstaining from alcohol; teetotal. **39. out of square**, not at right angles. **40. square off**, to assume a posture of offence or defence, as in boxing. **41. square off with**, **a.** *Australian, NZ* to apologise to; make recompense to. **b.** *Australian* to get revenge on; pay back. **42. square one's account**, **a.** *Accounting* to achieve a balance. **b.** (sometimes fol. by *with*) to secure reconciliation or forgiveness. **43. square the circle**, to attempt the impossible. **44. square up**, (sometimes fol. by *with*) to pay or settle a bill, debt, etc. **45. square up to**, to face, especially courageously; prepare to contest or resist. **46. square with**, to accord or agree with: *his theory does not square with the facts.* –**squarely** *adv.* –**squareness** *n.* –**squarer** *n.*

square bracket *n.* either of the two parenthetical marks: [ ].

square dance *n.* a dance, as a quadrille, by couples arranged in a square or in some set form. –**square dancing** *n.*

square root *n. Mathematics* the quantity of which a given quantity is the square: *4 is the square root of 16.*

squash[1] /skwɒʃ/ *v.t.* **1.** to press into a flat mass; crush. **2.** to put down; quash: *to squash an uprising.* **3.** *Colloquial* to silence, as with a crushing reply. –*v.i.* **4.** to be pressed into a flat mass. –*n.* **5.** the act or result of squashing. **6.** something squashed or crushed. **7.** Also, **squash racquets**, a game for two players, played in a small walled court with light racquets and small rubber ball. **8.** a drink based on a fruit juice, with soda, etc., added. –**squasher** *n.*

squash[2] /skwɒʃ/ *n.* any of various varieties of *Cucurbita pepo*, usually round in shape and having paler flesh and softer skin than the pumpkin, *Cucurbita maxima*.

squat /skwɒt/ *v.* **squatted** or **squat, squatting**, *adj., n.* –*v.i.* **1.** to rest in a posture close to the ground with the knees bent and the back more or less straight, resting on the balls of the feet; crouch. **2.** *Australian, NZ History* to settle on land without government permission. **3.** to occupy a building without title or right. –*adj.* **4.** short and thickset or thick: *a squat body.* –*n.* **5.** the act or fact of squatting. **6.** the position or posture in which one squats. –**squatly** *adv.* –**squatness** *n.* –**squatty** *adj.*

squatter /'skwɒtə/ *n.* **1.** *Australian, NZ History* someone who settled on Crown land to run stock, especially sheep, initially without government permission, but later with a lease or licence. **2.** *Australian, NZ History* one of a group of rich and influential rural landowners. **3.** someone who occupies a building without title or title.

squattocracy /skwɒ'tɒkrəsi/ *n.* (in Australia and NZ) the long-established and wealthy landowners who regard themselves as an aristocracy. –**squattocratic** /skwɒtə'krætɪk/ *adj.*

squaw /skwɔ/ *n.* a North American Indian woman or wife.

squawk /skwɔk/ *v.i.* **1.** to utter a loud, harsh cry, as a duck or other fowl when frightened. **2.** *Colloquial* to complain loudly and vehemently. –*v.t.* **3.** to give forth with a squawk. –*n.* **4.** a loud, harsh cry or sound. **5.** *Colloquial* a loud, vehement complaint. –**squawker** *n.*

squeak /skwik/ *n.* **1.** a short, sharp, shrill cry; a sharp, high-pitched sound. **2.** *Colloquial* a narrow escape. –*v.i.* **3.** to utter or emit a squeak or squeaky sound. **4.** *Colloquial* to confess or turn informer. –*v.t.* **5.** to utter or produce with a squeak or squeaks. –**squeaky** *adj.*

squeal /skwil/ *n.* **1.** a sharp, high-pitched cry, as of pain, fear, etc. **2.** *Colloquial* a complaint; protest. –*v.i.* **3.** to utter a squealing sound. **4.** *Colloquial* to give information (to police, etc.) against another. **5.** *Colloquial* to complain; protest. –*v.t.* **6.** to utter or produce with a squeal. **7.** *Colloquial* to tell (something secret): *he squealed the information to the police.* –**squealer** *n.*

squeamish /'skwimɪʃ/ *adj.* **1.** easily nauseated or sickened; qualmish. **2.** easily shocked by anything slightly immodest; prudish. **3.** excessively particular or scrupulous as to the moral aspect of things. **4.** fastidious or dainty. –**squeamishly** *adv.* –**squeamishness** *n.*

squeeze /skwiz/ *v.* **squeezed, squeezing**, *n.* –*v.t.* **1.** to press forcibly together; compress. **2.** to apply pressure to in order to remove something: *to squeeze a lemon.* **3.** to force by pressure; cram: *to squeeze clothes into a suitcase.* **4.** to force out, by or as if by pressure (usually followed by *out* or *from*): *to squeeze juice from an orange; he was squeezed out of business.* **5.** to hug; embrace. **6.** to press (someone's hand, arm, etc.) as an expression of friendship, concern, etc. –*v.i.* **7.** to apply a pressing force: *he squeezed hard.* **8.** to force a way through some narrow or crowded place. –*n.* **9.** the act or result of squeezing. **10.** *Colloquial* a difficult situation: *in a tight squeeze.* **11.** a crowded gathering. **12.** control or pressure, as enforced by a government: *a credit squeeze.* **13.** a small quantity of anything obtained by squeezing: *a squeeze of lemon.* –**squeezer** *n.*

squelch /skwɛltʃ/ *v.t.* **1.** to crush down; squash: *to* squelch a strawberry between the teeth. **2.** *Colloquial* to silence, as with a crushing reply. –*v.i.* **3.** to make a splashing sound: *water squelched in her shoes.* **4.** to tread heavily in water, mud, etc., with such a sound. –*n.* **5.** a squelched mass of anything. **6.** a squelching sound. **7.** *Electricity* a circuit which cuts off the output of a radio receiver until a signal begins. –**squelcher** *n.*

squid /skwɪd/ *n.* **squids**, (*especially collectively*) **squid.** any of various decapod cephalopods, with two gills, especially any of certain small species (as of the genera *Loligo* and *Ommastrephes*) having slender bodies and caudal fins and much used for bait.

squint /skwɪnt/ *v.i.* **1.** to look with the eyes partly closed: *to squint at the sun.* **2.** to be cross-eyed. **3.** to look or glance sideways. –*v.t.* **4.** to close (the eyes) partly. –*n.* **5.** *Medicine* a condition where the muscles of the eyes do not work in coordination. **6.** *Colloquial* a secret glance: *to take a quick squint at something.* –*adj.* **7.** looking with a side glance. **8.** affected with poor muscle coordination in the eyes. –**squinter** *n.*

squire /skwaɪə/ *n., v.* **squired, squiring.** –*n.* **1.** (in England) a country gentleman, especially the chief landowner in a district. **2.** *History* a young man of noble birth who waits upon a knight. –*v.t.* **3.** to attend as or in the manner of a squire.

squirm /skwɜm/ *v.i.* **1.** to wriggle or writhe. **2.** to feel or display discomfort or disgust as from reproof, embarrassment, or repulsion. –*n.* **3.** a squirming or wriggling movement. –**squirmy** *adj.*

squirrel /'skwɪrəl/ *n., v.* **-relled** *or Chiefly US* **-reled, -relling** *or Chiefly US* **-reling.** –*n.* **1.** any of the arboreal, bushy-tailed rodents constituting the genus *Sciurus* (family Sciuridae), as the **red squirrel** of Europe (including Britain) and Asia, *S. vulgaris*, and the **grey squirrel**, *S. carolinensis*, of North America and (by introduction) Britain. **2.** any of various other members of the family Sciuridae, as the chipmunks, flying squirrels, woodchucks, etc. **3.** the pelt or fur of such an animal. **4.** *Colloquial* a person who hoards objects of little value. –*v.i. Chiefly US* **5.** to hoard or save, as money in times of economic depression: *people are squirrelling away funds in the savings banks.* –**squirrel-like** *adj.*

squirt /skwɜt/ *v.i.* **1.** to force out liquid in a jet from a narrow opening. **2.** (of a liquid) to pour in a jetlike stream. –*v.t.* **3.** to force (liquid) in a jet from a narrow opening: *to squirt water from a hose.* **4.** to wet with a liquid so forced out: *to squirt someone with water.* –*n.* **5.** the act of squirting. **6.** a jet, as of water. **7.** an instrument for squirting, as a syringe. **8.** a small quantity of liquid squirted. **9.** *Colloquial* **a.** an insignificant person, who places too much value on their own opinions. **b.** a short person. –**squirter** *n.*

squiz /skwɪz/ *n. Colloquial* a quick but close look.

stab /stæb/ *v.* **stabbed, stabbing,** *n.* –*v.t.* **1.** to pierce or wound with, or as with, a pointed weapon. **2.** to thrust or plunge (a knife, etc.) into something. **3.** to penetrate sharply, like a knife. **4.** to make a thrusting or plunging motion at or in. –*v.i.* **5.** to thrust with or as with a knife or other pointed weapon: *to stab at an adversary.* **6.** to deliver a wound, as with a pointed weapon. –*n.* **7.** the act of stabbing. **8.** a thrust or blow with, or as with, a pointed weapon. **9.** a wound made by stabbing. **10.** a sudden, usually painful sensation. **11.** *Colloquial* an attempt; try. –*phr.* **12. stab someone in the back,** *Colloquial* to do harm to someone, especially someone defenceless or unsuspecting, as by making a treacherous attack upon their reputation. –**stabber** *n.*

stable¹ /'steɪbəl/ *n., v.* **-bled, -bling.** –*n.* **1.** a building for the keeping and feeding of horses. **2.** a collection of animals belonging in such a building. **3.** *Racing* **a.** an establishment where racehorses are kept and trained. **b.** the horses belonging to, or people connected with, such an establishment. **4.** a group of people associated in some way with a centre of creative production, as a recording company, gallery, publishing house, etc. –*v.t.* **5.** to put or keep in or as in a stable. –**stabling** *n.*

stable² /'steɪbəl/ *adj.* **1.** not likely to fall or give way, as a structure, support, foundation, etc.; firm; steady. **2.** able or likely to continue or last; enduring or permanent: *a stable government.* **3.** steadfast; not wavering or changeable, as a person, the mind, etc. **4.** *Physics* having or showing an ability or tendency to maintain or re-establish position, form, etc.: *stable equilibrium.* **5.** *Chemistry* not readily decomposing, as a compound; resisting molecular or chemical change. –**stabilise** = **stabilize** *v.* –**stability** *n.* –**stably** *adv.*

staccato /stə'katoʊ/ *Music* –*adj.* **1.** detached, disconnected, or abrupt. **2.** with breaks between the successive notes. –*adv.* **3.** in a staccato manner. Compare **legato.**

stack /stæk/ *n.* **1.** a large, usually circular or rectangular pile of hay, straw, or the like. **2.** any more or less orderly pile or heap. **3.** a number of chimneys or flues grouped together. **4.** a single chimney or funnel for smoke, or a vertical pipe inside or outside of a building for passing waste products down, circulating heat, or expelling exhaust gases. **5.** *Geology* a column or pillar of rock, isolated from the shore by the erosive action of waves. **6.** *Colloquial* a combination of amplifiers and speaker boxes. **7.** a measure for coal and wood, equal to 108 cubic feet or 3.06 cubic metres. **8.** *Aeronautics* a number of aircraft circling at different altitudes above an airport awaiting their signal to land. **9.** *Colloquial* a motor vehicle accident, especially one involving a number of vehicles. **10.** (*plural*) that part of a library in which the main holdings are kept and to which the general user is often denied access. **11.** *Colloquial* a great quantity or number. **12.** (*plural*) *Colloquial* a great amount. –*v.t.* **13.** to pile or arrange in a stack: *to stack hay.* **14.** to cover or load with something in stacks or piles. **15.** to arrange (playing cards in the pack) in an unfair manner. **16.** to bring a large number of one's own supporters to (a meeting) in order to outvote those of opposing views. **17.** *Aeronautics* to control the aircraft waiting to land at an airport, so that they form a stack. **18.** to crash (a motor vehicle, bicycle, etc.). –*phr.* **19. stack it on,** *Colloquial* to exaggerate one's concern, grief, anger, etc. **20. stack on,** *Colloquial* to start; instigate: *stack on a blue.* **21. stack up,** to accumulate; add up. –**stacker** *n.*

stadium /'steɪdiəm/ *n.* **-diums** *or* **-dia** /-diə/. **1.** a sporting facility, often, though not necessarily, enclosed, comprising an arena, tiers or seats for spectators, parking, etc. **2.** an ancient Greek course for races, typically semicircular. **3.** a stage of development in a process, disease, etc.

staff¹ /staf/ *n.* **staffs** *or* **staves,** /steɪvz/ *adj., v.* –*n.* **1.** a stick, pole, rod, or wand for aid in walking or climbing, for use as a weapon, etc. **2.** a rod or wand serving as an ensign of office or authority, as a crosier, baton, truncheon, or mace. **3.** a pole on which a flag is hung or displayed. **4.** something which serves to support or sustain: *bread is the staff of life.* **5.** a body of assistants to a manager, superintendent, or executive head. **6.** a body of persons charged with carrying out the work of an establishment or executing some undertaking. **7.** the teaching personnel of a school, college, or the like. **8.** *Music* → **stave** (def. 5). –*adj.* **9.** of, or

staff — stalagmite

staff being a member of, a military or naval staff or unit: *staff officer*. *–v.t.* **10.** to provide with a staff.

staff² /staf/ *n.* a kind of plaster combined with fibrous material, used for temporary ornamental buildings, etc.

stag /stæg/ *n.* **1.** an adult male deer. **2.** the male of various other animals. **3.** *Colloquial* a man, especially one at a social gathering exclusively for men. **4.** an animal castrated after maturation of the sex organs. *–adj.* **5.** *Colloquial* for or of men only: *a stag party*.

stage /steɪdʒ/ *n., v.* **staged, staging.** *–n.* **1.** a single step or degree in a process; a particular period in a process of development. **2.** a raised platform or floor, as for speakers, performers, etc. **3.** *Theatre* **a.** the platform in a theatre on which the actors perform. **b.** this platform with all the parts of the theatre, and all the apparatus behind the proscenium. **4.** the theatre, the drama, or the dramatic profession. **5.** the scene of any action. **6.** a stagecoach. **7.** Also, **staging post**, a regular stopping place of a stagecoach or the like, for the change of horses, etc. **8.** the distance between two places of rest on a journey; each of the portions of a journey. **9.** a portion or period of a course of action, of life, etc. **10.** *NZ* each year in the study of a university subject. **11.** *Zoology* **a.** any one of the major time periods in the development of an insect, as the embryonic, larval, pupal, and imaginal stages. **b.** any one of the periods of larval growth between moults. **12.** *Economics, Sociology* a major phase of the economic or sociological life of people or society: *the matriarchal stage*. **13.** *Geology* a division of stratified rocks next in rank to series, representing deposits formed during the fraction of an epoch that is called an age. **14.** a powered section of a rocket which can be jettisoned after firing. *–v.t.* **15.** to put, represent, or exhibit on or as on a stage. **16.** to write, direct, or produce (a play) as if the action were taking place in a specific place or period of time. **17.** to plan, organise, or carry out (an action) in which each participant has a specific task to perform. **18.** to arrange; set up, as for a particular event: *he staged a comeback*. *–phr.* **19. by easy stages**, without rushing; working or travelling with many stops. **20. go on the stage**, to take up acting as a career. **21. hold the stage**, to be the centre of attention. **22. on stage**, performing on a stage: *she was on stage at the time*. **23. take centre stage**, to behave so as to attract attention.

stagecoach /ˈsteɪdʒkoʊtʃ/ *n.* a coach that runs regularly over a fixed route with passengers, parcels, etc.

stage dive *v.i.* to dive from the stage into the audience in a mosh pit. See **crowd-surfing**. *–stage diving n. –stage diver n.*

stagflation /stægˈfleɪʃən/ *n. Economics* a situation in the economy in which stagnant economic growth is accompanied by inflation.

stagger /ˈstægə/ *v.i.* **1.** to walk, move, or stand unsteadily; sway. *–v.t.* **2.** to cause to stagger. **3.** (*usually in passive*) to shock: *I was staggered by the price.* **4.** to arrange a series so that the beginnings and ends of its component parts are at different positions, times, etc.: *to stagger lunch hours*. *–n.* **5.** the act of staggering. *–***staggerer** *n. –***staggeringly** *adv.*

staghorn fern /ˈstæghɔn fɜn/ *n.* any of various ferns of the tropical and subtropical genus *Platycerium*, family Polypodiaceae, having large fertile leaves resembling the horns of a stag, as *P. superbum* of Queensland.

stagnant /ˈstægnənt/ *adj.* **1.** not running or flowing, as water, air, etc. **2.** foul from standing, as a pool of water. *–***stagnancy** *n. –***stagnantly** *adv.*

stagnate /ˈstægneɪt, stægˈneɪt/ *v.i.* **-nated,** **-nating. 1.** to cease to run or flow, as water, air, etc. **2.** to become foul from standing, as a pool of water. **3.** to become inactive, sluggish, or dull. **4.** to make no progress; stop developing. *–***stagnation** /stægˈneɪʃən/ *n.*

staid /steɪd/ *adj.* of settled or sedate character; not flighty or capricious. *–***staidly** *adv. –***staidness** *n.*

stain /steɪn/ *n.* **1.** a semipermanent discolouration; spot: *the wine made a stain on his tie*. **2.** a cause of dishonour; blemish: *a stain on one's reputation*. **3.** a mixture of colouring matter in water, spirit, or oil, used to colour but not hide a surface. **4.** a dye made into a mixture and used to colour cloth, biological specimens, etc. *–v.t.* **5.** to cause a stain in. **6.** to colour with stain. **7.** to treat (a microscopic specimen) with a reagent or dye in order to colour the whole or parts and so give distinctness, contrast of tissues, etc. *–v.i.* **8.** to produce a stain: *red wine stains*. **9.** to become stained: *the wood stained easily*. *–***stainable** *adj. –***stainer** *n. –***stainless** *adj. –***stainlessly** *adv.*

stair /stɛə/ *n.* **1.** one of a series or flight of steps forming a means of passage from one storey or level to another, as in a building. **2.** (*plural*) such steps collectively, especially as forming a flight or a series of flights. **3.** a series or flight of steps; a stairway: *a winding stair*.

staircase /ˈstɛəkeɪs/ *n.* a flight of stairs with its framework, banisters, etc., or a series of such flights.

stairwell /ˈstɛəwɛl/ *n.* the vertical shaft or opening containing a stairway.

stake¹ /steɪk/ *n., v.* **staked, staking.** *–n.* **1.** a stick or post pointed at one end for driving into the ground as a boundary mark, a part of a fence, a support for a plant, etc. **2.** a post, especially one to which a person is bound for execution, usually by burning. *–v.t.* **3.** Also, **stake off, stake out,** to mark with stakes. **4.** Also, **stake out,** to possess, lay claim to, or reserve a share of (land, profit, etc.): *to stake a claim*. **5.** to support with a stake or stakes, as a plant. **6.** to tether or secure to a stake, as an animal. *–phr.* **7. pull up stakes,** *Colloquial* to leave one's job, home, etc., and move away. **8. stake out,** to surround (a building, etc.) for the purposes of a raid, a siege, or keeping watch. **9. the stake,** the punishment of death by burning.

stake² /steɪk/ *n., v.* **staked, staking.** *–n.* **1.** that which is wagered in a game, race, or contest. **2.** an interest held in something. **3.** *Colloquial* personal concern, involvement, etc. **4.** the funds with which a gambler operates. **5.** (*often plural*) a prize in a race or contest. **6.** (*plural construed as sing.*) a race in which equal amounts are contributed by the owners of each of the competing horses as prize money. **7.** (*plural construed as sing.*) a fictitious race or contest in a specified field: *beauty stakes*. *–v.t.* **8.** to put at hazard upon the result of a game, the event of a contingency, etc.; wager; venture or hazard. **9.** to furnish with necessaries or resources, often by way of a business venture with a view to a possible return. *–phr.* **10. at stake,** involved; in a state of being staked or at hazard.

stalactite /ˈstæləktaɪt/ *n.* a deposit, usually of calcium carbonate, shaped like an icicle, hanging from the roof of a cave or the like, and formed by the dripping of percolating calcareous water. *–***stalactitic** /stæləkˈtɪtɪk/, **stalactitical** /stæləkˈtɪtɪkəl/ *adj.*

stalagmite /ˈstæləgmaɪt/ *n.* a deposit, usually of calcium carbonate, more or less resembling an inverted stalactite, formed on the floor of a cave or the like by the dripping of percolating calcareous water. *–***stalagmitic** /stæləgˈmɪtɪk/,

stale

stalagmitical /ˌstæləgˈmɪtɪkəl/ *adj.*
stale¹ /steɪl/ *adj.* **staler, stalest,** *v.* **staled, staling.** *–adj.* **1.** not fresh; vapid or flat, as beverages; dry or hardened, as bread. **2.** having lost novelty or interest; hackneyed; trite: *a stale joke*. **3.** having lost fresh vigour, quick intelligence, initiative, or the like, as from overstrain, boredom, etc. **4.** *Law* having lost force or effectiveness through absence of action, as a claim. *–v.t.* **5.** to make stale. *–v.i.* **6.** to become stale. **–stalely** *adv.* **–staleness** *n.*
stale² /steɪl/ *n., v.* **staled, staling.** *–n.* **1.** urine, especially of horses and cattle. *–v.i.* **2.** (of livestock, especially horses and cattle) to urinate.
stalemate /ˈsteɪlmeɪt/ *n., v.* **-mated, -mating.** *–n.* **1.** *Chess* a position of the pieces when no move can be made by a player without putting his or her own king in check, the result being a draw. **2.** any position in which no action can be taken; a deadlock. *–v.t.* **3.** to subject to a stalemate. **4.** to bring to a standstill.
stalk¹ /stɔk/ *n.* **1.** the stem or main axis of a plant. **2.** any slender supporting or connecting part of a plant, as the petiole of a leaf, the peduncle of a flower, or the funicule of an ovule. **3.** a similar structural part of an animal. **4.** a stem, shaft, or slender supporting part of anything. **–stalkless** *adj.* **–stalklike** *adj.*
stalk² /stɔk/ *v.i.* **1.** to follow or approach game, etc., quietly and carefully. **2.** to walk in a slow, stiff, or proud manner. **3.** to go with a slow, relentless and often evil movement: *hunger stalked through the land*. *–v.t.* **4.** to follow (game, a person, etc.) quietly and carefully. *–n.* **5.** the act of stalking game, etc. **6.** a slow, stiff walk. **–stalker** *n.*
stall¹ /stɔl/ *n.* **1.** an enclosed space in a stable or shed, for keeping one animal. **2.** a booth, bench, table, or stand on which goods are shown for sale. **3.** → **carrel. 4.** a seat in a theatre, separated from others by armrests. **5.** (*plural*) the front section on the ground floor of a theatre. **6.** the fact of an engine stopping, as through an incorrect fuel supply. *–v.t.* **7.** to put or keep in a stall, as animals. **8.** to bring (a vehicle) to a standstill, especially by mismanagement. *–v.i.* **9.** to come to a standstill. **10.** (of a vehicle or aeroplane engine) to stop.
stall² /stɔl/ *v.i.* **1.** to act evasively or deceptively. **2.** *Sport* to play below one's best in order to deceive for any reason. *–v.t.* **3.** Also, **stall off.** to put off, evade, or deceive. *–phr.* **4. stall for time,** to engage in a delaying tactic.
stallion /ˈstælјən/ *n.* a male horse not castrated, especially one kept for breeding.
stalwart /ˈstɔlwət/ *adj.* **1.** strongly and stoutly built; well-developed and robust. **2.** strong and brave; valiant. **3.** firm, steadfast, or uncompromising. *–n.* **4.** a physically stalwart person. **5.** a steadfast or uncompromising partisan. **–stalwartly** *adv.* **–stalwartness** *n.*
stamen /ˈsteɪmən/ *n.* **stamens** or **stamina** /ˈstæmənə/. *Botany* the pollen-bearing organ of a flower, consisting of the filament and the anther. **–staminate** *adj.*
stamina¹ /ˈstæmənə/ *n.* strength of physical constitution; power to endure disease, fatigue, privation, etc.
stamina² /ˈstæmənə/ *n.* a plural of **stamen.**
stammer /ˈstæmə/ *v.i.* **1.** to speak with involuntary breaks and pauses or with spasmodic repetitions of syllables or sounds. *–v.t.* **2.** Also, **stammer out.** to say with a stammer. *–n.* **3.** a stammering mode of utterance. **4.** a stammered utterance. **–stammerer** *n.* **–stammeringly** *adv.*
stamp /stæmp/ *v.t.* **1.** to strike or beat with a forcible downward thrust of the foot. **2.** to bring (the foot) forcibly or smartly on the ground, floor, etc. **3.** to crush or pound with or as with a pestle. **4.** to impress with a particular mark or device, as to indicate genuineness, approval, ownership, etc. **5.** to impress with an official mark. **6.** to mark or impress with any characters, words, designs, etc. **7.** to impress (a design, figure, words, etc.) on something; imprint deeply or permanently on anything. **8.** to affix an adhesive paper stamp to (a letter, etc.). **9.** to characterise, distinguish, or reveal. *–v.i.* **10.** to bring the foot down forcibly or smartly, as in crushing something, expressing rage, etc. **11.** to walk with forcible or heavy, resounding steps: *to stamp out of a room in anger*. *–n.* **12.** the act or an instance of stamping. **13.** a die, engraved block, or the like, for impressing a design, characters, words, or marks. **14.** an impression, design, characters, words, etc., made with or as with a stamp. **15.** an official mark indicating genuineness, validity, etc., or payment of a duty or charge. **16.** the impression of a public seal required for revenue purposes, to be obtained from a government office, for a fee, on the paper or parchment on which deeds, bills, receipts, etc., are written. **17.** a peculiar or distinctive impress or mark: *a story which bears the stamp of truth*. **18.** character, kind, or type. **19.** a small adhesive piece of paper printed with a distinctive design, issued by a government for a fixed sum, for attaching to documents, goods subject to duty, letters, etc., to show that a charge has been paid: *an excise stamp, a postage stamp*. **20.** a similar piece of paper issued by a private organisation to show that the charges for postage have been paid: *a local stamp*. **21.** a similar piece of paper issued privately for various purposes: *a trading stamp*. **22.** an instrument for stamping, crushing, or pounding. **23.** a heavy piece of iron or the like, as in a stamp mill, for dropping on and crushing ore or other material. *–phr.* **24. stamp on,** to trample on by or as by beating down with the foot. **25. stamp out,** to destroy all vestige of by or as by beating down with the foot: *to stamp out a fire; to stamp out a rebellion*.

stamp duty *n.* a tax imposed on certain legal documents, as cheques, receipts, conveyances, etc., on which a stamp is impressed or affixed.

stampede /stæmˈpid/ *n., v.* **-peded, -peding.** *–n.* **1.** a sudden scattering or headlong flight of a body of cattle or horses in fright. **2.** any headlong general flight or rush. *–v.i.* **3.** to scatter or flee in a stampede. **4.** to make an unconcerted general rush. *–v.t.* **5.** to cause to stampede. **–stampeder** *n.*

stamping ground *n. Colloquial* the habitual place of resort of an animal or person.

stance /stæns/ *n.* **1.** the position or bearing of the body while standing: *a boxer's stance*. **2.** emotional or intellectual attitude to something: *a hostile stance towards modern poetry*.

stanchion /ˈstæntʃən, -ʃən/ *n.* **1.** an upright bar, beam, post, or support, as in a window, stall, ship, etc. **2.** a post or posts, often with a crossbar, which supports the electric wiring of an electric railway. *–v.t.* **3.** to furnish with stanchions. **4.** to secure by or to a stanchion or stanchions.

stand /stænd/ *v.* **stood, standing,** *n.* *–v.i.* **1.** to take or keep an upright position on the feet (opposed to *sit, lie,* etc.). **2.** to have a specified height when in this position: *he stands two metres in his socks*. **3.** to remain motionless or steady on the feet. **4.** to cease moving; halt; stop: *stand and deliver!*; *to stand and fight*. **5.** to take a position or stand as indicated: *to stand aside*. **6.** to remain firm or steadfast, as in a cause. **7.** to take up or maintain a position or attitude with respect to a person, question, or the like: *to stand sponsor for*

a person. **8.** to adopt a certain course or attitude, as of adherence, support, opposition, or resistance. **9.** (of things) to be in an upright position (opposed to *lie*); be set on end; rest on or as on a support; be set, placed, or fixed. **10.** to be located or situated. **11.** to be at a certain degree: *the temperature stands at 25°C*. **12.** (of an account, score, etc.) to show a specified position of the parties concerned: *the account stands in my favour*. **13.** to remain erect and entire; resist change, decay, or destruction. **14.** to continue in force or remain valid. **15.** to become or remain still or stationary. **16.** to be or become stagnant, as water. **17.** (of persons or things) to be or remain in a specified state, condition, relation, etc.: *he stood alone in his opinion*. **18.** to be likely or in a position as specified: *to stand to lose*. **19.** to become or be a candidate, as for parliament. *–v.t.* **20.** to cause to stand; set upright; set. **21.** to face or encounter: *to stand an assault*. **22.** to endure, undergo, or submit to: *to stand trial*. **23.** to endure or undergo without hurt or damage, or without giving way: *he cannot stand the sun*. **24.** to tolerate: *I will stand no nonsense*. **25.** *Colloquial* to bear the expense of; pay for. *–n.* **26.** the act of standing; an assuming of or a remaining in upright position. **27.** a coming to a position of rest; a halt or stop. **28.** a halt to give battle or repel an attack. **29.** a determined opposition to or support for some cause, circumstance, or the like. **30.** *Cricket* a period of batting and scoring, usually of some length, during which neither person batting is out: *a ninth wicket stand of 44*. **31.** the place where a person or thing stands; station. **32.** a shearer's place in a shed: *a sixteen-stand shed*. **33.** a witness box. **34.** a raised platform or other structure, as for spectators at a racecourse or a sports field, or along the route of a ceremonial parade, or for a band or the like. **35.** a place, usually under cover, from which a hunter shoots game. **36.** a framework on or in which articles are placed for support, exhibition, etc. **37.** a piece of furniture of various forms, on or in which to put articles. **38.** a stall where articles are displayed for sale or for some other purpose, especially at a show or exhibition. **39.** a place or station occupied by vehicles available for hire. **40.** the growing trees, or those of a particular species, in a given area. **41.** a standing growth, as of grass, wheat, etc. **42.** a halt of a theatrical company on tour, to give a performance or performances. **43.** the town at which a theatrical company gives a performance. *–phr.*
44. stand a chance, to have a chance or possibility, especially of winning, surviving, or the like.
45. stand back, to get out of the way, as by moving backwards.
46. stand by, a. to wait in a state of readiness: *stand by for further instructions*. **b.** to aid, uphold, or sustain. **c.** to adhere to (an agreement, promise, etc.); abide by.
47. stand down, a. to go off duty. **b.** to withdraw, as from a contest. **c.** *Law* to leave the witness box. **d.** to suspend (employees) without pay during periods in which they cannot be usefully employed.
48. stand for, a. to endure or tolerate: *I won't stand for any nonsense*. **b.** to represent: *the symbol x stands for an unknown quantity*. **c.** to be an advocate of: *he stands for racial equality*. **d.** to be a candidate for: *to stand for parliament*.
49. stand in, a. to act as a substitute or representative. **b.** to join in; take a part in.
50. stand off, a. to keep at a distance. **b.** to suspend from employment, especially temporarily: *owing to the drop in sales, the factory is standing workers off*.
51. stand on, a. to rest or depend on. **b.** to be punctilious about (ceremony, etc.); claim respect for (one's rights, dignity, etc.) **c.** *Nautical* to continue on the same course or tack.
52. stand one's ground, to be unyielding; remain steadfast in the face of opposition or attack.
53. stand on one's own (two) feet, to be self-sufficient.
54. stand out, a. to project or protrude. **b.** to be prominent or conspicuous. **c.** to hold aloof. **d.** to persist in opposition or resistance.
55. stand over, to intimidate.
56. stand someone in good stead, to be of use or advantage to someone: *his knowledge of Indonesian stood him in good stead in Jakarta*.
57. stand to, (of military personnel) to assemble or take up assigned posts in readiness, as for inspection or awaiting orders.
58. stand to reason, to be in accordance with reason.
59. stand up, a. to assume a standing position, especially from sitting. **b.** *Colloquial* to fail to keep an appointment with.
60. stand up for, to defend the cause of; support.
61. stand up to, a. to remain in good condition despite: *to stand up well to wear*. **b.** to retain credibility, authority, respect, etc., despite: *will this play stand up to the passage of time?* **c.** to resist or oppose, especially bravely.
62. stand with, to ally oneself with.

stand-alone /'stænd-əloun/ *adj.* **1.** having to do with any computerised device which does not need to be linked up to a larger computer system. *–n.* **2.** such a device.

standard /'stændəd/ *n.* **1.** anything taken by general consent as a basis of comparison; an approved model. **2.** the authorised exemplar of a unit of weight or measure. **3.** a certain commodity in which the basic monetary unit is stated, historically usually either gold or silver (**gold standard, silver standard,** or **single standard**), or both gold and silver in a fixed proportion to each other (**bimetallic standard**). **4.** the legal rate of intrinsic value for coins. **5.** the prescribed degree of fineness for gold or silver. **6.** a grade or level of excellence, achievement, or advancement: *a high standard of living*. **7.** a level of quality which is regarded as normal, adequate, or acceptable. **8.** a fitting or size, as for clothes, which is regarded as normal or average. **9.** (*usually plural*) behaviour, beliefs, etc., regarded as socially desirable or acceptable. **10.** a class in certain schools. **11.** a flag, emblematic figure, or other object raised on a pole to indicate the rallying point of an army, fleet, etc. **12.** a flag indicating the presence of a sovereign. **13.** *Military* **a.** any of various military or naval flags. **b.** the colours of a mounted unit. **14.** *Heraldry* a long tapering flag or ensign, as of a king or a nation. **15.** something which stands or is placed upright. **16.** an upright support or supporting part. **17.** an upright timber, bar, or rod. **18.** *Horticulture* a tree, shrub, or other plant having a tall, erect stem, and not grown in bush form or trained upon a trellis or other support. **19.** a piece of music or the like of lasting popularity, especially one often revived with new arrangements. **20.** standard petrol. *–adj.* **21.** serving as a basis of weight, measure, value, comparison, or judgment. **22.** of recognised excellence or established authority: *a standard author*. **23.** normal, adequate, acceptable, or average: *standard goods, a standard fitting*. **24.** (of a variety of a given language, or of usage in the language) characterised by preferred pronunciations, expressions, grammatical constructions, etc., the use of which may be helpful for maintaining or

standard deviation *n. Statistics* the square root of the average of the squares of a set of deviations about an arithmetic mean; the root mean square of the deviations of a set of values.

standardise = standardize /'stændədaɪz/ *v.t.* **-dised, -dising. 1.** to bring to or make of an established standard size, weight, quality, strength, or the like: *to standardise manufactured parts.* **2.** to compare with or test by a standard. **-standardisation** /ˌstændədaɪ'zeɪʃən/ *n.* **-standardiser** *n.*

stand-by /'stænd-baɪ/ *n.* **-bys. 1.** a staunch supporter or adherent; one who can be relied upon. **2.** something upon which one can rely; a chief support. **3.** something kept in a state of readiness for use, as for an emergency. **4.** a recipe, piece of music, theme of discourse, etc., often simple and well-known, which one falls back on when disinclined to be adventurous. **5.** a person who is on stand-by. *-phr.* **6. on stand-by, a.** (of doctors, etc.) available for duty at short notice. **b.** in readiness, as of a person wishing to travel by plane, to take up a cancelled booking. Also, **standby.**

stand-in /'stænd-ɪn/ *n.* a substitute, especially for a film actor.

standing /'stændɪŋ/ *n.* **1.** position, as to rank, credit, reputation, etc.: *men of good standing.* **2.** length of existence, membership, experience, etc.: *a member of long standing.* *-adj.* **3.** that stands upright. **4.** performed in or from a stationary or upright position: *a standing start.* **5.** still; not flowing, as water. **6.** continuing without stopping or changing: *a standing rule.* **7.** out of use; idle: *a standing engine.*

standing committee *n.* **1.** a committee that may be appointed without a term, to oversee an aspect of the running of an institution. **2.** *Parliamentary Procedure* a committee, the members of which are appointed at the beginning of each parliamentary session, which has a continuing responsibility for a general sphere of government activity.

standing order *n.* **1.** any of the rules ensuring continuity of procedure during the meetings of an assembly, especially the rules governing the conduct of business in parliament. **2.** *Military* (formerly) a general order that is always in force in a command and that establishes uniform procedures for it.

standpoint /'stændpɔɪnt/ *n.* **1.** the point at which one stands to view something. **2.** the mental position from which one views and judges things.

standstill /'stændstɪl/ *n.* a standing still; a state of cessation of movement or action; a halt; a pause; a stop.

stank /stæŋk/ *v.* a past tense of **stink**.

stannite /'stænaɪt/ *n.* a mineral, copper iron tin sulfide, Cu_2FeSnS_4, an ore of tin, iron-black to steel-grey in colour, with a metallic lustre; tin pyrites.

stanza /'stænzə/ *n.* a group of lines of verse, commonly four or more in number, arranged and repeated according to a fixed plan as regards the number of lines, the metre, and the rhyme, and forming a regularly repeated metrical division of a poem. **-stanzaic** /stæn'zeɪɪk/ *adj.*

staphylococcus /ˌstæfələ'kɒkəs/ *n.* **-cocci** /-'kɒkaɪ, -'kɒki/ any bacterium of the genus *Staphylococcus* in which the individual organisms form irregular clusters, as *S. albus,* a skin commensal, or *S. aureus,* a pathogen, or *S. pyogenes,* which causes pus formation. **-staphylococcal** /ˌstæfələ'kɒkəl/, **staphylococcic** /ˌstæfələ'kɒksɪk/ *adj.*

staple¹ /'steɪpəl/ *n., v.* **-pled, -pling.** *-n.* **1.** a bent piece of wire used to bind papers, sections of a book, etc., together. **2.** a U-shaped or other piece of metal with pointed ends for driving into a surface to hold a hasp, hook, pin, bolt, or the like. **3.** a similar device used in medical operations. *-v.t.* **4.** to secure or fasten by a staple or staples: *to staple three sheets together.*

staple² /'steɪpəl/ *n.* **1.** an item, especially of food, which is used or needed continually: *all kitchens need staples such as flour, sugar, etc.* **2.** a main item, thing, feature, element, or part. **3.** the fibre of wool, cotton, etc., considered with reference to length and fineness. *-adj.* **4.** most important among the products exported or produced by a country or district. **5.** (of industries) chief or principal. **6.** principally used: *staple subjects of conversation.*

stapler /'steɪplə/ *n.* a stapling machine.

star /sta/ *n., adj., v.* **starred, starring.** *-n.* **1.** any of the heavenly bodies appearing as apparently fixed luminous points in the sky at night. **2.** *Astronomy* any of the self-luminous bodies outside the solar system, as distinguished from planets, comets, and meteors. The sun is classed with the stars and appears to be a typical member of the galaxy. **3.** any heavenly body. **4.** *Astrology* **a.** a heavenly body, especially a planet that is considered as influencing humankind and events. **b.** (*plural*) a horoscope, especially one in a magazine, etc. **5.** one's destiny, fortune, or luck, especially as regarded as influenced by the heavenly bodies. **6.** a conventional figure having rays (commonly five or six) proceeding from, or angular points disposed in a regular outline about, a central point, and considered as representing a star of the sky. **7.** an emblem in this shape, worn as a badge of rank, an award, etc: *a four-star general.* **8.** a white mark on the forehead of an animal, especially a horse; a blaze. **9.** *Printing, etc.* an asterisk. **10.** a person who is pre-eminent or distinguished in some art, profession, or other field. **11.** a prominent actor, singer, or the like, especially one who plays the leading role in a performance. *-adj.* **12.** brilliant, prominent, or distinguished; chief. *-v.t.* **13.** to set with, or as with, stars; spangle. **14.** to present or feature (an actor, etc.) as a star. **15.** to mark with a star or asterisk, as for special notice. *-v.i.* **16.** to shine as a star; be brilliant or prominent. **17.** (of an actor, etc.) to appear as a star. *-phr.* **18. see stars,** to seem to see bright flashes of light, as after a heavy blow on the head. **19. under the stars,** exposed to the night sky: *we slept under the stars.* **-stardom** *n.*

starboard /'stabəd/ *Nautical -n.* **1.** the side of a ship to the right of a person looking towards the bow (opposed to *port*). *-v.t.* **2.** to turn (the helm) to starboard.

starch /statʃ/ *n.* **1.** a white, tasteless solid, chemically a carbohydrate, $(C_6H_{10}O_5)_n$ occurring in the form of minute grains in the seeds, tubers, and other parts of plants, and forming an important constituent of rice, corn, wheat, beans, potatoes, and many other vegetable foods; amylum. **2.** a commercial preparation of this substance used (dissolved in water) to stiffen linen, etc., in laundering, and also for many industrial purposes. **3.** (*plural*) foods rich in starch. **4.** stiffness or formality, as of manner. *-v.t.* **5.** to stiffen or treat with starch. *-phr.* **6. starch up,** to make stiff or rigidly formal. **-starcher** *n.* **-starchless** *adj.* **-starchy** *adj.*

star-crossed /'sta-krɒst/ *adj.* characterised by consistent ill fortune; having much bad luck, as if brought about by the influence of the stars: *Romeo and Juliet were star-crossed lovers.*

stare /stɛə/ *v.* **stared, staring,** *n.* *-v.i.* **1.** to gaze fixedly, especially with the eyes wide open. **2.** to

starfish stand out boldly or obtrusively to view. **3.** (of hair, feathers, etc.) to stand on end; bristle. –*v.t.* **4.** to put, bring, etc., by staring: *to stare one out of countenance*. –*n.* **5.** a staring gaze; a fixed look with the eyes wide open: *the banker greeted him with a glassy stare*. –*phr.* **6. stare someone in the face, a.** to be inescapably obvious. **b.** to be impending and require immediate action. **7. stare someone out**, to gaze fixedly at someone until they look away. –**starer** *n.*

starfish /'stɑːfɪʃ/ *n.* **-fishes**, (*especially collectively*) **-fish**. any echinoderm of the class Asteroidea, comprising marine animals having the body radially arranged, usually in the form of a star, with five or more rays or arms radiating from a central disc; an asteroid.

star fruit *n.* → **carambola**. Also, **starfruit**.

stark /stɑːk/ *adj.* **1.** sheer, utter, downright, or arrant: *stark madness*. **2.** harsh, grim, or desolate to the view, as places, etc. –*adv.* **3.** utterly, absolutely, or quite: *stark mad*. –**starkly** *adv.*

starkers /'stɑːkəz/ *adj. Colloquial* **1.** stark-naked. **2.** absolutely mad; insane.

starling[1] /'stɑːlɪŋ/ *n.* any of numerous passerine birds constituting the family Sturnidae, especially the common European species, *Sturnus vulgaris*, introduced into and now widespread in eastern Australia.

starling[2] /'stɑːlɪŋ/ *n.* a set of piles driven into a riverbed upstream of a bridge pier to protect it from floating debris, the force of the current, etc.

Star of David *n.* a figure which is star-shaped with six points, formed of two equilateral triangles interlaced, one being inverted, as a symbol of Judaism.

start /stɑːt/ *v.i.* **1.** to begin to move, go, or act: *to start on a journey*. **2.** to begin, etc.: *when did you start on your career? When did your career start?* **3.** to come suddenly into activity, life, view, etc. **4.** to spring or move suddenly from a position or place: *he started from his seat*. **5.** to move with a sudden jerk, as from a shock. **6.** to stick out: *eyes starting from their sockets*. **7.** (of timbers, etc.) to spring, slip, or work loose from place or fastenings. **8.** to be among the starters in a race, contest, etc. –*v.t.* **9.** to set moving, going, or acting: *he will start the engine*. **10.** to set in operation; establish: *the company will start another newspaper*. **11.** to enter upon or begin: *will you start the letter?* **12.** to cause or help (a person, etc.) to begin a journey, a career, etc.: *he started his son in business*. –*n.* **13.** a beginning. **14.** a signal to start, as on a course or in a race. **15.** the first part of anything. **16.** a sudden, involuntary jerking movement of the body: *I woke with a start*. **17.** a lead or advance of a certain amount, as over competitors, etc.: *I had a start of half a lap*. **18.** a chance or opportunity of starting on a course or career. **19.** a spurt of activity: *she works in fits and starts*.

starter /'stɑːtə/ *n.* **1.** someone who gives the signal for starting, as in a race. **2.** a self-starter (def. 1). **3.** any competitor who begins a race, contest, or the like. **4.** a bacterial culture used to start fermentation, as in the manufacture of cheese or the like. **5.** the first course of a large meal; entree. **6.** *Colloquial* a likely prospect, as a person willing to take part in some activity: *any starters for bingo?* –*phr.* **7. for starters, a.** at first: *for starters, I sing opera*. **b.** in the first place: *well, for starters, he's a crook*.

starting price *n.* the betting odds on a horse, greyhound, etc., at the time when a race begins.

startle /'stɑːtl/ *v.* **-tled, -tling**, *n.* –*v.t.* **1.** to disturb or agitate suddenly by a surprise, alarm, or the like. **2.** to cause to start involuntarily, as under a sudden shock. –*v.i.* **3.** to start involuntarily, as from a surprise or alarm. –*n.* **4.** a sudden surprise, alarm, or the like. **5.** something that startles. –**startler** *n.* –**startling** *adj.* –**startlingly** *adv.*

starve /stɑːv/ *v.* **starved, starving**. –*v.i.* **1.** to die or perish from hunger. **2.** to be in process of perishing, or to suffer severely, from hunger. **3.** *Colloquial* to be hungry. **4.** to suffer from extreme poverty and need. –*v.t.* **5.** to cause to starve; weaken or reduce by lack of food. **6.** to subdue, or force to some condition or action, by hunger: *to starve a besieged garrison into surrender*. **7.** to cause to suffer for lack of something needed or craved. –*phr.* **8. starve for**, to pine or suffer for lack of. **9. starve the lizards** (or **bardies**), *Australian* (an exclamation of surprise or disgust).

stash /stæʃ/ *v.t.* **1.** to put away, as for safekeeping or in a prepared place. –*n.* **2.** a hoard.

stat- a prefix attached to the name of electrical units to indicate the corresponding electrostatic unit, as *statcoulomb*.

-stat a word element meaning 'standing', 'stationary', as in *thermostat*.

state /steɪt/ *n., adj., v.* **stated, stating**. –*n.* **1.** the condition of a person or thing, as with respect to circumstances or attributes: *a state of disrepair*. **2.** condition with respect to constitution, structure, form, phase, or the like: *a liquid state; the larval state*. **3.** a mode or form of existence: *the future state*. **4.** a person's condition or position in life, or estate, station, or rank. **5.** the style of living befitting a person of high rank and great wealth; sumptuous, imposing, or ceremonious display of dignity; pomp: *a hall used on occasions of state*. **6.** a particular condition of mind or feeling: *to be in an excited state*. **7.** a particularly tense, nervous, or excited condition: *to be in quite a state over a matter*. **8.** a body of people occupying a definite territory and organised under one government, especially a sovereign government. **9.** (*sometimes cap.*) any of the territories, each more or less independent as regards internal affairs, which together make up a federal union, as in the Commonwealth of Australia, the United States of America, or India. **10.** the domain or the authority of a state. **11.** (*often cap.*) the body politic as organised for civil rule and government, often contrasted with the Church. **12.** the operations or activities of supreme civil government, or the sphere of supreme civil authority and administration: *affairs of state*. –*adj.* **13.** of or relating to the supreme civil government or authority. **14.** (*often cap.*) of or relating to one of the territories which make up a federal union, as any of the states of Australia. **15.** characterised by, attended with, or involving ceremony: *a state dinner*. **16.** used on or reserved for occasions of ceremony. –*v.t.* **17.** to declare definitely or specifically: *to state one's views*. **18.** to set forth formally in speech or writing: *to state a case*. **19.** to set forth in proper or definite form: *to state a problem*. **20.** to say. **21.** to fix or settle, as by authority. –*phr.* **22. lie in state**, (of a body) to be publicly displayed in honour before burial. **23. the state of play**, the current situation. –**statable, stateable** *adj.*

stately /'steɪtli/ *adj.* **-lier, -liest**, *adv.* –*adj.* **1.** dignified or majestic; imposing in magnificence, elegance, etc.: *a stately palace*. –*adv.* **2.** in a stately manner. –**stateliness** *n.*

statement /'steɪtmənt/ *n.* **1.** something stated. **2.** a communication or declaration in speech or writing setting forth facts, particulars, etc. **3.** *Commerce* an abstract of an account, as one rendered to show the balance due. **4.** the occurrence of a theme, subject, or motif in a piece of music. **5.** the act or manner of stating something.

stateroom /'steɪtrum/ *n.* **1.** a private room or cabin on a ship. **2.** *US* a private sleeping compartment on a train. **3.** any magnificent room for use on state occasions.

state school *n.* a school maintained at public expense for the education of the children and youth of a community or district, as part of a system of public, free education.

statesman /ˈsteɪtsmən/ *n.* **-men. 1.** a man who is versed in the management of affairs of state. **2.** someone who exhibits ability of the highest kind in directing the affairs of a government or in dealing with important public issues. **–statesmanlike, statesmanly** *adj.* **–stateswoman** /ˈsteɪtswʊmən/ *fem. n.* **–statesmanship** *n.*

static /ˈstætɪk/ *adj.* Also, **statical. 1.** relating to or characterised by a fixed or non-changing condition. **2.** *Electricity* indicating or relating to electricity at rest, as that produced by friction. **3.** relating to atmospheric electricity interfering with the sending and receiving of radio messages, etc. **4.** *Physics* acting by weight without producing motion: *static pressure.* –*n. Electricity* **5.** static or atmospheric electricity. **6.** Also, **atmospherics**. *Radio* unwanted noises, crackling, etc., caused by electrical currents from storms, etc. **–statically** *adv.*

station /ˈsteɪʃən/ *n.* **1.** the place in which anything stands. **2.** (the buildings at) a place at which a train, etc., regularly stops. **3.** the end of a bus or coach route; terminus. **4.** *Australian, NZ* a large rural establishment for raising sheep or cattle; a sheep or cattle run. **5.** (of people) social standing; rank. **6.** place or position of duty. **7.** a place or position to which a warship, fleet, sailor, etc., is assigned for duty. **8.** a place equipped for some particular kind of work, service, etc.: *a power station; a police station.* **9.** *Radio, TV* (an organisation which manages) studios, recording and transmitting equipment, buildings, etc., used for producing and sending out programs. **10.** the wavelength on which a radio or television program is broadcast. –*v.t.* **11.** to place or post in a station or position.

stationary /ˈsteɪʃənri, ˈsteɪʃənəri/ *adj.* **1.** standing still; not moving. **2.** having a fixed position; not movable. **3.** established in one place; not itinerant or migratory. **4.** remaining in the same condition or state; not changing. **–stationarily** *adv.* **–stationariness** *n.*

stationery /ˈsteɪʃənri, ˈsteɪʃənəri/ *n.* **1.** writing paper. **2.** writing materials, as pens, pencils, paper, etc. **–stationer** *n.*

station wagon *n.* a car with an extended interior, allowing extra space behind the rear seat, and a door or tailgate at the back.

statism /ˈsteɪtɪzəm/ *n.* the principle or policy of concentrating extensive economic, political, and related controls in the state at the cost of individual liberty. **–statist** *n.*

statistic /stəˈtɪstɪk/ *n.* **1.** a numerical fact: *she quoted an interesting statistic about home ownership.* **2.** *Colloquial* a person or event seen as one summarised in official statistics: *I'm a person, not a statistic; you nearly became an accident statistic.*

statistics /stəˈtɪstɪks/ *n.* **1.** (*construed as singular*) the science which deals with the collection, classification, and use of numerical facts or data, bearing on a subject or matter. **2.** (*construed as plural*) the numerical facts or data themselves. **–statistical** *adj.*

stator /ˈsteɪtə/ *n. Electricity* the fixed part of an electrical machine (motor or generator) which contains the stationary magnetic circuits.

statue /ˈstætʃu/ *n.* a representation of a person or an animal carved in stone or wood, moulded in a plastic material, or cast in bronze or the like, especially one of some size, in the round.

statuesque /stætʃuˈɛsk/ *adj.* like or suggesting a statue, as in formal dignity, grace, immobility, proportions, or beauty. **–statuesquely** *adv.* **–statuesqueness** *n.*

stature /ˈstætʃə/ *n.* **1.** the height of an animal body, especially of a human. **2.** the height of any object. **3.** degree of development or achievement attained. **4.** impressive achievement; moral greatness.

status /ˈsteɪtəs, ˈstætəs/ *n.* **1.** condition, position, or standing socially, professionally, or otherwise. **2.** the relative rank or social position of an individual or group. **3.** the relative standing, position, or condition of anything. **4.** the state or condition of affairs. **5.** *Law* the standing of a person before the law.

status quo /steɪtəs ˈkwoʊ/ *n.* the existing or previously existing state or condition. Also, **status in quo**.

statute /ˈstætʃut/ *n.* **1.** *Law* **a.** an enactment made by a legislature and expressed in a formal document. **b.** the document in which such an enactment is expressed. **2.** *International Law* an instrument annexed or subsidiary to an international agreement, as a treaty. **3.** a permanent rule established by an institution, corporation, etc., for the conduct of its internal affairs. **–statutory** *adj.*

statutory declaration *n.* (in Australia) a written statement declared before, and witnessed by, an authorised official, as a justice of the peace, etc., but not sworn on oath and therefore not recognised as evidence in a court of law. Compare **affidavit**.

staunch[1] /stɔntʃ/ *v.t.* **1.** to stop the flow of (a liquid, especially blood). **2.** to stop the flow of blood from (a wound). –*v.i.* **3.** to stop flowing, as blood; be staunched. –*n.* **4.** *Civil Engineering* a device on primitive river navigation systems in which changes of level are overcome by sending boats down in a rush of water. **–stauncher** *n.*

staunch[2] /stɔntʃ/ *adj.* **1.** firm or steadfast in principle, adherence, loyalty, etc., as a person. **2.** characterised by firmness or steadfastness. **3.** strong; substantial. **4.** impervious to water or other liquids; watertight. **–staunchly** *adv.* **–staunchness** *n.*

stave /steɪv/ *n., v.* **staved** *or* **stove, staving**. –*n.* **1.** one of the thin, narrow, shaped pieces of wood which form the sides of a cask, tub, or similar vessel. **2.** a stick, rod, pole, or the like. **3.** a rung of a ladder, chair, etc. **4.** *Prosody* **a.** a verse or stanza of a poem or song. **b.** the alliterating sound in a line of verse, thus, *w* is the stave in *the way of the wind.* **5.** Also, **staff.** *Music* a set of horizontal lines, now five in number, with the corresponding four spaces between them, music being written on both the lines and spaces. –*phr.* **6. stave in,** to break a hole in; crush inwards. **7. stave off,** to put, ward, or keep off, as by force or evasion.

stay[1] /steɪ/ *v.* **stayed** *or* **staid, staying,** *n.* –*v.i.* **1.** to remain in a place, situation, company, etc.: *the visitors stayed all afternoon.* **2.** to sojourn; reside temporarily: *we stayed at the Hilton; my sister is staying with me.* **3.** to stop or halt. **4.** to pause or wait, as for a moment, before proceeding or continuing; linger or tarry. –*v.* (*copular*) **5.** to continue to be (as specified), as to condition, etc.: *to stay clean.* –*v.t.* **6.** to stop or halt. **7.** to hold back, detain, or restrain, as from going further. **8.** to suspend or delay (proceedings, etc.). **9.** to suppress or quell (violence, strife, etc.). **10.** to appease or satisfy temporarily the cravings of (the stomach, appetite, etc.). **11.** to remain through or during (a period of time, etc.). **12.** to remain to the end of; last out; endure. –*n.* **13.** a stop, halt,

stay

or pause; a standstill. **14.** a sojourn or temporary residence. **15.** *Law* a stoppage or arrest of action; a suspension of a judicial proceeding. **16.** *US Colloquial* staying power; endurance. *–phr.* **17. stay put**, to remain where placed; not to move from a position. **18. stay with**, to keep up with, as with a competitor in a race.

stay² /steɪ/ *n., v.* **stayed, staying.** *–n.* **1.** something used or serving to support or steady a thing. **2.** a flat strip of steel, plastic, etc., for stiffening corsets, etc. **3.** *(plural)* a corset. *–v.t.* **4.** to support or hold up (sometimes fol. by *up*).

stay³ /steɪ/ *n., v.* **stayed, staying.** *Chiefly Nautical* *–n.* **1.** a strong rope, now commonly of wire, used to support a mast. **2.** any rope similarly used; a guy. *–v.t.* **3.** to support or secure with a stay or stays: *to stay a mast. –phr.* **4. in stays**, heading into the wind while going about from one tack to the other.

STD /ɛs ti 'di/ *n.* any disease such as syphilis, gonorrhoea, AIDS, herpes, some forms of hepatitis, genital warts, etc., which is transmitted through sexual contact between people.

stead /stɛd/ *n.* **1.** the place of a person or thing as occupied by a successor or substitute: *since he could not come, his brother came in his stead.* *–phr.* **2. stand someone in good stead**, to be useful or advantageous to someone.

steadfast /'stɛdfast, -fəst/ *adj.* **1.** fixed in direction; steadily directed: *a steadfast gaze.* **2.** firm in purpose, resolution, faith, attachment, etc., as a person. **3.** unwavering, as resolution, faith, adherence, etc. **4.** firmly established, as an institution or a state of affairs. **5.** firmly fixed in place or position. *–***steadfastly** *adv.* *–***steadfastness** *n.*

steady /'stɛdi/ *adj.* **steadier, steadiest,** *interj., n.* **steadies,** *v.* **steadied, steadying,** *adv.* *–adj.* **1.** firmly placed or fixed; stable in position or equilibrium; even or regular in movement: *a steady ladder.* **2.** free from change, variation, or interruption; uniform; continuous: *a steady wind.* **3.** constant, regular, or habitual: *steady drinkers.* **4.** free from excitement or agitation: *steady nerves.* **5.** firm, unwavering, or steadfast, as persons or their principles, policy, etc. **6.** settled, staid, or sober, as a person, habits, etc. **7.** *Nautical* (of a vessel) keeping nearly upright, as in a heavy sea. *–interj.* **8.** be calm! control yourself! **9.** *Nautical* (a helm order to keep a vessel on a certain course). *–n.* **10.** *Colloquial* a regular boyfriend or girlfriend. *–v.t.* **11.** to make steady, as in position, movement, action, character, etc. *–v.i.* **12.** to become steady. *–adv.* **13.** in a firm or steady manner. *–phr.* **14. go steady,** *Colloquial* to go about regularly with the same boyfriend or girlfriend. *–***steadier** *n.* *–***steadily** *adv.* *–***steadiness** *n.*

steak /steɪk/ *n.* **1.** Also, **cutlet. a.** a slice of meat, beef unless indicated otherwise, as ham steak, usually cut thick and across the grain of the muscle. **b.** a thick slice of a large fish cut across the body and including part of the backbone. **2.** chopped or minced meat formed to resemble steak and cooked in the manner of steak.

steal /stil/ *v.* **stole, stolen, stealing,** *n.* *–v.t.* **1.** to take or take away dishonestly or wrongfully, especially secretly. **2.** to appropriate (ideas, credit, words, etc.) without right or acknowledgment. **3.** to take, get, or win by insidious, surreptitious, or subtle means: *to steal a nap during a sermon.* **4.** to move, bring, convey, or put (*away, from, in, into*, etc.) secretly or quietly. **5.** (in various games) to gain (a point, etc.) by strategy, by chance, or by luck. **6.** to obtain more than one's share of; appropriate entirely to oneself: *the new baby stole everybody's attention.* *–v.i.* **7.** to commit or practise theft. **8.** to move, go, or come secretly, quietly,

steel wool

or unobserved. **9.** to pass, come, spread, etc., imperceptibly, gently or gradually: *the years steal by.* *–n.* **10.** *Colloquial* something acquired at very little cost or at a cost well below its true value. *–phr.* **11. steal a march on**, to obtain an advantage over, especially by surreptitious means. **12. steal someone's thunder**, to appropriate or use another's idea, plan, etc. **13. steal the show**, to outshine other performers and achieve popular success, as an actor in a play, etc. *–***stealer** *n.*

stealth /stɛlθ/ *n.* secret, clandestine, or surreptitious procedure.

steam /stim/ *n.* **1.** water in the form of a gas or vapour. **2.** water changed to this form by boiling, and extensively used for the generation of mechanical power, for heating purposes, etc. **3.** the mist formed when the gas or vapour from boiling water condenses in the air. **4.** an exhalation. **5.** *Colloquial* power or energy. **6.** *Australian, NZ Colloquial* cheap wine. *–v.i.* **7.** to emit or give off steam or vapour. **8.** to rise or pass off in the form of steam, as vapour. **9.** to generate or produce steam, as in a boiler. **10.** to move or travel by the agency of steam. **11.** to expose to or treat with steam, as in order to heat, cook, soften, renovate, or the like. **12.** to expose (an animal carcass) to steam in order to melt and separate out the tallow. **13.** to emit or exhale (steam or vapour); send out in the form of steam. *–adj.* **14.** heated by or heating with steam: *steam radiator.* **15.** propelled by or propelling with a steam engine: *a steam train.* **16.** operated by steam. **17.** (*humorous*) antiquated; old-fashioned; belonging to the age of steam. *–phr.* **18. let off steam**, *Colloquial* to release repressed emotions, by behaving in an unrestrained manner. **19. like steam,** *Colloquial* with great energy and spirit. **20. under one's own steam,** *Colloquial* independently and without the assistance of others.

steamroller /'stimroʊlə/ *n.* **1.** a heavy locomotive, originally steam-powered, having a roller or rollers, for crushing or levelling materials in road-making. **2.** an overpowering force, especially one that crushes opposition with ruthless disregard of rights. *–v.t.* Also, **steamroll. 3.** to go over or crush as with a steamroller or an overpowering force.

stearic /sti'ærɪk/ *adj.* **1.** having to do with suet or fat. **2.** *Chemistry* having to do with stearic acid.

steed /stid/ *n.* **1.** a horse, especially one for riding. **2.** a high-spirited horse.

steel /stil/ *n.* **1.** iron in a modified form, artificially produced, containing a certain amount of carbon (more than in wrought iron and less than in cast iron) and other constituents, and possessing a hardness, elasticity, strength, etc., which vary with the composition and the heat treatment. It is commonly made by removing a certain amount of the carbon from pig-iron, and used in making tools, girders, etc. **2. high** (or **hard**) **steel**, steel with a comparatively high percentage of carbon. **3. low** (or **mild**) (or **soft**) **steel**, steel with a comparatively low percentage of carbon. **4. medium steel**, a tough-tempering steel having a medium carbon content. **5.** something made of steel, as a knife-sharpener, device for striking sparks from flints, etc. **6.** a sword. **7.** *Stock Exchange* **a.** the market quotation of a steel concern. **b.** stocks, shares, etc., of steel companies. *–adj.* **8.** relating to or made of steel. **9.** like steel in colour, hardness, or strength. *–v.t.* **10.** to fit with steel, as by pointing, edging, or overlaying. **11.** to render insensible, inflexible, unyielding, determined, etc.

steel wool *n.* fine threads or shavings of steel, tangled into a small pad, and used for scouring, polishing, etc.

steelyard /ˈstiljəd, ˈstɪljəd/ *n.* a portable balance with two unequal arms, the longer one having a movable counterpoise, and the shorter one bearing a hook or the like for holding the object to be weighed.

steep[1] /stip/ *adj.* **1.** having an almost perpendicular slope or pitch, or a relatively high gradient, as a hill, an ascent, stairs, etc. **2.** *Colloquial* unduly high, or exorbitant, as a price or amount. **3.** *Colloquial* extreme or extravagant, as a statement. –*n.* **4.** a steep place; a declivity, as of a hill. –**steeply** *adv.* –**steepness** *n.*

steep[2] /stip/ *v.t.* **1.** to soak in water or other liquid, as for the purpose of softening, cleaning, or extracting something. **2.** to wet thoroughly in or with any liquid, or as a liquid does. **3.** to be filled with some absorbing influence: *a mind steeped in romance.* –*v.i.* **4.** to lie soaking in a liquid. –*n.* **5.** the act or process of steeping. **6.** a liquid in which something is steeped. –**steeper** *n.*

steeple /ˈstipəl/ *n.* a lofty tower attached to a church, temple, or the like, and often containing bells.

steeplechase /ˈstipəltʃeɪs/ *n.* **1.** a horserace over a course furnished with artificial ditches, hedges, and other obstacles. **2.** a horserace across country; point-to-point. **3.** a race run on foot by persons across country or over a course having obstacles, as ditches, hurdles, etc. –*v.i.* **4.** to ride or run in a steeplechase. –**steeplechaser** *n.*

steer[1] /stɪə/ *v.t.* **1.** to guide the course of (anything in motion) by a rudder, helm, wheel, etc.: *to steer a ship.* **2.** to follow or pursue (a particular course). **3.** *Colloquial* to direct the course of. –*v.i.* **4.** to direct the course of a vessel, vehicle, aeroplane, or the like by the use of a rudder or other means. **5.** to direct one's course, or pursue a course (as specified). **6.** (of a vessel, etc.) to admit of being steered; be steered or guided in a particular direction. –*phr.* **7. bum steer**, a misleading idea or suggested course of action. **8. steer clear of**, to avoid. –**steerable** *adj.* –**steerer** *n.*

steer[2] /stɪə/ *n.* a castrated male bovine, especially one raised for beef; ox; bullock.

steerage /ˈstɪərɪdʒ/ *n.* **1.** a part or division of a ship, originally that containing the steering apparatus, later varying in use. **2.** (in a passenger ship) the part allotted to the passengers who travel at the cheapest rate.

steering committee *n.* a committee, especially one of a legislative body, entrusted with the preparation of the agenda of a conference, session, etc.

stego- a word element meaning 'cover', as in *stegosaur.*

stein /staɪn/ *n.* **1.** an earthenware mug, especially for beer. **2.** the quantity of beer held by this.

stellar /ˈstɛlə/ *adj.* **1.** having to do with the stars; consisting of stars. **2.** starlike. **3.** relating to a leading actor, etc.

stem[1] /stɛm/ *n., v.* **stemmed, stemming**. –*n.* **1.** the ascending axis of a plant, whether above or below ground, which ordinarily grows in an opposite direction to the root or descending axis. **2.** the stalk which supports a leaf, flower, or fruit. **3.** the main body of that portion of a tree, shrub, or other plant which is above ground; a trunk; a stalk. **4.** a petiole; a peduncle; a pedicel. **5.** a stalk of bananas. **6.** something resembling or suggesting the stem of a plant, flower, etc. **7.** a long, slender part: *the stem of a tobacco pipe.* **8.** the slender, upright part of a goblet, wineglass, etc. **9.** the cylindrical projection on a watch, having a knob at the end for winding. **10.** the circular rod of some locks around which the key fits and rotates. **11.** the stock, or line of descent, of a family; ancestry or pedigree. **12.** *Grammar* the element common to all the forms of an inflectional paradigm, or to some subset thereof, usually more than a root. Thus *ten-* or *tan-* would be the root of Latin *tendere* and *tend-* would be the stem. **13.** *Music* the vertical line forming part of a note. **14.** the main or relatively thick stroke of a letter in printing, etc. –*v.t.* **15.** to remove the stem from (a fruit, etc.). –*phr.* **16. stem from**, to originate out of. –**stemless** *adj.*

stem[2] /stɛm/ *v.t.* **stemmed, stemming**. **1.** to stop or check. **2.** to dam up (a stream, etc.). **3.** to tamp, plug, or make tight, as a hole or a joint. **4.** to staunch (bleeding, etc.). –**stemless** *adj.*

stem[3] /stɛm/ *v.t.* **stemmed, stemming**. **1.** to make headway against (a tide, current, gale, etc.). **2.** to make progress against (any opposition).

stem[4] /stɛm/ *n. Nautical* **1.** an upright at the bow of a ship into which the side timbers or plates are jointed. **2.** the forward part of a ship: *from stem to stern.*

stench /stɛntʃ/ *n.* **1.** an offensive smell; stink. **2.** ill-smelling quality.

stencil /ˈstɛnsəl/ *n., v.* **-cilled** *or Chiefly US* **-ciled, -cilling** *or Chiefly US* **-ciling**. –*n.* **1.** a thin sheet of paper, cardboard, or metal cut through so as to reproduce a design, letters, etc., when colour is rubbed through it. **2.** the letters, designs, etc., produced. –*v.t.* **3.** to mark or paint (a surface) or produce (letters, etc.) by means of a stencil.

steno- a word element meaning 'little', 'narrow', referring especially to shorthand, as in *stenography.*

stenotype /ˈstɛnətaɪp/ *n.* **1.** a keyboard instrument resembling a typewriter, used in a system of phonetic shorthand. **2.** the symbols typed in one stroke on a stenotype machine.

stentorian /stɛnˈtɔriən/ *adj.* very loud or powerful in sound: *a stentorian voice.*

step /stɛp/ *n., v.* **stepped, stepping**. –*n.* **1.** a movement made by lifting the foot and setting it down again in a new position, as in walking, running, marching, or dancing. **2.** the space passed over or measured by one movement of the foot in stepping. **3.** the sound made by the foot in stepping. **4.** a mark or impression made by the foot on the ground; footprint. **5.** the manner of walking; gait. **6.** a pace uniform with that of another or others, or in time with music: *to that step.* **7.** a repeated pattern or unit of movement in a dance formed by a combination of foot and body motions. **8.** (*plural*) movements or course in stepping or walking: *to retrace one's steps.* **9.** a move or proceeding, as towards some end or in the general course of action: *the first step towards peace.* **10.** a degree in a notional scale: *one step up the hierarchy.* **11.** a very short distance; a distance easily walked. **12.** *Music* **a.** a degree of the scale. **b.** the interval between two adjacent scale degrees; a second. **13.** a support for the foot in ascending or descending: *a step of a ladder, stair, etc.* **14.** (*plural*) a series of such supports, usually outside, as part of a pathway, the entrance to a house, etc. **15.** (*plural*) a stepladder. **16.** *Machinery, etc.* a part or offset resembling a step of a stair. –*v.i.* **17.** to move, go, etc., by lifting the foot and setting it down again in a new position, or by using the feet alternately in this manner: *to step forward.* **18.** to walk, or go on foot, especially for a few steps or a short distance: *please step this way.* **19.** to move with measured steps, as in a dance. **20.** to go briskly or fast, as a horse. **21.** to come easily as if by a step of the foot: *to step into a fortune.* **22.** to press with the foot, as on a lever, spring, or the like, in order to operate some mechanism. –*v.t.* **23.** to take (a step, pace, stride, etc.). **24.** to go through or perform the steps of (a dance). **25.** to make or arrange in the

26. break step, to stop marching or walking in step.
27. in step, **a.** moving in time with and on the same foot as others. **b.** in harmony or conformity.
28. out of step, **a.** not moving in time with and on the same foot as others. **b.** not in harmony or conformity.
29. step by step, by degrees; gradually.
30. step down, **a.** to decrease. **b.** to resign; relinquish a position, etc.
31. step in, to intervene; become involved.
32. step on (or **upon**), to put the foot down on, as on the ground, a support, etc.; tread on by intention or accident: *to step on a worm*.
33. step on it, *Colloquial* to hasten; hurry.
34. step out, **a.** to leave a place, especially for a short time. **b.** to walk briskly. **c.** *US* to go out to a social gathering, etc.; walk out. **d.** to measure (a distance, ground, etc.) by steps.
35. step up, to increase.
36. take steps, to initiate a course of action.
37. watch one's step, to go, behave, etc., with caution. –**steplike** *adj*. –**stepper** *n*.

step- a prefix indicating connection between members of a family by the remarriage of a parent, and not by blood.

stepladder /'steplædə/ *n*. a ladder having flat steps or treads in place of rungs and a hinged support to keep it upright.

steppe /step/ *n*. a large plain, especially one without trees.

stepping stone *n*. **1.** a stone, or one of a line of stones, in shallow water, a marshy place, or the like, used for stepping on in crossing. **2.** a stone for use in mounting or ascending. **3.** any means of advancing or rising.

-ster a suffix of personal nouns, often derogatory, referring especially to occupation or habit, as in *songster, gamester, trickster*, also having less apparent connotations, as in *youngster, roadster*.

stereo /'steriou, 'stɪəriou/ *n*. **stereos**, *adj*. –*n*. **1.** (any system equipped for) stereophonic sound reproduction. **2.** a stereoscopic photograph or photography. –*adj*. **3.** relating to stereophonic sound, stereoscopic photography, etc.

stereo- a word element referring to hardness, solidity, three-dimensionality, as in *stereogram, stereoscope*. Also (*before some vowels*), **stere-**.

stereophonic /steriə'fɒnɪk, stɪə-/ *adj*. **1.** having to do with a three-dimensional auditory perspective. **2.** having to do with the multi-channel reproduction or broadcasting of sound which simulates three-dimensional auditory perspective. Most commonly two channels are used and reproduction is from two speakers or speaker systems placed apart in front of the listener. **3.** having to do with the discs, tapes, equipment, etc., used in creating stereophonic effects. Compare **monophonic, quadraphonic**. –**stereophonically** *adv*. –**stereophony** /steri'ɒfəni, stɪə-/ *n*.

stereotype /'steriətaɪp, 'stɪə-/ *n*., *v*. **-typed, -typing**. –*n*. **1.** a process of making metal plates to use in printing by taking a mould of composed type or the like in papier-mâché or other material and then taking from this mould a cast (plate) in type metal. **2.** a plate made by this process. **3.** a set form; convention; standardised idea or concept. –*v.t.* **4.** to make a stereotype of. **5.** to give a fixed form to. –**stereotyper** *n*. –**stereotypic** /ˌsteriə'tɪpɪk, ˌstɪə-/, **stereotypical** /ˌsteriə'tɪpɪkəl, ˌstɪə-/ *adj*. –**stereotyped** *adj*.

sterile /'sterail/ *adj*. **1.** free from living germs or microorganisms: *sterile bandage*. **2.** incapable of producing, or not producing, offspring. **3.** barren; unproductive of vegetation, as soil. **4.** *Botany* **a.** denoting a plant in which reproductive structures fail to develop. **b.** bearing no stamens or pistils. **5.** unproductive of results; fruitless. –**sterilely** *adv*. –**sterilise = sterilize** *v*. –**sterility** /stə'rɪləti/ *n*.

sterling /'stɜlɪŋ/ *adj*. **1.** having to do with British currency. **2.** (of silver) being of standard quality, 92½ per cent pure silver. **3.** made of sterling silver: *sterling cutlery*. **4.** thoroughly excellent: *a man of sterling worth*. **5.** *Australian History* born in Britain or Ireland (opposed to *currency*).

stern¹ /stɜn/ *adj*. **1.** firm, strict, or uncompromising: *stern discipline*. **2.** hard, harsh, or severe: *a stern warning*. **3.** rigorous or austere; of an unpleasantly serious character: *stern times*. **4.** grim or forbidding in aspect: *a stern face*. –**sternly** *adv*. –**sternness** *n*.

stern² /stɜn/ *n*. **1.** the hinder part of a ship or boat (often opposed to *stem*). **2.** the hinder part of anything.

sternum /'stɜnəm/ *n*. **-nums** or **-na** /-nə/. *Anatomy* a bone or series of bones extending along the middle line of the ventral portion of the body of most vertebrates, consisting in humans of a flat, narrow bone connected with the clavicles and the true ribs; the breastbone. –**sternal** *adj*.

steroid /'stɛrɔɪd, 'stɪə-/ *n*. **1.** *Biochemistry* any of a large group of lipids most of which have specific physiological action, as the sterols, bile acids, and many hormones. **2.** a hormone, used by some athletes for body building.

stertorous /'stɜtərəs/ *adj*. **1.** characterised by heavy snoring. **2.** breathing heavily or noisily. –**stertorously** *adv*. –**stertorousness** *n*.

stet /stet/ *v*. **stetted, stetting**. –*v.i.* **1.** let it stand (a direction on a printer's proof, a manuscript, or the like to retain cancelled matter, usually accompanied by a row of dots under or beside the matter). –*v.t.* **2.** to mark with the word 'stet' or with dots.

stetho- a word element meaning 'chest'. Also (*before vowels*), **steth-**.

stethoscope /'stɛθəskoʊp/ *n*. an instrument used in auscultation to convey sounds in the chest or other parts of the body to the ear of the examiner. –**stethoscopy** /stə'θɒskəpi/ *n*. –**stethoscopic** /ˌstɛθə'skɒpɪk/ *adj*.

stetson /'stɛtsən/ *n*. a man's hat having a broad brim and a wide crown, common in the western US.

stevedore /'stivədɔ/ *n*. a firm or individual engaged in the loading or unloading of a vessel.

stew /stju/ *v.t.* **1.** to cook (food) by simmering or slow boiling. –*v.i.* **2.** to undergo cooking by simmering or slow boiling. **3.** *Colloquial* to fret, worry, or fuss. –*n*. **4.** a preparation of meat, fish, or other food cooked by stewing. **5.** *Colloquial* a state of uneasiness, agitation, or worry. **6.** (*usually plural*) *Archaic* a brothel. –*phr*. **7. stew in one's own juice**, to suffer misfortunes or the consequences of one's own actions without help.

steward /'stjuəd/ *n*. **1.** someone who manages another's property or financial affairs. **2.** someone who has charge of the household of another, providing for the table, directing the servants, etc. **3.** an employee who has charge of the table, the servants, etc., in a club or other establishment. **4.** any person on a ship or aircraft who waits on passengers. **5.** someone responsible for arranging the details and conduct of a public meeting, race meeting, public entertainment, etc. –**stewardship** *n*.

-stichous *Botany, Zoology* a word element referring to rows, as in *distichous*.

stick¹ /stɪk/ *n*. **1.** a branch or shoot of a tree or shrub cut or broken off. **2.** a relatively long and

stick slender piece of wood. **3.** an elongated piece of wood for burning, for carpentry, or for any special purpose. **4.** a rod or wand; a baton. **5.** a walking-stick or cane. **6.** a club or cudgel. **7.** an elongated, stick-like piece of some material: *a stick of rock.* **8.** *Sport* the stick or racquet used to hit the ball in hockey or lacrosse. **9.** *(plural)* the goal posts. **10.** *Military* **a.** a group of bombs so arranged as to be released in a row across a target. **b.** the bombload. **c.** a group of parachutists jumping in sequence. **11.** a piece of furniture. **12.** *Colloquial* a person: *a decent stick.* **13.** *US Colloquial* a marijuana cigarette. *–phr.* **14. in a cleft stick**, in a dilemma, awkward position, etc. **15. more than one can poke** (or **shake**) **a stick at**, *Colloquial* a lot of; many; much. **16. the sticks**, *Colloquial* **a.** an area or district regarded as lacking in the amenities of urban life. **b.** → **back country** (def. 1). **17. wrong end of the stick**, a complete misunderstanding of facts, a situation, etc.

stick² /stɪk/ *v.* **stuck, sticking**, *n. –v.t.* **1.** to pierce or puncture with a pointed instrument, as a dagger, spear, or pin; stab. **2.** to kill by this means: *to stick a pig.* **3.** to thrust (something pointed) in, into, through etc.: *to stick a pin into a balloon.* **4.** to fasten in position by thrusting the point or end into something: *to stick a nail in a wall.* **5.** to fasten in position by, or as by, something thrust through: *to stick a badge on one's coat.* **6.** to fix or impale upon something pointed: *to stick a potato on a fork.* **7.** to set with things piercing the surface: *to stick a cushion full of pins.* **8.** to thrust or poke into a place or position indicated: *to stick one's head out of the window.* **9.** to place in a specified position: *stick your books on the table.* **10.** to fasten or attach by causing to adhere: *to stick a stamp on a letter.* **11.** to bring to a standstill; render unable to proceed or go back: *to be stuck in the mud.* **12.** *Colloquial* to endure; tolerate. *–v.i.* **13.** to have the point piercing, or embedded in something. **14.** to remain attached by adhesion: *the mud sticks to one's shoes.* **15.** to hold, cleave, or cling: *to stick to a horse's back.* **16.** to remain persistently or permanently: *a fact that sticks in the mind.* **17.** to become fastened, hindered, checked, or stationary by some obstruction. **18.** to be at a standstill, as from difficulties. **19.** to be thrust, or extend, project, or protrude: *a branch sticking up from the mud.* **20.** to remain or stay, usually for a considerable time: *I can't bear to stick indoors all day. –n.* **21.** a thrust with a pointed instrument, a stab. **22.** the quality of adhering or of causing things to adhere. **23.** something causing adhesion. *–phr.*
24. stick around, *Colloquial* to stay nearby; linger.
25. stick at, **a.** to keep steadily or unremittingly at (a task, undertaking, or the like): *to stick at a job.* **b.** to hesitate or scruple to do.
26. stick by, to remain loyal or faithful to.
27. stick in someone's throat, to be hard to accept.
28. stick it, *Colloquial* (an expression of contempt, dismissal, disgust, etc.).
29. stick one's neck out, *Colloquial* to expose oneself to blame, criticism, etc.; take a risk.
30. stick one's nose in, *Colloquial* to pry; interfere.
31. stick out, **a.** to protrude; thrust out. **b.** to be obvious, conspicuous, etc: *to stick out a mile.* **c.** to endure; put up with something until the very end: *they were bored by the film but stuck it out for two hours.*
32. stick out for, to continue to ask for; be persistent in demanding.
33. stick out like a dog's balls, *Colloquial* to be extremely noticeable.
34. stick to, to remain firm with regard to (an opinion, statement, resolution, promise, etc.): *he stuck to his view that the mayor was wrong.*
35. stick together, to remain friendly, loyal, etc., to one another.
36. stick up, **a.** to project or protrude upwards. **b.** *Colloquial* to rob, especially at gunpoint.
37. stick up for, to speak or act in favour of; defend; support.
38. stick up to, to confront boldly; resist strongly.
39. stick with, to remain loyal or faithful to.
40. (you can) stick that for a joke (or **lark**), *Colloquial* (an expression indicating complete and often derisive rejection of a proposal, plan, etc.).

sticker /'stɪkə/ *n.* **1.** an adhesive label, usually with an advertisement or other message printed on it. **2.** someone who, despite difficulties, keeps trying to succeed.

sticking plaster *n.* an adhesive cloth or other material for covering and closing superficial wounds, etc.

stick insect *n.* any of certain orthopterous insects of the order Phasmatodea, with long, slender, twig-like or leaf-like bodies.

stickleback /'stɪkəlbæk/ *n.* any of the small, pugnacious, spiny-backed fishes of the family Gasterosteidae, of fresh waters and sea inlets.

stickler /'stɪklə/ *phr.* **a stickler for** ..., a person who insists unyieldingly on (something specified): *a stickler for punctuality.*

stick-up /'stɪk-ʌp/ *n. Colloquial* a hold-up or robbery.

sticky¹ /'stɪki/ *adj.* **stickier, stickiest. 1.** having the property of adhering, as glue; adhesive. **2.** covered with adhesive matter: *sticky hands.* **3.** (of the weather, etc.) humid: *an unbearably sticky day.* **4.** *Colloquial* difficult to deal with; awkward; troublesome. **5.** *Colloquial* disagreeable; painful. **–stickily** *adv.* **–stickiness** *n.*

sticky² /'stɪki/ *Australian Colloquial –n.* **1.** a look. *–phr.* **2. have a sticky**, (sometimes fol. by *at*) to take a look.

stickybeak /'stɪkibik/ *Australian, NZ –v.i.* **1.** to pry; meddle. *–n.* **2.** someone who pries. **3.** an inquisitive inspection: *have a bit of a stickybeak.*

stiff /stɪf/ *adj.* **1.** rigid or firm in substance; not flexible, pliant, or easily bent: *a stiff collar.* **2.** not moving or working easily: *a stiff hinge.* **3.** (of a person, etc.) moving only with difficulty, as from cold, age, exhaustion, etc. **4.** blowing violently, strongly, or with steady force: *stiff winds.* **5.** strong, as alcoholic beverages. **6.** stubbornly maintained, as a struggle, etc. **7.** firm against any lowering action, as prices, etc. **8.** rigidly formal, as persons, manners, proceedings, etc. **9.** lacking ease and grace; awkward: *a stiff style of writing.* **10.** excessively regular, as a design; not graceful in form or arrangement. **11.** laborious or difficult, as a task. **12.** severe, as a penalty. **13.** excessive; unusually high or great, as a price, demand, etc. **14.** firm from tension; taut: *to keep a stiff rein.* **15.** relatively firm in consistency, as semisolid matter: *a stiff jelly.* **16.** dense, compact, or tenacious: *stiff soil.* **17.** *Nautical* (of a ship) resistant to heeling; stable. **18.** *Australian, NZ Colloquial* unfortunate; unlucky: *if you want a job here, you'll be stiff.* **19.** *Australian Colloquial* without money; hard-up. **20.** *Colloquial* drunk. *–n.* **21.** *Colloquial* a dead body; corpse. **22.** *Colloquial* a drunk. **23.** Also, **stiffy, stiffie**. *Colloquial* an erect penis. *–adv.* **24.** in a rigid state: *the clothes were frozen stiff.* **25.** completely; extremely: *we were all scared stiff. –phr.* **26. stiff cheese** (or **cheddar**) (or **luck**) (or **shit**), *Colloquial* **a.** bad luck. **b.** (an

stifle /ˈstaɪfəl/ *v.* **-fled, -fling.** *-v.t.* **1.** to kill by impeding respiration; smother. **2.** to keep back or repress: *to stifle a yawn.* **3.** to suppress, crush, or stop: *to stifle a revolt.* *-v.i.* **4.** to become stifled or suffocated. **5.** to suffer from difficulty in breathing, as in a close atmosphere. **-stifler** *n.*

stigma /ˈstɪgmə/ *n.* **stigmata** /ˈstɪgmətə/ or **stigmas** *especially for defs 3 and 4* **1.** a mark of shame; a stain, as on one's reputation. **2.** a characteristic mark or sign of a fault or imperfection, disease, etc. **3.** *Zoology* a small mark, spot, pore, or the like, on an animal or organ, as: **a.** the eyespot, usually red, of a protozoan. **b.** (in insects) the entrance into the respiratory system. **4.** *Botany* that part of a pistil which receives the pollen. **5.** (*plural*) *Roman Catholic Church* marks said to have been supernaturally produced upon certain persons in the likeness of the wounds on the crucified body of Christ. **-stigmatise = stigmatize** *v.*

stile¹ /staɪl/ *n.* **1.** a series of steps or the like for ascending and descending in getting over a fence, etc., which remains closed to cattle. **2.** → **turnstile.**

stiletto /stəˈlɛtoʊ/ *n.* **-tos,** *v.* **-toed, -toing.** *-n.* **1.** a dagger having a narrow blade, thick in proportion to its width. **2.** Also, **stiletto heel.** a high heel on a woman's shoe that tapers to an extremely small base. *-v.t.* **3.** to stab or kill with a stiletto.

still¹ /stɪl/ *adj.* **1.** remaining in place or at rest; motionless; stationary: *to stand still.* **2.** free from sound or noise, as a place, time, etc.; silent: *a still night.* **3.** quiet or low in sound; hushed: *a still, small voice.* **4.** free from movement of any kind; quiet; tranquil; calm: *still water.* **5.** not bubbling or sparkling, as wine. **6.** *Photography* denoting or relating to a still (photograph). *-n.* **7.** *Poetic* stillness or silence: *in the still of the night.* **8.** a single photographic picture, especially a print of one of the frames of a moving film. *-adv.* **9.** up to or at this time; as previously: *points still unsettled; Is she still here?* **10.** even or yet (with comparatives, etc.): *still more complaints.* **11.** even then; yet; nevertheless: *to be rich and still crave for more.* **12.** without sound or movement. **13.** *Poetic* steadily; constantly; always. *-conj.* **14.** and yet; but yet; nevertheless: *it was futile, still they fought.* *-v.t.* **15.** to silence or hush (sounds, etc.). **16.** to calm, quieten; appease; allay. *-v.i.* **17.** to become still or quiet. **-stillness** *n.*

still² /stɪl/ *n.* **1.** a distilling apparatus, consisting of a vessel, in which the substance is heated and vaporised, and a cooling device or coil for condensing the vapour. **2.** → **distillery.**

stillbirth /ˈstɪlbɜθ/ *n.* **1.** the birth of a dead child or organism. **2.** a foetus dead at birth. **-stillborn** *adj.*

still life a picture representing inanimate objects, such as fruit, flowers, etc. **-still-life** *adj.*

stilt /stɪlt/ *n.* **1.** one of two poles, each with a support for the foot at some distance above the ground. **2.** one of several high posts underneath any structure built above land or over water. **3.** any of various shore-inhabiting birds, especially of the genus *Himantopus*, with very long legs, long neck, and slender bill, and living especially in marshes. *-v.t.* **4.** to raise on or as on stilts.

stilted /ˈstɪltəd/ *adj.* **1.** stiffly dignified or formal, as speech, literary style, etc.; pompous. **2.** *Architecture* raised on or as on stilts: *a stilted arch.* **-stiltedly** *adv.* **-stiltedness** *n.*

stilton /ˈstɪltən/ *n.* a rich, waxy, white cheese, veined with mould.

stimulant /ˈstɪmjələnt/ *n.* **1.** *Physiology, Medicine* something that temporarily quickens some vital process or the functional activity of some organ or part. **2.** any beverage or food that stimulates. *-adj.* **3.** *Physiology, Medicine* temporarily quickening some vital process or functional activity. **4.** stimulating.

stimulate /ˈstɪmjəleɪt/ *v.* **-lated, -lating.** *-v.t.* **1.** to rouse to action or effort, as by pricking or goading; spur on; incite: *to stimulate production.* **2.** *Physiology, Medicine, etc.* to excite (an organ, etc.) to its functional activity. **3.** to invigorate by an alcoholic or other stimulant. *-v.i.* **4.** to act as a stimulus or stimulant. **-stimulator** *n.* **-stimulation** /stɪmjəˈleɪʃən/ *n.* **-stimulative** *adj.*

stimulus /ˈstɪmjələs/ *n.* **-li** /-li, -laɪ/ **1.** something that incites to action or exertion, or quickens action, feeling, thought, etc.; an incentive. **2.** *Physiology, etc.* something that excites an organism or part to functionable activity.

sting /stɪŋ/ *v.* **stung, stinging,** *n.* *-v.t.* **1.** to prick or wound with some sharp-pointed, often poison-bearing organ, which certain animals have: *a bee has stung me.* **2.** to affect painfully, especially as a result of contact with certain plants: *to be stung by nettles.* **3.** to cause (someone) mental or moral suffering: *to be stung with remorse; her unkind words stung me.* **4.** to drive or goad as by sharp irritation: *he stung me into answering back.* *-v.i.* **5.** (of bees, etc.) to use a sting. **6.** to cause a sharp, smarting physical or mental pain: *nettles sting; sarcasm aims to sting.* **7.** to feel sharp physical or mental pain or irritation. *-n.* **8.** the act or power of stinging or causing pain. **9.** a wound or pain caused by a sting. **10.** any sharp or smarting wound, hurt, or pain (physical or mental). **11.** *Botany* a type of hair on certain plants, especially nettles, which gives off an irritating fluid. **12.** *Zoology* a sharp-pointed, often poison-bearing, organ of insects and other animals, able to cause painful or dangerous wounds. **-stinging** *adj.*

stingray /ˈstɪŋreɪ/ *n.* any of the rays, especially of the family Dasyatidae, having a long, flexible tail armed near the base with a strong, serrated bony spine with which they can inflict severe and very painful wounds.

stingy /ˈstɪndʒi/ *adj.* **-gier, -giest.** **1.** reluctant to give or spend; niggardly. **2.** scanty or meagre. **-stingily** *adv.* **-stinginess** *n.*

stink /stɪŋk/ *v.* **stank** or **stunk, stunk, stinking,** *n.* *-v.i.* **1.** to emit a strong offensive smell. **2.** to be in extremely bad repute or disfavour. **3.** *Colloquial* to be very inferior in quality. *-n.* **4.** a strong offensive smell; stench. **5.** *Colloquial* a commotion; fuss; scandal: *kick up a stink.* *-phr.* **6. play stink finger,** *Colloquial* ‡ to engage in erotic play of the fingers with the female genitals. **7. stink in someone's nostrils,** to offend someone; be unacceptable to someone. **8. stink of, a.** to smell strongly and offensively of. **b.** *Colloquial* to have a large quantity of (something, especially money). **9. stink out, a.** to cause to stink. **b.** to repel, drive out, etc., by an offensive smell. **-stinking** *adj.*

stinker /ˈstɪŋkə/ *n.* **1.** *Colloquial* a dishonourable, disgusting, or objectionable person. **2.** any device emitting a stink, as a bomb, pot, etc. **3.** any of several large petrels. **4.** something unpleasant, as a very hot day.

stinking gum *n.* a gum tree, *Eucalyptus tereticornis*, the leaves of which emit a pungent smell.

stinking wattle *n.* → **gidgee** (def. 1).

stint /stɪnt/ *v.t.* **1.** to limit to a certain amount,

stipend number, share, or allowance, often unduly; set limits to; restrict. *–v.i.* **2.** to be sparing or frugal; get along on a scanty allowance. *–n.* **3.** limitation or restriction, especially as to amount: *to give without stint.* **4.** a limited or prescribed quantity, share, rate, etc.: *to exceed one's stint.* **5.** an allotted amount or piece of work: *to do one's daily stint.* **6.** a period of time, usually short, allotted to a particular activity. **–stinter** *n.* **–stintingly** *adv.*

stipend /ˈstaɪpɛnd/ *n.* fixed or regular pay; periodic payment; salary. **–stipendiary** *adj., n.*

stipendiary magistrate *n. Law* a legally qualified paid magistrate who may do alone all acts authorised to be done by two justices of the peace.

stipple /ˈstɪpəl/ *v.* **-pled, -pling,** *n. –v.t.* **1.** to paint, engrave, or draw by means of dots or small touches. *–n.* Also, **stippling. 2.** the method of painting, engraving, etc., by stippling. **3.** stippled work; a painting, engraving, or the like, executed by means of dots or small spots. **–stippler** *n.*

stipulate /ˈstɪpjəleɪt/ *v.* **-lated, -lating.** *–v.i.* **1.** to make an express demand or arrangement (*for*), as a condition of agreement. *–v.t.* **2.** to arrange expressly or specify in terms of agreement: *to stipulate a price.* **3.** to require as an essential condition in making an agreement. **4.** to promise, in making an agreement. **–stipulation** /ˌstɪpjəˈleɪʃən/ *n.* **–stipulator** *n.* **–stipulatory** *adj.*

stir¹ /stɜ/ *v.* **stirred, stirring,** *n. –v.t.* **1.** to move or agitate (a liquid, or any matter in separate particles or pieces) so as to change the relative position of component parts, as by passing an implement continuously or repeatedly through: *to stir one's coffee with a spoon.* **2.** to move, especially in some slight way: *the noise stirred the baby in her sleep.* **3.** to set in tremulous, fluttering, or irregular motion; shake: *leaves stirred by the wind.* **4.** to move briskly; bestir: *to stir oneself.* **5.** (sometimes fol. by *up*) to rouse from inactivity, quiet, contentment, indifference, etc.: *to stir a people to rebellion.* **6.** to affect strongly; excite: *to stir pity, the heart, etc.* *–v.i.* **7.** to move, especially slightly or lightly: *not a leaf stirred.* **8.** to move about, especially briskly. **9.** to be in circulation, current, or afoot: *is there any news stirring?* **10.** to become active, as from some rousing or quickening impulse. **11. a.** to touch on controversial topics in a deliberate attempt to incite a heated discussion. **b.** to cause trouble deliberately. *–n.* **12.** the act of stirring or moving, or the sound made. **13.** brisk or busy movement. **14.** a state or occasion of general excitement; a commotion. *–phr.* **15. for a stir,** *Colloquial* with the aim of causing trouble. **16. stir along,** *Colloquial* to make frequent use of the gears when driving a heavy vehicle. **17. stir the possum,** *Australian* to instigate a debate on a controversial topic, especially in the public arena. **18. stir up,** to incite, instigate, or prompt: *to stir up a rebellion.* **–stirrer** *n.*

stir² /stɜ/ *n. Colloquial* a prison.

stir-fry /ˈstɜfraɪ/ *v.t.* **-fried, -frying. 1.** to fry lightly in a little hot fat or oil, while stirring continually. *–n.* **2.** a dish prepared by stir-frying.

stirrup /ˈstɪrəp/ *n.* **1.** a loop, ring, or other contrivance of metal, wood, leather, etc., suspended from the saddle of a horse to support the rider's foot. **2.** any of various similar supports, or any of various clamps, etc., used for special purposes. **3.** one of a series of vertical steel loops used in a reinforced concrete beam to resist shear.

stitch /stɪtʃ/ *n.* **1.** one complete movement of a threaded needle through a fabric or material such as to leave behind it a single loop or portion of thread, as in sewing, embroidery, surgical closing of wounds, etc. **2.** a loop or portion of thread disposed in place by one movement in sewing: *to rip out stitches.* **3.** a particular mode of disposing the thread in sewing, or the style of work produced. **4.** one complete movement of the needle or other implement used in knitting, crocheting, netting, tatting, etc. **5.** the portion of work produced. **6.** a thread or bit of any fabric or of clothing, etc.: *every stitch she had on.* **7.** a sudden, sharp pain in the side, brought on by physical exertion. *–v.t.* **8.** to work upon, join, or fasten with stitches; sew; ornament with stitches. **9.** to put staples through for fastening. *–v.i.* **10.** to make stitches; sew (by hand or machine). *–phr.* **11. in stitches,** laughing unrestrainedly. **12. without a stitch on,** naked. **–stitcher** *n.*

stoat /stoʊt/ *n.* the ermine, *Mustela erminea,* of Europe, Asia, and North America, especially when in its brown summer coat.

stock /stɒk/ *n.* **1.** an aggregate of goods kept on hand by a merchant, business firm, manufacturer, etc., for the supply of customers. **2.** a quantity of something accumulated, as for future use: *a stock of provisions.* **3.** → **livestock. 4.** *Horticulture* **a.** a stem, tree, or plant that furnishes slips or cuttings; a stock plant. **b.** a stem in which a graft is inserted and which is its support. **5.** the trunk or main stem of a tree or other plant, as distinguished from roots and branches. **6.** → **rootstock. 7.** the type from which a group of animals or plants has been derived. **8.** a race or other related group of animals or plants. **9.** a line of descent; a tribe, race, or ethnic group. **10.** *Ethnology* a major division of humankind, as Caucasoid, Mongoloid, Negroid. **11.** a group of languages having certain features in common and considered to be ultimately related. **12.** the handle of a whip, etc. **13.** *Firearms* **a.** the wooden or metal piece to which the barrel and mechanism of a rifle or like firearm are attached. **b.** a part of an automatic weapon, as a machine gun, similar in position or function. **14.** the stump of a tree left standing. **15.** a log or block of wood. **16.** the main upright part of anything, especially a supporting structure. **17.** → **ski pole** (def. 1). **18.** (*plural*) an instrument of punishment (no longer in use), consisting of a framework with holes for the ankles and (sometimes) the wrists of an offender exposed to public derision. **19.** (*plural*) a frame in which a horse or other animal is secured in a standing position for shoeing or for a veterinary operation. **20.** (*plural*) the frame on which a boat rests while under construction. **21.** a tool for holding dies used in cutting screwthreads on a rod. **22.** the piece of metal or wood which constitutes the body of a carpenter's plane. **23.** *Building Trades* the base plate of the timber mould on which bricks are formed. **24.** the raw material from which anything is made: *paper stock.* **25.** *Cookery* the liquor or broth prepared by boiling meat, fish, vegetables, etc., used especially as a foundation for soups and sauces. **26.** any of various widely cultivated plants of the genus *Matthiola*, especially *M. incana* and the **nightscented stock,** *M. bicornis.* **27.** a collar or a neckcloth fitting like a band about the neck. **28.** *Cards* that portion of a pack of cards which, in certain games, is not dealt out to the players, but is left on the table, to be drawn from as occasion requires. **29.** *Theatre* the repertoire of pieces produced by a stock company. **30.** *Finance* **a.** the capital of a company converted from fully paid shares. **b.** the shares of a particular company. → **capital stock. 31.** repute; standing. **32.** *Obsolete* a stocking. *–adj.* **33.** kept regularly on hand, as for use or sale; staple; standard: *stock articles.* **34.** having as one's job the care of a concern's goods: *a stock clerk.* **35.** of the common or ordinary type; in common use: *a stock argument.* **36.**

commonplace: *a stock remark*. **37.** designating or relating to livestock raising: *stock farming*. **38.** *Commerce* of or relating to the stock of a company. **39.** *Theatre* **a.** relating to repertory plays or pieces, or to a stock company. **b.** appearing together in a repertoire, as a company. **c.** forming part of a repertoire, as a play. –*v.t.* **40.** to furnish with a stock or supply. **41.** to furnish with stock, as a farm with horses, cattle, etc. **42.** to lay up in store, as for future use. –*phr.* **43. in stock**, available for use or sale. **44. on the stocks**, under construction; in preparation. **45. out of stock**, not available for use or sale. **46. stock up**, to lay in a stock of something. **47. take** (or **put**) **stock in**, *Chiefly US* to put confidence in; trust; believe. **48. take stock**, **a.** to make an inventory of stock on hand. **b.** to make an appraisal of resources, prospects, etc.

stockade /stɒˈkeɪd/ *n., v.* **-aded, -ading.** –*n.* **1.** *Fortifications* a defensive barrier consisting of strong posts or timbers fixed upright in the ground. **2.** an enclosure or pen made with posts and stakes. **3.** (formerly) an enclosure in which convict labourers employed in road gangs, etc., were held at night. **4.** *US* a prison for military personnel. –*v.t.* **5.** to protect, fortify, or encompass with a stockade.

stock and station agent *n.* **1.** someone engaged in the business of buying and selling rural properties and stock. **2.** a firm which supplies provisions to rural properties. Also, **stock agent.**

stockbroker /ˈstɒkbroʊkə/ *n.* a broker who buys and sells stocks and shares for customers for a commission. –**stockbrokerage, stockbroking** *n.*

stock car *n.* a production-model car modified for racing. –**stock-car** *adj.*

stock certificate *n.* a certificate evidencing ownership of one or more shares of a company's stock.

stock exchange *n.* **1.** (*often caps*) a building or place where stocks and shares are bought and sold. **2.** an association of brokers, jobbers, and dealers in stocks and bonds, who meet to transact business according to fixed rules.

stocking /ˈstɒkɪŋ/ *n.* **1.** a close-fitting covering, usually knitted (by hand or machine) and of wool, cotton, nylon, silk, etc., for the foot and leg. **2.** something resembling such a covering. –**stockingless** *adj.*

stock-in-trade /stɒk-ɪn-ˈtreɪd/ *n.* **1.** goods, assets, etc., necessary for carrying on a business. **2.** the abilities, resources, etc., characteristic of or belonging to a particular group: *eloquence is part of a salesman's stock-in-trade*.

stockjobber /ˈstɒkdʒɒbə/ *n.* a stock exchange dealer who acts as an intermediary between brokers and buyers but does not deal directly with the public. –**stockjobbery, stockjobbing** *n.*

stockman /ˈstɒkmən/ *n.* **-men.** someone employed to tend livestock, especially cattle.

stock market *n.* a market where stocks and shares are bought and sold; a stock exchange.

stockpile /ˈstɒkpaɪl/ *n., v.* **-piled, -piling.** –*n.* **1.** a supply of material, as a pile of gravel in road maintenance. **2.** a large supply of essential materials, held in reserve for use during a period of shortage, etc. **3.** a supply of munitions, weapons, etc., accumulated for possible future use. –*v.t.* **4.** to accumulate for future use. –*v.i.* **5.** to accumulate in a stockpile. –**stockpiler** *n.*

stock-still /stɒk-ˈstɪl/ *adj.* motionless.

stockworker /ˈstɒkwɜkə/ *n.* a person employed to tend livestock, especially cattle.

stocky /ˈstɒki/ *adj.* **-kier, -kiest. 1.** of solid and sturdy form or build; thickset, often short. **2.** having a strong, stout stem, as a plant. –**stockily** *adv.* –**stockiness** *n.*

stoke /stoʊk/ *v.* **stoked, stoking.** –*v.t.* **1.** to poke, stir up, and feed (a fire). **2.** to tend the fire of (a furnace, especially one used with a boiler to generate steam for an engine); supply with fuel. –*v.i.* **3.** to shake up the coals of a fire. **4.** to tend a fire or furnace; act as a stoker: *to make a living by stoking*. –*phr.* **5. stoke up**, *Colloquial* to eat, especially a big meal.

stole[1] /stoʊl/ *v.* past tense of **steal**.

stole[2] /stoʊl/ *n.* **1.** an ecclesiastical vestment, a narrow strip of silk or other material worn over the shoulders and hanging down in front to the knee or below. **2.** a woman's scarf or similar garment of fur or cloth, usually worn with the ends hanging down in front.

stolen /ˈstoʊlən/ *v.* past participle of **steal**.

stolid /ˈstɒləd/ *adj.* not easily moved or stirred mentally; impassive; unemotional; dull; unenterprising or unimaginative. –**stolidity** /stɒˈlɪdəti/, **stolidness** *n.* –**stolidly** *adv.*

stomach /ˈstʌmək/ *n.* **1.** (in humans and other vertebrates) a sac-like enlargement of the alimentary canal, forming an organ of storage, dilution, and digestion. **2.** any similar digestive cavity or tract in invertebrates. **3.** appetite for food. **4.** desire, inclination, or liking: *no stomach for fighting*. –*v.t.* **5.** to take into or retain in the stomach. **6.** to endure or tolerate.

stomato- a word element referring to the mouth, as in *stomatoplasty*. Also (*before vowels*), **stomat-**.

-stome a word element referring to the mouth, as in *cyclostome*.

stomp /stɒmp/ *n.* **1.** a form of jazz music. **2.** a dance, usually characterised by stamping of the feet, done to such music. –*v.i.* **3.** *Colloquial* to stamp. **4.** to perform the stomp. –*v.t.* **5.** *Colloquial* to stamp.

-stomy a combining form used in names of surgical operations for making an artificial opening, as *colostomy*.

stone /stoʊn/ *n.* **stones** or **stone** for def. 7 *adj., v.* **stoned, stoning.** –*n.* **1.** the hard substance of which rocks consist. **2.** a particular kind of rock. **3.** *Mining* opal-bearing material. **4.** a piece of rock of definite size, shape, etc., for any particular purpose, e.g. a gravestone, building block, etc. **5.** a piece of rock of small or moderate size. **6.** a precious stone; gem. **7.** a unit of mass in the imperial system, equal to 14 lb, or approx. 6.35 kg. **8.** any hard, stone-like mass, especially as produced abnormally in some bodily organs. **9.** *Botany* the hard seed of a soft fruit, e.g. peach, cherry, etc. **10.** a light grey or beige colour. –*adj.* **11.** made of or relating to stone. **12.** made of stoneware: *a stone jug or bottle*. –*v.t.* **13.** to drive away by hitting with stones. **14.** to put to death by hitting with stones. **15.** to take the stone(s) out of (fruit). –**stoneless** *adj.* –**stoner** *n.*

Stone Age *n.* the time during which early humans lived and made implements of stone, chiefly of flint; it corresponds to the Pleistocene and Holocene epochs up to the beginning of the Bronze Age.

stoned /stoʊnd/ *adj. Colloquial* completely drunk or under the influence of drugs.

stonefish /ˈstoʊnfɪʃ/ *n.* any of several species of highly venomous, tropical fishes of *Synanceja* or a related genus, remarkably camouflaged to resemble weathered coral or rock.

stonemason /ˈstoʊnmeɪsən/ *n.* a dresser of or builder in stone. –**stonemasonry** *n.*

stoneware /ˈstoʊnwɛə/ *n.* hard, glazed clay pottery which is not translucent, fired at a very high temperature.

stonkered /ˈstɒŋkəd/ *adj. Australian, NZ Collo-*

quial 1. defeated; destroyed; overthrown. **2.** exhausted. **3.** confounded; discomfited. **4.** drunk.

stony /'stəʊni/ *adj.* **stonier, stoniest 1.** full of or having many stones or rocks. **2.** relating to or typical of stone. **3.** like or suggesting stone, especially hard like stone. **4.** unfeeling; merciless; obdurate: *a stony heart.* **5.** unmoving or rigid; without expression: *a stony look.* –**stonily** *adv.* –**stoniness** *n.*

stood /stʊd/ *v.* past tense and past participle of **stand**.

stooge /studʒ/ *n., v.* **stooged, stooging** or *Colloquial –n.* **1.** an entertainer who feeds lines to a comedian and is often the object of his or her ridicule. **2.** someone who acts on behalf of another, especially in an obsequious, corrupt, or secretive fashion. –*v.i.* **3.** to act as a stooge.

stool /stul/ *n.* **1.** a seat, usually without arms or a back, and for one person. **2.** a low support for resting the feet on, etc. **3.** (*plural*) → **faeces**.

stool pigeon *n.* **1.** a pigeon used as a decoy. **2.** *Colloquial* someone used as a decoy or secret confederate, as by gamblers.

stoop /stup/ *v.i.* **1.** to bend the head and shoulders, or the body generally, forwards and downwards from an upright position: *to stoop over a desk.* **2.** to carry the head and shoulders habitually bowed forwards: *to stoop from age.* **3.** to descend from one's level of dignity; condescend; deign. **4.** to lower oneself by undignified or unworthy behaviour: *how could he stoop so low?* **5.** to swoop down, as a hawk at prey. –*v.t.* **6.** to bend (oneself, one's head, etc.) forwards and downwards. –*n.* **7.** the act of stooping; a stooping movement. **8.** a stooping position or carriage of body. **9.** a downward swoop, as of a hawk.

stop /stɒp/ *v.* **stopped, stopping,** *n.* –*v.t.* **1.** to cease from, leave off, or discontinue: *to stop running.* **2.** to cause to cease; put an end to: *to stop noise in the street.* **3.** to interrupt, arrest, or check (a course, proceeding, process, etc.). **4.** to cut off, intercept, or withhold: *to stop supplies.* **5.** (sometimes fol. by *from*) to restrain, hinder, or prevent: *to stop a person from doing something.* **6.** to prevent from proceeding, acting, operating, continuing, etc.: *to stop a speaker, a car, etc.* **7.** Also, **stop up.** to block, obstruct, or close (a passageway, channel, opening, duct, etc.). **8.** to fill the hole or holes in (a wall, a decayed tooth, etc.). **9.** to close (a container, tube, etc.) with a cork, plug, bung, or the like. **10.** to close the external orifice of (the ears, nose, mouth, etc.). **11.** *Fencing, Boxing, etc.* **a.** to check (a stroke, blow, etc.); parry; ward off. **b.** to defeat by a knockout or the like: *the local boy stopped his opponent in the fourth round.* **12.** *Banking* to notify a banker not to honour (a cheque) on presentation. **13.** *Music* **a.** to close (a finger hole, etc.) in order to produce a particular note from a wind instrument. **b.** to press down (a string of a violin, etc.) in order to alter the pitch of the note produced from it. **c.** to insert the hand in (the bell of a horn) in order to alter the pitch and quality of the note. **d.** to produce (a particular note) by so doing. –*v.i.* **14.** to come to a stand, as in a course or journey; halt. **15.** to cease moving, proceeding, speaking, acting, operating, etc.; to pause; desist. **16.** to cease; come to an end. **17.** to stay: *I stopped there for dinner; come and stop with us for a few weeks.* –*n.* **18.** the act of stopping. **19.** a cessation or arrest of movement, action, operation, etc.; end. **20.** a stay or sojourn made at a place, as in the course of a journey. **21.** a place where buses or other vehicles halt. **22.** a closing or filling up, as of a hole. **23.** a blocking or obstructing, as of a passage or way. **24.** a plug or other stopper for an opening. **25.** an obstacle, impediment, or hindrance. **26.** any piece or device that serves to check or control movement or action in a mechanism. **27.** *Banking* a stop order. **28.** *Music* **a.** the act of closing a finger hole, etc., or of pressing down a string, of an instrument, in order to produce a particular note. **b.** a device or contrivance, as on an instrument, for accomplishing this. **c.** (in an organ) a graduated set of pipes of the same kind and giving tones of the same quality. **d.** a knob or handle which is drawn out or pushed back to permit or prevent the sounding of such a set of pipes or to control some other part of the organ. **e.** a similar group of reeds on a reed organ. **29.** *Phonetics* **a.** an articulation which interrupts the flow of air from the lungs. **b.** a consonant sound resulting from stop articulation: *p, b, t, d, k,* and *g* are the English stops. **30.** *Photography* the aperture size of a lens, especially as indicated by an f number. **31.** → **full stop**. **32.** the word 'stop' spelt out, and used instead of a full stop in telegraphic and cable messages. –*phr.* **33. pull out all (the) stops,** *Colloquial* **a.** to speak with extreme emotion. **b.** to push oneself or a machine to the utmost. **34. stop by,** to call somewhere briefly on the way to another destination. **35. stop down,** *Photography* to reduce the aperture size of (a camera). **36. stop off at,** to halt for a brief stay in (a place) before leaving for another destination. **37. stop one,** *Colloquial* **a.** to have an alcoholic drink. **b.** to receive an injury, as from a bullet, a fist, etc. **38. stop over,** to make a stopover. –**stoppage** *n.*

stopcock /'stɒpkɒk/ *n.* a valve, with a tapered plug operated by a handle, used to control the flow of a liquid or gas from a receptacle or through a pipe.

stopgap /'stɒpgæp/ *n.* **1.** something that fills the place of something lacking; a temporary substitute; a makeshift. –*adj.* **2.** makeshift.

stopover /'stɒpəʊvə/ *n.* any brief stop in the course of a journey, especially one with the privilege of proceeding later on the ticket originally issued.

stop payment *n. Banking* an order by the drawer of a cheque to his or her bank not to pay a specified cheque.

stopper /'stɒpə/ *n.* a plug or piece for closing a bottle, tube, or the like.

stop press *n.* news inserted in a newspaper after printing has begun.

stopwatch /'stɒpwɒtʃ/ *n.* a watch in which the timing mechanism can be stopped or started at any instant, and which is adapted for indicating fractions of a second (used for timing races, etc.).

stop-work meeting *n. Australian, NZ* a meeting of employees held during working time to consult with unions or management over conditions of work, etc.

storage /'stɔrɪdʒ/ *n.* **1.** the act of storing or the state or fact of being stored. **2.** a space for storing. **3.** *Computers* the capacity to hold information. **4.** a place where something is stored. **5.** the price charged for storing goods.

store /stɔ/ *n., v.* **stored, storing.** –*n.* **1.** a large shop with many departments or belonging to a chain with many branches: *a Myer store.* **2.** a small shop stocking, largely but not exclusively, items of food: *go down to the corner store.* **3.** a supply or stock of something, especially one for future use. **4. a.** a place on a country property where supplies are held for sale or distribution to workers. **b.** (*plural*) supplies of food, clothing, or other requisites, as for a household or other establishment, a ship, naval or military forces, or the like. **5.** a storehouse or warehouse. **6.** measure of esteem or regard: *to set little store by a thing.* **7.** quantity, especially great quantity; abundance, or plenty. **8.** a computer memory. *–adj.* **9.** of or relating to sheep, cattle, etc., bought to be fattened for market. *–v.t.* **10.** Also, **store up**. to lay up or put away, as a supply for future use. **11.** to deposit in a storehouse, warehouse, or other place, for keeping. *–phr.* **12. in store, a.** kept in readiness for future use. **b.** coming in the future: *I did not know what was in store for me.* **c.** deposited in a warehouse until needed. **13. the stores**, *Australian History* government rations. **–storable** *adj.*

storehouse /ˈstɔhaʊs/ *n.* **1.** a house or building in which things are stored. **2.** any repository or source of abundant supplies, as of facts or knowledge.

storey /ˈstɔri/ *n.* **-reys. 1.** a complete horizontal section of a building, having one continuous or approximately continuous floor. **2.** the set of rooms on the same floor or level of a building. **3.** each of the stages separated by floors, one above another, of which a building consists. Also, *Chiefly US*, **story**.

stork /stɔk/ *n.* one of the long-legged, long-necked, long-billed wading birds, allied to the ibises and herons, which constitute the family Ciconiidae, especially *Ciconia ciconia* (white stork) of Europe, or, in Australia, the jabiru.

storm /stɔm/ *n.* **1.** a disturbance of the normal condition of the atmosphere, manifesting itself by winds of unusual force or direction, often accompanied by rain, snow, hail, thunder and lightning, or flying sand or dust. **2.** a heavy fall of rain, snow, or hail, or a violent outbreak of thunder and lightning, unaccompanied by strong wind. **3.** *Meteorology* a wind of Beaufort scale force 11, i.e., one with average wind speed of 56 to 63 knots, or 103 to 116 km/h. **4.** a violent assault on a fortified place, strong position, or the like. **5.** a heavy descent or discharge of missiles, blows, or the like. **6.** a violent disturbance of affairs, as a civil, political, social, or domestic commotion. **7.** a vigorous outburst or outbreak: *a storm of applause. –v.i.* **8.** *Chiefly US* (used impersonally) to blow with unusual force, or to rain, snow, hail, etc., especially with violence: *it stormed all day.* **9.** to rage or complain with violence or fury. **10.** to deliver a violent attack or fire, as with artillery. **11.** to rush to an assault or attack. **12.** to rush with angry violence: *to storm into the room.* **13.** to proceed with vigour, brushing opposition aside: *the country team stormed to victory. –v.t.* **14.** to utter or say with angry vehemence. **15.** to assault (a fortified place). *–phr.* **16. cook up a storm, a.** to engage in activities which will lead to a confrontation or quarrel. **b.** to cook a large amount of food, especially with enthusiasm. **17. storm in a teacup**, a great deal of fuss arising out of a very unimportant matter. **18. storm out**, to leave abruptly with angry violence. **19. take by storm, a.** to take by military assault. **b.** to captivate and overwhelm completely. **20.** ... **up a storm**, (an expression indicating that a specified activity is performed with great intensity): *dance up a storm; laugh up a storm.*

stormwater /ˈstɔmwɔtə/ *n.* a sudden, excessive run-off of water following a storm.

story[1] /ˈstɔri/ *n.* **-ries**, *v.* **-ried, -rying.** *–n.* **1.** a narrative, either true or fictitious, in prose or verse, designed to interest or amuse the hearer or reader; a tale. **2.** a fictitious tale, shorter and less elaborate than a novel. **3.** such narratives or tales as a branch of literature. **4.** the plot, or succession of incidents of a novel, poem, drama, etc. **5.** a narration of a series of events, or a series of events that are or may be narrated. **6.** a narration of the events in the life of a person or the existence of a thing, or such events as a subject for narration. **7.** a report or account of a matter; a statement. **8.** *Media* a news item; an account of an event or situation, as in a newspaper, on television, etc.: *we are having trouble with that film and will go on to the next story.* **9.** *Colloquial* a lie; a fib. *–v.t.* **10.** to ornament with pictured scenes, as from history or legend.

story[2] /ˈstɔri/ *n.* **-ries**. *Chiefly US* → **storey**.

storyboard /ˈstɔribɔd/ *n.* *Film, TV* a basic graphic realisation of a sequence of scenes in a film, advertisement, etc., as a visual aid in the planning or explanation of a visual narrative.

stout /staʊt/ *adj.* **1.** thick or bulky in figure; solidly built; thickset; corpulent. **2.** bold; fearless; dauntless: *a stout heart.* **3.** firm; stubborn: *stout resistance.* **4.** strong; sturdy: *a stout fence; stout fellows.* *–n.* **5.** a beer, darker and heavier than ale, getting its colour and taste from the roasted malt used in the brewing process. **–stoutly** *adv.* **–stoutness** *n.*

stove[1] /stoʊv/ *n.,* v. **stoved, stoving.** *–n.* **1.** an apparatus, portable or fixed, and in many forms, for furnishing heat, as for comfort, cooking, or mechanical purposes, commonly using coal, oil, gas, or electricity. **2.** a heated chamber or box for some special purpose, as a drying room, or a kiln for firing pottery. *–v.t.* **3.** to apply heat to (metalware, etc.) in a kiln to fuse paint to its surface.

stove[2] /stoʊv/ *v.* a past tense and past participle of **stave**.

stow /stoʊ/ *v.t.* **1.** *Nautical* to place (cargo, etc.) in the hold or some other part of a ship. **2.** to put in a place or receptacle as for storage or reserve; pack. **3.** *Colloquial* to desist from. *–phr.* **4. stow away, a.** to conceal oneself aboard a ship or other conveyance in order to get a free trip. **b.** to put away, as in a safe convenient place. **5. stow it**, *Colloquial* to stop talking or doing something. **–stowage** *n.*

stowaway /ˈstoʊəweɪ/ *n.* someone who conceals himself or herself aboard a ship or other conveyance, as to get a free trip.

strabismus /strəˈbɪzməs/ *n.* a disorder of vision due to the turning of one eye or both eyes from the normal position so that both cannot be directed at the same point or object at the same time; squint; cross-eye. **–strabismal, strabismic, strabismical** *adj.*

straddle /ˈstrædl/ *v.* **-dled, -dling,** *n.* *–v.i.* **1.** to walk, stand, or sit with the legs wide apart; stand or sit astride. **2.** (of the legs) to stand wide apart. *–v.t.* **3.** to walk, stand, or sit with one leg on each side of; stand or sit astride of. **4.** to spread (the legs) wide apart. **5.** *Military* to cover (an area) with bombs. *–n.* **6.** the act of straddling. **7.** *Athletics* a style of high jumping in which the athlete crosses the bar horizontally and face down, rolling forward to land on the back. **–straddler** *n.* **–straddlingly** *adv.*

strafe /straf, streɪf/ *v.t.* **strafed, strafing. 1.** to attack (ground troops or installations) by aircraft with machine-gun fire. **2.** to bombard heavily. **–strafer** *n.*

straggle /ˈstrægəl/ *v.i.* **-gled, -gling. 1.** to stray from the road, course, or line of march. **2.** to wander about in a scattered fashion; ramble. **3.** to go, come, or spread in a scattered, irregular fashion. **4.** to fail to keep up with one's companions in a journey, walk, etc.; drop behind.

straight /streɪt/ *adj.* **1.** without a bend, crook, or curve; not curved; direct: *a straight path.* **2.** flat; horizontal. **3.** *Cricket* **a.** (of a bat) held perpendicular to the ground. **b.** (of a stroke) playing the ball down the wicket past the bowler: *a straight drive.* **4.** (of a line) lying evenly between its points; generated by a point moving constantly in the same direction. **5.** evenly formed or set:

straight shoulders. **6.** delivered with arm extended straight from the shoulder, as a blow: *straight left.* **7.** without guile or prevarication: *a straight answer.* **8.** honest, honourable, or upright, as conduct, dealings, methods, persons, etc. **9.** *Colloquial* **a.** conforming to orthodox forms of behaviour, as avoidance of illegal drugs, etc. **b.** heterosexual. **10.** *Colloquial* reliable, as reports, information, etc. **11.** right or correct, as reasoning, thinking, a thinker, etc. **12.** continuous or unbroken: *in straight succession.* **13.** thoroughgoing or unreserved: *a straight lie.* **14.** undiluted, as an alcoholic beverage; neat. **15.** *Theatre* (of a play, acting style, etc.) serious; without music or dancing and not primarily comic in intent. **16.** *Cards* made up of cards in consecutive denominations, as the two, three, four, five, and six. *–adv.* **17.** in a straight line: *to walk straight.* **18.** in an even form or position: *pictures hung straight.* **19.** directly: *to go straight to a place.* **20.** Also, **straight out**. without circumlocution. **21.** honestly, honourably, or virtuously: *to live straight.* **22.** in a continuous course: *to keep straight on.* **23.** at once; immediately; without delay: *I'll come straight over.* **24.** in the proper order or condition, as a room: *he set the room straight after the meeting.* **25.** *US* without discount regardless of the quantity bought: *candy bars are seventy cents straight.* *–n.* **26.** the condition of being straight. **27.** a straight form or position. **28.** a straight line. **29.** a straight part, as of a racecourse or a railway. **30.** *Colloquial* **a.** a person who is straight (def. 9a). **b.** a heterosexual. **31.** *Poker* a sequence (def. 8) of five cards of various suits. *–phr.* **32. go straight**, to lead an honest life, especially after a prison sentence. **33. keep a straight face**, to maintain a calm and unsmiling expression, despite an inclination to laugh. **34. set** (or **put**) **someone straight**, to point out an error to someone. **35. the straight and narrow**, a way of life governed by strict moral principles. **–straighten** *v.* **–straightly** *adv.* **–straightness** *n.*

straightaway /ˈstreɪtəˌweɪ/ *adv.* immediately; at once; right away.

straightforward /streɪtˈfɔwəd/ *adj.* **1.** going or directed straight forward: *a straightforward glance.* **2.** proceeding without circuity; direct. **3.** free from crookedness or deceit; honest: *straightforward in one's dealings.* **4.** without difficulty; uncomplicated: *the subject set was very straightforward.* *–adv.* **5.** Also, **straightforwards**. *Chiefly US* straight ahead; directly or continuously forward. **–straightforwardly** *adv.* **–straightforwardness** *n.*

strain¹ /streɪn/ *v.t.* **1.** to pull tight or taut; stretch tightly: *to strain a rope.* **2.** to use to the utmost: *to strain one's ears to catch a sound.* **3.** to damage by overuse: *to strain a muscle.* **4.** to stretch beyond the proper limit: *to strain resources.* **5.** to pass (liquid matter) through a filter, sieve, etc. *–v.i.* **6.** to pull forcibly: *a dog straining at a leash.* **7.** to stretch one's muscles, nerves, etc., to the utmost. **8.** to ooze; filter; percolate. *–n.* **9.** any force or pressure that may alter shape, cause breakage, etc. **10.** any strong or great effort. **11.** damage to a muscle, tendon, etc., from overuse; a sprain. **12. a.** damage to any body or structure resulting from stress. **b.** *Physics* the amount of such deformation to a structure resulting from stress expressed as the ratio of the change to the original unstrained dimension (length, area, or volume). **13.** the condition of being strained or stretched: *the strain on the rope brought it near breaking point.* **14.** great pressure that wears down; stress: *the strain of hard work.* **15.** great demand on resources, feelings, a person, etc.: *a strain on hospitality.* **16.** (singular or plural, often collective plural) the sound of music or song: *the strains of a violin.* **17.** a passage or piece of poetry. **18.** tone, style, or spirit in expression: *a humorous strain.* **–strained** *adj.*

strain² /streɪn/ *n.* **1.** stock; ancestry; lineage: *there are few people left now of her father's strain.* **2.** a variety of a species of domestic animal or cultivated plant. **3.** a variety of micro-organism. **4.** a quality that tends to be passed down through generations: *a strain of madness in a family.*

strainer /ˈstreɪnə/ *n.* **1.** a filter, sieve, or the like for straining liquids. **2.** a stretcher or tightener, as on a wire fence. **3.** Also, **strainer post**. a solid post against which the wires in a post and wire fence are tightened or strained.

strait /streɪt/ *n.* **1.** (*often plural*) a narrow passage of water connecting two large bodies of water. **2.** (*often plural*) a position of difficulty, distress, or need. **–straitly** *adv.*

straitjacket /ˈstreɪtdʒækət/ *n.* a kind of coat for confining the arms of violently insane persons, etc. Also, **straightjacket**.

straitlaced /ˈstreɪtleɪst/ *adj.* excessively strict in conduct or morality; puritanical; prudish.

strand¹ /strænd/ *v.t.* **1.** to drive aground on a shore, especially of the sea, as a ship, a fish, etc. **2.** (*usually in the passive*) to bring into a helpless position. **3.** to leave without means of transport. *–v.i.* **4.** to be driven or run ashore, as a ship, etc.; run aground. *–n.* **5.** *Poetic* the land bordering the sea or ocean, or, formerly, a river; the shore.

strand² /strænd/ *n.* **1.** each of a number of strings or yarns twisted together to form a rope, cord, wire, etc. **2.** a single thread in cloth. **3.** a lock of hair; tress. **4.** a string of pearls, beads, etc.

strange /streɪndʒ/ *adj.* **stranger**, **strangest**. **1.** unusual, extraordinary, or curious; odd; queer; peculiar: *a strange remark to make.* **2.** distant, foreign: *to move to a strange place.* **3.** unfamiliar; so far unknown: *I saw a strange bird this morning.* **4.** unacquainted (with); unaccustomed (to) or inexperienced (at). **5.** *Colloquial* slightly mad: *she is a little strange.* **–strangely** *adv.*

stranger /ˈstreɪndʒə/ *n.* **1.** a person with whom one has, or has hitherto had, no personal acquaintance. **2.** an outsider. **3.** (in a group of animals) one which belongs to a neighbouring herd or flock. **4.** a visitor or guest. **5.** a newcomer in a place or locality. **6.** *Law* one not privy or party to an act, proceeding, etc. *–phr.* **7. a stranger to ...**, a person or thing that is unaccustomed or new to (something specified): *he is no stranger to poverty.* **8. little stranger**, *Colloquial* an unborn or new-born infant.

strangle /ˈstræŋɡəl/ *v.* **-gled**, **-gling**, *n. –v.t.* **1.** to kill by compression of the windpipe, as by a cord around the neck. **2.** to kill by stopping the breath in any manner; choke; stifle; suffocate. **3.** to prevent the continuance, growth, rise, or action of; suppress. *–v.i.* **4.** to be choked, stifled, or suffocated. *–n.* **5.** (*plural construed as singular*) *Veterinary Science* an infectious febrile disease of equine animals, characterised by catarrh of the upper air passages and suppuration of the submaxillary and other lymphatic glands; distemper. **–strangler** *n.*

strap /stræp/ *n., v.* **strapped**, **strapping**. *–n.* **1.** a narrow strip of some material that will bend, especially leather, for tying or holding things together, etc. **2.** a strop for a razor. **3.** a strap-like ornament, as a watch-strap. **4.** a beating with a leather strap. *–v.t.* **5.** to fasten or secure with a strap or straps. **6.** to beat with a strap. **–straplike** *adj.*

strapper /ˈstræpə/ *n.* **1.** *Colloquial* a tall, robust person. **2.** someone employed to attend and groom racehorses in the stables.

strapping /ˈstræpɪŋ/ *adj. Colloquial* **1.** tall, robust, and strongly built. **2.** very large of its kind; whopping. –*n.* **3.** straps collectively. **4.** a thrashing.

strata /ˈstrɑːtə/ *n.* a plural of **stratum**.

stratagem /ˈstrætədʒəm/ *n.* **1.** a plan, scheme, or trick for deceiving the enemy. **2.** any artifice, ruse, or trick.

strata title *n.* (in Australia) a system of registration of strata of air space in multistorey buildings, similar to the registration of titles under the Torrens System, to create a type of interest similar to the interest a person has in the land with a single storey building.

strategic /strəˈtiːdʒɪk/ *adj.* **1.** relating to, characterised by, or of the nature of strategy: *strategic movements.* **2.** important in strategy: *a strategic point.* **3.** important; highly crucial to one's position. Also, **strategical.** –**strategically** *adv.*

strategy /ˈstrætədʒi/ *n.* **-gies. 1.** Also, *Chiefly US,* **strategics** /strəˈtiːdʒɪks/. generalship; the science or art of combining and using the means of war in planning and directing large military movements and operations. **2.** the use, or a particular use, of this science or art. **3.** skilful management in getting the better of an adversary or attaining an end. **4.** the method of conducting operations, especially by the aid of manoeuvring or stratagem. –**strategist** *n.*

strati- a word element representing **stratum**, as in *stratify*.

stratification /strætəfəˈkeɪʃən/ *n.* **1.** the act of stratifying. **2.** stratified state or appearance: *the stratification of medieval society.* **3.** *Geology* **a.** formation of strata; deposition or occurrence in strata. **b.** → **stratum** (def. 3).

stratify /ˈstrætəfaɪ/ *v.* **-fied, -fying.** –*v.t.* **1.** to form in strata or layers. **2.** *Horticulture* to preserve or germinate (seeds) by placing them between layers of earth. –*v.i.* **3.** to form strata. **4.** *Geology* to lie in beds or layers. **5.** *Sociology* to develop horizontal status groups in society.

stratigraphy /strəˈtɪɡrəfi/ *n.* the branch of geology that deals with the classification, nomenclature, correlation, and interpretation of stratified rocks. –**stratigrapher** /strəˈtɪɡrəfə/, **stratigraphist** /strəˈtɪɡrəfəst/ *n.* –**stratigraphic** /strætəˈɡræfɪk/, **stratigraphical** /strætəˈɡræfɪkəl/ *adj.*

strato- a word element meaning 'low and horizontal', as in *stratosphere*.

stratosphere /ˈstrætəsfɪə/ *n.* the region of the atmosphere outside the troposphere but within the ionosphere, characterised by relatively uniform temperature over considerable differences in altitude. –**stratospheric** /ˌstrætəsˈfɛrɪk/ *adj.*

stratum /ˈstrɑːtəm/ *n.* **-ta** /-tə/ or **-tums. 1.** a horizontal layer of any material. **2.** one of a number of portions likened to layers or levels. **3.** *Geology* a single bed of sedimentary rock. **4.** *Biology* a layer of tissue; lamella. **5.** a layer of the ocean or the atmosphere within natural or arbitrary limits. **6.** *Sociology* a level or grade of a people or population with reference to social position or education: *the lowest stratum of society.* –**stratal** *adj.*

stratus /ˈstreɪtəs/ *n.* **-ti** /-taɪ/. *Meteorology* a continuous horizontal sheet of cloud, resembling fog but not resting on the ground, usually of uniform thickness and comparatively low altitude.

straw /strɔː/ *n.* **1.** a single stalk or stem, especially of certain species of grain, chiefly wheat, rye, oats, and barley. **2.** a mass of such stalks, especially after drying and threshing, used as fodder, as material for hats, etc. **3.** a hollow paper or plastic tube, plant stem, etc., used in drinking some beverages, etc. **4.** anything of trifling value or consequence: *not worth a straw.* **5.** a desperate and insubstantial expedient: *to clutch at a straw.* –*adj.* **6.** of, relating to, or made of straw. –*phr.* **7. a straw in the wind,** an indication of how things will turn out. **8. draw the short straw,** to get the worst of a deal; be most disadvantaged. **9. man of straw, a.** a person having little or no position, financial or moral resources, or the like. **b.** an imaginary person, as one set up to represent a point of view in a debate. **10. the last straw,** the final fact, circumstance, etc., which makes a situation unbearable. –**strawy** *adj.*

strawberry /ˈstrɔːbəri, -bri/ *n.* **-ries. 1.** the fruit of any of the stemless herbs constituting the genus *Fragaria*, consisting of an enlarged fleshy receptacle bearing achenes on its exterior. **2.** the plant bearing it. –*adj.* **3.** of the colour of a strawberry; reddish; strawberry blonde.

straw company *n.* a company set up not to produce anything but simply as a legal device to obtain some benefit, especially tax benefits.

straw vote *n.* an unofficial vote taken, as at a casual gathering or in a particular district, to obtain some indication of the general drift of opinion. Also, **straw poll**.

stray /streɪ/ *v.i.* **1.** to wander from the proper course or place or beyond the proper limits, especially aimlessly; ramble; roam. **2.** to turn away from the right course; go astray; get lost. **3.** to turn aside from a subject of talk or writing; digress. –*n.* **4.** a domestic animal found wandering without an owner. **5.** any homeless or friendless creature or person. –*adj.* **6.** (of a domestic animal) straying, or having strayed. **7.** found apart from others, or as a single or casual instance. –**strayer** *n.*

streak /strik/ *n.* **1.** a long, narrow mark, smear, band of colour, or the like: *streaks of mud; a streak of lightning.* **2.** a portion or layer of something, distinguished by colour or nature from the rest; a vein or stratum: *streaks of fat in meat.* **3.** a vein, strain, or admixture of anything: *a streak of humour.* **4.** *Colloquial* a run (of luck): *she's had a tough streak lately.* **5.** *Colloquial* a tall, thin person. **6.** *Mining* rock which shows good colour opal. **7.** *Mineralogy* the line of powder obtained by scratching a mineral or rubbing it upon a hard, rough white surface, often differing in colour from the mineral in the mass, and forming an important distinguishing character. –*v.t.* **8.** to mark with a streak or streaks. **9.** to dye (hair) with streaks of colour. –*v.i.* **10.** to become streaked. **11.** to flash or go rapidly, like a streak of lightning. **12.** to run stark naked through a crowd of people in a street, at a cricket match, etc., for dramatic effect. –*phr.* **13. be on a streak,** *Mining* to come across rock showing good colour opal. **14. be on a winning streak,** *Colloquial* to experience a run of successes or wins. **15. streak of misery,** *Colloquial* a very tall, thin, unhappy person.

stream /strim/ *n.* **1.** a body of water flowing in a channel or bed, as a river, rivulet, or brook. **2.** a steady current in water, as in a river or the ocean: *to row against the stream.* **3.** any flow of water or other liquid or fluid: *streams of blood.* **4.** a current of air, gas, or the like; a beam or trail of light. **5.** a continuous flow or succession of anything: *a stream of words.* **6.** prevailing direction; drift: *the stream of opinion; a stream of cars.* **7.** *Education* a division of children in a school to bring together those of similar age and ability in one class. –*v.i.* **8.** to flow, pass, or issue in a stream, as water, tears, blood, etc. **9.** (sometimes fol. by *with*) to send forth or throw off a stream; run or flow: *eyes streaming with tears.* **10.** to extend in a beam or trail, as light. **11.** to move or proceed continuously like a flowing stream, as a procession. **12.** to wave or float outwards, as a flag in the wind. **13.** to hang in a loose, flowing manner, as long hair. –*v.t.* **14.** to send forth or discharge in a stream. **15.** to cause to stream or float outwards, as a flag. **16.** *Education* to divide into streams. –*phr.* **17. come on stream,** to become operational or productive. **18. on stream,** (of a factory, etc.) productive; operating.

streamer /'strimə/ *n.* **1.** a long, narrow flag; pennant. **2.** a long, narrow strip of coloured paper, thrown on special public occasions, or strung across streets or rooms.

streamlined /'strimlaɪnd/ *adj.* **1.** having a shape designed to offer the least possible resistance in passing through the air, etc., allowing an uninterrupted flow of the fluid about it: *a streamlined car.* **2.** designed to be more efficient, often by simplifying methods, organisation, etc.

street /strit/ *n.* **1.** a public way or road, paved or unpaved, in a town or city, sometimes including a pavement or pavements, and having houses, shops, or the like, on one side or both sides. **2.** such a way or road together with the adjacent buildings. **3.** a main way or thoroughfare, as distinct from a lane, alley, or the like. **4.** the inhabitants of or the people in a street. –*adj.* **5.** relating to 'the street', viewed as the focal point of modern urban life and counter-culture.: *street cred; street culture; street fashions; street tough.* **6.** *Colloquial* relating to unregulated trading at the retail level: *heroin with a street value of $100 000; street prices for the new models start around $1000.* –*phr.* **7. on the streets, a.** earning one's living as a prostitute. **b.** destitute; homeless. **8. the man in the street,** the average person; a typical citizen. **9. streets ahead,** a long way ahead. **10. up one's street,** in the sphere that one knows or likes best.

street kid *n.* a homeless child living in an urban or suburban area, especially one who is street smart.

street smart *adj.* used to dealing with the people on the street, especially in business transactions, and therefore keenly aware of and prepared for the sordid and underhand aspects of urban life. Also, **street-smart.**

strength /strɛŋθ/ *n.* **1.** the quality or state of being strong; bodily or muscular power; vigour, as in robust health. **2.** mental power, force, or vigour. **3.** moral power, firmness, or courage. **4.** power by reason of influence, authority, resources, numbers, etc. **5.** number, as of troops or ships in a force or body: *a regiment of a strength of three thousand.* **6.** effective force, potency, or cogency, as of inducements or arguments. **7.** power of resisting force, strain, wear, etc. **8.** vigour of action, language, feeling, etc. **9.** large proportion of the effective or essential properties of a beverage, chemical, or the like. **10.** a particular proportion of these properties; intensity, as of light, colour, sound, flavour, or smell. –*phr.* **11. gain strength,** to increase in degree, intensity, number, etc. **12. get with the strength,** to side with the most powerful, influential person or group. **13. go from strength to strength,** to gain more and more success, power, etc. **14. on the strength of,** relying on; on the basis of. **15. the strength of,** *Australian, NZ Colloquial* reliable information concerning. –**strengthen** *v.*

strenuous /'strɛnjuəs/ *adj.* **1.** vigorous, energetic, or zealously active, as a person, etc. **2.** characterised by vigorous exertion, as action, efforts, life, etc.: *a strenuous opposition.* –**strenuously** *adv.* –**strenuousness, strenuosity** /strɛnju'ɒsəti/ *n.*

streptococcus /strɛptə'kɒkəs/ *n.* **-cocci** /-'kɒkaɪ, -'kɒki/ one of a group of organisms of the genus *Streptococcus,* which divide in one plane only and remain attached to one another, forming long, short, or conglomerated chains. Some cause very important diseases such as scarlet fever, erysipelas, puerperal sepsis, sepsis, etc. –**streptococcic** /strɛptə'kɒksɪk/, **streptococcal** /strɛptə'kɒkəl/ *adj.*

streptomycin /strɛptə'maɪsən/ *n.* an antibiotic effective against diseases caused by bacteria, including several against which penicillin is ineffective, as tuberculosis.

stress /strɛs/ *v.t.* **1.** to give special importance to; emphasise: *to stress the need for safety.* **2.** *Linguistics* to pronounce strongly: *you should stress the second syllable in 'pronounce'.* **3.** to put pressure or strain on, especially on a piece of machinery. –*n.* **4.** importance; significance; emphasis: *to lay stress upon the need for safety.* **5.** an accent or emphasis on a syllable in speech, especially so as to form a-metrical pattern. **6.** an emphasis in music, rhythm, etc. **7.** the physical pressure, pull, etc., of one thing on another. **8.** *Physics* **a.** the forces or system of forces, load, etc., on a body which produce a strain. **b.** a measure of the amount of stress, expressed as a force per unit area. **c.** the internal resistance or reaction of an elastic body to the external forces applied to it. **9.** the state of being under great mental or emotional pressure.

-stress a feminine equivalent of **-ster,** as in *seamstress, songstress.*

stress fracture *n.* a fracture in a bone caused by constant repetitive pressure on the bone, as in the bones of the legs and feet in sports such as jogging, tennis, etc.

stress test *n. Medicine* a test which places the body under extreme stress while measurements of physiological reactions are taken, especially cardiovascular reaction, to gauge the efficiency of the heart.

stretch /strɛtʃ/ *v.t.* **1.** Also, **stretch out.** to draw out or extend (oneself, the body, limbs, wings, etc.) to the full length or extent: *to stretch oneself out on the ground.* **2.** to hold out, reach forth, or extend (the hand or something held, etc.). **3.** to extend, spread, or place so as to reach from one point or place to another: *to stretch a rope across a road.* **4.** to draw tight or taut: *to stretch the strings of a violin.* **5.** to lengthen, widen, distend, or enlarge by tension: *to stretch a rubber band.* **6.** to draw out, extend, or enlarge unduly: *a sweater stretched at the elbows.* **7.** to extend or force beyond the natural or proper limits; strain: *to stretch the facts.* **8.** to construct (the fuselage of a plane, the body of a car, etc.) so that it is longer than usual. –*v.i.* **9.** to extend the hand, or reach, as for something. **10.** to extend over a distance, area, period of time, or in a particular direction: *the forest stretches for as far as the eye can see.* **11.** to stretch oneself by extending the limbs, straining the muscles, etc. **12.** to become stretched, or admit of being stretched, to greater length, width, etc., as any elastic material. –*n.* **13.** the act of stretching. **14.** the state of being stretched. **15.** capacity for being stretched. **16.** a continuous length, distance, tract, or expanse: *a stretch of bush.* **17.** one of the two straight sides of a racecourse, as distinguished from the bend or curve at each end, especially that part of the course (**home stretch**) between the last turn and the winning post. **18.** an extent in time or duration: *a stretch of ten years.* **19.** *Colloquial* a term of imprisonment. –*adj.* **20.** made to stretch in order to fit different shapes and sizes, as clothing: *stretch stockings.* –*phr.* **21. stretch a point,** to go beyond the usual limits. **22. stretch one's legs,** to take a walk. **23. stretch out,** to recline at full length: *to stretch out on a couch.* –**stretchable** *adj.*

stretcher /'strɛtʃə/ *n.* **1.** a light, folding bed; camp

strew /stru/ *v.t.* **strewed**, **strewed** *or* **strewn**, **strewing**. **1.** to let fall in separate pieces or particles over a surface; scatter or sprinkle: *to strew seed in a garden bed*. **2.** to cover or overspread (a surface, place, etc.) with something scattered or sprinkled: *to strew a floor with rushes*. **3.** to be scattered or sprinkled over (a surface, etc.).

stria /ˈstraɪə/ *n.* **striae** /ˈstraɪi/. **1.** a slight furrow or ridge; a narrow stripe or streak, especially one of a number in parallel arrangement. **2.** (*plural*) *Geology* scratches or tiny grooves on the surface of a rock, resulting from the action of moving ice, as of a glacier. **3.** (*plural*) *Mineralogy* parallel lines or tiny grooves on the surface of a crystal, or on a cleavage face of a crystal, due to its molecular organisation. **4.** *Pathology* a linear mark on the abdomen which may appear in pregnancy or obesity or in some endocrine abnormalities. **5.** Also, **strix**. *Architecture* a fillet between the flutes of a column.

striate /ˈstraɪeɪt/ *v.* **-ated**, **-ating**, /ˈstraɪət/ *adj.* –*v.t.* **1.** to mark with striae; furrow; stripe; streak. –*adj.* **2.** Also, **striated**. marked with striae; furrowed; striped.

stricken /ˈstrɪkən/ *adj.* **1.** struck; hit or wounded by a weapon, missile, or the like. **2.** smitten or afflicted, as with disease, trouble, or sorrow. **3.** deeply affected, as with horror, fear, or other emotions. **4.** characterised by or showing the effects of affliction, trouble, misfortune, a mental blow, etc.

strict /strɪkt/ *adj.* **1.** severe; stringent: *a strict upbringing; strict laws*. **2.** exact; precise: *a strict statement of facts*. **3.** narrowly or carefully limited: *a strict interpretation*. **4.** complete; absolute: *told in strict confidence*. –**strictly** *adv.* –**strictness** *n.*

stricture /ˈstrɪktʃə/ *n.* **1.** a remark or comment, especially an adverse criticism. **2.** *Pathology* a morbid contraction of any passage or duct of the body.

stride /straɪd/ *v.* **strode**, **stridden**, **striding**, *n.* –*v.i.* **1.** to walk with long steps, as with vigour, haste, impatience, or arrogance. **2.** to take a long step. **3.** to straddle. –*v.t.* **4.** to walk with long steps along, on, through, over, etc.: *to stride the deck*. **5.** to pass over or across by one stride: *to stride a ditch*. **6.** to straddle. –*n.* **7.** a striding or a striding gait. **8.** a long step in walking. **9.** (in animal locomotion) an act of progressive movement, completed when all the feet are returned to the same relative position as at the beginning. **10.** the distance covered by such a movement. **11.** a regular or steady course, pace, etc.: *to take it in one's stride*. **12.** (*plural*) *Colloquial* trousers. –*phr.* **13. make strides**, (sometimes fol. by *in*) to gain greater power, success, etc. –**strider** *n.*

strident /ˈstraɪdnt/ *adj.* making or having a harsh sound; grating; creaking. –**stridence**, **stridency** *n.* –**stridently** *adv.*

stridulate /ˈstrɪdʒəleɪt/ *v.i.* **-lated**, **-lating**. to produce a shrill grating sound, as a cricket, by rubbing together certain parts of the body; shrill. –**stridulation** /strɪdʒəˈleɪʃən/ *n.* –**stridulator** *n.* –**stridulatory** /ˈstrɪdʒələtəri/ *adj.*

strife /straɪf/ *n.* **1.** conflict, discord, or variance: *to be at strife*. **2.** a quarrel, struggle, or clash. –*phr.* **3. in strife**, *Australian, NZ Colloquial* in trouble. –**strifeful** *adj.* –**strifeless** *adj.*

strike /straɪk/ *v.* **struck**, **struck** *or, especially for defs 26–29* **stricken**, **striking**, *n.* –*v.t.* **1.** to deliver a blow, stroke, or thrust with (the hand, a weapon, etc.): *she struck the dagger into his chest*. **2.** to deal a blow or stroke to (a person or thing), as with the fist, a weapon, or a hammer; hit. **3.** to deal or inflict (a blow, stroke, etc.). **4.** to drive or thrust forcibly: *to strike the hands together*. **5.** to produce (fire, sparks, light, etc.) by percussion, friction, etc. **6.** to cause (a match) to ignite by friction. **7.** to smite or blast with some natural or supernatural agency: *struck by lightning*. **8.** to come into forcible contact or collision with: *the ship struck a rock*. **9.** to fall upon (something), as light or sound. **10.** to enter the mind of; occur to: *a happy thought struck him*. **11.** to catch or arrest (the eyes, etc.): *the first object that strikes one's sight*. **12.** to impress strongly: *a picture which strikes one's fancy*. **13.** to impress in a particular manner: *how does it strike you?* **14.** to come across, meet with, or encounter suddenly or unexpectedly: *to strike the name of a friend in a newspaper*. **15.** to come upon or find (ore, oil, etc.) in prospecting, boring, or the like. **16.** to send down or put forth (a root, etc.), as a plant, cutting, etc. **17.** to remove from the stage (the scenery and properties of an act or scene). **18.** *Building Trades* to remove formwork from (concrete, etc.) after it has gained its initial set. **19.** *Nautical* **a.** to lower or take down (a sail, mast, etc.). **b.** to lower (a sail, flag, etc.) as a salute or as a sign of surrender. **c.** to lower into the hold of a vessel by means of a rope and tackle. **20.** to harpoon, spear, as in hunting. **21.** (in various technical uses) to make level or smooth. **22.** to make level or even, as a measure of grain, salt, etc., by drawing a strickle across the top, or as potatoes, by making the projections equal to the depressions. **23.** to stamp (a coin, medal, etc.) or impress (a device), by a stroke. **24.** *Rowing* to make (a specified number of strokes) in a given time: *the blues struck forty in the first minute*. **25.** to indicate (the hour of day) by a stroke or strokes, as a clock: *to strike twelve*. **26.** to afflict suddenly, as with disease, suffering, or death. **27.** to affect deeply or overwhelm, as with terror, fear, etc. **28.** to render (blind, dumb, etc.) suddenly, as if by a blow. **29.** to cause (a feeling) to enter suddenly: *to strike terror into a person*. **30.** to induce a favourable reaction in: *he was struck by her beauty*. **31.** to start suddenly into (vigorous movement): *the horse struck a gallop*. **32.** to assume (an attitude or posture). **33.** to cause (chill, warmth, etc.) to pass or penetrate quickly. **34.** to come upon or reach in travelling or in a course of procedure. **35.** to make, conclude, or ratify (an agreement, treaty, etc.). **36.** to reach by agreement, as a compromise: *to strike a rate of payment*. **37.** to estimate or determine (a mean or average). **38.** to break (camp). –*v.i.* **39.** to deal or aim a blow or stroke, as with the fist, a weapon, or a hammer; make an attack. **40.** to knock, rap, or tap. **41.** to hit or dash on or against something, as a moving body; come into forcible contact. **42.** to run upon a bank, rock, or other obstacle, as a ship. **43.** to make an impression on the mind, senses, etc., as something seen or heard. **44.** to sound by percussion: *the clock strikes*. **45.** to be indicated by such sounding: *the hour has struck*. **46.** to be ignited by friction, as a match. **47.** to make a stroke, as with the arms or legs in swimming or with an oar in rowing. **48.** to produce a sound, music, etc., by touching a string or playing upon an instrument. **49.** to take root, as a slip of a plant. **50.** to go, proceed, or advance, especially in a new direction. **51.** (of an employee or employees) to engage in a strike (def. 54). **52.** *Nautical* **a.** to lower the flag or colours, especially as a salute or as a sign of surrender. **b.** to run up the white flag of surrender. –*n.* **53.** an act of striking. **54.** a concerted stopping of work or withdrawal of workers' services in order to compel an employer to accede to demands or in protest against terms or conditions imposed by an employer. **55.** *Baseball* an unsuccessful attempt on the part of the batter to hit a pitched ball, or anything ruled to be equivalent to this. **56.** *Cricket* the obligation to face the bowling. **57.** *Tenpin Bowling* **a.** the knocking down of all the pins with the first bowl. **b.** the score made by bowling a strike. **58.** *Geology* **a.** the direction of the line formed by the intersection of the bedding plane of a bed or stratum of sedimentary rock with a horizontal plane. **b.** the direction or trend of a structural feature, as an anticlinal axis or the lineation resulting from metamorphism. **59.** the discovery of a rich vein of ore in mining, of oil in drilling, etc. –*phr.* **60. in** (or **on**) **strike**, *Cricket* at the striker's end of the pitch. **61. on strike**, (of an employee or employees) engaged in a strike (def. 54). **62. strike a light**, (an expression of surprise, indignation, etc.). **63. strike me lucky** (or **pink**) (or **blue**) (or **dead**) (or **handsome**), (an exclamation of surprise, indignation, etc.). **64. strike off**, **a.** to forbid (someone) to continue practising a profession because of unprofessional conduct, or the like: *the doctor was struck off for advertising.* **b.** to remove or separate with a cut. **65. strike on**, to come on suddenly or unexpectedly: *to strike on a new way of doing a thing.* **66. strike on** (or **upon**), to fall on or reach, as light or sound. **67. strike out**, **a.** to direct one's course boldly. **b.** *Baseball* (of a batter) to make three strikes and be declared out. **68. strike out** (or **off**), to efface or cancel with, or as with, the stroke of a pen. **69. strike up**, **a.** (of an orchestra or band) to begin to play. **b.** to enter upon or form (an acquaintance, etc.).

striking /'straɪkɪŋ/ *adj.* **1.** that strikes. **2.** attractive; impressive. **3.** being on strike, as workers. –**strikingly** *adv.*

Strine /straɪn/ *n. Colloquial* **1.** Australian English, humorously and affectionately regarded. **2.** the form of it which appeared in the books of Alastair Morrison, pen-name 'Afferbeck Lauder', where it was written in scrambled form to suggest excessive assimilation, ellipsis, etc., as in *Gloria Soame* for *glorious home, muncer go* for *months ago,* etc. Also, **strine**.

string /strɪŋ/ *n., v.* **strung, stringing.** –*n.* **1.** a line, cord, or thread, used for tying parcels, etc. **2.** a narrow strip of cloth, leather, etc., for tying parts together: *strings of a bonnet.* **3.** something resembling a string or thread. **4.** a number of objects, as beads or pearls, threaded or arranged on a cord. **5.** any series of things arranged or connected in a line or following closely one after another: *a string of islands; a string of vehicles; to ask a string of questions.* **6.** a set or number, as of animals: *a string of racehorses.* **7.** (in musical instruments) a tightly stretched cord or wire which produces a note when caused to vibrate, as by plucking, striking, or friction of a bow. **8.** (*plural*) **a.** stringed musical instruments, especially such as are played with a bow. **b.** players on such instruments in an orchestra or band. **9.** a cord or fibre in a plant. **10.** the tough piece uniting the two parts of a pod: *the strings of beans.* **11.** *Architecture* **a.** a string-course. **b.** → **stringer** (def. 3). **12.** *Physics* a hypothetical elementary subatomic particle which is in the form of a one-dimensional line rather than a point-like object. **13.** (*plural*) *Colloquial* limitations on any proposal: *an offer with no strings attached.* –*v.t.* **14.** to furnish with or as with a string or strings. **15.** to extend or stretch (a cord, etc.) from one point to another. **16.** to thread on, or as on, a string: *to string beads.* **17.** to connect in, or as in, a line; arrange in a series or succession. **18.** to cause (stock) to move in a line. **19.** to provide or adorn with something suspended or slung: *a room strung with festoons.* **20.** to deprive of a string or strings; strip the strings from: *to string beans.* –*v.i.* **21.** to form or move in a string, as a mob of animals stretched out in a line: *the sheep behind him stringing.* **22.** to form into a string or strings, as glutinous substances do when pulled. –*phr.* **23. keep on a string**, to have (someone) under one's control, especially emotionally: *she kept him on a string and then agreed to marry him.* **24. pull strings**, *Colloquial* to seek the advancement of oneself or another by using social contacts and other means not directly connected with ability or suitability. **25. string along** (or **on**), *Colloquial* to deceive (someone) in a progressive series of falsehoods; con. **26. string along with**, *Colloquial* **a.** to go along with; accompany. **b.** to cooperate with; agree with. **27. string out, a.** to extend or spread out at intervals. **b.** to extend over a period of time; prolong. **28. string up**, to kill by hanging. –**stringlike** *adj.*

stringent /'strɪndʒənt/ *adj.* **1.** narrowly binding; rigorously exacting; strict; severe: *stringent laws.* **2.** compelling, constraining, or urgent: *stringent necessity.* **3.** convincing or forcible, as arguments, etc. **4.** (of the money market) tight; characterised by a shortage of loan money. –**stringency** *n.* –**stringently** *adv.*

stringer /'strɪŋə/ *n.* **1.** a longitudinal timber, metal rod, etc., which is fitted to frames or ribs in the construction of a boat, the fuselage or wing of an aeroplane, etc. **2.** *Building Trades* a long horizontal timber connecting upright posts, supporting a floor, etc.

string quartet *n. Music* a quartet, usually consisting of two violins, a viola, and a cello.

stringy /'strɪŋi/ *adj.* **stringier, stringiest. 1.** resembling a string; consisting of strings or stringlike pieces. **2.** coarsely or toughly fibrous, as meat. **3.** sinewy or wiry, as a person. **4.** ropy, as a glutinous liquid. –**stringiness** *n.*

stringy-bark /'strɪŋi-bak/ *n.* **1.** any of a group of species of the genus *Eucalyptus* with a characteristic tough fibrous bark as the **red stringybark**, *E. Macrorhyncha.* –*adj.* **2.** rustic, uncultured: *stringy-bark settler.*

strip[1] /strɪp/ *v.* **stripped, stripping.** –*v.t.* **1.** to deprive of covering: *to strip a fruit of its rind.* **2.** to deprive of clothing; make bare or naked. **3.** to take away or remove: *to strip pictures from a wall.* **4.** to deprive or divest: *to strip a tree of its fruit.* **5.** to clear out or empty: *to strip a house of its contents.* **6.** to deprive of equipment; dismantle: *to strip a ship of rigging.* **7.** to rob, plunder, or dispossess: *to strip someone of their possessions.* **8.** to separate the leaves from the stalks of (tobacco). **9.** to remove the midrib, etc., from (tobacco leaves). **10.** *Machinery* to tear off the thread of (a screw, bolt, etc.) or the teeth of (a gear, etc.), as by applying too much force. **11.** *Agriculture* to harvest (part of a plant), using a specially constructed machine, as grains of wheat. **12.** to remove old paint, distemper, etc., from (a surface) prior to redecorating. **13.** *Chemistry* to remove the most volatile components from a mixture by distillation or evaporation. **14.** to draw the last milk from (a cow), especially by a stroking and compressing movement. **15.** to draw out (milk) thus. –*v.i.* **16.** to strip something; especially, to strip oneself of clothes. **17.** to perform a striptease. **18.** to become stripped. –*phr.* **19. strip in**, *Printing* (in filmsetting) to affix (individual pieces) to make up a composite sheet.

strip[2] /strɪp/ *n., v.* **stripped, stripping.** –*n.* **1.** a narrow piece, comparatively long and usually of uniform width: *a strip of cloth, metal, land,* etc.

2. *Colloquial* a sporting uniform. **3.** a continuous series of pictures, as in a newspaper, illustrating incidents, conversation, etc. See **comic strip**. **4.** *Philately* three or more stamps joined in either a horizontal or vertical row. **5.** → **airstrip**. –*v.t.* **6.** to cut into strips. –*phr.* **7. tear** (or **take**) **strips off**, *Colloquial* to castigate mercilessly.

stripe¹ /straɪp/ *n., v.* **striped, striping**, *adj.* –*n.* **1.** a relatively long, narrow band of a different colour or appearance from the rest of a surface or thing: *the stripes of a zebra*. **2.** (*plural*) a number or combination of strips of braid worn on a uniform as a badge of rank, etc. **3.** a long, narrow piece of anything. **4.** a streak or layer of a different nature within a substance. –*v.t.* **5.** to give a stripe or stripes to. –*adj.* **6.** furnished with racing stripes: *stripe swimwear*.

stripe² /straɪp/ *n.* a stroke with a whip, rod, etc., as in punishment.

stripling /ˈstrɪplɪŋ/ *n.* a youth just passing from boyhood to manhood.

stripper /ˈstrɪpə/ *n.* **1.** a striptease dancer. **2.** something that strips, as an appliance, machine, or solvent for stripping.

striptease /ˈstrɪptiz/ *n.* **1.** an act in which a person, usually a woman, disrobes garment by garment, usually to the accompaniment of music before an audience. –*adj.* **2.** having to do with such an act.

strive /straɪv/ *v.i.* **strove, striven, striving**. **1.** to exert oneself vigorously; try hard. **2.** to make strenuous efforts towards any end: *to strive for success*. **3.** to contend in opposition, battle, or any conflict. **4.** to struggle vigorously, as in opposition or resistance: *to strive against fate*. **–striver** *n.*

strobe /stroʊb/ *n.* a high-intensity flash device used in stroboscopic photography or an analogous electronic system.

strobe lighting *n.* **1.** flashing light of great intensity, as at a theatre, dance, etc., obtained by using a strobe. **2.** lighting designed to be similar in effect to that of a strobe.

stroboscope /ˈstroʊbəskoʊp/ *n.* an instrument used in studying the motion of a body (especially one in rapid revolution or vibration) by rendering it visible at frequent intervals, as by illuminating it with an electric spark or the like, or by viewing it through openings in a revolving disc. –**stroboscopic** /stroʊbəˈskɒpɪk/ *adj.*

strode /stroʊd/ *v.* past tense of **stride**.

stroke¹ /stroʊk/ *n., v.* **stroked, stroking**. –*n.* **1.** an act of striking; blow. **2.** (the sound made by) a striking of one thing upon another, as a clapper on a bell. **3.** an attack of apoplexy or paralysis. **4.** *Medicine* a sudden interruption to the supply of blood to the brain, caused by haemorrhage, thrombosis or embolism. **5.** a sudden event, etc., befalling one: *a stroke of good luck*. **6.** a single complete, repeated, movement as in swimming, bowing a violin, etc. **7.** *Mechanics* one of a series of repeated back and forth movements. **8.** a style of swimming: *the crawl is a rapid stroke*. **9.** an act, feat or achievement: *a stroke of genius*. **10.** (a mark made by) the movement of a pen, pencil, etc. **11.** *Rowing* **a.** the manner or style of moving or pulling the oars. **b.** the oarsman nearest to the stern of the boat, to whose strokes those of the other oarsmen must conform. –*v.t.* **12.** to row as stroke oarsman of (a boat or crew). –*v.i.* **13.** to row as stroke in a race.

stroke² /stroʊk/ *v.* **stroked, stroking**, *n.* –*v.t.* **1.** to pass the hand or an instrument over (something) lightly or with little pressure; rub gently, as in soothing or caressing. –*n.* **2.** the act or an instance of stroking; a stroking movement.

stroll /stroʊl/ *v.i.* **1.** to walk leisurely as inclination directs; ramble; saunter; take a walk. **2.** to wander or rove from place to place; roam: *strolling minstrels*. –*n.* **3.** a leisurely walk; a ramble; a saunter: *a short stroll before supper*.

stroller /ˈstroʊlə/ *n.* **1.** a person taking a walk or a stroll. **2.** an itinerant performer. **3.** Also, **pushchair, pusher**. a light collapsible chair on wheels, used for carrying small children.

strong /strɒŋ/ *adj.* **1.** having, showing, or involving great bodily or muscular power; physically vigorous or robust. **2.** mentally powerful or vigorous: *a strong mind*. **3.** (sometimes fol. by *on* or *in*) especially powerful, able, or competent: *strong in maths*. **4.** of great moral power, firmness, or courage: *strong under temptation*. **5.** powerful in influence, authority, resources, or means of prevailing or succeeding: *a strong nation*. **6.** clear and firm; loud: *a strong voice*. **7.** well-supplied or rich in something: *a strong hand at cards*. **8.** of great force, effectiveness, potency, or cogency: *strong arguments*. **9.** able to resist force or stand strain, wear, etc.: *strong walls, cloth, etc*. **10.** firm or unfaltering under trial: *strong faith*. **11.** moving or acting with force or vigour: *strong wind*. **12.** containing alcohol, or much alcohol: *strong drink*. **13.** intense, as light or colour. **14.** distinct, as marks or impressions; marked, as a resemblance or contrast. **15.** strenuous or energetic; forceful or vigorous: *strong efforts*. **16.** (of language, speech, etc.) **a.** forceful; forthright. **b.** indecent; vulgar. **17.** hearty, fervent, or thoroughgoing: *strong prejudice*. **18.** having a large proportion of the effective or essential properties or ingredients: *strong tea*. **19.** having a high degree of flavour or smell: *strong perfume*. **20.** of an unpleasant or offensive flavour or smell: *strong butter*. **21.** *Commerce* characterised by steady or advancing prices: *a strong market*. **22.** *Grammar* **a.** (of Germanic verbs) indicating differentiation in tense by internal vowel change rather than by the addition of a common vocalic ending, as *sing, sang, sung; ride, rode, ridden*. **b.** (of Germanic nouns and adjectives) inflected with endings generally distinctive of case, number, and gender, as German *alter Mann* 'old man'. –*adv.* **23.** in a strong manner; powerfully; forcibly; vigorously. **24.** in number: *the army was twenty thousand strong*. –*phr.* **25. come on** (**a bit**) **strong**, to speak rather too forcefully. **26. going strong**, continuing vigorously, in good health: *he is nearly ninety but still going strong*. **27. the strong of**, *Australian, NZ Colloquial* the meaning of; the truth about. **–strongly** *adv.*

strongarm /ˈstrɒŋam/ *adj. Colloquial* having, using, or involving the use of muscular or physical force: *strongarm methods*.

stronghold /ˈstrɒŋhoʊld/ *n.* **1.** a strong or well-fortified place; a fortress. **2.** a place where anything, as an ideology, opinion, etc., is strong.

strop /strɒp/ *n., v.* **stropped, stropping**. –*n.* **1.** a strip of leather or other flexible material, or a long, narrow piece of wood having its faces covered with leather or an abrasive, or some similar device, used for sharpening razors. **2.** *Nautical* a ring of rope fitted round a block or spar, with an eye used for connecting. –*v.t.* **3.** to sharpen on, or as on, a strop.

strophe /ˈstroʊfi/ *n.* (in modern poetry) any separate or extended section in a poem, opposed to the stanza, a group of lines which necessarily repeats a metrical pattern. **–strophic** /ˈstrɒfɪk/ *adj.*

stroppy /ˈstrɒpi/ *adj. Colloquial* rebellious and difficult to control; awkward; complaining.

strove /stroʊv/ *v.* past tense of **strive**.

struck /strʌk/ *v.* **1.** past tense and a past participle of **strike**. –*phr.* **2. struck on**, *Colloquial* in love or infatuated with.

structure /ˈstrʌktʃə/ *n., v.* **-tured, -turing**. –*n.* **1.**

strudel

the arrangement of parts to make up a whole: *the structure of the atom*. **2.** something built, as a building, bridge, dam, etc. **3.** anything made up of parts arranged together in some way; an organisation. **4.** *Biology* the construction and arrangement of tissues, parts, or organs. **5.** *Geology* **a.** the attitude of a bed or stratum of sedimentary rocks, as indicated by the dip and strike. **b.** the coarser features of rocks as contrasted with their texture. **6.** *Chemistry* the manner by which atoms in a molecule are joined to each other, especially in organic chemistry where it is represented by a diagram of the molecular arrangement; configuration. –*v.t.* **7.** to give form or organisation to.

strudel /'strudəl/ *n.* a very thin sheet of pastry, spread with a filling, such as apples, sour cherries, cottage cheese, etc., rolled up, brushed with butter and baked slowly.

struggle /'strʌgəl/ *v.* **-gled, -gling,** *n.* –*v.i.* **1.** to make violent movements or effort: *he struggled for an hour, but could not break his bonds*. **2.** to fight with an enemy, especially without weapons. **3.** to make a great effort for or against something: *to struggle for existence*. –*n.* **4.** a violent movement. **5.** a fight. **6.** a strong effort against any bad conditions. **–struggler** *n.*

strum /strʌm/ *v.* **strummed, strumming,** *n.* –*v.t.* **1.** to play on (a stringed musical instrument) unskilfully or carelessly. **2.** to produce (notes, etc.) by such playing: *to strum a tune*. **3.** to play (chords, etc.), especially on a guitar) by sweeping across the strings with the fingers or with a plectrum. –*v.i.* **4.** to play chords on a stringed instrument unskilfully or as a simple accompaniment. –*n.* **5.** the act of strumming. **–strummer** *n.*

strumpet /'strʌmpət/ *n.* a prostitute; a harlot.

strung /strʌŋ/ *v.* past tense and past participle of **string**.

strut[1] /strʌt/ *v.* **strutted, strutting,** *n.* –*v.i.* **1.** to walk with a vain, pompous bearing, as with head erect and chest thrown out, as if expecting to impress observers. –*n.* **2.** the act of strutting; a strutting walk or gait. **–strutter** *n.*

strut[2] /strʌt/ *n., v.* **strutted, strutting.** –*n.* **1.** a piece of wood or iron, or some other member of a structure, designed for the reception of pressure or weight in the direction of its length. –*v.t.* **2.** to brace or support by a strut or struts.

strychnine /'strɪknin, -nən/ *n.* a colourless crystalline poison, $C_{21}H_{22}N_2O_2$, derived from the nux vomica. It has a powerful stimulating effect on the central nervous system and can be used in small quantities to stimulate the appetite.

stub /stʌb/ *n., v.* **stubbed, stubbing.** –*n.* **1.** a short projecting part. **2.** the end of a fallen tree, shrub, or plant left fixed in the ground; a stump. **3.** a short remaining piece, as of a pencil, a candle, a cigar, etc. **4.** something unusually short, as a short, thick nail or a short-pointed, blunt pen. **5.** the counterfoil of a chequebook, etc. –*v.t.* **6.** to strike, as one's toe, against something projecting from a surface. **7.** to clear of stubs, as land. **8.** to dig up by the roots; grub up (roots). –*phr.* **9. stub out,** to extinguish (a cigarette) by pressing the lighted end against a hard surface.

stubbie-holder /'stʌbi-houldə/ *n.* a polystyrene cup-shaped receptacle used to hold beer bottles and cans so that the drink remains cool. Also, **stubbie holder**.

stubbies /'stʌbiz/ *pl. n. Australian* short shorts of tough material for informal wear.

stubble /'stʌbəl/ *n.* **1.** the stumps of grain stalks or the like, left in the ground when the crop is cut. **2.** such stumps collectively. **3.** any short, rough growth, as of beard. **–stubbled, stubbly** *adj.*

stubborn /'stʌbən/ *adj.* **1.** unreasonably obstinate;

study

obstinately perverse. **2.** fixed or set in purpose or opinion; resolute. **3.** obstinately maintained, as a course of action: *a stubborn resistance*. **4.** hard to deal with or manage. **5.** hard, tough, or stiff, as stone or wood. **–stubbornly** *adv.* **–stubbornness** *n.*

stubby /'stʌbi/ *adj.* **-bier, -biest,** *n.* **-bies.** –*adj.* **1.** short and thick or broad; thickset. **2.** bristly, as the hair or beard. –*n.* Also, **stubbie**. **3.** *Australian, NZ* **a.** a small squat beer bottle. **b.** the contents of such a bottle. **4.** *Australian* a short surfboard. **–stubbiness** *n.*

stucco /'stʌkoʊ/ *n.* **-coes** *or* **-cos,** *v.* **-coed, -coing.** –*n.* **1.** a plaster (as of slaked lime, chalk, and pulverised white marble, or of plaster of Paris and glue) used for cornices and mouldings of rooms and for other decorations. **2.** a cement or concrete imitating stone, for coating exterior walls of houses, etc. **3.** any of various plasters, cements, etc. –*v.t.* **4.** to cover or ornament with stucco. **–stuccoer** *n.*

stuck /stʌk/ *v.* **1.** past tense and past participle of **stick**[2]. –*phr.* **2. get stuck into,** *Colloquial* **a.** to set about (a task) vigorously. **b.** to attack (someone) vigorously either physically or verbally. **c.** to eat hungrily. **3. stuck on,** *Colloquial* infatuated with.

stuck-up /'stʌk-ʌp/ *adj.* *Colloquial* conceited; haughty.

stud[1] /stʌd/ *n., v.* **studded, studding.** –*n.* **1.** a small knob or boss sticking out from a surface, especially as an ornament. **2.** a nail-like metal piece fixed to the sole of a sporting shoe, to give better grip. **3.** an upright post in the frame of a building, to which panels of lining material are fixed. **4.** any pin, lug, etc., sticking out on a machine. **5.** a kind of small button or fastener on a shirt. –*v.t.* **6.** to set with or as with studs, knobs, etc. **7.** to scatter or be scattered over with things set at intervals: *stars studded the sky*.

stud[2] /stʌd/ *n.* **1.** a number of horses, as for racing or hunting, belonging to one owner. **2.** an establishment in which horses, cattle, etc., are kept for breeding. **3.** a young man of obvious sexual power. –*adj.* **4.** of, associated with, or relating to a studhorse. **5.** retained for breeding purposes.

student /'stjudnt/ *n.* **1.** someone who is engaged in a course of study and instruction, as at a college, university, or professional or technical school. **2.** someone who studies a subject systematically or in detail. **–studentship** *n.*

studied /'stʌdid/ *adj.* **1.** marked by or suggestive of effort, rather than spontaneous or natural: *studied simplicity*. **2.** carefully considered. **–studiedly** *adv.* **–studiedness** *n.*

studio /'stjudioʊ/ *n.* **-dios. 1.** the workroom or atelier of an artist, as a painter or sculptor. **2.** a room or place in which some form of art is pursued: *a music studio*. **3.** a room or set of rooms specially equipped for broadcasting radio or television programs or making recordings. **4.** (*often plural*) all the buildings occupied by a company engaged in making films.

studio apartment *n.* an apartment with one main room; a bed-sitter, especially when up-market and having some saleable feature such as city views, ocean views, etc. Also, **studio unit**.

studious /'stjudiəs/ *adj.* **1.** disposed or given to study: *a studious boy*. **2.** concerned with, characterised by, or relating to study: *studious tastes*. **3.** zealous, assiduous, or painstaking: *studious care*. **4.** studied or carefully maintained. **–studiously** *adv.* **–studiousness** *n.*

study /'stʌdi/ *n.* **studies,** *v.* **studied, studying.** –*n.* **1.** the putting of the mind to gaining knowledge, by reading, searching, and thinking. **2.** a branch of learning: *the study of law*. **3.** a subject

stuff or subjects studied: *to spend more time at his studies.* **4.** (a written account of) any thorough examination: *to publish a study of the NSW railways.* **5.** deep thought; reverie. **6.** a room set apart for private study, reading, writing, etc. **7.** *Music* a piece of music written to give a performer exercise in technical matters, but with artistic value also. **8.** *Art* something produced as an exercise, or as a record of observations, or as a guide for a finished work. –*v.i.* **9.** to give oneself to gaining knowledge, by reading, searching, thinking, making notes, etc. –*v.t.* **10.** to give oneself to gaining a knowledge of a subject, especially systematically: *to study science.* **11.** to examine carefully and in detail: *to study the political situation.* **12.** to think deeply about.

stuff /stʌf/ *n.* **1.** the material of which anything is made. **2.** material to be worked upon, or to be used in making something. **3.** matter or material indefinitely: *cushions filled with some soft stuff.* **4.** woven material or fabric. **5.** inward character, qualities, or capabilities. **6.** worthless matter or things. **7.** worthless or foolish ideas, talk, or writing. **8.** *Colloquial* property, as personal belongings, equipment, etc. **9.** *Colloquial* actions, performances, talk, etc.: *to cut out the rough stuff.* **10.** *Colloquial* literary, artistic, or musical material, productions, compositions, etc. **11.** *Colloquial* one's own trade, profession, occupation, etc.: *to know one's stuff.* **12.** *Colloquial* money. –*v.t.* **13.** to fill (a receptacle), especially by packing the contents closely together; cram full. **14.** to fill (an aperture, cavity, etc.) by forcing something into it. **15.** to fill or line with some kind of material as a padding or packing. **16.** to fill or cram (oneself, one's stomach, etc.) with food. **17.** to fill (a chicken, turkey, piece of meat, etc.) with seasoned breadcrumbs or other savoury matter. **18.** to fill the skin of (a dead animal) with material, preserving the natural form and appearance. **19.** to thrust or cram (something) tightly into a receptacle, cavity, or the like. **20.** to pack tightly in a confined place; crowd together. **21.** to crowd (a vehicle, room, etc.) with persons. **22.** to fill (the mind) with details, facts, etc. **23.** *Colloquial* ‡ (of males) to have sexual intercourse with. –*v.i.* **24.** to cram oneself with food; feed gluttonously. –*phr.* **25. do one's stuff,** *Colloquial* to do what is expected of one; show what one can do. **26. not to give a stuff,** *Colloquial* to be unconcerned. **27. stuff it,** *Colloquial* (an exclamation indicating anger, frustration, etc.). **28. stuff up, a.** to stop up or plug; block or choke. **b.** *Colloquial* to cause to fail; render useless. **c.** *Colloquial* to fail; act incompetently: *trust him to stuff up.* **29. that's the stuff,** *Colloquial* (an exclamation of support, encouragement, approval, etc.).

stuffed /stʌft/ *v.* **1.** past tense and past participle of **stuff.** –*phr.* **2. get stuffed,** *Colloquial* (an impolite expression of dismissal). **3. stuffed up,** *Colloquial* having the nasal passages blocked with mucus, usually as a result of a cold.

stuffing /'stʌfɪŋ/ *n.* **1.** the act of one who or that which stuffs. **2.** that with which anything is or may be stuffed. **3.** seasoned breadcrumbs or other filling used to stuff a chicken, turkey, etc., before cooking. –*phr.* **4. knock** (or **beat**) **the stuffing out of,** *Colloquial* **a.** to defeat utterly. **b.** to destroy the self-confidence of.

stuffy /'stʌfi/ *adj.* **stuffier, stuffiest. 1.** badly ventilated; close: *a stuffy room; a stuffy train.* **2.** self-important; conceited; pompous. **3.** easily shocked; straitlaced; prim. **4.** old-fashioned or dull. –**stuffily** *adv.* –**stuffiness** *n.*

stultify /'stʌltəfaɪ/ *v.t.* **-fied, -fying. 1.** to make, or cause to appear, foolish or ridiculous. **2.** to render absurdly or wholly futile or ineffectual, as efforts. **3.** *Law* to allege or prove to be of unsound mind; allege (oneself) to be insane. –**stultification** /stʌltəfə'keɪʃən/ *n.* –**stultifier** *n.*

stumble /'stʌmbəl/ *v.* **-bled, -bling,** *n.* –*v.i.* **1.** to strike the foot against something in walking, running, etc., so as to stagger or fall; trip. **2.** to walk or go unsteadily. **3.** to make a mistake especially in words. **4.** to act or speak in a hesitating way. **5.** to come accidentally or unexpectedly (fol. by *on, upon, across,* etc.). –*n.* **6.** the act of stumbling. **7.** a mistake; slip; blunder. –**stumbler** *n.* –**stumblingly** *adv.*

stumblebum /'stʌmbəlbʌm/ *n. Colloquial* a stupid and ineffectual person.

stump /stʌmp/ *n.* **1.** the lower end of a tree or plant left after the main part falls or is cut off; a standing tree trunk from which the upper part and the branches have been removed. **2.** the part of a limb of the body remaining after the rest has been amputated or cut off. **3.** a part of a broken or decayed tooth left in the gum. **4.** a short remnant of a pencil, candle, cigar, etc. **5.** any basal part remaining after the main or more important part has been removed. **6.** a wooden post, usually resting on a brick or stone pad, used as a pier for a house. **7.** a wooden or artificial leg. **8.** (*usually plural*) *Colloquial* a leg: *to stir one's stumps.* **9.** *Chiefly US* the platform or place of political speech-making: *to go on the stump.* **10.** an instrument consisting of a short, thick, roll of paper or soft leather, or a bar of indiarubber or other soft material, usually cut to a blunt point at each end, used for rubbing the lights and shades in crayon drawing or charcoal drawing, or for otherwise altering the effect. **11.** *Cricket* each of the three upright sticks which, with the two bails laid on the top of them, form a wicket. **12.** (*plural*) *Cricket* the end of a day's play. **13.** *Colloquial* union dues. –*v.t.* **14.** to reduce to a stump; truncate; lop. **15.** to clear of stumps, as land. **16.** *US Colloquial* to stub, as one's toe. **17.** to nonplus, embarrass, or render completely at a loss. **18.** *Chiefly US Colloquial* to make political speeches in or to. **19.** *Cricket* (of the wicket-keeper) to put (the person batting) out by knocking down a stump or by dislodging a bail with the ball held in the hand, at a moment when the person batting is out of his or her ground. **20.** to tone or modify (crayon drawings, etc.) by means of a stump. –*v.i.* **21.** to walk heavily or clumsily, as if with a wooden leg: *the sailor stumped across the deck.* **22.** *Chiefly US Colloquial* to make speeches in an election campaign. –*phr.* **23. draw stumps,** *Cricket* to cease play. **24. get up on the stump,** to address a public meeting. **25. stump up,** *Colloquial* to pay up or hand over money required.

stump-jump plough *n.* a plough designed to rise and fall over roots and stumps in newly cleared ground.

stun /stʌn/ *v.* **stunned, stunning,** *n.* –*v.t.* **1.** to deprive of consciousness or strength by or as by a blow, fall, etc. **2.** to strike with astonishment; astound; amaze. **3.** to daze or bewilder by distracting noise. –*n.* **4.** the act of stunning. **5.** the condition of being stunned.

stung /stʌŋ/ *v.* **1.** past tense and past participle of **sting.** –*adj. Colloquial* **2.** *Australian* drunk. **3.** tricked; cheated.

stun-gun /'stʌn-gʌn/ *n.* a long-barrelled gun that fires a small weighted bag containing sand, bird shot, etc., used for riot control.

stunning /'stʌnɪŋ/ *adj.* **1.** that stuns. **2.** *Colloquial* of striking excellence, beauty, etc. –**stunningly** *adv.*

stunt[1] /stʌnt/ *v.t.* **1.** to check the growth or development of; dwarf; hinder the increase or progress of. –*n.* **2.** a check in growth or development. **3.**

stunt

arrested development. **4.** a creature hindered from attaining its proper growth.

stunt² /stʌnt/ *n.* **1.** a performance serving as a display of strength, activity, skill, or the like, as in athletics, etc.; a feat. **2.** anything done to attract publicity. –*v.i.* **3.** to do a stunt or stunts.

stupefy /'stjupəfaɪ/ *v.t.* **-fied, -fying. 1.** to put into a state of stupor; dull the faculties of. **2.** to stun as with a narcotic, a shock, strong emotion, etc. **3.** to overwhelm with amazement; astound. **–stupefaction** /stjupə'fækʃən/ *n.* **–stupefacient** /stjupə'feɪʃənt/ *n., adj.* **–stupefier** *n.*

stupendous /stju'pendəs/ *adj.* **1.** such as to cause amazement; astounding; marvellous. **2.** amazingly large or great; immense: *a stupendous mass of information.* **–stupendously** *adv.* **–stupendousness** *n.*

stupid /'stjupəd/ *adj.* **1.** lacking ordinary activity and keenness of mind; dull. **2.** characterised by, indicative of, or proceeding from mental dullness: *a stupid act.* **3.** tediously dull or uninteresting: *a stupid book.* **4.** in a state of stupor; stupefied. **–stupidly** *adv.* **–stupidness, stupidity** /stju'pɪdəti/ *n.*

stupor /'stjupə/ *n.* **1.** suspension or great diminution of sensibility, as in disease or as caused by narcotics, intoxicants, etc. **2.** a state of suspended or deadened sensibility. **3.** mental torpor, or apathy; stupefaction. **–stuporous** *adj.*

sturdy /'stɜdi/ *adj.* **-dier, -diest. 1.** strongly built, stalwart, or robust. **2.** strong, as in substance, construction, texture, etc.: *sturdy walls.* **3.** firm, stout, or indomitable: *sturdy defenders.* **4.** of strong or hardy growth, as a plant. **–sturdily** *adv.* **–sturdiness** *n.*

sturgeon /'stɜdʒən/ *n.* any of various large ganoid fishes of the family Acipenseridae, found in fresh and salt waters of the northern temperate zone, and valued for their flesh and as a source of caviar.

Sturt's desert pea *n.* an Australian plant, *Clianthus formosus*, with brilliant scarlet and black flowers, found in inland desert country; the floral emblem of South Australia.

Sturt's desert rose *n.* a shrub of inland Australia, *Gossypium sturtianum*, with attractive mauve flowers; the floral emblem of the Northern Territory.

stutter /'stʌtə/ *v.i.* **1.** to utter sounds in which the rhythm is interrupted by blocks or spasms, repetitions, or prolongation of sounds or syllables, sometimes accompanied by facial contortions. –*v.t.* **2.** to utter (words, etc.) in a stutter. –*n.* **3.** unrhythmical and distorted speech characterised principally by blocks or spasms interrupting the rhythm. **–stutterer** *n.* **–stutteringly** *adv.*

sty¹ /staɪ/ *n.* **sties**, *v.* **stied, stying.** –*n.* **1.** a pen or enclosure for pigs. **2.** any filthy abode. **3.** a place of bestial debauchery. –*v.t.* **4.** to keep or lodge in or as in a sty. –*v.i.* **5.** to live in or as in a sty.

sty² /staɪ/ *n.* **sties.** a circumscribed inflammatory swelling, like a small boil, on the edge of the eyelid. Also, **stye**.

style /staɪl/ *n., v.* **styled, styling.** –*n.* **1.** a particular kind, sort, or type, as relating to form, appearance, or character. **2.** a particular way of doing things: *a style of singing.* **3.** a way of living, as relating to expense, possessions, etc.: *they live in a simple style.* **4.** an elegant or fashionable way of living: *since winning the lottery, they live in style.* **5. a.** (good) design, as in dress; elegance. **b.** an admired and distinctive personal expression: *she writes letters with style.* **6.** a particular manner of writing or speaking, depending on historical period, literary form, personality, etc., rather than on content: *the style of Henry Lawson; the Baroque style.* **7.** a particular, distinctive, method or form of construction in any art or work. **8.** a legal, official, or business title: *a firm under the style of Smith, Jones and Co.* **9.** → **stylus** (def. 1). **10.** *Botany* a narrow tube sometimes coming from the ovary, having the stigma at the top. –*v.t.* **11.** to call by a particular style or specific name. **12.** to design in a particular or new style: *to style an evening dress.* **–styler** *n.*

stylise = **stylize** /'staɪlaɪz/ *v.t.* **-lised, -lising.** to bring into conformity with a particular style, as of representation or treatment in art; conventionalise. **–stylisation** /staɪlaɪ'zeɪʃən/ *n.* **–styliser** *n.*

stylish /'staɪlɪʃ/ *adj.* characterised by style, or by conforming to the fashionable standard; modishly elegant; smart. **–stylishly** *adv.* **–stylishness** *n.*

stylus /'staɪləs/ *n.* **-li** /-laɪ/ *or* **-luses.** Also, **style.** a pointed instrument for writing on wax or other suitable surfaces. **2.** a cutting tool, often needle-shaped, used to cut grooves in making gramophone records. **3.** a needle tipped with diamond, sapphire, etc., for reproducing the sound of a gramophone record. **4.** any of various pointed instruments used in drawing, tracing, stencilling, etc.

stymie /'staɪmi/ *n., v.* **-mied, -mieing.** –*n.* **1.** *Golf* a position in which an opponent's ball is lying directly between the player's ball and the hole for which he or she is playing. **2.** any problem which is difficult to resolve. –*v.t.* **3.** to hinder or block, as with a stymie; thwart; frustrate.

styptic /'stɪptɪk/ *adj.* Also, **styptical. 1.** contracting organic tissue; astringent; binding. **2.** checking haemorrhage or bleeding, as a drug; haemostatic. –*n.* **3.** a styptic agent or substance. **–stypticity** /stɪp'tɪsəti/ *n.*

suave /swav/ *adj.* (of persons or their manner, speech, etc.) smoothly agreeable or polite; agreeably or blandly urbane. **–suavity** *n.* **–suavely** *adv.*

sub¹ /sʌb/ *n., v.* **subbed, subbing.** *Colloquial* –*n.* **1.** a subeditor. –*v.t.* **2.** to subedit.

sub² /sʌb/ *n., v.* **subbed, subbing.** *Colloquial* –*n.* **1.** a subscription. **2.** an advance against wages, etc. –*v.t.* **3.** to pay or receive (an advance against wages, etc.).

sub³ /sʌb/ *n. Colloquial* a submarine (def. 1).

sub- a prefix meaning 'under', 'not quite', or 'somewhat', freely used as a formative (*subarctic, subcortex, subordinate, substandard, subacid*).

subcommittee /'sʌbkə,mɪti/ *n.* a secondary committee appointed out of a main committee.

subconscious /sʌb'kɒnʃəs/ *adj.* **1.** existing or operating beneath or beyond consciousness: *the subconscious self.* **2.** imperfectly or not wholly conscious. –*n.* **3.** the totality of mental processes of which the individual is not aware; unreportable mental activities. **–subconsciously** *adv.* **–subconsciousness** *n.*

subcontract /sʌb'kɒntrækt/ *n.,* /sʌbkən'trækt/ *v. Law* –*n.* **1.** a contract by which one agrees to render services or to provide materials necessary for the performance of another contract. –*v.t.* **2.** to make a subcontract for. –*v.i.* **3.** to make a subcontract.

subculture /'sʌbkʌltʃə/ *v.* **-tured, -turing,** *n.* –*v.t.* **1.** *Bacteriology* to cultivate (a bacterial strain) again on a new medium. –*n.* **2.** *Bacteriology* a culture derived in this way. **3.** *Sociology* a distinct network of behaviour, beliefs, and attitudes existing within a larger culture.

subcutaneous /sʌbkju'teɪniəs/ *adj.* **1.** situated or lying under the skin, as tissue. **2.** performed or introduced under the skin, as an injection by a syringe. **3.** living below the several layers of the

subdivide

skin, as certain parasites. **–subcutaneously** *adv.*

subdivide /ˈsʌbdəvaɪd, ˌsʌbdəˈvaɪd/ *v.* **-vided, -viding.** *–v.t.* **1.** to divide (a part, or an already divided whole) into smaller parts; divide anew after a first division. **2.** to divide into parts. *–v.i.* **3.** to become separated into subdivisions. **–subdivider** *n.*

subdivision /ˈsʌbdəvɪʒən/ *n.* **1.** the act or process of subdividing, or the fact of being subdivided. **2.** one of the parts into which something is subdivided. **3.** *Australian, NZ* an area of land divided into lots for specified development: *an urban subdivision; a rural subdivision.*

subdue /səbˈdju/ *v.t.* **-dued, -duing. 1.** to win control over, usually by force; conquer; overcome. **2.** to put down or repress (feelings, etc.). **3.** to reduce the amount or force of (sound, light, colour, etc.); soften. **–subduable** *adj.* **–subduedly** *adv.* **–subduedness** *n.* **–subduer** *n.*

subeditor /sʌbˈɛdətə/ *n.* **1.** *Journalism* someone who edits and corrects material written by others. **2.** an assistant or subordinate editor. **–subedit** *v.* **–subeditorial** /ˌsʌbɛdəˈtɔriəl/ *adj.* **–subeditorship** *n.*

subheading /ˈsʌbhɛdɪŋ/ *n.* **1.** a title or heading of a subdivision or subsection in a chapter, treatise, essay, newspaper article, etc. **2.** a subordinate division of a heading or title. Also, **subhead.**

subject /ˈsʌbdʒɛkt/ *n., adj.;* /səbˈdʒɛkt/ *v. –n.* **1.** something that may become a matter of thought, discussion, investigation, etc.: *a subject of conversation.* **2.** a branch of knowledge organised as a course of study. **3.** a reason, or cause: *a subject for complaint.* **4.** the underlying idea of a sermon, book, story, etc.; theme. **5.** an object, scene, incident, etc., chosen by an artist or shown in a work of art. **6.** someone who is under the rule of a sovereign, state, or government: *a British subject.* **7.** *Grammar* (in English and other languages) the word or words of a sentence about which something is said. **8.** a person used for medical, surgical, or psychological treatment or experiment. *–adj.* **9.** being under control or influence (often fol. by *to*). **10.** being under rule or authority; owing loyalty or obedience (fol. by *to*). **11.** open or exposed (fol. by *to*): *subject to ridicule.* **12.** being dependent or conditional upon something (fol. by *to*): *his consent is subject to your approval.* **13.** likely or sure to undergo something (fol. by *to*): *everyone is subject to death; I am subject to headaches.* *–v.t.* **14.** to bring under control, rule, or influence (usually followed by *to*). **15.** to cause to undergo or experience something (fol. by *to*): *to subject metal to intense heat.* **16.** to lay open, or expose (fol. by *to*): *he subjected himself to ridicule.*

subjective /səbˈdʒɛktɪv/ *adj.* **1.** existing in the mind; belonging to the thinker rather than to the object of thought (opposed to *objective*). **2.** relating to, caused by, or typical of a particular person's ideas, feelings and prejudices; personal; individual. **3.** *Philosophy* of or relating to thought itself. **–subjectively** *adv.* **–subjectivity** /ˌsʌbdʒɛkˈtɪvəti/, **subjectiveness** *n.*

sub judice /sʌb ˈdʒudəsi/ *adv.* before a judge or court of law; under judicial consideration.

subjugate /ˈsʌbdʒəgeɪt/ *v.t.* **-gated, -gating. 1.** to bring under complete control or into subjection; subdue; conquer. **2.** to make submissive or subservient. **–subjugation** /ˌsʌbdʒəˈgeɪʃən/ *n.* **–subjugator** *n.*

subjunctive /səbˈdʒʌŋktɪv/ *Grammar –adj.* **1.** (in many languages) designating or relating to a verb mood having among its functions the expression of contingent or hypothetical action. For example, in the sentence *Were I but king, things would alter,* the verb *were* is in the subjunctive mood. Compare **indicative**. *–n.* **2.** the subjunctive mood. **3.** a verb in the subjunctive mood, as *be* in *if it be true.*

sublet /sʌbˈlɛt/ *v.t.* **-let, -letting. 1.** to let to another person, the party letting being himself or herself a lessee. **2.** to let (work, etc.) under a subcontract.

sublimate /ˈsʌbləmeɪt/ *v.* **-mated, -mating,** /ˈsʌbləmət/ *n. –v.t.* **1.** *Psychology* to redirect (sexual energies, etc.) into socially constructive or creative activities. **2.** *Chemistry, etc.* → **sublime** (def. 7). **3.** to make nobler. *–n.* **4.** *Chemistry* the crystals, deposit, etc., obtained when a substance is sublimated. **–sublimation** /ˌsʌbləˈmeɪʃən/ *n.*

sublime /səˈblaɪm/ *adj., n., v.* **-limed, -liming.** *–adj.* **1.** elevated or lofty in thought, language, bearing, etc.: *sublime poetry.* **2.** impressing the mind with a sense of greatness or power; awe-inspiring: *sublime scenery.* **3.** perfect or supreme: *a sublime moment.* **4.** *Poetic* haughty or proud. *–n.* **5.** that which is sublime: *from the sublime to the ridiculous.* *–v.t.* **6.** to make higher, nobler, or purer. **7.** *Chemistry, etc.* to change (a solid) by heat directly into a vapour, which on cooling condenses back to solid form, without becoming liquid first. *–v.i.* **8.** *Chemistry, etc.* to change from solid state to a gas, and then condense as a solid without becoming liquid. **–sublimely** *adv.* **–sublimeness, sublimity** /səˈblɪməti/ *n.*

subliminal /səˈblɪmənəl/ *adj. Psychology* (of stimuli, etc.) being or operating below the threshold of consciousness or perception; subconscious: *subliminal advertising.* **–subliminally** *adv.*

submarine /ˈsʌbmərin, ˌsʌbməˈrin/ *n.* **1.** a type of vessel that can be submerged and navigated under water, especially one used in warfare for the discharge of torpedoes, guided missiles, etc. **2.** something submarine, as a plant, animal, etc. *–adj.* **3.** situated, occurring, operating, or living under the surface of the sea. **4.** of, relating to, or carried on by submarine ships: *submarine warfare.* **–submariner** /sʌbˈmærənə/ *n.*

submerge /səbˈmɜdʒ/ *v.* **-merged, -merging.** *–v.t.* **1.** to put under water; plunge below the surface of water or any enveloping medium. **2.** to cover with or as with water; immerse. *–v.i.* **3.** to sink or plunge under water, or beneath the surface of any enveloping medium. **–submergence** *n.*

submission /səbˈmɪʃən/ *n.* **1.** the act or result of submitting. **2.** submissive behaviour. **3.** anything which is submitted, e.g. an official report, application for funds, etc.

submissive /səbˈmɪsɪv/ *adj.* **1.** inclined or ready to submit; unresistingly or humbly obedient. **2.** marked by or indicating submission: *a submissive reply.* **–submissively** *adv.* **–submissiveness** *n.*

submit /səbˈmɪt/ *v.* **-mitted, -mitting.** *–v.t.* **1.** to yield in surrender, compliance, or obedience. **2.** to subject (especially oneself) to conditions imposed, treatment, etc. **3.** to refer to the decision or judgment of another or others. **4.** to state or urge with deference: *I submit that full proof should be required.* *–v.i.* **5.** (sometimes fol. by *to*) to yield in surrender, compliance, or obedience: *to submit to a conqueror.* *–phr.* **6. submit to, a.** to allow oneself to be subjected to (something imposed or to be undergone): *to submit to punishment.* **b.** to defer to the opinion, judgment, etc., of (another). **–submittable, submissible** /səbˈmɪsəbəl/ *adj.* **–submittal** *n.* **–submitter** *n.*

subordinate /səˈbɔdənət/ *adj., n.;* /səˈbɔdəneɪt/ *v.* **-nated, -nating. 1.** placed in or belonging to a lower order or rank. **2.** of lesser importance; secondary. **3.** subject to or under the authority of a superior. **4.** dependent. **5.** *Grammar* **a.** denoting or relating to a subordinate clause or other dependent phrase. **b.** denoting or relating to a subordinating conjunction. *–n.* **6.** a subordinate person or thing. *–v.t.* **7.** to place in a lower order or rank. *–phr.* **8. subordinate to, a.** to make secondary to. **b.** to make subject or subservient to. **–subordination** /səbɔdə'neɪʃən/ *n.* **–subordinately** *adv.* **–subordinative** *adj.*

subordinate clause *n. Grammar* a clause that modifies and is dependent upon a main clause, as *when I came* in the sentence *They were glad when I came.*

suborn /sə'bɔn/ *v.t.* to bribe or procure (a person) to commit some unlawful or wrongful act, usually perjury. **–subornation** /sʌbɔ'neɪʃən/ *n.* **–subornative** *adj.* **–suborner** *n.*

subpoena /sə'pinə/ *n., v.* **-naed, -naing.** *Law –n.* **1.** the usual writ process for the summoning of witnesses. *–v.t.* **2.** to serve with a subpoena.

subroutine /'sʌbrutin/ *n. Computers* a section of a program which can be called up as required from various points in the main program, returning the user to the point at which it was called up.

subscribe /səb'skraɪb/ *v.* **-scribed, -scribing.** *–v.t.* **1.** to promise (usually by signature) to give or pay (a sum of money) as a contribution, payment, share, etc. **2.** to give or pay (money) in fulfilment of such a promise. **3.** to express agreement to (a contract, etc.) by signing one's name. **4.** to write (something) beneath or at the end of a thing; sign (one's name) to a document, etc. *–v.i.* **5.** to promise to give or pay money for some special purpose. **6.** to obtain a subscription to a magazine, newspaper, etc.: *I subscribe to several magazines.* **7.** to give or pay money. **8.** to sign one's name to something. **9.** to agree, especially by signing one's name. **–subscriber** *n.*

subscriber trunk dialling *n.* a system for making trunk calls in which the subscriber dials the required number direct, rather than going through an operator. *Abbrev.*: STD

subscript /'sʌbskrɪpt/ *adj.* **1.** placed low on the line, as the '2' in H$_2$O. *–n.* **2.** a specifying or distinguishing figure or letter following and slightly below a figure, letter, or symbol, as 'x' in 'B$_x$'.

subscription /səb'skrɪpʃən/ *n.* **1.** a contribution of money towards some object or a payment for shares, a periodical, club membership, etc. **2.** a sum of money given. **3.** agreement, assent, or approval expressed by, or as if by, signing one's name. **–subscriptive** /səb'skrɪptɪv/ *adj.* **–subscriptively** *adv.*

subsequent /'sʌbsəkwənt/ *adj.* **1.** occurring or coming later or after: *subsequent events.* **2.** following in order or succession: *a subsequent section in a treaty.* **–subsequently** *adv.*

subservient /səb'sɜviənt/ *adj.* **1.** serving or acting in a subordinate capacity; subordinate. **2.** (of persons, their conduct, etc.) servile; excessively submissive; obsequious. **3.** of use as a means to promote a purpose or end. **–subservience, subserviency** *n.* **–subserviently** *adv.*

subside /səb'saɪd/ *v.i.* **-sided, -siding. 1.** to sink to a low or lower level. **2.** to become quiet, less violent, or less active; abate: *the laughter subsided.* **3.** to sink or fall to the bottom; settle, as lees; precipitate. **–subsidence** /səb'saɪdns, 'sʌbsədəns/ *n.* **–subsider** *n.*

subsidiary /səb'sɪdʒəri/ *adj., n.* **-ries.** *–adj.* **1.** serving to assist or supplement; auxiliary; supplementary; tributary, as a stream. **2.** subordinate or secondary. *–n.* **3.** a subsidiary thing or person. **4.** *Music* a subordinate theme or subject. **–subsidiarily** *adv.*

subsidise = subsidize /'sʌbsədaɪz/ *v.t.* **-dised, -dising. 1.** to furnish or aid with a subsidy. **2.** to purchase the assistance of by the payment of a subsidy. **3.** to secure the cooperation of by bribery; buy over. **–subsidisation** /sʌbsədaɪ'zeɪʃən/ *n.* **–subsidiser** *n.*

subsidy /'sʌbsədi/ *n.* **-dies. 1.** a direct pecuniary aid furnished by a government to a private industrial undertaking, a cultural organisation, or the like. **2.** a sum paid, often in accordance with a treaty, by one government to another, to secure some service in return. **3.** a grant or contribution of money.

subsist /səb'sɪst/ *v.i.* **1.** to exist, or continue in existence. **2.** to continue alive; live, as on food, resources, etc., especially when these are limited. **3.** to have existence in, or by reason of, something. *–v.t.* **4.** to provide sustenance or support for; maintain. *–phr.* **5. subsist in,** to reside, lie, or consist in.

subsistence /səb'sɪstəns/ *n.* **1.** the state or fact of subsisting; continuance. **2.** the state or fact of existing. **3.** the providing of sustenance or support. **4.** means of supporting life; a living or livelihood.

subsistence farming *n.* farming in which the produce is consumed by the farmer's family leaving little or no surplus for marketing. Also, **subsistence agriculture.**

subsoil /'sʌbsɔɪl/ *n.* the bed or stratum of earth or earthy material immediately under the surface soil.

substance /'sʌbstəns/ *n.* **1.** that of which a thing consists; matter or material. **2.** a species of matter of definite chemical composition. **3.** the matter with which thought, discourse, study, or the like, is occupied; subject matter. **4.** the actual matter of a thing, as opposed to the appearance or shadow; reality. **5.** substantial or solid character or quality: *claims lacking in substance.* **6.** body: *soup without much substance.* **7.** the meaning or gist, as of speech or writing. **8.** something that has separate or independent existence. **9.** possessions, means, or wealth: *to squander one's substance.* *–phr.* **10. in substance, a.** substantially. **b.** actually; really.

substance abuse *n.* the detrimental and addictive use of drugs, legal or illegal.

substantial /səb'stænʃəl/ *adj.* **1.** of a bodily or material nature; real or actual. **2.** of a considerable amount, size, etc.: *a substantial sum of money.* **3.** of a solid nature; firm, stout, or strong. **4.** being such with respect to basic parts: *two stories in substantial agreement.* **5.** wealthy: *one of the substantial men of the town.* **6.** relating to the substance, or essence of a matter. **7.** being a substance; having independent existence. **–substantiality** /səbstænʃi'æləti/, **substantialness** *n.* **–substantially** *adv.*

substantiate /səb'stænʃieɪt/ *v.t.* **-ated, -ating. 1.** to establish by proof or competent evidence: *to substantiate a charge.* **2.** to give substantial existence to. **3.** to present as having substance. **–substantiation** /səbstænʃi'eɪʃən/ *n.* **–substantiative** /səb'stænʃiətɪv/ *adj.*

substantive /'sʌbstæntɪv, 'sʌbstəntɪv/ *n.* **1.** *Grammar* a noun, pronoun, or other word or phrase which acts like a noun. *–adj.* **2.** having independent existence; independent. **3.** real or actual. **4.** of considerable amount or quantity. **–substantival** /sʌbstən'taɪvəl/ *adj.* **–substantively** /sʌb'stæntɪvli/ *adv.* **–substantiveness** /sʌb'stæntɪvnəs/ *n.*

substitute /'sʌbstətjut/ *n., v.* **-tuted, -tuting.** *–n.* **1.** a person or thing acting or serving in place of another. **2.** *Grammar* a word which under given conditions replaces any of a class of other words or constructions, as English *do* replacing verbs (I *know* but he *doesn't*). *–v.t.* **3.** to put (one person or thing) in the place of another. **4.** to take the place of; replace. –*v.i.* **5.** to act as substitute. **–substitution** /ˌsʌbstə'tjuːʃən/ *n.* **–substitutional** /ˌsʌbstə'tjuːʃənəl/, **substitutionary** /ˌsʌbstə'tjuːʃənəri/ *adj.* **–substitutive** /'sʌbstətjutɪv/ *adj.* **–substitutionally** /ˌsʌbstə'tjuːʃənli/ *adv.*

subsume /səb'sjum/ *v.t.* **-sumed, -suming. 1.** to consider (an idea, term, proposition, etc.) as part of a more comprehensive one. **2.** bring (a case, instance, etc.) under a rule. **3.** to take up into or include in a larger or higher class or a more inclusive classification. **–subsumption** /sʌb'sʌmpʃən/ *n.* **–subsumptive** /sʌb'sʌmptɪv/ *adj.*

subter- a prefix meaning 'position underneath', with figurative applications, as in *subterfuge*.

subterfuge /'sʌbtəfjudʒ/ *n.* an artifice or expedient used to escape the force of an argument, to evade unfavourable consequences, hide something etc.

subterranean /ˌsʌbtə'reɪniən/ *adj.* **1.** existing, situated, or operating below the surface of the earth; underground. **2.** existing or operating out of sight or secretly; hidden or secret. Also, **subterraneous**.

subtext /'sʌbtɛkst/ *n.* the underlying idea or motivation behind what is said, done, or written. Also, **sub-text**.

subtitle /'sʌbtaɪtl/ *n.* **1.** a secondary or subordinate title of a literary work, usually of explanatory character. **2.** a repetition of the leading words in the full title of a book at the head of the first page of text. **3.** *Film* **a.** one of a series of captions projected on to the lower part of the screen which translate and summarise the dialogue of foreign language films. **b.** (in silent films) a title or caption usually giving an explanation to a following scene. –*v.t.* **4.** to give a subtitle to.

subtle /'sʌtl/ *adj.* **1.** fine or delicate, often when likely to escape perception or understanding: *subtle irony.* **2.** delicate or faint and mysterious: *a subtle smile.* **3.** needing mental sharpness: *a subtle point.* **4.** characterised by mental acuteness or penetration: *a subtle understanding.* **5.** cunning; crafty. **6.** not easily noticed, as poison, etc. **7.** skilful; clever; ingenious. **–subtleness** *n.* **–subtly** /'sʌtli/ *adv.*

subtract /səb'trækt/ *v.t.* **1.** to withdraw or take away, as a part from a whole. **2.** *Mathematics* to take (one number or quantity) from another; deduct. –*v.i.* **3.** to take away something or a part, as from a whole. **–subtraction** /sʌb'trækʃən/ *n.* **–subtracter** *n.*

subtropical /sʌb'trɒpɪkəl/ *adj.* **1.** bordering on the tropics; nearly tropical. **2.** relating to or occurring in a region intermediate between tropical and temperate.

suburb /'sʌbɜb/ *n.* **1.** a district, usually residential and to some degree remote from the business or administrative centre of a city or large town and enjoying its own facilities, as schools, shopping centres, railway stations. **2.** an outlying part.

suburban /sə'bɜbən/ *adj.* **1.** relating to, inhabiting, or being in a suburb or the suburbs of a city or town. **2.** characteristic of a suburb or suburbs. **3.** narrow-minded; conventional in outlook.

suburbia /sə'bɜbiə/ *n.* **1.** the suburbs collectively especially as they embody the middle range of community standards and values. **2.** suburban inhabitants collectively. **3.** the characteristic life of people in suburbs.

subvert /səb'vɜt/ *v.t.* **1.** to overthrow (something established or existing). **2.** to cause the downfall, ruin, or destruction of. **3.** to undermine the principles of; corrupt. **–subversion** /səb'vɜʒən/ *n.* **–subverter** *n.*

subway /'sʌbweɪ/ *n.* an underground passage or tunnel enabling pedestrians to cross beneath a street, railway line, etc.

succeed /sək'sid/ *v.i.* **1.** to have the desired result. **2.** to do or accomplish what is attempted. **3.** to have success in a particular field. **4.** to follow or replace another by descent, election, appointment, etc. (often fol. by *to*): *he succeeded to the throne.* **5.** to come next after something else. –*v.t.* **6.** to come after and take the place of: *I succeeded my father in the family business.* **7.** to come next after in a series or in the course of events; follow. **–succeeder** *n.*

success /sək'sɛs/ *n.* **1.** the favourable or prosperous termination of attempts or endeavours. **2.** the gaining of wealth, position, or the like. **3.** a successful performance or achievement. **4.** a thing or a person that is successful. **–successful** *adj.*

succession /sək'sɛʃən/ *n.* **1.** the coming of one after another in order, or in the course of events; sequence. **2.** a number of people or things following one another in order. **3.** the right, act or process, by which one person succeeds to the office, rank, estate, etc., of another. **4.** the order or line of those entitled to succeed. **5.** *Ecology* the gradual replacement of one community by another in development towards a stable community of vegetation. **–successional** *adj.* **–successionally** *adv.*

successive /sək'sɛsɪv/ *adj.* **1.** following in order or in uninterrupted course: *three successive days.* **2.** following another in a regular sequence: *the second successive day.* **3.** characterised by or involving succession. **–successively** *adv.* **–successiveness** *n.*

successor /sək'sɛsə/ *n.* **1.** a person or thing that succeeds or follows another. **2.** someone who succeeds another in an office, position, or the like.

succinct /sək'sɪŋkt/ *adj.* **1.** characterised by conciseness or verbal brevity. **2.** compressed into a small area or compass. **–succinctly** *adv.* **–succinctness** *n.*

succour = succor /'sʌkə/ *n.* **1.** help; relief; aid; assistance. **2.** a person or thing that gives help, relief, aid, etc. –*v.t.* **3.** to help or relieve in difficulty, need, or distress; aid; assist. **–succourer** *n.*

succulent /'sʌkjələnt/ *adj.* **1.** full of juice; juicy. **2.** rich in desirable qualities. **3.** affording mental nourishment; not dry. **4.** (of plants, etc.) having fleshy and juicy tissues. –*n.* **5.** a fleshy or juicy plant, as a cactus. **–succulence, succulency** *n.* **–succulently** *adv.*

succumb /sə'kʌm/ *v.i.* **1.** to give way to superior force; yield. **2.** to yield to disease, wounds, old age, etc.; die.

such /sʌtʃ/ *det.* **1.** of the kind, character, degree, extent, etc., of that or those indicated or implied: *such a man is dangerous.* **2.** of that particular kind or character: *the food, such as it was, was plentiful.* **3.** like or similar: *tea, coffee, and such commodities.* **4.** in such a manner or degree: *such terrible deeds.* **5.** (an intensifier): *he is such a nice man.* **6.** being the person or thing, or the persons or things, indicated: *if any member be behind in his or her payments, such member shall be suspended.* **7.** Also, **such and such**. being definite or particular, but not named or specified: *it happened at such a time in such a town.* –*pron.* **8.** being as stated or indicated: *such is the case.* **9.** such a person or thing, or such persons or things. **10.** the person or thing, or the persons or things, indicated. –*phr.* **11. as such, a.** as being what is indicated; in that capacity: *the leader, as such, is entitled to respect.* **b.** in itself or themselves: *wealth, as such, does not appeal to him.* **12. such as, a.** of the kind specified: *people such as these are not to be trusted.* **b.** for example: *she likes outdoor sports such as tennis and football.*

suck /sʌk/ *v.t.* **1.** to draw into the mouth by action of the lips and tongue which produces a partial vacuum: *to suck lemonade through a straw.* **2.** to draw (water, moisture, air, etc.) by any process resembling this: *plants suck up moisture from the earth.* **3.** to apply the lips or mouth to, and draw upon by producing a partial vacuum, especially for extracting fluid contents: *to suck an orange.* **4.** to apply the mouth to, or hold in the mouth, and draw upon similarly, for some other purpose: *to suck one's thumb.* **5.** to hold in the mouth and dissolve in the saliva, assisted by the action of the tongue, etc.: *to suck a piece of toffee.* **6.** to render or bring (as specified) by or as by sucking: *they sucked him dry.* –*v.i.* **7.** to draw something in by producing a partial vacuum in the mouth, especially to draw milk from the breast. **8.** to draw or be drawn by, or as by, suction. **9.** (of a pump) to draw air instead of water, as when the water is low or a valve is defective. **10.** *Colloquial* to be contemptible, bad, despicable, disgusting, boring, etc.: *housework sucks!* –*n.* **11.** the act or instance of sucking with the mouth or otherwise. **12.** a sucking force. **13.** the sound produced by sucking. –*phr.* **14. suck face**, *Colloquial* to tongue-kiss. **15. suck in**, *Colloquial* to cheat; swindle; deceive; defraud. **16. suck off**, *Colloquial* ‡ to bring to orgasm by oral stimulation of the genitalia. **17. suck up to**, *Colloquial* to flatter; toady to; fawn upon.

sucker /'sʌkə/ *n.* **1.** someone or something that sucks. **2.** a baby or a young animal that is suckled. **3.** a part or organ of an animal adapted for sucking nourishment, or for sticking to an object as by suction. **4.** *Colloquial* a person easily deceived or taken advantage of; dupe. **5.** *Botany* a shoot rising from an underground stem or a root.

suckle /'sʌkəl/ *v.* **-led, -ling.** –*v.t.* **1.** to nurse at the breast. **2.** to nourish or bring up. **3.** to put to suck. –*v.i.* **4.** to suck at the breast.

suckling /'sʌklɪŋ/ *n.* an infant or a young animal that is not yet weaned.

sucrose /'sukroʊz, -oʊs/ *n.* a crystalline disaccharide, $C_{12}H_{22}O_{11}$, the sugar obtained from the sugar cane, the sugar beet, and sorghum, and forming the greater part of maple sugar. Also, **saccharose.**

suction /'sʌkʃən/ *n.* **1.** the act, process, or condition of sucking. **2.** the tendency to suck a substance into an interior space when the atmospheric pressure is reduced in the space. **3.** the reduction of pressure in order to cause such a sucking. **4.** the act or process of sucking a gas or liquid by such means.

sudden /'sʌdn/ *adj.* **1.** happening, coming, made, or done quickly, without warning or unexpectedly: *a sudden attack.* **2.** sharp; abrupt: *a sudden turn.* –*phr.* **3. all of a sudden,** suddenly; without warning; quite unexpectedly. **4. on a sudden,** *Archaic* unexpectedly; suddenly. **–suddenly** *adv.* **–suddenness** *n.*

sudden infant death syndrome *n.* the sudden unexplained death of an apparently healthy baby, usually while asleep; cot death. Also, **SIDS.**

suds /sʌdz/ *pl. n.* soapy water; foam; lather. **–sudsy** *adj.*

sue /su/ *v.* **sued, suing.** –*v.t.* **1.** to institute process in law against, or bring a civil action against. **2.** to make petition or appeal to. –*v.i.* **3.** to institute legal proceedings, or bring suit. **4.** to make petition or appeal. **–suer** /'suə/ *n.* **–suable** *adj.*

suede /sweɪd/ *n.* kid or other leather finished on the flesh side with a soft, napped surface, or on the outer side after removal of a thin outer layer. Also, **suède. –sueded** *adj.*

suet /'suət/ *n.* the hard fatty tissue about the loins and kidneys of cattle, sheep, etc., used in cookery, etc., and prepared as tallow. **–suety** *adj.*

suffer /'sʌfə/ *v.i.* **1.** to experience or feel pain or distress. **2.** to experience injury, disadvantage or loss. **3.** to endure patiently or bravely. –*v.t.* **4.** to undergo, experience, or be forced to experience (pain, distress, injury, loss, or anything unpleasant). **5.** to undergo (any action, process, etc.): *to suffer change.* **6.** to allow; tolerate. **–sufferable** *adj.* **–sufferableness** *n.* **–sufferably** *adv.* **–sufferer** *n.*

sufferance /'sʌfərəns, 'sʌfrəns/ *n.* **1.** tolerance, as of a person or thing; tacit permission. **2.** capacity to endure pain, hardship, etc. –*phr.* **3. on sufferance,** reluctantly tolerated.

suffering /'sʌfərɪŋ, 'sʌfrɪŋ/ *n.* **1.** the act of someone who suffers. **2.** a particular instance of this.

suffice /sə'faɪs/ *v.* **-ficed, -ficing.** –*v.i.* **1.** to be enough or adequate, as for needs, purposes, etc. –*v.t.* **2.** to be enough or adequate for; satisfy. **–sufficer** *n.*

sufficient /sə'fɪʃənt/ *adj.* that suffices; enough or adequate: *sufficient proof or protection.* **–sufficiently** *adv.*

suffix /'sʌfɪks/ *n.* **1.** *Grammar* an affix added to the end of a word, e.g. *-ly* in *kindly,* and *-er* in *heater.* **2.** something added to the end. –*v.t.* **3.** to attach at the end of something. **–suffixal** /'sʌfɪksəl/ *adj.* **–suffixion** /sʌ'fɪkʃən/ *n.*

suffocate /'sʌfəkeɪt/ *v.* **-cated, -cating.** –*v.t.* **1.** to kill by preventing air entering the lungs or gills. **2.** to restrict the free breathing of. **3.** to cause discomfort to through lack of cool or fresh air. **4.** to overcome; suppress. –*v.i.* **5.** to die from lack of air; smother. **6.** to feel uncomfortable through lack of cool or fresh air. **–suffocatingly** *adv.* **–suffocation** /sʌfə'keɪʃən/ *n.* **–suffocative** *adj.*

suffrage /'sʌfrɪdʒ/ *n.* **1.** the right of voting, especially in political elections. **2.** a vote given in favour of a proposed measure, a candidate, or the like. **3.** *Ecclesiastical* a prayer, especially a short intercessory prayer or petition.

suffragette /sʌfrə'dʒɛt/ *n.* one of an association of women in the early 20th century who advocated women's suffrage. **–suffragettism** *n.*

suffuse /sə'fjuz/ *v.t.* **-fused, -fusing.** to overspread with or as with a liquid, colour, etc. **–suffusion** /sə'fjuʒən/ *n.* **–suffusive** /sə'fjusɪv/ *adj.*

sugar /'ʃʊgə/ *n.* **1.** a sweet crystalline substance, sucrose, $C_{12}H_{22}O_{11}$, obtained chiefly from sugar cane or sugar beet, used to sweeten food. **2.** a member of the same class of carbohydrates. –*v.t.* **3.** to cover, sprinkle, mix, or sweeten with sugar. **4.** to make more agreeable.

sugar beet *n.* a variety of beet, *Beta vulgaris,* with a white root, cultivated for the sugar it yields.

sugar cane *n.* a tall grass, *Saccharum officinarum,* of tropical and warm regions, having a stout, jointed stalk, and constituting the chief source of sugar. Also, **sugarcane.**

sugar gum *n.* a species of *Eucalyptus,* E. *cladocalyx,* of southern Australia, widely planted especially for windbreaks and occasionally poisonous to stock.

suggest /sə'dʒɛst/ *v.t.* **1.** to place or bring (an idea, proposition, plan, etc.) before a person's mind for consideration or possible action. **2.** to propose (a person or thing) as suitable or possible. **3.** (of things) to prompt the consideration, making, doing, etc., of. **4.** to bring before a person's mind indirectly or without plain expression. **5.** (of a thing) to call up in the mind (another thing) through association or natural connection of ideas. **–suggester** *n.* **–suggestion** *n.*

suggestible /sə'dʒɛstəbəl/ *adj.* **1.** capable of being

suggestive influenced by suggestion. **2.** that may be suggested. –**suggestibility** /sədʒɛstə'bɪləti/ *n.*

suggestive /sə'dʒɛstɪv/ *adj.* **1.** that suggests; tending to suggest thoughts, ideas, etc. **2.** relating to hypnotic suggestion. **3.** such as to suggest something improper or indecent. –**suggestively** *adv.* –**suggestiveness** *n.*

suicide /'suəsaɪd/ *n., v.* -**cided**, -**ciding**. –*n.* **1.** the intentional taking of one's own life. **2.** deliberate destruction of one's own interests or prospects. **3.** one who intentionally takes their own life. –*v.i.* **4.** to commit suicide. **5.** to embark on a course which is disastrous to oneself, especially financially. –*phr.* **6. commit suicide**, to kill oneself intentionally.

suit /sut/ *n.* **1.** a set of garments, vestments, or armour, intended to be worn together. **2.** a set of outer garments of the same material, worn by men, consisting of trousers, jacket, and sometimes a waistcoat. **3.** a set of outer garments worn by women, usually consisting of skirt and jacket, and sometimes a blouse. **4.** *Colloquial* a person wearing a suit, especially in formal circumstances. **5.** the act or process of suing in a court of law; legal prosecution. **6.** *Cards* **a.** one of the sets or classes (usually four: spades, clubs, hearts, and diamonds) into which playing cards are divided. **b.** the aggregate of cards belonging to one of these sets held in a player's hand at one time. **7.** a number of things of the same kind or purpose forming a series or set. **8.** the wooing or courting of a woman. **9.** the act of making petition or appeal. **10.** a petition, as to a person of exalted station. –*v.t.* **11.** to provide with a suit of clothes; clothe; array. **12.** to make appropriate, adapt, or accommodate, as one thing to another. **13.** to be appropriate or becoming to. **14.** to be or prove satisfactory, agreeable, or acceptable to; satisfy or please. –*v.i.* **15.** to be appropriate or suitable; accord. **16.** to be satisfactory, agreeable, or acceptable. –*phr.* **17. follow suit**, **a.** to play a card of the suit led. **b.** to follow another's example. **18. strong suit**, something one is very good at; one's forte. **19. suit oneself**, to do what one chooses, regardless of the interests or advice of others.

suitable /'sutəbəl/ *adj.* such as to suit; appropriate; fitting; becoming. –**suitability** /sutə'bɪləti/, **suitableness** *n.* –**suitably** *adv.*

suitcase /'sutkeɪs/ *n.* a portable rectangular travelling bag, usually with stiffened frame, for carrying clothes, etc.

suite /swit/ *n.* **1.** a company of followers or attendants; a train or retinue. **2.** a number of things forming a series or set. **3.** a connected series of rooms to be used together by one person or a number of persons. **4.** a set of furniture of similar design and complementary in function: *a three-piece suite consists of a settee and two armchairs.* **5.** *Music* **a.** an ordered series of instrumental dances, in the same or related keys, commonly preceded by a prelude. **b.** an ordered series of instrumental movements of any character.

suitor /'sutə/ *n.* **1.** someone who courts or woos a woman. **2.** *Law* a petitioner or plaintiff. **3.** someone who sues or petitions for anything.

sulfur /'sʌlfə/ *n.* **1.** *Chemistry* a non-metallic element which exists in several forms, the ordinary one being a yellow rhombic crystalline solid, and which burns with a blue flame and a suffocating smell; used especially in making gunpowder and matches, in vulcanising rubber, in medicine, etc. Symbol: S; relative atomic mass: 32.064; at. no.: 16; density: 2.07 at 20°C. **2.** *US* → **sulphur** (def. 1). **3.** *US* → **sulphur** (def. 2). –*v.t.* **4.** to treat or fumigate with sulfur. Also (*for defs 1 and 4*), *Obsolescent,* **sulphur**. –**sulfurous** *adj.* –**sulfuric** *adj.*

sulfur dioxide /sʌlfə daɪ'ɒksaɪd/ *n.* a colourless gas or liquid with a strong pungent odour which is non-combustible and is soluble in water, ether, and alcohol; it is used as an oxidising and reducing agent and for various industrial uses. Also, *Obsolescent,* **sulphur dioxide**.

sulfuric acid *n.* the dibasic acid of sulfur, H_2SO_4, a colourless, corrosive, oily liquid, made from sulfur trioxide and used in many industrial processes; oil of vitriol. Also, *Obsolescent,* **sulphuric acid**.

sulk /sʌlk/ *v.i.* **1.** to hold aloof in a sullen, morose, ill-humoured, or offended mood. –*n.* **2.** a state or fit of sulking. **3.** (*plural*) ill humour shown by sulking: *to have the sulks.* **4.** Also, **sulker**. someone who sulks.

sulky /'sʌlki/ *adj.* **sulkier**, **sulkiest**, *n.* **sulkies**. –*adj.* **1.** sullenly ill-humoured or resentful; marked by ill-humoured aloofness. **2.** (of weather, etc.) gloomy. –*n.* **3.** a light two-wheeled one-horse carriage. –**sulkily** *adv.* –**sulkiness** *n.*

sullage /'sʌlɪdʒ/ *n.* **1.** refuse, scum, or filth. **2.** *Building Trades* dirty water, as from bathrooms, laundries, kitchens, etc., excluding sewage. **3.** scoria. **4.** silt.

sullen /'sʌlən/ *adj.* **1.** showing ill humour by a gloomy silence or reserve. **2.** silently and persistently ill-humoured; morose. **3.** indicative of gloomy ill humour: *sullen silence*. **4.** gloomy or dismal, as weather, sounds, etc.: *a sullen sky.* **5.** sluggish, as a stream. –**sullenly** *adv.* –**sullenness** *n.*

sully /'sʌli/ *v.* -**lied**, -**lying**. –*v.t.* **1.** to soil, stain, or tarnish. **2.** to mar the purity or lustre of; defile. –*v.i.* **3.** to become sullied, soiled, or tarnished.

sulphur /'sʌlfə/ *n.* **1.** a pale yellow with a greenish tinge. **2.** any of various yellow or orange butterflies of the family Pieridae. **3.** *Obsolescent* → **sulfur** (def. 1). –*v.t.* **4.** *Obsolescent* → **sulfur** (def. 4).

sulphur-crested cockatoo *n.* a large common Australian parrot, *Cacatua galerita*, predominantly white, with yellow on the undersides of wings and tail and a forward curving yellow crest. Also, **white cockatoo**.

sultan /'sʌltən/ *n.* **1.** the sovereign of a Muslim country. **2.** (*cap.*) any of the former sovereigns of Turkey. –**sultanate** /'sʌltənət/ *n.* –**sultanic** /sʌl'tænɪk/ *adj.* –**sultanship** *n.*

sultana /sʌl'tanə, səl-/ *n.* **1.** a wife or concubine of a sultan. **2.** any close female relative of a sultan. **3.** a small, green, seedless grape. **4.** a raisin made from such a grape.

sultry /'sʌltri/ *adj.* -**trier**, -**triest**. **1.** oppressively hot and close or moist; sweltering. **2.** oppressively hot, as the weather, etc. **3.** characterised by or associated with sweltering heat. **4.** characterised by or arousing temper or passion. –**sultrily** *adv.* –**sultriness** *n.*

sum /sʌm/ *n., v.* **summed**, **summing**, *adj.* –*n.* **1.** the aggregate of two or more numbers, magnitudes, quantities, or particulars as determined by mathematical process: *the sum of 5 and 7 is 12.* **2.** a particular aggregate or total, especially with reference to money: *the expenses came to an enormous sum.* **3.** a quantity or amount, especially of money: *to lend small sums.* **4. a.** an arithmetical calculation: *it was a hard sum to do.* **b.** (*plural*) arithmetic: *I was never good at sums.* **5.** the total amount, or the whole. **6.** the substance or gist of a matter, comprehensively viewed or expressed: *the letter contains the sum and substance of his opinions.* **7.** concise or brief form: *in sum.* –*v.t.* **8.** to combine into an aggregate or total. **9.** to ascertain the sum of, as by addition. –*adj.* **10.** denoting or relating to a sum: *sum total.* –*phr.* **11. sum up**, **a.** to reckon: *to sum up* *advantages and disadvantages.* **b.** to bring into or contain in a brief and comprehensive statement: *the article sums up the work of the year.* **c.** to form a quick estimate of: *to sum someone up.* **d.** to give a brief and comprehensive statement or summary.

sum- occasional variant of **sub-** (by assimilation) before *m*.

summary /'sʌməri/ *n.* **-ries**, *adj.* —*n.* **1.** a brief and comprehensive presentation of facts or statements; an abstract, compendium, or epitome. —*adj.* **2.** brief and comprehensive; concise. **3.** direct and prompt; unceremoniously fast. **4.** (of legal proceedings, jurisdiction, etc.) conducted without or exempt from the various steps and delays of full proceedings. —**summarily** /'sʌmərəli/ *adv.* —**summarise** = summarize *v.*

summer /'sʌmə/ *n.* **1.** the warmest season of the year, between spring and autumn. **2.** a whole year as represented by this season: *a child of eight summers.* **3.** the period of finest development, perfection, or beauty previous to any decline: *the summer of life.* —*adj.* **4.** of, relating to, or characteristic of summer: *summer resorts.* —*v.i.* **5.** to spend or pass the summer. —**summer-like** *adj.*

summit /'sʌmət/ *n.* **1.** the highest point or part, as of a hill, a line of travel, or any object; the top; the apex. **2.** the highest point of attainment or aspiration. **3.** a meeting or conference between heads of state or the heads of any other organisation. —*adj.* **4.** (in diplomacy) between heads of state: *summit conference.*

summon /'sʌmən/ *v.t.* **1.** to call as with authority to some duty, task, or performance; call upon (to do something). **2.** to call for the presence of, as by command, message, or signal; call. **3.** to call upon to surrender. —*phr.* **4. summon up**, to call into action; rouse; call forth: *to summon up all one's courage.* —**summonable** *adj.* —**summoner** *n.*

summons /'sʌmənz/ *n.* **-monses**, *v.* —*n.* **1.** a command, message, or signal by which one's presence is called for. **2.** a call to do something: *a summons to surrender.* **3.** an order to appear at a particular place, especially before a court of law, or the document by which the order is made. **4.** an order for the meeting of an assembly or parliament. —*v.t.* **5.** to serve with a summons; summon.

sump /sʌmp/ *n.* **1.** a pit, well, or the like in which water or other liquid is collected. **2.** *Machinery* a container situated at the lowest point in a circulating system, especially the crankcase of an internal-combustion engine, which acts as an oil reservoir. **3.** *Mining* **a.** a space at the bottom of a shaft or below a passageway where water is allowed to collect. **b.** a pilot shaft or tunnel pushed out in front of a main bore.

sumptuous /'sʌmptʃuəs/ *adj.* **1.** entailing great expense, as from fine workmanship, choice materials, etc.; costly: *a sumptuous residence.* **2.** luxuriously fine; splendid or superb. —**sumptuously** *adv.* —**sumptuousness** *n.*

sun /sʌn/ *n.*, *v.* **sunned**, **sunning**. —*n.* **1.** the star which is the central body of the solar system and around which the planets revolve, and from which they receive light and heat. **2.** the sun considered with reference to its position in the sky, its visibility, the season of the year, the time at which or the place where it is seen, etc. **3.** a self-luminous heavenly body. **4.** sunshine: *to be exposed to the sun.* **5.** a figure or representation of the sun, as a heraldic bearing usually surrounded with rays and charged with the features of a human face. —*v.t.* **6.** to expose to the sun's rays. **7.** to warm, dry, etc., in the sunshine. —*v.i.* **8.** to expose oneself to the sun's rays. —*phr.* **9. a place in the sun**, a pleasant or advantageous situation. **10. under the sun**, on earth: *the most beautiful girl under the sun.*

sunbake /'sʌnbeɪk/ *v.i.* **-baked**, **-baking**. *Australian* to expose one's body to the sun in order to acquire a suntan or as a relaxation. —**sunbaker** *n.*

sunburn /'sʌnbɜn/ *n.*, *v.* **-burnt** *or* **-burned**, **-burning**. —*n.* **1.** superficial inflammation of the skin, caused by excessive or too sudden exposure to the sun's rays. —*v.t.* **2.** to affect with sunburn. —*v.i.* **3.** to become affected with sunburn.

suncream /'sʌnkrim/ *n.* → **sunscreen** (def. 2).

sundae /'sʌndeɪ/ *n.* a portion of ice-cream with fruit or other syrup poured over it, and often whipped cream, chopped nuts, or other additions.

Sunday /'sʌndeɪ, -di/ *n.* **1.** the first day of the week, the day of worship for most Christian denominations, observed in commemoration of the resurrection of Christ. —*adj.* **2.** of, relating to, occurring on, or suitable for Sunday: *the Sunday newspapers; Sunday clothes.* —*phr.* **3. a month of Sundays**, an extremely long time.

sunder /'sʌndə/ *v.t.* **1.** to separate; part; divide; sever. —*v.i.* **2.** to become separated; part. —**sunderance** /'sʌndərəns, -drəns/ *n.* —**sunderer** *n.*

sundew /'sʌndju/ *n.* any of a group of small bog plants, species of the genus *Drosera*, with sticky hairs that capture insects.

sundial /'sʌndaɪəl/ *n.* an instrument for indicating the time of day by the position of a shadow (as of a gnomon) cast by the sun on a graduated plate or surface.

sundowner /'sʌndaʊnə/ *n.* **1.** *Australian, NZ* a swagman who arrives at a homestead at nightfall, too late for work, but obtains shelter for the night. **2.** an alcoholic drink taken in the evening, traditionally at sundown.

sundries /'sʌndriz/ *pl. n.* sundry things or items.

sundry /'sʌndri/ *adj.* **1.** various or divers: *sundry persons.* —*n.* **2.** (*usually plural*) *Cricket* a score or run not made by hitting the ball with the bat, as a bye or a wide; an extra. —*phr.* **3. all and sundry**, everyone collectively and individually.

sunfish /'sʌnfɪʃ/ *n.* **-fishes**, (*especially collectively*) **-fish**. **1.** a huge fish, the **ocean sunfish**, *Mola mola*, found in Australian waters and elsewhere, having a deep body abbreviated behind, seeming to consist of little more than the head. **2.** any fish of the same family, Molidae. **3.** any of the small freshwater fishes of the family Centrarchidae, of North America, closely related to the perch.

sunflower /'sʌnflaʊə/ *n.* any plant of the genus *Helianthus*, characterised by yellow-rayed flowers, as *H. annuus*, the common species of North America, a tall plant grown for its showy flowers, and for its seeds which are valued as food for poultry and as the source of an oil.

sung /sʌŋ/ *v.* past tense and past participle of **sing**.

sunglasses /'sʌnglasəz/ *pl. n.* spectacles having tinted, darkened, or polaroid lenses to protect the eyes from the glare of the sun.

sunk /sʌŋk/ *v.* a past tense and past participle of **sink**.

sunken /'sʌŋkən/ *v.* **1.** a past participle of **sink**. —*adj.* **2.** having sunk or having been sunk beneath the surface; submerged. **3.** having settled down to a lower level, as walls. **4.** depressed or lying below the general level, as a garden. **5.** hollow: *sunken cheeks.*

sunny /'sʌni/ *adj.* **-nier**, **-niest**. **1.** abounding in sunshine: *a sunny day.* **2.** exposed to, lit or warmed by the direct rays of the sun: *a sunny room.* **3.** cheery, cheerful, or joyous: *a sunny*

sun protection factor *n.* → **SPF**.

sunrise /'sʌnraɪz/ *n.* **1.** the rise or ascent of the sun above the horizon in the morning. **2.** the atmospheric phenomena accompanying this.

sunrise industry *n.* industry based upon innovative, local technology, especially electronic.

sunscreen /'sʌnskrin/ *n.* **1.** a device, as an awning, which acts as a screen against the rays of the sun. **2.** Also, **sunblock, suncream, blockout**. a lotion or cream which, when applied to the skin, protects it against damage from the rays of the sun.

sunset /'sʌnsɛt/ *n.* **1.** the setting or descent of the sun below the horizon in the evening. **2.** the atmospheric phenomena accompanying this. **3.** the close or final stage of any period.

sunshine /'sʌnʃaɪn/ *n.* **1.** the shining of the sun; direct light of the sun. **2.** brightness; cheerfulness or happiness. –**sunshiny** *adj.*

sunspot /'sʌnspɒt/ *n.* **1.** one of the relatively dark patches which appear periodically on the surface of the sun, and which have a certain effect on terrestrial magnetism and other terrestrial phenomena. Their appearance is spasmodic but their number reaches a maximum approximately every eleven years (the **sunspot cycle**). **2.** a discolouration and roughening of part of the skin, usually as a result of exposure to the sun.

sunstroke /'sʌnstroʊk/ *n.* a condition caused by excessive exposure to the sun, marked by prostration, which may lead to convulsions, coma, and death. –**sunstruck** *adj.*

suntan /'sʌntæn/ *n.* brownness of the skin induced by exposure to the sun, cultivated by some as a mark of health or beauty. Also, **tan**. –**sun-tanned** *adj.*

sup[1] /sʌp/ *v.i.* **supped, supping**. to eat the evening meal; take supper.

sup[2] /sʌp/ *v.* **supped, supping**, *n.* –*v.t.* **1.** to take (liquid food, or any liquid) into the mouth in small quantities, as from a spoon or a cup. –*v.i.* **2.** to take liquid into the mouth in small quantities, as by spoonfuls or sips. –*n.* **3.** a mouthful or small portion of liquid food or of drink.

sup- variant of **sub-** (by assimilation) before *p*.

super[1] /'supə/ *n. Colloquial* **1.** high-octane petrol. **2.** *Australian, NZ* → **superannuation**. **3.** → **superintendent**. **4.** → **supernumerary**. **5.** *Australian, NZ* → **superphosphate**. –*adj.* **6.** of a superior quality, grade, size, etc. **7.** extremely good, pleasing, etc.

super- **1.** a prefix meaning 'superior to' or 'over-', applied variously, as of quality (*superman*), size (*superdreadnought*), degree (*superheat, supersensitive*), space (*superstructure*), and other meanings (*supersede, supernatural*). **2.** *Chemistry* a prefix having the same sense as 'per-'.

superannuate /supər'ænjueɪt/ *v.t.* **-ated, -ating**. **1.** to allow to retire from service or office on a pension, on account of age or infirmity. **2.** to set aside as out of date; remove as too old. –**superannuant** *n.* –**superannuated** *adj.*

superannuation /ˌsupərænjuˈeɪʃən/ *n.* **1.** the act of superannuating. **2.** the state of being superannuated. **3.** *Australian, NZ* a pension or allowance to a superannuated person. **4.** *Australian, NZ* a sum paid periodically as contribution to a superannuation fund.

superannuation fund *n. Australian, NZ* a retirement fund to which an employee (and usually also his or her employer) contribute during the period of his or her employment, and which provides benefits during illness and after retirement. Also, **provident fund**.

superb /sə'pɜb, su-/ *adj.* **1.** stately, majestic, or grand: *superb jewels*. **2.** admirably fine or excellent: *a superb performance*. **3.** of a proudly imposing appearance or kind: *superb beauty*. –**superbly** *adv.* –**superbness** *n.*

superb blue wren *n.* a small bird, *Malurus cyaneus*, the adult male in breeding plumage having bright blue feathers on the crown and upper back, while the female is brown; widely distributed throughout south-eastern coastal areas of Australia.

supercharge /'supətʃɑdʒ/ *v.t.* **-charged, -charging**. **1.** to supply air to (an internal-combustion engine) at greater than atmospheric pressure; boost. **2.** to charge with an excessive amount of emotion, tension, energy, or the like. **3.** to pressurise (a gas or liquid). –**supercharger** *n.*

supercilious /supə'sɪliəs/ *adj.* haughtily disdainful or contemptuous, as persons, their expression, bearing, etc. –**superciliously** *adv.* –**superciliousness** *n.*

superego /supər'igoʊ/ *n. Psychoanalysis* a personification of the development of the ego in the direction of social ideals, etc., so that distress is felt when the ego is unduly influenced by primitive impulses; similar to 'conscience', but is largely unconscious.

superficial /supə'fɪʃəl/ *adj.* **1.** of or relating to the surface: *superficial measurement*. **2.** being at, on, or near the surface: *a superficial wound*. **3.** on the surface only; apparent, rather than real or deep: *a superficial resemblance; superficial piety*. **4.** concerned with only what is on the surface or obviously shallow; not profound: *a superficial observer, a superficial writer*. –**superficiality** /ˌsupəfɪʃi'æləti/, **superficialness** *n.* –**superficially** *adv.*

superfluous /su'pɜfluəs/ *adj.* **1.** being over and above what is sufficient or required. **2.** unnecessary or needless. –**superfluously** *adv.* –**superfluousness** *n.*

superglue /'supəglu/ *n., v.* **-glued, -gluing**. –*n.* **1.** a fast-acting and powerful glue. –*v.t.* **2.** to glue together by means of such a glue.

supergrass /'supəgrɑs/ *n.* an informer whose information concerns terrorism or large-scale corruption and crime.

superhuman /'supəhjumən/ *adj.* **1.** above or beyond what is human; having a higher nature or greater powers than human beings. **2.** exceeding ordinary human power, achievement, experience, etc.: *a superhuman effort*. –**superhumanity** /supəhju'mænəti/ *n.* –**superhumanly** *adv.*

superimpose /supərɪm'poʊz/ *v.t.* **-posed, -posing**. **1.** to impose, place, or set on something else. **2.** to put or join as an addition to (something). –**superimposition** /ˌsupərɪmpə'zɪʃən/ *n.*

superintend /supərɪn'tɛnd, suprɪn-/ *v.t.* **1.** to oversee and direct (work, processes, affairs, etc.); exercise supervision over (an institution, place, etc.). –*v.i.* **2.** to exercise supervision. –**superintendence** *n.*

superintendent /supərɪn'tɛndənt, suprɪn-/ *n.* **1.** someone who has the oversight or direction of some work, enterprise (especially farming, grazing, etc.), establishment, institution, house, etc. **2.** a police officer ranking above chief inspector and below chief superintendent. –**superintendentship** *n.*

superior /sə'pɪəriə, su-/ *adj.* **1.** higher in station, rank, degree, or grade: *a superior officer*. **2.** above the average in excellence, merit, intelligence, etc. **3.** of higher grade or quality. **4.** greater in quantity or amount: *superior numbers*. **5.** showing a consciousness or feeling of being above others in such respects: *superior airs*. **6.** *Botany* **a.** situated above some other organ. **b.** (of a calyx) seeming to originate from the top of the ovary. **c.** (of an ovary) free from the calyx. **7.** *Printing* higher than the main line of type, as algebraic exponents, reference figures, etc.; superscript. **8.** *Astronomy* (of a planet) having an orbit outside that of the earth. –*n*. **9.** one superior to another or others. **10.** *Ecclesiastical* the head of a monastery, convent, or the like. –*phr.* **11. superior to**, not yielding or susceptible to: *to be superior to temptation.* –**superiorly** *adv.*

superlative /su'pɜlətɪv/ *adj.* **1.** of the highest kind or order; supreme: *superlative wisdom.* **2.** being more than is proper or normal; exaggerated: *a superlative style of writing.* **3.** *Grammar* indicating the highest degree of the comparison of adjectives and adverbs, as English *smoothest* in contrast to *smooth* and *smoother.* –*n.* **4.** the highest degree. **5.** *Grammar* the superlative degree, or a form or word in this degree. –**superlatively** *adv.* –**superlativeness** *n.*

supermarket /'supəmakət/ *n.* a large, usually self-service, retail store or market selling food and other domestic goods.

supermodel /'supəmɒdl/ *n.* one of the very few most highly paid fashion models, each with a worldwide reputation.

supernatural /supə'nætʃrəl, -'nætʃərəl/ *adj.* **1.** being above or beyond what is natural; not explicable in terms of natural laws or phenomena. **2.** having to do with supernatural beings, as ghosts, spirits, etc. **3.** abnormal; extraordinary; unprecedented: *a man of supernatural intelligence.* –*n.* **4.** supernatural forces, effects, and beings collectively. –**supernaturalism** *n.* –**supernaturally** *adv.*

supernumerary /supə'njumərəri/ *adj., n.* -**aries**. –*adj.* **1.** being in excess of the usual, proper, or prescribed number; additional; extra. –*n.* **2.** a supernumerary or extra person or thing. **3.** *Theatre* someone not belonging to the regular company, who appears on the stage but has no lines to speak.

superordinate /supər'ɔdənət/ *adj.* **1.** higher in rank, degree, etc. **2.** *Logic* of superior order or generality; as genus to species or as universal to particular. –*n.* **3.** a person or thing that is superordinate.

superphosphate /supə'fɒsfeɪt/ *n.* **1.** an artificial fertiliser consisting of a mixture of calcium sulfate and calcium dihydrogen phosphate, $Ca(H_2PO_4)_2$ made by treating phosphate rock with sulfuric acid. **2.** any fertiliser containing this mixture.

superpower /'supəpaʊə/ *n.* an extremely powerful and influential nation.

superscript /'supəskrɪpt/ *adj.* **1.** written above, as a diacritical mark or a correction of a word. –*n.* **2.** a superscript or superior letter, figure, etc.

supersede /supə'sid/ *v.t.* -**seded**, -**seding**. **1.** to replace in power, authority, effectiveness, acceptance, use, etc., as by another person or thing. **2.** to set aside, as void, useless, or obsolete, now usually in favour of something mentioned. **3.** to displace in office or promotion by another. **4.** to succeed to the position, function, office, etc., of; supplant. –**supercession** /supə'sɛʃən/ *n.* –**superseder** *n.*

supersonic /supə'sɒnɪk/ *adj.* **1.** (of sound frequencies) above the audible limit; ultrasonic. **2.** (of velocities) above the velocity of sound in the medium.

superstar /'supəsta/ *n.* a singer, actor, or show business personality who is very famous.

superstition /supə'stɪʃən/ *n.* **1.** a belief or notion entertained, regardless of reason or knowledge, of the ominous significance of a particular thing, circumstance, occurrence, proceeding, or the like. **2.** any blindly accepted belief or notion. **3.** a system or collection of superstitious beliefs and customs. **4.** irrational fear of what is unknown or mysterious, especially in connection with religion.

superstructure /'supəstrʌktʃə/ *n.* **1.** all of an edifice above the basement or foundation. **2.** any structure built on something else.

supertax /'supətæks/ *n.* **1.** a tax in addition to a normal tax, as one upon income above a certain amount. **2.** → **surtax**.

supervene /supə'vin/ *v.i.* -**vened**, -**vening**. **1.** (sometimes fol. by *on* or *upon*) to come as something additional or extraneous. **2.** to ensue. –**supervenience, supervention** /supə'vɛnʃən/ *n.* –**supervenient** *adj.*

supervise /'supəvaɪz/ *v.t.* -**vised**, -**vising**. to oversee (a process, work, workers, etc.) during execution or performance; superintend; have the oversight and direction of. –**supervision** /supə'vɪʒən/ *n.*

supine /'supaɪn/ *adj.* **1.** lying on the back, or with the face or front upwards. **2.** having the palm upwards, as the hand. **3.** inactive; passive; inert; especially, inactive or passive from indolence or indifference. –**supinely** *adv.* –**supineness** *n.*

supper /'sʌpə/ *n.* **1.** a very light meal, as of a biscuit and a cup of tea taken at night, which is the last meal of the day. **2.** *Chiefly Brit. and US* the evening meal; the last major meal of the day, taken in the evening. **3.** any evening meal, often one forming part of a social entertainment.

supplant /sə'plænt/ *v.t.* to take the place of (another), as in office or favour, through scheming, strategy, or the like. –**supplantation** /sʌplæn'teɪʃən/ *n.* –**supplanter** *n.*

supple /'sʌpəl/ *adj.* -**pler**, -**plest**. **1.** bending readily without breaking or suffering harm; pliant: *a supple rod; a supple body.* **2.** marked by ease in bending; lithe: *supple movements.* **3.** adapting or yielding easily: *a supple mind.* –**suppleness** *n.*

supplement /'sʌpləmənt/ *n.,* /'sʌpləmɛnt/ *v.* –*n.* **1.** something added to extend a thing, supply a lack, or correct mistakes, etc.: *a supplement to a book.* **2.** a special feature of a newspaper, etc., put out as an additional part: *an educational supplement.* **3.** *Mathematics* the quantity by which an angle or an arc falls short of 180° or a semicircle. –*v.t.* **4.** to add to, or extend by a supplement; form a supplement or addition to. –**supplementation** /sʌpləmɛn'teɪʃən/ *n.* –**supplementer** *n.*

suppliant /'sʌplɪənt/ *n.* someone who supplicates; a humble petitioner. –**suppliance** *n.*

supplicate /'sʌpləkeɪt/ *v.* -**cated**, -**cating**. –*v.i.* **1.** to pray humbly; make humble and earnest entreaty or petition. –*v.t.* **2.** to pray humbly to; entreat or petition humbly. **3.** to seek by humble entreaty. –**supplicant** *n.* –**supplication** /sʌplɪ'keɪʃən/ *n.*

supply[1] /sə'plaɪ/ *v.* -**plied**, -**plying**, *n.* -**plies**. –*v.t.* **1.** to furnish (a person, establishment, place, etc.) with what is lacking or requisite. **2.** to furnish or provide (something wanting or requisite): *to supply electricity to a community.* **3.** to make up (a deficiency); make up for (a loss, lack, absence, etc.); satisfy (a need, demand, etc.). **4.** to fill (a place, vacancy, etc.); occupy as a substitute. –*v.i.* **5.** to fill the place of another, temporarily, or as a substitute. –*n.* **6.** the act of supplying, furnishing, providing, satisfying, etc. **7.** a quantity of something provided or on hand, as for use; a stock or store. **8.** (*usually plural*) a provision, stock, or store of food or other things necessary for maintenance. **9.** a parliamentary grant or provision of money for the expenses of government. **10.** *Economics* the quantity of a commodity, etc., that is in the market and available for purchase, or that is available for purchase at a particular price. **11.** *Electricity* a source of electrical energy. **12.** (*plural*) *Military* articles and materials used by

supply

an army or navy of types rapidly used up, such as food, clothing, equipment, and fuel. **–supplier** *n.*

supply² /'sʌpli/ *adv.* in a supple manner. Also, **supplely.**

supply-side economics *n.* management of the national economy which seeks to overcome a recession by stimulating the production of goods and the supply of services.

support /sə'pɔːt/ *v.t.* **1.** to bear or hold up (a weight, load, structure, part, etc.). **2.** to bear, especially with patience or humility; endure; tolerate. **3.** to give help, strength, courage, etc., to: *his kindness supported her in her grief.* **4.** to supply (a person, family, establishment, etc.) with things necessary to existence; provide for. **5.** to help to show the truth or validity of (a statement, argument, etc.). **6.** to act in a secondary part with (a leading actor). **7.** to form a secondary part of a program with: *the main film will be supported by two documentaries.* –*n.* **8.** the act of supporting. **9.** the state of being supported. **10.** the provision of necessities, money, etc., to a person, family, etc. **11.** a thing or a person that supports. **12.** the part of a structure that carries its weight. **13.** a device, usually of elastic material, for holding up some part of the body. **14.** an actor or group of actors, who play secondary roles. **–supporter** *n.*

suppose /sə'pouz/ *v.* **-posed, -posing.** –*v.t.* **1.** to take as a fact, for the sake of argument, etc.: *suppose the distance to be one kilometre.* **2.** to consider as a possibility or idea suggested: *suppose we wait till tomorrow.* **3.** to think or believe, in the absence of positive knowledge: *I supposed that it was an accident; what do you suppose he will do?* **4.** → **presuppose. 5.** (*used in the passive*) to expect: *you are supposed to be at work on time.* **–supposition** /ˌsʌpə'zɪʃən/ *n.* **–supposer** *n.* **–supposable** *adj.* **–supposably** *adv.*

supposed /sə'pouzd, sə'pouzəd/ *adj.* **1.** assumed as true, regardless of fact; hypothetical: *a supposed case.* **2.** accepted or received as true, without positive knowledge and perhaps erroneously: *the supposed site of an ancient temple.* **3.** merely thought to be such: *to sacrifice real for supposed gains.* **–supposedly** /sə'pouzədli/ *adv.*

suppository /sə'pɒzətri/ *n.* **-ries.** a solid or encapsulated medicinal substance inserted into the rectum or vagina to be dissolved therein.

suppress /sə'prɛs/ *v.t.* **1.** to put an end to the activities of (a person, group of people, etc.). **2.** to put an end to (a practice, etc.), abolish; prohibit. **3.** to keep in or repress (a feeling, smile, groan, etc.). **4.** to keep (truth, evidence, a book, names, etc.) from being known or published. **5.** to stop (a flow of blood, etc.). **6.** to put an end to (a revolt, etc.) by force; quell; subdue. **–suppression** /sə'prɛʃən/ *n.* **–suppressor** *n.* **–suppressible** *adj.* **–suppressive** *adj.*

suppurate /'sʌpjəreɪt/ *v.i.* **-rated, -rating.** to produce or discharge pus, as a wound; maturate. **–suppuration** /ˌsʌpjə'reɪʃən/ *n.* **–suppurative** /'sʌpjərətɪv/ *adj.*

supra /'sʌprə/ *adv.* (especially used in making reference to parts of a text) above.

supra- a prefix meaning 'above', equivalent to **super-**, but emphasising situation or position, as in *supraorbital, suprarenal.*

supreme /su'prim, sə-/ *adj.* **1.** highest in rank or authority; paramount; sovereign; chief. **2.** of the highest quality, character, importance, etc.: *supreme courage.* **3.** greatest, utmost, or extreme: *supreme disgust.* **4.** last (with reference to the end of life): *the supreme moment.* **–supremacy** *n.* **–supremely** *adv.* **–supremeness** *n.*

sur-¹ a prefix corresponding to **super-** but mainly

surface

attached to stems not used as words and having figurative applications (*survive, surname*), used especially in legal terms (*surrebuttal*).

sur-² occasional variant of **sub-** (by assimilation) before *r.*

surcharge /'sɜːtʃɑdʒ/ *n.*, /'sɜːtʃɑdʒ, sə'tʃɑdʒ/ *v.* **-charged, -charging.** –*n.* **1.** an additional charge for payment, tax, etc. **2.** an excessive sum or price charged. **3.** *Philately* a mark printed over a stamp which alters or restates its face value. –*v.t.* **4.** to charge an additional sum (for payment). **5.** to over-charge. **6.** to overload. **–surcharger** *n.*

sure /ʃɔ/ *adj.* **surer, surest,** *adv.* –*adj.* **1.** (sometimes fol. by *of*) free from apprehension or doubt as to the reliability, character, action, etc., of something: *to be sure of one's data.* **2.** confident, as of something expected: *sure of ultimate success.* **3.** convinced, fully persuaded, or positive, as of something firmly believed: *sure of a person's guilt.* **4.** assured or certain beyond question: *we are all sure of death.* **5.** worthy of confidence; reliable: *a sure messenger.* **6.** firm or stable: *to stand on sure ground.* **7.** unfailing; never disappointing expectations: *a sure cure.* **8.** unerring; never missing, slipping, etc.: *a sure aim.* **9.** admitting of no doubt or question: *sure proof.* **10.** inevitable: *death is sure.* **11.** destined; bound inevitably; certain: *he is sure to come.* –*adv.* **12.** *Colloquial* surely, undoubtedly, or certainly. **13.** *US Colloquial* inevitably or without fail. –*phr.* **14. a sure thing,** *Colloquial* a certainty; something assured beyond any doubt. **15. be sure,** be certain or careful (to do as specified): *be sure to close the windows; you must be sure and visit us.* **16. be sure of,** to be confident in the support or possession of. **17. for sure,** as a certainty; surely. **18. make sure,** to ensure (that something happens). **19. make sure of,** to secure the support or possession of. **20. sure thing,** *Colloquial* (an expression of assurance). **21. to be sure,** surely; certainly; without doubt. **–sureness** *n.*

sure-fire /'ʃɔ-faɪə/ *adj. Colloquial* certain to succeed; assured: *a sure-fire winner for tomorrow's race.*

surely /'ʃɔli/ *adv.* **1.** firmly; unerringly; without missing, slipping, etc. **2.** undoubtedly, assuredly, or certainly: *the results are surely encouraging.* **3.** (in emphatic utterances that are not necessarily sustained by fact) assuredly: *surely you are mistaken.* **4.** inevitably or without fail: *slowly but surely the end approached.*

surety /'ʃɔrəti, 'ʃʊərɪ/ *n.* **-ties. 1.** security against loss or damage; security for the fulfilment of an obligation, the payment of a debt, etc.; a pledge, guaranty, or bond. **2.** certainty. **3.** something that makes sure; a ground for confidence or safety. **4.** someone who is legally answerable for the debt, default, or miscarriage of another.

surf /sɜːf/ *n.* **1.** the swell of the sea which breaks upon a shore or upon shoals. **2.** the mass or line of foamy water caused by the breaking of the sea upon a shore, etc. **3.** the beach, especially when used for recreation in the surf: *they spent the day at the surf.* **4.** a time spent in the surf, standing, swimming, bodysurfing, etc.: *let's go for a surf.* –*v.i.* **5.** to engage in surfing. –*v.t.* **6.** to explore (an information network): *to surf the Internet.*

surface /'sɜːfəs/ *n., adj., v.* **-faced, -facing.** –*n.* **1.** the outer face, or outside, of a thing. **2.** the area of such a face. **3.** any face or side of a thing: *the six surfaces of a cube.* **4.** outward appearance, especially as opposed to inner nature: *to look below the surface of a matter.* **5.** *Geometry* any figure having only two dimensions; part or all of the boundary of a solid. –*adj.* **6.** of, on, or relating to the surface. **7.** apparent, rather than real; superficial. **8.** of, on, or relating to land or sea: *surface*

surfboard

travel; surface mail. –*v.t.* **9.** to give a particular kind of surface to; make even or smooth. –*v.i.* **10.** to rise to the surface. **11.** *Colloquial* to appear in public, as by arriving at one's job, rising from sleep, etc. –**surfacer** *n.*

surfboard /'sɜfbɔd/ *n.* a long, narrow board, slightly rounded and usually longer than body-length, used by surfers in riding waves towards the shore.

surfeit /'sɜfət/ *n.* **1.** excess; an excessive amount. **2.** oppression or disorder of the system due to excessive eating or drinking. **3.** general disgust caused by excess or satiety. –**surfeiter** *n.*

surfie /'sɜfi/ *n. Australian Colloquial* a devotee of surfing, especially of surfboard riding.

surfing /'sɜfɪŋ/ *n.* **1.** the sport in which one paddles a surfboard out over the surf, and then, usually standing on the board, attempts to ride on or with a wave towards the shore; surfboard riding. **2.** → **bodysurfing**.

surge /sɜdʒ/ *n., v.* **surged, surging.** –*n.* **1.** a strong forward or upward movement, like that of swelling or rolling waves: *the onward surge of an angry crowd.* **2.** a wave-like rush of something: *a surge of anger; a surge of energy.* **3.** the rolling swell of the sea. **4.** a large swelling or sudden wave. **5.** *Mechanics* unevenness of action in an engine. –*v.i.* **6.** to rise and fall, or move along, on the waves: *The ship surged at anchor.* **7.** to rise or roll in waves, or like waves: *the crowd surged around the mounted policeman; blood surged to his face.*

surgeon /'sɜdʒən/ *n.* **1.** someone who treats injuries, deformities, and diseases by manual operation or instrumental appliances. **2.** a medical practitioner or physician qualified to practise surgery. **3.** an army or naval medical officer. –**surgeoncy** *n.*

surgeonfish /'sɜdʒənfɪʃ/ *n.* **-fishes**, (*especially collectively*) **-fish.** any tropical coral-reef fish of the family Acanthuridae, with one or more spines near the base of the tail fin; tang.

surgery /'sɜdʒəri/ *n.* **-ries. 1.** the art, practice, or work of treating diseases, injuries, or deformities by manual operation or instrumental appliances. **2.** the branch of medicine concerned with such treatment. **3.** treatment, operations, etc., performed by a surgeon. **4.** a room or place for surgical operations. **5.** the consulting room of a medical practitioner, dentist, or the like. –**surgical** *adj.*

surgical appliance *n.* any device designed to be worn to support a damaged or deformed part of the body.

surly /'sɜli/ *adj.* **-lier, -liest. 1.** churlishly rude or ill-humoured, as a person or the manner, tone, expression, etc. **2.** (of an animal) ill-tempered and unfriendly. –**surlily** *adv.* –**surliness** *n.*

surmise /sɜ'maɪz/ *v.* **-mised, -mising** /sɜ'maɪz, 'sɜmaɪz/ *n.* –*v.t.* **1.** to think or infer without certain or strong evidence; conjecture; guess. –*n.* **2.** Also, **surmisal.** a matter of conjecture. –**surmisable** *adj.* –**surmiser** *n.*

surmount /sɜ'maʊnt/ *v.t.* **1.** to mount upon; get on the top of; mount upon and cross over: *to surmount a hill.* **2.** to get over or across (barriers, obstacles, etc.). **3.** to prevail over. **4.** to be on top of or above: *a statue surmounting a pillar.* **5.** to furnish with something placed on top or above: *to surmount a tower with a spire.* –**surmountable** *adj.* –**surmounter** *n.*

surname /'sɜneɪm/ *n.* **1.** the name which a person has in common with the other members of his or her family, as distinguished from his or her given name; a family name. **2.** a name added to a person's name or names, as from birth or abode or from some characteristic or achievement.

surround

surpass /sɜ'pas/ *v.t.* **1.** to go beyond in amount, extent, or degree; be greater than; exceed. **2.** to go beyond in excellence or achievement; be superior to; excel. **3.** to be beyond the range or capacity of; transcend: *misery that surpasses description.* –**surpassing** *adj.* –**surpassable** *adj.*

surplice /'sɜpləs/ *n.* **1.** a loose-fitting, broad-sleeved white vestment properly of linen, worn over the cassock by certain members of the clergy and choristers. **2.** a garment in which the fronts cross each other diagonally. –**surpliced** *adj.*

surplus /'sɜpləs/ *n.* **1.** that which remains above what is used or needed. **2.** an amount of assets in excess of what is requisite to meet liabilities. –*adj.* **3.** being a surplus; being in excess of what is required: *the surplus wheat of Australia.*

surprise /sə'praɪz/ *v.* **-prised, -prising,** *n.* –*v.t.* **1.** to come upon suddenly and unexpectedly; catch (a person, etc.) in the act of doing something; discover (a thing) suddenly. **2.** to assail, attack, or capture suddenly or without warning, as an army, fort, or person that is unprepared. **3.** to strike with a sudden feeling of wonder that arrests the thoughts, as at something unexpected or extraordinary. **4.** to lead or bring (a person, etc.) unawares, as into doing something not intended. –*n.* **5.** an act of surprising. **6.** a sudden assault, attack, or capture. **7.** a sudden and unexpected event, action, or the like. **8.** the state or feeling of being surprised as by something unexpected. –*adj.* **9.** sudden and unexpected: *a surprise attack.* –*phr.* **10. take by surprise, a.** to come upon unawares or without visible preparation. **b.** to catch unprepared. **c.** to amaze; astonish. –**surprisal** *n.* –**surpriser** *n.* –**surprising** *adj.*

surreal /sə'ril/ *adj.* **1.** of or relating to the dream-like experiences, etc., dealt with by surrealism. –*phr.* **2. the surreal,** the world of these experiences.

surrealism /sə'riəlɪzəm/ *n.* a movement in literature and art from about 1919, based on the expression of imagination uncontrolled by reason, and seeking to suggest the activities of the subconscious mind. –**surrealist** *n., adj.* –**surrealistic** /sə,riə'lɪstɪk/ *adj.* –**surrealistically** /sə,riə'lɪstɪkli/ *adv.*

surrender /sə'rɛndə/ *v.t.* **1.** to yield (something) to the possession or power of another: *to surrender weapons; to surrender office.* **2.** to give (oneself) up, especially as a prisoner or to some emotion, course of action, etc. **3.** to give up (comfort, hope, etc.); relinquish. –*v.i.* **4.** to give oneself up, especially as a prisoner or to an emotion, course of action, etc. –*n.* **5.** the act of surrendering.

surreptitious /sʌrəp'tɪʃəs/ *adj.* **1.** obtained, done, made, etc., by stealth; secret and unauthorised; clandestine: *a surreptitious glance.* **2.** acting in a stealthy way. –**surreptitiously** *adv.* –**surreptitiousness** *n.*

surrogate /'sʌrəgət/ *n.,* /'sʌrəgeɪt/ *v.* **-gated, -gating.** –*n.* **1.** someone appointed to act for another; a deputy. **2.** a substitute. –*v.t.* **3.** to put into the place of another as a successor, substitute, or deputy; substitute for another. –**surrogateship** *n.* –**surrogation** /sʌrə'geɪʃən/ *n.*

surrogate mother *n.* a woman who, usually for a fee, performs a service for a couple who wish to have a child, either of being impregnated by the male partner and bringing the child to term, or of having an embryo conceived by the couple transplanted into her uterus and bringing the child to term, or of transplanting an embryo conceived by herself and the male to the female partner who brings it to term. –**surrogate motherhood** *n.*

surround /sə'raʊnd/ *v.t.* **1.** to enclose on all sides,

surrounding / **swab**

or encompass. **2.** to form an enclosure round; encircle. **3.** to enclose (a body of troops, fortification, or the like) so as to cut off communication or retreat. *–n.* **4.** a border which surrounds, as of uncovered floor around a carpet. **5.** (*plural*) surroundings.

surrounding /səˈraʊndɪŋ/ *n.* **1.** something that surrounds. **2.** (*plural*) environing circumstances, conditions, etc.; environment. **3.** the act of encircling or enclosing. *–adj.* **4.** that encloses or encircles. **5.** neighbouring; nearby; in the environment of.

surtax /ˈsɜːtæks/ *n.* **1.** one of a graded series of additional taxes levied on incomes exceeding a certain amount. **2.** an additional or extra tax on something already taxed.

surveillance /sɜːˈveɪləns/ *n.* **1.** watch kept over a person, etc., especially over a suspect, a prisoner, or the like. **2.** supervision or superintendence.

survey /sɜːˈveɪ/ *v.,* /ˈsɜːveɪ/ *n.* **-veys.** *–v.t.* **1.** to take a general or overall view of. **2.** to view in detail, especially in order to determine the overall situation, condition, value, etc., for official reasons. **3.** to determine the form, boundaries, position, extent, etc., of (an area of land) by measurements and the use of the principles of geometry and trigonometry. *–v.i.* **4.** to survey land, etc. *–n.* **5.** the act of surveying; an overall view. **6.** a formal or official examination of the particulars of something made in order to determine an overall situation, condition, character, etc. **7.** the act of surveying land. **8.** a plan or description resulting from this. **-surveyable** *adj.* **-surveyor** *n.*

survive /səˈvaɪv/ *v.* **-vived, -viving.** *–v.i.* **1.** to remain alive after the death of someone or after the cessation of something or the occurrence of some event; continue to live. **2.** to remain in existence after some person, thing, or event; continue to exist. **3.** *Colloquial* to remain unaffected or nearly so: *she doesn't love me, but I'll survive.* *–v.t.* **4.** to continue to live or exist after the death, cessation, or occurrence of; outlive. **5.** *Colloquial* to remain unaffected or nearly unaffected by. **-survival** *n.* **-surviving** *adj.*

susceptible /səˈsɛptəbəl/ *adj.* **1.** capable of being affected, especially easily; readily impressed; impressionable. **2.** accessible or especially liable: *susceptible to a disease; susceptible to flattery.* *–phr.* **3. susceptible of** (or **to**), capable of receiving, admitting, undergoing, or being affected by: *susceptible of a high polish; susceptible to various interpretations.* **-susceptibleness** *n.* **-susceptibly** *adv.*

suspect /səˈspɛkt/ *v.,* /ˈsʌspɛkt/ *n., adj.* *–v.t.* **1.** to think to be guilty, false, bad, etc., with little or no proof: *they suspected him of being a thief.* **2.** to think to be likely; surmise: *I suspect his knowledge did not amount to much.* *–n.* **3.** a person suspected, especially of a crime, offence, etc. *–adj.* **4.** open to suspicion. **-suspecter** /səˈspɛktə/ *n.*

suspend /səˈspɛnd/ *v.t.* **1.** to hang by being joined to something above or to something that allows free movement, as a hinge. **2.** to keep from falling or sinking, as if by hanging: *solid particles suspended in a liquid.* **3.** to put off until a later time; defer or postpone, as sentence on a convicted person, judgment, etc. **4.** to cause to stop happening or being effective for a time: *to suspend payment; to suspend a rule.* **5.** to remove for a time from office, position, membership, etc.: *the headmaster suspended the pupil for bad behaviour.* **-suspensible** /səˈspɛnsəbəl/ *adj.*

suspender /səˈspɛndə/ *n.* **1.** a strap, usually elastic, with fastenings to support women's stockings, attached to a corset, step-ins, or belt. **2.** a similar device attached to a garter below the knee to support men's socks. **3.** (in a suspension bridge) one of the cables or chains which support the deck from the main suspension cables. **4.** (*plural*) *Orig. US* braces (def. 7).

suspense /səˈspɛns/ *n.* **1.** a state of mental uncertainty, as in awaiting a decision or outcome, usually with more or less apprehension or anxiety. **2.** a state of mental indecision. **3.** undecided or doubtful condition, as of affairs: *for a few days matters hung in suspense.* **4.** the state or condition of being suspended; suspension. **-suspenseful** *adj.*

suspension /səˈspɛnʃən/ *n.* **1.** the act of suspending. **2.** the condition of being suspended. **3.** *Chemistry* the state in which particles of a solid are mixed in a liquid but are undissolved. **4.** *Chemistry* a substance in such a state. **5.** *Physical Chemistry* a system consisting of small particles kept dispersed by shaking (in **mechanical suspension**), or by molecular motion in liquid (in **colloidal suspension**). **6.** something on or by which something else is hung. **7.** the arrangement of springs, etc., that support the body of a motor vehicle, railway carriage, etc., and protect it from shock from the movement of the wheels. **8.** *Music* the continuing of a note in one chord into the following chord, usually producing a temporary dissonance.

suspicion /səˈspɪʃən/ *n.* **1.** the act of suspecting; imagination of the existence of guilt, fault, falsity, defect, or the like, on slight evidence or without evidence. **2.** imagination of anything to be the case or to be likely; a vague notion of something. **3.** a slight trace: *a suspicion of a smile.* **-suspicious** *adj.*

suss /sʌs/ *adj.* **1.** suspect; dubious; unreliable: *her story sounded pretty suss to me.* *–phr.* **2. suss out,** *Colloquial* to investigate directly, especially in a situation involving a particular challenge or presenting probable difficulties: *before the minister proposed his bill, he sussed out the likely reaction of the opposition.*

sustain /səˈsteɪn/ *v.t.* **1.** to hold up from below; bear the weight of; be the support of. **2.** to bear (a burden, charge, etc.). **3.** to undergo, experience, or suffer (injury, loss, etc.); endure without giving way. **4.** to keep up or keep going an action or process: *to sustain a conversation.* **5.** to supply (a person) with food and drink, or the necessities of life. **6.** to confirm or support; uphold. **-sustainable** *adj.* **-sustainment** *n.*

sustainable development *n.* economic development designed to meet present needs while also taking into account future costs, including costs to the environment and depletion of natural resources.

sustenance /ˈsʌstənəns/ *n.* **1.** means of sustaining life; nourishment. **2.** means of livelihood.

sutra /ˈsutrə/ *n.* concise rules or teachings, chiefly in Hindu or Buddhist literature. Also, **sutta** /ˈsutə/.

suture /ˈsutʃə/ *n., v.* **-tured, -turing.** *–n.* **1.** *Surgery* **a.** joining of the edges of a wound, etc., by stitching or some similar process. **b.** one of the stitches used. **2.** *Anatomy* the line where two bones meet, especially in the skull. *–v.t.* **3.** to join by or as if by a suture. **-sutural** *adj.* **-suturally** *adv.*

svelte /svɛlt, sfɛlt/ *adj.* slender, especially gracefully slender in figure; lithe.

swab /swɒb/ *n., v.* **swabbed, swabbing.** *–n.* **1.** a large mop used on shipboard for cleaning decks, etc. **2.** *Medicine, Veterinary Science* a piece of sponge, cloth, cottonwool, or the like, often mounted on a stick, for cleansing the mouth of a sick person, or for applying medicaments, taking specimens of discharges and secretions, etc. *–v.t.*

swaddle

3. to clean with or as with a swab. **4.** to test (a racehorse) for possible drugging by taking a saliva sample with a swab. –**swabber** *n.*

swaddle /'swɒdl/ *v.t.* **-dled, -dling**. **1.** to bind (an infant, especially a newborn infant) with long, narrow strips of cloth to prevent free movement; wrap tightly with clothes. **2.** to wrap (anything) round with bandages.

swag /swæg/ *n.* **1.** *Australian, NZ* a bundle or roll carried across the shoulders or otherwise, and containing the bedding and personal belongings of a traveller through the bush, a miner, etc.; shiralee; bluey. **2.** a decorative curtain drape. **3.** a wreath, garland, festoon of fruit, etc., especially as used as an ornament in carving, plaster, etc. **4.** *Colloquial* plundered property; booty. **5.** *Colloquial* an unspecified but large number or quantity: *a swag of people.*

swagger /'swægə/ *v.i.* **1.** to walk or strut with a defiant or insolent air. **2.** to boast or brag noisily. –*v.t.* **3.** to bring, drive, force, etc., by blustering. –**swaggerer** *n.*

swagman /'swægmən/ *n. Australian, NZ History* (formerly) a man who travelled about the country on foot, living on earnings from occasional jobs, or gifts of money or food.

swain /sweɪn/ *n. Chiefly Poetic* **1.** a country lad or gallant. **2.** a lover. –**swainish** *adj.* –**swainishness** *n.*

swallow[1] /'swɒloʊ/ *v.t.* **1.** to take into the stomach through the throat or gullet (oesophagus), as food, drink, or other substances. **2.** *Colloquial* to accept without question or suspicion. **3.** to accept without opposition; put up with: *to swallow an insult.* **4.** to suppress (emotion, a laugh, sob, etc.) as if by drawing it down one's throat. **5.** to take back or retract (one's words, etc.). –*v.i.* **6.** to perform the act of swallowing. –*n.* **7.** the act of swallowing. **8.** a quantity swallowed at one time; a mouthful. –*phr.* **9. swallow up**, to take in so as to envelop; withdraw from sight; assimilate; consume. –**swallowable** *adj.* –**swallower** *n.*

swallow[2] /'swɒloʊ/ *n.* any of numerous small, long-winged passerine birds constituting the family Hirundinidae, notable for their swift, graceful flight and for the extent and regularity of their migrations. –**swallow-like** *adj.*

swam /swæm/ *v.* past tense of **swim**.

swami /'swami/ *n.* **-mis**. a title for a Hindu religious teacher.

swamp /swɒmp/ *n.* **1.** an area of wet, spongy land; marsh. –*v.t.* **2.** to flood with water, etc. **3.** to flood over; cover; overwhelm: *to be swamped with work.* –*v.i.* **4.** (of a boat) to fill with water and sink.

swamp gum *n.* any of various eucalypts, especially *Eucalyptus ovata*, found growing in swampy areas.

swamphen /'swɒmphɛn/ *n.* any of various aquatic birds of the rail family, as *Porphyrio porphyrio*, a large black bird with a rich purple breast and bright red beak and shield, which inhabits the margins of lakes, swamps and rivers throughout Australia, southern Eurasia and Africa.

swamp oak *n.* a tree, *Casuarina glauca*, found on the east coast of Australia especially along tidal rivers and on brackish soil.

swan /swɒn/ *n., v.* **swanned, swanning**. –*n.* **1.** any large, stately swimming bird of the subfamily Cygninae, having a long, slender neck, such as the **mute swan**, *Cygnus olor*, of Europe and Asia introduced to parks and gardens throughout the world, and the black swan. –*phr.* **2. swan about** (or **around**), to walk, behave idly, etc., while aware of the favourable visual impression being created. –**swanlike** *adj.*

swear

swank /swæŋk/ *Colloquial* –*n.* **1.** dashing smartness, as in bearing, appearance, etc.; style. **2.** swagger. –*adj.* **3.** pretentiously stylish. –*v.i.* **4.** to swagger in behaviour; show off. –**swanky** *adj.*

swan song *n.* **1.** the fabled song of the dying swan. **2.** the last work, utterance, or achievement of a poet, a composer, or other person, before his or her death or retirement.

swap /swɒp/ *v.* **swapped, swapping**. –*v.t.* **1.** to exchange, barter, or trade, as one thing for another. –*v.i.* **2.** to make an exchange. –*n.* **3.** an exchange. Also, **swop**. –**swapper** *n.*

sward /swɔd/ *n.* **1.** the grassy surface of land; turf. **2.** a stretch of turf; a growth of grass.

swarm[1] /swɔm/ *n.* **1.** a body of honeybees which emigrate from a hive and fly off together under the direction of a queen, to start a new colony. **2.** a body of bees settled together, as in a hive. **3.** a great number of things or persons, especially in motion. **4.** *Biology* a group of aggregation of free-floating or free-swimming cells or organisms. –*v.i.* **5.** to fly off together in a body from a hive to start a new colony, as bees. **6.** to move about, along, forth, etc., in great numbers, as things or persons. –*v.t.* **7.** to swarm about, over, or in; throng; overrun. –*phr.* **8. swarm with**, (of a place) to be thronged or overrun by; abound or teem with: *a pond swarming with tadpoles.*

swarm[2] /swɔm/ *phr.* **swarm up**, to climb (a tree, pole, or the like) by clasping it with the hands or arms and legs and drawing oneself up; shin up.

swarthy /'swɔði/ *adj.* **-thier, -thiest**. dark-coloured, now especially as the skin, complexion, etc., of a person. –**swarthily** *adv.* –**swarthiness** *n.*

swashbuckler /'swɒʃbʌklə/ *n.* a swaggering swordsman or bully. Also, **swasher**. –**swashbuckling** *adj., n.*

swastika /'swɒstɪkə/ *n.* **1.** a figure used as a symbol or an ornament in the Old World and in America since prehistoric times, consisting of a cross with arms of equal length, each arm having a continuation at right angles, and all four continuations turning the same way. **2.** this figure with clockwise arms as the official emblem of the Nazi Party and the Third Reich.

swat /swɒt/ *v.t.* **swatted, swatting**. *Colloquial* to hit with a smart or violent blow. Also, *US*, **swot**. –**swatter** *n.*

swath /swɒθ/ *n.* **1.** the space covered by the stroke of a scythe or the cut of a mowing machine. **2.** a strip, belt, or long and relatively narrow extent of anything. Also, **swathe**.

swathe[1] /sweɪð/ *v.* **swathed, swathing**, *n.* –*v.t.* **1.** to wrap, bind, or swaddle with bands of some material; wrap up closely or fully. **2.** to enfold or envelop, as wrappings do. –*n.* **3.** a band of linen or the like in which something is wrapped; a wrapping; a bandage. –**swather** *n.*

swathe[2] /sweɪð/ *n.* → **swath**.

sway /sweɪ/ *v.i.* **1.** to move, usually gently, from side to side. **2.** to move or incline to one side or in a particular direction. **3.** to incline in opinion, sympathy, tendency, etc.: *to sway towards radicalism.* –*v.t.* **4.** to cause to sway. **5.** to cause (the mind, etc., or a person) to turn in a particular way: *to sway the voters towards another point of view.* **6.** to cause to turn aside: *I swayed him from his idea.* –*n.* **7.** the act of swaying; a swaying movement. **8.** control; rule; dominion. –**swayer** *n.* –**swayingly** *adv.*

swear /swɛə/ *v.* **swore, sworn, swearing**. –*v.i.* **1.** to make a solemn declaration with an appeal to God or some superhuman being in confirmation of what is declared; make affirmation in a solemn manner by some sacred being or object, as the deity or the Bible **2.** to engage or promise on oath or in a solemn manner (to do something); vow; bind oneself by oath: *to swear to uphold the law.* **3.** (sometimes fol. by *to*) to give evidence or make any statement on oath or by solemn declaration. **4.** to use profane or taboo oaths or language, as in imprecation or anger or for mere emphasis. –*v.t.* **5.** to declare or affirm by swearing by a deity, some sacred object, etc. **6.** to affirm or say with solemn earnestness or great emphasis. **7.** to promise or undertake on oath or in a solemn manner; vow. **8.** to testify or state on oath or by solemn declaration; make oath to (something stated or alleged). **9.** to take (an oath), as in order to give solemnity or force to a declaration, promise, etc. **10.** (sometimes fol. by *to*) to administer an oath to; bind by an oath: *to swear someone to secrecy.* –*phr.* **11. swear at**, to speak to with curses or blasphemies; abuse. **12. swear by, a.** to name (some sacred being or thing, etc.) as one's witness or guarantee in swearing. **b.** to rely on; have confidence in. **13. swear in**, to admit to office or service by administering an oath. **14. swear off**, *Colloquial* to promise to give up (something, especially intoxicating drink). –**swearer** *n.*

sweat /swɛt/ *v.* **sweat** *or* **sweated, sweating**, *n.* –*v.i.* **1.** to excrete watery fluid through the pores of the skin, as from heat, exertion, etc.; perspire, especially freely or profusely. **2.** to exude moisture, as green plants piled in a heap. **3.** to gather moisture from the surrounding air by condensation. **4.** *Colloquial* to exert oneself strenuously; work hard. **5.** *Colloquial* to feel distress, as from anxiety, impatience, vexation, etc. –*v.t.* **6.** to emit (watery fluid, etc.) through the pores of the skin. **7.** to exude (moisture, etc.) in drops or small particles. **8.** to cause (a person, a horse, etc.) to sweat. **9.** to cause (substances, etc.) to exude moisture, especially as a step in some industrial process of treating or preparing. **10.** to cause (persons, etc.) to work hard. **11.** to employ (workers) at low wages, for long hours, or under other unfavourable conditions. **12.** *Colloquial* to deprive (a person) of money, etc. as by exaction. **13.** *Colloquial* to subject (a person) to severe questioning in order to extract information. **14.** *Metallurgy* **a.** to heat (metal) to partial fusion in order to remove an easily fusible constituent. **b.** to heat (solder or the like) until it melts. **c.** to join (metal objects) by heating and pressing together, usually with solder. –*n.* **15.** the process of sweating or perspiring, as from heat, exertion, perturbation, disease, etc. **16.** the secretions of sweat glands; the product of sweating. **17.** a state or period of sweating. **18.** moisture or liquid matter exuded from something or gathered on a surface in drops or small particles. **19.** an exuding of moisture by a substance, etc., or an inducing of such exudation, as in some industrial process. **20.** *Colloquial* a state of perturbation, anxiety, or impatience. **21.** *Colloquial* hard work. –*phr.* **22. no sweat**, *Colloquial* (an expression of reassurance). **23. sweat blood**, *Colloquial* to be under a strain; be anxious; worry. **24. sweat it out**, *Colloquial* to hold out; endure until the end. **25. sweat on**, *Colloquial* to await anxiously. **26. sweat out** (or **off**), to get rid of by sweating. –**sweatless** *adj.*

sweated /'swɛtəd/ *adj.* **1.** made by underpaid workers. **2.** underpaid and overworked. **3.** having poor working conditions.

sweater /'swɛtə/ *n.* a knitted jumper, usually of wool.

sweatshirt /'swɛt,ʃɜt/ *n.* a loose pullover worn especially by athletes to prevent chill or to induce sweating.

sweatshop /'swɛt,ʃɒp/ *n.* a workshop, or the like, employing workers at low wages during overlong hours, under insanitary or otherwise unfavourable conditions.

swede /swid/ *n.* **1.** a cultivated variety of turnip, *Brassica napus*, frequently grown for its edible, swollen taproot. **2.** the root itself.

sweep /swip/ *v.* **swept, sweeping**, *n.* –*v.t.* **1.** to move, drive, or bring, by passing a broom, brush, or the like over the surface occupied, or as the broom or other object does: *to sweep dust away.* **2.** to move, bring, take, etc., by or as by a steady, driving stroke or with continuous, forcible actions: *the wind sweeps the snow into drifts.* **3.** *Cricket* to strike (the ball) with a cross bat close to the ground, on the leg side, usually backward of square leg. **4.** to pass or draw (something) over a surface, or about, along, etc., with a steady, continuous stroke or movement: *to sweep a brush over a table.* **5.** to clear or clean (a floor, room, chimney, etc.) of dirt, litter, etc., by means of a broom or the like. **6.** to make (a path, etc.) by clearing a space with a broom or the like. **7.** to clear (a surface, place, etc.) of something on or in it: *to sweep the sea of enemy ships.* **8.** to pass over (a surface, region, etc.) with a steady, driving movement or unimpeded course, as winds, floods, or fire. **9.** to direct the gaze over (a region, etc.) with the unaided eye or with a telescope or the like; survey with a continuous view over the whole extent. **10.** to win in an overwhelming victory, as in an election: *the Labor Party swept the polls in the 1972 election.* **11.** *Electronics* to scan (a band of frequency) when receiving a signal, or to generate a signal which moves across (a band of frequency). –*v.i.* **12.** to sweep a floor, room, etc., as with a broom, or as a broom does: *a new broom sweeps clean.* **13.** to move (*down*, *over*, etc.) steadily and strongly or swiftly. **14.** to pass in a swift but stately manner, as a person, a procession, etc. **15.** to trail, as garments, etc. **16.** to move or pass in a continuous course, especially a wide curve or circuit: *his glance swept about the room.* **17.** to extend in a continuous or curving stretch, as a road, a shore, fields, etc. **18.** to conduct an underwater search by towing a drag under the surface of the water, as for mines, a lost anchor, or the like. **19.** *Cricket* to execute a sweep. –*n.* **20.** the act of sweeping, especially a moving, removing, clearing, etc., by or as by the use of a broom: *to abolish all class distinctions at one sweep.* **21.** the steady, driving motion or swift onward course of something moving with force or unimpeded: *the sweep of the wind or waves.* **22.** a trailing movement, as of garments. **23.** *Cricket* the action of a person batting who sweeps (def. 3) **24.** a swinging or curving movement or stroke, as of the arm or a weapon, oar, etc. **25.** reach, range or compass, as of something about: *the sweep of a road about a marsh.* **26.** a continuous extent or stretch: *a broad sweep of sand.* **27.** *Navy* a wire or rope dragged beneath the surface of the water by two mine-sweeping ships to cut mines loose. **28.** a curving, especially widely or gently curving, line, form, part, or mass. **29.** a large oar used in small vessels, sometimes to assist the rudder in turning the vessel but usually to propel the craft. **30.** (in a lifesaving boat) the person who steers by means of a sweep (def. 29) at the stern. **31.** one who sweeps, especially a chimneysweep. **32.** *Cards* **a.** (in whist) the winning of all the tricks in a hand. Compare **slam²** (def. 1). **b.** (in a casino) a pairing or combining, and hence taking, of all the cards on the board. **33.** *Physics* **a.** an irreversible process tending towards thermal equilibrium. **b.** the motion of the spot across the screen of a cathode-ray tube. **34.** → **sweepstake.** –*phr.* **35. make a clean sweep, a.** to have a complete victory or success. **b.** to get

sweepstake 814 **swindle**

rid of something completely. **36. sweep under the carpet**, to remove (inconvenient issues) from consideration.

sweepstake /'swipsteik/ *n.* **1.** a race or other contest in which the prize consists of the stakes contributed by the various competitors. **2.** the prize itself. **3.** a method of gambling, as on the outcome of a horserace, in which each participant contributes a stake, usually by buying a numbered ticket entitling the holder to draw the name of a competitor, the winnings being provided from the stake money. Also, **sweepstakes**.

sweet /swit/ *adj.* **1.** pleasing to the taste, especially having the pleasant taste or flavour characteristic of sugar, honey, etc. **2.** not rancid, or stale; fresh. **3.** fresh as opposed to salt, as water. **4.** pleasing to the ear; making a pleasant or agreeable sound; musical. **5.** pleasing to the smell; fragrant; perfumed. **6.** pleasing or agreeable; yielding pleasure or enjoyment; delightful. **7.** pleasant in disposition or manners; amiable; kind or gracious as a person, action, etc. **8.** dear; beloved; precious. **9.** (of wine) sweet-tasting (opposed to *dry*). **10.** free from sourness or acidity, as soil. **11.** *Chemistry* **a.** devoid of corrosive or acidic substances. **b.** (of substances such as petrol) containing no sulfur compounds. **12.** *Australian, NZ Colloquial* all right; satisfactory as arranged: *she'll be sweet*. –*adv.* **13.** in a sweet manner; sweetly. –*n.* **14.** sweet taste or flavour; sweet smell; sweetness. **15.** that which is sweet. **16.** Also, **sweetie**. any of various small confections made wholly or partly from sugar. **17.** (*often plural*) any sweet dish, as a pudding, tart, etc., served at the end of a meal. **18.** something pleasant to the mind or feelings. **19.** a beloved person; darling; sweetheart. –*phr.* **20. sweet as a nut**, *Australian Colloquial* very satisfactory. **21. sweet on**, *Colloquial* in love with; fond of. **–sweeten** *v.* **–sweetly** *adv.* **–sweetness** *n.*

sweetbread /'switbred/ *n.* **1.** the pancreas (**stomach sweetbread**) of an animal, especially a calf or a lamb, used for food. **2.** the thymus gland (**neck sweetbread** or **throat sweetbread**), used for food.

sweet corn *n.* **1.** any maize of a sweetish flavour and suitable for eating, especially a particularly sweet variety, *Zea mays* var. *saccharata*. **2.** the unripe and tender ears of maize, especially when used as a table vegetable and when the kernels have been removed from the cob.

sweetheart /'swithat/ *n.* **1.** one of a pair of lovers with relation to the other, sometimes especially the girl or woman. **2.** a beloved person (often used in affectionate address).

sweetheart deal *n.* an agreement between employers and employees, which contains benefits well over those of the normal award. Also, **sweetheart agreement**.

sweetmeat /'switmit/ *n.* **1.** a sweet delicacy, prepared with sugar, honey, or the like, as preserves, sweets, or (formerly) cakes or pastry. **2.** (*usually plural*) any sweet delicacy of the confectionery kind, as crystallised fruit, sugar-covered nuts, sweets, bonbons, etc.

sweet potato *n.* **1.** a plant of central America, *Ipomaea batatas*, widely cultivated in the tropics for its edible root. **2.** the edible root itself.

sweet tooth *n.* *Colloquial* a strong liking for sweets, sweet dishes, etc.

swell /swel/ *v.* **swelled**, **swollen** *or* **swelled**, **swelling**, *n.*, *adj.* –*v.i.* **1.** to grow in size, by taking in water or air or by addition of material in growth. **2.** (of the sea) to rise in waves. **3.** (of tears, etc.) to rise or well up. **4.** (of a sail, sides of a cask, etc.) to bulge out. **5.** to grow in amount, degree, force: *the music swelled and then died away*. **6.** to become proud. –*v.t.* **7.** to make (someone or something) swell. –*n.* **8.** the act of swelling: *the swell of the waves*. **9.** increase in size, amount, degree, etc.; inflation. **10.** a part that bulges out. **11.** a wave, especially when long and unbroken, or such waves together: *There is a big swell today*. **12.** *Music* **a.** a gradual increase (crescendo) followed by a gradual decrease (diminuendo) in the loudness or force of a musical sound. **b.** the sign ( ) for indicating this. **13.** *Colloquial* **a.** a fashionably dressed person. **b.** a person of high social standing. –*adj.* **14.** *Colloquial* (of things) stylish; elegant; grand: *a swell hotel*.

swelling /'swelɪŋ/ *n.* **1.** the act of one that swells. **2.** the condition of being swollen. **3.** a swollen part; a protuberance or prominence.

swelter /'sweltə/ *v.i.* to suffer or languish with oppressive heat; perspire profusely from heat.

swept /swept/ *v.* past tense and past participle of **sweep**[1].

swerve /swɜv/ *v.* **swerved**, **swerving**, *n.* –*v.i.* **1.** to turn aside abruptly in movement or direction; deviate suddenly or sharply from the straight or direct course. –*n.* **2.** the act of swerving; a turning aside; a deviation. **3.** *Cricket* deviation of a ball in mid-air, usually as a result of spin rather than swing. **–swerver** *n.*

swift /swɪft/ *adj.* **1.** moving with great speed or velocity; fleet; rapid: *a swift ship*. **2.** coming, happening, or performed quickly or without delay. –*n.* **3.** any of the rapidly flying birds of the families Apodidae and Hemiprocnidae, as *Hirundapus caudacutus*, which migrates to the Australian mainland and Tasmania. **–swiftly** *adv.* **–swiftness** *n.*

swiftie /'swɪfti/ *n.* *Australian, NZ Colloquial* **1.** an unfair act; a deceitful practice. –*phr.* **2. pull** or **put over) a swiftie**, to hoodwink; practice deception. Also, **swifty**.

swig /swɪg/ *n.*, *v.* **swigged**, **swigging**. *Colloquial* –*n.* **1.** a large or deep drink, especially of alcoholic liquor, taken in one swallow; draught. –*v.t.* **2.** to drink (liquid) heartily or greedily. –*v.i.* **3.** to drink heartily or greedily. **–swigger** *n.*

swill /swɪl/ *n.* **1.** liquid or partly liquid food for animals, especially kitchen waste given to pigs. **2.** any liquid matter; slops. –*v.i.* **3.** to drink greedily or too much. –*v.t.* **4.** to drink (something) greedily or too much; guzzle. **5.** to wash or clean by flooding with water. **–swiller** *n.*

swim /swɪm/ *v.* **swam**, **swum**, **swimming**, *n.* –*v.i.* **1.** to move along or in water by movements of the limbs, fins, tail, etc.; move on or in water or other liquid in any way, especially on the surface. **2.** to float on the surface of water or other liquid. **3.** to move, rest, or be suspended in air or the like, as if swimming in water. **4.** to move, glide, or go smoothly over a surface. **5.** to be immersed or steeped in, or overflowed or flooded with, a liquid. **6.** to be dizzy or giddy; have a whirling sensation; seem to whirl. –*v.t.* **7.** to move along on or in by swimming; float on or in; cross by swimming, as a stream. **8.** to cause to swim; cause to float, as on a stream. **9.** to furnish with sufficient water to swim or float. **10.** to perform (a particular stroke) in swimming. –*n.* **11.** an act, instance, or period of swimming. **12.** a motion as of swimming; a smooth gliding movement. –*phr.* **13. in the swim**, actively engaged in current affairs, social activities, etc. **–swimmer** *n.*

swimming costume *n.* a garment or garments worn for swimming.

swimmingly /'swɪmɪŋli/ *adv.* without difficulty; with great success.

swimsuit /'swɪmsut/ *n.* a garment or garments worn for swimming.

swindle /'swɪndl/ *v.* **-dled**, **-dling**, *n.* –*v.t.* **1.** to cheat (a person) out of money, etc. **2.** to obtain by fraud or deceit. *–n.* **3.** the act of swindling; a fraudulent transaction or scheme. **–swindler** *n.*

swine /swaɪn/ *n.* **swine**. **1.** the domestic pig. **2.** any animal of the same family, Suidae, of the mammalian suborder Suina, as the European wild boar, *Sus scrofa*, or of the closely related peccary family of the New World, Tayassuidae. **3.** a coarse, gross, or brutishly sensual person. **4.** a contemptible person.

swing[1] /swɪŋ/ *v.* **swung**, **swinging**, *n.* *–v.t.* **1.** to cause to move to and fro, sway, or oscillate, as something suspended from above: *ladies swinging their parasols*. **2.** to cause to move in alternate directions, or in either direction, about a fixed point or line of support, as a door on its hinges. **3.** *Cricket* (of a bowler) to cause (the ball) to deviate to the left or right in its flight towards the wicket, as a result of the action of air on the seam of a shiny ball. **4.** to move (something held or grasped) with an oscillating or rotary movement: *swing a club about one's head*. **5.** to cause to move in a curve as if about a central point. **6.** to sway, influence, or manage as desired: *to swing the voting in an election*. *–v.i.* **7.** to move to and fro, as something suspended from above, as a pendulum. **8.** to move to and fro on a swing, as for amusement. **9.** to move in alternate directions, or in either direction, about a point or line of support, as a gate on its hinges. **10. a.** to move in a curve as if about a central point, as around a corner. **b.** *Cricket* (of a ball) to deviate to the left or right in its flight toward the wicket, through atmospheric action on the seam. **11.** to move with a free, swaying motion, as soldiers on the march. **12.** to be suspended so as to hang freely, as a bell, etc. **13.** *Colloquial* to suffer death by hanging. **14.** to change or shift one's attention, opinion, interest, etc.; fluctuate. **15.** to aim at or hit something with a sweeping movement of the arm. **16.** *Colloquial* (of two people) to be in mental or spiritual harmony; be in accord in outlook or feeling. **17.** *Colloquial* (of the members of a group) to agree to exchange sexual partners on a casual basis. *–n.* **18.** the act or the manner of swinging; movement in alternate directions, or in a particular direction. **19.** the amount of such movement. **20.** a curving movement or course. **21.** a moving of the body with a free, swaying motion, as in walking. **22.** a steady, marked rhythm or movement, as of verse or music. **23.** *US* freedom of action: *have free swing*. **24.** active operation: *to get into the swing of things*. **25.** something that is swung or that swings. **26.** a seat suspended from above as in a loop of rope or between ropes or rods, in which one may sit and swing to and fro for amusement. **27.** a steady rhythm or movement, as in a piece of poetry, music, etc. **28.** *Cricket* deviation of a ball in mid-air, as a result of atmospheric action on the seam. **29.** *Politics* the measure of the electoral support transferred from one party to another, as expressed in percentage points, between a party's vote at one election and its vote at the next. *–phr.* **30. in full swing**, *Colloquial* fully active; operating at maximum speed or with maximum efficiency. **31. swing into action**, *Colloquial* to commence.

swing[2] /swɪŋ/ *n.*, *v.* **swung**, **swinging**. *–n.* **1.** Also, **swing music**. a smooth, orchestral type of jazz popular in the 1930s, often arranged for big bands. **2.** the rhythmic element that excites dancers and listeners to move in time to jazz music. *–v.i.* **3.** (of music and musicians) to evince the characteristics of swing (def. 1). **4.** *Colloquial* (of a place) to have a lively atmosphere. **–swinger** *n.*

swinging voter *n.* *Australian* someone who changes their political allegiance at different elections.

swipe /swaɪp/ *n.*, *v.* **swiped**, **swiping**. *–n.* **1.** *Colloquial* a sweeping stroke; a stroke with a full swing of the arms, as in cricket or golf. *–v.t.* **2.** *Colloquial* to strike with a sweeping blow. **3.** *Colloquial* to steal. **4.** to move (a card with a magnetic strip) through the slot of an electronic device. *–v.i.* **5.** *Colloquial* to make a sweeping stroke.

swirl /swɜl/ *v.i.* **1.** to move about or along with a whirling motion; whirl; eddy. **2.** to be dizzy or giddy, or swim, as the head. *–v.t.* **3.** to cause to swirl or whirl; twist. *–n.* **4.** a swirling movement; a whirl; an eddy. **5.** a twist, as of hair about the head or of trimming on a hat.

swish /swɪʃ/ *v.i.* **1.** to move with or make a hissing sound: *the slender rod swished through the air*. *–v.t.* **2.** to cause to move with a swishing movement or sound: *the horse swished its tail*. **3.** to bring, take, etc., with such a movement or sound: *to swish the tops off plants with a cane*. *–n.* **4.** a swishing movement or sound. **5.** a cane or rod for whipping, or a stroke with this.

switch /swɪtʃ/ *n.* **1.** a slender, flexible shoot, rod, etc., used especially in whipping, beating, etc. **2.** the act of switching; a stroke, lash, or whisking movement. **3.** a slender growing shoot, as of a plant. **4.** a separate bunch or tress of long hair (or some substitute) fastened together at one end, worn by women to supplement their hair. **5.** *Electricity* a device for turning on or off or directing an electric current, or making or breaking a circuit. **6.** *Chiefly US* → **point** (def. 40). **7.** a turning, shifting, or changing: *a switch of votes to another candidate*. **8.** *Bridge* a change to a suit other than the one played or bid previously. **9.** *Australian Colloquial* → **switchboard** (def. 2). *–v.t.* **10.** to whip or beat with a switch or the like; lash: *he switched the lad with a cane*. **11.** to move, swing, or whisk (a cane, a fishing line, etc.) like a switch or with a swift, lashing stroke. **12.** to exchange; shift. **13.** to turn, shift, or divert: *to switch conversation from a painful subject*. **14.** *Chiefly US* → **shunt** (def. 2). *–v.i.* **15.** to strike with or as with a switch. **16.** to change direction or course; turn, shift, or change. **17.** to be shifted, turned, etc., by means of a switch. *–phr.* **18. switch off**, **a.** to turn off (an electric current or appliance). **b.** (of electric lights, appliances, etc.) to cease to operate. **c.** *Colloquial* (of a person) to lose interest or become oblivious. **19. switch on**, **a.** to cause (an electric current) to flow or (an electric appliance) to operate. **b.** (of electric lights, appliances, etc.) to begin to operate. **c.** *Colloquial* to cause (someone) to be interested and enthused: *Bach really switches him on*. **d.** *Colloquial* (of a person) to become interested and enthused. **–switcher** *n.* **–switchlike** *adj.*

switchblade /'swɪtʃbleɪd/ *n.* → **flick-knife**.

switchboard /'swɪtʃbɔd/ *n.* **1.** *Electricity* a structural unit mounting switches, instruments, and/or meters necessary for the control of electrical energy. **2.** *Telecommunications* an arrangement of switches, plugs, and jacks mounted on a board or frame enabling an operator to make temporary connections between telephone users.

swivel /'swɪvəl/ *n.*, *v.* **-elled** *or Chiefly US* **-eled**, **-elling** *or Chiefly US* **-eling**. *–n.* **1.** a fastening device which allows the thing fastened to turn round freely upon it. **2.** such a device consisting of two parts, each of which turns round independently. **3.** a pivoted support for allowing a gun to turn round in a horizontal plane. *–v.i.* **4.** to turn on a swivel, pivot, or the like. **–swivel-like** *adj.*

swollen /'swoʊlən/ *v.* **1.** past participle of **swell**. *–adj.* **2.** swelled; enlarged by or as by swelling;

swoon /swun/ *v.i.* **1.** to faint; lose consciousness. **2.** to become enraptured; enter a state of ecstasy. **–swooningly** *adv.*

swoop /swup/ *v.i.* **1.** to sweep through the air, as a bird or a bat, especially down upon prey. *–n.* **2.** the act of swooping; a sudden, swift descent. *–phr.* **3. at** (or **in**) **one fell swoop**, all at once. **4. swoop down**, (sometimes fol. by *onor upon*) to come down in a sudden swift attack: *the enemy troops swooped down on the town.* **5. swoop up**, to take, lift, or remove, with, or as with, a sweeping motion.

sword /sɔd/ *n.* **1.** a weapon having various forms but consisting typically of a long, straight or slightly curved blade, sharp-edged on one side or both sides, with one end pointed and the other fixed in a hilt or handle. **2.** (*plural*) **Shearing** *Colloquial* hand shears. *–phr.* **3. cross swords**, **a.** to join in combat. **b.** to argue; disagree violently. **c.** *Colloquial* (of men) to urinate at the same time, in the same toilet or urinal. **4. give something the sword**, *Colloquial* to discard something as broken or no longer useful. **5. have had the sword**, *Australian Colloquial* to be finished or ruined. **6. put to the sword**, to massacre; slaughter. **–swordless** *adj.* **–swordlike** *adj.*

swordfish /'sɔdfɪʃ/ *n.* a large marine sport fish of the genus *Xiphias*, with the upper jaw elongated into a swordlike weapon.

swore /swɔ/ *v.* past tense of **swear**.

sworn /swɔn/ *v.* **1.** past participle of **swear**. *–adj.* **2.** having taken an oath; bound by or as by an oath. **3.** confirmed; inveterate; avowed.

swot[1] /swɒt/ *v.t.* **swotted, swotting**, *n.* US → **swat**.

swot[2] /swɒt/ *v.* **swotted, swotting**, *n. Colloquial* *–v.i.* **1.** to study hard. *–n.* **2.** someone who studies hard. *–phr.* **3. swot up**, to study hard.

SWOT analysis /'swɒt ənæləsəs/ *n.* an analysis of a business under the headings of strengths, weaknesses, opportunities and threats.

swum /swʌm/ *v.* past participle of **swim**.

swung /swʌŋ/ *v.* past tense and past participle of **swing**.

swy /swaɪ/ *n. Australian, NZ Colloquial* → **two-up**. Also, **swy-game**.

sy- variant of **syn-**, before *s* followed by a consonant, and before *z*, as in *systaltic*.

sybarite /'sɪbəraɪt/ *n.* someone devoted to luxury and pleasure; an effeminate voluptuary. **–sybaritic** /sɪbə'rɪtɪk/ *adj.* **–sybaritically** /sɪbə'rɪtɪkli/ *adv.*

sycamore /'sɪkəmɔ/ *n.* **1.** (in Europe) a maple, *Acer pseudoplatanus*, grown as a shady ornamental tree and for its wood. **2.** (in the US) the plane tree or buttonwood, *Platanus occidentalis*. **3.** a tree, *Ficus sycomorus*, of the Near East, allied to the common fig and bearing an edible fruit. **4.** any of various trees resembling the sycamore, as the sandalwood.

sycophant /'sɪkəfənt, 'saɪ-, -fænt/ *n.* a self-seeking flatterer; a fawning, servile parasite. **–sycophancy** *n.* **–sycophantic** /sɪkə'fæntɪk/, **sycophantical** /sɪkə'fæntɪkəl/ *adj.* **–sycophantically** /sɪkə'fæntɪkli/ *adv.*

syl- variant of **syn-** (by assimilation) before *l*, as in *syllepsis*.

syllable /'sɪləbəl/ *n.* **1.** *Phonetics* a segment of speech uttered with a single impulse of air pressure from the lungs. **2.** (in writing systems) a character or a set of characters representing (more or less exactly) such an element of speech. **3.** the least portion or amount of speech or writing; the least mention: *do not breathe a syllable of all this.* **–syllabic** *adj.*

syllabus /'sɪləbəs/ *n.* **-buses** *or* **-bi** /-baɪ/. **1.** an outline or summary of a course of studies, lectures, etc. **2.** subjects to be studied on a particular course, as at a school, university, etc. **3.** a list: *the syllabus of errors.*

syllogism /'sɪlədʒɪzəm/ *n.* **1.** *Logic* an argument with two premises and a conclusion. **2.** deductive reasoning. **–syllogistic** /sɪlə'dʒɪstɪk/ *adj.* **–syllogistically** /sɪlə'dʒɪstɪkli/ *adv.*

sylph /sɪlf/ *n.* **1.** a slender, graceful, lightly moving woman or girl. **2.** one of a race of imaginary beings, supposed to inhabit the air.

sylvan /'sɪlvən/ *adj.* **1.** of, relating to, or inhabiting the woods. **2.** consisting of or abounding in woods or trees; wooded; woody. *–n.* **3.** a fabled deity or spirit of the woods. Also, **silvan**.

sym- variant of **syn-**, before *b, p*, and *m*, as in *sympathy*.

symbiosis /sɪmbi'ousəs, -baɪ-/ *n. Biology* the living together of two species of organisms, a term usually restricted to cases in which the union of the two animals or plants is advantageous or necessary to both, as the case of the fungus and alga which together make up the lichen; mutualism. **–symbiotic** /sɪmbi'ɒtɪk/, **symbiotical** /sɪmbi'ɒtɪkəl/ *adj.* **–symbiotically** /sɪmbi'ɒtɪkli/ *adv.*

symbol /'sɪmbəl/ *n., v.* **-bolled** *or Chiefly US* **-boled, -bolling** *or Chiefly US* **-boling**. *–n.* **1.** something used or regarded as standing for or representing something else; a material object representing something immaterial; an emblem, token, or sign. **2.** a letter, figure, or other character or mark, or a combination of letters or the like, used to represent something: *the algebraic symbol*, *x*; *the chemical symbol, Au*. **3.** something which expresses, through suggestion, an idea or mood which would otherwise remain inexpressible or incomprehensible; the meeting point of many analogies. *–v.t.* **4.** to symbolise. **–symbolic** /sɪm'bɒlɪk/ *adj.* **–symbolically** *adv.*

symbolise = symbolize /'sɪmbəlaɪz/ *v.* **-lised, -lising**. *–v.t.* **1.** to be a symbol of; stand for, or represent, as a symbol does. **2.** to represent by a symbol or symbols. **3.** to regard or treat as symbolic. *–v.i.* **4.** to use symbols. **–symbolisation** /ˌsɪmbəlaɪ'zeɪʃən/ *n.*

symbolism /'sɪmbəlɪzəm/ *n.* **1.** the practice of representing things by symbols, or of investing things with a symbolic meaning or character. **2.** a set or system of symbols. **3.** the principles and practice of symbolists in art or literature. **–symbolist** *n.*

symmetry /'sɪmətri/ *n.* **-ries**. **1.** the correspondence, in size, form, and arrangement, of parts on opposite sides of a plane, line, or point; regularity of form or arrangement with reference to corresponding parts. **2.** the proper or due proportion of the parts of a body or whole to one another with regard to size and form; excellence of proportion.

sympathetic /sɪmpə'θɛtɪk/ *adj.* **1.** characterised by, proceeding from, exhibiting, or feeling sympathy; sympathising; compassionate. **2.** characterised by a special natural affinity; congenial. **3.** *Physiology* relating to that portion of the autonomic nervous system which supplies the walls of the vascular system and the various viscera and glands where it functions in opposition to the parasympathetic system, as in dilating the pupil of the eye, etc. *–phr.* **4. sympathetic to** (or **towards**), looking with favour or liking upon: *he is sympathetic to the project.* **–sympathetically** *adv.*

sympathise = sympathize /'sɪmpəθaɪz/ *v.i.* **-thised, -thising**. **1.** (sometimes fol. by *with*) to be in sympathy, or agreement of feeling; share in a feeling or feelings. **2.** (sometimes fol. by *with*) to

sympathy feel a compassionate sympathy, as for suffering or trouble. **3.** (sometimes fol. by *with*) to express sympathy or condole. **4.** (sometimes fol. by *with*) to be in approving accord, as with a person, cause, etc.: *sympathise with a person's aims*. **5.** to agree, correspond, or accord. **–sympathiser** *n.* **–sympathisingly** *adv.*

sympathy /'sɪmpəθi/ *n.* **-thies. 1.** a feeling shared between people. **2.** the shared feeling naturally existing between people of similar tastes or opinion, etc. **3.** the fact or power of entering into the feelings of another, especially in sorrow or trouble; fellow feeling, compassion, or commiseration. **4.** favourable or approving agreement.

symphony /'sɪmfəni/ *n.* **-nies. 1.** *Music* **a.** an elaborate instrumental composition, usually in several (traditionally three or four) movements, similar in form to a sonata but written for an orchestra, and usually of far grander proportions and more varied elements. **b.** an instrumental passage occurring in a vocal composition, or between vocal movements in a composition. **c.** an instrumental piece, often in several movements, forming the overture to an opera or the like. **2.** anything characterised by a harmonious combination of elements and especially an effective combination of colours.

symposium /sɪm'poʊziəm/ *n.* **-siums** or **-sia** /-ziə/. **1.** a meeting or conference for discussion of some subject. **2.** a collection of opinions expressed, or articles contributed, by several persons on a given subject or topic.

symptom /'sɪmptəm/ *n.* **1.** a sign or indication of something. **2.** *Pathology* a phenomenon which arises from and accompanies a particular disease or disorder and serves as an indication of it. **–symptomless** *adj.*

symptomatic /sɪmptə'mætɪk/ *adj.* **1.** relating to a symptom or symptoms. **2.** (sometimes fol. by *of*) of the nature of or constituting a symptom; indicative. **3.** according to symptoms: *a symptomatic classification of disease*. **–symptomatically** *adv.*

syn- a prefix in learned words having the same function as **co-** (def. 1), as in *synthesis, synoptic*. Also, **sy-, syl-, sym-, sys-**.

synagogue /'sɪnəgɒg/ *n.* **1.** a Jewish house of worship, usually also providing religious instruction. **2.** an assembly or congregation of the Jews for the purposes of worship. **–synagogical** /sɪnə'gɒdʒɪkəl/, **synagogal** /'sɪnəgɒgəl/ *adj.*

synchromesh /'sɪŋkroʊmɛʃ/ *Motor Vehicles* –*adj.* **1.** of, relating to, or fitted with a system consisting of small friction clutches, by means of which the speeds of the driven and driving gears in a gearbox are automatically synchronised before they engage, to assist gear changing and reduce wear. –*n.* **2.** such a system.

synchronise = **synchronize** /'sɪŋkrənaɪz/ *v.* **-nised, -nising.** –*v.i.* **1.** to occur at the same time, or coincide or agree in time. **2.** to go on at the same rate and exactly together; recur together. –*v.t.* **3.** to cause to indicate the same time, as one clock with another. **4.** to cause to go on at the same rate and exactly together. **–synchronisation** /ˌsɪŋkrənaɪ'zeɪʃən/ *n.* **–synchroniser** *n.* **–synchronous** *adj.*

synclinal /sɪŋ'klaɪnəl/ *adj.* **1.** sloping downwards in opposite directions so as to meet in a common point or line. **2.** *Geology* **a.** inclining upwards on both sides from a median line or axis, as a downward fold of rock strata. **b.** relating to such a fold. **–syncline** *n.*

syncopate /'sɪŋkəpeɪt/ *v.t.* **-pated, -pating. 1.** *Music* **a.** to place (the accents) on beats which are normally unaccented. **b.** to use notes so affected in (a passage, piece, etc.). **2.** *Linguistics* to contract (a word) by omitting one or more sounds from the middle, as in reducing *Gloucester* to *Gloster*. **–syncopation** /sɪŋkə'peɪʃən/ *n.* **–syncopator** *n.*

syndical /'sɪndɪkəl/ *adj.* **1.** having to do with a union of persons engaged in a particular trade. **2.** having to do with syndicalism.

syndicate /'sɪndɪkət/ *n.*, /'sɪndɪkeɪt/ *v.* **-cated, -cating.** –*n.* **1.** a combination of persons, as business associates, commercial firms, etc., formed for the purpose of carrying out some project, especially one requiring large resources of capital. **2.** *Journalism* any agency which buys and supplies articles, stories, etc., for simultaneous publication in a number of newspapers or other periodicals in different places. –*v.t.* **3.** to combine into a syndicate. **4.** *Journalism* to publish simultaneously, or supply for simultaneous publication, in a number of newspapers or other periodicals in different places. **–syndication** /sɪndə'keɪʃən/ *n.*

syndrome /'sɪndroʊm/ *n. Pathology* the pattern of symptoms in a disease or the like; a number of characteristic symptoms occurring together. **–syndromic** /sɪn'drɒmɪk/ *adj.*

synod /'sɪnəd/ *n.* **1.** *Ecclesiastical* an assembly of ecclesiastics or other church delegates duly convoked, pursuant to the law of the church, for the discussion and decision of ecclesiastical affairs; an ecclesiastical council. **2.** any council. **–synodal** *adj.*

synonym /'sɪnənɪm/ *n.* **1.** a word having the same, or nearly the same, meaning as another in the language, as *joyful, elated, glad*. **2.** a word or expression accepted as another name for something, as *Arcadia* for *pastoral simplicity*. **–synonymic** /sɪnə'nɪmɪk/, **synonymical** /sɪnə'nɪməkəl/ *adj.* **–synonymity** /sɪnə'nɪməti/ *n.* **–synonymous** *adj.*

synopsis /sə'nɒpsəs/ *n.* **-nopses** /-'nɒpsiz/. **1.** a brief or condensed statement giving a general view of some subject. **2.** a compendium of headings or short paragraphs giving a view of the whole. **3.** the outline of the plot of a novel, play, film, etc.

synoptic /sə'nɒptɪk/ *adj.* **1.** relating to or constituting a synopsis; affording or taking a general view of the whole or of the principal parts of a subject. **2.** (*often cap.*) taking a common view (applied to the first three Gospels, Matthew, Mark, and Luke, from their similarity in contents, order, and statement). **3.** (*often cap.*) relating to the synoptic Gospels. **–synoptically** *adv.*

synoptic chart *n. Meteorology* a chart showing distribution of meteorological conditions over a region at a given moment.

syntax /'sɪntæks/ *n.* **1.** *Grammar* **a.** the patterns of formation of sentences and phrases from words in a particular language. **b.** the study and description thereof. **2.** *Logic* the branch of modern logic that deals with the various kinds of signs that occur in a system and the possible arrangements of those signs, complete abstraction being made of the meaning of the signs.

synthesis /'sɪnθəsəs/ *n.* **-theses** /-θəsiz/. **1.** the combination of parts or elements, as material substances or objects of thought, into a complex whole (opposed to *analysis*). **2.** a complex whole made up of parts or elements combined. **3.** *Chemistry* the forming or building up of a more complex substance or compound by the union of elements or the combination of simpler compounds or radicals. **–synthesist** *n.*

synthesise = **synthesize** /'sɪnθəsaɪz/ *v.t.* **-sised, -sising. 1.** to make up by combining parts or elements. **2.** to combine into a complex whole. **3.** to treat synthetically. **4.** *Chemistry* to manufacture (a complex product, especially a product resem-

synthesiser bling one of natural origin) by combining simple substances. –**synthesisation** /ˌsɪnθəsaɪˈzeɪʃən/ n.

synthesiser = **synthesizer** /'sɪnθəsaɪzə/ n. **1.** a person or thing that synthesises something. **2.** a machine which creates speech or music by combining the controlled outputs of a number of electronic circuits.

synthetic /sɪnˈθɛtɪk/ adj. Also, **synthetical**. **1.** of, relating to, proceeding by, or involving synthesis (opposed to *analytic*). **2.** having to do with chemical compounds, resins, rubbers, etc., formed by chemical reaction in a laboratory or chemical plant, as opposed to those of natural origin. **3.** (of languages) characterised by the use of affixes (bound forms) to express relationships between words, as in Latin; as opposed to *analytic*, as in English. –n. **4.** something made by a synthetic (chemical) process. –**synthetically** adv.

syphilis /'sɪfələs/ n. *Pathology* a chronic, infectious venereal disease, caused by the micro-organism *Spirochaeta pallida*, or *Treponema pallidum* (see **spirochaete**), and communicated by contact or heredity.

syphon /'saɪfən/ n., v.t., v.i. → **siphon**.

syringe /səˈrɪndʒ, ˈsɪrɪndʒ/ n., v. **-ringed, -ringing**. –n. **1.** *Medicine* a small device consisting of a glass, metal, rubber, or plastic tube, narrowed at its outlet, and fitted with either a piston or a rubber bulb for drawing in a quantity of fluid and ejecting it in a stream, injecting fluids into the body, etc. **2.** any similar device for pumping and spraying liquids through a small aperture. –v.t. **3.** to cleanse, wash, inject, etc., by means of a syringe.

syrup /'sɪrəp/ n. **1.** any of various sweet, more or less viscid liquids, consisting of fruit, juices, water, etc., boiled with sugar. **2.** any of various solutions of sugar used in pharmacy. **3.** any of various thick sweet liquids for use in cookery, prepared from molasses, glucose, etc., water, and often with a flavouring agent. Also, *US*, **sirup**. –**syruplike** adj.

sys- variant of **syn-**, before *s*, as in *syssarcosis*.

systaltic /sɪsˈtæltɪk/ adj. **1.** rhythmically contracting. **2.** of the nature of contraction. **3.** characterised by alternate contraction (systole) and dilatation (diastole), as the action of the heart.

system /'sɪstəm/ n. **1.** a combination of things or parts forming a complex whole: *a mountain system; a railway system*. **2.** any set of correlated members: *a system of currency; a system of shorthand characters*. **3.** an ordered and wide grouping of facts, principles, doctrines, etc., in a particular field of knowledge or thought: *a system of philosophy*. **4.** an ordered body of methods; scheme or plan: *a system of marking, numbering, or measuring*. **5.** an orderly way of doing something: *to have system in one's work*. **6.** *Biology* **a.** a grouping of parts of organs of the same or similar tissues, or with the same function: *the nervous system; the digestive system*. **b.** the entire human or animal body: *to get rid of poison from the system*. **7.** (*also plural*) *Computers* (in data-processing) the working together of personnel, procedure, hardware, and software. **8.** *Geology* a major division of rocks comprising sedimentary deposits and igneous masses formed during a geological period. **9.** *Colloquial* society generally or an organisation within it: *to buck the system*. –**systemless** adj.

systematic /sɪstəˈmætɪk/ adj. **1.** having, showing, or involving a system, method, or plan: *a systematic course of reading, systematic efforts*. **2.** characterised by system or method; methodical: *a systematic person, systematic habits*. **3.** arranged in or comprising an ordered system: *systematic theology*. **4.** concerned with classification: *systematic botany*. **5.** relating to, based on, or in accordance with a system of classification: *the systematic names of plants*. Also, **systematical**. –**systematically** adv.

systematise = **systematize** /'sɪstəmətaɪz/ v.t. **-tised, -tising**. to arrange in or according to a system; reduce to a system; make systematic. –**systematisation** /ˌsɪstəmətaɪˈzeɪʃən/ n. –**systematiser** n.

systemic /sɪsˈtɛmɪk, sɪsˈtiːmɪk/ adj. **1.** having to do with a system. **2.** *Physiology, Pathology* **a.** having to do with the entire bodily system, or the body as a whole. **b.** having to do with a particular system of parts or organs of the body. –**systemically** adv.

systems analysis n. the analysis of an activity or project, usually with the aid of a computer, to determine its aims, methods, and effectiveness. –**systems analyst** n.

systems engineer n. an engineer who is concerned with the design of systems in the light of systems analysis and information theory. –**systems engineering** n.

systole /'sɪstəli/ n. *Physiology* the normal rhythmical contraction of the heart, especially that of the ventricles, which drives the blood into the aorta and the pulmonary artery. Compare **diastole**. –**systolic** /sɪsˈtɒlɪk/ adj.

T t

T, t /tiː/ *n.* **T's, Ts, t's** *or* **ts**. –*n.* **1.** a consonant, the 20th letter of the English alphabet. **2.** something shaped like the letter T. –*phr.* **3. to a T**, exactly: *to suit to a T; to fit to a T*.

-t 1. a suffix forming the regular past tense or past participle of certain verbs, as in *built, spent*. **2.** a suffix which alternates with **-ed** in forming the past tense or past participle of certain verbs such as *dreamt, spelt*, and is regularly used for the participial adjective, as in *burnt toast, spilt milk*.

tab /tæb/ *n., v.* **tabbed, tabbing**. –*n.* **1.** a small flap, strap, loop, or similar appendage, as on a garment, etc. **2.** a tag or label. **3.** a stiffened projecting piece from file, paper, or the like, for ready identification; tag. –*v.t.* **4.** to furnish or ornament with a tab or tabs. –*phr.* **5. keep tabs on**, *Colloquial* to keep account of or a check on: *keep tabs on your expenses*. **6. pick up the tab**, *Colloquial* to pay the bill.

TAB /tæb, ti eɪ 'biː/ *n.* **1.** (in Australia and New Zealand) a government-run betting shop. **2.** *Australian* a bet placed in a TAB.

Tabasco /tə'bæskoʊ/ *n.* (*also l.c.*) a pungent sauce used as a condiment, prepared from the fruit of a variety of capsicum.

tabby /'tæbi/ *n.* **1.** a cat with a striped or brindled coat. –*adj.* **2.** striped or brindled.

tabernacle /'tæbənækəl/ *n.* **1.** a tent used by the Jews as a portable sanctuary before their final settlement in Palestine. **2.** any place of worship, especially one for a large congregation. **3.** *Church* an ornamental container for the reserved Eucharist. –**tabernacular** /tæbə'nækjələ/ *adj.*

table /'teɪbəl/ *n., v.* **-bled, -bling.** –*n.* **1.** an article of furniture consisting of a flat top resting on legs or on a pillar. **2.** such an article of furniture designed for the play of any various games: *a billiard table*. **3.** the board at or round which persons sit at meals. **4.** a company of persons at a table, as for a meal, game, or business transaction. **5.** a flat or plane surface; a level area. **6.** a flat and relatively thin piece of wood, stone, metal, or other hard substance, especially one artificially shaped for a particular purpose. **7.** *Architecture* a flat, vertical, usually rectangular surface forming a distinct feature in a wall, and often ornamental. **8.** a smooth, flat board or slab on which inscriptions, etc., may be put. **9.** an arrangement of words, numbers, or signs, or combinations of them, as the multiplication tables, to exhibit a set of facts or relations in a definite, compact, and comprehensive form; a synopsis or scheme. –*v.t.* **10.** *Parliamentary Procedure* to place (a proposal, resolution, etc.) on the table of an assembly for discussion. –*phr.* **11. keep a good table**, to provide plentiful, high-quality food. **12. on the table**, *Parliamentary Procedure* under discussion; put forward for discussion. **13. turn the tables**, to cause a complete reversal of circumstances. **14. under the table**, **a.** drunk to the extent of being incapable. **b.** given as a bribe. –**tableless** *adj.*

tableau /'tæbloʊ/ *n.* **-leaux** *or* **-leaus**. **1.** a picture, as of a scene. **2.** a picturesque grouping of persons or objects; a striking scene.

tableland /'teɪbəllænd/ *n.* an elevated and generally level region of considerable extent; a plateau.

tablespoon /'teɪbəlspuːn/ *n.* **1.** a spoon larger than a teaspoon and a dessertspoon, used in the service of the table and as a standard measuring unit in recipes. **2.** a unit of capacity, equal to 3 household teaspoons. **3.** the quantity a tablespoon holds; tablespoonful.

tablet /'tæblət/ *n.* **1.** a small, flat slab or surface, especially one that can be carved or written on. **2.** a number of sheets of writing paper, etc., fastened together at the edge; pad. **3.** a small, flat or flattish piece of some solid substance, such as a drug, chemical, soap, etc.

table tennis *n.* a miniature tennis game usually played indoors on a table, with small bats and a hollow celluloid or plastic ball; ping-pong.

tabloid /'tæblɔɪd/ *n.* **1.** a newspaper, about one half the ordinary page size, emphasising pictures and concise writing. –*adj.* **2.** compressed in or as in a tabloid: *a tabloid newspaper*.

taboo /tə'buː, tæ-/ *adj., n.* **-boos**, *v.* **-booed, -booing**. –*adj.* **1.** forbidden to general use; placed under a prohibition or ban. **2.** (among the Polynesians and other peoples of the southern Pacific) separated or set apart as sacred or unclean. –*n.* **3.** a prohibiting from use or practice. **4.** (among Polynesians, etc.) a system, practice, or act, whereby things are set apart as holy, forbidden to general use, or placed under a ban. –*v.t.* **5.** to put under a taboo; prohibit; forbid. Also, **tabu**.

tabular /'tæbjələ/ *adj.* **1.** relating to or of the nature of a table or tabulated arrangement. **2.** ascertained from or computed by the use of tables. **3.** having the form of a table, tablet, or tablature. **4.** flat and expansive. –**tabularly** *adv.*

tabulate /'tæbjəleɪt/ *v.* **-lated, -lating** /'tæbjələt, -leɪt/ *adj.* –*v.t.* **1.** to put or form into a table, scheme, or synopsis; formulate tabularly. **2.** to operate or set the tabulator on a typewriter. –*adj.* **3.** shaped like a table or tablet; tabular. **4.** having transverse septa, as certain corals. –**tabulation** /tæbjə'leɪʃən/ *n.*

tacho- a word element meaning 'swift'.

tachometer /tæ'kɒmətə/ *n.* an instrument for measuring the number of revolutions per minute made by a revolving shaft. –**tachometric** /tækə'mɛtrɪk/, **tachometrical** /tækə'mɛtrɪkəl/ *adj.* –**tachometrically** /tækə'mɛtrɪkli/ *adv.* –**tachometry** *n.*

tachy- a word element meaning swift, as in *tachygraphy*.

tacit /'tæsət/ *adj.* **1.** silent; saying nothing. **2.** not openly expressed, but implied; understood or inferred. **3.** unspoken: *tacit consent*. –**tacitly** *adv.* –**tacitness** *n.*

taciturn /'tæsətɜːn/ *adj.* inclined to silence, or reserved in speech; not inclined to conversation. –**taciturnity** /tæsə'tɜːnəti/ *n.* –**taciturnly** *adv.*

tack[1] /tæk/ *n.* **1.** a short, sharp-pointed nail or pin, usually with a flat and comparatively large head. **2.** a stitch, especially a long stitch used in fastening seams, etc., preparatory to a more thorough sewing. **3.** a fastening, especially in a temporary manner. **4.** the quality of being tacky; stickiness. **5.** *Nautical* **a.** the direction or course of a ship in relation to the position of its sails: *the starboard tack* (when close-hauled with the wind on the starboard side); *the port tack* (when close-hauled with the wind on the port side). **b.** a course

tack

obliquely against the wind. **c.** one of the series of straight runs which make up the zigzag course of a ship proceeding to windward. **6.** a course of action or conduct, especially one differing from some preceding or other course. **7.** one of the movements of a zigzag course on land. **8.** the equipment collectively which relates to the saddling and harnessing of horses; saddlery. –*v.t.* **9.** to fasten by a tack or tacks: *to tack a rug.* **10.** to secure by some slight or temporary fastening. **11.** *Nautical* **a.** to change the course of (a ship) to the opposite tack. **b.** to navigate (a ship) by a series of tacks. –*v.i.* **12.** *Nautical* **a.** to change the course of a ship by bringing its head into the wind and then causing the ship to fall off on the other side: *we were ordered to tack at once.* **b.** to change course in this way, as a ship. **c.** to proceed to windward by a series of courses as close to the wind as the vessel will sail, the wind being alternately on one bow and then on the other. **13.** to follow a zigzag course or route. –*phr.* **14. on the wrong tack**, following a false line of reasoning; under a wrong impression. **15. tack on**, (sometimes fol. by *to*) to attach as something supplementary; append or annex. –**tacker** *n.* –**tackless** *adj.*

tack² /tæk/ *n.* food; fare: *hard tack.*

tackle /'tækəl/ *n., v.* **-led, -ling.** –*n.* **1.** apparatus or gear, especially for fishing. **2.** a mechanism or apparatus, such as a rope and block or a combination of ropes and blocks, for lifting, lowering, moving objects or materials. **3.** *Nautical* the gear and rigging used in handling a ship, especially that used in working the sails, etc. **4.** the act of tackling, as in football. –*v.t.* **5.** to undertake to deal with, master, solve, etc. **6.** *Soccer, Hockey, etc.* to (attempt) to get the ball from (an opponent). **7.** *Rugby, etc.* to seize and pull down (an opponent having the ball). –**tackler** *n.*

tacky¹ /'tæki/ *adj.* **-ier, -iest.** adhesive; sticky, as a paint, varnish, or the like, when partly dry.

tacky² /'tæki/ *adj.* **-kier, -kiest.** *Colloquial* **1.** shabby; dowdy. **2.** superficially attractive but lacking quality or craftsmanship.

taco /'takoʊ, 'tækoʊ/ *n.* a tortilla folded around a savoury filling and usually fried.

tact /tækt/ *n.* **1.** a keen sense of what to say or do to avoid giving offence; skill in dealing with difficult or delicate situations. **2.** touch; the sense of touch. –**tactful** *adj.* –**tactless** *adj.*

tactic /'tæktɪk/ *n.* **1.** (*plural*) → **tactics. 2.** a system or a detail of tactics. **3.** a plan or procedure for achieving a desired end.

tactics /'tæktɪks/ *pl. n.* **1.** (*construed as singular*) the art or science of disposing military or naval forces for battle and manoeuvring them in battle. **2.** the manoeuvres themselves. **3.** mode of procedure for gaining advantage or success. –**tactician** /tæk'tɪʃən/ *n.*

tactile /'tæktaɪl/ *adj.* **1.** having to do with the organs or sense of touch; endowed with the sense of touch. **2.** perceptible to the touch; tangible. –**tactility** /tæk'tɪləti/ *n.*

tad /tæd/ *n.* a small amount: *it won't make a tad of difference.*

tadpole /'tædpoʊl/ *n.* the aquatic larva or immature form of frogs, toads, etc., especially after the enclosure of the gills and before the appearance of the forelimbs and the resorption of the tail.

taffeta /'tæfətə/ *n.* **1.** a lustrous silk or rayon fabric of plain weave. **2.** any of various other fabrics of silk, linen, wool, etc., in use at different periods.

tag¹ /tæg/ *n., v.* **tagged, tagging.** –*n.* **1.** a piece or strip of strong paper, leather, or the like, for attaching by one end to something as a mark or label. **2.** any small hanging or loosely attached part or piece; tatter. **3.** a loop of material sewn on a garment so that it can be hung up. **4.** a point or binding of metal, plastic, or other hard substance at the end of a cord, lace, or the like. **5.** a tag end. **6.** the refrain of a song or poem. **7.** the last words of a speech in a play, etc., as a curtain line or cue. **8.** (in popular music) a coda. **9.** an addition to a speech or writing, as the moral of a fable. **10.** a trite quotation or cliché, especially one in Latin. **11.** a word or phrase applied as characteristic of a person or group. **12.** a curlicue in writing. **13.** the identifying mark or signature of a graffitist. **14.** a lock of hair. **15.** a matted lock of wool on a sheep. **16.** *Computers* a type of marker, used in a markup language, by which elements of a document, database, etc., are placed into discrete fields, allowing for ease of arrangement and retrieval of data. –*v.t.* **17.** to furnish with a tag or tags; to attach a tag to. **18.** (of a graffitist) to identify (graffiti) with a tag (def. 13). **19.** to append as a tag to something else. **20.** to apply as characteristic a word or phrase to (a person or group). **21.** *Colloquial* to follow closely. **22.** to attach a price tag to; to price. –*phr.* **23. tag along**, to follow closely; go along or about as a follower.

tag² /tæg/ *n., adj., v.* **tagged, tagging.** –*n.* **1.** a children's game in which one player chases the others until he or she touches one of them, who then takes his or her place as pursuer. **2.** *Wrestling* an act of touching hands over the top rope by two team-mates in tag wrestling. –*adj.* **3.** having to do with a form of professional wrestling in which two teams of two compete one at a time but with partners interchanging. –*v.t.* **4.** to touch in or as in the game of tag.

tail¹ /teɪl/ *n.* **1.** the hindmost part of an animal, especially when forming a distinct flexible appendage to the trunk. **2.** something resembling or suggesting this in shape or position: *the tail of a kite.* **3.** the hinder, bottom, or concluding part of anything; the rear. **4.** the rear of a mob of sheep or cattle. **5.** *Electricity* the small piece of wiring from a meter or mains to which wiring from a house is attached. **6.** the final or concluding part of anything, as in cricket, the last people to bat. **7.** the inferior or refuse part of anything. **8.** *Astronomy* the luminous stream of dust and gas particles extending from the head of a comet. **9.** (*plural*) *Colloquial* the reverse of a coin. **10.** (*plural*) (in two-up) the falling of the coins so that both tails are upward. **11.** an arrangement of objects or persons which extends like a tail. **12.** a downward stroke, as of a printed or written letter, the stem of a musical note, etc. **13.** *Aeronautics* the stabilising and control surfaces at the after end of an aircraft. **14.** (*plural*) **a.** a man's dress coat having the lower part cut away over the hips and descending in a pair of tapering skirts behind. **b.** full-dress attire. **15.** *Printing, Bookbinding* the bottom of a page or book. **16.** *Colloquial* a person who follows another, especially one who is employed to do so in order to observe or hinder escape. **17.** *Colloquial* the buttocks. –*adj.* **18.** coming from behind: *a tail thrust.* **19.** being at the back or rear: *a tail light.* –*v.t.* **20.** to form or furnish with a tail. **21.** to form or constitute the tail or end of (a procession, etc.). **22.** to terminate; follow like a tail. **23.** to join or attach (one thing) at the tail or end of another. **24.** to tend or herd (sheep or cattle). **25.** to dock the tail of: *tailed lambs.* **26.** to remove the style (def. 10) of. **27.** *Colloquial* to follow in order to hinder escape or to observe: *to tail a suspect.* –*v.i.* **28.** to form or move in a line or continuation suggestive of a tail: *hikers tailing up a narrow path.* **29.** (of a boat, etc.) to have or take a position with the stern in a particular direction.

tailgate 821 **take**

30. *Colloquial* to follow close behind. –*phr.* **31. a (nice) bit** (or **piece**) **of tail,** *Colloquial* a person considered as a sexual object. **32. chase one's tail,** *Colloquial* to be very busy trying to catch up with tasks which have accumulated. **33. tail away** (or **off**), to decrease gradually; decline. **34. tail in,** *Building Trades* **a.** to fasten (a beam, etc.) by building one of its ends into a wall. **b.** (of a beam, etc.) to be fastened by the end built into a wall. **35. tail out,** to guide (timber) as it comes off the saw. **36. tail them,** *Two-up* to throw the coins with the result that both fall tails upward. **37. turn tail, a.** to turn the back, as in aversion or fright. **b.** to run away; flee. **38. with one's tail between one's legs,** in a state of utter defeat or humiliation; abjectly. –**tailless** *adj.* –**tail-like** *adj.*

tailgate /'teɪlgeɪt/ *n., v.* -**gated, -gating.** –*n.* **1.** Also, **tailboard.** the board at the back of a truck, wagon, etc., which can be removed or let down for convenience in loading and unloading. **2.** *Jazz* the flamboyant style of trombone-playing characteristic of traditional New Orleans jazz, so called because in processions the trombonist sat at the rear of a lorry. –*v.t.* **3.** to drive close behind (another vehicle).

tailor /'teɪlə/ *n.* **1.** someone whose business is to make or mend outer garments, especially for men. –*v.i.* **2.** to do the work of a tailor. –*v.t.* **3.** to make by tailor's work. **4.** to fit or furnish with clothing. **5.** to design for a particular need or taste: *to tailor prices for the market.* –**tailorless** *adj.*

tailplane /'teɪlpleɪn/ *n.* a horizontal surface at the rear end of an aircraft providing longitudinal stability; horizontal stabiliser.

taint /teɪnt/ *n.* **1.** a touch of something unpleasant or harmful. **2.** a trace of infection, dishonour, etc. –*v.t.* **3.** to affect as if by a touch of something unpleasant or harmful. **4.** to make bad or evil; infect or corrupt. **5.** to spoil; tarnish. –*v.i.* **6.** to become tainted. –**taintless** *adj.*

taipan /'taɪpæn/ *n.* a long-fanged, highly venomous snake, *Oxyuranus scutellatus,* of northern Australia and New Guinea, brownish in colour, with a long head and slender body, averaging 2 to 2.5 metres in length.

taipo /'taɪpoʊ/ *n.* *NZ* **1.** a ghost; fearsome person or thing. **2.** → **weta.**

takapu /'takapu/ *n.* the New Zealand gannet, *Morus serrator.*

take /teɪk/ *v.* **took, taken, taking,** *n.* –*v.t.* **1.** to get into one's hands or possession by force or artifice. **2.** to seize, catch, or capture. **3.** to grasp, grip, or hold. **4.** to get into one's hold, possession, control, etc., by one's own action but without force or artifice. **5.** to select; pick out from a number: *take a chocolate from a box.* **6.** to receive or accept willingly. **7.** to receive by way of payment or charge. **8.** to obtain by making payment: *to take a house in Paddington.* **9.** to get or obtain from a source; derive. **10.** to receive into the body or system, as by swallowing or inhaling: *to take food.* **11.** to eat or use habitually, as a foodstuff, flavouring, etc.: *to take sugar in tea.* **12.** to quote, especially without acknowledgment: *this writer has taken whole pages from Eliot.* **13.** to remove by death. **14.** to subtract or deduct: *to take 2 from 5.* **15.** to carry or convey: *take your lunch with you.* **16.** to convey or transport: *we took the children to the beach by car.* **17.** to have recourse to (a vehicle, etc.) as a means of progression or travel: *to take a bus to the top of the hill.* **18.** to effect a change in the position or condition of: *his ability took him to the top.* **19.** to conduct or lead: *where will this road take me?* **20.** to attempt to get over, through, round, etc. (something that presents itself), or succeed in doing this: *the horse took the hedge with an easy jump.* **21.** (of a disease, illness, or the like) to attack or affect: *to be taken with a fit.* **22.** to become affected by: *a stone which will take a high polish.* **23.** to absorb or become impregnated with (a colour, etc.). **24.** to surprise; detect; come upon: *to take a thief in the act of stealing.* **25.** to receive or adopt (a person) into some specified or implied relation: *to take a man in marriage.* **26.** to have sexual intercourse with. **27.** to secure regularly by payment: *to take a magazine.* **28.** to adopt and enter upon (a way, course, etc.); proceed to deal with in some manner: *to take a matter under consideration.* **29.** to proceed to occupy: *to take a seat.* **30.** to receive in a specified manner. **31.** to avail oneself of (an opportunity, etc.). **32.** to obtain or exact (satisfaction or reparation). **33.** to receive, or be the recipient of (something bestowed, administered, etc.): *to take first prize.* **34.** to have, undergo, enjoy, etc., as for one's benefit: *to take a bath; take a rest.* **35.** to occupy, use up, or consume (space, material, time, etc.). **36.** to attract and hold: *a well-dressed shop window takes one's eye.* **37.** to captivate or charm: *a pretty ring takes one's fancy.* **38.** to assume or adopt (a symbol, badge, or the like): *to take the veil.* **39.** to make, put forth, etc.: *to take exception.* **40.** to write down (notes, a copy, etc.): *to take a record of a speech.* **41.** to go onto (a place of action): *to take the stage; to take the field.* **42.** to make (a reproduction, picture, or photograph of something). **43.** to make a figure or picture, especially a photograph, of (a person or thing). **44.** to ascertain by inquiry, examination, measurement, scientific observation, etc.: *to take a reading; to take someone's pulse.* **45.** to begin to have (a certain feeling or state of mind); experience or feel (delight, pride, etc.). **46.** to form and hold in the mind: *to take a gloomy view.* **47.** to understand in a specified way: *how do you take this?* **48.** to regard or consider: *he was taken to be wealthy.* **49.** to assume or undertake (a function, duty, responsibility, etc.). **50.** to assume the obligation of (a vow, pledge, etc.); perform or discharge (a part, service, etc.). **51.** to assume or adopt as one's own (a part or side in a contest, etc.); assume or appropriate as if by right: *to take the credit for something; to take a liberty.* **52.** to grasp or apprehend, understand, or comprehend. **53.** to do, perform, execute, etc.: *to take a walk.* **54.** to accept and comply with (advice, etc.). **55.** to suffer or undergo: *to take insults.* **56.** to enter into the enjoyment of (recreation, a holiday, etc.). **57.** to employ for some specified or implied purpose: *to take measures to check an evil.* **58.** to require: *it takes courage to do that.* **59.** *Cards, Chess, etc.* to capture or win (a trick, piece, etc.). **60.** *Grammar* to have by usage, either as part of itself or with it in construction (a particular form, accent, etc., or a case, mood, etc.): *'police' takes a plural verb.* –*v.i.* **61.** to catch or engage, as a mechanical device. **62.** to strike root, or begin to grow, as a plant. **63.** to adhere, as ink, etc. **64.** to win favour or acceptance, as a play. **65.** to have the intended result or effect, as a medicine, inoculation, etc. **66.** to admit of being taken (out, apart, etc.): *the box takes apart easily.* **67.** *Angling* (of a fish) to bite. –*v.* (*copular*) **68.** to become (sick or ill). –*n.* **69.** an act or instance of taking. **70.** that which is taken. **71.** the quantity of fish, etc., taken at one time. **72.** money taken; gross profit; takings. **73.** *Film, etc.* **a.** a scene or a portion of a scene photographed at one time without any interruption or break. **b.** an instance of such continuous operation of the camera. **74.** *Recording* a single uninterrupted sequence of recorded sound. **75.** *Colloquial* a cheat; swindle. **76.** *Medicine* a successful inoculation, vaccina-

take 822 **tale**

tion, or the like. **77.** *Mining* a two-month period for which tributers would work on a pitch of ore at a set percentage. **78.** *Mining* a mineral-bearing area which a miner is permitted to work; a holding. *–phr.* **79. on the take**, *Colloquial* accepting bribes or benefits. **80. take aback**, to surprise; disconcert; startle. **81. take after**, **a.** to resemble (a parent, etc.). **b.** *US* to pursue. **82. take away**, **a.** to carry off or remove. **b.** to subtract (a number): *take away the number you first thought of.* **c.** minus: *four take away two is two.* **83. take back**, **a.** to retrieve; regain possession of. **b.** to retract or withdraw. **c.** to allow to return: *she would not take back her erring husband.* **d.** to return for exchange, etc.: *the radio was faulty so we took it back.* **84. take care**, to act or think cautiously. **85. take care of**, to look after; protect. **86. take down**, **a.** to pull down. **b.** to remove by pulling apart or taking apart. **c.** to write down. **d.** to take advantage of (someone); cheat; swindle. **e.** to lessen in power, strength, pride, arrogance, etc.: *I'll take him down a peg or two.* **87. take for**, to believe or assume to be, especially mistakenly: *I took him for the postman.* **88. take for a ride**, *Colloquial* **a.** to deceive; con. **b.** to murder. **89. take for granted**, **a.** to accept or assume without question. **b.** to fail to ascribe credit, merit, worth, or the like to: *it is very upsetting to have one's work taken for granted.* **90. take from**, to detract from or reduce: *he may behave foolishly, but that does not take from the value of his work.* **91. take in**, **a.** to receive and accommodate; provide lodging for. **b.** to alter (a garment) in order to make it smaller; reduce the size or measurement of. **c.** to include; encompass. **d.** to comprehend; understand; grasp the meaning of. **e.** to deceive, trick, or cheat. **92. take it**, **a.** *Colloquial* to endure pain, misfortune or the like with fortitude. **b.** to react in a manner specified: *when I broke the news, he took it very badly.* **c.** to assume: *I take it from your silence that this is true.* **93. take it or leave it**, **a.** to accept or reject the current offer, proposition, article for sale, etc. **b.** to consider something with indifference. **94. take it out**, *Colloquial* **a.** to serve a time in jail instead of paying a fine. **b.** to have sex with a tradesperson, creditor, etc., in lieu of paying an account. **95. take it out of**, to exhaust; sap the strength or energy of. **96. take it out on**, to vent wrath, anger, or the like on. **97. take off**, **a.** to remove, as of clothing. **b.** to lead off or away. **c.** to set off; take one's departure; go away. **d.** to withdraw, as from service. **e.** to deduct: *I'll take off $20 if you pay cash.* **f.** to become popular: *surfboard riding took off as a national sport.* **g.** to leave the ground, as of an aeroplane. **h.** to escalate: *prices took off.* **i.** to become excited. **j.** to reach a level of excellence, success, flair, etc.: *the play took off in the last act.* **98. take on**, **a.** to hire (workers). **b.** to undertake to handle. **c.** to acquire: *to take on a new aspect.* **d.** to start a quarrel or fight with: *take on someone your own size.* **e.** to stand up to in a situation of conflict, especially political. **f.** to win popularity: *yoyos took on rapidly with children.* **g.** *Colloquial* to show great excitement, grief, or other emotion. **99. take on board**, *Colloquial* to accept and use: *they took that idea on board.* **100. take out**, **a.** to extract: *to take out a tooth.* **b.** to escort or accompany (someone) assuming responsibility for the arrangements: *he took the children out yesterday.* **c.** to treat (someone) to dinner at a restaurant, an entertainment, etc. **d.** to obtain; apply for and get: *to take out an insurance policy.* **e.** to vent: *to take out one's rage on the dog.* **f.** to destroy; eliminate; render harmless: *to take out a military installation by bombing.* **g.** *Australian, NZ Colloquial* to win (a prize): *to take out the cup.* **101. take over**, **a.** to assume complete control: *in any activity she takes over.* **b.** to assume or acquire control of: *to take over a company.* **102. take possession**, to enter into ownership, as of an estate. **103. take place**, to happen; occur. **104. take someone off**, to imitate or mimic someone. **105. take someone up on**, to accept someone's offer of. **106. take the bull by the horns**, to act directly and promptly, particularly in a difficult situation. **107. take to**, **a.** to apply, devote, or addict oneself to: *to take to drink.* **b.** to respond (as specified, or if unspecified, favourably) to. **c.** to go to: *to take to one's bed.* **d.** to resort to; have recourse to: *to take to one's heels.* **e.** *Colloquial* to attack: *he took to his brother with a hairbrush.* **108. take up**, **a.** to lift; pick up. **b.** to occupy oneself with; adopt the practice or study of: *to take up Greek.* **c.** to occupy (time, space, or the like). **d.** to resume or continue: *to take up where one left off.* **e.** to accept (an offer). **f.** to commence (a job). **g.** to take possession as owner or tenant of (a grant of crown land). **h.** *Mining Colloquial* to reopen and mine (an abandoned mine). **109. take upon oneself**, to assume the responsibility for. **110. take up with**, to begin to associate with. *–taker n.*

takeaway /'teɪkəweɪ/ *n.* **1.** a hot or cold meal purchased for consumption elsewhere. **2.** a place where takeaway food is sold. *–adj.* **3.** having to do with such a meal or the place where it is sold.

take-off /'teɪk-ɒf/ *n.* **1.** the leaving of the ground, as in leaping or jumping. **2.** the place or point at which one leaves the ground, as in jumping. **3.** the initial phase of an aeroplane flight in which the plane leaves the ground. **4.** *Colloquial* an imitating or mimicking; caricature.

takeover /'teɪkoʊvə/ *n.* **1.** acquisition of control, especially of a business company, by the purchase of the majority of its shares. **2.** the acquisition of control over another country, usually by means of force. *–adj.* **3.** having to do with such acquisition: *a takeover bid.*

talc /tælk/ *n., v.* **talcked** *or* **talckt** /tælkt/ *or* **talked** *or* **talced** /'tælkɪŋ/. *–n.* **1.** Also, **talcum** /'tælkəm/. a soft greenish grey mineral, hydrous magnesium silicate, $Mg_3Si_4O_{10}(OH)_2$ or $3MgO.4SiO_2.H_2O$, unctuous to the touch, and occurring usually in foliated, granular, or fibrous masses, used in making lubricants, talcum powder, electrical insulation, etc. **2.** → **talcum powder.** *–v.t.* **3.** to treat or rub with talc. *–talcose adj.*

talcum powder /'tælkəm paʊdə/ *n.* powdered talc or soapstone, usually perfumed for toilet use.

tale /teɪl/ *n.* **1.** a narrative purporting to relate the facts about some real or imaginary event, incident, or case; a story. **2.** a literary composition having the form of such a narrative: *Chaucer's 'Canterbury Tales'.* **3.** a falsehood; lie. **4.** a

talent

rumour or piece of gossip, especially when malicious.

talent /'tælənt/ *n.* **1.** a special natural ability or aptitude: *a talent for drawing.* **2.** a capacity for achievement or success; natural ability: *young men of talent.* **3.** persons of ability. **4.** *Colloquial* at a party, dance, etc., women or men viewed as possible sexual partners. **5.** *Colloquial* (in television, film, or radio) anyone who is either invited as a guest or employed as a performer on a particular program. **–talented** *adj.*

talisman /'tælɪzmən/ *n.* **-mans. 1.** a stone, ring, or other object, engraved with figures or characters under certain superstitious observances of the heavens, which is supposed to possess occult powers, and is worn as an amulet or charm. **2.** any amulet or charm. **3.** anything of almost magic power. **–talismanic** /tælɪz'mænɪk/, **talismanical** /tæləz'mænɪkəl/ *adj.*

talk /tɔk/ *v.i.* **1.** to speak or converse; perform the act of speaking. **2.** to make known or interchange ideas, information, etc., by means of spoken words. **3.** to consult or confer. **4.** to gossip. **5.** to reveal information: *to make a spy talk.* **6.** to communicate ideas by other means than speech, as by writing, signs, or signals. **7.** (of computers) to communicate; to be compatible in terms of software so that information can be exchanged and processed. *–v.t.* **8.** to express in words; utter: *to talk sense.* **9.** to use as a spoken language; speak: *he can talk French.* **10.** to discuss: *to talk politics.* *–n.* **11.** the act of talking; speech; conversation, especially of a familiar or informal kind. **12.** a lecture or informal speech. **13.** a conference. **14.** report or rumour; gossip. **15.** a subject or occasion of talking, especially of gossip. **16.** mere empty speech. **17.** a way of talking: *baby talk.* **18.** language, dialect, or lingo. *–phr.*

19. be talking ..., to nominate (a concept) as the essential element in a discussion, situation, proposition, etc.: *I'm talking republicanism here; we're talking major dag.*

20. talk about ..., *Colloquial* (used to emphasise the magnitude of the attribute or action specified): *talk about laugh.*

21. talk back, (sometimes fol. by *to* or *at*) to reply sharply or rudely.

22. talk big, *Colloquial* to speak boastfully.

23. talk down, to make appear less important: *the prime minister talked down the events in parliament.*

24. talk down to, to speak condescendingly to.

25. talk off the top of one's head, **a.** to speak without prior preparation. **b.** to speak nonsense.

26. talk out, **a.** to resolve (differences) by discussion: *unions and management usually attempt to talk out their differences before resorting to industrial action.* **b.** *Parliamentary Procedure* to thwart the passage of (a piece of legislation) by prolonging discussion until the adjournment.

27. talk over, to discuss.

28. talk round, **a.** to discuss generally and discursively, without coming to the essential point. **b.** to persuade; bring around to one's own way of thinking.

29. talk someone down, **a.** to override someone in argument by speaking in a loud, persistent manner. **b.** *Aeronautics* to radio landing instructions to a pilot when landing is difficult.

30. talk someone into, to persuade someone to do (something), especially against their original intention.

31. talk someone out of, to persuade someone not to do (something), especially against their original intention.

32. talk through the back of one's neck, to talk nonsense.

33. talk up, to boost the performance of (shares, the economy, etc.) by making confident assessments and predictions. **–talkable** *adj.* **–talkative** *adj.* **–talker** *n.*

tall /tɔl/ *adj.* **1.** having a relatively great stature; of more than average height: *tall grass.* **2.** having stature or height as specified: *a man 1.9 metres tall.* **3.** *Colloquial* high, great, or large in amount: *a tall price.* **4.** *Colloquial* extravagant; difficult to believe: *a tall story.* **5.** *Colloquial* difficult to accomplish: *a tall order.* **–tallish** *adj.* **–tallness** *n.*

tallboy /'tɔlbɔɪ/ *n.* **1.** a tall chest of drawers supported on a low stand. **2.** a tall chimneypot. **3.** a tall-stemmed glass for wine, etc.

tallow /'tæloʊ/ *n.* **1.** the fatty tissue or suet of animals. **2.** the harder fat of sheep, cattle, etc., separated by melting from the fibrous and membranous matter naturally mixed with it, and used to make candles, soap, etc. **3.** any of various similar fatty substances: *vegetable tallow.* *–v.t.* **4.** to smear with tallow. *–v.i.* **5.** to produce tallow. **–tallow-like** *adj.* **–tallowy** *adj.*

tall poppy *n. Australian, NZ Colloquial* someone with outstanding ability, wealth or status.

tally /'tæli/ *n.* **-lies**, *v.* **-lied, lying.** *–n.* **1.** (formerly) a stick of wood with notches cut to show the amount of a debt or payment. **2.** an account or reckoning; a record of debit and credit, of the score of a game, etc. **3.** the number or group of objects recorded, such as the number of sheep shorn in a given period. *–v.t.* **4.** to mark or enter on a tally; register; record. **5.** to count or reckon up. *–v.i.* **6.** to agree or accord: *does his story tally with John's?* **–tallier** *n.*

Talmud /'tælmʊd/ *n.* the writings which form the basis of Jewish law and tradition. **–Talmudic** *adj.*

talon /'tælən/ *n.* **1.** a claw, especially of a bird of prey. **2.** *Colloquial* a finger or fingernail, especially when regarded as grasping or attacking. **3.** (in a lock) the shoulder on the bolt against which the key presses in shooting the bolt. **–taloned** *adj.*

tamarind /'tæmərənd/ *n.* **1.** the fruit of a large tropical tree, *Tamarindus indica*, a pod containing seeds enclosed in a juicy acid pulp that is used in beverages and food. **2.** the tree, cultivated throughout the tropics for its fruit, fragrant flowers, shade, and timber.

tambourine /tæmbə'rin/ *n.* a small drum consisting of a circular wooden frame with a skin stretched over it and several pairs of jingles (metal discs) inserted into the frame, played by striking with the knuckles, shaking, etc. **–tambourinist** *n.*

tame /teɪm/ *adj.* **tamer, tamest**, *v.* **tamed, taming**. *–adj.* **1.** changed from the wild state; domesticated: *a tame bear.* **2.** (of an animal) gentle, fearless, or without shyness. **3.** easily lead or controlled; tractable; docile; submissive. **4.** lacking in life or spirit; dull; insipid: *a tame existence.* *–v.t.* **5.** to make tame; domesticate; subdue. **6.** to take away courage, eagerness, or interest from. **7.** to soften; tone down. **8.** to bring under control or make manageable, especially for domestic or human use: *to tame the natural resources of a country.* **–tameability = tamability** /teɪmə'bɪləti/, **tameableness = tamableness** *n.* **–tameable = tamable** *adj.* **–tamely** *adv.* **–tameness** *n.* **–tamer** *n.*

tam-o'-shanter /tæm-ə-'ʃæntə/ *n.* a cap, of Scottish origin, with a flat crown larger in diameter than the headband. Also, **tam, tammy**.

tamp /tæmp/ *v.t.* **1.** to force in or down by repeated, somewhat light strokes. **2.** (in blasting) to fill (the hole made by the drill) with earth, etc., after the powder or explosive has been introduced.

tamper /'tæmpə/ *v.i.* **1.** to engage secretly or

improperly in something. –*phr.* **2. tamper with, a.** to meddle with, especially for the purpose of altering, damaging, misusing, etc.: *to tamper with a lock.* **b.** to undertake underhand or corrupt dealings with, as in order to influence improperly: *to tamper with a witness.* –**tamperer** *n.*

tampon /'tæmpɒn/ *n.* **1.** a plug of cotton or the like inserted into an orifice, wound, etc., as to stop haemorrhage. **2.** a similar device used internally to absorb menstrual flow. –*v.t.* **3.** to fill or plug with a tampon.

tan¹ /tæn/ *v.* **tanned, tanning,** *n., adj.* –*v.t.* **1.** to change (a hide) into leather, especially by soaking in a bath prepared from wattle bark, etc., or synthetically. **2.** to make brown by exposure to ultraviolet rays, especially of the sun. **3.** *Colloquial* to beat or thrash: *I'll tan your hide!* –*v.i.* **4.** to become tanned: *she tans easily.* –*n.* **5.** the brown colour given to the skin by exposure to the sun; suntan. **6.** a yellowish brown colour. –*adj.* **7.** of the colour of tan; yellowish brown. **8.** used in or relating to tanning processes, materials, etc. –**tanned** *adj.*

tan² /tæn/ *n.* → **tangent** (def. 5).

tanbark /'tænbak/ *n.* **1.** bark used in tanning; tan. **2.** such bark, after the tanning process is completed, broken up in chips and used as a ground cover, as in playgrounds, landscape gardening, etc.

tandem /'tændəm/ *adv.* **1.** one behind another; in single file: *to drive horses tandem.* –*adj.* **2.** having animals, seats, parts, etc., arranged tandem, or one behind another: *a tandem bicycle.* –*n.* **3.** a bicycle for two riders, having twin seats, pedals, etc. **4.** a team of horses harnessed in tandem. **5.** any mechanism having a tandem arrangement. –*phr.* **6. in tandem,** one behind the other.

tandoori /tæn'dʊəri/ *adj.* (in Indian cookery) having to do with dishes, usually chicken, beef, or vegetables, flavoured with exotic spices and traditionally cooked in a clay oven.

tandoor oven /,tændɔr 'ʌvən/ *n.* a cylindrical clay oven which is heated to a high temperature by burning wood or charcoal, used in Indian cookery. Also, **tandoori oven**.

tang /tæŋ/ *n.* **1.** a strong taste or flavour. **2.** the distinctive flavour or quality of a thing. **3.** a pungent or distinctive smell. **4.** a smack, touch, or suggestion of something. **5.** a long and slender projecting strip, tongue, or prong forming part of an object, as a chisel, file, knife, etc., and serving as a means of attachment for another part, as a handle or stock.

tangent /'tændʒənt/ *adj.* **1.** touching. **2.** *Geometry* touching, especially of a straight line in relation to a curve or surface. **3.** *Geometry* in contact along a single line or element, such as a plane with a cylinder. –*n.* **4.** *Geometry* a tangent line or plane. **5.** *Mathematics* a trigonometric function, defined for an acute angle in a right-angled triangle as the ratio of the opposite side to the adjacent side, and defined for angles of any size as the ratio of the sine of the angle to the cosine of the angle. *Abbrev:* tan **6.** a sudden new direction: *to fly off at a tangent.* –**tangency** /'tændʒənsi/ *n.*

tangerine /tændʒə'rin/ *n.* **1.** a small, loose-skinned variety of mandarin. See **mandarin** (def. 5). **2.** deep orange; reddish orange. –*adj.* **3.** of a deep orange colour.

tangible /'tændʒəbəl/ *adj.* **1.** capable of being touched; discernible by the touch; material or substantial. **2.** real or actual, rather than imaginary or visionary. **3.** definite; not vague or elusive: *no tangible grounds for suspicion.* –*n.* **4.** (*usually plural*) something capable of being possessed or realised. –**tangibility** /tændʒə'bɪləti/, **tangibleness** *n.* –**tangibly** *adv.*

tangle /'tæŋɡəl/ *v.* **-gled, -gling,** *n.* –*v.t.* **1.** to bring together into a mass of confusedly interlaced or intertwisted threads, strands, or other like parts; snarl. **2.** to involve in something that hampers, obstructs, or overgrows: *bushes tangled with vines.* **3.** to catch and hold in, or as in, a net or snare. –*v.i.* **4.** to be or become tangled. –*n.* **5.** a tangled condition. **6.** a tangled or confused mass or assemblage of something. **7.** a confused jumble: *a tangle of contradictory statements.* **8.** *Colloquial* a conflict, quarrel, or disagreement. –*phr.* **9. tangle with,** *Colloquial* to conflict, quarrel, or argue with. –**tangler** *n.* –**tangly** *adj.*

tango /'tæŋɡoʊ/ *n.* **-gos,** *v.* **-goed, -going.** –*n.* **1.** a dance of Spanish-American origin, danced by couples, and having many varied steps, figures, and poses. **2.** music for this dance. –*v.i.* **3.** to dance the tango. –**tangoist** *n.*

tanh /θæn, tæn'eɪtʃ/ *n.* See **hyperbolic functions**.

tank /tæŋk/ *n.* **1.** a receptacle or structure for holding water or other liquid or a gas. **2.** a large, closed container made of corrugated, galvanised iron, or of concrete, for holding rainwater above ground. **3.** a large, open container made of concrete for storing matter in the ground. **4.** *Australian* (mainly in rural areas) an artificial pond made by building walls of earth either excavated or conveyed to the site; dam. **5.** *Military* an armoured, self-propelled combat vehicle, armed with cannon and machine-guns, and moving on caterpillar tracks. –*v.t.* **6.** to put or store in a tank. **7.** *Colloquial* to lose (a sporting match) deliberately. –*v.i.* **8.** *Colloquial* to move like a tank: *a footballer tanking down the wing.* –*phr.* **9. on the tank,** *Colloquial* on a drinking spree. **10. tank up, a.** to fill the tank of a motor vehicle with fuel. **b.** *Colloquial* to drink heavily. –**tankless** *adj.* –**tanklike** *adj.*

tanked /tæŋkt/ *adj. Colloquial* intoxicated, especially with beer.

tanker /'tæŋkə/ *n.* a ship, aircraft, road or rail vehicle designed to carry oil or other liquid in bulk.

tannin /'tænən/ *n.* any of a group of astringent vegetable principles or compounds, as that which gives the tanning properties to wattle bark, or that which in grape skins, stalks, and seeds gives a distinctive tannin taste to some wines.

tantalise = tantalize /'tæntəlaɪz/ *v.t.* **-lised, -lising.** to torment with, or as with, the sight of something desired but out of reach; tease by arousing expectations that are repeatedly disappointed. –**tantalisation** /tæntəlaɪ'zeɪʃən/ *n.* –**tantaliser** *n.* –**tantalisingly** *adv.*

tantamount /'tæntəmaʊnt/ *adj.* equivalent, as in value, force, effect, or signification.

tantrum /'tæntrəm/ *n.* **1.** a sudden burst of ill humour; a fit of ill temper or passion. –*phr.* **2. throw a tantrum,** to behave in a way that gives indication of such ill humour.

Taoism /'teɪoʊ,ɪzəm, 'daʊɪzəm, 'daʊɪzəm/ *n.* a philosophical system advocating a discipline of nonintervention with the course of nature and of absolute sincerity and honesty. –**Taoist** *n., adj.* –**Taoistic** /teɪoʊ'ɪstɪk, taʊ'ɪstɪk, daʊ'ɪstɪk/ *adj.*

tap¹ /tæp/ *v.* **tapped, tapping,** *n.* –*v.t.* **1.** to strike with slight blows. **2.** to make, put, etc., by tapping. **3.** to strike (the hand, foot, etc.) lightly upon or against something. –*v.i.* **4.** to strike lightly so as to attract attention. **5.** to strike light blows. –*n.* **6.** a light, fast blow that can be heard. **7.** the sound made by this. **8.** the smallest amount; skerrick: *no one had done a tap of work.* –**tappable** *adj.*

tap² /tæp/ *n., v.* **tapped, tapping.** –*n.* **1.** any device for controlling the flow of liquid from a pipe or the like by opening or closing an orifice; a cock.

tape   825   **tarnish**

2. a cylindrical stick, long plug, or stopper for closing an opening through which liquid is drawn, as in a cask; a spigot. **3.** *Surgery* withdrawal of gas or fluid. **4.** an instrument for cutting the thread of a female screw. **5.** a hole made in tapping, as one in a pipe to furnish connection for a branch pipe. **6.** *Electricity* a connection brought out of a winding at some point between its extremities. **7.** a connection, usually secretly made, to a telephone line, which enables interested parties to overhear or record the conversations on that line. –*v.t.* **8.** to draw off (liquid) by drawing out or opening a tap, or by piercing the container; draw liquid from (any vessel or reservoir). **9.** to draw the tap or plug from, or pierce (a cask, etc.). **10.** to penetrate, reach, etc., for the purpose of drawing something off: *to tap one's resources*. **11.** *Surgery* to penetrate for the purpose of drawing off fluid or gas: *tap the abdomen*. **12.** *Colloquial* to extract money from, especially in a crafty manner. **13.** to gain or effect secret access to: *to tap telephone wires to hear conversations*. **14.** to cut a female screw thread in (a hole, etc.). **15.** to open outlets from (power lines, roads, pipes, etc.). –*phr.* **16. on tap, a.** ready to be drawn off and served, as drink, especially beer, in a cask. **b.** ready for immediate use. –**tappable** *adj.*

tape /teɪp/ *n., v.* **taped, taping.** –*n.* **1.** a long narrow strip of linen, cotton, or the like, used for tying garments, etc. **2.** a long narrow strip of paper, metal, etc. **3.** a tape measure. **4.** → **magnetic tape. 5.** a string or the like stretched across the finishing line in a race and broken by the winning contestant. **6.** *Horseracing* the starting line of a race when no barrier stalls are used, as in trotting, picnic races, etc. –*v.t.* **7.** to furnish with a tape or tapes. **8.** to tie up or bind with tape. **9.** to tape-record. –*phr.* **10. have someone taped,** *Colloquial* to understand someone thoroughly, especially their weakness or guile. **11. have something taped,** *Colloquial* to be in complete control of or be easily able to do something. –**taper** *n.* –**tapeless** *adj.* –**tapelike** *adj.*

tape deck *n.* a tape recorder without built-in amplifiers or speakers, used as a component in a high fidelity sound system.

tape machine *n.* a telegraphic instrument which automatically prints share prices, market reports, etc., on a tape (**ticker tape**).

tape measure *n.* a long strip or ribbon, of as linen or steel, marked with subdivisions of the foot or metre for measuring. Also, *Chiefly US*, **tapeline** /ˈteɪpleɪn/.

taper /ˈteɪpə/ *v.i.* **1.** to become gradually thinner towards one end. **2.** to gradually grow thin. –*v.t.* **3.** to make gradually thinner towards one end. **4.** to gradually make thin. –*n.* **5.** a gradual decrease of width, thickness, power, force or capacity. **6.** a very thin candle. –**taperer** *n.* –**taperingly** *adv.*

tape recorder *n.* a device for recording an electrical signal, especially one produced by sound, in which a magnetic tape moves past an inductance coil which magnetises the tape in relation to the input signal. The signal is recovered from the magnetised tape by a playback circuit and can be erased by demagnetising the tape. Also, **taperecorder.**

tapestry /ˈtæpəstri/ *n.* **-ries. 1.** a fabric consisting of a warp upon which coloured threads are woven by hand to produce a design, often pictorial, and used for wall hangings, furniture coverings, etc. **2.** a machine-woven reproduction of true tapestry. –**tapestry-like** *adj.*

tapeworm /ˈteɪpwɜm/ *n.* any of various flat or tapelike worms of the class Cestoda, lacking any alimentary canal, and parasitic when adult in the alimentary canal of humans and other vertebrates, usually characterised by having the larval and adult stages in different hosts.

tapioca /tæpiˈoʊkə/ *n.* a granular farinaceous food substance prepared from cassava starch by drying while moist on heated plates, used for making puddings, thickening soups, etc.

tappet /ˈtæpət/ *n.* (in a machine or engine) a projecting part, arm, or the like which intermittently comes in contact with another part to which it communicates or from which it receives an intermittent motion.

taproot /ˈtæprut/ *n. Botany* a main root descending downwards from the radicle and giving off small lateral roots.

tar¹ /ta/ *n., v.* **tarred, tarring.** –*n.* **1.** any of various dark-coloured viscid products obtained by the destructive distillation of certain organic substances, such as coal, wood, etc. **2.** coal-tar pitch. –*adj.* **3.** made of or covered with tar. –*v.t.* **4.** to smear or cover with, or as with, tar. **5. tar and feather,** to punish or have revenge on (someone) by covering them with tar and feathers. **6. tarred with the same brush,** having similar faults.

tar² /ta/ *n. Colloquial* a sailor.

taraire /təˈraɪri/ *n.* a large New Zealand forest tree, *Beilschmiedia taraire*.

tarantula /təˈræntʃələ/ *n.* **-las** *or* **-lae** /-li/. **1.** in Australia, a huntsman spider of the genus *Isopoda*, especially the large, swift *Isopoda immanis*, which often seeks shelter in houses during rain; a triantelope. **2.** a large spider of southern Europe, *Lycosa tarantula*, whose bite was formerly supposed to cause an uncontrollable impulse to dance. **3.** any large spider, especially one of the family Theraphosidae of America. **4.** a name given to several animals which are thought to be venomous, as certain snakes and lizards.

tardy /ˈtadi/ *adj.* **-dier, -diest. 1.** moving or acting slowly; slow; sluggish. **2.** late. **3.** delaying through reluctance. –**tardily** *adv.* –**tardiness** *n.*

tare¹ /tɛə/ *n.* any of various vetches, especially *Vicia sativa*.

tare² /tɛə/ *n., v.* **tared, taring.** –*n.* **1.** the weight of the wrapping, receptacle, or conveyance containing goods. **2.** a deduction from the gross weight to allow for this. **3.** the weight of a vehicle without cargo, passengers, etc. **4.** *Chemistry* a counterweight used to balance the weight of a container. –*v.t.* **5.** to ascertain, note, or allow for the tare of.

target /ˈtagət/ *n., v.* **-eted, -etted, -eting, -etting.** –*n.* **1.** an object, usually marked with concentric circles, to be aimed at in shooting practice or contests. **2.** anything fired at or aimed at. **3.** a goal to be reached. **4.** the object of attack, scorn, laughter, etc.; butt. **5.** *History* a small round shield or buckler. –*v.t.* **6.** to have as a target: *police are targeting speeding drivers*. –**targetless** *adj.*

tariff /ˈtærəf/ *n.* **1.** an official list or table showing the duties or customs placed by a government on exports or, especially, imports. **2.** any duty in such a list or system. **3.** any table of charges, as of a transport undertaking. **4.** (a list of) the prices charged for rooms, meals, etc., at a hotel or restaurant. –**tariffless** *adj.*

tarmac /ˈtamæk/ *n.* **1.** → **tarmacadam. 2.** the apron or other area made of tarmacadam. **3.** the apron area adjoining airport buildings where aeroplanes are loaded, boarded, etc.

tarmacadam /tamə'kædəm/ *n.* a road-surfacing mixture consisting of small stones or gravel bound together with tar or a mixture of tar and bitumen.

tarnish /ˈtanɪʃ/ *v.t.* **1.** to dull or change the surface shine of (metal) by contact with the air; discolour. **2.** to lessen or destroy the purity of; stain; sully.

tarot

–*v.i.* **3.** to grow dull or discoloured; lose lustre. **4.** to become stained. –*n.* **5.** a tarnished coating. **6.** a tarnished condition; discolouration; alteration of the lustre. **7.** a stain or mark; blemish. –**tarnishable** *adj.* –**tarnisher** *n.*

tarot /'tærou/ *n.* **1.** one of a pack of 78 cards, made up of four suits of 14 cards each, with 22 trump cards. **2.** a trump card in such a pack, bearing a symbolic or mythological character, now chiefly used in cartomancy. –*adj.* **3.** having to do with the tarots, especially the trump cards.

tarpaulin /ta'pɔlən/ *n.* **1.** a protective covering of canvas or other material waterproofed with tar, paint, or wax. **2.** a hat, especially a sailor's made of or covered with such material.

tarragon /'tærəgən/ *n.* **1.** an Old World plant, *Artemisia dracunculus*, whose aromatic leaves are used for flavouring. **2.** the leaves themselves.

tarry[1] /'tæri/ *v.i.* **-ried, -rying. 1.** to remain or stay, as in a place; sojourn. **2.** to delay or be tardy in acting, starting, coming, etc.; linger or loiter. **3.** to wait. –**tarrier** *n.*

tarry[2] /'tari/ *adj.* of or like tar; smeared with tar. –**tarriness** *n.*

tarsus /'tasəs/ *n.* **-si** /-saɪ/. *Anatomy* the bones of the ankle joint and instep. –**tarsal** *adj.*

tart[1] /tat/ *adj.* **1.** sharp to the taste; sour or acid: *tart apples.* **2.** sharp in character, spirit, or expression; cutting; caustic: *a tart remark.* –**tartish** *adj.* –**tartishly** *adv.* –**tartly** *adv.* –**tartness** *n.*

tart[2] /tat/ *n.* a saucer-shaped shell of pastry, filled with cooked fruit or other sweetened preparation, and having no top crust. –**tarty** *adj.*

tart[3] /tat/ *Colloquial* –*n.* **1.** (*derogatory*) a promiscuous woman. **2.** a prostitute. **3.** any woman. –*phr.* **4. tart up,** to adorn; make attractive, especially with cheap ornaments and cosmetics.

tartan /'tatn/ *n.* **1.** a woollen or worsted cloth woven with stripes of different colours and widths crossing at right angles, worn chiefly by the Scottish Highlanders, each clan having its distinctive pattern. **2.** a design of such a plaid known by the name of the clan wearing it. **3.** any plaid. –*adj.* **4.** having to do with or resembling tartan. **5.** made of tartan.

tartar /'tatə/ *n.* **1.** a hard substance deposited on the teeth by the saliva, consisting of calcium phosphate, mucus, etc. **2.** the deposit from wines; potassium bitartrate. **3.** the partially purified product midway between the crude form (argol) and the further purified form (cream of tartar). –**tartaric** /ta'tærɪk/ *adj.*

tar-vine /'ta-vaɪn/ *n.* any species of the genus *Boerhavia*, of inland Australia, especially *B. diffusa*, a widespread weed.

task /task/ *n.* **1.** a definite piece of work assigned or falling to a person; a duty. **2.** any piece of work. **3.** a matter of considerable labour or difficulty. –*phr.* **4. take to task,** to call to account, as for fault; blame or censure. –**tasker** *n.* –**taskless** *adj.*

Tasmanian blue gum *n.* a tall smooth-barked species of *Eucalyptus*, *E. globulus*, native to Tasmania and Victoria but widely cultivated; the floral emblem of Tasmania.

Tasmanian devil *n.* a large carnivorous marsupial of the family Dasyuridae, *Sarcophilus harrisii*, of Tasmania, having a black coat with white markings.

Tasmanian tiger *n.* → **thylacine.**

Tasmanian wolf *n.* → **thylacine.**

tassel /'tæsəl/ *n.* **1.** a hanging ornament, usually a bunch of threads or small cords hanging from a roundish knob or head. **2.** something like this, e.g. the flower of certain plants, especially that at the top of a stalk of sugar cane, maize, etc. –**tasselly** *adj.*

taupata

taste /teɪst/ *v.* **tasted, tasting.** *n.* –*v.t.* **1.** to try the flavour or quality of (something) by taking some into the mouth: *to taste food.* **2.** to eat or drink a little of: *he hadn't tasted food for three days.* **3.** to perceive or distinguish the flavour of: *to taste the wine in a sauce.* **4.** to have or get experience, especially a slight experience, of. –*v.i.* **5.** to try the flavour or quality of something. **6.** to perceive or distinguish the flavour of anything. **7.** to have experience, or make trial in experience, of something. –*v.* (*copular*) **8.** to have a flavour as specified: *the milk tastes sour.* –*n.* **9.** the act of tasting food, drink, or the like. **10.** the sense by which the flavour or savour of things is perceived when they are brought into contact with special organs of the tongue. **11.** sensation, flavour, or quality as perceived by these organs. **12.** a small quantity tasted; a morsel, bit, or sip. **13.** a relish, liking, or predilection for something: *a taste for music.* **14.** the sense of what is fitting, harmonious, or beautiful; the perception and enjoyment of what constitutes excellence in the fine arts, literature, etc. **15.** manner, style, or general character as showing perception, or lack of perception, of what is fitting or beautiful; characteristic or prevailing style. **16.** a slight experience or a sample of something. –*phr.* **17. taste of, a.** to eat or drink a little of. **b.** to smack or savour of. **18. to someone's taste,** agreeable or pleasing to someone: *he couldn't find a tie to his taste.* –**tasteless** *adj.*

tastebud /'teɪstbʌd/ *n. Physiology* any of a number of small, flask-shaped bodies in the epithelium of the tongue, etc., the special organs of taste.

tasty /'teɪsti/ *adj.* **tastier, tastiest. 1.** pleasing to the taste; savoury; appetising. **2.** *Colloquial* having or showing good taste. –**tastily** *adv.* –**tastiness** *n.*

tat /tæt/ *v.* **tatted, tatting.** –*v.t.* **1.** to make by tatting. –*v.i.* **2.** to do tatting.

tatter /'tætə/ *n.* **1.** a torn piece hanging loose from the main part, as of a garment, etc. **2.** a separate torn piece. **3.** (*plural*) torn or ragged clothing. –*v.t.* **4.** to tear or wear to tatters. –*v.i.* **5.** to become ragged.

tatting /'tætɪŋ/ *n.* **1.** the process or work of making a kind of knotted lace of cotton or linen thread with a shuttle. **2.** such lace.

tattle /'tætl/ *v.* **-tled, -tling.** *n.* –*v.i.* **1.** to let out secrets. **2.** to chatter, prate, or gossip. –*v.t.* **3.** to utter idly; disclose by gossiping. –*n.* **4.** the act of tattling. **5.** idle talk; chatter; gossip. –**tattlingly** *adv.*

tattler /'tætlə/ *n.* **1.** someone who tattles; a telltale. **2.** any of various sandpipers with a vociferous cry which spend the northern winter in Australia and South-East Asia.

tattoo[1] /tæ'tu/ *n.* **-toos. 1.** a signal on a drum, bugle, or trumpet at night, for soldiers or sailors to retire to their quarters. **2.** any similar beating or pulsation. **3.** an outdoor military pageant or display.

tattoo[2] /tæ'tu/ *n.* **-toos,** *v.* **-tooed, -tooing.** –*n.* **1.** the act or practice of marking the skin with indelible patterns, pictures, legends, etc., by making punctures in it and inserting pigments. **2.** a pattern, picture, legend, etc., so made. –*v.t.* **3.** to mark with tattoos. –**tattooer** *n.* –**tattooist** *n.*

tatty /'tæti/ *adj.* **-tier, -tiest.** untidy; shabby; tawdry.

taught /tɔt/ *v.* past tense and past participle of **teach.**

taunt /tɔnt/ *v.t.* **1.** to reproach in a sarcastic or insulting manner. **2.** to provoke by taunts; mock. –*n.* **3.** an insulting gibe or sarcasm; scornful reproach or challenge. –**taunter** *n.* –**tauntingly** *adv.*

taupata /'taupətə/ *n.* a New Zealand shrub of the

taupe genus *Coprosma*, especially *C. repens* with dark shiny leaves and orange-red berries; looking-glass plant; mirror plant; mirror bush.

taupe /tɔp, toʊp/ *n.* dark grey usually slightly tinged with brown, purple, yellow, or green.

taut /tɔt/ *adj.* **1.** tightly drawn; tense; not slack. **2.** in good order or condition; tidy; neat. **–tautly** *adv.* **–tautness** *n.*

tauto- a word element meaning same, as in *tautonym*.

tautology /tɔˈtɒlədʒi/ *n.* **-gies. 1.** needless repetition of an idea, especially in other words in the immediate context, without imparting additional force or clearness, as *to descend down.* **2.** an instance of this. **3.** *Logic* a proposition that can be shown to be true because it includes every possibility: *either Smith owns a car or he doesn't own a car.* **–tautological** /tɔtəˈlɒdʒɪkəl/ *adj.* **–tautologically** /tɔtəˈlɒdʒɪkli/ *adv.* **–tautologist** *n.*

tavern /ˈtævən/ *n.* premises where food and alcoholic drink are served, but where no accommodation is provided.

taw /tɔ/ *n.* **1.** a choice or fancy marble with which to shoot. **2.** (*plural*) a game of marbles. **3.** the line from which the players shoot. *–phr.* **4. go back to taws** or **start from taws**, *Australian, Colloquial* to begin at the beginning.

tawa /ˈtawə/ *n.* a tall New Zealand timber tree, *Beilschmiedia tawa*, with edible purple berries.

tawdry /ˈtɔdri/ *adj.* **-drier, -driest.** (of finery, etc.) gaudy; showy and cheap. **–tawdrily** *adv.* **–tawdriness** *n.*

tawhai /ˈtafaɪ, ˈtawaɪ/ *n.* any of various New Zealand species of *Nothofagus*, beech.

tawny /ˈtɔni/ *adj.* **-nier, -niest**, *n. –adj.* **1.** of a dark yellowish or yellowish brown colour. *–n.* **2.** a shade of brown tinged with yellow; dull yellowish brown. Also, **tawney. –tawniness** *n.*

tax /tæks/ *n.* **1.** a compulsory contribution of money, demanded by a government for its support, and imposed on incomes, property, goods purchased, etc. **2.** a heavy or unwanted charge, duty, or demand. *–v.t.* **3.** to put a tax on (income, people, etc.). **4.** to lay a burden on; make serious demands: *this job taxes my skills.* **5.** to scold; censure; reprove. **–taxability** /tæksəˈbɪləti/, **taxableness** *n.* **–taxably** *adv.* **–taxer** *n.* **–taxless** *adj.*

taxation /tækˈseɪʃən/ *n.* **1.** the act of taxing. **2.** the fact of being taxed. **3.** a tax imposed. **4.** the revenue raised by taxes.

tax avoidance *n.* the taking of lawful measures to minimise one's tax liabilities. Compare **tax evasion.**

tax-deductible /ˈtæks-dədʌktəbəl/ *adj.* having to do with any expense, loss, etc., which can be legally claimed as a deduction from taxable income.

tax evasion *n.* the taking of illegal steps to deprive the revenue of fiscal dues.

taxi /ˈtæksi/ *n.* **taxis**, *v.* **taxied, taxiing** or **taxying.** *–n.* **1.** Also, **taxicab.** a car for public hire, especially one fitted with a taximeter. *–v.i.* **2.** (of a plane) to move over the surface of the ground or water under its own power, especially when preparing to take off or just after landing.

taxidermy /ˈtæksəˌdɜmi/ *n.* the art of preparing and preserving the skins of animals, and stuffing and mounting them in lifelike form. **–taxidermal** /tæksəˈdɜməl/, **taxidermic** /tæksəˈdɜmɪk/ *adj.* **–taxidermist** *n.*

tax indexation *n.* the indexing of tax scales in accordance with certain economic variables such as the consumer price index.

taxis /ˈtæksəs/ *n.* **1.** arrangement, order, as in one of the physical sciences. **2.** *Biology* the movement of an organism in a particular direction in response to an external stimulus. **3.** *Surgery* the replacing of a displaced part, or the reducing of a hernial tumour or the like, by manipulation without cutting.

-taxis a word element meaning 'arrangement', as in *chemotaxis*.

taxonomy /tækˈsɒnəmi/ *n.* **1.** classification, especially in relation to its principles or laws. **2.** the department of science, or of a particular science, which deals with classification. **–taxonomic** /tæksəˈnɒmɪk/, **taxonomical** /tæksəˈnɒmɪkəl/ *adj.* **–taxonomically** /tæksəˈnɒmɪkli/ *adv.* **–taxonomist, taxonomer** *n.*

tax return *n.* a statement of personal income required annually by tax authorities, used in assessing a person's tax liability.

tax shelter *n.* an investment, allowance, etc., used by a person or company to reduce or avoid tax liability.

-taxy variant of **-taxis**, as in *heterotaxy*.

TB /ti ˈbi/ *n.* tuberculosis.

tea /ti/ *n.* **1.** the dried and prepared leaves of the shrub, *Thea sinensis*, from which a somewhat bitter, aromatic beverage is made by infusion in boiling water. **2.** the shrub itself, which is extensively cultivated in China, Japan, India, etc., and has fragrant white flowers. **3.** the beverage so prepared, served hot or iced. **4.** any of various infusions prepared from the leaves, flowers, etc., of other plants, and used as beverages or medicines. **5.** any kind of leaves, flowers, etc., so used, or any plant yielding them. **6. → beef tea**. **7.** a light meal taken in the late afternoon. **8.** the main evening meal. **9.** *Colloquial* **→ marijuana.** *–phr.* **10. cup of tea**, *Colloquial* a task, topic, person, or object, etc., well suited to one's experience, taste, or liking: *that show is more like my cup of tea.* **11. not for all the tea in China**, not at all; in no way. **–tealess** *adj.*

teach /titʃ/ *v.* **taught, teaching.** *–v.t.* **1.** to impart knowledge of or skill in; give instruction in: *he teaches mathematics.* **2.** to impart knowledge or skill to; give instruction to: *he teaches a large class.* *–v.i.* **3.** to impart knowledge or skill; give instruction.

teak /tik/ *n.* **1.** a large East Indian tree, *Tectona grandis*, with a hard, durable, yellowish brown, resinous wood, used for shipbuilding, making furniture, etc. **2.** the wood. **3.** any of various similar trees or woods as *Flindersia australis*.

teal /til/ *n.* **teals**, (*especially collectively*) **teal**. any of various small freshwater ducks, as the grey teal, *Anas gibberifrons*, a wide-ranging bird of Australia, Indonesia, New Zealand, and Pacific islands.

team /tim/ *n.* **1.** a number of persons associated in some joint action, especially one of the sides in a match: *a team of football players.* **2.** two or more horses, oxen, or other animals harnessed together to draw a vehicle, plough, or the like. *–v.t.* **3.** to join together in a team. **4.** to use, wear, etc., together, especially for effect: *team a red blouse with your new skirt.* **5.** *US* to convey or transport by means of a team. *–v.i.* **6.** *US* to drive a team. **7.** to work together in or as if in a team. *–phr.* **8. team up with**, to work together with; collaborate with.

team spirit *n.* the camaraderie and loyalty which members of a team display towards each other.

teamster /ˈtimstə/ *n.* **1.** someone who drives a team, especially as an occupation. **2.** *US* someone who drives a truck, especially as an occupation; haulier.

tear[1] /tɪə/ *n.* **1.** a drop of the limpid fluid secreted by the lachrymal gland, appearing in or flowing

tear from the eye, chiefly as the result of emotion, especially of grief. **2.** something resembling or suggesting a tear, as a drop of a liquid or a tear-like mass of a solid substance. **3.** (*plural*) grief; sorrow. –*phr.* **4. in tears**, weeping. –**tearful** *adj.* –**tearless** *adj.*

tear² /tɛə/ *v.* **tore, torn, tearing**, *n.* –*v.t.* **1.** to pull apart or in pieces by force, especially so as to leave ragged or irregular edges. **2.** to pull or pluck violently or with force. **3.** to distress greatly: *a heart torn with anguish.* **4.** to rend or divide: *a country torn by civil war.* **5.** to wound or injure by, or as by, rending; lacerate. **6.** to produce or effect by rending: *to tear a hole in one's coat.* **7.** to remove by force: *to be unable to tear oneself away from a place.* –*v.i.* **8.** to become torn. **9.** to make a tear or rent. **10.** *Colloquial* to move or go with violence or great haste. –*n.* **11.** the act of tearing. **12.** a rent or fissure. **13.** *Colloquial* a drinking spree: *on the tear.* –*phr.* **14. tear at**, to pluck violently at; attempt to tear. **15. tear down**, to pull down; destroy; demolish. **16. tear into**, to attack violently, either physically or verbally. **17. tear off, a.** to pull or pluck away violently. **b.** *Colloquial* to perform or do, especially rapidly or casually. **c.** to leave hurriedly. **18. tear strips off**, to reprove severely. **19. tear up, a.** to tear into small pieces. **b.** to cancel; annul.

tear gas *n.* a gas used in warfare or in riots, which makes the eyes smart and water, thus producing a temporary blindness.

tease /tiz/ *v.* **teased, teasing**, *n.* –*v.t.* **1.** to worry or irritate by persistent petty requests, trifling raillery, or other annoyances often in jest. **2.** to pull apart or separate the adhering fibres of, as in combing or carding wool; comb or card (wool, etc.); shred. **3.** to raise a nap on (cloth) with teasels; teasel. **4.** to give height and body to a hairdo by combing (the hair) from the end towards the scalp. **5.** to flirt with. –*v.i.* **6.** to worry or disturb a person, etc., by importunity or persistent petty annoyance. –*n.* **7.** a person or thing that teases someone: *Julie is a terrible tease.* –*phr.* **8. tease out**, to separate or extricate (tangled or intricately connected parts): *to tease out some of the threads in a story.* –**teasingly** *adv.*

teaspoon /'tispun/ *n.* **1.** the small spoon commonly used to stir tea, coffee, etc. **2.** a teaspoonful.

teat /tit/ *n.* **1.** the protuberance on the breast or udder in female mammals (except the monotremes), where the milk ducts discharge; a nipple or mamilla. **2.** something resembling a teat, especially for feeding a baby from a bottle.

tea-tree /'ti-tri/ *n.* any species of *Leptospermum* or any of several species of the allied genus *Melaleuca*, as *L. scoparium*, of Australia and New Zealand, frequently developed as an ornamental with white, pink, or red flowers. Also, **ti-tree**.

tech /tɛk/ *n. Colloquial* a technical college or school.

technical /'tɛknɪkəl/ *adj.* **1.** belonging or relating to an art, science, or the like: *technical skill.* **2.** peculiar to or characteristic of a particular art, science, profession, trade, etc.: *technical details.* **3.** using terms or treating a subject in a manner peculiar to a particular field, as a writer or a book. **4.** relating to or connected with the mechanical or industrial arts and the applied sciences: *a technical school.* **5.** so considered from a strictly legal point of view or a rigid interpretation of the rules: *a military engagement ending in a technical defeat.* –*phr.* **6. get technical**, *Colloquial* to propound or apply a strict interpretation of the rules. –**technically** *adv.* –**technicalness** *n.*

technical college *n.* a state institution providing technical education at the tertiary level.

technicality /tɛknə'kælətɪ/ *n.* **-ties. 1.** technical character. **2.** the use of technical methods or terms. **3.** something that is technical; a technical point, detail, or expression. **4.** a literal, often narrow-minded interpretation of a rule, law, etc.; quibble: *he was ruled ineligible on a technicality.*

technician /tɛk'nɪʃən/ *n.* **1.** someone versed in the technicalities of a subject. **2.** someone skilled in the technique of an art, as music or painting. **3.** a person considered from the point of view of his or her technical skill: *a good technician; a bad technician.* **4.** someone skilled and knowledgeable in a particular technical area: *a telephone technician.*

technicolour = technicolor /'tɛknɪkʌlə, -nə-/ *n.* **1.** a process of making cinema films in colour by superimposing the three primary colours to produce a final coloured print. –*adj.* **2.** bright, vivid, especially of colours: *a technicolour dream.*

technique /tɛk'nik/ *n.* **1.** method of performance; way of accomplishing. **2.** technical skill, especially in artistic work.

techno- a word element referring to 'technic', 'technology'.

technocracy /tɛk'nɒkrəsɪ/ *n.* **1.** a theory and movement (prominent about 1932) advocating control of industrial resources and reorganisation of the social system, based on the findings of technologists and engineers. **2.** a system of government which applies this theory. **3.** people who occupy senior positions in various technical fields, as engineering, science, economics, etc., considered as a class exercising a strong influence over society as a whole. –**technocrat** /'tɛknəkræt/ *n.* –**technocratic** /tɛknə'krætɪk/ *adj.*

technology /tɛk'nɒlədʒɪ/ *n.* the branch of knowledge that deals with science and engineering, or its practice, as applied to industry; applied science. –**technologist** *n.* –**technological** /tɛknə'lɒdʒɪkəl/ *adj.*

technology park *n.* an industrial park devoted to high-technology industries. Also, **high technology park**.

tectonic /tɛk'tɒnɪk/ *adj.* **1.** having to do with building or construction; constructive; architectural. **2.** *Geology* **a.** having to do with the structure of the earth's crust. **b.** having to do with the forces or conditions within the earth that cause movements of the crust such as earthquakes, folds, faults, and the like. –**tectonically** *adv.*

teddy bear *n.* a stuffed toy bear.

tedious /'tidɪəs/ *adj.* **1.** marked by tedium; long and tiresome: *tedious tasks, journeys, etc.* **2.** prolix so as to cause weariness, as a speaker. –**tediously** *adv.* –**tediousness** *n.*

tedium /'tidɪəm/ *n.* the state of being wearisome; irksomeness; tediousness.

tee¹ /ti/ *n.* **1.** the letter T, t. **2.** something shaped like a T, as a three-way joint used in fitting pipes together. **3.** the mark aimed at in various games, as curling. –*adj.* **4.** having a crosspiece at the top; shaped like a T.

tee² /ti/ *n., v.* **teed, teeing.** –*n.* **1.** Also, **teeing ground**. *Golf* the starting place, usually a hard mound of earth, at the beginning of each fairway. **2.** *Golf* a small heap of sand, or a rubber, plastic, or wooden object, on which the ball is placed and from which it is driven at the beginning of a hole. –*v.t.* **3.** *Golf* to place (the ball) on a tee. –*phr.* **4. tee off**, *Golf* to strike the ball from a tee. **5. tee up**, *Colloquial* to organise; plan. **6. to a tee**, perfectly; exactly: *it suits you to a tee.*

teem¹ /tim/ *v.i.* (sometimes fol. by *with*) to abound or swarm; be prolific or fertile. –**teemer** *n.*

teem² /tim/ *v.i.* **1.** to empty or pour out; discharge. **2.** to rain very hard. –*v.t.* **3.** to empty liquid from (a vessel), as molten steel from a crucible.

-teen a termination forming the cardinal numerals from 13 to 19.

teenager /ˈtineɪdʒə/ *n.* a person in his or her teens. **-teenage** *adj.*

teens /tinz/ *pl. n.* the period of one's life between the ages of 12 and 20.

teeny /ˈtini/ *adj.* **-nier, -niest.** tiny.

teeny-bopper /ˈtini-bɒpə/ *n.* a young teenager (12-15 years) who conforms to the style of dress, music, etc., of current pop groups.

teeter /ˈtitə/ *v.i.* **1.** to seesaw. **2.** to move unsteadily.

teeth /tiθ/ *n.* **1.** plural of **tooth. 2.** the punitive sections of a legislation, ruling, etc., meant to ensure its enforcement: *give a regulation teeth.* *-phr.* **3. be fed (up) to the (back) teeth with,** *Colloquial* to be heartily sick of; have had more than enough of. **4. get one's teeth into,** to start to cope effectively with (a problem, etc.). **5. grit (or set) one's teeth,** *Colloquial* to prepare to endure pain or emergency with fortitude. **6. have (or take) the bit in (or between) one's teeth, a.** to tackle a task, problem, etc., in a determined and energetic fashion. **b.** to throw off control; rush headlong. **7. in someone's teeth, a.** in direct conflict or opposition to someone. **b.** to someone's face; openly. **8. in the teeth of, a.** so as to face or confront; straight against. **b.** in defiance of; in spite of. **c.** in the face or presence of. **9. scarce (or rare) as hen's teeth,** *Colloquial* very rare. **10. set someone's teeth on edge,** to cause someone a disagreeable sensation or strong feelings of antipathy: *the noise of chalk on blackboard sets my teeth on edge.* **11. to the teeth,** fully: *armed to the teeth.*

teethe /tið/ *v.i.* **teethed, teething.** to grow teeth; cut one's teeth.

teetotal /ˈtitoʊtl, tiˈtoʊtl/ *adj.* having to do with total abstinence from intoxicating drink. **-teetotally** *adv.*

teflon /ˈtɛflɒn/ *n.* the plastic produced by the polymerisation of tetrafluoroethylene, which has a low coefficient of friction and high resistance to temperature, chemicals, and radiation and is used for laboratory utensils, bearings, gaskets, and as a non-stick lining for cookware.

tele- 1. a word element meaning 'distant', especially 'transmission over a distance', as in *telegraph.* **2.** a word element referring to *television* or *telephone.*

telecast /ˈtɛləkast, ˈtɛli-/ *v.* **-cast** *or* **-casted, -casting,** *n.* *-v.i.* **1.** to broadcast by television: *this station first telecast in 1965. -v.t.* **2.** to broadcast (programs, etc.) by television: *which network is telecasting the Olympics? -n.* **3.** a television broadcast.

telecommunication /ˌtɛləkəmjunəˈkeɪʃən, ˌtɛli-/ *n.* **1.** (*plural*) the science or technology of telegraphic or telephonic communications by line or radio transmission. **2.** a message so communicated.

teleconference /ˈtɛliˌkɒnfərəns/ *n.,* /ˈtɛlikɒnfərəns/ *v.* **-ced, -cing.** *-n.* **1.** a conference in which the people at locations remote from each other can take part using teleconferencing. *-v.i.* **2.** to conduct a meeting via teleconferencing.

teleconferencing /ˈtɛliˌkɒnfərənsɪŋ/ *n.* the process of conducting a meeting making use of an audio and video telecommunications system which allows separate groups of people at remote locations to communicate.

telegram /ˈtɛləgræm/ *n.* a communication sent by telegraph; a telegraphic message. **-telegrammic** /ˌtɛləˈgræmɪk/, **telegrammatic** /ˌtɛləgrəˈmætɪk/ *adj.*

telegraph /ˈtɛləgræf, -graf/ *n.* **1.** an apparatus, system, or process for transmitting messages or signals to a distance, especially by means of an electrical device consisting essentially of a transmitting or sending instrument and a distant receiving instrument connected by a conducting wire, or other communications channel, the making and breaking of the circuit at the sending end causing a corresponding effect, as on a sounder, at the receiving end. **2.** a telegraphic message. *-v.t.* **3.** to transmit or send (a message, etc.) by telegraph. **4.** to send a message to (a person) by telegraph. **5.** *Sport Colloquial* to give prior indication of (one's moves). *-v.i.* **6.** to send a message by telegraph. *-phr.* **7. telegraph one's punches,** *Colloquial* to give prior indication of one's plans or intentions, especially to an opponent. **-telegrapher** /təˈlɛgrəfə/, **telegraphist** /təˈlɛgrəfəst/ *n.* **-telegraphic** /ˌtɛləˈgræfɪk/, **telegraphical** /ˌtɛləˈgræfɪkəl/ *adj.* **-telegraphically** /ˌtɛləˈgræfɪkli/ *adv.*

telemarketing /ˈtɛliˌmakətɪŋ/ *n.* the selling of goods or services by contacting potential customers on the telephone.

teleology /tiliˈɒlədʒi, tɛl-/ *n.* **1.** the doctrine of final causes or purposes. **2.** the belief that purpose and design are a part of, or are apparent in, nature. **3.** the doctrine in vitalism that phenomena are guided not only by mechanical forces but also by the ends towards which they move. **-teleological** /ˌtiliəˈlɒdʒɪkəl/ *adj.* **-teleologically** /ˌtiliəˈlɒdʒɪkli/ *adv.* **-teleologist** /ˌtiliˈɒlədʒəst/ *n.*

telepathy /təˈlɛpəθi/ *n.* communication of one mind with another by some means other than the normal use of the senses. **-telepathic** /ˌtɛləˈpæθɪk/ *adj.* **-telepathically** /ˌtɛləˈpæθɪkli/ *adv.* **-telepath, telepathist** *n.*

telephone /ˈtɛləfoʊn/ *n., v.* **-phoned, -phoning.** *-n.* **1.** an apparatus, system, or process for transmission of sound or speech to a distant point, especially by an electrical device. *-v.t.* **2.** to speak to or summon (a person) by telephone. **3.** to send (a message, etc.) by telephone. *-v.i.* **4.** to send a message by telephone. *-phr.* **5. on the telephone,** engaged in a telephone conversation. **-telephoner** *n.* **-telephonic** /ˌtɛləˈfɒnɪk/ *adj.* **-telephonically** /ˌtɛləˈfɒnɪkli/ *adv.* **-telephonist** *n.*

telephoto lens /ˌtɛləˈfoʊtoʊ ˈlɛnz/ *n.* a lens used in or attached to a camera for producing an enlarged image of a distant object.

teleprinter /ˈtɛliˌprɪntə, ˈtɛlə-/ *n.* an instrument having a typewriter keyboard which transmits and receives messages by telegraphic transmission, or to and from a computer. Also, **teletype.**

teleprocessing /ˈtɛliˌproʊsɛsɪŋ/ *n.* the processing of information held at another place, by means of an online computer.

telescope /ˈtɛləskoʊp/ *n., adj., v.* **-scoped, -scoping.** *-n.* **1.** an optical instrument for making distant objects appear nearer and larger. There are two principal forms, one (**refracting telescope**) consisting essentially of a lens or object glass for forming an image of the object and an eyepiece or combination of lenses for magnifying this image, and the other (**reflecting telescope**) having a similar arrangement but containing a concave mirror or speculum instead of an object glass. **Astronomical telescopes** are used for viewing objects outside the earth; **terrestrial telescopes** are used for viewing distant objects on the earth's surface. *-adj.* **2.** consisting of parts which fit and slide one within another. *-v.t.* **3.** to force together, one into another, or force into something else, in the manner of the sliding tubes of a jointed telescope. **4.** to condense; shorten. *-v.i.* **5.** to slide together, or into something else in the manner of the tubes of a jointed telescope. **6.** to be driven one into another, as railway carriages in a collision.

teletype /'tɛlɪtaɪp, 'tɛlə-/ n. → **teleprinter**.

televise /'tɛləvaɪz/ v.t. **-vised, -vising**. to broadcast by television.

television /'tɛləvɪʒən/ n. **1.** the broadcasting of a still or moving image via radio waves to receivers which project it on a picture tube for viewing at a distance from the point of origin. **2.** the process used. **3.** the field of broadcasting by television. **4.** a television receiver; television set. –**televisional** /tɛlə'vɪʒənəl/, **televisionary** /tɛlə'vɪʒənri/ adj.

television station n. **1.** a combination of devices for television transmission and/or receiving. **2.** a complete installation for television broadcasting, including transmitting apparatus, television studios, etc. **3.** an organisation engaged in broadcasting, on a fixed channel, programs of news, entertainment, propaganda, etc.

telex /'tɛlɛks/ n. **1.** an international two-way communications system which uses the public telecommunications network to link teleprinters at remote locations. **2.** → **teleprinter**. **3.** a message received or sent by teleprinter. –v.t. **4.** to send (someone) a message by telex. **5.** to send (a message) by telex.

tell /tɛl/ v. **told, telling**. –v.t. **1.** to give an account or narrative of; narrate; relate (a story, tale, etc.): *to tell one's life story*. **2.** to make known by speech or writing (a fact, news, information, etc.); communicate. **3.** to utter (the truth, a lie, etc.). **4.** to express in words (thoughts, feelings, etc.). **5.** to reveal or divulge (something secret or private). **6.** to say plainly or positively: *he won't tell me if it's true or not*. **7.** to discern (a distant person or thing) so as to be able to identify or describe: *can you tell who that is over there?* **8.** to recognise or distinguish: *you could hardly tell the difference between them*. **9.** to inform or apprise (a person, etc.) of something. **10.** to assure emphatically: *I won't, I tell you!* **11.** to bid, order, or command: *tell him to stop*. **12.** to count or enumerate, as votes. –v.i. **13.** to give an account or report: *she told about her experience*. **14.** to disclose something secret or private. **15.** to know; be certain: *how can we tell if there is a life after death?* **16.** to have force or effect; operate effectively: *a contest in which every stroke tells*. **17.** to produce a marked or severe effect. –phr. **18. tell of**, to give evidence or be an indication of: *to tell of wonders*. **19. tell off, a.** to mention one after another, as in enumerating. **b.** to count or set one by one or in exact amount: *to tell off five metres*. **c.** to separate from the whole, a group, etc., and assign to a particular task. **d.** *Colloquial* to scold; rebuke. **20. tell on**, to inform on. **21. tell tales (out of school)**, to report the misdemeanours, true or fictitious, of one's friends, peers, relatives, etc. –**tellable** adj.

teller /'tɛlə/ n. **1.** a narrator. **2.** someone employed in a bank to receive or pay out money over the counter. **3.** someone appointed to count votes. –**tellership** n.

telling /'tɛlɪŋ/ adj. **1.** having force or effect; effective; striking: *a telling blow*. **2.** indicative of one's feelings; revealing: *a telling blush*. –**tellingly** adv.

telltale /'tɛlteɪl/ n. **1.** Also, **telltale-tit**. someone who thoughtlessly and sometimes cruelly reveals private matters; tattler. –adj. **2.** that reveals what is not intended to be known: *a telltale blush*.

tellurian /tɛl'jurɪən, tə'lu-/ adj. **1.** of or characteristic of the earth or an inhabitant of the earth. –n. **2.** an inhabitant of the earth.

temerity /tə'mɛrəti/ n. reckless boldness; rashness. –**temerarious** /tɛmə'rɛərɪəs/ adj.

temp[1] /tɛmp/ n. *Colloquial* → **temporary** (def. 3).

temp[2] /tɛmp/ n. *Colloquial* → **temperature** (def. 2).

temper /'tɛmpə/ n. **1.** a particular state of mind or feelings. **2.** habit of mind, especially with respect to irritability or impatience; outbursts of anger, or the like. **3.** heat of mind or passion, shown in outbursts of anger, resentment, etc. **4.** a substance added to something to modify its properties or qualities. **5.** *Metallurgy* the particular degree of hardness and elasticity imparted to steel, etc., by tempering. –v.t. **6.** to moderate or mitigate. **7.** to soften or tone down. **8.** to bring to a proper, suitable, or desirable state by, or as by, blending or admixture. **9.** to moisten, mix, and work up into proper consistency, as clay or mortar. **10.** to heat and cool or quench (metal) to bring to the proper degree of hardness, elasticity, etc. **11.** to produce internal stresses in (glass) by sudden cooling from low red heat; toughen. **12.** to tune (a keyboard instrument, as a piano, organ, etc.) so as to make the notes available in different keys or tonalities. –v.i. **13.** to be or become tempered. –phr. **14. keep one's temper**, to remain calm or patient, especially despite provocation. **15. lose one's temper**, to become suddenly angry or enraged. –**temperable** adj. –**temperability** /tɛmpərə'bɪləti/ n. –**temperer** n.

tempera /'tɛmpərə/ n. paint made from pigment ground in water and mixed with an emulsion of egg yolk or some similar substance.

temperament /'tɛmprəmənt/ n. **1.** the individual peculiarity of physical organisation by which the manner of thinking, feeling, and acting of every person is permanently affected; natural disposition. **2.** unusual personal make-up manifested by peculiarities of feeling, temper, action, etc., with disinclination to submit to ordinary rules or restraints. **3.** the combination of the four cardinal humours, the relative proportions of which were supposed to determine physical and mental constitution. **4.** *Music* the tuning of a keyboard instrument as the piano, organ, etc., so that it can be played in all keys.

temperamental /tɛmprə'mɛntl/ adj. **1.** having or exhibiting a strongly marked individual temperament. **2.** moody, irritable, or sensitive. **3.** liable to behave erratically; unstable; unreliable. **4.** having to do with temperament; constitutional. –**temperamentally** adv.

temperance /'tɛmpərəns, 'tɛmprəns/ n. **1.** moderation or self-restraint in action, statement, etc.; self-control. **2.** habitual moderation in the indulgence of a natural appetite or passion, especially in the consumption of alcoholic drink. **3.** total abstinence from alcoholic drink.

temperate /'tɛmpərət, 'tɛmprət/ adj. **1.** moderate or self-restrained; not extreme in opinion, etc. **2.** moderate as regards indulgence of appetite or passion, especially in the consumption of alcoholic drink. **3.** not excessive in degree, as things, qualities, etc. **4.** moderate in respect of temperature. –**temperately** adv. –**temperateness** n.

Temperate Zone n. either of two regions, the North Temperate Zone, between the Arctic Circle and the tropic of Cancer, and the South Temperate Zone, between the Antarctic Circle and the tropic of Capricorn.

temperature /'tɛmprətʃə/ n. **1.** a measure of the degree of hotness or coldness of a body or substance which determines the rate at which heat will be transferred to or from it. See **thermometer**. **2.** *Physiology, Pathology* **a.** the degree of heat of a living body, especially the human body. **b.** the excess of this above the normal (which in the adult human being is about 37°C or about 98.4°F).

tempest /'tɛmpəst/ n. **1.** an extensive current of wind rushing with great velocity and violence, especially one attended with rain, hail, or snow; a violent storm. **2.** a violent commotion, distur-

template /'tɛmplət, -leɪt/ *n.* **1.** a formula or exemplum. **2.** a pattern, mould, or the like, usually consisting of a thin plate of wood, metal, or plastic, used as a guide in mechanical work or for transferring a design onto a work surface, etc. **3.** *Building Trades* a horizontal piece of timber, stone, or the like, in a wall, to receive and distribute the pressure of a girder, beam, etc. **4.** *Shipbuilding* either of two wedges in each of the temporary blocks forming the support for the keel of a ship while building.

temple¹ /'tɛmpəl/ *n.* **1.** an edifice or place dedicated to the service or worship of a deity or deities. **2.** any place or object regarded as occupied by the Divine Presence, as the body of a Christian. **3.** a building, usually large or pretentious, devoted to some public use: *a temple of music.* **-temple-like** *adj.*

temple² /'tɛmpəl/ *n.* **1.** the flattened region on either side of the human forehead. **2.** a corresponding region in lower animals.

tempo /'tɛmpoʊ/ *n.* **-pos** or **-pi** /-pi/. **1.** *Music* relative rapidity or rate of movement (usually indicated by such terms as adagio, allegro, etc., or by reference to the metronome). **2.** characteristic rate, rhythm, or pattern of work or activity: *the tempo of city life.*

temporal¹ /'tɛmpərəl, 'tɛmprəl/ *adj.* **1.** having to do with time. **2.** having to do with the present life or this world; worldly. **3.** enduring for a time only; temporary; transitory. **4.** *Grammar* **a.** having to do with or expressing time: *a temporal adverb.* **b.** having to do with the tenses of a verb. **5.** secular, lay, or civil . **-temporally** *adv.* **-temporality** /tɛmpə'ræləti/ *n.*

temporal² /'tɛmpərəl, 'tɛmprəl/ *Anatomy* **-adj. 1.** of, relating to, or situated near the temple or a temporal bone. **-n. 2.** any of several parts in the temporal region, especially the temporal bone.

temporary /'tɛmpri, -prəri/ *adj.* **1.** lasting, existing, serving, or effective for a time only; not permanent: *a temporary need.* **2.** (of an employee) not on the permanent staff and therefore not enjoying job security or fringe benefits, such as superannuation. *-n.* Also, **temp. 3.** *Colloquial* a temporary member of an office staff, especially a secretary. **4.** someone who works for an agency which fills temporary staffing needs in offices. **-temporarily** *adv.* **-temporariness** *n.*

temporise = **temporize** /'tɛmpəraɪz/ *v.i.* **-rised, -rising. 1.** to act indecisively or evasively to gain time or delay matters. **2.** to comply with the time or occasion; yield temporarily or ostensibly to the current of opinion or circumstances. *-phr.* **3. temporise between,** to effect a compromise between. **4. temporise with, a.** to treat or parley with so as to gain time. **b.** to come to terms with. **-temporisation** /tɛmpəraɪ'zeɪʃən/ *n.* **-temporiser** *n.* **-temporisingly** *adv.*

tempt /tɛmpt/ *v.t.* **1.** to induce or persuade by enticement or allurement. **2.** to allure, appeal strongly to, or invite: *the offer tempts me.* **3.** to render strongly disposed (to do something). **4.** to try to dispose or incite; assail with enticements, especially to evil. **5.** to put to the test in a venturesome way; risk provoking; provoke: *to tempt one's fate.* **-temptable** *adj.* **-temptation** *n.* **-tempter** *n.*

ten /tɛn/ *n.* **1.** a cardinal number, nine plus one (9 + 1). **2.** the symbol for this number, as 10 or X. *-det.* **3.** amounting to ten in number: *ten apples.* *-pron.* **4.** ten people or things: *ten came to the party.* **-tenth** *adj.*

tenable /'tɛnəbəl/ *adj.* capable of being held, maintained, or defended, as against attack or objection: *a tenable theory.* **-tenability** /tɛnə'bɪləti/, **tenableness** *n.* **-tenably** *adv.*

tenacious /tə'neɪʃəs/ *adj.* **1.** holding fast; characterised by keeping a firm hold. **2.** highly retentive: *a tenacious memory.* **3.** pertinacious, persistent, stubborn, or obstinate. **4.** adhesive or sticky; viscous or glutinous. **5.** holding together; cohesive; not easily pulled apart; tough. **-tenaciously** *adv.* **-tenacity** /tə'næsəti/, **tenaciousness** *n.*

tenant /'tɛnənt/ *n.* **1.** someone who holds land, a house, or the like, from the owner for a period of time, as a lessee or occupant for rent. **2.** an occupant or inhabitant of any place. *-v.t.* **3.** to hold or occupy as a tenant; dwell in; inhabit. **-tenantable** *adj.* **-tenantless** *adj.*

Tencel /'tɛnsɛl/ *n.* a fibre produced from cellulose obtained from wood pulp, used to make fabrics.

tend¹ /tɛnd/ *v.i.* **1.** to be disposed or inclined in action, operation, or effect (to do something): *the particles tend to unite.* **2.** to be disposed towards a state of mind, emotion, quality, etc. **3.** to incline in operation or effect; lead or conduce, as to some result or resulting condition: *measures tending to improved working conditions; governments are tending towards democracy.* **4.** to be directed or lead (in a specified direction), as a journey, course, road, etc.

tend² /tɛnd/ *v.t.* **1.** to attend to by work or services, care, etc.: *to tend a fire.* **2.** to look after; watch over and care for; minister to or wait on with service. **3.** *Nautical* to handle or watch (a line, etc.). *-phr.* **4. tend to,** to attend by action, care, etc.

tendency /'tɛndənsi/ *n.* **-cies.** natural or prevailing disposition to move, proceed, or act in some direction or towards some point, end, or result: *the tendency of falling bodies towards the earth.*

tendentious /tɛn'dɛnʃəs/ *adj.* having or showing a definite tendency, bias, or purpose; described or written so as to influence in a desired direction or present a particular point of view: *a tendentious novel.* **-tendentiously** *adv.* **-tendentiousness** *n.*

tender¹ /'tɛndə/ *adj.* **1.** soft or delicate in substance; not hard or tough: *a tender steak.* **2.** weak or delicate in constitution; not strong or hardy. **3.** *Wool* of wool fibres that have a weakness at a certain point of the staple such that if tension is applied the staple will break. **4.** young or immature: *children of tender age.* **5.** gentle. **6.** softhearted. **7.** acutely or painfully sensitive. **8.** readily made uneasy, as the conscience. **9.** of a delicate or ticklish nature; requiring careful or tactful handling: *a tender subject.* *-phr.* **10. tender of,** considerate or careful of. **-tenderly** *adv.* **-tenderness** *n.*

tender² /'tɛndə/ *v.t.* **1.** to present formally or offer for acceptance: *to tender one's resignation.* **2.** *Law* to offer (money or goods) in payment of a debt or other claim. *-n.* **3.** an offer of something for acceptance. **4.** *Commerce* an offer made in writing by one party to another to carry out certain work, supply certain goods, etc., at a given cost. **5.** *Law* an offer, as of money or goods, in payment of a debt, etc. **-tenderer** *n.*

tender³ /'tɛndə/ *n.* **1.** someone who tends; someone who attends to or takes charge of something. **2.** an auxiliary vessel used to attend one or more other vessels, as for supplying provisions. **3.** a small rowing boat or motorboat carried or towed by a yacht. **4.** a wagon attached to a steam locomotive, for carrying coal, water, etc.

tenderfoot /'tɛndəfʊt/ *n.* **-foots** or **-feet** /-fit/. a raw, inexperienced person; a novice.

tendon /'tɛndən/ *n.* *Anatomy* a cord or band of dense, tough, inelastic, white fibrous tissue, serving to connect a muscle with a bone or part; a sinew.

tendril

tendril /'tɛndrəl/ *n. Botany* a filiform leafless organ of climbing plants, often growing in spiral form, which attaches itself to or twines round some other body, so as to support the plant. **–tendrillar, tendrilous** *adj.*

tenement /'tɛnəmənt/ *n.* **1.** any house or building; dwelling house. **2.** a portion of a house or building occupied by a tenant as a separate dwelling. **3.** → **tenement house**. **4.** any habitation, abode, or dwelling place. **5.** *Law* **a.** any species of permanent property, as lands, houses, rents, an office, a franchise, etc., that may be held of another. **b.** (*plural*) freehold interests in things immovable considered as subjects of property. **–tenemental** /tɛnə'mɛntl/, **tenementary** /tɛnə'mɛntəri/ *adj.*

tenement house *n.* a house divided into flats, especially one in the poorer, crowded parts of a large city.

tenet /'tɛnət/ *n.* any opinion, principle, doctrine, dogma, or the like, held as true.

tennis /'tɛnəs/ *n.* a game, played on a tennis court, in which two players, or two pairs of players, hit a ball backwards and forwards with racquets over a centrally placed net.

tenon /'tɛnən/ *n.* **1.** a projection shaped on an end of a piece of wood, etc., for insertion in a corresponding cavity (mortice) in another piece, so as to form a joint. –*v.t.* **2.** to shape so as to fit into a mortice. **3.** to join securely.

tenor /'tɛnə/ *n.* **1.** the course of thought or meaning which runs through something written or spoken; purport; drift. **2.** continuous course, progress, or movement. **3.** *Music* **a.** the highest natural male voice. **b.** a part sung by or written for such a voice, especially the next to the lowest part in four-part harmony. **c.** a singer with such a voice. **d.** an instrument of a range between alto and baritone. **e.** the lowest-toned bell of a peal. –*adj.* **4.** *Music* having to do with the tenor; having the compass of a tenor. **–tenorless** *adj.*

tense[1] /tɛns/ *adj.* **tenser, tensest,** *v.* **tensed, tensing.** –*adj.* **1.** stretched tight, as a cord, fibre, etc.; drawn taut; rigid. **2.** in a state of mental or nervous strain, as a person. **3.** characterised by a strain upon the nerves or feelings: *a tense moment.* **4.** *Phonetics* pronounced with relatively tense muscles. –*v.t.* **5.** to make tense. –*v.i.* **6.** to become tense. **–tensely** *adv.* **–tenseness** *n.*

tense[2] /tɛns/ *n. Grammar* a category of verb inflection found in some languages which specifies the time and length of occurrence of the action or state expressed by the verb.

tensile /'tɛnsaɪl/ *adj.* **1.** having to do with tension: *tensile stress.* **2.** capable of being stretched or drawn out; ductile. **–tensility** /tɛn'sɪləti/ *n.*

tension /'tɛnʃən/ *n.* **1.** the act of stretching or straining. **2.** the condition of being stretched or strained. **3.** a strained feeling of anxiety or excitement. **4.** a strained relationship between individuals, groups, countries, etc. **5.** *Mechanics* a condition in which a body is stretched in size in one direction with a decrease in size in the perpendicular direction. **6.** voltage. **7.** a device to hold the proper tension on the material being woven in a loom. **–tensional** *adj.* **–tensionless** *adj.*

tent /tɛnt/ *n.* a portable shelter of skins, coarse cloth, especially canvas, supported by one or more poles and usually extended by ropes fastened to pegs in the ground. **–tentless** *adj.* **–tentlike** *adj.*

tentacle /'tɛntəkəl/ *n.* **1.** *Zoology* any of various slender, flexible processes or appendages in animals, especially invertebrates, which serve as organs of touch, prehension, etc.; a feeler. **2.** *Botany* a sensitive filament or process, as one of the glandular hairs of the sundew. **–tentacle-like**

termagant

adj. **–tentacular** /tɛn'tækjələ/ *adj.*

tentative /'tɛntətɪv/ *adj.* **1.** of the nature of, or made or done as, a trial, experiment, or attempt; experimental. **2.** hesitant; cautious; diffident. **–tentatively** *adv.* **–tentativeness** *n.*

tenuous /'tɛnjuəs/ *adj.* **1.** thin or slender in form. **2.** thin in consistency; rare or rarefied. **3.** of slight importance or significance; unsubstantial. **4.** flimsy; lacking a firm or sound basis; weak; vague. **–tenuously** *adv.* **–tenuousness, tenuity** /tə'njuəti/ *n.*

tenure /'tɛnjə/ *n.* **1.** the holding or possessing of anything: *the tenure of an office.* **2. a.** a period of office or employment that terminates, possibly subject to certain conditions, only on resignation or retirement. **b.** the holding of such an office or employment. **3.** *Law* the holding of property, especially real property, of a superior in return for services to be rendered. **4.** the period or terms of holding something. **–tenurial** /tɛn'jurɪəl/ *adj.* **–tenurially** /tɛn'jurɪəli/ *adv.*

tepee /'tipi/ *n.* a tent or wigwam of the North American Indians. Also, **teepee, tipi.**

tepid /'tɛpəd/ *adj.* moderately warm; lukewarm. **–tepidity** /tə'pɪdəti/, **tepidness** *n.* **–tepidly** *adv.*

teppan yaki /tɛpæn 'jaki/ *n.* a Japanese dish in which pieces of meat or fish are roasted on a hot plate, thus flavouring the oil in which vegetables are then cooked.

tequila /tə'kilə/ *n.* a Mexican drink produced by distillation of a fermented mash of agave.

tercentenary /tɜsən'tinəri, -'tɛn-/ *adj., n.* **-ries.** –*adj.* **1.** having to do with a 300th anniversary. –*n.* **2.** a 300th anniversary.

term /tɜm/ *n.* **1.** any word or expression used to name something, especially as used in some particular field of knowledge, as *atom* in physics, *free will* in theology, or *monkey wrench* in mechanics. **2.** any word or expression considered as a member of a construction or utterance. **3.** the time or period through which something lasts. **4.** a period of time to which limits have been set: *elected for a term of four years.* **5.** each of certain stated periods of the year into which instruction is regularly organised for students or pupils in universities, colleges, and schools. **6.** an appointed or set time or date, as for the payment of rent, interest, wages, etc. **7.** (*plural*) conditions with regard to payment, price, charge, rates, wages, etc.: *reasonable terms.* **8.** (*plural*) conditions or stipulations limiting what is proposed to be granted or done: *the terms of a treaty.* **9.** (*plural*) footing or standing: *on good terms with a person.* **10.** *Algebra, Arithmetic, etc.* each of the members of which an expression, a series of quantities, or the like is composed, as one of two or more parts of an algebraic expression. **11.** *Logic* **a.** the subject or predicate of a categorical proposition. **b.** the word or expression denoting the subject or predicate of a categorical preposition. **12.** *Law* **a.** an estate or interest in land, etc., to be enjoyed for a fixed period: *a term of years.* **b.** the duration of an estate. **c.** each of the periods during which certain courts of law hold their sessions. **13.** the normal completion of the period of pregnancy. **14.** *Australian Rules* → **quarter** (def. 8). –*v.t.* **15.** to apply a particular term or name to; name; call; designate. –*phr.* **16. a contradiction in terms,** a statement which is self-contradictory. **17. bring to terms,** to compel to agree to stated conditions; force into submission. **18. come to terms,** to reach agreement. **19. come to terms with, a.** to reach agreement with. **b.** to become accustomed or resigned to.

termagant /'tɜməgənt/ *n.* **1.** a violent, turbulent, or brawling woman. –*adj.* **2.** violent; turbulent; brawling; shrewish.

terminal /'tɜmənəl/ *adj.* **1.** situated at or forming the end of something. **2.** relating to or lasting for a term or definite period. **3.** relating to, situated at, or forming the end of a bus or rail route. **4.** happening at or causing the end of life: *a terminal illness.* –*n.* **5.** a terminal part or structure. **6.** the end of a railway line, shipping route, etc., at which large scale loading and unloading of passengers, goods, etc., takes place. **7.** *Electricity* **a.** a mechanical device by means of which an electrical connection to an apparatus is established. **b.** the point at which current enters or leaves any conducting part in an electric circuit. **8.** → **computer terminal.** –**terminally** *adv.*

terminate /'tɜməneɪt/ *v.* **-nated, -nating.** –*v.t.* **1.** bring to an end; put an end to. **2.** to occur at or form the conclusion of. **3.** to bound or limit spatially; form or be situated at the extremity of. –*v.i.* **4.** to end, conclude, or cease. **5.** (of a train, bus, etc.) to complete a scheduled journey at a certain place. –*phr.* **6. terminate in**, to issue or result in. –**termination** /tɜmə'neɪʃən/ *n.* –**terminative** /'tɜmənətɪv/ *adj.* –**terminatively** *adv.*

terminating building society *n. Finance* an association of individuals who make regular payments to a common fund, from which each obtains a housing loan, the order usually being determined by ballot; the society is terminated when the last house is paid for.

terminology /tɜmə'nɒlədʒi/ *n.* **-gies. 1.** the system of terms belonging to a science, art, or subject; nomenclature: *the terminology of botany.* **2.** the science of terms, as in particular sciences or arts. –**terminological** /tɜmənə'lɒdʒɪkəl/ *adj.* –**terminologically** /tɜmənə'lɒdʒɪkli/ *adv.* –**terminologist** *n.*

terminus /'tɜmənəs/ *n.* **-nuses** or **-ni** /-naɪ/. **1.** the end or extremity of anything. **2.** the station or town at the end of a railway line, bus route, etc. **3.** the point to which anything tends; goal or end. **4.** a boundary or limit.

termite /'tɜmaɪt/ *n.* any of the pale-coloured, soft-bodied, mainly tropical, social insects constituting the order Isoptera, some of which are very destructive to buildings, furniture, household stores, etc.; white ant.

tern /tɜn/ *n.* any bird of the subfamily Sterninae (family Laridae), comprising numerous aquatic species which are allied to the gulls but usually with a more slender body and bill, smaller feet, a long and deeply forked tail, and a more graceful flight, especially any of those constituting the genus *Sterna.*

ternary /'tɜnəri/ *adj.* **1.** consisting of or involving three; threefold; triple. **2.** third in order or rank. **3.** based on the number three.

terrace /'tɛrəs/ *n., v.* **-raced, -racing.** –*n.* **1.** a raised bank of earth with a level top, especially one of a series formed across a slope, mountain side, etc. **2.** *Geology* a nearly level strip of land (once a flood plain) with a more or less sudden descent along the edge of a sea, lake or river. **3.** an open area connected with a house and serving as an outdoor living area. **4.** (a house in) a row of identical houses, each usually sharing a side wall with the next, and often of two storeys. **5.** a city street. –*v.t.* **6.** to form into or supply with a terrace or terraces.

terracotta /tɛrə'kɒtə/ *n.* **1.** a hard, usually unglazed earthenware of fine quality, used for architectural decorations, statuettes, vases, etc. **2.** a brownish orange colour like that of much terracotta.

terra firma /tɛrə 'fɜmə/ *n.* firm or solid earth; dry land, as opposed to water or air.

terrain /tə'reɪn/ *n.* a tract of land, especially as considered with reference to its natural features, military advantages, etc.

terrarium /tə'rɛəriəm/ *n.* **-rariums** or **-raria** /-'rɛəriə/. **1.** a closed glass container in which moisture-loving plants are grown. **2.** a container or small enclosure in which small animals, as lizards, turtles, etc., are kept.

terrazzo /tə'ratsoʊ, -'raz-/ *n.* a floor material of chippings of broken stone and cement, polished when in place.

terrestrial /tə'rɛstriəl/ *adj.* **1.** relating to, consisting of, or representing the earth: *a terrestrial globe.* **2.** of or relating to the land as separate from the water. **3.** *Zoology* living on the ground. –**terrestrially** *adv.*

terrible /'tɛrəbəl/ *adj.* **1.** exciting or fitted to excite terror or great fear; dreadful; awful. **2.** *Colloquial* very bad: *a terrible performance.* **3.** *Colloquial* very great: *a terrible liar.* –**terribleness** *n.* –**terribly** *adv.*

terrier /'tɛriə/ *n.* one of a variety of dogs, typically small, with a propensity to pursue prey, as the fox, etc., into its burrow, occurring in many breeds including the fox terrier, Irish terrier, Australian terrier.

terrific /tə'rɪfɪk/ *adj.* **1.** causing terror; terrifying. **2.** *Colloquial* extraordinarily great, intense, etc.: *terrific speed.* **3.** *Colloquial* very good: *terrific food, fishing.* –**terrifically** *adv.*

terrify /'tɛrəfaɪ/ *v.t.* **-fied, -fying.** to fill with terror; make greatly afraid. –**terrifier** *n.*

terrine /tə'rin/ *n.* **1.** an earthenware cooking dish. **2.** a pâté of meat or game served in such a dish. **3.** a tureen.

territory /'tɛrətri, -təri/ *n.* **-ries. 1.** any area of land; region or district: *enemy territory.* **2.** the land and waters belonging to or under the control of a state, king, etc. **3.** (*often cap.*) an area controlled by a government in which it is not fully represented. **4.** a field of action, thought, etc.: *giving legal advice is not in my territory.* **5.** an area which an animal claims as its own and defends against intruders. –**territorial** *adj.*

terror /'tɛrə/ *n.* **1.** intense, sharp, overpowering fear: *to be frantic with terror.* **2.** a feeling, instance or cause of intense fear: *to be a terror to evildoers.* **3.** (*cap.*) a period when a political group uses violence to maintain or achieve supremacy. **4.** (*cap.*) any terrorist group, regime, etc. **5.** *Colloquial* a person or thing that is a particular nuisance: *that boy is a little terror.* –**terrorless** *adj.*

terrorise = terrorize /'tɛrəraɪz/ *v.t.* **-rised, -rising. 1.** to fill or overcome with terror. **2.** to dominate or coerce by intimidation. –**terrorisation** /tɛrəraɪ'zeɪʃən/ *n.* –**terroriser** *n.*

terrorism /'tɛrərɪzəm/ *n.* **1.** the use of terrorising methods. **2.** the state of fear and submission so produced. **3.** a method of resisting a government or of governing by deliberate acts of armed violence. –**terrorist** *n., adj.* –**terroristic** /tɛrə'rɪstɪk/ *adj.*

terry /'tɛri/ *n.* **-ries,** *adj.* –*n.* **1.** the loop formed by the pile of a fabric when left uncut. –*adj.* **2.** having the pile loops uncut: *terry velvet.*

terse /tɜs/ *adj.* **terser, tersest. 1.** neatly or effectively concise; brief and pithy, as language. **2.** abrupt or bad-tempered, especially in one's speech. –**tersely** *adv.* –**terseness** *n.*

tertiary /'tɜʃəri/ *adj.* **1.** of the third order, rank, formation, etc.; third. **2.** *Education* denoting or relating to tertiary education. **3.** *Ecclesiastical* denoting or relating to a branch (third order) of certain religious orders which consists of lay members living in community (**regular tertiaries**) or living in the world (**secular tertiaries**).

terylene /'tɛrəlin/ *n.* a synthetic polyester fibre, used in the manufacture of clothing, etc., made from ethylene glycol and terephthalic acid.

tesla /ˈtɛslə/ n. the SI derived unit of magnetic flux density, or magnetic intensity, defined as a magnetic flux of one weber per square metre (Wb/m^2). *Symbol:* T

tessellate /ˈtɛsəleɪt/ v. **-lated, -lating** /ˈtɛsəleɪt, -leɪt/ adj. -v.t. **1.** to form into small squares or blocks, as floors, pavements, etc.; form or arrange in a chequered or mosaic pattern. -adj. **2.** like a mosaic; tessellated. **-tessellation** /tɛsəˈleɪʃən/ n.

test^1 /tɛst/ n. **1.** a trial by which the presence, quality, or genuineness of anything is determined. **2.** a particular process or method of doing this: *this was a difficult test to carry out.* **3.** *Education* a form of examination for determining the performance and abilities of a student or class. **4.** *Chemistry* **a.** a process of detecting the presence of an element in a compound, etc., or of determining the nature of a substance, usually by addition of a reagent. **b.** the reagent used. **c.** the result of the above process. **5.** a cup-like vessel for examining or refining metals. **6.** *Sport* → **test match**. -v.t. **7.** to subject to a test of any kind; try: *to test the water for heat.* **8.** to examine or refine in a test. -v.i. **9.** to conduct a test. **-testable** adj. **-tester** n.

test^2 /tɛst/ n. *Zoology* the hard covering of certain invertebrates, as molluscs, arthropods, tunicates, etc.; shell.

testament /ˈtɛstəmənt/ n. **1.** *Law* **a.** a formal declaration, usually in writing, of a person's wishes as to the disposition of his or her property after his or her death. **b.** a disposition to take effect upon death and relating to personal property. **2.** a covenant, especially between God and human beings. **3.** (*cap.*) either of the two main divisions of the Bible: **a.** the Mosaic or old covenant or dispensation. **b.** the Christian or new covenant or dispensation.

testate /ˈtɛsteɪt, ˈtɛstət/ adj. *Law* having made and left a valid will.

testator /tɛsˈteɪtə/ n. *Law* **1.** someone who makes a will. **2.** someone who has died leaving a valid will.

testes /ˈtɛstiz/ n. plural of **testis**.

testicle /ˈtɛstɪkəl/ n. the male sex gland, either of two oval glands situated in the scrotal sac. **-testicular** /tɛsˈtɪkjələ/ adj. **-testiculate** /tɛsˈtɪkjələt/ adj.

testify /ˈtɛstəfaɪ/ v. **-fied, -fying.** -v.i. **1.** to give evidence; bear witness. **2.** *Law* to give a statement under solemn promise as to its truth, usually in court. -v.t. **3.** to state as fact or truth: *I testify that he lied.* **4.** to give evidence of in any manner: *the barren land testifies to a hard winter.* **5.** to declare, claim, or acknowledge openly. **6.** *Law* to state under solemn oath, usually in court. **-testifier** n. **-testification** /tɛstəfəˈkeɪʃən/ n.

testimonial /tɛstəˈmoʊniəl/ n. **1.** a writing certifying to a person's character, conduct, or qualifications, or to a thing's value, excellence, etc.; a letter or written statement of recommendation. **2.** something given or done as an expression of esteem, admiration, or gratitude. -adj. **3.** relating to or serving as testimony.

testimony /ˈtɛstəməni/ n. **-nies. 1.** *Law* the statement or declaration of a witness under oath or affirmation, usually in court. **2.** evidence in support of a fact or statement; proof. **3.** open declaration or profession, as of faith.

testis /ˈtɛstəs/ n. **-tes** /-tiz/. → **testicle**.

test match n. a match or one of a series of matches, especially in cricket, between two nationally representative teams.

test tube n. a hollow cylinder of thin glass with one end closed, used in chemical tests.

test-tube baby n. **1.** a child born as a result of artificial insemination. **2.** a child conceived artificially outside a mother's body under simulated conditions suitable for its survival and then implanted in the womb.

testy /ˈtɛsti/ adj. **-tier, -tiest.** irritably impatient; touchy. **-testily** adv. **-testiness** n.

tetanus /ˈtɛtnəs, ˈtɛtənəs/ n. **1.** *Pathology* **a.** an infectious, often fatal disease, due to a specific micro-organism, the **tetanus bacillus**, which gains entrance to the body through wounds, characterised by more or less violent tonic spasms and rigidity of many or all the voluntary muscles, especially those of the neck and lower jaw. **b.** the micro-organism, *Clostridium tetami*, which causes this disease. **2.** *Physiology* tonic contractions of a skeletal muscle induced by rapid stimulation. **-tetanoid** adj.

tete-a-tete /teɪt-a-ˈteɪt/ n. **1.** a private conversation or interview, usually between two people. -adv. **2.** (of two persons) together in private: *to sit tete-a-tete*. Also, **tête-à-tête**.

tether /ˈtɛðə/ n. **1.** a rope, chain, or the like, by which an animal is fastened, as to a stake, so that its range of movement is limited. -v.t. **2.** to fasten or confine with or as with a tether. -phr. **3. the end of one's tether**, the limit of one's possibilities, patience, or resources.

tetra- a word element meaning 'four' as in *tetrabasic*.

tetragon /ˈtɛtrəgən, -gɒn/ n. *Geometry* a plane figure having four angles; a quadrangle; a quadrilateral.

tetrahedron /tɛtrəˈhidrən/ n. **-drons** or **-dra** /-drə/. *Geometry* a solid contained by four plane faces; a triangular pyramid.

text /tɛkst/ n. **1.** the main body of matter in a book or manuscript, not including notes, appendixes, etc. **2.** the original words of an author as opposed to a translation, paraphrase, commentary, etc. **3.** the actual wording of anything written or printed. **4.** → **textbook**. **5.** a short passage of Scripture, especially one chosen as the subject of a sermon, etc. **-textless** adj. **-textual** adj.

textbook /ˈtɛkstbʊk/ n. a book used by students as a standard work for a particular branch of study.

textile /ˈtɛkstaɪl/ n. **1.** any material that is woven. **2.** a material suitable for weaving. -adj. **3.** woven or capable of being woven: *textile fabrics*. **4.** having to do with weaving: *the textile industries*.

texture /ˈtɛkstʃə/ n. **1.** the characteristic arrangement of the interwoven threads, etc., which make up a textile fabric. **2.** the characteristic appearance or basic quality of something, especially as sensed by touch: *the rough texture of concrete*. **-textural** adj. **-texturally** adv.

-th^1 a noun suffix referring to condition, quality, or action, added to words (*warmth*) and to stems related to words (*depth, length*).

-th^2 the suffix of ordinal numerals (*fourth, tenth, twentieth*), the form *-th* being added in one or two cases to altered stems of the cardinal (*fifth, twelfth*).

thalidomide /θəˈlɪdəmaɪd/ n. a crystalline solid, $C_{13}H_{10}N_2O_4$, formerly used as a sedative until it was discovered that it could affect the normal growth of the foetus if taken during pregnancy.

thallus /ˈθæləs/ n. **thalli** /ˈθælaɪ/ or **thalluses**. *Botany* a simple vegetative plant body undifferentiated into true leaves, stem, and root, being the plant body of typical thallophytes.

than /ðæn/ *weak form* /ðən/ conj. **1.** a particle used after comparative adjectives and adverbs and certain other words, such as *other, otherwise, else,* etc., to introduce the second member of a comparison: *he is taller than I am*. -prep. **2.** in comparison with: *he is taller than me.*

thane /θeɪn/ *n.* **1.** *English History* a member of any of several classes of men ranking between earls and ordinary freeman, and holding lands from the king or lord by military service. **2.** *Scot History* a person, ranking with an earl's son, holding lands from the king; the chief of a clan, who became one of the king's barons.

thank /θæŋk/ *v.t.* **1.** to give thanks to; express gratitude to. –*phr.* **2. have oneself to thank**, to be oneself responsible or at fault. **3. have someone to thank for**, to rightly place blame or responsibility for (something) on someone. –**thanker** *n.*

thankyou /ˈθæŋkju/ *n.* **1.** the act of expressing thanks: *have you said your thankyous?* –*adj.* **2.** expressing thanks: *a thankyou letter.*

that /ðæt/ *weak form* /ðət/ *pron.* **those**, *det., adv., conj.* –*pron. (demonstrative)* **1.** (used to indicate a person, thing, idea, etc., as pointed out or present, as before mentioned or supposed to be understood, as about to be mentioned, or by way of emphasis): *that's my choice.* **2.** (used to indicate the one of two or more persons, things, etc., already mentioned, that is more remote in place, time, or thought). **3.** (used to indicate one of two or more persons, things, etc., already mentioned, implying contradistinction, opposed to *this*). –*pron. (relative)* **4.** (used as the subject or object of a relative clause, especially one defining or restricting the antecedent, sometimes replaceable by *who, whom,* or *which*): *the man that arrived; the man that I saw.* **5.** (used as the object of a preposition, the preposition being at the end of the relative clause): *the man that I spoke of.* **6.** (used in various special or elliptical constructions): *fool that he is.* –*det.* **7.** a person, place, thing, idea, etc., as pointed out or present, as before mentioned or supposed to be understood, or by way of emphasis: *we want that help especially.* **8.** of two or more persons, things, etc., already mentioned, the one more remote in place, time, or thought. **9.** one of two or more persons, things, etc., already mentioned, implying contradistinction (opposed to *this*). –*adv.* **10.** (used with adjectives and adverbs of quantity or extent to indicate precise degree or extent): *that much; that far.* **11.** *Colloquial* (used with other adjectives and adverbs to indicate extent or degree, or for emphasis): *poor lad, he was that weak!* –*conj.* **12.** (used to introduce a clause as the subject or object of the principal verb or as the necessary complement to a statement made, or a clause expressing cause or reason, purpose or aim, result or consequence, etc.): *that he will come is certain; I know that you will do it.* **13.** (used elliptically, to introduce a sentence or clause expressing desire, surprise, or indignation): *that you could do such a thing!* –*phr.* **14. and (all) that**, *Colloquial* and other related items: *the drawer was full of pencils and that.* **15. at that**, additionally; besides: *it's an idea, and a good one at that.* **16. that is**, more precisely (in clarification or example). **17. that's that**, that is the end of the matter; the matter is closed or finished (used dismissively). **18. with that**, thereupon; immediately afterwards.

thatch /θætʃ/ *n.* **1.** a material, as straw, rushes, leaves, or the like, used to cover roofs, haystacks, etc. **2.** *Colloquial* the hair covering the head. –*v.t.* **3.** to cover with or as with thatch. –**thatcher** *n.* –**thatchless** *adj.* –**thatchy** *adj.*

the¹ /ði/ *before a vowel* /ðə/ *before a consonant det. (definite article)* a word used especially before nouns **1.** with a limiting or specifying effect (opposed to *a* or *an*). **2.** with or as part of a title or name: *the Duke of Wellington; the Alps.* **3.** to mark a noun as being used to identify a class or type, etc.: *the dog is a quadruped.* **4.** in place of a possessive pronoun, to show a part of the body or a personal belonging: *to hang the head and weep.* **5.** to specify one of a class or type: *I saw it on the TV.* **6.** to show that there is enough of something: *I don't have the money to buy a car.*

the² /ði/ *before a vowel* /ðə/ *before a consonant adv.* a word used to modify an adjective or adverb in the comparative degree **1.** signifying 'in or by that', 'on that account', 'in or by so much', or 'in some or any degree': *he is taking more care of himself, and looks the better.* **2.** used correlatively, in one instance with relative force and in the other with demonstrative force, and signifying 'by how much ... by so much' or 'in what degree ... in that degree': *the more the merrier.*

theatre /ˈθɪətə, ˈθiətə/ *n.* **1.** a building or room built or fitted for the presentation of dramatic performances, stage entertainments, etc. **2.** any area used for dramatic presentations, etc., as one in the open air. **3.** a cinema. **4.** dramatic works collectively, as of a nation, period, or author. **5.** a room or hall, fitted with tiers of seats rising like steps, used for lectures, etc. **6.** a room in a hospital in which surgical operations are performed: *an operating theatre.* **7.** a place of action: *theatre of war.*

theatrical /θiˈætrəkəl/ *adj.* Also, **theatric**. **1.** having to do with the theatre, or dramatic or scenic representations: *theatrical performances.* **2.** suggestive of the theatre or of acting; artificial, pompous, spectacular, or extravagantly histrionic: *a theatrical display of grief.* –*n.* **3.** *(plural)* dramatic performances, now especially as given by amateurs. –**theatricalism** *n.* –**theatricality** /θi,ætrəˈkælətɪ/, **theatricalness** *n.* –**theatrically** *adv.*

thee /ði/ *pron.* **1.** *Archaic* the objective case of **thou**. **2.** a form of *thou* used, with a verb in the third person, by the Friends or Quakers.

theft /θɛft/ *n.* **1.** the act of stealing; the wrongful taking and carrying away of the personal goods of another; larceny. **2.** an instance of this.

their /ðɛə/ *det.* **1.** the possessive form of **they**. **2.** (used with singular force in informal contexts, and increasingly in formal contexts, in place of a gender-specific form when the sex of the antecedent is not determined): *who has left their pen on my desk?*

theirs /ðɛəz/ *pron. (possessive)* **1.** the possessive form of **they**, used predicatively or absolutely: *the glory is all theirs; theirs not to reason why; a book of theirs.* **2.** (used with singular force in informal contexts, and increasingly in formal contexts, in place of a gender-specific form when the sex of the antecedent is not determined): *does anybody recognise this pen as theirs?*

theism /ˈθiɪzəm/ *n.* **1.** the belief in one God as the creator and ruler of the universe, without rejection of revelation (distinguished from *deism*). **2.** belief in the existence of a God or gods (opposed to *atheism*). –**theist** *n., adj.* –**theistic** /θiˈɪstɪk/, **theistical** /θiˈɪstɪkəl/ *adj.* –**theistically** /θiˈɪstɪkli/ *adv.*

them /ðɛm/ *weak form* /ðəm/ *pron. (personal)* **1.** the objective case of **they**. **2.** (used with singular force in informal contexts, and increasingly in formal contexts, in place of a gender-specific form where the sex of the antecedent is not determined): *if anyone calls, tell them I'm busy.* –*det.* **3.** *Colloquial (non-standard)* those: *take them things out of here.*

theme /θim/ *n.* **1.** a subject of discourse, discussion, meditation, or composition; a topic. **2.** a short, informal essay, especially a school composition. **3.** *Music* **a.** a principal subject in a musical composition. **b.** a short subject from which variations are developed. **4.** *Grammar* the element common to all or most of the forms of an inflectional paradigm, often consisting in turn of a root with certain formative elements or modifications. –**thematic** /θəˈmætɪk/ *adj*. –**themeless** *adj*.

theme party *n*. a party in which the food, decor, guests' clothing, etc., is dictated by the choice of a particular theme.

themselves /ðəmˈsɛlvz/ *pl. pron*. **1.** the reflexive form of *them*: *they hurt themselves*. **2.** an emphatic form of *them* or *they* used: **a.** as object: *they used it for themselves*. **b.** in apposition to a subject or object: *they did it themselves*. **3.** their proper or normal selves; their usual state of mind (used after *be, become,* or *come to*): *they are themselves again*. **4.** Also, **themself**. (used with singular force in informal contexts, and increasingly in formal contexts, in place of a gender-specific form when the sex of the antecedent is not determined): *someone is deceiving themselves*.

then /ðɛn/ *adv*. **1.** at that time: *prices were lower then*. **2.** immediately or soon afterwards: *he stopped, and then began again*. **3.** next in order of time. **4.** at another time. **5.** next in order of place. **6.** in the next place; in addition; besides. **7.** in that case; in those circumstances. **8.** since that is so; therefore; consequently. –*adj*. **9.** being; being such; then existing: *the then prime minister*. –*n*. **10.** that time: *till then*. –*phr*. **11. but then**, but at the same time; but on the other hand.

thence /ðɛns/ *adv*. **1.** from that place. **2.** from that time; thenceforth. **3.** from that source; for that reason; therefore.

theo- a word element meaning 'pertaining to the gods', 'divine'. Also (*before vowels*), **the-**.

theocracy /θiˈɒkrəsi/ *n*. **-cies**. a form of government in which God or a deity is recognised as the supreme civil ruler, his laws being interpreted by the ecclesiastical authorities.

theodolite /θiˈɒdəlaɪt/ *n. Surveying* an instrument for measuring horizontal or vertical angles. –**theodolitic** /θi,ɒdəˈlɪtɪk/ *adj*.

theology /θiˈɒlədʒi/ *n*. **-gies**. **1.** the science that deals with God, his attributes, and his relations to the universe; the science or study of divine things or religious truth; divinity. **2.** a particular form, system, or branch of this science or study. –**theologian** /θiəˈloʊdʒən/ *n*. –**theological** /θiəˈlɒdʒəkəl/ *adj*.

theorem /ˈθɪərəm/ *n*. **1.** *Mathematics* a theoretical proposition; a statement embodying something to be proved. **2.** a rule or law, especially one expressed by an equation or formula. **3.** *Logic* a proposition which can be deduced from the premises or assumptions of a system. –**theorematic** /θɪərəˈmætɪk/ *adj*.

theoretical /θiəˈrɛtɪkəl/ *adj*. **1.** of, relating to, or consisting in theory; not practical. **2.** existing only in theory; hypothetical. **3.** given to, forming, or dealing with theories; speculative. Also, **theoretic**. –**theoretically** *adv*. –**theoretician** *n*.

theorise = **theorize** /ˈθiəraɪz/ *v.i*. **-rised, -rising**. **1.** to form a theory or theories. **2.** to speculate or conjecture. –**theorisation** /θiəraɪˈzeɪʃən/ *n*. –**theoriser** *n*.

theory /ˈθɪəri/ *n*. **-ries**. **1.** a logical group of statements used as principles to explain something: *Newton's theory of gravitation*. **2.** a suggested explanation not yet established as fact: *a theory about ghosts*. **3.** that part of a science or art which deals with principles and methods rather than with practice. **4.** opinion; conjecture. –**theorist** *n*.

theosophy /θiˈɒsəfi/ *n*. **1.** any of various forms of philosophical or religious thought in which claim is made to a special insight into the divine nature or to a special divine revelation. **2.** the system of belief and doctrine, based largely on Brahmanic and Buddhistic ideas, of the **Theosophical Society** (founded in New York in 1875). –**theosophic** /θiəˈsɒfɪk/, **theosophical** /θiəˈsɒfɪkəl/ *adj*. –**theosophically** /θiəˈsɒfɪkli/ *adv*. –**theosophist** *n*.

therapy /ˈθɛrəpi/ *n*. **-pies**. **1.** the treatment of disease, disorder, defect, etc., as by some remedial or curative process. **2.** a curative power or quality. –**therapeutic** *adj*. –**therapist** *n*.

there /ðɛə/ *adv*. **1.** in or at that place. **2.** at that point in an action, speech, etc. **3.** in that matter, particular, or respect. **4.** into or to that place; thither. **5.** (used less definitely and also unemphatically as by way of calling the attention to something): *there they go*. **6.** (used for emphasis with a demonstrative, after the noun): *that man there*. –*adj*. **7.** *Colloquial* (used for emphasis between a demonstrative and the noun): *that there man*. –*pron*. **8.** that place: *he comes from there too*. **9.** (used to introduce a sentence or clause in which the verb comes before its subject): *there is no hope*. **10.** (used in interjectional phrases): *there's a good boy*. –*interj*. **11. a.** (an exclamation used to express satisfaction etc.): *there! it's done!* **b.** (an exclamation used to give consolation): *there, there, don't cry*. **c.** (an exclamation used to draw attention to something): *there! the jug's broken*. –*phr*. **12. all there**, *Colloquial* **a.** of sound mind. **b.** shrewd; quick-witted. **13. so there**, *Colloquial* (an exclamation expressing opposition, defiance, etc.): *I will go, so there!* **14. there you are**, *Colloquial* (an expression indicating that all is well or as expected). **15. there you go**, *Colloquial* (an expression indicating resignation, acceptance of the way things are, etc.).

there- a word element meaning 'that (place)', 'that (time)', etc., used in combination with certain adverbs and prepositions.

thereabouts /ðɛərəˈbaʊts, ˈðɛərəbaʊts/ *adv*. **1.** about or near that place or time. **2.** about that number, amount, etc. Also, **thereabout**.

thereby /ðɛəˈbaɪ, ˈðɛəbaɪ/ *adv*. **1.** by that; by means of that. **2.** in that connection or relation: *thereby hangs a tale*. **3.** by or near that place.

therefore /ˈðɛəfɔː, ðɛəˈfɔː/ *conj*. in consequence of that; as a result; consequently.

thereupon /ðɛərəˈpɒn, ˈðɛərəpɒn/ *adv*. **1.** immediately following that. **2.** in consequence of that. **3.** upon that or it. **4.** with reference to that.

therm /θɜm/ *n*. a unit of heat in the imperial system, used as a basis for the selling of gas; equal to 100 000 British thermal units, or about 105.5×10^6 J.

therm- a word element representing **thermal**. Also, **thermo-**.

thermal /ˈθɜməl/ *adj*. **1.** Also, **thermic**. having to do with heat or temperature: *thermal energy*. –*n*. **2.** *Aeronautics, Meteorology* an ascending current of air caused by local heating, used by glider pilots to attain height. –**thermally** *adv*.

thermodynamics /,θɜmoʊdaɪˈnæmɪks/ *n*. the science concerned with the relations between heat and mechanical energy or work, and the conversion of one into the other. –**thermodynamic**, **thermodynamical** *adj*. –**thermodynamically** *adv*.

thermometer /θəˈmɒmətə/ *n*. an instrument for measuring temperature, as by means of the expansion and contraction of mercury or alcohol in a capillary tube and bulb. –**thermometry** *n*. –**thermometric** /θɜməˈmɛtrɪk/, **thermometrical** /θɜoʊˈmɛtrɪkəl/ *adj*. –**thermometrically** /θɜməˈmɛtrɪkli/ *adv*.

thermonuclear /,θɜmoʊˈnjukliə/ *adj*. designating, or capable of producing, extremely high temperatures resulting from, caused by, or associated with nuclear fusion.

thermonuclear reaction *n.* a nuclear fusion reaction that takes place between atomic nuclei which form part of a substance which has been heated to a temperature of several million degrees centigrade.

thermos /'θɜmɒs, -məs/ *n.* a double-walled container, usually made of silvered glass and having a vacuum in the interior cavity; used to keep substances that are hotter or colder than their surroundings at a constant temperature; a commercially produced Dewar flask. Also, **thermos flask**.

thermostat /'θɜməstæt/ *n.* a device, including a relay actuated by thermal conduction or convection, which establishes and maintains a desired temperature automatically, or signals a change in temperature for manual adjustment. **–thermostatic** /θɜmə'stætɪk/ *adj.* **–thermostatically** /θɜmə'stætɪkli/ *adv.*

-thermy a word element referring to heat.

thesaurus /θə'sɔrəs, -'zɔrəs/ *n.* **-ruses**. **1.** a storehouse or repository, as of words or knowledge; a dictionary, encyclopedia, or the like, especially a dictionary of synonyms and antonyms. **2.** a treasury.

these /ðiz/ *pron., det.* plural of **this**.

thesis /'θisəs/ *n.* **theses** /'θisiz/. **1.** a proposition laid down or stated, especially one to be discussed and proved or to be maintained against objections. **2.** a subject for a composition or essay. **3.** a dissertation, as one presented by a candidate for a diploma or degree, especially a postgraduate degree.

thew /θju/ *n.* **1.** (*usually plural*) muscle or sinew. **2.** (*plural*) physical strength. **–thewy** *adj.*

they /ðeɪ/ *pron.* **them.** *–pron. (personal) third person, pl., subjective* **1.** plural of **he**, **she**, and **it**. **2.** people in general: *they say he is rich.* **3.** (used with singular force in informal contexts, and increasingly in formal contexts, in place of a gender-specific form where the sex of the antecedent is not determined): *if anybody cheats they will be disqualified.*

thiamine /'θaɪəmɪn/ *n.* a white crystalline solid forming part of the vitamin B complex, C$_{12}$H$_{17}$ClN$_4$OS; a vitamin (B$_1$) required by the nervous system, absence of which causes beri-beri and other disorders. Also, **thiamin**.

thick /θɪk/ *adj.* **1.** having relatively great extent from one surface or side to its opposite; not thin: *a thick slice.* **2.** measuring as specified between opposite surfaces, or in depth, or in a direction perpendicular to that of the length and breadth: *a board one centimetre thick.* **3.** set close together; compact; dense: *a thick forest.* **4.** numerous, abundant, or plentiful. **5.** having relatively great consistency; viscous: *a thick syrup.* **6.** husky, hoarse, muffled, or not clear in sound: *a thick voice.* **7.** (of an accent or dialect) very pronounced. **8.** (of mist, smoke, etc.) having the component particles densely aggregated. **9.** sluggish; heavy-headed, as after dissipation. **10.** slow of mental apprehension; stupid; dull; slow-witted: *his mind is very thick.* **11.** *Colloquial* close in friendship; intimate. **12.** *Colloquial* disagreeably excessive: *his demands are a bit thick.* **–adv. 13.** in a thick manner. **14.** closely; near together: *flowers growing thick beside a wall.* **–n. 15.** that which is thick. **16.** the thickest, densest, or most crowded part; the place, time, stage, etc., of greatest activity or intensity: *in the thick of the fight.* **17.** *Colloquial* a stupid, dull-witted person. **–phr. 18. as thick as thieves**, very close friends. **19. a thick ear**, a swollen ear. **20. lay it on thick**, *Colloquial* to be extravagant in flattery, praise, or the like. **21. thick with**, filled or covered with, or abounding in: *tables thick with dust.* **22. through thick and thin**, under all circumstances; unwaveringly. **–thicken** *v.* **–thickish** *adj.* **–thickly** *adv.* **–thickness** *n.*

thicket /'θɪkət/ *n.* a thick or dense growth of shrubs, bushes, or small trees; a thick coppice.

thickset /'θɪksɛt/ *adj.* **1.** set thickly or in close arrangement; dense: *a thickset hedge.* **2.** set, studded, or furnished thickly: *a sky thickset with stars.* **3.** of thick form or build; heavily or solidly built. **–n. 4.** → **thicket**.

thick-skinned /'θɪk-skɪnd/ *adj.* **1.** having a thick skin. **2.** not sensitive to criticism, reproach, rebuff, etc.

thief /θif/ *n.* **thieves**. someone who steals, especially secretly or without open force; one guilty of theft or larceny. **–thieve** *v.*

thigh /θaɪ/ *n.* **1.** the part of the leg between the hip and the knee in humans. **2.** a homologous or apparently corresponding part of the hind limb of other animals; the region of the femur. **3.** (in birds) **a.** the true femoral region, buried in the general integument of the body. **b.** the segment below, containing the fibula and tibia. **4.** → **femur**.

thimble /'θɪmbəl/ *n.* **1.** a small cap, usually of metal, worn on the finger to push the needle in sewing. **2.** *Machinery* any of various devices or attachments likened to this. **3.** a short length of pipe encasing one of smaller diameter, as where a stovepipe passes through a wooden roof. **4.** *Nautical* a metal ring with a concave groove on the outside, used to line the inside of a ring of rope forming an eye.

thin /θɪn/ *adj.* **thinner, thinnest**, *adv., v.* **thinned, thinning**. **–adj. 1.** having relatively little extent from one surface to side to its opposite; not thick: *thin ice.* **2.** of small cross-section in comparison with the length; slender: *a thin wire.* **3.** having little flesh; spare; lean. **4.** having the constituent or individual parts relatively few and not close together: *thin vegetation.* **5.** not dense; sparse; scanty. **6.** having relatively slight consistency, as a liquid; fluid; rare or rarefied, as air, etc. **7.** without solidity or substance; unsubstantial. **8.** easily seen through, transparent, or flimsy: *a thin excuse.* **9.** lacking fullness or volume, as sound; weak and shrill. **10.** faint, slight, poor, or feeble. **11.** lacking body, richness, or growth. **–adv. 12.** so as to be thin: *slice it thin.* **–phr. 13. thin down**, to become thin or thinner. **14. thin down (or out)**, to make thin or thinner. **15. thin off**, to become reduced or diminished. **16. thin on the ground**, scarce, few in number. **–thinly** *adv.* **–thinness** *n.*

thine /ðaɪn/ *Archaic –pron. (possessive)* **1.** the possessive form of **thou**, used predicatively or absolutely: *thine be the glory.* **–det. 2.** thy (before a noun beginning with a vowel sound): *thine eyes.* Compare **thy**.

thing /θɪŋ/ *n.* **1.** a material object without life or consciousness; an inanimate object. **2.** some entity, object, or creature which is not or cannot be specifically designated or precisely described: *the stick had a brass thing on it.* **3.** that which is or may become an object of thought, whether material or ideal, animate or inanimate, actual, possible, or imaginary. **4.** a matter or affair: *things are going well now.* **5.** a fact or circumstance: *it is a curious thing.* **6.** an action, deed, or performance: *to do great things.* **7.** a particular or respect: *perfect in all things.* **8.** what is desired or required: *just the thing.* **9.** (*plural*) clothes or apparel, especially articles of dress added to ordinary clothing when going outdoors. **10.** (*plural*) *Colloquial* implements, utensils, or other articles for service: *to help with the breakfast things.* **11.** (*plural*) *Colloquial* personal possessions or belongings, often such as one carries along on a journey. **12.** *Law* anything that may be the subject of a property right. **13.** that which is signified or represented, as distinguished from a word, symbol, or idea representing it. **14.** a living being or creature. **15.** *Colloquial* an unaccountable attitude or feeling about something, as of fear or aversion: *I have a thing about minced meat.* –*phr.* **16. a good thing**, something warranting support. **17. do one's (own) thing**, *Colloquial* to act in a characteristic manner; to do what is most satisfying to oneself. **18. do the right (or handsome) thing by**, to treat generously. **19. how's things?**, *Colloquial* (a form of greeting). **20. just the thing**, exactly what is needed: *thank you, that's just the thing.* **21. know a thing or two**, *Colloquial* to be shrewd. **22. make a good thing out of**, to obtain an advantage from. **23. make a thing of**, *Colloquial* to turn (something) into a major issue: *OK, so I made a mistake, but there's no need to make a thing of it.* **24. not get a thing out of**, **a.** to fail to elicit something desired, as information, from. **b.** to fail to enjoy, appreciate, etc.: *I went to a performance of a play in Czech, but didn't get a thing out of it.* **25. old thing**, *Colloquial* (a familiar form of address). **26. on a good thing**, **a.** (in betting on horses, dogs, etc.) backing a likely winner at favourable odds. **b.** engaged in a project which promises to be successful. **27. one of those things**, an event which was unavoidable or which is no longer remediable. **28. the (done) thing**, behaviour which is considered to conform to acceptable standards of fashion and good taste. **29. the thing**, **a.** that which is important or necessary. **b.** the point of a matter: *this is the thing.*

think /θɪŋk/ *v.* **thought**, **thinking**, *n.* –*v.t.* **1.** to form or conceive in the mind; have in the mind as an idea, conception, or the like. **2.** to turn over in the mind; meditate; ponder: *he was thinking what it could mean.* **3.** to have the mind full of (a particular subject or the like). **4.** to form or have an idea or conception of (a thing, fact, circumstance, etc.). **5.** to bear in mind, recollect, or remember. **6.** to have in mind, intent, or purpose. **7.** to hold an opinion; believe; suppose: *they thought that the earth was flat.* **8.** to consider (something) to be (as specified): *she thought the lecture was very interesting.* **9.** to anticipate or expect: *I did not think to find you here.* **10.** to bring by thinking. –*v.i.* **11.** to use the mind, especially the intellect, actively; cogitate or meditate. **12.** to reflect upon the matter in question: *think carefully before you begin.* **13.** to have a belief or opinion as indicated. **14.** to have an opinion as indicated: *he thought fit to act alone.* –*n.* **15.** *Colloquial* an act or process of thinking: *go away and have a good think.* –*phr.* **16. think about**, to hold as an opinion concerning (someone or something): *what do you think about abortion?* **17. think aloud**, to utter one's thoughts without considering all implications or putting them into a formal pattern. **18. think better of**, to decide against (an original intention). **19. think little of**, to have a poor or low opinion of. **20. think nothing of**, **a.** to have a very low opinion of. **b.** to disregard; take no account of. **21. think of**, **a.** to form or have an idea or mental image of. **b.** to remember: *I can't think of his name.* **c.** to have consideration or regard for: *to think of others first.* **d.** to make mental discovery of; form or have a plan of: *he thought of it first.* **e.** to have an anticipation or expectation of. **22. think ... of**, to have a specified opinion of (someone or something): *to think well of someone.* **23. think out**, **a.** to finish or complete in thought. **b.** to understand or solve by process of thought. **c.** to devise or contrive by thinking. **24. think over**, to consider carefully and at leisure. **25. think through**, to consider carefully. **26. think twice**, to consider with great care (before taking action). **27. think up**, to form as a concept; devise. –**thinkable** *adj.* –**thinker** *n.*

thinner /'θɪnə/ *n.* a volatile liquid added to paints or varnishes to facilitate application and to aid penetration by lowering the viscosity.

third /θɜd/ *adj.* **1.** next after the second in order, time, value, quality, etc. (the ordinal of 3). **2.** one out of every three: *every third Monday.* –*n.* **3.** someone or something that comes next after the second. **4.** a third part, especially of one (1/3). **5.** (usually plural) *Law* the third part of the personal property of a dead husband, which in certain circumstances goes totally to the widow. **6.** *Music* the third note in a scale from a given note (counted as the first): *E is a third above C.* –**thirdly** *adv.*

third degree *n.* the use of bullying or torture by the police (or others) in some countries in examining a person in order to extort information or a confession: *to give one the third degree.*

third-degree /'θɜd-dəgri/ *adj.* of a degree which is at the extreme end of a scale, either as the lowest (*third-degree murder*) or the highest (*third-degree burns*).

third man *n.* *Cricket* the player in a fielding position near the boundary on the off side behind the wicket of the person batting.

third party *n.* any person other than the principals to some transaction, proceeding, or agreement.

third-party /'θɜd-pati/ *adj.* denoting an insurance policy against liability caused by the insurer or his or her servants to the property or person of others.

third person *n.* the class of a pronoun or verb used to refer to people or things other than the person or people addressed or the speaker. See **person** (def. 10).

Third World (*also l.c.*) *n.* **1.** developing countries collectively, especially in Africa, South America, and South-East Asia, which are not heavily industrialised, have a low standard of living, and which usually did not have a strong political alignment with either the Communist bloc or the capitalist West. –*adj.* **2.** relating to or inhabiting countries considered to be part of the Third World.

thirst /θɜst/ *n.* **1.** an uneasy or painful sensation of dryness in the mouth and throat caused by need of drink. **2.** the physical condition resulting from this need. **3.** strong or eager desire; craving: *a thirst for knowledge.* –*v.i.* **4.** to feel thirsty; be thirsty. **5.** to have a strong desire. –**thirster** *n.* –**thirstless** *adj.* –**thirsty** *adj.*

thirteen /θɜ'tin/ *n.* **1.** a cardinal number, ten plus three. **2.** a symbol for this number, as 13 or XIII. –*det.* **3.** amounting to thirteen in number. –*pron.*

thirty /'θɜti/ n. -ties, det., pron. -n. 1. a cardinal number, ten times three. 2. a symbol for this number, as 30 or XXX. 3. (plural) the numbers from 30 to 39 of a series, especially with reference to the years of a person's age, or the years of a century, especially the twentieth. -det. 4. amounting to thirty in number. -pron. 5. thirty people or things. -**thirtieth** adj.

this /ðɪs/ pron., det. **these**, adv. -pron. 1. (used to indicate a person, thing, idea, etc., as pointed out, present, or near, as before mentioned or supposed to be understood, as about to be mentioned, or by way of emphasis): *this is right*. 2. (used to indicate the one of two or more persons, things, etc., already mentioned, that is nearer in place, time, or thought). 3. (used to indicate one of two or more persons, things, etc., already mentioned, implying contradistinction; opposed to *that*). -det. 4. a person, place, thing, idea, etc., as pointed out, present, or near, as before mentioned or supposed to be understood, or by way of emphasis: *this point is important*. 5. of two or more persons, things, etc., already mentioned, the one nearer in place, time, or thought. 6. one of two or more persons, things, etc., already mentioned, implying contradistinction (opposed to *that*). -adv. 7. (used with adjectives and adverbs of quantity or extent to indicate precise degree or extent): *this much*. -phr. 8. **with this**, hereupon; immediately after this.

thistle /'θɪsəl/ n. 1. any of various prickly plants of the genus *Cirsium*, as *C. vulgare*, the **spear thistle**. 2. any prickly plant of related genera, as *Carduus*, *Carlina*, and *Onopordum*. 3. any of various other prickly plants. -**thistlelike** adj. -**thistly** adj.

thither /'ðɪðə/ adv. 1. Also, **thitherwards** /'ðɪðəwədz/, **thitherward**. to or towards that place or point. -adj. 2. on the side or in the direction away from the person speaking; farther; more remote.

thong /θɒŋ/ n. 1. a narrow strip of hide or leather, used as a fastening, as the lash of a whip, etc. 2. a similar strip of some other material. 3. *Australian* a sandal held loosely on the foot by two strips of leather, rubber, etc., passing between the first and second toes and over either side of the foot.

thorax /'θɔræks/ n. **thoraces** /'θɔrəsiz, θɔ'reɪsɪz/ or **thoraxes**. 1. *Anatomy* (in humans and the higher vertebrates) the part of the trunk between the neck and the abdomen, containing the cavity (enclosed by the ribs, etc.) in which the heart, lungs, etc., are situated; the chest. 2. *Zoology* a corresponding part in other animals. 3. *Entomology* the portion of the body between the head and the abdomen. -**thoracic** /θə'ræsɪk/ adj.

thorn /θɔn/ n. 1. a sharp excrescence on a plant, especially a sharp-pointed aborted branch; a spine; a prickle. 2. any of various thorny shrubs or trees, especially of the genus *Crataegus*, as *C. monogyna*, the common hawthorn, often planted for hedges. 3. their wood. 4. something that wounds, or causes discomfort or annoyance. 5. the character Þ, þ for *th* (formerly in the English alphabet; still used in Iceland). -phr. 6. **thorn in someone's flesh** (or **side**), a source of continual annoyance, discomfort, or the like. -**thornless** adj. -**thornlike** adj.

thornbill /'θɔnbɪl/ n. any of various small, finch-like birds of the genus *Acanthiza*, with small but stout and sharp bills, as the **yellow-rumped thornbill**, *A. chrysorrhoa*.

thorn devil n. → **thorny devil**.

thorn lizard n. → **thorny devil**.

thorny /'θɔni/ adj. -nier, -niest. 1. abounding in or characterised by thorns; spiny; prickly. 2. thornlike. 3. overgrown with thorns or brambles. 4. painful; vexatious. 5. full of points of dispute; difficult: *a thorny question*. -**thorniness** n.

thorny devil n. a spiny agamid lizard, *Moloch horridus*, occurring in lowland as well as mountain regions of southern, central, and western Australia; moloch; mountain devil.

thorough /'θʌrə/ adj. 1. carried out through the whole of something; fully executed; complete or perfect: *a thorough search*. 2. being fully or completely (such): *a thorough fool*. 3. thoroughgoing in action or procedure; leaving nothing undone. -**thoroughly** adv. -**thoroughness** n.

thoroughbred /'θʌrəbred/ adj. 1. of pure or unmixed breed, stock, or race, as a horse or other animal; bred from the purest and best blood. 2. (of human beings) having qualities characteristic of pure breeding; high-spirited; mettlesome; elegant or graceful. -n. 3. a thoroughbred animal. 4. (*cap.*) a horse of the English breed of racehorses, developed by crossing domestic and Middle Eastern strains. 5. a well-bred or thoroughly trained person.

thoroughfare /'θʌrəfɛə/ n. 1. a road, street, or the like, open at both ends, especially a main road. 2. a passage or way through: *no thoroughfare*. 3. a strait, river, or the like, affording passage.

those /ðoʊz/ pron., det. plural of **that**.

thou[1] /ðaʊ/ pron. **thee**. -pron. (*personal*) *second person*, *singular*, *subjective Archaic* a pronoun used to denote the person (or thing) spoken to; formerly in general use, often as indicating equality, familiarity, or intimacy, superiority on the part of the speaker, or contempt or scorn for the person addressed, but now little used (being regularly replaced by *you*, which is in origin plural, and takes a plural verb) except in poetry or elevated prose, in addressing the Deity, and by the Friends or Quakers.

thou[2] /θaʊ/ n. *Colloquial* 1. a thousand (dollars, kilometres, etc.). 2. one thousandth of (an inch, etc.).

though /ðoʊ/ conj. 1. (introducing a subordinate clause, which is often marked by ellipsis) notwithstanding that; in spite of the fact that: *though she was widowed, she was happy*; *he is active though handicapped*. 2. even if; granting that. 3. yet, still, or nevertheless (introducing an additional statement restricting or modifying a principal one): *I will go though I fear it will be useless*. 4. if (usu. in *as though*). -adv. 5. for all that; however. Also, **tho'**.

thought[1] /θɔt/ n. 1. the product of mental activity; that which one thinks. 2. a single act or product of thinking; an idea or notion: *to collect one's thoughts*. 3. the act or process of thinking; mental activity. 4. the capacity or faculty of thinking. 5. a consideration or reflection. 6. meditation: *lost in thought*. 7. intention, design, or purpose, especially a half-formed or imperfect intention: *we had some thought of going*. 8. anticipation or expectation. 9. consideration, attention, care, or regard: *taking no thought for her appearance*. 10. a judgment, opinion, or belief. 11. the intellectual activity or the ideas, opinions, etc., characteristic of a particular place, class, or time: *Greek thought*. 12. a very small amount; a trifle. -phr. 13. **second thoughts**, reconsideration. -**thoughtful** adj. -**thoughtless** adj.

thought[2] /θɔt/ v. past tense and past participle of **think**.

thousand /'θaʊzənd/ n. 1. a cardinal number, ten times one hundred. 2. a symbol for this number, as 1000 or M. 3. (*plural*) a great number or amount. -det. 4. amounting to one thousand in number. -pron. 5. one thousand people or things. -phr. 6. **one in a thousand**, exceedingly good;

thrall

exceptional; outstanding. **–thousandth** *adj.*

thrall /θrɔl/ *n.* **1.** someone who is in bondage; a bondman or slave. **2.** someone who is in bondage to some power, influence, or the like. **3.** thraldom.

thrash /θræʃ/ *v.t.* **1.** to beat soundly by way of punishment; administer a beating to. **2.** to defeat thoroughly. **3.** *Nautical* to force (a ship) forward against the wind, etc. **4.** *Colloquial* to drive (a vehicle, etc.) at high speed without regard to its condition. **5.** to thresh (wheat, grain, etc.). *–v.i.* **6.** to beat, toss, or plunge wildly or violently about. **7.** *Nautical* to make way against the wind, tide, etc.; beat. **8.** to thresh wheat, grain, etc. *–n.* **9.** the act of thrashing; a beating; a blow. **10.** *Swimming* the upward and downward movement of the legs, as in the crawl. **11.** heavy-metal music influenced by punk rock, characterised by powerful amplification and a very heavy beat. *–adj.* **12.** of or relating to thrash (def. 11). *–phr.* **13. thrash along**, *Colloquial* to proceed at high speed. **14. thrash out**, to discuss (a matter) exhaustively; solve (a problem, etc.) by exhaustive discussion.

thread /θrɛd/ *n.* **1.** a fine cord of flax, cotton, or other fibrous material spun out to considerable length, especially such a cord composed of two or more filaments twisted together. **2.** twisted fibres of any kind used for sewing. **3.** one of the lengths of yarn forming the warp and woof of a woven fabric. **4.** a filament or fibre of glass or other ductile substance. **5.** something having the fineness or slenderness of a thread, as a thin continuous stream of liquid, a fine line of colour, or a thin seam of ore. **6.** the helical ridge of a screw. **7.** that which runs through the whole course of something, connecting successive parts, as the sequence of events in a narrative. **8.** (*plural*) *Colloquial* clothes. *–v.t.* **9.** to pass the end of a thread through the eye of (a needle). **10.** to fix (beads, etc.) upon a thread that is passed through; string. **11.** to form a thread on or in (a bolt, hole, etc.). *–v.i.* **12.** to make one's way, as through a passage or between obstacles. **13.** to move in a threadlike course; wind or twine. **14.** *Cookery* (of boiling syrup) to form a fine thread when dropped from a spoon. *–phr.* **15. hang by a thread**, to be in a dangerous or precarious position. **–threader** *n.* **–threadless** *adj.* **–threadlike** *adj.*

threadbare /'θrɛdbɛə/ *adj.* **1.** having the nap worn off so as to lay bare the threads of the warp and woof, as a fabric, garment, etc. **2.** meagre, scanty, or poor. **3.** hackneyed or trite: *threadbare arguments*. **4.** wearing threadbare clothes; shabby: *a threadbare little old man*.

threadworm /'θrɛdwɜm/ *n.* any of various nematode worms, especially a pinworm.

threat /θrɛt/ *n.* **1.** a declaration of an intention or determination to inflict punishment, pain, or loss on someone in retaliation for, or conditionally upon, some action or course; menace. **2.** an indication of probable evil to come; something that gives indication of causing evil or harm. **–threaten** *v.* **–threatless** *adj.*

three /θri/ *n.* **1.** a cardinal number, two plus one (2 + 1). **2.** a symbol for this number, e.g. 3 or III. **3.** a set of this many people or things. *–det.* **4.** amounting to three in number: *three apples*. *–pron.* **5.** three people or things: *three came to the party*.

3-D /θri-'di/ *adj.* **1.** three-dimensional: *3-D films*. *–n.* **2.** a three-dimensional form or appearance.

three-dimensional /θri-daɪ'mɛnʃənəl, -də'mɛn-/ *adj.* **1.** having, or seeming to have, the dimension of depth as well as height and breadth. **2.** realistic; lifelike.

three-quarter /θri-'kwɔtə/ *adj.* **1.** consisting of or involving three quarters of a whole. *–n.* **2.** *Rugby Football* one of the four players in the three-quarter line.

three R's *pl. n.* reading, (w)riting, and (a)rithmetic, traditionally regarded as the fundamentals of education.

thresh /θrɛʃ/ *v.t.* **1.** to separate the grain or seeds from (a cereal plant, etc.) by some mechanical means, as by beating with a flail or by the action of a threshing machine. *–v.i.* **2.** to thresh wheat, grain, etc. **3.** to deliver blows as if with a flail.

threshold /'θrɛʃhould/ *n.* **1.** the sill of a doorway. **2.** the entrance to a house or building. **3.** any place or point of entering or beginning: *the threshold of a new career*. **4.** *Psychology, Medicine* the point at which a stimulus becomes noticeable, or strong enough to produce an effect: *the threshold of pain*. **5.** *Physics* the lowest value of any signal, stimulus, etc., which will produce a particular effect, as a threshold frequency.

threw /θru/ *v.* past tense of **throw**.

thrice /θraɪs/ *adv.* three times, as in succession; on three occasions.

thrift /θrɪft/ *n.* **1.** economical management; economy; frugality. **2.** vigorous growth, as of a plant. **–thrifty** *adj.* **–thriftless** *adj.* **–thriftlessly** *adv.* **–thriftlessness** *n.*

thrill /θrɪl/ *v.t.* **1.** to affect with a sudden wave of keen emotion, so as to produce a tremor or tingling sensation through the body. *–v.i.* **2.** to affect one with a wave of emotion or excitement; produce a thrill. **3.** to be stirred by a thrill of emotion or excitement. *–n.* **4.** a tremor or tingling sensation passing through the body as the result of sudden keen emotion or excitement. **5.** thrilling property or quality, as of a story. *–phr.* **6. thrill to bits**, to delight. **–thrilling** *adj.*

thriller /'θrɪlə/ *n.* **1.** something thrilling. **2.** a book, play, or film dealing with crime, mystery, etc., in an exciting or sensational manner.

thrive /θraɪv/ *v.i.* **throve**, **thrived**, **throve** or **thrived** /'θrɪvən/ or **thriving**. **1.** to prosper; be fortunate or successful; increase in property or wealth; grow richer or rich. **2.** to grow or develop vigorously; flourish. **–thriver** *n.* **–thrivingly** *adv.*

throat /θrout/ *n.* **1.** the passage from the mouth to the stomach or to the lungs; the fauces, pharynx, and oesophagus; the larynx and trachea. **2.** some analogous or similar narrowed part or passage. **3.** the front of the neck below the chin and above the collarbones. *–phr.* **4. cut one's (own) throat**, to pursue a course of action which is injurious or ruinous to oneself. **5. have (got) the game by the throat**, *Colloquial* to be in command of a situation. **6. jump down someone's throat**, to deliver a strong verbal attack on someone. **7. ram (or thrust) something down someone's throat**, to force something on someone's attention. **8. stick in one's throat**, **a.** to be difficult to express or utter. **b.** to be difficult to resign oneself to. **–throatless** *adj.*

throaty /'θrouti/ *adj.* **-tier**, **-tiest**. produced or modified in the throat, as sounds; hoarse; guttural. **–throatily** *adv.* **–throatiness** *n.*

throb /θrɒb/ *v.* **throbbed**, **throbbing**, *n.* *–v.i.* **1.** (of the heart, etc.) to beat with increased force or speed; palpitate. **2.** to feel or show emotion: *to throb with excitement*. **3.** to beat; pulsate: *his head began to throb with pain*. *–n.* **4.** the act of throbbing. **5.** a violent beat, as of the heart. **6.** any beat or pulsation: *the throb of the engines*. **–throbber** *n.* **–throbbingly** *adv.*

throe /θrou/ *n.* **1.** a violent spasm or pang; a paroxysm. **2.** a sharp attack of emotion. **3.** (*plural*) the pains of childbirth. **4.** (*plural*) the agony of death. **5.** (*plural*) any violent convulsion or struggle. *–phr.* **6. in the throes of**, engaged in; fully preoccupied with.

thrombosis /θrɒm'boʊsəs/ *n. Pathology* intravascular coagulation of the blood in any part of the circulatory system, as in the heart, arteries, veins, or capillaries. **–thrombotic** /θrɒm'bɒtɪk/ *adj.*

throne /θroʊn/ *n., v.* **throned, throning.** *–n.* **1.** the chair or seat occupied by a sovereign, bishop, or other exalted personage on ceremonial occasions, usually raised on a dais and covered with a canopy. **2.** the office or dignity of a sovereign. **3.** *Theology* a member of the third order of angels. See **angel** (def. 1). *–v.t.* **4.** to set on or as on a throne. *–phr.* **5. the throne,** *Colloquial* the toilet. **–throneless** *adj.*

throng /θrɒŋ/ *n.* **1.** a multitude of people crowded or assembled together; a crowd. **2.** a great number of things crowded or considered together. *–v.i.* **3.** to assemble, collect, or go in large numbers; crowd. *–v.t.* **4.** to crowd or press upon; jostle. **5.** to fill by crowding or pressing into.

throttle /'θrɒtl/ *n., v.* **-tled, -tling.** *–n.* **1.** a lever, pedal, or other device to control the amount of fuel being fed to an engine. *–v.t.* **2.** to strangle. **3.** to stop the breath of in any way; choke. **4.** to silence or check as if by choking. **5.** *Machinery* to block the flow of (steam, etc.) by means of a throttle valve, etc. **–throttler** *n.*

through /θru/ *prep.* **1.** in at one end, side, or surface, and out at the other, of: *to pass through a tunnel.* **2.** past: *the car went through the traffic lights without stopping.* **3.** between or among the individual members or parts of: *to swing through the trees.* **4.** over the surface or within the limits of: *to travel through a country.* **5.** during the whole period of; throughout: *to work through the night.* **6.** having reached the end of: *to be through one's work.* **7.** having finished successfully: *to get through an examination.* **8.** by the means or instrumentality of: *it was through him they found out.* **9.** by reason of or in consequence of: *to run away through fear.* **10.** *US* up to and including: *from Monday through Thursday.* *–adv.* **11.** in at one end, side, or surface and out at the other: *to push a needle through.* **12.** all the way; along the whole distance: *this train goes through to Flinders St.* **13.** throughout: *wet through.* **14.** from the beginning to the end: *to read a letter through.* **15.** to the end: *to carry a matter through.* **16.** to a favourable or successful conclusion: *to pull through.* **17.** having completed an action, process, etc.: *he is not yet through.* *–adj.* **18.** passing or extending from one end, side, or surface to the other. **19.** that extends, goes, or conveys through the whole of a long distance with little or no interruption, obstruction, or hindrance: *a through train.* *–phr.* **20. go through,** to wear out: *he's gone through ten pairs of shoes.* **21. through and through, a.** through the whole extent or substance; from beginning to end. **b.** in all respects; thoroughly. **22. through with, a.** finished or done with. **b.** at an end of all relations or dealings with.

throughout /θru'aʊt/ *prep.* **1.** in or to every part of; everywhere in. **2.** from the beginning to the end of. *–adv.* **3.** in every part. **4.** at every moment or point.

throw /θroʊ/ *v.* **threw, thrown, throwing.** *n.* *–v.t.* **1.** to project or propel forcibly through the air by a sudden jerk or straightening of the arm; propel or cast in any way. **2.** to hurl or project (a missile), as a gun does. **3.** to project or cast (light, a shadow, etc.). **4.** to project (the voice). **5.** to make (a voice) appear to be coming from a place other than its source, as a ventriloquist does. **6.** to direct (words, a glance, etc.). **7.** to cause to go or come into some place, position, condition, etc., as if by throwing: *to throw a man into prison; to throw a bridge across a river; to throw troops into action.* **8.** to put hastily: *to throw a shawl over one's shoulders.* **9.** *Machinery* **a.** to move (a lever, etc.) in order to connect or disconnect parts of an apparatus or mechanism. **b.** to connect, engage, disconnect, or disengage by such a procedure. **10.** to shape on a potter's wheel. **11.** to bring to bear or exert (influence, authority, power, etc.). **12.** to deliver (a blow or punch). **13.** *Cards* **a.** to play (a card). **b.** to discard (a card). **14.** to cause to fall to the ground; bring to the ground, as an opponent in wrestling or as an animal for branding. **15.** (of certain wines) to deposit (sediment). **16.** to cast (dice). **17.** to make (a cast) at dice. **18.** (of a horse, etc.) to cause (a rider) to fall off. **19.** (of domestic animals) to bring forth (young). **20.** *Textiles* to wind or twist (silk, etc.) into threads. **21.** to arrange or host (a social event): *she threw a party last Saturday.* **22.** *Colloquial* to permit an opponent to win (a race, contest, or the like) deliberately, as for a bribe. **23.** *Colloquial* to astonish; disconcert; confuse. *–v.i.* **24.** *Cricket* (of a bowler) to bowl with a bent arm; chuck. **25.** to cast, fling, or hurl a missile, etc. *–n.* **26.** an act of throwing or casting; a cast or fling. **27.** a turn in a game involving throwing, as ball games, dice. **28.** the distance to which anything is or may be thrown: *a stone's throw.* **29.** a venture or chance: *it was his last throw.* **30.** *Machinery* **a.** the movement of a reciprocating part or the like from its central position to its extreme position in either direction, or the distance traversed (equivalent to one half of the travel or stroke). **b.** the arm or the radius of a crank or the like; the eccentric, or the radius of a crank to which an eccentric is equivalent, being equal to the distance between the centre of the disc and the centre of the shaft. **c.** the complete movement of a reciprocating part or the like in one direction, or the distance traversed (equivalent to the travel or stroke). **31.** *US* a light blanket, as for use when reclining on a sofa; an afghan. **32.** a cast at dice. **33.** a number thrown. **34.** *Wrestling* the act, instance, or method of throwing an opponent. **35.** *Geology, Mining* the amount of vertical displacement produced by a fault. *–phr.*

36. throw away, a. to discard; dispose of. **b.** to squander; waste. **c.** to fail to use; miss (an opportunity, chance, etc.).

37. throw back, to revert to a type found in one's ancestors; show atavism.

38. throw in, a. to add as an extra, especially in a bargain. **b.** to interpose; interpolate; contribute (a remark, etc.).

39. throw in the towel (or **sponge**), to give in; accept defeat.

40. throw it in, *Colloquial* **a.** to accept defeat. **b.** to cease an activity.

41. throw off, a. to free oneself from. **b.** to elude, escape from (a pursuer, etc.). **c.** to discard or remove hastily. **d.** to recover from (a cold, etc.). **e.** to utter, write, compose, etc., with ease.

42. throw off at, *Australian Colloquial* to criticise or belittle.

43. throw oneself at someone, to give someone an unusual amount of attention, flattery, etc., in order to win their regard or love.

44. throw oneself into, to work enthusiastically at.

45. throw oneself on (or **upon**), to entrust oneself to the mercy of; commit oneself completely to.

46. throw open, a. to open wide. **b.** to permit general access to.

47. throw out, a. to discard; cast away. **b.** to emit; give forth. **c.** to utter casually or indirectly (a remark, hint, etc.). **d.** to expel; eject; remove forcibly. **e.** to reject; refuse to accept. **f.** to cause to make a mistake.

throwback

48. throw over, to abandon; forsake; desert. **49. throw together**, **a.** to assemble in a hasty or haphazard manner. **b.** to bring together; cause to associate. **50. throw up**, **a.** to give up; abandon. **b.** to build hastily. **c.** *Colloquial* to vomit.

throwback /'θroʊbæk/ *n.* **1.** reversion to an ancestral type or character. **2.** a setback or check. **3.** an act of throwing back.

thru /θru/ *prep., adv., adj.* → **through**.

thrum /θrʌm/ *v.* thrummed, thrumming, *n.* –*v.i.* **1.** to play on a stringed instrument, as a guitar, by plucking the strings, especially in an idle, monotonous, or unskilful manner. **2.** to sound when thrummed on, as a guitar, etc. **3.** to drum or tap idly with the fingers. –*n.* **4.** the act or sound of thrumming; dull, monotonous sound. **–thrummer** *n.*

thrush[1] /θrʌʃ/ *n.* any of numerous passerine birds belonging to the family Turdidae, most of which are moderate in size, migratory, gifted as songsters, and not brightly coloured, as the European **song thrush** (*Turdus philomelos*), which has been introduced into Australia, or the native **ground thrush** (*Zoothera dauma*) of eastern and southern Australia. **–thrushlike** *adj.*

thrush[2] /θrʌʃ/ *n.* **1.** *Pathology* a disease characterised by whitish spots and ulcers on the membranes of the mouth, fauces, vagina, etc., due to a parasitic fungus, *Candida albicans*; monilia. **2.** *Veterinary Science* (in horses) a diseased condition of the frog of the foot.

thrust /θrʌst/ *v.* thrust, thrusting, *n.* –*v.t.* **1.** to push with force; shove: *he thrust a dagger into her back*. **2.** to put with force into some position, condition, etc.: *to thrust someone into danger*. –*v.i.* **3.** to push against something. **4.** to push or force one's way: *to thrust through the crowd*. **5.** to make a stab at something; lunge. –*n.* **6.** the act of thrusting; a push; a lunge. **7.** *Mechanics* the driving force generated by an engine. **8.** *Geology* a pressure in the crust of the earth, which produces a fault.

thud /θʌd/ *n., v.* thudded, thudding. –*n.* **1.** a dull sound, as of a heavy blow or fall. –*v.i.* **2.** to make a dull heavy sound. –*phr.* **3. come a thud**, *Colloquial* to be disappointed in an expectation.

thug /θʌg/ *n.* a brutal, vicious, or murderous ruffian, robber, or gangster. **–thuggery** *n.* **–thuggish** *adj.*

thumb /θʌm/ *n.* **1.** the short, thick inner digit of the human hand, next to the forefinger. **2.** the corresponding digit in other animals; the pollex. **3.** that part of a glove, etc., which covers the thumb. –*v.t.* **4.** to soil or wear with the thumbs in handling, as the pages of a book. **5.** (of a hitchhiker) to solicit or obtain (a ride) by pointing the thumb in the direction in which one wishes to travel. –*phr.* **6. all thumbs**, clumsy; awkward. **7. thumb one's nose**, to put one's thumb to one's nose and extend the fingers in a gesture of defiance or contempt. **8. thumb through**, to run through (the pages of a book, etc.) quickly. **9. under someone's thumb**, controlled or dominated by someone. **–thumbless** *adj.* **–thumblike** *adj.*

thump /θʌmp/ *n.* **1.** a heavy blow. **2.** the sound made by such a blow. –*v.t.* **3.** to strike or beat with something thick and heavy so as to make a dull sound; pound: *to thump a drum*. **4.** to strike against (something) heavily and noisily. **5.** *Colloquial* to punch. –*v.i.* **6.** to strike or beat heavily, with a dull sound; pound. **7.** to walk with heavy-sounding steps. **8.** (of the heart) to beat violently. **–thumper** *n.*

thunder /'θʌndə/ *n.* **1.** the loud noise which happens with a flash of lightning, due to a violent disturbance of the air by a discharge of electricity. **2.** any loud, booming noise: *the thunder of applause*. –*v.i.* **3.** to give forth thunder: *it thundered last night*. **4.** to make a loud noise like thunder: *the horses thundered down the track*. **5.** to make a loud, threatening speech: *the preacher thundered from the pulpit*. **–thunderous**, **thundery** *adj.* **–thunderless** *adj.*

thunderbird /'θʌndəbɜd/ *n.* **1.** any of a number of Australian birds that call in response to sudden loud noises, as the **rufous whistler**, *Pachycephala rufiventris*. **2.** (in the folk belief of certain western American Indians) a huge bird capable of producing thunder, lightning, and rain.

thunderbolt /'θʌndəboʊlt/ *n.* **1.** a flash of lightning with the accompanying thunder. **2.** an imaginary bolt or dart conceived as the material destructive agent cast to earth in a flash of lightning. **3.** something very destructive, terrible, severe, sudden, or startling. **4.** someone who acts with fury or with sudden force.

Thursday /'θɜzdeɪ, -di/ *n.* the fifth day of the week, following Wednesday.

thus /ðʌs/ *adv.* **1.** in the way just indicated; in this way. **2.** in the following manner; in the manner now indicated. **3.** accordingly; consequently. **4.** to this extent or degree: *thus far*.

thwack /θwæk/ *v.t.* **1.** to strike or beat vigorously with something flat; whack. –*n.* **2.** a sharp blow with something flat; whack. **–thwacker** *n.*

thwart /θwɔt/ *v.t.* **1.** to oppose successfully; prevent from accomplishing a purpose; frustrate (a purpose, etc.); baffle. –*n.* **2.** a seat across a boat, especially one used by a rower. –*adj.* **3.** passing or lying crosswise or across; cross; transverse. –*prep., adv.* **4.** across; athwart. **–thwarter** *n.*

thy /ðaɪ/ *det.* the possessive form of **thou**.

thylacine /'θaɪləsɪn/ *n.* a carnivorous, wolf-like marsupial now thought to be extinct, *Thylacinus cynocephalus*, of Tasmania, tan-coloured, with black stripes across the back. Also, **Tasmanian wolf**, **Tasmanian tiger**.

thyme /taɪm/ *n.* any of the plants of the mint family constituting the genus *Thymus*, as *T. vulgaris*, a low shrub with aromatic leaves used for seasoning, or a wild creeping species, *T. serpyllum* (**wild thyme**).

thymus /'θaɪməs/ *n.* *Anatomy* a glandular body or ductless gland of uncertain function found in vertebrate animals, in humans lying in the thorax near the base of the neck and becoming vestigial in the adult. Also, **thymus gland**.

thyroid /'θaɪrɔɪd/ *adj.* **1.** indicating or relating to the thyroid gland. **2.** indicating or relating to the principal cartilage of the larynx, known in men as the Adam's apple. –*n.* **3.** → **thyroid gland**. **4.** a preparation made from the thyroid glands of certain animals, used in treating an underactive thyroid.

thyroid gland *n.* *Anatomy* a bilobate ductless gland lying on either side of the windpipe or trachea and connected below the larynx by a thin isthmus of tissue. Its internal secretion is important in regulating the rate of metabolism and, consequently, body growth.

ti /ti/ *n.* **tis**. a tropical palmlike plant, *Cordyline terminalis* and all New Zealand species of *Cordyline*. Also, **ti-palm**, **ti-tree**.

tiara /ti'ɑrə/ *n.* **1.** a jewelled ornamental coronet worn by women. **2.** a diadem worn by the pope, surmounted by the mound (or orb) and cross of sovereignty, and surrounded with three crowns. **3.** the papal position or dignity. **4.** a headdress or turban worn by the ancient Persians and others.

tibia /'tɪbiə/ *n.* **tibias** or **tibiae** /'tɪbiiː/. **1.** *Anatomy* the inner of the two bones of the lower leg, extending from the knee to the ankle, and articulating with the femur and the astragalus; the shinbone. **2.** *Zoology* a corresponding bone in the hind limb of other animals. **3.** *Entomology* the fourth segment of the leg, between the femur and tarsus. –**tibial** *adj.*

tic /tɪk/ *n. Pathology* a sudden, painless, purposeless muscular contraction in the face or extremities.

tick¹ /tɪk/ *n.* **1.** a slight, sharp recurring click or beat, as of a clock. **2.** *Colloquial* a moment or instant: *hang on just a tick.* **3.** a small mark, as a dash (often formed by two small strokes at an acute angle) serving to draw attention to something, to indicate that an item on a list, etc., has been noted or checked, or to indicate the correctness of something, as a written work. –*v.i.* **4.** to emit or produce a tick, like that of a clock. **5.** to pass as with ticks of a clock: *the hours ticked by.* –*v.t.* **6.** to mark (an item, etc.) with a tick, as to indicate examination or correctness. –*phr.* **7. on the tick**, punctually. **8. tick off, a.** to mark (an item, etc.) with a tick, as to indicate examination or correctness. **b.** to rebuke; scold. **9. tick over, a.** (of an internal-combustion engine) to run slowly with the gears disengaged. **b.** to be inactive, often in preparation for action. **10. what makes someone tick**, what motivates someone's behaviour.

tick² /tɪk/ *n.* **1.** any member of a group of bloodsucking mitelike animals (Acarina) of the families Ixodidae and Argasidae, provided with a barbed proboscis which it buries in the skin of vertebrate animals. **2.** any of the dipterous insects of the family Hippoboscidae, often wingless, which are parasitic on certain animals, as sheep, camels, bats, pigeons.

ticker /'tɪkə/ *n. Colloquial* **1.** a watch. **2.** the heart.

ticket /'tɪkət/ *n.* **1.** a slip, usually of paper or cardboard, serving as evidence of the holder's title to some service, right, or the like: *a railway ticket; a theatre ticket.* **2.** a written or printed slip of paper, cardboard, etc., affixed to something to indicate its nature, price, or the like; a label or tag. **3.** a list of candidates nominated or put forward by a political party, faction, etc. **4.** *Colloquial* a certificate. **5.** *Colloquial* discharge from the armed forces: *to get one's ticket.* **6.** *Australian History* → **ticket-of-leave**. **7.** a summons issued for a traffic or parking offence. –*v.t.* **8.** to attach a ticket to; distinguish by means of a ticket; label. **9.** to furnish with a ticket. –*adj.* **10.** *Australian History* relating to one who had a ticket-of-leave: *ticket man.* –*phr.* **11. be the ticket**, *Colloquial* to be the correct, right, or proper thing: *that's the ticket!* **12. have tickets on oneself**, *Australian, NZ Colloquial* to be conceited.

ticket-of-leave /tɪkət-əv-'liv/ *n. Australian History* a document which entitled a convict to freedom of occupation and lodging within a given district of a colony until the original sentence expired or a pardon was obtained. Also, **ticket of leave**.

tickle /'tɪkəl/ *v.* **-led, -ling**, *n.* –*v.t.* **1.** to touch or stroke lightly with the fingers, a feather, etc., so as to excite a tingling or itching sensation in; titillate. **2.** to poke in some sensitive part of the body so as to excite spasmodic laughter. **3.** to excite agreeably; gratify: *to tickle someone's vanity.* **4.** to excite amusement in. –*v.i.* **5.** to be affected with a tingling or itching sensation, as from light touches or strokes. **6.** to produce such a sensation. –*n.* **7.** the act of tickling. **8.** a tickling sensation. –*phr.* **9. tickled pink**, greatly pleased or amused. **10. tickled to bits**, delighted. **11. tickle the ivories**, *Colloquial* to play the piano. **12. tickle the peter**, *Colloquial* to rob the till.

ticklish /'tɪklɪʃ/ *adj.* **1.** sensitive to tickling. **2.** requiring careful handling or action; risky; difficult: *a ticklish situation.* **3.** unstable or easily upset, as a boat; unsteady. –**ticklishly** *adv.* –**ticklishness** *n.*

tidal wave *n.* **1.** a large destructive ocean wave produced by an earthquake or the like. **2.** either of the two great wavelike swellings of the ocean surface (due to the attraction of the moon and sun) which move round the earth on opposite sides and give rise to tide. **3.** any overwhelmingly widespread or powerful movement, opinion, or the like: *a tidal wave of popular indignation.*

tiddler /'tɪdlə/ *n.* **1.** a very small fish, especially a stickleback or minnow. **2.** *Colloquial* a small child, especially one who is undersized.

tiddly¹ /'tɪdli/ *adj. Colloquial* slightly drunk; tipsy.

tiddly² /'tɪdli/ *adj. Colloquial* very small.

tiddlywinks /'tɪdliwɪŋks/ *n.* a game, the object of which is to flick small discs into a cup placed some distance away. Also, **tiddleywinks**.

tide /taɪd/ *n., v.* **tided, tiding**. –*n.* **1.** the periodic rise and fall of the waters of the ocean and its inlets, about every 12 hours and 26 minutes, due to the attraction of the moon and sun. **2.** the inflow, outflow, or current of water at any given place resulting from the tidal changes. **3.** a stream or current. **4.** anything that alternately rises and falls, increases and decreases, etc. **5.** a tendency, trend, current, etc., as of events, ideas, public opinion, etc. –*phr.* **6. tide over**, to get (someone) over a period of difficulty, distress, etc.; enable (someone) to cope temporarily. **7. turn the tide**, to reverse the course of events, a game, etc. –**tidal** *adj.* –**tideless** *adj.* –**tidelike** *adj.*

tidings /'taɪdɪŋz/ *pl. n.* (*sometimes construed as singular*) news, information, or intelligence: *sad tidings.*

tidy /'taɪdi/ *adj.* **-dier, -diest**, *v.* **-died, -dying**, *n.* **-dies**. –*adj.* **1.** neat; trim; orderly: *a tidy room.* **2.** *Colloquial* considerable: *a tidy sum.* –*v.t.* **3.** to make tidy or neat. –*v.i.* **4.** to put things in order; make things neat. –*n.* **5.** any of various articles for keeping things tidy, as a receptacle or box; a rubbish tin or wastepaper basket. –*phr.* **6. tidy up, a.** to make (a room, etc.) neat and tidy: *tidy your room up before you go.* **b.** to neaten things: *I'll just finish tidying up.* –**tidily** *adv.* –**tidiness** *n.*

tie /taɪ/ *v.* **tied, tying**, *n.* –*v.t.* **1.** to bind or fasten with a cord, string, or the like, drawn together and knotted. **2.** to draw together the parts of with a knotted string or the like: *to tie a bundle.* **3.** to fasten by tightening and knotting the string or strings of: *to tie one's shoes.* **4.** to draw together into a knot, as a cord. **5.** to form by looping and interlacing, as a knot or bow. **6.** to fasten, join, or connect in any way. **7.** to bind or join closely or firmly. **8.** *Colloquial* to unite in marriage. **9.** to confine, restrict, or limit. **10.** to bind or oblige, as to do something. **11.** *Music* to connect (notes) by a tie. –*v.i.* **12.** to make a tie, bond, or connection. **13.** to make the same score; be equal in a contest. **14.** (of a ship) to moor. –*n.* **15.** that with which anything is tied. **16.** a cord, string, or the like, used for tying or fastening something. **17.** a narrow, decorative band, as of cotton or silk, worn round the neck, commonly under a collar, and tied in front. **18.** anything that fastens, secures, or unites. **19.** a link, bond, or connection of kinship, affection, mutual interest, etc. **20.** something that restricts one's freedom of action. **21.** a state of equality in points, votes, etc., as among competitors: *the game ended in a tie.* **22.** a match or contest in which this occurs. **23.** anything, as a beam, rod, etc., connecting or holding together two or more things or parts. **24.** *Civil Engineering* a member of a framework which is required to take only a tensile load. **25.** *Music* a curved line connecting two notes on the same line or space to indicate that the sound is to be sustained for their joint value, not repeated. **26.** *US* → **sleeper** (def. 1). –*phr.* **27. tie down, a.** to fasten down by tying. **b.** to hinder; confine; restrict; curtail. **28. tie in,** (of a fact, belief, etc.) to fit in; form a coherent whole: *that ties in with his deprived childhood.* **29. tie the knot,** *Colloquial* to get married. **30. tie up, a.** to fasten securely by tying. **b.** to bind or wrap up. **c.** to hinder. **d.** to bring to a stop or pause. **e.** to invest or place (money) in such a way as to make it unavailable for other purposes. **f.** to place (property) under such conditions or restrictions as to prevent sale or alienation. **g.** to occupy or engage completely. **31. tie up with,** to be closely connected or associated with.

tier /tɪə/ *n.* **1.** a row, range, or rank. **2.** one of a series of rows or ranks rising one behind or above another, as of seats in an amphitheatre, of boxes in a theatre, of guns in a man-of-war, or of oars in an ancient galley. **3.** a layer or level. **4.** (*often plural*) a range of mountains.

tiff /tɪf/ *n.* **1.** a slight or petty quarrel. **2.** a slight fit of ill humour.

tiger /'taɪgə/ *n.* **1.** a large, carnivorous feline, *Panthera tigris*, of Asia, tawny-coloured, striped with black, ranging in several races from India and the Malay Peninsula to Siberia. **2.** the puma, jaguar, thylacine, or other animal resembling the tiger. **3.** someone who resembles a tiger in fierceness, courage, etc. **4.** *Australian* a shearer.

tiger lily *n.* **1.** a lily, *Lilium tigrinum*, with flowers of a dull orange colour spotted with black, and small bulbs or bulbils in the axils of the leaves. **2.** any lily, especially *L. pardalinum*, of similar colouration.

tiger snake *n.* any of several highly venomous snakes (*Notechis* species) found in southern mainland Australia, Tasmania, and Bass Strait islands, of various shades of brown, tan, olive, or grey, sometimes with creamy bands, and averaging about 1.5 metres in length.

tight /taɪt/ *adj.* **1.** firmly fixed in place; secure: *a tight knot.* **2.** drawn or stretched; taut. **3.** fitting closely, especially too closely: *tight trousers.* **4.** difficult to deal with: *to be in a tight corner.* **5.** strict; firm; rigid: *tight discipline.* **6.** closely packed; full. **7.** *Colloquial* close; nearly even: *a tight race.* **8.** *Colloquial* mean in giving or spending; stingy; parsimonious. **9.** *Colloquial* drunk; tipsy. –*adv.* **10.** in a tight manner; firmly; securely: *to draw a knot tight.* –**tighten** *v.* –**tightly** *adv.*

-tight a suffix meaning 'impervious to', as in *watertight*.

tightrope /'taɪtroʊp/ *n.* **1.** a rope or wire stretched tight, on which acrobats perform feats of balancing. –*phr.* **2. walk a tightrope, a.** to walk along a tightrope as an acrobatic performance. **b.** to be in a precarious situation.

tights /taɪts/ *pl. n.* a close-fitting garment covering the body from the waist downwards, and the legs.

tike¹ /taɪk/ *n.* → **tyke**¹.

tike² /taɪk/ *n.* → **tyke**².

tiki /'tiki/ *n.* a carved image representing an ancestor, worn as an amulet in some Polynesian cultures.

tile /taɪl/ *n., v.* **tiled, tiling.** –*n.* **1.** a thin slab or shaped piece of baked clay, sometimes glazed and ornamented, used for covering roofs, lining walls, paving floors, draining land, in ornamental work, etc. **2.** any of various similar slabs or pieces, as of stone, metal, lino, cork, slate, etc. **3.** a pottery tube or pipe used for draining land. **4.** a hollow or cellular block used as a wall unit in masonry construction. –*v.t.* **5.** to cover with or as with tiles. –*phr.* **6. on the tiles,** *Colloquial* having a wild, riotous, or debauched night's entertainment. –**tiler** *n.* –**tilelike** *adj.*

till¹ /tɪl/ *prep.* **1.** up to the time of; until: *to fight till death.* **2.** (*with a negative*) before: *he did not come till today.* –*conj.* **3.** to the time that or when; until. **4.** (*with a negative*) before.

till² /tɪl/ *v.t.* to labour, as by ploughing, harrowing, etc., upon (land) for the raising of crops; cultivate. –**tillable** *adj.*

till³ /tɪl/ *n.* (in a shop, etc.) a container as a box, drawer, or the like, usually having separate compartments for coins and notes of different denominations, in which cash for daily transactions is temporarily kept.

tiller /'tɪlə/ *n.* a bar or lever fitted to the head of a rudder, to turn the rudder in steering. –**tillerless** *adj.*

tilt /tɪlt/ *v.t.* **1.** to cause to lean, incline, slope, or slant. **2.** to rush at or charge, as in a joust. –*v.i.* **3.** to move into or assume a sloping position or direction. **4.** to engage in a joust, tournament, or similar contest. –*n.* **5.** an act or instance of tilting. **6.** the state of being tilted; a sloping position. **7.** a slope. **8.** a joust or any other contest. –*phr.* **9. full tilt,** with full force or speed. **10. tilt at,** to strike at, thrust at, or charge with a lance or the like. **11. tilt at windmills,** to fight imaginary enemies. –**tilter** *n.*

timber /'tɪmbə/ *n.* **1.** wood cut for building and carpentry, joinery, etc. **2.** wood of growing trees suitable for use in building. **3.** the trees themselves. **4.** *Nautical* (in a ship's frame) a curved piece of wood; a rib. –**timberless** *adj.*

timber line *n.* **1.** the altitude above sea level at which timber ceases to grow. **2.** the latitudinal limit of tree growth.

timbre /'tɪmbə, 'tæmbə/ *n.* **1.** *Acoustics, Phonetics* the characteristic quality of a sound, independent of pitch and loudness, from which its source or manner of production can be inferred. The saxophone and the clarinet have different timbres, and so do the vowels of *bait* and *boat*. Timbre depends on the relative strengths of the components of different frequencies, which are determined by resonance. **2.** *Music* the characteristic quality of sound produced by a particular instrument or voice; tone colour. –**timbral** *adj.*

time /taɪm/ *n., v.* **timed, timing.** –*n.* **1.** the system of those relations which any event has to any other as past, present, or future; indefinite continuous duration regarded as that in which events succeed one another. **2.** a system or method of measuring or reckoning the passage of time. **3.** a limited extent of time, as between two successive events: *a long time.* **4.** a particular period considered as distinct from other periods: *for the time being.* **5.** (*often plural*) a period in the history of the world, or contemporary with the life or activities of a notable person: *ancient times.* **6.** (*often plural*) the period or era now (or then) present. **7.** (*often plural*) a period considered with reference to its events or prevailing conditions, tendencies, ideas, etc.: *hard times.* **8.** a prescribed or allotted period, as of one's life, for payment of a debt, etc. **9.** the normal or expected moment of death. **10.** the natural termination of the period of gestation. **11.** a period with reference to personal experience of a specified kind: *to have a good time.* **12.** a period of work of an employee, or the pay for it. **13.** the period necessary for or occupied by something: *to ask for time to consider.* **14.** leisure or spare time: *to have no time.* **15.** a particular or definite point in time: *what time is it?* **16.** a particular part of a year, day, etc.: *Christmas time.* **17.** an appointed, fit, due, or proper time: *there is a time for everything.* **18.** the particular moment at

time which something takes place: *opening time.* **19.** an indefinite period in the future: *time will tell.* **20.** the period in which an action is completed, especially a performance in a race: *the winner's time was just under four minutes.* **21.** the right occasion or opportunity: *to watch one's time.* **22.** each occasion of a recurring action or event: *to do a thing five times.* **23. a.** (*plural*) (used as a multiplicative word in phrasal combinations expressing how many instances of a quantity or factor are taken together): *four times five.* **b.** (an expression of a quantitative comparison between two states, qualities, dimensions, etc): *four times closer; five times better.* **24.** *Music, etc.* **a.** tempo; relative rapidity of movement. **b.** the metrical duration of a note or rest. **c.** proper or characteristic tempo. **d.** the general movement of a particular kind of musical composition with reference to its rhythm, metrical structure, and tempo. **e.** the movement of a dance or the like to music so arranged: *waltz time.* **25.** *Military* the rate of marching, calculated on the number of paces taken per minute: *quick time.* –*v.t.* **26.** to ascertain or record the time, duration, or rate of: *to time a race.* **27.** to fix the duration of. **28.** to fix or regulate the intervals between (actions, movements, etc.). **29.** to regulate as to time, as a train, a clock, etc. **30.** to appoint or choose the moment or occasion for. **31.** to mark the rhythm or measure of, as in music. –*phr.* **32. against time,** in an effort to finish something within a certain period. **33. ahead of one's time,** having ideas more advanced than those of the age in which one lives. **34. ahead of time,** before the time due; early. **35. at one time,** formerly. **36. at the same time,** nevertheless. **37. at times,** occasionally; at intervals. **38. behind the times,** old-fashioned. **39. do time,** to serve a prison sentence. **40. for the time being,** temporarily. **41. from time to time,** occasionally, at intervals. **42. in good time, a.** punctually; at the right time. **b.** early; with time to spare. **43. in no time,** very quickly. **44. in time, a.** soon or early enough. **b.** eventually; after a lapse of time. **c.** following the correct rhythm or tempo. **45. keep time, a.** to function accurately, as a clock. **b.** to observe the tempo or rhythm. **c.** to perform movements in unison in the same rhythm. **46. kill time,** to occupy oneself in some manner so as to make the time pass quickly. **47. many a time,** often; frequently. **48. no time,** a very short time. **49. on time,** punctually. **50. pass the time of day,** to have a brief conversation. **51. take one's time,** to be slow or leisurely. **52. take time out, a.** to pause in an activity. **b.** to spare the time or make the effort (to do something). **53. the time of one's life,** *Colloquial* a very enjoyable experience. **54. time after time,** often; repeatedly. **55. time and (time) again,** often; repeatedly; again and again.

timekeeper /'taɪmkipə/ *n.* **1.** (in a sports contest, etc.) someone who observes and records the time taken by competitors in a race, the duration of an event, etc. **2.** → **timepiece**. **3.** someone employed to keep account of the hours of work done by others and, sometimes, to pay them. **4.** someone who beats time in music.

timeless /'taɪmləs/ *adj.* **1.** eternal; unending. **2.** referring to no particular time. –**timelessly** *adv.* –**timelessness** *n.*

timely /'taɪmli/ *adj.* **-lier, -liest,** *adv.* –*adj.* **1.** occurring at a suitable time; seasonable; opportune; well-timed: *a timely warning.* –*adv.* **2.** seasonably; opportunely. –**timeliness** *n.*

timepiece /'taɪmpis/ *n.* **1.** an apparatus for measuring and recording the progress of time; a chronometer. **2.** a clock or a watch.

time-sharing /'taɪm-ʃɛərɪŋ/ *n.* **1.** the handling by a computer of several programs at the same time. **2.** occupancy for a period of time each year in a resort dwelling by persons owning shares in the dwelling.

time sheet *n.* a sheet or card recording the hours worked by an employee.

timetable /'taɪmteɪbəl/ *n.* **1.** a schedule showing the times at which railway trains, buses, aeroplanes, etc., arrive and depart. **2.** a schedule of times of classes, lectures, etc., in a school, university, etc. **3.** any plan listing the times at which certain things are due to take place. –*v.t.* **4.** to incorporate into a timetable.

timid /'tɪməd/ *adj.* **1.** subject to fear; easily alarmed; timorous; shy. **2.** characterised by or indicating fear. –**timidity** /tɪ'mɪdəti/, **timidness** *n.* –**timidly** *adv.*

timing /'taɪmɪŋ/ *n.* **1.** *Theatre* **a.** a synchronising of the various parts of a production for theatrical effect. **b.** the result or effect thus achieved. **c.** (in acting) the act of adjusting one's tempo of reading and movement for dramatic effect. **2.** *Sport* the control of the speed of an action in order that it may reach its maximum at the proper moment. **3. a.** the mechanism which ensures that the valves in an internal-combustion engine open and close at the correct time. **b.** the process of adjusting this mechanism so that it operates correctly.

timorous /'tɪmərəs/ *adj.* **1.** full of fear; fearful. **2.** subject to fear; timid. **3.** characterised by or indicating fear. –**timorously** *adv.* –**timorousness** *n.*

timpani /'tɪmpəni/ *pl. n.* **-no** /-noʊ/. a set of kettledrums. Also, **tympani.** –**tympanist** *n.*

tin /tɪn/ *n., adj., v.* **tinned, tinning.** –*n.* **1.** a low-melting, silver-coloured, metallic element used in making alloys and plating. *Symbol:* Sn (for Latin *stannum*); *at. no.:* 50; *relative atomic mass:* 118.69. **2.** thin sheet iron or sheet steel coated with tin. **3.** any shallow metal pan, especially one used in baking. **4.** a sealed container for food, especially one made of tin plate; can. **5.** any container made of tin plate. **6.** the contents of a tin; can. –*adj.* **7.** made of tin or tin plate. –*v.t.* **8.** to cover or coat with a thin layer of tin. **9.** to pack or preserve in tins: *to tin fruit.* –**tinlike** *adj.*

tincture /'tɪŋktʃə/ *n.* **1.** *Pharmaceutical* a solution of a medicinal substance in alcohol. **2.** a trace; a smattering; tinge. –*v.t.* **3.** to give a dye or colour to; tinge.

tinder /'tɪndə/ *n.* **1.** a material or preparation formerly used for catching the spark from a flint and steel struck together for fire or light. **2.** any dry substance that readily takes fire from a spark. –**tinder-like** *adj.*

tine = tyne /taɪn/ *n.* a sharp projecting point or prong, as of a fork or deer's antler.

tinea /'tɪniə/ *n. Pathology* any of several skin diseases caused by fungi.

ting /tɪŋ/ *n.* **1.** to make a high, clear, ringing sound. –*v.i.* **2.** to cause to make a high, clear, ringing sound. –*n.* **3.** a tinging sound.

tinge /tɪndʒ/ *v.* **tinged, tingeing** *or* **tinging,** *n.* –*v.t.* **1.** to impart a trace or slight degree of some colour to; tint. **2.** to impart a slight taste or smell to. –*n.* **3.** a slight degree of colouration. **4.** a slight admixture, as of some qualifying property or

tingle characteristic.
tingle /'tɪŋgəl/ v. **-gled, -gling,** n. –v.i. **1.** to have a sensation of slight stings or prickly pains, from a sharp blow or from cold. **2.** to cause such a sensation. –n. **3.** a tingling sensation. **4.** the tingling action of cold, etc. **5.** *Colloquial* a telephone call. **–tingler** n. **–tinglingly** adv.

tingle tingle n. either of two species of timber tree, *Eucalyptus jacksonii* and *E. guilfoylei*, found in south-western Australia.

tinker /'tɪŋkə/ n. **1.** a person who mends pots, kettles, pans, etc., usually a wanderer. **2.** someone who enjoys doing minor kinds of mechanical work. –v.i. **3.** to do the work of a tinker. **4.** to busy oneself with something, especially a machine or an appliance, usually without useful results.

tinkle /'tɪŋkəl/ v. **-kled, -kling,** n. –v.i. **1.** to make a succession of short, light, ringing sounds; jingle. –v.t. **2.** to cause to tinkle. –n. **3.** a tinkling sound. **–tinkling** n., adj.

tinnie /'tɪni/ n. *Australian Colloquial* a can of beer. Also, **tinny**.

tinny¹ /'tɪni/ adj. **-nier, -niest,** n. –adj. **1.** of or like tin. **2.** containing tin. **3.** characteristic of tin, as sounds; lacking resonance. **4.** not strong or durable. **5.** having the taste of tin. –n. **6.** → **tinnie**. **–tinnily** adv. **–tinniness** n.

tinny² /'tɪni/ adj. *Australian, NZ Colloquial* lucky.

tin plate /tɪn 'pleɪt/ n. thin sheet iron or sheet steel coated with tin.

tinsel /'tɪnsəl/ n. **1.** a cheap glittering metallic substance, as copper, brass, etc., used in pieces, strips, threads, etc., to produce a sparkling effect. **2.** anything showy or attractive with little or no real worth. –adj. **3.** made of or containing tinsel. **4.** showy; gaudy; tawdry. **–tinsel-like** adj.

tint /tɪnt/ n. **1.** a colour, or a variety of colour. **2.** a colour diluted with white (as opposed to a *shade*, which is produced by adding black). **3.** a delicate or pale colour. **4.** a dye for the hair. –v.t. **5.** to apply a tint or tints to; colour slightly; tinge. **–tinter** n.

tiny /'taɪni/ adj. **-nier, -niest.** very small; minute; wee.

-tion a composite suffix used to form abstract nouns consisting of the final consonant of participial and other stems, plus *-ion*, used to express an action (*revolution, commendation*), or a state (*contrition, volition*), or associated meanings (*relation, temptation*). Also, **-ation, -cion, -ion, -sion, -xion**.

tip¹ /tɪp/ n., v. **tipped, tipping.** –n. **1.** a slender or pointed end of something: *the tips of the fingers*. **2.** the top; summit or apex. –v.t. **3.** to put a tip on to: *to tip shoes with metal*. **4.** to mark or form the tip of: *snow tipped the mountains*. **–tipless** adj.

tip² /tɪp/ v. **tipped, tipping,** n. –v.t. **1.** to cause to assume a slanting or sloping position; incline; tilt. **2.** to take off or lift (the hat) in salutation. **3.** to dispose of (rubbish, etc.) by dumping. –v.i. **4.** to assume a slanting or sloping position; incline. **5.** to tilt up at one end and down at the other. **6.** to be overturned or upset. –n. **7.** the act of tipping. **8.** the state of being tipped. **9.** a rubbish dump. –*phr.* **10. tip over** (or **up**), **a.** to tumble or topple. **b.** to overthrow, overturn, or upset.

tip³ /tɪp/ n., v. **tipped, tipping.** –n. **1.** a small present of money given to someone, as a waiter, porter, etc., for performing a service; a gratuity. **2.** a piece of private or secret information, as for use in betting, speculation, etc. **3.** a useful hint or idea. –v.t. **4.** to give a small present of money to. **5.** *Colloquial* to guess: *I tipped who it was*. –v.i. **6.** to give a gratuity. –*phr.* **7. tip off**, *Colloquial* **a.** to give private or secret information to; inform.
b. to warn of impending trouble, danger, etc. **8. tip someone the wink,** *Colloquial* to pass on secret information to someone, especially in warning.

tip⁴ /tɪp/ n., v. **tipped, tipping.** –n. **1.** a light, smart blow; a tap. –v.t. **2.** to strike or hit with a light, smart blow; tap. **3.** *Cricket, etc.* to strike (the ball) with a glancing blow.

tipple /'tɪpəl/ v. **-pled, -pling,** n. –v.t. **1.** to drink (wine, spirits, etc.), especially repeatedly, in small quantities. –v.i. **2.** to drink alcoholic drink, especially habitually or to some excess. –n. **3.** intoxicating liquor. **–tippler** n.

tipsy /'tɪpsi/ adj. **-sier, -siest. 1.** slightly intoxicated. **2.** characterised by or due to intoxication: *a tipsy lurch*. **3.** tipping, unsteady, or tilted, as if from intoxication. **–tipsily** adv. **–tipsiness** n.

tiptoe /'tɪptoʊ/ v. **-toed, -toeing.** **1.** to move or go on tiptoe, as with caution or stealth. –*phr.* **2. on tiptoe, a.** on the tips of the toes collectively: *to walk on tiptoe*. **b.** eagerly expectant. **c.** cautious; stealthy.

tirade /taɪ'reɪd, tə'reɪd/ n. **1.** a prolonged outburst of denunciation. **2.** a long, vehement speech. **3.** a passage dealing with a single theme or idea, as in poetry.

tire¹ /'taɪə/ v. **tired, tiring.** –v.t. **1.** Also, **tire out.** to reduce or exhaust the strength of, as by exertion; make weary; fatigue. **2.** to exhaust the interest, patience, etc., of, as by long continuance or by dullness. –v.i. **3.** to have the strength reduced or exhausted, as by labour or exertion; become fatigued. **4.** to have one's appreciation, interest, patience, etc., exhausted. –*phr.* **5. tire of**, to become weary of.

tire² /'taɪə/ n., v. **tired, tiring.** *US* → **tyre**.

tiresome /'taɪəsəm/ adj. **1.** such as to tire one; wearisome. **2.** annoying or vexatious. **–tiresomely** adv.

'tis /tɪz/ *Archaic* contraction of *it is*.

tissue /'tɪʃu/ n. **1.** *Biology* **a.** the substance of which an organism or part is composed. **b.** an aggregate of cells and cell products forming a definite kind of structural material in an animal or plant: *muscular tissue*. **2.** a woven fabric, especially one of light or gauzy texture, originally woven with gold or silver. **3.** an interwoven or interconnected series or mass: *a tissue of falsehoods*. **4.** any of several kinds of soft gauzelike papers used for various purposes. **5.** a paper handkerchief.

tit¹ /tɪt/ n. **1.** any of various small Australian birds, especially a thornbill. **2.** any of various birds of the family Paridae, as the **blue tit,** *Parsus caeruleus*. **3.** any of various other small birds.

tit² /tɪt/ n. **1.** a nipple. **2.** *Colloquial* a female breast.

titan /'taɪtn/ n. (*also cap.*) a person or thing of enormous size, strength, etc. **–titanic** adj.

titbit /'tɪtbɪt/ n. **1.** a delicate bit of food. **2.** a choice or pleasing bit of anything. Also, *US*, **tidbit**.

tithe /taɪð/ n., v. **tithed, tithing.** –n. **1.** (*often plural*) the tenth part of the yearly produce of agriculture, etc., due or paid as a tax to the church. **2.** a tenth part of anything. –v.t. **3.** to give or pay a tithe. **4.** to make (someone) pay a tithe. **–tithable** adj. **–titheless** adj. **–tither** n.

titian /'tɪʃən, 'ti-/ n. a reddish or reddish brown colour.

titillate /'tɪtəleɪt/ v.t. **-lated, -lating. 1.** to tickle; excite a tingling or itching sensation in, as by touching or stroking lightly. **2.** to excite agreeably: *to titillate the fancy*. **–titillation** /tɪtə'leɪʃən/ n. **–titillative** /'tɪtəleɪtɪv/ adj.

titivate /'tɪtəveɪt/ v. **-vated, -vating.** *Colloquial* –v.i. **1.** to make oneself smart or spruce. –v.t. **2.** to make smart or spruce. Also, **tittivate**.

–titivation /tɪtəˈveɪʃən/ *n.* **–titivator** *n.*

title /ˈtaɪtl/ *n.*, *v.* **-tled, -tling.** *–n.* **1.** the name of a book, poem, picture, piece of music, etc. **2.** a descriptive heading of a chapter, or other part of a book. **3.** a name given to a person describing occupation, qualifications, rank, etc., e.g. Doctor, Mr, Reverend, Lady. **4.** *Sport* the championship: *he lost the title.* **5.** an established right to something. **6.** *Law* the legal right to the possession of property, especially houses, land: *he holds the title to our house.* *–v.t.* **7.** to give a title to; entitle.

title deed *n. Law* a deed or document containing or constituting evidence of ownership.

titoki /tiˈtoʊki/ *n.* a tough-timbered berry-bearing New Zealand forest tree, *Alectryon excelsum*, resembling the ash in foliage and wood.

ti-tree /ˈti-tri/ *n.* **1.** → **ti. 2.** → **tea-tree.**

titter /ˈtɪtə/ *v.i.* **1.** to laugh in a low, half-restrained way, as from nervousness or in ill-suppressed amusement. *–n.* **2.** a tittering laugh. **–titterer** *n.* **–titteringly** *adv.*

tittle /ˈtɪtl/ *n.* **1.** a dot or other small mark in writing or printing, used, for example, as a diacritic. **2.** a very small part or quantity; a particle, jot, or whit.

tittle-tattle /ˈtɪtl-tætl/ *n.*, *v.* **-tled, -tling.** *–n.* **1.** gossip; telltale. *–v.i.* **2.** to reveal private or confidential matters in idle gossip; act as a tale-bearer. **–tittle-tattler** *n.*

titular /ˈtɪtjələ/ *adj.* **1.** of or relating to a title. **2.** having a title, especially of rank. **3.** being such in title only: *a titular prince.* **–titularly** *adv.*

tizz /tɪz/ *n. Colloquial* **1.** frantic but ineffectual activity; commotion. *–phr.* **2. in a tizz**, in a state of somewhat hysterical confusion and anxiety: *don't get in a tizz.* Also, **tizzy.**

tizzy /ˈtɪzi/ *n.* **-zies**, *adj. Colloquial* *–n.* **1.** → **tizz.** *–adj.* **2.** gaudy, vulgar; tinselly.

TNT /ti ɛn ˈti/ *n.* trinitrotoluene.

to /tu/ *weak form* /tə/ *prep.* **1.** expressing motion or direction towards something: *from north to south.* **2.** indicating limit of movement or extension: *rotten to the core.* **3.** expressing contact or contiguity: *apply varnish to the surface.* **4.** expressing a point or limit in time: *to this day.* **5.** expressing time until and including: *Monday to Friday.* **6.** expressing aim, purpose, or intention: *going to the rescue.* **7.** expressing destination or appointed end: *sentenced to death.* **8.** indicating result or consequence: *to her dismay.* **9.** indicating state or condition: *he tore it to pieces.* **10.** indicating the object of inclination or desire: *they drank to her health.* **11.** expressing the object of a right or claim: *claimants to an estate.* **12.** expressing limit in degree or amount: *punctual to the minute*; *goods to the value of $100.* **13.** indicating addition or amount: *adding insult to injury.* **14.** expressing attachment or adherence: *the paper stuck to the wall*; *she held to her opinions.* **15.** indicating an accompanying item or concomitant: *they danced to music*; *they arrived to the sound of cheers.* **16.** expressing comparison or opposition: *the score was 9 to 5.* **17.** expressing agreement or accordance: *a position to one's liking.* **18.** expressing reference or relation: *what will he say to this?* **19.** expressing relative position: *one line parallel to another.* **20.** indicating proportion or ratio: *one teacher to every thirty students.* **21.** supplying the place or sense of the dative case in other languages, connecting transitive verbs with their indirect or distant objects, and adjectives, nouns, and intransitive or passive verbs with a following noun which limits their action or application. **22.** used as the ordinary sign or accompaniment of the infinitive. *–adv.* **23.** towards a person, thing, or point implied or understood. **24.** to a contact point or closed position: *pull the shutters to.* **25.** to a matter; to action or work: *we turned to with a will.* **26.** to consciousness; to one's senses: *after she came to.* *–phr.* **27. to and fro, a.** to and from some place or thing. **b.** in opposite or different directions alternately.

toad /toʊd/ *n.* **1.** the terrestrial species of tailless (i.e., froglike) amphibians of the genus *Bufo* and allied genera. **2.** any of various tailless amphibians (order Salientia). **3.** any of various other animals, as certain lizards. **4.** a person or thing as an object of disgust or aversion. **–toadlike** *adj.*

toadstool /ˈtoʊdstul/ *n.* **1.** any of various fleshy, usually poisonous, fungi, like a mushroom, having a stalk with an umbrella-like cap. **2.** any of various other fleshy fungi, as the puffballs, coral fungi, etc.

toady /ˈtoʊdi/ *n.* **toadies**, *v.* **toadied, toadying.** *–n.* **1.** an obsequious sycophant; a fawning flatterer. *–v.t.* **2.** to be the toady to. *–v.i.* **3.** to be a toady. **–toadyish** *adj.* **–toadyism** *n.*

toast[1] /toʊst/ *n.* **1.** bread in slices browned on both surfaces by heat. *–v.t.* **2.** to brown, as bread or cheese, by exposure to heat. **3.** to heat or warm thoroughly at a fire. *–v.i.* **4.** to become toasted.

toast[2] /toʊst/ *n.* **1.** a person or thing to whose health others drink. **2.** a call on another or others to drink to some person or thing. **3.** the act of drinking in this way. **4.** words of congratulation, etc., spoken before drinking. **5.** a person who is suddenly very popular or famous: *she was the toast of the town.* *–v.t.* **6.** to propose as a toast. **7.** to drink to the health of, or in honour of. *–v.i.* **8.** to propose or drink a toast.

toastmaster /ˈtoʊstmastə/ *n.* **1.** someone who presides at a dinner and introduces the after-dinner speakers. **2.** someone who proposes or announces toasts. **–toastmistress** *fem. n.*

toatoa /ˈtoʊə,toʊə/ *n.* either of the small coniferous New Zealand trees, *Phyllocladus glaucus* and *P. alpinus.*

tobacco /təˈbækoʊ/ *n.* **-baccos** *or* **-baccoes**. **1.** any plant of the genus *Nicotiana*, especially one of those species, as *N. tabacum*, whose leaves are prepared for smoking or chewing or as snuff. **2.** the leaves so prepared. **3.** any of various similar plants of other genera.

tobacconist /təˈbækənəst/ *n.* someone who retails tobacco, cigarettes, and other items connected with smoking.

toboggan /təˈbɒgən/ *n.* **1.** a light sledge with low runners, used in the sport of tobogganing. **2.** a long, narrow, flat-bottomed sledge made of a thin board curved upwards and backwards at the front end, used originally for transport over snow. *–v.i.* **3.** to use, or coast on, a toboggan. **–tobogganer** *n.*, **tobogganist** *n.*

today /təˈdeɪ/ *n.* **1.** this present day. **2.** this present time or age. *–adv.* **3.** on this present day. **4.** at the present time; in these days.

toddle /ˈtɒdl/ *v.* **-dled, -dling,** *n.* *–v.i.* **1.** to go with short, unsteady steps, as a child or an old person. *–n.* **2.** the act of toddling. **3.** an unsteady gait.

toddy /ˈtɒdi/ *n.* **-dies.** *–n.* **1.** a drink made of spirits and hot water, sweetened and sometimes spiced with cloves. **2.** the drawn sap, especially when fermented, of various species of palm (**toddy palms**), used as a drink.

to-die-for /tə-ˈdaɪ-fɔ/ *adj. Colloquial* extremely desirable: *the biggest to-die-for hunk at school*; *a to-die-for outfit.*

to-do /tə-ˈdu/ *n.* **to-dos.** *Colloquial* bustle; fuss.

toe /toʊ/ *n.*, *v.* **toed, toeing.** *–n.* **1.** (in humans) one of the terminal members or digits of the foot. **2.** an analogous part in other animals. **3.** a part, as of a stocking or shoe, to cover the toes. **4.** the outer end of the hitting surface of a golf club or hockey stick. **5.** *Machinery* **a.** a journal or part

toey

placed vertically in a bearing, as the lower end of a vertical shaft. **b.** an arm or projecting part on which a cam or the like strikes. **6.** *Colloquial* strength; speed: *do the fast bowlers have enough toe?* –*v.t.* **7.** to touch or reach with the toes. **8.** to kick with the toe. **9.** *Golf* to strike (the ball) with the toe of the club. –*phr.* **10. dig one's toes in, a.** to refuse to move or change. **b.** to maintain a decision, opinion, etc., despite all opposition. **11. hit the toe,** *Colloquial* to run away or attempt to escape. **12. on one's toes,** prepared to act; wide-awake. **13. toe in** (or **out**), to adjust (the wheels of a motor car) so that each pair is at the angle of convergence or divergence required. **14. toe the line,** *Colloquial* to behave according to the rules; conform. **15. tread on someone's toes,** to offend someone, especially by ignoring their area of responsibility. **16. turn up one's toes,** *Colloquial* to die. –**toeless** *adj.* –**toelike** *adj.*

toey /'touɪ/ *adj. Colloquial* **1.** *Australian, NZ* anxious; apprehensive. **2.** *Australian, NZ* raring to go, keen. **3.** *Australian* → **randy** (def. 2). **4.** *Australian, NZ* (of a horse) having an excitable temperament; fast.

toff /tɒf/ *n. Colloquial* a rich, upper-class, usually well-dressed person; a gentleman. –**toffy** *adj.*

toffee /'tɒfi/ *n.* a sweet made of sugar or treacle boiled down, often with butter, nuts, etc. Also, *US*, **taffy.**

tofu /'toufu/ *n.* a curd made from white soya beans, usually formed into small blocks, used in Asian cookery; bean curd.

toga /'tougə/ *n.* **-gas. 1.** the loose outer garment of the citizens of ancient Rome when appearing in public in time of peace. **2.** a robe of office, a professional gown, or some other distinctive garment. –**togaed** /'tougəd/ *adj.*

together /tə'gɛðə/ *adv.* **1.** into or in one place, gathering, company, mass, or body: *to call the people together.* **2.** into or in union, contact, or collision, as two or more things: *to sew things together.* **3.** into or in relationship, association: *to bring strangers together.* **4.** taken or considered collectively: *this one cost more than all the others together.* **5.** (of a single thing) into or in a condition of unity, compactness, or coherence: *to squeeze a thing together*; *the argument does not hang together well.* **6.** at the same time; simultaneously: *you cannot have both together.* **7.** without interruption; continuously: *for days together.* **8.** with united action; in cooperation: *to undertake a task together.* –*adj. Colloquial* **9.** capable and calm: *he is quite together these days.*

toggle /'tɒgəl/ *n., v.* **-gled, -gling.** –*n.* **1.** a pin, bolt, or rod placed through an eye of a rope, the link of a chain, etc., for various purposes. **2.** a small wooden bar around which a loop is passed, to fasten the front of some coats. –*v.t.* **3.** to furnish or fasten with a toggle or toggles.

togs /tɒgz/ *pl. n. Colloquial* clothes: *football togs; swimming togs.*

toil /tɔɪl/ *n.* **1.** hard and continuous work; exhausting labour or effort. **2.** a laborious task. –*v.i.* **3.** to engage in severe and continuous work; labour arduously. **4.** to move or travel with difficulty, weariness, or pain. –*v.t.* **5.** to bring or effect by toil. –**toiler** *n.* –**toilful, toilsome** *adj.*

toile /twal/ *n.* **1.** a type of transparent linen. **2.** the made-up pattern in a cheap cloth of an exclusively designed garment before this is made in its intended material.

toilet /'tɔɪlət/ *n.* **1.** a disposal apparatus of any type used for urination and defecation, especially a water closet. **2.** a room or booth fitted with a water closet or urinal, often with means for washing face and hands. **3.** *Archaic* the act or process

tomahawk

of dressing, including bathing, arranging the hair, etc. **4.** *Archaic* the dress or costume of a person; any particular costume: *toilet of white silk.* **5.** *Surgery* the cleansing of the part or wound after an operation, especially in the peritoneal cavity. Also (*for defs 3 and 4*), **toilette** /twa'lɛt/.

toiletry /'tɔɪlətri/ *n.* **-tries.** an article or substance used in dressing or hygiene, as a soap, deodorant, shaving lotion, etc.

token /'toukən/ *n.* **1.** something serving to represent or indicate some fact, event, feeling, etc.; sign: *to wear black as a token of mourning.* **2.** a characteristic mark or indication; symbol. **3.** a memento; a keepsake. **4.** something used to indicate authenticity, authority, etc. **5.** a ticket, metal disc, etc., certified as having a particular value, for payment or exchange, as for ferry fares, at a nominal value much greater than its commodity value. **6.** anything of only nominal value similarly used, as paper currency. **7.** a particular act or event, especially as an instance of a class or type: *each subject in the experiment pronounced six tokens of the key word.* –*adj.* **8.** of or relating to a person included in a group to give the appearance of fairness or merely to satisfy a ruling: *the committee had the inevitable lonely token female.* See **tokenism.** –*phr.* **9. by the same token,** in the same way; similarly. **10. in token of,** as a sign or evidence of.

tokenism /'toukənɪzəm/ *n.* the policy of avoiding a real solution to a problem by a superficial gesture intended to impress and to distract attention from the real issues. –**tokenistic** *adj.*

told /tould/ *v.* **1.** past tense and past participle of **tell.** –*phr.* **2. all told,** in all.

tolerable /'tɒlərəbəl/ *adj.* **1.** that may be tolerated; endurable. **2.** fairly good; not bad. –**tolerableness** *n.* –**tolerably** *adv.*

tolerance /'tɒlərəns/ *n.* **1.** the disposition to be patient and fair towards those whose opinions or practices differ from one's own; freedom from bigotry. **2.** the disposition to be patient and fair to opinions which are not one's own. **3.** the ability to endure disagreeable circumstances. **4.** *Medicine* **a.** the ability to endure the action of a drug, without adverse effects. **b.** physiological resistance to poison. **5. a.** *Machinery* an allowable variation in the dimensions of a machined article or part. **b.** an allowable variation in some other characteristic of an article as weight, quality, etc. –**tolerant** *adj.*

tolerate /'tɒləreɪt/ *v.t.* **-rated, -rating. 1.** to allow to be, be practised, or be done without prohibition or hindrance; permit. **2.** to bear without repugnance; put up with. **3.** *Medicine* to endure or resist the action of (a drug, poison, etc.). –**toleration** *n.* –**tolerative** /'tɒlərətɪv/ *adj.* –**tolerator** *n.*

toll[1] /toul/ *v.t.* **1.** to make (a bell) sound with single, slow, and regular strokes. **2.** to sound (the hour, a death knell, etc.) by such strokes. –*v.i.* **3.** (of a bell) to sound with single, slow and regular strokes. –*n.* **4.** the act or sound of tolling.

toll[2] /toul/ *n.* **1.** Also, **tollage.** a payment exacted by the state, the local authorities, etc., for some right or privilege, as for passage along a road or over a bridge. **2.** a tax, duty, or tribute; a price. **3.** exaction, cost or the like, especially in terms of death or loss: *the accident took a heavy toll of lives.*

toluene /'tɒljuin/ *n.* a colourless liquid hydrocarbon, $C_6H_5CH_3$, obtained from tolu, coal tar, etc., used as a solvent and in the manufacture of coal-tar substances, as TNT.

tom /tɒm/ *n.* the male of various animals (often used in composition, as in *tomcat*).

tomahawk /'tɒməhɔk/ *n.* **1.** a small, short-handled

tomato

axe for use with one hand; hatchet. **2.** a light axe used by the North American Indians as a weapon and tool, and serving as a token of war. *–v.t.* **3.** to strike, cut, or kill with or as with a tomahawk. **4.** to shear (a sheep) roughly, as if with a tomahawk.

tomato /tə'matoʊ/ *n.* **-toes**. **1.** a widely cultivated plant, *Lycopersicon esculentum*, bearing a slightly acid, pulpy fruit, commonly red, sometimes yellow, used as a vegetable. **2.** the fruit itself. **3.** any plant of the same genus. **4.** its fruit.

tomb /tum/ *n.* **1.** an excavation in earth or rock for the reception of a dead body. **2.** a grave or mausoleum. **3.** any sepulchral structure. **4.** the state of death. **–tombless** *adj.* **–tomblike** *adj.*

tomboy /'tɒmbɔɪ/ *n.* a boisterous, romping girl. **–tomboyish** *adj.* **–tomboyishness** *n.*

tombstone /'tumstoʊn/ *n.* a stone, usually bearing an inscription, set to mark a tomb or grave.

tomcat /'tɒmkæt/ *n.* a male cat.

tome /toʊm/ *n.* **1.** a volume forming a part of a larger work. **2.** any volume, especially a ponderous one.

-tome a word element referring to cutting, used especially in scientific terms, as *microtome*, *osteotome.*

tomfoolery /tɒm'fʊləri/ *n.* **-ries**. **1.** foolish or silly behaviour. **2.** a silly act, matter, or thing.

tomorrow /tə'mɒroʊ/ *n.* **1.** the day after this day: *tomorrow will be fair.* **2.** a day immediately following or succeeding another day. **3.** some future day or time. *–adv.* **4.** on the morrow; on the day after this day: *come tomorrow.*

tom-tom /'tɒm-tɒm/ *n.* **1.** an African drum of indefinite pitch. **2.** a dully repetitious drumbeat or similar sound.

-tomy a noun termination meaning a 'cutting', especially relating to a surgical operation, as in *appendectomy, lithotomy, phlebotomy*, or sometimes a division, as in *dichotomy*.

ton /tʌn/ *n.* **1.** a unit of mass in the imperial system equal to 2240 lb (**long ton**), or approx. 1016 kg, and, in the US, 2000 lb (**short ton**), or approx. 907 kg. **2.** a unit of freight equal to 1000 kg or, formerly, 40 cubic feet (**freight ton**). **3.** a unit of displacement of ships in the imperial system equal to 35 cubic feet of salt water (**displacement ton** or **shipping ton**), or approx. 0.99 cubic metres. **4.** a unit of internal capacity of ships in the imperial system, equal to 100 cubic feet, or approx. 2.83 cubic metres (**gross ton**). **5.** → **tonne**. **6.** *Colloquial* a heavy weight: *that book weighs a ton*. **7.** (*plural*) *Colloquial* very many; a good deal: *tons of things to see.*

-ton noun suffix, as in *simpleton, singleton.*

tonality /toʊn'æləti/ *n.* **-ties**. **1.** *Music* **a.** the sum of relations, melodic and harmonic, existing between the notes of a scale or musical system; key. **b.** particular scale or system of notes; a key. **2.** *Painting, etc.* the system of tones or tints, or the colour scheme, of a picture, etc.

tone /toʊn/ *n., v.* **toned, toning**. *–n.* **1.** any sound considered with reference to its quality, pitch, strength, source, etc.: *shrill tones.* **2.** quality or character of sound. **3.** vocal sound; the sound made by vibrating muscular bands in the larynx. **4.** a particular quality, way of sounding, modulation, or intonation of the voice as expressive of some meaning, feeling, spirit, etc.: *a tone of command.* **5.** an accent peculiar to a person, people, locality, etc., or a characteristic mode of sounding words in speech. **6.** *Phonetics* a musical pitch or melody which may serve to distinguish between words composed of the same sounds, as in Chinese. **7.** *Music* **a.** an interval equivalent to two semitones; a whole tone. **b.** any of the nine plainsong melodies or tunes, to which the psalms are sung (called **Gregorian tones**). **c.** *Chiefly US* → **note**. **8.** a variety of colour; a tint; a shade. **9.** hue; that distinctive quality by which colours differ from one another in addition to their differences indicated by chroma, tint, shade; a slight modification of a given colour: *green with a yellowish tone*. **10.** *Art* the prevailing effect of harmony of colour and values. **11.** *Physiology* **a.** the state of tension or firmness proper to the organs or tissues of the body. **b.** that state of the body or of an organ in which all its animal functions are performed with healthy vigour. **c.** healthy sensitivity to stimulation. **12.** a particular state or temper of the mind; spirit, character, or tenor. **13.** prevailing character or style, as of manners or morals. **14.** style, distinction, or elegance. *–v.t.* **15.** to sound with a particular tone. **16.** to give the proper tone to (a musical instrument). **17.** to modify the tone or general colouring of. **18.** to give the desired tone to (a painting, etc.). **19.** *Photography* to change the colour of (a print), usually by chemical means. **20.** to render (as specified) in tone or colouring. **21.** to modify the tone or character of. **22.** to give physical or mental tone to. *–v.i.* **23.** to take on a particular tone; assume colour or tint. *–phr.* **24. tone down**, **a.** *Painting* to subdue; make (a colour) less intense in hue. **b.** to lower the strength, intensity, etc., of; soften; moderate. **c.** to become softened or moderated. **25. tone (in) with**, to harmonise with in tone or colour. **26. tone up**, **a.** to give a higher or stronger tone to. **b.** to make stronger or more vigorous: *walking tones up the muscles.* **c.** to gain in tone or strength. **–tonal** *adj.* **–toneless** *adj.* **–tonelessly** *adv.* **–tonelessness** *n.* **–toner** *n.*

tongs /tɒŋz/ *pl. n.* (*sometimes construed as singular*) any of various implements consisting of two arms hinged, pivoted, or otherwise fastened together, for seizing, holding, or lifting something.

tongue /tʌŋ/ *n., v.* **tongued, tonguing**. *–n.* **1.** an organ in humans and most vertebrates occupying the floor of the mouth and often protrusible and freely movable, being the principal organ of taste, and, in humans, of articulate speech. **2.** *Zoology* an organ in the mouth of invertebrates, frequently of a rasping nature. **3.** the tongue of an animal, as an ox, reindeer, or sheep, as used for food, often prepared by smoking or pickling. **4.** the human tongue as the organ of speech. **5.** the faculty or power of speech: *to find one's tongue; to lose one's tongue.* **6.** manner or character of speech: *a flattering tongue.* **7.** the language of a particular people, country, or locality: *the Hebrew tongue.* **8.** a strip of leather under the lacing or fastening of a shoe. **9.** a suspended piece inside a bell that produces a sound on striking against the side. **10.** a vibrating reed or the like in a musical instrument. **11.** *Carpentry* a projecting strip along the centre of the edge of a board, for fitting into a groove in another board. **12.** a narrow strip of land extending into a body of water. **13.** *Machinery* a long, narrow projection on a machine. **14.** the pin of a buckle, brooch, etc. *–v.t.* **15.** to articulate (the notes of a flute, cornet, etc.) by strokes of the tongue. **16.** *Carpentry* **a.** to cut a tongue on (a board). **b.** to join or fit together by a tongue-and-groove joint. **17.** to touch with the tongue. *–v.i.* **18.** to tongue the notes of a flute, etc. *–phr.* **19. give tongue**, **a.** to speak out, especially loudly. **b.** (of a hunting dog) to bark or bay loudly when the scent has been picked up or the quarry sighted. **20. hold one's tongue**, to be quiet. **21. mind one's tongue**, to be careful what one says. **22. on the tip of one's tongue**, on the verge of being remembered and uttered. **23. slip of the tongue**, an inadvertent

tongue-in-cheek   850   **top**

remark. **24. with one's tongue in one's cheek**, not seriously; facetiously; ironically. **–tongued** *adj.* **–tongueless** *adj.*

tongue-in-cheek /tʌŋ-ɪn-'tʃik/ *adj.* not serious; facetious; ironic.

tongue-kiss /'tʌŋ-kɪs/ *Colloquial –v.i.* **1.** to participate in a tongue kiss. *–v.t.* **2.** to kiss (someone) in this manner. **–tongue-kisser** *n.* **–tongue-kissing** *n.*

tonic /'tɒnɪk/ *n.* **1.** a medicine that gives health and strength. **2.** anything that gives new strength or energy: *his success was a tonic to his spirits.* **3.** *Music* the first note or degree of the scale. *–adj.* **4.** giving health, strength, or energy. **5.** *Medicine* **a.** relating to tension, as of the muscles. **b.** marked by continued muscular tension: *a tonic spasm.* **6.** relating to tone or accent in speech. **7.** *Music* relating to or founded on the tonic of a scale: *a tonic chord.*

tonic water *n.* effervescent water with quinine, often added to spirits.

tonight /tə'naɪt/ *n.* **1.** this present or coming night; the night of this present day. *–adv.* **2.** on this present night; on the night of this present day.

tonnage /'tʌnɪdʒ/ *n.* **1.** the carrying capacity of a vessel expressed in gross tons. See **gross tonnage**, **register tonnage**. **2.** ships collectively considered with reference to their carrying capacity or together with their cargoes. **3.** a duty on ships or boats at so much per ton of cargo or freight, or according to the capacity in tons.

tonne /tɒn/ *n.* a unit of mass equal to 1000 kilograms. *Symbol:* t

tonsil /'tɒnsəl/ *n. Anatomy* either of two prominent oval masses of lymphoid tissue situated one on each side of the fauces. **–tonsillar** *adj.*

tonsillectomy /tɒnsə'lɛktəmi/ *n.* **-mies**. the surgical excision of one or both tonsils.

tonsillitis /tɒnsə'laɪtəs/ *n.* inflammation of a tonsil or the tonsils. **–tonsillitic** /tɒnsə'lɪtɪk/ *adj.*

tonsure /'tɒnʃə/ *n.* **1.** the act of shaving the hair on top of the head, especially formerly as a sign of becoming a priest or monk. **2.** the shaved top of the head. **–tonsured** *adj.*

too /tu/ *adv.* **1.** in addition; also; furthermore; moreover: *young, clever, and rich too.* **2.** to an excessive extent or degree; beyond what is desirable, fitting, or right: *too long.* **3.** (an intensifier, especially after *only* or a negative): *only too glad to help you; not too bad.* **4.** *Colloquial* (an intensifier): *I did too!* *–phr.* **5. too right**, *Colloquial* (an emphatic expression of agreement). **6. too, too ...**, exaggeratedly: *he was too, too charming.*

took /tʊk/ *v.* past tense of **take**.

tool /tul/ *n.* **1.** an instrument, especially one held in the hand, for performing or facilitating mechanical operations, as a hammer, saw, file, etc. **2.** any instrument of manual operation. **3.** that part of a lathe, planer, drill, or similar machine, which performs the cutting or machining operation. **4.** the machine itself; a machine tool. **5.** anything used like a tool to do work or effect some result. **6.** someone used by another for that person's own ends; a cat's paw. **7.** the design or ornament impressed upon a book cover. **8.** *Colloquial* the penis. *–v.t.* **9.** to work or shape with a tool. **10.** to work decoratively with a hand tool; to ornament with a bookbinder's tool, as on book covers. **11.** *Colloquial* to drive (a vehicle). *–v.i.* **12.** to work with a tool or tools. **13.** *Colloquial* to drive or ride in a vehicle. *–phr.* **14. tool up**, to equip, as a workshop for a particular job. **–tooler** *n.*

toot[1] /tut/ *v.i.* **1.** (of a horn) to give forth its characteristic sound. **2.** to make a sound resembling that of a horn or the like. **3.** to sound or blow a horn or other wind instrument. **4.** (of grouse) to give forth a characteristic cry or call. *–v.t.* **5.** to cause (a horn, etc.) to sound by blowing it. **6.** to sound (notes, etc.) on a horn or the like. *–n.* **7.** an act or sound of tooting. **–tooter** *n.*

toot[2] /tut/ *n. Australian Colloquial* a toilet.

tooth /tuθ/ *n.* **teeth** /tiθ/. **1.** (in most vertebrates) one of the hard bodies or processes usually attached in a row to each jaw, serving for the prehension and mastication of food, as weapons of attack or defence, etc., and in mammals typically composed chiefly of dentine surrounding a sensitive pulp and covered on the crown with enamel. **2.** (in invertebrates) any of various similar or analogous processes occurring in the mouth or alimentary canal, or on a shell. **3.** one of the projections of a comb, rake, saw, etc. **4.** one of a series of projections (cogs) on the edge of a wheel, etc., which engage with corresponding parts of another wheel or body. *–phr.* **5. a sweet tooth**, a liking for sweet things. **6. long in the tooth**, old. **7. tooth and nail**, vigorously, and with determination. See **teeth**. **–toothed** *adj.* **–toothless** *adj.*

tootle[1] /'tutl/ *v.* **-tled, -tling**, *n. –v.i.* **1.** to toot gently or repeatedly on a flute or the like. *–n.* **2.** the sound itself.

tootle[2] /'tutl/ *v.i.* **-tled, -tling**. *Colloquial* to go, walk, or drive.

top[1] /tɒp/ *n., adj., v.* **topped, topping**. *–n.* **1.** the highest point or part of anything; the apex; the summit. **2.** the uppermost or upper part, surface, etc., of anything. **3.** the higher end of anything on a slope. **4.** a part considered as higher: *the top of a street.* **5.** the part of a plant above ground, as distinguished from the root. **6.** (*usually plural*) one of the tender tips of the branches or shoots of plants. **7.** that part of anything which is first or foremost; the beginning. **8.** the highest or leading place, position, rank, etc.: *at the top of the class.* **9.** the highest point, pitch, or degree: *to speak at the top of one's voice.* **10.** one who or that which occupies the highest or leading position. **11.** (*usually plural*) *Australian, NZ* one of the peaks or ridges of a high mountain range: *Barrington Tops.* **12.** a covering or lid, as of a box, motor car, carriage, etc. **13.** a blouse, skivvy, jumper, jacket or other outer garment, sometimes with sleeves, to cover the torso. **14.** *Motor Vehicles* a transmission gear providing the highest forward speed ratio, usually turning the drive shaft at the same rate as the engine crankshaft. **15.** *Chemistry* that part of a mixture under distillation which volatilises first. **16.** *Golf, etc.* **a.** a stroke above the centre of the ball, usually failing to give any height, distance, or accuracy. **b.** the forward spin given to the ball by such a stroke. *–adj.* **17.** relating to, situated at, or forming the top; highest; uppermost; upper: *the top shelf.* **18.** highest in degree; greatest: *to pay top prices.* **19.** foremost, chief, or principal: *to win top honours in a competition.* **20.** *Colloquial* the best; excellent: *he's a top bloke.* **21.** denoting or relating to the highest forward gear on a vehicle. *–v.t.* **22.** to furnish with a top; put a top on. **23.** to be at or constitute the top of. **24.** to reach the top of. **25.** to rise above: *the sun had topped the horizon.* **26.** to exceed in height, amount, number, etc. **27.** to surpass, excel, or outdo: *that tops everything!* **28.** to surmount with something specified. **29.** to complete by or as by putting the top on or constituting the top of. **30.** to remove the top of; crop; prune. **31.** to get or leap over the top of (a fence, etc.). **32.** *Chemistry* to distil off only the most volatile part of a mixture. **33.** *Golf, etc.* **a.** to hit (the ball) above the centre. **b.** to make (a stroke, etc.) by

hitting the ball in this way. **34.** to top-dress (land). –*v.i.* **35.** to rise aloft. **36.** *Golf, etc.* to hit the ball above the centre. –*phr.*
37. blow one's top, *Colloquial* to lose one's temper.
38. from the top, from the beginning.
39. off the top of one's head, in an impromptu or improvised fashion.
40. on top, successful; victorious; dominant.
41. on top of, **a.** upon. **b.** close upon; following upon. **c.** displaying mastery of: *it took me weeks to get on top of the backlog.* **d.** depressing or discouraging: *sometimes things just get on top of me.*
42. over the top, **a.** *Military* over the top of a parapet, as in charging the enemy. **b.** *Colloquial* extreme; exaggerated: *his reaction was over the top.*
43. (the) tops, *Colloquial* the very best: *that book really is the tops.*
44. top off, **a.** (sometimes fol. by *with*) to complete with success. **b.** to fatten (livestock) for market.
45. top of the pops, *Colloquial* very popular.
46. top oneself, *Colloquial* to commit suicide.
47. top someone off, *Colloquial* to inform or tell on someone.
48. top out at, *Colloquial* to peak at: *temperatures will top out at 30°.*
49. top up, to fill by adding liquid to (a partly filled container).
50. up top, *Colloquial* **a.** at the topmost end. **b.** in a position of authority: *those up top will take change.* **c.** *Australian* in the Northern Territory: *tourism up top.* **d.** in the head: *slow up top.*
top² /tɒp/ *n.* **1.** a child's toy, often inversely conical, with a point on which it is made to spin. –*phr.* **2. sleep like a top**, to sleep very soundly.
top- variant of **topo-**, before vowels, as in *toponym.*
topaz /'toʊpæz/ *n.* **1.** a mineral, a type of silicate of aluminium, usually occurring in crystals of various colours, and used as a gem (**true topaz** or **precious topaz**). **2.** a yellow variety of sapphire (**oriental topaz**). **3.** a yellow variety of quartz (**false topaz** or **common topaz**).
top dressing *n.* **1.** a dressing of manure, soil, fertiliser, etc. on the surface of lawns, crops, etc. **2.** the action of someone who top-dresses. **3.** a top layer of gravel, crushed rock, etc., on a roadway. **4.** any superficial treatment or surface covering.
topee /'toʊpi/ *n.* (in India) a helmet of sola pith. Also, **topi.**
top end *n.* (*sometimes cap.*) *Colloquial* the northern part of a geographical division, especially the top end of the Northern Territory of Australia. **–top-ender** *n.*
top hat *n.* a man's tall silk hat.
topiary /'toʊpiəri/ *adj., n.* **-iaries.** –*adj.* **1.** (of hedges, trees, etc.) clipped or trimmed into (fantastic) shapes. –*n.* **2.** topiary work; the topiary art. **–topiarian** /toʊpi'ɛəriən/ *adj.* **–topiarist** *n.*
topic /'tɒpɪk/ *n.* **1.** a subject of conversation or discussion: *to provide a topic for discussion.* **2.** the subject or theme of a discourse or of one of its parts.
topical /'tɒpɪkəl/ *adj.* **1.** relating to or dealing with matters of current or local interest. **2.** relating to the subject of a discourse, composition, or the like. **3.** of a place; local. **4.** *Medicine* relating or applied to a particular part of the body. **–topicality** /tɒpə'kælətɪ/ *n.* **–topically** *adv.*
topless /'tɒpləs/ *adj.* **1.** without a top. **2.** having the breasts bare. **3.** allowing the breasts to be exposed, as a garment.
topnotch /'tɒpnɒtʃ/ *adj.* **1.** *Colloquial* first-rate: *a topnotch job.* –*n.* **2.** (in a sawpit) the person who positions wedges in the log to prevent the saw from jamming. **–topnotcher** *n.*
topo- a word element meaning 'place', as in *topography.* Also, **top-**.
topography /tə'pɒgrəfi/ *n.* **-phies. 1.** the detailed description and analysis of the features of a relatively small area, district, or locality. **2.** the detailed description of particular localities, as cities, towns, estates, etc. **3.** the relief features or surface configuration of an area. **–topographer** *n.* **–topographic** /tɒpə'græfɪk/, **topographical** /tɒpə'græfɪkəl/ *adj.* **–topographically** /tɒpə'græfɪkli/ *adv.*
topology /tə'pɒlədʒi/ *n. Mathematics* the study of those properties of geometric forms that remain invariant under certain transformations, as bending, stretching, etc. **–topologic** /tɒpə'lɒdʒɪk/, **topological** /tɒpə'lɒdʒɪkəl/ *adj.* **–topologically** /tɒpə'lɒdʒɪkli/ *adv.*
topple /'tɒpəl/ *v.* **-pled, -pling.** –*v.i.* **1.** to fall forwards as having too heavy a top; pitch or tumble down. **2.** to lean over or jut, as if threatening to fall. –*v.t.* **3.** to cause to topple.
topside /'tɒpsaɪd/ *n.* **1.** the upper side. **2.** (*usually plural*) the upper part of a boat's or ship's side, above the main deck. **3.** the top section of a butt of beef, without bone, below the rump.
topsoil /'tɒpsɔɪl/ *n.* the surface or upper part of the soil.
topsy-turvy /tɒpsi-'tɜvi/ *adv.* **1.** with the top where the bottom should be; upside down. **2.** in or into a state of confusion or disorder. –*adj.* **3.** turned upside down; inverted; reversed. **4.** confused or disorderly. **–topsy-turvily** *adv.* **–topsy-turviness** *n.*
tor /tɔ/ *n.* a rocky eminence; a hill.
Torah /'tɔrə/ *n.* the literature containing the teaching and judgments of the early Jewish priests. Also, **Tora**.
torch /tɔtʃ/ *n.* **1.** a small portable electric lamp powered by dry batteries. **2.** a light to be carried in the hand, consisting of some combustible substance, as resinous wood, or of twisted flax or the like soaked with tallow or other flammable substance. **3.** any of various lamplike devices which produce a hot flame and are used for soldering, burning off paint, etc.; an oxyacetylene burner. **4.** *Colloquial* a person who, for a fee, sets fire to someone's property so that the owner may collect the insurance money. –*v.t.* **5.** to destroy (a building, etc.) by setting fire to it: *someone had torched the shop.* –*phr.* **6. carry a torch for**, to suffer unrequited love for. **–torchless** *adj.*
tore /tɔ/ *v.* past tense of **tear**².
toreador /'tɒriədɔ/ *n.* a Spanish bullfighter.
torment /tɔ'mɛnt/ *v.*, /'tɔmɛnt/ *n.* –*v.t.* **1.** to give great bodily or mental suffering to; torture: *to be tormented with violent headaches.* **2.** to worry or annoy greatly: *she tormented him with questions.* **3.** to stir into violent movement: *the wind tormented the trees.* –*n.* **4.** a state of great bodily or mental suffering; agony; misery. **5.** something that causes great bodily or mental pain or suffering. **6.** a source of trouble, worry, or annoyance. **–tormentor** *n.* **–tormentingly** *adv.*
torn /tɔn/ *v.* **1.** past participle of **tear**². –*phr.* **2. that's torn it**, everything is ruined. **3. torn between**, unable to choose between (conflicting desires, duties, etc.).
tornado /tɔ'neɪdoʊ/ *n.* **-does** or **-dos. 1.** *Meteorology* **a.** a violent whirlwind of small radius, advancing over the land, in which winds of destructive force circulate round a centre, is characterised by strong ascending currents and is generally made visible by a funnel-shaped cloud.

torpedo

b. a violent squall or whirlwind of small extent. **2.** a violent outburst, as of emotion or activity. –**tornadic** /tɔˈnædɪk/ *adj.* –**tornado-like** *adj.*

torpedo /tɔˈpidoʊ/ *n.* -**does**, *v.* -**doed**, -**doing**. –*n.* **1.** a self-propelled cigar-shaped missile containing explosives which is launched from a tube in a submarine, torpedo boat, or the like, or from an aircraft, and explodes upon impact with the ship fired at. **2.** any of various other explosive devices. **3.** any of the fishes of the genus *Torpedo*, relatives of the rays and sharks, characterised by their ability to give electric shocks to aggressors. –*v.t.* **4.** to attack, hit, damage, or destroy with a torpedo or torpedoes. –*v.i.* **5.** to attack, damage, or sink a ship with torpedoes.

torpor /ˈtɔpə/ *n.* **1.** a state of suspended physical powers and activities. **2.** sluggish inactivity or inertia. **3.** dormancy, as of a hibernating animal. **4.** lethargic dullness or indifference; apathy. –**torpid** *adj.* –**torporific** *adj.*

torque /tɔk/ *n.* **1.** *Mechanics* that which produces or tends to produce torsion or rotation; the moment of a system of forces which tends to cause rotation. **2.** *Machinery* the turning power of a shaft. **3.** *Optics* the rotational effect on plane-polarised light passing through certain liquids or crystals. **4.** a collar, necklace, or similar ornament consisting of a twisted narrow band, usually of precious metal, worn especially by the ancient Gauls and Britons. –*v.t.* **5.** *Mechanics* to apply torque to.

Torrens title /ˈtɒrənz ˈtaɪtl/ *n.* (in Australia) a system whereby title to land is evidenced by one document issued by a government department.

torrent /ˈtɒrənt/ *n.* **1.** a stream of water flowing with great rapidity and violence. **2.** a rushing, violent, or abundant and unceasing flow of anything: *a torrent of lava*. **3.** a violent downpour of rain. **4.** a violent, tumultuous, or overwhelming flow: *a torrent of abuse*.

torrid /ˈtɒrəd/ *adj.* **1.** subject to parching or burning heat, especially of the sun, as regions, etc. **2.** oppressively hot, parching, or burning, as climate, weather, air, etc. **3.** ardent; passionate. –**torridity** /təˈrɪdəti/, **torridness** *n.* –**torridly** *adv.*

Torrid Zone *n.* the part of the earth's surface between the Tropics of Cancer and Capricorn.

torsion /ˈtɔʃən/ *n.* **1.** the act of twisting. **2.** the resulting state. **3.** *Mechanics* **a.** the twisting of a body by two equal and opposite torques. **b.** the internal torque so produced. –**torsional** *adj.* –**torsionally** *adv.*

torso /ˈtɔsoʊ/ *n.* -**sos**. **1.** the trunk of the human body. **2.** a sculptured form representing the trunk of a nude female or male figure. **3.** something mutilated or incomplete.

tort /tɔt/ *n. Law* **1.** any wrong other than a criminal wrong, as negligence, defamation, etc. **2.** (*plural*) the field of study of wrongs other than criminal wrongs.

torte /tɔt/ *n.* a large, highly decorated cake containing cream and other rich ingredients, usually served on festive occasions.

tortilla /tɔˈtijə/ *n.* (in Mexico, etc.) a thin, round, unleavened cake prepared from cornmeal, baked on a flat plate of iron, earthenware, or the like.

tortoise /ˈtɔtəs/ *n.* **1.** any terrestrial or freshwater reptile of the order Chelonia, having toed feet rather than flippers, as *Testudo chelodina*. **2.** a very slow person or thing.

tortoiseshell /ˈtɔtəʃɛl/ *n.* **1.** the horny substance, with a mottled or clouded yellow-and-brown colouration, composing the plates or scales that cover the marine **tortoiseshell turtle**, of the genus *Eretmochelys*, formerly used for making combs and other articles, inlaying, etc. **2.** the shell of a tortoise. **3.** any synthetic substance made to appear like natural tortoiseshell. **4.** Also, **tortoiseshell cat**. a domestic cat, usually female, with yellow-and-black colouring. –*adj.* **5.** mottled or variegated like tortoiseshell, especially with yellow and black and sometimes other colours. **6.** made of tortoiseshell.

tortuous /ˈtɔtʃuəs/ *adj.* **1.** full of twists, turns, or bends; twisting, winding, or crooked. **2.** not direct or straightforward as in a course of procedure, thought, speech, or writing. **3.** deceitfully indirect or morally crooked, as proceedings, methods, policy, etc. –**tortuously** *adv.* –**tortuousness** *n.*

torture /ˈtɔtʃə/ *n.*, *v.* -**tured**, -**turing**. –*n.* **1.** the act of causing severe pain, especially from cruelty, or to get information from the victim. **2.** a method of causing such pain. **3.** (*often plural*) the pain or suffering caused or undergone. **4.** (a cause of) agony of body or mind. –*v.t.* **5.** to cause severe bodily or mental pain to. **6.** to twist, force, or bring into some unnatural position or form. **7.** to twist or distort (language, etc.). –**torturer** *n.* –**torturous** *adj.*

toss /tɒs/ *v.t.* **1.** to throw, pitch, or fling, especially to throw lightly or carelessly: *to toss a piece of paper into the wastepaper basket*. **2.** to throw or send (a ball, etc.) from one to another, as in play. **3.** to throw or pitch with irregular or careless motions; fling or jerk about: *a ship tossed by the waves; a tree tosses its branches in the wind*. **4.** to throw, raise, or jerk upwards suddenly: *she tossed her head disdainfully*. **5.** to throw (a coin, etc.) into the air in order to decide something by the side turned up when it falls. **6.** (of an animal) to throw (someone or something) up into the air or to the ground. –*v.i.* **7.** to pitch, rock, sway, or move irregularly, as a ship on a rough sea, or a flag or plumes in the breeze. **8.** to fling or jerk oneself or move restlessly about, especially on a bed or couch: *to toss in one's sleep*. **9.** to throw something. **10.** *Colloquial* to go with a fling of the body: *to toss out of a room*. –*n.* **11.** the act of tossing. **12.** a pitching about or up and down. **13.** a throw or pitch. **14.** a tossing of a coin or the like to decide something; a toss-up. **15.** a sudden fling or jerk of the body, especially a quick upward or backward movement of the head. –*phr.* **16. argue the toss**, **a.** to go on arguing after a dispute has been settled. **b.** to debate or discuss, especially at length. **17. not give a toss**, *Colloquial* to be unconcerned; not care. **18. take a toss**, to fall from a horse. **19. toss back** (or **down**), to drink very quickly: *she tossed back a shot of bourbon*. **20. toss it in**, *Colloquial* to abandon an enterprise, project, job, etc. **21. toss off**, *Colloquial* **a.** to drink or eat very quickly: *he tossed off a few drinks and then left*. **b.** to produce easily and quickly: *she tossed off a few ideas*. **c.** ‡ (of a male) to ejaculate; have an orgasm. **d.** ‡ (of a male) to masturbate. **22. toss up**, to throw a coin or other object into the air in order to decide something by the way it falls. –**tosser** *n.*

toss-up /ˈtɒs-ʌp/ *n.* **1.** the tossing up of a coin or the like to decide something by the side on which it falls. **2.** *Colloquial* an even chance. **3.** *Colloquial* a situation in which there is very little to choose between two alternatives.

tot[1] /tɒt/ *n.* **1.** a small child. **2.** a small portion of drink. **3.** a small quantity of anything.

tot[2] /tɒt/ *phr.* **tot up**, *Colloquial* to add up.

total /ˈtoʊtl/ *adj.*, *n.*, *v.* -**talled** *or Chiefly US* -**taled**, -**talling** *or Chiefly US* -**taling**. –*adj.* **1.** constituting or comprising the whole; entire; whole: *the total expenditure*. **2.** having to do with the whole of something: *a total eclipse*. **3.** complete in extent or degree; absolute; unqualified; utter: *a total failure*. –*n.* **4.** the total amount; sum; aggregate: *to add the several items to find the*

totalisator

total. **5.** the whole; a whole or aggregate: *the costs reached a total of $200.* –*v.t.* **6.** to bring to a total; add up. **7.** to reach a total of; amount to. **8.** *Colloquial* to crash (a motor vehicle) so that it is a total write-off. –*phr.* **9. total to**, to amount to. –**totally** *adv.*

totalisator = totalizator /'toʊtəlaɪˌzeɪtə/ *n.* **1.** an apparatus for registering and indicating the total of operations, measurements, etc. **2.** a form of betting, as on horseraces, in which those who bet on the winners divide the bets or stakes, less a percentage for the management, taxes, etc. **3.** the apparatus that records the bets.

totalitarian /toʊˌtælə'tɛəriən/ *adj.* **1.** having to do with a centralised government in which those in control grant neither recognition nor tolerance to parties of differing opinion. –*n.* **2.** an adherent of totalitarian principles. –**totalitarianism** *n.*

totality /toʊ'tæləti/ *n.* **-ties. 1.** the state of being total; entirety. **2.** the total amount.

totara /'toʊtərə/ *n.* the conifer *Podocarpus totara*, found in New Zealand, the wood of which is widely used for building, furniture, etc.

tote[1] /toʊt/ *v.* **toted, toting**, *n. Colloquial* –*v.t.* **1.** to carry, as on the back or in the arms, as a burden or load. **2.** to carry or have on the person: *to tote a gun.* **3.** to transport or convey, as in a vehicle or boat. –*n.* **4.** the act or course of toting. **5.** something that is toted.

tote[2] /toʊt/ *n.* → **totalisator**.

totem /'toʊtəm/ *n.* an object or natural phenomenon, often an animal, assumed as the token or emblem of a clan, family, or related group. –**totemic** /toʊ'tɛmɪk/, **totemistic** *adj.* –**totemist** *n.*

totter /'tɒtə/ *v.i.* **1.** to walk or go with faltering steps, as if from extreme weakness. **2.** to sway or rock on the base or ground, as if about to fall: *a tottering tower; a tottering government.* **3.** to shake or tremble: *a tottering load.* –*n.* **4.** the act of tottering; an unsteady movement or gait. –**totterer** *n.* –**totteringly** *adv.* –**tottery** *adj.*

toucan /'tuːkæn/ *n.* any of various fruit-eating birds (family Ramphastidae) of tropical America, with an enormous beak and usually a striking colouration.

touch /tʌtʃ/ *v.t.* **1.** to put the hand, finger, etc., on or into contact with (something) to feel it. **2.** to come into contact with and perceive (something), as the hand or the like. **3.** to bring (the hand, finger, etc., or something held) into contact with something. **4.** to give a slight tap or pat to with the hand, finger, etc.; strike or hit gently or lightly. **5.** to hurt or injure. **6.** to come into or be in contact with. **7.** *Geometry* (of a line or surface) to be tangent to. **8.** to be adjacent to or border on. **9.** to come up to; reach; attain. **10.** to attain equality with; compare with (usually with a negative): *they can't touch her for speed.* **11.** to mark or relieve slightly, as with colour: *a grey dress touched with blue.* **12.** to strike the strings, keys, etc., of (a musical instrument) so as to cause it to sound. **13.** to treat or affect in some way by contact. **14.** to affect as if by contact; tinge; imbue. **15.** to affect with some feeling or emotion, especially tenderness, pity, gratitude, etc.: *his heart was touched by their sufferings.* **16.** to handle, use, or have to do with (something) in any way: *he won't touch another drink.* **17.** to begin to eat; eat a little of: *he hardly touched his food.* **18.** to deal with or treat in speech or writing. **19.** to refer or allude to. **20.** to pertain or relate to: *a critic in all affairs touching the kitchen.* **21.** to be a matter of importance to; make a difference to. **22.** *Colloquial* to apply to for money, or succeed in getting money from; to beg. –*v.i.* **23.** to place the hand, finger, etc., on or in contact with something. **24.** to come into or be in contact. –*n.* **25.** the act of touching. **26.** the state or fact of being touched. **27.** that sense by which anything material is perceived by means of the contact with it of some part of the body. **28.** the sensation or effect caused by touching something, regarded as a quality of the thing: *an object with a slimy touch.* **29.** a coming into or being in contact. **30.** a close relation of communication, agreement, sympathy, or the like: *to be in touch with public opinion.* **31.** a slight stroke or blow. **32.** a slight attack, as of illness or disease: *a touch of rheumatism.* **33.** a slight added action or effort in doing or completing any piece of work. **34.** manner of execution in artistic work. **35.** the act or manner of touching or fingering a musical instrument, especially a keyboard instrument, so as to bring out the tone. **36.** the mode of action of the keys of an instrument. **37.** a detail in any artistic work. **38.** a slight amount of some quality, attribute, etc.: *a touch of sarcasm in his voice.* **39.** a slight quantity or degree: *a touch of salt.* **40.** a distinguishing characteristic or trait: *the touch of the master.* **41.** *Rugby Football, etc.* the area outside the field of play, including the touchlines. **42.** *Colloquial* **a.** the act of applying to a person for money, as a gift or loan. **b.** the money thus obtained. **c.** a person from whom such money can be obtained easily. –*phr.* **43. get in touch**, (sometimes fol. by *with*) to initiate communication. **44. keep** (or **stay**) **in touch**, to maintain an association or friendship. **45. touch at**, to make a stop or a short call at (a place), as a ship or those on board. **46. touch base with someone**, *Colloquial* to make contact with someone. **47. touch down**, (of an aircraft) to land after a flight. **48. touch on** (or **upon**), **a.** to speak or write about briefly or casually in the course of a discourse, etc.: *he touched on his own travels.* **b.** to allude to briefly: *he touched on various tunes in the medley.* **49. touch up, a.** to modify or improve by adding a stroke of paint, etc., here and there. **b.** to put finishing touches to. **c.** to repair, renovate, or add points of detail to, as photographs. **d.** *Colloquial* to touch in amorous advances. –**touchable** *adj.*

touch-and-go /ˌtʌtʃ-ən-'goʊ/ *adj.* **1.** hasty, sketchy, or desultory. **2.** precarious; risky: *a highly touch-and-go situation.* **3.** uncertain; hard to predict. Also (*especially in predicative use*), **touch and go.**

touchdown /'tʌtʃdaʊn/ *n.* **1.** *Rugby Football* the act of a player touching the ball down to the ground behind the opponent's goal line, so as to score a try. **2.** the landing of an aircraft.

touché /tuː'ʃeɪ, 'tuːʃeɪ/ *interj.* **1.** *Fencing* (an expression indicating a touch by the point of a weapon). **2.** good point! (said in acknowledging a telling remark or rejoinder).

touching /'tʌtʃɪŋ/ *adj.* **1.** affecting; moving; pathetic. **2.** that touches. –*prep.* **3.** in reference or relation to; concerning; about. –**touchingly** *adv.* –**touchingness** *n.*

touchstone /'tʌtʃstoʊn/ *n.* **1.** a black siliceous stone used to test the purity of gold and silver by the colour of the streak produced on it by rubbing it with either metal. **2.** a test or criterion for the qualities of a thing.

touch-type /'tʌtʃ-taɪp/ *v.i.* **-typed, -typing**. to type without looking at the keys of a typewriter or computer keyboard.

touchy /'tʌtʃi/ *adj.* **touchier, touchiest. 1.** apt to take offence on slight provocation; irritable. **2.** risky, or ticklish, as a subject. –**touchily** *adv.* –**touchiness** *n.*

tough /tʌf/ *adj.* **1.** not easily broken or cut. **2.** not brittle or tender. **3.** difficult to masticate, as food.

4. of viscous consistency, as liquid or semiliquid matter. **5.** capable of great endurance; sturdy; hardy. **6.** not easily influenced, as a person. **7.** hardened; incorrigible. **8.** difficult to perform, accomplish, or deal with; hard, trying, or troublesome. **9.** hard to bear or endure. **10.** vigorous; severe; violent: *a tough struggle*. **11.** rough, disorderly, or rowdyish. *–adv.* **12.** *Colloquial* aggressively; threateningly: *to act tough*. *–n.* **13.** a ruffian; a rowdy. *–interj.* **14.** *Colloquial* (an exclamation of contemptuous lack of concern). *–phr.* **15. be tough on**, *Colloquial* to make demands of: *to be tough on oneself*. **16. get tough**, **a.** (sometimes fol. by *with*) to deal harshly or strictly. **b.** to become hardened or inured. **17. tough it out**, *Colloquial* to maintain an unyielding or unrepentant attitude throughout an episode, despite all criticism or blame. **–toughly** *adv.* **–toughness** *n.*

toupee /'tupeɪ/ *n.* a wig or patch of false hair worn to cover a bald spot. Also, **toupée**.

tour /tʊə, 'tʊə, tɔ/ *v.i.* **1.** to travel from place to place. **2.** to travel from place to place giving musical or theatrical performances: *the band is touring this summer*. *–v.t.* **3.** to travel through (a place): *to tour Rome*. *–n.* **4.** (an organised) journey to or through a place or from place to place: *a tour of Sydney*; *a tour through the Snowy Mountains*. **5.** *Chiefly Military* a period of duty at one place.

Tourette syndrome /tu'rɛt sɪndroʊm/ *n.* a disorder of the nervous system which manifests itself in involuntary body movements and vocalisations.

tourism /'tʊərɪzəm, 'tʊə-, 'tɔ-/ *n.* **1.** the practice of touring, especially for pleasure. **2.** the occupation of providing local services, as entertainment, lodging, food, etc., for tourists.

tourist /'tʊərəst, 'tʊə-, 'tɔ-/ *n.* **1.** someone who tours, especially for pleasure. **2.** a member of a touring international sporting team.

tournament /'tɔnəmənt/ *n.* **1.** a meeting for contests in athletic or other sports. **2.** a trial of skill in some game, in which competitors play a series of contests: *a chess tournament*. **3.** *History* **a.** a contest or martial sport in which two opposing parties of mounted and armoured combatants fought for a prize, with blunted weapons and in accordance with certain rules. **b.** a meeting at an appointed time and place for the performance of knightly exercises and sports.

tourniquet /'tɔnəkeɪ, 'tʊə-/ *n. Medicine* any device for arresting bleeding by forcibly compressing a blood vessel, as a pad pressed down by a screw, a bandage tightened by twisting, etc.

tousle /'taʊzəl/ *v.t.* **-sled**, **-sling**. **1.** to disorder or dishevel: *his hair was tousled*. **2.** to handle roughly.

tout /taʊt/ *v.i.* **1.** to try urgently or persistently to get business, employment, votes, etc. **2.** to spy on a racehorse, etc., to get (and sell) information for betting purposes. *–v.t.* **3.** to describe or declare, especially favourably: *to tout a politician as a friend of the people*. **4.** to watch; spy on. *–n.* **5.** someone who touts (see defs 1 and 2).

tow¹ /toʊ/ *v.t.* **1.** to drag or pull (a boat, car, etc.) by means of a rope or chain. *–n.* **2.** the act of towing. **3.** the thing being towed. **4.** a rope, chain, etc., for towing. *–phr.* **5. in tow**, **a.** in the condition of being towed. **b.** under guidance; in one's charge. **c.** in attendance; following or accompanying one around. **6. on** (or **under**) **tow**, in the condition of being towed. **–towage** *n.*

tow² /toʊ/ *n.* **1.** the fibre of flax, hemp, or jute prepared for spinning by beating. **2.** the coarse and broken parts of flax or hemp separated from the finer parts in combing. *–adj.* **3.** made of tow: *tow cloth*. **4.** resembling tow; pale yellow: *tow-coloured hair*.

toward /'toʊəd/ *adj.*, /tə'wɔd/ *prep.* *–adj.* **1.** *Archaic* going on; in progress: *when there is work toward*. *–prep.* **2.** towards.

towards /tə'wɔdz, tɔdz/ *prep.* **1.** in the direction of (with reference to either motion or position): *to walk towards the north*. **2.** with respect to; as regards: *one's attitude towards a proposition*. **3.** nearly as late as; shortly before: *towards two o'clock*. **4.** as a help or contribution to: *to give money towards a gift*. Also, **toward**.

towel /'taʊəl, taʊl/ *n., v.* **-elled** or *Chiefly US* **-eled**, **-elling** or *Chiefly US* **-eling**. *–n.* **1.** a cloth or the like for wiping and drying something wet, especially one for the hands, face, or body after washing or bathing. *–v.t.* **2.** to wipe or dry with a towel. *–phr.* **3. throw** (or **toss**) **in the towel**, to give up; admit defeat. **4. towel up**, *Australian Colloquial* **a.** to defeat in competition, as at cards: *we towelled you up last Friday*. **b.** to thrash.

towelling /'taʊəlɪŋ/ *n.* **1.** any of various absorbent fabrics used for towels, and also for beachwear and the like. **2.** a rubbing with a towel. **3.** *Australian Colloquial* a thrashing. Also, *Chiefly US*, **toweling**.

tower /'taʊə/ *n.* **1.** a building or structure high in proportion to its lateral dimensions, either isolated or forming part of any building. **2.** such a structure used as or intended for a stronghold, fortress, prison, etc. **3.** a tall, movable structure used in ancient and medieval warfare in storming a fortified place. *–v.i.* **4.** to rise or extend far upwards like a tower; rise aloft. *–phr.* **5. tower of strength**, a source of mental and physical support, as a person; one who may be depended on. **6. tower over** (or **above**), **a.** to be higher and taller than. **b.** to surpass, as in ability, etc. **–towered** *adj.* **–towerless** *adj.* **–tower-like** *adj.*

town /taʊn/ *n.* **1.** a small group of houses and other buildings thought of as a place, and given a name. **2.** a distinct densely populated area of considerable size, having some degree of self-government. **3.** *Brit* a group of buildings, larger than a village and administratively more independent, but smaller than a city. **4.** *US* any of various administrative divisions, usually urban, and smaller and less elaborately organised than a city; a township. **5.** urban life, as opposed to rural: *I prefer the town to the country*. **6.** the particular town in question, as that in which one is. **7.** the nearest large town. **8.** the main shopping, business, or entertainment centre of a large town, contrasted with the suburbs. **9.** an urban community; the people of a town. *–phr.* **10. go to town**, **a.** to do something thoroughly. **b.** to do something enthusiastically; splash out. **c.** to overindulge or lose one's self-restraint. **d.** to celebrate. **11. go to town on**, *Colloquial* to berate; tell off. **12. man about town**, a sophisticated, pleasure-seeking, and usually sociable man of high social status. **13. on the town**, **a.** seeking amusement in a town. **b.** *Obsolete* supported by the municipal authorities or public charity. **14. paint the town red**, *Colloquial* to indulge in riotous entertainment. **15. talk of the town**, the subject of general gossip or rumour. **–townish** *adj.* **–townless** *adj.*

town hall *n.* a hall or building belonging to a town, used for the transaction of the town's business, etc., and often also as a place of public assembly.

town house *n.* **1.** a house or mansion in a town, as distinguished from a country residence. **2.** *Australian* a house designed as part of a small block of such, each with ground floor access.

townie /'taʊni/ *n. Colloquial* someone who lives in a town (as opposed to one who lives in the country).

township /'taʊnʃɪp/ *n.* **1.** a small town or settlement. **2.** *History* a tract of surveyed land; town site. **3.** (in South Africa) an area set aside for black Africans, as in an urban locality; a location.

tox- variant of **toxo-**, before vowels, as in *toxaemia*.

toxaemia = toxemia /tɒk'simiə/ *n. Pathology* entry into, and persistence in, the bloodstream of bacterial toxins absorbed from a local lesion, by which stream these poisons are borne by the circulation to all parts of the body.

toxicology /tɒksə'kɒlədʒi/ *n.* the science of poisons, their effects, antidotes, detection, etc. **–toxicological** /tɒksəkə'lɒdʒɪkəl/ *adj.* **–toxicologically** /tɒksəkə'lɒdʒɪkli/ *adv.* **–toxicologist** *n.*

toxin /'tɒksən/ *n.* **1.** any of the specific poisonous products generated by pathogenic micro-organisms and constituting the causative agents in various diseases, as tetanus, diphtheria, etc. **2.** any of various organic poisons produced in living or dead organisms. **3.** their products, as a venom, etc. Also, **toxine** /'tɒksin, -sən/. **–toxic** *adj.*

toy /tɔɪ/ *n.* **1.** an object, often a small imitation of some familiar thing, for children or others to play with, or otherwise derive amusement; a plaything. **2.** a thing or matter of little or no value or importance; a trifle. **3.** a small article of little real value, but prized for some reason; a knick-knack; a trinket. **4.** something diminutive. **5.** any of various breeds of dog bred or selected for their smallness; toy dog. **6.** of or like a toy, especially in size. **7.** made as a toy: *a toy train.* *–v.i.* **8.** to handle affectionately; play. **9.** to act idly, absentmindedly, or without seriousness. *–phr.* **10. toy with**, to trifle with; deal with as unimportant. **–toyer** *n.* **–toyless** *adj.* **–toylike** *adj.*

toy boy *n. Colloquial* the young male partner of an older woman.

trace[1] /treɪs/ *n.*, *v.* **traced, tracing.** *–n.* **1.** a mark which shows that something has been present; vestige: *a trace of blood on a dress; they didn't find a trace of the thieves.* **2.** a very small amount: *a trace of iron in the earth.* **3.** (*especially in plural*) a footprint or track. *–v.t.* **4.** to follow the footprints, track, or traces of. **5.** to follow or make out the course or line of: *to trace a river to its source; to trace the history of the wool trade.* **6.** to find by investigation; discover: *the police traced the missing man.* **7.** to copy (a drawing, plan, etc.) by following the lines of the original on a transparent sheet placed over it. **8.** to draw (a line, outline, figure, etc.). **–traceable** *adj.* **–traceability** /treɪsə'bɪləti/, **–traceableness** *n.* **–traceably** *adv.*

trace[2] /treɪs/ *n.* **1.** each of the two straps, ropes, or chains by which a carriage, wagon, or the like is drawn by a harness horse or other draught animal. **2.** *Machinery* a piece in a machine, as a bar, transferring the movement of one part to another part, being hinged to each. **3.** *Angling* a short piece of gut or other strong material connecting the hook to a fishing line. *–phr.* **4. kick over the traces**, to reject discipline; to act in an independent manner.

trace element *n. Biochemistry* any of some chemical elements found in plants and animals in minute quantities which is a critical factor in physiological processes.

tracery /'treɪsəri/ *n.* **-ries. 1.** ornamental work consisting of ramified ribs, bars, or the like, as in the upper part of a Gothic window, in panels, screens, etc. **2.** any delicate interlacing work of lines, threads, etc., as in carving, embroidery, etc.; network.

trachea /trə'kiə/ *n.* **tracheas** or **tracheae** /trə'kii/. **1.** (in air-breathing vertebrates) the tube extending from the larynx to the bronchi, serving as the principal passage for conveying air to and from the lungs; the windpipe. **2.** (in insects and other arthropods) one of the air-conveying tubes of the respiratory system. **3.** *Botany* a duct formed by a row of cells which have perforated end walls as in xylem vessels.

trachoma /trə'koʊmə/ *n. Pathology* a contagious inflammation of the conjunctiva of the eyelids. **–trachomatous** /trə'kɒmətəs, -'koʊmə-/ *adj.*

track /træk/ *n.* **1.** a road, path, or trail. **2.** the structure of rails, sleepers, etc., on which a railway train or the like runs; a railway line. **3.** the mark, or series of marks, left by anything that has passed along. **4.** (*especially plural*) a footprint or other mark left by an animal, a person, or a vehicle. **5.** a rough roadway or path made or beaten by the feet of men or animals. **6.** a line of travel or motion: *the track of a bird.* **7.** a route, usually only roughly defined, as one used for droving: *the Birdsville Track.* **8.** an endless jointed metal band which is driven by the wheels of a tracklaying vehicle to enable it to move, or pull loads, over rough ground. **9.** a course of action or conduct; a method of proceeding: *to go on in the same track year after year.* **10.** a path or course made or laid out for some particular purpose. **11.** a course laid out for running or racing. **12. a.** the sports which are performed on a track, collectively; athletics. **b.** both track and field sports as a whole. **13.** one of the distinct sections of a gramophone record containing a piece, or section of music, etc. **14.** one of the bands of material recorded lengthwise beside other such bands on magnetic tape, hence *2-track*, *8-track*, *etc.*, *tape recorders.* *–v.t.* **15.** to follow up or pursue the tracks, traces, or footprints of. **16.** to hunt by following the tracks of. **17.** to follow the course of, as by radar. *–v.i.* **18.** to follow up a track or trail. **19. a.** to run in the same track, as the wheels of a vehicle. **b.** to be in alignment, as one gearwheel with another. **20.** *Film, TV, etc.* (of the camera) to move bodily in any direction while in operation. Compare **pan**[2]. **21.** to make one's way. *–adj.* **22.** *Athletics* relating to those sports performed on a running track (contrasted with *field*). *–phr.*

23. down the track, **a.** into the future: *success is a long way down the track.* **b.** along a path of progress: *two years down the track and we're beginning to make a profit.*

24. go down the same track, to follow the same course of action or pattern of behaviour.

25. in one's tracks, just where one is standing: *he was stopped in his tracks.*

26. in the tracks of, following; pursuing.

27. keep track of, to follow the course or progress of; keep sight or knowledge of.

28. lose track of, to fail to keep informed on or in view; fail to stay in touch with.

29. make tracks, *Colloquial* (sometimes fol. by *for*) to leave or depart.

30. off the beaten track, secluded, unusual, or little known.

31. off the track, away from the subject in hand.

32. on the track of, pursuing; on the scent of.

33. on the (wallaby) track, *Colloquial* itinerant; living as a swagman.

34. on the wrong side of the tracks, *Originally US* in a low social position; in a low-class or poor neighbourhood.

35. on track, proceeding on a course leading to the successful accomplishment of a goal: *on track for a new world record; on track to meet profit forecasts.*

36. the right track, the right idea, plan, interpretation, etc.

37. the wrong track, the wrong idea, plan, inter-

trackball

pretation, etc.
38. track down, to catch or find, after pursuit or searching.
39. track in, *Film, TV* to move the camera towards the subject.
40. track out, *Film, TV* to move the camera away from the subject. **–tracker** *n.* **–trackless** *adj.*

trackball /'trækbɔl/ *n. Computers* a ball suspended in a mouse (def. 3) which as it rolls moves the cursor on the screen.

track record *n.* **1.** an account of a racehorse's successes and defeats on the racecourse. **2.** an account of a person's successes or failures in a specific field.

tracksuit /'træksut/ *n.* a loose, two-piece overgarment worn by athletes in training, between events, etc.

tract[1] /trækt/ *n.* **1.** a stretch or extent of land, water, etc.; region. **2.** *Anatomy* **a.** a definite region or area of the body, especially a group, series, or system of related parts or organs: *the digestive tract.* **b.** a bundle of nerve fibres having a common origin and destination. **3.** a space or extent of time; a period.

tract[2] /trækt/ *n.* a brief treatise or pamphlet suitable for general distribution, especially one dealing with some topic of practical religion.

tractable /'træktəbəl/ *adj.* **1.** easily managed, or docile, as persons, their dispositions, etc. **2.** that may be easily handled or dealt with, as metals; malleable. **–tractability** /træktə'bɪləti/, **tractableness** *n.* **–tractably** *adv.*

traction /'trækʃən/ *n.* **1.** the act of drawing or pulling or the state of being drawn. **2.** the pulling of a body, car, etc., along a surface. **3.** a force that prevents a wheel slipping: *these tyres have good traction.* **4.** the medical treatment of applying tension to a limb or bone by means of weights and pulleys. **5.** a form or type of power used for pulling: *steam traction.* **–tractional** *adj.* **–tractive** *adj.*

tractor /'træktə/ *n.* **1.** a motor vehicle, usually fitted with deeply treaded tyres, used to draw farm implements as the plough, seed drill, etc., and loads and also as a source of power for agricultural machinery, etc. **2.** Also, **tractor propeller**. a propeller mounted at the front of an aeroplane, thus exerting a pull.

trade /treɪd/ *n., v.* **traded, trading,** *adj.* **–*n.* 1.** the buying and selling, or exchanging, of commodities, either by wholesale or by retail, within a country or between countries: *domestic or foreign trade.* **2.** a purchase, sale, or exchange. **3.** a form of occupation pursued as a business or calling, as for a livelihood or profit. **4.** some line of skilled mechanical work: *the trade of a carpenter, plumber, or printer.* **5.** people engaged in a particular line of business: *a lecture of interest only to the trade.* **6.** traffic; amount of dealings: *a brisk trade in overcoats.* **7.** market: *the tourist trade.* **8.** commercial occupation (as against professional). **9.** (*plural*) the trade winds. **–*v.t.* 10.** to give in return; exchange; barter. **11.** to exchange: *to trade seats with a person.* **–*v.i.* 12.** to carry on trade. **13.** to make an exchange. **–*adj.* 14.** of or relating to commerce, a particular trade or occupation, or trade as a whole. **–*phr.* 15. trade in, a.** to give in part exchange, as in a transaction. **b.** to traffic in: *to trade in wheat.* **16. trade on,** to exploit or take advantage of, especially unfairly. **17. trade up,** to trade something in on something superior. **–tradeless** *adj.*

trade gap *n. Economics* the difference between the value of a country's imports and of its exports when the former is a larger figure.

trade-in /'treɪd-ɪn/ *n.* **1.** goods given in whole or, usually, part payment of a purchase. **–*adj.* 2.** having to do with such goods or such a method of payment.

trademark /'treɪdmak/ *n.* the name, symbol, figure, letter, word, or mark adopted and used by a manufacturer or merchant in order to designate the goods he or she manufactures or sells, and to distinguish them from those manufactured or sold by others. Any mark entitled to registration under the provisions of a statute is a trademark. Also, **trade mark**.

trade name *n.* **1.** the name or style under which a firm does business. **2.** a word or phrase used in trade whereby a business or enterprise or a particular class of goods is designated, but which is not technically a trademark, either because it is not susceptible of exclusive appropriation as a trademark or because it is not affixed to goods sold in the market. **3.** the name by which an article or substance is known to the trade.

trade-off /'treɪd-ɒf/ *n.* a concession made in a negotiation in return for one given.

trade price *n.* the price at which goods are sold to members of the same trade, or to retail dealers by wholesalers.

trader /'treɪdə/ *n.* **1.** someone who trades; a merchant or business person. **2.** a ship used in trade, especially in a limited sphere, as a chain of islands.

tradesman /'treɪdzmən/ *n.* **-men**. **1.** a man engaged in trade. **2.** a skilled worker.

tradesperson /'treɪdzpɜsən/ *n.* **-people**. a person engaged in trade.

tradeswoman /'treɪdzwʊmən/ *n.* **-men**. a woman engaged in trade.

trade union *n.* an organisation of employees for mutual aid and protection, and for dealing collectively with employers. Also, **trades union**. **–trade unionism** *n.* **–trade unionist** *n.*

trading bank *n.* a bank which offers a wide variety of financial services to both individual and corporate customers, and is able to compete freely with merchant banks and other financial institutions. Compare **savings bank**.

trading stamp *n.* a stamp with a certain value given as a premium by a seller to a customer, specified quantities of these stamps being exchangeable for various articles when presented to the issuers of the stamps.

trading stock *n.* stock not held for permanent investment.

tradition /trə'dɪʃən/ *n.* **1.** the handing down of statements, beliefs, legends, customs, etc., from generation to generation, especially by word of mouth or by practice: *a story that has come down to us by popular tradition.* **2.** something that is so handed down: *the traditions of the Maori.* **3.** *Theology* **a.** (among the Jews) an unwritten body of laws and doctrines, or any one of them, held to have been received from Moses and handed down orally from generation to generation. **b.** (among Christians) a body of teachings, or any one of them, held to have been delivered by Christ and his apostles but not committed to writing. **4.** *Law* the act of handing over something to another, especially in a formal legal manner; delivery; transfer.

traduce /trə'djus/ *v.t.* **-duced, -ducing**. to speak evil or maliciously and falsely of; slander, calumniate, or malign: *to traduce someone's character.* **–traducer** *n.* **–traducingly** *adv.*

traffic /'træfɪk/ *n., v.* **-ficked, -ficking**. **–*n.* 1.** the coming and going of people, cars, ships, etc., along a way, road or water route: *heavy traffic in a street.* **2.** the people, cars, etc., going along such a way. **3.** the business done by a railway or other carrier in the transportation of goods or passen-

traffic island

gers. **4.** trade or dealing in certain things or goods, often against the law: *traffic in drugs*. **5.** dealings or exchanges of anything between parties, people, etc. –*v.i.* **6.** to carry on traffic, trade, or commercial dealings, especially of an illegal kind. –**trafficker** *n.* –**trafficless** *adj.* –**trafficable** *adj.*

traffic island *n.* a defined area, usually at an intersection, from which traffic is excluded and which is used for control of vehicular movements and for pedestrian refuge.

traffic jam *n.* an acute congestion of motor vehicles, bringing traffic to a standstill.

tragedian /trəˈdʒidiən/ *n.* **1.** a writer of tragedy. **2.** an actor of tragedy.

tragedy /ˈtrædʒədi/ *n.* -**dies**. **1.** a dramatic composition of serious or sombre character, with an unhappy ending: *Shakespeare's tragedy of 'Hamlet'*. **2.** any literary composition, as a novel, dealing with a sombre theme carried to a tragic conclusion. **3.** a lamentable, dreadful, or fatal event or affair; a disaster or calamity.

tragic /ˈtrædʒɪk/ *adj.* **1.** characteristic or suggestive of tragedy: *tragic solemnity*. **2.** mournful, melancholy, or pathetic in the extreme: *a tragic expression*. **3.** dreadful, calamitous, or fatal: *a tragic death*. **4.** relating to or having the nature of tragedy: *the tragic drama*. **5.** acting in or composing tragedy. Also, **tragical**. –**tragically** *adv.* –**tragicalness** *n.*

trail /treɪl/ *v.t.* **1.** to drag or let drag along the ground or other surface; to draw or drag along behind. **2.** to bring or have floating after itself or oneself: *to trail clouds of dust*. **3.** to follow the track or trail of; track. **4.** *US* to beat down or make a path or way through (grass, etc.). **5.** *Colloquial* to follow along behind (another or others), as in a race. –*v.i.* **6.** to be drawn or dragged along the ground or some other surface, as when hanging from something moving: *her long gown trailed over the floor*. **7.** to hang down loosely from something. **8.** to stream or float from and after something moving, as dust, smoke, sparks, etc., do. **9.** to follow as if drawn along. **10.** to go slowly, lazily, or wearily along; straggle. **11.** to pass or extend in a straggling line. **12.** to fall behind the leaders, as a competitor in a race; be losing in a competition of any kind. **13.** (of a plant) to extend itself in growth along the ground and over objects encountered, resting on these for support rather than taking root or clinging by tendrils, etc. –*n.* **14.** a path or track made across a wild region, over rough country, or the like, by the passage of people or animals: *to follow the trail*. **15.** the track, scent, or the like, left by an animal, person, or thing, especially as followed by a hunter, hound, or other pursuer. **16.** something that is trailed or that trails behind, as the train of a skirt or robe. **17.** a stream of dust, smoke, light, people, vehicles, etc., behind something moving. **18.** *Astronomy* **a.** a long bright tail seen in the sky in the wake of certain meteors. **b.** the trace left on a stationary photographic plate by a star during a long exposure. **19.** the act of trailing. –*phr.* **20.** *trail a coat*, to provoke a heated reaction by persistent antagonistic remarks, in order to bring suspected latent hostility into the open. **21.** *trail off*, to pass by gradual change, as into silence; diminish: *her voice trailed off*. –**trailless** *adj.*

trailer /ˈtreɪlə/ *n.* **1.** a vehicle designed to be towed by a motor vehicle, and used in transporting loads. **2.** *Film* an advertisement for a forthcoming film, usually consisting of extracts from it. **3.** a trailing plant. **4.** *US* a caravan (def. 1).

train /treɪn/ *n.* **1.** a set of railway carriages joined together and driven by electric or diesel power, or pulled by a locomotive. **2.** → **locomotive** (def. 1). **3.** a line of people, cars, etc., travelling together. **4.** *Military* a crowd of vehicles, animals, and people accompanying an army, to carry supplies. **5.** *Mechanics* a series of connected parts, as wheels and pinions, through which movement is carried. **6.** something that is drawn along; a trailing part. **7.** a group of followers or attendants; retinue: *the king and his train entered*. **8.** a series of proceedings, events, circumstances, etc. **9.** a series of connected ideas; course of reasoning: *a train of thought*. **10.** aftermath: *war brings misery in its train*. –*v.t.* **11.** to teach (a person or animal) to know or do something; educate; drill. **12.** to make (a person, etc.) fit by proper exercise, diet, etc., for some sport or contest. **13.** to bring (a plant, branch, etc.) into a particular shape or position, by bending, pruning, etc. **14.** to bring (a gun, camera, glance, etc.) to bear on some object or point. –*v.i.* **15.** to give or undergo teaching, drill, practice, etc. **16.** to get oneself into condition by exercise, etc. –**trainer** *n.* –**trainable** *adj.* –**trainless** *adj.*

trainee /treɪˈni/ *n.* **1.** someone receiving training. –*adj.* **2.** receiving training: *a trainee designer*.

trainer /ˈtreɪnə/ *n.* **1.** someone who prepares racehorses for racing. **2.** someone who trains athletes in a sport. **3.** equipment used in training, especially that which simulates the conditions of the sport. **4.** a shoe which is designed for use in sport.

traipse /treɪps/ *v.i.* **traipsed**, **traipsing**. *Colloquial* **1.** to walk so as to be, or having become, tired; trudge. **2.** to walk (about) aimlessly; gad about.

trait /treɪ, treɪt/ *n.* a distinguishing feature or quality; characteristic: *bad traits of character*.

traitor /ˈtreɪtə/ *n.* **1.** someone who betrays a person, a cause, or any trust. **2.** someone who betrays their country by violating their allegiance; someone guilty of treason. –**traitress** /ˈtreɪtrəs/ *fem. n.* –**traitorous** *adj.*

trajectory /trəˈdʒɛktəri/ *n.* -**ries**. **1.** the curve described by a projectile in its flight. **2.** the path described by a body moving under the action of given forces. **3.** *Geometry* a curve or surface which cuts all the curves or surfaces of a given system at a constant angle.

tram /træm/ *n.* **1.** a passenger vehicle running on a tramway, having flanged wheels and usually powered by electricity taken by a current collector from an overhead conductor wire. **2.** the vehicle or cage of an overhead carrier. –**tramless** *adj.*

trammel /ˈtræməl/ *n., v.* -**melled** *or Chiefly US* -**meled**, -**melling** *or Chiefly US* -**meling**. –*n.* **1.** (*usually plural*) anything that impedes or hinders free action; a restraint: *the trammels of custom*. **2.** an instrument for drawing ellipses. **3.** a three-layered fishing net. **4.** a contrivance hung in a fireplace to support pots, kettles, etc., over the fire. –*v.t.* **5.** to involve or hold in trammels; hamper; restrain. –**trammeller** *n.*

tramp /træmp/ *v.i.* **1.** to tread or walk with a firm, heavy, resounding step. **2.** to walk steadily; march; trudge. **3.** to go about as a vagabond or tramp. **4.** to hike. **5.** *NZ* → **bushwalk** (def. 1). –*v.t.* **6.** to tramp or walk heavily or steadily through or over. **7.** to traverse on foot: *tramp the streets*. **8.** to tread or trample underfoot. **9.** to travel over as a tramp. –*n.* **10.** the act of tramping. **11.** a firm, heavy, resounding tread. **12.** a long, steady walk; trudge. **13.** *Brit.* a walking excursion or expedition. **14.** someone who travels about on foot from place to place, especially a vagabond living on occasional jobs or gifts of money or food. **15.** *Colloquial* a socially unacceptable woman, often promiscuous. **16.** a cargo boat which does not run regularly between ports, but goes wherever shippers desire. –*phr.* **17.** *tramp on* (or *upon*), to tread heavily on or trample: *to tramp on a per-*

trample

son's toes. –**tramper** *n*. –**tramping** *n*.
trample /'træmpəl/ *v*. **-pled, -pling**, *n*. –*v.i.* **1.** to tread or step heavily and noisily; stamp. **2.** to treat with contempt. –*v.t.* **3.** to tread heavily, roughly, or carelessly on or over; tread underfoot, etc. **4.** to treat with contempt. **5.** to domineer harshly over; crush: *to trample one's employees*. **6.** to put, force, reduce, etc., by trampling: *to trample out a fire*. –*n*. **7.** the act or sound of trampling. –*phr*. **8. trample on** (or **upon**), **a.** to tread heavily, roughly, or crushingly on, especially repeatedly. **b.** to treat in a harsh, domineering, or cruel way, as if treading roughly on: *to trample on an oppressed people*. –**trampler** *n*.
trampoline /'træmpəlin, træmpə'lin/ *n.*, *v*. **-lined, -lining**. –*n*. **1.** a sheet of canvas attached by resilient cords to a horizontal frame a metre or so above the floor; used as a springboard when performing acrobatics. –*v.i.* **2.** to jump on a trampoline.
trance /trans, trans/ *n*. **1.** a half-conscious or dazed state. **2.** the condition of being completely lost in thought. **3.** *Occult* a temporary state of unconsciousness in which a medium is controlled by an intelligence from without and used as a means of communication with the dead. –**trancelike** *adj*.
trannie[1] /'træni/ *n*. *Colloquial* a transistor radio.
trannie[2] /'træni/ *n*. *Colloquial* a transparency (def. 3).
trannie[3] /'træni/ *n*. *Colloquial* **1.** a transsexual. **2.** a transvestite. Also, **trany**.
tranquil /'træŋkwəl/ *adj*. **-quiller** or *Chiefly US* **-quiler**, **-quillest** or *Chiefly US* **-quilest**. **1.** free from commotion or tumult; peaceful; quiet; calm: *a tranquil country place*. **2.** free from or unaffected by disturbing emotions; unruffled: *a tranquil life*. –**tranquilly** *adv*. –**tranquilness**, **tranquillity** /træŋ'kwɪləti/ *n*.
tranquilliser = **tranquillizer** /'træŋkwəlaɪzə/ *n*. *Pharmacology* a drug that has a sedative or calming effect without inducing sleep. Also, *Chiefly US*, **tranquilizer**.
trans- a prefix meaning 'across', 'beyond', freely applied in geographical terms (*transcontinental, trans-Australian*), also found attached to stems not used as words, and in figurative meanings, as *transpire, transport, transcend*.
transact /træn'ækt/ *v.t.* **1.** to carry through (affairs, business, negotiations, etc.) to a conclusion or settlement. **2.** to perform. –**transactor** *n*.
transaction /trænz'ækʃən/ *n*. **1.** the act of transacting. **2.** the fact of being transacted. **3.** an instance or process of transacting something. **4.** something that is transacted; an affair; a piece of business. **5.** (*plural*) **a.** records of the doings of a learned society or the like. **b.** reports of papers read, addresses delivered, discussions, etc., at the meetings. –**transactional** *adj*.
transcend /træn'sɛnd/ *v.t.* **1.** to go or be above or beyond (a limit, something with limits, etc.); surpass or exceed. **2.** to go beyond in elevation, excellence, extent, degree, etc.; surpass, excel, or exceed. –*v.i.* **3.** to be transcendent; excel. –**transcendent** *adj*.
transcendental /trænsɛn'dɛntl/ *adj*. **1.** transcendent, surpassing, or superior. **2.** going beyond ordinary experience, thought, or belief; supernatural; metaphysical. **3.** abstract. **4.** *Philosophy* belonging to every kind of thing, transcending all other distinctions. **5.** *Mathematics* (of a number) not algebraic; not able to be produced by the algebraic operations of addition, subtraction, multiplication, division, and the extraction of roots. For example, *pi* and *e* are transcendental numbers. –**transcendentalism** *n*. –**transcendentally** *adv*.
transcribe /træn'skraɪb/ *v.t.* **-scribed, -scribing**.

transfusion

1. to make a copy in writing: *to transcribe a document*. **2.** to reproduce in writing or print as from speech. **3.** to write out in other characters; transliterate: *to transcribe one's shorthand notes*. **4.** to make a transcription. **5.** *Music* to arrange (a composition) for a medium other than that for which it was originally written. –**transcriber** *n*. –**transcription** *n*.
transept /'trænsɛpt/ *n*. **1.** the transverse portion (or, occasionally, portions) of a cruciform church. **2.** either of the two armlike divisions of this, one on each side of the crossing. –**transeptal** /træn'sɛptl/ *adj*. –**transeptally** /træn'sɛptəli/ *adv*.
transfer /træns'fɜ/ *v*. **-ferred, -ferring**, /'trænsfɜ/ *n*. –*v.t.* **1.** to carry or send from one place, person, etc., to another. **2.** *Law* to make over; convey: *to transfer a title to land*. **3.** to take (a drawing, design, pattern, etc.) over from one surface to another. –*v.i.* **4.** to change over or be carried. –*n*. **5.** the act or means of transferring. **6.** the fact of being transferred. **7.** a drawing, pattern, etc., which may be put on to another surface, especially by direct contact. **8.** *Law* a making over, by sale or gift, of real or personal property to another. **9.** *Economics* the act of having the ownership of a stock or registered bond transferred upon the books of the issuing company or its agent. **10.** *Economics* a form filled in when stocks and shares change hands; share transfer. –**transferable** /træns'fɜrəbəl/ *adj*. –**transferability** /ˌtrænsfɜrə'bɪləti/ *n*. –**transferral** /træns'fɜrəl/ *n*.
transfigure /træns'fɪgə/ *v.t.* **-ured, -uring**. **1.** to change in outward form or appearance; transform, change, or alter. **2.** to change so as to glorify, exalt, or idealise. –**transfiguration** *n*. –**transfigurement** *n*.
transfix /træns'fɪks/ *v.t.* **1.** to pierce through, as with a pointed weapon, or as the weapon does. **2.** to fix fast with or on something sharp; thrust through. **3.** to make motionless with amazement, terror, etc. –**transfixion** /træns'fɪkʃən/ *n*.
transform /træns'fɔm/ *v.t.* **1.** to change in form. **2.** to change in appearance, condition, nature, or character, especially completely or deeply: *to transform a desert into productive land*. **3.** *Chemistry* to change (one substance, element, etc.) into another. **4.** *Mathematics* to change the form of (a figure, expression, etc.) without changing the value. **5.** *Physics* to change (one form of energy) into another. –*v.i.* **6.** to change in form, appearance, or character; become transformed. –**transformable** *adj*. –**transformation** *n*. –**transformative** /træns'fɔmətɪv/ *adj*.
transformer /træns'fɔmə/ *n*. *Electricity* an electric device, without continuously moving parts, which by electromagnetic induction transforms electric energy from one or more circuits to one or more circuits at the same frequency, usually with changed values of voltage and current.
transfuse /træns'fjuz/ *v.t.* **-fused, -fusing**. **1.** to pour from one container into another. **2.** to transfer or transmit as if by pouring; instil; impart. **3.** to diffuse through something; infuse. **4.** *Medicine* **a.** to transfer (blood) from the veins or arteries of one person or animal into those of another. **b.** to inject, as a saline solution, into a blood vessel. –**transfuser** *n*. –**transfusible** *adj*. –**transfusive** /træns'fjusɪv/ *adj*.
transfusion /træns'fjuʒən/ *n*. **1.** the act or process of transfusing. **2.** *Medicine* **a.** the transferring of blood taken from one person or animal to another, as in order to renew a depleted blood supply. **b.** the injecting of some other liquid into the veins. **3.** an act of imparting, injecting, transmitting, or the like: *a transfusion of new capital into a business*.

transgress /trænz'grɛs/ *v.t.* **1.** to pass over or go beyond (a limit, etc.): *to transgress the bounds of prudence.* **2.** to go beyond the limits imposed by (a law, command, etc.); violate; infringe; break. *-phr.* **3. transgress against**, to violate (a law, command, etc.); offend or sin against. **-transgressive** *adj.* **-transgressively** *adv.* **-transgressor** *n.*

transient /'trænziənt/ *adj.* **1.** passing with time; not lasting or enduring; transitory. **2.** remaining for only a short time, as a guest at a hotel. *-n.* **3.** someone who remains for only a short time; a transient guest, boarder, etc. **-transiently** *adv.* **-transientness** *n.*

transistor /træn'zɪstə/ *n.* **1.** *Electronics* a miniature solid-state device for amplifying or switching, using silicon or germanium semiconducting materials. **2.** a transistorised radio. *-adj.* **3.** equipped with transistors, as a radio or gramophone.

transit /'trænzət/ *n.*, *v.* **-sited, -siting.** *-n.* **1.** the act or fact of passing across or through; passage from one place to another. **2.** conveyance from one place to another, as of persons or goods: *the problem of rapid transit in cities.* **3.** a transition or change. **4.** *Astronomy* **a.** the passage of a heavenly body across the meridian of a place or through the field of a telescope. **b.** the passage of an inferior planet (Mercury or Venus) across the disc of the sun, or of a satellite or its shadow across the face of its primary. **5.** *US Surveying* a theodolite. *-v.t.* **6.** to pass across or through. **7.** *Surveying* to turn (the telescope of a theodolite) about its horizontal transverse axis so as to make it point in the opposite direction; reverse, invert, or plunge (the instrument). *-v.i.* **8.** to pass across or through a place or thing. *-phr.* **9. in transit,** passing through a place; staying for only a short time.

transition /træn'zɪʃən/ *n.* **1.** passage from one position, state, stage, etc., to another. **2.** a passage or change of this kind. **3.** *Music* **a.** a passing from one key to another; modulation. **b.** a passage serving as a connecting link between two more important passages. **-transitional, transitionary** *adj.* **-transitionally** *adv.*

transitive /'trænzətɪv/ *adj.* **1.** *Grammar* having the nature of a transitive verb. **2.** characterised by or involving transition; transitional; intermediate. *-n.* **3.** *Grammar* a transitive verb. **-transitively** *adv.* **-transitiveness** *n.*

transitive verb *n.* **1.** a verb which can only be used with a direct object. **2.** a verb used with a direct object, as *drink* in the sentence *he drinks water* where *water* is the direct object. Compare **intransitive verb**.

transit lane *n.* (in Australia) a traffic lane which is restricted during certain hours to particular categories of vehicles.

transitory /'trænzətri/ *adj.* **1.** passing away; not lasting, enduring, permanent, or eternal. **2.** lasting for a short time; brief; transient. **-transitorily** *adv.* **-transitoriness** *n.*

translate /trænz'leɪt/ *v.* **-lated, -lating.** *-v.t.* **1.** to turn (something written or spoken) from one language into another: *to translate Aranda into English.* **2.** to change into another form; transform; convert. **3.** to carry or remove from one place, position, condition, etc., to another; transfer. **4.** to express in other terms; interpret; explain. **5.** *Physics* to cause (a body) to move without sideways rotation or angular displacement. *-v.i.* **6.** to turn or be turned from one language into another. **-translatable** *adj.* **-translatableness** *n.*

transliterate /trænz'lɪtəreɪt/ *v.t.* **-rated, -rating.** to change (letters, words, etc.) into corresponding characters of another alphabet or language: *to transliterate the Greek X as ch.* **-transliteration** /ˌtrænzlɪtə'reɪʃən/ *n.* **-transliterator** *n.*

translucent /trænz'lusənt/ *adj.* transmitting light diffusely or imperfectly, as frosted glass. **-translucence, translucency** *n.* **-translucently** *adv.*

transmigrate /trænzmaɪ'greɪt/ *v.* **-grated, -grating.** *-v.i.* **1.** to remove or pass from one place to another. **2.** to migrate from one country to another in order to settle there. **3.** (of the soul) to be reborn with the same soul in another body, either immediately upon death or after a purgatorial or waiting period. *-v.t.* **4.** to cause to transmigrate, as a soul. **-transmigrator** *n.* **-transmigratory** *adj.*

transmission /trænz'mɪʃən/ *n.* **1.** the act of transmitting. **2.** the fact of being transmitted. **3.** something that is transmitted. **4.** *Machinery* **a.** the transmitting or transferring of motive force. **b.** a device for this purpose, especially the mechanism or gearing for transmitting the power from the revolutions of the engine shaft in a motor vehicle to the driving wheels, at the varying rates of speed and direction of drive as selected in gear changes. **5. a.** an instance of broadcasting a television or radio program. **b.** such a program. **-transmissive** /trænz'mɪsɪv/ *adj.*

transmit /trænz'mɪt/ *v.t.* **-mitted, -mitting. 1.** to send over or along, such as to a person or place. **2.** to pass on or communicate (information, news, etc.). **3.** to pass on or hand down to heirs, successors, etc. **4.** to pass on (a disease, etc.). **5.** to broadcast (a radio or television program). **6.** *Physics* to cause or permit (light, heat, sound, etc.) to pass through a medium. **-transmittable = transmittible** *adj.* **-transmitter** *n.*

transmogrify /trænz'mɒɡrəfaɪ/ *v.t.* **-fied, -fying.** to change as by magic; transform. **-transmogrification** /trænzˌmɒɡrəfə'keɪʃən/ *n.*

transmute /trænz'mjut/ *v.t.* **-muted, -muting.** to change from one nature, substance, or form into another; transform. **-transmutable** *adj.* **-transmutability** /ˌtrænzmjutə'bɪləti/, **transmutableness** *n.* **-transmutably** *adv.* **-transmuter** *n.*

transnational /trænz'næʃənəl/ *adj.* **1.** operating on a nationwide basis. **2.** (especially of a business) operating in more than one country; multinational.

transom /'trænsəm/ *n.* **1.** a crosspiece separating a door, window, etc., from a window above it. **2.** a window above a door; fanlight. **-transomed** *adj.*

transparency /trænsˈpɛərənsi, -'pær-/ *n.* **-cies. 1.** Also, **transparence.** the property or quality of being transparent. **2.** something which is transparent; a picture, design, etc., on glass or some translucent substance, made visible by light shining through from behind. **3.** a transparent positive photographic image used for projection.

transparent /trænsˈpɛərənt, -ˈpær-/ *adj.* **1.** having the property of sending rays of light through its substance so that objects situated beyond or behind can be clearly seen (opposed to *opaque*). **2.** (of material) allowing light to pass through. **3.** open, or candid: *transparent honesty.* **4.** easily seen through or understood: *transparent excuses.* **-transparently** *adv.* **-transparentness** *n.*

transpire /trænsˈpaɪə/ *v.* **-spired, -spiring.** *-v.i.* **1.** to occur, happen, or take place. **2.** to become apparent. **3.** to emit or give off waste matter, etc., through the surface, as of the body, of leaves, etc. **4.** to escape as through pores, as moisture, smell, etc. *-v.t.* **5.** to emit or give off (waste matter, watery vapour, a smell, etc.) through the surface, as of the body, of leaves, etc. **-transpirable** *adj.* **-transpiration** /trænspə'reɪʃən/ *n.* **-transpiratory** /træns'paɪrətri/ *adj.*

transplant

transplant /træns'plænt, -'plɑːnt/ v., /'trænsplænt, -plɑːnt/ n. –v.t. **1.** to remove (a plant) from one place and plant it in another. **2.** Surgery to transfer (an organ or a portion of tissue) from one part of the body to another or from one person or animal to another. **3.** to remove (something) from one place to another. **4.** to bring (people, culture, etc.) from one country to another for settlement. –n. **5.** the act of transplanting. **6.** something transplanted, such as an organ of the body or a seedling. **–transplantable** /træns'plæntəbəl/ adj. **–transplantation** /trænsplæn'teɪʃən/ n. **–transplanter** /træns'plæntə/ n.

transport /træns'pɔːt, 'trænspɔːt/ v., /'trænspɔːt/ n. –v.t. **1.** to carry from one place to another; convey. **2.** to carry away by strong emotion. **3.** (formerly) to carry or send (a criminal, etc.) to a penal colony. –n. **4.** an act or method of transporting; conveyance. **5.** a system of transporting passengers or goods: *public transport*. **6.** a ship, truck or aeroplane used for transporting, such as a ship that carries soldiers or military stores. **7.** a large truck. **8.** strong emotion, such as joy, delight, etc. **–transportable** /træns'pɔːtəbəl/ adj. **–transportability** /,trænspɔːtə'bɪləti/ n. **–transportation** n.

transpose /træns'pouz/ v.t. **-posed, -posing. 1.** to alter the relative position or order of (a thing in a series, or a series of things). **2.** to cause (two or more things) to change places; interchange. **3.** to alter the order of (letters in a word, or words in a sentence). **4.** Algebra to bring (a term) from one side of an equation to the other, with change of the plus or minus sign. **5.** Music to reproduce in a different key, by raising or lowering in pitch. **–transposable** adj. **–transposer** n. **–transposition** n.

transputer /trænz'pjuːtə/ n. a microprocessor chip of great power and small size, comprising a 32 bit microprocessor containing the equivalent of 200 000 transistors condensed into a piece of silicon 9 mm square and capable of handling 10 mips.

transsexual = transexual /trænz'sɛkʃuəl/ adj. **1.** having to do with someone who has changed sex. **2.** having to do with the medical procedures by which sex changes are effected. –n. **3.** someone who has undergone a sex change operation. **4.** someone who feels himself or herself, though physically of one sex, to be of the other sex in psychological disposition.

transverse /'trænzvɜːs, trænz'vɜːs/ adj. **1.** lying or being across or in a crosswise direction; athwart. **2.** (of a flute) held across the body, and having a mouth hole in the side of the tube, near its end, across which the player's breath is directed. –n. **3.** something which is transverse. **–transversely** adv.

trap¹ /træp/ n., v. **trapped, trapping.** –n. **1.** a contrivance used for taking game or other animals, as a mechanical device that springs shut suddenly; a pitfall, or a snare. **2.** any device, stratagem, or the like for catching one unawares. **3.** an ambush. **4.** any of various mechanical contrivances for preventing the passage of steam, water, etc. **5.** an arrangement in a pipe, as a double curve or a U-shaped section, in which liquid remains and forms a seal, for preventing the passage or escape of air or gases through the pipe from behind or below. **6.** a device for suddenly releasing or tossing into the air objects to be shot at, as pigeons or clay targets. **7.** a carriage, especially a light two-wheeled one. **8.** a trapdoor. **9.** Colloquial the mouth. –v.t. **10.** to catch in a trap: *to trap foxes*. **11.** to take by stratagem; lead by artifice or wiles. **12.** to furnish or set with traps. **13.** to provide (a drain, etc.) with a trap. **14.** to stop and hold by a trap, as air in a pipe. –v.i. **15.** to set traps for game: *he was busy trapping*. **16.** to engage in catching animals in traps for their furs. –phr. **17. around the traps**, Australian Colloquial in public places, especially places where gossip and information is commonly circulated. **18. a trap for young players**, Colloquial a danger or risk to the inexperienced. **19. go round the traps**, Australian Colloquial to visit places where people gather and talk, as hotels, clubs, etc., in the hope of getting information.

trap² /træp/ n., v. **trapped, trapping.** –n. **1.** (plural) Colloquial personal belongings; luggage. –v.t. **2.** to furnish with trappings.

trapdoor /'træpdɔː/ n. **1.** a door or the like, flush, or nearly so, with the surface of a floor, ceiling, roof, etc. **2.** the opening which it covers.

trapdoor spider n. any of various burrowing spiders of the family Ctenizidae that construct silk-lined tunnels in the ground, sometimes fitted with a lid, as the **brown trapdoor spider**, *Dyarcyops fuscipes*, of eastern Australia.

trapeze /trə'piːz/ n. **1.** an apparatus for gymnastics consisting of a short suspended horizontal bar attached to the ends of two suspended ropes. **2.** (on a small sailing boat) a device resembling this by which one may lean almost completely outboard. **3.** Geometry → **trapezium.**

trapezium /trə'piːziəm/ n. **-ziums** or **-zia** /-ziə/. **1.** Geometry (as originally used by Euclid) any rectilinear quadrilateral plane figure not a parallelogram. **2.** a quadrilateral plane figure in which only one pair of opposite sides is parallel. Also, **trapeze.** **–trapezial** adj.

trappings /'træpɪŋz/ pl. n. **1.** articles of equipment or dress, especially of an ornamental character. **2.** conventional or characteristic articles of dress or adornment. **3.** that which necessarily accompanies or adorns: *the trappings of power*. **4.** a covering for a horse, especially when ornamental in character.

trash /træʃ/ n. **1.** anything worthless or useless; rubbish. **2.** foolish ideas, talk, or writing; nonsense. **3.** people regarded as worthless. **–trasher** n.

trauma /'trɔːmə/ n. **-mas** or **-mata** /-mətə/. **1.** Pathology **a.** a bodily injury produced by violence, or any thermal, chemical, etc., extrinsic agent. **b.** the condition produced by this; traumatism. **c.** the injurious agent or mechanism itself. **2.** Psychology a startling experience which has a lasting effect on mental life; a severe shock. **–traumatise = traumatize** v.

travail /'træveɪl/ n. **1.** physical or mental toil or exertion, especially when painful. **2.** the labour and pain of childbirth. –v.i. **3.** to suffer the pangs of childbirth; be in labour.

travel /'trævəl/ v. **-elled** or Chiefly US **-eled**, **-elling** or Chiefly US **-eling**, n. –v.i. **1.** to go from one place to another; make a journey. **2.** to move or advance in any way. **3.** to go from place to place as a representative of a business firm. **4.** Colloquial to move with speed. **5.** (of a mechanical part, etc.) to move in a fixed course. **6.** (of light, sound, etc.) to pass, or be transmitted. –v.t. **7.** to journey through or over (a country, area, road, etc.). **8.** to journey (a particular distance). –n. **9.** (plural) journeys. **10.** Mechanics a complete movement of a moving part in one direction, or the distance covered; a stroke. **11.** movement or passage in general.

travelogue /'trævəlɒɡ/ n. **1.** a documentary film describing a country, travels, etc. **2.** a lecture describing travel, usually illustrated, as with photographs, slides, etc.

traverse /trə'vɜːs, 'trævɜːs/ v. **-ersed, -ersing,** n., *adj.* –*v.t.* **1.** to pass across, over, or through. **2.** to go back and forwards over or along. **3.** to extend across. **4.** to examine or survey carefully. **5.** *Law* to deny formally. –*n.* **6.** the act of traversing, or passing across. **7.** something that traverses or lies across, such as a crossbar or a barrier. **8.** a place where a person may traverse or cross; crossing. **9.** *Nautical* the zigzag course taken by a vessel during tacking. –*adj.* **10.** lying, extending, or passing across; transverse. –**traversable** *adj.* –**traverser** *n.*

travesty /'trævəsti/ *n.* **-ties,** *v.* **-tied, -tying.** –*n.* **1.** any grotesque or debased likeness or imitation: *a travesty of justice.* **2.** a literary composition characterised by burlesque or ludicrous treatment of a serious work or subject. –*v.t.* **3.** to make a travesty on; turn (a serious work or subject) to ridicule by burlesque imitation or treatment. **4.** to be a travesty of.

trawl /trɔl/ *n.* **1.** Also, **trawl net.** a strong net dragged along the sea bottom to catch fish. –*v.i.* **2.** to fish with such a net. –*v.t.* **3.** to catch (fish) with such a net.

trawler /'trɔlə/ *n.* **1.** any of various types of vessels used in fishing with a trawl net. **2.** someone who trawls.

tray /treɪ/ *n.* **1.** any of various flat, shallow containers or receptacles of wood, metal, etc., with slightly raised edges used for carrying, holding, or exhibiting articles and for various other purposes. **2.** a removable receptacle of this shape in a cabinet, box, trunk, or the like, sometimes forming a drawer. **3.** (on a motor truck) a shallow open compartment behind the cab for holding and carrying goods. **4.** a tray and what is in it.

treachery /'trɛtʃəri/ *n.* **-ries.** violation of faith; betrayal of trust; treason. –**treacherous** *adj.*

treacle /'trikəl/ *n.* **1.** the dark, viscous, uncrystallised syrup obtained in refining sugar. **2.** → **golden syrup. 3.** *Colloquial* cloying sentimentality as of music or behaviour. –**treacly** /'trikli/ *adj.* –**treacliness** *n.*

tread /trɛd/ *v.* **trod, trodden** *or* **trod, treading,** *n.* –*v.t.* **1.** to step or walk on, about, in, or along. **2.** to trample or crush underfoot. **3.** to put into some position or condition by trampling: *to tread grapes.* **4.** to domineer harshly over; crush. **5.** to execute by walking or dancing: *to tread a measure.* **6.** (of male birds) to copulate with. –*v.i.* **7.** to set down the foot or feet in walking; step; walk. **8.** (of a male bird) to copulate. –*n.* **9.** a treading, stepping, or walking, or the sound of this. **10.** manner of treading or walking. **11.** a single step as in walking. **12.** any of various things or parts on which a person or thing treads, stands, or moves. **13.** the horizontal upper surface of a step in a stair, on which the foot is placed. **14.** the width of this from front to back. **15.** that part of a wheel, tyre, or runner which bears on the road, rail, etc. –*phr.* **16. tread on** (or **upon**), to step, walk, or trample on. **17. tread water,** *Swimming* to move the arms and legs in such a way as to keep the body in an upright position with the head above water. –**treader** *n.*

treadle /'trɛdl/ *n.* a lever or the like worked by the foot to impart motion to a machine.

treadmill /'trɛdmɪl/ *n.* **1.** an apparatus for producing rotary motion by the weight of humans or animals, treading on a succession of moving steps that form a kind of continuous path, as around the periphery of a horizontal cylinder. **2.** a monotonous or wearisome round, as of work or life.

treason /'trizən/ *n.* violation by a subject of his or her allegiance to his or her sovereign or to the state; high treason.

treasure /'trɛʒə/ *n., v.* **-ured, -uring.** –*n.* **1.** wealth or riches stored or accumulated, especially in the form of precious metals or money. **2.** any thing or person greatly valued or highly prized: *this book was his chief treasure.* –*v.t.* **3.** to put away for security or future use, as money; lay up in store. **4.** to retain carefully or keep in store, as in the mind. **5.** to regard as precious; prize; cherish. –**treasureless** *adj.*

treasurer /'trɛʒərə/ *n.* **1.** someone who is in charge of treasure or a treasury. **2.** someone who has charge of the funds of a company, private society, or the like. **3.** an officer of a state, city, etc., entrusted with the receipt, care, and disbursement of public money. **4.** (*cap.*) the government minister responsible for the Treasury. –**treasurership** *n.*

treasury /'trɛʒəri/ *n.* **-ries. 1.** a place where public revenues, or the funds of a company, etc., are deposited, kept, and disbursed. **2.** the funds or revenue of a state or a public or private company, etc. **3.** (*cap.*) the department of government which has control over the collection, management, and disbursement of the public revenue. **4.** a building, room, chest, or other place for the preservation of treasure or valuable objects. **5.** a repository or a collection of treasures of any kind; a thesaurus.

Treasury note *n.* security issued with three and six month maturities by the Australian Government, to acknowledge a borrowing obligation.

treat /trit/ *v.t.* **1.** to act or behave towards in some specified way: *to treat someone with respect.* **2.** to look upon, consider, or regard in a specified aspect, and deal with accordingly: *to treat a matter as unimportant.* **3.** to deal with (a disease, patient, etc.) in order to relieve or cure. **4.** to deal with in speech or writing; discuss. **5.** to deal with, develop, or represent artistically, especially in some specified manner or style: *to treat a theme realistically.* **6.** to subject to some agent or action in order to bring about a particular result: *to treat a substance with an acid.* **7.** to entertain with food, drink, amusement, etc. **8.** to regale (another) at one's own expense. –*v.i.* **9.** to deal with a subject in speech or writing, or discourse. **10.** to give, or bear the expense of, a treat. **11.** to carry on negotiations with a view to a settlement, discuss terms of settlement, or negotiate. –*n.* **12.** an entertainment of food, drink, amusement, etc., given by way of compliment or as an expression of friendly regard. **13.** *Colloquial* anything that affords particular pleasure or enjoyment. **14.** the act of treating. **15.** one's turn to treat. –*phr.* **16. a (fair) treat,** *Colloquial* excessively. **17. stand treat,** to bear the expense of an entertainment. –**treatable** *adj.* –**treater** *n.*

treatise /'tritəs/ *n.* **1.** a book or writing dealing with some particular subject. **2.** one containing a formal or methodical exposition of the principles of the subject.

treatment /'tritmənt/ *n.* **1.** the act or manner of treating. **2.** action or behaviour towards a person, etc. **3.** management in the application of medicines, surgery, etc. **4.** literary or artistic handling, especially with reference to style. **5.** subjection to some agent or action. –*phr.* **6. the treatment,** *Colloquial* punishment; severe handling; thorough criticism: *the unions are getting the treatment from the media.*

treaty /'triti/ *n.* **-ties. 1.** a formal agreement between two or more independent states in reference to peace, alliance, commerce, or other international relations. **2.** any agreement or compact.

treble /'trɛbəl/ *det., adj., n., v.* **-bled, -bling.** –*det.* **1.** three times as great: *treble pay.* –*adj.* **2.** threefold; triple. **3.** *Music* (of a voice part, voice, singer, or instrument) of the highest pitch or range. –*n.* **4.** *Music* a piano part for the right

tree hand. **5.** a high-pitched voice or sound. –*v.t.* **6.** to make three times as much or as many; triple. –*v.i.* **7.** to become three times as much or as many; triple. **–trebly** /'trɛbli/ *adv.*

tree /triː/ *n.* **1.** a plant having a permanent, woody, self-supporting main stem or trunk, usually growing to a considerable height, and usually developing branches at some distance from the ground. **2.** any of various shrubs, bushes, etc., such as the banana, similar to a tree in form or size. **3.** something similar to a tree in shape, such as a family tree, etc. **4.** *Mathematics* a network with no loops. **–treeless** *adj.* **–treelessness** *n.* **–treelike** *adj.*

tree-rat /'triː-ræt/ *n.* any member of a distinctive group of native rodents of the genera *Mesembriomys* and *Conilurus*, occurring mostly in northern Australia, usually living and nesting in trees.

trefoil /'trɛfɔɪl/ *n.* **1.** any of the herbs constituting the leguminous genus *Trifolium*, usually having digitate leaves of three leaflets, and reddish, purple, yellow, or white flower heads, and including the common clovers. **2.** an ornamental figure or structure resembling a trifoliolate leaf.

trek /trɛk/ *v.* trekked, trekking, *n.* –*v.i.* **1.** to travel or migrate, especially with difficulty. –*n.* **2.** a journey, especially a difficult one. **–trekker** *n.*

trellis /'trɛlɪs/ *n.* **1.** a frame or structure of latticework; a lattice. **2.** a framework of this kind used for the support of growing vines, etc. **–trellis-like** *adj.*

trematode /'trɛmətoʊd, 'triːmə-/ *n.* any of the Trematoda, a class or group of platyhelminths or flatworms, having one or more suckers, and living as ectoparasites or endoparasites on or in various animals; fluke.

tremble /'trɛmbəl/ *v.* -bled, -bling, *n.* –*v.i.* **1.** (of people, the body, the voice, etc.) to shake from fear, excitement, weakness, cold, etc.; quiver. **2.** to be affected by a feeling of fear, etc. **3.** (of things) to shake with short, quick movements; vibrate. –*n.* **4.** the act of trembling. **5.** (*plural*) a condition or disease marked by continued trembling, such as malaria. **–trembler** *n.* **–tremblingly** *adv.*

tremendous /trəˈmɛndəs/ *adj.* **1.** *Colloquial* extraordinarily great in size, amount, degree, etc. **2.** dreadful or awful, as in character or effect. **3.** *Colloquial* extraordinary; unusual; remarkable. **–tremendously** *adv.* **–tremendousness** *n.*

tremolo /'trɛməloʊ/ *n.* -los. *Music* a tremulous or vibrating effect produced on certain instruments and in the human voice, as to express emotion.

tremor /'trɛmə/ *n.* **1.** involuntary shaking of the body or limbs, as from fear, weakness, etc.; a fit of trembling. **2.** any tremulous or vibratory movement; a vibration. **3.** a trembling or quivering effect, as of light, etc. **4.** a tremulous sound or note. **–tremorless** *adj.*

tremulous /'trɛmjələs/ *adj.* **1.** (of persons, the body, etc.) characterised by trembling, as from fear, nervousness, weakness, excitement, etc. **2.** (of things) vibratory or quivering. **–tremulously** *adv.* **–tremulousness** *n.*

trench /trɛntʃ/ *n.* **1.** a long, narrow ditch dug in the ground, the earth from which is thrown up in front to serve as a shelter from the enemy's fire, etc. **2.** (*plural*) a system of ditches which formed the front line of battle in Europe in World War I. **3.** a deep ditch, furrow, or cut. –*v.t.* **4.** to cut a trench or trenches in. –*v.i.* **5.** to dig a trench or trenches.

trenchant /'trɛntʃənt/ *adj.* **1.** incisive or keen, as language or a person; cutting: *trenchant wit.* **2.** thorough-going, vigorous, or effective: *a trenchant policy.* **3.** clearly or sharply defined, as an outline. **–trenchancy** *n.* **–trenchantly** *adv.*

trencher /'trɛntʃə/ *n.* **1.** → **mortarboard** (def. 2). **2.** a rectangular or circular flat piece of wood on which meat, or other food, was formerly served or carved.

trend /trɛnd/ *n.* **1.** the general course, drift, or tendency: *the trend of events.* **2.** the general direction which a road, river, coastline, or the like, tends to take. **3.** style; fashion.

trendy /'trɛndi/ *adj.* -dier, -diest, *n.* -dies. *Colloquial* –*adj.* **1.** forming part of or influenced by fashionable trends; ultrafashionable. –*n.* **2.** someone who embraces an ultrafashionable lifestyle. **3.** someone who adopts a set of avant-garde social or political viewpoints. **–trendiness, trendyism** *n.*

trepidation /trɛpəˈdeɪʃən/ *n.* **1.** tremulous alarm or agitation; perturbation. **2.** vibratory movement; a vibration. **3.** *Pathology* rapid, repeated, muscular flexion and extension of muscles of the extremities or lower jaw; clonus.

trespass /'trɛspəs/ *n.* **1.** *Law* **a.** an unlawful act causing injury to the person, property, or rights of another, committed with force or violence, actual or implied. **b.** a wrongful entry upon the lands of another. **2.** an encroachment or intrusion. **3.** an offence, sin, or wrong. –*v.i.* **4.** *Law* to commit a trespass. –*phr.* **5.** **trespass on** (or **upon**), to make an improper inroad on (a person's presence, time, etc.); encroach or infringe on. **–trespasser** *n.*

tress /trɛs/ *n.* (*usually plural*) any long lock or curl of hair, especially of a woman, not plaited or braided. **–tressed** /trɛst/ *adj.*

-tress a suffix forming some feminine agent-nouns, corresponding to masculine nouns in *-ter*, *-tor*, as *actor*, *actress*, etc. See **-ess**.

trestle /'trɛsəl/ *n.* **1.** a frame used as a support, consisting typically of a horizontal beam or bar fixed at each end to a pair of spreading legs. **2.** *Civil Engineering* **a.** a supporting framework composed chiefly of vertical or inclined pieces with or without diagonal braces, etc., used for various purposes, as for carrying tracks across a gap. **b.** a bridge or the like of such structure.

trevally /trəˈvæli/ *n.* any of numerous species of Australian sport and food fishes, especially of the genus *Caranx*, typically fast-swimming with streamlined bodies tapering sharply towards a forked or lunate tail.

tri- a word element meaning 'three', as in *triacid*.

triad /'traɪæd/ *n.* **1.** a group of three, especially of three closely related or associated persons or things. **2.** *Chemistry* an element, atom, or radical having a valency of three. **3.** *Music* a chord of three notes, especially one consisting of a given note with its major or minor third and its perfect, augmented, or diminished fifth. **4.** (*usually cap.*) a Chinese secret organisation, often involved in criminal activities. **–triadic** *adj.*

trial /'traɪəl, traɪl/ *n., v.* trialled, trialling, *adj.* –*n.* **1.** *Law* **a.** the examination before a judicial tribunal of the facts put in issue in a cause (often including issues of law as well as of fact). **b.** the determination of a person's guilt or innocence by due process of law. **2.** the act of trying or testing, or putting to the proof. **3.** a contest or competition: *car trial; a trial of arms.* **4.** test; proof. **5.** an attempt or effort to do something. **6.** tentative or experimental action in order to ascertain results; an experiment. **7.** the state or position of a person or thing being tried or tested; probation. **8.** subjection to suffering or grievous experiences; affliction: *comfort in the hour of trial.* **9.** an affliction or trouble. **10.** a trying, distressing, or annoying thing or person. **11.** *Ceramics* a piece of ceramic material used to try the heat of the

trial balance

kiln and the progress of the firing of its contents. **12.** a competition, usually over rough terrain or roads in which competitors are required to keep to an average speed; motor trial. –*v.t.* **13.** to put (a plan, procedure, etc.) into operation, often on a small scale, to test its feasibility. –*adj.* **14.** relating to trial or a trial. **15.** done or used by way of trial, test, proof, or experiment. –*phr.* **16. on trial**, **a.** undergoing a trial before a court of law. **b.** undergoing a test; on approval.

trial balance *n. Accounting* a statement of all the open debit and credit items, made preliminary to balancing a double-entry ledger.

triangle /ˈtraɪæŋɡəl/ *n.* **1.** a geometrical plane figure formed by three (usually) straight lines which meet two by two in three points, thus forming three angles. **2.** any three-cornered or three-sided figure, object, or piece: *a triangle of land.* **3.** *Music* an instrument of percussion, made of a steel rod bent into the form of a triangle open at one of the corners, and sounded by being struck with a small, straight steel rod. **4.** a group of three; triad.

triathlon /traɪˈæθlən/ *n.* an athletic contest comprising three long-distance events, usually running, swimming, and cycling, one immediately after the other. –**triathlete** *n.*

tribe /traɪb/ *n.* **1.** any group of people united by descent from a common ancestor, by the sharing of common customs and traditions, by loyalty to the same leaders, etc. **2.** (in the culture of the Aborigines) a social group which claims a religious right to occupy and hunt in a particular area. **3.** *Botany, Zoology* **a.** a classificatory group of animals or plants, ranking between a family and a genus. **b.** any group of plants or animals. **4.** a company, or large number of people or animals. **5.** (*humorous*) **a.** a class or set of people. **b.** a family. –**tribesman** *n.* –**tribeless** *adj.*

tribulation /trɪbjəˈleɪʃən/ *n.* grievous trouble; severe trial or experience.

tribunal /traɪˈbjunəl/ *n.* **1.** a body set up to investigate and resolve disputes. **2.** a court of justice. **3.** a place or seat of judgment.

tribune /ˈtrɪbjun/ *n.* a raised platform, or dais; a rostrum or pulpit.

tributary /ˈtrɪbjətri/ *n.* **-taries**, *adj.* –*n.* **1.** a stream flowing into a larger stream or other body of water. **2.** a ruler or state paying tribute (def. 2). –*adj.* **3.** (of a stream) flowing into a larger stream or other body of water. **4.** giving aid; contributory. **5.** paying or required to pay tribute (def. 2). –**tributarily** *adv.*

tribute /ˈtrɪbjut/ *n.* **1.** a personal offering, testimonial, compliment, or the like given as if due, or in acknowledgment of gratitude, esteem, or regard. **2.** a stated sum or other valuable consideration paid by one sovereign or state to acknowledgment of submission or as the price of peace, security, protection, or the like. **3.** a rent, tax, or the like, as that paid by a subject to a sovereign. **4.** anything paid as under exaction or by enforced contribution. **5.** (in opal mining) one's share when working on a partnership basis. –**tributer** *n.*

trice¹ /traɪs/ *n.* a very short time; a moment; an instant: *come back in a trice.*

trice² /traɪs/ *v.t.* **triced, tricing.** *Nautical* to haul up and fasten with a rope. Also, **trice up.**

triceps /ˈtraɪsɛps/ *n. Anatomy* a muscle having three heads, or points of origin, especially the extensor muscle at the back of the upper arm.

trick /trɪk/ *n.* **1.** a crafty or fraudulent device, expedient, or proceeding; an artifice, stratagem, ruse, or wile. **2.** a deceptive or illusory appearance; mere semblance. **3.** a roguish or mischievous performance; prank: *to play a trick on someone.* **4.** *Colloquial* a person full of fun: *you're a real trick,*

trigger

Maisie! **5.** a foolish, disgraceful, or mean performance or action. **6.** a clever device or expedient, dodge, or ingenious shift: *a rhetorical trick.* **7.** the art or knack of doing something. **8.** a clever or dexterous feat, as for exhibition or entertainment: *tricks in horsemanship.* **9.** a feat of jugglery, magic, or legerdemain. **10.** a particular habit or way of acting; characteristic quality, trait, or mannerism. **11.** *Cards* the cards collectively which are played and won in one round. **12.** a turn, especially to relieve another operator: *a trick at the wheel.* **13.** *Colloquial* an act of sexual intercourse performed by a prostitute: *to turn a trick.* –*adj.* **14.** relating to or having the nature of tricks. **15.** made for tricks. **16.** to deceive by trickery. –*v.i.* **17.** to practise trickery or deception; cheat. –*phr.* **18. do the trick**, to achieve the desired result. **19. not to be able to take a trick**, to have no success at all. **20. trick into**, to beguile into by trickery. **21. trick or treat**, *Chiefly US* that part of Halloween celebrations when children visit neighbouring households to play a trick unless they are given a treat. **22. trick out of**, to cheat or swindle out of. **23. trick out** (or **up**), to dress, array, or deck. **24. trick to**, to become aware of, especially of something previously concealed. –**tricker**, **trickster** *n.* –**trickery** *n.* –**trickless** *adj.*

trickle /ˈtrɪkəl/ *v.* **-led, -ling**, *n.* –*v.i.* **1.** to flow or fall by drops, or in a small, broken, or gentle stream: *tears trickled down her cheeks.* **2.** to come, go, pass, or proceed bit by bit, slowly, irregularly, etc.: *subscriptions are trickling in.* –*v.t.* **3.** to cause to trickle. –*n.* **4.** a trickling flow or stream. **5.** a small, slow, or irregular quantity of anything coming, going, or proceeding: *a trickle of visitors.*

tricky /ˈtrɪki/ *adj.* **trickier, trickiest**. **1.** given to or characterised by deceitful or clever tricks; clever; wily. **2.** deceptive, uncertain or ticklish to deal with or handle. –**trickily** *adv.* –**trickiness** *n.*

tricolour = tricolor /ˈtraɪkʌlə/ *or especially for def. 2,* /ˈtrɪkələ/ *adj.* **1.** Also, **tricoloured, tricolored** /ˈtraɪkʌləd/. having three colours. –*n.* **2.** a tricolour flag or the like.

tricycle /ˈtraɪsɪkəl/ *n.* a cycle with three wheels (usually one in front and one on each side behind) propelled by pedals or hand levers.

trident /ˈtraɪdnt/ *n.* a three-pronged instrument or weapon.

tried /traɪd/ *v.* **1.** past tense and past participle of **try.** –*adj.* **2.** tested; proved; having sustained the tests of experience.

triennial /traɪˈɛniəl/ *adj.* **1.** lasting three years. **2.** occurring every three years. –**triennially** *adv.*

trifecta /traɪˈfɛktə/ *n.* a form of betting in which the punter is required to nominate the first three placegetters in a race in the correct order.

trifle /ˈtraɪfəl/ *n., v.* **-fled, -fling.** –*n.* **1.** an article or thing of small value. **2.** a small, inconsiderable, or trifling sum of money. **3.** (*plural*) articles made of pewter of medium hardness. **4.** a dish typically consisting of sponge cake soaked in wine or liqueur, with jam, fruit, jelly, or the like topped with custard and whipped cream and (sometimes) almonds. –*v.i.* **5.** to pass time idly or frivolously; waste time; idle. –*phr.* **6. trifle away**, to pass (time, etc.) idly or frivolously. **7. trifle with**, **a.** to deal with lightly or without due seriousness or respect: *he was in no mood to be trifled with.* **b.** to play or toy with by handling or fingering: *he sat trifling with a pen.* **c.** to amuse oneself or dally with. –**trifler** *n.*

trigger /ˈtrɪɡə/ *n.* **1.** (in firearms) a small projecting tongue which when pressed by the finger liberates the mechanism and discharges the weapon. **2.** a device, as a lever, the pulling or pressing of which releases a spring. –*v.t.* **3.** Also, **trigger off.** to start

trigonometry

or precipitate (something), as a chain of events or a scientific reaction. **–triggerless** *adj.*

trigonometry /trɪgəˈnɒmətri/ *n.* the branch of mathematics that deals with the relations between the sides and angles of triangles (plane or spherical), and the calculations, etc., based on these. **–trigonometric** /ˌtrɪgənəˈmɛtrɪk/, **trigonometrical** /ˌtrɪgənəˈmɛtrɪkəl/ *adj.* **–trigonometrically** /ˌtrɪgənəˈmɛtrɪkli/ *adv.*

trilby /ˈtrɪlbi/ *n.* **-bies.** a man's soft felt hat with an indented crown. Also, **trilby hat**.

trill /trɪl/ *n.* **1.** *Music* a vibrating sound, or a rapid alternation of two consecutive notes, in singing or in instrumental music. **2.** a similar sound, or series of sounds, made by a bird, an insect, a frog, a person laughing, etc. **3.** the pronunciation, as of the letter 'r' in some languages, performed by the rapid vibration of a speech organ, such as the tongue tip. *–v.i.* **4.** to sound, sing, etc., with a trill.

trillion /ˈtrɪljən/ *n.* **1.** a million times a million, or 10^{12}. **2.** (becoming obsolete) a million times a million times a million, or 10^{18}. **3.** *Colloquial* a very large amount. *–adj.* **4.** amounting to one trillion in number. **–trillionth** *n., adj.*

trilogy /ˈtrɪlədʒi/ *n.* **-gies. 1.** a series or group of three related dramas, operas, novels, etc. **2.** a group of three related things.

trim /trɪm/ *v.* **trimmed, trimming,** *n., adj.* **trimmer, trimmest,** *adv. –v.t.* **1.** to reduce to a neat or orderly state by clipping, paring, pruning, etc.: *to trim a hedge.* **2.** to modify (opinions, etc.) according to expediency. **3.** *Carpentry* to bring (a piece of timber, etc.) to the required smoothness or shape. **4.** *Aeronautics* to level off (an aircraft in flight). **5.** *Nautical* **a.** to distribute the load of (a vessel) so that it sits well on the water. **b.** to adjust (the sails or yards) with reference to the direction of the wind and the course of the ship. **6.** to position a surfboard on a wave. **7.** to decorate or deck with ornaments, etc.: *to trim a Christmas tree.* **8.** to upholster and line the interior of motor cars, etc. **9.** to prepare (a lamp, fire, etc.) for burning. *–v.i.* **10.** *Nautical* **a.** to assume a particular position or trim in the water, as a vessel. **b.** to adjust the sails or yards with reference to the direction of the wind and the course of the ship. **11.** to accommodate oneself, or adjust one's principles, etc., to the prevailing climate of opinion. *–n.* **12.** proper condition or order: *to find everything out of trim.* **13.** condition or order of any kind. **14.** *Nautical* the set of a ship in the water, especially the most advantageous one. **15.** dress, array, or equipment. **16.** material used for decoration; decorative trimming. **17.** a trimming by cutting, clipping, or the like. **18.** a haircut which neatens the appearance of the hair without changing the style. **19.** something that is eliminated or cut off. **20.** *Aeronautics* the attitude of an aeroplane with respect to the three axes at which balance occurs in forward flight with free controls. **21.** *Carpentry* the visible woodwork of the interior of a building. **22. a.** the upholstery, knobs, handles, and other equipment inside a car. **b.** ornamentation on the exterior of a car, especially in chromium or a contrasting colour. *–adj.* **23.** pleasingly neat or smart in appearance: *trim lawns.* **24.** in good condition or order. *–adv.* **25.** Also, **trimly.** in a trim manner. *–phr.* **26. trim off,** to remove by clipping, paring, pruning, or the like: *to trim off loose threads from a ragged edge.* **–trimness** *n.*

trimaran /ˈtraɪməræn/ *n.* a boat with a main middle hull and two outer hulls (usually smaller) acting as floats to provide transverse stability.

trimmer /ˈtrɪmə/ *n. Australian, NZ Colloquial* someone or something excellent.

trimming /ˈtrɪmɪŋ/ *n.* **1.** anything used or serving to trim or decorate: *the trimmings of a Christmas tree.* **2.** (*plural*) *Colloquial* agreeable accompaniments or additions to plain or simple dishes or food. **3.** (*plural*) pieces cut off in trimming, clipping, paring, or pruning. *–phr.* **4. all the trimmings,** *Colloquial* all the optional extras, accessories, paraphernalia, etc.

trinity /ˈtrɪnəti/ *n.* **-ties. 1.** a group of three; triad. **2.** the state of being threefold or triple. **3.** (*cap.*) *Theology* the union of three divine persons (Father, Son, and Holy Spirit) as one God.

trinket /ˈtrɪŋkət/ *n.* **1.** any small fancy article, bit of jewellery, or the like, usually of little value. **2.** anything trifling.

trio /ˈtriou/ *n.* **trios. 1.** a musical composition for three voices or instruments. **2.** a company of three singers or players. **3.** any group of three persons or things.

trip /trɪp/ *n., v.* **tripped, tripping.** *–n.* **1.** a journey or voyage. **2.** a journey, voyage, or run made by a boat, train, or the like, between two points. **3.** a journey made for pleasure; excursion. **4.** *Colloquial* **a.** a period under the influence of a hallucinatory drug. **b.** a quantity of LSD prepared in some form for sale. **5.** an activity or way of life: *he's on a bee-keeping trip.* **6.** a stumble. **7.** a sudden impeding or catching of a person's foot so as to throw them down, especially in wrestling. **8.** a slip, mistake, or blunder. **9.** an act of stepping lightly; a light or nimble movement of the feet. **10.** *Machinery* **a.** a projecting part, catch, or the like for starting or checking some movement. **b.** a sudden starting or releasing. *–v.i.* **11.** to stumble: *to trip over a child's toy.* **12.** to make a slip or mistake, as in a statement; make a wrong step in conduct. **13.** to step lightly or nimbly; skip; dance. **14.** to tip or tilt. **15.** *Colloquial* **a.** to take LSD. **b.** to hallucinate under the influence of LSD or other drugs. **c.** to have an exhilarating experience similar to hallucination. *–v.t.* **16.** cause to fail; hinder; overthrow. **17.** to catch in a slip or error. **18.** to perform with a light or tripping step, as a dance. **19.** to dance upon (ground, etc.). **20.** to tip or tilt. **21.** *Nautical* **a.** to break out (an anchor) by turning it over or lifting it from the bottom by a tripping line. **b.** to tip or turn (a yard) from a horizontal to a vertical position. **22.** to operate, start, or set free (a mechanism, weight, etc.) by suddenly releasing a catch, clutch, or the like. **23.** *Machinery* to release or operate suddenly (a catch, clutch, etc.). *–phr.* **24. trip up, a.** to stumble. **b.** to cause to stumble: *the rug tripped him up.* **c.** to make an error. **d.** to cause to make a slip or error: *to trip up a witness by artful questions.*

tripartite /traɪˈpɑːtaɪt/ *adj.* **1.** divided into or consisting of three parts. **2.** participated in by three parties, as a treaty. **–tripartitely** *adv.* **–tripartism** *n.*

tripe /traɪp/ *n.* **1.** the first and second divisions of the stomach of a ruminant, especially of the ox kind, prepared for use as food. **2.** *Colloquial* anything poor or worthless, especially written work; nonsense; rubbish.

triple /ˈtrɪpəl/ *det., adj., n., v.* **-pled, -pling.** *–det.* **1.** three times as great: *triple pay.* *–adj.* **2.** consisting of three parts; threefold: *a triple knot.* *–n.* **3.** an amount, number, etc., three times as great as another. *–v.t.* **4.** to make triple. *–v.i.* **5.** to become triple. **–triply** /ˈtrɪpli/ *adv.*

triplet /ˈtrɪplət/ *n.* **1.** one of three children born at one birth. **2.** (*plural*) three offspring born at one birth. **3.** any group of three. **4.** a thin bar of opal set between two layers of plastic, or one layer each of potch and crystal. **5.** three rhyming lines of poetry, usually forming a stanza. **6.** *Music* a group of three notes to be performed in the time of two ordinary notes of the same kind.

triplicate /'trɪpləkeɪt/ *v.* **-cated, -cating,** /'trɪpləkət/ *adj., n. –v.t.* **1.** to make threefold; triple. **2.** to make or produce a third time or in a third instance. *–adj.* **3.** threefold; triple; tripartite. *–n.* **4.** one of three identical things. **–triplication** /trɪplə'keɪʃən/ *n.*

tripod /'traɪpɒd/ *n.* **1.** a stool, pedestal, or the like with three legs. **2.** a three-legged stand, as for a camera.

triptych /'trɪptɪk/ *n.* **1.** *Art* a set of three panels or compartments side by side, bearing pictures, carvings, or the like. **2.** a hinged or folding three-leaved writing tablet.

trite /traɪt/ *adj.* **triter, tritest.** hackneyed by constant use or repetition; commonplace: *a trite saying.* **–tritely** *adv.* **–triteness** *n.*

triton /'traɪtn/ *n.* **1.** any of various marine gastropods constituting the family Tritonidae (especially of the genus *Triton*), having a large, spiral, often beautifully coloured shell. **2.** the shell of a triton

triumph /'traɪʌmf, 'traɪəmf/ *n.* **1.** the act or fact of being victorious; victory. **2.** a great success; notable achievement. **3.** the joy of victory or success. **4.** the ceremonial entrance into ancient Rome of a victorious commander with his army, spoils, captives, etc. *–v.i.* **5.** to gain a victory; be victorious. **6.** to achieve success. **7.** to rejoice over victory or success. **–triumphal** *adj.* **–triumpher** *n.*

triumphant /traɪ'ʌmfənt/ *adj.* **1.** having achieved victory or success; victorious; successful. **2.** exulting over victory; rejoicing over success; exultant. **–triumphantly** *adv.*

triumvir /traɪ'ʌmvɪə/ *n.* one of three persons associated in any office. **–triumvirate** /traɪ'ʌmvərət/ *n.* **–triumviral** /traɪ'ʌmvərəl/ *adj.*

trivet /'trɪvət/ *n.* **1.** a small metal plate with short legs put under a hot platter or dish at the table. **2.** a three-footed or three-legged stand or support, especially one of iron placed over a fire to hold cooking vessels or the like.

trivia /'trɪviə/ *pl. n.* inessential, unimportant, or inconsequential things; trifles; trivialities.

trivial /'trɪviəl/ *adj.* **1.** of little importance; trifling; insignificant. **2.** commonplace; ordinary. **3.** *Biology* (of names of animals and plants) specific, as distinguished from *generic.* **–triviality** /trɪvi'æləti/ *n.* **–trivially** *adv.*

-trix a suffix of feminine agent-nouns, as in *executrix.* Compare **-or²**.

trochee /'troʊki/ *n. Prosody* a metrical foot of two syllables, a long followed by a short, or an accented followed by an unaccented. **–trochaic** /troʊ'keɪɪk/ *adj.*

trod /trɒd/ *v.* past tense and past participle of **tread.**

trodden /'trɒdn/ *v.* past participle of **tread.**

troglodyte /'trɒglədaɪt/ *n.* **1.** a cave-dweller, especially one of those people thought to have lived in caves in prehistoric times. **2.** someone living in seclusion. **3.** *Colloquial* someone thought to be primitive, barbaric, unintelligent, or insensitive. **–troglodytic** /trɒglə'dɪtɪk/, **troglodytical** /trɒglə'dɪtɪkəl/ *adj.*

troika /'trɔɪkə/ *n.* **1.** a Russian vehicle drawn by a team of three horses abreast. **2.** a team of three horses driven abreast. **3.** any group of three persons acting together for a common purpose.

troll¹ /troʊl/ *v.t.* **1.** to fish with a moving line, as one worked up and down in fishing for pike with a rod, or one trailed behind a boat. **2.** to roll; turn round and round. *–n.* **3.** the fishing line containing the lure and hook for use in trolling. **–troller** *n.*

troll² /trɒl/ *n.* (in Scandinavian folklore) one of a race of supernatural beings, sometimes conceived as giants and sometimes as dwarfs, inhabiting caves or subterranean dwellings.

trolley /'trɒli/ *n.* **-leys.** *–n.* **1.** any of various kinds of low carts or vehicles. **2.** a small table on castors for carrying dishes, serving food, etc. **3.** Also, **hospital trolley.** a bed-like device on wheels used for transporting an ill or injured person. **4.** → **shopping trolley. 5.** a low truck running on rails, used on railways, in factories, mines, etc. **6.** a pulley travelling on an overhead track, or grooved metallic wheel or skid carried on the end of a sprung pole (**trolley pole**) by an electric tram or trolleybus and held in contact with an overhead conductor, usually a suspended wire (**trolley wire**), from which it collects the current for the propulsion of the vehicle. **7.** a trolleybus. **8.** *US* a tram. *–v.t.* **9.** to convey by trolley. *–v.i.* **10.** to go by trolley. *–phr.* **11. off one's trolley,** *Colloquial* crazy; mad; insane. Also, *Chiefly US,* **trolly. –trolleyless** *adj.*

trollop /'trɒləp/ *n.* **1.** an untidy or slovenly woman; a slattern. **2.** an immoral woman; prostitute.

trombone /trɒm'boʊn/ *n.* a musical wind instrument consisting of a cylindrical metal tube expanding into a bell and bent twice in U shape, usually equipped with a slide. **–trombonist** *n.*

troop /trup/ *n.* **1.** a group of people, animals or things; a company, band, herd, etc. **2.** a great number. **3.** *Military (plural)* a body of soldiers, marines, etc. *–v.i.* **4.** to go or come in great numbers. **5.** to walk as if on a march. *–v.t.* **6.** *Military* to carry (the flag or colours) in a ceremonial way before troops: *trooping the colour.*

trooper /'trupə/ *n.* **1.** a cavalry soldier. **2.** *Australian History* a mounted police officer. *–phr.* **swear like a trooper,** to swear vigorously.

trope /troʊp/ *n. Rhetoric* a figure of speech.

-trope a combining form referring to turning, as in *heliotrope.*

trophy /'troʊfi/ *n.* **-phies. 1.** anything taken in war, hunting, etc., especially when preserved as a memento; a spoil or prize. **2.** anything serving as a token or evidence of victory, valour, skill, etc. **3.** any memento or memorial. **–trophyless** *adj.*

-trophy a word element denoting nourishment, as in *hypertrophy.*

tropic /'trɒpɪk/ *n.* **1.** *Geography* **a.** either of two corresponding parallels of latitude on the terrestrial globe, one (**Tropic of Cancer**) about 23 $\frac{1}{2}$° north, and the other (**Tropic of Capricorn**) about 23$\frac{1}{2}$° south of the equator, being the boundaries of the Torrid Zone. **b. the tropics,** the regions lying between and near these parallels of latitude; the Torrid Zone and neighbouring regions. **2.** *Astronomy* **a.** either of two circles on the celestial sphere, parallel to the celestial equator, one (**Tropic of Cancer**) about 23 $\frac{1}{2}$° north of it, and the other (**Tropic of Capricorn**) about 23$\frac{1}{2}$° south of it. **b.** (formerly) either of the two solstitial points, at which the sun reaches its greatest distance north and south of the celestial equator. *–adj.* **3.** relating to the tropics; tropical.

-tropic an adjective combining form corresponding to **-trope, -tropism,** as in *geotropic.*

tropism /'troʊpɪzəm/ *n. Biology* the response, usually an orientation, of a plant or animal, as in growth, to the influences of external stimuli. **–tropistic** /troʊ'pɪstɪk/ *adj.*

-tropism a word element referring to tropism, as in *heliotropism.*

tropo- a word element referring to turning or change.

troppo /'trɒpoʊ/ *adj. Australian, NZ Colloquial* mentally disturbed.

trot /trɒt/ *v.* **trotted, trotting,** *n. –v.i.* **1.** (of a horse,

troth

etc.) to go at a gait between a walk and a run, in which the legs move in diagonal pairs, but not quite simultaneously, so that when the movement is slow one foot at least is always on the ground, and when fast all four feet are momentarily off the ground at once. **2.** to go at a quick, steady gait; move briskly, bustle, or hurry. –*v.t.* **3.** to cause to trot. –*n.* **4.** the gait of a horse, dog, etc., when trotting. **5.** a jogging gait between a walk and a run. **6.** (in harness racing) a race for trotters. –*phr.* **7. a bad trot**, *Australian Colloquial* a run of bad luck. **8. a good trot**, *Australian, NZ Colloquial* a run of good luck. **9. on the trot, a.** in a state of continuous activity. **b.** one after another, in quick succession: *he won three races on the trot.* **10. the trots, a.** *Colloquial* diarrhoea. **b.** races for trotting or pacing horses; a trotting meeting. **11. trot out**, *Colloquial* **a.** to bring forward for or as for inspection. **b.** to give voice to in a trite or boring way.

troth /troʊθ/ *n. Archaic* one's word or promise, especially in engaging oneself to marry.

trotter /'trɒtə/ *n.* **1.** a horse bred and trained for harness racing. **2.** someone who moves about briskly and constantly. **3.** the foot of an animal, especially of a sheep or pig, used as food.

troubadour /'truːbədɔː/ *n.* a minstrel or ballad singer.

trouble /'trʌbəl/ *v.* **-bled, -bling,** *n.* –*v.t.* **1.** to disturb in mind; distress; worry. **2.** to put to inconvenience, exertion, pains, or the like: *may I trouble you to shut the door?* **3.** to cause bodily pain or inconvenience to, as a disease or ailment does. **4.** to annoy, vex, or bother. **5.** to disturb or agitate, or stir up so as to make turbid, as water, etc. –*v.i.* **6.** to put oneself to inconvenience. **7.** to worry. –*n.* **8.** molestation, harassment, annoyance, or difficulty: *to make trouble for someone.* **9.** unfortunate position or circumstances; misfortunes. **10.** disturbance; disorder; unrest: *industrial trouble; political troubles.* **11.** physical derangement or disorder: *heart trouble.* **12.** disturbance of mind, distress, or worry. **13.** inconvenience endured, or exertion or pains taken, in some cause or in order to accomplish something. **14.** something that troubles; a cause or source of annoyance, difficulty, distress, or the like. **15.** a personal habit, characteristic, etc., which is disadvantageous or a source of anxiety or distress. –*phr.* **16. in trouble, a.** suffering or liable to suffer punishment, affliction, etc.; in difficulties. **b.** *Colloquial* pregnant while unmarried. –**troubler** *n.* –**troublemaker** *n.* –**troublesome** *adj.*

troubleshooter /'trʌbəlʃuːtə/ *n.* an expert in discovering and eliminating the cause of trouble in the operation of something, in settling disputes, etc. –**troubleshooting** *n.*

trough /trɒf/ *n.* **1.** an open, boxlike receptacle, usually long and narrow, as for containing water or food for animals, or for any of various other purposes. **2.** any receptacle of similar shape, especially one used for washing clothes: *a laundry trough.* **3.** a channel or conduit for conveying water, as a gutter under the eaves of a building. **4.** any long depression or hollow, as between two ridges or waves. **5.** *Meteorology* an elongated area of relatively low pressure. –**troughlike** *adj.*

trounce /traʊns/ *v.t.* **trounced, trouncing.** **1.** to beat or thrash severely. **2.** to punish. **3.** *Colloquial* to defeat convincingly.

troupe /truːp/ *n.* a troop, company, or band, especially of actors, singers, or the like.

trousers /'traʊzəz/ *pl. n.* **1.** an outer garment covering the lower part of the trunk and each leg separately, extending to the ankles. –*phr.* **2. wear the trousers**, *Colloquial* to have control, as of the dominant partner in a marriage.

trousseau /'truːsoʊ/ *n.* **-seaux** *or* **-seaus** /-soʊz/. a bride's outfit of clothes, linen, etc., which she brings with her at marriage.

trout /traʊt/ *n.* **trouts,** *(especially collectively)* **trout.** –*n.* **1.** any fish of the genus *Salmo* or *Oncorhynchus* too small to be a salmon. The European **brown trout** and the North American **rainbow trout** have been introduced in Australia. **2.** any American fish of the salmon family of the genera *Salvelinus* and *Cristivomer*, known in Europe as chars, and including several American species, as the **brook trout**, introduced into New South Wales and Tasmania.

trowel /'traʊəl/ *n., v.* **-elled** *or Chiefly US* **-eled, -elling** *or Chiefly US* **-eling.** –*n.* **1.** any of various tools consisting of a plate of metal or other material, usually flat, fitted into a short handle, used for spreading, shaping, or smoothing plaster or the like. **2.** a similar tool with a curved, scooplike blade, used in gardening for taking up plants, etc. –*v.t.* **3.** to apply, shape, or smooth with or as with a trowel. –**troweller** *n.*

troy weight /trɔɪ 'weɪt/ *n.* an imperial system for measuring the mass of precious metals and gems, in which 24 grains = 1 pennyweight and 20 pennyweights = 1 troy ounce.

truant /'truːənt/ *n.* **1.** a student who stays away from school without permission. **2.** someone who shirks or neglects their duty. –*adj.* **3.** staying away from school without permission. **4.** relating to or characteristic of a truant. –*v.i.* **5.** to play truant. –*phr.* **6. play truant**, to be absent from school, etc., without permission. –**truancy** *n.*

truce /truːs/ *n.* **1.** a suspension of hostilities, as between armies, by agreement, for a specified period; an armistice. **2.** an agreement or treaty establishing this. **3.** respite or freedom, as from trouble, pain, etc. –**truceless** *adj.*

truck¹ /trʌk/ *n.* **1.** any of various vehicles for carrying goods, etc. **2.** a motor vehicle with cab (def. 3) and tray or compartment for carrying goods; a lorry. **3.** any of various wheeled frames for moving heavy articles, as a barrow with two very low front wheels used to move heavy luggage, etc. **4.** a low rectangular frame on which heavy boxes, etc., are moved. **5.** *Mining* a wheeled car of various design used for haulage. **6.** a group of two or more pairs of wheels in a frame, for supporting a locomotive body, etc. –*v.t.* **7.** to transport by a truck or trucks. **8.** to put on a truck. –*v.i.* **9.** to convey articles or goods on a truck. **10.** to drive a truck. –*phr.* **11. fall off the back of a truck**, *Colloquial (humorous)* to be stolen goods.

truck² /trʌk/ *n.* **1.** dealings: *to have no truck with someone.* **2.** barter. **3.** payment of wages in goods, etc., instead of money.

truckie /'trʌki/ *n. Colloquial* a truck driver.

truckle¹ /'trʌkəl/ *phr.* **truckle to**, to submit to or yield to obsequiously or tamely. –**truckler** *n.* –**trucklingly** *adv.*

truckle² /'trʌkəl/ *n.* → **pulley**.

truculent /'trʌkjələnt/ *adj.* **1.** fierce; cruel; brutal; savage. **2.** scathing; harsh; vitriolic. **3.** aggressive; belligerent. –**truculence**, **truculency** *n.* –**truculently** *adv.*

trudge /trʌdʒ/ *v.* **trudged, trudging,** *n.* –*v.i.* **1.** to walk laboriously or wearily. –*v.t.* **2.** to walk laboriously or wearily along or over: *he trudged the streets.* –*n.* **3.** a long laborious walk. –**trudger** *n.*

true /truː/ *adj.* **truer, truest,** *n., adv., v.* **trued, truing.** –*adj.* **1.** being in accordance with the actual state of things; conforming to fact; not false: *a true story.* **2.** real or genuine: *true gold.* **3.** free from deceit; sincere: *a true interest in someone's welfare.* **4.** firm in allegiance; loyal;

true-blue faithful; trusty. **5.** being or indicating the essential reality of something. **6.** agreeing with or conforming to a standard, pattern, rule, or the like: *a true copy*. **7.** exact, correct, or accurate: *a true balance*. **8.** *Science* (of a measurement) corrected to allow for factors, such as the observer's height, which affect the measurement. **9.** of the right kind; such as it should be; proper: *to arrange things in their true order*. **10.** properly so called; rightly answering to a description: *true statesmanship*. **11.** legitimate or rightful: *the true heir*. **12.** reliable, unfailing, or sure: *a true sign*. **13.** exactly or accurately shaped, formed, fitted, or placed, as a surface, instrument, or part of a mechanism. **14.** *Biology* belonging to a particular group; conforming to the norm; typical. **15.** *Stock Breeding* purebred. **16.** *Navigation* (of a bearing) fixed in relation to the earth's axis rather than the magnetic poles: *true north*. –*n.* **17.** exact or accurate formation, position, or adjustment: *to be out of true*. –*adv.* **18.** in a true manner; truly or truthfully. **19.** exactly or accurately. **20.** in agreement with the ancestral type: *to breed true*. –*v.t.* **21.** to make true; shape, adjust, place, etc., exactly or accurately. –*phr.* **22. come true**, to happen in reality as desired, expected, dreamed, etc.: *if dreams came true*. **–trueness** *n*. **–truly** *adv*.

true-blue /'tru-blu/ *adj.* **1.** unchanging; unwavering; staunch; true. **2.** staunchly conservative. Also (*especially in predicative use*), **true blue**.

truffle /'trʌfəl/ *n.* **1.** any of various subterranean edible fungi of the genus *Tuber* of the class Ascomycetes. **2.** any of various similar fungi of other genera. **3.** a chocolate confection resembling this. **–truffled** *adj*.

truism /'truɪzəm/ *n.* a self-evident, obvious truth. **–truistic** /tru'ɪstɪk/, **truistical** /tru'ɪstɪkəl/ *adj*.

trump[1] /trʌmp/ *n.* **1.** *Cards* **a.** any playing card of a suit that for the time outranks the other suits, such a card being able to take any card of another suit. **b.** (*plural, US sometimes sing.*) the suit itself. **c.** a tarot card not belonging to any of the four suits; a major arcanum. **2.** *Colloquial* a person in authority; boss. –*v.t.* **3.** *Cards* to take with a trump. **4.** to excel; surpass; be better than; beat. –*v.i. Cards* **5.** to play a trump. **6.** to take a trick with a trump. –*phr.* **7. come** (or **turn**) **up trumps**, to perform very much better than indicated by initial efforts. **8. trump up**, to invent deceitfully or dishonestly, as an accusation; fabricate. **–trumpless** *adj*.

trump[2] /trʌmp/ *n. Poetic* a trumpet.

trumpery /'trʌmpəri/ *n.* **-ries. 1.** something showy but of little intrinsic value; worthless finery; useless stuff. **2.** rubbish; nonsense.

trumpet /'trʌmpət/ *n.* **1.** *Music* **a.** any of a family of musical wind instruments with a penetrating, powerful tone, consisting of a tube, now usually metallic, and commonly once or twice curved round upon itself, having a cup-shaped mouthpiece at one end and a flaring bell at the other. **b.** an organ stop having a tone resembling that of a trumpet. **c.** a trumpeter. **2.** the loud cry of the elephant or some other animal. –*v.i.* **3.** to blow a trumpet. **4.** to emit a sound like that of a trumpet, as an elephant. –*v.t.* **5.** to sound on a trumpet. **6.** to proclaim loudly or widely. –*phr.* **7. blow one's own trumpet**, to praise oneself. **–trumpet-like** *adj*.

truncate /trʌŋ'keɪt, 'trʌŋkeɪt/ *v.* **-cated, -cating**. –*v.t.* **1.** to shorten by cutting off a part; cut short; mutilate. –*adj.* **2.** *Biology* **a.** square or broad at the end, as if cut off transversely. **b.** lacking the apex, as certain spiral shells. **–truncation** *n*.

truncheon /'trʌnʃən/ *n.* **1.** a short club carried by a police officer. **2.** a baton, or staff of office or authority.

trundle /'trʌndəl/ *v.* **-dled, -dling**. –*v.t.* **1.** to cause (a ball, hoop, etc.) to roll along; roll. –*v.i.* **2.** to move or run on a wheel or wheels.

trunk /trʌŋk/ *n.* **1.** the main stem of a tree, as distinct from the branches and roots. **2.** a box or chest for holding clothes and other articles, as for use on a journey. **3.** the body of a human being or of an animal, excluding the head and limbs. **4.** → **trunk line**. **5.** (*plural*) shorts worn by swimmers, athletes, etc. **6.** the long, flexible, snout of the elephant. –*adj.* **7.** showing or relating to the main line of a railway, road, etc. **–trunkless** *adj*.

trunk line *n.* **1.** *Telecommunications* a telephone line or channel between two exchanges in different parts of a country or of the world, which is used to provide connections between subscribers making long-distance calls. **2.** a main railway line. Also, **trunkline**.

truss /trʌs/ *v.t.* **1.** to tie, bind, or fasten. **2.** to make fast with skewers or the like, as the wings of a fowl preparatory to cooking. **3.** *Building Trades, etc.* to furnish or support with a truss or trusses. **4.** to confine or enclose, as the body, by something fastened closely around. –*n.* **5.** *Building Trades, etc.* **a.** a combination of members, as beams, bars, ties, or the like, so arranged, usually in a triangle or a collection of triangles, as to form a rigid framework, and used in bridges (**bridge truss**), roofs (**roof truss**), etc., to give support and rigidity to the whole or a part of the structure. **b.** any framework consisting of a number of members connected together and loaded principally at the joints so that the stresses in the members are essentially simple tensions or compressions. **6.** *Medicine* an apparatus for maintaining a hernia in a reduced state. **7.** a collection of things tied together or packed in a receptacle; a bundle; a pack. **–trusser** *n*.

trust /trʌst/ *n.* **1.** reliance on the integrity, justice, etc., of a person, or on some quality or attribute of a thing; confidence. **2.** confident expectation of something; hope. **3.** confidence in the ability or intention of a person to pay at some future time for goods, etc.; credit: *to sell goods on trust*. **4.** one on whom or that on which one relies. **5.** the state of being relied on, or the state of one to whom something is entrusted. **6.** the obligation or responsibility imposed on one in whom confidence or authority is placed: *a position of trust*. **7.** the condition of being confided to another's care or guard: *to leave something in trust with a person*. **8.** something committed or entrusted to one, as an office, duty, etc. **9.** *Law* **a.** a fiduciary relationship in which one person (the trustee) holds the title to property (the **trust estate** or **trust property**) for the benefit of another (the beneficiary). **b.** a fund of securities, cash, or other assets, held by trustees on behalf of a number of investors. **10.** *Commerce* **a.** a combination of industrial or commercial companies having a central committee or board of trustees, controlling a majority or the whole of the stock of each of the constituent companies, thus making it possible to manage the concerns so as to economise expenses, regulate production, defeat competition, etc. **b.** a monopolistic organisation or combination in restraint of trade whether in the form of a trust (def. 10a), contract, association or otherwise. –*adj.* **11.** *Law* of or relating to trusts or a trust. –*v.i.* **12.** to have confidence; hope. –*v.t.* **13.** to have trust or confidence in; rely on. **14.** to believe. **15.** to expect confidently, hope (usually followed by a clause or an infinitive). **16.** to commit or consign with trust or confidence. **17.** to permit to be in some place, position, etc., or to do something, without fear of consequences: *he will not*

trustee /trʌs'ti/ *n. Law* **1.** someone, usually one of a body of persons, appointed to administer the affairs of a company, institution, etc. **2.** someone who holds the title to property for the benefit of another.

trustworthy /'trʌstwɜðɪ/ *adj.* worthy of trust or confidence; reliable. **-trustworthily** *adv.* **-trustworthiness** *n.*

truth /truθ/ *n.* **1.** that which is true; the true or actual facts of a case: *to tell the truth.* **2.** conformity with fact or reality; verity: *the truth of a statement.* **3.** a verified or indisputable fact, proposition, principle, or the like: *mathematical truths.* **4.** the state or character of being true. **5.** genuineness, reality, or actual existence. **6.** agreement with a standard, rule, or the like. **7.** accuracy, as of position or adjustment. *-phr.* **8. in truth,** in fact; in reality; truly. **-truthless** *adj.*

try /traɪ/ *v.* **tried, trying,** *n.* **tries.** *-v.t.* **1.** to attempt to do or accomplish: *it seems easy until you try it.* **2.** to test the effect or result of: *to try a new method.* **3.** to endeavour to ascertain by experiment: *to try one's luck.* **4.** to test the quality, value, fitness, accuracy, etc, of: *to try a new brand of soap powder.* **5.** to attempt to open (a door, window, etc.) in order to find out whether it is locked. **6.** *Law* to examine and determine judicially, as a cause; determine judicially the guilt or innocence of (a person). **7.** to put to a severe test; strain the endurance, patience, etc., of; subject to grievous experiences, affliction, or trouble. **8.** Also, **try out.** to melt (fat, etc.) to obtain the oil; render. *-v.i.* **9.** to make an attempt or effort: *try harder next time.* *-n.* **10.** an attempt, endeavour, or effort: *to have a try at something.* **11.** *Rugby Football* **a.** the act of a player applying downward pressure on the ball, causing the ball to touch the ground in the opponent's in-goal area. **b.** a score of four points in Rugby League, five in Rugby Union, earned for this. *-phr.* **12. try it on,** *Colloquial* to attempt to hoodwink or test the patience of, especially impudently. **13. try on,** to put on (clothes, etc.) to see if they fit. **14. try out, a.** to test; experiment with. **b.** to compete (for a position, etc.). **-trier** *n.*

trying /'traɪɪŋ/ *adj.* annoying; distressing; irritating; testing one's patience. **-tryingly** *adv.* **-tryingness** *n.*

tryst /trɪst/ *n.* an appointment, especially between lovers, to meet at a certain time and place; rendezvous. **-tryster** *n.*

tsar /za/ *n.* **1.** an emperor or king. **2.** (*usually cap.*) the emperor of Russia (until 1917). **3.** (*often cap.*) an autocratic ruler or leader. Also, **czar, tzar.** **-tsardom** /'zadəm/ *n.* **-tsarist** *n.*

tsetse fly /'tsetsi flaɪ, 'setsi/ *n.* any of the bloodsucking flies of the African genus *Glossina*, some of which transmit protozoan parasites (trypanosomes) which cause sleeping sickness and other serious diseases. Also, **tsetse, tzetze.**

T-shirt /'ti-ʃɜt/ *n.* a collarless, short-sleeved top, made from a knitted fabric. Also, **tee-shirt.**

T square *n.* a T-shaped ruler used in mechanical drawing to make parallel lines, etc., the short crosspiece sliding along the edge of the drawing board as a guide.

tuan /'tjuən/ *n.* any of certain Australian brushtailed, carnivorous marsupials, rat-sized and largely arboreal, of the dasyurid genus *Phascogale*.

tuatara /tuə'tarə/ *n.* a lizard-like reptile, *Sphaenodon punctatum*, found in a few islands off the coast of New Zealand, the only surviving member of the order Rhynchocephalia.

tub /tʌb/ *n.* **1.** a large, round, open, flat-bottomed container made of wood or metal used for bathing, washing clothes, etc. **2.** any container shaped like a tub: *a tub of margarine.* **3.** *Colloquial* a slow, clumsy ship or boat. **-tubbable** *adj.* **-tubber** *n.* **-tublike** *adj.*

tuba /'tjubə/ *n.* **-bas** *or* **-bae** /-bi/. **1.** a brass wind instrument of low pitch equipped with valves. **2.** an organ reed stop of large scale with notes of exceptional power.

tubal ligation /tjubəl laɪ'geɪʃən/ *n.* the operation of applying a ligature to the Fallopian tubes, to prevent conception.

tubby /'tʌbi/ *adj.* **-bier, -biest. 1.** short and fat: *a tubby man.* **2.** having a dull sound; without resonance. **-tubbiness** *n.*

tube /tjub/ *n., v.* **tubed, tubing.** *-n.* **1.** a hollow usually cylindrical body of metal, glass, rubber, or other material, used for conveying or containing fluids, and for other purposes. **2.** a small, collapsible, metal cylinder closed at one end and having the open end provided with a cap, for holding paint, toothpaste, or other semiliquid substance to be squeezed out by pressure. **3.** *Australian Colloquial* a can of beer. **4.** *Anatomy, Zoology* any hollow, cylindrical vessel or organ: *the bronchial tubes.* **5.** *Surfing* the hollow of a wave as it breaks. **6.** (*plural*) → **Fallopian tubes. 7.** *Botany* any hollow, elongated body or part. **8.** *Brit.* **a.** the tubular tunnel in which the London underground railway runs. **b.** Also, **tube train.** the train itself. **c.** the London underground railway system: *delays on the tube.* **9.** *Colloquial* a television set. *-v.t.* **10.** to furnish with a tube or tubes. *-phr.* **11. go down the tube(s),** *Colloquial* to suffer a defeat; fail. **12. have one's tubes tied,** *Medicine* (of a woman) to be made sterile by blocking the Fallopian tubes. **-tubeless** *adj.* **-tubelike** *adj.* **-tubal** *adj.* **-tubular** *adj.*

tuber /'tjubə/ *n.* **1.** *Botany* a fleshy, usually oblong or rounded thickening or outgrowth (as the potato) of a subterranean stem or shoot, bearing minute scalelike leaves with buds or eyes in their axils, from which new plants may arise. **2.** *Anatomy, etc.* a rounded swelling or protuberance; a tuberosity; a tubercle. **-tuberous** *adj.*

tubercle /'tjubəkəl/ *n.* **1.** a small rounded projection or excrescence, as on a bone, on the surface of the body in various animals, or on a plant. **2.** *Pathology* **a.** a small, firm, rounded nodule or swelling. **b.** such a swelling as the characteristic lesion of tuberculosis.

tuberculosis /təbəkjə'lousəs/ *n. Pathology* **1.** an infectious disease affecting any of various tissues of the body, due to the tubercle bacillus, and characterised by the production of tubercles. **2.** this disease when affecting the lungs; pulmonary phthisis; consumption.

tuberose /tjubə'rouz, 'tjubərouz/ *n.* a bulbous plant, *Polianthes tuberosa*, cultivated for its spike of fragrant, creamy white, lily-like flowers.

tuck /tʌk/ *v.t.* **1.** to thrust into some narrow space or close or concealed place: *tuck this in your pocket.* **2.** to thrust the edge or end of (a garment, covering, etc.) closely into place between retaining parts or things: *he tucked his napkin under his chin.* **3.** to cover snugly in or as in this manner: *to tuck a child into bed.* **4.** to draw up in folds or a folded arrangement: *to tuck one's legs under a chair.* **5.** *Sewing* to sew tucks in. *-v.i.* **6.** to draw together; contract; pucker. **7.** *Sewing* to make tucks. *-n.* **8.** a tucked piece or part. **9.** *Sewing* a fold, or one of a series of folds, made by doubling cloth upon itself, and stitching parallel with the edge of the fold. **10.** *Nautical* the part of a vessel where the after ends of the outside planking or plating unite at the sternpost. **11.** *Sport* (in

tucker

diving) a dive in which the knees are bent and pulled in close to the chest, the body being straightened again before hitting the water. –*phr.* **12. tuck away**, to fold away neatly, especially to conceal from view. **13. tuck in**, *Colloquial* to eat or drink heartily or greedily. **14. tuck in** (or **up**), to cover (someone, usually a child) with bedclothes and make snug, as a preliminary to sleep. **15. tuck into** (or **away**), to consume (a meal, etc.) greedily.

tucker[1] /'tʌkə/ *n. Australian, NZ Colloquial* food.

tucker[2] /'tʌkə/ *phr.* **tucker out**, *Colloquial* to weary; tire; exhaust: *they were quite tuckered out*.

tuckshop /'tʌkʃɒp/ *n.* a shop, especially one in a school, where sandwiches, cakes, pastries, etc., are sold.

-tude a suffix forming abstract nouns (generally from Latin adjectives or participles) in words of Latin origin, as in *latitude*, *fortitude*, but sometimes used directly as an English formative element.

Tuesday /'tjuzdeɪ, -di/ *n.* the third day of the week, following Monday.

tuffet /'tʌfət/ *n.* **1.** a hillock; mound. **2.** a footstool; hassock.

tuft /tʌft/ *n.* **1.** bunch of small, usually soft and flexible things, as feathers, hairs, grass, etc., fixed at the base with the upper part loose. –*v.t.* **2.** to provide with or arrange in a tuft or tufts. –*v.i.* **3.** to form a tuft or tufts. –**tufted** *adj.* –**tufty** *adj.*

tug /tʌg/ *v.* **tugged**, **tugging**, *n.* –*v.t.* **1.** to pull at with force or effort. **2.** to move by pulling forcibly; drag; haul. **3.** to tow (a vessel, etc.) by means of a tugboat. –*v.i.* **4.** to pull with force or effort: *to tug at an oar.* **5.** to strive hard, labour, or toil. –*n.* **6.** act of tugging; a strong pull. **7.** → **tugboat**. –**tugger** *n.* –**tugless** *adj.*

tugboat /'tʌgbəʊt/ *n.* a strongly-built vessel with a powerful engine, designed for towing other vessels.

tui /'tui/ *n.* a glossy black honeyeater of New Zealand, *Prosthemadera novaeseelandiae*, which has a bunch of white feathers on the throat, neck and wings, and is an excellent mimic; parson-bird.

tuition /tju'ɪʃən/ *n.* **1.** teaching or instruction, as of pupils. **2.** the charge or fee for instruction.

tulip /'tjulɪp/ *n.* **1.** any of the plants constituting the genus *Tulipa*, cultivated in many varieties, and having large, showy, usually erect, cup-shaped or bell-shaped flowers of various colours. **2.** a flower or bulb of such a plant. –**tulip-like** *adj.*

tulle /tjul/ *n.* a thin silk or nylon net, used in millinery, dressmaking, etc.

tumble /'tʌmbəl/ *v.* **-bled**, **-bling**, *n.* –*v.i.* **1.** to roll or fall over or down as by losing footing, support, or equilibrium: *to tumble down the stairs.* **2.** to fall rapidly, as stock market prices. **3.** to perform leaps, springs, somersaults, or other feats of bodily agility, as for exhibition or sport. **4.** to roll about by turning one way and another; pitch about; toss. **5.** to go, come, get, etc., in a precipitate or hasty way. –*v.t.* **6.** to send falling or rolling; throw over or down. **7.** to move or toss about, or turn over, as in handling, searching, etc. **8.** to put in disorder by or as by tossing about. **9.** to throw, cast, put, send, etc., in a precipitate, hasty, or rough manner. **10.** to subject to the action of a tumbling box. –*n.* **11.** an act of tumbling; a fall; a downfall. **12.** tumbled condition; disorder or confusion. **13.** a confused heap. –*phr.* **14. tumble over**, to stumble or fall. **15. tumble** (or **take a tumble**) **to someone**, *Colloquial* to understand the motives of someone's actions. **16. tumble** (or **take a tumble**) **to something**, *Colloquial* to become suddenly alive to some fact, circumstance, or the like.

tune

tumbler /'tʌmblə/ *n.* drinking glass without handle or stem.

tumbleweed /'tʌmbəlwid/ *n.* **1.** any of various plants of North America, as *Amaranthus albus*, whose branching upper part becomes detached from the roots in autumn and is driven about by the wind. **2.** any of various plants in Australia which are similarly blown about by the wind.

tumbrel /'tʌmbrəl/ *n.* one of the carts used during the French Revolution to convey victims to the guillotine. Also, **tumbril**.

tumefy /'tjuməfaɪ/ *v.* **-fied**, **-fying**. –*v.t.* **1.** to make swollen or tumid. –*v.i.* **2.** to become swollen or tumid. –**tumefaction** /tjumə'fækʃən/ *n.* –**tumefacient** /tjumə'feɪʃənt/ *adj.*

tumescent /tju'mɛsənt/ *adj.* swelling; slightly tumid. –**tumescence** *n.*

tumid /'tjumɪd/ *adj.* **1.** swollen, or affected with swelling, as a part of the body. **2.** pompous, turgid, or bombastic; as language, literary style, etc. –**tumidity** /tju'mɪdəti/, **tumidness** *n.* –**tumidly** *adv.*

tummy /'tʌmi/ *n. Colloquial* stomach. Also, **tum**.

tumour = tumor /'tjumə/ *n.* **1.** a swollen part; a swelling or protuberance. **2.** *Pathology* an abnormal or morbid swelling in any part of the body, especially a more or less circumscribed morbid overgrowth of new tissue which is autonomous, differs more or less in structure from the part in which it grows, and serves no useful purpose. –**tumorous** *adj.*

tumult /'tjumʌlt/ *n.* **1.** the commotion or disturbance of a multitude, usually with noise; an uproar. **2.** a popular outbreak or uprising; commotion, disturbance, or violent disorder. **3.** agitation of mind; a mental or emotional disturbance. –**tumultuous** /tju'mʌltʃuəs/ *adj.*

tuna /'tjunə/ *n.* **1.** any of various species of large, fast-swimming, marine food fishes, having red flesh, and related to and resembling the mackerel; widely distributed throughout warmer ocean waters, as the bluefin tuna or the yellowfin tuna of the eastern coast of Australia. **2.** any of various fishes of the tuna family as the albacore, bonito, etc. Also, **tunny**.

tundra /'tʌndrə/ *n.* one of the vast, nearly level, treeless plains of the arctic regions of Europe, Asia, and North America.

tune /tjun/ *n., v.* **tuned**, **tuning**. –*n.* **1.** a succession of musical sounds forming an air or melody, with or without the harmony accompanying it. –*v.t.* **2.** Also, **tune up**. to adjust (a musical instrument) to a correct or given standard of pitch. **3.** to bring into harmony. **4.** Also, **tune up**. to adjust (an engine, machine or the like) for proper or improved running. **5.** *Radio* **a.** to adjust (a circuit, etc.) so as to bring it into resonance with another circuit, a given frequency, or the like. **b.** to adjust (a receiving apparatus) so as to make it in accord in frequency with a sending apparatus whose signals are to be received. **c.** to adjust a receiving apparatus so as to receive (the signals of a sending station). **6.** to put into a proper or a particular condition, mood, etc. –*phr.* **7. call the tune**, to be in a position to give orders, dictate policy, etc. **8. change one's tune** or **sing another** (or **a different**) **tune**, to change one's mind; reverse previously held views, attitudes, etc. **9. in tune**, **a.** at the correct pitch: *to sing in tune.* **b.** agreeing in pitch; in unison; in harmony. **c.** in due agreement, as of radio instruments or circuits with respect to frequency. **d.** in accord; in agreement. **10. in tune with**, in a state of harmony or rapport with: *to be in tune with nature.* **11. to the tune of**, to the amount of. **12. tune in**, to adjust a radio so as to receive signals. **13. tune out**, to adjust a radio so as to avoid the signals of a

tune-up /'tjun-ʌp/ n. a check or adjustment of working order or condition, as an adjustment of the carburettor, ignition timing, etc., of a motor vehicle for maximum efficiency or power.

tungsten /'tʌŋstən/ n. a rare metallic element having a bright grey colour, a metallic lustre, and a high melting point (3410°C), found in wolframite, tungstite, and other minerals, and used to make high-speed steel cutting tools, for electric-lamp filaments, etc.; wolfram. *Symbol*: W (for *wolframium*); *relative atomic mass*: 183.85; *at. no.*: 74; *density*: 19.3. **–tungstenic** /tʌŋ'stɛnɪk/ adj.

tunic /'tjunɪk/ n. **1.** coat worn as part of military or other uniform. **2.** loose, sleeveless dress, especially as worn by girls as part of a school uniform or for gymnastics, dancing, etc. **3.** garment like a shirt or gown, worn by both sexes among the ancient Greeks and Romans.

tunnel /'tʌnəl/ n., v. **-nelled** or *Chiefly US* **-neled**, **-nelling** or *Chiefly US* **-neling**. *–n.* **1.** underground passage. **2.** passageway, as for trains, motor vehicles, etc., through or under a mountain, town, harbour, etc. **3.** passage made by an animal; burrow. *–v.t.* **4.** to make or form as or like a tunnel: *to tunnel a passage under a river. –v.i.* **5.** to make a tunnel: *to tunnel through the Snowy Mountains.* **–tunneller;** especially US, **tunneler** n.

tunny /'tʌni/ n. **-nies**, (*especially collectively*) **-ny**. **1.** any of a number of widely distributed, important, marine food fishes, genus *Thunnus*, of the mackerel family, especially *T. thynnus*, occurring in the warmer parts of the Atlantic and Pacific oceans, sometimes reaching a weight of 350kg or more. **2.** → **tuna**.

tup /tʌp/ n., v. **tupped, tupping**. *–n.* **1.** a male sheep; ram. **2.** the head of a steam hammer or pile-driver. *–v.t.* **3.** (of a ram) to copulate with (a ewe).

turban /'tɜbən/ n. **1.** a form of headdress of Muslim origin worn by men chiefly in parts of northern Africa, and south-western and southern Asia, consisting of a scarf of silk, linen, cotton, or the like, wound directly round the head or around a cap. **2.** any headdress resembling this. **3.** a small hat, either brimless or with a brim turned up close against the crown, worn by women. **–turbaned** adj. **–turbanless** adj.

turbid /'tɜbəd/ adj. **1.** (of liquids) opaque or muddy with particles of extraneous matter. **2.** not clear or transparent; thick, as smoke or clouds; dense. **3.** disturbed; confused; muddled. **–turbidity** /tɜ'bɪdəti/, **turbidness** n. **–turbidly** adv.

turbine /'tɜbaɪn/ n. **1.** any of a class of hydraulic motors in which a vaned wheel or runner is made to revolve by the impingement of a free jet of fluid (**impulse turbine** or **action turbine**) or by the passage of fluid which completely fills the motor (**reaction turbine** or **pressure turbine**). **2.** any of certain analogous motors using other fluids, as steam (**steam turbine**), products of combustion (**gas turbine**), or air (**air turbine**).

turbo- an adjective prefix indicating: **1.** driven by a turbine. **2.** having to do with a turbine.

turbojet /'tɜboʊdʒɛt/ n. **1.** an engine in which the power is developed by a turbine driving a compressor which supplies air to a fuel burner, through the turbine to a thrust-producing exhaust nozzle. **2.** any vehicle propelled by such an engine.

turboprop /'tɜboʊprɒp/ n. *Aeronautics* **1.** a gas-turbine engine coupled to a propeller, forming a propulsive unit of an aircraft. **2.** an aeroplane driven by one or more of such units. Also, **propjet**.

turbot /'tɜbət/ n. **-bots**, (*especially collectively*) **-bot**. a European flatfish, *Psetta maxima*, with a diamond-shaped body.

turbulent /'tɜbjələnt/ adj. **1.** disposed or given to disturbances, disorder, or insubordination; violent; unruly. **2.** marked by or showing a spirit of disorder or insubordination: *a turbulent period.* **3.** disturbed; agitated; troubled; stormy. **–turbulently** adv. **–turbulence** n.

turd /tɜd/ ‡ n. *Colloquial* **1.** a piece of excrement. **2.** an unpleasant person.

tureen /tə'rin, tju-/ n. a large deep dish with a cover, for holding soup, etc., at the table.

turf /tɜf/ n. **turfs** or **turves**, /tɜvz/ v. *–n.* **1.** the covering of grass, etc., with its matted roots, forming the surface of grassland. **2.** a piece cut or torn from the surface of grassland, with the grass, etc., growing on it; a sod. **3.** a block or piece of peat dug for fuel. **4.** peat as a substance for fuel. **5.** *Colloquial* the functional domain or sphere of influence of an organisation or a unit within an organisation such as the police force. **6.** *Colloquial* territory belonging to a gang. *–v.t.* **7.** to cover with turf or sod. *–phr.* **8. the turf, a.** the grassy course or other track over which horseraces are run. **b.** the practice or institution of racing horses. **c.** the racing world. **9. turf out,** *Colloquial* to throw out; eject. **–turfless** adj. **–turfy** adj.

turgid /'tɜdʒəd/ adj. **1.** pompous or bombastic, as language, style, etc. **2.** swollen; distended; tumid. **–turgidity** /tɜ'dʒɪdəti/, **turgidness** n. **–turgidly** adv.

turkey /'tɜki/ n. **-keys** or, *especially collectively for def. 1* **-key**. **1.** a large gallinaceous bird of the family Meleagrididae, especially *Meleagris gallopava*, of America, which is domesticated in most parts of the world. **2.** an Australian native bird judged to be similar, as the *brush turkey*, *plain turkey*. **3.** the flesh of such birds, especially *Meleagris gallopava*, used as food. **4.** *Colloquial* **a.** something which is unsuccessful, especially a theatrical production; a flop. **b.** something which fails to operate adequately, as a machine. **5.** *Colloquial* a foolish person, especially one who is noticeably inept or boorish. *–phr.* **6. talk turkey,** *Colloquial* to talk seriously; talk business.

turkey quail n. → **plains wanderer**.

Turkish bath /tɜkɪʃ 'bɑθ/ n. a kind of bath introduced from the East, in which, after copious perspiration in a heated room, the body is washed, massaged, etc.

Turkish delight n. a cubed, gelatine-stiffened confection covered with icing sugar.

turmeric /'tɜmərɪk/ n. **1.** the aromatic rhizome of *Curcuma longa*, an East Indian plant of the family Zingiberaceae. **2.** a powder prepared from it, used as a condiment (especially in curry powder), a yellow dye, a medicine, etc.

turmoil /'tɜmɔɪl/ n. a state of commotion or disturbance; tumult; agitation; disquiet.

turn /tɜn/ v.t. **1.** cause to move round on an axis or about a centre; rotate: *to turn a wheel.* **2.** to cause to move round or partly round, as for the purpose of opening, closing, tightening, etc.: *to turn a key.* **3.** to reverse the position or posture of: *to turn a page.* **4.** to bring the underparts of (sod, soil, etc.) to the surface, as in ploughing. **5.** to change the position of, by, or as by, rotating; to move into a different position. **6.** to change or alter the course of; to divert; deflect. **7.** to change or alter the nature, character, or appearance of. **8.** to render or make by some change. **9.** to change the colour of (leaves, etc.). **10.** to cause to become sour, ferment, or the like: *warm weather turns milk*. **11.** to cause (the stomach) to reject food or anything swallowed. **12.** to change from one language or form of expression to another; translate. **13.** to put or apply to some use or purpose: *to turn a thing to good use*. **14.** to go or pass round or to the other side of: *to turn a street corner*. **15.** to get beyond or pass (a certain age, time, amount, etc.): *he has just turned forty*. **16.** to direct, aim or set going towards or away from a specified person or thing, or in a specified direction: *to turn towards the north*. **17.** to direct (the eyes, face, etc.) another way; avert. **18.** to shape (a piece of metal, etc.) into rounded form with a cutting instrument while rotating in a lathe. **19.** to bring into a rounded or curved form in any way. **20.** to shape artistically or gracefully, especially in rounded form. **21.** to form or express gracefully: *to turn a sentence*. **22.** to direct (thought, desire, etc.) towards or away from something. **23.** to cause to go; send; drive: *to turn a person from one's door*. **24.** to maintain a steady flow or circulation of (money or articles of commerce). **25.** to reverse (a garment, etc.) so that the inner side becomes the outer. **26.** to remake (a garment) by putting the inner side outwards. **27.** to curve, bend, or twist. **28.** to bend back or blunt (the edge of a knife, etc.). **29.** to execute, as a somersault, by rotating or revolving. **30.** to disturb the mental balance of, or make mad; distract; derange. **31.** *Colloquial* to earn (money): *just trying to turn a quid*. **32.** to throw into disorder or confusion; upset: *the thief turned the room upside down*. *–v.i.* **33.** to move round on an axis or about a centre; rotate. **34.** to move partly round in this manner, as a door on a hinge. **35.** to direct the face or gaze towards or away from something, or in a particular direction. **36.** to direct or set one's course towards or away from something or in a particular direction. **37.** to direct one's thought, attention, desire, etc., towards or away from something. **38.** to change or reverse the course so as to go in a different or the opposite direction: *to turn to the right*. **39.** to change position so as to face in a different or the opposite direction. **40.** to change or reverse position or posture as by a rotary motion. **41.** to shift the body about as if on an axis: *to turn on one's side in sleeping*. **42.** to assume a curved form; bend. **43.** to be affected with nausea, as the stomach. **44.** to have a sensation as of whirling, or be affected with giddiness, as the head. **45.** to change one's position in order to resist or attack: *the dog turned on me*. **46.** to change or alter, as in nature, character, or appearance. **47.** to become sour, fermented, or the like, as milk, etc. **48.** to become of a different colour, as leaves, etc. **49.** to put about or tack, as a ship. *–v. (copular)* **50.** to change so as to be; become: *to turn pale*. *–n.* **51.** a movement of rotation, whether total or partial: *a slight turn of the handle*. **52.** the act of changing or reversing position or posture as by a rotary movement: *a turn of the dice*. **53.** the time for action or proceeding which comes in due rotation or order to each of a number of persons, etc. **54.** the act of changing or reversing the course: *to make a turn to the right*. **55.** a place or point at which such a change occurs. **56.** a place where a road, river, or the like turns. **57.** a single revolution, as of a wheel. **58.** the act of turning so as to face or go in a different direction. **59.** direction, drift, or trend: *the conversation took an interesting turn*. **60.** change or a change in nature, character, condition, circumstances, etc. **61.** the point or time of change. **62.** the time during which a worker or a set of workers is at work in alternation with others. **63.** that which is done by each of a number of persons acting in rotation or succession. **64.** a passing or twisting of one thing round another as of a rope round a mast. **65.** the condition or manner of being twisted. **66.** a single round, as of a wound or coiled rope. **67.** style, as of expression or language. **68.** a distinctive form or style imparted: *a happy turn of expression*. **69.** a short walk, ride, or the like which includes a going and a returning, especially by different routes. **70.** natural inclination, bent, tendency, or aptitude. **71.** a spell or period of work; shift. **72.** a spell or bout of action. **73.** an attack of illness or the like. **74.** requirement, exigency, or need: *this will serve your turn*. **75.** *Colloquial* a nervous shock, as from fright or astonishment. **76.** *Stock Exchange* the difference between the stockjobber's buying and selling price. **77.** *Music* a melodic embellishment or grace, commonly consisting of a principal note with two auxiliary notes, one above and the other below it. **78.** an individual stage performance, especially in a music hall, cabaret, etc. **79.** the performer in such an entertainment. **80.** a contest or round; a bout. **81.** *Colloquial* a display of anger, hostility, etc: *to stack on a turn*. **82.** Also, **turnout**. *Australian Colloquial* a social entertainment; party: *it was a great turn on Friday*. *–phr.* **83. a bad turn**, an act of disservice.

84. a good turn, an act of service.

85. at every turn, constantly; in every case.

86. by turns, one after another; alternately; in rotation.

87. in turn, in due order of succession.

88. on the turn, a. in the process of or about to turn or change. **b.** (of milk, meat, fruit, etc.) about to go sour or bad.

89. out of turn, a. out of proper order. **b.** at the wrong time; at an unsuitable moment; indiscreetly; tactlessly.

90. take turns, to do in succession; alternate.

91. to a turn, to just the proper degree; perfectly.

92. turn and turn about, by turns; alternately.

93. turn away, a. to look or face in a different direction. **b.** to refuse to help; rebuff. **c.** to refuse admission to.

94. turn against, a. to make hostile towards; cause to be prejudiced against: *to turn a son against his father*. **b.** to take up an attitude of hostility or opposition: *to turn against a person*.

95. turn back, a. to go back; return. **b.** to cause to go back or return. **c.** to fold back or over.

96. turn down, a. to fold. **b.** to lessen the intensity of; moderate. **c.** to refuse or reject (a person, request, etc.).

97. turn in, a. *Colloquial* to go to bed. **b.** *Colloquial* to hand over; deliver; surrender. **c.** to give back. **d.** to submit; hand in.

98. turn into (or to), a. to change or convert: *to turn water into ice*. **b.** to be changed, transformed, or converted to.

99. turn it up, *Colloquial* (a peremptory request for peace, etc.).

100. turn off, a. to stop the flow of (water, gas, etc.) as by closing a valve, etc. **b.** to switch off (a radio, light, etc.). **c.** to branch off; diverge; change direction. **d.** to arouse antipathy or revulsion in: *his teaching turns me off*. **e.** to lose interest in or sympathy with; develop a dislike for: *I've turned off gardening*. **f.** *Australian* to consign (livestock) to market.

101. turn on, a. to cause (water, gas, etc.) to flow as by opening a valve, etc. **b.** *Australian, NZ Colloquial* to provide (refreshments, especially alcoholic liquor). **c.** to switch on (a radio, light, etc.). **d.** to become suddenly hostile to; attack without warning. **e.** to show or display suddenly: *to turn on the charm*. **f.** *Colloquial* to excite or interest (a person): *that jazz really turns me on!* **g.** *Colloquial* to arouse sexually. **h.** *Colloquial* to become sexually aroused. **i.** *Colloquial* to experience heightened awareness under the influence of a drug (usually illegal), as marijuana or LSD. **j.** *Colloquial* to take such a drug.

102. turn on (or **upon**), to hinge or depend on: *the question turns on this point.*

103. turn out, a. to extinguish or put out (a light, etc.). **b.** to produce as the result of labour; manufacture; make. **c.** to drive out; expel; send away; dismiss; discharge. **d.** to clear or empty (a cupboard, pocket, drawer, etc.) of contents. **e.** to equip; fit out. **f.** to result or issue. **g.** to come to be; become ultimately. **h.** to be found or known; prove. **i.** *Colloquial* to get out of bed. **j.** *Colloquial* to assemble; gather: *the whole street turned out to meet her.* **k.** to cause to assemble; muster; parade.

104. turn over, a. to move or be moved from one side to another. **b.** to reverse the position of; invert. **c.** to meditate; ponder; reflect. **d.** to start (an engine). **e.** (of an engine) to start. **f.** hand over; transfer. **g.** *Commerce* to purchase and then sell (goods or commodities). **h.** *Commerce* to do business or sell goods to the amount of (a specified sum). **i.** *Commerce* to invest or recover (capital) in some transaction or in the course of business.

105. turn to, a. to apply to for help, advice, etc.; appeal to. **b.** to set oneself to a task; attend to. **c.** to apply one's efforts, interest, etc., to something; devote oneself to something: *she turned to the study of music.*

106. turn up, a. to fold, especially so as to shorten, as a garment. **b.** to dig up; bring to the surface by digging; expose. **c.** to find; bring to light; uncover. **d.** to increase the intensity of. **e.** to happen; occur. **f.** to arrive; come. **g.** to come to light; be recovered. **h.** (of a person's nose, or the like) to point slightly upwards at the end.

turncoat /'tɜnkout/ *n.* someone who changes his or her party or principles; renegade.

turner /'tɜnə/ *n.* someone who fashions objects on a lathe.

turning point *n.* a point at which a decisive change takes place; a critical point; a crisis.

turnip /'tɜnɪp/ *n.* **1.** the thick, fleshy, edible root of the cruciferous plant *Brassica rapa*, the common **white turnip**, or of *B. napus*, the **swedish turnip** or swede. **2.** the plant itself. **3.** the root of this plant used as a vegetable.

turnkey /'tɜn,ki/ *n.* **-keys.** someone who has charge of the keys of a prison; a prison keeper.

turn-off /'tɜn-ɒf/ *n.* **1.** a branch of a road leading from a major road, especially an exit from a highway. **2.** the junction of such roads. **3.** an act or instance of turning off. **4.** *Colloquial* a repellent thing or person.

turnout /'tɜnaʊt/ *n.* **1.** body of people who come to a meeting, show, concert, etc. **2.** quantity produced; output. **3.** act of turning out. **4.** manner or style in which a person or thing is dressed, equipped, etc. **5.** an outfit. **6.** *Australian, Colloquial* a party, show, entertainment, etc.

turnover /'tɜnoʊvə/ *n.* **1.** act or result of turning over; upset. **2.** total number of worker replacements in a given period in a given business or industry. **3.** number of times that capital is invested and reinvested in a line of goods during a particular period of time. **4.** total amount of business done in a given time. **5.** rate at which items are sold or stock used up and replaced. **6.** small pastry made by putting fruit, preserves, or some other filling on one half of a circular piece of pastry, folding the other half over, and then baking it.

turnpike /'tɜnpaɪk/ *n.* **1.** (formerly) **a.** a barrier set across a road to stop passage until toll was paid; tollgate. **b.** a road on which a turnpike operated. **2.** *US* a road for fast traffic, especially one maintained by tolls.

turnstile /'tɜnstaɪl/ *n.* a structure usually consisting of four arms at right angles to each other, revolving horizontally on top of a post, and set in a gateway or opening in a fence, to allow the passage of people one at a time after a fee has been paid.

turntable /'tɜnteɪbəl/ *n.* **1.** the rotating disc on which the record in a record-player rests. **2.** *Railways* a rotating, track-bearing platform pivoted in the centre, used for turning round locomotives and other rolling stock.

turn-up /'tɜn-ʌp/ *n.* **1.** something that is turned up or that turns up. **2.** *Colloquial* a fight, row, or disturbance. **3.** Also, **turn-up for the books**. *Colloquial* a surprise; an unexpected reversal of fortune. **4.** the attendance at a meeting, sporting event, concert, etc. *–adj.* **5.** that is or may be turned up: *a turn-up sleeve.*

turpentine /'tɜpəntaɪn/ *n.* **1.** an oleoresin exuding from the Mediterranean tree *Pistacia terebinthus*. **2.** any of various oleoresins derived from coniferous trees, especially the longleaf pine, *Pinus palustris*, and yielding a volatile oil and a resin when distilled. **3.** any of various substitutes for these, especially white spirit. **4.** a tall rough barked tree common in eastern Australia, *Syncarpia glomulifera*.

turpitude /'tɜpətʃud/ *n.* **1.** shameful depravity. **2.** a depraved or shameful act.

turps /tɜps/ *n. Colloquial* **1.** → **turpentine** (def. 3). *–phr.* **2. on the turps**, drinking intoxicating liquor excessively.

turquoise /'tɜkwɔɪz/ *n.* **1.** a sky blue or greenish blue compact opaque mineral, essentially a hydrous phosphate of aluminium containing a little copper and iron, much used in jewellery. **2.** Also, **turquoise blue**. a greenish blue or bluish green.

turret /'tʌrət/ *n.* **1.** a small tower, usually one forming part of a larger structure. **2.** a small tower at an angle of a building, frequently beginning some distance above the ground. **3.** Also, **turrethead**. *Machinery* a pivoted attachment on a lathe, etc., for holding a number of tools, each of which can be presented to the work in rapid succession by a simple rotating movement. **4.** *Navy, Military* a low, tower-like, heavily armoured structure, usually revolving horizontally, within which guns are mounted. *–turretless adj.*

turtle /'tɜtl/ *n.* **1.** any of the Chelonia, an order or group of reptiles having the body enclosed in a shell consisting of a carapace and a plastron, from between which the head, tail, and four legs protrude. **2.** a marine species of turtle, as distinguished from freshwater and terrestrial tortoises, which possess toed feet rather than turtle flippers. *–phr.* **3. turn turtle**, to capsize.

turtledove /'tɜtldʌv/ *n.* a small, slender Old World dove, *Streptopelia turtur*, having a long, graduated tail which is conspicuous in flight.

turtleneck /'tɜtlnɛk/ *n.* **1.** a high, close-fitting neck on a jumper, etc. **2.** a jumper, etc., with such a neck. *–adj.* **3.** (of a jumper, etc.) having such a neck.

tusk /tʌsk/ *n.* **1.** (in certain animals) a tooth developed to great length, usually as one of a pair, as in the elephant, walrus, wild boar, etc., but singly in the narwhal. **2.** a long, pointed, or protruding tooth. **3.** a projecting part resembling the tusk of an animal. *–v.t.* **4.** to dig, tear, or gore with the tusks or tusk. *–v.i.* **5.** to dig up or lunge at the ground with the tusks or tusk. *–***tusked** /tʌskt/

tussive /'tʌsɪv/ *adj.* having to do with a cough.

tussle /'tʌsəl/ *v.* **-sled, -sling,** *n.* –*v.i.* **1.** to struggle or fight roughly or vigorously; wrestle; scuffle. –*n.* **2.** a rough struggle as in fighting or wrestling; a scuffle. **3.** any vigorous conflict or contest.

tussock /'tʌsək/ *n.* **1.** a tuft or clump of growing grass or the like. **2.** Also, **tussock grass.** any of various grasses of the genus *Poa*. **3.** any of a number of grass or sedge species as serrated tussock.

tutelage /'tjutəlɪdʒ/ *n.* **1.** the office or function of a guardian; guardianship. **2.** instruction. **3.** the state of being under a guardian or a tutor.

tutor /'tjutə/ *n.* **1.** someone employed to instruct another in some branch or branches of learning, especially a private instructor. **2.** a university teacher who oversees the studies of certain undergraduates. **3.** (in some universities and colleges) teacher of academic rank lower than lecturer. –*v.t.* **4.** to act as a tutor to; teach or instruct, especially privately. –*v.i.* **5.** to act as a tutor or private instructor. **–tutorless** *adj.* **–tutorship** *n.* **–tutorage** *n.*

tutorial /tju'tɔriəl/ *adj.* **1.** relating to or exercised by a tutor: *tutorial functions or authority.* –*n.* **2.** a period of instruction given by a university tutor to an individual student or a small group of students.

tutti /'tuti/ *adj. Music* all; all the voices or instruments together (used as a direction).

tutti-frutti /ˌtuti-'fruti/ *n.* **1.** a preserve of chopped mixed fruits, often with brandy syrup. **2.** a variety of fruits (usually candied and minced), used in ice-cream, confections, etc.

tutu /'tutu, 'tjutju/ *n.* a short, full, ballet skirt, usually made of several layers of tulle.

tuxedo /tʌk'sidoʊ/ *n.* **-dos.** a dinner jacket.

TV /ˌti 'vi/ *n.* television.

twaddle /'twɒdl/ *n.* trivial, feeble, silly or tedious talk or writing. **–twaddler** *n.*

twain /tweɪn/ *Archaic* –*adj.*, *n.* two.

twang /twæŋ/ *v.i.* **1.** to give out a sharp, ringing sound, such as that made by the string of a musical instrument when plucked. **2.** to have a sharp, nasal tone, as the human voice. –*v.t.* **3.** to cause to make a sharp, ringing sound, like the string of a musical instrument. **4.** to speak with a sharp, nasal tone. –*n.* **5.** sharp, ringing sound produced by plucking or suddenly releasing a tense string. **6.** sound like this. **7.** sharp, nasal tone, as of the human voice. **–twangy** *adj.*

twat /twɒt/ ‡ *n. Colloquial* **1.** the vagina. **2.** a despicable or unpleasant person.

tweak /twik/ *v.t.* **1.** to seize and pull with a sharp jerk and twist: *to tweak someone's ear.* **2.** to make minor adjustments to. **–tweaky** *adj.*

twee /twi/ *adj. Colloquial* affected; precious; excessively dainty; cute.

tweed /twid/ *n.* **1.** a coarse wool cloth in a variety of weaves and colours, either hand-spun and hand-woven in Scotland, or reproduced, often by machine, elsewhere. **2.** (*plural*) garments made of this cloth.

tweeter /'twitə/ *n.* a small loudspeaker designed for the reproduction of high-frequency sounds.

tweezers /'twizəz/ *pl. n.* small pincers or nippers for plucking out hairs, taking up small objects, etc.

twelve /twɛlv/ *n.* **1.** a cardinal number, ten plus two. **2.** a symbol for this number, as 12 or XII. **3.** a set of this many persons or things. –*det.* **4.** amounting to twelve in number. –*pron.* **5.** twelve people or things. **–twelfth** *adj.*

twenty /'twɛnti/ *n.* **-ties,** *det.*, *pron.* –*n.* **1.** cardinal number, ten times two (10 × 2). **2.** symbol for this number, as 20 or XX. **3.** set of this many people or things. **4.** (*plural*) the numbers from 20 to 29 of a series, especially with reference to the years of a person's age, or the years of a century, especially the 20th. –*det.* **5.** amounting to twenty in number: *twenty apples.* –*pron.* **6.** twenty people or things: *twenty came to the party.* **–twentieth** *adj.*

twi- a word element meaning 'two', or 'twice', as in *twibill.*

twice /twaɪs/ *adv.* **1.** two times, as in succession; on two occasions: *I asked him twice; write twice a week.* **2.** in twofold quantity or degree; doubly: *twice as much.*

twiddle /'twɪdl/ *v.* **-dled, -dling,** *n.* –*v.t.* **1.** to turn round and round, especially with the fingers. –*v.i.* **2.** to play with something idly, as by touching or handling. **3.** to turn round and round; twirl. –*n.* **4.** the act of twiddling; a twirl. –*phr.* **5. twiddle one's thumbs** (or **fingers**), **a.** to keep turning one's thumbs or fingers idly about each other. **b.** to do nothing; be idle. **–twiddler** *n.*

twig¹ /twɪg/ *n.* **1.** a slender shoot of a tree or other plant. **2.** a small dry, woody piece fallen from a branch: *a fire of twigs.* **3.** *Anatomy* one of the minute branches of a blood vessel or nerve. –*phr.* **4. hop** (or **fall off**) **the twig,** *Colloquial* to die. **–twiggy** *adj.* **–twigless** *adj.* **–twiglike** *adj.*

twig² /twɪg/ *v.* **twigged, twigging.** *Colloquial* –*v.t.* **1.** to look at; observe. **2.** to catch sight of; perceive. **3.** to understand. –*v.i.* **4.** to understand.

twilight /'twaɪlaɪt/ *n.* **1.** the light from the sky when the sun is below the horizon, especially in the evening. **2.** the time during which this light prevails. **3.** a condition or period preceding or succeeding full development, glory, etc. **–twilightless** *adj.*

twill /twɪl/ *n.* **1.** a fabric woven with the weft threads so crossing the warp as to produce an effect of parallel diagonal lines, as in serge. **2.** the characteristic weave of such fabrics.

twin /twɪn/ *n.*, *adj.*, *v.* **twinned, twinning.** –*n.* **1.** (*plural*) 2 children or animals brought forth at a birth. **2.** one of 2 such children or animals. **3.** (*plural*) either of 2 people or things closely related or closely looking like each other. –*adj.* **4.** being 2, or one of 2, children or animals born at the same birth: *twin sisters.* **5.** consisting of 2 similar parts or elements joined or connected: *a twin vase.* –*v.t.* **6.** to pair or couple. –*v.i.* **7.** to be paired or coupled.

twine /twaɪn/ *n.*, *v.* **twined, twining.** –*n.* **1.** a strong thread or string composed of two or more strands twisted together. **2.** a twined or twisted thing or part; a fold, convolution, or coil. **3.** a twist or turn. **4.** a knot or tangle. –*v.t.* **5.** to twist together; interwind; intertwine. **6.** to form by or as by twisting strands: *to twine a wreath.* **7.** to twist (one strand, thread, or thing) with another. **8.** to bring (*in*, *into*, etc.) by or as by twisting or winding. **9.** to encircle or wreathe with something wound about. –*v.i.* **10.** to become twined or twisted together, as two things, or as one thing with another. **11.** to wind in a sinuous or meandering course. **12.** (of plants, stems, etc.) to grow in convolutions about a support. –*phr.* **13. twine about** (or **around**), **a.** to put or dispose by or as by winding. **b.** to wind itself around. **–twiner** *n.*

twinge /twɪndʒ/ *n.* a sudden, sharp pain (in body or mind): *a twinge of rheumatism, a twinge of remorse.*

twinkle /'twɪŋkəl/ *v.* **-kled, -kling,** *n.* –*v.i.* **1.** to shine with quick, flickering, gleams of light, as stars, distant lights, etc. **2.** (of the eyes) to be bright with amusement, pleasure, etc. **3.** to appear or move as if with little flashes of light. –*v.t.* **4.** to give out (light) in little gleams or flashes. –*n.*

5. sparkle. **6.** twinkling brightness in the eyes. **7.** time needed for a wink; twinkling. **8.** wink of the eye. –**twinkling** n., adj. –**twinkler** n.

twin-set /'twɪn-sɛt/ n. **1.** a cardigan and matching jumper, worn by women. –phr. **2. twin-set and pearls,** Colloquial (of certain, usually young, middle-class women) typified by conservative dress, outlook, etc.

twirl /twɜl/ v.t. **1.** to cause to turn rapidly; spin; whirl; swing circularly. **2.** to wind aimlessly, usually about something. –v.i. **3.** to spin rapidly; whirl; rotate. **4.** to turn quickly so as to face or point another way. –n. **5.** a twirling or a being twirled; spin; whirl; twist. **6.** something twirled; curl; convolution. –**twirler** n.

twist /twɪst/ v.t. **1.** to combine, as two or more strands or threads, by winding together; intertwine. **2.** to form by or as by winding strands together. **3.** to entwine (one thing) with or in another; wind or twine (something) about a thing. **4.** to encircle (a thing) with something wound about. **5.** to alter in shape, as by turning the ends in opposite directions, so that parts previously in the same straight line and plane are situated in a spiral curve. **6.** to wring out of shape or place; contort or distort. **7.** to turn sharply and put out of place; sprain: *when I fell I twisted my ankle*. **8.** to change the proper form or meaning; pervert. **9.** to form into a coil, knot, or the like by winding, rolling, etc.: *to twist the hair into a knot*. **10.** to bend tortuously. **11.** to cause to move with a rotary motion, as a ball pitched in a curve. **12.** to turn in another direction. –v.i. **13.** to be or become intertwined. **14.** to wind or twine about something. **15.** to writhe or squirm. **16.** to take a spiral form or course; wind, curve, or bend. **17.** to turn or rotate, as on an axis; revolve, as about something. **18.** to turn so as to face in another direction. **19.** to change shape with a spiral or screwing movement of parts. **20.** to move with a progressive rotary motion, as a ball pitched in a curve. **21.** to dance the twist (def. 42). –n. **22.** a curve, bend, or turn. **23.** a turning or rotating as on an axis; rotary motion; spin. **24.** anything formed by or as by twisting or twining parts together. **25.** the act or the manner of twisting strands together, as in thread, yarn, or rope. **26.** a wrench. **27.** a twisting awry. **28.** a changing or perverting, of meaning. **29.** spiral disposition, arrangement, or form. **30.** spiral movement or course. **31.** an irregular bend; a crook or kink. **32.** a peculiar bent, bias, or the like, as in the mind or nature. **33.** the altering of the shape of anything by or as by turning the ends in opposite directions. **34.** the stress causing this alteration. **35.** the resulting state. **36.** a sudden, unexpected alteration to the course of events, as in a play. **37.** *Cricket, Baseball, etc.* **a.** a spin given to a ball in pitching, etc. **b.** a ball having such a spin. **38.** a twisting or torsional action, force, or stress. **39.** a kind of strong twisted silk thread, heavier than ordinary sewing silk, used for working buttonholes and for other purposes. **40.** a loaf or roll of dough twisted and baked. **41.** a kind of tobacco manufactured in the form of a rope or thick cord. **42.** a vigorous dance performed by couples and characterised by strongly rhythmic gyrations of the body and movements of the arms and legs in time to heavily accented music. –phr. **43. round the twist,** *Colloquial* insane. **44. twist someone's arm,** *Colloquial* to persuade or coerce someone: *you've twisted my arm, I'll do it.* –**twister** n. –**twistability** n. –**twistable** adj. –**twistingly** adv.

twit[1] /twɪt/ v.t. **twitted, twitting. 1.** to taunt, gibe at, or banter by references to anything embarrassing. **2.** to reproach or upbraid. –**twitter** n.

twit[2] /twɪt/ n. Colloquial a fool; twerp. –**twitty** adj.

twitch[1] /twɪtʃ/ v.t. **1.** to give a short, sudden pull or tug at; jerk. **2.** to pull or draw with a hasty jerk. **3.** to move (a part of the body) with a jerk. **4.** to pinch and pull sharply; nip. –v.i. **5.** to move or be moved in a quick, jerky way. –n. **6.** a quick, jerky movement of the body, or of some part of it. **7.** a short, sudden pull or tug; a jerk. **8.** a twinge (of body or mind). **9.** a loop or noose, attached to a handle, for drawing tightly about the muzzle of a horse to bring it under control. –phr. **10. the twitches,** Colloquial a state of nerves causing muscular spasms. **11. twitch at,** to give a short, sudden pull or tug at; tug. –**twitcher** n. –**twitchingly** adv. –**twitchy** adj.

twitch[2] /twɪtʃ/ n. a pest grass of cultivation and pasture areas, *Agropyron repens*, with underground rhizomes, native to Europe and Asia.

twitter /'twɪtə/ v.i. **1.** to utter a succession of small, tremulous sounds, as a bird. **2.** to titter; giggle. **3.** to tremble with excitement or the like; be in a flutter. –n. **4.** a state of tremulous excitement. –**twittery** adj. –**twitteringly** adv.

two /tu/ n. **1.** a cardinal number, one plus one. **2.** a symbol for this number, as 2 or II. **3.** a set of this many persons or things. **4.** a playing card, die face, etc., with two pips. –det. **5.** amounting to two in number: *two apples*. –pron. **6.** two people or things: *sleeps two; give me two*. –phr. **7. in two,** in two pieces; apart: *to break in two*. **8. put two and two together,** to draw a conclusion from certain circumstances. **9. two men and a dog,** Colloquial very few people.

two-dimensional /tu-daɪ'mɛnʃənəl, tu-də-/ adj. having two dimensions, as height and width.

two-faced /'tu-feɪst/ adj. **1.** having two faces. **2.** deceitful; hypocritical. –**two-facedly** /tu-'feɪsədli/ adv. –**two-facedness** n.

two-time /'tu-taɪm/ v. -**timed,** -**timing.** Colloquial –v.t. **1.** to deceive or doublecross. –v.i. **2.** to deceive or doublecross someone. **3.** to deceive a friend or lover by having a similar relationship with another. –**two-timer** n.

two-up /'tu-ʌp/ n. (in Australia and NZ) a gambling game in which two coins are spun in the air and bets are laid on whether they fall heads or tails; swy.

-**ty**[1] a suffix of numerals denoting multiples of ten, as *twenty*.

-**ty**[2] a suffix of nouns denoting quality, state, etc., as *unity, enmity*.

tycoon /taɪ'kun/ n. a businessman having great wealth and power.

tyke[1] /taɪk/ n. Colloquial **1.** a mischievous or troublesome child. **2.** any small child. Also, **tike.**

tyke[2] /taɪk/ n. Colloquial a Roman Catholic. Also, **tike.**

tympanic membrane /tɪm,pænɪk 'mɛmbreɪn/ n. a membrane separating the tympanum or middle ear from the passage of the external ear; the eardrum.

tympanum /'tɪmpənəm/ n. -**nums** or -**na** /-nə/. **1.** Anatomy, Zoology the middle ear. **2.** → **tympanic membrane. 3.** drum or similar instrument. –**tympanic** /tɪm'pænɪk/ adj.

type /taɪp/ n., v. **typed, typing.** –n. **1.** kind, class, or group as marked by a particular characteristic. **2.** person or thing representing the characteristic qualities of a kind, class, or group; representative specimen. **3.** general form, style, or character marking a particular kind, class or group. **4.** *Biology* **a.** the general form or plan of structure common to a group of animals, plants, etc. **b.** genus or species which most nearly serves as an example of the main characteristics of a higher group and frequently gives the latter its name. See

genus, species. 5. pattern or model from which something is made. **6.** *Printing* **a.** rectangular piece or block, now usually of metal, having on its upper surface a letter or character that stands out from its background. **b.** such pieces or blocks grouped together. **c.** a similar piece or pieces in a typewriter, etc. **d.** printed character(s): *a headline in large type.* –*v.t.* **7.** to write (a letter, etc.) by means of a typewriter or keyboard. **8.** to represent by a symbol; symbolise. –*v.i.* **9.** to write by means of a typewriter or keyboard.

-type a word element representing 'type', as in *prototype*, especially used of photographic processes, as in *ferrotype*.

typecast /'taɪpkast/ *v.* **-cast, -casting,** *adj.* –*v.t.* **1.** to cast (an actor, etc.) continually in the same kind of role, especially because of some physical characteristic. –*adj.* **2.** (of an actor) having acquired a particular image through frequent casting in similar roles.

typeface /'taɪpfeɪs/ *n.* → **face** (def. 17b).

typescript /'taɪpskrɪpt/ *n.* **1.** a typewritten copy of a literary composition, a document, or the like. **2.** typewritten material, as distinguished from handwriting or print.

typeset /'taɪpsɛt/ *v.* **-set, -setting,** *adj. Printing* –*v.t.* **1.** to set in type. –*adj.* **2.** set in type. –**typesetter** *n.* –**typesetting** *n.*

typewriter /'taɪpraɪtə/ *n.* a machine for writing mechanically in letters and characters.

typho- a word element representing **typhus** and **typhoid,** as in *typhogenic.*

typhoid fever /'taɪfɔɪd 'fivə/ *n. Pathology* an infectious, often fatal, febrile disease, usually of the summer months, characterised by intestinal inflammation and ulceration, due to the typhoid bacillus which is usually introduced with food or drink.

typhoon /taɪ'fun/ *n.* **1.** a tropical cyclone or hurricane of the western Pacific area and the China seas. **2.** a violent storm or tempest of India. –**typhonic** /taɪ'fɒnɪk/ *adj.*

typhus /'taɪfəs/ *n. Pathology* an acute infectious disease marked by great prostration, severe nervous symptoms, and a characteristic eruption of reddish spots on the body, now regarded as due to a specific micro-organism transmitted by lice and fleas. Also, **typhus fever.** –**typhous** *adj.*

typical /'tɪpɪkəl/ *adj.* **1.** relating to, of the nature of, or serving as a type or emblem; symbolic. **2.** of the nature of or serving as a type or representative specimen. **3.** conforming to the type. **4.** *Biology* exemplifying most nearly the essential characteristics of a higher group in natural history, and forming the type: *the typical genus of a family.* **5.** relating or belonging to a representative specimen; characteristic or distinctive. Also, **typic.** –**typically** *adv.* –**typicalness** *n.*

typify /'tɪpəfaɪ/ *v.t.* **-fied, -fying. 1.** to serve as the typical specimen of; exemplify. **2.** to serve as a symbol or emblem of; symbolise; prefigure. **3.** to represent by a type or symbol. –**typification** /tɪpəfə'keɪʃən/ *n.* –**typifier** *n.*

typist /'taɪpəst/ *n.* someone who operates a typewriter.

typography /taɪ'pɒgrəfi/ *n.* **1.** the art or process of printing with types. **2.** the work of setting and arranging types and of printing from them. **3.** the general character or appearance of printed matter. –**typographer** *n.* –**typographical** /taɪpə'græfɪkəl/, **typographic** /taɪpə'græfɪk/ *adj.*

tyranny /'tɪrəni/ *n.* **-nies. 1.** complete or unchecked exercise of power; despotic abuse of authority. **2.** government or rule of a tyrant or ruler with total power. **3.** state ruled by a tyrant or ruler holding total power. **4.** unjustly severe government. **5.** undue severity or cruelty. **6.** tyrannical act or undertaking. –**tyrannise = tyrannize** *v.*

tyrant /'taɪrənt/ *n.* **1.** a ruler who exercises power oppressively or unjustly. **2.** any person who exercises power despotically. –**tyrannical** *adj.*

tyre /'taɪə/ *n.* **1.** a band of metal or rubber, fitted round the rim of a wheel as a running surface. The inflated rubber **pneumatic tyre** provides good adhesion and resistance to shock. –*v.t.* **2.** to furnish with a tyre or tyres. Also, *US,* **tire.**

tyro /'taɪroʊ/ *n.* **-ros.** a beginner in learning anything; a novice. Also, **tiro.**

tzar /za/ *n.* → **tsar.**

U u

U, u /juː/ *n.* **U's, Us, u's** *or* **us**. a vowel, the 21st letter of the English alphabet.

U /juː/ *adj. Colloquial* appropriate to or characteristic of the upper class. Compare **non-U**.

ubiquity /juːˈbɪkwəti/ *n.* the state or capacity of being everywhere at the same time; omnipresence. **–ubiquitous** *adj.*

U-boat /ˈjuː-bout/ *n.* a German submarine.

udder /ˈʌdə/ *n.* a mamma or mammary gland, especially when pendulous and with more than one teat, as in cows. **–udderless** *adj.* **–udder-like** *adj.*

U-ey = U-ie /ˈjuː-i/ *n. Colloquial* **1.** a U-turn. *–phr.* **2. chuck a U-ey,** to do a U-turn. Also, **Uey**.

UFO /juː ɛf ˈoʊ, ˈjuːfoʊ/ *n.* unidentified flying object.

ugly /ˈʌɡli/ *adj.* **-lier, -liest. 1.** nasty or displeasing in appearance; offensive to the sense of beauty: *an ugly building.* **2.** morally displeasing: *an ugly sin.* **3.** of a troublesome nature; threatening disadvantage or danger: *ugly symptoms.* **4.** unpleasantly or dangerously rough: *ugly weather.* **5.** ill-natured; quarrelsome; vicious: *an ugly disposition.* **–uglily** *adv.* **–ugliness** *n.*

ukulele = ukelele /juːkəˈleɪli/ *n.* a small musical instrument of the guitar kind, much used in the Hawaiian Islands.

ulcer /ˈʌlsə/ *n.* **1.** *Pathology* a sore open either to the surface of the body or to a natural cavity, and accompanied by the disintegration of tissue and the formation of pus, etc. **2.** a corrupting influence or element. **–ulcerate** *v.*

-ule a diminutive suffix of nouns, as in *globule*.

-ulent an adjective suffix meaning 'abounding in', as in *fraudulent*.

ulna /ˈʌlnə/ *n.* **-nae** /-niː/ *or* **-nas. 1.** *Anatomy* the one of the two bones of the forearm which is on the side opposite to the thumb. **2.** a corresponding bone in the forelimb of other vertebrates. **–ulnar** *adj.*

-ulose variant of **-ulous** in scientific terms, as in *granulose, ramulose.*

-ulous a suffix forming adjectives meaning 'tending to', as in *credulous, populous.*

ulterior /ʌlˈtɪəriə/ *adj.* **1.** being beyond what is seen or avowed; intentionally kept concealed: *ulterior motives.* **2.** coming at a subsequent time or stage: *ulterior action.* **3.** being or situated beyond, or on the farther side: *ulterior regions.* **–ulteriorly** *adv.*

ultimate /ˈʌltəmət/ *adj.* **1.** forming the final aim or object: *his ultimate goal.* **2.** coming at the end, as of a course of action, a process, etc.; final; decisive: *ultimate lot in life.* **3.** beyond which it is impossible to proceed, as by investigation or analysis; fundamental; elemental: *ultimate principles.* **4.** impossible to exceed or override: *ultimate weapon.* **5.** last, as in a series. *–n.* **6.** the final point; final result. **7.** a fundamental fact or principle. *–phr.* **8. the ultimate,** *Colloquial* the most successful, pleasing, handsome, etc. **–ultimately** *adv.* **–ultimateness** *n.*

ultimatum /ʌltəˈmeɪtəm/ *n.* **-tums** *or* **-ta** /-tə/. **1.** the final terms of one of the parties in a diplomatic relationship, the rejection of which by the other party may involve a rupture of relations or lead to a declaration of war. **2.** a final proposal or statement of conditions.

ultimo /ˈʌltəmoʊ/ *adv.* in or of the month preceding the present: *on the 12th ultimo. Abbrev.*: ult., ulto. Compare **proximo**.

ultra /ˈʌltrə/ *adj.* going beyond what is usual or accepted.

ultra- a prefix meaning: **1.** beyond (in space or time) as in *ultraplanetary.* **2.** excessive; excessively, as in *ultraconventional.*

ultra high frequency *n.* **1.** any frequency between 300 and 3000 megahertz. *–adj.* **2.** (of a device) designed to transmit or receive such a frequency. *Abbrev.*: u.h.f.

ultralight /ˈʌltrəlaɪt/ *n.* **1.** an ultralight aircraft. *–adj.* **2.** having to do with an ultralight aircraft.

ultralight aircraft *n.* an extremely light, usually single-seater aircraft. Also, **ultralight, ultralight plane**.

ultramarine /ʌltrəməˈriːn/ *adj.* **1.** beyond the sea. *–n.* **2.** a blue pigment consisting of powdered lapis lazuli. **3.** a similar artificial blue pigment. **4.** a deep blue colour.

ultrasonic /ʌltrəˈsɒnɪk/ *adj.* having to do with ultrasound.

ultrasound /ˈʌltrəsaʊnd/ *n.* **1.** pressure waves similar in nature to soundwaves but whose frequencies, greater than 20 000 hertz, are above the audible limit. **2.** the diagnostic or therapeutic use of such waves, as in the imaging of internal organs of the body or in deep-heat treatment of joints. **3.** Also, **ultrasound scan**. an image obtained by ultrasound of an internal organ of the body or of a foetus in the uterus. **4.** the machine which performs such a scan.

ultraviolet /ʌltrəˈvaɪələt, -ˈvaɪlət/ *adj.* **1.** beyond the violet, as the invisible rays of the spectrum lying outside the violet end of the visible spectrum. **2.** relating to these rays: *ultraviolet light.*

ululate /ˈjuːljəleɪt/ *v.i.* **-lated, -lating. 1.** to howl, as a dog or wolf. **2.** to lament loudly. **–ululant** *adj.* **–ululation** /juːljəˈleɪʃən/ *n.*

-ulus a diminutive suffix of nouns, as in *homunculus, calculus.*

umbel /ˈʌmbəl/ *n. Botany* an inflorescence in which a number of flower stalks or pedicels, nearly equal in length, spread from a common centre, called a **simple umbel** when each pedicel is terminated by a single flower, and a **compound umbel** when each pedicel bears a secondary umbel. **–umbellate** *adj.* **–umbelliferous** *adj.*

umber /ˈʌmbə/ *n.* **1.** an earth consisting chiefly of a hydrated oxide of iron and some oxide of manganese, used in its natural state (**raw umber**) as a brown pigment, or after heating (**burnt umber**) as a reddish brown pigment. **2.** the colour of such a pigment; dark dusky brown or dark reddish brown. *–adj.* **3.** of such a colour. *–v.t.* **4.** to colour with or as with umber.

umbilical cord *n.* **1.** *Anatomy* a cord or funicle connecting the embryo or foetus with the placenta of the mother, and transmitting nourishment from the mother. **2.** Also, **umbilical connector, umbilical**. *Aerospace* **a.** an electrical cable or fluid pipeline conveying supplies and signals from the ground to a rocket before the launch. **b.** an air or oxygen line connecting an astronaut to the spacecraft during a walk in space.

umbilicus /ʌmˈbɪləkəs, ˌʌmbəˈlaɪkəs/ n. -bilici /-ˈbɪləsaɪ, -bəˈlaɪsaɪ/ 1. *Anatomy* the navel, or central depression in the surface of the abdomen indicating the point of attachment of the umbilical cord. 2. *Botany, Zoology, etc.* a navel-like formation, as the hilum of a seed. 3. a central point or place. 4. a small, navel-like depression. –**umbilical** *adj.*

umbrage /ˈʌmbrɪdʒ/ n. 1. offence given or taken; resentful displeasure. 2. the foliage of trees, etc., affording shade.

umbrella /ʌmˈbrelə/ n. 1. a portable shade or screen for protection from sunlight, rain, etc., in its modern form consisting of a light circular canopy of silk, cotton, or other material on a folding frame of bars or strips of steel, cane, etc. 2. *Zoology* the saucer- or bowl-shaped gelatinous body of a jellyfish; the bell. 3. any general protection or cover. 4. *Military* a covering force of aircraft protecting ground troops. –*adj.* 5. covering or intended to cover a group or class of things, circumstances, etc.; all-embracing: *winter sports is an umbrella term for skiing, skating, tobogganing, etc.* –**umbrella-like** *adj.*

umlaut /ˈumlaut/ n. 1. (of vowels in Germanic languages) assimilation in which a vowel is influenced by a following vowel or semivowel. 2. a vowel which has resulted from such assimilation, especially when written ä, ö, or ü in German. 3. two dots as a diacritic over a vowel to indicate a different vowel sound from that of the letter without the diacritic, especially as so used in German. –*v.t.* 4. to modify by umlaut. 5. to write the umlaut over.

umpire /ˈʌmpaɪə/ n., v. -pired, -piring. –n. 1. a person selected to see that a game is played in accordance with the rules. 2. a person to whose decision a controversy between parties is referred; an arbiter or referee. –*v.t.* 3. to act as umpire in (a game). –*v.i.* 4. to act as umpire. –**umpirage**, **umpireship** *n.*

un-[1] a prefix meaning 'not', freely used as an English formative, giving a negative or opposite force, in adjectives (including participial adjectives) and their derivative adverbs and nouns, as in *unfair, unfairly, unfairness, unfelt, unseen, unfitting, unformed, unheard-of, unget-at-able*, and less freely in certain other nouns, as in *unease, unrest, unemployment*. Note: Of the words in **un-**[1], only a selected number are separately entered, since in most formations of this class, the meaning, spelling, and pronunciation may readily be determined by reference to the simple word from which each is formed.

un-[2] a prefix freely used in English to form verbs expressing a reversal of some action or state, or removal, deprivation, release, etc., as in *unbend, uncork, unfasten*, etc., or to intensify the force of a verb already having such a meaning, as in *unloose*.

unaccountable /ˌʌnəˈkaʊntəbəl/ *adj.* 1. not to be accounted for or explained. 2. not accountable or answerable. –**unaccountability** /ˌʌnəˌkaʊntəˈbɪləti/, **unaccountableness** *n.* –**unaccountably** *adv.*

unanimous /juˈnænəməs/ *adj.* of one mind; in complete accord; agreed. –**unanimously** *adv.* –**unanimousness** *n.*

unassuming /ˌʌnəˈsjumɪŋ/ *adj.* unpretending; modest. –**unassumingly** *adv.* –**unassumingness** *n.*

unavailing /ˌʌnəˈveɪlɪŋ/ *adj.* ineffectual; useless. –**unavailingly** *adv.*

unawares /ˌʌnəˈwɛəz/ *adv.* 1. while not aware or conscious of a thing oneself; unknowingly or inadvertently. 2. while another is not aware; unexpectedly: *to come upon someone unawares*.

unbalanced /ʌnˈbælənst/ *adj.* 1. not balanced, or not properly balanced. 2. lacking steadiness and soundness of judgment. 3. mentally disordered or deranged.

unbecoming /ˌʌnbəˈkʌmɪŋ/ *adj.* 1. not becoming; not appropriate; unsuited. 2. improper; unseemly. 3. (of clothing, etc.) unattractively inappropriate. –**unbecomingly** *adv.* –**unbecomingness** *n.*

unbend /ʌnˈbɛnd/ *v.* -bent *or* -bended, -bending. 1. to make or become less formal. 2. to make or become straight.

unbending /ʌnˈbɛndɪŋ/ *adj.* 1. not bending; rigid; unyielding; inflexible. 2. stern; rigorous; resolute. –*n.* 3. a relaxing or easing. –**unbendingly** *adv.* –**unbendingness** *n.*

unborn /ʌnˈbɔn/ *adj.* 1. not yet born; yet to come; future: *ages unborn*. 2. (of a baby) still in the womb.

unbosom /ʌnˈbʊzəm/ *v.t.* 1. to disclose (one's thoughts, feelings, etc.) especially in confidence. –*phr.* 2. **unbosom oneself**, to disclose one's thoughts, etc., to another person. –**unbosomer** *n.*

unbridled /ʌnˈbraɪdld/ *adj.* 1. unrestrained or uncontrolled. 2. not having a bridle on, as a horse.

uncalled-for /ʌnˈkɔld-fɔ/ *adj.* unnecessary and improper; unwarranted.

uncanny /ʌnˈkæni/ *adj.* 1. such as to arouse superstitious uneasiness; unnaturally strange. 2. preternaturally good: *uncanny judgment*. –**uncannily** *adv.* –**uncanniness** *n.*

uncertain /ʌnˈsɜtn/ *adj.* 1. not definitely or surely known; doubtful. 2. not confident, assured, or decided: *the applicant's uncertain manner was a point against him*. 3. not fixed or determined. 4. doubtful; vague; indistinct. 5. not to be depended on. 6. subject to change; variable; capricious: *a person of uncertain temper*. 7. dependent on chance. 8. unsteady or fitful, as light. –**uncertainly** *adv.* –**uncertainness** *n.* –**uncertainty** *n.*

uncial /ˈʌnsiəl/ *adj.* 1. having to do with ancient majuscule letters distinguished from capital majuscules by relatively great roundness, inclination, and inequality in height. 2. having to do with the duodecimal system. –**uncially** *adv.*

uncle /ˈʌŋkəl/ *n.* 1. a brother of one's father or mother. 2. an aunt's husband. 3. *Colloquial* a pawnbroker. 4. (a familiar title applied to any elderly man).

unclean /ʌnˈklin/ *adj.* 1. morally or spiritually impure. 2. ceremonially or ritually defiled. 3. (of food) unfit to be eaten; forbidden. 4. physically defiled or defiling; foul; dirty.

unconscionable /ʌnˈkɒnʃənəbəl/ *adj.* 1. unreasonably excessive. 2. not in accordance with what is just or reasonable: *unconscionable behaviour*. 3. not guided by conscience; unscrupulous. –**unconscionableness** *n.* –**unconscionably** *adv.*

unconscious /ʌnˈkɒnʃəs/ *adj.* 1. not conscious; unaware. 2. temporarily devoid of consciousness. 3. not endowed with knowledge of one's own existence, etc. 4. occurring below the level of conscious thought. 5. unintentional: *an unconscious slight*. 6. *Psychology* relating to mental processes which the individual cannot bring into consciousness. –*phr.* 7. **the unconscious**, *Psychology* an organisation of the mind containing all psychic material not available in the immediate field of awareness. –**unconsciously** *adv.* –**unconsciousness** *n.*

uncouth /ʌnˈkuθ/ *adj.* 1. awkward, clumsy, or unmannerly, as persons, behaviour, actions, etc. 2. strange and ungraceful in appearance or form. 3. unusual or strange. –**uncouthly** *adv.* –**uncouthness** *n.*

uncrossed /ʌnˈkrɒst/ *adj.* 1. (of a cheque) not

unction

crossed; negotiable. **2.** not thwarted.
unction /'ʌŋkʃən/ *n.* **1.** the act of anointing, especially for medical purposes or as a religious rite. **2.** something soothing or comforting. **3.** a professional, conventional, or affected earnestness or fervour in utterance. –**unctionless** *adj.*
unctuous /'ʌŋkʃuəs/ *adj.* **1.** of the nature of or characteristic of an unguent or ointment; oily; greasy. **2.** characterised by religious unction or fervour, especially of an affected kind; excessively smooth, suave, or bland. **3.** having an oily or soapy feel, as certain minerals. –**unctuosity** /ʌŋkʃu'ɒsəti/, **unctuousness** *n.* –**unctuously** *adv.*
uncut /ʌn'kʌt/ *adj.* (of drugs, as heroin) not mixed with other substances; pure.
under /'ʌndə/ *prep.* **1.** beneath and covered by: *under a table or a tree*. **2.** below the surface of: *under the sea*. **3.** at a point or position lower than or farther down than: *to stand under a window*. **4.** in the position or state of bearing, supporting, sustaining, undergoing, etc.: *to sink under a load*; *a matter under consideration*. **5.** subject to: *under the influence of drink*. **6.** bearing as a crop: *land under barley*. **7.** beneath (a head, heading, or the like), as in classification. **8.** as designated, indicated, or represented by: *under a new name*. **9.** below in degree, amount, price, etc.; less than: *under age*. **10.** below in rank, dignity, or the like. **11.** subject to the rule, direction, guidance, etc., of: *under supervision; to study under a professor*. **12.** during the reign or rule of. **13.** subject to the influence, conditioning force, etc., of: *under these circumstances; born under Taurus*. **14.** with the favour or aid of: *under protection*. **15.** authorised, warranted, or attested by: *under one's hand or seal*. **16.** in accordance with: *under the provisions of the law*. **17.** in the state or process of: *under repair*. –*adv.* **18.** beneath and covered by something. **19.** beneath the surface. **20.** in a lower place. **21.** in a lower degree, amount, etc. **22.** in a subordinate position or condition. **23.** in or into subjection or submission. **24.** in or into cover or submersion: *to send a boat under*. –*adj.* **25.** beneath. **26.** lower in position. **27.** lower in degree, amount, etc. **28.** lower in rank or condition. **29.** facing downwards: *the under fringe of a curtain*. –*phr.* **30.** (*also caps*) **down under**, in or to Australia and New Zealand. **31. go under**, *Colloquial* **a.** to sink in or as in water. **b.** to fail, especially of a business. **c.** to be found guilty by a jury.
under- a prefixal attributive use of *under*, as to indicate **a.** a place or situation below or beneath, as in *underbrush, undertow*, or lower in grade or dignity, as in *understudy*. **b.** a lesser degree, extent, or amount, as in *undersized*. **c.** an insufficiency, as in *underfeed*.
underachieve /ʌndərə'tʃiv/ *v.i.* to fail to perform as well as one's innate ability suggests. –**underachiever** *n.*
under-age /'ʌndər-eɪdʒ/ *adj.* below the customary or required age, especially below the legal age, as for entering licensed premises, marrying, etc.
underarm /'ʌndəram/ *adj.* **1.** under the arm: *an underarm seam*. **2.** in the armpit: *underarm odour*. **3.** *Cricket, Tennis, etc.* executed with the hand below the shoulder as in bowling, service, etc. –*adv.* **4.** *Cricket, Tennis, etc.* with an underarm action.
undercapitalise = undercapitalize /ʌndə'kæpətəlaɪz/ *v.t.* **-lised, -lising**. to provide insufficient capital for (a business venture).
undercarriage /'ʌndəkærɪdʒ/ *n.* **1.** the supporting framework beneath the body of a carriage, etc. **2.** Also, *Chiefly US,* **landing gear**. the portions of an aeroplane beneath the body, serving as a support when on the ground or water or when taking off and alighting.
undercover /'ʌndəkʌvə/ *adj.* working or done out of public sight; secret: *an undercover agent*.
undercurrent /'ʌndəkʌrənt/ *n.* **1.** a current below the upper currents or below the surface. **2.** an underlying or concealed condition or tendency.
undercut /ʌndə'kʌt/ *v.* **-cut, -cutting**, /'ʌndəkʌt/. –*v.t.* **1.** to cut under or beneath. **2.** to sell or work at a lower price than. **3.** *Sport* to hit (the ball) so as to cause a backspin. **4.** to outwit or out-manoeuvre (a rival); undermine. –*n.* **5.** a cut, or a cutting away, underneath.
underdeveloped /ʌndədə'vɛləpt/ *adj.* **1.** (of a country) → **developing**. **2.** (of film) developed less than normal, producing a lack of contrast. **3.** less fully developed than average. –**underdevelopment** *n.*
underdog /'ʌndədɒg/ *n.* **1.** a victim of oppression. **2.** the loser or expected loser in a competitive situation, fight, etc.
underdone /'ʌndədʌn/ *adj.* (of food, especially meat) cooked lightly or less than completely.
underfelt /'ʌndəfɛlt/ *n.* a thick felt laid under a carpet to make it more resilient.
undergo /ʌndə'goʊ/ *v.t.* **-went, -gone, -going**. **1.** to be subjected to; experience; pass through. **2.** to endure; sustain; suffer.
undergraduate /ʌndə'grædʒuət/ *n.* **1.** a student in a university or college who has not completed a first degree. –*adj.* **2.** relating to, characteristic of, or consisting of undergraduates. –**undergraduateship** *n.*
underground /'ʌndəgraʊnd/ *adv.* **1.** beneath the surface of the ground. **2.** secretly; not openly. –*adj.* **3.** being or taking place beneath the surface of the ground: *an underground river*. **4.** used, or for use, underground. **5.** hidden or secret; not open. **6.** referring to a group, organisation, etc., that holds radical political views and does not work as part of the establishment, or to the publications, etc., of such a group. –*n.* **7.** a place or region beneath the surface of the earth. **8.** a railway running mainly through underground tunnels. –*phr.* **9. the Underground**, a secret organisation fighting the established government or occupation forces, especially in World War II.
underground economy *n.* an economy which exists alongside the official economy but which involves payments in cash which are not declared as taxable income and which do not therefore become part of official figures and statistics.
undergrowth /'ʌndəgroʊθ/ *n.* **1.** shrubs or small trees growing beneath or among large trees. **2.** condition of being undergrown or undersized.
underhand /'ʌndəhænd/ *adj.* **1.** not open and aboveboard; secret and crafty or dishonourable. **2.** done or delivered underhand. –*adv.* **3.** with the hand below the shoulder, as in pitching or bowling a ball. **4.** *Tennis* with the racquet held below the wrist. **5.** secretly; stealthily; slyly.
underlie /ʌndə'laɪ/ *v.t.* **-lay, -lain, -lying**. **1.** to lie under or beneath; be situated under. **2.** to be at the basis of; form the foundation of. –**underlying** *adj.*
underline /ʌndə'laɪn/ *v.* **-lined, -lining**, /'ʌndəlaɪn/ *n.* –*v.t.* **1.** to mark with a line or lines underneath; underscore. **2.** to emphasise or stress the importance of. –*n.* **3.** a line drawn underneath.
underling /'ʌndəlɪŋ/ *n.* (*usually derogatory*) a subordinate.
undermine /ʌndə'maɪn, 'ʌndəmaɪn/ *v.t.* **-mined, -mining**. **1.** to form a mine or passage under, as in military operations; make an excavation under. **2.** to render unstable by digging into or wearing away the foundations. **3.** to affect injuriously or

weaken by secret or underhand means. **4.** to weaken insidiously; destroy gradually. **–underminer** *n.*

underneath /ʌndə'niθ/ *prep.* **1.** under; beneath. *–adv.* **2.** beneath; below. *–adj.* **3.** lower. *–n.* **4.** the under or lowest part or aspect.

underpants /'ʌndəpænts/ *pl. n.* an undergarment, in the form of more or less close-fitting short trousers, with or without legs, and made of light cotton or the like; pants; drawers.

underpass /'ʌndəpɑs/ *n.* a passage running underneath, especially a passage for vehicles or pedestrians, or both, crossing under a railway, road, etc.

underpin /ʌndə'pɪn/ *v.t.* **-pinned, -pinning. 1.** to pin or support underneath; place something under for support or foundation. **2.** to support; prop.

underplay /ʌndə'pleɪ/ *v.t.* **1.** to act (a part) sketchily. **2.** to perform or deal with in a subtle or restrained manner. *–v.i.* **3.** to achieve an effect in acting with a minimum of emphasis. **4.** *Cards* to play a low card while retaining a higher. **–underplayed** *adj.*

underprivileged /ʌndə'prɪvəlɪdʒd/ *adj.* denied the enjoyment of the normal privileges or rights of a society because of poverty and low social status.

underproof /'ʌndəpruf/ *adj.* containing a smaller proportion of alcohol than proof spirit does.

underscore *v.* **-scored, -scoring.** /ˌʌndə'skɔ/ *n.* *–v.t.* **1.** to mark with a line or lines underneath; underline. **2.** to emphasise. *–n.* **3.** a line drawn beneath something written or printed, as for emphasis.

undersecretary /ʌndə'sɛkrətri/ *n.* **-ries. 1.** a secretary subordinate to a principal secretary. **2.** the permanent head in certain government departments. **–undersecretaryship** *n.*

undersigned /'ʌndəsaɪnd/ *adj.* **1.** having signed, as a person, at the end of a letter or document. **2.** signed, as a name. *–phr.* **3. the undersigned**, the person or persons undersigning a letter or document.

understand /ʌndə'stænd/ *v.* **-stood, -standing.** *–v.t.* **1.** to grasp the idea of; comprehend: *now I understand your plan.* **2.** to be thoroughly familiar with the character or nature of: *she understands mathematics; she understands her husband well.* **3.** to get the idea of by knowing the meaning of the words used: *can you understand foreign broadcasts?* **4.** to grasp the possible results or importance of: *does he understand what war would mean?* **5.** to accept as a fact; learn or hear: *from what I understand, the charge is true.* **6.** to take the meaning of in a particular way: *you are to understand the phrase exactly as written.* **7.** to accept as being present or existing: *his loyalty is understood.* *–v.i.* **8.** to see what is meant. **9.** to have knowledge about something: *to understand about a matter.* **10.** to accept sympathetically: *if you go away, I shall understand.*

understanding /ʌndə'stændɪŋ/ *n.* **1.** the act of one who understands; comprehension; personal interpretation. **2.** intelligence; wit. **3.** superior intelligence; superior power of recognising the truth: *women of understanding.* **4.** a mutual comprehension of each other's meaning, thoughts, etc. **5.** a state of (good or friendly) relations between persons. **6.** a mutual agreement of a private or unannounced kind. *–adj.* **7.** that understands; possessing or showing intelligence or understanding. **8.** sympathetically discerning; tolerant. *–phr.* **9. on the understanding that**, on condition that. **–understandingly** *adv.*

understate /ʌndə'steɪt/ *v.t.* **-stated, -stating.** to state or represent less strongly than is desirable or necessary; state with too little emphasis. **–understatement** /'ʌndəsteɪtmənt/ *n.*

understudy /'ʌndəstʌdi/ *n., v.* **-studied, -studying.** *–n.* **1.** an actor who stands by to replace a performer when the latter is unable to appear. *–v.t.* **2.** to act as an understudy to (an actor). **3.** to be the understudy for (a particular role).

undertake /ʌndə'teɪk/ *v.t.* **-took, -taken, -taking. 1.** to take on oneself (some task, performance, etc.); take in hand; essay; attempt. **2.** to take on oneself by formal promise or agreement; lay oneself under obligation to perform or execute. **3.** to warrant or guarantee: *to undertake that something will happen.*

undertaker /'ʌndəteɪkə/ *n.* someone whose business is to prepare the dead for burial and to take charge of funerals; funeral director; mortician.

undertaking /'ʌndəteɪkɪŋ/ *n.* **1.** the act of someone who undertakes any task or responsibility. **2.** a task, enterprise, etc., undertaken. **3.** a promise; pledge; guarantee. **4.** the business of an undertaker or funeral director.

under-the-counter /'ʌndə-ðə-kaʊntə/ *adj.* relating to goods kept hidden for sale in some improper way, as on the black market.

undertone /'ʌndətoʊn/ *n.* **1.** a low or subdued tone, as of utterance. **2.** an underlying quality, element, or tendency. **3.** a subdued colour; a colour modified by an underlying colour.

undertow /'ʌndətoʊ/ *n.* **1.** the backward flow or draught of the water, below the surface, from waves breaking on a beach. **2.** any strong current below the surface of a body of water, moving in a direction different from that of the surface current.

underwear /'ʌndəwɛə/ *n.* clothes worn under outer clothes, especially those worn next to the skin.

underworld /'ʌndəwɜld/ *n.* **1.** the lower, degraded, or criminal part of human society. **2.** the lower or nether world. **3.** the place or region below the surface of the earth.

underwrite /'ʌndəraɪt, ʌndə'raɪt/ *v.t.* **-wrote, -written, -writing. 1.** to write (something) under a thing, especially under other written matter. **2.** to sign one's name to (a document, etc.). **3.** to agree to meet the expense of; undertake to finance. **4.** to guarantee the sale of (shares or bonds to be offered to the public for subscription). **5.** *Insurance* to write one's name at the end of (a policy of insurance), thereby becoming liable in case of certain losses specified therein.

undies /'ʌndiz/ *pl. n. Colloquial* → **underwear.**

undo /ʌn'du/ *v.t.* **-did, -done, -doing. 1.** to unfasten and open (something closed, locked, etc.). **2.** to untie or loose (strings, etc.). **3.** to open (a parcel, sealed letter, etc.). **4.** to cause to be as if never done: *he undid all her good work.* **5.** to bring to ruin; destroy. **–undoer** *n.*

undone[1] /ʌn'dʌn/ *adj.* not done; not accomplished or completed, or finished.

undone[2] /ʌn'dʌn/ *v.* **1.** past participle of **undo.** *–adj.* **2.** unfastened. **3.** reversed. **4.** brought to destruction or ruin.

undress /ʌn'drɛs/ *v.t.* **1.** to remove the clothes from; disrobe. *–v.i.* **2.** to take off one's clothes. *–n.* **3.** state of having little or no clothes on. **4.** ordinary or informal dress.

undue /ʌn'dju/ *adj.* **1.** unwarranted; excessive; too great: *undue haste.* **2.** not proper, fitting, or right; unjustified: *to exert undue influence.* **3.** not yet owing or payable.

undulate /'ʌndʒəleɪt/ *v.i.* **-lated, -lating. 1.** to have a wavy motion; rise and fall or move up and down in waves. **2.** to have a wavy form or surface; bend with successive curves in alternate directions. **–undulation** *n.* **–undulatory** *adj.*

unduly /ʌn'djuli/ *adv.* **1.** excessively. **2.** inappropri-

unearned income *n.* income, from investments, inheritance, property, etc., which is not earned as salary, and is sometimes taxed at a higher level than earned income.

unearth /ʌn'ɜθ/ *v.t.* **1.** to dig or get out of the earth; dig up. **2.** to uncover or bring to light by digging, searching, or discovery.

unearthly /ʌn'ɜθli/ *adj.* **1.** not of this earth or world. **2.** supernatural; ghostly; unnaturally strange; weird: *an unearthly scream.* **3.** *Colloquial* unreasonable; absurd: *to get up at an unearthly hour.* **–unearthliness** *n.*

uneasy /ʌn'izi/ *adj.* **-easier, -easiest. 1.** not easy in body or mind; uncomfortable; restless; disturbed; perturbed. **2.** not easy in manner; constrained. **–uneasily** *adv.* **–uneasiness** *n.*

unemployed /ʌnəm'plɔɪd, -ɛm-/ *adj.* **1.** out of work, especially temporarily and involuntarily; without work or employment. **2.** not in productive or profitable use. *–phr.* **3. the unemployed, a.** those who are not employed. **b.** those who are out of work, especially temporarily and involuntarily.

unequivocal /ʌni'kwɪvəkəl, -ə'kwɪv-/ *adj.* not equivocal; not ambiguous; clear; plain: *an unequivocal reply.* **–unequivocally** *adv.* **–unequivocalness** *n.*

unerring /ʌn'ɜrɪŋ/ *adj.* **1.** not erring; not going astray or missing the mark; without error or mistake. **2.** unfailingly right, exact, or sure. **–unerringly** *adv.* **–unerringness** *n.*

unethical /ʌn'ɛθɪkəl/ *adj.* **1.** contrary to moral precept; immoral. **2.** in contravention of some code of professional conduct. **–unethically** *adv.*

unexampled /ʌnəɡ'zæmpəld/ *adj.* unlike anything previously known; without parallel; unprecedented: *unexampled kindness, unexampled lawlessness.*

unexplored /ʌnək'splɔd/ *adj.* **1.** not explored; uncharted. **2.** not analysed; unknown.

unfailing /ʌn'feɪlɪŋ/ *adj.* **1.** not failing or giving way; totally dependable: *unfailing good humour.* **2.** never giving out; unceasing; continuous: *an unfailing supply.* **–unfailingly** *adv.* **–unfailingness** *n.*

unfaithful /ʌn'feɪθfəl/ *adj.* **1.** false to duty or promises; disloyal; perfidious; faithless. **2.** not faithfully accurate or exact, as a copy or description. **3.** having sexual intercourse with a person other than one's spouse or partner.

unfeeling /ʌn'filɪŋ/ *adj.* **1.** not feeling; devoid of feeling; insensible or insensate. **2.** unsympathetic; callous; hard-hearted. **–unfeelingly** *adv.* **–unfeelingness** *n.*

unfit /ʌn'fɪt/ *adj., v.* **-fitted, -fitting.** *–adj.* **1.** not fit; not adapted or suited; unsuitable; not deserving or good enough. **2.** unqualified or incompetent. **3.** not physically fit or in due condition. *–v.t.* **4.** to render unfit or unsuitable; disqualify. **–unfitly** *adv.* **–unfitness** *n.*

unfold /ʌn'foʊld/ *v.t.* **1.** to spread or open out: *unfold your arms.* **2.** to develop: *the skills of an artist unfold with experience.* **3.** to reveal, display or explain. *–v.i.* **4.** to become unfolded or be revealed. **–unfolder** *n.* **–unfoldment** *n.*

unforeseen /ʌnfɔ'sin, -fə-/ *adj.* not predicted; unexpected.

unformed /ʌn'fɔmd/ *adj.* **1.** not formed; not definitely shaped; shapeless or formless. **2.** undeveloped; crude. **3.** not trained or educated, as the mind. **4.** not made or created.

unfortunate /ʌn'fɔtʃənət/ *adj.* **1.** not lucky. **2.** being a misfortune; regrettable; disastrous. **3.** likely to have undesirable results; unpropitious: *an unfortunate decision.* **4.** unsuitable; inept: *an unfortunate choice of words.* **5.** deserving of sympathy; sad. *–n.* **6.** an unfortunate person. **–unfortunately** *adv.* **–unfortunateness** *n.*

unfounded /ʌn'faʊndəd/ *adj.* without foundation; baseless: *unfounded suspicions.* **–unfoundedly** *adv.* **–unfoundedness** *n.*

unfrock /ʌn'frɒk/ *v.t.* to deprive of priestly status.

unfurl /ʌn'fɜl/ *v.t.* **1.** to spread or shake out from a furled state, as a sail or a flag; unfold. *–v.i.* **2.** to become unfurled.

ungainly /ʌn'ɡeɪnli/ *adj.* not graceful or shapely; awkward; clumsy; uncouth. **–ungainliness** *n.*

ungodly /ʌn'ɡɒdli/ *adj.* **1.** irreligious; impious; sinful. **2.** wicked. **3.** *Colloquial* dreadful; outrageous. *–phr.* **4. the ungodly**, wicked people. **–ungodlily** *adv.* **–ungodliness** *n.*

ungracious /ʌn'ɡreɪʃəs/ *adj.* **1.** not gracious; lacking in gracious courtesy or affability. **2.** unacceptable; unwelcome. **–ungraciously** *adv.* **–ungraciousness** *n.*

unguent /'ʌŋɡwənt/ *n.* any soft preparation or salve, usually of butter-like consistency, applied to sores, etc.; an ointment. **–unguentary** *adj.*

unhappy /ʌn'hæpi/ *adj.* **-pier, -piest. 1.** sad, miserable, or wretched. **2.** unfortunate; unlucky. **3.** unfavourable; inauspicious. **4.** infelicitous: *an unhappy remark.* **–unhappily** *adv.* **–unhappiness** *n.*

unhealthy /ʌn'hɛlθi/ *adj.* **-healthier, -healthiest. 1.** not healthy; not possessing health; not in a healthy or sound condition. **2.** characteristic of or resulting from bad health. **3.** hurtful to health; unwholesome. **4.** morally harmful; noxious. **5.** morbid: *an unhealthy interest in death.* **–unhealthily** *adv.* **–unhealthiness** *n.*

unheard-of /ʌn'hɜd-ɒv/ *adj.* **1.** that was never heard of; unknown. **2.** such as was never known before; unprecedented.

unhinge /ʌn'hɪndʒ/ *v.t.* **-hinged, -hinging. 1.** to take (a door, etc.) off the hinges. **2.** to unbalance (the mind, etc.). **3.** to deprive of fixity or stability; throw into confusion or disorder.

uni /'juni/ *n. Colloquial* a university.

uni- a word element meaning 'one', 'single', as in *unisexual*.

unicorn /'junəkɔn/ *n.* **1.** a mythological animal with a single long horn, said to elude every captor save a virgin. *–adj.* **2.** having one horn.

uniform /'junəfɔm/ *adj.* **1.** having always the same form or character; unvarying. **2.** without variation in appearance, colour, etc.; unbroken. **3.** (of a person, action, rule, etc.) consistent in action, opinion, effect, etc.: *a uniform divorce law.* **4.** agreeing with one another in form, character, appearance, etc.; alike. *–n.* **5.** dress of the same style, materials, and colour worn by and setting apart the members of a group, especially a military body, school, etc. **6.** a single suit of such dress. *–v.t.* **7.** to clothe with a uniform. **–uniformly** *adv.* **–uniformity** /junə'fɔməti/, **uniformness** *n.*

unify /'junəfaɪ/ *v.t.* **-fied, -fying.** to form into one; make a unit of; reduce to unity. **–unifier** *n.*

unilateral /juni'lætərəl, -'lætrəl, junə-/ *adj.* **1.** relating to, occurring on, or affecting one side only. **2.** leaning or tending to one side. **3.** affecting one side, party, or person only. **4.** undertaken or performed by one side only: *unilateral disarmament.* **5.** concerned with or considering only one side of a matter or question; one-sided. **–unilaterality** /ˌjunilætə'ræləti/ *n.* **–unilaterally** *adv.*

unimpeachable /ʌnɪm'pitʃəbəl/ *adj.* **1.** that cannot be doubted; beyond question. **2.** irreproachable; blameless. **–unimpeachability** /ˌʌnɪmpitʃə'bɪləti/ *n.* **–unimpeachably** *adv.*

unimpressed /ʌnɪm'prɛst/ *adj.* **1.** not impressed;

unimproved

unmoved: *unimpressed by the sales pitch.* **2.** (*ironic*) definitely displeased: *decidedly unimpressed with the opposition.*

unimproved /ʌnɪm'pruːvd/ *adj.* **1.** not made better, more useful, more efficient, etc. **2.** (of land) **a.** not built upon or developed. **b.** not cultivated; left in the wild state. **3.** not bred for better quality or productiveness, as crops, domestic animals, etc. **4.** not better, as health.

uninterested /ʌn'ɪntrəstəd/ *adj.* **1.** having or showing no feeling of interest; indifferent. **2.** not personally concerned in something. **–uninterestedly** *adv.* **–uninterestedness** *n.*

union /'juːnjən/ *n.* **1.** act or result of making 2 or more things into one. **2.** a number of people, societies, states, etc., associated for some common purpose. **3.** a uniting or being united, especially in marriage. **4.** → **trade union**. **5.** (*cap.*) **a.** *Rugby Union* an organisation of Rugby Union clubs which acts as a regulatory body. **b.** the game, as opposed to (Rugby) League **6.** (*cap.*) a club offering dining and sporting services for the members of certain universities.

unionise = unionize /'juːnjənaɪz/ *v.t.* **-nised, -nising**. to organise into a trade union; bring into or incorporate in a trade union. **–unionisation** /ˌjuːnjənaɪ'zeɪʃən/ *n.*

unique /juː'niːk/ *adj.* **1.** of which there is only one; sole. **2.** having no like or equal; standing alone in comparison with others; unequalled. **3.** remarkable, rare, or unusual: *a unique experience.* **–uniquely** *adv.* **–uniqueness** *n.*

unisex /'juːnɪsɛks/ *adj.* of a style of dress, etc., which does not adhere to the traditional differentiations between the sexes.

unisexual /juːnɪ'sɛkʃuəl/ *adj.* **1.** having to do with one sex only. **2.** having only male or female organs in one individual, as an animal or a flower. **–unisexuality** /ˌjuːnɪˌsɛkʃu'æləti/ *n.* **–unisexually** *adv.*

unison /'juːnəsən/ *n.* **1.** coincidence in pitch of two or more notes, voices, etc. **2.** the theoretical interval between any note and a note of exactly the same pitch; a prime. **3.** a sounding together at the same pitch or in octaves, as of different voices or instruments performing the same part. **4.** a sounding together in octaves, especially of male and female voices or of higher and lower instruments of the same class. **5.** accord or agreement. *–phr.* **6. in unison**, in agreement, concordant; in perfect accord; simultaneously.

unit /'juːnət/ *n.* **1.** person, thing, or group regarded as a single entity. **2.** a particular quantity (of length, volume, time, etc.) regarded as a single, undivided amount, especially when used as a standard against which other quantities are measured. **3.** *Mathematics* the lowest positive integer; one. **4.** *Education* a quantity of educational instruction, determined usually on hours of work and examinations passed: *he has 3 units towards his degree*. **5.** *Medicine, Pharmacology* the measured amount of a substance necessary to cause a certain effect: *one hundred units of vitamin E*. **6.** *NZ* a suburban electric multiple-unit train. **7.** *Australian, NZ* → **home unit**. *–adj.* **8.** of, relating to, equal to, containing, or forming a unit or units.

unite /juː'naɪt/ *v.* **united, uniting**. *–v.t.* **1.** to join in order to form one connected whole. **2.** to cause to hold together. **3.** to join in marriage. **4.** to join in action, interest, opinion, feeling, etc. *–v.i.* **5.** to become one in action, opinion, feelings, etc.; combine. **–united** *adj.* **–uniter** *n.*

unit price *n.* a price per agreed unit, as per kilogram, per dozen, etc.

unit trust *n.* *Finance* **1.** a trust whose management purchases shares from a number of companies. The portfolio of such shares is divided into equal units for sale to the public, whose interests are served by an independent trustee company. **2.** the units issued for sale by such a trust.

unity /'juːnəti/ *n.* **-ties**. **1.** the state or fact of being one; oneness. **2.** one single thing; something complete in itself, or regarded as such. **3.** the oneness of a complex or organic whole or of an interconnected series; a whole or totality as combining all its parts into one. **4.** the fact or state of being united or combined into one, as of the parts of a whole. **5.** freedom from diversity or variety. **6.** unvaried or uniform character, as of a plan. **7.** oneness of mind, feeling, etc., as among a number of persons; concord, harmony, or agreement. **8.** *Mathematics* the number one; a quantity regarded as one. **9.** (in literature and art) a relation of all the parts or elements of a work constituting a harmonious whole and producing a single general effect. **10.** one of the three principles of dramatic structure, especially in neoclassical drama: **unity of time** (action taking place during twenty-four hours); **unity of place** (no extensive shifts in setting); **unity of action** (a single plot).

univalve /'juːnɪvælv/ *n.* a mollusc having only one valve, or its shell.

universal /juːnə'vɜːsəl/ *adj.* **1.** covering, including, or coming from all or the whole (of something known or understood). **2.** affecting, concerning, or given to all: *universal military training.* **3.** used or understood by all: *a universal language.* **4.** existing everywhere. **5.** *Mechanics*, etc. able to be used for all or various angles, sizes, etc. **6.** (of a joint, etc.) allowing free movement in all directions, within certain limits. *–n.* **7.** something that may be applied throughout the universe to many things, usually thought of as something which can be in many places at the same time (opposed to *particular*). **8.** a characteristic which can be possessed in common by many different things, such as *mortality*. **9.** *Philosophy* (type referred to by) a general term or concept. **10.** *Mechanics* a universal joint, especially one at the end of the propeller shaft in a motor vehicle. **–universally** *adv.* **–universalism, universalness** *n.* **–universalist** *n.*

universal time *n.* **1.** a system of time measurement based on Greenwich Mean Time, but counted from 0 hr, which is equivalent to midnight Greenwich Mean Time, used internationally from 1928 to 1972. *Abbrev.*: UT **2.** Also, **universal time coordinated, coordinated universal time**. a system of time measurement based on International Atomic Time, adopted internationally in 1972. *Abbrev.*: UTC

universe /'juːnəvɜːs/ *n.* **1.** all of space, and all the matter and energy which it contains; the cosmos. **2.** the whole world; humankind generally: *the whole universe knows it.* **3.** a world or sphere in which something exists or prevails. **4.** a galaxy. **5.** *Logic* the collection of all the objects to which any discourse refers.

university /juːnə'vɜːsəti/ *n.* **-ties**. **1.** a place of higher learning, at which both teaching and research are carried on. **2.** members (teachers, undergraduates, graduate members, etc.) of a university. **3.** buildings of a university. **4.** governing body of a university.

unkempt /ʌn'kɛmpt/ *adj.* **1.** having the hair not combed or cared for. **2.** in an uncared-for, neglected, or untidy state. **–unkemptness** *n.*

unleavened /ʌn'lɛvənd/ *adj.* **1.** (of bread, etc.) not made to rise by the addition of leaven, as yeast or bicarbonate of soda. **2.** unmodified by the addition of some influence.

unless /ʌn'lɛs, ən–/ *conj.* except on condition that; except if it be, or were, that; except when; if ... not: *I shan't come unless you really want me to.*

unlettered /ʌnˈlɛtəd/ *adj.* not educated; illiterate; without knowledge of books.

unlike /ʌnˈlaɪk/ *adj.* **1.** not like; different or dissimilar; having no resemblance. *–prep.* **2.** otherwise than like; different from. **3.** uncharacteristic of: *it is unlike you to be so cheerful.* **–unlikeness** *n.*

unlisted /ʌnˈlɪstəd/ *adj.* **1.** not listed; not entered in a list. **2.** (of stock exchange securities) not entered in the official list of those admitted for dealings. **3.** (of a telephone number) not in the directory.

unload /ʌnˈloʊd/ *v.t.* **1.** to take the load from; remove the burden, cargo, or freight from. **2.** to relieve of anything burdensome. **3.** to withdraw the charge from (a firearm). **4.** to remove or discharge (a load, etc.). **5.** to get rid or dispose of (stock, etc.) by sale. **–unloader** *n.*

unman /ʌnˈmæn/ *v.t.* **-manned, -manning. 1.** to deprive of the character or qualities of a man or human being. **2.** to deprive of virility; emasculate. **3.** to deprive of manly courage or fortitude; break down the manly spirit of. **4.** to deprive of men: *to unman a ship.*

unmannerly /ʌnˈmænəli/ *adj.* not mannerly; ill-bred; rude; churlish. **–unmannerliness** *n.*

unmask /ʌnˈmɑsk/ *v.t.* **1.** to strip of a mask or disguise. **2.** to lay open (anything concealed); expose in the true character. **–unmasker** *n.*

unmentionable /ʌnˈmɛnʃənəbəl/ *adj.* not mentionable; unworthy or unfit to be mentioned. **–unmentionableness** *n.* **–unmentionably** *adv.*

unmistakable = **unmistakeable** /ˌʌnməsˈteɪkəbəl/ *adj.* not mistakable; admitting of no mistake; clear; plain; evident. **–unmistakableness** *n.* **–unmistakably** *adv.*

unmitigated /ʌnˈmɪtəɡeɪtəd/ *adj.* **1.** not mitigated; not softened or lessened. **2.** unqualified or absolute; utter. **–unmitigatedly** *adv.*

unmoved /ʌnˈmuvd/ *adj.* unaffected; calm; unemotional. **–unmovedly** /ʌnˈmuvədli/ *adv.*

unnatural /ʌnˈnætʃərəl, -ˈnætʃrəl/ *adj.* **1.** having or showing a lack of natural or proper instincts, feelings, etc. **2.** unusual, strange, or abnormal. **3.** artificial or affected; forced or strained. **4.** more than usually cruel or evil. **–unnaturally** *adv.* **–unnaturalness** *n.*

unnecessary /ʌnˈnɛsəsɛri, -səsri/ *adj.* not necessary; superfluous; needless. **–unnecessarily** *adv.* **–unnecessariness** *n.*

unnerve /ʌnˈnɜv/ *v.t.* **-nerved, -nerving.** to deprive of nerve, strength, or physical or mental firmness; break down the self-control of; upset.

unofficial /ʌnəˈfɪʃəl/ *adj.* **1.** not official; informal. **2.** (of news) not confirmed by official sources. **3.** *Sport* (of a time or speed, or a record) not confirmed by an official body. **–unofficially** *adv.*

unplaced /ʌnˈpleɪst/ *adj.* **1.** not assigned to, or put in, a particular place. **2.** *Horseracing* not among the first three (or sometimes four) runners.

unpleasant /ʌnˈplɛzənt/ *adj.* not pleasant; unpleasing; disagreeable. **–unpleasantly** *adv.*

unpleasantness /ʌnˈplɛzəntnəs/ *n.* **1.** the quality or state of being unpleasant. **2.** something unpleasant; an unpleasant state of affairs. **3.** a disagreement or quarrel.

unpopular /ʌnˈpɒpjələ/ *adj.* not popular; not liked by the public or by persons generally or by an individual. **–unpopularity** /ˌʌnpɒpjəˈlærəti/ *n.* **–unpopularly** *adv.*

unprecedented /ʌnˈprɛsədɛntəd, -ˈpri-/ *adj.* having no precedent or preceding instance; never known before; unexampled. **–unprecedentedly** *adv.*

unprincipled /ʌnˈprɪnsəpəld/ *adj.* **1.** lacking sound moral principles, as a person. **2.** showing want of principle, as conduct, etc. *–phr.* **3. unprincipled in**, not instructed in the principles of. **–unprincipledness** *n.*

unprintable /ʌnˈprɪntəbəl/ *adj.* **1.** unfit to be printed, as offending against taste, morals, the laws of libel, or the like. **2.** not able to be printed.

unprofessional /ˌʌnprəˈfɛʃənəl, -ˈfɛʃnəl/ *adj.* **1.** contrary to professional ethics; unbecoming in members of a profession. **2.** not professional; not relating to or connected with a profession. **3.** not belonging to a profession. **4.** not of professional quality; amateur. **–unprofessionally** *adv.*

unquestionable /ʌnˈkwɛstʃənəbəl/ *adj.* **1.** not questionable; not open to question; beyond dispute or doubt; indisputable; indubitable. **2.** beyond criticism; unexceptionable. **–unquestionability** /ʌnˌkwɛstʃənəˈbɪləti/, **unquestionableness** *n.* **–unquestionably** *adv.*

unravel /ʌnˈrævəl/ *v.* **-elled** *or Chiefly US* **-eled, -elling** *or Chiefly US* **-eling.** *–v.t.* **1.** to free from a ravelled or tangled state; disentangle; disengage the threads or fibres of (a woven or knitted fabric, a rope, etc.). **2.** to free from complication or difficulty; make plain or clear; solve. *–v.i.* **3.** to become unravelled. **–unraveller** *n.* **–unravelment** *n.*

unread /ʌnˈrɛd/ *adj.* **1.** not read or perused, as a book. **2.** not having gained knowledge by reading. *–phr.* **3. unread in**, not having read (some subject or matter).

unreal /ʌnˈril/ *adj.* **1.** not real; not substantial; imaginary; artificial; unpractical or visionary. **2.** *Colloquial* **a.** unbelievably awful. **b.** unbelievably wonderful. **–unreality** /ʌnriˈæləti/ *n.* **–unreally** *adv.*

unreasonable /ʌnˈrizənəbəl/ *adj.* **1.** not reasonable; not endowed with reason. **2.** not guided by reason or good sense. **3.** not agreeable to or willing to listen to reason. **4.** not based on or in accordance with reason or sound judgment. **5.** exceeding the bounds of reason; immoderate; exorbitant. **–unreasonableness** *n.* **–unreasonably** *adv.*

unredeemed /ˌʌnrəˈdimd, -ri-/ *adj.* **1.** unmitigated, unrelieved, or unmodified, as by some good feature. **2.** not recovered from pawn or by ransom.

unrelenting /ʌnrəˈlɛntɪŋ/ *adj.* **1.** not relenting; not yielding to feelings of kindness or compassion. **2.** not slackening in severity or determination. **3.** maintaining speed or rate of advance. **–unrelentingly** *adv.* **–unrelentingness** *n.*

unrelieved /ˌʌnrəˈlivd/ *adj.* **1.** not varied, moderated, or made less monotonous. **2.** not provided with relief or aid. **–unrelievedly** /ˌʌnrəˈlivədli/ *adv.*

unremitting /ˌʌnrəˈmɪtɪŋ/ *adj.* not remitting or slackening; not abating for a time; incessant. **–unremittingly** *adv.* **–unremittingness** *n.*

unrepeatable /ˌʌnrəˈpitəbəl/ *adj.* **1.** too vulgar, abusive, or otherwise unpleasant to be repeated. **2.** unable to be repeated: *an unrepeatable offer of goods on sale.* **–unrepeatability** /ˌʌnrəˌpitəˈbɪləti/ *n.* **–unrepeatably** *adv.*

unrequited /ˌʌnrəˈkwaɪtəd/ *adj.* (used especially of affection) not returned or reciprocated. **–unrequitedly** *adv.* **–unrequitedness** *n.*

unrest /ʌnˈrɛst/ *n.* **1.** lack of rest; restless or uneasy state; inquietude. **2.** strong, almost rebellious, dissatisfaction and agitation.

unrivalled /ʌnˈraɪvəld/ *adj.* having no rival or competitor; having no equal; peerless. Also, *Chiefly US,* **unrivaled.**

unruffled /ʌnˈrʌfəld/ *adj.* **1.** (of a person) calm; undisturbed. **2.** not physically ruffled or disturbed; not choppy, as the sea.

unruly /ʌnˈruli/ *adj.* not submissive or conforming to rule; ungovernable; turbulent; refractory; lawless. **–unruliness** n.

unsaturated /ʌnˈsætʃəreɪtəd/ adj. **1.** not saturated; having the power to dissolve still more of a substance. **2.** *Chemistry* capable of taking on an element, etc., by direct chemical combination without the liberation of other elements or compounds, especially as a result of the presence of a double or triple bond between carbon atoms.

unsavoury = unsavory /ʌnˈseɪvəri/ adj. **1.** unpleasant in taste or smell. **2.** socially or morally unpleasant or offensive. **–unsavourily** adv. **–unsavouriness** n.

unscathed /ʌnˈskeɪðd/ adj. not scathed; unharmed; uninjured physically or spiritually.

unscramble /ʌnˈskræmbəl/ v.t. **-bled, -bling. 1.** *Colloquial* to bring out of a scrambled condition; reduce to order. **2.** to restore (a scrambled telephone message, or the like) to intelligibility. **–unscrambler** n.

unscrew /ʌnˈskru/ v.t. **1.** to draw the screw or screws from; unfasten by withdrawing screws. **2.** to remove (the lid of a screw-top jar, etc.) by turning. **3.** to loosen or withdraw (a screw, screwlike plug, etc.). –v.i. **4.** to permit of being unscrewed. **5.** to become unscrewed.

unscrupulous /ʌnˈskrupjələs/ adj. unrestrained by scruples; conscienceless; unprincipled. **–unscrupulously** adv. **–unscrupulousness** n.

unseat /ʌnˈsit/ v.t. **1.** to throw from a saddle, as a rider. **2.** to depose from an official seat or from office. **3.** to displace from a seat.

unsecured /ʌnsəˈkjuəd/ adj. **1.** not made secure or fastened. **2.** not insured against loss, as by a mortgage, bond, pledge, etc.

unseen /ʌnˈsin/ adj. **1.** not seen; unperceived; unobserved; invisible. **2.** (of passages of writing or music) not previously seen. –n. **3.** an unprepared passage for translation, as in an examination.

unsettle /ʌnˈsɛtl/ v. **-tled, -tling.** –v.t. **1.** to bring out of a settled state; cause to be no longer firmly fixed or established; render unstable; disturb; disorder. **2.** to shake or weaken (beliefs, feelings, etc.); derange (the mind, etc.). –v.i. **3.** to become unfixed or disordered.

unsettled /ʌnˈsɛtld/ adj. **1.** not settled; not fixed in a place or abode. **2.** not populated, as a region. **3.** not fixed or stable, as conditions, opinions, etc.; without established order, as times. **4.** liable to change, as weather. **5.** undetermined, as a point at issue. **6.** not adjusted, closed, or disposed of finally, as an account. **–unsettledness, unsettlement** n.

unsightly /ʌnˈsaɪtli/ adj. not pleasing to the sight; forming an unpleasing sight. **–unsightliness** n.

unskilled /ʌnˈskɪld/ adj. **1.** having to do with workers lacking specialised training or ability. **2.** not skilled (in some activity). **3.** not requiring or exhibiting skill.

unsociable /ʌnˈsoʊʃəbəl/ adj. not sociable; having, showing, or marked by a disinclination to friendly social relations. **–unsociability** /ˌʌnsoʊʃəˈbɪləti/, **unsociableness** n. **–unsociably** adv.

unsound /ʌnˈsaʊnd/ adj. **1.** not sound; diseased, as the body or mind. **2.** decayed, as timber or fruit; impaired or defective, as goods. **3.** not solid or firm, as foundations. **4.** not well-founded or valid; fallacious: *unsound argument*. **5.** not financially strong; unreliable: *an unsound business*. **–unsoundly** adv. **–unsoundness** n.

unsparing /ʌnˈspɛərɪŋ/ adj. **1.** not sparing; liberal or profuse. **2.** unmerciful. **–unsparingly** adv. **–unsparingness** n.

unspeakable /ʌnˈspikəbəl/ adj. **1.** inexpressibly bad or objectionable. **2.** impossible to express in words; unutterable. **3.** not speakable; that may not be spoken. **–unspeakably** adv.

unspoken /ʌnˈspoʊkən/ adj. **1.** not spoken; not expressed aloud. **2.** understood without needing to be uttered.

unstable /ʌnˈsteɪbəl/ adj. **1.** not stable; not firm or firmly fixed; unsteady. **2.** liable to fall, change, or cease. **3.** unsteadfast; inconstant; wavering. **4.** lacking emotional stability. **5.** *Chemistry* denoting compounds which readily decompose. **–unstableness** n. **–unstably** adv.

unsteady /ʌnˈstɛdi/ adj. **1.** not steady; not firmly fixed; not secure or stable. **2.** fluctuating or wavering; unsteadfast. **3.** irregular or uneven. –v.t. **4.** to make unsteady. **–unsteadily** adv. **–unsteadiness** n.

unsuited /ʌnˈsutəd/ adj. **1.** not suited or fit; inappropriate: *unsuited to the purpose to which it is put*. **2.** badly matched; incompatible.

unsung /ʌnˈsʌŋ/ adj. **1.** not sung; not uttered or rendered by singing. **2.** not celebrated in, or as if in, song.

unswerving /ʌnˈswɜvɪŋ/ adj. steady; constant; not turning aside: *unswerving loyalty*. **–unswervingly** adv.

untapped /ʌnˈtæpt/ adj. **1.** not drawn on, as resources, potentialities, etc.: *an untapped fund of money*. **2.** not tapped.

untenable /ʌnˈtɛnəbəl/ adj. **1.** incapable of being held against attack. **2.** incapable of being maintained against argument, as an opinion, scheme, etc. **3.** not fit to be occupied. **–untenability** /ˌʌntɛnəˈbɪləti/ n. **–untenably** adv.

unthinkable /ʌnˈθɪŋkəbəl/ adj. **1.** inconceivable; unimaginable. **2.** not to be considered; utterly out of the question. **–unthinkably** adv.

unthinking /ʌnˈθɪŋkɪŋ/ adj. **1.** not thinking; thoughtless; heedless. **2.** indicating lack of thought or reflection. **3.** not given to reflection; uncritical. **4.** not possessing the faculty of thought. **–unthinkingly** adv. **–unthinkingness** n.

untidy /ʌnˈtaɪdi/ adj. **-tidier, -tidiest,** v.t. **-tidied, -tidying.** –adj. **1.** not tidy or neat; slovenly; disordered. –v.t. **2.** to make untidy; disorder. **–untidily** adv. **–untidiness** n.

untie /ʌnˈtaɪ/ v. **-tied, -tying.** to loosen or unfasten (anything tied); let or set loose by undoing a knot.

until /ʌnˈtɪl/ conj. **1.** up to the time that or when; till. **2.** (with negatives) before: *he did not come until the meeting was half over*. –prep. **3.** onward to, or till (a specified time); up to the time of (some occurrence). **4.** (with negatives) before: *he did not go until night*.

untimely /ʌnˈtaɪmli/ adj. **1.** not timely; not occurring at a suitable time or season; ill-timed or inopportune. **2.** premature; not fully mature or ripe. –adv. **3.** unseasonably. **–untimeliness** n.

unto /ˈʌntu/ prep. *Archaic* **1.** to (in its various uses, except as the accompaniment of the infinitive). **2.** until; till.

untold /ʌnˈtoʊld/ adj. **1.** not told; not related; not revealed. **2.** more than can be numbered or enumerated; uncounted. **3.** *Colloquial* unbelievable.

untouchable /ʌnˈtʌtʃəbəl/ adj. **1.** that may not be touched; of a nature such that it cannot be touched; not palpable; intangible. **2.** too distant to be touched. **3.** vile or loathsome to the touch. **4.** unable to be equalled. –n. **5.** a member of one of the lowest castes in India, whose touch is believed to defile a high-caste Hindu.

untoward /ʌntəˈwɔd, ʌnˈtoʊəd/ adj. **1.** unfavourable or unfortunate. **2.** unseemly. **–untowardly** adv. **–untowardness** n.

untrue /ʌnˈtru/ adj. **1.** not true, as to a person or a cause, to fact, or to a standard. **2.** unfaithful; false. **3.** incorrect or inaccurate. **–untrueness** n. **–untruly** adv.

unusual /ʌn'juːʒuəl/ *adj.* not usual, common, or ordinary; uncommon in amount or degree; of an exceptional kind. **–unusually** *adv.* **–unusualness** *n.*

unutterable /ʌn'ʌtərəbəl, -'trəbəl/ *adj.* **1.** not communicable by utterance; incapable of being expressed. **2.** inexpressibly great or remarkable; unspeakable. **3.** incapable of being uttered; unpronounceable. **–unutterably** *adv.*

unveil /ʌn'veɪl/ *v.t.* **1.** to remove a veil from; disclose to view. **2.** to disclose, as if by removing a veil; reveal. *–v.i.* **3.** to remove a veil; reveal oneself; become unveiled. **–unveiling** *n.*

unwarranted /ʌn'wɒrəntəd/ *adj.* **1.** not justified, confirmed, or supported: *an unwarranted supposition.* **2.** not authorised, as actions. **–unwarrantedly** *adv.*

unwieldy /ʌn'wildi/ *adj.* **1.** not wieldy; wielded with difficulty; not readily handled or managed in use or action, as from size, shape, or weight. **2.** ungainly; awkward. **–unwieldily** *adv.* **–unwieldiness** *n.*

unwind /ʌn'waɪnd/ *v.* **-wound, -winding.** *–v.t.* **1.** to undo (something wound); loose or separate, as what is wound. **2.** to remove the windings from around (something). **3.** to disentangle. *–v.i.* **4.** to become unwound. **5.** to relax or calm down.

unwitting /ʌn'wɪtɪŋ/ *adj.* **1.** not witting or knowing; ignorant; unaware; unconscious. **2.** performed unintentionally or unknowingly; unpremeditated. **–unwittingly** *adv.* **–unwittingness** *n.*

unworldly /ʌn'wɜːldli/ *adj.* **1.** not worldly; not seeking material advantage or gain; spiritually minded. **2.** naive; unsophisticated. **3.** not terrestrial; unearthly. **–unworldliness** *n.*

unwritten /ʌn'rɪtn/ *adj.* **1.** not written; not reduced to or recorded in writing. **2.** not actually formulated or expressed; customary. **3.** containing no writing; blank.

unwritten law *n.* **1.** law which rests for its authority on custom, judicial decision, etc., as distinguished from law originating in written command, statute, or decree. **2.** a custom or social convention.

up /ʌp/ *adv., prep., adj., n., v.* **upped, upping, interj.** *–adv.* **1.** to, towards, or in a more elevated position: *to climb up to the top of a ladder.* **2.** into the air: *to throw up a ball.* **3.** out of the ground: *to dig up potatoes.* **4.** to or in an erect position: *to stand up.* **5.** out of bed: *to get up.* **6.** above the horizon: *the moon came up.* **7.** to or at any point that is considered higher, as the north, a capital city, or the like. **8.** to or at a source, origin, centre, or the like: *to follow a stream up to its source.* **9.** to or at a higher point or degree in a scale, as of rank, size, value, pitch, etc. **10.** to or at a point of equal advance, extent, etc.: *to catch up in a race.* **11.** ahead; into a leading or more advanced position: *to move up into the lead.* **12.** well advanced or versed, as in a subject: *to keep up in nuclear physics.* **13.** in or into activity, operation, etc.: *to set up vibrations.* **14.** in or into a state of agitation or excitement: *worked up.* **15.** into existence, view, prominence, or consideration: *a problem has cropped up; the lost papers have turned up; his case comes up in court on Thursday.* **16.** to a state of maturity: *to bring up a child.* **17.** into or in a place of safekeeping, storage, retirement, etc.: *to lay up riches.* **18.** to a state of completion; to an end: *to finish something up.* **19.** in or into a state of union, contraction, etc.: *to add up a column of figures; to fold up a blanket.* **20.** to the required or final point: *to pay up one's debts; to burn up rubbish.* **21.** to a standstill: *to rein up; seize up.* **22.** *US* equally; each; apiece; all: *the score was seven points up.* **23.** *Nautical* towards or facing into the wind. *–prep.* **24.** to, towards, or at a higher place on or in: *up the stairs; up a tree.* **25.** to, towards, near, or at a higher station, condition, or rank in. **26.** to, towards, or at a farther or higher point of: *up the street.* **27.** towards the source, origin, etc., of: *up the stream.* **28.** towards or in the interior of (a region, etc.): *the explorers went up the mulga.* **29.** in a course or direction contrary to that of: *to sail up wind.* **30.** *Colloquial* towards or at: *up King's Cross; up the Junction.* *–adj.* **31.** upwards; going or directed upwards. **32.** travelling towards a terminus or centre: *an up train.* **33.** in an upright position or pointing upwards: *the signal is up.* **34.** standing and speaking: *the prime minister was up for three hours.* **35.** out of bed: *I have been up since six o'clock.* **36.** risen above the horizon: *the sun is up.* **37.** at a high point or full: *the tide is up.* **38.** in the air; above the ground: *the aeroplane is 2000 metres up.* **39.** on horseback; in the saddle. **40.** well informed or advanced, as in a subject: *to be up in mathematics.* **41.** in activity: *the wind is up.* **42.** (especially of a computer) operational. **43.** under consideration; on offer: *a candidate up for election.* **44.** appearing before a court or the like on some charge: *he is up for speeding again.* **45.** in the process of going on or happening, especially something amiss: *they wondered what was up.* **46.** in a state of agitation or excitement: *his anger was up.* **47.** impassable to wheeled traffic, as a road under repair. **48.** in a leading or advanced position: *to be up in social standing.* **49.** winning or having won money at gambling or the like: *he was $50 up after an hour in the casino.* **50.** *Games* winning or ahead of an opponent by a specified number of points, holes, etc. *–n.* **51.** an upward movement; an ascent. **52.** a rise of fortune, mood, etc.: *to have one's ups and downs.* *–v.t.* **53.** to put or take up. **54.** to make larger; step up: *to up output.* **55.** to raise; go better than (a preceding wager). **56.** *Nautical* to turn (the helm) to windward, thus turning the ship's head away from the wind. *–v.i.* **57.** to get or start up: *to up and leave.* *–interj.* **58.** (a command to rise or stand up). *–phr.*

59. be up each other or **be up one another**, *Australian Colloquial* to be behaving in a sycophantic or toadying fashion to each other.

60. be up oneself, *Australian, NZ Colloquial* to have an unjustifiably high opinion of oneself; be self-deluding.

61. be up someone, *Colloquial* ‡ **a.** (of a man) to be engaged in sexual intercourse with someone: *he was up her like a lizard up a log.* **b.** *Australian* to be angry with someone: *she was up him for being late.*

62. get up someone, *Colloquial* to have sexual intercourse with someone.

63. in two ups, *Colloquial* in a very short time.

64. on the up and up, a. *Chiefly US, Brit* tending upwards; improving; having increasing success. **b.** *Australian Colloquial* honest, frank, or credible.

65. up ..., (an exclamation of strong support for the person, team, etc., specified): *up the mighty Blues!*

66. up against, faced with: *they are up against enormous problems.*

67. up against it, *Colloquial* in difficulties; in severe straits.

68. up and about, active; out of bed, especially after recovering from an illness.

69. up at (or **in**), at or in any place considered higher, as in altitude (*up at the mountains it is snowing*), or away from the centre of population (*up here in the bush*).

70. up for, *Colloquial* liable to pay: *you'll be up*

for $100 if you break that.

71. up sticks, to move away from one's present location or place of residence.

72. up to, **a.** engaged in; doing: *what are you up to?* **b.** incumbent upon, as a duty: *it is up to him to make the next move.* **c.** as many as and no more: *I will take up to eight pupils.* **d.** as far as and no farther: *he is up to his knees in water.* **e.** *Colloquial* capable of: *he is not up to the job.* **f.** to any place considered higher, as in altitude, or being more northerly in geographical location.

73. up to mud (or **putty**) (or **shit**), *Australian Colloquial* broken down, worthless.

74. up with, in a high or favourable position in relation to: *up with the leaders.*

75. up with …, (an exclamation of strong support for something specified): *up with the revolution!*

76. up you (**for the rent**), *Colloquial* (an exclamation of insolent or disgusted dismissal).

77. up your arse or **up yours**, *Colloquial* (an exclamation of insolent or disgusted dismissal).

78. who's up who (**and who's paying the rent**), *Colloquial* what are the alliances, economic, political or sexual, within a particular group of people.

up- a prefixal, attributive use of **up**, in its various meanings, as in *upland, upshot, upheaval.*

up-and-coming /'ʌp-ən-kʌmɪŋ/ *adj.* becoming successful, well-known, fashionable, etc.; promising. Also (*especially in predicative use*), **up and coming** /ʌp ən 'kʌmɪŋ/.

Upanishad /u'pænɪʃəd, -'pʌn-, -ʃæd/ *n.* the chief religious writings of ancient Hinduism, giving in more detail the mystical knowledge contained in the earlier Vedas.

up-beat /'ʌp-bit/ *n.* **1.** *Music* **a.** the last beat of a bar, especially when the piece of music or section or phrase starts with a note on that beat. **b.** the introductory beat of a conductor when bringing in the orchestra. –*adj.* **2.** *Colloquial* optimistic; cheerful.

upbraid /ʌp'breɪd/ *v.t.* **1.** to reproach for some fault or offence; reprove severely; chide. **2.** to censure or find fault with (things). –*v.i.* **3.** to utter reproaches. –**upbraider** *n.* –**upbraiding** *n., adj.*

upbringing /'ʌpbrɪŋɪŋ/ *n.* the bringing up or rearing of a person from childhood; care and training devoted to the young while growing up.

up-country /'ʌp-kʌntri, adj., n.; ʌp-'kʌntri/ *adv. –adj.* **1.** being or living remote from the coast or border; interior: *an up-country town.* **2.** (*derogatory*) unsophisticated. –*n.* **3.** the interior of the country. –*adv.* **4.** towards or in the interior of a country.

update /ʌp'deɪt/ *v.* **-dated, -dating,** /'ʌpdeɪt/ *n.* –*v.t.* **1.** to bring up to date. –*n.* **2.** an updated version; revision: *an update on our earlier bulletin.*

up-end /ʌp-'ɛnd/ *v.t.* **1.** to set on end, as a barrel. **2.** to upset or alter drastically. –*v.i.* **3.** to stand on end.

UPF /ju pi 'ɛf/ *n.* a measure of the effectiveness of clinically treated cloth made up into clothing in protecting the skin from ultraviolet radiation. Compare **SPF**. Also, **ultraviolet protection factor**.

up-front /'ʌp-frʌnt/ *adj.* **1.** placed in a position of leadership or responsibility; placed in a position involving physical activity and stress, as in a battle. **2.** straightforward; open; extroverted. **3.** (of money) payable in the early stages of a project: *an up-front advance.*

upgrade /ʌp'greɪd/ *v.* **-graded, -grading,** /'ʌpgreɪd/ *n., adj.*; /ʌp'greɪd/ *adv. –v.t.* **1.** to assign (a person, job, or the like) to a higher status, usually with a larger salary. **2.** to improve. –*n.* **3.** *US* an uphill slope. –*adj., adv. US* **4.** → **uphill**. –*phr.* **5. on the upgrade**, improving; up-and-coming.

upheaval /ʌp'hivəl/ *n.* **1.** the act of upheaving. **2.** the state of being upheaved. **3.** a thorough, violent, or revolutionary change or disturbance, especially in a society. **4.** *Geology* an upward warping of a part of the earth's crust, forcing certain areas into a relatively higher position than before.

upheave /ʌp'hiv/ *v.* **-heaved, -heaving.** –*v.t.* **1.** to heave or lift up; raise up or aloft. **2.** to disturb or change violently or radically. –*v.i.* **3.** to be lifted up; rise as if thrust up.

uphill /ʌp'hɪl/ *adv.,* /'ʌphɪl/ *adj., n. –adv.* **1.** up, or as if up, the slope of a hill; upwards. –*adj.* **2.** going or tending upwards on or as on a hill. **3.** laboriously fatiguing or difficult. –*n.* **4.** an ascent or rise. –*phr.* **5. an uphill battle**, a task to be completed or objective to be reached only with great difficulty.

uphold /ʌp'hould/ *v.t.* **-held, -holding. 1.** to support, sustain, or preserve unimpaired: *to uphold the old order.* **2.** to keep up, or keep from sinking; support. **3.** to support or maintain, as by advocacy or agreement: *to uphold the decision of a lower court.* –**upholder** *n.*

upholster /ʌp'houlstə/ *v.t.* **1.** to provide (stools, armchairs, sofas, etc.) with coverings, cushions, stuffing, springs, etc. **2.** to cover or cushion in the manner of upholstery. –*v.i.* **3.** to do upholstery work. –**upholsterer** *n.* –**upholstery** *n.*

upkeep /'ʌpkip/ *n.* **1.** the process of keeping up or maintaining; the maintenance, or keeping in operation, due condition, and repair, of an establishment, a machine, etc. **2.** the cost of this, including operating expenses, cost of renewal or repair, etc.

upland /'ʌplənd/ *n.* an area of high ground; a stretch of hilly or mountainous country.

uplift /ʌp'lɪft/ *v.,* /'ʌplɪft/ *n. –v.t.* **1.** to lift up; raise. **2.** to raise socially or morally. **3.** to raise emotionally or spiritually. –*n.* **4.** the act of lifting up or raising. **5.** the work of improving socially or morally. **6.** a great emotional or spiritual lift. –**uplifter** *n.* –**upliftment** *n.*

up-market /'ʌp-makət/ *adj.* **1.** having to do with commercial services and goods of superior status, quality, and price. **2.** superior in style or production; pretentious. See **down-market**.

upon /ə'pɒn/ *prep.* **1.** up and on; upwards so as to get or be on: *to climb upon a table.* **2.** in an elevated position on. **3.** on, in any of various senses (used as an equivalent of *on* with no added idea of ascent or elevation, and preferred in certain cases only for euphonic or metrical reasons).

upper /'ʌpə/ *adj.* **1.** higher (than something implied) or highest, as in place, or position, or in a scale: *the upper slopes of a mountain; upper register of a voice.* **2.** occupying or consisting of high or rising ground, or farther into the interior. **3.** forming the higher of a pair of corresponding things or sets. **4.** (of a surface) facing upwards. **5.** superior, as in rank, dignity, or station. **6.** higher or highest in respect of wealth, rank, office, birth, influence, etc.: *the upper classes or orders.* **7.** (*cap.*) *Geology* denoting a later division of a period, system, or the like: *the Upper Devonian.* –*n.* **8.** anything which is higher (than another, as of a pair) or highest. **9.** the part of a shoe or boot above the sole, comprising the vamp and quarters. **10.** *Colloquial* a stimulant, as amphetamine, etc.: *uppers and downers.* **11.** *Colloquial* a pleasant or exhilarating experience. –*phr.* **12. be on one's uppers**, *Colloquial* to be reduced to poverty or want.

upper case *n. Printing* the upper half of a pair

of cases, which contains the capital letters of the alphabet.

upper-case /ˈʌpə-keɪs/ *adj.*, *v.* **-cased**, **-casing**. *–adj.* **1.** (of a letter) capital. **2.** *Printing* relating to or belonging in the upper case. *–v.t.* **3.** to print or write with an upper-case letter or letters.

upper chamber *n.* → **upper house**.

upper class the class of people socially and conventionally regarded as being higher or highest in the social hierarchy and commonly identified by wealth or aristocratic birth. **–upper-class** *adj.*

uppercut /ˈʌpəkʌt/ *n.* a swinging blow directed upwards, as to an adversary's chin.

upper hand *n.* the dominating or controlling position; the advantage.

upper house *n.* one of two branches of a legislature, generally smaller and less representative than the lower branch, usually acting as a house of review, rarely formulating legislation and lacking the constitutional power to initiate any financial legislation, as the Senate in the Australian Parliament. Also, **upper chamber**.

uppermost /ˈʌpəmoʊst/ *adj.* **1.** highest in place, order, rank, power, etc. **2.** topmost; predominant; foremost. *–adv.* **3.** in the highest or topmost place. **4.** in the foremost place in respect of rank or precedence.

uppity /ˈʌpəti/ *adj. Colloquial* affecting superiority; presumptuous; self-assertive. Also, **uppish**.

upright /ˈʌpraɪt/ *adj.* **1.** straight upward or vertical, in position or posture. **2.** raised or directed vertically. **3.** honest or just; righteous. *–n.* **4.** the state of being upright or vertical. **5.** (of timber, etc.) something standing straight upward. **6.** an upright piano. *–adv.* **7.** in an upright position or direction. **–uprightly** *adv.* **–uprightness** *n.*

uprising /ˈʌpraɪzɪŋ, ʌpˈraɪzɪŋ/ *n.* **1.** an insurrection or revolt. **2.** the act of rising. **3.** an ascent or acclivity.

uproar /ˈʌprɔ/ *n.* violent and noisy disturbance, as of a multitude; tumultuous or confused noise or din.

uproarious /ʌpˈrɔriəs/ *adj.* **1.** characterised by or in a state of uproar; tumultuous. **2.** making or given to making an uproar, or disorderly and noisy, as an assembly, persons, etc. **3.** confused and loud, as sounds, utterances, etc. **4.** expressed by or producing uproar. **5.** extremely funny. **–uproariously** *adv.* **–uproariousness** *n.*

uproot /ʌpˈrut/ *v.t.* **1.** to root up; tear up by or as if by the roots. **2.** to eradicate; remove utterly. **3.** to remove (people) from their native environment; displace. **–uprooter** *n.*

upset /ʌpˈsɛt/ *v.* **-set**, **-setting**, /ˈʌpsɛt/ *n.*, /ˈʌpsɛt/, (*especially in predicative use*) /ʌpˈsɛt/ *adj.* *–v.t.* **1.** to overturn: *to upset the boat.* **2.** to spill by knocking over: *to upset the cup.* **3.** to throw into disorder: *to upset the pile of papers.* **4.** to disturb (someone) mentally or emotionally; distress. **5.** to make ill, especially in the stomach. **6.** to make ineffective: *to upset someone's plans.* **7.** to defeat (a competitor or opponent), especially contrary to expectation. *–v.i.* **8.** to become overturned. *–n.* **9.** a physical upsetting or being upset. **10.** the act or fact of disordering (ideas, patterns, etc.). **11.** a slight illness, especially of the stomach. **12.** an emotional disturbance. **13.** a quarrel. **14.** a defeat, especially unexpected. *–adj.* **15.** emotionally disturbed. **16.** overturned; capsized.

upshot /ˈʌpʃɒt/ *n.* **1.** the final issue, the conclusion, or the result. **2.** the conclusion (of an argument).

upside down *adj.* **1.** with the upper part undermost. **2.** in complete disorder; topsy-turvy.

upstage /ʌpˈsteɪdʒ/ *adv.*, /ˈʌpsteɪdʒ/ *adj.*, /ʌpˈsteɪdʒ/ *v.* **-staged**, **-staging**. *–adv.* **1.** on or to the back of the stage. *–adj.* **2.** of or relating to the back of the stage. **3.** coldly proud; haughty; aloof. *–v.t.* **4.** to steal attention from (another) by placing oneself in a more favourable position in word or action.

upstairs /ʌpˈstɛəz/ *adv.*, /ˈʌpstɛəz/ *adj.*, *n.* *–adv.* **1.** up the stairs; to or on an upper floor. **2.** *Colloquial* into the air. **3.** to or in a higher rank or office. *–adj.* **4.** on or relating to an upper floor. *–n.* **5.** an upper storey or storeys; that part of a building above the ground floor. *–phr.* **6. kick upstairs**, to promote (someone) especially to a position of diminished power, in order to get them out of the way.

upstanding /ˈʌpstændɪŋ/, (*especially in predicative use*) /ʌpˈstændɪŋ/ *adj.* **1.** standing erect; erect and tall, especially of persons or animals; erect, well grown and vigorous in body or form. **2.** straightforward, open, or independent; upright; honourable. **3.** *Colloquial* standing up: *be upstanding and charge your glasses.*

upstart /ˈʌpstat/ *n.* **1.** someone who has risen suddenly from a humble position to wealth or power, or to assumed consequence; a parvenu. **2.** someone who is pretentious and objectionable through being thus exalted. *–adj.* **3.** (of persons, families, etc.) newly or suddenly risen to importance; without pedigree. **4.** lately come into existence or notice. **5.** characteristic of an upstart.

upstream /ʌpˈstrim/ *adv.*, /ˈʌpstrim/ *adj.* *–adv.* **1.** towards or in the higher part of a stream; against the current. *–adj.* **2.** situated farther up the stream. **3.** moving or facing upstream.

upsurge /ʌpˈsɜdʒ/ *v.* **-surged**, **-surging**, /ˈʌpsɜdʒ/ *n.* *–v.i.* **1.** to surge up. *–n.* **2.** a surging upwards. **–upsurgeance** *n.*

uptake /ˈʌpteɪk/ *n.* **1.** the action of understanding or comprehension; mental grasp. **2.** the act of taking up. **3.** *Medicine* absorption. **4.** a pipe or passage leading upwards from below, as for conducting smoke, a current of air, or the like. *–phr.* **5. quick on the uptake**, quick to grasp new or complicated ideas, or to learn. **6. slow on the uptake**, slow to grasp new or complicated ideas, or to learn.

up-tempo /ˈʌp-tɛmpoʊ/ *n.* **1.** a fast rhythm. *–adj.* **2.** rhythmic; fast.

uptight /ˈʌptaɪt/ *adj. Colloquial* **1.** tense, nervous, or irritable. **2.** conforming to established conventions, especially despised conventions.

up-to-date /ˈʌp-tə-deɪt/ *adj.* **1.** extending to the present time; including the latest facts: *an up-to-date record.* **2.** in accordance with the latest or newest standards, ideas, or style; modern. **3.** (of persons, etc.) keeping up with the times, as in information, ideas, methods, style, etc. Also (*especially in predicative use*), **up to date** /ʌp tə ˈdeɪt/. **–up-to-dateness** *n.*

upturn /ʌpˈtɜn/ *v.*, /ˈʌptɜn/ *n.* *–v.t.* **1.** to turn up or over. **2.** to direct upwards. *–v.i.* **3.** to turn upwards. *–n.* **4.** an upward turn, or a changing and rising movement, as in prices, business, etc.

upvalue /ˈʌpvæljuː/ *v.t.* **-ued**, **-uing**. to revalue (a currency) upwards. **–upvaluation** /ˌʌpvæljuːˈeɪʃən/ *n.*

upward /ˈʌpwəd/ *adj.* **1.** directed, tending, or moving towards a higher point or level; ascending. *–adv.* **2.** upwards. **–upwardly** *adv.*

upwards /ˈʌpwədz/ *adv.* **1.** towards a higher place or position; in a vertical direction. **2.** towards a higher level, degree, or standard, as of thought, feeling, distinction, rank, age, amount, etc. **3.** towards the source, as of a stream; towards the interior, as of a country; towards the centre, most important part, etc. **4.** so as to be uppermost; in or facing the highest position. **5.** to or into later life. *–phr.* **6. upwards of**, more than; above. Also, **upward**.

upwind /ʌpˈwɪnd/ *adv.*, /ˈʌpwɪnd/ *adj.* –*adv.* **1.** against the wind; contrary to the course of the wind. **2.** towards or in the direction from which the wind is blowing: *he was standing upwind of us and could be heard clearly*. –*adj.* **3.** tending, facing, or moving towards the direction from which the wind is blowing.

uranium /juˈreɪniəm/ *n.* a white, lustrous, radioactive, metallic element, having compounds which are used in photography and in colouring glass. The natural element consists of 99.28 per cent of the isotope U-238 and 0.71 per cent of the isotope U-235. The latter is capable of sustaining a nuclear chain reaction and is the basis of the atomic bomb and nuclear reactors. *Symbol:* U; *relative atomic mass:* 238.03; *at. no.:* 92; *density:* 19.05.

urano- a word element meaning 'heaven', as in *uranography*.

urban /ˈɜbən/ *adj.* **1.** of, relating to, or comprising a city or town. **2.** living in a city or cities. **3.** occurring or situated in a city or town. **4.** characteristic of or accustomed to cities; citified.

urbane /ɜˈbeɪn/ *adj.* **1.** having the refinement and manners considered to be characteristic of city-dwellers; civilised; sophisticated. **2.** smoothly polite; suave or bland. **3.** exhibiting elegance, refinement, or courtesy, as in expression. –*n.* **4.** one of a minority group which, to further its aims, uses violence, as bombing, machine-gun attack, etc., in an urban situation. –**urbanely** *adv.* –**urbaneness**, **urbanity** /ɜˈbænəti/ *n.*

urchin /ˈɜtʃən/ *n.* **1.** a small boy or youngster, especially one who is mischievous and impudent, or ragged and shabbily dressed. **2.** → **sea urchin**. –*adj.* **3.** being, resembling, or characteristic of an urchin (def. 1)

-ure a suffix of abstract nouns indicating action, result, and instrument, as in *legislature*, *pressure*.

urea /juˈriə, ˈjuriə/ *n.* a colourless crystalline substance, $CO(NH_2)_2$, occurring in wine, used in fertilisers and in making plastics and adhesives; the principal nitrogenous excretory product of mammals, amphibians, elasmobranch fishes, and some reptiles. –**ureal** *adj.*

-uret a noun suffix in names of some chemical compounds, having the same force as **-ide**, as in *arseniuret*.

ureter /juˈritə/ *n. Anatomy, Zoology* a muscular duct or tube conveying the urine from a kidney to the bladder or cloaca. –**ureteral**, **ureteric** /jurəˈtɛrɪk/ *adj.*

urethr- variant of **urethro-** before vowels, as in *urethritis*.

urethra /juˈriθrə/ *n.* **-thrae** /-θri/ *or* **-thras**. *Anatomy* the membranous tube which extends from the bladder to the exterior. In the male it conveys semen as well as urine. –**urethral** *adj.*

urethro- a word element representing **urethra**, as in *urethroscope*. Also, **urethr-**.

urge /ɜdʒ/ *v.* **urged**, **urging**, *n.* –*v.t.* **1.** to endeavour to induce or persuade, as by entreaties or earnest recommendations; entreat or exhort earnestly: *urge a person to take more care.* **2.** to press by persuasion or recommendation, as for acceptance, performance, or use; recommend or advocate earnestly: *urge a plan of action.* **3.** to press (something) upon the attention: *urge a claim.* **4.** to insist on, allege, or assert with earnestness: *urge the need for haste.* **5.** to push or force along; impel with force or vigour: *urge the cause along.* **6.** to drive with incitement to speed or effort: *urge dogs on with shouts.* **7.** to impel, constrain, or move to some action: *urged by necessity.* –*v.i.* **8.** to make entreaties or earnest recommendations. **9.** to exert a driving or impelling force; to give an impulse to haste or action: *hunger urges*. **10.** to press, push, or hasten (*on*, *onwards*, *along*, etc.). –*n.* **11.** the fact of urging or being urged; impelling action, influence, or force; impulse. **12.** an involuntary, natural, or instinctive impulse. –*phr.* **13. give someone an urge**, *Australian Colloquial* to let someone in ahead of one in a queue. –**urger** *n.*

urgent /ˈɜdʒənt/ *adj.* **1.** pressing; compelling or requiring immediate action or attention; imperative. **2.** insistent or earnest in solicitation; importunate, as a person. **3.** expressed with insistence, as requests or appeals. –**urgently** *adv.*

-urgy a word element meaning 'a technology', as in *metallurgy*.

-uria a word element meaning 'urine'.

urinal /ˈjurənəl, juˈraɪnəl/ *n.* **1.** a fixture, room, or building for males for discharging urine in. **2.** a glass or metallic receptacle for urine.

urinate /ˈjurəneɪt/ *v.i.* **-nated**, **-nating**. to pass or discharge urine. –**urination** /jurəˈneɪʃən/ *n.* –**urinative** *adj.*

urine /ˈjurən, -aɪn/ *n.* the secretion of the kidneys (in mammals, a fluid), which in most mammals is conducted to the bladder by the ureter, and from there to the exterior by the urethra.

URL /ju ar ˈɛl/ *n. Computers* the address of a document on the Internet.

urn /ɜn/ *n.* **1.** a kind of vase, of various forms, especially one with a foot or pedestal. **2.** such a vase for holding the ashes of the dead after cremation. **3.** *Botany* the spore-bearing part of the capsule of a moss, between lid and seta. **4.** a vessel or apparatus with a tap, used for heating water, tea, coffee, etc., in quantity. –**urnlike** *adj.*

uro-¹ a word element referring to urine and the urinary tract, as in *urochrome*.

uro-² a word element meaning 'tail', as in *urodele*.

urogenital /jurouˈdʒɛnətl/ *adj.* of or relating to the urinary and genital organs.

urology /juˈrɒlədʒi/ *n.* the scientific study of the urine and the genito-urinary tract, with special reference to the diagnostic significance of changes in its anatomy and physiology. –**urologic** /jurəˈlɒdʒɪk/, **urological** /jurəˈlɒdʒɪkəl/ *adj.* –**urologist** *n.*

ursine /ˈɜsaɪn/ *adj.* **1.** having to do with the bear. **2.** bearlike.

urticaria /ɜtəˈkɛəriə/ *n. Pathology* a skin condition characterised by transient eruptions of itching or weals, usually due to ingestion or inhalation of an allergen; nettle rash; hives. –**urticarial**, **urticarious** *adj.*

us /ʌs/ *weak forms* /əs, əz/ *pron. (personal)* **1.** the objective case of **we**. **2.** (*in non-standard use*) (used instead of *me* or *to me*): *give us that book; I can't reach it.*

usable = **useable** /ˈjuzəbəl/ *adj.* **1.** that is available for use. **2.** that is in condition to be used. –**usability** /juzəˈbɪlɪti/, **usableness** *n.*

usage /ˈjusɪdʒ, ˈjuzɪdʒ/ *n.* **1.** custom or practice: *the usages of the last 50 years.* **2.** customary or standard manner of using a language or any of its forms: *English usage.* **3.** a particular instance of this: *a usage borrowed from the French.* **4.** the body of rules or customs followed by a particular set of people. **5.** way of using or treating: *hard or rough usage.*

usance /ˈjuzəns/ *n.* **1.** *Commerce* the length of time, exclusive of days of grace, allowed by custom or usage for the payment of foreign bills of exchange. **2.** *Economics* the income of benefits of every kind derived from the ownership of wealth.

use /juz/ *v.* **used**, **using**, /jus/ *n.* –*v.t.* **1.** to employ for some purpose; put into service; turn to account: *use a knife to cut; use a new method.* **2.**

to avail oneself of; apply to one's own purposes: *use the front room for a conference*. **3.** to expend or consume in use: *his car uses a lot of oil*. **4.** to act or behave towards, or treat (a person) in some manner. **5.** to exploit (a person) for one's own ends. **6.** to operate or put into effect. **7.** *Archaic* to practise habitually or customarily; make a practice of. –*v.i.* **8.** *Colloquial* to take drugs, especially heroin: *are you using, mate?* –*n.* **9.** the act of employing or using, or putting into service: *the use of tools*. **10.** the state of being employed or used: *this book is in use*. **11.** an instance or way of employing or using something: *each successive use of the tool*. **12.** a way of being employed or used; a purpose for which something is used: *the instrument has different uses*. **13.** the power, right, or privilege of employing or using something: *to lose the use of the right eye*. **14.** service or advantage in or for being employed or used; utility or usefulness: *of no practical use*. **15.** help; profit; resulting good: *what's the use of doing that?* **16.** occasion or need, as for something to be employed or used: *have you any use for another calendar?* **17.** continued, habitual, or customary employment or practice; custom; practice: *follow the prevailing use of such occasions*. **18.** way of using or treating; treatment. **19.** consumption, as of food or tobacco. **20.** *History, Law* **a.** the enjoyment of property, as by employment, occupation, or exercise of it. **b.** the benefit or profit of property (lands and tenements) in the possession of another who simply holds them for the beneficiary. **c.** the equitable ownership of land the legal title to which is held by another; a passive trust. –*phr.* **21. be (of) no use**, to be of no service, advantage, or help; be useless: *it's no use crying*. **22. be of use**, to be useful. **23. bring into use**, to introduce so as to become customary or generally employed. **24. come into use**, to become customary or generally employed. **25. have no use for, a.** to have no occasion or need for. **b.** to have no liking or tolerance for. **26. in use, a.** occupied; currently employed to some purpose. **b.** in general employment. **27. make use of**, to employ; put to use; use for one's own purposes or advantages. **28. out of use**, not in current or general employment. **29. put to use**, to employ. **30. use up, a.** to consume completely. **b.** to exhaust; tire out.

useable /'juzəbəl/ *adj.* → **usable**. –**useability** /juzə'bɪlɪti/, **useableness** *n.*

use-by date *n.* **1.** the date by which the manufacturer of a product recommends that it should be used, usually stamped onto the packaging. –*phr.* **2. past one's use-by date**, *Colloquial* past the peak of one's physical or mental perfection.

used[1] /juzd/ *adj.* **1.** that has been made use of, especially as showing signs of wear. **2.** → **secondhand**. –*phr.* **3. used up**, completely consumed or exhausted.

used[2] /just/ *phr.* **used to**, **1.** accustomed to; habituated to; inured to: *he is used to being treated that way*. **2.** (sometimes fol. by infinitive or infinitive implied) an auxiliary expressing habitual past action: *I used to sing; she plays now but she used not to*.

useful /'jusfəl/ *adj.* **1.** being of use or service; serving some purpose; serviceable, advantageous, helpful, or of good effect. **2.** of practical use, as for doing work; producing material results; supplying common needs: *the useful arts*. –**usefully** *adv.* –**usefulness** *n.*

useless /'jusləs/ *adj.* **1.** of no use; not serving the purpose or any purpose; unavailing or futile. **2.** without useful qualities; of no practical good. –**uselessly** *adv.* –**uselessness** *n.*

user /'juzə/ *n.* **1.** one who or that which uses something, usually as specified: *a road user; a computer user*. **2.** *Colloquial* a drug user, especially someone who takes heroin. **3.** *Colloquial* a person who selfishly exploits others.

user-friendly /'juzə-frɛndli/ *adj.* having to do with computer programs or equipment designed to provide minimal difficulty for the inexperienced operator. –**user-friendliness** *n.*

user ID /,juzər aɪ'di/ *n.* a personal identification code entered into a computer when signing on. Also, **username**.

user-pays /juzə-'peɪz/ *adj.* of or relating to the principle that a government service should be paid for, at least primarily, if not entirely, by the people who benefit from it.

user-pays principle *n.* the principle that the cost of a government service should be borne at least primarily, if not entirely, by the people who benefit from it.

usher /'ʌʃə/ *n.* **1.** someone who escorts persons to seats in a church, theatre, etc. **2.** an attendant who keeps order in a law court. –*v.t.* **3.** to attend or bring at the coming or beginning. –*phr.* **4. usher in, a.** to conduct or lead in. **b.** to introduce **5. usher out, a.** to conduct or lead out **b.** to be present at the end of: *to usher out the century*. –**usherless** *adj.*

usual /'juʒuəl/ *adj.* **1.** habitual or customary: *his usual skill*. **2.** such as is commonly met with or observed in experience; ordinary: *the usual January weather*. **3.** in common use; common: *say the usual things*. –*n.* **4.** that which is usual or habitual. –*phr.* **5. as usual**, as is (or was) usual; in the customary or ordinary manner: *he will come as usual*. –**usually** *adv.* –**usualness** *n.*

usurp /ju'zɜp/ *v.t.* **1.** to seize and hold (an office or position, power, etc.) by force or without right. **2.** to appropriate or make use of (rights, property, etc.) not one's own. –*v.i.* **3.** to commit forcible or illegal seizure of an office, power, etc.; encroach. –**usurpation** /juzɜ'peɪʃən/ *n.* –**usurper** *n.* –**usurpingly** *adv.*

usury /'juʒəri/ *n.* **-ries. 1.** an exorbitant amount or rate of interest, especially in excess of the legal rate. **2.** the lending, or practice of lending money at an exorbitant rate of interest.

ute /jut/ *n. Australian, NZ* → **utility** (def. 4).

utensil /ju'tɛnsəl/ *n.* **1.** any of the instruments or vessels commonly used in a kitchen, dairy, etc. **2.** any instrument, vessel, or implement.

utero- a word element representing **uterus**.

uterus /'jutərəs/ *n.* **uteri** /'jutəraɪ/. *Anatomy* a hollow organ in the pelvic cavity of female mammals in which the fertilised ovum implants itself and develops. Uterine contractions help expel the foetus at parturition; the womb. –**uterine** *adj.*

utilise = utilize /'jutəlaɪz/ *v.t.* **-lised, -lising**. to put to use; turn to profitable account: *to utilise water power for driving machinery*. –**utilisable** *adj.* –**utilisation** /jutəlaɪ'zeɪʃən/ *n.* –**utiliser** *n.*

utilitarian /ju,tɪlə'tɛəriən/ *adj.* **1.** relating to or consisting of utility; concerning practical or material things. **2.** having regard to utility or usefulness rather than beauty, ornamentality, etc. **3.** of, relating to, or adhering to the doctrine of utilitarianism. –*n.* **4.** an adherent of utilitarianism. **5.** someone who is only concerned with practical matters, or who assumes a practical attitude.

utilitarianism /,jutɪlə'tɛəriə,nɪzəm/ *n.* the ethical doctrine that virtue is based on utility, and that conduct should be directed towards promoting the greatest happiness of the greatest number of persons.

utility /ju'tɪləti/ *n.* **-ties**, *adj.* –*n.* **1.** the state or character of being useful. **2.** something useful. **3.** a public service, such as a bus or railway service,

utility program gas or electricity supply, etc. **4.** Also, **ute**. *Australian, NZ* a small truck with an enclosed cabin and open body which is sometimes covered with a tarpaulin. **5.** *Economics* the ability of an object to satisfy a human want. –*adj*. **6.** provided, designed, bred, or made for usefulness rather than beauty.

utility program *n.* *Computers* a computer program designed to carry out certain routine processes, as sorting data, copying files, etc.

utmost /'ʌtmoʊst/ *adj*. **1.** of the greatest or highest degree, quantity, or the like; greatest: *of the utmost importance*. **2.** being at the farthest point or extremity; farthest: *the utmost boundary of the East*. –*n.* Also, **uttermost**. **3.** the greatest degree or amount: *the utmost that can be said*. **4.** the highest, greatest, or best of one's power: *do your utmost*. **5.** the extreme limit or extent.

utopia /juˈtoʊpiə/ *n.* (*sometimes cap.*) **1.** a place or state of ideal perfection. **2.** any visionary system of political or social perfection.

utopian /juˈtoʊpiən/(*sometimes cap.*) *adj.* **1.** having to do with or resembling a utopia. **2.** founded upon or involving imaginary or ideal perfection. **3.** given to dreams or schemes of such perfection. –*n.* **4.** an ardent but unpractical political or social reformer; a visionary; an idealist. –**utopianism** *n.*

utter¹ /'ʌtə/ *v.t.* **1.** to speak or pronounce: *the words were uttered in my hearing*. **2.** to give expression to (a subject, etc.): *unable to utter her opinions*. **3.** to make publicly known; publish: *utter a libel*. **4.** (of coins, notes, etc., and especially counterfeit money) to place into general use. –**utterable** *adj.* –**utterableness** *n.* –**utterance** *n.* –**utterer** *n.*

utter² /'ʌtə/ *adj.* **1.** complete; total; absolute: *her utter abandonment to grief*. **2.** unconditional; unqualified: *an utter denial*. –**utterly** *adv.*

utter barrister *n.* a barrister who is not a Queen's Counsel.

U-turn /'ju-tɜn/ *n.* a sharp turn executed by the driver of a motor vehicle so that the vehicle faces the direction from which it was travelling.

UV index *n.* a measure of the strength of the ultraviolet radiation in the atmosphere, on a scale from 1 to 10.

uvula /'juvjələ/ *n.* **-las** *or* **-lae** /-li/. the small, fleshy, conical body projecting downwards from the middle of the soft palate.

uxorious /ʌkˈsɔriəs/ *adj.* excessively or foolishly fond of one's wife; doting on a wife. –**uxoriously** *adv.* –**uxoriousness** *n.*

V v

V, v 1. a consonant, the 22nd letter of the English alphabet. 2. (*sometimes l.c.*) the Roman numeral for five. 3. something shaped like the letter V.

vacant /'veɪkənt/ *adj.* 1. empty; void. 2. (of a chair, position, house, etc.) not occupied. 3. free from work, business, etc.: *a vacant hour.* 4. characterised by, showing, or coming from lack of thought or intelligence. –**vacancy** *n.* –**vacantly** *adv.*

vacant possession *n.* the right of immediate possession of a house or property, the prior occupant having departed.

vacate /vəˈkeɪt, veɪˈkeɪt/ *v.* **-cated, -cating.** –*v.t.* 1. to make vacant; cause to be empty or unoccupied. 2. to give up the occupancy of. 3. to give up or relinquish (an office, position, etc.). 4. to render inoperative; deprive of validity; annul: *to vacate a legal judgment.* –*v.i.* 5. to withdraw from occupancy or possession; leave; quit.

vacation /vəˈkeɪʃən, veɪˈkeɪʃən/ *n.* 1. a part of the year when law courts, universities, etc., are suspended or closed. 2. *Originally US* a holiday. 3. the act of vacating. –*v.i.* 4. *Originally US* to take or have a vacation or holiday. –**vacationless** *adj.*

vaccinate /'væksəneɪt/ *v.* **-nated, -nating.** –*v.t.* 1. to inoculate with the vaccine of cowpox, so as to render the subject immune to smallpox. 2. to inoculate with the modified virus of any of various other diseases, as a preventive measure. –*v.i.* 3. to perform or practise vaccination. –**vaccination** /væksəˈneɪʃən/ *n.* –**vaccinator** *n.*

vaccine /'væksin, vækˈsin/ *n.* 1. the virus of cowpox, obtained from the vesicles of an affected cow or person, and used in vaccination against smallpox. 2. the modified virus of any of various other diseases, used for preventive inoculation. –*adj.* 3. relating to cowpox or to vaccination. 4. of, relating to, or derived from cows.

vacillate /'væsəleɪt/ *v.i.* **-lated, -lating.** 1. to sway unsteadily; waver; stagger. 2. to fluctuate. 3. to waver in mind or opinion; be irresolute or hesitant.

vacuous /'vækjuəs/ *adj.* 1. empty; without contents. 2. empty of ideas or intelligence; stupidly vacant. 3. showing mental vacancy: *a vacuous look.* 4. purposeless; idle. –**vacuity** *n.* –**vacuously** *adv.* –**vacuousness** *n.*

vacuum /'vækjum/ *n.* **vacuums** *or* **vacua**, /'vækjuə/ *adj., v.* –*n.* 1. a space entirely void of matter (**perfect vacuum** or **complete vacuum**). 2. an enclosed space from which air (or other gas) has been removed, as by an air pump (**partial vacuum**). 3. the state or degree of exhaustion in such an enclosed space. 4. empty space. 5. → **vacuum cleaner**. –*adj.* 6. relating to, employing, or producing a vacuum. 7. (of a hollow container) partly exhausted of gas. 8. relating to apparatuses or processes which utilise gas pressures below atmospheric pressure. –*v.t.* 9. to clean with a vacuum cleaner or treat with any vacuum device.

vacuum cleaner *n.* an apparatus for cleaning carpets, floors, etc., by suction.

vagabond /'vægəbɒnd/ *adj.* 1. wandering from place to place without being settled; nomadic. 2. good-for-nothing; worthless: *vagabond friends.* –*n.* 3. someone who is without a fixed home and who wanders from place to place, especially one thought to be idle or worthless; tramp; vagrant.

vagary /'veɪgəri/ *n.* **-ries.** 1. an extravagant idea or notion. 2. a wild, capricious, or fantastic action; a freak. 3. uncertainty: *the vagaries of life.*

vagina /vəˈdʒaɪnə/ *n.* **-nas** *or* **-nae** /-ni/. 1. *Anatomy* **a.** the passage leading from the uterus to the vulva in a female mammal. **b.** a sheathlike part or organ. 2. *Botany* the sheath formed by the basal part of certain leaves where they embrace the stem. –**vaginal** *adj.*

vagrant /'veɪgrənt/ *n.* 1. someone who wanders from place to place and has no settled home or means of support; a tramp. –*adj.* 2. wandering from place to place; nomadic. –**vagrancy** *n.* –**vagrantly** *adv.* –**vagrantness** *n.*

vague /veɪg/ *adj.* **vaguer, vaguest.** 1. not clear or certain in statement or meaning: *vague promises.* 2. (of ideas, feelings, etc.) not clear or exact. 3. not clear or sharp to the senses: *vague forms seen through mist.* 4. not definitely fixed or known; uncertain: *vague plans.* 5. (of people, etc.) not clear in thought or understanding. –**vaguely** *adv.* –**vagueness** *n.*

vain /veɪn/ *adj.* 1. without real value or importance; hollow, idle, or worthless. 2. futile; useless; ineffectual. 3. having an excessive pride in one's own appearance, qualities, gifts, achievements, etc.; conceited. 4. proceeding from or showing personal vanity: *vain boasts.* –*phr.* 5. **in vain**, **a.** without effect or avail; to no purpose. **b.** improperly; blasphemously: *to take God's name in vain.* –**vainly** *adv.* –**vainness** *n.*

vainglory /veɪnˈglɔri/ *n.* 1. inordinate elation or pride in one's achievements, abilities, etc. 2. vain pomp or show. –**vainglorious** *adj.*

valance /'væləns/ *n.* 1. a short curtain or piece of hanging drapery, as at the edge of a canopy, from the frame of a bed to the floor, etc. 2. → **pelmet**. –**valanced** *adj.*

vale /veɪl/ *n. Chiefly Poetic* a valley.

valediction /vælə'dɪkʃən/ *n.* 1. a bidding farewell; a leave-taking. 2. an utterance, speech, etc., made at the time of or by way of leave-taking.

valency /'veɪlənsi/ *n.* **-cies.** *Chemistry* 1. the quality which determines the number of atoms or radicals with which any single atom or radical will unite chemically. 2. the relative combining capacity of an atom or radical compared with the standard hydrogen atom: *a valency of one* (the capacity to unite with one atom of hydrogen or its equivalent). Also, *Chiefly US,* **valence**.

-valent a word element meaning having worth or value, used especially in scientific terminology to refer to valency, as in *quadrivalent.*

valentine /'væləntaɪn/ *n.* 1. an amatory or sentimental (sometimes satirical or comic) card or the like, or some token or gift, sent by one person to another on St Valentine's Day. 2. a sweetheart chosen on St Valentine's Day, 14 February.

valerian /vəˈlɪəriən, -ˈlɪə-/ *n.* 1. any of the perennial herbs constituting the genus *Valeriana,* as *V. officinalis,* a plant with white or pink flowers and a medicinal root. 2. a drug consisting of or made from the root, used as a nerve sedative and antispasmodic.

valet /'væleɪ, 'vælət/ *n., v.* **-leted, -leting.** –*n.* 1. a male servant who is his employer's personal attendant, caring for the employer's clothing, etc.; manservant. **2.** someone who performs similar services for patrons of a hotel, etc. **3.** any of various contrivances, as a rack or stand, for holding coats, hats, etc. *–v.t.* **4.** to work as a valet for (someone). *–v.i.* **5.** to attend or act as valet. **–valetless** *adj.*

valetudinarian /,vælətjudə'nɛəriən/ *n.* **1.** an invalid. **2.** someone who is constantly or excessively concerned about the state of their health. *–adj.* **3.** in poor health; sickly; invalid. **4.** constantly or excessively concerned about the state of one's health.

valiant /'væliənt/ *adj.* **1.** brave, courageous, or stout-hearted, as persons. **2.** marked by or showing bravery or valour, as deeds, attempts, etc. **–valiantly** *adv.* **–valiance, valiantness** *n.*

valid /'væləd/ *adj.* **1.** sound, just, or well-founded: *a valid reason, a valid objection.* **2.** having force, weight, or cogency; authoritative. **3.** legally sound, effective, or binding; having legal force; sustainable in law. **–validate** *v.* **–validly** *adv.* **–validness** *n.*

valise /və'liz, -'lis/ *n.* a traveller's case for holding clothes, toilet articles, etc., especially a small one for carrying by hand; a travelling bag.

valley /'væli/ *n.* **-leys. 1.** an elongated depression, usually with an outlet, between uplands, hills, or mountains, especially one following the course of a stream. **2.** an extensive, more or less flat, and relatively low region drained by a great river system. **3.** any hollow or structure likened to a valley. **4.** the lower phase of a horizontal wave motion. **–valleylike** *adj.*

valour = valor /'vælə/ *n.* boldness or firmness in braving danger; bravery or heroic courage, especially in battle. **–valorous** *adj.*

valuable /'væljuəbəl, 'væljubəl/ *adj.* **1.** of monetary worth. **2.** representing a large market value: *valuable paintings.* **3.** of considerable use, service, or importance: *valuable information, valuable aid.* **4.** capable of having the value estimated. *–n.* **5.** (*usually plural*) a valuable article, as of personal property or of merchandise, especially one of comparatively small size. **–valuableness** *n.* **–valuably** *adv.*

valuation /vælju'eɪʃən/ *n.* **1.** an estimating or fixing of the value of a thing. **2.** a value estimated or fixed; estimated worth. **–valuational** *adj.*

value /'vælju/ *n., v.* **-ued, -uing.** *–n.* **1.** that property of a thing because of which it is esteemed, desirable, or useful, or the degree of this property possessed; worth, merit, or importance: *the value of education.* **2.** material or monetary worth, as in traffic or sale: *even the waste has value.* **3.** (*plural*) *Mining* payable quantities of mineral. **4.** the worth of a thing as measured by the amount of other things for which it can be exchanged, or as estimated in terms of a medium of exchange. **5.** equivalent worth or equivalent return: *for value received.* **6.** estimated or assigned worth; valuation. **7.** force, import, or significance: *the value of a word or phrase.* **8.** *Mathematics* **a.** the magnitude of a quantity or measurement. **b.** (of a function) the number obtained when particular numbers are substituted for the variables. **9.** (*plural*) *Sociology* the things of social life (ideals, customs, institutions, etc.) towards which the people of the group have an affective regard. These values may be positive, as cleanliness, freedom, education, etc., or negative, as cruelty, crime, or blasphemy. **10.** *Ethics* any object or quality desirable as a means or as an end in itself. **11.** *Music* the relative length or duration of a note. **12.** *Phonetics* **a.** quality. **b.** the phonetic equivalent of a letter: *one value of the letter 'a' is the vowel sound in 'hat', 'sang', etc.* *–v.t.* **13.** to estimate the value of; rate at a certain value or price; appraise. **14.** to consider with respect to worth, excellence, usefulness, or importance. **15.** to regard or esteem highly. *–phr.* **16. good value,** excellent in one's field; capable.

valve /vælv/ *n., v.* **valved, valving.** *–n.* **1.** any device, especially a hinge-like part, for closing or altering the passage through a pipe, outlet, etc., in order to control the flow of liquids, gases, etc. **2.** *Music* a device, as in the trumpet, for changing the length of the air column to alter the pitch of a note. **3.** *Zoology* one of the two or more separable pieces making up certain shells. **4.** *Botany* one of the parts into which a dry fruit opens to release its seeds. **5.** *Electricity* a device consisting of two or more electrodes in an evacuated or gas-filled cylinder, which can be used for controlling a flow of electricity. *–v.t.* **6.** to provide with a means of control of fluid flow (as gas from a balloon), by supplying with a valve. **–valveless** *adj.* **–valvelike** *adj.*

vamoose /və'mus/ *v.i.* **-moosed, -moosing.** *Chiefly US* to make off; decamp; depart quickly.

vamp¹ /væmp/ *n.* **1.** the front part of the upper of a shoe or boot. **2.** anything patched up or pieced together. **3.** *Music* an accompaniment, usually improvised, consisting of a succession of simple chords. *–v.t.* **4.** to furnish with a vamp, especially to repair with a new vamp, as a shoe or boot. **5.** to give an appearance of newness to. **6.** *Music* to improvise (an accompaniment or the like). *–v.i.* **7.** *Music* to improvise an accompaniment, tune, etc. *–phr.* **8. vamp up,** to patch up or repair; renovate. **–vamper** *n.*

vamp² /væmp/ *Colloquial* *–n.* **1.** a woman who uses her charms to seduce and exploit men. *–v.i.* **2.** to act as a vamp. *–v.t.* **3.** (of a woman) to use one's charms or arts upon (a man). **–vamper** *n.*

vampire /'væmpaɪə/ *n.* **1.** a preternatural being, in the common belief a reanimated corpse of a person improperly buried, supposed to suck blood of sleeping persons at night. **2.** one who preys ruthlessly on others; an extortionist. **3.** Also, **vampire bat. a.** any of various South and Central American bats including *Desmodus rotundus, Diphylla ecaudata* and *Diaemus youngi,* the **true vampires,** which feed on the blood of animals including humans. **b.** any large South American bat of the genera *Phyllostomus* and *Vampyrus,* erroneously reputed to suck blood. **–vampiric** /væm'pɪrɪk/, **vampirish** *adj.*

van¹ /væn/ *n.* **1.** *Archaic* the foremost division of the front part of an army, a fleet, or any body of individuals advancing, or in order for advancing. **2.** the forefront in any movement, course of progress, or the like. **3.** those who are in the forefront of a movement or the like.

van² /væn/ *n.* **1.** a covered vehicle, usually large in size, for moving furniture, goods, etc. **2.** a closed railway wagon.

vanadium /və'neɪdiəm/ *n.* a rare element occurring in certain minerals, and obtained as a light grey powder with a silvery lustre, used as an ingredient of steel to toughen it and increase shock resistance. *Symbol:* V; *relative atomic mass:* 50.942; *at. no.:* 23; *density:* 5.96.

vandal /'vændl/ *n.* **1.** someone who deliberately or ignorantly destroys or damages property, works of art, etc. *–adj.* **2.** characterised by vandalism. **–vandalise = vandalize** *v.* **–vandalism** *n.*

vane /veɪn/ *n.* **1.** a flat piece of metal, or some other device fixed upon a spire or other elevated object in such a way as to move with the wind and indicate its direction; a weathercock. **2.** a similar piece, or sail, in the wheel of a windmill, to be moved by the air. **3.** any plate, blade, or the like,

vanguard

attached to an axis, and moved by or in air or a liquid: *a vane of a screw propeller.* –**vaned** *adj.* –**vaneless** *adj.*

vanguard /'væŋgad/ *n.* **1.** the foremost division or the front part of an army; the van. **2.** the leading position in any field. **3.** the leaders of any intellectual or political movement.

vanilla /və'nɪlə/ *n.* **1.** any of the tropical climbing orchids constituting the genus *Vanilla*, especially *V. fragrans*, whose podlike fruit (**vanilla bean**) yields an extract used in flavouring food, in perfumery, etc. **2.** the fruit or bean. **3.** the extract. –*adj.* **4.** flavoured with vanilla or a synthetic substitue: *vanilla ice-cream.* **5.** *Colloquial* standard; basic; without refinements or additions: *a vanilla computer system; vanilla sex*

vanish /'vænɪʃ/ *v.i.* **1.** to disappear from sight, or become invisible, especially quickly. **2.** to disappear by ceasing to exist; come to an end; cease. **3.** *Mathematics* (of a number or quantity) to become zero. –**vanisher** *n.*

vanity /'vænəti/ *n.* **-ties.** **1.** the quality of being personally vain; excessive pride in one's own appearance, qualities, gifts, achievements, etc. **2.** an instance or display of this quality or feeling. **3.** something about which one is vain. **4.** vain or worthless character; want of real value; hollowness or worthlessness. **5.** something vain or worthless.

vanquish /'væŋkwɪʃ/ *v.t.* **1.** to conquer or defeat in battle or conflict; reduce to subjection by superior force. **2.** to defeat in any contest. **3.** to overcome or overpower. –**vanquishable** *adj.* –**vanquisher** *n.* –**vanquishment** *n.*

vantage /'væntɪdʒ, 'van-/ *n.* **1.** position or condition affording superiority, as for action. **2.** opportunity likely to give superiority.

vantage point *n.* a position or place affording an advantageous or clear view or perspective.

vapid /'væpəd/ *adj.* **1.** having lost life, sharpness, or flavour; insipid; flat. **2.** without animation or spirit; dull, uninteresting or tedious, as talk, writings, persons, etc. –**vapidity** /və'pɪdəti/, **vapidness** *n.* –**vapidly** *adv.*

vaporise = **vaporize** /'veɪpəraɪz/ *v.* **-rised, -rising.** –*v.t.* **1.** to cause to pass into the gaseous state. –*v.i.* **2.** to become converted into vapour. –**vaporisable** *adj.*

vapour = **vapor** /'veɪpə/ *n.* **1.** a visible cloud of a gas-like substance, as fog, mist, steam, etc. **2.** a gaseous state of a substance that is normally a liquid or solid. **3.** (*plural*) *Archaic* low spirits. –**vapourability** /veɪpərə'bɪləti/ *n.* –**vapourer** *n.* –**vapourable** *adj.* –**vapourless** *adj.* –**vapourlike** *adj.*

vapourware = **vaporware** /'veɪpəwɛə/ *n.* computer software which is announced to be in the making but which may never eventuate.

variable /'vɛəriəbəl/ *adj.* **1.** likely to vary or change; inconsistent; changeable: *variable weather; a variable person.* **2.** capable of being varied or changed; alterable: *the width of the waistband is variable.* **3.** *Biology* (of a species or a specific character) departing from the usual type. –*n.* **4.** something variable. **5.** *Mathematics* a symbol, or the quantity or function which it signifies, which may represent any one of a given set of numbers and other objects. –**variability** /ˌvɛəriə'bɪləti/, **variableness** *n.* –**variably** *adv.*

variance /'vɛəriəns/ *n.* **1.** the state or fact of varying; divergence or discrepancy. **2.** an instance of this; difference. **3.** *Statistics* the square of the standard deviation. **4.** *Law* **a.** a difference or discrepancy, as between two statements or documents in law which should agree. **b.** a departure from the cause of action originally stated in the complaint. **5.** a disagreement, dispute, or quarrel. –*phr.* **6. at variance, a.** in a state of difference, discrepancy, or disagreement, as things. **b.** in a state of controversy or dissension, as persons.

variant /'vɛəriənt/ *adj.* **1.** tending to change or alter; varying. **2.** being an altered form of something: *a variant spelling of a word.* –*n.* **3.** a variant form.

variation /vɛəri'eɪʃən/ *n.* **1.** the act or process of varying; change in condition, character, degree, etc. **2.** an instance of this. **3.** amount or rate of change. **4.** an altered form of something; a variant. **5.** *Music* **a.** the transformation of a melody or theme with changes or elaborations in harmony, rhythm, and melody. **b.** a varied form of a melody or theme, especially one of a series of such forms developing the capacities of the subject. –*phr.* **6. variations on a theme**, the same thing presented in many different ways. –**variational** *adj.*

varicose /'værəkoʊs, -kəs/ *adj.* **1.** abnormally or unusually enlarged, swollen, or dilated. **2.** relating to or affected with varicose veins, which often affect the superficial portions of the lower limbs.

varied /'vɛərid/ *adj.* **1.** made various, diversified; characterised by variety: *a varied assortment.* **2.** changed or altered: *a varied form of a word.* **3.** variegated, as in colour, as an animal. –**variedly** *adv.* –**variedness** *n.*

variegate /'vɛəriəgeɪt, 'vɛərə-/ *v.t.* **-gated, -gating.** **1.** to make varied in appearance; mark with different colours, tints, etc. **2.** to give variety to; diversify. –**variegation** /ˌvɛəriə'geɪʃən, ˌvɛərə-/ *n.*

variety /və'raɪəti/ *n.* **-ties.** **1.** the state or character of being various or varied; diversity. **2.** a number of things of different kinds: *a variety of cakes to eat.* **3.** kind or sort: *this variety of wood burns well.* **4.** a different form, condition, or phase of something. **5.** a category within a species, based on some hereditary difference not considered great enough to distinguish species. **6.** *Theatre* entertainment of mixed character, including singing, dancing, etc. **7.** *Ling.* any systematic form of a language, such as a regional or social dialect or a dialect recognised as a national or standard form of the language. –**varietal** /və'raɪətl/ *adj.*

various /'vɛəriəs/ *adj.* **1.** differing one from another, or of different kinds, as two or more things. **2.** divers, several, or many: *in various parts of the world.* **3.** exhibiting or marked by variety or diversity. **4.** differing in different parts, or presenting differing aspects. –**variously** *adv.* –**variousness** *n.*

varlet /'valət/ *n. Archaic* a low fellow; rascal.

varnish /'vanɪʃ/ *n.* **1.** a preparation which consists of resinous matter (as copal, lac, etc.) dissolved in an oil (**oil varnish**) or in alcohol (**spirit varnish**) or other volatile liquid, and which, when applied to the surface of wood, metal, etc., dries and leaves a hard, glossy, usually transparent coating. **2.** the sap of certain trees, used for the same purpose (**natural varnish**). **3.** any of various other preparations similarly used, as one having indiarubber, pyroxylin, or asphalt for the chief constituent. **4.** a coating or surface of varnish. **5.** something resembling a coating of varnish; a gloss. **6.** a merely external show, or a veneer. –*v.t.* **7.** to lay varnish on. **8.** to invest with a glossy appearance. **9.** to give an improved appearance to; embellish; adorn. **10.** to cover with a specious or deceptive appearance. –**varnisher** *n.*

vary /'vɛəri/ *v.* **-ried, -rying.** –*v.t.* **1.** to change or alter in form, appearance, character, degree, etc.: *she will not vary her opinion.* **2.** to cause to be different, one from another: *she varied the lunches every day.* –*v.i.* **3.** to be different; show diversity or variation: *Opinions vary on this issue.* **4.** to undergo change in form, appearance, character, etc.: *the trees vary with the seasons.* **5.** to depart; deviate (usually followed by *from*): *the ship varied from its course.* –**varier** *n.* –**varyingly** *adv.*

vas /væs/ *n.* **vasa** /'veɪsə/. *Anatomy, Zoology, Botany* a vessel or duct.

vascular /'væskjələ/ *adj.* relating to, composed of, or provided with vessels or ducts which convey fluids, as blood, lymph, or sap. Also, **vasculose, vasculous.** –**vascularity** /væskjə'lærəti/ *n.* –**vascularly** *adv.*

vas deferens /væs 'dɛfərɛnz/ *n.* **vasa deferentia** /ˌveɪsə dɛfə'rɛnʃiə/. *Anatomy* the deferent duct of the testicle which transports the sperm from the epididymis to the penis.

vase /vaz/ *n.* a hollow vessel, generally higher than it is wide, made of glass, earthenware, porcelain, etc., now chiefly used as a flower container or for decoration. –**vaselike** *adj.*

vasectomy /və'sɛktəmi/ *n.* -**mies.** the surgical excision of the vas deferens, or of a portion of it.

vaseline /'væsəlin, væsə'lin/ *n.* a translucent, yellow or whitish, semisolid petroleum product, used medicinally as an ointment and in various other preparations, and as a lubricant.

vaso- a word element meaning 'vessel', as in *vasoconstrictor.*

vassal /'væsəl/ *n.* **1.** (in the feudal system) a person holding lands by the obligation to render military service or its equivalent to his superior. **2.** a person holding some similar relation to a superior; a subject, follower, or retainer. –**vassalless** *adj.*

vast /vast/ *adj.* **1.** of very great extent or area; very extensive, or immense. **2.** of very great size or proportions; huge; enormous. **3.** very great in number, quantity, or amount, etc.: *a vast army, a vast sum.* **4.** very great in degree, intensity, etc.: *in vast haste, vast importance.* –**vastly** *adv.* –**vastness** *n.*

vat /væt/ *n., v.* **vatted, vatting.** –*n.* **1.** a large container for liquids. –*v.t.* **2.** to put into or treat in a vat.

vaudeville /'vɔdvɪl, 'vɔdəvɪl/ *n.* **1.** variety entertainment. **2.** a theatrical piece of light or amusing character, interspersed with songs and dances. –**vaudevillian** *n., adj.* –**vaudevillist** *n.*

vault[1] /vɔlt, vɒlt/ *n.* **1.** an arched structure forming a ceiling or roof over a hall, room, sewer, etc. **2.** an arched space, room, or passage, especially underground. **3.** an underground room, especially one used as a cellar or strongroom. **4.** a room for burying the dead. **5.** something like an arched roof: *the vault of heaven.* –*v.t.* **6.** to build or cover with a vault. –**vaulted** *adj.* –**vaultlike** *adj.*

vault[2] /vɔlt, vɒlt/ *v.i.* **1.** to leap or spring, as to or from a position or over something. **2.** to leap with the aid of the hands supported on something, sometimes on a pole: *to vault over a fence or a bar.* –*v.t.* **3.** to leap or spring over: *to vault a fence.* –*n.* **4.** the act of vaulting. –**vaulter** *n.*

vaunt /vɔnt/ *v.t.* **1.** to speak boastfully of. –*n.* **2.** boastful utterance. –**vaunter** *n.* –**vauntingly** *adv.*

V-chip /'vi-tʃɪp/ *n.* a computerised device installed in a TV set which responds to a signal accompanying a television program identified as being violent, and which can be activated to prevent the showing of the program.

VCR /vi si 'a/ *n.* → **video cassette recorder.**

VD /vi 'di/ *n.* venereal disease.

VDU /vi di 'ju/ *n.* visual display unit.

veal /vil/ *n.* the flesh of the calf as used for food.

vector /'vɛktə/ *n.* **1.** *Mathematics* a quantity which possesses both magnitude and direction. Two such quantities acting on a point may be represented by the two sides of a parallelogram, so that their resultant is represented in magnitude and direction by the diagonal of the parallelogram. **2.** *Computers* the address of an entry in a memory which is conceptually organised into position-dependent entries of fixed length. **3.** *Biology* an insect or other organism transmitting germs or other agents of disease. –**vectorial** /vɛk'tɔriəl/ *adj.*

Veda /'veɪdə, 'vidə/ *n.* (*sometimes plural*) the ancient sacred scriptures of Hinduism –**Vedaic** *adj.* –**Vedaism** *n.*

veer /vɪə/ *v.i.* **1.** to turn or shift to another direction; change from one direction or course to another. **2.** to change; alter; be variable or changeable; pass from one state to another. –*n.* **3.** a change of direction. –**veeringly** *adv.*

vegan /'vigən/ *n.* someone who follows a strict vegetarian diet which excludes any animal product.

vegemite /'vɛdʒəmaɪt/ *n.* **1.** a yeast extract used as a spread. **2.** *Australian Colloquial* (*usu. with qualifying adjective*) a person: *be a happy little vegemite.*

vegetable /'vɛdʒtəbəl/ *n.* **1.** any herbaceous plant, annual, biennial, or perennial, whose fruits, seeds, roots, tubers, bulbs, stems, leaves, or flower parts are used as food, as tomato, bean, beet, potato, asparagus, cabbage, etc. **2.** the edible part of such plants, as the fruit of the tomato or the tuber of the potato. **3.** any member of the vegetable kingdom; a plant. **4.** *Colloquial* a person who, due to physical injury or mental deficiency, is physically completely helpless or has no mental powers. –*adj.* **5.** of, consisting of, or made from vegetables that can be eaten: *a vegetable diet.* **6.** of or relating to plants: *vegetable kingdom; vegetable life.* **7.** obtained from plants: *vegetable fibre; vegetable oil; vegetable dye.*

vegetarian /vɛdʒə'tɛəriən/ *n.* **1.** someone who on moral principle or from personal preference lives on vegetable food (refusing meat, fish, etc.), or maintains that vegetables and farinaceous substances constitute the only proper food for humans. –*adj.* **2.** having to do with the practice or principle of living solely or chiefly on vegetable food. –**vegetarianism** *n.*

vegetate /'vɛdʒəteɪt/ *v.i.* -**tated, -tating. 1.** to grow in the manner of plants; increase as if by vegetable growth. **2.** to live like vegetables, in an inactive, passive, or unthinking way. **3.** *Pathology* to grow, or increase by growth, as an excrescence.

vegetation /vɛdʒə'teɪʃən/ *n.* **1.** plants collectively; the plant life of a particular region considered as a whole. **2.** the act or process of vegetating. **3.** *Pathology* a morbid growth or excrescence. –**vegetational** *adj.*

vehement /'viəmənt/ *adj.* **1.** eager, impetuous, or impassioned. **2.** characterised by anger, bitterness, or rancour: *vehement opposition.* **3.** passionate, as feeling; strongly emotional: *vehement desire, vehement dislike.* **4.** (of actions) marked by great energy, exertion, or unusual force. –**vehemence** *n.* –**vehemently** *adv.*

vehicle /'viɪkəl, 'viəkəl/ *n.* **1.** anything, especially moving on wheels, on which people or goods may be carried, e.g. a car, truck, bicycle, etc. **2.** a means of carrying or sending: *air is the vehicle of sound; langguage is a vehicle for thought.* –**vehicular** /və'hɪkjələ/ *adj.*

veil /veɪl/ *n.* **1.** a piece of material, usually light and more or less transparent, worn, especially by women, over the head or face, as to conceal the face or to protect it from the sun or wind. **2.** a piece of material worn so as to fall over the head and shoulders on each side of the face, forming a part of the headdress of a nun. **3.** the life accepted or the vows made by a woman, when she makes either her novice's vows and takes the white veil, or her irrevocable vows and takes the black veil of a nun. **4.** something that covers, screens, or conceals: *a veil of smoke or mist.* **5.** a mask, disguise, or pretence. *–v.t.* **6.** to cover or conceal with or as with a veil. **7.** to hide the real nature of; mask; disguise. *–phr.* **8. take the veil**, to become a nun. **–veiled** *adj.* **–veilless** *adj.* **–veil-like** *adj.*

vein /veɪn/ *n.* **1.** one of the system of branching vessels or tubes carrying blood from various parts of the body to the heart. **2.** (loosely) any blood vessel. **3.** one of the tubular, riblike thickenings in an insect's wing. **4.** one of the strands or bundles of vascular tissue forming the framework of a leaf. **5.** any body or stratum of ore, coal, etc., clearly separated or defined. **6.** a streak or marking of a different colour, running through marble, wood, etc. **7.** a strain or quality traceable in character or behaviour, writing, etc.: *a vein of stubbornness; to write in a poetic vein.* *–v.t.* **8.** to provide with veins. **9.** to mark with lines or streaks suggesting veins. **–veined** *adj.* **–veinless** *adj.* **–veinlike** *adj.* **–veiny** *adj.*

velcro /'vɛlkrəʊ/ *n.* **1.** a type of tape used as a fastening, comprising two strips of fabric, one with a dense arrangement of small nylon hooks and the other with a nylon pile, so that when the strips are pressed together one hooks into the other sufficiently firmly to hold the fastening together. *–adj.* **2.** having to do with velcro. Also, **Velcro**.

veldt /vɛlt/ *n.* the open country, bearing grass, bushes, or shrubs, or thinly forested, characteristic of parts of southern Africa. Also, **veld**.

vellum /'vɛləm/ *n.* **1.** a sheet of calfskin prepared as parchment for writing or bookbinding. *–adj.* **2.** made of or resembling vellum.

velocity /vəˈlɒsəti/ *n.* **-ties. 1.** rapidity of motion or operation; swiftness; quickness. **2.** *Physics* rate of motion, especially when the direction of motion is also specified.

velodrome /'vɛlədrəʊm/ *n.* an arena with a suitably banked track for cycle races.

velour /vəˈluə/ *n.* any of various fabrics with a fine, raised finish. Also, **velours**.

velvet /'vɛlvət/ *n.* **1.** material of silk, cotton, etc., with a thick, soft pile formed of loops of the warp thread either cut at the outer end (as in ordinary velvet) or left uncut (as in uncut or terry velvet). **2.** anything with the soft, furry quality of velvet. **3.** the soft covering of a growing antler. *–adj.* **4.** Also, **velveted**. made of velvet or covered with velvet. **5.** resembling velvet; smooth and soft. **–velvet-like** *adj.*

velveteen /vɛlvəˈtin/ *n.* a cotton pile fabric with short pile.

venal /'vinəl/ *adj.* **1.** ready to sell one's services or influence unscrupulously; accessible to bribery; corruptly mercenary. **2.** purchasable like mere merchandise, as things not properly bought and sold. **3.** characterised by venality: *a venal period, a venal agreement.* **–venality** *n.* **–venally** *adv.*

vend /vɛnd/ *v.t.* to dispose of by sale; peddle.

vendetta /vɛnˈdɛtə/ *n.* **1.** a private feud in which the relatives of a murdered person seek to obtain vengeance by killing the murderer or a member of his or her family, especially as existing in Corsica and parts of Italy; blood feud. **2.** any prolonged or persistent quarrel, rivalry, etc. **3.** *Colloquial* a firm stand taken on a particular issue, and strictly enforced: *the police conducted a vendetta against drunken driving.* **–vendettist** *n.*

veneer /vəˈnɪə/ *n.* **1.** a thin layer of wood or other material used for facing or overlaying wood. **2.** one of the several layers of plywood. **3.** an outwardly pleasing appearance or show: *a veneer of good manners.* *–v.t.* **4.** to overlay or face (wood) with thin sheets of some material, as a fine wood, ivory, tortoiseshell, etc. **5.** to cover (an object) with a thin layer of costly material to give an appearance of superior quality. **6.** to cement (layers of wood veneer) to form plywood. **7.** to give an outwardly pleasing appearance to. **–veneerer** *n.*

venerable /'vɛnrəbəl, -nərəbəl/ *adj.* **1.** worthy of veneration or reverence, as on account of high character or office. **2.** commanding respect by reason of age and dignity of appearance. **3.** (of places, buildings, etc.) hallowed by religious, historic, or other lofty associations. **4.** impressive or interesting from age, antique appearance, etc. **5.** ancient: *a venerable error.* **–venerability** /vɛnrəˈbɪləti, -nərəˈbɪləti/, **venerableness** *n.* **–venerably** *adv.*

venerate /'vɛnəreɪt/ *v.t.* **-rated, -rating.** to regard with reverence, or revere. **–veneration** *n.* **–venerator** *n.*

venereal disease /vəˈnɪəriəl dəˈziz/ *n.* any of those diseases which are transmitted by sexual intercourse with an infected person, especially syphilis and gonorrhoea.

venetian blind /vəˈniʃən ˈblaɪnd/ *n.* a blind, as for a window, having overlapping horizontal slats that may be opened or closed, especially one in which the slats may be raised and drawn together above the window by pulling a cord.

vengeance /'vɛndʒəns/ *n.* **1.** the avenging of wrong, injury, or the like, or retributive punishment. **2.** infliction of injury or suffering in requital for wrong done or other cause of bitter resentment. *–phr.* **3. with a vengeance, a.** with force or violence. **b.** extremely. **c.** to a surprising or unusual degree. **–vengeful** *adj.*

venial /'vinjəl/ *adj.* **1.** that may be forgiven or pardoned; not seriously wrong, as a sin. **2.** excusable, as an error or slip. **–veniality** /viniˈæləti/, **venialness** *n.* **–venially** *adv.*

venison /'vɛnəsən, 'vɛnzən/ *n.* the flesh of a deer or similar animal.

Venn diagram /'vɛn daɪəɡræm/ *n. Mathematics, Logic* a diagram which represents sets of elements as circles whose overlap indicates the overlap of the sets.

venom /'vɛnəm/ *n.* **1.** the poisonous fluid which some animals, as certain snakes, spiders, etc., secrete, and introduce into the bodies of their victims by biting, stinging, etc. **2.** something resembling or suggesting poison in its effect; spite or malice. **–venomer** *n.* **–venomless** *adj.* **–venomous** *adj.*

venous /'vinəs/ *adj.* **1.** of, relating to, or of the nature of a vein or veins. **2.** relating to the blood of the veins which has given up oxygen and become charged with carbon dioxide, and, in the higher animals, is dark red in colour. **–venously** *adv.* **–venosity, venousness** *n.*

vent[1] /vɛnt/ *n.* **1.** an opening or aperture serving as an outlet for air, smoke, fumes, etc. **2.** the small opening at the breech of a gun by which fire is communicated to the charge. **3.** *Zoology* the anal or excretory opening of animals, especially of those below mammals, as birds and reptiles. **4.** a means of escaping or passing out; an outlet, as from confinement. **–ventless** *adj.*

vent[2] /vɛnt/ *n.* **1.** expression or utterance: *to give vent to emotions; to give vent to complaints.* *–v.t.* **2.** to give free course or expression to (an emotion, passion, etc.): *glad of any excuse to vent her pique.* **3.** to give utterance to; publish or spread abroad. **4.** to relieve by giving vent to something. **5.** to let out or discharge (liquid, smoke, etc.). **6.** to furnish with a vent or vents. **–venter** *n.*

vent[3] /vɛnt/ *n.* the slit in the back or sides of a coat.

ventilate

ventilate /'vɛntəleɪt/ *v.t.* **-lated**, **-lating**. **1.** to provide (a room, mine, etc.) with fresh air in place of stale air. **2.** to introduce fresh air to: *the lungs ventilate the blood*. **3.** to express: *to ventilate opinions*. **4.** to provide (a building, room) with a vent or vents. –**ventilation** /vɛntə'leɪʃən/ *n.* –**ventilator** *n.*

ventral /'vɛntrəl/ *adj.* **1.** having to do with the venter or belly; abdominal. **2.** situated on the abdominal side of the body. **3.** situated on the anterior or lower side or surface, as of an organ or part. **4.** *Botany* having to do with the lower or inner surface, as of a petal, etc. –**ventrally** *adv.*

ventricle /'vɛntrɪkəl/ *n. Anatomy* **1.** any of various hollow organs or parts in an animal body. **2.** one of the two main cavities of the heart which receive the blood from the auricles and propel it into the arteries. **3.** one of a series of connecting cavities of the brain.

ventriloquism /vɛn'trɪləkwɪzəm/ *n.* the art or practice of speaking or of uttering sounds with little or no lip movement, in such a manner that the voice appears to come not from the speaker but from some other source, as a dummy. Also, **ventriloquy**. –**ventriloquist** *n.*

venture /'vɛntʃə/ *n., v.* **-tured**, **-turing**. –*n.* **1.** a hazardous or daring undertaking; any undertaking or proceeding involving uncertainty as to the outcome. **2.** a business enterprise or proceeding in which loss is risked in the hope of profit; a commercial or other speculation. –*v.t.* **3.** to expose to hazard; risk. **4.** to take the risk of; brave the dangers of. **5.** to dare; presume; be so bold as; go so far as. –*v.i.* **6.** to make a venture; risk oneself. **7.** to dare or presume: *I venture to say.* –*phr.* **8. at a venture**, according to chance; at random. **9. venture on** (or **upon**), to take a risk with: *to venture on an ambitious project.* –**venturesome** *adj.* –**venturer** *n.*

Venturer /'vɛntʃərə/ *n.* (*sometimes l.c.*) a member of a senior division (ages 15–17) of the Scout Association.

venturous /'vɛntʃərəs/ *adj.* **1.** disposed to venture; bold; daring; adventurous. **2.** hazardous; risky. –**venturously** *adv.* –**venturousness** *n.*

venue /'vɛnju/ *n.* **1.** the scene of any action or event, as a hall for a concert, meeting, etc. **2.** *Law* the county or place where a jury is gathered and a crime or cause tried.

Venus's flytrap /vinəsəz 'flaɪtræp/ *n.* a plant, *Dionæa muscipula*, native to the south-eastern US, whose leaves have two lobes which close like a trap when certain delicate hairs on them are irritated, as by a fly. Also, **Venus flytrap**.

veracious /və'reɪʃəs/ *adj.* **1.** speaking truly; truthful or habitually observant of truth: *a veracious witness.* **2.** characterised by truthfulness; true: *a veracious statement or account.* –**veraciously** *adv.* –**veraciousness** *n.* –**veracity** *n.*

veranda = verandah /və'rændə/ *n.* an open or partly open portion of a house or other building, outside its principal rooms, but roofed usually by the main structure.

verb /vɜb/ *n. Grammar* **1.** one of the major form classes, or parts of speech, comprising words which express the occurrence of an action, existence of a state, and the like, and such other words as show similar grammatical behaviour, as English *discover, remember, write, be.* **2.** any such word. **3.** any word or construction of similar function or meaning. –**verbless** *adj.*

verbal /'vɜbəl/ *adj., n., v.* **-balled**, **-balling**. –*adj.* **1.** of or relating to words: *verbal symbols.* **2.** made up of or in the form of words: *a verbal picture of a scene.* **3.** expressed in spoken words rather than writing; oral: *verbal tradition; a verbal message.* **4.** concerned with words only, rather than ideas, facts, or realities: *a purely verbal distinction.* **5.** *Grammar* of, relating to, or coming from a verb. –*n. Colloquial* **6.** a spoken confession made to police. –**verbally** *adv.*

verbalise = verbalize /'vɜbəlaɪz/ *v.* **-lised**, **-lising**. –*v.t.* **1.** to express in words. **2.** *Grammar* to convert into a verb: *to verbalise 'butter' into 'to butter'.* –*v.i.* **3.** to use many words; be verbose. **4.** to express ideas, etc. in words. –**verbalisation** /vɜbəlaɪ'zeɪʃən/ *n.* –**verbaliser** *n.*

verbatim /vɜ'beɪtəm/ *adv.* **1.** word for word, or in exactly the same words. –*adj.* **2.** corresponding word for word to an original.

verbena /vɜ'binə/ *n.* any plant of the genus *Verbena*, comprising species characterised by elongated or flattened spikes of sessile flowers, some of which are much cultivated as garden plants.

verbiage /'vɜbiɪdʒ/ *n.* abundance of useless words, as in writing or speech; wordiness.

verbose /vɜ'boʊs/ *adj.* expressed in, characterised by the use of, or using many or too many words; wordy. –**verbosity** *n.* –**verbosely** *adv.* –**verboseness** *n.*

verdant /'vɜdnt/ *adj.* green with vegetation; covered with growing plants or grass: *a verdant valley.* –**verdancy** *n.* –**verdantly** *adv.*

verdict /'vɜdɪkt/ *n.* **1.** *Law* the finding or answer of a jury given to the court concerning a matter submitted to their judgment. **2.** a judgment or decision: *the verdict of the public.*

verdure /'vɜdʒuə/ *n.* **1.** greenness, especially of fresh, flourishing vegetation. **2.** green vegetation, especially grass or herbage. **3.** freshness in general; flourishing condition. –**verdurous** *adj.* –**verdureless** *adj.*

verge[1] /vɜdʒ/ *n., v.* **verged**, **verging**. –*n.* **1.** the edge, rim, or margin of something. **2.** the limit or point beyond which something begins or occurs: *to be on the verge of tears.* **3.** a limiting belt, strip, or border of something. **4.** the cleared levelled space bordering the edge of a sealed road. **5.** a grassed strip of land between the front boundary of a residential block and the edge of the road. **6.** space within boundaries; room or scope. **7.** an area or district subject to a particular jurisdiction. **8.** the edge of the roofing projecting over the gable. **9.** *Architecture* the shaft of a column; a small ornamental shaft. **10.** a rod, wand, or staff, especially one carried as an emblem of authority or ensign of office of a bishop, dean, and the like. –*v.i.* **11.** to be on the verge or border, or touch at the border. –*phr.* **12. verge on** (or **upon**), to come close to, approach, or border on (some state or condition): *with respect verging on reverence.*

verge[2] /vɜdʒ/ *v.i.* **verged**, **verging**. **1.** to incline or tend; slope. –*phr.* **2. verge to** (or **towards**), to slope towards.

verger /'vɜdʒə/ *n.* **1.** an official who takes care of the interior of a church and acts as attendant. **2.** an official who carries the verge or other symbol of office before a bishop, dean, or other dignitary.

verify /'vɛrəfaɪ/ *v.t.* **-fied**, **-fying**. **1.** to prove (something) to be true, as by evidence or testimony; confirm or substantiate. **2.** to ascertain the truth or correctness of, especially by examination or comparison: *to verify dates, spelling, or a quotation.* **3.** to state to be true, especially, in legal use, formally or upon oath. –**verifiable** *adj.* –**verification** *n.*

verily /'vɛrəli/ *adv. Archaic* in very truth; truly; really; indeed.

verisimilar /vɛri'sɪmələ/ *adj.* having the appearance of truth; likely or probable. –**verisimilitude** /vɛrəsə'mɪlətʃud/ *n.* –**verisimilarly** *adv.*

veritable /'vɛrətəbəl/ *adj.* being truly such; genuine or real: *a veritable triumph.* –**veritableness** *n.*

–**veritably** *adv.*

verity /'verəti/ *n.* **-ties. 1.** quality of being true, or in accordance with fact or reality. **2.** a truth, or true statement, principle, belief, idea, or the like.

vermi- a word element meaning 'worm', as in *vermiform*.

vermicelli /vɜmə'sɛli, -'tʃɛli/ *n.* **1.** a kind of pasta of Italian origin in the form of long, slender, solid threads (thinner than spaghetti), to be cooked for food. **2.** (in South-East Asian cookery) a type of thin noodle made from rice.

vermicular /vɜ'mɪkjələ/ *adj.* **1.** consisting of or characterised by sinuous or wavy outlines or markings, resembling the tracks of worms. **2.** having to do with or resembling a worm or worms. –**vermicularly** *adv.*

vermiform /'vɜməfɔm/ *adj.* like a worm in form; long and slender.

vermiform appendix /vɜməfɔm ə'pɛndɪks/ *n.* Anatomy a narrow, blind tube protruding from the caecum, situated in the lower right-hand part of the abdomen in humans, and having no known useful function, its diameter being about that of a pencil and its length approximately 10 cm. Also, **appendix**.

vermilion /və'mɪljən/ *n.* **1.** brilliant scarlet red. **2.** a bright red pigment consisting of mercuric sulfide; cinnabar. –*adj.* **3.** of the colour of vermilion. –*v.t.* **4.** to colour with or as with vermilion.

vermin /'vɜmən/ *n.* (*plural or singular*) **1.** noxious, troublesome or objectionable animals collectively, especially troublesome or disgusting insects or other minute animals, more particularly creeping ones parasitic on living animals or plants. **2.** animals which prey on corpses and livestock. **3.** obnoxious persons collectively. **4.** a single person of this kind. –**verminous** *adj.*

vermouth /'vɜməθ, və'muθ/ *n.* an aromatised wine in which herbs, roots, barks, bitters, and other flavourings have been steeped.

vernacular /və'nækjələ/ *adj.* **1.** (of language or words) native or originating in the place of its use. **2.** expressed or written in the native language: *a vernacular text.* **3.** using such a language: *a vernacular writer.* –*n.* **4.** the native speech or language of a place: *the Catholic liturgy is now in the vernacular instead of Latin.* **5.** the language used by a class or profession: *punters have their own vernacular.* **6.** everyday language, as opposed to formal or learned language. –**vernacularism** *n.* –**vernacularly** *adv.*

vernal /'vɜnəl/ *adj.* **1.** having to do with spring. **2.** having to do with youth. –**vernally** *adv.*

veronica /və'rɒnɪkə/ *n.* any plant of the genus *Veronica*, the speedwell, and of related genera, especially *Hebe*.

versatile /'vɜsətaɪl/ *adj.* **1.** capable of or adapted for turning with ease from one to another of various tasks, subjects, etc.; many-sided in abilities. **2.** *Botany* attached at or near the middle so as to swing freely, as an anther. **3.** *Zoology* turning either forwards or backwards: *a versatile toe.* **4.** variable or changeable, especially in feeling, purpose, policy, etc. –**versatilely** *adv.* –**versatility** /vɜsə'tɪləti/, **versatileness** *n.*

verse /vɜs/ *n.* **1.** (not in technical use) a stanza or other subdivision of a metrical composition: *the first verse of a hymn.* **2.** a succession of metrical feet written or printed or orally composed as one line; one of the lines of a poem. **3.** a poem, or piece of poetry. **4.** a particular type of metrical composition: *iambic verse, elegiac verse.* **5.** a short division of a chapter in the Bible, usually one sentence, or part of a long sentence.

versed /vɜst/ *phr.* **versed in,** experienced in; practised in; skilled at: *well versed in a subject.*

versify /'vɜsəfaɪ/ *v.* **-fied, -fying.** –*v.t.* **1.** to relate or describe in verse; treat as the subject of verse. **2.** to turn into verse or metrical form. –*v.i.* **3.** to compose verses. –**versification** *n.* –**versifier** *n.*

version /'vɜʒən/ *n.* **1.** a particular account of some matter, as different from another: *her version of what happened seemed more likely.* **2.** a translation. **3.** a particular form or variant of anything. –**versional** *adj.*

verso /'vɜsoʊ/ *n.* **-sos. 1.** *Printing* a left-hand page of a book or manuscript. **2.** the reverse, back, or other side of some object, as a coin or medal.

versus /'vɜsəs/ *prep.* against (used especially in law to indicate an action brought by one party against another, and in sport to denote a contest between two teams or players). *Abbrev.*: v., vs.

vertebra /'vɜtəbrə/ *n.* **-bras** *or* **-brae** /-bri/. *Anatomy* any of the bones or segments composing the spinal column, consisting typically in humans and the higher animals of a more or less cylindrical body (centrum) and an arch (neural arch) with various processes, forming a foramen through which the spinal cord passes. –**vertebral** *adj.*

vertebrate /'vɜtəbreɪt, -brət/ *n.* **1.** a vertebrate animal. –*adj.* **2.** having vertebrae; having a backbone or spinal column. **3.** belonging or relating to the Vertebrata, a subphylum of the phylum Chordata, all members of which have backbones. –**vertebration** *n.*

vertex /'vɜtɛks/ *n.* **-tices** /-təsiz/ *or* **-texes. 1.** the highest point of something; the apex; the top; the summit. **2.** *Anatomy, Zoology* the crown or top of the head. **3.** *Mathematics* the point farthest from the base. **4.** *Geometry* **a.** a point in a plane figure common to two or more sides. **b.** a point in a solid common to three or more sides.

vertical /'vɜtɪkəl/ *adj.* **1.** at right angles or perpendicular to the horizon; upright; plumb. **2.** of, relating to, or situated at the vertex. –*n.* **3.** a vertical line, plane, etc. **4.** a vertical or upright position. –**verticality** /vɜtə'kæləti/, **verticalness** *n.* –**vertically** *adv.*

vertical blinds *pl. n.* blinds which consist of a number of strips of a stiff fabric hung vertically, which can be adjusted as with venetian blinds to let in more or less light. Also, **vertical drapes**.

vertigo /'vɜtəgoʊ/ *n.* **vertigos** *or* **vertigines** /vɜ'tɪdʒəniz/. a disordered condition in which an individual, or whatever is around him or her, seems to be whirling about; dizziness.

verve /vɜv/ *n.* enthusiasm or energy, as in literary or artistic work; spirit, liveliness, or vigour: *her novel lacks verve.*

very /'vɛri/ *adv.*, **-rier, -riest.** –*adv.* **1.** in a high degree; extremely; exceedingly. **2.** (used as an intensifier): *the very best thing to be done; in the very same place.* –*adj.* **3.** same or precise: *the very thing you should have done.* **4.** even (what is specified): *they grew to fear his very name.* **5.** mere: *the very thought is distressing.* **6.** actual: *caught in the very act.* **7.** true, genuine, or real: *the very President himself.*

vesicle /'vɛsɪkəl/ *n.* **1.** a little sac or cyst. **2.** *Anatomy, Zoology* a small bladder-like cavity, especially one filled with fluid. **3.** *Pathology* a circumscribed elevation of the epidermis containing serous fluid. **4.** *Botany* a small bladder, or bladder-like air cavity, especially one present in plants which float on water. **5.** *Geology* a small, usually spherical cavity in a rock or mineral, due to gas or vapour. –**vesicular** *adj.*

vesper /'vɛspə/ *n.* **1.** evening. **2.** (*cap.*) the evening star, especially Venus; Hesperus. **3.** an evening prayer, service, song, etc. **4.** a vesper bell; a bell rung at evening. –*adj.* **5.** having to do with the evening. **6.** having to do with vespers.

vespers /'vɛspəz/ *pl. n.* (*sometimes cap.*) a religious service held in the late afternoon or the evening.

vessel /ˈvɛsəl/ *n.* **1.** a craft for travelling on water, now especially one larger than an ordinary rowing boat; a ship or boat. **2.** a hollow or concave article, as a cup, bowl, pot, pitcher, vase, bottle, etc., for holding liquid or other contents. **3.** *Anatomy, Zoology* a tube or duct, as an artery, vein, or the like, containing or conveying blood or some other body fluid. **4.** *Botany* a duct formed of connected cells which have lost their intervening partitions, containing or conveying sap, etc. **5.** a person regarded as a receptacle or container (chiefly in or influenced by biblical expressions).

vest /vɛst/ *n.* **1.** a short, warm undergarment with or without sleeves, usually worn next to the skin under a shirt; a singlet. **2.** a waistcoat. **3.** a similar garment, or a part or trimming simulating the front of such a garment, worn by women. –*v.t.* **4.** to clothe, dress, or robe. **5.** to invest or endow (a person, etc.) with something, especially with powers, functions, etc. –*v.i.* **6.** to put on ecclesiastical vestments. **7.** to become vested in a person or persons, as a right. **8.** to pass into possession; to devolve upon a person as possessor. –*phr.* **9. vest something in someone**, to place or settle something (especially property, rights, powers, etc.) in the possession or control of someone: *to vest an estate or a title in a person.* –**vestless** *adj.* –**vestlike** *adj.*

vestal /ˈvɛstl/ *adj.* having to do with or resembling a virgin; virginal; chaste.

vested /ˈvɛstəd/ *adj.* **1.** *Law* settled or secured in the possession of a person or persons, as a complete or fixed right, an interest sometimes possessory, sometimes future, which has substance because of its relative certainty. **2.** clothed or robed, especially in ecclesiastical vestments: *a vested choir.*

vestibule /ˈvɛstəbjul/ *n., v.* **-buled, -buling.** –*n.* **1.** a passage, hall, or antechamber between the outer door and the interior parts of a house or building. **2.** *Anatomy, Zoology* any of various cavities or hollows regarded as forming an approach or entrance to another cavity or space: *the vestibule of the ear.* **3.** an enclosed space at the end of a railway carriage, affording entrance to the carriage from outside and from the next carriage. –*v.t.* **4.** to provide with a vestibule or vestibules, as a railway carriage. –**vestibular** *adj.*

vestige /ˈvɛstɪdʒ/ *n.* **1.** a mark, trace, or visible evidence of something which is no longer present or in existence. **2.** a surviving evidence or memorial of some condition, practice, etc. **3.** a very slight trace or amount of something. **4.** *Biology* a degenerate or imperfectly developed organ or structure having little or no utility, but which in an earlier stage of the individual or in preceding organisms performed a useful function. –**vestigial** *adj.*

vestment /ˈvɛstmənt/ *n.* **1.** a garment, especially an outer garment, robe, or gown. **2.** an official or ceremonial robe. **3.** something that covers like a garment. –**vestmental** /vɛstˈmɛntl/ *adj.*

vestry /ˈvɛstri/ *n.* **-tries. 1.** a room in or a building attached to a church, in which the vestments, and sometimes also the sacred vessels, etc., are kept; a sacristy. **2.** (in some churches) a room in or a building attached to a church, used as a chapel, for prayer meetings, for the Sunday school, etc. **3.** (in parishes of the Church of England) **a.** a meeting of all the parishioners, or of a committee of parishioners, held in the vestry for the dispatch of the official business of the parish. **b.** the body of parishioners so meeting; parish council.

vet[1] /vɛt/ *n., v.* **vetted, vetting.** *Colloquial* –*n.* **1.** a veterinary surgeon. –*v.t.* **2.** to examine or treat as a veterinary surgeon does. **3.** to examine (a person): *the applicants were well vetted.* **4.** to examine (a product, proposal, or the like) with a view to acceptance, rejection, or correction. –*v.i.* **5.** to work as a veterinary surgeon.

vet[2] /vɛt/ *n. Colloquial* a veteran.

vetch /vɛtʃ/ *n.* **1.** any of various leguminous plants, mostly climbing herbs, of the genus *Vicia*, as *V. sativa*, the common vetch, cultivated for forage and soil improvement. **2.** any of various allied plants, as *Lathyrus sativus*, of Europe, cultivated for its edible seeds and as a forage plant. **3.** the beanlike seed or fruit of any such plant.

veteran /ˈvɛtərən, ˈvɛtrən/ *n.* **1.** someone who has seen long service in any occupation or office. **2.** a soldier who has seen active service: *a veteran of the desert war.* –*adj.* **3.** experienced through long service or practice; having served for a long period; grown old in service. **4.** of, relating to, or characteristic of veterans. **5.** having to do with cars built before 1918.

veterinary /ˈvɛtənri, ˈvɛtrənri/ *n.* **-ries,** *adj.* –*n.* **1.** a veterinary surgeon. –*adj.* **2.** having to do with the medical and surgical treatment of animals, especially domesticated ones.

veterinary science *n.* the branch of medicine concerned with the study, prevention, and treatment of animal diseases. Also, **veterinary medicine.**

veterinary surgeon *n.* someone who practises veterinary science or surgery.

veto /ˈvitou/ *n.* **-tos** or **-toes,** *v.* **-toed, -toing.** –*n.* **1.** the power or right of preventing action by a prohibition. **2.** a prohibition directed against some proposed or intended act. –*v.t.* **3.** to prevent (a proposal, legislative bill, etc.) being put into action by exercising the right of veto. **4.** to refuse to consent to. –**vetoer** *n.* –**vetoless** *adj.*

vex /vɛks/ *v.t.* **1.** to irritate; annoy; provoke; make angry: *enough to vex a saint.* **2.** to torment; plague; worry: *want of money vexes many.* –**vexation** *n.* –**vexer** *n.* –**vexingly** *adv.*

VHS /vi eɪtʃ ˈɛs/ *adj.* having to do with a unique format for coding and playing a videotape for a video cassette recorder.

via /ˈvaɪə/ *prep.* **1.** by way of; by a route that passes through: *go to Italy via Singapore.* **2.** by means of: *to reach a conclusion via three logical steps.*

viable /ˈvaɪəbəl/ *adj.* **1.** capable of living. **2.** practicable; workable. **3.** *Physiology* (of a foetus) having reached such a stage of development as to permit continued existence, under normal conditions, outside the womb. **4.** *Botany* able to live and grow. –**viability** /vaɪəˈbɪləti/ *n.*

viaduct /ˈvaɪədʌkt/ *n.* **1.** a bridge consisting of a series of narrow masonry arches with high supporting piers, for carrying a road, railway, etc., over a valley, ravine, or the like. **2.** a similar bridge of steel girders.

vial /ˈvaɪəl/ *n.* → **phial** (def. 1).

viand /ˈvaɪənd, ˈvjɒnd/ *n.* **1.** an article of food. **2.** (*plural*) articles or dishes of food, now usually of a choice or delicate kind.

vibes[1] /vaɪbz/ *pl. n. Colloquial* → **vibraphone**.

vibes[2] /vaɪbz/ *pl. n. Colloquial* the quality, mood, or atmosphere of a place or person, thought of as producing vibrations to which one unconsciously responds: *the vibes of that town were all wrong.*

vibrant /ˈvaɪbrənt/ *adj.* **1.** moving to and fro rapidly; vibrating. **2.** (of sounds) resonant. **3.** full of energy and vigour. **4.** exciting; producing a thrill. –**vibrancy** *n.* –**vibrantly** *adv.*

vibraphone /ˈvaɪbrəfoʊn/ *n.* a xylophone-like musical instrument with electronically operated resonators controlled by a pedal. Also, *US*, **vibra-**

harp. –**vibraphonist** n.

vibrate /vaɪˈbreɪt/ v. **-brated, -brating.** –v.i. **1.** to move to and fro, as a pendulum; oscillate. **2.** to move to and fro or up and down quickly and repeatedly; quiver; tremble. **3.** (of sounds) to produce or have a quivering or vibratory effect; resound. –v.t. **4.** to cause to move to and fro. **5.** to cause to quiver or tremble. –**vibration** n. –**vibratory** adj.

vibrato /vəˈbrɑtoʊ/ n. **-tos.** Music a pulsating effect produced in the singing voice or in an instrumental tone by rapid small oscillations in pitch about the given note.

vibrator /vaɪˈbreɪtə, ˈvaɪbreɪtə/ n. **1.** any of various instruments or devices causing a vibratory motion or action. **2.** an appliance with a rubber or other tip of variable shape, made to oscillate very rapidly, used in vibratory massage, sometimes for the purpose of erotic stimulation. **3.** Electricity **a.** a device containing a vibrating member for converting a direct current into an oscillating current. **b.** a device for producing electrical oscillations.

viburnum /vəˈbənəm/ n. **1.** any of the shrubs or small trees constituting the genus Viburnum, species of which, as V. opulus, the snowball tree, are cultivated for ornament. **2.** the dried bark of various species of Viburnum, used in medicine.

vicar /ˈvɪkə/ n. **1.** Church of England a member of the clergy acting as priest of a parish. **2.** Roman Catholic Church **a.** an ecclesiastic representing the pope or a bishop. **b.** the pope as the representative on earth of God or Christ. **3.** a person authorised to perform the functions of another; a deputy. –**vicarship** n.

vicarage /ˈvɪkərɪdʒ/ n. **1.** the residence of a vicar. **2.** the benefice of a vicar. **3.** the office or duties of a vicar.

vicarious /vəˈkɛəriəs, vaɪ-/ adj. **1.** performed, exercised, received, or suffered in place of another: vicarious pleasure. **2.** taking the place of another person or thing; acting or serving as a substitute. **3.** relating to or involving the substitution of one for another. –**vicariously** adv. –**vicariousness** n.

vice[1] /vaɪs/ n. **1.** wickedness or evil in general. **2.** evil or immoral behaviour, especially in the criminal use of sex, drugs, etc. **3.** a particular example of evil behaviour; sin: the vice of envy. **4.** a fault; defect; imperfection: a vice of literary style. **5.** any bad habit.

vice[2] /vaɪs/ n., v. **viced, vicing.** –n. **1.** any of various devices used to hold an object firmly while work is being done on it, usually having two jaws which may be brought together or separated by means of a screw, lever, or the like. –v.t. **2.** to hold, press, or squeeze with or as with a vice. Also, US, **vise.** –**vice-like** adj.

vice[3] /ˈvaɪsi/ prep. instead of; in the place of.

vice- a prefix denoting a substitute, deputy, or subordinate: vice-chairman, viceroy, vice-regent.

vice-chancellor /vaɪs-ˈtʃænsələ, -ˈtʃɑn-/ n. **1.** the executive head of a university. **2.** a substitute, deputy, or subordinate chancellor. –**vice-chancellorship** n.

viceroy /ˈvaɪsrɔɪ/ n. **1.** someone appointed to rule a country or province as the deputy of the sovereign: the viceroy of India. **2.** anyone to whom rank or authority has been delegated. –**viceroyship** n.

vice squad n. the section of the police force concerned with enforcement of laws relating to prostitution, gambling, etc.

vice versa /vaɪsə ˈvɜsə, vaɪs, vaɪsi/ adv. conversely; the order being changed (from that of a preceding statement): A distrusts B, and vice versa.

vicinity /vəˈsɪnəti/ n. **-ties. 1.** the region near or about a place; the neighbourhood or vicinage. **2.** the state or fact of being near in place; proximity; propinquity.

vicious /ˈvɪʃəs/ adj. **1.** cruel; spiteful or malignant: a vicious attack. **2.** unpleasantly severe: a vicious headache. **3.** faulty; defective: vicious reasoning. **4.** (of a horse, dog, etc.) having bad habits or a bad temper. –**viciously** adv. –**viciousness** n.

vicious circle n. a situation in which an attempt to solve or escape from one problem creates further difficulties, and usually exacerbates or makes chronic the original problem.

vicissitude /vəˈsɪsətjud/ n. **1.** a change or variation, or something different, occurring in the course of something. **2.** interchange or alternation, as of states or things. **3.** (plural) changes, variations, successive or alternating phases or conditions, etc., in the course of anything. **4.** regular change or succession of one state or thing to another. **5.** change, mutation, or mutability. –**vicissitudinary** /vəsɪsəˈtjudənəri/, **vicissitudinous** /vəsɪsəˈtjudənəs/ adj.

victim /ˈvɪktəm/ n. **1.** a sufferer from any destructive, injurious, or adverse action or agency: victims of disease or oppression. **2.** a dupe, as of a swindler. **3.** a person or animal sacrificed, or regarded as sacrificed. **4.** a living creature sacrificed in religious rites.

victimise = victimize /ˈvɪktəmaɪz/ v.t. **-mised, -mising. 1.** to make a victim of. **2.** to discipline or punish selectively, especially as a result of an industrial dispute: four men were victimised by management after the strike. **3.** to punish unfairly. **4.** to dupe, swindle, or cheat: to victimise poor widows. **5.** to slay as or like a sacrificial victim. –**victimisation** /ˌvɪktəmaɪˈzeɪʃən/ n. –**victimiser** n.

victor /ˈvɪktə/ n. **1.** someone who has vanquished or defeated an adversary; a conqueror. **2.** a winner in any struggle or contest.

victory /ˈvɪktəri, -tri/ n. **-ries. 1.** the ultimate and decisive superiority in a battle or any contest. **2.** a success or triumph won over the enemy in battle or war, or an engagement ending in such a triumph: naval victories. **3.** any success or successful performance achieved over an adversary or opponent, opposition, difficulties, etc. –**victoryless** adj.

victual /ˈvɪtl/ n., v. **-ualled** or Chiefly US **-ualed, -ualling** or Chiefly US **-ualing.** –n. **1.** (plural) Colloquial articles of food prepared for use. –v.t. **2.** to supply with victuals. –v.i. **3.** to obtain victuals. –**victualless** adj. –**victualler** n.

vide /ˈvideɪ, ˈvaɪdi/ v. see (used especially in making reference to parts of a text).

video /ˈvɪdioʊ/ adj. **1.** TV having to do with the transmission or reception of a televised image, or with images displayed on television screens as in the video terminal of a computer. –n. **2.** a video recording. **3.** a video cassette. **4.** a video cassette recorder. –v.t. **5.** to make a video recording of. –phr. **6. on video,** available as a video recording.

video camera n. a camera designed for filming on videotape. Also, **video-camera.**

video cassette n. a cassette enclosing a length of videotape for video recording or playback. Also, **videocassette.**

video cassette recorder n. a videotape recorder which allows for play-back through or recording from a television set, the videotape being held in a video cassette. Also, **VCR.**

video clip n. a short video recording, as one showing a performance of a popular song, spectacular news event, etc.

video game n. an electronic game which is played

on a display screen, as a television screen, VDU, etc.

videophone /'vɪdioufoun/ *n.* a telephone which allows visual, as well as verbal, communication.

videotape /'vɪdiouteɪp/ *n., v.* **-taped, -taping.** *-n.* **1.** magnetic tape upon which a video-frequency signal is recorded; used for storing a television program or film. *-v.t.* **2.** to record on videotape.

video terminal *n.* a computer terminal in which information is displayed on a television screen.

videotext /'vɪdioutɛkst/ *n.* any of various cable and broadcast alphanumeric and graphic data systems using video displays.

vie /vaɪ/ *v.i.* **vied, vying.** to strive in competition or rivalry with another; to contend for superiority.

vienna /vi'ɛnə/ *n.* **1.** smoked sausage, eaten boiled, usually made of beef or pork. **2.** Also, **vienna loaf.** a cigar-shaped loaf of white bread. **3.** espresso coffee with whipped cream on top.

view /vju/ *n.* **1.** a seeing or beholding; an examination by the eye. **2.** sight or vision: *exposed to view.* **3.** range of sight or vision: *objects in view.* **4.** a sight or prospect of some landscape, scene, etc. **5.** a picture of a scene. **6.** the aspect, or a particular aspect, of something. **7.** mental contemplation or examination; a mental survey. **8.** contemplation or consideration of a matter with reference to action: *a project in view.* **9.** aim, intention, or purpose. **10.** prospect or expectation: *with no view of success.* **11.** a general account or description of a subject. **12.** a particular way of regarding something. **13.** a conception, notion, or idea of a thing; an opinion or theory. **14.** a survey or inspection. *-v.t.* **15.** to see or behold. **16.** to watch (a television program). **17.** to look at, survey, or inspect. **18.** to contemplate mentally; consider. **19.** to regard in a particular light or as specified. *-v.i.* **20.** to inspect a prospective purchase or the like. **21.** to watch television or a television program. *-phr.* **22. a dim view,** an unfavourable opinion. **23. in view, a.** within range of vision. **b.** under consideration. **c.** near to realisation. **24. in view of, a.** in sight of. **b.** in prospect or anticipation of. **c.** in consideration of. **d.** on account of. **25. on view,** in a place for public inspection; on exhibition. **26. with a view to, a.** with an aim or intention directed to. **b.** with an expectation or hope of. **c.** in consideration of. **d.** with regard to.

viewpoint /'vjupɔɪnt/ *n.* **1.** a place affording a view of something. **2.** a point of view; an attitude of mind: *the viewpoint of an artist.*

vigil /'vɪdʒəl/ *n.* **1.** a keeping awake for any purpose during the normal hours of sleep. **2.** a watch kept by night or at other times; a course or period of watchful attention. **3.** a period of wakefulness from inability to sleep. **4.** *Ecclesiastical* **a.** a devotional watching, or keeping awake, during the customary hours of sleep. **b.** (*often plural*) a nocturnal devotional exercise or service, especially on the eve before a church festival. **c.** the eve, or day and night, before a church festival, especially an eve which is a fast.

vigilant /'vɪdʒələnt/ *adj.* **1.** keenly attentive to detect danger; wary: *a vigilant sentry.* **2.** ever awake and alert; sleeplessly watchful. **-vigilantly** *adv.* **-vigilance, vigilantness** *n.*

vigilante /vɪdʒə'lænti/ *n.* a private citizen who, usually as one of a group of such citizens, assumes the role of guardian of society in maintaining law and order, punishing wrongdoers, etc.

vigneron /'vɪnjərən/ *n.* a winegrower.

vignette /vɪn'jɛt/ *n., v.* **-gnetted, -gnetting.** *-n.* **1.** an engraving, drawing, photograph, or the like, shading off gradually at the edges; a design without a borderline. **2.** decorative work representing meandering branches, leaves, or tendrils, as in architecture or in manuscripts. **3.** any small, pleasing picture or view. **4.** a small, graceful literary sketch. *-v.t.* **5.** to finish (a picture, photograph, etc.) in the manner of a vignette. **-vignettist** *n.*

vigoro /'vɪgəroʊ/ *n.* a team game with 12 players a side, combining elements of baseball and cricket.

vigour = vigor /'vɪgə/ *n.* **1.** active strength or force, as of body or mind. **2.** healthy physical or mental energy or power. **3.** energy; energetic activity. **4.** force of healthy growth in any living matter or organism, as a plant. **5.** active or effective force.

vile /vaɪl/ *adj.* **viler, vilest. 1.** wretchedly bad: *vile weather, clothes of vile quality.* **2.** highly offensive; obnoxious; objectionable: *vile behaviour, vile language.* **3.** morally bad; base; depraved: *vile thoughts.* **4.** low; humiliating; ignominious: *vile servitude; a vile task.* **-vilely** *adv.* **-vileness** *n.*

vilify /'vɪləfaɪ/ *v.t.* **-fied, -fying.** to speak evil of; defame; traduce. **-vilification** /vɪləfə'keɪʃən/ *n.* **-vilifier** *n.*

villa /'vɪlə/ *n.* **1.** a country residence, usually of some size and pretensions, especially one in a Mediterranean country. **2.** a suburban house of pseudo-Spanish style. **3.** a large house in the suburbs or at a resort.

village /'vɪlɪdʒ/ *n.* **1.** a small assemblage of houses in a country district, larger than a hamlet and smaller than a town. **2.** the inhabitants collectively. **3.** an assemblage of animal dwellings or the like, resembling a village. **4.** a group of small, sometimes fashionable and exclusive shops, serving a suburb. *-adj.* **5.** of, belonging to, or characteristic of a village; rustic. **-villager** *n.* **-villageless** *adj.*

villain /'vɪlən/ *n.* **1.** a wicked person; scoundrel. **2.** → **villein. -villainess** /vɪlə'nɛs/ *fem. n.*

villein /'vɪlən/ *n.* a member of a class of half-free persons under the feudal system who were serfs with respect to their lord but had the rights and privileges of freemen with respect to others. Also, **villain.**

vim /vɪm/ *n. Colloquial* force; energy; vigour in action.

vinaigrette /vɪnə'grɛt/ *n.* **1.** a small ornamental bottle or box for holding aromatic vinegar, smelling salts, or the like. *-adj.* **2.** served with a vinaigrette sauce.

vindicate /'vɪndəkeɪt/ *v.t.* **-cated, -cating. 1.** to clear, as from a charge, imputation, suspicion, or the like. **2.** to afford justification for: *subsequent events vindicated his policy.* **3.** to uphold or justify by argument or evidence. **4.** to assert, maintain, or defend (a right, cause, etc.) against opposition. **5.** to lay claim to, for oneself or another. **-vindication** *n.* **-vindicable** *adj.* **-vindicator** *n.*

vindictive /vɪn'dɪktɪv/ *adj.* **1.** disposed or inclined to revenge; revengeful: *a vindictive person.* **2.** proceeding from or showing a revengeful spirit. **-vindictively** *adv.* **-vindictiveness** *n.*

vine /vaɪn/ *n.* **1.** a long, slender stem that trails or creeps on the ground or climbs by winding itself around a support or holding fast with tendrils or claspers. **2.** a plant bearing such a stem. **3.** any of the climbing plants constituting the genus *Vitis*, having a woody stem and bearing grapes, especially *V. vinifera*, the common European species; a grapevine. **-vineless** *adj.* **-vinelike** *adj.*

vinegar /'vɪnɪgə, -nə-/ *n.* **1.** a sour liquid consisting of dilute and impure acetic acid, obtained by acetous fermentation from wine, cider, beer, ale, or the like, and used as a condiment, preservative, etc. **2.** *Pharmacology* a solution of a medicinal substance in dilute acetic acid, or vinegar. **3.** sour or crabbed speech, temper, or countenance. *-v.t.*

vineyard

4. to apply vinegar to. **–vinegarish** *adj.* **–vinegar-like** *adj.*

vineyard /'vɪnjəd/ *n.* a plantation of grapevines, for producing grapes for winemaking, etc. **–vineyardist** *n.*

vintage /'vɪntɪdʒ/ *n.* 1. a harvest or crop of grapes of a single year. 2. the wine produced from a particular harvest. 3. a very fine wine from the crop of a good year, labelled and sold as such. 4. *Colloquial* the style of a particular period of production of anything: *a hat of last year's vintage.* –*adj.* 5. (of wines) labelled and sold as the produce of a particular year. 6. of high quality (often from, or in the manner of the past): *the actor gave a vintage performance.* 7. indicating a motor vehicle built between 1918 and 1930, or a racing car more than ten years old. 8. from a past period; old-fashioned.

vintner /'vɪntnə/ *n.* a dealer in wine; a wine merchant.

vinyl /'vaɪnəl/ *n.* 1. *Chemistry* the univalent radical CH$_2$:CH, derived from ethylene, compounds of which undergo polymerisation to form plastics and resins of high molecular weight. 2. *Colloquial* records viewed collectively: *I've got vinyl and no CDs.* –*phr.* 3. **on vinyl**, *Colloquial* available as a record: *this song is out on vinyl.*

viol /'vaɪəl/ *n.* a bowed musical instrument, differing from the violin in having deeper ribs, sloping shoulders, a greater number of strings (usually 6) and frets, common in the 16th and 17th centuries in various sizes from the **treble viol** to the **bass viol**.

viola¹ /vi'oʊlə/ *n.* a four-stringed musical instrument of the violin family, slightly larger than the violin; a tenor or alto violin.

viola² /'vaɪələ, vaɪ'oʊlə/ *n.* 1. any of a genus of plants, *Viola*, including the violet and the pansy, bearing irregular flowers on axillary peduncles. 2. a pansy, *V. cornuta*, cultivated as a garden plant.

violate /'vaɪəleɪt/ *v.* **-lated, -lating.** 1. to break (a law, rule, agreement, promise, etc.). 2. to break in upon rudely: *to violate privacy; to violate peace.* 3. to do violence to, especially by raping. 4. to deal with or treat (something sacred) in a violent or irreverent way; desecrate; profane. **–violator** *n.* **–violation** *n.*

violence /'vaɪələns/ *n.* 1. rough force: *the violence of the wind.* 2. rough force that is used to injure or harm: *to die by violence.* 3. any wrongful use of force or power, as against rights, laws, etc. 4. intensity of feeling, language, etc.; fury.

violent /'vaɪələnt/ *adj.* 1. acting with or characterised by uncontrolled, strong, rough force: *a violent blow, explosion, tempest, etc.* 2. acting with, characterised by, or due to injurious or destructive force: *violent measures, a violent death.* 3. intense in force, effect, etc.; severe; extreme: *violent heat, pain, contrast, etc.* 4. roughly or immoderately vehement, ardent, or passionate: *violent feeling.* 5. furious in impetuosity, energy, etc.: *violent haste.* **–violently** *adv.*

violet /'vaɪələt/ *n.* 1. any plant of the genus *Viola*, comprising chiefly low, stemless or leafy-stemmed herbs with purple, blue, yellow, white, or variegated flowers, as *V. hederacea*, and *V. odorata*, the much cultivated **English violet**. 2. a bluish purple colour. –*adj.* 3. of the colour called violet; bluish purple. –*phr.* 4. **shrinking violet**, *Colloquial* a shy or retiring person. **–violet-like** *adj.*

violin /vaɪə'lɪn/ *n.* 1. the treble of the family of modern bowed instruments, which is held nearly horizontal by the player's arm, with the lower part supported against the collarbone or shoulder; a fiddle. 2. a violinist. **–violinist** *n.* **–violinless** *adj.*

violoncello /vaɪələn'tʃɛloʊ/ *n.* **-los** *or* **-li** /-li/. → **cello**.

virtual reality

VIP /vi aɪ 'pi/ *n. Colloquial* very important person.

viper /'vaɪpə/ *n.* 1. any of the Old World venomous snakes of the genus *Vipera*, especially *V. berus*, a small European species; the adder. 2. any snake of the highly venomous family Viperidae, confined to the Old World and including the common vipers, the puff adder, and various other types, all characterised by erectile venom-conducting fangs. 3. any of various venomous or supposedly venomous snakes of allied or other genera, as the **horned viper**, *Cerastes cornutus*, a venomous species of Egypt, Palestine, etc., with a horny process above each eye. 4. a venomous, malignant, or spiteful person. 5. a false or treacherous person. **–viperine, viperish, viperous, viper-like** *adj.*

virago /və'ragoʊ/ *n.* **-goes** *or* **-gos.** 1. a turbulent, violent, or ill-tempered, scolding woman; a shrew. 2. a woman of masculine strength or spirit. **–viraginous** /və'rædʒənəs/ *adj.* **–virago-like** *adj.*

viral /'vaɪrəl/ *adj.* relating to or caused by a virus.

virgin /'vɜdʒən/ *n.* 1. a person, especially a woman, who has never had sexual intercourse. –*adj.* 2. being a virgin. 3. like or suggesting a virgin; pure; undefiled: *virgin snow.* 4. untreated or unprocessed: *virgin gold; virgin wool.* 5. untouched, untried, or unused: *virgin bush; virgin soil.* **–virginity** *n.*

virginal¹ /'vɜdʒənəl/ *adj.* 1. of, relating to, characteristic of, or befitting a virgin. 2. continuing in a state of virginity. 3. pure or unsullied; untouched; fresh. 4. *Zoology* unfertilised. **–virginally** *adv.*

virginal² /'vɜdʒənəl/ *n.* Also, **virginals, pair of virginals.** 1. a small harpsichord of rectangular shape, with the strings stretched parallel to the keyboard, the earlier types placed on a table, common in the 16th and 17th centuries. 2. (loosely) any harpsichord. **–virginalist** *n.*

Virgo /'vɜgoʊ/ 1. the sixth sign of the Zodiac, which the sun enters about 23 August; the Virgin. 2. a person born under the sign of Virgo, and (according to tradition) exhibiting the typical Virgo personality traits in some degree. –*adj.* 3. having to do with Virgo. 4. having to do with such a person or personality trait.

virile /'vɪraɪl/ *adj.* 1. of, relating to, or characteristic of a man, as opposed to a woman or a child; masculine or manly; natural to or befitting a man. 2. having or exhibiting in a marked degree masculine strength, vigour, or forcefulness. 3. characterised by a vigorous masculine spirit: *a virile literary style.* 4. relating to or capable of procreation. **–virility** *n.*

virology /vaɪ'rɒlədʒi/ *n.* the study of viruses and the diseases caused by them. **–virological** /vaɪrə'lɒdʒɪkəl/ *adj.* **–virologically** /vaɪrə'lɒdʒɪkli/ *adv.* **–virologist** *n.*

virtual /'vɜtʃuəl/ *adj.* 1. being such in power, force, or effect, although not actually or expressly such: *he was reduced to virtual poverty.* 2. *Optics* **a.** denoting an image formed by the apparent convergence of rays geometrically (but not actually) prolonged, as the image in a mirror (opposed to *real*). **b.** denoting a focus of a corresponding nature. 3. *Computers* of or relating to someone or something which exists in virtual reality. **–virtuality** *n.*

virtually /'vɜtʃuəli, 'vɜtʃəli/ *adv.* 1. in effect, although not in name or in fact: *a licence for a television station is virtually a licence to print money.* 2. *Colloquial* almost.

virtual reality *n.* the artificial world created by an interactive computer technology in which the user, equipped with a glove monitoring hand movements and a helmet offering TV displays to each eye, has the illusion of being able to enter

and act as an agent within this constructed reality.
virtue /'vɜtʃu/ *n.* **1.** moral excellence or goodness. **2.** conformity of life and conduct to moral laws; uprightness; rectitude. **3.** a particular moral excellence, the **cardinal virtues** being justice, prudence, temperance, and fortitude, and the **theological virtues** being faith, hope, and charity. **4.** an excellence, merit, or good quality: *brevity is often a virtue.* **5.** chastity. **6.** effective force: *there is no virtue in such measures.* **7.** a power or property of producing a particular effect. **8.** inherent power to produce effects; potency or efficacy: *a medicine of sovereign virtue.* **9.** *Theology* a member of the fifth order of angels. See **angel** (def. 1). –*phr.* **10. by** (or **in**) **virtue of,** by reason of: *to act by virtue of authority conferred.*

virtuoso /vɜtʃu'ousou, -'ouzou/ *n.* -**sos** *or* -**si** /-si, -zi/ *adj.* –*n.* **1.** someone who has special knowledge or skill in any field, as in music. **2.** someone who excels in musical technique or execution. **3.** someone who has a cultivated appreciation of artistic excellence; a connoisseur of works or objects of art; a student or collector of objects of art, curios, antiquities, etc. –*adj.* **4.** characteristic of a virtuoso. –**virtuosic** *adj.*

virtuous /'vɜtʃuəs/ *adj.* morally excellent or good; conforming or conformed to moral laws; upright; righteous; moral. –**virtuously** *adv.* –**virtuousness** *n.*

virulent /'vɪrələnt/ *adj.* **1.** actively poisonous, malignant, or deadly: *a virulent poison, a virulent form of a disease.* **2.** *Medicine* highly infective; malignant or deadly. **3.** *Bacteriology* of the nature of an organism causing specific or general clinical symptoms. **4.** violently or venomously hostile. **5.** intensely bitter, spiteful, or acrimonious. –**virulence, virulency** *n.* –**virulently** *adv.*

virus /'vaɪrəs/ *n.* **1.** an infective agent; in a restricted sense, an infective agent smaller than a common micro-organism, and requiring living cells for multiplication. **2.** any disease caused by a virus. **3.** a rogue program introduced into a computer network. **4.** a moral or intellectual poison; a corrupting influence. –**virus-like** *adj.*

visa /'vizə/ *n., v.* -**saed, -saing.** –*n.* **1.** an endorsement made by an authorised representative of a country upon the passport of a citizen of another country, testifying that the passport has been examined and found in order, and permitting passage to the country making the endorsement. –*v.t.* **2.** to put a visa on; examine and endorse, as a passport.

visage /'vɪzɪdʒ/ *n.* **1.** the face, especially of a human being, and commonly with reference to shape, features, expression, etc.; the countenance. **2.** aspect; appearance. –**visaged** *adj.*

vis-a-vis /viz-a-'vi/ *prep., n.* -**vis.** –*prep.* **1.** face to face with; opposite. **2.** regarding; with relation to: *discussions with the treasurer vis-a-vis the finances of a proposal.* –*n.* **3.** a person corresponding in status or function to another; opposite number. Also, **vis-à-vis.**

viscera /'vɪsərə/ *pl. n.* **viscus. 1.** the soft interior organs in the cavities of the body, including the brain, lungs, heart, stomach, intestines, etc., especially such of these as are confined to the abdomen. **2.** (in popular use) the intestines or bowels. –**visceral** *adj.*

viscid /'vɪsəd/ *adj.* **1.** sticky, adhesive, or glutinous; of a glutinous consistency; viscous. **2.** *Botany* covered by a sticky substance, as a leaf. –**viscidity** /və'sɪdəti/, **viscidness** *n.* –**viscidly** *adv.*

viscose /'vɪskouz, -ous/ *n.* **1.** a viscous solution prepared by treating cellulose with caustic soda and carbon bisulphide; used in manufacturing regenerated cellulose fibres, sheets, or tubes, as rayon or cellophane. –*adj.* **2.** relating to or made from viscose.

viscount /'vaɪkaunt/ *n.* a nobleman next below an earl or count and next above a baron. –**viscountcy, viscountship** *n.*

viscountess /'vaɪkauntɪs/ *n.* **1.** the wife or widow of a viscount. **2.** a woman holding in her own right a rank equivalent to that of a viscount.

viscous /'vɪskəs/ *adj.* **1.** sticky, adhesive, or glutinous; of a glutinous character or consistency; thick. **2.** having the property of viscosity. –**viscosity** *n.* –**viscously** *adv.* –**viscousness** *n.*

Vishnu /'vɪʃnu/ *n.* **1.** (in later Hinduism) 'the Preserver', the second member of an important trinity, together with Brahma the Creator and Shiva the Destroyer. **2.** a saviour, appearing in many incarnations.

visibility /vɪzə'bɪləti/ *n.* -**ties. 1.** the state or fact of being visible; capability of being seen. **2.** the relative capability of being seen under given conditions of distance, light, atmosphere, etc.: *low or high visibility.* **3.** *Meteorology* the greatest distance at which an object of specified characteristics can be seen and identified; visual range.

visible /'vɪzəbəl/ *adj.* **1.** capable of being seen; perceptible by the eye; open to sight or view. **2.** perceptible by the mind. **3.** apparent; manifest; obvious. **4.** represented visually; prepared or converted for visual presentation: *visible sound* (an oscillograph of a soundwave). –**visibleness** *n.* –**visibly** *adv.*

vision /'vɪʒən/ *n.* **1.** the act of seeing with the eye; power, or sense of sight. **2.** the act or power of perceiving what is not actually present to the eye, either by imagination, or intelligence: *she shows vision in dealing with great problems.* **3.** a mental view or image, either of supernatural origin or imaginary, of what is not actually present in place or time: *visions of the future; visions of God.* **4.** something seen, especially in a dream, trance, etc. **5.** someone or something of great beauty. **6.** *Film, TV, etc.* recorded images on film or videotape (as opposed to *sound*). –**visionless** *adj.*

visionary /'vɪʒənri/ *adj., n.* -**ries.** –*adj.* **1.** given to or concerned with seeing visions. **2.** belonging to or seen in a vision. **3.** unreal or imaginary: *visionary evils.* **4.** given to or based on imagination or theory; ideal; unpractical: *a visionary plan; a visionary thinker.* –*n.* **5.** someone who sees visions. **6.** someone who is given to ideas or plans which are not immediately practical; a dreamer, theorist, or enthusiast. –**visionariness** *n.*

visit /'vɪzət/ *v.t.* **1.** to go or call on to see (a person, family, place, etc.). **2.** to stay with as a guest. **3.** to come upon or afflict: *the plague visited London in 1665.* –*v.i.* **4.** to visit someone or something. –*n.* **5.** the act of visiting. –**visitor** *n.*

visitant /'vɪzətənt/ *n.* **1.** a visitor; a guest; a temporary resident. **2.** a supernatural visitor; an apparition; a ghost. **3.** one who visits a place of interest, a shrine, etc., for sightseeing, on a pilgrimage, or the like. **4.** a migratory bird, or other animal, at a temporary feeding place, etc., or on its nesting ground (**summer visitant**) or wintering ground (**winter visitant**). –*adj.* **5.** visiting; paying a visit.

visitation /vɪzə'teɪʃən/ *n.* **1.** a visit, especially for the purpose of making an official inspection, etc. **2.** a giving by God of a reward, or punishment, or an event or experience regarded as such. –**visitational** *adj.*

visor /'vaɪzə/ *n.* **1.** the movable front parts of a helmet, covering the face, especially the uppermost part which protects the eyes. **2.** any disguise or means of concealment. **3.** a small shield attached to the inside roof of a car, which may be swung down to protect the driver's eyes from glare or sunlight. –*v.t.* **4.** to protect or mask with

vista a visor; shield. Also, **vizor**. –**visored** adj. –**visorless** adj.

vista /'vɪstə/ n. **1.** a view or prospect, especially one seen through a long, narrow avenue or passage, as between rows of trees, houses, or the like. **2.** such an avenue or passage. **3.** a mental view of a far-reaching kind: *vistas of thought*. **4.** a mental view extending over a long time or a stretch of remembered, imagined, or anticipated experiences, etc.: *dim vistas of the past or the future*. –**vistaed** /'vɪstəd/ adj. –**vistaless** adj.

visual /'vɪʒjuəl/ adj. **1.** of or relating to sight. **2.** able to be seen; visible. –n. **3.** (*plural*) objects having a visual effect, such as photographs, films, slides, etc. –**visually** adv.

visual display unit n. a computer terminal which displays information on a screen. Also, **visual display terminal**.

visualise = visualize /'vɪʒjuəlaɪz/ v. -**lised**, -**lising**. –v.i. **1.** to call up or form mental images or pictures. –v.t. **2.** to make visual or visible. **3.** to form a mental image of. **4.** to make perceptible to the mind or to the imagination. –**visualisation** /ˌvɪʒjuəlaɪ'zeɪʃən/ n. –**visualiser** n.

vital /'vaɪtl/ adj. **1.** of or relating to life: *vital functions*. **2.** having life, or living. **3.** having great energy, enthusiasm, etc.: *a vital personality*. **4.** being necessary to life: *the vital organs*. **5.** necessary; indispensable; essential: *it is vital that we act now*. **6.** of basic importance: *vital problems*. –n. **7.** (*plural*) the essential parts of anything. –**vitally** adv. –**vitalness** n.

vitality /vaɪ'tæləti/ n. -**ties**. **1.** energy; vigour. **2.** the power to live; vital force. **3.** the power of continued existence.

vital statistics pl. n. **1.** statistics concerning human life or the conditions affecting human life and the maintenance of population. **2.** *Colloquial* the measurements of a woman's figure, as at the bust, waist, and hips.

vitamin /'vaɪtəmən, 'vɪt-/ n. any of a group of food factors essential in small quantities to maintain life, but not themselves using energy. The absence of any one of them results in a characteristic deficiency disease.

vitiate /'vɪʃieɪt/ v.t. -**ated**, -**ating**. **1.** to impair the quality of; make faulty; mar. **2.** to contaminate; corrupt; spoil. **3.** to make legally defective or invalid; invalidate. –**vitiation** /vɪʃi'eɪʃən/ n. –**vitiator** n.

viticulture /'vɪtɪkʌltʃə/ n. **1.** the culture or cultivation of the grapevine; grape-growing. **2.** the study or science of grapes and their culture. –**viticultural** /vɪtɪ'kʌltʃərəl/ adj. –**viticulturer** /vɪtɪ'kʌltʃərə/, **viticulturist** /vɪtɪ'kʌltʃərəst/ n.

vitreous /'vɪtriəs/ adj. **1.** resembling glass, as in transparency, brittleness, hardness, etc.; glassy: *vitreous china*. **2.** having to do with glass. **3.** obtained from glass. –**vitreously** adv. –**vitreousness** n. **vitreosity** /vɪtri'ɒsəti/ n.

vitri- a word element meaning 'glass', as in *vitriform*.

vitrify /'vɪtrəfaɪ/ v. -**fied**, -**fying**. –v.t. **1.** to convert into glass. **2.** to make vitreous. –v.i. **3.** to be converted into glass. **4.** to become vitreous. –**vitrifiable** adj. –**vitrifiability** /ˌvɪtrəfaɪə'bɪləti/ n.

vitriol /'vɪtriɒl/ n., v. -**olled** or *Chiefly US* -**oled**, -**olling** or *Chiefly US* -**oling**. –n. **1.** *Chemistry* any of certain metallic sulfates of glassy appearance, as of copper (**blue vitriol**), or iron (**green vitriol**), or zinc (**white vitriol**), etc. **2.** sulfuric acid. **3.** something highly caustic, or severe in its effects, as criticism. –v.t. **4.** to injure or burn with vitriol or sulfuric acid.

vituperate /və'tjupəreɪt, vaɪ-/ v. -**rated**, -**rating**. –v.t. **1.** to find fault with abusively. **2.** to address abusive language to; revile; objurgate. –v.i. **3.** to use abusive language. –**vituperation** n. –**vituperative** adj. –**vituperator** n.

viva¹ /'vivə/ *interj.* (used in phrases of acclamation) long live (the person or idea named)!

viva² /'vaɪvə/ n. *Colloquial* → **viva voce** (def. 2).

vivacious /və'veɪʃəs/ adj. lively, animated, or sprightly: *a vivacious manner or style, vivacious conversation*. –**vivaciously** adv. –**vivaciousness, vivacity** n.

viva voce /vaɪvə 'voʊtʃeɪ/ adv. **1.** by word of mouth; orally. –n. **2.** Also, **viva**. an examination where questions are asked and answered orally rather than by a written paper. –**viva-voce** adj.

vivid /'vɪvəd/ adj. **1.** strikingly bright, as colour, light, etc. **2.** lively; full of life: *a vivid personality*. **3.** presenting the appearance, freshness, etc., of life: *a vivid picture*. **4.** strong and clear: *a vivid impression; a vivid memory*. **5.** forming clear and striking mental images: *a vivid imagination*. –**vividly** adv. –**vividness** n.

vivify /'vɪvəfaɪ/ v.t. -**fied**, -**fying**. **1.** to give life to; quicken. **2.** to enliven; render lively or animated; brighten. –**vivification** /ˌvɪvəfə'keɪʃən/ n. –**vivifier** n.

viviparous /və'vɪpərəs/ adj. **1.** *Zoology* bringing forth living young (rather than eggs), as most mammals and some reptiles and fishes. **2.** *Botany* producing seeds that germinate on the plant. –**viviparity** /vɪvə'pærəti/, **viviparousness** n. –**viviparously** adv.

vivisect /'vɪvəsekt, vɪvə'sekt/ v.t. **1.** to dissect the living body of. –v.i. **2.** to practise vivisection. –**vivisection** n. –**vivisector** n.

vixen /'vɪksən/ n. **1.** a female fox. **2.** an ill-tempered or quarrelsome woman; a spitfire. –**vixenish, vixenly** adj. –**vixenishly** adv. –**vixenishness** n.

viyella /vaɪ'elə/ n. (*also cap.*) a soft fabric made of cotton and wool, used especially for blouses, shirts, and children's clothing.

VLSI /vi ɛl ɛs 'aɪ/ n. *Computers* the process or technology which facilitates the concentration of many thousands of semiconductor devices on a single integrated circuit.

vocabulary /və'kæbjələri/ n. -**ries**. **1.** the stock of words used by a people, or by a particular class or person. **2.** a list or collection of the words of a language, book, author, branch of science, or the like, usually in alphabetical order and defined; a wordbook, glossary, dictionary, or lexicon. **3.** the words of a language. **4.** a range of stylised artistic forms, as in music, architecture, etc.: *she is a versatile composer with a large musical vocabulary*.

vocal /'voʊkəl/ adj. **1.** of or relating to the voice: *the vocal organs*. **2.** spoken with the voice; oral. **3.** sung, or intended for singing: *the vocal score*. **4.** having a voice: *a vocal being*. **5.** able to or inclined to express oneself clearly in speech. –n. **6.** a vocal sound. **7.** (*usually plural*) (in pop, rock, etc.) the musical part written for or performed by a singer. –**vocality** /voʊ'kæləti/, **vocalness** n. –**vocally** adv.

vocal cords pl. n. *Anatomy* folds of mucous membrane projecting into the cavity of the larynx, the edges of which can be drawn tense and made to vibrate by the passage of air from the lungs, thus producing vocal sound; vocal folds.

vocalic /voʊ'kælɪk/ adj. **1.** having to do with a vowel or vowels; vowel-like. **2.** containing many vowels.

vocalise¹ **= vocalize** /'voʊkəlaɪz/ v. -**lised**, -**lising**. –v.t. **1.** to express with the voice; speak or sing. –v.i. **2.** to use the voice; speak or sing. –**vocalisation** /ˌvoʊkəlaɪ'zeɪʃən/ n. –**vocaliser** n.

vocalise² /voukə'liz/ *n.* a piece of music to be sung on vowel sounds without words; often a training exercise.

vocalist /'voukəlɪst/ *n.* a singer.

vocation /vou'keɪʃən/ *n.* **1.** a particular occupation, business, or profession; a trade or calling. **2.** a calling or summons, as to a particular activity or career. **3.** a divine call to God's service or to the Christian life. **4.** a function or station to which one is called by God.

vocative /'vɒkətɪv/ *adj.* **1.** *Grammar* (in some inflected languages) designating a case that indicates the person or thing addressed. **2.** relating to or used in calling. –*n.* **3.** *Grammar* the vocative case. **–vocatively** *adv.*

vociferate /və'sɪfəreɪt/ *v.* **-rated, -rating.** –*v.i.* **1.** to cry out loudly or noisily; shout; bawl. –*v.t.* **2.** to utter in a loud cry. **–vociferation** *n.* **–vociferant** *n., adj.* **–vociferator** *n.*

vociferous /və'sɪfərəs/ *adj.* **1.** crying out noisily; clamorous. **2.** of the nature of vociferation; uttered with clamour. **–vociferously** *adv.* **–vociferousness** *n.*

vodka /'vɒdkə/ *n.* an alcoholic drink of Russian origin, distilled originally from wheat, but now from corn, other cereals, and potatoes.

vogue /voʊg/ *n.* **1.** the fashion, as at a particular time: *a style in vogue fifty years ago.* **2.** popular currency, acceptance, or favour: *the book had a great vogue in its day.*

voice /vɔɪs/ *n., v.* **voiced, voicing.** –*n.* **1.** the sound or sounds uttered through the mouth of living creatures, especially of human beings in speaking, shouting, singing, etc. **2.** the sounds naturally uttered by a single person in speech or vocal utterance, often as characteristic of the utterer. **3.** such sounds considered with reference to their character or quality: *a deep voice; a loud voice.* **4.** the condition of the voice for speaking or singing, especially effective condition: *he was in poor voice.* **5.** the ability to sing well: *she has a wonderful voice.* **6.** the faculty of uttering sounds through the mouth, especially articulate sounds; utterance; speech. **7.** expression in spoken or written words, or by other means: *to give voice to one's disapproval by writing a letter.* **8.** expressed opinion or choice: *his voice was for compromise.* **9.** the right to express an opinion or choice; vote; suffrage: *have no voice in a matter.* **10.** musical sound created by the vibration of the vocal cords and amplified by oral and other throat cavities; tone produced in singing. **11.** *Phonetics* the sound produced by vibration of the vocal cords, as air from the lungs is forced through between them. **12.** *Grammar* **a.** (in some languages, as Latin) a group of categories of verb inflection denoting the relationship between the action expressed by the verb and the subject of the sentence (e.g., as acting or as acted upon). **b.** (in some other languages) one of several contrasting constructions with similar functions. **c.** any one of such categories or constructions in a particular language, as the *active* and *passive* voices in Latin. **13.** a singer. **14.** a voice part. –*v.t.* **15.** to give voice, utterance, or expression to (an emotion, opinion, etc.); express; declare; proclaim: *to voice one's discontent.* **16.** *Phonetics* to utter with vibration of the vocal cords. –*phr.* **17. with one voice**, in chorus; unanimously. **–voicer** *n.*

voice mail *n.* **1.** Also, **voice mail system.** a system for recording messages over the telephone for later playback. **2.** a message received on such a system.

voice messaging *n.* a system which records a spoken message for replay later, now often integrated in computer transfer of spoken information as well as data.

void /vɔɪd/ *adj.* **1.** *Law* without legal force or effect; not legally binding or enforceable. **2.** useless; ineffectual; vain. **3.** without contents. **4.** without an incumbent, as an office. –*n.* **5.** an empty space: *the void of heaven.* **6.** a place without the usual or desired occupant: *his death left a void among us.* **7.** a gap or opening, as in a wall. **8.** emptiness; vacancy. –*v.t.* **9.** to make void or of no effect; invalidate; nullify. **10.** to empty or discharge (contents); evacuate (excrement, etc.). –*phr.* **11. void of,** completely empty of; devoid of; destitute of: *void of hope.* **–voider** *n.* **–voidness** *n.*

voile /vɔɪl/ *n.* a semitransparent dress fabric of wool, silk, rayon, or cotton, with an open weave.

volatile /'vɒlətaɪl/ *adj.* **1.** evaporating rapidly; passing off readily in the form of vapour; *a volatile oil.* **2.** light and changeable of mind; frivolous; flighty. **3.** fleeting; transient. **4.** (of wine) pricked; vinegary. **5.** *Computers* relating to information in the memory bank of a computer which is lost when power is disconnected. **–volatility** /vɒlə'tɪləti/, **volatileness** *n.*

volcano /vɒl'keɪnoʊ/ *n.* **-noes** *or* **-nos. 1.** an opening in the earth's crust through which molten rock (lava), steam, ashes, etc., are expelled from within, either continuously or at irregular intervals, gradually forming a conical heap (or in time a mountain), commonly with a cup-shaped hollow (crater) around the opening. **2.** a mountain or hill having such an opening and formed wholly or partly of its own lava. **–volcanic** *adj.*

vole /voʊl/ *n.* any of the rodents of the genus *Microtus* and allied genera, resembling and belonging to the same family as the common rats and mice, and usually of heavy build and having short limbs and tail.

volition /və'lɪʃən/ *n.* **1.** the act of willing; exercise of choice to determine action. **2.** a determination by the will. **3.** the power of willing; will. **–volitional, volitionary** *adj.* **–volitionally** *adv.*

volley /'vɒli/ *n.* **-leys,** *v.* **-leyed, -leying.** –*n.* **1. a.** the firing of a number of guns or other weapons together. **b.** the missiles fired. **2.** a burst or outpouring of many things at once or close together: *a volley of words; a volley of blows.* **3.** *Tennis* a return of the ball before it touches the ground. –*v.t.* **4.** to fire in a volley. **5.** *Tennis, Soccer, etc.* to return, kick, etc., (the ball) before it strikes the ground. –*v.i.* **6.** to fly or be fired together. **7.** to move, proceed, or sound with great rapidity, as in a volley. **–volleyer** *n.*

volleyball /'vɒlibɔl/ *n.* **1.** a game, played outdoors or in a gymnasium, the object of which is to prevent a large ball from touching the ground by striking it from side to side over a high net with the hands or arms. **2.** the ball used in this game.

volt /voʊlt/ *n.* the derived SI unit of electric potential or electromotive force, defined as the difference of potential between two points of a conducting wire carrying a constant current of one ampere, when the power dissipated between these points is one watt. Symbol: V

voltage /'voʊltɪdʒ/ *n.* electromotive force or potential expressed in volts.

voluble /'vɒljəbəl/ *adj.* characterised by a ready and continuous flow of words, as a speaker or his or her tongue or speech; glibly fluent: *a voluble talker.* **–volubility** /vɒljə'bɪləti/, **volubleness** *n.* **–volubly** *adv.*

volume /'vɒljum/ *n.* **1.** a collection of written or printed sheets bound together and forming a book. **2.** a book forming one of a related set or series. **3.** the size, measure, or amount of anything in three dimensions; the space occupied by a body or substance measured in cubic units. **4.** mass, amount, or quantity, especially a large quantity, of anything: *volumes of smoke; volumes of abuse;*

volumetric

the volume of traffic increases in the evening. **5.** loudness or softness.

volumetric /vɒljə'metrɪk/ adj. having to do with measurement by volume. Also, **volumetrical**. –**volumetrically** adv. –**volumetry** /vɒl'juːmətri/ n. –**volumetrics** n.

voluminous /və'luːmənəs/ adj. **1.** forming, filling, or writing a large volume or book, or many volumes: *a voluminous author*. **2.** sufficient to fill a volume or volumes: *a voluminous correspondence*. **3.** of great volume, size, or extent; in great volumes: *a voluminous flow of lava*. **4.** of ample size, extent, or fullness, as garments, draperies, etc. –**voluminously** adv. –**voluminousness**, **voluminosity** /vəluːmə'nɒsəti/ n.

voluntary /'vɒləntri, -ləntəri/ adj., n. -taries. –adj. **1.** done, made, brought about, etc., by free will or choice: *a voluntary contribution*. **2.** acting of one's own will or choice: *a voluntary helper*. **3.** relating to or depending on voluntary action or help. **4.** *Biology* controlled by the will: *voluntary muscles*. **5.** having the power of willing or choosing: *a voluntary agent*. –n. **6.** a piece of music, often improvised, especially a piece of organ music performed before, during, or after a church service. –**voluntarily** adv. –**voluntariness** n.

volunteer /vɒlən'tɪə/ n. **1.** someone who enters into any service, or offers to do something, of his or her own free will. –adj. **2.** being a volunteer or consisting of volunteers: *a volunteer soldier; a volunteer force*. –v.i. **3.** to offer to do something. **4.** to enter a service, especially the armed forces, as a volunteer. –v.t. **5.** to offer (one's services, etc., or oneself) for some duty or purpose. **6.** to offer to give without being asked: *to volunteer advice; to volunteer an explanation*.

voluptuary /və'lʌptʃuəri/ n. -aries, adj. –n. **1.** someone given up to luxurious or sensuous pleasures. –adj. **2.** relating to or characterised by luxurious or sensuous pleasures: *voluptuary habits*.

voluptuous /və'lʌptʃuəs/ adj. **1.** full of, suggesting, or producing sensual, especially sexual, pleasure: *a voluptuous dance*. **2.** arising from enjoyment of the pleasures of the senses: *the voluptuous pleasure of a warm bath*. **3.** (of the female figure) full and shapely. –**voluptuously** adv. –**voluptuousness**, **voluptuosity** n.

volute /və'ljuːt/ n. **1.** a spiral or twisted formation or object. **2.** *Architecture* a spiral scroll-like ornament, especially one forming the distinctive feature of the Ionic capital or a more or less important part of the Corinthian and Composite capitals. **3.** *Zoology* **a.** a turn or whorl of a spiral shell. **b.** any of the Volutidae, a family of tropical marine gastropods, many species of which have shells prized for their beauty. –adj. **4.** in the form of a volute; rolled up. –**volution** /və'ljuːʃən/ n.

vomit /'vɒmət/ v.i. **1.** to throw out the contents of the stomach by the mouth. **2.** to be sent out with force or violence. –v.t. **3.** to throw out from the stomach through the mouth. **4.** to send out with force or violence. –n. **5.** the act of vomiting. **6.** the matter thrown out in vomiting. –**vomiter** n. –**vomitive** adj.

voodoo /'vuːduː/ n. -doos, adj., v. -dooed, -dooing. –n. **1.** a class of mysterious rites or practices, of the nature of sorcery, witchcraft, or conjuration, prevalent among the Negroes of the West Indies and the southern US, and probably of African origin. **2.** someone who practises such rites. **3.** a fetish or other object of voodoo worship. –adj. **4.** relating to, associated with, or practising voodoo or voodooism. –v.t. **5.** to affect by or as by voodoo sorcery or conjuration. –**voodooism** n.

voracious /və'reɪʃəs/ adj. **1.** devouring or craving food in large quantities: *a voracious appetite*. **2.** greedy in eating; ravenous. **3.** eager and indefatigable: *she is a voracious reader*. –**voraciously** adv. –**voracity** /və'ræsəti/, **voraciousness** n.

-vorous a word element meaning 'eating', as in *carnivorous, herbivorous, omnivorous*.

vortex /'vɔːteks/ n. **-texes** or **-tices** /-təsiz/. **1.** a whirling mass of water, air, fire, etc. **2.** a state of affairs likened to this for violent activity, irresistible force, etc.

votary /'voʊtəri/ n. **-ries**. **1.** someone who is bound by a vow, especially one bound by vows to a religious life; a monk or a nun. **2.** a devotee of some form of religious worship; a devoted worshipper, as of God, a saint, etc. **3.** someone devoted to some pursuit, study, etc. **4.** a devoted follower or admirer. Also, **votarist**. –**votaress**, **votress** *fem*. n.

vote /voʊt/ n., v. **voted, voting**. –n. **1.** a formal expression of will, wish, or choice in some matter, whether of a single individual, as one of a number interested in common, or of a body of individuals, signified by voice, by ballot, etc. **2.** the means by which such expression is made, as a ballot, ticket, etc. **3.** the right to such expression; suffrage. **4.** the decision reached by voting, as by a majority of ballots cast. **5.** a number of votes (or expressions of will) collectively: *the Labor vote; a light vote was polled*. **6.** an expression of feeling, as approval, or the like: *they gave him a vote of confidence*. **7.** an award, grant, or the like, voted: *a vote of $100 000 for a new building*. –v.i. **8.** to express or signify choice in a matter undergoing decision, as by a voice, ballot, or otherwise; give or cast a vote or votes: *for whom will you vote at the election?* –v.t. **9.** to enact, establish, or determine by vote; bring or put (*in, out, down*, etc.) by vote; grant by vote: *to vote an appropriation for a new school*. **10.** to support by one's vote: *to vote Liberal*. **11.** to advocate by or as by one's vote: *to vote that the report be accepted*. **12.** to declare by general consent: *they voted the trip a success*. –phr. **13. vote with one's feet**, *Colloquial* to express one's disapproval by leaving.

votive /'voʊtɪv/ adj. **1.** offered, given, dedicated, etc., in accordance with a vow: *a votive offering*. **2.** performed, undertaken, etc., in consequence of a vow. **3.** of the nature of or expressive of a wish or desire. **4.** *Roman Catholic Church* optional; not prescribed, as in *votive mass* (a mass which does not correspond with the office of the day, but is said at the choice of the priest). –**votively** adv. –**votiveness** n.

vouch /vaʊtʃ/ v.t. **1.** to warrant; attest; confirm. **2.** to sustain or uphold by some practical proof or demonstration, or as such proof does. **3.** to affirm or declare as with warrant; vouch for. **4.** to adduce or quote in support, as extracts from a book or author; cite in warrant or justification, as authority, instances, facts, etc. **5.** to support or authenticate with evidence. –phr. **6. vouch for**, **a.** to answer for as being true, certain, reliable, justly asserted, etc.: *she does know how to keep a secret, that I can vouch for*. **b.** to give warrant or attestation on behalf of; give one's own assurance for, as surety or sponsor: *I can vouch for him*.

voucher /'vaʊtʃə/ n. **1.** a document, receipt, stamp, or the like, which proves the truth of a claimed expenditure. **2.** a ticket used as a substitute for cash, as a gift voucher, luncheon voucher, etc.

vouchsafe /vaʊtʃ'seɪf/ v., -**safed**, -**safing**. –v.t. **1.** to grant or give, by favour, graciousness, or condescension: *to vouchsafe a reply*. **2.** to allow or permit, by favour or graciousness. –v.i. **3.** to condescend; deign; have the graciousness (to do something). –**vouchsafement** n.

vow /vaʊ/ n. **1.** a solemn promise, pledge, or personal engagement: *marriage vows*; *a vow of secrecy*. **2.** a solemn or earnest declaration. **3.** a solemn, religiously binding promise made to God or to any deity or saint, as to perform some act, make some offering or gift, or enter some service or condition. **4.** a promise, limited in duration and in subject, made at the novitiate by one seeking to become a member of a religious community (**simple vow**). **5.** a promise, binding for life, and usually undertaking absolute chastity, total poverty, and unquestioning obedience, made at the profession of a religious when the habit is taken (**solemn vow**). –*v.t.* **6.** to make a vow of; promise by a vow, as to God or a saint: *to vow a crusade or a pilgrimage*. **7.** to pledge oneself to do, make, give, observe, etc.; make a solemn threat or resolution of: *I vowed revenge*. **8.** to declare solemnly or earnestly; assert emphatically, or asseverate (often with a clause as object). **9.** to make (a vow). **10.** to dedicate or devote by a vow: *to vow oneself to the service of God*. –*v.i.* **11.** to make a solemn or earnest declaration; bind oneself by a vow. –*phr.* **12. take vows**, to enter a religious order or house. –**vower** *n.* –**vowless** *adj.*

vowel /'vaʊəl/ *n.* **1.** *Phonetics* a voiced speech sound during the articulation of which air from the lungs is free to pass out through the middle of the mouth without causing undue friction. **2.** *Grammar* a letter which usually represents a vowel, as in English, *a*, *e*, *i*, *o*, and *u*, and sometimes *y*. –*adj.* **3.** relating to a vowel. –**vowelless** *adj.*

vox populi /vɒks 'pɒpjəlaɪ/ *n.* the voice or opinion of the people.

voyage /'vɔɪɪdʒ/ *n.*, *v.* **-aged**, **-aging**. –*n.* **1.** a passage, or course of travel, by sea or water, especially to a distant place. **2.** a flight through air or space, as a journey in an aeroplane. **3.** (*often plural*) a voyage as the subject of a written account, or the account itself. –*v.i.* **4.** to make or take a voyage; travel by sea or water. –*v.t.* **5.** to traverse by a voyage. –**voyager** /'vɔɪədʒə/ *n.*

voyeur /vɔɪ'ɜ, vwa'jɜ/ *n.* someone who attains sexual gratification by looking at sexual objects or situations.

vulcanise = vulcanize /'vʌlkənaɪz/ *v.t.* **-nised**, **-nising**. to treat (indiarubber) with sulfur or some compound of sulfur, and subject to a moderate heat (110°–140°C), in order to render it non-plastic and give greater elasticity, durability, etc., or when a large amount of sulfur and a more extensive heat treatment are used, in order to make it very hard, as in the case of vulcanite. –**vulcanisable** /vʌlkə'naɪzəbəl/ *adj.* –**vulcanisation** /vʌlkənaɪ'zeɪʃən/ *n.* –**vulcaniser** *n.*

vulcanology /vʌlkə'nɒlədʒi/ *n.* the scientific study of volcanoes and volcanic phenomena. –**vulcanological** /vʌlkənə'lɒdʒɪkəl/ *adj.* –**vulcanologist** *n.*

vulgar /'vʌlgə/ *adj.* **1.** marked by lack of good taste; coarse; crude: *vulgar manners*; *vulgar clothes*. **2.** offensively sexual; indecent: *a vulgar joke*. **3.** belonging to the common people of society: *vulgar superstitions*. **4.** spoken by or being in the language spoken by the people generally; vernacular: *a vulgar translation of the Greek text of the New Testament* –**vulgarly** *adv.* –**vulgarness** *n.*

vulgar fraction *n.* → **common fraction**.

vulnerable /'vʌlnrəbəl, -nərəbəl/ *adj.* **1.** susceptible to being wounded; liable to physical hurt. **2.** not protected against emotional hurt; highly sensitive. **3.** not immune to moral attacks, as of criticism or calumny, or against temptations, influences, etc. **4.** (of a place, fortress, etc.) open to attack or assault; weak in respect of defence. –**vulnerability** /vʌlnrə'bɪləti, -nərə-/, **vulnerableness** *n.* –**vulnerably** *adv.*

vulpine /'vʌlpaɪn/ *adj.* relating to, like, or characteristic of a fox.

vulture /'vʌltʃə/ *n.* **1.** any of various large, carrion-eating birds related to the eagles, kites, hawks, falcons, etc., but having less powerful toes and straighter claws and usually a naked head, especially the species of the Old World family Vulturidae, as the **Egyptian vulture** (*Neophron percnopterus*), and those of the New World family Cathartidae, as the **turkey vulture** (*Cathartes aura*). **2.** a person who gets satisfaction or advantage from the misfortune of others –**vulture-like** *adj.*

vulva /'vʌlvə/ *n.* **-vae** /-vi/ *or* **-vas**. the external female genitalia, specifically, the two pairs of labia and the cleft between them. –**vulval**, **vulvar** *adj.* –**vulviform** *adj.*

vying /'vaɪɪŋ/ *adj.* that vies; competing: *men vying with one another for attention*. –**vyingly** *adj.*

W, w /'dʌbəlju/ *n.* **W's, Ws, w's** *or* **ws.** the 23rd letter of the English alphabet.
wad /wɒd/ *n.* **1.** a small mass or lump of anything soft. **2.** a ball or mass of something squeezed together: *a wad of folded paper.* **3.** a roll or bundle, especially of banknotes. **4.** a large quantity of something, especially money. **–wadder** *n.*
wadding /'wɒdɪŋ/ *n.* **1.** any fibrous or soft material for stuffing, padding, packing, etc., especially carded cotton in specially prepared sheets. **2.** material for wads for guns, etc. **3.** a wad or lump.
waddle /'wɒdl/ *v.* **-dled, -dling,** *n.* **–v.i.** **1.** to walk with short steps and swaying or rocking from side to side, as a duck. **2.** to move with a similar motion. **–n.** **3.** the act of waddling; a waddling gait. **–waddler** *n.* **–waddlingly** *adv.*
waddy /'wɒdi/ *n.* **-dies,** *v.* **-died, -dying.** **–n.** **1.** an Aboriginal heavy wooden war club. **2.** *Australian* a heavy stick or club of any kind. **–v.t.** **3.** *Australian* to beat or strike with a waddy.
wade /weɪd/ *v.* **waded, wading.** **–v.i.** **1.** to walk through any substance, as water, snow, sand, etc., that impedes free motion: *wading in mud; wading through high grass.* **2.** to make one's way with labour or difficulty. **–v.t.** **3.** to pass through or cross by wading; ford: *to wade a stream.* **–n.** **4.** the act of wading. **–phr.** **5. wade in** (or **into**), *Colloquial* **a.** to begin energetically. **b.** to attack strongly.
wader /'weɪdə/ *n.* **1.** any of various long-legged birds, as cranes, herons, storks, sandpipers, plovers, etc., that wade in water in search of food. **2.** (*plural*) high waterproof boots used for wading.
wadi /'wɒdi/ *n.* **-dies.** (in Arabia, Syria, northern Africa, etc.) the channel of a watercourse which is dry except during periods of rainfall.
wafer /'weɪfə/ *n.* **1.** a thin, crisp cake or biscuit, variously made, and often sweetened and flavoured, usually eaten with ice-cream. **2.** a thin piece, usually a disc, of unleavened bread, commonly used in the celebration of the Eucharist. **3.** any of various other thin, flat cakes, sheets, or the like. **4.** a thin disc of dried paste, gelatine, adhesive paper, or the like, used for sealing letters, attaching paper, etc. **5.** *Computers* a thin layer of silicon which forms the basis of a microchip. **–wafer-like, wafery** *adj.*
waffle¹ /'wɒfəl/ *n.* a batter cake with deep indentations formed by baking it in a waffle iron.
waffle² /'wɒfəl/ *v.* **-fled, -fling,** *n.* *Colloquial* **–v.i.** **1.** to speak or write vaguely, pointlessly, and at considerable length. **–n.** **2.** verbosity in the service of superficial thought. **3.** nonsense; twaddle. **–waffly** *adj.*
waft /wɒft/ *v.t.* **1.** to bear or carry through the air or over water: *the gentle breeze wafted the sound of voices.* **2.** to bear or convey lightly as if in flight: *he wafted her away.* **–v.i.** **3.** to float or be carried, especially through the air. **–n.** **4.** a sound, smell, etc., carried through the air: *a waft of bells.* **5.** a wafting movement; current or gust: *a waft of wind.* **–wafter** *n.*
wag¹ /wæg/ *v.* **wagged, wagging.** **–v.t.** **1.** to move from side to side, forwards and backwards, or up and down, especially rapidly and repeatedly: *a dog wagged its tail.* **2.** to move (the tongue) in talking.
3. to shake (a finger) at someone, especially in reproval, reproach, or admonition. **4.** to be absent from (school, etc.) without permission. **–v.i.** **5.** to be moved from side to side or one way and the other, especially rapidly and repeatedly, as the head or the tail. **6.** (of the tongue) to move busily, especially in idle or indiscreet talk. **7.** to get along; travel; proceed: *how the world wags.* **–phr.** **8. wag it** or **play the wag,** *Colloquial* to deliberately stay away from school, work, etc., without permission.
wag² /wæg/ *n.* **1.** a humorous person; joker. **–phr.** **2. play the wag,** to entertain with jokes, silly antics, etc. **–waggery** *n.* **–waggish** *adj.* **–waggishly** *adv.* **–waggishness** *n.*
wage /weɪdʒ/ *n., v.* **waged, waging.** **–n.** **1.** (*often plural*) that which is paid for work or services, as by the day or week; hire; pay. **2.** (*plural*) *Economics* the share of the products of industry received by labour for its work, as distinguished from the share going to capital. **3.** (*usually plural, sometimes construed as singular*) recompense or result: *the wages of sin is death.* **–v.t.** **4.** to carry on (a battle, war, conflict, etc.): *to wage war against a nation.* **–wageless** *adj.*
wager /'weɪdʒə/ *n.* **1.** something staked or hazarded on an uncertain event; a bet. **2.** the act of betting. **3.** the subject of a bet. **–v.t.** **4.** to hazard (something) on the issue of a contest or any uncertain event or matter; stake; bet. **–v.i.** **5.** to make or offer a wager; bet. **–wagerer** *n.*
waggle /'wægəl/ *v.* **-gled, -gling,** *n.* **–v.t.** **1.** to wag (something) with short, quick movements: *she waggled her finger.* **2.** to wag with short, quick movements: *her finger waggled.* **–n.** **3.** a waggling motion. **–waggly** *adj.* **–wagglingly** *adv.*
wagon /'wægən/ *n.* **1.** any of various kinds of four-wheeled vehicles, especially one designed for the transport of heavy loads, delivery, etc. **2.** a railway truck. **–phr.** **3. on the (water) wagon,** *Colloquial* abstaining from alcoholic drink. Also, **waggon.** **–wagoner** *n.* **–wagonless** *adj.*
wagtail /'wægteɪl/ *n.* **1.** any of numerous small, chiefly Old World birds of the family Motacillidae, having a slender body with a long, narrow tail which is habitually wagged up and down. **2.** any of various fantails, as the willy-wagtail.
wahine /wa'hini/ *n.* *NZ* a girl or woman, usually Maori.
waif /weɪf/ *n.* **1.** a person without home or friends, especially a child. **2.** a stray thing or article. **3.** something found, of which the owner is not known, as an animal.
wail /weɪl/ *v.i.* **1.** to utter a long, mournful cry (in grief or suffering): *the child wailed when he fell over.* **–v.t.** **2.** to wail over; lament: *to wail the dead.* **–n.** **3.** the act of wailing. **4.** a cry of grief or pain. **–wailer** *n.* **–wailingly** *adv.*
wainscot /'weɪnskət, -koʊt/ *n., v.* **-scoted** or **-scotted, -scoting** or **-scotting.** **–n.** **1.** oak or other wood, usually in panels, serving to line the walls of a room, etc. **2.** the lower portion of a wall surfaced in a different manner or material from the upper portion. **–v.t.** **3.** to line (a room, walls, etc.) with wainscot or wood: *they wainscoted the room in oak.*
waipiro /waɪ'pɪroʊ/ *n.* *NZ Colloquial* strong alcoholic drink.

waist /weɪst/ *n.* **1.** the part of the human body between the ribs and the hips. **2.** the part of a garment covering the waist. **3.** the part of an object, especially a central or middle part, which bears some analogy to the human waist: *the waist of a violin*. **4.** *Entomology* the narrow part or petiole of the abdomen of certain insects, as the wasp. –**waisted** *adj.* –**waistless** *adj.*

waistcoat /'weɪstkoʊt/ *n.* **1.** a close-fitting, sleeveless garment for men which reaches to the waist and buttons down the front, and is designed to be worn under a jacket. **2.** a similar garment sometimes worn by women. –**waistcoated** *adj.*

wait /weɪt/ *v.i.* **1.** (sometimes fol. by *for*, *till*, or *until*) to stay or rest in expectation; remain in a state of quiescence or inaction, as until something expected happens: *waiting for him to go*. **2.** (of things) to be in readiness: *a letter waiting for you*. **3.** to remain neglected for a time: *a matter that can wait*. **4.** to postpone or delay something or to be postponed or delayed. –*v.t.* **5.** to continue stationary or inactive in expectation of; await: *to wait one's turn in a queue*. **6.** *Colloquial* to defer or postpone in expectation of the arrival of someone: *to wait dinner for the guests*. –*n.* **7.** the act of waiting or awaiting; delay; halt. **8.** a period or interval of waiting. –*phr.* **9. lie in wait**, to wait in ambush. **10. wait on** (or **upon**), **a.** to perform the duties of an attendant or servant for. **b.** to supply the wants of (a person) at table. **c.** to call upon or visit (a person, especially a superior): *to wait on the emperor in his palace*. **d.** to attend as an accompaniment or consequence. **11. wait table**, to wait at table; serve. **12. wait up**, (sometimes fol. by *for*) to delay going to bed to await someone's arrival.

waiter /'weɪtə/ *n.* **1.** someone who waits at table, as in a restaurant, hotel, etc. **2.** a tray on which dishes, etc., are carried; salver. **3.** someone who waits or awaits.

waitress /'weɪtrəs/ *n.* a woman who waits at table, as in a restaurant, hotel, etc.

waive /weɪv/ *v.t.* **waived**, **waiving**. **1.** to forbear to insist on; relinquish; forgo: *to waive one's rank, to waive honours*. **2.** *Law* to relinquish (a known right, etc.) intentionally. **3.** to put aside for the time; defer. **4.** to put aside or dismiss from consideration or discussion: *waiving my attempts to explain*.

waiver /'weɪvə/ *n.* **1.** an intentional relinquishment of some right, interest, or the like. **2.** an express or written statement of such relinquishment.

wake¹ /weɪk/ *v.* **woke** or *Chiefly US* **waked**, **woken** or *Chiefly US* **waken**, **waking** or *Chiefly US* **waking**, *n.* –*v.i.* **1.** Also, **wake up**. to become roused from sleep; awake. **2.** to be or continue awake. **3.** to remain awake for some purpose, duty, etc. **4.** to become roused from a quiescent or inactive state. **5.** (sometimes fol. by *to*) to become alive, as to something perceived; become aware. –*v.t.* **6.** Also, **wake up**. to rouse from sleep or as from sleep; awake. –*n.* **7.** a watching, or a watch kept, especially for some solemn or ceremonial purpose. **8.** a watch, especially at night, near the body of a dead person before burial, often accompanied by drinking and feasting. **9.** the state of being awake: *between sleep and wake*. **10.** (*sometimes humorous*) a party to celebrate a doleful occasion: *a wake for the old car*. –*phr.* **11. wake up to oneself**, *Australian Colloquial* to adopt a more sensible and responsible attitude. **12. wake up to someone**, *Colloquial* to become aware of the real motives, true nature, etc., of someone. –**wakeful** *adj.* –**waken** *v.* –**waker** *n.*

wake² /weɪk/ *n.* **1.** the track left by a ship or other object moving in the water. **2.** the path or course of anything that has passed or preceded. –*phr.* **3. in the wake of**, **a.** following behind **b.** following as a result or consequence of

walk /wɔk/ *v.i.* **1.** to go or travel on foot at a moderate pace; to proceed by steps, or by advancing the feet in turn, at a moderate pace (in bipedal locomotion, so that there is always one foot on the ground, and in quadrupedal locomotion, so that there are always two or more feet on the ground). **2.** to go about or travel on foot for exercise or pleasure. **3.** to go about on the earth, or appear to living persons, as a ghost. **4.** (of things) to move in a manner suggestive of walking, as through repeated vibrations or the effect of alternate expansion and contraction. **5.** *Baseball*, *Softball* to go to first base after the pitcher has thrown four balls (**ball¹** def. 5). **6.** *Cricket* (of a person batting) to acknowledge dismissal by leaving the wicket without waiting for the umpire's decision. –*v.t.* **7.** to proceed through, over, or upon by walking: *walking Sydney streets by night*. **8.** to cause to walk; lead, drive, or ride at a walk, as an animal: *walking their horses towards us*. **9.** to force or help to walk, as a person. **10.** to conduct or accompany on a walk: *he walked them about the park*. **11.** to move (an object, as a box or a trunk) in a manner suggestive of walking, as by a rocking motion. **12.** to examine, measure, etc., by traversing on foot: *to walk a track*. –*n.* **13.** the act or course of walking, or going on foot. **14.** a spell of walking for exercise or pleasure: *to take a walk*. **15.** a distance walked or to be walked, often in terms of the time required: *ten minutes' walk from the station*. **16.** the gait or pace of a person or animal that walks. **17.** manner of walking: *impossible to mistake her walk*. **18.** *Athletics* a walking race. **19.** a way for pedestrians at the side of a street or road; a path or pavement. **20.** a place prepared or set apart for walking. **21.** a path in a garden or the like. –*phr.* **22. walk about**, to wander as a nomad, especially of Aborigines. **23. walk all over someone**, *Colloquial* to behave in a domineering and aggressive fashion towards someone. **24. walk away from**, **a.** to abandon (one's responsibilities): *you can't just walk away from us like that*. **b.** to escape from without injury: *the driver walked away from the wreck*. **25. walk away with**, to win easily. **26. walk into**, to encounter unwittingly: *he walked into my trap*. **27. walk off**, **a.** to get rid of by walking: *to walk off a headache*. **b.** to quit a property, as a farm, etc., on which, as a result of economic circumstances, one can no longer make a living. **28. walk off the job**, to go on strike. **29. walk off with**, **a.** to remove without permission; steal. **b.** to win easily, as in a competition. **30. walk out**, **a.** to go on strike. **b.** to leave in protest; leave angrily. **31. walk out on**, to abandon; forsake; desert. **32. walk out with**, to court, woo, or be courted or wooed by. **33. walk over**, **a.** (of an unopposed contestant) to go over (the course) at walking pace and thus be judged the winner. **b.** to win easily. **34. walk the board**, *Surfing* to walk along the board while riding a wave, usually as a means of controlling the board's performance. **35. walk the streets**, **a.** to wander about the streets, especially as a result of being homeless. **b.** to be a prostitute, especially one who solicits on the streets. **36. walk up**, **a.** to ascend; go upstairs. **b.** to approach on foot; draw near. –**walkable** *adj.*

walkabout

—**walker** n.
walkabout /'wɔkəbaʊt/ n. **1.** a period of wandering as a nomad, often as undertaken by Aborigines who feel the need to leave the place where they are in contact with white society, and return for spiritual replenishment to their traditional way of life. **2. a.** a short walk or inspection, often to see what is going on: *I'll just take a walkabout and see what I can find.* **b.** a short walk undertaken by a public celebrity in a crowded place to meet the people informally: *a royal walkabout.* –*phr.* **3. go walkabout, a.** to wander around the country in a nomadic manner. **b.** to be misplaced or lost. **c.** *Colloquial* to go on a holiday.
walkie-talkie /wɔki-'tɔki/ n. a combined radio transmitter and receiver, light enough to be carried by one person, developed originally for military use in World War II and subsequently widely used by police, medical services, etc.
walking-stick /'wɔkɪŋ-stɪk/ n. **1.** a stick used to aid in walking; a cane. **2.** *NZ* → **stick insect**.
walkman /'wɔkmən/ n. a small portable transistor radio, cassette player, etc., with earphones, designed to facilitate listening to music, etc., while moving about. Also, **Walkman**.
walkout /'wɔkaʊt/ n. **1.** a strike by workers. **2.** the act of leaving or boycotting a conference, meeting, etc., especially as an act of protest.
walkover /'wɔkoʊvə/ n. **1.** *Racing* a going over the course at a walk or otherwise by a contestant who is the only starter. **2.** *Colloquial* an unopposed or easy victory.
wall /wɔl/ n. **1.** an upright work or structure of stone, brick, or similar material, serving for enclosure, division, support, protection, etc., as one of the upright enclosing sides of a building or a room, or a solid fence of masonry. **2.** (*usually plural*) a rampart raised for defensive purposes. **3.** a wall-like enclosing part, thing, mass, etc.: *a wall of fire; wall of troops.* **4.** an embankment to prevent flooding. **5.** the external layer of structural material surrounding an object, as an organ of the body or a plant or animal cell. **6.** *Mountaineering* a vertical or nearly vertical stretch of unbroken rock. –*v.t.* **7.** to fill up (a doorway, etc.) with a wall. –*phr.* **8. be wall to wall with**, to be crowded with; be covered with. **9. go to the wall, a.** to give way or suffer defeat in a conflict or competition. **b.** to fail in business, or become bankrupt. **10. up the wall**, *Colloquial* in or into a state of exasperation, confusion, etc.: *washing dishes drives me up the wall.* **11. wall in**, to enclose with or as with a wall. **12. wall off**, to shut off or separate with or as with a wall. **13. wall up**, to shut up within walls; entomb; immure. **14. with one's back to the wall**, in a very difficult predicament. –**walled** *adj.* –**wall-less** *adj.* –**wall-like** *adj.*
wallaby /'wɔləbi/ n. -**bies**, (*especially collectively*) -**by**. **1.** any of various smaller members of the family Macropodidae, many resembling kangaroos, belonging to a number of different genera. –*phr.* **2. on the wallaby (track)**, *Australian, NZ Colloquial* on the move, most frequently with reference to a swagman, seasonal worker, etc.
wallah /'wɔlə/ n. *Colloquial* someone employed at or concerned with a particular thing (used especially in combination with another word): *laundry wallah; cleaning wallah.* Also, **walla**.
wallaroo /wɔlə'ru/ n. **1.** any of several large, shaggy-coated macropods of the genus *Macropus*. **2.** a stocky, coarse-haired kangaroo, *Macropus robustus*, widely distributed throughout mainland Australia in rocky ranges and gullies; euro.
wallet /'wɔlət/ n. **1.** a small, booklike folding case for carrying papers, paper money, etc., in the pocket. **2.** a bag for holding food, clothing, toilet articles, or the like, for use on a journey.
walleyed /'wɔlaɪd/ *adj.* **1.** having eyes in which there is an abnormal amount of the white showing, because of divergent strabismus. **2.** having an eye or the eyes presenting little or no colour, as the result of a light-coloured or white iris or of white opacity of the cornea. **3.** having large, staring eyes, as some fishes.
wallflower /'wɔlflaʊə/ n. **1.** a European perennial, *Cheiranthus cheiri*, growing wild on old walls, cliffs, etc., and also cultivated in gardens, with sweet-scented flowers, commonly yellow or orange but in cultivation varying from pale yellow to brown, red, or purple. **2.** any plant of the brassicaceous genera *Cheiranthus* and *Erysimum*. **3.** *Colloquial* a person, especially a woman, who looks on at a dance, especially from failure to obtain a partner.
wallop /'wɔləp/ *Colloquial* –*v.t.* **1.** to beat hard and thoroughly; thrash. **2.** to defeat thoroughly, as in a game. –*n.* **3.** a vigorous blow. –**walloping** *adj.*
walloper /'wɔləpə/ n. *Colloquial* **1.** one who or that which wallops. **2.** a police officer.
wall oven n. an oven which is designed to fit into a built-in kitchen cupboard at shoulder height.
wallow /'wɔloʊ/ *v.i.* **1.** to roll the body about, or lie, in water, snow, mud, dust, etc.: *pigs wallow in the mud.* **2.** to live or behave self-indulgently: *to wallow in luxury; to wallow in self-pity.* –*n.* **3.** the act of wallowing. **4.** a place to which animals, such as buffaloes, go to wallow. –**wallower** n.
wallpaper /'wɔlpeɪpə/ n. **1.** paper, commonly with printed decorative patterns in colour, for pasting on and covering the walls or ceilings of rooms, etc. –*v.t.* **2.** to put wallpaper on; furnish with wallpaper.
walnut /'wɔlnʌt/ n. **1.** the edible nut of trees of the genus *Juglans*, of the North Temperate zone. **2.** a tree bearing this nut, as *J. regia* (**common walnut**), or *J. nigra* (**black walnut**), which yields both a valuable timber and a distinctively flavoured nut. **3.** the wood of such a tree. **4.** any of various fruits or trees resembling the walnut, as those of the genus *Beilschmiedia*. **5.** a shade of brown, as that of the heartwood of the black walnut tree.
walrus /'wɔlrəs, 'wɒlrəs/ n. -**ruses**, (*especially collectively*) -**rus**. either of two large marine mammals of the genus *Odobenus*, of arctic seas, related to the seals, and having flippers, a pair of large tusks, and a thick, tough skin.
waltz[1] /wɔls, wɒls/ n. **1.** a ballroom dance in triple time, in which the dancers move in a series of circles, taking one step to each beat. **2.** a piece of music for, or in the rhythm of, this dance. –*adj.* **3.** of, relating to, or of the quality of the waltz: *waltz music; waltz rhythm.* –*v.i.* **4.** to dance in the movement of a waltz. **5.** *Colloquial* to take easily: *he waltzed off with the first prize.* –*v.t.* **6.** to cause to waltz; accompany in a waltz: *He waltzed her around the floor.* –**waltzer** n.
waltz[2] /wɔls, wɒls/ *phr.* **waltz Matilda**, *Australian Colloquial* to wander about as a tramp with a swag.
wambenger /wɒm'bɛŋə/ n. → **tuan**.
wan /wɒn/ *adj.* **wanner, wannest**. **1.** of an unnatural or sickly pallor; pallid: *his wan face flushed.* **2.** pale in colour or hue: *wan cowslips.* **3.** showing or suggesting ill health, worn condition, unhappiness, etc.: *a wan look; a wan smile.* –**wanly** *adv.* –**wanness** n.
WAN /wæn/ n. → **wide area network**. Compare **LAN**.
wand /wɒnd/ n. **1.** a slender stick or rod, especially one used by a conjurer, or supposedly by a magi-

wander

cian or fairy to work magic. **2.** a rod or staff borne as an ensign of office or authority. **3.** a slender shoot, stem, or branch of a shrub or tree. **4.** an electronic device, in the form of a hand-held rod, that optically scans coded data, as on products in a shop or ID cards in a library. –**wand-like** *adj.*

wander /'wɒndə/ *v.i.* **1.** to go around without having to be in or go to a particular place; ramble; roam; rove: *to wander over the earth.* **2.** to go without purpose or casually: *he wandered into the next room.* **3.** (of the hand, pen, eyes, mind, etc.) to move or turn idly. **4.** to go away from a path, place, companions, rules, etc.: *he can't have wandered far.* –*v.t.* **5.** Poetic to wander over or through: *to wander the hills.* –*n.* **6.** a stroll; ramble. –**wanderer** *n.* –**wanderingly** *adv.*

Wandering Jew *n.* **1.** a legendary character condemned to roam without rest because he struck or mocked Christ on the day of Crucifixion. **2.** Also, **wandering Jew**. any of various trailing or creeping plants, as *Zebrina pendula* or *Tradescantia albiflora.*

wanderlust /'wɒndəlʌst/ *n.* an instinctive impulse to rove or travel about.

wane /weɪn/ *v.* **waned, waning,** *n.* –*v.i.* **1.** (of the moon) to decrease periodically in the extent of its illuminated portion after the full moon (opposed to *wax*). **2.** to decline in power, importance, prosperity, etc. **3.** to decrease in strength, intensity, etc.: *daylight waned, and night came on.* **4.** to draw to a close. –*n.* **5.** gradual decline in strength, intensity, power, etc. **6.** the waning of the moon. –*phr.* **7. on the wane**, decreasing; diminishing.

wangle /'wæŋgəl/ *v.t.* **-gled, -gling**. *Colloquial* **1.** to bring about, accomplish, or obtain by contrivance, scheming, or often, indirect or insidious methods. **2.** to fake; falsify; manipulate. –**wangler** *n.*

wank /wæŋk/ ‡ *Colloquial* –*v.i.* **1.** to masturbate. –*n.* **2.** an act or instance of masturbation. **3.** a hobby: *flying is his wank.* **4.** behaviour which is self-indulgent or egotistical. –**wanker** *n.*

wannabe /'wɒnəbi/ *n. Colloquial* someone who aspires to be something or someone specified: *a Madonna wannabe.*

want /wɒnt/ *v.t.* **1.** to feel a need or a desire for; wish for: *to want one's dinner, always wanting something new.* **2.** to wish or desire: *I want to see you; she wants to be notified.* **3.** *Colloquial* ought; need: *you want to take more exercise.* **4.** to be without or be deficient in: *to want judgment or knowledge.* **5.** to require or need: *the car wants cleaning.* –*v.i.* **6.** to wish; like; feel inclined: *they can go out if they want.* **7.** to be in a state of destitution or poverty. **8.** to be lacking or absent, as a part or thing necessary to completeness. –*n.* **9.** something wanted or needed; a necessity. **10.** a need or requirement: *the wants of mankind.* **11.** absence or deficiency of something desirable or requisite; lack. **12.** the state of being without something desired or needed; need: *to be in want of an assistant.* **13.** the state of being without the necessities of life; destitution; poverty. **14.** a sense of lack or need of something. –*phr.* **15. want for**, to be deficient in: *if you want for anything, let me know.* **16. want out**, (sometimes fol. by *of*) to wish to withdraw, as from a difficult situation, obligation, etc. –**wanter** *n.* –**wantless** *adj.*

wanted /'wɒntəd/ *adj.* (of a suspected criminal, etc.) sought by the police.

wanting /'wɒntɪŋ/ *adj.* **1.** lacking or absent: *an apparatus with some of the parts wanting.* **2.** deficient in some part, thing, or respect: *to be wanting in courtesy.* –*prep.* **3.** lacking; without. **4.** less; minus: *a century, wanting three years.*

wanton /'wɒntən/ *adj.* **1.** done or behaving in an uncontrolled, selfish way, with bad results: *wanton attacker; wanton cruelty.* **2.** uncontrolled in sexual behaviour; loose; lascivious. **3.** *Poetic* (of children, young animals, etc.) playful; frolicsome. –*n.* **4.** a wanton or lustful person, especially a woman. –**wantonly** *adv.* –**wantonness** *n.*

war /wɔ/ *n., v.* **warred, warring,** *adj.* –*n.* **1.** a conflict carried on by force of arms, as between nations or states, or between parties within a state; warfare (by land, by sea, or in the air). **2.** a contest carried on by force of arms, as in a series of battles or campaigns. **3.** active hostility or contention; conflict; contest: *a war of words.* **4.** armed fighting, as a department of activity, a profession, or an art: *war is our business.* –*v.i.* **5.** to make or carry on war; fight. **6.** to carry on active hostility or contention: *to war with evil.* **7.** to be in a state of strong opposition: *the two political parties are constantly warring over the economy.* –*adj.* **8.** of, belonging to, used in, or due to war. –*phr.* **9. at war**, in a state of hostility or active military operations. **10. in the wars**, *Colloquial* involved in a series of misfortunes or minor injuries. –**warless** *adj.* –**warlike** *adj.*

waratah /wɒrə'ta, 'wɒrətə/ *n.* a shrub or small tree of the eastern Australian genus *Telopea*, especially *T. speciosissima*, the floral emblem of New South Wales, which has a dense globular head of red flowers surrounded by red bracts.

warble /'wɔbəl/ *v.* **-bled, -bling,** *n.* –*v.i.* **1.** to sing with trills, quavers, or melodic embellishments. –*v.t.* **2.** to sing with trills, quavers, or melodious turns; carol. –*n.* **3.** a warbled song.

warbler /'wɔblə/ *n.* **1.** any of the small, chiefly Old World songbirds constituting the family Sylviidae, represented in Australia by a few species, as the reedwarbler. **2.** any of numerous small birds of the family Maluridae found in Australia, New Zealand, and islands to the north. **3.** any of various small, insectivorous New World birds of the family Parulidae, many of which are brightly coloured.

ward /wɔd/ *n.* **1.** a division or district of a municipality, city or town, as for administrative or representative purposes. **2.** a division of a hospital or the like, as for a particular class of patients: *a convalescent ward.* **3.** each of the separate divisions of a prison. **4.** *Law* **a.** a person, especially a minor, who has been legally placed under the care or control of a legal guardian. **b.** the state of being under the care or control of a legal guardian. **c.** guardianship over a minor or some other person legally incapable of managing his or her own affairs. **5.** the state of being under restraining guard or in custody. **6.** someone who is under the protection or control of another. **7.** a curved ridge of metal inside a lock, forming an obstacle to the passage of a key which does not have a corresponding notch. **8.** the notch or slot in the bit of a key, into which such a ridge fits. **9.** the act of keeping guard or protective watch: *watch and ward.* –*v.t.* **10.** to place in a ward, as of a hospital. –*phr.* **11. ward off**, to avert, repel, or turn aside, as danger, an attack, assailant, etc.: *to ward off a blow.* –**wardless** *adj.*

-ward an adjectival and adverbial suffix indicating direction, as in *onward, seaward, backward.*

warden /'wɔdn/ *n.* **1.** someone who is given the care or responsibility of something; a keeper. **2.** a public official in charge of a place, such as a port, prison, etc. **3.** the head of certain colleges, schools, hospitals, youth hostels, etc. **4.** *Mining* a government official in charge of a mineral field. –**wardenship** *n.*

warder¹ /'wɔdə/ *n.* **1.** → **prison officer**. **2.** someone who wards or guards something. –**wardership** *n.*

warder² /ˈwɔdə/ *n.* a truncheon or staff of office or authority, used in giving signals.

wardrobe /ˈwɔdroʊb/ *n.* **1.** a stock of clothes or costumes, as of a person or of a theatrical company. **2.** a piece of furniture for holding clothes, now usually a tall, upright, cupboard fitted with hooks, shelves, etc. **3.** a room or place for keeping clothes or costumes in. **4.** the department of a royal or other great household charged with the care of wearing apparel.

-wards an adverbial suffix indicating direction, as in *onwards, seawards, backwards.* Also, *Chiefly US,* **-ward.**

ware /wɛə/ *n.* **1.** (*usually plural*) articles of merchandise or manufacture, or goods: *a pedlar selling his wares.* **2.** a particular kind or class of articles of merchandise or manufacture (now chiefly in composition): *tinware, silverware.* **3.** pottery, or a particular kind of pottery: *Delft ware.*

warehouse /ˈwɛəhaʊs/ *n.*, /ˈwɛəhaʊz, -haʊs/ *v.* **-housed, -housing.** —*n.* **1.** a storehouse for wares or goods. **2.** the building in which a wholesale dealer's stock of merchandise is kept. —*v.t.* **3.** to deposit or store in a warehouse. **4.** to place in a government or bonded warehouse, to be kept until duties are paid.

warfare /ˈwɔfɛə/ *n.* **1.** the act of waging war. **2.** armed conflict. **3.** military operations.

warhead /ˈwɔhɛd/ *n.* the forward section of a self-propelled missile, bomb, torpedo, etc., containing explosives, chemical or biological agents, or inert materials intended to inflict damage.

warlock /ˈwɔlɒk/ *n.* someone who practises magic arts by the aid of the devil; a sorcerer or wizard.

warm /wɔm/ *adj.* **1.** having or communicating a moderate degree of heat, as perceptible to the senses. **2.** of or at a moderately high temperature; characterised by comparatively high temperature: *a warm climate.* **3.** having a sensation of bodily heat: *to be warm from fast walking.* **4.** keeping or maintaining warmth: *warm clothes.* **5.** (of colour, effects of colour, etc.) suggestive of warmth; inclining towards red or orange, as yellow (rather than towards green or blue). **6.** characterised by or showing lively feelings, passions, emotions, sympathies, etc.: *a warm heart; warm interest.* **7.** strongly attached, or intimate: *warm friends.* **8.** cordial or hearty: *a warm welcome.* **9.** heated; irritated, or angry: *to become warm when contradicted.* **10.** animated, lively, brisk, or vigorous: *a warm debate.* **11.** strong or fresh: *a warm scent.* **12.** *Colloquial* relatively close to something sought, as in a game. **13.** *Colloquial* uncomfortable or unpleasant. —*v.t.* **14.** to make warm; heat: *to warm one's feet; warm up a room.* **15.** to heat, as cooked food for re-use. **16.** to excite ardour, enthusiasm, or animation in. **17.** to inspire with kindly feeling; affect with lively pleasure. —*phr.* **18. warm a seat,** *Colloquial* to occupy a position, usually in a temporary capacity, and without actively discharging its responsibilities. **19. warm down,** *Sport* to perform light exercise or stretches after strenuous exercise. **20. warm to,** to become ardent, enthusiastic, or animated about (something). **21. warm to** (or **towards**), to grow kindly, friendly, or sympathetically disposed to (someone): *my heart warms towards him.* **22. warm up, a.** (of an engine) to idle or run at low speed prior to being actively engaged. **b.** to run (an engine) prior to use, so as to produce efficient working conditions: *wait while I warm up the engine.* **c.** to prepare for a musical or theatrical performance, etc. **d.** (in sport) to prepare for strenuous exercise by performing preliminary light exercise or stretching. **e.** to become warm: *the day warmed up.* **f.** to make warm; heat: *to warm up a room.* —**warmth** *n.* —**warmer** *n.* —**warmish** *adj.* —**warmly** *adv.* —**warmness** *n.*

warm-blooded /ˈwɔm-blʌdəd/ *adj.* **1.** *Zoology* denoting or relating to animals, as mammals and birds, whose blood ranges in temperature from about 36° to 44°C, and remains relatively constant, irrespective of the temperature of the surrounding medium. **2.** ardent, impetuous, or passionate: *young and warm-blooded valour.*

warm front *n. Meteorology* the contact surface between two air masses where the warmer mass is advancing against and over the cooler mass.

warmonger /ˈwɔmʌŋgə/ *n.* someone who advocates war or seeks to bring it about.

warp /wɔp/ *v.t.* **1.** to bend or twist out of shape: *rain has warped this timber.* **2.** to bend or turn from the natural direction. **3.** to bend from truth or right; bias or pervert: *hatred warps the mind.* —*v.i.* **4.** to become bent or twisted out of shape: *the wood has warped.* **5.** *Geology* (of the earth's crust) to undergo a slow bending process without forming definite folds or displacements. —*n.* **6.** a bend or twist in something. **7.** a twist or bias of the mind. **8.** the lengthwise fibres in weaving, placed across the weft (or woof) and interlaced with it. —**warper** *n.*

warrant /ˈwɒrənt/ *n.* **1.** a giving of authority to do something: *a treasury warrant.* **2.** something which says formally that something is quite certain; guarantee. **3.** *Law* a written authority to do some act, e.g. to make an arrest, make a search, etc. **4.** (in the armed forces) a certificate of appointment given to a non-commissioned officer. —*v.t.* **5.** to give authority to; authorise. **6.** to show that there is need for; justify: *the circumstances warrant such measures.* **7.** to give one's word for; vouch for: *I'll warrant he did!* **8.** to give a formal promise for; guarantee: *to warrant safe delivery.* —**warrantable** *adj.* —**warrantably** *adv.* —**warrantless** *adj.*

warrant officer *n.* a member of the armed forces holding, by warrant, an intermediate rank between that of commissioned and non-commissioned officers, as a sergeant major.

warranty /ˈwɒrənti/ *n.* **-ties. 1.** the act of warranting; warrant; assurance. **2.** *Law* an engagement, express or implied, in assurance of some particular in connection with a contract, as of sale: *an express warranty of the quality of goods.*

warren /ˈwɒrən/ *n.* **1.** a place where rabbits breed or abound. **2.** a building, district, etc., containing many poor people living in overcrowded conditions.

warrigal /ˈwɒrəgəl/ *Australian* —*n.* **1.** a dingo. **2.** a wild horse. **3.** an Aborigine living in the traditional manner, as opposed to one who has become assimilated into the white community. —*adj.* **4.** wild; untamed.

warrior /ˈwɒriə/ *n.* someone engaged or experienced in warfare; soldier. —**warrior-like** *adj.*

wart /wɔt/ *n.* **1.** a small, usually hard, abnormal elevation on the skin, caused by a filterable virus. **2.** a small protuberance.

wary /ˈwɛəri/ *adj.* **warier, wariest. 1.** watchful, or on one's guard, especially habitually; on the alert; cautious; careful. **2.** characterised by caution. —**warily** *adv.* —**wariness** *n.*

was /wɒz/ *weak form* /wəz/ *v.* first and third person singular past tense indicative of **be.**

wash /wɒʃ/ *v.t.* **1.** to apply water or some other liquid to for the purpose of cleansing; cleanse by dipping, rubbing, or scrubbing in water, etc. **2.** *Shearing* to clean (sheep) by dipping in sheep wash prior to shearing. **3.** to wet with water or other liquid, or as water does. **4.** to flow over or against: *a shore or cliff washed by waves.* **5.** to carry or bring (*up, down,* or *along*) with water or any liquid, or as the water or liquid does: *the storm washed seaweed high on the beach.* **6.** to form (a channel, etc.), as flowing water does. **7.** *Mining, etc.* **a.** to subject (earth, etc.) to the action of water in order to separate valuable material. **b.** to separate (valuable material, as gold) thus. **8.** to purify (a gas or gaseous mixture) by passage through or over a liquid. **9.** to cover with a watery or thin coat of colour. **10.** to overlay with a thin coat or deposit of metal: *to wash brass with gold.* –*v.i.* **11.** to wash oneself: *time to wash for dinner.* **12.** to wash clothes. **13.** to cleanse anything with or in water or the like. **14.** *Colloquial* to stand being put to the proof; bear investigation. **15.** to be carried or driven (along, ashore, etc.) by water. **16.** to flow or beat with a lapping sound, as waves on a shore. **17.** to move along in or as in waves, or with a rushing movement, as water. –*n.* **18.** the act of washing with water or other liquid. **19.** a quantity of clothes, etc., washed, or to be washed, at one time. **20.** a liquid with which something is washed, wetted, coloured, overspread, etc. **21.** the flow, sweep, dash, or breaking of water. **22.** the sound made by this: *listening to the wash of the Atlantic.* **23.** water moving along in waves or with a rushing movement. **24.** the rough or broken water left behind a moving ship, etc. **25.** *Aeronautics* the disturbance in the air left behind by a moving aeroplane or any of its parts. **26.** any of various liquids for toilet purposes: *a hair wash.* **27.** a medicinal lotion. **28.** earth, etc., from which gold or the like can be extracted by washing. **29.** the wearing away of the shore by breaking waves. **30.** a tract of land washed by the action of the sea or a river. **31.** a shallow arm of the sea or a shallow part of a river. **32.** a depression or channel formed by flowing water. **33.** alluvial matter transferred and deposited by flowing water. **34.** a broad, thin layer of colour applied by a continuous movement of the brush, as in watercolour painting. **35.** a thin liquid coat of metal applied in liquid form. **36.** waste liquid matter, refuse food, etc., from the kitchen, as for pigs. **37.** washy or weak drink or liquid food. **38.** the fermented wort from which the spirit is extracted in distilling. –*phr.* **39. come out in the wash,** *Colloquial* to be revealed eventually; become known. **40. wash away. a.** to remove (dirt, stains, paint, or any matter) by or as by the action of water, or as water does. **b.** to wear, as water does, by flowing over or against a surface. **c.** to be worn by the action of water, as a hill. **41. wash down, a.** to clean completely by washing. **b.** to swallow (food) with the aid of liquid. **42. wash out, a.** to remove or get rid of by washing. **b.** to cause (an arrangement, sporting event, etc.) to be cancelled or abandoned. **43. wash up,** to wash (dishes, saucepans, etc.) after a meal, etc.

washed-out /'wɒʃt-aut/ *adj.* **1.** faded, especially during washing. **2.** *Colloquial* tired-looking; pale; wan.

washed-up /wɒʃt-'ʌp/ *adj. Colloquial* **1.** having failed completely; finished; ruined. **2.** exhausted.

washer /'wɒʃə/ *n.* **1.** someone who washes. **2.** a machine or apparatus for washing something. **3.** a flat ring or perforated piece of leather, rubber, metal, etc., used to give tightness to a joint, to prevent leakage, and to distribute pressure (as under the head of a bolt, under a nut, etc.). **4.** Also, **washrag, washcloth.** a small piece of towelling or similar material used for washing the face or body; facecloth; flannel. **5.** Also, **washrag, washcloth.** a cloth used for washing dishes, etc.

washing /'wɒʃɪŋ/ *n.* **1.** clothes, etc., washed or to be washed, especially those washed at one time. **2.** matter removed in washing something. **3.** material, as gold dust, obtained by washing earth, etc. **4.** a placer or other superficial deposit so washed. **5.** a thin coating or covering applied in liquid form.

wash-out /'wɒʃ-aut/ *n.* **1.** Also, **washaway.** a washing out of earth, etc., by water, as from an embankment or a roadway by heavy rain or a freshet. **2.** the hole or break produced. **3.** *Colloquial* a failure or fiasco. **4.** *Medicine* lavage of the bowels or bladder.

wasn't /'wɒzənt/ *v.* contraction of *was not*.

wasp /wɒsp/ *n.* **1.** any of numerous hymenopterous, stinging insects, included for the most part in two superfamilies, Sphecoidea and Vespoidea. Their habits vary from a solitary life to colonial organisation. **2.** a waspish person. –**wasplike, waspy** *adj.*

WASP /wɒsp/ *n. Originally US* **1.** a member of the establishment conceived as being white, Anglo-Saxon, and Protestant. –*adj.* **2.** having to do with this establishment. –**WASP-ish** *adj.* –**WASP-ishness** *n.*

waspish /'wɒspɪʃ/ *adj.* **1.** like or suggesting a wasp. **2.** quick to resent a trifling affront or injury; snappish. **3.** showing irascibility or petulance: *waspish writing.* **4.** having a slender waist, like a wasp. –**waspishly** *adv.* –**waspishness** *n.*

wassail /'wɒsəl, -seɪl/ *n.* **1.** a festivity or revel with drinking of healths. **2.** alcoholic drink for toasting on festive occasions, especially spiced ale, as on Christmas Eve and Twelfth night. –*v.i.* **3.** to drink healths; revel with drinking. –*v.t.* **4.** to drink to the health or success of. –**wassailer** *n.*

wastage /'weɪstɪdʒ/ *n.* loss by use, wear, decay, wastefulness, etc.

waste /weɪst/ *v.* **wasted, wasting,** *n., adj.* –*v.t.* **1.** to consume, spend, or employ uselessly or without adequate return; use to no avail; squander: *to waste money; to waste time; to waste effort; to waste words.* **2.** to fail or neglect to use, or let go to waste: *to waste an opportunity.* **3.** to destroy or consume gradually, or wear away. **4.** to wear down or reduce in bodily substance, health, or strength; emaciate; enfeeble: *to be wasted by disease or hunger.* **5.** to destroy, devastate, or ruin: *a country wasted with fire and sword.* **6.** *Originally US Colloquial* to murder. –*v.i.* **7.** to be consumed or spent uselessly or without being fully utilised. **8.** to become gradually consumed, used up, or worn away: *a candle wastes in burning.* **9.** Also, **waste away.** to lose flesh or strength, or become emaciated or enfeebled. **10.** Also, **waste away.** to diminish gradually, or dwindle, as wealth, power, etc. –*n.* **11.** useless consumption or expenditure, or use without adequate return: *waste of material; a waste of money; a waste of time.* **12.** neglect, instead of use: *waste of opportunity.* **13.** gradual destruction, impairment, or decay: *the waste and repair of bodily tissue.* **14.** devastation or ruin, as from war, fire, etc. **15.** a region or place laid waste or in ruins. **16.** anything unused, unproductive, or not properly utilised. **17.** an uncultivated tract of land. **18.** a tract of wild land, desolate country, or desert. **19.** *Law* positive damage to, or neglect of land by a tenant. **20.** an empty, desolate, or dreary tract or extent: *a waste of snow.* **21.** anything left over or superfluous, as excess material, by-products, etc., not of use for the work in hand. **22.** remnants from the working of cotton, etc., used for wiping machinery, absorbing oil, etc. **23.** *Building Trades* **a.** sullage. **b.** a pipe or conduit for draining sullage from a fitting or a floor, as floor waste. –*adj.* **24.** not used or in use: *waste energy.* **25.** (of land, regions, etc.) uninhabited and wild, desolate and barren, or desert. **26.** (of regions, towns, etc.) in a state of desolation and ruin, as from devastation or decay. **27.** left over or superfluous: *to utilise waste products of manufacture.* **28.** having served a purpose and no longer of use. **29.** rejected as useless or worthless, or refuse: *waste products.* **30.** *Physiology* relating to material unused by or unusable to the organism. **31.** intended to receive, hold, or carry away refuse or surplus material, etc. *–phr.* **32. go to waste,** to be wasted; fail to be used. **33. lay waste,** to destroy; devastate; ruin.

wasted /'weɪstəd/ *adj.* **1.** worn; emaciated. **2.** *Colloquial* lethargic or exhausted, as a result of taking drugs or alcohol.

wastrel /'weɪstrəl/ *n.* **1.** a wasteful person; spendthrift. **2.** an idler, or good-for-nothing.

watch /wɒtʃ/ *v.i.* **1.** to be on the lookout, look attentively, or be closely observant, as to see what comes, is done, happens, etc.: *to watch while an experiment is performed.* **2.** to be careful or cautious. **3.** to keep awake, especially for a purpose; keep a vigilant watch as for protection or safekeeping. **4.** to keep vigil, as for devotional purposes. **5.** to keep guard. *–v.t.* **6.** to keep under attentive view or observation, as in order to see or learn something; view attentively or with interest: *to watch a game of cricket.* **7.** to contemplate or regard mentally: *to watch her progress.* **8.** to look or wait attentively and expectantly for: *to watch one's chance or opportunity.* **9.** to guard for protection or safekeeping. **10.** to be careful of; pay attention to: *watch what you're doing.* *–n.* **11.** close, constant observation for the purpose of seeking or discovering something. **12.** a lookout, as for something expected: *to be on the watch.* **13.** vigilant guard, as for protection, restraint, etc. **14.** a keeping awake for some special purpose: *a watch beside a sickbed.* **15.** a period of time for watching or keeping guard. **16.** a small, portable timepiece. **17.** *Nautical* **a.** a period of time (usually four hours) during which one part of a ship's crew is on duty, taking turns with another part. **b.** a certain part (usually half) of the officers and crew of a vessel who together attend to working it for an allotted period of time. **18.** a watchman, or a body of watchmen. *–phr.* **19. watch for,** to look or wait for attentively and expectantly: *to watch for a signal*; *to watch for an opportunity.* **20. watch it,** (an exclamation calling someone else's attention to some event, danger, etc.). **21. watch out,** to be on one's guard; be alert or cautious. **22. watch out for, a.** to beware of; avoid. **b.** to look for with anticipation. **23. watch over,** to guard; protect. **–watcher** *n.*

watchful /'wɒtʃfəl/ *adj.* **1.** vigilant or alert; closely observant. **2.** characterised by vigilance or alertness. **–watchfully** *adv.* **–watchfulness** *n.*

watchword /'wɒtʃwɜd/ *n.* **1.** a word or short phrase to be communicated, on challenge, to a sentinel or guard; a password; a countersign. **2.** a word or phrase expressive of a principle or rule of action. **3.** a rallying cry of a party, etc.; a slogan.

water /'wɔtə/ *n.* **1.** the liquid which in a more or less impure state constitutes rain, oceans, lakes, rivers, etc., and which in a pure state is a transparent, odourless, tasteless liquid, a compound of hydrogen and oxygen, H_2O, freezing at 32°F or 0°C, and boiling at 212°F or 100°C. **2.** a special form or variety of this liquid, as rain. **3.** (*often plural*) the liquid obtained from a mineral spring. **4.** the water of a river, etc., with reference to its relative height, especially as dependent on tide: *high water*; *low water.* **5.** the surface of water: *below water*; *on the water.* **6.** (*plural*) flowing water, or water moving in waves. **7.** (*plural*) a body of water as a sea or seas bordering a particular country or situated in a particular region. **8.** a liquid solution or preparation: *toilet water.* **9.** any of various solutions of volatile or gaseous substances in water: *ammonia water.* **10.** any liquid or aqueous organic secretion, exudation, humour, or the like, as tears, perspiration, urine, the amniotic fluids, etc. **11.** a wavy, lustrous pattern or marking, as on silk fabrics, metal surfaces, etc. **12.** the degree of transparency and brilliance of a diamond or other precious stone. *–v.t.* **13.** to sprinkle, moisten, or drench with water: *to water a road.* **14.** to supply (animals) with water for drinking. **15.** to furnish with a supply of water, as a ship. **16.** to furnish water to (a region, etc.), as by streams; supply (land, etc.) with water, as by irrigation. **17.** to produce a wavy lustrous pattern, marking, or finish on (fabrics, metals, etc.). *–v.i.* **18.** to discharge, fill with, or secrete water or liquid, as the eyes, or as the mouth at the sight or thought of tempting food. **19.** to drink water, as an animal. **20.** to take in a supply of water, as a ship. *–adj.* **21.** of or relating to water in any way. *–phr.* **22. above water,** out of embarrassment or trouble, especially of a financial nature. **23. by water,** by ship or boat. **24. go to water,** to lose courage; abandon one's resolve. **25. in deep** (or **hot**) **water, a.** in trouble; in a difficult situation. **b.** touching on an area of consideration which is contentious. **26. like water,** abundantly; freely: *to spend money like water.* **27. make water,** to urinate. **28. of the first water,** of the finest quality or rank: *a literary critic of the first water.* **29. test the water,** *Colloquial* to make a preliminary assessment of a situation. **30. throw cold water on,** to discourage. **31. water down, a.** to dilute or adulterate with water: *to water down the soup.* **b.** to weaken: *to water down a protest.* **32. water the horse,** *Colloquial* to urinate. **33. water under the bridge,** over and finished with: *that's water under the bridge now.* **–waterer** *n.* **–waterless** *adj.* **–waterlike** *adj.*

waterbed /'wɔtəbɛd/ *n.* a heavy durable plastic bag filled with water, used as a mattress often in a supporting wooden frame.

water buffalo *n.* a large buffalo, *Bubalus bubalis*, originally from India but now domesticated and widely used as a draught animal; feral in northern Australia. Also, **water ox.**

water chestnut *n.* **1.** any of the aquatic plants constituting the genus *Trapa,* bearing an edible, nutlike fruit, especially *T. natans* of the Old World. **2.** the fruit.

water closet *n.* **1.** a receptacle in which human excrement is flushed down a drain by water from a cistern. **2.** a room fitted with a water closet. *Abbrev.*: WC

watercolour = **watercolor** /'wɔtəkʌlə/ *n.* **1.** a pigment dispersed in water-soluble gum. **2.** the art or method of painting with such pigments. **3.** a painting or design executed by this method. *–adj.* **4.** having to do with watercolour or a watercolour painting. **–watercolourist** *n.*

watercourse /'wɔtəkɔs/ *n.* **1.** a stream of water, as a river or brook. **2.** the bed of such a stream. **3.** a natural channel conveying water. **4.** a channel or canal made for the conveyance of water.

watercress /'wɔtəkrɛs/ *n.* **1.** a perennial cress, *Rorippa nasturtium-aquaticum,* usually growing in clear, running water, and bearing pungent leaves. **2.** the leaves, used for salads, soups, and as a garnish.

water diviner *n.* someone who uses a divining rod

waterfall

waterfall /'wɔtəfɔl/ n. a steep fall or flow of water from a height; a cascade.

waterfront /'wɔtəfrʌnt/ n. **1.** land abutting on a body of water. **2.** a part of a city or town so abutting. **3.** workers in industries using wharf facilities: *industrial unrest on the waterfront*. –**waterfrontage** n.

waterhole /'wɔtəhoʊl/ n. a natural hole or hollow in which water collects, as a spring in a desert, a cavity in the dried-up course of a river, etc.

water hyacinth n. a floating plant of Central and South America, *Eichhornia crassipes*, which has become a serious pest of watercourses in warm countries.

waterlily /'wɔtəlɪli/ n. **1.** any of the aquatic plants constituting the genus *Nymphaea*, having floating leaves and showy, often fragrant, flowers as *N. gigantea*. **2.** any plant of the genus *Nuphar* of the same family (**yellow waterlily** or **yellow pondlily**). **3.** any member of the family Nymphaeaceae. **4.** the flower of any such plant.

waterlog /'wɔtəlɒg/ v.t. **-logged**, **-logging**. **1.** to cause (a ship, etc.) to become unmanageable as a result of flooding. **2.** to soak or saturate with water. –**waterlogged** adj.

waterloo /wɔtə'lu/ n. a final and complete defeat.

watermark /'wɔtəmak/ n. **1.** a mark indicating the height to which water rises or has risen, as in a river, etc. **2.** a figure or design impressed in the fabric in the manufacture of paper and visible when the paper is held to the light. –v.t. **3.** to mark (paper) with a watermark. **4.** to impress (a design, etc.) as a watermark.

watermelon /'wɔtəmɛlən/ n. **1.** the large, roundish or elongated fruit of a trailing vine, *Citrullus lanatus*, having a hard, green rind and a (usually) pink or red pulp which abounds in a sweetish, watery juice. **2.** the plant or vine.

water polo n. a water game played by two teams, each having seven swimmers, in which the object is to carry or pass the ball over the opponent's goal line.

waterproof /'wɔtəpruf/ adj. **1.** impervious to water. **2.** rendered impervious to water by some special process, as coating or treating with rubber or the like. –n. **3.** any of several coated or rubberised fabrics which will hold water. **4.** an outer garment of waterproof material. –v.t. **5.** to make waterproof. –**waterproofing** n.

water rat n. **1.** a large, aquatic, native rat, *Hydromys chrysogaster*, having soft dense fur and webbed hind feet, found near rivers and streams throughout Australia. **2.** any of several different rodents of aquatic habits, as the water vole, *Arvicola amphibius*.

watershed /'wɔtəʃɛd/ n. **1.** the ridge or crest line dividing two drainage areas; divide. **2.** a turning point; a crucial event or time in a career, venture, etc.

waterside worker /'wɔtəsaɪd ˌwɜkə/ n. wharf labourer. Also, **watersider**.

water slide n. a feature at an amusement park consisting of a large slippery slide, often with many curves and twists, leading to a pool, with water running along the slide into the pool.

water snake n. **1.** any of the harmless snakes of the genus *Natrix*, found in or near fresh water. **2.** any of various other snakes living in or frequenting water.

water supply n. **1.** the system of dams, pipes, etc., by which water is supplied to a community. **2.** the supply of water to a community or region.

watertable /'wɔtəteɪbəl/ n. **1.** in an aquifer, the upper limit of the portion of ground saturated with water. **2.** *Architecture* a projecting stringcourse or similar member placed to throw off or divert water.

water taxi n. a small boat which operates as part of a taxi service over the water.

watertight /'wɔtətaɪt/ adj. **1.** impervious to water. **2.** without fault; irrefutable; flawless: *a watertight argument or alibi*. –**watertightness** n.

water tower n. **1.** a tower holding a tank into which water is pumped to obtain the required pressure; a standpipe. **2.** a fire-extinguishing apparatus throwing a stream of water on the upper parts of a tall burning building.

water vapour = **water vapor** n. gaseous water, especially when diffused and below the boiling point, distinguished from steam.

waterway /'wɔtəweɪ/ n. **1.** a river, canal, or other body of water as a route or way of travel or transport. **2.** a channel for vessels, especially a fairway in a harbour, etc.

waterworks /'wɔtəwɜks/ pl. n. **1.** (*sometimes construed as sing.*) an aggregate of apparatus and structures by which water is collected, preserved, and distributed for domestic and other purposes, as for a town. **2.** *Colloquial* tears, or the source of tears. **3.** *Colloquial* the bladder or its functioning. –*phr*. **4. turn on the waterworks**, to cry loudly and profusely, often for the sake of gaining sympathy or getting one's own way.

watery /'wɔtəri/ adj. **1.** relating to, like, or in water: *a watery fluid*. **2.** full of or containing too much water: *watery soup*.

watt /wɒt/ n. the derived SI unit of power, defined as one joule per second. Symbol: W –**wattage** n.

wattle /wɒtl/ n., v. **-tled**, **-tling**, adj. –n. **1.** any of the many Australian types of acacia, being shrubs or trees with spikes or globe-shaped heads of yellow or cream flowers. **2.** (*plural or singular*) rods interwoven with twigs or branches of trees, used for making fences, walls, roofs, etc. **3.** a fleshy part or lobe hanging down from the throat or chin of certain birds, such as the hen, turkey, etc., or from the neck of certain breeds of pigs, sheep and goats. –v.t. **4.** to form (a structure) by interweaving twigs or branches: *to wattle a fence*. –adj. **5.** built or roofed with wattles. –**wattled** adj.

wattle and daub n. wattles (interwoven rods) plastered with mud or clay and used as a building material.

wattlebird /'wɒtlbɜd/ n. **1.** any of several large honeyeaters of the genus *Anthochaera* having pendulous wattles on each side of the throat, as the **red wattlebird**, *A. carunculata*. **2.** any of several New Zealand birds of the family Callaeidae, as the kokako.

wave /weɪv/ n., v. **waved**, **waving**. –n. **1.** a movement of the surface of a liquid body, such as the sea or a lake, in the form of a ridge or swell. **2.** any movement or part like a wave of the sea. **3.** a swell or rush, especially of feeling, excitement, etc.: *a wave of anger swept over him; a wave of anti-Americanism*. **4.** one of a succession of movements of people moving into an area, country, etc. **5.** an outward curve, or one of a number of such curves, in a surface or line; undulation. **6.** *Physics* a regular vibrational disturbance travelling through a medium such as air, without corresponding movement forward of the medium itself, as in sound or electromagnetic energy. **7.** a sign made by waving the hand, a flag, etc. –v.i. **8.** to move loosely to and fro or up and down; flutter. **9.** to curve in a line, etc., like a wave; have an undulating form. **10.** to be moved, especially first in one direction and then in the opposite: *the lady's handkerchief waved in encouragement*. **11.** to give a signal by waving something: *she waved to me as I left*. –v.t. **12.** to cause to move loosely to and fro or up and down. **13.** to cause to curve up and down or in and out. **14.** to give a wave or wavy appearance or pattern to (the hair, silk, etc.). **15.** to move, especially first in one direction and then in the opposite: *to wave the hand*. **16.** to direct by a waving movement: *to wave a train to a halt*. **17.** to express by a waving movement: *to wave a last goodbye*. –**waver** *n*. –**waveless** *adj*. –**wavelike** *adj*. –**wavy** *adj*.

waveband /'weɪvbænd/ *n*. a range of radio wavelengths or frequencies in which the waves have similar propagation characteristics.

wavelength /'weɪvlɛŋθ/ *n*. **1.** *Physics* the distance, measured in the direction of propagation of a wave, between two successive points that are characterised by the same phase of vibration. **2.** *Radio* the wavelength (def. 1) of the carrier wave of a particular radio transmitter or station. **3.** a mode of thinking or understanding: *the teacher was obviously not on the same wavelength as his pupils*.

waver /'weɪvə/ *v.i.* **1.** to sway to and fro; flutter: *leaves wavered in the breeze*. **2.** to become unsteady or begin to fail or give way: *his mind is wavering; his voice is wavering*. **3.** to feel or show doubt or indecision; vacillate: *he wavered in his determination*. –**waverer** *n*. –**waveringly** *adv*.

wax[1] /wæks/ *n*. **1.** any of a group of amorphous solids consisting of esters of alcohols and long-chain, fatty acids, e.g. beeswax. **2.** any of various other similar substances, as spermaceti, the secretions of certain insects (**wax insects**), and the secretions of certain plants (**vegetable wax**) of certain plants. **3.** any of a group of solid, non-greasy, insoluble substances which have a low melting or softening point, especially mixtures of the higher hydrocarbons, as paraffin wax. **4.** a resinous substance used by shoemakers for rubbing their thread. **5.** Also, **waxflower**. any of various shrubs of the genus *Chamaelaucium*, family Myrtaceae, of Western Australia, having waxy flowers. **6.** something suggesting wax as being readily moulded, worked upon, handled, managed, etc.: *helpless wax in their hands*. –*v.t.* **7.** to rub, smear, stiffen, polish, etc., with wax; treat with wax: *waxed moustaches, a waxed floor*. –*adj*. **8.** made of or resembling wax. –**waxer** *n*. –**waxlike** *adj*.

wax[2] /wæks/ *v.i.* **1.** to increase in extent, quantity, intensity, power, etc.: *discord waxed daily*. **2.** (of the moon) to increase in the extent of its illuminated portion before the full moon (opposed to *wane*). **3.** to grow or become (as stated). –*phr*. **4. wax lyrical**, to speak in an enthusiastic and sometimes exaggeratedly poetic manner, in praise of or in support of a person, scheme, etc.

waxen /'wæksən/ *adj*. **1.** made of or covered with wax. **2.** resembling or suggesting wax: *his face had an unhealthy waxen appearance*. **3.** weak or impressionable, as a person or their character.

waxflower /'wæksflaʊə/ *n*. **1.** any of various Australian shrubs of the genus *Eriostemon*, family Rutaceae, as Bendigo waxflower, *E. obovalis*, of south-eastern Australia. **2.** → **wax**[1] (def. 5).

waxplant /'wæksplænt, -plant/ *n*. **1.** any of the climbing or trailing plants of the genus *Hoya*, natives of tropical Asia and Australia, having glossy leaves and umbels of pink, white, or yellowish waxy flowers. **2.** any of several Western Australian species of the genus *Chamaelaucium*, especially *C. uncinatum*. **3.** any of the shrubs of the genus *Eriostemon* of eastern Australia, especially *E. australasicum*.

waxwork /'wækswɜk/ *n*. **1.** figures, ornaments, etc., made of wax, or one such figure. **2.** (*plural construed as singular*) an exhibition of wax figures, ornaments, etc.

way /weɪ/ *n*. **1.** manner, mode, or fashion: *a new way of looking at a matter; to reply in a polite way*. **2.** characteristic or habitual manner: *that is only his way*. **3.** a course, plan, or means for attaining an end. **4.** respect or particular: *a plan defective in several ways*. **5.** direction: *look this way*. **6.** passage or progress on a course: *to make one's way on foot; to lead the way*. **7.** distance: *a long way off*. **8.** a path or course leading from one place to another. **9.** a road, route, passage, or channel (usually used in combination): *a highway; a waterway; a doorway*. **10.** *Law* a right of way. **11.** any line of passage or travel used or available: *blaze a way through dense woods*. **12.** space for passing or advancing: *he cleared a way through the throng of people*. **13.** (*often plural*) a habit or custom: *I don't like his ways at all*. **14.** the course of mode or action which one prefers or upon which one is resolved: *to have one's own way*. **15.** *Colloquial* condition, as to health, prosperity, etc. **16.** course of life, action, or experience: *the way of transgressors is hard*. **17.** (*plural*) (in shipbuilding) the timbers on which a ship is launched. **18.** *Machinery* a longitudinal strip, as in a planer, guiding a moving part along a surface. **19.** *Nautical* movement or passage through the water. **20.** a long distance: *we've still got a way to go yet*. –*adv*. **21.** very far: *she is way out in the surf*. **22.** to a great extent; much: *way too late; way out of sync*. **23.** *Colloquial* extremely: *she's way cool; open till way late*. –*phr*.
24. be by the way, to be of superficial relevance but of no importance.
25. by the way, incidentally; in the course of one's remarks: *by the way, have you received that letter yet?*
26. by way of, **a.** by the route of; via; through. **b.** as a method or means of. **c.** having a reputation for; ostensibly (being, doing, etc.): *he is by way of being an authority on the subject*.
27. come someone's way, to come to someone; happen to someone.
28. give way, **a.** to withdraw; retreat. **b.** to yield; break down; collapse.
29. give way to, **a.** to yield to. **b.** to lose control of (one's emotions, etc.). **c.** to be replaced by.
30. go out of one's way, to make a special effort; inconvenience oneself.
31. have a way with, to have a skill in dealing with: *she has a way with children*.
32. have a way with one, to have a charming or persuasive manner.
33. have one's (own) way, to achieve one's objective in a situation of conflict.
34. have one's way with, (especially of a man) to seduce: *the local Don Juan was reputed to have had his way with numerous young women*.
35. have it both ways, to gain or succeed by each of two contrary means, situations, etc.
36. in a way, to a certain extent; after a fashion: *in a way he's a pleasant person*.
37. in the way, forming an obstruction or hindrance.
38. lead the way, **a.** to proceed in advance of others. **b.** to take the initiative; show by example.
39. make one's way, **a.** to proceed. **b.** to achieve advancement, recognition, or success: *to make one's way in the world*.
40. make way for, **a.** to allow to pass. **b.** to give up or retire in favour of: *the manager resigned to make way for a younger person*.
41. no way, not at all; never.
42. on the way out, **a.** becoming obsolete; ready for rest or retirement. **b.** losing popularity.
43. out of the way, **a.** so as not to obstruct or hinder. **b.** disposed of; dealt with. **c.** murdered:

wayback

to put a person out of the way. **d.** out of the frequented way; off the beaten track. **e.** unusual; extraordinary.
44. pay one's (or **its**) **way,** to remain solvent or financially self-supporting.
45. under way, a. in motion or moving along, as a ship that has weighed anchor. **b.** in progress, as an enterprise.
46. way to go, Colloquial (an exclamation of encouragement, praise, etc.).

wayback /'weɪbæk/ Australian, NZ –adv. **1.** in the outback or remote rural districts. –adj. **2.** remote; outback. –phr. **3. the wayback,** the outback or remote rural districts.

waybill /'weɪbɪl/ n. **1.** a list of goods sent by a common carrier, as a railway, with directions. **2.** (on a bus, etc.) a list showing the number of passengers carried or tickets sold.

wayfarer /'weɪfɛərə/ n. a traveller, especially on foot.

waylay /weɪ'leɪ/ v.t. **-laid, -laying. 1.** to fall upon or assail from ambush, as in order to rob, seize, or slay. **2.** to await and accost unexpectedly. –**waylayer** n.

way-out /'weɪ-aʊt/ adj. Colloquial **1.** advanced in technique, style, etc. **2.** unusual; odd; eccentric.

-ways a suffix of manner creating adverbs, as in sideways, lengthways. See **-wise**.

wayside /'weɪsaɪd/ n. **1.** the side of the way; the border or edge of the road or highway. –adj. **2.** being, situated, or found at or along the wayside: a wayside inn.

wayward /'weɪwəd/ adj. **1.** turned or turning away from what is right or proper; perverse: a wayward son. **2.** swayed or prompted by caprice, or capricious: a wayward fancy or impulse. **3.** turning or changing irregularly; irregular: a wayward stream or breeze. –**waywardly** adv. –**waywardness** n.

WC /dʌbəlju 'si/ n. Colloquial a toilet. Also, **wc**.

we /wi/ pron. us. –pron. (personal) first person, pl., subjective **1.** (used by a speaker or writer to denote two or more people, including himself or herself): we usually take our holidays in August. **2.** (used by a sovereign when alluding to himself or herself in formal speech): we are not amused. **3.** (used by an editor or other writer to give an impersonal tone): we deplore the present economic situation. **4.** (used as a term of encouragement or cajolery where the second person is meant): we really should work a little harder.

weak /wik/ adj. **1.** likely to yield, break, or fall down under pressure or strain; fragile; frail; not strong: a weak spot in the armour. **2.** lacking in bodily strength or health; feeble; infirm: a weak old man. **3.** lacking in political strength, or authority: a weak ruler. **4.** lacking in force or effectiveness; impotent, ineffectual, or inadequate: a weak heart. **5.** lacking in logical or legal force or soundness: a weak argument. **6.** lacking in mental power, intelligence, or judgment: a weak mind. **7.** lacking in moral strength: weak compliance. **8.** lacking in amount, volume, loudness, strength, etc.; faint; slight: a weak current of electricity. **9.** unstressed (of a syllable, word, etc). **10.** (of Germanic verbs) inflected with suffixes, without change of the root or original vowel, as in English work, worked. –**weaken** v. –**weakish** adj. –**weakly** adv. –**weakness** n.

weakling /'wiklɪŋ/ n. **1.** a weak or feeble creature (physically or morally). –adj. **2.** weak; not strong.

weal /wil/ n. **1.** a small burning or itching swelling on the skin, as from a mosquito bite or from urticaria. **2.** a wale or welt.

wealth /wɛlθ/ n. **1.** a great store of valuable possessions, property, or riches: the wealth of a city. **2.** a rich abundance or profusion of anything: a

915

weary

wealth of imagery. **3.** Economics **a.** all things having a value in money, in exchange, or in use. **b.** anything having utility and capable of being appropriated or exchanged. **4.** rich or valuable contents or produce: the wealth of the soil. **5.** the state of being rich; affluence: persons of wealth and standing.

wean /win/ v.t. **1.** to accustom (a child or animal) to food other than its mother's milk. –phr. **2. wean off** (or **from**), to induce to give up dependence on (a substance, habit, or activity). **3. wean on,** to expose to at an early age: I was weaned on cricket. **4. wean on to,** to induce to abandon a substance, habit, activity, etc., in favour of (something deemed better): to wean a heroin addict on to methadone. –**weaner** n.

weapon /'wɛpən/ n. **1.** any instrument for use in attack or defence in combat, fighting, or war, as a sword, rifle, cannon, etc. **2.** anything serving as an instrument for making or repelling an attack: the deadly weapon of meekness. –**weaponed** adj. –**weaponless** adj.

wear /wɛə/ v. **wore, worn, wearing,** n. –v.t. **1.** to carry or have on the body or about the person as a covering, equipment, ornament, or the like: wear a coat; wear a watch; wear a disguise. **2.** to have or use on a person habitually: wear a beard. **3.** to bear or have in the aspect or appearance: wear a smile; wear an air of triumph. **4.** to show or fly: the ship wore its colours. **5.** to impair (garments, etc.) by wear: gloves worn at the fingertips. **6.** to impair, deteriorate, or consume gradually by use or any continued process: a well-worn volume. **7.** to waste or diminish gradually by rubbing, scraping, washing, etc.: rocks worn by the waves. **8.** to make (a hole, channel, way, etc.) by such action. **9.** to weary or exhaust: worn with toil. **10.** Colloquial to accept, tolerate, or be convinced by: he told me a lie but I wouldn't wear it. –v.i. **11.** to hold out or last under wear, use, or any continued strain: materials that will wear. **12.** to become; grow gradually: my patience is wearing thin. –n. **13.** the act of wearing; use as of a garment: I have had very good wear from this dress. **14.** the state of being worn, as on the person. **15.** clothing, garments, or other articles for wearing. **16.** style of dress, adornment, etc., especially for a particular time, activity, etc.: evening wear; beach wear. **17.** gradual impairment, wasting, diminution, etc., as from use: the carpet shows wear. –phr. **18. wear away, a.** to pass (time, etc.) gradually or tediously. **b.** to undergo gradual impairment, diminution, reduction, etc., from wear, use, attrition, or other causes. **19. wear away** (or **on**), to pass, as time, etc., especially slowly or tediously. **20. wear down, a.** to overcome the resistance of (someone). **b.** to reduce gradually by attrition: to wear down the steps. **21. wear off,** to diminish in effect, as of altered physical states, over a period of time: the hunger has worn off. **22. wear out, a.** to wear or use until no longer fit for use: to wear out tools. **b.** to exhaust by continued use, strain, or any gradual process: to wear out patience. **c.** to use up. **d.** to become unserviceable over time: the fridge has worn out. –**wearer** n.

weariless /'wɪərɪləs/ adj. unwearying; tireless.

wearing /'wɛərɪŋ/ adj. **1.** relating to or made for wear. **2.** gradually impairing or wasting. **3.** wearying or exhausting. –**wearingly** adv.

wearisome /'wɪərɪsəm/ adj. **1.** causing weariness; fatiguing: a difficult and wearisome march. **2.** tiresome or tedious: a wearisome person, day, or book. –**wearisomely** adv. –**wearisomeness** n.

weary /'wɪəri/ adj. **-rier, -riest,** v. **-ried, -rying.** –adj. **1.** exhausted physically or mentally by labour, exertion, strain, etc.; fatigued; tired: weary

weasel

eyes, feet, or brain. **2.** characterised by or causing fatigue: *a weary journey.* **3.** characterised by or causing such impatience or dissatisfaction; tedious; irksome: *a weary wait.* *–v.t.* **4.** to make weary; fatigue or tire. *–v.i.* **5.** to become weary; fatigue or tire. *–phr.* **6. weary of,** impatient or dissatisfied at excess or overlong continuance of: *weary of excuses.* **–wearily** *adv.* **–weariness** *n.*

weasel /'wizəl/ *n.* **1.** any of certain small carnivores of the genus *Mustela* (family Mustelidae), especially *M. nivalis,* common in Europe and much of northern Asia, having a long, slender body, and feeding mainly on small rodents. **2.** a cunning, sneaking fellow. **3.** a tracked vehicle used in snow; a kind of tractor. **–weaselly** *adj.*

weather /'wɛðə/ *n.* **1.** the state of the atmosphere with respect to wind, temperature, cloudiness, moisture, pressure, etc. **2.** windy or stormy weather. *–v.t.* **3.** to expose to the weather; to dry, season, or otherwise affect by exposure to the air or atmosphere. **4.** to discolour, disintegrate, or affect injuriously, as by atmospheric agencies. **5.** to bear up against and come safely through (a storm, danger, trouble, etc.). *–v.i.* **6.** to undergo change, as discolouration or disintegration, as the result of exposure to atmospheric conditions. **7.** to endure or resist exposure to the weather. *–adj.* **8.** of or relating to the side or part, as of a ship, that is exposed to the wind: *the weather bow.* *–phr.* **9. make heavy weather of,** to have a lot of difficulty coping with. **10. under the weather,** *Colloquial* **a.** indisposed; ill; ailing. **b.** drunk. **11. weather through,** to go or come safely through a storm, danger, trouble, etc.

weatherboard /'wɛðəbɔd/ *n.* **1.** one of a series of thin boards, usually thicker along one edge than the other, nailed on an outside wall or a roof in overlapping fashion to form a protective covering which will shed water. **2.** a building whose exterior walls are constructed from weatherboards. *–v.t.* **3.** to cover or furnish with weatherboards. **–weather-boarded** *adj.*

weathervane /'wɛðəveɪn/ *n.* a vane for indicating the direction of the wind; a weathercock.

weave /wiv/ *v.* **wove** *or, especially for defs 5, 8 and 9* **weaved, woven** *or* **wove, weaving,** *n.* *–v.t.* **1.** to interlace (threads, yarns, strips, fibrous material, etc.) so as to form a fabric or texture. **2.** to form by interlacing threads, yarns, strands, or strips of some material: *to weave a basket, to weave cloth.* **3.** to form by combining various elements or details into a connected whole: *to weave a tale or a plot.* **4.** to introduce as an element or detail into a connected whole: *to weave a melody into a musical composition.* **5.** to follow in a winding course; to move from side to side: *to weave one's way through traffic.* *–v.i.* **6.** to weave cloth, etc. **7.** to become woven or interwoven. **8.** to move from side to side. **9.** to wind in and out of or through: *she weaved through the crowd.* *–n.* **10.** a manner of interlacing yarns: *plain weave; twill weave; satin weave.* *–phr.* **11. get weaving,** *Colloquial* to make a start, especially hurriedly, enthusiastically, etc.

web /wɛb/ *n., v.* **webbed, webbing.** *–n.* **1.** something formed as by weaving or interweaving. **2.** a thin silken fabric spun by spiders, and also by the larvae of some insects, as the tent caterpillars, etc.; cobweb. **3.** a woven fabric, especially a whole piece of cloth in the course of being woven or after it comes from the loom. **4.** a tangled intricate state of circumstances, events, etc.: *the web of intrigue.* **5.** *Zoology* **a.** a membrane which connects the digits of an animal. **b.** that which connects the toes of aquatic birds and aquatic mammals. *–v.t.* **6.** to cover with or as with a web; envelop. *–phr.* **7. the web,** → **World Wide Web.**

weed

–webby *adj.* **–webless** *adj.* **–weblike** *adj.*

webbed /wɛbd/ *adj.* **1.** having the digits connected by a web, as the foot of a duck or a beaver. **2.** (of the digits) connected thus. **3.** formed like or with a web.

webbing /'wɛbɪŋ/ *n.* **1.** woven material of hemp, cotton, or jute, in bands of various widths, for use where strength is required. **2.** such woven bands nailed on furniture under springs or upholstery, for support. **3.** *Zoology* the membrane forming a web or webs.

web browser *n.* computer software designed to facilitate searches on the Internet.

weber /'veɪbə, 'weɪbə/ *n.* the derived SI unit of magnetic flux, defined as the flux which, linking a circuit of one turn, produces in it an electromotive force of one volt as it is reduced to zero at a uniform rate in one second. *Symbol:* Wb

webpage /'wɛbpeɪdʒ/ *n. Computers* a document on the World Wide Web.

web site *n. Computers* a location on the World Wide Web which has an address prefixed by www and which can be accessed by others on the Internet. Also, **website.**

wed /wɛd/ *v.* **wedded** *or* **wed, wedding.** *–v.t.* **1.** to bind oneself to (a person) in marriage; take for husband or wife. **2.** to unite (a couple) or join (one person to another) in marriage or wedlock; marry. **3.** to bind by close or lasting ties; attach firmly: *to be wedded to a theory.* *–v.i.* **4.** to contract marriage; marry. **5.** to become united as if in wedlock.

we'd /wid/ contraction of *we had, we should* or *we would.*

wedding /'wɛdɪŋ/ *n.* **1.** the act or ceremony of marrying; marriage; nuptials. **2.** a celebration of an anniversary of a marriage, as a silver wedding, celebrated on the 25th anniversary of a marriage.

wedge /wɛdʒ/ *n., v.* **wedged, wedging.** *–n.* **1.** a device (one of the so-called simple machines) consisting of a piece of hard material with two principal faces meeting in a sharply acute angle. **2.** a piece of anything of like shape: *a wedge of pie or cheese.* **3.** Also, **potato wedge.** a thick wedge of potato, seasoned and fried. **4.** *Meteorology* a region of relatively high pressure, extending from an anticyclone, with isobars in the shape of a wedge. **5.** a cuneiform character or stroke. **6.** something that serves to part, divide, etc.: *a disrupting wedge divided the loyalties of party members.* **7.** → **sand wedge.** *–v.t.* **8.** to cleave or split with or as with a wedge. **9.** to pack or fix tightly by driving in a wedge or wedges. **10.** to thrust, drive, or fix (in, between, etc.) like a wedge: *to wedge oneself through a narrow opening.* *–v.i.* **11.** to force a way (in, etc.) like a wedge. *–phr.* **12. thin end of the wedge,** something small or insignificant which is likely to lead to something large and important. **–wedgelike, wedgy** *adj.*

wedge-tailed eagle *n.* a very large, dark, long-tailed eagle, *Aquila audax,* of plains and forests throughout Australia and New Guinea; the largest of Australian birds of prey; eaglehawk. Also, **wedgetail eagle, wedgie.**

wedgie /'wɛdʒi/ *n. Australian* → **wedge-tailed eagle.**

wedlock /'wɛdlɒk/ *n.* the state of marriage; matrimony.

Wednesday /'wɛnzdeɪ, -di, 'wɛdn-/ *n.* the fourth day of the week, following Tuesday.

wee /wi/ *adj.* **1.** little; very small. *–phr.* **2. the wee small hours,** the hours immediately following midnight.

weed¹ /wid/ *n.* **1.** a plant growing wild, especially in cultivated ground to the exclusion or injury of the desired crop. **2.** any useless, troublesome, or

weed noxious plant, especially one that grows profusely. **3.** *Colloquial* a cigar or cigarette. **4.** *Colloquial* a marijuana cigarette. **5.** a thin or weakly person, especially one regarded as stupid or infantile. **6.** a sorry animal, especially a horse unfit for racing or breeding purposes. –*v.t.* **7.** to free from weeds or troublesome plants: *to weed a garden.* **8.** to rid of what is undesirable or superfluous. –*v.i.* **9.** to remove weeds or the like. –*phr.* **10. the weed**, *Colloquial* **a.** tobacco. **b.** marijuana. **11. weed out**, **a.** to root out or remove (a weed): *to weed out the thistles.* **b.** to remove as being undesirable or superfluous: *to weed out undesirable members.* –**weeder** *n.* –**weedless** *adj.* –**weedlike** *adj.* –**weed** *adj.*

weed² /wid/ *n.* **1.** (*plural*) mourning garments: *widow's weeds.* **2.** a mourning band of black crepe or cloth, as on a man's hat or coat sleeve.

week /wik/ *n.* **1.** a period of seven successive days, commonly understood as beginning (unless otherwise specified or implied) with Sunday, followed by Monday, Tuesday, Wednesday, Thursday, Friday, and Saturday. **2.** Also, **working week**. the working days or working portion of the seven-day period. **3.** seven days after a specified day: *I shall come Tuesday week.* –*phr.* **4. week in, week out**, continuously; incessantly.

weekday /'wikdeɪ/ *n.* **1.** any day of the week, sometimes limited as **a.** (in a working week) any day except Saturday and Sunday. **b.** (in a church calendar) any day except Sunday. –*adj.* **2.** of or on a weekday: *weekday occupations.*

weekend /wik'ɛnd/ *n.*, /'wikɛnd/ *adj.*, *v.* –*n.* **1.** the end of the working week, especially the period from Friday night or Saturday to Sunday evening, as a time for recreation, visiting, etc. –*adj.* **2.** of, for, or on a weekend. –*v.i.* **3.** to pass the weekend, as at a place. –*phr.* **4. on** (or **at**) **the weekend**, during the weekend.

weekender /wik'ɛndə/ *n.* **1.** a holiday house. **2.** a person who regularly visits a certain place at weekends. **3.** a periodic detainee.

weekly /'wikli/ *adj.*, *adv.*, *n.* **-lies**. –*adj.* **1.** done, happening, appearing, etc., once a week, or every week. **2.** continuing or staying for a week: *a weekly boarder.* –*adv.* **3.** once a week. **4.** by the week. –*n.* **5.** a magazine, paper, etc., appearing once a week.

weep /wip/ *v.* **wept**, **weeping**, *n.* –*v.i.* **1.** to shed tears, as from sorrow, unhappiness, or any overpowering emotion; cry: *to weep for joy or rage.* **2.** to let fall drops of water or liquid; drip. **3.** to exude water or liquid, as soil, rock, a plant stem, a sore, etc. –*v.t.* **4.** to weep for; mourn with tears or other expression of sorrow: *he wept his dead brother.* **5.** to shed (tears, etc.). **6.** to let fall or give forth in drops: *trees weeping odorous gums.* **7.** to pass with the shedding of tears: *to weep the hours away.* –*n.* **8.** *Colloquial* weeping, or a fit of weeping. **9.** exudation of water or liquid. –*phr.* **10. weep one's eyes out**, to shed copious tears.

weeping /'wipɪŋ/ *adj.* **1.** that weeps. **2.** expressing sorrow by shedding tears. **3.** (of trees, etc.) having slender, drooping branches.

weeping myall *n.* a wattle tree, *Acacia pendula*, with drooping branches and hard sweet-scented purple-brown wood, used for fencing.

weevil /'wivəl/ *n.* **1.** any of the numerous beetles of the family Curculionidae, many of which are economically important, being destructive to nuts, grain, fruit, the stems of leaves, the pitch of trees, etc. **2.** any of the beetles of the family Lariidae, known as **seed weevils** or **bean weevils**.

weft /wɛft/ *n.* **1.** *Textiles* woof or filling yarns which interlace with warp running from selvage to selvage. **2.** a woven piece.

weigh¹ /weɪ/ *v.t.* **1.** to ascertain the weight of by means of a balance, scale, or other mechanical device: *to weigh gold, gases, persons, etc.* **2.** to hold up or balance, as in the hand, in order to estimate the weight. **3.** Also, **weigh up**. to balance in the mind; consider carefully in order to reach an opinion, decision, or choice: *to weigh facts or a proposal*; *to weigh up the pros and cons.* **4.** to raise or lift (now chiefly in the phrase **weigh anchor**). –*v.i.* **5.** to have weight or heaviness: *to weigh little or less; to weigh a lot.* **6.** to have importance, moment, or consequence: *wealth weighs little in this case.* –*phr.* **7. weigh down**, to bear down by weight, heaviness, oppression, etc.: *weighed down with care*; *a bough weighed down by fruit.* **8. weigh in**, **a.** (of a boxer or wrestler) to be weighed before a fight. **b.** (of a jockey) to be weighed after a race. **9. weigh into**, **a.** to attack, physically or verbally. **b.** to begin to eat with hearty appetite. **10. weigh in with**, *Colloquial* to offer (an opinion, etc.). **11. weigh on** (or **upon**), to bear down as a weight or burden: *such responsibility weighed upon him.* **12. weigh one's words**, to consider and choose one's words carefully in speaking or writing. **13. weigh out**, to measure (a certain quantity of something) according to weight: *to weigh out 5 kg of sugar.* –**weighable** *adj.* –**weigher** *n.*

weigh² /weɪ/ *phr.* **under weigh**, *Nautical* in motion, as a ship that has weighed anchor.

weight /weɪt/ *n.* **1.** amount of heaviness; amount a thing weighs. **2.** *Physics* the force which gravitation exerts upon a material body, varying with altitude and latitude. It is often taken as a measure of the mass, which does not vary, and is equal to the mass times the acceleration due to gravity. **3.** a system of units for expressing weight or mass: *avoirdupois weight.* **4.** a unit of weight or mass. **5.** a body of determinate mass, as of metal, for using on a balance or scale in measuring the weight or mass of (or weighing) objects, substances, etc. **6.** one of a series of standard divisions within which boxers or wrestlers fight, according to how much they weigh. **7.** a quantity of a substance determined by weighing: *a gram weight of gold dust.* **8.** any heavy mass or object, especially an object used because of its heaviness: *the weights of a clock.* **9.** pressure or oppressive force, as of something burdensome: *the weight of cares, sorrows.* **10.** a heavy load or burden: *that is such a weight I can't lift it.* **11.** a burden, as of care or responsibility: *to remove a weight from my mind.* **12.** importance, moment, consequence, or effective influence: *an opinion of great weight*; *men of weight.* **13.** → **stress** (def. 5). **14.** a measure of the relative importance of an item in a statistical population. **15.** (of clothing) the relative thickness as determined by the weather. **16.** *Printing* the degree of blackness of a typeface; the extent to which a bold typeface is heavier than its roman equivalent. –*v.t.* **17.** to add weight to; load with additional weight. **18.** to load (fabrics, threads, etc.) with mineral or other matter to increase the weight or bulk. **19.** to burden with or as with weight: *to be weighted with years.* **20.** *Statistics* to give a (statistical) weight to. –*phr.* **21. by weight**, according to weight measurement. **22. carry weight**, to have influence or importance. **23. correct weight**, *Horseracing* the confirmation that the contestants in a race did in fact carry the handicap weight allotted to them. **24. pull one's weight**, to do one's fair share of work. **25. throw one's weight around** (or **about**), **a.** to behave in an aggressive or selfish fashion. **b.** to use one's influence, personality, etc., to gain one's own ends without regard for others. **26. top weight**, *Horseracing* the maximum handicap.

weighting /'weɪtɪŋ/ *n.* **1.** an additional quantity or

weightlessness value attributed to any particular factor or factors in a complex situation: *a formula in which the weighting of different factors will determine future decisions*. **2.** an increased amount, as of salary or the like, to balance the higher cost of living in a particular area.

weightlessness /'weɪtləsnəs/ *n.* the state of being without apparent weight as experienced in free fall, due to the absence of any apparent gravitational pull; zero gravity.

weightlifting /'weɪtlɪftɪŋ/ *n.* the sport of lifting barbells of specified weights, in competition or for exercise. **–weightlifter** *n.*

weight training *n.* fitness training incorporating the lifting of weights.

weighty /'weɪti/ *adj.* **-tier, -tiest. 1.** having considerable weight; heavy; ponderous. **2.** burdensome or onerous: *the weighty cares of sovereignty*. **3.** important or momentous: *weighty negotiations*. **4.** influential: *a weighty financier*. **–weightily** *adv.* **–weightiness** *n.*

weir /wɪə/ *n.* **1.** a dam in a river or stream to stop and raise the water, as for conducting it to a mill, for purposes of irrigation, etc. **2.** an obstruction placed across a stream thereby causing the water to pass through a particular opening or notch, thus measuring the quantity flowing. **3.** *Chiefly Brit.* a fence, as of brush, narrow boards, or a net, set in a stream, channel, etc., for catching fish.

weird /wɪəd/ *adj.* **1.** involving or suggesting the supernatural; unearthly or uncanny: *a weird scene, light, or sound*. **2.** *Colloquial* startlingly or extraordinarily singular, odd, or queer: *a weird get-up*. **3.** concerned with fate or destiny. **–weirdly** *adv.* **–weirdness** *n.*

weka /'wɛkə/ *n.* any of several large, flightless New Zealand rails of genus *Gallirallus*; Maori hen; woodhen.

welch /wɛlʃ/ *Colloquial* *–v.t., v.i.* → **welsh. –welcher** *n.*

welcome /'wɛlkəm/ *interj., n., v.* **-comed, -coming,** *adj.* *–interj.* **1.** (a word of kindly greeting to a friend): *Welcome, friends!* *–n.* **2.** a kindly greeting or reception: *to give one a warm welcome*. *–v.t.* **3.** to greet the coming of (a person, etc.) with pleasure or kindly politeness. **4.** to receive or regard, usually with pleasure: *to welcome a change*. *–adj.* **5.** gladly received: *a welcome visitor*. **6.** pleasing, such as something coming, happening, or experienced: *a welcome letter; a welcome rest*. **7.** given full right by the friendly consent of others: *he's welcome to anything he can find*. **8.** free to enjoy politeness, favours, etc., without being indebted (used in conventional response to thanks): *you are quite welcome*. **–welcomeless** *adj.* **–welcomely** *adv.* **–welcomeness** *n.* **–welcomer** *n.*

welcome swallow *n.* a swallow, *Hirundo neoxena*, with a swift, swooping flight, widely distributed throughout Australia, except in the north-west and the Northern Territory.

weld /wɛld/ *v.t.* **1.** to unite or fuse (pieces of metal, etc.) by hammering, compression, or the like, especially after rendering soft or pasty by heat, and sometimes with the addition of fusible material like or unlike the pieces to be united. **2.** to bring into complete union. *–v.i.* **3.** to undergo welding; be capable of being welded. *–n.* **4.** a welded junction or joint. **5.** the act of welding. **–weldable** *adj.* **–welder** *n.*

welfare /'wɛlfɛə/ *n.* **1.** the state of faring well; wellbeing: *one's welfare, the physical or moral welfare of society*. **2.** Also, **welfare work.** work devoted to the welfare of persons in a community, especially the aged, sick, poor, etc. **3.** → **social service.**

welfare state *n.* a state (def. 8) in which the welfare of the people in such matters as social security, health and education, housing, and working conditions is the responsibility of the government.

well[1] /wɛl/ *adv., adj.* **better, best,** *interj.* *–adv.* **1.** in a satisfactory, favourable, or advantageous manner; fortunately or happily: *affairs are going well; to be well supplied; well situated*. **2.** in a good or proper manner: *he behaved very well*. **3.** commendably, meritoriously, or excellently: *to act, write, or reason well; good work well done*. **4.** with propriety, justice, or reason: *I could not well refuse*. **5.** in satisfactory or good measure; adequately or sufficiently: *think well before you act*. **6.** thoroughly or soundly: *shake well before using; beat well*. **7.** easily; clearly: *I can see it very well*. **8.** to a considerable extent or degree: *a sum well over the amount fixed; dilute the acid well*. **9.** personally; to a great degree of intimacy: *to know a person well*. *–adj.* **10.** in good health, or sound in body and mind: *I am well; a well man*. **11.** satisfactory or good: *all is well with us*. **12.** proper or fitting. **13.** in a satisfactory position; well-off: *I am very well as I am*. *–interj.* **14.** (used to express surprise, agreement): *well, who would have thought it?* **15.** (used as a preliminary to further speech): *well, as I was saying*. *–phr.* **16. as well,** in addition: *she is bringing a friend as well*. **17. as well as,** in addition to; no less than: *he was handsome as well as rich*. **18. just as well,** preferable; more favourable; advisable: *it would be just as well if you went*. **19. very well, a.** with certainty; undeniably: *you know very well you are late*. **b.** (a phrase used to indicate consent, often with reluctance): *very well, you may go out, but not for long*. **c.** (ironic) satisfactory; pleasing: *it's all very well for you, you don't have to worry about money*.

well[2] /wɛl/ *n.* **1.** a hole drilled into the earth, generally by boring, to obtain water, petroleum, natural gas, etc. **2.** a spring or natural source of water. **3.** a fountain, fountainhead, or source. **4.** a vessel, etc., for holding a liquid: *an inkwell*. **5.** any sunken or deep enclosed space, especially a shaft for air or light, or for stairs, a lift, etc., extending in an upright direction through the floors of a building. *–v.i.* **6.** to rise, spring, or gush from the earth or some source (often fol. by *up, out,* or *forth*): *tears welled up in his eyes*. *–v.t.* **7.** to send welling up or out: *a fountain welling its pure water*.

we'll /wɪl/ contraction of *we will* or *we shall.*

well-appointed /'wɛl-əpɔɪntəd/ *adj.* comfortably and adequately equipped, decorated, furnished, etc., as a hotel, house, or the like. Also (*especially in predicative use*), **well appointed** /wɛl ə'pɔɪntəd/.

wellbeing /'wɛl-biɪŋ/ *n.* good or satisfactory condition of existence; welfare.

well-connected /'wɛl-kənɛktəd/ *adj.* **1.** having important, powerful, or influential relatives. **2.** having useful connections with influential people. Also (*especially in predicative use*), **well connected** /wɛl kə'nɛktəd/.

well-heeled /'wɛl-hild/ *adj.* *Colloquial* wealthy; prosperous. Also (*especially in predicative use*), **well heeled** /wɛl 'hild/.

wellington boot /'wɛlɪŋtən but/ *n.* **1.** Also, **wellington.** a waterproof boot made of rubber, reaching to the knee; a gumboot. **2.** originally, a leather boot with the front reaching to above the knee.

well-mannered /'wɛl-mænəd/ *adj.* polite; courteous. Also (*especially in predicative use*), **well mannered** /wɛl 'mænəd/.

well-meaning /'wɛl-minɪŋ/ *adj.* **1.** meaning or

wellnigh

intending well: *a well-meaning but tactless person*. **2.** proceeding from good intentions. Also (*especially in predicative use*), **well meaning** /wɛl 'miːnɪŋ/.

wellnigh /'wɛlnaɪ/ *adv.* very nearly; almost.

well-off /'wɛl-ɒf/ *adj.* **1.** in a satisfactory, favourable, or good position or condition. **2.** in good or easy circumstances as to money or means; moderately rich. Also (*especially in predicative use*), **well off** /wɛl 'ɒf/.

well-read /'wɛl-rɛd/ *adj.* **1.** having read much: *well-read in science*. **2.** having an extensive and intelligent knowledge of books or literature. Also (*especially in predicative use*), **well read** /wɛl 'rɛd/.

well-spoken /'wɛl-spoʊkən/ *adj.* **1.** having a cultured, refined accent. **2.** speaking well, fittingly, or pleasingly. **3.** polite in speech. **4.** spoken well, appropriately, etc. Also (*especially in predicative use*), **well spoken** /wɛl 'spoʊkən/.

well-to-do /'wɛl-tə-du/ *especially in predicative use* /wɛl-tə-'du/ *adj.* having a sufficiency of means for comfortable living, well-off, or prosperous.

welsh /wɛlʃ/ *v.i. Colloquial* **1.** (sometimes fol. by *on*) to cheat by evading payment, especially of a gambling debt: *to welsh on one's partner*. *–phr.* **2. welsh on**, to inform or tell on (someone). Also, **welch.** **-welsher** *n.*

welt /wɛlt/ *n.* **1.** a ridge or raised mark on the surface of the body, usually from the stroke of a stick or whip. **2.** strip of leather set in between the edges of the inner sole and upper and the outer sole of a shoe. **3.** a strengthening or ornamental finish along a seam, the edge of a garment, etc. **4.** a type of seam in which one edge is cut close to the stitching line and covered by the other edge which is stitched over it. *–v.t.* **5.** to beat soundly with a stick or whip. **6.** to supply with a welt or welts.

welter /'wɛltə/ *v.i.* **1.** *Archaic* to lie bathed or be drenched in something, especially blood. **2.** *Obsolete* to roll or tumble about, or wallow, as animals. *–n.* **3.** a race in which the horses carry weights which are not less than 51 kg. *–phr.* **4. make a welter of it**, *Colloquial* to indulge in something to excess.

welterweight /'wɛltəweɪt/ *n.* a boxer weighing between 63.5 and 67 kg (in the amateur ranks) and 63.503 and 66.678 kg (in the professional ranks).

wen /wɛn/ *n.* a benign encysted tumour of the skin, especially on the scalp, containing sebaceous matter; a sebaceous cyst.

wench /wɛntʃ/ *n.* **1.** a girl, or young woman. **2.** a rustic or working girl. *–v.i.* **3.** to consort with promiscuous women or prostitutes. **-wencher** *n.*

wend /wɛnd/ *v.t.* **wended** *or Archaic* **went, wending.** to direct or pursue (one's way, etc.): *he wended his way to the riverside*.

went /wɛnt/ *v.* past tense of **go**.

wept /wɛpt/ *v.* past tense and past participle of **weep**.

were /wɜ/ *weak form* /wə/ *v.* **1.** past tense indicative plural and subjunctive singular and plural of **be**. *–phr.* **2. as it were**, (an expression used to indicate that what is referred to is metaphorical or figurative); so to speak.

we're /wɪə, wɜ, weə/ contraction of *we are*.

weren't /wɜnt/ contraction of *were not*.

werewolf /'wɛəwʊlf/ *n.* **-wolves** /-wʊlvz/. (in old superstition) a human being turned preternaturally into a wolf, or capable of assuming the form of a wolf, while retaining human intelligence. Also, **werwolf**.

wert /wɜt/ *v. Archaic* 2nd person singular past tense indicative and subjunctive of **be**.

west /wɛst/ *n.* **1.** a cardinal point of the compass

wet blanket

(90° to the left of north) corresponding to the point where the sun is seen to set. **2.** the direction in which this point lies. *–adj.* **3.** lying towards or situated in the west: *the west side*. **4.** directed or proceeding towards the west. **5.** coming from the west: *a west wind*. **6.** (*also cap.*) designating the northern part of a region, nation, etc. **7.** *Ecclesiastical* designating lying towards, or in that part of a church opposite to and farthest from the altar. *–adv.* **8.** in the direction of the sunset; towards or in the west. **9.** from the west (as of wind). *–phr.* **10. go west**, *Colloquial* **a.** to die. **b.** to disappear; be lost. **11. the west**, **a.** (*also cap.*) a quarter or territory situated in a western direction. **b.** (*usually cap.*) the western part of the world as distinct from the East or Orient; the Occident. **c.** (*usually cap.*) the countries of Western Europe, North America, and other countries with a Western European background, such as Australia and New Zealand, especially as contrasted historically, culturally, or politically with other parts of the world.

westerly /'wɛstəli/ *adj., adv., n.* **-lies.** *–adj.* **1.** moving, directed, or situated towards the west. **2.** coming from the west: *a westerly gale*. *–adv.* **3.** towards the west. **4.** from the west. *–n.* **5.** a westerly wind.

western /'wɛstən/ *adj.* **1.** lying towards or situated in the west. **2.** directed or proceeding towards the west. **3.** coming from the west, as a wind. **4.** (*usually cap.*) having to do with the West: *the Western Church* *–n.* **5.** (*also cap.*) a story or film about frontier life in the American west during the latter half of the 19th century.

Western red cedar *n.* See **red cedar** (def. 2).

Western Standard Time *n.* a time zone lying on the 120th meridian in Western Australia eight hours ahead of Greenwich Mean Time, two hours behind Eastern Standard Time, and one and a half hours behind Central Standard Time.

westringia /wəˈstrɪndʒiə/ *n.* any of the shrubs of the genus *Westringia*, family Lamiaciae (Labiatae), with white flowers and narrow leaves, as *W. fruticosa*, a plant found on sea cliffs and commonly planted as an ornamental.

wet /wɛt/ *adj.* **wetter, wettest,** *n., v.* **wet** *or* **wetted, wetting.** *–adj.* **1.** covered or soaked, wholly or in part, with water or some other liquid: *wet hands; a wet sponge*. **2.** moist, damp, or not dry: *wet ink; wet paint*. **3.** characterised by the presence or use of water or other liquid: *the wet method of chemical analysis*. **4.** rainy; having a rainy climate. **5.** characterised by or favouring allowance of the manufacture and sale of alcoholic beverages. **6.** *Colloquial* weak; feeble; spiritless. **7.** adhering to the policies of a wet (def. 14). **8.** (of sheep) having fleece too wet to be shorn. *–n.* **9.** that which makes wet, as water or other liquid; moisture. **10.** a wet state, condition, or place. **11.** rain. **12.** *US* one who favours allowance of the manufacture and sale of alcoholic beverages. **13.** *Colloquial* a weak, usually dreary, person. **14.** one within a political party, etc., who does not adopt a hard uncompromising fiscal policy (opposed to *dry*). *–v.t.* **15.** to make wet. **16.** to make wet by urinating: *the child wet the bed*. *–v.i.* **17.** to become wet. *–phr.* **18. the wet**, the rainy season in central and northern Australia, from December to March. **19. wet behind the ears**, *Colloquial* naive; lacking maturity, experience, or the like. **20. wet one's whistle**, *Colloquial* to take a drink. **-wetly** *adv.* **-wetness** *n.* **-wetter** *n.* **-wettish** *adj.*

weta /'wɛtə/ *n.* one of several large, long-horned, orthopterous insects of New Zealand; taipo; sawyer.

wet blanket *n.* a person or thing that dampens

ardour or has a discouraging or depressing effect.

wet-blanket /wɛt-'blæŋkət/ *v.t.* to dampen the ardour of.

wet cell *n.* an electric cell whose electrolyte is in liquid form and free to flow.

wet dream *n.* a sexually exciting dream, resulting in an emission while or just after asleep.

wether /'wɛðə/ *n.* a ram castrated when young.

wet nurse *n.* a woman hired to suckle another's infant.

wet-nurse /'wɛt-nɜs/ *v.t.* **-nursed**, **-nursing**. **1.** to act as wet nurse to. **2.** *Colloquial* to cosset or pamper.

wetsuit /'wɛtsut/ *n.* a set of tight-fitting upper and lower garments made of rubber, worn by scuba divers, canoeists, etc., to retain body heat while immersed in water.

we've /wiv/ *unstressed* /wəv/ contraction of *we have*.

whack /wæk/ *Colloquial* –*v.t.* **1.** to strike with a smart, resounding blow or blows. –*v.i.* **2.** to strike a smart, resounding blow or blows. –*n.* **3.** a smart, resounding blow: *a whack with her hand.* **4.** a trial or attempt: *to take a whack at a job.* **5.** a portion or share. –*phr.* **6. out of whack**, not functioning correctly: *this metronome is out of whack.* **7. whack down**, to put down quickly: *whack it down here.* **8. whack into**, put in; insert. –**whacker** *n.*

whale¹ /weɪl/ *n.* **whales**, (*especially collectively*) **whale**, *v.* **whaled**, **whaling**. –*n.* **1.** *Zoology* any of the larger marine mammals of the order Cetacea, which includes the large sperm and whalebone whales, and the smaller dolphins and porpoises. All have fishlike bodies, modified foreflippers, and a horizontally flattened tail. **2.** *Colloquial* something extraordinarily big, great, or fine of its kind: *a whale of a lot, a whale of a time.* **3.** *Australian Colloquial* a Murray cod. –*v.i.* **4.** to carry on the work of taking whales. **5.** *Australian Colloquial* to fish for Murray cod.

whale² /weɪl/ *v.* **whaled**, **whaling**. *Colloquial* –*v.t.* **1.** to whip, thrash, or beat soundly. –*phr.* **2. whale into**, **a.** to throw oneself into (something) energetically. **b.** to beat up or bash (someone). **c.** to attack verbally; berate.

whalebone /'weɪlboʊn/ *n.* **1.** an elastic horny substance growing in place of teeth in the upper jaw of certain whales, and forming a series of thin, parallel plates on each side of the palate; baleen. **2.** a thin strip of this material, used for stiffening corsets.

wham /wæm/ *v.i., v.t.* **whammed**, **whamming**. to hit forcefully, especially with a single loud noise.

whare /'fɒri, 'wɒri/ *n.* **1.** a Maori hut. **2.** *NZ* any hut or makeshift home; bach; crib.

wharf /wɔf/ *n.* **wharves** or **wharfs**, *v.* –*n.* **1.** a structure built on the shore of, or projecting out into, a harbour, stream, etc., so that vessels may be moored alongside to load or unload or to lie at rest; a quay; a pier. –*v.t.* **2.** to place or store on a wharf. –**wharfless** *adj.*

wharfie /'wɔfi/ *n.* *Australian, NZ Colloquial* a wharf labourer. Also, **wharfy**.

what /wɒt/ *pron.* (*interrogative*) **1.** (used to ask for the specifying of some impersonal thing): *what is your name?; what did he do?* **2.** (used to inquire as to the nature, character, class, origin, etc., of a thing or person): *what is that animal?* **3.** (used to inquire as to the worth, usefulness, force, or importance of something): *what is wealth without health?* **4.** (used to ask, often elliptically, for repetition or explanation of some word or words used, as by a previous speaker): *you need five what? you claim to be what?* **5.** how much?: *what did it cost?* –*pron.* (*relative*) **6.** that which: *this is what she says; I will send what was promised.* **7.** the kind of thing or person that, or such: *the book is just what it professes to be; the old man is not what he was.* **8.** anything that, or whatever: *say what you please; come what may.* **9.** (in parenthetic clauses) something that: *but she went, and, what is more surprising, gained a hearing.* **10.** (now regarded as non-standard) that, which, or who: *these are the tiles that Richard laid; that's the dog what bit me.* –*det.* **11.** (used to ask for the specifying of some thing or person): *what news?; what men?* **12.** (used interjectionally to express surprise, disbelief, indignation, etc.) **13.** (used with intensive force in exclamatory phrases, preceding an indefinite article, if one is used): *what luck! what an idea!* **14.** that or any ... which; such ... as: *take what time and what assistants you need.* –*adv.* **15.** to what extent or degree, or how much: *what does it matter?* –*phr.* **16. and what not** or **and what have you**, anything whatever; and anything else that there may be; et cetera. **17. do I what**, *Colloquial* (an exclamation used to express a positive answer to a question); certainly. **18. know what it is to**, to have experience of. **19. so what?**, (an exclamation of contempt, dismissal, or the like). **20. what about ...?**, (a phrase used to make a suggestion): *what about a cup of tea?* **21. what for**, *Colloquial* severe treatment, punishment, or violence: *he hit me, so I gave him what for.* **22. what for?**, for what reason or purpose? **23. what it takes**, the necessary ability, personality, or the like: *he may look stupid, but he's got what it takes to hold the job down.* **24. what of it?**, (an exclamation of dismissal, etc.); what does it matter? **25. what say we ...?**, (a phrase used to suggest an activity): *what say we have a picnic?* **26. what with**, as a result of: *what with storms and sickness, his return was delayed.* **27. what's what**, the true position.

whata /'fɒtə/ *n.* a Maori storehouse on raised posts.

whatever /wɒt'ɛvə/ *pron.* (*relative*) **1.** anything that: *do whatever you like.* **2.** no matter what: *do it, whatever happens.* –*pron.* (*interrogative*) **3.** *Colloquial* (used to give force) what ever? what?: *whatever do you mean?* –*det.* **4.** any ... that: *whatever worth the work has is to John's credit.* **5.** no matter what: *whatever blame he might receive, he'll still carry on.* **6.** what (who) ... it may be: *for whatever reason, he is unwilling*; any person whatever. Also, *Poetic*, **whate'er**.

whatnot /'wɒtnɒt/ *n.* **1.** a stand with shelves for bric-a-brac, books, etc. **2.** an insignificant or unspecified article.

what's /wɒts/ contraction of *what is*.

whau /fau, wau/ *n.* a shrub or tree, *Entelea arborescens*, of coastal and lowland forest in New Zealand.

wheat /wit/ *n.* **1.** the grain of a widely distributed cereal grass, genus *Triticum*, especially *T. aestivum* (*T. sativum*), used extensively in the form of flour for white bread, cakes, pastry, etc. **2.** the plant, which bears the edible grain in dense spikes that sometimes have awns (**bearded wheat**) and sometimes do not (**beardless wheat** or **bald wheat**). –**wheatless** *adj.*

wheatgerm /'witdʒɜm/ *n.* the vitamin-rich embryo of the wheat kernel which is removed when the wheat is milled and which is sold as a dietary supplement as it contains many B vitamins.

wheedle /'widl/ *v.* **-dled**, **-dling**. –*v.t.* **1.** to endeavour to influence (a person) by smooth, flattering,

wheel / **wherewithal**

or beguiling words. **2.** to get by artful persuasions: *wheedling my money from me.* –*v.i.* **3.** to use beguiling or artful persuasions. **–wheedler** *n.* **–wheedlingly** *adv.*

wheel /wil/ *n.* **1.** a circular frame or solid disc arranged to turn on an axis, as in vehicles, machinery, etc. **2.** any instrument, machine, apparatus, etc., shaped like this, or having such a frame or disc as an essential feature: *a potter's wheel.* **3.** a circular frame with or without projecting handles and an axle connecting with the rudder, for steering a ship. **4.** an old instrument of torture in the form of a circular frame on which the victim was stretched while the limbs were broken with an iron bar. **5.** a circular firework which revolves while burning. **6.** (*plural*) moving, propelling, or animating agencies: *the wheels of trade or of thought.* **7.** (*plural*) *Colloquial* a motor vehicle. **8.** a wheeling or circular movement: *merrily whirled the wheels of the dizzying dances.* **9.** *Military* a change of direction. **10.** *Colloquial* a person of considerable importance or influence: *a big wheel.* –*v.t.* **11.** to cause to turn, rotate, or revolve, as on an axis. **12.** to cause (troops, etc.) to march in a circular or curving direction. **13.** to move, roll, or convey on wheels, castors, etc.: *the maid wheels in the trolley.* **14.** to cause (a stampeding mob of cattle or horses) to turn away from their chosen direction. **15.** to provide (a vehicle, etc.) with a wheel or wheels. –*v.i.* **16.** to turn on or as on an axis or about a centre; rotate, revolve. **17.** *Military* to change direction while marching: *to wheel left.* **18.** to move in a circular or curving course: *pigeons wheeling above.* **19.** to roll along on, or as on, wheels; to travel along smoothly. –*phr.* **20. at the wheel**, **a.** at the steering wheel of a car, ship, etc. **b.** in command or control. **21. be on someone's wheel**, *Australian Colloquial* to exert consistent pressure on someone; hound someone. **22. put one's shoulder to the wheel**, to exert oneself greatly, as in a combined effort to achieve some end. **23. silly as a wheel**, *Australian Colloquial* very silly. **24. wheel about** (or **around**), to turn or change in procedure or opinion. **25. wheel and deal**, to act as a wheeler-dealer. **26. wheels within wheels**, a complicated situation in which many different factors are involved. **–wheeled** *adj.* **–wheelless** *adj.*

wheelbarrow /'wilbærou/ *n.* **1.** a frame or box for conveying a load, usually supported at one end by a wheel and at the other by two vertical legs above which are two horizontal shafts used in lifting the legs from the ground when the vehicle is pushed or pulled. **2.** a similar vehicle with more than one wheel. –*v.t.* **3.** to move or convey in a wheelbarrow.

wheelchair /'wiltʃɛə/ *n.* a chair mounted on large wheels, used by invalids and those unable to walk.

wheeler-dealer /wilə-'dilə/ *n. Colloquial* **1.** *Chiefly US* someone in a position of power who controls and directs the actions of others. **2.** someone who actively pursues their own advancement by moving constantly from one profitable business transaction to another.

wheelie bin /'wili bɪn/ *n.* a large bin with wheels and a handle, used for household rubbish.

wheeze /wiz/ *v.* **wheezed**, **wheezing**, *n.* –*v.i.* **1.** to breathe with difficulty and with a whistling sound: *wheezing with asthma.* –*v.t.* **2.** to utter such a sound. –*n.* **3.** a wheezing breath or sound. **4.** a theatrical gag. **–wheezer** *n.* **–wheezy** *adj.* **–wheezingly** *adv.*

whelk /wɛlk/ *n.* any of various large spiral-shelled marine gastropods of the family Buccinidae, as the giant whelk *Verconella maxima* found along the continental shelf from South Australia to New South Wales.

whelp /wɛlp/ *n.* **1.** the young of the dog, or of the wolf, bear, lion, tiger, seal, etc. **2.** (*derogatory*) a youth. **3.** *Machinery* **a.** any of a series of longitudinal projections or ridges of iron on the like on the barrel of a capstan, windlass, etc. **b.** one of the teeth of a sprocket wheel. –*v.t.* **4.** (of a bitch, lioness, etc.) to bring forth (young). –*v.i.* **5.** (of a bitch, lioness, etc.) to bring forth young.

when /wɛn/ *adv.* **1.** at what time: *when are you coming?* –*conj.* **2.** at what time: *to know when to be silent.* **3.** at the time that: *when we were young; when the noise stopped.* **4.** at any time, or whenever: *he gets impatient when he is kept waiting.* **5.** upon or after which; and then: *no sooner had she spoken when Mary came through the door.* **6.** while on the contrary; whereas: *you cover up the wound when you should clean it first.* –*pron.* (*interrogative*) **7.** what time: *since when have you known this?* –*pron.* (*relative*) **8.** which time: *they left on Monday, since when we have heard nothing.* –*n.* **9.** the time of anything: *the when and the where of an act.* –*phr.* **10. say when**, to tell someone when to stop, especially in pouring a drink.

whence /wɛns/ *adv. Archaic.* **1.** from what place?: *whence comest thou?* **2.** from what source, origin, or cause?: *whence hath he wisdom?* –*conj.* **3.** from what place, source, cause, etc.: *he told whence he came.*

whenever /wɛn'ɛvə/ *conj.* **1.** at whatever time; at any time when: *come whenever you like.* –*adv.* **2.** (used emphatically) when: *whenever did she say that?*

where /wɛə/ *adv.* **1.** in or at what place?: *where is he?* **2.** in what position?: *where do you stand on this question?* **3.** in what particular respect, way, etc.?: *where does this affect us?* **4.** to what place, point, or end?: *where are you going?* **5.** from what source: *where did you get such an idea?* –*conj.* **6.** in, at, or to what place, part, point, etc.: *find where the trouble is; find out where he's gone.* **7.** in or at the place, part, point, etc., in or at which: *the book is where you left it.* **8.** in a position, case, etc., in which: *there are times where it is better not to know the truth.* **9.** in or at which place: *they came to the town, where they stayed for the night.* **10.** *Colloquial* that: *I read where they are going to increase taxes.* –*pron.* **11.** what place: *where have you come from?* **12.** the place in which: *this is where we live.*

where- a word element meaning 'what' or 'which'.

whereabouts /'wɛərəbaʊts/ *interrogatively* /wɛərə-'baʊts/ *adv.* **1.** Also, **whereabout**. about where? where? –*conj.* **2.** near or in what place: *seeing whereabouts in the world we were.* –*pl. n.* **3.** (sometimes construed as singular) the place where a person or thing is; the locality of a person or thing: *no clue as to his whereabouts.*

whereas /wɛər'æz/ *conj.*, *n.* **whereases**. –*conj.* **1.** while on the contrary: *one came, whereas the others didn't.* **2.** it being the case that, or considering that (especially used in formal preambles). –*n.* **3.** a statement having 'whereas' as the first word: *to read the whereases in the will.*

whereby /wɛə'baɪ/ *adv., conj.* by what or by which.

wherefore /'wɛəfɔ/ *adv.* **1.** for what? why? –*conj.* **2.** for what or which cause or reason. –*n.* **3.** the cause or reason.

whereupon /wɛərə'pɒn/ *adv.* **1.** *Archaic.* upon what? whereon? –*conj.* **2.** at or after which. **3.** upon what or upon which.

wherever /wɛər'ɛvə/ *conj.* **1.** in, at, or to whatever place. **2.** in any case or condition: *wherever it is heard of.* –*adv.* **3.** (used emphatically) where: *wherever did you find that?*

wherewithal /'wɛəwɪðɔl, -θɔl/ *n.* that wherewith to

whet /wɛt/ v. **whetted, whetting**, n. –v.t. **1.** to sharpen (a knife, tool, etc.) by grinding or friction. **2.** to make keen or eager: *to whet the appetite or the curiosity.* –n. **3.** the act of whetting. **4.** something that whets; an appetiser. **–wetter** n.

whether /'wɛðə/ conj. **1.** (used in dependent clauses or the like, to introduce the first of two or more alternatives, and sometimes repeated before the second or later alternative and used in correlation with *or*): *it matters little whether we go or whether we stay.* **2.** (used to introduce a single alternative, the other being implied or understood, and hence some clause or element not involving alternatives): *see whether he has come (or not); I doubt whether we can do any better.* –phr. **3. whether or no**, under whatever circumstances: *he threatens to go, whether or no.*

whetstone /'wɛtstoʊn/ n. **1.** a stone for sharpening cutlery or tools by friction. **2.** anything that sharpens: *a whetstone for dull wits.*

whey /weɪ/ n. milk serum, separating as a watery liquid from the curd after coagulation, as in cheese-making. **–wheyish, wheylike** adj.

which /wɪtʃ/ pron. *(interrogative)* **1.** what one (of a certain number)?: *which of these do you want?* –pron. *(relative)* **2.** (used as the subject or object of a relative clause): *how old is the car which was stolen?* **3.** what particular one or any one that: *she knows which she wants; choose which you like.* **4.** a thing that: *and, which is worse, your work is wrong.* –det. **5.** what one of (a certain number): *which book do you want?* **6.** any ... that: *go which way you please.* **7.** being previously mentioned: *it stormed all day, during which time the ship broke up.*

whichever /wɪtʃ'ɛvə/ pron. **1.** any one (of those in question) that: *take whichever you like.* **2.** no matter which: *whichever you choose, the others will be offended.* –det. **3.** no matter which: *whichever day; whichever person.* Also, *Poetic*, **whiche'er**.

whiff /wɪf/ n. **1.** a slight movement or puff: *a whiff of fresh air.* **2.** a slight smell. –v.i. **3.** (of wind, smoke, etc.) to blow lightly. **–whiffer** n. **–whiffy** adj.

while /waɪl/ n., conj., v. **whiled, whiling.** –n. **1.** a space of time: *a long while; a while ago.* –conj. Also, **whilst. 2.** during or in the time that. **3.** throughout the time that, or as long as. **4.** at the same time that (implying opposition or contrast): *while she appreciated the honour, she could not accept the position.* –phr. **5. once in a while**, occasionally. **6. the while**, during this time. **7. while away**, to cause (time) to pass, especially in some easy or pleasant manner. **8. worth one's while**, worth time, pains, or expense.

whilst /waɪlst/ conj. while.

whim /wɪm/ n. **1.** an odd or fanciful notion; a freakish or capricious fancy or desire. **2.** capricious humour: *to be swayed by whim.* **3.** *Mining* a large capstan or vertical drum turned by horsepower for raising coal, water, etc., from a mine.

whimper /'wɪmpə/ v.i. **1.** to cry with low, plaintive, broken sounds, as a child, a dog, etc. –v.t. **2.** to utter in a whimper. –n. **3.** a whimpering cry or sound. **–whimperer** n. **–whimperingly** adv.

whimsical /'wɪmzɪkəl/ adj. of an odd, quaint, or comical kind. **–whimsically** adv. **–whimsicalness, whimsicality** /wɪmzə'kælətɪ/ n.

whimsy /'wɪmzɪ/ n. -sies. **1.** an odd or fanciful notion. **2.** anything odd or fanciful; a product of playful fancy, as a literary trifle. Also, **whimsey.**

whine /waɪn/ v. **whined, whining**, n. –v.i. **1.** to utter a nasal, complaining cry or sound, as from uneasiness, discontent, peevishness, etc. **2.** to complain in a feeble, plaintive way. **3.** to emit a high-pitched, monotonous sound, as of machinery, etc. –v.t. **4.** to utter with a whine. –n. **5.** a whining utterance, sound, or tone. **–whiner** n. **–whiningly** adv. **–whiny** adj.

whinge /wɪndʒ/ v.i. **whinged, whingeing.** to complain; whine. **–whinger** n.

whinny /'wɪnɪ/ v.i. **-nied, -nying.** (of a horse) to utter its characteristic cry; neigh.

whio /fioʊ/ n. → **blue duck** (def. 1).

whip /wɪp/ v. **whipped, whipping**, n. –v.t. **1.** to strike with quick, repeated strokes of something slender and flexible; lash. **2.** to beat with a whip or the like, especially by way of punishment or chastisement; flog; thrash. **3.** to drive (*on, out, in*, etc.) by strokes or lashes. **4.** *Colloquial* to beat, outdo, or defeat, as in a contest. **5.** to pull, jerk, snatch, seize, put, etc., (*away, out, up, into*, etc.) with a sudden movement. **6.** to overlay or cover (cord, etc.) with cord, thread, or the like wound about it. **7.** to wind (cord, twine, thread, etc.) about something. **8.** to gather, or form into pleats by overcasting the turned edge with small stitches and then drawing up the thread. **9.** to beat (eggs, cream, etc.) to a froth with a whisk, fork, or other implement in order to incorporate air and produce expansion. –v.i. **10.** to move or go (*away, off, out, in*, etc.) quickly and suddenly; dart; whisk. **11.** to beat or lash about, as a pennant in the wind. –n. **12.** an instrument to strike with, as in driving animals or in punishing, typically consisting of a lash or other flexible part with a more rigid handle. **13.** a whipping or lashing strike or motion. **14.** one who handles a whip; a driver of horses, a coach, etc. **15.** one who has charge of the hounds in hunting. **16.** a party manager in a legislative body, who supplies information to members about the government business, secures their attendance for voting, supplies lists of members to serve on committees, and keeps the leaders informed as to the trend of party opinion. **17.** a dish made of cream or eggwhites whipped to a froth with flavouring, etc., often with fruit pulp or the like: *prune whip.* –phr. **18. be there when the whips are cracking**, *Australian, NZ Colloquial* to be at the scene of any action or crisis. **19. crack the whip**, *Colloquial* to urge greater effort. **20. fair crack of the whip**, *Colloquial* (an exhortation to be fair). **21. follow a whip**, *Parliamentary Procedure* to vote in accordance with a party decision as conveyed by the parliamentary whip. **22. whip in**, **a.** *Hunting* to prevent from wandering, as hounds. **b.** to exact agreement or obedience from (a group of people), as a party whip does. **23. whip into line**, to discipline into obedience. **24. whip off**, to take, steal. **25. whip (or flog) the cat**, *Australian, NZ* to reproach oneself. **26. whip round**, to make a collection of money. **27. whips of**, *Australian, NZ Colloquial* great quantities of. Compare **lashing**¹ (def. 3). **28. whip up**, **a.** to create quickly: *I whipped up a meal when I heard they were coming.* **b.** to arouse to fury, intense excitement, etc.: *his speech soon whipped up the crowd.* **29. under the whip**, (of a racehorse) driven on to extra effort by being whipped by the rider. **–whipper** n.

whipbird /'wɪpbɜd/ n. any of a number of birds the terminal note of whose call resembles the crack of a whip, especially the **eastern whipbird**,

whiplash *Psophodes olivaceus*, of coastal and mountain forests and gullies of eastern Australia; coachman. Also, **coachman's whipbird, coach-whip bird**.

whiplash /'wɪplæʃ/ *n.* **1.** the lash of a whip. **2.** an injury to the spine, usually in the cervical area, caused by sudden movement forwards or backwards, as in a motor accident.

whippet /'wɪpət/ *n.* a dog of an English breed, probably a cross between the greyhound and the terrier, used especially in rabbit coursing and racing.

whippy /'wɪpi/ *Australian* –*n.* **1.** *Colloquial* **a.** a hiding place for money. **b.** a wallet. **2.** (in games) the goal; finishing post, base. –*adj.* **3.** *Colloquial* speedy, nimble. **4.** of or relating to a shaft, branch, etc., which is flexible as of a riding crop, certain golf clubs, etc. –*phr.* **5. all in, the whippy's taken**, *Australian* (an expression used to signal the end of a round in certain games of hide-and-seek).

whipsaw /'wɪpsɔ/ *n.* any flexible saw, as a bandsaw.

whirl /wɜl/ *v.i.* **1.** to turn round, spin, or rotate rapidly. **2.** to turn about or aside quickly. **3.** to move, travel, or be carried rapidly along on wheels or otherwise. **4.** to have the sensation of turning round rapidly. –*v.t.* **5.** to cause to turn round, spin, or rotate rapidly. **6.** to send, drive, or carry in a circular or curving course. **7.** to drive, send, or carry along with great or dizzying rapidity. –*n.* **8.** the act of whirling; rapid rotation or gyration. **9.** a whirling movement; a quick turn or swing. **10.** a short drive, run, walk, or the like, or a spin. **11.** something that whirls; a whirling current or mass. **12.** a rapid round of events, affairs, etc. **13.** a state marked by a dizzying succession or mingling of feelings, thoughts, etc. –*phr.* **14. give a whirl**, *Colloquial* to make an attempt. –**whirler** *n.*

whirlpool /'wɜlpul/ *n.* a whirling eddy or current, as in a river or the sea, produced by irregularity in the channel or stream banks, by the meeting of opposing currents, by the interaction of winds and tides, etc.; a vortex of water.

whirlwind /'wɜlwɪnd/ *n.* **1.** a mass of air rotating rapidly round and towards a more or less vertical axis, and having at the same time a progressive motion over the surface of the land or sea. **2.** anything resembling a whirlwind, as in violent activity. **3.** any circling rush or violent onward course.

whirr /wɜ/ *v.* **whirred, whirring**, *n.* –*v.i.* **1.** to go, fly, dart, revolve, or otherwise move quickly with a vibratory or buzzing sound. –*n.* **2.** the act or sound of whirring: *the whirr of wings*. Also, **whir**.

whisk[1] /wɪsk/ *v.t.* **1.** to draw, grab, move, carry, etc., lightly and quickly. –*v.i.* **2.** to sweep, pass, or go lightly and quickly. –*n.* **3.** a quick, sweeping stroke; light, rapid movement.

whisk[2] /wɪsk/ *v.t.* **1.** to whip (eggs, cream, etc.) to a froth with a whisk or beating implement. –*n.* **2.** a small bunch of grass, straw, hair, or the like, especially for use in brushing. **3.** an implement, in one form a bunch of loops of wire held together in a handle, for beating or whipping eggs, cream, etc.

whisker /'wɪskə/ *n.* **1.** (*plural*) the beard generally. **2.** a single hair of the beard. **3.** (*plural*) a moustache. **4.** one of the long, stiff, bristly hairs growing about the mouth of certain animals, as the cat, rat, etc. **5.** *Colloquial* a very small quantity or distance: *he won the race by a whisker*. –*phr.* **6. have whiskers on it**, *Colloquial* to be old-fashioned or useless: *that idea has whiskers on it*. –**whiskered**, **whiskery** *adj.*

whisky /'wɪski/ *n.* **-kies**. –*n.* **1.** a distilled spirit made from grain, as barley, rye, oats, etc. **2.** a drink of whisky. –*adj.* **3.** having to do with whisky. Also, *US, Irish*, **whiskey**.

whisper /'wɪspə/ *v.i.* **1.** to speak with soft, low sounds, using the breath, lips, etc., without vibration of the vocal cords. **2.** to talk softly and privately (often in telling tales, plotting, etc.). **3.** (of trees, water, breezes, etc.) to make a soft, rustling sound. –*v.t.* **4.** to utter (soft, low sounds), using the breath, lips, etc. **5.** to tell privately or secretly. –*n.* **6.** the type of utterance, or the voice, of one who whispers. **7.** a sound, word, remark, etc., made by whispering. **8.** a soft, rustling sound. **9.** private information; rumour. –**whisperer** *n.*

whist /wɪst/ *n.* a card game played by four players, two against two, with 52 cards.

whistle /'wɪsl/ *v.* **whistled, whistling**, *n.* –*v.i.* **1.** to make a kind of clear musical sound, or a series of such sounds, by the forcible expulsion of the breath through a small orifice formed by contracting the lips, or through the teeth, together with the aid of the tongue. **2.** to make such a sound or series of sounds otherwise, as by blowing on a particular device. **3.** to produce a more or less similar sound by an instrument operated by steam or the like, or as such an instrument does. **4.** to emit somewhat similar sounds from the mouth, as birds. **5.** to move, go, pass, etc., with a high-pitched sound, as a bullet. –*v.t.* **6.** to produce or utter by whistling. **7.** to call, direct, or signal by or as by whistling. **8.** to send with a whistling or whizzing sound. –*n.* **9.** an instrument for producing whistling sounds as by the breath, steam, etc., as a small wooden or tin tube or a small pipe. **10.** a sound produced by or as by whistling: *a long-drawn whistle of astonishment*. –*phr.* **11. blow the whistle on**, *Colloquial* to report (a person, or a situation) to relevant authority, as reprehensible. **12. wet one's whistle**, *Colloquial* to satisfy one's thirst, usually with an alcoholic drink. **13. whistle for**, to ask or wish for (something) in vain. **14. whistle in** (or **against**) **the wind**, to protest in vain.

whistleblower /'wɪsəlbloʊə/ *n.* a person who alerts the public to some scandalous practice or evidence of corruption on the part of someone else. Also, **whistle-blower**.

whistler /'wɪslə/ *n.* **1.** something that sounds like a whistle. **2.** any of a large number of birds of the family Pachycephalidae, found in Australia, having loud melodious calls.

whit /wɪt/ *n.* (*used especially in negative phrases*) a particle; bit; jot: *not a whit better*.

white /waɪt/ *adj.* **whiter, whitest**, *n.*, *v.* **whited, whiting**. –*adj.* **1.** of the colour of pure snow, reflecting all or nearly all the rays of sunlight (see def. 21). **2.** light or comparatively light in colour. **3.** lacking colour; transparent. **4.** having a light skin; marked by comparatively slight pigmentation of the skin. **5.** denoting or relating to the Caucasian race. **6.** dominated by or exclusively for only members of the white race. **7.** pallid or pale, as from fear or other strong emotion, or pain or illness. **8.** silvery, grey, or hoary: *white hair*. **9.** snowy: *a white Christmas*. **10.** (in some European countries) royalist, reactionary, or politically extremely conservative (opposed to *red*). **11.** blank, as an unoccupied space in printed matter. **12.** (of silverware) not burnished. **13.** wearing white clothing: *a white friar*. **14.** benevolent, beneficent, or good: *white magic*. **15.** auspicious or fortunate. **16.** free from spot or stain. **17.** pure or innocent. **18.** (of wines) light-coloured or yellowish (opposed to *red*). **19.** (of coffee or tea) with milk or cream. **20.** (of bread) made with white flour having a high gluten content. –*n.* **21.** an achromatic visual sensation of relatively high luminosity. A white surface reflects light of all hues completely and diffusely. **22.** the quality or state of being white. **23.** lightness of skin pigment. **24.** (*sometimes cap.*) a member of the white or Caucasian race. **25.** something white, or a white part of something. **26.** a pellucid viscous fluid which surrounds the yolk of an egg; albumen. **27.** the white part of the eyeball. **28.** (*plural*) *Pathology* leucorrhoea. **29.** white wine. **30.** a type or breed which is white in colour. **31.** white fabric. **32.** (*plural*) white or off-white clothing worn for sports, especially cricket. **33.** *Chess, Draughts* the men or pieces which are light-coloured. –*v.t.* **34.** Also, **white out.** *Printing* to make white by leaving blank spaces. –*phr.* **35. bleed white,** to deprive of resources. **36. in the white,** (of furniture or wood) unvarnished or unpainted. **37. white out,** to reduce the daylight visibility of, as a result of snow or fog. **–whiteness** *n.*

white ant *n. Australian* any of various species of wood-eating isopterous insects which, like ants, exhibit social organisation and often form enormous moist colonies; destructive of trees, wooden fences, houses, etc.; termite.

whitebait /'waɪtbeɪt/ *n.* **-bait.** any small delicate fish cooked whole without being cleaned.

whitecap /'waɪtkæp/ *n.* a wave with a broken white crest.

white cockatoo *n.* → **sulphur-crested cockatoo.**

white-collar /'waɪt-kɒlə/ *adj.* belonging or relating to non-manual workers, as those in professional and clerical work, who traditionally wore a suit, white shirt, and tie.

white elephant *n.* **1.** an abnormally whitish or pale elephant, found usually in Thailand; an albino elephant. **2.** an annoyingly useless possession. **3.** a possession of great value but entailing even greater expense.

white-eye /'waɪt-aɪ/ *n.* any of the numerous small, chiefly tropical, singing birds of Australia, the Old World, and some Pacific islands, constituting the family Zosteropidae, most species of which have a ring of white feathers round the eye.

white feather *n.* a symbol of cowardice, originally from a white feather in a gamecock's tail taken as a sign of inferior breeding and hence of poor fighting qualities.

white flag *n.* an all-white flag, used as a symbol of surrender, etc.

white gold *n.* any of several gold alloys possessing a white colour due to the presence of nickel or platinum. Commercial alloys contain gold, nickel, copper, and zinc.

whitegoods /'waɪtgʊdz/ *pl. n.* **1.** electrical goods as fridges, washing machines, etc., which have a white enamel surface. –*adj.* **2.** having to do with such goods: *the whitegoods industry.*

white gum *n.* any of various eucalypts with smooth white bark.

white heat *n.* **1.** an intense heat at which a substance glows with white light. **2.** a stage of intense activity excitement, feeling, etc.: *to work at a white heat.*

white knight *n.* **1.** the champion of a good cause. **2.** a company, a group of companies, or an individual who is friendly to a company under threat from a corporate raider and is willing to purchase its shares to protect the current ownership.

white lie *n.* a lie uttered from polite, amiable, or pardonable motives; a harmless fib.

white light *n.* light which contains all the wavelengths of the visible spectrum at approximately the same intensity, as light from an incandescent white-hot solid.

white man's burden *n.* the supposed duty of the white race to care for and educate peoples of other races in the colonies.

white meat *n.* any light-coloured meat, as veal, the breast of chicken, etc.

white noise *n.* an electronically produced noise used for experimental purposes as sound masking, etc., in which all frequencies are represented with equal energy in each equal range of frequencies, that is, with as much energy between 100 Hz and 200 Hz as between 200 Hz and 300 Hz, 1000 Hz and 1100 Hz, etc.

white paper *n. Parliamentary Procedure* a statement of government policy on a particular issue, presented to parliament as a subject for discussion, usually prior to or accompanying the introduction of a relevant bill.

white pine *n.* **1.** the Australian cypress pine, *Callitris hugelii.* **2.** the New Zealand tree, kahikatea. **3.** a pine, *Pinus strobus,* of eastern North America.

white pointer *n.* → **white shark.**

white shark *n.* a very large dangerous shark, *Carcharodon albimors.* Also, **white pointer.**

white slave *n.* a white woman who is sold or forced to serve as a prostitute, especially outside her native land. **–white-slaver** *n.* **–white slavery** *n.*

white spirit *n.* a mixture of petroleum hydrocarbons in the boiling range 150°-200°C, used as a solvent for paints and varnishes as a substitute for turpentine.

white-throated warbler *n.* a small Australian bird, *Gerygone olivacea,* with bright yellow underparts and a white throat, having a distinctive and beautiful voice.

white tie *n.* **1.** a white bow tie for men, worn with the most formal style of evening dress. **2.** Also, **white tie and tails.** the most formal style of evening dress for men, of which the characteristic garments are a white bow tie and a tail coat (distinguished from *black tie*).

whitewash /'waɪtwɒʃ/ *n.* **1.** a composition, as of lime and water or of whiting, size, and water, used for whitening walls, ceilings, etc. **2.** anything used to cover up defects, gloss over faults or errors, or give a specious semblance of respectability, honesty, etc. **3.** *Colloquial* (in various games) a defeat in which the loser fails to score. –*v.t.* **4.** to whiten with whitewash. **5.** to cover up or gloss over the defects, faults, errors, etc., of by some means. **–whitewasher** *n.*

white water *n.* any stretch of water in which the surface is broken as in rapids or breakers, due to movement over a shallow bottom. **–whitewater** *adj.*

white wine *n.* a wine that is light-coloured or yellowish, made from light-coloured grapes or dark grapes whose skins, pulp and seeds have been removed. Compare **red wine.**

whither /'wɪðə/ *adv. Archaic* to what place?

whiting[1] /'waɪtɪŋ/ *n.* **1.** any of numerous Australian species of estuarine and surf fishes of the family Sillanginidae, highly prized for sport and table. **2.** any of several European species of the cod family, especially *Merlangus merlangus.* **3.** the American Atlantic hake (*Merluccins bilinearis*). **4.** a slender Atlantic shore fish of the genus *Menticirrhus,* of the croaker family (Sciaenidae).

whiting[2] /'waɪtɪŋ/ *n.* pure white chalk (calcium carbonate) which has been ground and washed, used in making putty, whitewash, etc., and for cleaning silver, etc.

whitlow /'wɪtloʊ/ *n. Pathology* an inflammation of the deeper tissues of a finger or toe, especially of the terminal phalanx, usually terminating in suppuration.

whittle /'wɪtl/ *v.t.* **-tled, -tling. 1.** to cut, trim, or shape (a stick, piece of wood, etc.) by taking off

whiz bits with a knife. *–phr.* **2. whittle away at**, to reduce gradually over time. **3. whittle down**, to cut by way of reducing the amount of: *to whittle down expenses.* **–whittler** *n.*

whiz[1] /wɪz/ *v.* **whizzed, whizzing**, *n.* *–v.i.* **1.** to make a humming or hissing sound, as an object passing rapidly through the air. **2.** to move or rush with such a sound. *–n.* **3.** a swift movement producing such a sound. Also, **whizz**.

whiz[2] /wɪz/ *n. Colloquial* someone who shows outstanding ability in a particular field or who is notable in some way; expert.

who /hu/ *pron.* **whom.** *–pron. (interrogative)* **1.** what person: *who told you so?* **2.** (of a person) what as to character, origin, position, importance, etc.: *who is the man in uniform? –pron. (relative)* **3.** the or any person that; any person: *be it who it may.* **4.** (with antecedent a person, or sometimes an animal or a personified thing): **a.** (in clauses conveying an additional idea): *we saw men who were at work.* **b.** (in clauses defining or restricting the antecedent): *one who tells the truth –phr.* **5. who's who**, the people who carry influence or importance.

whoa /woʊ/ *interj.* stop! (used especially to horses).

who'd /hud/ contraction of *who would*.

whodunit /huˈdʌnət/ *n. Colloquial* a novel, play, etc., dealing with a murder or murders and the detection of the criminal. Also, **whodunnit**.

whoever /huˈɛvə/ *pron.* **whomever.** *–pron. (relative)* **1.** whatever person, or anyone that: *whoever wants it may have it. –pron. (interrogative)* **2.** (used emphatically) who: *whoever is that?*

whole /hoʊl/ *adj.* **1.** comprising the full quantity, amount, extent, number, etc., without diminution or exception; entire, full, or total. **2.** containing all the elements properly belonging; complete: *a whole set.* **3.** undivided, or in one piece: *to swallow a thing whole.* **4.** *Mathematics* integral, or not fractional: *a whole number.* **5.** uninjured, undamaged, or unbroken; sound; intact: *to get off with a whole skin.* **6.** sound; healthy. **7.** fully developed and balanced, in all aspects of one's nature: *educated to be a whole person.* **8.** being fully or entirely such: *whole brother. –n.* **9.** the whole assemblage of parts or elements belonging to a thing; the entire quantity, account, extent, or number. **10.** a thing complete in itself, or comprising all its parts or elements. **11.** an assemblage of parts associated or viewed together as one thing; a unitary system. *–phr.* **12. as a whole**, all things included or considered. **13. on** (or **upon**) **the whole**, **a.** on consideration of the whole matter, or in view of all the circumstances. **b.** as a whole or in general, without regard to exceptions. **14. out of whole cloth**, *US Colloquial* without foundation in fact: *a story out of whole cloth.* **–wholeness** *n.*

wholehearted /ˈhoʊlhɑtəd/ *adj.* hearty; cordial; earnest; sincere. **–wholeheartedly** *adv.* **–wholeheartedness** *n.*

wholemeal /ˈhoʊlmil/ *adj.* prepared with the complete wheat kernel, as flour or the bread baked with it; whole-wheat.

whole number *n. Mathematics* an integer as 0, 1, 2, 3, 4, 5, etc.

wholesale /ˈhoʊlseɪl/ *n., adj., adv., v.* **-saled, -saling.** *–n.* **1.** the sale of commodities in large quantities, as to retailers or jobbers rather than to consumers directly (distinguished from *retail*). *–adj.* **2.** of, relating to, or engaged in sale by wholesale. **3.** extensive and indiscriminate: *wholesale discharge of workers. –adv.* **4.** in a wholesale way. *–v.t.* **5.** to sell by wholesale. *–v.i.* **6.** to sell goods, etc., by wholesale. **–wholesaler** *n.*

wholesome /ˈhoʊlsəm/ *adj.* **1.** conducive to moral or general wellbeing; salutary; beneficial: *wholesome advice.* **2.** conducive to bodily health; healthful; salubrious: *wholesome food, air, or exercise.* **3.** suggestive of health (physical or moral), especially in appearance. **4.** healthy or sound. **–wholesomely** *adv.* **–wholesomeness** *n.*

who'll /hul/ contraction of *who will* or *who shall*.

whom /hum/ *pron.* objective case of **who**.

whoop /wʊp/ *n.* **1.** a loud cry or shout, as one uttered by children or warriors. **2.** the whooping sound characteristic of whooping cough. *–v.i.* **3.** to utter a loud cry or shout (originally the syllable whoop, or hoop), as a call, or in enthusiasm, excitement, frenzy, etc. **4.** to cry as an owl, crane, or certain other birds. **5.** to make the characteristic sound accompanying the deep indrawing of breath after a series of coughs in whooping cough. *–v.t.* **6.** to utter with or as with a whoop or whoops. *–phr.* **7. whoop it** (or **things**) **up**, *Colloquial* **a.** to raise an outcry or disturbance. **b.** to have a party or celebration.

whooping cough /ˈhupɪŋ kɒf/ *n. Pathology* an infectious disease of the respiratory mucous membrane, especially of children, characterised by a series of short, convulsive coughs followed by a deep inspiration accompanied by a whooping sound; pertussis.

whoops /wʊps/ *interj.* (an exclamation of mild surprise, dismay, etc.). Also, **whoops-a-daisy**.

whoosh /wʊʃ/ *n.* **1.** a loud rushing noise, as of water or air. *–v.i.* **2.** to move with a loud rushing noise.

whopper /ˈwɒpə/ *n. Colloquial* **1.** something uncommonly large of its kind. **2.** a big lie.

whore /hɔ/ *n., v.* **whored, whoring.** *–n.* **1.** a prostitute. *–v.i.* **2.** to act as a whore. **3.** to consort with whores. *–v.t.* **4.** to make a whore of; debauch. **–whorish** *adj.*

who're /ˈhuə/ contraction of *who are*.

whorl /wɜl/ *n.* **1.** a circular arrangement of like parts, as leaves, flowers, etc., round a point on an axis; a verticil. **2.** one of the turns or volutions of a spiral shell. **3.** one of the principal ridge-shapes of a fingerprint, forming at least one complete circle (distinguished from *loop* and *arch*). **4.** *Anatomy* one of the turns in the cochlea of the ear. **5.** anything shaped like a coil.

who's /huz/ contraction of *who is* or *who has*.

whose /huz/ *pron. (interrogative)* **1.** of, belonging, or relating to whom: *whose is this book? –pron. (relative)* **2.** of, belonging, or relating to whom or which: *the man whose book I borrowed*; *a pen whose point is broken. –det. (interrogative)* **3.** of, belong, or relating to whom: *whose name comes first?*

who've /huv/ contraction of *who have*.

why /waɪ/ *adv., conj., n.* **whys**, *interj.* *–adv.* **1.** for what?; for what cause, reason, or purpose? *–conj.* **2.** for what cause or reason. **3.** for which (after *reason*, etc.), to introduce a relative clause): *the reason why he refused.* **4.** the reason for which: *that is why I raised this question again. –n.* **5.** the cause or reason: *the whys and wherefores.* *–interj.* **6.** (an expression of surprise, hesitation, etc.): *why, it is all gone!*

wick /wɪk/ *n.* **1.** a bundle or loose twist or braid of soft threads, or a woven strip or tube, as of cotton, which in a candle, lamp, oilstove, or the like serves to draw up the melted tallow or wax or the oil or other flammable liquid to be burned at its top end. *–phr.* **2. get on one's wick**, *Colloquial* to irritate. **–wickless** *adj.*

wicked /ˈwɪkəd/ *adj.* **1.** evil or morally bad in principle or practice; iniquitous; sinful. **2.** playfully naughty. **3.** *Colloquial* ill-natured: *a wicked horse.* **–wickedness** *n.* **–wickedly** *adv.*

wicker /ˈwɪkə/ *n.* **1.** a slender, pliant twig; an osier;

wickerwork

a withe. *–adj.* **2.** consisting or made of wicker: *a wicker basket.*

wickerwork /'wɪkəwɜk/ *n.* work consisting of plaited or woven twigs or osiers; articles made of wicker.

wicket /'wɪkət/ *n.* **1.** a small door or gate, especially one beside, or forming part of, a larger one. **2.** a window or opening, often closed by a grating or the like, as in a door, or forming a place of communication in a ticket office or the like. **3.** → **turnstile**. **4.** *Cricket* **a.** either of the two frameworks, each consisting of three stumps with two bails in grooves across their tops, at which the bowler aims the ball. **b.** the area between the wickets, especially with reference to the state of the ground. **c.** one end of the pitch, especially the area between the stumps and the popping crease. **d.** one player's turn at the wicket. **e.** the period during which two players bat together. **f.** the achievement of a player's dismissal by the fielding side. *–phr.* **5. a good wicket,** *Colloquial* an advantageous situation or set of circumstances. **6. a sticky wicket, a.** a wet or muddy wicket. **b.** *Colloquial* a difficult or disadvantageous situation or set of circumstances.

wide /waɪd/ *adj.* **wider, widest,** *adv., n. –adj.* **1.** having great extent from side to side; broad; not narrow. **2.** having a certain extent from side to side: *three metres wide.* **3.** of great range. **4.** open to the full or a great extent; expanded; distended: *to stare with wide eyes.* **5.** too far or too much to one side: *a wide ball in cricket. –adv.* **6.** to a great, or relatively great, extent from side to side. **7.** over a large space or area: *scattered far and wide.* **8.** to the full extent of opening: *to open the eyes wide.* **9.** fully: *to be wide awake.* **10.** away from or to one side of a point, mark, purpose, etc.; aside; astray: *the shot went wide. –n.* **11.** *Cricket* a bowled ball that passes outside the batter's reach, and counts as a run for the side batting. **–widely** *adv.* **–wideness** *n.* **–widish** *adj.*

wide area network *n.* a computer network which connects computers over a wide area. Compare **local area network**.

widespread /'waɪdsprɛd/ *adj.* **1.** spread over or occupying a wide space. **2.** distributed over a wide region, or occurring in many places or among many persons or individuals. Also, **widespreading**.

widow /'wɪdoʊ/ *n.* **1.** a woman who has lost her husband by death and has not married again. **2.** (used in combination) a woman whose husband is often absent, devoting his attention to some sport or other activity: *a golf widow.* **3.** *Cards* an additional hand or part of a hand, as one dealt to the table. *–v.t.* **4.** *(chiefly in past participle)* to make (someone) a widow.

widower /'wɪdoʊə/ *n.* a man whose wife has died and who has not married again.

widow's peak *n.* a point formed by the hair growing down in the middle of the forehead.

width /wɪdθ/ *n.* **1.** extent from side to side; breadth; wideness. **2.** a piece of the full wideness, as of cloth.

wield /wild/ *v.t.* **1.** to exercise (power, authority, influence, etc.), as in ruling or dominating. **2.** to manage (a weapon, instrument, etc.) in use; handle or use in action. **–wieldable** *adj.* **–wielder** *n.*

wife /waɪf/ *n.* **wives** /waɪvz/. **1.** a woman joined in marriage to a man as husband. **2.** *(archaic except in compounds)* a woman: *housewife, midwife.* **–wifedom, wifehood** *n.* **–wifely** *adj.* **–wifeless** *adj.* **–wifelessness** *n.*

wig /wɪg/ *n.* **1.** an artificial covering of hair for the head, worn to conceal baldness, for disguise, theatricals, etc., or formerly as an ordinary head covering. **2.** real or synthetic hair covering or entwined with the wearer's own hair, worn to create a new hairstyle, for a change of hair colour, etc. **–wigged** *adj.* **–wigless** *adj.* **–wiglike** *adj.*

wiggle /'wɪgəl/ *v.* **-gled, -gling,** *n. –v.i.* **1.** to move or go with short, quick, irregular movements from side to side; wriggle. *–v.t.* **2.** to cause to wiggle; move quickly and irregularly from side to side. *–n.* **3.** a wiggling movement or course. **4.** a wiggly line. **–wiggly** *adj.* **–wiggler** *n.*

wigwam /'wɪgwɒm/ *n.* a North American Indian hut or lodge, usually of rounded or oval shape, formed of poles overlaid with bark, mats, or skins.

wild /waɪld/ *adj.* **1.** living in a state of nature, as animals that have not been tamed or domesticated. **2.** growing or produced without cultivation or the care of humans, as plants, flowers, fruit, honey, etc. **3.** uncultivated, uninhabited, or waste, as land. **4. a.** native to Australia and New Zealand: *wild violet; wild cat.* **b.** escaped to the wild: *wild dog; wild cattle.* **5.** uncivilised or barbarous, as tribes or savages. **6.** of unrestrained violence, fury, intensity, etc.; violent; furious: *wild fighting; wild storms.* **7.** characterised by or indicating violent excitement, as actions, the appearance, etc. **8.** frantic; distracted, crazy, or mad: *to drive someone wild.* **9.** violently excited: *wild with rage, fear, or pain.* **10.** undisciplined, unruly, lawless, or turbulent: *wild boys; a wild crew.* **11.** unrestrained, untrammelled, or unbridled: *wild gaiety; wild orgies.* **12.** disregardful of moral restraints as to pleasurable indulgence. **13.** unrestrained by reason or prudence: *wild schemes.* **14.** extravagant or fantastic: *wild fancies.* **15.** disorderly or dishevelled: *wild locks.* **16.** wide of the mark: *a wild throw.* **17.** *Colloquial* intensely eager or enthusiastic. **18.** *Cards* (of a card) having its value decided by the wishes of the players or the player who holds it. *–adv.* **19.** in a wild manner; wildly. *–n.* **20.** *(often plural)* an uncultivated, uninhabited, or desolate region or tract; a waste; a wilderness; a desert. *–phr.* **21. in the wild,** in natural surroundings or habitat: *animals in the wild.* **22. run wild, a.** to grow without cultivation or check. **b.** to behave in an unrestrained or uncontrolled manner: *he allows his children to run wild.* **23. wild and woolly,** *Colloquial* **a.** rough; untidy; unkempt. **b.** uncivilised; unrestrained. **–wildly** *adv.* **–wildness** *n.*

wild-card /'waɪld-kad/ *adj.* having to do with a computer search of text for a character string which has one or more variable elements indicated by an asterisk or other non-textual character.

wildcat /'waɪldkæt/ *n., adj., v.* **-catted, -catting.** *–n.* **1.** a large undomesticated cat. **2.** a quick-tempered or fierce person. **3.** an exploratory well drilled in an effort to discover deposits of oil or gas. *–adj.* **4.** marked by or proceeding from irresponsible or unsafe business methods: *wildcat companies.* **5.** of or relating to an unauthorised undertaking or product. *–v.i.* **6.** to search for oil, minerals, etc., as an independent prospector. **–wildcatting** *n., adj.*

wildcat strike *n.* a strike which has not been called or sanctioned by officials of a trade union; unofficial strike.

wildebeest /'wɪldəbist/ *n.* **-beests,** *(especially collectively)* **-beest.** any of several African antelopes constituting the genus *Connochaetes,* characterised by an oxlike head, curved horns, and a long, flowing tail; gnu.

wilderness /'wɪldənəs/ *n.* **1.** Also, **wilderness area.** a large tract of land remote at its core from mechanised access or settlement, substantially unmodified by modern technological society or capable of being restored to that state, and of

wild flower

sufficient size to make practicable the long-term protection of its natural systems. **2.** an area of wild and uncultivated land, especially one of great natural beauty. **3.** any desolate or uninviting area of land. **4.** (*humorous*) a part of a garden in which plants grow with unchecked luxuriance. **5.** a bewildering mass or collection. *–phr.* **6. in the wilderness**, *Colloquial* **a.** in a state or place of isolation; away from the centre of things. **b.** out of political office.

wild flower *n.* **1.** the flower of an uncultivated plant. **2.** such a plant. Also, **wildflower**.

wild Irishman /waɪld ˈaɪrɪʃmən/ *n.* → **matagouri**.

wildlife /ˈwaɪldlaɪf/ *n.* animals living in their natural habitat.

wile /waɪl/ *n., v.* **wiled**, **wiling**. *–n.* **1.** a trick, artifice, or stratagem. **2.** (*often plural*) an artful or beguiling procedure. *–phr.* **3. wile away**, to while away.

wilful /ˈwɪlfəl/ *adj.* **1.** willed, voluntary, or intentional: *wilful murder*. **2.** self-willed or headstrong; perversely obstinate or intractable. Also, *Chiefly US*, **willful**. **-wilfully** *adv.* **-wilfulness** *n.*

wilga /ˈwɪlgə/ *n.* a small shapely tree, *Geijera parviflora*, of inland eastern Australia, valuable as fodder in drought.

wilkintie /wɪlˈkɪnti/ *n.* the dusky hopping mouse, *Notomys fuscus*, of central Australia.

will[1] /wɪl/ *weak forms* /wəl, l/ *v. (aux)* **1.** am (is, are, etc.) around or going to: *I will cut his hair*. **2.** am (is, are, etc.) willing to: *I will help you*. **3.** am (is, are, etc.) expected or required to: *they will have me arrive on time*. **4.** may be expected or supposed to: *this will be right*. **5.** am (is, are, etc.) determined or sure to (used emphatically): *people will talk*. **6.** am (is, are, etc.) accustomed to: *he would write for hours at a time*. *–v.t., v.i.* **7.** to wish; desire; like: *as you will*.

will[2] /wɪl/ *n., v.* **willed**, **willing**. *–n.* **1.** the faculty of conscious and especially of deliberate action: *the freedom of the will*. **2.** the power of choosing one's own actions: *to have a strong or a weak will*. **3.** the act of using this power. **4.** the process of willing, or volition. **5.** wish or desire: *to submit against one's will*. **6.** purpose or determination, often hearty determination: *to have the will to succeed*. **7.** the wish or purpose as carried out, or to be carried out: *to work one's will*. **8.** disposition (good or ill) towards another. **9.** *Law* **a.** a legal declaration of a person's wishes as to the disposition of his or her (real) property, etc., after death, usually in writing, and either signed by the testator and attested by witnesses or, in Scotland, holographic. **b.** the document containing such a declaration. *–v.t.* **10.** to give by will or testament; to bequeath or devise. **11.** to influence by exerting willpower. **12.** to wish or desire. **13.** to decide by act of will. **14.** to purpose, determine on, or elect, by act of will. *–v.i.* **15.** to exercise the will. **16.** to determine, decide, or ordain, as by act of will. *–phr.* **17. at will**, at one's discretion or pleasure: *to wander at will*. **18. a will of one's own**, a strong power of asserting oneself. **19. with a will**, willingly; readily; eagerly. **20. work one's will**, to do as one chooses. **-willer** *n.*

willies /ˈwɪliz/ *pl. n. Colloquial* feelings of uneasiness or fear: *that creaking door is giving me the willies*.

willing /ˈwɪlɪŋ/ *adj.* **1.** disposed or consenting (without being particularly desirous): *willing to take what one can get*. **2.** cheerfully consenting or ready: *a willing worker*. **3.** done, given, borne, used, etc., with cheerful readiness. **4.** *Australian* **a.** inclined to overcharge or make excessive demands: *that salesman is a bit willing*. **b.** having to do with a situation in which such excessive demands are made: *that's a bit willing*. **-willingly**

wind

adv. **-willingness** *n.*

will-o'-the-wisp /ˈwɪl-ə-ðə-wɪsp/ *n.* anything that deludes or misleads by luring on.

willow /ˈwɪloʊ/ *n.* **1.** any of the trees or shrubs constituting the genus *Salix*, many species of which have tough, pliable twigs or branches which are used for wickerwork, etc. **2.** the wood of the willow. **3.** *Colloquial* something made of this, as a cricket bat. **4.** a machine consisting essentially of a cylinder armed with spikes revolving within a spiked casing, for opening and cleaning cotton or other fibre. *–v.t.* **5.** to treat (cotton, etc.) with a willow.

willowy /ˈwɪloʊi/ *adj.* **1.** pliant; lithe. **2.** gracefully slender and supple. **3.** abounding with willows.

willpower /ˈwɪlpaʊə/ *n.* **1.** control over one's impulses and actions. **2.** strength of will: *he has great willpower*.

willy-nilly /wɪli-ˈnɪli/ *adv.* **1.** willingly or unwillingly. **2.** in random order; in disarray. *–adj.* **3.** shilly-shallying; vacillating.

willy-willy /ˈwɪli-wɪli/ *n. Australian* **1.** a spiralling wind, often collecting dust, refuse, etc. **2.** a cyclonic storm.

wilt[1] /wɪlt/ *v.i.* **1.** to become limp and drooping, as a fading flower; wither. **2.** to lose strength, vigour, assurance, etc. *–v.t.* **3.** to cause to wilt. *–n.* **4.** the act of wilting. **5.** a spell of depression, lassitude, or dizziness.

wilt[2] /wɪlt/ *Archaic* second person singular present indicative of **will**[1].

wily /ˈwaɪli/ *adj.* **-lier**, **-liest**. full of, marked by, or proceeding from wiles; crafty; cunning. **-wilily** *adv.* **-wiliness** *n.*

wimp /wɪmp/ *Colloquial –n.* **1.** a weak, timorous, and ineffectual person. *–phr.* **2. wimp out**, to fail or renege on a commitment as a result of lack of character or determination.

wimple /ˈwɪmpəl/ *n.* a woman's headcloth drawn in folds about the chin, formerly worn out of doors, and still in use by some nuns.

win /wɪn/ *v.* **won**, **winning**, *n.* *–v.i.* **1.** Also, **win out**. to succeed by striving or effort. **2.** to gain the victory. **3.** to be placed first in a race or the like. **4.** to get (*out, through, to*, etc.), *free, loose*, etc.). *–v.t.* **5.** to get by effort, as through labour, competition, or conquest. **6.** to gain (a prize, fame, etc.). **7.** to be successful in (a game, battle, etc.). **8.** to make (one's way), as by effort, ability, etc. **9.** to attain or reach (a point, goal, etc.): *to win the shore in a storm*. **10.** to gain (favour, love, consent, etc.) as by qualities or influence. **11.** to gain the favour, regard, or adherence of. **12.** to persuade to love or marriage, or gain in marriage. **13.** *Mining* **a.** to obtain (ore, coal, etc.). **b.** to prepare (a vein, bed, mine, etc.) for working, by means of shafts, etc. *–n.* **14.** an act of winning; a success; a victory. **15.** the act or fact of finishing first, especially in a horserace. *–phr.* **16. win over** (or **round**), to bring over to favour, consent, etc.; persuade. **-winner** *n.*

wince /wɪns/ *v.* **winced**, **wincing**, *n.* *–v.i.* **1.** to shrink, as in pain or from a blow; start; flinch. *–n.* **2.** a wincing or shrinking movement; a slight start. **-wincer** *n.*

winch /wɪntʃ/ *n.* **1.** the crank or handle of a revolving machine. **2.** a windlass turned by a crank, for hoisting, etc. **3.** any of a number of contrivances to crank objects by. *–v.t.* **4.** to hoist or haul by means of a winch. **-wincher** *n.*

wind[1] /wɪnd/ *n.* **1.** air in natural motion, as along the earth's surface. **2.** a gale; storm; hurricane. **3.** any stream of air, as that produced by a bellows, a fan, etc. **4.** air impregnated with the scent of an animal or animals. **5.** a hint or intimation: *get wind of the scandal*. **6.** any tendency or likely

wind course: *the wind of public opinion; wind of change.* **7.** breath or breathing; power of breathing freely, as during continued exertion. **8.** empty talk; mere words. **9.** vanity; conceitedness. **10.** gas generated in the stomach and bowels. **11.** *Colloquial* the solar plexus, where a blow may cause shortness of breath. **12.** *Music* **a.** a wind instrument or wind instruments collectively. **b.** (*often plural*) the players on such instruments collectively. **13.** *Nautical* the point or direction from which the wind blows. –*v.t.* **14.** to make short of wind or breath, as by vigorous exercise. **15.** to deprive momentarily of breath, as by a blow. **16.** to let recover breath, as by resting after exertion. –*phr.*
17. before the wind, carried along by the wind; (of a ship) running with the wind astern.
18. between wind and water, **a.** *Nautical* denoting the part of a ship, especially the deck of a heavily laden ship, which the waves wash over. **b.** in a vulnerable or precarious position.
19. break wind, to expel flatus through the anus; fart.
20. cast (or **fling**) (or **throw**) **to the wind(s)**, to throw off or discard recklessly or in an abandoned manner: *throw all caution to the winds.*
21. close to the wind, **a.** *Nautical* sailing as near as possible to the direction from which the wind is blowing. **b.** taking a calculated risk. **c.** transgressing or nearly transgressing conventions of taste, propriety, or the like.
22. get the wind up, *Colloquial* to take fright.
23. how (or **which way**) **the wind blows** (or **lies**), what the tendency or likelihood is.
24. in the teeth of the wind, **a.** *Nautical* sailing directly against the wind. **b.** against opposition.
25. in the wind, **a.** likely to happen; imminent. **b.** circulating as a rumour.
26. put the wind up, *Colloquial* to frighten.
27. raise the wind, *Colloquial* to obtain the necessary finances.
28. take the wind out of someone's sails, to frustrate, disconcert, or deprive someone of an advantage.

wind² /waɪnd/ *v.* **wound, winding**, *n.* –*v.i.* **1.** to change direction; bend; turn; take a frequently bending course; meander. **2.** to have a circular or spiral course or direction. **3.** to coil or twine about something. **4.** to undergo winding, or winding up. –*v.t.* **5.** to encircle or wreathe, as with something twined, wrapped, or placed about. **6.** Also, **wind up**, to roll or coil (thread, etc.) into a ball or on a spool or the like. **7.** to twine, fold, wrap, or place about something. **8.** Also, **wind up**, to adjust (a mechanism, etc.) for operation by some turning or coiling process: *to wind a clock.* **9.** Also, **wind up**, to haul or hoist by means of a winch, windlass, or the like. –*n.* **10.** a winding; a bend or turn. –*phr.* **11. wind down**, **a.** to relax after a period of tension or activity. **b.** (of a clock) to run down. **c.** to reduce the scope, intensity of (an operation). **d.** to lower by winding, as by a crank. **12. wind off**, to remove or take off by unwinding. **13. wind one's** (or **its**) **way**, to proceed in a winding or frequently bending course. **14. wind up**, *Colloquial* **a.** to conclude action, speech, etc. **b.** to end: *wind up in the poorhouse.* **c.** to bring to a state of great tension; key up; excite. **d.** to close down (a business, etc.) by making a final account of all financial dealings.

wind³ /waɪnd/ *v.t.* **winded** *or* **wound, winding**. to blow (a horn, a blast, etc.).

windbag /'wɪndbæg/ *n.* **1.** *Colloquial* an empty, voluble, pretentious talker. **2.** the bag of a bagpipe.

windbreak /'wɪndbreɪk/ *n.* a growth of trees, a structure of boards, or the like, serving as a shelter from the wind.

windcheater /'wɪntʃitə/ *n.* a fleecy-lined garment for the upper part of the body designed to give protection against the wind.

windfall /'wɪndfɔl/ *n.* **1.** something blown down by the wind, as fruit. **2.** an unexpected piece of good fortune.

windhover /'wɪndhɒvə/ *n.* **1.** → **nankeen kestrel**. **2.** the European kestrel, *Falco tinnunculus*.

winding sheet *n.* a sheet in which a corpse is wrapped for burial.

wind instrument *n.* a musical instrument sounded by the player's breath or any current of air.

windjammer /'wɪndʒæmə/ *n.* a large sailing ship, especially a square-rigged ship.

windlass /'wɪndləs/ *n.* **1.** a device for raising weights, etc., usually consisting of a horizontal cylinder or barrel turned by a crank, lever, or the like, upon which a cable or the like winds, the outer end of the cable being attached directly or indirectly to the weight to be raised or the thing to be hauled or pulled. –*v.t.* **2.** to raise, haul, or move by means of a windlass.

windmill /'wɪndmɪl, 'wɪn-/ *n.* **1.** a mill or machine, as for grinding or pumping, operated by the wind, usually by the wind acting on a set of arms, vanes, sails, or slats attached to a horizontal axis so as to form a vertical revolving wheel. **2.** the wheel itself. **3.** an imaginary opponent, wrong, etc. (in allusion to Cervantes' *Don Quixote*): *to fight windmills.*

window /'wɪndoʊ/ *n.* **1.** an opening in the wall of a building, the cabin of a boat, etc., for the admission of air and light, commonly fitted with a frame containing panes of glass. **2.** anything like a window in appearance or function. **3.** a boxed-off section of a VDU screen in which secondary text or information is shown. –**windowless** *adj.*

window-dressing /'wɪndoʊ-dresɪŋ/ *n.* **1.** the act or fact of preparing a display in a shop window. **2.** the presentation of the most favourable aspect of something, especially when unpleasant facts are concealed.

window-shop /'wɪndoʊ-ʃɒp/ *v.i.* **-shopped, -shopping**. to look at articles in shop windows instead of actually buying. –**window-shopper** *n.* –**window-shopping** *adj., n.*

windpipe /'wɪndpaɪp, 'wɪn-/ *n.* the trachea of an air-breathing vertebrate.

windscreen /'wɪndskrin, 'wɪn-/ *n.* the sheet of glass which forms the front window of a motor vehicle. Also, *Chiefly US,* **windshield**.

windsock /'wɪndsɒk, 'wɪn-/ *n.* a wind-direction indicator, installed at airports and elsewhere, consisting of an elongated truncated cone of textile material, flown from a mast.

windsurfer /'wɪndsɜfə/ *n.* **1.** → **sailboard**. **2.** someone who windsurfs.

windward /'wɪndwəd/ *adv.* **1.** towards the wind; towards the point from which the wind blows. –*adj.* **2.** relating to, situated in, or moving towards the quarter from which the wind blows (opposed to *leeward*). –*n.* **3.** the point or quarter from which the wind blows. **4.** the side towards the wind. –*phr.* **5. get to the windward of**, to get the advantage of.

windy /'wɪndi/ *adj.* **windier, windiest**. **1.** accompanied by wind: *windy weather*. **2.** swept by the wind: *a windy hill*. **3.** towards the wind; windward. **4.** empty; unsubstantial. **5.** characterised by or causing flatulence. **6.** *Colloquial* frightened; nervous. –**windily** *adv.* –**windiness** *n.*

wine /waɪn/ *n., adj., v.* **wined, wining**. –*n.* **1.** the fermented juice of the grape, in many varieties

winemaking / wipe

(red, white, sweet, dry, still, sparkling, etc.) used as a drink, and in cookery, religious rites, etc. **2.** a particular variety of such fermented grape juice: *port and sherry wines*. **3.** the juice, fermented or unfermented, of various other fruits or plants, used as a drink, etc.: *gooseberry wine*. **4.** a dark reddish colour. **5.** something that cheers, or makes light-headed like wine. *–adj.* **6.** wine-coloured. *–v.t.* **7.** to entertain with wine. *–v.i.* **8.** to drink wine.

winemaking /'wainmeikiŋ/ *n.* the process of preparing wine from grapes or other fruit. **–winemaker** *n.*

winery /'wainəri/ *n.* -ries. an establishment for making wine.

wine-tasting /'wain-teistiŋ/ *n.* **1.** the occupation of a wine-taster. **2.** a social or other gathering to sample various wines.

wing /wiŋ/ *n.* **1.** either of the two anterior extremities, or appendages of the scapular arch or shoulder girdle, of most birds and of bats, which constitute the forelimbs and correspond to the human arms, but are adapted for flight. **2.** either of two corresponding but rudimentary or functionless parts in certain other birds, as ostriches and penguins. **3.** one of the thin, flat, movable, lateral extensions from the back of the mesothorax and the metathorax by means of which the insects fly. **4.** a similar structure with which gods, angels, demons, etc., are conceived to be provided for the purpose of flying. **5.** *Colloquial* an arm of a human being. **6.** a means or instrument of flight, travel, or progress. **7.** flight; departure: *to take wing*. **8.** *Aeronautics* **a.** that portion of a main supporting surface confined to one side of an aeroplane. **b.** any complete winglike structure; plane. **9.** *Architecture* a part of a building projecting on one side of, or subordinate to, a central or main part. **10.** either of a pair of fences running out from opposite sides of a stockyard so as to help funnel cattle into the yard. **11.** *Furniture* an extension on the side of the back of an armchair above the arms. **12. a.** *Navy* either of the two side portions of a fleet (usually called right wing and left wing, and distinguished from the centre); flank unit. **b.** either of the two side sections of a mob of cattle, sheep, etc. **13. a.** (in fighter command of the RAAF and certain other air forces) a number of squadrons, usually three, four, or five, operating together as a tactical unit. **b.** (in the US Air Force) an administrative and tactical unit consisting of two or more groups, a headquarters, and certain supporting and service units. **14.** (*plural*) the insignia or emblem worn by a qualified pilot. **15. a.** *Australian Rules* either of the two centre-line positions on each side of the centre. **b.** *Hockey, Rugby Football, Soccer,* etc. either of the two areas of the pitch near the touchline and ahead of the halfway line, known as the left and right wings respectively, with reference to the direction of the opposing goal. **c.** a player in one of these positions. **16.** *Theatre* **a.** the platform or space on the right or left of the stage proper. **b.** one of the long, narrow side pieces of scenery. **17.** *Anatomy* an ala: *the wings of the sphenoid*. **18.** either of the parts of a double door, etc. **19.** a group within a political party: *right wing; left wing*. *–v.t.* **20.** to equip with wings. **21.** to enable to fly, move rapidly, etc.; lend speed or celerity to. **22.** to supply with a winglike part, a side structure, etc. **23.** to wound or disable (a bird, etc.) in the wing. **24.** to wound (a person) in an arm or other non-vital part. **25.** to bring down (an aeroplane, etc.) by a shot. **26.** *Theatre Colloquial* to perform (a part, etc.) relying on prompters in the wings. *–v.i.* **27.** to travel on or as on wings; fly; soar. *–phr.* **28. clip someone's wings**, to restrict someone's independence or freedom of action. **29. in the wings**, unobtrusively ready to take action when required; in reserve. **30. on the wing**, **a.** in flight; flying. **b.** in motion; travelling; active. **c.** *Football, Hockey, etc.* playing in the position on the left or right extreme of the forward line. **31. take wing**, **a.** to fly off. **b.** to leave hastily. **32. under one's wing**, in or into one's care or protection. **–winglike** *adj.*

wing chair *n.* a large upholstered chair, with winglike parts projecting from the back above the arms.

wing-ding /'wiŋ-diŋ/ *n. Colloquial* a wild party.

wing nut *n.* a nut which incorporates two flat projecting wings enabling it to be turned by thumb and forefinger. Also, **butterfly nut**.

wink /wiŋk/ *v.i.* **1.** to close and open the eyes quickly. **2.** (of the eyes) to close and open thus; blink. **3.** to shine with little flashes of light, or twinkle. *–v.t.* **4.** to close and open (the eyes or an eye) quickly; execute or give (a wink). **5.** to drive or force (away, back, etc.) by winking: *to wink back one's tears*. **6.** to signal or convey by a wink. *–n.* **7.** the act of winking. **8.** a winking movement, especially of one eye as in giving a hint or signal. **9.** a hint or signal given by winking. **10.** the time required for winking once; an instant or twinkling. **11.** a little flash of light; a twinkle. **12.** *Colloquial* a bit: *I didn't sleep a wink*. *–phr.* **13. forty winks**, *Colloquial* a short sleep or nap. **14. tip someone the wink**, *Colloquial* to give information or a vital hint to someone. **15. wink at**, **a.** to close and open one eye quickly as a hint or signal to, or with some sly meaning. **b.** to be purposely blind to, as if to avoid the necessity of taking action: *to wink at petty offences*.

winkle /'wiŋkəl/ *n.* **1.** any of various marine gastropods; a periwinkle. *–phr.* **2. winkle out**, *Colloquial* to prise out or extract, as a winkle from its shell with a pin.

winning /'winiŋ/ *n.* **1.** (*usually plural*) that which is won. **2.** *Mining* **a.** an opening of any kind by which coal is being, or has been, won. **b.** a bed of coal ready for mining. *–adj.* **3.** that wins; successful or victorious, as in a contest. **4.** taking, engaging, or charming, as a person or the manner, qualities, ways, etc. **–winningly** *adv.* **–winningness** *n.*

winnow /'winou/ *v.t.* **1.** to free (grain, etc.) from chaff, dirt, etc., by means of wind or driven air; fan. **2.** to blow upon, as the wind does upon grain in this process. **3.** to subject to some process of separating or distinguishing; analyse critically: *to winnow a mass of statements*. *–v.i.* **4.** to free grain from chaff by wind or driven air. *–n.* **5.** a device for winnowing grain, etc. **6.** the act of winnowing. **–winnower** *n.*

winsome /'winsəm/ *adj.* winning, engaging, or charming: *a winsome smile*. **–winsomely** *adv.* **–winsomeness** *n.*

wintarro /'wintarou/ *n.* a short-nosed bandicoot, *Isoodon auratus*, of central Australia, distinguished by the golden brown fur on its back.

winter /'wintə/ *n.* **1.** the coldest season of the year. **2.** a whole year as represented by this season: *a man of sixty winters*. **3.** a period of decline, decay, inactivity, hardship, etc.: *the winter of life*. *–adj.* **4.** of, relating to, or characteristic of winter. **5.** suitable for wear or use in winter. *–v.i.* **6.** to spend the winter: *planning to winter in Cairns*. *–v.t.* **7.** to keep, feed, or manage (plants, cattle, etc.) during the winter. **–wintriness** *n.* **–winterer** *n.* **–winterless** *adj.* **–winter-like, winterish** *adj.*

wipe /waip/ *v.* **wiped, wiping,** *n. –v.t.* **1.** to rub lightly with or on a cloth, towel, paper, the hand, etc., in order to clean or dry. **2.** to take (*away, off, out,* etc.) by rubbing with or on something.

wipe-out

3. to remove as if by rubbing: *wipe the smile off your face*. **4.** to destroy or eradicate, as from existence or memory. **5.** *Colloquial* to refuse to have anything to do with. **6.** to rub or draw (something) over a surface, as in cleaning or drying. *–n.* **7.** the action of wiping. **8.** a rub, as of one thing over another. **9.** *Film* a technique in film editing by which the projected image of a scene appears to be pushed or wiped off the screen by the image that follows. *–phr.* **10. wipe out**, to destroy completely. **11. wipe the floor with**, *Colloquial* to defeat utterly; overcome completely.

wipe-out /'waɪp-aʊt/ *n. Colloquial* **1.** *Surfing* a fall from a surfboard because of loss of balance. **2.** a failure; fiasco. **3.** a blotting out of radio signals by atmospherics, jamming, etc.

wire /waɪə/ *n., adj., v.* **wired**, **wiring**. *–n.* **1.** a piece of slender, flexible metal, ranging from a thickness that can be bent by the hand only with some difficulty down to a fine thread, and usually circular in section. **2.** such pieces as a material. **3.** a length of such material used as a conductor of electricity, usually insulated in a flex. **4.** *Originally US Colloquial* a telegram. **5.** *Originally US Colloquial* the telegraphic system: *to send a message by wire*. **6.** (*plural*) a system of wires by which puppets are moved. **7.** a metallic string of a musical instrument. **8.** a metal device used to snare rabbits, etc. **9.** *Horseracing Colloquial* the finishing post. *–adj.* **10.** made of wire; consisting of or constructed with wires. *–v.t.* **11.** to furnish with a wire or wires. **12.** to install an electric system of wiring, as for lighting, etc. **13.** to fasten or bind with wire. **14.** *Originally US Colloquial* to send by telegraph, as a message. **15.** *Originally US Colloquial* to send a telegraphic message to. **16.** to snare by means of a wire or wires. *–v.i.* **17.** *Originally US Colloquial* to send a telegraphic message; telegraph. *–phr.* **18. go (down) to the wire**, *Colloquial* **a.** (of competitors) to be evenly matched until the very end. **b.** (of a competition) to involve competitors who are evenly matched until the end: *that race will go to the wire*. **19. have (or get) one's wires crossed**, *Colloquial* to become confused; misunderstand. **20. pull wires**, *Chiefly US* to exert hidden influence; pull strings. **21. take to the wire**, *Colloquial* (of one competitor, team, etc.) to push (opponents) to their very limit: *Norths will take Souths to the wire this Saturday*. **22. under the wire**, *Colloquial* at the very last minute; in the nick of time. *–wirelike adj.*

wired /'waɪəd/ *adj. Colloquial* aware and up-to-date, especially in the sophisticated area of modern technology.

wire grass *n.* any species of the widespread genus *Aristida*, a wiry grass characterised by a trifid awn.

wireless /'waɪələs/ *adj.* **1.** having no wire. **2.** of or relating to any of various devices which are operated with or set in action by electromagnetic waves. **3.** of or relating to radio. *–n.* **4.** a radio. **5.** a wireless telegraph or telephone, etc. *–v.t.* **6.** to telegraph or telephone by wireless. *–v.i.* **7.** to use wireless to telegraph or telephone.

wiry /'waɪəri/ *adj.* **wirier**, **wiriest**, *n. –adj.* **1.** made of wire. **2.** resembling wire, as in form, stiffness, etc.: *wiry grass*. **3.** lean and sinewy. **4.** produced by or resembling the sound of a vibrating wire: *wiry tones*. *–n.* **5.** a beachworm, *Onuphis mariahirsuta*, growing up to 100 cm long and 1 cm wide, sometimes with dark brown pigment on its back, and with antennae longer than those of the kingworm or slimy. *–wirily adv. –wiriness n.*

wisdom /'wɪzdəm/ *n.* **1.** the quality or state of being wise; knowledge of what is true or right coupled with just judgment as to action; sagacity, prudence, or common sense. **2.** scholarly knowledge, or learning: *the wisdom of the schools*. **3.** wise sayings or teachings. **4.** a wise act or saying.

wise /waɪz/ *adj.* **wiser**, **wisest**, *v.* **wised**, **wising**. **1.** having the power of discerning and judging properly as to what is true or right. **2.** characterised by or showing such power; shrewd, judicious, or prudent. **3.** possessed of or characterised by scholarly knowledge or learning; learned; erudite: *wise in the law*. **4.** having knowledge or information as to facts, circumstances, etc.: *we are wiser for his explanations*. *–phr.* **5. be wise to**, *Colloquial* to be in the know about or alerted to: *they tried to keep it secret, but she was wise to them*; *I'm wise to your tricks*. **6. get wise**, *Colloquial* **a.** to face facts or realities. **b.** to learn something. **7. none the wiser**, still in ignorance or confusion. **8. put wise**, *Colloquial* **a.** to explain something to (someone, especially a naive person). **b.** to warn. **9. wise up**, *Colloquial* **a.** to make aware; inform; alert. **b.** to become aware, informed, or alerted; face the realities. *–wisely adv.*

-wise an adverbial suffix **1. a.** denoting attitude or direction: *lengthwise*; *clockwise*. **b.** meaning 'with reference to, in respect of': *moneywise*. **2.** See **-ways**.

wisecrack /'waɪzkræk/ *n. Colloquial* a smart, pungent, or facetious remark. *–wisecracker n.*

wish /wɪʃ/ *v.t.* **1.** to want; desire; long for (often with an infinitive or a clause as object): *I wish to see her, I wish that he would come*. **2.** to desire (a person or thing) to be (as specified): *to wish oneself elsewhere*. **3.** to entertain wishes of something, favourable or otherwise, for: *to wish one well or ill*. **4.** to bid, as in greeting or leave-taking: *to wish one a good morning*. **5.** to command, request, or entreat: *I wish him to come*. *–v.i.* **6.** to have a desire, longing, or yearning. **7.** to express a desire (for something), as in a magic ritual: *blow out the candles and wish*. *–n.* **8.** a distinct mental inclination towards the doing, obtaining, attaining, etc., of something; a desire, felt or expressed: *disregard the wishes of others*. **9.** an expression of a wish, often one of a kindly or courteous nature: *send one's best wishes*. **10.** that which is wished: *get one's wish*. **11.** an act of ritual wishing: *to make a wish*. *–phr.* **12. wish on (or upon)**, to perform a magic ritual, using (something) as a talisman or charm: *to wish upon a forked hazel twig*. **13. wish something on someone**, **a.** to force or impose something on someone: *it's a hard task you've wished on me*. **b.** to wish that someone be visited by something, usually unpleasant: *would you wish illness on any person?* **14. you wish!**, *Colloquial* (an expression denoting that someone has unrealistic expectations or ideas): *beat me in a race? yeah right, you wish!* *–wisher n.*

wishbone /'wɪʃboʊn/ *n.* **1.** the forked bone (a united pair of clavicles) in front of the breastbone in most birds. **2.** something which resembles the wishbone of a bird, as a piece of machinery, electrical fitting, etc.

wishful /'wɪʃfəl/ *adj.* **1.** having or showing a wish; desirous; longing. *–phr.* **2. wishful thinking**, a belief that a thing will happen or is so, based on one's hopes rather than on reality.

wishy-washy /'wɪʃi-wɒʃi/ *adj.* **1.** washy or watery, as a liquid; thin and weak. **2.** lacking in substantial qualities; without strength or force; weak, feeble, or poor.

wisp /wɪsp/ *n.* **1.** a handful of straw, hay, etc. **2.** any small or thin bunch, lock, mass, etc.: *wisps of hair*. **3.** a thin column or trail of smoke, etc. **4.** a small or thin person. *–wisplike adj.*

wisteria /wɪsˈtɪərɪə, wəs-/ n. any of the climbing shrubs, with handsome pendent racemes of purple flowers, which constitute the leguminous genus *Wisteria*, as *W. chinensis* (**Chinese wisteria**), much used to cover verandas and walls. Also, **wistaria** /wɪsˈtɛərɪə, wəs-/.

wistful /ˈwɪstfəl/ adj. **1.** pensive or melancholy. **2.** showing longing tinged with melancholy; regretful; sad. –**wistfully** adv. –**wistfulness** n.

wit[1] /wɪt/ n. **1.** keen perception and cleverly apt expression of connections between ideas which may arouse pleasure and especially amusement. **2.** speech or writing showing such perception and expression. **3.** a person endowed with or noted for such wit. **4.** understanding, intelligence, or sagacity: *wit enough to come in out of the rain*. **5.** (*plural*) mental abilities, or powers of intelligent observation, keen perception, ingenious contrivance, etc.: *to have one's wits about one*. **6.** (*plural*) mental faculties, or senses: *to lose or regain one's wits*. –*phr.* **7. at one's wits'** (or **wit's**) **end**, at the end of one's powers of knowing, thinking, etc.; utterly at a loss or perplexed. **8. live by one's wits**, to gain a livelihood by resourcefulness and quick-wittedness rather than by hard work. **9. out of one's wits**, in or into a state of great fear or incoherence: *to frighten someone out of their wits*.

wit[2] /wɪt/ v. *present singular 1* **wot**, *2* **wost**, *3* **wot**, *plural* **wit**, **wist**, **witting**. –*v.t. Archaic* **1.** to know (something). –*v.i. Archaic* **2.** to know. –*phr.* **3. to wit**, that is to say; namely.

witch /wɪtʃ/ n. **1.** a person, now especially a woman, who professes or is supposed to practise magic, especially black magic or the black art; a sorceress. **2.** an ugly or malignant old woman; a hag. **3.** a fascinatingly attractive woman. –*v.t.* **4.** to affect by or as by witchcraft; bewitch; charm. **5.** (sometimes fol. by *into*) to change by or as by witchcraft. –**witchlike** adj.

witchcraft /ˈwɪtʃkraft/ n. the art or practices of a witch; sorcery; magic.

witchdoctor /ˈwɪtʃdɒktə/ n. (in various societies) a person possessing or supposed to possess magical powers of healing or of harming; medicine man.

witchetty grub /ˈwɪtʃəti grʌb/ n. any of various large, white, edible, wood-boring grubs that are the larvae of certain Australian moths and beetles. Also, **witchety grub**.

witch-hazel /ˈwɪtʃ-heɪzəl/ n. **1.** a shrub, *Hamamelis virginiana*, of eastern North America, whose bark and leaves afford medicinal preparations used for inflammation, bruises, etc. **2.** a liquid medicinal preparation used externally for inflammation and bruises.

witch-hunt /ˈwɪtʃ-hʌnt/ n. **1.** *History* the searching out of people to be accused of, and executed for, witchcraft. **2.** an intensive effort to discover and expose disloyalty, subversion, dishonesty, or the like, usually based on slight, doubtful, or irrelevant evidence. –**witch-hunter** n. –**witch-hunting** n., adj.

with /wɪð, wɪθ/ prep. **1.** accompanied by or accompanying: *I will go with you*. **2.** in some particular relation to (especially implying interaction, company, association, conjunction, or connection): *to deal, talk, sit, side, or rank with; to mix, compare, or agree with*. **3.** visiting; at the house of or in the company of: *he is with the doctor at the moment; she is with her cousin in the country*. **4.** (expressing similarity or agreement): *in harmony with*. **5.** (expressing equality or identity): *to be level with someone*. **6.** on the side of; in favour of: *are you with us or against us?* **7.** comprehending of: *are you with me?* **8.** of the same opinion as: *I'm with you on that subject*. **9.** in the same direction as: *with the stream; to cut timber with the grain*. **10.** in the same way as: *let us, with Solomon, be judicious*. **11.** characterised by or having: *a man with long arms*. **12.** carrying (a child or young), as a pregnant female. **13.** (of means or instrument) by the use of: *to line a coat with silk; to cut with a knife*. **14.** (of manner) using or showing: *to work with diligence*. **15.** in correspondence or proportion to: *their power increased with their number*. **16.** on the occasion or occurrence of; at the same time as, or immediately after: *to rise with the dawn; he swayed with every step he took*. **17.** in consequence of (the passage of time): *to alter with the years*. **18.** in regard to: *to be pleased with a thing*. **19.** in the estimation or view of: *if that's all right with you*. **20.** in the practice or experience of, or according to: *it's always the way with him*. **21.** (expressing power or influence over): *to prevail with someone*. **22.** (expressing subjection to power or influence): *to sway with the wind*. **23.** (of cause) owing to: *racked with pain*. **24.** in the region, sphere, or view of: *it is day with us while it is night with the British*. **25.** (of separation, etc.) from: *to part with a thing*. **26.** against, as in opposition or competition: *to fight or vie with*. **27.** in the hands, care, keeping or service of: *leave it with me*. –*phr.* **28. get with someone**, *Colloquial* **a.** to pet with someone. **b.** to have sexual intercourse with someone. **29. with it**, *Colloquial* **a.** aware of a situation. **b.** concentrating. **c.** able to cope. **d.** fashionable or up-to-date.

with- limited prefixal use of *with*, separative or opposing, as in *withdraw*, *withstand*.

-with a suffix indicating conjunction: *herewith, therewith*.

withdraw /wɪðˈdrɔ, wɪθ-/ v. **-drew**, **-drawn**, **-drawing**. –*v.t.* **1.** to draw back or away; take back; remove. **2.** to retract or recall: *to withdraw a charge*. –*v.i.* **3.** to retire; retreat; go apart or away. **4.** to retract a statement or expression. **5.** *Parliamentary Procedure* to remove an amendment, motion, etc., from consideration. –**withdrawal** n. –**withdrawer** n.

withdrawn /wɪðˈdrɔn, wɪθ-/ v. **1.** past participle of **withdraw**. –*adj.* **2.** shy, retiring, or reserved. **3.** secluded, as a place.

wither /ˈwɪðə/ v.i. **1.** to shrivel; fade; decay. **2.** Also, **wither away**. to deteriorate or lose freshness. –*v.t.* **3.** to make flaccid, shrunken, or dry, as from loss of moisture; cause to lose freshness, bloom, vigour, etc. **4.** to affect harmfully; blight: *reputations withered by scandal*. **5.** to abash, as by a scathing glance.

withers /ˈwɪðəz/ pl. n. the highest part of a horse's or other animal's back, behind the neck.

withhold /wɪðˈhoʊld, wɪθ-/ v.t. **-held**, **-holding**. **1.** to hold back; restrain or check. **2.** to refrain from giving or granting: *to withhold payment*. –**withholder** n.

withholding tax n. a tax that is deducted from income at its source rather than from income in the hands of the taxpayer, as in the PAYE system.

within /wɪðˈɪn, wɪθˈɪn/ adv. **1.** in or into the inner part; inside. **2.** in the mind, heart, or soul; inwardly: *he rejoiced within*. –*prep.* **3.** in or into the interior of: *within a city*. **4.** not beyond: *within view; within one's lifetime*. **5.** at or to some amount not greater than: *within two degrees of freezing*. **6.** in the sphere or scope of: *within the family; within the law*.

with-it /ˈwɪð-ət, ˈwɪθ-/ adj. *Colloquial* trendy, sophisticated; up to date: *with-it gear*.

without /wɪðˈaʊt, wɪθ-/ prep. **1.** not with; lacking: *without help*. **2.** free from; excluding: *without pain*. **3.** beyond the limits, range, etc., of (now used chiefly in opposition to *within*): *whether*

withstand

within or without the law. –*adv.* **4.** *Archaic* outside. **5.** lacking: *we must take this or go without.* –*adj.* **6.** lacking money, goods, etc.; destitute: *to be without.*

withstand /wɪð'stænd, wɪθ-/ *v.* **-stood**, **-standing**. –*v.t.* **1.** to stand or hold out against; resist or oppose, especially successfully. –*v.i.* **2.** to stand in opposition. –**withstander** *n.*

witless /'wɪtləs/ *adj.* lacking wits or intelligence; stupid; foolish. –**witlessly** *adv.* –**witlessness** *n.*

witness /'wɪtnəs/ *v.t.* **1.** to see or know by personal presence. **2.** to be present at (an occurrence) as a formal witness or otherwise: *he witnessed the shooting.* **3.** to bear witness to; testify to: *she witnessed that he was the killer.* **4.** to declare true by one's signature. **5.** to be the scene of: *this room witnessed many former parties.* –*v.i.* **6.** to bear witness; testify; (also followed by *to*). –*n.* **7.** someone who, being present, personally sees or perceives a thing. **8.** a person or thing that gives evidence. **9.** someone who gives testimony in a court of law. **10.** someone who signs a document to declare the genuineness of other signatures on it. **11.** testimony or evidence: *to bear witness to the truth of a statement.* –**witnesser** *n.*

witticism /'wɪtəsɪzəm/ *n.* a witty remark; a joke.

witty /'wɪti/ *adj.* **-tier, -tiest. 1.** possessing wit in speech or writing; amusingly clever in perception and expression. **2.** characterised by wit: *a witty remark.* –**wittily** *adv.* –**wittiness** *n.*

wives /waɪvz/ *n.* plural of **wife**.

wizard /'wɪzəd/ *n.* **1.** someone who professes to practise magic; a magician or sorcerer. **2.** a person of exceptional or prodigious accomplishment (especially in a specified field). –*adj.* **3.** having to do with a wizard.

wizened /'wɪzənd/ *adj.* dried-up; withered; shrivelled.

wobble /'wɒbəl/ *v.* **-bled, -bling,** *n.* –*v.i.* **1.** to move from one side and then to the other, because not properly balanced. **2.** to show unsteadiness; tremble; quaver: *his voice wobbled.* –*v.t.* **3.** to cause to wobble. –*n.* **4.** the act or fact of wobbling. –**wobbler** *n.* –**wobbling** *adj.*

woe /woʊ/ *n.* **1.** grievous distress, affliction, or trouble. **2.** an affliction. –*interj.* **3.** (an exclamation of grief, distress, or lamentation). –**woeful** *adj.*

woebegone /'woʊbəgɒn/ *adj.* **1.** beset with woe; mournful or miserable; affected by woe, especially in appearance. **2.** showing or indicating woe: *he had a perpetual woebegone look on his face.*

wog[1] /wɒg/ *n. Colloquial (derogatory)* **1.** a native of North Africa or the Middle East, especially an Arab. **2.** a person of Mediterranean extraction, or of similar complexion and appearance.

wog[2] /wɒg/ *n. Australian Colloquial* **1.** a germ, especially one leading to a minor disease such as a cold or a stomach upset. **2.** such a cold, stomach upset, etc. **3.** a small insect.

wok /wɒk/ *n.* a large, shallow, round-bottomed, metal bowl used for frying, especially in Chinese cookery.

woke /woʊk/ *v.* a past tense of **wake**.

woken /'woʊkən/ *v.* past participle of **wake**.

wolf /wʊlf/ *n.* **wolves,** /wʊlvz/ *v.* –*n.* **1.** a large, wild carnivore, *Canis lupus,* of Europe, Asia, and North America, belonging to the dog family, a swift-footed, cunning, rapacious animal, destructive to game, sheep, etc. **2.** the fur of such an animal. **3.** some wolf-like animal not of the dog family, as the Tasmanian wolf. **4.** a cruelly rapacious person. **5.** *Colloquial* a man who is boldly flirtatious or amorous towards many women. –*v.t.* **6.** *Colloquial* to eat ravenously. –*v.i.* **7.** to hunt for wolves. –*phr.* **8. cry wolf,** to give false alarms habitually. **9. keep the wolf from the door,** to ward off or keep away poverty or hunger. **10. lone wolf,** a person or animal who prefers to be and act alone. **11. wolf in sheep's clothing,** one who hides hostile or malicious intentions behind a harmless appearance.

wolframite /'wʊlfrəmaɪt/ *n.* a mineral, iron manganese tungstate, (Fe, Mn)WO$_3$, occurring in heavy, greyish to brownish black tabular or bladed crystals (*density:* 7.0-7.5), an important ore of tungsten. Also, **wolfram**.

wolves /wʊlvz/ *n.* plural of **wolf**.

woma /'woʊmə/ *n.* a non-venomous snake of eastern Australia, of genus *Aspidites,* closely related to the black-headed python, but lacking the latter's distinctive head colouring.

woman /'wʊmən/ *n.* **women,** /'wɪmən/ *adj.* –*n.* **1.** a female human being (as distinguished from *man*). **2.** an adult female person (as distinguished from *girl*). **3.** *Colloquial* a female lover, partner in a marriage or de facto relationship. **4.** a female servant, especially one who does domestic chores, such as cleaning, cooking, etc. **5.** feminine nature, characteristics, or feelings: *the woman in you.* –*adj.* **6.** female: *a woman doctor.* **7.** of, characteristic of, or belonging to women: *woman talk.* –*phr.* **8. kept woman,** a woman financially supported by a lover. **9. make someone an honest woman** or **make an honest woman of someone,** (*humorous*) to marry a woman with whom one has been having a sexual relationship: *he finally made an honest woman of her.* **10. the other woman,** the woman with whom a husband is having an adulterous affair: *did you know Gloria was the other woman?* **11. woman of easy virtue,** a woman who is easygoing in dispensing sexual favours. **12. woman of the world,** a sophisticated woman, versed in the ways and usages of the world and society. –**womanish** *adj.* –**womanlike, womanly** *adj.* –**womanless** *adj.* –**womanliness** *n.*

womanise = **womanize** /'wʊmənaɪz/ *v.* **-nised, -nising.** –*v.i.* **1.** (of a man) to have numerous casual affairs; philander. –*v.t.* **2.** to cause to act or be like a woman; make effeminate. –**womaniser** *n.*

womb /wum/ *n.* **1.** the uterus of the human female and some of the higher mammalian quadrupeds. **2.** a hollow space. **3.** a place of origin, conception, etc.

wombat /'wɒmbæt/ *n.* **1.** any of several species of large, burrowing marsupials constituting the Australian family Vombatidae, heavily built with short legs and a rudimentary tail, and somewhat resembling small bears. **2.** *Australian Colloquial* an uneducated or stupid person. –*phr.* **3. blind as a wombat,** *Australian Colloquial* very short-sighted or completely blind.

women /'wɪmən/ *n.* plural of **woman**.

women's business *n.* **1.** (in Aboriginal societies) matters, especially cultural traditions, which are the exclusive preserve of women. **2.** subjects such as menstruation, which women may prefer to discuss with other women rather than with men.

women's liberation *n.* the movement which seeks to free women from sexist discrimination and make available to them the opportunity to play any role in society. Also, **women's lib**.

women's refuge *n.* a place which provides accommodation, usually temporary, for women (and their children) who have had to leave home because of some domestic crisis.

womera /'wʊmərə/ *n.* → **woomera**.

won /wʌn/ *v.* past tense and past participle of **win**.

wonder /'wʌndə/ *v.i.* **1.** to think or speculate curiously: *to wonder about a thing.* **2.** (sometimes fol. by *at*) to be affected with wonder; marvel. –*v.t.* **3.** to be curious about; be curious to know: *to*

wonderful *wonder what happened.* **4.** to be in doubt about: *I wonder if she'll come.* **5.** to be surprised at: *I wonder that you went.* –*n.* **6.** something strange and surprising; a cause of surprise, astonishment, or admiration: *it is a wonder he declined such an offer.* **7.** the emotion excited by what is strange and surprising; a feeling of surprised or puzzled interest, sometimes tinged with admiration. **8.** a miracle, or miraculous deed or event. –*phr.* **9. nine day wonder**, a subject of general surprise and interest for a short time. **10. no wonder**, (it is) not at all surprising (that). **11. small wonder**, (it is) hardly surprising (that). –**wonderment** *n.* –**wonderer** *n.*

wonderful /'wʌndəfəl/ *adj.* **1.** excellent; delightful; extremely good or fine. **2.** of a kind to excite wonder; marvellous; extraordinary; remarkable. –**wonderfully** *adv.* –**wonderfulness** *n.*

wondrous /'wʌndrəs/ *adj.* **1.** wonderful; marvellous. –*adv.* **2.** in a wonderful or surprising degree; remarkably. –**wondrously** *adv.* –**wondrousness** *n.*

wonga pigeon /wɒŋgə 'pɪdʒən/ *n.* a large ground-dwelling bird, *Leucosarcia melanoleuca*, inhabiting heavily timbered areas of eastern Australia. Also, **wonga-wonga**.

wonga-wonga /'wɒŋgə-wɒŋgə/ *n.* **1.** → **wonga pigeon**. **2.** Also, **wonga-vine**. a climbing plant, *Pandorea pandorana*, family Bignoniaceae, with cream spotted flowers found in eastern Australia.

wonky /'wɒŋki/ *adj.* **-kier, -kiest.** *Colloquial* **1.** shaky; unsound. **2.** askew; awry. **3.** unwell; upset.

wont /woʊnt/ *adj., n., v.* **wont, wont** or **wonted, wonting.** –*adj.* **1.** accustomed; used: *he is wont to digress; I rose early, as I am wont.* –*n.* **2.** custom; habit; practice. –*v.t.* **3.** to accustom (a person), as to a thing. **4.** to render (a thing) customary or usual. **5.** to be wont or accustomed: *she wonts to retire at ten.*

won't /woʊnt/ *v.* contraction of *will not*.

woo /wu/ *v.t.* **1.** to seek the favour, affection, or love of, especially with a view to marriage. **2.** to seek to win: *to woo fame.* **3.** to invite (consequences, good or bad) by one's own action: *to woo one's own destruction.* **4.** to seek to persuade (a person, etc.), as to do something; solicit; importune. –*v.i.* **5.** to pay court to someone (usually of a man to a woman). –**wooer** *n.* –**wooingly** *adv.*

wood /wʊd/ *n.* **1.** the hard, fibrous substance composing most of the stem and branches of a tree or shrub, and lying beneath the bark; the xylem. **2.** the trunks or main stems of trees as suitable for architectural and other purposes; timber or lumber. **3.** firewood. **4.** the cask, barrel, or keg in which wine, beer, or spirits are stored, as distinguished from the bottle: *aged in the wood.* **5.** *Music* **a.** a wooden wind instrument. **b.** such instruments collectively in a band or orchestra; woodwind. **6.** (*often plural*) a large and thick collection of growing trees, usually less extensive than a forest. **7.** *Golf* a club with a wooden head. **8.** *Tennis, etc.* the frame part of a racquet, usually made of wood. **9.** *Bowls* → **bowl**² (def. 1). –*adj.* **10.** made of wood; wooden. **11.** used to store or carry wood. **12.** used to cut, carve, or otherwise shape wood. **13.** dwelling or growing in woods: *a wood owl.* –*v.t.* **14.** to cover or plant with trees. **15.** to supply with wood; get supplies of wood for. –*v.i.* **16.** to take in or get supplies of wood. –*phr.* **17. have the wood on someone**, *Colloquial* to be in possession of evidence or information which can be used to damage someone. **18. not to see the wood for the trees**, to be unable to distinguish the essential or cardinal points of a problem, situation, or the like, from the mass of detail. **19. out of the wood(s)**, disengaged or escaped from a series of difficulties or dangers. –**woodless** *adj.* –**woody** *adj.*

woodblock /'wʊdblɒk/ *n.* **1.** *Printing* **a.** a block of wood engraved in relief, for printing from; a woodcut. **b.** a print or impression from such a block. **2.** a wooden block or sett, as used for flooring, road making, etc. **3.** *Music* a hollow block used in the percussion section of an orchestra. –*adj.* **4.** printed with or made from a woodblock or blocks.

woodchip /'wʊdtʃɪp/ *n.* **1.** (*plural*) small pieces of wood, made by mechanically reducing trees to fragments for subsequent industrial use. –*adj.* **2.** having to do with an industry, company, etc., which deals in woodchips. –**woodchipping** *n.*

woodcut /'wʊdkʌt/ *n.* **1.** a carved or engraved block of wood for printing from. **2.** a print or impression from such a block.

wooden /'wʊdn/ *adj.* **1.** consisting or made of wood. **2.** stiff; ungainly; awkward: *a wooden manner of walking.* **3.** without spirit: *a wooden stare.* **4.** (of a sound) as if coming from a hollow wooden object when struck. **5.** (of a wedding anniversary, etc.), showing the fifth event of a series. –**woodenly** *adv.* –**woodenness** *n.*

wooden spoon *n.* **1.** a spoon made out of wood, as used in cooking. **2.** *Colloquial* the fictitious prize awarded to the individual or team coming last in a sporting competition.

woodpecker /'wʊdpɛkə/ *n.* any of numerous scansorial birds constituting the family Picidae, having a hard, chisel-like bill for boring into wood after insects, stiff tail feathers to assist in climbing, and usually a more or less boldly patterned plumage.

woodpigeon /'wʊdpɪdʒən/ *n.* a large wild pigeon, *Columba palumbus*, of Europe.

wood-turning /'wʊd-tɜnɪŋ/ *n.* the forming of wood articles upon a lathe. –**wood-turner** *n.*

woodwind /'wʊdwɪnd/ *n.* (*sometimes construed as plural*) the group of wind instruments which comprises the flutes, clarinets, oboes, and bassoons.

woodwork /'wʊdwɜk/ *n.* **1.** objects or parts made of wood. **2.** the interior wooden fittings of a house or the like. **3.** the art or craft of working in wood; carpentry. –*phr.* **4. come out of the woodwork**, to appear unexpectedly or as though from nowhere.

woody pear *n.* **1.** a shrub or small tree, *Xylomelum pyriforme*, family Probeaceae, found growing on sandy soils in eastern Australia. **2.** the hard, beaked wooden fruit of this plant. Also, **wooden pear**.

woof¹ /wʊf/ *n.* **1.** yarns which travel from selvage to selvage in a loom, interlacing with the warp; weft; filling. **2.** texture; fabric.

woof² /wʊf/ *n.* **1.** the sound of a dog barking, especially deeply and loudly. **2.** a sound in imitation of this; a deep, resonant sound. –*v.i.* **3.** to make any such sound.

woofer /'wʊfə/ *n.* a loudspeaker designed for the reproduction of low-frequency sounds.

wool /wʊl/ *n.* **1.** the fine, soft, curly hair, characterised by minute, overlapping surface scales, to which its felting property is mainly due, that forms the fleece of sheep and certain other animals, that of sheep constituting one of the most important materials of clothing. **2.** a fibre produced from sheep's fleece or the like, that may be spun into yarn, or made into felt, upholstery materials, etc. **3.** any of various types of yarn spun from this, as worsted, tweed, etc. **4.** fabric made from sheep's wool. **5.** woollen yarn used for knitting, crocheting, ornamental needlework, etc. **6.** any of various substances used commercially as substitutes for the wool of sheep, etc. **7.** a kind of wool-like yarn or material made from cellulose by a process similar to that used in manufacturing rayon or artificial silk. **8.** any of certain vegetable fibres, such as cotton, flax, etc., so used, especially after preparation by special process (**vegetable wool**). **9.** any finely fibrous or filamentous matter suggestive of the wool of sheep: *glass wool.* **10.** *Colloquial* the human hair, especially when short, thick, and curly. *–phr.* **11. dyed in the wool**, inveterate. **12. in the wool**, (of sheep) ready or nearly ready for shearing. **13. keep one's wool**, *Colloquial* to keep one's temper; not become angry. **14. lose one's wool**, *Colloquial* to lose one's temper; become angry. **15. pull the wool over someone's eyes**, to deceive or delude someone.

wool clip *n.* the amount of wool yielded from the annual shearing season (by a station, district, etc.). Also, **clip**.

wool-gathering /ˈwʊlgæðərɪŋ/ *n.* **1.** indulgence in desultory fancies or a fit of abstraction. **2.** gathering of the tufts of wool as caught on bushes, etc., by passing sheep. **3.** idle speculation; undirected thought. *–adj.* **4.** inattentive; abstracted. **–wool-gatherer** *n.*

woollen /ˈwʊlən/ *n.* **1.** a fabric made from wool, especially a soft loose one. **2.** (*plural*) knitted woollen clothing, especially jumpers. *–adj.* **3.** made of wool. **4.** having to do with wool, or products made of wool, or their manufacture. Also, *US*, **woolen**.

woolly /ˈwʊli/ *adj.* **-lier**, **-liest**, *n.* **-lies.** *–adj.* **1.** consisting of or like wool. **2.** clothed or covered with wool or something like it. **3.** not clear or firm: *woolly thinking; a woolly outline.* *–n.* **4.** *Colloquial* an article of clothing made of wool. **5.** *Colloquial* a sheep. **–woollily** *adv.* **–woolliness** *n.*

woolly butt *n.* **1.** any of several species of *Eucalyptus* with thick fibrous bark present only on the lower part of the trunk, especially *E. longifolia* of New South Wales. **2.** any of several species of the genus *Eragrostis*, especially *E. eriopoda*, a tussocky native perennial, with bristly stems and a woolly covering on the roots and butt, growing in low rainfall areas of Australia.

woolshed /ˈwʊlʃɛd/ *n.* a large shed for shearing and baling of wool.

woomera /ˈwʊmərə/ *n.* a type of throwing stick with a notch at one end for holding a dart or spear, thus giving increased leverage in throwing, used by Australian Aborigines. Also, **womera**.

Woop Woop /ˈwʊp wʊp/ *n.* (*humorous*) any remote or backward town or district in the Australian outback. Also, **woop woop**.

woozy /ˈwuzi/ *adj. Colloquial* **1.** muddled, or stupidly confused. **2.** out of sorts physically, as with dizziness, nausea, or the like. **3.** slightly or rather drunk. **–woozily** *adv.* **–wooziness** *n.*

word /wɜd/ *n.* **1.** a sound or a combination of sounds, or its written or printed representation, used in any language as the sign of a concept. **2.** *Grammar* an element which can stand alone as an utterance, not divisible into two or more parts similarly characterised; thus *boy* and *boyish*, but not *-ish* or *boy scout*, the former being less than a word, the latter more. **3.** a term used to describe or refer: *'blue' is not an accurate word for the sea.* **4.** speech or talk: *empty words; a quiet word.* **5.** an utterance or expression, usually brief: *a word of praise; a word of warning.* **6.** (*plural*) the text or lyrics of a song as distinguished from the music. **7.** (*plural*) contentious or angry speech; a quarrel. **8.** warrant, assurance, or promise: *to give one's word; to keep one's word.* **9.** intelligence or tidings. **10.** a verbal signal, as a password, watchword, or countersign. **11.** an authoritative utterance, or command: *his word was law.* **12.** a rumour; hint. **13.** *Computers* a unit of information, usually consisting of a number or of a group of alphanumeric characters, in the memory of a computer. *–v.t.* **14.** to express in words, or phrase; select words to express: *he words his speeches carefully to avoid causing offence.* *–phr.* **15. as good as one's word**, dependable; reliable; true to one's promises or stated intentions. **16. eat one's words**, to retract something said or written. **17. have a word with**, to speak briefly to. **18. have words with**, *Colloquial* to remonstrate with; to argue with. **19. in a word**, **a.** in short; briefly. **b.** by way of summing up. **20. in so many words**, explicitly; unequivocally; without prevarication. **21. just say the word**, (an expression indicating that the person spoken to has only to request a previously discussed course of action for it to be done at once). **22. my word**, **a.** *Australian* (an expression of agreement). **b.** (an expression of surprise, mild annoyance, etc.). **23. of few words**, taciturn or laconic; disinclined to talk. **24. of many words**, loquacious. **25. of one's word**, reliable; dependable: *she is a woman of her word.* **26. play on words**, a verbal construction making use of the peculiarities of words, especially ambiguities of meaning, spelling, or pronunciation, as a pun. **27. put in a (good) word for**, to recommend (someone); mention in a favourable way. **28. suit the action to the word**, to do what one has said one would do. **29. take someone at their word**, to act on the assumption that someone means what they say literally. **30. take the words out of someone's mouth**, to say exactly what another was about to say. **31. the last word**, **a.** the closing remark, as of an argument. **b.** the very latest, most modern, or most fashionable; the best, or most sophisticated: *this machine is the last word in automation.* **32. the word**, *Colloquial* news or information: *the hot word is that she'll be here soon.* **33. the ... word**, (a euphemistic formula in which the first letter of a taboo word is specified, as *the f word* for *fuck*, *the r word* for *recession*). **34. word for word**, **a.** (of a repetition, report, etc.) using exactly the same words as the original; verbatim. **b.** translated by means of exact verbal equivalents rather than by general sense. **35. word of honour**, a promise. **36. word perfect**, knowing a lesson, part in a play, formula, etc., completely and correctly: *study this until you are word perfect.* **37. word up**, *Australian Colloquial* to speak to, especially when informing beforehand: *he worded up the magistrate.*

wordbreak /ˈwɜdbreɪk/ *n.* the point of division in a word which runs over from one line to the next. The exact placing of the division is usually determined according to certain rules of sound, as not breaking words of one syllable, and of sense, as breaking words after a prefix.

word processor *n.* a computer usually with keyboard and visual display unit, designed especially for storing and editing text.

wordy /ˈwɜdi/ *adj.* **wordier**, **wordiest.** characterised by or given to the use of many, or too many, words; verbose. **–wordily** *adv.* **–wordiness** *n.*

wore /wɔ/ v. past tense of **wear**.

work /wɜk/ n., adj., v. **worked** or **wrought**, **working**. —n. **1.** exertion directed to produce or accomplish something; labour; toil. **2.** that on which exertion or labour is expended; something to be made or done; a task or undertaking. **3.** productive or operative activity. **4.** manner or quality of working. **5.** *Physics* **a.** the product of the force acting upon a body and the distance through which the point of application of force moves. The derived SI unit of work is the joule. **b.** the transference of energy from one body or system to another. **6.** employment; a job, especially that by which one earns a living. **7.** materials, things, etc., on which one is working, or is to work. **8.** the result of exertion, labour, or activity; a deed or performance. **9.** a product of exertion, labour, or activity: *a work of art; literary works*. **10.** an engineering structure, as a building, bridge, dock, or the like. **11.** (*usually plural*) a building, wall, trench, or the like, constructed or made as a means of fortification. **12.** (*plural often construed as sing.*) a place or establishment for carrying on some form of labour or industry: *iron works*. **13.** (*plural*) the working parts of a mechanical contrivance. **14.** the piece being cut, formed, ground, or otherwise processed in a machine tool, grinder, punching machine, etc. —*adj.* **15.** of, for, or concerning work: *work clothes*. —*v.i.* **16.** to do work, or labour; exert oneself. **17.** to be employed, as for one's livelihood **18.** to be in operation, as a machine. **19.** to act or operate. **20.** to get (*round, loose*, etc.), as if by continuous effort. **21.** to move (*into, round, through*, etc.) gradually, carefully, or with effort: *to work carefully through a subject*. **22.** to have a desired effect or influence. **23.** to move in agitation, as the features under strong feeling. **24.** to make way with effort or difficulty: *a ship works to windward*. —*v.t.* **25.** to use or manage (an apparatus, contrivance, etc.) in operation. **26.** to get, or cause (something or someone) to go or be (*in, into, up*, etc.) gradually, carefully, or with difficulty: *to work a broom up the chimney*. **27.** to bring about (any result) by or as by work or effort: *to work a change*. **28.** to herd (sheep or cattle). **29.** to effect, accomplish, cause, or do. **30.** to put into effective operation. **31.** to operate (a mine, farm, etc.) for productive purposes. **32.** to carry on operations in (a district or region). **33.** to make, fashion, or execute by work. **34.** to achieve, win, or pay for by work or effort: *to work one's way through college*. **35.** to arrange or contrive. **36.** to keep (a person, a horse, etc.) at work. **37.** Also, **work up**. to move, stir, or excite in feeling, etc.: *he worked himself into a frenzy*. **38.** to make or decorate by needlework or embroidery. —*phr*.
39. at work, **a.** at one's place of work. **b.** engaged in working: *danger, men at work*. **c.** operating; functioning: *strange forces have been at work in the neighbourhood*.
40. have one's work cut out, to be hard pressed; have a difficult task.
41. make short work of, to dispose of or deal with quickly.
42. out of work, unemployed.
43. set to work, to start; begin.
44. the works, **a.** everything there is; the whole lot. **b.** *Colloquial* a violent assault.
45. work a point, *Australian Colloquial* to take an unfair advantage.
46. work at, to attempt to achieve or master (something) with application and energy: *skating isn't easy, you've got to work at it*.
47. work back, *Australian* to remain at one's place of employment to work after hours.
48. work in, **a.** to introduce, insert, or cause to penetrate, especially gradually: *work in the butter and sugar; he managed to work in the question of money*. **b.** to find room for or fit in, as into a program.
49. work into, **a.** to make one's way gradually into; penetrate slowly. **b.** to introduce or cause to mingle gradually, with care, etc. **c.** to get (something) into (somewhere) slowly, or with difficulty: *he worked his feet into his boots*.
50. work off, **a.** to get rid of by working. **b.** to discharge (a debt) by one's labour.
51. work one's passage, to pay for one's fare on a sea trip, or the like, by working as a member of the crew.
52. work out, **a.** to effect or achieve by labour: *to work out one's own salvation*. **b.** to discharge (a debt, etc.) by one's labour. **c.** to solve (a problem) by a reasoning process. **d.** to find (the answer to a problem) by reasoning. **e.** to calculate (the best way of doing something, etc.). **f.** to amount to a total or calculated figure: *it works out at $10 a metre*. **g.** to cause to finish up, turn out, or culminate (satisfactorily, unless otherwise specified): *to work out one's difficulties*. **h.** to turn out; prove (effective or suitable, unless otherwise specified). **i.** to develop; elaborate: *he doesn't always work out his plots*. **j.** to exhaust (a mine, or the like). **k.** to expiate by or as by one's effort or labour. **l.** to exercise, usually intensively and regularly, as at a gym: *what a body! I'll bet he works out!*
53. work out of, to operate from (a place): *she is now working out of Spain*.
54. work to rule (or **regulations**), to operate or take part in a go-slow.
55. work up, **a.** to excite or arouse (as feelings in oneself or others): *to work up an appetite*. **b.** to expand or elaborate (something). **c.** to move or cause to move gradually upwards. **d.** to rise gradually, as in intensity: *to work up to a climax*. **e.** to get gradually to something considered as higher, more important, etc.: *I was working up to that topic*.
56. work up a sweat, to show evidence of hard work in one's perspiration. —**workless** adj.

workable /'wɜkəbəl/ adj. **1.** practicable or feasible. **2.** capable of or suitable for being worked. —**workability** /wɜkə'bɪlətɪ/, **workableness** n.

workaday /'wɜkədeɪ/ adj. **1.** of or befitting working days; working; practical; everyday. **2.** commonplace; humdrum.

workaholic /wɜkə'hɒlɪk/ n. someone who is addicted to work. —**workaholism** n.

workbox /'wɜkbɒks/ n. a box to hold instruments and materials for work, especially needlework.

worker /'wɜkə/ n. **1.** someone or something that works: *he's a good steady worker*. **2.** someone employed in manual or industrial labour (as opposed to an employer). **3.** someone who works in a particular occupation: *office workers; research workers*. **4.** *Zoology* the sterile or infertile female of bees, wasps, ants, or termites, which does the work of the colony. —**workerless** adj.

workers' compensation n. (in Australia) **1.** an insurance scheme for employers to cover compensation to employees suffering injury or disease in the course of or arising out of employment or during their journey to or from work. **2.** a payment made under such a scheme.

work experience n. experience of a real work situation, especially that provided to high-school students so that they can test their choice of career against first-hand observation.

work force n. the total of all those engaged in employment.

workhouse /'wɜkhaʊs/ n. (formerly) a publicly supported institution for the maintenance of able-bodied paupers who performed unpaid work.

working capital n. 1. the amount of capital needed to carry on a business. 2. *Accounting* current assets minus current liabilities. 3. *Finance* liquid as distinguished from fixed capital assets.

working class the class of people composed chiefly of manual workers and labourers; the proletariat.

working-class /'wɜkɪŋ-klas/ adj. belonging or relating to, or characteristic of the working class; proletarian.

working memory n. *Computers* a high-speed memory unit used to hold intermediate results during a calculation.

workload /'wɜkloʊd/ n. the amount of work done or to be done in a specified time: *I have a very heavy workload this month.*

workmanship /'wɜkmənʃɪp/ n. 1. the art or skill of a workman; skill in working or execution. 2. quality or mode of execution, as of a thing made. 3. the product or result of the labour and skill of a workman; work executed.

work-out /'wɜk-aʊt/ n. 1. a trial at running, boxing, a game, or the like, usually preliminary to and in preparation for a contest, exhibition, etc. 2. any performance for practice or training, or as a trial or test. 3. physical exercise.

works committee n. 1. an elected body of employee representatives which deals with management regarding grievances, working conditions, wages, etc., and which is consulted by management in regard to labour matters. 2. a joint council or committee representing employer and employees which discusses working conditions, wages, etc., within a factory or office. Also, **works council**.

workshop /'wɜkʃɒp/ n. 1. a room or building in which work, especially mechanical work, is carried on (considered as smaller than a factory). 2. a group meeting to exchange ideas and study techniques, skills, etc.: *writing workshop.*

workstation /'wɜkˌsteɪʃən/ n. 1. an area in an office which is assigned to a user of electronic equipment such as a computer terminal, etc. 2. a powerful microcomputer with advanced graphics capabilities and high processing speeds. 3. *Colloquial (humorous)* a desk. Also, **work station**.

work-to-rule /'wɜk-tə-'rul/ n. 1. a deliberate curtailment of output by workers, by meticulous observation of rules, as an industrial sanction. 2. → **go-slow**.

world /wɜld/ n. 1. the earth or globe. 2. a particular division of the earth: *the New World.* 3. the earth, with its inhabitants, affairs, etc., during a particular period: *the ancient world.* 4. a particular section of the world's inhabitants: *the Third World.* 5. the public generally: *the whole world knows it.* 6. the class of persons devoted to the affairs, interests, or pursuits of this life: *the world worships success.* 7. society; secular, social, or fashionable life, with its ways and interests: *to withdraw from the world.* 8. a particular class of society, with common interests, aims, etc.: *the fashionable world.* 9. any sphere, realm, or domain, with all that relates to it: *woman's world; the world of dreams; the insect world.* 10. the totality of a person's immediate environment or context; one's physical and spiritual surroundings: *the world of high finance.* 11. the entire system of created things; the universe; the macrocosm. 12. one's life, conceived of as complete and separate from the rest of society; one's private mental universe. 13. one of the three general groupings of physical nature, as the **animal world**, **mineral world**, **vegetable world**. 14. any period, state, or sphere of existence: *this world; the world to come.* 15. a very great quantity or extent: *to do a world of good.* 16. any indefinitely great expanse or amount. 17. *Colloquial* all that is important, agreeable, or necessary to one's happiness: *you're the world to me.* –phr.

18. a world of one's own, a state of being out of touch with other people.

19. bring into the world, **a.** to bear (a child), as a mother. **b.** to deliver (a child), as a midwife.

20. come into the world, to be born.

21. dead to the world, *Colloquial* **a.** unaware of one's surroundings; sleeping heavily. **b.** totally drunk. **c.** utterly tired; exhausted.

22. for all the world, **a.** for any consideration, no matter how great: *he wouldn't come for all the world.* **b.** in every respect, or precisely: *he looks for all the world like a drug addict.*

23. for the world or **for worlds**, on any account.

24. in the world, **a.** in the universe, or on earth anywhere. **b.** at all; ever: *nothing in the world will make me change my mind; where in the world did you get that hat?*

25. on top of the world, elated; delighted; exultant.

26. out of this world, excellent; supremely or sublimely good.

27. set the world on fire, to be a great success.

28. think the world of, to esteem very highly.

29. world without end, through all eternity; forever.

world-class /'wɜld-klas/ adj. sufficiently good to be acceptable anywhere in the world.

worldling /'wɜldlɪŋ/ n. someone devoted to the interests and pleasures of this world; a worldly person.

worldly /'wɜldli/ adj. **-lier**, **-liest**, adv. –adj. **1.** earthly or mundane. **2.** devoted to, directed towards, or connected with the affairs, interests, or pleasures of this world. **3.** secular. –adv. **4.** in a worldly manner. –**worldliness** /'wɜldlinəs/ n.

world music n. folk music or the music of different cultures and nationalities from around the world.

world-weary /'wɜld-wɪəri/ adj. weary of the world or of existence and its pleasures; blasé.

World Wide Web n. the global communications system made possible by the Internet.

worm /wɜm/ n. **1.** *Zoology* any of the long, slender, soft-bodied bilateral invertebrates including the flatworms, roundworms, acanthocephalans, nemerteans, and annelids. **2.** (in popular language) any of numerous small creeping animals with more or less slender, elongated bodies, and without limbs or with very short ones, including individuals of widely differing kinds, as earthworms, tapeworms, insect larvae, adult forms of some insects, etc. **3.** woodworm, or its presence, as indicated by wormholes, etc. **4.** a shaft on which one or more helical grooves are cut, or a device in which this is the principal feature. **5.** the endless screw which engages with a worm wheel in a worm gear. **6.** a grovelling, abject, or contemptible person. **7.** a downtrodden or miserable person. **8.** something that penetrates, injures, or consumes slowly or insidiously, like a gnawing worm. **9.** *(plural) Pathology* any disease or disorder arising from the presence of parasitic worms in the intestines or other tissues. **10.** a rogue program which, once it is loaded on a computer, replicates itself until it takes up all the available memory, bringing the whole system to a standstill. –v.i. **11.** to move or act like a worm; creep, crawl, or advance slowly or stealthily. –v.t. **12.** to make, cause, bring, etc., along by creeping or crawling, or by stealthy or devious advances.

wormcast

13. to free from worms. –*phr.* **14. a can of worms**, *Colloquial* a difficult and complicated situation. **15. worm into**, to get by insidious procedure. **16. worm out of**, to get from (someone) by persistent, insidious efforts: *to worm a secret out of a person.* –**wormer** *n.* –**wormless** *adj.* –**wormlike** *adj.*

wormcast /'wɜmkast/ *n.* an irregular coil of compacted soil or sand voided on the surface by some annelid worms, as earthworms.

wormwood /'wɜmwʊd/ *n.* **1.** any plant of the genus *Artemisia*, as santonica and moxa. **2.** a bitter, aromatic herb, *Artemisia absinthium*, native to the Old World, formerly much used as a vermifuge and a tonic, but now chiefly in making absinth. **3.** something bitter, grievous, or extremely unpleasant; bitterness.

worn /wɔn/ *v.* **1.** past participle of **wear**[1]. –*adj.* **2.** impaired by wear or use: *worn clothing.* **3.** wearied or exhausted. –**wornness** *n.*

worrisome /'wʌrisəm/ *adj.* **1.** worrying, annoying, or disturbing; causing worry. **2.** inclined to worry. –**worrisomely** *adv.*

worry /'wʌri/ *v.* **-ried, -rying,** *n.* **-ries.** –*v.i.* **1.** to feel uneasy or anxious; fret; torment oneself with or suffer from disturbing thoughts. –*v.t.* **2.** to cause to feel uneasy or anxious; trouble; torment with annoyances, cares, anxieties, etc.; plague, pester, or bother. **3.** to seize (originally by the throat) with the teeth and shake or mangle, as one animal does another. **4.** to harass by repeated biting, snapping, etc. **5.** to cause to move, etc., by persistent efforts, in spite of difficulties. –*n.* **6.** worried condition or feeling; uneasiness or anxiety. **7.** a cause of uneasiness or anxiety, or a trouble. **8.** (*plural*) difficulties or problems: *you'll have no worries with the neighbours about parking.* **9.** the act of worrying. **10.** a person who gives cause for anxiety. –*phr.* **11. no worries**, *Australian, NZ Colloquial* (an expression of confidence that everything will go well): *I'll be there, no worries!* **12. worry along** (or **through**), to progress by constant effort, in spite of difficulties. –**worrier** *n.* –**worried** *adj.*

worse /'wɜs/ *adj.* (*comparative of* **bad**) **1.** bad or ill in a greater or higher degree; inferior in excellence, quality, or character. **2.** more faulty, unsatisfactory, or objectionable. **3.** more unfavourable or injurious. **4.** in poorer condition or health. **5.** more unpleasant or disagreeable. **6.** more unsuccessful, ineffective, or unskilful. –*n.* **7.** that which is worse. –*adv.* **8.** in a more disagreeable, evil, wicked, severe, or disadvantageous manner. **9.** with more severity, intensity, etc.; in a greater degree. **10.** in a less satisfactory, complete or effective manner. –*phr.* **11. for the worse**, so as to deteriorate: *a change for the worse.* **12. go from bad to worse**, to deteriorate. **13. none the worse for**, **a.** not harmed by. **b.** *Colloquial* positively benefited by. **14. the worse for wear**, **a.** showing signs of considerable wear; shabby or worn out. **b.** *Colloquial* drunk. **15. worse off**, in worse circumstances; poorer; less fortunate or well placed. –**worsen** *v.* –**worseness** *n.*

worship /'wɜʃəp/ *n., v.* **-shipped** *or Chiefly US* **-shiped, -shipping** *or Chiefly US* **-shiping.** –*n.* **1.** deeply respectful honour paid to God, or to any person or thing regarded as sacred; adoration. **2.** the giving of such honour in formal ceremony, prayer, etc. **3.** great love or adoration; infatuation: *hero worship.* **4.** (*cap.*) (with *Your, His, Her,* etc.) a title of honour used especially in addressing or mentioning certain magistrates in court. –*v.t.* **5.** to give religious adoration to (God). **6.** to feel great love or adoration for (any person or thing). –*v.i.* **7.** to give religious adoration. **8.** to go to religious services of worship; pray. **9.** to feel great love or adoration. –**worshipful** *adj.* –**worshipable** *adj.* –**worshipper**; *Chiefly US,* **worshiper** *n.*

worst /wɜst/ *adj.* (*superlative of* **bad**) **1.** bad or ill in the greatest or highest degree. **2.** most faulty, unsatisfactory, or objectionable. **3.** most unfavourable or injurious. **4.** in the poorest condition or health. **5.** most unpleasant or disagreeable. **6.** most unsuccessful, ineffective, or unskilful. –*n.* **7.** that which or one who is worst or the worst part. –*adv.* **8.** in the most disagreeable, evil, wicked, severe, or disadvantageous manner. **9.** with the most severity, intensity, etc.; in the greatest degree. **10.** in the least satisfactory, complete, or effective manner: *the worst-dressed girl in the room.* –*v.t.* **11.** to give (someone) the worst of a contest or struggle; defeat; beat. –*phr.* **12. come off worst** or **get the worst**, to be defeated (in a contest). **13. if** (**the**) **worst comes to** (**the**) **worst**, if the very worst happens. **14. one's worst**, the utmost, especially the utmost harm, that a person is capable of: *to do one's worst to someone.*

worsted[1] /'wʊstəd/ *n.* **1.** firmly twisted yarn or thread spun from combed long-staple wool, used for weaving, etc. **2.** wool cloth woven from such yarns, having a hard, smooth surface, and no nap. –*adj.* **3.** consisting or made of worsted.

worsted[2] /'wɜstəd/ *v.* past participle of **worst**.

wort[1] /wɜt/ *n.* the unfermented or fermenting infusion of malt which after fermentation becomes beer or mash.

wort[2] /wɜt/ *n.* a plant; herb; vegetable (now used chiefly in combination, as in *liverwort, figwort,* etc.).

worth /wɜθ/ *adj.* **1.** good or important enough to justify (what is specified): *advice worth taking; a place worth visiting.* **2.** having a value of, or equal in value to, as in money. **3.** having property to the value or amount of. –*n.* **4.** excellence of character or quality as commanding esteem: *men of worth.* **5.** usefulness or importance, as to the world, to a person, or for a purpose. **6.** value, as in money. **7.** a quantity of something, of a specified value. **8.** wealth; the value of one's property. –*phr.* **9. for all one's worth**, with all one's might; to one's utmost. **10. for what it is worth**, in spite of possible doubts about the accuracy, veracity, or significance of what is said. **11. worth while**, deserving attention; repaying effort or outlay: *not worth while; well worth while.*

worthwhile /wɜθ'waɪl/ *adj.* such as to repay one's time, attention, interest, work, trouble, etc.: *a worthwhile book.*

worthy /'wɜði/ *adj.* **-thier, -thiest,** *n.* **-thies.** –*adj.* **1.** of adequate merit or character. **2.** of commendable excellence or merit; deserving: *worthy of praise; worthy to be loved.* –*n.* **3.** a person of eminent worth or merit or of social importance. **4.** (*often humorous*) a person. –**worthily** *adv.* –**worthiness** *n.*

would /wʊd/ *weak forms* /wəd, d/ *v.* past tense of **will**[1] used: **1.** specially in expressing a wish: *I would it were true.* **2.** to express condition: *I would have come had you asked me.* **3.** often in place of *will*, to make a statement or question less direct or blunt: *that would scarcely be fair, would you be so kind?*

would-be /'wʊd-bi/ *adj.* **1.** wishing or pretending to be: *a would-be wit.* **2.** intended to be: *a would-be kindness.*

wouldn't /'wʊdənt/ *v.* **1.** contraction of *would not.* –*phr.* **2. wouldn't it**, Also, **wouldn't it rot** (**or rotate**) (**or root**) **you**, *Australian, NZ Colloquial* (an exclamation indicating dismay, disapproval, disgust, etc.).

wound[1] /wund/ *n.* **1.** an injury to an organism,

wound usually one involving division of tissue or rupture of the integument or mucous membrane, due to external violence or some mechanical agency rather than disease. **2.** a similar injury to the tissue of a plant. **3.** an injury or hurt to feelings, sensibilities, reputation, etc. *–v.t.* **4.** to inflict a wound upon; injure; hurt. *–v.i.* **5.** to inflict a wound or wounds. **–woundable** *adj.* **–wounder** *n.* **–woundless** *adj.*

wound² /waʊnd/ *v.* past tense and past participle of **wind²** and **wind³**.

wove /woʊv/ *v.* past tense and occasional past participle of **weave**.

woven /'woʊvən/ *v.* past participle of **weave**.

wow /waʊ/ *n.* **1.** *Colloquial* something that proves an extraordinary success. **2.** *Acoustics* a slow variation in pitch fidelity resulting from fluctuations in the speed of a recording. *–v.t.* **3.** *Colloquial* to win approval, admiration from. *–interj.* **4.** *Colloquial* (an exclamation of surprise, wonder, pleasure, dismay, etc.).

wowser /'waʊzə/ *n.* *Australian, NZ Colloquial* a prudish teetotaller; a killjoy. **–wowserism** *n.* **–wowserish** *adj.*

woylie /'wɔɪli/ *n.* a small bettong, *Bettongia penicillata*, of central and southern Australia, having a long prehensile tail covered with black hairs on the upper surface towards the tip.

wrack /ræk/ *n.* **1.** any brown seaweed of the genus *Fucus*, as the **serrated wrack**, *F. serratus*, and the **bladderwrack**, *F. vesiculosus*. **2.** any seaweed or marine vegetation cast ashore. **3.** wreck or wreckage. **4.** ruin or destruction; disaster; rack.

wraith /reɪθ/ *n.* **1.** an apparition of a living person, or one supposed to be living, reputed to portend or indicate his or her death. **2.** a visible spirit. **3.** an insubstantial copy or replica of something. **4.** something pale, thin, and insubstantial, as a plume of vapour, smoke, or the like. **–wraithlike** *adj.*

wrangle /'ræŋgəl/ *v.* **-gled, -gling,** *n.* *–v.i.* **1.** to argue or dispute, especially in a noisy or angry manner. **2.** to engage in argument, debate, or disputation. *–v.t.* **3.** to influence, persuade, or otherwise affect by arguing. **4.** *US* to tend (horses). *–n.* **5.** a noisy or angry dispute; altercation. **–wrangler** *n.*

wrap /ræp/ *v.* **wrapped** *or* **wrapt, wrapping,** *n.* *–v.t.* **1.** Also, **wrap up**. to enclose, envelop, or muffle in something wound or folded about. **2.** Also, **wrap up**. to enclose and make fast (an article, bundle, etc.) within a covering of paper or the like. **3.** Also, **wrap up**. to protect with coverings, outer garments, etc. **4.** to surround, envelop, shroud, or enfold. **5.** → **rap¹**. *–v.i.* **6.** to become wrapped, as about something; fold. *–n.* **7.** something to be wrapped about the person, especially in addition to the usually indoor clothing, as a shawl, scarf, or mantle. **8.** (*plural*) outdoor garments, or coverings, furs, etc. **9.** a wrapper, especially a plastic one: *the sausages were in a plastic wrap*. **10.** *Colloquial* an enthusiastic approval or recommendation: *he gave the new product a good wrap*. *–phr.* **11. under wraps**, not open to public scrutiny: *keep the project under wraps for a while*. **12. wrap around, a.** to wind, fold, or bind (something) about as a covering. **b.** *Computers* (of text on a screen) to move from one line to the next automatically when the first line reaches the edge of the screen. **13. wrap up, a.** to fold or roll up. **b.** *Colloquial* to conclude or settle: *to wrap up a financial transaction*. **c.** to put on warm outer garments.

wrapped /ræpt/ *adj.* **1.** Also, **rapt**. *Australian Colloquial* enthused: *I'm wrapped in Mahler*. *–phr.* **2. wrapped up,** *Colloquial* finished; concluded. **3. wrapped up in, a.** engrossed or absorbed in: *wrapped up in football*. **b.** intimately connected with: *their lives were wrapped up in the activities of the neighbourhood*. **c.** dressed up with: *a simple story wrapped up in literary pretensions*.

wrasse /ræs/ *n.* any of various marine fishes of the family Labridae, having thick, fleshy lips, powerful teeth, and usually a brilliant colour, certain species being valued as food fishes, as the **humpheaded wrasse**, *Cheilinus undulatus*, of the Great Barrier Reef.

wrath /rɒθ/ *n.* **1.** strong, stern, or fierce anger; deeply resentful indignation; ire. **2.** vengeance or punishment, as the consequence of anger. *–adj.* **3.** *Archaic* wroth; angry. **–wrathless** *adj.*

wreak /rik/ *v.t.* **1.** to inflict or execute (vengeance, etc.). **2.** to carry out the promptings of (one's rage, ill humour, will, desire, etc.), as on a victim or object. **–wreaker** *n.*

wreath /riθ/ *n.* **wreaths** /riðz/. **1.** something twisted or bent into a circular form; a circular band of flowers, foliage, or any ornamental work, for adorning the head or for any decorative purpose; a garland or chaplet. **2.** a garland of flowers, laurel leaves, etc., worn on the head as a mark of honour. **3.** such a circular band of flowers, foliage, etc., left at a grave, tomb, or memorial as a mark of respect or affection for the dead. **4.** any ringlike, curving, or curling mass or formation. **5.** any object having a helical path, as a rising curve in the handrail of a staircase. **–wreathless** *adj.* **–wreathlike** *adj.*

wreathe /rið/ *v.* **wreathed, wreathing.** *–v.t.* **1.** to encircle or adorn with or as if with a wreath. **2.** to surround in curving or curling masses or form: *mist wreathed the valley*. **3.** to cover: *a face wreathed in smiles*. *–v.i.* **4.** to move in curving or curling masses, as smoke.

wreck /rɛk/ *n.* **1.** the ruin or destruction of a ship or aircraft in the course of navigation. **2.** any ship or aircraft in a state of ruin from disaster. **3.** anything brought to a state of ruin: *my car is just a wreck*. **4.** the ruin or destruction of anything: *the wreck of my hopes*. **5.** someone in very bad physical or mental health. *–v.t.* **6.** to cause the loss of (a ship, etc.); shipwreck. **7.** (*usually passive*) to involve in a wreck: *the sailors were wrecked on a strange coast*. **8.** to ruin or destroy. **–wreckage** *n.*

wren /rɛn/ *n.* **1.** any of a large number of small passerine birds with long legs and long, almost upright tails, of the family Maluridae, especially the brightly coloured birds of the genus *Malurus*, as the superb blue wren, and those of related genera, as the emu wrens (*Stipiturus*) and the grass wrens (*Amytornis*). **2.** any of numerous small, active, oscinine passerine birds constituting the family Troglodytidae, especially *Troglodytes troglodytes*, known as the wren in England and as the **winter wren** in America; and the common **house wren** (*T. aedon*) of North America. **3.** any of various similar birds of other families, as the **golden-crested wren** (*Regulus regulus*).

wrench /rɛntʃ/ *v.t.* **1.** to pull, jerk, or force by a violent twist. **2.** to overstrain or injure (the ankle, etc.) by a sudden, violent twist. **3.** to affect distressingly as if by a wrench: *wrenched by sorrow*. *–v.i.* **4.** to pull at something with a violent, twisting movement: *he wrenched at the door*. *–n.* **5.** a sudden, violent twist. **6.** a sharp, distressing strain to the feelings. **7.** a twisted or forced meaning. **8.** an adjustable spanner. **9.** a spanner.

wrest /rɛst/ *v.t.* **1.** to twist or turn; pull, jerk, or force by a violent twist. **2.** to take away by force. **3.** to get by effort: *to wrest a living from the soil*. **4.** to twist or turn from the proper course, application, use, meaning, or the like. *–n.* **5.** a wresting; a twist or wrench. **–wrester** *n.*

wrestle / wrong

wrestle /'rɛsəl/ v. -tled, -tling, n. –v.i. **1.** to engage someone in wrestling. **2.** to struggle in a fight for mastery; grapple. **3.** to deal (with a subject) as a difficult task or duty. –v.t. **4.** to struggle with in wrestling. –n. **5.** an act of or bout at wrestling. **6.** a struggle. –**wrestler** n.

wrestling /'rɛslɪŋ/ n. an exercise or sport, subject to special rules, in which two persons struggle hand to hand, each striving to throw or force the other to the ground.

wretch /rɛtʃ/ n. **1.** a deplorably unfortunate or unhappy person. **2.** a person of despicable or base character.

wretched /'rɛtʃəd/ adj. **1.** very unfortunate in condition or circumstances; miserable; pitiable. **2.** characterised by or attended with misery. **3.** despicable, contemptible, or mean. **4.** poor, sorry, or pitiful; worthless: *a wretched blunderer, wretched little daubs*. –**wretchedly** adv. –**wretchedness** n.

wrick /rɪk/ v.t. **1.** to wrench or strain; rick. –n. **2.** a strain.

wriggle /'rɪgl/ v. -gled, -gling, n. –v.i. **1.** to twist to and fro, writhe, or squirm. **2.** to move along by twisting and turning the body, as a worm or snake. **3.** to make one's way by shifts or expedients: *to wriggle out of a difficulty*. **4.** to insinuate oneself into a position of advantage; wheedle. –v.t. **5.** to cause to wriggle. **6.** to bring, get, make, etc., by wriggling. –n. **7.** an act of wriggling; a wriggling movement. **8.** a sinuous formation or course. –*phr.* **9. get a wriggle on**, *Colloquial* to hurry. –**wriggler** n. –**wriggly** adj.

wright /raɪt/ n. a worker, especially one who constructs something (now chiefly in *wheelwright*, *playwright*, etc.).

wring /rɪŋ/ v. wrung, wringing, n. –v.t. **1.** to twist forcibly, as something flexible. **2.** Also, **wring out**. to twist and compress, or compress without twisting, in order to force out moisture: *to wring one's clothes out*. **3.** to affect painfully by or as if by some contorting or compressing action; pain, distress, or torment. **4.** to force (*off*, etc.) by twisting. **5.** to extract or extort as if by twisting. –v.i. **6.** to perform the action of wringing something. **7.** to writhe, as in anguish. –n. **8.** a wringing; forcible twist or squeeze. –*phr.* **9. wring one's hands**, to clasp one's hands together, as in grief, etc. **10. wring (out) from**, to extract or expel from by twisting or compression. **11. wring someone's hand**, to clasp someone's hand fervently.

wringer /'rɪŋə/ n. an apparatus or machine which wrings water or the like out of anything wet; a mangle.

wrinkle /'rɪŋkəl/ n., v. -kled, -kling –n. **1.** a ridge or furrow on a surface, due to contraction, folding, rumpling, or the like; corrugation; slight fold; crease. –v.t. **2.** to form a wrinkle or wrinkles in; corrugate; crease. –v.i. **3.** to become contracted into wrinkles; become wrinkled. –**wrinkleless** adj. –**wrinkly** adj.

wrist /rɪst/ n. **1.** the part of the arm between the forearm and the hand; technically, the carpus. **2.** the joint between the radius and the carpus (**wrist joint**). **3.** that part of an article of clothing which fits round the wrist.

writ /rɪt/ n. *Law* a formal order under seal, issued in the name of a sovereign, government, court, or other competent authority, enjoining the officer or other person to whom it is issued or addressed, to do or refrain from some specified act.

write /raɪt/ v. **wrote**, **written**, **writing**. –v.t. **1.** to trace or form (characters, letters, words, etc.) on the surface of some material, as with a pen, pencil, or other instrument or means; inscribe. **2.** to express or communicate in writing; give a written account of. **3.** to fill in the blank spaces of (a form, etc.) with writing: *to write a cheque*. **4.** to execute or produce by setting down words, etc.: *to write two copies of a letter*. **5.** to compose and produce in words or characters duly set down: *to write a letter to a friend*. **6.** to produce as author or composer. **7.** *US* to write a letter to (someone). **8.** (of a computer) to copy (information) from its primary storage area to a secondary device such as a magnetic tape or disc. –v.i. **9.** to trace or form characters, words, etc., with a pen, pencil, or other instrument or means, or as a pen or the like does. **10.** (of a writing implement) to produce characters, words, etc., in a specified manner: *this pen writes well*. **11.** to be a writer, journalist, or author for one's living. **12.** to express ideas in writing. **13.** to write a letter or letters, or communicate by letter. –*phr.* **14. have (something) written all over one (or it)**, to show as a clear characteristic: *her face had delight written all over it*. **15. write down**, **a.** to set down in writing. **b.** to write in deprecation of; injure as by writing against. **c.** *Commerce* to reduce the book value of. **16. write down to**, to write in consciously simple terms for (a supposedly ignorant readership). **17. write for**, to request or apply for by letter. **18. write in**, **a.** to write a letter to a newspaper, business firm, or the like. **b.** *US Politics* (in a ballot) to add the name of a candidate not listed in the printed ballot. **19. write off**, **a.** to cancel, as an entry in an account, as by an offsetting entry. **b.** to treat as an irreparable or non-recoverable loss. **c.** to consider as dead. **20. write oneself off**, *Colloquial* **a.** to get very drunk. **b.** to have a motor accident. **c.** to give a poor account of oneself, as in an interview, examination, etc. **21. write out**, **a.** to put into writing. **b.** to write in full form. **c.** to remove (a character) from a film script, soap opera, etc. **22. write up**, **a.** to write out in full or in detail. **b.** to bring up to date or to the latest fact or transaction in writing. **c.** to present to public notice in a written description or account. **d.** to commend to the public by a favourable written description or account. **e.** *Accounting* to make an excessive valuation of (an asset). –**writer** n.

write-off /'raɪt-ɒf/ n. **1.** *Accounting* something written off from the books. **2.** *Colloquial* something not worth repairing, either because it is irreparably damaged or because it is too old or valueless to be worth restoring to use. **3.** *Colloquial* someone who is incapacitated through drunkenness, injury, etc. **4.** *Colloquial* an incompetent person; a no-hoper.

write-up /'raɪt-ʌp/ n. a written description or account, as in a newspaper or magazine.

writhe /raɪð/ v. **writhed**, **writhing**, n. –v.i. **1.** to twist the body about, or squirm, as in pain, violent effort, etc. **2.** to shrink mentally, as in acute discomfort, embarrassment, etc. –v.t. **3.** to twist or bend out of shape or position; distort; contort. **4.** to twist (oneself, the body, etc.) about, as in pain. –n. **5.** a writhing movement; a twisting of the body, as in pain. –**writher** n. –**writhingly** adv.

written /'rɪtn/ v. past participle of **write**.

wrong /rɒŋ/ adj. **1.** not in accordance with what is morally right or good. **2.** deviating from truth or fact; erroneous. **3.** not correct in action, judgment, opinion, method, etc., as a person; in error. **4.** not in accordance with a code, convention, or set of rules; not proper: *the wrong way to talk to one's betters*. **5.** not in accordance with needs or expectations: *to take the wrong road; the wrong way to hold a golf club*. **6.** out of order, awry, or amiss: *something is wrong with the machine*. **7.** not suitable or appropriate: *to say the wrong thing*. **8.** (of a fabric, etc.) relating to or constituting the side that is less finished, which forms the inner side of a garment, etc. –*n.* **9.** that which is wrong, or not in accordance with morality, goodness, justice, truth, or the like; evil. **10.** an unjust act; injury. **11.** *Law* an act in breach of civil or criminal law. –*adv.* **12.** in a wrong manner; not rightly; awry or amiss. –*v.t.* **13.** to do wrong to; treat unfairly or unjustly; injure or harm. **14.** impute evil to unjustly. **15.** to seduce. –*phr.* **16. get on the wrong side of**, to incur the hostility of. **17. get someone wrong**, to misunderstand someone. **18. get the wrong end of the stick**, to misunderstand. **19. get up on the wrong side (of bed)**, to be in a bad temper. **20. in the wrong**, **a.** responsible for some error or accident; guilty; to blame. **b.** mistaken; in error. **21. in wrong with**, in disfavour with. **22. wrong in the head**, *Colloquial* crazy; mad. –**wrongly** *adv.*

wrote /roʊt/ *v.* past tense of **write**.

wrought /rɔt/ *v.* **1.** *Archaic* a past tense and past participle of **work**. –*adj.* **2.** fashioned or formed; resulting from or having been subjected to working or manufacturing. **3.** produced or shaped by beating with a hammer, etc., as iron or silver articles. **4.** ornamented or elaborated. **5.** not rough or crude.

wrought iron *n.* a comparatively pure form of iron (as that produced by puddling pig-iron) which contains practically no carbon, and which is easily forged, welded, etc., and does not harden when suddenly cooled.

wrought-iron /'rɔt-aɪən/ *adj.* made of, or used in the working or manufacture of, wrought iron.

wrought-up /rɔt-'ʌp/ *adj.* excited; perturbed.

wrung /rʌŋ/ *v.* past tense and past participle of **wring**.

wry /raɪ/ *adj.* **wryer** *or* **wrier**, **wryest** *or* **wriest**. **1.** (of a facial expression) showing dislike or discomfort: *she made a wry face when he suggested a picnic.* **2.** ironically or bitterly amusing: *wry humour.* **3.** abnormally bent or turned to one side; twisted or crooked: *a wry nose.* –**wryly** *adv.* –**wryness** *n.*

wrybill /'raɪbɪl/ *n.* a shorebird, *Anarhynchus frontalis*, of New Zealand, related to the plovers, and having its bill twisted to the right.

wuss /wʊs/ *n. Colloquial* an overly timid or ineffectual person, especially a male; wimp. –**wussy** *adj.*

www → **World Wide Web**.

WYSIWYG /'wɪziwɪg/ *n.* **1.** a computer system which displays text and images on a video display unit screen exactly as it will appear in printed output, including underlinings, typeface changes, line spacing, etc. –*adj.* **2.** having to do with a computer screen display that is produced by WYSIWYG. Also, **what-you-see-is-what-you-get**.

X, x /ɛks/ *n.* **X's, Xs, x's** *or* **xs. 1.** the 24th letter of the English alphabet. **2.** a term often used to designate a person, thing, agency, factor, or the like, whose true name is unknown or withheld. **3.** the Roman numeral for 10.

x /ɛks/ *Mathematics* **1.** → **abscissa. 2.** an unknown quantity or a variable.

xanthorrhoea /zænθə'riə/ *n.* any plant of the genus *Xanthorroea*, native to Australia, as the grasstree.

X-axis /'ɛks-æksəs/ *n. Mathematics* the horizontal reference axis in a two-dimensional Cartesian coordinate system.

X chromosome *n. Genetics* the sex chromosome having major control in sex determination, often paired with an unlike or Y chromosome. In humans and most mammals the XX condition controls femaleness and XY maleness; in poultry and some insects the reverse is true.

xeno- a word element meaning 'alien', 'strange', 'foreign', as in *xenogenesis*. Also (*before a vowel*), **xen-**.

xenon /'zinɒn/ *n.* a heavy, colourless, chemically unreactive but not completely inert monatomic gaseous element present in the atmosphere, one volume in 170 000 000 volumes of air. *Symbol*: Xe; *at. wt*: 131.3; *at. no.*: 54.

xenophobia /zɛnə'foʊbiə/ *n.* fear or hatred of foreigners. **–xenophobic** *adj.* **–xenophobe** *n.*

xero- a word element meaning 'dry', as in *xeroderma*. Also (*before a vowel*), **xer-**.

xerography /zɪə'rɒgrəfi/ *n.* a method of photographic copying in which an electrostatic image is formed on a surface coated with selenium when it is exposed to an optical image. A dark resinous powder is dusted onto this surface after exposure so that the particles adhere to the charged regions; the image so formed is transferred to a sheet of charged paper and fixed by heating. **–xerograph** /'zɪərəgræf, -graf/ *n.* **–xerographic** /zɪərə'græfɪk/ *adj.*

xerophyte /'zɪərəfaɪt/ *n. Botany* a plant adapted for growth under dry conditions. **–xerophytic** /zɪərə'fɪtɪk/ *adj.*

xerox /'zɪərɒks/ *n.* **1.** a xerographic process. **2.** a copy obtained by this process. *–v.t.* **3.** to obtain copies of by this process. *–v.i.* **4.** to use this process to obtain copies.

-xion variant of **-tion**, as in *inflexion, flexion*.

XL /ɛks 'ɛl/ *adj.* (as a clothing size) extra large.

Xmas /'ɛksməs, 'krɪsməs/ Christmas.

X-ray /'ɛks-reɪ, ɛks-'reɪ/ *n.* **1.** *Physics* (*often plural*) electromagnetic radiation of very short wavelength (5×10^{-9} to 6×10^{-12} m) which can penetrate solids, ionise gases, and expose photographic plates; roentgen ray. **2.** the examination of the inside of a person's body or something opaque by an X-ray machine. **3.** the photograph taken using the process. *–v.t.* **4.** to examine by means of X-rays. **5.** to make an X-ray of. **6.** to treat with X-rays.

xylem /'zaɪləm/ *n. Botany* the woody tissue that is the mechanical supporting portion of a vascular bundle. See **phloem**.

xylo- a word element meaning 'wood', as in *xylograph*. Also, **xyl-**.

xylophone /'zaɪləfoʊn/ *n.* a musical instrument consisting of a graduated series of wooden bars, usually sounded by striking with small wooden hammers. **–xylophonic** /zaɪlə'fɒnɪk/ *adj.* **–xylophonist** /zaɪ'lɒfənəst/ *n.*

Y y

Y, y /waɪ/ *n.* **Y's, Ys, y's** *or* **ys. 1.** the 25th letter of the English alphabet. **2.** something resembling the letter Y in shape.

y /waɪ/ *Mathematics* **1.** an ordinate. See **abscissa**. **2.** an unknown quantity or a variable.

-y¹ a suffix of adjectives meaning 'characterised by or inclined to' the substance or action of the word or stem to which the suffix is attached, as in *juicy, dreamy, chilly*. Also, **-ey**.

-y² a diminutive suffix, often affectionate, common in names, as in *Billy, pussy*. Also, **-ey, -ie**.

-y³ a suffix forming action nouns from verbs, as in *inquiry*, also found in other abstract nouns, as *carpentry, infamy*.

yabber /'jæbə/ *Colloquial* –*v.i.* **1.** to talk; converse. –*n.* **2.** talk; conversation. **–yabberer** *n.*

yabby /'jæbi/ *n.* **-bies**, *v.* **-bied, bying.** –*n.* **1.** an Australian freshwater crayfish, of genus *Cherax*. –*v.i.* **2.** to catch yabbies. Also, **yabbie. –yabbying** *n.*

yacht /jɒt/ *n.* a sailing vessel used for private cruising, racing, or other like non-commercial purposes.

yahoo /'jahu, ja'hu/ *n.* **1.** a rough, coarse, or uncouth person. –*interj.* **2.** (an exclamation expressing enthusiasm or delight). –*phr.* **3. yahoo around** (or **about**), to behave in a rough, uncouth manner.

yak¹ /jæk/ *n.* **1.** the long-haired wild ox, *Poephagus grunniens*, of the Tibetan highlands. **2.** a domesticated variety of the same species.

yak² /jæk/ *n., v.* **yakked, yakking.** *Colloquial* –*n.* **1.** empty conversation. –*v.i.* **2.** to talk or chatter, especially pointlessly and continuously.

yakka /'jækə/ *n. Australian, NZ Colloquial* work. Also, **yacker, yakker**.

Yakuza /'jakuzə/ *n.* (*sometimes l.c.*) any of various ritualistic Japanese criminal organisations.

yam /jæm/ *n.* **1.** the starchy, tuberous root of any of various climbing vines of the genus *Dioscorea*, much cultivated for food in the warmer regions of both hemispheres. **2.** any of these plants. **3.** *Southern US* → **sweet potato**.

Yang /jæŋ/ *n.* one of the two fundamental principles of the universe in Chinese philosophy, regarded as masculine, active, and assertive. Compare **Yin**.

yank /jæŋk/ *Colloquial* –*v.t.* **1.** to pull with a sudden jerking motion; tug sharply. –*v.i.* **2.** to move with a sudden jerking motion. –*n.* **3.** a jerk or tug.

Yank /jæŋk/ *n., adj. Colloquial* American.

yap /jæp/ *v.* **yapped, yapping**, *n.* –*v.i.* **1.** to yelp; bark snappishly. **2.** *Colloquial* to talk snappishly, noisily, or foolishly. –*v.t.* **3.** to utter by yapping. –*n.* **4.** a yelp: a snappish bark.

yard¹ /jad/ *n.* **1.** a common unit of linear measure in the imperial system equal to 3 feet or 36 inches, defined as 0.9144 metres. **2.** *Nautical* a long cylindrical spar with a taper towards each end, slung crosswise to a mast and suspending a square sail, lateen sail, etc.

yard² /jad/ *n.* **1.** a piece of enclosed ground adjoining or surrounding a house or other building, or surrounded by it. **2.** a piece of enclosed ground for use as a garden, for animals, or for some other purpose. **3.** an enclosure within which any work or business is carried on: *a brickyard, a shipyard*. –*v.t.* **4.** to put into or enclose in a yard.

yardarm /'jadam/ *n. Nautical* either end of a yard of a square sail.

yardstick /'jadstɪk/ *n.* **1.** a stick a yard long, commonly marked with subdivisions, used to measure with. **2.** any standard of measurement.

yarn /jan/ *n.* **1.** a thread made by twisting fibres, such as nylon, cotton or wool, and used for knitting and weaving. **2.** *Colloquial* a story, especially a long one about unlikely events. **3.** a talk; chat. –*v.i.* **4.** *Colloquial* to tell stories. **5.** to talk; chat.

yate /jeɪt/ *n.* any of several species of *Eucalyptus*, native to western Australia, especially *E. cornuta* of the south coastal region.

yaw /jɔ/ *v.i.* **1.** to deviate temporarily from the straight course, as a ship. **2.** (of an aircraft, rocket, etc.) to have a motion about its vertical axis. –*v.t.* **3.** to cause to yaw. –*n.* **4.** a motion of an aircraft, etc., about its vertical axis.

yawl /jɔl/ *n.* a fore-and-aft-rigged vessel with a large mainmast forward and a much smaller mast set far aft, usually abaft the rudderpost.

yawn /jɔn/ *v.i.* **1.** to open the mouth involuntarily with a long, deep intake of breath, as from sleepiness or boredom. **2.** to open wide like a mouth. **3.** to extend wide, as an open, deep space. –*n.* **4.** the act of yawning. **–yawner** *n.* **–yawningly** *adv.*

yaws /jɔz/ *pl. n. Pathology* a contagious disease resembling syphilis, caused by the spirochaete, *Treponema pertenue*, prevalent in certain tropical regions and characterised by an eruption of raspberry-like excrescences.

Y-axis /'waɪ-æksəs/ *n. Mathematics* the vertical reference axis in a two-dimensional Cartesian coordinate system.

Y chromosome *n. Genetics* the mate of the X chromosome in one sex of species having differentiated sex chromosomes.

ye /ji/ *pron.* (*personal*) *second person Archaic* **1.** (*plural, subjective and objective*) you. **2.** (*singular, subjective*) you.

yea /jeɪ/ *adv.* **1.** yes: *to say yea to a proposal*. –*n.* **2.** an affirmation; an affirmative reply or vote.

yeah /jɛə/ *Colloquial* –*adv.* **1.** yes. –*interj.* **2.** (an exclamation of assent, agreement, etc.). Also, **yair, yeh**.

year /jɪə/ *n.* **1.** a period of 365 or 366 days, divided into 12 calendar months, now reckoned as beginning 1 January and ending 31 December (**calendar year**). **2.** a period of approximately the same length in other calendars. **3.** a space of 12 calendar months reckoned from any point: *he left on 15 May and he'll be away for a year*. **4.** a period consisting of 12 lunar months (**lunar year**). **5.** (in scientific use) the time interval between one vernal equinox and the next, or the period of one complete apparent circuit of the ecliptic by the sun, being equal to about 365 days, 5 hours, 48 minutes, 46 seconds (**tropical year, solar year, astronomical year**). **6.** the true period of the earth's revolution round the sun; the time it takes for the apparent travelling of the sun from a given star back to it again, being about 20 minutes longer than the tropical year, which is affected by the precession of the equinoxes (**sidereal year**). **7.** the time in which any planet completes a revolution round the sun. **8.** a full round of the seasons. **9.** a period out of every 12 months, devoted to a certain pursuit, activity, or the like: *the academic year*. **10.** a level or grade in an academic program, usually indicating one full year's study: *he's in fourth year science; she's in fifth year medicine*. **11.** the group of pupils in a high school who enrolled at the beginning of the same year and who are variously referred to in different schools in terms of numbers which change as they move up the school, as second year, fourth year, year ten, year eleven, etc.: *she was in my year*. **12.** (*plural*) age, especially of a person. **13.** (*plural*) old age: *his years are beginning to tell*. **14.** (*plural*) time, especially a long time. –*phr.* **15. a year and a day**, a period specified as the limit of time in various legal matters, as in determining a right or a liability, to allow for a full year by any way of counting. **16. year after year**, each year, every year: *year after year the bird returned*. **17. year in, year out**, occurring regularly year after year; continuously.

yearling /ˈjɪəlɪŋ/ *n.* **1.** an animal one year old or in the second year of its age. **2.** *Horseracing* a horse one year old, dating from August 1st of the year of foaling, but not yet two.

yearly /ˈjɪəli/ *adj., adv., n.* **-lies.** –*adj.* **1.** done, made, happening, appearing, etc., once a year, or every year. **2.** continuing for a year. –*adv.* **3.** once a year; annually. –*n.* **4.** a publication appearing once a year.

yearn /jɜn/ *v.i.* **1.** to have an earnest or strong desire; long. **2.** to be moved or attracted tenderly.

yeast /jist/ *n.* **1.** a yellowish, somewhat viscid, semifluid substance consisting of the aggregated cells of certain minute fungi, which appears in saccharine liquids (fruit juices, malt worts, etc.), rising to the top as a froth (**top yeast** or **surface yeast**) or falling to the bottom as a sediment (**bottom yeast** or **sediment yeast**), employed to induce fermentation in the manufacture of alcoholic drink, especially beer, and as a leaven to render bread, etc., light and spongy, and also used in medicine. **2.** a commercial substance made of living yeast cells and some meal-like material, used in raising dough for bread, etc.

yell /jɛl/ *v.i.* **1.** to cry out with a strong, loud, clear sound. **2.** to scream with pain, fright, etc. –*v.t.* **3.** to utter or tell by yelling. –*n.* **4.** a cry uttered by yelling. **5.** *US* a cry or shout of fixed sounds or words, as one adopted by a school or college. –**yeller** *n.*

yellow /ˈjɛloʊ/ *adj.* **1.** of a bright colour like that of butter, lemons, etc.; between green and orange in the spectrum. **2.** having the almost yellow skin of the Mongoloid peoples. **3.** *Colloquial* cowardly. –*n.* **4.** a yellow colour. **5.** a yellow pigment or dye. –*v.t.* **6.** to make yellow. –*v.i.* **7.** to become yellow. –**yellowish**, **yellowy** *adj.* –**yellowness** *n.*

yellowcake /ˈjɛloʊkeɪk/ *n.* uranium oxide in an unprocessed form, which has low radioactivity.

yellow fever *n. Pathology* a dangerous, often fatal, infectious febrile disease of warm climates, due to a filterable virus transmitted by a mosquito, *Aëdes* (or *Stegomyia*) *calopus*, and characterised by jaundice, vomiting, haemorrhages, etc.

yellow pages *pl. n.* (*sometimes construed as singular*) a telephone directory listing businesses, professional people, organisations, etc., grouped according to the nature of their services.

yelp /jɛlp/ *v.i.* **1.** to give a quick, sharp, shrill cry, as dogs, foxes, etc. **2.** to call or cry out sharply. –*v.t.* **3.** to utter or express by, or as by, yelps. –*n.* **4.** a quick, sharp bark or cry. –**yelper** *n.*

yen[1] /jɛn/ *n.* yen. the monetary unit of Japan.

yen[2] /jɛn/ *n., v.* **yenned, yenning.** *Colloquial* –*n.* **1.** desire; longing. –*v.i.* **2.** to desire.

yeoman /ˈjoʊmən/ *n.* **-men. 1.** *Brit.* a countryman, especially one of some social standing, who cultivates his own land. **2.** a petty officer in the navy.

yep /jɛp/ *interj. Colloquial* → **yes**.

yes /jɛs/ *interj., n.* **yeses.** –*interj.* **1.** (used to express affirmation or assent). –*n.* **2.** an affirmative reply.

yes-man /ˈjɛs-mæn/ *n. Colloquial* someone who always agrees with his superiors; an obedient or sycophantic follower.

yesterday /ˈjɛstədeɪ, -di/ *adv.* **1.** on the day preceding this day. **2.** a short time ago. –*n.* **3.** the day preceding this day. **4.** time in the immediate past.

yet /jɛt/ *adv.* **1.** at the present time: *don't go yet*. **2.** up to a particular time, or thus far: *he had not yet come*. **3.** in the time still remaining, or before all is done: *there is yet time*. **4.** now or then as previously; still: *he is here yet*. **5.** in addition, or again: *yet once more*. **6.** moreover: *he won't do it for you nor yet for me*. **7.** even or still (with comparatives): *a yet milder tone*. **8.** though the case be such; nevertheless: *strange and yet true*. –*conj.* **9.** and yet, but yet, nevertheless: *it is good, yet it could be improved*. –*phr.* **10. as yet**, up to the present time.

yeti /ˈjɛti/ *n.* a humanoid creature supposed to inhabit the snows of Tibet, a region north of the Himalayas.

yew /ju/ *n.* **1.** an evergreen coniferous tree, of the genus *Taxus*, of moderate height, native to the Old World, western North America, and Japan, having a thick, dark foliage and a fine-grained elastic wood. **2.** the wood of such a tree. **3.** a bow for shooting, made of this wood.

yield /jild/ *v.t.* **1.** to give forth or produce by a natural process or in return for cultivation. **2.** to produce or furnish as payment, profit, or interest. **3.** to give up, as to superior power or authority. **4.** to give up or over, relinquish, or resign. –*v.i.* **5.** to give a return, as for labour expended; produce or bear. **6.** to surrender or submit, as to superior power. **7.** to give way to influence, entreaty, argument, or the like. **8.** to give way to force, pressure, etc., so as to move, bend, collapse, or the like. –*n.* **9.** the action of yielding or producing. **10.** something that is yielded. **11.** the quantity or amount yielded. **12.** *Chemistry* the ratio of the product actually formed in a chemical process to that theoretically possible, usually expressed as a percentage. **13.** *Stock Exchange* dividend return on investment outlay, usually expressed as a percentage. **14.** *Military* the explosive force of a nuclear weapon. –*phr.* **15. yield oneself up to**, to give up or surrender oneself to. **16. yield to**, to give place or precedence to.

yiel-yiel /ˈjil-jil/ *n.* a small tree of eastern Australian rainforests, *Grevillea hilliana*, the wood of which is used in cabinetwork.

Yin /jɪn/ *n.* one of the two fundamental principles of the universe in Chinese philosophy, regarded as feminine, passive, and yielding. Compare **Yang**.

-yl a word element used in names of chemical radicals, as in *ethyl*.

yob /jɒb/ *n. Colloquial* a loutish, aggressive, or surly youth. Also, **yobbo** /ˈjɒboʊ/.

yodel /ˈjoʊdl/ *v.* **-delled** *or Chiefly US* **-deled, -delling** *or Chiefly US* **-deling,** *n.* –*v.i.* **1.** to sing with frequent changes from the natural voice to falsetto and back again, in the manner of the Swiss and Tyrolean mountaineers. –*v.t.* **2.** to sing (something) in a yodelling manner. –*n.* **3.** a song,

yoga

refrain, etc., so sung. **–yodeller** *n.*

yoga /'jougə/ *n.* (*also cap.*) (in Hindu religious philosophy) the union of the human soul with the Universal Spirit; ascetic practice aiming to effect such union through the withdrawal of the senses from all external objects, often for this purpose using unfamiliar movements or postures. **–yogic** *adj.*

yoghurt = yogurt /'jougət, 'jɒgət/ *n.* a prepared food of custard-like consistency, sometimes sweetened or flavoured, made from milk that has been curdled by the action of enzymes or other cultures. Also, *Chiefly Brit.,* **yoghourt.**

yogi /'jougi/ *n.* **-gis** /-giz/. someone who practises yoga.

yoke /jouk/ *n., v.* **yoked, yoking.** *–n.* **1.** a device for joining a pair of oxen, etc., usually consisting of a crosspiece with a bow-shaped piece at each end, each bow enclosing the head of an animal. **2.** a pair of animals fastened together by a yoke. **3.** something like a yoke, such as a frame fitting the neck and shoulders of a person, for carrying a pair of buckets, etc. **4.** a shaped piece in a garment, fitted about the neck, shoulders, or hips, from which the rest of the garment hangs. **5.** something that binds; bond or tie: *the yoke of servitude.* *–v.t.* **6.** to put a yoke on; join by means of a yoke. **7.** to harness (a draught animal) to a plough or vehicle. **8.** to harness a draught animal to (a plough or vehicle). **9.** to join, link, or unite. *–v.i.* **10.** to be or become joined, linked, or united. **–yokeless** *adj.*

yokel /'joukəl/ *n.* a country person or rustic; a country bumpkin.

yolk /jouk/ *n.* **1.** the yellow and principal substance of an egg, as distinguished from the white. **2.** *Biology* that part of the contents of the egg of an animal which enters directly into the formation of the embryo (**formative yolk** or **archiblast**), together with any material which nourishes the embryo during its formation (**nutritive yolk, deutoplasm** or **parablast**): distinguished from a mass of albumen (the white of the egg) which may surround it, and from the membrane or shell enclosing the whole. **3.** the essential part; the inner core. **4.** a natural grease exuded from the skin of sheep. **–yolkless** *adj.* **–yolky** *adj.*

Yom Kippur /jɒm 'kɪpə/ *n.* the Day of Atonement, an annual Jewish fast day.

yonder /'jɒndə/ *det.* **1.** being the more distant, or farther. **2.** being in that place or over there, or being that or those over there. *–adv.* **3.** at, in, or to that place (specified or more or less distant); over there.

yonks /jɒŋks/ *n. Colloquial* a long time: *I haven't been there for yonks.*

yore /jɔ/ *phr.* **of yore,** in time long past: *the knights of yore.*

yorker /'jɔkə/ *n. Cricket* a ball so bowled that it pitches directly under the bat.

Yorkshire pudding /jɔkʃə 'pudɪŋ/ *n.* a baked pudding made from batter and served with gravy before or with roast beef.

yorrell /'jɒrəl/ *n.* a species of mallee, *Eucalyptus gracilis,* found in dry areas of southern inland Australia.

you /ju/ *weak form* /jə/ *pron.* (*personal*) *second person, singular and plural, subjective and objective* **1.** (used to refer the person addressed). **2.** one; anyone; people in general.

you-beaut /ju-'bjut/ *adj. Australian Colloquial* wonderful; amazing; excellent.

you'd /jud/ *weak form* /jəd/ contraction of *you had* or *you would.*

yuppie

you'll /jul/ *weak form* /jəl/ contraction of *you will* or *you shall.*

young /jʌŋ/ *adj.* **1.** being in the first or early stage of life, or growth; youthful; not old. **2.** having the appearance, freshness, vigour, or other qualities of youth. **3.** of or relating to youth: *in one's young days.* **4.** relating to the young generation of a place: *young Australia was not impressed.* **5.** not far advanced in years in comparison with another or others. **6.** junior (applied to the younger of two persons of the same name). **7.** being in an early stage generally, as of existence, progress, operation, etc.; new; early. **8.** representing or advocating recent or progressive tendencies, policies, or the like. *–n.* **9.** young offspring. *–phr.* **10. the young,** young people collectively. **11. with young,** pregnant. **–youngish** *adj.*

youngster /'jʌŋstə/ *n.* **1.** a child. **2.** a young person. **3.** a young horse or other animal.

your /jɔ/ *weak form* /jə/ *det.* **1.** the possessive form of **you.** **2.** (used to indicate all members of a particular group): *your suburban housewife; your typical old-age pensioner.* Compare **yours.**

you're /jɔ/ contraction of *you are.*

yours /jɔz/ *pron.* (*possessive*) the possessive form of **you,** used predicatively or absolutely: *they had yours; yours was overlooked; a book of yours.*

yourself /jɔ'sɛlf/ *pron.* **-selves.** **1.** the reflexive form of **you:** *you've cut yourself.* **2.** an emphatic form of *you* used **a.** as object: *you took it for yourself.* **b.** in apposition to a subject or object: *you did it yourself.* **3.** your proper or normal self; your usual state of mind: *you'll soon be yourself again.*

youth /juθ/ *n.* **youths** /juðz/, (*collectively*) **youth.** **1.** the condition of being young; youngness. **2.** the appearance, freshness, energy, etc., that marks someone who is young. **3.** the time of being young, especially period of adolescence. **4.** the first or early period of anything. **5.** young people collectively. **6.** a young man.

youth hostel *n.* a simple lodging place for young travellers.

you've /juv/ contraction of *you have.*

yowl /jaʊl/ *v.i.* **1.** to utter a long distressful or dismal cry, as an animal or a person; howl. *–n.* **2.** a yowling cry; a howl.

yoyo /'joujou/ *n.* **yoyos.** a toy, consisting of a round, flat-sided block of wood, plastic, etc., with a groove round the edge, in which a string is wound. The yoyo is spun out and reeled in by the string, one end of which remains attached to the finger.

yuan /'juan/ *n.* the unit of currency of China.

yucca /'jʌkə/ *n.* any plant of the genus *Yucca,* of the warmer regions of America, having pointed, usually rigid leaves, and whitish flowers in terminal central racemes.

yucky = yukky /'jʌki/ *adj. Colloquial* disgusting; unpleasant; repulsive.

yule /jul/ *n.* Christmas, or the Christmas season.

yum cha /jʌm 'tʃa/ *n.* a form of Chinese meal in which diners choose individual serves from selections arranged on trolleys.

yummy /'jʌmi/ *adj. Colloquial* (especially of food) very good. Also, **yum.**

yuppie /'jʌpi/ *n. Originally US* a young urban professional person, typified as having a good income and available cash to spend on luxury consumer goods. Also, **yuppy.**

Z z

Z, z /zɛd/ *US* /ziː/ *n.* **Z's, Zs, z's** *or* **zs**. a consonant, the 26th letter of the English alphabet.

z *Mathematics* **1.** an unknown quantity or a variable. **2.** a complex number or variable.

zack /zæk/ *n. Colloquial* **1.** *Australian, NZ* (formerly) a sixpence. **2.** *Australian* a five cent piece.

zany /ˈzeɪnɪ/ *adj.* **-nier, -niest,** *n.* **-nies.** –*adj.* **1.** extremely comical; clownish. **2.** slightly crazy; fantastic or ludicrous. –*n.* **3.** an apish buffoon; clown. **4.** a silly person; simpleton. **–zanyism** *n.*

zap /zæp/ *v.* **zapped, zapping,** *n. Colloquial* –*v.t.* **1.** to bombard with electric current as from a laser. **2.** to give an electric shock: *the toaster zapped me.* **3.** to cook in a microwave oven. **4.** to attack with a sudden burst of violence; annihilate **5.** to remove or delete, especially quickly. **6.** to move (something) quickly. –*v.i.* **7.** to move quickly. –*n.* **8.** vitality; lively action. –*phr.* **9. zap up,** to make livelier and more interesting.

zapped /zæpt/ *Colloquial* –*v.* **1.** past participle of **zap**. –*adj.* **2.** tired to the point of exhaustion.

zeal /ziːl/ *n.* ardour for a person, cause, or object; eager desire or endeavour; enthusiastic diligence.

zealot /ˈzɛlət/ *n.* **1.** someone who displays zeal. **2.** someone carried away by excess of zeal. **3.** a religious fanatic. **–zealotry** *n.*

zealous /ˈzɛləs/ *adj.* full of, characterised by, or due to zeal; ardently active, devoted, or diligent. **–zealously** *adv.* **–zealousness** *n.*

zebra /ˈzɛbrə/ *US* /ˈzibrə/ *n.* a wild, horselike animal, fully and regularly striped with dark bands on a light ground, or with alternating dark and light bands, occurring in three species, each with its own characteristic pattern of markings: the **mountain zebra**, *Equus zebra*, of southern Africa; the **common zebra**, *E. burchelli*, of southern, central, and eastern Africa; and **Grevy's zebra**, *E. grevyi*, of north-eastern Africa. **–zebrine** /ˈzɛbraɪn, ˈzibraɪn/ *adj.*

zebra crossing *n.* a pedestrian crossing marked with broad black and white or black and yellow stripes parallel to the kerb.

zebra finch *n.* a small finch *Taeniopygia guttata*, having black and white banded rump feathers.

zenith /ˈzɛnəθ/ *n.* **1.** *Astronomy* the point of the celestial sphere vertically above any place or observer, and diametrically opposite to the nadir. **2.** the highest point or state; culmination. **–zenithal** *adj.*

zephyr /ˈzɛfə/ *n.* **1.** a soft, mild breeze. **2.** (*cap.*) *Poetic* the west wind personified. **3.** any of various things of fine, light quality, as a fabric, yarn, etc.

zeppelin /ˈzɛpələn/ *n.* a large dirigible consisting of a long, cylindrical, covered framework containing compartments or cells filled with gas, and of various structures for holding the engines, passengers, etc.

zero /ˈzɪəroʊ/ *n.* **-ros** *or* **-roes,** *v.* **-roed, -roing.** –*n.* **1.** the figure or symbol 0, which stands for the absence of quantity in the Arabic notation for numbers; a cipher. **2.** the origin of any kind of measurement; line or point from which all divisions of a scale (as a thermometer) are measured in either a positive or a negative direction. **3.** naught or nothing. **4.** the lowest point or degree. **5.** *Grammar* a hypothetical affix or other alteration of an underlying form to derive a complex word, not present in the phonemic shape of the word but functioning in the same way as other affixes or alterations in the language; for example, the plural of *deer* is formed by adding a zero ending (that is, by adding nothing). –*v.t.* **6.** *Chiefly US* to adjust (any instrument or apparatus) to a zero point or to an arbitrary reading from which all other readings are to be measured. –*phr.* **7. zero in**, to adjust the sight settings of (a rifle) by calibrated firing on a standard range with no wind blowing. **8. zero in on, a.** to move directly and rapidly towards as a target. **b.** to focus attention on. **c.** to arrive at by a process of elimination: *they zeroed in on the conservatory as the site of the murder.*

zero gravity *n.* → **weightlessness**.

zero hour *n.* **1.** *Military* the time set for the beginning of an attack. **2.** *Colloquial* the time at which any contemplated move is to begin.

zero population growth *n.* the doctrine which advocates that population increase be limited to the number of children needed to maintain the existing population, calculated to be 2.11 children per family.

zest /zɛst/ *n.* **1.** anything added to give flavour or enjoyment. **2.** an agreeably sharp flavour. **3.** a quality that excites or awakens sharp interest; piquancy. **4.** keen enjoyment; gusto. **5.** the peel of citrus fruits, used as a flavouring. **–zestless** *adj.* **–zesty, zestful** *adj.*

zigzag /ˈzɪgzæg/ *n., adj., adv., v.* **-zagged, -zagging.** –*n.* **1.** a line, course, or progression marked by sharp turns first to one side and then to the other. –*adj.* **2.** moving or formed in a zigzag. –*adv.* **3.** with frequent sharp turns from side to side. –*v.t.* **4.** to make zigzag, as in form or course. –*v.i.* **5.** to proceed in a zigzag line or course.

zilch /zɪltʃ/ *n. Chiefly US Colloquial* nothing.

zillion /ˈzɪljən/ *n. Colloquial* an unimaginably large number.

zinc /zɪŋk/ *n., v.* **zincked** *or* **zinced** /zɪŋkt/ *or* **zincking** *or* **zincing** /ˈzɪŋkɪŋ/. –*n.* **1.** *Chemistry* a bluish-white metallic element occurring combined as the sulfide, oxide, carbonate, silicate, etc., resembling magnesium in its chemical relations, and used in making galvanised iron, alloys such as brass and die-casting metal, etc., as an element in voltaic cells, and, when rolled out into sheets, as a protective covering for roofs, etc. Symbol: Zn; relative atomic mass: 65.37; at. no.: 30; density: 7.14 at 20 °C. **2.** a piece of this metal used as an element in a voltaic cell. –*v.t.* **3.** to coat or cover with zinc. **–zincic** /ˈzɪŋkɪk/, **zincky, zincous** *adj.*

zing /zɪŋ/ *n.* **1.** a sharp singing sound. **2.** *Colloquial* vitality; enthusiasm: *she has lots of zing.* –*interj.* **3.** (used to imitate a sharp singing sound). **–zingy** *adj.*

zinnia /ˈzɪnɪə/ *n.* any of the annual plants of the genus *Zinnia*, especially the colourful, cultivated varieties of *Z. elegans*, native to Mexico.

Zionism /ˈzaɪənɪzəm/ *n.* a worldwide movement founded with the purpose of establishing a national home for the Jews in Palestine, which now provides support to the state of Israel.

–Zionist n., adj. **–Zionistic** /zaɪən'ɪstɪk/ adj.

zip[1] /zɪp/ n., v. **zipped**, **zipping**. –n. **1.** Also, **zip-fastener**, **zipper**. a fastener consisting of an interlocking device set along two edges to unite (or separate) them when an attached piece sliding between them is pulled, and used in place of buttons, hooks, or the like, on clothing, bags, etc. **2.** Colloquial a sudden, brief hissing sound, as of a bullet. **3.** energy or vim. –v.i. **4.** Colloquial to move with zip; hurry. **5.** to proceed with energy. –v.t. **6.** Also, **zip up**. to fasten with a zip. –phr. **7. zip someone up**, to do up a zipper on an article of clothing someone is putting on, especially when it is in an awkward position. **–zippy** adj.

zip[2] /zɪp/ n. Colloquial zero; nothing.

zipper /'zɪpə/ n. **1.** → **zip**[1] (def. 1). –v.t. **2.** to provide with a zipper.

zircon /'zɜkɒn/ n. a common mineral, zirconium silicate, ZrSiO₄, occurring in square prismatic crystals or grains of various colours, usually opaque, used as a refractory when opaque and as a gem when transparent.

zither /'zɪðə/ n. a musical folk instrument consisting of a flat soundbox with numerous strings stretched over it, which is placed on a horizontal surface and played with a plectrum and the fingertips. **–zitherist** n.

-zoa plural combining form naming zoological groups as in Protozoa.

zodiac /'zoʊdiæk/ n. **1.** Astronomy an imaginary belt of the heavens, extending about 8° on each side of the ecliptic, within which are the apparent paths of the sun, moon, and principal planets. It contains twelve constellations and hence twelve divisions (called signs), each division, however, because of the precession of the equinoxes, now containing the constellation west of the one from which it took its name. **2.** a circular or elliptical diagram representing this belt, and usually containing pictures of the animals, etc., which are associated with the constellations and signs. **–zodiacal** /zoʊ'daɪəkəl/ adj.

zombie /'zɒmbi/ n. **1.** a dead body brought to life by a supernatural force. **2.** (derogatory) a person having no independent judgment, intelligence, etc. Also, **zombi**. **–zombiism** n.

zone /zoʊn/ n., v. **zoned**, **zoning**. –n. **1.** any continuous area, which differs in some respect, or is marked off for some purpose, from surrounding areas, or within which certain special circumstances exist: a military zone; an industrial zone. **2.** Geography any of the five divisions of the earth's surface, bounded by imaginary lines parallel to the equator, and named according to the prevailing temperature (the Torrid Zone, the North Temperate Zone, the South Temperate Zone, the North Frigid Zone, and the South Frigid Zone). **3.** Ecology an area lived in by a particular set of organisms, which is determined by a particular set of environmental conditions. **4.** Geology a geological horizon. –v.t. **5.** to divide into zones, according to existing characteristics, or for some purpose, use, etc. **–zonal** adj. **–zonally** adv.

zone allowance n. an allowance paid to employees as an inducement to work in remote areas.

zoning /'zoʊnɪŋ/ n. the marking out of an area of land with respect to its use.

zonked /zɒŋkt/ adj. Colloquial exhausted; faint with fatigue. Also, **zonked-out**.

zoo /zu/ n. a park or other large enclosure in which live animals are kept for public exhibition; a zoological garden.

zoo- a word element meaning 'living being', as in zoochemistry.

zoogamy /zoʊ'ɒɡəmi/ n. reproduction by means of gametes; sexual reproduction. **–zoogamous** adj.

zooid /'zoʊɔɪd/ n. **1.** Biology any organic body or cell which is capable of spontaneous movement and of an existence more or less apart from or independent of the parent organism. **2.** Zoology **a.** any animal organism or individual capable of separate existence, and produced by fission, gemination, or some method other than direct sexual reproduction. **b.** one of the individuals, as certain free-swimming medusas, which intervene in the alternation of generations between the products of proper sexual reproduction. **c.** any one of the recognisably distinct individuals or elements of a compound or colonial animal, whether detached or detachable or not. –adj. **3.** Also, **zooidal** /zoʊ'ɔɪdl/. being or resembling an animal.

zoological garden n. (often plural) a zoo.

zoology /zoʊ'ɒlədʒi/ n. **-gies**. **1.** the science that deals with animals or the animal kingdom. **2.** a treatise on this subject. **3.** the animals existing in a particular region. **–zoological** /zoʊə'lɒdʒɪkəl/ adj.

zoom /zum/ v.i. **1.** to make a continuous humming sound. **2.** to move with this sound: he zooms along in his new car. **3.** (of prices) to rise rapidly. **4.** Aeronautics to gain height in an aircraft, in a sudden climb, using the kinetic energy of the aircraft. –v.t. **5.** to cause (an aeroplane) to zoom. **6.** to fly over (an obstacle) by zooming. –n. **7.** the act of zooming. –phr. **8. zoom in**, Film, TV, etc. to use a zoom lens so as to make an object appear to approach the viewer. **9. zoom out**, Film, TV, etc. to use a zoom lens so as to make an object appear to recede from the viewer.

-zoon a combining form referring to a single individual in a compound organism.

zoophile /'zoʊəfaɪl/ n. someone who loves animals, especially one who is opposed to vivisection or other such experimentation. **–zoophilism** /zoʊ'ɒfəlɪzəm/ n.

Zoroastrianism /zɒroʊ'æstriənɪzəm/ n. a strongly ethical code which teaches a continuous struggle between Good (Ormazd), and Evil (Angra Mainyu). Also, **Zoroastrism**.

zot /zɒt/ v. **zotted**, **zotting**. Colloquial –v.i. **1.** to go (off, round, through, etc.) quickly. –v.t. **2.** to knock, or kill: quickly, zot that fly. –interj. **3.** (an exclamation expressing suddenness): when suddenly, zot, out jumped a red kangaroo.

zounds /zaʊndz, zundz/ interj. Archaic (a minced oath, often used as a mere emphatic exclamation, as of surprise, indignation, or anger).

zucchini /zə'kini, zu-/ n. **-ni** or **-nis**. a small vegetable marrow, usually harvested when very young; baby marrow; courgette.

zygote /'zaɪɡoʊt, 'zɪɡoʊt/ n. Biology the cell produced by the union of two gametes. **–zygotic** /zaɪ'ɡɒtɪk, zɪ-/ adj.

Guide to punctuation

Punctuation marks are listed in alphabetical order.

I. APOSTROPHE (')

1. a. The apostrophe's original function in English was to show where part of a word had been omitted. It is still used this way where two words run together into a contraction, such as:

    I've   *he'll*   *we'd*   *let's*

When a single word is telescoped, the apostrophe is again used where a letter has been lost:

    e'er   *ne'er-do-well*

Note that in *shan't* and *won't*, there is only one apostrophe, though letters are missing in two places.

b. Apostrophes are also used by writers who want to show when a speaker pronounces words in a non-standard way, omitting one or more sounds. Common examples are:

    'em (for *them*)   *huntin'* (for *hunting*)

2. a. The apostrophe and a following *s* is the regular way of marking the possessive or genitive case in English, for singular nouns and indefinite pronouns:

    a dog's dinner   *Japan's cities*   *anyone's guess*

b. Plural nouns which end in *s* simply add the apostrophe to mark their possessive form:

    the citizens' rights   *politicians' arguments*

Note that plural nouns which do not end in *s* are treated in the same way as singulars:

    children's day   *the mice's squeaking*

c. Personal names ending in *s* are these days usually given the regular apostrophe *s*, whatever their number of syllables or their sound:

    Burns's poetry   *Dickens's novels*

Those who have occasion to refer to classical or biblical names of several syllables may still prefer the apostrophe alone, as with:

    Jesus' teachings   *Moses' law*   *Euripides' plays*

d. The choice of one or two apostrophes for pairs of names is decided by whether or not they form a single unit in relation to the following noun. Compare:

Maggie and John's house

Maggie's and John's choice of clothes

e. An apostrophe is used for the plural forms of single letters or numbers, as with:

    p's and q's   *1's and 2's*

However groups of letters or numbers do not require the apostrophe:

    MPs   *747s*   *1980s*

Note that apostrophes are no longer used in several kinds of expression where the idea of possession is tenuous:

- expressions of time, such as *three years jail*
- official names, titles and phrases such as *Cremorne Girls High School*, *Teachers Federation*, *Plumbers and Gasfitters Union* and *Visitors Book*
- placenames such as *Kings Cross*, *St Albans* and *Frenchs Forest*

II. COLON (:)

1. The colon is often used to signal that a set of examples will follow:

The food must be simple: chicken, fresh salad and wine.

Colons may preface horizontal lists on the same line like the above example, or vertical ones starting on the next line.

2. Colons also serve to show that what follows is in some way equivalent to whatever has just been said. They may rephrase it in more general and summary terms, or offer more specific details:

His career was cut short by illness: a great loss to the scientific community.

The town was taken in no time: mortars over the walls, a battery assault on the gate, and a rush to capture the general in his bunker.

3. **a.** A colon serves to introduce a quotation. It may be integrated into the text on the same line, as in:

The prime minister was heard to say: 'There's no such word as recession.'

Or it may preface a longer quotation which begins on a separate line. Block quotations taken from written sources always follow on a separate line after the colon.

b. Colons are commonly used in setting out the dialogue of a play, or in transcripts of interviews used in judicial records, etc.:

Judge: Were you drinking at the Diggers Arms on Saturday night?

Prisoner: No, sir.

III. COMMA (,)

1. **a.** Commas serve to separate a word or set of words from others in the same sentence. They may separate an introductory word or phrase from the main statement of the sentence, as in:

John, would you open the door.

Coming to the last issue, I'd like to underscore what the previous speaker has said.

Occasionally the comma is essential to prevent misreading. Consider how the following sentence would read without its comma:

Halfway along, the path was blocked by an avalanche.

Commas may not be essential if the opening phrase or clause is brief:

For a moment no-one moved.

With that he left by the back door.

Note that it is no longer considered necessary to follow words such as *however* and *nevertheless* with a comma at the start of a sentence.

b. Commas are a vital indicator to readers of the points at which they may safely pause without losing the structure of the sentence. In sentences coordinated with words such as *and* or *but*, the comma is often used before the second statement:

They wanted to buy it, and they could pay in cash.

The comma is not obligatory in such a case, though it is advisable if the sentence runs to some length, to help the reader. Note that the comma should not be used to separate the embellished subject of a sentence from the verb:

The celebrity we've all been waiting for has just arrived with his entourage.

Those who punctuate by ear might be inclined to insert a comma after 'waiting for', but it would be unfortunate as it interrupts the structure of the main clause.

2. Commas may be used in pairs to demarcate a parenthetical phrase or clause inside a sentence:

The new president, son of our next-door neighbour, will be sworn in tomorrow.

The committee, whose members are entirely new, needs to formulate policy from scratch.

Note that in the second of those sentences, the commas make 'whose members...' a parenthetic comment on the particular committee under discussion. If the twin commas are left out, the meaning of the sentence changes, and it becomes a statement about a type of committee you might find anywhere. The relative clause in it becomes a *restrictive relative clause*, because it puts limits on the definition of a focal item ('committee').

3. Sets of commas help to separate a series of items presented in a horizontal list:

A bouquet of waratahs, hakeas, grevilleas and wattle was presented to the Queen.

In the past some have argued that there should always be a comma (a 'serial comma') before the 'and' in such a series. But these days it varies according to whether the last item is like all the others (as in that example), or needs to be separated off:

A bouquet of waratahs, hakeas, bird of paradise, and wattle was presented to the Queen.

The third item in that list is differently phrased, and a comma is needed to prevent it being misread with the final item.

Note that it is no longer considered necessary to put a comma between every adjective, even if there are several in front of a noun, as in:

a bright red sports car

4. How commas combine with quotation marks is discussed below, in section **XI**.

IV. DASH or EM-RULE (—)

1. **a.** The dash is conventionally used to show where a sentence has been broken off. It may then continue on a different grammatical tack, or remain unfinished:

He was about to — Oh, I mustn't spoil the story for you.

'I thought you were — .' Her tone was full of confusion.

b. A dash is often used in informal writing to separate fully formed parts of a sentence, instead of commas and other regular punctuation marks:

I'll come as fast as I can — once the speeches are over.

This rather casual use of the dash is not favoured in formal writing.

2. In pairs, dashes may be used to enclose a parenthesis in mid-sentence:

> *He had crawled up to the road — heaven knows how — with two broken legs.*

Note that the dashes here could be replaced by parentheses (round brackets).

3. **a.** A dash is used to link words (usually geographical names) which are the terminal points of a route as in:

> *the Sydney—London service*

b. The dash also expresses a collaborative link between two people:

> *The Gilbert—Sullivan partnership lasted from 1875 to 1896.*

c. Dashes serve to mark spans of numbers, such as periods of time, or the extent of pages being quoted:

> *1875—1896   pp. 131—5*

V. ELLIPSIS POINTS (...)

The three dots of ellipsis indicate where a word or words have been omitted from a sentence quoted, as in:

> *The gist of the treasurer's final statement was: 'You'll be grateful to us ... next year.'*

Note that these days three dots are used for ellipsis whether it occurs at the beginning, the end or in the middle of a sentence. (Four dots were once recommended for an ellipsis at the end.)

VI. EXCLAMATION MARK (!)

1. The exclamation mark is used to end an utterance which expresses strong feelings of any kind — surprise, excitement, pleasure, indignation. The utterance may or may not be a full sentence:

> *You're a blast from the past!*
>
> *Half your luck!*

2. In commands, the exclamation mark is reserved for those which are emphatic or curt. It is withheld from those intended to guide or instruct the reader. Compare:

> *Quick march!   Get out!*
>
> Consider the effects of such a move.
>
> Place the meat on a well-greased baking dish.

VII. FULL STOP or PERIOD (.)

1. **a.** A full stop is used to mark the end of sentences other than those which are direct questions or emphatic exclamations (which have question marks or exclamation marks instead). For example:

> *Parliament adjourned at midday.*
>
> *He asked what we were going to do.*
>
> *Would you shut the door please.*
>
> *That's a bright idea.*

Notes:

The second sentence above has a full stop because the question in it is indirect.

The third sentence, though worded like a question, is actually a polite command.

The fourth sentence is a low-key exclamation, not an emphatic one.

b. Full stops are not usually used in headlines and headings, nor in the captions or labels on pictures, diagrams and tables. Full stops are usually dispensed with for the items contained in a vertical list.

2. a. Full stops have been used extensively to mark abbreviations. In the past they have been used for both upper and lower case abbreviations, and this is still the practice of some institutions and individuals. There is however a tendency to confine full stops to abbreviations consisting entirely of lower case letters, so that ones like the following are written without stops:

ABC   ACTU   Lt   PhD   Rev   St

Lower case abbreviations are still given stops provided they are true abbreviations and not *contractions*. A contraction is a telescoped word which preserves at least the first and last letter of the original. Compare the abbreviation *y.* and the contraction *yr* as shortened forms of 'year'. Note that this distinction between abbreviations and contractions is observed by many in Britain and Australia, but is little known in North America.

b. No full stops are used in standard symbols such as those used for points of the compass:

NE   NNW   SE   SW

for SI units in the metric system:

kg   mm   ml   km

or for chemical symbols:

Fe   Pb   He   Na

VIII. HYPHEN (-)

1. a. Hyphens serve to link the two (or more) parts of a compound, as in:

| *all-embracing* | *culture-vulture* | *go-ahead* | *mother-in-law* |
| *owner-operator* | *passer-by* | *thirty-five* | *two-thirds* |

Cases like the above, in which the hyphen always makes an appearance, are not so common. In many compounds, especially noun compounds, the form with the hyphen varies with either a spaced variant or one which is set solid, or both. Compare:

| *dark-room* | *dark room* | *darkroom* |
| *word-processor* | *word processor* | *wordprocessor* |

On the whole, established compounds are more likely to be hyphenated or set solid than new ones, although those in which either word is polysyllabic are likely to remain spaced forever. So hyphenated forms are often just one alternative, though British dictionaries are more inclined to list them than their American counterparts. Australians may decide for themselves, or go by their preferred dictionary.

b. The same elements may appear with and without a hyphen, depending on the part they play in the grammar of the sentence. Hyphens are regularly used in compound adjectives, but the same words are not hyphenated when used as part of the verb phrase. Compare:

Their well-executed routine drew applause.

The routine was well executed and drew applause.

Note that even the compound adjective would have no hyphen if it embraced an adverb ending in *-ly*. Compare:

The routine was perfectly executed and drew applause.

> *Their perfectly executed routine drew applause.*

But spaced noun compounds normally gain a hyphen when they become compound adjectives or verbs, as in:

> *Such high-level reports are not usually red-pencilled by the minister.*

2. a. In compounds and some complex words (those formed with prefixes or suffixes), a hyphen sometimes serves to separate the two parts, to prevent misreading. The hyphen in *under-age* serves this purpose, as in *re-educate*.

b. The separating hyphen serves to distinguish recent formations such as *re-cover* and *re-mark* from their long-established counterparts *recover* and *remark*. In such cases a considerable difference in meaning hangs on the hyphen.

3. Hyphens are the standard way to show where a word has been broken off at the end of a line and carried over to the next. Usually you have some options as to where to break the word, provided it has at least six letters. There are several things to bear in mind:

— words of one syllable and proper names should never be broken

— at least three letters should be kept on each line, unless the part being separated from the rest is a two-letter prefix or suffix

— letters belonging to a group representing a single sound, such as the *ea* or the *th* in *feather*, should not be divided

— wordbreaks can usually be made between two independent or identical consonants, as in *con+fes+sor*

— a consonant helps to begin the second part of the word, except when word structure overrules, as in *pour+ing* and *dis+allow*

IX. PARENTHESES (ROUND BRACKETS)

1. Parentheses help to demarcate a statement which interrupts the ongoing discussion, but which is germane to a particular point in it:

> *Computer analysis of the posthumous novel* The Dark Tower *by CS Lewis has shown it to be a forgery. (Many readers thought it too unpleasant to be the work of the master.) The computer compared its language with that of his other novels, and found marked differences in style.*

When the parenthesis is a separate sentence like that, it carries the normal full stop. When it is embedded in another sentence, the full stop is left off:

> *The details of the analysis (see below) have surprised many readers.*

2. a. Parentheses often enclose a word which is offered to explain or supplement a point:

> *She set forth for Cambridge (UK) with the highest academic credentials.*

b. Parentheses may be used to surround a letter which permits an alternative reading of the sentence:

> *The speaker's grasp of the issue(s) was less than strong.*

3. Parentheses are used to enclose numbers or letters used in mid-sentence as enumerative devices:

> *His aims were (a) to earn as much money as possible, and (b) to do it in the shortest possible time.*

4. Running references embedded in the text are enclosed in parentheses:

> *The idea of a global village (McLuhan, 1966) has been realised in less than 25 years, with all our fax machines, email services, and the imminent prospect of the videophone.*

5. When something is included in parentheses at the end of another sentence, the final full stop always goes outside, whatever it is: whether a reference, an explanatory word or two, or a whole parenthetical sentence.

X. QUESTION MARK (?)

1. The question mark is used to end any string of words which functions as a question, whether they form a complete sentence or not:

> *Can you give me a lift to the station?*
>
> *When?*
>
> *After the meeting?*

Note that those are all direct questions: indirect questions do not require question marks. Compare:

> *I asked when she wanted a lift.*

Note also that sentences which are phrased like direct questions, but which *function as polite commands*, also have full stops rather than question marks. (See section **VII 1a** above.)

2. A question mark is used after a word or number about which the writer is unsure. In formal documents it usually occurs in connection with dates which are not known precisely:

> *William Caxton 1422?—1491*

XI. QUOTATION MARKS or INVERTED COMMAS (' ' or " ")

1. People's preference for single or double quote marks tends to depend on habit, and whether they write for institutions which dictate one way or the other on this. The Australian government, like the British, calls for single quotes, while the Australian press uses double quotes. Double quotes are standard in the USA.

The argument usually raised in favour of single quotes is that they are more elegant, though that is a matter of taste and in the eye of the beholder. Those arguing in favour of double quotes usually note that they prevent confusion with apostrophes. The potential for confusion is at its greatest on typewriters and printers which do not distinguish opening and closing quotes by their shape. Whichever you use as your standard quotation marker, you'll need the other for contrast when it comes to 'quotes within quotes'.

2. The prime function for quotation marks is to show when you are quoting the exact words of a speaker or writer. Some modern writers (such as James Joyce) do without them when presenting regular dialogue in a novel. But for the occasional quotation, quotation marks are standard practice. Note that in block quotations which run to several paragraphs, the quote marks are affixed to the start of each paragraph, but only to the end of the last one.

3. Quotes are also used from time to time to draw attention to a word which the writer feels is out of the ordinary. It may be technical, or one which has ironic implications. In either case it would have quote marks only on its first appearance. Whether it should be given double or single quote marks depends on (a) which kind of quote marks you normally use for quotations, and (b) whether you prefer to use that, or the alternative for words which are not quotations. There is no standard practice.

4. a. Quote marks are used for certain kinds of names, such as those of special vehicles:

> *the 'Indian Pacific'   the 'Challenger' spacecraft*

b. The titles of smaller segments of publications, such as poems and short stories within anthologies, and articles within journals, are often set with quotation marks:

'The Loaded Dog' is one of Henry Lawson's few purely comic stories.

5. a. Before the quotation begins, it may be preceded by a comma or colon. The older practice was to use commas, and this is still observed in novels, though there is also a tendency to replace it with sheer space. In newspapers, magazines and reports, the tendency is to use colons.

After detailing the improved unemployment figures, the minister added: 'We think the worst is over.'

Note that the quotation begins with a capital letter. For the position of the final full stop, see **5c** below.

b. Before the presentational material (the 's/he said', etc., which often goes with a quotation), any of the major punctuation marks belonging to the quotation go inside the closing quote marks. This applies to quotation marks, exclamation marks and the comma which replaces a full stop:

'It ended yesterday,' she said.

In American editing practice, the comma goes inside the quote marks whether it belongs to the quotation or the carrier sentence. But the British practice is to place the comma outside if it does not belong to the quotation. Compare:

'It's over,' she said 'and done with.'

'It's over', she said 'and done with'.

Note that the quotation is resumed without a capital letter after the presentational material.

c. The placement of the final full stop is again a matter of difference between British and American practice. In American practice the full stop always goes inside, unless the final quotation mark encloses a 'special word' (see **3** above). In the most recent British practice it depends on the whether the quotation is an independent sentence or included in another. The full stop only goes inside if the quotation stands by itself. Compare:

His final word was 'Let's keep in touch'. (British)

She mused over his final words. 'Let's keep in touch.' (American)

Note that things were different in older British practice. The position of the final full stop varied for included quotations, depending on the relationship between the carrier sentence and the quotation. The newer British practice has fewer complications, though the American convention is the most straightforward to implement.

XII. SEMICOLON (;)

1. Semicolons mark the boundary between main clauses which are juxtaposed in the same sentence:

He had no further plans; he just wanted out.

Typically there is no conjunction following the semicolon, though words like *therefore* and *nevertheless* and other conjunctive adverbs often do:

He had no further plans; nevertheless he wanted to stay there.

Note however that the distinction between conjunctions and conjunctive adverbs is not so clear cut, and in speech and informal writing they do service for each other.

These exchanges are increasingly registered in writing of all kinds, and *but* might well appear instead of 'nevertheless' in that last example.

2. The semicolon complements the comma in demarcating items in a series, when the items themselves contain commas:

My nightmare tour group included three hitchhiking Australians with bad breath; two Japanese couples, loaded with camera equipment: five Americans in Hawaiian shirts; and a lone New Zealander, with a beard, and a chip on his shoulder.

Without the semicolons, commas would have to serve both within and between the items listed, and the boundaries between would be less clear.

XIII. SQUARE BRACKETS ([ ])

1. **a.** Comments and explanations offered by the editor to the author's text are enclosed in square brackets:

The main problem [shortage of staff] has immediately led to an increase in class sizes.

b. Mistakes in quoted text may be drawn to the reader's attention by use of the editorial [*sic*] meaning literally 'thus', or less literally 'that was how the author wrote it':

The ship floundered [sic] on the reef.

2. Square brackets may be used to enclose a word or words substituted by the editor for the original one(s) in quoted material:

And so say [most] of us.

Countries - languages, capitals, currencies

Country	People	Official main language(s)	Capital	Main unit of currency
Afghanistan	Afghan, Afghani	Pashto, Dari (Persian)	Kabul	afghani
Albania	Albanian	Albanian	Tirana	lek
Algeria	Algerian, Algerine	Arabic	Algiers	Algerian dinar
Andorra	Andorran	Catalan, French, Spanish	Andorra la Vella	French franc, Spanish peseta
Angola	Angolan	Portuguese	Luanda	kwanza
Antigua and Barbuda	Antiguan	English	St John's	East Caribbean dollar
Argentina	Argentine, Argentinian	Spanish	Buenos Aires	peso
Armenia	Armenian	Armenian	Yerevan	dram
Australia	Australian	English	Canberra	Australian dollar
Austria	Austrian	German	Vienna	schilling
Azerbaijan	Azerbaijani	Azerbaijani	Baku	manat
Bahamas, the	Bahamian	English	Nassau	Bahamian dollar
Bahrain	Bahraini	Arabic	Manama	Bahrain dinar Bangladesh
Barbados	Barbadian	English	Bridgetown	Barbados dollar
Belarus	Belarusian	Belarusian	Minsk	rubel
Belgium	Belgian	Dutch, French, German	Brussels	Belgian franc
Belize	Belizean	English, Spanish, Carib, Maya	Belmopan	Belize dollar
Benin	Beninese	French	Porto Novo	CFA franc
Bhutan	Bhutanese	Dzongkha	Thimphu	ngultrum, Indian rupee
Bolivia	Bolivian	Spanish, Quechua, Aymará	Sucre and La Paz	boliviano
Bosnia and Herzegovina	Bosnian	Bosnian	Sarajevo	Bosnian dinar
Botswana	Botswanan	Tswana, English	Gaborone	pula

Country	Adjective	Language	Capital	Currency
Brazil	Brazilian	Portuguese	Brasília	real
Brunei	Bruneian	Malay, English	Bandar Seri Begawan	Brunei dollar
Bulgaria	Bulgarian	Bulgarian	Sofia	lev
Burkina Faso	–	French, Mossi	Ouagadougou	CFA franc
Burma (Myanmar)	Burmese	Burmese	Rangoon (Yangon)	kyat
Burundi	Burundian	French, Kirundi	Bujumbura	Burundi franc
Cambodia	Cambodian	Khmer, French	Phnom Penh	riel
Cameroon	Cameroonian	French, English	Yaoundé	CFA franc
Canada	Canadian	English, French	Ottawa	Canadian dollar
Cape Verde Islands	Cape Verdean	Portuguese	Praia	Cape Verde escudo
Central African Republic	–	French, Sangho	Bangui	CFA franc
Chad	Chadian	French, Arabic	N'Djamena	CFA franc
Chile	Chilean	Spanish	Santiago	Chilean peso
China	Chinese	Chinese (Mandarin)	Beijing	yuan
Colombia	Colombian	Spanish	Bogotá	Colombian peso
Comoros	Comorian, Comoran	French, Arabic, Comorian	Moroni	Comorian franc
Congo, Democratic Republic of	Congolese	French	Kinshasa	zaire
Congo, Republic of	Congolese	French	Brazzaville	CFA franc
Costa Rica	Costa Rican	Spanish	San José	Costa Rican colón
Côte d'Ivoire (Ivory Coast)	–	French	Abidjan, Yamoussoukro	CFA franc
Croatia	Croat, Croatian	Croatian	Zagreb	kuna
Cuba	Cuban	Spanish	Havana	Cuban peso
Cyprus	Cypriot	Greek, Turkish	Nicosia	Cyprus pound
Czech Republic	Czech	Czech	Prague	Czech koruna
Denmark	Dane	Danish	Copenhagen	Danish krone
Djibouti	Djiboutian	Arabic, French	Djibouti	Djibouti franc
Dominica	Dominican	English	Roseau	East Caribbean dollar
Dominican Republic	Dominican	Spanish	Santo Domingo	Dominican peso

Country	People	Official main language(s)	Capital	Main unit of currency
Ecuador	Ecuadorian	Spanish, Quechua	Quito	sucre
Egypt	Egyptian	Arabic	Cairo	Egyptian pound
El Salvador	Salvadoran	Spanish	San Salvador	colón
Equatorial Guinea	Guinean	Spanish	Malabo	CFA franc
Eritrea	Eritrean	Tigrinya	Asmara	Ethiopian birr
Estonia	Estonian	Estonian	Tallinn	kroon
Ethiopia	Ethiopian	Amharic	Addis Ababa	birr
Fiji	Fijian	English, Fijian, Hindi	Suva	Fiji dollar
Finland	Finn, Finlander, Finnish	Finnish, Swedish	Helsinki	markka
France	French	French	Paris	French franc
Gabon	Gabonese	French, Fang	Libreville	CFA franc
Gambia, the	Gambian	English	Banjul	dalasi
Georgia	Georgian	Georgian	Tbilisi	lari
Germany	German	German	Berlin	deutschmark
Ghana	Ghanian	English	Accra	cedi
Greece	Greek	Greek	Athens	drachma
Grenada	Grenadian	English	St George's	East Caribbean dollar
Guatemala	Guatemalan	Spanish	Guatemala City	quetzal
Guinea	Guinean	French	Conakry	Guinean franc
Guinea-Bissau	Guinean	Portuguese	Bissau	Guinea-Bissau peso
Guyana	Guyanan	English	Georgetown	Guyana dollar
Haiti	Haitian	French, Haitian Creole	Port-au-Prince	gourde
Honduras	Honduran	Spanish, English	Tegucigalpa	lempira
Hungary	Hungarian	Hungarian	Budapest	forint
Iceland	Icelandic	Icelandic	Reykjavik	krona
India	Indian	Hindi, English	New Delhi	Indian rupee
Indonesia	Indonesian	Bahasa Indonesia	Jakarta	rupiah
Iran	Iranian	Farsi (Persian)	Teheran	Iranian rial

Country	Adjective	Language(s)	Capital	Currency
Iraq	Iraqi	Arabic, Kurdish	Baghdad	Iraqi dinar
Ireland, Republic of	Irish	Irish (Gaelic), English	Dublin	Irish pound (punt)
Israel	Israeli	Hebrew, Arabic	Jerusalem	new shekel
Italy	Italian	Italian	Rome	lira
Jamaica	Jamaican	English	Kingston	Jamaica dollar
Japan	Japanese	Japanese	Tokyo	yen
Jordan	Jordanian	Arabic	Amman	Jordan dinar
Kazakhstan	Kazakh	Kazakh	Almaty	tenge
Kenya	Kenyan	Swahili, English	Nairobi	Kenya shilling
Kiribati	–	I-Kiribati, English	Bairiki	Australian dollar
Korea, North	North Korean	Korean	Pyongyang	won
Korea, South	South Korean	Korean	Seoul	won
Kuwait	Kuwaiti	Arabic	Kuwait City	Kuwaiti dinar
Kyrgyzstan	Kyrgyz	Kyrgyz, Russian	Bishkek	som
Laos	Laotian	Lao	Vientiane	new kip
Latvia	Latvian	Latvian	Riga	lats
Lebanon	Lebanese	Arabic	Beirut	Lebanese pound
Lesotho	–	English, Sesotho	Maseru	loti
Liberia	Liberian	English	Monrovia	Liberian dollar
Libya	Libyan	Arabic	Tripoli	Libyan dinar
Liechtenstein	–	German	Vaduz	Swiss franc
Lithuania	Lithuanian	Lithuanian	Vilnius	litas
Luxembourg	–	French, German	Luxembourg	Luxembourg franc
Macedonia	Macedonian	Macedonian	Skopje	denar
Madagascar	Madagascan	Malagasy, French	Antananarivo	Malagasy franc
Malawi	–	English, Chichewa	Lilongwe	kwacha
Malaysia	Malaysian	Malay, English	Kuala Lumpur	ringgit
Maldives	Maldivian	Divehi	Malé	rufiyaa
Mali	Malian	French	Bamako	CFA franc
Malta	Maltese	Maltese, English	Valletta	Maltese lira

Country	People	Official main language(s)	Capital	Main unit of currency
Marshall Islands	Marshallese	Marshallese, English	Majuro	US dollar
Mauritania	Mauritanian	French, Arabic	Nouakchott	ouguiya
Mauritius	Mauritian	English, French Creole	Port Louis	Mauritian rupee
Mexico	Mexican	Spanish	Mexico City	peso
Micronesia, Federated States of	Micronesian	English	Palikir	US dollar
Moldova	Moldovan	Romanian	Chişinău	leu
Monaco	Monacan, Monegasque	French	Monaco-Ville	French franc
Mongolia	Mongolian	Khalkha Mongolian	Ulan Bator	tugrik
Morocco	Moroccan	Arabic	Rabat	dirham
Mozambique	–	Portuguese	Maputo	metical
Namibia	Namibian	English	Windhoek	Namibian dollar
Nauru	Nauruan	Nauruan, English	Nauru	Australian dollar
Nepal	Nepalese, Nepali	Nepali	Katmandu	Nepalese rupee
Netherlands, the	Dutch	Dutch	Amsterdam	Netherlands guilder
New Zealand	New Zealander	English, Maori	Wellington	NZ dollar
Nicaragua	Nicaraguan	Spanish	Managua	córdoba oro
Niger	–	French	Niamey	CFA franc
Nigeria	Nigerian	English	Abuja	naira
Norway	Norwegian	Norwegian	Oslo	Norwegian krone
Oman	Omani	Arabic	Muscat	rial omani
Pakistan	Pakistani	Urdu	Islamabad	Pakistan rupee
Palau	Palauan	Palauan, English	Koror	US dollar
Panama	Panamanian	Spanish	Panama City	balboa
Papua New Guinea	Papua New Guinean	Neo-Melanesian, Pidgin, Motu, English	Port Moresby	kina
Paraguay	Paraguayan	Spanish, Guaraní	Asunción	guaraní
Peru	Peruvian	Spanish, Quechua	Lima	nuovo sol

Philippines, the	Filipino	Pilipino, English	Manila	Philippine peso
Poland	Pole, Polish	Polish	Warsaw	zloty
Portugal	Portuguese	Portuguese	Lisbon	escudo
Qatar	Qatari	Arabic	Doha	Qatar riyal
Romania	Romanian	Romanian	Bucharest	leu
Russia	Russian	Russian	Moscow	rouble
Rwanda	Rwandan	French, Rwanda	Kigali	Rwanda franc
San Marino	San Marinese	Italian	San Marino	Italian lira
São Tomé and Principe	–	Portuguese	São Tomé	dobra
Saudi Arabia	Saudi Arabian, Saudi	Arabic	Riyadh	Saudi riyal
Senegal	Senegalese	French	Dakar	CFA franc
Seychelles	–	English, French, Creole	Victoria	Seychelles rupee
Sierra Leone	Sierra Leonean	English	Freetown	leone
Singapore	Singaporean	Malay, Chinese, English, Tamil	Singapore	Singapore dollar
Slovakia	Slovak, Slovakian	Slovak	Bratislava	Slovak koruna
Slovenia	Slovene, Slovenian	Slovene	Ljubljana	Slovene tolar
Solomon Islands	Solomon Islander	English, Neo-Melanesian, Pidgin	Honiara	Solomon Islands dollar
Somalia	Somali, Somalian	Somali, Arabic, English, Italian	Mogadishu	Somali shilling
South Africa	South African	English, Afrikaans, and 9 other official African languages	Pretoria, Cape Town, and Bloemfontein	rand
Spain	Spaniard, Spanish	Spanish	Madrid	Spanish peseta
Sri Lanka	Sri Lankan, Sinhalese	Sinhalese, Tamil, English	Colombo, and Sri Jayawardenapura Kotte	Sri Lanka rupee
St Kitts and Nevis	–	English	Basseterre	East Caribbean dollar
St Lucia	St Lucian	English	Castries	East Caribbean dollar

Country	People	Official main language(s)	Capital	Main unit of currency
St Vincent and the Grenadines	–	English	Kingstown	East Caribbean dollar
Sudan	Sudanese	Arabic	Khartoum, Omdurman	Sudanese dinar
Suriname	Surinamese	Dutch, English	Paramaribo	Suriname guilder
Swaziland	Swazi	English, Swazi	Mbabane, Lobamba	emalangeni
Sweden	Swede, Swedish	Swedish	Stockholm	Swedish krona
Switzerland	Swiss	German, French, Italian	Bern	Swiss franc
Syria	Syrian	Arabic	Damascus	Syrian pound
Taiwan	Taiwanese	Chinese (Mandarin)	Taipei	New Taiwan dollar
Tajikistan	Tajik	Tajik	Dushanbe	Tajik rouble
Tanzania	Tanzanian	Swahili, English	Dodoma	Tanzanian shilling
Thailand	Thai	Thai	Bangkok	baht
Togo	Togolese	French	Lomé	CFA franc
Tonga	Tongan	Tongan, English	Nuku'alofa	pa'anga
Trinidad and Tobago	Trinidadian	English	Port of Spain	Trinidad and Tobago dollar
Tunisia	Tunisian	Arabic, French	Tunis	Tunisian dinar
Turkey	Turk, Turkish	Turkish	Ankara	Turkish lira
Turkmenistan	Turkmen	Turkmen	Ashgabat	manat
Tuvalu	Tuvaluan	Tuvaluan, English	Vaiaku (on Funafuti atoll)	Australian dollar, Tuvaluan dollar
Uganda	Ugandan	Swahili, English	Kampala	Uganda shilling
Ukraine	Ukrainian	Ukrainian	Kiev	hryvnia
United Arab Emirates	–	Arabic	Abu Dhabi	dirham
United Kingdom	Briton, British	English	London	pound sterling
United States of America	American	English	Washington	US dollar
Uruguay	Uruguayan	Spanish	Montevideo	Uruguayan peso
Uzbekistan	Uzbek	Uzbek	Tashkent	sum

Vanuatu	Vanuatuan	Bislama, French, English	Vila	vatu
Venezuela	Venezuelan	Spanish	Caracas	bolívar
Vietnam	Vietnamese	Vietnamese	Hanoi	dóng
Western Samoa	Western Samoan	Samoan, English	Apia	tala
Yemen	Yemeni	Arabic	Sana'a	Yemeni rial
Yugoslavia	Yugoslav, Yugoslavian	Serbian	Belgrade	Yugoslav new dinar
Zambia	Zambian	English	Lusaka	kwacha
Zimbabwe	Zimbabwean	English	Harare	Zimbabwe dollar

Denominations above one million

American system

Name	Value in powers of ten	Number of zeros	Number of groups of three 0's after 1000
billion	10^9	9	2
trillion	10^{12}	12	3
quadrillion	10^{15}	15	4
quintillion	10^{18}	18	5
sextillion	10^{21}	21	6
septillion	10^{24}	24	7
octillion	10^{27}	27	8
nonillion	10^{30}	30	9
decillion	10^{33}	33	10
undecillion	10^{36}	36	11
duodecillion	10^{39}	39	12
tredecillion	10^{42}	42	13
quattourdecillion	10^{45}	45	14
quindecillion	10^{48}	48	15
sexdecillion	10^{51}	51	16
septendecillion	10^{54}	54	17
octodecillion	10^{57}	57	18
novemdecillion	10^{60}	60	19
vigintillion	10^{63}	63	20
centillion	10^{303}	303	100

British system

Name	Value in powers of ten	Number of zeros	Powers of 1 000 000
milliard	10^9	9	–
billion	10^{12}	12	2
trillion	10^{18}	18	3
quadrillion	10^{24}	24	4
quintillion	10^{30}	30	5
sextillion	10^{36}	36	6
septillion	10^{42}	42	7
octillion	10^{48}	48	8
nonillion	10^{54}	54	9
decillion	10^{60}	60	10
undecillion	10^{66}	66	11
duodecillion	10^{72}	72	12
tredecillion	10^{78}	78	13
quattuordecillion	10^{84}	84	14
quindecllion	10^{90}	90	15
sexdecillion	10^{96}	96	16
septendecillion	10^{102}	102	17
octodecillion	10^{108}	108	18
novemdecillion	10^{114}	114	19
vigintillion	10^{120}	120	20
centillion	10^{600}	600	100

Note: To avoid ambiguity, the US system of naming these denominations is increasingly being adopted in Australia and elsewhere in the world, including Britain.

Roman numerals

NUMBER	ROMAN NUMERAL	NUMBER	ROMAN NUMERAL
1	I	43	XLIII
2	II	50	L
3	III	54	LIV
4	IV	60	LX
5	V	65	LXV
6	VI	70	LXX
7	VII	76	LXXVI
8	VIII	80	LXXX
9	IX	87	LXXXVII
10	X	90	XC
11	XI	98	XCVIII
12	XII	100	C
13	XIII	101	CI
14	XIV	115	CXV
15	XV	150	CL
16	XVI	200	CC
17	XVII	300	CCC
18	XVIII	400	CD
19	XIX	500	D
20	XX	600	DC
21	XXI	700	DCC
30	XXX	800	DCCC
32	XXXII	900	CM
40	XL	1000	M

Phonetic alphabet used in communications

A	Alpha	N	November
B	Bravo	O	Oscar
C	Charlie	P	Papa
D	Delta	Q	Quebec
E	Echo	R	Romeo
F	Foxtrot	S	Sierra
G	Golf	T	Tango
H	Hotel	U	Uniform
I	India	V	Victor
J	Juliet	W	Whisky
K	Kilo	X	X-ray
L	Lima	Y	Yankee
M	Mike	Z	Zulu

The *Macquarie Essential Dictionary* is published by The Macquarie Library Pty Ltd, well-established as a reliable and dynamic producer of language reference works in Australia. The first *Macquarie Dictionary* was published in 1981, and since then a complete range of dictionaries, thesauruses and other references have appeared.

Macquarie is at the forefront of the description of Australian English, with a huge computer database at its disposal. The Macquarie Corpus of Australian English (Ozcorp) contains over 20 million words from Australian fiction and non-fiction, newspapers, magazines, and other sources ranging from the Constitution to private correspondence. It offers hard evidence of the language Australians use today and have used in the past.

Some other Macquarie publications...

The Macquarie Dictionary - third edition
The Macquarie Thesaurus - companion to *The Macquarie Dictionary*

The Macquarie Concise Dictionary
The Macquarie Concise Thesaurus
The Macquarie Budget Dictionary
The Macquarie Budget Thesaurus
The Little Macquarie Dictionary
The Little Macquarie Thesaurus
The Macquarie Combined Budget Dictionary & Thesaurus
The Macquarie Pocket Dictaurus
The Macquarie Spelling Guide
Macquarie Book of Slang
Macquarie Aboriginal Words
Macquarie Aboriginal Naming Book

Special editions for educational use...
The Macquarie Children's Dictionary
My First Macquarie Dictionary
My First Macquarie Thesaurus
The Macquarie Junior Dictionary
The Macquarie Junior Thesaurus
The Pocket Macquarie Dictionary
The Pocket Macquarie Thesaurus
Macquarie Study Dictionary

The Macquarie School Dictionary
The Pocket Macquarie Writers Guide
The Macquarie Young Writers Book

For the home and office...
The Macquarie Illustrated World Atlas
The Macquarie Easy Guide to Australian Law
The Macquarie Encyclopedia of Australian Events
The Macquarie Reference Series: Government in Australia
The Macquarie Reference Series: People of Australia
The Macquarie Home Guide to Health and Medicine
Macquarie Medical Matters

Electronic...
Macquarie Dictionary on CD-ROM
Macquarie Australian Atlas on CD-ROM
Macquarie Alphabet I-Spy CD-ROM
Max Germaine's Artists and Galleries on CD-ROM

Megalex Macquarie Concise Dictionary

Macquarie on the World Wide Web...
MacquarieNet is a unique, comprehensive, online reference resource designed specifically for Australian schools and students. It contains major collections of Australian history and nature, a daily international news service, an encyclopedia and a large range of lesson plans for teachers, in addition to Macquarie's own titles.

The site address is: http://www.macnet.mq.edu.au

Further information about any of these publications or MacquarieNet can be obtained from The Macquarie Library.
The lexicographers at Macquarie also welcome information and queries regarding words or usages in Australian English. The address is as follows:

Macquarie Dictionary
Macquarie University NSW 2109
Australia

The Macquarie Library can also be contacted via email:

macdict@dict.mq.edu.au